Italia

la guida MICHELIN

2013

ALBERGHI & RISTORANTI

Sommario

→ Contents

INTRODUZIONE

ITALIANO

→ INTRODUCTION

ENGLISH

DISTINZIONI 2013

→ AWARDS 2013

Come leggere la guida

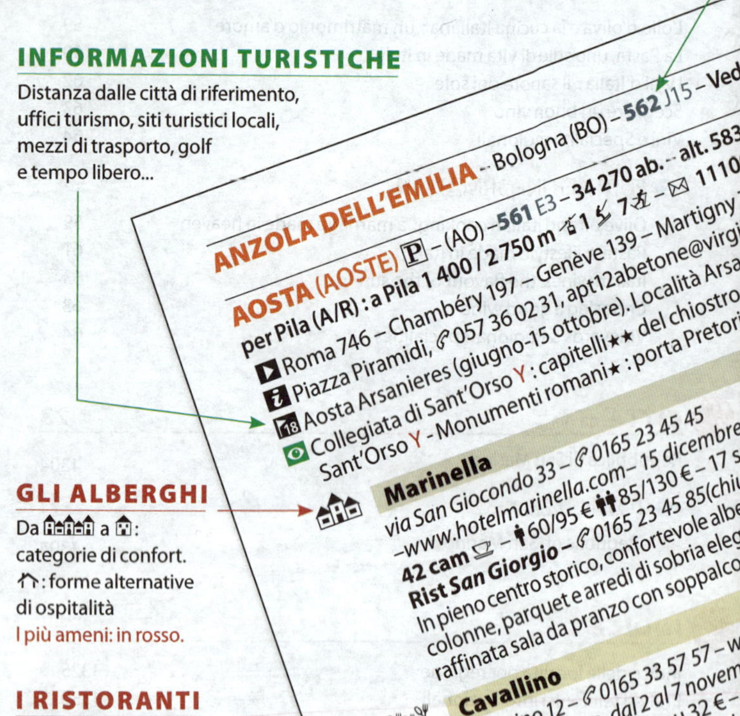

INFORMAZIONI TURISTICHE

Distanza dalle città di riferimento, uffici turismo, siti turistici locali, mezzi di trasporto, golf e tempo libero...

GLI ALBERGHI

Da 🏨🏨🏨🏨🏨 a 🏨: categorie di confort.
⌂: forme alternative di ospitalità
I più ameni: in rosso.

I RISTORANTI

Da XXXXX a X: categorie di confort
I più ameni: in rosso.

LE TAVOLE STELLATE

✿✿✿ Vale il viaggio.
✿✿ Merita una deviazione.
✿ Ottima cucina.

NUOVO

Nuovo esercizio iscritto.

I MIGLIORI ESERCIZI A PREZZI CONTENUTI

Bib Hotel.
Bib Gourmand.

ALTRE PUBBLICAZIONI MICHELIN

Riferimento alla carta Michelin ed alla Guida Verde in cui figura la località.

LOCALIZZARE LA CITTÀ

Posizione della località sulla carta regionale alla fine della guida (n° della carta e coordinate).

LOCALIZZARE L'ESERCIZIO

Localizzazione sulla pianta di città (coordinate ed indice).

DESCRIZIONE DELL'ESERCIZIO

Atmosfera, stile, carattere e spécialità.

GLI ALBERGHI TRANQUILLI

Albergo tranquillo.

Albergo molto tranquillo.

INSTALLAZIONI E SERVIZI

PREZZI

Principi

I principi della guida MICHELIN, L'esperienza al servizio della qualità

Che si trovi in Giappone, negli Stati Uniti, in Cina o in Europa, l'ispettore della guida MICHELIN rimane fedele ai criteri di valutazione della qualità di un ristorante o di un albergo, e applica le stesse regole durante le sue visite. Se la guida gode di una reputazione a livello mondiale è proprio grazie al continuo impegno nei confronti dei suoi lettori. Un impegno che noi vogliamo riaffermare, qui, con i nostri principi:

La visita anonima – Prima regola d'oro, gli ispettori verificano - regolarmente e in maniera anonima - ristoranti e alberghi, per valutare concretamente il livello delle prestazioni offerte ai loro clienti. Pagano il conto e - solo in seguito - si presentano per ottenere altre informazioni. La corrispondenza con i lettori costituisce, inoltre, un ulteriore strumento per la realizzazione dei nostri itinerari di visita.

L'indipendenza – Per mantenere un punto di vista obiettivo, nell'interesse del lettore, la selezione degli esercizi viene effettuata in assoluta indipendenza: l'inserimento in guida è totalmente gratuito. Le decisioni sono prese collegialmente dagli ispettori con il capo redattore e le distinzioni più importanti, discusse a livello europeo.

La scelta del migliore – Lungi dall'essere un semplice elenco d'indirizzi, la guida si concentra su una selezione dei migliori alberghi e ristoranti in tutte le categorie di confort e di prezzo. Una scelta che deriva dalla rigida applicazione dello stesso metodo da parte di tutti gli ispettori, indipendentemente dal paese.

L'aggiornamento annuale – Tutte le classificazioni, distinzioni e consigli pratici sono rivisti ed aggiornati ogni anno per fornire le informazioni più affidabili.

L'omogeneità della selezione – I criteri di classificazione sono identici per tutti i paesi interessati dalla guida Michelin. Ad ogni cultura la sua cucina, ma la qualità deve restare un principio universale…

Il nostro scopo è, infatti, aiutarvi in ogni vostro viaggio, affinché questo si compia sempre sotto il segno del piacere e della sicurezza. «L'aiuto alla mobilità »: è la missione che si è prefissata Michelin.

Editoriale

Caro lettore,

Sempre attenta alla buona tavola, nonché alla qualità dell'ospitalità, la guida MICHELIN vi propone la nuova edizione 2013, ampliata e aggiornata.

Di anno in anno, e fin dalla nascita, la sua vocazione resta immutata: accompagnarvi nei vostri viaggi, selezionando i migliori indirizzi in tutte le categorie di confort e prezzo.

A tal fine, la guida MICHELIN si serve di una sorta di « agenda di viaggio » di provata efficacia, dove il primo criterio – irrinunciabile - è l'ispezione sul luogo: tutti gli indirizzi selezionati sono infatti rigorosamente testati dai nostri ispettori professionisti, perennemente alla ricerca di nuovi esercizi e costantemente attenti a controllare il livello delle prestazioni di quelli già presenti.

All'interno di questa selezione, la guida riconosce ogni anno, le tavole più meritevoli, premiandole con le nostre stelle ✿ : una, due o tre. Esse contraddistinguono gli esercizi con migliori capacità in termini di cucina –indipendentemente dal loro genere – tenendo conto anche dell'accurata selezione dei prodotti, della creatività, della "padronanza" delle cotture e dei sapori, del rapporto qualità/prezzo, nonché della costanza nella prestazione. Grazie all'evoluzione delle loro cucine, ogni anno la guida si arricchisce di nuove tavole, a voi scoprirle pagina dopo pagina…viaggio dopo viaggio.

Altri simboli, piccoli, ma molto utili, sono il Bib Gourmand e il Bib Hotel : essi identificano i locali che offrono servizi di qualità a prezzi contenuti.

Partendo dal presupposto che per noi è fondamentale cogliere le evoluzioni del settore e rispondere alle esigenze dei lettori, sia in termini di qualità che di budget, le vostre osservazioni sugli esercizi della nostra selezione sono tenute in grande considerazione. Non esitate, quindi, a scriverci: le vostre segnalazioni sono molto utili per orientare le nostre visite e migliorare la qualità delle informazioni.

Il tutto per accompagnarvi sempre nel migliore dei modi…

Grazie per la vostra fedeltà, e buon viaggio con la guida MICHELIN, edizione 2013!

Consultate la guida MICHELIN su

www.ViaMichelin.it

e scriveteci a :

laguidamichelin-italia@it.michelin.com

Categorie e simboli distintivi

LE CATEGORIE DI CONFORT

Nella selezione della guida MICHELIN vengono segnalati i migliori indirizzi per ogni categoria di confort e di prezzo. Gli escercizi selezionati sono classificati in base al confort che offrono e vengono citati in ordine di preferenza per ogni categoria.

🏨🏨🏨🏨🏨	XXXXX	Gran lusso e tradizione
🏨🏨🏨🏨	XXXX	Gran confort
🏨🏨🏨	XXX	Molto confortevole
🏨🏨	XX	Di buon confort
🏨	X	Abbastanza confortevole
senza rist		L'albergo non ha ristorante
con cam		Il ristorante dispone di camere

I SIMBOLI DISTINTIVI

Per aiutarvi ad effettuare la scelta migliore, segnaliamo gli esercizi che si distinguono in modo particolare. Questi ristoranti sono evidenziati nel testo con ✿ e ☺.

LE MIGLIORI TAVOLE

Le stelle distinguono gli esercizi che propongono la miglior qualità in campo gastronomico, indipendentemente dagli stili di cucina. I criteri presi in considerazione sono: la scelta dei prodotti, la personnalità della cucina, la padronanza delle tecniche di cottura e dei sapori, il rapporto qualità/prezzo, nonché la regolarità.

Ogni ristorante contraddistinto dalla stella è accompagnato da tre specialità rappresentative della propria cucina. Succede, talvolta, che queste non possano essere servite: tutto ciò concorre, però, a vantaggio di altre gustose ricette ispirate alla stagione.

✿✿✿ **Una delle migliori cucine, questa tavola vale il viaggio**
Vi si mangia sempre molto bene, a volte meravigliosamente.

✿✿ **Cucina eccellente, questa tavola merita una deviazione**

✿ **Un'ottima cucina nella sua categoria**

Può succedere che delle "promesse" siano attribuite ad alcuni esercizi meritevoli di accedere alla distinzione "una stella", quando la costanza della loro prestazione nel tempo e per tutti i piatti presenti in menu sarà confermata. Grazie a questa menzione speciale, noi intendiamo farvi conoscere le tavole che costituiscono, ai nostri occhi, le "promesse" della gastronomia del futuro.

I MIGLIORI ESERCIZI A PREZZI CONTENUTI

Bib Gourmand

Esercizio che offre una cucina di qualità, spesso a carattere tipicamente regionale, a meno di 30 € (35 € nelle città capoluogo e turistiche importanti). Prezzo di un pasto, bevanda esclusa.

Bib Hotel

Esercizio che offre un soggiorno di qualità a meno di 90 € per la maggior parte delle camere. Prezzi per 2 persone, prima colazione esclusa.

GLI ESERCIZI AMENI

Il rosso indica gli esercizi particolarmente ameni. Questo per le caratteristiche dell'edificio, le decorazioni non comuni, la sua posizione ed il servizio offerto.

Alberghi ameni

Ristoranti ameni

LE SEGNALAZIONI PARTICOLARI

Oltre alle distinzioni conferite agli esercizi, gli ispettori Michelin apprezzano altri criteri spesso importanti nella scelta di un esercizio.

POSIZIONE

Cercate un esercizio tranquillo o che offre una vista piacevole? Seguite i simboli seguenti :

Albergo tranquillo / Albergo molto tranquillo

Vista interessante / Vista eccezionale

CARTA DEI VINI

Cercate un ristorante la cui carta dei vini offra una scelta particolarmente interessante? Seguite il simbolo seguente:

Carta dei vini particolarmente interessante

Attenzione a non confrontare la carta presentata da un sommelier in un grande ristorante con quella di una trattoria dove il proprietario ha una grande passione per i vini della regione.

NUOVO !

N **Nuovo esercizio iscritto**

Installazioni & servizi

30 cam Numero di camere

Ascensore

Aria condizionata (in tutto o in parte dell'esercizio)

Esercizio con camere riservate in parte ai non fumatori. In Italia la legge vieta il fumo in tutti i ristoranti e le zone comuni degli alberghi

Connessione Internet ADSL

Connessione Internet wifi in camera

Esercizio accessibile in parte alle persone con difficoltà motorie

Attrezzatura per accoglienza e ricreazione dei bambini

Pasti serviti in giardino o in terrazza

Wellness centre: centro attrezzato per il benessere ed il relax

Cura termale, Idroterapia

Sauna - Palestra

Piscina: all'aperto, coperta

Giardino – Parco

Spiaggia attrezzata

Campo da tennis, golf e numero di buche

Sale per conferenze

Saloni particolari

Garage nell'albergo (generalmente a pagamento)

Parcheggio riservato alla clientela

Parcheggio chiuso riservato alla clientela

Accesso vietato ai cani (in tutto o in parte dell'esercizio)

Stazione della metropolitana piú vicina a Roma, Milano, Torino e Napoli

20 aprile-5 ottobre Periodo di apertura (o chiusura), comunicato dal proprietario

I prezzi

I prezzi che indichiamo in questa guida sono stati stabiliti nell'estate 2012 e sono relativi all'alta stagione; potranno subire delle variazioni in relazione ai cambiamenti dei prezzi di beni e servizi.Essi s'intendono comprensivi di tasse e servizio (salvo specifica indicazione es. 15%).

Gli albergatori e i ristoratori si sono impegnati, sotto la propria responsabilità, a praticare questi prezzi ai clienti.

In occasione di alcune manifestazioni (congressi, fiere, saloni, festival, eventi sportivi...) i prezzi richiesti dagli albergatori potrebbero subire un sensibile aumento.

In bassa stagione, chiedete informazioni sulle eventuali promozioni offerte dagli albergatori.

LA CAPARRA

Alcuni albergatori chiedono il versamento di una caparra. Si tratta di un deposito-garanzia che impegna sia l'albergatore che il cliente. Chiedete di fornirvi nella lettera di conferma ogni dettaglio sulla prenotazione e sulle condizioni di soggiorno.

CARTE DI CREDITO

	Carte di credito accettate :
VISA MC AE DC	Visa – Mastercard (Eurocard) – American Express – Diners Club –
S	Carta SI
	Carte di credito non accettate

CAMERE

50/60 €	Prezzo minimo/massimo per una camera singola
80/100€	Prezzo minimo/massimo per una camera per due persone
cam - 60/70€	Prezzo della camera compresa la prima colazione
10€	Prezzo della prima colazione(se non inclusa) (supplemento eventuale se servita in camera)

SOLO MEZZA PENSIONE

solo ½ P 77/120€	Prezzo minimo/massimo della mezza pensione (camera, prima colazione ed un pasto) per persona. Questi prezzi sono validi per la camera doppia occupata da due persone, per un soggiorno minimo di tre giorni; la persona singola potrà talvolta vedersi applicata una maggiorazione. La maggior parte degli alberghi pratica anche la pensione completa.

RISTORANTE

	Esercizio che offre un pasto semplice per meno di 25 €
	Menu a prezzo fisso: (pasto composto da: primo, piatto del giorno e dessert)
Rist - Menu15/25€	Minimo 15 €, massimo 25 €
Rist - carta 30/46€	**Pasto carta:** Pasto alla carta bevanda esclusa. Il primo prezzo corrisponde ad un pasto semplice comprendente: primo, piatto del giorno e dessert. Il secondo prezzo corrisponde ad un pasto più completo (con specialità) comprendente: antipasto, primo, piatto del giorno, formaggio o dessert. Talvolta i ristoranti non dispongono di liste scritte ed i piatti sono proposti a voce.

Informazioni sulle località

GENERALITÀ

20120	Codice di avviamento postale
Piacenza (PC)	Provincia e sigla alla quale la località appartiene
✉ 28042 Baveno	Numero di codice e sede dell'Ufficio Postale
P	Capoluogo di Provincia
561 D9	Numero della carta Michelin e coordinate riferite alla quadrettatura
Toscana	Vedere la Guida Verde Michelin di riferimento (es. *Toscana*)
108 872 ab	Popolazione residente
alt. 175	Altitudine
Stazione termale / Sport invernali	Genere della stazione
1500/2000 m	Altitudine della località e altitudine massima raggiungibile con gli impianti di risalita
2	Numero di funivie o cabinovie
4	Numero di sciovie e seggiovie
	Sci di fondo
EX A	Lettere indicanti l'ubicazione sulla pianta
18	Golf e numero di buche
	Panorama, vista
	Aeroporto
	Trasporti marittimi
i	Ufficio Informazioni turistiche

INFORMAZIONI TURISTICHE

INTERESSE TURISTICO

★★★	Vale il viaggio
★★	Merita una deviazione
★	Interessante

UBICAZIONE

	Nella città
	Nei dintorni della città
Nord, Sud, Est, Ovest	Il luogo si trova a Nord, a Sud, a Est, a Ovest della località
per ① *o* ④	Prendere l'uscita ① *o* ④ indicata con lo stesso segno sulla pianta e sulla carta stradale Michelin
6 km	Distanza chilometrica

INFORMAZIONI PER L'AUTOMOBILISTA

C.I.S.	✆ 1518 (informazioni viabilità)
A.C.I.	✆ 803 116 (soccorso stradale)

Legenda delle piante

Alberghi
Ristoranti

CURIOSITÀ

Edificio interessante
Costruzione religiosa interessante

VIABILITÀ

Autostrada, doppia carreggiata tipo autostrada
Numero dello svincolo
Grande via di circolazione
Senso unico – Via regolamentata o impraticabile
Zona a traffico limitato
Via pedonale – Tranvia
Pasteur — Via commerciale – Sottopassaggio-Parcheggio
Porta – Sottopassaggio – Galleria
Stazione e ferrovia
Funicolare – Funivia, Cabinovia
Ponte mobile – Traghetto per auto

SIMBOLI VARI

Ufficio informazioni turistiche
Moschea – Sinagoga
Torre – Ruderi – Mulino a vento
Giardino, parco, bosco – Cimitero – Via Crucis
Stadio – Golf – Ippodromo
Piscina: all'aperto, coperta
Vista – Panorama
Monumento – Fontana – Fabbrica
Centro commerciale
Porto turistico – Faro – Torre per telecomunicazioni
Aeroporto – Stazione della Metropolitana – Autostazione
Trasporto con traghetto:
- passeggeri ed autovetture
Simbolo di riferimento comune alle piante ed alle carte Michelin particolareggiate
Ufficio postale centrale
Ospedale – Mercato coperto
Edificio pubblico indicato con lettera:
P H J — Prefettura – Municipio – Palazzo di Giustizia
M T — - Museo - Teatro
U — - Università
POL — - Carabinieri- Polizia (Questura, nelle grandi città)

How to use this guide

TOURIST INFORMATION

Distances from the main towns, tourist offices, local tourist attractions, means of transport, golf courses and leisure activities...

HOTELS

From 🏠🏠🏠🏠🏠 to 🏠: categories of comfort.
⌂: Guesthouse, country guesthouse.
The most pleasant: in red.

RESTAURANTS

From XXXXX to X: categories of comfort
The most pleasant: in red.

STARS

✿✿✿ Worth a special journey.
✿✿ Worth a detour.
✿ A very good restaurant.

NEW

New establishment in the guide.

GOOD FOOD AND ACCOMMODATION AT MODERATE PRICES

Bib Hotel.
Bib Gourmand.

ANZOLA DELL'EMILIA – Bologna (BO) – 562 J15 – Ved
AOSTA (AOSTE) P – (AO) – 561 E3 – 34 270 ab. – alt. 583
per Pila (A/R) : a Pila 1 400 / 2 750 m 1 7 – 1110
Roma 746 – Chambéry 197 – Genève 139 – Martigny
Piazza Piramidi, 057 36 02 31, apt12abetone@virg
Aosta Arsanieres (giugno-15 ottobre). Località Arsa
Collegiata di Sant'Orso Y : capitelli★★ del chiostro
Sant'Orso Y - Monumenti romani★ : porta Pretor

Marinella
via San Giocondo 33 – 0165 23 45 45
–www.hotelmarinella.com– 15 dicembre
42 cam – 60/95 € 85/130 € – 17 s
Rist San Giorgio – 0165 23 45 85(chiu
In pieno centro storico, confortevole albe
colonne, parquet e arredi di sobria eleg
raffinata sala da pranzo con soppalco

Cavallino
via Torino 12 – 0165 33 57 57 – w
– chiuso giugno, dal 2 al 7 novem
Rist – (solo la sera) Menu 32 € –
L'ingresso sontuoso introduce d
con tavoli spaziati; tocco tosca
→ Gelato al gorgonzola con s
all'amaretto con salsa di lam

a Sarre Ovest : 7 km – alt. 780 m
La Villa N senza rist
via Ponte Suaz 26 – 0
– chiuso dal 2 novemb
36 cam – 60/70 €
Tipica atmosfera di m
ospitale albergo ad
e i colori ambrati s

Riviera
località Porosso
– chiuso dome
Rist – Menu
Locale recen
ambienti, e

OTHER MICHELIN PUBLICATIONS

References for the Michelin map and Green Guide which covers the area.

LOCATING THE TOWN

Locate the town on the map at the end of the guide (map number and coordinates).

LOCATING THE ESTABLISHMENT

Located on the town plan (coordinates and letters giving the location).

DESCRIPTION OF THE ESTABLISHMENT

Atmosphere, style, character and specialities.

FACILITIES AND SERVICES

QUIET HOTELS

quiet hotel.
very quiet hotel.

PRICES

ogna
ort invernali : funivia
22 S4
alia
ano 184 – Novara 139
ww.aosta-turismo.com
016 55 60 45
stre★ del Priorato di
AUd
le e 15 giugno
0/240 € – ½ P 150 €
di) Menu 26 € – Carta 25/50 €
accogliente soggiorno in stile: bianche
mere ben tenute. Graziosi tavolini nella
i vetrate.
CYa
orantecavallino.com
menica e lunedì.
5/85 €
nte in un'ampia, luminosa sala di tono elegante
na cucina ricca di tradizione e d'inventiva.
aceto balsamico e grissini alle noci. Pesca ripiena
BFn
1010
26 78 – www.lavilladaoste.com
cembre, lunedì e mercoledì sera
€, 7 € – ½P 50 €
a e una bella cornice di boschi di faggio, per un piccolo e
nto familiare a pochi metri dagli impianti di risalita. Il legno
lementi che predominano in tutta la casa.
BUg
oz 18 – 0165 35 98 64 – www.riviera-tiscali.com
a e lunedì a mezzogiorno
rta 53/72 €
e ristrutturato nella sua interezza. Calda atmosfera nei romantici
a offre piatti di una certa raffinatezza legati alla tradizione locale.
CSe
arina
– 0165 37 65 11 – chiuso domenica sera e lunedì
ta 32/45 €
liare e cordiale disponibilità in un piacevole ambiente
izione toscana e tipici della casa.

Commitments

The MICHELIN guide's commitments:

Experienced in quality

Whether it is in Japan, the USA, China or Europe our inspectors use the same criteria to judge the quality of the hotels and restaurants and use the same methods of visiting. The guide can only boast this worldwide reputation thanks to its commitment to the readers and we would like to stress these here :

Anonymous inspections – our inspectors make regular and anonymous visits to hotels and restaurants to gauge the quality of products and services offered to an ordinary customer. They settle their own bill and may then introduce themselves and ask for more information about the establishment. Our readers' comments are also a valuable source of information, which we can then follow up with another visit of our own.

Independence – To remain totally objective for our readers, the selection is made with complete independence. Entry into the guide is free. All decisions are discussed with the Editor and our highest awards are considered at a European level.

Selection and choice – The guide offers a selection of the best hotels and restaurants in every category of comfort and price. This is only possible because all the inspectors rigorously apply the same methods.

Annual updates – All the practical information, the classifications and awards are revised and updated every single year to give the most reliable information possible.

Consistency – The criteria for the classifications are the same in every country covered by the MICHELIN guide.

The sole intention of Michelin is to make your travels both safe and enjoyable.

Dear reader

Dear reader,

Having kept up-to-date with the latest developments in the hotel and restaurant scenes, we are pleased to present this new, improved and updated edition of the MICHELIN Guide.

Since the very beginning, our ambition has remained the same each year: to accompany you on all of your journeys and to help you choose the best establishments to both stay and eat in, across all categories of comfort and price; whether that's a friendly guesthouse or luxury hotel, a lively gastropub or fine dining restaurant.

To this end, the MICHELIN Guide is a tried-and-tested travel planner, its primary objective being to provide first-hand experience for you, our readers. All of the establishments selected have been rigorously tested by our team of professional inspectors, who are constantly seeking out new places and continually assessing those already listed.

Every year the guide recognises the best places to eat, by awarding them one ✿, two ✿✿ or three ✿✿✿ stars. These lie at the heart of the selection and highlight the establishments producing the best quality cuisine – in all styles – taking into account the quality of ingredients, creativity, mastery of techniques and flavours, value for money and consistency.

Other symbols to look out for are the Bib Gourmand and the Bib Hotel, which point out establishments that represent particularly good value; here you'll be guaranteed excellence but at moderate prices.

We are committed to remaining at the forefront of the culinary world and to meeting the demands of our readers. As such, we are very interested to hear your opinions on the establishments listed in our guide. Please don't hesitate to contact us, as your contributions are invaluable in directing our work and improving the quality of our information.

We continually strive to help you on your journeys.

Thank you for your loyalty and happy travelling with the 2013 edition of the MICHELIN Guide.

Consult the MICHELIN guide at
www.ViaMichelin.it
and write to us at:
laguidamichelin-italia@it.michelin.com

Classification & Awards

CATEGORIES OF COMFORT

The MICHELIN guide selection lists the best hotels and restaurants in each category of comfort and price. The establishments we choose are classified according to their levels of comfort and, within each category, are listed in order of preference.

🏨🏨🏨🏨🏨	XXXXX	Luxury in the traditional style
🏨🏨🏨🏨	XXXX	Top class comfort
🏨🏨🏨	XXX	Very comfortable
🏨🏨	XX	Comfortable
🏨	X	Quite comfortable
⌂		Alternative accommodation (B&B, country guesthouse)
senza rist		This hotel has no restaurant
con cam		This restaurant also offers accommodation

THE AWARDS

To help you make the best choice, some exceptional establishments have been given an award in this year's Guide. They are marked ✿ and ☺.

THE BEST CUISINE

Michelin stars are awarded to establishments serving cuisine, of whatever style, which is of the highest quality. The cuisine is judged on the quality of ingredients, the skill in their preparation, the combination of flavours, the levels of creativity, the value for money and the consistency of culinary standards.

For every restaurant awarded a star we include 3 specialities that are typical of their cooking style. These specific dishes may not always be available.

✿✿✿ **Exceptional cuisine, worth a special journey**
One always eats extremely well here, sometimes superbly.

✿✿ **Excellent cooking, worth a detour**

✿ **A very good restaurant in its category**

In certain years, "Rising Stars" are awarded to establishments which have the potential to become "one star", once the consistency of their cooking has been confirmed over a period of time. In this way we can share with you those restaurants that will be, in our opinion, the "Rising stars" of future gastronomy.

GOOD FOOD AND ACCOMMODATION AT MODERATE PRICES

Bib Gourmand
Establishment offering good quality cuisine, often with a regional flavour, for under €30 (€35 in a main city or important tourist destination). Price of a meal, not including drinks.

Bib Hotel
Establishments offering good levels of comfort and service, with most rooms priced at under €90. Price of a room for 2 people, excluding breakfast.

PLEASANT HOTELS AND RESTAURANTS

Symbols shown in red indicate particularly pleasant or restful establishments: the character of the building, its décor, the setting, the welcome and services offered may all contribute to this special appeal.

to **Pleasant accommodations**

to **Pleasant restaurants**

OTHER SPECIAL FEATURES

As well as the categories and awards given to the establishment, Michelin inspectors also make special note of other criteria which can be important when choosing an establishment.

LOCATION

If you are looking for a particularly restful establishment, or one with a special view, look out for the following symbols:

Quiet accommodation / Very quiet accommodation

Interesting view / Exceptional view

WINE LIST

If you are looking for an establishment with a particularly interesting wine list, look out for the following symbol: **Particularly interesting wine list**

This symbol might cover the list presented by a sommelier in a luxury restaurant or that of a simple inn where the owner has a passion for wine. The two lists will offer something exceptional but very different, so beware of comparing them by each other's standards.

NEW!

N **New establishment in the guide**

Facilities & services

30 cam	Number of rooms
	Lift (elevator)
	Air conditioning (in all or part of the establishment)
	Hotel partly reserved for non smokers. In Italy, it is forbidden by law to smoke in restaurants and in the public rooms of hotels.
	High speed Internet in bedrooms
	Wireless Internet in bedrooms
	Establishment at least partly accessible to those of restricted mobility
	Special facilities for children
	Meals served in garden or on terrace
Spa	Wellness centre: an extensive facility for relaxation and well-being
	Hydrotherapy
	Sauna – Exercise room
	Swimming pool: outdoor or indoor
	Garden – Park
	Beach with bathing facilities
18	Tennis court – Golf course and number of holes
	Equipped conference room
	Private dining rooms
	Hotel garage (additional charge in most cases)
P	Car park for customers only
P	Enclosed car park for customers only
	Dogs are excluded from all or part of the establishment
M	Nearest metro station in Rome, Milan, Turin and Naples
20 aprile-5 ottobre	Dates when open (or closed), as indicated by the hotelier.

Prices

Prices quoted in this Guide are for summer 2012 and apply to high season. They are subject to alteration if goods and service costs are revised. The rates include tax and service charge (unless otherwise indicated, eg 15%).

By supplying the information, hotels and restaurants have undertaken to maintain these rates for our readers.

In some towns, when commercial, cultural or sporting events are taking place the hotel rates are likely to be considerably higher.

Out of season, certain establishments offer special rates. Ask when booking.

DEPOSITS

Some hotels will require a deposit, which confirms the commitment of customer and hotelier alike. Make sure the terms of the agreement are clear.

CREDIT CARDS

Credit cards accepted by the establishment:

VISA MC AE D — Visa – MasterCard (Eurocard) – American Express – Diners Club – Carta Si

Credit cards not accepted

ROOMS

50/60€	Lowest/highest price for a single room
80/100€	Lowest/highest price for a double room
cam - 60/70€	Price includes breakfast
10€	Price of continental breakfast if not included (additional charge when served in the bedroom)

ONLY HALF BOARD

Only ½ P 77/120€ Lowest/highest half-board price (room, breakfast and a meal) per person. These prices are valid for a double room occupied by two people for a minimum stay of three days. A single person may have to pay a supplement. Most of the hotels also offer full board terms on request.

RESTAURANT

Establishment serving a simple meal for less than €25.

Rist - Menu 15/25€ **Set meals:** lowest €15 and highest €25

Rist - carta 30/46€ **A la carte meals:**

The first figure is for a plain meal and includes entrée, main dish of the day with vegetables and dessert. The second figure is for a fuller meal (with "spécialité") and includes hors d'œuvre, 2 main courses, cheese or dessert.

When the establishment has neither table d'hôte nor "à la carte" menus, the dishes of the day are given verbally.

Information on localities

GENERAL INFORMATION

20120	Postal code
Piacenza (PC)	Province and abbreviation in which a town is situated
✉ 28042 Baveno	Postal number and name of the post office serving the town
P	Provincial capital
561 D9	Michelin map and co-ordinates or fold
Toscana	See the Michelin Green Guide Tuscany
108 872 ab	Population
alt. 175	Altitude (in metres)
Stazione termale	Spa
Sport invernali	Winter sports
1500/2000 m	Altitude (in metres) of resort and highest point reached by lifts
2	Number of cable cars
4	Number of ski and chair lifts
	Cross-country skiing
EX A	Letters giving the location of a place on the town plan
18	Golf course and number of holes
	Panoramic view, viewpoint
	Airport
	Shipping line (passengers & cars)
	Tourist Information Centre

TOURIST INFORMATION

SIGHTS

★★★	Highly recommended
★★	Recommended
★	Interesting

LOCATION

	Sights in town
	On the outskirts
Nord, Sud, Est, Ovest	The sight lies north, south, east or west of the town
per ① *o* ④	Sign on town plan and on the Michelin road map indicating the road leading to a place of interest
6 km	Distance in kilometres

INFORMATION FOR MOTORISTS

C.I.S.	☎ 1518 (roadway information)
A.C.I.	☎ 803 116 (roadway emergencies)

Plan key

Hotels
Restaurants

SIGHTS

Place of interest
Interesting place of worship

ROADS

Motorway, Dual carriageway
Motorway, Dual carriageway with motorway characteristics
Number of junction
Major thoroughfare
One-way street – Unsuitable for traffic, street subject to restrictions
Area subject to restrictions
Pedestrian street – Tramway
Pasteur Shopping street – Low headroom – Car park
Gateway – Street passing under arch – Tunnel
Station and railway
Funicular – Cable-car
Lever bridge – Car ferry

VARIOUS SIGNS

Tourist Information Centre
Mosque – Synagogue
Tower – Ruins – Windmill
Garden, park, wood – Cemetery – Cross
Stadium – Golf course – Racecourse
Outdoor or indoor swimming pool
View – Panorama
Monument – Fountain – Factory
Shopping centre
Pleasure boat harbour – Lighthouse – Communications tower
Airport – Underground station – Coach station
Ferry services:
– passengers and cars
③ Reference numbers common to town plans and Michelin maps
Main post office
Hospital – Covered market
Public buildings located by letter:
P H J - Prefecture – Town Hall – Law Courts
M T U - Museum – Theatre – University
POL. - Police (in large towns police headquarters)

Le distinzioni 2013

→ Awards 2013

Le Tavole stellate 2013

Il colore indica l'esercizio più stellato della località.

Roma ✻✻✻ La località possiede almeno un ristorante 3 stelle

Milano ✻✻ La località possiede almeno un ristorante 2 stelle

Caltagirone ✻ La località possiede almeno un ristorante 1 stella

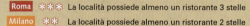

Molini
Vipiteno
Mules
Vandoies
Freiberg
Chiusa
Selva di Val Gardena
Tirolo
Sappada
Merano
San Cassiano
Ortisei
Sarentino
Cortina d'Ampezzo
Castelbello Ciardes
Tesimo
Corvara in Badia
Vodo Cadore
Ronzone
Colloredo di Monte Albano
Moena
San Michele
Godia
Cavalese
Pieve d'Alpago
Ruttars
Madonna di Campiglio
Puos d'Alpago
San Quirino
Trento
Cecchini di Pasiano
Cormons
Follina
Ravina
Rivignano
Ruda
Gardone Riviera
Oderzo
Marano Vicentino
Malcesine
Montecchio Precalcino
Gargnano
Burano
Costermano
Altissimo
Venezia
Selvazzano Dentro
Rubano
Manerba del Garda
Lughetto
Sirmione
Verona
Lonigo
Piove di Sacco
Desenzano del Garda
Isola Rizza
Pontelongo
Castiglione delle Stiviere
Mantova
Quistello
Reggiolo
Codigoro
Parma
Rubiera
Modena
Rubbianino
Bologna
Imola
Milano Marittima
Savigno
Sasso Marconi
Cesenatico
Miramare
Torriana
San Marino
Bagno di Romagna
Senigallia
Marlia
Pescia
Pennabilli
Cartoceto
Marzocca
Firenze
Viareggio
Montecarotto
Cerbaia
Loreto
Badia a Passignano
Calambrone
Macerata
Castellina in Chianti

Le Tavole stellate 2013

Il colore indica l'esercizio più stellato della località.

Roma	✻✻✻	La località possiede almeno un ristorante 3 stelle
Milano	✻✻	La località possiede almeno un ristorante 2 stelle
Caltagirone	✻	La località possiede almeno un ristorante 1 stella

Pescara
Civitella Casanova
Guardiagrele
San Salvo Marina
Castel di Sangro
Vairano Patenora
Caserta
Sorbo Serpico
Vallesaccarda
Casamicciola Terme
Napoli
Nusco
Brusciano
Mercato San Severino
Lacco Ameno
Ravello
Quarto
Cava de' Tirreni
Eboli
Maiori
Caggiano
Marina Equa
Amalfi
Paestum
Sorrento
Positano
Anacapri
Vico Equense
Nerano
Sant' Agata sui Due Golfi
Bari
Ostuni
Alberobello
Carovigno
Ceglie Messapica
Strongoli
Vibo Valentia Marina
Marina Di Gioiosa Ionica
Mondello
Lido di Spisone
Taormina
Caltagirone
Licata
Ragusa
Modica

Gli esercizi con stelle

→ Starred restaurants

✿✿✿ 2013

Alba (CN)	Piazza Duomo **N**
Brusaporto (BG)	Da Vittorio
Canneto Sull' Oglio / Runate (MN)	Dal Pescatore
Firenze (FI)	Enoteca Pinchiorri
Modena (MO)	Osteria Francescana
Roma (RM)	La Pergola
Rubano (PD)	Le Calandre

✿✿ 2013

Alta Badia (BZ)	St. Hubertus
Baschi (TR)	Vissani
Campagna Lupia / Lughetto (VE)	Antica Osteria Cera **N**
Capri (Isola di) / Anacapri (NA)	L'Olivo
Castel di Sangro (AQ)	Reale
Cervere (CN)	Antica Corona Reale-da Renzo
Chiusa (BZ)	Jasmin
Colle di Val d'Elsa (SI)	Arnolfo
Concesio (BS)	Miramonti l'Altro
Imola (BO)	San Domenico
Ischia (Isola d') / Casamicciola Terme (NA)	Il Mosaico
Isola Rizza (VR)	Perbellini
Licata (AG)	La Madia
Lonigo (VI)	La Peca
Massa Lubrense / Nerano (NA)	Quattro Passi
Massa Marittima / Ghirlanda (GR)	Bracali
Milano (MI)	Cracco
Milano (MI)	Il Luogo di Aimo e Nadia
Milano (MI)	Sadler
Montemerano (GR)	Caino
Orta San Giulio (NO)	Villa Crespi
Porto Ercole (GR)	Il Pellicano
Ragusa (RG)	Duomo
Ravello (SA)	Rossellinis
Reggiolo (RE)	Il Rigoletto
Rivodutri (RI)	La Trota **N**
Rivoli (TO)	Combal.zero
Roma (RM)	Oliver Glowig
Roma (RM)	Il Pagliaccio
Sant' Agata sui Due Golfi (NA)	Don Alfonso 1890
Senigallia (AN)	Uliassi
Senigallia / Marzocca (AN)	Madonnina del Pescatore
Soriso (NO)	Al Sorriso
Taormina (ME)	Principe Cerami
Tirolo (BZ)	Trenkerstube
Udine / Godia (UD)	Agli Amici **N**
Verbania / Fondotoce (VB)	Piccolo Lago
Verona (VR)	Il Desco
Vico Equense / Marina Equa (NA)	Torre del Saracino

N → *Nuovo esercizio con distinzione* → *Newly awarded distinction*

✿ 2013

Acquapendente / Trevinano (VT) La Parolina
Acuto (FR) Colline Ciociare
Alassio (SV) Palma
Alba (CN) Locanda del Pilone
Albavilla (CO) Il Cantuccio
Alberobello (BA) Il Poeta Contadino
Alessandria / Spinetta Marengo (AL) La Fermata
Alghero (SS) Andreini
Almè (BG) Frosio
Alta Badia (BZ) La Siriola
Alta Badia (BZ) La Stüa de Michil
Altissimo (VI) Casin del Gamba
Amalfi (SA) La Caravella
Ambivere (BG) Antica Osteria dei Cameli
Ameglia (SP) Locanda delle Tamerici
Aosta (AO) Vecchio Ristoro
Appiano sulla Strada del Vino / San Michele (BZ) Zur Rose
Aprica (SO) Gimmy's **N**
Arma di Taggia (IM) La Conchiglia
Asti (AT) Gener Neuv
Bagno di Romagna (FC) Paolo Teverini
Bari (BA) Bacco
Barolo (CN) Locanda nel Borgo Antico
Bellagio (CO) Mistral
Benevello (CN) Villa d'Amelia
Bergamo (BG) L'Osteria di via Solata
Bergamo (BG) Roof Garden
Bergeggi (SV) Claudio
Besenzone / Bersano (PC) La Fiaschetteria
Bologna (BO) I Portici
Borgonovo Val Tidone (PC) La Palta
Borgosesia (VC) Osteria del Borgo
Bra / Pollenzo (CN) Guido
Brusciano (NA) Taverna Estia
Caggiano (SA) Locanda Severino
Caltagirone (CT) Coria
Caluso (TO) Gardenia
Calvisano (BS) Gambero
Campione d'Italia (CO) Da Candida **N**
Canale (CN) All'Enoteca
Canelli (AT) San Marco
Capri (Isola di) / Anacapri (NA) Il Riccio **N**
Carovigno (BR) Già Sotto l'Arco
Carpaneto Piacentino (PC) Nido del Picchio
Cartoceto (PU) Symposium
Caserta (CE) Le Colonne **N**
Casole d'Elsa (SI) Il Colombaio
Castelbello Ciardes (BZ) Kuppelrain
Castellina in Chianti (SI) Albergaccio di Castellina
Castelnuovo Berardenga (SI) La Bottega del 30
Castiglione della Pescaia / Badiola (GR) Trattoria Toscana-Tenuta la Badiola
Castiglione delle Stiviere (MN) Osteria da Pietro
Castrezzato (BS) Da Nadia
Cava de' Tirreni (SA) Pappacarbone
Cavalese (TN) El Molin
Cavenago di Brianza (MB) Devero Ristorante
Ceglie Messapica (BR) Al Fornello-da Ricci
Certosa di Pavia (PV) Locanda Vecchia Pavia «Al Mulino»
Cervia / Milano Marittima (RA) La Frasca
Cervo (IM) San Giorgio
Cesenatico (FC) Magnolia
Chiuduno (BG) A'anteprima
Chiusi (SI) I Salotti
Civitella Casanova (PE) La Bandiera
Codigoro (FE) La Capanna di Eraclio
Cogne (AO) Le Petit Restaurant
Colloredo di Monte Albano (UD) La Taverna
Como (CO) I Tigli...a lago **N**
Cormons (GO) Al Cacciatore-della Subida
Cornaredo / San Pietro all'Olmo (MI) D'O
Corte Franca / Borgonato (BS) Due Colombe
Cortina d'Ampezzo (BL) Tivoli
Cortona / San Martino (AR) Il Falconiere
Costermano (VR) La Casa degli Spiriti
Cuneo (CN) Delle Antiche Contrade
Desenzano del Garda (BS) Esplanade
Dolegna del Collio / Ruttars (GO) Castello di Trussio dell'Aquila d'Oro
Eboli (SA) Il Papavero
Falzes / Molini (BZ) Schöneck
Fermo (FM) Emilio
Firenze (FI) Il Palagio
Firenze (FI) Ora D'Aria
Fiumicino (RM) Pascucci al Porticciolo
Follina (TV) La Corte **N**
Forte dei Marmi (LU) Bistrot
Forte dei Marmi (LU) La Magnolia
Forte dei Marmi (LU) Lorenzo
Gallarate (VA) Ilario Vinciguerra
Gardone Riviera (BS) Villa Fiordaliso
Gargnano (BS) La Tortuga
Gargnano (BS) Villa Feltrinelli
Genova / Sestri Ponente (GE) Baldin

N ➜ *Nuovo esercizio con distinzione* ➜ *Newly awarded distinction*

Gignod (AO) La Clusaz
Grinzane Cavour (CN) Al Castello
Grumello del Monte (BG) Al Vigneto
Guardiagrele (CH) Villa Maiella
Imperia / Oneglia (IM) Agrodolce
Invorio (NO) Pascia
Ischia (Isola d') / Lacco Ameno (NA) Indaco **N**
Isola d'Asti (AT) Il Cascinalenuovo
Ladispoli (RM) The Cesar
L'Aquila (AQ) Magione Papale
La Salle (AO) La Cassolette
Lecco (LC) Al Porticciolo 84
Livigno (SO) Chalet Mattias
Loreto (AN) Andreina **N**
Lucca / Marlia (LU) Butterfly
Macerata (MC) L'Enoteca
Madesimo (SO) Il Cantinone e Sport Hotel Alpina
Madonna di Campiglio (TN) Il Gallo Cedrone **N**
Madonna di Campiglio (TN) Stube Hermitage
Maiori (SA) Il Faro di Capo d'Orso
Malcesine (VR) Vecchia Malcesine
Manerba del Garda (BS) Capriccio
Mantova (MN) Aquila Nigra
Marano Vicentino (VI) El Coq **N**
Marina di Bibbona (LI) La Pineta
Marina di Gioiosa Ionica (RC) Gambero Rosso **N**
Massa Lubrense / Nerano (NA) Taverna del Capitano
Merano (BZ) Sissi
Merano / Freiberg (BZ) Castel Fragsburg
Mercato San Severino (SA) Casa del Nonno 13
Milano (MI) Alice
Milano (MI) Innocenti Evasioni
Milano (MI) Joia
Milano (MI) Al Pont de Ferr
Milano (MI) Tano Passami l'Olio
Milano (MI) Trussardi alla Scala
Milano (MI) Unico
Milano (MI) Vun **N**
Modena (MO) Hostaria del Mare
Modena (MO) L'Erba del Re
Modena (MO) Strada Facendo
Modica (RG) La Gazza Ladra
Moena (TN) Malga Panna
Mondovì (CN) Il Baluardo
Montecarotto (AN) Le Busche
Montecchio Precalcino (VI) La Locanda di Piero
Morgex (AO) Café Quinson
Mules (BZ) Gourmetstube Einhorn
Napoli (NA) Il Comandante **N**
Napoli (NA) Palazzo Petrucci
Nervi (GE) The Cook
Noli (SV) Il Vescovado-La Fornace di Barbablù
Novara (NO) Tantris
Nusco (AV) La Locanda di Bu

Oderzo (TV) Gellius
Olgiate Olona (VA) Ma.Ri.Na.
Ortisei (BZ) Anna Stuben **N**
Ostuni (BR) Cielo
Oviglio (AL) Donatella
Paestum (SA) Le Trabe **N**
Palermo / Mondello (PA) Bye Bye Blues
Parma (PR) Al Tramezzo
Parma (PR) Parizzi
Pasiano di Pordenone / Cecchini di Pasiano (PN) Il Cecchini
Pellio Intelvi (CO) La Locanda del Notaio
Pennabilli (RN) Il Piastrino
Perugia (PG) Il Postale
Pescara (PE) Café les Paillotes
Pescia (PT) Atman
Piacenza (PC) Antica Osteria del Teatro
Pieve d'Alpago (BL) Dolada
Piove di Sacco (PD) Meridiana
Polesine Parmense (PR) Antica Corte Pallavicina
Pollone (BI) Il Patio
Pontelongo (PD) Lazzaro 1915 **N**
Ponza (Isola di) / Ponza (LT) Acqua Pazza
Portoscuso (CI) La Ghinghetta
Positano (SA) La Sponda
Positano (SA) San Pietro
Pralboino (BS) Leon d'Oro
Priocca d'Alba (CN) Il Centro
Puos d'Alpago (BL) Locanda San Lorenzo
Quarto (NA) Sud
Quattro Castella / Rubbianino (RE) Ca' Matilde
Quistello (MN) Ambasciata
Ragusa (RG) La Fenice
Ragusa (RG) Locanda Don Serafino
Ranco (VA) Il Sole di Ranco
Ravello (SA) Il Flauto di Pan **N**
Rimini / Miramare (RN) Guido
Rivignano (UD) Al Ferarùt
Roma (RM) Acquolina Hostaria in Roma
Roma (RM) Agata e Romeo
Roma (RM) Il Convivio-Troiani
Roma (RM) Giuda Ballerino
Roma (RM) Glass Hostaria
Roma (RM) Imàgo
Roma (RM) Metamorfosi **N**
Roma (RM) Open Colonna
Roma (RM) All'Oro
Roma (RM) Pipero al Rex **N**
Roma (RM) La Terrazza **N**
Ronzone (TN) Orso Grigio
Rubiera (RE) Arnaldo-Clinica Gastronomica
Ruda (UD) Osteria Altran
San Casciano in Val di Pesa / Cerbaia (FI) La Tenda Rossa
San Marino (SMR) Righi la Taverna

N → *Nuovo esercizio con distinzione* → *Newly awarded distinction*

San Maurizio Canavese (TO) La Credenza
San Quirino (PN) La Primula
San Remo (IM) Paolo e Barbara
San Salvo / San Salvo Marina (CH) Al Metrò **N**
Santa Vittoria d'Alba (CN) Savino Mongelli
Santo Stefano Belbo (CN) Il Ristorante di Guido da Costigliole
Sappada (BL) Laite
Sarentino (BZ) Auener Hof
Sasso Marconi (BO) Marconi
Saturnia (GR) Acquacotta
Savigno (BO) Trattoria da Amerigo
Savona (SV) L'Arco Antico
Selva di Val Gardena (BZ) Alpenroyal Gourmet
Selvazzano Dentro (PD) La Montecchia
Seregno (MB) Pomiroeu
Serralunga d'Alba (CN) La Rei
Siddi (VS) S'Apposentu **N**
Sirmione (BS) La Rucola
Soragna (PR) Locanda Stella d'Oro
Sorbo Serpico (AV) Marenna'
Sorrento (NA) Il Buco
Strongoli (KR) Dattilo
Taormina (ME) Bellevue
Taormina (ME) Casa Grugno
Taormina / Lido di Spisone (ME) La Capinera
Tavarnelle Val di Pesa / Badia a Passignano (FI) Osteria di Passignano
Tesimo (BZ) Zum Löwen
Tigliole (AT) Vittoria
Tirrenia / Calambrone (PI) Lunasia
Torino (TO) Casa Vicina-Guidopereataly
Torino (TO) La Barrique
Torino (TO) Magorabin **N**
Torino (TO) Vintage 1997
Torino (TO) Vo **N**
Torriana (RN) Il Povero Diavolo
Treiso (CN) La Ciau del Tornavento
Trento (TN) Scrigno del Duomo
Trento / Ravina (TN) Locanda Margon
Trescore Balneario (BG) LoRo
Trescore Cremasco (CR) Trattoria del Fulmine
Treviglio (BG) San Martino
Vairano Patenora (CE) Vairo del Volturno
Vallesaccarda (AV) Oasis-Sapori Antichi
Vandoies (BZ) La Passion
Venaria Reale (TO) Dolce Stil Novo alla Reggia
Venezia (VE) Osteria da Fiore
Venezia (VE) Quadri
Venezia / Burano (VE) Venissa **N**
Vercelli (VC) Cinzia da Christian e Manuel
Verona (VR) Osteria la Fontanina
Viareggio (LU) Romano
Vibo Valentia / Vibo Valentia Marina (VV) L'Approdo
Vico Equense (NA) Antica Osteria Nonna Rosa
Vico Equense (NA) L'Accanto
Vico Equense (NA) Maxi
Viganò (LC) Pierino Penati
Vigevano (PV) I Castagni
Villa d'Almè (BG) Osteria della Brughiera
Villa di Chiavenna (SO) Lanterna Verde
Vipiteno (BZ) Kleine Flamme
Viterbo (VT) Enoteca La Torre
Vodo Cadore (BL) Al Capriolo

LE PROMESSE 2013 PER ✿
The 2013 Rising Stars for ✿

Cagliari (CA) Dal Corsaro
Monopoli (BA) Masseria Spina
Norcia (PG) Vespasia
Roma (RM) Mirabelle
Telese Terme (BN) Krèsios
Vigo di Fassa / Tamion (TN) 'L Chimpl

N → *Nuovo esercizio con distinzione* → *Newly awarded distinction*

Bib Gourmand

→ Pasti accurati a prezzi contenuti

→ Good food at moderate prices

Affi (VR) Locanda Moscal **N**
Agrigento (AG) Osteria Expanificio **N**
Alessandria (AL) Osteria della Luna in Brodo
Alseno / Castelnuovo Fogliani (PC) Trattoria del Ponte **N**
Alta Badia (BZ) Maso Runch
Altomonte (CS) Barbieri
Ancona (AN) La Moretta **N**
Andria / Montegrosso (BT) Antichi Sapori
Anghiari (AR) Da Alighiero
Anterivo (BZ) Kurbishof
Arcore (MB) L'Arco del Re
Arezzo / Giovi (AR) Antica Trattoria al Principe
Argelato (BO) L'800
Ariano Irpino (AV) La Pignata
Arona / Montrigiasco (NO) Castagneto
Ascoli Piceno (AP) Gallo d'Oro
Asiago (VI) Locanda Aurora
Bagnara Calabra (RC) Taverna Kerkira
Bagno di Romagna / San Piero in Bagno (FC) Locanda al Gambero Rosso
Barbianello (PV) Da Roberto
Bellinzago Novarese / Badia di Dulzago (NO) Osteria San Giulio
Belluno (BL) Al Borgo
Benevento (BN) Pascalucci
Bernalda (MT) La Locandiera
Bibbiena (AR) Il Tirabusciò
Bologna (BO) Antica Trattoria della Gigina
Bologna (BO) Marco Fadiga Bistrot
Bolzano / Signato (BZ) Patscheider Hof
Bonferraro (VR) Sarti **N**
Borgarello (PV) Locanda degli Eventi
Borghetto di Borbera (AL) Il Fiorile
Borgio Verezzi (SV) Da Casetta
Borgonovo Val Tidone (PC) Vecchia Trattoria Agazzino
Bra (CN) Boccondivino
Brez (TN) Locanda Alpina **N**
Brindisi (BR) Pantagruele
Buriano (GR) Osteria Il Cantuccio
Buttrio (UD) Trattoria al Parco **N**
Cagli (PU) La Gioconda **N**
Calamandrana (AT) Violetta
Calavino (TN) Da Cipriano
Calenzano / Carraia (FI) Gli Alberi **N**
Calestano (PR) Locanda Mariella
Camigliatello Silano (CS) Aquila-Edelweiss
Campobasso (CB) Miseria e Nobiltà
Campobasso (CB) Vecchia Trattoria da Tonino
Campogalliano (MO) Magnagallo
Campogalliano (MO) Trattoria Barchetta
Canale d'Agordo (BL) Alle Codole
Cappella de' Picenardi (CR) Locanda degli Artisti
Capri (Isola di) (NA) Da Gelsomina
Capriata d'Orba (AL) Il Moro
Caramanico Terme (PE) Locanda del Barone
Carrara / Colonnata (MS) Venanzio **N**
Castagneto Carducci / Bolgheri (LI) Osteria Magona
Castelbuono (PA) Palazzaccio
Castel del Piano (GR) Antica Fattoria del Grottaione
Casteldimezzo (PU) La Canonica **N**
Castelmezzano (PZ) Al Becco della Civetta
Castelnovo ne' Monti (RE) Locanda da Cines
Castiglione della Pescaia (GR) Miramare
Castiglione delle Stiviere (MN) Hostaria Viola **N**
Castiglione d'Orcia / 'Rocca d"Orcia' (SI) Perillà **N**
Castrocaro Terme (FC) Trattoria dei Vecchi Sapori
Cavatore (AL) Da Fausto
Ceglie Messapica (BR) Cibus
Cesenatico (FC) Osteria del Gran Fritto
Cetara (SA) Al Convento
Chianciano Terme (SI) Hostaria il Buco
Chiusi (SI) Osteria La Solita Zuppa
Cividale del Friuli (UD) Al Monastero **N**
Corte de' Cortesi (CR) Il Gabbiano
Cortona (AR) Hostaria la Bucaccia
Cortona (AR) Locanda del Molino
Cravanzana (CN) Da Maurizio **N**
Crodo / Viceno (VB) Edelweiss

N → *Nuovo esercizio con distinzione* → *Newly awarded distinction*

Cuasso al Monte (VA) Al Vecchio Faggio
Cuneo (CN) Osteria della Chiocciola
Cuneo (CN) Osteria due Grappoli **N**
Curtatone / Grazie (MN) Locanda delle Grazie
Cutigliano (PT) Trattoria da Fagiolino
Dorgali (NU) Colibrì
Enna (EN) Centrale
Fagagna (UD) Al Castello
Fasano (BR) Rifugio dei Ghiottoni
Felino (PR) Antica Osteria da Bianchini
Ferrara (FE) Ca' d'Frara
Ferrara / Gaibana (FE) Trattoria Lanzagallo
Filandari / Mesiano (VV) Frammichè
Finale Emilia (MO) Osteria la Fefa **N**
Firenze (FI) Da Burde **N**
Firenze (FI) Del Fagioli
Firenze (FI) Il Latini
Firenze (FI) Il Santo Bevitore
Firenze (FI) Trattoria Cibrèo-Cibreino
Firenze / Galluzzo (FI) Trattoria Bibe
Foligno (PG) Le Mura
Follonica (GR) Il Sottomarino
Forno di Zoldo / Mezzocanale (BL) Mezzocanale-da Ninetta
Frossasco (TO) Adriano Mesa **N**
Furore (SA) Bacco
Galliera Veneta (PD) Al Palazzon
Gallodoro (ME) Noemi
Gavirate (VA) Tipamasaro
Genova (GE) Antica Osteria di Vico Palla
Genova (GE) San Giorgio
Genova / San Desiderio (GE) Bruxaboschi **N**
Genova / Voltri (GE) Ostaia da ü Santü
Giulianova Lido (TE) Osteria dal Moro **N**
Glorenza (BZ) Posta
Guglionesi (CB) Terra Mia
Inverno-Monteleone (PV) Trattoria Righini
Isera (TN) Casa del Vino
Isola Dovarese (CR) Caffè La Crepa
Lama Mocogno (MO) Vecchia Lama **N**
La Morra / Santa Maria (CN) L'Osteria del Vignaiolo
La Spezia (SP) L'Osteria della Corte
Lavagna / Cavi (GE) Raieû **N**
Lavis / Sorni (TN) Trattoria Vecchia Sorni
Lecce (LE) Osteria degli Spiriti
Lesa (NO) Al Camino
Levico Terme (TN) Boivin
Longare / Costozza (VI) Aeolia
Longiano (FC) Dei Cantoni
Loreggia (PD) Locanda Aurilia
Lucca (LU) I Diavoletti
Lucca / Ponte a Moriano (LU) Antica Locanda di Sesto
Lusia (RO) Trattoria al Ponte
Magione (PG) Al Coccio
Mariano del Friuli / Corona (GO) Al Piave
Marostica / Valle San Floriano (VI) La Rosina
Marradi (FI) Il Camino
Masio (AL) Trattoria Losanna
Massa (MS) Osteria del Borgo
Massa Lubrense / Santa Maria Annunziata (NA) La Torre
Meldola (FC) Il Rustichello
Melfi (PZ) La Villa **N**
Melfi (PZ) Novecento
Messina / Ganzirri (ME) La Sirena **N**
Mestre (VE) Ostaria da Mariano
Milano (MI) La Cantina di Manuela - Stazione Centrale
Milano (MI) La Cantina di Manuela - via Procaccini
Milano (MI) Dongiò
Milano (MI) Da Giannino-L'Angolo d'Abruzzo
Milano (MI) Giulio Pane e Ojo
Milano (MI) Serendib
Mileto (VV) Il Normanno
Minervino Murge (BT) La Tradizione-Cucina Casalinga
Mira (VE) Dall'Antonia
Mira / Oriago (VE) Nadain
Mirano (VE) Da Flavio e Fabrizio «Al Teatro»
Mirano / Scaltenigo (VE) Trattoria la Ragnatela
Mirano / Vetrego (VE) Il Sogno
Modica (RG) La Locanda del Colonnello
Moena (TN) Foresta
Moncalieri / Revigliasco (TO) La Taverna di Fra' Fiusch
Monrupino (TS) Krizman **N**
Montagna (BZ) Dorfnerhof
Montegiorgio / Piane di Montegiorgio (FM) Oscar e Amorina
Monte Sant' Angelo (FG) Medioevo
Monteu Roero (CN) Cantina dei Cacciatori **N**
Monticelli d'Ongina (PC) Antica Trattoria Cattivelli
Montoggio (GE) Roma
Nogaredo (TN) Locanda DiD Maso Sasso **N**
Norcia (PG) Granaro del Monte
Oliena (NU) Sa Corte
Oliena (NU) Su Gologone
Opi (AQ) La Madonnina **N**
Ormea / Ponte di Nava (CN) Ponte di Nava-da Beppe
Orvieto (TR) Del Moro - Aronne
Ostuni (BR) Osteria Piazzetta Cattedrale
Pacentro (AQ) Taverna De Li Caldora
Palazzago (BG) Osteria Burligo
Palermo (PA) Bellotero
Palermo (PA) Santandrea
Parma (PR) I Tri Siochètt
Parma / Coloreto (PR) Trattoria Ai Due Platani **N**

N → *Nuovo esercizio con distinzione* → *Newly awarded distinction*

Pescara (PE) Locanda Manthonè
Pescara (PE) Taverna 58
Peschiera del Garda (VR) Luisa **N**
Pesek / Draga Sant' Elia (TS) Locanda Mario
Piadena (CR) Dell'Alba
Pianoro / Rastignano (BO) Osteria al numero Sette
Pietravairano (CE) La Caveja
Pigna (IM) Terme
Pineto / Mutignano (TE) Bacucco D'Oro **N**
Pisciotta (SA) Angiolina
Ponte dell'Olio (PC) Locanda Cacciatori
Pordenone (PN) La Ferrata **N**
Porto Torres (SS) Li Lioni
Pradipozzo (VE) Tavernetta del Tocai
Pulsano / Marina di Pulsano (TA) La Barca
Racale (LE) L'Acchiatura
Rancio Valcuvia (VA) Gibigiana
Randazzo (CT) Le Delizie
Reggiolo (RE) Trattoria al Lago Verde
Rieti (RI) Bistrot
Rio di Pusteria / Mühlbach (BZ) Ansitz Strasshof
Riparbella (PI) La Cantina
Rivergaro (PC) Caffè Grande **N**
Roletto (TO) Il Ciabot
Roma (RM) Ambasciata d'Abruzzo
Roma (RM) Domenico dal 1968
Roma (RM) Felice a Testaccio
Roma (RM) Mamma Angelina
Roma (RM) Profumo di Mirto
Roma (RM) Al Ristoro degli Angeli
Romeno (TN) Nerina
Rotonda (PZ) Da Peppe
Rottofreno (PC) Antica Trattoria Braghieri **N**
Russi / San Pancrazio (RA) La Cucoma **N**
Ruvo di Puglia (BA) U.P.E.P.I.D.D.E.
Sambuco (CN) Della Pace
San Cipriano (GE) Ferrando
San Costanzo (PU) Da Rolando **N**
Sangineto Lido (CS) Convito
San Leonardo in Passiria (BZ) Jägerhof
San Martino di Castrozza (TN) Chalet Pra delle Nasse-da Anita
San Quirico d'Orcia (SI) Taverna da Ciacco **N**
Sansepolcro (AR) Da Ventura
Sant' Ambrogio di Valpolicella / San Giorgio di Valpolicella (VR) Dalla Rosa Alda
Santarcangelo di Romagna (RN) Osteria
Santeramo in Colle (BA) Osteria Appia Antica **N**
Santo Stefano di Cadore (BL) Monaco Sport **N**
San Vigilio di Marebbe (BZ) Fana Ladina
San Vito di Leguzzano (VI) Antica Trattoria Due Mori
Sauris (UD) Alla Pace
Savogna d'Isonzo / San Michele del Carso (GO) Lokanda Devetak
Serino (AV) Chalet del Buongustaio
Sernaglia della Battaglia (TV) Dalla Libera
Serravalle Pistoiese (PT) Trattoria Marino **N**
Settimo Milanese (MI) CristianMagri **N**
Siderno (RC) La Vecchia Hosteria
Siena (SI) La Taverna di San Giuseppe
Siena (SI) Trattoria Papei
Silvi Marina (TE) Don Ambrosio
Sinagra (ME) Trattoria da Angelo
Soave (VR) Enoteca Realda **N**
Soiano del Lago (BS) Villa Aurora
Sommacampagna (VR) Merica
Spoleto (PG) Al Palazzaccio-da Piero
Sulmona (AQ) Clemente **N**
Tarcento (UD) Osteria di Villafredda
Tavarnelle Val di Pesa / San Donato in Poggio (FI) La Toppa
Taviano (LE) A Casa tu Martinu
Teglio (SO) Fracia
Terranova di Pollino (PZ) Luna Rossa
Toirano (SV) Al Ravanello Incoronato
Torino (TO) Consorzio **N**
Torino (TO) Goffi del Lauro
Torrile / Vicomero (PR) Romani
Tortona (AL) Vineria Derthona
Toscolano-Maderno (BS) Il Cortiletto
Traversella (TO) Le Miniere
Treia / San Lorenzo (MC) Il Casolare dei Segreti
Trequanda (SI) Il Conte Matto **N**
Treviso (TV) Hosteria Antica Contrada delle due Torri
Tricesimo (UD) Miculan
Udine (UD) Hostaria Allegria **N**
Usseaux (TO) Lago del Laux
Valdagno (VI) Hostaria a le Bele
Valdobbiadene / Bigolino (TV) Tre Noghere
Valle di Casies (BZ) Durnwald
Vallo della Lucania (SA) La Chioccia d'Oro
Velo Veronese (VR) 13 Comuni **N**
Venezia (VE) Anice Stellato
Venezia (VE) Trattoria alla Madonna
Verbania / Pallanza (VB) Dei Cigni
Verona (VR) Al Bersagliere
Verona (VR) Locanda 4 Cuochi **N**
Verona (VR) San Basilio alla Pergola
Verona / 'San Massimo All"adige' (VR) Trattoria dal Gal
Verrayes / Champagne (AO) Antica Trattoria Champagne
Viarolo (PR) La Porta di Felino
Vieste (FG) Il Capriccio
Vignola (MO) La Bolognese
Vipiteno (BZ) Pretzhof
Voltido / Recorfano (CR) Antica Trattoria Gianna

N → *Nuovo esercizio con distinzione* → *Newly awarded distinction*

Bib Hotel

→ Buona sistemazione a prezzo contenuto

→ Good accommodation at moderate prices

Acquapendente / Trevinano (VT)	BiB L'Albero Bianco **N**
Acqui Terme (AL)	Ariston
Adria (RO)	Mansarda e Minuetto **N**
Agropoli (SA)	La Colombaia
Alba (CN)	Agriturismo Villa la Meridiana-Cascina Reine
Alba (CN)	Langhe
Alice Bel Colle (AL)	Belvedere
Almenno San Bartolomeo (BG)	Camoretti
Alta Badia (BZ)	Ciasa Montanara
Alta Badia (BZ)	Garni La Ciasota
Antey-Saint-André (AO)	Des Roses
Arpino (FR)	Il Cavalier d'Arpino
Atena Lucana (SA)	Villa Torre Antica
Bagno di Romagna (FC)	Balneum
Bagnoregio (VT)	Romantica Pucci **N**
Ballabio (LC)	Sporting Club
Bardonecchia (TO)	Bucaneve
Barolo / Vergne (CN)	Ca' San Ponzio
Barzanò (LC)	Redaelli
Bassano del Grappa (VI)	Brennero
Bedizzole (BS)	La Corte
Boves / Rivoira (CN)	Agriturismo La Bisalta e Rist. Locanda del Re
Bra (CN)	L'Ombra della Collina
Brissogne (AO)	Agriturismo Le Clocher du Mont-Blanc
Busalla (GE)	Vittoria
Calenzano (FI)	Valmarina **N**
Camerino / Polverina (MC)	Il Cavaliere
Canale d'Agordo (BL)	Alle Codole
Candia Canavese (TO)	Residenza del Lago
Caramanico Terme (PE)	Cercone
Carisio (VC)	La Bettola
Carsoli (AQ)	Nuova Fattoria
Casier / Dosson (TV)	Alla Pasina
Casperia (RI)	La Torretta
Cassino (FR)	Alba
Castelbianco (SV)	Gin
Castelbuono (PA)	Ypsigro Palace **N**
Castellina in Chianti (SI)	Villa Cristina
Castello di Godego (TV)	Locanda al Sole
Castelnuovo Magra (SP)	Agriturismo la Valle
Catania (CT)	La Vecchia Palma
Celano (AQ)	Le Gole **N**
Cenova (IM)	Negro
Chioggia / Sottomarina (VE)	Sole
Chiusa (BZ)	Ansitz Fonteklaus
Chiusa (BZ)	Bischofhof
Chiusa / Gudon (BZ)	Unterwirt
Cimego (TN)	Aurora
Cisano Bergamasco (BG)	Fatur
Cisterna d'Asti (AT)	Garibaldi
Civitella Casanova (PE)	La Bandiera
Cogne (AO)	Belvedere
Comacchio (FE)	Locanda La Comacina **N**
Crandola Valsassina (LC)	Da Gigi
Crodo / Viceno (VB)	Edelweiss
Cuasso al Monte / Cuasso al Piano (VA)	Molino del Torchio
Cupra Marittima (AP)	Europa **N**
Drizzona / Castelfranco d'Oglio (CR)	Agriturismo l'Airone
Entracque (CN)	Miramonti **N**
Fano (PU)	Angela **N**
Farra d'Isonzo (GO)	Ai Due Leoni
Ferrara / Porotto-Cassana (FE)	Agriturismo alla Cedrara
Finale Emilia (MO)	Casa Magagnoli
Firenze (FI)	BiB Residenza Johanna
Fiuggi / Fiuggi Fonte (FR)	Belsito
Fontanafredda (PN)	Luna
Gambara (BS)	Gambara
Gargnano (BS)	Riviera
Gola del Furlo (PU)	Anticofurlo **N**
Grezzana (VR)	La Pergola
Lecce (LE)	Palazzo Rollo
Lesina (FG)	Liù Palazzo Ducale **N**
Licata (AG)	Villa Giuliana

N → *Nuovo esercizio con distinzione* → *Newly awarded distinction*

Lizzano in Belvedere / Vidiciatico (BO) Montegrande
Loano (SV) Villa Mary
Massa Marittima / Tatti (GR) La Fattoria dei Tatti
Menaggio / Nobiallo (CO) Garden
Merano (BZ) Agriturismo Sittnerhof
Moncenisio (TO) Chalet sul lago **N**
Mondavio (PU) La Palomba **N**
Monforte d'Alba (CN) Agriturismo il Grillo Parlante **N**
Monfumo (TV) Da Gerry
Monselice (PD) Ca' Rocca
Montá (CN) Belvedere **N**
Montecarlo (LU) Nina
Montecosaro (MC) La Luma
Montefiascone (VT) Urbano V **N**
Montegiorgio / Piane di Montegiorgio (FM) Oscar e Amorina
Monte San Savino (AR) Logge dei Mercanti
Morano Calabro (CS) Agriturismo la Locanda del Parco
Mosciano Sant' Angelo (TE) Breaking Business Hotel
Mosciano Sant' Angelo (TE) Casale delle Arti
Nava (Colle di) (IM) Colle di Nava
Noale (VE) Due Torri Tempesta
Noci (BA) Agriturismo Le Casedde
Ora / Auer (BZ) Amadeus
Ormea (CN) San Carlo **N**
Palmanova (UD) Ai Dogi
Pasiano di Pordenone / Cecchini di Pasiano (PN) Il Cecchini
Pavullo nel Frignano (MO) Vandelli
Pelago / Diacceto (FI) Locanda Tinti **N**
Pescia (PT) San Lorenzo e Santa Caterina **N**
Pigna (IM) Terme **N**
Ponte dell'Olio (PC) Locanda Cacciatori **N**
Pontedera (PI) Il Falchetto
Portogruaro (VE) La Meridiana
Porto Potenza Picena (MC) La Terrazza
Reggio nell'Emilia (RE) BiB Del Vescovado
Rezzato (BS) La Pina
Rimini (RN) King
Rio di Pusteria / Mühlbach (BZ) Giglio Bianco-Weisse Lilie
Rionero in Vulture (PZ) La Pergola **N**
Riva del Garda (TN) Vittoria
Roccabruna / Sant'Anna (CN) La Pineta
Rocca di Mezzo (AQ) Altipiano delle Rocche
Roseto degli Abruzzi (TE) Tonino-da Rosanna
Rossano Stazione (CS) Agriturismo Trapesimi **N**
Rotonda (PZ) Da Peppe **N**
Sampeyre (CN) Torinetto **N**
San Giovanni Rotondo (FG) Cassano
San Lorenzo in Campo (PU) Giardino
San Mauro Torinese (TO) La Pace **N**
San Pellegrino (Passo di) (TN) Rifugio Fuciade
San Severino Marche (MC) Locanda Salimbeni
Sant' Angelo Lodigiano (LO) San Rocco
Sappada / Cima Sappada (BL) Agriturismo Voltan Haus
Senigallia / Scapezzano (AN) Antica Armonia
Serrungarina / Bargni (PU) Casa Oliva
Sesto al Reghena (PN) In Sylvis
Sestri Levante (GE) Marina
Signa (FI) Stilhotel
Sinio (CN) Agriturismo Le Arcate **N**
Siracusa (SR) Dolce Casa
Sirmione (BS) Villa Rosa
Sondrio / Moia di Albosaggia (SO) Campelli
Sovana (GR) Pesna
Strongoli (KR) Dattilo **N**
Tiriolo (CZ) Due Mari
Torregrotta (ME) Thomas
Tregnago (VR) Villa De Winckels **N**
Treviso (TV) Agriturismo Il Cascinale
Varallo (VC) Sacro Monte
Velletri (RM) Da Benito al Bosco
Vigarano Mainarda (FE) La Tortiola **N**
Vigo di Fassa / Tamion (TN) Agritur Weiss **N**
Villa Bartolomea (VR) Agriturismo Tenuta la Pila **N**
Villafranca di Verona / Dossobuono (VR) Opera **N**
Vittorio Veneto (TV) Terme

N → *Nuovo esercizio con distinzione* → *Newly awarded distinction*

Alberghi ameni

→ Particularly pleasant accommodations

Arzachena / Cala di Volpe (OT)	Cala di Volpe
Arzachena / Romazzino (OT)	Romazzino
Arzachena / Pitrizza (OT)	Pitrizza
Bellagio (CO)	Grand Hotel Villa Serbelloni
Capri (Isola di) / Anacapri (NA)	Capri Palace Hotel
Capri (Isola di) / Capri (NA)	Grand Hotel Quisisana
Cernobbio (CO)	Villa d'Este
Firenze (FI)	Four Seasons Hotel Firenze
Firenze (FI)	The St. Regis Florence
Firenze (FI)	The Westin Excelsior
Fiuggi / Fiuggi Fonte (FR)	Grand Hotel Palazzo della Fonte
Ischia (Isola d') / Lacco Ameno (NA)	L'Albergo della Regina Isabella
Milano (MI)	Four Seasons
Milano (MI)	Principe di Savoia
Napoli (NA)	Grand Hotel Vesuvio
Portofino (GE)	Splendido
Positano (SA)	San Pietro
Rimini (RN)	Grand Hotel Rimini
Roma (RM)	De Russie
Roma (RM)	Eden
Roma (RM)	Hassler
Savelletri (BR)	Borgo Egnazia
Savelletri (BR)	Masseria San Domenico
Taormina (ME)	Grand Hotel Timeo
Venezia (VE)	Cipriani i Palazzo Vendramin
Venezia (VE)	Danieli
Venezia (VE)	San Clemente Palace

Alpe di Siusi (BZ)	Alpina Dolomites
Alta Badia (BZ)	Cappella
Alta Badia (BZ)	Rosa Alpina
Amalfi (SA)	Santa Caterina
Bagno a Ripoli / Candeli (FI)	Villa La Massa
Blevio (CO)	Castadiva Resort
Bologna (BO)	Grand Hotel Majestic
Breuil Cervinia (AO)	Hermitage
Casole d'Elsa / Pievescola (SI)	Relais la Suvera
Castelnuovo Berardenga (SI)	Castel Monastero
Castiglione della Pescaia / Badiola (GR)	L'Andana-Tenuta La Badiola
Cogne (AO)	Bellevue
Conca dei Marini (SA)	Monastero Santa Rosa Hotel i Spa
Cortina d'Ampezzo (BL)	Cristallo Hotel Spa i Golf
Erbusco (BS)	L'Albereta
Fasano (BR)	Masseria Relais del Cardinale
Fiesole (FI)	Il Salviatino
Fiesole (FI)	Villa San Michele
Firenze (FI)	Grand Hotel Villa Cora
Firenze (FI)	Regency
Firenze (FI)	Relais Santa Croce
Gardone Riviera / Fasano (BS)	Grand Hotel Fasano e Villa Principe
Gargnano (BS)	Grand Hotel a Villa Feltrinelli
Gargnano (BS)	Lefay Resort i SPA
Gubbio (PG)	Park Hotel ai Cappuccini
Ischia (Isola d') / Ischia (NA)	Grand Hotel Punta Molino Beach Resort i Spa
Ischia (Isola d') / Ischia (NA)	Il Moresco
Ischia (Isola d') / Forio (NA)	Mezzatorre Resort i Spa
Ischia (Isola d') / Casamicciola Terme (NA)	Terme Manzi Hotel i SPA
Ladispoli (RM)	La Posta Vecchia
La Salle (AO)	Mont Blanc Hotel Village
Martina Franca (TA)	Relais Villa San Martino

Milano (MI) Bulgari
Milano (MI) Carlton Hotel Baglioni
Milano (MI) Grand Hotel et de Milan
Milano (MI) Park Hyatt Milano
Montalcino / Castiglione del Bosco (SI) Castiglion del Bosco
Napoli (NA) Grand Hotel Parker's
Napoli (NA) Romeo
Ortisei (BZ) Gardena-Grödnerhof
Palermo (PA) Grand Hotel Villa Igiea
Polignano a Mare (BA) Borgobianco
Porto Ercole (GR) Argentario Golf Resort
Porto Ercole (GR) Il Pellicano
Positano (SA) Le Sirenuse
Praiano (SA) Casa Angelina
Pula (CA) Castello e Rist. Cavalieri
Rapallo (GE) Excelsior Palace Hotel
Ravello (SA) Caruso
Ravello (SA) Palazzo Avino
Riccione (RN) Grand Hotel Des Bains
Riva del Garda (TN) Du Lac et Du Parc
Riva del Garda (TN) Lido Palace
Roma (RM) Grand Hotel Via Veneto
Roma (RM) Lord Byron
Roma (RM) Regina Hotel Baglioni
Roma (RM) Splendide Royal
San Casciano dei Bagni (SI) Fonteverde
San Martino in Passiria (BZ) Andreus
San Pietro in Cariano (VR) Byblos Art Hotel Villa Amistà
Sant' Agnello (NA) Grand Hotel Cocumella
Santa Margherita Ligure (GE) Imperiale Palace Hotel
Santo Stefano Belbo (CN) Relais San Maurizio
Saturnia (GR) Terme di Saturnia Spa i Golf Resort
Sciacca (AG) Verdura Golf i Spa Resort
Selva di Val Gardena (BZ) Alpenroyal Grand Hotel - Gourmet i S.p.A.
Serralunga d'Alba (CN) Il Boscareto Resort
Siena (SI) Grand Hotel Continental
Siracusa (SR) Grand Hotel Minareto
Sirmione (BS) Villa Cortine Palace Hotel
Sorrento (NA) Grand Hotel Excelsior Vittoria
Stresa (VB) Villa e Palazzo Aminta
Taormina (ME) San Domenico Palace
Taormina / Mazzarò (ME) Grand Hotel Atlantis Bay
Taormina / Mazzarò (ME) Grand Hotel Mazzarò Sea Palace
Taormina / Mazzarò (ME) Villa Sant'Andrea
Tirolo (BZ) Castel
Tirolo (BZ) Erika
Torino (TO) Golden Palace
Tremezzo (CO) Grand Hotel Tremezzo
Valle di Casies (BZ) Quelle
Venezia (VE) Centurion Palace
Venezia (VE) Cà Sagredo
Venezia (VE) Londra Palace
Venezia (VE) Luna Hotel Baglioni
Venezia (VE) Metropole
Venezia (VE) Palazzina G
Venezia (VE) The Westin Europa e Regina

Agrigento (AG) Villa Athena
Alassio (SV) Villa della Pergola
Alba (CN) Palazzo Finati
Alghero (SS) Villa Las Tronas
Alghero / Porto Conte (SS) El Faro
Alpe di Siusi (BZ) Seiser Alm Urthaler
Alta Badia (BZ) Ciasa Salares
Alta Badia (BZ) Fanes
Alta Badia (BZ) La Perla
Alta Badia (BZ) Sassongher
Amelia (TR) Relais Tenuta del Gallo
Ancona / Portonovo (AN) Fortino Napoleonico
Appiano sulla Strada del Vino / Missiano (BZ) Schloss Korb
Arabba (BL) Sporthotel Arabba
Arzachena (OT) Tenuta Pilastru
Asolo (TV) Villa Cipriani
Augusta / Brucoli (SR) NH Venus Sea Garden Resort
Avetrana (TA) Relais Terre di Terre
Bagno a Ripoli (FI) Villa Olmi Resort
Baia Domizia (CE) Della Baia
Bardolino (VR) Color Hotel
Bassano del Grappa (VI) Ca' Sette
Benevello (CN) Villa d'Amelia
Benevento (BN) Aquapetra Resort e SPA
Bolzano (BZ) Greif
Bressanone (BZ) Elefante
Breuil Cervinia (AO) Excelsior-Planet
Breuil Cervinia (AO) Saint Hubertus
Brusaporto (BG) Relais da Vittorio
Campo Tures (BZ) Feldmilla
Canalicchio (PG) Relais Il Canalicchio
Cannero Riviera (VB) Cannero
Cannobio (VB) Park Hotel Villa Belvedere
Capri (Isola di) / Anacapri (NA) Caesar Augustus
Capri (Isola di) / Capri (NA) Casa Morgano

Capri (Isola di) / Marina Grande (NA) J.K. Place Capri
Capri (Isola di) / Capri (NA) Punta Tragara
Capri (Isola di) / Capri (NA) Scalinatella
Castel di Sangro (AQ) Casadonna
Castelnuovo Berardenga (SI) Le Fontanelle
Castelnuovo Berardenga (SI) Relais Borgo San Felice
Castiglione del Lago / Petrignano di Lago (PG) Relais alla Corte del Sole
Catania (CT) Villa del Bosco i VdB Next
Cattolica (RN) Carducci 76
Champoluc (AO) Breithorn
Cherasco (CN) Somaschi
Chiusdino (SI) Borgo Santo Pietro
Chiusi (SI) Il Patriarca
Cittadella del Capo (CS) Palazzo del Capo
Como (CO) Villa Flori
Cortina d'Ampezzo (BL) Park Hotel Faloria
Cortona / San Martino (AR) Il Falconiere Relais
Courmayeur / Entrèves (AO) Auberge de la Maison
Cutrofiano (LE) Sangiorgio Resort
Dozza (BO) Monte del Re
Faenza (RA) Relais Villa Abbondanzi
Ferrara (FE) Duchessa Isabella
Finale Ligure (SV) Punta Est
Firenze (FI) Brunelleschi
Firenze (FI) Cellai
Firenze (FI) Continentale
Firenze (FI) Gallery Hotel Art
Firenze (FI) J.K. Place Firenze
Firenze (FI) Lungarno
Firenze (FI) Lungarno Suites
Firenze (FI) Monna Lisa
Firenze (FI) Palazzo Magnani Feroni
Firenze (FI) Residenza del Moro
Firenze (FI) Santa Maria Novella
Firenze (FI) Torre di Bellosguardo
Firenze (FI) Villa La Vedetta
Follina (TV) Villa Abbazia
Forte dei Marmi (LU) Byron
Forte dei Marmi (LU) Villa Roma Imperiale
Fossano (CN) Palazzo Righini
Gaeta (LT) Grand Hotel Le Rocce
Gaeta (LT) Villa Irlanda Grand Hotel
Gaiole in Chianti (SI) Castello di Spaltenna
Galatina (LE) Palazzo Baldi
Gallipoli (LE) Palazzo del Corso
Garda (VR) Regina Adelaide
Gardone Riviera / Fasano (BS) Bella Riva
Gardone Riviera / Fasano (BS) Villa del Sogno
Garlenda (SV) La Meridiana
Gavi (AL) L'Ostelliere
Gazzo (PD) Villa Tacchi
Greve in Chianti (FI) Villa Bordoni
Grottaferrata (RM) Park Hotel Villa Grazioli
Gubbio (PG) Relais Ducale
Labico (RM) Antonello Colonna Labico Resort
Laces (BZ) Paradies
Lana / Foiana (BZ) Völlanerhof
Lana / San Vigilio (BZ) Vigilius Mountain Resort
Lecce (LE) Patria Palace Hotel
Lecce (LE) Santa Chiara
Lucca (LU) Noblesse
Madonna di Campiglio (TN) Bio-Hotel Hermitage
Malcesine (VR) Bellevue San Lorenzo
Maratea / Fiumicello Santa Venere (PZ) Santavenere
Massa Martana (PG) San Pietro Sopra Le Acque
Matera (MT) Palazzo Gattini
Mattinata (FG) Baia dei Faraglioni
Merano (BZ) Castello Labers
Merano (BZ) Meister's Hotel Irma
Merano (BZ) Park Hotel Mignon
Milano (MI) Château Monfort
Milano (MI) The Gray
Milano (MI) De la Ville
Mira (VE) Villa Franceschi
Mira (VE) Villa Margherita
Monopoli (BA) La Peschiera
Montalcino / 'Castelnuovo dell''Abate' (SI) Castello di Velona
Montalcino / Poggio alle Mura (SI) Castello Banfi-Il Borgo
Montebenichi (AR) Castelletto di Montebenichi
Montefalco (PG) Palazzo Bontadosi
Montefalco / San Luca (PG) Villa Zuccari
Montegridolfo (RN) Palazzo Viviani
Monza (MB) De la Ville
Napoli (NA) Costantinopoli 104
Napoli (NA) Palazzo Alabardieri
Naturno (BZ) Lindenhof
Nervi (GE) Villa Pagoda
Nibionno (LC) La California Relais
Norcia (PG) Palazzo Seneca
Olbia (OT) Ollastu
Olbia / Porto Rotondo (OT) Sporting
Oliena (NU) Su Gologone
Orbetello (GR) Relais San Biagio
Orta San Giulio (NO) San Rocco
Orta San Giulio (NO) Villa Crespi
Orvieto (TR) La Badia
Ostuni (BR) La Sommità
Palermo (PA) Grand Hotel Wagner
Panicale (PG) Villa di Monte Solare
Pasiano di Pordenone / Rivarotta (PN) Villa Luppis
Pavone Canavese (TO) Castello di Pavone

Penango / Cioccaro (AT)	Locanda del Sant'Uffizio
Perugia (PG)	Castello di Monterone
Perugia / Monte Petriolo (PG)	Borgo dei Conti Resort
Perugia / Cenerente (PG)	Castello dell'Oscano
Pesaro (PU)	Alexander Museum Palace
Pesaro (PU)	Excelsior
Pesaro (PU)	Vittoria
Pietrasanta (LU)	Albergo Pietrasanta
Pietrasanta (LU)	Versilia Golf
Pigazzano (PC)	Colombara
Pisa (PI)	Relais dell'Orologio
Pontedera (PI)	Armonia
Portobuffolé (TV)	Villa Giustinian
Portofino (GE)	Splendido Mare
Positano (SA)	Palazzo Murat
Pula (CA)	Le Dune
Punta Ala (GR)	Cala del Porto
Ranco (VA)	Il Sole di Ranco
Ravello (SA)	Palumbo
Ravello (SA)	Villa Cimbrone
Redagno (BZ)	Villa Berghofer
Rieti (RI)	Park Hotel Villa Potenziani
Rimini (RN)	i-Suite
Roma (RM)	Castello della Castelluccia
Roma (RM)	Fortyseven
Roma (RM)	Grand Hotel Plaza
Roma (RM)	Palazzo Manfredi
Roma (RM)	Raphaël
Romano Canavese (TO)	Relais Villa Matilde
Ronzone (TN)	Villa Orso Grigio
Salò (BS)	Laurin
San Candido (BZ)	Dolce Vita Family Chalet Postalpina
San Felice Circeo / Quarto Caldo (LT)	Punta Rossa
San Francesco al Campo (TO)	Furno
San Gimignano (SI)	Villasanpaolo Hotel
San Giovanni in Marignano (RN)	Riviera Golf Resort
San Giovanni la Punta (CT)	Villa Paradiso dell'Etna
San Martino di Castrozza (TN)	Regina
San Pietro in Cariano / Pedemonte (VR)	Villa del Quar
San Quirico d'Orcia (SI)	Palazzo del Capitano
San Teodoro (OT)	Due Lune Resort Golf i Spa
Savelletri (BR)	Masseria Torre Coccaro
Savelletri (BR)	Masseria Torre Maizza
Selva di Val Gardena (BZ)	Granvara
Sesto / Moso (BZ)	Sport e Kurhotel Bad Moos
Sestriere (TO)	Shackleton
Sestri Levante (GE)	Grand Hotel Villa Balbi
Siena (SI)	Certosa di Maggiano
Siena / Vagliagli (SI)	Borgo Scopeto Relais
Sinalunga (SI)	Locanda dell'Amorosa
Siracusa (SR)	Grand Hotel Ortigia
Sorrento (NA)	Bellevue Syrene 1820
Sovicille (SI)	Borgo Pretale
Spoleto (PG)	Villa Milani
Taormina (ME)	Metropole
Taranto / Masseria San Pietro (TA)	Relais Histò
Tavarnelle Val di Pesa (FI)	Castello del Nero
Tivoli (RM)	Torre Sant'Angelo
Todi (PG)	Relais Todini
Torgiano (PG)	Le Tre Vaselle
Torino (TO)	Art Hotel Boston
Torino (TO)	Genova
Torino (TO)	Victoria
Valdaora (BZ)	Mirabell
Venezia (VE)	Bauer Palladio
Venezia (VE)	Ca'Maria Adele
Venezia (VE)	Ca'Nigra Lagoon Resort
Venezia (VE)	Ca'Pisani
Venezia (VE)	Palazzo Sant'Angelo sul Canal Grande
Venezia (VE)	Palazzo Stern
Verona (VR)	Gabbia d'Oro
Verona (VR)	Palazzo Victoria
Vico Equense (NA)	Capo la Gala
Villa San Giovanni / Santa Trada di Cannitello (RC)	Altafiumara

Agrigento (AG)	Baglio della Luna
Albareto (PR)	Borgo Casale
Aosta (AO)	Milleluci
Arezzo (AR)	Badia di Pomaio
Arezzo (AR)	Graziella Patio Hotel
Ascoli Piceno (AP)	Residenza 100 Torri
Assisi / Armenzano (PG)	Le Silve
Avelengo (BZ)	Viertlerhof
Azzate (VA)	Locanda dei Mai Intees
Bergamo (BG)	Petronilla
Bologna (BO)	Commercianti
Bracciano (RM)	Villa Clementina
Buriasco (TO)	Tenuta La Cascinetta
Caldaro sulla Strada del Vino (BZ)	Schlosshotel Aehrental
Campitello di Fassa (TN)	Villa Kofler

Caneva (PN) Ca'Damiani
Cannobio (VB) Pironi
Capri (Isola di) / Capri (NA) Villa Brunella
Castel Guelfo di Bologna (BO) Locanda Solarola
Castelrotto (BZ) Mayr
Castelsardo (SS) Bajaloglia
Castiglion Fiorentino / Polvano (AR) Relais San Pietro in Polvano
Catania (CT) Liberty
Cavalese (TN) Laurino
Cortona / San Pietro a Cegliolo (AR) Relais Villa Baldelli
Cortona / Farneta (PI) Relais Villa Petrischio
Costigliole Saluzzo (CN) Castello Rosso
Courmayeur (AO) Villa Novecento
Eolie (Isole) / Panarea (ME) Quartara
Eolie (Isole) / Isola Salina (ME) La Salina Borgo di Mare
Eolie (Isole) / Isola Salina (ME) Signum
Ferrara (FE) Principessa Leonora
Firenze (FI) Antica Torre di via Tornabuoni N. 1
Firenze (FI) Home
Firenze (FI) Inpiazzadellasignoria
Firenze / Galluzzo (FI) Marignolle Relais i Charme
Firenze / Arcetri (FI) Villa Le Piazzole
Fiume Veneto (PN) L'Ultimo Mulino
Follina (TV) Dei Chiostri
Frossasco (TO) La Locanda della Maison Verte
Gallipoli (LE) Palazzo Mosco Inn
Gallipoli (LE) Relais Corte Palmieri
Gambassi Terme (FI) Villa Bianca
Gargnano (BS) Villa Giulia
Genova / Pegli (GE) Torre Cambiaso
Gerace (RC) La Casa di Gianna e Palazzo Sant'Anna
Gressoney-la Trinité (AO) Jolanda Sport
Greve in Chianti / Panzano (FI) Villa le Barone
Grinzane Cavour (CN) Casa Pavesi
Isola d'Asti (AT) Castello di Villa
Lagundo / Algund (BZ) Pergola
La Morra (CN) Corte Gondina
Livigno (SO) Sonne
Lucca (LU) Alla Corte degli Angeli
Maratea / Acquafredda (PZ) Villa Cheta Elite
Marina di Arbus (VS) Le Dune
Marina di Massa (MS) Maremonti
Matera (MT) Locanda di San Martino e Thermae
Merano / Freiberg (BZ) Castel Fragsburg
Milano (MI) Antica Locanda dei Mercanti
Modica (RG) Palazzo Failla
Monforte d'Alba (CN) Villa Beccaris
Montemerano (GR) Relais Villa Acquaviva
Montepulciano (SI) Villa Cicolina
Montevarchi / Moncioni (AR) Villa Sassolini
Napoli (NA) Art Resort Galleria Umberto
Napoli (NA) Chiaja Hotel de Charme
Napoli (NA) Decumani
Negrar (VR) Relais La Magioca
Novacella (BZ) Pacherhof
Ortisei / Bulla (BZ) Uhrerhof-Deur
Otranto (LE) Valle dell'Idro
Oviglio (AL) Castello di Oviglio
Isola di Pantelleria / Pantelleria (TP) Zubebi Resort
Parcines / Rablà (BZ) Roessl
Pellio Intelvi (CO) La Locanda del Notaio
Penango / Cioccaro (AT) Relais Il Borgo
Peschiera del Garda / San Benedetto (VR) The Ziba Hotel i Spa
Pescocostanzo (AQ) Il Gatto Bianco
Portofino (GE) Piccolo Hotel
Porto Santo Stefano / Cala Piccola (GR) Torre di Cala Piccola
Procida / Procida (NA) La Suite Hotel
Procida / Procida (NA) La Vigna
Radda in Chianti (SI) Il Borgo di Vescine
Radda in Chianti (SI) Palazzo Leopoldo
Radda in Chianti (SI) Palazzo San Niccolò
Radda in Chianti / Volpaia (SI) La Locanda
Ragusa (RG) Antica Badia
Ragusa (RG) Eremo della Giubiliana
Ragusa (RG) Locanda Don Serafino
Ragusa (RG) Relais Parco Cavalonga
Ravenna (RA) Cappello
Redagno (BZ) Zirmerhof
Reggello / Vaggio (FI) Villa Rigacci
Reggiolo (RE) Villa Montanarini
Renon / Collalbo (BZ) Kematen
Roccastrada (GR) La Melosa
Roma (RM) Celio
Roma (RM) Sant'Anselmo
Roma (RM) Villa San Pio
Saint-Pierre (AO) La Meridiana Du Cadran Solaire
Salò (BS) Bellerive
Saluzzo (CN) San Giovanni
San Casciano in Val di Pesa (FI) Villa il Poggiale
San Martino di Castrozza (TN) Letizia
San Pietro in Cerro (PC) Locanda del Re Guerriero
San Remo (IM) Eveline-Portosole
Scorzè (VE) Villa Soranzo Conestabile
Senales / Certosa (BZ) Rosa d'Oro-Zur Goldenen Rose
Serravalle Scrivia (AL) Villa la Bollina
Sesto / Moso (BZ) Berghotel e Residence Tirol
Sestri Levante (GE) Suite Hotel Nettuno
Siena (SI) Villa Scacciapensieri
Sinio (CN) Castello di Sinio
Siracusa (SR) Caol Ishka
Siracusa (SR) Lady Lusya

Siracusa (SR)	UNA Hotel One
Sorrento (NA)	Maison la Minervetta
Sovana (GR)	Sovana
Taormina (ME)	El Jebel
Taormina (ME)	Villa Carlotta
Taormina (ME)	Villa Ducale
Taormina (ME)	Villa Taormina
Tirolo (BZ)	Küglerhof
Tonale (Passo del) (BS)	La Mirandola
Tovo San Giacomo / Bardino Vecchio (SV)	Il Casale
Venezia (VE)	Palazzo Abadessa
Venezia (VE)	Palazzo Priuli
Vicchio / Campestri (FI)	Villa Campestri Olive Oil Resort

Agropoli (SA)	La Colombaia
Bergamo (BG)	Piazza Vecchia
Breuil Cervinia (AO)	Mignon
Castelrotto (BZ)	Cavallino d'Oro
Courmayeur / Dolonne (AO)	Maison lo Campagnar
Eolie (Isole) / Filicudi Porto (ME)	La Canna
Fiesole (FI)	Pensione Bencistà
Firenze (FI)	Relais Uffizi
Garda (VR)	La Vittoria
Grottammare (AP)	Roma
la Thuile (AO)	Locanda Collomb
Lazise (VR)	Villa Cansignorio
Levanto (SP)	Stella Maris
Lucca (LU)	Tenuta San Pietro
Matera (MT)	Sassi Hotel
Merano (BZ)	Sonnenhof
Milano (MI)	Antica Locanda Leonardo
Modica (RG)	De Mohac
Montecosaro (MC)	La Luma
Montepulciano (SI)	Villa Poggiano
Morano Calabro (CS)	Villa San Domenico
Orta San Giulio (NO)	La Contrada dei Monti
Paestum (SA)	Il Granaio dei Casabella
Palazzuolo sul Senio (FI)	Locanda Senio
Peio / Cogolo (TN)	Chalet Alpenrose
Ravello (SA)	Villa San Michele
Roma (RM)	Pensione Barrett
San Giovanni d'Asso (SI)	La Locanda del Castello
Santarcangelo di Romagna (RN)	Il Villino
Sauze d'Oulx / Le Clotes (TO)	Il Capricorno
Sciacca (AG)	Villa Palocla
Selva di Cadore (BL)	Ca' del Bosco
Valtournenche (AO)	Grandes Murailles
Varazze (SV)	Astigiana
Venezia (VE)	Antico Doge
Venezia (VE)	La Calcina

Alberobello (BA)	BiB Fascino Antico
Albinia (GR)	Agriturismo Antica Fattoria la Parrina
Amalfi (SA)	Relais Villa Annalara
Amalfi (SA)	Villa Lara
Andria / Montegrosso (BT)	Agriturismo Biomasseria Lama di Luna
Aosta (AO)	Maison Colombot
Apricale (IM)	Locanda dei Carugi
Ascoli Piceno (AP)	Agriturismo Villa Cicchi
Ascoli Piceno (AP)	Palazzo dei Mercanti
Bagnoregio (VT)	Romantica Pucci
Barolo / Vergne (CN)	Ca' San Ponzio
Bernalda (MT)	Agriturismo Relais Masseria Cardillo
Bettona (PG)	Country House Torre Burchio
Bevagna (PG)	L'Orto degli Angeli
Bibbiena (AR)	Relais il Fienile
Borgo San Lorenzo (FI)	Casa Palmira
Borno (BS)	Zanaglio
Briosco (MB)	LeAR
Calatabiano (CT)	Castello di San Marco
Canale (CN)	Agriturismo Villa Cornarea
Canale (CN)	Agriturismo Villa Tiboldi
Canelli (AT)	Agriturismo La Casa in Collina
Capriva del Friuli (GO)	Castello di Spessa
Carré (VI)	Locanda La Corte dei Galli
Casacanditella (CH)	Castello di Semivicoli
Casperia (RI)	La Torretta
Castagneto Carducci (LI)	BiB Villa le Luci
Castel d'Aiano / Rocca di Roffeno (BO)	Agriturismo La Fenice
Castel di Lama (AP)	Borgo Storico Seghetti Panichi

Castellabate / San Marco (SA) Giacaranda
Castiglion Fiorentino / Pieve di Chio (AR) BiB Casa Portagioia
Castroreale (ME) Country Hotel Green Manors
Cerea (VR) Villa Ormaneto
Cetona (SI) La Locanda di Cetona
Città della Pieve (PG) Relais dei Magi
'Civitella d"Agliano' (VT) La Tana dell'Istrice
Corciano (PG) Palazzo Grande
Cortona (AR) Villa di Piazzano
Costermano (VR) Locanda San Verolo
Dolceacqua (IM) Agriturismo Terre Bianche
Drizzona / Castelfranco d'Oglio (CR) Agriturismo l'Airone
Fano (PU) Villa Giulia
Ferentillo (TR) Abbazia San Pietro in Valle
Ferrara (FE) Horti della Fasanara
Ferrara (FE) La Duchessina
Ferrara / Porotto-Cassana (FE) Agriturismo alla Cedrara
Firenze (FI) BiB Antica Dimora Firenze
Firenze (FI) BiB Le Residenze Johlea
Firenze (FI) Palazzo Galletti BiB
Firenze (FI) Palazzo Niccolini al Duomo
Firenze (FI) Villa Antea
Fisciano / Gaiano (SA) Agriturismo Barone Antonio Negri
Fivizzano (MS) Castello dell'Aquila
Foiano della Chiana / Pozzo (AR) Villa Fontelunga
Fratta Todina (PG) La Palazzetta del Vescovo
Frossasco (TO) Il Furtin
Furore (SA) Agriturismo Sant'Alfonso
Gaiole in Chianti (SI) Borgo Argenina
Gallipoli (LE) Masseria Li Foggi
Gardone Riviera (BS) Dimora Bolsone
Gazzola / Rivalta Trebbia (PC) Agriturismo Croara Vecchia
Genova (GE) Locanda di Palazzo Cicala
Greve in Chianti (FI) Agriturismo Villa Vignamaggio
Gualdo Cattaneo / Saragano (PG) Agriturismo la Ghirlanda
Gubbio / Pisciano (PG) Agriturismo Le Cinciallegre
Gubbio / Scritto (PG) Agriturismo Castello di Petroia
Imperia (IM) Agriturismo Relais San Damian
Impruneta (FI) Relais Villa L'Olmo
Labico (RM) Agriturismo Fontana Chiusa
La Morra (CN) Villa Carita
La Morra / Annunziata (CN) Agriturismo La Cascina del Monastero
La Morra / Rivalta (CN) Bricco dei Cogni
Lecce (LE) Palazzo Rollo
Levanto (SP) Agriturismo Villanova
Lucca (LU) A Palazzo Busdraghi
Lucca (LU) Marta Guest House
Lucca (LU) Palazzo Tucci
Lucca / Cappella (LU) La Cappella
Lucca / Segromigno in Monte (LU) Fattoria Mansi Bernardini
Magione (PG) Bella Magione
Magliano Sabina (RI) Corte dei Francesi
Mango (CN) Villa Althea
Massa Marittima / Tatti (GR) La Fattoria dei Tatti
Melizzano (BN) Country House Giravento
Mestre / Zelarino (VE) Agriturismo al Segnavento
Mezzane di Sotto (VR) Agriturismo i Tamasotti
Modica (RG) Casa Talia
Mombello Monferrato (AL) Cà Dubini
Moncalvo (AT) Agriturismo Cascina Orsolina
Moneglia (GE) Abbadia San Giorgio
Monforte d'Alba (CN) Le Case della Saracca
Monsummano Terme (PT) Villa San Bastiano
Montaione / San Benedetto (FI) BiB Villa Sestilia
Montecatini Terme (PT) Villa le Magnolie
Montefiridolfi (FI) Agriturismo Fonte de' Medici
Montefiridolfi (FI) Il Borghetto Country Inn
Montepulciano (SI) Hotelito Lupaia
Montepulciano (SI) Relais San Bruno
Monteriggioni / Strove (SI) Agriturismo Castel Pietraio
Monte San Savino / Gargonza (AR) Castello di Gargonza
Montieri (GR) Agriturismo La Meridiana-Locanda in Maremma
Morano Calabro (CS) Agriturismo la Locanda del Parco
Murisengo / Corteranzo (AL) Canonica di Corteranzo
Napoli (NA) Belle Arti Resort
Napoli (NA) L'Alloggio dei Vassalli
Nizza Monferrato (AT) Agriturismo Tenuta la Romana
Noli (SV) Residenza Palazzo Vescovile
Offida (AP) Agriturismo Nascondiglio di Bacco
Orvieto / Rocca Ripesena (TR) Locanda Palazzone
Ostuni (BR) Masseria Il Frantoio
Otranto (LE) Masseria Panareo
Panicale (PG) Agriturismo Montali
Panicale (PG) Villa le Mura
Parma (PR) Palazzo dalla Rosa Prati
Peccioli (PI) Pratello Country Resort
Pesaro (PU) Locanda di Villa Torraccia
Peschici (FG) La Chiusa delle More
Petralia Sottana (PA) Agriturismo Monaco di Mezzo
Pettineo (ME) Casa Migliaca
Piegaro (PG) Ca' de Principi
Pienza (SI) Relais La Saracina
Pieve San Quirico (PG) Le Torri di Bagnara
Pigna (IM) La Casa Rosa
Pinzolo / Sant' Antonio di Mavignola (TN) Maso Doss
Pisciotta (SA) Marulivo
Positano (SA) Villa Rosa

Pozzuoli / Cuma (NA)	Villa Giulia
Proceno (VT)	Castello di Proceno
Ragusa (RG)	Caelum Hyblae
Rapolano Terme (SI)	Villa Buoninsegna
Reggello / San Donato Fronzano (FI)	Agriturismo Podere Picciolo
Reggio nell'Emilia (RE)	BiB Del Vescovado
Roma (RM)	Moses Fountain
Roma (RM)	Residenza A-The Boutique Art Hotel
Roma (RM)	Villa Spalletti Trivelli
Roma / Casal Palocco (RM)	Relais 19
Roncofreddo (FC)	I Quattro Passeri
Roncofreddo / Monteleone (FC)	La Tana del Ghiro
Rovere (AQ)	Robur Marsorum
San Casciano in Val di Pesa / Mercatale (FI)	Agriturismo Salvadonica
San Cipriano Picentino (SA)	Villa Rizzo Resort i Spa
San Quirico d'Orcia (SI)	Agriturismo Il Rigo
San Quirico d'Orcia (SI)	Casa Lemmi
San Quirico d'Orcia / Bagno Vignoni (SI)	La Locanda del Loggiato
Sansepolcro (AR)	Relais Palazzo di Luglio
Santarcangelo di Romagna / Montalbano (RN)	Agriturismo Locanda Antiche Macine
San Vincenzo (LI)	Poggio ai Santi
Sappada / Cima Sappada (BL)	Agriturismo Voltan Haus
Sassetta (LI)	Agriturismo La Bandita
Savelletri (BR)	Masseria Cimino
Savignone (GE)	Palazzo Fieschi
Scandicci / Mosciano (FI)	Tenuta Le Viste
Scarlino (GR)	Relais Vedetta
Sellia Marina (CZ)	Agriturismo Contrada Guido
Selva di Val Gardena (BZ)	Prà Ronch
Siena (SI)	Campo Regio Relais
Siena / Santa Regina (SI)	Frances' Lodge Relais
Sinalunga (SI)	San Giustino
Spoleto (PG)	Palazzo Dragoni
Spoleto (PG)	Palazzo Leti
Spoleto / Silvignano (PG)	Le Logge di Silvignano
Susegana (TV)	Maso di Villa
Termoli (CB)	Residenza Sveva
Todi (PG)	Agriturismo Tenuta di Canonica
Todi / Chioano (PG)	Residenza Roccafiore
Torrita di Siena (SI)	Residenza D'Arte
Tortona (AL)	Casa Cuniolo
Trapani (TP)	Ai Lumi
Ugento (LE)	Masseria Don Cirillo
Urbino / Pantiere (PU)	Urbino Resort Santi Giacomo e Filippo
Venezia (VE)	Charming House DD 724
Venezia (VE)	La Residenza
Venezia (VE)	Novecento
Venezia (VE)	Oltre il Giardino
Venezia (VE)	Settimo Cielo e Bloom
Verona (VR)	Agriturismo Delo
Verrayes / Grandzon (AO)	Agriturismo La Vrille
Vigo di Fassa / Tamion (TN)	Agritur Weiss
Volterra (PI)	Agriturismo Marcampo

Ristoranti ameni

➜ Particularly pleasant restaurants

Firenze (FI)	Enoteca Pinchiorri
Firenze (FI)	Il Palagio
Fiuggi / Fiuggi Fonte (FR)	Il Savoia
Roma (RM)	Le Jardin de Russie
Roma (RM)	La Pergola
Taormina (ME)	Timeo
Venezia (VE)	Terrazza Danieli

Alta Badia (BZ)	St. Hubertus
Baschi (TR)	Vissani
Breuil Cervinia (AO)	La Chandelle
Brusaporto (BG)	Da Vittorio
Canneto Sull' Oglio / Runate (MN)	Dal Pescatore
Capri (Isola di) / Anacapri (NA)	L'Olivo
Castel di Sangro (AQ)	Reale
Cortina d'Ampezzo (BL)	Il Gazebo
Erbusco (BS)	Gualtiero Marchesi
Fiesole (FI)	La Loggia
Firenze (FI)	Relais le Jardin
Firenze (FI)	SE.STO
Gardone Riviera / Fasano (BS)	Il Fagiano
Gargnano (BS)	Villa Feltrinelli
Gubbio (PG)	Ai Cappuccini
Imola (BO)	San Domenico
Ischia (Isola d') / Casamicciola Terme (NA)	Il Mosaico
Massa Lubrense / Nerano (NA)	Quattro Passi
Milano (MI)	Acanto
Milano (MI)	Il Teatro
Milano (MI)	Vun
Napoli (NA)	Caruso Roof Garden
Orta San Giulio (NO)	Villa Crespi
Porto Ercole (GR)	Il Pellicano
Positano (SA)	La Sponda
Positano (SA)	San Pietro
Quistello (MN)	Ambasciata
Ravello (SA)	Belvedere
Ravello (SA)	Rossellinis
Roma (RM)	Filippo La Mantia
Roma (RM)	Hostaria dell'Orso
Roma (RM)	Imàgo
Roma (RM)	Mirabelle
Roma (RM)	Oliver Glowig
Roma (RM)	Sapori del Lord Byron
Roma (RM)	La Terrazza
Sant' Agata sui Due Golfi (NA)	Don Alfonso 1890
Serralunga d'Alba (CN)	La Rei
Siena (SI)	Il Canto
Taormina (ME)	Principe Cerami
Tirolo (BZ)	Trenkerstube
Torino (TO)	Del Cambio
Tremezzo (CO)	La Terrazza
Venezia (VE)	Antinoo's Lounge
Venezia (VE)	La Cusina
Venezia (VE)	Met

Agrigento (AG) Il Granaio di Ibla
Alta Badia (BZ) La Siriola
Alta Badia (BZ) La Stüa de Michil
Arabba (BL) La Stube
Asolo (TV) Villa Cipriani
Bagno a Ripoli / Candeli (FI) Il Verrocchio
Bardolino (VR) La Veranda
Bassano del Grappa (VI) Ca' 7
Benevello (CN) Villa d'Amelia
Bergeggi (SV) Claudio
Besenzone / Bersano (PC) La Fiaschetteria
Bologna (BO) Leoni
Borgio Verezzi (SV) Doc
Bra / Pollenzo (CN) Guido
Brescia (BS) Castello Malvezzi
Bressanone (BZ) Elefante
Cannero Riviera (VB) I Castelli
Capri (Isola di) / Capri (NA) Monzù
Cartoceto (PU) Symposium
Casole d'Elsa / Pievescola (SI) Oliviera
Castelbello Ciardes (BZ) Kuppelrain
Castelnuovo Berardenga (SI) Poggio Rosso
Castiglione del Lago / Petrignano di Lago (PG) L'Essenza
Castiglione della Pescaia / Badiola (GR) Trattoria Toscana-Tenuta la Badiola
Catania (CT) Il Canile
Cavalese (TN) El Molin
Cetona (SI) La Frateria di Padre Eligio
Cherasco (CN) Il Marachella
Cogne (AO) Le Petit Restaurant
Collebeato / Campiani (BS) Carlo Magno
Cologne (BS) Cappuccini Resort
Como (CO) Navedano
Conca dei Marini (SA) Santa Rosa
Corte Franca / Borgonato (BS) Due Colombe
Cortona / San Martino (AR) Il Falconiere
Costermano (VR) La Casa degli Spiriti
Courmayeur / Entrèves (AO) Rosa Alpina
Cutrofiano (LE) Il Chiostro
Desenzano del Garda (BS) Esplanade
Dolegna del Collio / Ruttars (GO) Castello di Trussio dell'Aquila d'Oro
Dozza (BO) Monte del Re
Falzes / Molini (BZ) Schöneck
Fiesole (FI) Il Salviatino
Firenze (FI) Borgo San Jacopo
Firenze (FI) The Fusion Bar i Restaurant
Follina (TV) La Corte
Fossano (CN) Antiche Volte
Gaiole in Chianti (SI) Il Pievano
Garda (VR) Regio Patio
Gardone Riviera (BS) Villa Fiordaliso
Gardone Riviera / Fasano (BS) Maximilian 1904
Garlenda (SV) Il Rosmarino
Grottaferrata (RM) Acquaviva
Ischia (Isola d') / Lacco Ameno (NA) Indaco
Labico (RM) Antonello Colonna Labico
Ladispoli (RM) The Cesar
La Salle (AO) La Cassolette
Maiori (SA) Il Faro di Capo d'Orso
Manerba del Garda (BS) Capriccio
Martina Franca (TA) Duca di Martina
Massa Lubrense / Termini (NA) Relais Blu
Merano (BZ) Kallmünz
Milano (MI) Don Carlos
Mira (VE) Margherita
Moltrasio (CO) Imperialino
Montalcino / Castiglione del Bosco (SI) Campo del Drago
Montemerano (GR) Caino
Montignoso (MS) Il Bottaccio
Monza (MB) Derby Grill
Napoli (NA) George's
Napoli (NA) Il Comandante
Nervi (GE) Il Roseto
Nibionno (LC) I Melograni
Noli (SV) Il Vescovado-La Fornace di Barbablù
Norcia (PG) Vespasia
Oderzo (TV) Gellius
Orta San Giulio (NO) Teatro Magico
Ortisei (BZ) Anna Stuben
Orvieto (TR) La Badia
Ostuni (BR) Cielo
Paestum (SA) Le Trabe
Penango / Cioccaro (AT) Locanda del Sant'Uffizio da Beppe
Perugia (PG) Il Gradale
Perugia (PG) Il Postale
Pesaro (PU) Agorà Rossini
Piacenza (PC) Antica Osteria del Teatro
Polesine Parmense (PR) Antica Corte Pallavicina
Portobuffolé (TV) Ai Campanili
Porto Ercole (GR) Damadama
Portofino (GE) Chuflay
Positano (SA) Al Palazzo
Ragusa (RG) Locanda Don Serafino
Ranco (VA) Il Sole di Ranco
Ravello (SA) Il Flauto di Pan
Riva del Garda (TN) Il Re della Busa
Roma (RM) Aroma
Roma (RM) Brunello Lounge i Restaurant
Roma (RM) Locanda della Castelluccia
Roma (RM) Open Colonna
Ronzone (TN) Orso Grigio

San Bonifacio (VR) Relais Villabella
San Giacomo di Roburent (CN) Valentine
San Giovanni la Punta (CT) La Pigna
San Pietro in Cariano (VR) Atelier
San Pietro in Cariano / Pedemonte (VR) Arquade
Sant' Agnello (NA) La Scintilla
Santo Stefano Belbo (CN) Il Ristorante di Guido da Costigliole
Saturnia (GR) Acquacotta
Selva di Val Gardena (BZ) Alpenroyal Gourmet
Siena (SI) Sapordivino
Strongoli (KR) Dattilo
Taormina (ME) Bellevue
Taormina (ME) Casa Grugno
Todi (PG) Relais Todini
Torino (TO) Winner
Treiso (CN) La Ciau del Tornavento
Venaria Reale (TO) Dolce Stil Novo alla Reggia
Venezia (VE) Quadri
Verbania / Fondotoce (VB) Piccolo Lago
Verona (VR) Il Desco
Vico Equense (NA) Maxi
Vico Equense / Marina Equa (NA) Torre del Saracino
Villa San Giovanni / Santa Trada di Cannitello (RC) I Due Mari
Vodo Cadore (BL) Al Capriolo

XX

Agrigento (AG) Il Dehors
Albaredo d'Adige / Coriano Veronese (VR) Locanda dell'Arcimboldo
Albareto (PR) Casimiro e voi
Alghero (SS) Andreini
Almenno San Salvatore (BG) Cantina Lemine
Augusta / Brucoli (SR) La Conchiglia
Azzate (VA) Locanda dei Mai Intees
Barberino Val d'Elsa / Petrognano (FI) Il Paese dei Campanelli
Bee (VB) Chi Ghinn
Briaglia (CN) Marsupino
Caldogno (VI) Molin Vecio
Camaiore (LU) Emilio e Bona
Campitello di Fassa (TN) Della Villa Restaurant
Campo Tures (BZ) Toccorosso
Canale (CN) Villa Tiboldi
Cantello (VA) Madonnina
Capri (Isola di) / Marina Grande (NA) Da Paolino
Capri (Isola di) / Anacapri (NA) Il Riccio
Capri (Isola di) / Capri (NA) Terrazza Brunella
Carbonara Scrivia (AL) Locanda Malpassuti
Castelraimondo / Sant'Angelo (MC) Il Giardino degli Ulivi
Castel Toblino (TN) Castel Toblino
Castrocielo (FR) Villa Euchelia
Cervere (CN) Antica Corona Reale-da Renzo
Chiesa in Valmalenco (SO) Il Vassallo
Colloredo di Monte Albano (UD) La Taverna
Cormons (GO) Al Cacciatore-della Subida
Cortona / Farneta (PI) Relais Villa Petrischio
Courmayeur (AO) Villa Novecento
Cuasso al Monte / Cuasso al Piano (VA) Molino del Torchio
Dobbiaco (BZ) Tilia
Domodossola (VB) La Stella
Fabriano (AN) Villa Marchese del Grillo
Firenze (FI) Alle Murate
Firenze (FI) Baccarossa
Fiume Veneto (PN) L'Ultimo Mulino
Gaeta (LT) La Terrazza degli Ulivi
Gavi (AL) La Gallina
Greve in Chianti (FI) Villa Bordoni
Illasi (VR) Le Cedrare
Longare / Costozza (VI) Aeolia
Arcipelago della Maddalena / La Maddalena (OT) La Scogliera
Madonna di Campiglio (TN) Stube Hermitage
Malé (TN) Conte Ramponi
Matera (MT) Don Matteo
Mercato San Severino (SA) Casa del Nonno 13
Moncalieri (TO) La Maison Delfino
Montaione / San Benedetto (FI) Casa Masi
Montalcino / Poggio alle Mura (SI) Castello Banfi-La Taverna
Montegridolfo (RN) Osteria dell'Accademia
Montemerano (GR) La Limonaia
Morgex (AO) Café Quinson
Neviano degli Arduini (PR) Trattoria Mazzini
Oliena (NU) Su Gologone
Oviglio (AL) Donatella
Paestum (SA) Nettuno
Pasiano di Pordenone / Rivarotta (PN) Lupus in Tabula
Pellio Intelvi (CO) La Locanda del Notaio
Pergine Valsugana (TN) Castel Pergine
Peschiera del Garda / San Benedetto (VR) Zibaldone
Pieve di Soligo / Solighetto (TV) Da Lino
Pocenia / Paradiso (UD) Al Paradiso
Ponza (Isola di) / Ponza (LT) Orestorante
Positano (SA) Le Terrazze
Ravenna (RA) Antica Trattoria al Gallo 1909

Redagno (BZ)	Stube 1600
Reggello / Vaggio (FI)	Relais le Vieux Pressoir
Rieti (RI)	Belle Epoque
Roccastrada (GR)	La Melosa
Roseto degli Abruzzi (TE)	Tonino-da Rosanna
Rubiera (RE)	Osteria del Viandante
Saint-Vincent (AO)	Le Grenier
San Francesco al Campo (TO)	Restaurant Relais
San Gimignano (SI)	Lampolla
San Polo di Piave (TV)	Parco Gambrinus
San Vincenzo (LI)	Il Sale
Sappada (BL)	Laite
Serravalle Scrivia (AL)	La Bollina
Sinalunga (SI)	Le Coccole dell'Amorosa
Sinio (CN)	Pardini Vini et Cucina
Sorrento (NA)	L'Antica Trattoria
Tavarnelle Val di Pesa / Badia a Passignano (FI)	Osteria di Passignano
Tesimo (BZ)	Zum Löwen
Tigliole (AT)	Vittoria
Todi / Chioano (PG)	Fiorfiore
Varese (VA)	Luce
Varese / Capolago (VA)	Da Annetta
Venezia / Torcello (VE)	Locanda Cipriani
Verona (VR)	Osteria la Fontanina
Villa d'Almè (BG)	Osteria della Brughiera
Villa di Chiavenna (SO)	Lanterna Verde
Villandro (BZ)	Ansitz Zum Steinbock

Aldino (BZ)	Krone
Alta Badia (BZ)	Maso Runch
Aosta / Pila (AO)	Société anonyme de consommation
Arzignano (VI)	Macelleria Damini
Avetrana (TA)	Masseria Bosco
Bardolino (VR)	Il Giardino delle Esperidi
Bergamo / San Vigilio (BG)	Baretto di San Vigilio
Bobbio (PC)	Enoteca San Nicola
Bolzano / Bauernkohlern / Colle di Villa (BZ)	Colle-Kohlern
Brescia (BS)	Trattoria Porteri
Cappella de' Picenardi (CR)	Locanda degli Artisti
Carate Brianza (MB)	Camp di Cent Pertigh
Castelvetro di Modena (MO)	Locanda del Feudo
Chiavenna / Mese (SO)	Crotasc
Cisterna d'Asti (AT)	Garibaldi
Cogne (AO)	Bar à Fromage
Cortina d'Ampezzo (BL)	Baita Piè Tofana
Courmayeur / Dolonne (AO)	Lo Campagnar
Cuneo (CN)	L'Osteria di Christian
Elba (Isola d') / Porto Azzurro (LI)	Osteria dei Quattro Gatti
Filandari / Mesiano (VV)	Frammichè
Flaibano (UD)	Grani di Pepe
Formazza (VB)	Walser Schtuba
Gravina in Puglia (BA)	Madonna della Stella
Greve in Chianti / Panzano (FI)	Antica Macelleria Cecchini-Solociccia
Grottaferrata (RM)	Taverna dello Spuntino
Ischia (Isola d') / Forio (NA)	Da «Peppina» di Renato
Milano (MI)	Pane Acqua
Milano (MI)	Vietnamonamour
Modena (MO)	Hosteria Giusti
Pachino / Marzamemi (SR)	La Cialoma
Palazzuolo sul Senio (FI)	Locanda Senio
Peccioli (PI)	La Greppia
Peschiera Borromeo (MI)	Trattoria dei Cacciatori
Piozzo (CN)	Casa Baladin
Ponza (Isola di) / Ponza (LT)	Il Tramonto
Pozzolengo (BS)	Moscatello Muliner
Racale (LE)	L'Acchiatura
Roma (RM)	Caffè Propaganda
San Pellegrino (Passo di) (TN)	Rifugio Fuciade
Santarcangelo di Romagna / Montalbano (RN)	Antiche Macine
Sauze d'Oulx / Le Clotes (TO)	Naskira
Savigno (BO)	Trattoria da Amerigo
Siena (SI)	La Taverna di San Giuseppe
Siena (SI)	Osteria le Logge
Tarcento (UD)	Osteria di Villafredda
Taviano (LE)	A Casa tu Martinu
Treviso (TV)	Toni del Spin
Trieste (TS)	Al Bagatto
Usseaux (TO)	Lago del Laux
Venezia (VE)	La Piscina

Spa

→ Centro attrezzato per il benessere ed il relax

→ An extensive facility for relaxation

Abano Terme (PD)	Abano Grand Hotel
Abano Terme (PD)	All'Alba
Abano Terme (PD)	Atlantic
Abano Terme (PD)	Bristol Buja
Abano Terme (PD)	Due Torri
Abano Terme (PD)	Europa Terme
Abano Terme (PD)	Harrys' Garden
Abano Terme (PD)	Mioni Pezzato
Abano Terme (PD)	Panoramic Hotel Plaza
Abano Terme (PD)	President
Abano Terme (PD)	Principe
Abano Terme (PD)	Terme Metropole
Abano Terme (PD)	Trieste i Victoria
Abano Terme (PD)	Tritone Terme
Abetone (PT)	Val di Luce Resort
Acqui Terme (AL)	Grand Hotel Nuove Terme
Agrigento / San Leone (AG)	Baia di Ulisse
Alassio (SV)	Grand Hotel Alassio
Alassio (SV)	Ligure
Alassio (SV)	Rosa
Alghero (SS)	Villa Las Tronas
Alpe di Siusi (BZ)	Alpina Dolomites
Alpe di Siusi (BZ)	Seiser Alm Urthaler
Alpe di Siusi (BZ)	Sporthotel Floralpina
Alta Badia (BZ)	Antines
Alta Badia (BZ)	Armentarola
Alta Badia (BZ)	Cappella
Alta Badia (BZ)	Ciasa Salares
Alta Badia (BZ)	Cristallo
Alta Badia (BZ)	Fanes
Alta Badia (BZ)	La Majun
Alta Badia (BZ)	La Perla
Alta Badia (BZ)	Posta-Zirm
Alta Badia (BZ)	Rosa Alpina
Alta Badia (BZ)	Sassongher
Amantea (CS)	Mediterraneo Palace Hotel
Andalo (TN)	Dolce Avita Spa i Resort

Appiano sulla Strada del Vino (BZ)	Gartenhotel Moser Life i Welness Resort
Appiano sulla Strada del Vino / Missiano (BZ)	Schloss Korb
Appiano sulla Strada del Vino / Cornaiano (BZ)	Weinegg
Appiano sulla Strada del Vino / Pigano (BZ)	Stroblhof
Arabba (BL)	Evaldo
Arezzo (AR)	A. Point Arezzo Park Hotel
Arzachena (OT)	Tenuta Pilastru
Arzachena / Porto Cervo (OT)	Cervo
Assisi (PG)	Ròseo Hotel Assisi
Avelengo (BZ)	Mirabell
Avelengo (BZ)	Miramonti
Bagno di Romagna (FC)	Ròseo Hotel Euroterme
Bagno di Romagna (FC)	Tosco Romagnolo
Bagno di Romagna / Acquapartita (FC)	Miramonti
Bardolino (VR)	Caesius Thermae
Barletta (BT)	Dei Cavalieri
Baveno (VB)	Grand Hotel Dino
Bellagio (CO)	Grand Hotel Villa Serbelloni
Benevento (BN)	Aquapetra Resort e SPA
Bertinoro / Fratta (FC)	Grand Hotel Terme della Fratta
Bibione (VE)	Bibione Palace
Bisceglie (BT)	Nicotel
Blevio (CO)	Castadiva Resort
Bordighera (IM)	Grand Hotel del Mare
Bressanone (BZ)	Dominik
Breuil Cervinia (AO)	Excelsior-Planet
Breuil Cervinia (AO)	Hermitage
Breuil Cervinia (AO)	Saint Hubertus
Brunico / Riscone (BZ)	Majestic
Brunico / Riscone (BZ)	Royal Hotel Hinterhuber
Brunico / Riscone (BZ)	Rudolf

Brunico / Riscone (BZ)	Schönblick
Cagliari (CA)	T Hotel
Caldaro sulla Strada del Vino (BZ)	Seeleiten
Campitello di Fassa (TN)	Gran Chalet Soreghes
Campitello di Fassa (TN)	Gran Paradis
Campitello di Fassa (TN)	Salvan
Campo Tures (BZ)	Alphotel Stocker
Campo Tures (BZ)	Alte Mühle
Campo Tures (BZ)	Feldmilla
Canazei / Alba (TN)	La Cacciatora
Capri (Isola di) / Anacapri (NA)	Capri Palace Hotel
Capri (Isola di) / Capri (NA)	Capri Tiberio Palace
Capri (Isola di) / Capri (NA)	Grand Hotel Quisisana
Capri (Isola di) / Marina Grande (NA)	J.K. Place Capri
Caramanico Terme (PE)	La Réserve
Carzago Riviera (BS)	Palazzo Arzaga
Castagneto Carducci / Marina di Castagneto Carducci (LI)	Tombolo Talasso Resort
Castellammare di Stabia (NA)	Crowne Plaza Stabiae Sorrento Coast
Castelnuovo Berardenga (SI)	Castel Monastero
Castelpetroso (IS)	La Fonte dell'Astore
Castelrotto (BZ)	Alpenflora
Castelverde (CR)	Cremona Palace Hotel
Castiglione della Pescaia / Badiola (GR)	L'Andana-Tenuta La Badiola
Castiglione della Pescaia / Riva del Sole (GR)	Riva del Sole
Castrocaro Terme (FC)	Grand Hotel Terme
Catanzaro / Catanzaro Lido (CZ)	Grand Hotel Paradiso
Cavalese (TN)	Lagorai
Ceglie Messapica (BR)	Madonna Delle Grazie
Cernobbio (CO)	Villa d'Este
Cervia (RA)	Gambrinus
Cervia / Milano Marittima (RA)	Aurelia
Cervia / Milano Marittima (RA)	Globus
Cervia / Milano Marittima (RA)	Le Palme
Cervia / Milano Marittima (RA)	Palace Hotel
Champoluc (AO)	Relais des Glacier
Cherasco (CN)	Somaschi
Chianciano Terme (SI)	Admiral Palace
Cison di Valmarino (TV)	CastelBrando
Cividale del Friuli (UD)	Locanda al Castello
Cogne (AO)	Bellevue
Cogne (AO)	Miramonti
Cogne / Cretaz (AO)	Notre Maison
Colfiorito (PG)	Villa Fiorita
Cologne (BS)	Cappuccini Resort
Comano Terme / Ponte Arche (TN)	Cattoni-Plaza
Comano Terme / Ponte Arche (TN)	Grand Hotel Terme
Commezzadura (TN)	Tevini
Conca dei Marini (SA)	Monastero Santa Rosa Hotel i Spa
Corato (BA)	Nicotel Corato
Cortina d'Ampezzo (BL)	Cristallo Hotel Spa i Golf
Cortina d'Ampezzo (BL)	Grand Hotel Savoia
Cortina d'Ampezzo (BL)	Park Hotel Faloria
Cortina d'Ampezzo (BL)	Rosapetra Spa Resort
Costermano (VR)	Boffenigo
Courmayeur (AO)	Grand Hotel Royal e Golf
Crodo / Viceno (VB)	Edelweiss
Cutrofiano (LE)	Sangiorgio Resort
Darfo-Boario Terme / Boario Terme (BS)	Rizzi Aquacharme
Desenzano del Garda (BS)	Acquaviva
Dobbiaco (BZ)	Cristallo
Dobbiaco (BZ)	Park Hotel Bellevue
Dobbiaco (BZ)	Santer
Elba (Isola d') / Portoferraio (LI)	Hermitage
Enna (EN)	Federico II Palace Hotel
Erbusco (BS)	L'Albereta
Faenza (RA)	Relais Villa Abbondanzi
Fai della Paganella (TN)	Al Sole
Ferno (VA)	Sheraton Milan Malpensa
Fiè allo Sciliar (BZ)	Heubad
Fiè allo Sciliar (BZ)	Turm
Fiera di Primiero (TN)	Iris Park Hotel
Fiera di Primiero (TN)	Relais Le Gemme
Fiera di Primiero (TN)	Tressane
Firenze (FI)	Four Seasons Hotel Firenze
Firenze (FI)	Grand Hotel Villa Cora
Fiuggi / Fiuggi Fonte (FR)	Ambasciatori
Fiuggi / Fiuggi Fonte (FR)	Grand Hotel Palazzo della Fonte
Folgarida (TN)	Alp Hotel Taller
Fondo (TN)	Lady Maria
Forte dei Marmi (LU)	Principe
Francavilla al Mare (CH)	Villa Maria Hotel i SPA
Gabicce Mare (PU)	Grand Hotel Michelacci
Gallio (VI)	Gaarten

Galzignano Terme (PD) Radisson Blu Resort Terme di Galzignano
Garda (VR) Regina Adelaide
Gardone Riviera (BS) Grand Hotel Gardone
Gardone Riviera / Fasano (BS) Grand Hotel Fasano e Villa Principe
Gargnano (BS) Lefay Resort i SPA
Giulianova Lido (TE) Sea Park SPA Resort
Grado (GO) Grand Hotel Astoria
Grado (GO) Laguna Palace
Grado (GO) Savoy
Gubbio (PG) Park Hotel ai Cappuccini
Ischia (Isola d') / Barano (NA) Parco Smeraldo Terme
Ischia (Isola d') / Ischia (NA) Grand Hotel Excelsior
Ischia (Isola d') / Ischia (NA) Grand Hotel Punta Molino Beach Resort i Spa
Ischia (Isola d') / Ischia (NA) Il Moresco
Ischia (Isola d') / Lacco Ameno (NA) L'Albergo della Regina Isabella
Ischia (Isola d') / Ischia (NA) Le Querce
Ischia (Isola d') / Forio (NA) Mezzatorre Resort i Spa
Ischia (Isola d') / Casamicciola Terme (NA) Terme Manzi Hotel i SPA
Jesi (AN) Federico II
Labico (RM) Antonello Colonna Labico Resort
Laces (BZ) Paradies
Lana / Foiana (BZ) Völlanerhof
Lana / Foiana (BZ) Waldhof
Lana / San Vigilio (BZ) Vigilius Mountain Resort
La Salle (AO) Mont Blanc Hotel Village
Lazise (VR) Corte Valier
Lecce (LE) Hilton Garden Inn
Levanto (SP) Park Hotel Argento
Levico Terme (TN) Al Sorriso Green Park
Levico Terme (TN) Grand Hotel Imperial
Lido di Camaiore (LU) Caesar
Lido di Camaiore (LU) UNA Hotel Versilia
Lignano Sabbiadoro (UD) Florida
Lignano Sabbiadoro / Lignano Pineta (UD) Greif
Limone Piemonte (CN) Grand Palais Excelsior
Limone sul Garda (BS) Park Hotel Imperial
Livigno (SO) Baita Montana
Livigno (SO) Lac Salin Spa i Mountain Resort
Macerata (MC) Le Case
Madesimo (SO) Andossi
Madesimo (SO) Il Cantinone e Sport Hotel Alpina
Madonna di Campiglio (TN) Campiglio Bellavista
Madonna di Campiglio (TN) Chalet Laura
Madonna di Campiglio (TN) Cristal Palace
Madonna di Campiglio (TN) Crozzon
Madonna di Campiglio (TN) Gianna
Madonna di Campiglio (TN) Lorenzetti
Malcesine (VR) Maximilian
Malles Venosta / Burgusio (BZ) Weisses Kreuz
Manfredonia (FG) Regio Hotel Manfredi
Mantello (SO) La Fiorida
Maratea / Fiumicello Santa Venere (PZ) Santavenere
Marlengo (BZ) Jagdhof
Marlengo (BZ) Marlena
Marlengo (BZ) Oberwirt
Martina Franca (TA) Relais Villa San Martino
Massa Lubrense (NA) Bellavista
Mazara del Vallo (TP) Kempinski Giardino di Costanza
Merano (BZ) Adria
Merano (BZ) Alexander
Merano (BZ) Ansitz Plantitscherhof
Merano (BZ) Castel Rundegg Hotel
Merano (BZ) Meister's Hotel Irma
Merano (BZ) Meranerhof
Merano (BZ) Park Hotel Mignon
Merano (BZ) Pienzenau am Schlosspark
Merano (BZ) Therme Meran
Merano / Freiberg (BZ) Castel Fragsburg
Mezzana (TN) Val di Sole
Milano (MI) Armani Hotel Milano
Milano (MI) Bulgari
Milano (MI) Château Monfort
Milano (MI) Grand Visconti Palace
Milano (MI) The Hub
Milano (MI) Park Hyatt Milano
Milano (MI) Principe di Savoia
Moena (TN) Alle Alpi
Molveno (TN) Alexander
Molveno (TN) Belvedere
Monguelfo / Tesido (BZ) Alpenhof
Monsummano Terme (PT) Grotta Giusti
Montalcino / 'Castelnuovo dell''Abate' (SI) Castello di Velona
Montaldo Torinese (TO) Castello Montaldo

Montecatini Terme (PT) Grand Hotel Croce di Malta
Montecatini Terme (PT) Grand Hotel e La Pace
Montefiridolfi (FI) Agriturismo Fonte de' Medici
Montegrotto Terme (PD) Continental Terme
Montegrotto Terme (PD) Garden Terme
Montegrotto Terme (PD) Grand Hotel Terme
Montegrotto Terme (PD) Terme Olimpia
Montegrotto Terme (PD) Terme Sollievo
Monticelli Terme (PR) Delle Rose
Montignoso / Cinquale (MS) Villa Undulna
Mules (BZ) Stafler
Napoli (NA) Romeo
Naturno (BZ) Feldhof
Naturno (BZ) Funggashof
Naturno (BZ) Lindenhof
Naturno (BZ) Preidlhof
Noicattaro (BA) UNA Hotel Regina
Novacella (BZ) Pacherhof
Nova Levante (BZ) Engel
Nova Ponente (BZ) Pfösl
Ortisei (BZ) Adler Dolomiti i Adler Balance
Ortisei (BZ) Alpin Garden
Ortisei (BZ) Angelo-Engel
Ortisei (BZ) Gardena-Grödnerhof
Ortisei (BZ) Genziana-Enzian
Panicale (PG) Villa di Monte Solare
Parcines / Rablà (BZ) Roessl
Pavia (PV) Cascina Scova
Peio / Cogolo (TN) Kristiania Alpin Wellness
Pesaro (PU) Excelsior
Pescantina / Ospedaletto (VR) Villa Quaranta Park Hotel
Picerno (PZ) Bouganville
Pigazzano (PC) Colombara
Pinzolo (TN) Cristina
Polignano a Mare (BA) Borgobianco
Porlezza (CO) Parco San Marco
Porretta Terme (BO) Helvetia
Porto Ercole (GR) Argentario Golf Resort
Positano (SA) Le Sirenuse
Pozza di Fassa (TN) Ladinia
Praiano (SA) Casa Angelina
Pré-Saint-Didier / Palleusieux (AO) Le Grand Hotel Courmaison
Pula (CA) Castello e Rist. Cavalieri
Pula (CA) Il Borgo e Rist. Bellavista
Pula (CA) Il Villaggio
Pula (CA) Le Dune

Pula (CA) Le Palme e Rist. Bellavista
Pula (CA) Royal Pineta e Rist. Bellavista
Pula (CA) Villa del Parco e Rist. Belvedere
Quattordio (AL) Relais Rocca Civalieri
Racines (BZ) Sonklarhof
Racines (BZ) Taljörgele
Radda in Chianti (SI) My One Hotel Radda
Ragusa (RG) Donnafugata Resort
Rapallo (GE) Excelsior Palace Hotel
Rapallo (GE) Grand Hotel Bristol
Rasun Anterselva / Anterselva / Antholz (BZ) Santéshotel Wegerhof
Rasun Anterselva / Rasun / Rasen (BZ) Alpenhof
Ravello (SA) Palazzo Avino
Reggio nell'Emilia / San Bartolomeo (RE) Matilde di Canossa
Renon / Collalbo (BZ) Bemelmans Post
Renon / Soprabolzano (BZ) Park Hotel Holzner
Revine (TV) Ai Cadelach-Hotel Giulia
Riccione (RN) Ambasciatori
Riccione (RN) Grand Hotel Des Bains
Riccione (RN) Luna
Riccione (RN) Select
Rimini (RN) Grand Hotel Rimini
Rimini (RN) Le Meridien Rimini
Rimini (RN) Le Rose Suite Hotel
Rio di Pusteria / Mühlbach / Valles (BZ) Huber
Rio di Pusteria / Mühlbach / Valles (BZ) Masl
Riva del Garda (TN) Du Lac et Du Parc
Riva del Garda (TN) Lido Palace
Riva del Garda (TN) Parc Hotel Flora
Roccaraso / Aremogna (AQ) Boschetto
Roma (RM) Atahotel Villa Pamphili
Roma (RM) Crowne Plaza Rome St. Peter's i Spa
Roma (RM) Grand Hotel Parco dei Principi
Roma (RM) Grand Hotel Via Veneto
Roma (RM) Rome Cavalieri Waldorf Astoria
Roma (RM) Rome Marriott Park Hotel
Roma (RM) Trilussa Palace
Roma (RM) The Westin Excelsior
Rota d'Imagna (BG) Miramonti
Salsomaggiore Terme (PR) Ritz Ferrari
San Candido (BZ) Cavallino Bianco-Weisses Rössl
San Candido (BZ) Dolce Vita Family Chalet Postalpina
San Candido (BZ) Leitlhof Dolomiten Living

54

San Candido (BZ) Parkhotel Sole Paradiso-Sonnenparadies
San Candido (BZ) Villa Stefania
San Casciano dei Bagni (SI) Fonteverde
San Cipriano Picentino (SA) Villa Rizzo Resort i Spa
San Floriano (BZ) Cristal
San Floriano (BZ) Sonnalp
San Gimignano (SI) Villasanpaolo Hotel
San Giovanni in Marignano (RN) Riviera Golf Resort
San Giuliano Terme (PI) Bagni di Pisa
San Martino di Castrozza (TN) Jolanda
San Martino di Castrozza (TN) Regina
San Martino in Passiria (BZ) Alpenschlössl
San Martino in Passiria (BZ) Andreus
San Martino in Passiria (BZ) Park-Vital
San Martino in Passiria (BZ) Quellenhof-Forellenhof
San Martino in Passiria / Saltusio (BZ) Castel Saltauserhof
San Pietro in Cariano (VR) Byblos Art Hotel Villa Amistà
San Quirico d'Orcia (SI) Casanova
San Quirico d'Orcia / Bagno Vignoni (SI) Adler Thermae
San Remo (IM) Royal Hotel
Santa Cristina Valgardena (BZ) Diamant Sport i Wellness
Sant'Omobono Imagna (BG) Villa delle Ortensie
Santo Stefano Belbo (CN) Relais San Maurizio
San Vigilio di Marebbe (BZ) Almhof-Hotel Call
San Vigilio di Marebbe (BZ) Bella Vista Hotel Emma
San Vigilio di Marebbe (BZ) Excelsior
San Vito di Cadore (BL) Parkhotel Ladinia
Saturnia (GR) Terme di Saturnia Spa i Golf Resort
Savelletri (BR) Borgo Egnazia
Savelletri (BR) Masseria San Domenico
Savelletri (BR) Masseria Torre Coccaro
Scansano (GR) Antico Casale di Scansano
Scena (BZ) Hohenwart
Sciacca (AG) Verdura Golf i Spa Resort
Selva di Val Gardena (BZ) Alpenroyal Grand Hotel - Gourmet i S.p.A.
Selva di Val Gardena (BZ) Chalet Portillo
Selva di Val Gardena (BZ) Gran Baita
Selva di Val Gardena (BZ) Granvara
Selva di Val Gardena (BZ) Pralong
Selva di Val Gardena (BZ) Tyrol
Selva di Val Gardena (BZ) Welponer
Serralunga d'Alba (CN) Il Boscareto Resort
Sesto (BZ) Dolomiti-Dolomitenhof
Sesto (BZ) Monika
Sesto (BZ) San Vito-St. Veit
Sesto / Moso (BZ) Berghotel e Residence Tirol
Sesto / Moso (BZ) Sport e Kurhotel Bad Moos
Sesto / Passo di Monte Croce di Comelico (BL) Passo Monte Croce-Kreuzbergpass
Siena / Vagliagli (SI) Borgo Scopeto Relais
Silandro / Vezzano (BZ) Sporthotel Vetzan
Sirmione (BS) Grand Hotel Terme
Siusi allo Sciliar (BZ) Diana
Solda (BZ) Cristallo
Solda (BZ) Sporthotel Paradies Residence
Sperlonga (LT) Virgilio Grand Hotel
Stresa (VB) Grand Hotel des Iles Borromées
Stresa (VB) Regina Palace
Stresa (VB) Villa e Palazzo Aminta
Taormina / Lido di Spisone (ME) Lido Caparena
Taormina / Mazzarò (ME) Grand Hotel Atlantis Bay
Taranto / Masseria San Pietro (TA) Relais Histò
Tesero (TN) Rio Stava Family Resort i Spa
Tires / San Cipriano (BZ) Cyprianerhof
Tirolo (BZ) Castel
Tirolo (BZ) Erika
Tirolo (BZ) Gartner
Tirolo (BZ) Golserhof
Tirolo (BZ) Patrizia
Tirrenia / Calambrone (PI) Green Park Resort
Todi (PG) Relais Todini
Todi / Chioano (PG) Residenza Roccafiore
Torbole (TN) Piccolo Mondo
Torgiano (PG) Le Tre Vaselle
Torino (TO) Golden Palace
Torino (TO) NH Lingotto
Tovo San Giacomo / Bardino Vecchio (SV) Il Casale
Tremezzo (CO) Grand Hotel Tremezzo
Treviso (TV) B4 Treviso Maggior Consiglio
Trinità d'Agultu / Isola Rossa (OT) Marinedda
Trinità d'Agultu / Isola Rossa (OT) Torreruja

Tropea / Ricadi (VV) — Sunshine Club Hotel
Ultimo / San Nicolò / St. Nikolaus (BZ) — Waltershof
Urbino / Pantiere (PU) — Urbino Resort
Santi Giacomo e Filippo
Valdaora (BZ) — Mirabell
Valdaora / Sorafurcia (BZ) — Berghotel Zirm
Valdidentro / Bagni Nuovi (SO)
Grand Hotel Bagni Nuovi
Valle Aurina / Ahrntal / Cadipietra (BZ)
Alpenschlössl i Linderhof
Valle Aurina / Ahrntal / Lutago (BZ) — Schwarzenstein
Valle di Casies (BZ) — Quelle
Vallelunga (BZ) — Alpenjuwel
Varese (VA) — Relais sul Lago
Venezia (VE) — Molino Stucky Hilton Venice
Venturina (LI) — Delle Terme
Verbania / Pallanza (VB)
Grand Hotel Majestic
Viareggio (LU) — Astor
Vietri sul Mare / Raito (SA) — Raito
Vignola (MO) — La Cartiera
Vigo di Fassa (TN) — Active Hotel Olympic
Villafranca di Verona / Dossobuono (VR) — Veronesi La Torre
Villa San Giovanni / Santa Trada di Cannitello (RC) — Altafiumara
Vipiteno (BZ) — Rose
Vipiteno (BZ) — Wiesnerhof

Per saperne di più

→ Further information

L'olio d'oliva e la cucina italiana:

Un matrimonio d'amore

Almeno quanto il vino, l'olio sta attraversando un momento di eccezionale fortuna in Italia e nel mondo. E come il vino ben rappresenta il nostro paese: dal lago di Garda alla Sicilia, la coltivazione dell'olivo è presente in quasi tutte le regioni declinandosi in un numero di varietà che ben rispecchia la vocazione tradizionale e locale del Belpaese.

Diverse sono le ragioni di tanto successo. La bontà del prodotto è amplificata dalla varietà di utilizzi: pasta, carne, pesce, ora perfino i dolci dei cuochi più creativi, sono tutti esaltati da questo "matrimonio all'italiana". Ma negli ultimi anni l'olio è diventato anche un elemento immancabile nelle diete, se ne scoprono ogni giorno virtù nutrizionali e terapeutiche, da sempre consigliato nelle fritture è comparso ora anche nei centri benessere in olio-terapie.

Dovunque andrete, utilizzando la guida, lo troverete sempre in tavola!

Olive oil and Italian cooking:

a marriage made in heaven

Like wine, olive oil is experiencing a time of exceptional good fortune in Italy and throughout the world. And like wine, it represents our country very well indeed: olives are cultivated in almost all the regions, from Lake Garda to Sicily, and the number of varieties mirrors well the traditional and local vocation of the Beautiful Country.

There are many reasons for such success. The flavour of the product is increased by its many different uses: pasta, meat, fish, now even sweet dishes made by the most creative cooks, are all enhanced by this "Italian-style marriage". Over the last few years, olive oil has even become an essential part of diets, and each day brings new discoveries of its nutritional and therapeutic virtues. It has always been recommended for fried food and now it is found in wellness centres as oil-therapy.

Wherever this guide takes you, you will always find it on the table!

La Pasta,

uno stile di vita made in Italy

Quanto dobbiamo essere grati alla pasta? Fuori dall'Italia, è l'ambasciatrice della cucina italiana nel mondo; nello stivale, unisce il paese da nord a sud. Non c'è regione, spesso provincia o persino comune, che non abbia il suo formato. Mille sono le varianti: forgiate dalle mani delle sfogline o dalle trafile in bronzo di esperti artigiani, la fantasia, in ogni caso, non conosce limiti. Come gli ingredienti: grano tenero, duro, integrale, saraceno, c'è anche la pasta di farro e persino di riso. La stessa lingua idiomatica ne ha preso atto e si chiede di che pasta sei fatto. Ma non basta: la pasta si presta ad essere anche colorata ed aromatizzata, e può essere consumata fresca o secca. Infiniti, poi, sono i condimenti. Perché la pasta, proprio come gli italiani, è duttile e flessibile, va incontro a tutti, sposandosi con ogni tipo di sugo, che sia di verdura, pesce o carne. Come gli italiani, è informale e disponibile, si prepara in pochi minuti e senza difficoltà. E, soprattutto, è conviviale: sempre pronta ad esaltare una serata in compagnia, la sua presenza inaugura sorrisi e buon umore. La pasta è l'Italia.

Pasta,

a lifestyle made in Italy

How much grateful should Italians be to pasta? Out of country, pasta is the ambassador of Italian cuisine in the world; in the "Stivale", pasta unites the country from north to south, for there is no region, province or even town that doesn't boast its shape of pasta. Thousand of variants are to be found: moulded by the hands of the sfogline (the women who knead pasta in the Bologna area) or by the bronze draw-plates of skilled craftsmen, imagination knows no limits. Just like the ingredients: plain f lour, hard corn, buckwheat, wholemeal, you may even get pasta made with belt or rice meal. Everyday Italian language acknowledges all this very well when asking "what kind of pasta are you made of "? But that 's not all: pasta can even be coloured and aromatized, and can be sold fresh or dried. The seasonings are countless. Because pasta, just like Italians, is ductile and f lexible, it welcomes everyone and combines with every kind of sauce, may it be prepared with vegetables, fish or meat. Like Italians, pasta is informal and ready at hand, it cooks in few minutes and with no difficulty. And, most of all, pasta is convivial: it brings joy to a party with friends, its presence kicks of f smiles and good humour. Pasta is Italy.

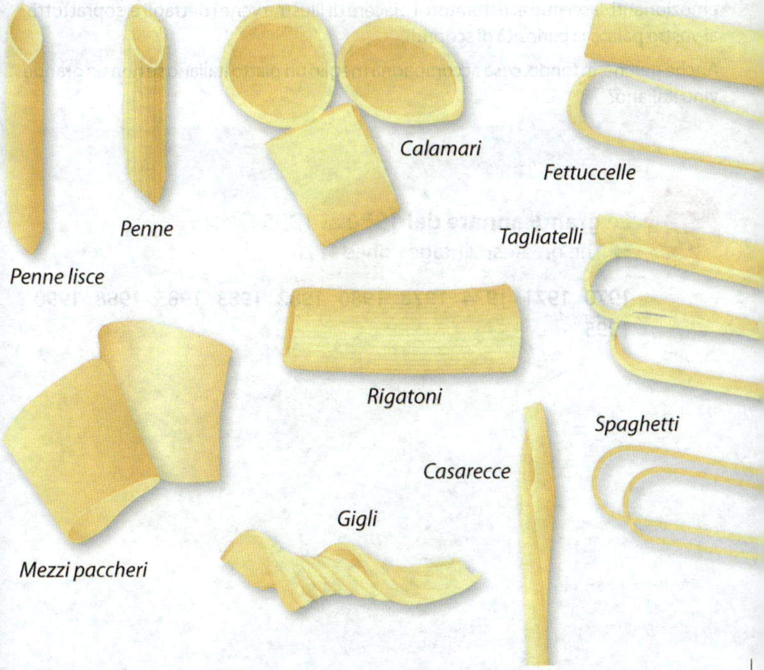

Calamari

Fettuccelle

Penne

Tagliatelli

Penne lisce

Rigatoni

Spaghetti

Casarecce

Gigli

Mezzi paccheri

I vini d'Italia :

il sapore del sole

L'Italia è un paese straordinariamente vocato alla produzione vinicola, se per secoli tanta ricchezza territoriale è stata poco o male sfruttata, da alcuni decenni la sapiente ricerca di qualità ha permesso ai vini nazionali di divenire Grandi Vini, perché se è vero che grande importanza hanno la qualità e le caratteristiche del vitigno, altrettanto peso hanno la giusta scelta geografica e climatica e allo stesso modo il "lavoro in vigna ed in cantina" su cui il paese si è concentrato crescendo sino ai livelli attuali.

L'eccellente potenzialità del territorio italiano, d'altra parte, è testimoniata dall'esistenza di oltre 300 varietà di vitigni coltivati nelle situazioni più disparate, vicino al mare piuttosto che ai piedi delle montagne, nelle isole del profondo sud, ma anche tra le morbide sinuosità delle colline, ognuna di queste varietà è capace di produrre uve di tipo diverso e, quindi, vini -autoctoni piuttosto che di taglio più internazionale- dalle caratteristiche proprie.

Vitigni italiani diffusi e conosciuti in tutto il mondo sono il Sangiovese, il Trebbiano il Barbera o il Nebbiolo.

Questa grandissima varietà di tipologie è uguagliata forse soltanto dall'ampio ventaglio di prodotti alimentari e tipicità regionali che formano le importanti diversità dello stivale e che permettono abbinamenti col vino interessanti quando non addirittura emozionanti: lasciamo ai ristoratori il piacere di illustrarvene i dettagli e, soprattutto, al vostro palato la curiosità di scoprirli.

Anche perché, in fondo, cosa accompagna meglio un piatto italiano se non un grande vino italiano?

Le grandi annate dal 1970 al 1995 :

→ The greatest vintages since 1970

1970 1971 1974 1978 1980 1982 1983 1985 1988 1990 1995

Sceglieri un buon vino

→ Choosing a good wine

	1996	1997	1998	1999	2000	2001	2004	2005	2006	2007	2008	2009	2010
Barbaresco	Great	Great	Great	Great	Great	Great	Great	Good	Great	Good	Great	Great	Great
Barolo	Great	Great	Great	Great	Great	Great	Great	Good	Great	Good	Great	Great	Great
Franciacorta	Good	Great	Great	Great	Good	Great	Great	Good	Great	Average	Great	Great	Great
Chianti Classico	Good	Great	Great	Great	Good	Great	Great	Average	Great	Good	Great	Good	Good
Brunello Di Montalcino	Good	Great	Great	Great	Good	Great	Great	Average	Great	Great	Great	Good	Great
Nobile Di Montepulciano	Good	Great	Good	Great	Good	Great	Great	Average	Great	Good	Great	Great	Good
Amarone	Good	Great	Good	Good	Great	Good	Good	Good	Great	Good	Great	Good	Good
Sagrantino Di Montefalco	Good	Great	Great	Good	Great	Great	Great	Average	Great	Good	Great	Great	Good

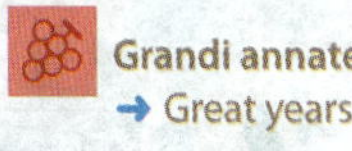
Grandi annate
→ Great years

Buone annate
→ Good years

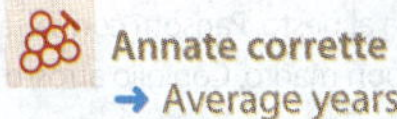
Annate corrette
→ Average years

→ *Italian wines:*

the flavour of the sun

Italy has an extraordinary inclination for the production of wine, although for centuries the country's rich resources had been used badly or hardly at all. However, over the last few decades, skilful striving for quality has meant that Italian wines have become "Grandi Vini" (Premium wines), because whereas it is true that the quality and characteristics of the vines are of great importance, the right geographic and climatic choice carries the same weight, as does the "work done in the vineyard and in the cellar". The country has concentrated on this, thereby increasing to current levels of growth.

The excellent potential of the Italian terrain is borne out by the existence of more than 300 varieties of vines cultivated in very different situations, by the sea and at the foot of the mountains, on southernmost islands, but also nestling amongst the soft undulations of the hills: each of these varieties is able to produce grapes that are different in type and, therefore, wines with their own characteristics – autochthonous rather than "international".

Italian varieties which are well known and found all over the world are Sangiovese, Trebbiano, Barbera and Nebbiolo.

This huge variety of types can only perhaps be equalled by the wide range of food products and typical regional produce to be found in Italy, which, when accompanied by wine, form combinations that are interesting and sometimes enthralling: we shall let restaurateurs have the pleasure of illustrating the details and shall also allow your palate the delight of discovering them.

After all, what better than a wonderful Italian wine to accompany an Italian dish?

Vini e Specialità regionali

→ Vineyards & Regional Specialities

① Valle d'Aosta :
Carbonada, Fonduta alla valdostana

② Piemonte :
Peperone farcito, bagna càöda, Ravioli del plin, Vitello tonnato, Tajarin con tartufo bianco d'Alba, Brasato al Barolo, Bonèt

③ Liguria :
Trofie al pesto, Pansotti con salsa di noci, Cappon magro, Coniglio arrosto alla ligure

④ Lombardia :
Risotto allo zafferano, Tortelli di zucca, Casônsèi, Pizzoccheri alla valtellinese, Cotoletta alla milanese, Pesce in carpione, Casoeûla, Panettone

⑤ Veneto :
Risotto alla marinara, Bigoli in salsa, Pasta e fagioli, Baccalà alla vicentina, Sarde in saòr, Fegato alla veneziana

⑥ Trentino alto Adige :
Canéderli, Capriolo con salsa ai frutti di bosco, Stinco di maiale con crauti, Strudel

⑦ Friuli Venezia Giulia :
Zuppa d'orzo, Cialzóns

⑧ Emilia Romagna :
Pisari e fasö, Lasagne, Tagliatelle con ragù alla bolognese, Tortellini in brodo, Fritto misto di pesce, Bollito misto, Zuppa Inglese

⑨ Toscana :
Pappa al pomodoro, Pappardelle con la lepre, Ribollita, Triglie alla livornese, Caciucco, Costata alla fiorentina, Cantucci

⑩ Umbria :

Stringozzi al tartufo nero di Norcia, Zuppa di lenticchie, Trota alla griglia, Piccione allo spiedo

⑪ Marche :

Olive all'ascolana, Stoccafisso in potacchio, Brodetto, Coniglio in porchetta

⑫ Abruzzo-Molise :

Maccheroni alla chitarra, Agnello allo zafferano, Pecora bollita

⑬ Lazio :

Bucatini alla amatriciana, Spaghetti alla carbonara, Carciofi alla romana, Coda alla vaccinara, Trippa alla romana

⑭ Campania :

Paccheri con ragù alla napoletana, Zite con ragù alla genovese, Pizze e calzoni, Sartù di riso, Polpo affogato, Sfogliatelle, Babà, Pastiera

⑮ Puglia :

Frutti di mare crudi, Orecchiette con cime di rapa, Minestra di fave e cicoria, Agnello al forno, Seppie ripiene

⑯ Basilicata :

Pasta e ceci, Baccalà alla lucana, Maiale con peperonata

⑰ Calabria :

Pasta con sardella, Baccalà alla calabrese, Cinghiale in umido

⑱ Sardegna :

Gnocchetti sardi allo zafferano, Aragosta bollita, Maialino alla brace, Sebadas

⑲ Sicilia :

Pasta con le sarde, Pasta alla Norma, Cous-cous alla trapanese, Involtini di pesce spada, Cannoli, Cassata

L'avventura Michelin

Tutto inizia con tante, piccole sfere di gomma! È quello che produce, intorno al 1880, la piccola impresa ereditata da André e Édouard Michelin, situata a Clermont-Ferrand, nel cuore della Francia. I due fratelli comprendono molto in fretta le potenzialità dei nuovi mezzi di trasporto. L'invenzione dello pneumatico smontabile per biciclette è il loro primo successo. Ma è con l'automobile che i Michelin offrono la piena misura della loro creatività. Nel corso del XX sec., Michelin non ha mai smesso di innovare per creare pneumatici in grado di offrire un'affidabilità e prestazioni sempre più elevate, con una gamma che spazia dal trasporto pesante alla Formula 1 e dalle metropolitane agli aerei.

Molto presto, Michelin propone ai suoi clienti una serie di strumenti e servizi destinati a facilitare i loro spostamenti, a renderli più piacevoli... e più frequenti. Dal 1900, la Guida Michelin fornisce agli automobilisti tutte le informazioni per la manutenzione dei veicoli e per trovare un albergo o un ristorante. La Guida diventerà in seguito il testo di riferimento nel campo della gastronomia. Contemporaneamente, l'Ufficio Itinerari offre ai viaggiatori una serie di consigli utili editinerari personalizzati.

Nel 1910, la prima collezione di carte stradali riscuote un immediato successo! Nel 1926, una prima guida regionale invita a scoprire le più belle località della Bretagna. Rapidamente, ogni regione francese ha la sua Guida Verde. La collezione si apre in seguito a destinazioni più lontane (da New York nel 1968... a Taiwan nel 2011).

Nel 21 sec, con l'avvento dei supporti digitali, le carte e le guide Michelin continuano ad accompagnare il pneumatico, confrontandosi con nuove sfide. Oggi come ieri, la missione di Michelin resta il supporto alla mobilità, al servizio di chi viaggia.

MICHELIN OGGI

NUMERO UNO MONDIALE DEGLI PNEUMATICI

- 69 stabilimenti di produzione in 18 Paesi
- 115.000 dipendenti di ogni provenienza culturale, su tutti i continenti
- 6.000 dipendenti nei centri di Ricerca e Sviluppo

Avanzare un mondo in cui

Avanzare meglio vuol dire innanzitutto innovare, per elaborare pneumatici che offrano uno spazio di frenata più corto e una migliore aderenza su qualsiasi fondo stradale. Ma significa anche aiutare gli

LA PRESSIONE GIUSTA

UNA CORRETTA PRESSIONE

- Migliora la sicurezza
- Prolunga la vita degli pneumatici
- Ottimizza il consumo di carburante

-0,5 bar

- Durata di vita degli pneumatici ridotta del 20% (- 8.000 km)

-1 bar

- Rischio di esplosione
- Aumento del consumo di carburante
- Spazio di frenata aumentata su fondo bagnato

insieme verso
la mobilità è più sicura

automobilisti a prendersi cura della propria sicurezza e dei propri pneumatici.
Per questo, Michelin organizza ovunque nel mondo le operazioni "Fate il pieno d'aria", per ricordare a tutti che una corretta pressione degli pneumatici è d'importanza vitale.

L'USURA

COME INDIVIDUARE L'USURA

La profondità minima delle scanalature è fissata per legge a 1,6 mm.
I produttori hanno munito gli pneumatici di indicatori di usura: si tratta di panetti di gomma alti 1,6 mm, fissati in fondo alle scanalature.

Gli pneumatici costituiscono l'unico punto di contatto fra il veicolo e la strada.

Ecco una fotografia dell'area di contatto reale

PNEUMATICO NUOVO

PNEUMATICO USURATO
(scanalatura 1,6 mm)

Al di sotto di questo valore, gli pneumatici sono considerati lisci e pericolosi su fondo bagnato

Avanzare meglio significa sviluppare una mobilità sostenibile

INNOVAZIONE E AMBIANTE

Ogni giorno, Michelin innova per dimezzare entro il 2050 la quantità di materie prime utilizzate nella fabbricazione degli pneumatici e sviluppa nelle sue fabbriche l'utilizzazione di energie rinnovabili. La progettazione degli pneumatici MICHELIN permette già di risparmiare miliardi di litri di carburante e quindi miliardi di tonnellate di CO2.

Allo stesso modo, Michelin ha scelto di stampare le sue pubblicazioni su "carta proveniente da foreste gestite in modo sostenibile".

L'ottenimento della certificazione ISO14001 è la prova del suo pieno impegno per un approccio sostenibile, nel quotidiano.

Un impegno che Michelin conferma diversificando i suoi supporti editoriali e proponendo soluzioni digitali per trovare più facilmente la strada giusta, consumare meno carburante... e fare che il viaggio sia sempre un piacere!

Perché, come te, Michelin si impegna per la protezione del nostro pianeta.

Contatta BIBENDUM

Appuntamento su
www.michelin.com/corporate/fr
Per scoprire tutte le novità e la
storia di Michelin.

QUIZ

Michelin sviluppa pneumatici per ogni tipo di veicoli.
Divertiti ad individuare gli pneumatici giusti...

A B C D E F G

1 2 3 4 5 6 7

Risultato : A-6 / B-4 / C-2 / D-1 / E-3 / F-7 / G-5

Città da A a Z

Towns from A to Z

ABANO TERME - Padova (PD) - 562 F17 - 19 726 ab. - alt. 14 m 39 B3

- Stazione termale - ✉ 35031 Italia Centro-Nord

Roma 485 - Padova 11 - Ferrara 69 - Milano 246

via Pietro d'Abano 18, ☎ 049 8 66 90 55, www.turismopadova.it

Abano Grand Hotel

cam, rist

via Valerio Flacco 1 - ☎ 04 98 24 81 00 - www.gbhotelsabano.it - Chiuso luglio-2 agosto BYh

179 cam - †200/600 € ††300/800 € - 8 suites **Rist** - Carta 63/167 €

Un ameno parco vi introdurrà in questo esclusivo hotel dagli ambienti in raffinato stile impero, ampie camere e centro benessere-termale di alto livello. Maestosa e sofisticata la sala da pranzo, i classici italiani in menu.

Due Torri

cam,

via Pietro d'Abano 18 - ☎ 04 98 63 21 00 - www.gbhotelsabano.it - Chiuso 13 gennaio-23 marzo e luglio-2 agosto AZb

136 cam - †110/185 € ††200/280 € - 12 suites **Rist** - Carta 36/80 €

Collocato in una posizione centrale invidiabile, abbracciato dal verde del giardino-pineta, hotel storico con eleganti arredi classicheggianti e piacevoli spazi comuni. Ariosa sala ristorante, sorretta da colonne, attraverso cui ammirare il bel giardino.

Mioni Pezzato

cam, rist,

via Marzia 34 - ☎ 04 98 66 83 77 - www.hotelmionipezzato.com - Chiuso 8-23 dicembre e 6 gennaio-8 febbraio

174 cam - †60/80 € ††110/174 € - 4 suites AZu

Rist - Menu 37 €

Conduzione signorile in un grande albergo all'interno di un bel parco-giardino con piscina termale, eccellente beauty center e salotto in stile inglese. Nella signorile sala da pranzo, gustose specialità italiane.

Bristol Buja

cam, rist,

via Monteortone 2 - ☎ 04 98 66 93 90 - www.bristolbuja.it - Chiuso 7 gennaio-17 marzo AYg

139 cam - †96/111 € ††105/135 € - 15 suites **Rist** - Menu 38/42 €

Albergo signorile improntato a quell'indiscussa eleganza che soltanto un'esperta, pluriennale, gestione familiare può garantire. Una struttura dove prendersi cura del corpo e rinfrancarsi lo spirito. Il ristorante coniuga sapientemente cucina tradizionale veneta e suggestioni gastronomiche internazionali.

President

rist,

via Montirone 31 - ☎ 04 98 66 82 88 - www.presidentterme.it - Chiuso 18 novembre-25 dicembre AYt

106 cam - †90/100 € ††180/220 € - 10 suites **Rist** - Menu 40 €

Ambiente di classe in una residenza prestigiosa nel cuore verde della città: mobili in stile, validi servizi e camere ben accessoriate. Una panoplia di proposte nella splendida Spa: piscine termali, zona idrorelax, palestra attrezzata Technogym, ed altro ancora.

Tritone Terme

cam,

via Volta 31 - ☎ 04 98 66 80 99 - www.termetritone.it

116 cam - †106/122 € ††146/166 € - 7 suites BZe

Rist - Menu 38/45 €

A pochi passi dal centro storico, esclusività e confort in un hotel che vanta ottimi servizi. Camere spaziose ed accoglienti, recentemente rinnovate. Cucina classica per un ristorante, dove sembra di poter toccare la vegetazione attraverso le finestre.

Trieste & Victoria N

cam,

via Pietro d'Abano 1 - ☎ 04 98 66 51 00 - www.gbhotelsabano.it - Chiuso 13 gennaio-23 marzo AZv

214 cam - †120/200 € ††210/300 € - 12 suites **Rist** - Carta 39/105 €

Storico complesso fin-de-siècle, ampliatosi negli anni fino a raggiungere le attuali imponenti dimensioni. In pieno centro, la struttura si caratterizza per le sale eleganti e le belle camere, in parte recentemente rinnovate.

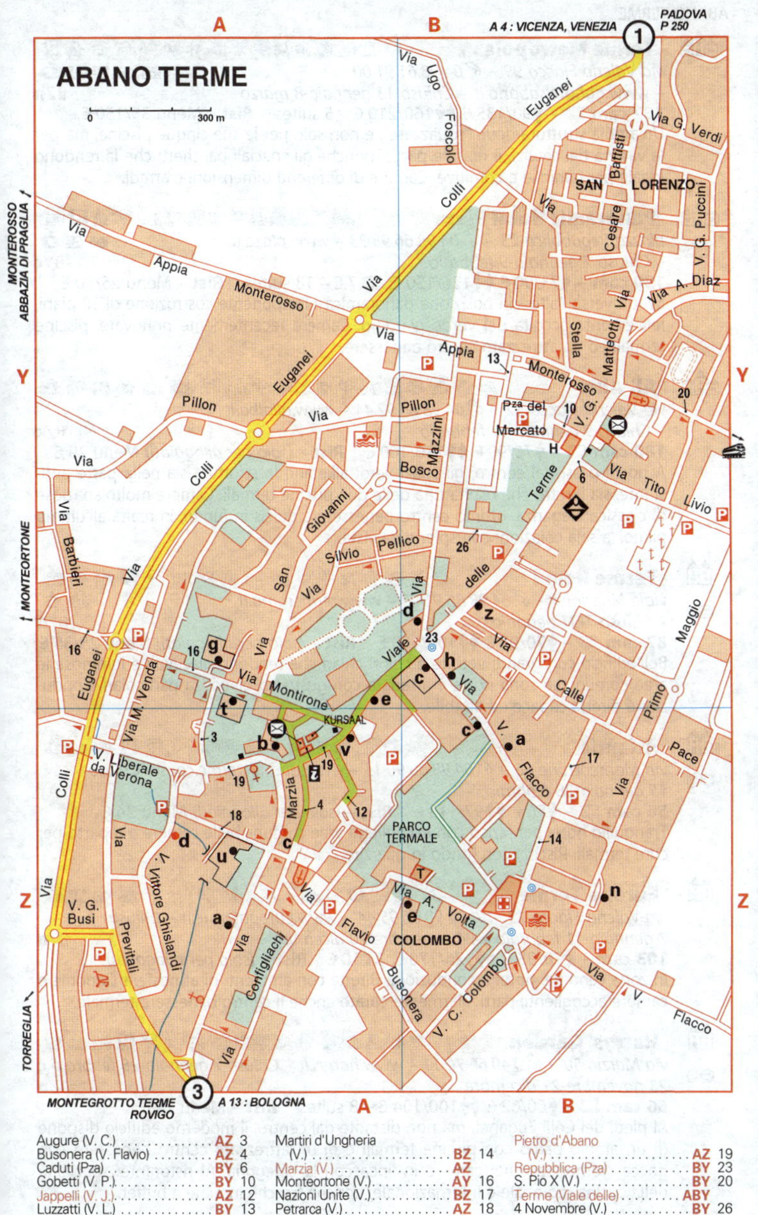

Augure (V. C.) .... AZ 3	Martiri d'Ungheria (V.) .... BZ 14	Pietro d'Abano (V.) .... AZ 19
Busonera (V. Flavio) .... AZ 4	Marzia (V.) .... AZ	Repubblica (Pza) .... BY 23
Caduti (Pza) .... BY 6	Monteortone (V.) .... AY 16	S. Pio X (V.) .... BY 20
Gobetti (V. P.) .... BY 10	Nazioni Unite (V.) .... BZ 17	Terme (Viale delle) .... ABY
Jappelli (V. J.) .... AZ 12	Petrarca (V.) .... AZ 18	4 Novembre (V.) .... BY 26
Luzzatti (V. L.) .... BY 13		

Terme Metropole rist,
via Valerio Flacco 99 – ✆ 04 98 61 91 00
– www.gbhotelsabano.it – Chiuso 13 gennaio-8 marzo BZ**n**
187 cam – ♦90/135 € ♦♦160/210 € – 5 suites **Rist** – Menu 35/150 €
Un'ampia struttura dove "sguazzare", e non solo per le sue cinque piscine, ma per la varietà dei servizi, il grande parco, nonché gli speciali pacchetti che la rendono ideale per famiglie e comitive. Camere di differenti dimensioni e arredi.

Panoramic Hotel Plaza rist,
piazza Repubblica 23 – ✆ 04 98 66 93 33 – www.plaza.it
– Chiuso 7 gennaio-9 febbraio BY**c**
130 cam – ♦73/90 € ♦♦126/150 €, 7 € – 18 suites **Rist** – Menu 25/30 €
Svetta verso l'alto - in posizione panoramica - l'imponente costruzione di 10 piani, felicemente accolta dal verde giardino. Camere recentemente rinnovate, piscine termali ed un attrezzato centro benessere.

All'Alba rist,
via Valerio Flacco 32 – ✆ 04 98 66 92 44 – www.allalba.it
– Chiuso 9 gennaio-11 febbraio BZ**c**
180 cam – ♦75/90 € ♦♦130/160 € **Rist** – *(solo per alloggiati)* Menu 29 €
A pochi passi dal centro, gli spazi verdi allietano la struttura sia nella parte antistante, sia il retro che ospita una delle due piscine termali. Camere molto spaziose di classica eleganza, ottimo centro benessere e dulcis in fundo, in realtà all'ultimo piano, la sala colazioni con splendida vista.

Terme Roma cam, rist,
viale Mazzini 1 – ✆ 04 98 66 91 27 – www.termeroma.it
– Chiuso 7-31 gennaio BY**d**
87 cam – ♦70/95 € ♦♦100/150 € **Rist** – *(solo per alloggiati)* Menu 25/35 €
Bell'edificio con grandi vetrate e colori chiari che rendono piacevoli e luminose le aree comuni. La zona notte è arredata con gusto ed eleganza particolari. Conduzione diretta capace ed affabile.

Atlantic rist,
via Monteortone 66 – ✆ 04 98 66 90 15 – www.atlanticterme.com – Chiuso 15 gennaio-28 febbraio AY
56 cam – ♦56 € ♦♦97/115 € **Rist** – *(solo per alloggiati)* Menu 24 €
Tranquillo hotel periferico con accoglienti aree comuni, belle camere e reparto per cure termali. Piscina con fondo in quarzite.

Europa Terme cam, rist,
via Valerio Flacco 13 – ✆ 04 98 66 95 44 – www.europaterme.it – Chiuso 7 gennaio-11 febbraio e 24 novembre-20 dicembre BZ**a**
103 cam – ♦70/95 € ♦♦126/170 €, 10 € **Rist** – *(solo per alloggiati)*
In zona centrale, hotel a conduzione diretta con ambienti di atmosfera signorile e camere accoglienti; particolarmente curato anche il centro benessere-termale.

Harrys' Garden rist,
via Marzia 50 – ✆ 0 49 66 70 11 – www.harrys.it – Chiuso 7 gennaio-28 febbraio e 23 novembre-21 dicembre AZ**a**
66 cam – ♦60/62 € ♦♦100/104 € – 8 suites **Rist** – Menu 24 €
Ai piedi dei Colli Euganei, ma non distante dal centro, il moderno edificio dispone di un ampio parco con piscine termali e di un attrezzato centro benessere con docce cromoterapiche; camere in linea con la categoria. Al ristorante: specialità della cucina regionale e internazionale, nonché fresche insalate a buffet.

Principe rist,
viale delle Terme 87 – ✆ 04 98 60 08 44 – www.principeterme.com – Chiuso 8-21 dicembre e 6 gennaio-23 marzo BY**z**
70 cam – ♦84/90 € ♦♦130/134 € **Rist** – Menu 28/35 €
Felicemente posizionato sulla via del passeggio e a due passi dal centro, hotel dall'attenta conduzione diretta, con camere e ambienti di tono signorili.

Terme Milano cam, rist,

viale delle Terme 169 – ✆ 04 98 66 94 44 – www.termemilano.it – Chiuso 30 novembre 21 dicembre e 6 gennaio-28 febbraio AY**e**

89 cam – †50/110 € ††80/150 € **Rist** – *(solo per alloggiati)* Menu 28 €

In pieno centro, nell'area pedonale della località, gestione diretta per un albergo dai classici confort.

Aubergine

via Ghislandi 5 – ✆ 04 98 66 99 10 – www.aubergine.it – Chiuso 10 giorni in febbraio, 15-30 luglio e martedì AZ**d**

Rist – Carta 24/52 €

Piatti ispirati alla stagione e al territorio, sia di terra, sia di mare, in un ristorante-pizzeria dalla calda atmosfera. Il centro dista solo pochi passi.

La Scala

via Marzia 33 – ✆ 04 98 63 03 06 – www.lascalabar.com – Chiuso 20 gennaio-10 febbraio e lunedì AZ**c**

Rist – Carta 39/92 €

Amanti del pesce, avete trovato l'indirizzo che fa per voi: lasciato il cocktail bar a livello strada, al primo piano vi attende un ambiente dall'atmosfera modernamente signorile dove gustare tante specialità ittiche.

ABBADIA LARIANA – Lecco (LC) – 561 E10 – 3 305 ab. – alt. 204 m – ✉ 23821 16 B2

Roma 636 – Como 39 – Bergamo 43 – Lecco 8

Park Hotel senza rist

via Nazionale 142 – ✆ 03 41 70 31 93 – www.parkhotelabbadia.com

28 cam – †65/89 € ††80/150 €

Struttura di recente realizzazione all'entrata della località, adatta sia per una clientela turistica che d'affari; accoglienti interni di taglio moderno, giardino sul lago.

ABBAZIA – Vedere nome proprio dell'abbazia

ABBIATEGRASSO – Milano (MI) – 561 F8 – 32 035 ab. – alt. 120 m – ✉ 20081 Italia Centro-Nord 18 A2

Roma 590 – Alessandria 80 – Milano 24 – Novara 29

Il Ristorante di Agostino Campari

via Novara 81 – ✆ 0 29 42 03 29 – www.agostinocampari.com – Chiuso 26-31 dicembre, 3 settimane in agosto e lunedì

Rist – Carta 32/58 €

Curato ambiente familiare, disponibilità e cortesia in un locale classico con servizio estivo all'ombra di un pergolato. Specialità della casa: il carrello degli arrosti e dei bolliti.

ABETONE – Pistoia (PT) – 563 J14 – 697 ab. – alt. 1 388 m – Sport invernali : 1 388/1 950 m 1 15, – ✉ 51021 Toscana 31 B1

Roma 361 – Pisa 85 – Bologna 109 – Firenze 90

piazza Piramidi, ✆ 0573 6 02 31, www.pistoia.turismo.toscana.it

Località★

Cutigliano★: 14 km a sud-est

Bellavista rist,

via Brennero 383 – ✆ 0 57 36 00 28 – www.abetonebellavista.it – Aperto 5 dicembre-15 aprile e 10 luglio-5 settembre

40 cam – †60/110 € ††90/130 € **Rist** – *(solo per alloggiati)* Menu 20 €

Tipica struttura di montagna in pietra e legno in posizione panoramica, a pochi passi dal centro e adiacente agli impianti di risalita; camere confortevoli e spaziose.

Abetone e Piramidi cam,

via del Brennero 456 – ✆ 0 57 36 00 05 – www.abetonepiramidi.it – Aperto 6 dicembre-30 aprile e 1° giugno-30 settembre

33 cam – †50/80 € ††80/180 € – 3 suites **Rist** – Carta 27/45 €

Alle porte della località, in un palazzo storico che fu dogana di confine del Granducato di Toscana, ambienti signorili e camere abbastanza spaziose. Per i più sportivi, anche un'attrezzata palestra.

La Capannina (N)

via Brennero 520 – ✆ 0 57 36 05 62 – www.abetonevacanze.it – Chiuso mercoledì in bassa stagione
Rist – Menu 14 € (pranzo)/30 € – Carta 24/49 €
Sebbene il locale si trovi in centro, dalle ampie vetrate si gode della bella vista sulla valle: il camino troneggia nel centro della sala, mentre il menu sciorina piatti della tradizione e specialità di carne.

a Le Regine Sud-Est : 2,5 km – ✉ 51020

Da Tosca

rist,

via Brennero 85 – ✆ 0 57 36 03 17 – www.albergotosca.it – Chiuso 15 giorni in novembre, 15 giorni in aprile o maggio
12 cam – †40/50 € ††60/70 €, ☕ 5 € **Rist** – Carta 19/44 €
Tipica atmosfera di montagna e una bella cornice di boschi di faggio per un piccolo albergo, dove l'accoglienza ed i servizi sono curati nei minimi dettagli. Al ristorante vi attendono specialità tosco-emiliane, con piatti a base di funghi, pasta fatta in casa e dolci casalinghi.

a Val di Luce Nord: 8 km – ✉ 51021 Abetone

Val di Luce Resort (N)

cam, rist,

via Val di Luce 22 – ✆ 0 57 36 09 61 – www.valdilucesparesort.it – Aperto 20 dicembre-7 aprile e 1° luglio-15 settembre
43 suites ☕ – ††210/400 € – 34 cam **Rist** – Carta 28/72 €
Charme in stile alpino per questo nuovo resort ai piedi della pista della Val di Luce: camere ampie (alcune sono veri e propri mini-appartamenti dotati di angolo cottura) e centro benessere con piccola piscina sotto una piramide a vetri, che lascia intravedere scorci di cielo.

ABTEI = Badia

ACCESA (Lago di) – Grosseto – 563 N14 – Vedere Massa Marittima

---

ACERENZA – Potenza (PZ) – 564 E29 – 2 595 ab. – alt. 833 m – ✉ 85011 3 B1

Roma 364 – Potenza 40 – Bari 120 – Foggia 98

Il Casone

strada per Forenza, località Bosco San Giuliano , Nord-Ovest : 6 km – ✆ 09 71 74 11 41 – www.hotalilcasone.net
18 cam ☕ – †35/70 € ††35/70 € **Rist** – Menu 22/35 €
Al limitare di un bosco, struttura immersa nella completa tranquillità della natura che la circonda: camere semplicissime e funzionali. Al ristorante, la cucina locale.

ACI CASTELLO Sicilia – Catania (CT) – 365 AZ58 – 18 031 ab. 30 D2

– ✉ 95021 Sicilia

Catania 9 – Enna 92 – Messina 95 – Palermo 217

Castello★

President Park Hotel

rist,

via Vampolieri 49, Ovest : 1 km – ✆ 09 57 11 61 11 – www.presidentparkhotel.com
96 cam ☕ – †64/136 € ††79/197 € **Rist** – Carta 32/45 €
In posizione elevata, a monte della località, hotel dalla particolare struttura semicircolare che abbraccia la piscina. Sala da pranzo d'impostazione moderna.

a Cannizzaro Sud: 2,5 km – ✉ 95021

Sheraton Catania Hotel

via Antonello da Messina 45 – ✆ 09 57 11 41 11 – www.sheratoncatania.com
169 cam ☕ – †90/160 € ††110/200 € – 7 suites
Rist *Il Timo Gourmet* – vedere selezione ristoranti
Lungo la litoranea, un hotel di classe che si distingue per la ricettività alberghiera dal confort elevato e la ben organizzata attività congressuale; suggestiva hall, ampie camere e bella piscina.

Il Timo Gourmet – Hotel Sheraton Catania Hotel
via Antonello da Messina 45 – 09 57 11 47 48 – www.sheratoncatania.com
Rist – Menu 50 € (cena)/70 € – Carta 32/51 €
Ristorante gourmet che propone menu settimanali con piatti stagionali e mediterranei e due percorsi degustazione nella sezione "Laboratoire".

ACIREALE Sicilia – Catania (CT) – 365 BA58 – 53 122 ab. – alt. 161 m – Stazione termale – 95024 Sicilia
30 D2

Catania 17 – Enna 100 – Messina 86 – Palermo 225
via Scionti 15, 095 89 21 29, www.acirealeturismo.it
Piazza del Duomo★★ – Facciata★ della chiesa di San Sebastiano

Grande Albergo Maugeri
piazza Garibaldi 27 – 0 95 60 86 66 – www.hotel-maugeri.it
59 cam – †59/139 € ††69/200 € **Rist** – Carta 23/62 €
Comodo per chi vuole dedicarsi allo shopping, così come alla visita del centro storico, è un albergo di tradizione che offre camere comode ed accoglienti. La cucina tipica dell'isola presso il ristorante.

ACQUAFREDDA – Potenza (PZ) – 564 G29 – Vedere Maratea

ACQUALAGNA – Pesaro e Urbino (PU) – 563 L20 – 4 520 ab. – alt. 204 m – 61041
20 B1

Roma 247 – Rimini 89 – Ancona 95 – Gubbio 41

Il Vicolo
corso Roma 39 – 07 21 79 71 45 – Chiuso 22-31 dicembre, 15 giugno-15 luglio, le sere di mercoledì e giovedì escluso settembre-novembre e martedì
Rist – (consigliata la prenotazione) Carta 34/116 €
Bicchieri di cristallo e posate d'argento rendono elegante l'ambiente familiare di questo ristorante, che propone piatti del territorio e il fungo più ambito: il tartufo, declinato nelle varie tipolgie durante tutto l'anno.

ACQUANEGRA SUL CHIESE – Mantova (MN) – 561 G13 – 3 061 ab. – alt. 31 m – 46011
17 C3

Roma 488 – Parma 50 – Brescia 51 – Cremona 35

verso Calvatone Sud : 2 km

Trattoria al Ponte
via Ponte Oglio 1312 46011 Acquanegra sul Chiese – 03 76 72 71 82 – Chiuso lunedì e martedì
Rist – (consigliata la prenotazione) Carta 28/41 €
Colori solari in questa simpatica ed accogliente trattoria a pochi metri dal ponte sull'Oglio. La cucina propone specialità legate al territorio, elaborate partendo da ottime materie prime. Ciliegina sulla torta: il buon rapporto qualità/prezzo.

ACQUAPARTITA – Forlì-Cesena (FC) – 562 K18 – Vedere Bagno di Romagna

ACQUAPENDENTE – Viterbo (VT) – 563 N17 – 5 677 ab. – 01021
12 A1

Roma 163 – Viterbo 52 – Orvieto 33 – Todi 69

a Trevinano Nord-Est : 15 km – 01020

B&B L'Albero Bianco senza rist
località l'Albero Bianco 8/a, Sud-Ovest: 4 km – 07 63 73 01 54 – www.alberobianco.com
5 cam – †50/60 € ††70/80 €
Sulla sommità di una collinetta - in posizione tranquilla e panoramica - bellissimo bed and breakfast aperto da un'intraprendente coppia di coniugi romani. Ricca prima colazione con prodotti di qualità e camere accoglienti a prezzi interessanti. Sembra un sogno, ma è realta!

La Parolina (De Cesare e Gordini) con cam
via Giovanni Pascoli s.n. – 📞 07 63 71 71 30 – www.laparolina.it – Chiuso 15 giorni in giugno, martedì, anche lunedì in novembre-marzo
2 cam – †125 € ††125 € **Rist** – Menu 50/75 € – Carta 53/73 €
→ Cappelletti di cinta senese in brodo affumicato. Spiedo di piccione e scaloppa di foie gras. Cannolo alla siciliana aperto.
Colline a perdi vista, la Parolina, ora in una nuova sede, è immersa nel più romantico paesaggio campestre; la cucina unisce influenze romane e spunti romagnoli, carni toscane e qualche proposta di mare, sempre in bilico fra tradizione e rivisitazione.

ACQUI TERME – Alessandria (AL) – 561 H7 – 20 552 ab. – alt. 156 m 23 C3
– Stazione termale – ✉ 15011 Italia Centro-Nord

Roma 573 – Alessandria 35 – Genova 74 – Asti 47
piazza Levi 12, 📞 0144 32 21 42, www.comuneacqui.com
piazza Nazioni Unite, 0144 312624, www.golfacquiterme.it – chiuso gennaio e mercoledì

Grand Hotel Nuove Terme cam, rist,
piazza Italia 1 – 📞 0 14 45 85 55 – www.grandhotelacquiterme.it
139 cam – †115/140 € ††150/200 € – 3 suites **Rist** – Menu 30/35 €
Ritornato al suo antico splendore, un palazzo in stile liberty del 1892 offre camere sufficientemente ampie con arredi classici, capiente sala convegni, attrezzature termali. Varie salette ristorante, cucina basata su preparazioni classiche.

Roma Imperiale rist,
via passeggiata dei Colli 1 – 📞 01 44 35 65 03 – www.antichedimore.com
19 cam – †95 € ††165 € – 7 suites
Rist – *(aperto venerdì, sabato e domenica)* Carta 32/41 €
L'altisonanza del nome è del tutto meritata: il parco secolare, le lussuose camere, gli stucchi veneziani del bar, il moderno ascensore panoramico che tuttavia non stride con le linee classiche della struttura. Tutto concorre a rendere il soggiorno una parentesi memorabile nel turbinio della vita moderna.

Acqui rist,
corso Bagni 46 – 📞 01 44 32 26 93 – www.hotelacqui.it – Aperto 1° aprile-30 novembre
30 cam – †75/85 € ††110/132 € – 8 suites **Rist** – Menu 25 €
Completamente rinnovato, presenta ambienti signorili dal confort omogeneo. All'ultimo piano dell'edificio: piccolo, ma attrezzato beauty-center per trattamenti e cure estetiche. Il ristorante propone una cucina nazionale per tutti i gusti.

Ariston cam, rist,
piazza G. Matteotti 13 – 📞 01 44 32 29 96 – www.hotelariston.net – Chiuso 23 dicembre-10 febbraio
36 cam – †56 € ††80 €, 8 € – 2 suites **Rist** – Carta 21/33 €
Albergo a gestione diretta, ristrutturato nel corso degli ultimi anni; classici interni nelle tonalità del legno e del nocciola, camere piacevolmente arredate.

La Schiavia
vicolo della Schiavia 1 – 📞 0 14 45 59 39 – www.laschiavia.it – Chiuso 13-26 agosto, domenica sera e martedì
Rist – Carta 37/55 €
Salite le scale di un elegante edificio storico in centro e scoprirete una saletta graziosamente ornata con stucchi e decorazioni, in cui gustare una buona cucina locale.

Enoteca La Curia
via alla Bollente 72 – 📞 01 44 35 60 49 – www.enotecalacuria.com – Chiuso lunedì
Rist – Menu 20 € (pranzo)/55 € – Carta 49/86 €
Cucina piemontese accompagnata da un'ampia scelta di vini da assaporare sotto volte in mattoni; atmosfera giovane e dinamica in un locale di tono rustico-elegante.

È gradito l'abito in vetro.

Acqua Lete e Acqua Prata nel formato Silhouette vi danno appuntamento nei migliori ristoranti.

ACUTO – Frosinone (FR) – **563** Q21 – **1 914 ab.** – **alt. 724 m** – ✉ **03010** **13** C2

Roma 77 – Frosinone 36 – Avezzano 99 – Latina 87

Colline Ciociare (Salvatore Tassa)

via Prenestina 27 – ✆ 07 75 56 04 9 – www.salvatoretassa.it – Chiuso 10 giorni in gennaio, 10 giorni in settembre, domenica sera, martedì a pranzo e lunedì

Rist – Menu 85/100 € – Carta 65/110 €

→ Gnocchi di patate senza farina con zafferano e vino bianco. Scampo del Tirreno, carota al naturale e profumo agrumato. Flan di anice, sciroppo di erbe di bosco, latte crudo al limone.

Scelta ridotta, ma fantasia infinita: dalla tradizione ciociara agli accostamenti più audaci, pochi piatti vi aprono un universo, quello di un cuoco-poeta.

ADRIA – Rovigo (RO) – **562** G18 – **20 441 ab.** – ✉ **45011** **40** C3

Roma 478 – Padova 60 – Chioggia 33 – Ferrara 55

piazza Bocchi 1, ✆ 0426 2 16 75, www.prolocoadria.it

Stella D'Italia senza rist

Viale Umberto Maddalena, 4 – ✆ 04 26 90 24 57 – www.hotelstelladitalia-adria.it

35 cam – †80/110 € ††110/150 €

Hotel boutique ricavato dalla ristrutturazione di una villa liberty, dove materiali preziosi si alternano a situazioni di moderno design. In comoda posizione tra il centro storico e la stazione, vi consigliamo di passeggiare nelle strade dell'etrusca Adria.

Mansarda e Minuetto (N) senza rist

corso della Fossa 9 – ✆ 04 26 90 02 96 – www.albergolamansarda.it

12 cam – †50/60 € ††70/80 € – 4 suites

La risorsa si compone in realtà di due strutture distinte, stilisticamente agli antipodi e proprio per questo in grado di soddisfare gusti diversi: arredi moderni e di tendenza nel nuovo albergo Minuetto, mobili rustici e camere caratterizzate da imponenti travi a vista nell'ottocentesca villa Mansarda. In comune, un grazioso cortile sul quale entrambe si affacciano.

Molteni con cam

via Ruzzina 2/4 – ✆ 0 42 64 25 20 – www.albergomolteni.it – Chiuso 23 dicembre-6 gennaio

8 cam – †50 € ††85 €

Rist – *(chiuso sabato, anche domenica a pranzo in giugno-agosto)* Carta 33/77 €

Cordialità e linea gastronomica ispirata alle tradizioni locali, in un ristorante felicemente posizionato nel centro storico in riva al Canal Bianco. Camere semplici.

ADRO – Brescia (BS) – **561** F11 – **7 180 ab.** – **alt. 271 m** – ✉ **25030** **19** D1

Roma 593 – Milano 75 – Brescia 40 – Bergamo 28

a Torbiato Sud-Est: 4 km – ✉ 25030

Dispensa Pani e Vini Franciacorta

via Principe Umberto 23 – ✆ 03 07 45 07 57 – www.dispensafranciacorta.com – Chiuso 10 giorni in gennaio, 1 settimana in agosto, domenica sera e lunedì

Rist – Menu 35 € (pranzo)/90 € – Carta 45/100 €

La formula è quanto mai moderna: in sala, servizio classico e piatti locali rivisitati con intelligenza. Al bancone: ci si diverte a tutte le ore del giorno con simpatici assaggi della materia prima (pasta, formaggi, salumi, etc.) utilizzata dall'esperto chef.

AFFI – Verona (VR) – **561** F14 – **2 362 ab.** – **alt. 191 m** – ✉ **37010** **39** A2

Roma 514 – Verona 25 – Brescia 61 – Mantova 54

Locanda Moscal con cam

via Pigna 1 – ✆ 04 56 26 03 09 – www.moscal.it – Chiuso novembre

6 cam – †50/60 € ††80/90 € **Rist** – *(chiuso lunedì)* Carta 28/48 €

Si può scegliere dal menu (ottimo il bollito con salsa pearà) o passare direttamente al tagliere di salumi, in questa vivace e moderna locanda di paese gestita da una famiglia con grande esperienza nel settore.

AGAZZANO – Piacenza (PC) – **562** H10 – **2 107 ab.** – **alt. 187 m** – ✉ **29010** **8** A2

Roma 533 – Piacenza 23 – Bologna 173 – Milano 90

Castello La Bastardina strada Grintorto 1, 393 9036927, www.golf-bastardina.com – chiuso lunedì

Antica Trattoria Giovanelli

via Centrale 5, località Sarturano , Nord : 4 km – ✆ 05 23 97 51 55 – www.anticatrattoriagiovanelli.it – Chiuso 2 settimane in febbraio, 2 settimane in agosto, mercoledì sera, domenica sera e lunedì

Rist – (consigliata la prenotazione) Carta 23/35 €

In una piccola frazione di poche case in aperta campagna, una trattoria che esiste da sempre, dove gustare genuine specialità piacentine; grazioso cortile per servizio estivo.

AGGIUS **Sardegna – Olbia-Tempio (OT) – 366** P38 **– 1 631 ab.** **28** B1
– alt. 514 m – ✉ 07020 Sardegna

Cagliari 260 – Nuoro 135 – Olbia 53 – Sassari 72

Agriturismo Il Muto di Gallura

località Fraiga, Sud: 1 km – ✆ 0 79 62 05 59 – www.mutodigallura.com

15 cam – 52/63 € 84/105 €

Rist – *(chiuso martedì in bassa stagione) (solo a cena in estate)* (prenotare) Carta 30/39 €

Il nome di un bandito romantico per uno "stazzu" (fattoria) tra querce da sughero: per chi non cerca confort alberghieri; gite a cavallo in paesaggi di rara suggestione. In sala da pranzo, tanto legno ed i prodotti tipici del territorio, dal cinghiale alla zuppa gallurese.

AGLIENTU **Sardegna – Olbia-Tempio (OT) – 366** P37 **– 1 213 ab.** **28** B1
– ✉ 07020

Cagliari 253 – Olbia 70 – Sassari 88

Santa Maria

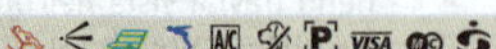

località Larinzeddu, Ovest: 10 Km – ✆ 0 79 60 30 21 – www.hotelsantamariavignola.it – Aperto 1° aprile-31 ottobre

21 cam – 70/120 € 90/150 €

Rist – *(solo a cena)* (prenotazione obbligatoria) Menu 20 €

Atmosfera informale in un ex edificio rurale, riconvertito in albergo, con camere dagli arredi in ferro battuto e legno. La tranquillità regna sovrana: la risorsa si trova, infatti, fuori dal centro abitato, lungo una stradina di campagna, in posizione leggermente sopraelevata e panoramica.

AGNONE **– Isernia (IS) – 564** B25 **– 5 323 ab. – alt. 830 m – ✉ 86081** **2** C3

Roma 220 – Campobasso 86 – Isernia 45

sulla strada statale 86 Km 34 **Sud-Ovest : 15 km :**

Agriturismo Selvaggi

località Staffoli Str.Prov. Montesangrina km 1 ✉ 86081 Agnone – ✆ 0 86 57 71 77 – www.staffoli.it – Chiuso 8-20 novembre

15 cam – 40/50 € 55/65 € **Rist** – (consigliata la prenotazione) Carta 16/33 €

Un soggiorno a contatto con la natura in una fattoria del 1720, restaurata: allevamento di bovini e ovini, produzione di salumi, escursioni a cavallo; camere accoglienti.

AGRIGENTO **Sicilia** Ⓟ **(AG) – 365** AQ60 **– 59 175 ab. – alt. 230 m** **29** B2
– ✉ 92100 Sicilia

Caltanissetta 58 – Palermo 128 – Siracusa 212 – Trapani 175

piazza Pirandello, ✆ 0922 59 61 68, www.culturasicilia.it

Valle dei Templi★★★ Y : Tempio della Concordia★★★ **A**,Tempio di Hera Lacinia★★ **B**, Tempio di Eracle★★ **C**, Tempio di Zeus Olimpio★ **D**, Tempio dei Dioscuri★★ **E** – Museo Archeologico Regionale★★ Y **M1** – Quartiere ellenistico-romano★ Y **G** – Giardino della Kolymbetra★ Y - Sarcofago romano★★ e ≤★ dalla chiesa di San Nicola Y **N** – Città moderna★ : altorilievi★ nella chiesa di Santo Spirito★ Z interno★ e soffitto ligneo★ della Cattedrale

Circolazione regolamentata nel centro città

Angeli (V. degli) . . . . Z 2
Atenea (V.) . . . . Z
Crispi (V. F.) . . . . Y 3
Don Minzoni (Pza) . . . . Z 4
La Malfa (V. U.) . . . . Y, Z 6
Lena (Pza) . . . . Z 7
Marconi (Pza G.) . . . . Z 8
Orfane (V.) . . . . Z 10
Papa Luciani (Via) . . . . Y 9
Petrarca (V.) . . . . Y, Z 12
Pietro Nenni (Via) . . . . Z 15
Pirandello (Pza) . . . . Z 13
Purgatorio (Pza del) . . . . Z 16
Rosselli (Piazzale F.) . . . . Z 18
Sinatra (Pza G.) . . . . Z 22
S. Giacomo (Largo) . . . . Z 19
S. Girolamo (V.) . . . . Z 21
Templi (V. dei) . . . . Y 23
Vittorio Emanuele (Pza) . . . . Z 24

Villa Athena

via passeggiata Archeologica 33 – ✆ 09 22 59 62 88 – www.hotelvillaathena.it
27 cam – 130/190 € 150/280 € – 6 suites **Yc**
Rist *Il Granaio di Ibla* – vedere selezione ristoranti
Flessuose palme svettano nel giardino-agrumeto, dove sono collocate la piscina e la villa del Settecento che ospita questa risorsa dalle splendide camere.

Colleverde Park Hotel

cam, rist,

via dei Templi – ✆ 0 92 22 95 55 – www.colleverdehotel.it
48 cam – 70/120 € 80/145 € **Rist** – Carta 27/39 € **Ym**
Tra la zona archeologica e la città, edificio moderno dagli accoglienti e colorati salotti. Camere variamente arredate, alcune in stile siciliano: possibilmente, optare per quelle con vista sulla Valle dei Templi. Gustose specialità regionali al ristorante.

Antica Foresteria Catalana senza rist

piazza Lena 5 – ✆ 0 92 22 04 35 – www.albergoanticaforesteriacatalana.com
9 cam – 40/45 € 75/85 €, 3 € **Zc**
Poco lontano dal Duomo e dal teatro Pirandello, una piccola risorsa ideale per vivere il centro storico: gli spazi sono stati ricavati dalla ristrutturazione di un palazzo d'epoca ed offrono un discreto confort.

Il Granaio di Ibla – Hotel Villa Athena

via Passeggiata Archeologica 33 – ✆ 09 22 59 62 88 – www.hotelvillaathena.it
Rist – Menu 50/80 € – Carta 48/75 € **Yc**
Se la fama di Agrigento è quasi esclusivamente legata alla zona archeologica, vale invece la pena di scoprire anche la sua tavola. Al Granaio di Ibla la vista si posa sul tempio della Concordia e sulla valle dei Templi mentre piatti locali e vini isolani "intrattengono" l'ospite.

Trattoria dei Templi

via Panoramica dei Templi 15 – ✆ 09 22 40 31 10 – www.trattoriadeitempli.com – Chiuso domenica in giugno-ottobre, venerdì negli altri mesi **Yd**
Rist – Carta 20/53 €
Nient'altro che specialità di mare, fresco e di preparazione classica. Altrettanto valida la gestione che vanta una lunga esperienza nel campo dellla ristorazione.

Osteria Expanificio N

piazza Sinatra 16 – ✆ 09 22 59 53 99 **Za**
Rist – Carta 23/37 €
L'insegna non mente: il ristorante occupa realmente gli ambienti di un ex panificio, mentre la cucina offre specialità siciliane ottimamente interpretate. Un esempio? Tagliolini acciughe e pane. Graziosa la piazzetta su cui cenare.

sulla strada statale 115 per④: 3 km

Baglio della Luna

contrada Maddalusa, Valle dei Templi ✉ 92100 – ✆ 09 22 51 10 61 – www.bagliodellaluna.com **Yb**
22 cam – 70/250 € 90/250 € – 1 suite
Rist *Il Dehors* – vedere selezione ristoranti
In un tipico baglio siciliano, saloni evocativi che, lasciato il sole isolano, si fanno a sorpresa cupi e ricchi di arredi: un'atmosfera quasi inglese. Le camere sono più sobrie, ma il capolavoro è il giardino di piante mediterranee con trionfo di ulivi secolari e vista sui templi.

Demetra Resort

cam, rist,

Via Limoni di Piemonte,Contrada Forgia ✉ 92100 – ✆ 09 22 59 89 14 – www.demetraresort.it – Aperto 1° aprile-31 ottobre **Yf**
23 cam – 59/209 € 69/259 € **Rist** – *(solo a cena)* Carta 24/55 €
Situato all'interno del Parco Archeologico della Valle dei Templi il Demetra Resort nasce dal recupero architettonico di un antico casale: calda atmosfera nelle camere e dalla torretta che ospita due stanze, la vista si bea del profilo degli antichi monumenti.

Il Dehors – Hotel Baglio della Luna
contrada Maddalusa, Valle dei Templi ✉ 92100 – ☎ 09 22 51 13 35 – www.bagliodellaluna.com – Chiuso lunedì a mezzogiorno Yb
Rist – Carta 28/52 € (+10 %)
Immerso in un giardino di piante mediterranee con vista sui templi, tutte le stratificazioni storiche di questo suggestivo edificio (che si apre intorno ad un baglio) si offrono agli ospiti del ristorante. La cucina è un omaggio all'isola, dai piatti più popolari a quelli aristocratici dei monsù.

al Villaggio Mosè per ③ : 3 km :

Grand Hotel Mosè
viale Leonardo Sciascia ✉ 92100 – ☎ 09 22 60 83 88 – www.iashotels.com
96 cam – †45/90 € ††70/130 € **Rist** – Carta 28/62 €
L'edificio richiama i celebri templi, ma la clientela è commerciale come la zona in cui sorge l'albergo. Camere semplici, dalle dimensioni generose.

a San Leone Sud : 7 km Y – ✉ 92100 Agrigento

Dioscuri Bay Palace rist,
lungomare Falcone-Borsellino 1 – ☎ 09 22 40 61 11 – www.dioscurihotel.it – Aperto 1° aprile-31 ottobre
102 cam – †59/259 € ††69/309 € **Rist** – *(solo a cena)* Carta 25/59 €
Hotel ricavato da una ex colonia estiva degli anni Cinquanta, risulta oggi una risorsa funzionale e moderna. E in più si trova sul lungomare, con panorama sui templi. Sala da pranzo fresca e ariosa.

Baia di Ulisse rist,
Via Alaimo, 2, Est 3 Km – ☎ 09 22 41 76 38 – www.baiadiulisse.com
92 cam – †65/85 € ††120/190 € **Rist** – Carta 29/60 €
In posizione panoramica, ampie camere, nonché accesso diretto alla spiaggia privata, per questa signorile struttura circondata da una fresca pineta. L'attrezzato centro benessere, Circe, è aperto solo nel fine settimana e durante la stagione estiva.

Leon d'Oro
via Emporium 102 – ☎ 09 22 41 44 00 – Chiuso lunedì
Rist – Carta 24/36 €
Una conduzione entusiastica che si riflette in proposte di mare assai interessanti. La cantina offre validi abbinamenti, da apprezzare anche la piccola enoteca.

AGROPOLI – Salerno (SA) – 564 F26 – 21 305 ab. – ✉ 84043 7 C3

Italia Centro-Sud
Roma 312 – Potenza 106 – Battipaglia 33 – Napoli 107
Rovine di Paestum★★★ Nord : 11 km

Il Ceppo
via Madonna del Carmine 31, Sud-Est : 1,5 km – ☎ 09 74 84 30 44 – www.hotelristoranteilceppo.com – Chiuso novembre
20 cam – †45/65 € ††80/105 €
Rist *Il Ceppo* – vedere selezione ristoranti
Situato di fronte all'omonimo ristorante, piccolo albergo a conduzione familiare con piacevoli zone comuni dai colori caldi. Camere confortevoli e funzionali.

La Colombaia
via Piano delle Pere, Sud : 2 km – ☎ 09 74 82 18 00 – www.lacolombaiahotel.it – Chiuso gennaio-febbraio
10 cam – †50/60 € ††70/100 € – 2 suites
Rist – *(solo a cena) (solo per alloggiati)* Carta 18/32 €
In quieta posizione panoramica, bella villa di campagna ristrutturata, dotata di terrazza-giardino con piscina; accoglienti e ben curate sia le camere che le zone comuni.

Il Cormorano

via C. Pisacane 13, al Porto – ✆ 09 74 82 39 00 – www.ristoranteilcormorano.it – Chiuso mercoledì escluso giugno-agosto

Rist – Carta 26/55 € (+10 %)

Caratteristica atmosfera marinara in un ambiente curato ed accogliente, dove gustare pesce fresco e piatti locali serviti anche sull'incantevole terrazza.

Il Ceppo – Hotel il Ceppo

via Madonna del Carmine 31, Sud-Est : 1,5 km – ✆ 09 74 84 30 36 – www.hotelristoranteilceppo.com – Chiuso novembre e lunedì

Rist – Carta 22/65 €

Appena fuori dalla località, ristorante con pizzeria serale: tre sale classiche con tocchi di rusticità, bianche pareti e pavimenti in cotto. La cucina profuma di mare.

AGUGLIANO – Ancona (AN) – 563 L22 – 4 820 ab. – alt. 203 m – ✉ 60020 — 21 C1

Roma 279 – Ancona 16 – Macerata 44 – Pesaro 67

Al Belvedere

piazza Vittorio Emanuele II, 3 – ✆ 0 71 90 71 90 – www.hotelalbelvedere.it

18 cam – †41/62 € ††62/75 €, ☕ 6 €

Rist *Al Belvedere* – *(Chiuso mercoledì) (solo a cena nei giorni festivi)* Menu 18 € (pranzo)/35 €

Tra le colline marchigiane, la cordialità di un ambiente a conduzione familiare fa da corollario a camere semplici e funzionali. Della cucina - tipica regionale - se ne occupa la madre, mentre uno dei figli segue l'enoteca e l'ottima gelateria (imperdibili i gusti: vino rosso Lacrima di Morro ed olio).

AHRNTAL = Valle Aurina

ALAGNA VALSESIA – Vercelli (VC) – 561 E5 – 434 ab. – alt. 1 191 m – ✉ 13021 — 22 B1

Roma 722 – Torino 163 – Varese 124 – Vercelli 105

piazza Grober 1, ✆ 0163 92 29 88, www.alagna.it

Cristallo

piazza Degli Alberghi – ✆ 01 63 92 28 22 – www.hotelcristalloalagna.com – Aperto 1° dicembre-31 marzo e 1° luglio-31 agosto

17 cam ☕ – †90/180 € ††130/230 € – 2 suites

Rist *Pressmel* – vedere selezione ristoranti

Albergo centralissimo, totalmente ristrutturato, con ampie stanze dai colori brillanti, citazioni etniche ed elementi in tipico stile walser. Ciliegina sulla torta: il piccolo centro benessere con piscina.

Montagna di Luce

frazione Pedemonte 16 – ✆ 01 63 92 28 20 – www.montagnadiluce.it – Aperto 1° dicembre-14 maggio e 22 giugno-30 settembre

8 cam ☕ – †60/90 € ††100/160 € **Rist** – Carta 23/49 €

Poco lontana dal centro, in una piccola frazione che conserva intatta l'atmosfera tipica di queste montagne, una caratteristica baita Walser ristrutturata per offrire il meglio del confort moderno. Pietra a vista e rivestimenti in legno nell'originale ristorante, dove assaporere piatti legati al territorio.

B&B Casa Prati senza rist

frazione Casa Prati 7 – ✆ 01 63 92 28 02 – www.zimmercasaprati.com – Chiuso 2 settimane in giugno

7 cam ☕ – †67/82 € ††90/110 €

Dalla totale ristrutturazione di una casa colonica, una piacevole risorsa in tipico stile montano dotata di camere molto graziose e di un appartamento (ideale per famiglie). L'accoglienza eccelle per cordialità.

Pressmel - Hotel Cristallo
piazza Degli Alberghi – ✆ 01 63 92 28 22 – www.hotelcristalloalagna.com – Aperto 1°dicembre-31 marzo
Rist – (consigliata la prenotazione) Menu 45 € – Carta 35/63 €
All'interno dell'hotel Cristallo, ma con ingresso indipendente, un locale luminoso, dai toni caldi, dove le pareti colore salmone si armonizzano con il legno del decorativo soffitto a spioventi e travi a vista. Cucina di taglio contemporaneo, curata nelle presentazioni.

ALASSIO – Savona (SV) – **561** J6 – **11 312 ab.** – ✉ **17021** Liguria **14** B2

Roma 597 – Imperia 23 – Cuneo 117 – Genova 98

via Mazzini 68, ✆ 0182 64 70 27, www.visitriviera.it

Garlenda via del Golf 7, 0182 580012, www.garlendagolf.it – chiuso dal 27 settembre all'8 ottobre e mercoledì in bassa stagione Y

Località★ - Il "budello"★ (via XX Settembre e via Vittorio Veneto).

Pianta pagina seguente

Grand Hotel Alassio cam, rist,
via Gramsci 2 – ✆ 01 82 64 87 78 – www.grandhotelalassio.com – Chiuso gennaio **Yh**
56 cam – 149/259 € 178/398 € – 5 suites **Rist** – Carta 35/95 €
Storico albergo della città "restituito" alla sua funzione originaria: salvaguardata l'architettura esterna, i suoi interni sfoggiano uno stile contemporaneo, minimalista e fresco. Tra i must, il centro talassoterapico con piscina di acqua di mare, nonché trattamenti estetici e medici ad personam.

Villa della Pergola
via Privata Montagù 9/1 – ✆ 01 82 64 61 30 – www.villadellapergola.com – Chiuso novembre e febbraio **Yd**
8 cam – 230/700 € 230/700 € – 5 suites
Rist – *(chiuso martedì) (solo per alloggiati)* Carta 41/112 €
Sulla collina che domina la città ed il golfo, due ville di fine '800 immerse in un ampio parco di flora mediterranea, con laghetti, fontane e pergole: gli ambienti sono ricchi di personalità, la camere scrigni di raffinatezza. L'eleganza dell'epoca vittoriana sembra essere tornata!

Grand Hotel Méditerranée cam, rist,
via Roma 63 – ✆ 01 82 64 25 64 – www.hotelmediterraneealassio.it – Chiuso novembre e dicembre **Zb**
96 cam – 105/150 € 125/250 € **Rist** – Menu 30/40 €
Imponente edificio di fine '800, incorniciato dal verde e dotato di un grande arenile privato, centro benessere e raffinate camere (panoramiche le family all'ultimo piano). Piatti nazionali da gustare nell'ampia sala da pranzo o al ristorante a buffet sulla spiaggia.

Ligure cam, rist,
passeggiata D. Grollero 25 – ✆ 01 82 64 06 53 – www.liguralassio.it – Chiuso 20 ottobre-22 dicembre **Zd**
49 cam – 105/145 € 150/250 € – 3 suites **Rist** – Carta 39/103 €
Antistante il molo e attiguo al celebre "budello", cuore commerciale della città, albergo rinnovato totalmente con un elegante centro benessere e camere moderne, attrezzate nei confort.

Spiaggia rist,
via Roma 78 – ✆ 01 82 64 34 03 – www.spiaggiahotel.it – Chiuso 10 ottobre-23 dicembre **Zc**
88 cam – 75/145 € 145/290 € **Rist** – Carta 36/64 €
Distinto hotel in stile contemporaneo, con interni signorili e camere confortevoli; suggestiva piscina su terrazza panoramica per nuotare godendo di una splendida vista. Il mare si lascia contemplare anche dalle vetrate ad arco della sala da pranzo.

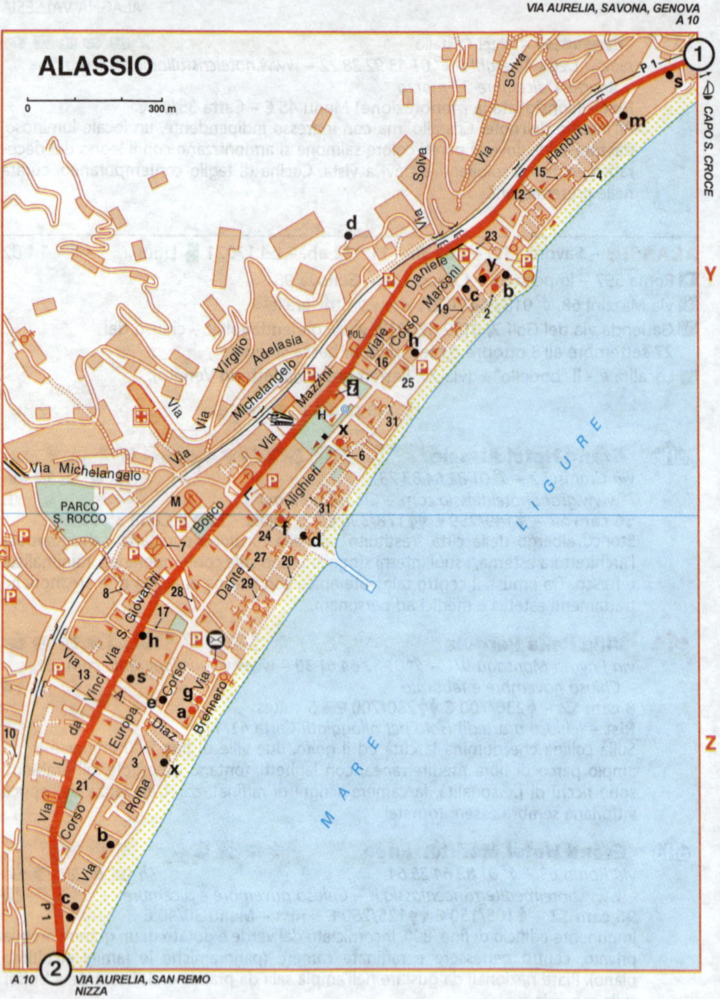

ALASSIO

A 10 VIA AURELIA, SAN REMO NIZZA

Savoia rist,

via Milano 14 – ✆ 01 82 64 02 77 – www.hotelsavoia.it – Chiuso novembre

35 cam – 75/150 € 95/210 € **Rist** – Menu 28 € **Yb**

Camere rinnovate e ben accessoriate, nonché ambienti curati e di moderna concezione, in una struttura che offre il vantaggio di trovarsi direttamente sul mare... e l'acqua sembra lambire la sala ristorante, dove gustare i classici italiani.

Toscana

via Dante Alighieri 83 – ✆ 01 82 64 06 57 – www.hoteltoscanaalassio.it – Chiuso 10 ottobre-20 dicembre Zh

62 cam – 70/100 € 100/170 € – 9 suites **Rist** – Carta 23/78 €

Un family hotel come molti di noi, partendo con bambini al seguito, avranno (invano) cercato almeno una volta nella vita. Completamente rinnovato e con una gestione intraprendente, l'albergo ha saputo dotarsi di una serie di servizi atti a soddisfare questo tipo di clientela. Non manca, tuttavia, una saletta riunioni ed una piccola zona benessere.

Regina

viale Hanbury 220 – ✆ 01 82 64 02 15 – www.reginahotel.it – Aperto 1° marzo-30 novembre Ys

42 cam – 65/165 € 100/290 € **Rist** – Carta 28/55 €

In riva al mare, albergo particolarmente adatto per le famiglie: colori caldi negli spazi comuni, terrazza solarium con vasca idromassaggio e zona benessere. Presso la sobria sala ristorante, i sapori della cucina nazionale.

Dei Fiori

viale Marconi 78 – ✆ 01 82 64 05 19 – www.hoteldeifiori-alassio.it Yc

68 cam – 60/130 € 80/160 € – 2 suites **Rist** – Menu 22/30 €

Nel pieno centro di Alassio, hotel gestito con cura, serietà ed esperienza, dotato di ampie zone comuni, camere signorili e nuova area benessere: ideale per famiglie con bambini.

Beau Rivage

via Roma 82 – ✆ 01 82 64 05 85 – www.hotelbeaurivage.it – Chiuso 9 ottobre-25 dicembre Zc

20 cam – 62/170 € 128/170 € **Rist** – Carta 30/62 €

Signorile, accogliente casa ottocentesca di fronte al mare con interni molto curati: piacevoli salottini con bei soffitti affrescati e camere semplici, ma molto graziose. Gradevole sala da pranzo.

Beau Sejour

via Garibaldi 102 – ✆ 01 82 64 03 03 – www.beausejourhotel.it – Aperto 28 marzo-15 ottobre Ym

45 cam – 70/130 € 90/270 € **Rist** – Carta 32/61 €

Imponente villa d'inizio secolo dotata di comodo parcheggio e ampi spazi comuni, anche esterni. Bella vista mare e camere confortevoli, in parte rinnovate. Invitante servizio ristorante estivo in terrazza tra il profumo dei fiori e la vista sul mare blu.

Corso

via Diaz 28 – ✆ 01 82 64 24 94 – www.hotelcorso.it – Chiuso 2 novembre-22 dicembre Zs

45 cam – 65/110 € 85/160 € **Rist** – Menu 18/35 €

Uno degli alberghi più "cittadini" della località, sebbene a poche decine di metri dal mare, dispone di belle camere dallo stile contemporaneo e dalle moderne dotazioni.

Rosa

via Conti 10 angolo corso Diaz – ✆ 01 82 64 08 21 – www.hotelrosa.it

52 cam – 55/65 € 95/115 € – 3 suites Ze

Rist – *(solo per alloggiati)* Menu 26/35 €

Famiglie con bambini affrettatevi a prenotare qui: i piccoli ospiti sono infatti al centro dell'attenzione in questa piacevole risorsa, che dispone di camere di varie tipologie ed una moderna zona benessere con tanti trattamenti per allietare il soggiorno dei più grandi.

Danio Lungomare

via Roma 23 – ✆ 01 82 64 06 83 – www.hoteldaniolungomare.it – Chiuso 6 ottobre-26 dicembre Zx

39 cam – 50/70 € 90/150 € **Rist** – Carta 16/44 €

Vi sembrerà quasi che la vostra camera sia sulla spiaggia in questo piccolo albergo familiare, ubicato proprio di fronte al mare: stanze essenziali e molto pulite, nonché tre luminose salette ristorante con servizio estivo all'aperto.

Lamberti cam,
via Gramsci 57 – ✆ 01 82 64 27 47 – www.hotellamberti.it – Chiuso 15 novembre-4 dicembre Yy
25 cam – 50/110 € 70/170 €
Rist *Lamberti* – vedere selezione ristoranti
Rist *Il Lambertino* – *(chiuso lunedì da novembre a Pasqua) (solo a cena)* Carta 20/30 €
A pochi passi dalle spiagge, un edificio degli anni '30 con camere spaziose e funzionali. Nelle cantine della casa, la proposta alternativa del Lambertino: salumi, formaggi e piatti di terra accompagnati da buon vino. In estate il servizio si sposta sulla terrazza superiore.

Palma (Massimo Viglietti)
via Cavour 11 – ✆ 01 82 64 03 14 – www.ilpalma.com – Chiuso 15 giorni in gennaio, 15 giorni in novembre e mercoledì Yx
Rist – *(solo a cena in luglio-agosto escluso sabato e domenica)* (prenotazione obbligatoria) Menu 30 € (in settimana)/80 €
➜ Uovo, robiola, bottarga di tonno, salsa di pomodoro e arancio. Omaggio a Monet: cipolle alla lavanda, gamberi in tartare. Tapenade (salsa) di olive, mascarpone, cioccolato in mousse.
A pochi metri dalla spiaggia - nella zona più elegante di Alassio - il ristorante è allo stesso tempo uno dei locali storici della località, ma anche uno dei più "audaci" nel proporre piatti contemporanei e creativi. Il fil rouge dell'originalità non risparmia la sala.

Sail-Inn
via Brennero 34 – ✆ 01 82 64 02 32 – Chiuso 6 gennaio-6 marzo e lunedì escluso in estate Za
Rist – Menu 30 € (pranzo in settimana) – Carta 32/75 €
All'inizio del pittoresco "budello", i recenti lavori di rinnovo hanno dato vita ad un piacevole locale, dove lo stile elegante si fonde mirabilmente con gli antichi ambienti. La cucina predilige sempre il mare, supportata da un'apprezzabile cantina: ora anche con mescita al calice. Bella veranda a pochi passi dalla spiaggia.

Lamberti – Hotel Lamberti
via Gramsci 57 – ✆ 01 82 64 27 47 – www.hotellamberti.it – Chiuso 15 novembre-4 dicembre e lunedì escluso luglio-agosto Yy
Rist – Menu 50 € – Carta 97/147 €
A pochi passi dal mare, in un edificio degli anni '30, la cucina propone piatti tradizionali e regionali elaborati partendo da un'accurata selezione di materie prime. Tra i must: il pesce e il pesto.

Panama
via Brennero 35 – ✆ 01 82 64 60 52 – www.panama.playrestaurant.it – Chiuso mercoledì e giovedì escluso giugno-15 settembre Zg
Rist – Menu 27 € (pranzo in settimana) – Carta 29/88 €
Lo stile provenzale ha trovato dimora tra le mura di questo grazioso locale, la cui location - a due passi dal mare - consente agli ospiti di cenare direttamente sulla spiaggia. Specialità ittiche.

La Prua
passeggiata Baracca 25 – ✆ 01 82 64 25 57 – www.ristorantelapruadialassio.it – Chiuso novembre e martedì Yb
Rist – Menu 28 € (pranzo in settimana)/60 € – Carta 32/70 €
Dove mangiare fragranti specialità di pesce ad Alassio? Sicuramente qui, in questo ristorante dall'invidiabile posizione a due passi dal mare, nelle sue suggestive salette ricavate negli ex depositi delle barche: servizio sulla spiaggia oltre che in terrazza.

Krua Siam
via Volta 22 – ✆ 01 82 66 28 93 YZf
Rist – *(solo a cena)* Carta 31/45 €
Rist *Mi Do Ri* – *(solo a cena)* Carta 30/56 €
In un vecchio caruggio, un angolo di Thailandia con luci soffuse, musica e cucina asiatica, piccante e speziata. Al Mi Do Ri: sushi, sashimi ed altri sapori nipponici in un esotico gioco di verde e nero.

ALBA – Cuneo (CN) – **561** H6 – **31 341 ab.** – **alt. 172 m** – ✉ **12051** **25** C2

Italia Centro-Nord

Roma 644 – Cuneo 64 – Torino 62 – Alessandria 65

Casa Do: fregio★

Calissano Ⓝ cam,

via Pola 8 – ✆ 01 73 36 48 55 – www.hotelcalissano.it

85 cam – †100/140 € ††110/160 € – 3 suites

Rist – *(solo a cena)* Carta 27/56 €

A pochi minuti a piedi dal centro città, Calissano è una di quelle realtà moderne, di grande respiro e dai confort impeccabili, con ampie camere ben accessoriate e piacevoli spazi comuni. Un hotel funzionale, ideale per una clientela business.

Palazzo Finati senza rist

via Vernazza 8 – ✆ 01 73 36 63 24 – www.palazzofinati.it – Chiuso 24 dicembre-11 gennaio e 2 settimane in agosto

5 suites – ††190/240 € – 4 cam

Crema, vermiglio, indaco, eleganza delle forme e morbidezza dei tessuti: nell'ottocentesco palazzo del centro convivono una romantica storicità e l'attenzione per il dettaglio.

I Castelli

corso Torino 14/1 – ✆ 01 73 36 19 78 – www.hotel-icastelli.com

87 cam – †75/95 € ††100/120 €

Rist *I Castelli* – vedere selezione ristoranti

Imponente complesso recente di moderna concezione in vetro e cemento, dotato di ogni confort e di camere accoglienti e spaziose; ideale per una clientela di lavoro. Sala ristorante in stile contemporaneo; cucina della tradizione rivisitata in chiave moderna.

Langhe senza rist

strada Profonda 21 – ✆ 01 73 36 69 33 – www.hotellanghe.it

27 cam – †65/78 € ††84/98 € – 2 suites

In posizione tranquilla, moderna risorsa con soluzioni design che piaceranno ai *globetrotter*. Tra le 12 e le 24: piatti freddi, caldi e dessert - accompagnati da vini regionali - serviti in camera o nella piccola hall.

Agriturismo Villa la Meridiana-Cascina Reine senza rist

località Altavilla 9, Est : 1 km – ✆ 01 73 44 01 12 – www.villalameridianaalba.it

10 cam – †75/80 € ††90/95 €

Originale complesso agrituristico composto da una villa Liberty ed un attiguo cascinale: accoglienti interni e camere in stile. Esclusiva suite, dotata di una terrazza con splendida vista sui proverbiali vigneti locali. Relax allo stato puro.

Piazza Duomo

vicolo dell'Arco 1, angolo piazza Risorgimento 4 – ✆ 01 73 36 61 67 – www.piazzaduomoalba.it – Chiuso gennaio, agosto, domenica sera e lunedì

Rist – (consigliata la prenotazione) Menu 130/160 € – Carta 90/142 €

➜ Gnocchi e seirass del fen (ricotta stagionata). Agnello e camomilla. Minestra di frutta e verdura.

Quarantenne, ma già sull'olimpo della ristorazione italiana: la cucina di Crippa è una stupefacente sfilata di eccellenze culinarie: la celebrazione delle Langhe, dal plin alle nocciole, la rivisitazione dei primi piatti italiani, le straordinarie verdure coltivate nel suo orto, l'estetica giapponese. Tanti strumenti in un unico, indimenticabile concerto.

In una località, quale scegliere tra due esercizi della stessa categoria? Sappiate che in ogni categoria le risorse sono elencate in ordine di preferenza: le migliori, per prime.

XX **Locanda del Pilone** con cam

frazione Madonna di Como 34, (strada della Cicchetta), Sud-Est : 5 km – ✆ 01 73 36 66 16 – www.locandadelpilone.com – Chiuso 3 gennaio-15 marzo e 1 settimana in agosto

7 cam – ♦95/150 € ♦♦135/185 € – 1 suite

Rist – *(chiuso i mezzogiorno di martedì e mercoledì in ottobre-novembre, tutto il giorno negli altri mesi)* Menu 65/85 € – Carta 51/93 €

→ Tagliolini alla nocciola, coniglio grigio di Carmagnola e Castelmagno. Spezzatino di pesce e crostacei, crema di piselli alla griglia, menta e schiuma di mare. Caffè, nocciola, caffè.

In posizione dominante i celebri vigneti, la cucina piemontese si arricchisce di un contributo partenopeo: due grandi cucine, un'eccellenza gastronomica. Deliziose camere panoramche con arredi d'epoca.

XX **La Libera**

via Pertinace 24/a – ✆ 01 73 29 31 55 – www.lalibera.com – Chiuso 15 giorni in febbraio, 15 giorni in agosto, lunedì a mezzogiorno e domenica

Rist – (consigliata la prenotazione) Carta 35/61 €

Moderno e di design il locale, giovane ed efficiente il servizio. La cucina propone appetitosi piatti della tradizione piemontese: spesso rielaborati con tocchi di fantasia. Assai frequentato a pranzo.

XX **I Castelli** – Hotel I Castelli

corso Torino 14/1 – ✆ 01 73 36 19 78 – www.hotel-icastelli.com – Chiuso 20 giorni in agosto e domenica

Rist – *(solo a cena)* Carta 24/44 €

Nella terra del tartufo e di ottimi vini rossi, la cucina di questo moderno ristorante si basa sulla semplicità e sulla stagionalità dei prodotti locali dando vita a piatti della tradizione reinterpretati con gusto moderno.

XX **Enoclub** N

piazza Savona 4 – ✆ 0 17 33 39 94 – www.enoclub.net – Chiuso domenica sera e lunedì

Rist – Menu 40/90 € – Carta 35/65 €

Rist *Caffè Umberto* – Carta 33/58 €

Un indirizzo che fa parlare molto di sé in città: in pieno centro, nelle antiche cantine di un palazzo di origini ottocentesche, atmosfera signorile e piatti langaroli. Informale come un bistrot, il Caffè Umberto propone invece una cucina cosmopolita.

X **Osteria dell'Arco**

piazza Savona 5 – ✆ 01 73 36 39 74 – www.osteriadellarco.it – Chiuso domenica escluso ottobre-novembre

Rist – Carta 28/42 €

La cucina rispolvera i piatti del territorio, rivisitati con fantasia, in questo locale del centro affacciato su un cortile interno. Ambiente informale ed accogliente, con il vino in bella mostra.

ALBA – Trento (TN) – 562 C17 – Vedere Canazei

ALBA ADRIATICA – Teramo (TE) – 563 N23 – 12 522 ab. – ✉ 64011 1 B1

Roma 219 – Ascoli Piceno 40 – Pescara 57 – Ancona 104

lungomare Marconi 1, ✆ 0861 71 24 26, www.abruzzoturismo.it

Eden & Eden Park Hotel cam,

lungomare Marconi 328 – ✆ 08 61 71 42 51 – www.hoteleden.it – Aperto 1°maggio-30 settembre

83 cam – ♦70/100 € ♦♦110/180 € **Rist** – *(solo per alloggiati)* Carta 19/41 €

In un'area che si estende dal lungomare fino all'interno, due strutture identiche nei servizi ma con camere distinte per tipologie: classiche all'Eden, più moderne al Park.

Doge cam, cam, rist,

lungomare Marconi 292 – 08 61 71 25 08 – www.hoteldoge.it – Aperto 15 maggio-15 settembre

60 cam – 40/80 € 50/100 € – 2 suites

Rist – *(solo per alloggiati)* Menu 18 €

Sul lungomare, attrezzato albergo di recente ristrutturazione, con camere arredate in stile coloniale e un ascensore panoramico con vista mozzafiato; spazioso solarium con vista dominante l'intera spiaggia.

Majestic senza rist

via Molise – 08 61 75 37 55 – www.majestichotel.net

32 cam – 45/60 € 70/90 €

Ubicato in posizione tranquilla leggermente arretrata rispetto al mare, un'edificio realizzato in mattoni con eco neoclassiche offre camere nuove con qualche tocco d'eleganza.

Meripol cam, rist,

lungomare Marconi 290 – 08 61 71 47 44 – www.hotelmeripol.it – Aperto 1° marzo-31 ottobre

54 cam – 50/90 € 80/150 € **Rist** – Carta 20/39 €

Solo una piccola pineta separa dal mare questo signorile ed imponente edificio avveniristico che dispone di camere spaziose, spesso illuminate da portefinestre con balcone. Al ristorante, i sapori della tradizione culinaria italiana.

Boracay N cam, cam, rist,

via Cesare Battisti 171 – 08 61 71 36 12 – www.boracay.it – Aperto 25 maggio-14 settembre

51 cam – 50/100 € 80/170 € – 2 suites **Rist** – *(solo per alloggiati)*

Ci guadagna in tranquillità la posizione arretrata rispetto al mare di questa accogliente struttura dalle camere semplici e moderne ed una bella piscina per chi cerca un'alternativa alla spiaggia.

La Pergola senza rist

via Emilia 9 – 08 61 71 10 68 – www.hotelpergola.it – Aperto 1° aprile-30 settembre

9 cam – 40/55 € 66/98 € – 3 suites

Lasciatevi coccolare dalla calda ospitalità di Denise e della sua piccola casa, approfittando della piacevole colazione sul terrazzino esterno in un ambiente di feeling internazionale.

Impero

lungomare Marconi 162 – 08 61 71 24 22 – www.hotelimpero.com – Aperto 18 maggio-20 settembre

60 cam – 70/100 € 80/150 € – 1 suite

Rist – *(solo per alloggiati)* Menu 30/40 €

Albergo tradizionale, a pochi metri dal mare, con accogliente hall dipinta e arredata nelle sfumature del rosso e del rosa e comode poltrone in stile; sala ristorante con ampia veduta.

Arca

viale Mazzini 109 – 08 61 71 46 47 – www.arcaristorante.it – Chiuso sabato a mezzogiorno e martedì

Rist – Menu 25/50 € – Carta 29/61 €

Come evoca il nome, il locale era un'enoteca, poi convertito in ristorante, rustico e accogliente, dalle proposte originali e sorprendenti. Piatti di terra, prodotti biologici, salumi e formaggi selezionati.

Il Palmizio

lungomare Marconi 160 – 08 61 75 13 39 – Chiuso 2 settimane in gennaio e lunedì a pranzo, anche domenica sera in autunno-inverno

Rist – Carta 32/90 €

L'Abruzzo - terra di contadini e pescatori - offre qui il migliore connubio: il pesce di giornata e i prodotti della terra. Imperdibili gli antipasti, crudi e cotti.

XX **Mediterraneo**
viale Mazzini 148 – ✆ 08 61 75 20 00 – www.ristorante-mediterraneo.com – Chiuso domenica sera e lunedi in inverno, lunedì e martedì in estate
Rist – (consigliata la prenotazione) Carta 35/65 €
E' una brillante ed appassionata coppia a gestire questo locale non lontano dal mare, dove si propone il meglio della materia prima regionale. In cantina molti vini, ma anche birre.

ALBANO LAZIALE – Roma (RM) – 563 Q19 – 40 516 ab. – alt. 400 m 12 B2

– ✉ 00041 Italia Centro-Sud
Roma 27 – Anzio 33 – Frosinone 73 – Latina 42
Villa Comunale★ – Cisternone★ - Tomba degli Orazi e dei Curiazi★ - Porta Pretoria★

Miralago
via dei Cappuccini 12, Nord-Est : 1,5 km – ✆ 0 69 32 10 18 – www.hotelmiralagorist.it
45 cam – 85/95 € 110/120 €
Rist *Donna Vittoria* – Carta 28/53 €
A pochi metri da uno scenografico belvedere sul lago Albano, classica struttura che presenta un'atmosfera più retrò negli interni, arredati con carta da parati e decorazioni british. La cucina, stagionale, è ovviamente laziale.

XX **La Galleria di Sopra**
via Leonardo Murialdo 9 – ✆ 0 69 32 27 91 – www.lagalleriadisopra.it – Chiuso 16-31 agosto e lunedì
Rist – *(solo a cena escluso i giorni festivi)* Carta 42/66 €
Nella parte alta del paese, la sala principale dal soffitto a botte era un tempo il fienile di un convento di suore (la dimora confina tuttora con la tenuta papale di Castel Gandolfo). Oggi, due giovani fratelli s'ingegnano per svecchiare la cucina dei castelli. Pesce e carne in fantasiose interpretazioni.

ALBAREDO D'ADIGE – Verona (VR) – 562 G15 – 5 313 ab. – ✉ 37041 39 B3

Roma 494 – Verona 35 – Mantova 51 – Padova 71

a Coriano Veronese Sud : 5 km – ✉ 37050

XX **Locanda dell'Arcimboldo** con cam
via Gennari 5 – ✆ 04 57 02 53 00 – www.locandadellarcimboldo.it – Chiuso 10 giorni in gennaio e 20 giorni in agosto
2 cam – 2 suites – 100/130 €
Rist – *(chiuso domenica sera e lunedì)* Carta 28/77 €
Elegante casa dell'Ottocento ristrutturata e trasformata in una signorile locanda: particolarmente curate sia la sala che la veranda, dove potrete gustare saporiti piatti locali rivisitati e tante specialità di pesce. Sontuose le camere, arredate con raffinata ricercatezza.

ALBARETO – Parma (PR) – 562 I11 – 2 232 ab. – ✉ 43051 8 A2

Roma 507 – Bologna 177 – Parma 82 – La Spezia 97

Borgo Casale
località Casale, Est: 2,5 km – ✆ 05 25 92 90 32 – www.borgocasale.it – Chiuso 15 gennaio-1° febbraio
16 cam – 100 € 170 €
Rist *Casimiro e voi* – vedere selezione ristoranti
In un quadro ambientale tranquillo e charmant, un piccolo borgo di collina trasformato in accogliente relais, completo nella gamma dei servizi offerti.

XX **Casimiro e voi** – Hotel Borgo Casale
località Casale, Est: 2,5 km – ✆ 05 25 92 90 32 – www.borgocasale.it – Chiuso 17 gennaio-1° febbraio
Rist – (consigliata la prenotazione) Carta 30/44 €
L'antico borgo che nel XV secolo era una stazione di passaggio lungo la via Francigena, è diventato - ora - un raffinato relais, dove trova posto anche questo ristorante, espressione più autentica della cucina emiliana: ingredienti del territorio e buon vino.

ALBAVILLA – Como (CO) – 561 E9 – 5 928 ab. – alt. 331 m – ✉ 22031 18 B1

Roma 613 – Como 12 – Brescia 102 – Milano 46

Il Cantuccio (Mauro Elli)

via Dante 36 – ☎ 0 31 62 87 36 – www.mauroelli.com – Chiuso 2 settimane in gennaio, 1 settimana in luglio e lunedì

Rist – *(solo a cena escluso da venerdì a domenica)* (coperti limitati, prenotare) Carta 49/69 €

➜ Spaghetti alla chitarra di antiche farine con cipollotti e guanciale. Capretto arrosto alle erbe aromatiche. Zuppetta di mandorle con frutti rossi e gelato al pistacchio.

Fantasiosa rielaborazione di cucina tradizionale nel cuore di un verde paese della Brianza: due graziose salette, in un ambiente elegantemente rustico; cantina interessante.

ALBENGA – Savona (SV) – 561 J6 – 24 378 ab. – ✉ 17031 Liguria 14 B2

Roma 589 – Imperia 32 – Cuneo 109 – Genova 90

piazza del Popolo 11, ☎ 0182 55 84 44, www.visitriviera.it

Battistero★ nella cattedrale - Città vecchia★

Sole Mare

lungomare Cristoforo Colombo 15 – ☎ 0 18 25 27 52 – www.albergosolemare.it

24 cam – †55/85 € ††85/115 €

Rist – *(aperto 1° luglio-31 agosto) (solo a cena) (solo per alloggiati)* Menu 25 €

Invidiabile posizione di fronte al mare e ambiente ospitale in una struttura semplice, dall'ottima conduzione familiare. Camere fresche, arredate sobriamente, ma funzionali.

Pernambucco

viale Italia 35 – ☎ 0 18 25 34 58 – Chiuso mercoledì

Rist – Carta 39/95 €

Gestione capace e insolita collocazione all'interno di un giardino, per un locale dall'ambiente rustico ma ricercato; specialità di mare da provare.

Osteria dei Leoni

vico Avarenna 1, centro storico – ☎ 0 18 25 19 37 – www.osteriadeileoni.it – Chiuso gennaio e martedì

Rist – Menu 38 € (pranzo) – Carta 39/84 €

Nel centro storico di Albenga, in un edificio quattrocentesco che fu convento alle origini e scuola elemantere nel secolo scorso, due caratteristiche sale e una corte interna per la bella stagione. In menu: fragranti specialità di pesce.

Babette

viale Pontelungo 26 – ☎ 01 82 54 45 56 – www.ristorantebabette.com – Chiuso martedì a mezzogiorno e lunedì

Rist – Menu 18 € (pranzo in settimana)/48 € – Carta 41/76 €

Alle porte del centro storico, una piccola sala con tavoli un po' ravvicinati, ma nell'ensemble un locale di grande eleganza. Dalla cucina piatti fantasiosi ispirati al mare e qualche specialità di terra.

a Salea Nord-Ovest : 5 km – ✉ 17031 Albenga

Cà di Berta senza rist

località Cà di Berta 5 – ☎ 01 82 55 99 30 – www.hoteldiberta.it

10 cam – †105/110 € ††130/170 € – 5 suites

Impreziosito da una verde cornice di palme e ulivi, l'albergo dispone di eleganti interni ed accoglienti camere: solo suite e junior-suite. Relax allo stato puro!

ALBEROBELLO – Bari (BA) – 564 E33 – 11 013 ab. – alt. 428 m – ✉ 70011 Puglia 27 C2

Roma 502 – Bari 55 – Brindisi 77 – Lecce 106

via Montenero 3, ☎ 080 4 32 20 60, www.alberobellonline.it

Località★★★ • Trullo Sovrano★

Grand Hotel Olimpo

via Sette Liberatori della Selva – ✆ 08 04 32 16 78 – www.grandhotelolimpo.it

31 cam – 65/80 € 100/120 € – 2 suites **Rist** – Carta 30/50 €

All'ingresso della località, un ottimo albergo in grado di soddisfare sia le esigenze di una clientela business sia i desideri di turisti in visita alla località. D'impostazione moderna, la struttura offre quell'eleganza soffusa oggi tanto di moda: zone comuni raccolte intorno alla pianta circolare della hall lucida di marmi e camere che si differenziano solo per dimensioni.

Colle del Sole

via Indipendenza 63 – ✆ 08 04 32 18 14 – www.hotelcolledelsole.it

47 cam – 45/95 € 75/115 €

Rist – *(chiuso lunedì da ottobre a marzo)* Carta 18/44 €

A soli 500 metri dalle due aree Trulli - Aia Piccola e Rione Monti – l'albergo a gestione familiare dispone di camere confortevoli, arredate con gusto moderno. La struttura propone anche attività culturali di vario tipo. Ristorante con wine-bar.

B&B Fascino Antico senza rist

strada Statale 172 per Locorotondo km 0,5 – ✆ 08 04 32 50 89 – www.fascinoantico.eu – Aperto 1° maggio-30 novembre

5 cam – 50 € 80/90 €

L'esperienza di alloggiare all'interno dei trulli, alcuni originali dell'Ottocento, e di concedersi un po' di riposo nella corte-giardino: un'autentica atmosfera pugliese.

Il Poeta Contadino (Marco Leonardo)

via Indipendenza 21 – ✆ 08 04 32 19 17 – www.ilpoetacontadino.it – Chiuso 7-31 marzo e lunedì escluso luglio-agosto

Rist – (consigliata la prenotazione) Menu 45/65 € – Carta 54/75 €

➜ Purea di fave con cavatelli ai frutti di mare. Filetto di manzo alla crema di olive baresane. Gateau di cioccolato, salsa all'arancio.

A due passi dai celebri trulli, un ulivo all'ingresso è il biglietto da visita della cucina: sapori e colori del sud in uno dei locali più eleganti della regione.

Trullo d'Oro

via Cavallotti 27 – ✆ 08 04 32 39 09 – www.trullodoro.it – Chiuso 7-28 gennaio, domenica sera e lunedì escluso agosto

Rist – Carta 32/98 €

All'interno di autentici trulli ottocenteschi, tante salette per una cucina dai piatti pugliesi e nazionali. Bella veranda luminosa.

L'Aratro

via Monte San Michele 25/29 – ✆ 08 04 32 27 89 – www.ristorantearatro.it

Rist – Menu 16/50 € – Carta 27/30 €

Nel caratteristico agglomerato di trulli del centro storico, piacevole trattoria dagli arredi rustici e terrazza per il dehors. Proposte del territorio, di carne e di pesce.

ALBIGNASEGO – Padova (PD) – 562 F17 – 23 284 ab. – alt. 13 m — 40 C3

– ✉ 35020

Roma 492 – Padova 13 – Rovigo 41 – Venezia 47

Il Baretto

via Europa 6 – ✆ 04 98 62 50 19 – Chiuso 15 giorni in agosto, domenica e lunedì

Rist – (coperti limitati, prenotare) Carta 39/98 €

Piccolo nelle dimensioni, ma grande nella cura dell'arredo e della qualità del pescato da gustare sia crudo, sia in piatti tradizionali e casalinghi.

ALBINEA – Reggio Emilia (RE) – 562 I13 – 8 766 ab. – alt. 166 m — 8 B3

– ✉ 42020

Roma 438 – Parma 41 – La Spezia 114 – Milano 161

Garden Viganò senza rist

via Garibaldi 17 – ✆ 05 22 34 72 92 – www.hotelgardenvigano.it

22 cam – 55/65 € 77 €, 10 €

Camere che profumano di fresco e pulito, come i cassetti della nonna con i sacchetti di lavanda: in posizione collinare, un complesso del '700 dagli spazi comuni limitati, ma piacevolmente immerso in un enorme parco.

ALBINIA – Grosseto (GR) – 563 O15 – ✉ 58010 32 C3

Roma 144 – Grosseto 32 – Civitavecchia 75 – Orbetello 13

Agriturismo Antica Fattoria la Parrina

strada vicinale Parrina km 146, Sud-Est : 6 km – ✆ 05 64 86 26 26 – www.parrina.it – Aperto vacanze di Natale e 1° aprile-31 ottobre

14 cam – †105/170 € ††120/200 €

Rist – (consigliata la prenotazione) Carta 34/58 €

Ambiente di raffinata ospitalità in una risorsa agrituristica ricavata nella casa padronale di una fattoria ottocentesca; interni ricchi di fascino e camere confortevoli.

ALBINO – Bergamo (BG) – 561 E11 – 18 186 ab. – alt. 342 m – ✉ 24021 19 C1

Roma 621 – Bergamo 14 – Brescia 65 – Milano 67

Il Becco Fino

via Mazzini 200 – ✆ 0 35 77 39 00 – www.ilbeccofino.it – Chiuso 1 settimana in gennaio, 2 settimane in agosto, domenica sera e lunedì

Rist – *(solo a cena escluso domenica)* Carta 41/88 €

Piacevole collocazione in un cortile tra palazzi d'epoca, dove apprezzare una cucina moderna accompagnata da un'interessante scelta enologica.

ALBISANO – Verona (VR) – Vedere Torri del Benaco

ALDEIN = Aldino

ALDINO (ALDEIN) – Bolzano (BZ) – 562 C16 – 1 665 ab. – alt. 1 225 m 34 D3

– Sport invernali : 2 000/2 300 m 5, – ✉ 39040

Roma 628 – Bolzano 34 – Cortina d'Ampezzo 112 – Trento 57

Krone con cam

piazza Principale 4 – ✆ 04 71 88 68 25 – www.gasthof-krone.it – Chiuso 6 novembre-7 dicembre

12 cam – †85/135 € ††140/200 € – 1 suite

Rist – *(chiuso lunedì)* Carta 32/65 €

Il passato è una prerogativa di fascino che ancora non cede il passo alla modernità; in un piccolo paese di montagna, ristorante di antica tradizione dove gustare genuinità e tradizione. Nato come punto di riferimento per l'ospitalità, conserva tutt'oggi camere semplici e discrete dall'arredo antico.

ALESSANDRIA P (AL) – 561 H7 – 94 974 ab. – alt. 95 m 23 C2

Roma 575 – Genova 81 – Milano 90 – Piacenza 94

via Guasco 19, ✆ 0131 51 59 60, www.cultural.it

, ✆ 0131 25 42 30

La Serra strada Astigliano 42, 0131 954778, www.golfserra.it – marzo-novembre; chiuso lunedì

Margara tenuta Margara, 0131 778555, www.golfmargara.it – chiuso gennaio e lunedì

Pianta pagina seguente

Alli Due Buoi Rossi

via Cavour 32 ✉ 15121 – ✆ 01 31 51 71 71 – www.hotelalliduebuoirossi.com

48 cam – †98/155 € ††130/210 € Za

Rist *Alli Due Buoi Rossi* – vedere selezione ristoranti

A poche decine di metri da Piazza della Libertà, un palazzo signorile di fine '800 con spazi comuni non ampissimi, ma subito "riscattati" dal loro tono raffinato e dalle ampie camere arredate in stile Belle Epoque.

ALESSANDRIA

Bergamo (V.) . . . . Z 2
Brigata Ravenna (Viale) . . . . Z 3
Carducci (Pza) . . . . Y 4
Carlo Marx (Cso) . . . . Z 6
Casale (V.). . . . . Y 7
Cavallotti (Cso). . . . . Z 8
Crimea (Cso) . . . . Z 9
Dante Alighieri (V.) . . . . Y 10
Fiume (V.). . . . . Y 12
Garibaldi (Pza). . . . . Z 14
Gobetti (Pza) . . . . Y 15
Gramsci (V.) . . . . Z 16
Lamarmora (Cso). . . . . Z 18
Libertà (Pza della). . . . . Y 19
Machiavelli (V.). . . . . YZ 20
Magenta (Lungo Tanaro). . . . . . . Y 21
Marini (Cso Virginia). . . . . Y 23
Martiri (V. dei). . . . . Y 24
Morbelli (V.) . . . . Y 26
Pistoia (V. Ernesto) . . . . YZ 27
Pontida (V.). . . . . YZ 28
Roma (Cso) . . . . YZ
Savona (V.) . . . . Z 38
Solferino (Lungo Tanaro). . . . . . . Y 39
S. Caterina da Siena (V.) . . . . . . Y 35
S. Dalmazzo (V.). . . . . Y 30
S. Giacomo d. Vittoria (V.) . . . . YZ 31
S. Maria di Castello (V.) . . . . Y 36
S. Martino (Lungo Tanaro) . . . . . Y 32
S. Pio V (V.). . . . . Y 34
Tivoli (V.). . . . . Z 40
Tiziano (Via Vecellio). . . . . Y 41
Tripoli (V.). . . . . YZ 42
Turati (Pza). . . . . YZ 43
Valfré (Pza). . . . . Z 44
Vittorio Veneto (Pza) . . . . Z 45
Vochieri (V.). . . . . Y 46
1821 (V.). . . . . Y 48

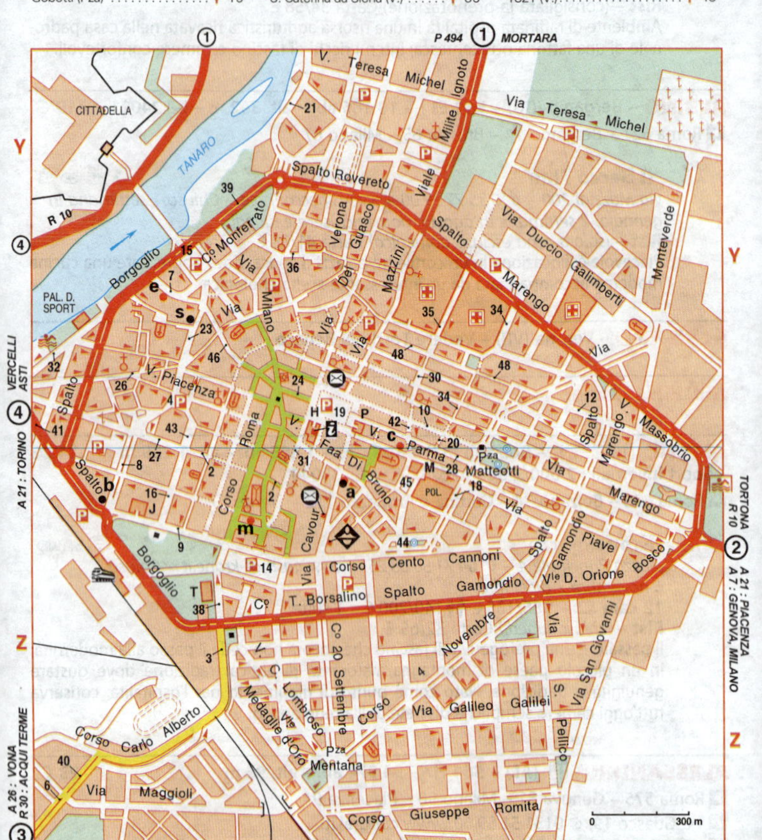

Europa senza rist
via Palestro 1 ✉ 15121 – ☎ 01 31 23 62 26 – www.hoteleuropaal.com
32 cam – †90/100 € ††90/100 € **Ys**
Nel centro storico di Alessandria - a pochi passi dalla stazione ferroviaria - affidabile gestione diretta per un hotel dalle piacevoli camere arredate in stile moderno. Breakfast a buffet nella luminosa sala colazioni.

Londra senza rist
corso Felice Cavallotti 51 ✉ 15121 – ☎ 01 31 25 17 21 – www.londrahotel.info
39 cam – †70/85 € ††90/120 € **Zb**
Eleganza e raffinatezza coniugati alla più moderna tecnologia creano un ambiente confortevole ed ospitale. In centro città - di fronte alla stazione ferroviaria - l'hotel rappresenta una risorsa strategica per ogni viaggiatore.

Alli Due Buoi Rossi – Hotel Alli Due Buoi Rossi
via Cavour 32 – ✆ 01 31 51 71 71 – www.hotelalliduebuoirossi.com Za
Rist – Menu 15 € (pranzo in settimana) – Carta 36/68 €
Se vi trovate a percorrere le vie del centro, fermatevi in questo ristorante dal nome un po' bizzarro, ma dalla veste elegante: in menu campeggiano tanti gustosi piatti di matrice regionale, permeati da una leggera vena moderna.

Il Grappolo
via Casale 28 ✉ 15121 – ✆ 01 31 25 32 17 – www.ristoranteilgrappolo.it – Chiuso lunedì sera e martedì Ye
Rist – Menu 35/48 €
All'interno di un palazzo del '600, atmosfera ricercata in un locale storico con grandi ambienti, alti soffitti e arredi d'epoca. Cucina regionale rielaborata con capacità e fantasia.

Duomo
via Parma 28 ✉ 15121 – ✆ 0 13 15 26 31 – www.ristorante-duomo.com – Chiuso 10 giorni in gennaio, 20 giorni in settembre e domenica YZc
Rist – *(solo a cena)* Carta 33/60 €
Accanto al Duomo, un locale accogliente nella sua semplicità che vi sorprenderà con curati piatti del territorio, "firmati" con fantasia. Squisiti dolci, di produzione propria.

Osteria della Luna in Brodo
via Legnano 12 ✉ 15121 – ✆ 01 31 23 18 98 – Chiuso 15 giorni in agosto e lunedì Zm
Rist – Carta 25/40 €
Piatti della tradizione regionale in un locale colorato ed accogliente, intrigante già a partire dal nome. Un consiglio: non andatevene senza prima aver assaggiato gli agnolotti e la ricca selezione di formaggi piemontesi.

all'uscita autostrada A 21 Alessandria Ovest Ovest: 4,3 km

Al Mulino
via Casale 44, frazione San Michele ✉ 15040 – ✆ 01 31 36 22 50 – www.almulino-hotel.it – Chiuso 23 dicembre-8 gennaio e 11-25 agosto
57 cam – †65/85 € ††85/145 € – 2 suites
Rist – *(chiuso sabato, domenica e i giorni festivi)* Carta 40/65 €
Nei pressi del casello autostradale, in posizione ideale per la clientela d'affari, camere confortevoli e funzionali. In quello che un tempo era il vecchio mulino, il ristorante dai toni rustici dove gustare fantasiosi piatti di terra e di mare.

a Spinetta Marengo Est : 3 km – ✉ 15047

Diamante cam, rist,
viale della Valletta 180 – ✆ 01 31 61 11 11 – www.hoteldiamantealessandria.it
120 cam – †89/199 € ††89/199 € – 4 suites **Rist** – Carta 22/55 €
In un nuovo centro polifunzionale, moderna struttura caratterizzata da ambienti open space e da ampie camere ben accessoriate, ideali per una clientela business. A disposizione dei gentili ospiti, la piscina e il fitness nell'adiacente centro benessere.

La Fermata (Riccardo Aiachini) con cam
via Bolla 2, Ovest: 1 km – ✆ 01 31 61 75 08 – www.lafermata-al.it – Chiuso 7-14 gennaio e 2 settimane in agosto
12 cam – †70/90 € ††110/130 €
Rist – *(chiuso sabato a mezzogiorno e domenica)* Menu 55/70 € – Carta 46/83 €
➜ Agnolotti. Maialino marinato. Tortino di mele croccante.
Vale la sosta, o meglio: la fermata! In un cascinale del '700, la creatività va a braccetto con la tradizione in squisite proposte gastronomiche di carne e di pesce. Camere confortevoli.

ALESSANO – Lecce (LE) – **564** H36 – 6 552 ab. – alt. 140 m – ✉ 73031 **27** D3
Puglia
Roma 634 – Brindisi 99 – Lecce 61 – Taranto 135

Agriturismo Masseria Macurano
via Macurano 134, Sud-Est : 3 km – ✆ 08 33 52 42 87 – www.masseriamacurano.com – Aperto 25 aprile-31 ottobre
5 cam – 40/50 € 60/110 €
Rist – *(solo a cena)* (prenotazione obbligatoria) *(solo per alloggiati)* Menu 20 €
Ambienti spaziosi, ampie camere arredate con mobili in arte povera e qualche pezzo d'artigianato in questa masseria del '700 a gestione famliare circondata da un bel giardino. La rustica ed accogliente sala ristorante propone menù degustazione a prezzo fisso.

ALGHERO Sardegna – Sassari (SS) – 366 K40 – 40 965 ab. – ✉ 07041 — 28 A2

Sardegna

Cagliari 227 – Nuoro 136 – Olbia 137 – Porto Torres 35
di Fertilia Nord-Ovest: 11 km ✆ 079 935282
piazza Portaterra 9, ✆ 079 97 90 52, www.alghero-turismo.it
Città vecchia★
Grotta di Nettuno★★★ Nord-Ovest : 26,5 km – Strada per Capo Caccia ≤★★ – Nuraghe Palmavera★ Nord-Ovest : 10 km

Villa Las Tronas
lungomare Valencia 1 – ✆ 0 79 98 18 18 – www.hotelvillalastronas.it
24 cam – 141/272 € 200/470 € – 6 suites **Rist** – Carta 46/95 €
Invidiabile posizione su un piccolo promontorio e interni d'epoca per questa residenza patrizia d'inizio '900. Privacy, raffinatezza, charme permeano gli spazi comuni e le belle camere, ognuna con un proprio inconfondibile stile: alcune si affacciano sul mare o sul giardino, altre sono dotate di terrazza panoramica.

Florida
via Lido 15 – ✆ 0 79 95 05 00 – www.hotelfloridaalghero.com – Aperto 1° marzo-31 ottobre
73 cam – 59/104 € 94/148 € **Rist** – *(solo a cena)* Menu 22 €
Sul lungomare, ma non lontano dal centro storico, una curiosa struttura anni '70 dove le camere con balconcino sembrano cubi appoggiati l'uno sull'altro. Spazi di taglio classico semplice e confortevole, stanze omogenee nello stile e nell'arredo.

Andreini
via Ardoino 45 – ✆ 0 79 98 20 98 – www.ristoranteandreini.it – Chiuso lunedì escluso da aprile a ottobre
Rist – (consigliata la prenotazione) Menu 55/75 € – Carta 38/75 €
Rist *Appenaprima* – *(aperto 1° aprile-31 ottobre)* Menu 16 € (pranzo)/35 € – Carta 27/59 €
➜ Tagliolino in crosta di pecorino, bottarga e pepe nero. Maialino croccante e le sue interiora. Spuma catalana, gel di limone, gelato allo yogurt di pecora.
Tra le spesse mura in pietra di un vecchio deposito per l'olio, ambientazione romantica e un'intera famiglia al lavoro per deliziare con ricette moderne, ma rispettose della tradizione. Frequentatissimo, la sera. Bel dehors e piatti sfiziosi, sebbene più semplici, al ristorante Appenaprima.

Al Tuguri
via Maiorca 113/115 – ✆ 0 79 97 67 72 – www.altuguri.it – Aperto 1° marzo-30 novembre; chiuso domenica
Rist – (coperti limitati, prenotare) Menu 36/40 € – Carta 38/60 €
Bell'ambiente caratteristico, con tavoli piccoli e serrati, in un'antica casa del centro, a due passi dai Bastioni; griglia a vista per cuocere soprattutto pesce.

a Porto Conte Nord-Ovest : 13 km – ✉ 07041 Alghero

El Faro
– ✆ 0 79 94 20 10 – www.elfarohotel.it – Aperto 1° maggio-31 ottobre
88 cam – 90/380 € 140/470 € – 6 suites **Rist** – Carta 33/78 €
Su un piccolo promontorio dove sorgeva il vecchio faro, una romantica villa progettata negli anni '50 dall'architetto S.Mossa e la possibilità di effettuare il pescaturismo: un'uscita in barca (naturalmente accompagnati da esperti) e l'opportunità - una volta tornati al ristorante - di farsi cucinare quanto pescato. Gustose specialità ittiche in menu.

ALGUND = Lagundo

ALICE BEL COLLE – Alessandria (AL) – **561** H7 – 781 ab. – alt. 418 m **23** C3

– ✉ 15010

Roma 615 – Torino 101 – Alessandria 33 – Asti 39

Belvedere cam,

piazza Giovanni Guacchione 9 – ✆ 0 14 47 43 00 – www.belvederealice.it

30 cam – 40 € 70 € **Rist** – Carta 25/47 €

Base ideale per visitare i dintorni, il nome è azzeccato se si pensa alla bella vista offerta dal ristorante e dalla terrazza. L'impostazione è familiare, ma la tenuta e la pulizia delle camere non vi faranno rimpiangere una struttura più business.

ALLEGHE – Belluno (BL) – **562** C18 – 1 354 ab. – alt. 979 m **40** C1

– Sport invernali : 1 000/2 100 m 2 23 (Comprensorio Dolomiti superski Civetta) a Caprile – ✉ 32022

Roma 665 – Cortina d'Ampezzo 40 – Belluno 48 – Bolzano 84

piazza Kennedy 17, ✆ 0437 52 33 33, www.infodolomiti.it

Lago★

Valle del Cordevole★★ Sud per la strada S 203

a Masarè Sud-Ovest : 2 km

Barance rist,

corso Venezia 45 ✉ 32022 Masarè – ✆ 04 37 72 37 48 – www.hotelbarance.com – Aperto 2 dicembre-Pasqua e 16 giugno-14 settembre

26 cam – 35/75 € 50/90 € **Rist** – Carta 25/50 €

Interni signorili arredati nel classico stile alpino ed eleganti camere con tendaggi fioriti in questa grande casa rosa dall'ospitale gestione familiare. Tutt'intorno, sentieri per passeggiate e pareti da arrampicata. Sala da pranzo ampia e accogliente, riscaldata dal sapiente impiego del legno. Cucina creativa.

La Maison senza rist

via Masarè 58 ✉ 32022 Alleghe – ✆ 04 37 72 37 37 – www.hotellamaison.com – Chiuso novembre

13 cam – 65/95 € 90/130 €

Aspettatevi un soggiorno a tutto relax: non solo perchè la struttura si trova in una posizione un po' defilata, ma anche in virtù del fatto che le confortevoli camere non lesinano sui metri quadratati. Nuovo e moderno, il centro benessere.

a Caprile Nord-Ovest : 4 km – ✉ 32023

Alla Posta

piazza Dogliani 19 – ✆ 04 37 72 11 71 – www.hotelposta.com – Aperto 20 dicembre-aprile e 15 giugno-25 settembre

59 cam – 45/80 € 80/150 €, 10 € – 3 suites

Rist *Il Postin* – vedere selezione ristoranti

Rist – *(solo per alloggiati)*

Se nella II metà dell'800 era un'osteria ed una stazione per il cambio dei cavalli sul tragitto tra Impero Asburgico e Regno D'Italia, dopo 140 anni la stessa casa continua ad allietare chi sosta in questa risorsa. Spazi comuni arredati con gusto, centro benessere ed una bella pasticceria dove gustare il mitico strudel.

XX **Il Postin** – Hotel alla Posta

piazza Dogliani 19 – ✆ 04 37 72 11 71 – www.hotelposta.com – Aperto 20 dicembre-aprile e 15 giugno-25 settembre; chiuso mercoledì

Rist – Carta 24/70 €

Se dopo una giornata all'aria aperta, l'appetito si fa sentire, il Postin saprà saziare la vostra fame con ricette e sapori del territorio, in un'elegante sala da pranzo dal caldo stile montano: dalle finestre, a tenervi compagnia, l'incantevole scenario delle Dolomiti.

ALMÈ – Bergamo (BG) – 561 E10 – 5 736 ab. – alt. 294 m – ✉ 24011 19 C1

Roma 610 – Bergamo 9 – Lecco 26 – Milano 49

Frosio (Paolo Frosio)

piazza Lemine 1 – ✆ 0 35 54 16 33 – www.frosioristoranti.it – Chiuso 1 settimana in gennaio, 3 settimane in agosto, giovedì a mezzogiorno e mercoledì

Rist – Menu 65 € – Carta 46/74 €

→ Tortelli di ricotta al basilico con gamberi rossi di Sicilia. Animelle di vitello con finferli, piselli e crema al pecorino. Morbidezza allo yogurt e fragole.

All'interno di un signorile palazzo seicentesco, la cucina moderna rivaleggia in eleganza con la bellezza delle sale, dominate dal bianco. Carne o pesce, la qualità non muta; lo stesso dicasi per i dolci e i vini.

a Paladina Sud : 2,5 km – ✉ 24030

Caffè...Osteria

via Stazione 36, sulla S.S. Dalmine-Villa d'Almè – ✆ 0 35 54 11 19 – www.lecantined.com – Chiuso 23 dicembre-7 gennaio, 15 giorni in agosto, domenica e lunedì sera

Rist – Carta 39/71 €

La modernità ha conquistato anche questa osteria di paese con enoteca e vendita di prodotti gastronomici di nicchia. La sala è piacevole con un côté un po' retrò, ma l'influenza contemporanea non si lascia mettere da parte e fa di nuovo capolino nella cucina.

ALMENNO SAN BARTOLOMEO – Bergamo (BG) – 561 E10 19 C1

– 6 018 ab. – alt. 352 m – ✉ 24030

Roma 584 – Bergamo 13 – Lecco 33 – Milano 50

via Papa Giovanni XXIII, ✆ 035 54 86 34, www.iatvalleimagna.com

Bergamo L'Albenza via Longoni 12, 035 640028, www.golfbergamo.it – chiuso lunedì

Camoretti

via Camoretti 2, località Longa, Nord : 3,5 km – ✆ 0 35 55 04 68 – www.camoretti.it – Chiuso 1°-8 gennaio e 15-30 agosto

22 cam – †50/55 € ††80/85 €

Rist *Camoretti* – vedere selezione ristoranti

In posizione collinare, tra il verde della campagna bergamasca, camere accoglienti ed eleganti, in una piacevole struttura dalla calda atmosfera familiare.

Antica Osteria Giubì dal 1884

via Cascinetto 2, direzione Brembate di Sopra Sud 1,5 km – ✆ 0 35 54 01 30 – Chiuso 2 settimane in settembre e mercoledì

Rist – (consigliata la prenotazione la sera) Menu 50 € – Carta 27/54 €

Autentica trattoria immersa nel verde di un parco, da sempre di famiglia ed ora gestita da tre fratelli: uno si dedica alla fornitissima cantina (circa 40.000 bottiglie), il più giovane della cucina, l'altro dell'azienda agricola di confetture e verdure biologiche. Piatti del territorio.

Collina

via Ca' Paler 5, sulla strada per Roncola, Nord 1,5 km – ✆ 0 35 64 25 70 – www.ristorantecollina.it – Chiuso 1°-10 gennaio, lunedì e martedì

Rist – Carta 41/64 €

Da una trattoria di famiglia nasce questo locale che, pur non disdegnando le proprie origini, propone piatti d'ispirazione contemporanea. Saletta con camino e sala panoramica.

Camoretti – Hotel Camoretti

via Camoretti 2, località Longa Nord : 3,5 km, Nord: 3,5 km – ✆ 0 35 55 00 73 – www.camoretti.it – Chiuso 1°-8 gennaio, 15-30 agosto, i mezzogiorno di lunedì e martedì, anche domenica sera in inverno

Rist – Menu 18 € (in settimana) – Carta 22/43 €

Servizio cordiale e ambiente familiare, ma non crediate per questo che si lesini sulla cura del dettaglio o sulla cucina. Al contrario! Piatti rigorosamente casalinghi, salumi di produzione propria e pasta fresca.

ALMENNO SAN SALVATORE – Bergamo (BG) – 561 E10 – 5 825 ab. – alt. 328 m – ✉ 24031 19 C1

Roma 612 – Bergamo 13 – Lecco 27 – Milano 54

Cantina Lemine

via Buttinoni 48 – ✆ 0 35 64 25 21 – www.cantinalemine.it – Chiuso 1 settimana in gennaio, 1 settimana in agosto, sabato a mezzogiorno, lunedì e martedì

Rist – Menu 65 € – Carta 35/80 €

Un'elegante villa ospita questo locale dal design contemporaneo, dove gustare una cucina moderna con carne e molto pesce. Il giardino, la cantina-enoteca, nonché il salottino per sigari e distillati donano ulteriore fascino al locale.

ALPE DI SIUSI (SEISER ALM) – Bolzano (BZ) – 562 C16 – alt. 1 826 m – Sport invernali : 1 800/2 300 m 2 23, (Comprensorio Dolomiti superski Alpe di Siusi) – ✉ 39040 Italia Centro-Nord 34 C2

Roma 674 – Bolzano 23 – Bressanone 28 – Milano 332

Compatsch 50, ✆ 0471 72 79 04, www.alpedisiusi.bz

Posizione pittoresca★★

Alpina Dolomites

via Compatsch 62/3 – ✆ 04 71 79 60 04 – www.alpinadolomites.it – Chiuso 10 aprile-1° giugno e 10-21 novembre

56 cam – †207/629 € ††318/698 € – 13 suites

Rist – *(solo per alloggiati)* Carta 35/72 €

Calore, eleganza sono cuore e anima di questo lussuoso albergo dal design montano-minimalista, dove la luce è protagonista assoluta: tutte le camere sono infatti esposte a sud, verso il sole e la meraviglia delle Dolomiti. La vacanza è presto un sogno ad occhi aperti!

Seiser Alm Urthaler

rist,

via Compatsch 49 – ✆ 04 71 72 79 19 – www.alpedisiusi.com – Chiuso 4 novembre-6 dicembre e 7 aprile-17 maggio

51 cam – solo ½ P 130/230 € – 3 suites

Rist *Jagerstube* – *(solo a pranzo)* Carta 38/86 €

Pietra, ferro, vetro e tanto legno sono i materiali utilizzati per questo hotel di concezione "bio" ispirato ad un coinvolgente minimalismo, con ottimi servizi e spazi comuni. I sapori della tradizione vi attendono, invece, nell'ampia sala ristorante o nelle intime stube.

Sporthotel Floralpina

rist,

via Saltria 5, Est : 7 km – ✆ 04 71 72 79 07 – www.floralpina.com – Aperto 1° dicembre-31 marzo e 1° giugno-31 ottobre

44 cam – solo ½ P 60/151 € – 1 suite **Rist** – Carta 24/44 €

Si gode di una vista pacificatrice su monti e pinete da questo hotel immerso nella tranquillità di un parco naturale; calda atmosfera nei caratteristici ambienti interni. Originale soffitto in legno a cassettoni ottagonali nella sala da pranzo.

Seiser Alm Plaza

via Compatsch 33 – ✆ 04 71 72 79 73 – www.alpedisiusi.com – Aperto 15 dicembre-7 aprile e 7 giugno-13 ottobre

42 cam – solo ½ P 73/148 € **Rist** – *(solo per alloggiati)*

In centro, albergo in stile montano, ma d'impronta moderna, dispone di confortevoli aree comuni caratterizzate da pavimenti in parquet e camere razionali, alcune con angolo cottura. Solo su prenotazione si effettuano massaggi.

Compatsch

via Compatsch 62 – ✆ 04 71 72 79 70 – www.alpedisiusi.com – Aperto 15 dicembre-7 aprile e 16 giugno-6 ottobre

32 cam – solo ½ P 58/116 € **Rist** – *(solo per alloggiati)*

Piccolo hotel di montagna che si propone soprattutto a nuclei familiari; interni ordinati e semplici, camere ammobiliate sobriamente.

Gostner Schwaige
via Saltria, sentiero 3 – ✆ 34 78 36 81 54 – Chiuso 2 novembre-9 dicembre e 10 aprile-20 maggio
Rist – (prenotazione obbligatoria la sera) Carta 23/48 €
Una malga a quasi 2000 m, raggiungibile in inverno – a pranzo – solo a piedi, a cavallo o con gli sci; il ritmo si fa veloce e il coperto tralasciato. La sera, invece, l'atmosfera diventa intima e la cucina più raffinata: saporiti piatti del territorio con utilizzo di formaggi prodotti dalla sorella di Franz, il proprietario, e spezie coltivate dalla madre.

ALSENO – Piacenza (PC) – 562 H11 – 4 897 ab. – alt. 81 m – ✉ 29010 8 A2

Roma 487 – Parma 32 – Piacenza 30 – Milano 93
18 Castell'Arquato località Terme di Bacedasco, 0523 895557, www.golfclubcastellarquato.com – chiuso martedì

Palazzo della Commenda
località Chiaravalle della Colomba , Nord: 3,5 km – ✆ 05 23 94 00 03 – www.palazzodellacommenda.it
16 cam – †60/70 € ††90/95 €
Rist *Della Commenda* – vedere selezione ristoranti
Sia uomini d'affari, sia turisti di passaggio, scelgono questa graziosa struttura - immersa nel verde - con camere molto funzionali e caratteristiche: alti soffitti e travi a vista.

Della Commenda – Hotel Palazzo della Commenda
località Chiaravalle della Colomba , Nord: 3,5 km – ✆ 05 23 94 00 03 – www.palazzodellacommenda.it – Chiuso lunedì, anche martedì a mezzogiorno in agosto
Rist – Carta 26/52 €
A pochi minuti dalla Via Emilia, il ristorante è stato ricavato nell'ex fienile della dimora del commendatore: l'abate incaricato di amministrare i beni della vicina abbazia. Piatti del territorio - la pasta è ancora fatta in casa - accompagnati da una buona selezione di vini piacentini.

a Castelnuovo Fogliani Sud-Est : 3 km – ✉ 29010

Trattoria del Ponte
strada Salsediana est 1237 – ✆ 05 23 94 71 10 – Chiuso mercoledì
Rist – (consigliata la prenotazione) Menu 20/40 € – Carta 19/45 €
Ex designer, lo chef-patron ha saputo riadattare ed abbellire un'anonima struttura industriale. L'atmosfera è, quindi, moderna, ma la cucina si riappropria della tradizione piacentina: ottimi salumi, tortelli e pisarei, carré di maialino in fonduta di parmigiano e cognac. Anche la carta dei vini si adegua, concentrandosi sulla produzione enologica della zona.

a Cortina Vecchia Sud-Ovest : 5 km – ✉ 29010

Da Giovanni
via Cortina 1040 – ✆ 05 23 94 83 04 – www.dagiovanniacortina.com – Chiuso 2 settimane in gennaio, 2 settimane in luglio o agosto, lunedì e martedì
Rist – (consigliata la prenotazione) Menu 50 € – Carta 39/79 €
La settecentesca stufa in ceramica e l'arredo d'epoca potranno far volare la fantasia dei più romantici avventori. Le certezze in ogni caso vengono dalla cucina, ispirata alla tradizione piacentina, ma con molta attenzione anche alle ricette di pesce.

ALTA BADIA – Bolzano (BZ) – 562 C17 – Sport invernali : 1 324/2 778 m 34 C1

9 43, (Comprensorio Dolomiti superski Alta Badia)
Italia Centro-Nord

CORVARA IN BADIA (BZ) – 562 C17 – 1 335 ab. – alt. 1 568 m – ✉ 39033 34 C2

Roma 704 – Cortina d'Ampezzo 36 – Belluno 85 – Bolzano 65
via Col Alt 36, ✆ 0471 83 61 76, www.altabadia.org
9 Alta Badia Str. Planac 9, 0471 836655, www.golfaltabadia.it – giugno-15 ottobre

La Perla cam, rist,
via Col Alt 105 – ✆ 04 71 83 10 00 – www.hotel-laperla.it – Aperto 5 dicembre-2 aprile e 20 giugno-14 settembre
40 cam – 160/365 € 220/810 € – 12 suites
Rist *La Stüa de Michil* – vedere selezione ristoranti
Rist – Carta 35/80 €
Bella casa di montagna vicino alle piste da sci: è l'albergo-laboratorio di Michil Costa, fucina di idee e divertimento per vacanze originali ed irripetibili. Pasti serviti in una serie di stube d'epoca, dal '700 in poi: un excursus su uno degli elementi architettonici più tipici del Tirolo.

Sassongher cam,
strada Sassongher 45 – ✆ 04 71 83 60 85 – www.sassongher.it – Aperto 6 dicembre-14 aprile e 26 giugno-14 settembre
43 cam – solo ½ P 120/260 € – 9 suites **Rist** – *(solo per alloggiati)*
Ai piedi dell'omonima cima, spazi, decorazioni e legni sono un omaggio alla più classica tradizione alberghiera di montagna: dagli anni '30, un'indiscussa signorilità. Il ristorante si apre in tipiche stube avvolte nel legno dove l'atmosfera e i sapori della montagna sono serviti a tavola.

Posta-Zirm cam, rist,
strada Col Alto 95 – ✆ 04 71 83 61 75 – www.postazirm.com – Aperto 1° dicembre-10 aprile e 15 giugno-30 settembre
59 cam – 96/241 € 172/408 € – 10 suites **Rist** – Carta 28/55 €
Sorto nell'800 e da allora in continua mutazione, il risultato sono tre edifici distinti con camere altrettanto diverse: le ultime nate sono da preferire. Il ristorante dispone di un'ampia sala e di due calde stube tipicamente tirolesi.

La Tambra
via Sassongher 2 – ✆ 04 71 83 62 81 – www.latambra.com – Aperto 6 dicembre-7 aprile e 9 giugno-22 settembre
28 cam – solo ½ P 60/127 €
Rist *Trattoria con Griglia La Tambra* – vedere selezione ristoranti
Rist – Carta 27/68 €
In posizione centrale e con vista sul Sassonger, grazioso albergo a conduzione familiare (rinnovato nel 2008): piccolo centro wellness e camere spaziose, minimaliste negli arredi.

Tablè rist,
strada Col Alto 8 – ✆ 04 71 83 61 44 – www.table.it – Aperto 5 dicembre-10 aprile e 20 giugno-19 settembre
33 cam – 54/153 € 104/174 € – 1 suite
Rist – *(solo a cena) (solo per alloggiati)*
In centro paese, accogliente hall con camino e camere di due tipologie a seconda dell'ampiezza, ma sempre eleganti. Per i più golosi: rinomata pasticceria.

La Stüa de Michil – Hotel La Perla
strada Col Alt 105 – ✆ 04 71 83 10 00 – www.hotel-laperla.it – Aperto 5 dicembre-2 aprile e 20 giugno-14 settembre; chiuso domenica
Rist – *(solo a cena)* Menu 105/120 € – Carta 71/122 €
➜ Risotto all'aceto d'acero, stracchino vecchio, erbe fresche. Sella di camoscio in crosta di pan di spezie, crema di sedano rapa, tuberi. Il Sassongher: panna cotta cremosa, pistacchi, spuma di yogurt e sorbetto al ribes nero.
E' uno scrigno di legno che racchiude tanti gioielli: la seducente cucina di uno dei ristoranti più romantici d'Italia, una favolosa cantina e il funambolico Michil.

Trattoria con Griglia La Tambra – Hotel La Tambra
via Sassonger 2 – ✆ 04 71 83 62 81 – www.latambra.com – Aperto 6 dicembre-7 aprile e 9 giugno-22 settembre
Rist – Carta 27/68 €
Un'ampia carta, qualche piatto creativo e, come suggerisce il nome, specialità alla griglia. In alcuni giorni - solo su prenotazione - è disponibile un menu ladino con piatti piatti tipici (zuppa d'orzo, canederli, selvaggina, stinco di maiale o carrè affumicato).

COLFOSCO (BZ) – alt. 1 645 m – ✉ 39033 — 34 C2

Roma 727 – Trento 133 – Bolzano 77 – Venezia 197
strada Peccëi 2, ✆ 0471 83 61 45, www.altabadia.org

Cappella rist,

strada Pecei 17 – ✆ 04 71 83 61 83 – www.hotelcappella.com – Aperto 1° dicembre-7 aprile e 21 giugno-15 settembre

46 cam – †110/226 € ††200/410 € – 9 suites **Rist** – Carta 36/72 €

Opere d'arte moderna sono disseminate dove il buon gusto comanda: persino nei corridoi e nei salotti dove ci si attarda incantati domandandosi se si tratti di un hotel con opere d'arte, o di una galleria d'arte con camere. Bellissime le due suite nate dalla matita del noto architetto Matteo Thun; piacevoli anche gli altri alloggi, tutti in stile tirolese.

Stria

via Val 18 – ✆ 04 71 83 66 20 – Chiuso novembre e lunedì in bassa stagione

Rist – Carta 42/79 €

Vicino alla chiesa - nella parte alta del paese - l'ambiente è semplice, il servizio informale, ma la cucina vi sorprenderà per cura ed inventiva: piatti d'ispirazione locale, non mancano proposte più eterogenee e qualche piatto di mare.

LA VILLA (BZ) – alt. 1 484 m – ✉ 39030 — 34 C2

Roma 750 – Trento 155 – Bolzano 99 – Venezia 190

strada Colz 75, ✆ 0471 84 70 37, www.altabadia.org

Christiania rist,

via Colz 109 – ✆ 04 71 84 70 16 – www.christiania.it – Aperto 4 dicembre-9 aprile e 21 giugno-24 settembre

35 cam – †85/240 € ††65/235 € – 14 suites

Rist – *(solo a cena)* Carta 30/54 €

In centro paese, il bar con terrazza è il crocevia della vita locale: quattro categorie di camere diverse per ampiezza con arredi d'ispirazione tirolese. Una grande sala e due eleganti stube per una cucina classica.

Ciasa Lara rist,

strada Altin 9 – ✆ 04 71 84 72 57 – www.ciasalara.it – Aperto 2 dicembre-14 aprile e 10 giugno-7 ottobre

25 cam – solo ½ P 180/200 € – 5 suites

Rist – *(solo a cena) (solo per alloggiati)* Menu 45/50 €

Connubio ben riuscito tra stile montano ed impronta moderna in un albergo con ampie camere ed un gradevole centro benessere con bellissima piscina coperta.

Cristallo (N)

strada Verda 3 Sud : 1.5 km – ✆ 04 71 84 77 62 – www.hotelcristallo-altabadia.it – Aperto 1° dicembre-14 aprile e 15 giugno-30 settembre

48 cam – solo ½ P 120/280 €

Rist *La Gana* – vedere selezione ristoranti

Il calore del legno conferisce ulteriore piacevolezza alle spaziose camere, ma un attrezzato wellness center vi strapperà alla pigrizia del dolce far niente per coccolarvi con un ampia gamma di proposte benessere.

La Majun cam, rist,

via Colz 59 – ✆ 04 71 84 70 30 – www.lamajun.it – Chiuso 7 aprile-18 maggio

32 cam – †74/143 € ††106/186 € – 2 suites **Rist** – Carta 30/69 €

Accoglienza incantevole, tutta al femminile: l'atmosfera montana riceve qui un tocco di modernità nelle luci e nelle decorazioni, design e colori approdano sulle Dolomiti. Cucina con piatti della tradizione italiana serviti anche al sole sulla bella terrazza.

Antines rist,

via Picenin 18 – ✆ 04 71 84 42 34 – www.hotelantines.it – Aperto 1° dicembre-15 aprile e 15 giugno-15 settembre

25 cam – solo ½ P 90/190 € – 4 suites **Rist** – *(solo a cena)* Menu 45 €

Nuova struttura vicina alla scuola di sci con ambienti luminosi ed accoglienti. Le camere sono differenziate, ma sempre arredate con ampio uso del legno, antico o moderno. Romanticismo nelle tre sale ristorante, ciascuna contraddistinta da un colore: blu, giallo e arancio.

Tamarindo senza rist
via Plaon 20 – ✆ 04 71 84 40 96 – www.tamarindo-lavilla.it – Aperto 1° dicembre-20 aprile e 1° giugno-31 ottobre
11 cam – 35/55 € 70/110 € – 1 suite
Nella parte alta e più tranquilla del paese, troverete uno spassoso titolare: servizio semplice, ma incantevole e camere personalizzate a prezzi ragionevolissimi.

Garni La Ciasota senza rist
strada Colz 118 – ✆ 04 71 84 71 71 – www.garnilaciasota.it
15 cam – 40/60 € 80/120 €
Gestione familiare di un b&b semplice, ma confortevole, in posizione tranquilla e strategica sia d'estate sia d'inverno. Per organizzare al top le vostre vacanze potrete contare sull'infinita esperienza dei gentilissimi titolari: particolarmente informati in ambito sportivo.

Ciasa Montanara senza rist

via Plaon 24 – ✆ 04 71 84 77 35 – www.montanara.it
12 cam – 35/55 € 65/95 €
In posizione panoramica sul paese, troverete semplicità e accoglienza familiare. Le camere, recentemente rinnovate, offrono un buon confort: suggeriamo la camera numero 11, che regala - nei giorni più limpidi - una bella vista fino al passo del Falzarego.

Dolomit b&b cam,
strada Colz 9 – ✆ 04 71 84 71 20 – www.dolomit.it
21 cam – 44/58 € 88/116 €
Rist *La Tor* – *(chiuso 3 settimane in giugno, 3 settimane in novembre e mercoledì)* Carta 23/54 €
Cioccolato, pesca, fragola...ogni camera riceve profumi e colori dal suo nome in una tipica casa di montagna con graziosi balconi e belle terrazze. Sauna a pagamento ad uso privato. Dalle specialità ladine alle pizze cotte in forno a legna: al ristorante si trova di tutto!

La Gana N – Hotel Cristallo
strada Verda 3 Sud : 1.5 km – ✆ 04 71 84 77 62 – www.hotelcristallo-altabadia.it – Aperto 1° dicembre-14 aprile e 15 giugno-30 settembre
Rist – *(solo a cena)* Carta 40/64 €
In un ambiente intimo e raffinato, la selvaggina locale incontra i sapori dei boschi circostanti: menu degustazione di quattro o cinque portate, per assaggiare di tutto un po'.

BADIA (BZ) – 3 369 ab. – alt. 1 315 m – ✉ 39036 **34** C2
Roma 747 – Trento 152 – Bolzano 96 – Venezia 195

Gran Ander cam, rist,
via Runcac 29, località Pedraces, Sud: 2 km – ✆ 04 71 83 97 18 – www.granander.it – Aperto 4 dicembre-31 marzo e 15 giugno-30 settembre
20 cam – 70/100 € 130/160 € – 1 suite
Rist – *(solo per alloggiati)* Menu 35/65 €
Qui l'ospitalità non è una regola alberghiera, ma è autentica, calorosa e spontanea. Piccoli ambienti comuni, centro benessere recentemente rinnovato, belle camere in legno: prenotate la numero 10, un'incantevole stube con vista sul Santa Croce. Gustosi piatti locali ed un'interessante selezione di vini sono, invece, gli atout del ristorante.

Lech da Sompunt cam,
via Sompunt 36, località Pedraces, Sud-Ovest : 2 km – ✆ 04 71 84 70 15 – www.lechdasompunt.it – Aperto 1° dicembre-30 aprile e 1° giugno-30 settembre
35 cam – 45/100 € 45/100 € **Rist** – Carta 21/60 €
Affacciato su un laghetto, pesca e pedalò d'estate, curling e pattinaggio d'inverno, in camere semplici: un paradiso per gli amanti della natura! Al ristorante, nei periodi di alta stagione, serate gastronomiche con cucina ladina.

Cavallino
via San Linert 52, località San Leonardo, Est: 0,5 km – ✆ 04 71 83 96 06 – www.cavallino-altabadia.it – Aperto 15 dicembre-2 aprile e 1 ° giugno-12 ottobre
35 cam – 48/113 € 70/174 € **Rist** – Carta 21/45 €
Albergo di tradizione familiare composto da tre edifici: un corpo centrale ricostruito ex novo nel 2008 con tanto di lounge-bar e le camere più belle, nonché due dépendance con stanze comunque confortevoli (oltre ad alcuni mini-appartamenti). Nella graziosa sala-veranda del ristorante, cucina italiana e buoni vini.

Maso Runch
via Runch 11, località Pedraces, Sud: 2 km – ✆ 04 71 83 97 96 – www.masorunch.it – Chiuso domenica
Rist – (coperti limitati, prenotare) Menu 28 €
Tra i boschi, cinque incantevoli stube in un maso del '700; il menu fisso è un'escursione nelle specialità ladine: minestra d'orzo, tortelli fritti e al burro, stinco di maiale con polenta e crauti...

SAN CASSIANO (BZ) – alt. 1 535 m – ✉ 39030 — 34 C2

Roma 707 – Trento 159 – Bolzano 103 – Venezia 187
strada Micurà de Rü 24, ✆ 0471 84 94 22, www.altabadia.org

Rosa Alpina rist,
Str Micura de Rue 20 – ✆ 04 71 84 95 00 – www.rosalpina.it – Aperto 1° dicembre-30 aprile e 15 giugno-15 settembre
52 cam – 285/395 € 360/670 € – 8 suites
Rist *St. Hubertus*
Rist *Wine bar & Grill* – vedere selezione ristoranti
Rist – *(solo per alloggiati)*
Emblema dell'eleganza ladina, il moltiplicarsi di spazi e arredi si traduce in un codice di raffinata sobrietà. Eccellente servizio: siamo ai vertici dell'Alto Adige!

Armentarola
via Pre de Vi 12, Sud-Est : 2 km – ✆ 04 71 84 95 22 – www.armentarola.com – Aperto 6 dicembre-7 aprile e 15 giugno-7 ottobre
40 cam – 115/280 € 180/540 € – 10 suites
Rist *Armentarola* – vedere selezione ristoranti
Sulla breccia da oltre 70 anni, piacevolmente démodé, tradizionalmente montano, rinnovato in continuazione: è il simbolo delle vacanze ad alta quota. Maneggio estivo.

Fanes
Pecei 19 – ✆ 04 71 84 94 70 – www.hotelfanes.it – Chiuso 11 aprile-9 giugno e 8 novembre-1°dicembre
51 cam – 104/221 € 104/288 € – 3 suites **Rist** – Carta 40/69 €
In posizione panoramica sui tetti di San Cassiano, lo sfarzo delle camere più belle ha pochi eguali in regione. Come il centro benessere, di superlativo splendore. Il menu si divide equamente tra piatti locali e nazionali: tocchi di ricercatezza nella presentazione dei piatti.

Ciasa Salares
via Prè de Vi 31, Sud-Est : 2 km – ✆ 04 71 84 94 45 – www.ciasasalares.it – Aperto 7 dicembre-1° aprile e 22 giugno-21 settembre
50 cam – 142/208 € 244/376 € – 14 suites
Rist *La Siriola* – vedere selezione ristoranti
Rist – Carta 42/55 €
Rist *Wine Bar* – Carta 40/72 €
Ancora più grande e confortevole, dopo i recenti lavori che hanno portato alla ristrutturazione di alcuni ambienti, nonché alla creazione di nuove stanze, la risorsa è sempre un ottimo riferimento in Val Badia. Tranquillità, la proverbiale ospitalità altoatesina e l'atmosfera alpina di una "ciasa" tra le Dolomiti.

Diamant
strada Micurà de Rü 29 – ☎ 04 71 84 94 99 – www.hoteldiamant.com – Aperto 1° dicembre-10 aprile e 15 giugno-20 settembre
40 cam – †90/130 € ††155/270 € – 5 suites
Rist – *(solo a cena)* Menu 30/45 €
Per chi ama gli spazi senza tanti fronzoli e scevri da eccessi barocchi, raccomandiamo l'albergo per il rigore e l'ampiezza delle camere. Stube e sale più classiche per il ristorante.

Ciasa ai Pini senza rist
via Glira 4, Sud-Est : 1,5 km – ☎ 04 71 84 95 41 – www.ai-pini.it – Aperto 1° dicembre-Pasqua e 1° giugno-30 settembre
21 cam – †40/54 € ††80/100 €
Poco fuori dal paese verso Cortina, hotel ricavato da una struttura interamente rinnovata qualche anno fa. L'aspetto odierno è in linea con la tradizione locale: largo impiego di legno chiaro anche nelle ampie camere.

St. Hubertus – Hotel Rosa Alpina
Str Micura de Rue 20 – ☎ 04 71 84 95 00 – www.rosalpina.it – Aperto 1° dicembre-30 aprile e 15 giugno-15 settembre; chiuso martedì
Rist – *(solo a cena)* Menu 100/150 € – Carta 95/144 €
➜ Risotto agli aghi di pino mugo. Filetto di manzo cotto in crosta di sale e fieno di alta montagna. "Delice" di mela verde.
Siamo ad altezze vertiginose, e non parliamo delle Dolomiti: la cucina di Norbert Niederkofler sublima tecnica e precisione in sapori tutti italiani, pieni e gustosi. Menzione speciale per la splendida sala e l'eccellente servizio: è la vetta dell'Alta Badia.

Armentarola – Hotel Armentarola
via Pre de Vi 12, Sud-Est : 2 km – ☎ 04 71 84 95 22 – www.armentarola.com – Aperto 6 dicembre-7 aprile e 15 giugno-7 ottobre
Rist – Menu 45 € (cena) – Carta 39/78 €
Tre sale per accontentare ogni gusto: classica, moderna o tipica con la piccola stube. Oggetti della tradizione locale infondono al ristorante un calore familiare, mentre la cucina, un po' meno democratica, soddisfa soprattutto gli amanti di carne e selvaggina. Nella bella stagione approfittate del servizio in terrazza con splendida vista.

La Siriola – Hotel Ciasa Salares
via Pre de Vi 31, Sud-Est : 2 km – ☎ 04 71 84 94 45 – www.ciasasalares.it – Aperto 7 dicembre-1° aprile e 22 giugno-21 settembre
Rist – *(chiuso lunedì) (solo a cena)* Menu 98 € – Carta 63/98 €
➜ Battuta di cervo al coltello con salsa al tartufo nero e chutney di ciliegie. Risotto affumicato allo zenzero, parmigiano 36 mesi e verdure. Maialino da latte, porcini, salsa bernese alla birra e mirtilli.
L'usignolo cambia voce, ma la musica è sempre ad alti livelli: negli anni i cambiamenti in cucina hanno prodotto una carta-galleria che spazia dalle delizie di montagna ai prodotti del sud affiancati da citazioni internazionali. Il concerto trova il suo adeguato palcoscenico in sale moderne e personalizzate.

Wine bar & Grill – Hotel Rosa Alpina
Str Micura de Rue 20 – ☎ 04 71 84 95 00 – www.rosalpina.it – Aperto 1° dicembre-30 aprile e 15 giugno-15 settembre
Rist – *(solo a cena)* Carta 58/61 €
Soddisfare l'appetito con tante possibilità quanti i petali di una rosa: al moderno Wine Bar e Grill, pizza e pasta fatta in casa, insalate e grigliate, ogni capriccio vi sarà servito!

ALTAMURA – Bari (BA) – **564** E31 – **69 665 ab.** – **alt. 467 m** – ✉ **70022** **26** B2

Puglia

Roma 461 – Bari 46 – Brindisi 128 – Matera 21

Rosone★ e portale★ della Cattedrale

San Nicola
via Luca De Samuele Cagnazzi 29 – ✆ 08 03 10 51 99 – www.hotelsannicola.com
27 cam ☕ – 🚹65/90 € 🚹🚹95/150 € – 1 suite
Rist ***Artusi*** – vedere selezione ristoranti
In un palazzo settecentesco nel centro storico della città, raggiungerlo in auto è un po' difficile, ma il piccolo disagio è subito dimenticato dagli ambienti signorili e dalle funzionali camere di taglio moderno. La deliziosa corte interna, dove viene servita la prima colazione, darà il benvenuto alla vostra giornata.

Artusi – Hotel San Nicola
via Luca De Samuele Cagnazzi 29 – ✆ 08 03 14 40 03 – www.ristoranteartusi.it – Chiuso domenica sera e lunedì
Rist – Menu 40/50 € – Carta 20/70 €
Non sono solo i clienti dell'albergo San Nicola a sedersi ai tavoli dell'Artusi, ma anche ospiti locali e turisti in cerca di un certo standard di cucina: in salette eleganti, proposte regionali e di pesce.

ALTARE – Savona (SV) – 561 I7 – 2 156 ab. – alt. 398 m – ✉ 17041 14 B2

Roma 567 – Genova 68 – Asti 101 – Cuneo 80

Quintilio con cam
via Gramsci 23 – ✆ 01 95 80 00 – www.ristorantequintilio.it
5 cam ☕ – 🚹50 € 🚹🚹69 €
Rist – *(chiuso domenica sera e lunedì) (solo a cena in gennaio e luglio)*
Carta 35/73 €
Alle porte della località, cortesia e ospitalità in un ambiente rustico, dove gustare specialità liguri e piatti piemontesi. Nella graziosa enoteca, un unico tavolo e sullo sfondo scaffali colmi del frutto di bacco.

ALTAVILLA VICENTINA – Vicenza (VI) – 562 F16 – 11 780 ab. – alt. 45 m – ✉ 36077 38 A2

Roma 541 – Padova 42 – Milano 198 – Venezia 73

Genziana
via Mazzini 75/77, località Selva, Sud-Ovest: 2,5 km – ✆ 04 44 57 21 59 – www.hotelristorantegenziana.com
35 cam ☕ – 🚹50/130 € 🚹🚹70/180 €
Rist – *(chiuso sabato a mezzogiorno e domenica)* Carta 28/88 €
Cordialità e ottima accoglienza familiare, in un albergo su una collina che domina la valle, immerso nel verde; camere sufficientemente spaziose in stile montano. Piacevole sala da pranzo, ammobiliata in modo semplice.

Tre Torri
via Tavernelle 71 – ✆ 04 44 57 24 11 – www.hoteltretorri.it
93 cam ☕ – 🚹65/99 € 🚹🚹65/99 € – 1 suite
Rist ***L'Altro Penacio*** – vedere selezione ristoranti
Legno di palissandro, lastre di ardesia e cristallo laccato: dettagli di pregio nella zona lounge di questa moderna struttura, ideale per una clientela business, ma che piacerà anche al turista in visita alla città. Ancora minimalismo come stile, e non certo per la qualità delle installazioni, nelle moderne camere.

L'Altro Penacio – Hotel Tre Torri
via Tavernelle 71 – ✆ 04 44 37 13 91 – www.hoteltretorri.it – Chiuso 15 giorni in gennaio, 15 giorni in agosto, lunedì a mezzogiorno e domenica
Rist – Menu 29 € – Carta 34/86 €
Nel contesto dell'hotel Tre Torri, un ristorante classico-elegante con proposte derivanti da una cucina che ama attingere alla tradizione, ma anche ai sapori del mare.

ALTEDO – Bologna (BO) – 562 I16 – Vedere Malalbergo

ALTISSIMO – Vicenza (VI) – 562 F15 – 2 312 ab. – alt. 672 m – ✉ 36070 39 B2

Roma 568 – Verona 65 – Milano 218 – Trento 102

Casin del Gamba (Antonio Dal Lago)

via Roccolo Pizzati 1, (strada per Castelvecchio), Nord-Est: 2,5 km – ✆ 04 44 68 77 09 – www.casindelgamba.eu – Chiuso 20 giorni in gennaio, 15 giorni in agosto, domenica sera, martedì a mezzogiorno e lunedì

Rist – (consigliata la prenotazione) Menu 55 € (pranzo in settimana)/80 € – Carta 48/85 €

➜ Lumache dormienti in crema alle erbe. Rotolo di coniglio con ragù di asparagi bianchi e selvatici e maggiorana montana. Sformatino di pane e mele con zabaione e caramello.

Non semplice da raggiungere, vi consigliamo di partire con anticipo per affrontare i numerosi tornanti tra boschi e monti. Al ristorante vi accoglierà una deliziosa famiglia che fa dei prodotti del territorio la bandiera della propria cucina, autentica, concreta e saporita. I funghi, al pari dell'ospitalità, sono immancabili.

ALTOMONTE – Cosenza (CS) – 564 H30 – 4 679 ab. – alt. 455 m 5 A1
– ✉ 87042 Italia Centro-Sud

Roma 482 – Cosenza 60 – Castrovillari 38

Tomba★ di Filippo Sangineto nella Cattedrale – San Ladislao★ di Simone Martini nel museo

Barbieri

via Italo Barbieri 30 – ✆ 09 81 94 80 72 – www.barbierigroup.it

42 cam – †80/95 € ††80/95 €

Rist *Barbieri* – vedere selezione ristoranti

Un'intera famiglia al timone di questa completa struttura - in continuo rinnovo - dotata ora anche di un piccolo beauty center. Prelibatezze calabresi al ristorante.

Barbieri – Hotel Barbieri

via Italo Barbieri 30 – ✆ 09 81 94 80 72 – www.barbierigroup.it

Rist – Menu 25/50 € – Carta 29/60 €

Antipasti con verdure sott'olio, salumi nostrani, zuppette e cosciotto di montone al ginepro, sono solo alcune delle prelibatezze che animano il menu. E per seguire l'ordine logico delle portate, dulcis in fundo, l'ottima pasticceria artigianale: fiore all'occhiello di questo elegante ristorante.

ALTOPASCIO – Lucca (LU) – 563 K14 – 15 047 ab. – alt. 19 m 31 B1
– ✉ 55011

Roma 333 – Pisa 38 – Firenze 57 – Lucca 17

Il Melograno

piazza degli Ospitalieri 9 – ✆ 0 58 32 50 16 – www.ilmelogranoristorante.net – Chiuso 15-20 agosto e i mezzogiorno di lunedì e sabato

Rist – Menu 30 € (pranzo) – Carta 40/74 €

Varcata una delle porte che interrompono le mura, una suggestiva enclave di strade e dimore storiche: una cittadella fortificata piacevolmente illuminata la sera. Al primo piano di uno di questi palazzi, rivivono ricette tradizionali di terra e di mare, non prive di vena creativa.

ALZANO LOMBARDO – Bergamo (BG) – 561 E11 – 13 757 ab. 19 C1
– alt. 304 m – ✉ 24022

Roma 616 – Bergamo 9 – Brescia 60 – Milano 62

RistoFante

via Mazzini 41 – ✆ 0 35 51 12 13 – www.ristofante.it – Chiuso 10 giorni in gennaio, 15 giorni in agosto, domenica e lunedì

Rist – *(solo a cena)* Carta 50/90 €

Nel centro storico, in un antico palazzo ristrutturato, ambiente elegante, confortevole e sobriamente arredato; cucina tradizionale rivisitata, servizio estivo all'aperto.

Italia Centro-Sud

Roma 272 – Napoli 70 – Avellino 61 – Caserta 85

corso Repubbliche Marinare 27, ✆ 089 87 11 07, www.costiera-amalfitana.com

Posizione e cornice pittoresche★★★ – Duomo di Sant'Andrea★ : chiostro del Paradiso★★ – Vie★ Genova e Capuano

Atrani★ Est : 1 km – Ravello★★★ Nord-Est : 6 km – Grotta dello Smeraldo★★ Ovest : 5 km – Vallone di Furore★★ Ovest : 7 km

Santa Caterina

via Mauro Comite, 9 – ✆ 0 89 87 10 12 – www.hotelsantacaterina.it

55 cam – 240/590 € 260/1000 € – 11 suites

Rist – *(chiuso gennaio e febbraio)* Carta 74/133 €

Suggestiva vista del golfo, terrazze fiorite digradanti sul mare con ascensori per la spiaggia, interni in stile di raffinata piacevolezza: qui i sogni diventano realtà! Al ristorante soffitto a crociera, colonne, eleganti tavoli rotondi: per cene di classe.

Grand Hotel Convento di Amalfi

via Annunziatella 46 cam, cam,

– ✆ 08 98 73 67 11 – www.ghconventodiamalfi.com – Aperto 1° marzo-31 ottobre

45 cam – 215/450 € 265/795 € – 8 suites **Rist** – Carta 64/104 €

In un convento del XIII sec abbarbicato sulla scogliera che domina la costa, le camere sono dominate dal colore bianco, interrotto solo dal seppiato delle foto d'epoca esposte un po' ovunque. C'è un unica stanza affrescata (denominata del Priore), molte invece quelle con terrazza. Piante esotiche e limoni nel pittoresco giardino.

Marina Riviera senza rist

via P. Comite 19 – ✆ 0 89 87 11 04 – www.marinariviera.it – Aperto 1° aprile-2 novembre

34 cam – 220/320 € 250/350 € – 6 suites

All'ingresso della località, in posizione panoramica, struttura dei primi anni del '900 (su fondamenta tardo settecentesche): ariosi spazi comuni e camere totalmente rinnovate con gusto e sobrietà.

Aurora senza rist

piazza dei Protontini 7 – ✆ 0 89 87 12 09 – www.aurora-hotel.it – Aperto 1° maggio-31 ottobre

29 cam – 49/179 € 79/199 €

Nella zona del porto, di fronte al molo turistico, costruzione bianca con piacevoli e "freschi" interni dai colori marini; camere luminose con maioliche vietresi.

La Pergola

via Augustariccio 14, località Vettica Minore Ovest : 2 km – ✆ 0 89 83 10 88 – www.lapergolaamalfi.it – Chiuso gennaio-febbraio

12 cam – 40/100 € 60/160 €

Rist – *(aperto 1° aprile-31 ottobre) (solo a cena) (solo per alloggiati)* Menu 25/35 €

In un angolo pittoresco della costa, lungo la strada per Positano, camere di buon confort in una struttura recente, a gestione squisitamente familiare. Cucina casalinga e piatti della tradizione locale al ristorante.

Antica Repubblica senza rist

vico dei Pastai 2 – ✆ 08 98 73 63 10 – www.anticarepubblica.it

7 cam – 60/150 € 80/170 €

Nel vicolo dove un tempo esercitavano i pastai, piccolo edificio tenuto a regola d'arte: camere elegantemente rifinite (due con baldacchino) ed incantevole terrazza per la prima colazione.

Villa Lara – Dimora d'epoca - senza rist

via delle Cartiere 1 bis – ✆ 08 98 73 63 58 – www.villalara.it – Aperto 1° marzo-31 ottobre

7 cam – 75/145 € 90/195 €

Nella parte alta e più tranquilla della località, una dimora di fine '800 accuratamente ristrutturata, che presenta ai propri ospiti camere graziose, panorama e tanto charme.

Relais Villa Annalara senza rist
via delle Cartiere 1 ✉ 84011 Amalfi – ☎ 0 89 87 11 47 – www.villaannalara.it
6 cam – ♦60/150 € ♦♦70/180 €
Piacevole struttura in una bella villa: a disposizione un giardino ed un'ampia terrazza con vista incantevole. Camere nuovissime, personalizzate ed eleganti.

Eolo
via Comite 3 – ☎ 0 89 87 12 41 – www.eoloamalfi.it – Aperto 1° aprile- 31 ottobre; chiuso martedì
Rist – *(solo a cena da giugno a settembre)* Carta 61/105 €
Piatti tradizionali rivisitati in un piccolo ristorante dall'ambiente intimo e curato; appagante vista sul mare attraverso aperture ad arco sostenute da agili colonne.

La Caravella (Antonio Dipino)
via Matteo Camera 12 – ☎ 0 89 87 10 29 – www.ristorantelacaravella.it – Chiuso 4 novembre-6 dicembre, 7 gennaio-12 febbraio e martedì
Rist – (consigliata la prenotazione) Menu 70 € (pranzo)/90 € – Carta 54/90 €
➜ Funghi porcini, ricotta e gamberi crudi. Pezzogna al gratin. Soufflè al limone di Amalfi.
E' qui da più di mezzo secolo questo splendido locale che ha fatto la storia gastronomica della costiera amalfitana e che - ancora oggi - rimane indiscusso protagonista. Abilità e fantasia in una cucina che come poche sa esaltare i sapori del territorio.

Marina Grande
viale delle Regioni 4 – ☎ 0 89 87 11 29 – www.ristorantemarinagrande.com – Chiuso 15 novembre-20 dicembre, 8 gennaio-20 febbraio e lunedì
Rist – Menu 22 € (pranzo) – Carta 36/87 €
Locale sulla spiaggia: pavimento in legno nella sala lineare, dove gustare specialità campane o la proverbiale pizza. Gradevole terrazza per il servizio estivo.

Da Ciccio Cielo-Mare-Terra
via Augustariccio 21, località Vettica Minore Ovest : 3 km – ☎ 0 89 83 12 65 – www.ristorantedaciccio.com – Aperto 21 dicembre-8 gennaio e 2 marzo-4 novembre; chiuso martedì
Rist – Menu 45/60 € – Carta 37/75 €
Lungo la strada per Positano, fermatevi in questo ristorante che offre uno splendido panorama su mare e costa. Se la vista è in tal modo appagata, al palato ci penserà la cucina con saporiti piatti campani ed una specialità della casa: spaghetti al cartoccio.

AMANTEA – Cosenza (CS) – 564 J30 – 13 925 ab. – ✉ 87032 — 5 A2

Roma 514 – Cosenza 38 – Catanzaro 67 – Reggio di Calabria 160

Mediterraneo Palace Hotel
via Stromboli 79 – ☎ 0 98 24 22 09 – www.mediterraneopalacehotel.it
57 cam – ♦60/100 € ♦♦90/150 € **Rist** – Carta 25/52 €
Nel cuore della località, ma non distante dal mare, un hotel molto moderno con camere spaziose e servizi completi, tra cui un centro benessere. Specialità ittiche al ristorante.

Mediterraneo
via Dogana 64 – ☎ 09 82 42 63 64 – www.mediterraneohotel.net
31 cam – ♦50 € ♦♦70 €
In una dimora di fine '800, una realtà più piccola rispetto al Mediterraneo Palace (di cui di fatto è una specie di dépendance): tanto fascino e un bel giardino.

La Tonnara rist,
via Tonnara 13, Sud : 3 km – ☎ 09 82 42 42 72 – www.latonnara.it
59 cam – ♦45/70 € ♦♦90/140 € – 2 suites **Rist** – Carta 24/51 €
A poche decine di metri dalla spiaggia, hotel con ampie camere - quasi tutte vista mare - e attività organizzate per la ricreazione dei più piccoli nei mesi estivi. Grande sala ristorante, piacevolmente arredata, per fragranti piatti marinari.

AMBIVERE – Bergamo (BG) – 561 E10 – 2 343 ab. – alt. 261 m – ✉ 24030 19 C1

▶ Roma 607 – Bergamo 18 – Brescia 58 – Milano 49

XXX **Antica Osteria dei Camelì** (Loredana Vescovi)
via G. Marconi 13 – ✆ 0 35 90 80 00 – www.anticaosteriadeicameli.it – Chiuso 2-9 gennaio, 4-28 agosto, martedì sera e lunedì
Rist – (consigliata la prenotazione) Menu 40 € (pranzo in settimana)/100 € – Carta 70/122 €
➜ Casoncelli (ravioli) alla bergamasca. Bianco costato ...cotto come fosse una costata. Mousse leggera di cioccolato fondente con gelato alla liquirizia.
Un tempo osteria, oggi un elegante ristorante dove ai piatti storici - imperdibili i casoncelli - si sono affiancate proposte nuove, frutto della selezione di ottimi prodotti. Specialità di terra e di mare.

AMBRIA – Bergamo (BG) – 561 E11 – Vedere Zogno

AMEGLIA – La Spezia (SP) – 561 J11 – 4 541 ab. – alt. 89 m – ✉ 19031 15 D2

Liguria

▶ Roma 400 – La Spezia 18 – Genova 107 – Massa 17

Locanda dell'Angelo
viale XXV Aprile 60, (strada provinciale Sarzana-Marinella), Sud-Est : 4,5 km – ✆ 0 18 76 43 91 – www.paracucchilocanda.it – Aperto 16 marzo-2 novembre
31 cam – †90/120 € ††120/160 € – 1 suite
Rist *Paracucchi* – vedere selezione ristoranti
In posizione tranquilla, in fondo a un grande giardino con piscina, una costruzione d'ispirazione contemporanea con camere dagli arredi semplici, in parte ristrutturate.

River Park Hotel rist,
via del Botteghino 17, località Fiumaretta, Sud-Est : 2 km – ✆ 01 87 64 81 54 – www.riverparkhotel.it – Chiuso 22 dicembre-10 gennaio
33 cam – †75/85 € ††110/150 € – 1 suite
Rist – *(chiuso venerdì e domenica) (solo a cena escluso giugno-settembre)* Carta 30/68 €
Al centro della quieta località balneare di Fiumaretta, imponente struttura di moderna concezione; zone interne confortevoli, camere spaziose, tutte con angolo salottino. Ariosa sala ristorante da cui ammirare l'invitante piscina circondata dal verde.

Stella del Magra
via Paganini 3, località Fiumaretta – ✆ 0 18 76 41 55 – www.stelladelmagra.com – Chiuso novembre
11 cam – †60/100 € ††70/140 € – 2 suites
Rist *Stella del Magra* – *(chiuso novembre e gennaio, in dicembre, febbraio e marzo aperto solo nei week-and)* Carta 23/61 €
Piccola struttura familiare con bella vista sulla foce: camere rinnovate con moderne soluzioni d'arredo e gustose proposte ittiche al ristorante.

XXX **Locanda delle Tamerici** (Mauro Ricciardi) con cam cam,
via Litoranea 106, località Fiumaretta, Sud-Est : 3,5 km – ✆ 0 18 76 42 62 – www.locandadelletamerici.com – Chiuso 23 dicembre-25 gennaio e 1 settimana in ottobre
7 cam – †140/160 € ††190/210 €
Rist – *(chiuso lunedì e martedì)* (prenotazione obbligatoria a mezzogiorno) Menu 85/120 € – Carta 75/132 €
➜ Capesante con salsa di melanzane, carciofi e pannocchiette di mais. Gnocchetti con astice e asparagi. Bavarese al pistacchio, salsa kefir (bevanda al latte) al limone, sorbetto di barbabietola e lampone.
In un ambiente elegante e signorile, a pochi metri dal mare, specialità ittiche e cucina del territorio proposte con creatività ed accostamenti originali. Le camere sono mansardate, ricche di tessuti e con arredi in stile.

Paracucchi – Hotel Paracucchi Locanda dell'Angelo
viale XXV Aprile 60, (strada provinciale Sarzana-Marinella), Sud-Est : 4,5 km – ✆ 0 18 76 43 91 – www.paracucchilocanda.it – Aperto 16 marzo-2 novembre; chiuso lunedì
Rist – Carta 51/87 €
Una cucina d'autore che partendo da un'accurata selezione di prodotti enogastronomici del Bel Paese (e non solo liguri) conquista l'ospite con ricette mediterranee ricche di fantasia, in presentazioni curiose ed intriganti. Attraverso le belle vetrate, lo spettacolo della natura: il verde giardino di lecci ed ulivi.

a Montemarcello Sud : 5,5 km – ✉ 19030

via Nuova 48, ✆ 0187 60 03 24, www.comune.ameglia.sp.it

Pescarino-Sapori di Terra e di Mare con cam
via Borea 52, Nord-Ovest : 3 km – ✆ 01 87 60 13 88 – www.pescarinoristorante.it – Chiuso 15 giorni in gennaio e 15 giorni in giugno
3 cam – 30/35 € 35/40 €
Rist – *(chiuso lunedì e martedì escluso agosto) (solo a cena escluso sabato-domenica e festivi)* Carta 32/49 €
Una collocazione davvero piacevole nell'oasi di pace del bosco di Montemarcello, per questo locale in stile semplice, ma di tono elegante che dà ciò che promette. Camere eleganti nella villa adiacente.

AMELIA – Terni (TR) – 563 O19 – 12 091 ab. – alt. 370 m – ✉ 05022 35 B3

Roma 93 – Terni 24 – Viterbo 43 – Perugia 92

Relais Tenuta del Gallo
via Ortacci 34, località Macchie, Nord-Ovest: 8 Km – ✆ 07 44 98 71 11 – www.tenutadelgallo.com – Aperto 1° dicembre-7 gennaio e 1° aprile-2 novembre
8 cam – 100/175 € 116/210 € – 2 suites
Rist – *(solo a cena da dicembre a marzo escluso i week-end)* Carta 32/58 €
All'interno di una grande proprietà terriera, ambienti eleganti e raffinati con mobili di pregio provenienti dalla collezione privata di famiglia, per una struttura in posizione isolata e panoramica.

AMENDOLARA – Cosenza (CS) – 564 H31 – 3 124 ab. – alt. 227 m – ✉ 87071 5 A1

Roma 495 – Cosenza 97 – Castrovillari 54 – Crotone 140

Grillo Hotel
viale Lagaria S.S. 106 – ✆ 09 81 91 52 56 – www.grillohotel.com
39 cam – 45/70 € 70/130 € **Rist** – Carta 27/69 €
Questa struttura moderna ed efficiente ha il pregio della poliedricità: ideale per una clientela d'affari, non deluderà il turista di passaggio. Bella piscina e buon standard di servizi.

Enotria
viale Calabria 20 – ✆ 09 81 91 50 26 – www.hotelenotria.it
46 cam – 42/90 € 70/105 € – 2 suites
Rist – *(Chiuso lunedì)* Carta 13/43 €
Vicinissimo alla Torre antica sul mare, l'hotel dispone di spazi comuni moderni e camere lineari in riposanti colori pastello. Piatti di mare nella sala da pranzo al piano terra.

ANACAPRI – Napoli (NA) – 564 F24 – Vedere Capri (Isola di)

ANAGNI – Frosinone (FR) – 563 Q21 – 21 676 ab. – alt. 424 m – ✉ 03012 13 C2

Italia Centro-Sud

Roma 65 – Frosinone 30 – Anzio 78 – Avezzano 106

Cattedrale★★: cripta★★★ - Quartiere medievale★

XX **Lo Schiaffo**

via Vittorio Emanuele 270 – ☎ 07 75 73 91 48 – Chiuso 25-31 luglio, lunedì, anche domenica sera da novembre a febbraio

Rist – Carta 37/66 €

Il nome evoca atmosfere medievali, il riferimento al celebre schiaffo a Bonifacio VIII; la sala invece è stata completamente rinnovata e presenta un ambiente caldo e moderno.

ANCONA P (AN) – 563 L22 – 102 997 ab. Italia Centro-Nord 21 C1

Roma 319 – Firenze 263 – Milano 426 – Perugia 166

di Falconara per ③: 13 km ☎ 071 28271

via della Loggia 50, ☎ 071 35 89 91, www.turismo.marche.it

Conero via Betelico 6, frazione Coppo, 071 7360613, www.conerogolfclub.it – chiuso martedì

Cattedrale di S. Ciriaco★ AY • Loggia dei Mercanti★ AZ**F** • S. Maria della Piazza★ AZ**B** • Museo Archeologico Nazionale delle Marche AY**M**: bronzi romani da Cartoceto★

Grand Hotel Passetto senza rist

via Thaon de Revel 1 ✉ 60124 – ☎ 07 13 13 07 – www.hotelpassetto.it CZ**d**

39 cam – †73/195 € ††113/255 € – 1 suite

Il giardino con piscina abbellisce questo hotel alle porte della città, non lontano dal mare; eleganti e sobri interni, confortevoli camere di taglio moderno.

NH Ancona cam, rist,

Rupi di via 29 Settembre 14 ✉ 60122 – ✆ 0 71 20 11 71 – www.nh-hotels.it AZ**a**

89 cam – 68/129 € 118/195 €

Rist – *(solo a cena in agosto)* Carta 32/62 €

Sulla sommità di una collinetta, a pochi passi dal centro, edificio in mattoni d'ispirazione contemporanea; ambienti raffinati e luminosi, gradevoli camere funzionali. Bella sala da pranzo con comode poltroncine e splendida vista sul porto.

Grand Hotel Palace senza rist

lungomare Vanvitelli 24 ✉ 60121 – ✆ 0 71 20 18 13 – www.hotelancona.it – Chiuso 22 dicembre-7 gennaio AY**k**

39 cam – 90/130 € 120/170 € – 1 suite

Davanti al porto, in un palazzo seicentesco austero e nobiliare, albergo dall'ottima gestione familiare e "solenne" sala con camino, dove intrattenersi per momenti di piacevole relax.

La Moretta

piazza Plebiscito 52 ✉ 60121 – ✆ 0 71 20 23 17 – www.trattoriamoretta.com – Chiuso 1°-10 gennaio, 13-18 agosto e domenica AZ**n**

Rist – Carta 26/54 €

Dal 1897 sono diverse generazioni della stessa famiglia a gestire questo ristorante che propone cucina marchigiana di carne e di pesce, con stoccafisso e brodetto all'anconetana tra i classici del menu. Servizio estivo nella bella piazza Plebiscito.

ANCONA

Bruno (V. Giordano) . . . . . . CY 3
Carlo Alberto (Cso) . . . . . . CY 4
Garibaldi (Cso) . . . . ABZ
Giovanni XXIII (V.) . . . . AY 6
Marconi (V.) . . . . AZ 8
Martiri d. Resistenza (V.) . . CY 9
Pizzecolli (V. Ciriaco) . . . . AYZ 13
Plebiscito (Pza) . . . . AZ 14
Raffaello Sanzio (V.) . . . . . CY 15
Repubblica (Pza) . . . . AZ 17
Ricostruzione (V. della) . . . . CY 18
Roma (Pza) . . . . AZ 19
Stamira (Cso) . . . . AZ
Stamira (Pza) . . . . BZ 20
Thaon de Revel (V.) . . . . . . CZ 21
Vecchini (V.) . . . . BZ 22
24 Maggio (Piazzale) . . . . . BZ 23

XX **Mandracchio** Ⓝ

largo Fiera della Pesca 11 ✉ 60123 – ☎ 0 71 20 29 90 – www.ristorantemandracchio.it – Chiuso agosto, domenica sera e lunedì

Rist – Carta 33/96 € CY**a**

Al porto, solo pesce fresco (ottima la selezione di crudi!) in un locale inaspettato, dal design graffiante e "metropolitano".

X **Sot'Ajarchi**

via Marconi 93 ✉ 60125 – ☎ 0 71 20 24 41 – Chiuso vacanze di Natale, agosto e domenica CY**b**

Rist – Carta 28/60 €

Ambiente informale e familiare nella piccola trattoria sotto ai portici, dove sentirsi a proprio agio consumando piatti di mare, a base di pescato fresco giornaliero.

a Portonovo per ① : 12 km – ✉ 60129 Italia Centro-Nord

Chiesa di Santa Maria★

Fortino Napoleonico rist,

via Poggio 166 – ☎ 0 71 80 14 50 – www.hotelfortino.it

27 cam – †90/230 € ††120/260 € – 3 suites

Rist – (consigliata la prenotazione) Carta 47/61 €

Trasformato in hotel negli anni '60, la tipica forma a lanterna ne denuncia l'origine napoleonica. E di questo glorioso passato ne serba il fascino, che si declina in antichi arredi, affreschi e camere dal lusso discreto. La *location* meriterebbe un capitolo a parte, ma non vi vogliamo togliere il piacere della sorpresa...

Emilia

via Poggio 149/a, (in collina), Ovest : 2 km – ☎ 0 71 80 11 45 – www.hotelemilia.com – Aperto 1° aprile-31 ottobre

27 cam – †90/170 € ††110/170 € – 3 suites

Rist *Emilia* – vedere selezione ristoranti

Splendida struttura affacciata sul mare dall'alto dei Monti del Conero. Bianca e illibata, gli interni sono decorati con opere d'arte moderna, mentre nelle camere - diverse per dimensioni - è la grande luminosità a "colpire" l'ospite. Le spiagge distano circa due chilometri (raggiungibili con la navetta dell'albergo).

Internazionale rist,

via Portonovo – ☎ 0 71 80 10 01 – www.hotel-internazionale.com

25 cam – †55/110 € ††80/160 €

Rist – *(chiuso dicembre, gennaio e domenica sera)* Carta 28/60 €

In una tranquilla oasi verde, sulle pendici del promontorio che disegna la baia di Portonovo, un albergo a gestione diretta, con interni lineari; camere di due tipologie. Pareti con pietra a vista e ampie finestre panoramiche nella sala da pranzo.

XXX **Emilia** – Hotel Emilia

via Poggio 149/a, (in collina), Ovest : 2 km – ☎ 0 71 80 11 45 – www.hotelemilia.com – Aperto 1° aprile-31 ottobre

Rist – Carta 41/78 €

Da nonna Emilia alla figlia Elia, il ricettario è arrivato fino ai giorni nostri, rinnovato con gusto moderno dall'attuale chef. Fermatevi qui se volete "partire" alla scoperta del patrimonio enogastronomico della regione: carni provenienti da allevamenti locali, verdura e frutta biologiche, pane e dolci fatti in casa.

XX **Giacchetti**

via Portonovo 171 – ☎ 0 71 80 13 84 – www.ristorantedagiacchetti.it – Aperto 1° aprile-31 ottobre; chiuso lunedì escluso giugno-agosto

Rist – Carta 40/60 €

Nella silenziosa baia di Portonovo, locale di lunga tradizione, con annesso stabilimento balneare privato; in sala o all'aperto le classiche specialità di mare dell'Adriatico.

X **Da Emilia**

nella baia – ☎ 0 71 80 11 09 – www.ristoranteemilia.it – Aperto Pasqua-31 ottobre; chiuso lunedì escluso agosto

Rist – Carta 36/61 €

Fragrante cucina di pesce e i *moscioli* (tipiche cozze selvatiche) tra le specialità estive della casa: si pranza sulla spiaggia e, volendo, un bagno in mare nello stabilimento del ristorante.

Clandestino Susci Bar N

via Portonovo, località Poggio – ☎ 0 71 80 14 22 – www.morenocedroni.it – Aperto 25 aprile-30 settembre; chiuso martedì in maggio e settembre
Rist – *(solo a cena)* Menu 85 € – Carta 58/73 €
Direttamente su una bellissima spiaggia selvaggia, un vero e proprio laboratorio d'idee culinarie: la carta non è ampia, ma la linea di cucina è interessante con piatti creativi a base di pesce (ottimi i crudi). A mezzogiorno solo panini ed insalate.

a Torrette per ③ : 4 km – ✉ 60126

Europa senza rist

via Sentino 3 – ☎ 0 71 88 80 96 – www.hoteleuropa-ancona.it
62 cam – †70/100 € ††94/150 €
In posizione defilata ma comoda, ad un passo dal grande Ospedale Regionale e non lontano dal mare, camere omogenee, ben tenute e funzionali.

ANDALO – Trento (TN) – 562 D15 – 1 037 ab. – alt. 1 042 m — 33 B2

– Sport invernali : 1 040/2 125 m 1 13 (Consorzio Paganella-Dolomiti)
– ✉ 38010 Italia Centro-Nord
Roma 625 – Trento 40 – Bolzano 60 – Milano 214
piazza Dolomiti 1, ☎ 0461 58 58 36, www.visitdolomitipaganella.it
★★ dal Monte Paganella 30 mn di funivia

Dolce Avita Spa & Resort rist,

via del Moro 1 – ☎ 04 61 58 59 12 – www.hoteldolceavita.it – Aperto 1° dicembre-10 aprile e 16 giugno-16 settembre
36 cam – †98/140 € ††150/220 € – 9 suites
Rist – *(solo per alloggiati)* Menu 35 €
In posizione panoramica e soleggiata, hotel dagli spazi accoglienti e ben arredati: camere "romantic" con letto a baldacchino e junior suite adatte alle famiglie. 500 mq di benessere presso la moderna Spa & Beauty.

Cristallo

via Rindole 1 – ☎ 04 61 58 57 44 – www.hotelcristalloandalo.com – Aperto 1° dicembre-23 aprile e 15 giugno-15 settembre
38 cam – †65/75 € ††110/130 € **Rist** – Carta 24/35 €
Albergo centrale, in parte rimodernato negli ultimi anni, a pochissimi metri dagli impianti di risalita; accoglienti interni in stile montano d'ispirazione moderna. Al primo piano, soffitto in legno con lavorazioni a rombi nel ristorante.

Ambiez Suite Hotel cam,

via Priori 8 – ☎ 04 61 58 55 56 – www.hotelambiez.com – Aperto 2 dicembre-Pasqua e 14 giugno-16 settembre
22 cam – †52/94 € ††124/174 € – 3 suites **Rist** – Menu 25/38 €
Hotel a conduzione familiare - completamente rinnovato - con ampie camere in stile montano ed appartamenti di varie tipologie nella dépendance. Gradevole zona benessere. Piatti trentini, ma non solo, nel tipico ristorante.

Serena rist,

via Crosare 15 – ☎ 04 61 58 57 27 – www.hotelserena.it – Aperto 1° aprile-15 giugno e 20 settembre-1°dicembre
30 cam – †50/65 € ††90/120 € – 4 suites **Rist** – *(solo per alloggiati)*
Non lontano dal centro, ma in posizione più tranquilla, solida gestione diretta in un albergo in gran parte rimodernato: vista panoramica su montagne maestose e camere confortevoli. Indirizzo ideale per le famiglie.

Al Penny

viale Trento 23 – ☎ 04 61 58 52 51 – www.alpenny.it
Rist – Menu 25/45 € – Carta 32/40 €
Decentrato, l'insegna che annuncia la possibilità di pizze (serali) depista da una cucina insaspettatamente curata nei prodotti e nelle presentazioni.

ANDORA – Savona (SV) – 561 K6 – 7 657 ab. – ✉ 17051 Liguria — 14 B2

Roma 601 – Imperia 16 – Genova 102 – Milano 225
largo Milano, ☎ 0182 68 10 04, www.visitriviera.it
Castello★
Colla Michèri★: 7 km a est • Laigueglia★: 6 km a est

Moresco rist,
via Aurelia 96 – ✆ 0 18 28 91 41 – www.hotelmoresco.com – Chiuso novembre-22 dicembre
35 cam – 50/55 € 80/85 € **Rist** – *(solo per alloggiati)*
Albergo centrale con accoglienti e razionali salette, dove rilassarsi dopo una giornata in spiaggia, nonché camere moderne recentemente ristrutturate.

ANDRIA – **Barletta-Andria-Trani (BT)** – **564** D30 – **100 086 ab.** **26** B2
– **alt. 151 m** – ✉ **70031**
Roma 399 – Bari 57 – Barletta 12 – Foggia 82
via Vespucci 114, ✆ 0883 59 22 83, www.proloco.andria.ba.it

Cristal Palace Hotel
via Firenze 35 – ✆ 08 83 55 64 44 – www.cristalpalace.it
40 cam – 55/78 € 70/110 €
Rist ***La Fenice*** – vedere selezione ristoranti
In centro, confortevole struttura di moderna concezione con interni eleganti in stile contemporaneo, abbelliti da realizzazioni artistiche; distinte camere con parquet.

L'Ottagono rist,
via Barletta 218 – ✆ 08 83 55 78 88 – www.hotelottagono.it
43 cam – 55/65 € 80/90 € – 1 suite **Rist** – Carta 24/32 €
Alle porte della cittadina, ma non lontano dal centro, albergo d'ispirazione moderna con un grazioso giardino, spaziose zone comuni e camere lineari; campi di calcetto. Arioso ristorante nelle tonalità del beige e del nocciola.

La Fenice – Hotel Cristal Palace Hotel
via Firenze 35 – ✆ 08 83 55 02 60 – www.cristalpalace.it
Rist – Carta 22/47 €
Cristallo e acciaio sono i materiali distintivi di questo moderno ristorante nel cuore di Andria. Nell'ariosa sala da pranzo, anche la cucina si concede un ampio respiro proponendo piatti dove tutti gli ingredienti sono finalizzati ad esaltare (senza alterare) i sapori base dei prodotti usati. Specialità italiane.

Umami N
via Trani 101/103 – ✆ 08 83 26 12 01 – www.umamiristorante.it – Chiuso domenica sera e lunedì
Rist – Carta 35/57 €
Poco fuori città, in un antico frantoio del 1800, un riuscito connubio di pietra tipica e arredo moderno: dalla cucina, piatti accattivanti dove i prodotti del territorio vengono elaborati con estro e fantasia.

a Montegrosso **Sud-Ovest : 15 km** – **alt. 224 m** – ✉ **70031**

Agriturismo Biomasseria Lama di Luna rist,
contrada Lama di Luna, Sud : 3,5 km – ✆ 08 83 56 95 05 – www.lamadiluna.com – Aperto 28 marzo-31 ottobre
11 cam – 110 € 150/170 € **Rist** – *(solo a cena)* Menu 27 €
Masseria ottocentesca ristrutturata secondo i dettami della bioarchitettura e del Feng Shui: affascinante mix di tradizione pugliese e filosofia cinese di vita naturale.

Antichi Sapori
piazza Sant'Isidoro 10 – ✆ 08 83 56 95 29 – www.pietrozito.it – Chiuso 23 dicembre-3 gennaio, 10-20 luglio, 10-20 agosto, sabato sera e domenica
Rist – (coperti limitati, prenotare) Carta 25/43 €
Orecchiette di grano arso con purè di fave, olive nere alla brace, ricotta stagionata e olio, a cui fanno eco tante altre specialità regionali, in un'originale trattoria con decorazioni di vita contadina. Dal vicino orto, le saporite verdure presenti in menu.

ANGERA – **Varese (VA)** – **561** E7 – **5 694 ab.** – **alt. 205 m** – ✉ **21021** **16** A2
Italia Centro-Nord
Roma 640 – Stresa 34 – Milano 63 – Novara 47
piazza Garibaldi 10, ✆ 0331 96 02 56, www.comune.angera.va.it
Affreschi★★ e Museo della Bambola★ nella Rocca

Dei Tigli senza rist
via Paletta 20 – ✆ 03 31 93 08 36 – www.hoteldeitigli.com
– Chiuso 18 dicembre-6 gennaio
31 cam – 80/95 € 90/100 €
In centro, a due passi dal pittoresco e panoramico lungolago, atmosfera familiare in un hotel con interni accoglienti: arredamento curato negli spazi comuni e nelle camere.

Lido Angera cam,
viale Libertà 11, Nord : 1 km – ✆ 03 31 93 02 32 – www.hotellido.it
– Chiuso 27-30 dicembre e 1°-5 gennaio
17 cam – 84/94 € 115/132 €
Rist – *(chiuso lunedì a mezzogiorno)* Carta 26/78 €
In posizione incantevole, leggermente rialzata, proprio a ridosso del lago, una calda risorsa a gestione familiare. Camere ampie con arredi semplici ma complete di tutto. Ristorante con ampie e panoramiche vetrate, per apprezzare specialità di lago.

ANGHIARI – Arezzo (AR) – **563** L18 – **5 815 ab.** – **alt. 429 m** – ✉ **52031** **32** D2
Toscana

Roma 242 – Perugia 68 – Arezzo 28 – Firenze 105

Cimitero di Monterchi cappella con Madonna del Parto★ di Piero dellaFrancesca Sud-Est : 11 km

La Meridiana senza
piazza 4 Novembre 8 – ✆ 05 75 78 81 02 – www.hotellameridiana.it
25 cam – 63 € 63 € **Rist** – *(chiuso sabato)* Carta 17/32 €
Esperta gestione familiare in un alberghetto semplice e conveniente vicino alla parte medievale di Anghiari; camere moderne o più classiche, alcune con romantica vista sul centro storico. Sala ristorante in linea con la tradizionale schiettezza della cucina.

Da Alighiero
via Garibaldi 8 – ✆ 05 75 78 80 40 – www.daalighiero.it
– Chiuso 15 febbraio-10 marzo e martedì
Rist – Carta 20/48 €
Ospitalità schietta e familiare in una tipica trattoria all'italiana; nei piatti, i sapori tipici della regione (salumi, paste fresche, carne, formaggi e i proverbiali cantucci). Il nostro consiglio: petto d'anatra porchettato con finocchio e rosmarino.

ANGUILLARA SABAZIA – Roma (RM) – **563** P18 – **18 882 ab.** **12** B2
– **alt. 195 m** – ✉ **00061** Italia Centro-Sud

Roma 39 – Viterbo 50 – Civitavecchia 59 – Terni 90

Country Relais I Due Laghi
via della Marmotta, località Le Cerque, Nord-Est : 3 km
– ✆ 06 99 60 70 59 – www.iduelaghi.it
24 cam – 120/170 € – 7 suites
Rist *La Posta de' Cavalieri* – vedere selezione ristoranti
Nella dolcezza e nella tranquillità dei colli, per arrivare all'albergo si attraversa uno dei maggiori centri equestri d'Italia presso il quale è anche possibile praticare una "finta" caccia alla volpe, camere confortevoli ed una bella piscina per momenti d'impagabile relax.

La Posta de' Cavalieri – Country Relais I Due Laghi
via della Marmotta, località Le Cerque – ✆ 06 99 60 70 59
– www.iduelaghi.it
Rist – Carta 31/64 €
Cucina assolutamente del territorio con pesci lacustri, carni e formaggi (di produzione propria), in un elegante relais di campagna che nella bella stagione si arricchisce di un piacevole servizio all'aperto.

ANNONE VENETO – Venezia (VE) – **562** E20 – **3 995 ab.** – **alt. 9 m** **40** D2
– ✉ **30020**

Roma 522 – Venezia 70 – Trieste 108

Il Credenziere
via Quattro Strade 12 – ✆ 04 22 76 99 22 – www.ilcredenziereristorante.it – Chiuso 1°-21 gennaio, domenica sera e lunedì
Rist – Carta 36/65 €
Se la sera l'atmosfera si fa piacevolmente romantica, a pranzo non mancano charme e savoir-faire. In menu: piatti prevalentemente di pesce, in chiave moderna.

ANNUNZIATA – Cuneo (CN) – Vedere La Morra

ANTAGNOD – Aosta (AO) – **561** E5 – Vedere Ayas

ANTERIVO – Bolzano (BZ) – **562** D16 – 383 ab. – alt. 1 209 m – ✉ 39040 **34** D3
Roma 658 – Bolzano 47 – Trento 64 – Venezia 275

Kurbishof con cam
via Guggal 23 – ✆ 04 71 88 21 40 – www.kuerbishof.it
3 cam – †45/60 € ††45/60 €
Rist – *(chiuso martedì)* (consigliata la prenotazione) Carta 28/49 €
L'unione fa la forza: al primo piano di un maso del '700, una coppia di ristoratori ha trasformato l'ex fienile in una rustica e piacevole osteria. Lei, in cucina, ad esplorare i sapori del territorio; lui, in sala, a riproporli con garbo e competenza. Voi a deliziarvi con prelibatezze quali l'agnello a scottadito.

ANTERSELVA DI MEZZO = ANTHOLZ – Bolzano (BZ) – **562** B18 – Vedere Rasun Anterselva

ANTEY SAINT ANDRÈ – Aosta (AO) – **561** E4 – 622 ab. – alt. 1 074 m – ✉ 11020 **37** B2
Roma 729 – Aosta 35 – Breuil-Cervinia 20 – Milano 167

Maison Tissiere
frazione Petit Antey 9 – ✆ 01 66 54 91 40 – www.hoteltissiere.it – Chiuso maggio e novembre
13 cam – †60/100 € ††120/180 € – 1 suite
Rist ***Maison Tissiere*** – vedere selezione ristoranti
Nella parte alta del paese, un rascard (fienile) con stalla del '700, sobriamente ristrutturato: pavimenti in pietra e larice nonché arredi dalle forme semplici e discrete per non contrastare con l'architettura contadina dell'edificio.

Des Roses
località Poutaz – ✆ 01 66 54 85 27 – www.hoteldesroses.com – Aperto 6 dicembre-4 maggio e 21 giugno-16 settembre
21 cam – †40/48 € ††60/81 €, 8 €
Rist – *(solo a cena in inverno)* Menu 20/30 €
Cordialità e ambiente familiare in un albergo d'altura, ambienti in stile alpino e graziosa saletta al piano terra con camino e travi a vista; camere dignitose. Ristorante decorato con bottiglie esposte su mensole, sedie in stile valdostano.

Maison Tissiere – Hotel Maison Tissiere
frazione Petit Antey 9 – ✆ 01 66 54 91 40 – www.hoteltissiere.it – Chiuso maggio e novembre
Rist – Carta 41/64 €
Piatti piemontesi e valdostani gustosamente "alleggeriti", in una sobria sala in legno e pietra, dove a farla da padrone è la splendida vista sui monti.

ANZIO – Roma (RM) – **563** R19 – 55 413 ab. – ✉ 00042 **12** B3
Italia Centro-Sud
Roma 52 – Frosinone 81 – Latina 25 – Ostia Antica 49
per Ponza – Caremar, call center 892 123

XX **Da Alceste**

piazzale Sant'Antonio 6 – 0 69 84 67 44 – www.alcestealbuongusto.it – Chiuso martedì

Rist – Carta 35/65 € (+12 %)

La sensazione è quella di essere su una palafitta, grazie alle vetrate su tre lati che lo rendono molto luminoso e permettono all'ospite di godere del panorama. Ma anche l'interno è un omaggio alla posizione: tinte mediterranee e una cucina che strizza l'occhio al mare.

X **Romolo al Porto** N

via Porto Innocenziano 19 – 0 69 84 40 79 – www.romoloalporto.it – Chiuso 7-23 gennaio e mercoledì

Rist – Carta 40/60 € (+10 %)

Un locale dalla filosofia esplicita: solo pesce fresco ed un servizio ad "alta velocità". I piatti si propongono a voce, per poi rivelarsi gustosi, a tratti, fantasiosi.

ANZOLA DELL'EMILIA – Bologna (BO) – 562 I15 – 11 961 ab. – alt. 38 m – ✉ 40011 9 C3

Roma 381 – Bologna 13 – Ferrara 57 – Modena 26

Alan senza rist

via Emilia 46/b – 0 51 73 35 62 – www.alanhotel.it

61 cam – 50/130 € 70/160 €

In comoda posizione sulla via per Bologna, questo albergo in parte recentemente ristrutturato dispone di spazi comuni personalizzati e camere ampie, ben insonorizzate.

AOSTA P (AO) – 561 E3 – 35 049 ab. – alt. 583 m – Sport invernali : funivia per Pila (A/R): a Pila 1 450/2750 m 2 8 – ✉ 11100 37 A2

Italia Centro-Nord

Roma 746 – Chambéry 197 – Genève 139 – Martigny 72

piazza Chanoux 2, 0165 23 66 27, www.lovevda.it

Aosta Arsanieres località Arsanieres, 0165 56020, www.golfaosta.it – marzo-novembre; chiuso mercoledì escluso luglio-agosto

S. Orso Y : capitelli★ del chiostro★ – Finestre★ del Priorato Y – Monumenti romani★: Arco di Augusto★ Y B

★★★ sulle montagne più alte d'Europa

Pianta pagina seguente

Milleluci senza rist

località Porossan Roppoz 15 – 01 65 23 52 78 – www.hotelmilleluci.com

31 cam – 170/270 € 170/270 € – 2 suites Xa

Strategicamente posizionato sulla città illuminata, al Milleluci si dorme in montagna, ma anche a due passi dal capoluogo valdostano, in caratteristici chalet: rassicurati da moderni confort e coccolati da un centro benessere tra i migliori della città.

Roma senza rist

via Torino 7 – 0 16 54 10 00 – www.hotelroma-aosta.it – Chiuso novembre

38 cam – 55/69 € 77/87 €, 7 € Yn

Atmosfera familiare e interni arredati in modo tradizionale in un hotel adiacente al centro storico; la reception si trova in una struttura circolare al centro della hall.

Maison Colombot senza rist

via Edouard Aubert, 81 – 01 65 23 57 23 – www.aostacamere.eu Za

6 cam – 55/85 € 75/105 €

Piccola ed elegante risorsa situata nel centro storico di Aosta e non distante dagli impianti di risalita per Pila. Una casa storica caratterizzata da sei graziose camere, personalizzate con grande profusione di legno e arredi spesso d'epoca.

AOSTA

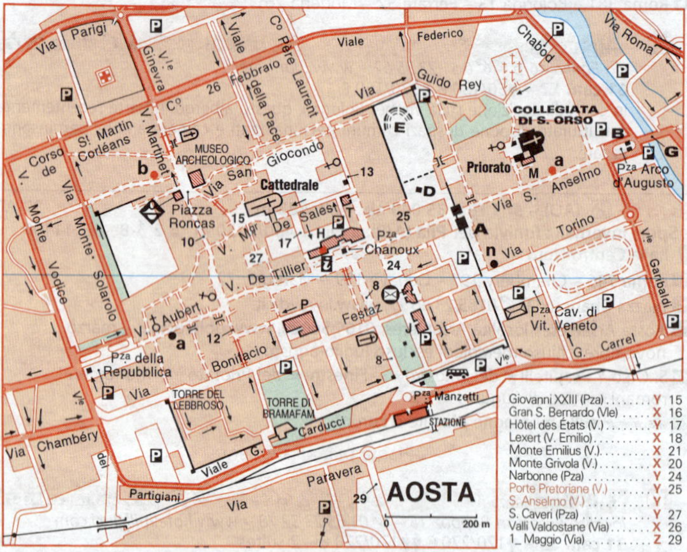

Giovanni XXIII (Pza)	Y	15
Gran S. Bernardo (Vle)	X	16
Hôtel des États (V.)	Y	17
Lexert (V. Emilio)	X	18
Monte Emilius (V.)	X	21
Monte Grivola (V.)	X	20
Narbonne (Pza)	Y	24
Porte Pretoriane (V.)	Y	25
S. Anselmo (V.)	Y	
S. Caveri (Pza)	Y	27
Valli Valdostane (Via)	X	26
1_ Maggio (Via)	Z	29

XX **Vecchio Ristoro** (Alfio Fascendini)

via Tourneuve 4 – ✆ 0 16 53 32 38 – www.ristorantevecchioristoro.it – Chiuso 3 settimane in giugno, 1°-7 novembre, lunedì a mezzogiorno e domenica Yb

Rist – (consigliata la prenotazione) Menu 65/80 € – Carta 55/73 €

→ Gnocchetti di patate e rape rosse con brodetto di pesce e bottarga di muggine. Funghi porcini e patate al pesto in cartoccio di foglie di platano. Zuccotto di mela ripieno di fondente al caramello e salsa al pistacchio.

Nel centro cittadino, una coppia di coniugi vi accoglie in ambienti rustici, ma eleganti, per servirvi la tradizione regionale alleggerita in chiave moderna.

Osteria Nando

via Sant'Anselmo 99 – ✆ 0 16 54 44 55 – www.osterianando.com
– Chiuso martedì escluso agosto Ya

Rist – (consigliata la prenotazione) Menu 32/50 € – Carta 37/59 €

Splendida collocazione nel cuore della città tra l'arco di Augusto e le Porte Pretoriane per questa semplice risorsa, a conduzione familiare, caratterizzata da parquet e soffitto ad archi. Cucina squisitamente valdostana: niente pesce ma salumi, selvaggina, polenta e funghi.

a Sarre Ovest : 7 km – alt. 780 m – ✉ 11010

Etoile du Nord rist,

frazione Arensod 11/a – ✆ 01 65 25 82 19 – www.etoiledunord.it

59 cam – 70/85 € 95/130 €

Rist – *(chiuso domenica sera e lunedì) (solo a cena)* Menu 26 €

Quasi un castello moderno, con tanto di torrioni e un cupolone centrale trasparente; camere di differente tipologia, nuova area benessere aperta anche alla clientela esterna. Al ristorante ampia sala con arredi contemporanei.

a Pollein per ② : 5 km – alt. 551 m – ✉ 11020

Diana

via Saint Benin 1/b – ✆ 0 16 55 31 20 – www.hoteldianaaosta.com

30 cam – 50/60 € 80/90 €

Rist *Atelier 5* – vedere selezione ristoranti

Sulla strada per Pila, imponente struttura bianca abbracciata dal verde e da alte montagne; funzionali interni in stile moderno, camere con arredi in legno di ciliegio.

Atelier 5 – Hotel Diana

via Saint Benin 1/b – ✆ 0 16 51 85 29 21 – www.ristoranteatelier5.com
– Chiuso mercoledì

Rist – Menu 20 € – Carta 29/65 € (+8 %)

Nuova gestione al timone di questo ristorante che seppur nello stesso stabile dell'albergo gode di un'ottima autonomia e fama in città: piatti italiani con delicate sfumature dettate da rivisitazioni in chiave moderna e qualche doverosa specialità valdostana. Insomma, un atelier del gusto!

a Pila Sud: 15 km – ✉ 11020

della Nouva senza rist

località Pila 75 – ✆ 01 65 52 10 05 – www.hoteldellanouva.it
– Aperto 26 novembre-15 aprile e 24 giugno-7 settembre

10 cam – 40/70 € 65/110 €

Un piccolo albergo che piacerà soprattutto agli sciatori, in virtù della sua posizione strategica a due passi dagli impianti di risalita e per il deposito sci dotato di armadietti scaldascarponi. Nelle confortevoli camere, piccole personalizzazioni danno al cliente l'impressione di esser ospite di una casa privata.

Société anonyme de consommation

– ✆ 33 95 35 56 44 – www.ristorantesociete.it – Aperto 1° novembre- 30 aprile e 1° luglio-30 settembre

Rist – *(solo a pranzo)* (consigliata la prenotazione) Carta 22/39 €

Piatti tradizionali rielaborati in chiave moderna, in un ristorante la cui architettura esterna si rifà al classico chalet di montagna, ma i cui interni compiono una bella virata verso il minimalismo. Per un pizzico di avventura - solo su prenotazione - un gatto delle nevi vi condurrà al locale (partenza da Pila).

APPIANO SULLA STRADA DEL VINO (EPPAN AN DER WEINSTRASSE) – Bolzano (BZ) – 562 C15 – 12 308 ab. – alt. 418 m – ✉ 39057

33 B2

Roma 641 – Bolzano 10 – Merano 32 – Milano 295

a San Michele (St. Michael) – ✉ 39057

piazza Municipio 1, ✆ 0471 66 22 06, www.eppan.com

Ansitz Tschindlhof rist,
via Monte 36 – 0471 66 22 25 – www.tschindlhof.com – Aperto 1° aprile-11 novembre
19 cam – 77/82 € 64/85 € – 2 suites
Rist – *(chiuso domenica) (solo a cena)* Menu 18 €
Incantevole dimora antica piacevolmente situata in un giardino-frutteto con piscina: amabili e raffinati interni con mobili in legno lavorato, camere accoglienti.

Ansitz Angerburg cam, rist,
via dell'Olmo 16 – 0471 66 21 07 – www.hotel-angerburg.com – Aperto 1° aprile-8 novembre
30 cam – 55/71 € 102/140 € – 1 suite **Rist** – Carta 26/61 €
A due passi dal centro, grande struttura abbellita da un grazioso giardino con piscina; mobili in legno scuro ravvivato da disegni floreali negli spazi comuni, camere lineari. Sala da pranzo essenziale con grandi finestre; cucina del territorio.

Zur Rose (Herbert Hintner)
via Josef Innerhofer 2 – 0471 66 22 49 – www.zur-rose.com – Chiuso 24-26 dicembre, lunedì a mezzogiorno e domenica
Rist – Menu 68/80 € – Carta 55/86 €
➜ Risotto alla menta con luccioperca. Rognone di vitello su fetta di patata con salsa alla senape. Canederli dolci con composta di pere al sambuco.
Ampia scelta enologica che annovera anche etichette francesi e una cucina che passa con *nonchalance* dall'Alto Adige al Mediterraneo, in questo locale del centro storico. Piacevole dehors per la bella stagione.

Vinotek Pillhof
via Bolzano 48, località Frangarto, Nord: 5 Km – 0471 63 31 00 – www.pillhof.com – Chiuso sabato sera e domenica
Rist – Carta 35/71 €
Un locale per i giovani, che non dispiacerà anche a chi - sulle spalle - ha qualche primavera in più… Ricavato in un vecchio maso del XV sec con spazi interni in stile modaiolo-moderno, il wine-bar (h 11-24) lascia il posto (nei turni canonici) al ristorante con cucina semplice, ma buone materie prime.

a Pigano (Pigen)**Nord-Ovest : 1,5 km – ✉ 39057 San Michele Appiano**

Stroblhof rist,
strada Pigeno 25 – 0471 66 22 50 – www.stroblhof.it – Aperto 1° aprile-31 ottobre
29 cam – 72/92 € 82/111 € – 6 suites **Rist** – Carta 36/66 €
Abbracciata dal verde dei vigneti, una grande struttura impreziosita da un bel giardino con laghetto-piscina, adatta a una vacanza con la famiglia; camere ampie e recenti. Luce soffusa nella sala ristorante con soffitto in travi di legno; splendido dehors.

a Cornaiano (Girlan)**Nord-Est : 2 km – ✉ 39057**

Weinegg
via Lamm 22 – 0471 66 25 11 – www.weinegg.com – Chiuso 15 gennaio-15 febbraio
25 cam – 117/159 € 210/294 € – 17 suites
Rist *L'Arena* – vedere selezione ristoranti
Nella tranquillità totale della natura, imponente edificio moderno con incantevole vista su monti e frutteti; ambienti in elegante stile tirolese dotati di ogni confort.

Girlanerhof
via Belvedere 7 – 0471 66 24 42 – www.girlanerhof.it – Aperto Pasqua-30 novembre
30 cam – 92/115 € 160/195 € – 8 suites **Rist** – Carta 30/63 €
Tra i vigneti, in un'oasi di pace, sobria ricercatezza e accoglienza tipica tirolese in un hotel a gestione diretta con elegante sala soggiorno in stile; camere piacevoli. Ristorante arredato con gusto e illuminato da grandi finestre ornate di graziose tende.

L'Arena – Hotel Weinegg
via Lamm 22 – ✆ 04 71 66 25 11 – www.weinegg.com
– Chiuso 15 gennaio-15 febbraio e domenica
Rist – Menu 40/62 € – Carta 43/91 €
Si scende nell'Arena per gustare il consommè di manzo con raviolo tartufato agli spinaci e uovo di quaglia, il risotto al barolo con fette di entrecôte o le praline di patate al ragù di cervo su crauti al pepe… In un ambiente di calda atmosfera, una tappa gourmet obbligatoria in quel di Cornaiano.

a Monte (Berg) **Nord-Ovest : 2 km – ✉ 39057 San Michele Appiano**

Steinegger
via Masaccio 9 – ✆ 04 71 66 22 48 – www.steinegger.it
– Aperto 1° aprile-30 novembre
30 cam – 116/147 € 116/147 € – 1 suite
Rist – *(chiuso mercoledì)* Carta 24/53 €
Possente complesso in aperta campagna, con bella vista sulla vallata, ideale per famiglie per la sua tranquillità e per le buone attrezzature sportive; camere decorose. Comodi a pranzo in un ambiente in perfetto stile tirolese, impreziosito da un forno originale.

Bad Turmbach con cam
via Rio della Torre 4 – ✆ 04 71 66 23 39 – www.turmbach.com
– Chiuso 28 dicembre-20 marzo
15 cam – 56/60 € 96/110 € – 2 suites
Rist – *(chiuso mercoledì a mezzogiorno e martedì)* Carta 36/74 €
Il servizio estivo in giardino è davvero godibile, ma anche la cucina è in grado di offrire piacevoli emozioni attraverso proposte del territorio rielaborate con fantasia.

a Missiano (Missian) **Nord : 4 km – ✉ 39057 San Paolo Appiano**

Schloss Korb
via Castello d'Appiano 5 – ✆ 04 71 63 60 00 – www.schloss-hotel-korb.com
– Aperto 1° dicembre-5 gennaio e 25 marzo-9 novembre
48 cam – 120/320 € 180/320 € – 14 suites
Rist *Schloss Korb* – Carta 51/75 €
Incantevole veduta panoramica sulla vallata e quiete assoluta in un castello medioevale dai raffinati e tipici interni; molte camere nell'annessa struttura più recente. Calda, raffinata atmosfera nella sala in stile rustico con pareti in pietra; cucina locale.

ai laghi di Monticolo (Montiggler See) **Sud-Est : 6 km – ✉ 39057 San Michele Appiano**

Gartenhotel Moser Life & Welness Resort
lago di Monticolo 104 rist,
– ✆ 04 71 66 20 95 – www.gartenhotelmoser.com – Aperto 1° aprile-30 novembre
32 cam – 101/119 € 180/218 € – 10 suites **Rist** – Carta 31/63 €
Ideale per una distensiva vacanza con tutta la famiglia, questo albergo immerso nella pace del suo giardino-frutteto; camere confortevoli e piacevole zona fitness. Linee essenziali e colori caldi nella spaziosa sala da pranzo; servizio estivo all'aperto.

APPIGNANO – Macerata (MC) – **563** L22 – **4 293 ab.** – **alt. 199 m** **21** C2
– ✉ 62010
R oma 302 – Ancona 45 – Macerata 15 – Perugia 138

Osteria dei Segreti
via Verdefiore 41, strada provinciale 57 km 8,100, Nord : 3 km – ✆ 0 73 35 76 85
– www.osteriadeisegreti.com – Chiuso 10-31 gennaio
15 cam – 35/50 € 80/90 €
Rist *Osteria dei Segreti* – *(chiuso mercoledì)* Carta 28/42 €
Un casolare sapientemente ristrutturato nel cuore della campagna marchigiana: camere dall'arredamento sobrio, ma confortevoli e tranquille. Un ottimo indirizzo per rilassarsi e godere della natura circostante. I sapori del territorio nel menu del ristorante.

APRICA – Sondrio (SO) – 561 D12 – 1 612 ab. – alt. 1 172 m 17 C1
– Sport invernali : 1 181/2 600 m 2 11, – ✉ 23031 Italia Centro-Nord

Roma 674 – Sondrio 30 – Bolzano 141 – Brescia 116

corso Roma 150, ☎ 0342 74 61 13, www.apricaonline.com

Arisch

via Privata Gemelli s.n.c. – ☎ 03 42 74 70 48 – www.hotelarisch.com – Chiuso ottobre-novembre

23 cam – †70/145 € ††110/230 €

Rist ***Gimmy's*** – vedere selezione ristoranti

Una piccola bomboniera per un romantico soggiorno montano, avvolti dal legno, come in una baita, nel centro di Aprica.

Derby

cam, rist,

via Adamello 16 – ☎ 03 42 74 60 67 – www.albergoderby.it

50 cam – †65/120 € ††80/150 € – 1 suite

Rist – *(aperto 1° dicembre-30 aprile e 1° giugno-30 settembre)* Menu 20/40 €

Capace conduzione diretta in un complesso di moderna concezione, ristrutturato completamente e ampliato; confortevoli spazi interni in stile contemporaneo. Massicce colonne color amaranto ravvivano la sala ristorante.

Gimmy's – Hotel Arisch

via Privata Gemelli s.n.c. – ☎ 03 42 74 70 48 – www.hotelarisch.com – Chiuso ottobre, novembre e lunedì in bassa stagione

Rist – (consigliata la prenotazione) Menu 60/75 € – Carta 52/84 €

➜ Esplosione di ragù napoletano. Controfiletto di capriolo con crema al topinambur, porcino e mirtilli neri. Cioccocarota.

L'alta cucina approda sulle vette dell'Aprica con un contributo campano: selvaggina e specialità montane incontrano il pesce e i dolci napoletani. Possibile? Sì, è il cuoco partenopeo a realizzare l'incantesimo: tra risotti, pastiere e babà, si mangia avvolti nei legni di una romantica stube.

APRICALE – Imperia (IM) – 561 K4 – 582 ab. – alt. 273 m – ✉ 18035 14 A3
Liguria

Roma 668 – Imperia 63 – Genova 169 – Milano 292

Località★ • Piazza Vittorio Emanuele★

Locanda dei Carugi

via Roma 12/14 – ☎ 01 84 20 90 10 – www.locandadeicarugi.it

6 cam – †88/108 € ††110/135 €

Rist ***La Capanna-da Bacì*** – vedere selezione ristoranti

Non è raggiungibile in auto quest'antica locanda nel cuore di un borgo medievale tra i più suggestivi d'Italia. Travi a vista, letti in ferro battuto e *abat-jour* in stile liberty nelle camere dai nomi fortemente evocativi: Attico di Lucrezia, la Badessa, la Contessa, la Suite della Perpetua...

La Favorita con cam

località Richelmo – ☎ 01 84 20 81 86 – www.lafavoritaapricale.com – Chiuso 10 giorni in giugno, 20 giorni in novembre-dicembre

6 cam – †50/60 € ††80/100 €

Rist – *(chiuso martedì sera e mercoledì escluso agosto)* Menu 23/36 € – Carta 26/40 €

Tante gustose specialità in un locale a 500 m dal paese: antipasti apricalesi, coniglio al Rossese con olive taggiasche, e sul camino che troneggia in sala, carni alla griglia cucinate sulla brace di legno d'ulivo. Nella bella stagione, si pranza e si cena nella magia della terrazza. Camere accoglienti a tema floreale.

La Capanna-da Bacì – Locanda dei Carugi

via Roma 16 – ☎ 01 84 20 81 37 – www.baciristorante.it – Chiuso lunedì sera e martedì

Rist – Menu 20/27 €

Tra i viottoli in pietra del centro storico, un ristorante dall'atmosfera rustica: dalla veranda la vista sulle montagne e dalla cucina i sapori dell'entroterra ligure.

APRILIA – Latina (LT) – 563 R19 – 70 349 ab. – alt. 80 m – ✉ 04011 12 B2

Roma 44 – Latina 26 – Napoli 190

Oasi via Cogna 5-via Nettunense km 26,400, 06 92746252, www.oasigolf.it – chiuso martedì

Il Focarile con cam

via Pontina al km 46,5 – ✆ 0 69 28 25 49 – www.ilfocarile.it – Chiuso 24-26 dicembre e 10 giorni in agosto

4 cam – †180/250 € ††180/250 €

Rist – *(chiuso domenica sera e lunedì)* Carta 42/75 €

L'ingresso sontuoso introduce degnamente in un'ampia, luminosa sala di tono elegante con tavoli spaziati; tocco toscano per una cucina ricca di tradizione e d'inventiva e quattro eleganti camere di fronte al laghetto.

Da Elena

via Matteotti 14 – ✆ 06 92 70 40 98 – Chiuso agosto e domenica

Rist – Carta 22/50 €

Ambiente moderno semplice, ma accogliente, e conduzione vivace per un ristorante classico a gestione familiare, con cucina tradizionale di terra e di mare.

AQUILEIA – Udine (UD) – 562 E22 – 3 493 ab. – ✉ 33051 11 C3

Italia Centro-Nord

Roma 635 – Udine 41 – Gorizia 32 – Grado 11

via Giulia Augusta, ✆ 0431 91 94 91, www.turismo.fvg.it

Basilica★★ : affreschi★★ della cripta carolingia, pavimenti★★ della cripta degli Scavicripta degli Scavi – Rovine romane★

Patriarchi

via Giulia Augusta 12 – ✆ 04 31 91 95 95 – www.hotelpatriarchi.it – Chiuso gennaio

23 cam – †48/65 € ††76/98 € **Rist** – Carta 18/43 €

Nel cuore del centro storico-archeologico di Aquileia, un albergo semplice e funzionale che si è recentemente dotato di una grande sala riunioni; camere confortevoli. Sala da pranzo classica, ma piacevole con ampio salone per banchetti.

ARABBA – Belluno (BL) – 562 C17 – alt. 1 602 m – Sport invernali : 1 446/3 270 m 7 21 (Comprensorio Dolomiti superski Arabba-Marmolada) – ✉ 32020 39 B1

Roma 709 – Belluno 74 – Cortina d'Ampezzo 36 – Milano 363

via Mesdì 38, ✆ 0436 7 91 30, www.infodolomiti.it

Sporthotel Arabba

via Mesdi 76 – ✆ 0 43 67 93 21 – www.sporthotelarabba.com – Aperto 2 dicembre-14 aprile e 16 giugno-14 settembre

52 cam – †80/300 € ††80/300 €

Rist *La Stube* – vedere selezione ristoranti

Rist – Menu 32/100 €

Nel cuore della località, questa grande casa di montagna offre il meglio di sé negli spazi comuni, caratterizzati da tipiche decorazioni in legno che creano una "calda" atmosfera da baita. Camere in stile o più lineari.

Evaldo

via Mesdì 3 – ✆ 0 43 67 91 09 – www.hotelevaldo.it – Chiuso 6 aprile-15 maggio e 10 ottobre-novembre

23 cam – †80/200 € ††120/340 € – 17 suites **Rist** – Carta 29/52 €

Interni signorili rivestiti in legno e calda atmosfera in questa grande casa con vista panoramica sulle Dolomiti. Essenze naturali, musica e acque rigeneranti presso l'originale centro benessere. Piatti nazionali e specialità del luogo nel ristorante dai soffitti in legno lavorato o nella tipica stube.

Alpenrose
via Precumon 24 – ✆ 04 36 75 00 76 – www.alpenrosearabba.it – Aperto 1° dicembre-15 aprile e 15 giugno-15 settembre
28 cam – solo ½ P 57/125 €
Rist – Carta 32/51 €
Rist *Stube Ladina* – Carta 32/51 €
Sulla strada che conduce al passo Pordoi, l'albergo propone camere in caratteristico stile montano, modernamente accessoriate; spazi comuni signorili e gradevole zona benessere. Ristorante Stube Ladina: cucina regionale proposta à la carte, in una sala raccolta ed elegante.

Mesdì
via Mesdì 75 – ✆ 0 43 67 91 19 – www.hotelmesdi.com – Aperto 1° dicembre-14 aprile e 19 maggio-1° settembre
19 cam – †55/125 € ††80/220 €
Rist – Carta 33/58 €
Rist *Miky's Grill* – Carta 20/30 €
Di fronte alle seggiovie, l'hotel è perfetto per chi ama lo sport sulla neve, ma anche per chi preferisce tranquille passeggiate nel centro della località. Al ristorante: carne alla griglia e - a mezzogiorno (solo d'inverno) - piatti più semplici per gli sciatori frettolosi.

Chalet Barbara senza rist
via Precumon 23 – ✆ 04 36 78 01 55 – www.chaletbarbara.com – Aperto 3 dicembre-10 aprile e 15 giugno-15 settembre
15 cam – †35/110 € ††70/220 €
Poco distante dal centro, una casa di quattro piani dalla facciata di gusto tirolese: è il legno antico a dominare negli spaziosi ambienti, recuperato da vecchi casolari. Se il buon giorno si vede dal mattino, la prima colazione qui è memorabile!

Laura senza rist
via Boè 6 – ✆ 04 36 78 00 55 – www.garnilaura.it – Aperto 1° dicembre-10 aprile e 11 maggio- 30 settembre
12 cam – †86/132 € ††86/132 €
In comoda posizione centrale, ma poco distante dagli impianti di risalita, è una piacevole struttura a conduzione familiare, rinnovata in anni recenti. Il tipico stile montano lo si ritrova anche nelle belle camere.

Royal senza rist
via Mesdì 7 – ✆ 0 43 67 92 93 – www.royal-arabba.it – Aperto 1° dicembre-15 aprile e 1° giugno-15 ottobre
16 cam – †40/92 € ††40/92 €, 10 €
A poche centinaia di metri dal centro e dalle piste da sci, albergo a gestione familiare dagli spazi comuni in stile alpino; ampie camere in legno e piccola zona relax.

La Stube – Hotel Sporthotel Arabba
via Mesdi 76 – ✆ 0 43 67 93 21 – www.sporthotelarabba.com – Aperto 2 dicembre-14 aprile e 16 giugno-14 settembre
Rist – Carta 32/61 €
Un nome che è presagio dell'atmosfera. Nel cuore della località, una grande casa di montagna caratterizzata da decorazioni in legno che creano una "calda" atmosfera da baita. La deliziosa cucina, che affonda le proprie radici nel territorio, gode da tempo dell'approvazione dei gastronomi locali.

sulla strada statale 48 Est : 3 km :

Festungshotel-Al Forte
via Pezzei 66 – ✆ 0 43 67 93 29 – www.alforte.com – Aperto 2 dicembre-14 aprile e 15 maggio-15 ottobre
20 cam – †55/120 € ††90/190 € – 3 suites
Rist *Al Forte* – vedere selezione ristoranti
Attenta ad ogni particolare è un'intera famiglia a gestire questo accogliente hotel in posizione panoramica. Ambienti in stile montano, piccola zona benessere e servizio navetta per gli impianti. Affascinante location per il ristorante che si trova all'interno di un antico fortino austro-ungarico.

XX **Al Forte** – Hotel Festungshotel-Al Forte

via Pezzei 66 – ✆ 0 43 67 93 29 – www.alforte.com – Aperto 2 dicembre-14 aprile e 15 maggio-15 ottobre

Rist – Carta 21/54 €

Affascinante location per questo ristorante all'interno di un antico fortino austro-ungarico, dove un'intera famiglia si adopera per assicurarvi una pausa gourmet degna di tale nome. E se la cucina ladina è quasi scomparsa, sulla tavola del Forte sopravvivono ancora gustosi piatti. Ottime le specialità alla brace.

ARCETO – **Reggio Emilia (RE)** – **562** I14 – **Vedere Scandiano**

ARCETRI – **Firenze (FI)** – **563** K15 – **Vedere Firenze**

ARCEVIA – **Ancona (AN)** – **5 022 ab.** – **alt. 535 m** – ✉ **60011** **20** B2

Roma 235 – Ancona 71 – Perugia 89 – Rimini 107

Antico Borgo (N)

frazione Castiglioni 86 – ✆ 03 71 98 30 01 – www.antico-borgo.it

6 cam – †70/120 € ††90/130 €

Rist *Antico Borgo* – *(chiuso lunedì, martedì e mercoledì in bassa stagione)* Carta 28/42 €

Camere tutte nuove e confortevoli in una graziosa casa rurale adagiata tra le colline. Il patron si occupa della cucina con gusto decisamente moderno.

ARCORE – **Monza e Brianza (MB)** – **561** F9 – **17 750 ab.** – **alt. 193 m** – ✉ **20043** **18** B2

Roma 594 – Milano 31 – Bergamo 39 – Como 43

X **L'Arco del Re**

via Papina 4 – ✆ 03 96 01 36 44 – Chiuso 1° -6 gennaio, 15 giorni in agosto, sabato a mezzogiorno, domenica sera e lunedì

Rist – (consigliata la prenotazione la sera) Carta 23/48 €

Una locale che vuole essere alternativo nella forma - si può mangiare anche un solo piatto, portandosi il vino da casa – ed una cucina di stampo tradizionale con proposte legate al territorio, ma non solo. Tra le specialità: il tortino croccante di riso Carnaroli riserva San Massimo al salto.

ARCUGNANO – **Vicenza (VI)** – **562** F16 – **7 314 ab.** – **alt. 160 m** – ✉ **36057** **38** A2

Roma 530 – Padova 40 – Milano 211 – Vicenza 7

a Lapio Sud : 5 km – ✉ **36057 Arcugnano**

XX **Trattoria da Zamboni**

via Santa Croce 73 – ✆ 04 44 27 30 79 – www.trattoriazamboni.it – Chiuso 2-10 gennaio, 2 settimane in agosto, lunedì e martedì

Rist – Menu 30/60 € – Carta 28/50 €

In un imponente palazzo d'epoca, le sobrie sale quasi si fanno da parte per dare spazio al panorama sui colli Berici e alla cucina, tradizionale e rivisitata al tempo stesso.

a Soghe Sud : 9,5 km – ✉ **36057 Arcugnano**

XX **Antica Osteria da Penacio**

via Soghe 62 – ✆ 04 44 27 30 81 – www.penacio.it – Chiuso 1°-10 marzo, 1°-10 novembre, giovedì a mezzogiorno e mercoledì

Rist – Menu 35 € – Carta 35/65 €

Ristorante a conduzione familiare in una villetta al limitare di un bosco: all'interno due raffinate salette e una piccola, ma ben fornita, enoteca; cucina tradizionale.

ARDENZA – **Livorno (LI)** – **563** L12 – **Vedere Livorno**

AREMOGNA – **L'Aquila (AQ)** – **563** Q24 – **Vedere Roccaraso**

ARENZANO – Genova (GE) – 561 I8 – 11 724 ab. – ✉ 16011 — 14 B2

Roma 527 – Genova 24 – Alessandria 77 – Milano 151

lungomare Kennedy, ☎ 010 9 12 75 81, www.comune.arenzano.ge.it

piazza del Golf 3, 010 9111817, www.golfarenzano.com – chiuso martedì

St. Anna via Bellavista 1, località Lerca, 010 9135322, www.santannagolf.com

Grand Hotel Arenzano
lungomare Stati Uniti 2 – ☎ 01 09 10 91 – www.gharenzano.it
– Chiuso 20 dicembre-20 gennaio
104 cam – 102/253 € 195/360 € – 5 suites
Rist *La Veranda* – vedere selezione ristoranti
Grande villa d'inizio secolo sul lungomare: un albergo di sobria eleganza dalle camere piacevolmente spaziose. Piccola zona benessere e fresco giardino con piscina.

Ena senza rist
via Matteotti 12 – ☎ 01 09 12 73 79 – www.enahotel.it
– Chiuso 24 dicembre-27 gennaio
23 cam – 50/122 € 60/142 €
In una graziosa villa liberty sul lungomare e nel centro, recentemente ristrutturata, albergo con piacevoli interni di tono elegante, arredati con gusto; camere confortevoli.

Poggio Hotel
cam,
via di Francia 24, Ovest : 2 km – ☎ 01 09 13 53 20 – www.poggiohotel.it
40 cam – 50/122 € 60/142 €
Rist *La Buca* – *(chiuso domenica sera in inverno)* Carta 35/60 €
In prossimità dello svincolo autostradale, ideale quindi per una clientela d'affari o di passaggio, hotel d'ispirazione contemporanea recentemente rinnovato. Camere funzionali e comodo parcheggio. Specialità del territorio nel ristorante di taglio moderno.

XXX **La Veranda** – Grand Hotel Arenzano
lungomare Stati Uniti 2 – ☎ 01 09 10 91 – www.gharenzano.it
– Chiuso 20 dicembre-20 gennaio
Rist – Carta 28/78 €
Sulla bella terrazza adiacente la piscina dell'hotel o nella luminosa sala, specialità regionali, ma soprattutto tanto pesce, in ricette creative e mai banali. Ampia selezione di vini liguri e nazionali.

AREZZO P (AR) – 563 L17 – 100 212 ab. – alt. 296 m – ✉ 52100 — 32 D2

Toscana

Roma 214 – Perugia 74 – Ancona 211 – Firenze 81

piazza della Libertà 1, ☎ 0575 40 19 45, www.turismo.provincia.arezzo.it

Affreschi di Piero della Francesca★★★ nella chiesa di San Francesco ABY – Chiesa di Santa Maria della Pieve★ : facciata★★ BY – Crocifisso★★ nella basilica di San Domenico BY – Piazza Grande★ BY – Museo d'Arte Medievale e Moderna★ : maioliche★★ AY **M2** – Portico★ e altare★ della chiesa di Santa Maria delle Grazie AZ – Opere d'arte★ nel Duomo BY

AC Arezzo
via Einstein 4, 1 km per ① – ☎ 05 75 38 22 87 – www.ac-hotels.com
79 cam – 70/95 € 80/105 € **Rist** – Carta 36/58 €
Periferico, ma comodo da raggiungere dal casello autostradale, design hotel che coniuga l'essenzialità e la modernità delle forme alla sobrietà dei colori. Ampia e variegata scelta dall'interessante carta del ristorante.

Etrusco Arezzo Hotel
rist,
via Fleming 39, 1 km per ④ – ☎ 05 75 98 40 66 – www.etruscohotel.it
80 cam – 78/105 € 90/120 €
Rist – *(chiuso sabato e domenica) (solo a cena)* Menu 26/49 €
Albergo dalla collocazione e vocazione commerciale, le cui camere sono in via di progressivo rinnovo; all'atto della prenotazione - se disponibili - richiedere le più recenti (moderne, chiare e luminose). Poichè il centro non è vicino, si può optare con soddisfazione per il ristorante dell'albergo.

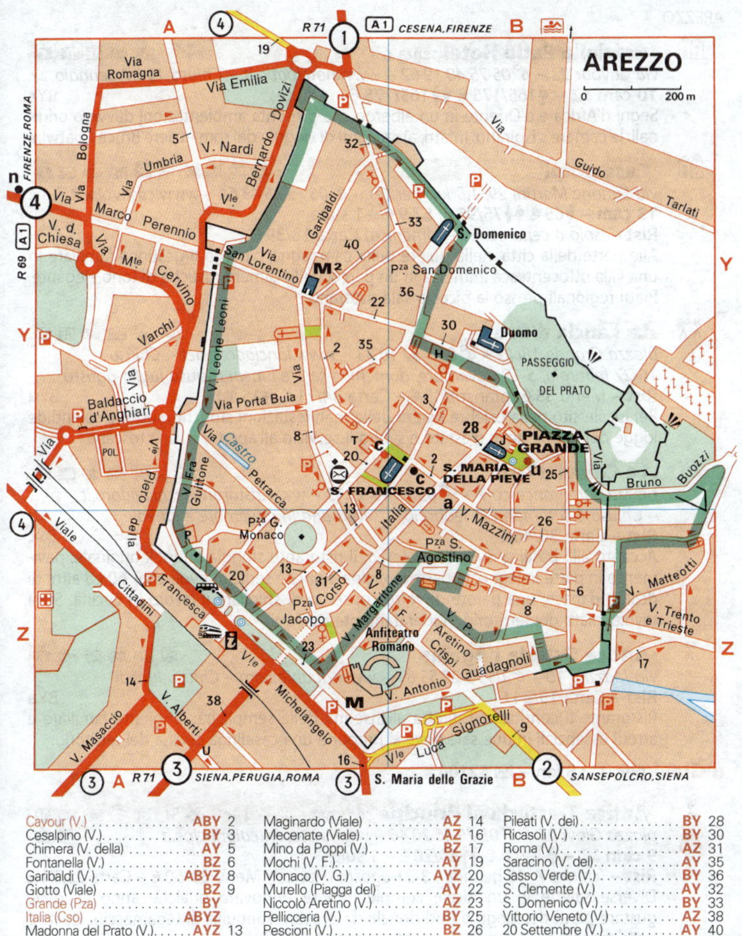

Cavour (V.)	ABY	2	Maginardo (Viale)	AZ	14	Pileati (V. dei)	BY	28
Cesalpino (V.)	BY	3	Mecenate (Viale)	AZ	16	Ricasoli (V.)	BY	30
Chimera (V. della)	AY	5	Mino da Poppi (V.)	BZ	17	Roma (V.)	AZ	31
Fontanella (V.)	BZ	6	Mochi (V. F.)	AY	19	Saracino (V. del)	AY	35
Garibaldi (V.)	ABYZ	8	Monaco (V. G.)	AYZ	20	Sasso Verde (V.)	BY	36
Giotto (Viale)	BZ	9	Murello (Piagga del)	AY	22	S. Clemente (V.)	AY	32
Grande (Pza)	BY		Niccolò Aretino (V.)	AZ	23	S. Domenico (V.)	BY	33
Italia (Cso)	ABYZ		Pellicceria (V.)	BY	25	Vittorio Veneto (V.)	AZ	38
Madonna del Prato (V.)	AYZ	13	Pescioni (V.)	BZ	26	20 Settembre (V.)	AY	40

Minerva

via Fiorentina 4 – *05 75 37 03 90* – *www.hotel-minerva.it* AY**n**

130 cam – 65/150 € 80/200 € – 5 suites

Rist – *(chiuso 1°-20 agosto)* Carta 20/47 €

Hotel a vocazione congressuale, con grandi spazi interni e diverse sale riunioni. Colori chiari nelle camere ariose e palestra all'ultimo piano con vista sulla città: una bella struttura ideale per spostamenti rapidi verso il centro e l'autostrada.

Badia di Pomaio

cam,

località Badia di Pomaio, 6 km per via Guido Tarlati e via delle Conserve – *05 75 37 14 07* – *www.hotelbadiadipomaioarezzo.it* BY

17 cam – 75/100 € 90/155 € – 4 suites **Rist** – Carta 36/60 €

Dai giardini e dalla piscina apprezzerete l'ampio panorama che si apre su Arezzo e sui dintorni; all'interno, ogni ambiente è stato ristrutturato avendo cura di conservare lo stile originale della badia secentesca. Il ristorante si trova nelle antiche cantine e propone una cucina basata sulla tradizione regionale.

Graziella Patio Hotel senza rist
via Cavour 23 – ☎ 05 75 40 19 62 – www.hotelpatio.it – Chiuso 15-27 gennaio
10 cam ☕ – 🛉165/175 € 🛉🛉165/175 € – 4 suites BY**c**
Segni d'Africa e d'Oriente in un albergo che presenta ambientazioni davvero originali: le camere s'ispirano, infatti, ai racconti di viaggio del romanziere Bruce Chatwin.

Casa Volpi
via Simone Martini 29, 1,5 km per ② – ☎ 05 75 35 43 64 – www.casavolpi.it
13 cam – 🛉65 € 🛉🛉75/95 €, ☕ 9 € – 1 suite
Rist – *(solo a cena escluso domenica)* Carta 18/39 €
Alle porte della città, nella quiete della campagna, albergo a gestione familiare in una villa ottocentesca immersa in un parco; belle camere rustiche di tono elegante. Piatti regionali presso la piccola sala ristorante.

La Lancia d'Oro
piazza Grande 18/19 – ☎ 0 57 52 10 33 – www.lanciadoro.net – Chiuso 16-27 febbraio, 5-19 novembre, domenica sera e lunedì escluso luglio-agosto
Rist – Menu 35 € (pranzo)/45 € – Carta 34/71 € (+15 %) BY**u**
Bel locale sito nella celebre piazza delle manifestazioni storiche, sotto le splendide logge del Vasari, dove d'estate è svolto il servizio all'aperto; cucina toscana.

Le Chiavi d'Oro
piazza San Francesco 7 – ☎ 05 75 40 33 13 – www.ristorantelechiavidoro.it – Chiuso 1 settimana in febbraio, 1 settimana in novembre e lunedì
Rist – Carta 30/46 € ABY**c**
Accanto alla basilica di San Francesco, il ristorante sfoggia un look originale: pavimento in parte in legno, in parte in resina, nonché sedie girevoli anni '60 ed altre di design danese; una parete di vetro consente di sbirciare il lavoro in cucina. Sulla tavola, piatti del territorio moderatamente rivisitati.

Antica Osteria l'Agania
via Mazzini 10 – ☎ 05 75 29 53 81 – www.agania.com – Chiuso lunedì
Rist – Carta 15/34 € BY**a**
Ristorante a conduzione diretta all'insegna della semplicità: ambiente familiare e arredi essenziali in due sale dove si propone una casalinga cucina del territorio.

a Giovi per ① : 8 km – ✉ 52100

Antica Trattoria al Principe con cam rist,
piazza Giovi 25 – ☎ 05 75 36 20 46 – www.ristorantealprincipe.it
9 cam ☕ – 🛉40/50 € 🛉🛉60/70 € – 1 suite
Rist – *(chiuso 7 -15 gennaio, 3-21 agosto e lunedì)* Menu 30/50 € – Carta 28/71 €
Diverse salette in un locale completamente rinnovato qualche anno fa, dove gustare piatti del luogo e tradizionali; da provare l'anguilla al tegamaccio. Quattro belle camere in stile rustico per gli avventori del locale.

a Rigutino per ③ : 12 km – ✉ 52040

Planet
strada statale 71 Rigutino Est 161/162 – ☎ 0 57 59 79 71 – www.hotelplanetarezzo.com
93 cam ☕ – 🛉60/120 € 🛉🛉80/140 € – 1 suite
Rist *Da Carmelo* – vedere selezione ristoranti
Alla periferia della frazione, questo albergo a vocazione business si trova all'interno di un centro commerciale: la struttura è recente e moderna con ampi spazi sia nella hall, sia nelle confortevoli camere. Bagni ben accessoriati e provvisti di una ricca dotazione di cortesia.

Da Carmelo – Hotel Planet
strada statale 71 Rigutino Est 161/162 – ☎ 0 57 59 79 71 – www.hotelhp.it – Chiuso agosto
Rist – *(solo a cena)* Menu 20/30 € – Carta 40/60 €
Pici al ragù toscano, grigliata di carne chianina, cantucci artigianali con vinsanto. Non ci si può sbagliare: se ci avessero condotti qui alla cieca, semplicemente leggendo il menu sapremmo in quale regione dello Stivale siamo!

in prossimità casello autostrada A1 Ovest: 8 km

A. Point Arezzo Park Hotel rist,
✉ 52100 Arezzo – ✆ 0 57 59 60 41 – www.arezzoparkhotel.com
122 cam – †90/170 € ††100/190 € – 2 suites **Rist** – Carta 31/86 €
Design hotel concepito per chi ama gli spazi, la luce e l'essenzialità: ci si muove tra bianchi arredi dalle forme sinuose, tranquillità e riposo sono le priorità. Il ristorante propone una carta di piatti classici e creativi, a cui si aggiunge un buffet (a pranzo) per chi è di fretta.

ARGEGNO – Como (CO) – 561 E9 – 693 ab. – alt. 210 m – ✉ 22010 16 A2

Roma 645 – Como 20 – Lugano 43 – Menaggio 15

Argegno
via Milano 14 – ✆ 0 31 82 14 55 – www.hotelargegno.it
14 cam – †50/75 € ††75/95 € **Rist** – Carta 33/47 €
Buona accoglienza in un piccolo albergo centrale a gestione familiare, ristrutturato da pochi anni; camere dignitose e ben tenute, con arredi funzionali. Sala da pranzo non ampia, ma arredata con buon gusto, in un semplice stile moderno.

a Sant'Anna Sud-Ovest : 3 km – ✉ 22010 Argegno

La Griglia con cam
– ✆ 0 31 82 11 47 – www.lagriglia.it – Chiuso 7 gennaio-13 febbraio
11 cam – †60/80 € ††80/110 €
Rist – *(chiuso martedì escluso luglio-agosto)* Carta 30/60 €
Trattoria di campagna con camere: ambiente rustico nelle due sale completamente rinnovate; servizio estivo all'aperto e ampia selezione di vini e distillati.

Locanda Sant'Anna con cam rist,
via per Schignano 152 – ✆ 0 31 82 17 38 – www.locandasantanna.it – Chiuso 23-30 dicembre
8 cam – †55/100 € ††70/130 € – 1 suite
Rist – *(chiuso mercoledì in inverno)* Carta 37/55 €
Locanda con camere in una bella casa totalmente ristrutturata; due sale da pranzo attigue, con divanetti e soffitto con travi a vista, affacciate sulla valle e sul lago.

ARGELATO – Bologna (BO) – 562 I16 – 9 744 ab. – alt. 25 m – ✉ 40050 9 C3

Roma 393 – Bologna 20 – Ferrara 34 – Milano 223

L'800
via Centese 33 – ✆ 0 51 89 30 32 – www.ristorante800.it – Chiuso sabato a mezzogiorno, domenica sera e lunedì
Rist – Menu 15 € (pranzo) – Carta 28/45 €
Lumache, bignè di cosce di rana con spuma al basilico, terrina di foie gras con confettura di cipolle rosse e pan brioche: tante specialità regionali da gustare nell'elegante sala con grandi tavoli ornati di argenti e cristalli, o nella saletta più intima.

a Funo Sud-Est : 9 km – ✉ 40050

Il Gotha
via Galliera 92 – ✆ 0 51 86 40 70 – www.ilgotha.com – Chiuso 26 dicembre- 6 gennaio, 3 settimane in agosto e domenica
Rist – Carta 34/51 €
Elegante ristorante dalle tonalità chiare, con vezzose sedie zebrate ed un grande trompe-l'oeil che conferisce profondità all'ambiente. La carta contempla piatti di mare classici o ricercati, ma non mancano proposte a base di carne.

ARGENTA – Ferrara (FE) – 562 I17 – 22 575 ab. – ✉ 44011 9 C2

Roma 432 – Bologna 53 – Ravenna 40 – Ferrara 34
piazza Marconi 1, ✆ 0532 33 02 76, www.comune.argenta.fe.it
via Poderi 2/A, 0532 852545, www.argentagolf.it – chiuso martedì

Agriturismo Val Campotto

strada Margotti 2, Sud-Ovest: 2 km – ✆ 05 32 80 05 16 – www.valcampotto.it
9 cam ☕ – 🚹54/64 € 🚹🚹72/82 €
Rist – *(chiuso martedì a mezzogiorno e lunedì)* (consigliata la prenotazione)
Carta 19/35 €
All'interno del parco del delta del Po, agriturismo e fattoria didattica con camere in stile rustico, biciclette a disposizione e birdwatching per gli amanti della natura. Al ristorante, la cucina riscopre i sapori del territorio, utilizzando spesso ingredienti di produzione propria; nella bella stagione il servizio si sposta all'aperto.

ARIANO IRPINO – Avellino (AV) – 564 D27 – 23 134 ab. – alt. 788 m – ✉ 83031 7 C1

Roma 262 – Foggia 63 – Avellino 51 – Benevento 41

La Pignata

viale Dei Tigli 7 – ✆ 08 25 87 25 71 – www.ristorantelapignata.it – Chiuso 20-30 luglio e martedì escluso agosto
Rist – Carta 17/38 €
Nell'ampia sala dal soffitto ad archi aleggia un'atmosfera piacevolmente rustica, anticipo di ciò che arriverà dalla cucina: paccheri con patate, broccoli, peperoncino e alici - pancotto all'arianese - agnello alla cacciatora con aceto balsamico. Ma la carta ha ancora tanto da raccontare...

ARIANO NEL POLESINE – Rovigo (RO) – 562 H18 – 4 656 ab. – ✉ 45012 40 C3

Roma 473 – Padova 66 – Ravenna 72 – Ferrara 50

a San Basilio Est : 5 km – ✉ 45012 Ariano Nel Polesine

Agriturismo Forzello senza rist

via San Basilio 5 – ✆ 33 86 65 95 75 – www.agriturismoforzello.it – Chiuso gennaio-febbraio
7 cam ☕ – 🚹35/65 € 🚹🚹55/70 €
Casa colonica di inizio '900 costruita sul terreno di un insediamento romano. Punto di partenza per la visita del parco, le camere di maggiore atmosfera hanno arredi d'epoca.

ARMA DI TAGGIA – Imperia (IM) – 561 K5 – ✉ 18011 14 A3

Roma 631 – Imperia 22 – Genova 132 – Milano 255
via Boselli, ✆ 0184 4 37 33, www.visitrivieradeifiori.it.
Dipinti★ nella chiesa di San Domenico a Taggia★ Nord : 3,5 km

La Conchiglia (Anna Parisi)

lungomare 33 – ✆ 0 18 44 31 69 – www.la-conchiglia.it – Chiuso 15 giorni in giugno, 15 giorni in novembre, giovedì a mezzogiorno e mercoledì
Rist – Menu 45 € (pranzo)/95 € – Carta 52/131 €
➜ Trenette con piccoli scampi e zucchine trombetta. Bianco di San Pietro cotto in tegame con patate, erbette aromatiche e olive. Sottofiletto di bue di Langa arrosto con erbe di Liguria.
Una cucina leggera, dalle linee semplici, che aliena ogni tentativo di procurare eccessivo stupore: il successo risiede nella qualità del pescato, valorizzato in ogni piatto. Qualche proposta di carne.

ARMENZANO – Perugia (PG) – 563 M20 – Vedere Assisi

ARONA – Novara (NO) – 561 E7 – 14 547 ab. – alt. 212 m – ✉ 28041 24 B2

Italia Centro-Nord
Roma 641 – Stresa 16 – Milano 40 – Novara 64
piazzale Duca d'Aosta, ✆ 0322 24 36 01, www.prolocoarona.it
Borgoticino via in Pre', , Sud: 11 km, 0321 907034, www.aronagolf.it
Lago Maggiore★★★ – Colosso di San Carlone★ – Polittico★ nella chiesa di Santa Maria – ≤★ sul lago e Angera dalla Rocca

XXX **Taverna del Pittore**

piazza del Popolo 39 – ✆ 03 22 24 33 66 – www.ristorantetavernadelpittore.it – Chiuso 18 dicembre-21 gennaio e lunedì

Rist – Carta 63/106 €

Di scorta al porto di Arona, la guarnigione spagnola contemplava - quattro secoli or sono - lo spettacolo che ancora oggi il cliente può ammirare dalla veranda di questo raffinato locale: l'austera rocca di Angera e le montagne che si riflettono nel lago. Unica "distrazione", le squisite specialità servite in tavola.

XX **La Piazzetta**

piazza del Popolo 35 – ✆ 03 22 24 33 16 – www.lapiazzettadiarona.com – Chiuso 1° -10 gennaio e lunedì

Rist – Menu 15 € (pranzo in settimana)/50 € – Carta 32/59 €

Cosa ci fa la cucina mediterranea (e specialità napoletane) nella romantica cornice del lago Maggiore? Forse la ragione è da ricercarsi nella terra d'origine degli chef-patron, la Campania, che prodiga di ottime materie prime e saporite ricette si concede generosamente ai palati di chi sosta qui.

a Campagna Nord-Ovest : 4 km – ✉ 28041

X **Campagna**

via Vergante 12 – ✆ 0 32 25 72 94 – www.trattoriacampagna.it – Chiuso 15-30 giugno, 10-25 novembre, lunedì sera escluso luglio-agosto e martedì

Rist – Carta 31/60 €

Trattoria a conduzione familiare, in un bel rustico ristrutturato; interni piacevoli e accoglienti dove provare piatti di cucina della tradizione elaborata con cura.

a Montrigiasco Nord-Ovest : 6 km – ✉ 28041 Arona

XX **Castagneto**

via Vignola 14 – ✆ 0 32 25 72 01 – www.ristorantecastagneto.com – Chiuso 24 dicembre-20 gennaio, 10 giorni in giugno, 10 giorni in settembre, lunedì e martedì

Rist – Menu 15 € (pranzo in settimana)/40 € – Carta 25/53 €

Attivo da alcuni decenni, il locale ha visto avvicendarsi la nuova generazione della medesima famiglia, ma lo spirito genuino è immutato così come l'atmosfera, calda e rilassata. Il rognoncino di vitello trifolato alla senape è tra i piatti più gettonati del menu.

a Mercurago SO : 2 km – ✉ 28041

XX **Duetto**

via XXIV Aprile 5 – ✆ 0 32 24 49 03 – www.ristoranteduetto.com – Chiuso martedì a mezzogiorno, lunedì e mercoledì

Rist – Carta 43/78 €

Un piccolo ed accogliente locale con due diverse proposte gastronomiche in due spazi distinti: informale ed economico il bistrot, più elegante e gourmet la sala ristorante.

ARPINO – Frosinone (FR) – 563 R22 – 7 552 ab. – alt. 447 m – ✉ 03033 13 D2

Roma 115 – Frosinone 29 – Avezzano 53 – Isernia 86

Il Cavalier d'Arpino senza rist

via Vittoria Colonna 21 – ✆ 07 76 84 93 48 – www.cavalierdarpino.it

28 cam – †35/53 € ††48/90 €

Ai margini di uno dei più bei centri storici della zona, l'albergo si trova all'interno di un palazzo settecentesco. Optate per una camera con vista.

a Carnello Nord : 5 km – ✉ 03030

XX **Mingone** con cam

via Pietro Nenni 96 – ✆ 07 76 86 91 40 – www.mingone.it

21 cam – †35/50 € ††47/85 € – 2 suites **Rist** – Carta 20/50 €

Da oltre un secolo intramontabile rappresentante della cucina locale, ai consueti piatti laziali si aggiungono le specialità a base di trota, baccalà e gamberi di fiume.

ARQUÀ PETRARCA – Padova (PD) – **562** G17 – **1 860 ab. – alt. 80 m** **39** B3
– ✉ **35032** Italia Centro-Nord

Roma 478 – Padova 22 – Mantova 85 – Milano 268

via Zane 2/b, ☎ 042 9 77 73 27, www.arquapetrarca.com

XXX **La Montanella**

via dei Carraresi 9 – ☎ 04 29 71 82 00 – www.montanella.it – Chiuso 7 gennaio-1° febbraio, 12-23 agosto, mercoledì, anche martedì sera in settembre-maggio

Rist – Menu 45 € – Carta 35/63 €

Riscoperta di piatti antichi e vini di pregio, nell'eleganza di un locale in bella posizione panoramica, circondato da un giardino con ulivi secolari e fiori.

ARTA TERME – Udine (UD) – **562** C21 – **2 273 ab. – alt. 442 m** **10** B1
– **Stazione termale** – ✉ **33022**

Roma 696 – Udine 56 – Milano 435 – Monte Croce Carnico 25

via Umberto I 15, ☎ 0433 92 92 90, www.turismofvg.it

a Piano d'Arta **Nord : 2 km – alt. 564 m** – ✉ **33022**

Gardel rist, rist,

via Marconi 6/8 – ☎ 0 43 39 25 88 – www.gardel.it – Chiuso 5 novembre-25 dicembre

50 cam – †45/70 € ††65/85 € – 1 suite **Rist** – Carta 20/25 €

Non lontano dalle terme, ideale per una vacanza salutare e rigenerante, un hotel classico della cui conduzione si occupa una famiglia dalla lunga tradizione alberghiera. In anni recenti si sono realizzati lavori di ristrutturazione ed, ora, la maggior parte delle camere si presenta con uno stile gradevolmente moderno.

ARTIMINO – Prato (PO) – **563** K15 – **Vedere Carmignano**

ARTOGNE – Brescia (BS) – **561** E12 – **3 545 ab. – alt. 266 m** – ✉ **25040** **17** C2

Roma 608 – Brescia 53 – Milano 104 – Monza 93

XX **Osteria Cà dei Nis**

via della Concordia ang. via Trento – ☎ 03 64 59 02 09 – www.cadeinis.it – Chiuso agosto, lunedì, martedì e mercoledì

Rist – *(solo a cena escluso domenica)* (consigliata la prenotazione) Carta 32/65 €

Due pittoresche salette completamente in pietra all'interno di un palazzo del '700 nel cuore della piccola località. Ambiente ideale per apprezzare una cucina sfiziosa.

ARVIER – Aosta (AO) – **561** E3 – **900 ab. – alt. 776 m** – ✉ **11011** **37** A2

Roma 774 – Aosta 15 – Moncalieri 161 – Rivoli 140

XX **Le Vigneron**

Via Corrado Gex 64 – ☎ 0 16 59 92 18 – www.levigneron.it – Chiuso 15 giorni in giugno e martedì

Rist – Menu 20/55 € – Carta 37/72 €

Immerso nei vigneti dell'Enfer, giovane e dinamica gestione: menu di selvaggina, turistico, enogastromico, per bambini e vegetariano...oltre a qualche inattesa specialità di pesce.

ARZACHENA **Sardegna** – Olbia-Tempio (OT) – **366** R37 – **13 317 ab.** **28** B1
– **alt. 85 m** – ✉ **07021** Sardegna

Cagliari 311 – Olbia 26 – Palau 14 – Porto Torres 147

piazza Risorgimento, ☎ 0789 84 40 55, www.comunearzachena.it

18 Pevero località Cala di Volpe, 0789 958000, www.golfclubpevero.com – chiuso martedì da novembre a marzo

Tomba di Giganti di Li Golghi★, direzione Luogosanto 7 km ca - Costa Smeralda★★

sulla strada provinciale Arzachena-Bassacutena **Ovest: 5 km**

Tenuta Pilastru senza rist

località Pilastru ✉ 07021 Arzachena – ☎ 0 78 98 29 36 – www.tenutapilastru.it

31 cam – †59/110 € ††59/110 € – 2 suites

Abbracciato dal verde e dalla tranquillità della campagna gallurese, un cascinale ottocentesco ristrutturato ed ampliato offre ai turisti graziose camere in stile country. Ora, c'è anche un nuovissimo wellness center.

a Cannigione Nord Est : 8 km – ✉ 07020

Cala di Falco

– ✆ 07 89 89 92 00 – *www.delphina.it* – *Aperto 1° maggio-29 settembre*
80 cam – solo ½ P 82/196 € – 40 suites **Rist** – *(solo per alloggiati)*
Direttamente sul mare e immerso nel verde, un complesso di notevoli dimensioni che dispone di ambienti curati nei dettagli, sale convegni, campi da gioco e teatro all'aperto. Nelle capienti ed eleganti sale ristorante, piatti dai sapori semplici e prelibati.

La Risacca

via Lipari 181 – ✆ *07 89 89 20 25* – *www.ristorantelarisacca.it*
– *Chiuso 6 gennaio-6 febbraio e martedì escluso maggio-ottobre*
Rist – Menu 55/85 € – Carta 49/117 €
Sul lungomare di Cannigione, un ristorante signorile con bella terrazza e ambienti originali, che richiamano le pietre e i colori locali. La cucina propone interessanti piatti a base di pesce, ma non solo.

COSTA SMERALDA (OT) **28** B1

a Porto Cervo – ✉ 07020

Cervo

piazzetta Cervo – ✆ *07 89 93 11 11* – *www.sheraton.com/cervo*
89 cam ☕ – 🚶550/935 € 👥1100/1680 € – 7 suites
Rist *Grill* – vedere selezione ristoranti
Affacciata sulla piazzetta del paese, un'elegante struttura attrezzata per ogni esigenza: freschi e raffinati ambienti, camere di ottimo livello.

Grill – Hotel Cervo

piazzetta Cervo – ✆ *07 89 93 16 21* – *www.sheraton.com/cervo*
Rist – Carta 61/132 €
Luogo di mondanità per eccellenza, Porto Cervo e la sua piazzetta ospitano questo bel ristorante le cui vetrate offrono un simpatico scorcio sull'esclusivo porticciolo. In menu, cucina di tipo mediterraneo, che affonda le radici nella storia dell'isola: piatti di mare, ma anche retaggi di una tradizione pastorale e contadina millenaria.

Madai Ⓝ

Promenade du Port-via del Porto Vecchio 1 – ✆ *0 78 99 10 56*
– *www.ristorantemadai.it* – *Aperto 1° giugno-31 ottobre*
Rist – Carta 59/88 €
Al termine dell'elegante passeggiata tra le grandi firme di Porto Cervo, il ristorante punta sui sapori mediterranei in piatti semplici e gustosi, nonché su una terrazza (meglio prenotare) affacciata sul porto per cene romantiche ed esclusive.

a Pitrizza – ✉ 07021 Porto Cervo

Pitrizza

– ✆ *07 89 93 01 11* – *www.starwoodhotels.com/hotel pitrizza* – *Aperto 1° maggio-30 settembre*
48 cam ☕ – 🚶625/825 € 👥900/3075 € – 10 suites **Rist** – Menu 165 €
Circondato dai colori e dai profumi del paesaggio sardo, un hotel dall'antico splendore cela negli ambienti interni lusso e ricercatezza mentre all'esterno offre spazi curati.

a Romazzino – ✉ 07021 Porto Cervo

Romazzino rist,

località Romazzino – ✆ *07 89 97 71 11*
– *www.romazzinohotel.com* – *Aperto 1° maggio-30 settembre*
98 cam ☕ – 🚶540/1650 € 👥680/2140 € **Rist** – Menu 145/165 €
Un'architettura bianca incorniciata dal colore e dal profumo dei fiori ospita un'accoglienza calorosa, eleganti camere dai chiari arredi e un'invitante piscina d'acqua salata. Insolito connubio tra rustico e chic nella sala ristorante con vista, dove assaporare una cucina classica in cui regna la creatività.

a Cala di Volpe – ✉ 07020 Porto Cervo

Cala di Volpe
– ✆ 07 89 97 61 11 – *www.caladivolpe.com – Aperto 1° maggio-31 ottobre*
103 cam – **♦**550/1690 € **♦♦**685/2220 € – 18 suites **Rist** – Menu 145/170 €
Dietro la facciata policroma un'oasi di quiete nello smeraldo della costa: ambienti da sogno, dove i colori e le pietre della Sardegna si fondono in una suggestiva armonia. Cucina internazionale reinterpretata con i migliori prodotti locali negli accoglienti ristoranti.

Petra Bianca cam,
– ✆ 0 78 99 60 84 – *www.petrabiancahotel.com*
– Aperto 1° aprile-27 ottobre
48 cam – **♦**162/492 € **♦♦**244/644 € – 2 suites **Rist** – Carta 123/161 €
Dalla sua location leggermente elevata e panoramica, questo elegante resort domina una delle baie più belle dell'isola, Cala di Volpe. L'originale costruzione in pietra locale, immersa nel verde della macchia mediterranea, dispone di accoglienti camere quasi tutte fronte mare. E per chi concepisce la vacanza come occasione di remise en forme, il centro benessere vi attende con un ampia gamma di trattamenti.

Nibaru senza rist
– ✆ 0 78 99 60 38 – *www.hotelnibaru.it – Aperto 1° maggio-31 ottobre*
60 cam – **♦**80/160 € **♦♦**130/270 €
A pochi passi dal mare, una struttura orizzontale con più corpi che circondano la piacevole piscina: caldi colori mediterranei nelle rilassanti camere.

a Baia Sardinia – ✉ 07020

La Bisaccia
– ✆ 0 78 99 90 02 – *www.hotellabisaccia.it – Aperto 17 maggio-6 ottobre*
109 cam – **♦**244/452 € **♦♦**244/452 € – 34 suites **Rist** – Menu 60 €
In una zona tranquilla, circondata da prati che declinano verso il mare, la struttura è ideale per una vacanza all'insegna del riposo ed ospita camere ampie e luminose. Nelle raffinate sale del ristorante, la vista sull'arcipelago e i sapori della cucina sarda.

Mon Repos
via Tre Monti – ✆ 0 78 99 90 11 – www.hotelmonrepos.it
– Aperto 1° maggio-31 ottobre
59 cam – **♦**56/254 € **♦♦**102/264 € – 1 suite
Rist *Corbezzolo* – vedere selezione ristoranti
A due passi dalla piazzetta ed in posizione dominante sulla baia, una conduzione familiare attenta che offre luminosi spazi e camere confortevoli nella loro semplicità.

Pulicinu
località Pulicinu, Sud : 3 km – ✆ 07 89 93 30 01 – www.hotelpulicinu.com
– Aperto 1° maggio-31 ottobre
43 cam – solo ½ P 175/300 € **Rist** – Carta 27/103 €
In posizione tranquilla e panoramica, piacevole hotel a conduzione familiare circondato da curati giardini e macchia mediterranea. La struttura ospita una piscina rigenerante e camere piccole, ma confortevoli. Dalla cucina, i saporiti piatti della cucina regionale da gustare nell'elegante e luminosa sala.

XX **Corbezzolo** – Hotel Mon Repos
piazzetta della Fontana – ✆ 0 78 99 98 93 – www.ristorantecorbezzolo.it
– Aperto 1° maggio-31 ottobre
Rist – Carta 36/63 €
Punto forte del ristorante, oltre alla cortesia, è la cucina marinara da gustare anche sulla terrazza dalla splendida vista panoramica.

ARZIGNANO – Vicenza (VI) – 562 F15 – 26 046 ab. – alt. 118 m   39 B2
– ✉ 36071
Roma 536 – Verona 48 – Venezia 87 – Vicenza 22
Ca' Daffan via Fratta Alta 15, 0446 672735, www.golfclubcadaffan.it – chiuso martedì

Macelleria Damini

via Cadorna 31 – ✆ 04 44 45 29 14 – www.daminieaffini.com – Chiuso 8-25 agosto, domenica sera e lunedì

Rist – Carta 28/56 €

Due fratelli "nati" professionalmente, uno in cucina, uno in macelleria. Da qui l'idea di unire le competenze e la passione per il proprio mestiere in questo locale con bancone ed esposizione di vini e prodotti regionali. Nella due salette in stile bistrot: specialità di carne, ma non solo.

ASCIANO – Siena (SI) – 563 M16 – 7 299 ab. – alt. 200 m – ✉ 53041 32 C2

Toscana

Roma 208 – Siena 29 – Arezzo 46 – Firenze 100

Borgo Casabianca

località Casa Bianca, Est : 10,5 km – ✆ 05 77 70 43 62 – www.casabianca.it – Aperto 1° maggio-31 dicembre

29 cam – 110/129 € 170/200 € – 2 suites

Rist *La Tinaia* – vedere selezione ristoranti

Immerso in un paesaggio agreste, un borgo dai caratteristici edifici in pietra si propone per un soggiorno di relax nei suoi ambienti arredati con pezzi d'antiquariato.

La Tinaia – Hotel Borgo Casabianca

località Casa Bianca, Est : 10,5 km – ✆ 05 77 70 43 62 – www.casabianca.it – Aperto 1° maggio-31 dicembre; chiuso mercoledì

Rist – Carta 29/60 €

Immerso nel verde della proverbiale campagna toscana, il ristorante è riscaldato da un piacevole caminetto e propone piatti legati al territorio, accompagnati da qualche rivisitazione. Décor rustico-elegante.

ASCOLI PICENO P (AP) – 563 N22 – 51 168 ab. – alt. 154 m – ✉ 63100 21 D3

Italia Centro-Nord

Roma 191 – Ancona 122 – L'Aquila 101 – Napoli 331

piazza Arringo 7, ✆ 0736 25 30 45, www.comune.ascolipiceno.it

Piazza del Popolo★★B : palazzo dei Capitani del Popolo★, chiesa di S. Francesco★, Loggia dei Mercanti★**A** • Quartiere vecchio★AB: ponte di Solestà★, chiesa S.S. Vicenzo ed Anastasio★**N** • Corso Mazzini★ABC • Polittico del Crivelli★ nel Duomo C • Battistero★C**E** •Pinacoteca★B**M**

Piante pagine seguenti

Palazzo Guiderocchi

via Cesare Battisti 3 – ✆ 07 36 25 97 10 – www.palazzoguiderocchi.com

26 cam – 69/99 € 89/119 € – 6 suites B**c**

Rist *Rua dei Notari* – vedere selezione ristoranti

Palazzo patrizio della fine del XVI secolo, centralissimo e con una pittoresca corte interna e camere in stile molto grandi. A 200 metri la dipendenza di taglio più moderno.

Residenza 100 Torri senza rist

via Costanzo Mazzoni 6 – ✆ 07 36 25 51 23 – www.centotorri.com A**b**

14 cam – 115/175 € 128/250 € – 2 suites

Nuovo hotel ricavato da un'antica filanda e dalle scuderie di un palazzo del 1700, dove fascino storico e confort aggiornati costituiscono un buon mix per un'accoglienza raffinata.

Pennile senza rist

via Spalvieri 24, per viale Napoli – ✆ 0 73 64 16 45 – www.hotelpennile.it

33 cam – 50/55 € 75/80 € C

Non lontano dal centro della località, immerso nel verde e nella tranquillità, l'albergo si presenta con interni ariosi e camere semplici, ma ben tenute. Una comoda struttura per partire alla scoperta della città.

ASCOLI PICENO

Adriatico (V.)	BC	
Alighieri (V. D.)	C	2
Amadio (V.)	C	
Ariosto (V. L.)	C	
Arringo (Pza)	BC	3
Bengasi (V.)	A	
Bonaccorsi (V. del)	BC	5
Buonaparte (V.)	C	6
Cairoli (V.)	B	7
Canterine (V. d.)	BC	
Cappuccini (V. del)	A	
Caro (V. A.)	A	
Castellano Sisto V (Lungotevere)	B	
Cecco d'Ascoli (Pza)	A	9
Cecco (Ponte di)	C	
Corfino (V. di)	A	10
De Gasperi (Viale A.)	C	
Dino Angelini (V.)	AB	
Federici (Viale M.)	C	
Fortezza (V. della)	B	13
Lazzari Tullio (V.)	A	14
Manilia (V.)	A	15
Matteotti (Pza)	C	17
Mazzini (Corso)	ABC	
Mazzoni (V. A.)	A	
Napoli (Viale)	C	
Pacifici (V. M. E.)	B	
Piave (V.)	C	
Piazzarola (V. d.)	B	
Ponte Maggiore	C	18
Ponte Pta Cartara	A	20
Ponte Pta Tuffilla (Nuovo)	C	21
Popolo (Pza del)	B	
Porta Tufilla (V.)	C	
Pozzetto (Rua del)	A	23
Pretoriana (V.)	A	
Ricci (Viale)	A	
Roma (Pza)	B	22
Sacconi (V. G.)	C	
Scariglia (V. M.)	C	
Serafino da Montegranaro (V. S.)	A	
Soderini (V. dei)	A	
Solestà (V. di)	B	28
Sotto (Corso di)	A	
S. Agostino (Pza)	B	24
S. Angelo (V.)	B	25
S. Giuliano (V.)	A	26
Templari (V. dei)	A	29
Torri (V. delle)	B	
Trebbiani (V.)	B	32
Trento e Trieste (Cso)	B	33
Trivio (V. del)	B	34
Tucci (V.)	A	
Vellei (Viale)	C	
Vidacilio (V.)	B	35
Vittorio Emanuele (Corso)	C	
20 Settembre (V.)	B	37

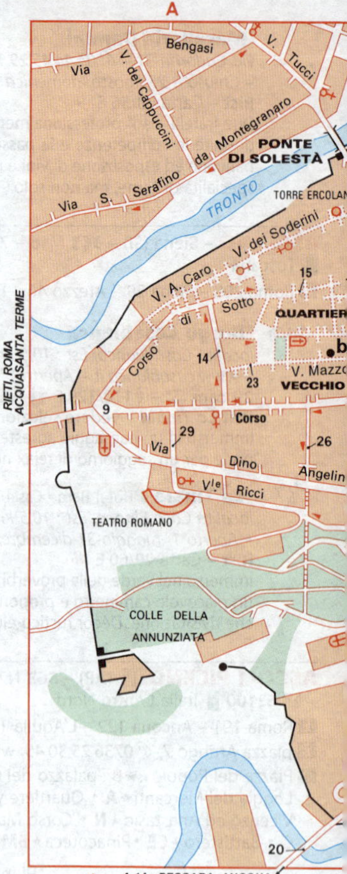

Palazzo dei Mercanti senza rist
corso Trento e Trieste 35 – ✆ 07 36 25 60 44 – www.palazzodeimercanti.it **Ba**
18 cam ☕ – 🚹69/129 € 🚹🚹79/149 €
E' l'eccellente risultato del recupero di un palazzo di origine medioevale del centro storico: piacevolissima area relax, camere eleganti e luminose.

Agriturismo Villa Cicchi
via Salaria Superiore 137, Ovest : 4 km direzione Rosara – ✆ 07 36 25 22 72 – www.villacicchi.it – Chiuso 7 gennaio-8 febbraio
6 cam ☕ – 🚹60/150 € 🚹🚹80/200 €
Rist – *(chiuso domenica sera)* (prenotazione obbligatoria) Carta 23/76 €
Grande fascino in questa rustica dimora di fine '600, dove i proprietari hanno conservato con grande passione suppellettili artigiane e contadine. Belle camere, alcune con soffitti decorati a tempera.

Prima colazione compresa? E' rappresentata dal simbolo della tazzina ☕ dopo il numero delle camere.

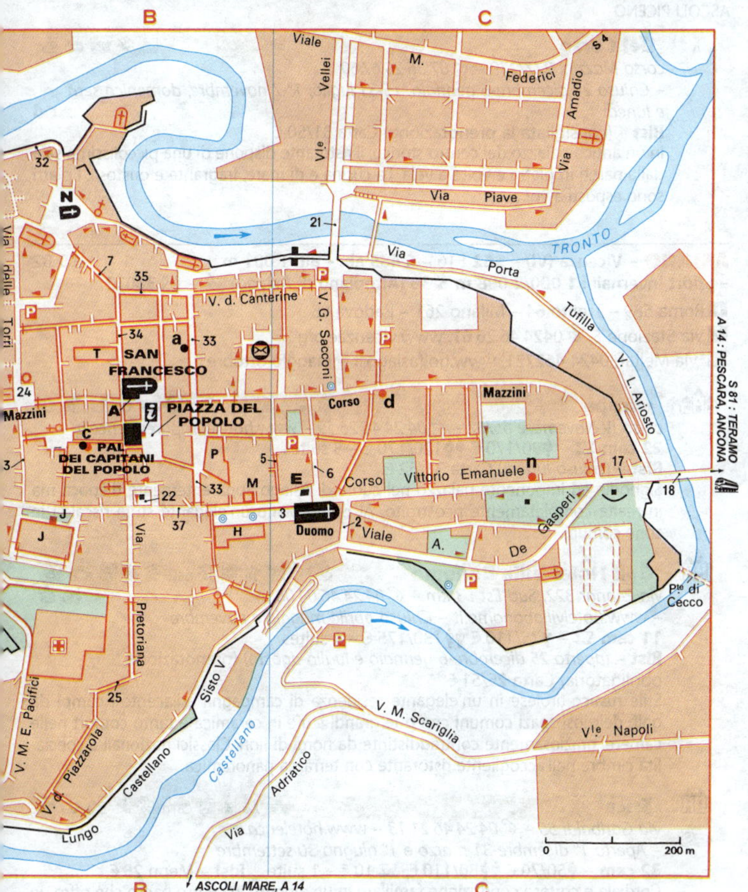

Rua dei Notari – Hotel Palazzo Guiderocchi

via Cesare Battisti 3 – ✆ 07 36 25 83 93 – www.ruadeinotari.it
– Chiuso 25-31 gennaio e martedì Bc

Rist – Menu 30 € – Carta 25/55 €

Nel cuore pulsante della località, ad un passo dalla splendida piazza del Popolo, un palazzo patrizio di fine '500 ospita negli antichi locali di guardia questo raffinato ristorante. Cucina di "entroterra" costituita da antichi sapori e da vecchie tradizioni.

Gallo d'Oro

corso Vittorio Emanuele 54 – ✆ 07 36 25 35 20
– Chiuso 31 dicembre-4 gennaio, 15-20 agosto, sabato a mezzogiorno e domenica Cn

Rist – Carta 29/44 €

A due passi dal Duomo, un ambiente accogliente e raffinato, caratterizzato da una bella luce proveniente da un inatteso dehors. La cucina spazia dai piatti di terra a quelli di mare (soprattutto il venerdì) ed, in stagione, funghi e tartufi. Consigliata una sosta sul fritto misto all'ascolana… per lasciarsi emozionare.

Del Corso

corso Mazzini 277/279 – ✆ 07 36 25 67 60
– Chiuso 24 dicembre-6 gennaio, 15-31 luglio, 1°-7 novembre, domenica sera e lunedì Cd
Rist – (consigliata la prenotazione) Carta 31/50 €
In un antico palazzo del centro storico, il ristorante dispone di una piccolissima sala dalla pareti in pietra e volte a vela. La cucina è di mare, fragrante e gustosa: i piatti sono esposti a voce.

ASIAGO – Vicenza (VI) – 562 E16 – 6 485 ab. – alt. 1 001 m 39 B2
– Sport invernali : 1 000/2 008 m 36 (Altopiano di Asiago) – ✉ 36012

Roma 589 – Trento 64 – Milano 261 – Padova 88
via Stazione 5, ✆ 0424 46 26 61, www.vicenzae.org
18 via Meltar, 0424 462721, www.golfasiago.it – maggio-ottobre

Europa

cam,
corso IV Novembre 65/67 – ✆ 04 24 46 26 59 – www.hoteleuroparesidence.it
22 cam – 90/170 € 120/170 € – 5 suites
Rist – *(chiuso lunedì)* Carta 31/62 €
Signorile ed imponente palazzo nel cuore di Asiago apparentemente d'epoca ma in realtà completamente ricostruito. Al primo piano un'elegante stufa riscalda le zone comuni.

Golf Hotel Villa Bonomo

rist,
via Pennar 322, Sud-Est : 3 km – ✆ 04 24 46 04 08
– www.hotelvillabonomo.it – Chiuso aprile-maggio e novembre
11 cam – 75/110 € 130/175 € – 4 suites
Rist – *(aperto 25 dicembre-6 gennaio e luglio-agosto)* (prenotazione obbligatoria) Carta 25/51 €
Stile rustico-tirolese in un'elegante residenza di campagna adiacente i campi da golf: deliziosi spazi comuni con due grandi stufe in ceramica e tanto confort nelle camere, graziosamente contraddistinte da nomi di fiori. Classici nazionali e specialità cimbre nell'accogliente ristorante con terrazza panoramica.

Erica

cam,
via Garibaldi 55 – ✆ 04 24 46 21 13 – www.hotelerica.it
– Aperto 1° dicembre-31 marzo e 1° giugno-30 settembre
32 cam – 50/70 € 80/110 €, 10 € – 1 suite **Rist** – Menu 25 €
Cordiale e cortese conduzione familiare in un albergo in centro paese che offre un confortevole e tipico ambiente di montagna; graziose camere essenziali. Gradevole sala da pranzo con soffitto a cassettoni, abbellita da vetri colorati.

Da Riccardo-Al Maddarello

località Maddarello, Nord : 2,5 Km – ✆ 04 24 46 21 54 46 20 17
– www.ristorantedariccardo.com – Chiuso lunedì e martedì escluso luglio-agosto
Rist – (consigliata la prenotazione) Carta 30/72 €
Ai fornelli di questo grazioso ristorante ai margini del paese, c'è Riccardo. E con che cosa ammalia il nostro chef i suoi graditi ospiti? Ma con una serie di piatti che richiamano il territorio, le stagioni e le tradizioni dell'altopiano, con un servizio curato, elegante, a tratti ricercato!

Locanda Aurora con cam

via Ebene 71, Nord-Est : 1,5 km – ✆ 04 24 46 24 69 – www.locandaurora.it
– Chiuso 15-31 maggio e 1°-15 ottobre
8 cam – 30/42 € 54/80 € – 5 suites
Rist – *(chiuso lunedì)* Carta 26/35 €
Piatti della tradizione: gnocchetti con fonduta e speck di Asiago, polenta e baccalà, nonché gli immancabili "fasoi e luganiga", in una tipica locanda poco distante dagli innumerevoli sentieri dell'altopiano. Il calore della casa di montagna e l'affabilità della padrona di casa anche nelle semplici camere.

ASOLA – Mantova (MN) – 10 127 ab. – alt. 42 m – ✉ 46041 17 C3

Roma 496 – Brescia 44 – Mantova 40 – Parma 55

La Chiusa

via Parma 82 – ✆ 03 76 71 02 42 – www.ristorantelachiusa.it – Chiuso sabato a mezzogiorno e martedì

Rist – Carta 45/70 €

Una strada sterrata per raggiungere la chiusa sul Chiese - nei secoli al centro di dispute tra Asola e le vicine comunità - oggi tappa gastronomica per chi ama il pesce: grande varietà di golose crudité.

ASOLO – Treviso (TV) – 562 E17 – 9 311 ab. – alt. 190 m – ✉ 31011 40 C2

Italia Centro-Nord

Roma 559 – Padova 52 – Belluno 65 – Milano 255

piazza Garibaldi 73, ✆ 0423 52 90 46, www.visittreviso.it

via dei Borghi 1, 0423 942241 – chiuso gennaio e martedì

Villa Cipriani

via Canova 298 – ✆ 04 23 52 34 11 – www.villacipriani.it

31 cam – †160/295 € ††216/590 €

Rist *Villa Cipriani* – vedere selezione ristoranti

In centro ma in zona tranquilla, un'elegante dimora cinquecentesca con vista sulle colline. Le camere - distribuite tra la Villa e la Casa Giardino - sono arredate con mobili in stile, i bagni ornati con piastrelle di Vietri dipinte a mano.

Al Sole

via Collegio 33 – ✆ 04 23 95 13 32 – www.albergoalsole.com – Chiuso gennaio

22 cam – †120/160 € ††160/245 € – 1 suite

Rist *La Terrazza* – vedere selezione ristoranti

Sovrastante la piazza centrale di Asolo, signorilità e raffinatezza in un hotel di charme. Camere eleganti, ma il gioiello è la terrazza per pasti e colazioni panoramiche.

Villa Cipriani – Hotel Villa Cipriani

via Canova 298 – ✆ 04 23 52 34 11 – www.villacipriani.it

Rist – Menu 60 € – Carta 57/86 €

Nella terra dove artisti come Tiziano e Giorgione immortalarono i loro celebri paesaggi, le grandi vetrate ad arco di questo ristorante si aprono sulla vallata, mentre la cucina ha un respiro internazionale, senza voltare le spalle ai sapori locali (risotto all'asolana con verdure di stagione, o fegato alla veneziana, in primis…).

La Terrazza – Hotel Al Sole

via Collegio 33 – ✆ 04 23 95 13 32 – www.albergoalsole.com – Chiuso gennaio

Rist – Carta 44/73 €

La Terrazza: un salotto en plein air affacciato sul centro storico di Asolo, dove farsi coccolare dai manicaretti dello chef e del suo staff. In un ambiente raffinato e alla moda, una cucina sicuramente innovativa, ma anche in grande di esaltare al meglio i prodotti della tradizione. Ideale per una romantica cena tête-à-tête.

ASSISI – Perugia (PG) – 563 M19 – 28 143 ab. – alt. 424 m – ✉ 06081 35 B2

Italia Centro-Nord

Roma 197 – Perugia 25 – Foligno 23 – Spoleto 46

piazza del Comune 22, ✆ 075 8 13 86 80, www.assisi.regioneumbria.eu

Basilica di San Francesco★★★ A - Chiesa di Santa Chiara★★ BC - Rocca Maggiore★★ B: ←★★★ sulla città e la campagna - Via San Francesco★ AB - Piazza del Comune★ B 3 - Duomo (San Rufino)★ C: facciata★★★ - Chiesa di San Pietro★★ A

Eremo delle Carceri★★: 4 km est - Convento di San Damiano★: 2 km a sud dalla Porta Nuova - Basilica di Santa Maria degli Angeli★: 5 km a sud-ovest nella pianura

Piante pagine seguenti

ASSISI

Aretino (V. Borgo)	C	
Brizi (V.)	B	2
Carceri (V. Eremo d.)	C	
Colle (V. del)	B	
Comune (Pza del)	B	3
Cristofani (V.)	B	
Fontebella (V.)	B	
Fortini (V. A.)	B	4
Fosso Cupo (V. del)	AB	6
Frate Elia (V.)	A	7
Galeazzo Alessi (V.)	C	8
Garibaldi (Piazzetta)	B	9
Giotto (V.)	B	10
Marconi (Viale)	A	
Matteotti (Pza)	C	
Mazzini (Corso)	B	12
Merry del Val (V.)	A	13
Metastasio (V.)	B	
Porta Perlici (V.)	C	14
Porta S. Pietro (Piazzale)	A	
Portica (V.)	B	16
Rocca (V. della)	BC	
San Francesco (V.)	AB	
Seminario (V. del)	B	28
S. Agnese (V.)	B	
S. Apollinare (V.)	B	17
S. Chiara (Pza)	BC	19
S. Croce (V.)	B	
S. Francesco (Pza)	A	20
S. Gabriele della Addolorata (V.)	BC	21
S. Giacomo (V.)	A	23
S. Paolo (V.)	B	
S. Pietro (Borgo)	AB	
S. Pietro (Pza)	A	24
S. Rufino (V.)	B	26
Torrione (V. del)	C	30
Umberto I (Viale)	C	
Villamena (V.)	C	31
Vittorio Emanuele II (Viale)	ABC	

Ròseo Hotel Assisi

via Giovanni Renzi 2, 2 km per ① – ✆ 07 58 15 01 – www.roseohotelassisi.com

155 cam – 65/150 € 100/200 € **Rist** – *(solo a cena)* Carta 25/48 €

Alle pendici del monte Subasio, moderna struttura dotata di terrazza roof garden con vista sui dintorni, camere di varie tipologie, attrezzato centro benessere, nonché varie soluzioni per meeting ed eventi. L'ampiezza del ristorante riflette la versatilità delle proposte in menu.

Fontebella

via Fontebella 25 – ✆ 0 75 81 28 83 – www.fontebella.com – Chiuso 15 novembre-20 dicembre **Be**

44 cam – 59/109 € 69/240 € – 3 suites

Rist *Il Frantoio* – vedere selezione ristoranti

Hotel totalmente rinnovato, con raffinati spazi comuni in stile classico, ornati di eleganti tappeti e piacevoli dipinti alle pareti; belle camere dotate di ogni confort.

La Terrazza

via F.lli Canonichetti, 2 km per ① – ✆ 0 75 81 23 68 – www.laterrazzahotel.it

40 cam – 65/90 € 90/130 € **Rist** – *(chiuso gennaio)* Carta 23/48 €

Grande struttura di moderna concezione, ottimamente tenuta, che ben coniuga le esigenze di funzionalità con l'utilizzo di materiali del posto. Accoglienti e silenziose le camere, nuovo ed attrezzato il centro benessere. Bianche pareti ulteriormente rischiarate da piccoli lumi nell'ampia e sobria sala ristorante.

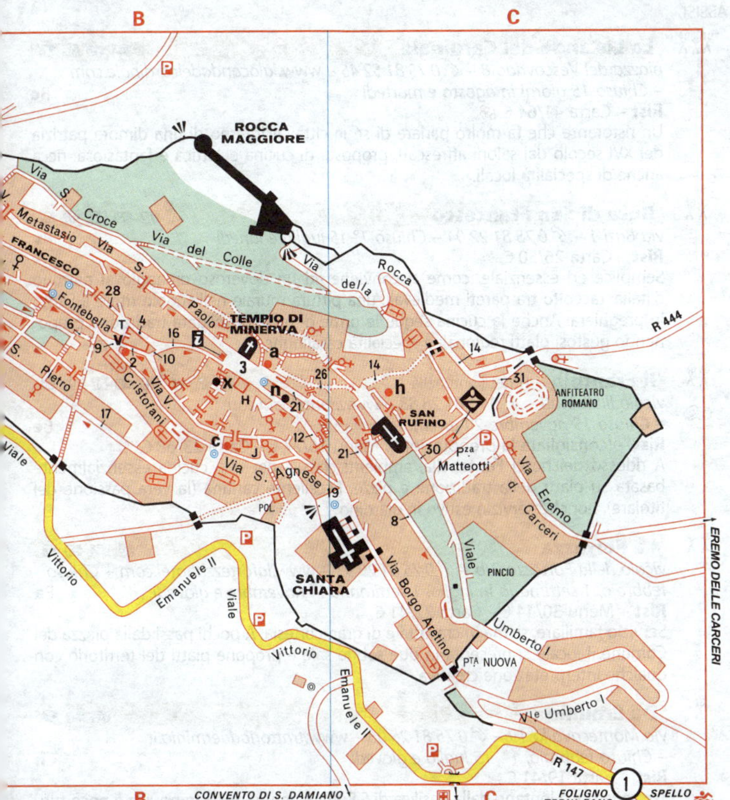

Dei Priori

corso Mazzini 15 – ✆ 0 75 81 22 37 – www.hoteldeipriori.it **Bn**

34 cam – 50/105 € 75/160 € **Rist** – Carta 20/53 €

Vicino alla piazza centrale, imponente albergo che ben s'inserisce nel complesso storico; aree comuni con belle poltrone e divani in stile, camere confortevoli. Atmosfera raffinata e un piacevole gioco di luci, che illumina il soffitto a volte della sala.

Umbra

cam, cam,

vicolo degli Archi 6 – ✆ 0 75 81 22 40 – www.hotelumbra.it
– Aperto 20 marzo-20 novembre **Bx**

24 cam – 65/85 € 95/130 €

Rist – *(chiuso domenica) (solo a cena)* Carta 27/39 €

Centrale, eppure silenzioso ed appartato, la calorosa ospitalità familiare vi farà sentire come a casa. Diverse camere panoramiche. Al ristorante: cucina regionale e servizio estivo in terrazza.

Berti

piazza San Pietro 24 – ✆ 0 75 81 34 66 – www.hotelberti.it
– Chiuso 10 gennaio-1° marzo **Aa**

10 cam – 40/65 € 60/100 €

Rist ***Da Cecco*** – vedere selezione ristoranti

Cordiale gestione familiare in una struttura con graziosi spazi comuni non ampi, ma accoglienti, e camere arredate in modo essenziale.

La Locanda del Cardinale
piazza del Vescovado 8 – ✆ 0 75 81 52 45 – www.lalocandadelcardinale.com – Chiuso 15 giorni in agosto e martedì Bc
Rist – Carta 41/64 €
Un ristorante che fa molto parlare di sé in città: all'interno di una dimora patrizia del XVI secolo dai saloni affrescati, proposte di cucina eclettica e fantasiosa, ricca anche di specialità locali.

Buca di San Francesco
via Brizi 1 – ✆ 0 75 81 22 04 – Chiuso 1°-15 luglio e lunedì Bv
Rist – Carta 26/50 €
Semplice ed essenziale, come si conviene ad un doveroso omaggio al patrono d'Italia: raccolto tra pareti medievali, una pittura murale nell'angolo ritrae il Santo in preghiera. Anche la cucina segue le orme di una consolidata tradizione proponendo gustosi piatti regionali e specialità casalinghe.

Il Frantoio – Hotel Fontebella
vicolo Illuminati – ✆ 0 75 81 28 83 – www.fontebella.com – Chiuso 15 novembre-20 dicembre Be
Rist – (consigliata la prenotazione) Menu 16/27 € – Carta 23/68 €
A ridosso dell'hotel Fontebella, ambienti classici per una cucina essenzialmente basata su piatti della tradizione e pizze. Eccellente cantina (la vera passione del titolare), nonché servizio estivo in giardino.

La Fortezza
vicolo della Fortezza 2/b – ✆ 0 75 81 29 93 – www.lafortezzahotel.com – Chiuso febbraio, 1 settimana in luglio, 1 settimana in novembre e giovedì Ba
Rist – Menu 30/44 € – Carta 22/41 €
Servizio familiare, sì, ma in cravatta e di gran cortesia. A pochi passi dalla piazza del Comune il locale si presenta in due sobrie sale e propone piatti del territorio con qualche interpretazione creativa.

Da Erminio
via Montecavallo 19 – ✆ 0 75 81 25 06 – www.trattoriadaerminio.it – Chiuso febbraio, 1° -15 luglio e giovedì Ch
Rist – Carta 19/41 €
Trattoria poco lontano dalla Basilica di S.Ruffino, in una zona tranquilla e poco turistica: ambiente schietto e camino acceso nella sala; cucina locale.

Da Cecco – Hotel Berti
piazza San Pietro 8 – ✆ 0 75 81 24 37 – www.hotelberti.it – Chiuso 15-30 luglio e mercoledì Am
Rist – Menu 20 € (pranzo) – Carta 23/50 €
Atmosfera informale nelle tre salette semplici e ben tenute di un ristorante a conduzione familiare, dove gustare piatti di cucina umbra e nazionale.

a Viole **Sud-Est : 4 km per ① – ✉ 06081 Assisi**

Agriturismo Malvarina
rist,
via Pieve di Sant'Apollinare 32 – ✆ 07 58 06 42 80 – www.malvarina.it
15 cam – †60 € ††95 €
Rist – *(solo a cena)* (prenotazione obbligatoria) Menu 35/40 €
Un'oasi di tranquillità a poca distanza da Assisi: una sorta di albergo "diffuso" con accoglienti camere e cottage forniti di angolo cottura (ideali per famiglie e gruppi di amici). Cucina regionale nella graziosa sala ristorante.

Agriturismo il Giardino dei Ciliegi
rist,
via Massera 6 – ✆ 07 58 06 40 91 – www.agriturismoilgiardinodeiciliegi.it – Chiuso 8-31 gennaio
8 cam – †60/80 € ††80/100 €
Rist – *(solo a cena)* (prenotazione obbligatoria) Menu 20/35 €
Un tributo a Cechov, il nome di questo agriturismo tra le dolci colline umbre, con camere in finta arte povera e il Sacro Tugurio di San Francesco a solo 1 chilometro.

ad Armenzano Est : 12 km – alt. 759 m – ✉ 06081 Assisi

Le Silve
rist,

– ✆ 07 58 01 90 00 – *www.lesilve.it* – *Aperto 1° aprile-31 ottobre*

20 cam – †80/150 € ††130/220 € **Rist** – Carta 32/61 €

Sobria eleganza di sapore francescano, in un'oasi di pace dove severi boschi succedono a dolci ulivi, un casale del X secolo ospita interni rustici ed accoglienti camere: le migliori (in realtà vere e proprie suite) sono "nascoste" da un giardino pensile e condividono con le altre l'arredamento austero.

a Santa Maria degli Angeli Sud-Ovest : 5 km – ✉ 06081

ORA Hotels Cenacolo
cam, cam, rist,

via Patrono d'Italia 70 – ✆ *07 58 04 10 83*
– *www.hotelcenacolo.com*

111 cam – †60/200 € ††70/250 € **Rist** – Menu 20/40 €

Tutto sembra ispirarsi alla sacralità del luogo: si inizia dal nome, per proseguire nell'architettura dell'edificio che si dipana attorno ad un chiostro (in origine, un convento), e terminare in una piccola cappella ancora consacrata. Il tutto in un'atmosfera non più di sobrietà francescana, ma di moderno minimalismo.

Dal Moro Gallery Hotel
rist,

via Becchetti 2 – ✆ *07 58 04 36 88*
– *www.dalmorogalleryhotel.com*

51 cam – †65/146 € ††84/240 € – 2 suites

Rist – *(chiuso lunedì)* Carta 30/53 €

Vicino alla Porziuncola di San Francesco, si può scegliere tra camere classiche o di design che ripropongono i temi moderni rappresentati nella hall. Menù capace di stimolare appetiti esigenti e attenti alla cucina del territorio. Buona cantina.

Cristallo
cam, rist,

via Los Angeles 195 – ✆ *07 58 04 35 35* – *www.hotelcristalloassisi.com*

52 cam – †55/110 € ††70/160 € **Rist** – Carta 25/43 €

A pochi chilometri da Assisi, albergo moderno con interni arredati in stile contemporaneo; confortevoli e funzionali le ampie camere doppie con comode poltrone e balconi. Prevalgono i colori chiari nella sala da pranzo dagli arredi essenziali.

Brilli Bistrot

via Los Angeles 83 – ✆ *07 58 04 34 33* – *www.brillibistrot.com* – *Chiuso 2 settimane in agosto, sabato a mezzogiorno e martedì*

Rist – (consigliata la prenotazione la sera) Carta 37/77 €

A metà strada tra bistrot e ristorante, la risorsa è smaccatamente promotrice di una cucina non convenzionale, che fa della particolarità gastronomica (partendo da ottime materie prime) la propria bandiera. Ostriche, pesce crudo e un angolo dedicato alle delizie di cioccolato denominato *Brilli Chocolat*.

ASTI (AT) – 561 H6 – 76 534 ab. – alt. 123 m – ✉ 14100 | 25 D1

Italia Centro-Nord

Roma 615 – Alessandria 38 – Torino 60 – Genova 116

piazza Alfieri 29, ✆ 0141 53 03 57, www.astiturismo.it

Città di Asti recinto San Rocco 5, 0141 208033, www.golfasti.com – chiuso gennaio e lunedì

Feudo di Asti strada Mombarone 160, , Nord: 10 km, 0141 294230, www.golffeudoasti.it – chiuso dal 21 dicembre all'11 gennaio e martedì

Battistero di San Pietro★ CY

Monferrato★ per ①

Piante pagine seguenti

Aleramo senza rist

via Emanuele Filiberto 13 – ✆ *01 41 59 56 61* – *www.hotel.aleramo.it*
– *Chiuso 10-20 agosto* BZa

42 cam – †70/95 € ††120/140 € – 3 suites

La passione del proprietario per il design contemporaneo prende forma in camere moderne e mai banali, dal lontano e mitico Giappone alle decorazioni in cera. Il tutto sempre molto lineare e minimalista, in una struttura comodamente ubicata in centro città.

ASTI

Via	Rif.	N.
Alfieri (Cso Vittorio)	ACY	
Alfieri (Pza Vittorio)	BY	
Aliberti (V.)	ABY	3
Battisti (V. Cesare)	BY	5
Berruti (V. F.)	AY	7
Botallo (V.)	BY	8
Brofferio (V.)	ABZ	
Cairoli (Pza)	AY	12
Caracciolo (V.)	AY	14
Carmine (V. del)	AZ	15
Castello (V. al)	AY	17
Catena (Pza)	AY	18
Cattedrale (V.)	AY	20
Cavour (V.)	BZ	21
D. Alighieri (Corso)	ABY	
Filiberto (V. E.)	BZ	24
Garetti (V.)	ABY	26
Garibaldi (V. Giuseppe)	BY	27
Giolitti (Cavalcavia G.)	AZ	29
Grandi (V.)	BY	30
Hope (V.)	ABY	33
Libertà (Pza della)	BYZ	37
Martiri della Liberazione (Largo)	BY	39
Mazzini (V.)	AYZ	41
Medici (Pza)	BY	43
Montafia (Piazzetta)	AZ	46
Ospedale (V.)	BY	50
Roma (Pza)	AY	58
Rosselli (Viale Fratelli)	CY	60
Santuario (Viale al)	AZ	68
Statuto (Pza)	BZ	70
S. Giuseppe (Pza)	AZ	63
S. Secondo (Pza)	BY	66
Vittoria (Piazzale)	CY	77
1 Maggio (Pza)	CY	79

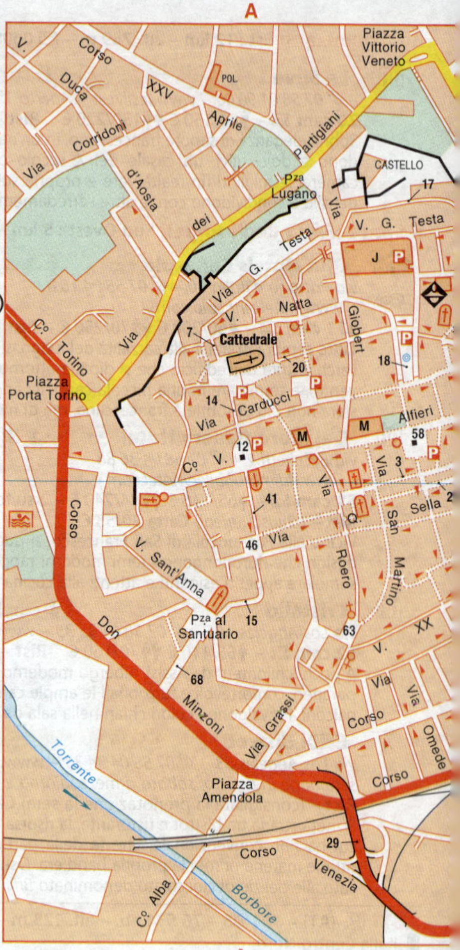

A 21, R 10 TORINO ④ P 458 CHIVASSO

Palio senza rist

via Cavour 106 – ✆ 0 14 13 43 71 – www.hotelpalio.com
– Chiuso 21-29 dicembre e 1 settimana in agosto **BZb**

37 cam ☕ – †85/105 € ††115/155 €

A pochi passi dal centro storico, la sapiente ristrutturazione avvenuta in tempi recenti ha conferito alla risorsa una nuova brillantezza: l'hotel dispone ora di camere moderne, curate nei dettagli. Originale sala colazioni - al primo piano - con vetrate sulla strada.

Un pasto con i fiocchi senza rovinarsi? Cercate i Bib Gourmand ☺. Vi aiuteranno a trovare le buone tavole che coniugano una cucina di qualità al prezzo giusto!

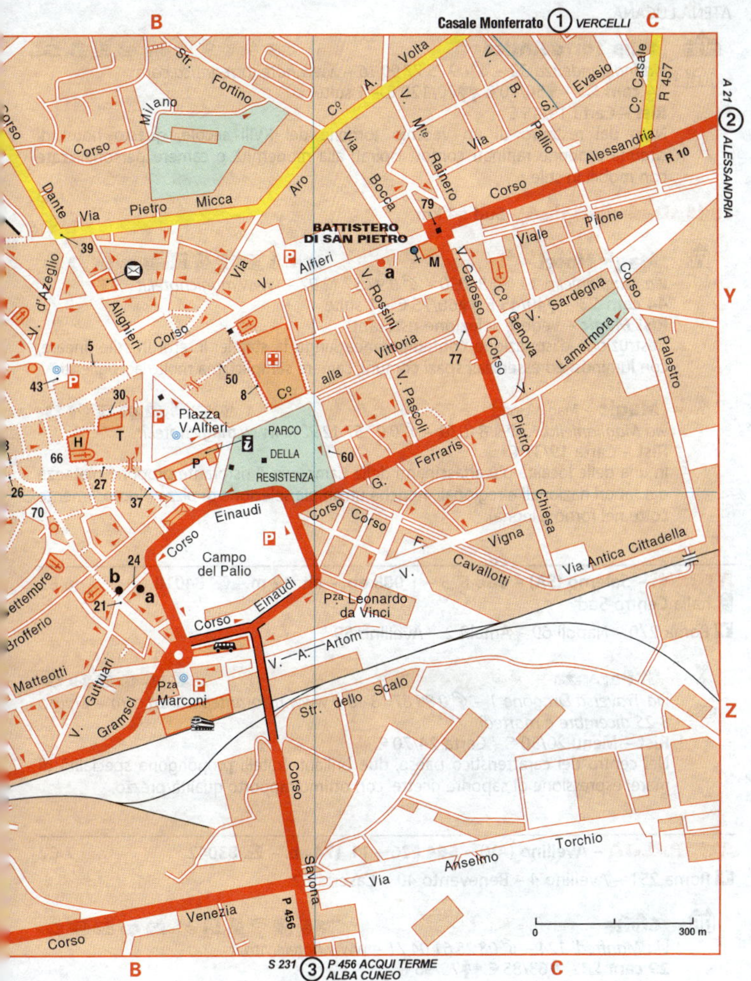

	Gener Neuv (Giuseppina Bagliardi)

lungo Tanaro dei Pescatori 4, per ③ – ✆ *01 41 55 72 70* – *www.generneuv.it*
– *Chiuso agosto, domenica sera e lunedì*

Rist – (prenotare) Menu 45/75 € – Carta 51/84 €

➜ Agnolotti. Guanciale di maiale al vino arneis. Croccante alle nocciole.

In attività da più di 40 anni, ma di un'eleganza che non passa mai di moda, è un alfiere del vecchio Piemonte: il ristorante dove vorremmo mangiare tutti i giorni che ci rassicura con i sapori della cucina regionale.

ATENA LUCANA – Salerno (SA) – 564 F28 – 2 344 ab. – alt. 625 m — 7 D2

– ✉ 84030

Roma 346 – Potenza 54 – Napoli 140 – Salerno 89

Villa Torre Antica rist, VISA AE

via Indipendenza 32 – ✆ 09 75 77 90 16 – www.hoteltorreantica.com
14 cam – 50/70 € 70/120 € – 1 suite
Rist – Carta 19/45 €
Nato dal restauro di un vecchio torrione del XVIII secolo, questo hotel di *charme* propone raffinati confort ispirati alla modernità e camere personalizzate con mobili in stile.

sulla strada statale 19 Sud : 4 km

Magic Hotel VISA AE

via Maglianiello 13 ✉ 84030 – ✆ 0 97 57 12 92 – www.magichotel.it
44 cam – 40/45 € 60/75 € – 1 suite
Rist *Magic* – vedere selezione ristoranti
Costruzione d'ispirazione contemporanea lungo la statale: interni in stile lineare, con luminosi ed essenziali spazi comuni; camere semplici, ma molto accoglienti.

Magic – Magic Hotel VISA AE

via Maglianiello 13 ✉ 84030 – ✆ 0 97 57 12 92 – www.magichotel.it
Rist – Carta 19/37 €
In una delle località più affascinanti della Campania, il ristorante propone pietanze dai sapori nazionali e regionali, nonché un'ampia selezione di pizze (rigorosamente cotte nel forno a legna).

ATRANI – Salerno (SA) – 564 F25 – 1 008 ab. – alt. 12 m – ✉ 84010 6 B2

Italia Centro-Sud

Roma 270 – Napoli 69 – Amalfi 2 – Avellino 59

'A Paranza VISA AE

via Traversa Dragone 1 – ✆ 0 89 87 18 40 – www.ristoranteparanza.com – Chiuso 8-25 dicembre e martedì
Rist – Menu 20/50 € – Carta 24/70 €
Nel centro del caratteristico paese, due brillanti fratelli propongono specialità di mare: espressione di saporite ricette, con ottimo rapporto qualità/prezzo.

ATRIPALDA – Avellino (AV) – 564 E26 – 11 174 ab. – ✉ 83042 7 C2

Roma 251 – Avellino 4 – Benevento 40 – Caserta 62

Civita VISA AE

via Manfredi 124 – ✆ 08 25 61 04 71 – www.hotelcivita.it
29 cam – 63/85 € 75/95 €
Rist *La Tavola del Duca* – vedere selezione ristoranti
In centro paese, non lontano dalla zona archeologica, albergo dagli ambienti comuni signorili e accoglienti, arredati in stile moderno. Il settore notte si distingue per camere graziose e confortevoli.

La Tavola del Duca – Hotel Civita VISA AE

via Manfredi 124 – ✆ 08 25 61 04 71 – www.hotelcivita.it
Rist – Carta 19/42 €
La Tavola del Duca invita al proprio desco anche chi nobile non è... In un ambiente di aristocratica raffinatezza, l'ampia scelta del menu è in grado di soddisfare le più svariate esigenze: dai piatti tradizionali che esaltano i sapori irpini (delicatamente reinterpretati), ai classici italiani.

AUGUSTA Sicilia – Siracusa (SR) – 365 BA60 – 34 539 ab. – ✉ 96011 30 D2

Sicilia

Catania 42 – Messina 139 – Palermo 250 – Ragusa 103

a Brucoli Nord-Ovest : 7,5 km – ✉ 96010

NH Venus Sea Garden Resort
contrada Monte Amara, Est : 3,5 km – ✆ 09 31 99 89 46 – www.nh-hotels.com
59 cam – †69/163 € ††82/202 € – 11 suites
Rist *La Conchiglia* – vedere selezione ristoranti
Seducente complesso articolato in tipici edifici di arenaria gialla, i cui ambienti interni si caratterizzano per la vivacità dei colori e la loro mediterranea semplicità. Ma non c'è tempo per chiudersi tra quattro mura: la vita si svolge all'aperto, intorno ad una splendida piscina.

La Conchiglia – Hotel NH Venus Sea Garden Resort
contrada Monte Amara, Est: 3,5 km – ✆ 09 31 99 89 46 – www.nh-hotels.com
Rist – Carta 31/50 €
Il mare e la Sicilia entrano nei piatti con proposte creative, a volte elaborate nelle preparazioni, ma dai sapori puntualmente mediterranei e in prevalenza di pesce. Il tutto in una sala con vetrate sul Mediterraneo, che si fa ancora più "vicino" nel servizio all'aperto in terrazza.

AURONZO DI CADORE – Belluno (BL) – 562 C19 – 3 513 ab. 40 C1

– alt. 866 m – Sport invernali : 864/1 585 m 4, (Comprensorio Dolomiti superski Cortina d'Ampezzo) – ✉ 32041

Roma 663 – Cortina d'Ampezzo 34 – Belluno 62 – Milano 402

via Roma 10, ✆ 0435 93 59, www.infodolomiti.it

Panoramic
via Padova 15 – ✆ 04 35 40 01 98 – www.panoramichotel.com – Aperto 1° dicembre-28 febbraio e 1° aprile-30 settembre
30 cam – †38/73 € ††72/120 € **Rist** – Carta 19/40 €
In riva al lago e in posizione panoramica, un ampio giardino avvolge la quiete di questo albergo familiare dagli ambienti in delizioso stile montano. Semplicemente gradevoli le camere, tutte rinnovate. Accattivanti proposte del territorio nella sala da pranzo di tono rustico.

La Nuova Montanina
via Monti 3 – ✆ 04 35 40 00 05 – www.lanuovamontanina.it – Chiuso 5-20 maggio e 15-30 novembre
17 cam – †40/60 € ††60/100 € **Rist** – Carta 17/37 €
Nel centro della località, hotel a conduzione familiare - recentemente ristrutturato - offre camere confortevoli e spazi comuni caratteristici. Il ristorante propone le classiche ricette nazionali e specialità cadorine.

Cacciatori con cam
via Ligonto 26 – ✆ 0 43 59 70 17 – www.albergo-ristorante-cacciatori.eu – Chiuso aprile
13 cam – †35/90 € ††50/140 € **Rist** – *(chiuso lunedì)* Carta 20/45 €
Selvaggina e carni proposte in piatti dalle porzioni generose nelle due accoglienti e semplici sale di cui una ricavata dalla chiusura di una veranda con lunghe vetrate su tutto il lato. Le camere non sono di grandi dimensioni ma piacevoli e confortevoli dall'arredo minimalista in legno colorato.

AVELENGO (HAFLING) – Bolzano (BZ) – 562 C15 – 752 ab. 33 B2

– alt. 1 290 m – Sport invernali : a Merano 2000 : 1 600/2 300 m 2 5, – ✉ 39010 Italia Centro-Nord

Roma 680 – Bolzano 37 – Merano 15 – Milano 341

via Santa Caterina 2b, ✆ 0473 27 94 57, www.hafling.com

Miramonti
via St. Kathrein 14 – ✆ 04 73 27 93 35 – www.hotel-miramonti.com – Chiuso 13-29 novembre
29 cam – †92/224 € ††142/286 € – 5 suites **Rist** – Carta 40/87 €
In posizione deliziosamente panoramica, la struttura vanta arredi ed ambienti in stile moderno, mentre ampie vetrate sulla vallata illuminano il ristorante, dove assaporare prelibatezze locali.

Mirabell

via Falzeben 112 – ✆ 04 73 27 93 00 – www.residence-mirabell.com – Chiuso 15 novembre-15 dicembre

31 cam – solo ½ P 84/147 € **Rist** – Carta 30/67 €

Una struttura che incarna appieno quello che i turisti cercano in Alto Adige: tipicità, calda atmosfera, ma anche modernità e confort. Bellissimo il laghetto balneabile con acqua riscaldata.

Viertlerhof

via Falzeben 126 – ✆ 04 73 27 94 28 – www.viertlerhof.it – Chiuso 14-28 aprile e 4 novembre-18 dicembre

27 cam – solo ½ P 73/95 € – 8 suites **Rist** – *(solo per alloggiati)*

Immerso nella tranquillità d'un bel giardino, un tradizionale hotel ben accessoriato, dagli spazi interni rinnovati con molto legno in stile moderno; pregevole settore relax.

Mesnerwirt

rist,

via alla Chiesa 2 – ✆ 04 73 27 94 93 – www.mesnerwirt.it – Chiuso 10 novembre- 4 dicembre

39 cam – †63/70 € ††107/121 € – 6 suites **Rist** – Carta 33/64 €

Vale sempre la pena di fermarsi in questa piacevole struttura, ma oggi ancora più di ieri, visto che nel 2010 l'hotel ha subito un importante *restyling* ed ampliamento: camere confortevoli, belle suite, nonchè un moderno centro benessere. Prodotti locali e stagionali si sposano con la creatività al ristorante.

AVELLINO (AV) – **564** E26 – **56 339 ab. – alt. 348 m** – ✉ **83100** **6** B2

Roma 245 – Napoli 57 – Benevento 39 – Caserta 58

via Due Principati 38, ✆ 0825 74 73 21, www.eptavellino.it

De la Ville

via Palatucci 20 – ✆ 08 25 78 09 11 – www.hdv.av.it

63 cam – †90/170 € ††95/250 € – 6 suites

Rist *Il Cavallino* – vedere selezione ristoranti

Da sempre attivi nella realtà edile, i proprietari stessi hanno ideato e costuito quest'enorme struttura con camere signorili ed ampi spazi personalizzati con molto verde.

Il Cavallino – Hotel De la Ville

via Palatucci 20 – ✆ 08 25 78 09 11 – www.hdv.av.it

Rist – Carta 35/65 € (+10 %)

Mozzarella di bufala di Battipaglia, orecchiette irpine con broccoli, paccheri… Cucina campana, allegra e solare come la regione in cui nasce: piatti semplici e ricchi di fantasia in un ambiente piacevolmente sofisticato.

Antica Trattoria Martella

via Chiesa Conservatorio 10 – ✆ 0 82 53 11 17 – www.ristorantemartella.it – Chiuso 25 dicembre, 1° gennaio, 3 settimane in agosto, domenica sera e lunedì

Rist – Carta 35/45 €

Un'accogliente trattoria arredata in modo classico con tavoli quadrati, propone un buffet d'antipasti accanto ad una cucina e ad una cantina che riflettono i sapori regionali.

in prossimità casello autostra A 16 Avellino Est **Nord-Est: 6 km**

Bel Sito Hotel le Due Torri

strada statale 7 bis ✉ 83030 Manocalzati – ✆ 08 25 67 00 01 – www.belsitohotelduetorri.it

32 cam – †65/95 € ††85/125 € – 1 suite **Rist** – Carta 23/48 €

A circa 500 metri dal casello autostradale, un piacevole albergo commerciale con stanze standard ben tenute e una buona distribuzione degli spazi comuni. Ampio e comodo il parcheggio.

AVENZA – Massa Carrara (MS) – **563** J12 – Vedere Carrara

AVETRANA – Taranto (TA) – **564** F35 – **7 079 ab. – alt. 62 m** – ✉ **74020** **27** D3

Roma 562 – Bari 146 – Brindisi 42 – Lecce 50

Relais Terre di Terre

via per Erchie, Nord : 2 km – ☎ 09 99 70 40 99 – www.masseriabosco.it

29 cam – **†77/140 € ††110/200 €** – 5 suites

Rist ***Masseria Bosco*** – vedere selezione ristoranti

Tra il verde odoroso degli ulivi e l'azzurro del mar Mediterraneo, la struttura è composta da due masserie: caratteristiche camere con soffitto in tufo e bagni policromi in una, stanze più moderne nell'altra.

Masseria Bosco – Hotel Relais Terre di Terre

via per Erchie, Nord : 2 km – ☎ 09 99 70 40 99 – www.masseriabosco.it

Rist – Carta 25/62 €

La tradizione si esprime anche in cucina: tra piatti a base di legumi, pasta fatta in casa e carne locale, l'olio che troverete sulla tavola proviene dagli ulivi secolari che circondano il relais. Bello e suggestivo, il ristorante presenta un'apertura di quattro metri nel pavimento: un'antica via di fuga.

AVEZZANO – L'Aquila (AQ) – **563** P22 – **42 029 ab. – alt. 695 m** – ✉ **67051** **1** A2

Roma 105 – L'Aquila 52 – Latina 133 – Napoli 188

Dei Marsi

via Cavour 79/B, Sud : 3 km – ☎ 08 63 46 01 – www.hoteldeimarsi.it

112 cam – **†65/130 € ††85/200 €** **Rist** – Carta 27/71 €

Nel cuore industriale di Avezzano, efficiente struttura di moderna concezione con spazi interni funzionali e camere in stile lineare d'ispirazione contemporanea. Ampia e accogliente sala ristorante.

AVOLA Sicilia – Siracusa (SR) – **365** AZ62 – **31 827 ab. – alt. 40 m** – ✉ **96012** **30** D3

Roma 879 – Palermo 279 – Siracusa 28 – Ragusa 64

Agriturismo Masseria sul Mare

rist,

contrada Gallina, (S.S 115 km 392,60), Nord-Est: 5 km – ☎ 09 31 56 01 01 – www.masseriasulmare.it – Chiuso febbraio e novembre

21 cam – **†70/100 € ††80/180 €**

Rist – *(chiuso lunedì) (solo a cena)* (prenotazione obbligatoria) Menu 25/45 €

50 ettari di coltivazioni, frumento e ortaggi, circondano la masseria dagli ambienti curati e accoglienti; poco distante l'incantevole spiaggia ad accesso privato, con sabbia fine e scogli. Puntando sull'agricoltura e sull'allevamento locali, la cucina propone le tradizioni siciliane.

Agriturismo Avola Antica

rist,

contrada Avola antica, Nord: 9 Km – ☎ 09 31 81 10 08 – www.avolaantica.it – Aperto 1° aprile-30 settembre

9 cam – **†45/65 € ††76/110 €** **Rist** – *(solo a cena)* Menu 25/35 €

Armatevi di pazienza e partite in salita fino ad uno spettacolare panorama di scenografiche rocce, muretti a secco e riserve naturali: la piacevolezza della struttura vi ricompenserà! Al ristorante, prodotti dell'azienda agricola in piatti siciliani.

AYAS – Aosta (AO) – **561** E5 – **1 281 ab. – alt. 1 453 m – Sport invernali : 1 267/2 714 m 2 (Comprensorio Monte Rosa Sky)** – ✉ **11020** **37** B2

Roma 732 – Aosta 61 – Ivrea 57 – Milano 170

ad Antagnod Nord : 3,5 km – alt. 1 699 m – ✉ 11020

Petit Prince

route Tchavagnod 1 – ☎ 01 25 30 66 62 – www.hotelpetitprince.com – Aperto 1° dicembre-Pasqua e 25 giugno-15 settembre

28 cam – **†44/103 € ††76/180 €**

Rist ***L'Etoile*** – vedere selezione ristoranti

In splendida posizione tranquilla e panoramica, vicino agli impianti da sci, una struttura di recente costruzione; spazi comuni confortevoli e camere con arredi in legno.

L'Etoile – Hotel Petit Prince

route Tchavagnod 1 – ✆ 01 25 30 66 62 – www.ristoranteletoile.com – Aperto 1° dicembre-Pasqua e 25 giugno-15 settembre

Rist – Menu 20/35 € – Carta 16/55 €

L'Etoile du Petit Prince: sembra un omaggio all'opera più conosciuta di Antoine de Saint-Exupéry. In effetti, l'accogliente sala caratterizzata da un soffitto in legno ricavato da un vecchio rascard rievoca immagini fiabesche, mentre la cucina ci riporta alla realtà con classici nazionali (e meno valdostani).

AZZATE – Varese (VA) – 561 E8 – 4 520 ab. – alt. 332 m – ✉ 21022 18 A1

Roma 622 – Stresa 43 – Bellinzona 63 – Como 30

Locanda dei Mai Intees

via Monte Grappa 22 – ✆ 03 32 45 72 23 – www.mai-intees.it

12 cam – 124/225 € 148/280 € – 6 suites

Rist *Locanda dei Mai Intees* – vedere selezione ristoranti

Un antico sonetto narra di un gruppo di amici che solevano riunirsi qui per discutere e far musica... sebbene non fossero mai d'accordo. Incantevole fusione di due edifici del '400, la struttura propone un'atmosfera ricca di charme con mobili in stile ed un salotto nella veranda: Mai Intees, ma concordi sull'amenità!

Locanda dei Mai Intees – Hotel Locanda dei Mai Intees

via Monte Grappa 22 – ✆ 03 32 45 72 23 – www.mai-intees.it

Rist – Menu 45/85 € – Carta 42/70 €

Se nel Medioevo il piano inferiore dell'attuale Locanda dei Mai Intees ospitava le carceri, ora è un bel ristorante ad occuparne gli spazi. Piatti della tradizione regionale ed internazionale in un ambiente caratteristico, composto da più sale: la principale, ovvero quella degli Affreschi, era anticamente una farmacia.

Hosteria da Bruno

via Piave 43/a – ✆ 03 32 45 40 93 – Chiuso 1°-7 gennaio, 3 settimane in agosto e martedì

Rist – (consigliata la prenotazione la sera) Menu 19 € (pranzo in settimana) – Carta 31/41 €

Bruno, che dal nonno ha ereditato nome e passione, ripropone quest'insegna con oltre mezzo secolo di storia. Il ristorante è rustico, ma piacevole proprio per quest'aura di autenticità, nelle sedie impagliate, nelle panche disposte intorno ad un caminetto, nelle foto di famiglia appese alle pareti. Cucina regionale.

BACOLI – Napoli (NA) – 564 E24 – 27 267 ab. – ✉ 80070 6 A2

Italia Centro-Sud

Roma 242 – Napoli 27 – Formia 77 – Pozzuoli 8

Cento Camerelle★ – Piscina Mirabile★

Terme★★ di Baia

Cala Moresca

via del Faro 44, località Capo Miseno – ✆ 08 15 23 55 95 – www.calamoresca.it

36 cam – 60/80 € 70/100 € **Rist** – Carta 31/61 €

Una panoramica e tranquilla posizione, discesa a mare privata, camere luminose e gradevoli per questo hotel moderno e di sobria eleganza. D'estate, animazione a bordo piscina. Accomodatevi al ristorante per contemplare la scenografica vista sul golfo e sulla costa. La sera, anche pizzeria.

Villa Oteri rist,

via Miliscola 18 – ✆ 08 15 23 49 85 – www.villaoteri.it

9 cam – 65/90 € 75/130 € **Rist** – Carta 24/47 €

Villa di inizio Novecento, dall'esterno colorato ed appariscente, conserva all'interno le caratteristiche della struttura originale ed offre camere confortevoli e una speciale accoglienza. Specialità culinarie dell'area flegrea.

XX **A Ridosso**

via Mercato di Sabato 30 – ✆ 08 18 68 92 33 – www.ristoranteaaridosso.com – Chiuso 23 dicembre-5 gennaio, 13-28 agosto, domenica sera e lunedì
Rist – *(solo a cena)* (consigliata la prenotazione) Carta 40/60 €
A ridosso di una collina, un locale piccolo ed elegante, la cui costante cura per i dettagli è testimoniata da numerose ceramiche e vetrinette. Nei piatti solo i prodotti del mare. (Su prenotazione, anche menu di terra).

BADALUCCO – **Imperia (IM)** – **561** K5 – **1 221 ab.** – **alt. 179 m** – ✉ **18010** **14** A3

Roma 643 – Imperia 31 – Cuneo 124 – San Remo 24
via Marco Bianchi 1, ✆ 0184 40 70 07, www.visitrivieradeifiori.it

Macine del Confluente

località Oxentina, Sud : 2,5 km – ✆ 01 84 40 70 18 – www.lemacinedelconfluente.com – Chiuso novembre
6 cam – **†75/85 € ††90/100 €**
Rist – *(chiuso lunedì escluso agosto e martedì)* Carta 27/52 €
Due solide costruzioni in pietra riproducono l'atmosfera di un antico mulino: romantiche camere allietate da un caminetto ed una cucina dai tipici sapori regionali.

BADIA = ABTEI – **Bolzano (BZ)** – **562** C17 – **Vedere Alta Badia**

BADIA A PASSIGNANO – **Firenze (FI)** – **563** L15 – **Vedere Tavarnelle Val di Pesa**

BADIA DI DULZAGO – **Novara (NO)** – **Vedere Bellinzago Novarese**

BADICORTE – **Arezzo (AR)** – **563** M17 – **Vedere Marciano della Chiana**

BADIOLA – **Grosseto (GR)** – **Vedere Castiglione della Pescaia**

BAGGIOVARA – **Modena (MO)** – **562** I14 – **Vedere Modena**

BAGHERIA Sicilia – **Palermo (PA)** – **565** M22 – **56 336 ab.** – **alt. 78 m** – ✉ **90011** **29** B2

Roma 248 – Palermo 18 – Trapani 126 – Agrigento 127

XX **I Pupi** (N)

via del Cavaliere 59 – ✆ 0 91 90 25 79 – www.ipupiristorante.it – Chiuso lunedì
Rist – (consigliata la prenotazione) Carta 41/79 €
Cucina del territorio e piatti creativi in un locale di eleganza moderna e minimalista, dove confortevoli poltroncine in pelle e tavoli in cristallo risaltano su un originale pavimento in pietra lavica.

BAGNAIA – **Viterbo (VT)** – **563** O18 – **alt. 441 m** – ✉ **01031** **12** B1

Italia Centro-Sud

Roma 109 – Viterbo 5 – Civitavecchia 63 – Orvieto 52
Villa Lante★★

X **Biscetti** con cam

via Gen. A. Gandin 11/A ✉ 01100 – ✆ 07 61 28 82 52 – www.hotelbiscetti.it
23 cam – **†35/45 € ††58/66 €**, 6 € **Rist** – *(chiuso giovedì)* Carta 18/37 €
Gestione familiare di lungo corso per questa semplice trattoria di paese, che ha messo al bando ogni modernità per concentrarsi su una cucina casalinga: paste fatte in casa e cacciagione in primis.

BAGNAIA – **Livorno (LI)** – **563** N13 – **Vedere Elba (Isola d') : Rio nell'Elba**

BAGNARA CALABRA – **Reggio di Calabria (RC)** – **564** M29 – **10 660 ab.** – **alt. 50 m** – ✉ **89011** **5** A3

Roma 671 – Reggio Calabria 35 – Catanzaro 130 – Cosenza 160

Taverna Kerkira
corso Vittorio Emanuele 217 – ✆ 09 66 37 22 60 – Chiuso 20 dicembre-15 gennaio, 1° agosto-15 settembre, lunedì e martedì
Rist – (consigliata la prenotazione) Carta 29/56 €
Moussaka (melanzane e ragù d'agnello), carpaccio di lampuga con menta e cipolle, mousse di yogurt greco con scaglie di cioccolato: fragranze di mare e sapori ellenici... sullo Ionio, ma pensando all'Egeo.

BAGNARA DI ROMAGNA – Ravenna (RA) – 562 I17 – 2 330 ab. – alt. 22 m 9 C2

Roma 55 – Bologna 55 – Acquaviva 88 – Ravenna 41

La Locanda di Bagnara
piazza Marconi 10 – ✆ 0 54 57 69 51 – www.locandabagnara.it – Chiuso 10-20 agosto
8 cam – †60/190 € ††90/190 €
Rist ***Rocca*** – vedere selezione ristoranti
Nel cuore di questa piccola frazione, edificio del 1870 restaurato su modello di una raffinata e moderna locanda: arredi eleganti e confort al passo con i tempi odierni.

Rocca – La Locanda di Bagnara
piazza Marconi 10 – Chiuso 10-20 agosto e lunedì
Rist – Carta 31/60 €
Dopo molteplici esperienze in giro per il mondo (Londra, New York o l'esotica Kuala Lumpur), Mirko, lo chef-patron, è tornato a casa per deliziare i suoi ospiti con piatti creativi, ma non dimentichi della tradizione: pasta rigorosamente fatta in casa e vini accuratamente selezionati dal cantiniere.

BAGNARIA ARSA – Udine (UD) – 562 E21 – 3 491 ab. – alt. 18 m – ✉ 33050 11 C3

Roma 624 – Udine 26 – Grado 31 – Pordenone 66

Agriturismo Mulino delle Tolle
località Sevegliano, statale Palmanova-Grado, Sud-Ovest : 2 km – ✆ 04 32 92 47 23 – www.mulinodelletolle.it – Chiuso 15 giorni in gennaio
10 cam – †55 € ††77 €
Rist – *(chiuso lunedì, martedì e mercoledì)* Carta 19/29 €
Lazzaretto secentesco o dogana di confine all'epoca degli Asburgo? Una testina votiva in cotto - oggi marchio dell'azienda - ammicca invece alla sua lunga tradizione vitivinicola. Al ristorante: proposte giornaliere di cucina regionale e piatti di terra (carni di produzione propria).

BAGNI DI LUCCA – Lucca (LU) – 563 J13 – 6 528 ab. – alt. 150 m – Stazione termale – ✉ 55022 31 B1

Roma 350 – Pisa 48 – Firenze 77 – Lucca 27

Regina Park Hotel senza rist
viale Umberto I° 157 – ✆ 05 83 80 55 08 – www.coronaregina.it – Chiuso 15 gennaio-marzo
14 cam – †35/100 € ††39/179 € – 1 suite
In un palazzo della fine del XVIII secolo, comodo indirizzo tanto per chi sceglie una vacanza culturale, quanto per chi opta per un soggiorno di relax. Giardino con piscina sul retro.

Antico Albergo Terme (N) cam, rist,
via del Paretaio 1, frazione Ponte a Serraglio – ✆ 0 58 38 60 34 – www.termebagnidilucca.it – Chiuso 7 gennaio-febbraio
27 cam – †59/119 € ††98/210 € **Rist** – *(solo per alloggiati)*
Il nome anticipa la caratteristica della struttura: attaccato e collegato alle antiche terme con le sue due grotte a vapore naturale, questo piccolo hotel dispone di ambienti accoglienti e camere ben accessoriate.

Corona rist,

frazione Ponte a Serraglio – ✆ 05 83 80 51 51 – www.coronaregina.it
20 cam – 33/85 € 34/109 €
Rist – *(chiuso 1°-15 febbraio e mercoledì escluso maggio-ottobre)* Carta 23/38 €
Nel centro della località, l'edificio ottocentesco si affaccia sulle cascatelle del torrente Lima: al suo interno, camere accoglienti ed un ristorante orientato verso i sapori locali.

BAGNI NUOVI – Sondrio (SO) – Vedere Valdidentro

BAGNO A RIPOLI – Firenze (FI) – **563** K15 – 25 787 ab. – alt. 75 m – ✉ 50012 — **32** D3

Roma 270 – Firenze 9 – Arezzo 74 – Montecatini Terme 63
piazza della Vittoria 1, ✆ 055 6 39 01, www.comune.bagno-a-ripoli.fi.it

Villa Olmi Resort

via degli Olmi 4/8 – ✆ 0 55 63 77 10 – www.villaolmiresort.com
59 cam – 119/310 € 134/450 € – 3 suites
Rist *Il Cavaliere* – Carta 54/70 €
Una villa del Settecento ed una più recente, collegate tra loro con un passaggio nel sottosuolo, offrono ambienti eleganti e personalizzati, arredati con pezzi di antiquariato. In sala da pranzo, antichi candelieri al soffitto, nature morte alle pareti ed una fantasiosa cucina italiana.

a Candeli Nord : 1 km – ✉ 50012

Villa La Massa

via della Massa 24 – ✆ 05 56 26 11 – www.villalamassa.it – Aperto 20 marzo-3 novembre
23 cam – 450 € 550 € – 14 suites
Rist *Il Verrocchio* – vedere selezione ristoranti
Avvolta dal verde e dalla tranquillità dei colli, la seicentesca villa medicea offre spettacolari viste sull'Arno ed ambienti arredati in stile. Servizio navetta per il centro di Firenze.

Il Verrocchio – Hotel Villa La Massa

via della Massa 24 – ✆ 05 56 26 11 – www.villalamassa.it – Aperto 20 marzo-3 novembre
Rist – Carta 63/123 €
Dal nome dell'artista fiorentino alla cui bottega si formò l'immenso Leonardo da Vinci, il ristorante Verrocchio vanta un'elegante sala con soffitto a volte, nonché un'eccezionale terrazza sull'Arno per il servizio all'aperto. La carta è equamente divisa tra sapori tipici regionali e piatti classici italiani.

BAGNO DI ROMAGNA – Forlì-Cesena (FC) – **562** K17 – 6 154 ab. – alt. 491 m – Stazione termale – ✉ 47021 — **9** D3

Roma 289 – Rimini 90 – Arezzo 65 – Bologna 125
via Fiorentina 38, ✆ 0543 91 10 46, www.bagnodiromagnaturismo.it

Ròseo Hotel Euroterme

via Lungosavio 2 – ✆ 05 43 91 14 14 – www.euroterme.com
254 cam – 116/168 € 180/282 € – 4 suites **Rist** – Menu 35/48 €
Storico hotel locale, che qualche anno fa ha cambiato gestione, subendo un radicale intervento di rinnovo. In sintesi: un buon indirizzo con attrezzato centro benessere e termale.

Tosco Romagnolo rist,

piazza Dante 2 – ✆ 05 43 91 12 60 – www.paoloteverini.it
46 cam – 50/150 € 80/240 € – 4 suites
Rist *Paolo Teverini* – vedere selezione ristoranti
Rist *Prêt-à-Porter* – Menu 25 € (pranzo)/27 € – Carta 31/54 €
Ambiente raffinato, gestito da personale con esperienza nel settore. Dispone di camere spaziose, una piscina panoramica ed una Beauty spa: ideali per dimenticare la routine.

Balneum cam, cam, rist,

via Lungosavio 15/17 – 05 43 91 10 85 – www.hotelbalneum.it – Chiuso 14 gennaio-14 febbraio

40 cam – 47/72 € 74/96 € **Rist** – Carta 20/30 €

Tranquilla struttura a gestione familiare, situata all'ingresso del paese, che oggi si propone con camere in gran parte ristrutturate, alcune sono dotate di bagno turco. Ristorante con atmosfera informale e cucina locale.

Paolo Teverini – Hotel Tosco Romagnolo

via del Popolo 2 – 05 43 91 12 60 – www.paoloteverini.it – Chiuso lunedì e martedì escluso agosto

Rist – *(solo a cena escluso sabato e domenica)* (consigliata la prenotazione) Carta 68/90 €

➜ Tartare di gamberi di fiume su crema di patate all'olio di zenzero e caviale. Cubetti di pasta fresca cucinati come un risotto ai funghi di bosco. Scamone di chianina arrostito alla frutta secca con patate al tartufo nero.

In due sale - una classica, l'altra più moderna - la cucina reinterpreta le tradizioni romagnole e toscane, con un'attenzione particolare per i formaggi.

Cenacolo

via Santa Lucia 10 – 05 43 91 10 05 – www.cenacolosantalucia.it – Chiuso mercoledì escluso giugno-settembre

Rist – Carta 24/44 €

In pieno centro storico, fra le antiche mura di una chiesetta del XIII secolo, dove un tempo si officiava la messa, oggi si celebra una gustosa cucina mediterranea. Tavoli scuri e tovagliato in stile bistrot per un ambiente giovane ed originale.

ad Acquapartita Nord-Est : 8 km – alt. 806 m – 47021 San Piero In Bagno

Miramonti rist,

via Acquapartita 103 – 05 43 90 36 40 – www.selecthotels.it – Aperto 28 dicembre-6 gennaio e 1° aprile-31 ottobre

46 cam – 50/135 € 70/140 € **Rist** – Carta 30/47 €

Ubicata tra i folti boschi appenninici, la struttura dispone di ottimi servizi, arredi di qualità e belle camere. Al ristorante: la vista spazia sul lago di Aquapartita, mentre il gusto si "distrae" con piatti della tradizione locale, che trae spunto dalla cucina romagnola e da quella toscana.

a San Piero in Bagno Nord-Est : 2,5 km – 47021

Locanda al Gambero Rosso con cam rist,

via Verdi 5 – 05 43 90 34 05 – www.locandagamberorosso.it

4 cam – 65 € 80 €, 5 €

Rist – *(chiuso lunedì e martedì) (solo a pranzo escluso venerdì e sabato)* Carta 29/42 €

Salutare tuffo nel passato in un'impeccabile ambiente di gusto femminile e locale giusto per chi cerca la genuinità di piatti regionali, compresi quella poveri. I "basotti" in brodo (tagliolini all'uovo) con pecorino passati in forno, sono vivamente consigliati.

BAGNOLO IN PIANO – Reggio Emilia (RE) – 562 H14 – 9 536 ab. – alt. 32 m – 42011 8 B3

Roma 433 – Parma 38 – Modena 30 – Reggio nell'Emilia 8

Trattoria da Probo

via Provinciale Nord 13 – 05 22 95 13 00 – www.trattoriadaprobo.it – Chiuso 2-10 gennaio, le sere di domenica, lunedì e martedì; in luglio-agosto anche domenica a mezzogiorno

Rist – Menu 15 € (pranzo in settimana)/35 € – Carta 27/48 €

Una vecchia trattoria di campagna che ha subito rinnovi nelle piacevoli sale, ma non nello spirito dell'accoglienza e nell'impostazione di una cucina vicina alla tradizione.

BAGNOLO SAN VITO – Mantova (MN) – 561 G14 – 5 926 ab. – alt. 19 m – 46031 17 D3

Roma 460 – Verona 48 – Mantova 13 – Milano 188

XX **Villa Eden**

via Gazzo 6 – ✆ 03 76 41 56 84 – www.ristorantevillaeden.it – Chiuso 1 settimana in gennaio, 3 settimane in agosto, domenica sera, mercoledì sera, lunedì e martedì
Rist – Carta 34/64 €
Una villa tra i campi, che si presenta quasi come un'ospitale abitazione privata: una cucina delicata che sa valorizzare le materie prime, in un ben riuscito mix di tradizione e moderata innovazione.

BAGNOREGIO – Viterbo (VT) – 563 O18 – 3 678 ab. – alt. 484 m – ✉ 01022 — 12 A1

Roma 125 – Viterbo 28 – Orvieto 20 – Terni 82

Civita★

Romantica Pucci — AC cam, P VISA AE

piazza Cavour 1 – ✆ 07 61 79 21 21 – www.hotelromanticapucci.it
7 cam – 80 € 80 €
Rist – *(chiuso lunedì)* (consigliata la prenotazione) Carta 17/38 €
In un palazzo del XIV sec., piacevole risorsa caratterizzata da camere arredate con gusto e attenzioni particolari, ma tutte diverse tra loro. Si respira un'atmosfera d'intima familiarità. La cucina propone pochi piatti fatti al momento, una cucina semplice e casalinga.

X **Hostaria del Ponte** — AC VISA AE

località Mercatello 11 – ✆ 07 61 79 35 65 – www.hostariadelponte.it – Chiuso 25 febbraio-9 marzo, 15 giorni in novembre, domenica sera ecluso da maggio a settembre e lunedì
Rist – Carta 25/41 €
Il ponte è quello che porta al borgo di Civita: uno dei paesaggi più spettacolari della regione, imperdibile dalla terrazza del locale. Dalla cucina - invece - gli intramontabili piatti del territorio.

BAGNO VIGNONI – Siena (SI) – 563 M16 – Vedere San Quirico d'Orcia

BAIA DOMIZIA – Caserta (CE) – 563 S23 – ✉ 81030 — 6 A2

Roma 167 – Frosinone 98 – Caserta 53 – Gaeta 29

Della Baia — AC rist, P VISA AE

via dell'Erica – ✆ 08 23 72 13 44 – www.hoteldellabaia.it – Aperto 15 maggio-15 settembre
50 cam – 90/105 € 130/150 €, 10 € **Rist** – Menu 36/150 €
Il gradevole e curato giardino si spinge proprio fino al limite della spiaggia, a pochi passi dal mare. La conduzione familiare è accogliente e belle le parti comuni. Affidabile e apprezzato il ristorante.

BAIA SARDINIA Sardegna – Olbia-Tempio (OT) – 366 R37 – Vedere Arzachena: Costa Smeralda

BALDICHIERI D'ASTI – Asti (AT) – 561 H6 – 1 099 ab. – alt. 173 m – ✉ 14011 — 25 C1

Roma 626 – Torino 50 – Alessandria 47 – Asti 12

Madama Vigna — AC P VISA AE

via Nazionale 41 – ✆ 01 41 65 92 38 – www.madamavigna.it
16 cam – 80/90 € 80/90 €
Rist *Madama Vigna* – vedere selezione ristoranti
All'incrocio di una strada trafficata, un edificio in mattoni di fine Ottocento: al suo interno, confort e tranquillità nelle camere dai colori vivaci e porte dipinte a mano. Ideale per una clientela business.

X **Madama Vigna** – Hotel Madama Vigna — AC P VISA AE

via Nazionale 41 – ✆ 01 41 65 92 38 – www.madamavigna.it – Chiuso 2-10 gennaio,10-27 agosto e lunedì
Rist – Carta 22/47 €
Una bella carta dei vini, con particolare attenzione al territorio, fa da "spalla" ad una cucina che propone tante specialità regionali: agnolotti al plin con la fonduta, fassone piemontese, gallina bionda di Villanova, l'immancabile bunet, ed altro ancora.

BALDISSERO TORINESE – Torino (TO) – 561 G5 – 3 825 ab. – alt. 421 m – ✉ 10020 22 B1

Roma 656 – Torino 13 – Asti 42 – Milano 140

XX **Osteria del Paluch**
via Superga 44, Ovest : 3 km – ✆ 01 19 40 87 50 – www.ristorantepaluch.it – Chiuso 2 settimane in gennaio, 2 settimane in novembre, lunedì
Rist – *(solo a cena)* Carta 34/58 €
Elegante e ben curato, a classica conduzione diretta, propone una cucina piemontese con predilezione verso percorsi moderni e creativi. Servizio estivo all'aperto.

a Rivodora Nord-Ovest : 5 km – ✉ 10020

X **Torinese**
via Torino 42 – ✆ 01 19 46 00 25 – www.ristorantetorinese.it – Chiuso 7-30 gennaio, 2-14 agosto, martedì e mercoledì
Rist – *(solo a pranzo escluso sabato e domenica)* Carta 26/45 €
Semplici piatti piemontesi fatti in casa delizieranno gli ospiti nelle due sale di questa tipica trattoria vecchio stile situata sulla collina di Superga, a pochi passi da Torino.

BALLABIO – Lecco (LC) – 561 E10 – 3 967 ab. – alt. 661 m – ✉ 23811 16 B2

Roma 617 – Bergamo 41 – Como 38 – Lecco 6

via Confalonieri 2/a, ✆ 0341 53 06 01, www.prolocoballabio.it

Sporting Club rist,
via Casimiro Ferrari 3, a Ballabio Superiore, Nord : 1 km – ✆ 03 41 53 01 85 – www.albergosportingclub.com
14 cam – †65/70 € ††80/90 € **Rist** – Carta 27/41 €
Ai piedi delle Grigne, palestra per molti noti alpinisti, una risorsa moderna adatta ad un soggiorno di gradevole essenzialità. Solarium in terrazza, buoni spazi comuni. Classico ristorante d'albergo a conduzione familiare.

BARANO D'ISCHIA – Napoli (NA) – 564 E23 – Vedere Ischia (Isola d')

BARBARANO – Brescia (BS) – Vedere Salò

BARBARESCO – Cuneo (CN) – 561 H6 – 674 ab. – alt. 274 m – ✉ 12050 25 C2

Roma 642 – Genova 129 – Torino 57 – Alessandria 63

XXX **Al Vecchio Tre Stelle** con cam
località Tre Stelle, Sud : 3 km – ✆ 01 73 63 81 92 – www.vecchiotrestelle.it – Chiuso 24 dicembre-1° febbraio e 1°-20 agosto
6 cam – †60/85 € ††75/105 €
Rist – *(chiuso martedì)* (consigliata la prenotazione a pranzo) Carta 35/83 €
A pochi chilometri dal centro di Barbaresco, eleganza e spazi si moltiplicano all'interno di questo locale, mentre i prodotti regionali vivacizzano il menu: dalle paste fresche alle pregiate carni.

XX **Antinè**
via Torino 16 – ✆ 01 73 63 52 94 – www.antine.it – Chiuso 27 dicembre-25 gennaio, 10-25 agosto e mercoledì
Rist – Menu 35/50 € – Carta 44/72 €
Nel cuore di una delle capitali dell'enologia italiana, stile e discrezione sono le cifre di un ristorante che di piemontese offre non solo l'ambientazione, ma anche i piatti, dal vitello tonnato agli agnolotti, dalle lumache alle nocciole. Assente il pesce, il palcoscenico è orgogliosamente riservato alle grandi carni della regione.

BARBERINO DI MUGELLO – Firenze (FI) – 563 J15 – 10 858 ab. – alt. 270 m – ✉ 50031 32 C1

Roma 308 – Firenze 34 – Bologna 79 – Milano 273

in prossimità casello autostrada A 1 **Sud-Ovest : 4 km :**

XX **Cosimo de' Medici**
viale del Lago 19 ✉ 50030 Cavallina – ✆ 05 58 42 03 70
– www.ristorantecosimodemedici.com
– Chiuso 1°-20 agosto, domenica sera, lunedì
Rist – Carta 24/59 €
Storico ristorante in cui gustare una cucina tradizionale con proposte prevalentemente toscane. Professionalità e cortesia nell'unica ampia sala.

BARBERINO VAL D'ELSA – **Firenze (FI)** – **563** L15 – **4 373 ab.** – **alt. 373 m** – ✉ **50021** **32** D1

Roma 260 – Firenze 32 – Siena 36 – Livorno 109

a Petrognano **Ovest : 3 km** – ✉ **50021 Barberino Val D'Elsa**

XX **Il Paese dei Campanelli**
località Petrognano 4 – ✆ 05 58 07 53 18 – www.ilpaesedeicampanelli.it
Rist – *(solo a cena escluso sabato e festivi in aprile-ottobre, solo nei week-end negli altri mesi)* Carta 30/54 €
Originale collocazione all'interno di un antico casale di campagna con pareti in pietra e rifiniture in legno; d'estate si mangia anche all'aperto, tra vigne e ulivi.

a Ponzano **Sud : 2 km** – ✉ **50021 Barberino Val D'Elsa**

La Torre di Ponzano senza rist e senza
strada di Ponzano 8 – ✆ 05 58 05 92 55
– www.torrediponzano.it – Chiuso 7-28 febbraio
6 cam – †69/105 € ††95/150 €
Sul crinale di una collina che offre una doppia, incantevole, vista, una risorsa ricavata in parte da un edificio cinquecentesco, con camere in stile rustico-elegante ed attrezzato giardino. A disposizione anche un casale adiacente alla struttura principale con tre camere da letto.

BARBIANELLO – **Pavia (PV)** – **561** G9 – **888 ab.** – **alt. 67 m** – ✉ **27041** **16** B3

Roma 557 – Piacenza 45 – Alessandria 68 – Milano 56

X **Da Roberto**
via Barbiano 21 – ✆ 0 38 55 73 96 – www.daroberto.it
– Chiuso 1°-7 gennaio, luglio e lunedì
Rist – *(solo a pranzo escluso venerdì e sabato)* Menu 18 € (pranzo in settimana)/30 €
Trattoria di fine '800 caratterizzata da ambienti rustici e curati: in due sale con camino, proposte tipiche dai sapori genuini presentate a voce. I secondi prevedono solo carne; immancabile il cotechino caldo e il risotto alla barbianellese.

BARBIANO – **Parma (PR)** – **Vedere Felino**

BARCUZZI – **Brescia (BS)** – **Vedere Lonato**

BARDINO VECCHIO – **Savona (SV)** – **Vedere Tovo San Giacomo**

BARDOLINO – **Verona (VR)** – **562** F14 – **6 750 ab.** – **alt. 65 m** – ✉ **37011** **39** A3
Italia Centro-Nord

Roma 517 – Verona 27 – Brescia 60 – Mantova 59

piazzale Aldo Moro 5, ✆045 7 21 00 78, www.tourism.verona.it

Cà degli Ulivi via Ghiandare 2, 045 6279030, www.golfcadegliulivi.it

Chiesa★

Caesius Thermae
via Peschiera 3 – 04 57 21 91 00 – www.hotelcaesiusterme.com
185 cam – 80/262 € 110/320 € – 27 suites
Rist – *(solo per alloggiati)* Carta 35/69 €
Rist *Benacus* – *(solo a cena)* (prenotazione obbligatoria) Carta 44/99 €
Imponente struttura avvolta dalla tranquillità del proprio giardino. Inutile elencare i servizi: l'offerta è completa e generosa, addirittura superba per quanto riguarda le proposte della Spa (trattamenti ayurvedici al top!). Cucina moderna e un interessante menu vegetariano al Benacus, che nelle serate estive si sposta all'aperto diventando Le Vele.

Color Hotel
via Santa Cristina 5 – 04 56 21 08 57 – www.colorhotel.it – Aperto 1° aprile-31 ottobre
90 cam – 89/175 € 99/259 € – 17 suites
Rist *La Veranda* – vedere selezione ristoranti
Belli gli spazi aperti tra cui una piscina grande, una piccola con cascate colorate ed un enorme idromassaggio; i balconi delle camere sono arredati con mobili coloratissimi.

San Pietro
via Madonnina 15 – 04 57 21 05 88 – www.hotelsanpietro.eu – Aperto 26 marzo-15 ottobre
50 cam – 115/188 € 115/188 € **Rist** – Carta 28/35 €
A due passi dal centro, una bella struttura dalla gestione attenta e con un piccolo grazioso giardino antistante l'ingresso. Camere accoglienti, sostanzialmente di due tipologie. La sala ristorante è ampia e capiente, a pranzo servizio snack-bar.

Kriss Internazionale rist,
lungolago Cipriani 3 – 04 56 21 24 33 – www.hotelkriss.it – Aperto 1° aprile-31 ottobre
34 cam – 65/105 € 90/198 €
Rist *Kriss* – Carta 34/40 €
Sulla bella passeggiata fronte lago, la casa offre camere di diverse tipologie: alcune classiche altre in stile rustico, moderne invece le ultime realizzate. Ampia proposta di piatti della tradizione italiana per soddisfare palati internazionali.

Bologna senza rist
via Mirabello 19 – 04 57 21 00 03 – www.hotelbologna.info – Aperto 1° aprile-20 ottobre
33 cam – 50/80 € 80/120 €
Sono le due figlie dei fondatori ad occuparsi ora di questa piccola risorsa poco distante sia dal centro che dal lago; camere curate, una veranda dalle grandi vetrate e, in un terrazzino, la piscina.

La Veranda – Color Hotel
via Santa Cristina 5 – 04 56 21 08 57 – www.colorhotel.it – Aperto 1° aprile-31 ottobre
Rist – (consigliata la prenotazione) Menu 35/55 € – Carta 35/74 €
Se a pranzo vi sarà proposto solo un menu light, a cena non sarà facile scegliere fra le varie specialità della superba carta: carne e pesce, sia di lago sia di mare, sono lì a dimostrare la bravura del giovane, ma già esperto, chef.

Il Giardino delle Esperidi
via Mameli 1 – 04 56 21 04 77 – Chiuso martedì
Rist – *(solo a cena escluso sabato, domenica e giorni festivi)* Carta 35/48 €
In pieno centro storico, locale tutto al femminile, dove gustare una golosa ed intrigante cucina - fortemente legata ai prodotti di stagione - elaborata con curiose ricette personali.

BARDONECCHIA – Torino (TO) – **561** G2 – **3 273 ab.** – **alt. 1 312 m** **22** A2
– **Sport invernali : 1 389/2 694 m 1 22, – 10052**
Roma 754 – Briançon 46 – Milano 226 – Col du Mont Cenis 51
piazza De Gasperi 1, 0122 9 90 32, www.comune.bardonecchia.to.it

Rivè rist,

località Campo Smith – ✆ 01 22 90 92 11 – www.hotelrive.it – Aperto 1° dicembre-15 aprile e 15 giugno-15 settembre

79 cam – 70/140 € 100/240 € – 2 suites **Rist** – *(solo per alloggiati)*

A ridosso delle piste da sci, questa moderna struttura offre camere spaziose e confortevoli; ai piani inferiori, un'enorme palestra e centro benessere con piscina. Nell'ampia sala ristorante, cucina con predilezione piemontese, ma anche pesce.

Bucaneve

viale della Vecchia 2 – ✆ 01 22 99 93 32 – www.hotelbucanevebardonecchia.it – Aperto 1° dicembre- 30 aprile e 15 giugno-15 settembre

8 cam – 50/90 € 70/100 € – 6 suites **Rist** – Menu 25/50 €

Ai margini del centro, ma vicino a diversi impianti sportivi (compresi quelli di risalita), la dinamica gestione familiare è sempre attiva nel rinnovare l'hotel. Le ultime nate sono delle suite in stile moderno e colori grigi, ma la clientela più tradizionalista continuerà a preferire le camere in stile locale, calde e con tanto legno.

La Nigritella cam, cam,

via Melezet 96 – ✆ 01 22 98 04 77 – www.lanigritella.it – Chiuso 30 aprile-1° giugno e 20 ottobre-6 dicembre

7 cam – solo ½ P 80/95 € **Rist** – *(solo per alloggiati)*

Una piccola e graziosa realtà ubicata nella parte alta della località, riparata dal traffico della strada principale, appare come una palazzina-villetta, più privata che albergo. Poche camere, ma tutte molto confortevoli e ben tenute. Le piste da sci sono nelle vicinanze, raggiungibili a piedi o con il bus navetta.

Locanda Biovey con cam

via General Cantore 2 – ✆ 01 22 99 92 15 – www.biovey.it – Chiuso 2 settimane in giugno e 2 settimane in ottobre

8 cam – 40/55 € 60/85 €

Rist – *(chiuso martedì)* Menu 28 € (pranzo)/43 € – Carta 43/58 €

Esercizio ospitato in una palazzina d'epoca del centro e circondato da un giardino, propone una cucina del territorio preparata con moderata creatività. Al piano superiore, camere nuove, colorate e confortevoli, arredate in stili diversi, dall'800 al Luigi XV.

BARGE – Cuneo (CN) – 561 H3 – 7 891 ab. – alt. 372 m – ✉ 12032 — 22 B3

Roma 694 – Torino 61 – Cuneo 50 – Sestriere 75

Alter Hotel

piazza Stazione 1 – ✆ 01 75 34 90 92 – www.alterhotel.it

20 cam – 89/230 € 99/245 € – 1 suite

Rist – *(chiuso domenica) (solo a cena)* Carta 24/40 €

Nato dal restauro di un'antica industria manifatturiera, un design hotel che gioca sulle tinte del bianco e del nero ed ospita ambienti originali tra cui un museo dell'auto d'epoca. Piatti del territorio, formaggi d'alpeggio, dolci tradizionali piemontesi al restaurant-bistrot.

D'Andrea

via Bagnolo 37 – ✆ 01 75 34 57 35 – Chiuso 1 settimana in gennaio, 2 settimane in luglio o agosto e mercoledì

Rist – Carta 32/42 €

Moglie in sala e marito ai fornelli, in tandem si adoperano per valorizzare i prodotti della propria zona: in carta completati anche da alcune proposte ittiche di mare e d'acqua dolce.

a Crocera Nord-Est : 8 km – ✉ 12032 Barge

D'la Picocarda

via Cardè 71 – ✆ 0 17 53 03 00 – www.picocarda.it – Chiuso 2 settimane in agosto, lunedì sera e martedì

Rist – Menu 38/49 € – Carta 39/79 €

Un'intera famiglia gestisce con grande capacità questa bella casa colonica di origine seicentesca, dalla cui veranda è possibile ammirare lo spettacolo del Monviso. In carta piatti del territorio, ma anche proposte di mare. Altrettanto apprezzabile la carta dei vini.

BARGECCHIA – Lucca (LU) – 563 K12 – Vedere Massarosa

BARGNI – Pesaro e Urbino (PU) – 563 K20 – Vedere Serrungarina

BARI P (BA) – 564 D32 – 320 475 ab. – Puglia 27 C2

Roma 449 – Napoli 261

di Palese per viale Europa: 9 km AX ✆080 5800358

piazza Aldo Moro 33/a, ✆080 5 24 22 44, www.infopointbari.com

18 Barialto SS 100 km 18, 080 6977105, www.barialtogolfclub.it

Manifestazioni locali

07.09-15.09 : fiera del levante campionaria generale

Città vecchia★★ CDY: Basilica di San Nicola★★ DY, Cattedrale di S. Sabino★ DYB, Castello★ CY – Cristo★ in legno nella Pinacoteca Corrado Giaquinto BXM

Mercure Villa Romanazzi Carducci

via Capruzzi 326 ✉ *70124*
– ✆ 08 05 42 74 00 – www.villaromanazzi.com CZc

123 cam – †84/164 € ††97/190 €

Rist *Mercure Villa Romanazzi Carducci* – vedere selezione ristoranti

Curioso contrasto tra la villa dell'800 e l'edificio moderno che compongono questo elegante complesso situato in un parco con piscina. Il servizio e la colazione (con l'angolo pugliese) fanno presto dimenticare la zona periferica in cui sorge la struttura, mentre le camere rinnovate offrono il meglio del settore notte.

Alighieri (V. Dante)	AX	2
Bellomo (V. Generale N.)	AX	6
Brigata Bari (V.)	AX	9
Brigata Regina (V.)	AX	10
Buozzi (Sottovia Bruno)	AX	12
Costa (V. Nicola)	AX	18
Cotugno (V. Domenico)	AX	20
Crispi (V. Francesco)	AX	21
De Gasperi (Cso Alcide)	BX	25
Fanelli (V. Giuseppe)	BX	29
Flacco (V. Orazio)	BX	34
Japigia (Viale)	BX	42
Magna Grecia (V.)	BX	45
Maratona (V. di)	AX	47
Oberdan (V. Guglielmo)	BX	52
Omodeo (V. Adolfo)	BX	55
Orlando (Viale V.E.)	AX	56
Papa Giovanni XXIII (Viale)	BX	58
Papa Pio XII (Viale)	BX	59
Pasteur (V. Louis)	AX	60
Peucetia (V.)	BX	63
Repubblica (Viale della)	BX	67
Starita (Lungomare Giambattista)	AX	77
Van Westerhout (Viale)	AX	78
Verdi (V. Giuseppe)	AX	80
2 Giugno (Largo)	BX	83

Amendola (V. Giovanni) ... DZ 3	Gimma (V. Abate) ... CDY 39	Sonnino (Cso Sidney) ... DZ 75
Battisti (Pza Cesare) ... CDZ 5	Isabella d'Aragona (Giardini) ... CY 41	Sparano (V.) ... DYZ 76
Carmine (Strada del) ... DY 15	Latilla (V.) ... CY 43	S. Francesco d'Assisi (V.) ... CY 70
Cavour (Cso) ... DYZ	Luigi di Savoia (Pza) ... DZ 44	S. Marco (Strada) ... DY 72
Cognetti (V. Salvatore) ... DY 17	Martinez (Strada) ... DY 48	S. Pietro (Pza) ... DY 74
Crociate (Strada delle) ... DY 22	Massari (Pza G.) ... CY 49	Unità d'Italia (V.) ... DY 78
De Cesare (V. Raffaele) ... DZ 24	Mercantile (Pza) ... DY 51	Venezia (V.) ... DY 80
De Giosa (V.) ... DZ 26	Odegitria (Pza dell') ... CDY 54	Vittorio Emanuele II (Cso) ... CDY 82
Diaz (Pza Armando) ... DY 28	Petroni (V. Prospero) ... DZ 62	Zuppetta (V. Luigi) ... DZ 83
Federico II (Pza) ... CY 30	Piccini (V.) ... CY	20 Settembre (Ponte) ... DZ 85
Ferrarese (Pza del) ... DY 32	Putignani (V.) ... CDYZ 65	24 Maggio (V.) ... DY 86
Fragigena (Rua) ... DY 35	Salandra (Viale) ... CZ 69	

Hilton Garden Inn

via Don Guanella 15/I ✉ *70124 – ☎ 08 05 02 68 15 – www.bari.stayhgi.com*

88 cam – 🛉100/190 € 🛉🛉127/215 € **BXa**

Rist – *(chiuso i giorni festivi)* Carta 27/55 €

Le attrattive che mancano alla zona, periferica e residenziale, sono compensate dall'albergo: un design hotel d'ispirazione scandinava con utilizzo di materiali innovativi.

Grand Hotel Leon d'Oro

piazza Aldo Moro 4 ✉ 70122 – ✆ 08 05 23 50 40 – www.grandhotelleondoro.it
80 cam – 90/140 € 120/260 € **Rist** – Carta 35/50 € DZc
Comodo per arrivare in albergo in macchina e, poi, svagarsi per le vie del centro a piedi: evitate però le camere sulla piazza, se avete il sonno leggero. Arredi semplici, servizio cortese.

Excelsior Congressi cam, rist,

via Giulio Petroni 15 ✉ 70124 – ✆ 08 05 56 43 66
– www.hotelexcelsioronline.it DZb
146 cam – 85/210 € 120/250 € – 6 suites
Rist – *(chiuso sabato sera e domenica a mezzogiorno)* Carta 30/45 €
A due passi dalla stazione ferroviaria, centrale ma facilmente raggiungibile in auto, struttura ideale per una clientela d'affari e commerciale. Ambienti comuni di ampio respiro e camere funzionali nella loro sobrietà. Sapori mediterranei al ristorante.

Boston senza rist

via Niccolò Piccinni 155 ✉ 70122 – ✆ 08 05 21 66 33 – www.bostonbari.it
69 cam – 73/125 € 95/175 € CYe
In pieno centro, funzionalità e confort adeguato in un albergo ideale per clientela di lavoro; camere di dimensioni non ampie, ma con curato arredamento recente.

Mercure Villa Romanazzi Carducci – Hotel Mercure Villa Romanazzi Carducci

via Giuseppe Capruzzi 326 ✉ 70124
– ✆ 08 05 42 74 00 – www.villaromanazzi.com CZc
Rist – Carta 34/67 €
Se dopo aver assistito ad una pièce nel vicino Teatro Piccinni (10 min in auto) sentiste un certo languorino, sappiate che il ristorante dell'hotel Mercure Villa Romanazzi potrebbe fare al caso vostro. In una bella sala avvolta da vetrate con vista parco, la cucina esplora i vecchi sapori delle antiche tradizioni popolari, rivisitandoli con gusto moderno.

La Pignata

corso Vittorio Emanuele 173 ✉ 70122 – ✆ 08 05 23 24 81
– www.ristorantelapignatabari.com – Chiuso agosto e lunedì CYc
Rist – (consigliata la prenotazione) Menu 40 € – Carta 28/57 €
Collezione di opere e dediche di personaggi famosi realizzate sui tovaglioli, il menu conquista con piatti della tradizione pugliese e gustose specialità di mare.

Bacco (Angela Campana)

corso Vittorio Emanuele II 126 ✉ 70122 – ✆ 08 05 27 58 71
– www.ristorantebacco.it – Chiuso 1 settimana in gennaio, agosto, domenica sera e lunedì CYa
Rist – (consigliata la prenotazione) Carta 51/90 €
→ Spaghetti ai ricci di mare. Capretto glassato al moscato di Trani. Marchesina (dolce alle mandorle e amaretti).
Ristorante moderno con una buona cantina (in omaggio al nome che porta) ed una cucina di ispirazione contemporanea sia di carne sia di pesce.

Ai 2 Ghiottoni

via Putignani 11 ✉ 70121 – ✆ 08 05 23 22 40 – www.ai2ghiottoni.it
– Chiuso venerdì in inverno e domenica in estate DYd
Rist – Carta 37/74 €
Ampia esposizione di pesci all'ingresso e rivestimento delle pareti in tufo leccese. Accoglienza e servizio informali, cucina d'ispirazione pugliese con gustose specialità di mare.

La Bul

via Villari 52 ✉ 70122 – ✆ 08 05 23 05 76 – www.labul.it – Chiuso 7-14 gennaio, 4-30 agosto, lunedì a mezzogiorno e domenica da maggio a settembre, domenica sera, martedì a mezzogiorno e lunedì negli altri mesi
Rist – (consigliata la prenotazione) Carta 40/93 € CYg
Giovani - sia ai fornelli, sia in sala - sono l'astro nascente della buona tavola barese: i piatti, brillanti ed inventivi, ne riflettono l'entusiasmo. Un tavolo affacciato sulla cucina per chi vuole seguirne il lavoro.

Osteria delle Travi "Il Buco"

largo Chyurlia 12 ✉ 70122 – ✆ 33 91 57 88 48
– Chiuso 10-20 agosto, domenica sera e lunedì DY**b**
Rist – Carta 14/43 €
Dal 1813, una delle più rinomate trattorie del borgo antico di Bari vecchia: buon vino e cucina casalinga per celebrare i sapori delle tradizione gastronomica locale.

sulla tangenziale sud-uscita 15 Sud-Est : 5 km per ① :

Majesty

via Giovanni Gentile 97/B ✉ 70126 – ✆ 08 05 49 10 99 – www.hotelmajesty.it
– Chiuso 26 luglio-25 agosto
105 cam – 76/108 € 98/147 €
Rist *Amulet* – vedere selezione ristoranti
Vicino alla tangenziale per Brindisi, le camere non sono per questo penalizzate in termini di tranquillità: ampie ed accoglienti garantiscono un buon livello di confort. Importante area congressuale e comodo parcheggio.

Amulet – Hotel Majesty

via Gentile 97/B ✉ 70126 – ✆ 08 05 49 46 32 – www.amuletristorantebari.it
– Chiuso 26 luglio-25 agosto
Rist – Carta 32/62 €
Nella periferia sud della città - vicino alla tangenziale per Brindisi - un amuleto contro certe giornate tristi: specialità pugliesi, cucina fusion, menu vegetariani e light.

a Carbonara di Bari Sud : 6,5 km BX – ✉ 70100

Taberna

via Ospedale di Venere 6 – ✆ 08 05 65 05 57 – www.latabernabari.it
– Chiuso 15 luglio-25 agosto e lunedì
Rist – (consigliata la prenotazione la sera) Carta 26/39 €
Ambiente caratteristico in un accogliente locale storico della zona (dal 1959), ricavato in vecchie cantine; la carne, anche alla brace, è elemento portante del menù.

BARILE – Potenza (PZ) – 564 E29 – 3 012 ab. – alt. 600 m – ✉ 85022 3 A1

Roma 329 – Andria 76 – Foggia 67 – Potenza 43
corso Vittorio Emanuele 28, ✆ 0972 77 07 71, www.prolocobarile.it

Grand Hotel Garden

località Giardino strada statale 93 km 75 – ✆ 09 72 76 15 33
– www.grandhotelgarden.com
46 cam – 65 € 110 €
Rist *Il Tulipano* – vedere selezione ristoranti
Poco fuori dal paese - immersa in un parco di ulivi - una struttura dalle linee sobrie e moderne: camere funzionali e curate, nonchè piccolo centro benessere.

Il Tulipano – Grand Hotel Garden

località Giardino strada statale 93 km 75 – ✆ 09 72 76 15 33
– www.grandhotelgarden.com
Rist – (prenotazione obbligatoria a mezzogiorno) Carta 22/42 €
Forse non tutti sanno che, nel linguaggio dei fiori, il tulipano rappresenta il vero amore: sentimento non necessariamente sempre riferito ad una persona, ma - come in questo caso - anche alla buona tavola. In un ambiente raffinato e moderno, piatti della più genuina tradizione lucana ed una selezionatissima carta dei vini.

BARLETTA – Barletta-Andria-Trani (BT) – **564** D30 – **94 459 ab.** – ✉ **76121** Puglia

26 B2

Roma 397 – Bari 69 – Foggia 79 – Napoli 208

corso Garibaldi 204/206, ✆ 0883 33 13 31, www.comune.barletta.ba.it

Colosso★★AY • Pinacoteca De Nittis★★BYM • Castello★BY • Duomo★BY12 • Basilica di San Sepolcro★AY

Nicotel senza rist

viale Regina Elena, litoranea di Levante per ① – ✆ 08 83 34 89 46 – www.nicotelhotels.com

62 cam ☕ – †50/120 € ††70/150 €

Albergo di taglio lineare e contemporaneo, affacciato sulla passeggiata a mare, dispone di camere dotate di tutti i confort. Arredamento di design, con linee curve ricorrenti.

BARLETTA

Via	Quadrante	N.
Baccarini (V.)	AY	2
Brigata Barletta (V.)	AZ	3
Caduti in Guerra (Pza dei)	AY	4
Colombo (V. Cristoforo)	BY	6
Consalvo da Cordova (V.)	AY	7
Conteduca (Pza)	AZ	8
Discanno (V. Geremia)	ABY	10
Duomo (V. del)	BY	12
Ferdinando d'Aragona (V.)	BYZ	13
Fieramosca (V. E)	BY	15
Garibaldi (Cso)	ABY	
Giannone (Viale)	AZ	16
Leonardo da Vinci (Viale)	AZ	17
Marina (Pza)	BY	19
Monfalcone (V.)	AZ	20
Municipio (V.)	AY	21
Nanula (V. A.)	AY	23
Nazareth (V.)	ABY	24
Palestro (V.)	AY	25
Pier delle Vigne (V.)	AY	27
Plebiscito (Pza)	AY	28
Principe Umberto (Pza)	AY	29
Regina Elena (Viale)	BY	31
San Andrea (V.)	BY	33
San Antonio (V.)	BY	35
Trani (V.)	BY	36
Vittorio Emanuele (Cso)	AY	
3 Novembre (V.)	BY	37
20 Settembre (V.)	AYZ	39

Dei Cavalieri rist,
via Foggia 40, litoranea di Ponente per ④ – ✆ 08 83 57 14 61 – www.hoteldeicavalieri.net
94 cam – 50/80 € 60/120 € – 3 suites
Rist – Carta 24/50 €
Hotel recente, moderno e funzionale, ubicato alle porte della città: è quindi un punto di riferimento indicato per chi viaggia per lavoro e per turisti di passaggio. Ambiente confortevole dalle tinte delicate, tavoli ben disposti, confort e tranquillità anche per la clientela d'affari. Menù stabile con alcune proposte del giorno.

Itaca rist,
viale Regina Elena 30, litoranea di Levante per ① – ✆ 08 83 34 77 41 – www.itacahotel.it
41 cam – 75/120 € 75/120 € – 3 suites
Rist – *(solo a cena)* Carta 19/70 €
Architettura recente, in posizione fortunata con vista sul mare, presenta interni signorili, soprattutto nelle gradevoli e curate zone comuni; camere ampie e luminose. Sala da pranzo ariosa, contrassegnata da un tocco di ricercata eleganza.

Il Brigantino
viale Regina Elena 19, litoranea di Levante per ① – ✆ 08 83 53 33 45 – www.brigantino.it – Chiuso gennaio
Rist – Carta 22/58 € (+15 %)
Un ristorante dove apprezzare una solida professionalità espressa anche attraverso l'impostazione del menù (con prevalenza di pesce). Esclusiva terrazza sul mare.

Antica Cucina 1983
via Milano 73 – ✆ 08 83 52 17 18 – www.anticacucina1983.it – Chiuso le sere dei giorni festivi e lunedì AZ**f**
Rist – Carta 29/57 €
Un signorile riferimento in centro città, la sala da pranzo è un antico frantoio. Piatti della tradizione pugliese personalizzati con gusto; servizio attento e puntuale.

Baccosteria
via San Giorgio 5 – ✆ 08 83 53 40 00 – Chiuso 2 settimane in agosto, domenica sera e lunedì BY**a**
Rist – (consigliata la prenotazione) Carta 25/69 €
Nuova gestione per questo elegante bistrot del centro storico: originale il pavimento in vetro sopra la cantina a vista. A vista è anche la cucina, con piatti dove il mare è protagonista indiscusso.

BAROLO – Cuneo (CN) – 561 I5 – 728 ab. – alt. 301 m – ✉ 12060 25 C2

Italia Centro-Nord

Roma 627 – Cuneo 68 – Asti 42 – Milano 164

Vigne del Barolo Novello località Saccati 11, , Sud: 4 km, 0173 776893, www.barologolfresort.com

Locanda nel Borgo Antico (Massimo Camia)
località Boschetti 4, verso Monforte d'Alba Sud : 4 km – ✆ 0 17 35 63 55 – www.locandanelborgo.it – Chiuso mercoledì a mezzogiorno e martedì
Rist – Carta 51/91 €
➜ Magro di fassone battuto al coltello. Ravioli del plin della tradizione al fondo bruno mantecato. Tortino caldo di nocciole con crema inglese allo zabajone di moscato.
Non è in un borgo antico, ma immerso nel verde delle vigne, questo bel ristorante nella parte alta di Barolo, dove la sobrietà della sala è interamente dedicata al panorama del paesaggio collinare, ancora più apprezzabile dalla bella veranda. Cucina langarola con qualche estrosa rivisitazione.

a Vergne Ovest :2 km – ✉ 12060

Ca' San Ponzio senza rist
via Rittane 7 – ✆ 01 73 56 05 10 – www.casanponzio.com – Chiuso gennaio
12 cam – †54/60 € ††68/75 €, ☕ 8 €
Un inaspettato prato all'inglese "disseminato" di noccioli, l'ingresso sotto un caratteristico balcone alla piemontese, mobili in stile e camere mansardate. Non mancano: una saletta per degustare qualche vino e la proverbiale cugnà (tipica salsina a base di frutta che accompagna i bolliti). Davvero bello!

BARONE CANAVESE – Torino (TO) – 561 G5 – 597 ab. – alt. 325 m – ✉ 10010 22 B2

Roma 673 – Torino 48 – Aosta 86 – Ivrea 18

Al Girasol
via Roma 8 – ✆ 01 19 89 85 65 – www.algirasoltrattoria.com – Chiuso 2 settimane in gennaio, 1 settimana in agosto e mercoledì
Rist – Carta 24/35 €
Varcato l'ingresso è possibile vedere la cucina, mentre al piano superiore si trovano le tre salette, di cui una affrescata e riscaldata da uno scoppiettante camino. Cucina rigorosamente piemontese: primi piatti, carni, e - solo - trota per chi non vuol rinunciare al pesce.

BARZANÒ – Lecco (LC) – 561 E9 – 5 203 ab. – alt. 370 m – ✉ 23891 18 B1

Roma 605 – Como 27 – Bergamo 36 – Lecco 19

Red's Redaelli
via Don Rinaldo Beretta 24 – ✆ 03 99 27 21 20 – www.redshotel.com
34 cam ☕ – †100/160 € ††140/200 €
Rist *Zafferano Bistrot* – vedere selezione ristoranti
Ottimo indirizzo, situato sui primi colli della provincia, in zona verdeggiante e residenziale: tutto moderno, l'ispirazione è una linea sobria e minimalista, non priva di eleganza. Nessuna differenza tra le camere, se non il colore.

Redaelli
via Garibaldi 77 – ✆ 0 39 95 53 12 – www.hotelredaelli.it – Chiuso 3 settimane in agosto
20 cam ☕ – †58/78 € ††89/109 € – 4 suites
Rist – *(chiuso venerdì)* Carta 33/49 €
In centro paese, piccola struttura con camere distribuite sia nel corpo principale, sia nell'edificio sul retro, separato dal primo da un cortile-parcheggio: arredi semplici, quasi familiari, ma ben tenuti per i rinnovi frequenti.

Zafferano Bistrot – Hotel Red's Redaelli
via Don Rinaldo Beretta 24 – ✆ 03 99 27 21 20 – www.zafferanobistrot.com – Chiuso 3 settimane in agosto
Rist – (consigliata la prenotazione) Menu 15 € (pranzo)/50 € – Carta 35/61 €
Gnocchetti alla Valchiavenna, filetto di manzo con indivia stufata e salsa tartufata, crostatina integrale alla robbiola e nocciole con salsa al caramello: qualche piatto del territorio, ma la cucina è fondamentalmente e sorprendentemente creativa. Locale di tendenza.

BASCAPÈ – Pavia (PV) – 561 G9 – 1 777 ab. – alt. 89 m – ✉ 27010 16 B3

Roma 560 – Milano 25 – Piacenza 59 – Pavia 25

Agriturismo Tenuta Camillo rist,
località Trognano, Nord : 2 km – ✆ 0 38 26 65 09 – www.tenutacamillo.com
10 cam – †80/120 € ††80/120 €, ☕ 5 €
Rist – *(chiuso gennaio, febbraio e ottobre; aperto sabato sera e domenica a mezzogiorno negli altri mesi)* Menu 30/60 €
Un tuffo nel passato in un tipico cascinale lombardo dei primi del '900; intorno all'aia la villa padronale e le case coloniche; camere semplici e invitante piscina nel verde.

BASCHI – Terni (TR) – 563 N18 – 2 847 ab. – alt. 165 m – ✉ 05023 35 B3

Roma 118 – Viterbo 46 – Orvieto 10 – Terni 70

sulla strada statale 448 km 6,600

Vissani con cam
Nord : 12 km ✉ 05020 Civitella del Lago – ✆ 07 44 95 02 06 – www.casavissani.it – Chiuso 22-26 dicembre e 20 giorni in agosto,
8 cam – 200/300 € 250/350 €
Rist – *(chiuso domenica sera, mercoledì e i mezzogiorno di lunedì e giovedì)*
Menu 155 € – Carta 103/218 €
➜ Cappelletti al granchio reale, fonduta di formaggio Piave. Costata di vitella con bieta all'aceto ed asparagi. Soufflé all'arancia con fondente all'anice stellato.
Le tendenze della cucina italiana degli ultimi trent'anni sono passate da questo ristorante, di molte altre Vissani ne è stato l'origine: in un'elegantissima casa-ristorante, il cuoco di Baschi non cessa di fare ricerche, anticipare mode e scoprire prodotti. Le riposanti tonalità écru delle raffinate camere culleranno il passaggio alla notte.

a Civitella del Lago Nord-Est : 12 km – ✉ 05020

Trippini
via Italia 14 – ✆ 07 44 95 03 16 – www.trippini.net – Chiuso 10-20 gennaio, 1 settimana in settembre, lunedì da maggio a settembre, anche martedì negli altri mesi
Rist – (consigliata la prenotazione) Menu 35/70 € – Carta 44/62 €
Panorama di grande suggestione sul lago di Corbara e sulle colline circostanti, da ammirare attraverso le vetrate della piccola sala dall'ambiente curato e ricercato.

BASELGA DI PINÈ – Trento (TN) – 562 D15 – 4 899 ab. – alt. 964 m – ✉ 38042 33 B3

Roma 606 – Trento 19 – Belluno 116 – Bolzano 75

via Cesare Battisti 106, ✆ 0461 55 70 28, www.aptpinecembra.it

2 Camini con cam
via del 26 Maggio 65 – ✆ 04 61 55 72 00 – www.albergo2camini.com
10 cam – 50/70 € 80/120 €
Rist – *(chiuso domenica sera e lunedì escluso 30 giugno-15 settembre)*
Carta 26/46 €
Una casa di montagna, rallegrata da colorati fiori sui balconi, il calore e la cortesia dei titolari e la tipica cucina trentina attenta al variare delle stagioni. Quasi ospiti in una casa privata. Dopo una piacevole passeggiata attraverso l'altipiano, potrete trovare ristoro nelle graziose e colorate camere.

BASSANO DEL GRAPPA – Vicenza (VI) – 562 E17 – 43 540 ab. – alt. 129 m – ✉ 36061 Italia Centro-Nord 39 B2

Roma 543 – Padova 45 – Belluno 80 – Milano 234

largo Corona d'Italia 35, ✆ 0424 52 43 51, www.vicenza.org

Museo Civico★

Monte Grappa★★★ Nord-Est : 32 km

Ca' Sette
via Cunizza da Romano 4, Nord : 1 km – ✆ 04 24 38 33 50 – www.ca-sette.it
17 cam – 100/140 € 150/200 € – 2 suites
Rist *Ca' 7* – vedere selezione ristoranti
Design contemporaneo in una villa del 1700, un hotel in cui tradizione, storia e soluzioni d'avanguardia sono state fuse con sapienza. Un soggiorno originale ed esclusivo.

Palladio senza rist
via Gramsci 2 – ✆ 04 24 52 37 77 – www.bonotto.it – Chiuso 1 settimana in gennaio e 2 settimane in agosto
66 cam – 55/105 € 72/144 €
Una struttura moderna diretta da una gestione molto attenta alle attività congressuali; camere e spazi comuni sono dotati di un omogeneo, gradevole livello di confort.

Belvedere

piazzale Gaetano Giardino 14 – ✆ 04 24 52 98 45 – www.bonotto.it
83 cam ☕ – 🚹65/130 € 🚹🚹95/190 € – 2 suites
Rist *Belvedere* – vedere selezione ristoranti
Attività dalla storia antica (sembrerebbe risalire al XV secolo), sorge a pochi passi dalle mura cittadine. Camere arredate secondo differenti stili, ma di uguale confort.

Brennero senza rist

via Torino 7 – ✆ 04 24 22 85 38 – www.hotelbrennero.com
28 cam – 🚹50/70 € 🚹🚹65/85 €, ☕ 5 €
Lungo le mura cittadine, non lontano dal centro storico, una ristrutturazione continua delle camere assicura ambienti confortevoli e funzionali adatti alla clientela d'affari.

Victoria senza rist

viale Diaz 33 – ✆ 04 24 50 36 20 – www.hotelvictoria-bassano.com
21 cam – 🚹30/65 € 🚹🚹52/100 €, ☕ 8 €
Nei pressi del centro e non lontano dal famoso ponte, architettura moderna per una nuova struttura dagli ambienti confortevoli e ben arredati. Piccole personalizzazioni creano un'atmosfera familiare rendendo la risorsa appetibile non solo per una clientela d'affari, ma anche per turisti di passaggio in città.

Dal Ponte senza rist

viale De Gasperi 2/4 – ✆ 04 24 21 91 00 – www.hoteldalponte.it
24 cam ☕ – 🚹50/85 € 🚹🚹75/100 €
Hotel di nuova costruzione a pochi metri dal centro storico, dispone di luminosi spazi comuni e camere semplici d'arredo moderno: un buon indirizzo per ogni tipo di clientela.

Al Castello senza rist

via Bonamigo 19 – ✆ 04 24 22 86 65 – www.hotelalcastello.it
11 cam – 🚹40/60 € 🚹🚹70/100 €, ☕ 6 €
Risorsa situata a ridosso del castello medioevale e poco lontana dal celebre Ponte Coperto; stanze non ampie, ma confortevoli, dotate di complementi d'arredo in stile.

Ca' 7 – Hotel Ca' Sette

via Cunizza da Romano 4, Nord : 1 km – ✆ 04 24 38 33 50 – www.ca-sette.it – Chiuso 1°-7 gennaio, 2 settimane in agosto, domenica sera e lunedì
Rist – Carta 39/65 €
Struttura, colonne e materiali d'epoca si uniscono a quadri e illuminazione moderni in un ardito ma affascinante accostamento. In estate la magia si sposta in giardino.

Bauto

via Trozzetti 27 – ✆ 0 42 43 46 96 – www.ristorantebauto.it – Chiuso 16-23 giugno, sabato a mezzogiorno e domenica escluso aprile-maggio
Rist – Menu 32/46 € – Carta 38/71 €
Bella saletta e veranda altrettanto accogliente per un locale ubicato nella zona industriale e che quindi presenta un buon menù d'affari; specialità: carne alla griglia.

Belvedere – Hotel Belvedere

piazzale Gaetano Giardino 14 – ✆ 04 24 52 98 45 – www.bonotto.it – Chiuso 1 settimana in gennaio, 2 settimane in agosto e domenica
Rist – Carta 36/54 €
Non lontano dalle mura cittadine, la lista propone piatti di mare e di terra, carne e pesce in misura pressoché uguale. Preparazioni accurate e classiche, così come il servizio, l'accoglienza e il confort.

BASSANO ROMANO – Viterbo (VT) – 563 P18 – 5 049 ab. – ✉ 01030 12 B2

Roma 58 – Viterbo 39 – Fiumicino 83 – Civitavecchia 70

La Casa di Emme

via della Stazione 33 – ✆ 07 61 63 55 44 – www.lacasadiemme.it – Chiuso lunedì, martedì e mercoledì
Rist – *(solo a cena)* Carta 23/31 €
Tradizione mitteleuropea fatta di gulash serviti in scodelle di terracotta, stinco al forno (per due), deliziose Sacher. Ma ci si può fermare in questa taverna di campagna anche per una pausa più veloce e informale: un tagliere di salumi-formaggi, in alternativa una pizza, con una birra o un buon bicchiere di vino.

BASTIA UMBRA – Perugia (PG) – 563 M19 – 21 800 ab. – alt. 202 m 35 B2
– ✉ 06083

Roma 176 – Perugia 17 – Assisi 9 – Terni 77

sulla strada statale 147 Assisana Est : 4 km :

Campiglione cam,
via Campiglione 11 – ✆ 07 58 01 07 67 – www.hotel-campiglione.it
42 cam – †60/80 € ††60/80 €
Rist – *(chiuso 8-20 gennaio, sabato e domenica in bassa stagione) (solo a cena)*
Carta 16/43 €
Lungo l'arteria stradale principale del paese, sorge quest'accogliente struttura che dispone di confortevoli camere, arredate con cura. Gestione di grande esperienza. Ristorante recentemente rinnovato, dove gustare una cucina sana e genuina.

ad Ospedalicchio Ovest : 5 km – ✉ 06083

Lo Spedalicchio rist,
piazza Bruno Buozzi 3 – ✆ 07 58 01 03 23 – www.lospedalicchio.it
25 cam – †55/74 € ††75/110 € **Rist** – Carta 29/51 €
Una sistemazione capace di trasmettere quel genere di emozioni proprie delle dimore fortificate dalle origini antiche (XIV sec.). Il confort è commisurato alla struttura. Per pranzi o cene avvolti da pareti e volte in pietra e mattoni.

BATTIPAGLIA – Salerno (SA) – 564 F26 – 51 133 ab. – alt. 72 m 7 C2
– ✉ 84091

Roma 284 – Avellino 59 – Napoli 78 – Potenza 85

San Luca
strada statale 18 km 76.5 – ✆ 08 28 30 45 95 – www.sanlucahotel.it
100 cam – †60/90 € ††80/95 € – 5 suites
Rist ***Taverna la Falanghina*** – vedere selezione ristoranti
Sulla strada statale, al centro di un complesso commerciale e residenziale, un'imponente struttura fornitissima nella gamma di confort e servizi. Camere funzionali.

Taverna la Falanghina – Hotel San Luca
strada statale 18 – ✆ 08 28 30 45 95
– www.centrocongressisanluca.com
Rist – Menu 35 € – Carta 18/43 €
Non lontano dai principali luoghi turistici della Costiera Cilentana e Amalfitana, la taverna propone specialità regionali e tante ricette di pesce in un ambiente curato ed elegante. Il ristorante è vocato anche all'attività banchettistica.

BAVENO – Verbano-Cusio-Ossola (VB) – 561 E7 – 4 966 ab. – alt. 205 m 24 A1
– ✉ 28831 Italia Centro-Nord

Roma 661 – Stresa 4 – Domodossola 37 – Locarno 51

piazza della Chiesa, ✆ 0323 92 46 32, www.comune.baveno.vb.it

Grand Hotel Dino cam, rist,
corso Garibaldi 20
– ✆ 03 23 92 22 01 – www.zaccherahotels.com – Aperto 15 marzo-15 novembre
367 cam – †70/280 € ††90/400 €, 25 € – 8 suites **Rist** – Carta 30/105 €
Circondato da un giardino con alberi secolari, un maestoso complesso a indirizzo congressuale sulle rive del lago con spazi comuni ampi e camere dall'atmosfera principesca. L'elegante sala ristorante offre una splendida vista sul golfo e propone una cucina classica.

Splendid rist,
via Sempione 12 – ✆ 03 23 92 45 83 – www.zaccherahotels.com – Chiuso 15 dicembre-28 febbraio
87 cam – †100/250 € ††100/300 €, 25 € – 5 suites **Rist** – Carta 33/110 €
In riva al lago, questa bella risorsa - completamente rinnovata - dispone ora di eleganti camere arredate con grande raffinatezza. Spiaggia privata, attrezzato centro benessere, campo da tennis e piscina per godere appieno del soggiorno. Ampie vetrate affacciate sullo splendido panorama e cucina classica al ristorante.

Simplon rist,

corso Garibaldi 52 – 03 23 92 41 12 – www.hotelsimplon.com
– Aperto 15 aprile-31 ottobre

112 cam – 50/260 € 60/310 €, 20 €

Rist – *(solo per alloggiati)* Carta 25/75 €

Immerso in un grande parco secolare a pochi passi dal centro, l'hotel dispone di eleganti ed ampie camere con vista sul lago o sulla montagna, una sala lettura e piscina. Dalla sala ristorante, illuminata da lampade in stile, una vista sul giardino all'italiana e proposte di cucina tradizionale.

Lido Palace rist,

strada statale del Sempione 30 – 03 23 92 44 44 – www.lidopalace.com
– Aperto 10 aprile-20 ottobre

81 cam – 90/120 € 135/220 €, 20 € – 2 suites **Rist** – Carta 33/59 €

Dalla ristrutturazione ed ampliamento dell'ottocentesca Villa Durazzo, questa bella risorsa - negli anni meta di numerosi ospiti illustri - dispone di immensi spazi comuni e camere arredate con eleganza. Cucina tradizionale al ristorante e sulla capiente terrazza con vista lago ed isole Borromee.

Rigoli rist,

via Piave 48 – 03 23 92 47 56 – www.hotelrigoli.com
– Aperto Pasqua-31 ottobre

31 cam – 65/110 € 90/130 € **Rist** – *(solo a cena)* Menu 29/44 €

Direttamente sul lago e con spiaggia privata, questa struttura a gestione familiare dispone di camere accoglienti - sobriamente eleganti - dotate di balcone. Per chi cerca una formula più indipendente: gli appartamenti con angolo cottura nel vicino Residence Ortensia.

Villa Azalea senza rist

via Domo 6 – 03 23 92 43 00 – www.azaleahotel.it
– Aperto 15 marzo-1° novembre

37 cam – 50/70 € 75/120 €

Sita nel centro storico della località, la risorsa dispone di un'ampia zona soggiorno, camere confortevoli arredate con gusto moderno e appartamenti con angolo cottura. Piccola piscina in terrazza.

SottoSopra

corso Garibaldi, 40 – 03 23 92 52 54 – www.sottosoprabaveno.com
– Chiuso 25 gennaio-28 febbraio e martedì

Rist – Menu 20/40 € – Carta 31/46 €

C'era una volta uno chef, che dopo svariate esperienze in locali importanti, decise di realizzare il suo sogno ed aprire con la moglie (pasticcera) questo delizioso ristorante. In centro paese, la sua cucina mediterranea si sta guadagnando un posto al sole, mentre il buon rapporto qualità/prezzo regala - a fine pasto - una piacevole sorpresa.

BAZZANO – Bologna (BO) – 562 I15 – 6 896 ab. – alt. 93 m – 40053 9 C3

Roma 382 – Bologna 24 – Modena 23 – Reggio nell'Emilia 53

Alla Rocca

via Matteotti 76 – 0 51 83 12 17 – www.allarocca.com
– Chiuso 20 dicembre-7 gennaio e 2 settimane in agosto

52 cam – 70/250 € 100/320 € – 3 suites

Rist *Alla Rocca* – vedere selezione ristoranti

Struttura di gran fascino ricavata da un imponente e colorato palazzo del 1794. Lo stile della casa ha ispirato anche l'arredamento: molto classico, sia nelle zone comuni, sia nelle camere.

Alla Rocca – Hotel Alla Rocca

via Matteotti 76 – 0 51 83 12 17 – www.allarocca.com
– Chiuso 20 dicembre-7 gennaio, 2 settimane in agosto, sabato a mezzogiorno e domenica

Rist – Carta 33/60 €

Fritto misto della Rocca, filetto del monsignore, tortellini fatti a mano secondo la ricetta originale del 1796, quando il ristorante aprì per la prima volta. Non c'è quindi da stupirsi se fra i tanti clienti, alcuni vengono anche da molto lontano solo per gustare la sua cucina regionale e le fragranti specialità di pesce.

BEDIZZOLE – Brescia (BS) – 561 F13 – 11 937 ab. – alt. 184 m – ✉ 25081 17 D1

Roma 539 – Brescia 17 – Milano 111 – Verona 54

La Corte senza rist

via Benaco 117 – ✆ 03 06 87 16 88 – www.albergolacorte.it

16 cam – 42/60 € 80/100 €

Hotel a conduzione familiare ospitato negli inusuali spazi di una deliziosa cascina. Piacevoli ambienti comuni, camere ampie e confortevoli.

BEE – Verbano-Cusio-Ossola (VB) – 561 E7 – 722 ab. – alt. 591 m – ✉ 28813 24 B1

Roma 682 – Stresa 27 – Locarno 50 – Milano 116

Chi Ghinn con cam

via Maggiore 21 – ✆ 0 32 35 63 26 – www.chighinn.com – Chiuso 9 gennaio-14 marzo

6 cam – 60/100 € 100 €

Rist – *(chiuso martedì escluso giugno-agosto) (solo a cena escluso sabato e domenica da settembre a maggio)* (prenotazione obbligatoria) Carta 32/62 €

Sita nel centro del paese, una struttura dalla giovane conduzione ospita una saletta riscaldata da un bel camino e una terrazza-giardino dove gustare una cucina contemporanea. Dispone anche di poche camere spaziose e semplici negli arredi, alcune delle quali con zona salotto.

BELLAGIO – Como (CO) – 561 E9 – 3 078 ab. – alt. 229 m – ✉ 22021 16 B2

Italia Centro-Nord

Roma 643 – Como 29 – Bergamo 55 – Lecco 22

per Varenna – Navigazione Lago di Como, ✆ 031 579211 e 800 551 801

piazza della Chiesa 14, ✆ 031 95 15 55, www.bellagiolakecomo.com

piazza Mazzini, ✆ 031 95 02 04

Posizione pittoresca★★★ – Giardini★★ di Villa Serbelloni – Giardini★★ di Villa Melzi

Grand Hotel Villa Serbelloni

cam, rist,

via Roma 1 – ✆ 0 31 95 02 16 – www.villaserbelloni.com – Aperto 1° aprile-4 novembre

91 cam – 260/310 € 410/510 € – 4 suites

Rist *Mistral* ✿ – vedere selezione ristoranti

Rist *La Goletta* – Carta 35/84 €

Scaloni marmorei, colonne in stucco e splendidi trompe-l'oeil conferiscono alla struttura personalità ed uno stile che la rendono tra le più esclusive risorse del Bel Paese. Immerso nella lussureggiante vegetazione dei suoi giardini all'italiana, l'hotel ha ospitato regnanti e personalità da ogni continente: ora aspetta voi, non fatelo attendere…

Belvedere

cam,

via Valassina 31 – ✆ 0 31 95 04 10 – www.belvederebellagio.com – Aperto 1° aprile-31 ottobre

64 cam – 122/202 € 190/460 € – 6 suites

Rist – Carta 35/76 €

In posizione panoramica, un romantico nido dove trascorrere un piacevole soggiorno cullati dal lago: piscina estiva nel giardino fiorito ed un centro benessere con bagno turco, doccia emozionale e trattamenti di vario tipo. Piatti regionali nella moderna sala ristorante.

Non confondete i coperti ✗ e le stelle ✿! I coperti definiscono una categoria di confort e di servizio. Le stelle premiano unicamente la qualità della cucina, indipendentemente dalla categoria dell'esercizio.

Florence
piazza Mazzini 46 – 0 31 95 03 42 – www.hotelflorencebellagio.it
– Aperto 1° aprile-31 ottobre
27 cam – 125 € 155/220 € – 3 suites
Rist – *(chiuso ottobre)* Carta 33/67 €
In posizione centralissima, prospiciente il lago, una bella casa dall'allure elegante è diventata una struttura alberghiera tra le più gettonate del luogo. Le ragioni di tanto successo sono da ricercarsi nelle raffinate camere, nel moderno centro benessere o nella terrazza la cui pregevole vista regala tante emozioni.

Bellagio senza rist
salita Grandi 6 – 0 31 95 22 02 – www.bellagio.info
– Aperto 1° aprile-30 novembre
29 cam – 90/125 € 110/165 €
Hotel ubicato in pieno centro storico, a due passi dal lungolago e dall'imbarcadero. Interamente ristrutturato ad inizio 2005, presenta camere graziose ed una bella terrazza.

Mistral – Grand Hotel Villa Serbelloni
via Roma 1 – 0 31 95 64 35 – www.ristorante-mistral.com
– Aperto 1° aprile-4 novembre; chiuso mercoledì escluso maggio-settembre
Rist – *(solo a cena escluso sabato e domenica)* Carta 60/141 €
➜ Tortellini di pasta fresca ripieni di pavone con brodo di volatile e finferli. Rombo assoluto cotto nello zucchero con spuma di patate e salsa ai porri. Ananas cotto al forno con arancia e gelato alla crema raffreddato all'azoto liquido.
La superba terrazza con vista impareggiabile sul lago sarà seconda solo alla cucina che sperimenta ricette molecolari e cotture innovative accanto a piatti più tradizionali.

Barchetta con cam
salita Mella 13 – 0 31 95 13 89 – www.ristorantebarchetta.com
– Aperto Pasqua-4 novembre
4 cam – 95 € 95 € **Rist** – *(chiuso martedì)* Carta 33/82 €
Un approccio fantasioso alla tavola con proposte di mare e di lago. A disposizione, una sala indipendente con piatti più semplici e pizze anche a mezzogiorno. Apprezzatissimo il servizio estivo sulla terrazza.

BELLARIA IGEA MARINA – Rimini (RN) – 562 J19 – 19 358 ab. 9 D2

Roma 350 – Ravenna 39 – Rimini 15 – Bologna 111
via Leonardo da Vinci 2, 0541 34 38 08, www.comune.bellaria-igea-marina.rn.it

a Bellaria – ✉ 47814

via Leonardo da Vinci 2, 0541 34 38 08, www.comune.bellaria-igea-marina.rn.it

Miramare
lungomare Colombo 37 – 05 41 34 41 31 – www.hotelmiramarebellaria.it
– Aperto 1° aprile-30 settembre
64 cam – 45/90 € 74/120 € **Rist** – *(solo per alloggiati)* Carta 36/78 €
Hotel quasi centenario, in grado di offrire ai propri clienti una certa eleganza, avvertibile nell'ariosa hall caratterizzata dalla dinamicità e fruibilità degli spazi. Esperta gestione familiare.

Orizzonte e Villa Ariosa
via Rovereto 10 – 05 41 34 42 98 – www.hotelorizzonte.com
– Aperto 1° maggio-30 settembre
45 cam – solo ½ P 75/115 € **Rist** – *(solo per alloggiati)*
Moderno e non privo di ricercatezza, con un'annessa villa fine secolo affacciata direttamente sul mare. Bello e scenografico il piccolo centro benessere con piscina coperta.

Ermitage rist,

via Ala 11 – ✆ 05 41 34 76 33 – www.hotelermitage.it – Aperto Pasqua-30 settembre

66 cam – 🛉39/249 € 🛉🛉49/299 € – 4 suites

Rist – *(aperto 1° giugno-31 agosto)* Carta 30/80 €

Posizione invidiabile - in prima fila sul mare - per questa risorsa dotata di un'ampia gamma di servizi, tra cui due belle piscine. Camere con uno spiccato gusto per il moderno e il design.

Residence & Suites senza rist

via Rovereto 2 – ✆ 05 41 34 94 22 – www.residencesuite.it

20 cam – 🛉49/59 € 🛉🛉59/79 €

A pochi passi dal mare, camere moderne e mini-appartamenti con angolo cottura in un albergo i cui ospiti possono utillizzare i servizi del vicino hotel Ermitage (stessa proprietà).

a Igea Marina – ✉ 47813

viale Pinzon 196, ✆0541 33 31 19, www.comune.bellaria-igea-marina.rn.it

Agostini rist,

viale Pinzon 68 – ✆ 05 41 33 15 10 – www.hotelagostini.it – Aperto 1° marzo-30 settembre

66 cam – 🛉40/80 € 🛉🛉75/110 € **Rist** – *(solo per alloggiati)* Menu 25 €

Struttura a ferro di cavallo con piscina interna, dispone di gradevoli spazi comuni e stanze di confort contemporaneo: bell'arredamento e tessuti coordinati.

Strand rist,

viale Pinzon 161 – ✆ 05 41 33 17 26 – www.hstrand.com – Aperto 1° aprile-30 settembre

37 cam – 🛉35/48 € 🛉🛉62/85 €, 10 € – 2 suites **Rist** – Menu 20/40 €

Valida struttura caratterizzata da interni moderni, a tratti signorili, e camere con forti elementi di personalizzazione. Direttamente sul mare, si è in spiaggia senza attraversare strade!

K2 cam,

viale Pinzon 212 – ✆ 05 41 33 00 64 – www.hotelk2.it – Aperto 1° aprile-30 novembre

73 cam – 🛉70/90 € 🛉🛉110/150 €, 20 € – 7 suites **Rist** – *(solo per alloggiati)*

La Romagna è protagonista con una calorosa gestione familiare, il sud-est asiatico stupisce i clienti nelle camere superior: da preferire alle più tradizionali classiche.

Aris rist,

via Ennio 32/34 – ✆ 05 41 33 00 07 – www.aris-hotel.com – Chiuso gennaio, febbraio e novembre

55 cam – 🛉90/160 € 🛉🛉90/160 € **Rist** – *(solo per alloggiati)* Menu 20/50 €

Lungo il viale centrale, dedicato a shopping e passeggio, a cento metri dal mare, moderna e confortevole struttura che si presta anche ad esigenze di soggiorni di lavoro.

BELLINZAGO LOMBARDO – Milano (MI) – 3 830 ab. – alt. 129 m – ✉ 20060 — 19 C2

Roma 588 – Milano 25 – Brescia 81 – Bergamo 33

Motta N

strada Padana Superiore 90 – ✆ 02 95 78 41 23 – www.ristorantemacelleriamotta.it – Chiuso 1°-7 gennaio, 4-25 agosto e domenica

Rist – Menu 40/55 € – Carta 37/114 €

Ne assaporerete di cotte e di crude, bollite e alla brace... sono le specialità di carne di questo ottimo ristorante, che d'estate offre anche il piacere del servizio all'aperto in una tipica corte lombarda.

BELLINZAGO NOVARESE – Novara (NO) – 561 F7 – 9 258 ab. – alt. 192 m – ✉ 28043 — 23 C2

Roma 634 – Milano 60 – Novara 15 – Varese 45

Novara località Castello di Cavagliano, 0321 927834, www.golfclubnovara.it – chiuso lunedì

a Badia di Dulzago Ovest : 3 km – ✉ 28043 Bellinzago Novarese

Osteria San Giulio

– ✆ 0 32 19 81 01 – www.osteriasangiulio.it – Chiuso 23 dicembre-7 gennaio, agosto, domenica sera, lunedì e martedì

Rist – Menu 25/40 € – Carta 22/42 €

Un'esperienza sensoriale a partire dalla collocazione all'interno di un'antica abbazia rurale, passando per l'accoglienza, l'atmosfera e la cucina. Tra le specialità: agnolotti, costine al forno e paniscia.

BELLUN – Aosta (AO) – Vedere Sarre

BELLUNO P (BL) – **562** D18 – 36 599 ab. – alt. 383 m – ✉ 32100 **40** C1

Italia Centro-Nord

Roma 617 – Cortina d'Ampezzo 71 – Milano 320 – Trento 112

piazza Duomo 2, ✆ 0437 94 00 83, www.infodolomiti.it

Piazza del Mercato★ – Piazza del Duomo★: palazzo dei Rettori★, polittico★ nel Duomo – Via del Piave : ≤★

Park Hotel Villa Carpenada

via Mier 158, Sud: 2,5 Km – ✆ 04 37 94 83 43 – www.hotelvillacarpenada.it

28 cam ☕ – †80/96 € ††100/130 € – 4 suites

Rist *Lorenzo III* – vedere selezione ristoranti

Abbracciata da un parco, una grande villa seicentesca dove in ogni angolo riecheggia il glorioso passato: interni signorili e mobili d'epoca, per un soggiorno esclusivo a pochi km dal centro città.

Europa Executive senza rist

via Vittorio Veneto 158 – ✆ 04 37 93 01 96 – www.europaexecutive.it

40 cam ☕ – †64/118 € ††74/147 €

Poco fuori dal centro - nelle adiacenze dello stadio civico - spazi comuni in stile minimalista e non ampi: a differenza delle grandi, moderne, camere.

Delle Alpi senza rist

via Jacopo Tasso 13 – ✆ 04 37 94 05 45 – www.dellealpi.it

38 cam ☕ – †45/100 € ††60/130 € – 2 suites

Camere semplici, spaziose e funzionali per questo indirizzo in comoda posizione centrale, adatto a una clientela business o per turisti di passaggio.

Lorenzo III – Park Hotel Villa Carpenada

via Mier 158, Sud: 2,5 km – ✆ 0 43 79 48 34 – www.hotelvillacarpenada.it – Chiuso domenica sera

Rist – Carta 42/50 €

Potendolo fare, sarebbe bello provare tutto: dai ravioli alla polpa di granchio e topinambur alla tagliata di tonno scottato con zucchine e salsa salmoriglio. Per terminare, magari, con un tiramisù al croccantino. Ma come spesso accade, bisogna effettuare delle scelte… Bene! Cosi sarete "costretti" a ritornare…

Al Borgo con cam

via Anconetta 8 – ✆ 04 37 92 67 55 – www.alborgo.to

3 cam ☕ – †30/70 € ††50/150 €

Rist – *(chiuso 21-31 gennaio, 23-30 settembre, lunedì sera e martedì)*
Carta 26/57 €

All'interno di una villa settecentesca in un antico e piccolo borgo, ambiente caldamente rustico e cucina del territorio. Eccezionali: le "Gioie del Borgo" (affettati ed insaccati fatti in casa), la minestra d'orzo e fagioli di Lamon, il gelato artigianale.

a Castion Sud-Est : 3 km – ✉ 32024

Nogherazza

via Gresane 78 – ✆ 04 37 92 74 61 – www.nogherazza.it – Chiuso febbraio

6 cam ☕ – †80/100 € ††80/120 € **Rist** – *(chiuso martedì)* Carta 22/44 €

Piccolo borgo rurale composto da due edifici totalmente ristrutturati e ben inseriti nel contesto paesaggistico circostante. Belle e d'atmosfera le camere, rivestite in legno. Giardino atrezzato. Cucina tipica bellunese nell'intima sala da pranzo o in terrazza, da dove ammirare il sole spegnersi sulle cime.

BELMONTE CALABRO – Cosenza (CS) – 564 J30 – 2 251 ab. – alt. 262 m – ✉ 87033 5 A2

Roma 513 – Cosenza 36 – Catanzaro 74 – Reggio di Calabria 166

Villaggio Albergo Belmonte
località Piane, Nord : 2 km – ✆ 09 82 40 01 77 – www.vabbelmonte.it
46 cam – †65/95 € ††65/140 € – 2 suites
Rist ***Galeazzo di Tarsia*** – vedere selezione ristoranti
Struttura organizzata in diversi padiglioni (4 camere ognuno) ad un solo livello, in un contesto naturale di grande bellezza grazie alla vista mozzafiato.

Galeazzo di Tarsia – Villaggio Albergo Belmonte
località Piane, Nord : 2 km – ✆ 09 82 40 01 77 – www.vabbelmonte.it
Rist – Carta 17/55 €
Anche se vi ritroverete a sostare qui da soli, sappiate che sarete sempre in compagnia. Di chi? Ma del bel panorama che si dispiegherà davanti ai vostri occhi, dell'accoglienza calorosa e sincera, dell'abbondante cucina! Specialità calabresi, i "classici" italiani e (a richiesta) menu vegetariani o dietetici.

BENACO – Vedere Garda (Lago di)

BENEVELLO – Cuneo (CN) – 561 I6 – 461 ab. – alt. 671 m – ✉ 12050 25 C2

Roma 676 – Cuneo 77 – Alessandria 86 – Genova 171

Villa d'Amelia
località Manera 1 – ✆ 01 73 52 92 25 – www.villadamelia.com – Aperto 20 aprile-9 dicembre
37 cam – †180/205 € ††220/260 € – 3 suites
Rist ***Villa d'Amelia*** ✿ – vedere selezione ristoranti
Una cascina ottocentesca raccolta attorno ad una corte è diventata oggi una villa signorile, caratterizzata da interni di moderno design che si alternano ad oggetti d'epoca.

Villa d'Amelia – Hotel Villa d'Amelia
località Manera 1 – ✆ 01 73 52 92 25 – www.villadamelia.com – Aperto 20 aprile-9 dicembre; chiuso martedì a mezzogiorno e lunedì
Rist – Carta 40/74 €
➜ Gnocchi di patate, crema di parmigiano, scampi e cavolo verza. Piccione arrosto con spinaci saltati, olive pugliesi, rosmarino e olio ai pinoli. Zuppetta di ciliegie al Barolo con gelato al cioccolato.
Nel vecchio ricovero di attrezzi agricoli, ristorante moderno e minimalista con proposte tradizionali piemontesi reinterpretate in chiave moderna. La carta dei vini annovera le più prestigiose etichette della zona, ma anche nazionali ed internazionali.

BENEVENTO (BN) – 564 D26 – 62 035 ab. – alt. 135 m – ✉ 82100 6 B1

Italia Centro-Sud

Roma 241 – Napoli 71 – Foggia 111 – Salerno 75

via Nicola Sala 31, ✆ 0824 31 99 11, www.eptbenevento.it

Arco di Traiano★★ – Museo del Sannio★ - S. Sofia★

Aquapetra Resort e SPA
località Monte Pugliano – ✆ 08 24 97 50 07 – www.aquapetra.com
39 cam – †160/220 € ††200/400 € – 1 suite **Rist** – Carta 45/80 €
Una famiglia di architetti ha rilevato un vecchio rudere con l'intento di realizzare un progetto da mille e una notte: il risultato è questa sorta di borgo lussuoso, dove gli spazi sono personalizzati con pezzi di antiquariato ed accessori dell'ultima generazione, incantevole spa ed una suggestiva piscina.

UNA Hotel il Molino cam, cam,
via dei Mulini, 48 – ✆ 08 24 31 12 98 – www.hoteilmolino.it
46 cam – †80/90 € ††105/180 € **Rist** – Carta 34/50 €
Una new entry in quel di Benevento! Costruito di recente dal recupero architettonico dell'antico mulino presso lo storico pastificio Rummo, l'hotel si contraddistingue per modernità, tecnologia e per la raffinatezza delle sue ampie camere.

Villa Traiano senza rist
viale dei Rettori 9 – ✆ 08 24 32 62 41 – www.hotelvillatraiano.it
40 cam – 80/110 € 120/215 € – 2 suites
All'interno di una graziosa villa d'inizio Novecento ristrutturata con gusto. Camere molto confortevoli, sala colazioni anche all'aperto e spazio relax sul roof-garden.

sulla strada statale 7 - via Appia Sud-Ovest : 3 km

Bei Park Hotel
✉ 82100 – ✆ 08 24 36 00 16 – www.beiparkhotel.it
50 cam – 70/80 € 80/90 € – 3 suites
Rist *Regio* – vedere selezione ristoranti
Nuovo edificio lungo la via Appia, poco più a sud di Benevento. Arredi classici, discreta disponibilità di spazi e buon livello del servizio: ideale per la clientela d'affari.

Regio – Bei Park Hotel
✉ 82100 – ✆ 08 24 36 00 16 – www.beiparkhotel.it
Rist – *(solo a cena escluso domenica)* Menu 25/30 € – Carta 25/44 €
Nella città delle streghe, ristorante adiacente il Bei Park Hotel (al quale appartiene): nell'ampia terrazza affacciata sul curato giardino, o negli accoglienti spazi interni, il meglio della cucina tradizionale di carne e di pesce.

sulla provinciale per San Giorgio del Sannio Sud-Est : 7 km :

Pascalucci
via Appia 1 ✉ 82010 San Nicola Manfredi – ✆ 08 24 77 84 00 – www.pascalucci.it
Rist – Carta 19/52 €
Ristorante nato dalla tradizione e che oggi, oltre a proposte locali, presenta anche una cucina di pesce elaborata con capacità, a base di prodotti freschi e genuini. Tra le specialità: filetto di Scottona del beneventano o aspic di polipo.

Non confondete i coperti e le stelle! I coperti definiscono una categoria di confort e di servizio. Le stelle premiano unicamente la qualità della cucina, indipendentemente dalla categoria dell'esercizio.

BENTIVOGLIO – Bologna (BO) – 562 I16 – 5 282 ab. – alt. 19 m – ✉ 40010 9 C3

Roma 395 – Bologna 19 – Ferrara 34 – Modena 57

Centergross
via Saliceto 8, Sud: 5 km – ✆ 05 18 65 89 11 – www.zanhotel.it
150 cam – 89/419 € 109/439 € – 2 suites
Rist *Rossi Sapori* – vedere selezione ristoranti
La hall anticipa lo stile pomposo delle camere in questa struttura che mutua il proprio nome dal più grande centro all'ingrosso d'Europa. Il confort non si limita alle camere, ma sconfina anche nell'area benessere.

Rossi Sapori – Hotel Centergross
via Saliceto 8, Sud: 5 km – ✆ 05 16 64 78 72 – www.zanhotel.it
– Chiuso 3-17 agosto e sabato sera
Rist – Carta 29/69 €
Il rosso si sa evoca emozioni forti e, forse, proprio con questo intento, è stato scelto il nome. In ogni caso, tendaggi barocchi, poltroncine in velluto - rigorosamente rosse - e tipici piatti della cucina italiana (eccezionali le paste fatte a mano) si alleeranno per farvi trascorrere indimenticabili momenti.

BERGAMO P (BG) – **561** E11 – **119 551 ab. – alt. 249 m** **19** C1

Italia Centro-Nord

Roma 601 – Brescia 52 – Milano 47

di Orio al Serio per ③: 3,5 km ✆035 326323

viale Papa Giovanni XXIII, 57 c/o Urban Center, ✆035 21 02 04, www.comune.bergamo.it

Parco dei Colli via Longuelo 264, 035 250033, www.golfclubincitta.it – chiuso lunedì

Bergamo L'Albenza via Longoni 12, 035 640028, www.golfbergamo.it – chiuso lunedì

La Rossera via Montebello 4, 035 838600, ww.rossera.it – chiuso martedì

Città alta★★★ ABY • Piazza del Duomo★★ AY**12**: Cappella Colleoni★★, arazzi★★ nella Basilica di Santa Maria Maggiore★ • Piazza Vecchia★ AY**39** • ⩤★ dalla Rocca AY • Città bassa★: Accademia Carrara★★ BY**M1** • Quartiere vecchio★ BYZ • Piazza Matteotti★ BZ**19**

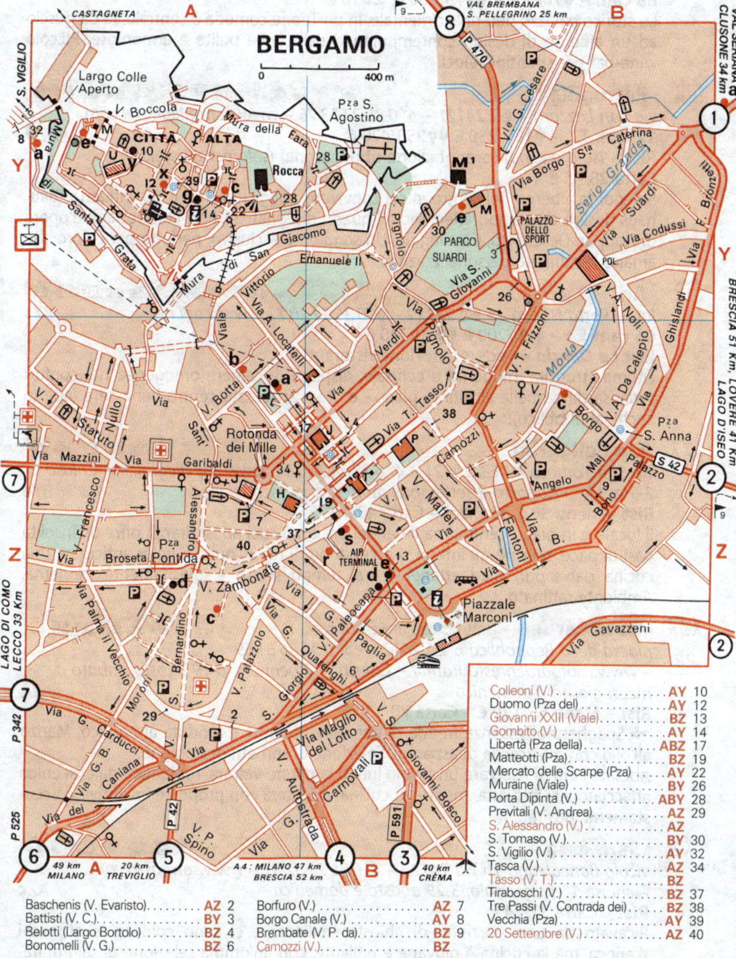

Colleoni (V.)	AY	10
Duomo (Pza del)	AY	12
Giovanni XXIII (Viale)	BZ	13
Gombito (V.)	AY	14
Libertà (Pza della)	ABZ	17
Matteotti (Pza)	BZ	19
Mercato delle Scarpe (Pza)	AY	22
Muraine (Viale)	BY	26
Porta Dipinta (V.)	ABY	28
Previtali (V. Andrea)	AZ	29
S. Alessandro (V.)	AZ	
S. Tomaso (V.)	BY	30
S. Vigilio (V.)	AY	32
Tasca (V.)	AZ	34
Tasso (V. T.)	BZ	
Tiraboschi (V.)	BZ	37
Tre Passi (V. Contrada dei)	BZ	38
Vecchia (Pza)	AY	39
20 Settembre (V.)	AZ	40

Baschenis (V. Evaristo)	AZ	2
Battisti (V. C.)	BY	3
Belotti (Largo Bortolo)	BZ	4
Bonomelli (V. G.)	BZ	6
Borfuro (V.)	AZ	7
Borgo Canale (V.)	AY	8
Brembate (V. P. da)	BZ	9
Camozzi (V.)	BZ	

Circolazione stradale regolamentata nella Città Alta

NH Bergamo senza rist
via Paleocapa 1/G ✉ 24122 – ☎ 03 52 27 18 11 – www.nh-hotels.com
88 cam – 92/362 € 112/372 € BZ**d**
Nel cuore di Bergamo bassa, hotel dallo stile minimal-chic con largo impiego di marmi e legno: ottime camere, sia per arredo sia per confort.

Excelsior San Marco
piazza della Repubblica 6 ✉ 24122 – ☎ 0 35 36 61 11 – www.hotelsanmarco.com
147 cam – 99/150 € 120/280 € – 8 suites AZ**a**
Rist *Roof Garden* ✿ – vedere selezione ristoranti
Un albergo classico per chi non ama le emozioni moderniste: dalla hall vecchio stile alle camere più recenti, una trentina con vista su Città Alta.

Mercure Bergamo Palazzo Dolci senza rist
viale Papa Giovanni XXIII 100 ✉ 24121 – ☎ 0 35 22 74 11 – www.mercure.com BZ**e**
88 cam – 70/300 € 79/350 €, 10 €
Lo storico palazzo neo-rinascimentale, in posizione comoda e centrale, fa da guscio ad un albergo di design contemporaneo dalle linee pulite e armoniose. Piccolo wine-bar per spuntini veloci.

Petronilla
via San Lazzaro 4 ✉ 24121 – ☎ 0 35 27 13 76 – www.petronillahotel.com
12 cam – 180/250 € 250/420 € AZ**d**
Rist – *(solo a cena)* (prenotazione obbligatoria) *(solo per alloggiati)*
Carta 28/45 €
Splendido albergo del centro in cui convivono suggestioni anni '50, influenze Bauhaus design contemporaneo: molti i quadri disegnati ad hoc, con dettagli d'opere di Hopper, De Chirico, Caravaggio. Un soggiorno esclusivo, perfetto per coloro che amano le raffinate personalizzazioni.

Arli
largo Porta Nuova 12 ✉ 24122 – ☎ 0 35 22 20 77 – www.arli.net BZ**s**
66 cam – 80/200 € 90/240 €
Rist *La Delizia* – vedere selezione ristoranti
Ottima struttura, moderna e centrale, dispone di camere omogenee nel confort - mansardate quelle all'ultimo piano - e di un attrezzato centro benessere (aperto anche al pubblico).

Lio Pellegrini
via San Tomaso 47 ✉ 24121 – ☎ 0 35 24 78 13 – www.liopellegrini.it – Chiuso 2-5 aprile, 12 agosto-2 settembre, martedì a pranzo e lunedì BY**e**
Rist – Menu 30 € (pranzo) – Carta 48/106 €
Il locale è in pieno centro, ma il bel dehors con i suoi ariosi drappi offre un'insolita oasi di pace, mentre gli interni si accendono di rosso, quasi a voler anticipare una cucina dai sapori mediterranei e - al tempo stesso - squisitamente moderna. Ambiente raffinato.

Roof Garden – Hotel Excelsior San Marco
✿ *piazza della Repubblica 6 ✉ 24122 – ☎ 0 35 36 61 59 – www.roofgardenrestaurant.it – Chiuso 1°-7 gennaio, 6-19 agosto, sabato a mezzogiorno e domenica* AZ**a**
Rist – Menu 65/120 € – Carta 70/130 €
➜ Spaghetti all'essenza fredda di gamberi, bottarga e fonduta al basilico. Manzo all'olio con misticanza di asparagi. Selezione di sorbetti di stagione.
Abbiate cura di riservare un tavolo lungo la parete-vetrata, romantico palcoscenico affacciato su Città Alta, mentre la cucina vi tenterà con proposte inventive e accostamenti inusitati.

Sarmassa
vicolo Bancalegno 1h ✉ 24122 – ☎ 0 35 21 92 57 – www.sarmassa.com – chiuso 1°-13 gennaio, 3-29 agosto e domenica AZ**c**
Rist – Carta 32/74 €
Ricavato da una porzione di chiostro millenario, ci sono colonne e affreschi d'epoca, ma la cucina è giovane e brillante, con un'ottima selezione di salumi italiani e spagnoli.

XX **Ol Giopì e la Margì**

via Borgo Palazzo 27 ✉ 24125 – ✆ 0 35 24 23 66 – www.giopimargi.eu – Chiuso 1°-10 gennaio, agosto, domenica sera e lunedì BZ**c**

Rist – Menu 29/45 €

L'insegna ritrae la maschera bergamasca e il temperamento dei suoi concittadini, mentre la cucina è un omaggio al territorio. Rivive la tradizione e con essa la storia di una città e di una regione!

XX **Taverna Valtellinese**

via Tiraboschi 57 ✉ 24122 – ✆ 0 35 24 33 31 – www.tavernavaltellinese.it – Chiuso lunedì BZ**r**

Rist – Carta 30/46 €

Lo stesso menu da quasi cinquant'anni: evidentemente la formula funziona e non ci si sbaglia! In centro città, pare di entrare in una baita, interamente avvolta dal legno con enormi lampadari costruiti con corna di cervo. I piatti sono un omaggio alla Valtellina di cui propongono i cavalli di battaglia, nonché i vini, solo poche bottiglie della valle.

XX **La Delizia** – Hotel Arli

largo Porta Nuova 12 ✉ 24122 – ✆ 0 35 23 08 14 – www.ladelizia.it

Rist – Menu 32/58 € – Carta 37/71 € BZ**s**

Casoncelli o polenta ucia? Va bene che siamo a Bergamo, ma il panorama gastronomico cittadino offre anche dell'altro. Al ristorante La Delizia, ad esempio, vi attendono piatti italiani (e non solo lombardi), internazionali e vegetariani. Un buon indirizzo, in pieno centro!

X **A Modo**

viale Vittorio Emanuele II 19 ✉ 24121 – ✆ 0 35 21 02 95 – www.ristoranteamodo.com – Chiuso domenica AZ**b**

Rist – Menu 22 € (pranzo in settimana)/50 € – Carta 45/60 €

Sulla strada che porta alla funicolare per Città Alta, la moderna sala è impreziosita da un'originale collezione di vetri artistici. Se la sera la carta si fa importante, a mezzogiorno il menu è più ristretto e i prezzi interessanti. Cucina contemporanea.

alla città alta – alt. 249 m

i via Gombito, ✆ 035 24 22 26, www.apt.bergamo.it

Gombit Hotel N senza rist

via Mario Lupo 6 ✉ 24121 – ✆ 0 35 24 70 09 – www.gombithotel.it

13 cam ☕ – †150/260 € ††200/340 € AY**g**

Adiacente alla torre del Gombito, il palazzo duecentesco riserva l'inaspettata sorpresa di un albergo moderno dagli arredi design, tonalità sobrie ed eleganti bagni con ampie docce.

La Valletta Relais senza rist

via Castagneta 19, 1 km per via Castagneta ✉ 24129 – ✆ 0 35 24 27 46 – www.lavallettabergamo.it – Chiuso 15 dicembre-14 febbraio AY**z**

8 cam – †70/120 € ††95/140 €, ☕ 7 € – 2 suites

Lungo le strade che portano al centro storico di Bergamo Alta - a piedi sono venti minuti, ma i proprietari con grande senso dell'ospitalità offrono un servizio navetta per gli ospiti - una casa d'epoca per chi predilige la tranquillità e il silenzio, evitando gli schiamazzi e le comitive del centro. Camere ampie, alcune con vista sui colli.

Piazza Vecchia senza rist

via Colleoni 3/5 ✉ 24129 – ✆ 0 35 25 31 79 – www.hotelpiazzavecchia.it

13 cam ☕ – †90/180 € ††110/250 € AY**y**

Situato in prossimità di piazza Vecchia, che il grande architetto Le Corbusier definì come "la più bella piazza d'Europa", camere spaziose, vivaci e colorate in un'antica casa del 1300.

XXX **Colleoni & dell'Angelo**

piazza Vecchia 7 ✉ 24129 – ✆ 0 35 23 25 96 – www.colleonidellangelo.com – Chiuso lunedì AY**x**

Rist – Menu 30 € (pranzo in settimana)/65 € – Carta 51/108 €

In un antico palazzo di piazza Vecchia - una delle più belle d'Italia, su cui per altro si apparecchia il dehors - ristorante di rara eleganza con cucina di terra, ma soprattutto di mare. Servizio all'altezza.

XX **L'Osteria di via Solata** (Ezio Gritti)
via Solata 8 ✉ 24129 – ✆ 0 35 27 19 93 – www.osteriaviasolata.it
– Chiuso 18-28 febbraio, 5-25 agosto, domenica sera e martedì AY**c**
Rist – Carta 58/110 €
➜ Spaghetti al bitto e caffè. Piccione alla liquirizia e menta. Zabaione allo sherry invecchiato trent'anni.
Nei vicoli del centro storico di Città Alta, fiori e decorazioni regalano una serata incantevole, mentre il cuoco vi consiglierà personalmente moderni piatti di carne e di pesce.

XX **La Marianna**
largo Colle Aperto 2/4 ✉ 24129 – ✆ 0 35 24 79 97 – www.lamarianna.it
– Chiuso 7-15 gennaio, martedì a pranzo e lunedì AY**e**
Rist – Carta 45/73 €
Se nella bella stagione opterete per la fiorita terrazza-giardino, nei mesi invernali sarà il côté anni '50 degli interni ad intrigarvi. Sempre e comunque: la sua rinomata cucina, nonché alcune specialità toscane. All'ingresso invece la storica pasticceria con dolci di produzione propria.

X **La Colombina**
via borgo Canale 12 ✉ 24129 – ✆ 0 35 26 14 02 – www.trattorialacolombina.it
– Chiuso 15 giorni in gennaio, 15 giorni in luglio, lunedì e martedì AY**a**
Rist – Carta 25/39 €
Lungo una caratteristica strada della città vecchia, poco fuori le mura, antica è anche l'osteria, qui da inizio '900. Da allora poco è mutato: interni liberty, pavimento, lampadari, tutto ha uno stile piacevolmente retrò e culminante in un'incantevole terrazzina con vista sui colli. Dalla cucina, piatti rigorosamente bergamaschi con gli immancabili salumi locali, i casoncelli, lo stinco e il brasato.

a San Vigilio Ovest: 1 km o 5 mn di funicolare AY – alt. 461 m

X **Baretto di San Vigilio**
via Al Castello 1, per via San Vigilio ✉ 24129 – ✆ 0 35 25 31 91 – www.baretto.it
Rist – Menu 25 € (pranzo in settimana) – Carta 40/59 € AY
Nella piazzetta antistante la stazione di arrivo della funicolare, caratteristico bar-ristorante di tono retrò, vagamente anglosassone, dove gustare piatti della tradizione italiana. Servizio estivo in terrazza con incantevole vista sulla città.

BERGEGGI – Savona (SV) – 561 J7 – 1 163 ab. – alt. 110 m – ✉ 17028 14 B2

Liguria

Roma 556 – Genova 58 – Cuneo 102 – Imperia 63

via Aurelia, ✆ 019 85 97 77, www.visitriviera.it

Claudio
via XXV Aprile 37 – ✆ 0 19 85 97 50 – www.hotelclaudio.it
– Aperto 1° aprile-31 dicembre
22 cam – †100/130 € ††130/160 € – 4 suites
Rist ***Claudio*** – vedere selezione ristoranti
Suggestiva collocazione con vista eccezionale sul golfo sottostante. Camere ampie ed eleganti, piscina, spiaggia privata e numerosi altri servizi a disposizione.

XXX **Claudio** (Claudio Pasquarelli) – Hotel Claudio
via XXV Aprile 37 – ✆ 0 19 85 97 50 – www.hotelclaudio.it – Aperto 1° aprile-31 dicembre; chiuso lunedì
Rist – *(solo a cena escluso sabato e i giorni festivi)* Carta 65/135 €
➜ Crudo di pesci e crostacei. Zuppa di pesce nella pietra ollare. Bouquet di crostacei agli agrumi del Mediterraneo.
Una delle migliori cucine di pesce della zona, frutto del sodalizio padre-figlia: alla qualità indiscutibile delle materie prime, si unisce la cura estetica delle presentazioni, senza rinunciare alla generosità delle porzioni.

BERNALDA – Matera (MT) – 564 F32 – 12 258 ab. – alt. 126 m – ✉ 75012 4 D2

Roma 458 – Bari 108 – Matera 38 – Potenza 99

Agriturismo Relais Masseria Cardillo

strada statale 407 Basentana al km 97,5 rist,
– ✆ 08 35 74 89 92 – www.masseriacardillo.it – Aperto Pasqua-30 settembre

10 cam – 60/101 € 120/156 €

Rist – *(Aperto 1° giugno-30 settembre)* (prenotazione obbligatoria) Menu 30/45 €

A pochi chilometri dal lido di Metaponto, elegante risorsa ricavata dai granai di una masseria di fine '800. Camere spaziose con terrazzini affacciati sulla campagna.

La Locandiera

corso Umberto 194 – ✆ 08 35 54 32 41 – www.trattorialalocandiera.it – Chiuso 1 settimana in settembre e martedì escluso giugno-agosto

Rist – (consigliata la prenotazione) Menu 20 €

Cavatelli fatti in casa con le rape o tripolina con mollica di pane, peperone crusco di Senise e bracioline di cavallino al ragù? Sono solo alcune delle specialità lucane proposte in questo locale piacevolmente rustico e, se non bastasse, anche un'ottima selezione di vini.

BERSANO – Piacenza (PC) – 561 H12 – Vedere Besenzone

BERTINORO – Forlì-Cesena (FC) – 562 J18 – 11 029 ab. – alt. 254 m 9 D2
– ✉ 47032 Italia Centro-Nord

Roma 343 – Ravenna 46 – Rimini 54 – Bologna 77

piazza della Libertà 3, ✆ 0543 46 92 13, www.comune.bertinoro.fc.it

★ dalla terrazza vicino alla Colonna dell'Ospitalità

a Fratta Ovest: 4 km – ✉ 47032

Grand Hotel Terme della Fratta

via Loreta 238 – ✆ 05 43 46 09 11 rist,
– www.termedellafratta.it

64 cam – 60/160 € 120/280 € **Rist** – Menu 25 €

Aperto da poco propone programmi terapeutici diversi grazie alla disponibilità contemporanea di sette tipologie diverse di acqua, note sin dall'epoca romana. Nel giardino, percorsi vita e fontane termali. Creatività e sapori della cucina romagnola e mediterranea si uniscono per realizzare piatti invitanti e genuini.

BESENZONE – Piacenza (PC) – 561 H11 – 989 ab. – alt. 48 m – ✉ 29010 8 A1

Roma 472 – Parma 44 – Piacenza 23 – Cremona 23

a Bersano Est : 5,5 km – ✉ 29010 Besenzone

Agriturismo Le Colombaie senza rist

via Bersano 32 – ✆ 05 23 83 00 07 – www.colombaie.it – Chiuso gennaio

6 cam – 40/50 € 90/160 €

Occorre percorrere un breve tratto di strada sterrata, delimitata da alberi per raggiungere questa risorsa ricavata in una vecchia cascina. La colazione è servita anche all'aperto all'ombra di un pergolato.

La Fiaschetteria (Patrizia Dadomo) con cam e senza

via Bersano 59/bis – ✆ 05 23 83 04 44
– www.la-fiaschetteria.it – Chiuso 23 dicembre-6 gennaio e agosto

3 cam – 85 € 120 €

Rist – *(chiuso lunedì e martedì) (solo a cena escluso i giorni festivi)* (consigliata la prenotazione) Carta 44/70 €

→ Culatello della casa. Lumache alla borgognona. Zuppa inglese.

Un'ottima rielaborazione della cucina emiliana, in una grande casa colonica di origine settecentesca illuminata da moderni lampadari di design e da un grande camino. Tre splendide camere: amarcord di eleganza in stile basso padano.

BETTOLA – Piacenza (PC) – 562 H10 – 3 024 ab. – alt. 329 m – ✉ 29021 8 A2

Roma 546 – Piacenza 34 – Bologna 184 – Milano 99

Agnello

piazza Colombo 70 – ✆ 05 23 91 77 60 – Chiuso febbraio e martedì
Rist – Menu 12 € (pranzo in settimana) – Carta 24/47 €
Affacciato sulla scenografica piazza del centro storico, il ristorante è idealmente diviso in due sale: la parte più antica con volte in mattoni e colonne in pietra. Curiosi e interessati potranno accedere alle cantine, dove stagionano i salumi.

BETTOLELLE – Ancona (AN) – 563 L21 – vedere Senigallia

BETTOLLE – Siena (SI) – 563 M17 – Vedere Sinalunga

BETTONA – Perugia (PG) – 563 M19 – 4 428 ab. – alt. 353 m – ✉ 06084 35 B2

Roma 167 – Perugia 21 – Assisi 15 – Orvieto 71

Relais la Corte di Bettona

via Santa Caterina 2 – ✆ 0 75 98 71 14 – www.relaisbettona.com
39 cam – 60/130 € 80/220 € – 2 suites
Rist *Taverna del Giullare* – vedere selezione ristoranti
Nel cuore del centro storico, edificio del 1300, suddiviso in due corpi distinti: l'originalità delle camere si esprime nella loro "unicità" e quelle ubicate nell'edificio più a valle godono di una spettacolare vista sulla vallata. Nuovo centro benessere con massaggi e due tipi di sauna.

Country House Torre Burchio

rist,

località Torre Burchio, Sud: 7 km – ✆ 07 58 70 71 37 – www.torreburchio.it – Aperto Pasqua-15 ottobre
17 cam – 54/68 € 77/104 € **Rist** – *(solo a cena)* Menu 23 €
Un antico casale di caccia, circondato da una tenuta di 600 ettari di boschi abitati da ogni sorta di animali: un contesto in cui la natura è regina. Camere confortevoli. Cucina del luogo per soddisfare l'appetito di chi, passeggiando, si gode boschi e prati.

Taverna del Giullare – Relais la Corte di Bettona

via del Forte – ✆ 0 75 98 72 54 – www.tavernadelgiullare.com
Rist – Carta 32/70 €
Cucina di stampo regionale con qualche tocco di creatività, in un locale che già dalla calorosa accoglienza vi convincerà di aver fatto la scelta giusta. D'inverno godetevi la bella verandina: completamente chiusa da vetrate, ma assolutamente panoramica.

a Passaggio Nord-Est : 3 km – ✉ 06084

Il Poggio degli Olivi con cam

località Montebalacca, Sud : 3 km – ✆ 07 59 86 90 23 – www.poggiodegliolivi.com – Chiuso 9 gennaio-7 febbraio
12 cam – 60/90 € 88/135 €
Rist – *(chiuso mercoledì)* Menu 26/35 € – Carta 28/49 €
Da questo luogo, quando il cielo è più limpido, la vista arriva fino ad Assisi, pare proprio di essere parte di un dipinto. Merita quindi il servizio serale in terrazza.

BEVAGNA – Perugia (PG) – 563 N19 – 5 156 ab. – alt. 210 m – ✉ 06031 36 C2

Italia Centro-Nord

Roma 148 – Perugia 35 – Assisi 24 – Macerata 100

Palazzo Brunamonti senza rist

corso Matteotti 79 – ✆ 07 42 36 19 32 – www.brunamonti.com
21 cam – 60/70 € 80/110 €
Saloni affrescati al piano nobile e fondamenta di origine romana visibili nella hall. Nel cuore dell'incantevole cittadina, l'albergo riproduce negli ambienti interni la sobria essenzialità dell'aspetto esteriore.

Il Chiostro di Bevagna senza rist

corso Matteotti 107 – ✆ 07 42 36 19 87 – www.ilchiostrodibevagna.com – Chiuso 11 gennaio-28 febbraio

14 cam ☕ – †40/65 € ††65/100 €

Quello che in origine era un convento domenicano, si è trasformato ora in albergo familiare con camere semplici, ma spaziose. Come corte, l'antico chiostro.

L'Orto degli Angeli

via Dante Alighieri 1 – ✆ 07 42 36 01 30 – www.ortoangeli.it

23 cam ☕ – †130/180 € ††150/220 €

Rist *Redibis* – vedere selezione ristoranti

Un palazzo del XVII sec. rallegrato da un grazioso giardino pensile, che si affaccia su un palazzo medievale (sorto a sua volta sui resti di un tempio e di un teatro romano) vanta ambienti raffinati e di grande charme: quasi una dimora privata pregna di fascino e di storia.

Residenza Porta Guelfa senza rist

via Ponte delle Tavole 2 – ✆ 07 42 36 20 41 – www.residenzaportaguelfa.com

12 cam ☕ – †90/120 € ††90/120 €

Appena fuori le mura del centro storico, questa residenza dal fascino antico, ma dai confort moderni, dispone di camere arredate in stile locale ed attrezzate con angolo cottura. Gli ampi spazi esterni ospitano una bella piscina.

Redibis – L'Orto degli Angeli

via Dante Alighieri 1 – Chiuso martedì

Rist – *(solo a cena escluso sabato, domenica e giorni festivi)* Carta 44/56 €

Sotto le alte volte delle vestigia di un teatro romano del I secolo d.C., una cucina squisitamente creativa e mobili dalle linee moderne, minimaliste: un sapiente gioco di contrasti, in un ambiente di grande suggestione.

BIANZONE – Sondrio (SO) – **561** D12 – 1 278 ab. – alt. 444 m – ✉ 23030 **16** B1

Roma 692 – Venezia 311 – Rovigo 284 – Mantova 220

Altavilla con cam

via A. Monti 46 – ✆ 03 42 72 03 55 – www.altavilla.info – Chiuso 2 settimane in gennaio, 1 settimana in novembre e lunedì escluso agosto

14 cam – †30/45 € ††55/70 €, ☕ 8 € **Rist** – Carta 25/45 €

Nella parte alta della località, circondato da boschi e vigneti, il ristorante propone piatti del territorio in un'atmosfera rustica ed informale. Bella terrazza panoramica.

BIBBIENA – Arezzo (AR) – **563** K17 – 12 731 ab. – alt. 425 m – ✉ 52011 **32** D1

Toscana

Roma 249 – Arezzo 32 – Firenze 60 – Rimini 113

Casentino via Fronzola 6, 0575 529810, www.golfclubcasentino.it – chiuso dal 7 gennaio al 5 febbraio e martedì

Relais il Fienile senza rist

località Gressa, Nord: 6 km – ✆ 05 75 59 33 96 – www.relaisilfienile.it – Aperto 1° aprile-31 ottobre

6 cam ☕ – †70/76 € ††102/118 €

Come trasformare un ex fienile del '700 in una risorsa di charme, dove il confort è curatissimo, gli ambienti gradevoli e arredati con gusto. Tranquillo e panoramico.

Il Tirabusciò

via Rosa Scoti 12 – ✆ 05 75 59 54 74 – www.tirabuscio.it – Chiuso lunedì a mezzogiorno e martedì

Rist – Carta 30/48 €

Tirabusciò, il cavatappi, una tappa imperdibile per conoscere la gastronomia del casentino: dalle patate rosse ai salumi, passando per la chianina, i funghi, i tartufi e i proverbiali tortelli di patate di cetica con ragù di maiale grigio del casentino.

a Soci Nord : 4 km – ✉ 52010

Le Greti senza rist

via Privata le Greti, Ovest : 1,5 km – ☎ 05 75 56 17 44 – www.legreti.it

16 cam ☕ – †45/60 € ††80/90 € – 1 suite

Appena fuori dal centro abitato, sulla sommità di un poggio panoramico, un albergo connotato da una conduzione familiare dallo stile apprezzabile. Buoni spazi comuni.

BIBBONA – Livorno (LI) – 563 M13 – 3 251 ab. – ✉ 57020 — 31 B2

Roma 269 – Pisa 66 – Livorno 44 – Piombino 46

Relais di Campagna Podere Le Mezzelune senza rist

località Mezzelune 126, Ovest : 4 km – ☎ 05 86 67 02 66 – www.mezzelune.com – Chiuso 10 dicembre-28 febbraio

4 cam ☕ – †140/160 € ††160/190 €

Risorsa ricavata da una casa colonica di fine '800, all'interno di una proprietà con ortaggi e ulivi (da cui la produzione di olio extravergine). Bucolica posizione per un soggiorno rilassante in ambienti signorili.

BIBIONE – Venezia (VE) – 562 F21 – Stazione termale – ✉ 30020 — 40 D2

Roma 613 – Udine 59 – Latisana 19 – Milano 352

via Maja 37/39, ☎ 0431 44 21 11, www.bibioneturismo.it

viale Aurora 111 , ☎ 0431 44 21 11

Bibione Palace rist,

via Taigete 20 – ☎ 04 31 44 72 20 – www.hotelbibionepalace.it – Aperto 21 aprile-30 settembre

110 cam ☕ – †105/440 € ††105/440 € – 50 suites **Rist** – *(solo per alloggiati)*

Centrale e contemporaneamente frontemare, le camere sono tutte terrazzate e luminose, gli spazi comuni arredati con gusto minimalista; all'esterno, piscina e parco giochi per i piccoli. Veste moderna anche per il ristorante, dalle proposte mediterranee.

Palace Hotel Regina

corso Europa 7 – ☎ 0 43 14 34 22 – www.palacehotelregina.it – Aperto 1° maggio-30 settembre

49 cam ☕ – †69/149 € ††79/169 € **Rist** – Menu 22 €

Gestione seria e dinamica per questo signorile hotel a metà strada tra centro e mare; all'interno spazi realizzati in una sobria ed elegante ricercatezza cui si uniscono funzionalità e modernità. Al ristorante, una cucina genuina e semplice, con pietanze soprattutto a base di carne, pesce e verdure.

Corallo

via Pegaso 38 – ☎ 04 31 43 09 43 – www.hotelcorallobibione.com – Aperto 1° maggio-30 settembre

76 cam ☕ – †86/150 € ††122/214 € **Rist** – *(solo per alloggiati)* Carta 31/85 €

Caratteristico nella particolare forma cilindrica della sua architettura, signorile hotel con ampi terrazzi che si affacciano sul mare. La piscina è proprio a bordo spiaggia.

Italy cam,

via delle Meteore 2 – ☎ 0 43 14 32 57 – www.hotel-italy.it – Aperto 13 maggio-21 settembre

67 cam ☕ – †80/110 € ††120/220 € **Rist** – Menu 25/35 €

Tanta cura, a cominciare dalle camere, in un hotel frontemare non lontano dalle terme; piacevole giardino sul retro e zona relax con sabbia, vicino alla piscina.

Leonardo da Vinci rist,

corso Europa 76 – ☎ 0 43 14 34 16 – www.hoteldavinci.it – Aperto 15 maggio-20 settembre

55 cam ☕ – †49/100 € ††76/150 € **Rist** – Menu 18/55 €

A breve distanza dalla spiaggia e dal centro della località, hotel a conduzione familiare con comodo parcheggio e terrazza con piscina. Camere in stile classico.

Concordia
via Maia 149 – ✆ 0 43 14 34 33 – www.hotelconcordia.net – Aperto 15 maggio-20 settembre
44 cam – 54/86 € 88/152 € **Rist** – *(solo per alloggiati)* Menu 25 €
A pochi passi dal mare, hotel a conduzione familiare, rinnovato in anni recenti: linee e arredi di taglio moderno e colorata zona hall-bar. Specialità di pesce al ristorante.

a Bibione Pineda Ovest : 5 km – ✉ 30020

San Marco
via delle Ortensie 2 – ✆ 0 43 14 33 01 – www.sanmarco.org – Aperto 20 maggio-15 settembre
64 cam – 98/112 € 138/202 € – 3 suites
Rist – *(solo per alloggiati)* Menu 40 €
In zona tranquilla, non lontano dal mare, albergo a conduzione diretta che si è ampliato e rinnovato negli ultimi anni: spazi comuni moderni, camere ampie sobriamente eleganti.

BIELLA P (BI) – 561 F6 – 45 589 ab. – alt. 420 m – ✉ 13900 23 C2

Italia Centro-Nord

Roma 676 – Aosta 88 – Milano 102 – Novara 56

piazza Vittorio Veneto 3, ✆ 015 35 11 28, www.atl.biella.it

Living Garden via Mino 46, 015 980556, www.golflivinggarden.it – chiuso lunedì

Le Betulle regione Valcarozza, 015 679151, www.golfclubbiella.it – marzo-novembre

Pianta pagina seguente

Agorà Palace
via Lamarmora 13/A – ✆ 01 58 40 73 24 – www.agorapalace.com Ze
84 cam – 100/115 € 120/130 € – 2 suites **Rist** – Carta 22/60 €
Particolarmente gradito da una clientela business, l'hotel si trova in pieno centro e dispone di un comodo garage, mentre le camere si caratterizzano per gli arredi moderni con accessori dell'ultima generazione. Formula buffet a self service è quanto propone il ristorante per il pranzo; carta più tradizionale la sera.

Augustus senza rist
via Italia 54 – ✆ 01 52 75 54 – www.augustus.it Ys
38 cam – 75/78 € 99 €
Una risorsa del centro che, grazie al parcheggio privato, risulta essere comoda e frequentata soprattutto da una clientela d'affari. Camere dotate di ottimi confort.

Bugella
via Cottolengo 65, per ③ – ✆ 0 15 40 66 07 – www.hotelbugella.it
22 cam – 62/68 € 83/85 €
Rist – *(chiuso 15 giorni in agosto e domenica)* Carta 27/41 €
Ricavato dalla ristrutturazione di una villa liberty dei primi del '900, l'hotel dispone di camere dal confort omogeneo, ma di differenti dimensioni (in quanto assecondano l'architettura della casa). Piccola zona comune e comodo parcheggio interno. Cucina tipica piemontese al ristorante.

La Mia Crota
via Torino 36/c – ✆ 01 53 05 88 – www.lamiacrota.it – Chiuso domenica e lunedì
Rist – (consigliata la prenotazione la sera) Carta 28/48 € Za
Ristorante di tono rustico-elegante con annessa enoteca per sbizzarrirsi nella scelta dei vini (anche al bicchiere). La cucina trae spunto dal territorio, concedendosi qualche divagazione contemporanea.

Matteo Caffè e Cucina
via Eugenio Bona 3 – ✆ 0 15 35 52 09 – www.matteocaffeecucina.it – Chiuso domenica Zb
Rist – Carta 29/55 €
Ubicato in centro città, questo bel ristorante - nuovo e moderno - unisce la buona cucina ad una sorta di wine-bar. La formula è vincente: un ambiente stile bistrot, informale, ma signorile, tante etichette (per ogni budget), nonché una carta equamente divisa fra carne e pesce.

Amedeo d'Aosta (Pza) .... Z 2
Cossato (Pza G. B.) .... Z 4
Duomo (Pza) .... Y 7
Garibaldi (V.) .... Y 9
Italia (V.) .... Y
Lamarmora (Pza A.) .... Y 12
Marconi (V.) .... Y 15
Martiri della Libertà (Pza)...... Y 16
San Giovanni Bosco (Pza) .... Y 18
20 Settembre (V.) .... Y 21

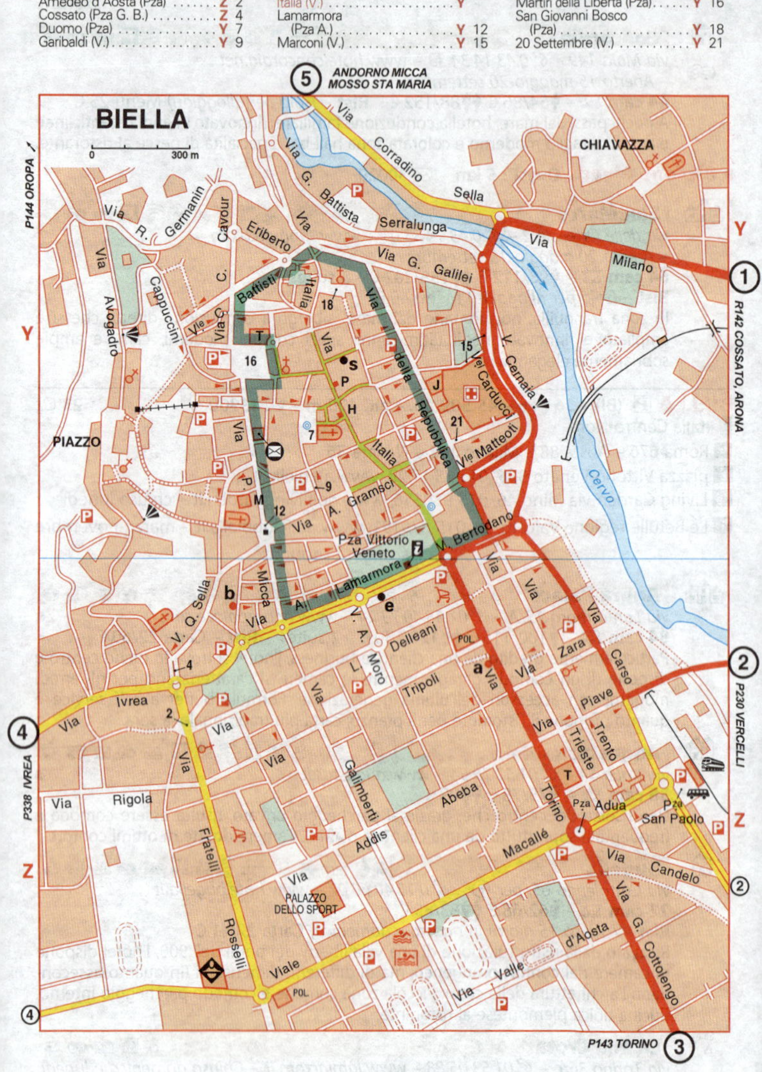

BIGOLINO – Treviso (TV) – 562 E18 – Vedere Valdobbiadene

BINASCO – Milano (MI) – 561 G9 – 7 268 ab. – alt. 101 m – ✉ 20082 16 A3

Roma 573 – Milano 21 – Alessandria 76 – Novara 63

Ambrosiano cascina Bertacca, 02 90840820, www.golfclubambrosiano.com – chiuso dal 22 dicembre al 20 gennaio e martedì

Castello di Tolcinasco località Tolcinasco, 02 90428035, www.golftolcinasco.it – chiuso lunedì

Albergo Della Corona senza rist
via Matteotti 20 – ✆ 0 29 05 22 80 – www.hoteldellacorona.it – Chiuso 24 dicembre-2 gennaio e 5-19 agosto
47 cam – 50/70 € 60/90 €
Hotel con una lunga storia alle spalle: gestito dalla stessa famiglia da quattro generazioni, si è provveduto negli anni a renderlo sempre più accogliente e confortevole.

BIODOLA – **Livorno (LI)** – **563** N12 – **Vedere Elba (Isola d') : Portoferraio**

BISCEGLIE – **Barletta-Andria-Trani (BT)** – **564** D31 – **54 847 ab.** **26** B2
– ✉ **70052** Puglia
Roma 422 – Bari 39 – Foggia 105 – Taranto 124

Nicotel
via della Libertà 62 – ✆ 08 03 99 31 11 – www.nicotelhotels.com
87 cam – 55/95 € 95/160 €
Rist ***Nicotel*** – vedere selezione ristoranti
Ottimo centro fitness in un hotel realizzato secondo un design moderno e minimalista: molto luminoso grazie alle ampie vetrate e alla prevalenza di colori chiari. Metà delle camere sono piacevolmente affacciate sul mare.

Salsello rist,
via Siciliani 41/42 – ✆ 08 03 95 59 53 – www.hotelsalsello.it
52 cam – 49/299 € 49/299 € **Rist** – Carta 21/77 €
Un grande complesso alberghiero affacciato sul mare e dotato di un buon livello di confort, all'insegna di funzionalità e praticità. Valido e ampio centro congressi. Ristorante anche a vocazione congressuale e banchettistica.

Agriturismo le Vedute N cam,
strada provinciale 23 al km 9, Sud: 7 km – ✆ 08 03 95 24 16 – www.agriturismolevedute.it
20 cam – 50/54 € 72/80 € **Rist** – *(solo a cena)* Menu 20 €
Nel verde degli ulivi, camere arredate con gusto e semplicità in un agriturismo con annesso centro ippico. A rendere il soggiorno ancora più rilassante, la piscina nel curato giardino.

Nicotel – Hotel Nicotel
via della Libertà 62 – ✆ 08 03 99 31 11 – www.nicotelhotels.com
Rist – Carta 20/33 €
Che siate ospiti dell'hotel o turisti di passaggio, il servizio sarà sempre inappuntabile, l'accoglienza calorosa, la tavola squisita. Cosa si mangia? Di tutto un po': cavatelli, strascinati e le immancabili orecchiette. Ma anche specialità di carne e di pesce.

Memory con cam
Panoramica Umberto Paternostro 239 – ✆ 08 03 98 01 49 – www.memoryristorante.it
8 cam – 55/69 € 59/74 € **Rist** – Menu 25/65 € – Carta 25/56 €
Ristorante-pizzeria ubicato lungo la litoranea, rinnovato recentemente negli spazi e negli arredi. Vasta scelta in lista, con diversi menù combinati: per tutte le tasche.

BLEVIO – **Como (CO)** – **561** E9 – **1 268 ab.** – **alt. 231 m** – ✉ **22020** **18** B1
Roma 645 – Milano 58 – Como 6 – Bellinzona 64

Castadiva Resort rist,
via Caronti 69 – ✆ 03 13 25 11 – www.castadivaresort.com – Chiuso 6 gennaio-15 marzo
50 suites – 950/3500 € – 23 cam **Rist** – Carta 43/98 €
In una bella villa dallo stile eclettico-rinascimentale, un tempo residenza della cantante lirica G. Pasta, musa ispiratrice di Vincenzo Bellini, camere dalla vista mozzafiato ed una splendida Spa dedicata ai quattro elementi. Per un soggiorno lacustre esclusivo e raffinato.

BOARIO TERME – **Brescia (BS)** – **561** E12 – **Vedere Darfo Boario Terme**

BOBBIO – Piacenza (PC) – 561 H10 – 3 737 ab. – alt. 272 m – ✉ 29022 8 A2

Roma 558 – Genova 90 – Piacenza 45 – Alessandria 84

piazza San Francesco 1, ✆ 0523 96 28 15, www.comune.bobbio.pc.it

Piacentino con cam

piazza San Francesco 19 – ✆ 05 23 93 62 66 – www.hotelpiacentino.it
20 cam – †50/70 € ††60/85 €, ☕ 7 €
Rist – *(chiuso lunedì escluso luglio-agosto)* Carta 25/51 €
Nel centro storico, la tradizione familiare continua da più di un secolo all'insegna di salumi, paste e secondi di carne, in questo piacevole ristorante che dispone anche di un delizioso giardino estivo. Camere con letti in ferro battuto e mobili in arte povera, ma anche stanze più moderne.

Enoteca San Nicola con cam

contrada di San Nicola 11/a – ✆ 05 23 93 23 55 – www.ristorantesannicola.it
4 cam ☕ – †60 € ††80 €
Rist – *(chiuso lunedì e martedì)* (consigliata la prenotazione) Carta 28/37 €
Originale la cucina, che si sta impegnando verso i canoni della modernità, così come il book bar dove è possibile fermarsi per un calice di vino, una cioccolata o un infuso particolare. Nell'intrico di stradine, intorno a San Colombano. Camere d'atmosfera, tutte con caminetto funzionante.

BOCCA DI MAGRA – La Spezia (SP) – 561 J11 – ✉ 19030 Liguria 15 D2

Roma 404 – La Spezia 22 – Genova 110 – Lucca 60

Sette Archi

via Fabbricotti 242 – ✆ 01 87 60 90 17 – www.hotelsettearchi.com
– Chiuso 6-31 gennaio
24 cam ☕ – †85/140 € ††85/140 € – 1 suite
Rist *Sette Archi* – vedere selezione ristoranti
Atmosfera piacevolmente familiare ed invidiabile posizione fronte mare, per questa bella risorsa recentemente ristrutturata, sia nelle parti comuni sia nelle camere. Il bel giardino ospita la piscina.

Capannina Ciccio

via Fabbricotti 71 – ✆ 0 18 76 55 68 – www.ristoranteciccio.it – Chiuso 20 giorni in novembre e martedì
Rist – Menu 40 € – Carta 35/70 €
Ristorante della tradizione, con proposte marinare talvolta rivisitate e alleggerite. Nella bella stagione si può godere di un'incantevole veranda con vista sul mare.

Sette Archi – Hotel Sette Archi

via Fabbricotti 242 – ✆ 01 87 60 90 17 – www.hotelsettearchi.com
– Aperto Pasqua-31 ottobre; chiuso lunedì
Rist – Menu 20/50 €
Una posizione da far invidia: piacevolmente frontemare - all'interno dell'omonimo hotel - ottimi antipasti di pesce, ma serbate un po' di appetito per gustare i proverbiali dessert della casa! Ben rifocillati, poi, sarà un piacere visitare le vicine Cinque Terre (battelli di collegamento direttamente da Bocca di Magra, solo nei mesi estivi).

BOGLIASCO – Genova (GE) – 561 I9 – 4 529 ab. – ✉ 16031 15 C2

Roma 491 – Genova 13 – Milano 150 – Portofino 23

via Aurelia 106, ✆ 010 3 75 10 45, www.prolocobogliasco.it

Al Solito Posto

via Mazzini 228 – ✆ 01 03 46 10 40 – www.alsolitoposto.net – Chiuso 15 giorni in novembre e lunedì
Rist – *(solo a cena)* Menu 39/55 € – Carta 43/80 €
Datevi appuntamento "al solito posto", se volete gustare piatti ricchi di fantasia, ma rispettosi della tradizione, in un'atmosfera intimamente informale.

a San Bernardo **Nord : 4 km – ✉ 16031 Stella**

XX **Il Tipico**

via Poggio Favaro 20 – ✆ 01 03 47 07 54 – www.ristoranteiltipico.it – Chiuso 28 luglio-8 agosto e lunedì
Rist – Menu 30/50 € – Carta 33/80 €
L'ambiente è gradevole, con qualche tocco d'eleganza, ma ciò che incanta è il panorama sul mare. Ubicato in una piccola frazione collinare, propone cucina ligure di pesce.

BOLGHERI – **Livorno (LI)** – **563** M13 – **Vedere Castagneto Carducci**

BOLLATE – **Milano (MI)** – **561** F9 – **36 467 ab. – alt. 156 m – ✉ 20021** **18** B2

Roma 595 – Milano 10 – Como 37 – Novara 45

Pianta d'insieme di Milano

La Torretta cam,

via Trento 111, strada statale 233 Nord-Ovest : 2 km – ✆ 0 23 50 59 96 – www.hotellatorretta.it – Chiuso 5-25 agosto **1**AO**d**
71 cam – †75/180 € ††90/220 € – 3 suites
Rist – *(chiuso domenica sera e sabato)* Carta 27/68 €
Oltre che per la scrupolosa gestione familiare, questa struttura si distingue anche per l'apprezzabile continuità con cui sono stati apportati aggiornamenti e migliorie. Sala ristorante luminosa, fresco e piacevole l'esterno in estate.

BOLOGNA P (BO) – **562** I15 – **380 181 ab. – alt. 54 m** **9** C3

Italia Centro-Nord

Roma 379 – Firenze 105 – Milano 210 – Venezia 152
Bologna-G. Marconi Nord-Ovest: 6 km EFU ✆051 6479615
piazza Maggiore 1/e , ✆ 051 23 96 60, www.bolognawelcome.it
Piazza Medaglie D'Oro, ✉ 40121, ✆ 051 25 19 47
Aeroporto Marconi, ✉ 40132, ✆ 051 6 47 21 13
18 via Sabattini 69, 051 969100, www.golfclubbologna.it – chiuso lunedì EV
9 Casalunga via Ca' Belfiore 8, 051 6050164, www.casalungagolfresort.com – chiuso lunedì

Manifestazioni locali

08.03 - 11.03 : cosmoprof (salone internazionale della profumeria e della cosmesi)
25.03 - 28.03 : fiera internazionale del libro per ragazzi
01.12 - 09.12 : motor show (salone internazionale dell'automobile)

Piazza Maggiore CY **57** e del Nettuno★★★ CY **76**: fontana del Nettuno★★ CY **F** - Basilica di San Petronio★★ CY - Piazza di Porta Ravegnana★★ CY **93**: Torri Pendenti★★ CY **R** – Museo Civico Archeologico★★ CY **M1** – Pinacoteca Nazionale★★ DY – Palazzo Comunale★ BY **H** - Palazzo del Podestà★ CY – Basilica di Santo Stefano★ CY – Chiesa di San Giacomo Maggiore★ CY – Strada Maggiore★ CDY – Chiesa di San Domenico★ CZ : arca★★★ del Santo, tavola★ di Filippino Lippi – Palazzo Bevilacqua★ BY – Chiesa di San Francesco★ BY

Madonna di San Luca: portico★, ≤★ su Bologna e gli Appennini Sud-Ovest: 5 km FV

Piante pagine seguenti

Royal Hotel Carlton cam, rist,

via Montebello 8 ✉ 40121 – ✆ 0 51 24 93 61 – www.monrifhotels.it – Chiuso agosto CX**g**
236 cam – †120/800 € ††140/840 € – 21 suites
Rist *NeoClassico* – ✆ 0 51 24 21 39 *(chiuso domenica a mezzogiorno)* Carta 40/78 €
Moderno e sobrio edificio anni '70, gli interni si aprono sui più classici, ovattati ed eleganti ambienti alberghieri: per chi non vuole sorprese design e preferisce la rassicurante e sempre attuale tradizione.

BOLOGNA

Amaseo (V. R.) . . . . **GU** 6
Arno (V.) . . . . **HV** 9
Artigiano (V. d.) . . . . **GU** 10
Bandiera (V. I.) . . . . **FV** 12
Barbieri (V. F.) . . . . **GU** 13
Barca (V. d.) . . . . **FV** 15
Battaglia (V. d.) . . . . **HU** 16
Bentivogli (V. G.) . . . . **GV** 19
Beverara (V. della) . . . . **FU** 20
Cadriano (V.) . . . . **GHU** 21
Castiglione (V.) . . . . **HU** 25
Cavazzoni (V. F.) . . . . **HV** 27
Codivilla (V.) . . . . **GV** 31
Colombo (V. C.) . . . . **FU** 34
Coubertin (V. de) . . . . **FV** 36
Dagnini (V. G.) . . . . **GV** 39
Firenze (V.) . . . . **HV** 42
Foscherara (V. d.) . . . . **GV** 43
Gagarin (V. Y.) . . . . **FU** 45
Gandhi (Viale M. K.) . . . . **FU** 49
Marconi (V.) . . . . **EV** 61
Marco Polo (V.) . . . . **FU** 60
Mario (V. A.) . . . . **GV** 63
Martelli (V. T.) . . . . **HV** 66

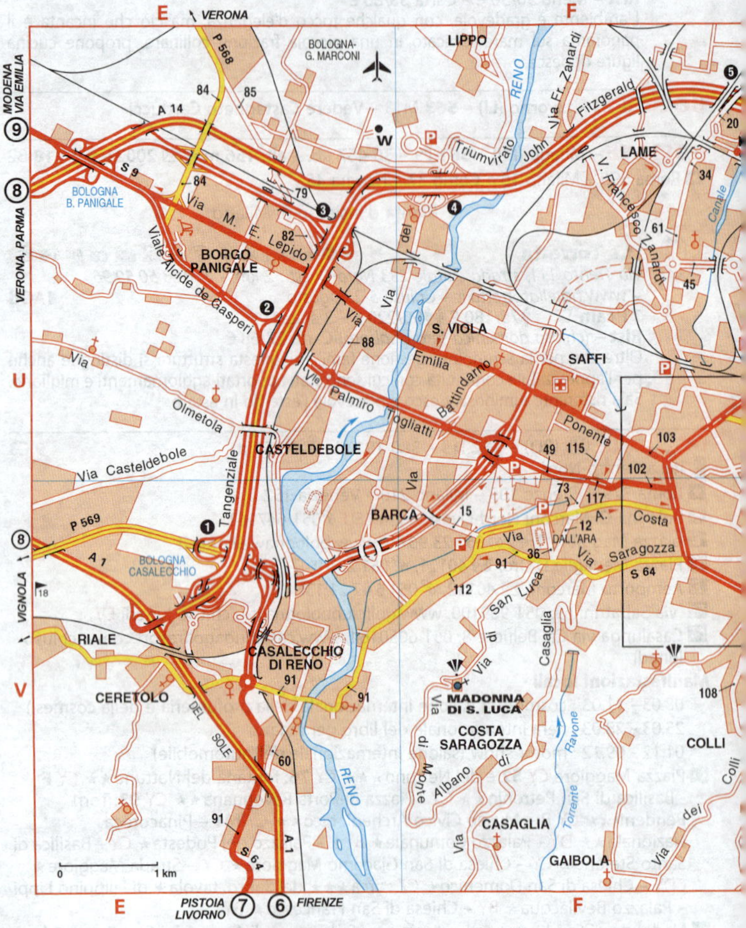

Grand Hotel Majestic

via dell'Indipendenza 8 ✉ 40121 – ✆ 0 51 22 54 45
– www.duetorrihotels.com **CYe**
109 cam ☕ – 🛉240/350 € 🛉🛉320/540 € – 6 suites
Rist *I Carracci* – vedere selezione ristoranti
Dal '600 ad oggi, dal barocco al liberty, è una galleria di lusso e sfarzo. Ambienti sontuosi, camere raffinate e i resti di una strada romana: un soggiorno in grande stile.

Matteotti (V.) . . . . GU 67
Mazzini (V.) . . . . GV 69
Mezzofanti (V. G.) . . . . GV 70
Montefiorino (V.) . . . . FV 73
Ospedaletto (V. d.) . . . . EU 79
Palagi (V. P.) . . . . GV 81
Panigale (V.) . . . . EU 82
Persicetana Vecchia (V.) . . . . . . EU 85
Persicetana (V.) . . . . EU 84
Pietra (V. d.) . . . . EU 88
Pirandello (V. L.) . . . . HU 90
Porrettana (V.) . . . . FVE 91
Putti (V. V.) . . . . GV 96
Sabbioni (V. d.) . . . . GV 100
Sabotino (V.) . . . . FUV 102
Saffi (V. A.) . . . . FU 103
Sigonio (V. C.) . . . . GV 111
Sturzo (V. Don L.) . . . . FV 112
S. Barbara (V.) . . . . GV 105
S. Mamolo (V.) . . . . FV 108
Timavo (V. d.) . . . . FU 115
Tolmino (V.) . . . . FV 117
Tosarelli (V. B.) . . . . HU 118

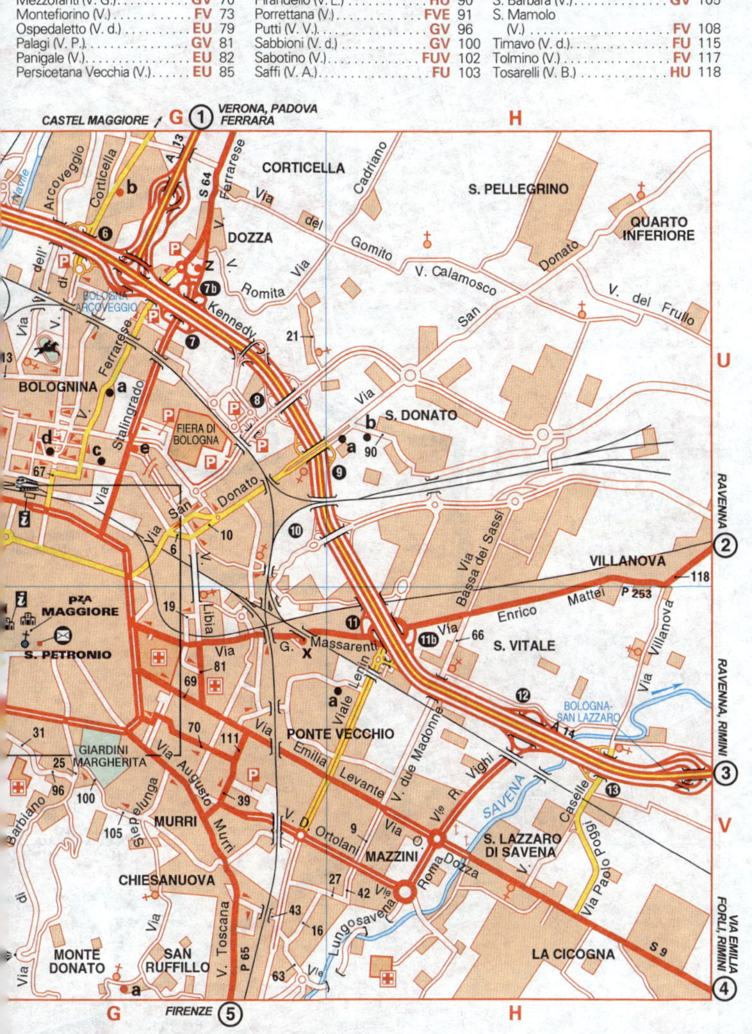

Savoia Hotel Regency
via del Pilastro 2 ✉ *40127* – ✆ *05 13 76 77 77*
– www.savoia.er
HU**b**
86 cam – 🛉80/320 € 🛉🛉90/400 € – 4 suites
Rist *Garganelli* – ✆ 05 13 76 77 66 *(solo a cena dal 1° al 24 agosto)*
Carta 24/50 €
Benvenuti in questa villa neoclassica che nell'architettura ricorda le belle dimore settecentesche: all'interno sarete accolti in ambienti classici ed eleganti per un soggiorno di tranquillità e charme.

A
B
X
Y
Z
BOLOGNA
0
400m
S 9
S 64
Via Innocenzo Malvasia
C. Casarini
V. F. Zanardi
Pietramellara
Viale Silvani
Pza 7 Novembre 1944
V. Don Minzoni
Via Amendola
Piazza del Martiri
22
Via A. Saffi
PORTA SAN FELICE
PALAZZO DELLO SPORT
Via delle Lame
Via Riva di Reno
Via Marconi
Via Sabotino
Viale G. Vicini
Via Andrea Costa
Via San Felice
Via del Pratello
Via Sauro
Pza Pta S. Isaia
Via Sant' Isaia
S. FRANCESCO
Museo Civico Medievale
V. U. Bassi
Via C. Battisti
Via A. Guidotti
Via F. R. Roncati
Audinot
Pepoli
Via Frassinago
Via Nosadella
V. Barberia
Pza Pta Saragozza
Via Saragozza
PALAZZO BEVILACQUA
Viale Aldini
Pza Porta San Mamolo
Via San Mamolo
Viale E.
Via Codivilla
52
94
58
126
124
46
123
37
33
121
114
64

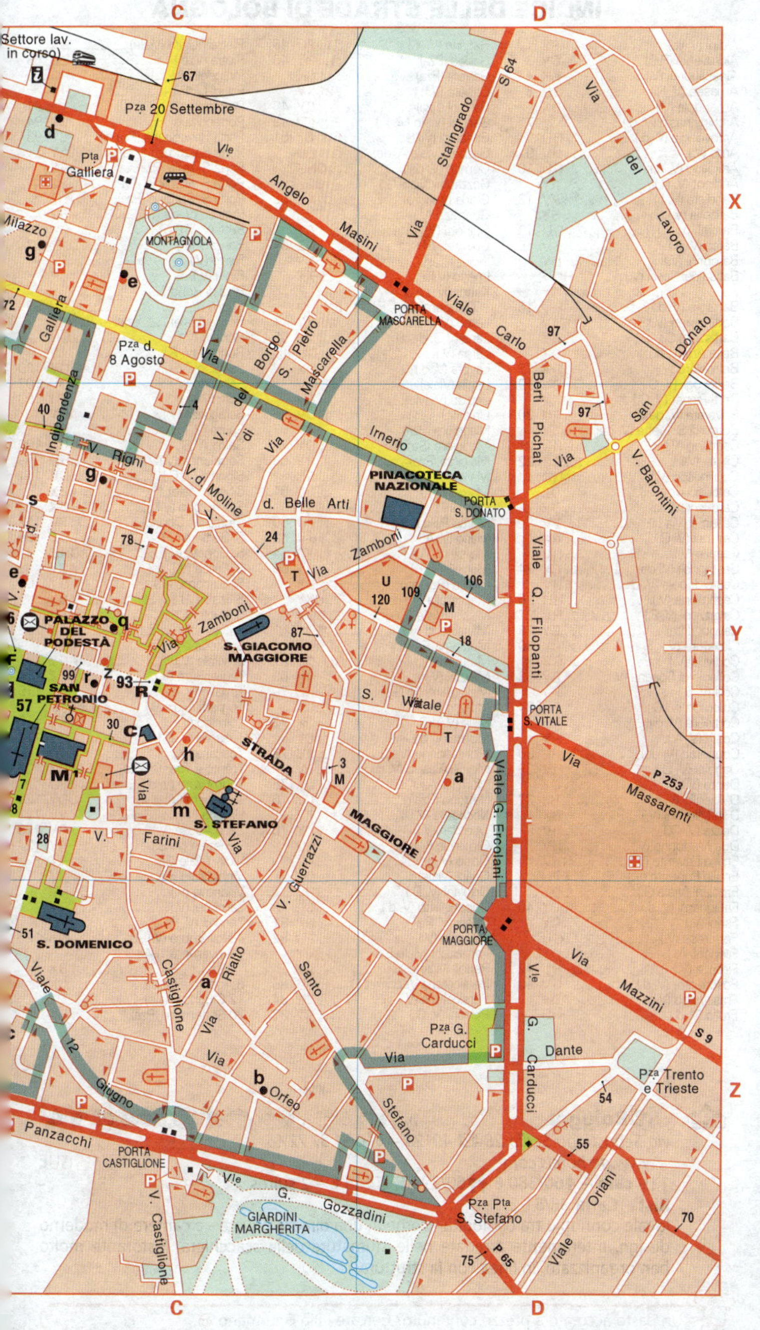

C
D
X
Y
Z
Settore lav. in corso)
Pza 20 Settembre
Pta Galliera
Vle Angelo Masini
MONTAGNOLA
Via Stalingrado
S 64
Via del Lavoro
PORTA MASCARELLA
Viale Carlo Berti Pichat
Via San Donato
Pza d. 8 Agosto
Via Galliera
Indipendenza
Via del Borgo di S. Pietro
Via Mascarella
Via Irnerio
V. Righi
V. d. Moline
d. Belle Arti
PINACOTECA NAZIONALE
PORTA S. DONATO
V. Barontini
Via Zamboni
Viale Q. Filopanti
PALAZZO DEL PODESTÀ
S. GIACOMO MAGGIORE
SAN PETRONIO
S. Vitale
PORTA S. VITALE
Via Massarenti
P 253
STRADA MAGGIORE
S. STEFANO
V. Farini
Via Castiglione
V. Guerrazzi
Viale G. Ercolani
S. DOMENICO
PORTA MAGGIORE
Via Mazzini
S 9
Riaito
Via Santo Stefano
Pza G. Carducci
Vle G. Carducci
Via Dante
Pza Trento e Trieste
Viale 12 Giugno
Via Orfeo
Panzacchi
PORTA CASTIGLIONE
Vle G. Gozzadini
GIARDINI MARGHERITA
V. Castiglione
Pza Pta S. Stefano
P 65
Viale Oriani

INDICE DELLE STRADE DI BOLOGNA

AC Bologna cam,

via Sebastiano Serlio 28 ✉ 40128 – ✆ 0 51 37 72 46
– www.ac-hotels.com GU**c**

119 cam – 60/380 € 60/390 €, 15 € – 2 suites

Rist – Carta 38/51 €

Ideale connubio tra comodità - come in una dimora privata - e camere di moderno design, interamente arredate nelle sfumature della scacchiera. Ristorante molto ben organizzato, in linea con la struttura.

Un pasto accurato a prezzo contenuto? Cercate i Bib Gourmand.

I Portici rist,
via dell'Indipendenza 69 ✉ 40121 – ☎ 05 14 21 85 – www.iporticihotel.com
86 cam – †99/290 € ††119/340 €, ☕ 15 € – 1 suite CX**e**
Rist *I Portici* – vedere selezione ristoranti
Rist – *(chiuso domenica e lunedì) (solo a cena)* Carta 28/40 €
All'insegna del design e del minimalismo, del palazzo ottocentesco sono rimasti i soffitti affrescati di buona parte delle camere, il resto è di una semplicità quasi francescana. Al ristorante: piccola carta con piatti locali e nazionali, per chi preferisce un'alternativa più snella alle cene gourmet de I Portici.

Corona d'Oro senza rist
via Oberdan 12 ✉ 40126 – ☎ 05 17 45 76 11 – www.bolognarthotels.it – Chiuso agosto CY**q**
40 cam ☕ – †131/380 € ††168/420 € – 1 suite
Viaggio nell'eleganza cittadina: dalle origini medievali, attraverso il Rinascimento, fino alle decorazioni liberty. La Belle Époque rivive nelle camere, alcune con terrazza.

Savoia Hotel Country House
via San Donato 161 ✉ 40127 – ☎ 05 16 33 23 66 – www.savoia.eu HU**a**
43 cam ☕ – †70/250 € ††80/350 €
Rist *Danilo e Patrizia* – *(chiuso 27 dicembre-3 gennaio, 13-23 agosto, domenica sera e lunedì)* Carta 27/40 €
Un ampio giardino circonda questo esclusivo complesso colonico del '700, dove l'antico fascino campestre si sposa con un lusso discreto ed elegante. L'ozio vi attende in veranda. La cucina emiliana, al ristorante.

UNA Hotel Bologna rist,
viale Pietramellara 41/43 ✉ 40121 – ☎ 05 16 08 01 – www.unahotels.it
99 cam ☕ – †99/445 € ††99/445 € – 5 suites CX**d**
Rist – *(chiuso sabato e domenica)* Menu 18 € (pranzo in settimana) – Carta 30/53 €
Particolare, diverso, colorato: ogni spazio è una realtà a sé disegnato nel moderno stile minimalista, che si avvale di tinte inusuali e personalizzate. Spaziose e luminosissime le camere.

Commercianti senza rist
via dè Pignattari 11 ✉ 40124 – ☎ 05 17 45 75 11 – www.bolognarthotels.it
34 cam ☕ – †94/370 € ††115/410 € – 2 suites BY**n**
All'ombra della basilica di S. Petronio, un edificio del '200 è pronto ad accogliervi in ambienti di grande raffinatezza: camini, travi a vista, letti a baldacchino. Sospesi tra storia e squisita ospitalità.

Novecento senza rist
piazza Galileo 4/3 ✉ 40123 – ☎ 05 17 45 73 11 – www.bolognarthotels.it
27 cam ☕ – †105/381 € ††137/423 € – 3 suites BY**e**
Nel centro medievale della città, un palazzo dei primi del Novecento è stato convertito in un design hotel in cui confort e ricercatezza si uniscono a forme di sobria eleganza.

Orologio senza rist
via IV Novembre 10 ✉ 40123 – ☎ 05 17 45 74 11 – www.bolognarthotels.it
33 cam ☕ – †111/206 € ††127/261 € – 6 suites BY**a**
Di fronte all'orologio della torre comunale: piccolo hotel di tradizione con camere curate nei dettagli e ben rifinite, alcune con vista sul centro città. Orologi ovunque.

Il Guercino senza rist
via Luigi Serra 7 ✉ 40129 – ☎ 0 51 36 98 93 – www.guercino.it GU**d**
62 cam – †49/109 € ††65/135 €, ☕ 7 € – 1 suite
Atmosfera e decorazioni indiane per questa bella risorsa tra stazione e Fiera; le camere più caratteristiche dispongono anche di un terrazzino.

Il Convento dei Fiori di Seta senza rist
via Orfeo 34/4 ✉ 40124 – ☎ 0 51 27 20 39 – www.ilconventodeifioridiseta.com
10 cam ☕ – †126/140 € ††140/250 € CZ**b**
Lo straordinario esito della ristrutturazione di un convento del '400 trasformato in una risorsa che fonde con incredibile armonia design e classicità, nel cuore della città.

Alloro Suite Hotel senza rist
via Ferrarese 161 ✉ 40128 – ✆ 0 51 37 29 60 – www.allorosuitehotel.it
51 cam ☕ – †65/285 € ††75/385 € – 5 suites GU**a**
Tra la fiera ed il centro storico, un altro concetto di ospitalità, dove il silenzio, l'accoglienza e i servizi rendono la permanenza in città un momento felice. Camere per famiglie, bici, internet e parcheggio a disposizione degli ospiti.

Re Enzo senza rist
via Santa Croce 26 ✉ 40122 – ✆ 0 51 52 33 22 – www.hotelreenzo.it
51 cam ☕ – †70/140 € ††90/240 € AY**a**
Turista o businessman? Poco importa: la struttura, funzionale e confortevole, soddisfa le esigenze di entrambe le categorie. Ospitalità e cortesia proverbiali, come quelle riservate a re Enzo (catturato dai bolognesi nel 1249).

Touring senza rist
via dè Mattuiani 1/2, angolo piazza dei Tribunali ✉ 40124 – ✆ 0 51 58 43 05 – www.hoteltouring.it BZ**b**
38 cam – †69/129 € ††89/280 €, ☕ 8 € – 4 suites
Nelle vicinanze di S. Domenico, una piacevole vista sui tetti della città è lo spettacolo che offre la terrazza solarium. Atmosfera familiare e camere di buon confort (soprattutto quelle rinnovate, agli ultimi piani).

Nuovo Hotel Del Porto senza rist
via del Porto 6 ✉ 40122 – ✆ 0 51 24 79 26 – www.nuovohoteldelporto.com
56 cam ☕ – †42/260 € ††50/280 € BX**a**
Nome curioso per un albergo in posizione centrale, con spazi comuni limitati ma accoglienti e camere confortevoli, ben insonorizzate.

Delle Drapperie senza rist
via delle Drapperie 5 ✉ 40124 – ✆ 0 51 22 39 55 – www.albergodrapperie.com
21 cam – †60/70 € ††75/85 €, ☕ 5 € CY**r**
Nel cuore medievale della città, fra le bancarelle e i negozi di gastronomia della tradizione bolognese, camere d'atmosfera tra soffitti decorati e graziosi bagni.

Paradise senza rist
vicolo Cattani 7 ✉ 40126 – ✆ 0 51 23 17 92 – www.hotelparadisebologna.it – Chiuso 22-27 dicembre e 4-19 agosto CY**g**
18 cam ☕ – †50/220 € ††60/320 €
Gestione al femminile per questo comodo indirizzo che coniuga vicinanza al centro, camere semplici e prezzi interessanti. Graziose le stanze all'ultimo piano in stile provenzale.

Villa Azzurra senza rist e senza ☕
viale Felsina 49 ✉ 40139 – ✆ 0 51 53 54 60 – www.hotelvillaazzurra.com
15 cam – †50/100 € ††70/140 € HV**a**
Un silenzioso giardino avvolge questa dimora del tardo Ottocento, che dell'epoca conserva l'aspetto e l'atmosfera. Accoglienza ed ospitalità come ci si attende in Emilia.

I Carracci – Grand Hotel Majestic
via dell'Indipendenza 8 ✉ 40121 – ✆ 0 51 22 20 49 – www.baglionihotels.com
Rist – Carta 30/70 € CY**e**
Se cercate la grande tradizione, la sontuosità degli ambienti e una certa signorilità che passa indenne attraverso le mode, ecco il vostro ristorante: cucina bolognese e nazionale, senza capricci o provocazioni, servita in uno straordinario salone con affreschi della scuola dei fratelli Carracci.

Leoni Ⓝ
piazza De Mello 4 ✉ 40128 Bologna – ✆ 0 51 70 01 02 – www.marcelloleoni.it – Chiuso domenica sera GU**e**
Rist – Carta 58/80 €
E' nata dall'ispirazione, nonché dalla granitica esperienza, dello chef Marcello Leoni questa sorta di cattedrale del gusto in cima a Porta Europa (sopra via Stalingrado): spazi curati, a tratti suggestivi, per una cucina che non teme confronti. Piatti creativi.

I Portici – Hotel I Portici

via dell'Indipendenza 69 ✉ 40121 – ✆ 05 14 21 85 62 – www.iporticihotel.com – Chiuso vacanze di Natale, 3 settimane in agosto, domenica e lunedì

Rist – *(solo a cena)* Carta 57/93 € CX**e**

➜ Pasta, fave e gamberoni... colore, consistenza e sapore. Spigola croccante su vellutata di finocchio, tartellette di olive taggiasche e granita al Pernod. Babà tre lievitazioni.

Il palcoscenico dell'antico caffè chantant trova un nuovo, grande protagonista, un giovane cuoco di Castellammare che ha conquistato Bologna con gli ingredienti e la veracità della cucina napoletana. Generosità di prodotti e di emozioni che sbarcano quotidianamente dalla Campania e invadono i portici bolognesi.

Trattoria Battibecco

via Battibecco 4 ✉ 40123 – ✆ 0 51 22 32 98 – www.battibecco.com – Chiuso 8-22 gennaio, 24 giugno-7 luglio e domenica BY**v**

Rist – Carta 40/81 €

In un vicolo centrale, un locale di classe e di tono elegante, che spicca nel panorama della ristorazione cittadina per la cucina tradizionale e le proposte di mare. A pranzo: piatti semplici, a prezzi più contenuti.

Da Sandro al Navile

via del Sostegno 15 ✉ 40131 – ✆ 05 16 34 31 00 – www.dasandroalnavile.it – Chiuso 2 settimane in agosto e domenica sera; sabato e domenica in luglio e agosto FU**r**

Rist – Menu 25/45 € – Carta 38/64 €

Sebbene in zona decentrata, le salette di questo rinomato ristorante sono sempre affollate di affezionati clienti. E' nel piatto che va ricercata la ragione di tanto successo: cucina emiliana tradizionale. Eccezionale collezione di whisky.

La Terrazza

via del Parco 20 ✉ 40138 – ✆ 0 51 53 13 30 – www.ristorantelaterrazza.it – Chiuso 14-28 agosto e domenica GV**x**

Rist – (consigliata la prenotazione) Menu 20 € (pranzo) – Carta 38/74 €

In una via tranquilla, un ristorante di dimensioni contenute con un piacevole dehors per il servizio estivo. Le proposte in menu spaziano dalla carne al pesce.

Da Cesarina

via Santo Stefano 19 ✉ 40125 – ✆ 0 51 23 20 37 – www.ristorantecesarina.it – Chiuso 27 dicembre-14 gennaio, martedì a mezzogiorno e lunedì CY**m**

Rist – Carta 37/70 €

Accanto alla splendida chiesa, ristorante con quasi un secolo di storia alle spalle. In tavola viene proposta la tradizionale cucina emiliana con numerosi piatti di mare.

Marco Fadiga Bistrot

via Rialto 23/c ✉ 40124 – ✆ 0 51 22 01 18 – www.marcofadigabistrot.it – Chiuso vacanze di Natale, 1 settimana in agosto, domenica e lunedì

Rist – Carta 31/50 € CZ**a**

Elegante quanto basta, per essere informale e simpatico al tempo stesso, ma sono le origini d'Oltralpe della signora Hélène ad aver influenzato questo locale: un autentico bistrot in stile moderno, dove assaporare specialità del territorio, accanto a piatti più creativi. Tra gli imperdibili, il tripudio di crostacei al vapore con pinzimonio di frutti esotici e verdure.

Antica Trattoria della Gigina

via Stendhal 1 ✉ 40128 – ✆ 0 51 32 23 00 – www.trattoriagigina.it – Chiuso 1-20 agosto GU**b**

Rist – Carta 28/50 €

Gigina, la fondatrice, ne sarebbe orgogliosa: dopo più di mezzo secolo dall'apertura di questa roccaforte della tradizione gastronomica emiliana, in menu campeggiano ancora i classici del "repertorio": tortellini in brodo, tagliatelle al ragù, coniglio al forno...

Posta
via della Grada 21/a ✉ 40122 – ☎ 05 16 49 21 06 – www.ristoranteposta.it – Chiuso 2 settimane in agosto, sabato a mezzogiorno e lunedì AYc

Rist – Carta 28/53 €

Zuppa lucchese, tagliata di manzo con osso e un'insalata dedicata alla nobildonna fiorentina, Caterina de' Medici. Nessun errore: siamo in una sobria trattoria poco distante dal centro, ma la cui rinomata cucina si apre ad abbracciare anche i piatti dei "vicini di casa". Siete pronti ad un divertente viaggio culinario?

Il Cantuccio
via Volturno 4 ✉ 40121 – ☎ 0 51 23 34 24 – Chiuso agosto e lunedì

Rist – *(solo a cena escluso domenica)* Carta 40/50 € CYs

"A bordo" di questo piccolo locale a gestione familiare - una calda e luminosa saletta con tanti quadri alle pareti - si servono piatti della tradizione mediterranea di pesce.

Biagi
via Savenella 9/a ✉ 40124 – ☎ 05 14 07 00 49 – www.ristorantebiagi.it – Chiuso martedì CZc

Rist – *(solo a cena escluso i giorni festivi)* Carta 26/49 €

Continua la tradizione della storica famiglia di ristoratori il cui nome fa ormai rima con cucina bolognese. In lista troverete i grandi classici, nessuno escluso.

Teresina
via Oberdan 4 ✉ 40126 – ☎ 0 51 22 89 85 – www.ristoranteteresinabologna.it – Chiuso 14-28 agosto e domenica CYz

Rist – (consigliata la prenotazione) Carta 35/50 €

Dalla nonna ai nipoti, c'è tutta la famiglia impegnata in questa moderna e semplice trattoria. Genuina e gustosa cucina emiliana con proposte ittiche; bel dehors estivo.

Trattoria Leonida
vicolo Alemagna 2/b ✉ 40125 – ☎ 0 51 23 97 42 – www.trattorialeonida.com – Chiuso 1-25 agosto e domenica CYh

Rist – Carta 29/43 €

Da cinquant'anni rappresenta la tradizione cittadina, con quel piacevole gusto retrò d'invoglianti portate esposte in bella vista e godereccia cucina bolognese.

Trattoria Monte Donato
via Siepelunga 118, località Monte Donato, Sud : 4 km ✉ 40141 – ☎ 0 51 47 29 01 – www.trattoriamontedonato.it – Chiuso domenica in luglio-agosto, lunedì negli altri mesi GVa

Rist – Menu 19 € (pranzo in settimana)/35 € – Carta 30/50 €

E' soprattutto con la bella stagione che si possono apprezzare i colori e i profumi di questa trattoria tra i colli; in inverno, la terrazza si chiude, ma il bel panorama rimane sempre a portata di occhi. La cucina - abbondante e tipica - conquista ogni palato.

All'Osteria Bottega
via Santa Caterina 51 ✉ 40123 – ☎ 0 51 58 51 11 – Chiuso agosto, domenica e lunedì BYb

Rist – (consigliata la prenotazione) Carta 28/51 €

Roccaforte della cucina bolognese, in una sala tanto semplice quanto autenticamente familiare e conviviale, arrivano i migliori salumi emiliani, le paste fresche e le carni della tradizione.

Scacco Matto
via Broccaindosso 63/b ✉ 40125 – ☎ 0 51 26 34 04 – www.ristorantescaccomatto.com – Chiuso agosto e lunedì a mezzogiorno

Rist – Carta 38/51 € DYa

A dispetto della semplicità del locale e dei tavoli ravvicinati, è uno dei migliori ristoranti in città: creatività mediterranea, sia pesce sia carne, in piatti colorati e saporiti.

a Borgo Panigale Nord-Ovest : 7,5 km EU – ✉ 40132

Sheraton Bologna
via dell'Aeroporto 34/36 – ✆ 0 51 40 00 56 – www.sheratonbologna.it
243 cam ☕ – †83/345 € ††102/375 € – 7 suites EUw
Rist – Carta 28/72 €
Vicino all'aeroporto e comodamente raggiungibile dalla tangenziale, una struttura funzionale, che dispone di moderne attrezzature e spazi perfetti per meeting. Impostazione classica nella capiente sala del ristorante.

BOLSENA – Viterbo (VT) – 563 O17 – 4 187 ab. – alt. 350 m – ✉ 01023 12 A1

Italia Centro-Sud

Roma 138 – Viterbo 31 – Grosseto 121 – Siena 109

Chiesa di Santa Cristina★

Royal senza rist
piazzale Dante Alighieri 8/10 – ✆ 07 61 79 70 48 – www.bolsenahotel.it
37 cam – †44/65 € ††74/109 €, ☕ 10 €
Struttura elegante, curata tanto nei signorili spazi esterni, quanto negli eleganti ambienti interni. Un soggiorno in riva al lago, coccolati dalla bellezza del paesaggio.

Holiday
viale Diaz 38 – ✆ 07 61 79 69 00 – www.bolsena.com
– Aperto 29 dicembre-5 gennaio e 1° aprile-1° novembre
23 cam ☕ – †80/100 € ††80/145 € **Rist** – Carta 27/68 €
In riva al lago, in zona leggermente decentrata, una grande villa anni '50 con ampio, curato giardino e piscina. Camere in stile classico, arredate con mobili di pregio. Bella e luminosa sala da pranzo.

Columbus
viale Colesanti 27 – ✆ 07 61 79 90 09 – www.bolsenahotel.it
– Aperto 1° aprile-31 ottobre
36 cam – †35/50 € ††59/99 €, ☕ 7 €
Rist *La Conchiglia* – Carta 28/53 €
Alla fine del viale, sulla piazza prospiciente il lago, una piacevole struttura con spazi comuni di buon livello e camere confortevoli. E' il pesce il primo attore del menu de La Conchiglia: di mare o di lago si presta ad ottime ricette mediterranee. La carta, però, annovera anche qualche piatto di terra.

BOLZANO (BOZEN) (P) (BZ) – 562 C16 – 104 029 ab. – alt. 262 m 34 D3
– ✉ 39100 Italia Centro-Nord

Roma 641 – Innsbruck 118 – Milano 283 – Padova 182

ABD Dolomiti ✆0471 255255

piazza Walther 8, ✆ 0471 30 70 00, www.bolzano-bozen.it

Via dei Portici★ B – Duomo★ B – Museo Archeologico★ AM – Altare della Natività★ nella chiesa dei Francescani B – Altare a portelle★ nella chiesa parrocchiale di Gries, per corso Libertà A

Gole della Val d'Ega★ Sud-Est per ① – Dolomiti★★★ Est per ①

Pianta pagina seguente

Parkhotel Laurin
via Laurin 4 – ✆ 04 71 31 10 00 – www.laurin.it Be
100 cam ☕ – †96/205 € ††140/274 € – 7 suites
Rist *Laurin* – vedere selezione ristoranti
Risorsa centenaria di notevole pregio, ospitata in un magnifico edificio in stile liberty, in cui lusso e raffinatezza sono stati abilmente coniugati al confort della modernità.

Greif senza rist
piazza Walther – ✆ 04 71 31 80 00 – www.greif.it Bn
33 cam ☕ – †113/224 € ††158/287 €
Dietro la bellezza del palazzo, restituita alla città da un recente restauro, stanze rimodernate con l'aiuto di artisti internazionali offrono personalizzazioni uniche.

Alto Adige (V.)	B 2	Garibaldi (V.)	B 10	Parrocchia (Pza)	B 17
Brennero (V.)	B 3	Marconi (V. G.)	A 14	Portici (V.)	B
Dodiciville (V.)	B 7	Mostra (V. della)	B 15	Stazione (Viale)	B 19
Domenicani (Pza)	B 8	Museo (V.)	AB 16	Streiter (V. Dottor)	B 20
Erbe (Pza)	B	Ospedale (V.)	A 16	Walther (Pza)	B 21

Park Hotel Luna-Mondschein

via Piave 15 – *✆ 04 71 97 56 42* – *www.hotel-luna.it*

74 cam ☕ – 🚶99/144 € 👫141/185 € – 4 suites **Bc**

Rist *Van Gogh* – vedere selezione ristoranti

Circondato da un bel parco giardino, questo hotel di tradizione offre il vantaggio di essere in zona centralissima e di disporre di un ampio garage.

Magdalenerhof

via Rencio 48, per via Renon – *✆ 04 71 97 82 67* – *www.magdalenerhof.it*

52 cam ☕ – 🚶85/95 € 👫115/135 € – 7 suites **B**

Rist – *(chiuso lunedì)* Carta 30/69 €

Edificio in tipico stile tirolese in posizione tranquilla, dalla gestione diretta ed attenta ai dettagli, presenta stanze di buon livello. Sono tre le sale da pranzo ricavate all'interno dell'hotel.

Stadt Hotel Città

cam, rist,

piazza Walther 21 – *✆ 04 71 97 52 21* – *www.hotelcitta.info* **Ba**

99 cam ☕ – 🚶102/150 € 👫148/186 € **Rist** – Carta 27/52 €

Affacciato sulla suggestiva piazza Walther, hotel di lunga tradizione che tra i numerosi servizi a disposizione, annovera una spaziosa zona relax. Frequentato anche dai bolzanini il Caffè, con saletta ristorante a parte.

Figl senza rist
piazza del Grano 9 – 📞 04 71 97 84 12 – www.figl.net
– Chiuso febbraio e 1°-20 agosto **Bp**
23 cam – 🛉90/95 € 🛉🛉120/130 €, ☕ 4 € – 1 suite
Ospitalità di tono familiare e per certi versi piacevolmente informale in un piccolo ma grazioso hotel del centro, con soluzioni all'avanguardia. Spazi comuni ridotti.

Rentschner Hof rist,
via Rencio 70, per via Renon – 📞 04 71 97 53 46 – www.rentschnerhof.com
– Chiuso 10-24 febbraio **B**
21 cam ☕ – 🛉62/78 € 🛉🛉105/125 €
Rist – *(chiuso domenica) (solo a cena)* Carta 22/46 €
E' ubicato alle porte del centro abitato e infatti questo hotel si avvicina più ad un albergo di campagna che non ad una risorsa cittadina. Bella vista sui vigneti. Nella sala ristorante prevalgono tinte chiare e piacevoli.

Laurin – Parkhotel Laurin
via Laurin 4 – 📞 04 71 31 10 00 – www.laurin.it – Chiuso domenica a mezzogiorno
Rist – Menu 33/70 € – Carta 49/82 € **Be**
Atmosfera signorile, piacevolmente retrò e che rimanda all'inizio del secolo scorso, per il ristorante del più celebre albergo di Bolzano. Dal 2010, un nuovo cuoco ai fornelli: giovane e motivato propone una linea di cucina moderna, con un "debole" per le specialità di pesce.

Kaiserkron
piazza della Mostra 1 – 📞 04 71 98 02 14 – www.kaiserkron.bz
– Chiuso 1°-6 gennaio e domenica **Bd**
Rist – Carta 38/53 €
Nella nuova veste dello storico locale del centro, la cucina rimane contemporanea, mai complicata e leziosa, elaborata partendo da ottime materie prime. La velocità del servizio non ne penalizza la professionalità.

Van Gogh – Hotel Luna-Mondschein
via Piave 15 – 📞 04 71 97 56 42 – www.hotel-luna.it **Bc**
Rist – Menu 29/48 € – Carta 40/67 €
Nonostante sia il ristorante di un albergo, il locale è ben conosciuto in città, sia per la sua gradevole location nel giardino, dove in estate si mangia rinfrescati dall'ombra degli alberi, sia per la cucina che spazia dalla tradizionale altoatesina ai classici italiani.

Vögele
via Goethe 3 – 📞 04 71 97 39 38 – www.voegele.it
– Chiuso domenica e i giorni festivi **Bb**
Rist – Carta 21/68 €
Un classico nel panorama della ristorazione bolzanina: un'osteria le cui origini si perdono nel tempo, arredata ancora oggi in stile Biedermeier, la cucina predilige il territorio con qualche spunto mediterraneo.

Voglia di partire all'ultimo momento?
Consultate i siti Internet degli hotel per beneficiare di eventuali promozioni.

sulla strada statale 12-zona Fiera A

Four Points Sheraton rist,
via Buozzi 35, Sud : 2 km – 📞 0 47 11 95 00 00
– www.fourpointsbolzano.it
164 cam ☕ – 🛉85/150 € 🛉🛉125/190 € – 25 suites
Rist *Valier* – Carta 39/69 €
Attualmente il più grande hotel di Bolzano e forse il più moderno. Accanto alla fiera, dispone di un notevole centro congressi e di confort ideali per la clientela business. Ristorante di design, così come l'hotel, ottimo servizio.

a Colle di Villa (Bauernkohlern)**Sud : 5 km – ✉ 39100 Bolzano**

Colle-Kohlern con cam
– ✆ *04 71 32 99 78 – www.albergocolle.com – Aperto 1° dicembre- 6 Gennaio e 1° maggio-1° novembre*
16 cam – 100/130 € 140/200 €
Rist – (prenotazione obbligatoria la sera) Carta 33/60 €
Costruita nel 1908, la funivia che porta alla Gasthof è stata la prima al mondo ad essere realizzata. All'insegna della tradizione anche il ristorante: una bella veranda affacciata sulla valle, dove gustare piatti regionali. Nata come locanda ai primi del '900, la risorsa dispone di camere arredate con mobili in stile.

a Signato Nord-Est : 5 km – ✉ 39054

Patscheider Hof
via Signato 178 – ✆ 04 71 36 52 67 – www.patscheiderhof.com
– Chiuso 7-24 gennaio, luglio, lunedì sera e martedì
Rist – Carta 16/53 €
In un autentico maso, cucina regionale di incontrastata qualità realizzata partendo da un'ottima materia prima. In autunno, non perdetevi il Törggelen: crauti, salsicce, costine, carré di maiale, castagne arrostite... il tutto annaffiato da vino nuovo!

BOLZANO VICENTINO – Vicenza (VI) – 562 F16 – 6 503 ab. – alt. 45 m – ✉ 36050 38 B1

Roma 539 – Padova 41 – Treviso 54 – Vicenza 9

Locanda Grego con cam
via Roma 24 – ✆ 04 44 35 05 88 – www.locandagrego.it
– Chiuso 26 dicembre-8 gennaio e 10-31 agosto
18 cam – 47/85 € 85/110 €
Rist – *(chiuso domenica sera e mercoledì sera)* Carta 24/59 €
Tra i tavoli di una locanda che esiste dagli inizi dell'Ottocento, proposte di cucina regionale con piatti preparati secondo stagione e tradizione. Le camere sono state rinnovate per offrire un'accoglienza di gusto contemporaneo pur mantenendo il peculiare carattere di calore e familiarità che contraddistingue la casa.

BOLZONE – Cremona (CR) – Vedere Ripalta Cremasca

BONASSOLA – La Spezia (SP) – 561 J10 – 962 ab. – ✉ 19011 Liguria 15 D2

Roma 456 – La Spezia 38 – Genova 83 – Milano 218
via Fratelli Rezzano, ✆ 0187 81 35 00, www.prolocobonassola.it

Delle Rose
via Garibaldi 8 – ✆ 01 87 81 37 13 – www.hoteldellerosebonassola.it
– Aperto 6 aprile-22 ottobre
25 cam – 70/90 € 100/140 €
Rist – *(solo a cena escluso 15 giugno-31 agosto)* Menu 25 €
Una solida gestione familiare in grado di garantire nell'insieme un buon livello di ospitalità, sulla piazza di questo bel borgo di mare, a pochi passi dalla spiaggia. Cucina semplice e di fattura casalinga.

Villa Belvedere
via Ammiraglio Serra 15 – ✆ 01 87 81 36 22 – www.hotelvillabelvedere.eu
– Aperto 1°aprile-31 ottobre
22 cam – 95/100 € 120/140 €
Rist – *(solo a cena) (solo per alloggiati)* Carta 30/47 €
Piccolo albergo contornato da terrazze verdeggianti con vista mare. Gestione attenta, camere e ambienti comuni arredati con cura e tocchi etnici qua e là.

BONDENO – Ferrara (FE) – 562 H16 – 15 401 ab. – alt. 11 m – ✉ 44012 9 C1

Roma 443 – Bologna 69 – Ferrara 20 – Mantova 72

Tassi con cam

viale Repubblica 23 – ✆ 05 32 89 30 30 – Chiuso 1°-4 gennaio

10 cam – 60 € 70 €

Rist – *(chiuso domenica sera e lunedì)* Carta 34/67 €

Attivo dal 1918, in questo storico locale si cucina - ancora oggi - la "salama da sugo", esattamente come 50 anni fa. Ad essa si sono aggiunte, la pasta (rigorosamente tirata con il mattarello), i celebri bolliti, la lingua di cinghiale affumicata e cotta nel vino rosso, nonché qualche palmipede delle vicine zone lagunari. Senza carta, tutto a voce!

BONDONE (Monte) – Trento (TN) – 562 D15 – 670 ab. – alt. 2 098 m – Sport invernali : 1 175/2 090 m 5, 33 B3

Roma 611 – Trento 24 – Bolzano 78 – Milano 263

strada di Vaneze 13, ✆ 0461 94 71 28, www.apt.trento.it

a Vason Nord : 2 km – alt. 1 561 m – ✉ 38123 Vaneze

Chalet Caminetto cam,

strada di Vason 139 – ✆ 04 61 94 82 00 – www.chaletcaminetto.it – Aperto 2 dicembre-14 aprile e 2 giugno-30 settembre

31 cam – 40/80 € 80/160 € **Rist** – Menu 18 €

Appena oltre il passo, albergo da poco ristrutturato ed ampliato. Piccolo centro benessere ben attrezzato, camere con balcone: tutto sotto la supervisione diretta dei titolari.

BONFERRARO – Verona (VR) – 562 G15 – alt. 20 m – ✉ 37060 39 A3

Roma 481 – Verona 35 – Ferrara 35 – Mantova 17

Sarti

via Don Giovanni Benedini 1 – ✆ 04 57 32 02 33 – www.ristorantesarti.it – Chiuso 25 luglio-18 agosto e martedì

Rist – Menu 25 € – Carta 20/51 €

Ristorante classico, a conduzione familiare ed elegante negli arredi, propone una cucina tradizionale, ma anche molti piatti a base di pesce, tra cui la proverbiale insalata tiepida di gamberi con ristretto di aceto balsamico e ricotta Cimbra. Ampia carta di vini e distillati.

BORCA DI CADORE – Belluno (BL) – 562 C18 – 826 ab. – ✉ 32040 40 C1

Roma 666 – Venezia 144 – Belluno 56 – Trento 203

Antelao rist,

via Roma 11 – ✆ 04 35 48 25 63 – www.hotelantelao.it

33 cam – 100/210 € 130/350 € **Rist** – Carta 30/69 €

Sulla strada per la mondana Cortina, camere moderne con grande profusione di legno in un hotel totalmente rinnovato, che dispone di un centro benessere dal nome fortemente evocativo: Le Coccole. Piatti cadorini, ampezzani e regionali al ristorante.

BORDIGHERA – Imperia (IM) – 561 K4 – 10 746 ab. – ✉ 18012 14 A3

Liguria

Roma 654 – Imperia 45 – Genova 155 – Milano 278

via Vittorio Emanuele II 172, ✆ 0184 26 23 22, www.visitrivieradeifiori.it

Località★

Giardino Esotico Pallanca: 1,2 km verso Sanremo seguendo il lungomare

Grand Hotel del Mare

via Portico della Punta 34, Est : 2 km – ✆ 01 84 26 22 01 – www.grandhoteldelmare.it – Aperto 1° febbraio-31 ottobre

44 cam – 100/300 € 130/400 € – 20 suites **Rist** – Carta 42/100 €

In posizione isolata su una punta costiera, moderna struttura con generosi spazi comuni. Di due tipologie le camere: alcune con arredi d'epoca, altre di tono più classico, tutte affacciate sul mare. Ampie vetrate illuminano l'ariosa sala da pranzo arredata con eleganza d'impronta classica.

Parigi cam, rist, VISA AE

lungomare Argentina 16/18 – 01 84 26 14 05 – www.hotelparigi.com – Chiuso 15 ottobre-23 dicembre

56 cam – †105/170 € ††160/220 € – 1 suite **Rist** – Carta 34/61 €

Classiche o più moderne, con o senza vista mare le camere sono spaziose e di sobria eleganza. In pieno centro, l'ingresso è lungo la bella passeggiata pedonale a ridosso della spiaggia. Buffet di antipasti e di verdure e soprattutto il piacere di una bella vista panoramica sul mare per cene indimenticabili.

Piccolo Lido cam, rist, VISA AE

lungomare Argentina 2 – 01 84 26 12 97 – www.hotelpiccololido.it – Chiuso ottobre-22 dicembre

33 cam – †75/140 € ††92/200 € **Rist** – Menu 25/29 €

Recentemente dotata di una piacevole terrazza-solarium con vista sul mare, offre interni nei quali dominano i colori pastello e camere fresche dall'arredo fantasioso. All'inizio della passeggiata lungomare.

Villa Elisa P VISA AE

via Romana 70 – 01 84 26 13 13 – www.villaelisa.com – Chiuso 2 novembre-22 dicembre

30 cam – †90/120 € ††110/190 € – 2 suites

Rist *L'Aranceto* – Carta 38/66 €

Lungo la strada cha ha visto i fasti della belle époque, una villa circondata da un incantevole giardino in cui aleggiano fragranze di aranci, limoni e ulivi. Interni d'atmosfera. Cucina ligure e più ampiamente marinara all'Aranceto.

Le Chaudron VISA

via Vittorio Emanuele 9 – 01 84 26 35 92 – Chiuso 6 gennaio-6 febbraio, domenica sera e lunedì (escluso festivi)

Rist – Menu 25/55 € – Carta 41/99 €

E' in un vecchio deposito merci vicino al lungomare che questo ristorante di famiglia ha trovato posto; dell'epoca rimane il suggestivo soffitto in mattoni e a volte sotto cui si mangia, il resto dell'arredo è nelle mani della fantasia.

Magiargè Vini e Cucina VISA

piazza Giacomo Viale, centro storico – 01 84 26 29 46 – www.magiarge.it – Chiuso martedì a mezzogiorno e lunedì

Rist – *(solo a cena in luglio-agosto)* (consigliata la prenotazione)
Carta 33/46 €

Caratteristico e vivace, nell'affascinante centro storico, le salette sembrano scavate nella roccia, coperte da un soffitto a volta. Nessuna sorpresa dalla cucina: cappon magro, stoccafisso mantecato "brandacujon", ciuppin alla sanremasca (zuppa di pesce). La Liguria è tutta nel piatto!

BORGARELLO – Pavia (PV) – 561 G9 – 2 689 ab. – alt. 88 m – ✉ 27010 16 A3

Roma 604 – Alessandria 86 – Pavia 8 – Milano 30

Locanda degli Eventi VISA

via Principale 4 – 03 82 93 33 03 – www.lalocandadeglieventi.blogspot.com – Chiuso 5-19 agosto, domenica sera e lunedì

Rist – (consigliata la prenotazione) Carta 21/38 €

Sulla piazza centrale del piccolo paese di campagna, in una sala d'atmosfera classica, si parte dalla sicurezza della cucina che dalla tradizione approda a piatti personali: lasagnetta ai profumi di Liguria, baccalà accomodato alla genovese, ossobuco di vitello alla milanese con risotto allo zafferano. A pranzo, c'è anche un economico menu di lavoro.

BORGARO TORINESE – Torino (TO) – 561 G4 – 13 502 ab. – alt. 254 m – ✉ 10071 22 A1

Roma 689 – Torino 10 – Milano 142

Atlantic

via Lanzo 163 – ✆ 01 14 50 00 55 – www.hotelatlantic.com
150 cam ☕ – 🚹60/160 € 🚹🚹80/250 €
Rist *Il Rubino* – *(chiuso agosto)* Carta 35/50 €
Non distante dall'aeroporto, camere in progressivo rinnovo (all'atto della prenotazione optare quindi per quelle recentemente ristrutturate), in una risorsa dagli ampi ambienti destinati all'attività congressuale. Al ristorante, i sapori di stagione in ricette classiche.

BORGHETTO – Verona (VR) – Vedere Valeggio sul Mincio

BORGHETTO D'ARROSCIA – Imperia (IM) – 561 J5 – 476 ab. – alt. 155 m – ✉ 18020 — 14 A2

Roma 604 – Imperia 28 – Genova 105 – Milano 228

a Gazzo Nord-Ovest : 6 km – alt. 610 m – ✉ 18020 Borghetto D'Arroscia

La Baita

località Gazzo – ✆ 0 18 33 10 83 – www.labaitagazzo.com – Chiuso lunedì-mercoledì in luglio-settembre e lunedì-giovedì negli altri mesi
Rist – (consigliata la prenotazione) Carta 24/60 €
Un strada tortuosa e stretta conduce a questo locale rustico in un borgo dell'affascinante entroterra ligure, in quella parte d'Italia dove è diffusa la raccolta di funghi, ovuli e tartufi: prodotti della terra presenti sulla tavola de *La Baita,* squisitamente accompagnati ad altri ingredienti locali.

BORGHETTO DI BORBERA – Alessandria (AL) – 561 H8 – 2 009 ab. – alt. 295 m – ✉ 15060 — 23 D3

Roma 562 – Torino 141 – Alessandria 61 – Genova 56

Il Fiorile con cam

frazione Castel Ratti, Sud-Est: 2 km – ✆ 01 43 69 73 03 – www.ilfiorile.com – Chiuso 14 gennaio-6 febbraio e 19 agosto-4 settembre
6 cam ☕ – 🚹65 € 🚹🚹80 €
Rist – *(chiuso lunedì) (solo a cena escluso sabato e domenica)* (consigliata la prenotazione) Carta 23/40 €
Quasi come in una cartolina, il calore di un vecchio fienile immerso nel silenzio dei boschi induce a riscoprire i profumi e le ricette del passato: flan di Montebore con miele d'acacia, tajarin "paglia e fieno" con tartufo nero, vitello tonnato all'antica maniera...

BORGIO VEREZZI – Savona (SV) – 561 J6 – 2 233 ab. – ✉ 17022 — 14 B2

Liguria

Roma 574 – Genova 75 – Imperia 47 – Milano 198
via Matteotti 158, ✆ 019 61 04 12, www.visitriviera.it
Località★ • Verezzi★ e piazza S. Agostino★ (borgata Piazza)

Doc

via Vittorio Veneto 1 – ✆ 0 19 61 14 77 – www.ristorantedoc.it – Chiuso lunedì, anche martedì da ottobre a maggio
Rist – *(solo a cena)* Carta 50/75 €
All'interno di una signorile villetta d'inizio secolo adornata da un grazioso giardino, un ristorante dall'ambiente raccolto e curato, in cui godere di una certa eleganza.

Da Casetta

piazza San Pietro 12 – ✆ 0 19 61 01 66 – dacasetta.playrestaurant.tv – Chiuso martedì da Pasqua a ottobre, aperto solo nei fine settimana negli altri mesi
Rist – *(solo a cena escluso sabato e domenica)* (consigliata la prenotazione) Carta 27/59 €
Una piacevole passeggiata attraverso il centro storico, vi condurrà fino a questo caratteristico ristorante che propone piatti legati alle tradizioni gastronomiche locali: dalla frittura alla ligure, al cappon magro, passando per le lumache alla verezzina.

BORGO A MOZZANO – Lucca (LU) – 563 K13 – 7 396 ab. – alt. 97 m – ✉ 55023 Toscana 31 B1

Roma 368 – Pisa 42 – Firenze 96 – Lucca 22

Milano

via del Brennero, 9, località Socciglia, Sud-Est : 1,5 km – ☎ 05 83 88 91 91 – www.hotelmilano-lucca.it – Chiuso 2-16 gennaio

34 cam – †45/65 € ††75/105 €

Rist – *(chiuso domenica sera e sabato)* Carta 17/37 €

Sulle rive del Serchio, un hotel ecofriendly la cui attenta conduzione diretta ha fatto sì che fossero apportate - nel corso degli anni - molte migliorie: ampie camere, un po' più moderne quelle recentemente ristrutturate. Stile retrò per il ristorante dalla calda atmosfera.

BORGO FAITI – Latina (LT) – 563 R20 – Vedere Latina

BORGOMANERO – Novara (NO) – 561 E7 – 21 518 ab. – alt. 307 m – ✉ 28021 24 A3

Roma 647 – Stresa 27 – Domodossola 59 – Milano 70

Castelconturbia via Castelconturbia 10, 0322 832093, www.golfclubcastelconturbia.it – chiuso gennaio e martedì

Bogogno via Sant'Isidoro 1, 0322 863794, www.circologolfbogogno.com – chiuso lunedì

Pinocchio

via Matteotti 147 – ☎ 0 32 28 22 73 – www.ristorantepinocchio.it – Chiuso vacanze di Natale, ferragosto, martedì a mezzogiorno e lunedì

Rist – (consigliata la prenotazione) Menu 50 € (pranzo)/75 € – Carta 60/95 €

Ambienti eleganti con richiami ad un passato rustico: la cucina riflette le tradizioni del territorio piemontese con piatti di carne proposti in interpretazioni più raffinate.

BORGO MOLARA Sicilia – Palermo (PA) – Vedere Palermo

BORGONATO – Brescia (BS) – Vedere Corte Franca

BORGONOVO VAL TIDONE – Piacenza (PC) – 561 G10 – 7 713 ab. – alt. 114 m – ✉ 29011 8 A1

Roma 528 – Piacenza 23 – Genova 137 – Milano 67

piazza Garibaldi 18, ☎ 0523 86 12 10, www.valtidoneluretta.it

La Palta (Isa Mazzocchi)

località Bilegno, Sud Est : 3 km – ☎ 05 23 86 21 03 – www.lapalta.it – Chiuso 10 giorni in gennaio, 20 giorni in luglio e lunedì

Rist – Menu 35/70 € – Carta 40/74 €

→ Pisarei e fagioli dell'occhio. Costata di manzo con verdure di stagione. Zuppa di mele verdi e sedano con mascarpone allo zenzero.

In una sperduta frazione nella campagna piacentina, per una volta la retorica della finta trattoria cede il passo ad un locale moderno, dove la cucina aspira a preparazioni creative - ben presentate - con qualche richiamo alla tradizione locale: in particolare, i salumi rigorosamente stagionati in casa.

Vecchia Trattoria Agazzino

località Agazzino 335, Nord-Est : 7 km – ☎ 05 23 88 71 02 – www.vecchiatrattoria.pc.it – Chiuso 26 dicembre-6 gennaio, 1°-27 agosto e martedì

Rist – *(solo a pranzo dal lunedì al giovedì)* Menu 15/20 € – Carta 22/39 €

Una frazione tanto piccola che una generica insegna "trattoria" è sufficiente ad indicare il locale (dando per scontato che non ve ne possano essere altri). Il servizio è informale, mentre i consensi sono tutti rivolti alla cucina: ravioli in brodo, filetto alle fragole, brasato di asinina ed altre specialità emiliane.

BORGO PANIGALE – Bologna (BO) – 563 I15 – Vedere Bologna

BORGO PRIOLO – Pavia (PV) – 561 H9 – 1 428 ab. – alt. 144 m – ✉ 27040 16 B3

Roma 558 – Alessandria 60 – Genova 106 – Milano 70

Agriturismo Torrazzetta

frazione Torrazzetta 1, Nord-Ovest : 2 km – ☎ 03 83 87 10 41 – www.torrazzetta.it

32 cam – †60/80 € ††80/120 €

Rist – (consigliata la prenotazione) Carta 21/41 €

Camere semplici e funzionali, alcune soppalcate, in una grande cascina immersa nel verde e dal piacevole côté rustico. Se ad occuparsi della cucina è il figlio dei titolari, per i vini ci si affida esclusivamente alla produzione propria; il sabato sera e la domenica a pranzo, si può approfittare del menu degustazione, che include una panoramica di piatti tipici.

BORGO SAN LORENZO – Firenze (FI) – 563 K16 – 18 191 ab. – alt. 193 m – ✉ 50032 Toscana 32 C1

Roma 308 – Firenze 25 – Bologna 89 – Forlì 97

Poggio dei Medici via San Gavino 27, 055 8435562, www.golfpoggiodeimedici.com

Park Hotel Ripaverde

viale Giovanni XXIII 36 – ☎ 05 58 49 60 03 – www.ripaverde.it

54 cam – †70/242 € ††90/242 € – 3 suites

Rist ***L'O di Giotto*** – vedere selezione ristoranti

La struttura mantiene immutate le sue caratteristiche di comodità ed elevato livello di confort in virtù di una gamma completa di servizi. Bella la zona piscina servita anche da un bar.

L'O di Giotto – Park Hotel Ripaverde

viale Giovanni XXIII 36 – ☎ 05 58 45 98 54 – www.ripaverde.it – Chiuso 10 giorni in agosto e domenica

Rist – *(solo a cena)* Carta 27/55 €

Aspirando alla perfezione della famosa "O" di Giotto, specialità toscane prevalentemente di terra, accompagnate da contorni conditi con dell'ottimo olio d'oliva. Questi piatti dal gusto così ben definito, si sposano bene con il corposo Chianti.

Degli Artisti

piazza Romagnoli 2 – ☎ 05 58 45 77 07 – www.ristorantedegliartisti.it – Chiuso 10-30 gennaio, 1 settimana in agosto, martedì e mercoledì

Rist – Menu 30 € – Carta 34/62 €

Per chi cerca una cucina legata al territorio, ma rivisitata con fantasia. Una casa del centro, con servizio estivo sotto al pergolato, e vineria con prodotti tipici regionali.

sulla strada statale 302 Sud-Ovest : 15 km :

Casa Palmira senza rist

località Feriolo-Polcanto ✉ 50032 – ☎ 05 58 40 97 49 – www.casapalmira.it – Chiuso 10 gennaio-10 marzo

6 cam – †50/60 € ††85/110 €

Un fienile ristrutturato di un'antica casa colonica nel quale l'ospitalità ha un sapore antico e intimo. Nella verde campagna del Mugello, ci si sente come a casa di amici, ospitati in camere dal piacevole stile rustico-elegante.

BORGOSESIA – Vercelli (VC) – 561 E6 – 13 336 ab. – alt. 354 m – ✉ 13011 23 C1

Roma 684 – Stresa 60 – Milano 97 – Novara 44

Casa Galloni 1669

via Cairoli 42 – ☎ 0 16 32 32 54 – Chiuso domenica sera e lunedì

Rist – Carta 27/58 €

Nel centro storico, una casa intima e raccolta sin dalla corte interna che si attraversa per salire alle tre sale, dove viene servita una cucina tradizionale, abilmente rivisitata.

XX **Osteria del Borgo** (Luciano Alberti)

via Fratelli Antongini 16 – ✆ 0 16 32 78 41 – Chiuso 15 giorni in gennaio, 15 giorni in luglio, martedì e i mezzogiorno di mercoledì, giovedì e venerdì
Rist – (consigliata la prenotazione) Carta 37/59 €
➜ Battuta di fassone piemontese con salsa d'uovo e pesto di cipolle e cetrioli all'agro. Piccione arrosto con salsa alla liquirizia e cremoso di fegatini, cipolle di Tropea. Millefoglie di miaccia (crespella valsesiana) croccante con mousse al gianduia e insalatina di frutti rossi.
Pavimento in legno chiaro, contrapposto ai tavoli scuri. Il gioco dei contrasti continua nelle candide pareti con foto in bianco e nero, nonché nella cucina: rispettosa delle materie prime, ma anche moderna e originale.

BORGO VAL DI TARO – Parma (PR) – 562 I11 – 7 319 ab. – alt. 411 m – ✉ 43043 8 A2

Roma 473 – La Spezia 73 – Parma 72 – Bologna 163
piazza Manara 7, ✆ 0525 9 67 96, www.comune.borgo-val-di-taro.pr.it

Agriturismo Cà Bianca

località Ostia Parmense 84, Nord-Est : 7 km – ✆ 0 52 59 80 03 – www.agriturismocabianca.it – Chiuso 7 gennaio-marzo
7 cam – †50/70 € ††80/110 €
Rist – *(aperto domenica a mezzogiorno e sabato)* (prenotazione obbligatoria) Menu 25/35 €
Ai bordi di un affluente del Taro, un piacevole cascinale interamente ristrutturato: camere con arredi d'epoca e recuperati da vari mercatini. Uno scrigno fiabesco! Al ristorante cucina tipica e ricette emiliane.

BORGO VERCELLI – Vercelli (VC) – 561 F7 – 2 372 ab. – alt. 126 m – ✉ 13012 23 C2

Roma 640 – Alessandria 59 – Milano 68 – Novara 15

XXX **Osteria Cascina dei Fiori**

regione Forte - Cascina dei Fiori – ✆ 0 16 13 28 27 – Chiuso luglio, domenica e lunedì
Rist – Carta 35/75 €
Linea gastronomica legata al territorio, anche se non mancano alcune proposte innovative, in un ambiente rustico-elegante. Interessante scelta enologica.

BORMIO – Sondrio (SO) – 561 C13 – 4 084 ab. – alt. 1 225 m – Sport invernali : 1 225/3 012 m 2 9, – Stazione termale – ✉ 23032 17 C1

Italia Centro-Nord

Roma 763 – Sondrio 64 – Bolzano 123 – Milano 202
via Roma 131/b, ✆ 0342 90 33 00, www.bormio.eu.
via Giustizia, 0342 910730, www.bormiogolf.it – aprile-1° novembre

Baita dei Pini rist,

via Don Peccedì 15 – ✆ 03 42 90 43 46 – www.baitadeipini.com – Aperto 1° dicembre-30 aprile e 1° giugno-30 settembre
40 cam – †70/90 € ††120/160 € – 6 suites **Rist** – Carta 32/53 €
Vicino al centro storico, agli impianti di risalita e alle terme, l'hotel dispone di spazi comuni riscaldati da scoppiettanti camini, romantiche camere interamente avvolte nel legno e raffinate suite impreziosite da tappeti persiani. Piatti valtellinesi, ma non solo, nella tipica stube o nell'elegante sala da pranzo.

Genzianella rist,

via Funivie, (angolo via Zandilla, 6) – ✆ 03 42 90 44 85 – www.genzianella.com – Aperto 1° dicembre-30 aprile e 1°giugno-30 settembre
39 cam – †60/110 € ††100/180 € – 1 suite
Rist – *(solo a cena)* Carta 26/64 €
Legno, stoffe preziose, stufe antiche ed alcuni mobili di antiquariato locale si sono dati appuntamento qui per creare un ambiente accogliente, fortemente personalizzato. Praticamente di fronte agli impianti di risalita, l'hotel è ideale anche per le famiglie. Ristorante classico e piccola, caratteristica, stube.

Miramonti Park Hotel rist,
via Milano 50 – ✆ 03 42 90 33 12 – www.miramontibormio.it
50 cam – 50/200 € 130/300 € **Rist** – Carta 23/96 €
C'è di tutto nel nuovissimo centro benessere "The Flower": palestra, piscina con idromassaggio e doccia cervicale, biosauna, bagno turco, angolo tisaneria ed altro ancora in un albergo - appena fuori dal centro - con belle camere, di cui cinque mansardate.

Alù
via Btg. Morbegno 20 – ✆ 03 42 90 45 04 – www.hotelalu.it
– Aperto 5 dicembre-15 aprile e 15 giugno-15 settembre
30 cam – 65/110 € 110/220 €, 15 €
Rist – *(solo a cena) (solo per alloggiati)*
A pochi metri di distanza dalla partenza della funivia per Bormio2000, una risorsa molto curata con camere rinnovate in un moderno stile montano ed un grazioso centro benessere. Ristorante d'albergo dalle sale "calde" e signorili.

Larice Bianco
via Funivie 10 – ✆ 03 42 90 46 93 – www.laricebianco.it
– Aperto 5 dicembre-14 aprile e 16 giugno-19 settembre
42 cam – 65/85 € 110/170 € **Rist** – *(solo a cena)* Menu 25/50 €
In comoda posizione, nei pressi degli impianti di risalita, un hotel a conduzione familiare, confortevole e con spazi comuni di gran respiro. Giardino ombreggiato. Sala da pranzo in stile.

La Baitina dei Pini senza rist
via Peccedi 26 – ✆ 03 42 90 30 22 – www.labaitina.it
– Aperto 1° dicembre-20 aprile e 1° giugno-20 settembre
10 cam – 46/60 € 92/120 €
Per chi preferisce sentirsi ospitato in famiglia, piuttosto che in una struttura alberghiera: il clima e l'atmosfera sono amichevoli, la gestione squisitamente informale.

BORNO – Brescia (BS) – **561** E12 – **2 672 ab. – alt. 912 m** **17** C2
– **Sport invernali : 1000/1 700 m 7 – ✉ 25042**
Roma 634 – Brescia 79 – Bergamo 72 – Bolzano 171

Zanaglio senza rist
via Trieste 3 – ✆ 0 36 44 15 20 – www.bedzanaglio.it
6 cam – 50/66 € 75/95 €
Poche camere immerse nella storia, dall'edificio di origini quattrocentesche agli arredi di epoche diverse. Originale, signorile, di recente ristrutturazione.

BORROMEE (Isole)★★★ – **Verbano-Cusio-Ossola (VB)** – **561** E7 **24** A1
– **alt. 200 m** Italia Centro-Nord
Isola Bella★★★ – Isola Madre★★★ – Isola dei Pescatori★★

ISOLA SUPERIORE O DEI PESCATORI (VB) – ✉ **28049 Stresa** **24** A1

Verbano
via Ugo Ara 2 – ✆ 0 32 33 04 08 – www.hotelverbano.it – Aperto 15 marzo-15 novembre
12 cam – 110/120 € 175/185 € **Rist** – Carta 45/74 €
Con suggestiva vista sull'Isola Bella, un palazzo dell'800 diventa il luogo più adatto per un tranquillo soggiorno romantico: ampi spazi comuni, originali camere ed un battello-navetta a disposizione degli ospiti. Affacciato sul lago, il ristorante propone una cucina legata al territorio. Indimenticabile la terrazza.

Casabella
via del Marinaio 1 – ✆ 0 32 33 34 71 – www.isola-pescatori.it
– Chiuso 2-26 gennaio e martedì
Rist – Carta 35/67 €
Di fronte all'imbarcadero, una raccolta sala con vetrate ed una piccola e graziosa terrazza con bella vista sul lago, dove gustare la cucina locale d'ispirazione moderna. Alla sera, su prenotazione, servizio navetta gratuito dalla terraferma all'isola.

BOSA – Nuoro (NU) – **366** L42 – **8 133 ab. – alt. 2 m** – ✉ **08013** **28** A2
Sardegna
Alghero 64 – Cagliari 172 – Nuoro 86 – Olbia 151

a Bosa Marina Sud-Ovest : 2,5 km – ✉ 08013

Al Gabbiano rist, VISA AE
viale Mediterraneo 5 – ☎ 07 85 37 41 23 – www.hotelalgabbiano.it
35 cam – 54/78 € 80/104 € – 2 suites
Rist – *(aperto Pasqua-30 ottobre)* Carta 23/49 €
Frontemare, un hotel di piccole dimensioni a gestione familiare ricavato all'interno di una villa, dispone di interni dagli arredi lignei e camere semplici ed accoglienti. Dalla cucina, proposte casalinghe dai sapori regionali da gustare in una sobria sala ristorante.

BOSCO – Perugia (PG) – **563** M19 – Vedere Perugia

BOSCO CHIESANUOVA – Verona (VR) – **562** F15 – 3 663 ab. – alt. 1 106 m – Sport invernali : 1 100/1 800 m 3, – ✉ 37021 **39** A2
Roma 534 – Verona 32 – Brescia 101 – Milano 188
piazza della Chiesa 34, ☎ 045 7 05 00 88, www.boscochiesanuova.net

Lessinia cam, rist, VISA
piazzetta degli Alpini 2/3 – ☎ 04 56 78 01 51 – www.hotellessinia.it – Chiuso 15-25 giugno e 1°-15 settembre
22 cam – 35/45 € 70/95 € **Rist** – *(chiuso martedì)* Menu 18 €
Ad un'altitudine di circa 1000 metri, camere rustiche e due belle stanze interamente in legno in una risorsa dalla gestione tipicamente familiare. Ambiente informale e piatti del territorio al ristorante: gnocchi "sbatui" e cacciagione, tra le specialità della casa.

BOSCO MARENGO – Alessandria (AL) – **561** H8 – 2 551 ab. – alt. 121 m – ✉ 15062 **23** C2
Roma 575 – Alessandria 18 – Genova 80 – Milano 95

Locanda dell'Olmo VISA
piazza Mercato 7 – ☎ 01 31 29 91 86 – www.locandadellolmo.it – Chiuso 25 dicembre-5 gennaio, 27 luglio-21 agosto, martedì sera e lunedì
Rist – Menu 22 € (pranzo in settimana)/33 € – Carta 26/35 €
Locale sempre molto frequentato, in virtù della sua cucina di matrice prevalentemente regionale per quanto riguarda i primi (agnolotti, corsetti noveri, rabattoni), ma con influenze più liguri tra i secondi (cima, stoccafisso in umido, frittini di bianchetti).

BOSCOVERDE – Belluno (BL) – **562** C17 – Vedere Rocca Pietore

BOSNASCO – Pavia (PV) – 655 ab. – alt. 124 m **16** B3
Roma 541 – Milano 60 – Pavia 26 – Brescia 112

Lo N VISA
via Mandelli 60, località Cardazzo, Est: 1 km ✉ 27040 Cardazzo – ☎ 03 85 27 20 28 – www.ristoranteenotecalo.it
Rist – *(chiuso domenica)* Menu 35 € – Carta 33/75 €
Moderno locale gestito direttamente dalla famiglia Losio: padre, madre ed il figlio Tiziano, lo chef. A lui il compito di selezionare le migliori carni, preparare ottime paste, proporre alcune ricette a base di pesce. In menu anche i celebri salumi della zona.

BOSSOLASCO – Cuneo (CN) – **561** I6 – 695 ab. – alt. 757 m – ✉ 12060 **25** C3
Italia Centro-Nord
Roma 606 – Cuneo 65 – Asti 61 – Milano 185

La Panoramica VISA AE
via Circonvallazione 1 – ☎ 01 73 79 34 01 – www.lapanoramica.com – Aperto 1° marzo-30 novembre
24 cam – 85 € 85 €
Rist *La Panoramica* – vedere selezione ristoranti
Dalla pianura del cuneese all'arco alpino: è la panoramica offerta di questa risorsa, familiare e funzionale, tappa ideale per rilassarsi dalla frenetica routine quotidiana.

La Panoramica – Hotel La Panoramica

via Circonvallazione 1 – ✆ 01 73 79 34 01 – www.lapanoramica.com – Aperto 1° marzo-30 novembre; chiuso lunedì e martedì escluso in giugno-settembre

Rist – Menu 25/40 €

Cucina langarola e rossi vini piemontesi (Barolo, Barbaresco, Nebbiolo...), ma se preferite restare sui classici italiani, la cuoca non sdegnerà di accontentarvi. La cantina custodisce anche saporiti bianchi come l'Arneis, la Favorita e lo Chardonnay.

BOTTANUCO – Bergamo (BG) – 561 F10 – 5 254 ab. – alt. 222 m – ✉ 24040 19 C2

Roma 597 – Bergamo 21 – Milano 41 – Lecco 45

Villa Cavour

via Cavour 49 – ✆ 0 35 90 72 42 – www.villacavour.com – Chiuso 1°-9 gennaio e 3 settimane in agosto

16 cam – †70/80 € ††90/120 €

Rist *Villa Cavour* – vedere selezione ristoranti

Molto gettonato da una clientela d'affari - in zona per le ricche attività produttive - hotel a gestione familiare, curato e confortevole. Le camere sfoggiano arredi di diverso stile.

Villa Cavour – Hotel Villa Cavour

via Cavour 49 – ✆ 0 35 90 72 42 – www.villacavour.com – Chiuso 1°-6 gennaio, 3 settimane in agosto e domenica sera

Rist – Menu 45/65 € – Carta 40/90 €

Cucina fondamentalmente classica italiana, in alcuni piatti con rivisitazioni moderne, qualche proposta di mare e una cordialità che mette d'accordo tutti i clienti.

BOTTICINO – Brescia (BS) – 561 F12 – 10 792 ab. – alt. 153 m – ✉ 25082 17 C1

Roma 560 – Brescia 9 – Milano 103 – Verona 44

Eva

via Gazzolo 75, località Botticino Mattina, Nord-Est : 2,5 km – ✆ 03 02 69 15 22 – www.trattoriaeva.net – Chiuso 10 giorni in gennaio, martedì sera e mercoledì

Rist – Carta 32/53 €

Un rustico di campagna in collina e una famiglia che in passato ha lavorato nel settore delle carni, ma che ha sempre avuto la passione per la ristorazione: bel connubio.

BOVES – Cuneo (CN) – 561 J4 – 9 867 ab. – alt. 590 m – ✉ 12012 22 B3

Roma 645 – Cuneo 9 – Milano 225 – Savona 100

Cuneo via degli Angeli 3, frazione Mellana, 0171 387041, www.golfclubcuneo.it – marzo-novembre; chiuso mercoledì

Trieste senza rist

corso Trieste 33 – ✆ 01 71 38 03 75 – www.albergotrieste-boves.it

16 cam – †55/75 € ††75/98 €, 6 € – 2 suites

Alle pendici del monte Risalta, questo piccolo hotel - rinnovato nelle zone comuni - dispone di camere accoglienti e confortevoli, di due tipologie: standard o confort.

a Rivoira Sud-Est :2 km – ✉ 12012 Boves

Agriturismo La Bisalta e Rist. Locanda del Re

via Tetti Re 5 – ✆ 01 71 38 87 82 – Aperto 15 maggio-15 ottobre

cam, cam,

5 cam – †60/70 € ††60/70 €, 6 €

Rist – *(aperto tutto l'anno dal venerdì alla domenica)* (prenotazione obbligatoria) Menu 18/34 €

Risorsa ben organizzata, gestita con attenzione e intraprendenza. L'edificio conserva al proprio interno elementi architettonici settecenteschi di indubbio pregio. Cucina con vari piatti a base di lumache, allevate biologicamente dai proprietari.

BOVOLONE – Verona (VR) – 562 G15 – 15 933 ab. – alt. 24 m – ✉ 37051 39 B3

Roma 498 – Verona 23 – Ferrara 76 – Mantova 41

piazza Costituzione 1, ✆ 045 6 90 14 89, www.prolocobovolone.eu

Sasso
via San Pierino 318, Sud-Est : 3 km – ✆ 04 57 10 04 33 – www.hotelsasso.com
26 cam – 70/90 € 70/90 € **Rist** – *(chiuso domenica)* Carta 23/38 €
Ambiente familiare in una struttura estremamente funzionale, frequentata soprattutto da una clientela d'affari. Per la cucina si va sul sicuro grazie alla quarantennale esperienza dei proprietari nella ristorazione; la carta dei vini è solo una traccia, in cantina ci sono vere e proprie sorprese!

BOZEN = Bolzano

BRA – Cuneo (CN) – 561 H5 – 29 871 ab. – alt. 290 m – ✉ 12042 22 B3

Italia Centro-Nord
Roma 648 – Cuneo 47 – Torino 49 – Asti 46
piazza Caduti Libertà 20, ✆ 0172 43 01 85, www.turismoinbra.it

Cantine Ascheri
via Piumati 25 – ✆ 01 72 43 03 12 – www.ascherivini.it – Chiuso 23 dicembre-7 gennaio e 7-24 agosto
27 cam – 105/140 € 130/150 €
Rist *Osteria Murivecchi* – vedere selezione ristoranti
Hotel dal design fortemente personalizzato ed originale, costruito sopra le cantine dell'omonima azienda vinicola. Ottimi livelli di confort nelle luminose camere.

Cavalieri
piazza Giovanni Arpino 37 – ✆ 01 72 42 15 16 – www.hotelcavalieri.net
88 cam – 86/146 € 112/222 €
Rist *Il Principe* – vedere selezione ristoranti
Si trova proprio di fronte al campo da hockey su prato, nella zona degli impianti sportivi, moderna e funzionale è ideale per chi si sposta per affari o per un'escursione nelle Langhe.

L'Ombra della Collina senza rist
via Mendicità Istruita 47 – ✆ 01 72 05 57 54 – www.lombradellacollina.it
6 cam – 62 € 78 €
Il nome (leggermente modificato) si rifà al titolo di un famoso romanzo dello scrittore G. Arpino, che a Bra trascorse la propria giovinezza. Affascinante location in una corte del centro storico per questa graziosa struttura composta da sole 6 camere, tutte nello stesso stile sobrio, ma confortevole.

Il Principe – Hotel Cavalieri
piazza Giovanni Arpino 37 – ✆ 01 72 42 15 16 – www.hotelcavalieri.net – Chiuso agosto
Rist – *(solo a cena)* Carta 29/52 €
In un ambiente di classica eleganza, alcune tra le specialità più tipiche del territorio, come i ravioli del "plin" o la salsiccia di Bra. Per eventi particolari, il ristorante dispone di una sala banchetti con capienza fino a 250 persone.

Battaglino
piazza Roma 18 – ✆ 01 72 41 25 09 – www.ristorantebattaglino.it – Chiuso 2 settimane in gennaio, 3 settimane in agosto, domenica sera e lunedì
Rist – (consigliata la prenotazione) Carta 25/38 €
Dal 1919, una gestione familiare vivace e cortese da sempre impegnata nel settore della ristorazione. Fiera di questa garanzia, propone i piatti del piemontese più caratteristico.

Boccondivino
via Mendicità Istruita 14 – ✆ 01 72 42 56 74 – www.boccondivinoslow.it – Chiuso lunedì, anche domenica in gennaio-febbraio e agosto
Rist – Menu 34 € (cena) – Carta 26/38 €
Al primo piano di una casa di ringhiera in pieno centro storico, due salette ed una più grande tappezzata di bottiglie per una cucina fedele alla tradizione langarola: fagottino di melanzane e Roccaverano, tajarin, brasato di vitello rigorosamente di razza piemontese, coniglio grigio di Carmagnola" all'Arneis.

Osteria Murivecchi – Hotel Cantine Ascheri

via Piumati 25 – ✆ 01 72 43 03 12 – www.ascherivini.it
– Chiuso 23 dicembre-7 gennaio e 7-24 agosto, lunedì e i mezzogiorno di sabato e domenica
Rist – Carta 22/37 €
Antiche volte in mattoni ed elementi architettonici moderni s'intrecciano in questa osteria, dove nell'800 c'erano le prime cantine di affinamento del Barolo. In carta primeggiano le specialità del territorio.

a Pollenzo Sud-Est : 7 km – ✉ 12060

Albergo dell'Agenzia

via Fossano 21 – ✆ 01 72 45 86 00 – www.albergoagenzia.it
– Chiuso 24 dicembre-7 gennaio
44 cam – 124/195 € 156/220 € – 3 suites **Rist** – Carta 24/42 €
All'interno di un'ala di quella che era una tenuta reale di casa Savoia - datata 1835 - si è ricavato questo delizioso albergo le cui camere sono arredate con cura e dotate d'ogni confort. Al ristorante, la cucina del territorio.

Guido (Ugo Alciati)

via Fossano 19 – ✆ 01 72 45 84 22 – www.guidoristorante.it
– Chiuso 1°-20 gennaio, 1°-20 agosto, domenica sera e lunedì
Rist – *(solo a cena escluso sabato e domenica)* Carta 61/90 €
➜ Agnolotti di Lidia al sugo d'arrosto. Agnello al forno con olio e rosmarino. Gelato al fiordilatte mantecato al momento.
In un caratteristico complesso neogotico, mattoni e legno si coniugano all'interno con arredi più moderni. La cucina rimane, invece, saldamente ancorata al territorio.

BRACCIANO – Roma (RM) – 563 P18 – 18 889 ab. – alt. 280 m – ✉ 00062 — 12 B2

Roma 41 – Viterbo 53 – Civitavecchia 51 – Terni 98
Castello Orsini-Odescalchi★★

Villa Clementina

traversa Quarto del Lago 12/14 – ✆ 0 69 98 62 68 – www.hotelvillaclementina.it
– Aperto 1° aprile-2 novembre
7 cam – 110/145 € 145/185 € – 1 suite
Rist – (prenotazione obbligatoria) Carta 38/62 €
Il patron-pittore si occupa anche della cucina in questa struttura di fascino vagamente inglese, con un curato giardino punteggiato di fiori, piscina, campo da tennis. L'ottima tenuta e la personalizzazione delle ampie camere sono altri punti forte della villa.

BRANZI – Bergamo (BG) – 562 D11 – 727 ab. – alt. 874 m – ✉ 24010 — 16 B2

Roma 650 – Bergamo 48 – Foppolo 9 – Lecco 71

Pedretti

via Umberto I, 23 – ✆ 0 34 57 11 21 – www.hotelpedretti.info
24 cam – 45/50 € 80/85 €
Rist *Branzi* – vedere selezione ristoranti
Da più generazioni la stessa famiglia gestisce questa risorsa dei primi Novecento: un successo dovuto all'accogliente conduzione e alle camere sempre curate.

Branzi – Hotel Pedretti

via Umberto I, 23 – ✆ 0 34 57 11 21 – www.hotelpedretti.info
– Chiuso martedì escluso giugno-settembre
Rist – Carta 26/53 €
Nel cuore delle alpi Orobie, la cucina di questo rustico locale mantiene stretti legami con le tradizioni locali: dalla polenta taragna agli altri piatti bergamaschi.

BRATTO – Bergamo (BG) – 561 I11 – Vedere Castione della Presolana

BRENTA (Gruppo di) – Trento – 562 D14 Italia

BRENZONE – Verona (VR) – 562 E14 – 2 398 ab. – alt. 75 m – ✉ 37010 39 A2

Roma 547 – Verona 50 – Brescia 85 – Mantova 86

via Zanardelli 38 Frazione Porto, ☎ 045 7 42 00 76, www.visitgarda.com

Piccolo Hotel

via Lavesino 12 – ☎ 04 57 42 00 24 – www.piccolohotel.info – Aperto 21 marzo-19 ottobre

20 cam – 50/80 € 100/120 € **Rist** – *(chiuso martedì)*

Un albergo raccolto che deve la propria fortuna alla felice posizione, praticamente sulla spiaggia. Adatto ad una clientela turistica in cerca di relax e di tranquillità. Ristorante con pizzeria.

Giuly

via XX Settembre 28 – ☎ 04 57 42 04 77 – www.ristorantegiuly.it – Chiuso novembre e lunedì

Rist – *(solo a cena escluso sabato, domenica e i giorni festivi)* Carta 21/71 €

Nonostante sia proprio in riva alle acque del Garda, la linea gastronomica di questo ristorante si è concentrata sul mare. I crostacei sono "pescati" vivi dall'acquario.

a Castelletto di Brenzone Sud-Ovest : 3 km – ✉ 37010

Alla Fassa

via Nascimbeni 13 – ☎ 04 57 43 03 19 – www.ristoranteallafassa.com – Chiuso 13 dicembre-18 febbraio e martedì escluso agosto

Rist – Menu 25 € (pranzo in settimana)/50 € – Carta 26/60 €

Una romantica sala all'interno ed una bella veranda affacciata sulle rive del lago. La cucina si affida alla tradizione locale, proponendo molti piatti a base di pesce sia di mape sia di lago.

BRESCELLO – Reggio Emilia (RE) – 562 I13 – 5 604 ab. – alt. 24 m 8 B2

– ✉ 42041 Italia Centro-Nord

Roma 450 – Parma 22 – Bologna 90 – Mantova 46

Don Camillo senza rist

via Cisa 60, Ovest: 2km – ☎ 05 22 96 21 67 – www.hoteldoncamillo.it

43 cam – 60/150 € 80/180 €

Nel paese noto per essere stato lo scenario dei film di Don Camillo e Peppone, non poteva mancare un piccolo omaggio ad uno dei due simpatici personaggi. In un hotel di taglio moderno, camere ampie e comode: ideali per una clientela business e di passaggio.

BRESCIA P (BS) – 561 F12 – 193 879 ab. – alt. 149 m 17 C1

Italia Centro-Nord

Roma 535 – Milano 93 – Verona 66

Gabriele D'Annunzio di Montichiari, Sud-Est: 20 km ☎ 030 2041599

piazza del Foro, 6, ☎ 030 3 74 99 16, www.provincia.brescia.it/turismo

Franciacorta via Provinciale 34/B, 030 984167, www.franciacortagolfclub.it – chiuso martedì

Piazza della Loggia★ BY 9 -Duomo Vecchio★ BY – Pinacoteca Tosio Martinengo★ CZ – Via dei Musei★ CY – Croce di Desiderio★★ in S. Giulia CY – Museo della Città★ CY - Chiesa di S. Francesco★ AY – Facciata★ della chiesa di S. Maria dei Miracoli AYZ A – Incoronazione della Vergine★ nella chiesa dei SS. Nazaro e Celso AZ Annunciazione★ e Deposizione dalla Croce★ nella chiesa di S. Alessandro BZ – Interno★, polittico★ e affresco★ nella chiesa di S. Agata BY

Piante pagine seguenti

Vittoria rist,

via delle X Giornate 20 ✉ 25121 – ☎ 0 30 28 00 61 – www.hotelvittoria.com – Chiuso agosto BYa

65 cam – 90/260 € 120/480 € – 3 suites

Rist – *(chiuso domenica)* Carta 32/48 €

Dopo un'accurata ristrutturazione, questo caratteristico edificio anni '30 è tornato al suo antico splendore, riconfermandosi - ancora una volta - punto di riferimento nel panorama della ricettività alberghiera cittadina. Sala da pranzo di elegante classicità, dove gusto e leggerezza costituiscono una costante.

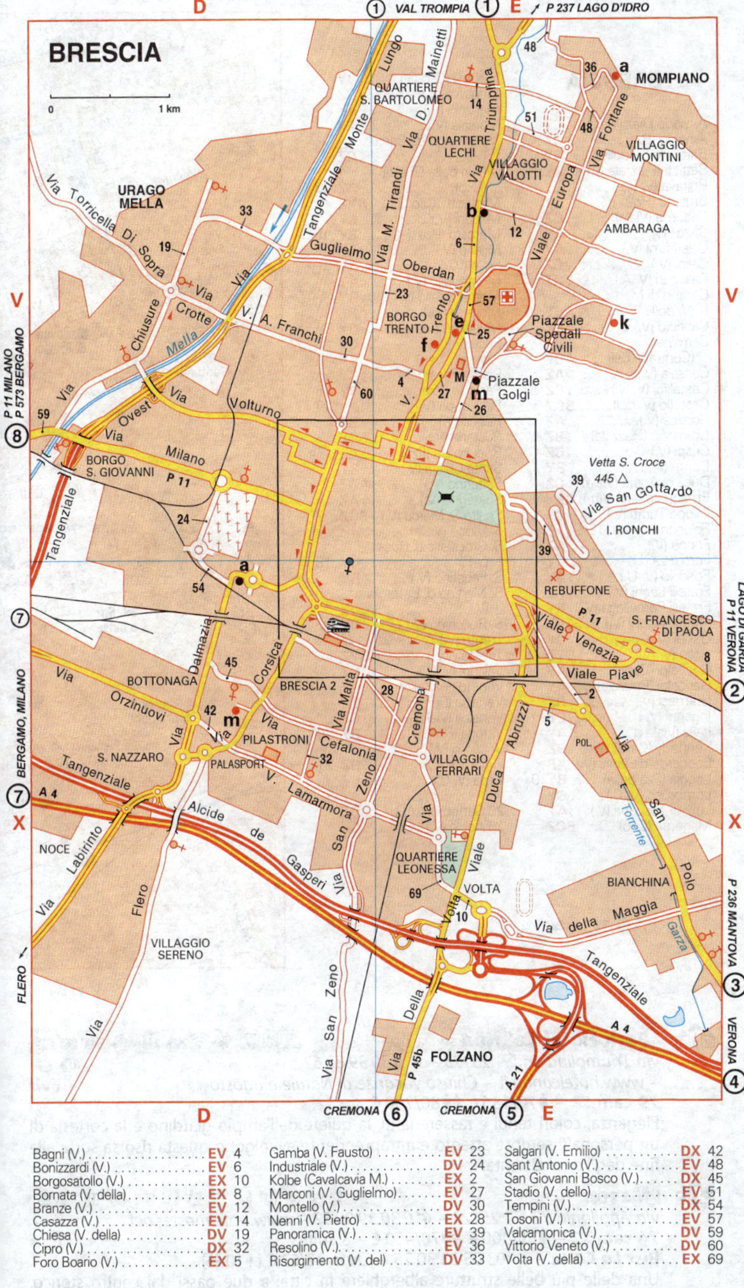

Bagni (V.)	EV	4	Gamba (V. Fausto)	EV	23	Salgari (V. Emilio)	DX	42
Bonizzardi (V.)	EV	6	Industriale (V.)	DV	24	Sant Antonio (V.)	EV	48
Borgosatollo (V.)	EX	10	Kolbe (Cavalcavia M.)	EX	2	San Giovanni Bosco (V.)	DX	45
Bornata (V. della)	EX	8	Marconi (V. Guglielmo)	EV	27	Stadio (V. dello)	EV	51
Branze (V.)	EV	12	Montello (V.)	DV	30	Tempini (V.)	DX	54
Casazza (V.)	EV	14	Nenni (V. Pietro)	EX	28	Tosoni (V.)	EV	57
Chiesa (V. della)	DV	19	Panoramica (V.)	EV	39	Valcamonica (V.)	DV	59
Cipro (V.)	DX	32	Resolino (V.)	EV	36	Vittorio Veneto (V.)	DV	60
Foro Boario (V.)	EX	5	Risorgimento (V. del)	DV	33	Volta (V. della)	EX	69

BRESCIA

Armado Diaz (Viale) . . . CZ
Arnaldo (Pza) . . . . CZ
Battaglie (V. delle) . . . . BY
Battisti (Piazzale C.) . . . BY
Boitava (V. P.) . . . . CY
Brusato (Pza) . . . . CY
Cadorna (Viale) . . . . CZ
Cairoli (V.) . . . . AY
Calatafimi (V.) . . . . AY
Calini (V.) . . . . CZ
Callegari (V. A.) . . . . CZ
Campo di Marte (V. del) . . . . ABY
Capriolo (V.) . . . . ABY
Carmine (Contrada del) . . . . ABY
Cassala (V.) . . . . AZ
Castellini (V. N.) . . . . . . CZ 3
Castello (V. del) . . . . . BCY
Corsica (V.) . . . . AZ
Cremona (Piazzale) . . . BZ
Crispi (V.) . . . . CZ
Dante (V.) . . . . BY
Duca di Aosta (Viale) . . CZ
Emanuele II (V. Vitt.) . ABZ
Filippo Turati (V.) . . . . . CY
Folonari (V.) . . . . AZ
Foppa (V.) . . . . AZ
Foro (Pza d.) . . . . CY
Foscolo (V. U.) . . . . BY
Fratelli Lechi (V.) . . . . . CZ
Fratelli Porcellaga (V.) . BY 7
Fratelli Ugoni (V.) . . . . AYZ
Galilei (V. G.) . . . . CY
Gallo (V. A.) . . . . CYZ
Garibaldi (Cso) . . . . AY
Garibaldi (Piazzale) . . . . AY
Gramsci (V.) . . . . BZ
Inganni (V.) . . . . CZ
Italia (Viale d') . . . . AY
Kennedy (Cavalcavia) . BZ
Leonardo da Vinci (V.) . AB
Loggia (Pza della) . . . . BY 9
Lombroso (V. C.) . . . . . CY
Lupi di Toscana (V.) . . . AY
Magenta (Cso) . . . . . BCZ
Mameli (Cso G.) . . . . . BY
Mantova (V.) . . . . CZ
Manzoni (V.) . . . . AY
Marsala (V.) . . . . AY
Martinengo da Barco (V.) . . . . CZ
Martiri della Libertà (Cso) . . . . AZ 13
Matteotti (Cso G.) . . . AYZ
Mazzini (V.) . . . . BY
Mercato (Pza del) . . . . BY 15
Milano (V.) . . . . AY
Mille (V. dei) . . . . AY
Montebello (V.) . . . . . . AY
Monte Suello (V.) . . . . . BY
Moretto (V.) . . . . ABZ
Musei (V. dei) . . . . CY
Pace (V.) . . . . BY
Palestro (Cso) . . . . BY
Panoramica (V.) . . . . . . CY
Paolo VI (Pza) . . . . BY 16
Pastrengo (V.) . . . . AY 17
Pellico (V.) . . . . BY
Pusteria (V.) . . . . BCY
Repubblica (Pza) . . . . . AZ
Santa Chiara (V.) . . . . . BY
Solferino (V.) . . . . ABZ
Sostegno (V.) . . . . AZ
Spalto S. Marco (V.) . BCZ
Stazione (Viale) . . . . . . AZ
S. Crocifissa di Rosa (V.) . . . . CY 18
S. Faustino (V.) . . . . . . BY
S. Martino d. Battaglia (V.) . . . . BZ
S. Rocchino (V.) . . . . . . CY
Trento (V.) . . . . BY
Trieste (V.) . . . . BCYZ
Vaiarini (V. G.) . . . . CZ
Veneto (Piazzale) . . . . . AY
Venezia (Porta) . . . . CZ
Venezia (Viale) . . . . CZ
Vittoria (Pza) . . . . BY 20
Volturno (V.) . . . . AY
Zanardelli (Cso) . . . . . . BZ 21
Zima (V. C.) . . . . CZ
10 Giornate (V. delle) . . BY 22
20 Settembre (V.) . . . . BZ
25 Aprile (V.) . . . . CZ

 **Park Hotel Ca' Nöa** senza rist
via Triumplina 66 ✉ 25123 – ☎ 0 30 39 87 62 – www.hotelcanoa.it – Chiuso vacanze di Natale e agosto EV**b**
79 cam ☕ – 🚹70/136 € 🚹🚹80/200 €
Eleganza, colori tenui e rasserenanti, la quiete dell'ampio giardino e la cortesia di un personale sempre attento e intraprendente avvolgono questa risorsa sorta alla fine degli anni Ottanta.

 **Master**
via Apollonio 72 ✉ 25128 – ☎ 0 30 39 90 37 – www.hotelmaster.net
74 cam ☕ – 🚹55/400 € 🚹🚹70/450 € – 3 suites CY**a**
Rist *La Corte* – ☎ 03 05 23 30 25 – Carta 32/62 € (+10 %)
Una delle più belle strutture alberghiere in città: a due passi dal centro storico, camere spaziose, eleganti e confortevoli. Il ristorante arredato con sale di gusto contemporaneo propone piatti tipici trentini e cucina locale.

AC Brescia

via Giulio Quinto Stefana 3 (ex via Cassala 19) ✉ 25126 – ✆ 03 02 40 55 11 – *www.ac-hotels.com* DXa

112 cam ☕ – 🚹80/120 € 👥90/130 € – 1 suite **Rist** – Carta 35/54 €

In un contesto periferico non eclatante, gli interni sorprendono per il design moderno, i colori scuri e una geometrica sobrietà: trionfo minimalista vagamente nipponico.

Ambasciatori

via Santa Crocifissa di Rosa 92 ✉ 25128 – ✆ 0 30 39 91 14 – *www.ambasciatori.net* EVm

66 cam ☕ – 🚹70/130 € 👥80/180 €

Rist – *(chiuso agosto, sabato e domenica)* Carta 29/45 €

Hotel di tradizione ben inserito nel tessuto cittadino, in continuo aggiornamento e miglioramento. Offre un servizio attento e personalizzato improntato alla cortesia. Al ristorante i classici della cucina nazionale e alcune specialità locali.

Orologio senza rist
via Cesare Beccaria 17 ✉ 25121 – ☎ 03 03 75 54 11 – www.albergoorologio.it – Chiuso agosto BYc
16 cam – 70/150 € 110/200 €
Ideale per partire alla scoperta del centro storico, l'albergo trae il proprio nome dalla vicina, omonima, torre. Spazi comuni quasi inesistenti, ma nelle camere gli arredi e le decorazioni creano un'atmosfera di charme ed intimità: alcune, con scorci sui tetti e sui monumenti della città.

Castello Malvezzi
via Colle San Giuseppe 1 (via Torquato Taramelli), 6 km per viale Europa ✉ 25133 – ☎ 03 02 00 42 24 – www.castellomalvezzi.it – Chiuso 1°-15 gennaio, 5-21 agosto, lunedì e martedì CY
Rist – *(solo a cena escluso sabato-domenica)* (consigliata la prenotazione) Carta 50/66 €
Come immaginarsi di cenare sulla terrazza panoramica estiva di una casa di caccia cinquecentesca e realizzare questo sogno. In più la cucina raffinata e l'ottima cantina.

La Sosta
via San Martino della Battaglia 20 ✉ 25121 – ☎ 0 30 29 56 03 – www.lasosta.it – Chiuso 30 dicembre-7 gennaio, 3-25 agosto, domenica sera e lunedì
Rist – Carta 47/70 € BZn
Un locale di gran fascino, conosciuto e apprezzato in città, ubicato in un palazzo seicentesco. Nei mesi estivi si cena all'aperto, il servizio è preciso e accurato.

Il Labirinto
via Corsica 224 ✉ 25125 – ☎ 03 03 54 16 07 – www.ristoranteillabirinto.it – Chiuso 22 dicembre-2 gennaio, 12-19 agosto e domenica DXm
Rist – Carta 43/99 €
Un ristorante periferico, condotto con competenza e professionalità. La cucina è di ampio respiro e si muove agilmente tra il mare e la terra; cantina di buon livello.

Carne & Spirito con cam — cam, rist,
via dei Gelsi 5, per via Labirinto ✉ 25125 – ☎ 03 02 07 04 41 – www.carneespirito.it DX
13 cam – 50/180 € 60/290 €
Rist – *(chiuso agosto, sabato a mezzogiorno e domenica)* (consigliata la prenotazione) Menu 28/35 € – Carta 32/67 €
Menu speciale per una cena romantica, deliziosi piatti di terra o - in stagione (autunno/inverno) - una delle più buone bourguignonne della città, nel primo ristorante afrodisiaco di Brescia: lasciatevi sedurre nella carne e nello spirito…

Eden
piazzale Corvi ✉ 25128 – ☎ 03 03 03 39 7/ – www.edenristorante.com – Chiuso 5-20 gennaio, 3 settimane in agosto, domenica sera e martedì
Rist – Carta 43/109 € EVe
Dotato di un piccolo e grazioso dehors estivo, è un ristorantino di taglio moderno, con qualche tocco di eleganza. Cucina di stagione, ricca cantina.

Trattoria Rigoletto
via Fontane 54/b ✉ 25133 – ☎ 03 02 00 41 40 – Chiuso agosto e lunedì
Rist – Carta 41/92 € EVa
Un locale che pur nella propria elegante semplicità, riesce ad esprimere una cucina interessante. La lista è abbastanza estesa, le preparazioni creative.

Trattoria Artigliere
via del Santellone 116, 5 km per ⑧ ✉ 25132 – ☎ 03 02 77 03 73 – www.artigliere.it – Chiuso 10 giorni in gennaio, agosto, domenica sera e lunedì
Rist – Menu 60/100 € – Carta 62/99 €
In una vecchia badia con annesso cascinale, due sale dal design contemporaneo-minimalista ed una cucina che abbracciando terra e mare, imprime ai propri piatti una certa impronta creativa.

XX **Scarlatto** (N)

via Quarto dei Mille 16 ✉ 25128 – ✆ 03 03 38 53 64 – www.scarlatto.it – Chiuso 1 settimana in gennaio, 3 settimane tra giugno-luglio, domenica sera e lunedì BY**d**

Rist – *(solo a cena)* Carta 48/63 €

Raffaele ed Anna: lui ai fornelli, lei in sala a consigliarvi i migliori accostamenti di piatti e vini (la signora è sommelier). La cucina parte da basi territoriali, ma arriva sulla tavola arricchita dell'esperienza personale, nonché dall'intelligente uso di tecniche moderne del bravo chef.

X **La Campagnola**

via Val Daone 25 ✉ 25123 – ✆ 0 30 30 06 78 – www.trattorialacampagnolabs.com – Chiuso 27 dicembre-4 gennaio, 16-30 agosto, domenica sera, lunedì sera e martedì EV**k**

Rist – Menu 11/35 €

Il capolavoro di due generazioni, nutrire di sapore e genuinità una tradizione mai perduta nell'incanto di un vecchio cascinale avvolto dal verde che racconta l'arte dell'ospitare.

X **Trattoria Porteri**

via Trento 52d ✉ 25128 – ✆ 0 30 38 09 47 – www.trattoriaporteri.com – Chiuso 1 settimana in gennaio, 2 settimane in agosto, domenica sera e lunedì EV**f**

Rist – Carta 30/52 €

Alle pareti e al soffitto il racconto di una passione che ha coinvolto due generazioni, al vostro tavolo la tradizione bresciana con un occhio di riguardo per polenta e formaggi!

a Sant'Eufemia della Fonte per ② : 2 km – ✉ 25135

XXX **La Piazzetta**

via Indipendenza 87/c – ✆ 0 30 36 26 68 – www.allapiazzetta.com – Chiuso 1°-7 gennaio, 5-23 agosto, sabato a mezzogiorno e domenica

Rist – (consigliata la prenotazione) Menu 30/60 € – Carta 36/97 €

Piccolo ed elegante ristorante alle porte della città. La cucina si indirizza prevalentemente sul mare con elaborazioni fantasiose e originali; cantina soddisfacente.

a Roncadelle per ⑤ : 7 km – ✉ 25030

President rist,

via Roncadelle 48 – ✆ 03 02 58 44 44 – www.presidenthotel.it – Chiuso 3-25 agosto

116 cam ☕ – †80/125 € ††100/150 € – 5 suites

Rist – *(chiuso domenica)* Carta 25/46 €

Imponente albergo d'affari dotato di un importante centro congressi con ben diciannove sale. Ma oltre a queste installazioni che lo rendono particolarmente vocato per una clientela business, non mancano particolari di pregio quali marmi e legni pregiati. Piatti internazionali e i classici italiani al ristorante.

BRESSANONE (BRIXEN) – Bolzano (BZ) – 562 B16 – 20 689 ab. 34 C1

– alt. 559 m – Sport invernali : a La Plose-Plancios : 1 503/2 500 m 1 9 (Comprensorio Dolomiti superski Valle Isarco) – Stazione termale – ✉ 39042

Italia Centro-Nord

Roma 681 – Bolzano 40 – Brennero 43 – Cortina d'Ampezzo 109

viale Ratisbona 9, ✆ 0472 83 64 01, www.brixen.org

Duomo: chiostro★ **A** – Palazzo Vescovile: cortile★, museo Diocesano★

Plose★★: ※★★★ sud-est per via Plose

Pianta pagina seguente

BRESSANONE

Angelo Custode (V.) 2
Bastioni Maggiori (V.) 3
Bastioni Minori (V.) 4
Bruno (V. G.) 8
Duomo (Pza) 10
Fienili (V.) 12
Guggenberg (V. Otto V.) 13
Hartwig (V.) 14
Lungo Rienza 15
Mercato Vecchio (V.) 16
Platsch (V.) 17
Ponte Aquila (V.) 18
Ponte Widmann (V.) 19
Portici Maggiori 22
Portici Minori 23
Rio Bianco (V.) 25
Roncato (V.) 26
San Albuino (V.) 27
Seminario (V. del) 28
Stufles (V.) 29
Torre Bianca (V.) 30
Tratten (V.) 31

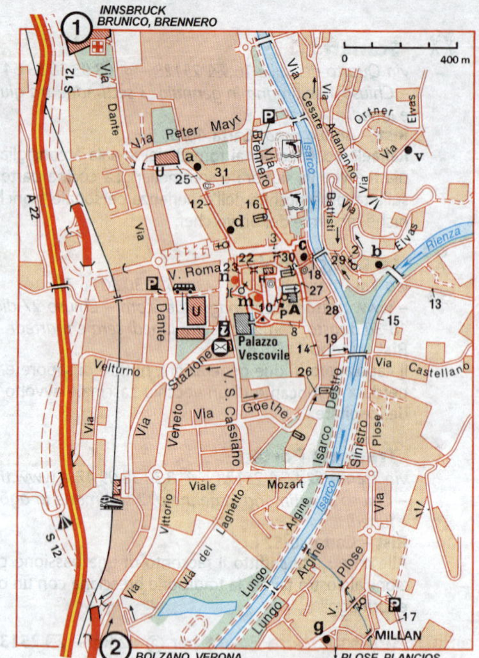

Elefante

via rio Bianco 4 – ✆ 04 72 83 27 50 – www.hotelelephant.com **a**
44 cam – 90/118 € 140/258 €
Rist *Elefante* – vedere selezione ristoranti
Elegante ed austera dimora del XIV secolo, con dépendance circondata da un prezioso parco-frutteto, dove si trovano anche la piscina e il tennis. Fine ed esclusiva: racconta la storia.

Goldener Adler

via Ponte Aquila 9 – ✆ 04 72 20 06 21 – www.goldener-adler.com **c**
23 cam – 72/77 € 122/144 € – 5 suites
Rist *Oste Scuro-Finsterwirt* – vedere selezione ristoranti
Caratteristico edificio del '500, da secoli vocato all'ospitalità, offre ai propri clienti la possibilità di un soggiorno sobriamente elegante (mobili antichi nell'unica junior suite della struttura).

Goldene Krone

via Fienili 4 – ✆ 04 72 83 51 54 – www.coronadoro.com **d**
48 cam – 80/130 € 120/190 € – 2 suites **Rist** – Carta 22/66 €
Praticamente un'istituzione in città: una passato secolare, ma una veste moderna, per questa piacevole risorsa dotata di piccola area wellness e camere dal buon confort. Ambiente tranquillo ed intimo al ristorante.

Dominik

via Terzo di Sotto 13 – ✆ 04 72 83 01 44 – www.hoteldominik.com – Chiuso 6-24 gennaio e 30 ottobre-25 novembre **b**
33 cam – 120/182 € 120/182 € – 1 suite
Rist – *(solo per alloggiati)*
Il torrente Rienza scorre davanti a questa risorsa rivolta a chi desidera godere di un soggiorno curato sotto ogni profilo. Servizio attento, espletato in ambienti eleganti. Ideale per allestire importanti eventi, la sala da pranzo è illuminata da ampie finestre.

Temlhof rist,

via Elvas 76 – ✆ 04 72 83 66 58 – www.temlhof.com – Aperto 1° aprile-30 ottobre e 26 novembre-5 gennaio **v**

40 cam – 57/62 € 100/118 € – 2 suites

Rist – *(chiuso martedì) (solo a cena)* (prenotazione obbligatoria) Menu 28 €

Questo albergo, situato in zona panoramica e tranquilla, è avvolto da un giardino con piscina e dispone di un'interessante raccolta di attrezzi agricoli e mobili antichi. Varie sale ristorante, tutte abbastanza intime e raccolte.

Millanderhof

via Plose 58 – ✆ 04 72 83 38 34 – www.millanderhof.com **g**

24 cam – 59/67 € 98/114 € – 2 suites

Rist – Menu 18/35 €

Appena fuori dal centro, la struttura si riconferma nell'ospitalità familiare della gestione: camere curate e, a disposizione degli ospiti, anche un rilassante angolo bar. Sala ristorante semplice, ma luminosa. In cucina, uno dei titolari.

Haller

via dei Vigneti 68, 1 km per via Cesare Battisti – ✆ 04 72 83 46 01 – www.gasthof-haller.com – Chiuso 22 giugno-8 luglio e 20-29 novembre

9 cam – 50/60 € 108/126 € – 1 suite

Rist – *(chiuso lunedì sera e martedì escluso agosto-settembre)* Carta 26/50 €

Piccolo albergo a conduzione familiare in posizione tranquilla e con bella vista. Le camere non sono molto grandi, ma confortevoli e tenute con molta attenzione. Ampio settore ristorante: due stube, giardino d'inverno e servizio all'aperto.

Elefante – Hotel Elefante

via rio Bianco 4 – ✆ 04 72 83 27 50 – www.hotelelephant.com – Chiuso 14-24 gennaio **a**

Rist – Carta 43/98 €

Cucina del territorio, ma d'impostazione moderna con qualche accattivante accenno all'Oriente. A voi, la scelta dell'ambiente: la settecentesca stube tedesca, quella in cembro o quella degli Apostoli. Numerosi i vini dell'enoteca Soliman Wines.

Sunnegg con cam

via Vigneti 67, 1 km per via Cesare Battisti – ✆ 04 72 83 47 60 – www.sunnegg.com – Chiuso 9 gennaio-10 febbraio e 18 giugno-6 luglio

6 cam – 40/50 € 70/80 € – 6 suites

Rist – *(chiuso giovedì a mezzogiorno e mercoledì)* Carta 28/55 €

Locale fuori Brixen, piacevolmente circondato da vigneti (alcuni di proprietà): il figlio del titolare si destreggia con abilità in cucina, facendo poi arrivare sulla tavola il meglio dei sapori locali, nonché tante specialità stagionali. Servizio estivo all'aperto con vista sui monti.

Oste Scuro-Finsterwirt – Hotel Goldener Adler

vicolo del Duomo 3 – ✆ 04 72 83 53 43 – www.finsterwirt.com – Chiuso 1 settimana in gennaio, 2 settimane in giugno, domenica sera, lunedì **m**

Rist – Menu 18/80 € – Carta 39/69 €

Il ristorante è situato nel centro storico e si contraddistingue per le sue confortevoli stube, la moderna terrazza nel cortile interno e un servizio cordiale, mentre lo chef delizia i suoi ospiti con una cucina moderna e creativa e prodotti Slow Food regionali.

Il nome di un ristorante in rosso evidenzia una « promessa ».
Il locale potrebbe accedere ad una categoria superiore: prima stella o stella supplementare. Tali esercizi sono elencati nella lista delle tavole stellate all'inizio della guida.

Fink

via Portici Minori 4 – ✆ 04 72 83 48 83 – www.restaurant-fink.it – Chiuso maggio, martedì sera e mercoledì escluso 1° luglio-15 settembre **n**

Rist – (prenotare) Carta 28/55 €

Sotto i portici, questo tradizionale luogo della ristorazione cittadina presenta due alternative: consumazioni veloci al piano terra, sala e servizio più classici al primo piano. Canederli di grano saraceno, medaglioni di capriolo con mirtilli o gnocchi di ricotta sono solo alcune delle specialità presenti in menu.

Alpenrose con cam rist,

località Pinzago 24, Ovest: 3 km – ✆ 04 72 83 21 91 – www.gasthofalpenrose.it – Chiuso 8 gennaio-12 febbraio e 24 giugno-5 luglio

17 cam – †50/57 € ††90/104 € **Rist** – *(chiuso lunedì)* Carta 23/55 €

Appena fuori Brixen, in pregevole posizione panoramica, un ristorante-albergo a conduzione familiare, dove gustare piatti del territorio con leggere rivisitazioni. Più semplici le camere, dall'arredo montano.

a Cleran (Klerant)Sud : 5 km – alt. 856 m – ✉ 39042 Sant'Andrea In Monte

Fischer

Cleran 196 – ✆ 04 72 85 20 75 – www.hotel-fischer.it – Chiuso 3 novembre-15 dicembre

23 cam – †56/62 € ††100/120 €

Rist – *(chiuso domenica sera, lunedì)* Carta 29/49 €

Isolata e con una vista incantevole sul fondovalle, una risorsa che si offre con vari convincenti servizi e camere confortevoli e di tutto riposo. Architettura tipica. Per i pasti la rustica e caratteristica stube o l'ariosa e luminosa sala da pranzo.

BREUIL-CERVINIA – Aosta (AO) – 561 E4 – alt. 2 050 m 37 B2

– Sport invernali : 2 050/3 500 m 5 15 (Comprensorio Monte Rosa ski collegato con Valtournenche e Zermatt - Svizzera) anche sci estivo – ✉ 11021

Italia Centro-Nord

Roma 749 – Aosta 55 – Biella 104 – Milano 187

via Guido Rey 17, ✆ 0166 94 91 36, www.lovevda.it

18 Cervino, 0166 949131, www.golfcervino.com – giugno-settembre

Hermitage

via Piolet 1 – ✆ 01 66 94 89 98 – www.hotelhermitage.com – Aperto 1° dicembre-30 aprile e 1° luglio-31 agosto

33 cam – †200/500 € ††300/600 € – 5 suites

Rist *La Chandelle* – vedere selezione ristoranti

Grande chalet di montagna, in cui risulta dolce e naturale sentirsi coccolati e conquistati: eleganza e tradizione, per un'ospitalità esclusiva. Ottimo centro benessere.

Excelsior-Planet

piazzale Planet 1 – ✆ 01 66 94 94 26 – www.excelsiorplanet.com – Aperto 1° dicembre-30 aprile

41 cam – †80/275 € ††120/320 €, 15 € – 5 suites

Rist *Excelsior-Planet* – vedere selezione ristoranti

A 100 m dagli impianti di risalita, un'ospitalità attenta e vicina alle esigenze di una clientela moderna: camere molto confortevoli ed una completa area benessere.

Saint Hubertus senza rist

via Piolet n. 5/a – ✆ 01 66 54 59 16 – www.sainthubertusresort.it – Chiuso 6-31 maggio- e 15 settembre-26 ottobre

17 suites – ††210/510 €, 16 €

Lusso alpino in questo delizioso resort con veri e propri appartamenti, impreziositi da legni pregiati e marmi scavati "convertiti" in lavabo. Ovunque si posi lo sguardo, s'incontrerà la bellezza: anche nella moderna spa con vista sul monte Cervino.

Sertorelli Sporthotel
piazza Guido Rey 28 – ✆ 01 66 94 97 97 – www.sertorelli-cervinia.it – Aperto 27 ottobre-4 maggio e 30 giugno-31 agosto
74 cam – †90/170 € ††140/280 €
Rist – Carta 27/62 €
In posizione centrale e panoramica, hotel in cui confort moderni e professionalità possono regalare soggiorni ideali per turisti esigenti. Nuovo bar e sala soggiorno. Tre sale ristorante, di cui la meno capiente è davvero intima e raccolta.

Bucaneve
piazza Jumeaux 10 – ✆ 01 66 94 91 19 – www.bucanevehotel.it – Aperto 29 ottobre-5 maggio e 30 giugno-8 settembre
21 cam – †91/215 € ††140/330 €
Rist *Le Vieux Bracconier* – *(solo a cena)* Carta 40/78 €
Già a cominciare dal nome, omaggio ad un fiore alpino, Bucaneve è un inno alla montagna: camere di moderno confort, personalizzate con legni e tessuti locali. A voi, scegliere tra quelle che offrono della vista sul Cervino, o quelle che godono di una maggiore esposizione solare. Sala ristorante dagli arredi signorili.

Mignon
via Carrel 50 – ✆ 01 66 94 93 44 – www.mignoncervinia.com – Aperto 1° novembre-30 aprile e 1° luglio-31 agosto
20 cam – †60/120 € ††120/240 €
Rist – *(solo per alloggiati)*
Come suggerisce il nome, in questo caratteristico chalet di montagna - a 100 m dagli impianti di risalita e dal Golf Club del Cervino - tutto è molto raccolto ed elegante. Raffinatezza che si ritrova anche al ristorante, dove gustare alcune specialità regionali.

Jumeaux senza rist
piazza Jumeaux 8 – ✆ 01 66 94 90 44 – www.hoteljumeaux.it – Chiuso giugno e ottobre
30 cam – †72/104 € ††110/160 €
Risorsa attiva sin dal 1905, in comoda posizione centrale, presenta ambienti comuni accoglienti e confortevoli con una caratteristica e luminosissima saletta relax.

La Chandelle – Hotel Hermitage
via Piolet 1 – ✆ 01 66 94 89 98 – www.hotelhermitage.com – Aperto 1° dicembre-30 aprile e 1° luglio-31 agosto
Rist – Menu 80 € – Carta 62/103 €
In uno dei migliori ristoranti d'albergo della Valle d'Aosta, lasciatevi ammaliare da un servizio professionale e da una cucina regionale, ma non solo. In sala, fa bella mostra di sé una grande griglia per succulenti piatti alla brace.

Excelsior-Planet – Hotel Excelsior-Planet
piazzale Planet 1 – ✆ 01 66 94 94 26 – www.excelsiorplanet.com – Aperto 1° dicembre-30 aprile
Rist – *(solo a cena)* Carta 42/70 €
La grande passione per la cucina del proprietario, ne fa uno fra i più apprezzati ristoranti della località: complice la posizione in pieno centro, ma soprattutto una serie di piatti regionali e mediterranei di ottima qualità.

sulla strada regionale 46

Les Neiges d'Antan
Cret de Perreres 10, Sud-Ovest : 4,5 km ✉ 11021 – ✆ 01 66 94 87 75 – www.lesneigesdantan.it – Aperto 1° luglio-15 settembre e 1° novembre -30 aprile
24 cam – †55/210 € ††70/243 € – 3 suites
Rist – Carta 38/79 €
In origine si trattava di una baita, nel corso del tempo è stata trasformata in un tranquillo e signorile albergo. Perdura l'atmosfera antica, ricca di armoniosi silenzi. Cucina del territorio, clima di casa.

Lac Bleu senza ☕ cam, rist,
località Lago Blu, Sud-Ovest: 1 km ✉ 11021 – ✆ 01 66 94 91 03 – www.hotel-lacbleu.com – Aperto 1° dicembre-2 maggio e 29 luglio-31 agosto
16 cam – 🚶35/95 € 🚶🚶60/170 €, ☕ 15 € – 3 suites
Rist – *(solo a cena) (solo per alloggiati)* Menu 35 €
Albergo a gestione familiare in cui semplicità e cortesia costituiscono un binomio molto apprezzato, anche grazie alla bellezza data dal panorama sul maestoso Cervino.

BREZ – Trento (TN) – **562** C15 – **725 ab.** – **alt. 792 m** – ✉ **38021** **33** B2
Roma 650 – Trento 54 – Brescia 186 – Bolzano 44

Locanda Alpina (N) con cam
piazza Municipio 23 – ✆ 04 63 87 43 96 – www.locandalpina.it – Chiuso 2 settimane in giugno, 2 settimane in novembre e giovedì in luglio-agosto
10 cam ☕ – 🚶70/90 € 🚶🚶70/90 €
Rist – Carta 34/54 €
Locale dalla lunga storia e dalla cucina moderatamente creativa, che comunque non disdegna le tradizioni locali pur "aprendosi" a sapori più moderni: i tagliolini al formaggio erborinato, crema di radicchio e fave di cacao, sono i nostri preferiti. Accoglienti anche le camere per un soggiorno magari breve, ma rilassante.

BRIAGLIA – Cuneo (CN) – **561** I5 – **287 ab.** – **alt. 557 m** – ✉ **12080** **23** C3
Roma 608 – Cuneo 31 – Savona 68 – Torino 80

Marsupino con cam
via Roma Serra 20 – ✆ 01 74 56 38 88 – www.trattoriamarsupino.it – Chiuso 15 gennaio-15 febbraio
5 cam ☕ – 🚶60 € 🚶🚶110 € – 2 suites
Rist – *(chiuso giovedì a mezzogiorno e mercoledì)* (prenotare) Menu 35 € – Carta 35/57 €
In un paesino di poche case, una trattoria dall'atmosfera insieme rustica ed elegante. Cucina rigorosamente del territorio, attenta alle stagioni, nonché eccellente cantina con grandi vini: Barolo soprattutto, ma non solo. Camere arredate con mobili antichi, abbellite con stucchi ed affreschi.

BRINDISI P (BR) – **564** F35 – **89 780 ab.** – ✉ **72100** Puglia **27** D2
Roma 563 – Bari 113 – Napoli 375 – Taranto 72
di Papola-Casale per ③ : 8 km ✆ 0831 4117208
lungomare Regina Margherita 44, ✆ 0831 52 30 72, www.viaggiareinpuglia.it
Colonna romana★ • S. Giovanni al Sepolcro★
S. Maria del Casale★: 5 km a nord (nei pressi dell'aeroporto)

Grande Albergo Internazionale rist,
lungomare Regina Margherita 23 – ✆ 08 31 52 34 73 – www.albergointernazionale.it Ya
67 cam ☕ – 🚶85/160 € 🚶🚶110/220 €
Rist – *(chiuso domenica) (solo a cena)* Carta 33/56 €
Un albergo dalla lunga storia...in un edificio ottocentesco, impreziosito da affreschi e mobili d'epoca, belle camere e un buon livello di servizi generali. Nell'elegante ristorante continua la magia con argenteria e lampadari preziosi; nel piatto cucina regionale e nazionale.

Palazzo Virgilio (N)
corso Umberto I 137 – ✆ 08 31 59 79 41 – www.palazzovirgilio.it Zd
60 cam ☕ – 🚶105/150 € 🚶🚶135/200 €
Rist – Carta 29/62 €
In comoda posizione di fronte alla stazione ferroviaria e poco distante dal porto, propone camere confortevoli di modeste dimensioni e gradevoli spazi comuni da poco rinnovati.

BRINDISI

Colonna senza rist

corso Roma 83 – ✆ 08 31 56 25 57 – www.albergocolonna.it **Zc**

38 cam – ♦55/80 € ♦♦75/110 €

Accoglienti camere di taglio classico-signorile in una struttura che ha il privilegio di trovarsi in centro. Le zone comuni sono un po' piccole, ma in compenso dall'ultimo piano che ospita la sala colazioni, la vista abbraccia la costa brindisina.

Barsotti senza rist

via Cavour 1 – ✆ 08 31 56 08 77 – www.hotelbarsotti.com **Ze**

60 cam – ♦55/80 € ♦♦80/110 €

Piccolo e utile indirizzo a gestione familiare, ben posizionato in centro località e frequentato principalmente da chi viaggia per lavoro, dispone di garage privato e di camere fresche e confortevoli.

Pantagruele

salita di Ripalta 1/5 – ✆ 08 31 56 06 05 – Chiuso 15-30 agosto, sabato a mezzogiorno e domenica **Yb**

Rist – (consigliata la prenotazione) Carta 21/44 €

E' gestito con passione questo locale di tono moderno - fresco e ben tenuto - che propone una cucina casalinga a base di pesce: si va dai laganari con aragosta (pescato permettendo) o zuppa di scorfano. Per gli amanti della "terra", consigliamo i maltagliati con funghi cardoncelli e formaggio di capra.

BRIONE – Brescia (BS) – 561 F12 – 703 ab. – alt. 614 m – ✉ 25060 17 C2

Roma 589 – Milano 101 – Brescia 33 – Bergamo 54

La Madia

via Aquilini 5 – ☎ 03 08 94 09 37 – www.trattorialamadia.it

Rist – *(solo a cena)* (consigliata la prenotazione) Menu 28/32 € – Carta 24/53 €

Affacciata sulla vallata e sulla Franciacorta, questa autentica trattoria di campagna privilegia i prodotti del territorio e i presidi gastronomici nazionali: nel menu ogni piatto ha la tracciabilità degli ingredienti utilizzati (nome ed indirizzo del produttore). Grande qualità a prezzi competitivi.

BRIOSCO – Monza e Brianza (MB) – 561 E9 – 5 955 ab. – alt. 271 m – ✉ 20040 18 B1

Roma 608 – Como 25 – Lecco 24 – Milano 40

LeAR

rist,

via Col de Frejus 3, Est : 1,5 km – ☎ 03 62 96 96 83 – www.ristorantelear.it

6 cam – †50/70 € ††60/80 € **Rist** – *(chiuso sabato a pranzo)* Carta 41/73 €

Nel contesto di una bella cascina lombarda di fine '800, impreziosita da un parco-museo che accoglie una raccolta di opere d'arte, confort e arredo ricercato si danno appuntamento nelle camere.

BRISIGHELLA – Ravenna (RA) – 562 J17 – 7 847 ab. – alt. 115 m – Stazione termale – ✉ 48013 9 C2

Roma 355 – Bologna 71 – Ravenna 48 – Faenza 13

piazza Porta Gabolo 5, ☎ 0546 8 11 66, www.brisighella.org

La Meridiana

rist,

viale delle Terme 19 – ☎ 0 54 68 15 90 – www.lameridianahotel.it – Aperto 15 marzo-31 ottobre

56 cam – †45/60 € ††70/90 € **Rist** – Menu 20 €

Poco oltre il borgo medievale, la struttura sorge nella zona termale e dispone di camere con vista e di una piacevole sala colazioni dalle decorazioni in stile liberty.

Relais Varnello senza rist

via Rontana 34, Ovest : 3 km – ☎ 0 54 68 54 93 – www.varnello.it – Aperto 1° aprile-31 ottobre

6 cam – †100/110 € ††150/180 €

Lungo l'antica via etrusca - tra colline e calanchi - il casale si trova all'interno del Parco Regionale dei Gessi Romagnoli e dispone di camere moderne, ben accessoriate.

Modus Vivendi N senza rist

via Roma 5/d – ☎ 0 54 68 02 50 – www.rermodusvivendi.it

8 cam – †40/50 € ††60/70 €

Camere confortevoli, alcune con angolo cottura, in una nuovissima struttura del centro storico. Last, but not least, una piccola zona relax con vasca idromassaggio e sauna.

La Casetta N

via G. Ugonia 6 – ☎ 0 54 68 02 50 – www.trattoria-lacasetta.it

Rist – (prenotare) Carta 23/41 €

Nel centro della località, ristorante con piccolo spazio all'aperto e ambiente accogliente in stile rustico elegante; cucina del territorio, ma non solo.

BRISSOGNE – Aosta (AO) – 561 E4 – 962 ab. – alt. 894 m – ✉ 11020 37 B2

Roma 717 – Aosta 13 – Moncalieri 118 – Torino 108

Agriturismo Le Clocher du Mont-Blanc senza rist

frazione Pallù Dessus 2 – ☎ 01 65 76 21 96

8 cam – †27/40 € ††44/66 €

Una casa in sasso, interamente ristrutturata, all'interno di un piccolo borgo ubicato tra vigne e meli. Una decina di camere con arredi standard, graziose e rifinite con cura.

BRIXEN = Bressanone

BROGLIANO – Vicenza (VI) – **562** F16 – 3 846 ab. – alt. 172 m **39** B2
– ✉ 36070

Roma 540 – Verona 54 – Venezia 90 – Vicenza 31

Locanda Perinella cam,
via Bregonza 19 – ✆ 04 45 94 76 88 – www.locandaperinella.it
– Chiuso 1°-8 gennaio e 29 luglio-24 agosto
22 cam – †61/80 € ††90/130 € – 6 suites
Rist – *(chiuso domenica sera e lunedì)* Carta 25/45 €
Antico edificio di campagna ristrutturato con intelligenza e arredato con semplice e tradizionale purezza. Mobili d'epoca e pregevoli elementi architettonici originali. Menù invitante, ambiente rustico-elegante in sala e all'aperto.

BRUCOLI Sicilia – Siracusa (SR) – **365** BA60 – Vedere Augusta

BRUGNERA – Pordenone (PN) – **562** E19 – 9 300 ab. – alt. 16 m **10** A3
– ✉ 33070

Roma 564 – Belluno 59 – Pordenone 15 – Treviso 38

Ca' Brugnera rist,
via Villa Varda 4 – ✆ 04 34 61 32 32 – www.cabrugnera.com
60 cam – †57/103 € ††89/155 € – 4 suites **Rist** – Carta 30/90 €
Albergo d'ispirazione classica, concepito principalmente per una clientela business: ampie le soluzioni congressuali, ma anche le camere. Al ristorante, intrigante atmosfera di design e gustose specialità di pesce, carne, vegetariane e celiache.

BRUNECK = Brunico

BRUNICO (BRUNECK) – Bolzano (BZ) – **562** B17 – 15 523 ab. **34** C1
– alt. 838 m – Sport invernali : 838/2 275 m 19 12 (Comprensorio Dolomiti superski Plan de Corones) – ✉ 39031 Italia Centro-Nord

Roma 715 – Cortina d'Ampezzo 59 – Bolzano 77 – Brennero 68

piazza Municipio 7, ✆ 0474 55 57 22, www.bruneck.com

Pustertal Im Gelände 15, 0474 412192, www.golfpustertal.com – aprile-novembre

Museo etnografico ★ di Teodone

Rosa d'Oro-Goldene Rose senza rist
via Bastioni 36/b – ✆ 04 74 41 30 00 – www.hotelgoldenerose.com
– Chiuso 2 settimane in giugno e 2 settimane in ottobre
21 cam – †75/95 € ††110/150 €
Questa risorsa costituisce un esempio eccellente di come si possa coniugare la modernità dei servizi e delle installazioni, col calore della tradizione. Camere ottime.

Post cam, rist,
via Bastioni 9 – ✆ 04 74 55 51 27 – www.hotelpost-bruneck.com – Aperto 2 dicembre-8 aprile e 11 maggio-4 novembre
39 cam – †95/138 € ††154/184 € – 6 suites
Rist – *(chiuso lunedì)* Carta 32/79 €
Albergo cittadino e di tradizione - esiste dal 1850 - giunto ormai alla quinta generazione! Totalmente rinnovato nel 2004, i suoi interni in stile classico e gli ampi spazi garantiscono confort moderni; frequentatissino il ristorante, ma soprattutto il bar-pasticceria per il tè delle cinque o un bicchiere di buon vino.

Oberraut con cam
località Ameto 1, Nord-Est: 4 km – ✆ 04 74 55 99 77 – Chiuso 15-30 gennaio e 15-30 giugno
5 cam – †35/38 € ††70/76 € **Rist** – *(chiuso giovedì)* Carta 34/55 €
Ubicato nel verde di un bosco, questa sorta di maso propone al suo interno un servizio ristorante di tutto rispetto con gustosi piatti regionali, rivisitati in chiave moderna.

a Stegona (Stegen) **Nord-Ovest : 2 km – alt. 817 m – ✉ 39031 Brunico**

Langgenhof
rist,

via San Nicolò 11 – ✆ 04 74 55 31 54 – www.langgenhof.com
30 cam – 58/111 € 94/156 €
Rist – *(chiuso 15 aprile-15 maggio e domenica) (solo a cena) (solo per alloggiati)* Menu 25/35 €
Rist *Langgenhof* – *(chiuso 3 settimane in aprile, 3 settimane in novembre e domenica) (solo a cena)* (prenotazione obbligatoria) Carta 33/65 €
Un maso, edificio tipico di queste parti, riadattato con materiali biologici e molto e buon gusto per ospiti in cerca di genuinità, da viversi nello spirito della tradizione. Originali e meravigliose stufe nella sala da pranzo. Tutto trasmette passione e cura.

a Riscone (Reischach) **Sud-Est : 3 km – alt. 960 m – ✉ 39031**

Majestic

via Im Gelande 20 – ✆ 04 74 41 09 93 – www.hotel-majestic.it – Chiuso 14 aprile-24 maggio e 3 novembre-5 dicembre
52 cam – 210/320 € 210/320 € – 8 suites **Rist** – *(solo per alloggiati)*
Vicino agli impianti sportivi e al golf a 9 buche, non difetta di silenzio e tranquillità per una vacanza in cui il relax è la chiave di volta. Piacevole e rilassante centro benessere.

Schönblick

via Reiperting 1 – ✆ 04 74 54 17 77 – www.schoenblick.it – Chiuso 10 aprile-25 maggio e 14 ottobre-23 novembre
52 cam – 90/200 € 140/400 € – 4 suites
Rist – *(solo a cena) (solo per alloggiati)* Menu 35 €
Imponente ed elegante struttura cinta dal verde; all'interno grandi spazi in stile montano di taglio moderno e tono signorile. Belle stanze spaziose, dotate di ogni confort. Calda atmosfera nella sala da pranzo rivestita in perlinato; molto accogliente.

Royal Hotel Hinterhuber
cam,

via Ried 1/A – ✆ 04 74 54 10 00 – www.royal-hinterhuber.com – Aperto 1° dicembre-30 marzo e 1° giugno-30 settembre
47 cam – 120/190 € 180/330 € **Rist** – *(solo per alloggiati)*
Grazie ai continui rinnovi, resta sempre attuale questo hotel adatto a chi cerca un luogo nel quale trovare assoluto relax e praticare sport. Parco con piscina riscaldata e tennis.

Rudolf
rist,

via Riscone 33 – ✆ 04 74 57 05 70 – www.hotel-rudolf.com
36 cam – 70/145 € 125/195 € – 4 suites
Rist – *(chiuso 15 aprile-12 maggio e 4-24 novembre)* Carta 35/48 €
Il punto di forza dell'albergo è rappresentato senz'altro dagli ambienti e dai servizi comuni di livello apprezzabile. In più ci sono panorama e tranquillità. Ristorante d'impostazione classica nello stile dell'arredo e nella composizione del menù.

BRUSAPORTO – Bergamo (BG) – 561 E11 – 5 354 ab. – alt. 255 m – ✉ 24060
19 C1

Roma 601 – Bergamo 12 – Brescia 54 – Milano 60

Relais da Vittorio

via Cantalupa 17 – ✆ 0 35 68 10 24 – www.davittorio.com – Chiuso 2 settimane in agosto
10 cam – 250/300 € 350/400 €
Rist *Da Vittorio* – vedere selezione ristoranti
I proprietari la descrivono come *una piccola locanda di charme* immersa nel verde, ma noi aggiungiamo grande nel confort. Belle camere diverse fra loro, contraddistinte dai nomi dei primi dieci nipoti della famiglia Cerea e bagni che seguono la felice linea della personalizzazione con rivestimenti in marmo e cromatismi.

XXXX ✿✿✿ **Da Vittorio** (Enrico e Roberto Cerea) – Hotel Relais da Vittorio
via Cantalupa 17 – ✆ 0 35 68 10 24 – www.davittorio.com – Chiuso 2 settimane in agosto e mercoledì a mezzogiorno
Rist – Menu 70 € (pranzo in settimana)/230 € – Carta 150/190 €
➜ Risotto con ragout croccante di scampi e foie gras. Bianco di branzino con pelle di caviale, farrotto al crescione e contrasti acidi. Variazioni al cioccolato.
Il fascino del mare non lascia indifferenti. E' qui, infatti, che il locale dà il meglio di sé dal pesce crudo ad elaborazioni più complesse, ma come un vero fuoriclasse va oltre ogni classificazione e strega l'ospite anche con piatti della tradizione, rimanendo sempre sul crinale dell'innovazione soft.

BRUSCIANO – Napoli (NA) – 564 E25 – 16 017 ab. – alt. 27 m – ✉ 80031 6 B2

Roma 217 – Napoli 22 – Latina 62 – Salerno 59

XX ✿ **Taverna Estia** (Armando e Francesco Sposito)
via Guido De Ruggiero 108 – ✆ 08 15 19 96 33 – www.tavernaestia.it – Chiuso 2 settimane in gennaio, 2 in agosto, domenica sera e lunedì
Rist – *(solo a cena escluso sabato, domenica e festivi)* (consigliata la prenotazione) Menu 55/110 € – Carta 63/114 €
➜ Pasta mista con patate e alghe marine, crostacei e frutti di mare. Variazione di maialino su salsa di broccoli, peperoni "papaccelle" e mostarda di mele. Millefoglie al burro di Normandia con crema Chiboust alla vaniglia e caramello al latte.
Oasi di elegante rusticità, tra camino e travi a vista, la taverna è un miracolo gastronomico di finezza e sapiente valorizzazione del territorio: carne o pesce in raffinate preparazioni.

BRUSSON – Aosta (AO) – 561 E5 – 859 ab. – alt. 1 338 m 37 B2

– Sport invernali : 1 338/2 230 m 2, – ✉ 11022
Roma 726 – Aosta 53 – Ivrea 51 – Milano 164
piazza Municipio 1, ✆ 0125 30 02 40, www.lovevda.it

Laghetto
rue Trois Villages 291, località Diga – ✆ 01 25 30 01 79 – www.hotellaghetto.it – Chiuso 2-20 maggio e 15 ottobre- 30 novembre
18 cam – †50/90 € ††90/170 €
Rist *Laghetto* – vedere selezione ristoranti
Albergo a gestione familiare, in cui trascorrere un soggiorno rilassante e sobrio. Attratti dalle montagne e anche dall'adiacente laghetto per la pesca sportiva.

XX **Laghetto** – Hotel Laghetto
rue Trois Villages 291 – ✆ 01 25 30 01 79 – www.hotellaghetto.it – Chiuso 2-20 maggio e 15 ottobre-30 novembre
Rist – (consigliata la prenotazione) Carta 23/45 €
Sapori di una solida cucina valdostana, in una bella sala rivestita in legno e dalle cui vetrate si può ammirare l'incantevole paesaggio della natura circostante. Non ripartite senza aver visitato la fornitissima cantina!

BUDOIA – Pordenone (PN) – 562 D19 – 2 573 ab. – alt. 140 m – ✉ 33070 10 A2

Roma 600 – Belluno 65 – Pordenone 32 – Treviso 58

Ciasa de Gahja cam,
via Anzolet 13 – ✆ 04 34 65 48 97 – www.ciasadegahja.it – Chiuso 2 settimane in novembre
14 cam – †65/90 € ††85/120 € – 2 suites
Rist – *(chiuso martedì a mezzogiorno e lunedì)* Carta 25/58 €
Nei dintorni passeggiate per boschi e avventure tra testimonianze architettoniche, all'interno dell'antica residenza di caccia, una calda accoglienza e ampie camere personalizzate. E per finire in bellezza, romantiche cene a bordo piscina con sfiziosi piatti di terra e di mare.

XX **Il Rifugio**

via San Tomè 85 località Val de Croda, Nord-Ovest : 3 km – ✆ 04 34 65 49 15 – www.ilrifugio.net – Chiuso 2 settimane in gennaio, 1 settimana in giugno, giovedì a mezzogiorno e mercoledì

Rist – Menu 35/45 € – Carta 34/53 €

Nella cornice naturale della Val di Croda, ristorante rustico a conduzione diretta, con piatti legati al territorio e qualche piccola variante.

BUDRIO – **Bologna (BO)** – **562** I16 – **17 994 ab.** – **alt. 25 m** – ✉ **40054** **9** C2

Roma 401 – Bologna 22 – Ferrara 46 – Ravenna 66

Sport Hotel senza rist

via Massarenti 10 – ✆ 0 51 80 35 15 – www.mchotels.it

30 cam – 66/250 € 86/250 €

Risorsa con camere semplici e bagni piccoli, apprezzata per la propria funzionalità e per la comoda ubicazione a poca strada dal polo fieristico bolognese.

X **Centro Storico**

via Garibaldi 10 – ✆ 0 51 80 16 78 – Chiuso 20-28 febbraio, 21 agosto-2 settembre, domenica sera e lunedì

Rist – (consigliata la prenotazione) Menu 30/50 € – Carta 38/57 €

Una saletta semplice e familiare, dove tutti gli sforzi sono indirizzati verso una cucina sfiziosa, qualche proposta creativa, carne e qualche piatto di pesce.

BULLA = PUFELS – **Bolzano (BZ)** – **Vedere Ortisei**

BURAGO DI MOLGORA – **Monza e Brianza (MB)** – **561** F10 **18** B2 – **4 250 ab.** – **alt. 182 m** – ✉ **20040**

Roma 591 – Milano 22 – Bergamo 37 – Lecco 33

Brianteo

via Martin Luther King 3/5 – ✆ 03 96 08 21 18 – www.brianteo.it – Chiuso 23 dicembre-6 gennaio e 5-25 agosto

59 cam – 100/130 € 130/160 € – 3 suites

Rist *Brianteo* – ✆ 03 96 08 04 36 (prenotare nei week-end) Carta 44/63 €

Struttura votata alla soddisfazione delle esigenze della clientela d'affari. Camere ampie, curate e funzionali, benché semplici; sono validi anche gli spazi comuni. Accanto all'omonimo hotel, un ristorante composto da un grande salone e due sale più raccolte. Il menù propone la più rassicurante e classica cucina nazionale.

BURANO – **Venezia (VE)** – **562** F19 – **Vedere Venezia**

BURGSTALL = Postal

BURGUSIO = BURGEIS – **Bolzano (BZ)** – **561** B13 – **Vedere Malles Venosta**

BURIANO – **Grosseto (GR)** – **563** N14 – ✉ **58040** **32** C3

Roma 206 – Firenze 170 – Grosseto 18 – Siena 96

X **Osteria Il Cantuccio**

piazza Indipendenza 31 – ✆ 05 64 94 80 11 – www.osteriailcantuccio.it – Chiuso novembre e lunedì

Rist – *(solo a cena escluso domenica)* (coperti limitati, prenotare) Carta 30/53 €

Piccolo è il borgo, così come piccolissima è l'osteria, che propone piatti regionali (di terra e di mare), paste fatte in casa, curiose zuppe e, soprattutto, degli accattivanti revival di antiche ricette.

BURIASCO – Torino (TO) – 561 H4 – 1 411 ab. – alt. 301 m – ✉ 10060 — 22 B2_3

Roma 708 – Torino 55 – Cuneo 128 – Asti 83

Tenuta La Cascinetta

via Pinerolo 9, regione Rena, Est: 3 km – ✆ 01 21 36 80 40 – www.tenutalacascinetta.it

13 cam – †80/95 € ††110/160 € – 1 suite

Rist *Tenuta La Cascinetta* – vedere selezione ristoranti

Anticamente un convento, successivamente una dimora colonica, la Cascinetta è ora una struttura di charme che vi accoglierà all'ingresso con una saletta di raffinata eleganza e graziosi spazi comuni da casa privata.

Tenuta La Cascinetta – Hotel Tenuta la Cascinetta

via Pinerolo 9, regione Rena, Est: 3 km – ✆ 01 21 36 80 40 – www.tenutalacascinetta.it – Chiuso martedì a pranzo e lunedì

Rist – Menu 28/70 € – Carta 34/75 €

Il casolare che lo ospita è seicentesco, ma la luminosa veranda è inaspettatamente moderna, come la cucina - creativa - in cui trova posto anche una carta di sushi: fiore all'occhiello di un cuoco giapponese.

BUSALLA – Genova (GE) – 561 I8 – 5 848 ab. – alt. 358 m – ✉ 16012 — 15 C1

Roma 513 – Genova 26 – Alessandria 59 – Milano 123

Vittoria

via Vittorio Veneto 177 – ✆ 01 09 76 12 84 – www.albergobarvittoria.it – Chiuso 23 dicembre-17 gennaio

15 cam – †70/95 € ††70/95 €

Rist – *(chiuso venerdì) (solo a cena)* Carta 18/32 €

Piccola e accogliente risorsa, in centro e a due passi dalla stazione ferroviaria. Ambiente familiare e pulito, camere dotate di tutti i confort di base. Le decorazioni e le luci del ristorante testimoniano l'estro artistico della gestione.

Grit

piazza Garibaldi 9 – ✆ 01 09 64 17 98 – www.ristorantegrit.com – Chiuso 14-23 febbraio, agosto e lunedì

Rist – Menu 30/50 € – Carta 26/56 €

Ristorante sviluppato su tre salette e d'estate anche nella minuscola piazzetta antistante, dove sono sistemati alcuni tavolini. Cucina casalinga, con tocchi creativi.

BUSCATE – Milano (MI) – 561 F8 – 4 793 ab. – alt. 178 m – ✉ 20010 — 18 A2

Roma 611 – Milano 38 – Gallarate 15 – Novara 21

Scià on Martin

viale 2 Giugno 1 – ✆ 03 31 80 30 00 – www.sciaonmartin.it – Chiuso 24 dicembre-3 gennaio e agosto

41 cam – †110/140 € ††140/170 € – 3 suites

Rist *Scià on Martin* – vedere selezione ristoranti

Una grande corte interna con un doppio porticato è quanto rimane dell'antica cascina lombarda. Ora, qui, è tutto confort moderno e se prima mancava una zona benessere, adesso c'è anche quella. A disposizione degli ospiti, un comodo servizio navetta per aeroporti e fiera.

Scià on Martin – Hotel Scià on Martin

viale 2 Giugno 1 – ✆ 03 31 80 30 00 – www.sciaonmartin.it – Chiuso 23 dicembre-7 gennaio, agosto e sabato a pranzo

Rist – Carta 40/59 €

Insalatina di mare e salsa pizzaiola, salmone marinato all'aneto con rucola, avocado e composta di agrumi, trancio di ombrina agli asparagi crudi. Ristorante di solo pesce? Assolutamente no! Il menu di questo moderno ed elegante locale si divide equamente fra mare e terra: quindi largo anche alle costolette d'agnello al profumo di timo o alla nocetta di vitello ai pistacchi.

BUSETO PALIZZOLO – Trapani (TP) – 3 095 ab. – alt. 249 m – ✉ 91012 29 A2

Palermo 87 – Trapani 21 – Agrigento 163

Baglio Case Colomba senza rist

via Toselli – ☎ 09 23 85 27 29 – www.casecolomba.com – Chiuso 13 gennaio-15 marzo

10 cam – †45/70 € ††60/100 €

In una struttura ottocentesca composta da un baglio ed un casale, camere in stile rustico e mobili in arte povera, dove i ventilatori a pale vi conforteranno dell'assenza di aria condizionata. In posizione strategica per visitare l'entroterra trapanese e le riserve naturali della zona, è un indirizzo di un certo interesse in virtù anche dei suoi prezzi contenuti.

BUSSANA – Imperia (IM) – 561 K5 – Vedere San Remo

BUSSETO – Parma (PR) – 562 H12 – 7 052 ab. – alt. 40 m – ✉ 43011 8 A1

Roma 490 – Parma 35 – Piacenza 32 – Bologna 128

piazza Verdi 10, ☎ 0524 9 24 87, www.bussetolive.com

I Due Foscari

piazza Carlo Rossi 15 – ☎ 05 24 93 00 39 – www.iduefoscari.it – Chiuso 3 settimane in agosto

20 cam – †62/70 € ††87 €, ☕ 8 €

Rist *I Due Foscari* – vedere selezione ristoranti

Per farsi avvolgere da un'autentica atmosfera verdiana, una suggestiva e scenografica dimora di campagna con arredi in stile "moresco-veneziano".

I Due Foscari – Hotel I Due Foscari

piazza Carlo Rossi 15 – ☎ 05 24 93 00 39 – www.iduefoscari.it – Chiuso 3 settimane in agosto e lunedì

Rist – Carta 38/62 €

E' facile farsi sopraffare dall'incantevole ambientazione, ma serbate un po' di stupore anche per la cucina: saggiamente innovativa saprà come conquistare il vostro consenso!

BUSSOLENGO – Verona (VR) – 562 F14 – 19 690 ab. – alt. 127 m – ✉ 37012 38 A2

Roma 504 – Verona 13 – Garda 20 – Mantova 43

Montresor Hotel Tower rist,

via Mantegna 30/a – ☎ 04 56 76 11 11 – www.montresorgroup.com

144 cam ☕ – †70/450 € ††90/600 € **Rist** – Carta 16/46 €

Pare un piccolo grattacielo color melanzana dagli interni che colpiscono per la modernità e la generosità di spazi, soprattutto nelle camere davvero molto ampie. Anche il ristorante offre ambienti ariosi, mentre il menu alletta con specialità venete e sapori mediterranei.

BUSTO ARSIZIO – Varese (VA) – 561 F8 – 81 760 ab. – alt. 226 m – ✉ 21052 18 A2

Roma 611 – Milano 35 – Stresa 52 – Como 40

18 Le Robinie via per Busto Arsizio 9, 0331 329260, www.lerobinie.com

Antica Osteria I 5 Campanili

via Maino 18 – ☎ 03 31 63 04 93 – www.i5campanili.com – Chiuso 7-15 gennaio, 16-28 agosto e lunedì

Rist – Carta 36/74 €

Un locale elegante, con un bel giardino per il servizio estivo e una nutrita e affezionata clientela d'habitué. La cucina si affida a valide e fantasiose elaborazioni.

Mirò il Ristorante

via Roma 5 – ☎ 03 31 62 33 10 – www.ristorantemiro.it – Chiuso sabato a mezzogiorno e lunedì

Rist – Menu 16 € (pranzo) – Carta 49/71 €

In un ex convento in pieno centro, ambienti piacevoli suddivisi tra una sala romantica e un godibile dehors. Cucina fantasiosa e ricca di abbinamenti curiosi.

BUTTRIO - Udine (UD) - **562** D21 - **4 140 ab. - alt. 79 m -** ✉ **33042** **11** C2

Roma 641 – Udine 12 – Gorizia 26 – Milano 381

Locanda alle Officine

via Nazionale 46/48, Sud-Est : 1 km – ☎ 04 32 67 33 04 – www.locandaalleofficine.it

38 cam – 80/90 € 120/130 € **Rist** – *(chiuso domenica)* Carta 28/49 €

Albergo di taglio classico, ricavato dall'ampliamento della precedente locanda: arredi lineari nelle camere, la maggior parte delle quali di ampia metratura. Al ristorante, piatti del territorio con qualche rivisitazione.

Trattoria al Parco

via Stretta 7 – ☎ 04 32 67 40 25 – Chiuso 15-25 gennaio, 5-25 agosto, martedì sera e mercoledì

Rist – Carta 27/44 €

Nella bella stagione, il verde del parco secolare che abbraccia la struttura rallegra il servizio estivo all'aperto, mentre piatti della tradizione sfilano tutto l'anno in menu. Tagliata di puledro con verze stufate e risotto con gli "sclopit" (erba selvatica locale), tra i piatti forti della casa.

CABRAS Sardegna - Oristano (OR) - **566** H7 - **9 169 ab. -** ✉ **09072** **28** A2

Sardegna

Alghero 108 – Cagliari 101 – Iglesias 114 – Nuoro 95

Villa Canu

via Firenze 9 – ☎ 07 83 29 01 55 – www.hotelvillacanu.com – Aperto 20 febbraio-31 ottobre

22 cam – 50/75 € 78/130 €

Rist *Il Caminetto* – vedere selezione ristoranti

Nel centro della località, grazioso hotel a conduzione familiare ricavato dalla ristrutturazione di una casa padronale del 1893: ambienti comuni signorili ed intimi, camere confortevoli nella loro semplicità.

Il Caminetto – Hotel Villa Canu

via Firenze 9 – ☎ 07 83 39 11 39 – Aperto 20 febbraio-31 ottobre; chiuso lunedì

Rist – Menu 25/45 € – Carta 26/48 €

Nella caratteristica cittadina di Cabras, fragranti piatti di pesce in un accogliente ristorante, a 100 m dall'albergo Villa Canu. Zona famosa per l'allevamento ittico, non ripartite senza aver assaggiato la proverbiale bottarga di muggine e la merca (muggine bollita in acqua salata e conservata con un'erba palustre).

CADEO - Piacenza (PC) - **562** H11 - **5 463 ab. - alt. 67 m -** ✉ **29010** **8** A1

Roma 501 – Piacenza 15 – Cremona 34 – Milano 76

Relais Cascina Scottina

strada Riglio, verso Saliceto, Nord-Ovest: 2 km – ☎ 05 23 50 42 32 – www.relaiscascinascottina.it – Chiuso 1°-8 gennaio

17 cam – 80/160 € 120/210 €

Rist *Antica Osteria della Pesa* – vedere selezione ristoranti

Nel cuore della campagna piacentina, nuovo ed accogliente relais ambientato in un antico casale del '700 con camere spaziose - curate nei minimi dettagli - per garantire agli ospiti un soggiorno indimenticabile.

Antica Osteria della Pesa – Hotel Relais Cascina Scottina

strada Riglio, verso Saliceto, Nord-Ovest: 2 km – ☎ 05 23 50 42 32 – www.relaiscascinascottina.it – Chiuso 1°-8 gennaio

Rist – Carta 45/95 €

In aperta campagna, un'ex cascina ristrutturata ospita questa graziosa trattoria che per accontentare tutti propone un "menu della tradizione" a base di carne, un "menu degustazione pesce" per gli amanti delle specialità ittiche, e per i celiaci piatti realizzati con ingredienti non contenenti glutine.

Lanterna Rossa
via Ponte 8, località Saliceto, Nord-Est : 4 km – ✆ 05 23 50 05 63 – www.lanternarossa.it – Chiuso 14-18 gennaio, 19 agosto-5 settembre, lunedì e martedì
Rist – (prenotazione obbligatoria) Menu 45 € – Carta 36/60 €
Una villetta di campagna tinteggiata di rosso ospita questo ristorante dalla squisita gestione familiare e dove non manca un piacevole dehors estivo; la cucina punta invece sulla qualità e su piatti che traggono la loro ispirazione dal mare.

CADIPIETRA = STEINHAUS – Bolzano (BZ) – 562 B17 – Vedere Valle Aurina

CAERANO DI SAN MARCO – Treviso (TV) – 562 E17 – 8 050 ab. – alt. 124 m – ✉ 31031 40 C2

Roma 548 – Padova 50 – Belluno 59 – Milano 253

Agriturismo Col delle Rane senza rist
via Mercato Vecchio 18, Nord-Est : 1 km – ✆ 0 42 38 55 85 – www.coldellerane.it
17 cam – †41/55 € ††72/85 €
Risorsa tranquilla e confortevole all'interno di un'elegante casa colonica di fine '700 (a disposizione anche un mini-appartamento). Momenti di relax presso la nuova bio-piscina immersa nel verde.

CAFRAGNA – Parma (PR) – 562 H12 – Vedere Collecchio

CAGGIANO – Salerno (SA) – 564 F28 – 2 858 ab. – alt. 828 m – ✉ 84030 7 D2

Roma 338 – Napoli 128 – Salerno 76 – Potenza 55

Locanda Severino con cam
largo Re Galantuomo 11 – ✆ 09 75 39 39 05 – www.locandaseverino.it – Chiuso 10 giorni in gennaio e 10 giorni in luglio
9 cam – †60 € ††80 €
Rist – *(chiuso lunedì e martedì) (solo a cena escluso sabato e i giorni festivi)* (consigliata la prenotazione) Menu 40/50 € – Carta 41/60 €
➜ Lagane e ceci in due consistenze su passata di ceci bianchi, salsa di ceci neri e pancetta. Interpretazione dell'agnello lucano. Semifreddo alla liquirizia su passata di mele annurche e croccante alle nocciole di Giffoni.
Un pittoresco paese arroccato su uno sperone roccioso, mobili antichi e tradizione contadina: la Locanda offre un romantico viaggio nei sapori caggianesi, tra prodotti rari e sapori perduti, alla ricerca di antiche ricette.

CAGLI – Pesaro e Urbino (PU) – 9 148 ab. – alt. 276 m – ✉ 61043 20 B2

Roma 248 – Ancona 117 – Pesaro 61

La Gioconda N
via Brancuti – ✆ 07 21 78 15 49 – www.ristorantelagioconda.it – Chiuso 1 settimana in febbraio, 1 settimana in settembre e lunedì
Rist – Carta 24/51 €
In pieno centro storico, questa moderna osteria si trova all'interno di spessi muri che custodivano un tempo la cantina. La cucina parla marchigiano: in stagione molti piatti sono dedicati al tartufo, bianco e nero.

CAGLIARI Sardegna P (CA) – 366 P48 – 156 488 ab. Sardegna 28 B3

Nuoro 182 – Porto Torres 229 – Sassari 211
di Elmas per ②: 6 km ✆ 070 211211
per Civitavecchia, Genova, Napoli, Palermo e Trapani – Tirrenia Navigazione, call center 892 123
largo Carlo Felice 2, ✆ 070 6 77 71 87, www.cagliariturismo.it
Museo Archeologico Nazionale ★ : bronzetti★★★ Y – ★★ dalla terrazza Umberto I Z – Pulpiti★★ nella Cattedrale Y – Torre di San Pancrazio★ Y – Torre dell'Elefante★ Y
Strada★★★ per Muravera per ①

CAGLIARI

Circolazione regolamentata nel centro città

Azuni (V.)	Y	3	Gramsci (Pza)	Z	10	S. Benedetto (V.)	Y	17
Carlo Felice (Largo)	Z		Indipendenza (Pza)	Y	12	S. Cosimo (Pza)	Z	18
Carmine (Pza)	Z	4	Manno (V. G.)	Z	13	S. Croce (V.)	Y	19
Costituzione (Pza)	Z	5	Martini (V.)	Y	14	Trieste (Viale)	Z	21
D'Arborea (V. E.)	Z	6	Porceli (V.)	Y	15	Università (V.)	Z	23
Fiume (V.)	Y	7	Roma (V.)	Z		Yenne (Pza)	Y	24
Fossario (V.)	Y	8	Sardegna (V.)	Z	20	20 Settembre (V.)	Z	25
Garibaldi (Pza)	Y	9	S. Benedetto (Pza)	Y	16			

Regina Margherita senza rist

viale Regina Margherita 44 ✉ *09124 – ☎ 0 70 67 03 42 – www.hotelreginamargherita.com* **Zg**

100 cam ☕ – 🚹95/190 € 🚹🚹99/245 € – 7 suites

Nella via che dall'antico quartiere fortificato di Castello scende verso la passeggiata elegante davanti al porto, un grande albergo recentemente rinnovato in stile minimalista, con qualche concessione a echi etnici e mobili in legno *wengé*.

T Hotel

via dei Giudicati 66, per via Dante ✉ *09131 – ☎ 07 04 74 00 – www.thotel.it* **Yt**

200 cam ☕ – 🚹109/219 € 🚹🚹129/279 € – 7 suites **Rist** – Carta 34/52 €

Tecnologia e design: una torre in vetro rivoluziona il paesaggio cagliaritano senza dimenticare le tradizioni, grazie alle frequenti esposizioni sull'artigianato locale allestite nella hall. Belle camere, moderno centro benessere e fitness. Cucina veloce a pranzo, piatti sardi ed internazionali più elaborati la sera.

Caesar's
via Darwin 2, per viale Armando Diaz ✉ 09126 – ✆ 0 70 34 07 50 – www.caesarshotel.it Zs
48 cam – 80/150 € 99/200 €
Rist *Cesare* – vedere selezione ristoranti
Nella cornice di un quartiere moderno, solo varcato l'ingresso si svela la particolarità architettonica di questo atrium lobby hotel: la struttura si sviluppa, infatti, curiosamente intorno ad una corte interna.

Sardegna
rist,
via Lunigiana 50, 2,5 km per ② ✉ 09122 – ✆ 0 70 28 62 45 – www.sardegnahotelcagliari.it
78 cam – 95/124 € 121/160 € – 6 suites **Rist** – Carta 26/41 €
Ad un paio di chilometri dal centro, l'hotel vanta un settore notte nuovissimo, moderno e confortevole. Perfetto punto d'appoggio per la clientela d'affari.

Dal Corsaro
viale Regina Margherita 28 ✉ 09124 – ✆ 0 70 66 43 18 – www.dalcorsaro.com – Chiuso 1°-20 gennaio e domenica Ze
Rist – (consigliata la prenotazione) Carta 40/80 €
Archi, quadri, specchi e stampe alle pareti, un angolo di sobria eleganza in centro città eppure a pochi passi dal lungomare; in cucina il figlio rivede la tradizione sarda con fantasia e gusto.

Cesare – Hotel Caesar's
via Darwin 2/4, per viale Armando Diaz ✉ 09126 – ✆ 0 70 30 47 68 – www.caesarshotel.it – Chiuso 5-30 agosto Zu
Rist – Carta 27/45 €
Affacciato sull'oasi faunistica dello stagno di Molentargius, un raffinato ed accogliente ristorante, dove gustare piatti tipici della cucina isolana accanto ai classici nazionali.

Luigi Pomata
viale Regina Margherita 18 ✉ 09124 – ✆ 0 70 67 20 58 – www.luigipomata.com – Chiuso domenica Zr
Rist – (consigliata la prenotazione la sera) Menu 15 € (pranzo in settimana)/ 65 € – Carta 35/67 €
Ambienti accoglienti in un ristorante moderno, con sushi bar in aggiunta ad una cucina di mare legata al territorio; interessante business lunch a pranzo.

La Stella Marina di Montecristo
via Sardegna 140 ✉ 09124 – ✆ 0 70 66 66 92 – www.ilmontecristo.com – Chiuso 14-20 agosto e domenica Zc
Rist – (consigliata la prenotazione) Carta 23/32 €
L'andamento e l'aspetto sono quelli di una semplice osteria di mare, mentre la gestione gioca il jolly della cortesia e dell'accoglienza. Cucina soprattutto di pesce e cacciagione (il giovedì).

al bivio per Capoterra per ② : 12 km :

Sa Cardiga e Su Schironi
strada statale 195 bivio per Capoterra ✉ 09012 Capoterra – ✆ 07 07 16 52 – www.sacardigaesuschironi.it – Chiuso gennaio, domenica e lunedì (in agosto solo lunedì a mezzogiorno)
Rist – Menu 39/75 € – Carta 31/92 €
Diverse sale avvolte nel legno, colori e un ampio espositore di pesce all'ingresso. Si può scegliere già qui il pesce, poi proposto in semplici elaborazioni perlopiù alla griglia.

CALA DI VOLPE Sardegna – Olbia-Tempio (OT) – 366 S37 – Vedere Arzachena : Costa Smeralda

---

CALA GONONE Sardegna – Nuoro (NU) – 366 S42 – Vedere Dorgali

CALAMANDRANA – Asti (AT) – 561 H7 – 1 807 ab. – alt. 151 m **25** D2
– ✉ 14042
Roma 599 – Alessandria 38 – Genova 98 – Asti 35

Violetta
località Valle San Giovanni 1, Nord : 2,5 km – ✆ 01 41 76 90 11 – www.ristorantevioletta.it – Chiuso 11 gennaio-11 febbraio, mercoledì e le sere di domenica e martedì
Rist – Carta 29/44 €
Echi contadini in un locale che non lascia indifferenti: dal carretto in bella mostra nel cortile, ai piatti dalle sfumature alessandrine. Non meravigliatevi quindi di trovare in menu i classici agnolotti o i tajarin con sugo di funghi porcini; ottime la carne cruda battuta al coltello e la finanziera.

CALAMBRONE – Pisa (PI) – **563** L12 – Vedere Tirrenia

CALA PICCOLA – Grosseto (GR) – **563** O15 – Vedere Porto Santo Stefano

CALASETTA Sardegna – Carbonia-Iglesias (CI) – **366** L49 – 2 901 ab. **28** A3
– ✉ 09011 Sardegna
Cagliari 105 – Oristano 145
per l'Isola di San Pietro-Carloforte – Saremar, call center 892 123

Luci del Faro
località Mangiabarche, Sud : 5 km – ✆ 07 81 81 00 89 – www.hotelucidelfaro.com – Aperto 1° maggio-31 ottobre
40 cam – †51/206 € ††102/262 € – 1 suite **Rist** – Carta 22/46 €
Di fronte ad una costa rocciosa, è un borgo mediterraneo raccolto attorno ad una grande piscina; all'interno ampie camere dai moderni arredi ed aree giochi per i più piccoli.

CALATABIANO – Catania (CT) – 5 437 ab. – alt. 60 m – ✉ 95011 **30** D2
Palermo 249 – Catania 59 – Messina 58

Castello di San Marco
via San Marco 40 – ✆ 0 95 64 11 81 – www.castellosanmarco.it – Chiuso novembre, gennaio e febbraio
22 cam – †90/150 € ††120/250 € – 8 suites
Rist *I Mastri Flavetta* – Carta 44/73 €
Borgo seicentesco con prestigiosi ambienti comuni al piano terra del castello e camere indipendenti negli antichi fabbricati annessi. Il nome del ristorante rende omaggio ai mastri intagliatori che eseguirono i decori in pietra lavica; cucina regionale in menu.

CALAVINO – Trento (TN) – **562** D14 – 1 496 ab. – alt. 409 m – ✉ 38072 **33** B3
Roma 605 – Trento 15 – Bolzano 77 – Brescia 100

Da Cipriano
via Graziadei 13 – ✆ 04 61 56 47 20 – Chiuso mercoledì
Rist – *(solo a cena escluso domenica)* Carta 22/31 €
Avrete solo l'imbarazzo della scelta e, probabilmente, vi rammaricherete di non poter assaggiare tutto, perché tra un filetto di salmerino marinato con pepe rosa e polenta, un poker di primi o le bracioline di cervo in salmì, lasciare un piccolo spazio per i dolci non sarà facile. Eppure, anche questi meritano!

CALCINATO – Brescia (BS) – **561** F13 – 12 725 ab. – alt. 171 m **17** D1
– ✉ 25011
Roma 517 – Brescia 19 – Milano 113 – Parma 83

a Ponte San Marco Nord : 2,5 km – ✉ 25011

Della Torre 1850
via strada statale 11, Padana Superiore 33 – ✆ 03 09 65 51 – www.hoteldellatorre1850.it
42 cam – †80/110 € ††80/110 €
Rist *Al Posto Gusto* – ✆ 03 09 96 41 97 – Carta 12/40 €
Attorno ad una torre colombaia del XIX sec., un ex opificio dalla caratteristica struttura "a ringhiera" recentemente trasformato in hotel. Camere sobrie, mobilio di qualità.

CALDANA – Grosseto (GR) – **563** N14 – Vedere Gavorrano

CALDARO SULLA STRADA DEL VINO (KALTERN AN DER WEINSTRASSE) – Bolzano (BZ) – 562 C15 – 7 609 ab. – alt. 425 m – ✉ 39052

34 D3

Roma 635 – Bolzano 15 – Merano 37 – Milano 292

piazza Mercato 8, ✆ 0471 96 31 69, www.caldaroallago.it.

La Residenza Gius senza rist

località Trutsch 1 – ✆ 04 71 96 32 95 – www.designhotel-kaltern.it – Aperto 1° aprile-31 dicembre

9 suites – 129/478 €

Stile minimalista, ma con una piacevole concessione alle ampie vetrate che permettono alla luce di illuminare naturalmente gli ambienti, in un hotel ristrutturato completamente in anni recenti: camere molto confortevoli ed una moderna zona benessere con piscina e sauna finlandese.

Schlosshotel Aehrental cam,

via dell'Oro 19 – ✆ 04 71 96 22 22 – www.schlosshotel.it – Aperto 23 marzo-3 novembre

19 cam – 90/200 € 180/300 € – 2 suites **Rist** – Carta 38/89 €

Bell'edificio nobiliare di metà '600 a due passi dal centro, ma circondato da un bel giardino. Camere e ambienti signorili, per un soggiorno all'insegna del buon gusto. Servizio ristorante estivo all'aperto.

al lago Sud : 5 km :

Parc Hotel cam,

Campi al lago 9 – ✆ 04 71 96 00 00 – www.parchotel.cc – Aperto 23 marzo-10 novembre

37 cam – 136/188 € 154/188 € – 3 suites

Rist – *(solo a pranzo)* Menu 36/70 € – Carta 38/93 €

Imponente complesso ubicato proprio sulle rive del lago con interni di taglio classico, ma assolutamente moderni per completezza e funzionalità. Belle camere spaziose.

Seeleiten cam, rist,

strada del Vino 30 – ✆ 04 71 96 02 00 – www.seeleiten.it – Aperto 25 aprile-6 novembre

49 cam – 111/160 € 163/245 € – 10 suites **Rist** – Carta 41/80 €

Tante possibilità per il relax e la cura del corpo in un hotel di classe, dotato di centro benessere e cinto da giardino con laghetto-piscina e vigneto; camere di classe. Gli spazi del ristorante sono stati strutturati con raffinatezza.

Seegarten

lago di Caldaro 17 – ✆ 04 71 96 02 60 – www.seegarten.com – Aperto 1° aprile-30 novembre

33 cam – 80/130 € 160/240 € – 4 suites

Rist – *(chiuso mercoledì)* Carta 31/74 €

Per gli amanti del nuoto è davvero ideale la spiaggia attrezzata di questa risorsa immersa nel verde a bordo lago e con vista sui monti; camere spaziose, recentemente rinnovate. Cucina regionale e servizio estivo in terrazza: i due punti di forza del ristorante.

Haus Am Hang

lago di Caldaro 57 – ✆ 04 71 96 00 86 – www.hausamhang.it – Aperto 20 marzo-15 novembre

28 cam – 69/120 € 132/180 € – 5 suites **Rist** – Carta 26/58 €

Godere della quiete, del panorama e delle opportunità offerte dalla natura in un ambiente familiare e accogliente; belle camere ampie con elegante arredamento moderno. Sala da pranzo di ambientazione tirolese.

XX **Castel Ringberg**

San Giuseppe al Lago 1 – ✆ 04 71 96 00 10 – www.castel-ringberg.com – Chiuso 10 gennaio-10 marzo e martedì

Rist – (prenotazione obbligatoria) Menu 54/75 € – Carta 52/82 €

Un vero castello, in buone condizioni, che continua ad affascinare i propri ospiti. Arredi e sale di taglio classico, cucina di mare e di terra della tradizione italiana.

CALDERINO – Bologna (BO) – 562 I15 – alt. 112 m – ✉ 40050 9 C2

Roma 373 – Bologna 16 – Milano 213 – Modena 45

Nuova Roma

via Olivetta 87, Sud-Est : 1 km – ✆ 05 16 76 01 40 – www.ristorantenuovaroma.it – Chiuso 28 gennaio-14 febbraio, agosto, mercoledì a mezzogiorno e martedì,

Rist – Carta 27/65 €

Una trattoria semplice, sulla strada tra Calderino e Sasso Marconi, dove gustare una cucina regionale con un bicchiere da scegliere ad hoc entro una completa carta dei vini.

CALDIERO – Verona (VR) – 562 F15 – 7 537 ab. – alt. 44 m – ✉ 37042 38 B3

Roma 517 – Verona 15 – Milano 174 – Padova 66

Bareta senza rist

via Strà 88 – ✆ 04 56 15 07 22 – www.hotelbareta.it – Chiuso 21 dicembre-7 gennaio

39 cam – †50/80 € ††70/140 €

Comodo da raggiungere sulla strada statale, albergo di concezione moderna - a gestione familiare - che propone confortevoli camere dalle rilassanti tinte azzurre. Dalle h.18 alle 22 circa, servizio di wine-bar anche per apertivi con affettati misti e formaggi vari.

sulla strada statale 11 Nord-Ovest : 2,5 km :

Renato

località Vago 6 ✉ 37042 – ✆ 0 45 98 25 72 – www.ristoranterenato.it – Chiuso agosto, lunedì sera e martedì

Rist – Carta 39/99 €

Da più di due lustri, il timone della gestione è passato dal padre - quel Renato che diede il nome al tutto - al figlio, Daniele. La cucina, invece, rimane nelle mani della madre ed è squisitamente di pesce.

CALDOGNO – Vicenza (VI) – 562 F16 – 11 291 ab. – alt. 53 m – ✉ 36030 38 A1

Roma 548 – Padova 48 – Trento 86 – Vicenza 8

Molin Vecio

via Giaroni 116 – ✆ 04 44 58 51 68 – www.molinvecio.it – Chiuso 7-15 gennaio e martedì

Rist – Carta 23/56 €

In un mulino del '500 funzionante, sale d'atmosfera (una con camino) e servizio estivo in riva ad un laghetto; cucina tipica vicentina e proposte vegetariane.

CALDONAZZO – Trento (TN) – 562 E15 – 3 344 ab. – alt. 480 m – ✉ 38052 33 B3

Roma 608 – Trento 22 – Belluno 93 – Bolzano 77

piazza Vecchia 15, ✆ 0461 72 31 92, www.comune.caldonazzo.tn.it

Due Spade

piazza Municipio 2 – ✆ 04 61 72 31 13 – www.albergoduespade.it – Chiuso novembre

24 cam – †35/45 € ††64/78 € **Rist** – Carta 19/35 €

E' dai primi del '900 che la stessa famiglia gestisce questa semplice risorsa del centro dagli arredi essenziali, ma ben tenuti. Accanto, il bar di proprietà. Ristorante con due sale: una in stile vagamente montano, l'altra più classica.

CALENZANO – Firenze (FI) – 563 K15 – 16 462 ab. – alt. 68 m – ✉ 50041 32 C1

Roma 290 – Firenze 15 – Bologna 94 – Milano 288

Pianta di Firenze : percorsi di attraversamento

Valmarina senza rist

via Baldanzese 146 – ✆ 05 58 82 53 36 – www.hotelvalmarina.it ARf

34 cam – †50/83 € ††60/120 €

In posizione ideale per chi desidera un soggiorno alla scoperta della città o per chi viaggia per lavoro, la struttura dispone di camere accoglienti - recentemente rinnovate negli arredi - ed ampi spazi comuni.

La Terrazza

via del Castello 25 – 05 58 87 33 02 – Chiuso 25 dicembre-6 gennaio, 8-31 agosto, domenica e lunedì ARe

Rist – Carta 21/48 €

Cortesia, ospitalità e gustosi piatti di cucina toscana in questo ristorante situato in un'antica casa nella parte alta della località. Panoramica sala con colonne di pietra.

a Carraia Nord : 4 km – ✉ 50041

Gli Alberi

via Bellini 173 – 05 58 81 99 12 – Chiuso martedì

Rist – Menu 15 € (pranzo in settimana)/35 € – Carta 23/48 €

Piacevole trattoria con quattro sale di tono rustico e dalla cortese gestione familiare situata lungo la strada per Barberino. Dalla cucina, ricette della tradizione toscana: pollo fritto e braciola di maiale alla brace, tra i top!

a Pontenuovo di Calenzano Nord : 6 km – ✉ 50041 Calenzano

Meridiana Country Hotel senza rist

via di Barberino 253 – 05 58 81 94 72 – www.meridianacountryhotel.it

32 cam – 80/262 € 80/274 €

L'interior design contemporaneo incontra i colori tipici della Toscana in questa struttura di grande fascino dotata di camere luminose con terrazzo o giardino privato, ed un piccolo centro wellness.

Carmagnini del 500

via di Barberino 242 – 05 58 81 99 30 – www.carmagninidel500.it – Chiuso 15-28 febbraio e lunedì

Rist – *(solo a cena escluso martedì, sabato e domenica)* Menu 25/44 € – Carta 30/39 €

Da più di un secolo nelle mani della stessa famiglia, il locale è decisamente storico, la cucina rivisita i piatti della tradizione locale con qualche escursione in quelli più antichi, ma l'ambiente è di tono vagamente moderno. Servizio estivo all'aperto.

CALESTANO – Parma (PR) – 561 I12 – 2 126 ab. – alt. 417 m – ✉ 43030 8 B2

Roma 488 – Parma 36 – La Spezia 88

via Mazzini 1, 0525 52 01 14, www.turismo.parma.it

Locanda Mariella

località Fragnolo , Sud-Est : 5 km – 0 52 55 21 02 – Chiuso lunedì e martedì

Rist – Carta 29/37 €

Strade tortuose incidono il paesaggio collinare che avvolge la locanda: una risorsa familiare - ormai generazionale - dove fermarsi a gustare i celebri cappelletti in brodo, il guancialino di vitello brasato o la trippa alla parmigiana. Il tutto annaffiato da ottimi vini, elencati in una carta quasi enciclopedica.

CALIZZANO – Savona (SV) – 561 J6 – 1 586 ab. – alt. 647 m – ✉ 17057 14 A2

Liguria

Roma 588 – Genova 94 – Alba 75 – Cuneo 69

piazza San Rocco, 019 7 91 93, www.visitriviera.it

Villa Elia

via Valle 26 – 01 97 96 19 – www.villaelia.it – Chiuso novembre

33 cam – 36/55 € 60/90 € **Rist** – Carta 23/41 €

Nel verde entroterra ligure, un piacevole albergo di paese con camere carine e spaziose; tranquilla e circondata da un giardino cintato, la struttura è ideale per famiglie con bambini.

CALLIANO – Trento (TN) – 562 E15 – 1 565 ab. – alt. 187 m – ✉ 38060 33 B3

Roma 570 – Trento 17 – Milano 225 – Riva del Garda 31

Aquila rist, cam, rist,

via 3 Novembre 11 – ✆ 04 64 83 41 10 – www.villaggiohotelaquila.it – Chiuso 20 dicembre-10 gennaio

43 cam – †55/62 € ††80/99 €

Rist – *(chiuso domenica) (solo a cena)* Carta 18/29 €

Dotata di parcheggio interno, giardino e piscina, una risorsa ad andamento familiare, che offre accoglienti camere, alcune ristrutturate, con rustici arredi in legno. Il ristorante dispone di varie belle sale, tra cui una stube in stile montano.

CALÒ – Monza e Brianza (MB) – Vedere Besana Brianza

CALTAGIRONE – Catania (CT) – 365 AW60 – 39 573 ab. – alt. 608 m – ✉ 95041 Sicilia 30 C2

Agrigento 153 – Catania 64 – Enna 75 – Ragusa 71

via Volta Libertini 4, ✆ 0933 5 38 09, www.comune.caltagirone.ct.it

Villa Comunale★ – Scala di Santa Maria del Monte★- Chiesa di S. Giorgio: Mistero della Trinità★ tavola attribuita al fiammingo Roger van der Weyden

NH Villa San Mauro rist,

via Portosalvo 14 – ✆ 0 93 32 65 00 – www.nh-hotels.it

90 cam – †99/165 € ††99/165 € – 1 suite

Rist – *(solo a cena)* Menu 25/65 € – Carta 22/45 €

Albergo ristrutturato di recente, ubicato ai margini della località, presenta interni signorili ed eleganti. Le camere sono ben arredate, gli accessori davvero attuali. Curato ristorante, cucina siciliana.

Vecchia Masseria cam, rist,

contrada Cutuminello – ✆ 33 38 73 55 73 – www.vecchiamasseria.com

24 cam – †50/120 € ††70/150 €

Rist – *(chiuso 6 novembre-6 dicembre e 6 gennaio-6 febbraio) (solo a cena)* Menu 28 €

All'interno di un parco naturale, la location è sicuramente bucolica e la struttura - ricavata da una masseria del 1850 – propone ambienti di moderno design e richiami ad elementi architettonici locali. Camere semplici e menu degustazione con specialità dell'entroterra al ristorante.

Coria (Domenico Colonnetta e Francesco Patti)

via Infermeria 24 – ✆ 09 33 33 46 15 – www.ristorantecoria.it – Chiuso febbraio, 15 giorni in novembre, domenica sera e lunedì da settembre a giugno, lunedì a mezzogiorno e domenica in luglio-agosto

Rist – (consigliata la prenotazione) Carta 42/76 €

→ Interpretazione di antipasti crudi di pesce. Triglia di scoglio panata con mollica alle olive nere e farcita alla beccafico. Tortino con mandorla pizzuta d'Avola e cannella con gelato al Marsala.

Due giovani chef vi stupiranno con le loro rivisitazioni di classici isolani. In pieno centro, la scelta di colori forti nelle due belle sale conferisce carattere al locale, che ha preso spunto per il proprio nome dall'autore di "Profumi di Sicilia", G. Coria.

sulla strada statale 124 Nord : 5 km:

Villa Tasca cam,

contrada Fontana Pietra S.P. 37/II ✉ 95041 – ✆ 0 93 32 27 60 – www.villatasca.it – Chiuso 10 gennaio-10 febbraio e 5-30 novembre

10 cam – †50/70 € ††70/130 €

Rist – (prenotazione obbligatoria) *(solo per alloggiati)* Menu 25 €

In posizione defilata e tranquilla, tenuta agricola sapientemente riadattata. Ampi spazi aperti, grande piscina, maneggio con cavalli per passeggiate. Cucina casalinga.

CALTANISSETTA Sicilia P (CL) – 365 AT59 – 60 267 ab. – alt. 568 m – ✉ 93100 Sicilia 30 C2

Catania 109 – Palermo 127

San Michele cam, rist,
via Fasci Siciliani – ✆ 09 34 55 37 50 – www.hotelsanmichelesicilia.it
136 cam – ♦88/105 € ♦♦117/130 € – 14 suites
Rist – *(chiuso 2 settimane in agosto, sabato, domenica e festivi) (solo a cena)* Menu 28/70 €
In posizione periferica e tranquilla, non mancano gli spazi, benché semplici nelle decorazioni. Camere come piccoli gioielli, alcune ulteriormente impreziosite da una vista panoramica. Piatti siciliani e nazionali al ristorante.

CALTIGNAGA – Novara (NO) – 561 F7 – 2 617 ab. – alt. 178 m – ✉ 28010 — 23 C2

Roma 633 – Stresa 53 – Milano 59 – Novara 8

Cravero con cam cam,
via Novara 8 – ✆ 03 21 65 26 96 – Chiuso 27 dicembre-10 gennaio e 3 settimane in agosto
12 cam – ♦60/70 € ♦♦70/85 €
Rist – *(chiuso sabato a mezzogiorno, domenica sera e lunedì)* Menu 15 € (pranzo in settimana)/48 € – Carta 32/64 €
Ambiente curato e signorile, ma familiare, in un locale di lunga tradizione; convincente l'ampia gamma di proposte del territorio, talvolta rielaborate.

CALUSO – Torino (TO) – 561 G5 – 7 679 ab. – alt. 303 m – ✉ 10014 — 22 B2

Roma 678 – Torino 32 – Aosta 88 – Milano 121

Gardenia (Mariangela Susigan)
corso Torino 9 – ✆ 01 19 83 22 49 – www.gardeniacaluso.it – Chiuso 7-31 gennaio e martedì
Rist – Carta 47/91 €
➜ Cannoli d'ajucche (erbe spontanee), piccione e fegatini al passito. Finanziera reale. Gioco di fragola, cioccolato bianco, dragoncello.
Un elegante indirizzo piemontese: dalla casa di ringhiera ai raffinati interni, passando naturalmente per la cucina, a cui tuttavia si affiancano piatti più creativi.

CALVISANO – Brescia (BS) – 561 F13 – 8 726 ab. – alt. 67 m – ✉ 25012 — 17 C2

Roma 523 – Brescia 27 – Cremona 44 – Mantova 55

Gambero (Paola ed Edvige Gavazzi)
via Roma 11 – ✆ 0 30 96 80 09 – Chiuso 1 settimana in gennaio, agosto e mercoledì
Rist – Menu 40 € (pranzo in settimana)/87 € – Carta 51/84 €
➜ Risotto con asparagi alla crema di formaggi. Pancetta di maialino da latte glassata con purea di prezzemolo e senape. Cremoso allo zabaione.
Nel cuore del paese, la tradizione familiare si è evoluta tenendo costanti gli ingredienti del territorio riproposti in piatti più raffinati. L'ospitalità è quella di sempre.

Fiamma Cremisi
via De Gasperi 37, località Viadana, Nord : 2 km – ✆ 03 09 68 63 00 – www.ristorantefiammacremisi.it – Chiuso 23-31 gennaio, 2 settimane in agosto, sabato a mezzogiorno e martedì
Rist – (consigliata la prenotazione) Menu 38/45 € – Carta 25/54 €
Ristorante di campagna senza fronzoli o manierismi, ma curato ed accogliente, con tre salette moderne: la principale di esse allietata da un caminetto. Cucina del territorio rivisitata e servizio estivo all'aperto sotto un gazebo.

CAMAGNA MONFERRATO – Alessandria (AL) – 561 G7 – 533 ab. – alt. 261 m – ✉ 15030 — 23 C2

Roma 580 – Alessandria 24 – Genova 108 – Milano 90

Taverna di Campagna dal 1997
vicolo Gallina 20 – ✆ 01 42 92 56 45 – Chiuso 29 agosto-13 settembre e lunedì
Rist – *(solo a cena escluso sabato e domenica)* Menu 31 €
Un ambiente rustico dove farsi portare al tavolo il menù degustazione: un connubio tra tradizione, stagione ed estro creativo. E' consigliabile giungere previa prenotazione.

CAMAIORE – Lucca (LU) – **563** K12 – **32 600 ab.** – **alt. 34 m** – ✉ **55041** **31** B1
Toscana
Roma 376 – Pisa 29 – Livorno 51 – Lucca 18

Locanda le Monache
cam,
piazza XXIX Maggio 36 – ✆ 05 84 98 92 58 – www.lemonache.com – Chiuso 10 giorni in novembre
13 cam – 45/55 € 60/90 €
Rist – *(chiuso domenica a mezzogiorno da giugno a settembre, anche domenica sera negli altri mesi)* (consigliata la prenotazione) Menu 15 € (in settimana)/28 € – Carta 22/46 €
Nel cuore del paese, questa locanda a gestione familiare offre camere arredate con dovizia di fantasia, tra allegri tocchi ed arredi d'epoca o di gusto moderno. Comodi al ristorante, accolti da un camino e da una riproduzione di Bruegel, per gustare i piatti della tradizione toscana.

Emilio e Bona
via Nuova 1641, località Lombrici, Nord : 3 km – ✆ 05 84 98 92 89 – www.ristoranteemilioebona.com
– Chiuso 15-31 gennaio, 15-30 novembre, lunedì e i mezzogiorno da martedì a venerdì
Rist – Carta 27/56 €
In origine era un opificio, ma per la sua ubicazione strategica sulla riva di un torrente fu convertito presto in frantoio. Oggi è un originale ristorante, che denuncia il suo passato grazie a macine esposte in sala. Anche la cucina rimane fedele alla tradizione: solo piatti regionali, prevalentemente di carne.

a Montemagno Sud-Est : 6 km – ✉ 55041

Le Meraviglie
via Provinciale 13 – ✆ 05 84 95 17 50
– Chiuso 12-20 gennaio, 4-26 novembre, mercoledì e i mezzogiorno di giovedì e venerdì
Rist – Carta 19/45 €
Lungo una piacevole strada collinare che conduce a Lucca, il locale è gestito da due fratelli che propongono una cucina regionale a base di carne o baccalà. Pesce su ordinazione.

CAMARDA – L'Aquila (AQ) – **563** O22 – **Vedere L'Aquila**

CAMBIANO – Torino (TO) – **561** H5 – **6 304 ab.** – **alt. 253 m** – ✉ **10020** **22** A2
Roma 651 – Torino 19 – Asti 41 – Cuneo 76

Pianta d'insieme di Torino

Trattoria del Centro con cam
rist,
via Martini 34 – ✆ 01 19 44 03 10 – www.trattoriadelcentro.it – Chiuso 1°-6 gennaio, 5-19 agosto HUb
6 cam – 45 € 70 €
Rist – *(chiuso domenica sera)* Menu 11 € (pranzo in settimana)/30 € – Carta 13/30 €
Sono solo due le salette - di cui una affacciata su una piccola corte interna - che compongono questa piacevolissima trattoria familiare, dove va in scena la solida cucina piemontese elaborata in chiave casereccia.

CAMERANO – Ancona (AN) – **563** L22 – **7 268 ab.** – **alt. 231 m** – ✉ **60021** **21** C1
Roma 280 – Ancona 19 – Gubbio 112 – Macerata 48
via Maratti 37, ✆ 071 7 30 40 18, www.turismocamerano.it

3 Querce
cam, rist,
via Papa Giovanni XXIII 44 ✉ 60021 – ✆ 07 19 53 16 – www.hotel3querce.com – Chiuso 23 dicembre-4 gennaio
33 cam – 40/120 € 60/250 € – 1 suite
Rist – *(solo a cena)* Carta 20/75 €
Dispone di ambienti ordinati ed una capiente sala conferenze, questo hotel vocato ad una clientela business e gestito con professionalità. Camere di due tipologie: meglio le superior, in quanto più recenti.

CAMERI – Novara (NO) – 561 F7 – 10 878 ab. – alt. 161 m – ✉ 28062 23 C2

Roma 621 – Stresa 53 – Milano 53 – Novara 10

Al Caminetto

via Cavour 30 – ✆ 03 21 51 87 80 – www.alcaminettocameri.it – Chiuso 2 settimane in agosto, martedì a pranzo e lunedì

Rist – Menu 45 € (cena)/50 € – Carta 41/65 €

Bel locale sorto all'interno di una casa padronale nel centro della località. Soffitti con travi a vista, gestione giovane ma esperta, cucina appetitosa e interessante.

CAMERINO – Macerata (MC) – 563 M16 – 7 130 ab. – alt. 661 m 21 C2

– ✉ 62032 Italia Centro-Nord

Roma 203 – Ascoli Piceno 82 – Ancona 90 – Fabriano 37

piazza Cavour 19, ✆ 0737 63 25 34, www.comune.camerino.mc.it

a Polverina Sud-Est : 10 km – ✉ 62037

Il Cavaliere

via Mariani 33/35 ✉ 62032 – ✆ 0 73 74 61 28 – www.hotelilcavaliere.com

18 cam – †50 € ††74 € **Rist** – *(chiuso lunedì)* Carta 14/40 €

Dopo avervi abitato per generazioni, il proprietario ha trasformato un edificio del '500 in una piacevole risorsa dotata di camere spaziose, nuove, con mobili di legno scuro. Simpatico ambiente di taglio rustico nella sala da pranzo.

CAMIGLIATELLO SILANO – Cosenza (CS) – 564 I31 – alt. 1 272 m 5 A2

– Sport invernali : 1 350/1 760 m 1, 1, – ✉ 87052

Roma 553 – Cosenza 32 – Catanzaro 128 – Rossano 83

Massiccio della Sila★★ Sud

Aquila-Edelweiss

via Stazione 11 – ✆ 09 84 57 80 44 – www.hotelaquilaedelweiss.com – Chiuso 11 novembre-20 dicembre e aprile

40 cam – †50/80 € ††70/120 €

Rist *Aquila-Edelweiss* – vedere selezione ristoranti

Pluridecennali e collaudate l'accoglienza e l'ospitalità della famiglia in questo albergo all'inizio del paese: tanto legno negli spazi comuni e camere recentemente rinnovate.

Aquila-Edelweiss – Hotel Aquila-Edelweiss

via Stazione 13/15 – ✆ 09 84 57 80 44 – www.hotelaquilaedelweiss.com – Chiuso 11 novembre-20 dicembre, aprile e martedì escluso agosto

Rist – Carta 25/54 €

In una delle località più belle dell'altopiano silano, lasciatevi coccolare dall'accoglienza e dal savoir-faire dei proprietari: professionisti dell'ospitalità da anni deliziano con il proprio servizio e la rinomata cucina clienti di passaggio e habitué. Tra le specialità spiccano le fettuccine all'uovo con i fiori di zucca e funghi porcini; buona cantina.

verso il lago di Cecita Nord-Est : 5 km

La Tavernetta con cam

contrada campo San Lorenzo 14 ✉ 87052 Camigliatello Silano – ✆ 09 84 57 90 26 – www.latavernetta.info – Chiuso 15 giorni in marzo e 15 giorni in novembre

22 cam – †60/80 € ††90/110 € – 2 suites

Rist – *(chiuso lunedì)* Menu 50/70 € – Carta 37/57 €

Grande passione da parte dei titolari per i sapori della loro Calabria: si parte con l'aperitivo nella fornita cantina, quindi, ci si accomoda nelle moderne sale per assaporare sapidi piatti locali. Tra le specialità: i funghi. Vivacemente colorate ed accoglienti le camere.

CAMIN – Padova (PD) – Vedere Padova

CAMOGLI – Genova (GE) – **561** I9 – **5 582 ab.** – ✉ **16032** **15** C2

Italia Centro Nord

Roma 486 – Genova 26 – Milano 162 – Portofino 15

via XX Settembre 33/r, ✆ 0185 77 10 66, www.prolococamogli.it

Località★★

Promontorio di Portofino★★★ – Punta Chiappa★★★: ← - San Fruttuoso★★ Sud-Est : 30 mn di motobarca – Portofino Vetta★★ Sud-Est : 6 km

Cenobio dei Dogi

rist,

via Cuneo 34 – ✆ 01 85 72 41 – www.cenobio.it

97 cam – †130/160 € ††170/440 € – 5 suites

Rist – Carta 42/94 €

Rist *La Playa* – ✆ 01 85 72 44 42 *(aperto 15 giugno-15 settembre)* Carta 40/81 €

Per un esclusivo soggiorno in questa "perla" ligure, prestigioso e panoramico albergo immerso in un lussureggiante parco, con camere eleganti recentemente rinnovate. Al ristorante: sapori regionali e meravigliosa vista del golfo di Camogli. La Playa si trova proprio sulla spiaggia.

Casmona senza rist

salita Pineto 13 – ✆ 01 85 77 00 15 – www.casmona.com – Chiuso 9-25 dicembre e 10-31 gennaio

19 cam – †65/115 € ††90/190 €, 10 €

Direttamente sul caratteristico lungomare, camere con bella vista e graziose sale per la prima colazione. Struttura confortevole ed aggiornata.

La Camogliese senza rist

via Garibaldi 55 – ✆ 01 85 77 14 02 – www.lacamogliese.it

21 cam – †50/95 € ††70/115 €

Rinnovato in anni recenti, hotel di piccole dimensioni - frontemare - propone camere confortevoli con un interessante rapporto qualità/prezzo.

Da Paolo

via San Fortunato 14 – ✆ 01 85 77 35 95 – Chiuso 15-28 febbraio, martedì a mezzogiorno e lunedì

Rist – (consigliata la prenotazione) Carta 48/78 €

Ristorantino rustico a conduzione familiare, ubicato nel borgo antico poco lontano dal porticciolo; cucina di mare secondo le disponibilità quotidiane del mercato.

a San Rocco Sud : 6 km – alt. 221 m – ✉ 16032 San Rocco Di Camogli

Belvedere★★ dalla terrazza della chiesa

La Cucina di Nonna Nina

via Molfino 126 – ✆ 01 85 77 38 35 – www.nonnanina.it – Chiuso 10-31 gennaio, 1°-20 novembre e mercoledì

Rist – Carta 30/61 €

In una classica casa ligure della pittoresca frazione, si trova questa trattoria dall'accogliente atmosfera familiare e con un'ambitissima verandina panoramica. In menu: piatti locali, di terra e di mare.

CAMPAGNA – Salerno (SA) – **564** E27 – **16 183 ab.** – **alt. 410 m** – ✉ **84022** **7** C2

Roma 295 – Potenza 75 – Avellino 73 – Napoli 94

a Quadrivio Sud : 3,5 km – ✉ 84022

Capital

rist,

piazza Mercato – ✆ 0 82 84 59 45 – www.hotelcapital.it

36 cam – †60/80 € ††80/120 € **Rist** – *(solo a cena)* Carta 22/63 €

Hotel moderno, dotato di giardino con piscina, nonché ampi e piacevoli spazi interni: sale ricevimenti e signorili camere in stile, ben accessoriate. Un indirizzo tra i più interessanti della zona.

CAMPAGNA – Novara (NO) – **561** E7 – **Vedere Arona**

CAMPAGNA LUPIA – Venezia (VE) – **562** F18 – **6 992 ab.** – ✉ **30010** **40** C3

Roma 500 – Padova 27 – Venezia 32 – Ferrara 87

a Lughetto **Nord-Est : 7,5 km – ✉ 30010 Campagna Lupia**

XXX **Antica Osteria Cera** (Daniele Cera)

✿✿ *via Marghera 24 – ✆ 04 15 18 50 09 – www.osteriacera.it*
– Chiuso 23 gennaio-5 febbraio, 2 settimane in agosto, domenica sera e lunedì
Rist – Menu 150 € (in settimana) – Carta 72/134 €
➜ Risotto della laguna con erbette di campo e limone candito. San Pietro con salsa di pane, carciofi e crudo di San Daniele. Croccantino alla nocciola e caffè con crema al mascarpone.
Alla famiglia Cera è riuscito un grande miracolo, trasformare i piatti della tradizione marinara italiana in proposte d'alta cucina, proporre la semplicità a straordinari livelli. Dal crudo all'insalata russa, dalla catalana all'acqua pazza, sono nomi familiari che qui diventano capolavori gastronomici.

CAMPAGNATICO – Grosseto (GR) – **563** N15 – **2 532 ab. – alt. 275 m** **32** C3 – ✉ **58042**

Roma 198 – Grosseto 24 – Perugia 158 – Siena 59

XX **Locanda del Glicine** con cam rist,

piazza Garibaldi 6/8 – ✆ 05 64 99 64 90 – www.locandadelglicine.com
– Chiuso 10 gennaio-31 marzo e 10-20 novembre
6 cam – †70/100 € ††120/130 € – 2 suites
Rist – *(chiuso lunedì)* Menu 30 € – Carta 33/53 €
Nel cuore del paese, la locanda consta di due sale arredate in stile rustico e di un piccolo dehors e propone una cucina moderna a partire dai prodotti tipici del territorio. Nelle camere e nelle suite ben arredate un buon livello di confort.

CAMPALTO – Venezia (VE) – Vedere Mestre

CAMPEGINE – Reggio Emilia (RE) – **562** H13 – **5 187 ab. – alt. 34 m** **8** B3 – ✉ **42040**

Roma 442 – Parma 22 – Mantova 59 – Reggio nell'Emilia 16

in prossimità strada statale 9 - via Emilia **Sud-Ovest : 3,5 km :**

XX **Lago di Gruma**

vicolo Lago 7 ✉ 42040 – ✆ 05 22 67 93 36 – Chiuso 25 dicembre-1° gennaio, agosto, martedì e mercoledì
Rist – Carta 38/67 €
In una villetta di campagna su un laghetto, una trattoria che col tempo si è evoluta e propone una creativa cucina "d'acqua" e di terra, legata anche alle stagioni.

CAMPELLO SUL CLITUNNO – Perugia (PG) – **563** N20 – **2 538 ab.** **36** C2 – **alt. 290 m** – ✉ **06042**

Roma 141 – Perugia 53 – Foligno 16 – Spoleto 11

Fonti del Clitunno★ Nord : 1 km – Tempietto di Clitunno★ Nord : 3 km

Benedetti rist,

via Giuseppe Verdi 32, località Settecamini – ✆ 07 43 52 00 80
– www.hotelbenedetti.it
25 cam – †46/50 € ††70/80 € **Rist** – Carta 21/41 €
Gestione familiare per un quieto rustico in pietra tra gli oliveti umbri, a breve distanza dalle Fonti del Clitunno; mobili classici nelle ampie camere. Mura con pietra a vista nella sala del rinomato ristorante.

CAMPERTOGNO – Vercelli (VC) – **561** E6 – **246 ab. – alt. 815 m** **23** C1 – ✉ **13023**

Roma 721 – Torino 151 – Vercelli 94 – Biella 83

Relais San Rocco

via San Rocco 2 – ✆ 0 16 37 71 61 – www.relaissanrocco.it – Aperto 15 dicembre-1° aprile e 1° giugno-15 settembre

24 cam – 90/120 € 130/160 € – 11 suites

Rist *Casa alla Piana* – vedere selezione ristoranti

Spettacolare la scala in pietra che domina questa prestigiosa villa ottocentesca. Incastonata in un piccolo borgo secentesco, unisce con gusto gli antichi affreschi e i mobili d'epoca con un ricercato arredo dal design contemporaneo.

Casa alla Piana – Hotel Relais San Rocco

via San Rocco 2 – ✆ 0 16 37 71 61 – www.relaissanrocco.it – Aperto 17 dicembre-25 marzo e 7 maggio-26 agosto

Rist – *(chiuso lunedì)* Carta 31/53 €

Paste fatte in casa, prodotti quasi esclusivamente piemontesi e molte specialità del territorio, nelle sale - alcune affrescate - di questo ristorante al primo piano del Relais San Rocco. L'ambiente ripropone un sottile gioco di storia e design, muri antichi e sedie trasparenti.

CAMPESTRI – **Firenze (FI)** – **563** K16 – **Vedere Vicchio**

CAMPIANI – **Brescia (BS)** – **Vedere Collebeato**

CAMPI BISENZIO – **Firenze (FI)** – **563** K15 – **43 901 ab.** – **alt. 38 m** – ✉ **50013** **32** D3

Roma 291 – Firenze 12 – Livorno 97 – Pistoia 20

piazza Matteotti 23, ✆ 055 8 95 95 71, www.comune.campi-bisenzio.fi.it

500 Firenze

via di Tomerello 1, uscita autostrada – ✆ 05 58 80 35 00 – www.hotel500firenze.com

59 cam – 88/300 € 88/350 € – 1 suite **Rist** – Carta 23/48 €

E' uno splendido viale alberato a condurvi alle porte della cinquecentesca villa nobiliare immersa in un ampio giardino con piscina-solarium; all'interno spazi moderni e confortevoli. Al ristorante: cucina regionale con qualche spunto di fantasia.

West Florence senza rist

via Guido Guinizelli 15/17 – ✆ 05 58 95 34 88 – www.westflorencehotel.it

69 cam – 70/140 € 90/180 € – 1 suite

Di recente apertura alla periferia di Firenze, all'interno tutto è moderno a partire dall'arredo d'avanguardia. Un indirizzo business, attrezzato ad hoc per l'attività congressuale. Ristorante di taglio classico, luminoso e con buona disponibilità di spazi anche per banchetti e congressi.

CAMPIGLIA – **La Spezia (SP)** – **561** J11 – **alt. 382 m** – ✉ **19132** Liguria **15** D2

Roma 427 – La Spezia 8 – Genova 111 – Milano 229

La Lampara

via Tramonti 4 – ✆ 01 87 75 80 35 – Chiuso gennaio, febbraio, ottobre e lunedì

Rist – Carta 30/43 €

La vista e il sapore del mare nella luminosa e panoramica sala di una trattoria la cui proprietaria, da oltre quarant'anni, prepara gustosi piatti di pesce.

CAMPIONE D'ITALIA – **Como (CO)** – **561** E8 – **2 121 ab.** – **alt. 273 m** – ✉ **22060** Italia Centro-Nord **16** A2

Roma 648 – Como 27 – Lugano 10 – Milano 72

Da Candida (Bernard Fournier)

viale Marco da Campione 4 – ✆ 0 04 19 16 49 75 41 – www.dacandida.net – Chiuso 24 giugno-17 luglio, martedì a mezzogiorno e lunedì

Rist – Menu 38 € (pranzo in settimana)/83 € – Carta 53/122 €

➜ Terrina di foie gras d'anatra ai fichi. Rombo al vapore di tè verde e menta. Tiramisù scomposto.

Se credete che i sapori aiutino a viaggiare restando seduti ad un tavolo, in questo raccolto ed elegante ristorante vi attende un entusiasmante incontro con il gusto e la raffinatezza della cucina francese.

CAMPITELLO DI FASSA - Trento (TN) - 562 C17 - 748 ab. 34 C2

– alt. 1 448 m – Sport invernali : 1 450/2 428 m 13 67 (Comprensorio Dolomiti superski Val di Fassa) – ✉ 38031

Roma 684 – Bolzano 48 – Cortina d'Ampezzo 61 – Milano 342

strèda Dolomites 48, ☎ 0462 60 96 20, www.fassa.com

Gran Paradis

streda Dolomites 2/6 – ☎ 04 62 75 01 35 – www.granparadis.com – Aperto 20 dicembre-5 aprile e 19 maggio-5 ottobre

31 cam – †65/99 € ††110/178 € – 8 suites

Rist – *(solo a cena)* Carta 34/51 €

All'ingresso del paese, la breve distanza dal centro non è un problema, tante sono le occasioni per distrarsi: dalla taverna con musica e sigari alla cantina-enoteca per degustazioni. Si ritorna in una dimensione più classicamente alberghiera nell'ampia sala ristorante con i tipici legni trentini e piatti nazionali.

Villa Kofler

streda Dolomites 63 – ☎ 04 62 75 04 44 – www.villakofler.it – Chiuso maggio e novembre

10 cam – †100/150 € ††100/150 €

Rist *Della Villa Restaurant* – vedere selezione ristoranti

Per gli amanti di atmosfere esotiche, ogni camera è dedicata ad una città di cui ne ripropone stile e motivi (oltre ad offrire una sauna privata). Campitello, Salisburgo e Montreal, tra le migliori.

Gran Chalet Soreghes

via Pent de Sera 18 – ☎ 04 62 75 00 60 – www.unionhotelscanazei.it – Aperto 1° dicembre-30 aprile e 1° giugno-30 settembre

30 cam – †65/146 € ††130/240 € – 12 suites **Rist** – Menu 20 €

Legni e decorazione in tipico stile locale che accompagnano i clienti sino alle camere. La distinzione sono il centro benessere e soprattutto la palestra: professionale e a pagamento. La cucina si ispira naturalmente alle tradizioni locali.

Park Hotel Rubino Executive

rist,

via Sot Ciapiaà 3 – ☎ 04 62 75 02 25 – www.unionhotelscanazei.it – Aperto 1° dicembre-30 aprile e 1° giugno-30 settembre

32 cam – †73/128 € ††146/256 € – 6 suites **Rist** – Menu 20 €

Eleganza e fascino di un ambiente arricchito da legno pregiato, giardino e zona benessere con piscina. Animazione, discoteca e american bar per le serate. Tipica, mediterranea, originale: la cucina saprà sorprendervi!

Salvan

streda Dolomites 10 – ☎ 04 62 75 03 07 – www.hotelsalvan.com – Aperto 20 dicembre-Pasqua e 22 giugno-24 settembre

33 cam – †50/90 € ††100/160 € **Rist** – Carta 26/48 €

Hotel a gestione familiare, situato alle porte della località, con discrete zone comuni, piscina coperta e centro salute; mobili di legno chiaro nelle piacevoli camere. Tre spazi per il ristorante: uno ampio e classico, uno intimo e "montano" e poi la veranda.

Della Villa Restaurant – Hotel Villa Kofler

streda Dolomites 63 – ☎ 04 62 75 04 44 – Chiuso maggio, ottobre e novembre

Rist – *(solo a cena)* Carta 33/58 €

Locale moderno dotato di ampie vetrate e una cucina che si esprime con fantasia partendo dalle tradizioni locali.

CAMPOBASSO (CB) – 564 C25 – 50 916 ab. – alt. 701 m – ✉ 86100 2 D3

Roma 226 – Benevento 63 – Foggia 88 – Isernia 49

piazza Vittoria 14, ☎ 0874 41 53 70, www.molisecitta.it

Donguglielmo rist,

contrada San Vito 15/b – 08 74 41 81 78 – www.donguglielmo.it

37 cam – 60/95 € 100/140 € **Rist** – Menu 15/35 €

Nuova struttura nell'immediata periferia della città, moderna e funzionale dispone di camere accoglienti, piacevole zona relax e una panoramica sala da thé. Anche il ristorante rispecchia lo stile moderno dell'hotel.

CentrumPalace

via Gianbattista Vico 2/a – 08 74 41 33 41 – www.centrumpalace.it

144 cam – 90/190 € 110/190 € – 2 suites

Rist – *(chiuso domenica)* Carta 26/39 €

Struttura moderna ed imponente che si colloca ai vertici dell'offerta alberghiera della località: grandi spazi comuni arredati con poltroncine in pelle color tabacco, a cui fanno eco i pavimenti e i numerosi inserti in legno wenge. Nelle confortevoli camere: predominanza di legno chiaro e tessuti coordinati.

San Giorgio rist,

via Insorti d'Ungheria – 08 74 49 36 20 – www.hotelsangiorgio.org

48 cam – 85/110 € 130/140 € **Rist** – *(solo a cena)* Carta 28/64 €

In zona commerciale prossima al centro, l'hotel è frequentato da una clientela business, ma offre ambienti accoglienti e d'atmosfera.

Miseria e Nobiltà

via Sant'Antonio Abate 16 – 0 87 49 42 68 – Chiuso 24, 25, 31 dicembre, 20 luglio-3 agosto e domenica

Rist – Carta 28/50 €

In un palazzo di fine '700 dagli splendidi pavimenti e lampadari di Murano, la miseria allude alle tradizioni contadine, nobilitate in piatti ricercati e creativi: soufflé di verza con caciotta e lardo di montagna, agnolotti con ripieno di fiori di zucchine e mandorle al pomodoro, lonza di maiale con cottura al fieno dell'Alto Molise e fondo alla birra...

Vecchia Trattoria da Tonino

corso Vittorio Emanuele 8 – 08 74 41 52 00 – Chiuso 7-15 gennaio, 1°-10 luglio, sabato e domenica in luglio-agosto, lunedì da settembre a giugno

Rist – *(solo a pranzo domenica, martedì e mercoledì)* Menu 20 € – Carta 29/47 €

Lungo l'elegante viale di passeggio cittadino, fermatevi a gustare le linguine al sugo di baccalà, salsa di noci e mollica abbrustolita o altre ricette regionali in un'atmosfera familiare e cordiale.

Aciniello

via Torino 4 – 0 87 49 40 01 – Chiuso 10-24 agosto e domenica

Rist – Menu 15/30 € – Carta 20/40 €

Una semplice e schietta trattoria a carattere familiare: due salette una delle quali più raccolta, con tavoli ravvicinati e colori vivaci. I tanti habitué e la convivialità dei titolari rendono l'ambiente allegro, mentre la cucina riflette le tradizioni molisane.

CAMPO CARLO MAGNO – Trento (TN) – 562 D14 – Vedere Madonna di Campiglio

CAMPO FISCALINO = FISCHLEINBODEN – Bolzano (BZ) – 562 C19 – Vedere Sesto

CAMPOGALLIANO – Modena (MO) – 562 H14 – 8 650 ab. – alt. 43 m – 8 B2 – ✉ 41011

Roma 412 – Bologna 50 – Milano 168 – Modena 11

in prossimità del casello autostradale A 22 Sud-Est : 3,5 km :

Magnagallo con cam

via Magnagallo Est 7 – 0 59 52 87 51 – www.magnagallo.it

28 cam – 50/100 € 70/140 €

Rist – *(chiuso domenica sera)* Carta 20/45 €

Lungo la pista ciclabile che conduce ai laghi Curiel, un ambiente caratteristico con alte volte e spioventi rivestiti in legno: protagonista assoluta è la gustosa cucina emiliana con i suoi tortellini, tigelle, gnocco fritto, ed altro ancora. Ingresso autonomo per le semplici camere.

Trattoria Barchetta

via Magnagallo Est 20 – ✆ 0 59 52 62 18 – Chiuso 25 dicembre-15 gennaio, 3 settimane in agosto-settembre e domenica
Rist – *(solo a pranzo da lunedì a giovedì)* Carta 26/40 €
Ad un km dal casello, ma già in aperta campagna, tipica trattoria familiare all'insegna della gastronomia modenese: dal flan di zucchine con salsa al parmigiano, agli spaghetti al torchio con guanciale, cipolla e pecorino. Bel pergolato per il servizio estivo.

CAMPO LOMASO – Trento (TN) – Vedere Comano Terme

CAMPOMARINO – 564 G34 – Vedere Maruggio

CAMPOROSSO – Imperia (IM) – 561 K4 – ✉ 18033 — 14 A3

Roma 632 – Imperia 49 – Genova 160 – Nice 43

Manuel

corso Italia 265, Nord : 2,5 km – ✆ 01 84 20 50 37 – Chiuso martedì a mezzogiorno e lunedì
Rist – (consigliata la prenotazione) Carta 44/96 €
L'inesauribile creatività del giovane chef rivisita la tradizione ligure, ma anche le classiche preparazioni di carne (prevalentemente piemontesi e toscane) in un ristorante ricavato da un deposito militare degli anni '30.

CAMPO TURES (SAND IN TAUFERS) – Bolzano (BZ) – 562 B17 — 34 C1

– 5 267 ab. – alt. 864 m – Sport invernali : a Monte Spico : 860/1 600 m 3 15, – ✉ 39032

Roma 730 – Cortina d'Ampezzo 73 – Bolzano 92 – Brennero 83

via Jungmann 8, ✆ 0474 67 80 76, www.taufers.com

Feldmilla

via Castello 9 – ✆ 04 74 67 71 00 – www.feldmilla.com – Chiuso 2 settimane in marzo e 3 settimane in novembre
35 cam – 85/190 € 220/280 € – 1 suite
Rist *Toccorosso* – vedere selezione ristoranti
Ai piedi dello storico castello, un design hotel dalle linee sobrie, dove legno e pietra "gareggiano" a riscaldare l'ambiente. Molto belle, le camere.

Alte Mühle

rist, rist,

via San Maurizio 1/2 – ✆ 04 74 67 80 77 – www.alte-muehle.it – Chiuso 10-22 aprile, 2-16 maggio e 6 novembre-2 dicembre
15 cam – 100/120 € 160/200 € – 5 suites
Rist – *(solo a cena)* Carta 27/52 €
Calda accoglienza e cordialità in questo albergo completamente rinnovato, tanto legno, con qualche inserto antico, negli ambienti curati. Sauna finlandese a forma di capanna. Il ristorante, aperto solo per cena, è distribuito su una sala ed una veranda.

Alphotel Stocker

via Wiesenhof 39/41 – ✆ 04 74 67 81 13 – www.hotelstocker.com – Chiuso 2-24 aprile e 3-30 novembre
42 cam – 60/100 € 110/160 € – 6 suites **Rist** – *(solo a cena)* Menu 25 €
Albergo tirolese a conduzione familiare, dispone di un centro benessere con bagni di fieno e trattamenti ayurvedici e camere con piccolo soggiorno, alcune con angolo cottura.

Toccorosso – Hotel Feldmilla

via Castello 9 – ✆ 04 74 67 71 00 – www.feldmilla.com – Chiuso 2 settimane in aprile e 2 settimane in novembre
Rist – (prenotare) Carta 30/63 €
In linea con il design hotel che lo ospita, il ristorante è tra i più belli di questa valle. Tutto è giocato sul territorio: a partire dalla carta, sino agli arredi con profusione di legno e cromatismi moderni. Il nome? E' il tocco nella mise en place: può essere il bicchiere o un fiore, ma il rosso non manca mai!

CANALE – Cuneo (CN) – **561** H5 – **5 791 ab.** – **alt. 193 m** – ✉ **12043** **25** C2

Roma 637 – Torino 50 – Asti 24 – Cuneo 68

Agriturismo Villa Tiboldi

via Case Sparse 127 località Tiboldi, Ovest : 2 km – ✆ 01 73 97 03 88 – www.villatiboldi.it – Chiuso 7 gennaio-13 febbraio

10 cam – 🚹112/132 € 🚹🚹112/132 €, ☕ 14 €

Rist *Villa Tiboldi* – vedere selezione ristoranti

Imponente villa del Settecento, restaurata con cura, affacciata sul paesaggio collinare. Interni di grande eleganza, a volte principeschi, sempre signorili.

Agriturismo Villa Cornarea senza rist

via Valentino 150 – ✆ 01 73 97 90 91 – www.villacornarea.com – Chiuso 1° gennaio-25 marzo

10 cam – 🚹75/85 € 🚹🚹79/105 €, ☕ 10 €

Tra i celebri vigneti del Roero - molti di proprietà - villa liberty del 1908 dominante un suggestivo paesaggio collinare. Camere raffinate e suggestiva terrazza panoramica fra le due torri. Per i nostalgici, il venerdì (su prenotazione) si rivive la "merenda sinoira".

All'Enoteca (Davide Palluda)

via Roma 57 – ✆ 0 17 39 58 57 – www.davidepalluda.it – Chiuso domenica (escluso ottobre-dicembre) e lunedì a mezzogiorno

Rist – Carta 60/90 €

→ Ravioli di pomodoro, guanciale croccante e zucchine trombetta. Costata semplicemente arrosto. Uovo Fabergé.

Al primo piano di un centrale palazzo ottocentesco, la sala è tanto moderna ed essenziale, quanto la cucina variopinta e creativa. Il trampolino di molti piatti sono gli straordinari prodotti piemontesi, ma ci sono anche pesce ed originali interpretazioni.

Villa Tiboldi – Agriturismo Villa Tiboldi

via Case Sparse 127 località Tiboldi, Ovest : 2 km – Chiuso 7 gennaio-13 febbraio

Rist – *(chiuso martedì a pranzo e lunedì)* Carta 45/65 €

Il celebre Roero docg è nella carta dei vini, insieme agli altri grandi del Piemonte, Barolo e Barbaresco su tutti. La bevanda di Bacco, però, non è nulla se dissociata dalla buona tavola. Ma anche a questo, l'agriturismo ci ha pensato: cucina regionale declinata in vari menu.

CANALE D'AGORDO – Belluno (BL) – **562** C17 – **1 200 ab.** – **alt. 976 m** **39** B1 – ✉ **32020**

Roma 625 – Belluno 47 – Cortina d'Ampezzo 55 – Bolzano 69

oiazza Papa Luciani 1, ✆ 0437 59 02 50, www.infodolomiti.it

Alle Codole con cam

via 20 Agosto 27 – ✆ 04 37 59 03 96 – www.allecodole.eu – Chiuso 10 giugno-10 luglio e novembre

10 cam ☕ – 🚹35/50 € 🚹🚹70/100 €

Rist – *(chiuso lunedì escluso luglio-agosto e vacanze di Natale)* Menu 20/40 € – Carta 24/59 €

"Codole" è il soprannome del casato, cui appartengono i proprietari, che deve la propria fama all'attività dei suoi avi nelle miniere di rame. Oggi, la famiglia ha tradito l'antico impiego per dedicarsi all'ospitalità e alla cucina. Qualche idea? Crema di fagioli di Canale, coscetta di faraona o cervo in salmì con polenta.

CANALICCHIO – Perugia (PG) – **563** M19 – **alt. 420 m** – ✉ **06050** **35** B2

Roma 158 – Perugia 29 – Assisi 41 – Orvieto 66

Relais Il Canalicchio

rist, rist,

via della Piazza 4 – ✆ 07 58 70 73 25 – www.relaisilcanalicchio.it – Aperto 1° aprile-31 ottobre

45 cam ☕ – 🚹80/130 € 🚹🚹130/155 € – 3 suites

Rist *Il Pavone* – Menu 35 €

Un piccolo borgo medievale, dominante dolci e verdi vallate umbre, per un soggiorno pieno di charme; tocco inglese nelle belle camere spaziose in stile rustico elegante. Il fascino del passato aleggia nel romantico ristorante, di rigorosa raffinatezza.

CANAZEI – Trento (TN) – **562** C17 – **1 903 ab. – alt. 1 465 m** **34** C2
– **Sport invernali : 1 465/2 630 m 13 67 (Comprensorio Dolomiti superski Val di Fassa)** – ✉ **38032** Italia Centro-Nord

Roma 687 – Bolzano 51 – Belluno 85 – Cortina d'Ampezzo 58

piazza Marconi 5, ✆ 0462 60 96 00, www.fassa.com

Località★★

Passo Sella★★★: ★★★ Nord: 11,5 km – Passo Pordoi★★★ Nord-Est: 12 km – ★★★ dalla strada S 641 sulla Marmolada Sud-Est

Croce Bianca

stredà Roma 3 – ✆ 04 62 60 11 11 – www.hotelcrocebianca.com – Aperto 1° dicembre-31 marzo e 1° giugno-30 settembre

44 cam – 110/170 € 200/350 € – 2 suites

Rist *Wine & Dine* – vedere selezione ristoranti

Rist – *(solo per alloggiati)*

Saloni con biliardo, camino, stube ed area fumatori in questo accogliente hotel, faro dell'ospitalità di Canazei dal 1869. Poche camere standard, il resto con salottino e caratteristici arredi.

Rita

strèda de Pareda 16 – ✆ 04 62 60 12 19 – www.hotelrita.com – Aperto 1° dicembre-Pasqua e 15 giugno-30 settembre

18 cam – 50/100 € 90/170 € – 3 suites

Rist – Carta 30/63 €

Centrale e bella costruzione in stile ladino che ripropone anche negli interni la stessa atmosfera montana. Stube tirolese, zona benessere e piccolo parco giochi estivo. Curiosi e colorati i piatti proposti nella deliziosa sala da pranzo.

Gries

via Lungo Rio di Soracrepa 22 – ✆ 04 62 60 13 32 – www.hotelgries.it – Aperto 1° dicembre-Pasqua e 1° giugno-30 settembre

12 cam – solo ½ P 100/150 € – 7 suites

Rist – Menu 20/30 €

In una zona più tranquilla ma non distante dal centro, piccola gestione familiare che offre camere recenti, accoglienti e spaziose, quasi tutte con balcone. Fresca e luminosa sala ristorante o, in alternativa, una stube.

El Paél

via Roma 58 – ✆ 04 62 60 14 33 – www.elpael.com – Aperto 1° dicembre-Pasqua e 1° giugno-30 settembre; chiuso mercoledì a mezzogiorno in inverno

Rist – Carta 31/56 €

Esternamente poco attraente, si riscatta con interni accoglienti ed un'atmosfera invitante; cucina del territorio rivisitata e piatti a tema. Servizio pizzeria.

Wine & Dine – Hotel Croce Bianca

stredà Roma 5 – ✆ 04 62 60 11 11 – www.hotelcrocebianca.com – Aperto 1° dicembre-31 marzo e 1° giugno-30 settembre; chiuso martedì

Rist – Carta 30/59 €

Un ristorante che riscuote un certo successo in zona: ricreando l'atmosfera di una baita con legni vecchi ed angoli romantici, la cucina si fa sfiziosa e creativa. Circondati da alte vette, il menu non dimentica qualche specialità di mare.

ad Alba Sud-Est : 1,5 km – ✉ 38032

strèda Dolomites 258, ✆ 0462 60 95 50, www.fassa.com

La Cacciatora

strèda de Contrin 26 – ✆ 04 62 60 14 11 – www.lacacciatora.it – Chiuso ottobre-inizio dicembre

37 cam – 69/139 € 138/278 €

Rist *La Cacciatora* – vedere selezione ristoranti

Sito vicino alla funivia del Ciampac, una gestione familiare - premurosa ed ospitale - propone camere confortevoli ad un ottimo prezzo. Degno di lode il centro benessere.

La Cacciatora – Hotel La Cacciatora
strèda de Contrin 26 – ✆ 04 62 60 14 11 – www.lacacciatora.it – chiuso ottobre-inizio dicembre
Rist – Carta 42/85 €
Una tavola di ampio respiro che partendo da specialità ladine si apre ad una cucina mitteleuropea, fondata su un'ottima selezione di materie prime e su un'eccezionale cantina: grandi vini da tutto il mondo ed annate speciali, in tutto circa 800 etichette.

CANDELI – Firenze (FI) – **563** K16 – **Vedere Bagno a Ripoli**

CANDIA CANAVESE – Torino (TO) – **561** G5 – **1 317 ab.** – **alt. 285 m** – ✉ **10010** **22** B2

Roma 658 – Torino 33 – Aosta 90 – Milano 115

Residenza del Lago con cam
cam, cam,
via Roma 48 – ✆ 01 19 83 48 85 – www.residenzadelago.it – Chiuso 2-6 gennaio e 6-24 agosto
10 cam – †65/72 € ††80/85 € – 1 suite
Rist – Menu 25 € (pranzo)/32 € – Carta 31/55 €
In una tipica casa colonica, la cucina ripercorre nostalgicamente il passato con ricette dove l'utilizzo di materie prime locali dà luogo a specialità uniche: dai tajarin al ragù del vecchio Piemonte alla faraona con granella di nocciola. Carta dei vini cosmopolita, ma con un doveroso occhio di riguardo alla regione.

CANELLI – Asti (AT) – **561** H6 – **10 722 ab.** – **alt. 157 m** – ✉ **14053** **25** D2

Roma 603 – Alessandria 43 – Genova 104 – Asti 29

Agriturismo La Casa in Collina senza rist
località Sant'Antonio 30, Nord-Ovest : 2 km – ✆ 01 41 82 28 27 – www.casaincollina.com – Chiuso gennaio-febbraio
6 cam – †90/110 € ††110 €
Dal romanzo di Cesare Pavese, uno dei luoghi più panoramici delle Langhe con vista fino al Monte Rosa nei giorni più limpidi. In casa: elegante atmosfera piemontese. Piccola produzione propria di moscato d'Asti e Barbera.

San Marco (Mariuccia Roggero)
via Alba 136 – ✆ 01 41 82 35 44 – www.sanmarcoristorante.it – Chiuso 10 giorni in gennaio, 23 luglio-14 agosto, martedì sera e mercoledì
Rist – Menu 25 € (in settimana)/48 € – Carta 36/58 €
➜ Tortelli di melanzana e robiola di Roccaverano su fonduta di pomodoro e basilico. Filetto di maialino in crosta di nocciole su fonduta di Bettelmatt e tartufo bianco d'Alba. Tortino caldo al gianduja con zabajone al moscato d'Asti e torrone morbido.
La sussurrata ospitalità del marito in sala, il polso deciso della moglie in cucina, i piatti della tradizione astigiana in tavola. L'anima di un territorio in un ristorante.

CANEVA – Pordenone (PN) – **562** E19 – **6 541 ab.** – ✉ **33070** **10** A3

Roma 588 – Belluno 52 – Pordenone 24 – Portogruaro 47

Ca' Damiani senza rist
via Vittorio Veneto 3, località Stevenà – ✆ 04 34 79 90 92 – Chiuso 8-22 agosto
11 cam – †75/85 € ††95/130 €
Abbracciata da un ampio parco secolare, la maestosa villa settecentesca dalla calda accoglienza propone al suo interno saloni impreziositi con arredi d'epoca e raffinate camere, contraddistinte da nomi di grandi orologiai.

CANGELASIO – Parma (PR) – **561** H11 – **Vedere Salsomaggiore Terme**

CANNARA – Perugia (PG) – 563 N19 – 4 324 ab. – alt. 191 m – ✉ 06033 35 B2

Roma 160 – Perugia 30 – Assisi 13 – Orvieto 79

Perbacco-Vini e Cucina

via Umberto I, 14 – ✆ 07 42 72 04 92 – Chiuso 20 giugno-20 luglio e lunedì
Rist – *(solo a cena escluso domenica e i giorni festivi)* Menu 20/36 €
– Carta 23/41 €
Nato come wine-bar si è via via trasformato in un locale dove gustare una genuina cucina del territorio: la cipolla è regina. Due sale raccolte, con pareti affrescate.

CANNERO RIVIERA – Verbano-Cusio-Ossola (VB) – 561 D8 – 1 017 ab. – alt. 225 m – ✉ 28821 Italia Centro-Nord 23 C1

Roma 687 – Stresa 30 – Locarno 25 – Milano 110
piazza degli Alpini, ✆ 0323 78 89 43, www.cannero.it
Località ★★

Cannero

piazza Umberto I 2 – ✆ 03 23 78 80 46 – www.hotelcannero.com – Aperto 7 marzo-3 novembre
71 cam – 100/119 € 120/160 € – 1 suite
Rist ***I Castelli*** – vedere selezione ristoranti
Prestigiosa ubicazione sul lungolago e la sensazione di trovarsi in un piccolo borgo con viuzze private tra un edificio e l'altro della struttura, angoli bar, relax e salette lettura. Le camere offrono uno standard molto competitivo e la cura maniacale della titolare le rende anche ordinate e pulitissime.

I Castelli – Hotel Cannero

piazza Umberto I 2 – ✆ 03 23 78 80 47 – www.hotelcannero.com – Aperto 7 marzo-3 novembre
Rist – Carta 33/72 €
Non solo specialità lacustri, ma anche proposte internazionali, sulla terrazza di questo signorile ristorante, nella cornice di una delle più belle e romantiche passeggiate del lago Maggiore.

Arancioamaro con cam

via delle Magnolie 13 – ✆ 03 23 78 83 98 – www.arancioamaro.it – Aperto 1° marzo-30 novembre
7 cam – 120/140 € 160/210 € – 1 suite
Rist – *(chiuso martedì)* Carta 45/74 €
Nella raffinata sala interna, nel suggestivo portico o nella romantica terrazza sul lago, la cucina predilige il mare, ma il menu presenta anche qualche specialità di terra. Eleganza e cura del dettaglio non risparmiano le camere.

Il Cortile con cam

via Massimo D'Azeglio 73 – ✆ 03 23 78 72 13 – www.cortile.net – Aperto 1° aprile-31 ottobre
13 cam – 78/83 € 110/115 €
Rist – *(chiuso mercoledì escluso in luglio-agosto) (solo a cena escluso sabato e domenica)* Carta 43/77 €
Sito nel cuore della località e raggiungibile solo a piedi, un locale grazioso e curato, frequentato soprattutto da una clientela straniera, propone una cucina creativa. Dispone anche di alcune camere signorili dall'arredo ricercato.

Un esercizio evidenziato in rosso enfatizza il fascino della struttura XXX.

CANNETO SULL'OGLIO – Mantova (MN) – 561 G13 – 4 555 ab. – alt. 34 m – ✉ 46013 17 C3

Roma 493 – Parma 44 – Brescia 51 – Cremona 32

a Runate Nord-Ovest : 3 km : – ✉ 46013 Canneto Sull'Oglio

XXXX **Dal Pescatore** (Nadia e Giovanni Santini)
⚘⚘⚘ – *☎ 03 76 72 30 01 – www.dalpescatore.com – Chiuso 2-20 gennaio, 14 agosto-4 settembre, mercoledì a mezzogiorno, lunedì e martedì*
Rist – Menu 175 € – Carta 90/215 €
→ Triangoli di pasta all'uovo con pecorino, ricotta e fonduta di parmigiano reggiano. Coscette di rana gratinate alle erbe fini. Soufflé all'arancia con coulis al frutto della passione.
Un tempo semplice trattoria sulle rive dell'Oglio, oggi ambasciatore della ristorazione italiana e dei suoi valori nel mondo: gestione familiare, ospitalità, cucina tradizionale, straordinarie materie prime in un contesto di eleganza e di benessere che non si vorrebbe mai abbandonare. Una favola che ha attraversato le generazioni.

CANNIGIONE Sardegna – Olbia-Tempio (OT) – 366 R37 – Vedere Arzachena

---

CANNIZZARO Sicilia – Catania (CT) – 365 AZ58 – Vedere Aci Castello

---

CANNOBIO – Verbano-Cusio-Ossola (VB) – 561 D8 – 5 181 ab. **23 C1**
– alt. 214 m – ✉ 28822 Italia Centro-Nord

Roma 694 – Stresa 37 – Locarno 18 – Milano 117
via A. Giovanola 25, ☎ 0323 7 12 12, www.procannobio.it
Località★★
Orrido di Sant'Anna★: 3 km ovest

Park Hotel Villa Belvedere senza rist
via Casali Cuserina 2, Ovest : 1 km – ☎ 0 32 37 01 59 – www.villabelvederehotel.it – Aperto 23 marzo-27 ottobre
27 cam – †110/130 € ††160/200 € – 1 suite
Collocata tra il verde di un tranquillo e curatissimo giardino, la nuova struttura vanta spazi ben arredati, ampie camere ed un distensivo ambiente familiare.

Cannobio
piazza Vittorio Emanuele III 6 – ☎ 03 23 73 96 39 – www.hotelcannobio.com – Aperto 15 marzo-15 novembre
19 cam – †120/160 € ††180/230 € – 1 suite
Rist *Porto Vecchio* – *(chiuso martedì) (solo a cena escluso giugno-ottobre)* Carta 44/67 €
Sulla piazza principale prospicente il lago, la struttura si caratterizza per i suoi eleganti spazi comuni e le camere deliziosamente personalizzate. Ovunque il piacere di scoprire le sfumature dell'acqua. Ristorante con proposte classiche.

Pironi senza rist
via Marconi 35 – ☎ 0 32 37 06 24 – www.pironihotel.it – Aperto 17 marzo-10 novembre
12 cam – †110/140 € ††150/195 €
Delizioso hotel d'atmosfera in un palazzo quattrocentesco nel cuore della località: un insieme di antichi affreschi, soffitti a volta, colonne medievali e moderni elementi di arredo. Il tutto in perfetta armonia tra funzionalità e ricordi di epoche passate.

XX **Antica Stallera** con cam
via Zaccheo 3 – ☎ 0 32 37 15 95 – www.anticastallera.com – Aperto 15 febbraio-15 novembre
18 cam – †65/75 € ††100/115 € **Rist** – *(chiuso martedì)* Carta 30/66 €
Nel centro storico di questo grazioso borgo, invidiatoci da tanti stranieri, un ristorante dalle ampie e luminose vetrate. Dalla cucina: prelibatezze regionali ed i "classici" italiani.

XX **Lo Scalo**
piazza Vittorio Emanuele 32 – ☎ 0 32 37 14 80 – www.loscalo.com – Aperto 1° aprile-31 ottobre; chiuso mercoledì escluso giugno-settembre
Rist – (consigliata la prenotazione) Menu 25 € (pranzo)/48 € – Carta 39/70 €
Merita di fare "scalo", questo ristorante sul lungolago con un bel dehors per il servizio all'aperto ed un ambiente rustico-elegante al suo interno. La cucina reinterpreta la tradizione locale con guizzi di fantasia.

sulla strada statale 34

XXX **Del Lago** con cam — rist,
via Nazionale 2, località Carmine Inferiore ✉ 28822 – ✆ 0 32 37 05 95 – www.hoteldellagocannobio.it – Aperto 20 marzo-1° novembre
9 cam – †80/100 € ††100/150 €, ☕ 10 € – 1 suite
Rist – *(chiuso mercoledì a mezzogiorno e martedì)* Carta 51/103 €
Una moderna e raffinata cucina con piatti di carne e soprattutto di pesce, sia di lago che di mare, una sala di sobria eleganza avvolta da vetrate oppure, d'estate, in terrazza, in riva al lago. Graziose le camere, per sentirsi quasi ospiti di una dimora privata.

CANOSA DI PUGLIA – Barletta-Andria-Trani (BT) – 564 D30 — 26 B2
– 31 115 ab. – alt. 105 m – ✉ 70053 Puglia

Roma 365 – Bari 78 – Potenza 137 – Avellino 144

Tomba★ di Boemondo nella cattedrale romanica

Cefalicchio
contrada Cefalicchio, (Sp 143, km 3) – ✆ 08 83 64 21 67 – www.cefalicchio.it – Chiuso gennaio-febbraio
12 cam ☕ – †64/99 € ††79/189 €
Rist – *(chiuso martedì) (solo a cena)* (prenotazione obbligatoria) Menu 35/60 € – Carta 27/55 €
Masseria del 1700 riconvertita in casa nobiliare nel 1904: di quel periodo la scalinata d'ingresso e il viale alberato. Anche gli interni sono rimasti ancorati al passato, soprattutto le due suite con mobili d'antiquariato. Le camere sono invece più moderne, sebbene mantengano una certa sobrietà. Bella zona benessere.

CANOVE – Vicenza (VI) – 562 E16 – alt. 1 001 m – ✉ 36010 — 39 B2

Roma 568 – Trento 61 – Padova 87 – Treviso 100

Alla Vecchia Stazione — rist,
via Roma 147 – ✆ 04 24 69 20 09 – www.allavecchiastazione.it – Chiuso ottobre
42 cam ☕ – †50/60 € ††100/120 €
Rist – *(chiuso lunedì in aprile-giugno e novembre)* Carta 28/48 €
Ubicato di fronte al museo locale un hotel che presenta ambienti di buon livello con accessori e dotazioni in grado di garantire un soggiorno piacevole. Bella piscina. Tre diverse sale ristorante per gli ospiti dell'hotel, i clienti di passaggio e i banchetti.

CANTALUPO – Milano (MI) – Vedere Cerro Maggiore

CANTALUPO LIGURE – Alessandria (AL) – 561 H9 – 559 ab. — 23 D3
– alt. 383 m – ✉ 15060

Roma 556 – Alessandria 56 – Genova 69 – Piacenza 122

XX **Belvedere**
località Pessinate, Nord: 7 km – ✆ 0 14 39 31 38 – www.belvedere1919.it – Chiuso gennaio o febbraio e lunedì
Rist – (prenotazione obbligatoria) Carta 30/58 €
Ambiente rustico con elementi moderni e una cucina di taglio contemporaneo, che tuttavia non dimentica i prodotti del territorio.

CANTELLO – Varese (VA) – 561 E8 – 4 598 ab. – alt. 404 m – ✉ 21050 — 18 A1

Roma 640 – Como 26 – Lugano 29 – Milano 59

XX **Madonnina** con cam
largo Lanfranco da Ligurno 1, località Ligurno – ✆ 03 32 41 77 31 – www.madonnina.it
24 cam – †70 € ††100 €, ☕ 8 € – 2 suites **Rist** – *(chiuso lunedì)* Carta 39/55 €
Un locale di charme, con camere raffinate, in una stazione di posta del '700 circondata da un bel parco-giardino; cucina che segue le stagioni, piatti ricchi d'estro.

CANTÙ – Como (CO) – 561 E9 – 39 540 ab. – alt. 369 m – ✉ 22063 18 B1

▶ Roma 608 – Como 10 – Bergamo 53 – Lecco 33

Canturio senza rist
via Vergani 28 – ✆ 0 31 71 60 35 – www.hotelcanturio.it – Chiuso 24 dicembre-6 gennaio e 20 giorni in agosto
29 cam – †60/110 € ††90/140 €
Gestito da 20 anni dalla stessa famiglia, un hotel ideale per clientela di lavoro e di passaggio; camere funzionali, quelle sul retro hanno un terrazzino sul verde.

La Scaletta con cam
via Milano 30 – ✆ 0 31 71 65 40 – www.trattorialascaletta.it – Chiuso 1 settimana in gennaio e 3 settimane in agosto
8 cam – †45/55 € ††70/75 €
Rist – *(chiuso venerdì sera e sabato a mezzogiorno)* Carta 33/54 €
Tono classico-elegante per un ristorante con camere confortevoli, ubicato alle porte della città: cucina tradizionale in sintonia con le stagioni e proposte originarie di varie regioni.

Le Querce
via Marche 27, (località Mirabello) – ✆ 0 31 73 13 36 – www.ristorantelequerce.com – Chiuso 27 dicembre- 6 gennaio, 1°- 23 agosto, lunedì e martedì (escluso festivi)
Rist – Menu 45 € – Carta 36/60 €
Le Querce, come gli alberi che ombreggiano il grande giardino nel quale si trova questo signorile ristorante, ben attrezzato anche per banchetti e ricevimenti. Cucina regionale e gustose proposte di pesce.

CANZO – Como (CO) – 561 E9 – 5 144 ab. – alt. 402 m – ✉ 22035 18 B1

▶ Roma 620 – Como 20 – Bellagio 20 – Bergamo 56

Volta
via Volta 58 – ✆ 0 31 68 12 25 – www.hotelvolta.com – Chiuso 20 dicembre-8 gennaio
16 cam – †45/55 € ††65/75 € **Rist** – *(chiuso domenica) (solo per alloggiati)*
Sarete accolti con cordialità e vi sentirete come a casa vostra in questo albergo a gestione familiare; carine le camere, ben arredate e con ottima dotazione di cortesia. Cucina casalinga di ottima qualità.

CAORLE – Venezia (VE) – 562 F20 – 12 032 ab. – ✉ 30021 40 D2

▶ Roma 587 – Udine 74 – Milano 326 – Padova 96

ℹ calle delle Liburniche 16, ✆ 0421 8 10 85, www.caorleturismo.it

18 Prà delle Torri viale Altanea 201, 0421 299570, www.golfcaorle.it – chiuso dal 13 dicembre al 6 febbraio

International Beach Hotel cam, rist,
viale Santa Margherita 57 – ✆ 0 42 18 11 12 – www.internationalbeachhotel.it – Chiuso 20-28 dicembre e 7 gennaio-15 febbraio
59 cam – †55/75 € ††80/130 €
Rist – *(aperto 1° aprile-31 ottobre)* Menu 18/55 €
Leggermente arretrato rispetto al mare, lungo un'arteria commerciale che in estate viene chiusa al traffico, due strutture sobriamente eleganti con aree riservate per il gioco dei più piccoli. Più classica la sala ristorante.

Savoy rist,
via Pascoli 1 – ✆ 0 42 18 18 79 – www.savoyhotel.it – Aperto 24 aprile-22 settembre
62 cam – †120/196 € ††120/196 € – 2 suites **Rist** – Carta 24/46 €
Per una vacanza tra bagni e tintarella è perfetto questo hotel fronte spiaggia dalla seria conduzione familiare; le camere sono state rinnovate in anni recenti. Capiente e luminosa la sala da pranzo, dove gustare una sana cucina mediterranea.

Garden

piazza Belvedere 2 – ✆ 04 21 21 00 36 – www.hotelgarden.info – Aperto 1° maggio-30 settembre

57 cam – 60/110 € 99/170 € **Rist** – Carta 21/52 €

Solo la piazza divide dal mare questo hotel dagli ambienti luminosi arredati con gusto moderno e design minimalista. Camere confortevoli ed attrezzato centro benessere: ideale per gli amanti della vacanza balneare e del relax. Al ristorante semplici piatti con prevalenza di proposte mediterranee.

Principe

lungomare Trieste 59/60 – ✆ 0 42 18 12 23 – www.hotelprincipecaorle.it – Aperto 19 maggio-19 settembre

62 cam – 75/100 € 130/180 € **Rist** – *(solo per alloggiati)*

Frontemare sulla spiaggia di Levante, hotel a conduzione diretta con accoglienti spazi comuni e camere al passo con i tempi. Particolarmente gradevole la zona piscina.

Marzia Holiday Queen

viale Dante Alighieri 2 – ✆ 0 42 18 14 77 – www.hotelmarzia.it – Aperto 1° maggio-31 ottobre

29 cam – 60/130 € 98/160 € – 3 suites **Rist** – *(solo per alloggiati)*

Piccolo grazioso hotel a conduzione familiare a pochi metri dalla spiaggia, dispone di una hall dalle moderne poltrone colorate e di ampie camere all'attico, con soppalco e idromassaggio. Per i pasti, la cucina tipica veneta con un'ampia scelta di carne e pesce ed un buffet di vedure.

Al Postiglione

viale Santa Margherita 42 – ✆ 0 42 18 15 20 – www.alpostiglione.com – Aperto 1° marzo-31 ottobre

Rist – Carta 35/50 €

Con un bel dehors lungo la via del passeggio serale, un locale moderno dove gustare ottimi piatti di pesce elaborati con fantasia. Pizza (anche a mezzogiorno), in alternativa.

a Porto Santa Margherita Sud-Ovest : 6 km oppure 2 km e traghetto – ✉ 30021

corso Genova 21, ✆ 0421 26 02 30, www.caorleturismo.it

Oliver

viale Lepanto 3 – ✆ 04 21 26 00 02 – www.hoteloliver.it – Aperto 2 maggio-30 settembre

66 cam – 75/95 € 100/160 €, 12 € **Rist** – Menu 25 € – Carta 29/50 €

Offre ampi spazi esterni e un ambiente familiare questo piacevole albergo, posizionato direttamente sul mare, con piccola pineta e piscina al limitare della spiaggia. Classica e luminosa la sala da pranzo.

a Duna Verde Sud-Ovest : 10 km – ✉ 30021 Caorle

piazza Spalato 2, ✆ 0421 29 92 55, www.caorleturismo.it

Playa Blanca

viale Cherso 80 – ✆ 04 21 29 92 82 – www.playablanca.it – Aperto 1° maggio-16 settembre

43 cam – 60/80 € 90/125 € – 1 suite **Rist** – Menu 22 € (pranzo)/35 €

Curiosa struttura circolare cinta da un curato giardino nel quale si trovano una piscina e un'area giochi attrezzata per i più piccoli. Al timone della conduzione, tre fratelli. Altrettanto particolare la sala ristorante, sempre tondeggiante, cinta da grandi vetrate e con proposte mediterranee.

a San Giorgio di Livenza Nord-Ovest : 12 km – ✉ 30020

Al Cacciatore

corso Risorgimento 35 – ✆ 0 42 18 03 31 – www.ristorantealcacciatore.it – Chiuso 1°-10 gennaio, 1°-15 luglio e mercoledì

Rist – Menu 40 € (pranzo in settimana)/65 € – Carta 38/63 €

Lungo la strada principale che attraversa il paese, una grande sala dall'alto soffitto gestita con dedizione da tre fratelli dove trovare una cucina di pesce dalle porzioni abbondanti.

CAPALBIO – Grosseto (GR) – 563 O16 – 4 287 ab. – alt. 217 m 32 C3
– ✉ 58011 Toscana

Roma 139 – Grosseto 60 – Civitavecchia 63 – Orbetello 25

Agriturismo Ghiaccio Bosco senza rist
strada della Sgrilla 4, Nord-Est : 4 km – ✆ 05 64 89 65 39 – www.ghiacciobosco.com – Chiuso 10 gennaio-15 marzo
14 cam – †55/75 € ††85/140 €
Bella piscina e confortevoli camere con piccole personalizzazioni (alcune dispongono di lettore dvd, letto a baldacchino o vasca idromassaggio), nonché accesso indipendente dal giardino. Tutt'intorno un lussureggiante parco.

Tullio
via Nuova 27 – ✆ 05 64 89 61 96 – Chiuso mercoledì escluso luglio e agosto; aperto solo venerdì sera, domenica a pranzo e sabato dal 1° ottobre a Pasqua
Rist – Carta 33/69 € (+10 %)
Rist *Osteria al Vecchio Comune* – *(Chiuso mercoledì) (solo a pranzo da ottobre a Pasqua)* Carta 21/32 € (+10 %)
Poco distante dall'antica cinta muraria, ristorante familiare che dispone di una sala interna d'atmosfera e di una terrazza, dove assaporare le specialità del territorio. Accanto anche l'enoteca per vino, salumi, stuzzichini e gelato.

CAPANNORI – Lucca (LU) – 563 K13 – Vedere Lucca

CAPISTRANO – Vibo Valentia (VV) – 564 K30 – 1 076 ab. – alt. 352 m 5 A2
– ✉ 89818

Roma 616 – Reggio di Calabria 112 – Catanzaro 69 – Crotone 138

Agriturismo Sant'Elia
località Sant'Elia, Nord : 3 km – ✆ 09 63 32 50 40 – www.agriturismosantelia.com
6 cam – †30/40 € ††63/72 €
Rist – (prenotazione obbligatoria) Menu 20/35 €
Siamo in Calabria, eppure dalla radura nella quale sorge questa ottocentesca residenza di campagna si possono ammirare le isole Eolie: splendida vista quindi, ma anche ambienti curati e calma assoluta. Al ristorante, i prodotti biologici dell'azienda concorrono a creare fragranti piatti di cucina casalinga.

CAPO D'ORLANDO – Messina (ME) – 365 AX55 – 13 221 ab. 30 C1
– ✉ 98071 Sicilia

Catania 135 – Enna 143 – Messina 88 – Palermo 149

viale Sandro Volta, ✆ 0941 91 27 84, www.aastcapodorlando.it

La Tartaruga
Lido San Gregorio 41 – ✆ 09 41 95 54 21 – www.hoteltartaruga.it – Chiuso novembre
45 cam – †65/80 € ††110/130 €
Rist – *(chiuso lunedì escluso giugno-agosto)* Carta 34/69 €
Ubicato nel vero fulcro turistico della località, questa risorsa, affacciata sulla spiaggia, offre una buona ospitalità grazie a camere confortevoli e alla gestione attenta.

Il Mulino (N) cam, cam,
lungomare A. Doria 46 – ✆ 09 41 90 24 31 – www.hotelilmulino.it
85 cam – †70/110 € ††100/150 € **Rist** – Carta 32/42 €
Albergo ubicato sul lungomare offre ai suoi ospiti ambienti totalmente rinnovati, sia nel settore camere sia nelle aree comuni. Al ristorante, oltre alla carta tradizionale anche proposte del giorno secondo il mercato.

L'Altra Risacca
lungomare Andrea Doria 52 – ✆ 09 41 91 10 27 – Chiuso novembre e lunedì
Rist – Carta 28/71 €
Fronte mare, una sala semplice e sobria: tutti gli sforzi prendono la direzione di una cucina fragrante, sorretta da un ottimo pesce locale.

CAPOLAGO – Varese (VA) – Vedere Varese

CAPOLIVERI – Livorno (LI) – **563** N13 – Vedere Elba (Isola d')

CAPPELLA – Lucca (LU) – Vedere Lucca

CAPPELLA DÉ PICENARDI – Cremona (CR) – 438 ab. – alt. 42 m – ✉ 26038 **17** C3

Roma 498 – Parma 51 – Cremona 18 – Mantova 48

Locanda degli Artisti

via XXV Aprile 13/1 – ☎ 03 72 83 55 76 – www.locandadegliartisti.it – Chiuso 2 settimane in agosto

Rist – Carta 30/40 €

In un borgo fatto di antiche cascine ristrutturate, dove i ritmi tranquilli che scandivano la vita contadina trovano ancora un proprio spazio, la tavola di questa locanda fa rivivere i sapori della cucina padana: risotto zucca e salsiccia, cosciotto d'oca cotto nel suo grasso o cotechino con le verze. E non è finita!

CAPRAIA E LIMITE – Firenze (FI) – **563** K14 – 7 268 ab. – ✉ 50056 **32** C1

Toscana

Roma 314 – Firenze 33 – Prato 39 – Pisa 65

I' Fiorino senza rist

via S. Allende 97/a – ☎ 05 71 58 39 41 – www.hotelifiorino.it

17 cam – †40/100 € ††60/120 €

Moderno e confortevole, questo piccolo hotel vanta una luminosa veranda sulla quale viene allestita la prima colazione a buffet. Camere accoglienti nella loro semplicità.

CAPRESE MICHELANGELO – Arezzo (AR) – **563** L17 – 1 551 ab. – alt. 653 m – ✉ 52033 Toscana **32** D1

Roma 260 – Rimini 121 – Arezzo 45 – Firenze 123

Buca di Michelangelo

via Capoluogo 51 – ☎ 05 75 79 39 21 – www.bucadimichelangelo.it – Chiuso 10-25 febbraio

23 cam – †35/45 € ††55/70 €

Rist – *(chiuso mercoledì e giovedì escluso in giugno-settembre)* Carta 20/35 €

Nel centro del paese che diede i natali a Michelangelo, un hotel con camere semplici, ma accoglienti, così come accogliente e familiare risulta essere la gestione. Piatti toscani serviti in un ampio salone panoramico.

Il Rifugio

località Lama 47, Ovest : 2 km – ☎ 05 75 79 39 68 – Chiuso mercoledì escluso agosto

Rist – Carta 20/36 €

Giovane gestione familiare e ambiente rustico in un locale di campagna, le cui specialità sono funghi e tartufi, ma che propone anche pesce e la sera le pizze.

CAPRI (Isola di)★★★ – Napoli (NA) – **564** F24 – 7 349 ab. **6** B3

Italia Centro-Sud

per Napoli e Sorrento – Caremar, call center 892 123

piazza Umberto I 19, ☎ 081 8 37 06 86, www.capri.it

ANACAPRI★★★ (NA) – **564** F24 – 6 768 ab. – alt. 275 m – ✉ 80071 **6** B3

via Orlandi 59, ☎ 081 8 37 15 24, www.comunedianacapri.it

Monte Solaro★★★ BY : ✻★★★ per seggiovia 15 mn – Villa San Michele★ BY : ✻★★★ – Belvedere di Migliara★ BY 1 h AR a piedi – Pavimento in maiolica★ nella chiesa di San Michele AZ

Capri Palace Hotel

via Capodimonte 14 – ☎ 08 19 78 01 11 – www.capripalace.com – Aperto 13 aprile-1° novembre AZp

78 cam – †270/396 € ††350/517 € – 11 suites

Rist *L'Olivo* ✿✿ – vedere selezione ristoranti

Svetta sui tetti di Anacapri, domina il mare e custodisce straordinarie opere d'arte contemporanea: un albergo-museo dai soffici colori e straordinarie camere, alcune con piscina privata.

ANACAPRI

Munthe (V. A.) . . . . AZ 13
Vittoria (Pza d.) . . . . AZ 27

CAPRI

Camerelle (V.) . . . . . BZ
Certosa (V.) . . . . BZ 6
Croce (V.) . . . . BZ
Fenicia (Scala) . . . . . BY 8
Fuorlovado (V.) . . . . BZ 9
Le Botteghe (V.) . . . . BZ 10
Madre Serafina (V.) . BZ 12
Serena (V.) . . . . BZ 16
Sopramonte (V.) . . . BZ 17
S. Francesco (V.) . . . BZ 14
Tiberio (V.) . . . . BZ 18
Tragara (V.) . . . . BZ 21
Umberto I (Pza) . . . BZ
Vittorio Emanuele (V.) . . . . BZ 23

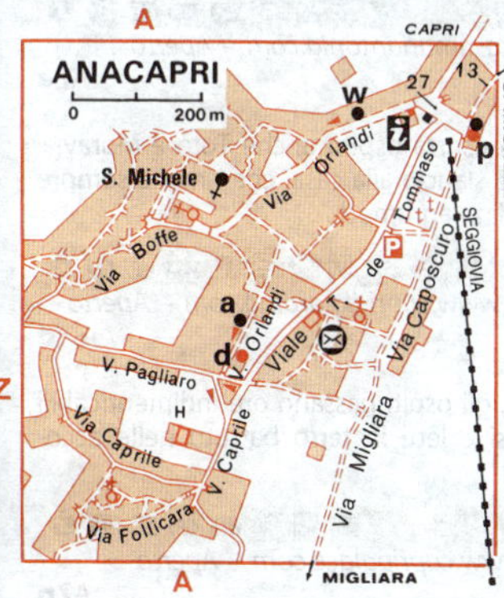

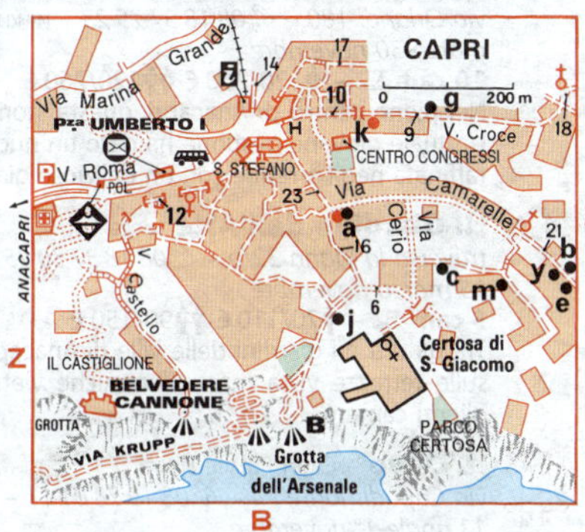

Caesar Augustus

via Orlandi 4 – ✆ 08 18 37 33 95 – www.caesar-augustus.com – Aperto 18 aprile-21 ottobre BYc

45 cam – 460/880 € 460/880 € – 10 suites

Rist – (prenotazione obbligatoria) Carta 77/123 €

Nell'altera e discreta Anacapri, il Caesar Augustus con la sua suggestiva piscina a sfioro occupa una posizione privilegiata a picco sul mare. Qui nulla è lasciato al caso: gli eleganti arredi o l'ascensore d'epoca non mancheranno, infatti, di attirare la vostra attenzione.

Villa Ceselle (N) senza rist

via Ceselle 18 – ✆ 08 18 38 22 36 – www.villaceselle.com – Aperto 2 aprile-3 novembre BZg

10 cam – 90/130 € 120/220 € – 3 suites

Non lontano dal centro di Anacapri, la villa fu un salotto letterario che ospitò tra gli altri Moravia e Morante; oggi si apre ai turisti con camere moderne e confortevoli.

Al Mulino senza rist

via La Fabbrica 9 – ✆ 08 18 38 20 84 – www.mulino-capri.com – Aperto 1° marzo-31 ottobre BYf

7 cam – 100/200 € 120/220 €

Una ex fattoria immersa in un curatissimo giardino, collocato nella parte più "nobile" e riservata della località, quindi distante da centro, shopping e frastuono. Tutte le camere sono dotate di un grazioso patio privato.

Biancamaria senza rist

via Orlandi 54 – ✆ 08 18 37 10 00 – www.hotelbiancamaria.com – Aperto 1° aprile-31 ottobre AZ**w**

25 cam – 100/140 € 120/170 €

Lungo la strada dei negozi e del passeggio anacaprese, piccola risorsa nata dalla ristrutturazione di una casa privata: le camere sono classiche con mobili in legno naturale e tessuti coordinati.

Bellavista senza rist

via Orlandi 10 – ✆ 0 81 83 71 46 3/ 18 21 – www.bellavistacapri.com – Aperto 1° aprile-31 ottobre BY**m**

15 cam – 70/160 € 100/250 €

Sfoggia un'aria démodé negli interni anni '60 questa struttura con caratteristica architettura del luogo, dove la realtà non smentisce il nome: è davvero splendido il panorama del golfo da uno dei più antichi alberghi dell'isola!

Casa Mariantonia senza rist

via Orlandi 180 – ✆ 08 18 37 29 23 – www.casamariantonia.com – Aperto 1° marzo-30 novembre AZ**a**

10 cam – 120/260 € 120/260 €

Nel pieno centro di Anacapri, questa storica risorsa ospitò anche Totò e Moravia. L'attuale giovane gestione ha dato un nuovo slancio alla casa, che rimane sempre raffinata negli arredi e con un delizioso giardino agrumeto.

Il Giardino dell'Arte senza rist

traversa la Vigna 32/b – ✆ 08 18 37 30 25 – www.capri-ilgiardino.com – Aperto 15 marzo-novembre BY**d**

5 cam – 70/110 € 90/150 €

Tra gli orti e i giardini delle ville di Anacapri, gli ospiti passano ore indimenticabili sulle terrazze vista mare. Ceramiche vietresi e letti in ferro battuto nelle accoglienti camere.

L'Olivo – Capri Palace Hotel

via Capodimonte 14 – ✆ 08 19 78 01 11 – www.capripalace.com – Aperto 13 aprile-1° novembre AZ**p**

Rist – *(solo a cena)* Carta 107/200 €

➜ Mosaico di mare (preparazione di pesci, crostacei e frutti di mare crudi, cotti e marinati). Merluzzo nero al vapore con spinaci, pomodori secchi e spuma al whisky torbato. Dolcezza al caffè con sbriciolato di nocciole e salsa alla liquirizia.

Un vasto e raffinato salotto dove illuminazione, tessuti e decorazioni creano un'ineguagliata armonia di stile e benessere; in cucina il giovane Migliaccio si fa portabandiera di piatti mediterranei e creativi, eleganti e sofisticati.

alla Grotta Azzurra Nord-Ovest: 4,5 km

Il Riccio

via Gradola 4/11 – ✆ 08 18 37 13 80 – www.ristoranteilriccio.com – Aperto Pasqua-31 ottobre; chiuso le sere di lunedì, martedì e mercoledì BY**e**

Rist – Carta 72/126 €

➜ Ravioli alla caprese. Rombo in crosta di pane. Babà con crema pasticcera.

L'alta cucina mediterranea si fa strada in un ristorante balneare a picco sul mare, informale ed elegante, semplice e sofisticato al tempo stesso. Troverete tanto pesce, nelle più saporite interpretazioni campane, ma lasciate un posto anche per i dolci facendovi accompagnare nella stanza delle tentazioni.

a Migliara Sud-Ovest : 30 mn a piedi :

Da Gelsomina con cam

via Migliara 72 – ✆ 08 18 37 14 99 – www.dagelsomina.com – Aperto 1° aprile-31 ottobre BY**r**

6 cam – 85/110 € 120/190 € **Rist** – Carta 30/45 €

A piedi, o (previa telefonata) in navetta, si raggiunge un'autentica trattoria familiare e a pochi metri dal locale, i panorami mozzafiato del parco dei filosofi. Sulla tavola paccheri fatti in casa con gamberi ed asparagi selvatici, nonché piatti regionali gustosi ed abbandonanti.

CAPRI ★★★ (NA) – **564** F24 – **7 349 ab.** – **alt. 142 m** – ✉ **80073** **6** B3

Belvedere Cannone★★ BZ accesso per la via Madre Serafina★ BZ **12** – Grotta Azzurra★★ BY (partenza da Marina Grande) – Belvedere di Tragara★★ BY – Villa Jovis★★ BY: ✳★★, salto di Tiberio★ – Giardini di Augusto ≤★★ BZ **B** – Via Krupp★ BZ – Marina Piccola★ e Marina Grande★ BY – Piazza Umberto I ★ BZ – Via Le Botteghe★ BZ **10** – Arco Naturale★ BY

Grand Hotel Quisisana

via Camerelle 2 – ☎ 08 18 37 07 88 – www.quisisana.com – Aperto 23 marzo-26 ottobre BZ**a**

133 cam – †365/970 € ††365/970 € – 15 suites

Rist *Rendez Vous* – vedere selezione ristoranti

Rist *La Colombaia* – Carta 73/95 €

Nato nell'Ottocento come sanatorio, oggi è una delle icone dell'isola. Davanti scorre la rutilante mondanità dello shopping, nel giardino: silenzio, mare e faraglioni. Vicino alla piscina, il ristorante La Colombaia propone specialità regionali e grigliate. Ambiente informale.

Capri Tiberio Palace

cam, rist,

via Croce 11/15 – ☎ 08 19 78 71 11 – www.capritiberiopalace.com – Aperto 1°aprile-31 ottobre BZ**g**

58 cam – †350/755 € ††350/755 € – 10 suites

Rist – Carta 57/94 €

Nella parte alta di Capri, a pochi minuti dal centro, architettura classica mediterranea per quest'albergo con ampi balconi incorniciati da archi. Interni chiari, eleganti con suggestive soluzioni di design per la sala da pranzo.

Casa Morgano senza rist

via Tragara 6 – ☎ 08 18 37 01 58 – www.casamorgano.com – Aperto 1° aprile-1° novembre BZ**y**

27 cam – †300 € ††520 €

Immersa nel verde, sorge questa raffinata struttura che vanta camere spaziose, arredate con estrema ricercatezza. A pranzo, possibilità di un pasto leggero a bordo piscina.

Scalinatella senza rist

via Tragara 8 – ☎ 08 18 37 06 33 – www.scalinatella.com – Aperto 1° marzo-30 novembre BZ**e**

30 cam – †320/600 € ††320/780 € – 2 suites

Chi ama gli spazi non rimarrà deluso! In questa splendida costruzione "a cascata" si dorme quasi sempre in junior suite con pavimenti in ceramica di Vietri e arredi d'epoca. Dalla maggior parte delle camere la vista si posa su mare e certosa di San Giacomo.

Punta Tragara

via Tragara 57 – ☎ 08 18 37 08 44 – www.hoteltragara.com – Aperto 20 aprile-31 ottobre BY**p**

38 cam – †420/880 € ††420/880 € – 6 suites

Rist *Monzù* – vedere selezione ristoranti

Posizione irripetibile su Capri e i Faraglioni, per una struttura dalle camere di moderna, riposante sobrietà e dalle favolose terrazze sul più bel mondo. Al ristorante: cucina mediterranea, specchio dell'isola e della regione.

Luna

viale Matteotti 3 – ☎ 08 18 37 04 33 – www.lunahotel.com – Aperto Pasqua-31 ottobre BZ**j**

52 cam – †200/450 € ††220/495 € – 4 suites

Rist – Carta 40/70 €

Quasi a picco sulla scogliera, struttura in perfetto stile caprese con ambienti luminosi e fresche maioliche. Grande giardino fiorito e terrazza da cui contemplare il mare, i Faraglioni e la Certosa: un sogno mediterraneo!

Villa Brunella
via Tragara 24 – ✆ 08 18 37 01 22 – www.villabrunella.it
– Aperto 1° maggio-30 ottobre BYw
20 cam – 150/320 € 200/370 €
Rist *Terrazza Brunella* – vedere selezione ristoranti
Camere spaziose ed eleganti, dove gli arredi vi guidano alla scoperta del fascino locale: alcune offrono grandi terrazze e comodi salotti, optando invece per quelle più in basso si perde parte della vista per guadagnare in spazi verdi di giardino. La vita qui si svolge in verticale, quale modo del resto per essere più fedeli all'immagine di Capri?

Minerva N senza rist
via Occhio Marino 8 – ✆ 08 18 37 70 67 – www.laminervacapri.com
– Aperto 22 marzo-2 novembre BZm
16 cam – 80/120 € 140/380 €
Gestione familiare all'insegna dell'ospitalità in una zona verde e tranquilla; le camere sono ampie, panoramiche e decorate con le tipiche ceramiche vietresi. Ottima colazione, mentre pranzi leggeri sono serviti a bordo piscina.

Canasta senza rist
via Campo di Teste 6 – ✆ 08 18 37 05 61 – www.hotel-canasta.com
– Chiuso 3 gennaio-14 marzo BZc
16 cam – 90/250 € 120/270 €
Semplice nei servizi e negli spazi comuni, non deluderanno invece le camere: in genere spaziose e con eleganti ceramiche vietresi.

La Certosella senza rist
via Tragara 13/15 – ✆ 08 18 37 07 13 – www.hotelcertosella.com
– Chiuso 3 novembre-4 dicembre BZb
16 cam – 150/200 € 200/300 €
Un piccolo ma incantevole giardino vi indurrà a sostare in quest'albergo sotto glicini, limoni e aranci. Le spaziose camere sono ospitate in un edificio neoclassico.

Villa Sarah senza rist
via Tiberio 3/a – ✆ 08 18 37 78 17 – www.villasarahcapri.com
– Aperto 27 dicembre-6 gennaio e 1° aprile-23 ottobre BYa
19 cam – 100/150 € 150/230 €
Coccolati da un'autentica ed ospitale famiglia caprese, è una villa immersa nel verde dell'orto di casa. Al secondo piano alcune camere con vista mare.

Monzù – Hotel Punta Tragara
via Tragara 57 – ✆ 08 18 37 08 44 – www.hoteltragara.com
– Aperto 20 aprile-31 ottobre BYp
Rist – Carta 44/89 €
La vista su Capri vale già metà dell'esperienza: al resto, ci pensa il giovane cuoco che propone ricette e prodotti campani in piatti semplici per pranzo, più elaborati e fantasiosi la sera.

Aurora
via Fuorlovado 18 – ✆ 08 18 37 65 33 – www.auroracapri.com
– Aperto 1° marzo-30 novembre BZk
Rist – (consigliata la prenotazione) Carta 47/73 €
In un caratteristico vicolo del centro, la terza generazione ha fatto decollare il ristorante verso mete più ambiziose e una raffinata cucina campana; anche pizze.

Rendez Vous – Grand Hotel Quisisana
via Camerelle 2 – ✆ 08 18 37 07 88 – www.quisisana.com
– Aperto 23 marzo-26 ottobre BZa
Rist – Carta 86/113 €
Nell'elegante sala interna, o in terrazza affacciati sulla via dello shopping, l'appuntamento è con i piatti campani, nonché sushi (da maggio a settembre).

XX **Terrazza Brunella** – Hotel Villa Brunella
via Tragara 24 – ✆ 08 18 37 01 22 – www.villabrunella.it – Aperto 1° maggio-31 ottobre BYw
Rist – (consigliata la prenotazione) Carta 42/100 €
In posizione panoramica sulla baia di Marina Piccola, ristorante tanto piccolo, quanto celebre. Si cena all'interno di una veranda aperta su tre lati per offrirsi una cucina che spazia con abilità dalle specialità capresi e campane, ai piatti italiani più celebri nel mondo.

MARINA GRANDE (NA) – **564** F24 – ✉ **80073** **6** B3

ℹ banchina del Porto, ✆ 081 8 37 06 34, www.capri.it

J.K. Place Capri
via Provinciale 225 – ✆ 08 18 38 40 01 – www.jkcapri.com – Aperto 1° maggio-31 ottobre BYb
22 cam ☕ – †600/800 € ††600/800 €
Rist – (prenotazione obbligatoria) Carta 59/113 €
L'atmosfera e l'accoglienza di un'elegante residenza privata, dove una successione di salotti vi porta tra librerie e oggetti d'arte. Per chi non vuole rinunciare a bagnarsi nell'acqua di mare, nonostante la splendida piscina, l'albergo offre uno dei pochi accessi diretti alla spiaggia dell'isola.

XX **Da Paolino**
via Palazzo a Mare 11 – ✆ 08 18 37 61 02 – www.paolinocapri.com – Aperto 21 aprile-3 novembre; chiuso mercoledì escluso giugno-agosto BYs
Rist – *(solo a cena escluso sabato e domenica in aprile e maggio)* (consigliata la prenotazione) Carta 45/116 €
Locale rustico, molto luminoso, immerso nel verde: la "sala" è la limonaia sotto le cui fronde sono allestiti i tavoli. Cucina ricca e variegata secondo la migliore tradizione campana.

CAPRIATA D'ORBA – **Alessandria (AL)** – **561** H8 – **1 862 ab.** – **alt. 176 m** – ✉ **15060** **23** C3

Roma 575 – Alessandria 25 – Genova 63 – Milano 101

X **Il Moro**
piazza Garibaldi 7 – ✆ 0 14 34 61 57 – www.ristoranteilmoro.it – Chiuso 26 dicembre-4 gennaio, 2 settimane in giugno o settembre, lunedì, anche domenica sera da settembre a maggio
Rist – Carta 31/40 €
In centro paese, all'interno di un palazzo del '600, una trattoria dai soffitti a volta e sulla tavola la vera cucina alessandrina: agnolotti, stoccafisso in insalata con patate o carne cruda di fassona al coltello. Piccola enoteca annessa.

CAPRILE – **Belluno (BL)** – **562** C17 – **Vedere Alleghe**

CAPRI LEONE **Sicilia** – **Messina (ME)** – **365** AX55 – **4 566 ab.** – **alt. 400 m** – ✉ **98070** **30** C2

Catania 184 – Messina 93 – Palermo 144

XX **Antica Filanda** con cam
contrada Raviola strada statale 157 – ✆ 09 41 91 97 04 – www.anticafilanda.net – Chiuso 15 gennaio-15 febbraio
16 cam ☕ – †75/85 € ††105/125 € **Rist** – *(chiuso lunedì)* Carta 31/73 €
La vista unisce mare e monti, ma la cucina sceglie questi ultimi: la tradizione dell'entroterra rivisitata con ottimi prodotti del territorio ed una predilizione per il maialino nero in tutte le declinazioni, dai salumi ai ragù. Camere nuove ed accoglienti.

CAPRIOLO – Brescia (BS) – 562 F11 – 9 322 ab. – alt. 216 m – ✉ 25031 19 D1

Roma 593 – Brescia 33 – Milano 73 – Parma 142

Sole

via Sarnico 2 – ✆ 03 07 46 15 50 – www.solehotelristorante.com – Chiuso 1°-8 gennaio

36 cam – 55/65 € 75/80 €

Rist ***Sole*** – vedere selezione ristoranti

Sulla statale che porta ad Iseo, la recente ristrutturazione ha cambiato il volto all'albergo: confort in ogni ambiente, camere moderne e spaziose.

Sole – Hotel Sole

via Sarnico 2 – ✆ 03 07 46 15 48 – www.solehotelristorante.com – Chiuso 1°-8 gennaio e sabato a mezzogiorno

Rist – Carta 24/41 €

In un ambiente moderno e tranquillo scoprirete la semplicità e la concretezza di una gestione familiare, che raccoglie i favori sia di una clientela commerciale, sia di quella turistica. Cucina lombarda e griglia sempre pronta in sala.

CAPRIVA DEL FRIULI – Gorizia (GO) – 562 E22 – 1 747 ab. – alt. 49 m 11 C2 – ✉ 34070

Roma 636 – Udine 27 – Gorizia 9 – Pordenone 74

Castello di Spessa via Spessa 14, 0481 881009, www.castellodispessa.it

Castello di Spessa – Residenza d'epoca senza rist

via Spessa 1, Nord : 1,5 km – ✆ 04 81 80 81 24 – www.castellodispessa.it

15 cam – 152 € 205 €

Poche ed esclusive camere per una vacanza di relax a contatto con la storia, in questo castello ottocentesco che ha ospitato i signori della nobiltà friulana, celato da un parco secolare. Splendida vista sui vigneti e sul campo da golf.

Relais Russiz Superiore senza rist

località Russiz Superiore, via Russiz 7 – ✆ 0 48 18 03 28 – www.marcofelluga.it

7 cam – 90 € 120 €

Circondato da vigneti, senza telefono né televisore nelle camere, un antico casale ristrutturato si propone come oasi ideale per chi è in cerca di tranquillità e relax. Incantevole posizione panoramica.

Tavernetta al Castello con cam

via Spessa 7, Nord : 1 km – ✆ 04 81 80 82 28 – www.tavernettaalcastello.it – Chiuso 2 settimane in gennaio-febbraio

10 cam – 92 € 134 €

Rist – *(chiuso domenica sera e lunedì)* Menu 42 € – Carta 32/51 €

Il verde dei vigneti e del vicino campo da golf, allieta questa taverna di tono rustico-elegante con pareti in pietra e l'immancabile camino, dove gustare piatti regionali, legati alle stagioni. Camere confortevoli, ideali per un soggiorno di tranquillità.

CARAGLIO – Cuneo (CN) – 561 I4 – 6 774 ab. – alt. 575 m – ✉ 12023 22 B3

Roma 655 – Cuneo 12 – Alessandria 138 – Genova 156

Il Portichetto

via Roma 178 – ✆ 01 71 81 75 75 – Chiuso lunedì a mezzogiorno

Rist – Carta 27/54 €

Nel cortiletto di un edificio d'epoca, un piccolo portico introduce a questo grazioso ristorante ricco di personalizzazioni ed eleganza. Dalla cucina piatti piemontesi e sapori regionali.

CARAMANICO TERME – Pescara (PE) – 563 P23 – 2 032 ab. 1 B2 – alt. 650 m – Stazione termale – ✉ 65023

Roma 202 – Pescara 54 – L'Aquila 88 – Chieti 43

via Fonte Grande 3, ✆ 085 92 22 02, www.abruzzoturismo.it

La Réserve rist,
via Santa Croce – ✆ 08 59 23 91 – www.lareserve.it
– Aperto 1° aprile-8 gennaio
71 cam – †165/190 € ††290/320 € **Rist** – Carta 26 €
Oasi di pace e benessere nel parco della Maiella, l'hotel che vanta una bella posizione panoramica dispone di ambienti moderni e di design. Attrezzato centro benessere-termale. Ampiezza e luminosa ariosità degli spazi anche nel ristorante.

Cercone cam, rist,
viale Torre Alta 17/19 – ✆ 0 85 92 21 18 – www.hotelcercone.com
– Aperto 1° aprile-31 dicembre
33 cam – †50/70 € ††70/120 € – 2 suites **Rist** – Menu 20 €
Di fronte all'ingresso delle Terme, hotel a conduzione diretta rinnovatosi negli anni: sale di caldo tono rustico, camere ampie e confortevoli con terrazzine panoramiche. Piccolo, ma nuovissimo centro benessere.

Locanda del Barone con cam rist,
località San Vittorino, Sud: 3 km – ✆ 08 59 25 84 – www.locandadelbarone.it
6 cam – solo ½ P 80/100 €
Rist – *(chiuso lunedì)* (consigliata la prenotazione) Carta 18/37 €
Posizione tranquilla e panoramica per una bella casa dai toni rustici, ma molto accogliente. Tagliatelle ai funghi porcini, lombo di maiale nero di Caramanico o agnello alla brace sono tra le specialità che vi consigliamo vivamente di assaggiare.

CARATE BRIANZA – Monza e Brianza (MB) – 561 E9 – 17 997 ab. – alt. 250 m – ✉ 20048 18 B1

Roma 598 – Como 28 – Bergamo 38 – Milano 31

Il Ritrovo
via Ugo Bassi 1 bis – ✆ 03 62 90 22 87 – www.ristoranteilritrovo.mb.it
– Chiuso 13 agosto-2 settembre, domenica sera e lunedì
Rist – *(chiuso a mezzogiorno escluso domenica)* Carta 45/87 €
E' un piacere ritrovarsi in questo locale curato ed accogliente, in cui gustare specialità di pesce d'ispirazione siciliana (con tocchi esotici che derivano dalle esperienze di viaggio dello chef), nonché ricette a base di carne d'impronta più tradizionale lombarda.

La Piana
via Zappelli 15 – ✆ 03 62 90 92 66 – www.ristorantelapiana.it
– Chiuso 10 giorni in gennaio, 10 giorni in giugno, domenica sera e lunedì
Rist – Carta 27/37 €
Nel centro della località, piccolo locale di tono moderno ospitato in un'accogliente corte lombarda. Cucina regionale e lariana, qualche piatto tipico del passato rispolverato e menu d'affari a pranzo.

Camp di Cent Pertigh
Cascina Contrevaglio, via Trento Trieste 63, Est : 1 km, strada per Besana – ✆ 03 62 90 03 31 – www.campdicentpertigh.it – Chiuso 27 dicembre-17 gennaio, 10-20 agosto e martedì
Rist – Menu 25 € (pranzo in settimana)/50 € – Carta 44/62 €
All'interno di una caratteristica cascina lombarda, il ristorante che occupa soltanto una parte dell'edificio, è arredato secondo uno stile rustico-elegante. Cucina del luogo.

CARAVAGGIO – Bergamo (BG) – 561 F10 – 16 228 ab. – alt. 111 m – ✉ 24043 Italia Centro-Nord 19 C2

Roma 564 – Bergamo 26 – Brescia 55 – Crema 19

Tre Re
via Papa Giovanni XXIII 19 – ✆ 0 36 35 13 81 – www.albergotrere.it
10 cam – †55/80 € ††75/120 € – 1 suite
Rist – *(chiuso lunedì sera)* Carta 30/71 €
All'inizio del viale che conduce al Santuario, siamo in un'elegante villa liberty del 1910: arredi d'epoca all'interno in una piacevole atmosfera più familiare, che alberghiera. Al ristorante, i classici della cucina italiana, a cui si aggiunge - la sera - anche la pizza.

CARBONARA DI BARI – Bari (BA) – **564** D32 – Vedere Bari

CARBONARA DI PO – Mantova (MN) – **561** G15 – **1 344 ab.** – **alt. 14 m** – ✉ **46020** 17 D3

Roma 457 – Verona 58 – Ferrara 51 – Mantova 55

Passacör

strada provinciale Ferrarese 4 – ✆ 0 38 64 14 61 – www.hotelpassacor.it

37 cam – 55/70 € 80/100 €

Rist – *(chiuso domenica) (solo a cena)* Carta 22/41 €

Struttura di concezione moderna, funzionale e ben tenuta, a conduzione diretta, dotata di parcheggio; le camere sono omogenee, essenziali, ma complete nel confort.

CARBONARA SCRIVIA – Alessandria (AL) – **561** H8 – **1 074 ab.** – **alt. 177 m** – ✉ **15050** 23 C2

Roma 563 – Alessandria 27 – Genova 69 – Milano 79

Locanda Malpassuti con cam

vicolo Cantù 11 – ✆ 01 31 89 26 43 – www.malpassutiguest.it

6 cam – 90/110 € 120/140 €

Rist – *(chiuso lunedì)* (consigliata la prenotazione) Menu 35/50 € – Carta 38/57 €

Un'insegna in ferro, un vecchio edificio in centro, una sala con mobili e sedie in stile; in cucina però la tradizione viene rinnovata con elaborazioni interessanti.

CARISIO – Vercelli (VC) – **561** F6 – **919 ab.** – **alt. 183 m** – ✉ **13040** 23 C2

Roma 648 – Torino 58 – Aosta 103 – Biella 26

sulla strada statale 230 Nord-Est : 6 km :

La Bettola

strada statale Vercelli-Biella 9 ✉ 13040 – ✆ 01 61 85 80 45

35 cam – 50/60 € 80 € **Rist** – Carta 23/63 €

Facilmente raggiungibile dall'uscita autostradale, funzionale struttura articolata su due corpi con ambienti comuni limitati, ma stanze spaziose. Altro che bettola: il moderno ristorante propone piatti squisitamente italiani.

CARISOLO – Trento (TN) – **562** D14 – **974 ab.** – **alt. 808 m** – ✉ **38080** 33 B3

Roma 658 – Trento 62 – Milano 236 – Brescia 145

Orso Grigio N

via Roncag 6 – ✆ 04 65 50 15 94 – www.hotel-orsogrigio.it – Aperto 1° dicembre-30 marzo e 1° maggio-30 ottobre

30 cam – 90/120 € 90/120 € **Rist** – Carta 23/45 €

Tranquillità e relax sono i principali atout di questa graziosa struttura, tipicamente montana, con camere curate e confortevoli.

CARLENTINI Sicilia – Siracusa (SR) – **365** AZ60 – **17 587 ab.** – **alt. 200 m** – ✉ **96013** 30 D2

Catania 33 – Messina 130 – Ragusa 77 – Siracusa 44

verso Villasmundo Sud-Est : 4 km

Agriturismo Tenuta di Roccadia

contrada Roccadia, sp 95 al km 43 ✉ 96013 Carlentini – ✆ 0 95 99 03 62 – www.roccadia.com

20 cam – 50/75 € 76/110 € **Rist** – Carta 20/41 €

Camere semplici per una vacanza che si svolgerà all'aperto in una tenuta agricola, tra orto botanico ed equitazione. Sala dall'ambientazione rustica al ristorante, dove si utilizzano i prodotti dell'azienda elaborati in ricette isolane.

CARLOFORTE Sardegna – Carbonia-Iglesias (CI) – **366** K49 – Vedere San Pietro (Isola di)

CARMAGNOLA – Torino (TO) – 561 H5 – 28 653 ab. – alt. 240 m – ✉ 10022 22 B3

Roma 663 – Torino 29 – Asti 58 – Cuneo 71

I Girasoli strada Pralormo 315, 011 9795088, www.girasoligolf.it – chiuso mercoledì

La Margherita strada Pralormo, 011 9795113, www.golfclubmargherita.it – chiuso gennaio e martedì

San Marco
via San Francesco di Sales 18 – 01 19 62 69 53 – www.sanmarcoalbergo.com
20 cam – 50/77 € 65/82 €
Rist ***San Marco*** – vedere selezione ristoranti
Non lontana dal centro, la struttura offre camere spaziose, sobriamente eleganti e modernamente accessoriate: ideali per una clientela business.

San Marco – Hotel San Marco
via San Francesco di Sales 18 – 01 19 62 69 53 – www.sanmarcoalbergo.com – Chiuso domenica
Rist – Carta 22/50 €
A metà strada tra Torino e le Langhe, un ristorante personalizzato ed accogliente con cucina del territorio, nonché piacevoli angoli dove gustare formaggi e vini della regione. Il locale dispone anche di una piccola sala fumatori.

CARMIGNANO – Prato (PO) – 563 K15 – 14 187 ab. – alt. 189 m – ✉ 59015 Toscana 32 C1

Roma 298 – Firenze 24 – Milano 305 – Pistoia 23

ad Artimino Sud : 7 km – alt. 260 m – ✉ 59015

Paggeria Medicea
viale Papa Giovanni XXIII – 0 55 87 51 41 – www.artimino.com
37 cam – 90/175 € 115/210 €
Rist – *(chiuso giovedì a mezzogiorno e mercoledì escluso giugno-settembre)* Carta 36/56 €
Un edificio rinascimentale ospita l'elegante hotel, le cui camere si trovano negli ex alloggi dei paggi medicei. Tra gli spazi comuni: un giardino, una piscina panoramica e belle sale ricevimento nell'imponente Villa. La gastronomia che ha reso celebre nel mondo la Toscana, presso il ristorante del borgo.

Da Delfina
via della Chiesa 1 – 05 58 71 80 74 – www.dadelfina.it – Chiuso 2 settimane in gennaio o febbraio, 27 agosto-3 settembre, domenica sera (escluso in estate), martedì a pranzo e lunedì
Rist – Carta 31/48 € (+10 %)
Tipicità e lunga tradizione per questo locale, dove gustare piatti del territorio: d'estate, sulla bella terrazza panoramica.

CARMIGNANO DI BRENTA – Padova (PD) – 562 F17 – 7 612 ab. – alt. 46 m – ✉ 35010 38 B1

Roma 505 – Padova 33 – Belluno 96 – Tarvisio 47

Zenit
piazza del Popolo 16 – 04 99 43 03 88 – www.hotelzenit.it
19 cam – 55/70 € 75/90 €
Rist – *(chiuso 26 dicembre-5 gennaio, 2 settimane in agosto, domenica sera e sabato)* Carta 22/42 €
Servizio di tono familiare in un albergo ben tenuto, ideale per clientela di lavoro e di passaggio; buon rapporto qualità/prezzo, servizi adeguati. Ristorante classico, dove gustare anche paste fresche fatte in casa.

CARNAGO – Varese (VA) – 561 E8 – 6 466 ab. – alt. 354 m – ✉ 21040 18 A1

Roma 639 – Como 60 – Varese 18 – Milano 53

Villa Bregana

viale dei Carpini – ✆ 03 31 98 76 00 – www.villabregana.it – Chiuso 9-20 agosto

25 cam – †110/130 € ††150/190 €

Rist *Le Thuje* – vedere selezione ristoranti

Ambienti curati e camere con arredi in stile country minimalista (forse un po' piccole, ma non è un diasgio), in una villa settecentesca abbracciata da un parco di piante secolari.

Le Thuje – Hotel Villa Bregana

viale dei Carpini – ✆ 0 33 19 86 81 – www.lethujeristorante.it – Chiuso 9-20 agosto, sabato a pranzo e domenica a cena

Rist – Carta 35/64 €

Abbracciato da un parco di conifere, querce e thuje, il nome del ristorante elogia questi ultimi arbusti dalle cui foglie si ricavano rimedi omeopatici. Negli eleganti spazi impreziositi da quadri moderni e tappeti, la fantasia reinterpreta la cucina territoriale e stagionale.

CARNELLO – Frosinone (FR) – 563 R22 – Vedere Arpino

CARONA – Bergamo (BG) – 561 D11 – 355 ab. – alt. 1 110 m 16 B1

– Sport invernali : 1 100/2 130 m 16, – ✉ 24010

Roma 636 – Sondrio 90 – Bergamo 53 – Brescia 101

via Locatelli snc, ✆ 0345 7 70 52, www.carona.provinciabergamasca.com

Carona

rist,

via Bianchi 22 – ✆ 0 34 57 71 25 – www.albergocarona.it – Chiuso maggio e ottobre

9 cam – †35/40 € ††60/80 € **Rist** – *(chiuso martedì)* Carta 18/35 €

In alta Val Brembana, albergo a conduzione familiare, semplice, ma ben tenuto; camere arredate in gran parte con mobili inizio '900, dal confort essenziale. E' ubicata al primo piano la sala ristorante, d'impostazione classica.

CAROVIGNO – Brindisi (BR) – 564 E34 – 16 307 ab. – alt. 161 m 27 C2

– ✉ 72012 Puglia

Roma 538 – Brindisi 28 – Bari 88 – Taranto 61

Già Sotto l'Arco (Teresa Buongiorno)

corso Vittorio Emanuele 71 – ✆ 08 31 99 62 86 – www.giasottolarco.it – Chiuso 15-30 novembre e lunedì, anche domenica sera da ottobre a maggio

Rist – (consigliata la prenotazione) Carta 50/84 €

→ Cannelloni ripieni di pesce con bisque di gamberi e guazzetto di calamaretti. Spiedino di sgombro con zenzero marinato e scapece di melanzane. Mousse di pistacchio con granita al cioccolato e cioccolato caldo.

Accoglienza calorosa e familiare, ma non priva di signorilità, in un elegante edificio barocco sulla piazza centrale. Riuscite reinterpretazioni pugliesi in cucina: ricette soprattutto a base di carne, anche se non manca qualche specialità di pesce.

CARPANETO PIACENTINO – Piacenza (PC) – 562 H11 – 7 681 ab. 8 A2

– alt. 114 m – ✉ 29013

Roma 508 – Piacenza 19 – Alessandria 114 – Genova 151

Nido del Picchio (Daniele Repetti)

viale Patrioti 6 – ✆ 05 23 85 09 09 – www.ristorantenidodelpicchio.it – Chiuso lunedì

Rist – *(solo a cena escluso domenica e i giorni festivi)* (consigliata la prenotazione) Carta 48/93 €

→ Gnocchi farciti al cinghiale con crema di formaggi di capra e riduzione di vino cotto. Medaglione di coda di rospo con crema di topinambur, vongole e zenzero. Millefoglie di meringhe con crema di castagne e gelato ai cachi.

Atmosfera sobria e sussurrata, l'ambiente è quello di una casa privata con poco spazio per orpelli o decorazioni. Tavoli rotondi e distanti, sulla carta si concentra tutto il lavoro dei titolari e soprattutto la personalità del cuoco: piatti creativi, ingegnosi, spesso a base di pesce.

CARPI – Modena (MO) – 562 H14 – 69 021 ab. – alt. 26 m – ✉ 41012 8 B2

Italia Centro-Nord

Roma 424 – Bologna 60 – Ferrara 73 – Mantova 53

via Berengario 2, ✆ 059 64 92 55, www.carpidiem.it

Santo Stefano Campagnola Emilia via Vettogano 26, , Nord-Ovest: 10 km, 0522 652915, www.golfsantostefano.it – chiuso lunedì

Piazza dei Martiri★ – Castello dei Pio★

Touring

viale Dallai 1 – ✆ 0 59 68 15 35 – www.hoteltouringcarpi.it – Chiuso 4-25 agosto

65 cam – 65/170 € 85/250 € – 2 suites

Rist *Blu* – vedere selezione ristoranti

Struttura degli anni Cinquanta ma dal taglio moderno, etnico e minimalista, con ambienti caldi ed accoglienti, alle cui pareti campeggiano immagini di campagne pubblicitarie di famiglia.

Gabarda

via Carlo Marx 172 – ✆ 0 59 69 36 46 – www.gabarda.it – Chiuso 2 settimane in agosto

32 cam – 60/120 € 80/180 € – 3 suites **Rist** – Carta 25/40 €

Lo stile è quello di una casa colonica con il portico che corre tutto intorno; le camere, particolarmente spaziose ed arredate con mobili chiari, hanno tutte ingresso indipendente. Di taglio rustico, il ristorante si trova in una struttura attigua e propone gustosi piatti tipici regionali.

Carpi senza rist

via delle Magliaie 2/4 – ✆ 0 59 64 59 15 – www.hotelcarpi.it

80 cam – 55/180 € 70/220 €

Bianco edificio dalle ampie vetrate, offre ambienti moderni, alle cui pareti sono esposte fotografie della città e vedute d'epoca. Particolarmente adatto ad una clientela d'affari. Tariffe speciali nei weekend.

Il Barolino

via Giovanni XXIII 110 – ✆ 0 59 65 43 27 – www.ilbarolinoristorante.com – Chiuso 31 dicembre-6 gennaio, 4-25 agosto, sabato a mezzogiorno e domenica

Rist – Menu 20/40 € – Carta 25/49 €

Piatti unicamente del territorio e conduzione strettamente familiare per questo locale in posizione periferica. Propone anche vendita di vini e di prodotti alimentari.

Il 25

via San Francesco 20 – ✆ 0 59 64 52 48 – www.il25.it – Chiuso martedì a mezzogiorno e lunedì

Rist – Menu 18 € (pranzo in settimana) – Carta 34/63 €

In un palazzo di fine '800, la cucina non si pone confini: terra e mare, tradizione e creatività, ma un solo dogma, la pienezza del gusto tutta emiliana.

L'incontro

via delle Magliaie 4/1 – ✆ 0 59 69 31 36 – www.lincontroristorante.it – Chiuso 1°-5 gennaio, 1 settimana in agosto, domenica sera e lunedì a mezzogiorno in settembre-maggio, anche domenica a mezzogiorno negli altri mesi

Rist – (consigliata la prenotazione) Carta 34/54 €

Passione e impegno caratterizzano questo locale raccolto e accogliente, articolato in quattro salette classicamente arredate in colori caldi e vivaci. Di stampo più creativo la proposta gastronomica.

Blu – Hotel Touring

viale Dallai 1 – ✆ 0 59 68 15 35 – www.hoteltouringcarpi.it – Chiuso 4-25 agosto

Rist – Carta 28/67 €

Cucina di mare, come suggerisce il nome, con diversi piatti d'impronta ligure in un locale arredato nelle chiare tonalità bianco-avorio, circondato da grandi vetrate affacciate sul dehors e sul piccolo giardino interno.

CARPINETI – Reggio Emilia (RE) – 562 I13 – 4 223 ab. – alt. 562 m – ✉ 42033 8 B2

Roma 457 – Parma 50 – Bologna 92 – Modena 52

Agriturismo Le Scuderie
frazione Regigno 18, Sud-Est : 1,5 km – ✆ 05 22 61 83 97 – www.agriturismolescuderie.it
7 cam – 50/60 € 80/100 € **Rist** – *(chiuso lunedì sera)* Carta 17/38 €
Per scoprire l'Appennino Reggiano, un bel rustico ristrutturato, in posizione tranquilla nel verde dei colli; bei mobili di legno nelle camere. Ristorante di tono rustico con cucina casereccia.

CARRAIA – Firenze (FI) – Vedere Calenzano

CARRARA – Massa Carrara (MS) – 563 J12 – 65 573 ab. – alt. 100 m – ✉ 54033 Toscana 31 A1

Roma 400 – La Spezia 31 – Firenze 126 – Massa 7

Cave di marmo di Fantiscritti★★ Nord-Est : 5 km – Cave di Colonnata★ Est : 7 km

ad Avenza Sud-Ovest: 4 km – ✉ 54031

Carrara rist,
via Petacchi 21 – ✆ 05 85 85 76 16 – www.hotelcarrara.it
32 cam – 57/70 € 90/105 €
Rist – *(chiuso sabato e domenica) (solo a cena)* Menu 20 €
Nelle immediate vicinanze della stazione ferroviaria, una risorsa a conduzione familiare rinnovatasi in anni recenti dispone ora di ambienti e camere signorili. Simpatica e colorata sala ristorante, non priva d'eleganza.

a Colonnata Est : 7 km – ✉ 54033

Venanzio
piazza Palestro 3 – ✆ 05 85 75 80 62 – www.ristorantevenanzio.com – Chiuso 21 dicembre-12 gennaio, domenica sera (escluso agosto) e giovedì
Rist – Carta 25/64 €
In questo paesino conosciuto per il suo lardo e le cave di marmo, *Venanzio* è l'indirizzo giusto dove gustare una cucina di terra con specialità di funghi, cacciagione e l'immancabile salume.

CARRÈ – Vicenza (VI) – 562 E16 – 3 665 ab. – alt. 219 m – ✉ 36010 39 B2

Roma 545 – Padova 66 – Trento 63 – Belluno 106

La Rua cam, rist,
località Cà Vecchia, Est : 4 km – ✆ 04 45 89 30 88 – www.hotellarua.it
22 cam – 50/75 € 75/85 € – 1 suite
Rist – *(chiuso 20-31 agosto e martedì)* Carta 27/39 €
Isolato sulle colline sovrastanti la pianura, offre camere classiche e spaziose o, da preferire, più recenti e moderne negli arredi anche se di metratura a volte più ridotta. Piacevolissima terrazza panoramica per il servizio estivo.

Locanda La Corte dei Galli senza rist
via Prà Secco 1/a – ✆ 04 45 89 33 33 – www.lacortedeigalli.it
7 cam – 85/110 € 110/130 €
Struttura di charme ricavata nella barchessa di un edificio rurale del '700, rinnovato con elegante raffinatezza; mobili d'epoca nelle camere e piccola piscina interna.

CARRÙ – Cuneo (CN) – 561 I5 – 4 376 ab. – alt. 364 m – ✉ 12061 23 C3

Roma 620 – Cuneo 31 – Milano 203 – Savona 75

Palazzo di Mezzo senza rist
via Garibaldi 4 – ✆ 01 73 77 93 06 – www.palazzodimezzo.com – Chiuso 15 giorni in gennaio
11 cam – 60/70 € 85/95 €
Piccola ed accogliente struttura sorta dalla ristrutturazione di un palazzo settecentesco nel centro della località. Mobili in stile antico e letti in ferro battuto caratterizzano le graziose camere: quelle all'ultimo piano impreziosite da soffitti a cassettoni. Confort moderno e calorosa gestione familiare.

CARSOLI – L'Aquila (AQ) – 563 P21 – 5 607 ab. – alt. 616 m – ✉ 67063 1 A2

Roma 68 – Avezzano 45 – Frosinone 81 – L'Aquila 63

Al Caminetto

via degli Alpini 95 – ✆ 08 63 99 54 79 – www.al-caminetto.it – Chiuso 8-15 gennaio, 17-28 luglio e lunedì

Rist – Carta 22/60 €

Décor rustico in un locale poliedrico con sala enoteca per degustazioni. In menu, l'offerta è ampia e variegata: si va dalle più tipiche specialità regionali, alle carni cotte alla brace, funghi e tartufi.

L'Angolo d'Abruzzo

piazza Aldo Moro – ✆ 08 63 99 74 29 – www.langolodiabruzzo.it – Chiuso mercoledì

Rist – Menu 25/65 € – Carta 28/76 €

Per gli appassionati della cucina abruzzese, i migliori prodotti e i sapori più autentici della gastronomia regionale: carni, paste, salumi, formaggi, nonché funghi e tartufi (in stagione). Ottima cantina.

in prossimità dello svincolo Carsoli-Oricola Sud-Ovest : 2 km :

Nuova Fattoria

via Tiburtina km 68,3 ✉ 67063 Oricola – ✆ 08 63 99 73 88 – www.lanuovafattoria.it

20 cam – †45/55 € ††70/75 € – 2 suites **Rist** – Carta 26/46 €

Davanti al casello autostradale, offre ambienti omogenei e di buon livello. Arredi di legno massiccio nelle camere, bagni sempre diversi, a volte estrosi. Sala ristorante con alto spiovente in legno e brace a vista per la carne.

CARTOCETO – Pesaro e Urbino (PU) – 563 K20 – 7 992 ab. – alt. 235 m – ✉ 61030 Italia Centro-Nord 20 B1

Roma 271 – Rimini 69 – Ancona 75 – Pesaro 28

Symposium (Lucio Pompili) con cam

via Cartoceto 38, località Serrungarina, Ovest : 1,5 km – ✆ 07 21 89 83 20 – www.symposium4stagioni.it – Chiuso gennaio

7 cam – †80/150 € ††100/180 €

Rist – *(chiuso lunedì e martedì) (solo a cena escluso sabato e domenica)* Carta 52/82 €

➜ Panino di anatra selvatica con maionese di caprino ed erbette selvatiche. Artù, lo spiedo in piedi con le carni del momento. Cartota "sotto terra", omaggio a Cartoceto.

Nel contesto di un paesaggio collinare, più che un ristorante è un'elegante casa privata dai molteplici ambienti: terrazza panoramica, veranda coperta stile conservatory e raffinata salle à manger con grandi tavoli, dipinti moderni e bella vista. La passione del cuoco-cacciatore porta in tavola selvaggina, ma il menu si apre anche al pesce.

CARTOSIO – Alessandria (AL) – 561 I7 – 817 ab. – alt. 230 m – ✉ 15015 23 C3

Roma 578 – Genova 83 – Acqui Terme 13 – Alessandria 47

Cacciatori con cam

via Moreno 30 – ✆ 0 14 44 01 23 – www.cacciatoricartosio.com – Chiuso 23 dicembre-19 gennaio e 1°-15 luglio

10 cam – †55 € ††70 €, 7 € – 2 suites

Rist – *(chiuso venerdì a pranzo e giovedì)* (coperti limitati, prenotare) Carta 32/53 €

Nascosto tra le viuzze del paese, ristorante sobriamente classico dove l'amore per la buona cucina e i prodotti del territorio si ritrovano a tavola. Ottimo il servizio.

CARZAGO – Brescia (BS) – 561 F13 – alt. 202 m – ✉ 25080 17 D1

Roma 542 – Brescia 23 – Verona 57

27 Arzaga via Arzaga 1, 030 6806266, www.palazzoarzaga.com – chiuso dal 19 dicembre al 15 gennaio e martedì in gennaio-febbraio

Palazzo Arzaga cam, rist,
via Arzaga 1, località Calvagese della Riviera, Sud : 2 km – ✆ 0 30 68 06 00 – www.palazzoarzaga.com – Aperto 1° aprile-31 ottobre
84 cam – 360/800 € 420/800 € – 3 suites
Rist *Il Moretto* – vedere selezione ristoranti
Rist *Il Grill-Club House* – *(aperto tutto l'anno; chiuso martedì da novembre a marzo)* Carta 45/55 €
In un suggestivo palazzo del XV secolo, poliedrico hotel di lusso, per congressi, per chi ama il golf, le terapie rigenerative o il semplice relax. Più informale del ristorante Moretto, il Grill-Club House è il luogo ideale dove gustare piatti leggeri tra una partita e l'altra.

Il Moretto – Hotel Palazzo Arzaga
via Arzaga 1, località Calvagese della Riviera, Sud: 2 km – ✆ 0 30 68 06 00 – www.palazzoarzaga.com – Aperto 1° aprile-31 ottobre
Rist – Carta 57/120 €
Grandi lampadari rinascimentali, candele sui tavoli, arredi antichi: sotto alte volte si consuma il rito serale della cena, preferibilmente in giacca e cravatta! Cucina raffinata.

CASACANDITELLA – Chieti (CH) – 563 P24 – 1 372 ab. – alt. 432 m – ✉ 66010 2 C2

Roma 211 – L'Aquila 107 – Chieti 24 – Campobasso 173

Castello di Semivicoli senza rist
via San Nicola 24, contrada Semivicoli – ✆ 08 71 89 00 45 – www.castellodisemivicoli.it – Chiuso 6 gennaio-8 marzo
12 cam – 70/110 € 130/170 €
Un mirabile lavoro di restauro ha restituito splendore al palazzo baronale del XVII sec, ora vanta splendide camere, dove mobili d'epoca si alternano a pezzi più moderni. La vista spazia dai monti abruzzesi al mare: impossibile rimanere indifferenti a tanto fascino!

CASALBORDINO – Chieti (CH) – 563 P25 – 6 382 ab. – alt. 203 m – ✉ 66021 2 C2

Roma 266 – L'Aquila 169 – Chieti 67 – Pescara 68

Madonnina del Sorriso N
via San Rocco 11 – ✆ 08 73 91 65 71 – www.madonninadelsorriso.it – Chiuso lunedì escluso agosto, anche martedì da ottobre ad aprile
Rist – Carta 25/53 €
Gode di una location particolarmente tranquilla, questo ristorante dagli ambienti accoglienti e dai colori caldi; cucina con specialità di mare, ma non solo.

CASALE MONFERRATO – Alessandria (AL) – 561 G7 – 36 069 ab. – alt. 116 m – ✉ 15033 Italia Centro-Nord 23 C2

Roma 611 – Alessandria 31 – Asti 42 – Milano 75

piazza Castello, ✆ 0142 44 43 30, www.comune.casale-monferrato.al.it

Il Golfino strada Provinciale-Casale Pontestura, , Ovest: 10 km, 0142 408915, www.ilgolfino.it – chiuso dal 24 dicembre al 19 gennaio e lunedì

Candiani
via Candiani d'Olivola 36 – ✆ 01 42 41 87 28 – www.hotelcandiani.com
47 cam – 80/85 € 110/120 € – 2 suites
Rist *La Torre* – ✆ 0 14 27 02 95 *(chiuso 26 dicembre-5 gennaio, 1°-20 agosto, mercoledì a mezzogiorno e martedì)* Carta 41/69 €
Da una sapiente ristrutturazione che ha salvaguardato l'originario stile liberty di un vecchio mattatoio del 1913, è sorto un elegante albergo, dotato di camere spaziose. Cucina legata alla tradizione culinaria del territorio e basata su materie prime accuratamente selezionate.

Business senza rist
strada Valenza 4/G – ✆ 01 42 45 64 00 – www.business-hotel.it – Chiuso 1°-8 gennaio
84 cam – †50/95 € ††60/120 €
Hotel d'impronta business, che mantiene inalterato il calore dell'accoglienza di una gestione diretta. Giardino con piscina e sala colazioni di taglio moderno.

CASALE SUL SILE – **Treviso (TV)** – **562** F18 – **12 789 ab.** – ✉ **31032** **39** A1
Roma 541 – Venezia 26 – Padova 48 – Pordenone 52

XX **San Nicolò**
via San Nicolò 5 – ✆ 04 22 82 26 72 – Chiuso 1°-6 gennaio, domenica sera, lunedì, anche domenica a mezzogiorno in luglio-agosto
Rist – Menu 20 € (pranzo in settimana) – Carta 31/70 €
Idilliaca posizione tra la chiesa e le rive del Sile, il contesto rustico della casa colonica è stato rinnovato per offrire ambienti più eleganti. La cucina è di mare.

CASALFIUMANESE – **Bologna (BO)** – **562** I16 – **3 478 ab.** – **alt. 125 m** **9** C2
– ✉ **40020**
Roma 387 – Bologna 47 – Firenze 84 – Modena 93

X **Valsellustra**
via Valsellustra 16, Nord : 11 km – ✆ 05 42 68 40 73 – www.ristorantevalsellustra.com – Chiuso 15-20 febbraio, 18-23 agosto e giovedì
Rist – Menu 35 € – Carta 22/67 €
Tipico ristorante di campagna, in posizione isolata, sobrio con tavoli ampi e ravvicinati. Piatti saporiti e appetitosi con specialità a base di funghi e cacciagione.

CASALGRANDE – **Reggio Emilia (RE)** – **561** I14 – **18 785 ab.** – **alt. 97 m** **8** B2
– ✉ **42013**
Roma 439 – Bologna 74 – Reggio nell'Emilia 74 – Modena 22

Casalgrande senza rist
via XXV Aprile 27, località Salvaterra, Nord: 6 km – ✆ 05 22 84 95 34 – www.casalgrandehotel.com
50 cam – †50/110 € ††70/160 €
L'architettura moderna della struttura non stride con la campagna circostante: la tranquillità che caratterizza il luogo è presente anche nelle belle camere, arredate con gusto minimalista ed insonorizzate.

CASALMAGGIORE – **Cremona (CR)** – **561** H13 – **15 073 ab.** – **alt. 26 m** **17** C3
– ✉ **26041**
Roma 487 – Parma 24 – Brescia 69 – Cremona 40
piazza Garibaldi 6, ✆ 0375 4 00 39, www.prolococasalmaggiore.it

Bifi's senza rist
strada statale 420 km 36, località Rotonda – ✆ 03 75 20 09 38 – www.bifihotel.it
76 cam – †60/170 € ††60/170 €
Al crocevia tra le province di Mantova, Cremona e Parma una struttura funzionale e comoda con camere confortevoli.

CASALNOCETO – **Alessandria (AL)** – **561** H8 – **1 007 ab.** – **alt. 159 m** **23** D2
– ✉ **15052**
Roma 598 – Alessandria 33 – Genova 89 – Milano 76

XX **La Locanda del Seicento**
piazza Martiri della Libertà – ✆ 01 31 80 96 14 – www.lalocandadelseicento.it – Chiuso 15-25 febbraio e lunedì
Rist – Menu 20/40 € – Carta 35/49 €
Diverse salette ricavate dai due piani di in una casa del '600: ambiente di tono rustico-elegante, gestione giovane e motivata. Dalla cucina, piatti piemontesi, ma anche fragranti specialità di mare.

CASALOTTO – **Asti (AT)** – **Vedere Mombaruzzo**

CASAL PALOCCO (RM) – **563** Q19 – **Vedere Roma**

CASAL VELINO – Salerno (SA) – 564 G27 – 4 995 ab. – alt. 170 m – ✉ 84040 7 C3

Roma 346 – Potenza 148 – Salerno 87 – Sapri 74

Agriturismo i Moresani

rist,

località Moresani – ✆ 09 74 90 20 86 – www.imoresani.com – Chiuso 10 gennaio-febbraio

12 cam – ††110/150 € **Rist** – Menu 20 € (in settimana) – Carta 22/38 €

Poco sopra la località, oasi di pace e serenità, immersa tra gli ulivi. Camere semplici ma arredate con gusto, piscina per rinfrescarsi nei caldi pomeriggi estivi. A tavola la genuinità e i sapori degli ottimi prodotti locali.

CASAMICCIOLA TERME – Napoli (NA) – 564 E23 – Vedere Ischia (Isola d')

CASCIA – Perugia (PG) – 563 N21 – 3 257 ab. – alt. 653 m – ✉ 06043 36 C3

Italia Centro-Nord

Roma 138 – Ascoli Piceno 75 – Perugia 104 – Rieti 60

piazza Garibaldi 1, ✆ 0743 7 14 01, www.casciaonline.it

Monte Meraviglia e Sporting Center La Reggia

rist,

via Roma 15 – ✆ 0 74 37 61 42 – www.magrelliospitalita.com

159 cam – †50/90 € ††80/140 €

Rist *Il Tartufo* – Carta 20/70 €

Complesso formato da due strutture: una imponente, di taglio moderno, con ampi spazi: per grandi numeri. L'altra più piccola, con attrezzato centro sportivo usato da entrambe. Ambiente curato al ristorante dove gustare piatti a base di tartufo e locali.

Cursula

cam,

viale Cavour 3 – ✆ 0 74 37 62 06 – www.hotelcursula.com – Chiuso gennaio-febbraio

40 cam – †50/87 € ††65/110 € – 2 suites **Rist** – Carta 21/27 €

Piccolo albergo a gestione familiare, che garantisce, nella sua semplicità, un soggiorno confortevole tanto ai gruppi di pellegrini, quanto alla clientela di lavoro. In attività dal 1949, il rinomato ristorante che propone una schietta cucina del territorio.

CASCIANA TERME – Pisa (PI) – 563 L13 – 3 676 ab. – alt. 125 m – Stazione termale – ✉ 56034 31 B2

Toscana

Roma 335 – Pisa 39 – Firenze 77 – Livorno 41

via Cavour 11, ✆ 0587 64 62 58, www.comune.cascianaterme.pi.it

Roma

cam, rist,

via Roma 13 – ✆ 05 87 64 62 25 – www.albergo-roma.it – Chiuso dicembre, gennaio e febbraio

36 cam – †50/80 € ††85/100 € **Rist** – Menu 20/30 €

D'altri tempi i corridoi ampi e i soffitti alti negli spazi comuni di un hotel centrale, ristrutturato in anni recenti; giardino ombreggiato con piscina. Regna un'atmosfera piacevolmente retrò nella signorile sala ristorante.

CASEI GEROLA – Pavia (PV) – 561 G8 – 2 547 ab. – alt. 81 m – ✉ 27050 16 A3

Roma 574 – Alessandria 36 – Milano 57 – Novara 61

Bellinzona

via Mazzini 69 – ✆ 0 38 36 15 25 – info@hotebellinzona.it

18 cam – †50/55 € ††60/65 €

Rist *Bellinzona* – vedere selezione ristoranti

La quarta generazione, insieme ai genitori, ha festeggiato nel 2011 i 50 anni di questo hotel centrale, ben tenuto e che offre un buon livello di confort generale.

Bellinzona – Hotel Bellinzona

via Mazzini 71 – ✆ 0 38 36 15 25 – Chiuso 1°-7 gennaio, 4-19 agosto e sabato

Rist – Menu 20/35 € – Carta 23/35 €

Nell'ampio ristorante con un suo ingresso separato rispetto all'hotel, si offrono piatti genuini con paste fatte in casa e, come specialità, la brace accesa sia a pranzo sia a cena.

CASELLE TORINESE – Torino (TO) – 561 G4 – 18 577 ab. – alt. 277 m – ✉ 10072 22 A1

Roma 691 – Torino 13 – Milano 144

Città di Torino Nord: 1 km ✆ 011 5676361

Jet Hotel

via Della Zecca 9 – ✆ 01 19 91 37 33 – www.jet-hotel.com

80 cam – 68/120 € 70/180 €

Rist ***Antica Zecca*** – vedere selezione ristoranti

E' un bell'edificio del XVI secolo ad ospitare questo piacevole hotel situato nelle vicinaze dell'aeroporto: atmosfera signorile, buon livello di servizio e camere ben accessoriate.

Antica Zecca – Jet Hotel

via Della Zecca 9 – ✆ 01 19 91 37 33 – www.jet-hotel.com

Rist – Carta 31/59 €

Non lasciatevi ingannare dall'aspetto della struttura, che di primo acchito può apparire solo per una clientela d'affari: in questo accogliente ristorante vi attendono gustosi piatti regionali, rivisitati in chiave moderna. La griglia in sala assicura anche specialità alla brace.

CASE NUOVE – Varese (VA) – Vedere Somma Lombardo

CASERE = KASERN – Bolzano (BZ) – 562 A18 – Vedere Valle Aurina

CASERTA P (CE) – 564 D25 – 78 693 ab. – alt. 68 m – ✉ 81100 6 B2

Italia Centro-Sud

Roma 192 – Napoli 31 – Avellino 58 – Benevento 48

piazza Gramsci, ✆ 0823 32 11 37, www.eptcaserta.it

La Reggia★★

Caserta Vecchia★: 10 km nord-est – Museo Campano★ a Capua: 11 km nord-ovest - Complesso di San Leucio★: 3,5 km nord-ovest - Basilica di S. Angelo in Formis★★: 11 km nord-ovest - Anfiteatro campano★ a Santa Maria Capua Vetere: 7,5 km a ovest

Crowne Plaza Caserta

viale Lamberti – ✆ 08 23 52 30 01 – www.crowneplaza-caserta.com

320 cam – 85/220 € 85/220 € – 16 suites **Rist** – Carta 34/44 €

Un'avveniristica struttura in posizione periferica, sviluppata attorno ad una piazza centrale - interamente coperta da una enorme cupola in vetro (tra le più grandi di Europa) - che racchiude camere, ristoranti, bar, centro congressi ed hall. Un hotel dall'innovativo concept.

Amadeus senza rist

via Verdi 72/76 – ✆ 08 23 35 26 63 – www.hotelamadeuscaserta.it

12 cam – 58/66 € 77/93 €

Centrale, ristrutturato seguendo lo spirito del palazzo del '700 in cui è inserito, un piccolo albergo confortevole, con camere ben tenute e accessoriate.

Le Colonne (Rosanna Marziale)

viale Giulio Douhet 7/9 – ✆ 08 23 46 74 94 – www.lecolonnemarziale.it – Chiuso 12-31 agosto e martedì

Rist – *(solo a pranzo)* Menu 38/60 € – Carta 43/70 €

➜ Cozze e latte di mozzarella nera. Sfera bianca con ripieno rosso. Filetto di bufalo, ricotta e stracotto.

Gli appassionati di mozzarella di bufala troveranno qui di che deliziarsi, il ristorante celebra il famoso latticino reinterpretandone forme e consistenze, mentre la pasticceria di famiglia è la migliore garanzia per un gran finale all'insegna dei dolci; i sapori, infine, sono quelli del sud, intensi e travolgenti.

Leucio

via Giardini Reali, località San Leucio, Nord-Ovest : 4 km – ✆ 08 23 30 12 41 – www.ristoranteleucio.it – Chiuso 10 giorni in agosto e lunedì

Rist – Carta 23/45 € (+12 %)

Gestione familiare (padre in cucina, figlio in sala) in un ristorante con spazi banchetti ben separati; cucina per lo più di pesce, ma sono i primi a farla da padroni.

Antica Locanda
piazza della Seta, località San Leucio, Nord-Ovest : 4 km – 08 23 30 54 44 – www.ristoranteanticalocanda.com – Chiuso 5-28 agosto, domenica sera e lunedì
Rist – Carta 22/43 €
Quasi una trattoria, si mangia in due caratteristiche sale separate da un arco in mattoni. Cucina di influenza partenopea, ma la specialità della casa è il risotto.

in prossimità casello autostrada A 1 - Caserta Sud Sud : 6 km :

Grand Hotel Vanvitelli rist,
viale Carlo III, località Cantone, (in prossimità casello autostrada A1) 81020 San Marco Evangelista – 08 23 21 71 11 – www.grandhotelvanvitelli.it
240 cam – 126/140 € 135/160 € – 7 suites **Rist** – Carta 28/54 €
Grande struttura a vocazione commerciale dispone di ampi ambienti, nei quali la raffinata eleganza del passato si unisce alla funzionalità e ai confort più moderni. Sofisticato centro congressi. Capienti, curate sale per l'attività banchettistica e roof-garden per gli individuali.

CASIER – Treviso (TV) – 562 F18 – 7 752 ab. – alt. 5 m – 31030 39 A1

Roma 539 – Venezia 32 – Padova 52 – Treviso 6

a Dosson Sud-Ovest : 3,5 km – 31030

Alla Pasina con cam
via Marie 3 – 04 22 38 21 12 – www.pasina.it – Chiuso 1°-7 gennaio, domenica sera e lunedì
7 cam – 60/65 € 80/110 €
Rist – Menu 20 € (pranzo in settimana)/40 € – Carta 23/52 €
Non è solo una casa di campagna ristrutturata. Le tre intime salette si trovano in un'atmosfera ricca di fascino, quasi fiabesca e il C'era una volta inizia in cucina, tra tradizione e fantasia. Con qualche intervento architettonico, il vecchio granaio ospita ora poche intime camere affacciate sul fresco giardino.

CASINO DI TERRA – Pisa (PI) – Vedere Guardistallo

CASOLE D'ELSA – Siena (SI) – 563 L15 – 3 880 ab. – alt. 417 m – 53031 32 C2

Roma 269 – Siena 48 – Firenze 63 – Livorno 97

Il Colombaio
località Colombaio – 05 77 94 90 02 – www.ilcolombaio.it – Chiuso 31 ottobre-15 marzo, martedì a mezzogiorno e lunedì
Rist – Menu 40/85 € – Carta 55/115 €
Rist *La sosta* – Menu 22 € – Carta 28/62 €
➜ Gnocchi al nero di seppia con guazzetto di vongole in salsa di burrata. Anatra all'eucalipto e fave di tonka. Ninfee di fior di latte, sciroppo di zafferano e fragole.
All'interno di una caratteristica casa toscana, una sala elegante dal servizio curato e professionale dove gustare una cucina regionale elaborata in chiave moderna.

a Pievescola Sud-Est : 12 km – 53031

Relais la Suvera cam, rist,
via La Suvera 70 – 05 77 96 03 00 – www.lasuvera.it – Aperto 19 aprile-3 novembre
24 cam – 380/550 € 380/550 € – 12 suites
Rist *Oliviera* – vedere selezione ristoranti
Rist – Carta 50/70 €
Nella campagna senese, questo castello del XVI sec (appartenuto anche a Papa Giulio II) rappresenta un perfetto connubio di storia, esclusiva eleganza e lussuoso confort: ogni camera è personalizzata con arredi d'epoca provenienti dalle collezioni private dei proprietari. Rimarchevole, il giardino all'italiana.

Oliviera – Hotel Relais la Suvera
via La Suvera – 05 77 96 03 00 – www.lasuvera.it – Aperto 15 aprile-3 novembre
Rist – Menu 55/150 €
Ricavato all'interno di un frantoio, il ristorante "punta" sulle specialità toscane, pur non mancando qualche divagazione su altri piatti italiani per accontentare la clientela internazionale. Ottima anche la selezione dei vini: in particolare, dei prestigiosi rossi toscani.

CASPERIA – Rieti (RI) – 563 O20 – 1 241 ab. – alt. 397 m – ✉ 02041 — 12 B1

Roma 65 – Terni 36 – Rieti 38 – Viterbo 71

B&B La Torretta senza rist
via Mazzini 7 – 0 76 56 32 02 – www.latorrettabandb.com
– Chiuso gennaio e febbraio
7 cam – †65/70 € ††80/90 €
In un borgo pittoresco, da visitare inerpicandosi per stradine strette per lo più fatte a scala, una casa signorile del XV secolo e una terrazza che offre un'ampia magnifica vista.

CASSANO D'ADDA – Milano (MI) – 561 F10 – 18 767 ab. – alt. 133 m – ✉ 20062 — 19 C2

Roma 567 – Bergamo 27 – Brescia 63 – Cremona 72

Antica Osteria la Tesorella
via Milano 63 – 0 36 36 30 33 – www.latesorella.it
– Chiuso 7-31 agosto, lunedì e martedì
Rist – Carta 50/88 €
In questo romantico angolo di Lombardia, un piacevole "rifugio" dove fermarsi per gustare memorabili preparazioni di pesce. Il dinamismo e le capacità qui non mancano.

CASSINO – Frosinone (FR) – 563 R23 – 33 153 ab. – alt. 40 m – ✉ 03043 — 13 D2

Roma 130 – Frosinone 53 – Caserta 71 – Gaeta 47
Via G. Di Biasio 54, 0776 2 12 92, www.apt.frosinone.it
Abbazia di Montecassino★★ – Museo dell'abbazia★★ Ovest : 9 km

Al Boschetto rist,
via Ausonia 54, Sud-Est : 2 km – 0 77 63 91 31
– www.hotelristorantealboschetto.it
80 cam – †68/75 € ††82/88 € **Rist** – Carta 19/51 €
Sulla strada che dal casello porta a Cassino e alla Casilina nord, imponente struttura completamente rinnovata adatta a una clientela d'affari. Ampio, tranquillo giardino. Ristorante capiente, mancheranno angoli più privati ma non degli squisiti dolci.

Rocca cam,
via Sferracavallo 105 – 07 76 31 12 12 – www.hotelrocca.it
69 cam – †50/62 € ††68/96 € – 1 suite **Rist** – Carta 20/53 €
Fuori dal centro, la zona residenziale e tranquilla, insieme al centro sportivo, è il punto forte della struttura. Camere recentemente rinnovate ed un'originale suite con soffitto stellato. Luminosa sala ristorante, d'impostazione classica.

Alba
via G. di Biasio 53 – 0 77 62 18 73 – www.albahotel.it
30 cam – †65/75 € ††78/90 €
Rist *Da Mario* – vedere selezione ristoranti
A qualche centinaio di metri dal centro, le dimensioni ridotte della struttura si dimenticano presto nelle belle camere, colorate ed accattivanti.

Da Mario – Hotel Alba
via G. di Biasio 53 – 07 76 27 00 00 – www.albahotel.it
Rist – Carta 24/51 €
In una sala vivace e luminosa, la carta è ampia e ben articolata: si va dai piatti di pesce, a quelli di carne, ricette laziali e specialità alla griglia.

La Colombaia
via Sant'Angelo 43 – ✆ 07 76 30 08 92
Rist – Menu 18/30 € – Carta 19/35 €
Lungo la strada per S. Angelo, un moderno villino in campagna ospita una deliziosa cucina di pesce dagli accenti napoletani, come il titolare-chef.

Evan's
Via Gari 1/3 – ✆ 07 62 67 37 – www.evans1960.it – Chiuso 30 agosto-7 settembre, domenica sera e lunedì
Rist – Menu 30/45 € – Carta 28/48 €
Gestito con tanta passione dalla famiglia Evangelista – da cui l'abbreviazione Evan's – il ristorante si è specializzato in gustose proposte di mare, elaborate prevalentemente secondo ricette classiche, ma talvolta anche locali.

CASTAGNETO CARDUCCI – Livorno (LI) – 563 M13 – 8 934 ab. – alt. 194 m – ✉ 57022 Toscana 31 B2

Roma 272 – Firenze 143 – Grosseto 84 – Livorno 57
via Vittorio Emanuele 21, ✆ 0565 76 50 42, www.comune.castagneto-carducci.li.it

B&B Villa le Luci senza rist
via Umberto I 47 – ✆ 05 65 76 36 01 – www.villaleluci.it – Aperto 1° marzo-31 ottobre
7 cam – 90/155 € 110/170 €
Alle porte del paese, in posizione panoramica, elegante villa del 1910 con salotti e camere personalizzate. L'incanto di una vista che spazia sul mare e sulla costa...

a Donoratico Nord-Ovest : 6 km – ✉ 57024

Il Bambolo senza rist
via del Bambolo 31, Nord : 1 km – ✆ 05 65 77 52 06 – www.hotelbambolo.com – Chiuso dicembre
42 cam – 58/120 € 84/170 € – 1 suite
A qualche km dal mare, nella quiete della campagna toscana, un grande cascinale ristrutturato, con camere calde e accoglienti. Indirizzo ideale per gli amanti del cicloturismo.

a Marina di Castagneto Carducci Nord-Ovest : 9 km – ✉ 57022 Donoratico

via della Marina 8, ✆ 0565 74 42 76, www.comune.castagneto-carducci.li.it

Tombolo Talasso Resort
via del Corallo 3 – ✆ 0 56 57 45 30 – www.tombolotalasso.it rist,
91 cam – 135/331 € 185/493 € – 5 suites **Rist** – Carta 44/79 €
Un'oasi di pace e tranquillità contornata da un parco-pineta, dove le camere eccellono per confort e personalizzazioni. Valido centro benessere con scenografiche piscine interne. Cucina regionale nella raffinata sala ristorante.

Alta la Vista cam, cam,
via del Tirreno 23 – ✆ 05 65 74 59 92 – www.risthotelmiramare.com
22 cam – 100/200 € 100/200 €
Rist *Miramare* – *(chiuso lunedì)* Carta 28/72 €
Costruito quasi sulla spiaggia, difficile immaginare un accesso più diretto al mare: eleganti arredi color sabbia, otto camere con vista mare ed un bel solarium attrezzato. Al ristorante Miramare, cucina di prim'ordine e una carta divisa tra i classici di pesce e proposte più creative. A pranzo c'è un'alternativa di piatti più semplici e leggeri: lo sciabica.

Villa Tirreno rist,
via della Triglia 4 – ✆ 05 65 74 40 36 – www.villatirreno.com – Aperto 1° marzo-31 ottobre
29 cam – 55/80 € 81/115 € **Rist** – *(chiuso lunedì)* Carta 24/47 €
Ospitato in un bell'edificio d'epoca, a due passi dal mare, albergo confortevole con camere spaziose e curate: chiedete una delle 5 con grande terrazza. Specialità di mare al ristorante.

XX **La Tana del Pirata**
via Milano 17 – ✆ 05 65 74 41 43 – www.latanadelpirata.net – Aperto 8 marzo-30 ottobre; chiuso martedì escluso da giugno a settembre
Rist – Menu 40/80 € – Carta 39/102 €
Accattivanti piatti di pesce da gustare in riva al mare: gestione familiare in un ambiente curato con una luminosa veranda.

a Bolgheri Nord : 10 km – ✉ 57020

X **Osteria Magona**
piazza Ugo 2/3 – ✆ 05 65 76 21 73 – Chiuso febbraio e lunedì
Rist – *(solo a cena escluso domenica e festivi)* Carta 22/45 €
Trattoria d'impostazione classica situata nel cuore della carducciana *Bolgheri*. Ribollita di pane con cavolo nero, arrosticini di cinta senese, costine d'agnello al timo e fior di sale: se i piatti della tradizione - qui - sono ben accolti, è anche vero che i due chef li reinterpretano con gusto moderno e fantasia.

CASTAGNOLE MONFERRATO – Asti (AT) – 561 H6 – 1 270 ab. – alt. 232 m – ✉ 14030 25 D1

Roma 586 – Alessandria 30 – Torino 69 – Asti 16

XX **Ruchè**
via xx Settembre 3 – ✆ 01 41 29 22 42 – www.ristoranteruche.com – Chiuso 7-13 gennaio, 25 luglio-5 agosto e mercoledì
Rist – Carta 28/57 €
Nel paese dove negli anni '70 è stato inventato l'omonimo vino, un ristorantino gestito da una giovane e appassionata coppia. Cucina del territorio, venerdì e sabato anche proposte di pesce.

CASTELBELLO CIARDES (KASTELBELL TSCHARS) – Bolzano (BZ) – 562 C14 – 2 392 ab. – alt. 587 m – ✉ 39020 33 B2

Roma 688 – Bolzano 51 – Merano 23

via Statale 5, ✆ 0473 62 41 93, www.kastelbell-tschars.com

XXX **Kuppelrain** (Jörg Trafoier) con cam
piazza Stazione 16 località Maragno – ✆ 04 73 62 41 03 – www.kuppelrain.com – Chiuso 23 gennaio-28 febbraio
3 cam – †80 € ††130/150 €
Rist – *(chiuso domenica e lunedì a mezzogiorno)* (consigliata la prenotazione) Menu 60/140 € – Carta 60/94 €
➜ Tartare e carpaccio di orata con uova di salmone, mele Granny Smith e gelato al rafano. Piccione étouffé in salsa al Lagrein con mostarda di pera e Schupfnudel (gnocchi) di polenta. Cioccolata e mirtilli rossi in cinque consistenze.
Accolti da una splendida famiglia con un innato senso dell'ospitalità, il discorso si fa rigoroso in cucina: tecnica, creatività e coreografiche presentazioni al servizio del gusto.

sulla strada statale 38 Est: 4,5 km

 **Sand**
cam, cam,
via Molino 2 ✉ 39020 – ✆ 04 73 62 41 30 – www.hotel-sand.com – Aperto 21 dicembre-10 gennaio e 15 marzo-20 novembre
30 cam – †70/120 € ††80/120 € – 4 suites
Rist – *(chiuso mercoledì)* Carta 29/67 €
Ottimamente attrezzato per praticare attività sportive o semplicemente per rilassarsi all'aperto, vanta un piacevole giardino-frutteto con piscina, laghetto e beach volley. Centro benessere. Ambiente romantico nella caratteristica e intima stube, tutta rivestita di legno.

CASTELBIANCO – Savona (SV) – 561 J6 – 290 ab. – alt. 343 m – ✉ 17030 Liguria 14 A2

Roma 576 – Imperia 42 – Genova 104 – Savona 56

Gin con cam

via Pennavaire 99 – ✆ 0 18 27 70 01 – www.dagin.it
– Chiuso 2 settimane in febbraio
8 cam – 60 € 80/100 € – 1 suite
Rist – *(chiuso lunedì) (solo a cena escluso i giorni festivi)* Menu 27/35 € – Carta 30/40 €
Altro punto di forza è il ristorante che propone piatti elaborati, partendo da tradizioni locali. Un hotel caratterizzato da camere belle e curate e da spazi comuni ridotti. Per un soggiorno immerso nel verde, da apprezzare dalla grande terrazza/solarium.

Scola con cam

via Pennavaire 166 – ✆ 0 18 27 70 15 – www.scolarist.it
– Chiuso 8 gennaio-11 febbraio
7 cam – 50/70 € 80/100 €
Rist – *(chiuso martedì sera e mercoledì)* (consigliata la prenotazione)
Menu 35/60 € – Carta 33/55 €
Si è da poco concluso il restyling di questa piacevole risorsa, intima ed elegante, che da più di ottant'anni delizia i suoi ospiti con intriganti rielaborazioni di piatti dell'entroterra ligure.

CASTELBUONO Sicilia – Palermo (PA) – 365 AT56 – 9 301 ab. – alt. 423 m – ✉ 90013 Sicilia

30 C2

Agrigento 155 – Cefalù 22 – Palermo 90

Cappella palatina : stucchi★

Ypsigro Palace N

via Mazzini 2 – ✆ 09 21 67 60 07 – www.ypsigropalace.com
26 cam – 40/90 € 50/120 € **Rist** – *(solo per alloggiati)*
In questa rinomata località turistica, l'albergo si rivolge ad una clientela leasure: camere curate di diverse tipologie, spazi comuni non molto ampi, ma in compenso una bella terrazza dove rilassarsi nelle calde sere d'estate.

Palazzaccio

via Umberto I 23 – ✆ 09 21 67 62 89 – www.ristorantepalazzaccio.it
– Chiuso 15-30 gennaio e lunedì
Rist – Menu 25 € (pranzo in settimana)/40 € – Carta 25/50 €
Un piacevolissimo ristorantino a conduzione familiare ubicato in pieno centro storico, lungo una via pedonale. All'interno l'ambiente rustico è impreziosito da volte in pietra, mentre la cucina rimane fortemente ancorata al territorio con molte specialità delle Madonie. Sicuramente da assaggiare l'agnello cotto sottovuoto aromatizzato ai pistacchi di Bronte.

Nangalarruni

via Delle Confraternite 5 – ✆ 09 21 67 14 28 – www.hostarianangalarruni.it
– Chiuso mercoledì escluso da giugno al 15 settembre
Rist – Menu 22/32 € – Carta 29/64 €
Nel centro storico della località, pareti con mattoni a vista, antiche travi in legno ed esposizione di bottiglie, in una sala di origini ottocentesche. Piatti tipici della tradizione locale, ben fatti e curati.

CASTEL D'AIANO – Bologna (BO) – 562 J15 – 1 982 ab. – alt. 805 m – ✉ 40034

9 C2

Roma 365 – Bologna 48 – Firenze 89 – Pistoia 52

a Rocca di Roffeno Nord-Est : 7 km – ✉ 40034

Agriturismo La Fenice

via Santa Lucia 29 – ✆ 0 51 91 92 72 – www.lafeniceagritur.it
– Aperto 1° aprile-31 dicembre
12 cam – 60/80 € 60/80 €
Rist – *(chiuso da lunedì a giovedì escluso 15 giugno-15 settembre)* Carta 23/44 €
Piccolo agglomerato di case coloniche del XVI secolo, dove dominano le pietre unite al legno, per vivere a contatto con la natura in un'atmosfera di grande suggestione.

CASTEL D'APPIO – Imperia (IM) – Vedere Ventimiglia

CASTEL D'AZZANO – Verona (VR) – 562 F14 – 11 795 ab. – alt. 44 m – ✉ 37060 39 A3

▶ Roma 495 – Verona 12 – Mantova 32 – Milano 162

Villa Malaspina

via Cavour 6 – ✆ 04 58 52 19 00 – www.hotelvillamalaspina.com
70 cam – †70/254 € ††98/254 € – 6 suites
Rist ***Vignal de la Baiardina*** – vedere selezione ristoranti
Molto affascinanti le camere nella parte storica di questa bella villa di origini cinquecentesche: ideale per congressi e banchetti, riserva grandi attenzioni anche ai clienti individuali.

Vignal de la Baiardina – Hotel Villa Malaspina

via Cavour 6 – ✆ 04 58 52 91 20 – www.ristorantevignal.com – Chiuso sabato a mezzogiorno e domenica
Rist – Menu 26/65 € – Carta 33/77 €
In tre salette d'atmosfera, con travi a vista e un grande camino del '500, la cucina rispetta la tradizione veneta, ma si diletta anche con l'innovazione.

Allo Scudo d'Orlando

via Scuderlando 120 – ✆ 04 58 52 05 12 – www.scudodorlando.it – Chiuso lunedì a mezzogiorno e domenica
Rist – Carta 46/84 €
In sale ariose e luminose, la passione dello chef per il mare fa intuire quali saranno le specialità che imbandiscono la tavola: pesce freschissimo, crudità e crostacei.

CASTEL DEL PIANO – Grosseto (GR) – 563 N16 – 4 700 ab. – alt. 637 m – Sport invernali : al Monte Amiata : 1 350/1 730 m 8, – ✉ 58033 32 C3

▶ Roma 196 – Grosseto 56 – Orvieto 72 – Siena 71

Antica Fattoria del Grottaione

via della Piazza, località Montenero d'Orcia – ✆ 05 64 95 40 20 – www.anticafattoriadelgrattaione.it – Chiuso 15 gennaio-15 febbraio e lunedì
Rist – Menu 30/40 € – Carta 28/40 €
Alle falde del monte Amiata, se la terrazza offre un'incantevole vista sulla val d'Orcia, la collaudata gestione familiare (figlio in sala, madre in cucina) si prodiga per proporre le migliori materie prime del territorio, rispettandone la stagionalità. Specialità delle specialità: zuppa arcidossina di spinaci e ricotta!

CASTEL DI LAMA – Ascoli Piceno (AP) – 7 568 ab. – alt. 201 m – ✉ 63031 21 D3

▶ Roma 208 – Ascoli Piceno 17 – Ancona 113 – Pescara 88

Borgo Storico Seghetti Panichi

cam,
via San Pancrazio 1 – ✆ 07 36 81 25 52 – www.seghettipanichi.it – Chiuso dal 10 gennaio al 10 febbraio
11 cam – †100/500 € ††100/700 €
Rist – *(Chiuso domenica sera da maggio a settembre, anche martedì negli altri mesi)* Carta 29/57 €
Soggiorno esclusivo con camere nella villa settecentesca con parco storico e saloni sfarzosi o nell'attigua foresteria dall'eleganza più sobria ma più vicina alla piscina.

CASTELDIMEZZO – Pesaro e Urbino (PU) – 563 K20 – alt. 197 m – ✉ 61100 20 B1

▶ Roma 312 – Rimini 27 – Milano 348 – Pesaro 12

La Canonica

via Borgata 20 – ✆ 07 21 20 90 17 – www.ristorantelacanonica.it – Chiuso lunedì
Rist – *(solo a cena escluso sabato e i giorni festivi)* Menu 37/45 € – Carta 30/48 €
Dove gustare un brodetto dell'Adriatico di pesci spinati? Ma sicuramente in questa caratteristica osteria ricavata nel tufo, che oltre a proporre piatti tipici di mare delizia anche con golosità di terra.

CASTEL DI SANGRO – L'Aquila (AQ) – 563 Q24 – 6 125 ab. – alt. 793 m – ✉ 67031 2 C3

▶ Roma 206 – Campobasso 80 – Chieti 101 – L'Aquila 109

Natura cam,

località Piana Santa Liberata – ✆ 08 64 84 11 51 – www.hotelnaturasnc.com

17 cam – 60/80 € 120/140 €

Rist – *(chiuso maggio, ottobre e novembre)* Carta 28/51 €

A pochi km dal Parco Nazionale d'Abruzzo, la struttura si rifà idealmente ad uno chalet di montagna, ma ne reinterpreta l'architettura con gusto moderno e raffinato. "Naturale" è il dettame principe che caratterizza le camere, mentre la spa propone una panoplia di trattamenti estetici.

Casadonna

contrada Santa Liberata, località Casadonna – ✆ 0 86 46 93 82 – www.casadonna.it – Chiuso 7-22 gennaio e 2-23 aprile

6 cam – 100/200 € 100/200 €

Rist *Reale* – vedere selezione ristoranti

Chi è alla ricerca di un Abruzzo intimo e appartato troverà a Casadonna il suo paradiso, un ex monastero cinquecentesco alle pendici di un monte oggi trasformato in albergo. Le camere riflettono l'anima dell'antica funzione: sobrie ed essenziali, non rinunciano tuttavia ad un'eleganza discreta e misurata.

Don Luis senza rist

via Sangro - parco del Sangro – ✆ 08 64 84 70 61 – www.hoteldonluis.com

41 cam – 50/100 € 80/130 € – 1 suite

All'interno di un parco con laghetto e centro sportivo, un hotel in grado di accontentare tanto la clientela di passaggio quanto quella di villeggiatura. Camere spaziose.

Il Lavatoio senza rist

via Paradiso 18 – ✆ 08 64 84 70 09 – www.lavatoio.com

13 cam – 50/70 € 60/90 €

Il progetto di recupero architettonico del vecchio lavatoio prevedeva (anche) la costruzione di un luogo di ospitalità per turisti e viandanti. L'opera è ormai compiuta: a voi la scelta di pernottare in una delle luminose stanze dei due piani o in quelle delle torri, accessibili da ampie scale a chiocciola.

Reale (Niko Romito) – Hotel Casadonna

contrada Santa Liberata, località Casadonna – ✆ 0 86 46 93 82 – www.ristorantereale.it – Chiuso 7-22 gennaio, 2-23 aprile, lunedì e martedì escluso agosto

Rist – (consigliata la prenotazione) Carta 73/115 €

→ Spaghetti con baccalà e pomodoro. Anatra croccante laccata con spinaci. Meringa, lampone e mou.

Se è vero che la sottrazione porta all'eccellenza, Romito ha trovato la sua strada in un ex monastero dalle atmosfere sobrie e lineari, metafora di una cucina che scommette su prodotti straordinari, elimina tutto il superfluo e giunge all'essenzialità dei sapori.

CASTELFIDARDO – Ancona (AN) – 563 L22 – 18 935 ab. – alt. 199 m 21 C2

– ✉ 60022 Italia Centro-Nord

Roma 303 – Ancona 27 – Macerata 40 – Pescara 125

Parco senza rist

via Donizetti 2 – ✆ 07 17 82 16 05 – www.hotelparco.net – Chiuso 24-29 dicembre

43 cam – 58/75 € 88/120 €

A pochi passi dal centro, la struttura a conduzione familiare offre un soggiorno confortevole in camere spaziose e funzionali (più recenti e moderne quelle del secondo piano). Vista sul parco di Castelfidardo e sul mare.

sulla strada statale 16 Est: 6 km

Klass Hotel rist,

via Adriatica 22 – ✆ 07 17 82 12 54 – www.klasshotel.it

71 cam – 50/100 € 70/120 €

Rist *Konvivio* – Carta 25/62 €

Lungo la strada statale, struttura dal design avveniristico in ogni settore e camere spaziose, di ottimo confort. Nello stesso complesso: ristorante-pizzeria, nonché discoteca nel periodo invernale.

CASTELFRANCO D'OGLIO – Cremona (CR) – Vedere Drizzona

CASTELFRANCO EMILIA – Modena (MO) – 562 I15 – 32 102 ab. 9 C3
– alt. 42 m – ✉ 41013

Roma 398 – Bologna 25 – Ferrara 69 – Firenze 125

Aquila senza rist

via Leonardo da Vinci 5 – ✆ 0 59 92 32 08 – www.hotelaquila.it

34 cam – †65/110 € ††90/145 €

Discreta e familiare l'accoglienza di questo piccolo hotel, ideale per una clientela di passaggio, che offre camere semplici (chiedere quelle più recenti) ed un comodo parcheggio.

La Lumira

corso Martiri 74 – ✆ 0 59 92 65 50 – www.ristorantelumira.com – Chiuso agosto, domenica sera e lunedì

Rist – Carta 31/57 €

Carri agricoli ottocenteschi sono oggi pezzi d'arredo, mentre utensili d'epoca raccontano la storia dalle pareti. Interpretata con fantasia, la cucina racconta la tradizione emiliana.

CASTELFRANCO VENETO – Treviso (TV) – 562 E17 – 33 740 ab. 40 C2
– alt. 43 m – ✉ 31033 Italia Centro-Nord

Roma 532 – Padova 34 – Belluno 74 – Milano 239

Via Preti 66, ✆ 0423 49 14 16, www.visittreviso.it

via Loreggia di Salvarosa 44, 0423 493537, www.golfcastelfranco.it – chiuso lunedì

Madonna col Bambino★★ del Giorgione nella Cattedrale

Fior

via dei Carpani 18 – ✆ 04 23 72 12 12 – www.hotelfior.com

44 cam – †67/79 € ††99/120 €

Rist – *(chiuso 26 dicembre-5 gennaio, domenica sera e lunedì a mezzogiorno)* Carta 23/57 €

Nel cuore della Marca Trevigiana, un'imponente dimora di campagna con ampie zone comuni, eleganti e signorili, e camere più modeste, sebbene arredate con buon gusto e mobili massicci.

Roma senza rist

via Fabio Filzi 39 – ✆ 04 23 72 16 16 – www.albergoroma.com

80 cam – †60/85 € ††90/114 € – 4 suites

Affacciato sulla scenografica piazza Giorgione, di fronte alle mura medievali, hotel con camere moderne e funzionali. Accesso gratuito a Internet e film in ogni stanza.

Al Moretto senza rist

via San Pio X 10 – ✆ 04 23 72 13 13 – www.albergoalmoretto.it – Chiuso 24 dicembre-6 gennaio e 8-20 agosto

46 cam – †64/78 € ††95/105 €

Palazzo del '500, fin dal secolo successivo locanda, oggi offre cura e accoglienza tutte al femminile. Dodici junior suites con materiali tipici dell'artigianato veneto.

Alla Torre senza rist

piazzetta Trento e Trieste 7 – ✆ 04 23 49 87 07 – www.hotelallatorre.it

54 cam – †60/70 € ††90/150 € – 1 suite

Adiacente alla torre civica dell'orologio, un edificio del 1600 le cui camere migliori dispongono di bagni in marmo e pavimenti in parquet; colazione estiva in terrazza.

Feva N

via Borgo Treviso 62 – ✆ 04 23 19 75 65 – www.fevaristorante.it – Chiuso 15 giorni in agosto e mercoledì

Rist – Menu 25/40 € – Carta 32/72 €

Forte di esperienze internazionali, lo chef è pronto a soddisfare i palati più raffinati con proposte creative e moderne. In una corte d'epoca, lo stile del locale, però, s'ispira ad un contemporaneo minimalismo.

a Salvarosa Nord-Est : 3 km – ✉ 31033

XX **Barbesin** con cam

via Montebelluna di Salvarosa 41 – ✆ 04 23 49 04 46 – www.barbesin.it
– Chiuso 27 dicembre-5 gennaio e 5-23 agosto
18 cam – †43/53 € ††70/88 €, ☕ 5 €
Rist – *(chiuso domenica sera)* Menu 18 € (pranzo in settimana)/40 €
– Carta 28/30 €
Una vecchia casa totalmente ristrutturata ospita un bel locale di ambientazione signorile, con tocchi di rusticità e di eleganza, che propone i piatti del territorio.

CASTEL GANDOLFO – Roma (RM) – 563 Q19 – 9 037 ab. – alt. 426 m   12 B2

– ✉ 00040 Italia Centro-Sud

Roma 25 – Anzio 36 – Frosinone 76 – Latina 46

18 via Santo Spirito 13, 06 9312301

XX **Antico Ristorante Pagnanelli**

via Gramsci 4 – ✆ 0 69 36 00 04 – www.pagnanelli.it
Rist – Menu 50/95 € – Carta 36/99 €
Raffinata eleganza, piatti di mare e proposte dai monti nella splendida cornice del lago di Albano; caratteristiche le labirintiche cantine scavate nel tufo, con possibilità di degustazione.

X **Il Grottino**

via Saponara 2 – ✆ 0 69 36 14 13 – www.ristoranteilgrottino.net
– Chiuso gennaio e lunedì
Rist – Carta 18/35 €
Nella parte alta della città, con una saletta panoramica che si affaccia sul lago, il locale vi conquisterà per la generosità delle sue porzioni e per l'eccellente rapporto qualità/prezzo. Specialità ittiche.

al lago Nord-Est : 4,5 km :

Villa degli Angeli

via Spiaggia del Lago 32 ✉ 00040 Castel Gandolfo – ✆ 06 93 66 82 41
– www.villadegliangeli.com
36 cam ☕ – †65/110 € ††85/130 €   **Rist** – ✆ 06 93 66 82 51 – Carta 35/60 €
Avvolto dal verde nel parco dei Castelli, al limitare della strada che costeggia il lago, proverbiale la tranquillità che l'hotel offre nelle confortevoli camere, alcune con vista. La cucina della villa vi attende in sala da pranzo o sulla splendida terrazza panoramica, allestita durante la bella stagione.

CASTEL GUELFO DI BOLOGNA – Bologna (BO) – 562 I17 – 4 281 ab.   9 C2

– alt. 32 m – ✉ 40023

Roma 404 – Bologna 28 – Ferrara 74 – Firenze 136

Locanda Solarola senza rist

via Santa Croce 5, Ovest : 7 km – ✆ 05 42 67 01 02 – www.locandasolarola.net
– Chiuso gennaio e agosto
14 cam ☕ – †80/110 € ††80/110 €
Mobili, oggetti e tappeti d'epoca arredano le camere, ciascuna intitolata ad un fiore. Si respira un'atmosfera elegante, dal sapore inglese, in questa casa di campagna. Nel piatto una nuova linea di cucina, ora più vicina alla classica tradizione del Bel Paese.

CASTELLABATE – Salerno (SA) – 564 G26 – 7 892 ab. – alt. 278 m   7 C3

– ✉ 84048 Italia Centro-Sud

Roma 328 – Potenza 126 – Agropoli 13 – Napoli 122

a San Marco Sud-Ovest : 5 km – ✉ 84071

Giacaranda
rist,

contrada Cenito, Sud : 1 km – ✆ 32 96 29 22 28 – www.giacaranda.com – Chiuso 23 dicembre-10 gennaio
4 cam – 50/80 € 50/80 €
Rist – *(solo a cena)* (prenotazione obbligatoria) Carta 33/59 €
Prende il nome da una pianta del suo giardino questa casa ricca di charme, dove abiterete in campagna tra il verde, coccolati con mille attenzioni; iniziative culturali.

a Santa Maria di Castellabate Nord-Ovest : 5 km – ✉ 84048

Palazzo Belmonte
cam,

via Senatore Manente Comunale 25 – ✆ 09 74 96 02 11 – www.palazzobelmonte.com – Aperto 6 maggio-28 ottobre
53 cam – 186/427 € 186/427 € – 9 suites
Rist – (prenotazione obbligatoria) *(solo per alloggiati)* Menu 45 € – Carta 33/56 €
Una dimora di caccia appartenuta ad una famiglia nobiliare, trasformata da un erede in hotel, elegante ed esclusivo. Posizione incantevole, tra il parco e il mare.

Villa Sirio
via lungomare De Simone 15 – ✆ 09 74 96 10 99 – www.villasirio.it – Aperto 1° aprile-31 ottobre
33 cam – 70/140 € 90/320 € – 2 suites
Rist *Da Andrea* – vedere selezione ristoranti
Una dimora padronale dei primi del '900 nel centro storico, ma direttamente sul mare, dai raffinati interni ed ottime camere con alcuni pezzi di antiquariato. Le suite dotate di terrazza privata e vasca idromassaggio si trovano nella nuova ala della struttura.

I Due Fratelli
via Sant'Andrea, Nord : 1,5 km – ✆ 09 74 96 80 04 – Chiuso gennaio e mercoledì
Rist – Carta 24/51 € (+10 %)
Due fratelli gestiscono con professionalità e savoir-faire questo ristorante di tono classico. Piatti campani per lo più di pesce e pizze, il fine settimana.

Da Andrea – Hotel Villa Sirio
via lungomare De Simone 15 – ✆ 09 74 96 10 99 – www.villasirio.it – Aperto 19 marzo-3 novembre
Rist – Menu 20 € – Carta 29/74 € (+15 %)
A tenervi compagnia, il rumore della onde che s'infrangono sugli scogli, a conquistare la vostra approvazione, invece, la cucina mediterranea con le sue specialità di pesce, nonché la carta dei vini ricca di etichette prestigiose.

CASTELL'ALFERO – Asti (AT) – 561 H6 – 2 801 ab. – alt. 235 m – ✉ 14033 23 C2

Roma 60 – Alessandria 47 – Asti 13 – Novara 77

Del Casot
regione Serra Perno 76/77, Sud 2 km – ✆ 01 41 20 41 18 – www.ristorantedelcasot.it – Chiuso 15-30 gennaio, martedì e mercoledì
Rist – Menu 20/38 € – Carta 29/55 €
Accogliente e piccolo locale in posizione dominante a conduzione strettamente familiare, dove gustare ricette della tradizione piemontese e qualche piatto fantasioso.

CASTELLAMMARE DEL GOLFO Sicilia – Trapani (TP) – 365 AM55 – 15 293 ab. – Stazione termale – ✉ 91014 Sicilia 29 B2

Agrigento 144 – Catania 269 – Messina 295 – Palermo 61

Rovine di Segesta★★★ Sud : 16 km

Al Madarig senza rist
piazza Petrolo 7 – ✆ 0 92 43 35 33 – www.almadarig.com
38 cam – 🚹59/124 € 🚹🚹79/160 €
Ricorda nel nome l'antico appellativo arabo della località questo hotel ricavato da alcuni vecchi magazzini del porto. Camere semplici e spaziose e una simpatica gestione.

Punta Nord Est senza rist
viale Leonardo Da Vinci 67 – ✆ 0 92 43 05 11 – www.puntanordest.com – Aperto 15 marzo-30 ottobre
56 cam – 🚹84/149 € 🚹🚹104/149 € – 1 suite
Che siate in vacanza o in giro per affari, la struttura dispone di camere confortevoli e graziose per momenti di autentico relax.

Cala Marina senza rist
via Don L. Zangara 1 – ✆ 09 24 53 18 41 – www.hotelcalamarina.it – Chiuso gennaio e febbraio
14 cam – 🚹30/95 € 🚹🚹35/140 €
Squisita gestione familiare per questa accogliente struttura a pochi metri dal mare, incorniciata dal borgo marinaro. D'estate, anche un servizio di animazione per i più piccoli.

CASTELLAMMARE DI STABIA – Napoli (NA) – 564 E25 – 64 506 ab. 6 B2
– ✉ 80053 Italia Centro-Sud

Roma 238 – Napoli 31 – Avellino 50 – Caserta 55
piazza Matteotti 34/35, ✆ 081 8 71 13 34, www.stabiatourism.it
Antiquarium★
Scavi di Pompei★★★ Nord : 5 km – Monte Faito★★ : ✳★★★ dal belvedere dei Capi e ✳★★★ dalla cappella di San Michele (strada a pedaggio)

Grand Hotel la Medusa
via passeggiata Archeologica 5 – ✆ 08 18 72 33 83 – www.lamedusahotel.com
46 cam – 🚹130/160 € 🚹🚹170/320 € – 3 suites
Rist – *(chiuso gennaio-marzo)* Carta 45/100 €
In un vasto e curato giardino-agrumeto, questa villa ottocentesca ha conservato anche nei raffinati interni lo stile e l'atmosfera del suo tempo. Lo stesso romantico ambiente fin de siècle caratterizza il ristorante.

sulla strada statale 145 Sorrentina km 11 Ovest : 4 km :

Crowne Plaza Stabiae Sorrento Coast
località Pozzano – ✆ 08 13 94 67 00 – www.crowneplazasorrento.com – Aperto 1° marzo-30 ottobre
142 cam – 🚹80/250 € 🚹🚹90/450 € – 8 suites
Rist *Gouache* – ✆ 08 13 94 67 23 – Carta 25/70 €
Ex cementificio convertito in hotel, dallo stile decisamente moderno e curioso: in riva al mare, camere al passo con i tempi nel design e negli accessori. Light lunch a bordo piscina e, nelle calde sere d'estate, cena in terrazza con meravigliosa vista sul golfo.

CASTELL'APERTOLE – Vercelli (VC) – 561 G6 – Vedere Livorno Ferraris

---

CASTELL'ARQUATO – Piacenza (PC) – 562 H11 – 4 773 ab. – alt. 224 m 8 A2
– ✉ 29014 Italia Centro-Nord

Roma 495 – Piacenza 34 – Bologna 134 – Cremona 39
piazza del Municipio, ✆ 0523 80 40 08, www.comune.castellarquato.pc.it/
località Terme di Bacedasco, 0523 895557, www.golfclubcastellarquato.com – chiuso martedì

XX **Maps**
piazza Europa 3 – ✆ 05 23 80 44 11 – www.ristorantemaps.com – Chiuso 7-20 gennaio, 2-18 luglio, lunedì e martedì
Rist – Carta 38/53 €
Una collezione di quadri di artisti locali arrede il locale, ricavato in un vecchio mulino ristrutturato. Piccole salette moderne e servizio estivo all'aperto per una cucina di ispirazione contemporanea.

X **La Rocca-da Franco**
piazza del Municipio – ✆ 05 23 80 51 54 – www.larocca1964.it – Chiuso febbraio, 18 luglio-9 agosto e mercoledì
Rist – (consigliata la prenotazione) Menu 30/39 €
Nel cuore del centro storico, accolto tra i maggiori monumenti della piazza, il ristorante offre una bella vista sulla campagna; la cucina proposta è semplice e fatta in casa.

X **Da Faccini**
località Sant'Antonio, Nord : 3 km – ✆ 05 23 89 63 40 – www.ristorantefaccini.com – Chiuso 20-30 gennaio, 1 settimana in luglio e mercoledì
Rist – Carta 30/45 €
Lunga tradizione familiare per questa tipica trattoria, che unisce alle proposte classiche piatti più fantasiosi, stagionali. Una piccola elegante sala riscaldata dal camino e una attrezzata per i fumatori.

CASTELLETTO DI BRENZONE – Verona (VR) – 561 E14 – Vedere Brenzone

CASTELLETTO SOPRA TICINO – Novara (NO) – 561 E7 – 10 259 ab. 24 B2

– alt. 226 m – ✉ 28053
Roma 646 – Torino 123 – Novara 42 – Aosta 167

XX **Rosso di Sera**
via Pietro Nenni 2 – ✆ 03 31 96 31 73 – www.osteriarossodisera.it – Chiuso sabato a mezzogiorno e mercoledì
Rist – Menu 11 € (pranzo in settimana)/33 € – Carta 32/48 €
"Rosso di sera", come l'antico adagio che preannunciava il bel tempo o come un buon bicchiere di vino da gustare in questo informale, ma elegante, wine-bar, che propone una grande scelta di etichette e distillati, nonché piatti della tradizione (prevalentemente di terra).

CASTELLINA IN CHIANTI – Siena (SI) – 563 L15 – 2 971 ab. 32 D1

– alt. 578 m – ✉ 53011 Toscana
Roma 251 – Firenze 61 – Siena 24 – Arezzo 67

Villa Casalecchi
località Casalecchi, Sud : 1 km – ✆ 05 77 74 02 40 – www.villacasalecchi.it – Aperto 1° marzo-31 ottobre
19 cam ☕ – †95/125 € ††120/240 € **Rist** – *(chiuso martedì)* Carta 36/67 €
Ideale per chi è alla ricerca di quella particolare atmosfera "nobiliare" toscana: una villa ottocentesca immersa in un parco secolare, circondata dal verde della valle e dai vigneti. Cucina del territorio nella raffinata sala ristorante dalle pareti affrescate.

Palazzo Squarcialupi senza rist
via Ferruccio 22 – ✆ 05 77 74 11 86 – www.palazzosquarcialupi.com – Aperto 30 marzo-3 novembre
17 cam ☕ – †110/160 € ††115/160 €
Nel centro storico della località, un tipico palazzo del '400 ricco di decorazioni, camini e arredi d'epoca, sia negli spazi comuni sia nelle ampie camere. Piacevole giardino con piscina.

Salivolpi senza rist
via Fiorentina 89, Nord-Est : 1 km – ✆ 05 77 74 04 84 – www.hotelsalivolpi.com – Chiuso 7 gennaio-19 marzo
19 cam – †59/125 € ††59/139 €, ☕ 7 €
Appena fuori il piccolo centro storico, un'antica casa ristrutturata e con due dépendance: accoglienti interni in stile rustico-elegante e piacevole giardino con piscina.

Villa Cristina senza rist

via Fiorentina 34 – ✆ 05 77 74 14 10 – www.villacristinachianti.it

7 cam – 50/60 € 78/85 €

Villino d'inizio Novecento con spazi comuni limitati, ma graziose camere, soprattutto quella luminosissima nella torretta. Sul retro si trova il piccolo giardino con piscina.

Leggenda dei Frati N

località Casina dei Ponti 58 – ✆ 05 77 30 12 22 – www.laleggendadeifrati.it – Chiuso lunedì

Rist – (prenotare) Menu 55/70 € – Carta 56/73 €

Tra colline e vigneti, il locale si sviluppa all'interno di un casolare in pietra, ma l'arredo è contemporaneo e sobriamente elegante. La cucina valorizza il territorio in chiave moderna.

Albergaccio di Castellina (Sonia Visman)

via Fiorentina 63 – ✆ 05 77 74 10 42 – www.albergacciocast.com – Chiuso 10-26 dicembre, 16 febbraio-6 marzo, domenica e i mezzogiorno di mercoledì e giovedì

Rist – Carta 44/77 €

➜ Spaghettini cotti come un risotto con asparagi selvatici e pinoli su fonduta di parmigiano. Pancetta di vitellone chianino con salsa al vin santo. Cannoli croccanti al cioccolato farciti di sorbetto di fragola su crema inglese alla vaniglia.

All'interno di un rustico in pietra e legno, non privo d'eleganza, la cucina toscana vi si presenta con piatti leggermente fantasiosi, senza mai tradire la sapidità e i prodotti regionali.

a San Leonino Sud : 8 km – ✉ 53011 Castellina In Chianti

Belvedere di San Leonino

Loc. San Leonino, 23 – ✆ 05 77 74 08 87 – www.hotelsanleonino.com – Aperto 15 marzo-15 novembre

29 cam – 89/249 € 89/249 €, 7 €

Rist – *(solo a cena) (solo per alloggiati)* Carta 34/50 €

Conserva l'atmosfera originale quest'antica casa colonica trasformata in confortevole albergo: arredi rustici in legno e travi a vista nelle camere. Dal giardino si passa direttamente nelle meravigliose vigne del Chianti.

sulla strada regionale 222 al Km 51 Sud : 8 km :

Casafrassi cam,

località Casafrassi – ✆ 05 77 74 06 21 – www.casafrassi.it – Aperto 1° aprile-31 ottobre

25 cam – 90/120 € 130/180 € **Rist** – Carta 23/54 €

All'interno di una tenuta agricola che produce vino ed olio, un'oasi di silenzio ingentilita da una villa nobiliare del Settecento con camere signorili e stucchi ai soffitti. In un altro edificio, confort in stile country e travi a vista. Il ristorante si fa portavoce delle specialità del territorio.

CASTELLINA MARITTIMA – Pisa (PI) – 563 L13 – 2 055 ab. – alt. 375 m – ✉ 56040 31 B2

Roma 308 – Pisa 49 – Firenze 105 – Livorno 40

piazza Giaconi 13, ✆ 050 69 50 01, www.pisa.goturismo.it

Il Poggetto

via dei Giardini 1/3 – ✆ 0 50 69 52 05 – www.ilpoggetto.it

24 cam – 40/50 € 70/90 € **Rist** – *(chiuso lunedì)* Carta 14/44 €

Ideale per le famiglie, è una struttura a gestione familiare ubicata in posizione rilassante tra il verde dei boschi e dispone di camere semplici e ordinate. Accogliente sala ristorante di tono rustico.

CASTELLO DI GODEGO – Treviso (TV) – 562 E17 – 7 102 ab. – alt. 51 m – ✉ 31030 40 C2

Roma 546 – Venezia 75 – Treviso 31 – Trento 110

Locanda al Sole

via San Pietro 1 – ✆ 04 23 76 04 50 – www.locandaalsole.it
20 cam ☕ – 🚹42/55 € 🚹🚹62/74 €
Rist *Locanda al Sole* – vedere selezione ristoranti
L'attenta ristrutturazione e l'ampliamento di un'antica locanda ha dato vita ad un albergo "moderno" in quanto a confort, ma nostalgicamente "antico" per quanto concerne l'atmosfera di schietta e tipica ospitalità veneta.

Locanda al Sole – Hotel Locanda al Sole

via San Pietro 1 – ✆ 04 23 76 04 50 – www.locandaalsole.it – Chiuso agosto e lunedì
Rist – *(solo a cena)* Menu 35 € – Carta 23/43 €
Gestione familiare, da sempre impegnata con uguale energia sia nel ristorante, sia nell'omonimo albergo. Uno dei due titolari si occupa - infatti - della cucina: paste e dolci fatti in casa, carni preparate rispettando le lunghe cotture di una volta e, come piatto forte, le ricche degustazioni di antipasti.

CASTEL MAGGIORE – Bologna (BO) – 562 I16 – 17 466 ab. – alt. 29 m – ✉ 40013 9 C3

Roma 387 – Bologna 10 – Ferrara 38 – Milano 214

Alla Scuderia

località Castello, Est : 1,5 km – ✆ 0 51 71 33 02 – www.ristorantelascuderiabologna.com – Chiuso agosto, sabato a mezzogiorno e domenica
Rist – Carta 21/58 €
L'antica scuderia di palazzo Ercolani - riconvertita in ristorante - mantiene intatto il suo fascino: sotto le alte volte in mattoni gusterete una cucina fedele alle tradizioni emiliane. Soffermatevi sul carrello dei bolliti, sempre presente ad esclusione dei mesi più caldi.

a Trebbo di Reno Sud-Ovest : 6 km – ✉ 40013

Antica Locanda il Sole cam,

via Lame 65 – ✆ 05 16 32 53 81 – www.hotelilsole.com – Chiuso 23 dicembre-9 gennaio e 2 settimane in agosto
23 cam ☕ – 🚹65/220 € 🚹🚹75/330 €
Rist – *(chiuso lunedì a mezzogiorno, sabato a mezzogiorno e domenica sera)* Carta 35/54 €
Un'antica stazione di posta ristrutturata nel colore rosso vivo dell'architettura bolognese; camere semplici, tutte con parquet alcune mansardate. Tortellini, tagliatelle, lasagne e secondi di carne: i migliori piatti della tradizione gastronomica emiliana al ristorante.

CASTELMEZZANO – Potenza (PZ) – 564 F30 – 861 ab. – alt. 750 m – ✉ 85010 3 B2

Roma 418 – Potenza 65 – Matera 107
piazza Rivelli 3, ✆ 0971 98 60 20, www.aptbasilicata.it

Al Becco della Civetta con cam

vico I Maglietta 7 – ✆ 09 71 98 62 49 – www.beccodellacivetta.it
24 cam ☕ – 🚹50/90 € 🚹🚹79/130 € **Rist** – Menu 26/35 € – Carta 24/41 €
Nel centro del paesino, isolato tra le suggestive Dolomiti Lucane, ad occuparsi della cucina è la proprietaria, che fa rivivere le ricette - sovente proposte a voce - delle sue muse: mamma e nonna. Un esempio? Agnello alle erbe con patate arraganate. Dalle finestre delle camere, la maestosa scenografia naturale; all'interno, tranquillità e calorosa accoglienza.

CASTELMOLA – Messina (ME) – 365 BA56 – Vedere Taormina

CASTELNOVO DI BAGANZOLA – Parma (PR) – Vedere Parma

CASTELNOVO DI SOTTO – Reggio Emilia (RE) – 562 H13 – 8 673 ab. – alt. 27 m – ✉ 42024 8 B3

Roma 440 – Parma 26 – Bologna 78 – Mantova 56

Poli
via Puccini 1 – ✆ 05 22 68 31 68 – www.hotelpoli.it
53 cam – 65/78 € 90/115 €
Rist *Poli-alla Stazione* – vedere selezione ristoranti
Camere dotate di ogni confort in un'accogliente struttura, costantemente potenziata e rinnovata negli anni da una dinamica gestione familiare; sale convegni.

Poli-alla Stazione – Hotel Poli
viale della Repubblica 10 – ✆ 05 22 68 23 42 – www.hotelpoli.it – Chiuso agosto, domenica sera e lunedì
Rist – Carta 33/83 €
Oltrepassata una promettente esposizione di antipasti, vi accomoderete in due ariose sale di tono elegante o nella gradevole terrazza estiva; cucina di terra e di mare.

CASTELNOVO NE' MONTI – Reggio Emilia (RE) – 562 I13 – 10 761 ab. 8 B2
– alt. 700 m – ✉ 42035
Roma 470 – Parma 58 – Bologna 108 – Milano 180
via Roma 15/b, ✆ 0522 81 04 30, www.appenninoreggiano.it.

Locanda da Cines con cam
piazzale Rovereto 2 – ✆ 05 22 81 24 62 – www.locandadacines.it – Chiuso gennaio e febbraio
10 cam – 50 € 80/90 €
Rist – *(chiuso sabato)* (consigliata la prenotazione) Menu 25/40 € – Carta 28/38 €
Calorosa gestione familiare in un piccolo ristorante di tono rustico e moderno, dove i piatti del giorno, quali ad esempio i cannelloni alle erbette e ricotta con ragù di carne, esplorano le tradizioni conservate nel verde dell'Appennino. I boschi dei dintorni e la salubre aria di montagna garantiscono relax anche nelle semplici camere.

CASTELNUOVO – Padova – 562 G17 – Vedere Teolo

CASTELNUOVO BERARDENGA – Siena (SI) – 563 L16 – 9 133 ab. 32 C2
– alt. 351 m – ✉ 53019 Toscana
Roma 215 – Siena 19 – Arezzo 50 – Perugia 93
via del Chianti 61, ✆ 0577 35 55 00, www.comune.castelnuovo-berardenga.si.it

Castel Monastero cam, rist,
località Monastero d'Ombrone 19, Est : 10 km – ✆ 05 77 57 00 01 – www.castelmonastero.com – Chiuso 10 gennaio-28 marzo
52 cam – 415/2500 € 415/2500 € – 22 suites
Rist *Contrada* – vedere selezione ristoranti
Rist *La Cantina* – Carta 38/64 €
Nella Valle dell'Ombrone, tra foreste di castagni e lunghi filari di cipressi, sorge questo imponente Country House Resort, che dispone di camere lussuose ed una Spa tra le più belle della regione. A completare il quadro una tisaneria con erbario privato.

Relais Borgo San Felice cam, rist,
località San Felice, Nord-Ovest : 10 km – ✆ 05 77 39 64 – www.borgosanfelice.com – Aperto 15 marzo-15 novembre
37 cam – 210/260 € 320/480 € – 9 suites
Rist *Poggio Rosso* – vedere selezione ristoranti
Rist – *(solo a pranzo)* Carta 30/60 €
Lussuoso resort all'interno di un antico borgo, la cui storia si perde nel Medio Evo. Tra i vigneti del Chianti classico, belle camere distribuite in più strutture ed un moderno centro benessere, dove tra le tante opzioni i benefici del vino si estendono al corpo in trattamenti per la pelle. A pranzo, specialità toscane rendono ancora più piacevole la sosta a bordo piscina.

Le Fontanelle rist, VISA

località Fontanelle di Pianella, Nord-Ovest: 20 km
✉ 53019 Castelnuovo Berardenga – ✆ 0 57 73 57 51 – www.hotelfontanelle.com
– Aperto 1° aprile-31 ottobre
23 cam ☐ – †385 € ††418/616 € – 2 suites
Rist *La Colonna* – Carta 66/112 €
In posizione dominante e tranquilla, suggestivo borgo agricolo "scolpito" nella pietra con rilassante vista sui dintorni. Interni raffinati, pur mantenendo un certo coté rustico. Cucina toscana nell'elegante ristorante con stupendi spazi all'aperto.

Villa Curina Resort VISA

strada provinciale 62, località Curina – ✆ 05 77 35 56 30
– www.villacurinaresort.com – Aperto 15 marzo-31 ottobre
21 cam ☐ – †153/190 € ††153/190 € – 5 suites
Rist *Il Convito di Curina* – vedere selezione ristoranti
In posizione tranquilla e con una vista che spazia fino a Siena, questa dimora cinquecentesca ospita camere personalizzate con mobili in stile e pareti allegramente colorate; alcune stanze sono situate nella villa, altre nei tipici casali toscani. Tutt'intorno, l'armonia di un curato giardino all'italiana.

Poggio Rosso – Relais Borgo San Felice VISA

località San Felice, Nord-Ovest : 10 km – ✆ 05 77 39 64
– www.borgosanfelice.com – Aperto 15 marzo-15 novembre
Rist – *(solo a cena in estate)* Menu 98 € – Carta 72/122 €
Il nome del ristorante, gemma dell'albergo Borgo San Felice, introduce nel paradiso vinicolo toscano, di cui il Chianti Classico Poggio Rosso costituisce una delle eccellenze della produzione. In menu, proposte accattivanti di tono moderno si alternano a piatti di matrice più territoriale.

Contrada – Hotel Castel Monastero VISA

località Monastero d'Ombrone 19, Est : 10 km – ✆ 05 77 57 00 01
– www.castelmonastero.com – Chiuso 8 gennaio-1° aprile e lunedì
Rist – Menu 60/90 € – Carta 85/126 €
Nel suggestivo scenario dell'albergo Castel Monastero, vale la pena di attendere la bella stagione perché i tavoli delle tradizionali sale interne si trasferiscano sulla piazzetta di un tipico borgo toscano. Prodotti locali, qualche piatto di mare e un finale più estroso con i dolci.

Il Convito di Curina – Hotel Villa Curina Resort

strada provinciale 62, località Curina VISA
– Chiuso 1° gennaio-15 marzo e mercoledì
Rist – Carta 40/60 €
Cucina toscana, nonché ampia scelta enologica con vini regionali e champagne di piccoli produttori, in un ambiente rustico-signorile, dove (meteo permettendo) vi consigliamo di optare per la terrazza panoramica.

La Bottega del 30 (Helene Stoquelet) VISA

via Santa Caterina 2, località Villa a Sesta, Nord : 5 km – ✆ 05 77 35 92 26
– www.labottegadel30.it – chiuso martedì
Rist – *(solo a cena escluso i giorni festivi da settembre a maggio)* Carta 60/86 €
➜ Spaghetti impastati con Chianti classico, salsa al sangiovese, noce moscata e salvia. Maialino croccante cotto al forno in porchetta. Torta al cioccolato senza farina con sorbetti di frutta.
Il caratteristico borgo in pietra varrebbe già la visita, ma il suo gioiello è il ristorante, grondante di decorazioni come una bottega e con romantico dehors estivo. Nel piatto i sapori toscani ingentiliti.

a San Gusmè Nord: 5 km – ✉ 53019

La Porta del Chianti VISA

piazza Castelli 10 – ✆ 05 77 35 80 10 – www.laportadelchianti.com
Rist – (consigliata la prenotazione) Menu 40 € – Carta 30/58 €
Nel cuore del piccolo e suggestivo borgo di San Gusmé, all'interno di un vecchio caseggiato del '600, una squisita cucina della tradizione che rievoca antichi sapori. Nella carta dei vini anche molti piccoli produttori locali.

a Colonna di Grillo Sud-Est : 5 km – ✉ 53019 Castelnuovo Berardenga

Posta del Chianti senza rist
– ✆ 05 77 35 30 00 – www.postadelchianti.it – Chiuso 6 gennaio-7 febbraio
20 cam – 70/75 € 88/105 € – 1 suite
Un piccolo e tranquillo albergo a conduzione familiare circondato dalle panoramiche colline senesi, dotato di camere arredate in modo semplice ed ampie aree comuni.

CASTELNUOVO CILENTO – Salerno (SA) – 564 G27 – 2 614 ab. 7 C3

– alt. 280 m – ✉ 84040
Roma 344 – Potenza 132 – Napoli 134 – Salerno 83

La Palazzina cam,
via contrada Coppola 41, località Velina, Sud-Ovest : 8 km – ✆ 0 97 46 28 80 – www.hotellapalazzina.com
12 cam – 40/60 € 80/120 € – 4 suites
Rist – *(chiuso lunedì escluso giugno-ottobre)* Carta 19/35 €
Poco distante dal lago artificiale, l'hotel è stato ricavato in seguito allo scrupoloso restauro di una villa settecentesca ed offre confortevoli ambienti con arredi d'epoca. Prodotti tipici e di stagione presso la caratteristica sala da pranzo.

CASTELNUOVO DEL GARDA – Verona (VR) – 562 F14 – 12 606 ab. 39 A3

– alt. 130 m – ✉ 37014
Roma 520 – Verona 19 – Brescia 51 – Mantova 46

a Sandrà Nord: 2 km – ✉ 37014

Mod05
via Modigliani 5 – ✆ 04 57 59 63 78 – www.modfive.it – Aperto 1° marzo-31 ottobre
36 cam – 50/100 € 70/140 €
Rist *Mod5* – *(chiuso domenica a cena escluso luglio-settembre)* Carta 28/58 €
Già in campagna, ai piedi delle colline, un edificio moderno interamente avvolto da assi di legno. Semplici ed essenziali le camere, gli spazi comuni sono moderni e minimalisti, illuminati da grandi vetrate. Sapori italiani al ristorante.

CASTELNUOVO DELL'ABATE – Siena (SI) – 563 N16 – Vedere Montalcino

CASTELNUOVO DEL ZAPPA – Cremona (CR) – 561 G12 – Vedere Castelverde

CASTELNUOVO DI GARFAGNANA – Lucca (LU) – 563 J13 31 B1

– 6 117 ab. – alt. 270 m – ✉ 55032 Toscana
Roma 395 – Pisa 67 – Bologna 141 – Firenze 121

La Lanterna
località alle Monache-Piano Pieve, Est : 1,5 km – ✆ 05 83 63 93 64 – www.lalanterna.eu
30 cam – 52/65 € 84/110 €
Rist *La Lanterna* – vedere selezione ristoranti
Nella parte più alta della località - a pochi minuti dal centro - una piacevole villetta cinta dal verde con ampi spazi comuni e confortevoli camere.

La Lanterna – Hotel La Lanterna
località alle Monache-Piano Pieve, Est : 1,5 km – ✆ 05 83 63 93 64 – www.lalanterna.eu – Chiuso 1 settimana in novembre e martedì a mezzogiorno escluso luglio e agosto
Rist – Carta 25/44 €
Un'intera parete è affrescata con un trompe-l'oeil raffigurante una scena agreste, mentre il cielo è dipinto su una volta a cupola. Un ristorante originale, come la sua cucina: regionale e garfagnina.

CASTELNUOVO FOGLIANI – Piacenza (PC) – 562 H11 – Vedere Alseno

CASTELNUOVO MAGRA – La Spezia (SP) – 561 J12 – 8 256 ab. 15 D2

– alt. 181 m – ✉ 19033 Liguria
Roma 404 – La Spezia 24 – Pisa 61 – Reggio nell'Emilia 149

Agriturismo la Valle
via delle Colline 24, Sud-Ovest : 1 km – ✆ 01 87 67 01 01 – www.agriturismolavallesp.it – Chiuso 1°-5 gennaio e 1°-15 novembre
6 cam – 80 € 80 € **Rist** – *(chiuso lunedì)* Menu 25 € (pranzo)/35 €
Bella casa immersa nel verde dell'entroterra ligure, al confine con l'Emilia e la Toscana. Indirizzo ideale per chi cerca pace e relax, a due passi da mare e arte. A tavola vengono proposti i genuini sapori locali.

Armanda
piazza Garibaldi 6 – ✆ 01 87 67 44 10 – www.trattoriaarmanda.com – Chiuso 24 dicembre-15 gennaio, 1 settimana in settembre, mercoledì da aprile a ottobre, anche martedì sera negli altri mesi
Rist – Carta 31/56 €
In un caratteristico borgo dell'entroterra, andamento e ambiente familiari in una trattoria che propone piatti stagionali del territorio ben elaborati. Se volete gustare un piatto veramente speciale optate per le lattughe ripiene in brodo.

CASTELPETROSO – Isernia (IS) – 564 C25 – 1 649 ab. – alt. 872 m – ✉ 86090 2 C3

Roma 179 – Campobasso 32 – Benevento 74 – Foggia 121

sulla strada statale 17 uscita Santuario dell'Addolorata Ovest: 6 km

La Fonte dell'Astore
via Santuario – ✆ 08 65 93 60 85 – www.lafontedellastore.it
55 cam – 50/90 € 70/120 € **Rist** – Carta 19/43 €
Nei pressi del Santuario dell'Addolorata, una confortevole risorsa, di concezione moderna, con ampi spazi comuni, camere di buona fattura e ben accessoriate. Un mare di benessere presso la lussuosa spa e centro Mességué.

CASTELRAIMONDO – Macerata (MC) – 563 M21 – 4 899 ab. – alt. 307 m – ✉ 62022 21 C2

Roma 217 – Ancona 85 – Fabriano 27 – Foligno 60

Borgo Lanciano
località Lanciano 5, Sud : 2 km – ✆ 07 37 64 28 44 – www.borgolanciano.it – Chiuso 8-20 gennaio
49 cam – 99/119 € 149/179 € – 1 suite **Rist** – Carta 26/46 €
Confortevole hotel sorto entro un antico borgo, offre camere e suite diverse per forma e arredamento, nonchè aree comuni per dedicarsi ad una chiacchierata o alla lettura. Suddiviso in sale più piccole, il ristorante propone una cucina tradizionale, fedele ai prodotti della zona.

a Sant'Angelo Ovest : 7 km – ✉ 62022 Castelraimondo

Il Giardino degli Ulivi con cam
via Crucianelli 54 – ✆ 33 83 05 60 98 – www.ilgiardinodegliulivi.com – Chiuso 11 gennaio-11 marzo
5 cam – 40/70 € 60/100 €
Rist – *(chiuso martedì)* (prenotazione obbligatoria) Carta 30/53 €
In un antico casolare immerso nel verde e nella quiete della campagna marchigiana, pochi, ma gustosi, piatti della tradizione locale e camere suggestive.

CASTEL RIGONE – Perugia (PG) – 563 M18 – Vedere Passignano sul Trasimeno

CASTELROTTO (KASTELRUTH) – Bolzano (BZ) – 562 C16 – 6 464 ab. – alt. 1 060 m – Sport invernali : 1 000/1 480 m 2, 19 (Comprensorio Dolomiti superski Alpe di Siusi) – ✉ 39040 34 C2

Roma 667 – Bolzano 26 – Bressanone 25 – Milano 325

piazza Krausen 1, ✆ 0471 70 63 33, www.castelrotto.org

Castelrotto-Alpe di Siusi San Vigilio 20, 0471 70708, www.golfcastelrotto.it – marzo-novembre

Alpenflora rist,
via Oswald von Wolkenstein 32 – 04 71 70 63 26 – www.alpenflora.com – Chiuso 1°-15 maggio e 1° novembre-5 dicembre
32 cam – 89/180 € 160/250 € **Rist** – *(solo a cena)* Menu 30/50 €
Risale al 1912 questo albergo di tono elegante con ampie camere luminose ed un'area benessere di tuto rispetto: dalle vetrate della bella piscina l'incanto delle Dolomiti. Spazi e animazione per i bambini.

Mayr
via Marinzen 5 – 04 71 70 63 09 – www.hotelmayr.com – Chiuso 5 novembre-5 dicembre e 7 aprile-18 maggio
21 cam – 62/95 € 104/170 € – 7 suites **Rist** – *(solo a cena)* Menu 45 €
Albergo, impreziosito da decori tirolesi che conferiscono un'apprezzabile armonia d'insieme. Belle camere tradizionali o moderne, attrezzato centro fitness.

Cavallino d'Oro rist,
piazza Krausen – 04 71 70 63 37 – www.cavallino.it – Chiuso 10 novembre-1° dicembre
21 cam – 60/90 € 106/148 € – 3 suites
Rist – *(solo a cena)* Carta 25/55 €
Suggestiva atmosfera romantica nel tipico ambiente tirolese di una casa di tradizione centenaria, sulla piazza del paese; chiedete le camere con letti a baldacchino. Per i pasti una sala rustica o caratteristiche stube tirolesi del XVII sec.

Villa Gabriela
San Michele 31/1, Nord-Est : 4 km – 04 71 70 00 77 – www.villagabriela.com – Aperto 22 dicembre-30 marzo e 19 maggio-27 ottobre
3 cam – solo ½ P 88/120 € – 3 suites
Rist – *(solo a cena) (solo per alloggiati)*
Per godere appieno di uno tra i più magici panorami dolomitici, è ideale questa bella villetta circondata dal verde; camere graziose e ricche di personalizzazioni.

Silbernagl Haus senza rist
via Bullaccia 1 – 04 71 70 66 99 – www.garni-silbernagl.com – Aperto 21 dicembre-16 marzo e 4 maggio-19 ottobre
12 cam – 37/55 € 73/110 € – 2 suites
In zona tranquilla, garni curato e confortevole, con un ambiente cordiale, tipico della gestione familiare; bei mobili nelle camere spaziose.

CASTEL SAN PIETRO TERME – Bologna (BO) – 562 I16 – 20 689 ab. 9 C2
– alt. 75 m – Stazione termale – 40024

Roma 395 – Bologna 24 – Ferrara 67 – Firenze 109
piazza XX Settembre 4, 051 6 95 41 37, www.zerodelta.net
Le Fonti viale Terme 1800, 051 6951958, www.golclublefonti.it – chiuso martedì

Castello
viale delle Terme 1010/b – 0 51 94 35 09 – www.hotelcastello.com – Chiuso 2-13 gennaio
57 cam – 44/169 € 44/230 € – 3 suites
Rist *Da Willy* – vedere selezione ristoranti
Fuori del centro, sulla strada per le Terme, in una zona verde davanti ad un parco pubblico, complesso dotato di camere semplici ma confortevoli.

Da Willy – Hotel Castello
viale delle Terme 1010/b – 0 51 94 42 64 – www.ristorantewilly.it – Chiuso 2-13 gennaio e lunedì
Rist – Carta 26/64 €
Nello stesso edificio dell'hotel Castello, ma con gestione separata, ristorante con alcuni tavoli rotondi nelle ampie sale con vetrate sul giardino, piatti emiliano-romagnoli.

a Osteria Grande Nord-Ovest : 7 km – ✉ 40060

L'Anfitrione
via Emilia Ponente 5629 – ✆ 05 16 95 82 82 – Chiuso domenica sera e lunedì
Rist – Menu 18/48 € – Carta 33/80 €
Due salette di stile vagamente neoclassico, più una per fumatori che d'estate diviene veranda aperta, per gustare saporiti piatti di pesce dell'Adriatico.

CASTELSARDO Sardegna – Sassari (SS) – 366 N38 – 5 881 ab. 28 A1
– ✉ 07031 Sardegna
Cagliari 243 – Nuoro 152 – Olbia 100 – Porto Torres 34
Su Casteddu★: la città fortificata - Castello dei Doria★ - S. Antonio Abate★

Baga Baga
località Terra Bianca Est : 2 km – ✆ 0 79 47 00 75 – www.hotelbagabaga.it – Chiuso novembre
10 cam – †60/90 € ††90/150 €
Rist – *(chiuso martedì da dicembre a marzo)* Carta 35/53 €
Immersa nella macchia mediterranea, un'oasi di relax con camere solari dai tipici arredi sardi. Cucina isolana e di mare nel panoramico ristorante: la sera, d'estate, saranno i suggestivi tramonti a tenervi compagnia.

Bajaloglia
località Bajaloglia Sud-Ovest: 4 km ✉ 07031 Castelsardo – ✆ 0 79 47 43 40 – www.bajalogliaresort.it – Aperto 1° aprile-30 ottobre
12 cam – †128/258 € ††128/258 €
Rist *Incantu* – Carta 27/77 €
Sulle primi pendici da cui si gode di un panorama eccezionale, davanti il mare e Castelsardo illuminata la sera, una bella struttura composta da un corpo centrale, dove si trova anche il ristorante, ed alcune piccole costruzioni disseminate nel giardino. Le camere brillano per confort: moderne e colorate si caratterizzano per gli arredi minimalisti di ultima generazione.

Riviera
via lungomare Anglona 1 – ✆ 0 79 47 01 43 – www.hotelriviera.net
34 cam – †50/145 € ††78/195 €
Rist – *(chiuso mercoledì escluso giugno-settembre)* Carta 29/65 €
Colorata struttura all'ingresso del paese, propone camere semplici e di buon gusto, particolari quelle fronte mare dalle quali è possibile ammirare la notturna Castelsardo. Ristorante sulla breccia da decenni: ampia sala e terrazza estiva con vista mare.

Il Cormorano
via Colombo 5 – ✆ 0 79 47 06 28 – www.ristoranteilcormorano.net – Chiuso lunedì in bassa stagione
Rist – Menu 20 € (pranzo) – Carta 35/75 €
Defilato su una curva ai margini del centro storico di uno dei rari borghi medievali della Sardegna, eleganza e signorilità e una cucina di pesce che si affida a talento e fantasia.

Da Ugo
corso Italia 7/c, località Lu Bagnu, Sud-Ovest : 4 km – ✆ 0 79 47 41 24 – Chiuso febbraio e giovedì in bassa stagione
Rist – Menu 35/70 € – Carta 27/86 €
Lungo la strada costiera, è da anni un indirizzo ben noto in zona per la freschezza e la fragranza dell'offerta ittica; la carne, "porceddu" compreso, è da prenotare.

Sa Ferula
via Lombardia 1, località Lu Bagnu, Sud-Ovest : 4 km – ✆ 0 79 47 40 49 – Chiuso 5 novembre-5 dicembre e mercoledì in bassa stagione
Rist – Carta 38/50 €
Sorta di bambù indigeno, la "ferula" riveste in parte le pareti di un semplice locale in una frazione sulla litoranea. Cucina della tradizione, di terra e di mare.

CASTEL TOBLINO – Trento (TN) – 562 D14 – alt. 243 m – ✉ 38076 33 B3
Sarche
Roma 605 – Trento 18 – Bolzano 78 – Brescia 100

XX **Castel Toblino**

via Caffaro 1 – ✆ 04 61 86 40 36 – www.casteltoblino.com – Chiuso 24 dicembre-1° marzo, lunedì sera e martedì

Rist – Menu 35/60 € – Carta 53/72 €

Su un lembo di terra che si protende sull'omonimo lago, sorge questo affascinante castello medioevale con piccolo parco; suggestiva la terrazza per il servizio estivo.

CASTELVERDE – Cremona (CR) – 561 G11 – 5 664 ab. – alt. 52 m – ✉ 26022 17 C3

Roma 515 – Parma 71 – Piacenza 40 – Bergamo 70

Cremona Palace Hotel senza rist

via Castelleone 62, Sud 5 km – ✆ 03 72 47 13 74 – www.cremonapalacehotel.it

77 cam – 60/105 € 90/160 €

Alle porte della città del torrone, dell'arte e dei violini, nuova e moderna struttura con annesso ed attrezzato sporting club aperto ai soci, nonché ai clienti dell'hotel. Camere omogenee, spaziose e moderne.

a Castelnuovo del Zappa Nord-Ovest : 3 km – ✉ 26022 Castelverde

X **Valentino**

via Manzoni 27 – ✆ 03 72 42 75 57 – Chiuso 5-31 agosto, lunedì sera e martedì

Rist – Carta 22/29 €

Alla periferia della città, bar-trattoria dalla calorosa gestione familiare che propone una cucina casalinga fedele alla gastronomia cremonese e mantovana.

CASTELVETRO DI MODENA – Modena (MO) – 562 I14 – 11 165 ab. – alt. 152 m – ✉ 41014 8 B2

Roma 406 – Bologna 50 – Milano 189 – Modena 19

Guerro senza rist

via Destra Guerro 18 – ✆ 0 59 79 97 91 – www.hotelguerro.it – Chiuso 1°-21 agosto

33 cam – 55/60 € 85/90 €

Ideale per una clientela business, questa moderna struttura a gestione familiare si trova lungo l'omonimo fiume ed offre camere spaziose e luminose. D'estate, la colazione è in terrazza.

Zoello je suis senza rist

via Modena 171, località Settecani, Nord: 5 km – ✆ 0 59 70 26 24 – www.zoello.com

30 cam – 60/80 € 70/95 €, 6 € – 3 suites

Fondato nel 1938, questo hotel è ormai un capitolo negli annali della storia; animato da una familiare ed accogliente ospitalità, dispone di camere confortevoli.

X **Locanda del Feudo** con cam

via Trasversale 2 – ✆ 0 59 70 87 11 – www.locandadelfeudo.it – Chiuso 8-15 gennaio e 11-18 agosto

6 suites – 110/180 €

Rist – *(chiuso domenica sera e lunedì)* (consigliata la prenotazione) Menu 38 € – Carta 37/51 €

Due fratelli, ma un'unica passione: la buona cucina, che elabora con fantasia le risorse del territorio, in un ambiente di tono romantico-elegante o nella suggestiva saletta in cantina.

CASTEL VOLTURNO – Caserta (CE) – 564 D23 – 24 149 ab. – ✉ 81030 6 A2

Roma 190 – Napoli 40 – Caserta 37

VolturnoGolf via Domitiana km 35,300, 081 5095150, www.volturnogolf.com

Holiday Inn Resort

via Domitiana km 35,300, Sud : 3 km – ✆ 08 15 09 51 50 – www.holiday-inn-resort.com

263 cam – 99/180 € 99/220 € – 13 suites **Rist** – Carta 31/41 €

Vicino al mare, ai bordi di una pineta, un'imponente struttura moderna, con ampi interni eleganti; piscina con acqua di mare, maneggio a disposizione, centro congressi. Di notevoli dimensioni gli spazi per la ristorazione, con sale curate e luminose.

CASTIGLIONCELLO – Livorno (LI) – 563 L13 – ✉ 57016 Toscana 31 B2

Roma 300 – Pisa 40 – Firenze 137 – Livorno 21

via Aurelia 632, ☎ 0586 75 48 90, www.costadeglietruschi.it

Villa Martini
rist,

via Martelli 3 – ☎ 05 86 75 21 40 – www.villamartini.it
– Chiuso 11 dicembre-11 gennaio
30 cam – †90/120 € ††120/160 € – 2 suites
Rist – *(aperto giugno-agosto)* Carta 23/66 €
In un'imponente villa degli anni '50 raccolta intorno ad un incantevole giardino, camere rinnovate in stile moderno e minimalista, alcune con vista mare.

Villa Parisi
rist,

via Romolo Monti 10 ✉ 57016 – ☎ 05 86 75 16 98 – www.villaparisi.com
– Aperto 1° maggio-30 settembre
21 cam – †100/135 € ††140/300 €
Rist – *(aperto 21 maggio-16 settembre)* Carta 32/61 €
Le camere accoglienti e personalizzate rivaleggiano con la splendida posizione di questa villa patrizia circondata dalla pineta e sospesa sugli scogli. Un vialetto facilita il raggiungimento della piattaforma-solarium affacciata sul blu. Ristorante classico con servizio all'aperto.

Atlantico
rist,

via Martelli 12 – ☎ 05 86 75 24 40 – www.hotelatlantico.it
46 cam – †70/110 € ††100/220 € – 4 suites
Rist – *(aperto 1° aprile-20 settembre)* Carta 30/60 €
Nel cuore più verde e più quieto della località, signorile albergo a conduzione familiare, dotato di bella dépendance in una villetta dei primi '900. Le camere tradiscono la raffinatezza di una casa privata. Ampia e luminosa sala da pranzo.

In Gargotta

via Fucini 39 – ☎ 05 86 75 43 57 – www.ristoranteingargotta.it
– Chiuso 26 novembre-3 dicembre e lunedì
Rist – *(solo a cena in luglio-agosto)* (coperti limitati, prenotare) Carta 38/57 €
Piccolo ristorante nel centro della località dalla conduzione motivata e giovanile. Cucina di mare con qualche tocco di fantasia. Gradevole dehors.

CASTIGLIONE DEL BOSCO – Siena (SI) – Vedere Montalcino

CASTIGLIONE DEL LAGO – Perugia (PG) – 563 M18 – 15 618 ab. 35 A2
– alt. 304 m – ✉ 06061

Roma 182 – Perugia 46 – Arezzo 46 – Firenze 126

piazza Mazzini 10, ☎ 075 9 65 24 84, www.umbria-turismo.it

Lamborghini località Soderi 1, 075 837582, www.lamborghinionline.it

Duca della Corgna
cam, rist,

via Buozzi 143 – ☎ 0 75 95 32 38 – www.hotelcorgna.com
35 cam – †50/70 € ††70/95 €
Rist – *(aperto Pasqua-31 ottobre) (solo a cena) (solo per alloggiati)*
Ambiente familiare in un hotel con buon livello di confort; arredi essenziali nelle camere, sia nel corpo centrale, sia in una dépendance che dà sulla piscina.

a Petrignano del Lago Nord-Ovest : 12 km – ✉ 06060

Relais alla Corte del Sole – Country House

località I Giorgi – ☎ 07 59 68 90 08
– www.cortedelsole.it – Chiuso gennaio-febbraio
17 cam – †90/150 € ††110/250 € – 2 suites
Rist ***L'Essenza*** – vedere selezione ristoranti
Sui colli del Trasimeno, suggestioni mistiche ma charme di una raffinata eleganza tutta terrena tra le antiche pietre di un insediamento monastico e rurale del XVI sec. Due parole vanno spese anche sui bagni: decorati da una pittrice locale ritraggono voli di farfalle, tralci di vite, grappoli d'uva, oppure scene pompeiane e bucoliche in perfetta sintonia con la natura circostante.

L'Essenza – Relais alla Corte del Sole
località I Giorgi – ✆ 07 59 68 90 14 – www.cortedelsole.it – Chiuso gennaio-febbraio e martedì
Rist – Menu 45/65 € – Carta 49/71 €
Sulla terrazza incorniciata da uno splendido paesaggio o nella raffinata atmosfera della sala, si potrà godere di specialità regionali sapientemente rielaborate in chiave moderna. Antichi sapori tra arte, amore e fantasia.

CASTIGLIONE DELLA PESCAIA – Grosseto (GR) – 563 N14 32 C3

– 7 449 ab. – ✉ 58043 Toscana
Roma 205 – Grosseto 23 – Firenze 162 – Livorno 114
piazza Garibaldi 6, ✆ 0564 93 36 78, www.turismoinmaremma.it

Miramare
via Veneto 35 – ✆ 05 64 93 35 24 – www.hotelmiramare.info – Aperto 1°-31 dicembre e 16 marzo-31 ottobre
37 cam – †57/115 € ††74/210 €
Rist *Miramare* – vedere selezione ristoranti
Ubicato sul lungomare di Castiglione della Pescaia e ai piedi del borgo medievale, l'hotel dispone di camere accoglienti (in fase di rinnovo) e di una gestione attenta e premurosa.

Piccolo Hotel rist,
via Montecristo 7 – ✆ 05 64 93 70 81 – www.hotel-castiglione.com – Aperto vacanze pasquali e 15 maggio-30 settembre
24 cam – †90/120 € ††120/160 € **Rist** – Menu 30/40 €
Ritornerete volentieri in questa graziosa struttura in zona non centrale, gestita con classe, signorilità e attenzione per i particolari; arredi moderni nelle camere. Piccola e sobria la sala da pranzo dove gustare frutta e verdura dell'orto e dolci casalinghi.

Sabrina
via Ricci 12 – ✆ 05 64 93 35 68 – www.hotelsabrinaonline.it – Aperto 1° giugno-30 settembre
37 cam – †70/120 € ††90/130 € **Rist** – *(solo per alloggiati)* Menu 25 €
Gestione diretta per un hotel ubicato nella zona di parcheggio a pochi metri dal porto canale: spazi ben distribuiti, camere non amplissime, ma complete.

Il Votapentole
via IV Novembre 15 – ✆ 05 64 93 47 63 – www.ilvoltapentole.it – Chiuso lunedì escluso in giugno-settembre
Rist – *(solo a cena in giugno-settembre)* Menu 25/58 € – Carta 46/74 €
Una brillante coppia - lui in cucina, lei ai tavoli - si "alleano" per coccolarvi con proposte di mare e di terra, gustose e di stampo moderno, da accompagnarsi con ottimi vini. Il locale è piccolissimo, ma questo non è un difetto: anzi, l'intimità è garantita!

Miramare – Hotel Miramare
via Veneto 35 – ✆ 05 64 93 35 24 – www.ristorantemiramare.info – Aperto 1°-31 dicembre e 16 marzo-31 ottobre
Rist – Carta 22/53 €
La sala-veranda di questo ristorante si affaccia sul mare appagando la vista, mentre al palato ci pensa la cucina con i suoi piatti di matrice nazionale e le fragranti specialità di pesce: in primis, le succulente tagliatelle della nonna con ragù di polpo.

Pierbacco
piazza Repubblica 24 – ✆ 05 64 93 35 22 – www.pierbacco.it – Chiuso gennaio e mercoledì escluso maggio-settembre
Rist – *(solo a cena dal 15 giugno al 30 settembre)* Carta 27/87 €
Un locale rustico con i tipici soffitti in legno, dispone di due sale e di un dehors sul corso principale, vocato ad una cucina classica, prevalentemente di mare.

...La Terra di Nello
località Poggetto – ✆ 34 79 54 62 58 – www.terradinello.it – Chiuso 2 settimane in dicembre, 2 settimane in marzo e novembre
Rist – *(solo a cena)* Carta 32/55 €
Seguendo l'imprinting di nonno Nello, oggi il nipote, Gianni, continua a proporre sapori regionali: con la discendenza, però, i piatti si arricchiscono di modernità. E dalla griglia la specialità: la bistecca!

a Riva del Sole Nord-Ovest : 2 km – ✉ 58043

Riva del Sole
viale Kennedy – ✆ 05 64 92 81 11 – www.rivadelsole.it – Aperto 1° maggio-31 ottobre
175 cam – †120/165 € ††150/220 € **Rist** – Carta 26/59 €
In riva al mare ed abbracciato da una rigogliosa pineta, l'hotel presenta camere semplici e rinnovate negli arredi. Ideale per un soggiorno di relax, bagni e sole. Sale dalle ampie vetrate ed un giardino, per il ristorante con accanto la pizzeria serale.

a Tirli Nord : 17 km – ✉ 58040

Tana del Cinghiale con cam — rist,
via del Deposito 10 – ✆ 05 64 94 58 10 – www.tanadelcinghiale.it – Chiuso 1° febbraio-5 marzo
7 cam – †40/65 € ††75/120 € **Rist** – *(chiuso mercoledì)* Carta 23/44 €
Due sale ristorante arredate nello stile tipico di una rustica trattoria propongono una carta regionale con specialità a base di cinghiale. Un piccolo albergo a gestione familiare, offre camere semplici e curate.

a Badiola Est : 10 km – ✉ 58043 Castiglione Della Pescaia

L'Andana-Tenuta La Badiola — cam, rist,
– ✆ 05 64 94 48 00 – www.andana.it – Aperto 1° maggio-30 settembre
26 cam – †300/690 € ††300/690 € – 7 suites
Rist ***Trattoria Toscana-Tenuta la Badiola*** ✿ – vedere selezione ristoranti
Rist – *(solo a cena)* (consigliata la prenotazione) Carta 58/76 €
Sita all'interno di una tenuta di ulivi e vigneti e pervasa dai profumi della campagna toscana, la villa offre confort e raffinatezza nei suoi spaziosi interni: degno di nota l'attrezzatissimo centro wellness. Cucina mediterranea nel moderno ristorante con delizioso dehors nel giardino.

Trattoria Toscana-Tenuta la Badiola – Hotel L'Andana-Tenuta La Badiola
✿ *– ✆ 05 64 94 43 22 – www.andana.it – Aperto 1° maggio-30 settembre; chiuso lunedì*
Rist – *(solo a cena)* (consigliata la prenotazione) Carta 77/102 €
➜ Ravioli di burrata, pomodori San Marzano e Pachino freschi e sott'olio, pecorino. Maialino, rosticciana e salsa di mele. Zuccotto alle nocciole.
Cambio chef nel 2012, ma anche il nuovo arrivato collabora da anni con il celebre cuoco Ducasse, di cui L'Andana è l'omaggio alla tradizione mediterranea e soprattutto alla cucina maremmana, dall'ambientazione ad un carosello di sapori regionali con diverse proposte alla brace.

CASTIGLIONE DELLE STIVIERE – Mantova (MN) – 561 F13 — 17 D1
– 22 700 ab. – alt. 116 m – ✉ 46043
Roma 509 – Brescia 28 – Cremona 57 – Mantova 38
via Marta Tana 1, ✆ 0376 94 40 61, www.turismo.mantova.it

La Grotta senza rist
viale dei Mandorli 22 – ✆ 03 76 63 25 30 – www.lagrottahotel.it
26 cam – †57/62 € ††88/92 €
Lontano dal traffico del centro, nella verde quiete delle colline, una villa di carattere familiare, con un bel giardino curato; camere semplici, di recente ristrutturazione.

Osteria da Pietro (Fabiana Ferri)
✿ *via Chiassi 19 – ✆ 03 76 67 37 18 – www.osteriadapietro.eu – Chiuso 2-10 gennaio, 2 settimane in agosto, mercoledì e domenica sera, anche domenica a mezzogiorno in giugno-agosto*
Rist – (consigliata la prenotazione) Carta 47/83 €
➜ Malfatti alle erbe di campo con crema di parmigiano. Fesa di fassone piemontese arrostita con salsa al rosmarino e patate al forno. Anello di San Luigi (tortino di mandorle e nocciole farcito con crema alla vaniglia).
In un edificio seicentesco, piacevole ristorante con soffitto dalle caratteristiche volte a "ombrello". Territorialmente alla confluenza tra la tradizione mantovana e gardesana, le risorse gastronomiche sono infinite: come la fantasia.

Hostaria Viola

via Verdi 32 – 03 76 67 00 00 – www.hostariaviola.it – Chiuso 27 dicembre-5 gennaio, agosto, domenica sera e lunedì

Rist – (consigliata la prenotazione) Carta 29/50 €

Fin dal XVII secolo l'Hostaria è stata il punto di ristoro per viandanti e cavalli in transito; dal 1909, sotto i caratteristici soffitti a volta, rivive la tradizione culinaria mantovana, accompagnata da curiosità verso prodotti di qualità di altre regioni. Specialità: zuppa di cipolle, con gruyère e pane tostato.

Hostaria del Teatro N

via Ordanino 7 – 03 76 67 08 13 – Chiuso 1°-7 gennaio, 11-25 agosto e giovedì

Rist – Carta 42/66 €

Un locale accogliente nel centro della località: una giovane e appassionata coppia lo conduce con grande savoir-faire proponendo una cucina venata di fantasia e al tempo stesso legata alle tante tradizioni locali.

Trattoria Paola N

via Porta Lago 23 – 03 76 63 88 29 – www.trattoriapaola.it – Chiuso mercoledì

Rist – *(solo a pranzo lunedì-martedì)* (prenotare) Menu 16 € (pranzo) – Carta 24/36 €

Gestione familiare in un'accogliente trattoria dalla doppia anima: se a pranzo il menu è ridotto ed economico, la sera la proposta si fa più articolata e l'interpretazione dei piatti piacevolmente personale.

CASTIGLIONE D'ORCIA – Siena (SI) – 563 M16 – 2 485 ab. – alt. 540 m – 53023 Toscana

32 C2

Roma 191 – Siena 52 – Chianciano Terme 26 – Firenze 124

viale Marconi 13, 0577 88 40 24, www.siena.turismo.toscana.it

Osteria dell'Orcia

podere Osteria 15, Nord: 4 km – 05 77 88 71 11 – www.osteriadellorcia.com – Chiuso 8 gennaio-febbraio

16 cam – 150/200 € 160/245 € **Rist** – Carta 29/61 €

Isolata nella campagna senese, all'inteno del parco dell'omonima valle, un'antica stazione postale ospita camere con differenti tipologie d'arredo, due salotti ed una piscina. Cucina regionale con alcuni spunti personali dello chef nel ristorante con bella sala interna e dehors.

a Rocca d'Orcia Nord: 1 km – 53023

Perillà N

via Borgo Maestro 74 – 05 77 88 72 63 – www.osteriaperilla.it – Chiuso martedì a mezzogiorno e lunedì

Rist – Carta 28/32 €

Perfetto connubio tra modernità e storia in questa dinamica osteria al centro di un borgo medievale; la semplice proposta gastronomica può avvalersi degli ottimi prodotti del podere di casa. Specialità: pici cacio e pepe, maialino di cinta.

CASTIGLIONE FALLETTO – Cuneo (CN) – 561 I5 – 719 ab. – alt. 350 m – 12060

25 C2

Roma 614 – Cuneo 68 – Torino 70 – Asti 39

Le Torri N senza rist

via Roma 29 – 0 17 36 29 61 – www.letorri-hotel.com

16 cam – 75/105 € 85/120 €

In posizione strategica per visitare le Langhe, questa bella dimora patrizia vanta nuove camere, piacevolissime ed arredate con accessori moderni, nonché un curato giardino con vista panoramica sulle colline circostanti.

Le Torri

piazza Vittorio Veneto 10 – 0 17 36 28 49 – www.ristoranteletorri.it – Chiuso 26 dicembre-31 gennaio, mercoledì a mezzogiorno e martedì

Rist – Menu 35/45 € – Carta 39/74 €

Gestione giovane e cucina del territorio in un locale in pieno centro, allo stesso tempo elegante e moderno, ma senza esagerazioni in entrambe le direzioni. Piacevole servizio estivo sulla terrazza panoramica.

CASTIGLIONE TINELLA – Cuneo (CN) – 561 H6 – 869 ab. – alt. 408 m – ✉ 12053 25 D2

Roma 622 – Genova 106 – Alessandria 60 – Asti 24

Castiglione senza rist

via Cavour 5 – ✆ 01 41 85 54 10 – www.albergocastiglione.com – Aperto 16 aprile-30 novembre

13 cam – †95/120 € ††120/160 €

Deliziosa casa di campagna, un tempo locanda, con camere moderne e confortevoli. La sorpresa a poco meno di 500 m. dall'edificio principale: una zona relax con piscina, sauna e bagno turco... in mezzo al verde.

CASTIGLION FIORENTINO – Arezzo (AR) – 563 L17 – 13 630 ab. – alt. 345 m – ✉ 52043 32 D2

Roma 198 – Perugia 57 – Arezzo 17 – Chianciano Terme 51

a Pieve di Chio Est : 7 km – ✉ 52043 Castiglion Fiorentino

B&B Casa Portagioia senza rist

Pieve di Chio 56 – ✆ 05 75 65 01 54 – www.casaportagioia.com – Aperto 1° marzo-15 novembre

7 cam – †140/175 € ††150/195 €

In aperta campagna, circondato da un grande e curato giardino, questo tranquillo B&B si caratterizza per le sue camere in stile rustico, ma tutte personalizzate da raffinati dettagli.

a Polvano Est : 8 km – ✉ 52043 Castiglion Fiorentino

Relais San Pietro in Polvano

– ✆ 05 75 65 01 00 – www.polvano.com – Aperto 1°aprile-31 ottobre

10 cam – †80/120 € ††160/200 € – 5 suites

Rist – *(solo a cena)* Carta 35/48 € (+10 %)

Tutto il fascino del passato e della terra di Toscana con i suoi materiali "poveri" (il cotto, la pietra, il legno) in un settecentesco edificio di rustica raffinatezza. Servizio ristorante in terrazza con vista su colli e vallate; cucina toscana.

CASTION – Belluno (BL) – 562 D18 – Vedere Belluno

CASTIONE DELLA PRESOLANA – Bergamo (BG) – 561 E12 – 3 476 ab. – alt. 870 m – Sport invernali : al Monte Pora : 1 300/1 900 m 13 – ✉ 24020 16 B2

Roma 643 – Brescia 89 – Bergamo 42 – Edolo 80

piazza Roma 1, ✆ 0346 6 00 39, www.presolana.it

a Bratto Nord-Est : 2 km – alt. 1 007 m – ✉ 24020

Eurohotel

via Provinciale 36 – ✆ 0 34 63 15 13 – www.eurohotelbratto.com

29 cam – †70/120 € ††100/230 € – 2 suites

Rist – *(chiuso mercoledì)* Carta 27/66 €

Se avete deciso che l'imperativo categorico è riposarvi, abbiamo trovato il posto che fa per voi: incastonato nelle montagne bergamasche, sulla strada per il Passo, Eurohotel è un albergo in sobrio stile alpino con camere ben tenute.

CASTREZZATO – Brescia (BS) – 561 F11 – 7 018 ab. – alt. 125 m – ✉ 25030 19 D2

Roma 583 – Brescia 33 – Milano 90 – Parma 141

La Colombera via Barussa 1, 030 714485, www.golfcolombera.it – chiuso lunedì

Da Nadia (Nadia Vincenzi)
via Campagna 15 – ✆ 03 07 04 06 34 – www.ristorantedanadia.com – Chiuso 1°-12 gennaio, 15 giorni in agosto e lunedì
Rist – *(solo a cena escluso i giorni festivi)* (consigliata la prenotazione)
Carta 60/75 €
➜ Strozzapreti con gamberi, guancette di pescatrice e pomodori datterini. Zuppa di crostacei e pesce di scoglio. Zabaione freddo al Marsala.
Nel cuore della campagna lombarda, un'inaspettata isola di cucina di mare, frutto di leggendari sforzi della cuoca nella ricerca del miglior pescato. La gestione familiare porta in tavola piatti di semplice e schietta fragranza, una leccornia per gli amanti del pesce.

CASTROCARO TERME – Forlì-Cesena (FC) – 562 J17 – 6 600 ab. – alt. 68 m – Stazione termale – ✉ 47011 — 9 C2

Roma 342 – Bologna 74 – Ravenna 40 – Rimini 65
viale Marconi 81, ✆ 0543 76 71 62, www.comune.castrocarotermeeterradelsole.fc.it

Grand Hotel Terme
via Roma 2 – ✆ 05 43 76 71 14 – www.termedicastrocaro.it – Chiuso 7 gennaio-3 febbraio
117 cam – †70/150 € ††110/245 € – 6 suites **Rist** – Carta 35/103 €
Nato negli anni '30, l'albergo conserva ancora lo stile dell'epoca. Spazi comuni e camere di notevoli dimensioni, all'interno un centro benessere: ideali per momenti di relax. La grande sala illuminata da ampie vetrate si affaccia sulla fresca veranda del giardino. Proposte di cucina nazionale.

Rosa del Deserto
via Giorgini 3 – ✆ 05 43 76 72 32 – www.hotelrosadeldeserto.it – Aperto 1° marzo-30 novembre
48 cam – †35/60 € ††49/80 € **Rist** – Menu 15/35 €
Antistante l'ingresso alle terme, presenta ambienti luminosi e spaziosi. Interessante punto di partenza per un soggiorno alla scoperta delle tradizioni e dei tesori locali.

Trattoria dei Vecchi Sapori
via Matteotti 34 – ✆ 05 43 76 74 71 – www.trattoriavecchisapori.it – Chiuso lunedì
Rist – *(solo a cena escluso i giorni festivi)* Carta 27/52 €
Gestione cordiale ed informale in un locale rustico, ma non privo di tocchi di raffinatezza, sulla cui tavola arrivano generosi piatti dai sapori locali. Un esempio? Tortelli di mora romagnola al sugo di salsiccia matta e stridoli. Ampio e verdeggiante dehors.

CASTROCIELO – Frosinone (FR) – 563 R23 – 4 014 ab. – alt. 250 m – ✉ 03030 — 13 D2

Roma 116 – Frosinone 42 – Caserta 85 – Gaeta 61

Villa Euchelia con cam
via Giovenale 3 – ✆ 07 76 79 98 29 – www.villaeuchelia.com – Chiuso 1 settimana in gennaio, 1 settimana in novembre
7 cam – †70/80 € ††85/95 € – 1 suite
Rist – *(chiuso martedì)* Menu 18 € (in settimana)/30 € – Carta 21/51 €
In una villa d'epoca riccamente arredata, una coppia gestisce con stile questo ristorante all'insegna dei prodotti locali reintepretati con creatività.

Al Mulino
via Casilina 61, Sud : 2 km – ✆ 0 77 67 93 06 – www.almulinolicheri.it – Chiuso 23 dicembre-10 gennaio e lunedì
Rist – Menu 30/70 € – Carta 28/92 €
Nella sala di tono elegante, un assaggio del mar Tirreno in fragranti ricette di mare. Un consiglio: chiedete il carrello-espositore per conoscere il pescato del giorno.

CASTRO MARINA – Lecce (LE) – 564 G37 – 2 469 ab. – ✉ 73030 — 27 D3

Puglia

Roma 660 – Brindisi 86 – Bari 199 – Lecce 48

alla grotta Zinzulusa Nord : 2 km Italia

Orsa Maggiore rist,

litoranea per Santa Cesarea Terme 303 ✉ *73030 –* ✆ *08 36 94 70 28 – www.orsamaggiore.it*

29 cam – 35/75 € 70/150 € **Rist** – Menu 20/60 €

In posizione panoramica, arroccato sopra la grotta Zinzulusa, un hotel a conduzione familiare che dispone di confortevoli spazi comuni e camere lineari, quasi tutte con vista. Ampia e luminosa, la sala ristorante annovera proposte di mare e di terra ed è disponibile anche per allestire banchetti.

CASTROREALE **Sicilia – Messina (ME) – 365** AZ55 **– 2 654 ab. – alt. 394 m –** ✉ **98053** Sicilia **30** D1

Catania 142 – Messina 51 – Palermo 203

Country Hotel Green Manors

borgo Porticato 70, Sud-Ovest : 2 km – ✆ *09 09 74 65 15 – www.greenmanors.it*

9 cam – 50/90 € 80/130 €

Rist – *(solo a pranzo)* (prenotazione obbligatoria) Menu 30/60 €

Una solida costruzione in pietra in una zona tranquilla con camere curate e personalizzate, nonché eleganti spazi comuni di soggiorno. Zona relax con bagno turco ed area massaggi. Al ristorante: cucina attenta ai prodotti biologici e preparazioni salutiste.

CASTROVILLARI **– Cosenza (CS) – 564** H30 **– 22 561 ab. – alt. 362 m –** ✉ **87012** **5** A1

Roma 453 – Cosenza 74 – Catanzaro 168 – Napoli 247

sull'autostrada SA-RC, ✆ 0981 3 23 32, www.infopointviaggi.it

La Locanda di Alia

via Jetticelli 55 – ✆ *0 98 14 63 70 – www.alia.it*

14 cam – 75/90 € 98/110 €

Rist *Il Ristorante di Alia* – vedere selezione ristoranti

Leggermente periferica rispetto al centro paese, la locanda è composta da diversi cottage che ospitano le ampie camere: tutt'intorno un curato giardino.

Il Ristorante di Alia – Hotel La Locanda di Alia

via Jetticelli 55 – ✆ *0 98 14 63 70 – www.alia.it – Chiuso domenica sera*

Rist – Menu 30 € (in settimana)/60 € – Carta 34/56 €

Nato agli inizi degli anni '50, questo ristorante di tono rustico-elegante non smette di piacere ai suoi ospiti: sarà per la qualità del servizio, o per la cucina rigorosamente calabrese? Probabilmente, entrambi!

CATABBIO **– Grosseto (GR) – Vedere Semproniano**

CATANIA **Sicilia** Ⓟ **(CT) – 365** AZ58 **– 293 458 ab.** Sicilia **30** D2

Messina 97 – Siracusa 59

di Fontanarossa Sud: 4 km BV ✆ 095 340505

via Vittorio Emanuele II 172, ✆ 095 7 42 55 73, www.comune.catania.it/la_città/turismo

FS, ✉ 95129, ✆ 095 7 30 62 55

Aeroporto Civile Fontanarossa, ✉ 95100, ✆ 095 7 30 62 66

Palazzo Biscari★ EZ – Piazza del Duomo★ : Duomo★ DZ _ Badia di Sant'Agata★ **B** – Via Crociferi★ DYZ – Via Etnea★: villa Bellini★ DXY – Complesso Monumentale di San Nicolò l'Arena★ DYZ **S8**

Etna★★★

Piante pagine seguenti

CATANIA

Alagona Artale (Viale) . . . **CU** 2
Angelo Custode (V.) . . . . **BV** 3
Aurora (V.). . . . . **BV** 4
Barcellona (V.). . . . . **BV** 6
Beccaria (V. Cesare) . . . . **BU** 8
Belfiore (V.). . . . . **BV** 10
Bosco (V. del) . . . . **BU** 13
Cantone (V.) . . . . **BU** 16
Caracciolo
(V. Amm. Antonio). . . . **BV** 17
Cavour (Pza) . . . . **BU** 23
Colombo (V. Cristoforo) . **BV** 24
D'Annunzio
(V. Gabriele). . . . . **CU** 28
Europa (Pza) . . . . **CU** 30
Filocomo (V.). . . . . **BU** 31
Filzi (V. Fabio) . . . . **BV** 32
Forlanini (V. Carlo). . . . . . **BV** 33
Galatioto (V.). . . . . **CU** 36
Giovanni XXIII
(Pza Papa) . . . . **CV** 38
Giuffrida (V. Vincenzo) . . **CU** 39
Grassi (V. Battista) . . . . . **BU** 41
Imbriani
(V. Matteo Renato) . . . **BU** 43
Indipendenza (Cso) . . . . . **BV** 44
Lavaggi (V. Giovanni). . . . **BV** 46
Maria SS. Assunta
(V.). . . . . **BV** 48
Marotta (V. Erasmo) . . . . **CU** 49
Martelli Castaldi
(V. Sabato). . . . . **BV** 51
Martiri della Libertà
(Cso) . . . . **CV** 52
Monserrato (V.). . . . . **BU** 55
Montenero (V.) . . . . **BV** 56
Nava (V. Cardinale) . . . . **BU** 58
Odorico da Pordenone
(Viale) . . . . **BU** 59
Palestro (Pza) . . . . **BV** 61
Passo Gravina (V.). . . . . . **BU** 64
Plaja (V.) . . . . **BV** 65
Plebiscito (V.) . . . . **BV** 67
Regina Margherita
(Viale) . . . . **BV** 71
Regione (Viale della) . . . . **BV** 72
Risorgimento (Pza) . . . . . **BV** 73
Roccaromana (V.) . . . . . . **BV** 75
Rotolo (Viale del) . . . . . . **CU** 76
Ruggero di Lauria
(Viale) . . . . **CU** 78
Santa Maria
della Catena
(V.). . . . . **BV** 84
Sanzio (Viale Raffaello) . . **CU** 85
San Nicolò al Borgo (V.) . **BU** 83
Stadio (V. dello). . . . . **BV** 88
Stella Polare (V.) . . . . **BV** 89
Tempio (V. Domenico) . . . **BV** 93
Vivaldi (Viale Fratelli). . . . **BU** 99

CATANIA

Angelo Custode (V.) . . . . DZ 3
Benedetto (Pza A. d.) . . . . DZ 11
Biondi (V.) . . . . EY 12
Bovio (Pza G.) . . . . EY 15
Carlo Alberto (Pza) . . . . EY 19
Castello Ursino (V.) . . . . DZ 21
Conte di Torino (V.) . . . . EY 25
Currò (Pza) . . . . DZ 26
Cutelli (Pza) . . . . EZ 27
Dante (Pza) . . . . DY 29
Etnea (V.) . . . . DXY
Giuffrida (V. Vincenzo) . . . . EX 39
Guardie (Pza delle) . . . . EY 42
Imbriani (V. M. R.) . . . . DEX 43
Landolina (V.) . . . . EZ 45
Lupo (Pza Pietro) . . . . EY 47
Museo Biscari (V.) . . . . EZ 57
Orlando (V. Vitt. E.) . . . . EX 60
Porticello (V.) . . . . EZ 68
Rabbordone (V.) . . . . EY 69
Rapisardi (V. Michele) . . . . EY 70
Rotonda (V. d.) . . . . DYZ 77
Spirito Santo (Pza) . . . . EY 87
Stesicoro (Pza) . . . . DY 91
S. Anna (V.) . . . . DZ 79
S. Francesco d'Assisi (Pza) . . . . . . DZ 80
S. Gaetano alle Grotte (V.) . . . . . . DEY 81
S. Giuseppe al Duomo (V.) . . . . DZ 82
Teatro Massimo (V.) . . . . EYZ 92
Trento (Pza) . . . . EX 95
Umberto I (V.) . . . . DEX
Università (Pza dell') . . . . DZ 96
Verga (Pza) . . . . EX 98
Vittorio Emanuele III (Pza) . . . . EY 100

Excelsior Grand Hotel rist,
piazza Verga 39 ✉ *95129 – ☎ 09 57 47 61 11 – www.hotelexcelsiorcatania.it* EXa
176 cam – †75/225 € ††100/240 € – 6 suites
Rist – Carta 36/73 €
Imponente albergo, che dopo la ristrutturazione si situa ai vertici dell'hotellerie catanese: classica sobrietà senza sfarzi negli interni e qualità assoluta nel confort. Raffinata ambientazione in stile e servizio accurato nel ristorante.

UNA Hotel Palace rist,
via Etnea 218 ✉ *95131 – ☎ 09 52 50 51 11 – www.unahotels.it* DYb
87 cam – †96/430 € ††96/450 € – 7 suites
Rist – Carta 36/71 €
Imponente struttura inaugurata recentemente nel cuore della via Etnea, l'arteria centrale della città. Palazzo d'inizio '900 ristrutturato con ampi ed eleganti spazi comuni. Ristorante panoramico al roof-garden.

Romano Palace
viale Kennedy 28, 1 km per ③ ✉ *95121 – ☎ 09 55 96 71 11 – www.romanopalace.it*
104 cam – †110/180 € ††140/220 €
Rist *Il Coriandolo* – Carta 39/73 €
All'inizio della zona balneare detta plaia, l'albergo è dedicato all'idea della Sicilia come crocevia di culture diverse: suggestioni arabe ed arredi etnici. Tra il Barocco della città e il mare, un'oasi di incanto dominata dalla magica imponenza dell'Etna. Piatti mediterranei nel ristorante fusion.

Villa del Bosco & VdB Next
via del Bosco 62 ✉ *95125 – ☎ 09 57 33 51 00 – www.hotelvilladelbosco.it*
52 cam – †79/399 € ††89/399 € – 4 suites BUa
Rist *Il Canile* – vedere selezione ristoranti
Sulle prime colline della città, una dimora ottocentesca con mobili d'epoca, decorazioni in stile pompeiano e tappeti. Le camere ubicate nella dépendance sfoggiano uno stile più moderno: colori scuri e forme geometriche.

Katane Palace
via Finocchiaro Aprile 110 ✉ *95129 – ☎ 09 57 47 07 02 – www.katanepalace.it*
58 cam – †70/172 € ††80/205 € EXb
Rist *Il Cuciniere* – *(solo a cena)* (consigliata la prenotazione) Carta 40/60 €
Costruito ex novo e suddiviso in due distinti edifici, gli eleganti interni di questo palazzo degli inizi del Novecento vantano sobri arredi accostati ad antichità di pregio.

Liberty senza rist
via San Vito 40 ✉ *95124 – ☎ 0 95 31 16 51 – www.libertyhotel.it* DYa
11 cam – †90/120 € ††130/180 € – 7 suites
Gli amanti del Liberty apprezzeranno questo piccolo hotel in un palazzo di inizio '900, le cui atmosfere richiamano alla mente il celebre romanzo *Il Gattopardo*. Le camere sono contraddistinte da un nome evocante il sentimento che ispirano, ma è il giardino d'inverno a porre il sigillo dello charme sulla struttura.

Il Principe senza rist
via Alessi 24 ✉ *95124 – ☎ 09 52 50 03 45 – www.ilprincipehotel.com*
31 cam – †69/499 € ††69/499 € – 3 suites DYZc
Sorto dalle ceneri di un palazzo nobiliare ottocentesco, ne conserva ancora diversi elementi originali, intelligentemente coniugati con arredi moderni e lineari.

Residence Hotel La Ville senza rist
via Monteverdi 15 ✉ *95131 – ☎ 09 57 46 52 30 – www.rhlaville.it* EYb
14 cam – †65/90 € ††75/110 €
Risorsa del centro ospitata da un edificio di inizio '900. A seguito di un'impeccabile ristrutturazione presenta una bella hall e una graziosa sala colazioni. Camere eleganti.

NH Parco degli Aragonesi
viale Kennedy 2, località la Playa, 1 km per ③ ✉ 95121 – ✆ 09 57 23 40 73 – www.nh-hotels.it
124 cam – 🛉76/231 € 🛉🛉92/272 € **Rist** – Menu 35 € bc
Hotel di taglio moderno ubicato sul lungomare: la disposizione razionale degli spazi nelle camere e negli ambienti comuni, lo rende ideale per una clientela business. Servizio navetta per il centro e l'aeroporto.

Aga Hotel
viale Ruggero di Lauria 43 ✉ 95127 – ✆ 09 58 36 24 06 – www.agahotel.it
48 cam – 🛉60/180 € 🛉🛉70/220 € CU**a**
Rist ***Pepe Nero*** – vedere selezione ristoranti
Ubicata sul lungomare, questa nuova struttura vocata ad una clientela business, non manca di offrire ai suoi ospiti alcune camere con vista sul Mediterraneo. Le stanze sono nello stile attualmente tanto in voga: minimaliste con legno scuro tipo wengé ed inserti in pelle.

La Vecchia Palma senza rist
via Etnea 668 ✉ 95128 – ✆ 0 95 43 20 25 – www.lavecchiapalma.com
12 cam – 🛉50/70 € 🛉🛉60/90 € BU**b**
Sulla rinomata via Etnea, una valida gestione familiare ha riconvertito un'affascinante villa liberty in accogliente struttura alberghiera: il barocco siciliano orna gli spazi comuni, mentre romantici affreschi impreziosiscono alcune delle belle camere.

Il Canile – Hotel Villa del Bosco & VdB Next
via del Bosco 62 ✉ 95125 – ✆ 09 57 33 51 00 – www.hotelvilladelbosco.it – Chiuso domenica a mezzogiorno BU**a**
Rist – Carta 32/48 €
Il nome è da attribuirsi ai due magnifici cani in pietra del '700, a guardia del ristorante. Ma il fascino dell'elegante sala passa in secondo piano, quando arrivano i piatti in tavola: sapori del territorio, riproposti con gusto contemporaneo.

La Siciliana
viale Marco Polo 52/a ✉ 95126 – ✆ 0 95 37 64 00 – www.lasiciliana.it
Rist – *(chiuso lunedì) (solo a pranzo nei giorni festivi)* CU**x**
Carta 27/53 € (+15 %)
E' ormai diventato un locale storico della città questo ristorante tipico di stile classico; la proposta si muove tra piatti della cucina del luogo e altri più tradizionali.

Pepe Nero – Aga Hotel
viale Ruggero di Lauria 43 ✉ 95027 – ✆ 0 95 38 23 68 – www.pepeneroristorante.it CU**a**
Rist – Carta 32/62 €
Locale di tono moderno dispone di due sale dall'arredo minimalista. In menu gustose proposte di carne e di pesce, mentre per gli irrinunciabili della pizza anche una piccola carta ad essa dedicata.

Osteria Antica Marina
via Pardo 29 ✉ 95121 – ✆ 0 95 34 81 97 – www.anticamarina.com
Rist – (coperti limitati, prenotare) Menu 35/40 € – Carta 39/70 € DZ**a**
Nell'effervescente zona dei mercati, a pochi passi dal duomo, una vivace trattoria dove gustare fragranti specialità ittiche: il pesce viene venduto a peso, le proposte suggerite al tavolo.

CATANZARO Ⓟ (CZ) – **564** K31 – **93 124 ab. – alt. 320 m** – ✉ **88100** **5** B2

Roma 612 – Cosenza 97 – Bari 364 – Napoli 406
corso Mazzini 188, ✆ 0961 88 19 21, www.comunecatanzaro.it

Guglielmo
via A. Tedeschi 1 – ✆ 09 61 74 19 22 – www.hotelguglielmo.it
36 cam – 🛉140 € 🛉🛉200 €
Rist – *(chiuso venerdì, sabato e domenica) (solo a cena)* Carta 20/40 €
Rinata a nuovo splendore, la struttura si caratterizza per i suoi ambienti confortevoli ed eleganti, funzionali e tecnologicamente up-to-date. Ideale per soggiorni business, ma anche per viaggi culturali e turistici.

a Catanzaro Lido Sud : 14 km – ✉ 88063

Palace rist,
via lungomare 221 – ✆ 0 96 13 18 00 – www.hotel-palace.it
73 cam – 88/105 € 98/125 € – 4 suites **Rist** – Carta 21/57 €
Sul lungomare, hotel di tono elegante con arredi in stile Impero: eleganza anche nelle camere di differenti tipologie, tutte modernamente attrezzate. Sala meeting panoramica, al settimo piano. La cucina si divide tra pesce e carne nel bel ristorante con vista sul Mediterraneo.

Grand Hotel Paradiso cam, cam, rist,
via Michele Maria Manfredi 30, Ovest : 2 km – ✆ 0 96 13 21 93 – www.grandhotelparadiso.net
67 cam – 60/160 € 90/230 € – 4 suites **Rist** – Carta 23/61 €
Un grande albergo: classico e molto curato, si va dai bagni con cromoterapia, alle suite con box doccia-sauna. Di suggestiva atmosfera, anche il centro benessere.

CATTOLICA – Rimini (RN) – **562** K20 – **16 899 ab.** – ✉ **47841** **9** D2

Roma 315 – Rimini 22 – Ancona 92 – Bologna 130
via Mancini 24, ✆ 0541 96 66 97, www.visitcattolica.com
piazzale 1° maggio, ✆ 0541 96 66 87
Rivieragolfresort San Giovanni in Marignano via Conca Nuova 1236, , Sud-Ovest: 5 km, 0541 956499, www.rivieragolfresort.com – chiuso lunedì da novembre a marzo

Carducci 76
via Carducci 76 – ✆ 05 41 95 46 77 – www.carducci76.it – Chiuso 22-28 dicembre
39 cam – 105/180 € 130/340 € – 6 suites
Rist – *(chiuso domenica e lunedì escluso da maggio a ottobre) (solo per alloggiati)*
Un'enclave in stile neocoloniale nel cuore di Cattolica: corte interna con giardino islamico ed ispirazioni orientali. Camere originali e minimaliste.

Europa Monetti rist,
via Curiel 39 – ✆ 05 41 95 41 59 – www.europamonetti.com – Aperto 1° marzo-31 ottobre
70 cam – 60/110 € 100/220 € – 12 suites
Rist – *(solo per alloggiati)* Menu 18/44 € – Carta 25/44 €
Vicino al mare, in zona di negozi e locali, l'impronta moderna di una gestione familiare sempre attenta alle più recenti innovazioni.

Moderno-Majestic rist,
via D'Annunzio 15 – ✆ 05 41 95 41 69 – www.modernomajestic.it – Aperto 20 maggio-20 settembre
60 cam – 70/80 € 140/160 €, 8 € **Rist** – Carta 20/30 €
Bell'edificio fronte mare, dove il binomio cromatico bianco-blu vi accompagnerà in una vacanza tipicamente balneare dalle confortevoli camere e graziosi bagni.

Park Hotel rist,
lungomare Rasi Spinelli 46 – ✆ 05 41 95 37 32 – www.parkhotels.it
47 cam – 60/110 € 90/180 € – 5 suites **Rist** – Carta 23/63 €
Un albergo costruito nel 1989, sulla strada che costeggia la spiaggia; luminose sia le aree comuni che le camere, rinnovate in massima parte, con vetrate e vista mare.

Beaurivage rist,
viale Carducci 82 – ✆ 05 41 96 31 01 – www.hotelbeaurivage.com – Aperto 1° maggio-30 settembre
80 cam – 80/110 € 150/180 € – 2 suites
Rist – *(solo per alloggiati)* Carta 32/52 €
In una via centrale, ma sul mare con accesso diretto alla spiaggia, dispone di ampi spazi comuni interni ed esterni. Mobili in midollino nelle sobrie camere.

Aurora
via Genova 26 – 05 41 83 04 64 – www.hotel3stellecattolica.info – Aperto 1°aprile-31 ottobre
18 cam – 34/52 € 68/104 €, 7 €
Rist – *(solo per alloggiati)* Carta 21/47 €
A pochi passi dal centro e vicinissimo alla spiaggia, camere di rara ampiezza e bagni moderni, in una piccola struttura a gestione familiare. La proverbiale pasta tirata al mattarello e tante altre specialità romagnole al ristorante.

Sole
via Verdi 7 – 05 41 96 12 48 – www.hotel-sole.it – Aperto 20 maggio-20 settembre
43 cam – 51/61 € 80/110 €, 7 € – 1 suite
Rist – *(solo per alloggiati)* Menu 17 €
Familiari la gestione e l'ospitalità in questo hotel situato in una via alle spalle del lungomare; tinte pastello nelle camere, semplici, ma luminose e ben tenute.

Locanda Liuzzi
via Fiume 61, angolo via Carducci – 05 41 83 01 00 – www.locandaliuzzi.com – Chiuso mercoledì escluso giugno-agosto
Rist – (consigliata la prenotazione) Menu 56/76 € – Carta 41/70 €
La semplicità e la tradizione non abitano in questo ritrovo di estrosi e creativi: la cucina è una continua sperimentazione di forme, colori e consistenze, per gli amanti del genere.

La Lampara
piazzale Galluzzi 3 – 05 41 96 32 96 – www.ristorantelampara.it – Chiuso 20 dicembre-20 gennaio
Rist – Menu 40/60 € – Carta 42/62 €
Le finestre di questo locale - dalla pluriennale gestione familiare - si aprono sul mare, di cui la cucina celebra i prodotti: dagli antipasti misti alle grigliate, in ricette tipiche dell'Adriatico.

CAVA DE' TIRRENI – Salerno (SA) – 564 E26 – 53 520 ab. – alt. 180 m – 84013 Italia Centro-Sud 6 B2

Roma 254 – Napoli 47 – Avellino 43 – Caserta 76

Pappacarbone (Rocco Iannone)
via Rosario Senatore 30 – 0 89 46 64 41 – www.ristorantepappacarbone.it – Chiuso agosto, domenica sera e lunedì
Rist – Carta 44/83 €
➜ Pasta e patate con cozze e fiorilli. Mazzancolle avvolte nel lardo di Colonnata con purea di cavolfiore e bottarga di tonno. Delizia al cioccolato bianco con zenzero in agrodolce e carpaccio di fragole.
Dopo importanti esperienze in prestigiosi locali, lo chef-patron si è proclamato paladino della cucina naturale: poche sofisticazioni e soprattutto "trasparenza" nei suoi ingredienti.

a Corpo di Cava Sud-Ovest : 4 km – alt. 400 m – 84013 Badia Di Cava De Tirreni

Scapolatiello
rist,
piazza Risorgimento 1 – 0 89 44 36 11 – www.hotelscapolatiello.it
44 cam – 66/95 € 80/130 € – 2 suites **Rist** – Carta 24/47 €
Gestito dalla stessa famiglia fin dal 1821, signorile albergo panoramico vicino all'Abbazia Benedettina. Ampi spazi comuni e un curato giardino con piscina. Le camere non son da meno, in quanto a confort e piacevolezza. L'incanto della terrazza fiorita dalle vetrate della moderna e luminosa sala ristorante.

CAVAGLIÀ – Biella (BI) – 561 F6 – 3 623 ab. – alt. 271 m – 13881 23 C2

Roma 657 – Torino 54 – Aosta 99 – Milano 93

via Santhià 75, 0161 966949, www.golfcavaglia.com

UNA Golf Hotel Cavaglià
via Santhià 75 – ✆ 01 61 96 67 71 – www.unahotels.it
37 cam – 70/132 € 90/132 € **Rist** – Carta 34/82 €
Circondata dal verde, questa bella struttura è caratterizzata da un' ampia hall e da varie salette relax, nonché camere di due tipologie - standard e superior - entrambe ben accessoriate. Il retro dell'albergo ospita un campo da golf con un'accogliente club house, aperta a pranzo e a cena.

Osteria dell'Oca Bianca
via Umberto I 2 – ✆ 01 61 96 68 33 – Chiuso 10-31 gennaio, 27 giugno-18 luglio, martedì e mercoledì
Rist – Carta 28/65 €
Nel cuore della località, di fronte alla chiesa, classica osteria di paese che mantiene intatto lo spirito originario. Cantina ben fornita e affidabile cucina del territorio.

CAVAGLIETTO – Novara (NO) – 561 F7 – 415 ab. – alt. 233 m – ✉ 28010 23 C2

Roma 647 – Stresa 42 – Milano 74 – Novara 22

Arianna
via Umberto 4 – ✆ 03 22 80 61 34 – www.ristorantearianna.net – Chiuso 1°-11 gennaio, 21 luglio-14 agosto, mercoledì a mezzogiorno e martedì
Rist – Menu 52 € – Carta 77/100 €
In un piccolo e tranquillo borgo agricolo, imprevedibilmente, un ristorante d'impronta elegante: tavoli distanziati, comode sedie, piatti di concezione moderna.

CAVAGNANO – Varese (VA) – Vedere Cuasso al Monte

CAVALESE – Trento (TN) – 562 D16 – 4 014 ab. – alt. 1 000 m – Sport invernali : ad Alpe Cermis : 1 280/2 250 m 7 38 (Comprensorio Dolomiti superski Val di Fiemme-Obereggen) – ✉ 38033 34 D3

Roma 648 – Bolzano 43 – Trento 50 – Belluno 92
via Fratelli Bronzetti 60, ✆ 0462 24 11 11, www.visitfiemme.it

Lagorai
via Val di Fontana 2 – ✆ 04 62 34 04 54 – www.hotel-lagorai.com – Chiuso novembre
44 cam – 70/100 € 100/140 € – 6 suites
Rist – Carta 29/68 €
Rist *Essenza Gourmet* – (prenotazione obbligatoria) Menu 50/65 € – Carta 30/66 €
Ad 1 km dal centro, in splendida posizione panoramica, l'hotel sembra un promontorio affacciato sulla valle. Ottime camere e un incantevole giardino a terrazze. Cucina mediterranea e creativa nell'angolo gourmet, reso unico dalla diffusione nell'aria di essenze speciali.

Bellavista
via Pizzegoda 5 – ✆ 04 62 34 02 05 – www.bienvivrehotels.it – Chiuso maggio e novembre
45 cam – 49/159 € 59/169 € **Rist** – Carta 21/41 €
Vicino al centro, si trova all'interno di un bell'edificio con decorazioni che continuano nell'elegante hall. Camere più semplici, quasi tutte spaziose. Classica sala d'albergo per una cucina altrettanto tipica.

Laurino senza rist
via Antoniazzi 14 – ✆ 04 62 34 01 51 – www.hotelgarnilaurino.it
14 cam – 45/65 € 86/110 €, 7 € – 2 suites
La posizione centrale di questo incantevole palazzo del '600 non ne penalizza la tranquillità. Camere confortevoli, gran cura del dettaglio per un soggiorno all'insegna del romanticismo.

Romantic Hotel Excelsior
piazza Cesare Battisti 11 – ✆ 04 62 34 04 03 – www.excelsiorcavalese.com
26 cam – 54/103 € 100/152 € **Rist** – Carta 35/43 €
In un palazzo del '500 - nel cuore storico del paese - dai pavimenti alla splendida stufa decorata, il passato ha lasciato più di una traccia. Camere più semplici dagli arredi contemporanei. Cucina classica o pizzeria, le opzioni per i pasti sono variegate.

Park Hotel Azalea
via delle Cesure 1 – ✆ 04 62 34 01 09 – www.parkhotelazalea.it – Aperto 1° dicembre-15 aprile e 1° giugno-15 ottobre
34 cam – 50/110 € 80/220 € **Rist** – *(solo per alloggiati)*
Nel centro della rinomata località trentina, la struttura si è rifatta il look! Profusione di legno e design moderno per una risorsa che fa della calorosa gestione familiare il proprio punto di forza.

Salvanel senza rist
via Carlo Esterle 3 – ✆ 04 62 23 20 57 – www.salvanel.com – Chiuso 15 giorni in maggio e 15 giorni in novembre
7 cam – 38/75 € 76/150 €
A due passi dal centro, albergo ricavato dalla ristrutturazione di una casa di origini settecentesche: se la gestione è familiare e mancano i grandi servizi alberghieri, la cura e la pulizia delle camere non vi deluderanno.

El Molin (Alessandro Gilmozzi)
piazza Cesare Battisti 11 – ✆ 04 62 34 00 74 – www.elmolin.info – Aperto 1° dicembre-12 aprile e 15 giugno-15 ottobre; chiuso martedì
Rist – *(solo a cena)* (consigliata la prenotazione) Carta 58/91 €
Rist *Wine-bar* – *(aperto 1° dicembre-1° maggio e 1° giugno-1° novembre; chiuso mercoledì a mezzogiorno e martedì)* Carta 29/54 €
→ Tagliolini al fumo di ginepro, fontal e tartufo. Piccione cotto su corteccia di pino, fegatini e polenta. Torta di latte, fieno e violette.
In un mulino del '600, l'interno è un susseguirsi di ballatoi e decorazioni in legno tra le antiche macine, mentre la cucina - tecnica e creatività - porta il bosco nel piatto. Per i più tradizionalisti, wine-bar al 1° piano con scelta ristretta di piatti e salumi trentini; spesso grandi vini al bicchiere.

Costa Salici
via Costa dei Salici 10 – ✆ 04 62 34 01 40 – www.costasalici.com – Chiuso 1 settimana in maggio, 1 settimana in novembre, martedì a mezzogiorno e lunedì
Rist – Menu 38/80 € – Carta 40/67 €
In una casa di montagna, due salette comunicanti di cui una caratteristica stube rivestita in legno di cirmolo, cristalli e posate d'argento a tavola; piatti locali rivisitati.

CAVALLINO – Venezia (VE) – 562 F19 – ✉ 30013 40 C2

Roma 571 – Venezia 53 – Belluno 117 – Milano 310
via Fausta 406/a, ✆ 041 52 98 71, www.turismovenezia.it

Art & Park Hotel Union Lido
via Fausta 270 – ✆ 0 41 96 80 43 – www.parkhotelunionlido.com – Aperto 20 aprile-22 settembre
78 cam – 79/158 € 108/237 € **Rist** – Carta 32/67 €
All'interno di un complesso turistico che si estende per oltre 1 km sul mare, piacevoli sale classiche, una piccola zona fitness e servizio di beauty-wellness center. Cucina di mare e pizze nel gradevole ristorante con dehors estivo.

Trattoria Laguna
via Pordelio 444 – ✆ 0 41 96 80 58 – www.trattorialaguna.it – Chiuso 1° gennaio-15 febbraio e giovedì
Rist – Menu 28/65 € – Carta 27/79 €
Locale accogliente e dinamico, sempre pronto a darvi il meglio che il mare propone. Ma l'attenzione è anche rivolta ai prodotti biologici e del territorio.

a Treporti O : 11 km – ✉ 30010

X **Locanda Zanella**

piazza Santissima Trinità 5/6 – ☎ 04 15 30 17 73 – www.locandazanella.it – Chiuso 27 dicembre-10 gennaio, domenica sera e lunedì escluso Pasqua-settembre

Rist – Carta 36/61 €

Gestione familiare in una trattoria dagli ambienti rustici e semplici, con piacevoli dehors per la bella stagione. Sulla tavola del buon pesce fresco ad un rapporto qualità/prezzo interessante.

CAVALLINO – **Lecce (LE)** – **564** G36 – **12 428 ab.** – ✉ **73020** Puglia **27** D2

Roma 582 – Brindisi 47 – Gallipoli 42 – Lecce 7

XX **Osteria del Pozzo Vecchio**

via M. Silvestro 16 – ☎ 08 32 61 16 49 – www.osteriadelpozzovecchio.it – Chiuso lunedì escluso luglio-agosto

Rist – *(solo a cena in luglio-agosto)* Carta 18/38 €

A due passi dalla piazza, il ristorante consta di due sale e di un giardino per il servizio all'aperto dove gustare una cucina principalmente di pesce. La sera anche pizzeria.

CAVATORE – **Alessandria (AL)** – **561** I7 – **315 ab.** – **alt. 516 m** – ✉ **15010** **23** C3

Roma 557 – Alessandria 42 – Genova 80 – Asti 51

XX **Da Fausto** con cam

località Valle Prati 1 – ☎ 01 44 32 53 87 – www.relaisborgodelgallo.it – Chiuso 1° gennaio-8 febbraio

4 cam – †80/130 € ††80/130 €

Rist – *(chiuso martedì a pranzo e lunedì, anche martedì sera in ottobre-giugno)* Menu 16 € (pranzo in settimana)/34 € – Carta 26/44 €

Roast-beef al sale con funghi porcini spadellati al timo ed altri piatti casalinghi dalle porzioni generose, ben curati nelle presentazioni, in una tipica casa dalla facciata in pietra.

CAVAZZO CARNICO – **Udine (UD)** – **562** C21 – **1 102 ab.** – ✉ **33020** **10** B1

Roma 693 – Trieste 118 – Udine 50

X **Borgo Poscolle**

via Poscolle 21/a – ☎ 04 33 93 50 85 – Chiuso 1 settimana in gennaio, 1 settimana in giugno, martedì e mercoledì

Rist – Carta 28/43 €

Cucina casalinga legata al territorio in una gradevole trattoria familiare, dove la ricerca del prodotto locale - possibilmente a km 0 e biologico - si è trasformata in piacevole ossessione.

CAVENAGO D'ADDA – **Lodi (LO)** – **561** G10 – **2 294 ab.** – **alt. 73 m** – ✉ **26824** **16** B3

Roma 557 – Milano 47 – Lodi 13 – Cremona 73

XX **L'Arsenale**

via Geppino Conti 8 – ☎ 03 71 70 90 86 – www.ristorantelarsenale.com – Chiuso 1 settimana in agosto e lunedì

Rist – Menu 60 € – Carta 39/76 €

Scenografica collocazione in un fienile ottocentesco ingegnosamente ristrutturato, nel locale ritroverete inalterati i sapori della cucina classica ed innovativa.

CAVENAGO DI BRIANZA – **Monza e Brianza (MB)** – **561** F10 – **6 807 ab.** – **alt. 176 m** – ✉ **20040** **18** B2

Roma 606 – Milano 30 – Lodi 60 – Lecco 59

Devero
largo Kennedy 1 – ✆ 02 95 33 54 12 – www.deverohotel.it
– Chiuso 2 settimane in agosto
138 cam – 119/169 € 129/250 € – 10 suites
Rist *Devero Ristorante* – vedere selezione ristoranti
Rist *Dodici 24* – ✆ 02 95 33 71 52 – Carta 33/65 €
Ampliata con la nuova "torre", questa struttura dalle linee nette e moderne si presenta con spazi comuni funzionali e camere ben accessoriate. Cucina mediterranea al ristorante, la cui apertura - come evoca il nome - è dalle 12 alle 24.

Devero Ristorante (Enrico Bartolini)
largo Kennedy 1 – ✆ 02 95 33 52 68 – www.deverohotel.it – Chiuso 2 settimane in agosto, domenica e i mezzogiorno di lunedì e sabato
Rist – Carta 67/116 €
➜ Risotto alle rape rosse e salsa al gorgonzola. Guancia croccante di vitello con puré di patate al burro d'alpeggio. Crema bruciata, ciliegie, meringhe e mirtilli ghiacciati.
La sala dal design contemporaneo si affaccia su uno specchio d'acqua con giochi di luce, lo spazio è diviso in settori grazie a pareti di cristallo e paraventi in tessuto. Ricerca e sapore, creatività, ma anche concretezza, sono gli atout della cucina.

CAVERNAGO – Bergamo (BG) – 561 F11 – 2 450 ab. – alt. 199 m – ✉ 24050 19 C2

Roma 600 – Bergamo 13 – Brescia 45 – Milano 54

Giordano con cam
via Leopardi 1 – ✆ 0 35 84 02 66 – www.hotelgiordano.it
– Chiuso 26 dicembre-6 gennaio, agosto
19 cam – 55/80 € 80/120 € – 1 suite
Rist – *(chiuso domenica sera e lunedì)* Menu 25 € (pranzo in settimana)/80 € – Carta 43/70 €
Si rifanno alla Toscana, terra d'origine del titolare, le specialità di questo ristorante, particolarmente attento nella scelta dei prodotti. Una grande vetrata separa la sala dalla griglia. Camere confortevoli e moderne: le più belle - al piano terra - sono contraddistinte con i nomi di grandi vini.

CAVI – Genova (GE) – 561 J10 – Vedere Lavagna

CAVOUR – Torino (TO) – 561 H4 – 5 642 ab. – alt. 300 m – ✉ 10061 22 B3

Roma 698 – Torino 54 – Asti 93 – Cuneo 51

Locanda la Posta
via Volontari del Sangue 11 – ✆ 0 12 16 99 89 – www.locandalaposta.it
– Chiuso 29 luglio-14 agosto
20 cam – 55/120 € 80/160 €
Rist *La Posta* – vedere selezione ristoranti
Guidata dalla stessa famiglia sin dalle sue origini settecentesche, la locanda vanta camere accoglienti e in stile, intitolate ai personaggi storici che vi hanno alloggiato.

La Posta – Hotel Locanda la Posta
via Volontari del Sangue 11 – ✆ 0 12 16 99 89 – www.locandalaposta.it
– Chiuso 29 luglio-14 agosto e venerdì
Rist – Menu 40 € – Carta 21/54 €
La fantasiosa insalata di mele ed il paté di fegato di selvaggina, gli agnolotti (o i tagliolini) fatti a mano, i bolliti con le mille salse, il bonet: insomma, se volevate gustare la vera cucina piemontese siete cascati bene!

La Nicchia
via Roma 9 – ✆ 01 21 60 08 21 – www.lanicchia.net – Chiuso 2 settimane in febbraio, 1 settimana in agosto, giovedì a pranzo e mercoledì
Rist – Menu 37/42 € – Carta 35/61 €
Una nicchia di "buon gusto" all'interno di un edificio di fine 700, già indicato in un'antica mappa napoleonica. Sulla tavola, il meglio delle materie prime locali in ricette regionali, benevolmente aperte a qualche intrusione moderna.

CAVRIGLIA – Arezzo (AR) – 563 L16 – 9 522 ab. – alt. 281 m – ✉ 52022 32 C2

Roma 238 – Firenze 58 – Siena 41 – Arezzo 49

a Meleto Nord : 9 km – ✉ 52020

Villa Barberino cam,
viale Barberino 19 – ✆ 0 55 96 18 13 – www.villabarberino.it
14 cam – 60/150 € 80/250 € – 3 suites
Rist *Il Tributo* – Carta 34/56 €
In una fattoria del '300 con annesso borgo, un giardino all'italiana perfettamente tenuto ed una bella piscina che, oltre ad offrire momenti di piacevole relax, regala alla vista il panorama di dolci colline. La cucina toscana è rivisitata con garbo e i sapori cambiano con il mutar delle stagioni al ristorante Il Tributo.

CAZZAGO SAN MARTINO – Brescia (BS) – 561 F12 – 11 060 ab. – alt. 200 m – ✉ 25046 19 D2

Roma 560 – Brescia 17 – Bergamo 40 – Milano 81

Il Priore
via Sala 70, località Calino, Ovest : 1 km – ✆ 03 07 25 46 65 – Chiuso 7-25 gennaio e martedì
Rist – Menu 20 € (pranzo in settimana)/30 € – Carta 50/75 €
Due sale ampie e luminose con una piccola collezione di opere d'arte del '900 e servizio estivo in terrazza panoramica per un'interessante cucina di ampio respiro.

sulla strada statale 11 Padana Superiore Sud : 2,5 km

Papillon rist,
via Padana Superiore 100 ✉ 25046 – ✆ 03 07 75 08 43 – www.albergopapillon.it
47 cam – 60/75 € 85/100 € **Rist** – *(chiuso domenica)* Carta 23/66 €
Facilmente raggiungibile dall'autostrada Milano-Venezia, hotel di taglio moderno, a gestione familiare, frequentato da clientela di lavoro; camere spaziose e funzionali. Il ristorante dispone di varie, luminose sale d'impostazione classica.

Il Gelso di San Martino
via del Perosino 38, sulla strada statale 11 Padana superiore Sud: 2,5 km ✉ 25046 – ✆ 03 07 75 99 44 – www.ilristoranteilgelso.com – Chiuso luglio, agosto, domenica sera, martedì a pranzo e lunedì
Rist – (consigliata la prenotazione) Menu 40/70 € – Carta 38/77 €
Senza grandi emozioni la posizione (meglio chiedere indicazioni alla prenotazione), la magia esplode tutta nei piatti. Tanto è giovane il cuoco, quanto ammirevoli i risultati.

CECCHINI DI PASIANO – Pordenone (PN) – 562 E19 – Vedere Pasiano di Pordenone

CECINA – Livorno (LI) – 563 M13 – 28 573 ab. – alt. 15 m – ✉ 57023 31 B2

Toscana

Roma 285 – Pisa 55 – Firenze 122 – Grosseto 98

Posta senza rist
piazza Gramsci 12 – ✆ 05 86 68 63 38 – www.postahotel.it
15 cam – 55/75 € 80/100 €
Piccolo albergo d'atmosfera ospitato in un edificio d'epoca di una delle piazze principali di Cecina; parquet e mobili di legno scuro nelle camere accoglienti e curate.

Il Palazzaccio cam, cam,
via Aurelia Sud 300 – ✆ 05 86 68 25 10 – www.hotelpalazzaccio.it
35 cam – 75/120 € 75/120 €, 9 € – 2 suites
Rist – *(solo a cena)* Carta 29/43 €
In comoda posizione stradale, ma un po' arretrato rispetto al traffico, un hotel ricavato in una vecchia stazione di posta con camere spaziose e funzionali.

Scacciapensieri

via Verdi 22 – ✆ 05 86 68 09 00 – www.ristorantescacciapensieri.com – Chiuso lunedì

Rist – Menu 25 € (pranzo in settimana)/70 € – Carta 35/72 €

Lasciate ogni preoccupazione fuori dalla porta e concedetevi una pausa golosa, assaporando le specialità – soprattutto di mare – di questo storico ristorante in pieno centro. E se questo non bastasse, una buona bottiglia scelta nella fornita cantina contribuirà alla vostra spensieratezza!

Trattoria Senese

via Diaz 23 – ✆ 05 86 68 03 35 – Chiuso martedì

Rist – (prenotare) Carta 33/79 €

A gestione familiare, l'impostazione e i piatti sono quelli del classico ristorante di pesce e, sebbene vi sia un menu, vi consigliamo di farvi guidare nella scelta dallo chef: l'estroso cuoco ruota infatti il pescato del giorno in ricette sempre diverse che puntano sul gusto, in preparazioni semplici e mediterranee.

Il Doretto

via Pisana Livornese 32, Nord: 2,8 km – ✆ 05 86 66 83 63 – Chiuso 7-24 novembre e mercoledì

Rist – (coperti limitati, prenotare) Menu 45 € – Carta 37/77 €

Ristorante all'interno di un raffinato cascinale, che dell'antica struttura ha mantenuto lo stile rustico nonostante qualche spunto di eleganza nell'arredamento. In menu: interessanti proposte culinarie di terra e di mare (con scelta un po' più limitata a pranzo). Gradevole dehors per il servizio estivo.

CEFALÙ Sicilia – Palermo (PA) – 365 AT55 – 13 807 ab. – ✉ 90015 — 30 C2

Agrigento 140 – Caltanissetta 101 – Catania 182 – Enna 107

corso Ruggero 77, ✆ 0921 42 10 50, www.cefalu.it

Posizione pittoresca★★ – Duomo★★ – Osterio Magno★ – Museo Mandralisca : ritratto d'ignoto★ di Antonello da Messina

Riva del Sole

lungomare Giardina 25 – ✆ 09 21 42 12 30 – www.rivadelsole.com – Chiuso novembre

28 cam – †80/100 € ††90/140 €

Rist – *(aperto 16 marzo-31 ottobre)* Carta 30/51 € (+10 %)

Fronte spiaggia e mare, senza dimenticare il centro storico a due passi, questo albergo moderno dispone di camere rinnovate, alcune con vista sul Tirreno.

CEGLIE MESSAPICA – Brindisi (BR) – 564 F34 – 20 690 ab. – alt. 298 m — 27 C2

– ✉ 72013 Puglia

Roma 564 – Brindisi 38 – Bari 92 – Taranto 38

via Elia 16, ✆ 0831 37 10 03

Madonna Delle Grazie (N)

via Fedele Grande snc, contrada Pisciacalze – ✆ 08 31 38 13 71 – www.hotelmadonnadellegrazie.it

28 cam – †65/95 € ††90/150 € **Rist** – (prenotare) Carta 30/60 €

Alchimie cosmetiche e percorsi di bellezza nell'attrezzato centro benessere di questo nuovo hotel dai confort contemporanei e dallo stile signorile. La posizione tranquilla vi ripagherà della sua ubicazione periferica rispetto al paese.

Al Fornello-da Ricci (Ricci e Sookar) con cam

rist, rist,

contrada Montevicoli – ✆ 08 31 37 71 04 – www.riccіristor.it – Chiuso lunedì sera e martedì, anche domenica sera in inverno

1 cam – †40/60 € ††40/60 €

Rist – (consigliata la prenotazione) Carta 37/66 €

➜ Orecchiette di semola con ragù di polpettine al profumo di basilico. Cosciotto di capretto con patate cotte sotto la cenere e pomodorini. Crostatina di mele murgine con gelato al fior di latte di capra e gel di bucce.

Trattoria familiare all'insegna della calorosa ospitalità pugliese con esposizione di oggetti di vita agricola. Sono le radici della cucina: prodotti dell'entroterra e tradizione regionale.

XX **Antimo**

via Turco Camarda 14, casina Terramora – 08 31 37 95 32 – www.terramora.com – Chiuso 12 gennaio-12 febbriao e lunedì

Rist – *(solo a cena)* (prenotazione obbligatoria) Menu 25/40 € – Carta 33/56 €

Ricavato dalla ristrutturazione di un'antica masseria del '600 (con adiacente la piccola cappella consacrata), questo ristorante lavora esclusivamente su prenotazione, scegliendo il menu al telefono: numero delle portate, carne, pesce, o altro. Cucina d'impostazione moderna con utilizzo di materie prime pugliesi.

XX **Cibus**

via Chianche di Scarano 7 – 08 31 38 89 80 – www.ristorantecibus.it – Chiuso 24 giugno-7 luglio e martedì

Rist – Carta 21/48 €

Negli ex magazzini del quattrocentesco Convento dei Domenicani, un cortiletto interno collega l'enoteca alle caratteristiche sale ristorante. La cucina ripercorre il legame con il territorio, valorizzando i prodotti e le tradizioni dell'alto Salento. Una melanzana ripiena di pasta fresca e ragù casereccio come la fanno qui, difficilmente la gusterete altrove!

X **Da Gino**

contrada Montevicoli - Tratturo Cappelle – 08 31 37 79 16 – www.ristorantedagino.it – Chiuso 15 giugno-15 luglio e venerdì

Rist – Carta 19/35 €

Curioso ambiente dove l'elemento dominante è il legno color miele, che ricopre pure i caminetti, e c'è anche un angolo che riproduce un trullo; cucina del territorio.

CELANO – L'Aquila (AQ) – 563 P22 – 11 184 ab. – alt. 800 m – ✉ 67043 — 1 B2

Roma 118 – Avezzano 16 – L'Aquila 44 – Pescara 94

Le Gole — cam, cam,

via Borgo Sardellino 3, Sud : 1,5 km ✉ 67041 Aielli – 08 63 71 10 09 – www.hotellegole.it

36 cam – †50/60 € ††80/100 € – 3 suites

Rist *Guerrinuccio* – vedere selezione ristoranti

Rist *Locanda dei Priori* – Carta 20/50 €

Un albergo recente, costruito con materiali "antichi" - legno, pietra e mattoni - ovunque a vista; belle camere in stile intorno alla corte interna; giardino ombreggiato.

Lory — cam, rist,

via Oreste Ranelletti 279 – 08 63 79 36 56 – www.loryhotel.it

34 cam – †40/60 € ††80/100 €

Rist – *(chiuso 1°-15 luglio e domenica) (solo a cena)* Carta 17/39 €

Lungo una curva verso Celano Alta, hotel dotato di installazioni all'avanguardia e luminose zone comuni con comode poltrone; parquet nelle confortevoli camere.

XX **Guerrinuccio** – Hotel Le Gole

via Borgo Sardellino 4, Sud : 1,5 km ✉ 67041 Aielli – 08 63 79 14 71 – www.guerrinuccio.it

Rist – Carta 25/50 €

Piacevole l'esterno, ma ancor più accogliente l'interno: soprattutto la sala con camino e arnesi di vecchia gastronomia e agricoltura; tradizione abruzzese in cucina.

CELLARENGO – Asti (AT) – 561 H5 – 721 ab. – alt. 321 m – ✉ 14010 — 25 C1

Roma 621 – Torino 41 – Asti 28 – Cuneo 77

Agriturismo Cascina Papa Mora — rist,

via Ferrere 16, Sud : 1 km – 01 41 93 51 26 – www.cascinapapamora.it – Chiuso gennaio

7 cam – †60/70 € ††60/70 €

Rist – *(solo a cena escluso sabato, domenica e i giorni festivi)* (prenotazione obbligatoria) Menu 25/35 €

In aperta campagna e circondata da coltivazioni biologiche, questa bella cascina dispone di camere semplici, ma curate e personalizzate. Piatti piemontesi al ristorante con animazione per i bambini la domenica.

CELLE LIGURE – Savona (SV) – 561 I7 – 5 431 ab. – ✉ 17015 Liguria 14 B2

Roma 538 – Genova 40 – Alessandria 86 – Milano 162

via Boagno, 019 99 00 21, www.comunecelle.it

San Michele

via Monte Tabor 26 – 0 19 99 00 17 – www.hotel-sanmichele.it – Aperto 15 maggio-25 settembre

46 cam – 100/125 € 100/125 €, 15 € **Rist** – *(solo a cena)* Carta 24/38 €

Confortevole struttura con un grazioso giardino, piscina e comodo sottopassaggio per la spiaggia. Ariosi spazi comuni e arredi in legno chiaro nelle funzionali camere.

CELLE SUL RIGO – Siena (SI) – 563 N17 – Vedere San Casciano dei Bagni

CELLORE – Verona (VR) – Vedere Illasi

CEMBRA – Trento (TN) – 562 D15 – 1 856 ab. – alt. 667 m – ✉ 38034 33 B2

Roma 611 – Trento 22 – Belluno 130 – Bolzano 63

piazza Toniolli 2, 0461 68 31 10, www.visitpinecembra.it

Europa

via San Carlo 19 – 04 61 68 30 32 – www.hoteleuropacembra.it

30 cam – 35/40 € 64/70 € **Rist** – *(chiuso domenica)* Carta 18/25 €

In zona residenziale e tranquilla, gestione squisitamente familiare per un hotel dalle camere semplici ed economiche: prenotare quelle del terzo piano con terazza panoramica e soleggiata. Ampie vetrate nella sala ristorante e qualche tavolo all'aperto per la bella stagione.

CENERENTE – Perugia (PG) – Vedere Perugia

CENOVA – Imperia (IM) – 561 J5 – alt. 558 m – ✉ 18026 14 A2

Roma 613 – Imperia 27 – Genova 114

Negro

via Canada 10 – 0 18 33 40 89 – www.hotelnegro.it – Chiuso 8 gennaio-2 aprile

12 cam – 50/65 € 70/85 € – 1 suite

Rist *I Cavallini* – *(chiuso mercoledì) (solo a cena)* (consigliata la prenotazione) Carta 25/57 €

Un paese medievale circondato dai boschi con case in pietra addossate le une alle altre e questo grazioso albergo sapientemente ristrutturato, pur conservando le porte basse e le ripide scale. Le camere sono tutte belle, ma la junior suite vanta anche un terrazzino privato. Cucina casalinga al ristorante.

CENTO – Ferrara (FE) – 562 H15 – 35 582 ab. – alt. 15 m – ✉ 44042 9 C2

Roma 410 – Bologna 34 – Ferrara 35 – Milano 207

piazzale della Rocca 9, 051 6 84 33 30, www.comune.cento.fe.it

Augusto Fava via dei Tigli 4, 051 6830504, www.golfcento.com – marzo-novembre; chiuso lunedì

Antica Osteria da Cencio

via Provenzali 12/d – 05 16 83 18 80 – Chiuso 25 dicembre-5 gennaio, agosto, domenica sera e lunedì

Rist – Carta 26/47 €

Sapori del territorio arricchiti da spunti di contemporanea creatività in questa osteria dall'atmosfera d'altri tempi: dall'Ottocento ad oggi, è qui di casa la genuinità.

CERASO – Salerno (SA) – 564 G27 – 2 532 ab. – alt. 340 m – ✉ 84052 7 C3

Roma 349 – Potenza 151 – Napoli 145 – Salerno 90

a Petrosa Sud-Ovest : 7,5 km – ✉ 84052 Ceraso

Agriturismo La Petrosa

via Fabbrica 25 – 0 97 46 13 70 – www.lapetrosa.it – Aperto 1° aprile-31 ottobre

11 cam – 50/60 € 80/100 €

Rist – *(solo a cena in agosto)* (prenotazione obbligatoria) Menu 18/30 €

Voglia di una vacanza rurale nel Parco del Cilento? C'è anche un agricampeggio con alcune piazzole, in questo agriturismo dalle camere in stile rustico ed alcuni letti in ferro battuto. La posizione è piuttosto decentrata, ma proprio per questo garantisce una certa tranquillità, da godere anche a bordo piscina.

CERBAIA – Firenze (FI) – 563 K15 – Vedere San Casciano in Val di Pesa

CEREA – Verona (VR) – 562 G15 – 16 360 ab. – alt. 18 m – ✉ 37053 39 B3

Roma 479 – Venezia 135 – Verona 43 – Mantova 37

Villa Ormaneto senza rist

Via Isolella Bassa 7 – ✆ 0 44 28 37 95 – www.villaormaneto.com

7 cam – †60/80 € ††70/90 €

Camere molto confortevoli in una splendida villa storica in aperta campagna: all'armonia dell'architettura esterna fanno eco spunti di moderno design negli ambienti interni.

CERES – Torino (TO) – 561 G4 – 1 080 ab. – alt. 704 m – ✉ 10070 22 B2

Roma 699 – Torino 38 – Aosta 141 – Ivrea 78

Valli di Lanzo con cam

via Roma 15 – ✆ 0 12 35 33 97 – www.ristorantevallidilanzo.it – Chiuso settembre

8 cam – †45/55 € ††70/80 € **Rist** – *(chiuso lunedì)* Carta 22/50 €

Gestito dal 1905 dalla stessa famiglia, è un accogliente locale dal sapore dei tempi antichi, personalizzato con oggetti di rame alle pareti; piatti piemontesi e della valle. Non molto grandi ma graziose le camere.

CERESE DI VIRGILIO – Mantova (MN) – 561 G14 – Vedere Mantova

CERMENATE – Como (CO) – 561 E9 – 9 097 ab. – alt. 297 m – ✉ 22072 18 B1

Roma 612 – Como 15 – Milano 32 – Varese 28

Gardenia cam,

via Europa Unita 78 – ✆ 0 31 72 25 71 – www.hotelgardeniacermenate.it

34 cam – †75/135 € ††90/155 € **Rist** – *(solo a cena) (solo per alloggiati)*

Un basso edificio di mattoni ospita un albergo concepito in modo moderno e funzionale, ideale per una clientela business, con camere spaziose e ben accessoriate.

Castello

via Castello 28 – ✆ 0 31 77 15 63 – www.comiristorantecastello.it – Chiuso 26 dicembre-5 gennaio, agosto, martedì sera e lunedì

Rist – Carta 43/57 €

Locale storico in zona, ma moderno e minimalista negli arredi, con tante bottiglie (soprattutto di distillati) a riempire le molte teche in vetro. Cucina stagionale e territoriale con qualche spunto di fantasia.

CERMES / TSCHERMS – Bolzano (BZ) – 354 AB4 – 1 404 ab. – alt. 292 m – ✉ 39010 33 B2

Roma 677 – Trento 82 – Bolzano 31 – Innsbruck 149

Miil

via Palade 1 – ✆ 04 73 56 37 33 – www.miil.info – Chiuso domenica e lunedì

Rist – Menu 40 € – Carta 39/63 €

Davanti alla cantina Kranzelhof con il suo giardino-labirinto, Miil è un locale moderno e informale, nuovo nella veste, nonché nel nome. La sua cucina ne ricalca il genere, quindi contemporanea, pur rimanendo ancorata nella tradizione regionale. Semmai arricchita di un piacevole tocco mediterraneo.

CERNOBBIO – Como (CO) – 561 E9 – 7 059 ab. – alt. 201 m – ✉ 22012 18 A1

Italia Centro-Nord

Roma 630 – Como 5 – Lugano 33 – Milano 53

Villa d'Este via per Cantù 13, 031 200200, www.golfvilladeste.com – chiuso gennaio, febbraio e martedì

Località★★

Villa d'Este
via Regina 40 – ✆ 0 31 34 81 – www.villadeste.com – Aperto 1° marzo-15 novembre
145 cam – †425/680 € ††505/1280 € – 7 suites
Rist ***La Veranda*** – ✆ 0 31 34 87 20 – Carta 86/172 €
Rist ***Grill*** – *(solo a cena)* Carta 77/160 €
Raffinate camere ed un parco secolare digradante verso il lago, in una villa cinquecentesca dal 1873 ai vertici dell'hôtellerie di lusso. Se le atmosfere orientali della moderna Spa vi faranno riconciliare con il mondo, al palato ci penserà La Veranda con piatti italiani ed una carta dei vini che annovera oltre 500 etichette. Più informale il Grill.

Miralago
piazza Risorgimento 1 – ✆ 0 31 51 01 25 – www.hotelmiralago.it – Aperto 1° marzo-15 novembre
42 cam – †85/150 € ††110/195 € **Rist** – *(chiuso mercoledì)* Carta 32/52 €
Una signorile casa liberty affacciata sul lago e sulla passeggiata pedonale ospita un albergo accogliente; moderne camere di dimensioni limitate, ma ben accessoriate. Bella veduta del paesaggio lacustre dalla sala ristorante.

Centrale
via Regina 39 – ✆ 0 31 51 14 11 – www.albergo-centrale.com – Chiuso 2 gennaio- 25 febbraio
22 cam – †60/100 € ††80/160 € **Rist** – Carta 35/47 €
Un edificio inizio '900, ristrutturato in anni recenti, per una piccola, curata risorsa a gestione familiare; arredi classici nelle camere non ampie, ma confortevoli. Ameno servizio ristorante estivo in giardino.

Trattoria del Vapore
via Garibaldi 17 – ✆ 0 31 51 03 08 – www.trattoriadelvapore.it – Chiuso 25 dicembre-25 gennaio e martedì escluso 15 aprile-15 ottobre
Rist – Carta 42/58 €
Un grande camino troneggia nell'accogliente sala di questo raccolto locale, in centro, a pochi passi dal lago; cucina legata alle tradizioni lacustri, ricca enoteca.

CERNUSCO LOMBARDONE – Lecco (LC) – 561 E10 – 3 870 ab. – alt. 267 m – ✉ 23870 — 18 B1

Roma 593 – Como 35 – Bergamo 28 – Lecco 19

Osteria Punto e a Capo
via Lecco 34 – ✆ 03 99 90 23 96 – www.osteriapuntoeacapo.com – Chiuso lunedì
Rist – Menu 14 € (pranzo in settimana)/33 € – Carta 26/43 €
Poco distante dal municipio, ariose salette in un edificio di fine '800: cucina fantasiosa, sia di terra sia di mare, e un'interessante scelta enologica.

CERNUSCO SUL NAVIGLIO – Milano (MI) – 561 F10 – 31 058 ab. – alt. 134 m – ✉ 20063 — 18 B2

Roma 583 – Milano 14 – Bergamo 38

Molinetto SS Padana Superiore 11, 02 92105128, www.molinettocountryclub.it – chiuso lunedì

Due Spade
via Pietro da Cernusco 2/A – ✆ 0 29 24 92 00 – www.ristoranteduespade.it – Chiuso 25 dicembre-6 gennaio, 12-31 agosto e domenica
Rist – Menu 42 € – Carta 37/54 €
Un "salotto" elegante, con soffitto e pavimento di legno, questo locale raccolto, che ruota tutto intorno al camino della vecchia filanda; cucina stagionale rivisitata.

CERRO MAGGIORE – Milano (MI) – 561 F8 – 14 794 ab. – alt. 205 m – ✉ 20023 — 18 A2

Roma 603 – Milano 26 – Como 31 – Varese 32

UNA Hotel Malpensa
via Turati 84, uscita A8 di Legnano – 03 31 51 31 11 – www.unahotels.it
160 cam – 95/437 € 95/437 € – 1 suite **Rist** – Carta 39/60 €
A metà strada tra il capoluogo lombardo e l'aeroporto di Malpensa, un moderno grattacielo, ben visibile anche dall'autostrada. Confort e servizi di ultima generazione. Ristorante ampio e luminoso.

a Cantalupo Sud-Ovest : 3 km – ✉ 20020

Corte Lombarda
piazza Matteotti 9 – 03 31 53 56 04 – www.cortelombarda.it – Chiuso 26 dicembre-10 gennaio, 3-28 agosto, domenica sera e lunedì
Rist – Carta 40/67 €
Eleganti sale interne, anche con camino, in una vecchia cascina che offre servizio estivo all'aperto; tocco fantasioso nella cucina, di pesce e di tradizione lombarda.

CERTOSA = KARTHAUS – Bolzano (BZ) – Vedere Senales

CERTOSA DI PAVIA – Pavia (PV) – 561 G9 – 3 341 ab. – alt. 91 m 16 A3
– ✉ 27012 Italia Centro-Nord
Roma 572 – Alessandria 74 – Bergamo 84 – Milano 31
Certosa★★★ Est : 1,5 km

Locanda Vecchia Pavia "Al Mulino" (Annamaria Leone)
via al Monumento 5 – 03 82 92 58 94 – www.vecchiapaviaalmulino.it – Chiuso 1°-20 gennaio, 6-26 agosto, martedì a mezzogiorno e lunedì in aprile-ottobre, domenica sera e lunedì negli altri mesi
Rist – Menu 40 € (pranzo in settimana)/70 € – Carta 56/92 €
➜ Risotto mantecato alla certosina. Piccione disossato in doppia cottura al vino barbacarlo. Crostatina ai frutti di bosco gratinata allo zabaione.
Presso la certosa, ambientazione idilliaca in un mulino d'epoca nella campagna lombarda, più raffinati gli interni. La cucina tende al moderno, spaziando dalla carne al pesce.

CERVERE – Cuneo (CN) – 561 I5 – 2 179 ab. – alt. 304 m – ✉ 12040 22 B3
Roma 656 – Cuneo 43 – Torino 58 – Asti 52

Antica Corona Reale-da Renzo (Gian Piero Vivalda)
via Fossano 13 – 01 72 47 41 32 – www.anticacoronareale.com – Chiuso 26 dicembre-10 gennaio, martedì sera e mercoledì
Rist – Carta 61/96 €
➜ Gobbi della tradizione ai tre arrosti. Fiorentina d'agnello Sambucano alla lavanda, cipolline ripiene, crépinette alla salsiccia di Bra. Flan di gianduja su salsa alla nocciola di Cortemilia.
Straordinaria carrellata di prodotti e ricette piemontesi, il ristorante è un tempio per gli amanti della tradizione. Festeggia due secoli di fedeltà a piatti leggendari interpretati alla grande: tartufo bianco, lumache, paste ripiene, battuta di fassone, brasato al Barolo, nocciole, zabaione, gianduja...

CERVESINA – Pavia (PV) – 561 G9 – 1 216 ab. – alt. 72 m – ✉ 27050 16 A3
Roma 580 – Alessandria 46 – Genova 102 – Milano 72

Il Castello di San Gaudenzio
via Mulino 1, località San Gaudenzio, Sud : 3 km – 03 83 33 31 – www.castellosangaudenzio.com
42 cam – 90/120 € 130/200 € – 3 suites
Rist *Castello di San Gaudenzio* – vedere selezione ristoranti
Un'oasi di pace, questo castello del XIV secolo con interni in stile e dépendance intorno ad un bel giardino all'italiana. L'attrezzata area congressi rende, inoltre, la struttura particolarmente interessante per una clientela business.

XX **Castello di San Gaudenzio** – Hotel Il Castello di San Gaudenzio
via Mulino 1, località San Gaudenzio, Sud : 3 km – ✆ 03 83 33 31 – www.castellosangaudenzio.com – Chiuso martedì
Rist – Menu 30/60 € – Carta 39/60 €
Bianche colonne e soffitto di legno con grosse travi a vista in un ristorante, le cui dimensioni, nonché la raffinatezza, lo rendono particolarmente adatto per cerimonie ed eventi. Cucina del territorio, in sintonia con le stagioni.

CERVIA – Ravenna (RA) – 562 J19 – 29 180 ab. – Stazione termale – ✉ 48015 9 D2

Roma 382 – Ravenna 22 – Rimini 31 – Bologna 96
via Evangelisti 4, ✆ 0544 97 44 00, www.cerviaturismo.it
Cervia Adriatic via Jelenia Gora 6, 0544 992786, www.golfcervia.com – chiuso martedì

Gambrinus cam,
lungomare Grazia Deledda 102 – ✆ 05 44 97 17 73 – www.gambrinushotel.it – Aperto 1° maggio-30 settembre
79 cam – 70/92 € 108/156 € – 3 suites **Rist** – Carta 35/51 €
Sul lungomare, l'elegante hotel dispone di spazi comuni molto ampi, camere arredate in tinte pastello e di gusto neoclassico. Nuovo centro benessere con cabine per trattamenti e vasca idromassaggio. I piatti della cucina nazionale allietano i commensali del lussuoso ristorante.

Universal rist,
lungomare Grazia Deledda 118 – ✆ 0 54 47 14 18 – www.hoteluniversalcervia.it – Aperto 31 marzo-31 ottobre
94 cam – 65/95 € 95/200 € – 1 suite **Rist** – Menu 30/70 €
20 metri è la distanza che vi separa dalla spiaggia dorata, in questa struttura i cui toni pastello della facciata sono riproposti nelle luminose camere, dotate di moderni confort, tutte con balcone. Accomodandovi al ristorante capirete, invece, perchè la regione è tra le più celebrate dal punto di vista gastronomico.

Villa del Mare Resort N cam,
lungomare Grazia Deledda 84 – ✆ 05 44 97 12 00 – www.villadelmarespareresort.com – Aperto 15 marzo-30 ottobre
58 cam – 115/260 € 140/300 € – 2 suites
Rist – *(aperto 15 marzo-20 settembre)* Menu 15/35 €
Albergo dal design moderno e dall'immacolato colore bianco, declinato in ogni settore ed accessorio. Al settimo piano, l'infinity pool trasmette un'impressione di continuità con l'orizzonte ed il mare.

Ascot
viale Titano 14 – ✆ 0 54 47 23 18 – www.hotelascot.it – Aperto 15 maggio-15 settembre
36 cam – 50/70 € 70/90 €, 5 € **Rist** – Menu 20 €
Un piccolo albergo a gestione familiare, poco distante dal mare, dispone di ampi spazi in giardino, allestiti con tavolini ed ombrelloni, e semplici camere di recente rinnovate.

XX **Locanda dei Salinari**
circonvallazione Sacchetti 152 – ✆ 05 44 97 11 33 – Chiuso mercoledì escluso giugno-agosto
Rist – Carta 32/66 €
Locale raccolto ed accogliente nell'antico borgo dei Salinari: il giovane e talentuoso chef propone una cucina creativa usufruendo dei migliori prodotti della Romagna.

a Pinarella Sud : 2 km – ✉ 48015

via Tritone 15/b, ✆ 0544 98 88 69, www.cerviaturismo.it

Everest rist,
viale Italia 230 – ✆ 05 44 98 72 14 – www.severihotels.it – Aperto 1° giugno-8 settembre
47 cam – 50/150 € 60/180 €, 12 € **Rist** – Menu 35 €
In posizione tranquilla davanti alla pineta marittima e a pochi passi dalla spiaggia, l'albergo dispone di camere nuove e riposanti aree comuni. Al ristorante, le classiche proposte della tradizione culinaria italiana.

a Milano Marittima Nord : 2 km – ✉ 48015 Cervia-

viale Matteotti 39/41, ☎ 0544 99 34 35, www.cerviaturismo.it

Palace Hotel
viale 2 Giugno 60 – ☎ 05 44 99 36 18 – www.selecthotels.it – Aperto 28 dicembre-9 gennaio e 16 marzo-19 ottobre
112 cam – 200/340 € 230/450 € – 13 suites **Rist** – Menu 70/110 €
Prestigiosa ed esclusiva struttura a pochi metri dal mare ospita eleganti spazi arredati con mobili intagliati, preziosi lampadari e ceramiche e la tranquillità di un parco di ulivi millenari. L'elegante e capiente sala da pranzo offre una vista sul giardino e piatti della tradizione nazionale.

Premier & Suites
VII Traversa 15 – ☎ 05 44 99 58 39 – www.premierhotels.it
40 cam – 110/500 € 120/500 € – 3 suites
Rist – *(solo a cena)* Carta 40/95 €
Nuova struttura - tutta design e minimalismo - con un confort di ottimo livello ed una spiccata vocazione per una clientela business. Spiaggia privata, belle camere e lussuose suite con terrazzo benessere. Al ristorante: un viaggio nel gusto che fa tappa nei sapori regionali e nella più alta cucina internazionale.

Waldorf
VII Traversa 17 – ☎ 05 44 99 43 43 – www.premierhotels.it – Aperto 1° aprile-30 settembre
30 cam – 145/650 € 145/650 € – 3 suites
Rist *La Settima* – vedere selezione ristoranti
Design, raffinatezza, innovazione: spazi che ripropongono i colori e i movimenti del mare. Le camere sono arredate con ricercatezza e dotate di terrazze, mentre le lussuose suite sono dislocate su due livelli con giardino pensile ed angolo benessere.

Grand Hotel Gallia
piazzale Torino 16 – ☎ 05 44 99 46 92 – www.selecthotels.it – Aperto Pasqua-15 ottobre
99 cam – 95/165 € 120/300 € – 2 suites **Rist** – Menu 40/80 €
Un luminoso salotto all'ingresso accoglie i clienti in questo hotel dai grandi spazi arredati con preziose ceramiche ed eleganza di eco settecentesca. Attrezzata sala riunioni e piscina in giardino. Al ristorante, i sapori della gastronomia tradizionale.

Mare e Pineta
viale Dante 40 – ☎ 05 44 99 22 62 – www.selecthotels.it – Aperto 1° aprile-3 ottobre
161 cam – 110/160 € 180/300 € – 5 suites **Rist** – Menu 50 €
Uno dei primi alberghi aperti in città alla fine degli anni Venti, dispone oggi di numerose camere confortevoli e di un lussureggiante parco con campi da tennis e piscina. La sua spiaggia privata è una tra le le più ampie della località.

Aurelia
viale 2 Giugno 34 – ☎ 05 44 97 54 51 – www.selecthotels.it
94 cam – 75/150 € 95/280 € – 2 suites **Rist** – Menu 30/85 €
Sito direttamente sul mare e circondato da un ampio giardino che conduce alla spiaggia, l'hotel annovera camere suddivise tra corpo centrale e villa, un centro benessere e piscina climatizzata. I sapori della tradizione vengono serviti presso la sala ristorante arredata in calde tonalità.

Le Palme
VII Traversa 12 – ☎ 05 44 99 46 61 – www.premierhotels.it
100 cam – 80/220 € 99/320 € – 2 suites **Rist** – Carta 32/89 €
Fronte mare e vicino al centro, ma discosto dalle vie più affollate, questo hotel coniuga la quiete della pineta con il côté glamour di Milano Marittima. Camere confortevoli, spiaggia privata, due zone benessere e due piscine: una semi olimpica e un'altra più piccola. Ricette regionali di terra e di mare al ristorante.

Globus
viale 2 Giugno 59 – ✆ 05 44 99 21 15 – www.baldisserihotels.it
– Aperto 1° marzo-31 ottobre
80 cam – 70/130 € 110/250 € **Rist** – Carta 35/66 €
Un hotel esclusivo con ingresso al primo piano tra lampadari in pregiato cristallo, camere rinnovate, un moderno centro benessere ed un giardino dove allestire spettacoli. Presso la rilassante sala da pranzo, un menù alla carta con proposte ad hoc per chi segue diete specifiche e per i più piccoli.

Delizia
VIII Traversa 23 – ✆ 05 44 99 54 41 – www.hoteldelizia.it
– Aperto 1° marzo-31 ottobre
40 cam – 80/115 € 120/160 € **Rist** – *(solo per alloggiati)* Menu 25/35 €
Sita direttamente sul mare e a pochi passi dal centro, questa nuova struttura dispone di camere luminose e confortevoli dall'arredo moderno. Palestra ben attrezzata, nonché piscina in terrazza all'ultimo piano. Stuzzicante buffet a pranzo.

Mazzanti
via Forlì 51 – ✆ 05 44 99 12 07 – www.hotelmazzanti.it
– Aperto Pasqua-20 settembre
54 cam – 70/90 € 70/150 € – 2 suites
Rist – *(solo per alloggiati)* Menu 22 €
In una zona tranquilla direttamente sul mare, una struttura a gestione familiare con semplici spazi comuni arredati con divani. Ideale per una vacanza di relax con i bambini.

Majestic
X Traversa 23 – ✆ 05 44 99 41 22 – www.mimaclubhotel.it
– Aperto 1° maggio-30 settembre
49 cam – 65/115 € 65/145 €, 15 € – 5 suites **Rist** – Menu 20/35 €
Adatta per una vacanza con la famiglia, una struttura semplice con spaziosi e confortevoli ambienti, sita direttamente sulla spiaggia. Colazione all'aperto nei mesi caldi. Buffet di insalate e cucina classica nella grande e sobria sala ristorante.

Alexander
viale 2 Giugno 68 – ✆ 05 44 99 15 16 – www.alexandermilanomarittima.it
– Aperto 1° aprile-20 settembre
52 cam – 150/230 € 150/230 €, 15 €
Rist – Menu 28/45 € – Carta 29/55 €
Tavolini e piscina dominano l'ingresso di questo hotel costruito in posizione centrale che offre accoglienti camere, una terrazza-solarium ed un centro benessere.

Isabella senza rist
viale 2 Giugno 152 – ✆ 05 44 99 40 68 – www.mimaclubhotel.it
– Aperto vacanze di Pasqua e fine maggio-10 ottobre
31 cam – 35/90 € 60/120 €
Se volete un bagno di mondanità, il viale principale non è molto lontano. Altrimenti godetevi la quiete del grazioso giardino, in questa struttura dagli ambienti moderni, piscina riscaldata e colazione a buffet.

La Settima – Hotel Waldorf
VII Traversa 17 – ✆ 05 44 99 43 43 – www.premierhotels.it
– Aperto 1° aprile-30 settembre
Rist – *(solo a cena)* Menu 55/55 € – Carta 60/130 €
Salendo le scale, accompagnati dal rumore rilassante delle cascate e dal gorgoglio della fontana, si ha l'impressione di camminare sospesi sull'acqua, ma una volta accomodati al tavolo ci si ritrova – piacevolmente – con i piedi per terra, intenti a gustare una cucina del territorio, creativa e personale.

La Frasca
rotonda Don Minzoni 3 – ✆ 05 44 99 58 77 – www.lafrasca.it
Rist – (consigliata la prenotazione) Carta 76/127 €
→ Scampi profumati all'arancia con gelato di sedano. Quaglia farcita con foie gras e spugnole, cosce dorate e verdure brasate. Cassata all'italiana con frutti di bosco e cialde alle mandorle.
Fascino intramontabile per questo bel locale affacciato sulla celebre rotonda: spazi ed eleganza si moltiplicano anche all'interno, mentre i piatti sono un inno alla più classica tradizione romagnola.

XX **Sale Grosso** N

viale 2 Giugno 15 – ✆ 05 44 97 15 38 – www.ristorantesalegrossomilanomarittima.it – Chiuso novembre e martedì escluso aprile-settembre

Rist – *(solo a cena in aprile-settembre)* Carta 35/65 €

Ristorante di pesce diventato un autentico punto di riferimento in città: ambiente gradevole dai colori chiari e decorazioni d'ispirazione marinara, cucina eclettica dalle tapas al crudo.

XX **Terrazza Bartolini**

via Leoncavallo 11 – ✆ 0 54 41 82 05 39 – www.terrazzabartolini.com – Aperto 1° giugno-30 settembre

Rist – *(solo a cena)* Menu 40/55 € – Carta 48/61 €

All'inizio del lungomare, accanto al centro velico, bianca struttura in legno dove - al primo piano - la romantica terrazza diventa il palcoscenico di un'esperienza gourmet per gli amanti del pesce: ottimi i crudi!

X **Osteria Del Gran Fritto**

via Leoncavallo 13 – ✆ 05 44 97 43 48 – www.osteriadelgranfritto.it – Chiuso 2 settimane a novembre e lunedì escluso aprile-settembre

Rist – Carta 28/39 €

Nella zona del porto canale, dei cantieri e del centro velico, bianca struttura in legno con dehors sulla spiaggia. Specialità di pesce campeggiano in menu, ma già dal nome s'intuisce che lo scettro del sovrano spetta al fritto; per chi non vuole rinunciare alla dimensione casalinga, piatti anche da asporto.

I prezzi indicati dopo il simbolo 🚹 corrispondono al prezzo minimo in bassa stagione e massimo in alta stagione per una camera singola. Lo stesso principio è applicato al simbolo 🚹🚹 riferito ad una camera per due persone.

CERVIGNANO DEL FRIULI – Udine (UD) – 562 E21 – 13 590 ab. – ✉ 33052 11 C3

▶ Roma 627 – Udine 34 – Gorizia 28 – Milano 366

ℹ c/o Villa Chiozza via Carso 3, ✆ 0431 38 71 11, www.turismofvg.it

Internazionale

via Ramazzotti 2 – ✆ 0 43 13 07 51 – www.hotelinternazionale.it – Chiuso 20-26 dicembre

69 cam ☕ – 🚹55/83 € 🚹🚹85/122 €

Rist *La Rotonda* – vedere selezione ristoranti

Nato negli anni '70 e concepito soprattutto per una clientela d'affari, l'albergo dispone di un centro congressi con sale polivalenti e camere confortevoli.

XX **La Rotonda** – Hotel Internazionale

via Ramazzotti 2 – ✆ 0 43 13 07 51 – www.hotelinternazionale.it – Chiuso 2 settimane in agosto, domenica sera e lunedì

Rist – Carta 34/66 €

Ambienti accoglienti e raffinati, in grado di ospitare grandi numeri: è il ristorante La Rotonda, che propone specialità tipiche friulane e piatti mediterranei. Ottimo servizio.

CERVINIA – Aosta (AO) – Vedere Breuil-Cervinia Italia Centro-Nord

CERVO – Imperia (IM) – 561 K6 – 1 173 ab. – alt. 66 m – ✉ 18010 14 B3

Liguria

▶ Roma 605 – Imperia 10 – Alassio 12 – Genova 106

ℹ piazza Santa Caterina 2, ✆ 0183 40 81 97, www.visitrivieradeifiori.it

👁 Località★ - Facciata★ della chiesa di S. Giovanni Battista

XX **San Giorgio** (Caterina Lanteri Cravet) con cam
via Alessandro Volta 19, centro storico – ☎ 01 83 40 01 75 – *www.ristorantesangiorgio.net – Chiuso martedì a mezzogiorno in luglio-agosto, anche martedì sera e lunedì negli altri mesi*
2 cam – **†**130/180 € **††**130/180 €
Rist – (consigliata la prenotazione) Menu 55 € – Carta 63/124 €
Rist *San Giorgino* – Carta 25/35 €
➜ Gnocchetti di patata con sugo di mare, parmigiano reggiano e peperoncino. Crostacei nostrani in diverse cotture. Latte in piedi con evanescenza di zabaione o di frutta.
Nel tipico borgo di Cervo, un elegante locale dove le ottime materie prime danno vita ad una fragrante cucina di mare. Ospitata in un frantoio del XIII sec la vineria San Giorgino è l'alternativa più economica ed informale, ma sempre di buon livello. Due accoglienti camere per indugiare nella tranquillità del posto.

CESANA TORINESE – Torino (TO) – 561 H2 – 1 040 ab. – alt. 1 354 m 22 A2

– Sport invernali : 1 390/2 820 m (Comprensorio Via Lattea 6 70)
– ✉ 10054
Roma 752 – Bardonecchia 25 – Briançon 21 – Milano 224
piazza Vittorio Amedeo 3, ☎ 0122 8 92 02, www.cesanatorinese.valsusainfo.it

XX **La Ginestra** con cam
via Roma 20 – ☎ 01 22 89 78 84 – www.laginestra-cesana.it – Chiuso 2 settimane in giugno e 3 settimane in ottobre
8 cam – **†**60/75 € **††**90/120 € **Rist** – *(chiuso martedì)* Carta 22/46 €
In centro paese, piacevole ambiente familiare con una solida cucina della regione rivisitata in chiave moderna. La struttura conta anche nuove camere in stile: particolarmente belle quelle mansardate.

a Champlas Seguin Est : 7 km – alt. 1 776 m – ✉ 10054 Cesana Torinese

X **La Locanda di Colomb**
frazione Champlas Seguin 27 – ☎ 01 22 83 29 44 – Aperto 1° novembre-Pasqua; chiuso lunedì
Rist – Carta 25/45 €
Nella piccola e pittoresca frazione, quella che una volta era una stalla è stata trasformata in una locanda con pareti in pietra, dove potrete gustare la cucina tipica piemontese.

CESANO BOSCONE – Milano (MI) – 561 F9 – 23 935 ab. – alt. 119 m 18 B2

– ✉ 20090
Roma 582 – Milano 10 – Novara 48 – Pavia 35

Pianta d'insieme di Milano

Roma senza rist
via Poliziano 2 – ☎ 0 24 58 18 05 – www.roma-wagner.com – Chiuso 10-20 agosto **1APk**
34 cam – **†**70/398 € **††**99/398 €
Camere signorili e particolarmente confortevoli, in una struttura molto curata sia a livello di confort e servizi, sia sotto il profilo delle soluzioni d'arredo ad effetto.

XX **Antica Partenope**
via Roma 101 – ☎ 0 24 50 43 16 – Chiuso domenica
Rist – Carta 23/86 €
Se cercate l'ossobuco alla milanese, l'orecchia d'elefante o la cassoeula, tralasciate e passate oltre, perché qui il menu "parla" solo campano: pasta, pizze, pesce fresco in un trionfo di sapori e colori mediterranei.

CESANO MADERNO – Monza e Brianza (MB) – 561 F9 – 37 291 ab. 18 B2

– alt. 198 m – ✉ 20031
Roma 613 – Milano 20 – Bergamo 52 – Como 29

Parco Borromeo

via Borromeo 29, (piazza Procaccini) – ✆ 03 62 55 17 96 – www.hotelparcoborromeo.it – Chiuso 28 dicembre-4 gennaio e 3-26 agosto

40 cam – **†75/115 € ††105/165 €**

Rist *Il Fauno* – vedere selezione ristoranti

Il "parco" non è solo nel nome, ma tutt'attorno... In un edificio del '600, belle camere con elementi architettonici tipici dell'epoca (soffitto a cassettoni in legno o decorato in gesso).

Il Fauno – Hotel Parco Borromeo

via Borromeo 29, (piazza Procaccini) – ✆ 03 62 54 09 30 – www.ilfauno.it – Chiuso 1°-26 agosto e lunedì a pranzo

Rist – Menu 29 € (pranzo) – Carta 40/62 €

E' sicuramente la veranda affacciata sul parco il suo punto di forza: una splendida location soprattutto per la bella stagione, mentre la sala interna ha un taglio più classico con trompe-l'oeil alle pareti che richiamano il giardino della villa. In menu, piatti della tradizione con i "classici" lombardi.

CESENA – Forlì-Cesena (FC) – **562** J18 – **97 056 ab.** – **alt. 44 m** – ✉ **47023** **9** D2

Italia Centro-Nord

Roma 336 – Ravenna 31 – Rimini 30 – Bologna 89

piazza del Popolo 15, ✆ 0547 35 63 27, www.turismo.comune.cesena.fc.it

Biblioteca Malatestiana★★

Casali

via Benedetto Croce 81 ✉ 47521 – ✆ 0 54 72 27 45 – www.hotelcasalicesena.com

46 cam – **†69/252 € ††85/252 €** – 2 suites

Rist – *(chiuso domenica in giugno-settembre, domenica a cena negli altri mesi)* Carta 26/83 €

L'hotel più rappresentativo della città, completamente ristrutturato in chiave classico-moderna, vanta ambienti confortevoli e spaziosi di sobria eleganza. Atmosfera raffinata e rivisitazione creativa della tradizione regionale al ristorante.

Meeting Hotel senza rist

via Romea 545 ✉ 47522 – ✆ 05 47 33 31 60 – www.meetinghotelcesena.it – Chiuso vacanze di Natale

26 cam – **†65/150 € ††85/150 €**

In zona periferica, la risorsa annovera camere spaziose e confortevoli di taglio moderno recentemente rinnovate ed arredate con mobili in legno scuro e parquet.

uscita autostrada A 1 Cesena Nord

Unaway Hotel Cesena Nord senza rist

piazza Modigliani 104, località Pievesestina di Cesena – ✆ 05 47 31 30 07 – www.unawayhotels.it – Chiuso 20 dicembre-6 gennaio

117 cam – **†70/160 € ††80/170 €**

Albergo di catena dalle linee moderne e dai colori vivaci garantisce confort e servizi up-to-date: camere funzionali, ideali per una clientela business e di passaggio.

CESENATICO – Forlì-Cesena (FC) – **562** J19 – **25 633 ab.** – ✉ **47042** **9** D2

Roma 358 – Ravenna 31 – Rimini 22 – Bologna 98

viale Roma 112, ✆ 0547 67 32 87, www.cesenatico.it/turismo

Grand Hotel Cesenatico

cam, rist,

piazza Andrea Costa 1 – ✆ 0 54 78 00 12 – www.grandhotel.cesenatico.fo.it – Aperto 11 aprile-14 ottobre

78 cam – **†95/110 € ††178/250 €**, 18 €

Rist – *(aperto 15 maggio-15 settembre)* Carta 31/50 €

Centralissimo, in uno splendido edificio del '29, è un omaggio ad una mondanità sfarzosa e rutilante. Camere più sobrie, eleganti e funzionali. Raffinata sala ristorante con possibilità di gustare in terrazza sia la prima colazione, sia una classica cucina a base di pesce.

Internazionale rist,

via Ferrara 7 – 05 47 67 33 44 – www.hinternazionale.it – Aperto 1° maggio-30 settembre

59 cam – 78/99 € 120/170 € – 1 suite **Rist** – Carta 21/63 €

Direttamente sul lungomare, annovera una spiaggia privata ed una piscina attrezzata con scivoli ad acqua. Offre camere arredate sia in stile classico che moderno. La cucina propone un menù di impostazione classica, ma soprattutto specialità ittiche.

Sporting cam,

viale Carducci 191 – 0 54 78 30 82 – www.hotelsporting.it – Aperto 20 maggio-20 settembre

48 cam – 88/100 € 90/105 € **Rist** – *(solo per alloggiati)*

A più di un km dal centro - direttamente sulla spiaggia - l'hotel è consigliato a chi vuole evitare gli schiamazzi notturni e preferisce una zona verde e tranquilla. Graziose camere con carta da parati in stile inglese.

Miramare

viale Carducci 2 – 0 54 78 00 06 – www.welcompany.it

27 cam – 118/128 € 141/153 €

Rist – *(chiuso martedì escluso in aprile-ottobre)* Carta 23/69 €

L'hotel offre un'atmosfera rilassante, camere semplici e spaziose arredate in stile moderno, adatte a nuclei familiari. Possibili anche soluzioni business. Affacciato sul porto leonardesco, il ristorante-pizzeria propone ricette classiche che puntano sulle specialità ittiche.

Atlantica

viale Bologna 28 – 0 54 78 36 30 – www.hotelatlantica.it – Aperto Pasqua-30 settembre

24 cam – 80/100 € 100/150 €, 15 € **Rist** – Carta 26/58 €

Affacciata sul mare, è una caratteristica villa degli anni '20 successivamente trasformata in albergo. Piacevole veranda in ferro battuto, camere semplici e gestione familiare.

Zeus

viale Carducci 46 – 0 54 78 02 47 – www.hotelzeus.it – Chiuso 4-24 novembre

28 cam – 47/59 € 73/110 € **Rist** – Carta 23/35 €

Albergo semplice a gestione familiare, ma con camere inappuntabili e confortevoli: diverse su viale Carducci - alcune con grande terrazza - per assistere alla movida locale.

Magnolia (Alberto Faccani)

viale Trento 31 – 0 54 78 15 98 – www.magnoliaristorante.it – Chiuso mercoledì

Rist – *(solo a cena escluso sabato e domenica da settembre a maggio)*

Menu 50/75 € – Carta 51/79 €

→ Maccheroni di patate, polpo alla brace e fagiolini. Parmigiana di rana pescatrice. Terra cotta.

Giovane astro della gastronomia nazionale, propone una cucina personalizzata, ardita e fantasiosa negli accostamenti, quanto rispettosa di eccellenti prodotti.

Vittorio

porto turistico Onda Marina, via Andrea Doria 3 – 05 47 67 25 88 – www.vittorioristorante.it – Chiuso gennaio, mercoledì a pranzo e martedì,

Rist – *(solo a cena in luglio-agosto escluso sabato-domenica)* Menu 50/60 € – Carta 35/93 €

Affacciato sulla darsena, le serate estive in terrazza sono un incanto di fronte agli alberi delle barche ormeggiate. La cucina celebra il mare e segue il pescato del giorno.

La Buca

corso Garibaldi 45 – 0 54 71 86 07 64 – www.labucaristorante.it – Chiuso lunedì

Rist – Menu 55/70 € – Carta 44/76 €

Semplicità, minimalismo e design: una sala moderna per eccellenti piatti di crudo, ricette creative o tradizionali grigliate... Ed una sfrenata passione per gli champagne.

Osteria del Gran Fritto
corso Garibaldi 41 – ✆ 0 54 78 24 74 – www.osteriadelgranfritto.com
Rist – Carta 28/45 €
Lungo il suggestivo porto canale, il nome ne indica già la specialità, il fritto, a cui si aggiungono piatti della tradizione popolare adriatica: seppie, sarde, poverazze, calamari...

a Valverde Sud : 2 km – ✉ 47042 Cesenatico

viale Carducci 292/b, ✆ 0547 8 51 83, www.cesenatico.it/turismo

Caesar
viale Carducci 290 – ✆ 0 54 78 65 00 – www.hotel-caesar.com – Aperto 1° aprile-30 settembre
48 cam – 60/80 € 100/130 € **Rist** – Carta 21/60 €
Una gestione con 40 anni di esperienza nel settore: ecco il punto forte di questa struttura, ideale per famiglie con bambini. Piscina, sauna ed idromassaggio per il relax. Di recente apertura, il ristorante può contenere oltre un centinaio di coperti cui propone piatti classici e, ovviamente, tanto pesce.

Colorado
viale Carducci 306 – ✆ 0 54 78 62 42 – www.hotelcolorado.it – Aperto 1° maggio-30 settembre
55 cam – 66/110 € 110/160 € **Rist** – Carta 50/80 €
Una struttura moderna che dispone di camere semplici ma accoglienti arredate con sobrietà, tutte con balcone vista mare. Prima colazione a buffet anche all'aperto.

a Villamarina Sud : 3 km – ✉ 47030 Cesenatico

Nettuno
Lungomare Carducci 338 – ✆ 0 54 78 60 86 – www.riccihotels.it
41 cam – 50/150 € 90/180 € – 4 suites
Rist – *(solo per alloggiati)* Menu 25 €
Sul lungomare, la struttura si è trasformata da bruco in farfalla: camere nuove e di moderno design, confort di livello superiore, piscina a sfioro con angolo idromassaggio… e pensare che il restyling non è ancora ultimato!

Sport & Residenza
via Pitagora 5 – ✆ 0 54 78 71 02 – www.riccihotels.it – Aperto 1° maggio-30 settembre
73 cam – 65/90 € 80/170 €, 9 € – 32 suites
Rist – *(solo per alloggiati)*
In posizione tranquilla a 100 metri dalla spiaggia, questo hotel recentemente rinnovato dispone, ora, di attrezzate camere e possibilità di appartamenti anche in formula residence.

a Zadina Pineta Nord : 2 km – ✉ 47042 Cesenatico

Beau Soleil
viale Mosca 43 – ✆ 0 54 78 22 09 – www.hotelbeausoleil.it – Aperto 24 marzo-22 settembre
86 cam – 50/90 € 76/122 € **Rist** – *(solo per alloggiati)*
Hotel sito in posizione silenziosa in prossimità della pineta, a pochi passi dal mare, dispone di camere sobrie. Ideale per una vacanza in famiglia.

Renzo
viale dei Pini 55 – ✆ 0 54 78 23 16 – www.renzohotel.it – Aperto Pasqua-20 settembre
36 cam – 90/110 € 90/110 €, 15 € **Rist** – *(solo per alloggiati)*
Al termine di una strada chiusa, cinquanta metri di pineta e poi il mare: verde e silenzio. Piscina sul roof garden con solarium e camere di due tipologie, standard o confort.

CETARA – Salerno (SA) – 564 F26 – 2 317 ab. – alt. 10 m – ✉ 84010 6 B2

Roma 255 – Napoli 56 – Amalfi 15 – Avellino 45

Cetus
rist,

strada statale 163 – ✆ 0 89 26 13 88 – www.hotelcetus.com

37 cam – 100/150 € 140/260 € – 1 suite **Rist** – Carta 38/60 €

Un'incomparabile vista sul golfo di Salerno dalle camere di questo hotel a picco sul mare, aggrappato alla roccia dell'incantevole costiera amalfitana. Da poco, anche una saletta per massaggi e qualche trattamento estetico. Quasi foste a bordo di una nave, anche dalle raffinate sale ristorante dominerete il Tirreno.

San Pietro

piazzetta San Francesco 10 – ✆ 0 89 26 10 91 – www.sanpietroristorante.it – Chiuso 10 gennaio-5 febbraio e martedì escluso giugno-settembre

Rist – Carta 24/63 €

Gestione familiare per questa piccola e sobria trattoria marinara, rinnovata pochi anni fa e dotata di un grazioso dehors estivo, in parte sotto un porticato.

Al Convento

piazza San Francesco 16 – ✆ 0 89 26 10 39 – www.alconvento.net

Rist – *(Chiuso mercoledì in ottobre-maggio)* Carta 20/49 €

Ci sono tre spumeggianti fratelli dietro questa bella trattoria-pizzeria dalle sale decorate con affreschi risalenti al medioevo. In menu, tante gustose specialità marinare e piatti della tradizione locale (serviti d'estate anche sulla suggestiva piazzetta); gli spaghetti trafilati in bronzo alla colatura di alici di Cetara, tra i nostri preferiti.

CETONA – Siena (SI) – 563 N17 – 2 913 ab. – alt. 385 m – ✉ 53040 32 D2

Toscana

Roma 155 – Perugia 59 – Orvieto 62 – Siena 89

piazza Garibaldi 63, ✆ 0578 23 91 43, www.cetona.org

La Locanda di Cetona N senza rist

piazza Balestrieri 4/5/6 – ✆ 05 78 23 70 75 – www.locandadicetona.com

11 cam – 85/180 € 85/180 €

Le camere si trovano in due case storiche dell'animata piazza del paese: arredi e confort ricchi di fascino caratterizzano entrambe le dimore.

La Frateria di Padre Eligio con cam

al Convento di San Francesco Nord-Ovest : 1 km – ✆ 05 78 23 82 61 – www.lafrateria.it – Chiuso 7 gennaio-28 febbraio

7 cam – 150 € 240/300 €

Rist – *(chiuso martedì)* (prenotazione obbligatoria) Menu 70/110 €

In un parco, la frateria è un convento francescano medievale gestito da una comunità di recupero. Tra suggestioni mistiche, ci si lascia andare a "peccati" di gola. Camere di austera esclusività.

Il Tiglio di Piazza Da Nilo N

piazza Garibaldi 33 – ✆ 05 78 23 90 40 – www.iltigliodipiazza.it – Chiuso 15 gennaio-10 febbraio e martedì escluso in giugno-settembre

Rist – Carta 27/52 €

Direttamente sulla piazza principale, un edificio del Seicento ospita questo piccolo locale di tono rustico-moderno, dove gustare una cucina tradizionale.

CHAMPAGNE – Aosta (AO) – Vedere Verrayes

CHAMPLAS SEGUIN – Torino (TO) – Vedere Cesana Torinese

CHAMPOLUC – Aosta (AO) – 561 E5 – alt. 1 570 m – Sport invernali : 1 568/2 714 m 2 8, – ✉ 11020 37 B2

Roma 737 – Aosta 64 – Biella 92 – Milano 175

via Varasc 16, ✆ 0125 30 71 13, www.lovevda.it

Breithorn cam, rist,

route Ramey 27 – ✆ 01 25 30 87 34 – www.breithornhotel.com
– Aperto 15 dicembre-15 aprile e 1° luglio-31 agosto
30 cam – 125/390 € 125/470 € – 1 suite
Rist – *(solo a cena)* Carta 44/56 €
Rist *Brasserie du Breithorn* – Carta 39/58 €
Gioiello di architettura montana dei primi '900, con affascinanti ambienti interni in un trionfo di legno intarsiato: dal parquet alle decorazioni è un moltiplicarsi di tonalità.

Hotellerie de Mascognaz – dependance Hotel Breithorn
località Mascognaz – ✆ 01 25 30 87 34
– www.hotelleriedemascognaz.com
8 cam – solo ½ P 90/195 €
Nel silenzio del paesaggio alpino, finiture di pregio, belle camere ed un'accoglienza proverbiale in due tipici rascard in pietra.

Relais des Glacier

route G.B. Dondeynaz – ✆ 01 25 30 81 82 – www.hotelrelaisdesglaciers.com
– Aperto 8 dicembre-30 aprile e 15 giugno-30 settembre
42 cam – 90/188 € 140/300 € – 6 suites
Rist – *(solo a cena)* Menu 30/50 €
Per una ritemprante "remise en forme" in una splendida cornice montana è ideale l'attrezzato centro benessere, con cure naturali, di un elegante hotel inaugurato nel 2000. Soffitti di legno nel raffinato ristorante che propone tre linee diversificate di menù.

Petit Tournalin 

località Villy 2 – ✆ 01 25 30 75 30 – www.hotelpetittournalin.it
19 cam – 40/70 € 80/110 €
Rist – *(Aperto 1° dicembre-30 aprile e metà giugno-metà settembre)* Menu 25 € – Carta 24/38 €
Ambiente familiare in un grazioso hotel in legno e pietra, ubicato sulla pista di fondo, ai margini della pineta, con camere accoglienti e bagni di buona fattura.

Villa Anna Maria rist,

via Croues 5 – ✆ 01 25 30 71 28 – www.hotelvillaannamaria.com
13 cam – 67/103 € 112/194 €
Rist – *(chiuso maggio e novembre)* Carta 27/46 €
Vista dei monti, quiete silvestre e fascino d'altri tempi in un rustico chalet d'atmosfera, con giardino e pineta, i cui interni sono tutti rigorosamente di legno. Suggestiva sala da pranzo rivestita di legno.

B&B Le Vieux Rascard senza rist

rue des Guides 35 – ✆ 01 25 30 87 46 – www.levieuxrascard.com
– Aperto 7 dicembre-Pasqua e 15 giugno-30 settembre
6 cam – 35/60 € 60/120 €
Leggermente in salita, ma il centro ancora raggiungibile a piedi, una tipica casa di montagna con camere curate e tanta gentilezza.

CHANAVEY – Aosta (AO) – **561** F3 – **Vedere Rhêmes Notre Dame**

CHATILLON – Aosta (AO) – **561** E4 – **4 966 ab. – alt. 549 m – ✉ 11024** **37** B2

Roma 723 – Aosta 28 – Breuil-Cervinia 27 – Milano 160

Relais du Foyer cam, cam, 

località Panorama 37 – ✆ 01 66 51 12 51 – www.relaisdufoyer.it
32 cam – 50/105 € 80/160 € – 15 suites
Rist *Sylchri* – (consigliata la prenotazione) Menu 12 € (buffet)/15 € – Carta 44/62 €
Vicino al Casinò di Saint Vincent, per turisti o clientela d'affari un'elegante struttura con zona fitness e solarium, boiserie nelle camere in stile classico. E per gli amanti della buona tavola, oltre al servizio à la carte, buffet libero sia a pranzo sia a cena a prezzi contenuti.

CHERASCO – Cuneo (CN) – 561 I5 – 8 623 ab. – alt. 288 m – ✉ 12062 22 B3
Italia Centro-Nord

Roma 646 – Cuneo 52 – Torino 53 – Asti 51

via Vittorio Emanuele-Palazzo Comunale 79, ✆ 0172 42 70 50, www.cherasco2000.com

via Fraschetta 8, 0172 489772, www.golfcherasco.com – chiuso martedì

Somaschi

via Nostra Signora del Popolo 9 – ✆ 01 72 48 84 82 – www.marachellagruppo.it

19 cam – †90/140 € ††120/180 € – 3 suites

Rist *Il Marachella* – vedere selezione ristoranti

Un'offerta di alto livello per soggiorni dedicati al relax e al benessere psicofisico, in una dimora storica all'interno del monastero settecentesco di Cherasco. La struttura si sviluppa a ferro di cavallo intorno ad un curato giardino all'italiana, le sue camere brillano in quanto a confort e tenuta, mentre le originali suite sono intitolate a tre famosi stilisti: Armani, Cavalli e Versace.

Il Marachella – Hotel Somaschi

via Nostra Signora del Popolo 9 – ✆ 01 72 48 84 82 – Chiuso agosto, domenica sera e lunedì

Rist – Carta 40/78 €

Al primo piano dell'antico complesso, nello spazio un tempo adibito a teatro, è la cucina a salire oggi sul palcoscenico per interpretare - in chiave moderna - le tradizionali ricette del territorio. Ma c'è anche una cigar room per gli irriducibili del fumo.

La Lumaca

via San Pietro 26/a – ✆ 01 72 48 94 21 – www.osterialalumaca.it – Chiuso 27 dicembre-5 gennaio, 3 settimane in agosto e lunedì; anche martedì in gennaio-marzo

Rist – Carta 35/59 €

Nelle cantine di un edificio di origini cinquecentesche, caratteristico ambiente con volte in mattoni per una cucina tradizionale dove regnano due elementi: la lumaca nel piatto e i vini in cantina.

CHIAMPO – Vicenza (VI) – 562 F15 – 12 946 ab. – alt. 175 m – ✉ 36072 39 B2

Roma 539 – Verona 52 – Venezia 91 – Vicenza 24

viale Stazione 8, ✆ 346 5 99 56 59, www.vicenza.goturismo.it

La Pieve

via Pieve 69 – ✆ 04 44 42 12 01 – www.lapievehotel.it

61 cam – †63/67 € ††82/85 € – 4 suites

Rist – *(chiuso sabato a mezzogiorno, domenica sera)* Carta 33/49 € (+5 %)

In una lineare struttura di taglio moderno un albergo recente, dotato di buoni confort e piacevoli camere d'impostazione classica; ideale per un turismo d'affari. Gustose ricette del territorio da assaporare nell'ampia e piacevole sala da pranzo.

CHIANCIANO TERME – Siena (SI) – 563 M17 – 7 447 ab. – alt. 475 m – Stazione termale – ✉ 53042 32 D2
Toscana

Roma 167 – Siena 74 – Arezzo 73 – Firenze 132

piazza Italia 67, ✆ 0578 67 11 22, www.vivichiancianoterme.it

Museo Civico Archeologico delle Acque★

Madonna col Bambino★ Museo della Collegiata a Chianciano Vecchia: 2 km nord-est

Admiral Palace

rist,

via Umbria 2 – ✆ 0 57 86 32 97 – www.admiralapalace.it

111 cam – †46/164 € ††59/286 € – 2 suites

Rist – *(solo per alloggiati)* Menu 20/45 €

Per chi è alla ricerca del confort e della qualità a 360°. Lussuoso albergo nato nel 2007, prodigo di spazi comuni e contraddistinto da uno stile moderno con qualche spunto di design. A completare l'offerta: un'ampia zona benessere e un attrezzato centro congressi.

Moderno rist,
viale Baccelli 10 – 0 57 86 37 54 – www.hotelmodernochianciano.com – Aperto 1° aprile-31 ottobre
64 cam – 70/90 € 110/150 € – 2 suites
Rist – *(solo per alloggiati)* Menu 35 €
Albergo dagli ariosi spazi comuni. Il bianco domina nelle camere all'ultimo piano - le più recenti - le altre sono di diversa tipolgia. Piacevoli angoli relax nel parco con tennis e piscina riscaldata. Una maestosa stalattite di cristallo troneggia al centro della sala da pranzo.

Grand Hotel Terme N cam,
piazza Italia 8 – 0 57 86 32 54 – www.medeahotels.com
58 cam – 80/145 € 150/190 € – 2 suites **Rist** – Menu 25/40 €
E' sempre al passo con i tempi questa bella struttura con camere signorili, ben attrezzate, ed un eccellente centro benessere.

Ambasciatori
viale della Libertà 512 – 0 57 86 43 71 – www.barbettihotels.it
115 cam – 78/105 € 98/150 € – 4 suites **Rist** – *(solo per alloggiati)*
Clientela termale, ma anche congressuale, in un centrale e comodo albergo degli anni '60. Camere confortevoli, alcune recentemente rinnovate, piscina riscaldata e solarium in terrazza panoramica. Ristorante d'impostazione classica.

Grande Albergo Fortuna N cam, cam,
via della Valle 76 – 0 57 86 27 74 – www.grandealbergofortuna.it – Aperto 25 marzo-5 novembre
88 cam – 70/79 € 115/126 € – 2 suites **Rist** – *(solo per alloggiati)*
Poco fuori dal centro con bella vista su colline e centro storico, albergo dagli ambienti caldi e signorili, camere aggiornate e ben accessoriate.

Ave rist, rist,
via Piave 27 – 0 57 86 36 19 – www.hotelave.it – Chiuso febbraio
55 cam – 25/40 € 50/90 € **Rist** – Menu 15/25 €
Piccolo albergo ben tenuto. I colori pastello sono protagonisti tanto negli spazi comuni quanto nelle camere, confortevoli e con arredi in legno.

Cristina cam, rist,
via Adige 31, angolo viale di Vittorio – 0 57 86 05 52 – www.hotelcristinachiancianoterme.it – Aperto 1° aprile-31 ottobre
45 cam – 40/50 € 45/70 € **Rist** – Menu 15/20 €
Hotel familiare, ben tenuto e ben gestito dai genitori insieme ai figli, presenta camere sobrie, con arredi pratici e bagni di diverso confort (quattro con vasca idromassaggio). Piacevole terrazza solarium.

Sole ed Esperia rist,
via delle Rose 40 – 0 57 86 01 94 – www.hotelsolechiancianoterme.it – Aperto Pasqua-30 ottobre
105 cam – 40/55 € 60/78 € – 4 suites **Rist** – Menu 20/40 €
In zona tranquilla vicina alle terme, la struttura si compone di un corpo centrale e di una dépendance, l'Esperia, con camere più moderne. Giardino ombreggiato e terrazza solarium. Grandi finestre affacciate sul verde illuminano la sala ristorante.

Aggravi cam,
viale Giuseppe di Vittorio 118 – 0 57 86 40 32 – Aperto 1° aprile-31 ottobre
34 cam – 30/45 € 50/80 € **Rist** – *(solo per alloggiati)*
Cordiale gestione familiare per un albergo dagli accoglienti spazi comuni. Le camere, non nuovissime ma funzionali, dispongono di un comodo terrazzino. All'ultimo piano, il solarium panoramico.

Perugina N cam, rist,
via Adige 34 – 0 57 86 49 52 – www.hotelperugina.com
18 cam – 25/40 € 50/70 € **Rist** – *(solo per alloggiati)* Menu 15/25 €
Se siete alla ricerca di un grazioso alberghetto dal buon rapporto qualità/prezzo, questo indirizzo farà al caso vostro: simpatica gestione diretta, arredi semplici e funzionali, confort moderni.

San Paolo cam, rist,
via Ingegnoli 22 – ☎ 0 57 86 02 21 – www.hotelsanpaolochianciano.it – Aperto 1° marzo-15 novembre
44 cam – 40/50 € 60/70 € **Rist** – *(solo per alloggiati)* Carta 16/30 €
Squisita gestione familiare per una struttura essenziale, ma non priva di confort. Ai piani, le semplici camere: linde e tinteggiate di azzurro.

Tribeca N
viale della Libertà 411 – ☎ 0 57 86 11 83 – www.tribecarestaurant.it – Chiuso 1 settimana in aprile, 29 ottobre-3 novembre e lunedì
Rist – *(solo a cena escluso maggio-settembre)* Menu 25/35 € – Carta 25/40 €
Non è il Triangle Below Canal Street, sebbene l'atmosfera design faccia subito pensare ad un locale newyorkese, ma un raffinato ristorante italiano dove gustare specialità di mare e piatti della tradizione leggermente rivisitati in chiave moderna.

Hostaria il Buco
via Della Pace 39 – ☎ 0 57 83 02 30 – Chiuso 2-15 novembre e mercoledì
Rist – Carta 21/38 €
Appena sotto al centro storico, nella parte alta della località, un piccolo locale dalla calorosa atmosfera familiare. In menu: proposte tipiche toscane, paste fatte in casa, funghi e tartufi.

CHIARAMONTE GULFI Sicilia – Ragusa (RG) – 365 AX61 – 8 218 ab. 30 D3

– alt. 668 m – ✉ 97012 Sicilia
Agrigento 133 – Catania 88 – Messina 185 – Palermo 257

Majore
via Martiri Ungheresi 12 – ☎ 09 32 92 80 19 – www.majore.it – Chiuso luglio e lunedì
Rist – Carta 16/26 €
Il maiale, la sua immancabile presenza nella storia di una famiglia e la lunga tradizione nell'arte di cucinarlo. Majore è tutto questo e la sorpresa finale sarà un conto davvero limitato.

CHIAVARI – Genova (GE) – 561 J9 – 27 815 ab. – ✉ 16043 Liguria 15 C2

Roma 467 – Genova 38 – Milano 173 – Parma 134
corso Assarotti 1, ☎ 0185 32 51 98, www.turismo.provincia.genova.it
Basilica dei Fieschi★

Monte Rosa cam, rist,
via Monsignor Marinetti 6 – ☎ 01 85 31 48 53 – www.hotelmonterosa.it – Chiuso novembre-metà dicembre
61 cam – 60/85 € 95/150 € – 3 suites
Rist – *(Chiuso novembre-metà dicembre e 10 gennaio-20 marzo)* Carta 29/56 €
Ubicato in pieno centro, hotel di taglio classico gestito da una volenterosa famiglia, che si prodiga a soddifare la propria clientela. Obiettivo raggiunto! Al ristorante viene proposta una buona cucina di mare senza trascurare i classici nazionali.

Lord Nelson con cam
corso Valparaiso 27 – ☎ 01 85 30 25 95 – www.thelordnelson.it – Chiuso 15 giorni in novembre
5 suites – 150 € 181 € **Rist** – *(chiuso mercoledì)* Carta 47/97 €
Direttamente sul lungomare, locale raffinato con american bar ed enoteca: una profusione di legno lucidato a specchio in elegante stile marinaro e stuzzicanti proposte a base di pesce.

Da Felice
corso Valparaiso 136 – ☎ 01 85 30 80 16 – www.ristorantefelice.it – Chiuso 1-15 settembre e lunedì
Rist – *(solo a cena escluso 15 giugno-15 settembre)* (consigliata la prenotazione) Carta 26/59 €
Nuova sede per questo storico ristorante presente in città dal 1903! Oggi, un ambiente moderno dai toni caldi e dallo stile minimalista, con cucina a vista e dehors estivo. In menu: pesce in tante varianti, ma subordinato al mercato del giorno.

Vecchio Borgo
piazza Gagliardo 15/16 – ☎ 01 85 30 90 64 – Chiuso 6-30 gennaio e martedì escluso luglio-agosto
Rist – Menu 30 € (pranzo)/45 € – Carta 28/67 €
In un vecchio edificio alla fine della passeggiata, sale in stile rustico ricercato e un bel dehors sulla piazzetta; fragranti piatti classici per lo più di pesce.

CHIAVENNA – Sondrio (SO) – 561 D10 – 7 358 ab. – alt. 333 m – ✉ 23022 Italia Centro-Nord — 16 B1

Roma 684 – Sondrio 61 – Bergamo 96 – Como 85
piazza Caduti della Libertà, ☎ 0343 3 34 42, www.valchiavenna.com
Fonte battesimale★ nel battistero
Valtellina★★

Sanlorenzo
corso Garibaldi 3 – ☎ 0 34 33 49 02 – www.sanlorenzochiavenna.it
29 cam – †55/70 € ††85/95 € **Rist** – Carta 22/42 €
Nuova struttura adiacente il centro ed a pochi passi dalla stazione, si caratterizza per gli arredi moderni di buon confort e le camere luminose nonchè funzionali. Il ristorante propone piatti del territorio gustosamente rivisitati.

Aurora cam,
via Rezia 73, località Campedello, Est : 1 km – ☎ 0 34 33 27 08 – www.albergoaurora.it – Chiuso 5-19 novembre
48 cam – †45/70 € ††65/99 €
Rist *Garden* – vedere selezione ristoranti
Rist – Carta 29/69 €
Una struttura fuori dal centro, con spazi comuni ridotti e camere dagli arredi essenziali ma ben tenute; di particolare interesse la piscina in un grazioso giardino.

Al Cenacolo
via Pedretti 16 – ☎ 0 34 33 21 23 – www.alcenacolo.info – Chiuso giugno, martedì sera e mercoledì
Rist – Carta 40/50 €
Tocchi di rusticità (legni al soffitto, camino, pavimento in cotto), ma tono elegante in un ristorante del centro, con minuscolo terrazino; specialità locali, ma non solo.

Garden – Hotel Aurora
via Rezia 73, località Campedello, Est: 1 km – ☎ 0 34 33 27 08 – www.albergoaurora.it – Chiuso 5-19 novembre e mercoledì
Rist – Carta 27/66 €
Il nome è il miglior biglietto da visita: immerso in un giardino ai piedi delle montagne, nel Garden dell'albergo Aurora troverete un'accoglienza familiare, specchio di una cucina schietta e locale: ecco l'immancabile bresaola, i pizzoccheri filanti di formaggio e la selvaggina di bosco. E per gli amanti del pesce, trote!

a Mese Sud-Ovest : 2 km – ✉ 23020

Crotasc
via Don Primo Lucchinetti 63 – ☎ 0 34 34 10 03 – www.ristorantecrotasc.com – Chiuso 3 settimane in giugno, lunedì e martedì
Rist – Carta 40/53 €
Dal 1928 il fuoco del camino scalda le giornate più fredde e le due sale riscoprono nella pietra la storia del crotto e una cordiale accoglienza; in cucina, la tradizione rivive con creatività.

CHIERI – Torino (TO) – 561 G5 – 36 168 ab. – alt. 283 m – ✉ 10023 — 22 B1

Italia Centro-Nord
Roma 649 – Torino 18 – Asti 35 – Cuneo 96
Duomo★
Museo Martini di Storia dell'Enologia★ a Pessione: 5 km a sud

XXX **Sandomenico**

via San Domenico 2/b – ✆ 01 19 41 18 64
– Chiuso domenica sera e lunedì
Rist – *(solo a cena)* (prenotare) Carta 42/92 €
Luminoso ed elegante dal soffitto con travi a vista ed arredato con pochi tavoli rotondi. Dalle cucine, piatti di terra e di mare, dalle cantine, bottiglie italiane e francesi.

CHIESA IN VALMALENCO – Sondrio (SO) – 561 D11 – 2 626 ab. – alt. 960 m – Sport invernali : 1 050/2 236 m 1 6, – ✉ 23023

16 B1

Roma 712 – Sondrio 14 – Bergamo 129 – Milano 152
contrada Vassalini, ✆ 0342 45 11 50, www.valmalenco.it

Tremoggia

rist,

via Bernina 6 – ✆ 03 42 45 11 06 – www.tremoggia.it
– Chiuso 6 ottobre-5 dicembre
43 cam – 85/136 € 124/222 € – 4 suites **Rist** – Carta 28/49 €
Calda accoglienza familiare in un albergo storico della località rinnovato nel tempo; oggi offre servizi completi e di alto livello; centro benessere all'ultimo piano. Ristorante che dispone di varie, confortevoli sale.

La Lanterna

via Bernina 88 – ✆ 03 42 45 14 38 – www.hotellanterna.it
– Aperto 1° dicembre-30 aprile e 1° luglio-15 settembre
16 cam – 40/60 € 70/80 €, 8 € **Rist** – *(solo per alloggiati)*
Un semplice hotel che gode i buoni risultati di una ristrutturazione di anni recenti; solida conduzione familiare, camere pulite, spaziose e dal confort adeguato. Ristorante casalingo seguito direttamente dai gestori dell'albergo.

XX **La Volta**

via Milano 48 – ✆ 03 42 45 40 51 – Chiuso 15 giorni in giugno, martedì e mercoledì
Rist – *(solo a cena escluso sabato e domenica)* Menu 28/45 € – Carta 33/52 €
Tradizione e modernità: è il binomio che descrive un locale classico all'interno di un edificio storico ristrutturato; ai fornelli si fondono creatività e competenza.

XX **Il Vassallo**

via Vassalini 27 – ✆ 03 42 45 12 00 – www.ristorantevassallo.it – Chiuso lunedì
Rist – Carta 27/38 €
Costruita intorno ad un grande masso di granito dalle sfumature policrome, l'antica residenza vescovile offre atmosfere suggestive e stuzzicanti ricette del territorio.

XX **Malenco**

via Funivia 20 – ✆ 03 42 45 21 82 – www.malencofre.it
– Chiuso 20 giugno-3 luglio, una settimana in novembre e martedì
Rist – Menu 15/25 € – Carta 25/36 €
Di taglio moderno l'arredo della sala, con vetrata panoramica sulla valle, di impostazione tipica-locale invece la carta: piatti della tradizione a prezzi contenuti.

CHIETI P (CH) – 563 O24 – 53 937 ab. – alt. 330 m – ✉ 66100

1 B2

Italia Centro-Sud
Roma 205 – Pescara 14 – L'Aquila 101 – Ascoli Piceno 103
via B. Spaventa 47, ✆ 0871 6 36 40, www.abruzzoturismo.it
Museo Archeologico Nazionale degli Abruzzi★★ – Giardini★ della Villa Comunale

Harri's

rist,

via Padre Alessandro Valignani 219 – ✆ 08 71 32 15 55 – www.harrishotels.it
15 cam – 45/90 € 60/120 € – 4 suites
Rist – *(chiuso agosto, sabato e domenica) (solo a cena) (solo per alloggiati)*
Carta 22/50 €
Ubicata su una collina, con la vista che abbraccia la vallata, questa piccola struttura non manca di un'attrezzata area benessere e dispone di camere classiche, ma moderne nelle installazioni (Sky e wi-fi gratuito), tutte con balcone.

sulla strada statale 5 Tiburtina - località Brecciarola Sud-Ovest : 9 km :

Enrica senza rist
via Aterno 441 – ✆ 08 71 68 50 68 – www.hotelenrica.it
15 cam ☕ – †45/55 € ††70/90 €
Un piccolo ascensore panoramico conduce alle confortevoli e moderne camere di questa elegante struttura: dai balconi la vista spazia sul Gran Sasso. Sotto, momenti di relax nel bar-gelateria.

Da Gilda
via Aterno 464 – ✆ 08 71 68 41 57 – Chiuso lunedì
Rist – *(solo a pranzo escluso giovedì, venerdì e sabato)* Carta 16/43 €
Oltre 40 anni di cucina semplice e genuina a prezzi onesti! Ecco il segreto di questa schietta trattoria, che punta su ricette locali - pasta fatta in casa o agnello alla brace - ma anche grigliate di pesce.

CHIOANO – **Perugia (PG)** – **Vedere Todi**

CHIOGGIA – **Venezia (VE)** – **562** G18 – **50 674 ab.** – ✉ **30015** **40** C3
Italia Centro-Nord
Roma 510 – Venezia 53 – Ferrara 93 – Milano 279
Duomo★

El Gato
corso del Popolo 653 – ✆ 0 41 40 02 65 – www.elgato.it – Chiuso gennaio e lunedì
Rist – Carta 46/93 €
In pieno centro, tre moderne sale dove pareti e soffitti bianchi contrastano con il nero degli arredi, creando un originale effetto positivo/negativo. Sulla tavola il mare, in ricette fragranti e gustose. Infine, l'interessante rapporto qualità/prezzo. Difficile non rimanere soddisfatti.

a Sottomarina Est : 1 km – ✉ 30015

lungomare Adriatico 101, ✆ 041 40 10 68, www.chioggiaturismo.it

Bristol rist,
lungomare Adriatico 46 – ✆ 04 15 54 03 89 – www.hotelbristol.net
– Chiuso 20 dicembre-3 febbraio
64 cam ☕ – †55/130 € ††90/200 €
Rist – *(aperto 1° giugno-31 agosto) (solo per alloggiati)* Menu 40 €
Sobria eleganza sia nelle sale, sia nelle accoglienti camere di questa struttura di taglio classico. Sebbene ubicato sul lungomare, con la spiaggia a due passi, il giardino e la piscina meritano una sosta.

Le Tegnue
lungomare Adriatico 48 – ✆ 0 41 49 17 00 – www.hotelletegnue.it
– Aperto 1° aprile-31 ottobre
83 cam ☕ – †81/93 € ††130/180 € – 2 suites **Rist** – Menu 30/65 €
Situato davanti al mare e circondato da un ampio giardino, questo grande complesso a conduzione diretta dispone di una spiaggia privata e camere di diverse tipologie, recentemente rinnovate. La vista dell'Adriatico si propone da tutte le stanze. Cucina tradizionale chioggiotta e specialità marinare al ristorante.

Sole
viale Mediterraneo 9 – ✆ 0 41 49 15 05 – www.hotel-sole.com
– Aperto 1° aprile-31 ottobre
58 cam ☕ – †70/90 € ††90/115 €
Rist – *(aperto 1° aprile-30 settembre) (solo per alloggiati)* Menu 23 €
Elegante, all'inizio del lungomare, una spiaggia riservata, con piscina, a pochi metri di distanza. Luminosi gli spazi comuni, mentre le camere sono state recentemente rinnovate.

CHIRIGNAGO – **Venezia (VE)** – **562** F18 – **Vedere Mestre**

CHIUDUNO – **Bergamo (BG)** – **561** F11 – **5 861 ab.** – **alt. 218 m** **19** D1
– ✉ **24060**
Roma 598 – Milano 70 – Bergamo 23 – Lecco 99
La Rossera via Montebello 4, 035 838600, www.rossera.it – chiuso martedì

A'anteprima (Daniel Facen)

via F.lli Kennedy 12 – ✆ 03 58 36 10 30 – www.ristoranteanteprima.it
– Chiuso 1°-14 gennaio, 13-31 agosto, domenica e lunedì
Rist – (consigliata la prenotazione) Menu 35 € (pranzo in settimana)/110 € – Carta 85/168 €

➜ Risotto allo zafferano con pesci, crostacei, salsa allo zenzero ed emulsione ai ricci di mare. Pollo di Bresse farcito con pane al foie gras, tartufo nero e patate cotte nella cenere. Medaglione di sfoglia alle nocciole e mascarpone con spuma al rhum e pesche caramellate.

Tra fornelli e microscopi, pentole e provette - in un intrigante equilibrismo tra scienza e ristorazione - lo chef trae ispirazione dalla sua regione d'origine, il Trentino, e la creatività non manca all'appuntamento nel piatto. Scelta enologica superlativa.

CHIUSA (KLAUSEN) – Bolzano (BZ) – **562** C16 – 4 863 ab. – alt. 525 m **34** C1

– ✉ 39043 Chiusa D'Isarco

Roma 671 – Bolzano 30 – Bressanone 11 – Cortina d'Ampezzo 98

piazza Mercato 1, ✆ 0472 84 74 24, www.klausen.it

Aquila d'Oro-Goldener Adler

piazza Fraghes 14 – ✆ 04 72 84 61 11 – www.goldeneradler.it
– Chiuso 2 settimane in gennaio e 2 settimane in luglio
21 cam – †62/112 € ††124/184 €
Rist *Adlerstube* – *(chiuso mercoledì)* Carta 30/51 €

A pochi passi dal centro, hotel in tipico stile sudtirolese, ideale per chi vuole soggiornare in uno dei borghi più suggestivi dell'Alto Adige: attrezzata zona benessere e prezzi interessanti. Al ristorante un intelligente mélange di cucina locale, nazionale ed internazionale.

Ansitz Fonteklaus rist,

via Freins 4, Est : 3,6 km, alt. 897 – ✆ 04 71 65 56 54 – www.fonteklaus.it
– Aperto 1° aprile-31 ottobre
8 cam – †52/57 € ††76/84 € – 2 suites
Rist – *(chiuso giovedì)* Carta 20/60 €

Potreste incontrare i caprioli, il picchio o lo scoiattolo in questa incantevole oasi di pace; laghetto-piscina naturale; confort e relax in un hotel tutto da scoprire. Calda atmosfera nella sala da pranzo in stile stube.

Bischofhof

via Gries 4 – ✆ 04 72 84 74 48 – www.bischofhof.it
– Chiuso 15 novembre-4 dicembre
21 cam – †65/80 € ††75/90 €
Rist *Jasmin* – vedere selezione ristoranti
Rist – *(solo per alloggiati)*

Pochi minuti a piedi dal centro della cittadina e raggiungerete questa pensione familiare: all'interno camere comode ed accoglienti, una piscina e giochi per i più piccoli.

Jasmin (Martin Obermarzoner) – Hotel Bischofhof

via Gries 4 – ✆ 04 72 84 74 48 – www.bischofhof.it
– Chiuso 15 novembre-4 dicembre, martedì e domenica sera in maggio-settembre
Rist – *(solo a cena , anche domenica a mezzogiorno in ottobre-aprile)* (prenotazione obbligatoria) Menu 85/170 €

➜ Piccione Royal, mandorle, fegato grasso d'anatra e crema di cerfoglio. Agnello di Pauillac in crosta di timo, verdure, gratin di patate e tartufo. Coulant di cioccolato Rajoles con nocciole, gelato al legno di cedro e rum invecchiato.

Alla prenotazione verrete interrogati sul numero di portate che desiderate, preferenze per carne o pesce ed eventuali intolleranze. Una volta al tavolo, sarete nelle mani del cuoco che vi stupirà con piatti elaborati secondo il mercato e l'estro del momento, ma sempre all'insegna di una cucina sofisticata, tecnica e sorprendente.

a Gudon (Gufidaun) Nord-Est : 4 km – ✉ 39043

XX **Unterwirt** con cam

Gudon 45 – ✆ 04 72 84 40 00 – www.unterwirt-gufidaun.com – Chiuso 8-22 gennaio, 17 giugno- 1° luglio
7 cam – †54/57 € ††88/110 €
Rist – *(chiuso domenica e lunedì) (solo a cena)* Menu 48/68 € – Carta 52/86 €
Se la buona cucina costituisce uno dei requisiti che concorrono a qualificare il valore dell'ospitalità, qui l'avete trovata! Piatti moderni in tre caratteristiche stube, personalizzate con stufe in muratura e colorati acquerelli.

CHIUSDINO – Siena (SI) – 563 M15 – 2 036 ab. – alt. 564 m – ✉ 53012 32 C2

Roma 229 – Siena 32 – Firenze 89 – Livorno 132

Borgo Santo Pietro rist,

località Palazzetto 110, Est: 7 km – ✆ 05 77 75 12 22 – www.borgosantopietro.com – Aperto 15 aprile-31 ottobre
14 cam – †395/475 € ††580/950 € – 1 suite
Rist *Valle Serena* – Carta 58/141 €
Non solo per una fuga romantica, ma per tutti coloro che sono in cerca di un resort esclusivo dove trascorrere un soggiorno all'insegna di un raffinato lusso. In una villa del XIII secolo, immersa nel verde di un curato giardino, camere barocche, ma non prive di confort moderni ed un centro olistico per ritrovare serenità mentale e benessere fisico. Cucina creativa al ristorante.

CHIUSI – Siena (SI) – 563 M17 – 8 838 ab. – alt. 398 m – ✉ 53043 32 D2

Toscana

Roma 159 – Perugia 52 – Arezzo 67 – Chianciano Terme 12

via Porsenna 79, ✆ 0578 22 76 67, www.comune.chiusi.si.it

Museo Archeologico★

A Sarteano, Annunciazione★★ nella chiesa di S. Martino: 10 km sud-ovest

X **Osteria La Solita Zuppa**

via Porsenna 21 – ✆ 0 57 82 10 06 – www.lasolitazuppa.it – Chiuso 7 gennaio-5 febbraio e martedì
Rist – (consigliata la prenotazione) Carta 25/35 €
Un'ottima accoglienza riscalda questa rustica trattoria del centro. La cucina "parla" toscano, con un occhio di riguardo per i piatti antichi e le ricette povere: immancabili, le proverbiali zuppe.

in prossimità casello autostrada A1 Ovest : 3 km:

Il Patriarca rist,

località Querce al Pino, strada statale 146 ✉ 53043 Chiusi – ✆ 05 78 27 44 07 – www.ilpatriarca.it
23 cam – †79/190 € ††119/280 €
Rist *I Salotti* ✿ – vedere selezione ristoranti
Rist *La Taverna del Patriarca* – Carta 27/57 €
Racchiusa in un parco meraviglioso, la villa ottocentesca è stata edificata su un insediamento di origine etrusca e ottimamente ristrutturata con buon gusto. I classici regionali alla Taverna del Patriarca.

XXX **I Salotti** (Katia Maccari) – Hotel Il Patriarca

✿

località Querce al Pino, strada statale 146 ✉ 53043 Chiusi – ✆ 05 78 27 44 07 – www.ilpatriarca.it – Aperto 1° aprile-14 ottobre; chiuso lunedì e martedì
Rist – *(solo a cena)* (prenotazione obbligatoria) Menu 70/90 €
➜ Ravioli ripieni di parmigiano e limone, consommé di galletto e tartufo. Spalla d'agnello della Val d'Orcia con albicocche, marmellata di cipolle, fondo d'agnello. Semifreddo al miele e lavanda con croccante di noci e cacao.
Ambiente elegante e pochi tavoli per un ottimo ristorante che propone solo due menu degustazione: uno legato alla tradizione toscana, esclusivamente a base di carne, l'altro equamente diviso tra terra e mare.

CHIVASSO – Torino (TO) – 561 G5 – 26 368 ab. – alt. 183 m – ✉ 10034 22 B2

Roma 684 – Torino 22 – Aosta 103 – Milano 120

Locanda del Sole

via Roma 16 – ✆ 01 19 12 12 29 – Chiuso 7-21 agosto, domenica sera e lunedì

Rist – Menu 17 € (pranzo)/50 € – Carta 28/57 €

Nel centro della località, due salette molto curate ed una veranda in stile giardino d'inverno, dove gustare una casalinga cucina regionale.

CIAMPINO – Roma (RM) – 563 Q19 – Vedere Roma

CICOGNOLO – Cremona (CR) – 561 G12 – 932 ab. – alt. 44 m – ✉ 26030 17 C3

Roma 541 – Milano 108 – Cremona 15 – Mantova 55

Pilgrim's senza rist

strada provinciale 33, 9 – ✆ 03 72 83 00 85 – www.pilgrimshotel.it – Chiuso agosto

34 cam – †60/90 € ††90/150 €

Gestione giovane e competente per una struttura efficiente con buoni spazi comuni e camere rinnovate nei confort: la maggior parte delle quali offre una suggestiva vista sul maestoso castello di Cicognolo.

CIMASAPPADA – Belluno (BL) – 562 C20 – Vedere Sappada

CIMEGO – Trento (TN) – 562 E13 – 413 ab. – alt. 557 m – ✉ 38082 33 A3

Roma 630 – Trento 64 – Brescia 86 – Sondrio 143

Aurora

località Casina dei Pomi 139, Nord-Est : 1,5 km – ✆ 04 65 62 10 64 – www.hotelaurora.tn.it

18 cam – †42/48 € ††42/48 €

Rist ***Aurora*** – vedere selezione ristoranti

Lungo la strada per Campiglio, un grazioso edificio con camere in continuo rinnovo e rilassante giardino sul retro.

Aurora – Hotel Aurora

località Casina dei Pomi 139, Nord-Est : 1,5 km – ✆ 04 65 62 10 64 – www.hotelaurora.tn.it – Chiuso lunedì

Rist – (consigliata la prenotazione) Menu 36/40 € – Carta 20/37 €

Molto frequentato, si consiglia - infatti - di prenotare, il ristorante gode di una certa fama in provincia. Tra le specialità: piatti trentini, numerose varianti della polenta di Storo (il paese dista pochi km) e i formaggi di malga, autentica passione del titolare.

CINISELLO BALSAMO – Milano (MI) – 561 F9 – 74 150 ab. – alt. 154 m – ✉ 20092 18 B2

Roma 583 – Milano 13 – Bergamo 42 – Como 41

Pianta d'insieme di Milano

Cosmo Hotel Palace rist,

via De Sanctis 5 – ✆ 02 61 77 71 – www.cosmohotels.it 2BOx

201 cam – †80/309 € ††80/389 € – 4 suites

Rist – *(chiuso domenica a pranzo e sabato)* Carta 34/59 €

Struttura imponente, visibile anche dall'autostrada da cui è facilmente raggiungibile. Interni comunque perfettamente insonorizzati, arredati in stile semplice e funzionale. Grande sala open-space, a pranzo nei giorni feriali fornito self-service.

Premier Monza e Brianza Palace cam, rist,

viale Brianza 160/166 – ✆ 0 26 60 21 11 – www.monzaebrianzapalace.it

105 cam – †81/350 € ††84/470 € – 1 suite

Rist – *(chiuso 12-25 agosto)* Carta 43/67 €

Nasce dalla ristrutturazione di un edificio industriale degli anni '60, questo moderno albergo particolarmente vocato ad una clientela business: attrezzate sale riunioni, spazio fitness, nonché navetta di collegamento con il polo fieristico Rho-Pero (in occasione di fiere importanti).

Lincoln senza rist
viale Lincoln 65 – ✆ 0 26 17 26 57 – www.hotellincoln.it **2BOk**
18 cam – 60/150 € 75/190 €
Frequentazione, per lo più abituale, di clientela di lavoro o di passaggio per una risorsa di buon confort, con spazi comuni limitati, ma camere ampie e ben arredate.

CINQUALE – Massa Carrara (MS) – 563 K12 – Vedere Montignoso

CIOCCARO – Asti (AT) – 561 G6 – Vedere Penango

CIPRESSA – Imperia (IM) – 561 K5 – 1 370 ab. – alt. 240 m – ✉ 18017 14 A3

Roma 628 – Imperia 19 – San Remo 12 – Savona 83

La Torre
piazza Mazzini 2 – ✆ 0 18 39 80 00 – Aperto 16 febbraio-14 ottobre
Rist – *(chiuso lunedì)* Carta 18/49 €
Una serie di tornanti vi condurrà alla volta di Cipressa e di una spettacolare vista sul mare. E' nel centro di questo caratteristico paese che si trova la trattoria: accoglienza familiare e cucina di terra.

CIRELLA – Cosenza (CS) – 564 H29 – alt. 27 m – ✉ 87020 5 A1

Roma 430 – Cosenza 83 – Castrovillari 80 – Catanzaro 143

Agriturismo Fattoria di Arieste cam, cam,
strada per Maierà, Est: 1,5 km – ✆ 09 85 88 90 50 – www.fattoriadiarieste.it – Aperto 1° aprile-30 settembre
6 cam – 60/80 € 60/80 € **Rist** – *(chiuso lunedì)* Menu 25 €
Azienda agricola con meravigliosa vista sul golfo di Policastro: amabile accoglienza familiare in colorate ed accoglienti camere. Cucina casalinga e genuina.

CIRÒ MARINA – Crotone (KR) – 564 I33 – 14 957 ab. – ✉ 88811 5 B1

Roma 561 – Cosenza 133 – Catanzaro 114 – Crotone 36

Il Gabbiano rist, rist,
località Punta Alice, Nord : 2 km – ✆ 0 96 23 13 38 – www.gabbiano-hotel.it
45 cam – solo ½ P 85/140 € **Rist** – Carta 23/59 €
Alla fine del lungomare - alle porte del paese - hotel recentemente rinnovato: modernità e confort sia nelle camere sia negli spazi comuni. Due sale di tono elegante nel ristorante, con servizio estivo di fronte alla piscina.

CISANO BERGAMASCO – Bergamo (BG) – 561 E10 – 6 316 ab. – alt. 267 m – ✉ 24034 19 C1

Roma 610 – Bergamo 18 – Brescia 69 – Milano 46

La Sosta
via Sciesa 7, Ovest: 1,5 km – ✆ 03 54 36 42 32 – www.hotellasosta.it – Chiuso 1°-12 agosto
11 cam – 85/95 € 95/120 € – 1 suite
Rist ***La Sosta*** – vedere selezione ristoranti
Bella ristrutturazione di una palazzina proprio sulla sponda del fiume Adda, su cui si affaccia con le sue terrazze: camere semplici e funzionali, in uno stile minimalista che non esclude il confort.

La Sosta – Hotel la Sosta
via Sciesa 3, Ovest : 1,5 km – ✆ 0 35 78 10 66 – www.ristorantelasosta.it – Chiuso 1°-7 gennaio e 16-26 agosto
Rist – Carta 35/89 €
Locale di tradizione e di sapore classico caratterizzato da grandi vetrate, nonché da una bella veranda romanticamente affacciata sul fiume Adda. Cucina di ampio respiro con ricette di carne, ma anche specialità di pesce: d'acqua dolce e di mare.

Fatur con cam
via Roma 2 – ✆ 0 35 78 12 87 – www.fatur.it
– Chiuso 2-10 gennaio e 16-30 agosto
12 cam ☕ – 🚹50/65 € 🚹🚹85 € – 1 suite
Rist – *(chiuso venerdì)* Menu 15 € (pranzo in settimana)/40 € – Carta 40/62 €
Ai piedi del castello, nel centro del paese, questo accogliente ristorante propone i sapori del territorio, rivisitati con fantasia. Nella bella stagione, approfittate del piacevole servizio in giardino. Al piano superiore, camere spaziose ed arredate in stile funzionale.

CISON DI VALMARINO – Treviso (TV) – 562 E18 – 2 730 ab. – alt. 261 m – ✉ 31030 40 C2

Roma 582 – Belluno 32 – Trento 114 – Treviso 41

CastelBrando
via Brandolini 29 – ✆ 04 38 97 61 – www.castelbrando.it
80 cam ☕ – 🚹90/200 € 🚹🚹100/200 € – 2 suites
Rist *La Fucina* – ✆ 04 38 97 66 58 – Carta 30/46 €
Sorge in posizione elevata questo complesso storico, le cui fondamenta risalgono all'epoca romana; grandi spazi e servizi completi, anche per congressi e area museale aperta al pubblico (su prenotazione). Piatti più semplici e servizio pizzeria alla Fucina.

CISTERNA D'ASTI – Asti (AT) – 561 H6 – 1 317 ab. – alt. 350 m – ✉ 14010 25 C1

Roma 626 – Torino 46 – Asti 21 – Cuneo 82

Garibaldi con cam
via Italia 1 – ✆ 01 41 97 91 18 – www.albergoristorantegaribaldi.it
– Chiuso 16-30 gennaio e 16-30 agosto
12 cam ☕ – 🚹40/80 € 🚹🚹60/100 €
Rist – *(chiuso mercoledì)* Menu 25/35 € – Carta 20/40 €
C'è tutta la storia di una famiglia nella raccolta di oggetti d'epoca di uso comune (dalle pentole alle fotografie) esposta in questo originale locale; cucina piemontese.

CISTERNA DI LATINA – Latina (LT) – 563 R20 – 35 480 ab. – alt. 77 m – ✉ 04012 13 C2

Roma 50 – Anzio 26 – Frosinone 72 – Latina 16

Il Piccolo Ducato
via Tivera – ✆ 0 69 60 12 84 – www.ilpiccoloducato.it
– Chiuso 15-30 agosto e lunedì
Rist – Carta 29/59 €
In aperta campagna, piatti mediterranei di terra e di mare secondo ricette abbastanza classiche e, soprattutto, senza fronzoli. Ambiente piacevolmente rustico, ma se il tempo è bello, meglio optare per il fresco dehors sotto moderni ombrelloni.

CISTERNINO – Brindisi (BR) – 564 E34 – 11 884 ab. – alt. 393 m – ✉ 72014 Puglia 27 C2

Roma 524 – Brindisi 56 – Bari 74 – Lecce 87

Lo Smeraldo
contrada Don Peppe Sole 7, località Monti, Nord-Est : 3 km – ✆ 08 04 44 87 09 – www.hotellosmeraldo.com
82 cam ☕ – 🚹55/65 € 🚹🚹75/95 € **Rist** – Carta 21/40 €
Si vedono il mare e la costa in lontananza da questa funzionale struttura di taglio moderno, in zona verdeggiante e soleggiata; gestione familiare attenta e ospitale. Varie sale, luminose e signorili, nel ristorante a vocazione banchettistica.

CITARA – Napoli (NA) – Vedere Ischia (Isola d') : Forio

CITTADELLA – Padova (PD) – 562 F17 – 19 970 ab. – alt. 48 m – ✉ 35013 Italia Centro-Nord 38 B1

Roma 527 – Padova 31 – Belluno 94 – Milano 227

Casa del Capitano Porte Bassanesi, ✆ 049 9 40 44 85, www.comune.cittadella.pd.it.

Cinta muraria★

Filanda cam, rist,
via Palladio 34 – 04 99 40 00 00 – www.hotelfilanda.it
70 cam – 60/110 € 83/165 € – 2 suites
Rist – *(chiuso agosto, venerdì sera, sabato e domenica)* Carta 35/53 €
Poco fuori dal centro storico della località, il vecchio opificio ottocentesco è stato riconvertito in hotel, con camere funzionali e confortevoli: molte con vista sulle mura duecentesche. Ricette di terra e di mare al ristorante, che dispone anche di un fresco gazebo per la bella stagione.

CITTADELLA DEL CAPO – Cosenza (CS) – 564 I29 – alt. 23 m 5 A1
– ✉ 87020
Roma 451 – Cosenza 61 – Castrovillari 65 – Catanzaro 121

Palazzo del Capo
via Cristoforo Colombo 5 – 0 98 29 56 74
– www.palazzodelcapo.it – Chiuso 23 dicembre-4 gennaio
11 cam – 120/180 € 180/265 €
Rist – *(chiuso lunedì)* (prenotazione obbligatoria) Carta 25/65 €
Uno scrigno di insospettate sorprese questa residenza storica fortificata sul mare, con torre spagnola nel giardino: eleganti interni d'epoca e servizi di elevato profilo tra cui la nuova beauty farm. Molti spazi per la ristorazione; a disposizione - solo in estate - anche la rotonda sul mare.

CITTÀ DELLA PIEVE – Perugia (PG) – 563 N18 – 7 836 ab. – alt. 509 m 35 A2
– ✉ 06062 Italia Centro-Nord
Roma 154 – Perugia 41 – Arezzo 76 – Chianciano Terme 22
piazza Matteotti 1, 0578 29 93 75, www.cittadellapieve.org
Oratorio di S. Maria dei Bianchi: Adorazione dei Magi★ del Perugino

Vannucci
viale Vanni 1 – 05 78 29 80 63 – www.hotel-vannucci.com
30 cam – 95/125 € 95/125 €
Rist *Zafferano* – *(aperto 1° maggio-30 settembre; chiuso mercoledì) (solo a cena)* Carta 38/68 €
Abbracciata dal verde, la risorsa dispone di camere nuove spaziose e luminose arredate con gusto moderno in chiare tonalità, un centro benessere ed una sala lettura. Accanto ad un elegante locale ben arredato con proposte à la carte di respiro regionale ed internazionale, anche un servizio pizzeria.

Relais dei Magi
località le Selve Nuove 45, Sud-Est : 4 km – 05 78 29 81 33 – www.relaismagi.it – Aperto 1° aprile-30 settembre
10 cam – 126/135 € 172/194 € **Rist** – *(chiuso giovedì)* Menu 35/45 €
Occorre percorrere una strada sterrata per giungere a quest'incantevola risorsa che accoglie i propri ospiti in tre diversi edifici. Un soggiorno appartato e raffinato.

Agriturismo Madonna delle Grazie rist,
località Madonna delle Grazie 6, Ovest : 1 km
– 05 78 29 98 22 – www.madonnadellegrazie.it
10 cam – 50/70 € 90/120 €
Rist – (prenotazione obbligatoria) Menu 23/35 €
Offre uno spaccato di vita contadina questo agriturismo immerso nella quiete dei colli tosco-umbri, perfetto per una vacanza a contatto con la natura, tra passeggiate a piedi e a cavallo e qualche tuffo in piscina. Nella sala ristorante interna o all'aperto, la gustosa cucina regionale.

CITTÀ DEL VATICANO – Vaticano (VAT) – 563 Q19 – Vedere Roma

CITTÀ DI CASTELLO – Perugia (PG) – 563 L18 – 40 567 ab. 35 B1
– alt. 288 m – ✉ 06012 Italia Centro-Nord
Roma 258 – Perugia 49 – Arezzo 42 – Ravenna 137
piazza Matteotti-Logge Bufalini, 075 8 55 49 22, www.regioneumbria.eu

Borgo di Celle

località Celle 7 – ☎ 07 58 51 00 25 – www.borgodicelle.it
26 cam – 70/90 € 120/140 € – 3 suites **Rist** – Carta 26/46 €
Una gran bella risorsa ubicata in collina e all'interno di un piccolo borgo medioevale: cotto e arredi essenziali in arte povera negli spazi comuni composti da sale e salette. Superlativi i giardini con la piscina panoramica. L'attrezzato centro relax completa l'offerta di questo angolo di paradiso.

Tiferno

piazza Raffaello Sanzio 13 – ☎ 07 58 55 03 31 – www.hoteltiferno.it
46 cam – 60/85 € 90/145 € – 2 suites
Rist *Le Logge* – *☎ 07 58 64 23 04 (chiuso mercoledì)* Carta 31/52 €
Porta l'antico nome della città questo raffinato albergo ricavato in un edificio d'epoca: bei soffitti a cassettone e pregevoli mobili antichi; moderne invece le ampie camere.

Garden

viale Bologni 96 Nord-Est : 1 km – ☎ 07 58 55 05 87 – www.hotelgarden.com
56 cam – 52/75 € 70/100 € – 1 suite **Rist** – Carta 26/46 €
Periferico e tranquillo - adiacente un centro sportivo - hotel di taglio moderno con piscina, centro benessere e palestra; camere ben accessoriate. Tono elegante nell'ampia sala ristorante.

Le Mura

via borgo Farinario 24/26 – ☎ 07 58 52 10 70 – www.hotellemura.it
35 cam – 40/50 € 70/90 € **Rist** – Menu 16/25 €
Ricavato nelle ex manifatture di tabacco e a ridosso delle antiche mura cittadine, struttura di buon confort generale; ottime le sobrie camere, rinnovate di recente. Bella sala ristorante con vetrate affacciate sulla fontana nella suggestiva corte interna.

Il Bersaglio

viale Orlando 14 – ☎ 07 58 55 55 34 – www.ristoranteilbersaglio.com
– Chiuso 3 settimane tra giugno e luglio e mercoledì
Rist – (consigliata la prenotazione) Menu 18/38 € – Carta 24/53 €
Un classico della città questo locale fuori le mura, che si propone con le specialità stagionali della zona: funghi, tartufi bianchi dell'alto Tevere e cacciagione.

CITTANOVA – Reggio di Calabria (RC) – 564 L30 – 10 512 ab. – alt. 400 m – ✉ 89022 5 A3

Roma 661 – Reggio di Calabria 69 – Catanzaro 121 – Lamezia Terme 94

Casalnuovo

viale Merano 103 – ☎ 09 66 65 58 21 – www.hotelcasalnuovo.com
18 cam – 42/62 € 57/77 €
Rist – *(chiuso 15 giorni in agosto)* Carta 16/34 €
Curato albergo a gestione familiare, ideale come sosta per chi è in viaggio di lavoro ma anche come base d'appoggio per visitare i dintorni. Camere con arredi lineari. Sobria e ampia sala ristorante.

CITTÀ SANT'ANGELO – Pescara (PE) – 563 O24 – 14 553 ab. – alt. 317 m – ✉ 65013 1 B1

Roma 223 – Pescara 25 – L'Aquila 120 – Chieti 34

in prossimità casello autostrada A 14 Est : 9,5 km :

Giardino dei Principi

viale Petruzzi 30 ✉ 65013 – ☎ 0 85 95 02 35 – www.hotelgiardinodeiprincipi.it
34 cam – 40/95 € 70/150 € **Rist** – Carta 20/49 €
Romanticamente abbracciata da un fresco giardino, questa funzionale struttura di taglio moderno dispone di spazi comuni un po' limitati, camere assolutamente accoglienti. Cucina classica nella luminosa sala ristorante.

eKK rist,

strada Lungofino 185 ✉ 65013 – ✆ 08 59 18 91 – www.ekkhotel.it
33 cam – †68/99 € ††78/149 € – 1 suite
Rist – *(chiuso domenica sera)* Carta 25/41 €
L'originalità non si esaurisce nel nome, ma s'insinua nell'architettura di questa moderna risorsa, ricavata dal recupero di una cantina vinicola ed abbracciata da un lussureggiante parco (dove trova spazio anche un laboratorio di ricerca botanica). Cromismi che ricordano la trasformazione del vino caratterizzano le camere ospitate in botti.

CITTIGLIO – Varese (VA) – 561 E7 – 4 012 ab. – alt. 254 m – ✉ 21033 16 A2

Roma 650 – Stresa 53 – Bellinzona 52 – Como 45

La Bussola con cam rist, cam,

via Marconi 28 – ✆ 03 32 60 22 91 – www.hotellabussola.it
26 cam – †40/70 € ††60/90 €, 8 € – 1 suite
Rist – Menu 25 € (in settimana)/55 € – Carta 27/69 € (+10 %)
Un locale che può soddisfare esigenze e gusti diversi: sale eleganti di cui una per la pizzeria serale, salone banchetti, cucina eclettica e camere curate.

CIVATE – Lecco (LC) – 561 E10 – 4 062 ab. – alt. 269 m – ✉ 23862 18 B1

Roma 619 – Como 24 – Bellagio 23 – Lecco 5

Cascina Edvige

via Roncaglio 11 – ✆ 03 41 55 03 50 – www.cascinaedvige.it – Chiuso 26-30 dicembre, agosto e martedì
Rist – Carta 25/42 €
Il grande camino consente di preparare le specialità del cascinale: le carni alla griglia. Ma c'è spazio anche per salumi, paste fatte in casa, selvaggina e il caldo benvenuto della famiglia. D'estate si cena nel cortile interno.

CIVIDALE DEL FRIULI – Udine (UD) – 562 D22 – 11 615 ab. – alt. 135 m – ✉ 33043 11 C2

Roma 655 – Udine 16 – Gorizia 30 – Milano 394

piazza Paolo Diacono 10, ✆ 0432 71 04 22, www.cividale.net

Tempietto★★ – Museo Archeologico★★

Roma senza rist

piazza Picco 17 – ✆ 04 32 73 18 71 – www.hotelroma-cividale.it
53 cam – †55/80 € ††85/135 €
In centro paese, questo albergo a conduzione diretta saprà ospitarvi in camere funzionali e confortevoli. Ideale per una clientela business.

Locanda al Castello con cam rist,

via del Castello 12, Nord-Ovest : 1,5 km – ✆ 04 32 73 32 42 – www.alcastello.net
27 cam – †85/150 € ††120/150 € **Rist** – *(chiuso mercoledì)* Carta 23/47 €
All'interno dell'ottocentesco castello, inizialmente anche convento, cucina sia di terra sia di mare in ambienti rustico-eleganti: immancabile il fogolar in sala. Originariamente luogo di riposo e di raccoglimento per la meditazione dei gesuiti, le camere sono ora moderne ed accoglienti.

Al Monastero con cam e senza cam,

via Ristori 9 – ✆ 04 32 70 08 08 – www.almonastero.com
5 cam – †50/120 € ††70/140 €
Rist – *(chiuso domenica sera e lunedì)* Menu 25/50 €
Maltagliati al ragù d'anatra e specialità del territorio con piccole rivisitazioni, in un curato ristorante dalle accoglienti sale: originale quella con il tipico fogolar furlan o quella con l'affresco celebrativo di Bacco. Per chi desidera prolungare il soggiorno, cinque graziosi appartamenti con soppalco e angolo cottura.

CIVITA CASTELLANA – Viterbo (VT) – 563 P19 – 16 777 ab. 12 B1

– alt. 145 m – ✉ 01033 Italia Centro-Sud

Roma 55 – Viterbo 50 – Perugia 119 – Terni 50

Duomo★ - Rocca★

Relais Falisco

via Don Minzoni 19 – ✆ 07 61 54 98 – www.relaisfalisco.it

42 cam – †80/105 € ††110/150 € – 8 suites

Rist – *(solo a cena escluso domenica)* (consigliata la prenotazione) Carta 33/73 €

Il soggiorno in un palazzo signorile con origini secentesche offre atmosfere suggestive sia per il turista sia per chi viaggia per affari. Vasca idromassaggio negli originali sotterranei scavati nel tufo.

Val Sia Rosa

via Nepesina al km 1 – ✆ 07 61 51 78 91 – www.valsiarosa.it – Chiuso lunedì, martedì e mercoledì

Rist – Menu 30/40 € – Carta 25/57 €

Rosa antico e giallo oro, sono caldi colori ad avvolgere le pareti dell'ottocentesca villa che oggi ospita il ristorante. Giovane e dinamica, la gestione. Cucina mediterranea.

La Giaretta

via Ferretti 108 – ✆ 07 61 51 33 98 – Chiuso 9-25 agosto, domenica sera e lunedì

Rist – Carta 20/39 €

Ogni proposta è presentata a voce in questo sobrio locale situato in zona centrale, che alla cucina laziale affianca qualche piatto di pesce. Seria ed esperta conduzione familiare.

a Quartaccio Nord-Ovest : 5,5 km – ✉ 01034 Fabrica Di Roma

Aldero

– ✆ 07 61 51 47 57 – www.aldero.it

60 cam – †72/82 € ††85/95 € – 1 suite

Rist – *(chiuso 5-20 agosto e domenica)* Carta 25/67 €

Lentamente, ma con perseveranza, la famiglia apporta ogni anno piccole e piacevoli migliorie alla struttura: due le tipologie di camere offerte, parcheggio coperto, sala conferenze. Al ristorante, i piatti della tradizione regionale.

CIVITANOVA MARCHE – Macerata (MC) – 563 M23 – 38 706 ab. 21 D2

– ✉ 62012

Roma 276 – Ancona 47 – Ascoli Piceno 79 – Macerata 27

corso Umberto I 193, ✆ 0733 81 39 67, www.comune.civitanova.mc.it

Palace senza rist

piazza Rosselli 6 – ✆ 07 33 81 04 64 – www.royalre.it

37 cam – †50/100 € ††96/130 €

Ubicata di fronte alla stazione e recentemente rinnovata, una risorsa che offre un'ospitalità curata nelle sue camere ben insonorizzate e dotate di ogni confort.

Aquamarina senza rist

viale Matteotti 47 – ✆ 07 33 81 08 10 – www.hotelaquamarina.it

14 cam – †60/75 € ††85/110 €

In un piacevole edificio centrale, non lontano dal mare, hotel a gestione familiare, inaugurato nel 1995; stanze di lineare, funzionale semplicità e bagni moderni.

Galileo

via IV Novembre conc. 25 – ✆ 07 33 81 76 56 – Chiuso 20 dicembre-20 gennaio

Rist – *(chiuso martedì)* (consigliata la prenotazione) Carta 28/69 €

Il mare a 360° grandi: non solo perché il locale è ospitato in uno stabilimento balneare con una luminosa sala a vetrate che guardano la distesa blu, ma anche perché il menu è un invitante inno alla ricchezza ittica del Mediterraneo.

CIVITAVECCHIA – Roma (RM) – 563 P17 – 52 294 ab. – ✉ 00053 12 A2

Italia Centro-Sud

Roma 78 – Viterbo 59 – Grosseto 111 – Napoli 293

per Golfo Aranci – Sardinia Ferries, call center 899 929 206

per Cagliari, Olbia ed Arbatax – Tirrenia Navigazione, call center 892 123

La Bomboniera

corso Marconi 50 – ✆ 0 76 62 57 44 – www.labomboniera.info – Chiuso lunedì

Rist – Menu 45 € – Carta 29/63 €

Grazioso localino dove troneggia un grande camino e alle pareti, dal vivace colore arancione, stampe e riproduzioni. La cucina è prevalentemente a base di pesce con specialità sarde (per quest'ultime si consiglia la prenotazione).

CIVITELLA ALFEDENA – L'Aquila (AQ) – 563 Q23 – 315 ab. 1 B3

– alt. 1 123 m – ✉ 67030

Roma 162 – Frosinone 76 – L'Aquila 122 – Caserta 122

Antico Borgo La Torre

via Castello – ✆ 08 64 89 01 21 – www.albergolatorre.com

24 cam – 45/60 € 45/60 €

Rist – *(solo a cena) (solo per alloggiati)* Menu 15 €

Nel centro del paese, preservato nella sua integrità storica, due strutture divise dalla torre del '300 che dà il nome all'albergo; camere semplici e rinnovate.

CIVITELLA CASANOVA – Pescara (PE) – 563 O23 – 1 947 ab. 1 B2

– alt. 400 m – ✉ 65010

Roma 209 – Pescara 33 – L'Aquila 97 – Teramo 100

La Bandiera (Marcello Spadone) con cam

rist,

contrada Pastini 4, Est : 4 km – ✆ 0 85 84 52 19

– www.labandiera.it – Chiuso 20 giorni in gennaio

3 cam – 60/70 € 90 €

Rist – *(chiuso domenica sera e mercoledì)* Carta 27/58 €

➜ Tortelli di ricotta, burrata, ortaggi e zafferano dell'Aquila. Faraona farcita con i suoi fegatini. La bolla di Mattia.

Isolato e sperduto (meglio farsi consigliare la strada migliore per arrivarci), il ristorante è un'oasi di tranquillità, la cucina una bandiera delle specialità abruzzesi di terra. Avvolti dalla cortesia e dalle attenzioni dei titolari, c'è anche la possibilità di pernottare in camere semplici, ma che eviteranno viaggi dopo la cena.

Il Ritrovo d'Abruzzo

contrada Bosco 16 – ✆ 08 58 46 00 19 – Chiuso lunedì a mezzogiorno e martedì

Rist – (prenotare) Menu 32/45 € – Carta 33/46 €

In posizione isolata (meglio consultare una carta o farsi spiegare la strada), locale d'impronta rustico-elegante gestito da tre intraprendenti fratelli, amanti della buona tavola: cucina del territorio in chiave moderna.

CIVITELLA D'AGLIANO – Viterbo (VT) – 1 696 ab. – alt. 262 m 12 B1

– ✉ 01020

Roma 109 – Viterbo 30 – Perugia 85 – Terni 63

La Tana dell'Istrice N

piazza Unità d'Italia 12 ✉ 01020 Civitella d'Agliano – ✆ 07 61 91 45 01

– www.motturasergio.it – Chiuso 15-28 dicembre e 7 gennaio-21 marzo

11 cam – 90 € 150 €

Rist – *(Chiuso domenica) (solo a cena)* (prenotazione obbligatoria) Menu 50 €

Dentro al piccolo centro storico, un palazzo medievale ampliato nel 1500 diventa nel 1996 un'originale realtà ricettiva con camere rustico-eleganti. Al ristorante si assaggiano i vini prodotti dal patron Sergio Mottura: tra gli altri, l'autoctono grechetto.

CIVITELLA DEL LAGO – Terni (TR) – 563 O18 – Vedere Baschi

CIVITELLA DEL TRONTO – Teramo (TE) – 563 N23 – 5 442 ab. 1 A1

– alt. 589 m – ✉ 64010 Italia Centro-Sud

Roma 200 – Ascoli Piceno 24 – Ancona 123 – Pescara 75

XX **Zunica 1880** con cam

piazza Filippi Pepe 14 – ✆ 0 86 19 13 19 – www.hotelzunica.it – Chiuso 10-30 gennaio

17 cam – 60/90 € 79/129 € – 3 suites

Rist – *(chiuso domenica sera e mercoledì)* Carta 30/57 €

All'interno di un borgo in pietra in cima ad un colle dal quale abbracciare con lo sguardo colline, mare e montagne, un locale elegante ormai tappa gourmet dove gustare il meglio della cucina regionale. Camere confortevoli, recentemente ristrutturate.

CIVITELLA IN VAL DI CHIANA – Arezzo (AR) – 563 L17 – 9 183 ab. – alt. 280 m – ✉ 52040 — 32 C2

Roma 209 – Siena 52 – Arezzo 18 – Firenze 72

X **L'Antico Borgo**

via di Mezzo 35 – ✆ 05 75 44 81 60 – www.antborgo.it – Chiuso martedì

Rist – (consigliata la prenotazione) Menu 28/35 € – Carta 37/47 €

Nel borgo medioevale che domina la valle, caratteristico ristorante ricavato in un ex locale per la macina dei cereali. Sulla tavola: la tipica cucina toscana, rigorosamente stagionale.

CIVITELLA MARITTIMA – Grosseto (GR) – 563 N15 – alt. 329 m – ✉ 58045 — 32 C2

Roma 206 – Grosseto 33 – Perugia 142 – Siena 43

X **Locanda nel Cassero** con cam

via del Cassero 29/31 – ✆ 05 64 90 06 80 – www.locandanelcassero.com

5 cam – 64/76 € 84/96 €

Rist – *(chiuso 1°-15 dicembre, 15 gennaio-15 febbraio e martedì; anche giovedì a pranzo novembre-Pasqua)* (coperti limitati, prenotare) Carta 26/42 €

All'ombra del campanile del paese, questa piccola locanda propone specialità toscane sapide e gustose. Apprezzabile la flessibilità d'orario in cucina che propone - anche a "fornelli spenti" - una serie di piatti, sia caldi sia freddi. Al piano superiore: camere arredate in modo semplice, in armonia con l'ambiente.

CLAVIERE – Torino (TO) – 561 H2 – 212 ab. – alt. 1 760 m – Sport invernali : 1 760/2 823 m (Comprensorio Via Lattea 6 70) – ✉ 10050 — 22 A2

Roma 758 – Bardonecchia 31 – Briançon 15 – Milano 230

via Nazionale 30, ✆ 0122 87 88 56, www.comune.claviere.to.it

strada Nazionale 47, 0122 878917, www.golfclubclaviere – giugno-settembre

X **'l Gran Bouc**

via Nazionale 24/a – ✆ 01 22 87 88 30 – www.granbouc.it – Chiuso maggio, novembre e mercoledì in bassa stagione

Rist – Menu 24/40 € – Carta 29/32 €

Nato nel 1967 come sala giochi e bar, il locale è suddiviso in due sale di stile diverso - una rustica e l'altra più raffinata - dove gustare piatti nazionali, specialità piemontesi e pizze.

CLERAN = KLERANT – Bolzano (BZ) – Vedere Bressanone

CLES – Trento (TN) – 562 C15 – 6 781 ab. – alt. 658 m – ✉ 38023 — 33 B2

Roma 626 – Bolzano 68 – Passo di Gavia 73 – Merano 57

Lago di Tovel★★★ Sud-Ovest : 15 km

XX **Antica Trattoria** con cam

via Roma 13 – ✆ 04 63 42 16 31 – www.anticatrattoriacles.it – Chiuso 1 settimana in gennaio e 29 giugno-6 luglio

8 cam – 58/68 € 85/95 € **Rist** – *(chiuso sabato)* Carta 31/58 €

Locale completamente ristrutturato, con una stufa in maiolica di fine '800 che ben si inserisce in un contesto di stile contemporaneo, caldo e accogliente. Belle camere.

CLUSANE SUL LAGO – Brescia (BS) – 561 F12 – Vedere Iseo

CLUSONE – Bergamo (BG) – 561 E11 – 8 793 ab. – alt. 648 m – ✉ 24023 16 B2

▶ Roma 635 – Bergamo 36 – Brescia 64 – Edolo 74

XX **Commercio e Mas-cì** con cam

piazza Paradiso 1 – ✆ 0 34 62 12 67 – www.mas-ci.it – Chiuso giugno
14 cam – †60/70 € ††75/85 € **Rist** – *(chiuso giovedì)* Carta 27/46 €
Albergo, ma soprattutto ristorante, nel grazioso centro storico. Due belle salette con camino - intime ed accoglienti - fanno da palcoscenico ad una cucina dove primeggiano le specialità locali: molta carne, anche alla griglia, e polenta.

COCCAGLIO – Brescia (BS) – 561 F11 – 8 575 ab. – alt. 162 m – ✉ 25030 19 D2

▶ Roma 573 – Bergamo 35 – Brescia 20 – Cremona 69

Touring

via Vittorio Emanuele II 40 – ✆ 03 07 72 10 84 – www.hotel-touring.it
96 cam – †75/110 € ††100/150 €
Rist *Touring* – vedere selezione ristoranti
Per affari o relax nella Franciacorta, un albergo di ottimo confort, con annesso centro sportivo; raffinata scelta di tessuti d'arredo negli eleganti interni in stile.

XXX **Touring** – Hotel Touring

via Vittorio Emanuele II 40 – ✆ 03 07 72 10 84 – www.hotel-touring.it
Rist – Carta 24/63 €
Nel verde della Franciacorta, un servizio impeccabile fa da corollario ad una cucina che passa con nonchalance dai piatti internazionali, alle specialità locali, senza tralasciare il prodotto gastronomico più esportato all'estero: la pizza, ma solo la sera!

XXX **Villa Calini** Ⓝ

via Ingussano 19 – ✆ 03 07 24 35 74 – www.villacalini.it – Chiuso 2 settimane in gennaio e 2 settimane in agosto
Rist – (consigliata la prenotazione) Menu 25 € (pranzo in settimana) – Carta 44/60 €
Non lontano dal centro, una sorta di borgo del '700 con una splendida villa interamente ristrutturata e adibita a ristorante: la linea di cucina è moderna, ma si fa tutto rigorosamente in casa come una volta (grissini, pane, pasticceria...). Il Franciacorta regna sovrano in cantina.

COCCONATO – Asti (AT) – 561 G6 – 1 609 ab. – alt. 491 m – ✉ 14023 23 C2

▶ Roma 649 – Torino 50 – Alessandria 67 – Asti 32

Locanda Martelletti

piazza Statuto 10 – ✆ 01 41 90 76 86 – www.locandamartelletti.it
9 cam – †65/85 € ††98/115 €
Rist – *(solo a cena)* (prenotazione obbligatoria) Carta 30/48 €
Nella parte alta del paese, spicca l'armonia tra le parti più antiche dell'edificio e soluzioni attuali di confort. Prima colazione servita in un delizioso dehors. Piccola ed accogliente sala da pranzo con proposte piemontesi e toscane, terra di provenienza dei proprietari.

CODIGORO – Ferrara (FE) – 562 H18 – 12 653 ab. – ✉ 44021 9 D1

▶ Roma 404 – Ravenna 56 – Bologna 93 – Chioggia 53

ℹ via Pomposa Centro 1, ✆ 0533 71 91 10, www.ferraraterraeacqua.it

Locanda del Passo Pomposa

via Provinciale per Volano 13, (Per Lido Di Volano), Est: 6 km – ✆ 05 33 71 91 31 – www.locandapassopomposa.com – Chiuso 23 novembre-2 dicembre
20 cam – †61/67 € ††91/124 €
Rist – *(chiuso domenica escluso aprile e maggio)* Carta 24/74 €
Sull'argine sinistro del Po di Volano, in una posizione suggestiva, questo edificio d'epoca dispone di attracco privato, di una piccola videoteca, nonché di una torretta per il birdwatching. Al ristorante i classici piatti di pesce del delta, ma anche carne.

La Zanzara (N)
via per Volano 52, località Porticino – ✆ 05 33 35 52 36 – www.ristorantelazanzara.com – Chiuso gennaio, lunedì e martedì
Rist – (coperti limitati, prenotare) Carta 44/82 €
Ottime materie prime sapientemente valorizzate con cotture precise e tanto senso estetico nella presentazione dei piatti, in un ristorante rustico-elegante nella fiabesca cornice del delta del Po.

La Capanna di Eraclio (Maria Grazia Soncini)
località Ponte Vicini, Nord-Ovest: 8 km – ✆ 05 33 71 21 54 – Chiuso 10 agosto-7 settembre, mercoledì e giovedì
Rist – (consigliata la prenotazione) Carta 53/131 €
➜ Sapori di una passeggiata nel delta del Po. Anguilla "arost in umad". Germano con cipolla al vino rosso (ottobre-marzo).
Un'autentica osteria di genuina ospitalità: un viaggio gastronomico tra i suggestivi canali del delta, tra ricercatezze ittiche, grandi fritti e volatili acquatici di palude.

CODOGNE – Treviso (TV) – 562 E19 – 5 386 ab. – ✉ 31013 40 C2

Roma 589 – Venezia 71 – Treviso 46 – Pordenone 33

Agriturismo Villa Toderini senza rist
via Roma 4/a – ✆ 04 38 79 60 84 – www.villatoderini.com
10 cam – †75/85 € ††105/120 €
Lo specchio d'acqua della peschiera riflette la maestosità e l'eleganza della nobile dimora settecentesca, dalla quale dista solo un breve viale di piante secolari e silenzio!

CODROIPO – Udine (UD) – 562 E20 – 15 887 ab. – alt. 43 m – ✉ 33033 10 B2

Roma 612 – Udine 29 – Belluno 93 – Milano 351
piazza Manin 10, ✆ 0432 81 51 11, www.turismofvg.it

Ai Gelsi
via Circonvallazione Ovest, 12, Ovest: 12 km – ✆ 04 32 90 70 64 – www.gelsigroup.com
39 cam – †75/100 € ††75/100 € – 1 suite
Rist – *(chiuso lunedì)* Carta 26/62 €
Non lontano dalla storica Villa Manin, un piacevole hotel dagli ambienti accoglienti e dalle camere semplici nella loro linearità, ma confortevoli. Al ristorante: proposte sia di carne sia di pesce in un'atmosfera sobriamente elegante.

COGNE – Aosta (AO) – 561 F4 – 1 483 ab. – alt. 1 534 m – Sport invernali : 1 534/2 252 m 1 2, – ✉ 11012 Italia Centro-Nord 37 A2

Roma 774 – Aosta 27 – Courmayeur 52 – Colle del Gran San Bernardo 60
via Bourgeois 34, ✆ 0165 7 40 40, www.lovevda.it

Bellevue
rue Gran Paradiso 22 – ✆ 0 16 57 48 25 – www.hotelbellevue.it – Chiuso 6 ottobre-5 dicembre e 3-23 aprile
34 cam – †150/220 € ††170/320 € – 4 suites
Rist *Le Petit Restaurant* – vedere selezione ristoranti
Rist – *(chiuso mercoledì in bassa stagione)* Carta 60/90 €
Elegante chalet con interni da fiaba: mobili d'epoca, boiserie, raffinata scelta di stoffe e colori, nonché un piccolo museo d'arte popolare valdostana.

Miramonti rist,
viale Cavagnet 31 – ✆ 0 16 57 40 30 – www.miramonticogne.com
38 cam – †90/170 € ††150/230 €
Rist *Coeur de Bois* – Menu 25/35 €
L'hotel ha tutto il fascino della tradizione alpina: soffitti a cassettoni, legno alle pareti, il calore del camino e libri antichi in esposizione. Nel centro benessere, invece, le più moderne installazioni per la remise en forme. E' nel soffitto ligneo dell'elegante stube che si svela il significato del suo nome.

Du Grand Paradis senza rist
via dottor Grappein 45 – ✆ 0 16 57 40 70 – www.cognevacanze.com – Chiuso novembre
27 cam – †56/86 € ††88/148 €
Ristrutturato nei toni caldi, tipici delle case di montagna, dispone di un grazioso giardino interno e di una suggestiva spa che ricorda il fienile di un vecchio chalet.

La Madonnina del Gran Paradiso rist,
via Laydetré 7 – ✆ 0 16 57 40 78 – www.lamadonnina.com – Aperto 20 dicembre-31 marzo e 8 giugno-2 novembre
30 cam – †50/90 € ††90/140 € **Rist** – Carta 22/49 €
Panoramico albergo immediatamente accanto alle piste di fondo. Accoglienti le zone comuni, tra cui una taverna dai tipici arredi valdostani, e graziose le camere in legno di pino. Conduzione familiare. Anche nella sala ristorante dominano il calore del legno e la caratteristica accoglienza montana.

Le Bouquet senza rist
via Gran Paradiso 61/a – ✆ 01 65 74 96 00 – Aperto 1° dicembre-31 gennaio e 1° luglio-30 settembre
12 cam – †80/110 € ††110/125 €
L'atmosfera tipica degli ambienti di montagna e deliziose camere con nomi di fiori in una piccola casa in legno e pietra ai margini del paese, inaugurata nel 1999.

Lo Stambecco senza rist
via des Clementines 21 – ✆ 0 16 57 40 68 – www.hotelstambecco.net – Aperto 1° giugno-30 settembre
14 cam – †60/80 € ††90/120 €
Familiari la conduzione e l'ospitalità in una risorsa nel centro del paese, con ambienti comuni ridotti, ma curati; camere sobrie e confortevoli, bagni funzionali.

Belvedere cam,
località Gimillan, Nord : 2 Km – ✆ 01 65 75 18 12 – www.albergobelvedere.net
7 cam – †30/45 € ††50/90 € **Rist** – Carta 19/45 €
Un hotel che ha già dalla "sua", la stupenda ubicazione: nella parte alta e panoramica della località, la vista spazia su tutta Cogne e sul Gran Paradiso. E poi - nella sua semplicità - la struttura non manca di nulla, dalla piccola area relax totalmente rivestita in legno, alle camere con graziose personalizzazioni.

Le Petit Restaurant – Hotel Bellevue
rue Gran Paradiso 22 – ✆ 0 16 57 48 25 – www.hotelbellevue.it – Chiuso 6 ottobre-5 dicembre, 3-23 aprile e mercoledì
Rist – *(solo a cena escluso 6 luglio-31 agosto, sabato e domenica)* (consigliata la prenotazione) Carta 62/110 €
➜ Il tortello al tuorlo d'uovo, ricotta d'alpeggio e tartufo nero. La quaglia farcita di fegato grasso e borragine, composta di fichi all'aceto balsamico. La tavolozza di Cogne.
Il nome non tragga in inganno: nel "piccolo ristorante" si celebra la cucina valdostana in grande stile, dalle carni ai formaggi tutto è sontuoso e coreografico. Divagazioni di mare e francesi.

Lou Ressignon con cam
via des Mines 23 – ✆ 0 16 57 40 34 – www.louressignon.it – Chiuso 6-30 maggio e 4-29 novembre
4 cam – †40/50 € ††75/95 €
Rist – *(chiuso lunedì sera e martedì escluso luglio-agosto)* Carta 28/50 €
Simpatica tradizione di famiglia sin dal 1966! La cucina semplice e genuina valorizza i prodotti del territorio valdostano, mentre nei week-end, musica e allegria animano la taverna. Quattro accoglienti camere sono a disposizione per chi volesse prolungare la sosta.

Bar à Fromage
rue Grand Paradis 21 – ✆ 01 65 74 96 96 – www.hotelbellevue.it – Chiuso ottobre-novembre, 4 settimane in aprile-maggio e giovedì
Rist – Carta 32/56 €
Particolare e ricercato, un piccolo ristorante in legno dove il formaggio è re e il legno e lo stile valligiano creano un'atmosfera intima e calda.

a Cretaz Nord : 1,5 km – ✉ 11012 Cogne

Notre Maison rist,
– ✆ 0 16 57 41 04 – www.notremaison.it
– *Aperto 20 dicembre-2 maggio e 10 giugno-6 ottobre*
30 cam – solo ½ P 108/188 € – 6 suites **Rist** – Carta 27/49 €
In un giardino-solarium e collegati da un passaggio coperto, un caratteristico chalet e un corpo più recente, con centro fitness e nuove camere molto confortevoli. Rustica e accogliente sala ristorante.

in Valnontey Sud-Ovest : 3 km – ✉ 11012 Cogne

La Barme cam,
– ✆ 01 65 74 91 77 – www.hotelcogne.com – Chiuso novembre
16 cam – †45/80 € ††70/124 € – 2 suites
Rist – *(chiuso lunedì a mezzogiorno in bassa stagione)* Carta 19/43 €
Se rifuggite dalla mondanità, avventuratevi ai piedi del Gran Paradiso: antiche baite in pietra e legno, calda e quieta atmosfera, e forse avvisterete anche gli stambecchi. Arredato nel rispetto del caldo stile valdostano, il ristorante propone piatti tipici regionali.

COGNOLA – Trento (TN) – Vedere Trento

COGOLETO – Genova (GE) – **561** I7 – **9 209 ab.** – ✉ **16016** Liguria **14** B2
Roma 527 – Genova 28 – Alessandria 75 – Milano 151
St. Anna via Bellavista 1, località Lerca, 010 9135322, www.santannagolf.com
Arenzano, 010 9111817, www.golfarenzano.com

Eco del Mare senza rist
via della Madonnina Inferiore 5 – ✆ 01 09 18 20 09 – www.hotelecodelmare.net
16 cam – †70/90 € ††80/110 €
Nuovo hotel fronte mare dalla cordiale conduzione familiare: ariosi spazi comuni ed ampie, comode camere.

Class
piazza Stella Maris 7 – ✆ 01 09 18 19 25 – www.ristoranteclass.it – Chiuso 2 settimane in gennaio, 1 settimana in novembre e lunedì
Rist – Carta 36/73 €
Non lontano dal centro, locale di tono moderno e dalla giovane, appassionata conduzione: gustosi piatti che flirtano con il mare.

COGOLO – Trento (TN) – **562** C14 – Vedere Peio

COLFIORITO – Perugia (PG) – **563** M20 – **alt. 760 m** – ✉ **06034** **36** C2
Roma 182 – Perugia 62 – Ancona 121 – Foligno 26

Villa Fiorita
via del Lago 9 – ✆ 07 42 68 13 26 – www.hotelvillafiorita.com
38 cam – †45/55 € ††75/90 € – 2 suites
Rist – *(chiuso martedì)* Carta 20/36 € (+10 %)
Belle camere, nonché una romantica suite con letto a baldacchino e vasca idromassaggio (matrimoniale) in questa struttura dall'accogliente gestione familiare. Sosta al centro benessere per prendersi cura di sé o distensive passeggiate nel fresco giardino. La cucina ammicca ai sapori locali.

COLFOSCO = KOLFUSCHG – Bolzano (BZ) – Vedere Alta Badia

COLICO – Lecco (LC) – **561** D10 – **7 561 ab.** – **alt. 218 m** – ✉ **23823** **16** B1
Roma 661 – Chiavenna 26 – Como 66 – Lecco 41
Lago di Como ★★★

a Olgiasca Sud : 5 km – ✉ 23824

Belvedere con cam
frazione Olgiasca 53 – ✆ 33 33 96 03 74 – www.hotelristorantebelvedere.com – Chiuso 11 gennaio-2 febbraio
8 cam – †50 € ††70 €
Rist – *(chiuso lunedì in settembre-maggio)* Carta 27/48 €
Su un promontorio con vista lago un esercizio a conduzione familiare. Ambienti dai toni rustici e cucina che permette di gustare specialità di lago e di mare a buoni prezzi.

COLLALBO = KLOBENSTEIN – Bolzano (BZ) – 562 C16 – Vedere Renon

COLLEBEATO – Brescia (BS) – 561 F12 – 4 771 ab. – alt. 192 m 17 C1 – ✉ 25060

Roma 534 – Brescia 8 – Bergamo 54 – Milano 96

a Campiani Ovest : 2 km – ✉ 25060 Collebeato

Carlo Magno
via Campiani 9 – ✆ 03 02 51 11 07 – www.carlomagno.it – Chiuso 1°-15 gennaio, 5-21 agosto, lunedì e martedì
Rist – Carta 48/66 €
In una possente, austera casa di campagna dell'800, sale di suggestiva eleganza d'epoca, con travi o pietra a vista, dove gustare piatti del territorio in chiave moderna.

COLLECCHIO – Parma (PR) – 562 H12 – 14 120 ab. – alt. 112 m 8 A3 – ✉ 43044

Roma 469 – Parma 11 – Bologna 107 – Milano 126

La Rocca via Campi 8, 0521 834037, www.golflarocca.com – chiuso 20 giorni in gennaio e lunedì

Campus senza rist
via Nazionale Est 40 – ✆ 05 21 80 26 80 – www.hotelcampus.com – Chiuso 12-21 agosto
53 cam – †49/79 € ††49/109 € – 2 suites
Dispone di comodo parcheggio questa moderna struttura, costantemente aggiornata da una giovane e dinamica gestione, che offre buoni servizi e camere spaziose.

Tonino Lamborghini
via del Giardinetto 6 – ✆ +39 05 21 80 11 62 – www.lamborghinihotel.it
38 cam – †95/115 € ††110/135 €
Rist – *(chiuso domenica sera)* Carta 26/67 €
In posizione strategica rispetto alla rete autostradale, e di fianco ad un centro sportivo a cui gli ospiti possono accedere, Tonino Lamborghini è un business hotel caratterizzato da camere moderne, nonché funzionali, quattro aule meeting ed un ristorante che ripropone la linea contemporanea della struttura.

Villa Maria Luigia-di Ceci
via Galaverna 28 – ✆ 05 21 80 54 89 – www.ristorantevillamarialuigia.it – Chiuso 15 febbraio-1° marzo, mercoledì sera e giovedì
Rist – Menu 45/70 € – Carta 34/72 €
Imponente villa ottocentesca all'interno di un parco, cucina poliedrica che incontra ogni gusto, dalla tradizione parmense ai piatti più creativi sia di carne che pesce.

a Cafragna Sud-Ovest : 9 km – ✉ 43045 Gaiano

Trattoria di Cafragna
via Banzola 4 – ✆ 05 25 23 63 – www.trattoriadicafragna.it – Chiuso 24 dicembre-15 gennaio, agosto, domenica sera e lunedì
Rist – (consigliata la prenotazione) Menu 38 € – Carta 30/64 €
Si respira aria di tradizione e di buona cucina del territorio in questo ambiente piacevole e accogliente, di sobria eleganza rustica, con servizio estivo all'aperto.

COLLE DI VAL D'ELSA – Siena (SI) – 563 L15 – 21 629 ab. – alt. 141 m 32 D1 – ✉ 53034 Toscana

Roma 255 – Firenze 50 – Siena 24 – Arezzo 88

via Campana 43, ☎ 0577 92 27 91, www.comune.collevaldelsa.it

Palazzo San Lorenzo

rist,

via Gracco del Secco 113 – ☎ 05 77 92 36 75 – www.palazzosanlorenzo.it

48 cam – †115/240 € ††115/240 € **Rist** – *(solo a cena)* Carta 27/53 €

Nel centro storico di Colle Alta, l'ex ospedale seicentesco propone una raffinata e moderna reinterpretazione del tradizionale stile alberghiero. Sono cinque, le imperdibili camere con straordinaria vista sul borgo.

Relais della Rovere

cam,

via Piemonte 10 – ☎ 05 77 92 46 96 – www.relaisdellarovere.it – Chiuso gennaio-febbraio

30 cam – †109/172 € ††129/200 € – 4 suites

Rist *Il Cardinale* – ☎ 05 77 92 20 89 *(solo a cena)* Carta 36/46 €

Eclettica fusione di stili e di design, tra antico e moderno, in un complesso di gran classe, nato dal recupero di un'antica dimora patrizia e di un'abbazia dell'XI sec.

Arnolfo (Gaetano Trovato) con cam

rist,

via XX Settembre 50/52 – ☎ 05 77 92 05 49 – www.arnolfo.com – Chiuso 15 gennaio-28 febbraio e 5-30 novembre

4 cam – †180 € ††210 €

Rist – *(chiuso martedì e mercoledì)* (consigliata la prenotazione)

Menu 105/150 € – Carta 113/190 €

➜ Scampi, fegato d'oca e fragole. Tortelli, cipolle di Certaldo e fagioli di Sorana. Piccione: petto, coscia, fegato d'oca e caffè. Millefoglie, lamponi, pistacchio e sambuco.

L'immagine che ogni turista ha della Toscana tra colline, cipressi e la cinta di mura medievali. La ricetta del sogno si sublima nei piatti: carosello dei migliori prodotti regionali, interpretati con fantasia. Splendido servizio estivo sulla terrazza panoramica. Bomboniera per charme e dimensioni il piccolo albergo.

L'Antica Trattoria

piazza Arnolfo 23 – ☎ 05 77 92 37 47 – Chiuso 1 settimana in gennaio e martedì

Rist – Menu 36/40 € – Carta 44/60 €

Boiserie e lampadari di Murano in un ristorante caldo ed elegante, che d'estate si espande nel dehors sulla bella piazza recentemente rinnovata. In menu: proposte eclettiche con un occhio di riguardo per la tradizione.

COLLE DI VILLA = BAUERNKOHLERN – Bolzano (BZ) – 562 C16 – Vedere Bolzano

COLLEPIETRA (STEINEGG) – Bolzano (BZ) – 561 C16 – alt. 820 m 34 D3 – ✉ 39053

Roma 656 – Bolzano 15 – Milano 314 – Trento 75

frazione Collepietra 97, ☎ 0471 37 65 74, www.suedtirol.info/Collepietra

Steineggerhof

Collepietra 128, Nord-Est : 1 km – ☎ 04 71 37 65 73 – www.steineggerhof.com – Aperto 24 marzo-31 ottobre

35 cam – †70/100 € ††120/160 € **Rist** – Carta 24/67 €

Per ritemprarsi e rilassarsi nello splendido scenario dolomitico, una panoramica casa tirolese dai tipici interni montani, dove il legno regna sovrano. Struttura ideale per gli amanti della mountain bike. Curata sala ristorante dal soffitto ligneo.

COLLESECCO – Perugia (PG) – 563 N19 – Vedere Gualdo Cattaneo

COLLI DEL TRONTO – Ascoli Piceno (AP) – 563 N23 – 3 526 ab. 21 D3 – alt. 168 m – ✉ 63030

Roma 226 – Ascoli Piceno 24 – Ancona 108 – L'Aquila 115

Villa Picena rist,
via Salaria 66 – 07 36 89 24 60 – www.villapicena.it
39 cam – 60/90 € 80/130 € – 2 suites **Rist** – Carta 28/68 €
Nel cuore della vallata del Tronto, la dimora ottocentesca offre ambienti ricchi di fascino e camere arredate con gusto e sobrietà, in sintonia con lo stille della villa. Ricavata nella parte più antica della villa, la sala da pranzo propone menù degustazione e la possibilità di consumare piatti veloci o leggeri.

COLLI SUL VELINO – Rieti (RI) – 563 O20 – 513 ab. – alt. 465 m – 02010

12 B1

Roma 112 – Rieti 19 – Perugia 103 – Ancona 203

Relais Villa d'Assio rist,
strada statale 79, località Mazzetelli, Sud-Est: 3km – 07 46 63 62 00 – www.relaisvilladassio.com
40 cam – 75/120 € 100/140 € – 3 suites
Rist *Tempe* – *(chiuso lunedì)* Carta 21/46 €
A dieci minuti di macchina da Rieti, un grazioso borgo del 1500 convertito in albergo con arredi semplici ed essenziali nelle camere ospitate in casette in pietra. Determinanti gli spazi esterni, il parco e le attività sportive: caccia a tre dimensioni, tiro con l'arco, basket e calcetto.

COLLOREDO DI MONTE ALBANO – Udine (UD) – 562 D21 – 2 245 ab. – alt. 212 m – 33010

10 B2

Roma 652 – Udine 15 – Tarvisio 80 – Trieste 85

La Taverna
piazza Castello 2 – 04 32 88 90 45 – www.ristorantelataverna.it – Chiuso domenica sera e mercoledì
Rist – Carta 61/98 €
➜ Garganelli di pasta fresca con ragù di crostacei. Carrè d'agnello al forno in crosta d'erbe. La sfera con mascarpone, caffè e briciole di amaretto.
Di fronte al castello, ambiente curato ma informale, sfumature rustiche e camino con affaccio sul giardino. Cucina contemporanea che valorizza le materie prime.

COLMEGNA – Varese (VA) – Vedere Luino

COLOGNE – Brescia (BS) – 561 F11 – 7 600 ab. – alt. 187 m – 25033

19 D2

Roma 575 – Bergamo 31 – Brescia 27 – Cremona 72

Cappuccini Resort con cam cam,
via Cappuccini 54, Nord : 1,5 km – 03 07 15 72 54 – www.cappuccini.it
14 cam – 85 € 168/188 € – 2 suites
Rist – Menu 20 € (pranzo in settimana) – Carta 44/72 €
L'elegante sala da pranzo propone antiche ricette accanto ad una cucina più creativa. Abbracciato da un fresco parco, l'albergo si trova tra le mura di un convento del '500 ristrutturato con cura ed offre confortevoli ambienti ed un attrezzato centro benessere.

COLOGNO AL SERIO – Bergamo (BG) – 561 F11 – 10 759 ab. – alt. 156 m – 24055

19 C2

Roma 581 – Bergamo 14 – Brescia 45 – Milano 47

Antico Borgo la Muratella
località Muratella, Nord-Est : 2,5 km – 03 54 87 22 33 – www.lamuratella.it – Chiuso agosto
66 cam – 70/180 € 90/270 € – 2 suites
Rist – *(chiuso sabato a mezzogiorno, domenica sera e lunedì)* Carta 37/60 €
Pronti per un viaggio nella storia? La cinquecentesca dimora appartenente ai Conti di Medolago vi attende per un soggiorno di relax o di lavoro in un'atmosfera d'altri tempi: giardino, laghetto e curati interni in stile. Nuovo piccolo centro benessere.

COLOMBARO – Brescia (BS) – 562 F11 – Vedere Corte Franca

COLONNA DI GRILLO – Siena (SI) – 563 M16 – Vedere Castelnuovo Berardenga

COLONNATA – Massa Carrara (MS) – 563 J12 – Vedere Carrara

COLORETO – Parma – Vedere Parma

COLORNO – Parma (PR) – 562 H13 – 9 096 ab. – alt. 29 m – ✉ 43052 8 B1

Italia Centro-Nord

Roma 466 – Parma 16 – Bologna 104 – Brescia 79

piazza Garibaldi 26, ✆ 0521 31 37 90, www.turismo.comune.colorno.pr.it

Versailles senza rist

via Saragat 3 – ✆ 05 21 31 20 99 – www.hotelversailles.it – Chiuso 23 dicembre-10 gennaio e agosto

48 cam – †65/90 € ††76/120 €

Nell'ex "Versailles dei Duchi di Parma", un albergo a conduzione familiare, indicato per clientela turistica e d'affari; camere semplici, ma funzionali.

a Vedole Sud-Ovest : 2 km – ✉ 43052 Colorno

Al Vedel

via Vedole 68 – ✆ 05 21 81 61 69 – www.alvedel.it – Chiuso 24 dicembre-5 gennaio, luglio, lunedì e martedì

Rist – Menu 33/39 € – Carta 28/59 €

Da generazioni fedele alla lunga tradizione di ospitalità e alla buona cucina emiliana, arricchisce ora le proprie elaborazioni con una vena di fantasia: i "tortel dols di Colorno" con mele cotogne, pere nobili, mosto cotto e zucca da mostarda, ne sono un esempio. Visitabile la cantina, tra vini e salumi di produzione propria.

COL SAN MARTINO – Treviso (TV) – 562 E18 – Vedere Farra di Soligo

COLTODINO – Rieti (RI) – 563 P20 – Vedere Fara in Sabina

COMABBIO – Varese (VA) – 561 E8 – 1 181 ab. – alt. 307 m – ✉ 21020 16 A2

Roma 634 – Stresa 35 – Laveno Mombello 20 – Milano 57

sulla strada statale 629 direzione Besozzo al Km 4,5 :

Cesarino

via Labiena 1861 ✉ 21020 – ✆ 03 31 96 84 72 – www.ristorantecesarino.com – Chiuso 10-20 agosto e mercoledì

Rist – Carta 36/72 €

Fate attenzione a non mancare la stretta ed unica entrata di questo locale familiare di lunga tradizione, in riva al lago. Proposte del territorio legate alle stagioni.

COMACCHIO – Ferrara (FE) – 562 H18 – 23 122 ab. – ✉ 44022 9 D2

Italia Centro-Nord

Roma 419 – Ravenna 37 – Bologna 93 – Ferrara 53

via Mazzini 4, ✆ 0533 31 41 54, www.turismocomacchio.it.

Abbazia di Pomposa★★: 15 km Nord

Locanda La Comacina

Via E. Fogli 17/19 – ✆ 05 33 31 15 47 – www.locandalacomacina.it – Chiuso 15 giorni in novembre e 15 giorni in gennaio

14 cam – †50/65 € ††85/100 €

Rist – *(chiuso martedì in novembre-marzo)* Carta 31/80 €

Nel cuore del centro storico, camere confortevoli ed accoglienti in una graziosa locanda sul canale Maggiore, a due passi dalla torre dell'Orologio. Nel periodo estivo: servizio-navetta gratuito (in barca, su una piccola batana tradizionale) dal parcheggio dei Trepponti all'albergo. Specialità comacchiesi al ristorante.

B&B Al Ponticello senza rist

via Cavour 39 – ✆ 05 33 31 40 80 – www.alponticello.it
8 cam ☕ – †65/100 € ††90/100 €
In un edificio d'epoca del centro, affacciato su un canale, una risorsa confortevole e accogliente. Gestione giovane, disponibile ad organizzare escursioni: particolarmente apprezzate quelle in canoa.

a Porto Garibaldi Est : 5 km – ✉ 44029

via Ugo Bassi 36/38, ✆ 0533 32 90 76, www.turismocomacchio.it

Da Pericle

via dei Mille 203 – ✆ 05 33 32 73 14 – www.ristorantepericle.it
– Chiuso 7-19 gennaio, 5-16 ottobre e lunedì
Rist – Carta 37/49 €
Non esitate a prendere posto nella panoramica terrazza al primo piano per restare ammaliati dalla vista. La cucina predilige il pesce, servito in abbondanti porzioni.

a Lido degli Estensi Sud-Est : 7 km – ✉ 44024

via Ariosto 10, ✆ 0533 32 74 64, www.turismocomacchio.it

Logonovo senza rist

viale delle Querce 109 – ✆ 05 33 32 75 20 – www.hotellogonovo.com
45 cam ☕ – †50/85 € ††70/130 €
In zona residenziale, a poca distanza dal mare, l'indirizzo è adatto tanto ai vacanzieri, quanto alla clientela di lavoro. Particolarmente confortevoli le camere al quinto piano, ampie e arredate con gusto.

COMANO TERME – Trento (TN) – 562 D14 – alt. 395 m – ✉ 38070 33 B3

Ponte Arche

Roma 586 – Trento 24 – Brescia 103 – Verona 106

a Ponte Arche – alt. 400 m – ✉ 38071

via Cesare Battisti 38/d, ✆ 0465 70 26 26, www.infopointviaggi.it

Grand Hotel Terme

– ✆ 04 65 70 14 21 – www.grandhoteltermecomano.it
– Aperto 7 dicembre-13 gennaio e 30 marzo-5 novembre
80 cam ☕ – †89/163 € ††158/326 € – 2 suites
Rist – Menu 80 € – Carta 29/69 €
Circondata dalla tranquillità del Parco delle Terme, una nuova struttura arredata secondo le linee del design nei suoi interni spaziosi. Benessere e cure termali per il relax. Dalla sala ristorante una splendida vista sul parco con cui conciliare la degustazione di una cucina nazionale.

Cattoni-Plaza

cam,

via Battisti 19 – ✆ 04 65 70 14 42
– www.cattonihotelplaza.it – Aperto 2 dicembre-13 gennaio e 1° aprile-3 novembre
73 cam ☕ – †46/63 € ††80/150 € **Rist** – Menu 28/75 €
Nella verde cornice del parco, l'hotel è stato studiato nei dettagli e dispone di confortevoli camere, piscina coperta, centro benessere ed un'area animazione per i bambini. Nell'elegante sala ristorante ricchi buffet per la colazione, menù sempre diversi e cene a lume di candela.

a Campo Lomaso – alt. 492 m – ✉ 38070 Lomaso

Villa di Campo

– ✆ 04 65 70 00 72 – www.villadicampo.it – Chiuso marzo
21 cam ☕ – †75/100 € ††110/150 € **Rist** – Carta 38/57 €
Un edificio ottocentesco sapientemente ristrutturato ospita questa bella dimora d'epoca immersa in un grande parco: camere di diverse tipologie e centro benessere per trattamenti olistici. Nell'elegante sala ristorante, atmosfere d'altri tempi e prodotti biologici legati ai colori ed ai sapori delle stagioni.

COMELICO SUPERIORE - Belluno (BL) - 562 C19 - 2 634 ab. 40 C1

- alt. 1 210 m - Sport invernali : 1 218/1 656 m 3, - ✉ 32040

Roma 678 - Cortina d'Ampezzo 52 - Belluno 77 - Dobbiaco 32

a Padola Nord-Ovest : 4 km da Candide - ✉ 32040

piazza San Luca 18, ✆ 0435 6 70 21, www.infodolomiti.it

La Torre cam, VISA AE

via Milano 2 A - ✆ 04 35 47 01 60 - www.hotelspalatorre.com

18 cam - †95/110 € ††140/170 €

Rist - *(chiuso maggio e novembre)* Carta 23/46 €

Struttura di concezione del tutto moderna: colori chiari, grandi vetrate e, di conseguenza, tanta luce caratterizzano ogni suo settore, anche il centro benessere.

D'la Varda

via Martini 29 - ✆ 0 43 56 70 31 - www.hotellavarda.it - Aperto 20 dicembre-20 marzo e 20 giugno-20 settembre

22 cam - †40/60 € ††70/100 € **Rist** - Carta 16/33 €

Un idillio per chi ama le cime innevate: semplice e caratteristico, l'hotel si trova proprio di fronte agli impianti di risalita e alle piste. Camere semplici e confortevoli. Cucina creativa al ristorante.

COMISO - Ragusa (RG) - 365 W62 - Vedere Sicilia alla fine dell'elenco alfabetico

Roma 905 - Palermo 229 - Ragusa 23 - Gela 41

COMISO Sicilia - Ragusa (RG) - 365 AW62 - 30 577 ab. - ✉ 97013 30 C3

Sicilia

Palermo 229 - Ragusa 23 - Siracusa 105 - Catania 106

Agriturismo Tenuta Margitello rist, VISA

strada statale 115 km 310,700, Est : 3,5 km - ✆ 09 32 72 25 09 - www.tenutamargitello.com

21 cam - †25/45 € ††60/84 € **Rist** - *(solo a cena)* Menu 12/22 €

Sulle pendici dei monti Iblei, avvolto dalla macchia mediterranea, una risorsa che gode di una vista spettacolare. Camere confortevoli e bel giardino con piscina. Il menu presenta un'appetitosa cucina del territorio, a prezzi competitivi.

COMMEZZADURA - Trento (TN) - 562 D14 - 903 ab. - alt. 852 m 33 B2

- Sport invernali : 1 400/2 200 m 5 19 (Comprensorio sciistico Folgarida-Marilleva) - ✉ 38020

Roma 656 - Bolzano 86 - Passo del Tonale 35 - Peio 32

frazione Mestriago 1, ✆ 0463 97 48 40, www.comune.commezzadura.tn.it

Tevini cam, VISA AE

località Almazzago - ✆ 04 63 97 49 85 - www.hoteltevini.com - Aperto 8 dicembre-Pasqua e 1° giugno-30-settembre

52 cam - †86/190 € ††140/230 € - 2 suites **Rist** - Carta 21/48 €

In Val di Sole, un soggiorno di sicuro confort in un albergo curato; spazi comuni rifiniti in legno e gradevole centro benessere; suggestiva la camera nella torretta. Boiserie e tende di pizzo alle finestre, affacciate sul verde, nella sala ristorante.

COMO P (CO) - 561 E9 - 85 263 ab. - alt. 201 m - ✉ 22100 18 A1

Italia Centro-Nord

Roma 625 - Bergamo 56 - Milano 48 - Monza 42

piazza Cavour 17, ✆ 031 26 97 12, www.lakecomo.it

18 Villa d'Este via per Cantù 13, 031 200200, www.golfvilladeste.com - chiuso gennaio, febbraio e martedì

36 Monticello via Volta 63, 031 928055, www.golfmonticello.it - chiuso dal 7 gennaio al 4 febbraio e lunedì

18 Carimate via Airoldi 2, 031 790226, www.golfcarimate.it - chiuso lunedì

18 La Pinetina via al Golf 4, 031 933202, www.golfpinetina.it - chiuso martedì

Lago★★★ - Duomo★★ Y - Broletto★★ Y A - Chiesa di San Fedele★ Y - Basilica di Sant'Abbondio★ Z - ★ su Como e il lago da Villa Olmo 3 km per ④

Pianta pagina seguente

COMO

Ambrosoli (V.)	Z	2
Battisti (Vle Cesare)	Z	3
Carcano (V.)	Y	5
Castelnuovo (V.)	Z	6
Cattaneo (Viale C.)	Z	7
Cavallotti (Viale)	Y	8
Gallio (V. T.)	Y	14
Garibaldi (V.)	Y	15
Giulio Cesare (Vle)	Z	16
Leoni (V. Leone)	Z	18
Lucini (V.)	Z	19
Manzoni (V.)	Y	21
Masia (Viale M.)	Y	22
Piave (V.)	Z	27
Plinio (V.)	Y	26
Recchi (V.)	Y	29
Rosselli (Viale F.)	Y	30
S. Bartolomeo (Pza)	Z	32
S. Rochetto (Pzale)	Y	33
Trento (Largo Lario)	Y	36
Trieste (Largo Lario)	Y	37
Vittorio Emanuele II (V.)	Y	40
Vittorio (Pza)	Y	39
Volta (Pza)	Y	42

Grand Hotel di Como

via per Cernobbio 41/a, 2,5 km per ④ – ✆ 0 31 51 61 – www.grandhoteldicomo.com – Chiuso 17 dicembre-15 gennaio

153 cam – **†**90/300 € **††**100/340 €

Rist *KK* – vedere selezione ristoranti

Rist *Il Botticelli* – Carta 25/54 €

La moderna efficienza delle installazioni si coniuga con la raffinatezza degli interni in una struttura, che dispone di superbe camere e di un attrezzato centro congressi. Nell'incantevole parco è incastonata come un'acquamarina la piscina, con area riscaldata ed idromassaggio.

Terminus

cam,

lungo Lario Trieste 14 – ✆ 0 31 32 91 11 – www.albergoterminus.com

50 cam – **†**115/183 € **††**145/350 € – 4 suites Yc

Rist *Bar delle Terme* – ✆ 0 31 32 92 16 *(chiuso martedì)* Carta 35/61 €

Dal '94 ritornato al suo originario splendore, prestigioso palazzo in stile liberty, dagli interni personalizzati ed eleganti, per un soggiorno esclusivo in riva al lago. Calda ambientazione d'epoca nella raccolta saletta del caffè-ristorante.

Le Due Corti cam,

piazza Vittoria 12/13 – ✆ 0 31 32 81 11 – www.hotelduecorti.com – Chiuso 15 dicembre-15 gennaio Za

65 cam – 100/170 € 140/200 € – 2 suites

Rist *Sala Radetzky* – *(chiuso sabato a mezzogiorno e domenica)* Carta 32/65 €

Magistrale, raffinato connubio di vecchio e nuovo in un hotel elegante ricavato in un'antica stazione di posta; mobili d'epoca nelle camere, con pareti in pietra a vista. Ristorante di sobria eleganza con arredi in stile.

Villa Flori cam, rist,

via per Cernobbio 12, 2 km per ④ – ✆ 03 13 38 20 – www.hotelvillaflori.com – Aperto 1° marzo-metà novembre

52 cam – 150/208 € 208/350 €

Rist *Raimondi* – ✆ 0 31 33 82 33 – Carta 47/81 €

In splendida posizione panoramica, una bella struttura rinnovata di recente con camere minimaliste, ma chic, come moda impone. Cucina contemporanea nel luminoso ristorante dotato di romantica terrazza affacciata sul lago.

Tre Re rist,

via Boldoni 20 – ✆ 0 31 26 53 74 – www.hoteltrere.com – Chiuso 18 dicembre-10 gennaio Yd

47 cam – 85/115 € 120/170 € – 1 suite **Rist** – Carta 26/46 €

Potenziato e rinnovato in anni recenti, è un albergo confortevole, a conduzione familiare, che dispone di comodo parcheggio custodito; arredi moderni nelle stanze. Sale da pranzo con elementi (colonne e pitture murali) di un'antica struttura conventuale.

Park Hotel senza rist

viale F.lli Rosselli 20 – ✆ 0 31 57 26 15 – www.parkhotelcomo.it – Aperto 1° marzo-30 novembre Ye

41 cam – 68/92 € 88/125 €, 10 €

Edificio condominiale, si rivaluta negli spazi interni frutto di recenti investimenti. La clientela, soprattutto commerciale, apprezzerà anche i prezzi convenienti.

Navedano

via Velzi, 1,5 km per ② – ✆ 0 31 30 80 80 – www.ristorantenavedano.it – Chiuso gennaio, mercoledì a mezzogiorno e martedì

Rist – Carta 71/146 €

Romantico locale immerso in un tripudio di fiori, dove modernità e rusticità si fondono a perfezione; servizio estivo in terrazza e rivisitazioni di classici in cucina.

La Colombetta

via Diaz 40 – ✆ 0 31 26 27 03 – www.colombetta.it – Chiuso 23 dicembre-4 gennaio e domenica Yw

Rist – Carta 45/102 €

Fedeli alle proprie origini, le tre sorelle titolari preparano, su prenotazione, piatti sardi che, con quelli di pesce, sono le specialità del loro elegante locale.

I Tigli...a lago (Franco Caffara)

via Coloniola 44 – ✆ 0 31 30 13 34 – www.itiglialago.it – Chiuso 15 giorni in gennaio, 15 giorni in agosto e domenica Yf

Rist – Menu 18 € (pranzo)/75 € – Carta 42/86 €

→ Spaghetti neri, gamberi rossi e bottarga. Filetto di rombo alla mediterranea con pomodoro confit. Armonia di cioccolato.

Semplicità, nessun azzardo negli accostamenti e tanto pesce di mare: chi non ama avventurarsi in percorsi sconosciuti troverà qui il suo porto. I piatti variano a seconda del pescato, resta invece immutabile la freschezza dei prodotti.

KK – Grand Hotel di Como

via per Cernobbio 41/a, 2,5 km per ④ – ✆ 0 31 51 64 60 – www.k-como.com – Chiuso 17 dicembre-15 gennaio

Rist – Carta 46/73 €

KK: Kincho & Kitchen. Ovvero, fondute e barbecue nell'intima villetta del Kitchen (aperto tutto l'anno), churrasco e grill sotto il gazebo del Kincho (solo nella bella stagione).

XX **Locanda dell'Oca Bianca** con cam

via Canturina 251, 5 km per ② – ✆ 0 31 52 56 05 – www.hotelocabianca.it – Chiuso 1 settimana in gennaio e 1 settimana in agosto

18 cam ☕ – †55/75 € ††80/100 €

Rist – *(chiuso lunedì) (solo a cena escluso domenica)* Carta 30/59 €

Calda atmosfera e ambiente curato in un ristorante sulla strada per Cantù, dove d'estate si mangia all'aperto; camere ristrutturate, ottimo rapporto qualità/prezzo.

XX **Er Più**

via Pastrengo 1, per via Leoni – ✆ 0 31 27 21 54 – www.erpiucomo.com – Chiuso 2-10 gennaio, 5-30 agosto e martedì Z

Rist – Menu 19 € (pranzo)/60 € – Carta 30/60 €

Uno dei ristoranti più popolari della città, offre un'impressionante scelta di piatti: dalle paste alla carne passando per i prodotti del mare. Difficile uscirne scontenti.

XX **L'Angolo del Silenzio**

viale Lecco 25 – ✆ 03 13 37 21 57 – www.osterialangolodelsilenzio-como.com – Chiuso 10-24 gennaio, 10-24 agosto, martedì a mezzogiorno e lunedì

Rist – Menu 26/40 € – Carta 34/52 € Y**b**

Esperta gestione per un locale classico, con dehors estivo nel cortile; la cucina, di matrice lombarda, è senza fronzoli e fa della concretezza la sua arma vincente.

XX **L'Antica Trattoria**

via Cadorna 26 – ✆ 0 31 24 27 77 – www.lanticatrattoria.co.it – Chiuso 16-31 agosto e domenica Z**b**

Rist – Menu 25/55 € – Carta 35/58 €

Locale storico ubicato in centro città: ampia sala luminosa e ricette della tradizione italiana, gastronomia di stagione nonché specialità di carne. Eventuali preparazioni senza glutine per i celiaci.

X **Namaste**

piazza San Rocco 8, per ③ – ✆ 0 31 26 16 42 – www.ristorante-namaste.it – Chiuso lunedì

Rist – Menu 10 € (pranzo in settimana) – Carta 18/42 €

La semplicità di un'autentica ambientazione indiana, senza orpelli folcloristici, per provare specialità etniche che vengono da molto lontano: un'alternativa esotica.

COMO (Lago di) o LARIO ★★★ – Como – 561 E9 Italia

CONCA DEI MARINI – Salerno (SA) – 564 F25 – 739 ab. – ✉ 84010 6 B2

Roma 272 – Napoli 58 – Amalfi 5 – Salerno 30

Monastero Santa Rosa Hotel & Spa Ⓝ

via Roma 2 – ✆ 08 98 32 11 99 – www.monasterosantarosa.com – Aperto 28 marzo-3 novembre

12 cam ☕ – †413/935 € ††413/935 € – 8 suites

Rist ***Santa Rosa*** – vedere selezione ristoranti

In un ex monastero del XVII sec, le raffinate camere non hanno più nulla a che vedere con la spartana ospitalità di un tempo, se non per le porticine d'accesso che le caratterizzano. Arroccato sulla scogliera, alla bellezza del panorama fanno eco terrazze fiorite, angoli relax e una bellissima piscina a sbalzo le cui linee si confondono armoniosamente con il mare.

XXX **Santa Rosa** Ⓝ – Monastero Santa Rosa Hotel & spa

via Roma 2 – ✆ 08 98 32 11 99 – www.monasterosantarosa.com – Aperto 28 marzo-3 novembre

Rist – Carta 46/89 €

E' stato solo dopo aver acquisito un'indubbia esperienza presso alcuni dei più celebri ristoranti al mondo, che lo chef si è fermato sulla costiera amalfitana: sicuramente per amore, ma anche un po' per giocare con i sapori mediterranei e la sua intrigante creatività.

Belvedere rist,
via Smeraldo 19 – ✆ 0 89 83 12 82 – www.belvederehotel.it – Aperto 1° aprile-31 ottobre
36 cam – 140/200 € 170/230 € – 3 suites **Rist** – Carta 51/88 €
E' davvero splendida la vista che si gode da questa struttura lungo la costiera amalfitana, dotata di terrazza con piscina d'acqua di mare; camere di diverse tipologie. Dalla bella sala e dalla veranda del ristorante scorgerete la calma distesa d'acqua blu.

Le Terrazze senza rist
via Smeraldo 11 – ✆ 0 89 83 12 90 – www.hotelleterrazze.it – Aperto 15 aprile-13 ottobre
27 cam – 60/110 € 70/200 €
A picco sul mare, quasi aggrappato alla roccia, l'hotel dispone di una terrazza panoramica mozzafiato ed ampie camere dalle tonalità pastello.

CONCESIO – **Brescia (BS)** – **561** F12 – **15 005 ab.** – **alt. 216 m** – ✉ **25062** **17** C1
Roma 544 – Brescia 10 – Bergamo 50 – Milano 91

Miramonti l'Altro (Philippe Léveillé)
via Crosette 34, località Costorio – ✆ 03 02 75 10 63 – www.miramontilaltro.it – Chiuso lunedì
Rist – Menu 45 € (pranzo in settimana)/120 € – Carta 71/143 €
➜ Risotto ai funghi e formaggi dolci. Crescendo di agnello. Gelato alla crema "Miramonti ".
Elegante villa in zona periferica, l'ospitalità dei titolari è celebrata quanto la cucina: spunti bresciani e lacustri, divagazioni marine, ispirazioni francesi.

CONCO – **Vicenza (VI)** – **562** E16 – **2 200 ab.** – **alt. 830 m** **39** B2
– **Sport invernali : 830/1 250 m** 3, – ✉ **36062**
Roma 556 – Padova 72 – Belluno 94 – Trento 64

La Bocchetta
sulla strada per Asiago località Bocchetta 6, Nord : 5 km – ✆ 04 24 70 00 24 – www.labocchetta.it
13 suites – 95/110 € – 8 cam
Rist ***La Bocchetta*** – vedere selezione ristoranti
Sono in stile tirolese, sia la struttura, sia i caldi interni di questo albergo, dove troverete graziose camere personalizzate con boiserie e tessuti a motivi floreali.

La Bocchetta – Hotel La Bocchetta
sulla strada per Asiago località Bocchetta 6, Nord : 5 km – ✆ 04 24 70 00 24 – www.labocchetta.it – Chiuso lunedì e martedì escluso in luglio-agosto e festività
Rist – Carta 23/44 €
Specialità tipicamente locali, con un'ampia scelta di vini anche pregiati, in una sala dallo stile smaccatamente altoatesino.

CONCORDIA SULLA SECCHIA – **Modena (MO)** – **562** H14 – **9 059 ab.** **8** B1
– **alt. 22 m** – ✉ **41033**
Roma 429 – Bologna 68 – Ferrara 63 – Mantova 54

Vicolo del Teatro
via della Pace 94 – ✆ 0 53 54 03 30 – www.vicolodelteatro.it – Chiuso 2 settimane in agosto, sabato a mezzogiorno, domenica sera e lunedì
Rist – Carta 57/91 €
In fase di redazione della presente guida, la direzione di questo esercizio ci ha comunicato che - in seguito alle scosse sismiche del maggio scorso - dovranno essere effettuati alcuni lavori di ristrutturazione, che permetteranno al locale di continuare a deliziare i suoi ospiti con specialità di pesce (e qualche proposta di carne).

CONCOREZZO – **Monza e Brianza (MB)** – **561** F10 – **15 371 ab.** **18** B2
– **alt. 171 m** – ✉ **20049**
Roma 587 – Milano 26 – Bergamo 33 – Como 43

Via del Borgo

via Libertà 136 – ✆ 03 96 04 26 15 – www.viadelborgo.it – Chiuso 1°-17 gennaio, 3 settimane in agosto, domenica e lunedì a mezzogiorno in giugno-settembre, domenica sera e lunedì a mezzogiorno negli altri mesi

Rist – Menu 22/42 € – Carta 41/54 €

Nel centro, in una vecchia casa di ringhiera ristrutturata, una sala moderna con richiami al rustico e servizio estivo sotto il portico; piatti di impronta creativa.

CONDINO – Trento (TN) – 562 E13 – 1 512 ab. – alt. 444 m – ✉ 38083 33 A3

Roma 598 – Brescia 65 – Milano 155 – Trento 64

Da Rita

via Roma 140 – ✆ 04 65 62 12 25 – www.hoteldarita.it – Chiuso 20-31 agosto

16 cam – †48/86 € ††86 € – 2 suites

Rist – *(chiuso lunedì sera)* Carta 18/51 €

Nella zona industriale della località, l'albergo ne rappresenta la nota più colorata, come gli interni: moderni e variopinti. Valido indirizzo per una clientela, soprattutto, commerciale.

CONEGLIANO – Treviso (TV) – 562 E18 – 35 748 ab. – alt. 72 m 40 C2

– ✉ 31015 Italia Centro-Nord

Roma 571 – Belluno 54 – Cortina d'Ampezzo 109 – Milano 310

via XX Settembre 61, ✆ 0438 2 12 30, www.visittreviso.it

Sacra Conversazione★ nel Duomo – ✻★ dal castello – Affreschi★ nella Scuola dei Battuti

Relais le Betulle

via Costa Alta 56, Nord-Ovest : 2,5 : km – ✆ 0 43 82 10 01 – www.relaislebetulle.it

39 cam – †80/130 € ††100/180 €

Rist *Le Betulle* – ✆ 0 43 82 46 60 *(chiuso domenica sera e lunedì a mezzogiorno)* Carta 28/64 €

E' sicuramente una bella risorsa questo albergo in collina e vicino al castello, con camere dal design moderno, bellissima piscina a sfioro, vasca idromassaggio riscaldata "en plain air". Al ristorante: cucina a base di prodotti tipici e carta light (solo a pranzo).

Canon d'Oro

via 20 Settembre 131 – ✆ 0 43 83 42 46 – www.hotelcanondoro.it

48 cam – †55/170 € ††80/250 € – 2 suites

Rist *InContrada* – vedere selezione ristoranti

Hotel del centro storico ospitato in un edificio del '500 con loggia ed affreschi originali sulla facciata. Le camere - di tre tipologie, ma tutte recentemente rinnovate - assicurano un buon standard di confort.

InContrada – Hotel Canon d'Oro

via 20 Settembre 131 – ✆ 04 38 45 50 42 – www.ristoranteincontrada.net – Chiuso domenica sera e lunedì a mezzogiorno, anche domenica a mezzogiorno in estate

Rist – Carta 26/68 €

Sono tre soci di navigata esperienza a gestire il centralissimo ristorante dell'hotel Canon d'Oro: in due seguono la cucina, mentre l'unica donna del gruppo si occupa con grande professionalità della sala. In carta, piatti classici italiani (carne e pesce in egual misura); gradevole servizio all'aperto sul corso.

Città di Venezia

via 20 Settembre 77/79 – ✆ 0 43 82 31 86 – Chiuso domenica sera e lunedì

Rist – Carta 27/61 €

Rist *Osteria La Bea Venezia* – Carta 20/42 €

Nel salotto cittadino, raffinata atmosfera veneziana nelle sale interne o più fresca nel dehors estivo. Dalla cucina un'appetitosa scelta di piatti di pesce. Identiche proposte gastronomiche nella piccola osteria annessa, dove viene svolto il servizio in assenza di prenotazioni particolari.

CONERO (Monte) – Ancona (AN) – 563 L22 – Vedere Sirolo Italia Centro-Nord

---

CONVENTO – Vedere nome proprio del convento

CONVERSANO – Bari (BA) – 564 E33 – 25 760 ab. – alt. 219 m – ✉ 70014 Puglia

27 C2

Roma 440 – Bari 31 – Brindisi 87 – Matera 68

Tele★★ seicentesche nei musei civici

Grand Hotel d'Aragona

via San Donato 5, strada provinciale per Cozze – ✆ 08 04 95 23 44 – *www.grandhoteldaragona.it*

69 cam – †56/125 € ††63/150 € **Rist** – Carta 30/56 €

Un grande giardino con piscina circonda questo complesso di concezione classica, che offre confort adeguato alla categoria sia nelle spaziose aree comuni sia nelle camere. Ampia sala ristorante e terrazza coperta.

Corte Altavilla

rist,

vico Altavilla 8 – ✆ 08 04 95 96 68 – *www.cortealtavilla.it* – *Chiuso 8-22 gennaio*

31 cam – ††98/130 € – 5 suites

Rist – *(solo a cena lunedì-sabato e solo a pranzo domenica)* (prenotazione obbligatoria) Carta 22/45 €

Più di mille anni di storia, nel centro storico di Conversano, tra i vicoli medievali che accolgono camere, appartamenti e suites di notevole fascino. Gestione affidabile.

Agriturismo Montepaolo

cam,

contrada Montepaolo 2, Nord-Est : 4 km – ✆ 08 04 95 50 87 – *www.montepaolo.it*

12 cam – †63/77 € ††95/113 €

Rist – *(chiuso domenica e festivi) (solo a cena)* (prenotazione obbligatoria) Menu 25/30 €

Tra ulivi e macchia mediterranea, una dimora cinquecentesca - meticolosamente restaurata - con diversi arredi e pavimenti d'epoca. A 200 m la Torre del Brigante dispone di due appartamenti per 4 persone ciascuno (affitto settimanale). Piatti regionali nella sala ristorante, un tempo utilizzata per la vinificazione.

Pashà

piazza Castello 5-7 – ✆ 08 04 95 10 79 – *www.pashaconversano.it* – *Chiuso 2 settimane in novembre e martedì, anche domenica sera in ottobre-aprile*

Rist – (prenotare) Menu 50/100 € – Carta 40/96 €

Di fronte al castello normanno, occorre salire al primo piano dell'edificio per raggiungere l'elegante ristorante. Al suo interno, vi attende un viaggio alla scoperta di sapori antichi: dalle orecchiette di grano arso fatte a mano, al risotto di orzo con gamberi rossi al rosmarino, e tante altre specialità.

CORATO – Bari (BA) – 564 D31 – 48 101 ab. – alt. 232 m – ✉ 70033

26 B2

Roma 414 – Bari 44 – Barletta 27 – Foggia 97

Nicotel Corato

rist,

via Gravina – ✆ 08 08 72 24 30 – *www.nicotelhotels.com*

76 cam – †50/70 € ††60/80 € **Rist** – Carta 20/35 €

Recente realizzazione frutto di design moderno, lineare ed essenziale, particolarmente adatta ad una clientela sportiva o d'affari, tra centro benessere e business rooms. Analoga atmosfera al ristorante: nessun orpello e cucina protagonista.

Appia Antica

rist,

strada provinciale 231 al km 32,200 Sud : 3 km – ✆ 08 08 72 25 04 – *www.appiantica.it*

32 cam – †55/70 € ††75/90 € – 2 suites

Rist – *(chiuso domenica sera e lunedì a mezzogiorno)* Carta 19/41 €

Una costruzione anni '70 ospita un albergo comodo sia per i turisti sia per la clientela d'affari; interni funzionali e confortevoli, arredi recenti nelle curate camere. Il ristorante dispone di un'accogliente sala d'impostazione classica.

CORCIANO – Perugia (PG) – 563 M18 – 20 972 ab. – alt. 408 m – ✉ 06073

35 B2

Roma 138 – Perugia 11 – Arezzo 71 – Terni 92

Palazzo Grande – Residenza d'epoca senza rist
via Palazzo Grande 20, Est: 2 km – ☎ 07 56 97 92 60 – www.palazzogrande.com – Aperto 1° aprile-31 ottobre
27 cam – †115/180 € ††155/270 €
Ambienti eleganti e mobilio d'epoca in un glorioso palazzo seicentesco con "radici" storiche medioevali e romane. All'esterno, un immenso bosco ed una deliziosa piscina appartata.

CORGENO – Varese (VA) – 561 E8 – alt. 270 m – ✉ 21029 16 A2

Roma 631 – Stresa 35 – Laveno Mombello 25 – Milano 54

La Cinzianella con cam
via Lago 26 – ☎ 03 31 94 63 37 – www.lacinzianella.it – Chiuso gennaio
9 cam – †75/85 € ††85/100 € – 1 suite
Rist – *(chiuso martedì, anche lunedì sera in ottobre-febbraio)* Menu 30 € – Carta 45/78 €
In riva al lago, la sala da pranzo è stata recentemente rinnovata in tono elegante, mentre nella bella stagione si pranza sulla panoramica terrazza. Cucina innovativa, legata al territorio.

CORIANO – Rimini (RN) – 562 K19 – Vedere Rimini

CORIANO VERONESE – Verona (VR) – Vedere Albaredo d'Adige

CORLO – Modena (MO) – Vedere Formigine

CORMONS – Gorizia (GO) – 562 E22 – 7 698 ab. – alt. 56 m – ✉ 34071 11 C2

Roma 645 – Udine 25 – Gorizia 13 – Milano 384
Enoteca Comunale piazza 24 Maggio 21, ☎ 0481 63 03 71, www.enotecacormons.it

Felcaro
via San Giovanni 45 – ☎ 0 48 16 02 14 – www.hotelfelcaro.it
59 cam – †65/75 € ††110/150 €
Rist – *(chiuso 7-28 gennaio e lunedì)* Menu 50 €
In posizione tranquilla, alle pendici della collina sovrastante il paese, la villa ottocentesca offre camere spaziose e confortevoli, alcune delle quali arredate con mobili antichi. Articolato in più sale dall'aspetto rustico, il ristorante propone piatti regionali.

Al Cacciatore-della Subida con cam
via Subida 52, Nord-Est : 2 km – ☎ 0 48 16 05 31 – www.lasubida.it – Chiuso 2 settimane in febbraio, martedì e mercoledì
17 cam – †60/100 € ††90/180 €, 13 €
Rist – *(solo a cena escluso sabato e domenica)* Carta 47/66 €
→ Zlikrofi (tortelli). Stinco di vitello cotto nel forno del pane. Gnocchi di susine.
In un ambiente bucolico, ma al tempo stesso elegante, tradizione regionale ed innovazione si fondono in una ricerca gastronomica che ricorda il passato, guardando già al futuro.

Al Giardinetto con cam
via Matteotti 54 – ☎ 0 48 16 02 57 – Chiuso 2 settimane in luglio
3 cam – †70 € ††90/100 € **Rist** – *(chiuso lunedì e martedì)* Carta 37/68 €
Oltre un secolo di storia, nel corso del quale si sono succedute ben tre generazioni. Oggi, nelle accoglienti sale e nel dehors potrete gustare piatti ricchi di tradizione e di creatività. Per prolungare il soggiorno, la risorsa mette a disposizione anche piacevoli alloggi.

CORNAIANO = GIRLAN – Bolzano (BZ) – 562 C15 – Vedere Appiano sulla Strada del Vino

CORNAREDO – Milano (MI) – 561 F9 – 20 546 ab. – alt. 140 m – ✉ 20010 18 A2

Roma 584 – Milano 17 – Bergamo 56 – Brescia 102

Le Favaglie
via Merendi 26 – ☎ 0 29 34 84 11 – www.hotelfavaglie.it – Chiuso 3-19 agosto
109 cam ☕ – 🚹90/400 € 🚹🚹120/450 € – 3 suites
Rist *Corniolo* – vedere selezione ristoranti
Strategico per il polo fieristico di Rho-Pero, hotel dal design minimalista con dotazioni di ultima generazione. Navetta gratuita per la stazione metropolitana di Molino Dorino; a pagamento per aeroporti e Milano centro.

XX **Corniolo** – Hotel Le Favaglie
via Merendi 26 – ☎ 02 93 48 44 50 – www.ristoranteilcorniolo.it
– Chiuso 3-18 agosto, sabato a mezzogiorno e domenica
Rist – Carta 38/71 €
Il ristorante riprende lo stile dell'albergo, fatto di linee semplici e colori caldi, mentre il menu sciorina una serie di specialità d'ispirazione regionale-mediterranea, basati sulla filosofia dei "tre elementi": piatti dove non prevalgono mai più di tre prodotti, contraddistinti da colore, sapore e presentazione.

a San Pietro all'Olmo **Sud-Ovest : 2 km – ✉ 20010**

X **D'O** (Davide Oldani)
via Magenta 18 – ☎ 0 29 36 22 09 – www.cucinapop.do
– Chiuso 24 dicembre-4 gennaio, 18 luglio-4 settembre, domenica e lunedì
Rist – (prenotazione obbligatoria) Menu 12 € (pranzo in settimana)/32 €
– Carta 33/48 €
➜ Pane, pepe nero, Marsala e riso. Coscia d'anatra apicius, pere e puntarelle. Crema di nocciola, gelato di lattuga e peperoncino.
I prezzi contenuti e la qualità della cucina hanno messo il suggello sulle capacità di Davide Oldani. In sale semplici e senza pretese, una cucina innovativa, ma sempre rispettosa della tradizione lombarda ed italiana.

CORNIGLIANO LIGURE – Genova (GE) – Vedere Genova

CORONA – Gorizia (GO) – Vedere Mariano del Friuli

CORPO DI CAVA – Salerno (SA) – 564 E26 – Vedere Cava de' Tirreni

---

CORREGGIO – Reggio Emilia (RE) – 562 H14 – 25 395 ab. – alt. 31 m – ✉ 42015 8 B2

▶ Roma 422 – Bologna 60 – Milano 167 – Verona 88

Dei Medaglioni
corso Mazzini 8 – ☎ 05 22 63 22 33 – www.albergodeimedaglioni.com
– Chiuso agosto
53 cam ☕ – 🚹73/154 € 🚹🚹73/154 € – 3 suites
Rist *Il Correggio* – vedere selezione ristoranti
Camere curate, fascino del passato con tutti i confort del presente, in due eleganti palazzi del centro storico.

President cam, rist,
via Don Minzoni 61 – ☎ 05 22 63 37 11 – www.hotelpresident.re.it
– Chiuso 21 dicembre-5 gennaio e 3-25 agosto
87 cam ☕ – 🚹50/104 € 🚹🚹70/143 € – 3 suites
Rist – *(chiuso domenica)* Carta 33/72 €
Una bella hall con colonne vi accoglie in questa moderna struttura di recente realizzazione, dotata di confortevoli camere ben accessoriate; attrezzate sale convegni. Luminoso ristorante con un'originale soffittatura in legno.

XXX **Il Correggio** – Hotel Dei Medaglioni
corso Mazzini 8 – ☎ 05 22 64 10 00 – www.albergodeimedaglioni.com
– Chiuso agosto, sabato a mezzogiorno e domenica
Rist – Menu 15 € (pranzo in settimana)/55 € – Carta 26/51 €
Ricavato nel cortile interno dell'antico palazzo che ospita l'hotel, il locale ha sicuramente un côté suggestivo; anche la cucina si presta al gioco, proponendo i proverbiali piatti della tradizione emiliana in presentazioni accattivanti, e cene a tema che - dall'antipasto al dolce - ruotano attorno ad un prodotto della regione.

Come una volta con cam

via Costituzione 75, zona industriale, Est : 2 km – ✆ 05 22 63 30 63

8 cam ☕ – †50 € ††70 € **Rist** – Carta 25/34 €

E' vero che ci si trova in zona industriale, ma questa risorsa è stata ricavata all'interno di una storica cascina completamente ristrutturata, ambientazione suggestiva.

CORRUBBIO – Verona (VR) – Vedere San Pietro in Cariano

CORSANICO – Lucca (LU) – 562 K12 – Vedere Massarosa

CORSICO – Milano (MI) – 561 F9 – 34 507 ab. – alt. 115 m – ✉ 20094 18 B2

Roma 593 – Milano 10 – Lodi 46 – Pavia 40

Il Vicolo

via Vittorio Emanuele II 27 – ✆ 02 45 10 00 57 – www.ilvicoloristorante.it – Chiuso 20-30 agosto

Rist – (consigliata la prenotazione) Carta 35/65 €

Specialità di pesce in una struttura ricavata dalla riconversione delle stalle di una stazione di posta dei primi dell'800: tappa finale prima di giungere nel capoluogo lombardo. Ancora ben visibili le mangiatoie e gli abbeveratoi.

CORTACCIA SULLA STRADA DEL VINO (KURTATSCH AN DER WEINSTRASSE) – Bolzano (BZ) – 562 D15 – 2 254 ab. – alt. 333 m – ✉ 39040 34 D3

Roma 623 – Bolzano 20 – Trento 37

piazza Schweiggl 8, ✆ 0471 88 01 00, www.suedtiroler-unterland.it

Schwarz-Adler Turmhotel cam,

Kirchgasse 2 – ✆ 04 71 09 64 00 – www.turmhotel.it – Chiuso 22-28 dicembre

23 cam ☕ – †78/98 € ††130/170 € – 1 suite **Rist** – Menu 32/44 €

Si sono seguiti stilemi tradizionali con materiali moderni in questo hotel, che ha ampie camere di particolare confort, molte con loggia o balcone; giardino con piscina.

Zur Rose

Endergasse 2 – ✆ 04 71 88 01 16 – www.baldoarno.com – Chiuso domenica e lunedì a pranzo in settembre-ottobre, domenica e lunedì in novembre-agosto

Rist – Carta 43/70 €

Edificio tipico che regala ambienti caldi, arredati con molto legno, in tipico stile tirolese. Cucina del territorio non priva di influenze mediterranee.

Schwarz Adler

piazza Schweiggl 1 – ✆ 04 71 09 64 05 – www.schwarzadler.it – Chiuso martedì in luglio-agosto

Rist – Menu 32/65 € – Carta 39/47 €

All'interno di un palazzo d'epoca, locale modaiolo dalla veste rustico-signorile diviso in più salette arredate in legno e al centro una grande griglia. Completa il delizioso quadretto l'originale cantina a vista: per scegliere direttamente tra un'articolata varietà di etichette. Cucina prevalentemente altoatesina.

CORTE DE' CORTESI – Cremona (CR) – 561 G12 – 1 137 ab. – alt. 60 m – ✉ 26020 17 C3

Roma 535 – Brescia 42 – Piacenza 47 – Cremona 16

Il Gabbiano

piazza Vittorio Veneto 10 – ✆ 0 37 29 51 08 – www.trattoriailgabbiano.it – Chiuso mercoledì sera e giovedì

Rist – Menu 12 € (pranzo in settimana) – Carta 26/47 €

Salumi, marubini, faraona di nonna Bigina con mostarda casalinga: la trattoria di paese ha conservato la sua caratteristica atmosfera nella quale ripropone antichi ricettari. Con un tocco di eleganza.

CORTE FRANCA – Brescia (BS) – 562 F11 – 5 952 ab. – alt. 214 m – ✉ 25040 19 D1

Roma 576 – Bergamo 32 – Brescia 28 – Milano 76

Franciacorta via Provinciale 34/B, 030 984167, www.franciacortagolfclub.it – chiuso martedì

a Colombaro Nord : 2 km – ✉ 25040 Corte Franca

Relaisfranciacorta rist,
via Manzoni 29 – 03 09 88 42 34 – www.relaisfranciacorta.it
50 cam – 110/133 € 142/165 €
Rist *La Colombara* – *(chiuso domenica sera, lunedì, martedì)* Carta 34/61 €
Adagiata su un vasto prato, una cascina seicentesca ristrutturata offre la tranquillità e i confort adatti ad un soggiorno sia di relax, sia d'affari.

a Borgonato Sud: 3 km – ✉ 25040

Due Colombe (Stefano Cerveni)
via Foresti 13 – 03 09 82 82 27 – www.duecolombe.com – Chiuso 1°-8 gennaio, 8-18 agosto, domenica sera e lunedì
Rist – (consigliata la prenotazione) Menu 38 € (pranzo in settimana)/85 € – Carta 60/114 €
➜ Spaghetti tiepidi, mazzancolle e polpa di ricci di mare. Manzo all'olio. Millefoglie scomposta ai lamponi, mascarpone, lime e polvere di liquirizia.
Un borgo millenario custodisce la preziosa cucina del ristorante che non rinuncia, al pari delle antiche mura, a citazioni storiche di piatti divenuti ormai irrinunciabili classici. Pesce e carne in accostamenti spesso originali e sempre creativi.

CORTEMILIA – Cuneo (CN) – 561 I6 – 2 454 ab. – alt. 247 m – ✉ 12074 25 D2

Roma 613 – Genova 108 – Alessandria 71 – Cuneo 106

Villa San Carlo
corso Divisioni Alpine 41 – 0 17 38 15 46 – www.hotelsancarlo.it – Chiuso 22-28 febbraio
21 cam – 68/85 € 98/118 € – 2 suites
Rist *San Carlino* – *(chiuso lunedì) (solo a cena)* (coperti limitati, prenotare) Carta 34/54 €
Ottima risorsa a gestione familiare, che ha nel bel giardino sul retro - al centro la piscina - il suo punto di forza. La cucina si affida alla tradizione, mentre in cantina sosta ad invecchiare un'interessante selezione di vini.

CORTERANZO – Alessandria (AL) – Vedere Murisengo

CORTINA D'AMPEZZO – Belluno (BL) – 562 C18 – 6 097 ab. – alt. 1 211 m – Sport invernali : 1 224/2 732 m 5 32 (Comprensorio Dolomiti superski Cortina d'Ampezzo) – ✉ 32043 Italia Centro-Nord 40 C1

Roma 672 – Belluno 71 – Bolzano 133 – Innsbruck 165

piazza San Francesco 8, 0436 32 31, www.infodolomiti.it

località Fraina 14/15, 0436 860952, www.cortinagolf.it – maggio-ottobre; chiuso lunedì

Posizione pittoresca★★★

Dolomiti★★★- Tofana di Mezzo★★★: 15 mn di funivia – Tondi di Faloria★★★: 20 mn di funivia – Belvedere Pocol★★ (andarci preferibilmente al tramonto)

Pianta pagina seguente

Cristallo Hotel Spa & Golf rist,
via Rinaldo Menardi 42 – 04 36 88 11 11 – www.cristallo.it – Aperto 1° dicembre-31 marzo e 1° luglio-31 agosto Za
52 cam – 345/705 € 345/830 € – 22 suites
Rist *Il Gazebo* – vedere selezione ristoranti
Rist *La Veranda del Cristallo* – Carta 57/103 €
Marmo di Carrara, boiserie e migliaia di rose dipinte a mano sono solo alcune delle ricercatezze che fanno del Cristallo la quintessenza del lusso e il tempio de l'art de vivre. Ampie camere e moderno centro benessere.

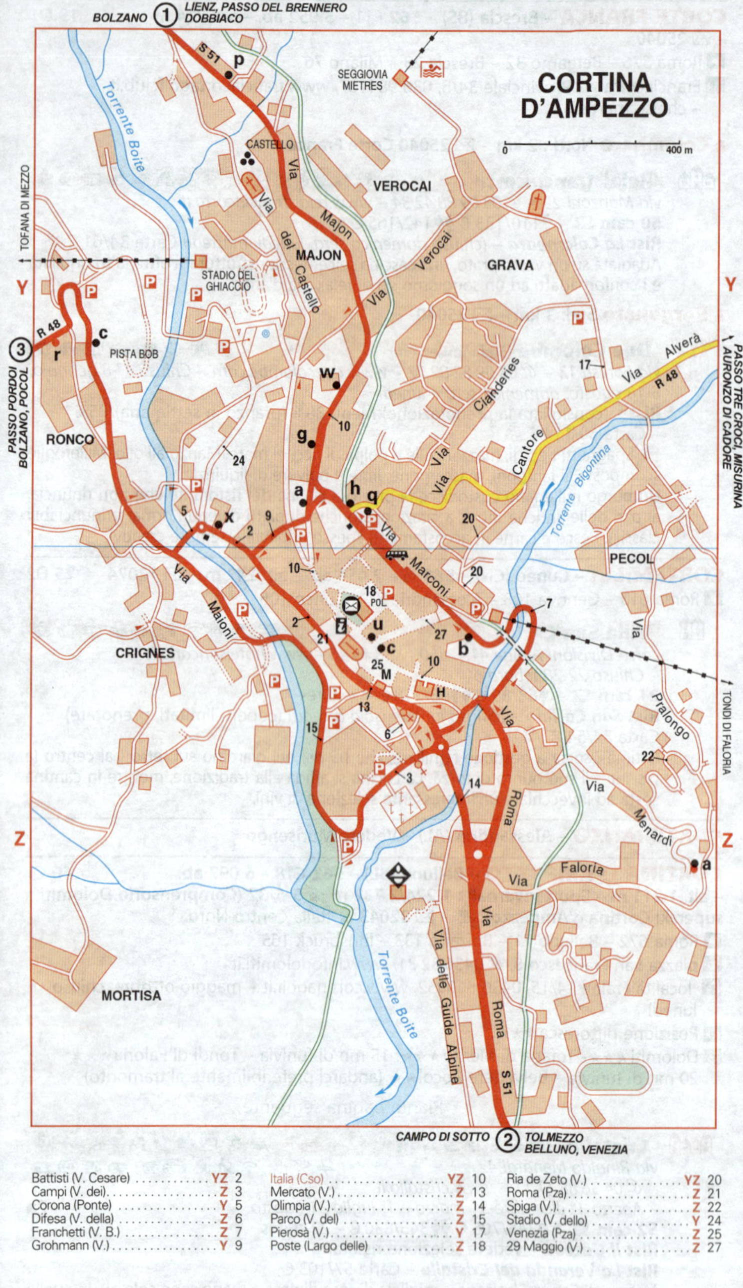
CORTINA D'AMPEZZO
0
400 m
BOLZANO
1
LIENZ, PASSO DEL BRENNERO
DOBBIACO
S 51
SEGGIOVIA MIETRES
Torrente Boite
CASTELLO
Via del Castello
Via Majon
VEROCAI
Via Verocai
MAJON
GRAVA
TOFANA DI MEZZO
STADIO DEL GHIACCIO
Y
R 48
3
PASSO PORDOI BOLZANO, POCOL
PISTA BOB
RONCO
Via Ciamderies
Via Alverà
R 48
PASSO TRE CROCI, MISURINA AURONZO DI CADORE
Via Cantore
Torrente Bigontina
Via Marconi
PECOL
POL.
Via Maioni
CRIGNES
Via Pralongo
TONDI DI FALORIA
Via Roma
Via Menardi
Z
Via Faloria
Via delle Guide Alpine
Torrente Boite
MORTISA
S 51
CAMPO DI SOTTO
2
TOLMEZZO
BELLUNO, VENEZIA

Grand Hotel Savoia rist,

via Roma 62 – 04 36 32 01 – www.grandhotelsavoiacortina.it
– Aperto15 dicembre-1° aprile e 8 luglio-3 settembre Zb
130 cam – 150/950 € 200/1500 € – 5 suites **Rist** – Carta 70/90 €
Un grand hotel in pieno centro completamente rinnovato sfoggia ora una veste di moderno design e confort dell'ultima generazione. Belle camere dai toni caldi ed un centro benessere che s'ispira ad un famoso guru del benessere. Cucina di tipo mediterraneo con qualche rivisitazione al ristorante.

Park Hotel Faloria rist,

località Zuel di Sopra 46, 2,5 km per ② – 04 36 29 59
– www.parkhotelfaloria.it – Aperto 1° dicembre-15 aprile e 1° giugno-20 settembre
31 cam – 110/300 € 110/300 € **Rist** – Carta 46/76 €
Nasce dalla fusione di due chalet dei quali conserva il caratteristico stile montano e ai quali aggiunge eleganza, esclusività e un attrezzato centro benessere. Per un soggiorno di classe. La calda e raffinata atmosfera è riproposta nella sala da pranzo.

Bellevue & Spa rist, rist,

corso Italia 197 – 04 36 88 34 00 – www.bellevuecortina.com
– Aperto 1° dicembre-31 marzo e 1° luglio-30 settembre Ya
44 suites – 200/1200 € 200/1200 € – 20 cam
Rist *L'Incontro* – *(chiuso lunedì)* Carta 52/74 €
In pieno centro, questo gioiello dall'accoglienza ampezzana dispone di ampie camere e raffinate suite, arredate con eleganti stoffe e legni naturali. Al ristorante: boiserie, soffitti a cassettoni e colorati bouquet alle pareti. Sapori mediterranei e specialità locali nel piatto.

Europa rist,

corso Italia 207 – 04 36 32 21 – www.hoteleuropacortina.it
– Aperto 19 dicembre-31 marzo e 15 maggio-31 ottobre Yg
47 cam – 67/200 € 103/400 €, 21 € – 1 suite
Rist – *(solo a cena escluso luglio e agosto)* Carta 50/80 €
Vicino al centro, ma l'impressione è di trovarsi in una baita: legni grezzi, camino e arredi d'epoca per un caldo soggiorno anche in pieno inverno. L'atmosfera rustica continua nella sala da pranzo, dove assaporare specialità locali.

Rosapetra Spa Resort N cam,

località Zuel di Sopra 1, 2 km per ②
– 04 36 86 90 62 – www.rosapetracortina.it – Chiuso maggio
27 cam – 100/470 € 150/520 € – 2 suites **Rist** – Carta 35/71 €
Rispettoso del legno e delle atmosfere locali, confort tecnologici ed impianti eco-sostenibili, l'hotel conquista anche chi è orientato verso un'accoglienza moderna e personalizzata; belle camere ed eccellente centro benessere per ritemprare corpo e mente.

Cortina N rist,

corso Italia 92 – 04 36 42 21 – www.hotelcortina.com
– Aperto 2 dicembre-7 aprile e 11 giugno-15 settembre Zc
45 cam – 110/390 € 180/520 € – 14 suites **Rist** – Carta 41/85 €
Per chi non vuole perdersi proprio nulla della movida ampezzana, questo hotel in pieno centro offre ambienti in stile classico locale, un piccolo centro benessere ed una stupenda terrazza dove darsi appuntamento per un aperitivo. Avvolti da un suggestivo ambiente liberty, al ristorante vi attendono varie specialità della tradizione gastronomica italiana.

Menardi rist,

via Majon 110 – 04 36 24 00 – www.hotelmenardi.it
– Aperto 7 dicembre-3 aprile e 1° giugno-20 settembre Yp
49 cam – 60/120 € 100/230 € **Rist** – Menu 25/35 € – Carta 26/47 €
Divenuta albergo negli anni '20, questa casa di famiglia sfoggia pezzi di antiquariato locale e religioso negli interni e mette a disposizione vellutate e rilassanti distese nel parco ombreggiato. Si affacciano sulla vegetazione esterna le vetrate della curata sala ristorante di tono rustico.

Columbia senza rist
via Ronco 75 – ☎ 04 36 36 07 – www.hcolumbia.it – Aperto 1° dicembre-30 aprile e 1° giugno-5 ottobre **Yc**
24 cam – 60/100 € 100/200 €, 8 €
Sulla strada per il Falzarego, hotel a conduzione familiare con ampie e gradevoli camere arredate in legno naturale. Deliziosa prima colazione a buffet con torte fatte in casa.

Natale senza rist
corso Italia 229 – ☎ 04 36 86 12 10 – www.hotelnatale.it – Chiuso maggio e novembre **Yw**
13 cam – 50/150 € 90/250 €
A due passi dal centro della rinomata località, una confortevole casa di montagna con ampie camere rivestite in legno ed arredate con mobili realizzati da artigiani locali. Zona relax con sauna, bagno turco, docce multifunzione e idromassaggio.

Franceschi Park Hotel (N)
via Cesare Battisti 86 – ☎ 04 36 86 70 41 – www.franceschiparkhotel.com – Aperto 1° dicembre-31 marzo e 15 giugno-20 settembre **Zx**
45 cam – 50/190 € 100/380 € **Rist** – Menu 30/45 €
Spazi comuni curati e signorili, nonché un parco di 10.000 m2: puro stile alpino per questo bell'albergo centrale dalla sicura gestione familiare.

Cornelio
via Cantore 1 – ☎ 04 36 22 32 – www.hotelcornelio.com – Chiuso 15-30 aprile e 5-30 novembre **Yh**
20 cam – 65/100 € 98/180 € – 3 suites **Rist** – Carta 32/64 €
Nel centro di Cortina, in posizione panoramica e soleggiata, questo accogliente albergo in stile montano dispone di camere graziose e confortevoli. Da oltre mezzo secolo, il ristorante conquista i palati con piatti storici e tradizionali.

Montana senza rist
corso Italia 94 – ☎ 04 36 86 21 26 – www.cortina-hotel.com – Chiuso 25 maggio-25 giugno e 10 novembre-15 dicembre **Zu**
30 cam – 39/85 € 78/170 €
Risorsa semplice, di piccole dimensioni, dalla cordiale e amichevole ospitalità. In pieno centro storico, la struttura offre tutto ciò che serve per una vacanza piacevole e rilassante, a cominciare dalla ricca prima colazione a buffet.

Oasi senza rist
via Cantore 2 – ☎ 04 36 86 20 19 – www.hoteloasi.it – Chiuso 29 settembre-27 ottobre **Yq**
10 cam – 50/85 € 80/150 €
A pochi passi dalla zona pedonale e dalla funivia, questo piccolo e curato hotel racconta dagli anni Venti la storia della famiglia. Camere semplici dal piacevole arredo ligneo.

Il Gazebo (N) – Cristallo Hotel Spa & Golf
via Rinaldo Menardi 42 – ☎ 04 36 88 11 11 – www.cristallo.it – Aperto 1° dicembre-31 marzo e 1° luglio-31 agosto **Za**
Rist – *(solo a cena)* Carta 70/100 €
Una sala circolare tutta vetrate sulle montagne della conca ed una cucina ricercata al servizio dei palati più raffinati che frequentano la perla delle Dolomiti.

Tivoli (Graziano Prest)
località Lacedel 34, 2 km per ③ – ☎ 04 36 86 64 00 – www.ristorantetivoli.it – Aperto 6 dicembre-Pasqua e 23 giugno-14 settembre; chiuso lunedì in bassa stagione
Rist – (consigliata la prenotazione) Carta 71/144 €
➜ Variazione di fegato grasso. Astice con riso venere al limone. Carosello ai cinque cioccolati.
Le dimensioni minute del locale e una richiestissima verandina sulle montagne nascondono una cucina sfavillante e portentosa: a suo agio con la tradizione, così come con piatti più creativi.

XX **Baita Fraina** con cam

località Fraina, 2 km per ② – ✆ 04 36 36 34 – www.baitafraina.it – Aperto 4 dicembre-14 aprile e 24 giugno-23 settembre

3 cam – 3 suites – †88/150 € ††88/150 € **Rist** – Carta 40/60 €

Tre accoglienti salette arredate con oggetti e ricordi tramandati da generazioni in una tipica baita, dove gustare curati piatti del territorio. Il personale in sala veste i costumi tradizionali. Per assaporare più a lungo il silenzio e il profumo dei monti, deliziose camere in calde tonalità di colore.

XX **Il Meloncino al Caminetto**

località Rumerlo 1, 6 km per ③ – ✆ 04 36 44 32 – www.ilmeloncino.it – Chiuso giugno e martedì (in ottobre e novembre aperto solo nei fine settimana)

Rist – Carta 43/71 €

Particolarmente apprezzato dagli sciatori che a mezzogiorno arrivano fin qui a rinfocillarsi, la sera regna la tranquillità; tra polenta e selvaggina primeggiano i sapori della montagna.

XX **Villa Oretta** N con cam

via Ronco 115 – ✆ 04 36 86 67 41 – www.villaoretta.com – Aperto 1° dicembre-15 aprile e 12 luglio-15 settembre Yr

8 cam – †100/120 € ††150/200 € **Rist** – Carta 47/100 €

Cucina tradizionale veneta, ma c'è anche qualche piccola influenza mediterranea, in questo tipico ristorante ampezzano, la cui strepitosa terrazza con vista sui monti regala piacevoli momenti di relax ai suoi ospiti.

X **Baita Piè Tofana**

località Rumerlo, 6,5 km per ③ – ✆ 04 36 42 58 – www.baitapietofana.it – Aperto 1° luglio-15 settembre e 15 novembre-Pasqua; chiuso mercoledì in bassa stagione

Rist – (coperti limitati, prenotare) Carta 39/105 €

Alle pendici del Tofana, questa caratteristica e romantica baita propone accattivanti piatti che spaziano tra terra e mare, in chiave moderna.

al Passo Giau per ③ : 16,5 km :

XX **Da Aurelio** con cam

passo Giau 5 ✉ 32020 Colle Santa Lucia – ✆ 04 37 72 01 18 – www.da-aurelio.it – Aperto 24 dicembre-10 aprile e 1° luglio-15 settembre

2 cam – †80 € ††80/120 €

Rist – *(chiuso mercoledì in inverno)* (consigliata la prenotazione) Carta 45/81 €

Un paradisiaco angolo naturale, la calorosa accoglienza, e soprattutto la curata cucina della tradizione rivisitata in chiave moderna. Terrazza panoramica per il servizio estivo. Due sole le camere, accoglienti e confortevoli per prolungare il vostro soggiorno sulle Dolomiti.

sulla strada statale 51 per ① : 11 km :

X **Ospitale**

via Ospitale 1 ✉ 32043 – ✆ 04 36 45 85 – www.ristoranteospitale.com – Chiuso 3 maggio-15 giugno e lunedì in bassa stagione

Rist – Carta 33/56 €

Il nome è quello della località, ma anche una qualità dell'accoglienza che troverete in questo semplice ristorante rustico e familiare, dove gusterete piatti della tadizione locale e nazionale.

CORTINA VECCHIA – Piacenza (PC) – Vedere Alseno

CORTONA – Arezzo (AR) – 563 M17 – 23 036 ab. – alt. 494 m – ✉ 52044 32 D2

Toscana

Roma 200 – Perugia 51 – Arezzo 29 – Chianciano Terme 55

piazza Signorelli 9, ✆ 0575 63 72 23, www.turismo.provincia.arezzo.it

Museo Diocesano★★ – Palazzo Comunale : sala del Consiglio★ **H** – Museo dell'Accademia Etrusca★ nel palazzo Pretorio★ **M1** – Tomba della Santa★ nel santuario di Santa Margherita – Chiesa di Santa Maria del Calcinaio★★3 km per ②

Pianta pagina seguente

Villa Marsili senza rist

viale Cesare Battisti 13 – ✆ 05 75 60 52 52 – www.villamarsili.net
– Chiuso gennaio e febbraio **b**
26 cam ☕ – 🚹85/95 € 🚹🚹110/220 € – 3 suites
Dal restauro di una struttura del '700 è nato nel 2001 un hotel raffinato, dove affreschi e mobili antichi si sposano con soluzioni impiantistiche moderne e funzionali.

San Michele senza rist

via Guelfa 15 – ✆ 05 75 60 43 48 – www.hotelsanmichele.net
– Aperto 21 marzo-31 ottobre **a**
42 cam ☕ – 🚹79/150 € 🚹🚹99/250 € – 4 suites
Camere di standard elevato e interni signorili in un palazzo cinquecentesco, che vanta anche una sala colazioni dall'imponente soffitto a cassettoni. Un paio di stanze hanno il privilegio di un terrazzino dal quale si può godere di una vista spettacolare sulla valle.

Italia senza rist

via Ghibellina 5/7 – ✆ 05 75 63 02 54 – www.hotelitaliacortona.com
25 cam ☕ – 🚹65/90 € 🚹🚹90/130 € **d**
A pochi metri dalla piazza centrale, palazzo seicentesco restaurato di cui ricordare gli alti soffitti e soprattutto la vista sulla Val di Chiana dalla sala colazioni.

XX **Osteria del Teatro**

via Maffei 2 – ✆ 05 75 63 05 56 – www.osteria-del-teatro.it
– Chiuso 7-30 novembre e mercoledì **e**
Rist – Carta 26/47 €
Diverse sale che spaziano dall'eleganza cinquecentesca con camino, ad ambienti più conviviali in stile trattoria, ma sempre accomunate dalla passione per il teatro.

Non confondete i coperti X e le stelle ✿! I coperti definiscono una categoria di confort e di servizio. Le stelle premiano unicamente la qualità della cucina, indipendentemente dalla categoria dell'esercizio.

Hostaria la Bucaccia

via Ghibellina 17 – ✆ 05 75 60 60 39 – www.labucaccia.it – Chiuso 15-30 gennaio e lunedì (escluso in estate)

Rist – (consigliata la prenotazione) Menu 22 € (pranzo in settimana)/35 € – Carta 25/33 €

Se volete gustare delle ottime sfogliatine alla cortonese con patate condite in crema di formaggio pecorino fatto in casa, questo è l'indirizzo giusto... In un antico palazzo del XIII secolo, edificato su una strada romana il cui lastricato costituisce oggi il pavimento della saletta principale, una cucina squisitamente regionale e casalinga.

a San Martino Nord : 4,5 km – ✉ 52044 Cortona

Il Falconiere Relais

– *✆ 05 75 61 26 79 – www.ilfalconiere.com*

14 cam – 270/360 € 290/380 € – 8 suites

Rist *Il Falconiere* – vedere selezione ristoranti

All'interno di una vasta proprietà, questa villa seicentesca ricca di fascino e di suggestioni, dispone anche di un piccolo centro benessere con vinoterapia. Camere di raffinata e nobile eleganza, per un soggiorno straordinario.

Il Falconiere – Hotel Il Falconiere Relais

– *✆ 05 75 61 26 79 – www.ilfalconiere.com – Chiuso martedì a mezzogiorno e lunedì escluso in aprile-ottobre*

Rist – Menu 65 € (pranzo)/120 € – Carta 100/135 €

➜ Pasta Medici ripiena di ricotta, ortica e pesce azzurro con pesto di alici e origano. Trancio di ricciola con fagioli zolfini, pancetta croccante e leggera affumicatura. Soufflé di cioccolato e cardamomo, salsa al rum.

Gli appassionati di cucina toscana ne ritroveranno qui tutta la forza, tra carni, spezie ed erbe aromatiche: non manca il pesce e neppure l'eleganza delle grandi occasioni!

a San Pietro a Cegliolo Nord-Ovest : 5 km – ✉ 52044 Cortona

Relais Villa Baldelli senza rist

– *✆ 05 75 61 24 06 – www.villabaldelli.it – Aperto 1° maggio-31 ottobre*

15 cam – 110/150 € 130/240 €

Una casa delle bambole a misura d'uomo: una signorile villa settecentesca impreziosita da un lussureggiante giardino e dotata di campo pratica golf. Al suo interno, ambienti sontuosi ricchi di tessuti preziosi e decorazioni.

a Farneta Ovest : 10 km – ✉ 56048 Cortona

Relais Villa Petrischio

via del Petrischio 25 – ✆ 05 75 61 03 16 – www.villapetrischio.it – Aperto 29 marzo-3 novembre

15 cam – 75/120 € 120/180 € – 3 suites

Rist *Relais Villa Petrischio* – vedere selezione ristoranti

Varcato il cancello, un viale fiabesco vi accompagna alla bella dimora, dove trova spazio anche un giardino d'ispirazione giapponese ed un ponticello sospeso sopra le ninfee. L'albergo segue la tipica dislocazione della tradizione toscana articolandosi in edifici indipendenti: borgo, cappella e ristorante.

Relais Villa Petrischio – Hotel Relais Villa Petrischio

via del Petrischio 25 – ✆ 05 75 61 03 16 – www.villapetrischio.it – Aperto 29 marzo-3 novembre

Rist – Carta 31/62 €

Pini e cipressi vi accolgono nel parco dell'albergo Villa Petrischio, dove troverete anche il ristorante. Il nome è una promessa di ciò che vi aspetta, una terrazza panoramica a perdi vista sulla valle, i cui prodotti si ritroveranno nei piatti della cucina. A pranzo, anche menu light.

sulla strada provinciale 35 verso Mercatale

Villa di Piazzano - Residenza d'Epoca

località Piazzano 7, Est: 8 km ✉ 06069 Tuoro sul Trasimeno – ✆ 0 75 82 62 26 – www.villadipiazzano.com – Aperto 19 marzo-4 novembre
rist,

23 cam – 145/185 € 165/210 € **Rist** – *(chiuso martedì)* Carta 37/54 €
Voluta dal Cardinale Passerini come casino di caccia, una splendida villa patrizia del XVI secolo sita tra le colline della Val di Chiana, il Lago Trasimeno e Cortona. Cucina italiana, con una particolare predilezione per i sapori umbri e toscani.

Locanda del Molino con cam

località Montanare 8/9/10, Est: 9 km ✉ 52044 Montanare – ✆ 05 75 61 40 16 – www.locandadelmolino.com
8 cam – 75 € 90/110 € – 1 suite
Rist – *(chiuso martedì in bassa stagione) (solo a cena escluso i giorni festivi)* Carta 27/51 €
Se le belle camere sfoggiano l'elegante semplicità della campagna toscana, il vecchio mulino di famiglia rinasce nella veste di ristorante rustico, ma vezzoso. Il gentil sesso si adopera in cucina, mentre la tradizione campeggia in menu. Qualche idea? Fritto di pollo, coniglio e costoline di agnello con verdure di stagione e pan santo (pane fritto con il vin santo).

CORVARA IN BADIA - Bolzano (BZ) - 562 C17 - Vedere Alta Badia

---

COSENZA P (CS) - 564 J30 - 70 068 ab. - alt. 238 m - ✉ 87100 5 A2

Italia Centro-Sud

Roma 519 – Napoli 313 – Reggio di Calabria 190 – Taranto 205

Tomba d'Isabella d'Aragona★ nel Duomo Z

Holiday Inn Cosenza

via Panebianco 452 – ✆ 0 98 43 11 09 – www.hicosenza.it Ya
79 cam – 65/110 € 78/130 €
Rist *L'Araba Fenice* – Carta 21/46 €
Annesso ad un centro commerciale, hotel di taglio moderno con confort e soluzioni di ultima generazione. Ideale per un soggiorno d'affari. Al 1° piano l'Araba Fenice: cucina ad impronta regionale e stagionale. Una delle migliori in città!

Home Club

cam, rist,
viale Giacomo Mancini 28 – ✆ 0 98 47 68 33 – www.homeclub.it Yc
82 cam – 70/136 € 70/136 € – 14 suites **Rist** – Carta 27/47 €
Non ci sono camere in questo moderno hotel-residence, ma solo appartamenti ben attrezzati con angolo cottura. La prima colazione viene servita direttamente in camera, all'ora desiderata. Risorsa ideale per chi è alla ricerca di spazi generosi con comodo garage (compreso nel prezzo).

Link

via Raffaele Coscarella, (uscita A3 Cosenza Centro) – ✆ 09 84 48 20 27 – www.linkhotel.it
24 cam – 65/115 € 75/130 € – 1 suite
Rist *Windows Restaurant* – vedere selezione ristoranti
Interni impreziositi da quadri e sculture di un artista locale in questa moderna struttura aperta a fine 2008: camere lineari e molto confortevoli. Indirizzo d'elezione per una clientela business.

Windows Restaurant - Hotel Link

via Raffaele Coscarella, (uscita A3 Cosenza Centro) – ✆ 09 84 40 85 48 – www.windowsrestaurant.it Ys
Rist – Menu 25/45 € – Carta 28/51 €
Specialità di terra e di mare, accompagnate da una buona scelta enologica, in un piacevolissimo, moderno, ristorante alle porta della città. In posizione strategica, due schermi Lcd vi permetteranno di seguire la preparazione dei piatti in cucina.

in prossimità uscita A 3 Cosenza Nord - Rende

Il Setaccio-Osteria del Tempo Antico

contrada Santa Rosa 62 ✉ 87036 Rende – ✆ 09 84 83 72 11 – Chiuso domenica

Rist – Menu 15/18 € – Carta 17/39 €

Arredi rustici e ambiente informale, in questo ristorante che propone in veste casalinga la sapida cucina calabrese. Alle pareti le foto autografate dei molti artisti, cantanti e vip che hanno onorato il locale.

COSTA DORATA **Sardegna** – **Olbia-Tempio (OT)** – **366** S38 – **Vedere Porto San Paolo**

COSTALOVARA = WOLFSGRUBEN – Bolzano (BZ) – Vedere Renon

COSTA MERLATA – Brindisi (BR) – 564 E34 – Vedere Ostuni

COSTA SMERALDA Sardegna – Olbia-Tempio (OT) – Vedere Arzachena

COSTERMANO – Verona (VR) – 562 F14 – 3 614 ab. – alt. 237 m 39 A2
– ✉ 37010

Roma 531 – Verona 35 – Brescia 68 – Mantova 69

Cà degli Ulivi via Ghiandare 2, 045 6279030, www.golfcadegliulivi.it

Boffenigo
via Boffenigo 6 – ✆ 04 57 20 01 78 – www.boffenigo.it – Aperto 18 marzo-6 novembre
77 cam – 100/300 € 130/400 € – 3 suites **Rist** – Carta 27/61 €
Apprezzabili la bella vista sul golfo di Garda e sulle colline, così come gli spazi all'aperto, tra cui la piccola corte in cui albergano persino un'oca e un daino. L'amenità non risparmia il grande giardino con piscina. Luminosa sala ristorante con tocchi di eleganza.

Locanda San Verolo
località San Verolo – ✆ 04 57 20 09 30 – www.sanverolo.it – Aperto 1° febbraio-30 settembre
13 cam – 160/195 € 195/240 € **Rist** – Carta 38/58 €
Camere eleganti, classiche ed arredate con bei mobili d'antiquariato, in una piacevole locanda, il cui ristorante (solo serale) propone piatti che spaziano dalla terra al mare.

a Gazzoli Sud-Est : 2,5 km – ✉ 37010 Costermano

Da Nanni con cam
via Gazzoli 34 – ✆ 04 57 20 00 80 – Chiuso 15-28 febbraio, 1 settimana in luglio e 15-30 novembre
3 cam – 120/200 € 120/200 € – 1 suite
Rist – *(chiuso lunedì)* Carta 38/78 €
Preparazioni classiche e venete, pesce di lago e di mare in questo piacevole locale di tono rustico-signorile situato nella piccola frazione non lontana dal Garda; d'estate si mangia all'aperto. Belle le nuove eleganti camere arredate con pezzi d'antiquariato.

a Marciaga Nord : 3 km – ✉ 37010 Costermano

Madrigale
via Ghiandare 1 – ✆ 04 56 27 90 01 – www.madrigale.it – Aperto 15 marzo-5 novembre
60 cam – 77/265 € 154/265 € – 1 suite **Rist** – *(solo per alloggiati)*
Circondato dalle colline e dall'azzurrità del lago, la risorsa garantisce un soggiorno di relax e perfetta tranquillità nei suoi ampi e freschi ambienti. Un'ottima cucina tipica da assaporare in una sala moderna e romantica o in un panoramico dehors estivo.

verso San Zeno di Montagna

via Cà Montagna 2, ✆ 045 6 28 92 96, www.comunesanzenodimontagna.vr.it

La Casa degli Spiriti
via Monte Baldo 28, Nord-Ovest : 5 km – ✆ 04 56 20 07 66 – www.casadeglispiriti.it – Aperto Pasqua-31 ottobre; solo venedì, sabato e domenica negli altri mesi
Rist – Carta 86/133 €
Rist *La Terrazza* – Carta 56/96 €
➜ Gnocchi con guancialino di maiale e cipollotto croccante. Gran plateau di crostacei al fior di sale con misticanza bio e agrumi. Chocolate sensation.
Un luogo magico, il nome lo indica, con superba vista sul lago. All'interno, l'appuntamento è con la grande cucina di pesce, anche di lago, e qualche proposta di carne. A mezzogiorno, la Terrazza si apre ai commensali con piatti legati al territorio.

COSTIERA AMALFITANA – Napoli e Salerno – 564 F25 Italia

COSTIGLIOLE D'ASTI – Asti (AT) – 561 H6 – 6 111 ab. – alt. 242 m 25 C2
– ✉ 14055

Roma 629 – Torino 77 – Acqui Terme 34 – Alessandria 51

Langhe e Monferrato senza rist
via Contessa di Castiglione 1 – ✆ 01 41 96 18 53 – www.hotellanghemonferrato.it – Chiuso 7 gennaio-17 febbraio
58 cam – †80/100 € ††90/145 € – 4 suites
Una moderna struttura tra i boschi e le rinomate colline vinicole, dotata di accoglienti camere, nonché di un moderno spazio congressi. L'attrezzato centro estetico propone diversi trattamenti (vinoterapia, bagni di fieno, cioccoterapia): c'è solo l'imbarazzo della scelta!

COSTIGLIOLE SALUZZO – Cuneo (CN) – 561 I4 – 3 349 ab. 22 B3
– alt. 460 m – ✉ 12024

Roma 668 – Cuneo 23 – Asti 80 – Sestriere 96

Castello Rosso cam,
via Ammiraglio Reynaudi 5 – ✆ 01 75 23 00 30 – www.castellorosso.com
24 cam – †80/140 € ††100/165 € – 1 suite **Rist** – Carta 32/52 €
Antico maniero, naturalmente rosso, eretto nel XVI secolo sulla sommità di un colle, oggi - come allora - avvolto dai vigneti. Charme e attenzioni all'altezza di chi ricerca confort e buon gusto. Eleganti sale accolgono il ristorante che propone una cucina eclettica.

COSTOZZA – Vicenza (VI) – 562 F16 – Vedere Longare

COURMAYEUR – Aosta (AO) – 561 E2 – 2 877 ab. – alt. 1 224 m 37 A2
– Sport invernali : 1 224/2 624 m 9 11, (Comprensorio in Val Ferret); anche sci estivo – ✉ 11013 Italia Centro-Nord

Roma 784 – Aosta 35 – Chamonix 24 – Colle del Gran San Bernardo 70

piazzale Monte Bianco 15, ✆ 0165 84 20 60, www.lovevda.it

9 località Le Pont-Val Ferret, 0165 89103, www.golfcourmayeur.it – giugno-ottobre BX

Località★★

Valle d'Aosta★★ : ★★★ per ②

Pianta pagina seguente

Grand Hotel Royal e Golf
via Roma 87 – ✆ 01 65 83 16 11 – www.hotelroyalegolf.com – Aperto 1° dicembre-31 marzo e 1° giugno-30 settembre AZa
70 cam – †200/750 € ††220/785 € – 5 suites
Rist *Petit Royal* – vedere selezione ristoranti
Rist – Menu 42 €
Regnanti, intellettuali e jet set internazionale sono stati ospiti degli accoglienti spazi di questo splendido albergo nel centro della località, che vanta più di duecento anni di storia: un intramontabile punto di riferimento per trascorrere una vacanza all'insegna della tranquillità e del benessere grazie anche all'esclusiva e modernissima Spa.

Cresta et Duc cam, rist,
via Circonvallazione 7 – ✆ 01 65 84 25 85 – www.crestaetduc.it – Chiuso maggio e ottobre-novembre AZe
44 cam – †90/290 € ††100/320 €
Rist – Menu 28 € (pranzo) – Carta 36/52 €
Al limitare del centro e a 150 metri dagli impianti di risalita, l'hotel è stato completamente ristrutturato in anni recenti, mantenendo immutate affabilità e cortesia. Cucina locale al ristorante.

Villa Novecento
viale Monte Bianco 64 – ✆ 01 65 84 30 00 – www.villanovecento.it BYa
26 cam – †95/260 € ††115/360 € – 4 suites
Rist *Villa Novecento* – vedere selezione ristoranti
Villa liberty completamente ristrutturata che presenta una hall raffinata attraverso cui accedere a camere accoglienti, dotate di ogni confort, con arredi ricercati.

Abate Henry (Pza)	AZ	2	Margherita (Strada)	AZ	15
Bagni (V. dei)	BY	3	Mario Puchoz (V.)	AZ	17
Brocherel (Pza)	AZ	5	Monte Bianco (Pzale)	AZ	19
Circonvallazione (V.)	AZ	6	Monte Bianco (Vle)	AZ	21
Courmayeur-Dolonne (Strada)	AZ	7	Petigax (Pza G.)	AZ	22
Croux (V.)	AZ	8	Regionale (Strada)	BY	23
Degli Anziani (V.)	AZ	9	Regionale (V.)	AZ	25
Dolonne (Vicolo)	AZ	10	Roma (V.)	AZ	26
Donzelli (V. Beniamino)	AZ	12	Val Vény (Strada della)	BX	28
Grand Ru (Strada)	BY	13	Villair (Strada)	BY	29
Marconi (V.)	AZ	14	Vittoria (V. della)	BY	30

Maison Saint Jean cam,
vicolo Dolonne 18 – 𝒞 01 65 84 28 80 – www.msj.it
– Chiuso 9-30 giugno e 3-28 novembre AZc
20 cam – 55/110 € 90/180 € – 1 suite
Rist *Aria* – *(solo a cena escluso i giorni festivi)* Menu 25 € (pranzo) – Carta 33/64 €
Vicino all'elegante via Roma e a 300 m dagli impianti di risalita, albergo interamente rinnovato nel caldo stile valdostano: legno e raffinata rusticità. Ristorante con cucina fantasiosa, una simpatica alternativa ai piatti classici valdostani, ed ottima carta dei vini: il titolare è sommelier!

Centrale cam,
via Mario Puchoz 7 – 𝒞 01 65 84 66 44 – www.hotelscentrale.it
– Aperto 1° dicembre-30 aprile e 1° luglio-30 settembre AZt
31 cam – 60/111 € 102/149 €, 8 €
Rist – *(aperto 1° luglio-30 settembre) (solo per alloggiati)* Menu 20 €
In pieno centro, ma dotata di comodo parcheggio, una risorsa ad andamento familiare, con accoglienti spazi comuni; chiedete le camere rimodernate, con bagni nuovi. Tradizionale cucina d'albergo.

Dei Camosci rist,
località La Saxe – 𝒞 01 65 84 23 38 – www.hoteldeicamosci.com
– Aperto 5 dicembre-24 aprile e 16 giugno-29 settembre BYm
24 cam – 50/70 € 80/100 € **Rist** – Carta 26/50 €
Per un soggiorno tranquillo, ma non lontano dal centro del paese, un albergo a conduzione familiare, rinnovato in anni recenti; buon confort nelle camere. Caratteristica atmosfera montana al ristorante, cucina della tradizione.

Petit Royal – Grand Hotel Royal e Golf
via Roma 87 – 𝒞 01 65 83 16 11 – www.hotelroyalegolf.com – Aperto 1° dicembre-31 marzo, 1°giugno-30 settembre, lunedì e martedì AZa
Rist – Carta 67/89 €
Attraversando la bellissima hall del Grand Hotel, ci si accorge subito che Petit Royal è un piccolo e regale angolo gastronomico, dove la cucina - pur ispirandosi al territorio con prodotti a km 0 - riesce ad essere creativa ed innovativa. Un vero paradiso per i gourmet e per gli amanti del nettare di Bacco, che troveranno un'importante carta e l'aiuto di un bravo sommelier.

Villa Novecento – Hotel Villa Novecento
viale Monte Bianco 64 – 𝒞 01 65 84 30 00 – www.villanovecento.it
– Chiuso maggio e novembre BYa
Rist – Carta 35/67 €
Nei pressi del centro paese, il ristorante rispecchia l'atmosfera del piccolo hotel-bomboniera. Anche la cucina merita di essere provata: soprattutto, per chi non chiede solo specialità regionali. Ampia scelta enologica.

ad Entrèves Nord : 4 km – alt. 1 306 m – ✉ 11013

Auberge de la Maison
via Passerin d'Entreves 16 – 𝒞 01 65 86 98 11
– www.aubergemaison.it – Chiuso maggio BXa
33 cam – 125/190 € 140/240 € – 1 suite
Rist *Rosa Alpina* – vedere selezione ristoranti
Fedele al suo nome, un'atmosfera da raffinata "casa" di montagna con tanto di boiserie, camino, camere personalizzate e bel centro relax.

Pilier d'Angle
via Grandes Jorasses 18 – 𝒞 01 65 86 97 60 – www.pilierdangle.it – Chiuso maggio e ottobre BXv
24 cam – 70/140 € 100/220 € – 3 suites
Rist *Taverna del Pilier* – Carta 39/65 €
Due chalet separati, con parcheggio in comune, compongono questa risorsa, che ha camere di diversa tipologia, ma tutte accoglienti e con lo stesso livello di confort. Il calore del camino della sala da pranzo è il miglior accompagnamento alla saporita cucina.

Rosa Alpina – Hotel Auberge de la Maison
via Passerin d'Entreves 16 – 01 65 86 98 11 – www.aubergemaison.it – Chiuso maggio BXa
Rist – Carta 36/66 €
All'interno di una struttura fra le più esclusive di Courmayeur, la suggestiva vista del Monte Bianco dall'elegante sala esalta una cucina fatta di tradizione e prodotti locali. In estate, non perdete l'occasione di una sosta gastronomica sulla tranquilla terrazza-dehors.

a La Palud Nord : 4,5 km

Dente del Gigante senza rist
strada la Palud 42 – 0 16 58 91 45 – www.dentedelgigante.com – Chiuso 15 maggio-5 luglio, ottobre e novembre BXc
13 cam – 55/75 € 90/140 €
Ai piedi del Monte Bianco, vicino alle funivie e alla Val Ferret, legno e pietra conferiscono alla struttura quell'inconfondibile atmosfera montana. Lo stesso "calore" lo si ritrova nelle belle camere: diverse tipologie, ma tutte curate nei minimi dettagli.

in Val Ferret

Miravalle
località Planpincieux, Nord : 7 km – 01 65 86 97 77 – www.courmayeur-hotelmiravalle.it – Aperto 1° dicembre-30 aprile e 21 giugno-30 settembre BXf
11 cam – 60/150 € 60/150 €
Rist – *(chiuso martedì in bassa stagione)* Carta 27/75 €
Nella cornice di una valle unica al mondo, al cospetto di sua maestà il Monte Bianco, un semplice albergo familiare, con accoglienti camere in legno massiccio. La sala da pranzo ha un simpatico ambiente, in tipico stile di montagna.

a Dolonne

Stella del Nord senza rist
strada della Vittoria 2 – 01 65 84 80 39 – www.stelladelnord.com – Aperto 1° dicembre-30 aprile e 1° luglio-30 settembre BYc
12 cam – 50/110 € 70/160 €
Conduzione giovane, ma esperta per un albergo di recente apertura, situato nella parte alta della frazione; arredi in legno e moquette nelle nuovissime camere.

Maison lo Campagnar
rue de Granges 14 – 01 65 84 68 40 – www.maisonlocampagnar.com BYd
11 cam – 70/150 € 100/200 €
Rist *Lo Campagnar* – vedere selezione ristoranti
Ubicato nel verde e sulle piste da sci, un elegante chalet in legno dagli spazi interni raccolti e ricchi di charme. Molto belle le camere personalizzate: piccole bomboniere di confort.

Lo Campagnar – Hotel Maison lo Campagnar
rue de Granges 14 – 01 65 84 68 40 – www.maisonlocampagnar.com – Chiuso maggio e novembre BYd
Rist – Carta 30/62 €
Il connubio ideale fra tradizione e creatività. All'interno di una "calda" e raccolta saletta in stile montano, si assaporano prodotti freschi e locali, magari stappando una fra le numerose etichette custodite nella fornitissima cantina.

CRANDOLA VALSASSINA – Lecco (LC) – 561 D10 – 267 ab. – alt. 780 m – ✉ 23832 16 B2

Roma 647 – Como 59 – Lecco 30 – Milano 87

Da Gigi con cam
piazza IV Novembre 4 – 03 41 84 01 24 – www.dagigicrandola.it – Chiuso 15-30 giugno
8 cam – 45/50 € 60/70 €
Rist – *(chiuso mercoledì escluso luglio-agosto)* Menu 39/45 € – Carta 30/52 €
Per gustare le specialità della Valsassina: un simpatico locale in posizione panoramica con due sale di tono rustico e una cucina attenta ai prodotti del territorio.

CRAVANZANA – Cuneo (CN) – **561** I6 – **399 ab.** – **alt. 585 m** – ✉ **12050** **25** C2

Roma 610 – Genova 122 – Alessandria 74 – Cuneo 48

Da Maurizio con cam

via Luigi Einaudi 5 – ✆ 01 73 85 50 19 – www.ristorantedamaurizio.net – Chiuso 7 gennaio-8 febbraio e 24 giugno-5 luglio

11 cam – 50/55 € 70/75 € – 3 suites

Rist – *(chiuso giovedì a pranzo e mercoledì)* Menu 35 € – Carta 28/44 €

Camere accoglienti, con gradevole vista sulle colline circostanti.e cucina langarola, arricchita da una buona selezione di formaggi. Qualche suggestione dal menu: tajarin al ragù di carne e salciccia, faraona alle erbe e bacche di ginepro o bocconcini di cinghiale brado al barolo.

CREAZZO – Vicenza (VI) – **562** F16 – **11 231 ab.** – **alt. 99 m** – ✉ **36051** **38** A2

Roma 530 – Padova 40 – Verona 51 – Vicenza 7

AC Hotel Vicenza N

cam,

via Carducci 1 – ✆ 04 44 52 36 11 – www.ac-hotels.com

125 cam – 70/230 € 70/230 € – 2 suites

Rist – *(solo a cena in luglio-agosto)* Carta 35/52 €

A pochi chilometri da Vicenza e dal casello autostradale, la fiera è raggiungibile a piedi. All'interno, moderno minimalismo privo di colori, ma con tante comodità e funzionalità.

CREMA – Cremona (CR) – **561** F11 – **34 144 ab.** – **alt. 79 m** – ✉ **26013** **19** C2

Italia Centro-Nord

Roma 546 – Piacenza 40 – Bergamo 40 – Brescia 51

piazza Duomo 22, ✆ 0373 8 10 20, www.prolococrema.it

18 via Ombrianello 21, 0373 231357, www.golfcremaresort.com

Cattedrale★

Il Ponte di Rialto senza rist

via Cadorna 5/7 – ✆ 0 37 38 23 42 – www.pontedirialto.it

33 cam – 87/95 € 87/95 €

In un palazzo d'epoca, l'albergo dispone di camere arredate alternativamente in stile classico o con pezzi d'antiquariato ed ospita, inoltre, un'attrezzata sala conferenze.

CREMENO – Lecco (LC) – **561** E10 – **1 428 ab.** – **alt. 792 m** **16** B2

– **Sport invernali : a Piani di Artavaggio : 650/1 910 m 1 6,** – ✉ **23814**

Roma 635 – Bergamo 49 – Como 43 – Lecco 14

Al Clubino

via Ingegner Combi 15 – ✆ 03 41 99 61 45 – www.alclubino.it – Chiuso 10 giorni in giugno, 10 giorni in settembre e martedì (escluso luglio-agosto)

Rist – Menu 30/45 € – Carta 25/55 €

Locale a gestione familiare e di discreta eleganza avvolto da ampie vetrate affacciate sul giardino. Dalla cucina, piatti casalinghi e golosi, indimenticabili dolci.

CREMNAGO – Como (CO) – **561** E9 – **alt. 335 m** – ✉ **22044** **18** B1

Roma 605 – Como 17 – Bergamo 44 – Lecco 23

Antica Locanda la Vignetta dal 1910

via Garibaldi 15 – ✆ 0 31 69 82 12 – www.ristorantelavignetta.it – Chiuso 2-26 agosto e martedì

Rist – Carta 34/52 €

Familiari sia la gestione ultraventennale che l'accoglienza in un frequentato, simpatico locale con solida cucina del territorio; servizio estivo sotto un pergolato.

CREMOLINO – Alessandria (AL) – **561** I7 – **1 099 ab.** – **alt. 405 m** **23** C3

– ✉ **15010**

Roma 559 – Genova 61 – Alessandria 50 – Milano 124

XX **Bel Soggiorno** con cam — rist, P, VISA, AE

via Umberto I 69 – ✆ 01 43 87 90 12 – www.ristorantebelsoggiorno.it
– Chiuso 15 giorni in gennaio e 15 giorni in luglio
3 cam – †50/60 € ††75/80 €
Rist – *(chiuso mercoledì) (solo a cena escluso venerdì-sabato-domenica)*
Carta 30/60 €
Da oltre 30 anni fedeltà alle tradizioni culinarie piemontesi, i cui piatti tipici, stagionali, vengono proposti in una piacevole sala con vetrata affacciata sui colli.

CREMONA P (CR) – 561 G12 – 72 147 ab. – alt. 45 m – ✉ 26100 — 17 C3

Italia Centro-Nord

- Roma 517 – Parma 65 – Piacenza 34 – Bergamo 98
- piazza del Comune 5, ✆ 0372 40 63 91, www.turismocremona.it
- Il Torrazzo via Castelleonese 101, località San Predengo, 0372 471563, www.golfiltorrazzo.it – chiuso gennaio e lunedì
- Piazza del Comune★★ BZ : campanile del Torrazzo★★★, Duomo★★, Battistero★ BZ **L** – Palazzo Fodri★ BZ **D** – Chiesa di S. Agostino AZ **B**: ritratti★ di Francesco Sforza e della moglie, pala★ del Perugino - Museo Stradivariano ABY

Delle Arti senza rist
via Bonomelli 8 – 0 37 22 31 31 – www.cremonahotels.it
– Chiuso 23-31 dicembre e agosto BZa
30 cam – †79/189 € ††99/189 € – 3 suites
Sin dall'esterno si presenta come un design hotel caratterizzato da forme geometriche e colori sobri, prevalentemente scuri. La sala colazioni è adibita anche a galleria d'arte visitabile: un vera eccezione di modernità nel centro storico.

Continental senza rist
piazza Libertà 26 – 03 72 43 41 41 – www.cremonahotels.it BYe
60 cam – †59/149 € ††99/169 € – 2 suites
Rinasce una vecchia gloria dell'hôtellerie cittadina, ora con una nuova veste eco-friendly. Costruito secondo i più innovativi criteri del risparmio energetico e a basso impatto ambientale, l'hotel propone confort moderni per un clientela business, ma non solo.

Impero senza rist
piazza Pace 21 – 03 72 41 30 13 – www.cremonahotels.it BZd
53 cam – †59/159 € ††99/159 €
Nel cuore del centro storico, in un austero edificio anni '30, albergo rinnovato con camere più tranquille sul retro o con vista su piazza o Torrazzo dagli ultimi piani.

Cremona Viale senza rist
viale Po 131 – 0 37 23 22 20 – www.hotelcremonaviale.com AZb
32 cam – †55/60 € ††75/80 € – 2 suites
In zona Po, lungo una strada di grande scorrimento, trafficata ma comoda, presenta camere rinnovate con un design moderno: le migliori si trovano al primo piano.

La Sosta
via Sicardo 9 – 03 72 45 66 56 – www.osterialasosta.it – Chiuso 1 settimana in febbraio, 2 settimane in agosto, domenica sera e lunedì BZb
Rist – Carta 32/66 €
Osteria nel nome ma un moderno e colorato locale nell'ambiente. A pochi passi dal Duomo, i classici della cucina cremonese ed altre specialità nazionali.

Kandoo Nippon
piazza Cadorna 15 – 0 37 22 17 75 – www.sushikandoo.it – Chiuso lunedì
Rist – Carta 22/57 € AZb
Colori scuri e look moderno per una pausa relax tutta nipponica a base di ottime specialità del Sol Levante: sia crude, sia cotte.

Kandoo Asian Cuisine
piazza Cadorna 11 – 0 37 21 87 09 97 – Chiuso 13-27 agosto e lunedì
Rist – Menu 12 € – Carta 23/58 € AZb
Se le luci soffuse rendono l'ambiente raccolto, le pietre a vista insieme alle colonne d'epoca conferiscono raffinatezza al locale. Il nome del ristorante dà già un'indicazione del genere di cucina, ma il menu propone anche specialità non prettamente asiatiche.

Gli esercizi segnalati con il simbolo ⌂ non offrono gli stessi servizi di un hotel. Queste forme alternative di ospitalità si distinguono spesso per l'accoglienza e l'ambiente: specchio della personalità del proprietario. Quelli contraddistinti in rosso ⌂ sono i più ameni.

CRETAZ – Aosta (AO) – **561** F4 – Vedere Cogne

CROCERA – Alessandria (AL) – **561** H4 – Vedere Barge

CRODO – Verbano-Cusio-Ossola (VB) – 561 D6 – 1 482 ab. – alt. 505 m – Stazione termale – ✉ 28862 23 C1

Roma 712 – Stresa 46 – Domodossola 14 – Milano 136

Marconi

via Pellanda 21 – ✆ 03 24 61 87 97 – www.ristorantemarconi.com – Chiuso lunedì e martedì dal 15 settembre al 15 giugno, solo martedì dal 16 giugno al 14 settembre

Rist – Menu 22/44 € – Carta 35/67 €

Cucina contemporanea e tanta cura nelle presentazioni in questo ristorante all'interno di una villetta indipendente con piccolo dehors sul retro.

a Viceno Nord-Ovest : 4,5 km – alt. 896 m – ✉ 28862 Crodo

Edelweiss

– ✆ 03 24 61 87 91 – www.albergoedelweiss.com – Chiuso 10-31 gennaio e 4-28 novembre

30 cam – †84/104 € ††84/104 €

Rist *Edelweiss* – vedere selezione ristoranti

Imbiancato dalla neve d'inverno, baciato dai raggi di un tiepido sole d'estate, un rifugio di montagna dalla calorosa gestione familiare, moderno e curato, con una piccola sala giochi.

Edelweiss – Hotel Edelweiss

– ✆ 03 24 61 87 91 – www.albergoedelweiss.com – Chiuso 10-31 gennaio, 4-28 novembre e mercoledì escluso 15 giugno-15 settembre

Rist – Menu 15/32 € – Carta 21/48 €

Un vero caposaldo della gastronomia locale: piatti della tradizione montana, in primis gli gnocchi all'ossolana, in un ambiente rilassato ed informale. Buona scelta di vini locali e non.

CROSA – Vercelli (VC) – 561 E6 – Vedere Varallo Sesia

CROTONE P (KR) – 564 J33 – 61 798 ab. – ✉ 88900 Italia Centro-Sud 5 B2

Roma 593 – Cosenza 112 – Catanzaro 73 – Napoli 387

di Isola di Capo Rizzuto Contrada Sant'Anna ✆ 0962 794388

via Mario Nicoletta 28, ✆ 0962 95 24 04, www.crotoneturismo.it

Palazzo Foti senza rist

via Colombo 79 – ✆ 09 62 90 06 08 – www.palazzofoti.it

39 cam – †90/120 € ††145/185 €

Sul lungomare del centro città, nuovo albergo design dalle linee moderne e dalle camere luminose, dotate di ogni confort.

Helios

viale Magna Grecia, traversa via Makalla 2, Sud: 2 km – ✆ 09 62 90 12 91 – www.helioshotels.it

42 cam – †73/100 € ††98/150 €

Rist – *(chiuso domenica sera)* Carta 21/45 €

A pochi passi dalla spiaggia, questo sobrio, ma gradevole albergo dispone di piacevoli terrazze con piscina e bella vista. Camere funzionali.

Da Ercole

viale Gramsci 122 – ✆ 09 62 90 14 25 – www.daercole.com – Chiuso 15 giorni in novembre e domenica escluso luglio e agosto

Rist – Carta 36/76 €

Il sapore e il profumo del mar Ionio esaltati nei piatti cucinati da Ercole nel suo accogliente locale classico sul lungomare della località. Una sala è decorata con mosaici.

CUASSO AL MONTE – Varese (VA) – 561 E8 – 3 592 ab. – alt. 530 m – ✉ 21050 16 A2

Roma 648 – Como 43 – Lugano 31 – Milano 72

Al Vecchio Faggio
via Garibaldi 8, località Borgnana, Est: 1 km – ✆ 03 32 93 80 40 – www.vecchiofaggio.com – Chiuso 7-22 gennaio, 15-30 giugno e mercoledì
Rist – Menu 35 € – Carta 28/55 €
All'ombra del secolare faggio che domina il giardino, la vista si rilassa ammirando la fitta vegetazione dell'argine del lago di Lugano: cucina del territorio e specialità quali il tortino di polipo e patate, ottimamente serviti anche nella piacevole terrazza esterna.

a Cavagnano Sud-Ovest : 2 km – ✉ 21050 Cuasso Al Monte

Alpino rist,
via Cuasso al Piano 1 – ✆ 03 32 93 90 83 – www.hotelalpinovarese.com
19 cam – 50/60 € 75/85 €
Rist – Menu 18 € (pranzo in settimana) – Carta 23/50 €
Una risorsa accogliente nella sua semplicità, per un soggiorno tranquillo e familiare in una verde località prealpina; camere con arredi essenziali. Ambiente semplice di tono rustico, con soffitto a cassettoni e grande camino in sala da pranzo.

a Cuasso al Piano Sud-Ovest : 4 km – ✉ 21050

Molino del Torchio con cam
via Molino del Torchio 17 – ✆ 03 32 92 03 18 – www.molinodeltorchio.com – Chiuso 16-23 agosto
2 cam – 50/60 € 70/80 € – 2 suites
Rist – *(chiuso lunedì e martedì)* Carta 25/46 €
All'interno di un suggestivo vecchio mulino, antiche ricette lombarde animano menu giornalieri attenti alla stagionalità dei prodotti. Camere personalizzate e ben tenute.

CUMA – Napoli (NA) – 564 E24 – Vedere Pozzuoli

CUNEO P (CN) – 561 I4 – 55 714 ab. – alt. 534 m – ✉ 12100 22 B3

Italia Centro-Nord

Roma 643 – Alessandria 126 – Briançon 198 – Genova 144

via Roma 28, ✆ 0171 69 32 58, www.provincia.cuneo.it

via Vittorio Amedeo II 8A, ✆ 0171 69 02 17

I Pioppi via della Magnina, 0171 412825 – marzo-novembre; chiuso martedì

via degli Angeli 3, frazione Mellana, 071 387041, www.golfclubcuneo.it – marzo-novembre; chiuso mercoledì

Torre dei Ronchi via Pollino 42, frazione Ronchi, 320 0370224, www.torredeironchi.it – chiuso lunedì

Contrada Mondovì★

Pianta pagina seguente

Palazzo Lovera Hotel
via Roma 37 – ✆ 01 71 69 04 20 – www.palazzolovera.com Yd
47 cam – 90/120 € 110/160 € – 7 suites
Rist *Lovera* – vedere selezione ristoranti
Nel cuore della città, un palazzo nobiliare del XVI secolo che ebbe illustri ospiti, è oggi un albergo di prestigio con spaziose, eleganti, camere in stile, nonché un'eccellente gestione diretta.

Principe senza rist
piazza Galimberti 5 – ✆ 01 71 69 33 55 – www.hotel-principe.it Zc
49 cam – 85/135 € 105/200 € – 1 suite
Dalla piazza principale un ingresso "importante" con scalinata di marmo introduce in un hotel di lunga storia, rinnovatosi nel tempo: camere moderne, ben accessoriate. A disposizione anche pochi posti auto.

CUNEO

Via	Zona	N.
Alba (V.)	Y	2
Audiffredi (Largo)	Y	3
Bellavista (V.)	Y	4
Boves (Pza)	Y	6
De Amicis (Largo Edmondo)	Y	8
Dronero (V.)	Y	10
Foro Boario (Pza)	Y	12
Galimberti (Pza)	Z	13
Garibaldi (Cso)	Z	14
Giovanni XXIII (Lungo Gesso)	YZ	15
Martiri d. Libertà (Pza)	Z	16
Mondovì (Via)	Y	7
Nizza (Cso)	Z	
Roma (V.)	Y	21
Santa Maria (V.)	Y	23
Savigliano (V.)	Y	24
Virginio (Pza)	Y	26

Royal Superga senza rist

via Pascal 3 – ✆ 01 71 69 32 23 – www.hotelroyalsuperga.com **Ya**

39 cam ☕ – 🛉62/99 € 🛉🛉82/149 €

In una dimora storica ottocentesca, la dinamica gestione al timone dell'hotel è sicuramente uno dei suoi punti di forza, ma anche le continue migliorie in termini di confort e tecnologie lo rendono ideale sia per un clientela business sia per un turismo leisure.

Cuneo Hotel senza rist

via Vittorio Amedeo II, 2 – ✆ 01 71 68 19 60 – www.cuneohotel.com

21 cam ☕ – 🛉50/70 € 🛉🛉70/100 € – 1 suite **Zx**

Confort ed essenzialità negli arredi, moderni e in stile minimalista, per questa piccola risorsa situata in comoda posizione centrale. Disponibilità di alcuni posti auto (solo per la notte).

Dormire con tutti i confort a prezzo contenuto? Cercate i Bib Hotel.

Ligure senza rist

via Savigliano 11 – ☎ 01 71 63 45 45 – www.ligurehotel.it Yc

22 cam – †55/60 € ††75/80 €

Nella parte storica di Cuneo, questa semplice risorsa (recentemente rinnovata) dispone di spazi comuni funzionali e camere accoglienti. A rendere l'indirizzo particolarmente interessante contribuiscono anche il comodo parcheggio e la non esosa politica dei prezzi.

Delle Antiche Contrade

via Savigliano 11 – ☎ 01 71 48 04 88 – www.antichecontrade.it – Chiuso 1 settimana in marzo od aprile, 22 agosto-9 settembre, domenica sera, lunedì, anche domenica a mezzogiorno in estate Yc

Rist – (consigliata la prenotazione) Carta 38/82 €

Rist *Sensa 'Na Palanca* – ☎ 33 55 32 11 86 *(chiuso venerdì sera, sabato, domenica e lunedì)* Carta 28/33 €

➜ Ravioli al rosa di barbabietola ripieni di formaggio blu della Bisalta. Lingua di fassona cotta a bassa temperatura con gelatina di birra e puré di patate di montagna. Torta di pane imbevuta in camomilla e grappa di moscato con fragoline di bosco.

E' un giovane chef ad occuparsi dei fornelli di questo elegante locale nel centro storico: il suo talento si esprime nella capacità di realizzare piatti innovativi e raffinati, talvolta di matrice occitana, a cui si associano un servizio caloroso ed un'ottima cantina. Sapori liguri e prezzi più contenuti al Sensa 'Na Palanca.

Lovera – Palazzo Lovera Hotel

via Roma 37 – ☎ 01 71 69 04 20 – www.palazzolovera.com – Chiuso 15 giorni in gennaio, 15 giorni in agosto, lunedì a mezzogiorno e venerdì Yd

Rist – Carta 28/50 €

Nel centro storico della città, Lovera è un locale a cui non manca nulla: suggestivo dehors con vista sulla chiesa barocca di Santa Chiara, ottima cucina piemontese ed una carta dei vini che conta circa 400 etichette (tra cui, una bella selezione di mezze bottiglie).

Osteria della Chiocciola

via Fossano 1 – ☎ 0 17 16 62 77 – Chiuso 31 dicembre-15 gennaio e domenica

Rist – Menu 14 € (pranzo in settimana) – Carta 25/49 € Ys

Al pianterreno c'è l'enoteca, al primo piano la sala ristorante: entrambe semplici, ma piacevoli. La cucina di cui l'osteria va fiera è quella della tradizione locale, che utilizza i prodotti del territorio e segue l'alternarsi delle stagioni. In menu, i tajarin burro e salvia sono una presenza costante.

L'Osteria di Christian

via Dronero 1e – ☎ 34 71 55 63 83 – Chiuso 1 settimana in gennaio, 10 giorni in agosto-settembre e lunedì, anche domenica in maggio-settembre Yb

Rist – *(solo a cena)* (prenotazione obbligatoria) Carta 31/55 €

L'Osteria di Christian: ma veramente solo sua! Questo istrionico ed energico chef-patron si cura di tutto dalla a alla z, dalla cucina alla sala, dove a voce vi propone i migliori piatti della tradizione piemontese, elaborati partendo da ottime materie prime.

Osteria due Grappoli

via Santa Croce 38 – ☎ 01 71 69 81 78 – Chiuso 1 settimana in gennaio, 2 settimane in agosto, domenica, le sere di lunedì, martedì e mercoledì

Rist – Carta 24/37 € Ye

Cambio d'indirizzo e d'insegna, ma non di gestione e di stile di cucina, che rimane infatti saldamente ancorata a specialità di terra con qualche "intrusione" dal mare. Tra i must: vitello tonnato, roastbeef al sale grosso, tagliata di fassone piemontese e, per addolcire la bocca, il proverbiale bunet.

Torrismondi

via Coppino 33 – ☎ 01 71 63 08 61 – www.torrismondi.it – Chiuso domenica e le sere di lunedì, martedì e mercoledì Zr

Rist – Carta 30/43 €

Un locale semplice, dove godere della convivialità è di un'affezionata clientela di habitué buongustai: amanti della cucina locale, rigorosamente fatta in casa. Una lavagnetta elenca i vini al bicchiere.

CUPRA MARITTIMA – Ascoli Piceno (AP) – 563 M23 – 5 389 ab. – ✉ 63012 Italia
21 D2-3

Roma 240 – Ascoli Piceno 47 – Ancona 80 – Macerata 60

Montefiore dell'Aso : polittico★★ del Crivelli nella chiesa Nord-Ovest : 12 km

Europa

via Gramsci 8 – ✆ 07 35 77 80 33 – www.hoteleuropaweb.it – Chiuso 6-26 novembre

30 cam – ♦35/45 € ♦♦60/75 € **Rist** – *(chiuso lunedì)* Menu 16/22 €

Una semplice pensione a gestione familiare, ideale per una vacanza in famiglia, dispone di camere di gusto sobriamente moderno, alcune recentemente ristrutturate.

CUREGGIO – Novara (NO) – 561 E7 – 2 603 ab. – alt. 289 m – ✉ 28060
24 A3

Roma 657 – Stresa 42 – Milano 80 – Novara 33

Agriturismo La Capuccina

via Novara 19/b, località Capuccina – ✆ 03 22 83 99 30 – www.lacapuccina.it

9 cam – ♦60 € ♦♦90 €

Rist – *(chiuso 24 dicembre-14 gennaio, lunedì, martedì e mercoledì) (solo a cena)* (consigliata la prenotazione) Menu 32 €

Cascina restaurata, in aperta campagna, presenta un'ambientazione rustico-moderna con camere di buon confort. Intorno le attività dell'azienda, coltivazioni e bestiame. Grazioso ristorante con quadri moderni e vecchi utensili di campagna.

CURNO – Bergamo (BG) – 561 E10 – 7 752 ab. – alt. 244 m – ✉ 24035
19 C1

Roma 607 – Bergamo 6 – Lecco 28 – Milano 49

Trattoria del Tone

via Roma 4 – ✆ 0 35 61 31 66 – Chiuso 3 settimane in agosto, martedì e mercoledì

Rist – Carta 32/60 €

Siamo ormai alla terza generazione per questo piacevole ristorante, la cui cucina può permettersi di diversificarsi con estrema sicurezza: classica, legata al territorio come negli immortali casoncelli o nel coniglio al rosmarino, oppure ispirata al mare.

CURTATONE – Mantova (MN) – 561 G14 – 100 ab. – alt. 26 m – ✉ 46010
17 C3

Roma 475 – Verona 55 – Bologna 112 – Mantova 8

a Grazie Ovest : 2 km – ✉ 46010

Locanda delle Grazie

via San Pio X 2 – ✆ 03 76 34 80 38 – Chiuso 1 settimana in gennaio, 20-30 giugno, 16-30 agosto, martedì e mercoledì

Rist – (consigliata la prenotazione) Menu 25/30 € – Carta 22/48 €

Agnolini in brodo e specialità regionali, con alcuni piatti di mare, in un grazioso locale di campagna. Gestione familiare, clientela abituale.

CUSAGO – Milano (MI) – 561 F9 – 3 547 ab. – alt. 126 m – ✉ 20090
18 A2

Roma 582 – Milano 12 – Novara 45 – Pavia 40

Da Orlando

piazza Soncino 19 – ✆ 02 90 39 03 18 – www.daorlando.com – Chiuso 25 dicembre-1° gennaio, 12-31 agosto, sabato a pranzo e domenica

Rist – Menu 44 € – Carta 35/63 €

Su una scenografica piazza con castello, ambienti classici con tavoli distanziati e accogliente gestione familiare. La cucina si divide equamente tra carne e pesce.

CUSTOZA – Verona (VR) – 562 F14 – Vedere Sommacampagna

CUTIGLIANO – Pistoia (PT) – 563 J14 – 1 580 ab. – alt. 678 m – Sport invernali : 1 600/1 800 m 2 3, – ✉ 51024 Toscana

31 B1

Roma 348 – Firenze 70 – Pisa 72 – Lucca 52

via Brennero 42/A, ✆ 0573 6 80 29, www.turismo.pistoia.it

Villa Basilewsky cam,

via Cantamaggio 20 ✉ 51024 Cutigliano – ✆ 0 57 36 86 71 – www.hotelbasilewsky.com

24 cam – 35/100 € 45/160 € – 1 suite **Rist** – Menu 20/25 €

Abbracciata da un tranquillo parco, questa villa nobiliare di fine '800 dispone di ambienti eleganti e signorili. Alcune camere sono addirittura affrescate!

Trattoria da Fagiolino con cam

via Carega 1 – ✆ 0 57 36 80 14 – www.trattoriadafagiolino.it – Chiuso novembre

4 cam – 50/55 € 82/90 €

Rist – *(chiuso martedì e mercoledì escluso agosto)* Carta 20/50 €

Cucina completamente a vista in un ristorante dalla calorosa accoglienza familiare; funghi e selvaggina, tra i piatti della tradizione locale, ma la specialità rimane il filetto di maiale in crosta al profumo di tartufo.

CUTROFIANO – Lecce (LE) – 564 G36 – 9 292 ab. – alt. 85 m – ✉ 73020 Puglia

27 D3

Roma 617 – Bari 187 – Brindisi 75 – Lecce 33

Sangiorgio Resort

provinciale Noha-Collepasso – ✆ 08 36 54 28 48 – www.sangiorgioresort.it

18 cam – 155/183 € 230/356 €

Rist *Il Chiostro* – vedere selezione ristoranti

Nato come residenza estiva per le suore del convento di Santa Maria di Leuca, di cui conserva ancora una cappella consacrata, il resort si estende in orizzontale ed è circondato da una grande proprietà: due piscine distanti l'una dall'altra assicurano agli ospiti una certa privacy. Stile elegante ed opulento.

Il Chiostro – Hotel Sangiorgio Resort

provinciale Noha-Collepasso – ✆ 08 36 54 28 48 – www.sangiorgioresort.it

Rist – Carta 42/81 €

Sotto tipiche volte in tufo si sviluppa questo localino classico-elegante con specialità di ispirazione regionale, rivisitate in chiave contemporanea. Considerate le modeste dimensioni del ristorante, è preferibile prenotare.

DARFO BOARIO TERME – Brescia (BS) – 561 E12 – 15 751 ab. – alt. 218 m – Stazione termale – ✉ 25047

17 C2

Roma 613 – Brescia 54 – Bergamo 54 – Bolzano 170

piazza Einaudi 2, ✆ 030 3 74 87 51, www.provincia.brescia.it/turismo

a Boario Terme – ✉ 25041

Rizzi Aquacharme rist,

via Carducci 5/11 – ✆ 03 64 53 16 17 – www.rizziaquacharme.it

85 cam – 69/198 € 80/260 € **Rist** – Carta 35/58 €

Una struttura in grado di accontentare qualsiasi tipo di clientela, dal manager in cerca di spazi dove organizzare riunioni ed eventi, alla coppia che vuole trascorrere un week-end romantico tra natura e remise en forme. Nell'ariosa sala da pranzo l'eleganza incontra il gusto: piatti tradizionali e menu benessere.

Brescia rist,

via Zanardelli 6 – ✆ 03 64 53 14 09 – www.hotelbrescia.it

50 cam – 54/56 € 75/82 € – 1 suite

Rist – *(chiuso 15-30 gennaio)* Carta 18/25 €

Imponente struttura con curati spazi comuni dai toni signorili, accoglienti e funzionali, con decorativi pavimenti a scacchiera; camere sobrie con arredi in stile moderno. Ambiente distinto nelle due sale del ristorante ben illuminate da grandi finestre.

Diana rist,

via Manifattura 12 – 39 03 64 53 14 03 – www.albergodiana.it – Aperto 1° aprile-31 ottobre

43 cam – 30/45 € 50/75 € **Rist** – Menu 19/28 €

Albergo del centro a pochi passi dalle terme, con un gradevole e raccolto cortiletto interno; al piano terra luci soffuse, grandi quadri alle pareti e comodi divani. Capiente sala ristorante con un bianco soffitto costellato di piccole luci.

Armonia cam, rist,

via Manifattura 11 – 03 64 53 18 16 – www.albergoarmonia.it

26 cam – 36/47 € 62/67 € **Rist** – Menu 16/19 €

In posizione centrale, alberghetto con piccola piscina su una terrazza; ambienti funzionali e camere non grandi, ma accoglienti. Piatti classici e della tradizione presso la sobria e luminosa sala da pranzo.

La Svolta

viale Repubblica 15 – 03 64 53 25 80 – www.ristorantepizzerialasvolta.it – Chiuso 1°-20 febbraio

Rist – *(solo a cena)* Carta 25/47 €

In una villetta con ampio terrazzo per il servizio estivo e una sala di taglio semplice, ma curata, tante proposte per soddisfare ogni palato: pesce, piatti locali e pizza. Per i piccoli ospiti, un attrezzato parco giochi per distrarsi tra una portata e l'altra.

a Montecchio Sud-Est : 2 km – 25047 Darfo Boario Terme

La Storia

via Fontanelli 1, Est : 2 km – 03 64 53 87 87 – www.ristorantelastoria.it – Chiuso mercoledì

Rist – Menu 13 € (pranzo in settimana)/40 € – Carta 28/56 €

Villetta periferica con un piccolo parco giochi per bambini e due ambienti gradevoli in cui provare una cucina con tocchi di originalità, a base di piatti di mare.

DEIVA MARINA – La Spezia (SP) – 561 J10 – 1 475 ab. – 19013 — 15 D2

Liguria

Roma 450 – Genova 74 – Passo del Bracco 14 – Milano 202

corso Italia 85, 0187 81 58 58, www.turismoprovincia.laspezia.it

Clelia

corso Italia 23 – 0 18 78 26 26 – www.clelia.it – Aperto 23 marzo-3 novembre

29 cam – 82/190 € 82/190 € – 1 suite **Rist** – Carta 31/80 €

Ottima gestione familiare, ospitale e professionale, in un albergo a 100 mt. dal mare, con bella piscina circondata da un giardino e solarium. Camere molto confortevoli e funzionali. Apprezzato ristorante dove assaporare specialità liguri, molte delle quali a base di pesce.

Riviera

località Fornaci 12 – 01 87 81 58 05 – www.hotelrivieradeivamarina.it – Aperto 1° aprile- 30 settembre

28 cam – 48/70 € 70/130 € **Rist** – *(solo per alloggiati)*

A pochi passi dalle spiagge, un hotel a conduzione diretta, di recente ristrutturazione; zona comune semplice e camere essenziali, ma accoglienti e personalizzate. Nella fresca sala ristorante caratterizzata da una stupenda vista sul mare, cucina regionale rivisitata e menù degustazione di pesce.

Eden

corso Italia 39 – 01 87 81 58 24 – www.edenhotel.com – Aperto 1°aprile-31 ottobre

16 cam – 70/80 € 75/95 € **Rist** – Carta 27/52 €

In centro paese, ma al tempo stesso non lontano dal mare, piccolo albergo a gestione familiare, con camere spaziose e confortevoli.

Lido con cam

località Fornaci, 15 – 01 87 81 59 97 – www.hotelristorantelido.com – Aperto 1° marzo-31 ottobre

14 cam – 80/120 € 130/160 € **Rist** – *(solo a cena)* Carta 32/84 €

Cucina di mare con un pizzico di fantasia, in un piccolo albergo-ristorante a due passi dal mare. L'ospitale conduzione diretta rende la sosta piacevole; il dehors estivo si propone come alternativa alla sala interna.

DELEBIO – Sondrio (SO) – 561 D10 – 3 215 ab. – alt. 218 m – ✉ 23014 16 B1

Roma 674 – Sondrio 34 – Brescia 136 – Milano 106

XX Osteria del Benedet

via Roma 2 – ✆ 03 42 69 60 96 – www.osteriadelbenedet.com – Chiuso 1°-7 gennaio, 10-23 agosto, domenica e lunedì dal 15 giugno al 25 agosto, domenica sera e lunedì negli altri mesi

Rist – Menu 20 € (pranzo in settimana)/39 € – Carta 33/65 €

Osteria di antica tradizione, si sviluppa oggi in verticale: wine-bar al piano terra e sale al piano superiore. Cucina di ispirazione contemporanea e tradizionale.

DERUTA – Perugia (PG) – 563 N19 – 9 622 ab. – alt. 218 m – ✉ 06053 35 B2

Italia Centro-Nord

Roma 153 – Perugia 20 – Assisi 33 – Orvieto 54

XX L'Antico Forziere con cam

via della Rocca 2, località Casalina, Sud : 4 km – ✆ 07 59 72 43 14 – www.anticoforziere.it – Chiuso 10-30 gennaio e lunedì

9 cam – †65/75 € ††90/100 € – 2 suites **Rist** – Carta 35/59 €

Ristorante all'interno di un antico casale con giardino e piscina: ambiente elegante ed accogliente; cucina ricca di spunti creativi.

DESENZANO DEL GARDA – Brescia (BS) – 561 F13 – 27 229 ab. – alt. 67 m – ✉ 25015 17 D1

Italia Centro-Nord

Roma 528 – Brescia 31 – Mantova 67 – Milano 118

via Porto Vecchio 34, ✆ 030 3 74 87 26, www.provincia.brescia.it/turismo

Gardagolf via Angelo Omodeo 2, 0365 674707, www.gardagolf.it – chiuso lunedì dal 2 novembre al 15 marzo

Arzaga via Arzaga 1, 030 6806266, www.palazzoarzaga.com – chiuso dal 20 dicembre al 14 gennaio e martedì in gennaio-febbraio

Ultima Cena★ del Tiepolo nella chiesa parrocchiale – Villa Romana: mosaici★

Acquaviva

viale Francesco Agello 84, località Rivoltella, Est: 4 km – ✆ 03 09 90 15 83 – www.hotelacquaviva.it

81 cam – †140/183 € ††186/244 € – 3 suites **Rist** – Carta 33/63 €

Fronte lago, l'acqua è il tema dell'albergo dagli ambienti moderni, minimalisti e rilassanti. Curati spazi verdi all'esterno, oggetti d'arte e tonificante centro benessere.

Park Hotel

lungolago Cesare Battisti 17 – ✆ 03 09 14 34 94 – www.parkhotelonline.it

40 cam – †95/150 € ††130/250 € – 11 suites

Rist *Due Colombe* – vedere selezione ristoranti

Albergo storico fronte lago: l'ingresso si apre su un'elegante hall dal gusto retrò, quasi un caffé letterario. Camere dagli arredi classici e, all'utlimo piano, la piscina panoramica dotata di idromassaggio e cascata a lame d'acqua.

Nazionale senza rist

via Marconi 23 – ✆ 03 09 15 85 55 – www.hotelnazionaledesenzano.it

41 cam – †90/180 € ††120/200 € – 2 suites

Vicino al centro, storico albergo di Desenzano risorto dopo un completo restauro propone ambienti moderni, rilassanti e dai colori sobri.

Desenzano senza rist

viale Cavour 40/42 – ✆ 03 09 14 14 14 – www.hoteldesenzano.it

40 cam – †80/100 € ††100/140 €

In una zona tranquilla, a soli 5 minuti a piedi dal centro storico, la struttura dispone di camere eleganti, piscina, sale congressi multifunzionali e accesso gratuito Wi-Fi.

Esplanade (Massimo Fezzardi)
via Lario 10 – ℰ 03 09 14 33 61 – www.ristorante-esplanade.com – Chiuso mercoledì
Rist – Carta 68/117 €
➜ Lasagnetta ai frutti di mare profumata al traminer aromatico. Filetto di manzo fassone in crosta di sale e pepe con olio al timo. Sfera di cioccolato con cremino al mascarpone, caffè e crema pralinata.
In posizione panoramica sul lago, gestione trentennale che propone piatti di mare in preparazioni che ne esaltano la freschezza e l'ottima qualità. Per una cena all'insegna del romanticismo, prenotate un tavolo sul pontile.

Due Colombe – Park Hotel
lungolago Cesare Battisti 17 – ℰ 03 09 14 34 94 – www.parkhotelonline.it
Rist – Carta 34/54 €
Elegante e romantico, affacciato sul lago di Garda, è il ristorante dove sognare una cena tête-à-tête con la persona amata. La cucina parte da una matrice nazionale per raggiungere esiti intriganti, da gustare portando in tavola una delle ottime etichette della fornita cantina.

Antica Hostaria Cavallino
via Gherla 30 ang. via Murachette – ℰ 03 09 12 02 17 – www.ristorantecavallino.it – Chiuso 5-23 novembre, 25-26 dicembre, domenica sera e lunedì
Rist – Carta 59/114 €
Centrale ed elegante, lo si può definire una roccaforte per gli amanti del pesce, con qualche declinazione sarda: dalla bottarga alla catalana, regione d'origine dei titolari.

DEUTSCHNOFEN = Nova Ponente

DEVINCINA – Trieste (TS) – Vedere Sgonigo

DIACCETO – Firenze (FI) – 563 K16 – Vedere Pelago

DIANO MARINA – Imperia (IM) – 561 K6 – 6 285 ab. – ✉ 18013 14 A3

Liguria

Roma 608 – Imperia 6 – Genova 109 – Milano 232

piazza Dante, ℰ 0183 49 69 56, www.visitrivieradeifiori.it

Il grazioso borgo di Diano Castello★: 3 km a Nord-Ovest.

Grand Hotel Diana Majestic cam, rist,
via degli Oleandri 15 – ℰ 01 83 40 27 27 – www.dianamajestic.com – Chiuso 21 ottobre-24 dicembre
82 cam – †59/330 € ††69/350 € – 4 suites
Rist – *(solo a cena)* Carta 35/85 €
Frontemare, cinto da un profumato giardino-uliveto che accoglie ben due piscine, l'albergo offre spaziosi ambienti dotati di ogni confort e moderne, eleganti, camere. I più conosciuti piatti italiani dalla cucina.

Bellevue et Mediterranée rist,
via Generale Ardoino 2 – ℰ 01 83 40 93 – www.bellevueetmediterranee.it – Aperto 1° aprile-10 ottobre
72 cam – †80/150 € ††110/200 € – 2 suites **Rist** – Carta 33/52 €
Imponente, signorile e spiccatamente familiare, l'hotel dispone di due piscine - una riscaldata, l'altra coperta per la talassoterapia – e di un ristorante con vista panoramica sul golfo di Diano Marina.

Torino rist,
via Milano 72 – ℰ 01 83 49 51 06 – www.hoteltorinodiano.it – Chiuso 1° novembre-15 gennaio
72 cam – †70/135 € ††80/210 € – 8 suites **Rist** – Carta 18/63 €
Servizio accurato in un hotel signorile e centrale, dotato di camere di buon confort e sala per l'ascolto della musica; la struttura offre anche un ristorante a bordo piscina, una nuovissima palestra e la jacuzzi con acqua riscaldata su terrazza elioterapica.

Gabriella rist,

via dei Gerani 9 – 01 83 40 31 31 – www.hotelgabriella.com
– Chiuso 25 ottobre-15 gennaio
50 cam – †65/125 € ††80/220 € **Rist** – Menu 28/45 €
Sul mare verso San Bartolomeo, un'imponente struttura circondata da un verde giardino: semplice nelle zone comuni, offre camere spaziose e di recente rinnovo.

Caravelle rist,

via Sausette 34 – 01 83 40 53 11 – www.hotelcaravelle.it
– Aperto Pasqua-14 ottobre
53 cam – †128/208 € ††128/208 € **Rist** – Menu 35 €
Diverse piscine con acqua di mare, alcune riscaldate altre con idromassaggi: gran parte delle attenzioni della gestione è stata destinata al centro di cure estetiche e talassoterapiche. Il ristorante, moderno e da poco rinnovato, dispone di grandi vetrate che permettono allo sguardo di spaziare.

Eden Park rist,

via Generale Ardoino 70 – 01 83 40 37 67 – www.edenparkdiano.it
33 cam – †68/120 € ††110/230 € **Rist** – Menu 28/50 €
E' sufficiente una breve passeggiata attraverso i gradevoli ambienti comuni per arrivare al bel giardino con piscina, proprio in riva al mare. Quanto alle camere, fresche e luminose, sono tutte arredate con vivaci colori. La sala ristorante offre una gradevole vista sul giardino, piatti locali ed internazionali.

Jasmin rist,

viale Torino 15 – 01 83 49 53 00 – www.hoteljasmin.com
– Chiuso 10 ottobre-22 dicembre
32 cam – †35/90 € ††50/120 €, 10 € – 3 suites
Rist – *(solo per alloggiati)* Menu 22/25 €
Molte le vetrate musive policrome, alcune anche nelle stanze: accogliente, vivace e dinamico, grazie all'uso sapiente dei colori, l'hotel si trova direttamente sulla spiaggia (privata).

Arc en Ciel cam, rist,

viale Torino 39 – 01 83 49 52 83 – www.hotelarcenciel.it
– Aperto Pasqua-15 ottobre
50 cam – †62/110 € ††92/180 € **Rist** – Carta 23/47 €
Circondato da ville di prestigio, l'albergo ha una piccola spiaggia privata fatta di sassi e scogli e alcune camere sono provviste di un balcone coperto, lambito dal mare.

Sasso senza rist

via Biancheri 17 – 01 83 49 43 19 – www.hotelsassoresidence.com
– Aperto 1° gennaio-30 settembre
32 cam – †37/48 € ††60/95 €, 5 € – 10 suites
Collocato nel cuore della cittadina eppure non lontano dal mare, tutte le camere dell'hotel sono dotate di balcone. Dispone anche di alcune unità provviste di angolo cottura.

DIGONERA – Belluno (BL) – Vedere Rocca Pietore

DIMARO – Trento (TN) – 562 D14 – 1 263 ab. – alt. 766 m 33 B2

– Sport invernali : 1 400/2 200 m (Comprensorio sciistico Folgarida-Marilleva) 5 19 – 38025

Roma 633 – Trento 62 – Bolzano 61 – Madonna di Campiglio 19

piazza Giovanni Serra 10, 0463 97 45 29, www.comune.dimaro.tn.it

Sporthotel Rosatti

via Campiglio 14 – 04 63 97 48 85 – www.sporthotel.it
60 cam – †55/140 € ††80/170 € – 2 suites **Rist** – Carta 24/47 €
Lungo la strada che porta al passo, una bella struttura che sdoppia le camere in due edifici distinti collegati da un tunnel sotterraneo. Quelle del corpo principale un po' datate, ma comunque accoglienti. Le stanze della dépendance, più recenti e moderne. Piacevole taverna in legno per serate in compagnia.

DIOLO – Parma (PR) – Vedere Soragna

DOBBIACO (TOBLACH) – Bolzano (BZ) – **562** B18 – 3 292 ab. **34** D1
– alt. 1 256 m – Sport invernali : 1 242/1 500 m 3 (Comprensorio Dolomiti superski Alta Pusteria) – ✉ 39034 Italia Centro-Nord
Roma 705 – Cortina d'Ampezzo 33 – Belluno 104 – Bolzano 105
via Dolomiti 3, ☎ 0474 97 21 32, www.dobbiaco.info

Santer cam,
via Alemagna 4 – ☎ 04 74 97 21 42 – www.hotel-santer.com – Chiuso maggio e novembre
60 cam – ♦70/200 € ♦♦130/250 € – 10 suites
Rist ***Santer*** – vedere selezione ristoranti
Rist – *(solo per alloggiati)* Menu 30/80 €
Tra i monti e con un invitante giardino, l'atmosfera si fa vellutata negli spazi comuni e nella moderna zona benessere; difficile invece stabilire quali delle 10 suite sia la più bella.

Park Hotel Bellevue cam,
via Dolomiti 23 – ☎ 04 74 97 21 01 – www.parkhotel-bellevue.com
– Aperto 1° dicembre-31 marzo e 15 maggio-15 ottobre
38 cam – ♦85/125 € ♦♦150/260 € – 5 suites **Rist** – Carta 29/74 €
Albergo di tradizione nel centro della località, immerso in un parco ombreggiato; all'interno ambienti accoglienti, camere recentemente rinnovate e centro fitness con piscina. Ampie finestre nella sala da pranzo: arredi in stile lineare, con un tocco di eleganza.

Cristallo
via San Giovanni 37 – ☎ 04 74 97 21 38 – www.hotelcristallo.com
– Aperto 18 dicembre-20 marzo e 28 maggio-9 ottobre
36 cam – ♦70/120 € ♦♦120/180 € – 2 suites
Rist – *(solo per alloggiati)* Carta 27/56 €
In bella posizione panoramica con vista sulle Dolomiti, graziosa struttura bianca immersa nel verde: interni confortevoli, piacevoli camere e una deliziosa area benessere. Sala ristorante ariosa e molto luminosa.

Villa Monica N
via F.lli Baur 8 – ☎ 04 74 97 22 16 – www.hotel-monica.com
– Aperto 5 dicembre-24 marzo e 15 maggio-25 ottobre
30 cam – ♦65/75 € ♦♦90/110 € **Rist** – Carta 32/48 €
Grazioso albergo a conduzione familiare con camere spaziose ed arredi in stile sudtirolese. Serate di festa in tavernetta; cene a base di un'accurata cucina regionale e mediterranea.

Santer – Hotel Santer
via Alemagna 4 – ☎ 04 74 97 21 42 – www.hotel-santer.com
– Chiuso maggio e novembre
Rist – Carta 34/99 €
Porta lo stesso nome dell'hotel, il ristorante à la carte che ne riprende anche lo stile da grande casa di montagna. Al timone del locale il figlio dei titolari, che propone piatti altoatesini, ma anche proposte di mare e creative.

Tilia
via Dolomiti 31b – ☎ 33 58 12 77 83 – www.tilia.bz
– Chiuso domenica sera e lunedì
Rist – (coperti limitati, prenotare) Menu 43/75 € – Carta 48/78 €
Formula moderna ed intrigante: numero limitato di coperti, pochi piatti di cucina contemporanea e vini proposti solo a voce. Eppure, la mano felice dello chef-patron, Chris, nonché i suoi illuminanti consigli renderanno la sosta un felice momento gourmet.

sulla strada statale 49 Sud-Ovest: 1,5 km

Gratschwirt con cam
via Grazze 1 ✉ 39034 – ☎ 04 74 97 22 93 – www.gratschwirt.com
– Aperto 1° dicembre-31 marzo e 1° giugno-30 settembre
29 cam – ♦50/85 € ♦♦100/170 € – 4 suites
Rist – *(chiuso martedì)* Menu 25 € (pranzo in settimana) – Carta 29/47 €
All'ombra dell'imponente gruppo delle Tre Cime, in una casa dalle origini cinquecentesche ai margini della località, un ristorante dagli interni curati dove gustare piatti tipici regionali. Camere di differenti tipologie.

a Santa Maria (Aufkirchen) **Ovest : 2 km – ✉ 39034 Dobbiaco**

Oberhammer

Santa Maria 5 – ✆ 04 74 97 21 95 – www.oberhammer.it
– Chiuso novembre-5 dicembre
21 cam ☕ – †40/90 € ††70/160 € – 1 suite
Rist – *(chiuso lunedì escluso febbraio e dal 15 luglio al 15 settembre)*
Carta 19/43 €
Albergo in bella posizione panoramica, dotato di terrazze esposte al sole; spazi interni in stile locale e camere arredate con un moderno utilizzo del legno. Cucina tipica, servita anche all'aperto durante la bella stagione.

a Monte Rota (Radsberg) **Nord-Ovest : 5 km – alt. 1 650 m**

Alpenhotel Ratsberg-Monte Rota

via Monte Rota 12 ✉ 39034 cam,
– ✆ 04 74 97 22 13 – www.alpenhotel-ratsberg.com
– Aperto 21 dicembre-10 marzo e 17 maggio-13 ottobre
29 cam ☕ – †78/166 € ††78/166 € **Rist** – Carta 15/42 €
Ideale per le famiglie e per gli amanti dell'assoluta tranquillità, questo hotel a conduzione diretta che domina Dobbiaco e le valli; ambienti interni in stile montano. Per i pasti, sala da pranzo e servizio estivo all'aperto.

DOGANA NUOVA – Modena (MO) – 562 J13 – Vedere Fiumalbo

DOGLIANI – Cuneo (CN) – 561 I5 – 4 868 ab. – alt. 295 m – ✉ 12063 25 C3

Italia Centro-Nord

Roma 613 – Cuneo 42 – Asti 54 – Milano 178

Il Verso del Ghiottone

via Demagistris 5 – ✆ 01 73 74 20 74 – www.ilversodelghiottone.it
– Chiuso gennaio, 3 settimane in luglio, lunedì e martedì
Rist – *(solo a cena)* Carta 29/66 €
Nel cuore del centro storico, in un palazzo settecentesco, tavoli neri quadrati con coperto all'americana e bei quadri alle pareti: ne risulta un ambiente giovanile, ma elegante. La cucina simpatizza con le ricette del territorio, che rivisita e alleggerisce.

DOLCEACQUA – Imperia (IM) – 561 K4 – 2 060 ab. – alt. 51 m 14 A3
– ✉ 18035 Liguria

Roma 662 – Imperia 57 – Genova 163 – Milano 286

via Barberis Colomba 3, ✆ 0184 20 66 66

Località★

Agriturismo Terre Bianche senza rist

località Arcagna, Ovest : 9 km – ✆ 0 18 43 14 26
– www.terrebianche.com – Chiuso novembre
8 cam ☕ – †70/80 € ††90/110 €
L'impagabile vista sul mare e sull'entroterra offerte dalla risorsa, ricompenseranno la pazienza necessaria per raggiungere la vostra meta. Avvolti dal silenzio e dai profumi delle colline, fra i vigneti e gli oliveti della stessa azienda agricola.

DOLEGNA DEL COLLIO – Gorizia (GO) – 562 D22 – 387 ab. 11 C2
– alt. 90 m – ✉ 34070

Roma 656 – Udine 25 – Gorizia 25 – Milano 396

Agriturismo Venica e Venica-Casa Vino e Vacanze senza rist

località Cerò 8, Nord : 1 km
✉ 34070 – ✆ 0 48 16 01 77 – www.venica.it – Aperto 1° aprile-31 ottobre
6 cam – †70/77 € ††100/110 €, ☕ 14 €
Immerso nel verde e nella tranquillità della propria azienda vinicola, questo agriturismo dall'attenta conduzione familiare offre camere ampie ed accoglienti.

a Ruttars Sud : 6 km – ✉ 34070 Dolegna Del Collio

Castello di Trussio dell'Aquila d'Oro (Anna Tuti)
località Trussio 13 – ☎ 0 48 16 12 55 – Chiuso 1°-8 gennaio, 8-20 agosto, domenica e lunedì
Rist – Menu 50/75 € – Carta 53/90 €
➜ Orzotto mantecato con germano reale. Suprema d'anatra al miele tartufato. Piccola bavarese al fondente, zabaione e foglia d'oro.
Elegante ristorante con piacevole servizio estivo in giardino. Ambiente in sintonia con la struttura, dove l'eleganza e la cucina si esprimono in armonioso parallelismo.

DOLO – Venezia (VE) – **562** F18 – **15 188 ab.** – ✉ **30031** **40** C3

Roma 510 – Padova 18 – Chioggia 38 – Milano 249

Villa Nazionale★ di Strà : Apoteosi della famiglia Pisani★★ del Tiepolo SO : 6 kmpolo Sud-Ovest : 6 km – Riviera del Brenta★★ Est per la strada S 11

Villa Ducale
riviera Martiri della Libertà 75, Est : 2 km – ☎ 04 15 60 80 20 – www.villaducale.it
10 cam – ♦55/100 € ♦♦65/130 €
Rist *Le Colonne* – vedere selezione ristoranti
A pochi chilometri dal centro del paese, una bella villa settecentesca cinta da un grazioso giardino propone camere personalizzate ed in stile, nonché ambienti comuni impreziositi da affreschi.

Villa Gasparini senza rist
riviera Martiri della Libertà 37, Est : 1,8 km – ☎ 04 15 60 81 56 – www.villagasparini.it
15 cam – ♦60/135 € ♦♦65/145 €
Lungo la Riviera di Brenta, una romantica villa del '700 con soffitti originali e mobili in stile veneziano: un soggiorno aristocratico a prezzi contenuti.

Le Colonne – Hotel Villa Ducale
riviera Martiri della Libertà 75, Est : 2 km – ☎ 04 15 60 80 20 – www.villaducale.it – Chiuso martedì
Rist – Carta 30/65 €
Non c'è una linea di cucina vera e propria, ma questo è solo un vantaggio, perché la sua poliedricità permette di accontentare un po' tutti: ricette della tradizione veneta (soprattutto a base di pesce) e piatti creativi.

Villa Goetzen con cam
via Matteotti 2/C – ☎ 04 15 10 23 00 – www.villagoetzen.it
12 cam – ♦70/100 € ♦♦100/130 €
Rist – *(chiuso agosto, domenica sera e giovedì)* Menu 40/100 € – Carta 28/90 €
Tanto charme nelle piccole sale e un pizzico di romanticismo sul molo prospicente il Brenta. E poi i piatti della tradizione - soprattutto a base di pesce - riproposti in chiave moderna. Torte e dolci fatti in casa deliziano, invece, le prime ore del mattino di coloro che vogliono prolungare il soggiorno in villa.

Villa Nani Mocenigo
riviera Martiri della Libertà 113, Est : 2,5 km – ☎ 04 15 60 81 39 – www.villananimocenigo.com – Chiuso 10 giorni in agosto e lunedì
Rist – (consigliata la prenotazione) Menu 55/65 € – Carta 38/80 €
Abbracciata da un parco secolare, splendida villa settecentesca suddivisa in varie eleganti salette dalle pareti affrescate; più informali gli ambienti ricavati nelle ex scuderie. Servizio alla russa con *guéridon* ed ottime specialità ittiche.

DOLOMITI – Belluno, Bolzano e Trento

DOLONNE – Aosta (AO) – Vedere Courmayeur

DOMODOSSOLA – Verbano-Cusio-Ossola (VB) – **561** D6 – **18 475 ab.** – alt. 272 m – ✉ 28845 **23** C1

Roma 698 – Stresa 32 – Locarno 78 – Lugano 79

piazza Matteotti 24, ☎ 0324 24 82 65, www.prodomodossola.it

Corona
via Marconi 8 – ✆ 03 24 24 21 14 – www.coronahotel.net
56 cam ☕ – 🚹72/80 € 🚹🚹90/120 € **Rist** – Carta 26/43 €
Sito nel centro della località, una risorsa di lunga tradizione e dalla solida conduzione familiare ospita ambienti arredati con signorilità e camere recentemente rinnovate. Nella spaziosa ed elegante sala da pranzo, proposte gastronomiche dai tipici sapori piemontesi.

Eurossola
piazza Matteotti 36 – ✆ 03 24 48 13 26 – www.eurossola.com
– Chiuso 7-31 gennaio
29 cam ☕ – 🚹70/75 € 🚹🚹90/95 €
Rist *Terrazza Grill-Da Sergio* – *(chiuso domenica sera e lunedì)* Menu 15/28 € – Carta 28/55 €
In posizione centrale e a conduzione familiare, la moderna risorsa dispone di confortevoli camere vivacemente colorate, nonché ampi spazi comuni arredati con sobria eleganza. Nella luminosa sala da pranzo al piano terreno, adatta per allestire banchetti e riunioni, una cucina contemporanea. Servizio estivo all'aperto.

La Stella con cam
borgata Baceno di Vagna 29, strada per Domobianca 1,5 Km – ✆ 03 24 24 84 70 – www.ristorantelastella.com
– Chiuso 10 giorni in gennaio e 10 giorni in novembre
3 cam ☕ – 🚹50/60 € 🚹🚹80 €
Rist – *(chiuso mercoledì)* (consigliata la prenotazione) Carta 38/58 €
Un originale caminetto di design moderno (girevole a 360°), legno e travi a vista conferiscono "calore" e tipicità a questo rustico sapientemente ristrutturato. La cucina subisce il fascino del mare, proponendo ottime specialità di pesce. Tre camere piacevoli e moderne in sintonia con la semplicità del luogo.

Sciolla con cam
piazza Convenzione 5 – ✆ 03 24 24 26 33 – www.ristorantesciolla.it
6 cam ☕ – 🚹45/55 € 🚹🚹65/75 € – 1 suite
Rist – *(Chiuso 10-20 gennaio, 23 agosto-11 settembre, domenica sera e mercoledì)* Menu 20 € (pranzo in settimana)/40 € – Carta 26/43 €
In un vecchio edificio di origine seicentesca, un ristorante centrale considerato un punto di riferimento nel campo della ristorazione cittadina; cucina del territorio.

La Meridiana dal 1968
via Rosmini 11 – ✆ 03 24 24 08 58 – www.ristorantelameridiana.it
– Chiuso 20 giugno-10 luglio, domenica sera e lunedì
Rist – Menu 12 € (pranzo) – Carta 21/42 €
Pesce e selvaggina in questa trattoria elaborati in due stili: da un lato la tradizione italiana, dall'altra quella spagnola. Ambiente familiare e cordiale nel cuore della località.

DONORATICO – Livorno (LI) – 563 M13 – Vedere Castagneto Carducci

---

DORGALI Sardegna – Nuoro (NU) – 366 S42 – 8 544 ab. – alt. 390 m 28 B2
– ✉ 08022 Sardegna

Cagliari 213 – Nuoro 32 – Olbia 114 – Porto Torres 170

Grotta di Ispinigoli★★ Nord : 8 km – Strada★★ per Cala Gonone Est : 10 km – Nuraghi di Serra Orios★ Nord-Ovest : 10 km – Strada★★★ per Arbatax Sud

Colibrì
via Gramsci ang. via Floris – ✆ 0 78 49 60 54 – Aperto 1° marzo- 31 ottobre; chiuso domenica escluso luglio-agosto
Rist – Carta 27/41 €
Una cucina casalinga fedele ai sapori e alle tradizioni della gastronomia dorgolese, accompagnata dalla cordiale ospitalità dei gestori; tra le specialità più invitanti del menu spicca lo stinco di capra arrosto.

a Cala Gonone Est : 9 km – ✉ 08020

Nuraghe Arvu rist,

viale Bue Marino – ✆ 07 84 92 00 75 – www.hotelnuraghearvu.com – Aperto 1° aprile-31 ottobre

50 cam – 75/125 € 100/200 € – 3 suites **Rist** – Carta 24/53 €

Belle camere costruite ad anfiteatro intorno alla piscina in questo nuovissimo albergo dagli interni in stile locale, curati e luminosi. Tra il verde dei millenari ulivi, il relax non è mai stato così a portata di mano! (Una navetta conduce alla spiaggia, a circa 500 m).

Costa Dorada

lungomare Palmasera 45 – ✆ 0 78 49 33 32 – www.hotelcostadorada.it – Aperto 1° aprile-31 ottobre

27 cam – 74/120 € 108/190 € – 1 suite **Rist** – Carta 26/71 €

Ubicato direttamente sul lungomare, l'hotel ospita camere raccolte arredate in stile sardo-spagnolo, un solarium ed ampie terrazze ombreggiate con vista sul golfo. Piatti di carne, ma soprattutto di pesce, nonché proposte regionali sul terrazzino affacciato sul blu.

Miramare

piazza Giardini 12 – ✆ 0 78 49 31 40 – www.htlmiramare.it – Aperto 26 marzo-30 ottobre

35 cam – 38/103 € 60/155 €

Rist – *(aperto 1° maggio-30 settembre)* Carta 23/63 €

A pochi metri dalla spiaggia, il primo hotel sorto in zona negli anni '50: ampi spazi comuni, una bella terrazza panoramica, camere semplici e piacevoli. Nel giardino-ristorante ombreggiato dalle palme vengono serviti piatti della tradizione gastronomica regionale e, soprattutto, specialità di mare.

Il Pescatore

via Acqua Dolce 7 – ✆ 0 78 49 31 74 – Aperto Pasqua-31 ottobre

Rist – Menu 26 € – Carta 30/50 €

Ricordando un antico borgo marinaro, il locale annovera un dehors e una semplice sala interna più informale, dove gustare specialità regionali e piatti di pesce. Il Pescatore che raccomandiamo si trova fronte mare.

alla Grotta di Ispinigoli Nord : 12 km :

Ispinigoli con cam

strada statale 125 al km 210 ✉ 08022 Dorgali – ✆ 0 78 49 52 68 – www.hotelispinigoli.com – Aperto 1° aprile-31 ottobre

26 cam – 60/75 € 80/110 € **Rist** – Menu 30/55 € – Carta 24/57 €

Valido punto d'appoggio per chi desidera visitare le omonime grotte, celebri perché conservano la più alta stalagmite d'Europa, e per assaporare una buona cucina regionale. Dalle camere, semplici e confortevoli con arredi in legno, si può contemplare la tranquillità della campagna circostante.

DOSSOBUONO – Verona (VR) – 562 F14 – Vedere Villafranca di Verona

DOSSON – Treviso (TV) – 562 F18 – Vedere Casier

DOVERA – Cremona (CR) – 561 H15 – 3 957 ab. – alt. 76 m – ✉ 26010 19 C2

Roma 554 – Piacenza 43 – Brescia 85 – Cremona 56

Osteria la Cuccagna

località Barbuzzera, Nord-Ovest : 2,5 km – ✆ 03 73 97 84 57 – www.lakuccagna.it – Chiuso 27 dicembre-4 gennaio

Rist – *(solo a cena escluso domenica)* Carta 23/55 €

In una frazione isolata e tranquilla, tra quadri moderni appesi alle pareti e camerieri in divisa, la vecchia trattoria punta ora su proposte più elaborate, partendo dalla tradizione. Immutata la gestione squisitamente familiare.

DOZZA – Bologna (BO) – 562 I16 – 6 516 ab. – alt. 190 m – ✉ 40060 9 C2

Roma 392 – Bologna 32 – Ferrara 76 – Forlì 38

Monte del Re

via Monte del Re 43, Ovest : 3 km – ✆ 05 42 67 84 00 – www.montedelre.it

38 cam – †70/250 € ††100/300 €

Rist *Monte del Re* – vedere selezione ristoranti

Un'atmosfera che invita alla meditazione e alla speculazione filosofica: del resto, la struttura si trova all'interno di un convento del XIII sec, sapientemente ristrutturato, con mobili in stile, letti in ferro battuto e tappeti persiani. Notevoli il chiostro ed il pozzo del 1200, nonché la bella terrazza panoramica.

Monte del Re – Hotel Monte del Re

via Monte del Re 43, Ovest : 3 km – ✆ 05 42 67 84 00 – www.montedelre.it – Chiuso gennaio-febbraio

Rist – Carta 46/58 €

All'interno di un convento del XIII sec, nell'ex refettorio, piatti tipici della gastronomia emiliano-romagnola, nazionale ed internazionale. Se la cucina convince per la competente selezione di pregiati ingredienti, l'ampia scelta enologica l'accompagna: un'oasi di piacere per attimi d'indimenticabile soddisfazione.

Canè con cam

via XX Settembre 27 – ✆ 05 42 67 81 20 – www.ristorantecanet.it – Chiuso 7 gennaio-6 febbraio

12 cam – †50/70 € ††70/100 € **Rist** – Menu 29/50 € – Carta 24/53 €

Nel centro storico, ristorante con una sala classica ed elegante e un'altra più caratteristica aperta ai fumatori; servizio estivo sulla bella terrazza. Camere confortevoli.

DRAGA SANT' ELIA – Trieste (TS) – Vedere Pesek

DRIZZONA – Cremona (CR) – 561 G13 – ✉ 26034 17 C3

Roma 491 – Parma 44 – Cremona 26 – Mantova 41

a Castelfranco d'Oglio Nord : 1,5 km – ✉ 26034 Drizzona

Agriturismo l'Airone

cam, cam,

strada comunale per Isola Dovarese 2 – ✆ 03 75 38 99 02 – www.laironeagriturismo.com

15 cam – †55 € ††80 €

Rist – *(chiuso 3-18 gennaio) (solo a cena escluso sabato e domenica)* Menu 18/32 €

Nel verde della campagna del parco naturale del fiume Oglio, una risorsa accolta da un tipico cascinale ottocentesco, sapientemente ristrutturato. Camere eleganti.

DRONERO – Cuneo (CN) – 561 I4 – 7 317 ab. – alt. 622 m – ✉ 12025 22 B3

Roma 655 – Cuneo 20 – Colle della Maddalena 80 – Torino 84

piazza XX Settembre 3, ✆ 0171 91 70 80, www.comune.dronero.cn.it

Rosso Rubino

piazza Marconi 2 – ✆ 01 71 90 56 78 – www.ristoranterossorubino.it – Chiuso 2 settimane in febbraio, 2 settimane in novembre e lunedì

Rist – Menu 17/45 € – Carta 27/51 €

Piccolo quanto grazioso locale che offre interessanti proposte - anche con menu a prezzo fisso - alcune derivanti dalla tradizione, altre più moderne. Qualche ricette di mare per gli amanti del pesce.

DUINO AURISINA – Trieste (TS) – 562 E22 – 8 633 ab. – ✉ 34013 11 D3

Roma 649 – Udine 50 – Gorizia 23 – Grado 32

Gruden

località San Pelagio 49, Nord-Est: 5 km ✉ 34011 San Pelagio – ✆ 0 40 20 01 51 – www.myresidence.it – Chiuso settembre, lunedì e martedì

Rist – Menu 20/30 € – Carta 18/29 €

La passione per la buona tavola non ha mai abbandonato questa trattoria familiare, che da più di cent'anni propone ricette locali e cucina casalinga.

a Sistiana Sud-Est : 4 km – ✉ 34019

Eden senza rist
Sistiana 42/a – ☎ 04 02 90 70 42 – www.edensistiana.it
– Chiuso 22 dicembre-28 gennaio
15 cam – 70/90 € 100/140 €
Lungo la strada che attraversa il paese - in un edificio del 1906 - interni di ricercata e moderna semplicità, nonché camere dai colori pastello (mansardate quelle al secondo piano).

Gaudemus con cam
Sistiana 57 – ☎ 0 40 29 92 55 – www.gaudemus.com – Chiuso gennaio
9 cam – 90/120 €
Rist – *(chiuso domenica e lunedì) (solo a cena)* Carta 36/58 €
Paradiso o purgatorio? In ciascuna di queste - già dal nome - originali sale, due confessionali dell'Ottocento perfettamente conservati. Sulla tavola: piatti della tradizione carsica e sfiziose ricette di pesce. Camere modernamente rinnovate.

DUNA VERDE – Venezia (VE) – Vedere Caorle

EBOLI – Salerno (SA) – 564 F27 – 38 470 ab. – alt. 145 m – ✉ 84025 7 C2

Roma 296 – Potenza 77 – Napoli 85 – Salerno 34

Il Papavero
corso Garibaldi 112/113 – ☎ 08 28 33 06 89 – Chiuso domenica sera e lunedì
Rist – (consigliata la prenotazione) Menu 32/40 € – Carta 28/37 €
→ Risotto con fichi bianchi del Cilento, pistacchi, provola e riduzione all'aglianico. Trancio di pescato affumicato con variazione di broccoli. Dolce carosello napoletano.
Il sous-chef viene promosso a chef mantenendo sempre elevato il risultato qualitativo della cucina, dove carne e pesce si sfidano in piatti dalle originali elaborazioni. Interessante carta dei vini con molte etichette regionali di cui buona parte anche al bicchiere.

EGADI (Isole) Sicilia – Trapani (TP) – 365 AI56 – 4 314 ab. Sicilia 29 A2

Favignana★★: Cala Rossa★ – Levanzo★: Grotta del Genovese★ – Marettimo★: giro dell'isola in barca★★

FAVIGNANA (TP) – 565 N18 – ✉ 91023 29 A2

per Trapani – a Favignana, Siremar, call center 892 123

Egadi
cam,
via Colombo 17/19 – ☎ 09 23 92 12 32 – www.albergoegadi.it
– Aperto 1°aprile-31 ottobre
11 cam – 65/115 € 100/200 €
Rist – *(solo a cena)* Menu 30/50 € – Carta 34/73 €
Un'accogliente risorsa a gestione familiare nel cuore della località con colorate e funzionali camere in tinte pastello, nonché vista panoramica sul mare e sulla costa. Nella raffinata ed intima sala ristorante, piatti tipici a base di pesce interpretati con creatività.

Aegusa
via Garibaldi 11/17 – ☎ 09 23 92 24 30 – www.aegusahotel.it
– Aperto 1°aprile-31 ottobre
28 cam – 50/100 € 70/180 € – 3 suites
Rist *Il Giardino dell'Aegusa* – vedere selezione ristoranti
In un signorile palazzo nel cuore di Favignana, l'hotel dispone di arredi semplici e freschi, che ingentiliscono le già graziose camere. A 50 metri, una dépendance con altre 13 camere per chi desidera maggiore indipendenza.

Insula N senza rist
via Manin 2 – ☎ 09 23 92 54 37 – www.insulahotel.it
– Aperto 1° maggio-30 settembre
15 cam – 50/130 € 60/196 €
Di recente costruzione, questo albergo dal design contemporaneo a 150 metri dal corso principale dispone di camere spaziose e ben accessoriate.

Il Giardino dell'Aegusa – Aegusa
via Garibaldi 11/17 – ✆ 09 23 92 24 30 – www.aegusahotel.it – Aperto 1° aprile-30 settembre
Rist – Carta 27/47 €
Cucina siciliana ed eoliana, all'ombra di un pino secolare o sotto il pergolato di questo ristorante abbracciato da un curato giardino.

EGNA (NEUMARKT) – **Bolzano (BZ)** – **562** D15 – **5 009 ab.** – **alt. 214 m** – ✉ **39044** **34** D3
Roma 609 – Bolzano 19 – Trento 42 – Belluno 120

Andreas Hofer
via delle Vecchie fondamenta 21-23 – ✆ 04 71 81 26 53 – www.hotelandreashofer.com
32 cam – †60/70 € ††90/100 € – 3 suites
Rist – *(chiuso domenica)* Carta 33/53 €
Nel centro storico e di fronte ai portici, albergo sviluppato su tre costruzioni adiacenti, in un curioso stile veneziano; ampie camere ricavate da alcuni antichi vani. La cucina offre proposte altoatesine.

Johnson & Dipoli
via Andreas Hofer 3 – ✆ 04 71 82 03 23
Rist – Carta 46/58 €
Sotto i portici del bel centro storico, Enzo gestisce con passione e professionalità questo piacevole locale: vini in primo piano (ottima la selezione di etichette al bicchiere) e in carta piatti d'impostazione classico-italiana.

ELBA (Isola d') ★ – **Livorno (LI)** – **563** N12 – **31 059 ab.** – **alt. 1 019 m** **31** B3
Toscana
a Marina di Campo località La Pila (marzo-ottobre) ✆ 0565 976037
vedere Portoferraio e Rio Marina
vedere Portoferraio
Acquabona, 0565 940066, www.elbagolfaquabona.it – chiuso lunedì da aprile a settembre

CAPOLIVERI (LI) – **563** N13 – **3 887 ab.** – ✉ **57031** **31** B3
Porto Azzurro 5 – Portoferraio 16
※★★ dei Tre Mari

Il Chiasso
vicolo Nazario Sauro 13 – ✆ 05 65 96 87 09 – Aperto Pasqua-31 ottobre; chiuso martedì escluso giugno-settembre
Rist – *(solo a cena)* Carta 34/66 €
Caratteristiche sale separate da un vicolo nelle viuzze del centro storico: piatti di terra e di mare in un ambiente simpaticamente conviviale.

Da Pilade con cam
località Marina di Mola, Nord: 2,5 km – ✆ 05 65 96 86 35 – www.hoteldapilade.it – Aperto 20 aprile-20 ottobre
25 cam – †40/70 € ††80/140 € – 15 suites
Rist – *(solo a cena)* Carta 26/53 €
Sulla strada per Capoliveri, ristorante a conduzione familiare dove gustare piatti tradizionali sia di carne sia di pesce. Ottime specialità alla brace.

a Pareti **Sud : 4 km** – ✉ **57031 Capoliveri**

Dino
– ✆ 05 65 93 91 03 – www.elbahoteldino.com – Aperto Pasqua-31 ottobre
30 cam – †54/118 € ††82/165 € **Rist** – Carta 19/44 €
Ospitalità familiare per un semplice albergo in piacevole posizione: camere lineari e accesso diretto alla spiaggia privata. Cucina classica servita in un'ampia sala e in una terrazza esterna.

a Marina di Capoliveri Nord-Est : 4 km – ✉ 57031 Capoliveri

Grand Hotel Elba International
Baia della Fontanella 1
– ✆ 05 65 94 61 11 – www.elbainternational.it
– Aperto 15 maggio-30 settembre
128 cam – 120/250 € 140/280 € – 5 suites **Rist** – Carta 27/43 €
Gestione dinamica ed ospitalità di alto livello sono i presupposti per una vacanza indimenticabile in questa struttura panoramica in continua evoluzione. Ottimo settore notte con camere spaziose e arredi di taglio moderno. Ristorante dalle ampie vetrate e menu ben articolato.

a Lido Nord-Ovest : 7,5 km – ✉ 57031 Capoliveri

Antares
– ✆ 05 65 94 01 31 – www.elbahotelantares.it – Aperto 20 aprile-10 ottobre
49 cam – 110/290 € 110/290 € **Rist** – Menu 25 €
A ridosso di un'insenatura, tra spiaggia e mare, due bianche strutture immerse in una tranquilla e verdeggiante macchia mediterranea; arredi in stile marinaro.

MARCIANA (LI) – **563** N12 – **2 217 ab. – alt. 375 m** – ✉ **57030** **31** B3
Porto Azzurro 37 – Portoferraio 28
 ★
Monte Capanne★★ : ★★

a Poggio Est : 3 km – alt. 300 m – ✉ 57030

Publius
piazza Del Castagneto 11 – ✆ 0 56 59 92 08 – www.ristorantepublius.it
– Aperto 1° aprile-30 novembre; chiuso lunedì a mezzogiorno dal 15 giugno al 15 settembre, tutto il giorno negli altri mesi
Rist – Carta 30/59 €
In posizione elevata, la vista si bea di costa e mare, il locale - caratteristico nell'arredo e nei piatti - propone una squisita cucina con solide radici isolane e toscane.

a Sant' Andrea Nord-Ovest : 6 km – ✉ 57030 Marciana

Gallo Nero
via San Gaetano 20 – ✆ 05 65 90 80 17 – www.hotelgallonero.it
– Aperto Pasqua-20 ottobre
29 cam – 60/120 € 80/140 €
Rist – (prenotazione obbligatoria) Menu 23 € – Carta 25/44 €
Suggestiva posizione panoramica, contornata da rigogliose terrazze-giardino con piscina. Grande cura dei particolari, nonché arredi di buon gusto. Ristorante dalle enormi vetrate semicircolari per una vista mozzafiato a 180º; carne e pesce si spartiscono il menu.

Barsalini
piazza Capo Sant'Andrea 2 – ✆ 05 65 90 80 13 – www.hotelbarsalini.com
– Aperto 1° aprile-20 ottobre
32 cam – solo ½ P 56/123 € – 1 suite **Rist** – Carta 31/57 €
In zona nota per le belle scogliere e i fondali, Barsalini nasce dall'unione di piccole strutture rinnovate in anni diversi: camere differenti nel confort, quasi tutte vista mare. Sala da pranzo panoramica, ventilata e luminosa.

Cernia Isola Botanica
via San Gaetano 23 – ✆ 05 65 90 82 10 – www.hotelcernia.it
– Aperto 10 aprile-20 ottobre
27 cam – 60/150 € 80/200 € **Rist** – *(solo a cena)* Menu 30/45 €
Nati dalla passione dei proprietari, un giardino fiorito e un orto botanico con piscina avvolgono una struttura ricca di personalità e tocchi di classe. Interessanti proposte al ristorante, dove si valorizza il territorio in chiave moderna.

Da Giacomino cam, rist, VISA

– ✆ 05 65 90 80 10 – *www.hoteldagiacomino.it* – *Aperto 1° giugno- 30 settembre*
33 cam – 45/75 € 55/115 €, 15 € **Rist** – Carta 28/76 €
Cercate la natura e gli spazi aperti? Un grande parco (in parte frutteto ed orto) attrezzato con sdraio vi separa, a terrazze digradanti, da un'incantevola costa rocciosa. Camere rinnovate in uno stile classico, squisita ospitalità familiare e sapori casalinghi al ristorante.

a Spartaia Est : 12 km – ✉ 57030 Procchio

Desiree rist, VISA AE

via Spartaia 15 – ✆ *05 65 90 73 11* – *www.desireehotel.it*
– *Aperto 1° aprile-31 ottobre*
76 cam – 78/172 € 156/392 € – 7 suites **Rist** – Carta 41/98 €
Appartato, in un giardino mediterraneo frontestante l'incantevole ed esclusiva baia di Spartaia, hotel dagli spazi ben organizzati e confortevoli camere con vista. Accesso diretto alla spiaggia privata.

a Procchio Est : 13,5 km – ✉ 57030

Hotel del Golfo rist, rist, VISA AE

via delle Ginestre 31 – ✆ *05 65 90 21* – *www.hoteldelgolfo.it*
– *Aperto 1° aprile-31 ottobre*
120 cam – 95/185 € 160/450 € – 4 suites
Rist – Carta 30/70 €
Rist *La Capannina* – *(aperto 24 maggio-21 settembre) (solo a pranzo)*
Carta 26/66 €
Hotel composto da più strutture che abbracciano una parte della pittoresca baia: ampie e confortevoli camere inserite in curati giardini e piscina con acqua di mare. Al ristorante La Capannina: varie proposte di pesce da gustare vicino alla distesa blu.

a Pomonte Sud-Ovest : 15 km – ✉ 57030

Da Sardi rist, VISA AE

via del Maestrale 1 – ✆ *05 65 90 60 45* – *www.hotelsardi.it*
– *Aperto 10 marzo-novembre*
24 cam – 70/140 € 70/140 € **Rist** – Carta 18/42 €
Nella parte rocciosa dell'isola, albergo a gestione familiare ampliato di recente, con camere che brillano per tenuta e pulizia: qualcuna è stata recentemente rinnovata. Ristorante dalle classiche proposte sia di carne sia di pesce.

Corallo rist, VISA AE

via del Passatoio 28 – ✆ *05 65 90 60 42* – *www.elbacorallo.it*
– *Aperto 15 marzo-5 novembre*
14 cam – 45/103 € 70/165 € **Rist** – Carta 19/53 €
Gestita da una giovane coppia, piccola struttura ben curata e gradevole con un numero di stanze non elevato. Mare vicino, entroterra invitante, se disponibili richiedere una delle due nuove camere. Al ristorante: tipica cucina elbana a base di pece.

MARCIANA MARINA (LI) – **563** N12 – **1 993 ab.** – ✉ **57033** **31** B3

Porto Azzurro 29 – Portoferraio 20

Capo Nord VISA AE

al porto, località La Fenicia – ✆ *05 65 99 69 83*
– *Chiuso novembre e lunedì in bassa stagione*
Rist – (prenotare) Carta 47/70 €
Un palcoscenico sul mare da cui godere di tramonti unici: sale sobriamente eleganti e proposte a base di pesce.

Scaraboci VISA

via XX Settembre 29 – ✆ *05 65 99 68 68* – *Chiuso 7 gennaio-8 marzo e mercoledì escluso giugno-15 settembre*
Rist – *(solo a cena)* (consigliata la prenotazione) Menu 38/48 € – Carta 37/67 €
A pochi metri dall'incantevole lungomare di Marciana, ecco uno dei gioielli gastronomici dell'isola: di terra, o più spesso di mare, i piatti esaltano in prodotti, intrigano per accostamenti, seducono con le presentazioni.

MARINA DI CAMPO (LI) – 563 N12 – 57034 — 31 B3

Marciana Marina 13 – Porto Azzurro 26 – Portoferraio 17

Museo Nazionale di Villa Napoleone di San Martino★

Dei Coralli

viale degli Etruschi 567 – 05 65 97 63 36 – www.hoteldeicoralli.it – Aperto 20 aprile-10 ottobre

62 cam – 75/210 € 120/214 € **Rist** – *(solo per alloggiati)*

Edificio di moderna concezione, con servizi funzionali e buon livello di ospitalità. Non lontano dal centro cittadino e dal mare dal quale lo separa una fresca pineta.

Meridiana senza rist

viale degli Etruschi 465 – 05 65 97 63 08 – www.hotelmeridiana.info – Aperto Pasqua-15 ottobre

36 cam – 50/150 € 100/200 € – 1 suite

Camere confortevoli e luminosi spazi comuni in questa piacevole struttura a conduzione familiare, immersa in una fresca pineta. (Su richiesta: disponibile un servizio spaghetteria e panini).

a Fetovaia Ovest : 8 km – 57034 Seccheto

Montemerlo

rist,

Via Canaletto 280 – 05 65 98 80 51 – www.welcometoelba.com – Aperto Pasqua-31 ottobre

37 cam – 40/50 € 80/100 € **Rist** – *(solo per alloggiati)*

Stanze confortevoli con arredi classici, ricavate da quattro villette sparse nel delizioso giardino con piscina. Non lontano dalla spiaggia, in posizione arretrata e panoramica, la tranquillità regna sovrana.

Galli

via Fetovaia 115 – 05 65 98 80 35 – www.hotelgalli.it – Aperto Pasqua-inizio ottobre

29 cam – 45/85 € 65/170 € **Rist** – *(solo a cena)* Menu 20/25 €

Nella splendida cornice della Fetovaia, belle camere (6 con vista mare) e terrazza comune attrezzata, in un insieme composito di logge e spazi differentemente articolati. In stile isolano, la genuinità di una solida gestione familiare.

PORTO AZZURRO (LI) – 563 N13 – 3 578 ab. – 57036 — 31 B3

Località★

Osteria dei Quattro Gatti

piazza Mercato 4 – 0 56 59 52 40 – Aperto 15 febbraio-2 novembre; chiuso lunedì escluso 15 giugno-15 settembre

Rist – *(solo a cena)* (coperti limitati, prenotare) Carta 35/60 €

Tra le viette del centro storico, una "ruspante" osteria con un *côté* vagamente romantico: gattini in ceramica, centrini e ninnoli vari. In menu: proposte a base di pesce, presentate con un pizzico di fantasia.

PORTOFERRAIO (LI) – 563 N12 – 12 253 ab. – 57037 — 31 B3

Marciana Marina 20 – Porto Azzurro 15

per Piombino – Toremar, call center 892 123

Navarma-Moby Lines, call center 199 303 040

viale Elba 4, 0565 91 46 71, www.isoleditoscana.it

Strada per Cavo e Rio Marina: ★★

Villa Ombrosa

rist,

via De Gasperi 9 – 05 65 91 43 63 – www.villaombrosa.it

38 cam – 50/140 € 80/220 € – 5 suites **Rist** – Menu 25/40 €

In zona panoramica, a 20 m dalla spiaggia delle Ghiaie, albergo a conduzione diretta dagli ambienti sobri e dalle camere lineari, ma non prive di confort. Due ambienti per la tavola - il più caratteristico ricorda una piacevole taverna - e in menu gustose ricette sia di carne sia di pesce.

XX **Stella Marina**
via Vittorio Emanuele II 1 – ✆ 05 65 91 59 83 – www.ristorantestellamarina.com
Rist – Carta 42/53 €
La posizione sul porto di questo ristorantino è strategica, la cucina di mare affidabile e gustosa. Apprezzabili anche la cantina e il servizio.

a Viticcio **Ovest : 5 km – ✉ 57037 Portoferraio**

Viticcio cam, rist,
– ✆ 05 65 93 90 58 – www.hotelviticcio.it – Aperto 1° aprile-30 settembre
32 cam – ♦40/150 € ♦♦80/310 €
Rist – *(solo a cena escluso dal 15 giugno al 15 settembre)* Menu 25 €
Giardino-solarium con vista costa e mare per una struttura in stile mediterraneo, a strapiombo sul mare. Intonacato di bianco con infissi blu come il mare. Sala da pranzo luminosa e servizio a buffet per il pranzo.

a Biodola **Ovest : 9 km – ✉ 57037 Portoferraio**

Hermitage
– ✆ 05 65 97 48 11 – www.hotelhermitage.it – Aprile 1° aprile-31 ottobre
127 cam – ♦130/335 € ♦♦216/630 € – 2 suites
Rist ***Hermitage*** – vedere selezione ristoranti
Un hotel esclusivo ed elegante, il cui parco-giardino ospita una piscina con acqua di mare: tanti confort in una struttura ineccepibile, completata dall'amenità della posizione.

Biodola rist,
via Biodola 21 – ✆ 05 65 97 48 12 – www.biodola.it
– Aperto 1° aprile-31 ottobre
88 cam – ♦98/245 € ♦♦165/456 € **Rist** – Carta 30/65 €
Giardino fiorito con piscina per questo complesso ubicato in una delle baie più esclusive dell'isola. Stile classico con servizi e ospitalità sicuramente ad alto livello.

XXXX **Hermitage** – Hotel Hermitage
– ✆ 05 65 97 48 11 – www.hotelhermitage.it – Aprile 1° aprile-31 ottobre
Rist – Carta 39/89 €
E' il ristorante principe dell'albergo: in un ambiente raffinato, la cucina rievoca i classici del Bel Paese, parteggiando però nella lista dei vini per i rossi toscani. Ottime, le specialità di pesce.

a Scaglieri **Ovest : 9 km – ✉ 57037 Portoferraio**

Danila rist,
golfo della Biodola – ✆ 05 65 96 99 15 – www.hoteldanila.it
– Aperto 15 marzo-20 ottobre
27 cam – ♦71/210 € ♦♦82/260 € **Rist** – *(solo a cena)* Menu 25/60 €
Gestione squisitamente al femminile che enfatizza l'attenzione al particolare delle signorili sale e delle confortevoli camere. Fiorite terrazze. Nella luminosa sala ristorante, i sapori del territorio.

ad Ottone **Sud-Est : 11 km – ✉ 57037 Portoferraio**

Villa Ottone rist,
– ✆ 05 65 93 30 42 – www.villaottone.com
– Aperto 1° maggio-15 ottobre
70 cam – ♦100/200 € ♦♦210/460 € – 6 suites
Rist – (consigliata la prenotazione) Carta 37/95 €
Suggestiva vista sul golfo di Portoferraio per questa raffinata struttura composta da una neoclassica villa ottocentesca (interamente affrescata), da un hotel e da graziosi cottage immersi in un parco secolare esteso fino alla spiaggia privata. Ultramoderno centro benessere e golf a soli 3 km.

RIO MARINA (LI) – **563** N13 – **2 274 ab.** – ✉ **57038** **31** B3
Porto Azzurro 12 – Portoferraio 20
per Piombino – Toremar, call center 892 123

La Canocchia

via Palestro 2/4 – ✆ 05 65 96 24 32 – www.lacanocchia.com – Chiuso lunedì in bassa stagione

Rist – Carta 33/153 €

Calda atmosfera in un rustico e romantico locale del centro, che propone piatti sorprendentemente generosi, sapori di mare e specialità regionali.

RIO NELL'ELBA (LI) – 563 N13 – 1 244 ab. – alt. 165 m – ✉ 57039 — 31 B3

Porto Azzurro 8 – Porto Ferraio 15

a Bagnaia Sud-Est : 12 km – ✉ 57037 Rio Nell'Elba

Locanda del Volterraio

località Bagnaia-Residenza Sant'Anna – ✆ 05 65 96 12 36 – www.volterraio.it – Aperto 30 maggio-29 settembre

18 cam – †70/170 € ††100/220 € **Rist** – Carta 28/70 €

All'interno di un complesso residenziale turistico, abbracciato da giardini fioriti e uliveti, grazioso hotel dalle ampie e confortevoli camere. Servizi in comune con l'intero complesso.

ENNA Sicilia (EN) – 365 AU58 – 27 850 ab. – alt. 931 m – ✉ 94100 — 30 C2

Sicilia

Agrigento 92 – Caltanissetta 34 – Catania 83 – Messina 180

via Roma 464, ✆ 0935 5 05 22 14, www.stupormundiviaggi.com.

Castello★: ✻★★★ – Duomo: interno★ e soffitto★ – Torre di Federico★

Federico II Palace Hotel

contrada Salerno, Sud : 5 km – ✆ 0 93 52 01 76 – www.hotelfedericoenna.it

85 cam – †95 € ††130 € – 1 suite **Rist** – Carta 24/43 €

A pochi chilometri dal centro, circondato da una rilassante cornice verde, un albergo moderno con camere molto spaziose ed un'attrezzata spa.

Sicilia senza rist

piazza Colajanni 7 – ✆ 09 35 50 08 50 – www.hotelsiciliaenna.it

60 cam – †40/65 € ††70/100 €

A cento metri dal Duomo, un albergo a gestione familiare con camere dagli arredi in stile e fantasiose: alcune orientate sulla città, altre sulle motagne.

Centrale

piazza 6 Dicembre 9 – ✆ 09 35 50 09 63 – www.ristorantecentrale.net – Chiuso sabato escluso in giugno-settembre

Rist – Menu 15/22 € – Carta 24/44 €

Ristorante a conduzione familiare, situato come evoca l'insegna nel cuore della città. Un salone dagli alti soffitti con arredi in bilico tra tradizione e modernità. Ogni giorno: gustoso buffet di antipasti, ma riservate un po' di appetito per il controfiletto all'ennese.

ENTRACQUE – Cuneo (CN) – 561 J4 – 845 ab. – alt. 894 m — 22 B3

– Sport invernali : 2, – ✉ 12010

Roma 667 – Cuneo 24 – Milano 240 – Colle di Tenda 40

piazza Giustizia e Libertà 2, ✆ 0171 97 86 16, www.entracque.org

Miramonti

viale Kennedy 2 – ✆ 01 71 97 82 22 – www.hotelmiramontientracque.com – Chiuso 10-30 novembre

18 cam – †40/50 € ††55/70 €, 5 € **Rist** – Carta 21/44 €

Caratteristica casa di montagna con giardinetto antistante e balconi punteggiati di fiori. La conduzione familiare è immutata nel tempo, così pure l'offerta di camere semplici, sempre piacevolmente ordinate.

ENTRÈVES – Aosta (AO) – 561 E2 – Vedere Courmayeur

EOLIE (Isole) ★★★ Sicilia – Messina (ME) – 365 AY53 – 13 920 ab. 30 D1

Sicilia

per Milazzo e Napoli – a Lipari, Siremar, call center 892 123

Vulcano★★★ – Stromboli★★★ – Lipari★: Museo Archeologico Eoliano★★, ★★★ dal belvedere di Quattrocchi – Salina★ – Panarea★ – Filicudi★ – Alicudi★

LIPARI (ME) – 365 AY53 – 11 386 ab. – ✉ 98055 30 C1

corso Vittorio Emanuele 202, ✆ 090 9 88 00 95, www.aasteolie.191.it

Tritone

via Mendolita – ✆ 09 09 81 15 95 – www.bernardigroup.it
– Chiuso novembre-febbraio
38 cam – 110/180 € 150/270 € – 1 suite
Rist – *(solo a cena in luglio e agosto)* Carta 26/66 €
Non lontano dal centro, costruzione moderna con interni di classica eleganza e terrazza panoramica. Ottimo centro benessere con un'ampia scelta di trattamenti estetici e massaggi. Un'unica enorme sala è destinata alla ristorazone, ma d'estate ci si sposta a bordo piscina per il pranzo a buffet.

Aktea

via Falcone e Borsellino – ✆ 09 09 81 42 34 – www.hotelaktea.it
– Aperto 1° aprile-24 ottobre
40 cam – 100/210 € 120/260 € – 3 suites **Rist** – Carta 30/58 €
Recente struttura moderna e di prestigio accolta in due edifici, con molti spazi a disposizione degli ospiti: alcuni originali dettagli richiamano lo stile della casa eoliana.

Villa Meligunis

via Marte 7 – ✆ 09 09 81 24 26 – www.villameligunis.it
– Aperto Pasqua-10 ottobre
40 cam – 110/190 € 160/250 € **Rist** – Carta 30/60 €
Nel caratteristico quartiere di pescatori, un'elegante struttura all'interno di un edificio storico con fontana all'ingresso e quadri di arte contemporanea a vivacizzare gli spazi comuni. Roof garden con piccola piscina. Fantastica la vista panoramica dalla sala da pranzo.

A' Pinnata senza rist

baia Pignataro – ✆ 09 09 81 16 97 – www.bernardigroup.it
– Aperto 1° marzo-31 ottobre
12 cam – 85/150 € 150/270 €
Perfetto per chi vi approda con un'imbarcazione, la vecchia piccola pizzeria di un tempo è oggi un hotel dagli spazi arredati con belle ceramiche. Prima colazione in terrazza dalla vista impagabile.

Rocce Azzurre

via Maddalena 69 – ✆ 09 09 81 32 48 – www.hotelrocceazzurre.it
– Aperto 1° aprile-31 ottobre
33 cam – 91/135 € 150/220 € **Rist** – Carta 25/57 €
Piattaforma-solarium sul mare e piccola spiaggetta per questa struttura non lontano dal centro, ma in posizione tranquilla. Camere in stile classico, marina o con ceramiche di Caltagirone.

Poseidon senza rist

via Ausonia 7 – ✆ 09 09 81 28 76 – www.hotelposeidonlipari.com
– Aperto 1° marzo-31 ottobre
18 cam – 40/90 € 50/150 €
Semplici graziose camere con letti in ferro battuto dalle sfumature cerulee, premura e cortesia di un servizio familiare sempre presente e attento. In un vicolo del centro.

Oriente senza rist

via Marconi 35 – ✆ 09 09 81 14 93 – www.hotelorientelipari.com
– Aperto 1° maggio-30 ottobre
32 cam – 50/80 € 76/130 €
Piccolo e semplice, raccoglie negli spazi comuni un'originale collezione di oggetti di interesse etnografico, vera passione del titolare. Comodo il servizio navetta gratuito dal porto.

XX **Filippino**

piazza Municipio – ✆ 09 09 81 10 02 – www.eolieexperience.it
– Chiuso 16 novembre-15 dicembre e lunedì escluso aprile-settembre
Rist – Menu 30 € (pranzo in settimana)/38 € – Carta 37/55 €
Piacevole e fresco il pergolato esterno di questo storico locale al traguardo dei 100 anni, dove vi verrà proposta una gustosa e ampia gamma di pescato locale elaborato in preparazioni tipiche.

X **Nenzyna**

via Roma 4 – ✆ 09 09 81 16 60 – www.ristorantenenzyna.it
– Aperto Pasqua-31 ottobre
Rist – Carta 24/56 €
Curiosa risorsa articolata in due accoglienti salette, l'una di fronte all'altra, divise tra di loro dal vicolo della Marina Corta. Nessuna ricercatezza invece in cucina, il pesce è una garanzia.

PANAREA (ME) – 365 AZ52 – ✉ 98050 — 30 D1

Cincotta

via San Pietro – ✆ 0 90 98 30 14 – www.hotelcincotta.it
– Aperto 20 aprile-20 ottobre
29 cam ☕ – †80/380 € ††120/380 €
Rist – *(aperto 24 aprile-30 settembre)* Carta 39/89 €
Terrazza con piscina d'acqua di mare, una zona comune davvero confortevole e camere in classico stile mediterraneo, gradevoli anche per l'ubicazione con vista mare.

Quartara

via San Pietro 15 – ✆ 0 90 98 30 27 – www.quartarahotel.com
– Aperto 1° aprile-31 ottobre
13 cam ☕ – †130/280 € ††200/460 €
Rist ***Broccia*** – *(aperto 1° giugno- 30 settembre)* Carta 38/80 €
La terrazza panoramica offre una vista notevole, considerata la posizione arretrata rispetto al porto. Arredi nuovi e di qualità che offrono eleganza e personalizzazioni. Il ristorante offre una grande atmosfera.

Lisca Bianca

cam,

via Lani 1 – ✆ 0 90 98 30 04 – www.liscabianca.it – Aperto 1° aprile-31 ottobre
29 cam ☕ – †100/260 € ††100/260 € **Rist** – Carta 35/50 €
Affacciato sul porto, offre una delle terrazze più suggestive dell'isola e camere personalizzate con arredi e maioliche eoliani.

XX **Hycesia** con cam

via San Pietro – ✆ 0 90 98 30 41 – www.hycesia.it – Aperto 15 maggio-15 ottobre
8 cam ☕ – †80/240 € ††100/240 € – 1 suite
Rist – *(solo a cena)* Carta 50/125 €
Un ristorante esclusivo nel cuore di Panarea: una delle più fornite cantine ed una selezione dei migliori prodotti, in un ambiente piacevole ed elegante in stile eoliano...con qualche contaminazione etnica.

FILICUDI (ME) – 365 AW52 – ✉ 98050 — 30 C1

La Canna

contrada Rosa – ✆ 09 09 88 99 56 – www.lacannahotel.it
– Aperto 1° maggio-15 ottobre
14 cam – †45/110 € ††70/150 €, ☕ 10 € **Rist** – Carta 26/32 €
Ubicata nella parte alta e panoramica dell'isola, a picco sul porticciolo, risorsa a gestione familiare con ampie terrazze, dotata anche di una godibile piscina-solarium. Spaghetti ai ricci di mare e pesce alla griglia tra le specialità del ristorante: il finale è in dolcezza con il passito della casa.

X **La Sirena** con cam

cam,

località Pecorini Mare – ✆ 09 09 88 99 97 – www.pensionelasirena.it
– Aperto 21 maggio-30 settembre
4 cam ☕ – †60/130 € ††120/260 € **Rist** – Carta 37/77 €
Immaginarsi a cena su di una terrazza, affacciata sul piccolo porticciolo di un'incantevole isoletta del Mediterraneo. Il servizio estivo consente di vivere questo sogno.

STROMBOLI (ME) – **365** BA51 – ✉ **98050** **30** D1

La Sirenetta Park Hotel rist, VISA MC AE
via Marina 33, località Ficogrande – ✆ 0 90 98 60 25 – www.lasirenetta.it – Aperto 1° aprile-31 ottobre
55 cam – 90/155 € 150/320 € – 3 suites **Rist** – Carta 30/65 €
Il bianco degli edifici che assecondano la caratteristica architettura eoliana, il verde della vegetazione, la nera sabbia vulcanica e il blu del mare: dotazioni complete! Si può gustare il proprio pasto quasi in riva al mare, ai piedi del vulcano.

La Locanda del Barbablu cam, VISA MC AE
via Vittorio Emanuele 17-19 – ✆ 0 90 98 61 18 – www.barbablu.it – Aperto 3 aprile-28 ottobre
4 cam – 78/135 € 120/208 €
Rist – *(aperto 15 giugno-15 settembre) (solo a cena)* Menu 38/50 €
Lungo la strada sopraelevata che costeggia la spiaggia, grande cura di particolari e arredi artigianali in una tipica casa stromboliana. La signora Neva propone, ovviamente, la tradizionale cucina di pesce.

Punta Lena VISA MC AE
via Marina 8, località Ficogrande – ✆ 0 90 98 62 04 – Aperto 1° maggio-31 ottobre
Rist – Carta 34/57 €
Il servizio sotto un pergolato con eccezionale vista sul mare e sullo Strombolicchio, è la compagnia migliore per qualsiasi tipo di occasione. In cucina tanto pesce.

VULCANO (ME) – **365** AY54 – **Stazione termale** – ✉ **98055** **30** D1

Therasia Resort rist, P VISA MC AE
località Vulcanello – ✆ 09 09 85 25 55 – www.therasiaresort.it – Aperto 1° maggio-30 settembre
97 cam – 170/345 € 225/780 € – 2 suites **Rist** – Carta 46/88 €
Circondata da un giardino con piante esotiche e palme, la struttura in stile mediterraneo privilegia gli spazi e la luminosità: qualche inserzione di elementi d'epoca, ma fondamentalmente ambienti moderni ed essenziali. A strapiombo sul mare, è l'unico punto dell'arcipelago da cui si vedono tutte le isole eoliane.

Conti cam, rist, P VISA MC AE
località Porto Ponente – ✆ 09 09 85 20 12 – www.contivulcano.it – Aperto 1° maggio-20 ottobre
71 cam – 54/114 € 88/168 € – 1 suite **Rist** – Menu 20 €
Struttura in fresco stile eoliano che si sviluppa in vari corpi distinti. La celebre spiaggia nera è a pochi passi, è questa la risorsa ideale per godersela appieno. Cucina eclettica, con piatti che attingono a tradizioni regionali differenti.

SALINA (ME) – **365** AY52 – **2 381 ab.** **30** C1

Signum rist, VISA MC AE
via Scalo 15, località Malfa ✉ 98050 Malfa – ✆ 09 09 84 42 22 – www.hotelsignum.it – Aperto 1° aprile-31 ottobre
30 cam – 100/500 € 130/500 € – 3 suites **Rist** – Carta 51/109 €
Costruito come un tipico borgo eoliano dai caratteristici ambienti e dagli arredi artigianali, offre anche un piacevole centro benessere. Al ristorante: rinomata cucina con proposta serale più elaborata.

La Salina Borgo di Mare senza rist VISA MC AE
via Manzoni, frazione Lingua ✉ 98050 Santa Marina di Salina – ✆ 09 09 84 34 41 – www.lasalinahotel.com – Aperto 1° aprile-31 ottobre
24 cam – 63/147 € 89/280 €
Attiguo alla salina, ormai dismessa, un borgo anticamente destinato ad abitazione di chi della salina si occupava... Oggi, un'elegante ristrutturazione rispettosa dell'architettura eoliana originaria consente di godere appieno delle belle camere e della deliziosa posizione in riva al mare.

Punta Scario senza rist VISA MC AE
via Scalo 8, località Malfa ✉ 98050 Malfa – ✆ 09 09 84 41 39 – www.hotelpuntascario.it – Aperto 1° maggio-30 settembre
17 cam – 56/220 € 80/220 €
Albergo di sobria eleganza, ricavato in uno dei luoghi più suggestivi dell'isola, a strapiombo sulla scogliera, accanto ad una delle poche spiagge del litorale.

Nni Lausta

via Risorgimento 188, località Santa Marina Salina ✉ 98050 Santa Marina di Salina – ✆ 09 09 84 34 86 – www.isolasalina.com – Aperto 1° aprile-5 novembre
Rist – Menu 22 € (pranzo)/45 € – Carta 36/55 €
E' il pesce il protagonista della tavola, la tradizione genuina e gustosa della cucina eoliana viene interpretata con abilità, fantasia e innovazione. Gestione dinamica.

EPPAN AN DER WEINSTRASSE = Appiano sulla Strada del Vino

ERACLEA – Venezia (VE) – 562 F20 – 12 799 ab. – ✉ 30020 — 40 D2

Roma 569 – Udine 79 – Venezia 46 – Belluno 102
via Marinella 56, ✆ 0421 6 61 34, www.turismovenezia.it

ad Eraclea Mare Sud-Est : 10 km – ✉ 30020

Park Hotel Pineta

via della Pineta 30 – ✆ 0 42 16 60 63 – www.parkhotelpineta.com – Aperto 10 maggio-25 settembre
58 cam – 60/90 € 90/160 € – 23 suites **Rist** – Carta 23/33 €
A pochi passi dal mare, avvolto dalla tranquillità di una pineta, hotel a conduzione familiare diviso in più strutture: comode camere ed appartamenti. Ideale per famiglie.

sulla strada provinciale 54 Nord: 10 km

La Tavernetta

località Cittanova – ✆ 04 21 31 60 91 – www.la-tavernetta.it – Chiuso 1° gennaio-15 febbraio, lunedi` e martedì
Rist – Carta 32/94 €
Ricavato da un cascinale cinquecentesco, il ristorante si presenta con sale apparentemente di tono rustico (in realtà molto curate) ed un'ampia struttura esterna per il servizio estivo. Cucina contemporanea, soprattutto di pesce.

ERBA – Como (CO) – 561 E9 – 16 949 ab. – alt. 320 m – ✉ 22036 — 18 B1

Roma 622 – Como 14 – Lecco 15 – Milano 44

Leonardo da Vinci

via Leonardo da Vinci 6 – ✆ 0 31 61 15 56 – www.hotelleonardodavinci.com
68 cam – 90/100 € 130/150 € – 3 suites
Rist – *(chiuso domenica sera)* Carta 36/49 €
Un suggestivo ascensore panoramico vi condurrà nelle ampie ed eleganti camere di questa grande struttura in stile moderno, particolarmente adatta per congressi e meeting. Ricercatezza nel ristorante, dove gustare la classica cucina italiana.

ERBUSCO – Brescia (BS) – 561 F11 – 8 656 ab. – alt. 236 m – ✉ 25030 — 19 D2

Roma 578 – Bergamo 35 – Brescia 22 – Milano 69
Franciacorta Nigoline di Corte Franca via Provinciale 34/b, , Nord: 5 km, 030 984167, www.franciacortagolfclub.it – chiuso martedì

L'Albereta

via Vittorio Emanuele 23, Nord : 1,5 km – ✆ 03 07 76 05 50 – www.albereta.it
48 cam – 195/435 € 260/435 €, 34 € – 9 suites
Rist *Gualtiero Marchesi* – vedere selezione ristoranti
Affreschi d'epoca e decori di tipo provenzale rivaleggiano con lunette ed intarsi dell'800, ma anche con quadri d'ispirazione moderna, in un'antica dimora padronale con splendida vista sul lago d'Iseo. Dalle eleganti camere, suggestivi scorci su questa oasi di pace.

Gualtiero Marchesi – Hotel L'Albereta

via Vittorio Emanuele 23, Nord : 1,5 km – ✆ 03 07 76 05 62 – www.marchesi.it – Chiuso 7 gennaio-7 febbraio, domenica sera e lunedì
Rist – Menu 60 € (pranzo) – Carta 93/234 €
Circondato da vigneti e da un parco secolare di cedri, querce e castagni, il ristorante si presenta con un'iscrizione che recita: "Parva domus, magna quies" (in una piccola casa, una grande quiete). Niente distrazioni, quindi, l'attenzione va riservata al piatto!

XXX **La Mongolfiera dei Sodi**

via Cavour 7 – 03 07 26 83 03 – www.mongolfiera.it – Chiuso 1 settimana in gennaio, 20 giorni in agosto e giovedì

Rist – Carta 39/95 €

Una bella cascina del Seicento riconvertita in un tipico, ma distinto locale; quattro salette comunicanti e portico estivo, familiare cucina del territorio tra i filari.

ERCOLANO – **Napoli (NA)** – **564** E25 – **54 779 ab.** – **80056** **6** B2

Italia Centro-Sud

Roma 230 – Napoli 13 – Caserta 38 – Benevento 95

Terme★★★ • Casa a Graticcio★★ • Casa dell'Atrio a mosaico★★ • Casa Sannitica★★ • Casa del Mosaico di Nettuno e Anfitrite★★ • Pistrinum★★ • Casa dei Cervi★★ • Casa del Tramezzo carbonizzato★ • Casa del Bicentenario★ • Casa del Bel Cortile★ • Casa del Mobilio carbonizzato★ • Teatro★ • Terme Suburbane★

Vesuvio★★★ Nord-Est: 14 km e 45 mn a piedi AR

Miglio D'Oro Parkhotel rist,

corso Resina 296 – 08 17 39 99 99 – www.migliodoroparkhotel.it – Aperto 1° marzo-31 ottobre

40 cam – 88/154 € 99/198 € – 3 suites **Rist** – Carta 31/64 €

Imponente villa settecentesca nel cuore di Ercolano, gli scavi a due passi e un lussureggiante parco con fontana. Arredi moderni nelle spaziose camere e bagni di pregio: la vista più bella vi aspetta in alcune stanze dell'ultimo piano.

X **Viva Lo Re** N

corso Resina 261 – 08 17 39 02 07 – www.vivalore.it – Chiuso 27 dicembre-3 gennaio, 3 settimane in agosto, domenica sera e lunedì

Rist – Carta 27/51 €

Se il nome rimanda all'antico brindisi borbonico, la cucina parte da basi regionali per stupire poi con qualche spunto di riuscita creatività. Ubicato nella dépendance di una prestigiosa villa vesuviana, è un imperdibile trai ristoranti della località.

ERICE **Sicilia** – **Trapani (TP)** – **365** AK55 – **28 583 ab.** – **alt. 751 m** **29** A2 – **91016** Sicilia

Catania 304 – Marsala 45 – Messina 330 – Palermo 96

via Tommaso Guarrasi 1, 0923 86 93 88, www.entasis.it

Posizione pittoresca★★★ – ★★★ dal castello di Venere – Chiesa Matrice★ – Mura Elimo-Puniche★

Moderno rist,

via Vittorio Emanuele 63 – 09 23 86 93 00 – www.hotelmodernoerice.it

40 cam – 50/70 € 70/100 €

Rist – *(chiuso lunedì in settembre-marzo)* Carta 21/54 €

Centrale e familiare, una piccola dependance di fronte. Si può scegliere tra due tipologie di camere, moderne oppure arredate con mobili antichi, tutte confortevoli. Specialità del ristorante, molto noto in zona, indubbiamente il cous cous di pesce.

XX **Monte San Giuliano**

vicolo San Rocco 7 – 09 23 86 95 95 – www.montesangiuliano.it – Chiuso 7-31 gennaio, 10-30 novembre e lunedì

Rist – Carta 22/41 €

Passando per la piccola corte interna, corredata da un pozzo, si arriva nella singolare terrazza-giardino, perfetta cornice in cui gustare i piatti della tradizione siciliana.

a Erice Mare **Ovest : 10 km** – **91016 Casa Santa-Erice Mare**

Baia dei Mulini rist,

lungomare Dante Alighieri – 09 23 58 41 11 – www.baiadeimulini.it

94 cam – 70/105 € 100/170 € **Rist** – Carta 30/53 €

La splendida posizione sul mare lo rende perfetto per una clientela estiva che vuole dedicarsi solamente a bagni e relax. Dalla piscina si accede direttamente alla spiaggia. Ampi spazi dedicati alla ristorazione, cucina nazionale con alcune specialità locali.

I Mulini Resort senza rist

lungomare Dante Alighieri – ✆ 09 23 58 45 00 – www.imuliniresort.it – Aperto 1° maggio-30 settembre

18 cam – †115/190 € ††245/325 € – 1 suite

Ricavato dalla riconversione di un'antica casa salinara sul mare con un mulino che azionava la macina ed un altro poco lontano utilizzato per la regolazione delle acque, un hotel con camere dotate dei migliori confort per un soggiorno all'insegna dell'originalità e del relax.

ESTE – Padova (PD) – 562 G16 – 16 806 ab. – alt. 15 m – ✉ 35042 — 39 B3

Italia Centro-Nord

Roma 480 – Padova 33 – Ferrara 64 – Mantova 76

via Negri 9/A, ✆ 0429 60 04 62, www.comune.este.pd.it

Museo Nazionale Atestino★ – Mura★

Beatrice d'Este

viale delle Rimembranze 1 – ✆ 04 29 60 05 33 – www.hotelbeatricedeste.it

30 cam – †85/90 € ††85/90 €

Rist – *(chiuso domenica) (solo a cena)* Carta 20/37 €

Accanto all'omonimo Castello, una costruzione d'impronta moderna e recentemente ristrutturata: ideale base per visitare i dintorni e i Colli Euganei. Buon rapporto qualità/prezzo per il ristorante di sapore familiare e tranquillo.

ETROUBLES – Aosta (AO) – 561 E3 – 491 ab. – alt. 1 270 m – ✉ 11014 — 37 A2

Roma 760 – Aosta 14 – Colle del Gran San Bernardo 18 – Milano 198

strada Nazionale Gran San Bernardo 13, ✆ 0165 7 85 59, www.lovevda.it

Croix Blanche

via Nazionale Gran San Bernardo 10 – ✆ 0 16 57 82 38 – www.croixblanche.it – Chiuso maggio, novembre, lunedì sera e martedì

Rist – Menu 22/44 € – Carta 26/56 €

In una locanda del XVII secolo, con tipici tetti in losa del posto e ubicazione strategica verso il Gran San Bernardo: ambiente rustico, sapori locali e nazionali.

FABBRICA CURONE – Alessandria (AL) – 561 H9 – 808 ab. – alt. 480 m – ✉ 15050 — 23 D2

Roma 545 – Alessandria 55 – Genova 79 – Milano 97

La Genzianella con cam

frazione Selvapiana 7, Sud-Est : 4 km - alt. 780 – ✆ 01 31 78 01 35 – www.lagenzianella-selvapiana.it – Chiuso 3 settimane in settembre, lunedì e martedì escluso luglio-agosto

10 cam – †50 € ††80 €, 15 € **Rist** – Menu 30 €

In posizione isolata, il locale vanta una cordiale gestione familiare, giunta alla terza generazione, e propone una formula di menù degustazione d'ispirazione regionale. La struttura dispone anche di camere semplici e curate.

FABBRICO – Reggio Emilia (RE) – 562 H14 – 6 750 ab. – alt. 25 m – ✉ 42042 — 8 B2

Roma 438 – Bologna 81 – Mantova 37 – Modena 43

San Genesio senza rist

via Piave 35 – ✆ 05 22 66 52 40 – www.hotelsangenesio.it – Chiuso 23 dicembre-7 gennaio ed agosto

18 cam – †60/80 € ††90/120 € – 2 suites

Ideale "fil rouge" con il patrono e la chiesetta del Santo sita in campagna, un edificio d'inizio secolo scorso aggiornato nel confort ma fedele nello stile degli arredi.

FABRIANO – Ancona (AN) – 563 L20 – 31 971 ab. – alt. 325 m – ✉ 60044 — 20 B2

Italia Centro-Nord

Roma 216 – Perugia 72 – Ancona 76 – Foligno 58

piazza del Comune 4, ✆ 0732 62 50 67, www.fabrianoturismo.it

Museo della Carta e della Filigrana★★ - Piazza del Comune★

Grotte di Frasassi★★: 15 km nord-est

Gentile da Fabriano
via Di Vittorio 13 – ✆ 07 32 62 71 90 – www.hotelgentile.it
90 cam – 72/95 € 110/130 € – 6 suites
Rist – *(chiuso agosto) (solo a cena escluso domenica)* Carta 23/51 €
Circondato da un piccolo giardino, l'hotel è un complesso moderno dotato di spaziose camere arredate in calde tonalità. Disponibili anche sale riunioni di diversa capienza. Il ristorante, ideale per banchetti nel fine settimana, propone una cucina classica e prodotti tipici regionali.

Residenza La Ceramica N senza rist
via della Ceramica 10 – ✆ 07 32 41 36
– www.residenzalaceramica.com – Chiuso 22 dicembre-7 gennaio e 6-20 agosto
10 cam – 90/110 € 140/160 € – 4 suites
Un piacevole palazzo del centro, già carcere e poi convento, è stato rinnovato e riproposto come albergo: moderno e alla moda, rallegrato da confortevoli spazi colorati, ospita fra le sue mura anche una piccolissima taverna-enoteca.

Agriturismo Gocce di Camarzano senza rist
località Mascano 70, Nord-Est : 3,5 km – ✆ 3 36 64 90 28
– www.goccedicamarzano.it
6 cam – 60/80 € 80/100 €
Bella villa secentesca circondata dalle verdi colline marchigiane, dispone di spaziose camere arredate con letti in legno e di una piacevole sala lettura.

sulla strada statale 76 in prossimità uscita Fabriano Est Nord-Est: 6 km

Villa Marchese del Grillo con cam
località Rocchetta Bassa ✉ 60044 – ✆ 07 32 62 56 90
– www.marchesedelgrillo.com – Chiuso 10 giorni in agosto
15 cam – 70/150 € 90/160 € – 5 suites
Rist – *(chiuso sabato a mezzogiorno, domenica sera e lunedì a mezzogiorno)*
Carta 37/59 €
Splendido edificio settecentesco fatto costruire dal celebre Marchese Onofrio: le ex cantine ospitano oggi una cucina creativa ed elaborata, ricca di fantasia. Un soggiorno aristocratico nelle camere, tra affreschi e lampadari di Murano.

FAENZA – Ravenna (RA) – 562 J17 – 58 150 ab. – alt. 35 m – ✉ 48018 9 C2

Italia Centro-Nord

Roma 368 – Bologna 58 – Ravenna 35 – Firenze 104

Voltone Molinella 2, ✆ 0546 2 52 31, www.prolocofaenza.it

Le Cicogne via Sant'Orsola 10/a, 0546 608946, www.faenzagolf.com – chiuso lunedì

Museo Internazionale della Ceramica ★★

Relais Villa Abbondanzi 
via Emilia Ponente 23, Ovest: 1 km – ✆ 05 46 62 26 72
– www.villa-abbondanzi.com
15 cam – 120/202 € 149/226 € – 7 suites
Rist *Cinque Cucchiai* – vedere selezione ristoranti
In una dimora dei primi '800 - non proprio in centro, ma questo è solo un vantaggio in termini di tranquillità - il relais dispone di camere con mobili d'epoca, soppalchi e caminetti. Se l'India vi sembra lontana, la sua scienza di vita, o meglio Ayurveda, la ritrovate nei trattamenti del centro benessere.

Cinque Cucchiai – Hotel Relais Villa Abbondanzi

via Emilia Ponente 23, Ovest: 1 km – ✆ 05 46 62 15 27
– www.villa-abbondanzi.com – Chiuso martedì a pranzo e lunedì
Rist – Menu 20 € (pranzo in settimana)/55 € – Carta 39/102 €
Situato sotto una grande quercia secolare, il ristorante è specializzato in cucina di pesce. In menu, piatti creativi, ma rispettosi dei sapori naturali. Qualche suggestione? Polipo tiepido con patate mantecate all'olio di Brisighella, risotto bianco del pescatore, mazzancolle allo scottadito.

al casello autostrada A 14 Nord-Est : 2 km :

ClassHotel Faenza cam, rist, VISA AE
via San Silvestro 171 ✉ 48018 Faenza – ✆ 0 54 64 66 62 – www.classhotel.com
69 cam – 69/220 € 79/250 €
Rist – *(chiuso sabato a mezzogiorno e domenica)* Carta 28/47 €
Posizionata strategicamente alle porte di Faenza, e nei pressi del casello autostradale, una risorsa utile al cliente d'affari o di passaggio; dotata di ogni comodità.

FAGAGNA – Udine (UD) – 562 D21 – 6 363 ab. – alt. 177 m – ✉ 33034 10 B2

Roma 634 – Udine 14 – Gemona del Friuli 30 – Pordenone 54

Al Castello VISA AE
via San Bartolomeo 18 – ✆ 04 32 80 01 85 – www.ristorantealcastello.com – Chiuso 13-27 gennaio e lunedì
Rist – Carta 27/48 €
Nella parte alta della località, poco distante dal castello che ricorda nel nome, l'atmosfera coniuga rusticità ed eleganza, la tradizione della linea gastronomica e la modernità delle presentazioni. Agnolotti di formadi frant, noci e patate, con burro alle erbe aromatiche, per chi vuole assaggiare un piatto veramente tipico.

FAGNANO – Verona (VR) – Vedere Trevenzuolo

FAGNANO OLONA – Varese (VA) – 561 F8 – 12 146 ab. – alt. 265 m – ✉ 21054 18 A2

Roma 612 – Milano 40 – Bergamo 80 – Stresa 56

Menzaghi VISA AE
via San Giovanni 74 – ✆ 03 31 36 17 02 – www.ristorantemenzaghi.com – Chiuso 15-31 agosto, domenica sera e lunedì
Rist – Carta 34/51 €
Ingresso attraverso un ampio disimpegno con numerose bottiglie in bellavista, i piatti vi verranno serviti in una sala di taglio rustico-signorile. Menù vario e invitante.

FAI DELLA PAGANELLA – Trento (TN) – 562 D15 – 917 ab. – alt. 957 m – Sport invernali : 957/2 125 m 2 16 (Consorzio Paganella-Dolomiti) – ✉ 38010 33 B2

Roma 616 – Trento 33 – Bolzano 55 – Milano 222

via Villa 1, ✆ 0461 58 31 30, www.visitdolomitipaganella.it

Al Sole cam, cam, VISA
via Cesare Battisti 11 – ✆ 04 61 58 10 65 – www.alsolehotel.info – Chiuso aprile e novembre
36 cam – 60/110 € 100/160 € – 5 suites **Rist** – Carta 28/56 €
Moderno, confortevole, in bella posizione panoramica sui prati: anche le camere si presentano bene, in quanto ad ampiezza e luminosità. L'attrezzato centro benessere vi rigenererà dallo stress quotidiano.

FALCADE – Belluno (BL) – 562 C17 – 2 233 ab. – alt. 1 145 m – Sport invernali : 1 100/2 513 m 8 (Comprensorio Dolomiti superski Tre Valli) – ✉ 32020 39 B1

Roma 667 – Belluno 52 – Cortina d'Ampezzo 59 – Bolzano 64

piazza Municipio 17, ✆ 0437 59 92 41, www.infodolomiti.it

Belvedere rist, VISA AE
via Garibaldi 24 – ✆ 04 37 59 90 21 – www.belvederehotel.info – Aperto 1° dicembre-31 marzo e 1° giugno-30 settembre
40 cam – 65/100 € 78/140 € **Rist** – Carta 22/61 €
Tripudio di legni per questa deliziosa e tipica casa di montagna, già piacevole dall'esterno: a 600 m dal centro e non lontano dalle piste, confortevoli camere di tono rustico, nonché attrezzata area wellness. Caratteristiche stube d'epoca costituiscono splendidi inviti per gustare la buona cucina del territorio.

Sport Hotel Cristal

piazza Municipio 4 – 04 37 50 73 56 – www.sporthotelcristal.net – Aperto 6 dicembre-fine marzo e 15 giugno-14 settembre

46 cam – **40/86 € 46/96 € Rist** – Carta 20/43 €

I prati tutt'intorno si trasformano in estate in una splendida spiaggia baciata dal sole e da una piacevole brezza; all'interno ambienti riscaldati dal tepore del legno e da luminose stoffe carminio. Una rilassante pausa alla scoperta dei sapori regionali vi attende, invece, al ristorante.

FALCONARA MARITTIMA – Ancona (AN) – 563 L22 – 27 781 ab. 21 C1

– 60015 Italia Centro-Nord

Roma 279 – Ancona 13 – Macerata 61 – Pesaro 63

Ovest: 0,5 km 071 28271

via Flaminia 548/a, 071 91 04 58, www.falconaramarittima.net

Touring

via degli Spagnoli 18 – 07 19 16 00 05 – www.touringhotel.it

75 cam – **63/88 € 86/122 €** – 3 suites

Rist *Il Camino* – Carta 18/54 €

Ideale soprattutto per clienti di lavoro, l'albergo, di stampo moderno e non vicino al mare, ma verso Falconara alta, è dotato di confort e di stanze abbastanza spaziose.

Villa Amalia

via degli Spagnoli 4 – 07 19 16 05 50 – www.villaamalia.it – Chiuso domenica sera e lunedì

Rist – *(solo a cena)* (prenotare) Carta 27/65 €

A pochi metri dalla marina, in un villino d'inizio '900 gestito dalla mamma cuoca insieme al figlio, tre sale di sobria eleganza e una veranda estiva: piatti tradizionali o creativi, ma sempre a base di pesce dell'Adriatico.

FALZES (PFALZEN) – Bolzano (BZ) – 562 B17 – 2 619 ab. – alt. 1 022 m 34 C1

– Sport invernali : 1 022/2 275 m 19 12 (Comprensorio Dolomiti superski Plan de Corones) – 39030

Roma 711 – Cortina d'Ampezzo 64 – Bolzano 65 – Brunico 5

piazza del Municipio, 0474 52 81 59, www.suedtirol.info

ad Issengo (Issing)Nord-Ovest : 1,5 km – 39030 Falzes

Al Tanzer con cam

via del Paese 1 – 04 74 56 53 66 – www.tanzer.it – Chiuso 5-25 novembre e 6 aprile-6 maggio

20 cam – **62/100 € 124/200 €** – 1 suite

Rist – *(chiuso mercoledì a mezzogiorno e martedì)* Carta 37/82 €

Se la fama di questo ristorante ha valicato le alte montagne della zona, ci sarà un motivo… In eleganti stube, l'ambiente si fa ovattato, la cucina offre il destro alla fantasia, pur rimanendo squisitamente d'impronta altoatesina. Possibilità di alloggio.

a Molini (Mühlen)Nord-Ovest : 2 km – 39030 Chienes

Schöneck (Karl Baumgartner)

via Schloss Schöneck 11 – 04 74 56 55 50 – www.schoeneck.it – Chiuso 11-19 marzo, 24 giugno-8 luglio, martedì a mezzogiorno (escluso alta stagione) e lunedì

Rist – Carta 42/90 €

→ Mezzelune di pasta di carrube ripiene di fonduta di formaggio d'alpeggio. Lombo di cervo gratinato in crosta di noci, salsa al ribes nero. Ravioli di mele ripieni di ricotta di bufala su salsa di caramello con gelato alla cannella.

Se la bellezza del locale si completa con una calorosa ospitalità, la cucina basta a se stessa: prodotti, cotture e accostamenti, difficile stabilire dove il cuoco eccella.

FANNA – Pordenone (PN) – 562 D20 – 1 572 ab. – alt. 274 m – ✉ 33092 10 B2

Roma 620 – Udine 50 – Belluno 75 – Pordenone 29

Al Giardino

via Circonvallazione Nuova 3 – ✆ 0 42 77 71 78 – www.algiardino.com – Chiuso 10 gennaio-10 febbraio

25 cam – †50/70 € ††80/100 € **Rist** – *(chiuso martedì)* Carta 24/48 €

Il nome prelude all'indovinata cornice verde della struttura, ornata da specchi d'acqua concepiti quasi all'orientale. Tutto spicca per l'estrema cura: la bella piscina e le deliziose camere. Terra e mare coabitano nel menu del ristorante.

FANO – Pesaro e Urbino (PU) – 563 K21 – 64 100 ab. – ✉ 61032 20 B1

Italia Centro-Nord

Roma 289 – Ancona 65 – Perugia 123 – Pesaro 11

viale Cesare Battisti 10, ✆ 0721 80 35 34, www.turismo.pesarourbino.it

Corte Malatestiana★ – Chiesa di S. Maria Nuova: dipinti del Perugino★

Siri senza rist

viale Buozzi 69 – ✆ 07 21 80 25 93 – www.sirihotelfano.it

20 cam – †85/159 € ††106/212 €

Appena fuori le mura del centro storico, grazioso albergo riaperto nel 2010 dopo un totale restauro che gli ha conferito un appeal moderno e modaiolo. Noleggio bici e wi-fi gratuti, mentre la colazione è servita fino alle h. 11.

Elisabeth Due

piazzale Amendola 2 – ✆ 07 21 82 31 46 – www.hotelelisabethdue.it

28 cam – †110/120 € ††140/155 €, 12 € – 4 suites

Rist *Il Galeone* – vedere selezione ristoranti

Situato sulla passeggiata principale del lido, l'albergo vanta una meravigliosa vista sull'Adriatico ed offre camere e spazi comuni d'impronta classica.

Angela

viale Adriatico 13 – ✆ 07 21 80 12 39 – www.hotelangela.it – Chiuso 20 dicembre-10 gennaio

37 cam – †56/62 € ††79/91 €, 6 €

Rist – *(chiuso venerdì) (solo a cena in ottobre-aprile, sempre aperto negli altri mesi)* Carta 24/72 €

Ubicato direttamente sul mare, l'hotel vanta una gestione familiare, graziosi spazi comuni, camere semplici e funzionali. La cucina propone specialità regionali e soprattutto di pesce.

Augustus

via Puccini 2 – ✆ 07 21 80 97 81 – www.hotelaugustus.it

22 cam – †79/90 € ††110/130 €

Rist *Casa Nolfi sulla Darsena* – vedere selezione ristoranti

Sauna, palestra e confortevoli camere, in un albergo rinnovato in anni recenti e che, ora, può giustamente competere con altre moderne strutture della località.

Villa Giulia – Residenza storica

via di Villa Giulia, località San Biagio 40 – ✆ 07 21 82 31 59 – www.relaisvillagiulia.com – Aperto 1° aprile-31 dicembre

17 cam – †90/160 € ††120/280 €

Rist – *(chiuso martedì a mezzogiorno e lunedì)* (prenotazione obbligatoria per i non alloggiati) Carta 29/67 €

Immersa nel verde, struttura ricavata da un'antica residenza napoleonica con camere arredate secondo lo stile originale e 5 appartamenti con soggiorno e cucina (disponibili anche per brevi periodi).

Il Galeone – Hotel Elisabeth Due

piazzale Amendola 2 – ✆ 07 21 82 31 46 – www.ilgaleone.net – Chiuso domenica sera e lunedì a pranzo escluso in estate

Rist – Carta 36/68 €

Accolto tra gli spazi dell'albergo Elisabeth Due, il ristorante da tempo si è conquistato una fama che va ben oltre i frequentatori dell'hotel. Cucina nazionale, con una predilezione per le specialità di mare.

XX **Vicolo del Curato** N

via Gasparoli 59 – ✆ 07 21 80 93 72 – www.vicolodelcurato.it – Chiuso 1 settimana in gennaio, 24 maggio-7 giugno, mercoledì sera e martedì

Rist – Carta 36/54 €

Locale sito nel bel centro della cittadina e gestito da una coppia di giovani fratelli: lui segue la cucina, lei la sala, i cui ambienti offrono confort easy-chic. Piatti moderni, prevalentemente di mare, ma con qualche proposta di terra.

XX **Alla Lanterna** N con cam

cam,

strada nazionale Adriatica Sud 78, località Metaurilia, Sud-Est : 5 km – ✆ 07 21 88 47 48 – www.allalanterna.com – Chiuso 20 dicembre-15 gennaio

18 cam – †45/65 € ††70/105 €

Rist – *(chiuso domenica sera e lunedì)* Menu 25 € (pranzo in settimana)/75 € – Carta 31/88 €

Un indirizzo da memorizzare se siete amanti del mare nel piatto: proprietari e figli sono infatti impegnati a servirvi il miglior pesce dell'Adriatico, in un ambiente curato e piacevole. Sopra, anche la possibilità di pernottare.

XX **Casa Nolfi sulla Darsena** – Hotel Augustus

via Puccini 2 – ✆ 07 21 80 97 81 – www.hotelaugustus.it – Chiuso 1 settimana in gennaio

Rist – Menu 28/48 € – Carta 38/53 €

Il ristorante da pochi anni si è trasferito all'interno di un albergo, ma rimane sempre uno dei classici della località con le sue proverbiali specialità di pesce.

X **Da Maria al Ponte Rosso**

via IV Novembre 86 – ✆ 07 21 80 89 62 – Chiuso domenica e lunedì in novembre-marzo

Rist – (prenotazione obbligatoria) Menu 35/50 €

Pochi tavoli, molte piante, qualche scultura realizzata da Domenica, figlia della proprietaria che segue la sala. L'ambiente è familiare, ma ancor più l'accoglienza e la gustosa cucina, a base di solo pesce fresco a seconda dell'offerta ittica del giorno: così vuole Maria, la titolare, che ha fatto della semplicità la propria forza!

FARA FILIORUM PETRI – Chieti (CH) – 563 P24 – 1 940 ab. – alt. 227 m – ✉ 66010 — 2 C2

Roma 205 – Pescara 36 – Chieti 18 – L'Aquila 97

piazza Municipio 3, ✆ 0871 70 60 37, www.prolocofara.it

XX **Casa D'Angelo**

via San Nicola 5 – ✆ 0 87 17 02 96 – Chiuso 1°-24 novembre, domenica sera e lunedì

Rist – (consigliata la prenotazione) Menu 36 € – Carta 25/55 €

La vecchia casa di famiglia, un locale intimo e raffinato cui si aggiunge la sapienza di una gestione dalla lunga esperienza. Piatti del territorio vivacizzati dalla fantasia dello chef.

FARA IN SABINA – Rieti (RI) – 563 P20 – 13 350 ab. – alt. 482 m – ✉ 02032 — 12 B1

Roma 55 – Rieti 36 – Terni 65 – Viterbo 83

a Coltodino Sud-Ovest : 4 km – ✉ 02030

Agriturismo Ille-Roif

cam,

località Talocci, Ovest : 5,5 km – ✆ 07 65 38 67 49 – www.ille-roif.it – Chiuso gennaio

12 cam – †150/200 € ††200/250 €

Rist – *(solo a cena escluso festivi)* (prenotare) Carta 25/35 €

Originale, stravagante e colorato in questo agriturismo sono state messe le ali alla fantasia e chi vi soggiorna non potrà che volare con essa per scoprire spazi e forme forse persino bizzarri! Prendere posto tra tavoli e sedie oppure mangiare su un'altalena e fare di un gioco infantile il pasto più divertente?

FARNETA – Arezzo (AR) – 563 M17 – Vedere Cortona

FARRA DI SOLIGO – Treviso (TV) – 562 E18 – 8 955 ab. – alt. 163 m – ✉ 31010 40 C2

Roma 590 – Belluno 40 – Treviso 35 – Venezia 72

via Cal Nova 1, ✆ 0438 80 10 75, www.prolocofarra.it

a Soligo Est : 3 km – ✉ 31010

La Candola con cam

via San Gallo 43 – ✆ 04 38 90 00 06 – www.locandacandola.com – Chiuso 15 febbraio-1° marzo

6 cam – †100/120 € ††120/140 €

Rist – *(chiuso martedì a pranzo nel periodo estivo, tutto il giorno negli altri mesi)* (consigliata la prenotazione) Menu 30/65 € – Carta 29/67 €

In posizione panoramica, una rustica dimora è stata piacevolmente trasformata in locanda gourmet dove gustare una cucina moderna, attenta ai prodotti di stagione.

a Col San Martino Sud-Ovest : 3 km – ✉ 31010

Locanda Marinelli con cam

via Castella 5 – ✆ 04 38 98 70 38 – www.locandamarinelli.it – Chiuso 1 settimana in gennaio e 15 giorni in settembre

3 cam – †60 € ††90 €

Rist – *(chiuso martedì)* Menu 25/70 € – Carta 35/65 €

Nella quiete di una tranquilla frazione tra i vigneti di Prosecco, due giovani cuochi propongono una cucina innovativa a base di ottimi prodotti. Bella terrazza panoramica.

Locanda da Condo

via Fontana 134 – ✆ 04 38 89 81 06 – www.locandadacondo.it – Chiuso martedì sera e mercoledì

Rist – Carta 25/58 €

Un'antica locanda che una famiglia gestisce da almeno tre generazioni. Diverse sale ricche di fascino tutte accomunate dallo stile tipico di una trattoria. Cucina veneta.

FARRA D'ISONZO – Gorizia (GO) – 1 754 ab. – ✉ 34072 11 C2

Roma 655 – Trieste 57 – Gorizia 11

Ai Due Leoni

via Verdi 55/57 – ✆ 04 81 88 80 37 – www.aidueleoni.go.it – Chiuso settembre

21 cam – †50/55 € ††65/75 €

Rist – *(chiuso 1°-7 gennaio, 1°-20 settembre e domenica)* Carta 18/35 €

Piccolo hotel a conduzione familiare rinnovato e ampliato in anni recenti: due tipologie di camere, tra moderno e rustico, ma il confort è presente in entrambe. Al ristorante proposte che spaziano dalla tradizione locale ai classici nazionali.

FASANO – Brindisi (BR) – 564 E34 – 38 657 ab. – alt. 118 m – ✉ 72015 27 C2

Puglia

Roma 507 – Bari 60 – Brindisi 56 – Lecce 96

piazza Ciaia 10, ✆ 080 4 41 30 86, www.comune.fasano.br.it

Regione dei Trulli★★★ Sud

Masseria Relais del Cardinale

via delle Croci 68, località Pozzo Faceto, Sud-Est: 10 km – ✆ 08 04 89 03 35 – www.relaisdelcardinale.it – Aperto 25 dicembre-1° gennaio e 1° marzo-31 ottobre

37 suites – solo ½ P 180/300 € – 28 cam **Rist** – *(solo per alloggiati)*

E' decisamente tranquilla la posizione di quest'antica masseria diventata, oggi, una dimora di lusso dai grandi spazi: eliporto ad uso diurno e grande piscina con effetto spiaggia.

Rifugio dei Ghiottoni

via Nazionale dei Trulli 116 – ✆ 08 04 41 48 00 – Chiuso 1°-10 luglio e mercoledì
Rist – Menu 18/25 € – Carta 25/35 €
E' il rifugio-pizzeria di chi cerca i sapori caserecci di una cucina regionale basata su proposte locali da riscoprire in un ambiente piacevolmente semplice. Orecchiette alle cime di rapa, tra i must.

a Selva Ovest : 5 km – alt. 396 m – ✉ 72010 Selva Di Fasano

Sierra Silvana

cam, rist,
via Don Bartolo Boggia 5 – ✆ 08 04 33 13 22 – www.apuliacollection.com
124 cam ☕ – 🚹81/170 € 🚹🚹115/215 €
Rist – *(aperto 28 dicembre-2 gennaio e 1° aprile-2 novembre)* Carta 22/42 €
In una delle zone più attraenti della Puglia, un complesso di moderne palazzine e qualche trullo in un giardino mediterraneo; arredi in midollino e bambù, validi spazi. Per ristorante un gazebo con buganvillee ed eleganti sale con bei soffitti a tendaggi.

a Speziale Sud-Est : 10 km – alt. 84 m – ✉ 72015 Montalbano Di Fasano

Agriturismo Masseria Narducci

cam, cam,
via Lecce 144 – ✆ 08 04 81 01 85 – www.agriturismonarducci.it – Chiuso novembre
9 cam ☕ – 🚹55/70 € 🚹🚹70/100 € **Rist** – (prenotare) Menu 20 €
Caratteristico e familiare, all'ingresso della proprietà si trova anche un piccolo negozietto per la vendita di prodotti locali: tipica masseria con giardino-solarium e un'antica atmosfera rurale. Possibilità di ristorazione nel fine settimana, nonché in luglio-agosto (informarsi sulle aperture).

FASANO DEL GARDA – Brescia (BS) – 561 F13 – Vedere Gardone Riviera

FAVIGNANA Sicilia – Trapani (TP) – 365 AI56 – Vedere Egadi (Isole)

FELINO – Parma (PR) – 562 H12 – 8 546 ab. – alt. 185 m – ✉ 43035 8 A3

Roma 469 – Parma 17 – Cremona 74 – La Spezia 113

Antica Osteria da Bianchini

via Marconi 4/a – ✆ 05 21 83 11 65 – www.dabianchini.it – Chiuso 1°-15 gennaio, lunedì e martedì
Rist – Carta 22/45 €
L'ingresso è quello di una salumeria, accanto le due sale arredate nello stile di una tipica osteria di paese, dove trovare salumi, paste fresche, diversi tipi di carne e crostate.

a Barbiano Sud : 4 km – ✉ 43035

Trattoria Leoni

via Ricò 42 – ✆ 05 21 83 11 96 – www.trattorialeoni.it – Chiuso 1°-20 gennaio e lunedì
Rist – Menu 15 € (pranzo in settimana)/29 € – Carta 24/49 €
In una cornice di affascinanti dolci colline, la classica sala propone piatti parmigiani che si aprono a suggestioni di montagna, funghi e cacciagione; imperdibile panorama estivo.

FELTRE – Belluno (BL) – 562 D17 – 20 924 ab. – alt. 325 m – ✉ 32032 39 B2

Italia Centro-Nord

Roma 593 – Belluno 32 – Milano 288 – Padova 93
piazza Trento e Trieste 9, ✆ 0439 25 40, www.infodolomiti.it
Piazza Maggiore★ – Via Mezzaterra★

Doriguzzi senza rist
viale Piave 2 – ✆ 04 39 20 03 – www.hoteldoriguzzi.it
26 cam ☕ – †35/85 € ††85/140 €
Accogliente struttura vicino al centro storico, è un valido punto di riferimento soprattutto per una clientela di lavoro grazie agli ambienti ben accessoriati a disposizione degli ospiti.

La Casona
via Segusini 17/a – ✆ 04 39 30 27 30 – www.lacasona.it
22 cam ☕ – †40/70 € ††70/100 € **Rist** – Carta 23/60 €
In una zona particolarmente tranquilla - alle spalle dell'ospedale e del campo sportivo - piccola risorsa familiare dagli ambienti moderni e camere confortevoli, ben accessoriate: ideale per una clientela business. Servizio ristorante (anche) in terrazza, nonché interessante menu con specialità alla griglia.

FENEGRÒ – Como (CO) – 561 E9 – 3 138 ab. – alt. 290 m – ✉ 22070 18 A1

Roma 604 – Como 26 – Milano 34 – Saronno 10

In
via Monte Grappa 20 – ✆ 0 31 93 57 02 – www.ristorante-in.com – Chiuso 26 dicembre-4 gennaio, 2 settimane in agosto, domenica sera e lunedì
Rist – Carta 34/64 €
Un locale di tono moderno e accogliente, con interni signorili e un'atmosfera comunque familiare; un po' fuori paese, piatti di mare, ora più classici ora rivisitati.

FENER – Belluno (BL) – 562 E17 – alt. 198 m – ✉ 32031 40 C2

Roma 564 – Belluno 42 – Milano 269 – Padova 63

Tegorzo cam, cam,
via Nazionale 25 – ✆ 04 39 77 97 40 – www.hoteltegorzo.it
30 cam ☕ – †45/65 € ††50/97 € **Rist** – Carta 19/40 €
Ubicato nella prima periferia della località, un hotel a gestione familiare rinnovatosi negli anni, semplice e confortevole. Bel giardino e campo da tennis. Ristorante con proposte di cucina casereccia.

FENIS – Aosta (AO) – 561 E4 – 1 607 ab. – alt. 537 m – ✉ 11020 37 B2

Italia Centro-Nord

Roma 722 – Aosta 20 – Breuil-Cervinia 36 – Torino 82

Castello★

Comtes de Challant
frazione Chez Sapin 95 – ✆ 01 65 76 43 53 – www.hcdc.it – Chiuso 6-28 gennaio
28 cam ☕ – †57/69 € ††88/116 €
Rist – *(chiuso domenica sera e lunedì in bassa stagione)* (prenotare)
Carta 27/58 €
Ubicazione tranquilla, ai piedi dell'omonimo Castello, per questa tipica costruzione di montagna con bei terrazzi esterni e camere confortevoli, nuove, con parquet. Proposte sia valdostane che nazionali in un classico ristorante d'albergo.

FERENTILLO – Terni (TR) – 563 O20 – 1 981 ab. – alt. 260 m – ✉ 05034 36 C3

Italia Centro-Nord

Roma 122 – Terni 18 – Rieti 54

Abbazia San Pietro in Valle – Residenza d'epoca senza rist
strada statale 209 Valnerina km 20, Nord-Est : 3,5 km – ✆ 07 44 78 01 29 – www.sanpietroinvalle.com – Aperto Pasqua-2 novembre
21 cam ☕ – †105/115 € ††135/145 €
Nel cuore del misticismo umbro, un'esperienza irripetibile all'interno di un'abbazia d'origne longobarda del IX sec. Camere semplici in linea con lo spirito del luogo.

XX **Piermarini** con cam e senza ☕ rist, rist, P VISA AE

via Ancaiano 23 – ✆ 07 44 78 07 14 – www.saporipiermarini.it
– Chiuso domenica sera e lunedì
2 cam – 🚹40 € 🚹🚹70 €
Rist – (prenotazione obbligatoria a mezzogiorno) Carta 30/62 €
Poco fuori dal centro, giardino, veranda e sale sono l'elegante cornice di una cucina spesso incentrata sul tartufo, coltivato direttamente dai titolari del ristorante.

FERENTINO – Frosinone (FR) – 563 Q21 – 21 258 ab. – alt. 395 m – ✉ 03013 Italia Centro-Sud

13 C2

▶ Roma 75 – Frosinone 14 – Fiuggi 23 – Latina 66

Anagni : cripta★★★ nella cattedrale★★, quartiere medioevale★, volta★ del palazzo Comunale Nord-Ovest : 15 km

Bassetto rist, P VISA AE

via Casilina Sud al km 74,600 – ✆ 07 75 24 49 31 – www.hotelbassetto.it
99 cam ☕ – 🚹50/90 € 🚹🚹70/140 € **Rist** – Carta 22/70 €
Un esercizio storico da queste parti, ubicato sulla statale Casilina, ampliato e rinnovato in tempi recenti e con una gestione familiare ormai consolidata e capace. Un'ampia sala ristorante e ricette della consuetudine ciociara.

FERIOLO – Verbano-Cusio-Ossola (VB) – 561 E7 – alt. 195 m – ✉ 28831

24 A1

▶ Roma 664 – Stresa 7 – Domodossola 35 – Locarno 48

Carillon senza rist P VISA

strada nazionale del Sempione 2 – ✆ 0 32 32 81 15 – www.hotelcarillon.it
– Aperto 25 marzo-20 ottobre
32 cam ☕ – 🚹60/90 € 🚹🚹90/150 €
Direttamente sul lago, l'hotel dispone di camere spaziose con vista panoramica, un'ampia hall ed una zona veranda che ne accresce il respiro.

XX **Il Battello del Golfo** VISA

strada statale 33 – ✆ 0 32 32 81 22 – www.battellodelgolfo.com
– Chiuso martedì escluso luglio-agosto, anche lunedì da novembre a febbraio
Rist – Carta 31/49 € (+10 %)
Il locale vanta una discreta eleganza ed è un curioso adattamento di una barca trasportata ad hoc dal lago di Como ed ancorata a riva. Cucina stagionale, regionale e di lago.

XX **Serenella** con cam cam, P VISA AE

via 42 Martiri, 5 – ✆ 0 32 32 81 12 – www.hotelserenella.net
14 cam ☕ – 🚹60/90 € 🚹🚹70/120 €
Rist – *(chiuso mercoledì in ottobre-marzo)* Menu 27/40 € – Carta 34/71 €
Da oltre mezzo secolo il punto di riferimento in zona per gli amanti della buona tavola: cucina di respiro classico-moderno in un ristorante dall'atmosfera calda e raccolta. Poco distante dal lago, l'hotel dispone di camere recentemente rinnovate con un taglio moderno e di una spiaggia privata.

FERMO – Fermo (FM) – 563 M23 – 37 834 ab. – alt. 319 m – ✉ 63900 Italia Centro-Nord

21 D2

▶ Roma 263 – Ascoli Piceno 75 – Ancona 69 – Macerata 41

i piazza del Popolo 6, ✆ 0734 22 87 38, www.turismo.fermo.net

Posizione pittoresca★ – Duomo★ - Piazza del Popolo★ - Pinacoteca civica: Adorazione dei Pastori★★ di Rubens

Montefiore dell'Aso: polittico★★ di Carlo Crivelli: 20 km a sud

sulla strada statale 16-Adriatica

Royal cam, rist,

piazza Piccolomini 3, al lido, Nord-Est : 8 km ✉ 63023 – ✆ 07 34 64 22 44 – www.royalre.it
56 cam – †68/100 € ††96/170 € – 2 suites
Rist *Nautilus* – *(chiuso domenica sera in inverno)* Carta 29/111 €
Terrazza solarium con piccola piscina su questa bianca costruzione di stile moderno sita sul limitare della spiaggia: materiali pregiati, arredi di design, ogni confort. Tenuta impeccabile nel moderno ristorante, dotato anche di fresca ed accogliente terrazza.

Emilio (Danilo Bei)

via Girardi 1, località Casabianca, Nord-Est : 12 km – ✆ 07 34 64 03 65 – www.ristoranteemilio.it – Chiuso 23 dicembre-3 gennaio, 25-31 agosto e lunedì
Rist – *(solo a cena)* Menu 50/80 € – Carta 51/83 €
➜ Cappelletti con scampi in guazzetto di crostacei. Filetto di pesce mazzolino ai profumi di stagione con vellutata di asparagi. Piccoli cannelloni ripieni di mela con gelato alla vaniglia.
Un comodo parcheggio libero proprio di fronte all'ingresso di questo elegante locale, dove spiccano opere d'arte contemporanea. Piatti di pesce a seguire la falsariga delle tradizioni adriatiche, con molte sorprese proposte anche a voce.

FERNO – Varese (VA) – 561 F8 – 6 876 ab. – alt. 211 m – ✉ 21010 18 A2

Roma 626 – Milano 45 – Stresa 49 – Como 49

all'aeroporto di Malpensa Terminal 1 Ovest: 9,5 km

Sheraton Milan Malpensa N

Terminal 1 – ✆ 0 22 33 51 – www.sheratonmilanmalpensa.com
427 cam – †89/325 € ††98/452 € – 6 suites
Rist – Carta 48/72 €
Design contemporaneo per un hotel dalle imponenti dimensioni e dai grandi confort: camere dotate del proverbiale Sweet Sleeper Bed (lenzuola morbidissime, piumino deluxe ed una selezione di cuscini in piuma o ipoallergenici), moderna Spa ed un attrezzato fitness center per una clientela in transito a Malpensa. La struttura è situata infatti all'interno del Terminal 1.

FERRARA P (FE) – 562 H16 – 135 369 ab. – alt. 9 m Italia Centro-Nord 9 C1

Roma 423 – Bologna 51 – Milano 252 – Padova 73

largo Castello, ✆ 0532 29 93 03, www.ferraraterraeacqua.it

via Gramicia 41, 0532 708535, www.cusferraragolf.it

Duomo★★ BYZ – Museo della Cattedrale★ BZ **M2**– Palazzo Schifanoia★ BZ **E** : affreschi★★ – Palazzo dei Diamanti★★ BY : pinacoteca nazionale★, affreschi★★ nella sala d'onore – Castello Estense★ BY **B** –Corso Ercole I d'Este★ BY – Palazzo di Ludovico il Moro★ BZ **M1** – Casa Romei★ BZ – Palazzina di Marfisa d'Este★ BZ **N**

Duchessa Isabella P

via Palestro 70 ✉ 44121 – ✆ 05 32 20 21 21 – www.duchessaisabella.it – Chiuso 5-19 agosto BY**a**
25 cam – †268 € ††299 € – 6 suites
Rist – *(chiuso le sere di domenica e lunedì)* Carta 69/97 € (+20 %)
Relais di infinito charme, elegante, arredato con pregiati tessuti, mobili ed oggetti antichi, autentica passione della titolare che cura altresì ogni più piccolo dettaglio: uno splendido omaggio alla sovrana d'Este. Soffittature a cassettoni con fregi in oro e dipinti: la precisione del servizio anche al ristorante.

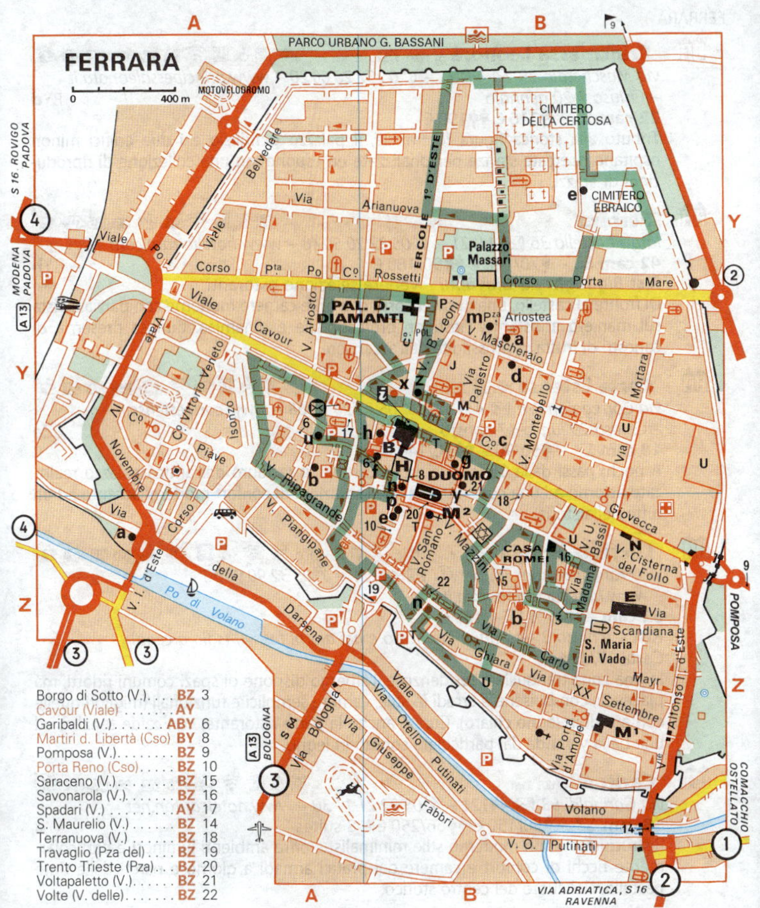

Annunziata senza rist
piazza Repubblica 5 ✉ 44121 – ✆ 05 32 20 11 11
– www.annunziata.it BYf
21 cam ☕ – †94/300 € ††119/400 €
In pieno centro storico, proprio di fronte al castello, albergo con un buon livello di confort. Per chi desidera maggior autonomia, in una vicina dependance, propone camere più spaziose.

Orologio senza rist
via Darsena 67 ✉ 44122 – ✆ 05 32 76 95 76
– www.hotelorologio.com AZa
46 cam ☕ – †85/140 € ††115/220 € – 2 suites
Spaziose, confortevoli, arredate con mobili in legno sbiancato di stile classico, le camere così come l'intera struttura sono piacevolmente realizzate secondo criteri di moderna ispirazione.

Il tempo è bello? Concedetevi il piacere di mangiare in terrazza:

Principessa Leonora senza rist
via Mascheraio 39 ✉ 44121 – ✆ 05 32 20 60 20 – www.principessaleonora.it
– Chiuso 7-20 gennaio BY**d**
22 cam – 116 € 190 €
Tributo alla storica figura femminile, il palazzo gentilizio e i due edifici minori ospitano ricercate stanze personalizzate ed espongono una collezione di riproduzioni di arazzi.

Ferrara
largo Castello 36 ✉ 44121 – ✆ 05 32 20 50 48 – www.hotelferrara.com
42 cam – 70/140 € 90/180 € BY**h**
Rist *Big Night-da Giovanni* – vedere selezione ristoranti
Di fronte al castello, una nuova risorsa che offre camere moderne con parziale vista sul maniero antistante. Gestione professionale e dinamica. Curiosa presenza di canestri di frutta in prossimità dell'ascensore.

Corte Estense senza rist
via Correggiari 4/a ✉ 44121 – ✆ 05 32 24 21 68 – www.corteestense.it
– Chiuso 29 luglio-17 agosto BZ**e**
18 cam – 50/90 € 90/140 €
A pochi passi dalla Cattedrale e dal Castello, il restauro dell'antico palazzo realizzato attorno ad una corte interna offre soluzioni di confort moderni accanto ad un tuffo nella storia.

Lucrezia Borgia cam,
via Franchi Bononi 34, per ③ ✉ 44124 – ✆ 05 32 90 90 33
– www.hotellucreziaborgia.it
52 cam – solo ½ P 64/160 €
Rist – *(chiuso 2 settimane in agosto e nei giorni festivi) (solo a cena)*
Carta 17/42 €
In una zona tranquilla e residenziale, l'albergo dispone di spazi comuni ridotti, ma piacevoli, con boiserie e arredi in stile, camere semplici e funzionali (migliori quelle con arredi in legno chiaro). Curata anche la parte ristorante, con calde tonalità ed una bella veranda dal particolare soffitto in legno.

Carlton senza rist
via Garibaldi 93 ✉ 44121 – ✆ 05 32 21 11 30 – www.hotelcarlton.net
58 cam – 50/150 € 66/250 € – 8 suites AY**u**
Ristrutturato in un moderno stile minimalista, offre ambienti luminosi e particolarmente ricchi di confort e camere dai pratici armadi a giorno e pareti dalle tinte pastello. Nel cuore del centro storico.

De Prati senza rist
via Padiglioni 5 ✉ 44121 – ✆ 05 32 24 19 05 – www.hoteldeprati.com
– Chiuso 21-26 dicembre BY**z**
16 cam – 55/85 € 85/120 € – 1 suite
In questa casa centrale, già locanda agli inizi del '900, soggiornavano uomini di cultura e di teatro; oggi è un hotel rinnovato che ospita, a rotazione, opere di artisti contemporanei.

Nazionale Ⓝ senza rist
corso Portareno 32 ✉ 44121 – ✆ 0 53 21 91 51 61 – www.hotelnazionaleferrara.it
13 cam – 55/90 € 75/150 € BY**e**
A due passi dalla Cattedrale e dal castello Estense, non manca certo di personalità questo piccolo boutique hotel, le cui camere di design sono contraddistinte da nomi d'importanti città italiane. Bagni con cromoterapia.

Horti della Fasanara senza rist
via delle Vigne 34 – ✆ 33 81 54 37 21 – www.hortidellafasanara.com
6 cam – 90/200 € 120/300 € BY**e**
La campagna in città: all'interno dell'ex riserva di caccia degli Estensi, una residenza ottocentesca con camere moderne - bianche e luminose - bagni a vista, cromoterapia.

R&B Dolcemela senza rist
via della Sacca 35 ✉ 44121 – ✆ 05 32 76 96 24 – www.dolcemela.it
7 cam – †60/80 € ††70/110 € AY**b**
In un quartiere di origini popolari dalle deliziose casette d'epoca, troverete anche una piccola corte-giardino con fontana di Serafini. Camere semplici, ma curate: diverse mansardate con travi a vista e due al piano terra con camino. Il risveglio sarà dolce con gustose torte della casa per colazione.

Locanda Borgonuovo senza rist
via Cairoli 29 ✉ 44121 – ✆ 05 32 21 11 00 – www.borgonuovo.com
7 cam ☕ – †45/70 € ††80/110 € BY**g**
Ottima accoglienza e arredi in stile ma è indubbiamente la colazione il punto forte della locanda: quasi "personalizzata" secondo i vostri gusti, d'estate servita in una piccola corte interna.

La Duchessina senza rist
vicolo del Voltino 11 ✉ 44121 – ✆ 05 32 20 69 81 – www.laduchessina.it
6 cam ☕ – †65 € ††99 € BY**m**
In un vicolo trecentesco si affaccia una locanda dipinta di rosa, romantica e modernamente concepita; poche stanze per un'atmosfera curatissima, da casa delle bambole.

Agriturismo Corte dei Gioghi senza rist
via Pellegrina 8, 2 km per ② ✉ 44124 – ✆ 05 32 74 50 49 – www.cortedeigioghi.com
7 cam ☕ – †60/80 € ††80/100 €
Spaziose, arredate con gusto rustico, le camere sono state ricavate nel vecchio fienile della casa colonica; spazio all'esterno per colazioni estive e gradevole piscina.

Locanda il Bagattino senza rist
corso Porta Reno 24 ✉ 44121 – ✆ 05 32 24 18 87 – www.ilbagattino.it
6 cam ☕ – †75/95 € ††95/120 € BY**n**
In ricordo della dodicesima parte di una moneta in circolazione nel XIII secolo, la locanda si trova all'interno di un palazzo d'epoca: atmosfera di charme e una camera con terrazzino.

Honey Rooms Ferrara Ⓝ senza rist
via Voltapaletto 34 ✉ 44121 – ✆ 05 32 21 22 61 – www.honeyroomsferrara.it
6 cam ☕ – †50/80 € ††80/110 € BYZ**y**
Alle spalle del Duomo, recente apertura per una simpatica risorsa a conduzione diretta: camere signorili e dal confort moderno.

Zafferano
via Fondobanchetto 2/A ✉ 44121 – ✆ 05 32 76 34 92 – www.zafferanoristorante.it – Chiuso martedì a pranzo e lunedì BZ**b**
Rist – Menu 50 € – Carta 35/63 €
Edificio quattrocentesco in un angolo del centro storico poco bazzicato dai turisti. Ambiente caldo con tavoli ravvicinati per una cucina che esplora i sapori d'oggi.

Max
piazza Repubblica 16 ✉ 40121 – ✆ 05 32 20 93 09 – Chiuso 1 settimana in gennaio, 2 settimane in agosto, domenica a pranzo e lunedì BY**f**
Rist – Carta 54/79 €
Pesce, formaggi e cioccolato: queste le specialità di un locale giovane dagli ambienti semplici, a pochi passi dal castello.

Big Night-da Giovanni – Hotel Ferrara
via largo Castello 38 ✉ 44121 – ✆ 05 32 24 23 67 – www.ristorantebignight.com
Rist – (consigliata la prenotazione) Menu 35 € (pranzo)/65 € – Carta 42/90 € BY**h**
Originale ubicazione all'interno di un cortile per questo apprezzato ristorante che propone piatti sia di terra che di mare. Dalle grandi vetrate è possibile godere della vista sul castello.

XX **Quel Fantastico Giovedì**

via Castelnuovo 9 ✉ 44121 – ☎ 05 32 76 05 70 – www.quelfantasticogiovedi.com – Chiuso 20-30 gennaio, 20 luglio-20 agosto e mercoledì BZn

Rist – (consigliata la prenotazione) Carta 29/55 €

Una sala più classica ed una moderna dai colori accesi: un piccolo indirizzo d'atmosfera, curato nel servizio e nella cucina, che propone piatti creativi o più legati alle tradizioni (come lo sformato di patate cotte nel latte con salamina da sugo). Dispone anche di uno spazio all'aperto.

X **Ca' d'Frara**

via del Gambero 4 ✉ 44121 – ☎ 05 32 20 50 57 – www.ristorantecadfrara.it – Chiuso 9-30 luglio, mercoledì a mezzogiorno e martedì BYc

Rist – (consigliata la prenotazione) Menu 23 € – Carta 26/56 €

Non lasciatevi ingannare dall'ambiente moderno, questa casa ferrarese è il bastione della tradizione cittadina: prosciutti appesi, pasticcio di maccheroni e la "salama da sugo" con puré. Non manca qualche ricetta di pesce.

X **La Borsa Wine-Bar**

corso Ercole I D'Este 1 ✉ 44121 – ☎ 05 32 24 33 63 – www.ildongiovanni.com – Chiuso 14-17 agosto, domenica in luglio-agosto, lunedì negli altri mesi

Rist – Menu 25/45 € – Carta 31/66 € BYx

Piacevole e ricco di fascino, un indirizzo informale dove fare una sosta per un piatto, caldo o freddo, così come per una selezione di formaggi e salumi. Benvenuti nella ex sede della Borsa di Commercio.

a Ponte Gradella Est : 3 km per via Giovecca BYZ – ✉ 44123

Locanda Corte Arcangeli

via Pontegradella 503 – ☎ 05 32 70 50 52 – www.locandacortearcangeli.it

6 cam – †55/75 € ††80/95 €

Rist – (prenotazione obbligatoria) Carta 25/54 €

Antico monastero rinascimentale, divenuta villa di campagna della famiglia Savonarola, la locanda propone ambienti rustico-eleganti, camere impreziosite da mobili d'epoca, relax, piscine ed ottimi servizi. Al ristorante: cucina emiliana con inserimenti umbri, in omaggio alle origini del titolare.

a Porotto-Cassana per ④: 5 km – ✉ 44124

Agriturismo alla Cedrara senza rist

via Aranova 104 – ☎ 05 32 59 30 33 – www.allacedrara.it

8 cam – †35/45 € ††60/80 €

Completamente ristrutturato, il vecchio fienile è ora un curato agriturismo dalle belle camere arredate con pezzi antichi. Colazione in veranda con le torte fatte in casa; e poi: barbecue, cucina e un grande giardino a disposizione dei clienti.

a Gaibana per ② : 10 km – ✉ 44124

X **Trattoria Lanzagallo**

via Ravenna 1048 – ☎ 05 32 71 80 01 – Chiuso 24- giugno-7 luglio, 15-31 agosto, domenica e lunedì

Rist – Carta 30/50 €

Non fatevi ingannare dall'ambiente semplice e privo di fronzoli, la *Trattoria Lanzagallo* è uno dei punti di riferimento in provincia per la qualità del pesce in preparazioni schiette e gustose.

a Ravalle per ④ : 16 km – ✉ 44123

XX **L'Antico Giardino**

via Martelli 28 – ☎ 05 32 41 25 87 – Chiuso martedì a mezzogiorno e lunedì

Rist – Menu 42/52 € – Carta 39/70 €

Una cucina ricca di spunti fantasiosi, che mostra una predilezione per i sapori della terra, carne, funghi e tartufi particolarmente. Moderna anche l'atmosfera all'interno della villetta, nel centro della località.

FERRAZZE – Verona (VR) – Vedere San Martino Buon Albergo

FERRO DI CAVALLO – Perugia (PG) – **563** M19 – **Vedere Perugia**

FETOVAIA – Livorno (LI) – **563** N12 – **Vedere Elba (Isola d') : Marina di Campo**

FIANO – Torino (TO) – 561 G4 – 2 744 ab. – ✉ 10070 — 22 B2

Roma 712 – Torino 29 – Aosta 127 – Vercelli 93

Relais Bella Rosina
via Agnelli 2 – ✆ 01 19 23 36 00 – www.bellarosina.it
21 cam – †160/190 € ††205/290 €, ☕ 15 € – 2 suites
Rist ***Gemma di Rosa*** – vedere selezione ristoranti
Non lontano dalla Reggia di Venaria, tranquillo e con ampi spazi esterni, il relais si trova in una residenza sabauda patrimonio mondiale dell'Unesco. Camere eleganti ed una beauty farm nella cascina settecentesca appartenuta a Vittorio Emanuele II.

Gemma di Rosa – Hotel Relais Bella Rosina
via Agnelli 2 – ✆ 01 19 23 36 33 – www.bellarosina.it
– Chiuso mercoledì escluso giugno-settembre
Rist – Menu 30/70 € – Carta 36/58 €
Soffitto con volte di mattoni a vista, pavimento in cotto, lampadari in rame: sono solo alcuni degli elementi che contribuiscono a rendere suggestivo questo elegante ristorante affacciato su un'antica corte. La cucina ripercorre le ricette della tradizione locale e, in aggiunta, anche qualche piatto internazionale.

FIANO ROMANO – Roma (RM) – 563 P19 – 13 978 ab. – alt. 97 m – ✉ 00065 — 12 B2

Roma 39 – L'Aquila 110 – Terni 81 – Viterbo 81

in prossimità casello autostrada A 1 di Fiano Romano Sud : 5 km :

Park Hotel
via Milano 33 – ✆ 07 65 45 30 80 – www.parkhotelromanord.it
74 cam ☕ – †80/160 € ††100/220 € – 19 suites **Rist** – Carta 29/51 €
Tradizionale e moderno, non privo di una sobria eleganza, l'hotel propone camere standard e funzionali nel corpo principale, più eleganti e spaziose nella dépendance; per tutti un bel giardino con piscina. Cucina romana ai tavoli della graziosa sala da pranzo, affacciata sul verde e sulla piscina.

FIASCHERINO – La Spezia (SP) – **561** J11 – **Vedere Lerici**

FIDENZA – Parma (PR) – 562 H12 – 26 196 ab. – alt. 75 m – ✉ 43036 — 8 A2

Italia Centro-Nord
Roma 476 – Parma 21 – Piacenza 38 – Cremona 48
Duomo★ : portico centrale★★

Podere San Faustino (N)
via San Faustino 33 (strada statale Emilia nord) – ✆ 05 24 52 01 84
– Chiuso 1°-10 gennaio e 1°-10 luglio, sabato a mezzogiorno e lunedì, anche domenica sera in estate
Rist – Carta 27/54 €
Ambiente informale e caratteristico con affettatrici per i salumi in sala, in una casa colonica dei primi '900. Cucina regionale in menu.

FIÈ ALLO SCILIAR (VÖLS AM SCHLERN) – Bolzano (BZ) – 562 C16 — 34 D3

– **3 469 ab. – alt. 880 m – Sport invernali : 1 800/2 300 m 2 19 (Comprensorio Dolomiti superski Alpe di Siusi)** – ✉ **39050**
Roma 657 – Bolzano 16 – Bressanone 40 – Milano 315
via del Paese 15, ✆ 0471 70 69 00, www.alpedisiusi.info

Turm
piazza della Chiesa 9 – ✆ 04 71 72 50 14 – www.hotelturm.it
– Chiuso 1°-24 aprile e 17 novembre-22 dicembre
36 cam – solo ½ P 120/164 € – 4 suites
Rist ***Turm*** – vedere selezione ristoranti
In un antico edificio medievale, un moderno hotel dal côté romantico con raccolta di quadri d'autore, camere ricche di fascino e suggestiva zona benessere.

Heubad
via Sciliar 12 – ✆ 04 71 72 50 20 – www.heubad.info – Chiuso 7-24 aprile e 3 novembre-19 dicembre
45 cam – 60/200 € 120/208 € **Rist** – *(chiuso mercoledì)* Carta 36/59 €
Da menzionare certamente i bagni di fieno, metodo di cura qui praticato ormai da 100 anni e da cui l'hotel trae il nome: per farsi viziare in un'atmosfera di coccolante relax. Cucina locale servita in diversi ambienti raccolti, tra cui tre stube originali.

Turm – Hotel Turm
piazza della Chiesa 9 – ✆ 04 71 72 50 14 – www.hotelturm.it – Chiuso 1°-24 aprile, 17 novembre-22 dicembre e giovedì
Rist – (consigliata la prenotazione) Menu 51 € – Carta 46/70 €
Cucina regionale con tocchi di creatività per questo ristorante dalla stessa romantica e curata atmosfera dell'omonimo albergo.

FIERA DI PRIMIERO – Trento (TN) – 562 D17 – 533 ab. – alt. 710 m – Sport invernali : Vedere San Martino di Castrozza – ✉ 38054 34 C2

Roma 616 – Belluno 65 – Bolzano 99 – Milano 314
via Dante 6, ✆ 0439 6 24 07, www.sanmartino.com

Iris Park Hotel
via Roma 26 – ✆ 04 39 76 20 00 – www.brunethotels.it – Aperto 4 dicembre-31 marzo e 1° maggio-19 novembre
64 cam – solo ½ P 73/114 € – 15 suites **Rist** – Carta 27/44 €
Lungo la strada principale, hotel che presenta un ambiente montano davvero signorile, confortevole e personalizzato. Camere di varie tipologie, valido centro benessere. Calda atmosfera nell'elegante sala ristorante.

Tressane
cam,
via Roma 30 – ✆ 04 39 76 22 05 – www.brunethotels.it – Aperto 4 dicembre-31 marzo e 1° maggio-19 novembre
35 cam – solo ½ P 73/114 € – 5 suites **Rist** – Menu 25/35 €
Da bozzolo a farfalla: la piccola locanda che già nel 1923 accoglieva i propri ospiti con calore e savoir-faire è diventata oggi una struttura moderna nei confort, ma sempre tradizionale nello stile. A cui non manca, un ampio ed attrezzato centro benessere (in condivisione con l'Iris Park Hotel).

Relais Le Gemme
via Roma 30 – ✆ 04 39 76 22 05
11 suites – 150/300 €
Piccola e riservata dépendance di nuova costruzione con ampi spazi arredati in stile: idromassagio o sauna in camera ed, in alcuni casi, anche angolo cottura.

Luis
viale Piave 20 – ✆ 04 39 76 30 40 – www.hotelluis.it – Aperto 1° dicembre-31 marzo e 1° giugno-31 ottobre
30 cam – 110/130 € 150/170 € **Rist** – *(solo per alloggiati)*
Villa Liberty alle porte della località, originali decori nelle zone comuni mentre le camere sono più tradizionali, centro benessere e gradevole giardino estivo. Ristorante classico con ambiente elegante.

Castel Pietra
cam, rist,
via Venezia 28 – ✆ 04 39 76 31 71 – www.hotelcastelpietra.it – Chiuso 8 aprile-17 maggio e 14 ottobre-22 novembre
50 cam – 30/60 € 60/120 €
Rist – Menu 21/43 €
Rist *Castel Pietra* – Carta 27/58 €
Una giovane coppia conduce con passione un albergo carino ed accogliente, completo nella gamma dei servizi offerti: camere linde e ben organizzate, molte delle quali dotate di balconcino. Un occhio di riguardo è riservato alle famiglie con bambini al seguito.

La Perla rist,
via Venezia 26 – ✆ 04 39 76 21 15 – www.hotelaperla.it
63 cam – 70/120 € 70/120 € **Rist** – Carta 21/47 €
Se avete voglia di mondanità, una breve passeggiata vi condurrà in centro. Altrimenti, godetevi la tranquillità di questa bella struttura dalla simpatica gestione familiare. Un consiglio: richiedere le camere più recenti con vista sulla valle. Al ristorante: cucina nazionale, trentina o spaghetteria.

Chalet Piereni con cam rist,
località Piereni 8, a Val Canali – ✆ 0 43 96 27 91 – www.chaletpiereni.it – Chiuso 10 gennaio-Pasqua
19 cam – 45/70 € 80/100 € – 2 suites
Rist – *(chiuso mercoledì in bassa stagione)* Carta 18/45 €
Terrazza sulle Dolomiti, tra boschi punteggiati da piccole e vecchie malghe; in sala, tra eleganza e ricercatezza, i piatti della tradizione trentina: semplici, gustosi e celebri. Verdi pascoli, incantevoli scorci e silenzio dalle finestre delle camere.

FIESOLE – Firenze (FI) – 563 K15 – 14 341 ab. – alt. 295 m – ✉ 50014 32 D3

Toscana

Roma 285 – Firenze 8 – Arezzo 89 – Livorno 124

via Portigiani 3/5, ✆ 055 5 96 13 23, www.comune.fiesole.fi.it/

Paesaggio★★★ – ★★ su Firenze – Convento di San Francesco★ – Duomo★ : interno★ e opere★ di Mino da Fiesole – Zona archeologica : sito★, Teatro romano★, museo★ – Madonna con Bambino e Santi★ del Beato Angelico nella chiesa di San Domenico Sud-Ovest : 2,5 km BR (pianta di Firenze)

Pianta di Firenze : percorsi di attraversamento

Villa San Michele
via Doccia 4 – ✆ 05 55 67 82 00 – www.villasanmichele.com – Aperto 21 marzo-12 novembre BR**b**
46 cam – 605 € 946/1177 € – 24 suites
Rist *La Loggia* – vedere selezione ristoranti
Se sentite nostalgia di *Florentia*, in 10 min una navetta gratuita vi condurrà nel cuore della città. Altrimenti, godetevi la tranquillità e la maestosa vista di questa raffinata dimora del '400 immersa nel verde.

Il Salviatino
via del Salviatino 21 – ✆ 05 59 04 11 11 – www.salviatino.com BR**e**
45 cam – 330/1080 € 330/1080 € – 4 suites
Rist *Il Salviatino* – vedere selezione ristoranti
Il lusso non contraddistingue solo gli spazi di questa villa cinquecentesca, con parco e vista panoramica sulla città, ma si esprime anche attraverso una formula di service ambassador: un referente a cui ogni cliente può rivolgersi 24h su 24h. Preparatevi: un soggiorno da sogno vi attende.

Villa dei Bosconi senza rist
via Francesco Ferrucci 51, Nord : 1,5 km – ✆ 05 55 95 78 – www.villadeibosconi.it – Chiuso 15 gennaio-15 marzo BR
21 cam – 80/170 € 90/180 €
Tranquillo e accogliente albergo, condotto con professionalità, dispone di ottimi spazi all'aperto, camere di taglio moderno e una bella piscina con solarium recentemente inaugurata.

Pensione Bencistà rist,
via Benedetto da Maiano 4 – ✆ 05 55 91 63 – www.bencista.com – Aperto 15 marzo-15 novembre BR**c**
41 cam – 82/132 € 147/204 € – 2 suites **Rist** – Carta 19/39 €
Cinta da un ampio parco e dagli ulivi, l'antica villa trecentesca celebra ogni pomeriggio - nei suoi eleganti ambienti arredati con mobili d'epoca - il rito del tè. Le belle camere attendono di ospitarvi... Nella semplice e candida sala da pranzo, cucina tipica toscana dalla prima colazione alla cena.

La Loggia – Hotel Villa San Michele
via Doccia 4 – 05 55 67 82 00 – www.villasanmichele.com
– Aperto 21 marzo-12 novembre BRb
Rist – Carta 82/162 €
D'estate si apparecchia sotto il loggiato proteso verso Firenze, con il freddo ci si sposta nelle sale del chiostro e del cenacolo. Per il palato è sempre una gioia conoscere i prodotti toscani: le paste fatte in casa, le carni e - in stagione - i funghi.

Il Salviatino – Hotel Salviatino
via del Salviatino 21 – 05 59 04 11 11 – www.salviatino.com
Rist – Carta 61/110 €
Arredi dai toni bianchi e classici e poi la chicca del locale: una bella terrazza affacciata sul verde del parco. In menu, ricette elaborate partendo dai migliori ingredienti locali, presentate con semplicità ed eleganza.

a Montebeni Est : 5 km – ✉ 50014 Fiesole

Tullio a Montebeni
via Ontignano 48 – 0 55 69 73 54 – www.ristorantetullio.it – Chiuso agosto, martedì a mezzogiorno e lunedì
Rist – Carta 24/59 €
Tutto ha avuto inizio nel lontano 1958: una bottega di paese con qualche piatto caldo per ristorare contadini e cacciatori della zona. Oggi sono i figli di Tullio a riproporre con passione e fedeltà, i medesimi sapori e i vini di propria produzione.

ad Olmo Nord-Est : 9 km FT – ✉ 50014 Fiesole

Dino
via Faentina 329 – 0 55 54 89 32 – www.hotel-dino.it
18 cam – 60/70 € 70/80 €, 5 € **Rist** – *(chiuso mercoledì)* Carta 20/39 €
Tutto è all'insegna dell'accurata semplicità in quest'angolo di tranquilla collina: un albergo familiare, ben gestito, stanze con arredi sul rustico, ben tenute. Capiente sala ristorante e cucina di impronta locale. Nei fine settimana anche pizzeria.

FIGHINE – Siena (SI) – Vedere San Casciano dei Bagni

FILANDARI – Vibo Valentia (VV) – 564 L30 – 1 884 ab. – alt. 486 m – ✉ 89851 5 A2

Roma 594 – Reggio di Calabria 89 – Catanzaro 81 – Cosenza 111

a Mesiano Nord-Ovest : 3 km – ✉ 89851 Filandari

Frammichè
contrada Ceraso – 33 88 70 74 76 – Chiuso domenica sera e lunedì da ottobre a marzo, anche domenica a mezzogiorno negli altri mesi
Rist – *(solo a cena)* Menu 15/25 €
Orecchiette con ragù di carne e finocchietto selvatico? Perchè no! In aperta campagna, al termine di una strada sterrata, questo piccolo casolare è una piacevole sorpresa. Il pergolato esterno per il servizio estivo, così come la saletta dal monumentale camino, accolgono una cucina casalinga dalle porzioni generose.

FILICUDI Sicilia – Messina (ME) – 365 AW52 – Vedere Eolie (Isole)

FINALBORGO – Savona (SV) – Vedere Finale Ligure

FINALE EMILIA – Modena (MO) – 562 H15 – 16 072 ab. – alt. 15 m – ✉ 41034 9 C2

Roma 417 – Bologna 49 – Modena 46 – Padova 102

Estense Park Hotel
via per Modena 32 – 0 53 59 28 85 – www.estenseparkhotel.it – Chiuso 24 dicembre-7 gennaio e 10-25 agosto
43 cam – 65 € 90 € **Rist** – Carta 27/60 €
Alle porte della località, albergo di taglio conteporaneo con camere fornite di tutti i servizi della categoria ed accesso gratuito al centro fitness adiacente. Carne e pesce nel menu del ristorante.

Casa Magagnoli senza rist
piazza Garibaldi 10 – ✆ 05 35 76 00 46 – www.casamagagnoli.com
13 cam ☕ – †60/80 € ††70/100 €
Nell'Ottocento ospitò un pioniere dell'arte fotografica, oggi invece dedica ogni camera, arredata con gusto minimalista, ai personaggi di Finale ricordati tra gli annali della storia.

Osteria la Fefa con cam
via Trento-Trieste 9/C – ✆ 05 35 78 02 02 – www.osterialafefa.it
– Chiuso 3 settimane in gennaio e 3 settimane in agosto
6 cam ☕ – †50/65 € ††70/120 € – 2 suites
Rist – *(chiuso martedì)* (consigliata la prenotazione) Carta 30/39 €
Il nomignolo ricorda la signora che gestì il locale agli inizi del secolo scorso; nelle salette dall'antico pavimento in mattoni potrete invece ricordare la storia della cucina locale che, a testa alta nonostante i difficili momenti del maggio 2012, continua a deliziare con piatti regionali e specialità, quali i cappellacci di zucca con salvia, mandorle e amaretti.

FINALE LIGURE – Savona (SV) – 561 J7 – 11 638 ab. – ✉ 17024 14 B2

Liguria
Roma 571 – Genova 72 – Cuneo 116 – Imperia 52
via San Pietro 14, ✆ 019 68 10 19, www.visitriviera.it
Finale Borgo★
Castel San Giovanni: ←★ 1 h a piedi A/R (da via del Municipio)

Punta Est
via Aurelia 1 – ✆ 0 19 60 06 11 – www.puntaest.com – Aperto 15 aprile-15 ottobre
38 cam ☕ – †110/220 € ††200/400 € – 2 suites **Rist** – Carta 34/71 €
Antica dimora settecentesca in un parco ombreggiato da pini secolari e da palme; tutti da scoprire i deliziosi spazi esterni, tra cui una caverna naturale con stalagmiti. Elegante sala da pranzo: soffitti a travi lignee, archi, camino centrale, dehors panoramico.

Villa Italia-Careni
via Torino 111 – ✆ 0 19 69 06 17 – www.hotelcareni.it
– Chiuso 1° ottobre-28 dicembre
70 cam – †100/120 € ††100/140 €, ☕ 12 €
Rist – *(solo per alloggiati)* Menu 30 €
Hotel a conduzione familiare - in posizione leggermente arretrata rispetto al lungomare, ma raggiungibile con due passi - dispone di ambienti semplici e curati: gradevoli le due terrazze solarium.

Medusa
vico Bricchieri 7 – ✆ 0 19 69 25 45 – www.medusahotel.it
– Chiuso 7 gennaio-febbraio
32 cam ☕ – †52/82 € ††82/160 € **Rist** – *(solo per alloggiati)* Menu 25 €
A pochi passi dal mare, ma sempre in pieno centro, albergo a conduzione familiare con piacevoli ed armoniosi arredi nelle camere. Proposte di mare e di terra nel ristorante dai toni rustici.

Internazionale
via Concezione 3 – ✆ 0 19 69 20 54 – www.internazionalehotel.it
– Chiuso 10-28 dicembre
32 cam ☕ – †65/90 € ††90/130 € **Rist** – Menu 35/50 €
Sul lungomare, hotel a conduzione familiare (da oltre 40 anni) completamente ristrutturato sia negli spazi comuni ben curati e luminosi, sia nelle camere funzionali ed accoglienti. Alcune stanze beneficiano di vista mare e terrazze arredate.

Rosita
via Mànie 67, Nord-Est : 3 km – ✆ 0 19 60 24 37 – www.hotelrosita.it
– Chiuso 7-30 gennaio, 20 giorni in febbraio e novembre
11 cam ☕ – †50/70 € ††70/90 € – 1 suite
Rist *Rosita* – vedere selezione ristoranti
Panorama sul golfo per un piccolo albergo a conduzione familiare, in zona collinare vicina ad una oasi protetta dell'entroterra. Le semplici camere non lesinano sul confort.

Rosita – Hotel Rosita
via Mànie 67, Nord-Est : 3 km – ✆ 0 19 60 24 37 – www.hotelrosita.it – Chiuso 7-30 gennaio, 20 giorni a febbraio, novembre, martedì e mercoledì
Rist – *(solo a cena)* (consigliata la prenotazione) Carta 31/49 €
Stile rustico, ma soprattutto una bella terrazza affacciata sul mare e sulla costa, che vi ripaga di un tratto di strada un po' stretto e tortuoso, necessario a raggiungere il locale. Curata direttamente dai titolari, la cucina è squisitamente all'insegna del territorio.

a Finalborgo Nord-Ovest : 2 km – ✉ 17024

piazza Porta Testa, ✆ 019 68 09 54, www.visitriviera.it

Ai Torchi
via dell'Annunziata 12 – ✆ 0 19 69 05 31 – www.ristoranteaitorchi.com – Chiuso 7 gennaio-10 febbraio e martedì escluso agosto
Rist – Carta 46/87 €
Antico frantoio in un palazzo del centro storico: in sala sono ancora presenti la macina in pietra e il torchio in legno. Atmosfera e servizio curati, cucina marinara.

FINO DEL MONTE – Bergamo (BG) – 561 E11 – 1 153 ab. – alt. 700 m – ✉ 24020 16 B2

Roma 600 – Bergamo 38 – Brescia 61 – Milano 85

Garden
via Papa Giovanni XXIII, 1 – ✆ 0 34 67 23 69 – www.fratelliferrari.com – Chiuso 2 settimane in gennaio
20 cam – †50/65 € ††70/110 € – 1 suite
Rist – *(chiuso domenica sera e lunedì)* Carta 36/69 €
In un angolo verdeggiante, tra l'Altopiano di Clusone e la Conca della Presolana, una comoda struttura alberghiera mantenuta sempre "fresca" ed aggiornata da un'attenta gestione familiare. Semplice e colorato ristorante disposto su due salette classiche dove gustare anche ottimi piatti di pesce.

FIORANO AL SERIO – Bergamo (BG) – 561 E11 – 3 097 ab. – alt. 396 m – ✉ 24020 19 D1

Roma 597 – Bergamo 22 – Brescia 65 – Milano 70

Trattoria del Sole
piazza San Giorgio 20 – ✆ 0 35 71 14 43 – www.trattoriadelsole.it – Chiuso 1°-10 gennaio, 8-30 agosto, martedì sera, mercoledì sera e sabato a mezzogiorno
Rist – Menu 23 € (pranzo) – Carta 41/74 €
Locale raccolto in cui rusticità ed eleganza convivono in armonia. Dalla cucina piatti di carne e di pesce, talora ricercati, nelle belle cantine la possibilità di soffermarsi per una degustazione.

FIORANO MODENESE – Modena (MO) – 562 I14 – 17 041 ab. – alt. 115 m – ✉ 41042 8 B2

Roma 421 – Bologna 57 – Modena 15 – Reggio nell'Emilia 35

Executive N
circondariale San Francesco 2 – ✆ 05 36 83 20 10 – www.hotel-executive.eu – Chiuso 10-16 agosto
51 cam – †49/68 € ††68/89 € – 9 suites
Rist *Exè* – vedere selezione ristoranti
Nel cuore dell'area dell'industria ceramica, questo elegante hotel dispone di ambienti spaziosi e luminosi, arredati con mobili color crema e raffinati tessuti ricercati.

Alexander senza rist
via della Resistenza 46, località Spezzano, Ovest : 3 km ✉ 41040 Spezzano – ✆ 05 36 84 59 11 – www.alexander-hotel.it – Chiuso 10-20 agosto
48 cam – †45/75 € ††65/95 €
In quello che anticamente era luogo di villeggiatura di nobili famiglie locali ed oggi un'area a forte vocazione industriale, una struttura moderna ideale per una clientela business.

XX **Exè** N – Hotel Executive

circondariale San Francesco 2 – ✆ 05 36 83 26 73 – www.fratellisepe.net – Chiuso 10-16 agosto, sabato a pranzo e domenica

Rist – Menu 15 € (pranzo in settimana)/80 € – Carta 33/52 €

Locale di tono elegante per un cucina raffinata e contemporanea: carne e pesce per soddisfare tutti i palati.

FIORENZUOLA D'ARDA – Piacenza (PC) – 562 H11 – 15 204 ab. – alt. 80 m – ✉ 29017 8 A2

Roma 495 – Piacenza 24 – Cremona 31 – Milano 87

Concordia senza rist

via XX Settembre 54 – ✆ 05 23 98 28 27 – www.hotelconcordiapc.com – Chiuso 15-30 agosto

21 cam – †43/60 € ††75/80 € – 1 suite

Gestione familiare, tranquillità ed una gentile accoglienza per questo albergo situato in pieno centro storico. L'ambiente è piacevole ed intimo, le stanze eleganti e in stile.

X **Mathis** con cam

via Matteotti 68 – ✆ 05 23 98 28 50 – www.mathis.it – Chiuso 13-19 agosto

16 cam – †60 € ††80 €

Rist – *(chiuso domenica)* Menu 18 € (pranzo) – Carta 21/40 €

Piacevole atmosfera retrò con oggetti d'altri tempi a far da contorno alle specialità piacentine. Moto e macchine d'epoca in cantina. Originale, come il suo nome!

FIRENZE

Piante pagine seguenti **32** D3

© René Mattes/hemis.fr

P **Firenze (FI)** – **371 282 ab.** – **alt. 50 m** – **563** K15 – Toscana

Roma 285 – Bologna 129 – Livorno 106 – Prato 39

Uffici Informazioni turistiche

via Cavour 1 r, ✆055 29 08 32, www.firenzeturismo.it
piazza della Stazione 4, ✆055 21 22 45, www.comune.fi.it

Aeroporto

Amerigo Vespucci Nord-Ovest: 4 km AR ✆ 055 3061300

Golf

Parco di Firenze via dell'Isolotto 10, 055 785627, www.parcodifirenze.it
Dell'Ugolino via Chiantigiana 3, 055 2301009, www.golfugolino.it BS

Fiere

08.01 - 11.01 : Pitti immagine uomo
17.01 - 19.01 : Pitti immagine bimbo

LUOGHI DI INTERESSE

Il centro Piazza del Duomo★★★Y •Piazza della Signoria★★Z: Palazzo Vecchio★★★ZH • S. Lorenzo e Tombe Medicee★★★DUV • S. Maria Novella★★DUW: affreschi★★★del Ghirlandaio • Palazzo Medici Riccardi★★DUS: affreschi★★★di B. Gozzoli • S. Croce★★EU • Ponte Vecchio★★Z • Orsanmichele★EUR: Tabernacolo★★ dell'Orcagna • SS. Annunziata★ET • Ospedale degli Innocenti★ET: Tondi★★ di A. della Robbia

Oltrarno Palazzo Pitti★★DV: Giardino Boboli★DV • S.Maria del Carmine DUV: Cappella Brancacci★★★• S. Spirito★DUV •Piazzale Michelangelo EFV: ✻★★★ S. Miniato al Monte★★EFV

I musei Galleria degli Uffizi★★★EUM • Museo del Bargello★★★EUM • Galleria dell'Accademia★★ET: opere★★★ di Michelangelo •Palazzo Pitti★★DV: Galleria Palatina★★★ •S. Marco★★ET: opere★★★ del Beato Angelico • Museo dell'Opera del Duomo★★YM • Museo Archeologico★★ET •Opificio delle Pietre Dure★ETM

Acquisti Articoli di cartoleria: Piazza della Signoria, Via de' Tornabuoni, Piazza Pitti • Ricami: Borgo Ognissanti Articoli in pelle: ovunque, e alla Scuola del cuoio di S. Croce • Moda: Via de' Pucci e Via de' Tornabuoni • Gioielli: Via de' Tornabuoni e Ponte Vecchio

Dintorni Certosa del Galluzzo★★ABS

INDICE DELLE STRADE DI FIRENZE

FIRENZE

PERCORSI DI ATTRAVERSAMENTO E DI CIRCONVALLAZIONE

Agnelli (V. Giovanni) . . . . . BS 4
Alberti (Pza L. B.) . . . . BS 6
Aretina (V.) . . . . BS 13
Chiantigiana (V.) . . . . BS 36
Colombo (Lungarno C.) . . BS 37
D'Annunzio (V. G.) . . . . BS 41
De Amicis (Viale E.) . . . . . BS 45
Europa (Viale) . . . . BS 49
Giannotti (Viale D.) . . . . . . BS 58
Guidoni (Viale A.) . . . . AR 67
Mariti (V. G. F.) . . . . BR 81
Novoli (V. di) . . . . AR 91
Panche (V. delle). . . . . BR 100
Paoli (V.) . . . . AS 103
Paoli (Viale Pasquale) . . . . BS 105
Pietro Leopoldo (Pza) . . . . BR 114
Poggio Imperiale (Viale del). . . . . BS 118
Pollaiuolo (V. A. del) . . . . . AS 121
Salviati (V.) . . . . BR 144
S. Domenico (V.). . . . . BR 147
Villamagna (V. di) . . . . BS 196

FIRENZE

Agli (V. degli) . . . . Y 3
Antinori (Pza degli). . . . . Y 10
Archibusieri (Lungarno) . . . . Z 12
Avelli (V. degli) . . . . Y 16
Brunelleschi (V. de') . . . . YZ 22
Calimala (V.) . . . . Z 24
Calzaiuoli (V. dei) . . . . YZ
Canto de' Nelli (V. del) . . . . Y 27
Castellani (V. de') . . . . Z 31
Dante Alighieri (V.) . . . . Z 42
Davanzati (Pza) . . . . Z 43
Fiordaliso (V. del) . . . . Z 52
Gondi (V. dei) . . . . Z 61
Lambertesca (V.) . . . . Z 69
Leoni (V. dei) . . . . Z 70
Madonna degli Aldobrandini (Pza di) . . . . Y 75
Magazzini (V. dei) . . . . Z 76
Melarancio (V. del) . . . . Y 85
Monalda (V.) . . . . Z 88
Oriuolo (V. d.) . . . . Y 96
Orsanmichele (V.) . . . . Z 99
Parte Guelfa (Pza di) . . . . Z 106
Pellicceria (V.) . . . . Z 109
Pescioni (V. de') . . . . YZ 111
Porta Rossa (V.) . . . . Z
Por S. Maria (V.) . . . . Z 126
Roma (V.) . . . . YZ
Rondinelli (V. de') . . . . Y 138
Sassetti (V. de') . . . . Z 171
Spada (V. della) . . . . Z 173
Speziali (V. degli) . . . . Z 174
Strozzi (Pza) . . . . Z 177
Strozzi (V. degli) . . . . Z
S. Giovanni (Pza) . . . . Y 150
S. Jacopo (Borgo) . . . . Z
S. Trinità (Pza) . . . . Z 163
Tavolini (V. dei) . . . . Z 180
Terme (V. delle) . . . . Z 181
Tornabuoni (V.) . . . . Z
Trebbio (V. del) . . . . Y 187
Uffizi (Piazzale degli) . . . . Z 188
Vacchereccia (V.) . . . . Z 189
Vecchio (Ponte) . . . . Z

Circolazione regolamentata nel centro città

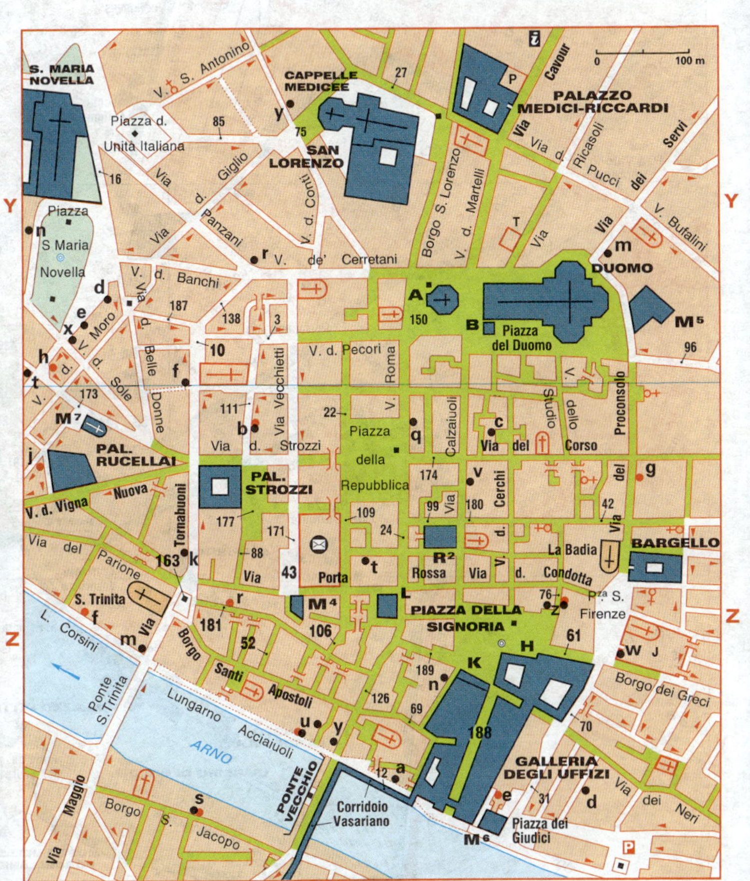

FIRENZE
0
300 m
C
D
T
U
V
FORTEZZA DA BASSO
Viale F. Strozzi
PAL. D. CONGRESSI
PAL. D. AFFARI
Cenacolo di Fuligno
PORTA AL PRATO
Pza Vittorio Veneto
Lungarno Amerigo Vespucci
ARNO
Ponte Vespucci
Ognissanti
Pza S. Maria Novella
PONTE VECCHIO
Corridoio Vasariano
S. SPIRITO
Piazza S. Spirito
S. MARIA DEL CARMINE
Piazza del Carmine
Piazza dei Pitti
PALAZZO PITTI
MUSEO LA SPECOLA
GIARDINO DI BOBOLI
VIOTTOLONE
PIAZZALE D. ISOLOTTO
MUSEO DELLE PORCELLANE
Forte del Belvedere
PORTA ROMANA
Viale N. Machiavelli
PASSEGGIATA AI COLLI
S. Felicita

E
F
T
U
V
Pza della Libertà
Pta S. Gallo
48
V. L. da Vinci
Lavagnini
Spartaco
V. E. Poggi
S. Caterina
V. d. Ruote
Via Cavour
Vle Giacomo Matteotti
Pza Savonarola
Pza G. Vasari
V. Pacinotti
V. G. Marconi
V. d. Artisti
Via dei Della Robbia
V. La Farina
V. Mannelli
V. 27 Aprile
S. Apollonia
CONVENTO E MUSEO DI S. MARCO
GALLERIA D. ACCADEMIA
168
SS. ANNUNZIATA
OSPEDALE D. INNOCENTI
Via G. Capponi
V. G. Giusti
Pinti
Piazzale Donatello
V. Alfieri
Viale
Pza d' Azeglio
V. G. B. Niccolini
V. Mazzini
V. G. Bovio
V. Colletta
V. Cavour
V. dei Servi
V. d. Colonna
degli Alfani
V. Farini
V. dei Pilastri
Sinagoga
Borgo
V. Pietrapiana
Gramsci
Pza Beccaria
Via Gioberti
Borgo la Croce
Ghibellina
Vle Giovine Italia
Vle G. Amendola
V. Fra Giov. Angelico
Orcagna
V. del Ghirlandaio
DUOMO
130
V. d. Corso
Borgo d. Albizi
96
PZA DELLA SIGNORIA
Pza di S. Croce
V. G. Verdi
Via S. Giuseppe
V. dei Malcontenti
S. CROCE
186
60
19
V. de Benci
L. Gen. Diaz
Torrigiani
L. d. Grazie
Ponte alle Grazie
L. della Zecca Vecchia
Bardi
L. Serristori
Pza G. Poggi
Lungarno Cellini
Ponte S. Niccolò
Lungarno d. Tempio
L. F. Ferrucci
V. G. Orsini
V. Salutati
S 67
MUSEO BARDINI
V. S. Niccolò
148
Via di Belvedere
Via del Monte alle Croci
Pza F. Ferrucci
Bastioni
133
V. B. Fortini
Piazzale Michelangelo
Vle Michelangelo
Vle Galileo
V. d. Erta Canina
Miniato
V. S.
S. MINIATO AL MONTE
PASSEGGIATA AI COLLI
Vle Michelangelo

The Westin Excelsior

piazza Ognissanti 3 ✉ *50123 – ✆ 05 52 71 51 – www.westinflorence.com*
155 cam – ♦400/800 € ♦♦400/800 €, ☕ 39 € – 16 suites DU**b**
Rist *SE.STO* – vedere selezione ristoranti
Saloni e salette di questo aristocratico palazzo, affacciato sull'Arno, sono dedicati alla storia e ricchi di luce e di eleganza; confortevoli e raffinate le camere, arredate in porpora. Quadri alle pareti, soffitti a cassettoni, marmi di Carrara e sapori fiorentini nella sfarzosa sala da pranzo.

Four Seasons Hotel Firenze

borgo Pinti 99 ✉ *50121 – ✆ 05 52 62 61*
– www.fourseasons.com/florence FT**a**
98 cam – ♦595/895 € ♦♦595/895 €, ☕ 38 € – 18 suites
Rist *Il Palagio* ✿ – vedere selezione ristoranti
Rist *Trattoria al Fresco* – ✆ 05 52 62 64 70 *(aperto 1° maggio-30 settembre)*
Carta 50/80 €
In un delizioso parco botanico, l'hotel si compone di due edifici: Palazzo della Gherardesca e il Conventino. Affreschi, bassorilievi, carta da parati in seta, l'eleganza è di casa in entrambe le strutture! Tappa gourmet al Palagio; più *light* Al Fresco.

The St. Regis Florence N

cam,

piazza Ognissanti 1 ✉ *50123 – ✆ 05 52 71 61 – www.stregisflorence.com*
89 cam – ♦750/1180 € ♦♦990/1250 €, ☕ 39 € – 11 suites DU**a**
Rist – Carta 63/88 €
Ancora più lussuoso ed esclusivo dopo la completa ristrutturazione, l'hotel offre ampie camere, dove accessori moderni affiancano una rivisitata classicità fatta di affreschi, lampadari di Murano e mobili antichi.

Grand Hotel Villa Cora

cam, rist,

viale Machiavelli 18 ✉ *50125*
– ✆ 0 55 22 87 90 – www.villacora.it DV**b**
40 cam – ♦300/450 € ♦♦350/650 €, ☕ 25 € – 6 suites
Rist *Il Pasha* – Carta 60/113 €
E' tutto un susseguirsi di sale affrescate, marmi e stucchi in questa signorile villa di fine '800, immersa in un parco secolare con piscina. Dei giorni nostri, invece, l'attrezzato centro benessere. Cucina di ricerca nel ristorante con servizio estivo in veranda.

Savoy

piazza della Repubblica 7 ✉ *50123 – ✆ 05 52 73 51 – www.hotelsavoy.it*
102 cam – ♦315/470 € ♦♦382/570 €, ☕ 30 € – 14 suites Z**q**
Rist *L'Incontro* – ✆ 05 52 73 58 91 – Carta 49/88 €
Camere ampie e confortevoli, impreziosite da bagni musivi, in un elegante hotel di storica data situato nelle vicinanze del Duomo, dei musei e delle grandi firme della moda.

Montebello Splendid

rist,

via Garibaldi 14 ✉ *50123 – ✆ 05 52 74 71*
– www.montebellosplendid.com CU**e**
58 cam ☕ – ♦180/380 € ♦♦235/650 € – 3 suites **Rist** – Carta 45/79 €
Tra strade caratteristiche e palazzi storici, questo sontuoso e signorile palazzo vi accoglierà tra i marmi policromi dei suoi ambienti e nel grazioso giardino interno.

Relais Santa Croce

rist,

via Ghibellina 87 ✉ *50122 – ✆ 05 52 34 22 30 – www.relaisantacroce.com*
21 cam ☕ – ♦300/350 € ♦♦400/700 € – 3 suites EU**x**
Rist – Carta 49/95 €
Lusso ed eleganza nel cuore di Firenze, un'atmosfera unica tra tradizione e modernità, nella quale mobili d'epoca si accostano ad elementi di design e a tessuti preziosi. Tempo, esperienza e passione: gli ingredienti essenziali per realizzare piatti semplici e gustosi di antiche ricette toscane.

Regency
piazza Massimo D'Azeglio 3 ✉ *50121 – ✆ 0 55 24 52 47 – www.regency-hotel.com* FUa
31 cam – 200/413 € 210/542 € – 3 suites
Rist *Relais le Jardin* – vedere selezione ristoranti
Nato per dare ospitalità agli uomini della storia politica fiorentina, l'hotel offre confort e tranquillità nei suoi eleganti spazi, in cui conserva ancora il fascino del passato.

Helvetia e Bristol
via dei Pescioni 2 ✉ *50123 – ✆ 05 52 66 51 – www.royaldemeure.com*
67 cam – 385/506 € 539/825 € – 15 suites Zb
Rist *Hostaria Bibendum* – vedere selezione ristoranti
Accanto al Duomo e a Palazzo Strozzi, il fascino del passato rivive in questa elegante dimora dell'Ottocento: camere personalizzate, arredate con quadri d'epoca e pezzi d'antiquariato.

Grand Hotel Minerva
rist,
piazza Santa Maria Novella 16 ✉ *50123 – ✆ 05 52 72 30 – www.grandhotelminerva.com* Yn
102 cam – 120/300 € 180/500 € – 5 suites
Rist *I Chiostri* – *(chiuso domenica)* Carta 47/99 €
E' uno degli hotel più antichi della città ed offre un'accogliente atmosfera impreziosita da opere d'arte, camere arredate con eleganza ed una terrazza con piscina e splendida vista.

Bernini Palace
rist,
piazza San Firenze 29 ✉ *50122 – ✆ 0 55 28 86 21 – www.duetorrihotels.com*
74 cam – 130/250 € 150/350 € – 5 suites Zw
Rist – Carta 36/108 €
Nella sala Parlamento si riunivano deputati e senatori ai tempi di Firenze, capitale del Regno d'Italia. Nei suoi ampi corridoi e nelle sue splendide camere (proverbiali quelle del *Tuscan Floor*), nonché nel suo delizioso ristorante, si aggirano oggi turisti esigenti in termini di qualità.

Albani
rist,
via Fiume 12 ✉ *50123 – ✆ 05 52 60 30 – www.albanihotels.com* DTa
96 cam – 100/400 € 120/450 € – 2 suites
Rist – Carta 29/62 €
Elegante ed imponente palazzo del primo Novecento nei pressi della stazione, offre ambienti di raffinata eleganza neoclassica e ricchi di colore, dove non mancano cenni di arte e design.

Brunelleschi
cam, rist,
piazza Santa Elisabetta 3 ✉ *50122 – ✆ 05 52 73 70 – www.hotelbrunelleschi.it*
82 cam – 234/674 € 262/699 € – 13 suites Zc
Rist *Santa Elisabetta* – *(chiuso domenica) (solo a cena)* Carta 54/97 €
Rist *Osteria della Pagliazza* – Carta 54/71 €
Nella bizantina Torre della Pagliazza, camere molto accoglienti e nelle fondamenta un piccolo museo con cimeli di epoca romana. Una saletta cinta in parte dai vecchi muri è il ristorante Santa Elisabetta: un angolo gourmet contrapposto all'elegante bistrot Osteria della Pagliazza.

Villa La Vedetta N
rist,
viale Michelangiolo 78 ✉ *50125 – ✆ 0 55 68 16 31 – www.villalavedettahotel.com* FVb
11 cam – 150/1100 € 150/1100 € – 7 suites
Rist *Onice Lounge e Restaurant* – (consigliata la prenotazione)
Carta 47/72 €
Circondata da un parco secolare, una villa neorinascimentale è stata trasformata in raffinato albergo nei cui interni convivono arredi di design e pezzi d'antiquariato. Ogni camera ha un suo carattere, ma tutte sono ricche di preziosi dettagli: comodini in onice o in coccodrillo, scrivanie in cristallo e sete pregiate.

De la Ville senza rist
piazza Antinori 1 ✉ 50123 – ✆ 05 52 38 18 05 – www.hoteldelaville.it
54 cam ☐ – 🚹100/280 € 🚹🚹120/420 € – 14 suites **Yf**
Nella via dello shopping elegante, lussuoso albergo in edificio storico ristrutturato in stile classico-moderno con camere spaziose e la nuova suite collection: una serie di suite e junior suite per soddisfare i clienti più esigenti. Splendida penthouse di 180 mq con ampia terrazza e vista a 360° sulla città.

Lungarno
borgo San Jacopo 14 ✉ 50125 – ✆ 0 55 28 16 61 – www.lungarnocollection.com
70 cam – 🚹160/350 € 🚹🚹240/750 €, ☐ 25 € – 3 suites **Zs**
Rist *Borgo San Jacopo* – vedere selezione ristoranti
Il nome di questo albergo non mente: difficile trovare posizione migliore sull'Arno, sito com'è tra Ponte Vecchio e Santa Trinità. Ogni angolo del palazzo offre spunti di gran classe ed eleganza. Numerose sono le terrazze ed i balconi che offrono allo sguardo il fiume: protagonista anche da molte finestre delle camere.

J.K. Place Firenze senza rist
piazza Santa Maria Novella 7 ✉ 50123 – ✆ 05 52 64 51 81 – www.jkplace.com
17 cam ☐ – 🚹380 € 🚹🚹380 € – 3 suites **Ye**
Era un condominio della città antica, il cui semplice portone ancora oggi è affacciato sulla storica piazza S. Maria Novella. Dietro l'uscio, la sorpresa è continua: con la ristrutturazione l'architetto Michele Bönan ha mixato lusso e personalizzazione, affinché ci si senta a proprio agio circondati dalla raffinatezza.

Continentale senza rist
vicolo dell'Oro 6 r ✉ 50123 – ✆ 05 52 72 62 – www.lungarnocollection.com
43 cam – 🚹180/700 € 🚹🚹180/700 €, ☐ 25 € – 1 suite **Zy**
Hotel di moderna eleganza, sorto intorno ad una torre medievale e con una splendida vista su Ponte Vecchio; all'interno, ambienti in design dai vivaci e caldi colori.

Santa Maria Novella senza rist
piazza Santa Maria Novella 1 ✉ 50123 – ✆ 0 55 27 18 40 – www.hotelsantamarianovella.it **Yd**
69 cam ☐ – 🚹150/290 € 🚹🚹178/450 € – 2 suites
Affacciata sull'omonima piazza, la struttura riserva agli ospiti un'accogliente atmosfera, fatta di piccoli salottini ed eleganti camere tutte diverse per colori, nonché arredi. E per non perdersi nulla di questa magica città, a disposizione anche una graziosa, panoramica, terrazza.

Gallery Hotel Art
vicolo dell'Oro 5 ✉ 50123 – ✆ 05 52 72 63 – www.lungarnocollection.com
69 cam – 🚹180/600 € 🚹🚹180/600 €, ☐ 25 € – 5 suites **Zu**
Rist *The Fusion Bar & Restaurant* – vedere selezione ristoranti
Legni africani nelle stanze, bagni ricoperti da pietre mediorentali, scorci di Firenze alle pareti: quasi un museo, dove l'arte cosmopolita crea un'atmosfera indiscutibilmente moderna.

Monna Lisa senza rist
via Borgo Pinti 27 ✉ 50121 – ✆ 05 52 47 97 51 – www.monnalisa.it
45 cam ☐ – 🚹89/209 € 🚹🚹139/279 € – 4 suites **EUb**
Nel centro storico, un palazzo di origini medievali con un imponente scalone, pavimenti in cotto e soffitti a cassettoni, ospita camere e spazi comuni arredati in stile rinascimentale. Stanze più recenti, ma sempre eleganti come la restante parte della dimora, nelle due dépendance al di là dello splendido giardino.

Hilton Garden Inn Florence Novoli
via Sandro Pertini 2/9, Novoli ✉ 50127 – ✆ 05 54 24 01 – www.florencenovoli.hgi.com **ARx**
119 cam – 🚹105/210 € 🚹🚹117/210 €, ☐ 12 € – 2 suites
Rist *City* – Carta 37/63 €
Nei pressi dell'imbocco autostradale, questa moderna struttura presenta spazi comuni luminosi e di grande respiro. Camere confortevoli arredate in squisito stile moderno. Accessori dell'ultima generazione.

Londra rist, VISA

via Jacopo da Diacceto 18-20 ✉ 50123 – ✆ 05 52 73 90 – www.concertohotels.com **DTh**

166 cam ☕ – †170/280 € ††210/395 € **Rist** – Carta 33/60 €

A breve distanza dal polo congressuale e fieristico così come dai principali monumenti della città, offre accoglienti camere con balcone e spazi idonei ad ospitare riunioni di lavoro. La moderna sala da pranzo dispone anche di salette dedicate ai fumatori.

AC Firenze rist, VISA

via Luciano Bausi 5 ✉ 50144 – ✆ 05 53 12 01 11 – www.ac-hotels.com

117 cam ☕ – †85/432 € ††100/432 € – 1 suite **CTc**

Rist – Carta 33/43 €

Nei pressi della Fortezza da Basso, una struttura di grande impatto visivo con un'ampia hall e confortevoli camere di ultima generazione. Modernità anche nella sala ristorante, dove si svolgono i tre servizi giornalieri: colazione, pranzo e cena.

Starhotels Michelangelo rist, VISA

viale Fratelli Rosselli 2 ✉ 50123 – ✆ 0 55 27 84 – www.starhotels.com

116 cam – †95/600 € ††95/600 €, ☕ 20 € – 3 suites **CTf**

Rist – Carta 37/70 €

Situato di fronte al Parco delle Cascine, offre spaziosi ambienti moderni e funzionali, camere confortevoli con dotazioni di ottimo livello e sale riunioni ben attrezzate. Sobria sala da pranzo al piano interrato.

Borghese Palace Art Hotel senza rist VISA

via Ghibellina 174/r ✉ 50122 – ✆ 0 55 28 43 63 – www.borghesepalace.com **EUd**

25 cam ☕ – †100/200 € ††120/240 €

Nell'ottocentesco palazzo che fu residenza di Carolina Bonaparte, eleganza classica e moderni arredi si fondono mirabilmente per dar vita a questa bella struttura, i cui spazi comuni ospitano spesso mostre di arte contemporanea. Piacevole e caratteristica la zona relax.

Cerretani senza rist VISA

via de' Cerretani 10 ✉ 50123 – ✆ 05 52 38 13 01 – www.accorhotels.com

82 cam – †100/240 € ††120/300 €, ☕ 18 € – 1 suite **Yr**

Cura ed eleganza per questo palazzo settecentesco situato a pochi passi dal Duomo dove troverete una cortese accoglienza e moderne camere ben insonorizzate. Servizio di wine-bar negli orari dei pasti.

Starhotels Tuscany rist, VISA

via Di Novoli 59 ✉ 50127 – ✆ 06 39 87 39 – www.starhotels.com **ARc**

179 cam ☕ – †130/600 € ††140/700 € **Rist** – Carta 47/82 €

In direzione dell'aeroporto, struttura di moderna concezione omogenea e ben attrezzata ideale per una clientela commerciale. Design contemporaneo, colori scuri ed i sapori regionali al ristorante.

UNA Hotel Vittoria rist, VISA

via Pisana 59 ✉ 50143 – ✆ 05 52 27 71 – www.unahotels.it **CUb**

84 cam ☕ – †84/507 € ††99/507 €

Rist – *(chiuso sabato a mezzogiorno)* Carta 31/55 €

Albergo di ultima generazione dalle forme bizzarre, una miscela di confort, colori ed innovazione. La fantasia ha avuto pochi limiti e il risultato è assolutamente particolare, unico.

Adler Cavalieri senza rist VISA

via della Scala 40 ✉ 50123 – ✆ 0 55 27 78 10 – www.hoteladlercavalieri.com

60 cam ☕ – †115/295 € ††145/370 € **DUx**

Albergo di equilibrata eleganza in prossimità della stazione. Ottimamente insonorizzato, dispone di camere luminose e di accoglienti spazi comuni dove il legno è stato ampiamente usato.

Grand Hotel Adriatico

cam, rist,

via Maso Finiguerra 9 ✉ 50123 – ✆ 05 52 79 31 – www.hoteladriatico.it DUd

126 cam – †80/230 € ††100/350 € – 3 suites

Rist *Opera* – *(chiuso domenica)* Carta 25/65 €

Ampia hall e moderne camere di sobria eleganza per questa struttura in comoda posizione centrale. Proposte toscane e nazionali nella tranquilla sala ristorante, recentemente rinnovata, o nel piacevole giardino.

Lungarno Suites senza rist

lungarno Acciaiuoli 4 ✉ 50123 – ✆ 0 55 27 26 80 00 – www.lungarnocollection.com Zu

32 suites – †255/740 € ††255/740 €, 25 €

Con un nome così, le camere non potevano che essere delle vere e proprie suite con angolo cottura: ideali per famiglie e clienti da soggiorni lunghi o semplicemente per chi vuole godere di ampi spazi con un servizio non stop di livello alberghiero.

Il Guelfo Bianco

cam, cam,

via Cavour 29 ✉ 50129 – ✆ 0 55 28 83 30 – www.ilguelfobianco.it ETn

40 cam – †90/155 € ††99/250 €

Rist *Il Desco* – *(solo a pranzo)* Carta 23/42 €

Nel cuore della Firenze medicea, la struttura dispone di spazi comuni di gusto moderno e camere spaziose, alcune con soffitto affrescato. Dalle 12 alle 15 piccolo *bistrot* con piatti caldi.

San Gallo Palace senza rist

via Lorenzo il Magnifico 2 ✉ 50129 – ✆ 0 55 46 38 71 – www.sangallopalace.it ETq

54 cam – †90/350 € ††99/350 € – 2 suites

Di recente apertura, il palazzo si affaccia sull'omonima porta e dispone di una signorile hall, confortevoli spazi comuni e moderne camere di sobria eleganza, tutte doppie.

Palazzo Magnani Feroni senza rist

borgo San Frediano 5 ✉ 50124 – ✆ 05 52 39 95 44 – www.palazzomagnaniferoni.it DUf

12 suites – †200/800 € ††200/800 €

Solo lussuose suite in questo palazzo cinquecentesco che ha ospitato i fastosi ricevimenti del Ministro di Francia. Vista panoramica dalla terrazza, che d'estate si trasforma in bar.

Cellai senza rist

via 27 Aprile 14 ✉ 50129 – ✆ 0 55 48 92 91 – www.hotelcellai.it ETx

68 cam – †110/169 € ††110/249 €

Ambienti accoglienti, mobilio d'epoca e stampe antiche a soggetto botanico e zoologico in questa lussuosa casa fiorentina. All'ultimo piano la bella terrazza impreziosita da gelsomini, un sorta di "salotto all'aperto" dove rilassarsi senza mai distogliere lo sguardo dalla città.

Residenza del Moro senza rist

via del Moro 15 ✉ 50123 – ✆ 0 55 29 08 84 – www.residenzadelmoro.com DUg

6 cam – †250/350 € ††305/810 € – 5 suites

Un accurato restauro ha restituito l'originario splendore a questo palazzo cinquecentesco costruito per volere dei marchesi Niccolini-Bourbon. Ora, gli antichi affreschi dialogano con stupende opere d'arte contemporanea: una lussuosa dimora nel cuore di *Florentia*.

Calzaiuoli senza rist

via Calzaiuoli 6 ✉ 50122 – ✆ 0 55 21 24 56 – www.calzaiuoli.it Zv

52 cam – †150/490 € ††220/530 €

In pieno centro storico, tra piazza del Duomo e piazza della Signoria, sorge sulle vestigia di una torre medievale; al suo interno, spazi comuni di modeste dimensioni e camere confortevoli.

Pierre senza rist
via Dè Lamberti 5 ✉ 50123 – ✆ 0 55 21 62 18 – www.remarhotels.com
49 cam ☕ – 🛉180/370 € 🛉🛉180/370 € – 1 suite Zt
L'eleganza si affaccia ovunque in questo hotel sito in pieno centro e recentemente ampliato; caldi e confortevoli gli ambienti, arredati in stile ma dotati di accessori moderni.

Rivoli
via della Scala 33 ✉ 50123 – ✆ 05 52 78 61 – www.hotelrivoli.it DUm
77 cam ☕ – 🛉120/230 € 🛉🛉130/350 € – 3 suites
Rist *Benedicta* – vedere selezione ristoranti
Nel centro storico della Città del Giglio, un convento quattrocentesco è diventato, oggi, un raffinato hotel dai soffitti a volta (o a cassettoni) e con un grazioso patio che ospita la vasca idromassaggio. Camere spaziose.

Athenaeum rist, rist,
via Cavour 88 ✉ 50129 – ✆ 0 55 58 94 56 – www.hotelathenaeum.com
60 cam ☕ – 🛉95/260 € 🛉🛉120/430 € ETv
Rist *I Riflessi* – *(chiuso sabato a mezzogiorno e domenica)* Carta 34/63 €
Ambiente moderno e di tendenza con camere dall'arredo essenziale, in sintonia con il resto della casa, ma sempre di tradizione artigiana. Garage privato. Design contemporaneo anche al ristorante che vanta una cucina Toscana. Patio interno per piacevoli cene estive.

Roma Ⓝ senza rist
piazza Santa Maria Novella 8 ✉ 50123 – ✆ 0 55 21 03 66
– www.hotelromaflorence.com Yx
57 cam ☕ – 🛉100/325 € 🛉🛉143/325 €
Ubicata in maniera strategica per visitare la città, questa bella risorsa dispone di piacevoli spazi comuni e camere (praticamente quasi tutte nuove) con arredi moderni ed eleganti.

Home senza rist
piazza Piave 3 ✉ 50122 – ✆ 0 55 24 36 68 – www.hhflorence.it FVc
38 cam ☕ – 🛉99/200 € 🛉🛉119/250 €
All'interno della graziosa palazzina si respira un'atmosfera giovane, modaiola, ma - come il nome lascia intendere - anche di casa. La prima colazione si condivide su tre soli tavoli e il colore bianco regna sovrano. Originale!

De Rose Palace senza rist
via Solferino 5 ✉ 50123 – ✆ 05 52 39 68 18 – www.florencehotelderose.com
18 cam ☕ – 🛉90/200 € 🛉🛉120/260 € CUc
Ospitato in un palazzo fiorentino nei pressi del teatro Comunale, offre eleganti e spaziose camere, alcune con arredo ricercato ed una piacevole atmosfera familiare.

Antica Torre di via Tornabuoni N. 1 – Residenza d'epoca senza rist
via Tornabuoni 1 ✉ 50123
– ✆ 05 52 65 81 61 – www.tornabuoni1.com Zm
17 cam ☕ – 🛉260/600 € 🛉🛉260/600 € – 5 suites
Nella torre agli ultimi piani di un palazzo medievale e in una residenza attigua - collegata internamente - la struttura dispone di camere spaziose e belle suite. Tra i suoi punti di forza, le due terrazze panoramiche dalle quali si domina Firenze.

Botticelli senza rist
via Taddea 8 ✉ 50123 – ✆ 0 55 29 09 05 – www.hotelbotticelli.it ETp
34 cam ☕ – 🛉70/150 € 🛉🛉120/240 € – 1 suite
Poco distante dal mercato di S.Lorenzo e dalla cattedrale, l'hotel si trova in un palazzo del '500 nelle cui zone comuni conserva volte affrescate; camere graziose ed una piccola terrazza coperta.

Villa Belvedere senza rist
via Benedetto Castelli 3 ✉ 50124 – ✆ 0 55 22 25 01
– www.villabelvederefirenze.it – Aperto 1° marzo-20 novembre BSc
26 cam ☕ – 🛉80/100 € 🛉🛉100/180 €
Al centro di uno splendido giardino con piscina, dal quale si possono ammirare la città e le colline tutt'intorno, la villa assicura tranquillità ed ambienti signorili, ma familiari.

River senza rist
lungarno della Zecca Vecchia 18 ✉ 50122 – ✆ 05 52 34 35 29 – www.lhphotels.com FVa
38 cam ☐ – ♦75/159 € ♦♦99/259 €
Palazzina dell'Ottocento, propone camere spaziose e confortevoli, quelle all'ultimo piano dispongono di un piacevole terrazzino dal quale contemplare il fiume ed il quartiere di Santa Croce.

Caravaggio senza rist
piazza Indipendenza 5 ✉ 50129 – ✆ 0 55 49 63 10 – www.hotelcaravaggio.it DTe
37 cam ☐ – ♦60/280 € ♦♦80/380 €
Camere spaziose e ben arredate, accoglienza familiare ed una moderna saletta per la colazione a buffet in questo edificio del XIX secolo, sorto sulle ceneri di tre vecchie pensioni. Un dehors ombreggiato sul retro vi accoglierà nelle giornate più calde.

Inpiazzadellasignoria – Residenza d'epoca senza rist
via de' Magazzini 2 ✉ 50122 – ✆ 05 52 39 95 46 – www.inpiazzadellasignoria.com Zz
10 cam ☐ – ♦200/250 € ♦♦250/320 € – 2 suites
Elegante e ricca di personalità, una piccola residenza che vuole regalare agli ospiti la magia della Firenze rinascimentale: varcate una porta o affacciatevi ad una finestra e non avrete dubbi.

Malaspina senza rist
piazza dell'Indipendenza 24 ✉ 50129 – ✆ 0 55 48 98 69 – www.malaspinahotel.it ETg
31 cam ☐ – ♦54/168 € ♦♦72/250 €
Nel XIII secolo i Malaspina ospitarono Dante presso il castello di Fosdinovo. La tradizione dell'accoglienza continua oggi in una dimora novecentesca e nei suoi ambienti in parte arredati in stile. Camere spaziose e ben accessoriate.

Grifone senza rist
via Pilati 20/22 ✉ 50136 – ✆ 0 55 67 73 21 – www.hotelgrifonefirenze.com BSn
85 cam ☐ – ♦42/155 € ♦♦49/225 € – 4 suites
Ben collegato al Palaffari, l'albergo è frequentato per lo più da una clientela business e dispone di un ampio parcheggio (a pagamento) e camere accessoriate.

Tornabuoni Beacci Ⓝ
cam,
via de' Tornabuoni 3 ✉ 50123 – ✆ 0 55 21 26 45 – www.tornabuonihotels.com Zk
38 cam ☐ – ♦90/220 € ♦♦100/250 € – 12 suites
Rist – *(aperto 1° aprile-31 ottobre) (solo a cena)* Carta 31/48 €
Numerosi salotti arredati con mobili antichi e camere spaziose - alcune affrescate, altre con colonne e portali - conferiscono a questa dimora un côté da casa privata. Il terrazzino all'ultimo piano con bella vista su Firenze diventa, in estate, il palcoscenico per cene romantiche.

Rosary Garden senza rist
via di Ripoli 169 ✉ 50126 – ✆ 05 56 80 01 36 – www.rosarygarden.it BSv
13 cam ☐ – ♦79/190 € ♦♦89/280 €
Intimo e piacevole hotel alla periferia della città, dall'atmosfera piuttosto inglese, propone confortevoli ed eleganti camere; un must il tè delle cinque, servito con torte e cantucci.

Panama Ⓝ senza rist
via XX Settembre 80 ✉ 50129 – ✆ 05 54 62 02 36 – www.hotelpanamafirenze.it DTc
20 cam ☐ – ♦65/110 € ♦♦79/164 €
Abbastanza comodo per raggiungere il centro (anche a piedi), questo hotel dispone di camere classiche ed accoglienti, nonché di una bella sala colazioni; nei mesi estivi, il breakfast è servito anche all'esterno.

David senza rist
viale Michelangiolo 1 ✉ 50125 – ✆ 05 56 81 16 95 – www.davidhotel.com FVk
29 cam ☐ – ♦120/160 € ♦♦120/160 €
Rinnovato e ben tenuto, con progetti d'ampliamento ed un nuovo piano di camere, questo albergo a gestione familiare si mantiene sempre al passo con i tempi.

Silla senza rist
via dei Renai 5 ✉ 50125 – ✆ 05 52 34 28 88 – www.hotelsilla.it EV**r**
36 cam – †89/189 € ††119/229 €
E' gradevole consumare d'estate la prima colazione o anche solo rilassarsi sull'ampia terrazza di questo albergo di ambiente familiare sito sulla riva sinistra dell'Arno.

Degli Orafi N senza rist
lungarno Archibusieri 4 ✉ 50122 – ✆ 05 52 66 22 – www.hoteldegliorafi.it
42 cam – †130/280 € ††185/550 € Z**a**
"Camera con vista" non è uno slogan pubblicitario di questo ex convento riconvertito in hotel, ma la celebre stanza dove nel 1985 James Ivory girò alcune scene dell'omonimo film. Non crediate tuttavia che le altre siano da meno... magari il panorama non sarà altrettanto proverbiale, ma lo charme non manca certo all'appuntamento.

Palazzo Benci senza rist
piazza Madonna degli Aldobrandini 3 ✉ 50123 – ✆ 0 55 21 38 48 – www.palazzobenci.com – Chiuso 24-26 dicembre e 1°-26 agosto Y**y**
35 cam – †60/140 € ††90/195 €
Risultato del restauro della cinquecentesca residenza della famiglia Benci, questo storico palazzo ospita sale comuni con soffitti a cassettoni e bassorilievi originali, nonché confortevoli camere di moderna eleganza. Come una perla rara custodita in un'ostrica, il grazioso cortile interno.

Lorenzo il Magnifico senza rist
via Lorenzo il Magnifico 25 ✉ 50129 – ✆ 05 54 63 08 78 – www.lorenzoilmagnifico.net ET**f**
39 cam – †79/130 € ††90/180 € – 1 suite
Cinta da un piccolo giardino, un'elegante villa che nel tempo ospitò anche un convento. Oggi dispone di spazi accoglienti dove l'atmosfera del passato sposa le moderne tecnologie.

Lido senza rist
via del Ghirlandaio 1 ✉ 50121 – ✆ 0 55 67 78 64 – www.hotel-lido.com
12 cam – †65/139 € ††85/219 € FV**d**
In riva all'Arno, a circa un chilometro dal centro storico, 12 camere nuove e ben accessoriate, nonché spazi comuni in tono con tutto il resto. Una corte estiva con sedie e tavolini vi aspetta per momenti di piacevole relax.

Palazzo Guadagni senza rist
piazza Santo Spirito 9 ✉ 50125 – ✆ 05 52 65 83 76 – www.palazzoguadagni.com DV**a**
14 cam – †90/120 € ††120/150 €
Nel centro storico di Firenze - in zona Oltrarno – camere grandi e luminose all'interno di un palazzo rinascimentale. Anche l'accoglienza non fa difetto: calorosa, ma signorile, si adegua alla nobiltà del luogo.

Della Robbia senza rist
via dei della Robbia 7/9 ✉ 50132 – ✆ 05 52 63 85 70 – www.hoteldellarobbia.it – Chiuso agosto FU**b**
19 cam – †80/119 € ††99/210 €
Pratico ed utile indirizzo per chi sceglie un soggiorno alla scoperta della cultura artistica fiorentina: costruito nel primo Novecento, il villino sfoggia suggestioni liberty nei signorili interni.

Fiorino senza rist
via Osteria del Guanto 6 ✉ 50122 – ✆ 0 55 21 05 79 – www.hotelfiorino.it – Chiuso 15 giorni in dicembre, 15 giorni in agosto e 15 giorni in novembre
23 cam – †60/100 € ††75/160 € Z**d**
Accoglienza cortese e familiare, passione per l'ospitalità e arredi semplici in questo piccolo albergo che occupa tre piani di un edificio alle spalle degli Uffizi e di palazzo Vecchio.

Relais Uffizi senza rist

chiasso de' Baroncelli-chiasso del Buco 16 ✉ 50122 – ☎ 05 52 67 62 39 – www.relaisuffizi.it **Zn**

12 cam ☕ – 🚹80/120 € 🚹🚹140/260 €

In un vicoletto a due passi dagli Uffizi, un palazzo medievale dalla calda atmosfera con camere ampie e luminose, arredate con mobili d'epoca. Una sosta nel bel salotto sarà ricompensata dalla vista di piazza della Signoria, sulla quale le grandi finestre si affacciano.

Unicorno senza rist

via dei Fossi 27 ✉ 50123 – ☎ 0 55 28 73 13 – www.hotelunicorno.it **Yt**

27 cam ☕ – 🚹60/150 € 🚹🚹80/200 €

Nei pressi di piazza S.Maria Novella, un albergo che dispone di zone comuni contenute, ma di camere spaziose e confortevoli, con parquet e arredi recenti.

Palazzo Niccolini al Duomo – Residenza d'epoca senza rist

via dei Servi 2 ✉ 50122 – ☎ 0 55 28 24 12 – www.niccolinidomepalace.com **Ym**

12 cam ☕ – 🚹130/480 € 🚹🚹150/500 €

Nel '400 in questo palazzo accanto al Duomo, Donatello aveva la sua bottega. Oggi, potrete trovare camere con soffitti affrescati, arredi di pregio e marmi bellissimi, anche la metratura si farà ricordare... mentre dalla "Dome suite" la cupola la si tocca quasi con la mano!

Villa Antea senza rist

via Francesco Puccinotti 46 ✉ 50129 – ☎ 0 55 48 41 06 – www.villaantea.com **BRg**

6 cam ☕ – 🚹89/169 € 🚹🚹99/189 €

Un'elegante villa dei primi del '900 dotata di tutti i moderni confort, dove non manca un servizio di tono familiare, ma elevato. La raffinatezza della Firenze rinascimentale fa mostra di sé nelle decorazioni degli spazi interni, mentre castagni secolari ombreggiano il giardino.

B&B Antica Dimora Firenze senza rist

via Sangallo 72 ✉ 50129 – ☎ 05 54 62 72 96 – www.anticadimorafirenze.it **ETs**

6 cam ☕ – 🚹80/130 € 🚹🚹90/160 €

Ogni camera racconta qualcosa di sè, a cominciare dalla tinta pastello che la contraddistingue: dal verde all'azzurro. La grammatica di base è però la stessa: cura e attenzione assolute, mobili antichi e tutte - salvo una - coccolano il sonno dell'ospite dentro letti a baldacchino impreziositi da vaporosi tendaggi.

B&B Le Residenze Johlea senza rist

via Sangallo 76/80 n ✉ 50129 – ☎ 05 54 63 32 92 – www.johanna.it **ETa**

8 cam ☕ – 🚹60/120 € 🚹🚹75/170 €

Cortesia, signorilità, tocco femminile e bei mobili d'epoca in due piccole, calde bomboniere; eleganti le camere, tutte differenti tra loro grazie a ricercate personalizzazioni.

B&B Residenza Hannah e Johanna senza rist

via Bonifacio Lupi 14 ✉ 50129 – ☎ 0 55 48 18 96 – www.johanna.it **ETh**

9 cam ☕ – 🚹65/87 € 🚹🚹85/140 €

Una cordiale accoglienza sarà il benvenuto offerto da questo sobrio e familiare b&b al primo piano di un palazzo dell'Ottocento caratterizzato da camere spaziose e di buon confort. A due passi, vi attende la basilica di S. Lorenzo con le tombe medicee ed il vivace mercato.

Palazzo Galletti B&B senza rist

via Sant'Egidio 12 ✉ 50122 – ☎ 05 53 90 57 50 – www.palazzogalletti.it **EUc**

11 cam ☕ – 🚹90/120 € 🚹🚹120/160 €

Se già Firenze è una città magica, pernottare in questa residenza ottocentesca sarà aggiungere ulteriore fascino al soggiorno… Camere eclettiche, dove pezzi etnici si alternano a mobili in stile toscano, in una sinfonia ben orchestrata che conferisce carattere e personalità alle stanze.

La Casa del Garbo senza rist
piazza della Signoria 8 ✉ 50122 – ✆ 0 55 29 33 66 – www.casadelgarbo.it
9 cam – †80/200 € ††80/200 €, ☕ 8 € **Zz**
Gode di una posizione veramente unica, questo piccolo bed & breakfast ricco di charme, che propone camere eleganti - molte delle quali affacciate su piazza della Signoria e Palazzo Vecchio - nonché miniappartamenti con angolo cottura: una piacevole soluzione per sentirsi "come a casa".

B&B Residenza Johanna senza rist
via Cinque Giornate 12 ✉ 50129 – ✆ 0 55 47 33 77 – www.johanna.it
6 cam ☕ – †60/100 € ††70/120 € **BRSa**
Solo sei stanze, curate nell'arredo e nell'accostamento dei colori, all'interno di un villino dei primi del Novecento: nel grazioso giardino ornato da un romantico glicine sarà possibile lasciare l'auto (da specificare all'atto della prenotazione).

Enoteca Pinchiorri (Annie Féolde)
via Ghibellina 87 ✉ 50122 – ✆ 0 55 24 27 77 – www.enotecapinchiorri.com – Chiuso 18-27 dicembre, agosto, domenica e lunedì **EUx**
Rist – *(solo a cena)* (consigliata la prenotazione) Carta 165/285 €
➜ Uovo in camicia, burro alle acciughe e bietole all'aglio. Maialino di razza mora romangnola con pomodoro, zucchine, melanzane e cipolla fondente. Arancia di Sicilia in gelatina di litchi, morbido alle fave di Tonka e cremoso di cioccolato.
Sempre più elegante questo tempio gastronomico di Firenze che riserva anche una leggendaria cantina per gli adepti di Bacco, mentre lo chef partendo da citazioni toscane cede il destro a sperimentazioni gastronomiche di grande spessore.

Il Palagio – Four Seasons Hotel Firenze
borgo Pinti 99 ✉ 50121 – ✆ 05 52 62 64 50 – www.fourseasons.com/florence – Chiuso gennaio, febbraio e domenica **FTa**
Rist – *(solo a cena)* Menu 75 € – Carta 151/203 €
➜ Insalata di lesso rifatto con tartufo nero. Cavatelli cacio e pepe con gamberi rossi marinati e calamaretti spillo. Soufflé al Cassis con gelato al fior di latte.
Nell'antico Palazzo della Gherardesca, tra alte volte e maestosi lampadari, vi sentirete subito circondati dalle premure del personale: lusingati, nel palato, dall'eclettica cucina del talentuoso chef.

SE.STO – Hotel The Westin Excelsior
piazza Ognissanti 3 ✉ 50123 – ✆ 05 52 71 51 – www.westinflorence.com
Rist – (consigliata la prenotazione) Menu 28 € (pranzo in settimana)/120 € – Carta 48/90 € **DUb**
Avere Firenze ai propri piedi non è più un sogno... Sulla terrazza più alta della città del giglio la vista abbraccia il Duomo, il Campanile di Giotto, Palazzo della Signoria e Ponte Vecchio, mentre il palato si delizia con piatti di matrice mediterranea reinterpretati con gusto moderno.

Relais le Jardin – Hotel Regency
piazza Massimo D'Azeglio 3 ✉ 50121 – ✆ 0 55 24 52 47 – www.regency-hotel.com **FUa**
Rist – Carta 50/79 €
Sia che vi accomodiate nella sala Zodiaco con i suoi preziosi arredi, sia che optiate per la Veranda affacciata sul giardino privato, la "bussola del gusto" punta sempre su una cucina che coniuga la sapidità della tradizione toscana con una ricercata leggerezza contemporanea.

Ora D'Aria (Marco Stabile)
via de' Georgofili 11/13 r ✉ 50122 – ✆ 05 52 00 16 99 – www.oradariaristorante.com – Chiuso 28 gennaio-12 febbraio, 11-26 agosto, lunedì a mezzogiorno e domenica **Ze**
Rist – (consigliata la prenotazione) Menu 23/75 € – Carta 54/90 €
➜ Zuppa di asparagi con burrata e caviale di tartufo nero. Maialino morbido croccante con salsa d'aglio e lavanda. Tiramisù "espresso".
Il giovane cuoco toscano gioca in casa e porta a Firenze gli insegnamenti appresi nei migliori ristoranti della regione e i suoi straordinari prodotti. Gli amanti dei sapori forti avranno di che deliziarsi con un'ottima cacciagione, ma c'è anche spazio per proposte di pesce.

XXX **The Fusion Bar & Restaurant** – Gallery Hotel Art

vicolo dell'Oro 5 ✉ 50123 – ✆ 0 55 27 26 69 87 – www.lungarnocollection.com Zu

Rist – Menu 14 € (pranzo) – Carta 36/62 €

Stile e innovazione sono i motori propulsori tanto della cucina, quanto dell'atmosfera sofisticata. Nel piatto linea fusion, l'offerta in carta varia e combina diversi elementi quali: sushi, zuppe alle alghe, yuzu, curry, foie gras, carne e pesce di ogni genere. Il mix riesce e soddisfa.

XXX **Borgo San Jacopo** – Hotel Lungarno

borgo San Jacopo 14 ✉ 50125 – ✆ 0 55 28 16 61 – www.lungarnocollection.com Zs

Rist – Carta 67/101 €

Nel piatto dominano i sapori della regione, alleggeriti nelle preparazioni, da accompagnare con il vino più amato, scelto nell'ottima carta (oltre 600 etichette). Durante la bella stagione, concedetevi il privilegio dell'esclusivo terrazzino affacciato sull'Arno: sulla sua superficie, riflesse, le luci delle candele.

XXX **Hostaria Bibendum** – Hotel Helvetia e Bristol

via dei Pescioni 8/r ✉ 50123 – ✆ 05 52 66 56 20 – www.royaldemeure.com Zb

Rist – Carta 49/73 €

La terrazza si affaccia direttamente su piazza Strozzi, mentre la sala interna è un melting pot di stili: i colori caldi delle spezie, suggestioni esotiche e dettagli art nouveau. La cucina compie, invece, una decisa virata e si riappropria dei sapori toscani, rivisitati però con fantasia.

XXX **Benedicta** – Hotel Rivoli

via Benedetta 12/r ✉ 50123 – ✆ 05 52 78 61 – www.hotelrivoli.it – Chiuso domenica DUm

Rist – *(solo a cena)* Carta 35/55 €

Nel quartiere di Santa Maria Novella, le antiche volte a crociera e i mattoni della Firenze di un tempo s'intrecciano ad elementi architettonici high-tech, per dar vita ad un locale fresco, giovane, informale. Modernità anche ai fornelli, dove la tradizione toscana cede il passo ad una cucina gustosamente creativa.

XXX **Oliviero**

via delle Terme 51 r ✉ 50123 – ✆ 0 55 28 76 43 – www.ristorante-oliviero.it – Chiuso 3 settimane in agosto e domenica Zr

Rist – *(solo a cena)* Menu 55/65 € – Carta 45/73 €

Nel cuore del centro storico, una vecchia gloria della ristorazione locale e due linee di cucina affiancate: una tradizionale, l'altra un po' più fantasiosa.

XXX **Cibrèo**

via A. Del Verrocchio 8/r ✉ 50122 – ✆ 05 52 34 11 00 – www.edizioniteatrodelsalecibreofirenze.it – Chiuso 2 settimane in febbraio, 1 settimana in luglio, agosto e lunedì FUf

Rist – Carta 60/80 €

Ambiente informale e alla moda, dove regnano un servizio giovane e spigliato ed una cucina curata e fantasiosa, ma sempre legata alla tradizione.

XX **Alle Murate**

via del Proconsolo 16 r ✉ 50122 – ✆ 0 55 24 06 18 – www.allemurate.it – Chiuso domenica a pranzo e lunedì Zg

Rist – *(carta semplice a pranzo dal lunedì al sabato)* Menu 16 € (pranzo)/90 € – Carta 61/98 €

Il locale di giorno è aperto alle visite turistiche e anche a cena (su richiesta) viene fornita una guida sonora con cui orientarsi tra affreschi e scavi. Anche la cucina si lascia ammaliare dal fascino del passato proponendo i tradizionali sapori regionali. Inimitabile!

XX **Baccarossa**

via Ghibellina 46/r ✉ 50122 – ✆ 0 55 24 06 20 – www.baccarossa.it – Chiuso lunedì EUf

Rist – *(solo a cena)* (consigliata la prenotazione) Menu 35 € (in settimana)/85 € – Carta 43/93 €

Tavoli in legno, vivaci colori ed eleganza in questa enoteca bistrot che propone una gustosa cucina mediterranea: paste fatte in casa, specialità di pesce e qualche piatto a base di carne. Tutti i vini presenti nella carta sono disponibili anche al bicchiere.

XX **Belcore** AC VISA

via dell'Albero 30r ✉ 50123 – ✆ 0 55 21 11 98 – www.ristorantebelcore.it – Chiuso 16-25 agosto DU**y**

Rist – *(solo a cena escluso sabato e domenica)* Menu 35/55 € – Carta 34/52 €

Una carta dei vini generosa in quanto a numero di etichette ed un menu che contempla "idealmente" tre linee di cucina: specialità di pesce, ricette della tradizione italo-toscana e piatti più moderni.

XX **Buca Mario** AC VISA AE

piazza Degli Ottaviani 16 r ✉ 50123 – ✆ 0 55 21 41 79 – www.bucamario.it – Chiuso 10-21 dicembre Y**h**

Rist – *(solo a cena da lunedì a venerdì)* Carta 38/91 €

Nel cuore di Firenze - nelle cantine di Palazzo Niccolini - questo storico locale aperto nel 1886 continua a conquistare per la qualità della sua cucina. Nel piatto: il meglio della tradizione gastronomica toscana.

XX **Bistrò del Mare** AC VISA AE

lungarno Corsini 4 ✉ 50123 – ✆ 05 52 39 92 24 – www.bistrodelmare.it – Chiuso lunedì Z**f**

Rist – Menu 48 € – Carta 40/62 €

La breve distanza da Ponte Vecchio ed il background storico-letterario sono la cornice di questo raffinato ristorante, dove la cucina tradizionale incontra nuovi accostamenti.

XX **Enoteca La Barrique** (N) AC VISA AE

via Leone 40/r ✉ 50127 – ✆ 0 55 22 41 92 – www.enotecalebarrique.com – Chiuso 15 giorni in agosto e lunedì CU**f**

Rist – Carta 23/39 €

Ubicato nelle retrovie rispetto al centro storico (comunque facilmente raggiungibile a piedi), un locale solo serale che offre un ambiente romantico e signorile. La cucina è ottima, mediterranea, ben fatta; la scelta enologica non è da meno.

XX **Pane e Vino** AC VISA

piazza di Cestello 3 r ✉ 50124 – ✆ 05 52 47 69 56 – www.ristorantepaneevino.it – Chiuso 10 giorni in agosto e domenica CDU**t**

Rist – *(solo a cena)* Menu 30/45 € – Carta 31/53 €

Familiare e curato, provvisto di un curioso soppalco in legno, questo piacevole locale propone una cucina fantasiosa che prevede comunque anche piatti della tradizione locale.

XX **dei Frescobaldi** AC VISA

via dè Magazzini 2/4 r ✉ 50122 – ✆ 0 55 28 47 24 – www.deifrescobaldi.it – Chiuso 8 agosto-2 settembre, lunedì a mezzogiorno e domenica Z**z**

Rist – Carta 40/69 €

Per questi produttori di vino, il salto alla ristorazione è stato un'avventura. Ecco il risultato: due accoglienti salette tra pietra e affreschi, dove gustare piatti regionali e non solo. Annesso *wine-bar* per degustazioni meno elaborate.

XX **Zibibbo** AC VISA AE

via di Terzollina 3r ✉ 50139 – ✆ 0 55 43 33 83 – www.cucinazibibbo.com – Chiuso 11-18 agosto e sabato a mezzogiorno, anche domenica a mezzogiorno da giugno a settembre BR**h**

Rist – Carta 31/68 €

Decentrato, ma piacevole e molto apprezzato dalla clientela locale, all'ingresso un angolo bar con pochi tavoli in stile bistrot, dove a pranzo si propone una carta ristretta a prezzi più contenuti; sul retro, una bella sala con ampie vetrate affacciate sul verde e numerose bottiglie in bella vista. Cucina creativa e tante specialità di mare.

X **Il Santo Bevitore** VISA

via Santo Spirito 64/66 r ✉ 50125 – ✆ 0 55 21 12 64 – www.ilsantobevitore.com – Chiuso 10-20 agosto e domenica a mezzogiorno DU**h**

Rist – Carta 24/55 €

Locale giovane ed accogliente, in buona posizione nel quartiere di Sanfrediano. Cucina casareccia, come i riccioli di pasta fresca, 'nduja di Spilinga, pecorino stagionato, ma a cena anche tocchi di creatività. Buon rapporto qualità-prezzo.

Osteria Caffè Italiano

via Isola delle Stinche 11 ✉ 50122 – ✆ 0 55 28 93 68 – www.caffeitaliano.it – Chiuso lunedì **EUa**

Rist – Menu 50 € – Carta 34/60 € (+15 %)

Caratteristico e informale. Situato nel trecentesco palazzo Salviati, il locale si compone di accoglienti salette nelle quali gustare una cucina non solo regionale. Ottima lista vini.

Trattoria Cibrèo-Cibreino

via dei Macci 122/r ✉ 50122 – ✆ 05 52 34 11 00 – www.edizioniteatrodelsalecibreofirenze.it – Chiuso 2 settimane in febbraio, 29 luglio-31 agosto e lunedì **FUf**

Rist – Carta 28/35 €

La stessa Caterina de' Medici apprezzò con soddisfazione il "cibreo", un'antica pietanza fiorentina, tanto da tentare, invano, di esportarlo persino in Francia! Spesso affollato, è inutile chiamare per riservare un tavolo, non prendono prenotazioni.

Ruth's

via Farini 2 ✉ 50121 – ✆ 05 52 48 08 88 – www.kosheruth.com – Chiuso venerdì sera, sabato a mezzogiorno e le festività ebraiche **EUs**

Rist – Carta 21/41 €

Accanto alla Sinagoga, un caposaldo della ristorazione etnica, originale alternativa ai sapori di casa dove sperimentare una fantasiosa cucina ebraica kosher, vegetariana e di pesce.

Da Burde (N)

via Pistoiese 154 ✉ 50122 – ✆ 0 55 31 72 06 – www.burde.it – Chiuso 10-17 agosto **ARa**

Rist – *(solo a pranzo escluso venerdì)* Carta 23/39 €

Nato agli inizi del secolo scorso come bottega di alimentari e trattoria, è un locale storico lontano dai soliti circuiti turistici. I due fratelli che attualmente lo gestiscono hanno lasciato tutto com'era in origine: salumi in vendita, banco bar con tabacchi e sul retro una saletta familiare dove gustare la vera cucina toscana, come la proverbiale bistecca alla fiorentina.

Fiorenza

via Reginaldo Giuliani 51 r ✉ 50141 – ✆ 0 55 41 28 47 – Chiuso agosto, sabato a mezzogiorno e domenica **BRd**

Rist – Carta 34/71 €

Piccola ed accogliente trattoria, frequentata da fiorentini e da una clientela di lavoro che, alle tradizionali proposte regionali, abbina, nel week-end, una cucina di pesce.

Il Profeta

borgo Ognissanti 93 r ✉ 50123 – ✆ 0 55 21 22 65 – www.ristoranteilprofeta.com – Chiuso 10-25 dicembre e domenica escluso 15 marzo-15 novembre **DUc**

Rist – Carta 30/63 € (+10 %)

Recentemente rinnovata, questa accogliente trattoria situata nel centro storico propone piatti legati soprattutto alla tradizione toscana ed un servizio attento e ben organizzato. Prezzi onesti.

Baldini

via il Prato 96 r ✉ 50123 – ✆ 0 55 28 76 63 – www.trattoriabaldini.com – Chiuso 24 dicembre-3 gennaio, 1°-20 agosto, domenica sera e sabato, in giugno-luglio anche domenica a pranzo **CTh**

Rist – Carta 28/40 €

Semplice e familiare trattoria, nei pressi della Porta al Prato, si articola in due salette informali nelle quali gustare una cucina genuina, piatti tipici fiorentini ma anche nazionali.

La Giostra

borgo Pinti 12 r ✉ 50121 – ✆ 0 55 24 13 41 – www.ristorantelagiostra.com – Chiuso a mezzogiorno nei week-end **EUe**

Rist – Carta 36/100 € (+15 %)

Piccolo ristorante dalla doppia personalità ma con salde radici nella tradizione regionale: affollato all'ora di pranzo, intimo e d'atmosfera a cena. Grande savoir-faire e competenza.

Alla Vecchia Bettola

viale Vasco Pratolini 3/7 n ✉ *50124 – ✆ 0 55 22 41 58 – www.allavecchiabettola.it – Chiuso 23 dicembre-2 gennaio, 15-22 agosto, domenica e lunedì* CV**m**

Rist – Carta 29/68 €

Caratteristica ed informale trattoria di S.Frediano, con tavoloni di marmo e fiasco di Chianti a consumo. Casalinga cucina fiorentina, atmosfera ospitale e servizio veloce.

Il Latini

via dei Palchetti 6 r ✉ *50123 – ✆ 0 55 21 09 16 – www.illatini.com – Chiuso 20 dicembre-2 gennaio e lunedì* Z**j**

Rist – Carta 25/80 €

Turisti e gente del posto fanno la coda anche a mezzogiorno per mangiare in questa trattoria, apprezzata tanto per la cucina - ottimo il cinghiale in dolceforte - quanto per l'esuberante ed informale atmosfera.

Del Fagioli

corso Tintori 47 r ✉ *50122 – ✆ 0 55 24 42 85 – www.localistorici.it – Chiuso agosto, sabato e domenica* EV**k**

Rist – Carta 22/38 €

Turisti di passaggio o abitanti della Città del Giglio, la mitica ribollita vi attende in questa tipica trattoria toscana in pieno centro: chi ai fornelli e chi in sala, l'intera famiglia si occupa del locale e propone una sana cucina fiorentina ed una accoglienza schietta.

ad Arcetri Sud : 5 km BS – ✉ 50125

Villa Le Piazzole

via Suor Maria Celeste 28 – ✆ 0 55 22 35 20 – www.lepiazzole.com – Chiuso 20 dicembre-14 gennaio BS**b**

7 cam – 7 suites – †300/350 € ††300/350 €

Rist – (prenotazione obbligatoria) *(solo per alloggiati)*

In posizione panoramica sulla valle dell'Ema, punteggiata di antiche pievi e case coloniche, un'ampia tenuta ove si producono vino e olio offre spazi personalizzati da ricercati arredi d'epoca. Splendido il verde del giardino all'italiana che la circonda.

Omero

via Pian de' Giullari 49 – ✆ 0 55 22 00 53 – www.ristoranteomero.it BS**d**

Rist – Menu 35/55 € – Carta 48/70 €

Curato ristorante con vista sui colli, da trent'anni gestito dalla medesima famiglia. Curioso e caratteristico l'ambiente dove gustare la cucina tipica. Servizio estivo serale in terrazza.

a Galluzzo Sud : 6,5 km BS – ✉ 50124

Marignolle Relais & Charme senza rist

via di San Quirichino 16, località Marignolle – ✆ 05 52 28 69 10 – www.marignolle.com AS**a**

8 cam – †115/225 € ††130/275 € – 1 suite

In posizione incantevole sui colli, questa signorile residenza offre molte attenzioni e stanze tutte diverse, dai raffinati accostamenti di tessuti; piscina panoramica nel verde.

B&B Residenza la Torricella senza rist

via Vecchia di Pozzolatico 25 – ✆ 05 52 32 18 18 – www.farmholidaylatorricella.it – Aperto 21 dicembre-19 gennaio e 21 marzo-19 novembre BS**a**

8 cam – †80/95 € ††110/150 €

Circondata dai colli e dalla tranquillità della campagna, questa antica casa colonica offre un'affabile accoglienza familiare, camere personalizzate, giardini e piccola piscina estiva.

Trattoria Bibe con cam

via delle Bagnese 15 – ✆ 05 52 04 90 85 – www.trattoriabibe.com
– Chiuso 2 settimane in febbraio, 1 settimana in novembre e mercoledì
3 cam – 50/70 € 70/120 € **ASc**
Rist – *(solo a cena escluso sabato e festivi)* Carta 27/52 €
Anche Montale immortalò nei suoi versi questa trattoria, gestita dalla stessa famiglia da quasi due secoli, dove trovare piatti tipici della tradizione toscana, in primis i pici cacio e pepe con porri fritti, e un piacevole servizio estivo all'aperto. Appartamenti con cucina a disposizone non solo per soggiorni medio-lunghi.

sui Colli

Torre di Bellosguardo senza rist

via Roti Michelozzi 2 ✉ 50124 – ✆ 05 52 29 81 45
– www.torrebellosguardo.com **CVa**
16 cam – 160/290 € 290 €, 20 € – 7 suites
Si respira un fascino d'*antan* nei saloni e nelle camere di austera eleganza di questo albergo, che fa della vista mozzafiato su Firenze il proprio punto di forza. Parco con giardino botanico, voliera e piscina: sembra uscito direttamente da un libro di fiabe.

FISCHLEINBODEN = Campo Fiscalino

FISCIANO – Salerno (SA) – 564 E26 – 13 652 ab. – alt. 320 m – ✉ 84084 6 B2

Roma 260 – Napoli 63 – Latina 113 – Salerno 16

a Gaiano Sud-Est : 2 km – ✉ 84084 Fisciano

Agriturismo Barone Antonio Negri

via Teggiano 8 – ✆ 0 89 95 85 61 cam, rist,
– www.agrinegri.it – Aperto 1° aprile-31 ottobre
5 cam – 80/100 € 90/110 €
Rist – (prenotazione obbligatoria) Menu 25/30 €
In posizione tranquilla e dominante, agriturismo biologico di charme all'interno di una vasta tenuta con ampio giardino, deliziosa piscina e spaziose camere in stile rustico. Al ristorante: cucina casalinga, sapori tipici campani e squisiti dolci alla nocciola.

FIUGGI – Frosinone (FR) – 563 Q21 – 9 755 ab. – alt. 747 m 13 C2
– Stazione termale – ✉ 03014 Italia Centro-Sud

Roma 82 – Frosinone 33 – Avezzano 94 – Latina 88
via Superstrada Anticolana 1, 0775 515250 – chiuso martedì

La Locanda

via Padre Stanislao 4 – ✆ 07 75 50 58 55 – www.lalocandafiuggi.com
– Chiuso febbraio, 1°-7 luglio e lunedì
Rist – Carta 22/36 €
Troverete i sapori della tradizione ciociara nella rustica e caratteristica sala di questo ristorante, accolto nelle cantine di un edificio del '400. Cucina del territorio.

a Fiuggi Fonte Sud : 4 km – alt. 621 m – ✉ 03014

piazza Frascara 4, ✆ 0775 51 50 19, www.apt.frosinone.it

Grand Hotel Palazzo della Fonte

via dei Villini 7 – ✆ 07 75 50 81
– www.palazzodellafonte.com
152 cam – 135/185 € 185/237 € – 1 suite
Rist *Il Savoia* – vedere selezione ristoranti
Non sono tanti gli alberghi che possono vantare una tenuta così impeccabile. Qui, veramente, c'è un posto per ogni cosa ed ogni cosa è al suo posto... Sulla cima di un colle, un parco con piscina e, poi, stucchi , decorazioni, camere raffinate e bagni marmorei, in una dimora Liberty (già hotel dal 1912).

Fiuggi Terme rist,

via Capo i Prati 9 – 07 75 51 52 12 – www.hotelfiuggiterme.it

64 cam – 75/150 € 120/240 € – 4 suites **Rist** – Carta 52/93 €

All'interno di un parco, elegante struttura con camere belle e confortevoli. Per gli amanti dello sport, una grande piscina e due campi da tennis tra pini ed ippocastani. Per tutti, una spa che coniuga tecnologie innovative nel campo del benessere e raffinate ambientazioni. Cucina mediterranea nel luminoso ristorante.

Ambasciatori

via dei Villini 8 – 07 75 51 43 51 – www.albergoambasciatori.it – Chiuso 23-26 dicembre

86 cam – 59/120 € 89/179 € **Rist** – *(solo per alloggiati)* Menu 25/85 €

Centrale, vicino a terme e negozi, due grandi terrazze consentono di evadere dal rumore. Marmi lucenti nella hall, camere d'impostazione classica. Diverse sale ristorante, la più grande con soffitti a lucernari in vetro colorato.

Argentina

via Vallombrosa 22 – 07 75 51 51 17 – www.albergoargentina.it – Aperto 1° marzo-30 novembre

54 cam – 50/80 € 80/90 € **Rist** – Menu 20/25 €

Cinto dal verde di un piccolo parco ombreggiato che lo rende tranquillo, seppur ubicato a pochi passi dalle Fonti Bonifacio, un albergo semplice, a conduzione familiare.

Belsito cam, rist,

via Fiume 4 – 07 75 51 50 38 – www.hotelbelsitofiuggi.it – Aperto 1° maggio-31 ottobre

34 cam – 30/50 € 50/60 € **Rist** – Menu 20 €

Sito in centro, in una via di scarso traffico, un indirizzo comodo e interessante; piccolo spazio antistante, per briscolate serali all'aperto. Cortesia e familiarità.

Il Savoia – Grand Hotel Palazzo della Fonte

via dei Villini 7 – 07 75 50 81 – www.palazzodellafonte.com

Rist – Carta 30/65 €

Negli ambienti che accolsero reali e personalità famose, alti soffitti, stucchi, tendaggi importanti: l'atmosfera è superba, la cucina ambiziosa. Il menu punta sulla selezione, proponendo pochi piatti dalle diciture moderne.

FIUMALBO – Modena (MO) – 562 J13 – 1 313 ab. – alt. 953 m – 41022 8 B2

Roma 369 – Pisa 95 – Bologna 104 – Lucca 73

a Dogana Nuova Sud : 2 km – 41022

Val del Rio cam,

via Giardini 221 – 0 53 67 39 01 – www.valdelrio.com – Chiuso 1°-15 maggio

34 cam – 50/70 € 90/120 €, 8 € – 4 suites

Rist – *(chiuso mercoledì)* Carta 24/55 €

Circondato da sentieri che vi condurranno alle più alte cime dell'Appennino, l'hotel offre un'atmosfera familiare, ambienti in stile montano e camere rinnovate. Boiserie e drappeggi nell'ampia ed elegante sala da pranzo, dove troverete le specialità della cucina regionale. Per cene informali, la moderna pizzeria.

Bristol rist,

via Giardini 274 – 0 53 67 39 12 – www.hotelbristol.tv – Chiuso ottobre-novembre

24 cam – 35/45 € 70/95 € **Rist** – Carta 27/49 €

Situato all'inizio della Val di Luce, un elegante hotel realizzato in tipico stile montano che dispone di moderne e confortevoli camere. Ideale punto di partenza per escursioni estive. Accomodatevi nell'accogliente sala da pranzo per gustare i piatti della tradizione emiliana.

FIUME VENETO – Pordenone (PN) – 562 E20 – 11 494 ab. – alt. 20 m 10 B3 – ✉ 33080

Roma 590 – Udine 51 – Pordenone 6 – Portogruaro 20

L'Ultimo Mulino

via Molino 45, località Bannia, Sud-Est : 3,5 km – ✆ 04 34 95 79 11 – www.lultimomulino.com – Chiuso 2-17 gennaio e 1°-22 agosto

8 cam – 90/120 € 160/195 €

Rist *L'Ultimo Mulino* – vedere selezione ristoranti

Questo magnifico esempio di architettura rurale ha mantenuto intatta la sua anima, trasformandosi nel tempo in un affascinante luogo di soggiorno, con camere arredate in chiave romantica, ma accessoriate con i più recenti confort. Le finestre regalano uno scorcio sulla natura circostante, tra fiori variopinti e l'allegro gorgoglio dei torrenti.

L'Ultimo Mulino – Hotel L'Ultimo Mulino

via Molino 45, località Bannia, Sud-Est : 3,5 km – ✆ 04 34 95 79 11 – www.lultimomulino.com – Chiuso 2-17 gennaio, 1°-22 agosto, domenica sera e lunedì

Rist – Carta 41/61 €

Variazioni sul tema della cucina veneto-friulana: tanto pesce, ottime materie prime ed interessanti spunti creativi. Nella bella stagione, l'atmosfera si arricchisce dello scenario di una cena lungo il fiume.

FIUMICELLO SANTA VENERE – Potenza (PZ) – 564 H29 – Vedere Maratea

FIUMICINO – Roma (RM) – 563 Q18 – ✉ 00054 12 B2

Roma 31 – Anzio 52 – Civitavecchia 66 – Latina 78

Leonardo da Vinci, Nord-Est: 3,5 km ✆ 06 65951

per Arbatax e Golfo Aranci – Tirrenia Navigazione, call center 892 123

Hilton Rome Airport

rist,

via Arturo Ferrarin 2 – ✆ 0 66 52 58 – www.hilton.com

513 cam – 150/350 € 180/400 €, 24 € – 4 suites

Rist – Carta 35/72 €

Ideale per una clientela business ed internazionale, questa maestosa e moderna struttura dispone di camere particolarmente ampie ed eleganti.

Pascucci al Porticciolo con cam

viale Traiano 85 – ✆ 06 65 02 92 04 – www.alporticciolo.net – Chiuso domenica sera e lunedì, anche domenica a mezzogiorno in luglio-agosto

9 cam – 60/80 € 80/130 € **Rist** – Carta 49/83 €

➔ Ravioli umami (ravioli di fegato di pescatrice in brodo ristretto ai semi di pomodoro). Scampi cotti nel lino e nelle erbe. Tiramisù "espresso".

Dimenticate i viaggi aeroportuali e fermatevi da Pascucci, Fiumicino è ormai sulla mappa gourmet e non solo su quella del traffico internazionale. Rarità e ricercatezze premiano la sfida del cuoco che riesce ad essere originale pur nella necessaria e rispettosa semplicità di proposte in prevalenza ittiche. Anche le camere sono un porto sicuro.

FIVIZZANO – Massa Carrara (MS) – 563 J12 – 8 524 ab. – alt. 326 m 31 A1 – ✉ 54013

Roma 437 – La Spezia 40 – Firenze 163 – Massa 41

Il Giardinetto

via Roma 155 – ✆ 0 58 59 20 60 – www.hotelilgiardinetto.com – Chiuso 15 febbraio-2 marzo e 11-27 ottobre

13 cam – 35 € 55 €, 5 €

Rist – *(chiuso lunedì)* Carta 22/30 €

Con oltre cento anni di storia, un albergo familiare nel centro della località con un'ombreggiata terrazza-giardino e camere confortevoli. Gustosa cucina casalinga nelle due sale da pranzo o nella veranda affacciata sul verde.

Castello dell'Aquila
località Gragnola, Sud : 9 km – 0 58 59 91 57 – www.castellodellaquila.it
9 cam – 160/200 € 200/220 € **Rist** – *(solo per alloggiati)*
Stanze riccamente personalizzate per momenti di totale relax, in un castello trecentesco con forte connotazione storica e sapiente recupero privato. La cena è servita presso la dimora della proprietaria stessa.

FLAIBANO – Udine (UD) – 562 D20 – 1 209 ab. – 33030 10 B2

Roma 642 – Trieste 97 – Udine 23

Grani di Pepe con cam
via Cavour 44 – 04 32 86 93 56 – www.granidipepe.com
7 cam – 65/80 € 90/100 €
Rist – *(solo a cena escluso sabato e domenica)* (coperti limitati, prenotare)
Menu 38/48 € – Carta 34/58 €
Di antico c'è solo il fatto che nel '700 l'attuale ristorante era un umile casolare. Oggi il design si è piacevolmente impadronito degli spazi, mentre accenti moderni caratterizzano la cucina, che accontenta terra e mare. Sobrio minimalismo nelle camere.

FOGGIA (FG) – 564 C28 – 152 747 ab. – alt. 76 m Puglia 26 A2

Roma 363 – Bari 132 – Napoli 175 – Pescara 180
Gino Lisa viale Aviatori - 0881 650542 - per Isole Tremiti
via Perrone 17, 0881 72 31 41, www.ufficiodelturismo.it

Pianta pagina seguente

Mercure Cicolella
viale 24 Maggio 60 71121 – 08 81 56 61 11 – www.hotelcicolella.it
102 cam – 100/145 € 160/190 € – 13 suites Yc
Rist ***Cicolella al Viale*** – vedere selezione ristoranti
In centro città e nei pressi della stazione ferroviaria, prestigioso hotel dei primi '900, da sempre gestito dai Cicolella: struttura versatile, in quanto indirizzo di riferimento per uomini d'affari e turisti.

White House senza rist
via Monte Sabotino 24 71121 – 08 81 72 16 44 – www.hotelwhitehouse.it
33 cam – 70/95 € 95/120 € Yb
Nella zona centrale e vicina alla stazione, un indirizzo di classe, dall'atmosfera calda e accogliente, dotato di buoni confort. Curati e raccolti spazi comuni.

Cicolella al Viale – Hotel Mercure Cicolella
viale 24 Maggio 60 71121 – 08 81 56 61 11 – www.hotelcicolella.it – Chiuso 2 settimane in dicembre-gennaio, 2 settimane in agosto, sabato e domenica
Rist – Menu 35 € – Carta 37/54 € Yc
Se arrivate a Foggia e non volete allontanarvi dall'omonimo albergo, il ristorante è un buon approdo gastronomico per chi ama il servizio classico del "tutto a vista": buffet di antipasti, espositore di pesci e formaggi, carrello dei dolci. Troverete le specialità nazionali, ma i piatti forti sono quelli della tradizione pugliese.

In Fiera
viale Fortore 155, angolo Corso del Mezzogiorno 71121 – 08 81 63 21 66 – www.ristoranteinfiera.it – Chiuso 10-20 agosto, domenica sera e lunedì
Rist – Carta 23/54 € Xr
Adiacente alla fiera, luminoso locale dotato di spazi ariosi e di un ampio giardino ottimamente sfruttato nei mesi estivi (c'è anche un angolo bar). In menu: proposte di terra, ma soprattutto di mare. La sera anche pizza.

Giordano-Da Pompeo
vico al Piano 14 71121 – 08 81 72 46 40 – Chiuso 11-26 agosto e domenica
Rist – Carta 23/38 € Ya
Nel cuore della città, ristorante con cucina a vista e proposte legate al territorio, elaborate a partire da prodotti scelti in base all'offerta quotidiana del mercato.

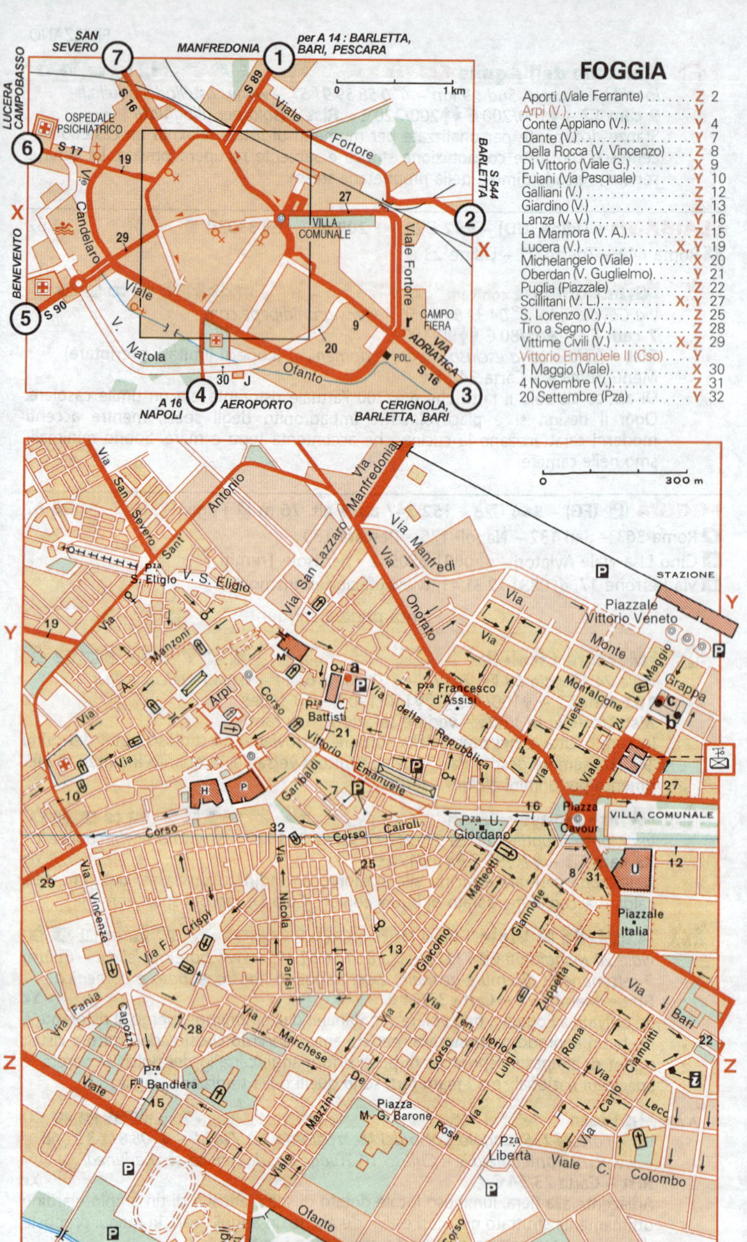

FOGGIA

Aporti (Viale Ferrante)	Z	2
Arpi (V.)	Y	
Conte Appiano (V.)	Y	4
Dante (V.)	Y	7
Della Rocca (V. Vincenzo)	Z	8
Di Vittorio (Viale G.)	X	9
Fuiani (Via Pasquale)	Y	10
Galliani (V.)	Z	12
Giardino (V.)	Z	13
Lanza (V. V.)	Y	16
La Marmora (V. A.)	Z	15
Lucera (V.)	X, Y	19
Michelangelo (Viale)	X	20
Oberdan (V. Guglielmo)	Y	21
Puglia (Piazzale)	Z	22
Scillitani (V. L.)	X, Y	27
S. Lorenzo (V.)	Z	25
Tiro a Segno (V.)	Z	28
Vittime Civili (V.)	X, Z	29
Vittorio Emanuele II (Cso)	Y	
1 Maggio (Viale)	X	30
4 Novembre (V.)	Z	31
20 Settembre (Pza)	Y	32

FOIANA = VOLLAN – Bolzano (BZ) – 562 C15 – Vedere Lana

FOIANO DELLA CHIANA – Arezzo (AR) – 563 M17 – 9 622 ab. – alt. 318 m – ✉ 52045 32 D2

Roma 187 – Siena 55 – Arezzo 30 – Perugia 59

a Pozzo Nord : 4,5 km – ✉ 52045 Foiano Della Chiana

Villa Fontelunga senza rist
via Cunicchio 5 – ✆ 05 75 66 04 10 – www.fontelunga.com
– Aperto 21 marzo-5 novembre
9 cam – 160/395 € 160/395 €
In posizione panoramica e tranquilla, le camere sono arredate con semplicità ed eleganza: il colore grigio è declinato in varie sfumature ed interrotto dalla cromaticità di falsi d'autore. L'ampio giardino accoglie una scenografica piscina.

FOLGARIA – Trento (TN) – 562 E15 – 3 118 ab. – alt. 1 166 m – Sport invernali : 1 168/2 007 m 14, – ✉ 38064 33 B3

Roma 582 – Trento 29 – Bolzano 87 – Milano 236

via Roma 67, ✆ 0464 72 41 00, www.montagnaconamore.it

località Costa Maso Spilzi, 0464 720480, www.golfclubfolgaria.it – 26 aprile-4 novembre

Villa Wilma
via della Pace 12 – ✆ 04 64 72 12 78 – www.hotelvillawilma.it
– Aperto 1° dicembre-31 marzo e 1° giugno-30 settembre
24 cam – 50/70 € 76/120 € **Rist** – Carta 24/46 €
Nella parte alta e più tranquilla della località, un'accogliente gestione familiare con profusione di legni in stile tirolese. Vista sui tetti e sul campanile del paese. Sala ristorante calda e accogliente, per lo più frequentata dagli ospiti qui alloggiati.

FOLGARIDA – Trento (TN) – 562 D14 – alt. 1 302 m – Sport invernali : 1 300/2 180 m 7 20 (Comprensorio sciistico Folgarida-Marilleva) – ✉ 38025 Dimaro 33 B2

Roma 644 – Trento 66 – Bolzano 63 – Verona 158

piazzale Telecabina, ✆ 0463 98 61 13, www.folgarida.it

Alp Hotel Taller
strada del Roccolo 39 – ✆ 04 63 98 62 34 – www.hoteltaller.it
– Aperto 1° dicembre-15 aprile e 15 giugno-30 settembre
30 cam – 55/94 € 90/188 € – 4 suites **Rist** – Carta 30/52 €
Nella parte alta della località, di fronte al palazzo del ghiaccio, l'hotel dispone di ampi spazi comuni, centro benessere completo e camere luminose. La conduzione è appassionata anche nella gestione del ristorante, in raffinato stile rustico.

FOLIGNO – Perugia (PG) – 563 N20 – 58 162 ab. – alt. 234 m – ✉ 06034 Italia Centro-Nord 36 C2

Roma 158 – Perugia 36 – Ancona 134 – Assisi 18

corso Cavour 126, ✆ 0742 35 44 59, www.comune.foligno.pg.it

Spello★ : affreschi★★ nella chiesa di Santa Maria Maggiore Nord-Ovest : 6 km – Montefalco★ : ★★★ dalla torre Comunale, affreschi★★ nella chiesa di San Francesco (museo), affresco★ di Benozzo Gozzoli nella chiesa di San Fortunato Sud-Ovest : 12 km

Villa dei Platani senza rist
viale Mezzetti 29 – ✆ 07 42 35 58 39 – www.villadeiplatani.com
27 cam – 75/120 € 90/160 €
Pregevole realtà ricettiva nata dal sapiente restauro di un'eclettica villa del primo '900, con spazi interni di tono minimalista e dalle calde tonalità. Moderni confort *hi-tech* nelle belle camere e stupenda terrazza, al secondo piano della struttura, arredata con eleganti mobili da esterno.

Casa Mancia

cam, cam, rist,

via dei Trinci 44 – ☎ 0 74 22 22 65 – www.casamancia.com
16 cam – †62/68 € ††92/108 €
Rist – *(chiuso domenica) (solo a cena)* Carta 25/48 €
A poca distanza dall'uscita Foligno Nord della superstrada, un albergo ricavato da una ex casa padronale con torre e chiesa sconsacrata. Camere moderne e confortevoli. Nuova bruschetteria serale con prenotazione obbligatoria.

Le Mura

via Bolletta 25 – ☎ 07 42 35 73 44 – www.albergolemura.net
36 cam – †50/65 € ††60/95 €
Rist *Le Mura* – vedere selezione ristoranti
Nome già eloquente sulla collocazione: a ridosso della chiesa romanica di S. Giacomo e all'interno delle mura medievali. Un accogliente albergo, facile da raggiungere.

Le Mura – Hotel Le Mura

Via Mentana 25, angolo via Bolletta – ☎ 07 42 07 42 35 46 48 – www.albergolemura.com – Chiuso 1°-10 agosto e martedì
Rist – Carta 22/43 €
Griglia ardente in sala, paste fresche e atmosfera conviviale, in un piacevole ristorante rinomato per le specialità umbre. Da Foligno si raggiungono facilmente le principali località storiche e turistiche della "regione verde" per eccellenza.

Villa Roncalli con cam

via Roma 25, Sud : 1 km – ☎ 07 42 39 10 91
10 cam – †50/65 € ††75/85 €
Rist – *(chiuso 6-16 gennaio e 15-31 agosto) (solo a cena escluso i giorni festivi)* Carta 38/58 €
In una villa patrizia, parco con piscina e servizio estivo all'aperto: splendida cornice per un quadro elegante, con piatti di cucina locale, alleggerita e rivisitata.

sulla strada statale 77 Nord-Est : 10 km

Guesia Village Hotel

località Ponte Santa Lucia 46 ✉ 06034 Foligno – ☎ 07 42 31 15 15 – www.guesia.com
19 cam – †60/80 € ††90/120 € – 5 suites
Rist – *(chiuso 2 settimane in novembre e lunedì)* Carta 33/35 €
Sulla statale che porta verso il mare, una struttura di stile moderno, comoda, con grande giardino attrezzato e belle camere, arredate con gusto e soluzioni personali. Ampie sale ristorante, affacciate sul verde esterno.

FOLLINA – Treviso (TV) – 562 E18 – 3 997 ab. – alt. 191 m – ✉ 31051 40 C2

Roma 590 – Belluno 30 – Trento 119 – Treviso 36

Villa Abbazia

cam, rist,

via Martiri della Libertà – ☎ 04 38 97 12 77 – www.hotelabbazia.it – Chiuso 7 gennaio-20 marzo
18 cam – †210/250 € ††260/360 € – 6 suites
Rist *La Corte* – vedere selezione ristoranti
Rist *Bistrot* – ☎ 04 38 97 05 35 *(chiuso martedì)* Carta 33/55 €
Straordinario mix di eleganza ed accoglienza familiare, dormirete in una bomboniera risalente al 1600 con annesso villino liberty. Un romantico giardino fa da corona a camere personalizzate e raffinate. Ambiente piacevolmente rustico al Bistrot per gustare le specialità della cucina veneta.

B&B La Rosa

via Roma 26 – ☎ 04 38 97 12 77
3 cam – †80/120 € ††80/120 €
Un piacevole B&B da scegliere quale alternativa meno impegnativa nel medesimo contesto strutturale dell'hotel Villa Abbazia.

Dei Chiostri senza rist
piazza 4 Novembre 20 – 04 38 97 18 05 – www.hoteldeichiostri.com – Chiuso 7 gennaio-9 marzo
15 cam – 108/125 € 125/155 €, 15 €
All'interno di un palazzo adiacente al municipio, struttura dotata di spazi comuni limitati, ma di piacevoli personalizzazioni e buon gusto nelle camere. E se l'appetito si fa sentire, il vicino ristorante la Corte vi attende con tante specialità.

La Corte – Hotel Villa Abbazia
via Roma 24 – 04 38 97 17 61 – www.hotelabbazia.it – Chiuso 9 gennaio-24 marzo, domenica in luglio-agosto e martedì negli altri mesi
Rist – (prenotazione obbligatoria a mezzogiorno) Carta 55/83 €
→ Cicchetti veneziani. Ravioli di faraona con asparagi verdi, tartufo estivo e fave. Tiramisù.
Ambienti sontuosi impreziositi da camino, affreschi e decorazioni d'epoca ricevono la meritata ricompensa gastronomica: dalla laguna veneta arrivano diverse interpretazioni marine, ma ci sono anche piatti di carne che uniscono creatività e semplicità, il marchio di fabbrica del giovane cuoco.

a Pedeguarda **Sud-Est : 3 km – ✉ 31050**

Osteria al Castelletto
via Castelletto 3 – 04 38 84 24 84 – www.alcastelletto.com – Chiuso martedì
Rist – Carta 28/49 €
Piacevole è l'aggettivo che più si addice a questo locale dagli ambienti arredati con buon gusto, un servizio all'aperto che beneficia della frescura del giardino e una linea di cucina di squisita matrice regionale.

FOLLONICA – Grosseto (GR) – 563 N14 – 22 113 ab. – ✉ 58022 31 B3

Toscana

Roma 234 – Grosseto 47 – Firenze 152 – Livorno 91
via Roma 51, 0566 5 20 12, www.turismoinmaremma.it
Toscana-Il Pelagone località Il Pelagone, 0566 820471, www.golfclubtoscana.com

Il Veliero
via delle Collacchie 20, località Puntone Vecchio, Sud-Est : 3 km – 05 66 86 62 19 – www.ristoranteilveliero.it – Chiuso mercoledì da settembre a giugno, i mezzogiorno di mercoledì e giovedì in luglio-agosto
Rist – Menu 25/50 € – Carta 36/70 €
Conduzione familiare ormai più che trentennale e corretta proporzione qualità/prezzo per un classico ristorante con piatti tipicamente marinari, sito sulla via che conduce verso Punta Ala.

Il Sottomarino
via Marconi 18 – 0 56 64 07 72 – www.ilsottomarino.it – Chiuso 22 dicembre-22 gennaio e martedì
Rist – *(solo a cena dal 15 giugno ad agosto)* Carta 27/49 €
Una valida cucina soprattutto a base di pesce è la proposta di uno chef di grande esperienza insieme al giovane figlio; alcune preparazioni sono più classiche, altre invece si concedono alle tentazioni della fantasia. I ravioli ripieni di spigola meritano la lode!

FONDI – Latina (LT) – 563 R22 – 37 770 ab. – ✉ 04022 13 D3

Roma 131 – Frosinone 60 – Latina 59 – Napoli 110

Mblo B&B N senza rist
largo Luigi Fortunato 9 – 07 71 50 23 85 – www.mblo.it
8 cam – 70/95 € 70/95 €
Percorrendo le tranquille strade del centro storico troverete questo palazzo duecentesco con graziosa corte interna. Arredi d'epoca, pavimenti in cotto e pareti in pietra completano il quadro. Per chi desidera un tocco di romanticismo, molte camere sono dotate di camino.

Vicolo di Mblò

corso Appio Claudio 11 – ✆ 07 71 50 23 85 – www.mblo.it – Chiuso 23-30 dicembre e martedì escluso luglio-agosto

Rist – Carta 17/47 €

Proprio al termine del corso pedonale, dove si erge la torre con castello, un antico edificio di origine gonzaghesca nelle cui stalle è nato un caratteristico ristorante. Cucina regionale ed un'importante carta dei vini: 500 etichette sia italiane sia estere, con una grande selezione di champagne.

Riso Amaro

via 24 Maggio 17 – ✆ 07 71 52 36 55 – www.ristoranterisoamaro.it – Chiuso sabato a pranzo, lunedì e martedì da ottobre a giugno

Rist – *(solo a cena in luglio-agosto)* Menu 40/50 € – Carta 35/59 €

Welcome home! Un giovane cuoco dopo anni di esperienza nella capitale in ristoranti "stellati" e non, ha deciso di ritornare al paesello ed aprire - con successo - questo elegante locale. La sua impronta mediterranea si fa sentire sia nei piatti di pesce, sia nelle specialità di carne, mitigata solo da tocchi di fantasia.

FONDO – Trento (TN) – 562 C15 – 1 475 ab. – alt. 987 m – ✉ 38013 — 33 B2

Roma 637 – Bolzano 36 – Merano 39 – Milano 294

via Roma 21, ✆ 0463 83 01 33, www.visitvaldinon.it

Lady Maria cam, rist,

via Garibaldi 20 – ✆ 04 63 83 03 80 – www.ladymariahotel.com – Chiuso 15-30 novembre

43 cam – †30/60 € ††60/120 € – 2 suites **Rist** – Carta 21/30 €

Struttura a seria conduzione familiare con ambientazione e arredi tipicamente montani: le camere più belle si trovano al terzo piano, le altre sono oggetto di progressivo rinnovo. Specialità della cucina trentina, servite nel luminoso ristorante.

FONDOTOCE – Verbano-Cusio-Ossola (VB) – 561 E7 – Vedere Verbania

FONTANAFREDDA – Pordenone (PN) – 562 E19 – 11 686 ab. – ✉ 33074 — 10 A3

Roma 596 – Belluno 60 – Pordenone 9 – Portogruaro 36

Luna senza rist

via Osoppo 127, località Vigonovo – ✆ 04 34 56 55 35 – www.hoteluna.net – Chiuso 22 dicembre-6 gennaio

37 cam – †50/63 € ††70/80 € – 2 suites

Alle porte del paese e circondata da località di interesse storico, la struttura si sviluppa orizzontalmente ed è ideale per una clientela d'affari. Camere ampie, ben accessoriate, con anche accesso esterno.

FONTANASALSA Sicilia – Trapani (TP) – 365 AK56 – Vedere Trapani

FONTANELLE – Cuneo (CN) – 561 J4 – Vedere Boves

FONTANELLE – Parma (PR) – 562 H12 – Vedere Roccabianca

FONTEBLANDA – Grosseto (GR) – 563 O15 – ✉ 58010 — 32 C3

Roma 163 – Grosseto 24 – Civitavecchia 87 – Firenze 164

Maremmello strada Vicinale del Maremmello, 0564 886217, www.maremmello.it – chiuso lunedì

Rombino senza rist

via Aurelia Vecchia 40 – ✆ 05 64 88 55 16 – www.hotelrombino.it

39 cam – †50/110 € ††70/110 €

Nel cuore della Maremma, fra Talamone e il Monte Argentario, un hotel a conduzione familiare, rinnovato qualche anno fa, con camere confortevoli e spiaggia non lontana.

a Talamone Sud-Ovest : 4 km – ✉ 58010

Baia di Talamone senza rist
via della Marina 23 – ☎ 05 64 88 73 10 – www.hbt.it – Aperto 1° aprile-30 settembre
18 cam ☕ – †50/80 € ††90/130 € – 6 suites
Affacciata sul porticciolo turistico, una bella struttura color salmone, contenuta ma comoda soprattutto a partire dall'ampio parcheggio; diverse stanze con salottino.

FOPPOLO – Bergamo (BG) – **561** D11 – **206 ab. – alt. 1 508 m** – **Sport invernali : 1 570/2 200 m** ⛷16, ⛷ – ✉ 24010 **16** B1

Roma 659 – Sondrio 93 – Bergamo 58 – Brescia 110

via Moia 24, ☎ 0345 7 43 15, www.vallebrembana.bg.it

K 2
via Foppelle 42 – ☎ 0 34 57 41 05 – www.ristorantek2.com – Chiuso maggio e novembre escluso sabato e domenica
Rist – Carta 27/51 €
Ambiente grazioso, con arredi in caldo legno chiaro e una curata rusticità; fuori dal centro abitato, offre piatti locali, come la selvaggina, e una conduzione familiare.

FORIO – Napoli (NA) – **564** E23 – **Vedere Ischia (Isola d')**

FORLÌ P (FC) – **562** J18 – **118 167 ab. – alt. 34 m** Italia Centro-Nord **9** D2

Roma 354 – Ravenna 29 – Rimini 54 – Bologna 63

piazzetta della Misura 5, ☎ 0543 71 24 35, www.turismoforlivese.it

I Fiordalisi via Maglianella 11/B, 0543 89553, www.golfclubfiordalisi.it – chiuso lunedì

Pianta pagina seguente

Globus City rist,
via Traiano Imperatore 4, 3,5 km per ① ✉ 47122 – ☎ 05 43 72 22 15 – www.hotelglobuscity.com – Chiuso 24 dicembre-6 gennaio
98 cam ☕ – †75/195 € ††85/250 € – 2 suites **Rist** – Carta 31/72 €
Hotel di stile classico tra la città e il casello autostradale; una hall di grande respiro con angolo bar vi accoglie in un ambiente dal confort omogeneo, anche nelle camere. Comodo ristorante con due ampie sale, cucina classica con alcune proposte locali.

Masini senza rist
corso Garibaldi 28 ✉ 47121 – ☎ 0 54 32 80 72 – www.hotelmasini.it
51 cam ☕ – †50/110 € ††65/180 € – 2 suites **c**
Hotel del centro che da fine '800 continua ininterrottamente a proporsi come riferimento cittadino e che oggi offre spazi funzionali e confortevoli, di taglio contemporaneo.

Michelangelo senza rist
via Buonarroti 4/6 ✉ 47122 – ☎ 05 43 40 02 33 – www.hotelmichelangelo.fc.it
39 cam ☕ – †47/99 € ††69/120 € **b**
Poco fuori dal centro storico, l'albergo è stato totalmente ristrutturato pur mantenendo le vetrate a specchio per facciata: camere ampie e ben accessoriate, i requisiti per un piacevole soggiorno ci sono tutti!

San Giorgio senza rist
via Ravegnana 538/d, 4 km per ① ✉ 47122 – ☎ 05 43 79 66 99 – www.hotelsangiorgioforli.it
66 cam ☕ – †50/165 € ††60/215 €
Sito nelle immediate vicinanze del casello autostradale, hotel di taglio moderno-commerciale con camere accessoriate, ideali per una clientela d'affari. Interessante rapporto qualità/prezzo.

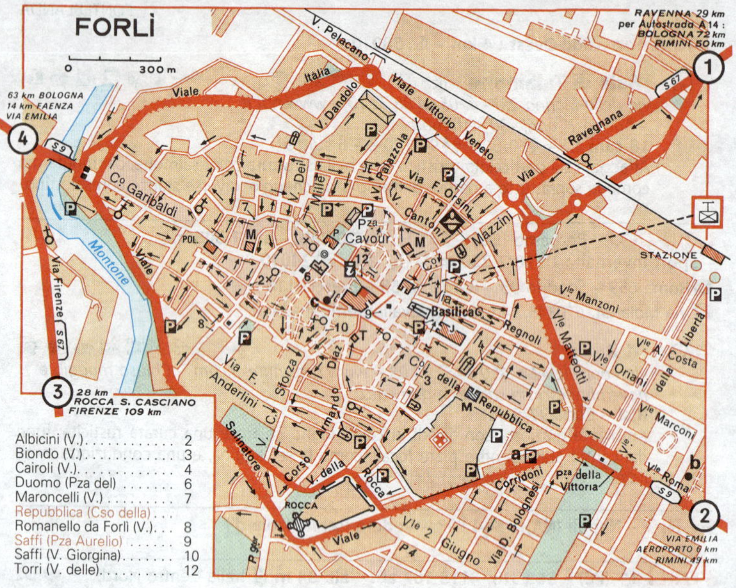

Casa Rusticale dei Cavalieri Templari

viale Bologna 275, 1 km per ④ ✉ 47121 – ✆ 05 43 70 18 88 – www.osteriadeitemplari.it – Chiuso 15 giorni in agosto, domenica e lunedì

Rist – (prenotare) Menu 16/32 € – Carta 30/57 €

"Hospitale" di S. Bartolo dei Cavalieri Templari sin dal XIII secolo, il bel locale continua la tradizione di accoglienza e ottima cucina romagnola sotto l'egida di tre donne.

Trattoria 'petito

via Corridoni 14 0543 35784 – ✆ 0 54 33 57 84 – www.trattoriapetito.com – Chiuso 7-21 agosto e domenica a

Rist – Carta 29/53 €

Il nome è la contrazione dell'augurio "buon appetito": una promessa che non sarà delusa! La cucina attinge a piene mani dal territorio emiliano-romagnolo, fra carni, salumi, vini ed altro ancora...

FORMAZZA – Verbano-Cusio-Ossola (VB) – 561 C7 – 445 ab. 23 C1

– alt. 1 280 m – Sport invernali : 1 260/1780 m 4, (anche sci estivo) – ✉ 28863

Roma 738 – Domodossola 40 – Milano 162 – Novara 131

Walser Schtuba con cam

località Riale – ✆ 03 24 63 43 52 – www.locandawalser.it – Chiuso ottobre

6 cam – †65 € ††90 € **Rist** – Carta 33/61 €

Nella parte più alta e pittoresca della Val Formazza, una piacevolissima risorsa in perfetto stile alpino: grazioso dehors per la bella stagione e tante gustose specialità locali, rivisitate con estro e alleggerite quanto basta.

FORMIA – Latina (LT) – 563 S22 – 37 571 ab. – ✉ 04023 13 D3

Roma 153 – Frosinone 90 – Caserta 71 – Latina 76

per Ponza – Caremar, call center 892 123

viale Unità d'Italia 30/34, ✆ 0771 77 14 90, www.latinaturismo.it

Grande Albergo Miramare rist,
via Appia 44, Est : 2 km – ✆ 07 71 32 00 47 – www.grandealbergomiramare.it
58 cam – †65/115 € ††85/145 €, ☐ 9 € – 1 suite **Rist** – Carta 33/79 €
Serie di dependance tra i pini e il mare per un soggiorno di tono poco alberghiero e di esclusiva riservatezza. Le camere più affascinanti si affacciano sul golfo. Ampie sale al ristorante dal fascino retrò.

Fagiano Palace
via Appia 80, Est : 3 km – ✆ 07 71 72 09 00 – www.grandhotelfagiano.it
51 cam ☐ – †60/80 € ††80/120 €
Rist *Il Ramaglino* – vedere selezione ristoranti
Per affari o vacanze, in direzione di Napoli, l'hotel dispone di camere spaziose (anche se non sempre recenti i bagni), la maggior parte con vista mare. L'ampio parcheggio vi risolverà il problema di dove lasciare la macchina.

Il Ramaglino – Hotel Fagiano Palace
via Appia 80, Est : 3 km – ✆ 07 71 72 09 00 – www.grandhotelfagiano.it
Rist – Carta 25/49 €
Nell'elegante sala interna o sul terrazzo, il golfo di Gaeta con il suo splendido mare ruba ogni attenzione al locale. Piatti mediterranei, in prevalenza di pesce, abbinati ad una scelta enologica di tutto rispetto.

Italo
via Unità d'Italia 96, Ovest : 2 km – ✆ 07 71 77 12 64 – www.ristoranteitalo.com – Chiuso 21 dicembre-4 gennaio, 1°-15 novembre, lunedì e martedì
Rist – Menu 20/35 € – Carta 25/49 €
Per ogni esigenza, gastronomica, banchettistica o di semplice eleganza, un punto di riferimento di tutto rispetto qui a Formia; lungo la strada che affianca la costa.

Da Veneziano
via Abate Tosti 120 – ✆ 07 71 77 18 18 – www.ristorante-veneziano.com – Chiuso lunedì
Rist – Carta 31/75 €
Al primo piano di un edificio rosa che si affaccia sulla piazza del mercato e sul lungomare, il ristorante prosegue la tradizione gastronomica marinara di famiglia.

FORMICA – Modena (MO) – Vedere Savignano sul Panaro

FORMIGINE – Modena (MO) – 562 I14 – 33 832 ab. – alt. 82 m 8 B2

– ✉ 41043
Roma 415 – Bologna 48 – Milano 181 – Modena 11

La Fenice senza rist
via Gatti 3/73 – ✆ 0 59 57 33 44 – www.fenicehotel.it
48 cam ☐ – †50/60 € ††70/90 €
In una tranquilla zona residenziale, albergo a conduzione familiare le cui camere semplici, ma generalmente ampie, faranno la felicità di coloro che amano gli spazi generosi. Prima colazione a buffet.

a Corlo Ovest : 3 km – ✉ 41043

Due Pini
via Radici in Piano 177, Est: 0,5 km – ✆ 0 59 57 26 97 – www.hotelduepini.it
56 cam – †45/80 € ††70/120 €, ☐ 5 € **Rist** – *(chiuso agosto)* Carta 22/42 €
Ristrutturati, ampliati e dotati delle attuali tecnologie, tre antichi edifici di epoche differenti ospitano questo hotel, confortevole e moderno, circondato da un piccolo parco. Bella sala con ampi tavoli tondi, camino e finestre con tendaggi civettuoli.

FORMIGLIANA – Vercelli (VC) – 561 F6 – 569 ab. – alt. 157 m 23 C2

– ✉ 13030
Roma 651 – Stresa 86 – Milano 80 – Torino 69

XX **Franz**

via Roma 35 – ✆ 01 61 87 70 05 – www.ristorantefranz.it – Chiuso 1 settimana in gennaio, 2 settimane in agosto, lunedì e martedì

Rist – Menu 35 € (pranzo in settimana)/60 € – Carta 32/115 €

Un locale d'impronta classica, periodicamente rinnovato e molto ben tenuto, gestito da una famiglia allargata, con accenti femminili. Cucina quasi esclusivamente di mare.

FORNI DI SOPRA – Udine (UD) – 562 C19 – 1 071 ab. – alt. 907 m – Sport invernali : 907/2 073 m 5, – ✉ 33024

10 A1

Roma 676 – Cortina d'Ampezzo 64 – Belluno 75 – Milano 418

via Cadore 1, ✆ 0433 88 67 67, www.turismofvg.it

Edelweiss

cam,

via Nazionale 19 – ✆ 0 43 38 80 16 – www.edelweiss-forni.it – Chiuso ottobre-novembre

27 cam – 40/60 € 70/100 € **Rist** – *(chiuso martedì)* Carta 18/40 €

Nel Parco delle Dolomiti Friulane, albergo a conduzione familiare che offre camere di differenti tipologie (chiedete quelle più recenti) e un bel giardino attrezzato. Tipica cucina d'albergo nella quale predominano erbe spontanee e i prodotti della Carnia.

Nuoitas

cam,

località Nuoitas 7, Nord-Ovest: 2,8 km – ✆ 0 43 38 83 87 – www.albergonuoitas.it – Chiuso maggio e ottobre

19 cam – 38/48 € 70/84 €

Rist – *(chiuso martedì in bassa stagione)* Carta 14/32 €

In posizione incantevole, immersa in una verdeggiante cornice di silenzi e tranquillità, una risorsa dagli spazi di tono rustico e semplici camere. "Nuoitas" significa "polenta e frico": la specialità del ristorante.

FORNO DI ZOLDO – Belluno (BL) – 562 C18 – 2 560 ab. – alt. 848 m – ✉ 32012

40 C1

Roma 638 – Belluno 34 – Cortina d'Ampezzo 42 – Milano 380

via Roma 10, ✆ 0437 78 73 49, www.infodolomiti.it

X **Tana de 'l Ors** con cam

via Roma 28 – ✆ 04 37 79 40 97 – www.ristorantetanadelors.it

5 cam – 40/80 € 60/100 €, 7 €

Rist – *(chiuso domenica sera in aprile-giugno e settembre-novembre)* (consigliata la prenotazione la sera) Menu 23 € – Carta 30/64 €

In questa zona di caccia, il giovane chef propone una cucina moderna con qualche ispirazione al mare. E se decidete di passare qui la notte, la struttura mette a disposizione mono e bilocali con tanto di angolo cottura.

a Mezzocanale Sud-Est : 10 km – alt. 620 m – ✉ 32013 Forno Di Zoldo

X **Mezzocanale-da Ninetta**

via Canale 22 – ✆ 0 43 77 82 40 – www.trattoriandaninetta.it – Chiuso settembre, martedì sera e mercoledì

Rist – Carta 28/45 €

Piacevole punto di ristoro lungo la strada per Forno di Zoldo: in un ambiente riscaldato da un *fogolar* ottocentesco, una cortese accoglienza familiare e le specialità della cucina dolomitica. Imperdibili i *canederli di rape rosse.*

FORNOVO DI TARO – Parma (PR) – 562 H12 – 6 294 ab. – alt. 158 m – ✉ 43045

8 B2

Roma 481 – Parma 22 – La Spezia 89 – Milano 131

via dei Collegati 19, ✆ 0525 25 99, www.iatfornovo.it

X **A la Maison**

piazza Matteotti 18 – ✆ 05 25 26 91 – www.ristorantemaison.com – Chiuso 2 settimane in agosto, martedì sera e mercoledì

Rist – Carta 26/64 €

Conduzione familiare in un accogliente locale ricavato nelle cantine di un antico palazzo del centro. In menu: gustose proposte di cucina regionale e stagionale.

FORTE DEI MARMI – Lucca (LU) – 563 K12 – 7 752 ab. – ✉ 55042 31 A1

Toscana

Roma 378 – Pisa 35 – La Spezia 42 – Firenze 104

piazza Garibaldi 1, ✆ 0584 28 02 92, www.fortedeimarmi.lu.it

Versilia via Della Sipe 100, 0584 881574, www.versiliagolf.com – chiuso martedì da ottobre a maggio

Località★

Grand Hotel Imperiale

via Mazzini 20 – ✆ 0 58 47 82 71 – www.grandhotelimperiale.it

24 cam – †290/780 € ††290/780 €, ☐ 28 € – 22 suites **Rist** – Carta 72/150 €

Atmosfera e servizio impeccabile sono i principali atout di questo albergo, dove il lusso si declina nei dettagli dipinti color oro, nonché nell'attrezzata beauty farm. E l'esclusività raggiunge il mare: spiaggia privata a pagamento Minerva Beach con servizio ristorante annesso.

Principe

viale A. Morin 67 – ✆ 05 84 78 36 36 – www.principefortedeimarmi.com

28 cam – †300/1600 € ††300/1600 €, ☐ 30 € **Rist** – Carta 62/83 €

Lontano dalla classicità alberghiera tradizionale, è un edificio moderno, inondato da luce, minimalista negli arredi e votato al lusso.

Byron

viale Morin 46 – ✆ 05 84 78 70 52 – www.hotelbyron.net – Aperto 16 aprile-1° novembre

29 cam ☐ – †215/335 € ††265/630 €

Rist *La Magnolia* ✿ – vedere selezione ristoranti

Si respira un'atmosfera discreta e riservata - quasi da dimora privata - in questa elegante struttura nata dall'unione di due ville di fine '800, immersa in un delizioso giardino con piscina.

Augustus Lido

viale Morin 72 – ✆ 05 84 78 74 42 – www.augustus-hotel.it – Aperto 1°aprile-31 ottobre

17 cam ☐ – †200/580 € ††300/840 € – 2 suites

Rist – *(chiuso lunedì escluso giugno-agosto)* Carta 58/141 €

Signorile residenza appartenuta alla famiglia Agnelli, è ora un albergo di lusso che conserva nei suoi ambienti l'originale atmosfera familiare. Charme di sapore inglese e diversi arredi d'epoca.

Villa Roma Imperiale senza rist

via Corsica 9 – ✆ 0 58 47 88 30 – www.villaromaimperiale.com – Aperto 24 aprile-22 settembre

25 cam ☐ – †250/850 € ††250/850 € – 6 suites

Abbracciata da un tranquillo giardino con piscina, una villa anni '20 d'impeccabile tenuta: interni sobri ed eleganti giocati sulle sfumature del colore sabbia e qualche accenno etnico in alcune camere.

California Park Hotel

via Cristoforo Colombo 32 – ✆ 05 84 78 71 21 – www.californiaparkhotel.com – Aperto 1° aprile-31 ottobre

40 cam ☐ – †200/500 € ††250/700 € – 6 suites **Rist** – Carta 48/127 €

Immersa in un lussureggiante parco, una bella struttura - moderna e funzionale - dall'aspetto estivo e mediterraneo. Composta da un corpo principale e da dépendence vanta un comune denominatore: l'ottimo confort.

Villa Grey

viale Italico 84 – ✆ 05 84 78 74 96 – www.villagrey.it – Chiuso dicembre-febbraio

19 cam ☐ – †300/590 € ††300/590 € – 2 suites **Rist** – Carta 42/74 €

Fronte mare, siamo in un'elegante villa di fine '800 trasformata all'interno in ambienti moderni giocati sulle sfumature del grigio, a cui fa eco il verde dell'incantevole giardino sul retro.

Ritz cam, rist, VISA

via Flavio Gioia 2 – ✆ 05 84 78 75 31 – www.ritzfortedeimarmi.com – Chiuso 15-28 dicembre

28 cam ☕ – †95/360 € ††140/640 € – 1 suite

Rist – *(aperto 1° aprile-9 ottobre)* Carta 38/74 €

Centrale e contemporaneamente fronte mare, questo elegante edificio Liberty degli anni '30 reca uno stile molto sobrio, di sapore anglosassone, reso più caldo da inserimenti coloniali. Piatti della tradizione gastronomica italiana nel bel ristorante circondato dal verde.

Il Negresco cam, VISA

viale Italico 82 – ✆ 0 58 47 88 20 – www.hotelilnegresco.com – Chiuso 20 giorni in dicembre e 10 giorni in gennaio

40 cam ☕ – †140/530 € ††190/700 € **Rist** – Carta 49/81 €

Proprio sul lungomare, la struttura conserva sempre le sue doti di assoluta piacevolezza sia negli spazi esterni, sia nelle eleganti e confortevoli camere. Una breve passeggiata vi separa dal mondano centro.

President rist, VISA

via Caio Duilio 4 ang. viale Morin – ✆ 05 84 78 74 21 – www.presidentforte.it – Aperto Pasqua-30 settembre

44 cam – †190/240 € ††220/290 €, ☕ 15 € **Rist** – *(solo per alloggiati)*

A pochi passi dal mare - in zona verde e residenziale - una struttura moderna con interni signorili e spaziose zone comuni. Spiaggia privata a disposizione degli ospiti.

Hermitage cam, rist, VISA

via Cesare Battisti 50 – ✆ 05 84 78 71 44 – www.albergohermitage.it – Aperto 1° maggio-30 settembre

57 cam – †130/270 € ††200/455 €, ☕ 25 € – 3 suites

Rist – *(solo per alloggiati)* Menu 45/50 €

Tra il verde dei pini e dei lecci, cinto da un giardino con piscina, un albergo piacevole, sito in una zona quieta della località. Simpatica area giochi per i bambini e comoda navetta per la spiaggia.

Mignon rist, VISA

via Carducci 58 – ✆ 05 84 78 74 95 – www.hotelmignon.it – Aperto aprile-ottobre

34 cam ☕ – †90/170 € ††130/260 € **Rist** – Menu 40 €

Il verde della pineta e un grazioso giardino su cui s'affaccia l'ariosa veranda connotano questa piccola chicca: sapori quasi coloniali, signorilità e buon gusto ovunque.

Mirabeau cam, rist, VISA

viale Morin 135 – ✆ 05 84 78 78 13 – www.hotelmirabeau.it – Aperto 1° maggio-30 settembre

40 cam ☕ – †120/220 € ††180/345 € – 3 suites **Rist** – Carta 30/65 €

Luminoso e piacevole, l'hotel dispone di camere omogenee nel confort (anche se distinte in diverse tipologie) e di una bella piscina nella zona *outdoor*, arredata con pregevoli mobili da giardino. Impeccabile sotto il profilo della tenuta e della manutenzione.

Kyrton cam, rist, VISA

via Raffaelli 16 – ✆ 05 84 78 74 61 – www.hotelkyrton.it – Aperto 1° aprile-30 settembre

33 cam ☕ – †40/140 € ††60/260 € – 1 suite **Rist** – Menu 20/40 €

Camere semplici, ma confortevoli, in un hotel immerso nel verde di un curato giardino con piscina, la cui cordiale gestione familiare vi farà sentire un po' come ospiti da amici.

Tarabella cam, cam, VISA

viale Versilia 13/b – ✆ 05 84 78 70 70 – www.tarabellahotel.it – Aperto 15 aprile-10 ottobre

32 cam – †80/115 € ††90/180 €, ☕ 10 € **Rist** – *(solo per alloggiati)*

Piacevole edificio niveo con qualche decorazione dipinta, un piccolo giardino lo circonda. E' una risorsa dal sapore familiare, confortevole e tranquilla, con una sala giochi per i bambini.

Bijou
via Allende 31 – 05 84 78 71 81 – www.landinihotels.it
27 cam – 80/160 € 90/250 €, 15 € **Rist** – Carta 25/72 €
In posizione tranquilla, un po' defilata rispetto al mare, questo hotel rinnovato in anni recenti propone camere attuali nell'arredo e nel confort. C'è anche un pizzico di eleganza in questo piccolo bijou.

Sonia
cam, cam,
via Matteotti 42 – 05 84 78 71 46 – www.hotel-sonia.it
20 cam – 60/110 € 90/220 € **Rist** – *(solo per alloggiati)*
Femminile e familiare la conduzione di questo semplice e piacevole indirizzo a metà strada tra il centro della località e il mare: una casa di inizio '900, curata in ogni particolare. Nella semplice sala da pranzo, un piccolo cimelio d'epoca.

Piccolo Hotel
rist,
viale Morin 24 – 05 84 78 74 33 – www.albergopiccolohotel.it
– Aperto 1° aprile-30 settembre
32 cam – 100/150 € 160/280 € **Rist** – Carta 35/60 €
Immerso nel verde e vicino alla spiaggia (con accesso anche dal lungomare), un hotel a gestione familiare, che da oltre mezzo secolo offre buoni confort e piacevoli camere.

Le Pleiadi
cam,
via Civitali 51 – 05 84 88 11 88 – www.hotellepleiadi.it
– Aperto 1°aprile-30 settembre
30 cam – 70/300 € 90/300 € **Rist** – Carta 24/54 €
Pini marittimi ad alto fusto lo circondano e in parte lo nascondono. Nella quiete delle vie più interne, camere fresche e la semplicità di una gestione familiare.

La Magnolia – Hotel Byron
viale Morin 46 – 05 84 78 70 52 – www.hotelbyron.net
– Aperto 16 aprile-1° novembre
Rist – Carta 50/89 €
➜ Risotto agli asparagi, lingotto d'oro di pecora e liquirizia. Agnello di Zeri al testo (cottura su piastra) con patate di montagna e aromi. Torrone ghiacciato: semifreddo al torroncino, arancia, cioccolato e miele della Lunigiana.
Un grazioso villino nel giardino dell'hotel Byron è la fucina di un cuoco tanto giovane quanto abile nel presentare una cucina all'apparenza semplice e minimalista, in realtà giocata su sottili complessità. A suo agio sia con il pesce che con la carne, di preferenza toscani.

Lorenzo
via Carducci 61 – 0 58 48 96 71 – www.ristorantelorenzo.com
– Chiuso 15 dicembre-31 gennaio, martedì a mezzogiorno e lunedì
Rist – *(solo a cena in agosto)* Menu 70/100 € – Carta 65/140 € (+10 %)
➜ Linguine limone e pepe con astice blu. Rana pescatrice in erbe aromatiche su zuppetta di lenticchie di Castelluccio. Cremoso al frutto della passione e spuma di champagne.
Sarà l'originale insegna (caricatura di un famoso vignettista), sarà la qualità del pescato e le sue gustose elaborazioni, quel che è certo è che Lorenzo continua ad essere una delle tavole più "interessanti" della Versilia.

Bistrot
viale Franceschi 14 – 0 58 48 98 79 – www.bistrotforte.it
– Chiuso 14-26 dicembre e martedì in inverno
Rist – *(solo a cena escluso i giorni festivi)* (consigliata la prenotazione)
Menu 85 € – Carta 65/129 €
➜ Agnolotto di gamberi rossi di San Remo e burrata con guazzetto di vongole veraci e sedano. Arrostino di aragosta in crosta di pane al dragoncello con crema di patate. Guazzetto di fragole della nostra fattoria con chibuste allo champagne.
Non aspettatevi un bistrot: qui troverete uno dei ristoranti più eleganti del Forte. Giovane e raffinata atmosfera, vi verranno servite delle elaborate e fantasiose proposte in prevalenza di mare, ma c'è anche un forno a legna per piatti più semplici e fragranti. Cantina-enoteca al piano inferiore.

Osteria del Mare N

viale Franceschi 4 – ✆ 0 58 48 36 61 – www.marcodavid.com – Chiuso 15 giorni in inverno e giovedì

Rist – (prenotare) Carta 41/88 €

Sul lungomare di questa prestigiosa stazione balneare, due luminose sale ed un gradevole dehors dove gustare piatti (soprattutto) a base di pesce. Ampia carta dei vini.

The Fratellini's

via Franceschi 2b – ✆ 0 58 48 29 31 – www.marcodavid.com – Chiuso martedì a pranzo in giugno-settembre, anche lunedì in inverno

Rist – Carta 45/76 €

Nel punto più strategico della città, un sorprendente cubo di cristallo si protende su un bel giardino: luogo d'elezione per cocktail e aperitivi. All'interno, lo stile si fa più minimalista, l'illuminazione soft. Il pesce crudo è la star del locale, ma non manca un interessante menu con piatti più o meno tradizionali.

FORZA D'AGRÒ Sicilia – Messina (ME) – 565 N27 – 922 ab. – alt. 420 m – ✉ 98030 Sicilia — 30 D2

Catania 61 – Messina 41 – Palermo 271 – Taormina 15

Baia Taormina

rist,

via Nazionale km 39, Est : 5 km – ✆ 09 42 75 62 92 – www.baiataormina.com – Aperto 1° aprile-31 ottobre

120 cam – 130/226 € 180/436 € – 2 suites **Rist** – Carta 38/50 €

Sito sullo scoglio panoramico che si affaccia sull'omonima baia, un suggestivo hotel recentemente ampliatosi con una nuova ala: spiaggia privata e, in terrazza, due piscine raggiungibili con l'ascensore.

FOSDINOVO – Massa Carrara (MS) – 563 J12 – 5 054 ab. – alt. 500 m – ✉ 54035 — 31 A1

Roma 388 – La spezia 25 – Genova 108 – Livorno 86

La Castellana

via Pilastri 18, Sud-Est: 4 km – ✆ 01 87 68 00 10 – www.albergolacastellana.com

30 cam – 70/90 € 90/130 € **Rist** – *(chiuso lunedì)* Carta 28/65 €

Sulla strada per Fosdinovo e in posizione panoramica, hotel di nuova costruzione dagli ambienti ariosi, piacevolmente arredati con mobili in stile contemporaneo. Linee sobrie nelle confortevoli camere.

FOSSANO – Cuneo (CN) – 561 I5 – 24 854 ab. – alt. 375 m – ✉ 12045 — 22 B3

Roma 645 – Torino 73 – Cuneo 30 – Asti 65

Castello degli Acaja, ✆ 0172 1 79 53 64

Palazzo Righini N

Via Negri 20 ✉ 12045 Fossano – ✆ 01 72 66 66 66 – www.palazzorighini.it

24 cam – 100/170 € 115/190 € – 1 suite

Rist *Antiche Volte* – vedere selezione ristoranti

Camere lussuosamente classiche, dove ognuna si caratterizza per un dettaglio - volte e pareti affrescate, soffitti a cassettoni, tende in taffetà di seta o letti a baldacchino - in un'affascinante dimora nobiliare del Seicento, che rimanendo al passo con i tempi moderni offre anche un piccolo centro benessere.

Antiche Volte – Hotel Palazzo Righini

via Giovanni Negri 20 – ✆ 01 72 66 66 66 – www.palazzorighini.it

Rist – Menu 39/62 € – Carta 46/64 €

Sotto le antiche volte di Palazzo Righini una sosta gourmet: cucina moderna - soprattutto a base di carne - e qualche specialità di mare. Con oltre 4000 bottiglie tra vini d'autore, annate prestigiose, bollicine italiane e straniere, la cantina merita la lode.

FRABOSA SOPRANA – Cuneo (CN) – 561 J5 – 823 ab. – alt. 891 m – Sport invernali : 894/1 2085 m (Comprensorio Mondolé sky 23) – ✉ 12082 — 22 B3

Roma 632 – Cuneo 35 – Milano 228 – Savona 87

piazza Municipio, ✆ 0174 24 40 10, www.turismocn.it

Miramonti rist,
via Roma 84 – ✆ 01 74 24 45 33 – www.miramonti.cn.it
– Aperto 27 dicembre-16 marzo e 1° maggio-30 settembre
48 cam – †55/85 € ††85/116 €, ☕ 8 € **Rist** – Carta 30/48 €
La si sta rinnovando pian piano questa bella risorsa situata in un parco, specializzata nell'ospitare congressi e corsi di formazione inerenti la medicina olistica, shiatsu, yoga. Accogliente e familiare, non manca di riservare un occhio di riguardo ai piccoli ospiti. Cucina per buongustai e menu speciali per bambini.

FRANCAVILLA AL MARE – Chieti (CH) – 563 O24 – 24 649 ab. – ✉ 66023 2 C1

Roma 216 – Pescara 7 – L'Aquila 115 – Chieti 19

piazza Sirena, ✆ 085 81 71 69, www.abruzzoturismo.it

Miglianico contrada Cerreto 120, , Sud: 8 km, 0871 950566, www.miglianicogolf.it – chiuso lunedì

Villa Maria Hotel & SPA rist,
contrada Pretaro, Nord-Ovest : 3 km
– ✆ 0 85 45 00 51 – www.hvillamaria.it
87 cam ☕ – †95/350 € ††130/450 € – 10 suites **Rist** – Carta 27/48 €
Piacevole soggiorno nella quiete di un grande parco e nel confort delle camere; attrezzata zona relax con doccia emozionale e una sala colazioni panoramica per lasciarsi svegliare dai riflessi del mare. In un'atmosfera intima e raffinata, la sobrietà del ristorante si coniuga alla valorizzazione del territorio.

Punta de l'Est rist,
viale Alcione 188 – ✆ 08 54 98 20 76 – www.puntadelest.it
– Aperto 23 aprile-31 ottobre
48 cam ☕ – †60/120 € ††75/150 € **Rist** – Carta 20/33 €
Praticamente sulla spiaggia, albergo a conduzione diretta composto dall'unione di due belle ville: luminosi gli spazi comuni, confortevoli le camere.

Il Brigantino - Chiavaroli
viale Alcione 101 – ✆ 0 85 81 09 29 – www.ilbrigantinoristorante.it
– Chiuso domenica sera escluso luglio-agosto e lunedì
Rist – Carta 26/67 €
Ristorante non lontano dal mare, vanta un'affidabile ed esperta gestione familiare e piatti principalmente di pesce.

La Nave
viale Kennedy 2 – ✆ 0 85 81 71 15 – Chiuso mercoledì escluso luglio-agosto
Rist – Menu 25/50 € – Carta 21/80 €
Una sorta di Titanic felliniano arenato sulla spiaggia di Francavilla questa nave-ristorante: sul "ponte", il servizio estivo, nei piatti, le fragranze del mare presentate a voce.

FRASCATI – Roma (RM) – 563 Q20 – 21 285 ab. – alt. 320 m – ✉ 00044 12 B2

Italia Centro-Sud

Roma 19 – Castel Gandolfo 10 – Fiuggi 66 – Frosinone 68

Villa Aldobrandini★

Castelli romani★★: sud-ovest per la strada S 216 e ritorno per la via dei Laghi (circuito di 60 km)

Flora rist,
viale Vittorio Veneto 8 – ✆ 0 69 41 61 10 – www.hotel-flora.it
37 cam ☕ – †95/125 € ††100/180 € – 3 suites
Rist – *(solo a cena)* Carta 28/49 €
A due passi dal centro, lo stile Liberty della struttura vi farà certamente assaporare l'aristocratica atmosfera di quando Frascati era meta di villeggiatura della nobità romana. *Roof garden* panoramico.

Colonna senza rist
piazza del Gesù 12 – ✆ 06 94 01 80 88 – www.hotelcolonna.it
20 cam – 75/95 € 95/125 €
Siete nel centro storico, ma il palazzo che ospita l'albergo è di epoca più recente, ideale per chi vuole scoprire le ricchezze artistiche di Frascati senza rinunciare al confort moderno. Deliziosamente affrescata la sala per la prima colazione.

Cacciani
via Diaz 15 – ✆ 0 69 42 03 78 – www.cacciani.it
22 cam – 50/80 € 60/100 €
Rist ***Cacciani*** – vedere selezione ristoranti
In posizione centrale, è un albergo semplice pensato per una clientela di lavoro ed offre una bella vista sui dintorni e su villa Aldobrandini; qualche camera con terrazza panoramica.

Cacciani – Hotel Cacciani
via Diaz 13 – ✆ 0 69 42 03 78 – www.cacciani.it – Chiuso 7-14 gennaio, 16-23 agosto, domenica sera e lunedì
Rist – Menu 25 € (in settimana)/50 € – Carta 34/53 €
Molte generazioni hanno contribuito al successo di questo locale, le cui proposte spaziano dai classici laziali a piatti più innovativi. Terrazza panoramica per il servizio estivo.

Zarazà
viale Regina Margherita 45 – ✆ 0 69 42 20 53 – Chiuso agosto, domenica sera escluso giugno-agosto e lunedì
Rist – Carta 22/40 €
Locale a gestione familiare che nell'insegna ricorda il nome del nonno; semplice ma ben tenuto, propone l'autentica cucina popolare laziale. D'estate il servizio è all'aperto.

FRATTA – Forlì-Cesena (FC) – 562 J18 – Vedere Bertinoro

FRATTA TODINA – Perugia (PG) – 563 N19 – 1 896 ab. – alt. 215 m – ✉ 06054 35 B2

Roma 139 – Perugia 43 – Assisi 55 – Orvieto 43

La Palazzetta del Vescovo – Country House
via Clausura 17, località Spineta, Ovest: 3 km – ✆ 07 58 74 51 83 – www.lapalazzettadelvescovo.com – Aperto 16 marzo-31 ottobre
9 cam – 190/240 € 190/240 €
Rist – *(solo a cena) (solo per alloggiati)* Menu 38 €
Elegante e ricca di fascino, arredata con mobili antichi, attenzione ai particolari e una calda armonia di colori; nel rigoglioso giardino, essenze mediterranee e un'ampia piscina a raso.

FREIBERG – Bolzano (BZ) – Vedere Merano

FROSINONE (FR) – 563 R22 – 48 122 ab. – alt. 291 m – ✉ 03100 13 C2

Roma 83 – Avezzano 78 – Latina 55 – Napoli 144
via Aldo Moro 467/469, ✆ 0775 8 33 81, www.apt.frosinone.it .
Abbazia di Casamari★★ Est : 15 km

Astor rist,
via Marco Tullio Cicerone 194 – ✆ 07 75 27 01 32 – www.astorhotel.fr.it
51 cam – 42/64 € 70/100 € – 1 suite **Rist** – Carta 16/45 €
Per chi vuole trovare comodità e confort, una risorsa dotata di parcheggio e garage, in una zona centrale e trafficata. Spazi comuni con foto di celebrità passate di qui. Una cucina improntata alle tradizioni ciociare, nell'elegante sala da pranzo.

Cesari

via Licinio Refice 331 – ✆ 07 75 29 15 81 – www.hotelcesari.it

56 cam – ♦70/75 € ♦♦90/100 €

Rist *Cesari* – vedere selezione ristoranti

Proprio dinanzi al casello autostradale, ideale quindi per soste nel corso di spostamenti veloci o di lavoro, l'hotel è stato leggermente rinnovato e dispone ora di camere non ampie, ma dagli accessori moderni.

Memmina

via Maria 172 – ✆ 07 75 87 35 48 – www.albergomemmina.it

37 cam – ♦55 € ♦♦70 €

Rist – Menu 15/30 €

Struttura semplice, ma poliedrica, in posizione semicentrale con camere recenti, ordinate e pulite. Servizio self-service per pasti veloci o ristorante con piatti locali.

Cesari – Hotel Cesari

via Licinio Refice 331 – ✆ 07 75 29 15 81 – www.hotelcesari.it – Chiuso 5-16 agosto

Rist – Menu 20 €

La sala è molto capiente, ma altrettanto vasta è l'offerta di pesce in menu: dai primi ai secondi, si "salvano" solo i dolci!

Palombella

via Maria 234 – ✆ 07 75 87 21 63 – www.palombella.com

Rist – Menu 15/35 € – Carta 18/35 €

Locale dai delicati accostamenti di colore in un'atmosfera squisitamente Liberty: tra vetrate colorate e colonne, un tripudio di specchi, marmi intarsiati e gessi.

FROSSASCO – Torino (TO) – 561 H4 – 2 870 ab. – alt. 376 m – ✉ 10060

22 B2

Roma 665 – Torino 36 – Asti 79 – Cuneo 71

La Locanda della Maison Verte

via Rossi 34, per via XX Settembre – ✆ 01 21 35 46 10 – www.maisonvertehotel.com – Chiuso 1°-7 gennaio

28 cam – ♦70/80 € ♦♦90/108 € – 1 suite

Rist – *(chiuso 1°-7 giugno, martedì a mezzogiorno e lunedì)* Carta 27/43 €

È stato ispirandosi al verde circostante che la maison si è specializzata nella cure per la salute e la bellezza. In questa bucolica atmosfera l'antica cascina ottocentesca ha saputo mantenere intatto il fascino d'antan. Anche il ristorante è un omaggio al passato: è qui che si riscoprono i sapori tipici del territorio.

Il Furtin senza rist

via Rocca 28, Nord : 2,5 km – ✆ 01 21 35 46 10 – www.ilfurtin.com – Chiuso 2 gennaio-31 marzo

6 cam – ♦60/75 € ♦♦80/95 €

Dedicato a tutti gli amanti della quiete e della storia: affacciato su una collina panoramica, un borgo contadino ottocentesco tra arredi semplici e qualche pezzo d'epoca.

Adriano Mesa

via Principe Amedeo 57 – ✆ 01 21 35 34 55 – Chiuso lunedì

Rist – (prenotazione obbligatoria) Menu 35 €

Il segreto della qualità? Una carta limitata, meno di dieci proposte tra cui scegliere, che garantiscono la freschezza e la bontà dei prodotti, nonché prezzi contenuti. Specialità: baccalà islandese cotto sotto vuoto con patate e salsa al mandarino e, per gli irriducibili della carne, sella di capriolo con castagne e sedano rapa.

FUMANE – Verona (VR) – 562 F14 – 4 148 ab. – alt. 198 m – ✉ 37022 38 A2

Roma 515 – Verona 18 – Brescia 69 – Mantova 52

Costa degli Ulivi rist, cam,

via Costa 5 – ✆ 04 56 83 80 88 – www.costadegliulivi.com

18 cam – 60/90 € 90/110 €

Rist – *(chiuso 9 gennaio-1° febbraio e mercoledì)* Carta 25/41 €

Vecchio casolare di campagna cinto da una vasta proprietà; all'interno camere semplici arredate con mobili rustici in legno, luminose quelle nuove affacciate sui vigneti. Polenta abbrustolita con soppressa e lardo, pasta e fagioli, grigliate miste e dolci casalinghi nell'ampia sala verandata del ristorante.

FUNES – Bolzano (BZ) – 562 C17 – 2 556 ab. – alt. 1 132 m – ✉ 39040 34 C1

Roma 680 – Bolzano 38 – Bressanone 19 – Milano 337

frazione San Pietro 11, ✆ 0472 84 01 80, www.funes.info

Sport Hotel Tyrol cam, rist,

località Santa Maddalena 105 – ✆ 04 72 84 01 04 – www.tyrol-hotel.eu – Chiuso aprile e novembre

28 cam – 60/90 € 120/180 € **Rist** – Carta 24/48 €

Immerso nei verdi prati e cinto dai monti: per godersi la tranquillità e la panoramicità del luogo, in un ambiente ricco di opere d'arte in legno create dal proprietario. Sale da pranzo rinnovate con molto legno.

FUNO – Bologna (BO) – Vedere Argelato

FURORE – Salerno (SA) – 564 F25 – 830 ab. – alt. 300 m – ✉ 84010 6 B2

Italia Centro-Sud

Roma 264 – Napoli 55 – Salerno 35 – Sorrento 40

Vallone★★

Bacco

via G.B. Lama 9 – ✆ 0 89 83 03 60 – www.baccofurore.it – Chiuso 14-25 novembre e vacanze di Natale

19 cam – 60/90 € 70/100 € – 1 suite

Rist *Bacco* – vedere selezione ristoranti

Chi voglia scoprire il volto segreto della Costiera, si arrampichi fin qua: dove nel 1930 sorgeva una semplice osteria quasi a picco sul mare, oggi c'è un nido incantevole.

Agriturismo Sant'Alfonso

via S. Alfonso 6 – ✆ 0 89 83 05 15 – www.agriturismosantalfonso.it – Chiuso 15 gennaio-15 febbraio

8 cam – 55/75 € 65/100 €

Rist – *(solo a cena escluso domenica)* (prenotazione obbligatoria) Carta 17/34 €

Tra i tipici terrazzamenti della Costiera, un ex convento dell'800, ora agriturismo; conserva cappella, ceramiche, affreschi e forno a legna di quel periodo. Camere semplici. Prodotti di stagione, il vino dell'azienda ed il profumo elle erbe aromatiche in sala o in terrazza.

Bacco – Hotel Bacco

via G.B. Lama 9 – ✆ 0 89 83 03 60 – www.baccofurore.it – Chiuso 15-26 novembre

Rist – *(chiuso venerdì in inverno)* Menu 25 € – Carta 24/96 €

Ferrazzuoli (pasta al ferretto) alla Nannarella e tante specialità ittiche in un ristorante che non cede alle lusinghe delle mode e delle tendenze, ma come un paladino porta avanti la tradizione del territorio e la riscoperta di sapori antichi. Servizio estivo sulla terrazza panoramica.

FUSIGNANO – Ravenna (RA) – 562 I17 – 8 444 ab. – ✉ 48010 9 C2

Roma 372 – Bologna 68 – Ravenna 29 – Faenza 26

Cà Ruffo senza rist

via Leardini 8 – ✆ 05 45 95 40 34 – www.caruffo.it – Chiuso 1° -7 gennaio e 3 settimane in agosto

8 cam – †75/80 € ††100 € – 1 suite

Nel cuore della Romagna, un palazzotto nobiliare oggi trasformato in un piccolo hotel, curato: poche stanze, tutte personalizzate, per sentirsi coccolati con eleganza.

La Voglia Matta

via Vittorio Veneto 63 – ✆ 05 45 95 40 34 – www.caruffo.it – Chiuso 1°-7 gennaio, 3 settimane in agosto sabato a pranzo e domenica

Rist – Menu 15/65 € – Carta 37/67 €

Al piano terra dell'albergo Ca' Ruffo, una piccola bomboniera dove gustare una saporita cucina di terra e di mare. Qualche ricetta vegetariana ed economiche proposte per pranzi di lavoro.

GABBIANO – Firenze (FI) – Vedere Scarperia

GABICCE MARE – Pesaro e Urbino (PU) – 563 K20 – 5 976 ab. – ✉ 61011 20 B1

Roma 316 – Rimini 23 – Ancona 93 – Forlì 70

viale della Vittoria 42, ✆ 0541 95 44 24, www.gabiccemareturismo.com

Rivieragolfresort San Giovanni in Marignano via Conca Nuova 1236, , Sud-Ovest: 6 km, 0541 956499, www.rivieragolfresort.com – chiuso lunedì da novembre a marzo

Grand Hotel Michelacci

piazza Giardini Unità d'Italia 1 – ✆ 05 41 95 43 61 – www.michelacci.com

140 cam – †200/270 € ††200/270 € – 10 suites **Rist** – Carta 34/83 €

Nel cuore della città, l'elegante risorsa si affaccia sul golfo ed offre ambienti curati nei dettagli: bella piscina, moderno centro benessere ed un'attrezzata sala congressi.

Sans Souci

viale Mare 9 – ✆ 05 41 95 01 64 – www.parkhotels.it – Aperto 1° marzo-30 novembre

66 cam – †57/204 € ††84/224 € – 4 suites **Rist** – Carta 21/29 €

In posizione panoramica, questo moderno hotel, recentemente rinnovato, domina la costa ed offre ambienti dai semplici arredi di gusto moderno ed una dependance.

Alexander

via Panoramica 35 – ✆ 05 41 95 41 66 – www.alexanderhotel.it – Aperto 1°aprile-30 settembre

48 cam – †70/105 € ††100/190 € **Rist** – Carta 23/40 €

Ubicata tra mare e collina, una struttura classica con ambienti di moderna eleganza, area fitness, animazione ed attrezzature per le vacanze dei più piccoli. Inoltre, speciali attenzioni ai cicloturisti: è un bike hotel ben attrezzato!

Majestic

via Balneare 10 – ✆ 05 41 95 37 44 – www.majestichotel.it – Aperto 20 maggio-30 settembre

56 cam – †60/75 € ††90/145 €, 8 € **Rist** – Carta 19/48 €

Nella zona alta della località, una piscina separa la struttura principale dalla dependance, entrambi con interni ampi e signorili; possibilità di grigliate in spiaggia.

Thea

via Vittorio Veneto 11 – ✆ 05 41 95 00 52 – www.hotelthea.it – Aperto Pasqua-25 settembre

35 cam – †48/88 € ††60/120 €

Rist – *(aperto 31 maggio-25 settembre)* Menu 15 €

Direttamente sul mare con accessso diretto alla spiaggia, l'hotel mette a disposizione degli ospiti ambienti recentemente rinnovati negli arredi e camere con echi orientali. Sala da pranzo al primo piano con vista sul Mediterraneo.

Marinella rist,

via Vittorio Veneto 127 – ✆ 05 41 95 45 71 – www.hotel-marinella.it – Aperto aprile-ottobre

46 cam – 80/150 € 90/180 € – 8 suites **Rist** – Menu 15/60 €

In pieno centro, la risorsa è gestita da una famiglia di provata esperienza e dispone di ampie camere. Ideale punto di appoggio per escursioni nei dintorni, serba un occhio di riguardo ai cicloturisti! Nella sala ristorante affacciata sul mare, in giardino o in veranda, vi attende un ricco buffet.

Il Traghetto

via del Porto 27 – ✆ 05 41 95 81 51 – www.ristoranteiltraghetto.it – Chiuso 24 novembre-4 febbraio e martedì escluso agosto

Rist – Carta 32/75 €

Dotato di uno spazio riservato ai fumatori, il ristorante propone una gustosa cucina regionale e di pesce. Tra le specialità: l'antipasto *Traghetto*. Nuovo dehors sulla banchina del porto canale.

a Gabicce Monte Est : 2,5 km – alt. 144 m – ✉ 61011 Gabicce Mare

Posillipo

via dell'Orizzonte 1 – ✆ 05 41 95 33 73 – www.hotelposillipo.com – Aperto 1°aprile- 25 novembre

33 cam – 75/130 € 110/200 € – 2 suites

Rist *Posillipo* – vedere selezione ristoranti

Sovrastando il verde e il mare in cima al colle di Gabicce, l'hotel dispone di rilassanti spazi comuni tra cui una bella piscina ed ampie camere (di standard superiore le junior suite all'ultimo piano della casa).

Posillipo – Hotel Posillipo

via dell'Orizzonte 1 – ✆ 05 41 95 33 73 – www.ristoranteposillipo.com – Aperto 1°aprile- 25 novembre

Rist – *(chiuso lunedì escluso giugno- agosto) (solo a cena in giugno-agosto)* Menu 35 € (pranzo) – Carta 37/98 €

Si sono avvicendate ben quattro generazioni in questo rinomato ristorante che entusiasma i suoi clienti per l'incantevole vista sull'Adriatico e per l'interessante reinterpretazione di piatti del territorio. La carta dei vini meriterebbe un capitolo a parte... più di mille etichette in lista!

Osteria della Miseria

via Dei Mandorli 2, Est: 1,5 km – ✆ 05 41 95 83 08 – www.osteriaosteriadellamiseria.it – Chiuso lunedì

Rist – *(solo a cena escluso domenica da ottobre ad aprile)* (prenotazione obbligatoria) Carta 24/47 €

Un'allegra osteria con pareti tappezzate da foto in bianco e nero, che ritraggono musicisti di blues e di jazz. Cucina regionale semplice, ma curata.

GADANA – Pesaro e Urbino (PU) – Vedere Urbino

GAETA – Latina (LT) – 563 S23 – 21 546 ab. – ✉ 04024 13 D3

Italia Centro-Sud

Roma 141 – Frosinone 99 – Caserta 79 – Latina 74

via Filiberto 5, ✆ 0771 46 11 65, www.gaetanet.it

Golfo★ – Duomo : Candelabro pasquale★

Villa Irlanda Grand Hotel cam,

lungomare Caboto 6, Nord : 4 km – ✆ 07 71 71 25 81 – www.villairlanda.com

43 cam – 84/113 € 142/282 € – 5 suites **Rist** – Carta 28/56 €

In un susseguirsi di situazioni diverse, ogni ambiente della risorsa celebra il gusto del bello in un mix di antico e moderno: si parte dalla piscina immersa nel parco con villa neoclassica e convento del '900, sino ai resti di una domus romana. Un complesso di grande fascino, tra il mare e le prime alture.

Trattoria la Cianciola

vico 2 Buonomo 16 – ✆ 07 71 46 61 90 – Chiuso novembre e lunedì escluso giugno-settembre
Rist – Carta 23/45 €
Il nome evoca l'antica pesca fatta dalle imbarcazioni con le lampare; oggi, un'eco nostalgica in uno stretto vicolo affacciato sul lungomare. Menù, come ovvio, di pesce.

sulla strada statale 213

Grand Hotel Le Rocce

via Flacca km 23,300, Ovest : 6,8 km ✉ 04024 – ✆ 07 71 74 09 85 – www.lerocce.com – Aperto 1° maggio-30 settembre.
57 cam – 135/225 € 135/285 € – 4 suites
Rist *La Terrazza degli Ulivi* – vedere selezione ristoranti
Armoniosamente inserito in una suggestiva insenatura, fra una natura rigogliosa e un'acqua cristallina, questa struttura di un bianco abbacinante è intervallata da una serie di ariose terrazze fiorite. Le camere - pur essendo di differenti tipologie - sono tutte ampie e propongono una deliziosa vista sul Mediterraneo.

Grand Hotel Il Ninfeo

via Flacca km 22,700, Ovest : 7,4 km ✉ 04024 – ✆ 07 71 74 22 91 – www.grandhotelilninfeo.it – Aperto 1° aprile-30 ottobre
40 cam – 60/110 € 80/180 €, 10 € **Rist** – Carta 23/74 €
Proprio sulla spiaggia dell'incantevole insenatura di S. Vito, una bella struttura digradante sul mare attraverso la vegetazione; ambienti nuovi e luminosi, ben curati. Un vero quadro sulla marina blu la suggestiva sala ristorante.

La Terrazza degli Ulivi – Grand Hotel Le Rocce

via Flacca km 23,300, Ovest : 6,8 km ✉ 04024 – ✆ 07 71 74 09 85 – www.lerocce.com – Aperto 1° maggio-30 settembre
Rist – Carta 39/87 €
Ristorante di rustica e sobria eleganza con un'incantevole vista dalla terrazza: la cucina delizia i palati con piatti internazionali e specialità regionali. Tiella di polpo e alici. Scialatielli alle vongole veraci e pomodorini Pachino. Pesce azzurro alla scapece.

GAGGIANO – Milano (MI) – 561 F9 – 8 975 ab. – alt. 117 m – ✉ 20083 18 A2

Roma 580 – Alessandria 92 – Milano 14 – Novara 37

a Vigano Sud : 3 km – ✉ 20083 Gaggiano

Antica Trattoria del Gallo

via Kennedy 1/3 – ✆ 0 29 08 52 76 – www.trattoriadelgallo.com – Chiuso 6-29 agosto, lunedì e martedì
Rist – Carta 38/49 €
Nato a fine '800, un locale di vecchia tradizione rurale, rinnovato nelle strutture, con servizio estivo in giardino: i piatti mantengono salde matrici territoriali.

GAIANO – Salerno (SA) – 564 E26 – Vedere Fisciano

GAIBANA – Ferrara (FE) – 562 H16 – Vedere Ferrara

GAIBANELLA – Ferrara (FE) – 562 H17 – Vedere Ferrara

GAIOLE IN CHIANTI – Siena (SI) – 563 L16 – 2 769 ab. – alt. 360 m – ✉ 53013 Toscana 32 C2

Roma 252 – Firenze 60 – Siena 28 – Arezzo 56
piazza Ricasoli 50, ✆ 0577 74 94 11, www.terresiena.it

Castello di Spaltenna
località Spaltenna 13 – ✆ 05 77 74 94 83 – www.spaltenna.it – Aperto 1° aprile-11 dicembre
37 cam – 110/280 € 160/330 € – 5 suites
Rist *Il Pievano* – vedere selezione ristoranti
Rist – Menu 55/91 €
La pieve anticipa il carattere storico della struttura, che già fu monastero nel 1000, ed ora accoglie non più pellegrini, ma gentili ospiti in ambienti straripanti di charme. La location è speciale ed altrettanto la vista, soprattutto dalla terrazza sulle vigne di proprietà.

L'Ultimo Mulino
località La Ripresa di Vistarenni 43, Ovest : 6 km – ✆ 05 77 73 85 20 – www.ultimomulino.it – Aperto 1° aprile-31 ottobre
13 cam – 85/250 € 95/300 € – 1 suite
Rist – *(solo a cena)* Carta 39/87 €
Celato dalla tranquillità dei boschi, l'hotel nasce dal restauro di un antico mulino medievale arredato in stile e dotato di confort moderni. In estate, allegri apertivi a bordo piscina.

Il Pievano – Hotel Castello di Spaltenna
località Spaltenna 13 – ✆ 05 77 74 94 83 – www.spaltenna.it – Aperto 1° aprile-12 dicembre
Rist – *(solo a cena)* Carta 54/136 €
La gastronomia si confonde con la storia: all'interno di un convento del Quattrocento, d'inverno i piatti saranno serviti nella sala dei papi o in quella degli arazzi, nella bella stagione ci si sposta nell'incantevole chiostro. Cucina sia regionale, sia di esplorazione nazionale e proposte light a mezzogiorno in terrazza.

Badia a Coltibuono
località Coltibuono, Nord-Est : 5,5 km – ✆ 05 77 74 90 31 – www.coltibuono.com – Aperto 15 marzo-10 novembre; chiuso lunedì escluso maggio-ottobre
Rist – Menu 51 € – Carta 33/48 €
Fondata quale luogo di culto e di meditazione, oggi la badia è un ambiente sobriamente elegante dove assaporare i profumi della terra del Chianti.

sulla strada statale 408

Le Pozze di Lecchi
località Molinaccio al km 21, Sud-Ovest: 6,3 km – ✆ 05 77 74 62 12 – www.lepozzedilecchi.it – Aperto 1° aprile-2 novembre
14 cam – 90/150 € 130/190 € – 1 suite
Rist *Monna Ginevra* – vedere selezione ristoranti
Atmosfera tra il fiabesco ed il romantico per questa bella risorsa nata sulle fondamenta di un mulino quattrocentesco. Tanto verde, tranquillità ed un ponticello in pietra che attraversa il torrente; nelle camere letti in ferro battuto: difficile resistere a tanto fascino!

Borgo Argenina senza rist
località Argenina al km 14, Sud : 12 km – ✆ 05 77 74 71 17 – www.borgoargenina.it – Aperto 4 marzo-9 novembre
7 cam – 130 € 170/200 €
La cordiale accoglienza di Elena è la ciliegina sulla torta in questa bella casa di campagna, le cui camere semplici non privano l'ospite dei moderni confort.

Monna Ginevra – Hotel Le Pozze di Lecchi
località Molinaccio al km 21, Sud-Ovest: 6,3 km – ✆ 05 77 74 62 12 – www.lepozzedilecchi.it – Aperto 1° aprile-2 novembre
Rist – Carta 38/60 €
Cucina regionale ed ottimi vini in una piccola sala con soffitto a volte: il "palcoscenico" di un appassionato chef, che per garantire la massima freschezza dei propri ingredienti, si è addirittura creato un orto al di là del torrente.

GAIONE – Parma (PR) – **562** H12 – Vedere Parma

GALATINA – Lecce (LE) – 564 G36 – 27 299 ab. – alt. 75 m – ✉ 73013 27 D3

Puglia

Roma 588 – Brindisi 58 – Gallipoli 22 – Lecce 20

Chiesa di S. Caterina d'Alessandria★: affreschi★

Palazzo Baldi

corte Baldi 2 – ☎ 08 36 56 83 45 – www.hotelpalazzobaldi.it

15 cam – †50/100 € ††80/120 € – 5 suites

Rist – *(chiuso domenica)* Menu 15 €

In pieno centro, un'elegante residenza vescovile di origini cinquecentesche custodisce camere di differenti tipologie con arredi in stile, arricchiti con inserti in ceramica.

GALLARATE – Varese (VA) – 561 F8 – 51 751 ab. – alt. 238 m – ✉ 21013 18 A2

Roma 617 – Stresa 43 – Milano 40 – Como 50

Astoria senza rist

piazza Risorgimento 9/A – ☎ 03 31 79 10 43 – www.astoria.ws – Chiuso 5-26 agosto

50 cam – †80/120 € ††90/180 €

Ubicato nel centro del paese, costituisce un valido punto d'appoggio per il vicino aeroporto di Malpensa; camere pulite e ordinate, arredi sobri e confortevoli.

Ilario Vinciguerra

via Roma 1 – ☎ 03 31 79 15 97 – www.ilariovinciguerra.it – Chiuso 1 settimana in gennaio, 15-31 agosto, domenica sera e lunedì

Rist – (consigliata la prenotazione) Carta 62/107 €

➜ Spaghetti artigianali con colatura d'alici su crema di scarola leggermente affumicata. Maialino tenero e croccante su composta di limoni di Sorrento e scaloppa di foie gras. Fragociok (fragole, nocciole e gelato al cioccolato).

Simpatia e genuina ospitalità all'interno di un'imponente villa liberty sono il biglietto da visita di un'eccellente cucina che non cessa di crescere e sorprendere all'insegna di prodotti e colori mediterranei. È un regalo per gli amanti dell'olio d'oliva, i sapori intensi e i prodotti di qualità.

Trattoria del Ponte

corso Sempione 99 – ☎ 03 31 77 72 92 – www.trattoriadelponte.com

Rist – Menu 15 € (pranzo in settimana)/35 € – Carta 20/40 €

Frequentata trattoria non molto distante dal centro. Le specialità profumano di mare e valgono una cena, ma per chi ha fretta c'è un'ottima lista di pizze.

GALLIERA VENETA – Padova (PD) – 562 F17 – 7 141 ab. – alt. 49 m – ✉ 35015 38 B1

Roma 535 – Padova 37 – Trento 109 – Treviso 32

Al Palazzon

via Cà Onorai 2 località Mottinello Nuovo – ☎ 04 95 96 50 20 – www.alpalazzon.it – Chiuso 12-18 agosto e lunedì

Rist – Menu 19 € (pranzo in settimana)/45 € – Carta 29/52 €

Esternamente la struttura è quella di un cascinale, all'interno si scoprono tre eleganti salette, curate nei particolari. In menu: carni allo spiedo e alla brace, ma anche piatti di pesce.

GALLIO – Vicenza (VI) – 562 E16 – 2 483 ab. – alt. 1 090 m – Sport invernali : 1 090/1 730 m 47 (Altopiano di Asiago) – ✉ 36032 39 B2

Roma 577 – Trento 68 – Belluno 88 – Padova 94

Gaarten rist, rist,

via Kanotole 13/15 – ☎ 04 24 44 51 02 – www.gaartenhotel.it

45 cam – †90/130 € ††200/240 € **Rist** – Carta 29/49 €

Risorsa polifunzionale d'impostazione moderna, decisamente confortevole e ideale per congressi in altura. Grazie al nuovo centro benessere, la struttura risulta anche indicata per vacanze "relax". Cucina internazionale nel rispetto e nell'attenta valorizzazione dei prodotti tipici.

GALLIPOLI – Lecce (LE) – 564 G35 – 21 139 ab. – ✉ 73014 Puglia 27 D3

Roma 628 – Brindisi 78 – Bari 190 – Lecce 37

via A. De Pace 82, ✆ 0833 26 25 29, www.prolocogallipoli.it

Interno★ della chiesa della Purissima

Palazzo del Corso senza rist

corso Roma 145 – ✆ 08 33 26 40 40 – www.hotelpalazzodelcorso.it

14 cam – †175/350 € ††220/450 €, ☕ 30 € – 6 suites

A pochi passi dal centro storico, un palazzo ottocentesco dagli eleganti ambienti arredati con tessuti e mobilia di pregio ed un roof-garden con buffet caldi e freddi.

Relais Corte Palmieri senza rist

corte Palmieri 3 – ✆ 08 33 26 53 18 – www.relaiscortepalmieri.it – Aperto 1° aprile-31 ottobre

20 cam ☕ – †155/185 € ††175/200 € – 4 suites

In un palazzo del '700 restaurato nel pieno rispetto della struttura originaria - tra terrazzamenti e muri bianchi - una risorsa unica, curata e ricca di personalizzazioni. Un gioiello nel cuore di Gallipoli!

Palazzo Mosco Inn senza rist

via Micetti 26 – ✆ 08 33 26 65 62 – www.palazzomoscoinn.it – Aperto 1° aprile-31 ottobre

10 cam ☕ – †155/185 € ††175/200 € – 1 suite

Tra vicoli e palazzi storici, un edificio dell'Ottocento ospita nei suoi ambienti decorati con mosaici originali, raffinate camere e terrazze con vista sul golfo (per la prima colazione e l'aperitivo serale).

La Puritate

via Sant'Elia 18 – ✆ 08 33 26 42 05 – Chiuso ottobre e mercoledì escluso in giugno-settembre

Rist – Carta 32/57 €

Sulla passeggiata che costeggia le mura, il ristorante dispone di un'elegante veranda in legno e una cucina con proposte esclusivamente a base di pesce. Imperdibili: il giro di antipasti e i gamberi.

sulla strada litoranea per Santa Maria di Leuca Sud-Est: 6 km

Grand Hotel Costa Brada

litoranea per Santa Maria di Leuca

✉ 73014 – ✆ 08 33 20 25 51 – www.costabradaresort.it

76 cam ☕ – †50/600 € ††60/600 € **Rist** – Carta 17/115 €

Direttamente sulla spiaggia, una struttura dalle bianche pareti, dispone di ampie zone comuni, camere confortevoli dagli arredi curati ed un attrezzato centro benessere. I tradizionali sapori mediterranei trovano consenso nell'elegante sala da pranzo.

Ecoresort Le Sirenè rist,

litoranea per Santa Maria di Leuca – ✆ 08 33 20 25 36 – www.attiliocaroli.it – Aperto 29 marzo-31 ottobre

123 cam ☕ – †150 € ††180 € **Rist** – Menu 25/35 €

Frontemare, ma circondata da una fresca pineta, la risorsa dispone di ambienti dai sobri arredi ed offre spazi sia per lo sport sia per il relax. Per i più festaioli, c'è anche l'animazione. Nella spaziosa sala ristorante, specialità gastronomiche legate alla tradizione salentina.

Masseria Li Foggi senza rist

contrada Li Foggi – ✆ 08 33 27 72 17 – www.kalekora.it – Aperto 1° aprile-31 ottobre

12 cam ☕ – †70/190 € ††120/190 €

Immerso nella campagna salentina, l'eco-resort invita a ristabilire un autentico contatto con la natura: i colori, i suoni e l'aria lievemente profumata di salmastro ed erbe selvatiche riconciliano l'ospite con il mondo. Colori caldi e graziose personalizzazioni nelle belle camere e negli appartamenti.

GALLODORO Sicilia – Messina (ME) – 565 N27 – 389 ab. – alt. 388 m 30 D2 – ✉ 98030

Catania 57 – Messina 52 – Palermo 267 – Taormina 11

Noemi
via Manzoni 8 – ✆ 0 94 23 71 62 – Chiuso 25 giugno-15 luglio e martedì
Rist – Menu 30/35 €
Splendida la vista sulla costa, suggestivo biglietto da visita per questa trattoria che propone un menu fisso con vari assaggi, secondo la scaletta del giorno. Servizio estivo all'aperto.

GALLUZZO – Firenze (FI) – **563** K15 – **Vedere Firenze**

GALZIGNANO TERME – Padova (PD) – **562** G17 – **4 436 ab.** **39** B3
– **alt. 22 m** – **Stazione termale** – ✉ **35030**
Roma 477 – Padova 20 – Mantova 94 – Milano 255
viale delle Terme 82, 049 9195100, www.golfclubgalzignano.it
Padova via Noiera 57, 049 9130078, www.golfpadova.it – chiuso lunedì

verso Battaglia Terme Sud-Est : 3,5 km :

Radisson Blu Resort Terme di Galzignano
viale delle Terme 84 ✉ *35030 – ✆ 04 99 19 56 67 – www.galzignano.it* rist,
189 cam – 90/210 € 100/240 € – 8 suites **Rist** – Menu 29/47 €
Spogliata della veste classica, il totale restauro ha conferito alla struttura un look moderno ed ecocompatibile, in un mirabile accordo tra estetica architettonica e natura. Fiera del proprio parco termale, la risorsa dispone di camere minimaliste ed accattivanti, ma sempre rispettose dell'ambiente: parquet di bambou, tendaggi di lino, colori rilassanti.

GAMBARA – Brescia (BS) – **561** G12 – **4 809 ab.** – **alt. 51 m** – ✉ **25020** **17** C3
Roma 530 – Brescia 42 – Cremona 29 – Mantova 63

Gambara senza rist
via campo Fiera 22 – ✆ 03 09 95 62 60 – www.hotelgambara.it
13 cam – 50/65 € 75/90 €
La tradizione alberghiera di questo edificio risale ai primi del '900; da poco rinnovato, assicura confort e atmosfera in un ambiente familiare. Belle camere personalizzate.

GAMBARARE – Venezia (VE) – **Vedere Mira**

GAMBARIE – Reggio di Calabria (RC) – **564** M29 – **alt. 1 300 m** **5** A3
– ✉ **89050**
Roma 672 – Reggio di Calabria 43 – Catanzaro 151 – Lamezia Terme 126

Centrale
piazza Mangeruca 23 – ✆ 09 65 74 31 33 – www.hotelcentrale.net
48 cam – 50/70 € 60/90 €
Rist *Centrale* – vedere selezione ristoranti
Nel centro della località e a pochi passi dalla seggiovia, una semplice risorsa con camere dall'arredo montano ed un grazioso centro benessere. Possibilità di escursioni in mountain-bike (presso un'associazione esterna).

Park Hotel Bellavista
via delle Albe – ✆ 09 65 74 41 43 – www.bellavistapark.it
– Aperto 21 dicembre-29 marzo e 1° luglio-19 settembre
13 cam – 60/90 € 80/130 € **Rist** – *(solo per alloggiati)*
Un curato giardino incornicia questa moderna struttura di recente costruzione: zone comuni e camere dagli arredi caldi e contemporanei. Cucina tipica montana al ristorante.

Centrale – Hotel Centrale
piazza Mangeruca 23 – ✆ 09 65 74 31 33 – www.hotelcentrale.net
Rist – Menu 15/25 € – Carta 19/36 €
In ambienti rinnovati, ma nel classico stile montano, potrete gustare prelibatezze della cucina regionale: zuppa di fagioli, funghi e carni (di provenienza prevalentemente locale). La cantina propone una buona offerta di vini calabresi e nazionali.

GAMBASSI TERME – Firenze (FI) – **563** L14 – 4 930 ab. – alt. 332 m – Stazione termale – ✉ 50050 **31** B2

Roma 285 – Firenze 59 – Siena 53 – Pisa 73

Villa Bianca senza rist

via Gramsci 113 – ☎ 05 71 63 80 75 – www.villabiancahotel.it – Chiuso gennaio-febbraio

9 cam – †75/165 € ††120/190 €

Immersa in un parco con piscina, si accede da una piccola elegante hall per arrivare alle camere: tutte personalizzate e arredate con cura del dettaglio. Sobria e raffinata.

GAMBELLARA – Vicenza (VI) – **562** F16 – 3 400 ab. – alt. 70 m – ✉ 36053 **39** B3

Roma 532 – Verona 37 – Padova 56 – Venezia 89

Antica Osteria al Castello

via Castello 23, località Sorio, Sud : 1 km – ☎ 04 44 44 40 85 – www.anticaosteriaalcastello.com – Chiuso domenica

Rist – Menu 26 € (pranzo in settimana) – Carta 33/58 €

Trattoria di tradizione familiare che ultimamente, con la giovane gestione, ha ricevuto un tocco di originalità ed eleganza sia nell'ambiente che nell'impostazione del menù.

GAMBOLÒ – Pavia (PV) – **561** G8 – 10 231 ab. – alt. 106 m – ✉ 27025 **16** A3

Roma 586 – Alessandria 71 – Milano 43 – Novara 36

Da Carla con cam

frazione Molino d'Isella 3, Est : 6 km – ☎ 03 81 93 95 82 – www.trattoriadacarla.com – Chiuso 16-31 agosto

9 cam – †75/95 € ††95/120 €

Rist – *(chiuso mercoledì)* Menu 35/48 € – Carta 29/68 €

Nei pressi di un pittoresco canale, una trattoria di campagna dove gustare piatti regionali. Tra le specialità: oca, rane e lumache; i vini sono proposti a voce. Davvero graziose le camere.

GANZIRRI Sicilia – Messina (ME) – **365** BC54 – Vedere Messina

GARBAGNATE MILANESE – Milano (MI) – **561** F9 – 27 193 ab. – alt. 179 m – ✉ 20024 **18** B2

Roma 588 – Milano 16 – Como 33 – Novara 48

La Refezione

via Milano 166 – ☎ 0 29 95 89 42 – www.larefezione.it – Chiuso 25 dicembre-6 gennaio, agosto, lunedì a mezzogiorno e domenica,

Rist – Menu 22 € (pranzo)/74 € – Carta 48/74 €

Una fantasiosa cucina per l'elegante "club-house" all'interno di un centro sportivo; lasciatevi guidare dall'esperto titolare e dalla sua giovane équipe di collaboratori.

GARDA – Verona (VR) – **562** F14 – 4 016 ab. – alt. 67 m – ✉ 37016 **39** A2

Italia Centro-Nord

Roma 527 – Verona 30 – Brescia 64 – Mantova 65

piazza Donatori di Sangue 1, ☎ 045 6 27 03 84, www.visitgarda.com

Cà degli Ulivi via Ghiandare 2, 045 6279030, www.golfcadegliulivi.it

Località★

Punta di San Vigilio★★: Ovest 3 km

Regina Adelaide — cam, cam, rist,

via San Francesco d'Assisi 23 – ✆ 04 57 25 59 77 – www.regina-adelaide.it

49 cam – 115/220 € 150/260 € – 10 suites
Rist *Regio Patio* – vedere selezione ristoranti
Rist – Menu 35/55 €

Uno tra gli alberghi più blasonati del Garda. La fama che lo procede ha sicuramente un fondamento: la famiglia Tedeschi ed il suo staff coniugano la proverbiale simpatia italiana con una professionalità e una precisione quasi austro-ungarica, mentre le belle camere tradiscono l'amore del patron per l'antiquariato e i mobili d'epoca.

Poiano

via Poiano, Est : 2 km – ✆ 04 57 20 01 00 – www.poiano.com – Aperto 1° marzo-30 novembre

120 cam – 96/160 € 120/200 € **Rist** – Carta 26/45 €

In collina, tra il verde della vegetazione mediterranea, eppure non molto distante dal lago, enorme e tranquilla struttura a vocazione sia congressuale che vacanziera. Servizio ristorante all'aperto, nella rilassante atmosfera dell'entroterra lacustre.

La Vittoria — cam, cam,

lungolago regina Adelaide 57 – ✆ 04 56 27 04 73 – www.hotellavittoria.it – Chiuso 4-30 novembre e 2 gennaio-15 marzo

12 cam – 70/130 € 90/180 € **Rist** – Carta 26/56 €

Fronte lago e nel centro della località, l'hotel occupa gli ambienti di una villa Liberty ristrutturata: camere spaziose e ben arredate, alcuni mobili d'epoca disseminati qua e là.

Benaco e Silvestro

corso Italia 126 – ✆ 04 57 25 52 83 – www.hotelbenacogarda.it – Chiuso 7 gennaio-21 marzo

28 cam – 50/70 € 80/140 € – 1 suite
Rist *Silvestro* – Via San Giovanni 23 (consigliata la prenotazione) Menu 30 € – Carta 22/57 €

Moderno, con qualche accenno di design nelle zone comuni, questo grazioso hotel a due passi dal lago e dal centro propone camere signorili arredate con mobili in legno scuro.

Regio Patio – Hotel Regina Adelaide

via San Francesco d'Assisi 23 – ✆ 04 57 25 59 77 – www.regiopatio.it

Rist – Menu 45/55 € – Carta 46/84 €

Nella luminosa veranda abbellita da grandi affreschi che riproducono paesaggi locali, la carta illustra una cucina regionale con alcune cose più internazionali, sempre presentate in maniera moderna.

GARDA (Lago di) o BENACO – Brescia, Trento e Verona – 561 F13 Italia

---

GARDONE RIVIERA – Brescia (BS) – 561 F13 – 2 757 ab. – alt. 71 m 17 C2

– ✉ 25083 Italia Centro-Nord

Roma 551 – Brescia 34 – Bergamo 88 – Mantova 90

corso Repubblica 8, ✆ 030 3 74 87 36, www.provincia.brescia.it/turismo

Bogliaco via del Golf 21, 0365 643006, www.golfbogliaco.com – chiuso martedì

Posizione pittoresca★★ – Vittoriale★ (residenza e tomba di Gabriele d'Annunzio): nord-est 1 km

Grand Hotel Gardone

corso Zanardelli 84 – ✆ 0 36 52 02 61 – www.grandhotelgardone.it – Aperto 1°aprile-15 ottobre

167 cam – 123/249 € 170/279 €
Rist *Grand Hotel* – vedere selezione ristoranti

Oziare negli ambienti accoglienti ed eleganti che furono testimoni dell'idillio tra Gabriele D'Annunzio ed Eleonora Duse. Oppure, godere delle vedute mutevoli ed accattivanti offerte dalla stupenda terrazza-giardino: un grand hotel, non solo nel nome.

Villa Sofia senza rist

via Cornella 9 – ✆ 0 36 52 27 29 – www.savoypalace.it
– Aperto 1° aprile-31 ottobre
34 cam – 98/207 € 130/275 €
Villa d'inizio '900 in posizione dominante e panoramica. Tanto verde ben curato vicino alle piscine, confort elevato e accoglienza cordiale nei caldi ambienti interni.

Savoy Palace rist, rist,

via Zanardelli 2/4 – ✆ 03 65 29 05 88 – www.savoypalace.it
– Aperto 1° aprile-31 ottobre
50 cam – 110/205 € 145/300 €
Rist – Carta 38/57 €
Imponente edificio liberty dominante il lago: panoramica terrazza e camere dagli arredi eleganti, ben rifiniti. Raffinata sala da pranzo con accesso diretto alla piscina; buona scelta in menu.

Villa Capri senza rist

corso Zanardelli 172 – ✆ 0 36 52 15 37 – www.hotelvillacapri.com
– Aperto 1° aprile-31 ottobre
45 cam – 105/115 € 180/260 €
Grande e moderna struttura in riva al lago: ambienti spaziosi, ma il gioiello è il giardino-solarium affacciato sull'acqua.

Bellevue senza rist

corso Zanardelli 87 – ✆ 03 65 29 00 88 – www.hotelbellevuegardone.com
– Aperto 1° aprile-30 settembre
30 cam – 70/80 € 109/120 €
Giardino con terrazza vista lago in questa villa di inizio '900 dallo stile eclettico-liberty. Spazi interni più semplici rispetto alla maestosità della facciata, camere sobrie, ma accoglienti.

Dimora Bolsone senza rist

via Panoramica 23, Nord-Ovest : 2,5 km – ✆ 0 36 52 10 22
– www.dimorabolsone.it – Aperto 1° marzo-6 novembre
5 cam – 170 € 200 €
Storico casale di campagna, le cui origini risalgono al XV sec., inserito in un grande parco che arriva a lambire il Vittoriale. "Giardino dei sensi" con piante di ogni tipo.

Grand Hotel – Grand Hotel Gardone

corso Zanardelli 84 – ✆ 0 36 52 02 61
– www.grandhotelgardone.it – Aperto 1° aprile-15 ottobre
Rist – Carta 43/95 €
Cucina raffinata, attenta alle eccellenze del territorio e basata sulla tradizione dei sapori tipici locali, nonché prestigio d'altri tempi in un lussuoso ristorante caratterizzato da una bella veranda affacciata sul lago. Nei suoi fastosi ambienti è facile compiere un salto nel passato ed immaginare l'atmosfera delle grandi feste con balli e musiche.

Villa Fiordaliso con cam

corso Zanardelli 150 – ✆ 0 36 52 01 58 – www.villafiordaliso.it
– Aperto 1° marzo-31 ottobre
3 suites – 350/700 € 350/700 € – 2 cam
Rist – *(chiuso martedì a mezzogiorno e lunedì)* Carta 75/155 €
→ Linguine di farro e orzo, ricci di mare, tuorlo d'uovo affumicato e limone candito. Zuppetta di capesante, ostriche e fegato grasso d'anatra. Bolla di cioccolato fondente, spuma al cioccolato e arachidi salate.
Splendida e amena villa liberty sul lago verso cui si protendono gli ultimi tavoli in un'atmosfera esclusiva e romantica. Cucina creativa e mai banale.

Un pasto accurato a prezzo contenuto? Cercate i Bib Gourmand.

XX **Agli Angeli** con cam
piazza Garibaldi 2, località Vittoriale – ✆ 0 36 52 08 32 – www.agliangeli.biz – Aperto 2 marzo-14 novembre
14 cam ☕ – 🚹55/75 € 🚹🚹95/150 € – 2 suites
Rist – *(chiuso martedì)* Carta 31/63 €
Tra il Giardino Botanico e il Vittoriale, una locanda accogliente e romantica dove la cucina flirta con il pesce, ma non dimentica la carne: piatti, comunque, d'impronta regionale. A pochi metri dal ristorante, in un edificio d'epoca dalla caratteristica corte interna, graziose camere con letti a baldacchino.

Fasano del Garda Nord-Est : 2 km – ✉ 25083

Grand Hotel Fasano e Villa Principe
corso Zanardelli 190 – ✆ 03 65 29 02 20 – www.ghf.it – Aperto 1° maggio-30 settembre
75 cam ☕ – 🚹140/200 € 🚹🚹240/370 € – 5 suites
Rist *Il Fagiano* – vedere selezione ristoranti
Camere affacciate sul lago, oppure all'interno, con scenografici elementi barocchi, che ben si inseriscono in quel contesto di sobria eleganza dell'intera risorsa. Nell'attrezzata spa, il percorso Kneipp e saune varie rappresentano la moderna alternativa all'antica arte venatoria della caccia al fagiano.

Villa del Sogno
corso Zanardelli 107 – ✆ 03 65 29 01 81 – www.villadelsogno.it – Aperto 25 marzo-4 novembre
32 cam ☕ – 🚹190/300 € 🚹🚹270/390 € – 3 suites
Rist *Maximilian 1904* – vedere selezione ristoranti
Dal lontano 1904 (anno in cui fu costruita), questa raffinata risorsa non smette di affascinare grazie ai suoi spazi di neoclassica memoria con mobili antichi, preziosi tappeti e grandi quadri mitteleuropei: retaggi dell'Austria di fine '800. La struggente bellezza di una dimensione onirica, o meglio, Villa del Sogno!

Bella Riva
via Mario Podini 1/2 – ✆ 03 65 54 07 73 – www.bellarivagardone.it – Aperto 1° aprile-31 ottobre
23 cam ☕ – 🚹180/330 € 🚹🚹180/380 € – 8 suites
Rist *Riva Carne al Fuoco* – vedere selezione ristoranti
Frontelago, la ristrutturazione di un edificio d'epoca ha dato vita a questo design hotel dalle originali soluzioni: ad accogliervi, la splendida hall con riproduzioni di opere di G. Klimt. Belle camere e prestigiose suite con terrazza.

XXXX **Il Fagiano** – Grand Hotel Fasano e Villa Principe
corso Zanardelli 190 – ✆ 03 65 29 02 20 – www.ghf.it – Aperto 1° maggio-30 settembre
Rist – *(solo a cena)* Carta 50/85 €
Per accedere a questo ristorante - all'interno del Grand Hotel Fasano e Villa Principe - si passa attraverso una suggestiva sala in legno: una delle più antiche e meglio conservate della struttura. La sala da pranzo, invece, ritorna ad un elegante classicismo alberghiero, mentre la carta propone diverse specialità lacustri.

XXX **Maximilian 1904** – Hotel Villa del Sogno
corso Zanardelli 107 – ✆ 03 65 29 01 81 – www.villadelsogno.it – Aperto 1° aprile-30 novembre
Rist – Menu 45/75 € – Carta 50/98 €
All'interno dell'hotel Villa del Sogno, ambiente fin-de-siècle con soffitto decorato e bel pavimento ligneo: luci soffuse, sapori sublimi, creazioni di alta cucina presentate in modo impeccabile.

XX **Riva Carne al Fuoco** – Hotel Bella Riva
via Mario Podini 1/2 – ✆ 03 65 54 07 73 – wwww.bellarivagardone.it – Aperto 1° aprile-31 ottobre; chiuso mercoledì escluso maggio-15 settembre
Rist – Carta 40/80 €
Il nome solletica l''immaginazione, mentre il palato si delizia con piatti prevalentemente di terra e specialità alla brace: il grill a vista permette all'ospite di scegliere la provenienza ed il taglio delle carni. Ambiente informale.

GARGANO (Promontorio del)★★★ – Foggia

GARGNANO – Brescia (BS) – 561 E13 – 3 050 ab. – alt. 66 m – ✉ 25084 17 C2

Italia Centro-Nord

Roma 563 – Verona 51 – Bergamo 100 – Brescia 46

Bogliaco via del Golf 21, 0365 643006, www.golfbogliaco.com – chiuso martedì

✳★★★ dalla cima del Monte Baldo - Castello Scaligero★

Grand Hotel a Villa Feltrinelli

via Rimembranze 38/40 – ✆ 03 65 79 80 00 – www.villafeltrinelli.com – Aperto 1° maggio-13 ottobre

17 cam – †950/2700 € ††950/2700 € – 4 suites

Rist ***Villa Feltrinelli*** ✿ – vedere selezione ristoranti

In un incantevole parco in riva al lago, meravigliosa villa storica caratterizzata da preziose boiserie, arredi d'epoca, vetrate policrome e sontuosi affreschi: ambienti da sogno per un romantico soggiorno. A pranzo è disponibile un piccolo menu.

Villa Giulia

viale Rimembranza 20 – ✆ 0 36 57 10 22 – www.villagiulia.it – Aperto 15 aprile-15 ottobre

23 cam – †145/150 € ††295/365 € – 1 suite

Rist – *(chiuso mercoledì sera) (solo per alloggiati)* Carta 40/60 €

Posizione incantevole, leggermente decentrata, per un'ex residenza estiva in stile Vittoriano, avvolta da un curato giardino in riva al lago e con due piccoli annessi. In riva al lago, il ristorante propone la cucina regionale e quella italiana.

Meandro

cam, rist,

via Repubblica 40 – ✆ 0 36 57 11 28 – www.hotelmeandro.it – Aperto 15 marzo-14 novembre

44 cam – †70/160 € ††83/175 € **Rist** – *(solo a cena)* Carta 29/48 €

In posizione dominante il lago, edificio moderno le cui camere sono quasi tutte rivolte sul Garda, alcune rinnovate in stile moderno. Nuova sala da pranzo affacciata sul delizioso panorama circostante.

Riviera senza rist

via Roma 1 – ✆ 0 36 57 22 92 – www.garniriviera.it – Aperto Pasqua-31 ottobre

20 cam – †58 € ††73 €

Nel centro storico, a pochi metri dall'incantevole porticciolo, gestione familiare in un palazzo del 1840: camere accoglienti e splendida terrazza panoramica per la prima colazione.

Palazzina

via Libertà 10 – ✆ 0 36 57 11 18 – www.hotelpalazzina.it – Aperto aprile-4 ottobre

25 cam – †54/63 € ††92/118 € **Rist** – Carta 28/36 €

Sopraelevato rispetto al paese, un albergo dotato di piscina su terrazza panoramica protesa sul blu; conduzione familiare e clientela per lo più abituale. Suggestiva anche l'atmosfera al ristorante grazie alla particolare vista sul lago e sui monti che offre ai commensali.

Villa Feltrinelli – Grand Hotel a Villa Feltrinelli

✿

via Rimembranza 38/40 – ✆ 03 65 79 80 00 – www.villafeltrinelli.com – Aperto 1° maggio-13 ottobre

Rist – *(solo a cena)* (prenotazione obbligatoria) Carta 95/185 € (+5 %)

➜ Tortelloni con ripieno alla carbonara, broccoletti profumati con colatura di alici di Cetara. Filetto di manzo alla griglia, consommè profumato agli agrumi. Crespella di latte gratinata e farcita con spuma allo yogurt e zenzero, sciroppo al rosmarino.

Il ristorante è un gioiello, così come tutta la casa: nei raffinati interni Belle Epoque o sulla splendida terrazza prospiciente il lago, si respira un'aria di esclusività che va oltre il lusso. La cucina è di grande personalità e la maniacale precisione dello chef dà vita a creazioni d'indubbia perfezione.

La Tortuga (Maria Cozzaglio)
via XXIV Maggio 5 – 0 36 57 12 51 – www.ristorantelatortuga.it – Aperto 1° marzo-31 ottobre; chiuso martedì
Rist – *(solo a cena escluso domenica da settembre a giugno)* Carta 60/100 €
➜ Lasagnetta al formaggio di Tombea e tartufo gardesano. Coregone con capperi e acciughe del Mare Cantabrico. Fondente di mela al Calvados.
Specialità ittiche lacustri, ma anche ricette di mare e qualche piatto di carne, in un grazioso, romantico, locale del centro storico.

sulla strada provinciale 9 Est: 7 km

Lefay Resort & SPA
via Angelo Feltrinelli 118 – 03 65 24 18 00 – www.lefayresorts.com – Chiuso 6-24 gennaio
86 cam – 175/380 € 230/610 € – 4 suites
Rist – *(solo per alloggiati)* Carta 57/90 €
Esclusivo e lussuoso. L'ottimo confort delle camere si sposa ad una sobria raffinatezza: pavimenti in legno d'ulivo e mobili in noce nazionale. La Spa è raggiungibile direttamente dalle stanze. All'esterno, la piscina a sfioro regala un meraviglioso effetto "infinito", dove acqua e cielo si fondono mirabilmente.

GARGONZA – Arezzo (AR) – 563 M17 – Vedere Monte San Savino

GARLENDA – Savona (SV) – 561 J6 – 890 ab. – alt. 70 m – ✉ 17033 14 A2

Liguria
Roma 592 – Imperia 37 – Albenga 10 – Genova 93
via Roma 1, 0182 58 21 14, www.visitriviera.it
via del Golf 7, 0182 580012, www.garlendagolf.it – chiuso dal 27 settembre all'8 ottobre e mercoledì in bassa stagione

La Meridiana
via ai Castelli – 01 82 58 02 71 – www.lameridianaresort.com – Aperto 1° marzo-30 novembre
16 cam – 220/250 € 220/350 €, 22 € – 12 suites
Rist *Il Rosmarino* – vedere selezione ristoranti
Rist *Il Bistrot* – Carta 48/84 €
A metà strada fra la mondana Montecarlo e la pittoresca Portofino, ospitalità ad alti livelli per una deliziosa residenza di campagna avvolta dal profumo del mirto e della ginestra. Se eleganza e buon gusto caratterizzano tutti i suoi ambienti, piatti liguri vi attendono al Bistrot (a pranzo, a bordo piscina).

Il Rosmarino – Hotel La Meridiana
via ai Castelli – 01 82 58 02 71 – www.lameridianaresort.com – Aperto 1° marzo-30 novembre; chiuso lunedì
Rist – *(solo a cena)* (consigliata la prenotazione) – Carta 56/98 €
Piatti della tradizione mediterranea esaltati dai profumi di questa terra: il sentore del timo e della salvia, accompagnati dall'irrinunciabile basilico e da una vasta scelta enologica, che spazia dai vini già affermati a quelli più emergenti.

verso Villanova d'Albenga Ovest: 2,5 km

Hermitage
via Roma 152 ✉ 17033 – 01 82 58 29 76 – www.hotelhermitage.info – Chiuso gennaio
11 cam – 95/100 € 95/100 € – 2 suites
Rist – *(chiuso lunedì) (solo a cena escluso domenica)* Carta 23/78 €
Comode stanze per un ambiente curato e familiare, situato in un giardino alberato, poco fuori dal centro: ideale per golfisti che desiderino sostare nei pressi del campo. Piatti classici italiani nell'accogliente sala ristorante o nell'ampia veranda.

GASSINO TORINESE – Torino (TO) – 9 553 ab. – alt. 230 m – ✉ 10090 22 B1

Roma 665 – Torino 16 – Asti 52 – Milano 130

Cascina Domina Ⓝ cam, cam,

strada Trinità 42 – 34 82 87 95 62 – www.cascinadomina.com

10 cam – 60 € 90 € **Rist** – *(solo a cena)* Carta 29/46 €

Cascina ottocentesca immersa nella quiete delle colline con lo sguardo che spazia da Superga alle Alpi; si farà fatica a credere che Torino dista meno di un quarto d'ora!

GATTEO A MARE – Forlì-Cesena (FC) – 562 J19 – 5 992 ab. – 47043 9 D2

Roma 353 – Ravenna 35 – Rimini 18 – Bologna 102

piazza della Libertà 10, 0547 8 60 83, www.comune.gatteo.fo.it

Flamingo rist,

viale Giulio Cesare 31 – 0 54 78 71 71 – www.hotel-flamingo.com – Aperto Pasqua-30 settembre

48 cam – 75/85 € 125/145 €, 10 €

Rist – *(solo per alloggiati)* Menu 25/50 €

In un affascinante e bizzarro palazzo, troverete una gestione familiare di rara ospitalità: ottime camere con vista mare ed accesso diretto in spiaggia.

Estense cam, rist,

via Gramsci 30 – 0 54 78 70 68 – www.hotelestense.net – Chiuso novembre

77 cam – 30/50 € 60/100 €, 6 € **Rist** – Carta 15/29 €

In una traversa interna con il mare ad un centinaio di metri, ambienti accoglienti e colorati, carta da parati e richiami marinari. Sala da pranzo molto semplice con proposte gastronomiche ed enologiche di portata nazionale.

GATTINARA – Vercelli (VC) – 561 F7 – 8 340 ab. – alt. 263 m – 13045 23 C2

Roma 665 – Stresa 38 – Biella 30 – Milano 87

Barone di Gattinara senza rist

corso Valsesia 238 – 01 63 82 72 85 – www.baronedigattinara.it – Chiuso 21 dicembre-6 gennaio e 10-24 agosto

22 cam – 85/95 € 105 €

Villa padronale, ubicata in zona periferica, la cui storia è stata sapientemente armonizzata con la modernità degli arredi. Camere ampie, due con soffitti affrescati.

Carpe Diem

corso Garibaldi 244 – 01 63 82 37 78 – www.ristorantecarpediem.com – Chiuso 7-16 gennaio, 1°-15 agosto e lunedì

Rist – Carta 34/57 €

Locale classico in una bella villa circondata da un lussureggiante parco. Professionalità ed esperienza garantiscono un servizio di qualità in ogni evenienza.

Il Vigneto con cam cam,

piazza Paolotti 2 – 01 63 83 48 03 – www.ristoranteilvigneto.it – Chiuso 1°-15 gennaio e 30 luglio-18 agosto

12 cam – 63/69 € 89/98 € **Rist** – *(chiuso lunedì)* Carta 33/60 €

Locale signorile che può contare su una sala ristorante raccolta e curata e su un ampio salone dedicato ai banchetti. La cucina non si smentisce mai: un menu interessante con ottime specialità di pesce. Camere dal confort eccellente, spaziose e con mobili di linea classica.

GAVI – Alessandria (AL) – 561 H8 – 4 744 ab. – alt. 233 m – 15066 23 C3

Italia Centro-Nord

Roma 554 – Alessandria 34 – Genova 48 – Acqui Terme 42

Colline del Gavi strada Provinciale 2, 0143 342264, www.golfcollinedelgavi.com – chiuso gennaio e martedì

Forte medievale★

L'Ostelliere
frazione Monterotondo, 56, Nord-Est : 4 km – ✆ 01 43 60 78 01 – www.ostelliere.it – Aperto 1° marzo-30 novembre
28 cam – 110/140 € 130/200 € – 12 suites
Rist ***La Gallina*** – vedere selezione ristoranti
All'interno dell'azienda vinicola, proprio sopra le cantine, un'importante azione di recupero per una risorsa di charme e confort. Bella vista su colline e vigneti.

La Gallina – Hotel L'Ostelliere
frazione Monterotondo, 56, Nord-Est : 4 km – ✆ 01 43 68 51 32 – www.la-gallina.it – Aperto 1° marzo-30 novembre
Rist – *(solo a cena escluso sabato e festivi)* Carta 40/80 €
Ricavata nell'antico fienile, elegante sala in cui nuovo e antico si fondono armoniosamente. Piacevole terrazza panoramica, per una cucina interessante.

Cantine del Gavi
via Mameli 69 – ✆ 01 43 64 24 58 – www.ristorantecantinedelgavi.it – Chiuso 25 giorni in gennaio, 25 giorni in luglio, martedì a mezzogiorno e lunedì
Rist – Carta 36/58 €
Come ancelle di una regina, solo ottime materie prime vengono accolte nella cucina di questo raffinato ristorante, che propone piatti del territorio con qualche benevolo sguardo alla vicina Liguria.

GAVINANA – Pistoia (PT) – 563 J14 – alt. 820 m – ✉ 51025 31 B1

Roma 337 – Firenze 60 – Pisa 75 – Bologna 87

Franceschi
piazza Ferrucci 121 – ✆ 0 57 36 64 44 – www.albergofranceschi.it – Chiuso 10-30 novembre
28 cam – 40/45 € 60/80 €
Rist – Menu 13 € (pranzo in settimana) – Carta 19/35 €
Antiche origini per questo bianco edificio, posizionato nel cuore di un paesino medievale; rinnovato totalmente all'interno, offre un'atmosfera accogliente e familiare. Sala da pranzo di taglio moderno, con un camino in uno stile d'altri tempi.

GAVIRATE – Varese (VA) – 561 E8 – 9 338 ab. – alt. 261 m – ✉ 21026 16 A2

Roma 641 – Stresa 53 – Milano 66 – Varese 10
piazza Dante 1, ✆ 0332 74 47 07, www.progavirate.com

Tipamasaro
via Cavour 31 – ✆ 03 32 74 35 24 – Chiuso 1°-21 luglio e lunedì
Rist – Carta 26/38 €
A metà strada tra il centro storico e il lago, l'intera famiglia si dedica con passione al locale: un ambiente simpatico e un fresco gazebo estivo per riscoprire l'appetitosa cucina locale. Lavarello alla caldorina tra le specialità della casa.

GAVOI Sardegna – Nuoro (NU) – 366 Q43 – 2 819 ab. – alt. 790 m – ✉ 08020 Sardegna 28 B2

Cagliari 179 – Nuoro 35 – Olbia 140 – Porto Torres 141

Gusana
località lago di Gusana – ✆ 0 78 45 30 00 – www.albergogusana.it – Chiuso novembre
35 cam – 65/75 € 70/85 € **Rist** – Carta 25/54 €
Nel verde delle tranquille sponde dell'omonimo lago, di cui si ha la splendida vista, una piccola struttura con buoni spazi comuni e camere semplici, ordinate e confortevoli.

GAVORRANO – Grosseto (GR) – 563 N14 – 8 982 ab. – alt. 273 m – ✉ 58023 32 C3

Roma 213 – Grosseto 35 – Firenze 177 – Livorno 110
Toscana-Il Pelagone località Il Pelagone, 0566 820471, www.golfclubtoscana.com

a Caldana Sud : 8 km – ✉ 58020

Montebelli Agriturismo e Country Hotel
località Molinetto, Est : 2 km rist,
– *✆ 05 66 88 71 00 – www.montebelli.com – Chiuso 7 gennaio-15 marzo*
45 cam – †140/240 € ††140/260 € – 6 suites **Rist** – Carta 20/78 €
Imponente struttura che offre due possibilità: alloggio agrituristico o country hotel di lusso (solo qui l'aria condizionata). Il resto è in comune, a partire dal grande parco sino al nuovo centro benessere. Al ristorante viene proposta una cucina semplice e regionale.

GAZZO – Padova (PD) – **562** F17 – **4 282 ab.** – **alt. 36 m** – ✉ 35010 **38** B1
Roma 513 – Padova 27 – Treviso 52 – Vicenza 17

Villa Tacchi
via Dante 30 A, località Villalta, Ovest: 3 km – ✆ 04 99 42 61 11
– www.antichedimore.com – Chiuso novembre-dicembre
49 cam – †60/110 € ††90/180 €
Rist – *(solo a cena)* (prenotazione obbligatoria) *(solo per alloggiati)*
Una splendida villa del XVII sec. circondata da un parco ombreggiato all'interno del quale è stata ricavata anche la piscina. Arredi in stile, camere calde ed accoglienti. Ampio ed elegante ristorante.

GAZZO – Imperia (IM) – **Vedere Borghetto d'Arroscia**

GAZZOLA – Piacenza (PC) – **562** H10 – **2 024 ab.** – **alt. 139 m** – ✉ 29010 **8** A2
Roma 528 – Piacenza 20 – Cremona 64 – Milano 87

a Rivalta Trebbia Est : 3,5 km – ✉ 29010 Gazzola

Agriturismo Croara Vecchia senza rist
località Croara Vecchia, Sud : 1,5 km – ✆ 33 32 19 38 45
– www.croaravecchia.it – Aperto 15 marzo-30 novembre
20 cam – †80/85 € ††95/100 €
Fino al 1810 fu un convento, poi divenne un'azienda agricola che oggi ospita graziose camere, tutte identificabili dal nome di un fiore. In un prato sempre curato, che domina il fiume, la bella piscina, nonché un centro equestre con istruttori.

Locanda del Falco
Castello di Rivalta, 4 – ✆ 05 23 97 81 01 – www.locandadelfalco.com
– Chiuso 9-15 gennaio e martedì
Rist – Carta 29/52 €
In un antico borgo medievale una locanda caratteristica dove vengono serviti i piatti della tradizione piacentina. A disposizione della clientela anche una bottega con prodotti tipici.

GAZZOLI – Verona (VR) – **562** F14 – **Vedere Costermano**

GELA Sicilia – Caltanissetta (CL) – **365** AU61 – **77 360 ab.** – **alt. 46 m** **30** C3
– ✉ 93012 Sicilia
Caltanissetta 68 – Catania 107 – Palermo 187 – Siracusa 157
viale Mediterraneo 3, ✆ 0933 91 37 88, www.regione.sicilia.it
Fortificazioni greche★★ a Capo Soprano – Museo Archeologico Regionale★

Casanova
via Venezia 89-91 – ✆ 09 33 91 85 80 – www.ristorantecasanova.net – Chiuso 5-25 agosto e domenica
Rist – Carta 25/45 €
Locale raccolto e confortevole, ubicato alle porte della località, dove la cucina offre il meglio di sé nelle specialità a base di pesce. Graziosa enoteca con vasta scelta di etichette.

GENGA – Ancona (AN) – **563** L20 – **1 973 ab.** – **alt. 322 m** – ✉ 60040 **20** B2
Italia Centro-Nord
Roma 224 – Ancona 66 – Gubbio 44 – Macerata 72

Le Grotte

località Pontebovesecco, Sud : 2 km – 07 32 97 30 35 – www.hotellegrotte.it
23 cam – 75 € 110 € – 1 suite
Rist *Le Grotte* – *(chiuso gennaio, domenica sera, lunedì)* Carta 26/47 €
In un suggestivo paesaggio naturalistico fra gole e grotte di Frasassi, un albergo moderno con piccolo centro benessere, nonché camere spaziose ed eleganti. Nel ristorante dalla lunga tradizione gastronomica vi attendono ottimi piatti di cucina regionale. E' possibile organizzare colazioni di lavoro e cerimonie.

GENOVA P (GE) – 561 I8 – 607 906 ab. – alt. 19 m – 16121 — 15 C2

Liguria

Roma 501 – Milano 142 – Nice 194 – Torino 170

Cristoforo Colombo di Sestri Ponente per ④: 6 km 010 60151

per Cagliari, Olbia, Arbatax e Porto Torres – Tirrenia Navigazione, call center 892 123

per Porto Torres, Olbia e per Palermo – Grimaldi-Grandi Navi Veloci, call center 010 2094591

via Garibaldi 12/r, 010 5 57 29 03, www.genova-turismo.it

Aeroporto Cristoforo Colombo, 16154, 010 6 01 52 47

largo Sandro Pertini 13, 16121, 010 8 60 61 22

Manifestazioni locali

05.10-13.10 : salone nautico internazionale

Porto★★★ AXY - Acquario★★★ AY - Cattedrale di San Lorenzo★★ BY K - Via Garibaldi e Musei di Strada Nuova★★ FY - Palazzo Tursi★★ BX **H** - Palazzo Reale★★ AX- Palazzo del Principe★★ - Galleria Nazionale di Palazzo Spinola★★ BY - Palazzo Ducale★ BY **M** - Chiesa del Gesù: opere★★ di Rubens BY - Villetta Di Negro CXY: ≤ sulla città e sul mare, museo Chiossone★ **M1** - Castello d'Albertis: Museo delle culture del Mondo★ BX - Galata Museo del Mare★ AX - Cimitero di Staglieno★F

Riviera di Levante★★★ Est e Sud-Est

Piante pagine seguenti

Grand Hotel Savoia

via Arsenale di Terra 5 16126 – 01 02 77 21 – www.grandhotelsavoiagenova.it AX**c**
115 cam – 105/539 €, 17 € – 2 suites
Rist – *(solo a cena)* Carta 34/62 €
Storico hotel riportato allo splendore di un tempo grazie ad un accurato restauro: raffinatezza negli arredi e confort di alto livello. Piacevole zona relax.

NH Marina

molo Ponte Calvi 5 16124 – 01 02 53 91 – www.nh-hotels.com
133 cam – 123/410 € 134/440 € – 7 suites AY**c**
Rist *Il Gozzo* – Carta 41/68 €
Ardesia, mogano e acero sono il leitmotiv degli eleganti, caldi interni di questo moderno, ideale "vascello", costruito sul Molo Calvi, di cui restano tracce nella hall. Decorazioni che evocano vele e navi nel ristorante "a prua" dell'hotel; dehors estivo.

Melià Genova N

via Corsica 4 16128 – 01 05 31 51 11 – www.melia-genova.com
97 cam – 144/540 € 169/569 € – 2 suites CZ**a**
Rist *Marea* – Carta 36/79 €
In un bel palazzo dei primi '900, nel prestigioso quartiere Carignano, hotel di lusso caratterizzato da spazi moderni, centro benessere con piccola piscina, camere confortevoli dove predominano colori ricercati ed eleganti: platino, titanio e rame. Piatti liguri e mediterranei, rivisitati in chiave moderna, al ristorante Marea.

City Hotel

via San Sebastiano 6 ✉ *16123 – ✆ 0 10 58 47 07*
– www.bwcityhotel-ge.it CYe

65 cam – 89/203 € 107/248 €

Rist *Le Rune* – vedere selezione ristoranti

Vicino a piazza De Ferrari, confort omogeneo per un hotel con zone comuni di taglio classico, camere sobrie e funzionali, nonché mini suite panoramiche all'ultimo piano.

Starhotels President Ⓝ rist, rist,

corte Lambruschini 4 ✉ *16129 – ✆ 0 10 57 27*
– www.starhotels.com DZc

189 cam – 99/510 € 99/510 € – 4 suites

Rist – Carta 42/63 €

Nel centro direzionale Corte Lambruschini, una torre di vetro e cemento ospita questo accogliente albergo, che per le sue caratteristiche di confort e funzionalità risulta ideale per una clientela business.

Mura del Castellaccio (V.) . . . . F 52	Piave (V.) . . . . F 63	S. Erasmo (Mura) . . . . F 83
Mura di Granorolo (V.) . . . . E 53	Pieragostini (V. R.) . . . . E 64	S. Martino (V.) . . . . G 84
Mura di Porta Murata (V. delle) . . . . . . E 55	Ricci (V.) . . . . G 77	S. Ugo (V.) . . . . F 88
Murcarolo (V.) . . . . H 56	Rolando (V. C.) . . . . E 78	Timavo (V.) . . . . G 95
Olivieri (V.) . . . . G 59	Sturla (V.) . . . . G 92	Tolemaide (V.) . . . . F 97
Piacenza (V.) . . . . F 60	S. Benedetto (V.) . . . . EF 80	Torti (V. G.) . . . . G 98

Bristol Palace

rist,

via 20 Settembre 35 ✉ *16121* – ✆ *0 10 59 25 41*
– www.hotelbristolpalace.com CY**n**

128 cam ☕ – 🚹99/350 € 🚹🚹109/450 € – 5 suites

Rist – Carta 27/61 €

Sull'elegante via 20 settembre, la raffinatezza d'antan in questo antico palazzo di fine '800. La splendida scala ellittica si snoda nella piccola hall per condurvi a camere d'indiscusso charme. Spazi comuni su differenti livelli con sale stuccate e tappezzeria. Cucina mediterranea nel caldo e accogliente bistrot.

Moderno Verdi

rist,

piazza Verdi 5 ✉ *16121* – ✆ *01 05 53 21 04*
– www.modernoverdi.it DY**b**

87 cam ☕ – 🚹80/300 € 🚹🚹90/360 €

Rist – *(solo a cena escluso i week-end)* Carta 27/50 €

In un palazzo d'epoca di fronte alla stazione Brignole, atmosfera retrò negli interni classici, con dettagli liberty, di un hotel ristrutturato; curate camere in stile.

TORINO
MILANO
SAVONA
MONTE RIGHI
STAZIONE PRINCIPE
Via A. Doria
Principe
SOPRAELEVATA
STRADA
STAZIONI MARITTIME
A. DORIA
DEI MILLE
Via S. Ugo
ASCENSORE
Corso Firenze
Pzale Em. Brignole
Via Balbi
PALAZZO REALE
Via Gramsci
Darsena
V. del Campo
Carmine
FUNICOLARE
Corso Carbonara
Corso Paganini
Pza G. Villa
Castelletto
Galleria Garibaldi
Via Cairoli
Via Garibaldi
Via Maddalena
Pal. Spinola
BACINO PORTO VECCHIO
ACQUARIO
Strada Aldo Moro
V. S. Luca
Via Orefici
Via Luccoli
San Giorgio
CENTRO CONGRESSI
MOLO VECCHIO
V. del Molo
Turati
Via S. Lorenzo
De Ferrari
Pza De Ferrari
Via S. Bernardo
Pza Cavour
Sta Croce
Strada S. Agostino
V. Dante
Via Ravecca
Pza Sarzano
BACINO DELLE GRAZIE
Pza Carignano
Quadrio
SOPRAELEVATA
Via Rivoli
Corso A. Saffi
AVAMPORTO
200 m

GENOVA

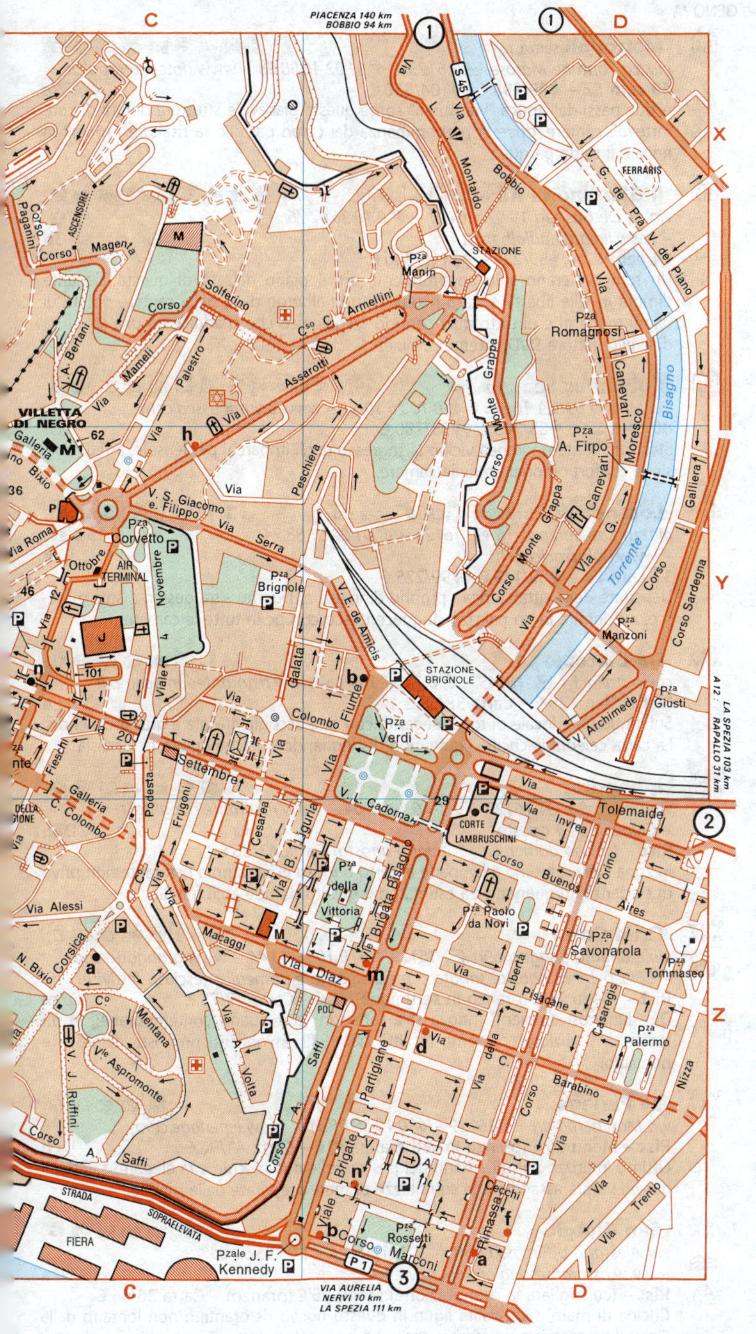
C
D
X
Y
Z
PIACENZA 140 km
BOBBIO 94 km
VIA AURELIA
NERVI 10 km
LA SPEZIA 111 km
LA SPEZIA 103 km
A 12 : RAPALLO 31 km
STAZIONE
STAZIONE BRIGNOLE
FERRARIS
VILLETTA DI NEGRO
AIR TERMINAL
CORTE LAMBRUSCHINI
FIERA
STRADA SOPRAELEVATA
Torrente Bisagno
Pza Manin
Pza Romagnosi
Pza A. Firpo
Pza Corvetto
Pza Brignole
Pza Verdi
Pza Manzoni
Pza Giusti
Pza della Vittoria
Pza Paolo da Novi
Pza Savonarola
Pza Tommaseo
Pza Palermo
Pza Rossetti
Pzale J. F. Kennedy
Via Montaldo
Via Bobbio
V. G. de Pra
V. del Piano
Corso Monte Grappa
Via Canevari
Moresco
Corso Galliera
Corso Sardegna
Corso Magenta
Corso Paganini
ASCENSORE
Corso Solferino
Cso C. Armellini
Via Assarotti
Via Palestro
Via Mameli
A. Bertani
Via Peschiera
V. S. Giacomo e Filippo
Via Serra
V. E. de Amicis
Via Galata
Via Fiume
Via Colombo
Via XX Settembre
V. L. Cadorna
Via Tolemaide
Via Invrea
Corso Buenos Aires
Via Torino
Via Archimede
Viale IV Novembre
Via Roma
Via Fieschi
Galleria C. Colombo
Via Podestà
Via Frugoni
Via Cesarea
Via B. Liguria
Via Brigata Bisagno
Via Macaggi
Via Diaz
Via Alessi
Corso Corsica
N. Bixio
Co Mentana
Vle Aspromonte
V. J. Ruffini
Corso A. Saffi
Via A. Volta
Viale Brigate Partigiane
Via della Libertà
Via Pisacane
Via Casaregis
Via Barabino
Via Nizza
Via Trento
Via Cecchi
Via Rimassa
Corso Marconi
Galleria Bixio
Via Ottobre
Via 12 Ottobre
S 45
P 1
ni

Metropoli senza rist
piazza Fontane Marose ✉ *16123* – ☎ *01 02 46 88 88* – *www.hotelmetropoli.it*
49 cam – 89/198 € 104/350 € BY**c**
A due passi dall'antica "Via Aurea" sorge questa piacevole struttura dotata di confortevoli camere, dove la predominanza dei colori pastello fa risaltare i mobili in noce e il caldo parquet.

Il Giardino di Albaro N senza rist
via O. De Gaspari 19 ✉ *16124* – ☎ *0 10 36 62 76*
– *www.ilgiardinodialbaro.it* G**b**
14 cam – 89/220 € 115/330 €
Un tempo c'erano solo appartamenti, ora il piano rialzato di questa elegante dimora in stile liberty è stato riconvertito in albergo dalle belle camere dotate di bagni moderni e di tutto quel corredo tecnologico che si addice ad una struttura di livello (lettore DVD, Internet, Sky, etc.).

Columbus Sea senza rist
via Milano 63 ✉ *16126* – ☎ *0 10 26 50 51* – *www.columbussea.com*
80 cam – 85/205 € 95/280 € E**a**
Struttura contemporanea vicino all'ingresso degli imbarchi per le isole: arredi classici e confort omogeneo nelle camere.

Locanda di Palazzo Cicala senza rist
piazza San Lorenzo 16 ✉ *16123* – ☎ *01 02 51 88 24*
– *www.palazzocicala.it* BY**g**
11 cam – 89/149 € 99/225 €
Nel cuore della città storica - proprio dinnanzi al Duomo - tra design e stile moresco, modernità in un palazzo cinquecentesco con pc in tutte le camere.

Da Giacomo
corso Italia 1 r ✉ *16145* – ☎ *0 10 31 10 41* – *www.ristorantedagiacomo.it*
Rist – Menu 35 € – Carta 38/68 € F**e**
Sul lungomare locale di tono elegante con due accoglienti sale e grazioso dehors. La carta celebra la cucina ligure, non disdegnando qualche guizzo di fantasia.

Ippogrifo
via Gestro 9/r ✉ *16129* – ☎ *0 10 59 27 64* – *www.ristoranteippogrifo.it*
– *Chiuso 12-24 agosto* DZ**n**
Rist – *(chiuso domenica 15 giugno-agosto)* Carta 43/86 €
In zona Fiera, boiserie e lampade in ferro battuto in un ampio ristorante non privo di eleganza, frequentato da estimatori e gestito da due abili fratelli.

Gran Gotto
viale Brigate Bisagno 69/r ✉ *16129* – ☎ *0 10 56 43 44* – *www.grangotto.com*
– *Chiuso 14-22 agosto, sabato a mezzogiorno e domenica (escluso festività)*
Rist – Menu 24 € (pranzo in settimana)/70 € – Carta 49/75 € DZ**m**
Due luminosi ambienti (nuova sala fumatori) con quadri contemporanei, in un locale di tradizione, presente in città dal 1938; invoglianti proposte di pesce e non solo.

Le Perlage
via Mascherpa 4/r ✉ *16129* – ☎ *0 10 58 85 51* – *www.leperlage.com*
Rist – Menu 30 € (pranzo in settimana)/80 € – Carta 41/96 € DZ**b**
Ottimo indirizzo per gli amanti del pesce: nelle due piccole, ma eleganti salette, il *patron* vi farà assaggiare le squisitezze di mare preparate dalla moglie.

San Giorgio
via Alessandro Rimassa 150 r ✉ *16129* – ☎ *01 05 95 52 05*
– *www.ristorantesangiorgiogenova.it* DZ**a**
Rist – (consigliata la prenotazione) Menu 25 € (pranzo) – Carta 36/66 €
Cucina di mare e specialità liguri in questo nuovo ristorantino non lontano dalla Fiera. Il nostro piatto preferito: acciughe impanate e fritte.

XX **A Due Passi dal Mare**

via Casaregis 52/r ✉ 16124 – ✆ 0 10 58 85 43 – www.aduepassidalmare.it – Chiuso 1°-8 gennaio, 30 agosto-15 settembre e lunedì; anche domenica in luglio-agosto DZ**f**

Rist – Carta 32/57 €

Gestione giovane ed appassionata per questo locale che punta su un'atmosfera informale e su piatti perlopiù dedicati al mare, a cui si aggiungono intriganti rivisitazioni di specialità liguri.

XX **Le Rune** – City Hotel

vico Domoculta 14/r ✉ 16123 – ✆ 0 10 59 49 51 – Chiuso sabato a mezzogiorno e domenica BY**d**

Rist – Menu 21/34 € – Carta 27/57 €

In un ristorante del centro, tre salette di sobria, ma curata eleganza. In menu: i sapori di questa regione rivisitati con un pizzico di fantasia; specialità sia di mare sia di terra.

XX **Rina**

via Mura delle Grazie 3/r ✉ 16128 – ✆ 01 02 46 64 75 – www.ristorantedarina.it – Chiuso agosto e lunedì BY**b**

Rist – Carta 41/53 €

Sotto le caratteristiche volte del '400 di una trattoria presente dal 1946, un "classico" della ristorazione cittadina, che da anni garantisce il meglio del mercato ittico.

X **Il Marin - Eataly** (N)

porto Antico, edificio Millo ✉ 16121 – ✆ 01 08 69 87 22 AY**a**

Rist – Menu 34/54 € – Carta 41/80 €

Nel Porto Antico, al terzo piano dell'edificio Millo, un ristorante panoramico e dalla originale semplicità con un menu ispirato al territorio e al marchio Eataly. Per una sosta più informale si possono utilizzare anche le varie postazioni di cucina a tema lungo il percorso.

X **Al Veliero**

via Ponte Calvi 10/r ✉ 16124 – ✆ 01 02 46 57 73 – www.alvelierogenova.com – Chiuso 12 agosto-12 settembre e lunedì ABX**b**

Rist – Menu 25/50 € – Carta 32/48 €

Di fronte al famoso Acquario progettato da Renzo Piano, un ristorante in sobrio stile marina, dove apprezzare specialità di pesce preparate secondo la disponibilità giornaliera.

X **Sola**

via Carlo Barabino 120/r ✉ 16129 – ✆ 0 10 59 45 13 – www.vienotecasola.it – Chiuso agosto e domenica; anche sabato in luglio DZ**d**

Rist – Carta 30/53 €

Un piccolo locale stile bistrot, nato come enoteca e poi trasformatosi anche in ristorante: ampia scelta di vini (alcuni al bicchiere) e cucina schietta, che punta sulla qualità della materia prima.

X **Antica Osteria di Vico Palla**

vico Palla 15/r ✉ 16128 – ✆ 01 02 46 65 75 – www.vicopalla.it – Chiuso 10-20 agosto e lunedì AY**m**

Rist – Carta 26/55 €

Adiacente all'acquario e alla moderna zona del Porto vecchio, locale dalla simpatica accoglienza familiare con una cucina locale dalle fragranti proposte ittiche. Ambiente informale e conviviale.

X **Lupo Antica Trattoria**

vico delle Monachette 20/r ✉ 16126 – ✆ 0 10 26 70 36 – www.lupoanticatrattoria.it – Chiuso 20 luglio-10 agosto e mercoledì

Rist – Menu 25/40 € – Carta 36/55 € AX**r**

In zona Principe, un piacevole ristorante totalmente rinnovato nella veste, ma non nel tipo di cucina: sempre invitante con piatti genovesi e creazioni d'autore.

Voltalacarta

via Assarotti 60/r ✉ 16122 – ✆ 01 08 31 20 46 – www.voltalacartagenova.it – Chiuso 1°-7 gennaio, 16-19 agosto, sabato a mezzogiorno e domenica

Rist – (coperti limitati, prenotare) Menu 20 € (pranzo in settimana)/45 € – Carta 39/82 € CY**h**

"Volta la carta" è una canzone estremamente allegorica: dietro ogni figura si nasconde un personaggio. Dietro la porta di questo locale si cela un ambiente grazioso e curato, dove gustare interessanti piatti per lo più a base di pesce.

Soho-Ristorante e Pescheria

via al Ponte Calvi 20 r ✉ 16124 Genova – ✆ 01 08 69 25 48 – www.ristorantesoho.it BX**a**

Rist – Carta 28/85 €

In uno dei vicoli di fronte all'Acquario, locale multitasking ed informale, dominato dal contrasto fra antico e moderno: è un ristorante, wine-bar, pescheria. Pleonastico dire che le specialità attingono al mare.

Tiflis

vico del Fico 35R ✉ 16128 – ✆ 0 10 25 64 79 – www.tiflis.it – Chiuso 13-31 agosto e domenica a mezzogiorno BY**m**

Rist – Carta 31/48 €

Simpatico ristorante che, rispecchiando le origini estoni di uno dei titolari, è arredato in stile nordico. Cucina di terra e di mare con ottimi spiedoni di carne o pesce.

verso Molassana per ① : 6 km :

La Pineta

via Gualco 82, a Struppa ✉ 16165 – ✆ 0 10 80 27 72 – Chiuso 21-28 febbraio, agosto, domenica sera e lunedì

Rist – Carta 34/47 €

Un gran camino troneggia in questa luminosa e calda trattoria, che dispone anche di un grazioso dehors. Cucina tradizionale casalinga, tra le specialità: carne e pesce alla brace.

a Molassana per ① : 6 km : – ✉ 16138

Osteria della Collina

via San Felice angolo salita Cotella – ✆ 01 08 35 33 90 – Chiuso 15 agosto-15 settembre e lunedì

Rist – (consigliata la prenotazione) Carta 42/72 €

La cucina di mare qui è interpretata nel modo più semplice possibile, con giusto qualche accenno di modernità per non essere out. Strutturalmente il locale è molto rustico: archi, pietra a vista e, perfino, un caminetto.

all'aeroporto Cristoforo Colombo per ④ : 6 km E :

Sheraton Genova

via Pionieri e Aviatori d'Italia 44 ✉ 16154 – ✆ 01 06 54 91 – www.sheratongenova.com/genova

281 cam – †140/290 € ††175/330 € – 2 suites

Rist *Il Portico* – Carta 37/53 €

Originale contrasto tra la modernità della struttura e delle installazioni e la classicità dei raffinati interni di un hotel in zona aeroportuale; ampio centro congressi. Calda ed elegante sala ristorante in stile.

a Quarto dei Mille per ② o ③ : 7 km GH – ✉ 16148

AC Hotel Genova by Marriot

corso Europa 1075 – ✆ 01 03 07 11 80 – www.achotels.com

139 cam – †85/260 € ††95/270 € **Rist** – Carta 32/54 € G**a**

Ambiente moderno e minimalista, due tipologie di camere (standard e business), bar self-service aperto 24 ore: una struttura capace di armonizzare innovazione e buon gusto. Presso una sala moderna e d'avanguardia potrete gustare piatti tradizionali ed internazionali.

Iris senza rist
via Rossetti 3/5 – ✆ 01 03 76 07 03 – www.hoteliris.it Ge
34 cam ☕ – 🛉60/90 € 🛉🛉90/180 €
A pochi passi dal mare, albergo di piccole dimensioni con comodo parcheggio. Camere confortevoli e piacevole solarium per la bella stagione.

a Cornigliano Ligure per ④ : 7 km – ✉ 16152

Da Marino
via Rolla 36/r – ✆ 01 06 51 88 91
– Chiuso agosto, sabato e domenica
Rist – (prenotazione obbligatoria la sera) Carta 32/72 €
Locale semplice ed accogliente, grazie alla grande dedizione delle titolari. La stessa cura è riservata alla cucina: tradizionale ligure, eseguita con grande amore.

a San Desiderio Nord-Est : 8 km per via Timavo H – ✉ 16133

Bruxaboschi
via Francesco Mignone 8 – ✆ 01 03 45 03 02 – www.bruxaboschi.com
– Chiuso 24 dicembre-5 gennaio, 3 settimane in agosto, domenica sera e lunedì Ha
Rist – (prenotazione obbligatoria a mezzogiorno) Carta 26/60 €
Dal 1862 la tradizione si è perpetuata di generazione in generazione in una trattoria con servizio estivo in terrazza. Cucina del territorio e periodiche serate a tema alla riscoperta di antichi piatti delle valli liguri, nonché interessante selezione di vini e distillati. Indecisi sulla scelta del piatto? Il fritto misto alla genovese è sempre una certezza!

a Quinto al Mare per ② o ③: 8 km GH – ✉ 16166

La Casa dei Capitani
piazzale Rusca 1 – ✆ 01 03 72 71 85 – www.lacasadeicapitani.it
– Chiuso 31 dicembre-2 gennaio e lunedì Hc
Rist – *(solo a cena escluso sabato e domenica)* (coperti limitati, prenotare) Carta 38/75 €
La casa dei vecchi capitani - risalente al 1700 - ospita oggi un bel ristorante dalle signorili sale. Giovane la gestione e moderna la cucina di matrice regionale.

a Sestri Ponente per ④ : 10 km – ✉ 16154

Baldin (Luca Collami)
piazza Tazzoli 20/r – ✆ 01 06 53 14 00 – www.ristorantebaldin.com
– Chiuso domenica e lunedì
Rist – Menu 45/90 € – Carta 50/78 €
➜ Taglierini neri, triglie e carciofi. Triglie fritte in forno con fonduta di grana e carciofi d'Albenga. Sacher al chinotto di Savona.
Volte a vela, parquet e boiserie di betulla in un accogliente locale rinnovato in senso minimalista; proposte di mare in sapiente equilibrio fra tradizione e creatività.

Toe Drûe
via Corsi 44/r – ✆ 01 06 50 01 00 – www.toedrue.it
– Chiuso 1°-3 gennaio, 20 giorni in agosto, sabato a mezzogiorno e domenica
Rist – Menu 22 € (pranzo in settimana)/48 € – Carta 34/73 €
Rist *La Kantina* – ✆ 01 06 00 19 91 *(chiuso lunedì) (solo a cena)* Menu 18 € – Carta 15/71 €
C'è una fonte battesimale dell'800 all'ingresso di questa romantica trattoria alla moda, che propone ricette liguri rivisitate. Il Sol Levante splende invece sulla tavola de *La Kantina:* sushi, sashimi e tante altre specialità nipponiche... ma anche qualche piatto locale.

a Voltri per ④ : 18 km – ✉ 16158

XX Il Gigante

via Lemerle 12/r – ☎ 01 06 13 26 68 – www.ristoranteilgigante.it
– Chiuso 16-31 agosto, domenica sera e lunedì
Rist – Menu 30/60 € – Carta 33/94 €
Un ex olimpionico di pallanuoto appassionato di pesca gestisce questo simpatico locale: due salette di taglio classico e sobria semplicità e piatti, ovviamente, di mare.

XX La Voglia Matta

via Cerusa 63 r – ☎ 01 06 10 18 89 – www.lavogliamatta.org
– Chiuso domenica sera e lunedì
Rist – Carta 40/60 €
Avete una voglia matta di gustare specialità di pesce? Bussate in questo bel palazzo del Cinquecento: fra le sue mura troverete un locale fresco e giovanile, con tante fantasiose proposte ittiche.

X Ostaia da ü Santü

via al Santuario delle Grazie 33, Nord : 1,5 km – ☎ 01 06 13 04 77
– Chiuso 25 dicembre-31 gennaio, 16-30 settembre, domenica sera e le sere di mercoledì e giovedì da ottobre a giugno
Rist – (consigliata la prenotazione) Carta 26/32 €
La breve passeggiata a piedi lungo una stradina di campagna sarà l'anticipo di quello che troverete all'osteria: una gustosa cucina casalinga per riscoprire i genuini sapori di una volta...come l'ormai dimenticato cappon magro! Piacevole pergolato per il servizio estivo.

a Pegli per ④ : 13 km – ✉ 16155

Parco Durazzo Pallavicini★

Torre Cambiaso

via Scarpanto 49 – ☎ 01 06 98 06 36 – www.torre-cambiaso.com
36 cam – †82/156 € ††94/252 € – 6 suites
Rist – *(solo a cena)* Carta 30/48 €
Spenti gli echi delle preghiere, in questa bella villa che fu un tempo anche convento, via libera al lusso e alla ricercatezza che caratterizzano ogni angolo della struttura: dagli spazi comuni con pezzi d'antiquariato alle camere eclettiche. Proposte mediterranee, soprattutto di pesce, nell'elegante ristorante.

XX Teresa

piazza Lido di Pegli 5 – ☎ 01 06 97 37 74 – www.ristoranteteresa.com
– Chiuso domenica sera
Rist – Menu 25/80 € – Carta 43/112 €
Foto d'epoca alle pareti e conduzione tutta al femminile per proposte di mare, ma non solo, in un ristorante che ha festeggiato più di 40 anni! Ambiente piacevolmente classico.

GERACE – Reggio di Calabria (RC) – 564 M30 – 2 836 ab. – alt. 500 m — 5 A3

– ✉ 89040 Italia Centro-Sud

Roma 695 – Reggio di Calabria 96 – Catanzaro 107 – Crotone 160

La Casa di Gianna e Palazzo Sant'Anna

via Paolo Frascà 4 – ☎ 09 64 35 51 50
– www.lacasadigianna.it – Chiuso novembre
13 cam – †70/80 € ††110/130 € **Rist** – *(chiuso lunedì)* Carta 19/49 €
Una casa incantevole, un angolo pittoresco in questo spaccato del nostro Mezzogiorno; un'antica dimora gentilizia rinnovata con grande stile e ovunque pervasa dal passato. La cucina locale su tavole dalle ricche tovaglie, servizio più informale in veranda.

La Casa nel Borgo senza rist

via Nazionale 66, Sud : 1 km – ✆ 09 64 35 51 50 – www.lacasanelborgo.it – Chiuso novembre

13 cam – 70/90 € 90/150 €

In località Borgo, a circa un chilometro dal centro storico, una bella casa di taglio rustico-elegante caratterizzata da accessori in legno massiccio e letti in ferro battuto.

GEROLA ALTA – Sondrio (SO) – 561 D10 – 197 ab. – alt. 1 050 m – ✉ 23010 16 B1

Roma 689 – Sondrio 39 – Lecco 71 – Lugano 85

Pineta

località di Fenile, Sud-Est : 3 km alt. 1 350 – ✆ 03 42 69 01 80 – www.albergopineta.com

20 cam – 40 € 70 € **Rist** – (consigliata la prenotazione) Carta 30/48 €

Marito valligiano e moglie inglese gestiscono questo piccolo albergo in stile montano, semplice e ben tenuto, comodo punto di partenza per escursioni. Al ristorante atmosfera da baita e pochi piatti, scelti con cura fra quelli di una genuina cucina locale.

GHEDI – Brescia (BS) – 561 F12 – 18 694 ab. – alt. 85 m – ✉ 25016 17 C1

Roma 525 – Brescia 21 – Mantova 56 – Milano 118

Trattoria Santi

via Calvisano 73, Sud-Est : 4 km – ✆ 0 30 90 13 45 – www.trattoriasanti.it – Chiuso gennaio, martedì sera e mercoledì

Rist – Menu 27/48 € – Carta 20/35 €

Dal 1919 un'intramontabile osteria di campagna; in cucina casonsei e grigliate di carne e di pesce ed ogni prelibatezza sfoggia un unico obiettivo, riscoprire la genuinità della tradizione agreste.

GHIFFA – Verbano-Cusio-Ossola (VB) – 561 E7 – 2 412 ab. – alt. 201 m – ✉ 28823 24 B1

Roma 679 – Stresa 22 – Locarno 33 – Milano 102

Ghiffa cam,

corso Belvedere 88 – ✆ 0 32 35 92 85 – www.hotelghiffa.com – Aperto 1° aprile-15 ottobre

39 cam – 150/185 € 160/250 € **Rist** – Carta 32/67 €

In riva al lago, signorile struttura di fine '800 dotata di terrazza-giardino con piscina riscaldata: ottimi confort e conduzione professionale. Pavimento in parquet nella sala da pranzo con grandi vetrate; cucina classica e del territorio.

GHIRLANDA – Grosseto – Vedere Massa Marittima

GIARDINI NAXOS Sicilia – Messina (ME) – 365 BA56 – 9 647 ab. – ✉ 98035 Sicilia 30 D2

Catania 47 – Messina 54 – Palermo 257 – Taormina 5

via lungomare Tysandros 54, ✆ 0942 5 10 10, www.regione.sicilia.it

Hellenia Yachting Hotel cam,

via Jannuzzo 41 – ✆ 0 94 25 17 37 – www.hotel-hellenia.it

112 cam – 120/180 € 147/230 € – 2 suites

Rist – *(solo a cena)* Carta 30/52 €

Stucchi, marmi e dipinti nei sontuosi interni, ma spazio anche per il relax nella piscina con solarium e accesso diretto alla spiaggia. Sale ristorante ampie, dominano l'eleganza, la luminosità e la cura dei particolari.

Palladio rist,

via Umberto 470 – ✆ 0 94 25 22 67 – www.hotelpalladiogiardini.com – Chiuso gennaio-febbraio

18 cam – 50/130 € 60/200 € – 2 suites

Rist – *(aperto 1° aprile-30 settembre)* (prenotazione obbligatoria) Carta 28/111 €

Affacciato sulla baia, è un'ondata di genuina ospitalità siciliana che vi avvolgerà in ambienti carichi di artigianato e prodotti isolani. L'amore per questa terra continua anche nei piatti del ristorante con prodotti locali selezionati tra il biologico e il commercio equosolidale.

La Riva senza rist

via lungomare Tysandros 52 – ✆ 0 94 25 13 29 – www.hotellariva.com – Chiuso novembre-dicembre

40 cam – 50/75 € 66/96 €, 12 €

La hall introduce ad un settore notte in cui tanti sono gli arredi e le decorazioni riferibili alla tradizione e all'artigianato siciliani. Dalle finestre delle camere: l'affascinante spettacolo della baia fino alla colata vulcanica preistorica.

Sea Sound

via Jannuzzo 37 – ✆ 0 94 25 43 30 – Aperto 1° aprile-31 ottobre

Rist – Carta 31/65 €

Locale estivo con servizio su una bella terrazza a mare dove, immersi nel verde, è possibile gustare ottimo pesce, in preparazioni semplici e decisamente sostanziose.

GIAU (Passo di) – Belluno – 562 C18 – Vedere Cortina d'Ampezzo

GIGLIO (Isola del) – Grosseto (GR) – 563 O14 – 1 413 ab. – alt. 498 m 32 C3

Toscana

GIGLIO PORTO (GR) – 563 O14 – ✉ 58012 32 C3

per Porto Santo Stefano – Toremar, call center 892 123

Maregiglio ✆0564 812920

Castello Monticello rist,

bivio per Arenella, Nord : 1 km – ✆ 05 64 80 92 52 – www.hotelcastellomonticello.com – Aperto 1° aprile-31ottobre

29 cam – 55/75 € 110/170 € **Rist** – *(solo per alloggiati)* Menu 30 €

In posizione elevata rispetto al paese, una villa-castello arredata in legno scuro con camere e terrazza che si affacciano direttamente sul mare.

Bahamas senza rist

via Cardinale Oreglia 22 – ✆ 05 64 80 92 54 – www.bahamashotel.it – Chiuso 20-26 dicembre

27 cam – 70/90 € 80/135 €

Alle spalle della chiesa, una struttura bianca a conduzione familiare dagli arredamenti lineari con camere semplici e luminose e terrazzini con vista.

La Vecchia Pergola

via Thaon de Revel 31 – ✆ 05 64 80 90 80 – Aperto 1° marzo-31 ottobre; chiuso mercoledì

Rist – Carta 25/50 €

La risorsa a gestione familiare, consta di un'unica sala e di una terrazza, con vista contemporaneamente sul paese e sul porto, dove assaggiare prelibatezze di mare.

a Giglio Campese Nord-Ovest : 8,5 km – ✉ 58012

Campese rist,

via Della Torre 18 – ✆ 05 64 80 40 03 – www.hotelcampese.com – Aperto 1° maggio-30 settembre

39 cam – 55/85 € 110/170 € **Rist** – *(solo a cena)* Carta 20/57 €

Direttamente sulla spiaggia, l'hotel vanta ampi ambienti di tono classico con soluzioni d'arredo lineari in legno in tinte chiare e sfumature azzurre. In posizione panoramica, affacciato sul mare, il ristorante propone una cucina locale, di mare e di terra.

a Giglio Castello **Nord-Ovest : 6 km – ✉ 58012**

Da Maria
via della Casamatta 12 – ✆ 05 64 80 60 62 – Chiuso gennaio, febbraio e mercoledì escluso 15 giugno-15 settembre
Rist – Carta 29/57 €
Nel centro medievale del Castello, una casa d'epoca dai toni rustici ospita un ristorante a conduzione familiare con proposte del territorio e soprattutto specialità di pesce.

Da Santi
via Santa Maria 3 – ✆ 05 64 80 61 88 – Chiuso 5-20 novembre e lunedì escluso 15 giugno-15 settembre
Rist – Carta 30/85 €
Nuova sede per questo storico locale dell'isola: appena fuori dal borgo, la posizione garantisce - soprattutto dal terrazzino, con il servizio all'aperto - una meravigliosa vista. La cucina rimane fedele alla tradizione.

GIGNOD – Aosta (AO) – 561 E3 – 1 612 ab. – alt. 988 m – ✉ 11010 — 37 A2

Roma 753 – Aosta 7 – Colle del Gran San Bernardo 25
Aosta Arsanières, 0165 56020

La Clusaz con cam — rist,
località La Clusaz, Nord-Ovest : 4,5 km – ✆ 0 16 55 60 75 – www.laclusaz.it – Chiuso 3-20 giugno, 11 novembre-5 dicembre
14 cam – †70/120 € ††70/120 €, ☕ 7 €
Rist – *(chiuso mercoledì a mezzogiorno e martedì)* Carta 39/60 €
➜ Ravioli di cipolla saltati al burro nocciola. Filetto di maialino da latte con puré di sedano rapa. Tarte Tatin con gelato alla vaniglia Bourbon.
La storia di questa casa montana è ormai millenaria, le sue pietre e i suoi ambienti vi raccontano le tradizioni valdostane non meno della cucina, giunta ora ad emozionanti livelli. Tra ricette storiche e prodotti locali, il territorio regala piatti di grande originalità che non troverete altrove. L'ospitalità continua nelle camere, da quelle più semplici a quelle decorate da un'artista locale.

GIOIA DEL COLLE – Bari (BA) – 564 E32 – 27 682 ab. – alt. 358 m – ✉ 70023 — 27 C2

Roma 443 – Bari 39 – Brindisi 107 – Taranto 35

Svevo
via Cassano 319 – ✆ 08 03 48 27 39 – www.hotelsvevo.it
78 cam ☕ – †35/120 € ††50/150 € – 3 suites
Rist – *(chiuso lunedì)* Carta 21/47 €
Non lontano dal casello autostradale, dalla stazione e dall'aeroporto - nel cuore dell'antica Puglia Peuceta - camere spaziose e confortevoli in un albergo di stile classico. Al ristorante: interessanti proposte gastronomiche, perlopiù regionali, e prezzi competitivi.

GIOVI – Arezzo (AR) – 563 L17 – Vedere Arezzo

GIOVO – Trento (TN) – 562 D15 – 2 464 ab. – alt. 496 m – ✉ 38030 — 33 B2

Roma 593 – Trento 14 – Bolzano 52 – Vicenza 102

Maso Franch
località Maso Franch 2, Ovest: 3 km – ✆ 04 61 24 55 33 – www.masofranch.it – Chiuso 15 giorni in gennaio e 10 giorni in agosto
12 cam ☕ – †70/85 € ††95/150 €
Rist *Maso Franch* – vedere selezione ristoranti
Alle porte della Valle di Cembra, camere tradizionali in stile montano o di design moderno (più cittadino): in entrambe le situazioni, il confort è assicurato. A disposizione degli ospiti un piccolo, ma accogliente spazio wellness.

XX **Maso Franch** – Hotel Maso Franch
località Maso Franch 2, Ovest: 3 km – 04 61 24 55 33 – www.masofranch.it – Chiuso 15 giorni in gennaio e 10 giorni in agosto
Rist – (prenotare) Carta 35/70 €
Interpretazioni creative ed elaborate, ma sempre all'insegna dei sapori locali, in un ambiente avveniristico ed "insolito" per la montagna. Lista dei vini intriganti e dalla splendida terrazza, lo spettacolo della natura.

a Palù **Ovest : 2 km – ✉ 38030 Palù Di Giovo**

Agriturismo Maso Pomarolli cam, rist,
località Maso Pomarolli 10 – 04 61 68 45 71 – www.agriturmasopomarolli.it – Chiuso 7 gennaio-22 febbraio
7 cam – 37/40 € 65/70 €
Rist – *(chiuso settembre e ottobre) (solo a cena) (solo per alloggiati)* Menu 20 €
Piacevole e semplice gestione familiare, dove le camere senza fronzoli assicurano pulizia: prenotazione obbligatoria per quelle con imperdibile vista sulla valle di Cembra.

GIULIANOVA LIDO – Teramo (TE) – 563 N23 – 21 634 ab. – ✉ 64021 1 B1

Roma 209 – Ascoli Piceno 50 – Pescara 47 – Ancona 113
via Mamiani 2, 085 8 00 30 13, www.abruzzoturismo.it

Sea Park SPA Resort cam,
via Arenzano 19 – 08 58 02 53 23 – www.seaparkresort.com
50 cam – 80/122 € 98/175 € **Rist** – Carta 28/53 €
A 100 m dal mare, un'architettura originale tra terrazze pensili, piscina e confortevoli camere di tono moderno. Struttura con una spiccata vocazione sportiva dispone di palestra, campo e scuola calcio. Al ristorante, un ricco buffet di verdure calde e fredde, i prodotti classici nazionali e proposte di pesce.

Cristallo
lungomare Zara 73 – 08 58 00 37 80 – www.hcristallo.it
70 cam – 55/110 € 85/170 € – 1 suite
Rist – *(chiuso 24 dicembre-2 gennaio)* Carta 32/72 €
Frontemare, l'hotel offre luminosi spazi comuni arredati con gusto moderno in calde tonalità di colore e camere confortevoli, adatte ad una clientela d'affari e turistica. Al ristorante, una delle più interessanti cucine di pesce della città.

Parco dei Principi cam, rist,
lungomare Zara – 08 58 00 89 35 – www.giulianovaparcodeiprincipi.it – Aperto 21 maggio-20 settembre
87 cam – 60/150 € 80/210 € **Rist** – Carta 25/135 €
In prima fila sul lungomare - in un contesto tranquillo, immerso nel verde dei pini - l'hotel propone camere confortevoli (le migliori ai piani più alti), con vista panoramica sul mare o sulla collina. Gusti nuovi e sapori antichi al ristorante.

Europa cam, rist,
lungomare Zara 57 – 08 58 00 36 00 – www.htleuropa.it
69 cam – 50/80 € 79/125 € – 3 suites
Rist – *(solo a cena escluso domenica e in maggio-settembre)* Carta 34/80 €
In posizione centrale e davanti al mare, la clientela d'affari apprezzerà l'efficienza dei servizi mentre quella balneare sarà conquistata dalla singolare piscina in spiaggia. Presso le ampie sale del ristorante è possibile anche allestire banchetti.

XXX **Da Beccaceci**
via Zola 28 – 08 58 00 35 50 – www.ristorantebeccaceci.com – Chiuso 30 dicembre-12 gennaio, domenica sera, martedì a mezzogiorno, lunedì
Rist – Carta 44/94 €
Bastione delle specialità adriatiche, il meglio del pescato arriva qui: servito in preparazioni tradizionali e gustose, dalle paste alle grigliate di pesce.

Osteria dal Moro N

lungomare Spalato 74 – ✆ 08 58 00 49 73
– Chiuso mercoledì, anche martedì in inverno
Rist – Carta 16/53 €
Ristorantino stile bistrot, dove la cucina esclusivamente di pesce cambia in funzione della disponibilità del mercato. La proposta è a voce: lasciatevi quindi consigliare, ma non perdetevi l'antipasto di mare con la sua ampia carrellata di assaggi vari e la grigliata mista.

GIUSTINO – **Trento (TN)** – **562** D14 – **Vedere Pinzolo**

GIZZERIA LIDO – **Catanzaro (CZ)** – **564** K30 – **3 648 ab.** – ✉ **88048** **5** A2
Roma 576 – Cosenza 60 – Catanzaro 39 – Lamezia Terme (Nicastro) 13

sulla strada statale 18

La Lampara

località Caposuvero, Nord-Ovest : 6 km ✉ 88040 – ✆ 09 68 46 61 93
– www.lalampararistorante.it – Chiuso 22 dicembre-5 gennaio
10 cam – †80/90 € ††110/120 €
Rist *La Lampara* – vedere selezione ristoranti
Fronte mare, con accesso diretto alla spiaggia, questa moderna struttura - non grande nelle dimensioni, ma dal confort di livello - dispone di belle camere arredate con gusto e cura.

Palmed

via Nazionale 35, Nord-Ovest : 2 km ✉ 88040 – ✆ 09 68 46 63 83
– www.palmedhotel.com
20 cam – †65/72 € ††80/98 €
Rist *Pesce Fresco* – vedere selezione ristoranti
Hotel a conduzione familiare collegato al ristorante di famiglia: camere ampie e confortevoli adatte sia per un soggiorno di lavoro sia per una vacanza. Più tranquille quelle orientate verso il mare. L'aeroporto è a 5 minuti.

La Lampara – Hotel La Lampara

località Caposuvero, Nord-Ovest : 6 km ✉ 88040 – ✆ 09 68 46 61 93
– www.lalampararistorante.it – Chiuso 22 dicembre-5 gennaio e martedì escluso luglio-agosto
Rist – Menu 45 € – Carta 45/80 €
A pochi metri dal mare su cui si affaccia con la sua grande la terrazza, un ristorante in stile classico-contemporaneo la cui attività risale al 1966. Da sempre paladini di una cucina marinara, fra i piatti più apprezzati: l'antipasto della Lampara e gli appetitosi fritti.

Pesce Fresco – Hotel Palmed

via Nazionale 33, Nord-Ovest : 2 km ✉ 88040 – ✆ 09 68 46 62 00
– www.ristoranteilpescefresco.com – Chiuso 24 dicembre-5 gennaio e domenica sera
Rist – Carta 33/56 €
Il nome è già un'indicazione: fresco pescato giornaliero alla base dei piatti, seppur non manchino le carni. In posizione comoda, sulla statale ma non lontano dal mare.

GLORENZA (GLURNS) – **Bolzano (BZ)** – **562** C13 – **880 ab.** – **alt. 907 m** **33** A2
– ✉ **39020** Italia Centro-Nord
Roma 720 – Sondrio 119 – Bolzano 83 – Milano 260
piazza Municipio 1, ✆ 0473 83 10 97, www.altavenosta-vacanze.it

Posta

via Flora 15 – ✆ 04 73 83 12 08 – www.hotel-post-glurns.com
– Chiuso 7 gennaio-23 marzo
27 cam – †46/54 € ††92/108 €, 12 € – 2 suites
Rist *Posta* – vedere selezione ristoranti
All'interno della cinta muraria della pittoresca Glorenza, un albergo di antichissime tradizioni: una sorta di Gasthaus familiare e semplicissima, ideale per chi vuole soggiornare in una struttura "corretta" a prezzi contenuti.

Posta – Hotel Posta
via Flora 15 – ✆ 04 73 83 12 08 – www.hotel-post-glurns.com
– Chiuso 7 gennaio-marzo
Rist – Carta 24/50 €
Locale sempre affollatissimo, un po' per la sua cucina a metà strada tra il regionale ed il classico-italiano, un po' per la tipicità dell'ambiente: ultimo, ma non ultimo il buon rapporto qualità/prezzo. Curiosità: un'intera pagina del menu è dedicata alle uova. L'omelette ai funghi, la nostra preferita!

GLURNS = Glorenza

GODIA – Udine (UD) – Vedere Udine

GOLA DEL FURLO – Pesaro e Urbino (PU) – 563 L20 – alt. 177 m 20 B1

Roma 259 – Rimini 87 – Ancona 97 – Fano 38

Anticofurlo con cam
rist,
via Furlo 66 ✉ 61041 Acqualagna – ✆ 07 21 70 00 96 – www.anticofurlo.it
– Chiuso 10-20 gennaio
7 cam – ♦45/60 € ♦♦58/90 €
Rist – *(chiuso lunedì sera, martedì escluso agosto e ottobre-novembre)* (consigliata la prenotazione) Carta 31/119 €
Locale dall'atmosfera informale, ma nel piatto la creatività fa "vibrare" i tradizionali sapori regionali. Imperdibile il rito dell'aperitivo, che si consuma nella caratteristica grotta scavata nella roccia. Confort moderno e mobili antichi nelle camere rinnovate.

GOLFO ARANCI Sardegna – Olbia-Tempio (OT) – 366 S37 – 2 414 ab. 28 B1 – ✉ 07020 Sardegna

Cagliari 304 – Olbia 19 – PortoTorres 140 – Sassari 122
per Civitavecchia e Livorno – Sardinia Ferries, call center 199 400 500

Gabbiano Azzurro
via dei Gabbiani – ✆ 0 78 94 69 29
– www.hotelgabbianoazzurro.com – Aperto 1°aprile-31 ottobre
80 cam – ♦90/300 € ♦♦100/430 € – 1 suite **Rist** – Carta 35/72 €
Hotel a conduzione familiare ubicato all'inizio della "Terza Spiaggia". Bella vista dalle terrazze e da alcune delle confortevoli camere. Anche dalla sala ristorante si scorge l'isola di Tavolara. Cucina prevalentemente a base di pesce.

Villa Margherita
via Libertà 91 – ✆ 0 78 94 69 12 – www.margheritahotel.net
– Aperto 1° aprile-31 ottobre
38 cam – ♦125/275 € ♦♦149/322 € – 6 suites
Rist – *(aperto 1° maggio-31 ottobre) (solo a cena)* Carta 33/60 €
Signorile hotel a conduzione diretta che si ubica in centro, ma fronteggia la spiaggia: ameno giardino con piscina, camere di buon livello tutte rinnovate. Piacevole zona relax con bagno turco. Ambiente ricercato dai caldi colori al ristorante, dove la cucina locale sposa sapori forti e semplici, terra e mare.

Terza Spiaggia
località Terza Spiaggia – ✆ 0 78 94 64 85 – www.terzaspiaggia.com
– Aperto 1° aprile-30 settembre; chiuso mercoledì in aprile-maggio
Rist – *(solo a cena)* (consigliata la prenotazione) Carta 41/111 €
Approdare ad una spiaggia così, è il sogno di tutti: stabilimento balneare di giorno e romantico ristorante la sera, pochi coperti ed un'interessante cucina a base di pesce.

GORGO AL MONTICANO – Treviso (TV) – 562 E19 – 3 935 ab. 39 A1 – alt. 11 m – ✉ 31040

Roma 574 – Venezia 60 – Treviso 32 – Trieste 116

Villa Revedin

via Palazzi 4 – ✆ 04 22 80 00 33 – www.villarevedin.it
32 cam – †76/90 € ††117/120 € – 4 suites
Rist ***Villa Revedin*** – vedere selezione ristoranti
Antica dimora dei nobili Foscarini, villa veneta del XVII secolo in un parco secolare, ampio, tranquillo: un'atmosfera raffinata e rilassante per sostare nella storia.

XX **Villa Revedin** – Hotel Villa Revedin

via Palazzi 4 – ✆ 04 22 80 00 33 – www.villarevedin.it – Chiuso 3 settimane in agosto, domenica sera e lunedì
Rist – Menu 25 € (in settimana)/60 € – Carta 34/68 €
Arredi in stile marina inglese fanno da sfondo ad un ricco buffet di pesce del giorno, mentre una sala attigua e più classica soddisfa le domande di gruppi numerosi.

GORINO VENETO – Rovigo (RO) – 562 H19 – ✉ 44020 Ariano Nel Polesine 9 D1

Roma 436 – Ravenna 82 – Ferrara 78 – Rovigo 62

XX **Stella del Mare**

via Po 36 – ✆ 04 26 38 83 23 – www.ristorantestelladelmare.com – Chiuso lunedì e martedì da marzo a ottobre; anche mercoledì e giovedì sera negli altri mesi
Rist – (consigliata la prenotazione) Carta 20/68 €
Il paese è raggiungibile da Gorino attraversando un ponte di barche a pagamento, ben poche case e un locale molto noto nei dintorni per le sue gustose specialita che esplorano il panorama ittico.

GORIZIA P (GO) – 562 E22 – 35 798 ab. – alt. 84 m – ✉ 34170 11 D2

Italia Centro-Nord

Roma 649 – Udine 35 – Ljubljana 113 – Milano 388
di Ronchi dei Legionari Sud-Ovest: 25 km ✆ 0481 773224
c/o Palazzo Teatro Verdi corso Italia 9, ✆ 0481 53 57 64, www.turismofvg.it

Grand Hotel Entourage senza rist

piazza Sant'Antonio 2 – ✆ 04 81 55 02 35 – www.entouragegorizia.com
40 cam – †70/95 € ††90/130 € – 8 suites
Nel cinquecentesco palazzo dei conti Strassoldo, in un'atmosfera di raffinata tranquillità, ampie ed eleganti camere di gusto classico, nonché una corte interna ricca di storia.

Gorizia Palace senza rist

corso Italia 63 – ✆ 0 48 18 21 66 – www.goriziapalace.com
69 cam – †65/150 € ††70/170 € – 2 suites
Moderno albergo situato in posizione centrale, dispone di ambienti funzionali e confortevoli, ideali tanto per soggiorni di relax quanto per incontri di lavoro.

XX **Majda**

via Duca D'Aosta 71/73 – ✆ 0 48 13 08 71 – Chiuso 1 settimana in gennaio, 1 settimana in agosto e domenica
Rist – *(solo a cena)* Carta 27/54 €
Gestione al femminile per questo ristorante dalla quarantennale esperienza, ricavato negli spazi di una vecchia fattoria, dove gustare la cucina del territorio, di mare e di terra. Sala enoteca.

X **Rosenbar**

via Duca d'Aosta 96 – ✆ 04 81 52 27 00 – www.rosenbar.it – Chiuso domenica e lunedì
Rist – Carta 22/75 €
Piacevole, affermato, bistrot con ampio dehors estivo ed un menu stabilito di giorno in giorno: i piatti di pesce sono, tuttavia, in maggioranza (suggeriti al tavolo).

GOVONE – Cuneo (CN) – 561 H6 – 2 132 ab. – alt. 301 m – ✉ 12040 25 C2

Roma 634 – Cuneo 76 – Genova 134 – Novara 115

Il Molino senza rist
via XX Settembre 15 – ☎ 01 73 62 16 38 – www.ilmolinoalba.it – Chiuso gennaio e febbraio
6 cam – †55/75 € ††75/100 €
Un'atmosfera d'altri tempi aleggia negli ambienti di questo mulino ottocentesco adiacente al castello sabaudo e che ospita eleganti camere in stile, dotate di balcone dall'impareggiabile vista panoramica. Gestione giovane e vivace.

Il San Pietro
strada per Priocca 3, frazione San Pietro – ☎ 0 17 35 84 45 – www.ristoranteilsanpietro.it – Chiuso agosto e mercoledì
Rist – Menu 75 € – Carta 47/83 €
Intimo ed elegante locale gestito con grande savoir-faire da due fratelli. Due sono anche le loro passioni: lo champagne da aprire sempre con la scenografica sciabola ed il pesce, quasi esclusivamente di provenienza sarda.

GRADARA – Pesaro e Urbino (PU) – 563 K20 – 4 764 ab. – alt. 142 m – ✉ 61012 Italia Centro-Nord 20 B1

Roma 315 – Rimini 28 – Ancona 89 – Forlì 76

Rocca★

Villa Matarazzo senza rist
via Farneto 1, località Fanano – ☎ 05 41 96 46 45 – www.villamatarazzo.it – Aperto 1° aprile-30 settembre
15 cam – †80/135 € ††115/235 €
Su un colle di fronte al castello di Gradara, una serie di terrazze con vista panoramica su mare e costa; un complesso esclusivo, raffinato, piccolo paradiso nella natura.

La Botte
piazza V Novembre 11 – ☎ 05 41 96 44 04 – www.labottegradara.it – Chiuso novembre e mercoledì in dicembre-marzo
Rist – *(solo a cena)* (consigliata la prenotazione) Carta 29/43 €
Rist *Osteria del Borgo* – Carta 21/38 €
Dolce entroterra marchigiano e storico piccolo borgo: qui, tra muri antichi che sussurrano il passato, un caratteristico ambiente medievale. Servizio estivo in giardino. Atmosfera più informale all'Osteria del Borgo (anche enoteca).

GRADISCA D'ISONZO – Gorizia (GO) – 562 E22 – 6 617 ab. – alt. 32 m – ✉ 34072 11 C3

Roma 639 – Udine 33 – Gorizia 12 – Milano 378

Al Ponte
viale Trieste 124, Sud-Ovest : 2 km – ☎ 04 81 96 11 16 – www.albergoalponte.it
42 cam – †65/98 € ††90/140 €
Rist *Al Ponte* – vedere selezione ristoranti
Alle porte della località in una zona verdeggiante e tranquilla, capace conduzione familiare in un hotel dagli ambienti signorili e dalle confortevoli camere.

Franz senza rist
viale Trieste 45 – ☎ 0 48 19 92 11 – www.hotelfranz.it – Chiuso 23-27 dicembre
52 cam – †55/99 € ††60/119 €
Poco distante dal centro e curato nei dettagli, offre camere confortevoli e buone infrastrutture per meeting. Ideale per una clientela d'affari.

Al Ponte – Hotel Al Ponte
viale Trieste 122, Sud-Ovest : 2 km – ☎ 0 48 19 92 13 – www.albergoalponte.it – Chiuso domenica sera e lunedì
Rist – Carta 28/52 €
Tre sale di un gusto che spazia dal rustico al moderno: cucina locale di lunga tradizione, bella scelta di vini regionali e servizio estivo sotto un pergolato.

GRADO - Gorizia (GO) - **562** E22 - **8 611 ab.** - **Stazione termale** **11** C3
- ✉ **34073** Italia Centro-Nord

Roma 646 - Udine 50 - Gorizia 43 - Milano 385

viale Dante Alighieri 72, ✆ 0431 87 71 11, www.turismofvg.it

via Monfalcone 27, 0431 896896, www.tenutaprimero.com

Quartiere antico★ : postergale★ nel Duomo

Laguna Palace

rist,

riva Brioni 17 – ✆ 0 43 18 56 12 – www.lagunapalacehotel.it

71 cam – ♦90/120 € ♦♦140/240 € – 29 suites

Rist – Menu 30 €

Rist *Laguna Sky Restaurant* – Carta 39/85 €

Tre "M"- moda, modernità, mare - si sono date appuntamento in questa lussuosa struttura à la page affacciata sulla laguna: ampie camere dal graffiante design contemporaneo, tutte con balcone, ed attrezzato centro wellness per ritrovare se stessi partendo dal fisico. Cucina classica rivisitata nel panoramico ristorante.

Grand Hotel Astoria

rist,

largo San Grisogono 3 – ✆ 0 43 18 35 50 – www.hotelastoria.it

124 cam – ♦70/103 € ♦♦114/168 € – 54 suites **Rist** – Carta 31/65 €

A due passi dal centro e dalla spiaggia, questo albergo storico nella tradizione turistica dell'Isola del Sole dispone di camere confortevoli, piscina e solarium sulla bella terrazza, centro thalassoterapico con cure a base di acqua marina. Al settimo piano, panoramico ristorante à la carte.

Savoy

rist,

riva Slataper 12 – ✆ 04 31 89 71 11 – www.hotelsavoy-grado.it – Aperto 29 marzo-28 ottobre

71 cam – ♦120/130 € ♦♦180/230 € – 6 suites **Rist** – Carta 37/73 €

Nel cuore di Grado, sorge questo bel gioiello di confort e ospitalità; diversificata possibilità di camere ed appartamenti per soddisfare qualsiasi tipo di clientela.

Fonzari

piazza Biagio Marin – ✆ 04 31 87 63 60 – www.hotelfonzari.com – Aperto 1° marzo-31 ottobre

71 cam – ♦90/120 € ♦♦120/160 € – 47 suites

Rist *Altogradimento* – vedere selezione ristoranti

Adiacente il grazioso centro storico, questa moderna struttura ospita ampie camere e belle suite. Per gli amanti del fitness, l'hotel dispone di una piccola palestra.

Abbazia

rist,

via Colombo 12 – ✆ 0 43 18 00 38 – www.hotel-abbazia.com – Aperto 1° aprile-31 ottobre

48 cam – ♦50/88 € ♦♦90/146 € **Rist** – Carta 21/46 €

Ai margini della zona pedonale, hotel a conduzione diretta con spazi comuni personalizzati, camere ben accessoriate ed ampia piscina coperta. Il ristorante in estate si trasferisce nella veranda dai vetri decorati.

Metropole senza rist

piazza San Marco 15 – ✆ 04 31 87 62 07 – www.gradohotel.com – Chiuso 10 gennaio-12 febbraio e 2-30 novembre

19 cam – ♦65/75 € ♦♦110/140 € – 4 suites

Gradevole atmosfera ed accogliente servizio in un mitico albergo di Grado, meta di vacanze degli Asburgo e della nobiltà mitteleuropea. Anche la gestione non delude: giovane e motivata, si farà in quattro per soddisfare le vostre richieste!

Diana

cam, rist,

via Verdi 1 – ✆ 0 43 18 00 26 – www.hoteldiana.it – Aperto 1° aprile-31 ottobre

60 cam – ♦116 € ♦♦116 € **Rist** – *(solo a cena)* Carta 24/48 €

Nelle camere e negli eleganti spazi comuni domina una rilassante tonalità verde. Da oltre cinquant'anni una lunga tradizione familiare su una delle vie pedonali a vocazione commerciale. Proposte d'albergo con divagazioni marine, al ristorante.

Eden
via Marco Polo 2 – ✆ 0 43 18 01 36 – www.hoteledengrado.it
– Aperto 1° aprile-31 ottobre
39 cam – †51/56 € ††81/91 €, ☕ 8 €
Rist – *(aperto 1° maggio-30 settembre)* Menu 23 €
Nei pressi del Palazzo dei Congressi e del Parco delle Rose, albergo a conduzione diretta dagli ambienti e dalle camere in gradevole stile retrò; le piccole attenzioni al cliente arricchiscono il confort generale.

Villa Rosa senza rist
via Carducci 12 – ✆ 0 43 18 00 26 – www.hotelvillarosa-grado.it
– Aperto 1° aprile-31 ottobre
25 cam ☕ – †49/69 € ††98 €
Tra la Riva prospiciente l'Isola della Schiusa e il Lungomare verso la spiaggia principale, sorge questa piccola risorsa - a conduzione familiare - rinnovata in anni recenti. Camere semplici, ma non manca nulla!

Park Spiaggia senza rist
via Mazzini 1 – ✆ 0 43 18 23 66 – www.hotelparkspiaggia.it
– Aperto 1° aprile-31 ottobre
28 cam ☕ – †40/70 € ††80/120 €
Nella zona pedonale, che la sera diviene un mondano passeggio, non lontano dalla grande e attrezzata spiaggia privata della località, l'hotel vanta spazi comuni confortevoli e camere luminose.

Antares senza rist
via delle Scuole 4 – ✆ 0 43 18 49 61 – www.antareshotel.info
– Chiuso 10 dicembre-20 febbraio
19 cam ☕ – †75/120 € ††90/150 €
Ai margini del centro storico, nei pressi del mare, una piccola struttura a conduzione familiare, dove l'attenzione al cliente è costante. Comode camere tutte con balcone.

Tavernetta all'Androna
calle Porta Piccola 6 – ✆ 0 43 18 09 50 – www.androna.it
– Chiuso 25 novembre-18 dicembre
Rist – *(chiuso martedì da ottobre a marzo)* Menu 60 € – Carta 51/82 €
Tra le strette calli del centro, un locale d'atmosfera tra il rustico ed il moderno, dove gustare deliziosi piatti di pesce ricchi di fantasia.

De Toni
piazza Duca d'Aosta 37 – ✆ 0 43 18 01 04 – www.trattoriadetoni.it
– Chiuso gennaio-febbraio e mercoledì escluso in estate
Rist – Carta 34/60 €
Nel centro storico, sulla via pedonale, ristorante familiare di lunga esperienza (più di 60 anni!). Ricette gradesi e specialità di pesce, da gustare in un ambiente particolarmente curato: nella luminosa sala o nella bella veranda.

Altogradimento – Hotel Fonzari
piazza Biagio Marin – ✆ 04 31 87 63 60 – www.hotelfonzari.com
– Aperto 1° marzo-31 ottobre
Rist – Menu 16/38 € – Carta 29/42 €
Questo ristorante all'ultimo piano dell'hotel Fonzari, non solo propone sapori mediterranei, ma offre anche uno stupendo panorama sulla città.

Alla Buona Vite con cam
via Dossi, località Boscat, Nord : 10 km – ✆ 0 43 18 80 90 – www.girardi-boscat.it
– Chiuso dicembre e gennaio
4 cam ☕ – †40/45 € ††80/90 €
Rist – *(chiuso giovedì escluso giugno-settembre)* Carta 19/53 €
Superata la laguna prendete la prima strada a destra, per raggiungere questa trattoria gestita da una famiglia di viticoltori. Servizio estivo accanto al piccolo parcogiochi. Dispone anche di confortevoli appartamenti per chi desidera prolungare il soggiorno, immersi nella natura.

alla pineta Est : 4 km :

Mar del Plata cam, rist,
viale Andromeda 5 – ✆ 0 43 18 10 81 – www.hotelmardelplata.it
– Aperto 1° maggio-1° ottobre
35 cam – 46/76 € 92/152 € **Rist** – Carta 17/45 €
Nella verdeggiante zona della pineta, hotel a conduzione familiare rinnovato in anni recenti: camere moderne e piacevole piscina sul retro. La spiaggia attrezzata dista circa 100 m.

GRADOLI – **Viterbo (VT)** – **563** O17 – **1 483 ab.** – **alt. 470 m** – ✉ **01010** **12** A1
Roma 130 – Viterbo 42 – Siena 112

La Ripetta
via Roma 38 – ✆ 07 61 45 61 00 – Chiuso martedì a mezzogiorno e lunedì
Rist – Menu 28/35 € – Carta 26/80 €
All'ingresso della località, lungo la strada principale, un ristorante dove gustare fragranti piatti di pesce, sia di lago che di mare. Servizio estivo su una grande terrazza.

GRANCONA – **Vicenza (VI)** – **562** F16 – **1 700 ab.** – **alt. 36 m** – ✉ **36040** **39** B3
Roma 553 – Padova 54 – Verona 42 – Vicenza 24

sulla strata statale per San Vito Nord-Est : 3 km :

Vecchia Ostaria Toni Cuco
via Arcisi 12 ✉ 36040 – ✆ 04 44 88 95 48 – www.vecchiaosteriatonicuco.it
– Chiuso 1 settimana in agosto, 1 settimana in gennaio, lunedì e martedì
Rist – (prenotazione obbligatoria a mezzogiorno) Carta 24/40 €
Si percorrono alcuni chilometri in salita prima di arrivare in questo locale, rustico eppure d'insospettabile eleganza, dove gustare carni alla brace e fantasiose rivisitazioni di ricette vicentine.

GRANDZON – **Aosta (AO)** – **561** E4 – **Vedere Verrayes**

GRANIGA – **Verbano-Cusio-Ossola (VB)** – **561** D6 – **Vedere Bognanco (Fonti)**

GRAN SAN BERNARDO (Passo del) – **Aosta (AO)** – **561** E3 **37** A2
– **alt. 2 469 m**
Roma 778 – Aosta 41 – Genève 148 – Milano 216

Italia
colle del Gran San Bernardo ✉ 11010 Saint Rhémy – ✆ 01 65 78 09 08
– www.gransanbernardo.it – Aperto 1° giugno-24 settembre
15 cam – solo ½ P 70/90 € **Rist** – Carta 29/52 €
Per i più ardimentosi amanti della vera montagna, sferzata dai venti e dalla neve anche in estate, un albergo alpino offre dal 1933 caratteristici interni in legno. Calda l'atmosfera al ristorante, articolato in tre sale, dove troverete i classici della cucina valdostana.

GRAPPA (Monte) – **Belluno, Treviso e Vicenza** – **alt. 1 775 m** Italia
Monte★★★

GRAVEDONA – **Como (CO)** – **428** D9 – **2 779 ab.** – **alt. 201 m** **16** B1
– ✉ **22015** Italia Centro-Nord
Roma 683 – Como 54 – Sondrio 52 – Lugano 46
S. Maria del Tiglio★

La Villa senza rist
via Regina Ponente 21 – ✆ 0 34 48 90 17 – www.hotel-la-villa.com
– Chiuso 20 dicembre-31 gennaio
14 cam – 70/100 € 90/150 €
Luminosa, moderna e accogliente: sono gli aggettivi che più si addicono a questa curata villa nell'incantevole scenario del lago di Como. Se ampie camere assicurano confort e relax, il giardino e la piscina garantiscono distensivi momenti en plein air.

GRAVINA IN PUGLIA – Bari (BA) – 564 E31 – 44 383 ab. – alt. 338 m – ✉ 70024 26 B2

Roma 417 – Bari 58 – Altamura 12 – Matera 30

Madonna della Stella con cam

via Madonna della Stella – ✆ 08 03 25 63 83 – www.madonnadellastellaresort.com

10 cam – 60/80 €

Rist – *(chiuso martedì)* Carta 22/50 €

La sala scavata nella roccia naturale, il bianco e antico villaggio di fronte sarà il suggestivo ritratto da contemplare, dalla sapienza dei due fratelli i sapori e le tradizioni di un passato mai dimenticato! Una suggestiva struttura in tufo ospita le graziose semplici camere.

GRAZIE – Mantova (MN) – 561 G14 – Vedere Curtatone

GREMIASCO – Alessandria (AL) – 561 H9 – 362 ab. – alt. 400 m – ✉ 15056 23 D2

Roma 563 – Alessandria 52 – Genova 70 – Piacenza 92

Belvedere

via Dusio 5 – ✆ 01 31 78 71 59 – www.belvederegremiasco.it – Chiuso la sera (escluso venerdì-sabato-domenica) e martedì in ottobre-giugno; lunedì, martedì e mercoledì a mezzogiorno negli altri mesi

Rist – Menu 15 € (pranzo)/35 € – Carta 19/44 €

Una vecchia osteria familiare - rinnovatasi nel tempo - con sale accoglienti e gustose proposte del territorio: ottime, le materie prime dalle quali si elaborano i piatti.

GRESSONEY LA TRINITÉ – Aosta (AO) – 561 E5 – 309 ab. – alt. 1 624 m – Sport invernali : 1 618/2 970 m 3 5 – ✉ 11020 37 B2

Italia Centro-Nord

Roma 733 – Aosta 86 – Ivrea 58 – Milano 171

Edelboden Superiore, ✆ 0125 36 61 43, www.lovevda.it

Jolanda Sport

località Edelboden Superiore 31 – ✆ 01 25 36 61 40 – www.hoteljolandasport.com – Chiuso maggio, ottobre e novembre

32 cam – 90/140 € 140/160 € – 5 suites

Rist – Carta 31/61 €

Costruito con l'omonima seggiovia nel 1957, ma completamente ristrutturato in anni recenti, l'hotel ripropone la tradizione dei tipici *Stadel Walzer*: camere curate nei minimi particolari, con colori caldi e legno a vista. Assolutamente da provare, il moderno ed attrezzato centro benessere.

Lysjoch

cam,

località Fohre – ✆ 01 25 36 61 50 – www.hotellysjoch.com – Aperto 25 novembre-14 aprile e 25 giugno-9 settembre

12 cam – 48/66 € 96/132 €

Rist – *(solo per alloggiati)*

Direttamente sulle piste, in questa località a nord di Gressoney La Trinité, piccola struttura con un ambiente familiare e accogliente, reso ancor più caldo dal legno.

GRESSONEY SAINT JEAN – Aosta (AO) – 561 E5 – 821 ab. – alt. 1 385 m – Sport invernali : 1 385/2 020 m 3, – ✉ 11025 37 B2

Italia Centro-Nord

Roma 727 – Aosta 80 – Ivrea 52 – Milano 165

Villa Deslex, ✆ 0125 35 51 85, www.lovevda.it

9, 0125 356314, www.golfgressoney.com – giugno-settembre

Località★

Gran Baita

strada Castello Savoia 26, località Gresmatten – ✆ 01 25 35 64 41 – www.hotelgranbaita.it – Aperto 1° dicembre-15 aprile e 20 giugno-15 settembre

12 cam – **†70/150 € ††100/200 €** **Rist** – *(chiuso lunedì)* Carta 26/60 €

Non lontano dal Castello Savoia e dalla passeggiata della Regina Margherita, in una baita del XVIII secolo, un'atmosfera da sogno ove coccolarsi a lungo tra ogni confort. Proposte nella tradizione gastronomica dei Walser.

Il Braciere

località Ondrò Verdebio 2 – ✆ 01 25 35 55 26 – Chiuso 10-30 giugno, novembre e mercoledì

Rist – Carta 32/54 €

Cucina valligiana e piemontese e specialità alla griglia dalle porzioni abbondanti in questo caratteristico locale alle porte del paese. Piccola saletta con finestra panoramica.

GREVE IN CHIANTI – Firenze (FI) – 563 L15 – 14 351 ab. – alt. 236 m – 32 D3 – ✉ 50022 Toscana

Roma 260 – Firenze 31 – Siena 43 – Arezzo 64

piazza Matteotti 8, ✆ 055 8 54 51, www.comune.greve-in-chianti.fi.it

Montefioralle★ ovest: 2 km

Villa Bordoni

via San Cresci 31/32, località Mezzuola, Ovest: 3 Km – ✆ 05 58 54 74 53 – www.villabordoni.com – Chiuso gennaio-15 marzo

9 cam – **†205/325 € ††205/325 €** – 2 suites

Rist *Villa Bordoni* – vedere selezione ristoranti

Un riuscito mix di lusso e design, rustico toscano e ultime mode del mondo in questa bella villa patrizia circondata dalla campagna chiantigiana: una bomboniera country-hip, dove trascorrere un indimenticabile soggiorno.

Agriturismo Villa Vignamaggio cam,

strada per Lamole, Sud-Est : 4 km – ✆ 05 58 54 66 53 – www.vignamaggio.com – Aperto 13 marzo-14 dicembre

23 cam – **†120/170 € ††150/200 €**, 14 €

Rist – *(chiuso domenica e martedì)* Carta 32/57 €

C'è anche un piccolo centro estetico in questo elegante podere quattrocentesco, che racchiude la memoria del Rinascimento toscano. Fra vigneti e uliveti, un'ospitalità da sogno nelle belle camere e negli appartamenti (con angolo cottura).

Villa Bordoni – Hotel Villa Bordoni

via San Cresci 31/32, località Mezzuola, Ovest: 3 Km – ✆ 05 58 54 62 30 – www.ristorantevillabordoni.com – Chiuso gennaio-15 marzo e lunedì sera escluso aprile-ottobre

Rist – (prenotare) Carta 43/62 €

Nelle due intime stanze affacciate sul giardino che profuma di rose o, nella bella stagione, direttamente all'aperto tra le palme e le siepi, la terra e il mare s'incontrano nei piatti di questo ristorante: charmant, come il resto della casa.

a Panzano Sud : 6 km – alt. 478 m – ✉ 50020

Villa Sangiovese cam,

piazza Bucciarelli 5 – ✆ 0 55 85 24 61 – www.villasangiovese.it – Chiuso 15 dicembre-15 marzo

19 cam – **†110/130 € ††120/150 €** – 1 suite

Rist – *(chiuso mercoledì) (solo a cena)* Carta 25/35 €

Gestione svizzera per una signorile villa ottocentesca, con annessa casa colonica, sita nel centro del paese e con una visuale di ampio respiro sui bei colli circostanti. Specialità toscane nell'elegante ristorante o sulla panoramica terrazza-giardino.

Villa le Barone cam,
via San Leonino 19, Est : 1,5 km – ✆ 0 55 85 26 21 – www.villalebarone.com – Aperto 1° aprile-31 ottobre
25 cam – ♦155/257 € ♦♦190/324 € – 3 suites
Rist – *(solo a cena)* Menu 45 €
Nel cuore del Chianti Classico - tra uliveti e vigne - in questa villa padronale di proprietà dei Della Robbia, si sono dati appuntamento charme e raffinatezza. Sulla fresca terrazza o all'interno dell'elegante ristorante viene servita una saporita ed intrigante cucina con prodotti del territorio.

Antica Macelleria Cecchini-Solociccia
via XX Luglio 11 – ✆ 0 55 85 27 27 – www.dariocecchini.com
Rist – *(chiuso domenica sera, lunedì, martedì e mercoledì) (solo a cena escluso domenica)* (prenotare) Menu 30 €
Rist *Officina della Bistecca* – *(chiuso domenica a mezzogiorno, lunedì e mercoledì) (solo a cena)* (consigliata la prenotazione) Menu 50 €
Tutto ruota attorno alla macelleria, dove il concetto di base è "l'animale per intero", ovvero: del manzo e del maiale non si butta via niente! Quindi nel localino sul lato opposto della strada, le ricette tradizionali locali fanno assaporare anche le parti meno nobili della bestia. Fiorentine costate e panzanesi vanno in scena, invece, all'Officina della Bistecca.

a Strada in Chianti **Nord : 9 km – ✉ 50027**

Il Caminetto del Chianti
via della Montagnola 52, Nord : 1 km – ✆ 05 58 58 89 09 – www.ilcaminettodelchianti.com – Chiuso mercoledì a mezzogiorno e martedì
Rist – Carta 29/57 €
Fuori dal centro della località, lungo la strada che porta a Firenze, un ristorantino dalla cordiale gestione familiare, dove gustare piatti della tradizione regionale ben presentati sulla carta (quasi giornaliera).

GREZZANA – Verona (VR) – 562 F15 – 10 957 ab. – alt. 169 m — 38 A2
– ✉ 37023

Roma 514 – Verona 12 – Milano 168 – Venezia 125

La Pergola cam,
via La Guardia 1 – ✆ 0 45 90 70 71 – www.hotellapergolaverona.it
35 cam – ♦♦72/77 €, 8,50 €
Rist – *(chiuso 25 dicembre-6 gennaio) (solo a cena) (solo per alloggiati)* Carta 17/37 €
Protetto sul retro dal verde, questo albergo familiare è ideale soprattutto per una clientela di lavoro; camere classiche e ben illuminate da ampie finestre nonchè una bella hall con salottino moderno. Ampia sala da pranzo di tono moderno; decorazioni alle pareti e soffitti futuristici.

GRIGNANO – Trieste (TS) – 562 E23 – Vedere Trieste

Roma 677 – Udine 59 – Trieste 8 – Venezia 150

GRINZANE CAVOUR – Cuneo (CN) – 561 I5 – 1 786 ab. – alt. 260 m — 25 C2
– ✉ 12060 Italia Centro-Nord

Roma 649 – Cuneo 62 – Torino 74 – Genova 149

Casa Pavesi senza rist
via IV Novembre 11 – ✆ 01 73 23 11 49 – www.hotelcasapavesi.it – Chiuso 24 dicembre-20 gennaio
10 cam – ♦90/130 € ♦♦140/240 € – 2 suites
Vicino al celebre castello, una casa ottocentesca sapientemente restaurata diventa una bomboniera, dove salotti con boiserie si accompagnano a mobili d'antiquariato. Cura ed eleganza in ogni angolo creano un'atmosfera da *country house* inglese.

Al Castello (Alessandro Boglione)
via del Castello 5 – ✆ 01 73 26 21 72 – www.castellodigrinzane.it – Chiuso gennaio, lunedì sera e martedì
Rist – Carta 37/54 €
➜ Terrina di pomodoro con burrata e spuma al basilico. Tonno scottato, insalata riccia, pesche e sesamo. Cupola di cioccolato fondente, albicocche e salsa allo zenzero.
Cucina piemontese con qualche timida rivisitazione in una struttura di grande fascino, sia per la vista panoramica sui vigneti, sia per lo storico passato: un castello tra i più antichi della zona che accolse tra le proprie mura anche Camillo Benso, conte di Cavour.

GRISIGNANO DI ZOCCO – Vicenza (VI) – 562 F17 – 4 330 ab. – alt. 23 m – ✉ 36040 38 B2

Roma 499 – Padova 17 – Bassano del Grappa 48 – Venezia 57

Magnolia
via Mazzini 1 – ✆ 04 44 41 42 22 – www.hmagnolia.com
29 cam – †75/85 € ††90/140 €
Rist – *(chiuso 25 dicembre-6 gennaio, agosto, venerdì sera, sabato e domenica)* Carta 21/43 €
Frequentato da clientela d'affari, quasi unicamente abituale, un albergo di stile classico, comodo e con camere spaziose, sulla statale Padova-Vicenza, vicino al casello. Confortevole e moderna anche l'area ristorante.

GROPPARELLO – Piacenza (PC) – 562 H11 – 2 468 ab. – ✉ 29025 8 A2

Roma 53 – Bologna 164 – Piacenza 30 – Milano 98

Torre del Borgo senza rist
via Gavazzini 11, località Sariano di Gropparello, Nord: 3 km – ✆ 05 23 24 65 03 – www.torredelborgo.it
9 cam – †80/90 € ††120/140 €
Adagiata sulle prime colline della lussureggiante Val Vezzeno, Torre del Borgo é una raffinata Residenza d'Epoca avvolta da suggestive, antiche, atmosfere: belle camere, una romantica junior suite nella torre del '400, e una prima colazione a buffet arricchita con le specialità del luogo. Ospitalità discreta, ma attenta ai particolari.

GROSIO – Sondrio (SO) – 561 D12 – 4 634 ab. – alt. 656 m – ✉ 23033 17 C1

Roma 739 – Sondrio 40 – Milano 178 – Passo dello Stelvio 44

Sassella con cam
via Roma 2 – ✆ 03 42 84 72 72 – www.hotelsassella.it
26 cam – †65/80 € ††98/110 € **Rist** – Menu 20/38 € – Carta 21/54 €
Ai piedi della splendida chiesa di S. Giuseppe, la gestione familiare centenaria custodisce i tesori gastronomici dell'alta Valtellina: pizzoccheri, ma non solo. Camere confortevoli (nella loro semplicità), quelle all'ultimo piano offrono una graziosa vista sui tetti del centro storico.

GROSOTTO – Sondrio (SO) – 561 D12 – 1 633 ab. – alt. 590 m – ✉ 23034 17 C1

Roma 712 – Milano 183 – Sondrio 41

Le Corti senza rist
via Patrioti 73 – ✆ 03 42 84 86 24 – www.garnilecorti.it
14 cam – †45/60 € ††80/100 €
Grazioso albergo, ideale per famiglie, suddiviso in due edifici distanti un centinaio di metri. Camere spaziose con arredi in legno, gustosa e abbondante colazione.

GROSSETO P (GR) – 563 N15 – 81 928 ab. – alt. 10 m – ✉ 58100 32 C3

Toscana

Roma 187 – Livorno 134 – Milano 428 – Perugia 176

viale Monterosa 206, ✆ 0564 46 26 11, www.turismoinmaremma.it

corso Carducci 1/A, ✆ 0564 48 82 08

Museo Archeologico e d'Arte della Maremma★

Airone
via Senese 35 – ✆ 05 64 41 24 41 – www.hotelairone.eu
68 cam – 70/100 € 130/180 € – 4 suites
Rist – *(chiuso luglio-agosto) (solo a cena)* Carta 38/68 €
A pochi passi dal centro storico, l'hotel dispone di belle camere dal confort moderno e con soluzioni d'arredo di design. Una panoramica Spa al piano attico, parcheggio privato e 5 sale conferenze rendono la struttura ideale per una clientela d'affari (ma non solo).

Granduca
via Senese 170 – ✆ 05 64 45 38 33 – www.hotelgranduca.com
71 cam – 60/75 € 75/95 € – 1 suite **Rist** – Carta 21/48 €
In posizione semiperiferica ma comoda, struttura di stile moderno il cui ingresso, sul piazzale, è segnalato da una fontana; ampi spazi, ideale per la clientela d'affari. Sapore attuale anche per gli ambienti del ristorante, vasti e usati anche per banchetti.

Bastiani Grand Hotel senza rist
piazza Gioberti 64 – ✆ 0 56 42 00 47 – www.hotelbastiani.com
48 cam – 78/115 € 115/180 € – 4 suites
Nel cuore della località, all'interno della cinta muraria medicea, una gradevole risorsa in un signorile palazzo d'epoca; dotata di confortevoli ed eleganti camere.

Canapone
piazza Dante 3 – ✆ 0 56 42 45 46 – www.ristorantecanapone.blogspot.it
– Chiuso 22-31 gennaio, 5-19 agosto, mercoledì sera e domenica
Rist – (consigliata la prenotazione) Menu 35 € – Carta 41/74 €
Rist *Enoteca Canapino* – Carta 19/40 €
Nel cuore del centro storico della "capitale" della Maremma, un ristorante completamente ristrutturato che oggi si presenta con un aspetto elegante e raffinato. All'Enoteca Canapino una buona scelta di piatti tradizionali a prezzo contenuto.

L'Uva e il Malto
via Mazzini 165 – ✆ 05 64 41 12 11 – www.luvaeilmalto.it – Chiuso domenica
Rist – Menu 20/50 € – Carta 30/62 €
In pieno centro, è una coppia molto brillante a gestire questo intimo e moderno locale con annesso wine-bar. In carta si trova soprattutto pesce, a voce il meglio del mercato ittico.

GROTTAFERRATA – Roma (RM) – 563 Q20 – 21 039 ab. – alt. 320 m 12 B2
– ✉ 00046 Italia Centro-Sud

Roma 21 – Anzio 44 – Frascati 3 – Frosinone 71

Park Hotel Villa Grazioli
via Umberto Pavoni 19 – ✆ 06 94 54 00 – www.villagrazioli.com
60 cam – 110/240 € 130/300 € – 2 suites
Rist *Acquaviva* – vedere selezione ristoranti
Abbracciata da un immenso parco, questa villa cinquecentesca vanta una splendida posizione panoramica sulle colline di Frascati. Ma il suo fascino non si esaurisce nella location: l'antica dimora custodisce al suo interno diverse sale decorate dal pennello di importanti artisti e camere con pregevoli mobili in noce.

La Locanda dei Ciocca senza rist
via Anagnina 134 – ✆ 06 94 31 53 90 – www.alfico.it
21 cam – 115/145 € 170/210 €
Calda atmosfera rustica fra travi a vista e camini, quiete, camere in stile e personalizzate: una locanda dove riscoprire il relax. Particolarmente curata la prima colazione.

Locanda dello Spuntino
via Cicerone 22 – ✆ 06 94 31 59 85 – www.locandadellospuntino.com
10 cam – 130/250 € 150/300 € – 1 suite
Rist *Taverna dello Spuntino* – vedere selezione ristoranti
Divani e caminetti rendono piacevole l'ingresso di questa locanda, ma tutta la cura è riservata alle camere, dal parquet ai bagni in travertino con intarsi in marmo e mosaici.

XXX **Acquaviva** – Park Hotel Villa Grazioli

via Umberto Pavoni 19 – ✆ 06 94 54 00 – www.villagrazioli.com

Rist – Menu 35 € – Carta 50/85 €

Piatti della tradizione mediterranea, in un ristorante di tono elegante affacciato su un giardino pensile. Qualche idea dal menu? Spaghetti alla chitarra con calamari e zucchine avvolte in un carpaccio di pesce spada. Costoletta di agnello alla griglia panata in cacio e pepe. Millefoglie di pasta fillo caramellato con crema al mascarpone e datteri.

XX **La Cavola d'Oro**

via Anagnina 35, Ovest : 1,5 km – ✆ 06 94 31 57 55 – www.lacavoladoro.it – Chiuso lunedì

Rist – Carta 34/60 €

Facile da raggiungere, lungo la strada per Roma, locale classico con camino e soffitti lignei nelle curate sale interne; piatti regionali, assortimento di antipasti e carni alla griglia.

XX **Nando**

via Roma 4 – ✆ 0 69 45 99 89 – www.ristorantenando.it – Chiuso lunedì

Rist – Carta 29/47 €

Due piccole sale ricche di decorazioni: da vedere la curiosa collezione di cavatappi e la caratteristica cantina (possibilità di degustazione); la cucina, regionale, guarda anche alla creatività.

X **L' Oste della Bon'Ora**

viale Vittorio Veneto133 – ✆ 0 69 41 37 78 – www.lostedellabonora.com – Chiuso 2 settimane in giugno e lunedì

Rist – *(solo a cena escluso sabato e domenica)* (consigliata la prenotazione) Menu 35 € – Carta 28/46 €

Un localino che promuove la vera cucina romana in un ambiente piacevole, sovrastato dalla contagiosa simpatia del titolare: prodigo di consigli e suggerimenti. In sottofondo, la musica della ricca collezione di vinili.

X **Taverna dello Spuntino** – Hotel Locanda dello Spuntino

via Cicerone 20 – ✆ 0 69 45 93 66 – www.tavernadellospuntino.com

Rist – Carta 33/47 €

E' tutta all'interno la peculiarità di questa trattoria romana: scenografiche sale sotto archi in mattoni ed una coreografica esposizione di prosciutti, fiaschi di vino, frutta e antipasti.

GROTTAGLIE – Taranto (TA) – 564 F34 – 32 791 ab. – alt. 130 m – ✉ 74023 Puglia — 27 C2

Roma 514 – Brindisi 49 – Bari 96 – Taranto 22

Gill senza rist

via Brodolini 75 – ✆ 09 95 63 82 07 – www.gillhotel.it

48 cam ☕ – †60/65 € ††70/75 €

Piccola risorsa nei pressi del centro, tra le mura di un grande palazzo vocato alla semplicità e ad un'ospitalità dal sapore familiare. Carine le camere, completamente nuove!

GROTTAMMARE – Ascoli Piceno (AP) – 563 N23 – 15 652 ab. – ✉ 63066 — 21 D3

Roma 236 – Ascoli Piceno 43 – Ancona 84 – Macerata 64

piazzale Pericle Fazzini 6, ✆ 0735 63 10 87, www.grottammare.it

La Torretta sul Borgo senza rist

via Camilla Peretti 2 – ✆ 07 35 73 68 64 – www.latorrettasulborgo.it

6 cam ☕ – †40/70 € ††55/90 €

Un'attenta opera di restauro ha mantenuto le caratteristiche di questa bella casa nel centro del borgo antico: ambienti rustici e camere personalizzate.

X **Osteria dell'Arancio**

piazza Peretti, Grottammare Alta – ✆ 07 35 63 10 59 – www.osteriadellarancio.it – Chiuso mercoledì

Rist – *(solo a cena)* Carta 36/65 €

Nella piazzetta di Grottammare Alta, una vecchia insegna recita ancora "Tabacchi e Alimentari": oggi, un locale caratteristico con menu tipico fisso e la possibilità di scegliere singoli piatti alla carta.

verso San Benedetto del Tronto

Parco dei Principi cam,

lungomare De Gasperi 90, Sud : 1 km ✉ 63013 – ✆ 07 35 73 50 66 – www.hotelparcodeiprincipi.it

54 cam – †70/205 € ††100/255 € – 10 suites **Rist** – Carta 31/48 €

Nel contesto di un paesaggio tropicale, avvolto da un parco in cui si collocano campi da gioco e persino una vivace voliera, dispone di ambienti in stile mediterraneo e spazi ad hoc per i più piccoli.

Roma rist,

lungomare De Gasperi 60 – ✆ 07 35 63 11 45 – www.hotelromagrottammare.com – Aperto 1° aprile-15 novembre

59 cam – †55/75 € ††90/130 € **Rist** – Carta 17/45 €

Nel corso del 2003 l'albergo è stato riaperto dopo aver subito un rinnovo completo. Oggi si presenta come una struttura fresca e attuale, sul lungomare con piccolo giardino.

XX **Lacchè**

via Procida 1/3, Sud : 2,5 km ✉ 63013 – ✆ 07 35 58 27 28 – Chiuso 24 dicembre-10 gennaio e lunedì

Rist – Carta 31/69 €

Menù a voce, sulla base del mercato ittico giornaliero, e alla carta: uno degli indirizzi più "gettonati" in paese, ove lasciarsi sedurre da sapori strettamente marini.

GROTTA ZINZULUSA – Lecce (LE) – 564 G37 – Vedere Castro Marina

GROTTE DI CASTRO – Viterbo (VT) – 563 N17 – 2 833 ab. – alt. 467 m – ✉ 01025 12 A1

Roma 140 – Viterbo 47 – Grosseto 100 – Orvieto 27

Agriturismo Castello di Santa Cristina senza rist

località Santa Cristina , Ovest : 3,5 km – ✆ 0 76 37 80 11 – www.santacristina.it – Chiuso15 gennaio-febbraio

14 cam – †80/90 € ††100/135 €

Nel cuore della Tuscia antica, un signorile casale settecentesco arredato con gusto con mobili d'epoca. Tra le attività fruibili, il maneggio e la possibilità di organizzare gite ed escursioni.

GRUMELLO DEL MONTE – Bergamo (BG) – 561 F11 – 7 360 ab. – alt. 208 m – ✉ 24064 19 D1

Roma 598 – Milano 68 – Bergamo 22 – Brescia 42

Fontana Santa

via Fontana Santa – ✆ 03 54 49 10 08 – www.fontanasanta.it – Chiuso 2 settimane in agosto

17 cam – †60/70 € ††100 €

Rist *Osteria del Griso* – vedere selezione ristoranti

In un suggestivo contesto paesaggistico, tra colline e vigneti, sorge questa bella risorsa ricavata dalla ristrutturazione di un vecchio cascinale. Nelle camere la modernità dei confort flirta con la rusticità dei soffitti con travi a vista.

Al Vigneto

via Don P. Belotti 1 – ✆ 0 35 83 19 79 – www.alvigneto.it – Chiuso 1°-9 gennaio, 8-28 agosto e martedì

Rist – Menu 20 € (pranzo in settimana)/46 € – Carta 46/75 €

➜ Fettuccine di pasta fresca con ricci di mare e gambero rosso di Sicilia. Gran fritto di pesce e crostacei con verdure in tempura. Cremoso di yogurt e cioccolato bianco con piccoli frutti di bosco.

In zona precollinare, il vecchio fienile è stato trasformato in un elegante ristorante, circondato dai propri vigneti e frutteti, scorgibili dalle vetrate della sala. Nel piatto molto pesce - soprattutto siciliano - proposto in chiave moderna. Consigliatissimi, i crudi.

Osteria del Griso – Hotel Fontana Santa

via Fontana Santa – ✆ 0 35 83 38 71 – Chiuso 2 settimane in agosto e i mezzogiorno di lunedì e sabato

Rist – Carta 24/52 €

In un ambiente elegantemente informale, la cucina flirta con i sapori mediterranei di terra e di mare; la nuova gestione al timone dal 2011 ha esordito "ribattezzando" il locale.

Vino Buono

via Castello 20 – ✆ 03 54 42 04 50 – www.vinobuono.net – Chiuso 2 settimane in agosto e lunedì

Rist – *(solo a cena sabato e domenica)* Carta 30/51 €

Un'osteria con piccola cucina, o meglio: un originale wine-bar in pieno centro con ottima mescita di vino al bicchiere e possibilità di scegliere tra salumi, formaggi, piatti freddi e qualche specialità di carne, nonché di pesce (rigorosamente di lago).

GSIES = Valle di Casies

GUALDO CATTANEO – Perugia (PG) – 563 N19 – 6 472 ab. – alt. 446 m – ✉ 06035 35 B2

Roma 160 – Perugia 48 – Assisi 28 – Foligno 32

a Saragano Ovest: 5 km – ✉ 06035

Agriturismo la Ghirlanda

via del Poggio 4 – ✆ 0 74 29 87 31 – www.laghirlanda.it – Chiuso 7 gennaio-20 marzo

12 cam – †82/93 € ††114/136 € – 1 suite

Rist – *(solo a cena)* (prenotazione obbligatoria) Menu 27/30 €

Una struttura ricca di charme: una casa patronale di fine '800 nel verde e nella tranquillità delle colline umbre. Ambienti personalizzati con mobili d'epoca e camere con caminetto. Ristorante con menu fisso e specialità locali. Servizio estivo all'aperto.

a Collesecco Sud-Ovest : 9 km – ✉ 06035

La Vecchia Cucina

via delle Scuole 2, frazione Marcellano – ✆ 0 74 29 72 37 – Chiuso agosto e lunedì

Rist – Carta 21/71 €

Nella villetta di una piccola frazione, ove la campagna umbra dà il meglio di sé, una sala colorata e allegra per portarsi a casa un ricordo gastronomico locale.

GUARDAMIGLIO – Lodi (LO) – 561 G11 – 2 722 ab. – alt. 49 m – ✉ 26862 16 B3

Roma 520 – Piacenza 9 – Cremona 46 – Lodi 36

Nord rist,

via I Maggio 3 – ✆ 0 37 75 12 23 – www.hotelnord.it

80 cam – †98/170 € ††119/170 €

Rist – *(chiuso dicembre e 2 settimane in agosto) (solo a cena) (solo per alloggiati)* Carta 28/56 €

A due passi dall'uscita autostradale Piacenza Nord, l'impostazione dell'hotel ricalca lo stile attualmente in voga: moderno e confortevole. Ampio e comodo parcheggio interno. Ristorante per i clienti alloggiati con un menu che cambia settimanalmente.

GUARDIAGRELE – Chieti (CH) – 563 P24 – 9 497 ab. – alt. 576 m – ✉ 66016 — 2 C2

Roma 230 – Pescara 41 – Chieti 25 – Lanciano 23

XXX Villa Maiella (Angela Di Crescenzo) con cam

località Villa Maiella 30, Sud-Ovest : 1,5 km – ✆ 08 71 80 93 19 – www.villamaiella.it – Chiuso 1 settimana in gennaio e 2 settimane in luglio

14 cam – †60/70 € ††90/120 €

Rist – *(chiuso domenica sera e lunedì)* Carta 32/62 €

→ Ravioli di burrata allo zafferano dell'Aquila. Agnello in diverse proposte. Semifreddo al parrozzo (dolce abruzzese).

Ormai il locale più noto al limitare del Parco della Maiella, dove gustare i migliori sapori abruzzesi preparati con maestria dai proprietari. Per chi volesse indugiare nel romanticismo: spettacolare servizio estivo sulla terrazza. Confortevoli e luminose le camere, realizzate secondo le moderne tecnologie.

XX Ta Pù

via Modesto della Porta 37 – ✆ 0 87 18 22 74 – Chiuso lunedì escluso agosto

Rist – (consigliata la prenotazione) Carta 49/72 €

Leccornie locali e stagionali, nonché creatività, in un ambiente di calda rusticità tra volte a botte e mattoni a vista. Nell'attiguo wine-bar: vini anche al calice e qualche piatto cucinato espresso.

GUARDISTALLO – Pisa (PI) – 563 M13 – 1 296 ab. – alt. 278 m – ✉ 56040 Toscana — 31 B2

Roma 276 – Pisa 65 – Grosseto 100 – Livorno 44

a Casino di Terra Nord-Est : 5 km – ✉ 56040

XX Mocajo

strada statale 68 – ✆ 05 86 65 50 18 – www.ristorantemocajo.it – Chiuso 15 gennaio-15 febbraio e mercoledì

Rist – (prenotazione obbligatoria a mezzogiorno) Carta 28/53 €

Rist *La Dispensa* – Menu 25 € – Carta 18/34 €

Ambiente di tono, coperto elegante e camino, in un locale dalla solida gestione familiare che propone ottime specialità di carne (chianina, cinghiale, cinta senese, cacciagione). La carta dei vini annovera circa 300 etichette, ma è il rosso toscano a farla da padrone. Ancora piatti regionali nell'informale La Dispensa.

GUARENE – Cuneo (CN) – 561 H6 – 3 476 ab. – alt. 360 m – ✉ 12050 — 25 C2

Italia Centro-Nord

Roma 649 – Torino 57 – Asti 32 – Cuneo 68

XX Osteria la Madernassa

località Lora 2, Ovest : 2,5 km – ✆ 01 73 61 17 16 – www.lamadernassa.it

Rist – Menu 25 € (pranzo in settimana) – Carta 33/57 €

Bellissima villa che ospita un locale polivalente: al piano terra vengono allestite mostre d'arte e riunioni, al piano superiore due eleganti sale per una moderna cucina del territorio, con qualche specialità di mare.

GUAZZINO – Siena (SI) – Vedere Sinalunga

GUBBIO – Perugia (PG) – 563 L19 – 32 998 ab. – alt. 522 m – ✉ 06024 — 35 B1

Italia Centro-Nord

Roma 217 – Perugia 40 – Ancona 109 – Arezzo 92

via della Repubblica 15, ✆ 075 9 22 06 93, www.comune.gubbio.pg.it

Città vecchia★★ – Palazzo dei Consoli★★ **B** – Palazzo Ducale★ – Affreschi★ di Ottaviano Nelli nella chiesa di San Francesco – Affresco★ di Ottaviano Nelli nella chiesa di Santa Maria Nuova

Park Hotel ai Cappuccini

via Tifernate, per ④ – ✆ 0 75 92 34 – www.parkhotelaicappuccini.it

92 cam ☕ – 🚹152/210 € 🚹🚹192/310 € – 3 suites

Rist *Ai Cappuccini* – vedere selezione ristoranti

Un antico convento, completamente ristrutturato conservando il fascino delle strutture di un tempo, offre i più elevati confort per ospitare al meglio il cliente.

Relais Ducale senza rist

via Galeotti 19 – ✆ 07 59 22 01 57 – www.relaisducale.com **a**

26 cam ☕ – 🚹110/130 € 🚹🚹155/242 € – 5 suites

Nella parte più nobile di Gubbio, giardino pensile con vista città e colline per un hotel di classe, ricavato da un complesso di tre antichi palazzi del centro storico.

Bosone Palace senza rist

via 20 Settembre 22 – ✆ 07 59 22 06 88 – www.hotelbosone.com – Chiuso 10 gennaio-15 marzo **d**

30 cam ☕ – 🚹80/90 € 🚹🚹110/199 € – 2 suites

Nello storico palazzo Raffaelli, tessuti rossi e un'imponente scala portano alle camere, qualcuna con vista sul centro e due con soffitti affrescati, come la sala colazioni.

Gattapone senza rist
via Beni 13 – ✆ 07 59 27 24 89 – www.hotelgattapone.net – Chiuso 8 gennaio-8 febbraio **b**
18 cam – 75/85 € 95/110 €
In edificio medievale di pietra e mattoni, con persiane ad arco, camere in tinte pastello e scorci sui pittoreschi vicoli eugubini e sulla centrale chiesa di S. Giovanni.

Ai Cappuccini – Park Hotel ai Cappuccini
via Tifernate, per ④ – ✆ 0 75 92 34 – www.parkhotelaicappuccini.it
Rist – Carta 37/60 €
In un attento mix di opere d'arte moderna e arredi d'epoca, la cucina recupera le tradizioni contadine con grande attenzione alla scelta dei prodotti. Primo fra tutti: sua maestà, il tartufo!

Taverna del Lupo
via Ansidei 21 – ✆ 07 59 27 43 68 – www.tavernadellupo.it **f**
Rist – Carta 31/77 €
Storico locale nel cuore di Gubbio, "legato" al Santo di Assisi e al feroce lupo, per una storica coppia di ristoratori; antichi ambienti e succulenta gastronomia locale.

Bosone Garden
via Mastro Giorgio 1 – ✆ 07 59 22 12 46 – Chiuso mercoledì **d**
Rist – Menu 22/35 € – Carta 28/56 €
Servizio estivo in giardino: nel verde, l'ingresso al ristorante, sito in Palazzo Raffaelli e legato ai due nobili Bosone, membri della casata. Spazi con arredi d'epoca.

Fabiani
piazza 40 Martiri 26 A/B – ✆ 07 59 27 46 39 – www.ristorantefabiani.it – Chiuso 10-30 gennaio e martedì **t**
Rist – Carta 24/62 €
In Palazzo Fabiani, di illustre casato locale, ambienti eleganti dislocati in varie sale e una magnifica "scenografia" cittadina per il servizio estivo nella piazzetta.

Grotta dell'Angelo con cam
via Gioia 47 – ✆ 07 59 27 34 38 – www.grottadellangelo.it – Chiuso 8 gennaio-10 febbraio **s**
18 cam – 40/45 € 55/65 €, 5 € **Rist** – *(chiuso martedì)* Carta 22/38 €
Nella grotta duecentesca è stata ricavata una rustica enoteca, familiare come l'atmosfera del locale; tra i vicoletti del centro, ma con un bel giardinetto per l'estate.

a Pisciano Nord-Ovest : 14 km – alt. 640 m – ✉ 06024 Gubbio

Agriturismo Le Cinciallegre
frazione Pisciano 7 – ✆ 07 59 25 59 57 – www.lecinciallegre.it – Aperto 15 marzo-30 settembre
7 cam – 40/50 € 80/100 €
Rist – *(solo a cena) (solo per alloggiati)* Menu 30 €
In un angolo fuori dal mondo, quest'accogliente dimora gode di una posizione panoramica e quieta: una piccola bomboniera con gran cura dei dettagli e delle forme originali.

a Scritto Sud : 14 km – ✉ 06020

Agriturismo Castello di Petroia
rist,
località Petroia – ✆ 0 75 92 02 87 – www.petroia.it – Chiuso15 gennaio-15 marzo
17 cam – 90/140 € 110/170 € **Rist** – *(solo a cena)* Carta 27/64 €
Nell'assoluta tranquillità e nel verde, incantevole castello medioevale ricco di storia (nel 1422 vi nacque Federico da Montefeltro); ambienti raffinati con arredi in stile.

a Santa Cristina Sud-Ovest : 21,5 km – ✉ 06024 Gubbio

Locanda del Gallo – Country House
località Santa Cristina – ☎ 07 59 22 99 12 – www.locandadelgallo.it – Chiuso 7 gennaio-27 marzo
11 cam – 105/120 € 140/160 €
Rist – *(solo a cena) (solo per alloggiati)* Menu 28 €
Antica magione nobiliare, immersa nel verde della campagna umbra; ideale per vacanze solitarie lontano da centri abitati. Camere con arredi indonesiani in tek.

a Monte Ingino per ① : 5 km – alt. 827 m – ✉ 06024

La Rocca senza rist
via Monte Ingino 15 – ☎ 07 59 22 12 22 – www.laroccahotel.net – Aperto 24 dicembre-8 gennaio e 1° aprile-2 novembre
12 cam – 60/90 € 80/110 €
Ambiente piacevolmente sobrio e sommesso per un hotel in posizione dominante sulla città, vicino alla Basilica di S. Ubaldo e sul Colle celebrato dai versi danteschi.

GUDON = GUFIDAUN – Bolzano (BZ) – Vedere Chiusa

GUGLIONESI – Campobasso (CB) – 563 Q26 – 5 411 ab. – alt. 369 m – ✉ 86034 2 D2

Roma 271 – Campobasso 59 – Foggia 103 – Isernia 103

verso Termoli Nord-Est : 5,5 km :

Ribo con cam
contrada Malecoste 7 ✉ 86034 – ☎ 08 75 68 06 55 – www.ribomolise.it
9 cam – 50 € 80 € – 2 suites
Rist – *(chiuso domenica sera e lunedì)* (consigliata la prenotazione)
Carta 26/72 €
In campagna, sulle colline molisane, il rosso e il nero: Bobo e Rita, due figure veraci e "politiche". Nei piatti, una grande passione e la maniacale ricerca della qualità: strepitoso il pesce.

Terra Mia
contrada Malecoste 7 ✉ 86034 – ☎ 08 75 68 06 55 – www.ribomolise.it – Chiuso lunedì

Rist – *(solo a cena)* Menu 25/45 € – Carta 22/67 €
Caratteristico e moderno bistrot dove assaporare una gustosa selezione di salumi, nonché formaggi, ed occasionalmente ascoltare un pò di musica. Ampia scelta di vini anche al calice.

GUSPINI Sardegna – Medio Campidano (VS) – 366 M46 – 12 469 ab. – ✉ 09036 Sardegna 28 A3

Roma 541 – Cagliari 70 – Sanluri 26 – Oristano 45

Tarthesh
via Parigi sn – ☎ 07 09 72 90 00 – www.tartheshotel.com – Aperto 1° maggio-30 settembre
38 cam – 101/159 € 144/226 € **Rist** – *(solo a cena)* Carta 31/63 €
Suggestioni etniche, influenze arabe e artigianato sardo in ambienti moderni e ricchi di fascino. Splendida piscina.

HAFLING = Avelengo

IDRO – Brescia (BS) – 561 E13 – 1 893 ab. – alt. 375 m – ✉ 25074 17 C2

Roma 577 – Brescia 45 – Milano 135 – Salò 33

Alpino con cam

via Lungolago Vittoria 14, località Crone – ✆ 0 36 58 31 46 – www.hotelalpino.net – Chiuso 9 gennaio-28 febbraio

24 cam – †36/51 € ††56/70 €, ☕ 9 € – 6 suites

Rist – *(chiuso martedì escluso luglio-agosto) (solo a cena escluso i giorni festivi)* Menu 23/49 € – Carta 29/50 €

Sul lago, edificio con un'ala in pietra viva e l'altra esternamente dipinta di rosa: due sale interne, di cui una con camino, per piatti anche locali e di pesce lacustre.

IGEA MARINA – Rimini (RN) – 563 J19 – Vedere Bellaria Igea Marina

ILLASI – Verona (VR) – 562 F15 – 5 392 ab. – alt. 157 m – ✉ 37031 38 B2

Roma 517 – Verona 20 – Padova 74 – Vicenza 44

Le Cedrare

stradone Roma 8 – ✆ 04 56 52 07 19 – www.lecedrare.it – Chiuso 15 gennaio-15 febbraio, lunedì e martedì

Rist – *(solo a cena)* Carta 36/64 €

Nella settecentesca villa Perez-Pompei-Sagramoso, nello spazio che un tempo era adibito a serra per la conservazione delle piante di agrumi, cucina regionale reinterpretata creativamente. Il luogo è incantevole, la tavola altrettanto.

a Cellore Nord : 1,5 km – ✉ 37030

Dalla Lisetta

via Mezzavilla 12 – ✆ 04 57 83 40 59 – www.ristorantedallalisetta.com – Chiuso 15-31 gennaio, 15-31 agosto e martedì

Rist – *(solo a cena escluso domenica)* Carta 22/41 €

Lisetta è la capostipite, l'ormai leggendaria fondatrice di questa classica trattoria che esiste già da 40 anni e che continua ad offrire piatti del territorio; servizio estivo nel cortiletto.

IMOLA – Bologna (BO) – 562 I17 – 69 116 ab. – alt. 47 m – ✉ 40026 9 C2

Italia Centro-Nord

Roma 384 – Bologna 35 – Ferrara 81 – Firenze 98

via Emilia 135, ✆ 0542 60 22 07, www.visitare.comune.imola.bo.it

Rocca★ - Palazzo Tozzoni★

Donatello Imola

via Rossini 25 – ✆ 05 42 68 08 00 – www.imolahotel.it

130 cam ☕ – †60/330 € ††80/420 €

Rist *Il Veliero* – *(chiuso 10-25 agosto e martedì) (solo a cena)* Carta 35/57 €

Recentemente ristrutturato, l'inventiva dell'architetto meglio ha avuto modo di esprimersi nelle camere al decimo piano. Nell'area residenziale della zona periferica sud della località. Al ristorante, un ambiente piacevolmente classico con ambienti curati. Cucina tradizionale.

Ziò senza rist

viale Nardozzi 14 – ✆ 0 54 23 52 74 – www.hotelzioimola.com – Chiuso 23-31 dicembre e 11-19 agosto

37 cam ☕ – †64/75 € ††74/120 €

Nel centro storico, presso la rocca sforzesca e il teatro, il più antico albergo di Imola: aperto nel 1926, oggi propone camere semplici, ma ben tenute.

San Domenico (Valentino Marcattilii)

via Sacchi 1 – ✆ 0 54 22 90 00 – www.sandomenico.it – Chiuso 1 settimana in gennaio, 1 settimana in agosto, domenica sera (escluso da giugno a settembre) e lunedì

Rist – (consigliata la prenotazione) Menu 125/160 € – Carta 108/193 €

➜ Uovo in raviolo "San Domenico" con burro di malga, parmigiano dolce e tartufi di stagione. Scampi grigliati con verdure al latte di mandorle. La nostra zuppa inglese.

Affacciato su un'elegante piazza del centro storico, una successione di sale moltiplica i piaceri di una cucina ad un tempo regionale e creativa, di terra e di mare.

XX **Osteria Callegherie**

via Callegherie 13 – ✆ 0 54 23 35 07 – www.callegherie.it – Chiuso 10 giorni in gennaio, agosto, sabato a mezzogiorno e domenica, anche sabato sera in luglio

Rist – Carta 35/55 €

Locale moderno a forma di L, arredato in tonalità chiare e dall'illuminazione piuttosto soft, indiscutibilmente di grande effetto la sera. La cucina propone sapori estrosi e gustosi.

XX **Naldi**

via Santerno 13 – ✆ 0 54 22 95 81 – www.ristorantenaldi.com – Chiuso 1°-7 gennaio, 4-18 agosto, sabato a mezzogiorno e domenica

Rist – Menu 15 € (pranzo in settimana)/37 € – Carta 32/49 €

Uno dei punti fermi della tradizione gastronomica imolese a circa 1 km dal cuore della città. Carne e pesce tra le proposte, rielaborate con gusto e creatività.

X **Osteria del Vicolo Nuovo**

via Codronchi 6, ang. via Calatafimi – ✆ 05 42 32 55 2- 33 89 24 95 55 – www.vicolonuovo.it – Chiuso 20 luglio-20 agosto, domenica sera e lunedì

Rist – Menu 13/29 € – Carta 27/45 €

Varcato un piccolo ingresso, ecco la prima sala, adorna di legni e richiami al tempo che fu; la seconda (al piano inferiore) è ancor più suggestiva. Cucina eclettica, affiatata gestione familiare.

X **E Parlamintè**

via Mameli 33 – ✆ 0 54 23 01 44 – www.eparlaminte.it – Chiuso 25 dicembre-6 gennaio, 15 luglio-20 agosto, domenica sera e lunedì; chiuso anche domenica a mezzogiorno da inizio maggio a fine agosto

Rist – Menu 27 € – Carta 21/42 € (+10 %)

Una parte della storia politica italiana è passata di qui, a discutere sotto le stesse travi dell'800 ove, oggi, si gustano il pesce e i piatti della tradizione emiliana.

X **Hostaria 900**

viale Dante 20 – ✆ 0 54 22 42 11 – www.hostaria900.it – Chiuso 10 giorni in gennaio, 15 giorni in agosto, sabato a mezzogiorno e domenica

Rist – Menu 13 € (pranzo in settimana)/45 € – Carta 23/47 €

Villa d'inizio '900 in mattoni rossi, circondata da un giardino rigoglioso che d'estate accoglie il servizio all'aperto. All'interno, una sala principale con tavoli spaziosi e ben allestiti, nonché una seconda saletta al piano superiore. Cucina tradizionale compiacente dei prodotti della regione.

in prossimità casello autostrada A 14 Nord : 4 km :

Molino Rosso cam,

via Selice 49 ✉ 40026 – ✆ 0 54 26 31 11 – www.molinorosso.net

120 cam – ♦49/200 € ♦♦59/240 € **Rist** – Carta 24/67 €

Comodo soprattutto per chi desideri trovare alloggio all'uscita dell'autostrada, albergo con stanze di differenti tipologie, distribuite in tre edifici. Vaste sale da pranzo: alcune più raccolte, una a vocazione banchettistica.

IMPERIA P (IM) – 561 K6 – 42 667 ab. – ✉ 18100 Liguria **14** A3

Roma 615 – Genova 116 – Milano 239 – San Remo 23

piazza Dante 4, ✆ 0183 27 49 82, www.visitrivieradeifiori.it

Museo dell'olivo★ a Oneglia

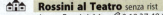

Pianta pagina seguente

ad Oneglia – ✉ 18100

Rossini al Teatro senza rist

piazza Rossini 14 – ✆ 0 18 37 40 00 – www.hotel-rossini.it AZ**b**

48 cam – ♦70/156 € ♦♦90/210 € – 2 suites

Sorto sulle vestigia dell'antico teatro, moderno hotel di design, all'avanguardia per dotazioni, dispone di camere decisamente confortevoli. Ascensore panoramico.

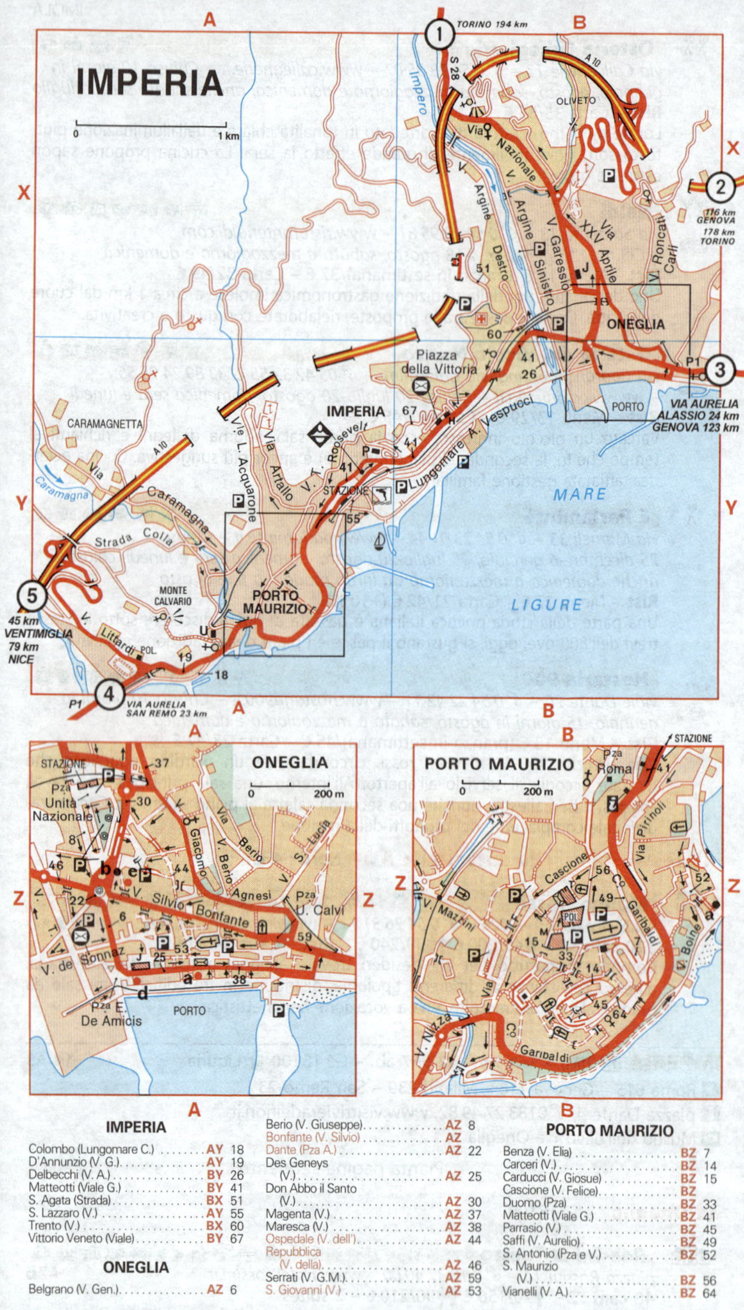

IMPERIA

Colombo (Lungomare C.)	AY	18
D'Annunzio (V. G.)	AY	19
Delbecchi (V. A.)	BY	26
Matteotti (Viale G.)	BY	41
S. Agata (Strada)	BX	51
S. Lazzaro (V.)	AY	55
Trento (V.)	BX	60
Vittorio Veneto (Viale)	BY	67

ONEGLIA

Belgrano (V. Gen.)	AZ	6
Berio (V. Giuseppe)	AZ	8
Bonfante (V. Silvio)	AZ	
Dante (Pza A.)	AZ	22
Des Geneys (V.)	AZ	25
Don Abbo il Santo (V.)	AZ	30
Magenta (V.)	AZ	37
Maresca (V.)	AZ	38
Ospedale (V. dell')	AZ	44
Repubblica (V. della)	AZ	46
Serrati (V. G.M.)	AZ	59
S. Giovanni (V.)	AZ	53

PORTO MAURIZIO

Benza (V. Elia)	BZ	7
Carceri (V.)	BZ	14
Carducci (V. Giosue)	BZ	15
Cascione (V. Felice)	BZ	
Duomo (Pza)	BZ	33
Matteotti (Viale G.)	BZ	41
Parrasio (V.)	BZ	45
Saffi (V. Aurelio)	BZ	49
S. Antonio (Pza e V.)	BZ	52
S. Maurizio (V.)	BZ	56
Vianelli (V. A.)	BZ	64

XXX **Agrodolce** (Andrea Sarri)

via De Geneys 34 – ✆ 01 83 29 37 02 – www.ristoranteagrodolce.it – Chiuso 1 settimana in febbraio, 15 giorni in ottobre, giovedì a mezzogiorno e mercoledì

Rist – Menu 50/85 € – Carta 55/118 € AZ**d**

➜ Cappellotti ripieni di parmigiano stagionato 72 mesi in zuppetta di pesci di scoglio e crostacei. Il mare, l'orto e la griglia! Tiramsù croccante e frizzante.

L'ubicazione è comune a tanti, sotto i portici del porto di Imperia, l'ingresso è duplice e altrettante sono le sale, entrambe bianche con soffitto a volta e quadri moderni alle pareti. La cucina è soprattutto di pesce.

XX **Salvo-Cacciatori**

via Vieusseux 12 – ✆ 01 83 29 37 63 – www.salvocacciatori.it – Chiuso domenica sera e lunedì AZ**e**

Rist – Carta 28/65 €

Ristorante di fama storica, nato come piccola osteria annessa alla mescita di vini e cresciuto negli anni. Sul retro una sala dello stesso stile classico-moderno già proposto nel resto del locale: ovunque primeggiano il pesce e i sapori liguri.

XX **Grock**

calata Cuneo 45 – ✆ 01 83 30 99 96 – www.ristorantegrock.it – Chiuso lunedì

Rist – Menu 35 € – Carta 31/61 € AZ**a**

Sale dai colori vivaci ed ambiente informale per un ristorante idealmente dedicato al celebre clown Grock, che in questa città dimorò. L'esperta gestione ed una cucina contemporanea, nonché sfiziosa, spiegano il grande successo del locale.

a Porto Maurizio – ✉ 18100

Croce di Malta cam, rist,

via Scarincio 148 – ✆ 01 83 66 70 20 – www.hotelcrocedimalta.com

39 cam – †40/100 € ††60/130 €, ☕ 10 € BZ**a**

Rist – *(solo a cena)* Carta 24/44 €

Richiama nel nome all'antico "Borgo Marina" di Porto Maurizio, dove sorgeva la chiesa dei Cavalieri Maltesi. Maggiormente vocato ad una clientela commerciale, una risorsa moderna a pochi passi dal mare e con comodo parcheggio privato (a pagamento). Spaziosa e dalle linee sobrie la sala da pranzo.

verso Vasia Nord-Ovest : 7 km

Agriturismo Relais San Damian senza rist

strada Vasia 47 ✉ 18100 Imperia – ✆ 01 83 28 03 09 – www.san-damian.com – Aperto 1° marzo-14 novembre

10 cam ☕ – †100/160 € ††120/170 €

Lasciata la vibrante costa alle proprie spalle, tra coltivazioni a terrazzo e distese di ulivi sorge questo elegante relais dalle preziose suite: alcune affacciate sul patio, altre con terrazza privata. La piscina a sfioro regala un emozionante effetto *infinity* con il cielo.

IMPRUNETA – Firenze (FI) – 563 K15 – 14 906 ab. – alt. 275 m – ✉ 50023 Toscana   32 D3

Roma 276 – Firenze 14 – Arezzo 79 – Siena 66

Relais Villa L' Olmo senza rist

via Imprunetana per Tavarnuzze 19 – ✆ 05 52 31 13 11 – www.relaisfarmholiday.it

15 cam – †70/250 € ††70/250 €, ☕ 15 €

Fattoria del '700 con un interessante ventaglio di sistemazioni: una casa colonica a più stanze, due villette (con piscina a loro uso esclusivo) e appartamenti dalla calda atmosfera familiare. Ideale per chi desidera vivere la tranquillità della campagna o la raccolta delle olive. Palestra per i cultori del fitness.

INDUNO OLONA – Varese (VA) – 561 E8 – 10 476 ab. – alt. 394 m – ✉ 21056   18 A1

Roma 638 – Como 30 – Lugano 29 – Milano 60

XXX **Olona-da Venanzio dal 1922**

via Olona 38 – 03 32 20 03 33 – www.davenanzio.com – Chiuso lunedì

Rist – Menu 28/60 € – Carta 33/71 €

Indirizzo di grande tradizione, con cucina del territorio rivisitata ed interessanti proposte enologiche. Ambiente elegante e servizio ad ottimi livelli.

INNICHEN = San Candido

INTRA – Verbano-Cusio-Ossola (VB) – 561 E7 – Vedere Verbania

INVERNO-MONTELEONE – Pavia (PV) – 561 G10 – 1 317 ab. – alt. 74 m – ✉ 27010 16 B3

Roma 543 – Piacenza 35 – Milano 44 – Pavia 30

MONTELEONE (PV) – ✉ 27010 16 B3

X **Trattoria Righini**

via Miradolo 108 – 0 38 27 30 32 – Chiuso gennaio, 15 luglio-31 agosto, lunedì, martedì, i mezzogiorno di giovedì-venerdì e le sere di mercoledì-domenica

Rist – Menu 20/37 €

Arrosto di vitello, cinghiale, codone di manzo: abbondanti porzioni di piatti tipici del posto...non potrete che alzarvi da tavola sazi, allegri e con un "a presto"!

INVORIO – Novara (NO) – 561 E7 – 3 958 ab. – alt. 416 m – ✉ 28045 24 A2

Roma 649 – Stresa 20 – Novara 42 – Varese 40

Sciarane senza rist

viale Europa 21 – 03 22 25 40 14 – www.hotelsciarane.it

33 cam – †60/140 € ††70/180 €

Il nome deriva da una varietà di castagne tipiche della zona, la struttura invece è nuova e di taglio decisamente moderno. Camere di buon confort, spazi comuni ridotti.

XX **Pascia** (Paolo Gatta)

via Monte Rosa 9 – 03 22 25 40 08 – www.ristorantepascia.it – Chiuso lunedì

Rist – Menu 45/75 € – Carta 52/78 €

→ Spaghetti con ragù di coniglio, calamari spillo e pesto di ortiche. Luccio perca in crosta di sale affumicato, ragù di fave e pomodori canditi. Pesche gialle di Volpedo, gelato al pistacchio e nuvola di mandorle.

Appena trentenne, ma il giovane cuoco imbastisce già una carta che spazia con disinvoltura tra i migliori prodotti dello stivale e le sue ricette più golose, con due grandi amori: il Piemonte - i suoi ravioli, le sue carni, i suoi formaggi - e il pesce.

ISCHIA (Isola d')★★★ – Napoli (NA) – 564 E23 – 47 485 ab. – Stazione termale Italia Centro-Sud 6 A2

per Napoli, Pozzuoli e Procida – Caremar, call center 892 123

per Pozzuoli e Napoli – Medmar 081 3334411

Piante pagine 537, 538

BARANO D'ISCHIA (NA) – 564 E23 – 10 083 ab. – alt. 210 m – ✉ 80070 Barano D'Ischia 6 A2

Monte Epomeo★★★ 4 km Nord-Ovest fino a Fontana e poi 1 h e 30 mn a piedi AR

a Maronti Sud : 4 km – ✉ 80070 Barano D'Ischia

Spiaggia★

Parco Smeraldo Terme cam,

spiaggia dei Maronti – 0 81 99 01 27 – www.hotelparcosmeraldo.com – Aperto 25 marzo-31 ottobre Ua

67 cam – †148/192 € ††282/396 € **Rist** – *(solo per alloggiati)*

A ridosso della rinomata spiaggia dei Maronti, albergo dal confort concreto con una terrazza fiorita in cui si colloca una piscina termale e un nuovo centro termale.

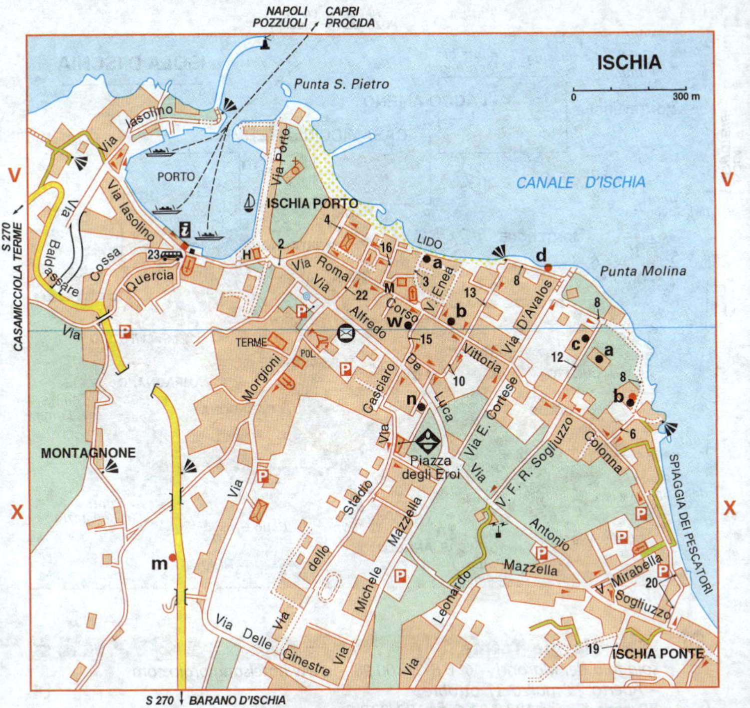

CASAMICCIOLA TERME

Garibaldi (Cso) .... Y 24
Girardi (V. Salvatore) .... Y 25
Margherita (V. Principessa) .. Y 26
Marina (Pza) .... Y 27
Morgera (V.) .... Y 28
Parrocchiale (Pza) .... Y 29
Sant'Antonio (Calata) .... Y 30

ISCHIA

Antica Reggia (Pza) .... V 2
Battistessa (V.) .... V 3
Buonocore (V. F.) .... V 4
Champault (V.) .... X 6
Colombo
(Lungomare Cristoforo) . VX 8
Colonna (Cso Vittoria) VX
De Luca (V. Alfredo) VX
Gemito (V. V.) .... X 10
Gianturco (V. Emanuele) .... X 12
Gianturco (V. Remigia) .... V 13
Gigante (V. G.) .... VX 15
Marone (V. Venanzio) .... V 16
Nuova Cartaromana (V.) .... X 19
Pontano (V.) .... X 20
Roma (V.) V
Terme (V. delle) .... V 22
Trieste (Piazzale) .... V 23

LACCO AMENO

Circumvallazione .... Z 37
Fundera (V.) .... Z 31
Roma (V.) .... Z 32
Santa Restituta (Pza) .... Z 35
San Montano (V.) .... Z 33
4 Novembre (V.) .... Z 36

San Giorgio Terme

spiaggia dei Maronti – *0 81 99 00 98* – *www.hotelsangiorgio.com*
– *Aperto 23 marzo-31 ottobre* **Ub**

80 cam – 103/131 € 182/238 €

Rist – *(solo per alloggiati)*

Leggermente elevata rispetto al mare, una breve salita conduce alla moderna risorsa dai vivaci colori, nata dalla fusione di due strutture collegate tra loro; dalla fiorita terrazza, un panorama mozzafiato.

Casamicciola Terme (NA) – 8 361 ab. – 80074 6 A2

Terme Manzi Hotel & SPA

rist, rist,

piazza Bagni 4 – *0 81 99 47 22*
– *www.termemanzihotel.com* – *Aperto 1° aprile-31ottobre* **Ya**

60 cam – 159/355 € 199/395 € – 1 suite

Rist *Il Mosaico* – vedere selezione ristoranti

Rist – Carta 60/75 €

Meravigliosa sintesi delle più disparate influenze, mai semplice, sempre grandioso, spesso sfarzoso: una vacanza termale in grande stile.

Il Mosaico – Terme Manzi Hotel & SPA

piazza Bagni 4 – *0 81 99 47 22* – *www.termemanzihotel.com*
– *Aperto 1° aprile-31 ottobre; chiuso martedì* **Ya**

Rist – *(solo a cena)* (consigliata la prenotazione) Carta 75/190 €

➜ Pasta e patate. Agnello di Sambucaro. Dolce Gabriella.

È il regno dell'elaborazione più sofisticata, di piatti-miniature dove il cibo diventa scultura, pittura ed oreficeria: il giovane Di Costanzo incanta con proposte che non sembrano uscire da una cucina, ma da un museo d'arte moderna campana.

Gli esercizi segnalati con il simbolo non offrono gli stessi servizi di un hotel. Queste forme alternative di ospitalità si distinguono spesso per l'accoglienza e l'ambiente: specchio della personalità del proprietario. Quelli contraddistinti in rosso sono i più ameni.

FORIO (NA) – **564** E23 – **17 600 ab.** – ✉ **80075** **6** A2

Località★ - Giardini La Mortella★

Mezzatorre Resort & Spa rist,

via Mezzatorre 23, località San Montano, Nord: 3 km – ✆ 0 81 98 61 11 – www.mezzatorre.it – Aperto 19 aprile-21 ottobre **Zc**

47 cam – †242/374 € ††330/594 € – 10 suites

Rist *Chandelier* – *(solo a cena)* (consigliata la prenotazione) Carta 60/111 €

Rist *Sciuè Sciuè* – *(chiuso lunedì)* Carta 57/118 €

Il buen retiro ischitano per eccellenza. Immerso in un bosco e arroccato su un promontorio, il complesso sorge intorno ad una torre saracena del XVI sec: eleganti camere e privacy. Semplice ed informale, la cucina del Sciuè Sciuè vi attende ai bordi della piscina.

Garden & Villas Resort rist,

via Provinciale Lacco 210 – ✆ 0 81 99 79 78 – www.gardenvillasresort.it – Aperto 1° aprile-31 ottobre **Zg**

43 cam – †150/200 € ††180/280 € – 1 suite

Rist – *(solo per alloggiati)* Menu 35 €

I numeri sono eloquenti: 3 ettari di boschi e giardini ospitano 9 ville-palazzine con sette diverse categorie di camere. Ovunque generosità di spazi, è un soggiorno all'insegna del verde e dell'indipendenza!

Umberto a Mare con cam cam,

via Soccorso 4 – ✆ 0 81 99 71 71 – www.umbertoamare.it – Aperto 28 dicembre-6 gennaio e 16 marzo-31 ottobre **Uz**

11 cam – †70/120 € ††100/140 €

Rist – (consigliata la prenotazione) Menu 48/80 € – Carta 37/100 €

Resterà indelebile una cena sulla terrazza, una ringhiera a strapiombo sul mare, per gustare una cucina in continua evoluzione eppure sempre fedele ad una tradizione di famiglia. Belle anche le camere, anch'esse panoramiche.

Il Saturnino

via Marina, al porto – ✆ 0 81 99 82 96 – Chiuso martedì escluso 15 giugno-15 settembre e 27 dicembre-10 gennaio; in novembre-marzo aperto solo venerdì, sabato e domenica **Uk**

Rist – (consigliata la prenotazione) Carta 44/64 €

Vicino alla torre saracena, una giovane ed ospitale coppia, una veranda chiusa sulla baia, ma soprattutto un'autentica cucina mediterranea: semplice, schietta e saporita.

Da "Peppina" di Renato

via Montecorvo 42 – ✆ 0 81 99 83 12 – www.trattoriadapeppina.it – Chiuso dicembre-15 febbraio e mercoledì (escluso giugno-settembre) **Up**

Rist – *(solo a cena)* (consigliata la prenotazione) Carta 23/46 €

Occorre essere prudenti lungo la stretta strada ma la tipicità del posto costruita su tradizione e originalità sarà una gradita ricompensa; in una grotta tufacea, la cantina-enoteca. Piatti locali a partire dai prodotti dell'orto.

a Panza Sud : 4,5 km – alt. 155 m – ✉ **80070**

Punta Chiarito cam,

via Sorgeto 51, Sud : 1 km – ✆ 0 81 90 81 02 – www.puntachiarito.it – Aperto 27 dicembre-9 gennaio e 23 marzo-3 novembre **Ud**

26 cam – †70/138 € ††80/230 €

Rist *Chiarito* – vedere selezione ristoranti

Rist – Carta 35/50 €

In posizione isolata, su un scenografico promontorio a picco sul mare, dei sentieri consentono di accedere a romantiche spiagge; camere semplici, ma panoramiche con arredi in ciliegio.

Chiarito – Punta Chiarito

via Sorgeto 51, Sud : 1 km – ✆ 0 81 90 81 02 – www.puntachiarito.it – Chiuso 10 gennaio-22 marzo e 4 novembre-26 dicembre **Ud**

Rist – (consigliata la prenotazione) Carta 47/60 €

Si viene per il panorama, si torna per la cucina: pochi tavoli e una terrazza affacciati su S. Angelo, i piatti del giovane cuoco esaltano con fantasia i prodotti campani, a cominciare dagli ortaggi e dai vini della propria azienda.

a Citara Sud : 2,5 km – ✉ 80075 Forio

Spiaggia★

Capizzo rist,

via Provinciale Panza 189 – ✆ 0 81 90 71 68 – www.hotelcapizzo.it – Aperto 15 aprile-31 ottobre Ue

34 cam – ♦65/95 € ♦♦110/140 € **Rist** – *(solo per alloggiati)*

Splendida cornice per ammirare lo spettacolo d'infuocati tramonti sulla baia, un taglio moderno caratterizza gli ambienti, freschi e luminosi. Ampi spazi per il relax all'esterno.

Providence Terme

via Giovanni Mazzella 1 – ✆ 0 81 99 74 77 – www.hotelprovidence.it – Aperto 1° aprile-31 ottobre Ug

65 cam – ♦65/126 € ♦♦110/200 € – 1 suite **Rist** – Carta 20/53 €

Si affaccia sulla spiaggia di Citara la bella struttura in stile mediterraneo che dispone anche di una grande terrazza-solarium con piscina termale e di uno spazio dedicato al benessere. Una bella vista sulla baia, cucina casereccia e pizze nella luminosa sala da pranzo.

ISCHIA (NA) – **564** E23 – 18 828 ab. – ✉ 80077 6 A2

via Iasolino, ✆ 081 5 07 42 31, www.infoischiaprocida.it

Castello aragonese★★ - Località★

Grand Hotel Punta Molino Beach Resort & Spa

lungomare Cristoforo Colombo 23 – ✆ 0 81 99 15 44 – www.puntamolino.it – Aperto 21 aprile-13 ottobre Xb

90 cam – ♦170/260 € ♦♦230/440 € – 3 suites

Rist *Punta Molino* – vedere selezione ristoranti

Signorile e direttamente sul mare, due grandi piscine, nonché stanze abbellite dalle preziose ceramiche di Vietri e arredate con pezzi d'antiquariato. L'attigua villa per chi desidera maggior riservatezza.

Grand Hotel Excelsior cam, rist,

via Emanuele Gianturco 19 – ✆ 0 81 99 15 22 – www.excelsiorischia.it – Aperto 21 aprile-21 ottobre

86 cam – ♦180/230 € ♦♦220/400 € – 4 suites Xa

Rist – Carta 48/90 €

Tra la vegetazione, l'imponente struttura dall'architettura mediterranea fa capolino sul mare con le sue eleganti camere dai colori freschi e marini accentuati da belle maioliche. Completa zona benessere. La cucina regionale nell'elegante sala e in terrazza.

Il Moresco rist, rist,

via Emanuele Gianturco 16 – ✆ 0 81 98 13 55 – www.ilmoresco.it – Aperto Pasqua-31 ottobre Xc

67 cam – ♦175/235 € ♦♦230/460 € – 2 suites

Rist – *(aperto 1° aprile-30 settembre)* (consigliata la prenotazione) Carta 40/85 €

Nasce come dimora privata questa casa dal fascino esclusivo: la piscina coperta è stata realizzata dove era prevista la serra e la zona benessere è negli ex alloggi del personale. All'ombra del pergolato o nella sala interna, le fragranze del Mediterraneo.

Le Querce

via Baldassarre Cossa 29 – ✆ 0 81 98 23 78 – www.albergolequerce.it – Aperto 15 marzo-15 novembre Um

75 cam – ♦125/195 € ♦♦150/290 € – 4 suites

Rist – Menu 30/80 € – Carta 42/102 €

Camere non tutte nuove, alcune un po' datate, ma l'albergo offre una dei panorami più incantevoli dell'isola. Affascinanti terrazze a picco sul blu.

Floridiana Terme

corso Vittoria Colonna 153 – ☏ 0 81 99 10 14 – www.hotelfloridianaischia.com – Aperto 1° aprile-29 ottobre **Vb**

64 cam – 100/160 € 160/274 €, 12 €

Rist – *(solo per alloggiati)* Carta 26/73 €

Villa d'inizio '900 dalla gestione seria e competente. Gli ambienti comuni sono caratterizzati da dipinti murali che ne dilatano gli spazi, le camere fresche e luminose. In questa località rinomata per le terme, la risorsa propone un centro benessere con piscine varie, percorso Kneipp, doccia eudermica ed altro ancora.

Central Park Hotel Terme

rist,

via Alfredo De Luca 6 – ☏ 0 81 99 35 17 – www.centralparkhotel.it – Aperto Pasqua-5 novembre **Xn**

60 cam – 120/155 € 180/260 € **Rist** – Carta 40/67 €

Avvolta da un rigoglioso giardino, annovera un articolato complesso termale con una vasca termo minerale utilizzata per i trattamenti; all'esterno una bella piscina per i momenti di relax. Per i pasti, accomodatevi in un ambiente piacevolmente familiare, buffet di antipasti la sera.

La Villarosa

rist,

via Giacinto Gigante 5 – ☏ 0 81 99 13 16 – www.dicohotels.it – Aperto 1° aprile-30 ottobre **VXw**

37 cam – 76/126 € 100/222 € **Rist** – *(solo per alloggiati)* Menu 25 €

In pieno centro ma varcata la soglia del giardino sarete come inghiottiti da un'atmosfera d'altri tempi, un insieme di ambienti dal fascino antico, un susseguirsi di sale e salette tutte diverse fra loro. Panoramica sala ristorante all'ultimo piano.

Solemar Terme

rist,

via Battistessa 49 – ☏ 0 81 99 18 22 – www.hotelsolemar.it – Aperto 1° aprile-31 ottobre **Va**

78 cam – 120/170 € 160/240 € **Rist** – *(solo per alloggiati)*

Frequentato particolarmente da famiglie con bambini proprio per la sua tranquilla posizione sulla spiaggia, risorsa particolarmente vocata alla balneazione. Ospita anche un centro termale.

Punta Molino – Grand Hotel Punta Molino Beach Resort & Spa

lungomare Cristoforo Colombo 23 – ☏ 0 81 99 15 44 – www.puntamolino.it – Aperto 21 aprile-13 ottobre

Rist – Carta 65/95 € **Xb**

Un inno alla grande ristorazione d'albergo: tra decine di antipasti a buffet e classici della cucina internazionale, è un viaggio nel bel tempo di un lusso dal sapore piacevolmente retrò.

Alberto

lungomare Cristoforo Colombo 8 – ☏ 0 81 98 12 59 – www.albertoischia.it – Aperto 20 marzo-4 novembre **Vd**

Rist – (consigliata la prenotazione la sera) Carta 44/85 €

Quasi una palafitta sulla spiaggia risalente ai primi anni '50, una sola sala veranda aperta sui tre lati per gustare una cucina di mare tradizionale reinterpretata con fantasia.

Damiano

via Variante Esterna strada statale 270 – ☏ 0 81 98 30 32 – Aperto solo a cena fine aprile-metà ottobre; aperto solo sabato e domenica negli altri mesi

Rist – Carta 31/65 € **Xm**

Lasciata l'auto, alcuni gradini conducono alla veranda dalle grandi finestre affacciate sulla città e sulla costa. Semplici le proposte della cucina basata soprattutto su aragoste e coniglio di fosso. Andamento familiare.

Un pasto accurato a prezzo contenuto? Cercate i Bib Gourmand.

LACCO AMENO (NA) – 564 E23 – 4 783 ab. – ✉ 80076 6 A2

Località★ - Coppa di Nestore★ nel museo archeologico di villa Arbusto

L'Albergo della Regina Isabella

piazza Santa Restituta 1 rist,
– ✆ 0 81 99 43 22 – www.reginaisabella.it
– Aperto 28 dicembre-5 gennaio e Pasqua-2 novembre **Za**

128 cam – 130/375 € 190/745 € – 9 suites

Rist *Indaco* ❀ – vedere selezione ristoranti

Rist – Carta 60/80 €

Con quest'albergo, negli anni '50, Angelo Rizzoli inventò il turismo ischitano d'alto livello, rubò clienti a Capri e portò qui il bel mondo. Oggi l'incanto continua e si moltiplica in suggestivi saloni, arredi d'epoca e preziose decorazioni: un meraviglioso universo in cui perdersi...

Grazia Terme

rist,
via Borbonica 2 – ✆ 0 81 99 43 33 – www.hotelgrazia.it
– Aperto 1° aprile-31 ottobre **Uy**

80 cam – 90/145 € 140/250 € – 3 suites

Rist – *(aperto 1° aprile-30 settembre)* Carta 28/66 €

Sulla via Borbonica, la risorsa si sviluppa su diversi corpi raccolti intorno ad un grande giardino con piscina; dispone anche di una zona termale completa nell'offerta.

Villa Angelica

via 4 Novembre 28 – ✆ 0 81 99 45 24 – www.villaangelica.it
– Aperto 25 marzo-3 novembre **Zt**

20 cam – 75/100 € 120/160 €

Rist – *(solo a cena) (solo per alloggiati)* Menu 25/30 €

Raccolta attorno ad un piccolo rigoglioso giardino nel quale è stata realizzata anche una piscina, semplice struttura ad andamento familiare che si cinge del fascino di una casa privata.

Indaco (N) – L'Albergo della Regina Isabella

❀

piazza Restituta 1 – ✆ 0 81 99 43 22 – www.reginaisabella.it
– Aperto 15 aprile-31 ottobre

Rist – *(solo a cena)* Menu 80 € – Carta 61/82 €

➜ Aculei di mare in crema di tuorlo d'uovo e lumachine piccanti. Fagottini di pasta all'uovo, ragù napoletano e pecorino di Carmasciano. Pescato del giorno in cottura sotto sabbia ed acqua termale.

A pochi metri dall'acqua, affacciato su una delle baie più incantevoli dell'isola, l'arrivo dei piatti vi introdurrà in un'altra magia: quella del giovane cuoco ischitano e i suoi ricordi d'infanzia che riemergono tra i fornelli trasformandosi in piatti creativi, giocosi e sorprendenti.

SANT'ANGELO (NA) – ✉ 80070 6 A2

Località★★

Miramare Sea Resort

via Comandante Maddalena 29 – ✆ 0 81 99 92 19 – www.hotelmiramare.it
– Aperto 1° aprile-4 novembre **Un**

55 cam – 180/260 € 260/414 € – 4 suites

Rist – *(solo a cena) (solo per alloggiati)* Carta 91/118 €

Adagiato sulla baia più bella di S.Angelo, dalle camere o dalle terrazze, la vista sarà comunque memorabile. Ambienti spaziosi, servizio professionale. Piatti mediterranei nel ristorante di taglio elegante, affacciato sul mare.

Casa Celestino

cam, rist,
via Chiaia di Rose 20 – ✆ 0 81 99 92 13 – www.hotelcelestino.it
– Aperto 26 aprile-13 ottobre **Ut**

20 cam – 80/140 € 100/230 € – 1 suite

Rist – *(solo a cena in luglio e agosto)* Carta 27/61 €

All'inizio del paese, ma già in zona pedonale, una dimora caratterizzata da un solare stile mediterraneo, dove il bianco abbinato al blu rallegra tessuti e ceramiche. Le stanze si adeguano a tale piacevolezza: spaziose e quasi tutte con balconcino. Ristorante dal design moderno e marinaro con terrazza sulla scogliera.

Casa Sofia senza rist
via Sant'Angelo 29/B – ✆ 0 81 99 93 10 – www.hotelcasasofia.com – Aperto 15 marzo-10 novembre Uv
11 cam – †45/55 € ††90/110 €
In cima ad una ripida stradina percorribile solo a piedi o con navetta (servizio organizzato dall'albergo stesso), quasi tutte le camere si affacciano sull'incantevole baia. A disposizione degli ospiti, una bella terrazza ed un salotto con libreria.

ISEO – Brescia (BS) – 561 F12 – 9 205 ab. – alt. 198 m – ✉ 25049 19 D1

Italia Centro-Nord

Roma 581 – Brescia 22 – Bergamo 39 – Milano 80

lungolago Marconi 2/c-d, ✆ 030 98 02 09, www.provincia.brescia.it/turismo

Franciacorta Nigoline di Corte Franca via Provinciale 34/B, , Sud-Ovest: 9 km, 030 984167, www.franciacortagolfclub.it – chiuso martedì

Lago★

Monte Isola★★ : ☼★★ dal santuario della Madonna della Ceriola (in battello)

Iseolago & SPA
via Colombera 2, Ovest : 1 km – ✆ 03 09 88 91 – www.iseolagohotel.it
64 cam – †95/116 € ††139/179 € – 2 suites
Rist ***L'Alzavola*** – vedere selezione ristoranti
Inserito nel verde di un vasto impianto turistico alle porte della località, elegante complesso alberghiero, con belle camere ed accesso diretto al lago.

L'Alzavola – Hotel Iseolago & SPA
via Colombera 2, Ovest : 1 km – ✆ 03 09 88 91 – www.iseolagohotel.it – Chiuso 1° gennaio-28 febbraio
Rist – Carta 25/56 €
Alla scoperta dei piatti e dei vini della Franciacorta in un elegante ristorante nel contesto di un bel complesso, il cui parco arriva a lambire il lago. Fresco pergolato per la stagione estiva.

Il Paiolo
piazza Mazzini 9 – ✆ 03 09 82 10 74 – Chiuso 19-28 febbraio, 25 agosto-9 settembre e martedì
Rist – Carta 26/39 €
E' con entusiasmo che un parmense di Busseto gestisce un localino davvero curato, in pieno centro storico. La cucina casalinga trova la propria massima espressione nei salumi, paste fresche fatte in casa, carni e pesce di lago.

Il Volto
via Mirolte 33 – ✆ 0 30 98 14 62 – Chiuso 10 giorni in gennaio o febbraio, mercoledì e giovedì
Rist – Menu 35/45 € – Carta 29/44 €
Nel grazioso centro storico, gestione familiare in un locale semplice ed informale. La cucina sorprende spaziando dai classici del lago ad invenzioni creative.

sulla strada provinciale per Polaveno Est: 6 km

I Due Roccoli
via Silvio Bonomelli ✉ 25049 – ✆ 03 09 82 29 77 – www.idueroccoli.com – Aperto 1° aprile-31 ottobre
20 cam – †100/117 € ††130/150 €, 10 € – 3 suites
Rist – Carta 38/58 €
All'interno di una vasta proprietà affacciata sul lago, un'antica ed elegante residenza di campagna con parco, adeguata alle più attuali esigenze e con locali curati. Ristorante raffinato, con angoli intimi, camino moderno e uno spazio all'aperto, "sull'aia".

a Clusane sul Lago Ovest : 5 km – ✉ 25049

Relais Mirabella
via Mirabella 34, Sud : 1,5 km – ☎ 03 09 89 80 51 – www.relaismirabella.it – Aperto 1° aprile-31 ottobre
29 cam – †80/120 € ††134/170 € – 1 suite
Rist *Il Conte di Carmagnola* – vedere selezione ristoranti
Un'elegante oasi di tranquillità, in un borgo di antiche case coloniche con eccezionale vista sul lago, 70 ettari di bosco e piscina. All'atto della prenotazione, se disponibili, richiedere le camere con terrazzino panoramico.

Il Conte di Carmagnola – Hotel Relais Mirabella
via Mirabella 34, Sud : 1,5 km – ☎ 03 09 89 80 51 – www.relaismirabella.it – Aperto 1° aprile-31 ottobre
Rist – Carta 33/75 €
In posizione dominante con splendida vista sul lago, il ristorante "mutua" il nome dalla prima tragedia di A. Manzoni. Elegante e à la page, la sua cucina propone piatti internazionali e specialità del lago, con grande attenzione all'olio (di produzione propria), nonché alla carta dei vini che annovera le eccellenze della Franciacorta.

Punta-da Dino
via Punta 39 – ☎ 0 30 98 90 37 – Chiuso novembre e mercoledì escluso luglio-agosto
Rist – Carta 25/37 €
Solida gestione familiare per un locale moderno e accogliente, con dehors estivo; le proposte sono ovviamente incentrate sul pesce di lago, ma non disdegnano la carne.

Al Porto
piazza Porto dei Pescatori 12 – ☎ 0 30 98 90 14 – www.alportoclusane.it – Chiuso mercoledì escluso aprile-ottobre
Rist – Carta 26/47 €
Un ristorante con oltre 100 anni di storia: in una villetta fine secolo, di fronte all'antico porticciolo, calde salette di buon gusto, cucina locale e lacustre.

ISERA – Trento (TN) – 562 E15 – 2 601 ab. – ✉ 38060 — 33 B3
Roma 575 – Trento 29 – Verona 75 – Schio 52

Locanda delle Tre Chiavi
via Vannetti 8 – ☎ 04 64 42 37 21 – www.locandadelletrechiavi.it – Chiuso domenica sera e lunedì
Rist – Menu 40/50 € – Carta 38/57 €
Questo edificio settecentesco è oggi una tipica osteria gestita con passione da un'abile famiglia di ristoratori. Tra vini e formaggi, la cucina è esclusivamente trentina.

Casa del Vino
piazza San Vincenzo 1 – ☎ 04 64 48 60 57 – www.casadelvino.info
Rist – Menu 20 € (cena in settimana)/40 €
In un palazzo del '500 in centro paese, è un'associazione di produttori della Vallagarina che propone - con menu fisso - il fior fiore della gastronomia trentina. Tutti i vini in carta sono serviti anche al bicchiere.

ISERNIA P (IS) – 564 C24 – 22 150 ab. – alt. 423 m – ✉ 86170 — 2 C3
Roma 177 – Avezzano 130 – Benevento 82 – Campobasso 50
via Farinacci 9, ☎ 0865 5 07 71, www.ufficiodelturismo.it

Grand Hotel Europa
viale dei Pentri 76, svincolo Isernia Nord – ☎ 08 65 21 26 – www.grandhotel-europa.it
152 cam – †85 € ††110 € **Rist** – Menu 25/35 € – Carta 22/43 €
E' stato recentemente ampliato con molte nuove camere questo hotel d'impostazione moderna situato nei pressi dell'entrata principale in Isernia. Per una clientela commerciale e turistica. Ambienti di gusto contemporaneo e sapori tipici molisani al ristorante.

a Pesche Est : 3 km – ✉ 86090

Santa Maria del Bagno
viale Santa Maria del Bagno 1 – ✆ 08 65 46 01 36
43 cam – †47/52 € ††63/68 €, ☕ 5 € – 5 suites
Rist – *(chiuso lunedì)* Carta 15/27 €
L'edificio spicca alle falde del bianco borgo medievale arroccato sui monti; vi accoglierà un'affidabile gestione familiare, tra i confort degli spazi comuni e delle camere. Due vaste sale da pranzo, disposte su differenti livelli.

ISOLA... ISOLE – Vedere nome proprio della o delle isole

ISOLA D'ASTI – Asti (AT) – 561 H6 – 2 012 ab. – alt. 245 m – ✉ 14057 25 D1

▶ Roma 623 – Torino 72 – Asti 10 – Genova 124

Castello di Villa rist,
via Bausola 2, località Villa, Est : 2,5 km – ✆ 01 41 95 80 06
– www.castellodivilla.it – Aperto 1° marzo-30 novembre
10 cam – †150/230 € ††180/350 €, ☕ 15 € – 4 suites
Rist – *(solo a cena) (solo per alloggiati)* Menu 35 €
Questa imponente villa patrizia del XVII sec. non smette di far sognare il viandante: splendidi spazi comuni, nonché lussuose camere con soffitti affrescati, arredi e decorazioni eclettiche. Uno stile barocco, ricco ma non *kitsch*, per rivivere i fasti del passato senza rinunciare ai confort moderni.

sulla strada statale 231 Sud-Ovest : 2 km :

Il Cascinalenuovo (Walter Ferretto) con cam rist,
statale Asti-Alba 15 ✉ 14057 – ✆ 01 41 95 81 66
– www.ilcascinalenuovo.com – Chiuso 1°-20 gennaio e 12-18 agosto
15 cam – †60/70 € ††80/100 €, ☕ 10 €
Rist – *(chiuso domenica sera e lunedì)* Menu 50/80 € – Carta 51/91 €
➜ Agnolotti tradizionali del plin all'astigiana. Pancetta di maialino agrodolce soia e mirin (aceto di riso), composta di cipolle rosse, mele al forno. Fragole, pistacchi di Bronte e fava tonca.
La sala elegante - sebbene essenziale - si allontana dall'ufficialità piemontese: non la cucina, che ne propone glorie e tradizioni in un carosello dei migliori piatti. In aggiunta anche del pesce.

ISOLA DELLE FEMMINE Sicilia – Palermo (PA) – 365 AO54 29 B2
– 7 336 ab. – alt. 6 m – ✉ 90040

▶ Palermo 19 – Trapani 91

Sirenetta cam,
viale Dei Saraceni 81, Sud-Ovest : 1,5 km – ✆ 09 18 67 15 38
– www.hotelsirenettapalermo.it
22 cam ☕ – †100/150 € ††140/210 € – 7 suites
Rist – *(solo per alloggiati)* Carta 18/49 € (+15 %)
Incastrato tra splendide montagne e un'affascinante baia, gestione familiare con camere semplici, ma accoglienti. Sala e cucina classiche d'albergo: spiccano i sottopiatti in ceramica siciliana.

ISOLA DEL LIRI – Frosinone (FR) – 563 Q22 – 11 991 ab. – alt. 217 m 13 D2
– ✉ 03036

▶ Roma 107 – Frosinone 23 – Avezzano 62 – Isernia 91
Abbazia di Casamari★★ Ovest : 9 km

Scala
piazza De' Boncompagni 10 – ✆ 07 76 80 81 00 – www.scalallacascata.it
18 cam ☕ – †40/60 € ††60/80 € **Rist** – Carta 20/45 €
Una risorsa alberghiera di ridotte dimensioni, con poche camere ben tenute, alcune particolarmente spaziose, e pulite; sulla piazza principale, proprio sopra la banca. Sul fiume e vicino alle cascate, un riferimento gastronomico d'impostazione classica.

ISOLA DOVARESE – Cremona (CR) – **561** G12 – **1 223 ab.** – **alt. 35 m** **17** C3
– ✉ 26031

Roma 500 – Parma 48 – Brescia 75 – Cremona 27

via Garibaldi 1, ✆ 0375 94 63 73, www.prolocoisola.org

Palazzo Quaranta

via Largo Vittoria 12 – ✆ 03 75 39 61 62 – www.palazzoquaranta.it

8 cam – 65/85 € 90/120 € **Rist** – *(chiuso mercoledì)* Carta 27/56 €

La casa signorile è stata completamente rinnovata ed, oggi, offre spazi comuni che si limitano al solo bar (aperto al pubblico), nonché camere davvero ampie e piacevoli. A garanzia della cucina, i titolari: da sempre nel mondo della ristorazione.

Caffè La Crepa

piazza Matteotti 13 – ✆ 03 75 39 61 61 – www.caffelacrepa.it – Chiuso 7-24 gennaio, 9-26 settembre, lunedì e martedì

Rist – Carta 30/53 €

Savaren di riso con ragù classico e lingua salmistrata, specialità del territorio o a base di pesce d'acqua dolce, in questo locale storico situato sulla piazza principale; nell'adiacente enoteca salumi e paste fresche.

ISOLA RIZZA – Verona (VR) – **562** G15 – **3 281 ab.** – **alt. 23 m** **39** B3
– ✉ 37050

Roma 487 – Verona 27 – Ferrara 91 – Mantova 55

all'uscita superstrada 434 verso Legnago

Perbellini

via Muselle 130 ✉ 37050 – ✆ 04 57 13 53 52 – www.perbellini.com – Chiuso 10 giorni in febbraio, 3 settimane in agosto, domenica sera, lunedì e martedì; anche domenica a mezzogiorno dal 15 giugno al 31 agosto

Rist – Menu 65 € (pranzo in settimana)/150 € – Carta 90/194 €

➜ Ravioli farciti di latte cagliato, ricci di mare e tartufo nero. Bollito di pesci e crostacei su patate alla senape e wasabi, vinaigrette di pomodoro confit. Sinfonia di dessert.

Da un modesto contesto industriale all'inaspettata eleganza della sala, passando per una cucina che sebbene privilegi la linea gastronomica italiana sfugge con sgusciante agilità ai sentieri già tracciati, per aprirsi ad interpretazioni sempre nuove.

ISOLA ROSSA Sardegna – Olbia-Tempio (OT) – **366** 037 – Vedere Trinità d'Agultu

ISOLA SANT'ANTONIO – Alessandria (AL) – **561** G8 – **744 ab.** **23** C2
– ✉ 15050

Roma 596 – Torino 125 – Alessandria 39 – Novara 106

Da Manuela

via Po 31, Nord-Ovest : 3 km – ✆ 01 31 85 71 77 – www.ristorantedamanuela.it – Chiuso 1° -21 agosto e lunedì

Rist – Menu 35/45 € – Carta 28/61 €

In aperta campagna, locale accogliente composto da due ampie sale ed una saletta per i momenti di maggiore affluenza, propone una cucina lombarda con qualche spunto piemontese. Per chi si lascia consigliare: trotelle di sorgente al cartoccio.

ISOLA SUPERIORE (o dei Pescatori) – Verbano-Cusio-Ossola (VB) – Vedere Borromee (Isole)

ISSENGO = ISSENG – Bolzano (BZ) – **562** B17 – Vedere Falzes

ISSOGNE – Aosta (AO) – **561** F5 – **1 343 ab.** – **alt. 387 m** – ✉ 11020 **37** B2

Italia Centro-Nord

Roma 713 – Aosta 41 – Milano 151 – Torino 80

Castello★

Al Maniero con cam
frazione Pied de Ville 58 – ✆ 01 25 92 92 19 – www.ristorantealmaniero.it – Chiuso 15-30 giugno
6 cam – 60/75 € 80/90 €
Rist – *(chiuso lunedì escluso agosto)* Menu 23/40 € – Carta 29/46 €
Giovane coppia, pugliese lui, ferrarese lei, nei pressi del maniero valdostano: ambiente semplice con piatti del territorio e, solo su prenotazione, pesce. Camere accoglienti.

IVREA – Torino (TO) – 561 F5 – 24 196 ab. – alt. 253 m – ✉ 10015 — 22 B2

Italia Centro-Nord
Roma 683 – Aosta 68 – Torino 49 – Breuil-Cervinia 74
corso Vercelli 1, ✆ 0125 61 81 31, www.comune.ivrea.to.it
Affreschi★ nella chiesa di S. Bernardino

a Banchette d'Ivrea Sud-Ovest : 2,5 km – ✉ 10015

Crystal Palace Hotel senza rist
via Circonvallazione 4/f – ✆ 01 25 61 30 60 – www.hcrystalpalace.com
29 cam – 90/95 € 120/130 €
Moderna costruzione che pur soddisfacendo le esigenze di funzionalità della clientela commerciale, non è priva di eleganti accorgimenti ed originali trovate estetiche: l'atmosfera trasmette una piacevole sensazione di nuovo.

al lago Sirio Nord : 2 km :

Sirio
via lago Sirio 85 ✉ 10015 – ✆ 01 25 42 42 47 – www.hotelsirio.it
46 cam – 85/135 € 95/165 €
Rist *Finch* – vedere selezione ristoranti
In posizione panoramica nei pressi del lago, una risorsa di stampo moderno. con camere molto carine e spaziose. Le aree comuni appaiono eleganti, a tratti, alla moda con luci soffuse e arredi essenziali.

Finch – Hotel Sirio
via lago Sirio 85 ✉ 10015 – ✆ 01 25 42 42 47 – www.hotelsirio.it – Chiuso domenica in ottobre-aprile e martedì in maggio-settembre
Rist – *(solo a cena escluso giugno-settembre)* Menu 25/40 € – Carta 39/57 €
Totalmente rinnovato in anni recenti, questo moderno ristorante che negli arredi sfoggia un certo minimalismo modaiolo, in cucina non rinnega la tradizione: specialità alla griglia.

a San Bernardo Sud : 3 km – ✉ 10015

La Villa cam, rist,
via Torino 334 – ✆ 01 25 63 16 96 – www.ivrealavilla.com
35 cam – 60/75 € 70/90 €
Rist – *(chiuso 15 giorni in agosto, domenica , anche venerdì e sabato da ottobre ad aprile) (solo a cena)* Carta 24/42 €
Accogliente e calda atmosfera familiare in questa villa in zona periferica, quasi una casa privata. Alcune camere e la sala colazioni si affacciano sulla catena alpina. Vicino agli stabilimenti.

JESI – Ancona (AN) – 563 L21 – 40 635 ab. – alt. 97 m – ✉ 60035 — 21 C2

Italia Centro-Nord
Roma 260 – Ancona 32 – Gubbio 80 – Macerata 41
Località★ • Palazzo della Signoria★ • Pinacoteca★

Federico II
via Ancona 100 – ✆ 07 31 21 10 79 – www.hotelfederico2.it
129 cam – 80/221 € 80/221 € – 16 suites
Rist *La Rotonda* – Carta 31/84 €
Elegante complesso immerso nel verde, garantisce un soggiorno confortevole e rilassante grazie anche al moderno centro benessere. Gli spazi comuni sono ampi e le camere arredate con gusto classico. Una luminosa sala panoramica invita a gustare una cucina classica e locale.

Mariani senza rist
via Orfanotrofio 10 – ✆ 07 31 20 72 86 – www.hotelmariani.com
33 cam – 45/78 € 60/86 €
A pochi passi dal centro storico, la struttura offre camere confortevoli e ben arredate per un soggiorno sia di turismo che di lavoro.

Vincanto N
via Federico Conti 2 – ✆ 0 73 15 30 28 – www.ristorantevincanto.it – Chiuso agosto e lunedì
Rist – (consigliata la prenotazione) Menu 25/35 € – Carta 33/56 €
In cucina, il patron si affaccenda nella preparazione di piatti moderni di terra, ma soprattutto di mare, in un caratteristico localino nel centro di Jesi.

JESOLO – Venezia (VE) – 562 F19 – 25 601 ab. – Stazione termale 40 D2 – ✉ 30016

Roma 560 – Venezia 41 – Belluno 106 – Milano 299
via St. Andrews 2, ingresso via Grassetto, 0421 372862, www.golfclubjesolo.it

Da Guido
via Roma Sinistra 25 – ✆ 04 21 35 03 80 – www.ristorantedaguido.com – Chiuso gennaio, martedì a mezzogiorno e lunedì
Rist – Menu 25 € (pranzo)/66 € – Carta 34/91 €
Se il bianco è l'attore principale delle sale di tono elegantemente contemporaneo, sulla tavola il riflettore è puntato su appetitosi piatti di mare. Per i più romantici, il giardino d'atmosfera.

JESOLO PINETA – Venezia (VE) – Vedere Lido di Jesolo

JOPPOLO – Vibo Valentia (VV) – 564 L29 – 2 120 ab. – alt. 177 m 5 A3 – ✉ 89863

Roma 644 – Reggio di Calabria 85 – Catanzaro 103 – Messina 77

Cliffs Hotel cam,
contrada San Bruno Melia – ✆ 09 63 88 37 38 – www.cliffshotel.it – Aperto 1° giugno-30 settembre
48 cam – 39/65 € 78/130 € **Rist** – Carta 20/42 €
Non lontano dal mare, un hotel di recente apertura dotato di camere ampie e confortevoli. Gli spazi esterni sono particolarmente curati, invitante piscina con cascatella. Servizio ristorante anche all'aperto con menù vario e pizze.

JOUVENCEAUX – Torino (TO) – Vedere Sauze d'Oulx

KALTERN AN DER WEINSTRASSE = Caldaro sulla Strada del Vino

KASTELBELL TSCHARS = Castelbello Ciardes

KASTELRUTH = Castelrotto

KLAUSEN = Chiusa

KURTATSCH AN DER WEINSTRASSE = Cortaccia sulla Strada del Vino

---

LABICO – Roma (RM) – 563 Q20 – 5 982 ab. – alt. 319 m – ✉ 00030 13 C2

Roma 39 – Avezzano 116 – Frosinone 44 – Latina 50

Antonello Colonna Labico Resort N
via Vallefredda 52 – ✆ 0 69 51 00 32 – www.antonellocolonna.it
12 cam – 360/460 € 480/580 €
Rist *Antonello Colonna Labico* – vedere selezione ristoranti
Immersa nel verde della campagna di Vallefredda, una nuova struttura il cui design minimalista e luminoso viene completato dal servizio pronto ad accontentare qualunque richiesta. Le pareti sono spoglie, ma all'arte contemporanea è dedicata una sala-museo. Camere "nude".

Agriturismo Fontana Chiusa
via Fontana Chiusa 3, (via Casilina al km 335.100) – ✆ 0 69 51 00 50
– www.fontanachiusa.it
7 cam – 75/85 € 120 €
Rist *Fontana Chiusa* – Carta 23/50 €
Avvolto dal verde, tra giardini fioriti e noccioli, il casolare ottocentesco è stato sapientemente ristrutturato per offrire camere in strile rustico arredate con buon gusto ed eleganza. All'elegante ed accogliente ristorante, carni e verdure dell'azienda compongono piatti dai sapori del territorio.

Antonello Colonna Labico – Antonello Colonna Labico Resort
via Vallefredda 52 – ✆ 0 69 51 00 32
– www.antonellocolonna.it
Rist – (consigliata la prenotazione) Carta 55/75 €
Fratello del locale di Roma, l'Antonello Colonna Labico è una trasposizione gastronomica del carattere del celebre chef che qui si affida, per l'esecuzione delle sue ricette regionali, ad un giovane cuoco già esperto. L'atmosfera moderna e minimal chic è in linea con il resto della casa.

LA CALETTA Sardegna – Nuoro (NU) – 366 T40 – Vedere Siniscola

LACCO AMENO – Napoli (NA) – 564 E23 – Vedere Ischia (Isola d')

LACES (LATSCH) – Bolzano (BZ) – 562 C14 – 5 144 ab. – alt. 639 m 33 B2

– Sport invernali : 1 200/2 250 m 4, – ✉ 39021
Roma 692 – Bolzano 54 – Merano 26 – Milano 352
via Principale 38, ✆ 0473 62 31 09, www.laces-martello.it

Paradies cam,
via Sorgenti 12 – ✆ 04 73 62 22 25 – www.hotelparadies.com
– Aperto 15 marzo-14 novembre
48 cam – 126/165 € 230/323 € – 20 suites **Rist** – Carta 51/71 €
In posizione davvero paradisiaca, bella struttura nella pace dei frutteti e del giardino ombreggiato con piscina; accoglienti ambienti interni e curato centro benessere.

LADISPOLI – Roma (RM) – 563 Q18 – 41 035 ab. – ✉ 00055 12 B2

Roma 39 – Civitavecchia 34 – Ostia Antica 43 – Tarquinia 53
piazza Della Vittoria 11, ✆ 06 9 91 30 49, www.comune.ladispoli.roma.it
Cerveteri : necropoli della Banditaccia★★ Nord : 7 km

La Posta Vecchia
località Palo Laziale , Sud: 2 km – ✆ 0 69 94 95 01 – www.lapostavecchia.com
– Aperto 1° aprile-31ottobre
14 cam – 320/700 € 320/700 € – 5 suites
Rist *The Cesar* – vedere selezione ristoranti
Quasi un fortino sul mare, uno scrigno di tesori d'arte d'ogni epoca, nelle fondamenta una villa romana con pavimenti musivi. Per tutti gli ospiti, la sensazione di essere stati invitati in una residenza nobiliare privata.

The Cesar – Hotel La Posta Vecchia
località Palo Laziale , Sud: 2 km – ✆ 0 69 94 95 01
– www.lapostavecchia.com – Aperto 1° aprile-31 ottobre
Rist – Carta 73/135 €
➜ Crudo di ricciola su carpaccio di gamberi rossi, foglia d'ostrica e profumo di liquirizia. Mazzancolle siciliane, foie gras, crema di fragole e semi di cacao. Soufflé al profumo di zenzero e gelato alla banana e lime.
Romanticamente affacciato sul mare, la sontuosità della sala rivaleggia con una cucina sapida e sofisticata: piatti mediterranei rivisitati in chiave moderna e preparati in gran parte con i prodotti biologici dell'orto dell'hotel.

LAGO – Vedere nome proprio del lago

LAGO MAGGIORE o VERBANO – Novara, Varese e Cantone Ticino – 561 E7

Italia

LAGONEGRO – Potenza (PZ) – 564 G29 – 5 802 ab. – alt. 666 m 3 B3

– ✉ 85042

Roma 384 – Potenza 111 – Cosenza 138 – Salerno 127

Caimo senza rist

via dei Gladioli 3 – ✆ 0 97 32 16 21 – www.hotelcaimo.com

16 cam – †40 € ††60 €

Piccolo hotel a gestione familiare ubicato tra l'uscita dell'autostrada e l'ospedale: camere semplici ed accoglienti, con un buon rapporto qualità/prezzo.

in prossimità casello autostrada A 3 - Lagonegro Sud Nord : 3 km :

Midi

rist,

viale Colombo 76 ✉ 85042 – ✆ 0 97 34 11 88 – www.midihotel.it

36 cam – †55/60 € ††75/80 € **Rist** – Carta 16/50 €

In prossimità dello svincolo autostradale, albergo d'ispirazione classica, particolarmente adatto ad una clientela business, con camere moderne e funzionali. Ampia sala da pranzo e salone banchetti con capienza fino a 500 persone.

LAGUNDO – Bolzano (BZ) – 562 B15 – 4 848 ab. – alt. 350 m 33 B1

– ✉ 39022

Roma 667 – Bolzano 30 – Merano 2 – Milano 328

piazza Hans Gamper 3, ✆ 0473 44 86 00, www.algund.com

Pianta: Vedere Merano

Pergola senza rist

san Cassiano 40 – ✆ 04 73 20 14 35 – www.pergola-residence.it – Aperto 15 marzo-15 novembre

14 suites – ††222/400 €, 12 €

Eccellente esercizio architettonico del celebre Matteo Thun: in una piccola casa, profusione di legno, luce e - grazie alla posizione rialzata sul paese - splendido panorama. Le ampie camere dispongono tutte di un cucinino.

Ludwigshof

cam, rist,

via Breitofen 9 – ✆ 04 73 22 03 55 – www.ludwigshhof.com – Aperto 25 aprile-10 novembre Aa

24 cam – †60/65 € ††120/130 € – 4 suites **Rist** – *(solo per alloggiati)*

In un'oasi di tranquillità, incorniciato dal Gruppo del Tessa, albergo a gestione familiare con un invitante giardino; tappeti, quadri e soffitti in legno all'interno.

Agriturismo Plonerhof senza rist

via Peter Thalguter 11 – ✆ 04 73 44 87 28 – www.plonerhof.it Ab

9 cam – †28/38 € ††56/74 €

Non lontano dal centro, circondata da una riposante natura, casa contadina del XIII secolo con tipiche iscrizioni di motti tirolesi; interessanti arredi di epoche diverse.

Zur Blauen Traube

strada Vecchia 44 – ✆ 04 73 44 71 03 – www.blauetraube.it – Chiuso 12 gennaio-20 febbraio, 1°-8 luglio e martedì

Rist – Carta 39/75 €

In pieno centro, l'edificio storico ospita al suo interno una cucina d'impostazione attuale, che cita tanto la regione nella quale si trova, ma si concede anche ad altri sapori italiani.

Schnalshuberhof

Oberplars 2 – ✆ 04 73 44 73 24 – Chiuso 17 dicembre-13 febbraio, 21 luglio-8 agosto, lunedì, martedì e mercoledì

Rist – *(solo a cena)* (prenotazione obbligatoria)

Tra le mura di una casa del 1300, in due stube (unica nel suo genere quella ricoperta di giornali), la famiglia Pingerra propone gustosi piatti a base di ingredienti biologici, accompagnati da vini di produzione propria. Un vero maso con gusto!

LAIGUEGLIA – Savona (SV) – 561 K6 – 1 895 ab. – ✉ 17053 Liguria 14 B2

Roma 600 – Imperia 19 – Genova 101 – Milano 224

via Roma 2, ✆ 0182 69 00 59, www.visitrivieradeifiori.it

Località★ • Chiesa di S. Matteo★

Splendid Mare
piazza Badarò 3 – ✆ 01 82 69 03 25 – www.splendidmare.it – Aperto 1° maggio-30 settembre
45 cam – solo ½ P 130/198 € – 1 suite **Rist** – *(solo a cena)* Menu 30 €
Un soggiorno rilassante negli ambienti signorili di un edificio risalente al 1400, ristrutturato nel 1700, che conserva il fascino di un antico passato; camere piacevoli.

Mediterraneo
cam, rist,
via Andrea Doria 18 – ✆ 01 82 69 02 40 – www.hotelmedit.it – Chiuso 15 ottobre-22 dicembre
32 cam – †40/70 € ††60/125 €, ☕ 8 € **Rist** – Menu 18/25 €
La gestione familiare, le grandi camere ben arredate, la posizione tranquilla e comoda, fuori ma non lontana dal centro, la grande terrazza solarium: buone vacanze!

LAINATE – **Milano (MI)** – **561** F9 – **25 343 ab.** – **alt. 176 m** – ✉ **20020** **18** A2
Roma 609 – Milano 20 – Bergamo 62 – Brescia 107
Green Club via Manzoni 45, 02 9370869, www.greenclubgolf.it

Litta Palace
via Lepetit 1, uscita autostrada – ✆ 02 93 57 16 40 – www.hotellittapalace.com – Chiuso 2 settimane in agosto
92 cam ☕ – †70/230 € ††70/270 € – 2 suites
Rist ***Ninfeo*** – vedere selezione ristoranti
Vicino all'ingresso dell'autostrada, è la struttura ideale per una clientela business: camere confortevoli, sale riunioni ed una zona fitness dove trovano posto piscina, palestra, nonché sauna.

Ninfeo – Hotel Litta Palace
via Lepetit 1, uscita autostrada – ✆ 02 93 57 16 40 – www.hotellittapalace.com – Chiuso 2 settimane in agosto
Rist – *(solo a cena)* Carta 42/90 €
In un ambiente moderno, come del resto l'hotel che lo ospita, la filosofia del locale sembra ispirarsi al famoso adagio "poco, ma buono": la proposta gastronomica, infatti, non è amplissima, ma allettante e di gusto contemporaneo. Per gli incalliti del fumo, Ninfeo dispone anche di una sala fumatori.

LAIVES (LEIFERS) – **Bolzano (BZ)** – **17 197 ab.** – **alt. 255 m** – ✉ **39055** **34** D3
Roma 634 – Bolzano 8 – Milano 291 – Trento 52

Rotwand
cam,
via Gamper 2, Nord-Est : 2 km – ✆ 04 71 95 45 12 – www.rotwand.com
43 cam ☕ – †68/88 € ††106/126 €
Rist – *(chiuso febbraio, domenica sera e lunedì)* Carta 24/51 €
A soli 10 minuti dal centro storico di Bolzano, conduzione diretta in una bella struttura in quieta e panoramica zona residenziale: ambienti tradizionali e succulente specialità altoatesine al ristorante.

LAMA MOCOGNO – **Modena (MO)** – **562** J14 – **2 912 ab.** – **alt. 842 m** – ✉ **41023** **8** B2
Roma 382 – Bologna 88 – Modena 58 – Pistoia 76

Vecchia Lama
via XXIV Maggio 24 – ✆ 0 53 64 46 62 – www.ristotantevecchialama.it – Chiuso 7-18 gennaio e lunedì escluso luglio-agosto
Rist – Menu 15 € (pranzo in settimana)/35 € – Carta 27/40 €
Rigatoni fatti in casa con speck e funghi porcini, carpaccio di fassona al tartufo, zuppa inglese al cucchiaio: sono solo alcuni esempi della gustosa cucina casalinga di quest'autentica trattoria a conduzione familiare. D'estate si pranza sulla terrazza affacciata sul giardino.

LAMEZIA TERME – **Catanzaro (CZ)** – **564** K30 – **71 286 ab.** – **alt. 216 m** – **Stazione termale** – ✉ **88046** **5** A2
Roma 580 – Cosenza 66 – Catanzaro 44
a Sant'Eufemia Lamezia ✆ 0968 414333

Bräm Hotel senza rist

via del Mare 63 – 0 96 85 15 98 – www.bramhotel.it

17 cam – 100/120 € 100/120 € – 3 suites

In prossimità della stazione ferroviaria, una nuova struttura elegante nello stile e raffinata nei dettagli: con questi presupposti il soggiorno non potrà che essere all'insegna della qualità e del confort.

a Nicastro – 88046

Savant

via Capitano Manfredi 8 – 0 96 82 61 61 – www.hotelsavant.it

67 cam – 60/120 € 86/150 € – 2 suites **Rist** – Carta 26/48 €

Posizione centrale per un hotel dal confort contemporaneo: ambienti classici e camere funzionali. Struttura ideale per una clientela business. Atmosfera gradevole nella spaziosa sala da pranzo.

Novecento

largo Sant'Antonio 5 – 09 68 44 86 25 – www.ristorantenovecento.biz – Chiuso 6-28 agosto, sabato a mezzogiorno e domenica

Rist – Carta 22/48 €

Nel centro storico della località, in fondo alla sala con mattoni a vista è stata ricavata nel pavimento un'area trasparente e calpestabile, il cui interno custodisce una riproduzione della vecchia Nicastro. La calda ospitalità accompagna invece i numerosi piatti della tradizione.

sulla strada statale 18 Sud-Ovest: 11 km

Ashley cam,

località Marinella 88046 Lamezia Terme – 0 96 85 18 51 – www.hotelashley.it

55 cam – 99/109 € 130/140 € – 4 suites

Rist *Al Regina* – Carta 41/45 €

Nelle vicinanze dell'aeroporto, una nuova realtà dalla raffinata ed elegante atmosfera, caratterizzata da mobili d'antiquariato in stile Impero e da spazi curati in ogni settore. La piacevolezza della struttura non risparmia il ristorante: gustose specialità di pesce ed un'interessante carta dei vini.

sulla strada complanare SP 170/2 Est: 10 km

THotel Lamezia

località Garrubbe 88043 Feroleto Antico – 09 68 75 40 09 – www.thotelamezia.it

106 cam – 120/150 € 145/190 € – 1 suite **Rist** – Carta 20/46 €

Una nuova struttura a vocazione prettamente business dotata dei migliori confort moderni e completa di ogni servizio. Ideale per congressi, il ristorante propone una saporita cucina regionale, elaborata partendo da materie prime di buona qualità.

LA MORRA – Cuneo (CN) – 561 I5 – 2 758 ab. – alt. 513 m – 12064 25 C2

Italia Centro-Nord

Roma 631 – Cuneo 62 – Asti 45 – Milano 171

Corte Gondina senza rist

via Roma 100 – 01 73 50 97 81 – www.cortegondina.it – Chiuso 22-27 dicembre e 4 gennaio-28 febbraio

14 cam – 90/120 € 100/150 €

Elegante casa d'epoca a due passi dal centro, curata in ogni dettaglio: all'interno camere personalizzate, mentre la sala colazioni e il salottino hanno un respiro quasi anglosassone. Nel rilassante giardino la piscina.

Villa Carita senza rist

via Roma 105 – 01 73 50 96 33 – www.villacarita.it – Chiuso 20 dicembre-31 gennaio

5 cam – 100/120 € 100/120 €

Bella casa d'inizio '900 con splendida vista su colline e vigneti: le camere, eccetto una, sono in realtà vere e proprie suite con cucinino. Dal belvedere realizzato nel grazioso giardino ed allestito con sedie in ferro battuto si possono ammirare i castelli di Grinzane Cavour, Castiglione Falletto e Serralunga.

Fior di Farine senza rist

via Roma 110 – ✆ 01 73 50 98 60 – www.fiordifarine.com – Chiuso gennaio-febbraio

5 cam – 80 € 100 €

Nella corte interna di uno dei più celebri mulini in pietra, una struttura del '700 con soffitti a cassettoni e camere arredate in stile rustico-elegante. Imperdibile la prima colazione, dove si possono gustare le farine di produzione propria sotto forma di pane, brioche e pizza espressa.

Bovio

via Alba 17 bis – ✆ 01 73 59 03 03 – www.ristorantebovio.it – Chiuso 15 febbraio-12 marzo, 27 luglio-13 agosto, mercoledì e giovedì

Rist – Menu 45 € – Carta 40/139 €

Famiglia storica di ristoratori, i Bovio, da qualche anno si sono trasferiti in questa bella villa con vista sui vigneti, dove continuano a portar avanti l'importante tradizione gastronomica delle langhe.

a Rivalta Nord : 4 km – ✉ 12064 La Morra

Bricco dei Cogni senza rist

frazione Rivalta Bricco Cogni 39 – ✆ 01 73 50 98 32 – www.briccodeicogni.it

6 cam – 80/100 € 100/120 €, 8 €

Abbracciata dalle dolci colline dei nobili vigneti, un'elegante ed imponente casa padronale in stile ottocentesco. Bella piscina soleggiata e romantiche camere, arredate nei tenui colori del giallo, del rosa o del blu, impreziosite da antichi mobili e suppellettili d'epoca.

a Annunziata Est : 4 km – ✉ 12064 La Morra

Agriturismo La Cascina del Monastero senza rist

cascina Luciani 112/a – ✆ 01 73 50 92 45 – www.cascinadelmonastero.it – Chiuso 7 dicembre-1° marzo

10 cam – 100/125 € 100/125 €

Anticamente utilizzata dai frati per produrre il vino, la cascina offre accoglienti spazi dove soggiornare alla scoperta dei sentieri di Langa e degustare prodotti tipici locali. L'agriturismo vanta, ora, anche un piccolo centro benessere.

Agriturismo Risveglio in Langa senza rist

borgata Ciotto 52, Sud-Est : 3 km – ✆ 0 17 35 06 74 – www.risveglioinlanga.it – Chiuso gennaio-febbraio

5 cam – 75/80 € 90/100 €, 5 €

Ricavata da un cascinale ottocentesco, la risorsa è immersa nel verde di colline e vigneti: i proprietari sono infatti anche piccoli produttori di vino. La generosità in metri quadrati delle camere, permette loro di avere anche un angolo cottura.

Red Wine senza rist

frazione Annunziata 105 – ✆ 01 73 50 92 50 – www.red-wine.it – Aperto 9 marzo-7 dicembre

6 cam – 85/105 € 85/105 €

La piccola cascina secolare si è trasformata in colorato hotel, dove il passato si allea a confort moderni per offrire ambienti accoglienti e di elegante essenzialità. Tutt'attorno, il verde delle vigne.

Osteria Veglio

frazione Annunziata 9 – ✆ 01 73 50 93 41 – Chiuso febbraio, 10 giorni in agosto, martedì e mercoledì

Rist – (coperti limitati, prenotare) Menu 30/42 € – Carta 31/58 €

Alla ricerca dei migliori sapori langaroli in una piccola sala interna o - nella stagione estiva - sulla terrazza panoramica da cui si gode di una bella vista su colline e vigneti circostanti.

a Santa Maria Nord-Est :4 km – ✉ 12064 La Morra

XX **L'Osteria del Vignaiolo** con cam
– ✆ 0 17 35 03 35 – *Chiuso 24 dicembre-20 gennaio e 2 settimane in giugno*
5 cam – †50/70 € ††50/70 €
Rist – *(chiuso mercoledì e giovedì)* Carta 27/41 €
In questa piccola frazione nel cuore del Barolo, un piacevole edificio in mattoni ospita quella che è divenuta un'elegante osteria. Nella luminosa sala, i piatti della tradizione sono intepretati con raffinata fantasia: la cialda di parmigiano con quaglie al rosmarino, ne è un esempio. Spaziose e confortevoli le camere.

LAMPEDUSA (Isola di) Sicilia – Agrigento (AG) – **365** AK70 **30** C3
– 6 299 ab. – alt. 16 m Sicilia

LAMPEDUSA – Agrigento (AG) – **565** U19 – ✉ 92010

✈ ✆ 0922 970006

Baia dell'Isola dei Conigli★★★ - ≤★★★ sullo scoglio del Sacramento - Baia della Tabaccara★★ - Baia della Madonnina★

Linosa★: giro dell'isola in barca★★ - Cala Pozzolana★★

Martello
piazza Medusa 1 – ✆ 09 22 97 00 25 – www.hotelmartello.it
25 cam – solo ½ P 100/140 €
Rist – *(aperto 1° maggio-31 ottobre)* Menu 20/40 €
Palazzina di due piani tinteggiata di chiaro, come tutte le abitazioni dell'isola, per un soggiorno confortevole grazie alle buone dotazioni. Attrezzato diving center. Ristorante semplice, fresco, schietto e sicuramente curato con passione.

Cavalluccio Marino
contrada Cala Croce 3 – ✆ 09 22 97 00 53 – www.hotelcavallucciomarino.com – Aperto 1° aprile-31 ottobre
10 cam – solo ½ P 95/140 € **Rist** – *(solo a cena)* Carta 32/58 €
Piccolo graziosissimo albergo nei pressi di una delle calette più belle dell'isola. Gestione familiare molto premurosa che sa mettere a completo agio i propri ospiti. Sentirsi a casa, ma con piaceri riscoperti: eccovi al ristorante!

XX **Gemelli**
via Cala Pisana 2 – ✆ 09 22 97 06 99 – Aperto Pasqua-31 ottobre
Rist – *(solo a cena)* Carta 35/69 €
Ristorante a poca distanza dall'aeroporto, dove è possibile gustare al meglio i prodotti ittici locali. Il servizio estivo viene effettuato sotto ad un fresco pergolato.

XX **Lipadusa**
via Bonfiglio 12 – ✆ 09 22 97 02 67 – Aperto maggio-ottobre; chiuso lunedì
Rist – *(solo a cena)* Carta 30/52 €
Nel centro del paese, un locale impostato in modo classico per quel che riguarda l'ambiente, molto sobrio, familiare nella gestione e tipico nelle proposte gastronomiche.

LAMPORECCHIO – Pistoia (PT) – **563** K14 – 7 724 ab. – alt. 56 m **31** B1
– ✉ 51035

Roma 316 – Firenze 49 – Bologna 137 – Modena 176

Antico Masetto senza rist
piazza Berni 12 – ✆ 0 57 38 27 04 – www.anticomasetto.it – Chiuso 19-29 dicembre
21 cam – †62/80 € ††75/125 €
In pieno centro, stabile d'inizio Novecento completamente rinnovato. Al piano terra, hall e ambienti comuni non ampi, ma piacevoli. Sopra, camere curate e ben attrezzate.

LANA – Bolzano (BZ) – **562** C15 – 11 230 ab. – alt. 310 m **33** B2
– Sport invernali : a San Vigilio : 1 485/1 839 m 1 1, – ✉ 39011

Roma 661 – Bolzano 24 – Merano 9 – Milano 322

via Andreas Hofer 9/1, ✆ 0473 56 17 70, www.lana.info

Lana Gutshof Brandis via Brandis 13, 0473 564696, www.golfclublana.it – chiuso dal 15 dicembre al 15 febbraio

Eichhof
via Querce 4 – ✆ 04 73 56 11 55 – www.eichhof.net
– Aperto 13 aprile-3 novembre
20 cam – solo ½ P 55/65 € **Rist** – *(solo per alloggiati)*
A pochi passi dal centro, un piccolo albergo immerso in un ameno giardino ombreggiato con piscina; accoglienti e razionali gli spazi comuni in stile, spaziose le camere.

Rebgut senza rist
via Brandis 3, Sud : 2,5 km – ✆ 04 73 56 14 30 – www.rebgut.it
– Aperto 1° marzo-31 ottobre
12 cam – 40/52 € 84/96 €
Nella tranquillità della campagna, in mezzo ai frutteti, una graziosa casa nel verde con piscina; ambienti in stile rustico con arredi semplici in legno chiaro.

a Foiana (Völlan)**Sud-Ovest : 5 km – alt. 696 m – ✉ 39011 Lana D'Adige**

via Mayenburg 44, ✆ 0473 56 17 70, www.lana.info

Völlanerhof
via Prevosto 30 – ✆ 04 73 56 80 33 – www.voellanerhof.com
– Aperto 25 dicembre-6 gennaio e 1° aprile-11 novembre
36 cam – 129/149 € 230/280 € – 10 suites **Rist** – *(solo per alloggiati)*
Un'oasi di pace nella cornice di una natura incantevole: piacevole giardino con piscina riscaldata, confortevoli interni d'ispirazione moderna, attrezzato centro fitness.

Waldhof cam,
via Mayenburg 32 – ✆ 04 73 56 80 81 – www.derwaldhof.com
– Chiuso 10 gennaio-30 marzo
43 cam – solo ½ P 116/156 € – 7 suites **Rist** – *(solo per alloggiati)*
Due costruzioni distinte: classica con i tipici arredi altoatesini la prima, splendidamente avvolta dal legno la seconda. Spazio e luce in ambienti moderni.

Kirchsteiger con cam
via Prevosto Wieser 5 – ✆ 04 73 56 80 44 – www.kirchsteiger.com
– Chiuso 11 gennaio-3 marzo
16 cam – 80/120 € – 4 suites **Rist** – *(chiuso giovedì)* Carta 42/62 €
Tipico stile tirolese nella bella sala classica e nella stube di una graziosa casa immersa nel verde: atmosfera romantica in cui assaporare una cucina innovativa imperdibile.

a San Vigilio (Vigiljoch) **Nord-Ovest : 5 mn di funivia – alt. 1 485 m – ✉ 39011 Vigiljoch**

Vigilius Mountain Resort rist,
via Pavicolo 43 – ✆ 04 73 55 66 00 – www.vigilius.it
– Chiuso 10-27 marzo e 10 novembre-5 dicembre
35 cam – 210/250 € 320/390 € – 6 suites
Rist *1500* – *(solo a cena)* (consigliata la prenotazione) Carta 55/87 €
Rist *La Stube Ida* – (consigliata la prenotazione) Carta 28/40 €
Immerso nel silenzio della natura questo albergo, raggiungibile in funivia, nasce da un progetto di architettura ecologica. Oasi di pace con un panorama unico delle Dolomiti. Ristorante in linea con lo stile dell'albergo, spiccano i legni chiari.

LANCIANO – Chieti (CH) – 563 P25 – 36 304 ab. – alt. 265 m – ✉ 66034 2 C2

Roma 199 – Pescara 51 – Chieti 48 – Isernia 113
piazza del Plebiscito 50/51, ✆ 0872 71 78 10, www.abruzzoturismo.it

Anxanum cam, rist,
via San Francesco d'Assisi 8/10 – ✆ 08 72 71 51 42 – www.hotelanxanum.com
42 cam – 60/68 € 75/84 €, 10 € **Rist** – *(solo a cena)* Carta 21/47 €
Albergo in zona residenziale, dove ogni anno piccoli lavori di rinnovo gli conferiscono un aspetto curato e funzionale: l'ultima novità è il piacevole centro benessere. Per quanto riguarda le camere optare per le più recenti con dei solari bagni gialli.

Excelsior (N) rist,

viale della Rimembranza 19 – 08 72 71 30 13 – www.hotelexcelsiorlanciano.it

70 cam – 108 € 135 € – 3 suites

Rist – *(chiuso domenica) (solo a cena)* Carta 31/47 €

Nel centro della località, questa imponente struttura sottoposta a costanti migliorie dispone di spazi comuni abbelliti da mobili d'epoca e camere dagli arredi lineari. All'ultimo piano, gradevole zona relax e ristorante con vista panoramica.

LANGHIRANO – Parma (PR) – 562 I12 – 9 842 ab. – alt. 265 m 8 B2

– 43013

Roma 476 – Parma 23 – La Spezia 119 – Modena 81

strada al Castello 10, 0521 35 50 09, www.comune.langhirano.pr.it

La Ghiandaia

località Berzola , Sud : 3 km – 05 21 86 10 59 – www.la-ghiandaia.it – Chiuso 15 giorni in gennaio, 6 giorni in agosto e lunedì

Rist – *(solo a cena escluso i giorni festivi)* Carta 31/80 €

Originale collocazione in un fienile ristrutturato, con un particolare spazio estivo all'aperto nel giardino in riva al fiume. Gustose specialità di pesce, all'insegna della semplicità.

a Pilastro Nord : 9 km – alt. 176 m – 43013

Masticabrodo

strada provinciale per Torrechiara 45/A, Nord: 7 km – 05 21 63 91 10 – www.masticabrodo.com – Chiuso 1°-7 gennaio, 4-26 agosto, domenica sera e lunedì

Rist – Carta 25/35 €

All'ombra del Castello di Torrechiara, in aperta campagna, la trattoria propone piatti legati alle tradizioni locali e specialità di stagione. L'accurata selezione di materie prime, qui, è un imperativo categorico!

LANGTAUFERS = Vallelunga

LANZO D'INTELVI – Como (CO) – 561 E9 – 1 452 ab. – alt. 907 m 16 A2

– 22024 Italia Centro-Nord

Roma 653 – Como 30 – Argegno 15 – Menaggio 30

località Piano delle Noci, 031 839060, www.golflanzo.it – 13 marzo-7 novembre; chiuso lunedì

Belvedere di Sighignola★★★ : ≤ sul lago di Lugano e le Alpi Sud-Ovest : 6 km

Milano

via Martino Novi 26 – 0 31 84 01 19 – www.hotelmilanolanzo.com – Aperto 1° aprile-31 ottobre

30 cam – 45/55 € 90/100 € **Rist** – Carta 23/51 €

Solida gestione familiare ormai generazionale in un albergo classico abbracciato da un fresco giardino ombreggiato; spazi comuni razionali e camere ben accessoriate. Pareti in caldo color ocra ornate da piccoli quadri nella bella sala ristorante.

Rondanino

via Rondanino 1, indicazioni per C.O.F ospedale, Nord : 3 km – 0 31 83 98 58 – www.rondanino.it

14 cam – 45/53 € 67/70 €

Rist – *(chiuso mercoledì escluso dal 15 giugno al 15 settembre)* Carta 26/49 €

Nell'assoluta tranquillità dei prati e delle pinete che lo circondano, un rustico caseggiato ristrutturato: spazi interni gradevoli e camere complete di ogni confort. Accogliente sala da pranzo riscaldata da un camino in mattoni; servizio estivo in terrazza.

LANZO TORINESE – Torino (TO) – 561 G4 – 5 303 ab. – alt. 515 m 22 B2

– 10074

Roma 689 – Torino 28 – Aosta 131 – Ivrea 68

via Umberto I 9, 0123 2 80 80, www.comune.lanzotorinese.to.it

Trattoria del Mercato

via Diaz 29 – ✆ 0 12 32 93 20 – Chiuso 15-30 giugno, domenica sera e giovedì
Rist – Carta 23/41 €
Nato nel 1938 e gestito sempre dalla stessa famiglia, è un locale molto semplice, forse un po' demodè, dove gustare piatti casalinghi della tradizione piemontese.

LA PALUD – Aosta (AO) – Vedere Courmayeur

LAPIO – Vicenza (VI) – 562 F16 – Vedere Arcugnano

L'AQUILA (AQ) – 563 O22 – 72 511 ab. – alt. 714 m – ✉ 67100 1 A2

Italia Centro-Sud

Roma 119 – Napoli 242 – Pescara 105 – Terni 94

piazzale Stadio Rugby località Acquasanta , ✆ 0862 41 08 08, www.abruzzoturismo.it

San Donato Santi di Preturo piazza della Chiesa, , Nord-Ovest: 8 km, 0862 601212, www.sandonatogolf.it – chiuso martedì

Basilica di San Bernardino★★Y – Castello★Y: museo Nazionale d'Abruzzo★★ – Basilica di Santa Maria di Collemaggio Z – Fontana delle 99 cannelle★Z

Il Gran Sasso★★

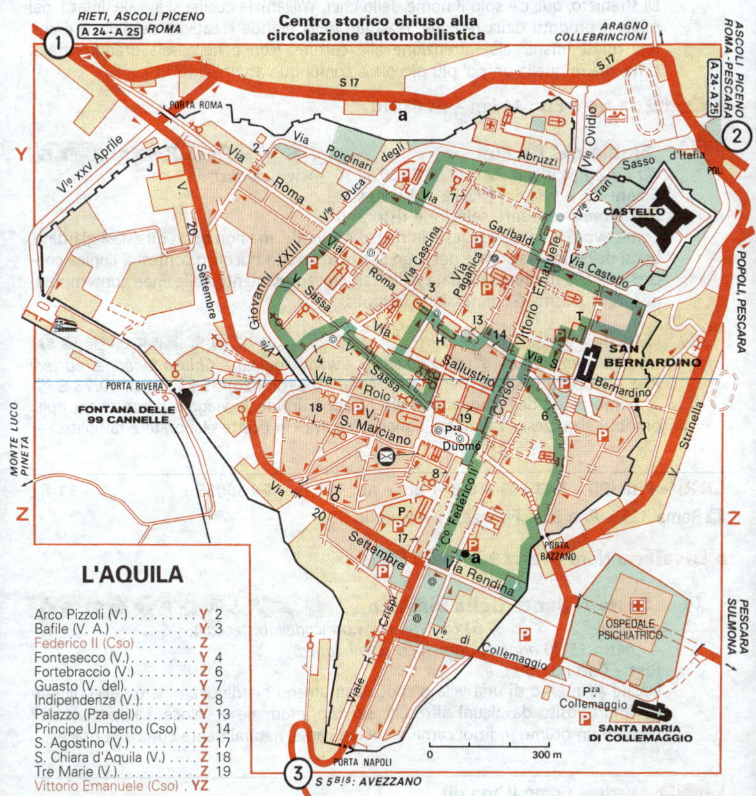

San Michele senza rist
via dei Giardini 6 – ✆ 08 62 42 02 60 – www.stmichelehotel.it Za
32 cam – 65/90 € 80/130 €
E' rimasta indenne al terremoto del 2009 questa struttura dalla gestione squisitamente familiare, al limitare del centro storico . Gli esigui spazi comuni sono ampiamente riscattati dalle ottime, confortevoli, camere. Bagni all'avanguardia.

Magione Papale cam, cam, rist,
via Porta Napoli 67/I, per ③ : 1 km – ✆ 08 62 41 49 83 – www.magionepapale.it
17 cam – 100/160 € 120/160 €
Rist *Magione Papale* – vedere selezione ristoranti
Rist – *(chiuso domenica sera e lunedì)* Carta 35/40 €
Un relais di campagna, dove tutti (almeno una volta nella vita) dovrebbero pernottare. In un mulino ristrutturato, camere tutte diverse, ma accomunate da elementi architettonici che rimandano all'originaria funzione della struttura.

Magione Papale – Hotel Magione Papale
via Porta Napoli 67/I – ✆ 08 62 40 44 26 – Chiuso gennaio, domenica sera e lunedì
Rist – *(solo a cena da martedì a sabato)* (prenotazione obbligatoria)
Menu 50/120 € – Carta 53/78 €
➜ Tortello liquido di pecorino, pomodoro e sedano. Pollo, funghi e rosmarino. Variazione d'agnello.
Di straniero, qui, c'è solo il nome dello chef, William: la cucina si avvale, infatti, dei migliori prodotti della regione, plasmati dalla grande creatività del cuoco e con una quasi "maniacale" attenzione alle cotture. Non è nella sala grande che si cena, ma in quella un po' più piccola e comunque accogliente.

a Camarda Nord-Est : 14 km – ✉ 67010

Elodia nel Parco
via Valle Perchiana 22 – ✆ 08 62 60 68 30 – www.elodia.it
5 cam – 80 € 120 € – 4 suites
Rist *Elodia* – vedere selezione ristoranti
Come evoca il nome il relais è immerso nel verde, ma non di un qualsiasi giardino, bensì del Parco Nazionale del Gran Sasso! In questo bucolico contesto, l'unica concessione alla modernità è data dalle camere: arredamento dalle linee contemporanee, tv al plasma e connessione Internet.

Elodia – Hotel Elodia nel Parco
via Valle Perchiana – ✆ 08 62 60 68 30 – www.elodia.it – Chiuso lunedì e martedì
Rist – (coperti limitati, prenotare) Menu 30 € (pranzo)/55 € – Carta 50/73 €
Al primo piano dell'omonimo relais, *Elodia* è un ideale viaggio gourmet tra tipici prodotti abruzzesi - zafferano, agnello, legumi - in ricette elaborate e raffinate.

LARI – Pisa (PI) – 563 L13 – 8 841 ab. – alt. 130 m – ✉ 56035 31 B2

Roma 335 – Pisa 37 – Firenze 75 – Livorno 33

a Lavaiano Nord-Ovest : 9 km – ✉ 56030

Castero-Banca della Bistecca
via Galilei 2 – ✆ 05 87 61 61 21 – www.bancadellabistecca.it – Chiuso 15-30 agosto, domenica sera e lunedì
Rist – Carta 31/58 €
Locale all'interno di una villa d'epoca con ameno giardino: ambiente accogliente ed impreziosito da alcuni affreschi, servizio informale e veloce. La specialità? Il nome è un ottimo indizio: carne e ancora carne, naturalmente cotta alla brace.

LARIO – Vedere Como (Lago di)

LA SALLE - Aosta (AO) - 561 E3 - 2 102 ab. - alt. 1 001 m - ✉ 11015 37 A2

Roma 775 - Aosta 29 - Courmayeur 14 - Torino 140

Mont Blanc Hotel Village

La Croisette 36 - ✆ 01 65 86 41 11
- www.hotelmontblanc.it - Chiuso ottobre-novembre
27 cam - 200/410 € 224/440 € - 13 suites
Rist ***La Cassolette*** ✿ - vedere selezione ristoranti
A darvi il benvenuto un caldo stile valdostano con tappeti, legno e camino. Nelle camere gli ambienti diventano ancora più originali, dormirete tra materiali tipici locali, ma in un'atmosfera di grande confort. Dalla sala colazioni è spettacolare la vista sulla cima da cui prende il nome.

La Cassolette - Mont Blanc Hotel Village

località La Croisette 36 - ✆ 01 65 86 41 11
- www.hotelmontblanc.it - Chiuso ottobre-novembre
Rist - *(solo a cena da lunedì a giovedì in bassa stagione)* Menu 45/100 €
- Carta 60/90 €
➜ Cannelloni di pasta alle olive con radicchio ed erbe, passatina di cannellini e pomodori. Hamburger di capretto panato alle erbe, purea di melanzane marinate alla menta. Cremoso al cioccolato con granita al caffè e granella di cacao.
Nella raffinata cornice di un locale con ampie vetrate affacciate sul Monte Bianco, un abile chef realizza ricette di pesce e di carne con accostamenti e presentazioni originali.

LA SPEZIA P (SP) - 561 J11 - 95 378 ab. Liguria 15 D2

Roma 418 - Firenze 144 - Genova 103 - Livorno 94
viale Italia 5, ✆ 0187 77 09 00, www.turismoprovincia.laspezia.it
Museo Lia★★ - Stele★ nel museo archeologico Ubaldo Formentini
Riviera di Levante ★★★ Nord-Ovest

Pianta pagina seguente

Firenze e Continentale senza rist

via Paleocapa 7 ✉ 19122 - ✆ 01 87 71 32 10 - www.hotelfirenzecontinentale.it
68 cam - 65/130 € 74/200 € - 2 suites **An**
Albergo in un palazzo d'inizio '900, vicino alla stazione ferroviaria; gradevoli aree comuni arredate in modo confortevole, con indovinati accostamenti di colori.

Genova senza rist

via Fratelli Rosselli 84/86 ✉ 19121 - ✆ 01 87 73 29 72 - www.hotelgenova.it
37 cam - 80/125 € 100/170 € **Ad**
Cordiale gestione familiare in un hotel in pieno centro, ristrutturato di recente; camere semplici con qualche personalizzazione, gradevole giardino interno.

My One Hotel La Spezia senza rist

via 20 settembre 81 ✉ 19121 - ✆ 01 87 73 88 48 - www.myonehotel.it
66 cam - 79/240 € 89/260 €, 10 € - 6 suites **Bc**
Un po' scomodo da raggiungere in auto, ma con un comodo accesso pedonale al centro città, hotel di catena con spazi comuni ridotti e camere di taglio moderno, molto attuali nello stile.

Le Ville Relais

salita al Piano 18/19, strada per Campiglia, per viale Nicolò Fieschi
- ✆ 01 87 73 52 99 - www.levillerelais.it - Aperto 1° marzo-31 ottobre
14 cam - 80/100 € 100/160 €
Rist - *(chiuso martedì) (solo a cena escluso da luglio a settembre)* Carta 27/42 €
La posizione elevata con superba vista sul golfo, rende la struttura un'autentica oasi di tranquillità, dove trovano posto camere signorili, verdi terrazze ed una scenografica piscina. Sfiziose proposte liguri, nell'intimo ristorante.

La Posta

via Giovanni Minzoni 24 ✉ 19121 - ✆ 01 87 76 04 37
- www.lapostadiclaudio.com - Chiuso 1°-20 agosto e domenica **Bd**
Rist - Menu 35 € - Carta 50/79 €
Locale di sobria eleganza e buon confort, aperto da pochi anni. In menu: piatti moderni, che riservano particolare attenzione alle materie prime e ai prodotti di stagioni. Un indirizzo da non trascurare.

L'Osteria della Corte

via Napoli 86 ✉ 19122 – ✆ 01 87 71 52 10 – www.osteriadellacorte.com – Chiuso lunedì a pranzo Aa

Rist – (consigliata la prenotazione) Carta 25/70 €

Appassionata gestione familiare in un accogliente locale dai toni rustici e con piacevole cortile interno. La cucina propone stuzzicanti piatti di matrice mediterranea, come la vellutata di zucca con calamari in panatura di mandorle.

LA STRADA CASALE – Ravenna (RA) – 562 F17 – Vedere Brisighella

---

LA THUILE – Aosta (AO) – 561 E2 – 767 ab. – alt. 1 441 m 37 A2

– Sport invernali : 1 441/2 642 m 1 17 (impianti collegati con La Rosière - Francia) – ✉ 11016

Roma 789 – Aosta 40 – Courmayeur 15 – Milano 227

via Marcello Collomb 36, ✆ 0165 88 41 79, www.lovevda.it

Le Miramonti

cam, rist,

via Piccolo San Bernardo 3 – ✆ 01 65 88 30 84 – www.lemiramonti.it – Chiuso maggio, ottobre e novembre

40 cam – †80/220 € ††110/280 € – 4 suites

Rist – Carta 35/63 €

Recentemente ristrutturato, questo hotel ha il grande pregio di trovarsi in centro paese e nei pressi degli impianti di risalita. Internamente rivestito in legno presenta pochi spazi comuni, ma signorili, una piccola area benessere e camere piacevolmente arredate.

Locanda Collomb senza rist

frazione Bathieu 51 – ✆ 01 65 88 51 19 – www.locandacollomb.it – Aperto 1° aprile-30 ottobre e nei week-end negli altri mesi

8 cam ☕ – †70/110 € ††120/170 €

"Gli uomini potevano chiudere gli occhi davanti alla grandezza, davanti all'orrore, davanti alla bellezza, e turarsi le orecchie davanti a melodie o a parole seducenti. Ma non potevano sottrarsi al profumo" P. Süskind...Camere a tema lettarario e aromaterapiche in una deliziosa locanda a soli 200 m dagli impianti di risalita; zona benessere con sauna, bagno turco, docce cromoterapiche, ed altro ancora.

Martinet senza rist

frazione Petite Golette 159 – ✆ 01 65 88 46 56

14 cam ☕ – †25/55 € ††50/110 €

Piccolo albergo ubicato in una frazione di La Thuile, immerso nella pace e nel silenzio dei monti, in posizione panoramica; spazi interni semplici e lineari.

LATINA (LT) – 563 R20 – 119 804 ab. – alt. 21 m – ✉ 04100 13 C3

Roma 68 – Frosinone 52 – Napoli 164

piazza del Popolo 16, ✆ 0773 48 06 72, www.latinaturismo.it

Enoteca dell'Orologio

piazza del Popolo 20 – ✆ 07 73 47 36 84 – www.enotecadellorologio.it – Chiuso lunedì a mezzogiorno e domenica

Rist – Carta 41/75 €

Accogliente locale di tono elegante dove provare piatti della tradizione, serviti all'aperto in estate. Allettanti e più semplici proposte anche nell'adiacente enoteca.

Hosteria la Fenice

via Parini 1/3 – ✆ 07 73 48 13 59 – www.hosterialafenice.it – Chiuso 1 settimana in agosto, sabato a mezzogiorno e domenica da giugno ad agosto, domenica sera e martedì negli altri mesi

Rist – Carta 24/46 €

Poco fuori dal centro, un'interpretazione moderna e piacevole dell'ambiente dell'osteria. La cucina affronta piatti dei territori d'Italia con approccio pacatamente creativo.

a Lido di Latina Sud : 9 km – ✉ 04010 Borgo Sabotino

Pino Il Tarantino

via lungomare 2509, località Foce Verde – ✆ 07 73 27 32 53 – Chiuso 15 giorni in gennaio, 15 giorni in settembre e mercoledì

Rist – Carta 29/61 €

Locale tradizionale dalla conduzione solida ed esperta. Nella curata e capiente sala potrete gustare pesce e crostacei preparati con buona tecnica e capacità. Piccolo e piacevole dehors per la bella stagione.

Il Funghetto

strada Litoranea 11412, località Borgo Grappa – ✆ 07 73 20 80 09 – www.ristoranteilfunghetto.it – Chiuso 10 giorni in gennaio, 1°-15 settembre e mercoledì, anche domenica sera da settembre a giugno

Rist – *(solo a cena escluso domenica in luglio-agosto)* Carta 41/89 €

Dietro i fornelli e in sala lavora ormai la seconda generazione della medesima famiglia, e lo stile del locale continua a migliorare, tanto tra i tavoli quanto in cucina.

a Borgo Faiti Est : 10 km – ✉ 04010

Foro Appio Mansio Ⓝ

via Appia km 72,800 – ✆ 07 73 87 74 34 – www.foroappiohotel.it

40 cam – †85/150 € ††85/150 € – 6 suites **Rist** – Carta 34/49 €

Ex stazione di posta romana, l'attuale edificio fu disegnato da Valadier e conserva la sobrietà monastica del progetto originale. Pavimenti in antico cotto conducono alle camere volutamente essenziali: spiccano tuttavia le spalliere dei letti di fine '800.

XX **Locanda del Bere**

via Foro Appio 64 – ✆ 07 73 25 86 20 – Chiuso 15-30 agosto e domenica sera
Rist – Carta 29/60 €
Solida gestione per questo ristorante dall'accogliente e calda atmosfera. Le proposte della cucina si orientano su piatti di carne, in inverno, e sul pesce nei mesi più caldi.

LATISANA – Udine (UD) – 562 E20 – 13 953 ab. – alt. 7 m – ✉ 33053 10 B3

Roma 598 – Udine 41 – Gorizia 60 – Milano 337

Bella Venezia

via del Marinaio 3 – ✆ 0 43 15 98 60 – www.hotelbellavenezia.it – Chiuso 24 dicembre-6 gennaio
23 cam – 50/65 € 80/85 €
Rist *Bella Venezia* – vedere selezione ristoranti
Una semplice costruzione bianca cinta da un rilassante giardino ombreggiato: spazi interni ariosi e confortevoli, arredati in modo essenziale e camere tradizionali.

X **Bella Venezia** – Hotel Bella Venezia

via del Marinaio 1 – ✆ 0 43 15 02 16 – www.hotelbellavenezia.it – Chiuso 24 dicembre-6 gennaio e lunedì
Rist – Carta 64/92 €
In un'accogliente sala dall'atmosfera un po' retrò, le verdure provenienti dalla vicina campagna tentano d'imporsi, ma è sempre il pesce a primeggiare in menu.

LATSCH = Laces

LAURIA – Potenza (PZ) – 564 G29 – 13 392 ab. – alt. 430 m 3 B3

Roma 406 – Cosenza 126 – Potenza 129 – Napoli 199

a Pecorone Nord : 5 km – ✉ 85044

X **Da Giovanni**

contrada Pecorone – ✆ 09 73 82 10 03
Rist – Carta 17/26 €
Bar-ristorante in stile fresco e moderno con proposte casalinghe a base, soprattutto, di carne alla brace. La quarantennale esperienza della cuoca è una garanzia!

LAVAGNA – Genova (GE) – 561 J10 – 13 013 ab. – ✉ 16033 Liguria 15 C2

Roma 464 – Genova 41 – Milano 176 – Rapallo 17
piazza Torino 38, ✆ 0185 39 50 70, www.comune.lavagna.ge.it

Tigullio cam,

via Matteotti 1 – ✆ 01 85 39 29 65 – www.hoteltigullio.com – Chiuso 2 settimane in marzo e 21 ottobre-21 dicembre
39 cam – 50/80 € 70/100 € **Rist** – Menu 19 € (cena)/25 €
Nuova ed esperta gestione diretta in una struttura anni '50, rimodernata nel corso degli anni, situata in zona centrale; arredi non nuovi, ma tenuti in modo impeccabile. Pareti dipinte con paesaggi marini nella semplice sala ristorante.

Ancora Riviera

via dei Devoto 81 – ✆ 01 85 30 85 80 – www.hotelancorariviera.com – Aperto 1° marzo-31 ottobre
28 cam – 55/75 € 80/140 € **Rist** – *(solo per alloggiati)* Menu 20 €
Attenta e cordiale gestione familiare in un hotel fronte porto: in costante miglioramento dispone di camere dal confort attuale.

XX **Il Gabbiano**

via San Benedetto 26, Est : 1,5 km – ✆ 01 85 39 02 28 – www.ristoranteilgabbiano.com – Chiuso 1 settimana in gennaio, 1 settimana in febbraio, 2 settimane in novembre, lunedì, anche martedì da novembre a febbraio
Rist – (consigliata la prenotazione) Menu 35 € – Carta 29/54 €
In posizione panoramica sulle prime colline prospicenti il mare, specialità ittiche e di terra da gustare nell'accogliente sala o nella veranda con vista.

a Cavi Sud-Est : 3 km – ✉ 16030

Raieû N

via Milite Ignoto 25 – ✆ 01 85 39 01 45 – www.raieu.it
– Chiuso 1°-7 marzo, novembre e lunedì
Rist – Carta 28/55 €
Autentiche lampare sono sospese sopra i tavoli di questa caratteristica trattoria con una sala dagli arredi in legno e tavoli divisi da panche, nonché un'altra più tradizionale e luminosa. Cucina regionale: pesto, burrida di seppie, acciughe al limone... il pescato arriva direttamente da una barca di proprietà per essere poi preparato secondo ricette locali.

LAVAGNO – Verona (VR) – 561 F15 – 6 222 ab. – alt. 70 m – ✉ 37030 38 B3

Roma 520 – Verona 15 – Milano 174 – Padova 733

Antica Ostaria de Barco

via Barco di Sopra 5 – ✆ 04 58 98 04 20 – www.anticaostariadebarco.it
– Chiuso 1°-7 gennaio, 9-15 agosto, sabato a mezzogiorno e domenica sera
Rist – Carta 30/76 €
Tra i vigneti, in una casa colonica riadattata conservando l'architettura originale, un ristorante in cui si entra passando dalla cucina. Servizio estivo in terrazza.

LAVAIANO – Pisa (PI) – 563 L13 – Vedere Lari

LAVENO MOMBELLO – Varese (VA) – 561 E7 – 9 053 ab. – alt. 205 m – ✉ 21014 Italia Centro-Nord 16 A2

Roma 654 – Stresa 22 – Bellinzona 56 – Como 49
per Verbania-Intra – Navigazione Lago Maggiore, ✆ call center 800551801
piazza Italia 4, ✆ 0332 66 87 85, www.vareseturismo.it
Sasso del Ferro★★ (raggiungibile in cabinovia)

Il Porticciolo con cam

via Fortino 40, Ovest : 1,5 km – ✆ 03 32 66 72 57 – www.ilporticciolo.com
– Chiuso 23 gennaio-6 febbraio e 1 settimana in novembre
12 cam – †99/135 € ††130/200 €
Rist – *(chiuso a pranzo martedì e mercoledì in luglio-agosto, anche martedì sera negli altri mesi)* Menu 65/90 € – Carta 59/93 €
L'incanto del lago rivaleggia con la cucina moderna e creativa di questo raffinato ristorante dal soffitto a volte e pilastri in pietra a vista. D'estate, non rinunciate alla romantica terrazza.

LA VILLA = STERN – Bolzano (BZ) – 562 C17 – Vedere Alta Badia

LAVIS – Trento (TN) – 562 D15 – 8 635 ab. – alt. 232 m – ✉ 38015 33 B3

Roma 587 – Trento 9 – Bolzano 49 – Verona 101

a Sorni Nord : 6,5 km – ✉ 38015 Lavis

Trattoria Vecchia Sorni

piazza Assunta 40 – ✆ 04 61 87 05 41 – www.trattoriavecchiasorni.it
– Chiuso 1°-21 marzo, domenica sera e lunedì
Rist – (consigliata la prenotazione) Menu 29/33 € – Carta 25/38 €
Canederli oppure tortino di riso e speck? Cucina regionale curata e ben presentata, in una semplice e genuina trattoria italiana. Terrazza panoramica sulla valle.

LAZISE – Verona (VR) – 562 F14 – 6 968 ab. – alt. 76 m – ✉ 37017 39 A3

Roma 521 – Verona 22 – Brescia 54 – Mantova 60
via Francesco Fontana 14, ✆ 045 7 58 01 14, www.tourism.verona.it
Cà degli Ulivi via Ghiandare 2, 045 6279030, www.golfcadegliulivi.it

Corte Valier

via della Pergolana 9 – ✆ 04 56 47 12 10
– www.cortevalier.com – Chiuso febbraio
78 cam – 126/229 € 160/460 € – 6 suites
Rist *Dome* – (consigliata la prenotazione) Carta 46/74 €
Superba dimora in grado di offrire ottimi spazi, confort ed un tocco di mondanità. Stesso stile per il Dome, moderno ristorante pronto a soddisfare tutte le richieste: anche quella di un tavolo per chi desideri cenare sul terrazzo di fronte alla magia del lago.

Lazise senza rist

via Manzoni 10 – ✆ 04 56 47 04 66 – www.hotellazise.it
– Aperto 1° maggio-30 settembre
73 cam – 60/85 € 80/150 €
Gestione familiare, una meravigliosa posizione e una piacevole atmosfera d'ispirazione contemporanea negli ampi e luminosi ambienti di questo hotel che possiede persino un'enorme piscina.

Cangrande senza rist

corso Cangrande 16 – ✆ 04 56 47 04 10 – www.cangrandehotel.it
– Chiuso 20 dicembre-20 febbraio
23 cam – 85/90 € 130/160 € – 1 suite
In un bell'edificio del 1930 addossato alle mura, sorto come sede di cantine vinicole, un albergo con camere di taglio moderno. Junior suite ricavata in un'antica torretta. Accanto la cantina vinicola di proprietà.

Villa Cansignorio senza rist

corso Cangrande 30 – ✆ 04 57 58 13 39 – www.hotelcansignorio.com
– Aperto 1° marzo-30 novembre
8 cam – 100/105 € 110/130 €
Signorili interni, poche le camere a disposizione degli ospiti ma deliziose e ben arredate in questa elegante villa situata in pieno centro; il giardino confina con le mura di cinta.

Alla Grotta con cam

cam,

via Fontana 8 – ✆ 04 57 58 00 35 – www.allagrotta.it
– Chiuso 9 dicembre-9 febbraio
12 cam – 85/95 € 125/135 €, 10 €
Rist – *(chiuso martedì)* Carta 29/56 €
La brace a vista invita a gustare le tante proposte ittiche (d'acqua dolce e salata) di questo frequentatissimo ristorante sul lungolago. Situato all'interno di un edificio d'epoca, durante la bella stagione il servizio si sposta anche all'aperto.

sulla strada statale 249 Sud : 1,5 km :

Casa Mia

via del Terminon 1 ✉ 37017 – ✆ 04 56 47 02 44 – www.hotelcasamia.com
– Aperto 1° marzo-31 ottobre
41 cam – 69/130 € 95/162 € – 2 suites
Rist *Casa Mia* – *(chiuso lunedì e martedì) (solo a cena in marzo escluso festivi)*
Carta 26/56 €
Un soggiorno d'affari o di svago, lontano dall'animato centro storico, in un grande complesso con uno splendido giardino; camere di diverse tipologie, tutte comunque funzionali. Ambiente semplice nella classica e spaziosa sala da pranzo.

LECCE P (LE) – 564 F36 – 95 520 ab. – alt. 49 m – ✉ 73100 Puglia 27 D2

Roma 601 – Brindisi 38 – Napoli 413 – Taranto 86
via Vittorio Emanuele 18, ✆ 0832 33 24 63, www.pugliaturismo.com
18 Acaya Strada Comunale km 2, 0832 861385, www.acayagolfclub.it – chiuso lunedì
Città barocca★★★ - Basilica di Santa Croce★★ Y – Piazza del Duomo★★: pozzo★ del Seminario Y – Museo provinciale Castromediano★: collezione di ceramiche★★ Z M – Chiesa di San Matteo★ Z – Chiesa del Rosario★ YZ – Altari★ nella chiesa di Sant'Irene Y

LECCE

Alfieri (Viale V.) . . . . X 2
Aragona (V. F. d') . . . . YZ 3
Boito (V. A.) . . . . X 4
Bonifacio (V. G.B.) . . . . X 5
Calasso (V. Francesco) . . . . X 6
Caracciolo (V. Roberto) . . . . Z 7
Cavallotti (Viale F.) . . . . Y 8
Costadura (V. M.C.) . . . . X, Y 9
Fazzi (V. Vito) . . . . Y 12
Foscolo (Viale Ugo) . . . . X 13
Imperatore Adriano (V.) . . . . . . X, Y 14
Imperatore Augusto (V.) . . . . Y 15
Jacobis (V. Agostino de) . . . . . X, Z 17
Libertà (V. della) . . . . Y 19
Ludovico (V.) . . . . Y 21
Marche (Viale) . . . . X, Z 22
Mazzini (Pza G.) . . . . X 23
Nazario Sauro (V.) . . . . X 24
Orsini del Balzo (V.) . . . . X, Z 25
Palazzo dei Conti di Lecce (V. del) Z 26
Pettorano (V.) . . . . X 27
Pietro (V. M. de) . . . . X, Y 28
Realino (V. Bernardino) . . . . X 29
Regina Elena (V.) . . . . X 30
Rossini (Viale G.) . . . . X 31
Rubichi (V. Francesco) . . . . Y 32
Salandra (V.) . . . . X 33
S. Lazzaro (V.) . . . . X 34
S. Oronzo (Pza) . . . . Y
Taranto (V.) . . . . Y 38
Trinchese (V. Salvatore) . . . . X 41
Vitt. Emanuele II (V.) . . . . Y 42
Vitt. Emanuele (Pza) . . . . Y 43
25 Luglio (V.) . . . . Y 44

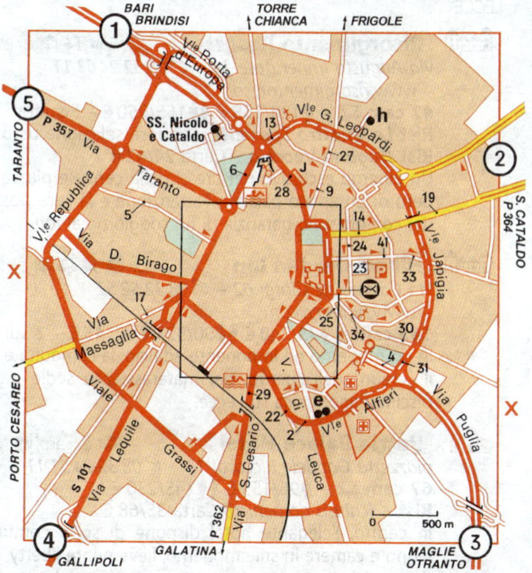

Risorgimento Resort

via Augusto Imperatore 19 – 08 32 24 63 11 – www.risorgimentoresort.it **Yd**

42 cam – 120/155 € 155/250 € – 5 suites

Rist *Le Quattro Spezierie* – vedere selezione ristoranti

Rist *Dogana Vecchia* – Carta 24/42 €

Un albergo esclusivo nei pressi della centrale piazza Oronzo, il risultato del recupero di un antico palazzo, l'attenzione e la cura posta nella scelta dei materiali e dei confort sono garanzia di un soggiorno al *top*.

Hilton Garden Inn

via Cosimo de Giorgi 62 – 08 32 52 52 – www.hgilecce.com **Xh**

143 cam – 75/240 € 90/325 €, 15 € – 2 suites **Rist** – Carta 39/83 €

In un moderno ed imponente edificio, la comodità e il benessere degli ospiti sono il "credo" dell'albergo, dai materassi alle sedie ergonomiche. All'ultimo piano, piscina panoramica su Lecce.

Patria Palace Hotel

piazzetta Gabriele Riccardi 13 – 08 32 24 51 11 – www.patriapalacelecce.com

67 cam – 96/155 € 145/230 € **Yb**

Rist – *(chiuso domenica)* Carta 35/68 €

In centro, l'elegante hotel dispone di spazi comuni piacevolmente arredati in legno e camere in stile moderno, lievemente liberty, impreziosite da antichi inserti decorativi. In cucina, proposte accattivanti legate alla tradizione ma sapientemente rielaborate con gusto e ricercatezza.

Santa Chiara senza rist

via degli Ammirati 24 – 08 32 30 49 98 – www.santachiaralecce.it

21 cam – 80/110 € 140/220 € **Ys**

Tessuti straripanti, marmi preziosi e un panoramico roof garden - per non farsi mancare nulla - in un palazzo del '700 adiacente all'omonima chiesa: alcune camere hanno una spettacolare vista sulla piazza alberata.

Delle Palme

via di Leuca 90 – 08 32 34 71 71 – www.hoteldellepalmelecce.it **Xe**

96 cam – 75/90 € 110/130 € – 3 suites **Rist** – Carta 19/49 €

Non distante dal centro, dispone di un comodo posteggio, accoglienti zone comuni rivestite in legno ed arredate con poltrone in pelle e camere dai letti in ferro battuto. Discretamente elegante, il ristorante propone una cucina classica ed è ideale per ospitare confereze, manifestazioni e colazioni di lavoro.

Grand Hotel Lecce (N) senza rist

via Oronzo Quarta 28 – 08 32 30 94 05 – www.grandhoteldilecce.it

49 cam – 70/110 € 90/130 € – 4 suites **Za**

Per chi vuole scoprire le bellezze del capoluogo salentino, camere ampie ed arredate con gusto in un'accogliente struttura che offre sul retro un piccolo giardino con grande solarium e piscina.

Eos Hotel senza rist

viale Alfieri 11 – 08 32 23 00 30 – www.eoshotel.it **Xe**

30 cam – 70/140 € 90/190 €

E' un omaggio al Salento questo design hotel dalla facciata in pietra leccese. Gli interni sono moderni, lineari, ma sempre ispirati a questa terra. Lo spazio per la prima colazione diventa anche wine-bar ed offre un servizio piatti freddi e snack, 24 ore su 24. Piccola sala riunioni all'ultimo piano.

Palazzo Rollo senza rist

via Vittorio Emanuele 14 – 08 32 30 71 52 – www.palazzorollo.it **Yp**

13 cam – 55/75 € 75/95 €

Affacciato su un'elegante strada pedonale, un palazzo del '600 con arredi d'epoca e splendidi pavimenti: non mancate di visitare il roof garden, la sera, con vista sul campanile del Duomo illuminato.

Suite 68 senza rist
via Leonardo Prato 7/9 – 08 32 30 35 06 – www.kalekora.it Yc
6 cam – 60/70 € 80/120 €
In un edificio storico nel cuore della località, camere dall'arredo sobrio personalizzate con opere di artisti salentini: i materiali più disparati si fondono con la tipica architettura in pietra leccese dando vita ad un simpatico mix di colori e forme.

Le Quattro Spezierie – Hotel Risorgimento Resort
via Augusto Imperatore 19 – 08 32 24 63 11 – www.risorgimentoresort.it – Chiuso 7-28 gennaio e lunedì escluso 1° giugno-15 settembre Yd
Rist – *(solo a cena escluso domenica)* (consigliata la prenotazione)
Carta 35/75 €
Se cercate un'alternativa alla cucina semplice e popolare del Salento, Le Quattro Spezierie raccoglierà con successo la sfida che gli lanciate: all'interno del Risorgimento Resort, la modernità della sala rispecchia i tratti di una cucina elaborata, contemporanea e sofisticata.

Osteria degli Spiriti
via Cesare Battisti 4 – 08 32 24 62 74 – www.osteriadeglispiriti.it – Chiuso 2 settimane in settembre, domenica sera e lunedì a mezzogiorno Ya
Rist – Carta 22/68 €
Vicino ai giardini pubblici, una trattoria dagli alti soffitti - tipici di una vecchia masseria - e cucina pugliese, come fave e cicoria. E' consigliabile prenotare.

LECCO (LC) – 561 E10 – 48 114 ab. – alt. 214 m – 23900 18 B1

Italia Centro-Nord
Roma 621 – Como 29 – Bergamo 33 – Lugano 61
via Nazario Sauro 6, 0341 29 57 20, www.lakecomo.it
frazione Pizzighettone 1, 0341 579525, www.golfclublecco.it – chiuso martedì
Lago★★★

Pianta pagina seguente

NH Pontevecchio
via Azzone Visconti 84 – 03 41 23 80 00 – www.nh-hotels.it BZa
111 cam – 98/199 € 108/209 € – 2 suites **Rist** – Carta 67/88 €
Circondato dai monti, albergo moderno a vocazione congressuale, con amena terrazza-solarium: spazi comuni di taglio lineare ed eleganti camere d'ispirazione contemporanea. Ariosa sala da pranzo dalle linee essenziali; servizio in terrazza con vista sull'Adda.

Alberi senza rist
lungo Lario Isonzo 4 – 03 41 35 09 92 – www.hotelalberi.it – Chiuso 23 dicembre-7 gennaio AZa
20 cam – 63/98 € 95/115 €
Hotel di recente costruzione a gestione diretta, in posizione panoramica di fronte al lago: aree comuni essenziali, belle camere di tono moderno, spaziose e confortevoli.

Nicolin
via Ponchielli 54, località Maggianico, 3,5 km per ② – 03 41 42 21 22 – Chiuso 26 dicembre-3 gennaio, agosto, domenica sera e martedì
Rist – Menu 25 € (pranzo in settimana)/60 € – Carta 45/66 €
Gestito dalla stessa famiglia da oltre trent'anni, locale con proposte tradizionali affiancate da piatti più fantasiosi e da buona cantina; servizio estivo in terrazza.

Al Porticciolo 84 (Fabrizio Ferrari)
via Valsecchi 5/7, per via Don Pozzi – 03 41 49 81 03 – www.porticciolo84.it – Chiuso 24 dicembre-9 gennaio, 7 agosto-4 settembre, lunedì e martedì
Rist – *(solo a cena escluso i giorni festivi)* Carta 44/91 € BY
→ Tagliolini al nero di seppia e parmigiano, seppioline, alghe e bottarga. Pescato giornaliero e crostacei grigliati su carbone di legna. Torta di cioccolato al latte, nocciole tritate, crema al caramello.
Lungo la strada della Valsassina, il ristorante si trova in un piacevole vicolo di un quartiere periferico. Cucina di mare rispettosa del pescato in preparazioni gustose.

LECCO

Adda (V.) . . . . **AZ** 2
Affari (Pza degli) . . . . **AY** 4
Airoldi (V. Almicare). . . . . . . **AY** 5
Anghileri (V.) . . . . **AY** 7
Appiani (V. Andrea). . . . . . . **BZ** 8
Bezzeca (V.). . . . . **AZ** 10
Cali (V.). . . . . **AY** 12
Cattaneo (V. Carlo). . . . . . . **ABY**
Cavour (V.). . . . . **AY**
Cellini (V.). . . . . **BY** 14
Cornelio (V.). . . . . **AZ** 15
Dante (Vle) . . . . **BZ**
D'Oggiono (V. Marco) . . . . **BY**
Europa (Largo) . . . . **AY** 17
Fiumicella (V.) . . . . **BY** 19
Foggazzaro (V.). . . . . **BY** 20
Fratelli Cairoli (V.) . . . . **ABY**
Legnano (V.) . . . . **AY** 25
Malpensata (V.). . . . . **AY** 27
Mascari (V. Antonio). . . . . **AY**
Montanara (V.) . . . . **BY** 29
Montenero (Largo) . . . . **AY** 30
Nazario Sauro (V.) . . . . **AY** 32
Ongania (V.). . . . . **AY** 35
Pozzo (V. del). . . . . **AY** 37
Promessi Sposi (Cso). . . . . **BY** 38
Resinelli (V.). . . . . **AY** 40
Roma (V.) . . . . **AYZ**
Sassi (V. Salvatore). . . . . **BY** 45
Sirtori (V.). . . . . **AY** 46
Stoppani (Pza). . . . . **AY** 48
S. Francesco (V.). . . . . **AZ** 42
S. Marta (Pza) . . . . **AY** 43
Ticozzi (Via) . . . . **BY** 50
Torre (Viccolo della). . . . . **AY** 52
Torri Tarelli (V.). . . . . **AY** 53
Varese (V.). . . . . **BZ** 56
4 Novembre (Lungo lario) . . . . . **AY** 58
20 Settembre (Pza). . . . . **AY** 60

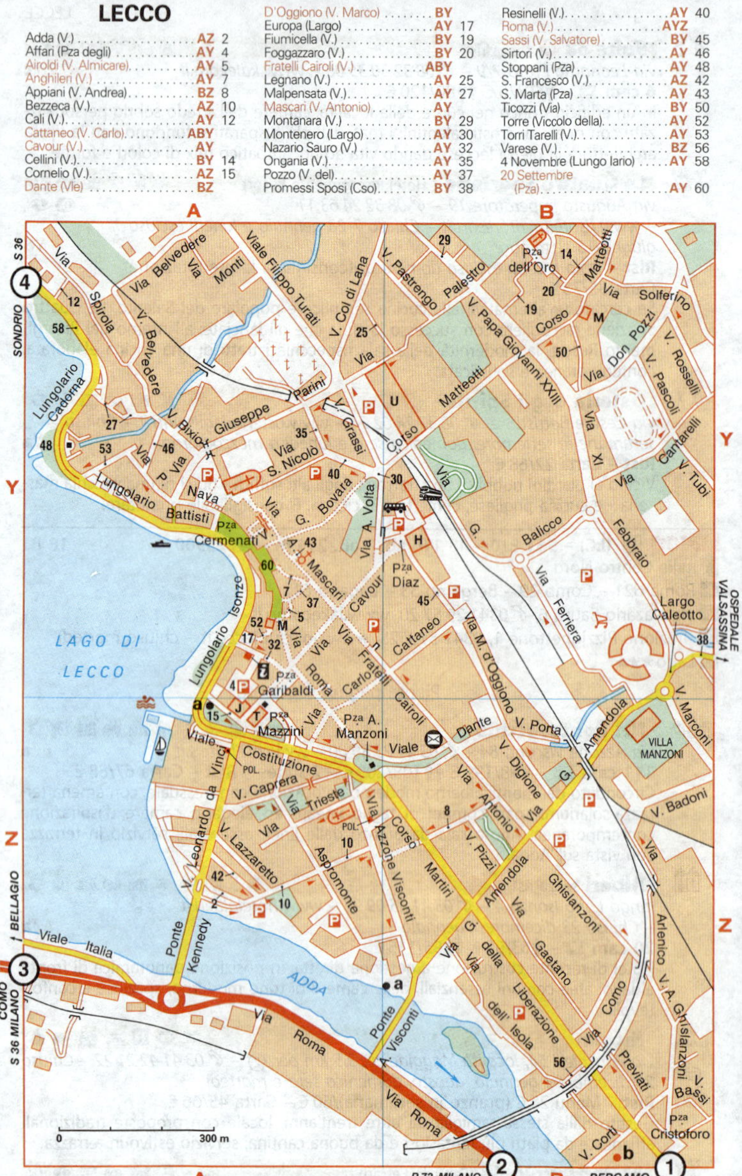

Un pasto con i fiocchi senza rovinarsi? Cercate i Bib Gourmand ☺. Vi aiuteranno a trovare le buone tavole che coniugano una cucina di qualità al prezzo giusto!

Trattoria Vecchia Pescarenico
via Pescatori 8 – ✆ 03 41 36 83 30 – www.vecchiapescarenico.it – Chiuso 1°-15 gennaio, 16-23 agosto e lunedì BZb
Rist – *(solo a cena escluso giorni festivi)* Menu 45/60 € – Carta 34/87 €
Nel vecchio borgo di pescatori de "I Promessi Sposi" troverete una trattoria semplice, dall'ambiente simpatico e accogliente dove vi attenderà una gustosa cucina di mare.

LE CLOTES – Torino (TO) – Vedere Sauze d'Oulx

LEGGIUNO – Varese (VA) – 3 582 ab. – alt. 240 m – ✉ 21038 16 A2

Roma 663 – Milano 76 – Varese 24 – Bellinzona 93

La Fontana
via Europa 6, località Cellina, Sud-Ovest: 1 km – ✆ 03 32 64 73 96 – www.ristorantelafontanaleggiuno.it – Chiuso 10 gennaio-10 febbraio e le sere di mercoledì e domenica
Rist – Menu 20 € – Carta 35/56 €
Esperta conduzione familiare in un locale classico, composto da due accoglienti salette, dove gustare una cucina regionale che non scende a compromessi con la scelta delle materie prime. Interessante, il rapporto qualità/prezzo.

LEGNAGO – Verona (VR) – 562 G15 – 25 600 ab. – alt. 16 m – ✉ 37045 39 B3

Roma 476 – Verona 43 – Mantova 44 – Milano 195

a San Pietro Ovest : 3 km – ✉ 37045 San Pietro Di Legnago

Pergola
via Verona 140 – ✆ 04 42 62 91 03 – www.hotelpergola.com – Chiuso 10-20 agosto
78 cam – †40/250 € ††40/250 € – 2 suites
Rist *Pergola* – vedere selezione ristoranti
Piacevoli camere - tutte rinnovate ultimamente - ed ambienti accoglienti, in una valida struttura sita in zona industriale. Da poco c'è anche un bel centro benessere.

Pergola – Hotel Pergola
via Verona 140 – ✆ 04 42 62 91 03 – www.hotelpergola.com – Chiuso 26 dicembre-10 gennaio, 29 luglio-24 agosto, domenica sera e venerdì
Rist – Menu 22/45 € – Carta 24/69 €
La famiglia Montagnoli nasce nella ristorazione, prima ancora che nell'attività alberghiera e... si vede! Ottimi piatti, soprattutto del territorio, ed una bella carta dei vini in un ambiente piacevole, nonché elegante.

LEGNANO – Milano (MI) – 561 F8 – 59 147 ab. – alt. 199 m – ✉ 20025 18 A2

Roma 605 – Milano 28 – Como 33 – Novara 37

Welcome senza rist
via Grigna 14 – ✆ 03 31 54 00 01 – www.welcomehotel.info
40 cam – †75/95 € ††80/150 € – 2 suites
Ha una vocazione spiccatamente business, quest'albergo che offre ai suoi ospiti accoglienti camere dai toni caldi ed una piccola zona relax. Tenuta impeccabile.

2 C senza rist
via Colli di Sant'Erasmo 51 – ✆ 03 31 44 01 59 – www.hotel2c.it – Chiuso 4-21 agosto
60 cam – †60/100 € ††90/145 €
In comoda posizione di fronte all'ospedale cittadino, l'albergo è stato recentemente ampliato ed offre funzionali spazi comuni e confortevoli camere in stile moderno.

LEGNARO – Padova (PD) – **562** F17 – **8 594 ab.** – **alt. 8 m** – ✉ **35020** **40** C3
Roma 508 – Venezia 48 – Padova 20 – Rovigo 50

AB Baretta con cam
via Roma 33 ✉ 35020 – ✆ 04 98 83 03 92 – www.ristorantebaretta.it – Chiuso 1°-14 gennaio
15 cam – 55/65 € 90/120 €
Rist – *(chiuso domenica sera e lunedì)* Menu 28/100 € – Carta 31/78 €
In una villa del '700, suggestivi affreschi nell'eleganti sale per una cucina che dà il meglio di sé nelle specialità di pesce e crostacei. Una cornice di grande fascino per "fare colpo"!

LE GRAZIE – La Spezia (SP) – **561** J11 – **Vedere Portovenere**

LEIFERS = Laives

LENNO – Como (CO) – **561** E9 – **1 859 ab.** – **alt. 209 m** – ✉ **22016** **16** A2
Italia Centro-Nord
Roma 652 – Como 27 – Menaggio 8 – Milano 75

Lenno
via Lomazzi 23 – ✆ 0 34 45 70 51 – www.albergolenno.com – Aperto 15 marzo-31 ottobre
46 cam – 70/170 € 80/210 €
Rist – *(aperto 1° aprile-31 ottobre) (solo a cena)* Menu 25 €
Ospitalità signorile in hotel moderno in posizione panoramica sul delizioso e tranquillo lungolago; ampie camere ben accessoriate, con vista sulla quieta distesa d'acqua. Ariosa sala da pranzo, con grandi vetrate che "guardano" un incantevole paesaggio.

San Giorgio
via Regina 81 – ✆ 0 34 44 04 15 – www.sangiorgiolenno.com – Aperto 1° aprile-30 ottobre
33 cam – 100/110 € 125/160 €, 10 € **Rist** – Carta 34/48 €
Splendida veduta su lago e monti da un albergo circondato da un piccolo parco ombreggiato digradante sull'acqua; accoglienti interni signorili ricchi di arredi d'epoca.

LENTATE SUL SEVESO – Monza e Brianza (MB) – **561** E9 **18** B1
– **15 572 ab.** – **alt. 250 m** – ✉ **20030**
Roma 599 – Milano 26 – Bergamo 59 – Como 18

Le Groane
via Nazionale dei Giovi 101 – ✆ 03 62 57 21 19 – Chiuso 1°-6 gennaio, 16-30 agosto, sabato a mezzogiorno e martedì
Rist – Carta 31/60 €
Al piano terra di un villino periferico, elegante e luminosa sala ornata da numerose piante che la rendono ancora più "fresca"; molto gradevole il servizio estivo in giardino.

LEONESSA – Rieti (RI) – **563** O20 – **2 604 ab.** – ✉ **02016** **13** C1
Roma 131 – Rieti 37 – Terni 50 – L'Aquila 66

Leon d'Oro
corso San Giuseppe 120 – ✆ 07 46 92 33 20 – www.ristoranteleondoroleonessa.com – Chiuso 20-30 giugno e lunedì
Rist – Carta 25/46 €
Griglia e camino a vista per la cottura delle carni in questo accogliente locale rustico nel cuore della città, un ambiente simpatico ed informale, in cui regna la mano femminile.

LE REGINE – Pistoia (PT) – **563** J14 – **Vedere Abetone**

LERICI – La Spezia (SP) – **561** J11 – **10 284 ab.** – ✉ **19032** Liguria **15** D2
Roma 408 – La Spezia 11 – Genova 107 – Livorno 84
via Biaggini 6, ✆ 0187 96 91 64, www.costalerici.it

Doria Park Hotel
via privata Doria 2 – ☎ 01 87 96 71 24 – www.doriahotels.it
53 cam – †75/100 € ††100/520 € – 5 suites
Rist ***Doria*** – vedere selezione ristoranti
In posizione tranquilla, sulla collina che domina Lerici, un hotel dotato di terrazza con suggestiva vista sul golfo: piacevoli interni ben accessoriati, camere luminose.

Florida senza rist
lungomare Biaggini 35 – ☎ 01 87 96 73 32 – www.hotelflorida.it – Chiuso 20 dicembre-1° marzo
40 cam – †100/130 € ††140/190 €
Gestione familiare attenta e dinamica in un albergo tradizionale, di fronte al mare; nuova, elegante hall e camere funzionali recentemente rimodernate, quasi tutte vista mare.

Shelley e Delle Palme senza rist
lungomare Biaggini 5 – ☎ 01 87 96 82 04 – www.hotelshelley.it
47 cam – †60/130 € ††100/200 €
Invidiabile ubicazione davanti alla spiaggia, con veduta del golfo, per una struttura con interni classici, accoglienti e signorili; rinnovate camere in stile moderno.

Piccolo Hotel del Lido senza rist
lungomare Biaggini 24 – ☎ 01 87 96 81 59 – www.locandadellido.it – Aperto 1° aprile-15 ottobre
12 cam – †250/280 € ††300/330 €
Poco distante dal centro, sulla bella spiaggetta della località, una risorsa non di grandi dimensioni, ma esclusiva nello stile, con camere caratterizzate da arredi minimalisti e romanticamente affacciate sul mare.

Doria – Doria Park Hotel
via privata Doria 2 – ☎ 01 87 96 71 24 – www.doriahotels.it – Chiuso 15 dicembre-15 gennaio e domenica
Rist – *(solo a cena)* Carta 31/67 €
Specialità ittiche nell'incantevole cornice di un'elegante sala, o in terrazza con vista sul Golfo dei Poeti.

Il Frantoio
via Cavour 21 – ☎ 01 87 96 41 74 – www.ristoranteilfrantoiosp.it
Rist – Menu 30/40 € – Carta 35/51 €
Conduzione affidabile in un esercizio del centro, con due sale dall'ambiente caratteristico, dove vengono servite preparazioni a base di pesce e di prodotti del luogo.

a Fiascherino Sud-Est : 3 km – ✉ 19032

Il Nido senza rist
via Fiascherino 75 – ☎ 01 87 96 72 86 – www.hotelnido.com – Aperto 1° marzo-31 ottobre
31 cam – †60/140 € ††90/160 €
Gestione capace in un hotel sul mare immerso nella pace di una verde natura; belle terrazze-giardino e graziose camere con arredi recenti, semplici, ma confortevoli.

Cristallo
via Fiascherino 158 – ☎ 01 87 96 72 91 – www.albergo-cristallo.it – Aperto 31 marzo-2 novembre
44 cam – †57/85 € ††78/150 € **Rist** – *(solo a cena)* Carta 23/51 €
Circondata da ulivi, struttura di recente costruzione collocata in posizione tranquilla e panoramica, sulla strada per Fiascherino; camere con balcone ben accessoriate. Classica sala ristorante, proposte tipiche italiane.

a Tellaro Sud-Est : 4 km – ✉ 19032

Miramare
via Fiascherino 22 – ✆ 01 87 96 75 89 – www.miramaretellaro.com – Aperto 22 dicembre-8 gennaio e Pasqua-ottobre
22 cam – ††95/100 € – 2 suites **Rist** – Carta 21/70 €
Ambiente familiare e semplice in una classica pensione a valida gestione diretta; ben tenuti e arredati con gusto gli spazi interni, graziosa la terrazza-giardino. Grande sala da pranzo in stile lineare rischiarata da grandi finestre.

Miranda con cam
cam,
via Fiascherino 92 – ✆ 01 87 96 81 30 – www.miranda1959.com – Chiuso 14 dicembre-15 gennaio
7 cam – †100/120 € ††100/120 € – 2 suites
Rist – *(chiuso lunedì)* Menu 30 € – Carta 49/77 €
Nella splendida cornice del Golfo dei Poeti, locanda con interni raffinati e una sala ristorante che sembra un salotto, dove assaporare idilliache rielaborazioni culinarie.

LESA – Novara (NO) – 561 E7 – 2 351 ab. – alt. 198 m – ✉ 28040 24 B2

Roma 650 – Stresa 7 – Locarno 62 – Milano 73
via Vittorio Veneto 21, ✆ 0322 77 20 78, www.distrettolaghi.it

verso Comnago Ovest : 2 km :

Al Camino
via per Comnago 30 ✉ 28040 – ✆ 03 22 74 71 – www.alcaminolesa.com – Chiuso mercoledì
Rist – Carta 26/51 €
Zuppa di cipolle gratinata ed altri piatti regionali campeggiano nel menu di questa ex cascina dei primi del '900 ristrutturata: ambiente rustico accentuato da un intonaco grezzo, sala con camino e una deliziosa veranda affacciata sul lago.

LESINA – Foggia (FG) – 564 B28 – 6 397 ab. – alt. 5 m – ✉ 71010 26 A1

Puglia
Roma 335 – Bari 182 – Foggia 59 – Campobasso 101

Liù Palazzo Ducale senza rist e senza
via Dante 19/21 – ✆ 08 82 99 02 58 – www.liupalazzoducale.it
10 cam – †40/50 € ††65/70 €
Nella "città dell'anguilla", il lago si trova a pochi passi da questo grazioso palazzo d'inizio '900: camere personalizzate, alcune di gusto retrò, altre moderne, deliziosi bagni.

LEVANTO – La Spezia (SP) – 561 J10 – 5 592 ab. – ✉ 19015 Liguria 15 D2

Roma 456 – La Spezia 32 – Genova 83 – Milano 218
piazza Mazzini 1, ✆ 0187 80 81 25, www.comune.levanto.sp.it

Park Hotel Argento
cam, cam,
via per Sant'Anna , località Moltedi – ✆ 01 87 80 12 23 – www.parkhotelargento.com – Aperto 6 marzo-25 novembre
40 cam – †150/190 € ††200/320 € – 7 suites
Rist – *(solo a cena)* Carta 35/57 €
Ideale punto di partenza per visitare le Cinque Terre, questo hotel di recente costruzione offre ampie camere con vista mare o colline ed un grazioso centro benessere. In posizione leggermente elevata rispetto alla cittadina, la tranquillità è assicurata.

Stella Maris
rist,
via Marconi 4 ✉ 19015 – ✆ 01 87 80 82 58 – www.hotelstellamaris.it
8 cam – †130/180 € ††180 €
Rist – *(aperto 1° aprile-30 settembre) (solo a cena)* Carta 23/53 €
Bel giardino con palme, ambiente e decorazioni fine 1800, atmosfera caratteristica ed elegante negli interni con soffitti affrescati e mobili originali in stile classico.

Nazionale senza rist
via Jacopo da Levanto 20 – ☎ 01 87 80 81 02 – www.nazionale.it – Aperto 30 marzo-4 novembre
38 cam ☕ – †65/90 € ††90/138 €
Solida gestione diretta in un accogliente albergo dall'ambiente familiare: piacevoli spazi comuni e camere in stile lineare, recentemente rinnovate, arredate con gusto.

Agriturismo Villanova senza rist
località Villanova, Est : 1,5 km – ☎ 01 87 80 25 17 – www.agriturismovillanova.it – Chiuso 7-31 gennaio
9 cam ☕ – †90/120 € ††100/130 €
All'interno di un rustico immerso nel verde, una risorsa agrituristica dall'ambiente molto curato e signorile, ideale per gli amanti della tranquillità e della natura.

Tumelin
via Grillo 32 – ☎ 01 87 80 83 79 – www.tumelin.it – Chiuso 7 gennaio-7 febbraio e giovedì escluso dal 15 giugno al 15 settembre
Rist – Carta 37/70 €
Interni ben tenuti in un ristorante collocato nel cuore della cittadina, con una sala lineare dove si propone una classica cucina di mare, con alcune personalizzazioni.

a Mesco Sud : 2,5 km – ✉ 19015 Levanto

La Giada del Mesco senza rist
via Mesco 16 – ☎ 01 87 80 26 74 – www.lagiadadelmesco.it – Aperto 1° marzo-31 ottobre
12 cam ☕ – †100/130 € ††130/170 €
In splendida posizione su un promontorio da cui si gode un'incantevole vista di mare e coste, edificio dell'800 ristrutturato; camere nuove, amena terrazza per colazioni.

LEVICO TERME – Trento (TN) – 562 D15 – 7 474 ab. – alt. 506 m — 33 B3

– Sport invernali : a Panarotta (Vetriolo Terme) : 1 500/2 002 m 4,
– Stazione termale – ✉ 38056

Roma 610 – Trento 21 – Belluno 90 – Bolzano 82
viale Vittorio Emanuele 3, ☎ 0461 72 77 00, www.valsugana.info
Villa Sissi-Parco delle Terme 3, ☎ 0461 72 77 00

Grand Hotel Imperial cam, rist,
via Silva Domini 1 – ☎ 04 61 70 61 04 – www.imperialhotel.it – Aperto 1° aprile-3 novembre
81 cam ☕ – †70/120 € ††110/260 € – 12 suites **Rist** – Carta 28/55 €
Un maestoso edificio che fu residenza estiva degli Asburgo, evoca la struttura e i colori del castello viennese ed ospita un elegante centro benessere ed una sala congressi. Particolarmente adatta per allestire banchetti, la spaziosa sala ristorante propone nelle sue sale una cucina classica.

Bellavista Relax Hotel rist, rist,
via Vittorio Emanuele III 7 – ☎ 04 61 70 61 36 – www.bellavistarelax.it – Aperto 4-18 dicembre, 29 dicembre-9 gennaio e 24 aprile-14 ottobre
87 cam ☕ – †83/103 € ††136/176 € – 1 suite **Rist** – Carta 29/50 €
Immerso in un gradevole giardino con piscina, un complesso alberghiero risalente al primo Novecento dotato di ampi spazi comuni e confortevoli camere di gusto classico. Utilizzata anche per cerimonie, la capiente sala offre menù di stampo classico.

Al Sorriso Green Park rist,
lungolago Segantini 14 – ☎ 04 61 70 70 29 – www.hotelsorriso.it – Aperto 1°-31 dicembre e Pasqua-31 ottobre
63 cam ☕ – †55/75 € ††110/190 € – 2 suites **Rist** – Carta 28/43 €
In posizione piacevolmente decentrata - davanti il lago, attorno un parco che dispone di numerose attrezzature sportive - l'hotel vanta ambienti luminosi, un centro benessere completamente ristrutturato ed una piscina coperta. Nell'elegante sala ristorante, cucina nazionale e locale accompagnata da vini trentini.

Lucia rist,

viale Roma 20 – ✆ 04 61 70 62 29 – www.luciahotel.it – Aperto 1° dicembre-6 gennaio e Pasqua-31 ottobre

33 cam – 35/57 € 65/112 € **Rist** – Carta 19/41 €

In posizione centrale, una casa a gestione familiare con camere moderne, mentre un parco con alberi d'alto fusto circonda la piscina. Ideale per vacanze di relax o sugli sci. Recentemente rinnovata, la raccolta sala ristorante propone i classici piatti del bel Paese.

Scaranò rist,

strada provinciale per Vetriolo 86, Nord : 2 km – ✆ 04 61 70 68 10 – www.hotelscarano.it – Chiuso 8 gennaio-13 febbraio, domenica sera e lunedì escluso 1° luglio-20 settembre

33 cam – 40/50 € 75/85 € **Rist** – Carta 24/39 €

In posizione tranquilla e un po' isolata, questa casa nasce intorno ad un vecchio maso ed ospita ambienti spaziosi al suo interno. Gestione trentennale per il ristorante che propone la tipica cucina trentina e piatti di pesce. Splendida la vista sulla vallata.

Boivin

via Garibaldi 9 – ✆ 04 61 70 16 70 – www.boivin.it – Chiuso 6-31 gennaio, 5-21 novembre e lunedì

Rist – *(solo a cena escluso 15 luglio-31 agosto)* Carta 30/40 €

All'interno di un'antica casa del centro, il locale ruota attorno alla personalità ed alle idee dello chef-patron, Riccardo, che mixa con grande originalità tradizione trentina e moderna innovazione: come nel salmerino alpino in scorza di larice.

LICATA Sicilia – Agrigento (AG) – 365 AS61 – 39 082 ab. – ✉ 92027 30 C3

Agrigento 45 – Caltanissetta 52 – Palermo 189 – Ragusa 88

Villa Giuliana cam, cam,

Via Oreto Grata snc – ✆ 09 22 89 44 24 – www.hotelvillagiuliana.com

12 cam – 49/64 € 69/84 € **Rist** – Carta 23/53 €

E' piccolo nelle dimensioni, ma non nel confort, questo grazioso hotel che gode di una stupenda posizione panoramica. Spazi comuni e camere di gusto classico; cucina di mare e di terra al ristorante.

La Madia (Pino Cuttaia)

corso Filippo Re Capriata 22 – ✆ 09 22 77 14 43 – www.ristorantelamadia.it – Chiuso martedì, anche domenica sera in inverno e domenica a mezzogiorno in luglio-agosto

Rist – Carta 66/106 €

→ Spaghetti con crostacei. Spigola su carbonella di mandorla con insalatina di arance. Cornucopia di cialda di cannolo con marmellata di arance e gelato al Marsala.

Comode sedie in pelle e alle pareti - dalle calde tinte mediterranee - belle foto d'autore i cui soggetti sono legati ai prodotti e ai colori dell'isola. In tavola va in scena la Grande Sicilia, reinterpretata attraverso le importanti esperienze di uno chef che ha saputo imporsi per stile e personalità.

LIDO – Livorno (LI) – 563 N13 – Vedere Elba (Isola d') : Capoliveri

LIDO DEGLI ESTENSI – Ferrara (FE) – 563 I18 – Vedere Comacchio

LIDO DI CAMAIORE – Lucca (LU) – 563 K12 – ✉ 55041 Toscana 31 B1

Roma 371 – Pisa 23 – La Spezia 57 – Firenze 97

viale Colombo 127/129 ang. piazza Umberto, ✆ 0584 61 73 97, www.versilia.info.com

UNA Hotel Versilia rist,

viale Bernardini 335/337 – ✆ 05 84 01 20 01 – www.unahotels.it

99 cam – 134/430 € 134/450 € – 72 suites **Rist** – Carta 38/66 €

Nuova ed imponente struttura sul lungomare progettata per offrire un alto standing di confort. Zone comuni ariose e luminose: non mancano lussureggianti spazi verdi. Ottime anche le camere.

Caesar cam,

viale Sergio Bernardini 325 – ✆ 05 84 61 78 41 – www.caesarhotel.it
37 suites ☕ – 🚹210/380 € 🚹🚹210/380 € – 35 cam
Rist – *(aprile-ottobre) (solo per alloggiati)* Menu 32 €
Sul lungomare, un parco giochi per bambini e un campo da calcetto e bocce; all'interno, una piacevole zona soggiorno e camere in piacevole stile marinaresco, tutte di diversa tipologia. Dal ristorante, la vista sul parco e sulle piscine; dalla cucina, i sapori della Toscana.

Bracciotti cam, rist,

viale Colombo 366 – ✆ 05 84 61 84 01 – www.bracciotti.com – Chiuso 15 dicembre-10 gennaio
63 cam – 🚹80/185 € 🚹🚹100/220 €, ☕ 15 €
Rist – *(aperto 1° marzo-30 settembre) (solo a cena escluso giugno-settembre) (solo per alloggiati)*
Gestione dinamica per questo albergo, adatto tanto a una clientela turistica quanto a chi si sposta per affari; luminosi spazi comuni, un bel solarium con piccola piscina e vista sul mare. Allegri colori nella spaziosa sala ristorante; la cucina è del territorio.

Siesta rist,

viale Bernardini 327 – ✆ 05 84 61 91 61 – www.hotelsiesta.it – Chiuso dicembre
33 cam ☕ – 🚹60/85 € 🚹🚹100/160 €
Rist – *(aperto Pasqua-settembre) (solo a cena escluso 1° giugno-20 settembre)* Menu 27 €
Sono ora i figli a condurre questa risorsa sul lungomare cinta da un piacevole giardino; camere confortevoli e ben rifinite, una terrazza per la prima colazione e noleggio biciclette. Al ristorante è stato potenziato il servizio dei dolci con angolo di esposizione anche caldo.

Giulia

lungomare Pistelli 77 – ✆ 05 84 61 75 18 – www.giuliahotel.it – Aperto 20 aprile-30 settembre
40 cam ☕ – 🚹54/114 € 🚹🚹89/149 € **Rist** – Carta 18/39 €
Felicemente ubicato di fronte al mare, la struttura dispone di zone comuni dagli arredi curati e camere spaziose, molte con balconcino abitabile. Calorosa conduzione familiare e tradizione alberghiera.

Sylvia

via Manfredi 15 – ✆ 05 84 61 79 94 – www.hotelsylvia.it – Aperto 1° marzo-30 novembre
34 cam ☕ – 🚹50/110 € 🚹🚹70/160 € **Rist** – *(solo per alloggiati)* Menu 20 €
Simpatico e curato albergo a gestione familiare, immerso nella quiete della natura offerta dal grazioso giardino. Interni piacevoli, camere luminose e recentemente rinnovate.

Bacco

via Rosi 24 – ✆ 05 84 61 95 40 – www.bacco-hotel.it – Aperto Pasqua-15 ottobre
28 cam – solo ½ P 110/180 € – 1 suite
Rist – *(solo per alloggiati)* Menu 30/60 €
In una strada tranquilla non lontano dal mare, la hall è un omaggio alla figura mitologica di Bacco. Camere di diverse tipologie (da preferire quelle con grande terrazza). Sul retro, una semplice sala da pranzo per una cucina particolarmente curata.

Ariston Mare

viale Bernardini 660 – ✆ 05 84 90 47 47 – www.aristonmare.it – Chiuso novembre e martedì
Rist – *(solo a cena escluso sabato, domenica e maggio-settembre)* (consigliata la prenotazione) Menu 38/45 € – Carta 38/73 €
In un locale arioso ed elegante - dalla suggestiva ubicazione a ridosso della spiaggia - specialità ittiche elaborate partendo da un'accurata selezione delle materie prime. Belle presentazioni.

LIDO DI JESOLO – Venezia (VE) – 562 F19 – ✉ 30016 40 D2

Italia Centro-Nord

Roma 564 – Venezia 44 – Belluno 110 – Milano 303

piazza Brescia 13, ✆ 0421 37 06 01, www.turismovenezia.it

via St. Andrews 2, ingresso via Grassetto, 0421 372862, www.golfclubjesolo.it

Park Hotel Brasilia
cam,

via Levantina, 2° accesso al mare – ✆ 04 21 38 08 51 – www.parkotelbrasilia.com – Aperto 1° maggio-30 settembre

64 cam – 85/290 € 100/340 € – 14 suites

Rist *Ipanema* – Carta 42/81 €

Eleganza, signorilità e il mare a due passi per una struttura dalla gestione professionale con camere ben accessoriate, recentemente rinnovate, nonché bella piscina. Specialità ittiche e vetrate panoramiche nella sala da pranzo.

Ril

via Zanella 2 – ✆ 04 21 97 28 61 – www.hotelril.it – Aperto 1° aprile-30 settembre

51 cam – 140/160 € 160/240 €

Rist – *(solo per alloggiati)* Carta 43/76 €

Linee moderne unite a tinte calde, nonché leggeri tocchi di eleganza, tanto nelle camere quanto nei luminosi spazi comuni. Grazie alle belle vetrate, la zona ristorante si protende direttamente su piscina e mare.

Byron Bellavista
rist,

via Padova 83 – ✆ 04 21 37 10 23 – www.byronbellavista.com – Aperto 1° maggio-30 settembre

46 cam – 90/145 € 120/200 € – 4 suites

Rist – *(solo per alloggiati)* Carta 26/35 €

Vista sul mare e gestione capace in una struttura ben tenuta, con distinti spazi comuni in stile classico, illuminati da ampie vetrate ornate da tendaggi importanti.

Cavalieri Palace
rist,

via Mascagni 1 – ✆ 04 21 97 19 69 – www.hotelcavalieripalace.com – Aperto Pasqua-30 settembre

56 cam – 75/105 € 130/190 € – 4 suites **Rist** – Carta 21/47 €

Bianco e blu si ripetono armonicamente nelle accoglienti sale di questa bella struttura che gode di una panoramica posizione frontemare: tutte le camere dispongono di un balcone, ma particolarmente gradevoli sono quelle personalizzate da colorati tessuti. Graziosa anche la sala da pranzo che si apre fino alla piscina.

Delle Nazioni
rist,

via Padova 55 – ✆ 04 21 97 19 20 – www.nazioni.it – Aperto 9 maggio-21 settembre

46 cam – 115/174 € 150/236 € – 4 suites

Rist – *(solo a cena) (solo per alloggiati)* Menu 40 €

L'imponente torre che svetta sul fonte mare ospita tra le sue mura spazi comuni essenziali e signorili e camere recentemente rinnovate con gusto moderno, tutte con splendida vista sul mare. Al primo piano il ristorante, dalle interessanti proposte culinarie.

Atlantico
rist,

via Bafile, 3° accesso al mare 11 – ✆ 04 21 38 12 73 – www.hotel-atlantico.it – Aperto 1° aprile-31 ottobre

74 cam – 71/103 € 130/180 € **Rist** – *(solo per alloggiati)* Menu 29 €

Piacevolmente affacciato sulla spiaggia, l'hotel dispone di ambienti curati di gusto classico e belle camere. Dalla panoramica piscina situata all'ultimo piano (ce n'è una anche in basso) vi sembrerà di toccare il cielo con un dito!

Termini Beach Hotel

via Altinate 4, 2° accesso al mare – ✆ 04 21 96 01 00 – www.hoteltermini.it – Aperto Pasqua-15 settembre

52 cam – 70/120 € 125/195 € – 7 suites

Rist – *(solo a cena)* Menu 35 €

Albergo che domina il mare, dotato di spazi comuni eleganti ed ariosi, arredati con gusto e camere di differenti tipologie, tutte confortevoli e personalizzate. Al ristorante, bianche colonne ed ampie finestre affacciate sul blu.

Beny rist,

via Levantina, 4° accesso al mare 3 – 04 21 96 17 92 – www.beny.it – Aperto 1° maggio-30 settembre
75 cam – 45/70 € 90/152 € **Rist** – Menu 25/60 €
Camere accoglienti in un'imponente struttura frontemare dagli ampi spazi arredati con oggetti della tradizione marinara ed area attrezzata per lo svago dei bambini. Particolare attenzione per le specialità della cucina veneta al ristorante.

Rivamare

via Bafile, 17° accesso al mare – 04 21 37 04 32 – www.rivamarehotel.com – Aperto 1° maggio-30 settembre
53 cam – 81/135 € 122/196 € – 6 suites **Rist** – *(solo per alloggiati)*
Conduzione familiare di grande esperienza in un albergo recentemente rinnovato, a due passi dalla spiaggia: camere dalle linee moderne e spazi comuni abbelliti da tappeti. Gradevole zona piscina.

Montecarlo rist,

via Bafile 5, 16° accesso al mare – 04 21 37 02 00 – www.montecarlhotel.com – Aperto 1° maggio-24 settembre
44 cam – 55/80 € 90/150 € – 1 suite **Rist** – Carta 23/58 €
La stessa famiglia al timone dal 1965, con la sua curata terrazza e le confortevoli camere arredate in un fresco e riposante color verde, la struttura si trova direttamente sul mare.

Adriatic Palace

via Vittorio Veneto 30, 2° accesso al mare – 04 21 38 00 27 – www.hoteladriaticpalace.com – Aperto 1°aprile-30 settembre
48 cam – 100/280 € 110/300 € – 2 suites **Rist** – Carta 28/56 €
E' il bianco a caratterizzare tutti gli ambienti di questa moderna struttura con camere accoglienti e confortevoli. Frontemare, l'hotel dispone anche di una gradevole terrazza con piscina, per i più flemmatici che non vogliono compiere nemmeno due passi per raggiungere la spiaggia!

XX **Cucina da Omar**

via Dante 21 – 0 42 19 36 85 – www.ristorantedaomar.it – Chiuso 10 dicembre-10 gennaio, mercoledì a mezzogiorno in estate, tutto il giorno negli altri mesi
Rist – (consigliata la prenotazione la sera) Menu 35 € (pranzo in settimana)/ 80 € – Carta 56/144 €
La passione vince gli ostacoli e guida verso i migliori risultati: è questa in sintesi la storia del percorso professionale del cuoco che prepara piatti di pesce ispirati ai classici della cucina italiana, talvolta rivisitati, sempre sorretti dalla qualità del pescato.

XX **Don Claudio**

via Ugo Foscolo 61 – 04 21 37 10 17 – www.ristorantedonclaudio.it – Aperto 1°aprile-30 settembre; chiuso martedì fino al 15 maggio
Rist – Carta 37/77 €
Un locale piacevolmente curioso: sul corso pricipale, tanto colore e originalità, per una cucina ironica e fantasiosa al tempo stesso. Ma anche un ristorante ecologically correct per l'utilizzo di prodotti freschi di stagione, provenienti da agricoltura biologica o naturale.

a Jesolo Pineta **Est : 6 km – ✉ 30016 Lido Di Jesolo**

Mediterraneo

via Oriente 106 – 04 21 96 11 75 – www.mediterraneojesolo.com – Aperto 15 maggio-30 settembre
62 cam – 120/280 € 120/280 € **Rist** – Carta 28/67 €
Immerso nella quiete di un lussureggiante giardino che lambisce la spiaggia, offre gradevoli e "freschi" ambienti e camere particolarmente ampie, tutte con terrazza. Sembra di pranzare nel parco nella sala ristorante con vetrate che si aprono sul verde!

Jesolopalace cam, rist,
via Airone 1/3 – ✆ 04 21 96 10 13 – www.jesolopalace.it
– Aperto 1° maggio-30 settembre
59 cam – 83/109 € 124/192 € – 24 suites
Rist – *(solo a cena) (solo per alloggiati)*
Immerso nella quiete di un lussureggiante giardino che lambisce la spiaggia, la struttura rinnovata in tempi recenti propone gradevoli spazi comuni e camere particolarmente ampie, tutte con terrazza.

Gallia
via del Cigno Bianco 5 – ✆ 04 21 96 10 18 – www.hotelgallia.com
– Aperto 15 maggio-19 settembre
41 cam – 110/155 € 180/230 € – 10 suites **Rist** – *(solo per alloggiati)*
Una splendida pineta separa dal mare e dalla piscina questo elegante hotel in stile neoclassico, dotato di spaziose zone comuni . Perfetto per una vacanza a tutto relax.

Viña del Mar rist,
via Oriente 58 – ✆ 04 21 96 11 82 – www.vinadelmar.it
– Aperto 1° maggio-30 settembre
48 cam – 85/120 € 130/200 € **Rist** – Carta 25/45 €
Fresche e luminose, le camere sono arredate in bianco con sfumature sull'azzurro e il rosso; decorati con originalità gli spazi comuni: perfetto per una piacevole vacanza con i bambini! Dalla cucina i prodotti di stagione, carne e pesce; nella piccola taverna-enoteca è possibile degustare salumi e formaggi.

Bauer & Sporting cam,
via Bucintoro 6 – ✆ 04 21 96 13 33 – www.hotelbauer.it
– Aperto 1° maggio-30 settembre
42 cam – 80/97 € 144/188 € – 6 suites
Rist – *(solo per alloggiati)* Carta 25/68 €
Una sobria struttura in mattoni e una grande villetta costituiscono la risorsa familiare situata fronte mare e avvolta da un fresco giardino. Gradevoli gli interni di taglio moderno.

LIDO DI LATINA – Latina (LT) – 563 R20 – Vedere Latina

LIDO DI METAPONTO – Matera (MT) – 564 F32 – ✉ 75012 4 D2

Italia Centro-Sud

Roma 471 – Bari 102 – Matera 48 – Potenza 112

Metaponto contrada Pizziche 9, , Ovest: 2,5 km, 0835 748916, www.rivadeitessali.com

Sacco
piazzale Lido 1 – ✆ 08 35 74 19 55 – www.hotelsacco.com
– Aperto 1° giugno-30 settembre
75 cam – 50/60 € 90/110 € **Rist** – Carta 19/32 €
A pochi metri dal mare, in una zona relativamente tranquilla, Sacco è l'hotel ideale per trascorrere serene vacanze in famiglia. Camere curate e una grande sala ristorante con ampia scelta di piatti.

LIDO DI NOTO Sicilia – Siracusa (SR) – 365 AZ62 – Vedere Noto

LIDO DI OSTIA – Roma (RM) – 563 Q18 Roma 12 B2

Roma 36 – Anzio 45 – Civitavecchia 69 – Frosinone 108

Scavi★★ di Ostia Antica Nord : 4 km

Il Tino
via dei Lucilii 19 ✉ 00122 – ✆ 0 65 62 27 78 – www.ristoranteiltino.com
– Chiuso 2-15 gennaio, 1°-20 settembre e lunedì
Rist – *(solo a cena)* Carta 44/71 €
Un locale intimo ed accogliente dove due giovani soci-amici sorprendono con un'estrosa e creativa cucina di mare. Presentazioni curate ed abbinamenti originali.

LIDO DI PORTONUOVO – Foggia (FG) – 564 B30 – Vedere Vieste

LIDO DI SAVIO – Ravenna (RA) – 562 J19 9 D2

Roma 385 – Ravenna 20 – Bologna 98 – Forlì 32

viale Romagna 244/a, ✆ 0544 94 90 63, www.turismo.ra.it

Strand Hotel Colorado rist,

viale Romagna 201 ✉ 48125 – ✆ 05 44 94 90 02 – www.strandhotelcolorado.com – Aperto Pasqua-30 settembre

44 cam – †80 € ††140 € **Rist** – *(solo per alloggiati)* Menu 26 €

Una hall moderna e spaziosa introduce in questa risorsa che dispone di ambienti luminosi e confortevoli dall'arredo moderno (soprattutto nelle camerall'ultimo piano) e di un'invitante piscina.

LIDO DI SPINA – Ferrara (FE) – 562 I18 – Vedere Comacchio

LIDO DI SPISONE Sicilia – Messina (ME) – 365 BA56 – Vedere Taormina

LIDO DI TARQUINIA – Viterbo (VT) – 563 P17 – Vedere Tarquinia

LIDO DI VENEZIA – Venezia (VE) – 562 F19 – Vedere Venezia

LIERNA – Lecco (LC) – 561 E9 – 2 242 ab. – alt. 202 m – ✉ 23827 16 B2

Roma 636 – Como 45 – Bergamo 49 – Lecco 16

La Breva

via Roma 24 – ✆ 03 41 74 14 90 – www.ristorantelabreva.it – Chiuso gennaio, lunedì sera e martedì escluso da giugno a settembre

Rist – Carta 34/65 €

Prende il nome da una brezza foriera di bel tempo, questo accogliente salotto a conduzione familiare con un'appendice anche estiva per banchetti. Squisita cucina a base di pesce.

LIGNANO SABBIADORO – Udine (UD) – 562 E21 – 6 813 ab. – Stazione termale – ✉ 33054 Italia Centro-Nord 11 C3

Roma 619 – Udine 61 – Milano 358 – Treviso 95

via Latisana 42, ✆ 0431 7 18 21, www.turismofvg.it

via della Bonifica 3, 0431 428025, www.golflignano.it

Spiaggia★★★

Italia Palace rist,

viale Italia 7 – ✆ 0 43 17 11 85 – www.hotelitaliapalace.it – Aperto 15 marzo-15 ottobre

62 cam – †85/137 € ††140/240 € – 9 suites

Rist – *(solo per alloggiati)* Carta 28/35 €

Sembra ancora di sentire il fruscio delle crinoline o il profumo di cipria, in questo storico albergo della Belle Epoque ritornato al suo antico splendore, grazie ad una sapiente ristrutturazione. E lo charme non risparmia le camere: generose per dimensioni, eleganti negli arredi.

Florida cam, rist,

via dell'Arenile 22 – ✆ 04 31 72 01 01 – www.hotelflorida.net – Aperto 1° aprile-31 ottobre

86 cam – †83/138 € ††120/190 € **Rist** – *(solo per alloggiati)*

In posizione leggermente arretrata rispetto al lungomare, albergo formato da due corpi adiacenti con camere recentemente rinnovate, moderno centro benessere ed una piscina panoramica, che in qualche occasione indurrà gli ospiti a "tradire" il mare.

Bellavista rist,

lungomare Trieste 70 – ✆ 0 43 17 13 13 – www.bellavistalignano.it – Aperto 1° maggio-31 ottobre

48 cam – †85/140 € ††120/200 € – 4 suites **Rist** – Menu 25/50 €

Le tonalità del blu e del giallo dominano ogni ambiente di questo hotel situato direttamente sul lungomare, dotato di terrazza solarium e camere accoglienti. Pareti color pastello rallegrano, invece, il ristorante dalle ampie vetrate; servizio estivo all'aperto.

Atlantic rist,

lungomare Trieste 160 – ✆ 0 43 17 11 01 – www.hotelatlantic.it – Aperto 10 maggio-20 settembre

61 cam – 110/114 € 170/220 € **Rist** – *(solo per alloggiati)* Menu 36 €

Cordiale e premurosa gestione in un albergo classico di fronte alla celebre e rinomata spiaggia, visibile dalla maggior parte delle accoglienti camere: ideale per una vacanza a tutto mare!

Trieste senza rist

via Tirolo 13 Lignano Sabbiadoro – ✆ 04 31 72 11 65 – www.hoteltriestelignano.it – Aperto 1° aprile-30 settembre

31 cam – 63/88 € 105/156 €

A due passi dalla spiaggia - in una tranquilla via laterale del lungomare - piccolo e moderno albergo totalmente rinnovato in tempi recenti. Il confort non manca nelle funzionali camere.

Bidin

viale Europa 1 – ✆ 0 43 17 19 88 – www.ristorantebidin.com – Aperto 15 aprile-15 settembre; chiuso mercoledì a mezzogiorno

Rist – Carta 30/65 €

Nella bella stagione, la carta spazia dai piatti di pesce alla tradizione friulana, passando per una cucina che esplora le tendenze del momento, in una sala elegante e di grande effetto. Da ottobre ad aprile: le proposte si fanno più semplici e veloci, ad accogliervi l'ambiente informale dell'enoteca.

Al Bancut

viale dei Platani 63 – ✆ 0 43 17 19 26 – www.albancut.it – Chiuso 10-26 ottobre, lunedì in bassa stagione, i mezzogiorno di lunedì e martedì in estate

Rist – Carta 28/68 €

Arredato sullo stile degli yacht-club di prestigio, questo raffinato ristorante vi sorprenderà con gustose ricette ittiche e saporiti piatti di carne: antipasti di pesce crudo, tagliolini con noci di mare, tartare di vitello con pinoli tostati, ed altro ancora!

a Lignano Pineta Sud-Ovest : 5 km – ✉ 33054

via dei Pini 53, ✆ 0431 42 21 69, www.turismofvg.it

Greif rist,

arco del Grecale 25 – ✆ 04 31 42 22 61 – www.greifhotel.it – Chiuso 15 dicembre-28 febbraio

87 cam – 170/380 € 240/420 € – 22 suites

Rist – *(chiuso 30 ottobre-1° aprile)* Carta 80/100 €

La rigogliosa pineta costodisce non solo una piscina riscaldata ma anche un grande complesso alberghiero dai raffinati interni, pensato per un soggiorno di completo relax. Spazioso e raffinato il ristorante, illuminato da ampie vetrate che si aprono sul verde.

Park Hotel rist, rist,

viale delle Palme 41 – ✆ 04 31 42 23 80 – www.parkhotel-lignano.com – Aperto 1° maggio-20 settembre

41 cam – 65/120 € 110/170 € – 5 suites **Rist** – Menu 20 €

Albergo d'ispirazione moderna dal design essenziale, dispone di ambienti essenziali e luminosi; forse un po' decentrato rispetto al centro della località, poco distante dal mare.

Medusa Splendid rist,

raggio dello Scirocco 33 – ✆ 04 31 42 22 11 – www.hotelmedusa.it – Aperto 20 maggio-16 settembre

56 cam – 110/200 € 110/200 € **Rist** – Menu 25 €

Verde e blu si ripetono ritmicamente in questo hotel di grandi dimensioni, dai corridoi alle ampie e confortevoli camere, fino al mare distante solo poche centinaia di metri. Fresca e piacevole sala ristorante semicircolare, con vetrate che guardano verso il giardino e la piscina.

Erica rist,
arco del Grecale 21/23 – ✆ 04 31 42 21 23 – www.ericahotel.it – Aperto 15 maggio-20 settembre
40 cam – 75/98 € 110/155 € – 1 suite **Rist** – Menu 22/28 €
All'interno, camere sobrie e confortevoli arredate in modo essenziale; all'esterno un piccolo giardino con qualche attrezzatura per i bambini e un nuovo parcheggio coperto. Ampia la sala ristorante, dalle caratteristiche sedie in bambu, dove troverete una fresca rilassante atmosfera.

Bella Venezia Mare rist,
arco del Grecale 18/a – ✆ 04 31 42 21 84 – www.bellaveneziamare.it – Aperto 1° maggio-20 settembre
50 cam – 63/90 € 100/150 € **Rist** – *(solo per alloggiati)* Menu 25 €
A breve distanza tanto dal centro quanto dalla spiaggia, l'hotel è gestito da due giovani fratelli. Piacevole lo spazio destinato alla piscina, con vasca idromassaggio. Cucina mediterranea e buffet di verdure fresche a pranzo e a cena in una sala di sobria modernità.

a Lignano Riviera Sud-Ovest : 7 km – ✉ 33054 Lignano Sabbiadoro

Arizona rist,
calle Prassitele 2 – ✆ 04 31 42 85 28 – www.hotel-arizona.it – Aperto 17 maggio-15 settembre
42 cam – 59/88 € 99/152 € **Rist** – Menu 25 €
Accoglienza familiare e dinamica per un soggiorno di relax. All'ingresso, qualche arredo etnico in legno intrecciato e un design dalle linee moderne. Il mare poco distante.

Smeraldo
viale della Musica 4 – ✆ 04 31 42 87 81 – www.hotelsmeraldo.net – Aperto 16 maggio-19 settembre
64 cam – 70/110 € 90/180 €, 15 €
Rist – *(aperto 1° giugno-31 agosto)* Menu 25 €
Camere fresche e luminose, vivacizzate dai colorati pannelli alle pareti, un nuovo piccolo centro benessere e la piacevole atmosfera da vacanze tra sole e mare. Conduzione familiare.

LIMANA – Belluno (BL) – 562 D18 – 5 027 ab. – alt. 319 m – ✉ 32020 40 C2

Roma 614 – Belluno 12 – Padova 117 – Trento 101
via Roma 90, ✆ 0437 96 61 20, www.infodolomiti.it

Piol cam,
via Roma 116/118 – ✆ 04 37 96 74 71 – www.hotelristorantepiol.com
23 cam – 50/60 € 70/80 €, 5 € **Rist** – Carta 21/37 €
Gestione familiare e ambiente semplice in una struttura lineare ubicata in centro paese; funzionali camere in stile essenziale, con rivestimenti in perlinato. Caratteristica la sala da pranzo con pareti e soffitto ricoperti di legno dove ritrovare i piatti d'un tempo, ricchi di genuinità.

LIMITO – Milano (MI) – 561 F9 – Vedere Pioltello

LIMONE PIEMONTE – Cuneo (CN) – 561 J4 – 1 527 ab. – alt. 1 009 m 22 B3
– Sport invernali : 1 010/2 050 m 1 14, – ✉ 12015 Italia Centro-Nord

Roma 670 – Cuneo 28 – Milano 243 – Nice 97
via Roma 32, ✆ 0171 92 52 81, www.limonepiemonte.it
frazione San Bernardo Tetto Paris 9, 0171 929166, www.golflimone.it – 15 giugno-15 settembre

Grand Palais Excelsior
largo Roma 9 – ✆ 01 71 92 90 02 – www.grandexcelsior.com – Chiuso maggio, ottobre e novembre
18 suites – 120/180 € 120/180 € – 10 cam
Rist *Il San Pietro* – vedere selezione ristoranti
Tipiche decorazioni a graticcio sulle pareti esterne e all'interno raffinati ambienti di moderna concezione in un albergo provvisto di dépendance con appartamenti ad uso residence. Attrezzato centro *wellness*.

XXX **Il San Pietro** – Hotel Grand Palais Excelsior
largo Roma 9 – ✆ 01 71 92 90 74 – www.grandexcelsior.com
– Chiuso maggio, novembre e mercoledì
Rist – Carta 30/55 €
Il locale giusto per chi ama il fascino retrò: nella sala in stile liberty riscaldata da boiserie in legno di castagno e da un grande camino, una cucina di grande spessore che dà spazio ai sapori locali e alle materie prime della zona. Ciliegina sulla torta: il coperto non è addebitato!

LIMONE SUL GARDA – Brescia (BS) – 561 E14 – 1 164 ab. – alt. 65 m 17 C2
– ✉ 25010 Italia Centro-Nord

Roma 586 – Trento 54 – Brescia 65 – Milano 160

≤★★★ dalla strada panoramica★★ dell'altipiano di Tremosine per Tignale

Park Hotel Imperial rist,
via Tamas 10/b – ✆ 03 65 95 45 91
– www.parkhotelimperial.com – Chiuso 20 novembre- 31 dicembre
63 cam – †144/200 € ††188/252 € – 4 suites **Rist** – Carta 34/63 €
Hotel di forma semicircolare, raccolto intorno a un piacevole giardino con piscina; raffinati interni in stile moderno, attrezzato centro benessere di medicina orientale. Soffitto con decorazioni a ventaglio nella sala da pranzo di sobria eleganza.

LINGUAGLOSSA Sicilia – Catania (CT) – 365 AZ56 – 5 462 ab. 30 D2
– alt. 550 m – Sport invernali : 1 800/2 317 m 3 – ✉ 95015 Sicilia

Palermo 254 – Catania 64 – Messina 71 – Enna 131

Il Nido dell'Etna
via Matteotti – ✆ 0 95 64 34 04 – www.ilnidodelletna.it – Chiuso novembre
18 cam – †80/90 € ††100/140 € **Rist** – *(solo a cena)* Carta 26/39 €
Alle pendici dell'Etna, albergo a gestione familiare, ma sorprendentemente moderno con arredi geometrici ed essenziali: per chi predilige la funzionalità.

Shalai Resort (N) cam, cam,
via Guglielmo Marconi 25 – ✆ 0 95 64 31 28 – www.hotelshalai.it
12 cam – †80/130 € ††120/190 € **Rist** – Carta 33/55 €
Punto di partenza ideale per le escursioni sulle pendici del vulcano, questo resort è un delizioso gioiellino che saprà coccolarvi con belle camere, un intimo centro benessere, cucina mediterranea e vini prevalentemente etnei. Insomma Shalai: ovvero, "gioia piena" in dialetto siciliano.

LIPARI Sicilia – Messina (ME) – 365 AY53 – Vedere Eolie (Isole)

LISCIA DI VACCA Sardegna – Olbia-Tempio (OT) – 366 S37 – Vedere Arzachena: Costa Smeralda

---

LIVIGNO – Sondrio (SO) – 561 C12 – 5 991 ab. – alt. 1 816 m 16 B1
– Sport invernali : 1 816/2 900 m 6 24, – ✉ 23030 Italia Centro-Nord

Roma 801 – Sondrio 74 – Bormio 38 – Milano 240

via Saroch 1098, ✆ 0342 05 22 00, www.livigno.eu

via Dala Gesa, ✆ 0342 05 22 00

via Li Pont, ✆ 0342 05 22 00

Lac Salin Spa & Mountain Resort rist,
via Saroch 496/d – ✆ 03 42 99 61 66
– www.hotel-lacsalin.it – Chiuso maggio e 4-30 novembre
58 cam – †80/230 € ††90/700 € – 7 suites
Rist ***Milio Restaurant*** – vedere selezione ristoranti
Rist – *(solo per alloggiati)* Carta 32/71 €
Hotel dal design minimalista, in armonia con l'atmosfera montana. Originali le feeling room: sette camere ispirate ai chakra (punti energetici del corpo, secondo la filosofia orientale) ed arredate in base ai principi del feng-shui. Ottimo confort anche nelle camere più classiche.

Baita Montana

via Mont da la Nef 87 – ✆ 03 42 99 06 11 – www.hotelbaitamontana.com – Chiuso maggio e novembre

44 cam – 92/145 € 144/250 € – 5 suites **Rist** – Carta 27/45 €

Valida gestione in un hotel completamente rinnovato, con bella vista su paese e montagne; spazi comuni sui toni chiari del legno, luminose e recenti camere con balcone. Ampia sala da pranzo di tono elegante con arredi in legno e un'intera parete di vetro.

Posta

plaza dal Comun 67 – ✆ 03 42 99 60 76 – www.hposta.it – Chiuso maggio, ottobre e novembre

32 cam – 75/110 € 110/180 € **Rist** – Carta 27/53 €

Nel cuore del paese, vicino ai campi da sci, un esercizio ristrutturato da poco, dall'ambiente essenziale e funzionale, ideale per gli amanti degli sport invernali. Calda atmosfera nella sala da pranzo.

Sonne senza rist

via Plan 151/c – ✆ 03 42 99 64 33 – www.hotelsonne.net – Chiuso 15 ottobre-30 novembre e 2 maggio-20 giugno

16 cam – 85/180 € 130/350 €

In centro, questa risorsa totalmente rinnovata è un fulgido esempio di armonia tra pietra e legno, linee tradizionali e spunti di design. Le camere si differenziano per tipologia e dimesioni. Piacevole centro benessere.

Bivio

via Plan 422/a – ✆ 03 42 99 61 37 – www.hotelbiviolivigno.it

30 cam – 60/150 € 110/300 € – 3 suites

Rist – *(solo a cena)* Carta 42/88 €

In pieno centro storico, hotel a conduzione diretta dagli interni piacevoli e accoglienti, con pareti rivestite in perlinato; gradevoli camere in moderno stile montano.

Concordia

via Plan 114 – ✆ 03 42 99 02 00 – www.lungolivigno.com

24 cam – 100/250 € 120/320 € – 5 suites **Rist** – Carta 29/37 €

Nel cuore della località, albergo di recente ristrutturazione, con interni curati dove il legno, lavorato o decorato, è l'elemento essenziale; confort di alto livello. Divanetti a parete e atmosfera distinta nell'ampia sala da pranzo.

Palù

via Ostaria 313 – ✆ 03 42 99 62 32 – www.paluhotel.it – Chiuso maggio, ottobre e novembre

33 cam – 55/100 € 75/175 € **Rist** – Carta 25/53 €

Camere ampie e luminose con arredi in pino e abete, bagni di grandi dimensioni e spazi comuni accoglienti caratterizzano questa risorsa ubicata accanto alle piste da sci. Luminosa sala ristorante con vetrate su impianti e discese.

Francesin senza rist

via Ostaria 442 – ✆ 03 42 97 03 20 – www.francesin.it

14 cam – 40/70 € 80/130 €

Accoglienza e servizio familiari in un piccolo albergo, che dispone di comode camere ed attrezzato centro fitness con palestra. In sintesi, l'indirizzo ideale per gli sportivi.

Crosal

via dal Gesa 38 – ✆ 03 42 99 62 14 – www.hotelcrosal.com – Chiuso 2-25 maggio e 5-23 novembre

14 cam – 55/110 € 98/170 € **Rist** – *(solo per alloggiati)*

Centrale, lungo la strada pedonale del passeggio, semplice gestione familiare con camere di quattro tipologie: dalle più piccole alle più grandi.

XXX **Milio Restaurant** – Lac Salin Spa & Mountain Resort
via Saroch 496/d – 03 42 99 61 66 – www.hotel-lacsalin.it
– Chiuso maggio e 4-30 novembre
Rist – *(solo a cena)* Menu 40/75 € – Carta 77/116 €
Eleganza in alta quota: solo trenta coperti per chi è alla ricerca di sfide gastronomiche sofisticate ed elaborate, dalle sfumature internazionali. La cucina parte dalla montagna per arrivare al mare, proponendo piatti raffinati all'interno dell'esclusiva cornice dell'albergo Lac Salin.

XX **Camana Veglia** con cam
cam,
via Ostaria 583 – 03 42 99 63 10 – www.camanaveglia.com
14 cam – 60/100 € 150/180 € – 1 suite
Rist – *(aperto 1° dicembre-30 aprile e 1° luglio-30 settembre; chiuso i mezzogiorno di martedì e giovedì in inverno e martedì in estate)* Carta 28/80 €
Caratteristici interni in legno e ricercatezza nei particolari, in un locale tipico con camere "a tema" di recente ristrutturazione; proposte di cucina valtellinese.

XX **Chalet Mattias** (Mattias Peri) con cam
rist,
via Canton 124 – 03 42 99 77 94 – www.chaletmattias.com
5 cam – 65/90 € 120/180 € – 2 suites
Rist – *(chiuso mercoledì a mezzogiorno escluso Natale-Pasqua e agosto)* (consigliata la prenotazione) Carta 52/88 €
→ Frittelle di formaggio locale con petali di bresaola. Il torello e le sue cotture. Crème brûlée alle gemme di pino con crema di rabarbaro.
Per contrastare i rigori dell'inverno, che da queste parti non scherza affatto, o semplicemente per festeggiare il ritorno della bella stagione: cosa c'è di meglio di una buona tavola? All'interno di un caratteristico chalet, una giovane coppia saprà sedurvi con piatti del territorio rivisitati con intelligenza.

X **Alba-da Roby** con cam
rist,
via Saroch 948 – 03 42 97 02 30 – www.albahotel.com
– Aperto 1° dicembre-31 marzo e 16 giugno-14 ottobre
33 cam – 63/91 € 90/130 €
Rist – (prenotazione obbligatoria) Carta 36/64 € (+5 %)
Indirizzo interessante sia per la piacevole sala sia per la gustosa cucina del territorio, rivisitata e sapientemente alleggerita.

LIVORNO P (LI) – **563** L12 – **161 131 ab.** – Toscana **31** B2

Roma 321 – Pisa 24 – Firenze 85 – Milano 294
per Golfo Aranci e Bastia – Sardinia Ferries, call center 199400500
piazza del Municipio, 0586 20 46 11, www.comune.livorno.it
I Quattro Mori★ AYA

NH Grand Hotel Palazzo
viale Italia 195 57127 – 05 86 26 08 36
– www.nh-hotels.com AZa
123 cam – 99/219 € 108/258 € – 1 suite **Rist** – Carta 35/75 €
E' in questo edificio storico di fine '800 - affacciato sul mare - che Guglielmo Marconi effettuò i suoi primi esperimenti sul telegrafo. L'attrezzato centro congressi, il ristorante roof garden e l'area benessere completano la gamma di servizi dell'hotel: albergo rinato a nuova vita dopo un'accurata ristrutturazione.

Al Teatro senza rist
via Mayer 42 57125 – 05 86 89 87 05 – www.hotelalteatro.it
– Chiuso 24 dicembre-6 gennaio AYa
8 cam – 85/110 € 100/140 €
Piccolo e signorile albergo a conduzione diretta, dove spiccano gli arredi d'antiquariato, oltre ad una secolare magnolia nel curato giardino interno. A due passi, il teatro.

Gran Duca
piazza Giuseppe Micheli 16 57123 – 05 86 89 10 24 – www.granduca.it
62 cam – 75/105 € 85/160 € – 1 suite AYb
Rist *Gran Duca* – vedere selezione ristoranti
Albergo ubicato nel tipico ambiente del Bastione Mediceo: spaziosa hall e camere di diversa tipologia, più o meno recenti nei rinnovi, ma comunque confortevoli.

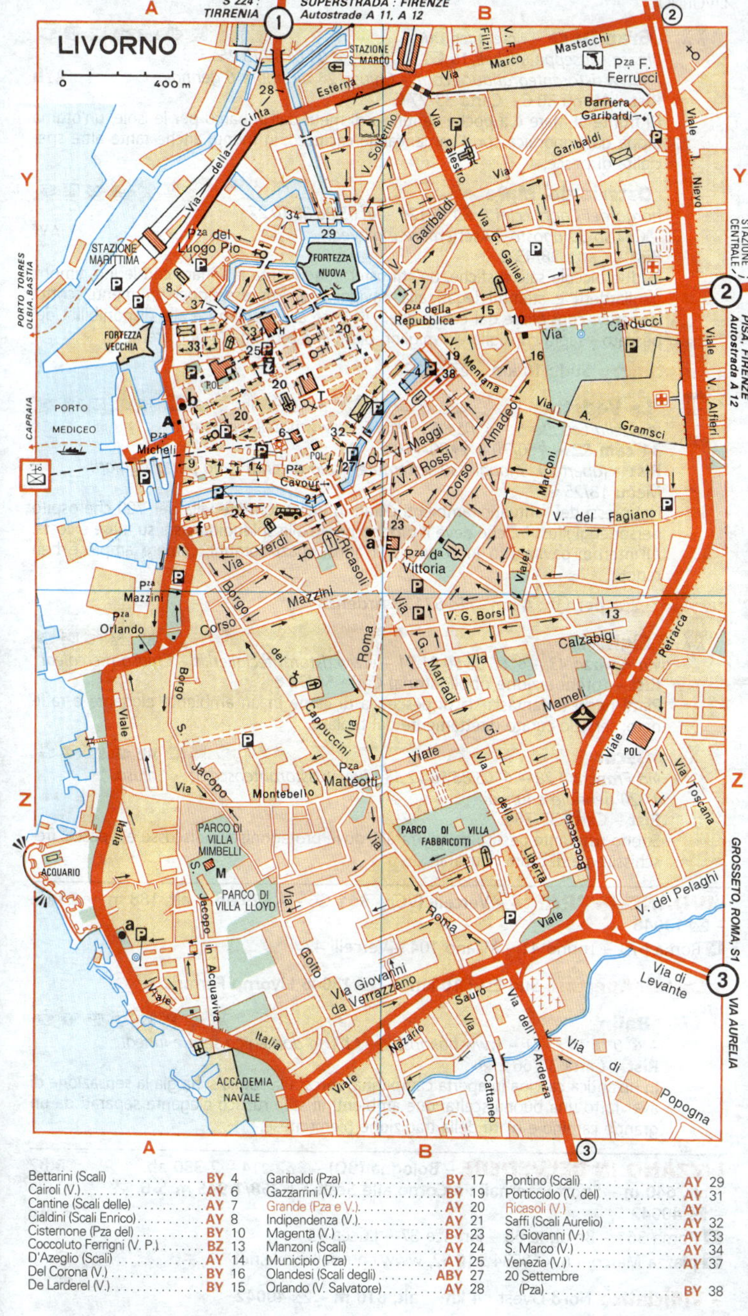

LIVORNO
0
400 m
S 224 : TIRRENIA
SUPERSTRADA : FIRENZE
Autostrade A 11, A 12
STAZIONE S. MARCO
STAZIONE CENTRALE
PISA, FIRENZE
Autostrada A 12
GROSSETO, ROMA, S1
VIA AURELIA
PORTO TORRES
OLBIA, BASTIA
CAPRAIA
STAZIONE MARITTIMA
FORTEZZA VECCHIA
FORTEZZA NUOVA
PORTO MEDICEO
Pza Micheli
Pza del Luogo Pio
Pza della Repubblica
Pza Cavour
Pza da Vittoria
Pza Mazzini
Pza Orlando
Pza F. Ferrucci
Barriera Garibaldi
Pza Matteotti
Via della Cinta Esterna
Via Marco Mastacchi
Viale I. Nievo
Via Garibaldi
Via Palestro
Via G. Galilei
V. Solferino
Via Carducci
Via Mentana
Via A. Gramsci
Viale V. Alfieri
Corso Amedeo
V. Maggi
V. I. Rossi
V. del Fagiano
Marconi
V. G. Borsi
Calzabigi
Petrarca
Mameli
Viale G. Marradi
Via Ricasoli
Via Verdi
Borgo dei Cappuccini
Corso Mazzini
Via Roma
Borgo S. Jacopo
Via Montebello
Viale Italia
PARCO DI VILLA FABBRICOTTI
PARCO DI VILLA MIMBELLI
PARCO DI VILLA LLOYD
Via della Libertà
Boccaccio
Viale Toscana
V. dei Pelaghi
Via di Levante
Via di Popogna
Via dell'Ardenza
Cattaneo
Sauro
Nazario
Via Giovanni da Verrazzano
Goito
Jacopo in Acquaviva
ACQUARIO
ACCADEMIA NAVALE

XX **Gran Duca** – Hotel Gran Duca
piazza Giuseppe Micheli 16 ✉ 57123 – ☎ 05 86 89 13 25
– www.ristorantegranduca.com – Chiuso 26 dicembre-6 gennaio AY**b**
Rist – Menu 30 € – Carta 33/77 €
Di fronte al mare e a poche centinaia di metri dall'imbarco per le isole, un'ottima tappa gastronomica con l'immancabile caciucco. In menu, anche tante altre specialità di pesce.

X **Osteria del Mare**
borgo dei Cappuccini 5 ✉ 57126 – ☎ 05 86 88 10 27
– Chiuso 30 agosto-20 settembre e giovedì AY**f**
Rist – Carta 28/43 €
In due piccole sale rustiche, un'atmosfera da taverna marinara con legno, timoni, gagliardetti e stemmi legati alla navigazione. Pur essendoci un menu scritto, lasciatevi consigliare dal cuoco che - in base alla stagione e alla disponibilità del pescato - saprà consigliarvi i migliori piatti che profumano di mare.

a Montenero Sud : 10 km – ✉ 57128

La Vedetta cam, rist,
via della Lecceta 5 – ☎ 05 86 57 99 57 – www.hotellavedetta.it
31 cam – †60/70 € ††80/110 €
Rist – *(aperto 1° maggio-30 settembre) (solo a cena) (solo per alloggiati)*
Menu 18/25 €
Nei pressi del santuario, ambienti curati in un'imponente villa del '700 che ospitò personaggi illustri e che deve il proprio nome alla splendida vista su mare e costa. All'interno: pavimento in cotto negli ariosi spazi comuni, camere ampie e ben tenute.

ad Ardenza per ③ : 4 km – ✉ 57128 Ardenza

XX **Ciglieri**
via Ravizza 43 – ☎ 05 86 50 81 94 – www.ristoranteciglieri.it – Chiuso mercoledì
Rist – (prenotazione obbligatoria) Carta 58/98 €
Piatti ricchi di fantasia sia di pesce sia di carne in un ambiente elegante e raffinato; servizio curato direttamente dal titolare.

X **Oscar**
via Franchini 78 – ☎ 05 86 50 12 58 – www.ristoranteoscar.it – Chiuso 1°-20 gennaio e lunedì
Rist – Carta 32/78 €
Sobrio ristorante gestito da tre fratelli, dove protagonista indiscusso è il pesce: freschissimo e di ottima qualità!

LIVORNO FERRARIS – Vercelli (VC) – 561 G6 – 4 529 ab. – alt. 188 m – ✉ 13046 23 C2

Roma 673 – Torino 41 – Milano 104 – Vercelli 42

a Castell'Apertole Sud-Est : 10 km : – ✉ 13046 Livorno Ferraris

XX **Balin**
– ☎ 0 16 14 71 21 – www.balinrist.it – Chiuso domenica sera e lunedì
Rist – Carta 36/66 €
In un'antica cascina in aperta campagna, varcata la soglia si ha già la sensazione di aver fatto una buona scelta: due ambienti in stile rustico-elegante separati da un grande camino e piatti della tradizione piemontese.

LIZZANO IN BELVEDERE – Bologna (BO) – 562 J14 – 2 380 ab. – alt. 640 m – Sport invernali : a Corno alle Scale : 1 358/1 945 m 6, – ✉ 40042 8 B2

Roma 361 – Bologna 68 – Firenze 87 – Lucca 93
piazza Marconi 6, ☎ 0534 5 10 52, www.cornoallescale.net

a Vidiciatico Nord-Ovest : 4 km – alt. 810 m – ✉ 40042

via Marconi 31, ☎ 0534 5 31 59, www.emiliaromagnaturismo.it

Montegrande
via Marconi 27 – ✆ 0 53 45 32 10 – www.montegrande.it
– Chiuso 15 aprile-15 maggio e 15 ottobre-30 novembre
14 cam – †60 € ††60 €, ☕ 7 € – 2 suites **Rist** – Carta 23/37 €
Ideale per una vacanza semplice e tranquilla, un albergo dall'atmosfera familiare a gestione pluriennale; spazi non ampi, ma curati e accoglienti, camere dignitose. Piacevole sala ristorante con camino; piatti del territorio, con funghi e tartufi in stagione.

a Rocca Corneta **Nord-Ovest : 8 km – alt. 631 m – ✉ 40047**

Corsini Antica Trattoria
via Statale 36 – ✆ 0 53 45 31 04 – www.hotelcorsini.com
– Chiuso 7 gennaio-7 febbraio e ottobre
12 cam ☕ – †40/60 € ††60/80 €
Rist ***Antica Trattoria Corsini*** – vedere selezione ristoranti
Bella veduta sugli Appennini da questo piccolo alberghetto gestito da una solida e dinamica conduzione diretta. Ambiente semplice anche nelle camere.

Antica Trattoria Corsini – Hotel Corsini Antica Trattoria
via Statale 36 – ✆ 0 53 45 31 04 – www.hotelcorsini.com
– Chiuso 7 gennaio-7 febbraio, 29 marzo-8 aprile, 10 settembre-10 ottobre e martedì escluso luglio-agosto
Rist – Carta 21/35 €
Sala panoramica ed una cucina locale con un buon rapporto qualità/prezzo, nel paese che diede i natali al noto giornalista e scrittore Enzo Biagi.

LOANO – Savona (SV) – 561 J6 – 12 034 ab. – ✉ 17025 Liguria 14 B2

Roma 578 – Imperia 43 – Genova 79 – Milano 202
corso Europa 19, ✆ 019 67 60 07, www.visitriviera.it

Grand Hotel Garden Lido
lungomare Nazario Sauro 9 – ✆ 0 19 66 96 66
– www.gardenlido.com
70 cam ☕ – †85/130 € ††120/250 € – 2 suites **Rist** – Carta 40/52 €
Albergo di fronte al porto turistico, in buona parte già ristrutturato negli ultimi anni, ma i progetti non sono ancora finiti! Gradevole giardino con piscina e belle camere di diverse tipologie. Quadri alle pareti e grandi finestre nella curata sala da pranzo.

Villa Mary
viale Tito Minniti 6 – ✆ 0 19 66 83 68 – www.panozzohotels.it
– Chiuso 2 ottobre-23 dicembre
30 cam – †50/60 € ††90/110 €, ☕ 8 € – 4 suites
Rist – *(chiuso martedì) (solo per alloggiati)* Menu 20/45 €
Gestione cordiale e ambiente familiare in un albergo fuori dal centro con spazi comuni non grandi, ma abbelliti da tappeti e comode poltrone; camere funzionali. Pesce, cucina ligure e mediterranea nella semplice sala ristorante.

LOCOROTONDO – Bari (BA) – 564 E33 – 14 231 ab. – alt. 410 m 27 C2
– ✉ 70010 Puglia

Roma 518 – Bari 70 – Brindisi 68 – Taranto 36
Centro storico★
Valle d'Itria★★ (strada per Martina Franca)

Sotto le Cummerse senza rist
via Vittorio Veneto 138 – ✆ 08 04 31 32 98 – www.sottolecummerse.it
10 cam ☕ – †60/132 € ††82/230 €
Un sistema simpatico per vivere il caratteristico centro storico della località: camere ed appartamenti seminati in vari punti, sempre piacevoli e dotati di ogni confort.

Centro Storico
via Eroi di Dogali 6 – 08 04 31 54 73 – www.ilcentrostorico.biz – Chiuso mercoledì
Rist – Carta 22/31 €
In pieno centro storico, cordiale accoglienza in una trattoria di tono semplice, ma dall'atmosfera piacevole. Proposte di casalinga cucina barese e piatti di ispirazione più classica.

LODI (LO) – 561 G10 – 44 401 ab. – alt. 87 m – 26900 16 B3

Italia Centro-Nord

Roma 548 – Piacenza 38 – Bergamo 49 – Brescia 67
piazza Broletto 4, 0371 40 92 38, www.turismo.provincia.lodi.it
Santuario dell'Incoronata★★ - Duomo★

Concorde Lodi Centro senza rist
piazzale Stazione 2 – 03 71 42 13 22 – www.hotel-concorde.it
28 cam – 75/100 € 90/140 €
In questa cittadina dal tipico carattere lombardo, un hotel centrale - situato proprio di fronte alla stazione ferroviaria - la cui attenta gestione apporta continue migliorie. Camere confortevoli nella loro semplicità.

Anelli senza rist
viale Vignati 7 – 03 71 42 13 54 – www.albergoanelli.com – Chiuso 13-28 agosto
28 cam – 75/81 € 95/115 €
Conduzione diretta pluridecennale in questa comoda struttura - in prossimità del centro - che dispone di graziose camere funzionali con parquet.

La Quinta
viale Pavia 76 – 0 37 13 50 41 – www.laquintalodi.it – Chiuso 2-9 gennaio, domenica sera e lunedì
Rist – Menu 25 € (pranzo)/75 € – Carta 45/101 €
Se volete gustare la vera cucina lodigiana, nonché ottime specialità di pesce, in un ambiente accogliente e raccolto, sospendete le ricerche: l'indirizzo giusto l'avete già trovato! Il savoir-faire e la competente gestione sono ulteriori motivi per cui fermarsi...

3 Gigli
piazza della Vittoria 47 – 03 71 42 14 04 – Chiuso 3 settimane in agosto, domenica sera, lunedì
Rist – Menu 13 € (pranzo)/36 € – Carta 33/54 €
Dalla scenografica piazza, un breve passaggio porta al ristorante. Qui l'intera famiglia è al servizio ma l'artefice è il giovane cuoco, cucina creativa di terra e di mare.

LODRONE – Trento (TN) – 562 E13 – Vedere Storo

LOIANO – Bologna (BO) – 562 J15 – 4 511 ab. – alt. 714 m – 40050 9 C2

Roma 359 – Bologna 36 – Firenze 85 – Milano 242
Molino del Pero via Molino del Pero 323, 051 677050, www.molinodelpero.it – chiuso lunedì

Palazzo Loup rist,
via Santa Margherita 21, località Scanello, Est: 3 km – 05 16 54 40 40 – www.palazzo-loup.it
49 cam – 70/150 € 110/170 €
Rist – (consigliata la prenotazione) Carta 34/59 €
Incredibile fusione di passato e presente, in una dimora di origine medievale immersa in uno splendido parco con piscina e vista sulle colline tosco-emiliane. Atmosfera raffinata nella sala da pranzo con camino, ricavata dalle antiche cantine della villa. Ampi spazi per cerimonie.

LONATE POZZOLO – Varese (VA) – 561 F8 – 12 059 ab. – alt. 205 m – ✉ 21015 18 A2

Roma 636 – Milano 52 – Varese 36 – Torino 133

X **Da Vittorio 1980**

via Giacomo Matteotti 1 – ✆ 03 31 66 84 05 – www.davittorio1980.it – Chiuso vacanze di Natale, 3 settimane in agosto, domenica sera e lunedì

Rist – Carta 38/52 €

A pranzo generoso menu d'affari a prezzo contenuto, la sera due menu degustazione e proposte alla carta venate di fantasia. Ambiente semplice ma curato, tono familiare.

LONATO – Brescia (BS) – 561 F13 – 15 744 ab. – alt. 188 m – ✉ 25017 17 D1

Roma 530 – Brescia 23 – Mantova 50 – Milano 120

a Barcuzzi Nord : 3 km – ✉ 25080 Lonato

XX **Da Oscar**

via Barcuzzi 16 – ✆ 03 09 13 04 09 – www.daoscar.it – Chiuso 7-31 gennaio, martedì a pranzo e lunedì

Rist – Menu 43 € – Carta 35/60 €

Ubicato sulle colline che guardano il lago di Garda, bel locale spazioso di tono raffinato, con incantevole servizio estivo sulla terrazza.

LONGARE – Vicenza (VI) – 562 F16 – 5 646 ab. – alt. 29 m – ✉ 36023 38 B2

Roma 528 – Padova 28 – Milano 213 – Verona 60

Agriturismo Le Vescovane

via San Rocco 19/2, Ovest : 4 km – ✆ 04 44 27 35 70 – www.levescovane.com

9 cam – †45/65 € ††78/110 €

Rist – *(chiuso lunedì e martedì) (solo a cena escluso venerdì, sabato, domenica e festivi)* Carta 25/43 €

Pochi chilometri fuori Vicenza per trovare, meglio se facendosi consigliare la strada dai proprietari, una torre di caccia cinquecentesca nel silenzio dei monti Berici. Sala ristorante con camino, servizio estivo in giardino.

a Costozza Sud-Ovest : 1 km – ✉ 36023 Longare

XX **Aeolia**

piazza Da Schio 1 – ✆ 04 44 55 50 36 – www.aeolia.com

Rist – Menu 15 € (pranzo)/30 € – Carta 17/51 €

Un'esperienza artistica ancor prima che gastronomica, dalla sala del 1568 con affreschi di Zelotti e Fasolo, ai chilometrici cunicoli che ospitano le cantine. Cucina veneta e specialità di carne; tra i più gettonati i fagottini prosciutto e pere.

LONGIANO – Forlì-Cesena (FC) – 562 J18 – 6 966 ab. – alt. 179 m – ✉ 47020 9 D2

Roma 350 – Rimini 28 – Forlì 32 – Ravenna 46

via Porta del Girone 2, ✆ 0547 66 54 84, www.comune.longiano.fc.it

X **Dei Cantoni**

via Santa Maria 19 – ✆ 05 47 66 58 99 – www.ristorantedeicantoni.it – Chiuso 15 febbraio-15 marzo e mercoledì

Rist – Carta 24/49 €

All'ombra del castello malatestiano, due sale con mattoni a vista che ricordano il bel ciotttolato del centro ed una simpatica gestione dal servizio veloce ma cortese. Piacevole il servizio estivo in veranda e, assolutamente, da provare i chittarrelli con vongoline nostrane dell'Adriatico.

LONIGO – Vicenza (VI) – 562 F16 – 16 322 ab. – alt. 31 m – ✉ 36045 39 B3

Roma 533 – Verona 33 – Ferrara 95 – Milano 186

piazza Garibaldi 1, ✆ 0444 83 09 48, www.prolonigo.it

XXX **La Peca** (Nicola Portinari)

via Alberto Giovanelli 2 – ✆ 04 44 83 02 14 – www.lapeca.it – Chiuso domenica sera e lunedì

Rist – Menu 60 € (pranzo in settimana)/130 € – Carta 79/178 €

➜ Spaghettoni al cipollotto rosso con caviale e crudità di triglie. Agnello in tutte le sue parti con asparagi fondenti e topinambur. Ravioli croccanti alla crème brûlée in infusione di agrumi alla vaniglia.

Verso la chiesa francescana di San Daniele, un bell'edificio dalle forme asciutte e moderne anticipa la luminosa essenzialità degli interni. Ospite del primo piano, una fantasiosa cucina di terra e di mare. Ottima cantina.

LOREGGIA – Padova (PD) – 562 F17 – 7 259 ab. – alt. 26 m – ✉ 35010 40 C2

Roma 504 – Padova 26 – Venezia 30 – Treviso 36

X **Locanda Aurilia** con cam

via Aurelia 27 – ✆ 04 95 79 03 95 – www.locandaaurilia.com

16 cam – †45/65 € ††75/90 €, ☐ 5 €

Rist – *(chiuso 1°-6 gennaio, 1°-17 agosto e martedì)* Menu 28 € – Carta 25/45 €

La passione per la cucina e un forte legame per le tradizioni del territorio hanno scandito gli oltre cinquant'anni di attività della locanda, che continua a proporre gustosi piatti sia di terra sia di mare. Tra i must del menu: baccalà fritto e asparagi pastellati.

LORETO – Ancona (AN) – 563 L22 – 12 543 ab. – alt. 127 m – ✉ 60025 21 D2

Italia Centro-Nord

Roma 294 – Ancona 31 – Macerata 31 – Pesaro 90

via Solari 3, ✆ 071 97 02 76, www.comune.loreto.an.it

Santuario della Santa Casa★★ • Piazza della Madonna★ •Opere del Lotto★ nella pinacoteca

XX **Andreina** (Errico Recanati)

via Buffolareccia 14 – ✆ 0 71 97 01 24 – www.ristoranteandreina.it – Chiuso martedì

Rist – Menu 25 € (pranzo)/60 € – Carta 35/73 € (+5 %)

➜ Lo scampo rincorre la lepre. Cacciagione allo spiedo. La piramide ai 3 cioccolati con confettura di peperoni e lamponi.

Una coppia di coniugi e una grande passione per la materia prima: in costante crescita gastronomica negli anni, ricevono oggi i meritati riconoscimenti con una cucina che rivede la tradizione, quasi esclusivamente di carne, con succulenti proposte alla brace e allo spiedo tra i secondi piatti.

XX **Vecchia Fattoria** con cam

via Manzoni 19 – ✆ 0 71 97 89 76 – www.vecchiafattorialoreto.it

13 cam ☐ – †55 € ††80 € **Rist** – Carta 25/35 €

Il nome non lascia dubbi sull'originaria vocazione del complesso, oggi un locale di tono classico dedicato alla ristorazione, che presenta piatti tradizionali che spaziano dal mare alla terra. La piccola risorsa ai piedi del colle Lauretano dispone anche di camere arredate con semplicità.

LORETO APRUTINO – Pescara (PE) – 563 O23 – 7 741 ab. – alt. 294 m – ✉ 65014 1 B1

Roma 226 – Pescara 24 – Teramo 77

piazza Garibaldi, ✆ 085 8 29 02 13, www.abruzzoturismo.it

Castello Chiola cam, rist,

via degli Aquino 12 – ✆ 08 58 29 06 90 – www.castellochiolahotel.com

36 cam ☐ – †89/149 € ††99/189 € – 4 suites

Rist – *(solo a cena)* (prenotazione obbligatoria) Carta 31/50 €

Si respira una romantica atmosfera nelle sale ricche di fascino di un'incantevole, antica residenza medioevale, nella parte panoramica della cittadina; camere raffinate. Elegante ristorante dove apprezzare la tradizionale cucina italiana.

Carmine

contrada Remartello 52, Est : 4,5 km – ✆ 08 58 20 85 53 – www.ristorantecarmine.it – Chiuso martedì a pranzo e lunedì

Rist – Carta 23/68 €

Gestione familiare di grande esperienza per un grazioso locale con veranda, dove gustare piatti di mare a base di ricette tradizionali abruzzesi.

LORO CIUFFENNA – Arezzo (AR) – 563 L16 – 5 925 ab. – alt. 330 m – ✉ 52024 32 C2

Roma 238 – Firenze 54 – Siena 63 – Arezzo 31

Il Cipresso-da Cioni con cam

via De Gasperi 28 – ✆ 05 59 17 20 67 – www.ilcipresso.it – Chiuso 15 febbraio-3 marzo

23 cam – 40 € 60/70 €

Rist – *(chiuso mercoledì sera e sabato a mezzogiorno)* Carta 23/49 €

Affacciato su una rotonda, interni spogli, ma un grande amore per i migliori prodotti del territorio: salumi, pane, paste e le celebri carni toscane. Camere semplici in stile rustico.

LORO PICENO – Macerata (MC) – 563 M22 – 2 497 ab. – alt. 436 m – ✉ 62020 21 C2

Roma 248 – Ascoli Piceno 74 – Ancona 73 – Macerata 22

Girarrosto

via Ridolfi 4 – ✆ 07 33 50 91 19 – Chiuso 15-31 luglio e mercoledì

Rist – Carta 28/42 €

Nel centro storico di questo paese inerpicato su una collina, un locale dove gustare specialità alla brace servite nel caratteristico ambiente di una sala in mattoni.

LOTZORAI Sardegna – Ogliastra (OG) – 366 S44 – 2 164 ab. – alt. 11 m – ✉ 08040 Sardegna 28 B2

Cagliari 137 – Nuoro 93

Isolotto dell'Ogliastra★

L'Isolotto

via Ariosto 6 – ✆ 07 82 66 94 31 – Aperto 1 giugno-30 settembre; chiuso lunedì

Rist – *(solo a cena)* Carta 19/40 €

Portavoce delle specialità gastronomiche ogliastrine, basate su prodotti di terra e di mare, il ristorante propone una cucina caratterizzata da forti sapori mediterranei; ambiente rustico e fresca veranda estiva.

LOVENO – Como (CO) – Vedere Menaggio

LOVERE – Bergamo (BG) – 561 E12 – 5 428 ab. – alt. 208 m – ✉ 24065 19 D1

Italia Centro-Nord

Roma 611 – Brescia 49 – Bergamo 41 – Edolo 57

piazza 13 Martiri, ✆ 035 96 21 78, www.comune.lovere.bg.it

Lago d'Iseo★

Pisogne★ : affreschi★ nella chiesa di Santa Maria della Neve Nord-Est : 7 km

Continental cam, rist,

viale Dante 3 – ✆ 0 35 98 35 85 – www.continentallovere.it

42 cam – 45/60 € 60/90 € **Rist** – Carta 32/45 €

Piccolo ma piacevole l'attrezzato centro benessere attivato negli ultimi anni. Situato in un piccolo centro commerciale, l'hotel guarda soprattutto ad una clientela d'affari.

Moderno

piazza 13 Martiri 21 – ✆ 0 35 96 06 07 – www.albergomoderno.eu

24 cam – 65/75 € 80/85 €, 9 €

Rist – *(chiuso lunedì escluso 15 maggio-15 settembre)* Carta 29/66 €

Davanti al lungolago, hotel storico recentemente ristrutturato, dalla piacevole facciata rosa che guarda la piazza centrale del paese; camere molto spaziose e funzionali. Al piano terra, un'accogliente sala da pranzo sobriamente arredata.

Mas

via Gregorini 21 – ✆ 0 35 98 37 05 – Chiuso 1°-7 febbraio, 15-30 giugno e martedì
Rist – Carta 21/53 €
Una giovane e simpatica conduzione crea la giusta atmosfera di questo locale: piacevole e informale, con una cucina che propone piatti più leggeri a mezzogiorno e paste fresche la sera.

LUCARELLI – Siena (SI) – Vedere Radda in Chianti

LUCCA (LU) – **563** K13 – **84 939 ab.** – **alt. 19 m** – ✉ **55100** — **31** B1

Toscana

Roma 348 – Pisa 22 – Bologna 157 – Firenze 74

piazza Santa Maria 35, ✆ 0583 91 99 31, www.luccaturismo.it

Duomo★★ C – Chiesa di San Michele in Foro★★ : facciata★★ B – Battistero e chiesa dei Santi Giovanni e Raparata★ B **B** – Chiesa di San Frediano★ B – Centro storico★ BC – Passeggiata delle mura★

Parco★★ della villa reale di Marlia e di villa Grabau per① : 8 km – Parco★ di villa Mansi e villa Torrigiani★ per ② : 12 km

Circolazione regolamentata nel centro città

LUCCA

Anfiteatro (Pza dell') .... C 2
Angeli (V. degli) .... B 3
Antelminelli (Pza) .... C 4
Asili (V. degli) .... B 5
Battisti (V. C.) .... B 7
Beccheria (V.) .... B 8
Bernardini (Pza dei) .... C 9
Boccherini (Pza L.) .... A 10
Cadorna (Viale) .... D 12
Calderia (V.) .... B 13
Catalani (V.) .... A 15
Civitali (V. M.) .... C 17
Fillungo (V.) .... BC
Fratta (V. della) .... C 18
Garibaldi (Cso) .... AB 20
Giglio (Pza del) .... B 21
Guinigi (V.) .... C 22
Indipendenza (Pza dell') .... B 23
Mordini (V. A.) .... C 24
Napoleone (Pza) .... B 25
Pascoli (Viale) .... B 26
Portico (V. del) .... C 27
Quarquonia (V. della) .... D 28
Repubblica (Viale) .... B 29
Risorgimento (Pzale) .... B 30
Roma (V.) .... B 31
Servi (Pza dei) .... C 42
S. Andrea (V.) .... C 32
S. Gemma Galgani (V.) .... C 33
S. Giorgio (V.) .... B 34
S. Giovanni (Pza) .... B 35
S. Martino (Pza) .... B 36
S. Michele (Pza) .... C 38
S. Pietro (Pza) .... C 40
Varanini (Pza L.) .... D 43
Verdi (Pzale G.) .... A 45
Vittorio Emanuele II (V.) .... AB 47
Vittorio Veneto (Via) .... B 50

Ilaria e Residenza dell'Alba senza rist

via del Fosso 26 – ✆ 0 58 34 76 15 – www.hotelilaria.com **Cz**

36 cam ☕ – 🚹90/150 € 🚹🚹130/280 € – 5 suites

Ampie camere avvolte da morbidi colori in questo raffinato hotel ricavato dalle antiche scuderie di Villa Bottini. Suite principesche nella dépendance: un'attigua chiesa sconsacrata della quale si conserva un antico portico.

Noblesse

via Sant'Anastasio 23 – ✆ 05 83 44 02 75 – www.hotelnoblesse.it **Ce**

15 cam ☕ – 🚹200/220 € 🚹🚹259/350 € – 5 suites

Rist *Antica Osteria* – vedere selezione ristoranti

Eleganti camere con tappeti persiani, preziosi arredi d'epoca, un grande impiego di tessuti e decorazioni dorate fanno di questo palazzo settecentesco un fastoso albergo. Carne, pesce e piatti di ogni ispirazione nella calda sala da pranzo o nell'accogliente veranda estiva.

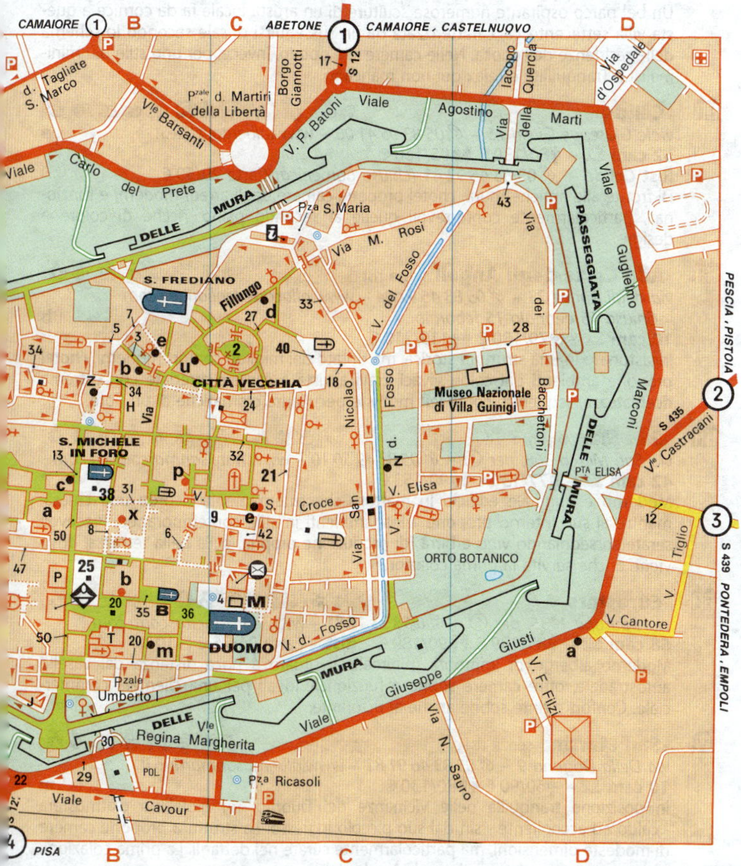

Grand Hotel Guinigi rist,
via Romana 1247, per ③ – ✆ 05 83 49 91 – www.grandhotelguinigi.it
157 cam – 80/120 € 90/210 € – 11 suites **Rist** – Carta 20/50 €
Moderna struttura, sita fuori dal centro, dotata di ampi ambienti luminosi provvisti di ogni confort; ideale per una clientela di lavoro, ma adatto anche al turista di passaggio. Colori ambrati e arredi classici nella sala da pranzo con colonne e soffitto ad archi.

San Luca Palace senza rist
via San Paolino 103 – ✆ 05 83 31 74 46 – www.sanlucapalace.com **Ad**
23 cam – 90/190 € 190/290 € – 3 suites
All'interno di un palazzo del '500 - a pochi passi dal centro - ospitalità e indiscussa professionalità in ambienti eleganti dai morbidi colori. Le camere si distinguono per l'ottimo livello e la cura del dettaglio. Attrezzata sala riunioni, bar/tea room, parcheggio e garage con servizio cortesia, biciclette gratuite.

Hambros il Parco senza rist
via Pesciatina 197, Località Lunata, 4,5 km per ② – ✆ 05 83 93 53 55 – www.hotelhambros.com – Chiuso 22 dicembre-6 gennaio
52 cam – 75/100 € 110/140 €
Un bel parco ospitante numerose sculture di un artista locale fa da cornice a questa villa settecentesca, caratterizzata da un susseguirsi di sale secondo lo schema delle residenze dell'epoca. Nelle camere si è optato, invece, per uno stile più minimalista. Tranquillità e relax qui non mancano.

Celide rist,
viale Giuseppe Giusti 25 – ✆ 05 83 95 41 06 – www.albergocelide.it **Da**
52 cam – 80/130 € 95/160 €
Rist *Celide* – ✆ 05 83 46 92 61 *(chiuso domenica)* Carta 29/59 €
Di fronte alle antiche mura, l'hotel propone camere dagli arredi moderni e funzionali, particolarmente confortevoli quelle al secondo piano, ricche di colore e design.

Alla Corte degli Angeli senza rist
via degli Angeli 23 – ✆ 05 83 46 92 04 – www.allacortedegliangeli.com – Chiuso 15 gennaio-15 febbraio **Bb**
10 cam – 79/150 € 119/210 €
Incastonato in una struttura storica, ma dotato dei migliori confort moderni, l'hotel propone ambienti dai colori vivaci, travi a vista e camere arredate con estrema ricercatezza, seguendo come leit motiv le peculiarità cromatiche di un fiore.

San Marco senza rist
via San Marco 368, per ① – ✆ 05 83 49 50 10 – www.hotelsanmarcolucca.com
42 cam – 77/130 € 90/153 €
Moderno e originale edificio in mattoni che esternamente ricorda una chiesa, mentre al suo interno propone ariosi ambienti in stile contemporaneo. Piacevoli serate sorseggiando vino e birra (di produzione propria) sulla bella terrazza, dove viene anche servita la prima colazione.

Eurostars
viale Europa 1135, per ⑤ – ✆ 0 58 33 17 81 – www.eurostarstoscana.com
68 cam – 85/189 € 90/189 € **Rist** – Carta 26/75 € (+10 %)
Moderno albergo di impronta minimalista, situato a poca distanza dal casello autostradale, offre camere sobrie e funzionali, ideali per una clientela commerciale. Confort e tinte sobrie anche al ristorante.

San Martino senza rist
via Della Dogana 9 – ✆ 05 83 46 91 81 – www.albergosanmartino.it
10 cam – 60/90 € 80/130 € **Bm**
In posizione tranquilla nelle vicinanze del Duomo, un gioiellino d'atmosfera - caldo ed accogliente - sin dal suo piccolo ingresso. La struttura propone camere di modeste dimensioni, ma particolarmente curate nei dettagli. La prima colazione può essere consumata anche nel piccolo dehors.

La Luna senza rist
via Fillungo-corte Compagni 12 – 05 83 49 36 34 – www.hotellaluna.com – Chiuso 7-31 gennaio **Bu**
28 cam – 60/105 € 80/140 € – 1 suite
A pochi passi dalla celebre piazza dell'Anfiteatro, dispone di ambienti accoglienti e ben tenuti, seppur non molto ampi, e camere funzionali. Nelle adiacenze, una dependance.

Melecchi senza rist
via Romana 41, per ③ – 05 83 95 02 34
14 cam – 45/55 € 65/80 €
Poco lontano dal centro - facilmente raggiungibile anche a piedi - hotel dagli ampi spazi comuni, ricchi di personalità e calore familiare. Camere curate e ben tenute; prima colazione di tipo continentale.

Piccolo Hotel Puccini senza rist
via di Poggio 9 – 0 58 35 54 21 – www.hotelpuccini.com **Bc**
14 cam – 50/73 € 70/97 €, 4 €
Cortese ospitalità in questo albergo ospitato all'interno di un antico palazzo sito nel cuore della città; all'interno ambienti non molto spaziosi e camere semplici e colorate.

Palazzo Tucci (N) senza rist
via Cesare battisti 13 – 05 83 46 42 79 – www.palazzotucci.com **Bz**
6 cam – 130/150 € 150/170 €
Sono principesche le camere di questo palazzo nobiliare del '700 in pieno centro. Ma anche i saloni ricchi di fascino e storia, stucchi e affreschi, contribuiscono a rendere fiabesco il soggiorno.

A Palazzo Busdraghi senza rist
via Fillungo 170 – 05 83 95 08 56 – www.apalazzobusdraghi.it **Cd**
7 cam – 97/147 € 117/157 €
Al primo piano dell'omonimo palazzo affacciato sul corso principale del centro, offre ambienti luminosi nei quali si incontrano il fascino dell'antiquariato e accessori d'avaguardia.

Villa Romantica senza rist
via Inigo Campioni 19, 0,5 km per via Castracani – 05 83 49 68 72 – www.villaromantica.it – Chiuso 18-27 dicembre e 9 gennaio-10 febbraio
7 cam – 75/90 € 98/130 € **Df**
Se il nome è già un'eloquente presentazione, all'interno troverete colori ed un'attenta cura per i dettagli. Romanticamente nel sottotetto, il piccolo centro benessere.

Alla Dimora Lucense senza rist
via Fontana 19 – 05 83 49 57 22 – www.dimoralucense.it **Be**
8 cam – 60/105 € 90/140 €
In una struttura del centro storico - a pochi passi dalle Mura e da piazza dell'Anfiteatro - piacevoli camere e godibile patio per momenti di fresco relax.

Buca di Sant'Antonio
via della Cervia 1/5 – 0 58 35 58 81 – www.bucadisantantonio.com – Chiuso 13-21 gennaio, 7-15 luglio, domenica sera e lunedì **Ba**
Rist – Menu 22 € (pranzo)/45 € – Carta 32/47 €
Al piano terra quella che in origine era la stalla per il cambio dei cavalli, mentre la "buca" è la sala al piano inferiore. Una grande varietà di oggetti appesi alle pareti o pendenti dal soffitto tipicizzano l'ambiente; il menu è invece vivacizzato da piatti regionali eseguiti secondo antiche ricette.

All'Olivo
piazza San Quirico 1 – 05 83 49 62 64 – www.ristoranteolivo.it **Bp**
Rist – (consigliata la prenotazione) Menu 30 € – Carta 34/81 €
In una delle caratteristiche piazze del centro storico, tre sale elegantemente arredate, di cui una adibita ai fumatori, dove gustare una squisita cucina del territorio di terra e di mare. Piacevole servizio estivo all'aperto.

Antica Locanda dell'Angelo
via Pescheria 21 – ✆ 05 83 46 77 11 – www.anticalocandadellangelo.com – Chiuso 3 settimane in gennaio o febbraio, domenica sera e lunedì escluso in estate Bx
Rist – Menu 20 € (pranzo)/54 € – Carta 39/74 €
Sorto probabilmente come locanda, oggi è certamente un locale elegante. Dalle cucine, un buon equilibrio tra tradizione locale e piatti nazionali. Un occhio di riguardo anche al vino.

Damiani
viale Europa 797/a, 0,5 km per ⑤ – ✆ 05 83 58 34 16 – www.ristorantedamiani.it – Chiuso 14-23 agosto e domenica
Rist – Menu 20 € (pranzo) – Carta 29/110 €
Molto apprezzato dalla clientela d'affari, in comoda posizione nei pressi dell'uscita autostradale, è un locale luminoso con cucina a vista. Se il menu riporta qualche specialità di carne, è pur sempre il pesce il piatto forte della casa.

Antica Osteria – Hotel Noblesse
via Santa Croce 55 – ✆ 05 83 44 02 75 – www.hotelnoblesse.it – Chiuso 10-31 gennaio Ce
Rist – Carta 27/66 €
Giusto rapporto qualità/prezzo per una cucina che celebra il territorio: il tutto, in graziose e curate sale, ricche di atmosfera.

Giglio (N)
piazza del Giglio 2 – ✆ 05 83 49 40 58 – www.ristorantegiglio.com – Chiuso 15-30 novembre, mercoledì a pranzo e martedì Bb
Rist – Menu 20 € (pranzo) – Carta 30/52 €
In pieno centro e all'interno di un palazzo settecentesco, all'ingresso saranno i piacevole affreschi a darvi il benvenuto, mentre accomodati al tavolo saranno i sapori del territorio - di terra e di mare – a conquistare il vostro palato.

La Griglia di Varrone
viale Europa 797/f, 0,5 km per ⑤ – ✆ 05 83 58 36 11 – www.lagrigliadivarrone.it – Chiuso 24 dicembre-2 gennaio e sabato a pranzo
Rist – Menu 14 € (in settimana) – Carta 31/70 €
La steak house più in voga a Lucca. In un ambiente moderno e frizzante, il menu annovera anche carni esotiche (canguro, antilope, zebra). A mezzogiorno due proposte a prezzo particolarmente interessante.

sulla strada statale 12 r A

Locanda l'Elisa
rist,
via Nuova per Pisa 1952, Sud : 4,5 km ✉ 55050 Massa Pisana – ✆ 05 83 37 97 37 – www.locandalelisa.it
10 cam – †99/189 € ††180/420 €
Rist *Gazebo* – *(solo a cena)* Carta 46/91 €
In un rigoglioso giardino che nasconde la piscina, questa villa ottocentesca sfoggia un certo stile inglese, sia nelle zone comuni sia nelle romantiche junior suite con letto a baldacchino.

Villa Marta
via del Ponte Guasperini 873, località San Lorenzo a Vaccoli, Sud : 5,5 km ✉ 55100 – ✆ 05 83 37 01 01 – www.albergovillamarta.it – Chiuso gennaio e febbraio
15 cam – †69/199 € ††89/299 €
Rist *Botton D'Oro* – *(solo a cena)* Carta 25/55 €
L'ottocentesca dimora di caccia, immersa nella placida campagna lucchese, ospita un albergo a gestione familiare: camere dal sapore antico, con pavimenti originali, alcune affrescate.

Marta Guest House senza rist
via del Querceto 47, località Santa Maria del Giudice, Sud: 10 km ✉ 55100 – ✆ 05 83 37 85 55 – www.martaguesthouse.it
5 cam – †45/65 € ††70/110 €
Tra Lucca e Pisa, la nostalgica bellezza di una villa in stile tardo Liberty con splendidi pavimenti, bei soffitti ed arredi d'epoca. Due camere con ampio terrazzo e, per tutti, torte fatte in casa per colazione!

La Cecca

località Coselli, Sud : 5 km ✉ 55060 Capannori – ✆ 0 58 39 42 84 – www.lacecca.it – Chiuso 1°-10 gennaio, una settimana in agosto, mercoledì sera e lunedì

Rist – Carta 24/42 €

Semplice trattoria di campagna nel moderno quartiere cittadino. La ricetta del successo è altrettanto semplice: saporiti e genuini piatti della tradizione lucchese a prezzi concorrenziali.

a Marlia per ① 6 km – ✉ 55014

Butterfly (Fabrizio Girasoli)

strada statale 12 dell'Abetone – ✆ 05 83 30 75 73 – www.ristorantebutterfly.it – Chiuso 2 settimane in gennaio e mercoledì

Rist – *(solo a cena escluso i giorni festivi)* (consigliata la prenotazione)
Menu 50 € (pranzo)/65 € – Carta 46/80 €

➜ Cappelletti di pappa al pomodoro con astice. Piccione in tre cotture. Il pozzo dei desideri: panna fresca e "secchio" fondente con ciliege e amarene.
Immerso in un curato giardino, ottocentesco casolare dove cotto e travi si uniscono ad un'elegante atmosfera. Gestione familiare, cucina elaborata dalle presentazioni ricercate.

a Capannori per ③ : 6 km – ✉ 55012

Forino

via Carlo Piaggia 21 – ✆ 05 83 93 53 02 – www.ristoranteforino.it – Chiuso 26 dicembre-2 gennaio, 7-21 agosto, domenica sera e lunedì

Rist – Menu 25/40 € – Carta 32/61 €

Gestione simpatica e competente in un locale rinomato nella zona per la sua cucina di mare sapientemente elaborata, realizzata con selezionate materie prime.

a Ponte a Moriano per ① : 9 km – ✉ 55029

Antica Locanda di Sesto

via Ludovica 1660, a Sesto di Moriano, Nord-Ovest : 2,5 km – ✆ 05 83 57 81 81 – www.anticalocandadisesto.it – Chiuso 24 dicembre-1° gennaio, agosto e sabato

Rist – Carta 25/60 €

Simpatica e calorosa gestione familiare per questa storica locanda di origini medievali che ha saputo conservare autenticità e genuinità, oggi riproposte in gustose ricette regionali. Per gli amanti della carne consigliamo: tagliata di manzo al pepe nero e rosmarino.

a Segromigno in Monte per ① : 10 km – ✉ 55018

Fattoria Mansi Bernardini

via di Valgiano 34, Nord : 3 km – ✆ 05 83 92 17 21 – www.fattoriamansibernardini.it

15 cam – solo ½ P 120/150 € **Rist** – *(solo a cena) (solo per alloggiati)*

In un'affascinante cornice, tra colline e vigneti, la grande azienda agricola produttrice di olio si compone di diversi casolari e riserva agli ospiti camere spaziose e confortevoli.

sulla strada statale 435 per ②

Serendepico con cam

via della Chiesa di Gragnano 36, Est: 12 km ✉ 55012 Capannori – ✆ 05 83 97 50 26 – www.serendepico.com

6 cam ☕ – †69/139 € ††79/250 € – 2 suites

Rist – *(chiuso domenica) (solo a cena)* (consigliata la prenotazione)
Carta 44/68 €

Seppie in zimino, spuma di patate e curry? O ravioli con cuore di baccalà, porro in agro dolce e nigella? Potendo, bisognerebbe assaggiare tutto del menu di questo locale, che propone una cucina "tecnica", ma anche tanto creativa. Graziose e semplici le camere; c'è anche un laghetto per la pesca sportiva alle carpe.

I Diavoletti
via stradone di Camigliano 302, Est: 9 km ✉ 55012 Capannori – ✆ 05 83 92 03 23 – www.ristorantepizzeriaidiavoletti.com – Chiuso mercoledì
Rist – *(solo a cena escluso domenica e i giorni festivi)* Carta 23/37 €
In questa ex casa del popolo (dove si riunivano i "diavoletti" rossi), un ambiente graziosamente personalizzato dall'accogliente taglio familiare. Cucina regionale elaborata partendo da ottimi ingredienti del territorio e frequenti serate a tema. Specialità tra le specialità: tordello di grano saraceno, ricotta di pecora, trevigiano, bitto, porro passato nel burro.

a Cappella per ① : 10 km – ✉ 55100

La Cappella senza rist
via dei Tognetti 469, località Ceccuccio – ✆ 05 83 39 43 47 – www.lacappellalucca.it
5 cam – 70/100 € 90/120 €
Si procede in salita per qualche chilometro per arrivare alle porte di questa grande villa tra le colline, con vista panoramica e mobili d'epoca nelle accoglienti camere. Per chi volesse fare acquisti: vendita di vini della zona e di olio dell'azienda.

sulla strada per Valgiano Nord-Est: 8 km

Tenuta San Pietro Ⓝ
via per San Pietro 22/26, Località San Pietro a Marcigliano – ✆ 05 83 92 66 76 – www.tenuta-san-pietro.com – Chiuso 7 gennaio-3 marzo
8 cam – 150/210 € 180/250 €, 15 € – 2 suites
Rist – *(solo a cena escluso sabato e domenica in marzo-maggio e ottobre-dicembre)* (consigliata la prenotazione) Carta 39/63 €
In posizione bucolica e panoramica - piccola nelle dimensione, ma non nel confort - la risorsa offre camere personalizzate e moderne che ben si armonizzano al contesto. Cucina del territorio reinterpretata con gusto contemporaneo.

LUCERA – Foggia (FG) – 564 C28 – 34 513 ab. – alt. 219 m – ✉ 71036 26 A2

Puglia

Roma 345 – Foggia 20 – Bari 150 – Napoli 157

Fortezza★: ✻ ★ sul Tavoliere – Anfiteatro Romano★ – Museo Civico: statua di Venere★

Sorriso senza rist
viale Raffaello-Centro Incom – ✆ 08 81 54 03 06 – www.hotelsorrisolucera.it
36 cam – 60/75 € 80/95 € – 1 suite
Giovane e intraprendente gestione in questo hotel recente, costantemente aggiornato. Gli ambienti comuni, come le camere, sono arredati con cura e gusto.

Il Cortiletto Ⓝ
via De Nicastri 26 , (adiacenze Museo Fiorelli) – ✆ 08 81 54 25 54 – www.ristoranteilcortiletto.it – Chiuso domenica sera
Rist – (prenotare) Carta 30/39 €
Il nome è mutuato dal patio di un palazzo nobiliare del XVII secolo, ambiente caldo e signorile dai soffitti a mattoni a vista e in menu il territorio con i suoi prodotti e piatti ricercati.

LUCRINO – Napoli (NA) – Vedere Pozzuoli

LUGANA – Brescia (BS) – Vedere Sirmione

LUGHETTO – Venezia – Vedere Campagna Lupia

LUGO – Ravenna (RA) – 562 I17 – 32 777 ab. – alt. 12 m – ✉ 48022 9 C2

Roma 385 – Bologna 61 – Ravenna 32 – Faenza 19

San Francisco senza rist

via Amendola 14 – ✆ 0 54 52 23 24 – www.sanfranciscohotel.it
– Chiuso 24 dicembre-1° gennaio e 5-26 agosto
25 cam – †75 € ††96 € – 1 suite
Interni arredati con design anni '70, dove l'essenzialità non è mancanza del superfluo, ma capacità di giocare con linee e volumi per creare confortevole piacevolezza. Luminose zone comuni e camere ampie (disponibile anche un appartamento per soggiorni medio-lunghi).

LUINO – Varese (VA) – 561 E8 – 14 471 ab. – alt. 202 m – ✉ 21016 16 A2

Roma 661 – Stresa 73 – Bellinzona 40 – Lugano 23
via Piero Chiara 1, ✆ 0332 53 00 19, www.comune.luino.va.it/

a Colmegna Nord : 2,5 km – ✉ 21016 Luino

Camin Hotel Colmegna

via Palazzi 1 – ✆ 03 32 51 08 55 – www.caminhotel.com
– Aperto 15 marzo-15 novembre
30 cam – †115/170 € ††185/220 €
Rist – Carta 47/62 €
Villa d'epoca in splendida posizione panoramica, circondata da un ameno parco in riva al lago; camere confortevoli, per un soggiorno piacevole e rilassante. Gradevole terrazza sul lago per il servizio estivo del ristorante.

LUSIA – Rovigo (RO) – 562 G16 – 3 629 ab. – alt. 10 m – ✉ 45020 39 B3

Roma 461 – Padova 47 – Ferrara 45 – Rovigo 12

in prossimità strada statale 499 Sud: 3 km

Trattoria al Ponte

via Bertolda 27, località Bornio ✉ 45020 – ✆ 04 25 66 98 90
– www.trattoriaalponte.it – Chiuso 2 settimane in agosto e lunedì
Rist – Menu 25/40 € – Carta 22/35 €
Fragranze di terra e di fiume si intersecano ai sapori di una volta e alla fantasia dello chef per realizzare instancabili piatti della tradizione, come il mitico risotto alle verdure. Un'oasi nel verde, al limitare di un ponte.

LUTAGO = LUTTACH – Bolzano (BZ) – 562 B17 – Vedere Valle Aurina

MACERATA (MC) – 563 M22 – 43 019 ab. – alt. 315 m – ✉ 62100 21 C2

Italia Centro-Nord
Roma 256 – Ancona 51 – Ascoli Piceno 92 – Perugia 127
piazza della Libertà 9, ✆ 0733 23 48 07, www.turismo.provinciamc.it

Claudiani senza rist

vicolo Ulissi 8 – ✆ 07 33 26 14 00 – www.hotelclaudiani.it
– Chiuso dal 24 al 27 dicembre
36 cam – †70/113 € ††105/137 € – 2 suites
Un blasonato palazzo del centro storico che nei suoi interni offre agli ospiti sobria, ovattata eleganza e raffinate atmosfere del passato, rivisitate in chiave moderna.

Le Case

contrada Mozzavinci 16/17, Nord-Ovest : 6 km – ✆ 07 33 23 18 97
– www.ristorantelecase.it – Chiuso 10 giorni in gennaio e 10 giorni in agosto
19 cam – †85/105 € ††110/140 € – 5 suites
Rist *L'Enoteca* ✿ – vedere selezione ristoranti
L'ombra dei cipressi conduce ad un complesso rurale del X sec., che comprende anche un piccolo, ma ben strutturato, museo contadino. Eleganza e buon gusto fanno da cornice a soggiorni di classe, immersi nella pace della campagna.

I Colli senza rist
via Roma 149 – ✆ 07 33 36 70 63 – www.hotelicolli.com
60 cam – †50/60 € ††65/80 €
In posizione semicentrale, una buona struttura con camere accoglienti e confortevoli. Discreti spazi comuni con tanto di piccola, ma attrezzata palestra.

Arcadia senza rist
via Padre Matteo Ricci 134 – ✆ 07 33 23 59 61 – www.harcadia.it
– Chiuso 23 dicembre-6 gennaio
29 cam – †45/75 € ††55/110 € – 1 suite
Nei pressi del teatro e dell'università, frequentato da artisti e accademici, propone accoglienti stanze di varie tipologie, alcune dotate anche di angolo cottura.

Arena senza rist
vicolo Sferisterio 16 – ✆ 07 33 23 09 31 – www.albergoarena.com
27 cam – †45/75 € ††55/110 €
Chi si nasconde dietro all'Arena dello Sferisterio, all'interno delle mura del centro storico? Questo piccolo hotel dagli ambienti e dalle camere funzionali, ma accoglienti.

L'Enoteca (Michele Biagiola) – Hotel Le Case
contrada Mozzavinci 16/17, Nord-Ovest : 6 km – ✆ 07 33 23 18 97
– www.ristorantelecase.it – Chiuso 10 giorni in gennaio, 10 giorni in agosto, domenica e lunedì
Rist – *(solo a cena)* Menu 40/75 € – Carta 38/93 €
➜ Spaghetti con verdure cotte e crude, erbe e fiori. Filetto e frattaglie d'agnello con rape e salsa di vino cotto. Fondente di cioccolato con lampone e granita di violetta.
In un ambiente rustico-elegante, un cuoco fantasioso e dalle idee precise: carni del territorio selezionate personalmente, pesci dell'Adriatico ed una sfrenata passione per le erbe aromatiche.

sulla strada statale 77 Nord : 4 km

Recina
via Alcide De Gasperi 32F ✉ 62100 – ✆ 07 33 59 86 39 – www.recinahotel.it
56 cam – †60/120 € ††85/140 € – 3 suites
Rist *Arlecchino* – vedere selezione ristoranti
Arredi di gusto moderno, ma con tocchi di classicità, nonché abbondanti spazi comuni in una struttura lungo la statale. Le camere sul retro offrono una maggiore tranquillità.

Arlecchino – Hotel Recina
via Alcide De Gasperi 32F – ✆ 07 33 59 86 39 – www.recinahotel.it
– Chiuso lunedì
Rist – Carta 19/68 €
Vivace e molto frequentato da una clientela business, il ristorante è rinomato in zona per la varietà della sua carta: le proposte spaziano dalla carne al pesce, con qualche prodotto tipicamente stagionale.

MACUGNAGA – Verbano-Cusio-Ossola (VB) – 561 E5 – 646 ab. – alt. 945 m – Sport invernali : 1 327/3 000 m 2 8, – ✉ 28876 22 B1

Roma 716 – Aosta 231 – Domodossola 39 – Milano 139
piazza Municipio 6, ✆ 0324 6 51 19, www.comune.macugnaga.vb.it

Flora
piazza Mucipio 7, frazione Staffa – ✆ 0 32 46 59 10 – www.albergoflora.com
– chiuso maggio, ottobre e novembre
11 cam – †80/120 € ††90/140 € **Rist** – *(solo a cena)* Carta 35/45 €
In pieno centro - accanto al municipio e ai piedi del massiccio del Monte Rosa - un hotel dallo stile rustico, ma piacevole nella sua semplicità. Cucina classica nel ristorante rallegrato da un bel caminetto.

MADDALENA (Arcipelago della)★★ Sardegna – Olbia-Tempio (OT) – 366 R36 Sardegna 28 B1

Isola della Maddalena★★ – Isola di Caprera★: casa-museo★ di Garibaldi

LA MADDALENA – Olbia-Tempio (OT) – 366 R36 – 11 899 ab. – ✉ 07024 28 B1

per Palau – Saremar, call center 892 123

La Maddalena

cam,

piazza Faravelli – ✆ 07 89 79 42 73 – www.lamaddalenahyc.com
– Aperto 11 maggio-30 settembre

89 cam – 250/720 € 250/720 € – 6 suites

Rist *Momento* – Carta 44/80 €

Si rifà al concept minimal chic, questa moderna struttura che dispone di camere spaziose, ben accessoriate, la maggior parte con vista mare e porto. 350 mq di benessere vi attendono, invece, nella superba spa.

Excelsior senza rist

via Amendola 7 – ✆ 07 89 72 10 47 – www.excelsiormaddalena.com
– Aperto 1° marzo-31 ottobre

27 cam – 70/200 € 80/280 € – 1 suite

In centro e fronte porto, questa struttura piccola nelle dimensioni, ma non nel confort, si contraddistingue per la moderna eleganza e il design. Piacevole terrazza-solarium con vista mare ed ottime camere, ampie e funzionali.

La Scogliera

località Porto Massimo – ✆ 34 79 89 35 78 – www.lascoglieraristorante.com
– Aperto 15 maggio-30 settembre

Rist – (prenotazione obbligatoria) Carta 80/185 €

Su una scogliera nella parte più nascosta della Maddalena, di lontano si scorge Caprera, due terrazze in legno affacciate sul mare ed una saletta interna con arredi alla moda e raffinati. La cucina sorprende in quanto a modernità e mediterraneità: solo pesce fresco, pane e pasta fatti in casa.

MADESIMO – Sondrio (SO) – 561 C10 – 587 ab. – alt. 1 536 m 16 B1

– Sport invernali : 1 550/2 948 m 3, 9, – ✉ 23024 Italia Centro-Nord

Roma 703 – Sondrio 80 – Bergamo 119 – Milano 142

via alle Scuole 12, ✆ 0343 5 30 15, www.prolocomadesimo.it

Strada del passo dello Spluga★★ : tratto Campodolcino-Pianazzo★★★ Sud e Nord

Andossi

via A. De Giacomi 37 – ✆ 0 34 35 70 00 – www.hotelandossi.com
– Aperto 1° dicembre-30 aprile e 1° luglio-31 agosto

43 cam – 140/180 € 140/180 €

Rist – *(solo per alloggiati)* Menu 35/60 €

Hotel di tradizione non lontano dal centro, completamente ristrutturato; ambienti in stile montano di taglio moderno e camere semplici, ma funzionali; centro benessere.

Emet

via Carducci 28 – ✆ 0 34 35 33 95 – www.hotel-emet.com
– Aperto 1° dicembre-30 aprile e 1° luglio-31 agosto

36 cam – 70/120 € 120/180 €, 15 € **Rist** – Carta 31/58 €

Interni di buon livello che, con eleganza, contribuiscono a creare un'atmosfera ovattata e silenziosa. In ottima posizione: centrale, ma vicino alle piste da sci. Sala ristorante d'impostazione classica.

La Meridiana

rist,

via Carducci 8 – ✆ 0 34 35 31 60 – www.hotel-lameridiana.com
– Aperto 1° dicembre-30 aprile e 1° luglio-31 agosto

23 cam – 35/90 € 80/145 €

Rist *1945* – Carta 25/52 €

Per godere appieno delle bellezze naturali della zona, fermatevi in questa accogliente baita dagli arredi tipici. Praticamente sulle piste da sci, dopo una giornata di sport, vi attendono camere confortevoli ed un rigenerante centro benessere. Ristorante di medie dimensioni, terrazza per i mesi estivi.

XX **Il Cantinone e Sport Hotel Alpina** (Stefano Masanti) con cam
via A. De Giacomi 39
– 0 34 35 61 20 – www.sporthotelalpina.it
– Aperto 2 dicembre-9 aprile e 16 giugno-14 settembre
8 cam – 90/130 € 130/210 €
Rist – *(chiuso lunedì, martedì e mercoledì escluso dal 20 dicembre al 20 marzo e in luglio-agosto) (solo a cena escluso vacanze di Natale e luglio-agosto)*
Menu 35 € (in settimana)/70 € – Carta 55/75 €
→ Ravioli di trota in brodo di trota e tè di montagna. Agnello valchiavennasco, funghi porcini e lichene di larice. Fragole di bosco e polenta.
Locale elegante con belle camere e una sala da pranzo d'impostazione classica, "riscaldata" dall'ampio impiego del legno. La cucina gioca su due fronti, tradizione e innovazione: al vostro gusto, la scelta!

a Pianazzo Ovest : 2 km – 23024

X **Bel Sit** con cam
via Nazionale 19 – 0 34 35 33 65 – www.albergobelsit.com
– Chiuso 1°-25 dicembre
10 cam – 44/63 € 75/95 €
Rist – *(chiuso giovedì)* Menu 18 € – Carta 21/44 €
Ristorante ubicato lungo una strada di passaggio, presenta ambienti di estrema semplicità. Noto in zona per la cucina tradizionale, con ampio utilizzo di selvaggina.

MADONE – Bergamo (BG) – 562 F10 – 4 031 ab. – 24040 19 C1

Roma 621 – Milano 44 – Bergamo 17 – Monza 33

XX **Le Ciel Restaurant**
piazza dei Vignali 2 – 03 54 94 29 80 – www.lecielrestaurant.it
– Chiuso 8-22 agosto, martedì e mercoledì
Rist – (consigliata la prenotazione) Menu 30/45 € – Carta 30/66 €
Sotto la volta stellata (in realtà un ingegnoso sistema d'illuminazione a fibre ottiche), vi sembrerà di toccare il cielo con un dito. La cucina vi ricorderà - invece - piaceri più terreni o, meglio, di mare: il menu è quasi interamente consacrato alle specialità ittiche.

MADONNA DI CAMPIGLIO – Trento (TN) – 562 D14 – alt. 1 522 m 33 B2

– Sport invernali : 1 500/2 500 m 6 23, – 38086 Italia Centro-Nord

Roma 645 – Trento 82 – Bolzano 88 – Brescia 118
via Pradalago 4, 0465 44 75 01, www.campigliodolomiti.it
Campo Carlo Magno via Cima Tosa 16, 0465 420622, www.golfcampocarlomagno.com – luglio-settembre
Località★★
Massiccio di Brenta★★★ Nord per la strada S 239

Cristal Palace rist,
via Cima Tosa 104/a – 04 65 44 60 20
– www.cristalpalacecampiglio.it – Aperto 29 novembre-15 aprile e 28 giugno-15 settembre
61 cam – 105/210 € 280/560 € – 2 suites **Rist** – Carta 35/62 €
Nella parte alta della località, l'alternanza di legno e marmo conferisce un côté modernamente raffinato a questo hotel di recente apertura, che dispone di camere molto confortevoli, nonché di un attrezzato centro benessere per momenti di piacevole relax.

Alpen Suite Hotel rist,
viale Dolomiti di Brenta 84 – 04 65 44 01 00 – www.alpensuitehotel.it
– Aperto 1° dicembre-Pasqua e 25 giugno-15 settembre
28 suites – 260/480 €
Rist *Il Convivio* – vedere selezione ristoranti
Rist – Carta 32/65 €
Per chi ama gli spazi, una sobria essenzialità e qualche richiamo montano: le camere sono ampie con pochi, eleganti arredi. Charme e relax alpino al centro benessere.

DV Chalet Boutique Hotel et Spa 

via Castelletto Inferiore 10 – ✆ 04 65 44 31 91 – www.dvchalet.it
– Aperto 1° dicembre-15 aprile e 1° luglio-15 settembre
20 cam – 140/350 € 180/710 €
Rist ***Dolomieu*** – vedere selezione ristoranti
Rist – *(chiuso martedì escluso alta stagione) (solo a cena)* Carta 42/88 €
Una sferzata di novità negli alberghi montani! Dolce Vita propone affascinanti ambienti moderni, profili geometrici e colori sobri: il design sulle Alpi. Anche la cucina del ristorante si adegua all'impronta dell'hotel con proposte personali, creative ed elaborate.

Bio-Hotel Hermitage rist,

via Castelletto Inferiore 69, Sud : 1,5 km – ✆ 04 65 44 15 58
– www.biohotelhermitage.it – Aperto 1° dicembre-31 marzo e 1° luglio-30 settembre
22 cam – 100/300 € 200/500 € – 3 suites
Rist ***Stube Hermitage*** – vedere selezione ristoranti
Rist – *(solo per alloggiati)* Carta 45/99 €
Immerso in un parco con le cime del Brenta come sfondo. La natura si trasferisce all'interno. Costruito secondo i criteri della bioarchitettura, la tranquillità e l'eleganza sono di casa.

Campiglio Bellavista cam, rist,

via Pradalago 38 – ✆ 04 65 44 10 34
– www.hotelcampigliobellavista.it – Aperto 1° dicembre-15 aprile e 1° luglio-15 settembre
38 cam – 60/174 € 100/250 €
Rist ***Artini*** – Carta 24/65 €
A ridosso della piste da sci, rimodernato secondo i più severi dettami di bioarchitettura, un hotel tutto in legno completo nella gamma dei servizi offerti ed aggiornato nei confort: un indirizzo di sicuro interesse per i più agguerriti sportivi.

Lorenzetti rist,

viale Dolomiti di Brenta 119, Sud : 1,5 km – ✆ 04 65 44 14 04
– www.hotellorenzetti.com – Aperto 1° dicembre-30 aprile e 1° luglio-30 settembre
48 cam – 70/140 € 120/200 € – 12 suites **Rist** – Carta 35/58 €
Faro dell'ospitalità a Campiglio, il personale prevede e realizza ogni esigenza dei clienti. Relax sulla terrazza-solarium e dolci a volontà per i più golosi. Cucina ladina nell'elegante sala ristorante: i clienti privi di camera panoramica si rifaranno con le finestre sulle cime di Brenta.

Gianna

via Vallesinella 16 – ✆ 04 65 44 11 06 – www.hotelgianna.it
– Aperto 1° dicembre-Pasqua e 1° luglio- 30 settembre
24 cam – 80/200 € 126/400 € – 2 suites
Rist – *(solo a cena)* (consigliata la prenotazione) Carta 27/62 €
In posizione tranquilla, ma non lontano dal centro, la tradizione trentina si sposa con il gusto moderno, grazie ad una gestione familiare che si adopera al continuo rinnovo. Appetitosa cucina regionale nelle due graziose sale ristorante e nella stube.

Chalet del Sogno

via Spinale 37/bis – ✆ 04 65 44 10 33 – www.hotelchaletdelsogno.com
– Aperto 1° dicembre-20 aprile e 27 giugno-20 settembre
18 cam – 105/210 € 140/280 € – 12 suites
Rist ***Osteria al Vecchio Sarca*** – vedere selezione ristoranti
Il sogno diventa realtà: a due passi dagli impianti di risalita, albergo in stile montano - sapientemente realizzato secondo i diktat della bioarchitettura - con ambienti signorili ed ampie camere. Al termine di una giornata attiva e dinamica, quanto di meglio che una sosta nel moderno ed attrezzato centro benessere?

Chalet Laura N cam,

via Pradalago 21 – ✆ 04 65 44 12 46 – www.chaletlaura.it
– Aperto 1° dicembre-15 aprile e 15 giugno-15 settembre
20 cam – †80/180 € ††120/300 € – 4 suites
Rist – *(chiuso a mezzogiorno) (solo a cena) (solo per alloggiati)*
A due passi dalla piazza principale, l'hotel è stato totalmente rinnovato: grande luminosità, nonché utilizzo di legni e materiali autoctoni, oltre alla sobria, ma raffinata, modernità di ogni ambiente.

Bertelli rist, rist,

via Cima Tosa 80 – ✆ 04 65 44 10 13 – www.hotelbertelli.it
– Aperto 29 novembre-13 aprile e 29 giugno-14 settembre
49 cam – †65/135 € ††90/225 € – 5 suites
Rist *Il Gallo Cedrone* – vedere selezione ristoranti
Rist – Carta 42/82 €
Apprezzabile la serietà della gestione e l'ampiezza degli spazi (mansarde comprese), in questo edificio montano da diversi lustri nelle mani della stessa famiglia. All'interno: ambienti in stile, con qualche arredo anni '70.

Crozzon rist,

viale Dolomiti di Brenta 96 – ✆ 04 65 44 22 22 – www.hotelcrozzon.com
– Aperto 1° dicembre-30 aprile e 1° giugno-30 settembre
34 cam – †90/130 € ††140/180 € – 3 suites **Rist** – Carta 24/49 €
Un albergo gradevole e accogliente, con arredi e rifiniture in legno, sulla strada principale della località. A disposizione degli ospiti anche un angolo benessere. Cucina del territorio proposta in una calda sala dalle pareti perlinate.

Garnì dei Fiori senza rist

via Vallesinella 18 – ✆ 04 65 44 23 10 – www.garnideifiori.it
– Aperto 1°dicembre-20 aprile e 20 giugno-28 settembre
10 cam – †70/90 € ††80/120 € – 2 suites
Non lontano dal centro, ma in posizione più tranquilla, una graziosa casa di montagna dagli interni impeccabili nella loro semplicità.

Dello Sportivo senza rist

via Pradalago 29 – ✆ 04 65 44 11 01 – www.dellosportivo.com
– Aperto 1° dicembre-30 aprile e 1° luglio-30 settembre
11 cam – †50/80 € ††80/130 €
Ambiente simpatico in un hotel dal confort essenziale e gestito con passione. Ben posizionata tra impianti di risalita e centro, vi consentirà piacevoli soggiorni.

XXX **Il Gallo Cedrone** – Hotel Bertelli

via Cima Tosa 80 – ✆ 04 65 44 10 13 – www.ilgallocedrone.it
– Aperto 29 novembre-13 aprile e 29 giugno-14 settembre; chiuso lunedì
Rist – *(solo a cena)* Menu 65/95 € – Carta 55/102 €
➜ Spaghettoni caserecci di kamut, casolet (formaggio), schiuma di burro e noci. Cervo al fumo di fieno e lavanda con cipollotti e mela. Salmerino tostato con bottarga delle sue uova e maionese.
I profumi del bosco entrano nei piatti! Al Gallo Cedrone si celebra la montagna, dalle cotture al fumo di fieno ai salumi e formaggi trentini. Il lago e i pesci d'acqua dolce non sono lontani, la selvaggina immancabile: il ristorante vi invita ad un viaggio gourmet nel cuore dei monti.

XX **Stube Hermitage** – Bio-Hotel Hermitage

via Castelletto Inferiore 69, Sud : 1,5 km – ✆ 04 65 44 15 58
– www.stubehermitage.it – Aperto 1° dicembre-31 marzo e 1° luglio-30 settembre; chiuso lunedì
Rist – *(solo a cena)* Carta 99/142 € (+3 %)
➜ Tartare di manzo da allevamento locale e biologico. Spaghettoni con broccoletti invernali, calamaretti, polpo. Interpretazione dei gran cru di cacao.
Nell'elegante stube, i legni dell'800 avvolgono una cucina creativa e fantasiosa con prodotti ed ispirazioni da ogni parte del mondo, nonché graditi accenni alle prelibatezze locali.

XX **Dolomieu** Ⓝ – DV Chalet Boutique Hotel et Spa

via Castelletto Inferiore 10 – ✆ 04 65 44 31 91 – Aperto 1° dicembre-15 aprile e 1° luglio-15 settembre

Rist – *(solo a cena)* (prenotare) Carta 42/82 €

Nella piccola ed accogliente stube, la creatività del giovane chef non conosce limiti: terra e mare danno vita a ricette gustose ed accattivanti.

XX **Il Convivio** – Alpen Suite Hotel

viale Dolomiti di Brenta 84 – ✆ 04 65 44 01 00 – www.alpensuitehotel.it – Aperto 1° dicembre-Pasqua e 25 giugno-15 settembre

Rist – *(solo a cena)* Carta 34/69 €

Nel cuore della località, il menu à la carte di questa moderna stube propone piatti tipici della tradizione locale e della migliore cucina italiana. In una regione che vanta buone etichette, la selezione enologica del Convivio ne è portavoce.

XX **Da Alfiero**

via Vallesinella 5 – ✆ 04 65 44 01 17 – www.hotellorenzetti.it – Aperto 1° dicembre-31 marzo e 1° luglio-31 agosto

Rist – Menu 30/60 € – Carta 37/57 €

Colori, decorazioni e travi a vista: Alfiero è una tappa per serate romantiche, alla quale un'ambiziosa cucina aggiunge emozioni gourmet di grande interesse.

X **Osteria al Vecchio Sarca** – Hotel Chalet del Sogno

via Monte Spinale 37/bis – ✆ 04 65 44 02 87 – www.osteriaalvecchiosarca.it – Aperto 1° dicembre-20 aprile e 27 giugno-20 settembre

Rist – (prenotare) Carta 35/78 € (+10 %)

Se pensate che il Trentino stia scomparendo, offuscato da hotel con centri benessere che fagocitano malghe e stalle, questa osteria vi farà riconciliare con la realtà: piatti che raccontano dei sapori autentici del luogo, in un ambiente familiare, semplice, ma accogliente.

a Campo Carlo Magno Nord : 2,5 km – alt. 1 682 m – ✉ 38086 Madonna Di Campiglio

Posizione pittoresca★★ – ❄★★ sul massiccio di Brenta dal colle del Grostè Sud-Est per funivia

Casa del Campo – cam, cam,

via Pian dei Frari 3/5 – ✆ 04 65 44 31 30 – www.casadelcampo.it – Chiuso novembre

13 cam – †90/120 € ††120/240 € – 2 suites **Rist** – Carta 35/47 €

La cordiale gestione familiare e le spaziose camere arredate con buon gusto faranno dimenticare gli spazi comuni un po' ridotti della struttura. La vista, poi, è tra le più suggestive di Campiglio.

MADONNA DI SENALES = UNSERFRAU – Bolzano (BZ) – 562 B14 – Vedere Senales

MAGENTA – Milano (MI) – 561 F8 – 23 513 ab. – alt. 138 m – ✉ 20013 18 A2

Roma 599 – Milano 26 – Novara 21 – Pavia 43

XXX **Trattoria alla Fontana**

via Petrarca 6 – ✆ 0 29 79 26 14 – www.trattoriaallafontana.it – Chiuso dal 25 dicembre al 7 gennaio, dal 16 al 24 agosto, sabato a mezzogiorno e domenica

Rist – (coperti limitati, prenotare) Menu 30 € (pranzo in settimana) – Carta 44/76 €

Cornice di sobria e classica eleganza, con qualche puntata nel design più moderno, e servizio curato per proposte legate alla stagioni, grande varietà di risotti.

MAGGIORE (Lago) – Vedere Lago Maggiore

MAGIONE – Perugia (PG) – 563 M18 – 14 799 ab. – alt. 299 m – ✉ 06063 35 B2

Roma 193 – Perugia 20 – Arezzo 58 – Orvieto 87

Bella Magione senza rist
viale Cavalieri di Malta 22 – ✆ 07 58 47 30 88 – www.bellamagione.it – Chiuso gennaio e febbraio
5 cam ☕ – 🚹80/120 € 🚹🚹100/130 €
Tra le colline che incorniciano il lago Trasimeno, una villa signorile apre le sue porte agli ospiti; ricchi tessuti e finiture di pregio, biblioteca, giardino con piscina.

Al Coccio
via del Quadrifoglio 12 a/b – ✆ 0 75 84 18 29 – www.alcoccio.it
Rist – Carta 15/35 € (+10 %)
Proposte della tradizione umbra, ideale sia per palati vegetariani che per gli amanti di carni e formaggi, in ambienti raccolti e accoglienti. Tra le specialità ricordiamo il cinghiale ai profumi di bosco.

MAGLIANO IN TOSCANA – Grosseto (GR) – 563 O15 – 3 746 ab. – alt. 128 m – ✉ 58051 Toscana 32 C3

Roma 163 – Grosseto 28 – Civitavecchia 118 – Viterbo 106

Antica Trattoria Aurora
via Lavagnini 12/14 – ✆ 0 56 45 92 77 4/ 59 20 30 – Chiuso gennaio, febbraio e mercoledì
Rist – Carta 42/64 €
Con una caratteristica (e più che fornita) cantina direttamente scavata nella roccia, questo ristorante entro le mura propone anche gradevoli cene estive in giardino.

MAGLIANO SABINA – Rieti (RI) – 563 O19 – 3 892 ab. – alt. 222 m – ✉ 02046 12 B1

Roma 69 – Terni 42 – Perugia 113 – Rieti 54

Degli Angeli con cam
località Madonna degli Angeli, Nord: 3 km – ✆ 0 74 49 13 77 – www.hoteldegliangeli.it – Chiuso 2 settimane in luglio
8 cam ☕ – 🚹67/80 € 🚹🚹83/100 €
Rist – *(chiuso domenica sera e lunedì)* Carta 40/50 €
Affacciata sulla valle del Tevere, una luminosa sala da pranzo ed una cucina tipicamente locale. Ospitalità, discrezione e semplicità avvolgono l'hotel, in posizione ideale per un week-end lontano dai ritmi frenetici della città.

sulla strada statale 3 - via Flaminia Nord-Ovest : 3 km :

La Pergola
via Flaminia km 63,900 ✉ 02046 – ✆ 07 44 91 98 41 – www.lapergola.it
23 cam ☕ – 🚹50/60 € 🚹🚹70/95 €
Rist *La Pergola* – vedere selezione ristoranti
Letti in ferro battuto, archi di mattoni a vista, nonostante sia ubicato sulla via Flaminia, si ha la piacevole impressione di alloggiare in un relais di campagna.

La Pergola – Hotel La Pergola
via Flaminia km 63,900 ✉ 02046 – ✆ 07 44 91 98 41 – www.lapergola.it – Chiuso martedì
Rist – Carta 31/58 €
Cucina laziale nelle due sale ricavate in un'antica stazione di posta: una rustica, dove si trovano due griglie per la cottura delle carni, ed una elegante, illuminata da grandi vetrate.

MAGLIE – Lecce (LE) – 564 G36 – 14 981 ab. – ✉ 73024 Puglia 27 D3

Roma 617 – Bari 187 – Lecce 33

Corte dei Francesi senza rist
via Roma 172 – ✆ 08 36 42 42 82 – www.cortedeifrancesi.it
12 cam ☕ – 🚹60/120 € 🚹🚹80/180 €
All'interno di un museo d'arte conciaria, la risorsa dispone di camere dai caratteristici muri in pietra piacevolmente arredate in vivaci colori e con pezzi d'artigianato.

MAGRÈ SULLA STRADA DEL VINO – Bolzano (BZ) – 562 D15 — 34 D3

– 1 302 ab. – alt. 241 m – ✉ 39040

Roma 632 – Trento 38 – Bolzano 31 – Venezia 205

Vineria Paradeis

piazza Geltrude 10 – ✆ 04 71 80 95 80 – www.aloislageder.eu – Chiuso gennaio

Rist – *(solo a pranzo)* Menu 29/49 € – Carta 34/58 €

All'interno di un antico palazzo di proprietà della cantina Alois Lageder, moderno bistrot - aperto dalle 10 alle 20 (il giovedì, fino alle 23) - dove gustare piatti stagionali, buon vino, nonché la bevanda preferita dagli italiani: sua maestà, il caffè.

MAIORI – Salerno (SA) – 564 E25 – 5 626 ab. – ✉ 84010 — 6 B2

Roma 267 – Napoli 65 – Amalfi 5 – Salerno 20

corso Reginna 73, ✆ 089 87 74 52, www.aziendaturismo-maiori.it

S. Maria de Olearia★

Capo d'Orso★ Sud-Est : 5 km

Torre Normanna

via Diego Taiani 4 – ✆ 0 89 87 71 00 – www.torrenormanna.net – Chiuso 3 settimane in gennaio, 3 settimane in novembre e lunedì in ottobre-aprile

Rist – Menu 65/85 € – Carta 44/143 € (+10 %)

Lungo questa costa che tutto il mondo c'invidia, specialità a base di pesce fresco e vista "ravvicinata" sul mare, in un delizioso locale all'interno dell'antica torre.

sulla costiera amalfitana Sud-Est : 4,5 km

Il Faro di Capo d'Orso (Pierfranco Ferrara)

via Diego Taiani 48 – ✆ 0 89 87 70 22 – www.ilfarodicapodorso.it – Chiuso 3 novembre-25 gennaio e martedì, anche mercoledì dal 25 gennaio al 31 marzo

Rist – Menu 65/130 € – Carta 58/102 €

→ Spaghettoni mantecati con favette, limone e vongole. Bianco di cernia confit e asparagi. Duetto di limone amalfitano con olio extravergine d'oliva e basilico.

Arrampicato su un promontorio, la sala offre uno strepitoso panorama della costiera amalfitana. Lo stupore continua nel piatto con una cucina mediterranea e dai sapori campani, non priva di fantasia.

MALALBERGO – Bologna (BO) – 562 I16 – 8 810 ab. – alt. 12 m – ✉ 40051 — 9 C2

Roma 403 – Bologna 33 – Ferrara 12 – Ravenna 84

Rimondi

via Nazionale 376 – ✆ 0 51 87 20 12 – Chiuso 15-30 giugno, domenica sera e lunedì

Rist – *(solo a cena escluso i giorni festivi)* Carta 35/69 €

In centro paese, si entra in quella che pare una casa privata, per arredi e atmosfera, con due sale riscaldate da altrettanti camini. Il ristorante si è fatto un nome per la cucina di pesce che, nei classici piatti nazionali, esaurisce il menu, ma lo chef-cacciatore prepara anche selvaggina di valle (su prenotazione).

ad Altedo Sud : 5 km – ✉ 40051

Agriturismo Il Cucco

via Nazionale 83 – ✆ 05 16 60 11 24 – www.ilcucco.it – Chiuso agosto

11 cam – †60/120 € ††80/160 €

Rist *Il Cucco* – vedere selezione ristoranti

Un centinaio di metri di strada sterrata e giungerete in un casolare, con orto e pollame, che offre stanze arredate con bei mobili di arte povera e antiquariato.

Il Cucco – Agriturismo Il Cucco

via Nazionale 83 – Chiuso agosto

Rist – *(solo a cena escluso domenica e festivi)* (consigliata la prenotazione) Carta 18/38 €

Nella città dell'asparago, questo è solo uno dei prodotti che troverete al Cucco, da sempre impegnato a garantire non solo la bontà, ma anche la derivazione biologica di parte degli ingredienti utilizzati in cucina. E per finire, i biscotti del re, creati in occasione della visita di Vittorio Emanuele III ed insaporiti con mandorle, anice e cedro.

MALBORGHETTO – Udine (UD) – 562 C22 – 965 ab. – alt. 721 m 11 C1

– ✉ 33010

Roma 710 – Udine 82 – Tarvisio 12 – Tolmezzo 50

a Valbruna Est : 6 km – ✉ 33010

Renzo con cam cam, VISA AE

via Saisera 11/13 – ✆ 0 42 86 01 23 – www.hotelrenzo.com

8 cam – †45/55 € ††90/120 €

Rist – *(chiuso 15-30 giugno e lunedì)* Carta 30/65 €

Una buona occasione per gustare la tranquillità e il relax della verdeggiante valle nella quale si trova il ristorante. Sulla tavola arrivano invece i sapori di una cucina mediterranea di pesce e di carne. Spaziose le camere dall'arredamento semplice, ma sempre ben tenute.

MALCESINE – Verona (VR) – 562 E14 – 3 748 ab. – alt. 89 m 39 A2

– Sport invernali : 1 400/1 850 m 1 4 – ✉ 37018 Italia Centro-Nord

Roma 556 – Trento 53 – Brescia 92 – Mantova 93

via Gardesana 238, ✆ 045 7 40 00 44, www.malcesinepiu.it

★★★ dal Monte Baldo: 15 mn di funivia • Castello Scaligero★

Bellevue San Lorenzo cam, VISA

via Gardesana 164, Sud: 1,5 km – ✆ 04 57 40 15 98

– www.bellevue-sanlorenzo.it – Aperto 1° aprile-31 ottobre

53 cam – †186/250 € ††186/250 € – 2 suites **Rist** – *(solo per alloggiati)*

E' il giardino la punta di diamante di questa villa d'epoca: dotato di piscina e con un'incantevole vista panoramica del lago, congiunge i diversi edifici della struttura. Tutte le camere sono confortevoli, alcune classiche, altre più moderne da molte si scorge il Garda.

Maximilian cam, VISA

località Val di Sogno 8, Sud: 2 km – ✆ 04 57 40 03 17

– www.hotelmaximilian.com – Aperto Pasqua-31 ottobre

40 cam – †130/180 € ††200/320 €

Rist – *(solo a cena) (solo per alloggiati)*

Un giardino-uliveto in riva al lago ed un piccolo ma completo centro benessere con vista panoramica caratterizzano questo hotel dalla gestione diretta sempre attenta alla cura dei servizi.

Val di Sogno VISA

via Val di Sogno 16, Sud: 2 km – ✆ 04 57 40 01 08

– www.hotelvaldisogno.com – Aperto 29 marzo-13 ottobre

35 cam – †120/225 € ††145/310 € – 1 suite

Rist – *(chiuso mercoledì)* Menu 24 €

Il giardino con piscina in riva al lago, testimonia della magnifica posizione in cui l'hotel si trova. Bella zona comune, organizzato centro benessere e servizio di alto livello. Cucina italiana nella luminosa e confortevole sala da pranzo.

Baia Verde N rist,

via Gardesana 142 , località Val di Sogno – ✆ 04 57 40 03 96 VISA

– www.hotelbaiaverde-malcesine.it – Aperto 15 dicembre-15 gennaio e 1° marzo-30 ottobre

40 cam – †80/135 € ††100/200 € – 3 suites **Rist** – Carta 23/59 €

Struttura moderna, ma arredata senza eccessi, badando più alla funzionalità e confort degli ospiti, che possono godere di svariati servizi tra cui la buona cucina del ristorante.

Park Hotel Querceto VISA

via Panoramica 113, Est : 5 km, alt. 378 – ✆ 04 57 40 03 44 AE

– www.parkhotelquerceto.com – Aperto 1° maggio-8 ottobre

22 cam – †100/130 € ††150/190 € **Rist** – *(solo a cena)* Menu 35 €

In posizione elevata, assai fuori dal paese e quindi tranquillissimo. Contraddistinguono gli arredi interni pietra, legno e un fine gusto per le cose semplici. I sapori della tradizione altoatesina avvolti dal calore di una romantica stube.

Prima Luna (N)

via Gardesana 165 – ✆ 04 57 40 03 01 – www.ambienthotel.it – Aperto 1° aprile-31 ottobre

36 cam – 60/120 € 90/160 € **Rist** – Menu 18/80 €

Gestito da una giovane coppia, l'albergo offre ai suoi ospiti accattivanti interni dal design modaiolo ed il calore di chi da sempre lavora nel settore. Durante la bella stagione, il beach bar BB diventa uno dei locali più gettonati dalla movida locale.

Casa Barca (N) senza rist

via Panoramica 15 – ✆ 04 57 40 08 42 – www.casabarca.com – Aperto 20 aprile-19 ottobre

24 cam – 100/156 € 124/190 € – 2 suites

In "seconda linea" rispetto al lago, ma circondata dal verde del proprio giardino con uliveto e piscina, una risorsa a conduzione familiare dotata di camere dal design moderno, piccola zona benessere e solarium panoramico all'ultimo piano.

Meridiana senza rist

via Navene Vecchia 39 – ✆ 04 57 40 03 42 – www.hotelmeridiana.it – Aperto 28 marzo-28 ottobre

23 cam – 85/135 € 95/150 €

Vicino alla funivia del monte Baldo, struttura dalla gestione al femminile. Con interni moderni di design personalizzato e buon confort, ospita sovente clientela internazionale. Bonus: la saletta per massaggi.

Erika senza rist

via Campogrande 8 – ✆ 04 57 40 04 51 – www.erikahotel.net – Aperto 20 marzo-1° novembre

14 cam – 50/100 € 80/160 €

Piccolo e tranquillo albergo familiare in prossimità del centro storico, dispone di accoglienti camere colorate e di una raccolta ma graziosa sala colazioni.

Vecchia Malcesine (Leandro Luppi)

via Pisort 6 – ✆ 04 57 40 04 69 – www.vecchiamalcesine.com – Chiuso novembre, 25 gennaio-10 marzo e mercoledì

Rist – Menu 60/90 € – Carta 62/107 €

➜ Ravioli di lumache e gamberi con burro all'aglio orsino. Anguilla alla carbonella con pane di segale, burro salato e marmellata di limoni. Gelato di pane, olio e sale con cremoso al gianduia e rosmarino "sabbiato".

Due passi a piedi e poi - superato il giardino - si entra nel locale colorato e panoramico, dove lo chef-patron reinterpreta con fantasiosa leggerezza le tradizioni del territorio e il pesce di lago.

sulla strada statale 249 Nord : 3,5 km

Piccolo Hotel

cam, rist,

via Gardesana 450 ✉ 37018 – ✆ 04 57 40 02 64 – www.navene.com – Aperto 3 marzo-11 novembre

26 cam – 43/61 € 66/132 € – 4 suites

Rist – *(solo a cena) (solo per alloggiati)* Menu 19 €

Attenzioni particolari per i velisti, in questo piccolo hotel fuori dal centro della località (sulla litoranea): camere moderne e spaziose, quasi tutte con vista lago. Al ristorante, menu fisso e splendida finestra panoramica.

MALÉ – Trento (TN) – 562 C14 – 2 133 ab. – alt. 738 m **33** B2

– Sport invernali : 1 400/2 200 m 5 19 (Comprensorio sciistico Folgarida-Marilleva) – ✉ 38027

Roma 641 – Bolzano 65 – Passo di Gavia 58 – Milano 236

piazza Regina Elena, ✆ 0463 90 08 62, www.valdisole.net

Conte Ramponi

piazza San Marco 38, località Magras, Nord-Est : 1 km – ✆ 04 63 90 19 89 – www.conteramponi.com – Chiuso 1°-20 giugno, 1°-20 ottobre e lunedì escluso dicembre ed agosto

Rist – Carta 34/55 €

In un palazzo del '500 dalle aristocratiche ascendenze, tre salette ricche di storia - tra stucchi e parquet d'epoca - ospitano una gustosa cucina trentina, in prevalenza di carne.

MALEO – Lodi (LO) – 561 G11 – 3 280 ab. – alt. 58 m – ✉ 26847 16 B3

Roma 527 – Piacenza 19 – Cremona 23 – Milano 60

Leon d'Oro

via Dante 69 – ✆ 0 37 75 81 49 – www.leondoromaleo.com – Chiuso 1°-5 gennaio, 13 agosto-1° settembre, sabato a mezzogiorno e mercoledì

Rist – Menu 28/68 € – Carta 35/72 €

Prodotti scelti con cura garantiscono una cucina del territorio interpretata con abilità dallo chef; un piccolo ingresso immette in tre salette eleganti in un piacevole stile rustico.

Albergo Del Sole con cam

via Monsignor Trabattoni 22 – ✆ 0 37 75 81 42 – www.ilsolemaleo.it – Chiuso gennaio, agosto, domenica sera e lunedì

3 cam – 70 € 120 €, 12 € **Rist** – Carta 35/63 €

Locanda di antica tradizione affacciata su un cortile interno, ricco di un pittoresco giardino. Nella bella stagione vale la pena di approfittare del servizio all'aperto.

MALESCO – Verbano-Cusio-Ossola (VB) – 561 D7 – 1 478 ab. 23 C1 – alt. 761 m – Sport invernali : a Piana di Vigezzo : 800/2 064 1 4, – ✉ 28854

Roma 718 – Stresa 53 – Domodossola 20 – Locarno 29

via Ospedale 1, ✆ 0324 92 99 01, www.distrettolaghi.it

Ramo Verde

via Conte Mellerio 5 – ✆ 0 32 49 50 12 – Chiuso novembre e venerdì escluso giugno-settembre

Rist – Menu 15 € (in settimana)/40 € – Carta 21/42 €

Nell'incantevole scenario della Valle Vigezzo, talmente bella da essere stata ribatezzata Valle dei Pittori, una cucina d'impronta casalinga che non disdegna i prodotti del mare.

MALGRATE – Lecco (LC) – 561 E10 – 4 327 ab. – alt. 231 m – ✉ 23864 18 B1

Roma 623 – Como 27 – Bellagio 20 – Lecco 2

Il Griso

via Provinciale 51 – ✆ 0 34 12 39 81 – www.griso.info

43 cam – 80/200 € 100/250 €

Rist *Terrazza Manzoni* – vedere selezione ristoranti

Affacciata sul celebre lago quest'affascinante architettura segue il profilo della costa: le camere di conseguenza beneficiano tutte di un'impareggiabile vista sulla natura circostante, oltre ad essere ampie ed accoglienti.

Terrazza Manzoni – Hotel Il Griso

via Provinciale 51 – ✆ 0 34 12 39 87 21 – www.griso.info – Chiuso lunedì

Rist – Carta 45/97 €

Eleganza, cucina e panorama: qui tutto congiura per un pasto da favola. All'ultimo piano dell'albergo Il Griso, la città di Lecco e il lago sembrano un quadro incorniciato dalle vetrate della sala (abbiate cura, alla prenotazione, di riservare un tavolo con vista). Nei piatti, una cucina brillante, alleggerita ed originale.

MALLES VENOSTA (MALS) – Bolzano (BZ) – 562 B13 – 5 093 ab. 33 A2 – alt. 1 051 m – Sport invernali : 1 750/2 500 m 3, – ✉ 39024

Italia Centro-Nord

Roma 721 – Sondrio 121 – Bolzano 84 – Bormio 57

via San Benedetto 1, ✆ 0473 83 11 90, www.cultura.bz.it

Greif

via Verdross 40/A – ✆ 04 73 83 11 89 – www.hotel-greif.com
12 cam – 50/70 € 100/140 €
Rist – *(chiuso 1°-18 novembre)* Carta 28/59 €
Hotel centralissimo, dal buon confort generale, che oltre al pregevole ristorante con interessante linea gastronomica offre ai propri clienti uno spazio bistrot e l'enoteca.

a Burgusio (Burgeis)**Nord : 3 km – alt. 1 215 m – ✉ 39024 Malles Venosta**

frazione Burgusio 77, ✆ 0473 83 14 22, www.vinschgau-suedtirol.info

Weisses Kreuz

– ✆ 04 73 83 13 07 – www.weisseskreuz.it – Aperto 20 dicembre-Pasqua e 15 maggio-2 novembre
22 cam – 120/210 € 120/210 € – 6 suites
Rist – *(chiuso giovedì)* Carta 27/64 €
Per un piacevole soggiorno, un hotel di tradizione recentemente rimodernato con particolari attenzioni alla zona relax. Bella terrazza baciata dal sole. Ampia e luminosa sala ristorante.

Plavina

piazza Centrale 81 – ✆ 04 73 83 12 23 – www.mohren-plavina.com – Chiuso 6 novembre-25 dicembre
45 cam – 60/120 € 100/280 €
Rist *Al Moro-Zum Mohren* – *(chiuso mercoledì a mezzogiorno e martedì)* Carta 18/48 €
Ideale punto di appoggio per chi ama le montagne, l'hotel dispone di ampie camere in stile altoatesino e una zona benessere con saune ed idromassaggio. Per i pasti, è possibile rivolgersi al vicino ristorante Al Moro.

MALNATE – Varese (VA) – 561 E8 – 16 641 ab. – alt. 355 m – ✉ 21046 18 A1

Roma 618 – Como 21 – Lugano 32 – Milano 50

Crotto Valtellina

via Fiume 11, località Valle – ✆ 03 32 42 72 58 – www.crottovaltellina.it – Chiuso mercoledì a mezzogiorno e martedì
Rist – Menu 42 € – Carta 36/71 €
All'ingresso la zona bar-cantina, a seguire la sala rustica ed elegante nel contempo. Cucina di rigida osservanza valtellinese e servizio estivo a ridosso della roccia.

MALO – Vicenza (VI) – 562 F16 – 14 583 ab. – alt. 116 m – ✉ 36034 38 A1

Roma 561 – Verona 73 – Padova 59 – Venezia 93

La Favellina

via Cosari 4/6, località San Tomio, Sud: 2,5 km – ✆ 04 45 60 51 51 – www.lafavellina.it – Chiuso 1°-15 gennaio, 1°-15 novembre, lunedì e martedì
Rist – *(solo a cena escluso domenica)* Menu 35/58 € – Carta 34/67 €
La signora Gianello, innamoratasi di questo delizioso borgo di fine '800, acquistò un locale e lo ristrutturò con gusto femminile e raffinato. Lei ai fornelli ed il figlio ad occuparsi della sala, La Favellina ha saputo crearsi una propria fama in zona, grazie alla sua cucina di stampo moderno e all'accurata selezione di materie prime.

MALOSCO – Trento (TN) – 562 C15 – 453 ab. – alt. 1 041 m – ✉ 38013 33 B2

Roma 638 – Bolzano 33 – Merano 40 – Milano 295

Bel Soggiorno

via Miravalle 7 – ✆ 04 63 83 12 05 – www.h-belsoggiorno.com – Chiuso novembre
39 cam – 34/42 € 68/96 € **Rist** – *(chiuso lunedì)* Carta 18/31 €
In posizione rilassante, circondato da un giardino soleggiato, l'albergo offre camere in stile rustico, sale da lettura e una piccola area benessere. Al ristorante, la classica cucina trentina.

MALS = Malles Venosta

MANAROLA – La Spezia (SP) – 561 J11 – ✉ 19017 Liguria 15 D2

Roma 434 – La Spezia 14 – Genova 119 – Milano 236

Via dell'Amore★★: conduce in circa 30 min a Riomaggiore

Regione delle Cinque Terre★★ Nord-Ovest e Sud-Est per ferrovia

Ca' d'Andrean senza rist

via Discovolo 101 – ✆ 01 87 92 00 40 – www.cadandrean.it – Chiuso 11 novembre-25 dicembre

10 cam – †55/75 € ††70/105 €, ☕ 6 €

Nel centro pedonale del grazioso borgo, alberghetto a gestione familiare dotato anche di un piccolo giardino, dove nella bella stagione viene servita la prima colazione. Risorsa semplice, ma assolutamente valida.

La Torretta senza rist

piazza della Chiesa - Vico Volto 20 – ✆ 01 87 92 03 27 – www.torrettas.com – Aperto 1° aprile-30 novembre

14 cam ☕ – †50/160 € ††100/250 €

Tra i romantici color pastello delle tipiche case della zona, un piacevole bed & breakfast con camere personalizzate: una con vasca cromoterapia, un'altra dal design moderno. Da tutte l'incanto del mare, così come dalla piccola terrazza per la prima colazione.

Marina Piccola con cam

via lo Scalo 16 – ✆ 01 87 92 09 23 – www.ristorantemarinapiccola.it – Chiuso dicembre e gennaio

13 cam ☕ – †80/95 € ††115/145 €

Rist – *(chiuso martedì)* Carta 22/60 €

Ristorante con gradevole servizio all'aperto in riva al mare, per apprezzare lo spirito delle Cinque Terre, passando dalla tavola. In cucina dominano i prodotti ittici.

a Volastra Nord-Ovest : 7 km – ✉ 19017 Manarola

Il Saraceno senza rist

– ✆ 01 87 76 00 81 – www.thesaraceno.com – Chiuso 7 gennaio-20 febbraio

7 cam ☕ – †50/70 € ††72/100 €

Il verde e la quiete regnano sovrani in questa confortevole struttura dagli spazi comuni lineari e dalle ampie camere di moderna essenzialità. Piacevole solarium per una sosta *en plein air.*

MANCIANO – Grosseto (GR) – 563 O16 – 7 633 ab. – alt. 444 m – ✉ 58014 32 C3

Roma 141 – Grosseto 61 – Orvieto 65 – Viterbo 69

Il Poderino (N)

strada statale 74, Ovest : 1 km – ✆ 05 64 62 50 31 – www.3querce.it – Chiuso 21 gennaio-30 marzo

6 cam ☕ – †70/90 € ††75/105 €

Rist – *(chiuso mercoledì)* Menu 15/25 € – Carta 19/41 €

Leggermente fuori rispetto al paese, con vista sulle colline che conducono all'Argentario, una dimora di campagna in pietra e mattoni, riadattata per accogliere turisti in cerca dei profumi della natura toscana. Alloggi più economici nell'annesso agriturismo e servizio ristorante sulla panoramica terrazza.

Agriturismo Quercia Rossa (N)

cam, rist,

strada statale 74 km 23,800, Ovest : 13 Km – ✆ 05 64 62 95 29 – www.querciarossa.net – Aperto 1° marzo-30 novembre

6 cam ☕ – †66/107 € ††88/128 €

Rist – Menu 25/30 €

Nel verde delle colline maremmane, in posizione tranquilla e panoramica, ampi spazi esterni ed accoglienza signorile: la prima colazione e la cena sono servite in maniera comunitaria, un'unica tavolata da condividere con gli altri ospiti.

La Filanda

via Marsala 8 – ✆ 05 64 62 51 56 – www.lafilanda.biz – Chiuso 1 settimana in gennaio, 1 settimana in luglio, 1 settimana in novembre e martedì

Rist – *(solo a cena escluso venerdì, sabato e domenica)* (consigliata la prenotazione) 65 € – Carta 45/89 €

Al primo piano di un bell'edificio del centro, ambienti eleganti e sapori della Maremma alleggeriti: pasta fatta in casa, tanta carne, pecorini, verdure di stagione ed ottimi vini. Insomma, i presupposti per passare una bella serata ci sono tutti!

sulla strada statale 74-Marsiliana

Agriturismo Galeazzi senza rist

località Marsiliana 250, Ovest:15 km ✉ 58010 Manciano – ✆ 05 64 60 50 17 – www.agriturismogaleazzi.com

9 cam – 40/55 € 55/70 €

A mezza strada tra il mare e le terme di Saturnia, un agriturismo semplicissimo, ma ben tenuto, con laghetto per la pesca sportiva e tiro con l'arco. Ideale per una vacanza nella campagna toscana!

MANERBA DEL GARDA – Brescia (BS) – 561 F13 – 3 378 ab. – alt. 132 m – ✉ 25080 — 17 D1

Roma 541 – Brescia 32 – Mantova 80 – Milano 131

Capriccio (Giuliana Germiniasi)

piazza San Bernardo 6, località Montinelle – ✆ 03 65 55 11 24 – www.ristorantecapriccio.it – Chiuso gennaio, febbraio e martedì

Rist – Menu 69/90 € – Carta 72/143 €

→ Spaghetti di alghe alla chitarra, gamberi di Sicilia, burrata e crema di basilico. Branzino di lenza arrosto con melanzana affumicata e zuppa di cicale di mare. Zuppetta di frutti rossi marinati al mosto cotto, gelato di latte crudo e meringa.

Raffinato e spazioso ristorante, la cucina propone versioni moderne dei classici italiani con particolare cura nelle presentazioni. Apoteosi nei dolci, irrinunciabili.

Il Gusto

piazza San Bernardo località Montinelle – ✆ 03 65 55 02 97 – www.ristorantecapriccio.it – Chiuso gennaio, febbraio e martedì

Rist – (prenotazione obbligatoria a mezzogiorno) Carta 23/51 €

Su una piazzetta con tanto di belvedere sul lago, una sala semplice e disimpegnata per piatti classici e sfiziosi: particolare attenzione è riservata ai vini.

MANFREDONIA – Foggia (FG) – 564 C29 – 57 455 ab. – ✉ 71043 — 26 B1

Puglia

Roma 411 – Foggia 44 – Bari 119 – Pescara 211

piazza della Libertà 1, ✆ 0884 58 19 98, www.pugliaturismo.com

Stele dàune★ nel Museo archeologico nazionale del Gargano

Chiesa di S. Leonardo di Siponto: 10 km sud – Isole Tremiti★ (in battello): ≤★★★ sul litorale - Chiesa di Santa Maria di Siponto★: 3 km sud

Regio Hotel Manfredi

strada statale per San Giovanni Rotondo al km 12, Ovest : 2 km – ✆ 08 84 53 01 22 – www.regiohotel.it

100 cam – 59/189 € 69/199 €

Rist – *(solo per alloggiati)* Carta 21/60 €

Poco lontano dal centro, ma già immersa tra grandi spazi verdi, struttura di taglio decisamente moderno dotata di un centro congressuale attrezzato e di uno spazio benessere aperto nel 2008.

Coppola Rossa

via dei Celestini 13 – ✆ 08 84 58 25 22 – www.coppolarossa.com – Chiuso 6-15 gennaio, 29 giugno-5 luglio, la sera di domenica e lunedì

Rist – Menu 30/50 € – Carta 24/54 €

Diventato oramai un'istituzione in paese, Coppola Rossa è il soprannome di questo simpatico chef, che insieme a moglie e figlio propone il prodotto principe di Manfredonia: il pesce. Buffet di antipasti e frutti di mare sono un must!

MANGO – Cuneo (CN) – 561 H6 – 1 344 ab. – alt. 521 m – ✉ 12056 — 25 C2

Roma 612 – Cuneo 79 – Torino 91 – Genova 112

Villa Althea senza rist

località Luigi 18, Nord-Ovest : 1 km – ✆ 33 55 29 55 08 – www.villaalthea.it – Chiuso da inizio gennaio al 15 marzo

6 cam – 120/140 € – 1 suite

Atmosfera allo stesso tempo familiare e raffinata, in una graziosa struttura riscaldata da sorprendenti accostamenti di colore. Per i vostri momenti ludici: una sala biliardo e un'enorme scacchiera all'aperto, avvolta dalla tranquillità delle colline.

MANIAGO – Pordenone (PN) – 562 D20 – 11 968 ab. – alt. 283 m — 10 A2

– ✉ 33085 Italia Centro-Nord

Roma 636 – Udine 51 – Pordenone 27 – Venezia 124

Eurohotel Palace Maniago

viale della Vittoria 3 – ✆ 0 42 77 14 32 – www.eurohotelfriuli.it – Chiuso 1°-10 gennaio e 10-20 agosto

38 cam – †85/137 € ††85/137 € – 1 suite

Rist ***Parco Vittoria*** – vedere selezione ristoranti

Con un parco secolare alle spalle, hotel dagli spaziosi e confortevoli ambienti, arredati secondo i dettami dello stile minimalista attualmente in voga.

Parco Vittoria – Eurohotel Palace Maniago

viale della Vittoria 3 – ✆ 0 42 77 14 32 – www.eurohotelfriuli.it – Chiuso 1°-10 gennaio 10-20 agosto, domenica sera e lunedì a mezzogiorno

Rist – Menu 28/70 € – Carta 32/64 €

Eleganza e soluzioni moderne nell'ampia sala con piacevole vista sul parco: nella bella stagione, il servizio si sposta anche all'esterno. La cucina punta, invece, su piatti locali e prodotti stagionali.

MANTELLO – Sondrio (SO) – 353 R7 – 755 ab. – alt. 211 m – ✉ 23016 — 16 B1

Roma 686 – Milano 110 – Sondrio 34

La Fiorida

via Lungo Adda 12 – ✆ 03 42 68 08 46 – www.lafiorida.com

29 cam – †92/120 € ††165/209 €

Rist ***La Présef*** – vedere selezione ristoranti

Camere in larice e pietra, spaziosissime e sobriamente eleganti, per una moderna struttura dedicata agli amanti del benessere e della buona cucina.

La Présef – La Fiorida

via Lungo Adda 12 – ✆ 03 42 68 08 46 – www.lafiorida.com

Rist – Carta 36/59 €

Quattro sale ciascuna dedicata ad una stagione, ma con un unico denominatore: la ricerca dei prodotti a km 0, spesso di produzione propria. Cucina regionale, a tratti creativa.

MANTOVA P (MN) – 561 G14 – 48 612 ab. – alt. 19 m – ✉ 46100 — 17 C3

Italia Centro-Nord

Roma 469 – Verona 42 – Brescia 66 – Ferrara 89

piazza Andrea Mantegna 6, ✆ 0376 43 24 32, www.turismo.mantova.it

Palazzo Ducale★★★ BY – Piazza Sordello★ BY **21** – Piazza delle Erbe★ : Rotonda di San Lorenzo★ BZ **B** – Basilica di Sant'Andrea★ BYZ – Palazzo Te★★ AZ

Sabbioneta★ Sud-Ovest : 33 km

Casa Poli senza rist

corso Garibaldi 32 – ✆ 03 76 28 81 70 – www.hotelcasapoli.it — BZ**b**

34 cam – †90/115 € ††120/160 €

Bella novità nel panorama alberghiero cittadino: struttura dal confort moderno e omogeneo, con camere diverse per disposizione ma identiche per stile e servizi.

MANTOVA

Accademia (V.) . . . . BY 2
Acerbi (V.) . . . . AZ 3
Broletto (V. e Pza) . . . . BZ 4
Canossa (Pza) . . . . AY 5
Don Leoni (Pza) . . . . AZ 6
Don Tazzoli (V. Enrico) . . . . BZ 7
Erbe (Pza delle) . . . . BZ 8
Fratelli Cairoli (V.) . . . . BY 10
Libertà (Cso) . . . . AZ 12
Mantegna (Pza Andrea) . . . . BZ 13
Marconi (Pza) . . . . ABZ 15
Martiri di Belfiore (Pza) . . . . AZ 16
Matteotti (V.) . . . . AZ 17
Roma (V.) . . . . AZ
Sordello (Pza) . . . . BY 21
S. Giorgio (V.) . . . . BY 20
Umberto (Cso) . . . . AZ
Verdi (V. Giuseppe) . . . . AZ 24
Virgilio (V.) . . . . AY 25
20 Settembre (V.) . . . . BZ 27

La Favorita rist,

via S. Cognetti De Martiis 1, 2 km per ② – ✆ 03 76 25 47 11 – www.hotellafavorita.it

93 cam – †60/165 € ††60/165 € – 12 suites

Rist – *(chiuso agosto, sabato a mezzogiorno e domenica)* Carta 32/54 €

In posizione decentrata, all'interno di una zona commerciale di uffici, questa struttura di dimensioni ragguardevoli sfoggia un look decisamente moderno. Camere confortevoli ed accoglienti.

Rechigi cam, cam,

via Calvi 30 – ✆ 03 76 32 07 81 – www.rechigi.com – *Chiuso 10 giorni in gennaio e 10 giorni in agosto* BZc

51 cam – †80/140 € ††100/215 €, 20 €

Rist – *(solo a cena)* Carta 27/42 €

Se l'hotel è a due passi dalle meraviglie architettoniche rinascimentali del centro storico, i suoi suggestivi spazi comuni raccolgono una collezione d'arte contemporanea. Camere dal confort recente.

XXX **Aquila Nigra** (Vera Caffini)

vicolo Bonacolsi 4 – ✆ 03 76 32 71 80 – www.aquilanigra.it – Chiuso 1 settimana in agosto, domenica e lunedì, in aprile-maggio e settembre-ottobre aperto domenica a mezzogiorno BY**b**

Rist – Carta 56/97 €

Rist *Osteria....la porta accanto* – ✆ 03 76 36 67 51 – Carta 29/48 €

➜ Tortelli di zucca al burro fuso e grana. Luccio in salsa d'acciughe, prezzemolo e capperi con polenta abbrustolita. Cannoli all'amaretto, crema al mascarpone e salsa al caffè.

Vecchia casa in un vicolo nei pressi del Palazzo Ducale, che conserva ancora alcune caratteristiche originali: soffitti a cassettoni, affreschi alle pareti e tipica cucina mantovana. La porta accanto si schiude su un bistrot di design contemporaneo con scelta gastronomica più ridotta, a prezzi più contenuti.

XX **Il Cigno Trattoria dei Martini**

piazza Carlo d'Arco 1 – ✆ 03 76 32 71 01 – Chiuso 31 dicembre-5 gennaio, agosto, lunedì e martedì AY**u**

Rist – Carta 49/68 €

Lunga tradizione familiare, in una casa del Cinquecento, ovviamente classica, ma magicamente accogliente nel ricordare il passato. Le proposte partono dal territorio per arrivare in tavola.

XX **Acqua Pazza**

Viale Monsignore Martini 1, 1 km per ④ – ✆ 03 76 22 08 91 – www.acqua-pazza.191.it – Chiuso 10 giorni in agosto e giovedì

Rist – Carta 38/75 €

Pavimenti chiari e soffitto in legno, che risalta sulle pareti dai colori caldi, tavoli spaziosi e vari complementi d'arredo concorrono a creare un ambiente piacevole e di buon gusto. L'insegna da un *incipit* sulla cucina: squisitamente di mare. Un locale da tenere in considerazione.

X **Fragoletta**

piazza Arche 5/a – ✆ 03 76 32 33 00 – www.fragoletta.it – Chiuso lunedì

Rist – Carta 25/40 € BZ**r**

In un angolo del centro, due sale vivaci e colorate nelle quali vengono proposte le specialità della cucina locale, talvolta rielaborate con gusto; notevole assortimento di formaggi accompagnati dall'immancabile mostarda.

X **Cento Rampini**

piazza delle Erbe 11 – ✆ 03 76 36 63 49 – www.ristorantecentorampini.com – Chiuso domenica sera e lunedì BZ**z**

Rist – Menu 35/50 € – Carta 31/55 €

Uno dei locali storici della città, in splendida posizione centrale: fortunatamente non ha ceduto alle lusinghe della moda rustico-chic. Cucina tradizionalmente "ortodossa".

X **L'Ochina Bianca**

via Finzi 2 – ✆ 03 76 32 37 00 – www.ochinabianca.it – Chiuso 1°-24 agosto, domenica sera e lunedì AY**c**

Rist – (consigliata la prenotazione la sera) Menu 27/36 € – Carta 32/51 €

Un piccolo ristorante dal côté bistrot: due salette ed un piccolo privé - decorati con foto, quadri e ricordi di viaggio - accolgono una cucina di chiara ispirazione mantovana con qualche piatto di pesce. Il fritto di mare e verdure, tra le specialità della casa.

a Porto Mantovano per ① : 3 km – ✉ 46047

Abacus senza rist

strada Martorelli 92/94 – ✆ 03 76 39 91 42 – www.hotelmantova.it – Chiuso 24 dicembre-1° gennaio e 15 giorni in agosto

30 cam – †62/156 € ††96/235 €, ☕ 5 €

Un hotel capace di coniugare la tranquillità tipica di una zona residenziale, con la vicinanza a strutture produttive e industriali, molto apprezzata dalla clientela d'affari.

a Cerese di Virgilio per ③ : 4 km : – ✉ 46030

Cristallo

via Cisa 1/e – ✆ 03 76 44 83 91 – *www.hotelcristallomantova.it*
65 cam – 55/100 € 65/120 € **Rist** – Carta 21/51 €
Interni nuovissimi, moderni e lineari, in questa struttura indicata soprattutto per una clientela business: non mancano, infatti, il wi-fi gratuito ed attrezzate salette riunioni. Cucina nazionale e specialità mantovane al ristorante.

Corte Bertoldo Antica Locanda

strada statale Cisa 116 – ✆ 03 76 44 80 03 – www.cortebertoldo.it
– Chiuso 1°-15 gennaio, 12-20 agosto, domenica sera e lunedì, anche domenica a mezzogiorno in luglio-agosto
Rist – Carta 27/46 €
Appassionata gestione con pregevoli e fantasiosi risultati. Atmosfera di calda modernità nella bella sala, cucina prevalentemente di carne e con cotture alla brace.

a Pietole per ③ : 7 km – ✉ 46030

Paradiso senza rist

via Piloni 13 – ✆ 03 76 44 07 00 – www.albergohotelparadiso.com
– Chiuso 20 dicembre-2 gennaio
7 cam – 48/50 € 77/80 €
Inaspettata e semplice risorsa ricavata da una bella villetta familiare in posizione defilata e tranquilla. Camere carine e spaziose, soprattutto quelle della dépendance.

MARANELLO – Modena (MO) – 562 I14 – 16 969 ab. – alt. 137 m – ✉ 41053 8 B2

Roma 411 – Bologna 53 – Firenze 137 – Milano 179
via Dino Ferrari 43, ✆ 0536 07 30 36, www.maranello.it

Planet Hotel senza rist

via Verga 22 – ✆ 05 36 94 67 82 – www.planethotel.org
– Chiuso 23 dicembre-2 gennaio e 3-19 agosto
24 cam – 75/88 € 96/113 € – 1 suite
La hall è un omaggio alla scuderia del cavallino, mentre dalle terrazze di questo piccolo e semplice hotel è possibile sentire il rombo dei motori della Rossa.

Domus

piazza Libertà 38 – ✆ 05 36 94 10 71 – www.hoteldomus.it
49 cam – 45/79 € 56/119 € – 1 suite **Rist** – Carta 22/47 €
Proprio accanto al municipio, annovera camere di differenti tipologie e curati spazi comuni di modeste dimensioni. Sono in corso importanti interventi di rinnovamento.

William

via Flavio Gioia 1 – ✆ 05 36 94 10 27 – www.ristorantewilliam.com
– Chiuso 3 settimane in agosto, sabato a mezzogiorno e lunedì
Rist – Carta 37/87 €
In zona periferica e residenziale, un'inaspettata "parentesi" ittica tra tanti bolliti modenesi: dalla cucina, infatti, i classici piatti marinari all'italiana.

sulla strada statale 12 - Nuova Estense Sud-Est : 4 km :

Locanda del Mulino senza rist

via Nuova Estense 3430 ✉ 41053 Maranello – ✆ 05 36 94 41 75
– www.locandadelmulino.com
17 cam – 53/66 € 79/107 €
Caratteristica struttura di gusto rustico con massicce travi in quercia, ricavata all'interno di un antico mulino. Singolare l'unica stanza con terrazzino affacciata sulla ruota ad acqua.

XX **La Locanda del Mulino**

via Nuova Estense 3430 ✉ 41053 Maranello – ✆ 05 36 94 88 95 – www.locandadelmulino.com – Chiuso sabato a mezzogiorno

Rist – Carta 21/45 €

Simpatico locale dai sapori emiliani rivisitati, dalle cui vetrate è ancora possibile vedere parti del vecchio mulino che lo ospita. Piacevole il dehors estivo immerso nel verde.

MARANO LAGUNARE – Udine (UD) – 562 E21 – 1 965 ab. – ✉ 33050 — 11 C3

Roma 626 – Udine 43 – Gorizia 51 – Latisana 21

XX **Alla Laguna-Vedova Raddi**

piazza Garibaldi 1 – ✆ 0 43 16 70 19 – www.trattorialagunamarano.com – Chiuso 15 giorni in novembre, domenica sera da novembre a marzo e lunedì

Rist – Carta 32/63 €

Situato sul porto - di fronte al mercato ittico - il locale valorizza in preparazioni semplici, ma gustose, i prodotti del mare. Ristoratori da sempre, la lunga tradizione familiare è una garanzia!

MARANO VICENTINO – Vicenza (VI) – 562 E16 – 9 835 ab. – alt. 136 m – ✉ 36035 — 38 A1

Roma 563 – Venezia 95 – Vicenza 32 – Trento 127

XX **El Coq** (N) (Lorenzo Cogo)

✿ *via Canè 2/c – ✆ 0 44 51 88 63 67 – www.elcoq.com – Chiuso 2 settimane in agosto e domenica*

Rist – *(solo a cena)* Menu 65/90 € – Carta 39/78 €

➜ Spaghettone aglio, olio, peperoncino e scampi di Sardegna. Filetto di vacca "rubia gallega" alla brace con verdure. Fragola e violetta.

Che si guardi in sala o in cucina, è difficile trovare un ristorante così giovane! Il cuoco, classe 1986 ma uno straordinario curriculum di ristoranti di mezzo mondo, si destreggia fra tradizione e avanguardia, carni alla brace e sofisticati tecnicismi. È un imperdibile soffio di novità per i gourmet più curiosi.

MARATEA – Potenza (PZ) – 564 H29 – 5 210 ab. – alt. 300 m – ✉ 85046 — 3 B3

Italia Centro-Sud

Roma 423 – Potenza 147 – Castrovillari 88 – Napoli 217

piazza del Gesù 32, ✆ 0973 87 69 08, www.aptbasilicata.it

Località★★ – ☀★★ dalla basilica di San Biagio

La Locanda delle Donne Monache

via Carlo Mazzei 4 – ✆ 09 73 87 61 39 – www.locandamonache.com – Aperto 1° aprile-31 ottobre

27 cam ☕ – †120/170 € ††200/275 € – 5 suites

Rist *Il Sacello* – vedere selezione ristoranti

In un ex convento del XVIII sec, le spaziose camere - alcune con letto a baldacchino e vista panoramica - propongono una dimensione epicurea della vacanza: lo splendore della Lucania e il ritrovare il ritmo lento del tempo.

XX **Il Sacello** – Hotel La Locanda delle Donne Monache

via Carlo Mazzei 4 – ✆ 09 73 87 61 39 – www.locandamonache.com – Aperto 1° aprile-31 ottobre

Rist – Carta 35/55 €

I sapori del Mediterraneo pervadono la tavola di questo grazioso ristorante: stracci di pasta fresca con baccalà e pepi cruschi - cernia di scoglio in umido con patate, capperi, pomodorini e olive - sformatino di ricotta di bufala con sorbetto al limone.

a Fiumicello Santa Venere Ovest : 5 km – ✉ 85046

Santavenere rist,
via Conte Stefano Rivetti 1 – ☎ 09 73 87 69 10 – www.santavenerehotel.eu – Aperto 1° maggio-31 ottobre
34 cam – 280/660 € 280/660 € – 5 suites **Rist** – Carta 43/93 €
In posizione ineguagliabile, all'interno di un parco con pineta affacciato sulla scogliera. Camere con pavimenti in ceramica di Vietri, finestre come quadri aperti sul mare. Si mangia fra cielo e mare, sospesi nella semplice magia del panorama.

Villa delle Meraviglie senza rist
località Ogliastro, Nord : 1,5 km – ☎ 09 73 87 78 16 – www.hotelvilladellemeraviglie.it – Aperto 1° aprile-30 settembre
16 cam – 45/98 € 52/200 €
Costruzione affacciata sulla costa e circondata da un parco privato con piscina. Accesso diretto al mare, camere sobrie e, in gran parte, dotate di patio o terrazzo.

Zà Mariuccia
via Grotte 2, al porto – ☎ 09 73 87 61 63 – Aperto 1° marzo-31 novembre; chiuso giovedì escluso agosto
Rist – *(solo a cena)* Carta 43/84 €
Caratteristico ristorante che coniuga felicemente specialità di mare e bell'ambiente. In estate, accomodatevi nella terrazza affacciata sul porto (pochi tavoli: è preferibile prenotare). Uno dei migliori locali della costa!

ad Acquafredda Nord-Ovest : 10 km – ✉ 85046

Villa Cheta Elite rist,
via Timpone 46, Sud : 1 km – ☎ 09 73 87 81 34 – www.villacheta.it – Aperto 10 aprile-4 novembre
23 cam – 144/268 € 144/268 € **Rist** – Carta 45/83 € (+10 %)
Pregevole villa liberty d'inizio secolo, dove vivere una dolce atmosfera vagamente retrò. O dove assaporare la fragranza delicata delle meravigliose terrazze fiorite. Sala sobria ma elegante e servizio ristorante estivo nell'incantevole giardino.

MARCELLISE – Verona – **562** F15 – Vedere San Martino Buon Albergo

---

MARCIAGA – Verona (VR) – Vedere Costermano

MARCIANA – Livorno (LI) – **563** N12 – Vedere Elba (Isola d')

MARCIANA MARINA – Livorno (LI) – **563** N12 – Vedere Elba (Isola d')

MARCIANO DELLA CHIANA – Arezzo (AR) – 563 M17 – 3 378 ab. – alt. 320 m – ✉ 52047 32 C2

Roma 202 – Siena 53 – Arezzo 26 – Firenze 85

a Badicorte Nord : 3 km – ✉ 52047 Marciano Della Chiana

Agriturismo il Querciolo senza rist
via Bosco Salviati 5 – ☎ 33 98 63 99 09 – www.ilquerciolobadicorte.com – Chiuso gennaio-febbraio
10 cam – 70/100 € 90/130 €, 10 €
Se le origini di questa casa colonica risalgono al '200, l'attuale "versione" è ascrivibile al XIX secolo, mentre le camere sono un'affascinante carrellata di originali arredi dal 1850 al Liberty.

MARCON – Venezia (VE) – 562 F18 – 15 938 ab. – ✉ 30020 39 A2

Roma 522 – Venezia 22 – Padova 46 – Treviso 16

Antony Palace Hotel
via Mattei 26 – ☎ 04 15 96 23 01 – www.antonypalace.it
140 cam – 78/260 € 78/260 € – 1 suite **Rist** – Carta 28/57 €
Pensato per una clientela business o come punto di partenza per escursioni, hotel di moderna concezione con spazi comuni in *hi-tech* e sobrio design nelle ampie camere. Ristorante open space con proposte di cucina nazionale e qualche piatto locale.

Relais Agriturismo Ormesani senza rist
via Zuccarello 42/g località San Liberale – ☎ 04 15 96 95 10 – www.ormesanivenice.com – Chiuso 4-24 agosto
9 cam – 70/100 € 90/140 € – 2 suites
In un parco con rarità botaniche e animali, il relais interpreta le nuove tendenze del design italiano: legno, vetro e acciaio concorrono a creare un'atmosfera di calda intimità negli spazi comuni, come nelle camere (ospitate in un edificio al piano terra, collegato al corpo centrale per mezzo di un suggestivo portico).

La Osteria
piazza IV Novembre 9 – ☎ 04 15 95 00 68 – www.laosteria.com – Chiuso 15 giorni in gennaio, 15 giorni in agosto, domenica e lunedì
Rist – Menu 20/45 € – Carta 29/83 €
In pieno centro, una gradevole e rustica trattoria a conduzione diretta, dove il menu con piatti del territorio - leggermente rivisitati - viene stabilito di giorno in giorno. Piacevole servizio estivo.

MARCONIA – Matera (MT) – 564 F32 – Vedere Pisticci

MARGHERITA DI SAVOIA – Barletta-Andria-Trani (BT) – 564 C30 26 B2
– 12 465 ab. – Stazione termale – ✉ 71044
Roma 374 – Foggia 66 – Bari 73 – Barletta 14

Canneto Beach 2 con cam
via Amoroso 11 – ☎ 08 83 65 10 91 – www.ristorantecannetobeach2.com
10 cam – 50/85 € 50/85 € **Rist** – Menu 60 € – Carta 33/48 €
Tra distese di sabbia e sale che hanno reso celebre la località, specialità di mare e ricette tipiche della Valle dell'Ofanto, nonché pizze per gli irriducibili dell'impasto lievitato.

MARIANO COMENSE – Como (CO) – 561 E9 – 23 890 ab. – alt. 252 m 18 B1
– ✉ 22066
Roma 619 – Como 17 – Bergamo 54 – Lecco 32

La Rimessa
via Cardinal Ferrari 13/bis – ☎ 0 31 74 96 68 – www.larimessa.it – Chiuso 2-10 gennaio, agosto, domenica sera e lunedì
Rist – Menu 24 € (pranzo) – Carta 30/69 €
In una villa di fine '800, all'interno della ex rimessa per le carrozze, un caratteristico ristorante con una ulteriore, intima saletta, ricavata nel fienile soppalcato. Dalla cucina, tante proposte tricolori pronte a soddisfare ogni palato!

MARIANO DEL FRIULI – Gorizia (GO) – 562 E22 – 1 592 ab. 11 C2
– alt. 32 m – ✉ 34070
Roma 645 – Udine 27 – Gorizia 19 – Trieste 40

a Corona Est : 1,7 km – ✉ 34070

Al Piave
via Cormons 6 – ☎ 0 48 16 90 03 – Chiuso martedì
Rist – Carta 24/48 €
Curata e accogliente trattoria a gestione familiare, che si articola in due gradevoli sale con camino e bel giardino estivo; in menu i piatti del territorio si avvicendano a seconda delle stagioni, elaborati con fantasia. Tra i più gettonati: la faraona all'erba cipollina.

MARIGLIANO – Napoli (NA) – 564 E25 – 30 370 ab. – ✉ 80034 6 B2
Roma 227 – Napoli 24 – Salerno 55 – Giugliano in Campania 32

Casal dell'Angelo senza rist
via Variante 7 bis km 40,400 – ☎ 08 18 41 24 71 – www.casaldellangelo.it
36 cam – 70/95 € 85/125 €
Un piccolo gioiello di cura e personalizzazione, scelta di arredi e materiali di pregio in un antico casolare divenuto albergo. Particolarmente raffinate le camere mansardate.

MARINA DEL CANTONE – Napoli (NA) – 564 F25 – Vedere Massa Lubrense

MARINA DELLA LOBRA – Napoli (NA) – Vedere Massa Lubrense

MARINA DI ARBUS Sardegna – Medio Campidano (VS) – 366 L46 28 A3
– ✉ 09031 Arbus Sardegna

Cagliari 88 – Iglesias 78 – Nuoro 160 – Olbia 240

Le Dune
rist,

località Piscinas di Ingurtosu Sud : 8 km – ☎ 0 70 97 71 30 – www.leduneingurtosu.it – Aperto 1° aprile-31 ottobre

26 cam – †120/440 € ††150/440 € – 1 suite **Rist** – Carta 27/47 €

Lungo la costa sud occidentale, al centro della sabbiosa valle di Piscinas, l'albergo è stato ricavato da una struttura mineraria ottocentesca. In una dimensione surreale - tra dune di sabbia (le più alte d'Europa) ed un mare blu cobalto - camere spaziose, nonché una pittoresca corte con reperti punici e romani.

MARINA DI ASCEA – Salerno (SA) – 564 G27 – ✉ 84046 7 C3

Roma 348 – Potenza 151 – Napoli 145 – Salerno 90

Iscairia
cam,

via Isacia 7, località Velia – ☎ 34 70 18 04 75 – www.iscairia.it – Chiuso 22-27 dicembre

11 cam – †48/60 € ††80/100 €

Rist – *(solo a cena)* (consigliata la prenotazione) *(solo per alloggiati)* Menu 35/45 €

Nel giardino un laghetto balneabile, all'interno camere personalizzate con qualche pezzo di antiquariato e la possibilità acquistare alcuni prodotti tipici campani (ceramiche di Vietri, marmellate, etc.). Dalla cucina, la tradizione del Cilento, pane e dolci fatti in casa.

MARINA DI BIBBONA – Livorno (LI) – 563 M13 – ✉ 57020 28 B2

Roma 277 – Pisa 69 – Grosseto 92 – Livorno 47

via dei Cavalleggeri Nord, ☎ 0586 60 06 99, www.bibbonaturismo.it

Marinetta

via dei Cavalleggeri Nord 3 – ☎ 05 86 60 05 98 – www.hotelmarinetta.it

139 cam – †60/246 € ††70/272 € – 6 suites **Rist** – Carta 28/56 €

Abbracciato da un parco-giardino, albergo recentemente rinnovato diviso in piu strutture. Per una vacanza immersi nella natura, senza rinunciare al confort.

La Pineta (Luciano Zazzeri)

via dei Cavalleggeri Nord 27 – ☎ 05 86 60 00 16 – Chiuso 10 ottobre-12 novembre, martedì a mezzogiorno e lunedì

Rist – Menu 70/75 € – Carta 48/107 €

→ Straccetti di pasta fresca con le triglie. Caciucco della Pineta. Millefoglie con crema pasticcera e caramello.

Si parcheggia già sulla sabbia per raggiungere il ristorante, quasi una palafitta sull'acqua; il mare entra nei piatti con crudo, preparazioni livornesi o più classiche.

MARINA DI CAMEROTA – Salerno (SA) – 564 G28 – ✉ 84059 7 D3

Roma 385 – Potenza 148 – Napoli 179 – Salerno 128

Da Pepè

via delle Sirene 41 – ☎ 09 74 93 24 61 – www.villaggiodapepe.net – Aperto 1° maggio-30 settembre

Rist – Carta 28/67 €

Lungo la strada che conduce a Palinuro, tra i riflessi argentei degli ulivi, ottima cucina di pesce approvvigionata da un peschereccio di proprietà del ristorante stesso.

MARINA DI CAMPO – Livorno (LI) – 563 N12 – Vedere Elba (Isola d')

MARINA DI CAPOLIVERI – Livorno (LI) – Vedere Elba (Isola d') : Capoliveri

MARINA DI CARRARA – Massa Carrara (MS) – **563** J12 – ✉ 54036 **28** A1

Roma 396 – La Spezia 26 – Carrara 7 – Firenze 122

XX **Ciccio Marina**

viale da Verrazzano 1 – ✆ 05 85 78 02 86 – www.ristoranteciccio.it – Chiuso lunedì

Rist – Carta 34/67 €

Sul lungomare nei pressi del porto, moderno ristorante dalle luminose sale e con bar pubblico. Il pesce è tra le specialità della casa.

MARINA DI CASAL VELINO – Salerno (SA) – **564** G27 – ✉ 84050 **7** C3

Roma 349 – Potenza 136 – Napoli 138 – Salerno 87

Stella Maris cam,

via Velia 156 – ✆ 09 74 90 70 40 – www.hotel-stella-maris.com

30 cam – †60/130 € ††92/196 € **Rist** – *(solo per alloggiati)*

Albergo recentemente ristrutturato, presenta arredi curati nelle parti comuni e camere luminose e confortevoli. In comoda posizione, a breve distanza dal mare.

MARINA DI CASTAGNETO CARDUCCI – Livorno (LI) – **563** M13 – **Vedere Castagneto Carducci**

MARINA DI CECINA – Livorno (LI) – **563** M13 – ✉ 57023 Toscana **31** B2

Roma 288 – Pisa 57 – Cecina 3 – Firenze 125

piazza Sant'Andrea 6, ✆ 0586 62 06 78, www.marinadicecina.it

Tornese

viale Galliano 36 – ✆ 05 86 62 07 90 – www.hoteltornese.com

53 cam – †50/90 € ††60/146 € **Rist** – Carta 24/49 €

A breve distanza dalla spiaggia, struttura signorile di indubbio confort con accoglienti interni e belle camere: se disponibili optare per quelle con vista mare. Vari spazi dedicati alla ristorazione con menu diversificati (dalla pizza al pesce) e roof garden estivo.

X **El Faro**

viale della Vittoria 70 – ✆ 05 86 62 01 64 – www.ristorantelfaro.it – Chiuso 15 gennaio-5 febbraio e mercoledì

Rist – Menu 30 € (pranzo)/50 € – Carta 34/62 €

Oltre a gustosi piatti di mare, nel menu troverete le proposte del pescaturismo, che consiste nel prenotare un'uscita in mare con la barca del locale (naturalmente accompagnati da alcuni addetti) e una volta tornati a terra, il ristorante cucina quanto pescato. Più fresco di così!

MARINA DI GIOIOSA IONICA – Reggio di Calabria (RC) – **564** M30 **5** B3 – **6 610 ab.** – ✉ **89046**

Roma 639 – Reggio di Calabria 108 – Catanzaro 93 – Crotone 148

XX **Gambero Rosso** (Riccardo Sculli)

✿ *via Montezemolo 65 – ✆ 09 64 41 58 06 – www.gamberorosso.rc.it – Chiuso gennaio o novembre e lunedì*

Rist – Carta 33/73 €

➜ Insalata di pesce al vapore. Paccheri ai crostacei. Seppie alla brace con crema ai pistacchi.

Gli amanti del pesce troveranno qui uno dei migliori ristoranti della regione: le proposte di crudo attirano clienti da ogni angolo della Calabria, le paste fresche sono imperdibili, i secondi accostano il mare ai prodotti della campagna. Dolci freschi a base di frutta, mandorle e liquirizia per citarne solo alcuni.

MARINA DI GROSSETO – Grosseto (GR) – **563** N14 – ✉ 58100 **32** C3

Roma 196 – Grosseto 14 – Firenze 153 – Livorno 125

Rosmarina cam,

via delle Colonie 33/35 – ✆ 0 56 43 44 08 – www.rosmarina.it

38 cam – †80/120 € ††90/160 € **Rist** – Carta 34/46 €

A pochi passi dal litorale marino, in una zona molto tranquilla, una risorsa di recente ristrutturata, totalmente immersa nella macchia mediterranea. Gestione accogliente. Ristorante ubicato nel seminterrato, rinnovato da poco, sala curata e cucina locale.

MARINA DI LEUCA – Lecce (LE) – 564 H37 – ✉ 73040 Puglia 27 D3

Roma 676 – Brindisi 109 – Bari 219 – Gallipoli 48

Grotte★

L'Approdo
via Panoramica – ✆ 08 33 75 85 48 – www.hotelapprodo.com
52 cam – 60/180 € 100/300 € – 1 suite
Rist – *(aperto 1° aprile-30 settembre)* Carta 23/50 €
Poco distante dal lungomare, l'hotel dalla caratteristica facciata nivea offre un comodo parcheggio, un'invitante piscina, luminose sale curate negli arredi e una boutique. Proposte di pesce presso l'ampia sala ristorante o sulla veranda panoramica con vista sul mare.

Terminal
lungomare Colombo 59 – ✆ 08 33 75 82 42 – www.attiliocaroli.it – Aperto 30 marzo-31 ottobre
55 cam – 130/170 € 130/170 € **Rist** – Carta 26/33 €
Sul lungomare, un albergo dagli spazi luminosi caratterizzati da sobri arredi e camere in legno chiaro ciascuna dedicata ad un monumento della penisola salentina. Nella suggestiva sala ristorante è il pesce a dominare la tavola, accanto ad ortaggi, frutta, vini ed olii tipici della zona.

MARINA DI MASSA – Massa Carrara (MS) – 563 J12 – ✉ 54100 31 A1

Toscana

Roma 388 – Pisa 41 – La Spezia 32 – Firenze 114

viale Vespucci 24, ✆ 0585 24 00 63, www.aptmassacarrara.it

Excelsior
via Cesare Battisti 1 – ✆ 05 85 86 01 – www.hotelexcelsior.it
66 cam – 150/240 € 200/300 € – 4 suites
Rist *Il Sestante* – ✆ 05 85 86 05 05 – Carta 36/73 €
Sul lungomare, hotel di taglio contemporaneo adatto sia per una clientela business sia per vacanzieri in cerca di relax. Elegante ed accogliente, il ristorante è ideale per pranzi di lavoro e banchetti: cucina mediterranea.

Stella della Versilia
Via delle Macchie 54 – ✆ 05 85 86 90 66 – www.stellaversilia.com – Aperto 1° marzo-30 settembre
21 cam – 80/300 € 120/340 € – 1 suite
Rist – *(solo a cena)* Carta 36/88 €
Nella quiete di una pineta, a 200 metri dalla spiaggia, camere in stile etnico-provenzale ed una terrazza con piscina per momenti d'impagabile relax. Ricca colazione a buffet.

Maremonti
viale lungomare di Levante 19, località Ronchi – ✆ 05 85 24 10 08 – www.hotelmaremonti.com – Aperto 1° aprile-15 ottobre
21 cam – 110/180 € 150/260 € **Rist** – Carta 36/88 €
Di fronte al mare, villa ottocentesca tipica della Versilia, con parco e piscina: signorile negli arredi, sia nelle parti comuni sia nelle confortevoli camere. Al ristorante la cura dei dettagli è una piacevole compagna di pranzi e cene.

Cavalieri del Mare senza rist
via Verdi 23, località Ronchi – ✆ 05 85 86 80 10 – www.cavalieridelmare.net – Aperto 20 aprile-20 settembre
28 cam – 80/130 € 110/170 €
Hotel ricavato da una villa del '700 ristrutturata e "ripensata" per un'accoglienza efficiente e dal confort attuale, piacevolmente immerso in un giardino con piscina.

Dany senza rist
via del Falasco 4 ✉ 54037 Marina di Massa – ✆ 05 85 24 14 90 – www.hoteldany.com
25 cam – 100/170 € 130/210 € – 2 suites
Rinnovato in anni recenti, questo albergo moderno e funzionale con una spiccata vocazione business dispone di camere curate e confortevoli. Un piccolo scorcio del mare dalla sala colazioni.

Matilde senza rist
via Tagliamento 4 – ✆ 05 85 24 14 41 – www.hotelmatilde.it
15 cam ☕ – 🚹80/85 € 🚹🚹120/130 €
Arretrato rispetto al mare, questo piccolo hotel dall'attenta gestione familiare dispone di ambienti semplici e camere personalizzate con bei tendaggi ed originali dettagli.

Nedy
via del Fescione, località Ronchi ✉ 54039 Ronchi – ✆ 05 85 80 70 11 – www.hotelnedy.it – Aperto 1° febbraio-20 ottobre
25 cam ☕ – 🚹48/110 € 🚹🚹48/170 € **Rist** – Menu 20/40 €
In zona decentrata e molto traquilla, questo grazioso hotel totalmente rinnovato in anni recenti dispone di gradevoli sale e confortevoli camere: ideale per un soggiorno all'insegna del relax!

Da Riccà
lungomare di Ponente, (angolo via Casola) – ✆ 05 85 24 10 70 – www.ristorantedaricca.com – Chiuso 20 dicembre-10 gennaio e lunedì
Rist – Menu 70/80 € – Carta 56/116 € (+10 %)
Piatti a base di pesce in un ristorante di tono elegante dall'affermata conduzione: luminose sale e piccolo giardino zen.

La Péniche
via Lungo Brugiano 3 – ✆ 05 85 24 01 17 – www.lapeniche.com
Rist – Menu 32 € (pranzo)/41 € – Carta 33/71 €
Originale collocazione su una palafitta e arredi curiosi con richiami a Parigi e alla Senna. La cucina offre piatti di pesce, dal forno invece una buona lista di pizze.

MARINA DI NOCERA TERINESE – Catanzaro (CZ) – 564 J30 – ✉ 88040 — 5 A2

Roma 537 – Cosenza 63 – Catanzaro 67 – Reggio di Calabria 159

sulla strada statale 18 Nord : 3 km :

L'Aragosta
villaggio del Golfo ✉ 88040 – ✆ 0 96 89 33 85 – www.ristorantelaragosta.com – Chiuso 15-30 ottobre e lunedì escluso luglio-agosto
Rist – Carta 40/80 €
Un'unica sala classica preceduta all'ingresso da un ampio banco con esposto il pesce fresco di giornata; ideale per gustare piatti fragranti.

MARINA DI PIETRASANTA – Lucca (LU) – 563 K12 – ✉ 55044 — 31 B1

Toscana

Roma 378 – Pisa 33 – La Spezia 53 – Firenze 104
via Donizetti 24, ✆ 0584 2 03 31, www.comune.pietrasanta.lu.it
Versilia via Della Sipe 100, 0584 881574, www.versiliagolf.com – chiuso martedì da ottobre ad aprile

Mondial Resort & SPA cam,
via Duca della Vittoria 129/131 – ✆ 05 84 74 59 11 – www.mondialresort.it
40 cam ☕ – 🚹110/270 € 🚹🚹140/340 €
Rist *Blanco* – Carta 37/68 €
A 200 metri dal mare, è consigliato per la tranquillità, ma soprattutto per il design moderno d'ispirazione americana; vista sul Tirreno dagli ultimi piani e motoscafo per gite al largo. Autentici sapori toscani nell'immacolato ristorante Blanco.

Joseph cam, rist,
viale Roma 323, località Motrone – ✆ 05 84 74 58 97 – www.hoteljoseph.net – Aperto 1° aprile-30 ottobre
82 cam – 🚹70/120 € 🚹🚹90/150 €, ☕ 12 € – 2 suites **Rist** – Menu 25/45 €
Valida conduzione familiare per questa piacevole struttura con camere sobriamente arredate. Fiore all'occhiello: la bella terrazza con piscina affacciata sul lungomare.

Airone

via Catalani 46 – 05 84 74 56 86 – www.landinihotels.it
28 cam – 60/120 € 80/150 €, 15 €
Rist – *(solo per alloggiati)* Carta 25/54 €
Arretrata rispetto al mare - in zona verde e residenziale - la risorsa dispone di camere semplici ed essenziali, recentemente rinnovate. Bella terrazza per piacevoli momenti di relax!

Alex

via Versilia 157/159 – 05 84 74 60 70 – www.ristorantealex.it
– Chiuso novembre, martedì e mercoledì (escluso giugno-settembre)
Rist – *(solo a cena escluso domenica, festivi e da giugno ad agosto)*
Carta 42/85 €
In un palazzo d'inizio '900, un piacevole ristorante-enoteca arredato con echi etnici che propone specialità di mare e di terra. Interessante selezione di vini della solatia Spagna!

MARINA DI PISA – Pisa (PI) – 563 K12 – 56128 Toscana — 31 B2

Roma 346 – Pisa 13 – Firenze 103 – Livorno 16

Foresta

via Litoranea 2 – 05 03 50 82 – www.ristoranteforesta.it
– Chiuso giovedì e domenica sera (escluso giugno-settembre)
Rist – (consigliata la prenotazione) Menu 30/60 € – Carta 40/86 €
Ristorante dall'ambiente elegante, affacciato sul Tirreno. Servizio attento e ottima accoglienza. La cucina è di qualità e propone molti piatti di pesce.

Da Gino

via delle Curzolari 2 – 05 03 54 08 – www.daginoamarina.it
– Chiuso vacanze di Natale, 2 settimane in settembre, lunedì e martedì
Rist – Carta 31/65 €
Una ricca esposizione di pesce fresco accoglie i clienti all'ingresso di questo rinomato ristorante. Ambiente accogliente e luminoso, gestione familiare dalla collaudata esperienza.

MARINA DI PULSANO – Taranto (TA) – 564 F34 – Vedere Pulsano

MARINA DI RAGUSA Sicilia – Ragusa (RG) – 365 AW63 – 97010 — 30 C3

Agrigento 156 – Caltanissetta 140 – Catania 126 – Ragusa 24

Da Serafino

lungomare Doria – 09 32 23 95 22 – www.locandadonserafino.it
– Aperto 1° aprile-15 ottobre; chiuso martedì a mezzogiorno in aprile-maggio
Rist – Carta 34/71 €
La classica trattoria di mare, semplice ma estremamente corretta nella preparazione di una salda cucina del territorio. Oltre al servizio ristorante c'è anche la pizzeria.

MARINA DI SAN VITO – Chieti (CH) – 563 P25 – 66035 — 2 C2

Roma 234 – Pescara 30 – Chieti 43 – Foggia 154

Garden

rist,

contrada Portelle 77 – 0 87 26 11 64 – www.hotelgarden.abruzzo.it
49 cam – 60/90 € 80/100 €
Rist – *(solo a cena in inverno)* Carta 21/52 €
Lungo la Statale Adriatica, appena fuori dal centro, albergo con ottime attrezzature sia per la clientela turistica, che per chi viaggia per lavoro. A due passi dal mare. Ristorante distribuito in due ampie sale.

L'Angolino da Filippo

via Sangritana 1 – 0 87 26 16 32 – www.langolinodafilippo.com
– Chiuso lunedì
Rist – Carta 35/63 €
A pochi metri dal mare, affacciato sul molo, ristorante dall'ambiente rustico-elegante e cucina di pesce: alcuni piatti preparati secondo ricette tradizionali, altri leggermente più attuali.

MARINA DI VASTO – Chieti (CH) – 563 P26 – ✉ 66054 2 C2

Roma 275 – Pescara 72 – Chieti 74 – Vasto 3

sulla strada statale 16

Excelsior cam, rist,

contrada Buonanotte 266, Sud : 4 km ✉ 66055 – ✆ 08 73 80 22 22 – www.hotelexcelsiorvasto.com – Chiuso 20 dicembre-15 gennaio

45 cam – †60/95 € ††85/150 € – 10 suites

Rist – *(solo a cena escluso da giugno a settembre)* Carta 30/55 €

Ideale per una clientela d'affari, funzionalità e confort in questa accogliente struttura a circa 400 metri dal mare: spazi comuni moderni, camere più classiche. Tono elegante nell'ampia sala ristorante.

Sporting cam, rist,

località San Tommaso 67, Sud : 2,5 km ✉ 66055 – ✆ 08 73 80 19 08 – www.hotelsportingvasto.it

20 cam – †52/80 € ††80/130 € – 2 suites

Rist – Menu 25/38 € – Carta 22/47 €

Circondato da una fiorita terrazza-giardino, a circa 400 m dal mare, la curata struttura è ideale per un soggiorno di relax in un ambiente signorile, ma dal calore familiare. Lo stesso spirito con cui il titolare, Vittorio, si occupa della cucina: genuina e a base di prodotti locali.

Villa Vignola con cam rist,

località Vignole, Nord : 6 km ✉ 66054 – ✆ 08 73 31 00 50 – www.villavignola.it – Chiuso 21-28 dicembre

5 cam – †80/100 € ††120/140 €

Rist – *(chiuso domenica sera)* Carta 34/58 €

In un giardino con accesso diretto al mare e con una splendida vista della costa, ristorante di tono elegante, dove trovare soprattutto proposte di mare. La sera, servizio all'aperto. Camere curate e accoglienti, arredate con mobili d'antiquariato, per un soggiorno votato alla tranquillità.

MARINA EQUA – Napoli (NA) – Vedere Vico Equense

MARINA GRANDE – Napoli (NA) – 564 F24 – Vedere Capri (Isola di)

MARINELLA Sicilia – Trapani – 365 AM58 – Vedere Selinunte

MARINO – Roma (RM) – 563 Q19 – 39 976 ab. – alt. 360 m – ✉ 00047 12 B2

Roma 26 – Frosinone 73 – Latina 44

Grand Hotel Helio Cabala cam,

via Spinabella 13/15, Ovest : 3 km – ✆ 06 93 66 12 35 – www.heliocabala.it

80 cam – †75/105 € ††115/145 € **Rist** – Carta 33/72 €

In posizione panoramica e tranquilla, grande albergo composto da tre strutture: un corpo principale, il Borgo, dallo stile più rustico con pavimenti in cotto e mobili in arte povera, nonché il Cabalino che riprende il concept della casa principale. Il gorgoglio dei giochi d'acqua della piscina eccheggia nel ristorante.

MARLENGO (MARLING) – Bolzano (BZ) – 562 C15 – 2 524 ab. – alt. 363 m – ✉ 39020 33 B2

Roma 668 – Bolzano 31 – Merano 3 – Milano 329

piazza Chiesa 5, ✆ 0473 44 71 47, www.marlengo.info

Pianta : vedere Merano

Oberwirt

vicolo San Felice 2 – ✆ 04 73 44 71 11 – www.oberwirt.com – Aperto 16 marzo-15 novembre An

59 cam – †104/123 € ††218/266 € – 17 suites

Rist *Oberwirt* – vedere selezione ristoranti

Nel centro del paese, due edifici congiunti da un passaggio sotterraneo con begli arredi in legno. Cinquecento anni di vita: tradizione elegante, ma anche confort moderni.

Jagdhof cam, rist,
via San Felice 18 – ✆ 04 73 44 71 77 – www.jagdhof.it
– Aperto 1° marzo-30 novembre Am
28 cam – solo ½ P 102/160 € – 8 suites
Rist – *(solo per alloggiati)* Menu 52/70 €
Tra le Dolomiti, definite da *Le Corbusier* come "l'architettura naturale più bella del mondo", *Jagdhof* ha tutto per piacere: una bellissima Spa, eleganti camere, un fitto bosco che lo circonda. Le eccellenze dell'Alto Adige contribuiscono, invece, a creare piatti memorabili, mentre la vista spazia tra i frutteti di Marlengo.

Marlena cam, cam,
via Tramontana 6 – ✆ 04 73 22 22 66 rist,
– www.marlena.it – Aperto 1° aprile-12 novembre Ak
50 cam – 85/150 € 146/242 € **Rist** – *(solo per alloggiati)* Carta 33/75 €
Struttura dall'architettura innovativa, in linea con il moderno design degli interni. Ovviamente il confort non ne risente per nulla, anzi acquista un sapore contemporaneo.

Oberwirt – Hotel Oberwirt
vicolo San Felice 2 – ✆ 04 73 22 20 20 – www.oberwirt.com
– 20 marzo-12 novembre An
Rist – Carta 45/55 €
Cucina con alcuni classici, come la tartare di manzo condita al tavolo, o la selvaggina (in famiglia ci sono parecchi cacciatori), ma - a sorpresa - anche un piatto di mare: il branzino in crosta di sale.

MARLIA – Lucca (LU) – 563 K13 – Vedere Lucca

MARLING = Marlengo

MARONTI – Napoli (NA) – 564 E23 – Vedere Ischia (Isola d') : Barano

---

MAROSTICA – Vicenza (VI) – 562 E16 – 13 824 ab. – alt. 103 m 39 B2
– ✉ 36063 Italia Centro-Nord

Roma 550 – Padova 60 – Belluno 87 – Milano 243
piazza Castello 1, ✆ 0424 7 21 27, www.turismo.veneto.it
Piazza Castello★

Valle San Floriano Nord : 3 km – alt. 127 m – ✉ 36063

La Rosina con cam
via Marchetti 4, Nord : 2 km – ✆ 04 24 47 03 60 – www.larosina.it
11 cam – 90/110 € 90/110 €
Rist – *(chiuso martedì)* Menu 30/50 € – Carta 26/51 € (+2 %)
L'insegna ricorda la capostipite della famiglia, che negli anni della I guerra mondiale iniziò ad offrire vino e un piatto di minestra ai soldati. Oggi è un elegante ristorante, con un monumentale camino, dove gustare piatti della tradizione (in primis, il baccalà alla vicentina con polenta). Affacciatevi ai balconi delle stanze: sarà il riposante verde dei colli a cullare il vostro riposo.

MAROTTA – Pesaro e Urbino (PU) – 563 K21 – ✉ 61032 20 B1

Roma 305 – Ancona 38 – Perugia 125 – Pesaro 25
piazzale della Stazione, ✆ 0721 9 65 91, www.marottaturismo.it

Imperial
lungomare Faà di Bruno 119 – ✆ 07 21 96 94 45 – www.hotel-imperial.it – Aperto 1°maggio-30 settembre
42 cam – 40/80 € 65/120 € **Rist** – *(solo per alloggiati)* Menu 25/35 €
Hotel completo di buoni confort, spazi generosi nelle parti comuni e camere di fattura moderna. Bel giardino attorno alla piscina.

verso Mondolfo Sud-Ovest: 3,5 km

Locanda Per Bacco con cam
via dell'Artigianato 26 – ✆ 07 21 95 96 98 – www.countryhouseperbacco.it – Chiuso novembre
6 cam – †40 € ††60/70 € **Rist** – *(chiuso martedì)* Carta 37/49 €
Cucina del territorio dove tutto è fatto in casa, ottime le specialità alla brace, in un ristorante con dépendance immerso nel verde di un ampio giardino. Se c'è posto, vi consigliamo di prenotare nella vecchia struttura in pietra, a nostro giudizio più suggestiva.

MARRADI – **Firenze (FI)** – **563** J16 – **3 303 ab.** – **alt. 328 m** – ✉ **50034** **32** C1
Roma 332 – Firenze 58 – Bologna 85 – Faenza 36

Il Camino
viale Baccarini 38 – ✆ 05 58 04 50 69 – www.ristoranteilcamino.net – Chiuso 1° -10 settembre e mercoledì
Rist – Menu 13 € (pranzo in settimana)/35 € – Carta 21/50 €
Fragrante e casereccia, la cucina s'ispira alla tradizione gastronomica del territorio: pasta fatta in casa e carne alla brace sono i migliori testimoni di questa trattoria dalla vivace atmosfera familiare.

MARSCIANO – **Perugia (PG)** – **563** N19 – **18 770 ab.** – ✉ **06055** **35** B2
Roma 163 – Perugia 34 – Terni 63 – Viterbo 108

Citrus
viale della Vittoria 29 – ✆ 07 58 74 12 90 – www.citrus-online.it – Chiuso 3 settimane in gennaio e mercoledì
Rist – *(solo a cena sabato e domenica)* Menu 50 € – Carta 38/64 €
Se a pranzo la cucina è più semplice ed il servizio informale, a cena tutto si arricchisce di cura: dalle preparazioni non prive di fantasia all'ottima consulenza per la scelta del vino.

MARTANO – **Lecce (LE)** – **564** G36 – **9 485 ab.** – **alt. 91 m** – ✉ **73025** **27** D3
Roma 588 – Brindisi 63 – Lecce 26 – Maglie 16

La Lanterna con cam
via Ofanto 53 – ✆ 08 36 57 14 41 – www.lalanternamartano.com – Chiuso 10-20 settembre
6 cam – †40/80 € ††50/100 €
Rist – *(chiuso mercoledì escluso agosto)* Menu 18 € (in settimana)/40 € – Carta 18/34 €
Vicino alla piazza dove si svolge il mercato, un locale cassico a gestione familiare dove gustare piatti del territorio. La sera anche pizzeria. Recentemente sono state aggiunte camere funzionali dagli arredi lignei in una struttura adiacente.

MARTINA FRANCA – **Taranto (TA)** – **564** E34 – **49 780 ab.** – **alt. 431 m** – ✉ **74015** Puglia **27** C2
Roma 524 – Brindisi 57 – Alberobello 15 – Bari 74
piazza XX Settembre 3, ✆ 080 4 80 57 02, www.martinafrancatour.it
Località★ • Via Cavour★

Relais Villa San Martino
via Taranto 59, Sud : 2,8 km – ✆ 08 04 80 51 52 – www.relaisvillasanmartino.com
19 cam – †99/295 € ††109/395 € – 2 suites
Rist ***Duca di Martina*** – vedere selezione ristoranti
Nella campagna pugliese punteggiata da ulivi e trulli, stampe antiche, sete preziose e mobili in stile Luigi XIV arricchiscono le camere e gli spazi comuni di questa struttura, mentre ampie terrazze sul parco ed un patio in prossimità della piscina si fanno garanti di tranquillità e relax.

Villa Rosa
via Taranto 70, sulla strada statale 172 – ✆ 08 04 83 80 04 – www.ramahotels.com
65 cam – 🚹65/107 € 🚹🚹90/135 €, ☕ 8 €
Rist – *(solo a cena)* (prenotazione obbligatoria) Menu 25 €
Nella barocca Martina Franca, calda accoglienza, nonché ambienti luminosi e confortevoli dall'arredo ligneo. Al ristorante: proposte a carattere regionale con menu a prezzo fisso.

Duca di Martina – Hotel Relais Villa san Martino
via Taranto 59, Sud : 2,8 km – ✆ 08 04 80 51 52 – www.relaisvillasanmartino.com
Rist – (consigliata la prenotazione) Carta 51/74 €
Creatività mediterranea nelle due graziose sale che ospitano questo ristorante, di cui una particolarmente intima. La cucina dialoga con le materie prime locali, mentre diversi menu soddisfano i gusti più disparati: "à la carte", "della tradizione", e l'invitante "ritorno dal mercato".

La Tana
via Mascagni 2 – ✆ 08 04 80 53 20 – www.ristorantelatana.it – Chiuso mercoledì
Rist – Menu 25 € (in settimana)/40 € – Carta 22/49 €
Nella facciata destra del barocco Palazzo Ducale, in quelli che una volta erano gli uffici del dazio, un locale informale in stile trattoria. Specialità locali rivisitate.

MARTINSICURO – Teramo (TE) – 563 N23 – 17 078 ab. – ✉ 64014 1 B1

Roma 227 – Ascoli Piceno 35 – Ancona 98 – L'Aquila 118
via Aldo Moro 32/a, ✆ 0861 76 23 36, www.abruzzoturismo.it

Sympathy
lungomare Europa 26 – ✆ 08 61 76 02 22 – www.sympathyhotel.it – Aperto 1° aprile-31 ottobre
40 cam ☕ – 🚹50/100 € 🚹🚹60/150 € **Rist** – Carta 29/62 €
Fronte mare, nella zona più animata del centro, la prima colazione è servita su un'indimenticabile terrazza panoramica. Le camere migliori sono al terzo e quarto piano.

Leon d'Or
via Aldo Moro 55/57 – ✆ 08 61 79 70 70 – Chiuso agosto, domenica sera e lunedì
Rist – Menu 50 € – Carta 39/73 €
Più di vent'anni di attività e ancora un'unica caratteristica sala ad angolo, quasi una vetrina sul passeggio; in cucina brace, piatti tipici regionali e specialità di mare.

a Villa Rosa Sud : 5 km – ✉ 64014

Paradiso
via Ugo La Malfa 14 – ✆ 08 61 71 38 88 – www.hotelparadiso.it – Aperto 15 maggio-18 settembre
67 cam ☕ – 🚹50/70 € 🚹🚹60/120 € **Rist** – Menu 20/40 €
Un hotel dedicato ai bambini: sin dall'arrivo, ogni momento della giornata sarà organizzato per loro con attività ad hoc, garantendo agli adulti un soggiorno di sport e relax.

Haway
lungomare Italia 62 – ✆ 08 61 71 26 49 – www.hotelhaway.it – Aperto 15 maggio-30 settembre
52 cam ☕ – 🚹40/60 € 🚹🚹60/100 € **Rist** – *(solo per alloggiati)* Menu 25 €
In riva al mare, una struttura semplice con spazi confortevoli e ricca di cordialità, simpatia ed animazione sia per i grandi che per i piccini. Ideale per le famiglie.

Il Sestante
lungomare Italia – ✆ 08 61 71 32 68 – Chiuso 23 dicembre-7 gennaio, agosto, domenica sera e lunedì
Rist – Menu 50 € – Carta 32/70 €
Un elegante locale in posizione suggestiva, caratterizzato da decorazioni che richiamano l'ambiente marino; dalla cucina i sapori regionali e, ovviamente, prodotti ittici.

MARUGGIO – Taranto (TA) – 564 G34 – 5 514 ab. – alt. 26 m – ✉ 74020 27 C3

Roma 561 – Bari 141 – Taranto 52 – Lecce 63

a Campomarino Sud: 2 km

Grand Hotel dei Cavalieri (N) rist,
contrada Vento – ☎ 09 99 71 62 10 – www.grandhoteldeicavalieri.it
115 cam – †65/95 € ††90/150 € **Rist** – Menu 25 €
Un servizio navetta per la vicina spiaggia convenzionata riscatterà l'ubicazione non proprio in pole position rispetto al mare di questa struttura dalla tipica vocazione turistica: camere ampie, giardino e piscina, sala colazioni all'ultimo piano con bella vista. Insomma, le premesse ci sono tutte per un gradevole soggiorno.

MARZAMEMI Sicilia – Siracusa (SR) – 365 AZ63 – Vedere Pachino

MARZOCCA – Ancona (AN) – 563 K21 – Vedere Senigallia

MASARÈ – Belluno (BL) – 562 C18 – Vedere Alleghe

MASERÀ DI PADOVA – Padova (PD) – 562 G17 – 9 071 ab. – alt. 9 m – ✉ 35020 40 C3

Roma 496 – Venezia 50 – Padova 16 – Rovigo 37

Ca' Murà senza rist
via Ca' Murà 21/b, località Bertipaglia, Sud-Est: 2 km – ☎ 04 98 86 82 29 – www.ca-mura.com
24 cam – †95/120 € ††120/150 €
Nella tranquillità di un frutteto che confina con l'antica chiesetta di Ca' Murà, l'hotel vuole ricreare al suo interno l'atmosfera agreste del luogo, ma lo fa sotto la cifra dell'eleganza: camere ampie in stile moderno ed un piccolo centro relax.

MASIO – Alessandria (AL) – 561 H7 – 1 475 ab. – alt. 142 m – ✉ 15024 25 D1

Roma 607 – Alessandria 22 – Asti 14 – Milano 118

Trattoria Losanna
via San Rocco 40, Est : 1 km – ☎ 01 31 79 95 25 – Chiuso 27 dicembre-13 gennaio, agosto, domenica sera e lunedì
Rist – Menu 20 € (pranzo in settimana)/40 €
Iniziando con un antipasto misto della casa, potrete poi proseguire con abbondanti piatti della tradizione monferrina, in un ambiente familiare e dall'atmosfera simpaticamente chiassosa.

MASSA P (MS) – 563 J12 – 70 973 ab. – alt. 65 m – ✉ 54100 31 A1

Toscana

Roma 367 – La Spezia 37 – Carrara 8 – Firenze 114

Il Trillo (N)
via Bergiola Vecchia 30, località Castagnetola – ☎ 0 58 54 67 55 – www.iltrillo.net – Chiuso 3 dicembre-10 febbraio e lunedì escluso luglio e agosto
Rist – *(solo a cena escluso domenica e festivi)* (consigliata la prenotazione) Carta 33/73 €
Sulle colline che dominano la città, in un'antica residenza che oggi ospita anche la cantina dell'azienda vinicola di proprietà, la bella stagione permette di cenare sulla terrazza panoramica. Allora sarà difficile stabilire chi ha la meglio: i sapori della cucina o il fascino del luogo?

Osteria del Borgo
via Beatrice 17 – ☎ 05 85 81 06 80 – Chiuso 1 settimana in settembre e martedì
Rist – *(solo a cena escluso sabato e domenica dal 15 settembre al 14 giugno)* Menu 20/40 € – Carta 22/39 €
Sotto le volte in pietra di questo ristorante, tra foto in bianco e nero alle pareti e un'esposizione di bottiglie d'epoca, rivivono i sapori decisi e le genuine tradizioni gastronomiche locali. Se siete poi amanti della tagliata di scamone, l'indirizzo farà per voi!

L'Arco di Cybo

piazza Portone 5 – ☎ 0 58 54 10 10 – www.larcodicybo.it – Chiuso domenica e lunedì
Rist – (consigliata la prenotazione) Carta 32/47 €
Una cucina ricca di fantasia e creatività ha trovato dimora in un palazzo storico, dove le antiche mura contribuiscono a creare un'atmosfera suggestiva ed intima.

MASSACIUCCOLI – Lucca (LU) – 563 K13 – Vedere Massarosa

MASSACIUCCOLI (Lago di) – Lucca (LU) – 563 K13 – Vedere Torre del Lago Puccini

MASSA LUBRENSE – Napoli (NA) – 564 F25 – 13 985 ab. – alt. 121 m – ✉ 80061 6 B2

Roma 263 – Napoli 55 – Positano 21 – Salerno 56

Delfino

via Nastro d'Oro 2, Sud-Ovest : 2,5 km – ☎ 08 18 78 92 61 – www.hoteldelfino.com – Aperto 1° aprile-30 ottobre
65 cam – †60/250 € ††70/400 € – 1 suite
Rist – *(solo a cena)* Carta 39/69 €
In una pittoresca insenatura con terrazze e discesa a mare, un albergo da cui godere di un panorama eccezionale sull'isola di Capri. Struttura d'impostazione classica. Ariosa sala ristorante ed elegante salone banchetti.

Bellavista

via Partenope 26, Nord : 1 km – ☎ 08 18 78 96 96 – www.francischiello.it – Chiuso 3 settimane in novembre
31 cam – †60/130 € ††70/200 € – 2 suites
Rist *Riccardo Francischiello* – vedere selezione ristoranti
Ampliata di anno in anno, la struttura dispone ora di un ottimo centro benessere, spaziose camere in stile mediterraneo, rallegrate dalle ceramiche di Vietri.

Riccardo Francischiello – Hotel Bellavista

via Partenope 26, Nord : 1 km – ☎ 08 18 78 91 81 – www.francischiello.it – Chiuso martedì in inverno
Rist – Carta 25/49 €
Lo chef porta in tavola la Campania: sapori della cucina partenopea e sorrentina, reinterpretati con gusto moderno, paste fresche, specialità di mare ed un occhio di riguardo per le etichette della regione.

Antico Francischiello-da Peppino e Hotel Villa Pina con cam

via Partenope 40, Nord : 1,5 km – ☎ 08 15 33 97 80 – www.francischiello.com
25 cam – †60/80 € ††90/100 € **Rist** – Carta 46/61 €
Gli oggetti di varia natura che ricoprono le pareti testimoniano i cento anni di attività di questo locale, giunto ormai alla quarta generazione. La cucina segue la tradizione con una predilezione per i piatti di mare. Arredi classici in stile mediterraneo nelle camere, in un'atmosfera da casa privata.

a Marina della Lobra Ovest : 2 km – ✉ 80061 Massa Lubrense

Piccolo Paradiso

cam, rist,

piazza Madonna della Lobra 5 – ☎ 08 18 78 92 40 – www.piccolo-paradiso.com – Aperto 15 marzo-15 novembre
57 cam – †65/78 € ††100/120 € **Rist** – Carta 26/55 €
Nella piccola frazione costiera, albergo fronte mare dotato anche di una bella piscina disposta lungo un'ampia terrazza. Gestione familiare seria e professionale. Impostazione semplice, ma confortevole, nella grande sala ristorante dai "sapori" mediterranei.

a Santa Maria Annunziata Sud : 2,5 km – ✉ 80061 Massa Lubrense

La Torre

piazza Annunziata 7 – ☎ 08 18 08 95 66 – Chiuso novembre e martedì escluso 10 luglio-10 settembre

Rist – Carta 30/35 €

Il pacchero di Gragnano al ragù di ricciola e pomodorini del piennolo è solo uno dei tanti piatti partenopei di questa verace trattoria, a pochi metri da un belvedere con vista su Capri.

a Nerano-Marina del Cantone Sud-Est : 11 km – ✉ 80061 Termini

Quattro Passi (Antonio Mellino) con cam

via Vespucci 13/n, Nord : 1 km – ☎ 08 18 08 28 00 – www.ristorantequattropassi.com – Aperto 1° marzo-30 novembre; chiuso martedì sera e mercoledì escluso dal 15 giugno al 15 settembre

9 cam – 120 € 180 € – 3 suites

Rist – Menu 55/110 € – Carta 67/133 €

➜ Tubettoni (pasta secca) con patate, zafferano, cozze e pomodorini confit. Pesce del giorno cotto sotto sale. Baba'.

In posizione panoramica su una delle più romantiche baie della costiera o avvolti da una lussureggiante vegetazione quando il tempo permette di mangiare all'aperto, il ristorante rappresenta un distillato di Campania, dalla cucina, verace e passionale, al proprietario, di travolgente accoglienza.

Taverna del Capitano (Alfonso Caputo) con cam

piazza delle Sirene 10/11 – ☎ 08 18 08 10 28 – www.tavernadelcapitano.it – Chiuso 7 gennaio-9 marzo, lunedì, anche martedì da ottobre ad aprile

10 cam – 110 € 150 €, 15 € – 2 suites

Rist – (consigliata la prenotazione) Menu 70/110 € – Carta 57/143 €

➜ Spaghetto trafilato in casa con aglio, olio, seppia e le sue uova. Pesce, crostacei e molluschi della baia cotti su pietra di mare. Profumi della costiera: sensazioni dolci e amare agli agrumi.

Il viaggio per arrivarci non è breve, ma si è alla fine premiati con due sale affacciate su una delle più belle spiagge della costa. Da questo mare i piccoli pescherecci portano al ristorante il pesce che troverete in tavola, talvolta di specie locali e poco conosciute, spesso proposto in originali elaborazioni.

a Termini Sud: 5 km – ✉ 80061

Relais Blu con cam

Via Roncato 60 – ☎ 08 18 78 95 52 – www.relaisblu.com – Aperto 15 marzo-5 novembre

13 cam – 180/260 € 200/310 € – 1 suite

Rist – *(chiuso lunedì)* Carta 50/90 €

La sala interna sceglie la strada del minimalismo con pareti completamente bianche e solo qualche quadro; la bella terrazza per il servizio estivo offre un'eccezionale vista su Capri. Nel piatto, sapori campani valorizzati con competenza e fantasia.

MASSA MARITTIMA – Grosseto (GR) – 563 M14 – 8 781 ab. 31 B2

– alt. 380 m – ✉ 58024 Toscana

Roma 249 – Siena 62 – Firenze 132 – Follonica 19

via Parenti 22, ☎ 0566 90 27 56, www.altamaremmaturismo.it

Piazza Garibaldi★★ – Duomo★★ – Fortezza dei senesi e torre del candeliere★

Park Hotel La Fenice senza rist

corso Diaz 63 – ☎ 05 66 90 39 41 – www.lafeniceparkhotel.it

13 cam – 85/105 € 120/160 € – 4 suites

Risorsa nata come residence, ora funziona come hotel: appartamenti di diverse tipologie, ma tutti con angolo cottura e zona soggiorno. Piacevoli interni dai colori caldi.

Duca del Mare senza rist
piazza Dante Alighieri 1/2 – ✆ 05 66 90 22 84 – www.ducadelmare.it – Chiuso gennaio-febbraio
28 cam – 55/65 € 85/110 €
Appena fuori le mura del centro storico, struttura a conduzione familiare con camere non molto grandi, ma accoglienti.

Osteria da Tronca
vicolo Porte 5 – ✆ 05 66 90 19 91 – Chiuso 15 dicembre-1° marzo e mercoledì escluso agosto
Rist – Carta 18/39 €
"Amo talmente il vino che maledico chi mangia l'uva", così si legge su una lavagna posta all'ingresso. Cucina del territorio, ambiente rustico e ovviamente...vino a volontà.

Taverna del Vecchio Borgo
via Parenti 12 – ✆ 05 66 90 39 50 – Chiuso 15 gennaio-15 febbraio e lunedì
Rist – *(solo a cena)* Menu 30 € – Carta 24/49 €
Caratteristico locale, o meglio, tipica taverna ricavata nelle antiche cantine di un palazzo sorto nel Seicento. Insieme gestito con cura, specialità della cucina toscana.

a Ghirlanda Nord-Est : 2 km – ✉ 58024

Bracali
via di Perolla 2 – ✆ 05 66 90 23 18 – www.mondobracali.it – Chiuso lunedì, martedì e i mezzogiorno di mercoledì e giovedì
Rist – (consigliata la prenotazione) Menu 140 € – Carta 110/170 €
➜ Interpretazione di crudo di manzo. Piccione con salsa di cioccolato e carote. Flan di cioccolato.
Sulla tradizione familiare, iniziata con la trattoria di papà, si accendono ora i riflettori della ribalta nazionale: raffinati ambienti e un attento servizio sono la cornice di una cucina creativa ed elaborata, a tratti sofisticata e sperimentale, sempre personale e coinvolgente.

al lago di Accesa Sud: 10 km

Agriturismo Tenuta del Fontino rist,
località Accesa, Est : 1,5 km ✉ 58024 Massa Marittima – ✆ 05 66 91 92 32 – www.tenutafontino.it – Aperto 1° aprile-30 novembre
23 cam – 70/101 € 104/170 €
Rist – *(chiuso lunedì e giovedì) (solo a cena) (solo per alloggiati)* Menu 24 €
Avvolta da un parco di alberi secolari con piscina e laghetto, la bella villa ottocentesca dispone di camere di diverse tipologie. Nelle serate più fresche, un salone con caminetto.

a Tatti Est: 23 km – ✉ 58040

La Fattoria dei Tatti senza rist
via Matteotti 10 – ✆ 05 66 91 20 01 – www.tattifattoria.it – Aperto 1° marzo-31 ottobre
8 cam – 60/80 € 90/120 €
E' un antidoto naturale contro lo stress, questa grande dimora al centro di una piccola frazione persa nel verde della Maremma. Al secondo e terzo piano (senza ascensore) si trovano le ampie camere, volutamente senza TV: la più bella sfoggia nel bagno una vasca parigina di fine '800.

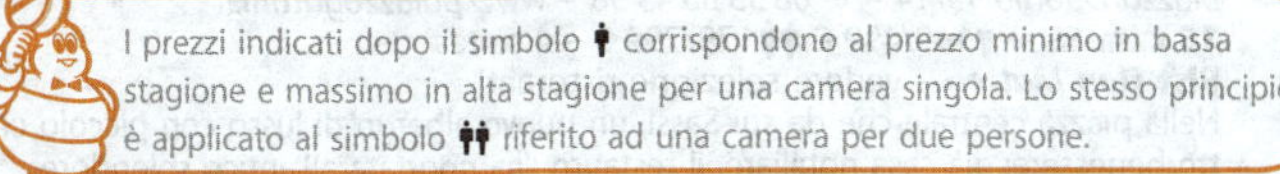
I prezzi indicati dopo il simbolo corrispondono al prezzo minimo in bassa stagione e massimo in alta stagione per una camera singola. Lo stesso principio è applicato al simbolo riferito ad una camera per due persone.

MASSA MARTANA – Perugia (PG) – 563 N19 – 3 947 ab. – ✉ 06056 35 B2

Roma 134 – Perugia 63 – Terni 34 – Rieti 71

San Pietro Sopra Le Acque

cam, cam, rist,

vocabolo Capertame 533, Sud-Ovest: 2 Km – ✆ 0 75 88 91 32 – www.sanpietroresort.com

15 cam – 120/140 € 160/200 € – 1 suite

Rist – *(chiuso lunedì)* Carta 37/55 €

Affreschi originali restaurati, in un ex convento del '600, convertito in elegante residenza di campagna completa nella mappa dei servizi offerti: interni curati, arredi d'epoca, nonché camere di diversa tipologia, nella magica quiete di un parco secolare con piscina e campo da tennis.

MASSAROSA – Lucca (LU) – 563 K12 – 23 004 ab. – alt. 10 m – ✉ 55054 31 B1

Roma 363 – Pisa 29 – Livorno 52 – Lucca 19

piazza Taddei 12 ingresso via Cenami, ✆ 0584 97 92 60, www.comune.massarosa.lu.it

La Chandelle con cam

cam, cam,

via Casa Rossa 303 – ✆ 05 84 93 82 90 – www.lachandelle.it

8 cam – 45/80 € 70/90 €

Rist – *(chiuso lunedì a pranzo)* Menu 30/50 € – Carta 25/76 €

In posizione dominante sulle colline, circondato da un fiorito e fresco giardino in cui d'estate si trasferisce il servizio, ma è soprtattutto per i suoi piatti di pesce che l'elegante e familiare locale è apprezzato.

a Massaciuccoli Sud : 4 km - ✉ 55054 Massarosa

Le Rotonde

via del Porto 77 – ✆ 05 84 97 54 39 – www.lerotonde.it – Chiuso 1° novembre-15 dicembre

24 cam – 40/70 € 70/110 €

Rist – *(solo a cena da ottobre a marzo)* Menu 20/50 €

Avvolto dal verde, nel cuore della campagna lucchese, e ancora un giardino ombreggiato e sempre ben tenuto, il caseggiato offre una calorosa accoglienza familiare.

a Corsanico Nord-Ovest : 10 km – ✉ 55040

Agriturismo Le Querce

via delle Querce 200 – ✆ 05 84 95 46 80 – www.quercedicorsanico.com – Aperto Pasqua-31 novembre

10 cam – 60/65 € 115/125 €

Rist – *(chiuso Pasqua-31 maggio e novembre) (solo a cena)* (prenotazione obbligatoria) *(solo per alloggiati)* Menu 25 €

Edificio rustico in collina tra gli ulivi. Posizione panoramica sulla costa e sul mare aperto. Interni ristrutturati con risultati positivi; piscina nel verde del giardino.

MATERA P (MT) – 564 E31 – 60 818 ab. – alt. 401 m – ✉ 75100 4 D1

Italia Centro-Sud

Roma 461 – Bari 67 – Cosenza 222 – Foggia 178

via De Viti De Marco 9, ✆ 0835 33 19 83, www.aptbasilicata.it

I Sassi★★ – Strada dei Sassi★★ – Duomo★ – Chiese rupestri★ – ★★ sulla città dalla strada delle chiese rupestri Nord-Est : 4 km

Palazzo Gattini

piazza Duomo 13/14 – ✆ 08 35 33 43 58 – www.palazzogattini.it

16 cam – 149/499 € 179/799 € – 4 suites

Rist *Don Matteo* – vedere selezione ristoranti

Nella piazza centrale che da sui Sassi, un nuovo albergo di lusso con piccolo centro benessere: già casa nobiliare, il restauro l'ha riportata all'antico splendore.

Del Campo

via Lucrezio – ✆ 08 35 38 88 44 – www.hoteldelcampo.it
35 cam – 95/110 € 120/150 €
Rist *Le Spighe* – vedere selezione ristoranti
Ricavato dove nel '700 sorgeva una villa, di cui rimangono alcuni resti nel bel giardino, un albergo che coniuga professionalità e personalità ad ottimi livelli. Alcune camere sono più moderne delle altre, ma tutte - comunque - non "tradiscono" la fiducia.

Palace Hotel

piazza Michele Bianco 1 – ✆ 08 35 33 05 98 – www.palacehotel-matera.it
65 cam – 84/120 € 105/150 €
Rist – Carta 26/32 €
Ideale per una clientela di lavoro, questo hotel - in posizione strategica poco distante dal centro storico e vicino alla stazione - dispone di ampie camere dal confort moderno. Ristorante di tono garbato, accogliente con qualche piccolo tocco d'eleganza.

San Domenico al Piano senza rist

via Roma 15 – ✆ 08 35 25 63 09 – www.hotelsandomenico.it
72 cam – 90 € 120 € – 3 suites
Vicino alla frequentata piazza Vittorio Veneto, la risorsa è stata ristrutturata in anni recenti: oggi il confort è aggiornato, le camere moderne.

Locanda di San Martino e Thermae senza rist

via Fiorentini 71 – ✆ 08 35 25 66 00 – www.locandadisanmartino.it
25 cam – 79/102 € 89/129 € – 8 suites
Nel cuore del centro storico, la risorsa dispone di originali camere ricavate all'interno di grotte naturali: stanze sobriamente eleganti, ingegnosamente collegate agli spazi comuni attraverso cunicoli. In un contesto altamente suggestivo e solo apparentemente spartano, trova posto anche un piccolo centro benessere.

Sassi Hotel senza rist

via San Giovanni Vecchio 89 – ✆ 08 35 33 10 09 – www.hotelsassi.it
33 cam – 70 € 110 € – 2 suites
Risorsa ideale per chi vuole scoprire l'attrazione più famosa della città, i Sassi. L'hotel s'inserisce a meraviglia in questo straordinario tessuto urbanistico: i suoi ambienti, infatti, sono stati ricavati da una serie di abitazioni del '700 restaurate rispettandone l'anima sobria.

Le Monacelle senza rist

via Riscatto 9 – ✆ 08 35 34 40 97 – www.lemonacelle.it
12 cam – 65/86 € 86/96 €
A ridosso del Duomo e nei pressi dei Sassi, splendide terrazze fiorite, biblioteca multilingue con circa 2000 volumi e cappella consacrata. Stanze ampie, anche su due livelli e due camerate adibite ad ostello.

Italia senza rist

via Ridola 5 – ✆ 08 35 33 35 61 – www.albergoitalia.com
46 cam – 75/80 € 130/145 € – 1 suite
Nel centro storico, in un palazzo d'epoca ottimamente restaurato ed affacciato sui celebri Sassi, camere confortevoli ed accoglienti. Ristorante-pizzeria con forno a legna.

Le Spighe – Hotel Del Campo

via Lucrezio – ✆ 08 35 38 88 44 – www.hoteldelcampo.it
Rist – *(solo a cena)* Carta 25/47 €
Ristorante elegante, suddiviso in tre salette a tutto vantaggio di un'atmosfera dolcemente intima: sotto caratteristici tetti a volta, tipici delle costruzioni settecentesche della zona, piatti locali accompagnati da un'accurata selezione di vini regionali. (Menu per celiaci, su richiesta).

XX **Don Matteo** – Hotel Palazzo Gattini

via San Potito – ✆ 08 35 33 43 58 – www.ristorantedonmatteo.com

Rist – *(solo a cena)* Menu 50/90 € – Carta 45/166 €

La "bubbola" è un antico strumento per la costruzione di volte rotonde, ed è proprio sotto a questi romantici elementi architettonici che il ristorante intrattiene i suoi ospiti con piatti del Bel Paese e qualche specialità lucana. Per tutte le materie prime utilizzate in cucina, se ne individua la tracciabilità.

X **Trattoria Lucana**

via Lucana 48 – ✆ 08 35 33 61 17 – www.trattorialucana.it – Chiuso 10-20 luglio e domenica escluso in marzo-ottobre

Rist – Carta 25/37 €

Le genuine specialità lucane servite in un ristorante dall'ambiente simpatico e informale. Sia in cucina che in sala domina un'atmosfera allegra e conviviale.

X **Alle Fornaci**

piazza Cesare Firrao 7 – ✆ 08 35 33 50 37 – www.ristorantealleformaci.it – Chiuso 2 settimane in agosto e lunedì

Rist – *(solo a cena)* Carta 23/52 €

Locale in posizione centrale a pochi passi dai Sassi, ambiente curato dove gustare fragranti piatti di mare: il pescato viene comprato giornalmente nei mercati dello Ionio e del Tirreno.

MATTINATA – Foggia (FG) – 564 B30 – 6 523 ab. – alt. 75 m 26 B1

– ✉ 71030 ▮ Puglia

▶ Roma 430 – Foggia 58 – Bari 138 – Monte Sant'Angelo 19

◉ Baia delle Zagare★★

◎ Pugnochiuso★: baia di Campi★ e Cala di San Felice★

Il Porto Ⓝ rist,

via del Mare, strada provinciale 53 al km 1,5 – ✆ 08 84 55 25 11 – www.ilportohotel.it – Aperto 1° aprile-31 ottobre

22 suites – ††130/290 € – 17 cam **Rist** – Carta 28/50 €

In un nuovo complesso turistico-residenziale a circa 500 m dal mare, camere luminose e moderne, ma anche mini appartamenti per soggiorni brevi o lunghi.

sulla strada litoranea Nord-Est : 17 km :

Baia dei Faraglioni rist,

località Baia dei Mergoli ✉ 71030 – ✆ 08 84 55 95 84 – www.baiadeifaraglioni.it – Aperto 1° maggio-30 settembre

72 cam ☕ – †130/380 € ††180/420 € – 3 suites **Rist** – Carta 34/136 €

La posizione di questo hotel offre una piacevole tranquillità, ci si trova a pochi passi dalla spiaggia della baia di Mergoli, con una vista incantevole sui faraglioni. Cene raffinate o meno formali, da gustare al ristorante o in terrazza.

MAULS = Mules

MAZARA DEL VALLO Sicilia – Trapani (TP) – 365 AK58 – 51 492 ab. 29 A2

– ✉ 91026 ▮ Sicilia

▶ Agrigento 116 – Catania 283 – Marsala 22 – Messina 361

◉ Museo del Satiro★★ - Cattedrale: interno★ e Trasfigurazione★ di A. Gagini - Il Porto-Canale★

Kempinski Giardino di Costanza rist,

via Salemi km 7,100 – ✆ 09 23 67 50 00 – www.kempinski.com/sicily – Chiuso gennaio-15 marzo

91 cam ☕ – †240/460 € ††270/530 € – 13 suites **Rist** – Carta 50/85 €

Abbracciato da un immenso parco, un maestoso complesso con ambienti spaziosi e confortevoli in cui dominano l'eleganza, la ricercatezza, la tranquillità e la professionalità. Nella raffinata sala da pranzo arredata con tavoli rotondi impreziositi da floreali centrotavola una fragrante cucina regionale rivisitata.

Mahara rist,

lungomare San Vito 3 – ✆ 09 23 67 38 00 – www.maharahotel.it
81 cam – 69/129 € 89/159 € **Rist** – *(solo a cena)* Carta 65/89 €
Dell'antica vineria appartenuta agli Hobbs, famosa dinastia inglese che insieme ad altri connazionali contribuì alla diffusione del Marsala, vi è rimasto solo qualche sbiadito ricordo: ora è un hotel moderno ed accogliente, piacevolmente frontemare.

MAZZARÒ Sicilia – Messina (ME) – 365 BA56 – Vedere Taormina

MEDUNO – Pordenone (PN) – 562 D20 – 1 701 ab. – alt. 313 m – ✉ 33092 **10 B2**

Roma 633 – Udine 46 – Belluno 76 – Cortina D'Ampezzo 108

La Stella

via Principale 38 – ✆ 0 42 78 61 24 – Chiuso 1°-10 gennaio, 1°-7 settembre, sabato a pranzo, domenica sera e mercoledì
Rist – Carta 30/63 €
Rimane fedele alla tradizione e ai prodotti tipici della zona (soprattutto salumi e formaggi), la cucina di questa piccola trattoria di paese dalla brillante gestione familiare.

MEINA – Novara (NO) – 561 E7 – 2 584 ab. – alt. 214 m – ✉ 28046 **24 B2**

Roma 645 – Stresa 12 – Milano 68 – Novara 44

Villa Paradiso rist,

via Sempione 125 – ✆ 03 22 66 04 88 – www.hotelvillaparadiso.com – Aperto 1° aprile-5 novembre
57 cam – 85/110 € 128/150 € **Rist** – Carta 31/54 €
Grande costruzione fine secolo, in posizione panoramica, avvolta da un parco, in cui è inserita la piscina, dotata anche di spiaggetta privata. Gestione intraprendente. Al ristorante le ricercatezze negli arredi donano all'atmosfera una certa eleganza.

Bel Sit senza rist

via Sempione 76 – ✆ 03 22 66 08 80 – www.bel-sit.it – Aperto 10 marzo-15 novembre
18 cam – 90/120 € 140/160 €
Piccola struttura dagli interni confortevoli e lineari, soprattutto nelle camere moderne. Il retro dell'hotel è tutto proiettato sul lago con attracco per barche e spiaggetta.

MELDOLA – Forlì-Cesena (FC) – 562 J18 – 10 193 ab. – alt. 58 m – ✉ 47014 **9 D2**

Roma 418 – Ravenna 41 – Rimini 64 – Forlì 13

Il Rustichello

via Vittorio Veneto 7 – ✆ 05 43 49 52 11 – www.rustichellofc.altervista.org – Chiuso agosto, lunedì e martedì
Rist – Carta 23/35 €
Appena fuori dal centro, in questa trattoria rivivono i sapori legati alla tradizione gastronomica regionale. Paste e dolci fatti in casa e specialità di carne. Servizio veloce e attento.

MELEGNANO – Milano (MI) – 561 F9 – 17 260 ab. – alt. 88 m – ✉ 20077 **18 B2**

Roma 548 – Milano 17 – Piacenza 51 – Pavia 29

Il Telegrafo

via Zuavi 54 – ✆ 0 29 83 40 02 – www.hoteliltelegrafo.it – Chiuso agosto
34 cam – 64/66 € 88/91 €, 4 € **Rist** – *(chiuso domenica)* Menu 25/40 €
Una volta era un'antica locanda con stazione di posta, oggi rimane un riferimento affidabile, nel centro della cittadina, personalizzata e perfettamente attrezzata. Ristorante semplice, curato, dal clima ruspante.

MELENDUGNO – Lecce (LE) – **564** G37 – **9 838 ab.** – **alt. 36 m** – ✉ **73026** **27** D3

Roma 581 – Brindisi 55 – Gallipoli 51 – Lecce 19

a San Foca **Est : 7 km – ✉ 73026**

Côte d'Est cam, rist,

lungomare Matteotti – ✆ 08 32 88 11 46 – www.hotelcotedest.it

48 cam – **†**60/175 € **††**60/175 € **Rist** – *(solo a cena)* Menu 20 €

Direttamente sul lungomare, un hotel a conduzione familiare rinnovato negli ultimi anni, offre stanze e spazi comuni arredati nelle tonalità del blu con decorazioni marittime.

MELETO – **Arezzo (AR)** – **563** L16 – **Vedere Cavriglia**

MELFI – **Potenza (PZ)** – **564** E28 – **17 554 ab.** – **alt. 530 m** – ✉ **85025** **3** A1

Roma 325 – Bari 132 – Foggia 60 – Potenza 52

Relais la Fattoria

strada statale 658-uscita Melfi Nord – ✆ 0 97 22 47 76 – www.relaislafattoria.it

112 cam – **†**70/87 € **††**90/120 € **Rist** – *(solo a cena)* Carta 21/38 €

Alle porte della città, questa imponente struttura contornata dal verde di ulivi e vigneti, dispone di ampi spazi congressuali ed eleganti camere vagamente country. Ristorante con due sale curate, ora anche pizzeria.

Novecento con cam

contrada Incoronata, Ovest: 1,5 km – ✆ 09 72 23 74 70 – www.novecentomelfi.it – Chiuso domenica sera e lunedì

7 cam – **†**65/70 € **††**85/90 € – 3 suites **Rist** – Carta 21/39 €

Piatti del territorio proposti a voce, nonché golose torte casalinghe, in un accogliente ristorante appena fuori dal centro della cittadina. Graziose camere, recentemente ristrutturate.

La Villa

strada statale 303, verso Rocchetta Sant'Antonio, Nord: 1,5 Km – ✆ 09 72 23 60 08 – Chiuso 23 luglio-7 agosto, domenica sera e lunedì

Rist – Menu 20/30 € – Carta 18/36 €

Ricette locali rispettose dei prodotti del territorio, in un ristorante con orto e produzione propria di uova e farina: ambiente intimo e curato, grazie alle tante attenzioni della famiglia che lo gestisce.

MELITO IRPINO – **Avellino (AV)** – **564** D27 – **1 968 ab.** – **alt. 242 m** – ✉ **83030** **7** C1

Roma 255 – Foggia 70 – Avellino 55 – Benevento 45

Di Pietro

corso Italia 8 – ✆ 08 25 47 20 10 – www.anticatrattoriadipietro.com – Chiuso 10 giorni in settembre e mercoledì

Rist – Menu 20/40 € – Carta 17/42 €

Trattoria con alle spalle una lunga tradizione familiare, giunta ormai alla terza generazione. Pizze e cucina campana, preparata e servita con grande passione.

MELIZZANO – **Benevento (BN)** – **564** D25 – **1 908 ab.** – **alt. 190 m** – ✉ **82030** **6** B1

Roma 203 – Napoli 50 – Avellino 70 – Benevento 35

Country House Giravento

Contrada Nido Laura, via Vicinale Castagneto 7 – ✆ 34 72 70 81 53 – www.giravento.it – Aperto 1° giugno-30 settembre

4 cam – **†**50/60 € **††**90/100 €

Rist – (prenotazione obbligatoria a mezzogiorno) *(solo per alloggiati)* Menu 15/30 €

Piacevolissimo agriturismo a pochi chilometri dal centro paese. A gestirlo sono due signori che dopo essersi occupati per tanto tempo di olivicoltura, e conseguente produzione di olio extra vergine, hanno deciso di aprire la loro bella casa ad ospiti esterni. Poche camere, ma molto accoglienti, ed una piscina panoramica: l'indirizzo giusto per chi vuole "staccare la spina".

MELZO – Milano (MI) – 561 F10 – 18 513 ab. – alt. 118 m – ✉ 20066 19 C2

Roma 578 – Bergamo 34 – Milano 21 – Brescia 69

Visconti senza rist
via Colombo 3/a – ✆ 02 95 73 13 28 – www.hotelviscontimelzo.it – Chiuso vacanze di Natale e 5-20 agosto
40 cam – 55/88 € 80/110 €
Struttura nuovissima e omogenea in tutte le sue parti con servizi, nonché dotazioni completi; la gestione brilla per serietà e competenza.

MENAGGIO – Como (CO) – 561 D9 – 3 273 ab. – alt. 203 m – ✉ 22017 16 A2

Italia Centro-Nord

Roma 661 – Como 35 – Lugano 28 – Milano 83

per Varenna – Navigazione Lago di Como, ✆ call center 800 551 801

piazza Garibaldi 8, ✆ 0344 3 29 24, www.menaggio.com

Menaggio & Cadenabbia via Golf 12, 0344 32103, www.golfclubmenaggio.it – marzo-novembre

Località★★

Grand Hotel Menaggio
via 4 Novembre 77 – ✆ 0 34 43 06 40 – www.grandhotelmenaggio.com – Aperto 1° marzo-31 ottobre
94 cam – 170 € 200/320 € – 1 suite **Rist** – Carta 54/84 €
Prestigioso hotel affacciato direttamente sul lago, presenta ambienti di grande signorilità ed eleganza e una terrazza con piscina dalla meravigliosa vista panoramica. Le emozioni di un pasto consumato in compagnia della bellezza del lago.

Grand Hotel Victoria
lungolago Castelli 9/13 – ✆ 0 34 43 20 03 – www.grandhotelvictoria.it
49 cam – 80/150 € 120/280 € – 6 suites
Rist *Le Tout Paris* – Menu 35/60 € – Carta 40/62 €
Grand hotel in stile liberty, capace di regalare sogni e suggestioni di un passato desiderabile. Nelle zone comuni abbondanza di stucchi, specchi e decorazioni. Il ristorante si apre sul giardino antico e curato dell'hotel.

Du Lac senza rist
via Mazzini 27 – ✆ 0 34 43 52 81 – www.hoteldulacmenaggio.it
10 cam – 90 € 128 €, 10 €
Casa centralissima e a bordo lago, completamente ristrutturata ed adibita ad hotel dai giovani proprietari. Al piano terra il bar, sopra le camere nuove ed accoglienti.

a Nobiallo Nord : 1,5 km – ✉ 22017 Menaggio

Garden senza rist
via Diaz 30 – ✆ 0 34 43 16 16 – www.hotelgarden-menaggio.com – Aperto Pasqua-31 ottobre
13 cam – 60/88 € 80/98 €
Una dozzina di camere affacciate sul lago, così come sul bel giardino. Una villa ben tenuta, con esterni di un rosa leggero, e spazi interni sobri e confortevoli.

a Loveno Nord-Ovest : 2 km – alt. 320 m – ✉ 22017 Menaggio

Royal
largo Vittorio Veneto 1 – ✆ 0 34 43 14 44 – www.royalcolombo.com – Aperto 25 marzo-31 ottobre
18 cam – 84/104 € 108/145 €
Rist *Chez Mario* – Carta 24/54 €
Nel verde di un curato giardino con piscina, in posizione tranquilla e soleggiata, un hotel in grado di offrire soggiorni rilassanti in una cornice familiare, ma signorile. Al ristorante ambiente distinto, arredi disposti per offrire calore e intimità.

MENFI Sicilia – Agrigento (AG) – 365 AM58 – 12 812 ab. – alt. 119 m – ✉ 92013 29 B2

Agrigento 79 – Palermo 122 – Trapani 100

in prossimità del bivio per Porto Palo **Sud-Ovest : 4 km :**

Il Vigneto Resort cam, cam, VISA AE

contrada Gurra di Mare – ☎ 0 92 51 95 51 91 – www.ristoranteilvigneto.com
17 cam – **†50/80 € ††80/110 €**
Rist *Il Vigneto* – *(chiuso lunedì escluso giugno-agosto) (solo a pranzo escluso venerdì e sabato dal 15 settembre al 15 giugno)* Carta 30/50 €
Nell'ampia sala di questo grazioso edificio rustico in aperta campagna oppure all'aperto, sotto un pergolato in legno, una saporita e abbondante cucina che si ispira soprattutto al mare.

MERANO (MERAN) – Bolzano (BZ) – 562 C15 – 38 229 ab. – alt. 325 m 33 B2

– Sport invernali : a Merano 2000 B : 1 600/2 300 m 2 5, – Stazione termale – ✉ 39012 Italia Centro-Nord

Roma 665 – Bolzano 28 – Brennero 73 – Innsbruck 113

corso della Libertà 45, ☎ 0473 27 20 00, www.comune.merano.bz.it

Lana Gustshof Brandis via Brandis 13, 0473 564696, www.golfclublana.it – chiuso dal 15 dicembre al 15 febbraio

Passiria Merano Kellerlahne 3, 0473 641488, www.golfclubpassiria.com – marzo-novembre

Passeggiate d'Inverno e d'Estate★★ D **24** – Passeggiata Tappeiner★★ CD – Volte gotiche★ e polittici★ nel Duomo D – Via Portici★ CD – Castello Principesco★ C **C** – Giardini di Castel Trauttmansdorff★★ 3 km dal centro, a piedi lungo il sentiero di Sissi o in auto direzione Schenna/Scena - Merano 2000★ accesso per funivia, Est : 3 km B – Tirolo★ Nord : 4 km A

Avelengo★ Sud-Est : 10 km per via Val di Nova B – Val Passiria★ B

Piante pagine 640, 641

MERANO

Cassa di Risparmio . . . . . C 2
Christomannos . . . . . D 5
Corse (V. delle) . . . . . C 6
Duomo (Pza delle) . . . . . D 8
Grabmayr (V.) . . . . . D 9
Grano (Pza del) . . . . . C 10
Haller (V.) . . . . . D 13
Libertà (Cso della) . . . . . CD
Marlengo (V.) . . . . . C 15
Ortenstein (V.) . . . . . D 19
Passeggiata d'Estate . . . . . D 21
Passeggiata d'Inverno . . . . . D 24
Passeggiata Gilf . . . . . D 23
Passeggiata Lungo Passirio . . . . . C 25
Portici (V.) . . . . . CD
Rena (Pza della) . . . . . D 28
Rezia (V.) . . . . . C 30
Scena (V.) . . . . . D 35

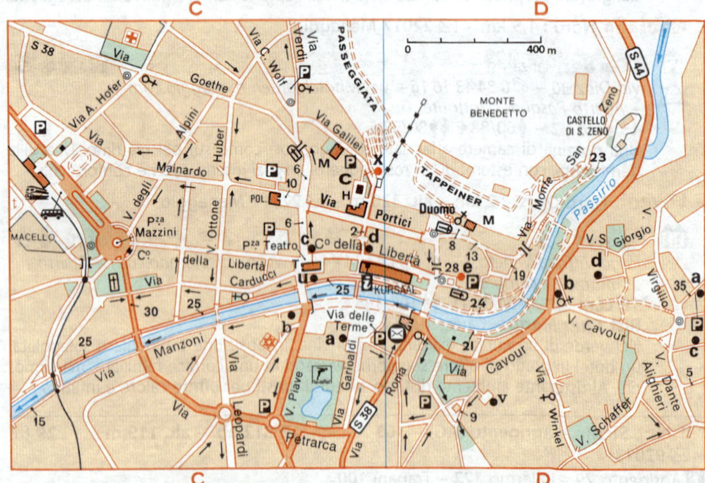

MERANO

Castel Gatto (V.) . . . . B 3
Christomannos . . . . B 5
Dante Alighieri (V.). . . . . B 7
Grabmayr (V.). . . . . B 9
IV Novembre (V.). . . . . A 41
Marlengo (Ponte di) . . . . A 14
Mayr-Nusser (V. Josef). . . . . B 16
Monte Benedetto (V.) . . . . B 17
Monte S. Zeno (V.) . . . . B 18
Parrocchia (V. della). . . . . B 20
Piave (V.) . . . . B 27
S. Caterina (V.). . . . . B 31
S. Maria del Conforto (V.) . . . . B 32
S. Valentino (V.). . . . . B 34
Val di Nova (V.). . . . . B 38
Virgilio (V.). . . . . B 39

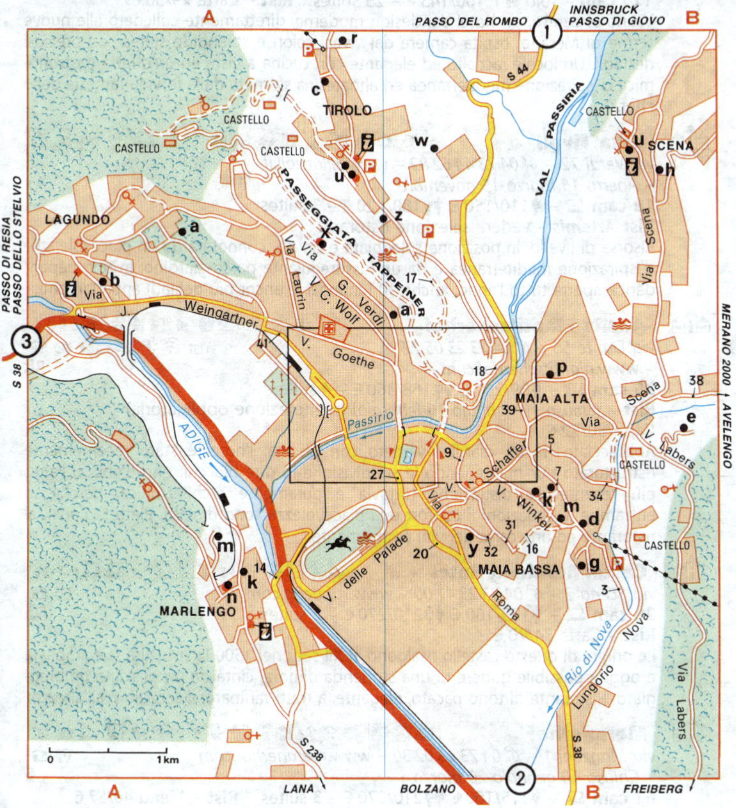

Meister's Hotel Irma

via Belvedere 17 – ☎ 04 73 21 20 00 cam, rist,
– www.hotel-irma.com – Aperto 16 marzo-14 novembre **Bp**

50 cam ☕ – 🚹132/232 € 🚹🚹232/320 € – 19 suites

Rist – *(solo per alloggiati)* Carta 31/67 €

Meraviglioso centro benessere, spaziosa zona comune con una bella sala lettura e camere rinnovate...L'esterno non è da meno: delizioso parco-giardino ed incantevole laghetto artificiale. Gli atout per una vacanza da sogno ci sono tutti!

Park Hotel Mignon

cam,
via Grabmayr 5 – ☎ 04 73 23 03 53 rist,
– www.hotelmignon.com – Aperto 15 marzo-15 novembre **Dv**

50 cam ☕ – 🚹189/260 € 🚹🚹320/390 € – 13 suites

Rist – Carta 50/88 €

Splendida cura nelle parti comuni di questo hotel che si presenta come un indirizzo affidabile per indimenticabili vacanze. Grazioso parco-giardino con piscina riscaldata ed attrezzato centro benessere.

Therme Meran

piazza delle Terme 1 – ✆ 04 73 25 90 00 – www.hoteltermemerano.it Ca

114 cam – solo ½ P 100/145 € – 25 suites **Rist** – Carta 29/50 €

Vicino al centro, un hotel dal design moderno, direttamente collegato alle nuove terme di Merano, ospita camere dai vivaci colori e splendide suites con preziosi dettagli. Un locale raccolto ed elegante con cucina a vista ed un'offerta gastronomica d'ispirazione mediterranea ed altoatesina sfornata dalla fervida fantasia dello chef.

Villa Tivoli

via Verdi 72 – ✆ 04 73 44 62 82 – www.villativoli.it – Aperto 15 marzo-15 novembre Ax

18 cam – 110/150 € 180/220 € – 3 suites

Rist *Artemis* – vedere selezione ristoranti

Risorsa di livello, in posizione soleggiata e isolata, connotata da un piacevole stile d'ispirazione mediterranea e da un lussureggiante parco-giardino. In una dépendance aperta tutto l'anno, anche 10 luminosi (e ancor più defilati) appartamenti.

Ansitz Plantitscherhof

via Dante 56 – ✆ 04 73 23 05 77 – www.plantitscherhof.com rist, Bk

35 cam – 89/250 € 168/360 € – 4 suites

Rist – *(chiuso 10 gennaio-10 febbraio)* (prenotazione obbligatoria) Carta 30/72 €

Abbracciato da un giardino-vigneto con piscina, l'hotel è stato recentemente ristrutturato pur mantenendo la suddivisione in due blocchi: uno d'epoca, l'altro più recente. La distinzione tuttavia è puramente architettonica, perché in entrambe le situazioni il confort e la piacevolezza sono di casa. Piatti regionali al ristorante ed una carta dei vini emozionante.

Castel Rundegg Hotel

rist,

via Scena 2 – ✆ 04 73 23 41 00 – www.rundegg.com Da

28 cam – 125/160 € 210/270 € – 2 suites

Rist – Carta 34/70 €

Le origini di questo castello risalgono al XII sec., nel 1500 la struttura si è ampliata e oggi è possibile godere di una stupenda dimora, cinta da un giardino ombreggiato. Ristorante di tono pacato, elegante, a tratti raffinato; il servizio è all'altezza.

Meranerhof

rist,

via Manzoni 1 – ✆ 04 73 23 02 30 – www.meranerhof.com – Chiuso 10 gennaio-20 marzo Cb

61 cam – 115/160 € 210/270 € – 3 suites **Rist** – Menu 40/57 €

All'interno di un edificio in stile liberty, la posizione centrale e la qualità dei servizi fanno sì che questo albergo sia eletto da una clientela d'affari, così come da turisti alla scoperta delle bellezze meranesi. Vital center completo e giardino con piscina riscaldata.

Bavaria

rist,

via salita alla Chiesa 15 – ✆ 04 73 23 63 75 – www.bavaria.it – Aperto 1° marzo-30 novembre Db

50 cam – 94/137 € 200/278 € **Rist** – *(solo per alloggiati)* Carta 27/54 €

Hotel ospitato da un caratteristico edificio, dall'architettura tipica. Un bel giardino con palme avvolge le facciate azzurre, i balconi fioriti e le camere classiche.

Pienzenau am Schlosspark

rist, cam, rist,

via Pienzenau 1 – ✆ 04 73 23 40 30 – www.hotelpienzenau.com – Aperto 1° aprile-4 novembre Bd

25 cam – 145/155 € 210/275 € – 5 suites

Rist – *(solo a cena) (solo per alloggiati)* Carta 38/71 €

Una romantica Landhaus, nonché un omaggio permanente alla rosa: dal colore dell'edificio al vero e proprio roseto, è tutto un susseguirsi di richiami al raffinato fiore. Deliziosa Spa, camere come bomboniere e due piscine (una all'aperto con acqua di torrente riscaldata, l'altra coperta e con diversi getti d'acqua).

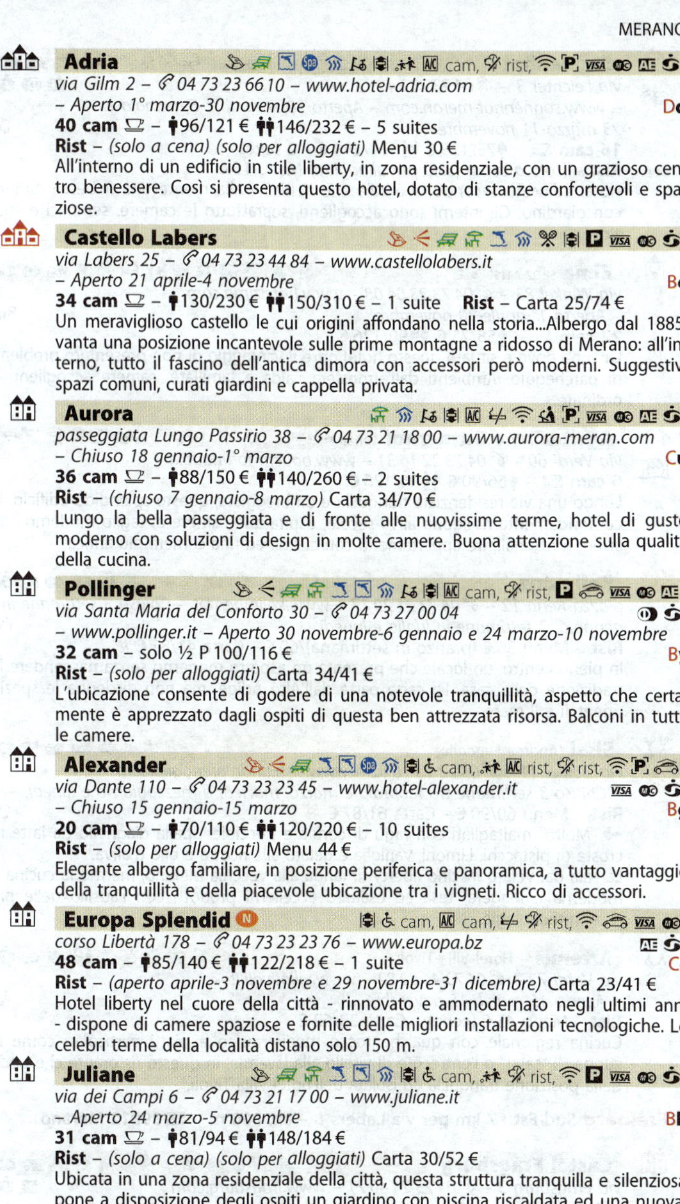

Adria
via Gilm 2 – ✆ 04 73 23 66 10 – www.hotel-adria.com
– Aperto 1° marzo-30 novembre **Dd**
40 cam – 96/121 € 146/232 € – 5 suites
Rist – *(solo a cena) (solo per alloggiati)* Menu 30 €
All'interno di un edificio in stile liberty, in zona residenziale, con un grazioso centro benessere. Così si presenta questo hotel, dotato di stanze confortevoli e spaziose.

Castello Labers
via Labers 25 – ✆ 04 73 23 44 84 – www.castellolabers.it
– Aperto 21 aprile-4 novembre **Be**
34 cam – 130/230 € 150/310 € – 1 suite **Rist** – Carta 25/74 €
Un meraviglioso castello le cui origini affondano nella storia...Albergo dal 1885, vanta una posizione incantevole sulle prime montagne a ridosso di Merano: all'interno, tutto il fascino dell'antica dimora con accessori però moderni. Suggestivi spazi comuni, curati giardini e cappella privata.

Aurora
passeggiata Lungo Passirio 38 – ✆ 04 73 21 18 00 – www.aurora-meran.com
– Chiuso 18 gennaio-1° marzo **Cu**
36 cam – 88/150 € 140/260 € – 2 suites
Rist – *(chiuso 7 gennaio-8 marzo)* Carta 34/70 €
Lungo la bella passeggiata e di fronte alle nuovissime terme, hotel di gusto moderno con soluzioni di design in molte camere. Buona attenzione sulla qualità della cucina.

Pollinger
via Santa Maria del Conforto 30 – ✆ 04 73 27 00 04
– www.pollinger.it – Aperto 30 novembre-6 gennaio e 24 marzo-10 novembre **By**
32 cam – solo ½ P 100/116 €
Rist – *(solo per alloggiati)* Carta 34/41 €
L'ubicazione consente di godere di una notevole tranquillità, aspetto che certamente è apprezzato dagli ospiti di questa ben attrezzata risorsa. Balconi in tutte le camere.

Alexander
via Dante 110 – ✆ 04 73 23 23 45 – www.hotel-alexander.it
– Chiuso 15 gennaio-15 marzo **Bg**
20 cam – 70/110 € 120/220 € – 10 suites
Rist – *(solo per alloggiati)* Menu 44 €
Elegante albergo familiare, in posizione periferica e panoramica, a tutto vantaggio della tranquillità e della piacevole ubicazione tra i vigneti. Ricco di accessori.

Europa Splendid (N)
corso Libertà 178 – ✆ 04 73 23 23 76 – www.europa.bz
48 cam – 85/140 € 122/218 € – 1 suite **Cc**
Rist – *(aperto aprile-3 novembre e 29 novembre-31 dicembre)* Carta 23/41 €
Hotel liberty nel cuore della città - rinnovato e ammodernato negli ultimi anni - dispone di camere spaziose e fornite delle migliori installazioni tecnologiche. Le celebri terme della località distano solo 150 m.

Juliane
via dei Campi 6 – ✆ 04 73 21 17 00 – www.juliane.it
– Aperto 24 marzo-5 novembre **Bk**
31 cam – 81/94 € 148/184 €
Rist – *(solo a cena) (solo per alloggiati)* Carta 30/52 €
Ubicata in una zona residenziale della città, questa struttura tranquilla e silenziosa pone a disposizione degli ospiti un giardino con piscina riscaldata ed una nuova, fiammante, area benessere.

Imperial Art senza rist
corso della Libertà 110 – ✆ 04 73 23 71 72 – www.imperialart.it **Cd**
12 cam – 120/220 € 218/350 €
Una modernissima risorsa in pieno centro: piccola è la hall, più spazio è dedicato invece all'omonimo bar adiacente, assai frequentato e dove si serve la prima colazione. Ai piani, le camere impreziosite dal lavoro di artisti contemporanei.

Sonnenhof cam, rist,

via Leichter 3 – 04 73 23 34 18 – www.sonnenhof-meran.com – Aperto 30 novembre-6 gennaio e 23 marzo-11 novembre **Dc**

16 cam – 75/125 € 130/240 € – 2 suites

Rist – *(solo a cena) (solo per alloggiati)* Menu 15 €

Hotel edificato secondo uno stile che richiama alla mente una fiabesca dimora con giardino. Gli interni sono accoglienti, soprattutto le camere, semplici e spaziose.

Zima senza rist

via Winkel 83 – 04 73 23 04 08 – www.hotelzima.com – Aperto 1° aprile-30 novembre **Bm**

22 cam – 58/75 € 90/126 €

La zona dove è situato questo hotel offre il vantaggio di non presentare problemi di parcheggio. Ambienti dall'atmosfera calda e familiare, camere accoglienti e ordinate.

Agriturismo Sittnerhof senza rist

via Verdi 60 – 04 73 22 16 31 – www.bauernhofurlaub.it **Ba**

6 cam – 66/90 € 96/126 €

Lungo una via residenziale tranquilla e ombreggiata, questo splendido edificio, le cui fondamenta risalgono all'XI secolo, ospita due camere di taglio moderno con arredi funzionali, tre appartamenti con cucina ed una camera più antica.

Kallmünz

piazza Rena 12 – 04 73 21 29 17 – www.kallmuenz.it – Chiuso 3 settimane in gennaio, 2 settimane in luglio e lunedì **De**

Rist – Menu 36 € (pranzo in settimana)/60 € – Carta 41/81 €

In pieno centro, un locale che presenta un aspetto moderno senza nascondere la tradizione della casa. La carta parte dall'Alto Adige, ma non disdegna le spezie orientali e il mare.

Sissi (Andrea Fenoglio)

via Galilei 44 – 04 73 23 10 62 – www.sissi.andreafenoglio.com – Chiuso 3 settimane tra febbraio e marzo, martedì a mezzogiorno e lunedì

Rist – Menu 60/90 € – Carta 61/87 € **Cx**

→ "Molto" maltagliati con ragù di cortile e nocciole. Spalla d'agnello da latte in crosta di pistacchi. Limoni, vaniglia e gelato alla ricotta e olio d'oliva.

La sala dal velato fascino liberty rimanda alla vecchia Merano, mentre la cucina è moderna e leggera, tesa ad esaltare eccellenti prodotti con l'ausilio delle più recenti tecnologie.

Artemis – Hotel Villa Tivoli

via Verdi 72 – 04 73 44 62 82 – www.villativoli.it – Aperto 15 marzo-15 novembre **Ax**

Rist – Menu 45 € (cena) – Carta 33/62 €

Cucina regionale con qualche tocco mediterraneo e piatti particolari come la zuppa di "sassi" o l'entrecôte di vitello alla lavanda, in questo ristorante che gode della posizione tranquilla ed isolata dell'hotel Villa Tivoli.

a Freiberg Sud-Est : 7 km per via Labers B – alt. 800 m – ✉ 39012 Merano

Castel Fragsburg cam,

via Fragsburg 3 – 04 73 24 40 71 – www.fragsburg.com – Aperto 28 marzo-10 novembre

12 suites – 150/200 € 300/400 € – 8 cam

Rist *Castel Fragsburg* – vedere selezione ristoranti

Rist – *(chiuso martedì) (solo a pranzo)* Carta 25/45 €

Il fascino di una dimora storica, divenuta un caldo e confortevole rifugio, dove un'eleganza semplice e discreta è la compagna fedele di ogni soggiorno. Vista eccezionale e - solo a pranzo - menu con cucina regionale, nonché il meglio dei prodotti locali.

Castel Fragsburg – Hotel Castel Fragsburg
via Fragsburg 3 – ✆ 04 73 24 40 71 – www.fragsburg.com
– Aperto 27 marzo-10 novembre; chiuso lunedì
Rist – *(solo a cena)* Menu 55/150 € – Carta 58/130 €
➜ Raviolo ripieno di zucca. Cervo con contorno dal nostro giardino. Variazione di mele altoatesine.
Un'eccellente tappa *gourmet*: ricette altoatesine, ma non mancano riferimenti alla cucina mediterranea e moderne personalizzazioni da parte dello chef. Il pane e la pasticceria sono fatti in casa, le carni sono biologiche, mentre le erbe aromatiche coltivate al castello. Ottima, la selezione di formaggi.

MERCATALE – Firenze (FI) – 563 L15 – Vedere San Casciano in Val di Pesa

MERCATO SAN SEVERINO – Salerno (SA) – 564 E26 – 21 814 ab. 6 B2
– alt. 146 m – ✉ 84085
Roma 256 – Napoli 61 – Salerno 17 – Avellino 27

Casa del Nonno 13 (Raffaele Vitale)
Via Caracciolo 13, località Sant. Eustachio – ✆ 0 89 89 43 99
– www.casadelnonno13.com – Chiuso 2 settimane in agosto, domenica sera e martedì
Rist – Menu 25 € (pranzo in settimana)/50 € – Carta 36/58 €
Rist *La Salumeria* – Menu 25/35 €
➜ Linguine con triglie, pomodorini del piennolo e limone sfusato d'Amalfi. Maialino nero casertano con mela annurca e purea di patate. Coni di sfogliatella ripieni di ricotta di bufala mantecata su salsa al cioccolato e pera.
Originale atmosfera in una cantina ristrutturata dal *patron*-architetto, dove rustico ed elegante convivono in armonia. In tavola è la semplicità che regna sovrana: pomodoro San Marzano, mozzarella e carne - rigorosamente - italiana!

MERCENASCO – Torino (TO) – 561 F5 – 1 279 ab. – alt. 249 m 22 B2
– ✉ 10010
Roma 680 – Torino 40 – Aosta 82 – Milano 119

Darmagi
via Rivera 7 – ✆ 01 25 71 00 94 – www.ristorantedarmagi.it
– Chiuso 15 giugno-2 luglio, 16-31 agosto, lunedì e martedì
Rist – Carta 31/53 €
Villetta in posizione defilata caratterizzata da una calda atmosfera familiare, soprattutto nella bella sala con camino. La cucina è ricca di proposte della tradizione.

MERCOGLIANO – Avellino (AV) – 564 E26 – 12 471 ab. – alt. 550 m 6 B2
– ✉ 83013
Roma 242 – Napoli 55 – Avellino 6 – Benevento 31

in prossimità casello autostrada A16 Avellino Ovest Sud : 3 km :

Grand Hotel Irpinia
via Nazionale ✉ 83013 – ✆ 08 25 68 36 72
– www.grandhotelirpinia.it
66 cam – †40/60 € ††80/120 € – 5 suites
Rist *Chez-Lù* – Carta 21/56 €
Immerso in un giardino che custodisce una piscina circondata da statue, l'hotel è facilmente raggiungibile ed offre un servizio efficiente ed ambienti spaziosi e confortevoli. Le eleganti ed ampie sale ristorante ben si prestano per allestire ricevimenti e celebrare importanti ricorrenze.

MERCURAGO – Novara (NO) – Vedere Arona

MERGOZZO – Verbano-Cusio-Ossola (VB) – 561 E7 – 2 167 ab. 24 A1
– alt. 204 m – ✉ 28802 Italia Centro-Nord
Roma 673 – Stresa 13 – Domodossola 20 – Locarno 52
corso Roma 20, ✆ 0323 80 09 35, www.mergozzo.it

Due Palme e Residenza Bettina rist,
via Pallanza 1 – 0 32 38 01 12 – www.hotelduepalme.it
– Aperto 10 marzo-31 ottobre
50 cam – 60/85 € 100/130 € **Rist** – Carta 33/58 €
In un'oasi di tranquillità, sulle rive del lago di Mergozzo ma a pochi passi dal centro, l'elegante residenza d'epoca trasformata in hotel, offre camere di taglio classico. Belle e luminose le sale ristorante, caratteristiche nel loro stile leggeremente retrò, dove gustare la tradizionale cucina del territorio.

La Quartina con cam rist,
via Pallanza 20 – 0 32 38 01 18 – www.laquartina.com
– Chiuso gennaio e febbraio
10 cam – 70/95 € 95/115 €, 12 € – 5 suites
Rist – *(chiuso martedì escluso la sera in estate)* Menu 40/65 € – Carta 39/73 €
Alle porte della località, un piacevole locale affacciato sul lago con una luminosa sala ed un'ampia terrazza dove assaporare la cucina del territorio e specialità lacustri. Camere semplici, accoglienti e sempre curate.

MERONE – Como (CO) – **561** E9 – **4 124 ab. – alt. 284 m** – 22046 **18** B1
Roma 611 – Como 18 – Bellagio 32 – Bergamo 47

Il Corazziere
via Mazzini 4 e 7 – 0 31 61 71 81 – www.corazziere.it
73 cam – 85/100 € 130/160 €
Rist ***Il Corazziere*** – vedere selezione ristoranti
Camere accoglienti, nonché buon confort generale, in una struttura moderna e signorile ubicata in riva al fiume Lambro.

Il Corazziere – Hotel Il Corazziere
Via C. Battisti, 17 – 0 31 65 01 41 – www.corazziere.it – Chiuso 2-24 agosto e martedì
Rist – Carta 29/60 €
Spazi per tutte le esigenze - dal piccolo privé al salone per banchetti - dove gustare la classica cucina italiana e qualche proposta di pesce.

MESAGNE – Brindisi (BR) – **564** F35 – **27 860 ab. – alt. 72 m** – 72023 **27** D2
Puglia
Roma 574 – Brindisi 15 – Bari 125 – Lecce 42

Castello senza rist
piazza Vittorio Emanuele II 2 – 08 31 77 75 00
– www.hotelcastellomesagne.com
11 cam – 50/65 € 80/95 €
Al primo piano di un edificio del Quattrocento sito sulla piazza principale, una piccola risorsa con soffitti a volta e dagli arredi semplici e lineari.

MESCO – La Spezia (SP) – **561** J10 – **Vedere Levanto**

MESE – Sondrio (SO) – **Vedere Chiavenna**

MESIANO – Vibo Valentia (VV) – **564** L30 – **Vedere Filandari**

MESSADIO – Asti (AT) – **561** H6 – **Vedere Montegrosso d'Asti**

MESSINA Sicilia P (ME) – **365** BC54 – **242 503 ab.** Sicilia **30** D1
Catania 97 – Palermo 235
Villa San Giovanni – Stazione Ferrovie Stato, piazza Repubblica 1 98122 090 671700 – e Società Caronte, 090 5726504, call center 800 627 414
piazza Cairoli 45, 090 2 93 52 92, www.culturasicilia.it/
Museo Regionale★ BY: Adorazione dei pastori★★ e Resurrezione di Lazzaro★★ del Caravaggio – Duomo: portale★ e Manta d'oro★ (opera di I. Mangani) - Orologio astronomico★ sul campanile BY

MESSINA
Antonello (Pza) BY 2
Cairoli (Pza) BZ 3
Castronovo (Pza) BY 4
Concezione (V.) BY 5
Consolato del Mare (V.) BY 6
Duomo (Pza del) BY 8
Lo Sardo (Pza) AZ 13
Martino (V. A.) AZ 15
Maurolico (Pza Francesco) AZ 16
Minutoli (Largo Giacomo) BY 17
Mons. D'Arrigo (V.) BY 18
Rizzo (V. Luigi) BZ 21
S. Agostino (V.) AY 23
S. Francesco da Paola (Largo) BY 24
S. Martino (Viale) ABZ
PALERMO
TORRE FARO MORTELLE
MUSEO REGIONALE
S 113
S 113 d
Elena
Vle Regina
Giostra
Via Canova
Palermo
Vle Regina Margherita
V. Pola
Libertà
Garibaldi
Boner
FIERA
Viale della
Pza Casa Pia
Pza Juvara
Piazza S. Vincenzo
Corso
Piazza Unità d'Italia
A 20
MESSINA BOCCETTA-PORTO
Vle Principe Umberto
Vle Boccetta
Cavour
Emanuele II
Vittorio
REGGIO DI CALABRIA VILLA S. GIOVANNI
PORTO
XXIV Maggio
DUOMO
Annunziata dei Catalani
Via Tommaso Cannizzaro
Viale Italia
Piazza Masuccio
Battisti
Cesare
Via I Settembre
STAZIONE MARITTIMA
Via Calabria
Cannizzaro
Pza Roma
A20 PALERMO
A18 TAORMINA, CATANIA
Vle Italia
Via Santa Marta
Via A. Martino
Via S.
Maddalena
Farina
Bassi
Via Santa
Martino
Viale Europa
Pza Zaera
San
Ugo
La
Cecilia
Catania
MARE IONIO
CIMITERO MONUMENTALE
S 114
CATANIA
0
400 m

NH Liberty senza rist
via 1° Settembre 15 ✉ 98122 – ✆ 09 06 40 94 36 – www.nh-hotels.com
51 cam ☕ – †85/95 € ††95/105 € BZb
Vicino alla stazione ferroviaria, albergo in stile liberty nei cui interni la moderna funzionalità ben si sposa con decorazioni e arredi primo '900. Anche le camere - recentemente rinnovate - propongono la stessa raffinatezza degli spazi comuni.

Piero
via Ghibellina 119 ✉ 98123 – ✆ 09 06 40 93 54 – Chiuso 2 settimane in agosto e lunedì AZs
Rist – Carta 36/49 €
Dal 1962 l'omonimo titolare gestisce questo ristorante classico ed elegante, recentemente rinnovato; specialità marinare, ma non mancano insalatone e piatti di carne.

La Durlindana
via Nicola Fabrizi 143/145 ✉ 98123 – ✆ 09 06 41 31 56 – www.ladurlindana.com – Chiuso 2 settimane in agosto AZa
Rist – Carta 22/51 €
Alle spalle del tribunale, un ristorante di recente realizzazione: cucina a vista, nonché ambienti originali valorizzati da un curato cortile interno con veranda e dehors. Piatti e vini a carattere regionale.

a Ganzirri per viale della Libertà N : 9 km BY – ✉ 98165

La Sirena Ⓝ
via Lago Grande 96 – ✆ 0 90 39 12 68 – Chiuso mercoledì
Rist – (consigliata la prenotazione) Carta 25/36 €
Sul lago di Ganzirri, una trattoria che propone solo pesce locale, dagli involtini di spada, di aguglia reale o di spatola alle vongole veraci: preparazioni schiette e semplici, ma di grande gusto per il palato.

MESTRE – Venezia (VE) – 562 F18 Mestre 40 C2

Roma 522 – Venezia 9 – Milano 259 – Padova 32
Marco Polo di Tessera, per ③: 8 km ✆ 041 2609240
corso del Popolo 65, ✆ 041 5 29 87 11, www.turismovenezia.it/
Cá della Nave piazza della Vittoria 14, 041 5401555, www.cadellanave.com – chiuso martedì

NH Laguna Palace
viale Ancona 2 ✉ 30172 – ✆ 04 18 29 69 11 – www.nh-hotels.com
376 cam ☕ – †95/230 € ††120/255 € **Rist** – Carta 44/54 € BYa
Risorsa avveniristica, impressionante per gli spazi nei quali sono stati utilizzati forme e materiali innovativi, si compone di due imponenti strutture precedute da una grande fontana con giochi d'acqua. Anche le camere non lesinano sui metri quadrati. Cucina mediterranea nell'elegante Laguna Restaurant.

Plaza
viale Stazione 36 ✉ 30171 – ✆ 0 41 92 93 88 – www.hotelplazavenice.com
201 cam ☕ – †79/195 € ††99/350 € AYf
Rist *Soul Kitchen Cafè* – ✆ 04 12 52 60 90 – Carta 30/50 €
Di fronte alla stazione ferroviaria, grande albergo di respiro internazionale, ideale tanto per una clientela business quanto leisure. Ambienti signorili e camere di differenti tipologie: la maggior parte rinnovate. Cocktail e cucina mediterranea nell'informale *Soul Kitchen Cafè*.

Bologna
via Piave 214 ✉ 30171 – ✆ 0 41 93 10 00 – www.hotelbologna.com
109 cam ☕ – †105/265 € ††165/370 € AYe
Rist *Da Tura* – vedere selezione ristoranti
Davanti la stazione ferroviaria, cent'anni di attività e nemmeno una ruga! Rinnovato in tempi recenti, l'hotel dispone di camere di taglio moderno corredate di ogni confort tecnologico.

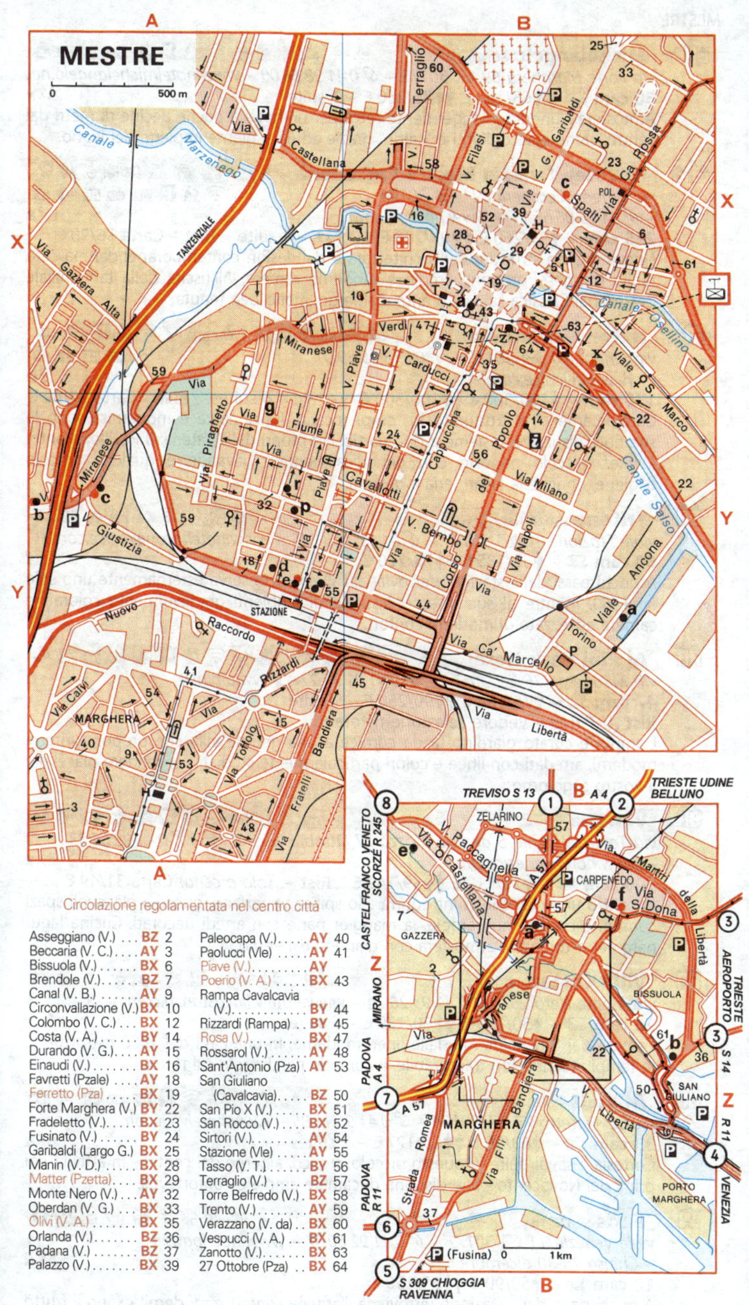

Circolazione regolamentata nel centro città

Asseggiano (V.)	BZ	2	Paleocapa (V.)	AY	40
Beccaria (V. C.)	AY	3	Paolucci (Vle)	AY	41
Bissuola (V.)	BX	6	Piave (V.)	AY	
Brendole (V.)	BZ	7	Poerio (V. A.)	BX	43
Canal (V. B.)	AY	9	Rampa Cavalcavia (V.)	BY	44
Circonvallazione (V.)	BX	10	Rizzardi (Rampa)	BY	45
Colombo (V. C.)	BX	12	Rosa (V.)	BX	47
Costa (V. A.)	BY	14	Rossarol (V.)	AY	48
Durando (V. G.)	AY	15	Sant'Antonio (Pza)	AY	53
Einaudi (V.)	BX	16	San Giuliano (Cavalcavia)	BZ	50
Favretti (Pzale)	AY	18	San Pio X (V.)	BX	51
Ferretto (Pza)	BX	19	San Rocco (V.)	BX	52
Forte Marghera (V.)	BY	22	Sirtori (V.)	AY	54
Fradeletto (V.)	BX	23	Stazione (Vle)	AY	55
Fusinato (V.)	BY	24	Tasso (V. T.)	BY	56
Garibaldi (Largo G.)	BX	25	Terraglio (V.)	BZ	57
Manin (V. D.)	BX	28	Torre Belfredo (V.)	BX	58
Matter (Pzetta)	BX	29	Trento (V.)	AY	59
Monte Nero (V.)	AY	32	Verazzano (V. da)	BX	60
Oberdan (V. G.)	BX	33	Vespucci (V. A.)	BX	61
Olivi (V. A.)	BX	35	Zanotto (V.)	BX	63
Orlanda (V.)	BZ	36	27 Ottobre (Pza)	BX	64
Padana (V.)	BZ	37			
Palazzo (V.)	BX	39			

Michelangelo senza rist
via Forte Marghera 69 ✉ 30173 – ☎ 0 41 98 66 00 – www.hotelmichelangelo.net
50 cam ☕ – †63/180 € ††83/250 € – 1 suite BX**x**
Atmosfera signorile e leggermente retrò per un hotel a poche decine di metri dal centro: camere accoglienti e "calde" grazie ad un sapiente impiego del legno.

Novotel Venezia Mestre Castellana rist,
via Alfredo Ceccherini 21 ✉ 30174 – ☎ 04 15 06 65 11 – www.novotel.com BZ**a**
215 cam – †91/260 € ††91/260 €, ☕ 14 € – 1 suite **Rist** – Carta 36/90 €
Nuova grande struttura dall'architettura e dal design contemporanei dal marcato taglio business, propone ampie e moderne camere. All'uscita della tangenziale Castellana. Classica sala ristorante d'albergo, molto ben tenuta.

Hilton Garden Inn cam, cam,
via Orlanda 1 ✉ 30175 – ☎ 04 15 45 59 01 – www.hgivenice.com BZ**b**
130 cam – †100/300 € ††100/300 €, ☕ 13 € – 6 suites **Rist** – Carta 37/64 €
Completamente ristrutturato in tempi recenti, funzionalità e modernità sono le sue note distintive, insieme a due particolari propri della catena: il Pavillon Pantry Market, piccolo negozio con generi alimentari, bevande e qualche articolo d'igiene, nonché la lavanderia a gettoni.

Tritone senza rist
viale Stazione 16 ✉ 30171 – ☎ 04 15 38 31 25 – www.hoteltritonevenice.com
60 cam ☕ – †55/185 € ††75/220 € AY**f**
A pochi passi dalla stazione ferroviaria, l'albergo conserva esternamente uno stile anni '50, mentre al suo interno dispone di ambienti gradevolmente colorati e camere attrezzate di moderni confort.

Ai Pini Park Hotel
via Miranese 176 ✉ 30174 – ☎ 0 41 91 77 22 – www.aipini.it AY**b**
47 cam ☕ – †75/138 € ††90/250 € – 1 suite
Rist *Al Parco* – vedere selezione ristoranti
L'ampio e curato giardino fa da cornice a una grande villa che propone interni moderni, arredati con linee e colori particolarmente studiati per rendere piacevole il vostro soggiorno.

Venezia
via Teatro Vecchio 5 angolo piazza 27 Ottobre ✉ 30171 – ☎ 0 41 98 55 33 – www.hotel-venezia.com BX**z**
100 cam ☕ – †50/119 € ††59/149 € **Rist** – *(solo a cena)* Carta 31/49 €
In centro un hotel che vi introdurrà allo spirito veneziano, grazie a piacevoli spazi comuni e camere non ampie, la maggior parte con arredi decorati. Cucina lagunare nel ristorante d'atmosfera con giardino d'inverno.

Villa Costanza senza rist
via Monte Nero 25 – ☎ 0 41 93 26 24 – www.hotelvillacostanza.com
26 cam ☕ – †50/139 € ††60/179 € – 5 suites AY**r**
Camere dai toni caldi, ma dalle linee moderne, in una casa del 1800 ristrutturata in tempi recenti. Non trascurabile, il comodo parcheggio sul retro.

Al Vivit senza rist
piazza Ferretto 73 ✉ 30174 – ☎ 0 41 95 13 85 – www.hotelvivit.com
33 cam ☕ – †69/95 € ††89/127 € – 2 suites BX**a**
Cortesia e savoir-faire in questo piccolo, storico, albergo del centro - in attività dai primi del Novecento - che dispone di camere ampie e confortevoli.

Paris senza rist
viale Venezia 11 ✉ 30171 – ☎ 0 41 92 60 37 – www.hotelparis.it – Chiuso 23-30 dicembre AY**d**
18 cam ☕ – †50/90 € ††65/150 €
A pochi passi dalla stazione ferroviaria, l'attuale confort e modernità sono il frutto di un totale rinnovo avvenuto nel 2008. Camere accoglienti e funzionali, dotate delle migliori installazioni tecnologiche.

Cris senza rist
via Monte Nero 3/A ✉ 30171 – ✆ 0 41 92 67 73 – www.hotelcris.it – Aperto 1° febbraio-30 novembre AYp
18 cam – 45/100 € 50/160 €
In posizione tranquilla, albergo a conduzione familiare con camere accoglienti e caldi ambienti: è un po' come sentirsi a casa propria.

Alla Giustizia senza rist
via Miranese 111 ✉ 30171 – ✆ 0 41 91 35 11 – www.hotelgiustizia.com – Chiuso 22-26 dicembre e 1°-13 gennaio AYc
20 cam – 40/90 € 60/120 €
Nei pressi della tangenziale, albergo a gestione familiare con camere graziose e accoglienti. Più semplici e meno ampi gli ambienti comuni.

Kappa senza rist
via Trezzo 8 ✉ 30174 – ✆ 04 15 34 31 21 – www.hotelkappa.com BZf
19 cam – 45/68 € 65/89 €
Accoglienti spazi comuni e luminose camere di taglio classico in questa palazzina ottocentesca poco distante dal centro. Momenti di relax nel piccolo cortile interno.

Marco Polo
via Forte Marghera 67 ✉ 30173 – ✆ 34 97 74 49 21 – www.ristorantemarcopolo.it – Chiuso 1°-7 gennaio, 25-30 luglio e domenica
Rist – Carta 30/83 € BXx
A due passi dal centro storico, elegante ristorante all'interno di una villetta indipendente: capriate a vista, spioventi decorati e alle pareti molti quadri moderni. Proposte gastronomiche legate alla stagione, prevalentemente di pesce.

Al Parco – Ai Pini Park Hotel
via Miranese 176 ✉ 30174 – ✆ 0 41 91 77 22 – www.hotelaipini.it – Chiuso domenica a mezzogiorno AYb
Rist – Carta 23/52 €
C'è un po' di tutto nel successo di questo ristorante: il servizio professionale, la selezionata ricerca di ottime materie prime, la mano "felice" dello chef. Piatti della tradizione mediterranea in menu.

Dall'Amelia
via Miranese 113 ✉ 30174 – ✆ 0 41 91 39 55 – www.dallamelia.it – Chiuso 2 settimane in agosto, domenica sera e mercoledì AYc
Rist – Menu 33/75 € – Carta 36/70 €
Un classico in zona, ora nelle mani dei figli: ambiente signorile, piatti a base di pesce e specialità venete. Più informale l'osteria, dove si potrà apprezzare una cucina tipica.

Da Tura – Hotel Bologna
via Piave 214 ✉ 30171 – ✆ 0 41 93 10 00 – www.hotelbologna.com – Chiuso 25 dicembre-6 gennaio, agosto e domenica AYe
Rist – Carta 31/65 €
Nei suoi moderni ambienti, la linea di cucina rimane fedele alla tradizione: il menu si accorda alla stagione offrendo il meglio dei prodotti locali. A pranzo, piatti unici e proposte a prezzi più contenuti.

Osteria la Pergola
via Fiume 42 ✉ 30171 – ✆ 0 41 97 49 32 – Chiuso dal 10 al 24 agosto, sabato a mezzogiorno e domenica AYg
Rist – (consigliata la prenotazione) Carta 27/61 €
Sono due giovani soci a gestire questa caratteristica trattoria: un locale rustico con vecchie fotografie alle pareti e nei mesi più caldi la possibilità di approfittare di un fresco pergolato. Piatti legati al territorio eseguiti con semplicità e gusto.

Al Leone di San Marco
via Trezzo 6, località Carpenedo ✉ 30174 – ✆ 04 15 34 17 42 – Chiuso 26 dicembre-15 gennaio, 8- 28 agosto, domenica sera e lunedì
Rist – Carta 46/97 € BZf
Da sempre apprezzato per le sue fragranti specialità di pesce da gustare in un ambiente semplice e familiare. Accanto, una tipica "cicchetteria" veneziana per non farsi mancare un buon bicchiere di vino.

Ostaria da Mariano
via Spalti 49 ✉ 30137 – ✆ 0 41 61 57 65 – www.ostariadamariano.it – Chiuso vacanze di Natale, 2 settimane in agosto, sabato e domenica
Rist – Carta 24/55 € BX**c**
Vicino al centro storico, allegra e conviviale osteria a conduzione familiare, dove gustare paste fatte in casa e piatti della tradizione, come il baccalà mantecato.

a Zelarino **Nord : 2 km BZ – ✉ 30174**

Antico Moro senza rist
via Castellana 149 – ✆ 04 15 46 18 34 – www.anticomoro.com – Chiuso 23-29 dicembre BZ**e**
14 cam – 49/99 € 49/139 € – 1 suite
In questo piccolo paese ben collegato con Venezia, signorile hotel all'interno di una residenza del XVIII secolo; buon livello di confort nelle piacevoli camere.

Agriturismo al Segnavento
via Gatta 76/c, località Santa Lucia di Tarù – ✆ 04 15 02 00 75 – www.alsegnavento.it
16 cam – 80/120 € 95/200 €
Rist ***Al Segnavento*** – vedere selezione ristoranti
In una splendida tenuta di campagna, questo elegante agriturismo vi accoglierà in raffinate camere, dove ognuna di esse propone un leit motiv decorativo.

Al Segnavento – Agriturismo al Segnavento
via Gatta 76/c, località Santa Lucia di Tarù – ✆ 04 15 02 00 75 – Chiuso domenica sera, lunedì e martedì
Rist – (prenotazione obbligatoria a mezzogiorno) Carta 35/58 €
Nell'armonia di una natura intatta, le stagioni definiscono il menu: carni e verdure di produzione propria - rigorosamente biologica - partecipano a creare gustosi piatti del territorio.

a Campalto **per ③ : 5 km – ✉ 30030**

Antony
via Orlanda 182 – ✆ 04 15 42 00 22 – www.sogedinhotels.it
114 cam – 60/150 € 70/260 € **Rist** – Menu 25/50 €
Alle spalle di questa grande struttura contemporanea, un paesaggio d'eccezione: la laguna e i suoi incantevoli campanili! Funzionali e spaziose le camere dall'arredo classico. A pagamento, comodo servizio navetta per Venezia e l'aeroporto.

Trattoria da Vittoria
via Gobbi 311 – ✆ 0 41 90 05 50 – Chiuso 25 dicembre-10 gennaio, 14-29 agosto, domenica, anche sabato in luglio-agosto
Rist – Carta 32/49 €
Carrello dei bolliti, arrosti e prodotti del territorio sono le specialità della cucina di questa accogliente trattoria in stile classico-moderno. Un'unica sala a forma di "L" lungo le cui pareti scorrono comode panche di legno.

a Chirignano **Ovest : 2 km – ✉ 30030**

Ai Tre Garofani
via Assegiano 308 – ✆ 0 41 99 13 07 – Chiuso 26 dicembre-11 gennaio, 10-23 agosto e lunedì
Rist – Menu 11 € (pranzo in settimana) – Carta 37/72 €
Si trova tra le mura di una casa di campagna questo raffinato locale a conduzione familiare: due sale di sobria eleganza e un'ampia terrazza per il servizio estivo. Fragranti specialità di pesce, "subordinate" alla disponibilità del mercato.

MEZZANA **– Trento (TN) – 562 D14 – 872 ab. – alt. 940 m** **33 B2**
– Sport invernali : 1 400/2 200 m 5 19 (Comprensorio sciistico Folgarida-Marilleva) – ✉ 38020 Mezzana
Roma 652 – Trento 69 – Bolzano 76 – Milano 239
via 4 Novembre 77, ✆ 0463 75 71 34, www.marilleva.it

Val di Sole
via 4 Novembre 135 – ✆ 04 63 75 72 40 – www.hotelvaldisole.it
– Aperto 2 dicembre-19 aprile e 16 giugno-19 settembre
66 cam – 🚹45/75 € 🚹🚹110/130 €, ☕ 6 € **Rist** – Carta 24/50 €
In posizione rientrante, ma sempre lungo la via principale del paese, un hotel a conduzione familiare - di medie dimensioni - con camere semplici e una grande palestra. Il ristorante propone una cucina di fattura casalinga.

MEZZANE DI SOTTO – **Verona (VR)** – **562** F15 – **2 419 ab.** – **alt. 122 m** – ✉ **37030** **38** B2

Roma 519 – Verona 19 – Milano 173 – Padova 83

Agriturismo i Tamasotti
via dei Ciliegi 8, Nord: 2 km – ✆ 04 58 88 00 03 – www.itamasotti.it
6 cam ☕ – 🚹🚹100/150 €
Rist – *(chiuso domenica sera, lunedì, martedì e mercoledì)*
Per chi è in cerca di tranquillità - qui - ce n'è da vendere... Tra il verde dei vigneti, è la proprietaria ad occuparsi dei fornelli, proponendo gustosi piatti del territorio in un grazioso agriturismo con poche camere, tutte ben curate.

MEZZOCANALE – **Belluno (BL)** – **Vedere Forno di Zoldo**

MEZZOLOMBARDO – **Trento (TN)** – **562** D15 – **6 914 ab.** – **alt. 227 m** – ✉ **38017** **33** B2

Roma 605 – Bolzano 45 – Trento 22 – Milano 261

XX **Per Bacco**
via E. De Varda 28 – ✆ 04 61 60 03 53 – www.ristorante-perbacco.com
– Chiuso 2 settimane in agosto o settembre e martedì
Rist – (prenotazione obbligatoria a mezzogiorno) Menu 26/38 €
– Carta 29/54 €
Il ristorante è stato ricavato nelle stalle di una casa di fine Ottocento e arredato con lampade di design; nato come wine-bar vanta una bella scelta di vini locali al calice.

MIANE – **Treviso (TV)** – **562** E18 – **3 545 ab.** – **alt. 259 m** – ✉ **31050** **40** C2

Roma 587 – Belluno 33 – Milano 279 – Trento 116

XX **Da Gigetto**
via De Gasperi 5 – ✆ 04 38 96 00 20 – www.ristorantedagigetto.it
– Chiuso 10 giorni in gennaio, 15 giorni in agosto, lunedì sera e martedì
Rist – Menu 20 € (pranzo in settimana)/50 € – Carta 27/52 €
Ristorante gradevole, con un'atmosfera familiare che non contrasta, anzi esalta, gli ambienti in stile rustico-elegante. La cucina attinge alla tradizione, splendida cantina.

MIGLIARA – **Napoli (NA)** – **Vedere Capri (Isola di) : Anacapri**

MILANO

Piante pagine seguenti **18** B2

© Philippe Renault / hemis.fr

Ⓟ **Milano (MI) – 1 324 110 ab. – alt. 122 m – 561** F9 – Milano Centro-Nord

Roma 572 – Genève 323 – Genova 142 – Torino 140

ELENCO

Uffici Informazioni turistiche

piazza Castello 1, ✆ 02 77 40 43 43, www.visitamilano.it

Aeroporti

Forlanini di Linate Est : 8 km CP ✆ 02 232323
Malpensa Nord-Ovest : 45 km ✆ 02 232323

Golf

Milano viale Mulini San Giorgio 7, 039 303081, www.golfclubmilano.it – chiuso dal 23 dicembre al 6 gennaio e lunedì

Molinetto SS Padana Superiore 11, 02 92105128, www.molinettocountryclub.it – chiuso lunedì

Barlassina via Privata Golf 42, 0362 560621, www.barlassinacountryclub.it – chiuso lunedì

Zoate via Verdi 8, 02 90632183, www.golfzoate.it – chiuso lunedì

Le Rovedine via Marx 18, 02 57606420, www.rovedine.com – chiuso lunedì

Fieramilanocity

23.02 - 25.02 : Mi Milano Pret-a-Porter
05.04 - 07.04 : miart (fiera internazionale d'arte moderna e contemporanea)
21.09 - 23.09 : Mi Milano Pret-a-Porter

Fieramilano Rho

24.01 - 27.01 : macef (salone internazionale della casa)
14.02 - 17.02 : bit (borsa internazionale del turismo)
03.03 - 06.03 : micam (esposizione internazionale della calzatura)
03.03 - 06.03 : mifur - mipel (salone internazionale della pellicceria e della pelle)
09.04 - 14.04 : (salone internazionale del mobile)
19.05 - 22.05 : tuttofood (salone dell'alimentazione, dolciario e biologico)
05.09 - 08.09 : macef (salone internazionale della casa)
05.11 - 10.11 : eicma moto (salone internazionale motociclo)

LUOGHI DI INTERESSE

Il centro Duomo★★★MZ • Galleria Vittorio Emanuele II★★MZ • Teatro alla Scala★★MZ • Castello Sforzesco★★★JV

Milano dall'alto Passeggiata sui terrazzi del Duomo★★★MZ • ≤ dalla Torre Branca★★VH

Il grandi musei Pinacoteca di Brera★★★KV • Castello Sforzesco★★★JV: Museo di Arte Antica★★, Pinacoteca★ • Pinacoteca Ambrosiana★★★MZ • Museo del Duomo★★MZM[1] • Museo del Novecento★★MZM[3] • Museo Poldi Pezzoli★★KVM[2] • Museo di Palazzo Bagatti Valsecchi★★KVL • Museo dell'Ottocento★★LVM • Museo Teatrale alla Scala★MZ • Museo della Scienza e della Tecnologia★★HXM[4] • Museo di Storia Naturale★LVM[6] • Museo Civico di Archeologia★JXM

Le basiliche e le chiese S. Ambrogio★★★HJX • S. Lorenzo★★JY • S. Maria delle Grazie★★HX e Cenacolo Vinciano★★★ • S. Eustorgio★JY: Cappella Portinari★★ • S. Maurizio al Monastero Maggiore★JX: affreschi★★ •S. Maria della Passione★★ LX •S. Nazaro★KY • S. Maria presso S. Satiro★MZ: coro del Bramante★★

I luoghi suggestivi Via e Piazza dei Mercanti★MZ[155] • La Ca' Granda★★ e Largo Richini KXY • Il quartiere Brera KV • I Navigli HY

Acquisti Il quadrilatero della moda (via Montenapoleone, Via della Spiga, Via S. Andrea, Via Dante) • Corso Buenos Aires • Corso Vercelli

Dintorni Abbazia di Chiaravalle★★: 13 km sud-est, direzione San Donato • Abbazia di Viboldone★: 13 km sud-est, direzione San Giuliano

Elenco alfabetico degli alberghi
Index of hotels

Elenco alfabetico degli ristoranti
Index of Restaurants

Gli esercizi con stelle
Starred Restaurants

✿✿2013		pagina
Cracco	XXXX	677
Il Luogo di Aimo e Nadia	XXX	693
Sadler	XXX	686

✿2013		pagina
Alice	XX	684
Innocenti Evasioni	XX	692
Joia	XX	683
Al Pont de Ferr	X	687
Tano Passami l'Olio	XX	686
Trussardi alla Scala	XXXX	678
Unico	XXX	691
Vun **N**	XXXX	677

Bib Gourmand

→Pasti accurati a prezzi contenuti

→Good food at moderate prices

		pagina
La Cantina di Manuela - via Procaccini	XX	689
La Cantina di Manuela - Stazione Centrale	X	683
Dongiò	X	685
Da Giannino-L'Angolo d'Abruzzo	X	683
Giulio Pane e Ojo	X	685
Serendib	X	680

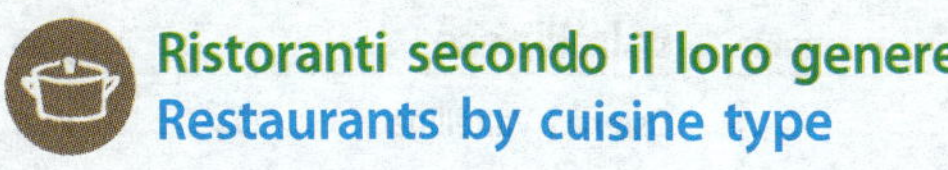

Ristoranti secondo il loro genere
Restaurants by cuisine type

sarda

		pagina
Baia Chia	X	693

siciliana

		pagina
I Malavoglia	XX	683
Pirandello	XX	686
Trattoria Trinacria	X	687
13 Giugno	XX	683

valtellinese

		pagina
Osteria I Valtellina	XX	694

vegetariana

		pagina
Joia	XX✿	683

vietnamita

		pagina
Vietnamonamour	X	693

Tavoli all'aperto
Outside dining

Arrow's	XX	689
Barbacoa	XX	683
La Brisa	X	679
La Cantina di Manuela - Stazione Centrale	X✿	683
La Corte	XX	694
Il Giorno Bistrot	XX	690
Globe	XX	684
Hostaria Borromei	XX	678
Innocenti Evasioni	XX✿	692
Iyo	X	691
Osteria I Valtellina	XX	694
La Scaletta	XX	686
Timé	X	680
Trattoria Aurora	X	686
Trattoria Madonnina	X	687
Trattoria Montina	X	690
Al Vecchio Porco	X	690
Vietnamonamour	X	693
Vun	XXXX✿	677

Ristoranti aperti in agosto
Restaurants open in August

Acanto	XXXX	682
Barbacoa	XX	683
Bon Wei	XX	689
La Cantina di Manuela - via Procaccini	XX 🙂	689
Casanova	XXXX	682
La Felicità	X	679
Da Giannino-L'Angolo d'Abruzzo	X 🙂	683
Giulio Pane e Ojo	X 🙂	685
Osaka	X	680
La Rosa dei Venti	XX	690
Roses	XX	678
Rovello 18	X	679
Shiva	X	687
Tara	X	690
La Taverna dei Golosi	XX	689
Trattoria Aurora	X	686
Trattoria Madonnina	X	687
Trattoria Trinacria	X	687
13 Giugno	XX	683

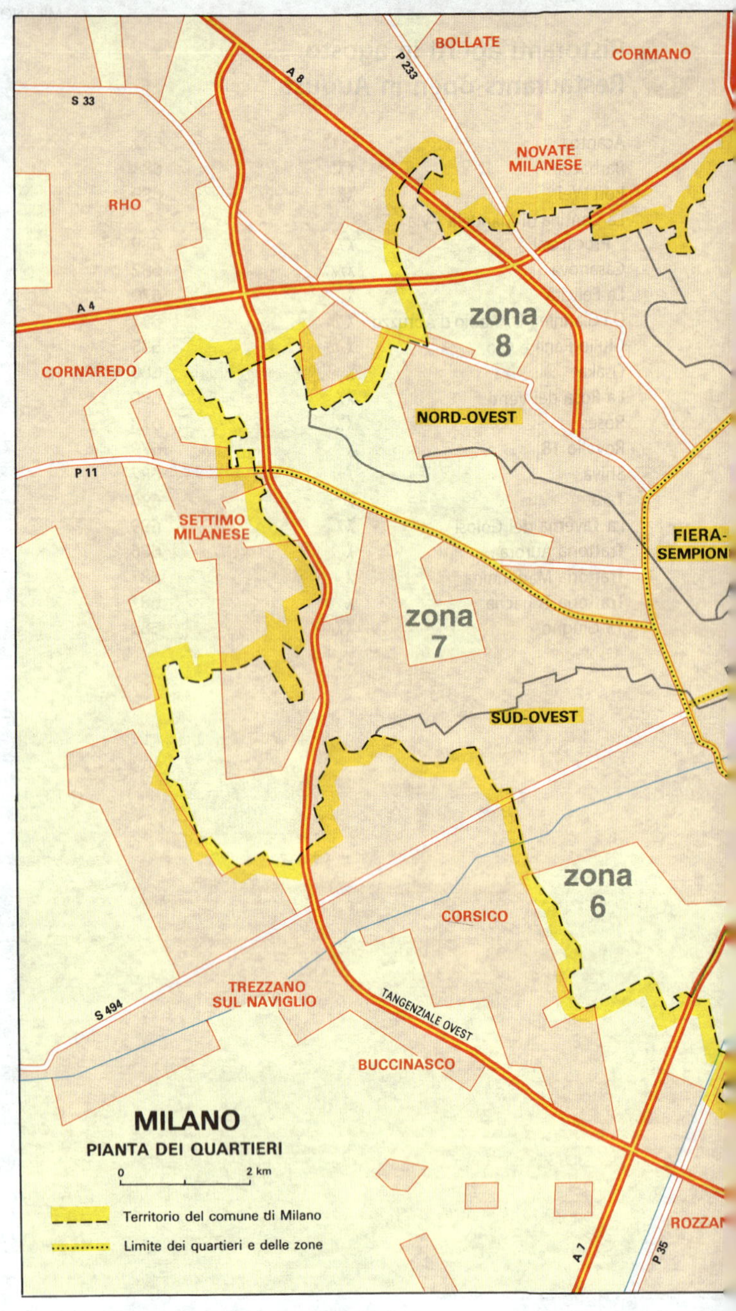
BOLLATE
CORMANO
S 33
A 8
P 233
NOVATE MILANESE
RHO
A 4
zona 8
CORNAREDO
NORD-OVEST
P 11
SETTIMO MILANESE
FIERA-SEMPIONE
zona 7
SUD-OVEST
zona 6
CORSICO
TREZZANO SUL NAVIGLIO
S 494
TANGENZIALE OVEST
BUCCINASCO
MILANO
PIANTA DEI QUARTIERI
0
2 km
Territorio del comune di Milano
Limite dei quartieri e delle zone
A 7
P 35

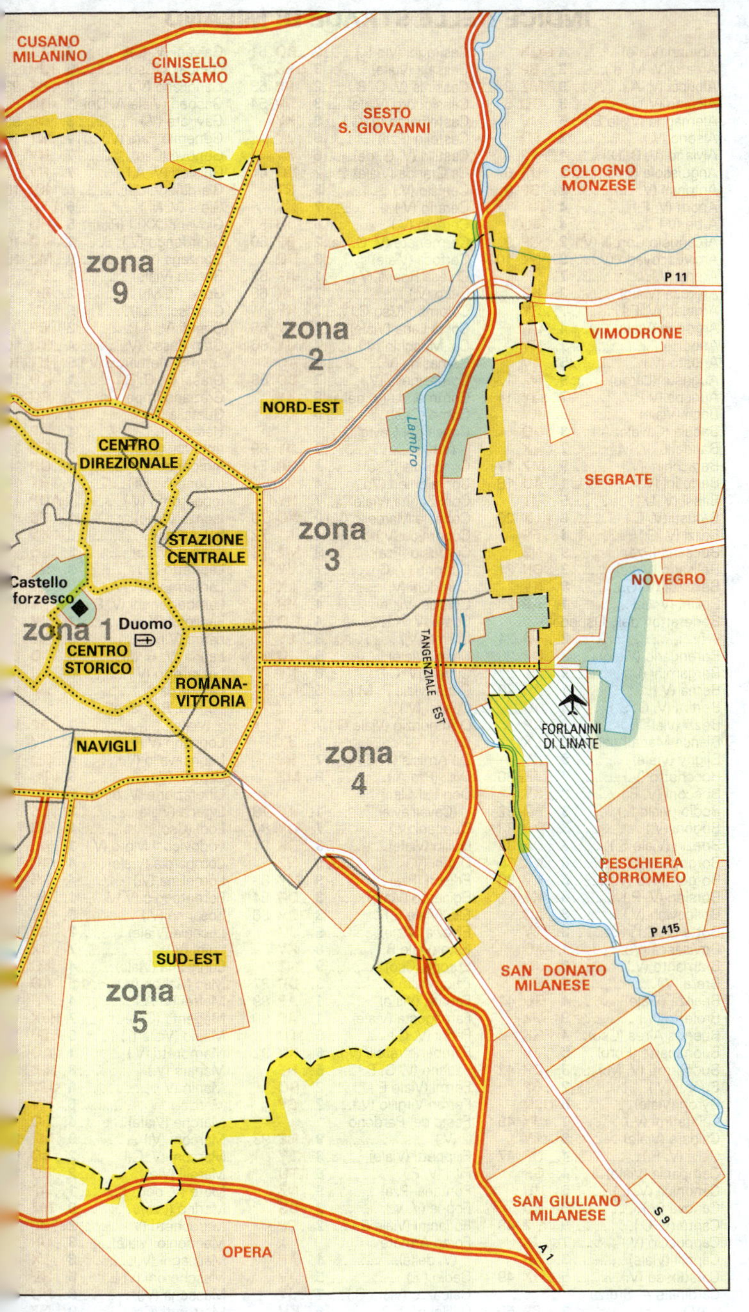
CUSANO MILANINO
CINISELLO BALSAMO
SESTO S. GIOVANNI
COLOGNO MONZESE
zona 9
zona 2
P 11
VIMODRONE
NORD-EST
Lambro
CENTRO DIREZIONALE
SEGRATE
STAZIONE CENTRALE
zona 3
NOVEGRO
Castello Sforzesco
Duomo
zona 1
CENTRO STORICO
TANGENZIALE EST
ROMANA-VITTORIA
FORLANINI DI LINATE
NAVIGLI
zona 4
PESCHIERA BORROMEO
P 415
SUD-EST
SAN DONATO MILANESE
zona 5
SAN GIULIANO MILANESE
S 9
A 1
OPERA

INDICE DELLE STRADE DI MILANO

MILANO

Agrate (V. M. d') . . . . . BP 2
Antonini (V. G.) . . . . . . BP 8
Arcangelo Corelli (V.) . CP 9
Bartolini (V.) . . . . AO 18
Bellini (V. G.) . . . . AP 23
Benefattori dell' Ospedale (V.) . . . . BO 24
Berna (V.) . . . . AP 29
Cardinale A. Sforza (V.) BP 50
Casiraghi (Vle F.) . . . . . BO 51
Cassinis (V. G. B.) . . . . BP 53
Cà Granda (Viale) . . . . . BO 44
Cermenate (V. G. da) . BP 60
Chiesa Rossa (V.) . . . . . AP 62
Comasinella (V.) . . . . . . BO 68
Console Marcello (V.) AO 70
Corsica (Viale) . . . . BP 74
Don L. Milani (Cavalcavia) . . . . AP 78
Faenza (Viale) . . . . AP 89
Famagosta (Viale) . . . . AP 90
Girardengo (V.) . . . . . . AO 103
Grassi (V. G. B.) . . . . . . AO 107
Graziano Imperatore . BO 108
Harar (V.) . . . . AP 112
Ippodromo (V.) . . . . . AOP 117
La Spezia (V.) . . . . AP 119
Legioni Romane (Viale) . . . . AP 125
Lucania (Viale) . . . . . . BP 134
Mac Mahon (Via) . . . . . AO 136
Mambretti (V.) . . . . AO 137
Marconi (V. G.) . . . . . . BO 143
Marelli (Vle) . . . . BO 146
Marochetti (V.) . . . . BP 149
Milano (V.) . . . . AP 161
Montegani (V.) . . . . BP 173
Omero (Viale) . . . . BP 186
Palizzi (V.) . . . . AO 192
Parenzo (V.) . . . . AP 194
Patroclo (V.) . . . . AP 196
Picardi (V. F.) . . . . BO 200
Quaranta (V. B.) . . . . . . BP 209
Ravenna (V.) . . . . BP 212
Rembrandt (V.) . . . . AP 213
Rivoltana (Strada) . . . . CP 216
Rogoredo (V.) . . . . CP 218
Roma (V.) . . . . BO 219
Rospigliosi (V. dei) . . . . AP 221
Rubicone (Viale) . . . . . BO 224
Sáuro (V. N.) . . . . AO 242
Solaroli (V.) . . . . BP 249
Stratico (V. S.) . . . . AP 252
S. Arialdo (V.) . . . . CP 227
S. Elia (V. A.) . . . . AO 233
S. Rita da Cascia (V.) . AP 239
Tucidide (V.) . . . . CP 263
Valassina (V.) . . . . BO 265
Vittorio Emanuele (V.) AP 276

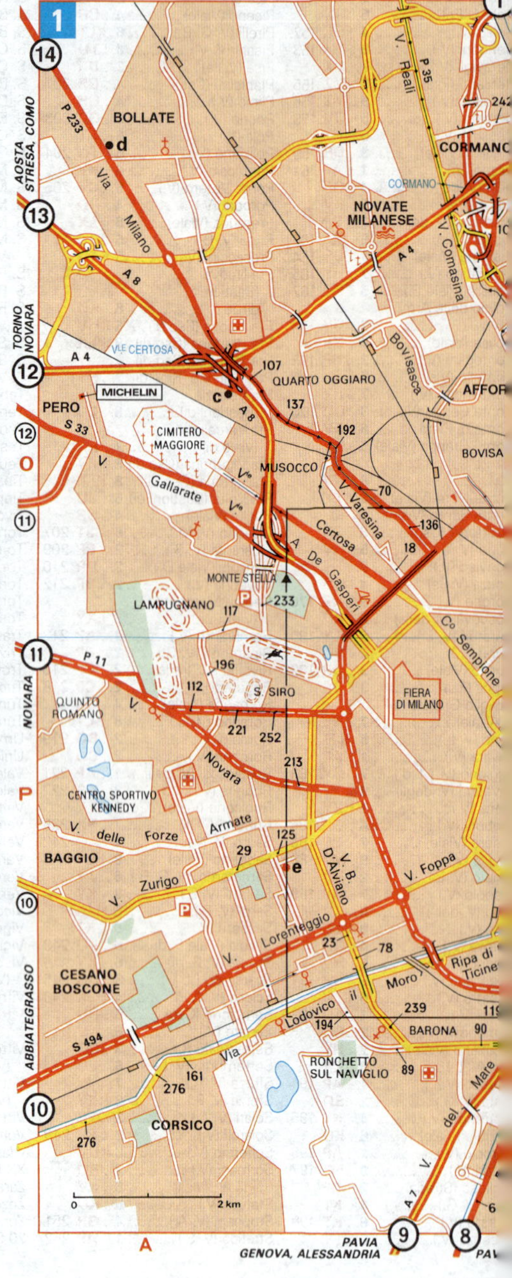

DESIO, ERBA
MONZA, ERBA, LECCO
LECCO
MONZA
BERGAMO
CUSANO MILANINO
CINISELLO BALSAMO
BRUGHERIO
VIMERCATE
BRESSO
PARCO
NORD
SESTO
S. GIOVANNI
BRUZZANO
COLOGNO MONZESE
PARCO
NORD
NIGUARDA
BICOCCA
PRECOTTO
PALMANOVA
VIMODRONE
CRESCENZAGO
GORLA
GRECO
CIMIANO
PARCO
LAMBRO
MELZO
CENTRALE
PTA GARIBALDI
SEGRATE
LAMBRATE
RUBATTINO
CASTELLO
SFORZESCO
PARCO
FORLANINI
NOVEGRO
BRESCIA
ORTICA
LINATE
DUOMO
Lago
Idroscalo
MONLUE
MILANO
LINATE
PTA ROMANA
LINATE
MECENATE
MEZZATE
MORSENCHIO
PONTE LAMBO
PAULLESE
PESCHIERA
BORROMEO
VIGENTINO
ROGOREDO
NOSEDO
CREMA
SELVANESCO
CHIARAVALLE
ABBAZIA
S. DONATO
MILANESE
AUTOSTRADA
A1 : BOLOGNA, FIRENZE
S 9 (VIA EMILIA) : LODI

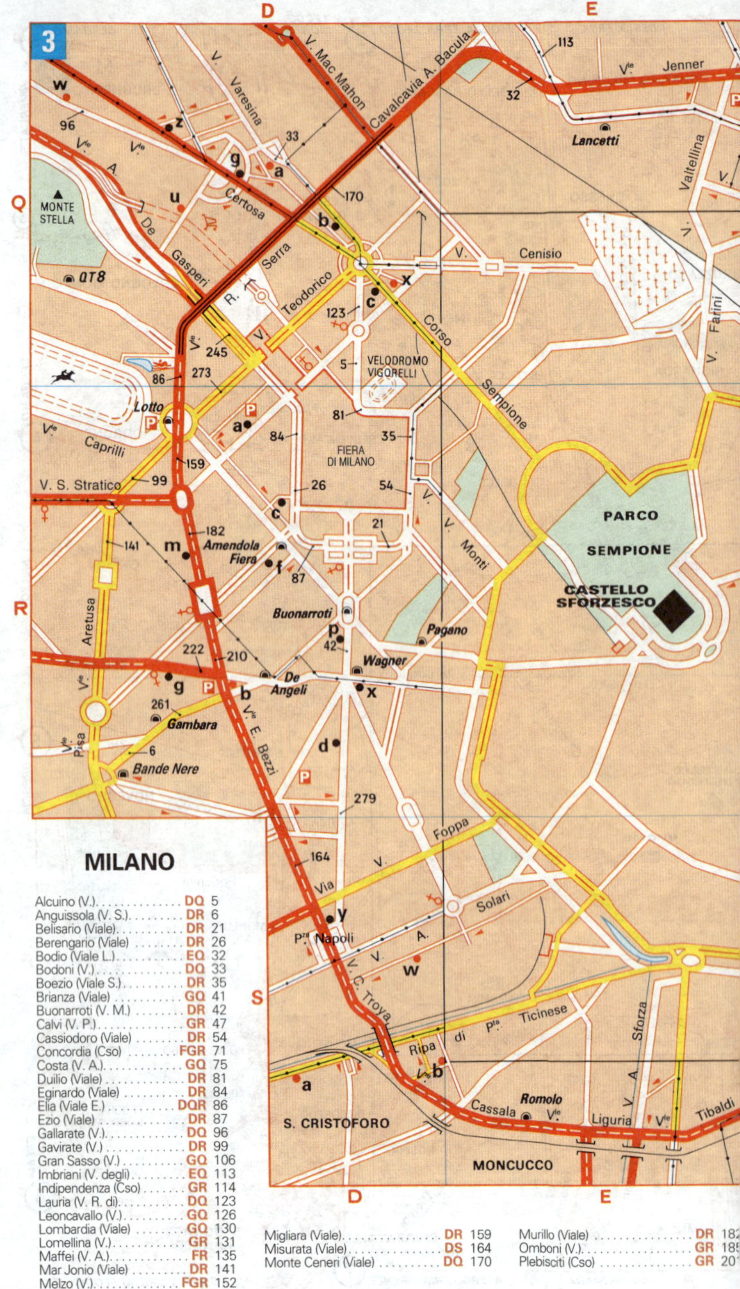

MILANO

Alcuino (V.) . . . . DQ 5
Anguissola (V. S.) . . . . DR 6
Belisario (Viale) . . . . DR 21
Berengario (Viale) . . . . DR 26
Bodio (Viale L.) . . . . EQ 32
Bodoni (V.) . . . . DQ 33
Boezio (Viale S.) . . . . DR 35
Brianza (Viale) . . . . GQ 41
Buonarroti (V. M.) . . . . DR 42
Calvi (V. P.) . . . . GR 47
Cassiodoro (Viale) . . . . DR 54
Concordia (Cso) . . . . FGR 71
Costa (V. A.) . . . . GQ 75
Duilio (Viale) . . . . DR 81
Eginardo (Viale) . . . . DR 84
Elia (Viale E.) . . . . DQR 86
Ezio (Viale) . . . . DR 87
Gallarate (V.) . . . . DQ 96
Gavirate (V.) . . . . DR 99
Gran Sasso (V.) . . . . GQ 106
Imbriani (V. degli) . . . . EQ 113
Indipendenza (Cso) . . . . GR 114
Lauria (V. R. di) . . . . DQ 123
Leoncavallo (V.) . . . . GQ 126
Lombardia (Viale) . . . . GQ 130
Lomellina (V.) . . . . GR 131
Maffei (V. A.) . . . . FR 135
Mar Jonio (Viale) . . . . DR 141
Melzo (V.) . . . . FGR 152
Migliara (Viale) . . . . DR 159
Misurata (Viale) . . . . DS 164
Monte Ceneri (Viale) . . . . DQ 170
Murillo (Viale) . . . . DR 18
Omboni (V.) . . . . GR 18
Plebisciti (Cso) . . . . GR 20

F
G
4
Maciachini
Vle
Zara
Arbe
Marche
d
Vle
V.
Viale
Lunigiana
Zara
Alserio
Sammartini
Aporti
Monza
Vle
F.
V
c
TURRO
Padova
Palmanova
Roverete
Pasteur
126
75
V.
f
Udine
Q
e
V. Pola
Gioia
B.
V. G.
V.
M. Galvani
Caiazzo
41
Loreto
V.
Porpora
Lambrate
F.S.
x
P
d
130
Aires
106
a
b
Piola
Via
Via
Vitruvio
Lima
Buenos-
Vle
Abruzzi
Via
CITTÀ DEGLI
STUDI
Vle
Plinio
Co
185
251
152
t
254
V.
Mille
dei
Romagna
203
R
P
x
P
w
P
d
c
71
47
114
Dateo
Vle
201
Vle
Argonne
Vle Campania
DUOMO
g
Piceno
131
Co
XXII
Marzo
Viale
Corsica
246
Vittoria
MERCATO
CARNI
135
Umbria
h
P
Vle
b
V. C. Botta
Motise
r
Vle
Corso
MERCATO
ORTOFRUTTICOLO
S
Vle
Puglie
a
Lodi
Vle
Toscana
PTA ROMANA
Vle
Isonzo
Lodi
V. Ripamonti
Brenta
MORIVIONE
V. C. Bazzi
0
1 km
Corvetto
F
G

All'interno della zona delimitata da un retino verde, la città è divisa in settori il cui accesso è segnalato lungo tutta la cerchia. Non è possibile passare in auto da un settore all'altro.

MILANO

Aurispa (V.) . . . . JY 14
Battisti (V. C.) . . . . KLX 20
Bocchetto (V.) . . . . JX 30
Borgogna (V.) . . . . KX 36
Borgonuovo (V.) . . . . KV 38
Calatafimi (V.) . . . . JY 45
Caradosso (V.) . . . . HX 49
Ceresio (V.) . . . . JU 59
Circo (V.) . . . . JX 63
Col di Lana (Viale) . . . . JY 65
Col Moschin (V.) . . . . JY 66
Conca del Naviglio (V.) . . . . JY 69
Copernico (V.) . . . . LT 72
Cordusio (Pza) . . . . KX 73
Curie (Viale P. M.) . . . . HV 77
Dante (V.) . . . . JX
Dugnani (V.) . . . . HY 80
Fatebenefratelli (V.) . . . . . . KV 92
Gardini (V. dei) . . . . KV 102
Garigliano (V.) . . . . KT 98
Generale Fara (V.) . . . . KT 100
Ghisleri (V. A.) . . . . HY 101
Gran S. Bernardo (V.) . . . . . HT 105
Gustalla (V.) . . . . KX 110
Induno (V. Flli) . . . . HT 116

K
L
6
T
U
V
Sondrio
CENTRALE
Centrale F.S.
PORTA GARIBALDI
Garibaldi F.S.
Gioia
Repubblica
Turati
Venezia
Palestro
Montenapoleone
S. Marco
GIARDINO ZOOLOGICO
GIARDINI PUBBLICI
PINACOTECA DI BRERA
TEATRO ALLA SCALA
Bassi
V. Confalonieri
V. G. de Castilla
Via Melchiorre Gioia
Via Pola
Via Sassetti
V. Tonale
Sammartini
V. G. B. Pirelli
V. Galvani
Via Fabio Filzi
Via Pisani
Via Tenca
Via Vitruvio
V. L. Settembrini
Boscovich
Lazzaretto
Tunisia
Gregorio
Corso Buenos Aires
V. Sturzo
Co Como
Pasubio
Vle Monte Grappa
Bastioni di Porta Nuova
Vle della Liberazione
V. Galilei
Vle Monte Santo
Bastioni di Pta Venezia
Via Turati
V. Manin
Moscova
Solferino
V. San Marco
Corso di Pta Nuova
Statuto
Via Palestro
Viale Venezia
Viale Piave
Majno
V. Senato
Via della Spiga
Corso Venezia
V. San Damiano
V. Monte Napoleone
Via A. Manzoni
Brera
V. Monte di Pietà
V. dell'Orso

H
J
7
V
X
Y
PARCO SEMPIONE
TORRE
PAL. D. ARTE
ACQUARIO
CASTELLO SFORZESCO
S. Simpliciano
Lanza
NORD
Cadorna
Cairoli
Conciliazione
Cenacolo
S. MARIA D. GRAZIE
Pal. Litta
S. MAURIZIO
BORSA
S. AMBROGIO
S. Ambrogio
S. Agostino
PARCO SOLARI
S. LORENZO MAGGIORE
SANT' EUSTORGIO
PORTA GENOVA
Porta Genova
Porta Genova F.S.
Pta Ticinese
CONCHETTA
Corso Magenta
Via Carducci
Via Foppa
Viale Papiniano
Via Solari
Via Tortona
Via Vigevano
Alzaia Naviglio Grande
Ripa di Porta Ticinese
Cso di Porta Ticinese
Via Molino delle Armi
V. C. Correnti
Via De Amicis
Vle G. D'Annunzio

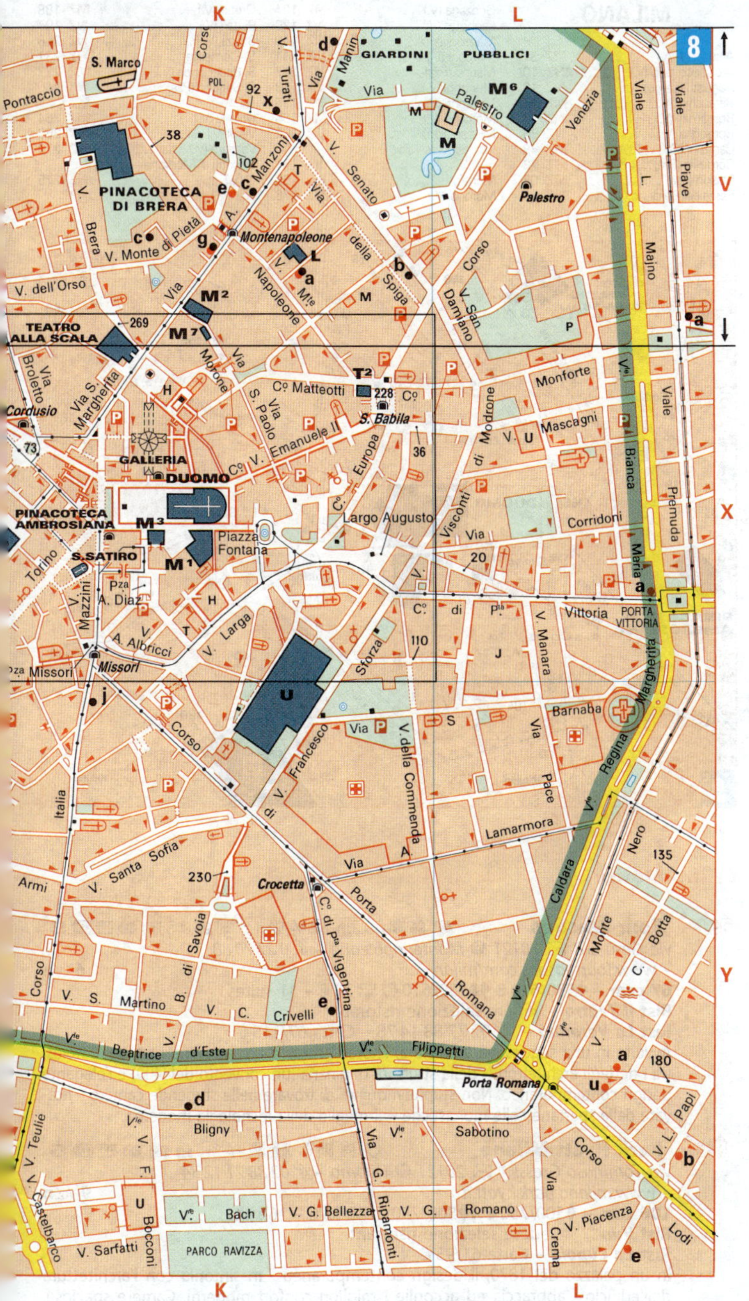
K
L
8
V
X
Y
S. Marco
Pontaccio
POL.
92
x
V. Turati
d
Via Manin
GIARDINI
PUBBLICI
Via
Palestro
M6
Venezia
Viale
Viale
38
102
M
M
P
V. Senato
Viale L. Majno
Piave
PINACOTECA
DI BRERA
V. Brera
e
c
A. Manzoni
T
Via
Palestro
c
V. Monte di Pietà
g
Montenapoleone
della Spiga
b
L
a
Mte Napoleone
Corso
V. San Damiano
V. dell'Orso
Via
M2
M
TEATRO
ALLA SCALA
269
M7
Morone
Via
P
a
Via Broletto
Via S. Margherita
H
Co Matteotti
T2
228
Co
Monforte
Cordusio
S. Paolo
Via
S. Babila
V. Mascagni
U
Viale
73
Co V. Emanuele II
Europa
36
di Modrone
Bianca
GALLERIA
DUOMO
Co
Premuda
PINACOTECA
AMBROSIANA
M3
Largo Augusto
Visconti
Corridoni
Torino
S.SATIRO
Piazza
Fontana
Via
Maria
M1
20
V. Mazzini
Pza A. Diaz
V.
a
Co. di Pta Vittoria
PORTA
VITTORIA
H
V. Larga
V. Manara
A. Albricci
T
Sforza
110
J
Pza Missori
Missori
Margherita
j
U
Barnaba
Via
Corso
Via
V. della Commenda
S
Via Pace
Francesco
V.
di
Regina
Vle
Italia
Lamarmora
Nero
135
V. Santa Sofia
Via
A.
Armi
230
Crocetta
Porta
Caldara
Co. di Pta Vigentina
Monte
Botta
C.
Corso
V. S. Martino
B. di Savoia
Romana
V. C. Crivelli
e
Vle
V.
a
180
Vle Beatrice d'Este
Vle Filippetti
Porta Romana
u
d
Papi
V. Teulié
Vle
Bligny
V. F.
Via G.
Vle
Sabotino
Corso
V. L.
b
Castelbarco
U
Vle Bach
V. G. Bellezza
Ripamonti
V. G.
Romano
Via
Crema
V. Piacenza
Lodi
V. Sarfatti
Bocconi
PARCO RAVIZZA
e
K
L

MILANO

Albricci (V. A.)	MZ	3
Arcivescovado (V.)	MNZ	10
Augusto (Largo)	NZ	12
Baracchini (V.)	MZ	17
Bergamini (V.)	NZ	27
Borgogna (V.)	NZ	36
Cantù (V. C.)	MZ	48
Cordusio (Pza)	MZ	73
Edison (Pza)	MZ	83
Festa del Perdono (V.)	NZ	93
Gonzaga (V.)	MZ	104
Laghetto (V.)	NZ	120
Manzoni (V. A.)	MZ	140
Marconi (V.)	MZ	144
Marino (Pza)	MZ	147
Mengoni (V.)	MZ	153
Mercanti (Pza)	MZ	155
Mercanti (V.)	MZ	156
Missori (Pza)	MZ	162
Monte Napoleone (V.)	NZ	171
Montforte (Cso)	NZ	168
Morone (V.)	MNZ	176
Orefici (V.)	MZ	188
Pattari (V.)	NZ	197
Sforza (V. F.)	NZ	248
S. Clemente	NZ	231
S. Radegonda (V.)	MZ	237
S. Stefano (Pza)	NZ	240
Torino (V.)	MZ	
Unione (V.)	MZ	264
Verdi (V.)	MZ	269
Verziere (V.)	NZ	270
Visconti di Modrone (V.)	NZ	275
Vittorio Emanuele II (Cso)	NZ	

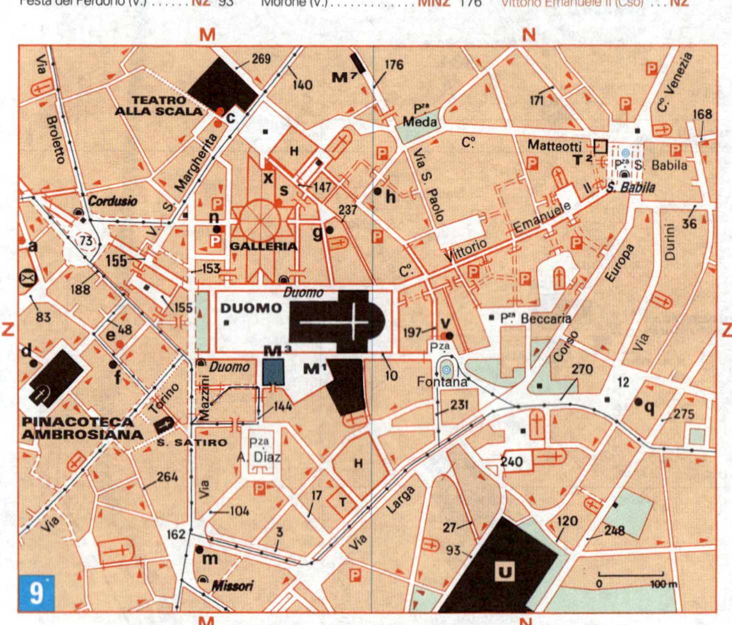

Centro Storico

Four Seasons cam, rist,
via Gesù 6/8 ✉ 20121 Ⓜ Montenapoleone – ✆ 0 27 70 88 – www.fourseasons.com/milan **6KVa**
67 cam – †530/610 € ††530/610 €, ☕ 32 € – 51 suites
Rist *Il Teatro* – vedere selezione ristoranti
Rist *La Veranda* – ✆ 02 77 88 14 78 – Carta 67/115 €
Avvolto in una suggestiva atmosfera, l'hotel è riuscito a creare una perfetta simbiosi tra i dettagli architettonici della struttura originaria (un convento del '400) e l'elegante design contemporaneo. Non stupitevi quindi di trovare nelle stupende camere - ricavate dalle spartane celle monastiche - il meglio della tecnologia moderna.

Park Hyatt Milano
via Tommaso Grossi 1 ✉ 20121 Ⓜ Duomo – ✆ 02 88 21 12 34 – www.milano.park.hyatt.it **9MZn**
106 cam – †500/750 € ††500/750 €, ☕ 35 € – 16 suites
Rist *Vun* ✿ – vedere selezione ristoranti
Rist *La Cupola* – Carta 61/95 €
In un palazzo del 1870, il design contemporaneo - in sintonia con l'architettura dell'edificio - abbraccia ed accoglie i migliori confort moderni. Camere spaziose, decorate con stucchi veneziani e lampade di Murano: elegantissima l'Imperial Suite. A La Cupola: cucina tradizionale o a buffet, dalle 11 alle 23.

Grand Hotel et de Milan

via Manzoni 29 ✉ 20121 Ⓜ Montenapoleone – ✆ 02 72 31 41
– www.grandhoteletdemilan.it **6KVg**
95 cam – †391/644 € ††457/710 €, 35 € – 6 suites
Rist *Don Carlos* – vedere selezione ristoranti
Rist *Caruso* – *(solo a pranzo)* Carta 47/86 €
Oltre un secolo e mezzo di vita per questo hotel che ha ospitato grandi nomi della musica, del teatro, del cinema e della politica nei suoi raffinati e suggestivi ambienti. Luminoso ristorante dedicato al tenore che in questo albergo registrò il suo primo disco.

Carlton Hotel Baglioni

via Senato 5 ✉ 20121 Ⓜ San Babila – ✆ 0 27 70 77
– www.baglionihotels.com **6KVb**
83 cam – †340/630 € ††390/680 €, 26 € – 9 suites
Rist *Il Baretto al Baglioni* – Carta 70/141 €
Ospiti d'élite hanno pernottato in questa splendida struttura che si propone come una sorta di "casa fuori casa", trasmettendo una sensazione di calda familiarità, senza rinunciare al lusso. Pezzi d'antiquariato e dipinti impreziosiscono gli spazi comuni, mentre nelle camere convivono stucchi e moderne tecnologie.

Bulgari

via privata Fratelli Gabba 7/b ✉ 20121 Ⓜ Montenapoleone – ✆ 0 28 05 80 51
– www.bulgarihotels.com **6KVc**
58 cam – †530/850 € ††530/850 €, 24 € – 11 suites **Rist** – Carta 59/120 €
Dalla famosa *maison* di gioielli, un tributo all'*hôtellerie* di lusso. Colori caldi e materiali preziosi nelle camere, nonchè una delle più belle Spa della città, dove l'hammam in vetro verde ricorda uno smeraldo. Esclusivo ristorante affacciato su un inaspettato giardino.

Armani Hotel Milano (N)

via Manzoni 31 ✉ 20123 Ⓜ Montenapoleone – ✆ 02 88 83 88 88
– www.armanihotels.com **8KVc**
64 cam – †605/1320 € ††605/1320 € – 31 suites
Rist – (consigliata la prenotazione) Carta 70/115 €
Nel rigore di un austero edificio del 1937, espressione più pura dello stile Armani, un'ospitalità innovativa curata da lifestyle manager che assistono ospiti e non clienti. Lussuosa spa di oltre 1000 metri quadrati e camere molto ampie.

Starhotels Rosa Grand

piazza Fontana 3 ✉ 20122 Ⓜ Duomo – ✆ 0 28 83 11 – www.starhotels.com
320 cam – †165/900 € ††300/1300 €, 25 € – 7 suites **9NZv**
Rist *Roses* – vedere selezione ristoranti
Nel cuore di Milano, la risorsa è stata oggetto di un'importante ristrutturazione. L'interno ruota attorno alla corte, replicando forme semplici e squadrate, unite ad una naturale ricercatezza. Confort ed eleganza sono presenti in tutte le camere, ma solo da alcune è possibile ammirare le guglie del Duomo.

NH President

largo Augusto 10 ✉ 20122 Ⓜ San Babila – ✆ 0 27 74 61 – www.nh-hotels.it
262 cam – †390/630 € ††400/780 € – 12 suites **9NZq**
Rist *Il Verziere* – Carta 45/81 €
Un hotel di taglio internazionale adatto ad una clientela d'affari o turistica, offre ambienti ampi ed accoglienti nonchè spazi per sfilate, colazioni di lavoro o congressi. Il ristorante propone piatti della tradizione mediterranea e soprattutto specialità della cucina lombarda.

UNA Hotel Cusani

via Cusani 13 ✉ 20121 Ⓜ Cairoli – ✆ 0 28 56 01 – www.unahotels.it
92 cam – †189/900 € ††199/1100 € – 6 suites **5JVa**
Rist – *(chiuso sabato a pranzo e domenica)* Carta 36/74 €
Situato in pieno centro storico, una posizione comoda per gli affari e per il turismo, la struttura dispone di camere molto ampie ed accoglienti con arredi semplici e moderni. Un'intima sala ristorante, dove gustare una classica cucina tradizionale ed internazionale.

De la Ville cam,

via Hoepli 6 ✉ *20121* Ⓜ *Duomo* – ✆ *0 28 79 13 11* – *www.sinahotels.com*
109 cam ☕ – 🚹200/450 € 🚹🚹300/490 € – 1 suite **9NZh**
Rist ***L'Opera*** – ✆ 0 28 05 12 31 – Carta 48/73 €
Di "meneghino", qui, c'è solo la sua posizione strategica nel cuore di Milano, perché il nome è francese e lo stile old british: boiserie, camino, nonché belle stampe con soggetti ippici e caccia alla volpe. Aristocratica raffinatezza anche nelle camere, sia in stile classico sia contemporaneo, e rilassante piscina al roof con cupola trasparente da cui s'intravedono le guglie del Duomo.

The Gray

via San Raffaele 6 ✉ *20121* Ⓜ *Duomo* – ✆ *0 27 20 89 51* – *www.sinahotels.com*
– *Chiuso agosto* **9MZg**
21 cam – 🚹350/600 € 🚹🚹450/750 €, ☕ 33 € – 5 suites
Rist – Carta 68/96 €
Camere diverse fra loro, tutte da scoprire nei loro dettagli di pregio e dove la tecnologia regna sovrana. "Gray" solo nel nome - quasi un ironico omaggio al grigiore di certe giornate milanesi - in realtà, un esercizio di classe e stile come pochi in città.

Spadari al Duomo senza rist

via Spadari 11 ✉ *20123* Ⓜ *Duomo* – ✆ *02 72 00 23 71* – *www.spadarihotel.com*
– *Chiuso 23-27 dicembre* **9MZf**
39 cam ☕ – 🚹140/200 € 🚹🚹180/380 € – 1 suite
Soggiornare qui ha il duplice vantaggio di pernottare in una moderna struttura in pieno centro, godendo delle opere d'arte che i proprietari, appassionati collezionisti, mettono a disposizione dei clienti: camino di Giò Pomodoro nella hall e studiato gioco di luci, affinché gli oggetti non si sostituiscano ai soggetti.

Cavour

via Fatebenefratelli 21 ✉ *20121* Ⓜ *Turati* – ✆ *02 62 00 01* – *www.hotelcavour.it*
– *Chiuso agosto* **6KVx**
121 cam ☕ – 🚹110/260 € 🚹🚹120/300 € – 6 suites
Rist ***Conte Camillo*** – ✆ 0 26 57 05 16 *(chiuso sabato e domenica)*
Carta 44/70 €
Preziosi i materiali usati, dai pavimenti alle boiserie, in questo albergo di sobria eleganza, poco distante dai principali siti d'interesse socio-culturale della città. Cucina tradizionale elaborata in chiave moderna al ristorante *Conte Camillo*.

Dei Cavalieri cam,

piazza Missori 1 ✉ *20123* Ⓜ *Missori* – ✆ *0 28 85 71* – *www.hoteldeicavalieri.com*
165 cam ☕ – 🚹129/720 € 🚹🚹129/720 € – 2 suites **9MZm**
Rist – *(chiuso domenica) (solo a cena)* Carta 38/61 €
In un palazzo storico della metà del secolo scorso, un'atmosfera rilassante e il servizio sempre attento ed efficiente, l'hotel dispone di eleganti e confortevoli camere, arredate in stile moderno.

Carrobbio senza rist

via Medici 3 ✉ *20123* Ⓜ *Duomo* – ✆ *02 89 01 07 40*
– *www.hotelcarrobbiomilano.com* – *Chiuso vacanze di Natale e agosto*
56 cam ☕ – 🚹117/198 € 🚹🚹147/356 € **7JXd**
In una zona tranquilla nelle vicinanze del centro storico, si tratta di un hotel recentemente rinnovato nelle camere e dispone di un piccolo e rilassante giardino d'inverno.

King senza rist

corso Magenta 19 ✉ *20123* Ⓜ *Cadorna F.N.M.* – ✆ *02 87 44 32*
– *www.mokinba.it* **7JXe**
48 cam ☕ – 🚹129/385 € 🚹🚹275/498 €
Una struttura di sei piani poco distante dal Duomo, recentemente rinnovata negli arredi con qualche sfarzo negli spazi comuni e nelle camere non grandi, ma confortevoli.

Gran Duca di York senza rist

via Moneta 1/a ✉ 20123 Ⓜ Duomo – ☎ 02 87 48 63 – www.ducadiyork.com – Chiuso 23-27 dicembre 9MZd

33 cam ☕ – 🚹80/180 € 🚹🚹120/290 €

Un palazzo settecentesco a pochi passi dal Duomo e dalla Borsa di Milano, ospita un piccolo hotel con ambienti di classica eleganza e camere gradevolmente arredate.

Antica Locanda dei Mercanti senza rist

via San Tomaso 6 ✉ 20121 Ⓜ Cordusio – ☎ 0 28 05 40 80 – www.locanda.it

12 cam – 🚹205/315 € 🚹🚹205/315 €, ☕ 10 € – 7 suites 7JXa

Un albergo piccolo ma accogliente arredato con sobria eleganza e mobili antichi, dispone di camere spaziose e luminose, mollte delle quali sono provviste di un terrazzo.

Zurigo

rist,

corso Italia 11/a ✉ 20122 Ⓜ Missori – ☎ 02 72 02 22 60 – www.brerahotels.com

47 cam ☕ – 🚹65/440 € 🚹🚹90/590 € 8KYj

Rist – *(chiuso sabato e domenica) (solo a pranzo)* Menu 15 €

Un hotel moderno ricavato da un edificio d'epoca dove l'arredamento gioca con le luci ed alterna colori caldi e freddi negli ambienti. Biciclette disponibili gratuitamente.

Vun – Hotel Park Hyatt Milano

via Silvio Pellico 3 ✉ 20121 Ⓜ Duomo – ☎ 02 88 21 12 34 – www.ristorante-vun.it – Chiuso 1 settimana in gennaio, 3 settimane in agosto, sabato a mezzogiorno e domenica 9MZn

Rist – Menu 52 € (pranzo in settimana)/100 € – Carta 71/116 €

➜ Pappa al pomodoro "solida e liquida", ricotta di bufala e acciughe. Coppa di maiale nero, cipollotto, melanzane affumicate e prugne. Gianduia e i lamponi.

Sontuoso, austero e minimalista: il Vun è il regno di un giovane cuoco napoletano nella cui cucina troverete echi di piatti e prodotti partenopei, ma soprattutto un fenomenale viaggio attraverso i migliori prodotti dello stivale.

Cracco

via Victor Hugo 4 ✉ 20123 Ⓜ Duomo – ☎ 02 87 67 74 – www.ristorantecracco.it – Chiuso 24 dicembre-11 gennaio, 3 settimane in agosto, domenica e i mezzogiorno di sabato e lunedì 9MZe

Rist – Menu 140/165 € – Carta 93/185 €

➜ Risotto allo zafferano con midollo alla piastra. Vitello impanato alla milanese. Nuvola di mascarpone.

Moderna, essenziale e razionalista: si parla della sala ma anche della cucina a cui si aggiunge un estro creativo e sperimentale con pochi eguali.

Il Teatro – Hotel Four Seasons

via Gesù 6/8 ✉ 20121 Ⓜ Montenapoleone – ☎ 02 77 08 14 35 – www.fourseasons.com/milan/dining – Chiuso 17 luglio-5 settembre e domenica

Rist – *(solo a cena)* (consigliata la prenotazione) Menu 85 € – Carta 80/96 € 6KVa

Ambiente esclusivo ed estremamente elegante nel ristorante accolto nei meravigliosi ambienti dell'hotel Four Seasons. La cucina si afferma attraverso interpretazioni creative.

Savini

galleria Vittorio Emanuele II ✉ 20121 Ⓜ Duomo – ☎ 02 72 00 34 33 – www.savinimilano.it – Chiuso 10 giorni in gennaio, 20 giorni in agosto, sabato a mezzogiorno e domenica 9MZs

Rist – Carta 78/132 €

Rist *Bistrot* – Carta 65/125 €

E' il "fine dining restaurant" come uno se lo immagina: in un ambiente esclusivo e raffinato, la cucina omaggia il passato con la rivisitazione di alcuni classici meneghini. Dehors d'eccezione per il Bistrot che, affacciato sulla galleria con le storiche vetrate dell'Ottagono, fa della sosta un momento privilegiato.

Trussardi alla Scala

piazza della Scala 5, (palazzo Trussardi) ✉ 20121 Ⓜ Duomo – ✆ 02 80 68 82 01 – www.trussardiallascala.com – Chiuso 3 settimane in gennaio, 3 settimane in agosto, sabato a mezzogiorno, domenica ed il primo lunedì di ogni mese 9MZc

Rist – Menu 55 € (pranzo in settimana) – Carta 130/150 €

➜ Orata, oro, ginger e zafferano. Riso alla milanese con lacrima di midollo alla brace. Petto di piccione alla coque, okra, kakavia e frittura di calamari

Cambio della guardia nella direzione della cucina di questo moderno locale, affacciato su una delle più celebri piazze della città: attenzione alla scelta delle materie prime e creatività accorta sono i tratti distintivi del giovane e talentuoso chef, Luigi Taglienti.

Don Carlos – Grand Hotel et de Milan

via Manzoni 29 ✉ 20121 Ⓜ Montenapoleone – ✆ 02 72 31 46 40 – www.ristorantedoncarlos.it – Chiuso agosto 6KVg

Rist – *(solo a cena)* Menu 90 € – Carta 65/113 €

Se nel nome un tributo all'opera verdiana, al suo interno l'atmosfera si fa raccolta con boiserie, applique rosse e foto d'epoca. La carta dà spazio a specialità lombardo-piemontesi rivisitate in chiave creativa.

Teatro alla Scala - il Marchesino

piazza della Scala ✉ 20121 Ⓜ Duomo – ✆ 02 72 09 43 38 – www.ilmarchesino.it – Chiuso 31 dicembre-6 gennaio, 11-31 agosto e domenica 9MZc

Rist – (consigliata la prenotazione) Carta 72/126 €

Nel corpo del Teatro alla Scala, un bel locale che non si limita ad essere solo ristorante, ma anche caffetteria e sala da tè. Elegante e al tempo stesso informale, propone una cucina raffinata che non rinnega la tradizione.

Armani/Nobu

via Pisoni 1 ✉ 20121 Ⓜ Montenapoleone – ✆ 02 62 31 26 45 – Chiuso 12-26 agosto e domenica a pranzo 6KVe

Rist – Menu 30 € (pranzo)/140 € – Carta 44/87 €

Lo stilista *Armani* e *Nobuyuki*, uno dei migliori chef giapponesi, non potevano che creare un qualcosa di unico nel panorama gastronomico meneghino: in spazi essenziali e minimalisti, ispirati al design nipponico o a certi capi di "re" Giorgio, una cucina fusion con influenze sudamericane.

Emilia e Carlo

via Sacchi 8 ✉ 20121 Ⓜ Cairoli – ✆ 02 87 59 48 – www.emiliaecarlo.it – Chiuso agosto, sabato a mezzogiorno e domenica 5JVd

Rist – Carta 53/74 €

In un palazzo del primo Ottocento, ambientazione rustica con archi e soffitto con travetti a vista per una cucina giovane e creativa. Ottima, la scelta enologica.

Roses – Starhotels Rosa Grand

piazza Fontana 3 ✉ 20122 Ⓜ Duomo – ✆ 0 28 83 11 – www.starhotels.com

Rist – Menu 30 € (pranzo) – Carta 46/80 € 9NZv

Servizio impeccabile, fantasia in cucina ed ottime materie prime: sono questi gli atout del ristorante Roses che non pecca nemmeno dal punto di vista dell'ambiente. Con i suoi spazi fluidi e molto chic è il luogo ideale per una romantica cena o per un pranzo di lavoro.

Hostaria Borromei

via Borromei 4 ✉ 20123 Ⓜ Cordusio – ✆ 02 86 45 37 60 – Chiuso 24 dicembre-7 gennaio, 9-18 agosto e i mezzogiorno di sabato e domenica 7JXc

Rist – Menu 10/20 € (pranzo in settimana) – Carta 30/63 €

Un piccolo locale in pieno centro storico con servizio estivo nella corte del palazzo settecentesco che lo ospita, propone una cucina regionale, specialità ittiche tutto l'anno e sfiziosità secondo stagione.

La Brisa

via Brisa 15 ✉ 20123 Ⓜ Cadorna F.N.M. – ✆ 02 86 45 05 21 – Chiuso 23 dicembre-3 gennaio, 8 agosto-8 settembre, domenica a mezzogiorno e sabato 7JXf

Rist – (consigliata la prenotazione) Menu 25 € (pranzo in settimana) – Carta 46/83 €

Di fronte ad un sito archeologico d'epoca romana, trattoria moderna con cucina anche del territorio. D'estate la veranda si apre sul giardino per il servizio all'aperto.

La Felicità

via Rovello 3 ✉ 20121 Ⓜ Cordusio – ✆ 02 86 52 35 7JXa

Rist – Menu 17/22 € – Carta 15/51 €

Sapori della tradizione vietnamita, thailandese e coreana nelle sale di questo ristorante cinese semplice, ma curato, arredato con raffinati riferimenti alla cultura orientale.

Rovello 18

via Rovello 18 ✉ 20121 Ⓜ Cairoli – ✆ 02 72 09 37 09 – Chiuso i mezzogiorno di sabato e domenica 5JVc

Rist – (consigliata la prenotazione) Carta 39/77 €

Trattoria dall'ambiente piacevolmente retrò, al tempo stesso informale e ricercato. Il menu contempla carne e pesce, ma la qualità della prima impone sicuramente un assaggio.

Centro Direzionale

AC Milano

via Tazzoli 2 ✉ 20154 – ✆ 02 20 42 42 11 – www.ac-hotels.com 5JTb

156 cam – †120/500 € ††130/510 € – 2 suites

Rist – *(solo per alloggiati)* Carta 44/57 €

A due passi dalla movida milanese, che anima corso Como la sera, un contesto di modernità e design al servizio di una clientela business di alto livello. Camere di gran pregio in linea con lo standard della struttura.

Atahotel Executive

cam, cam,

viale Luigi Sturzo 45 ✉ 20154 Ⓜ Porta Garibaldi FS – ✆ 0 26 29 41 – www.atahotels.it 6KUe

414 cam – †100/650 € ††150/850 € – 6 suites

Rist – *(chiuso domenica a mezzogiorno e sabato)* Carta 27/62 €

Di fronte alla stazione ferroviaria Garibaldi, questa moderna struttura vanta un' attrezzata zona congressuale. Ideale per una clientela business dispone di piacevoli ed accoglienti camere.

Four Points Sheraton Milan Center

rist,

via Cardano 1 ✉ 20124 Ⓜ Gioia – ✆ 02 66 74 61 – www.fourpoints.com/milan 6KTb

254 cam – †150/550 € ††200/700 € – 11 suites

Rist *Nectare* – Carta 36/72 €

All'interno di una struttura architettonica recente troverete arredi di sobria eleganza nei riposanti spazi comuni; belle camere confortevoli. Recente e luminosa sala ristorante arredata con gusto.

UNA Hotel Tocq

via A. de Tocqueville 7/D ✉ 20154 Ⓜ Porta Garibaldi FS – ✆ 0 26 20 71 – www.unahotels.it 6KUk

121 cam – †124/613 € ††124/633 € – 1 suite

Rist – *(chiuso sabato e domenica a pranzo)* Carta 32/60 €

Vicino a quell'immenso cantiere che sta cambiando il volto di Milano, design moderno e arredi minimalisti in un hotel che risponde pienamente alle esigenze di una clientela business. Se per un aperitivo modaiolo ci si dà appuntamento nel lounge-bar, per gli amanti delle ore piccole la discoteca Hollywood è a due passi.

Holiday Inn Milan Garibaldi Station

via Ugo Bassi 1 angolo via Farini ✉ 20159
Porta Garibaldi FS – ✆ 0 26 07 68 01 – www.himilangaribaldi.com
129 cam – 120/250 € 134/264 € **5JTa**
Rist – Menu 23/50 € – Carta 35/68 €
Sempre un valido riferimento nel panorama dell'hôtellerie meneghina: luminoso ed accogliente, di design minimalista, sfoggia un'originale sala colazioni con cupola in vetro. Proposte culinarie classiche nel ristorante di taglio moderno.

Il Liberty

viale Monte Grappa 6 ✉ 20124 – ✆ 02 29 01 14 39 – www.il-liberty.it – Chiuso 2 settimane in agosto, sabato a mezzogiorno e domenica **6KUh**
Rist – Menu 60/70 € – Carta 47/68 €
All'interno di un palazzo liberty, un locale piccolo nelle dimensioni – due sale ed un soppalco – ma grande in quanto ad ospitalità e piacevolezza. La cucina s'interessa sia al mare, sia alla terra: in quest'ultimo caso, con materie prime provenienti dalle campagne lombarde.

Casa Fontana-23 Risotti

piazza Carbonari 5 ✉ 20125 Sondrio – ✆ 0 26 70 47 10 – www.23risotti.it – Chiuso 24 dicembre-9 gennaio, 1°-4 aprile, 1°-26 agosto, sabato a mezzogiorno e lunedì **4FQd**
Rist – Menu 30 € – Carta 40/60 €
Val la pena aspettare i canonici 25 minuti per assaggiare la specialità della casa, celebrata anche dalle immagini di mondine alle pareti: il proverbiale risotto. Declinato in tante gustose varianti.

Timé

via San Marco 5 ✉ 20121 Moscova – ✆ 02 29 06 10 51 – www.ristorantetime.it – Chiuso 25 dicembre-1° gennaio, agosto, sabato a mezzogiorno e domenica **6KUx**
Rist – Carta 38/63 €
La sala è ariosa, di taglio moderno, con tavoli ravvicinati in un ambiente vivace: il servizio attento, e pronto a raccontare l'affidabile cucina. Solo a pranzo, disponibilità di una seconda carta più economica.

Osaka

corso Garibaldi 68 ✉ 20121 Moscova – ✆ 02 29 06 06 78 – www.milanoosaka.com **5JUc**
Rist – Menu 25/35 € – Carta 35/76 €
Lungo l'antica via che portava da Milano a Como, nascosto in una breve galleria, in sala regna un'atmosfera sobria e minimalista - tipicamente orientale - riservata a pochi commensali. Dalla cucina piatti nipponici, serviti anche al banco, di fronte allo chef che li prepara espressi.

Serendib

via Pontida 2 ✉ 20121 Moscova – ✆ 0 26 59 21 39 – www.serendib.it – Chiuso 10-20 agosto **5JUb**
Rist – *(solo a cena)* Menu 25 € – Carta 27/48 €
Serendib, l'antico nome dello Sri Lanka, significa "rendere felici": una sfida ardua, ma questo ristorante vince la scommessa! Fedele alle sue origini, la cucina conquista con ricette indiane e cingalesi.

Stazione Centrale

Principe di Savoia

piazza della Repubblica 17 ✉ 20124 Repubblica – ✆ 0 26 23 01 – www.hotelprincipedisavoia.com **6KUa**
400 cam – 219/900 € 246/928 €, 41 € – 54 suites
Rist ***Acanto*** – vedere selezione ristoranti
Affacciata su piazza della Repubblica, la bianca costruzione ottocentesca offre subito di sé un'immagine maestosa e signorile, ma è forse il respiro internazionale che la contraddistingue, il suo vero fiore all'occhiello. Splendide camere, attrezzature sportive e spazi benessere per un soggiorno di relax.

The Westin Palace

piazza della Repubblica 20 ✉ 20124 Ⓜ Repubblica – ✆ 0 26 33 61 – www.westinpalacemilan.it 6LUb

228 cam – ♦100/999 € ♦♦110/1100 €, ☐ 40 € – 5 suites

Rist *Casanova* – vedere selezione ristoranti

A pochi minuti a piedi dalla Stazione Centrale e ben collegato a Fieramilano, l'hotel dispone di moderne camere e suite (splendida quella Presidenziale con terrazza privata e mini pool). The Westin Palace dispone anche di 13 sale riunioni modulari, che possono ospitare fino ad un massimo di 400 persone. Cucina mediterranea reinterpretata con maestria al ristorante Casanova.

Starhotels Anderson cam,

piazza Luigi di Savoia 20 ✉ 20124 Ⓜ Centrale FS – ✆ 0 26 69 01 41 – www.starhotels.com 6LTb

106 cam ☐ – ♦99/800 € ♦♦99/800 €

Rist – Carta 37/67 €

Hotel dalla calda atmosfera design: ambienti intimi e alla moda, camere accoglienti dotate di tutti i confort della categoria. Un piccolo ristorante serale allestito nella raffinata lounge con proposte gastronomiche di tono moderno.

NH Machiavelli

via Lazzaretto 5 ✉ 20124 Ⓜ Repubblica – ✆ 02 63 11 41 – www.nh-hotels.com

103 cam ☐ – ♦100/490 € ♦♦110/500 € – 3 suites 6LUa

Rist – *(chiuso sabato e domenica)* Carta 75/118 €

Una struttura moderna con camere sobrie e luminose ed un ambiente open space che può inglobare più spazi comuni in uno solo. Eccellente prima colazione.

ADI Doria Grand Hotel rist,

viale Andrea Doria 22 ✉ 20124 Ⓜ Caiazzo – ✆ 02 67 41 14 11 – www.adihotels.com 4GQx

122 cam ☐ – ♦101/489 € ♦♦101/560 € – 2 suites

Rist – *(chiuso 24 dicembre-6 gennaio, agosto e domenica)* Carta 39/55 €

Struttura classica dotata di un'elegante hall con arredi del primo Novecento, ampi spazi comuni (sede anche di eventi culturali e musicali), camere spaziose e confortevoli. Il raffinato ristorante propone una squisita cucina regionale ed internazionale.

Bristol senza rist

via Scarlatti 32 ✉ 20124 Ⓜ Centrale FS – ✆ 0 26 69 41 41 – www.hotelbristolmil.it – Chiuso 24 dicembre-2 gennaio ed agosto

68 cam ☐ – ♦100/175 € ♦♦120/240 € 6LTm

Nei pressi della stazione centrale, la struttura si presenta con una veste piuttosto tradizionale, per poi personalizzarsi con mobili antichi negli ambienti comuni e camere intime di classico confort.

Auriga senza rist

via Giovanni Battista Pirelli 7 ✉ 20124 Ⓜ Centrale FS – ✆ 02 66 98 58 51 – www.auriga-milano.com – Chiuso 1°-6 gennaio e 2-25 agosto 6LTk

52 cam ☐ – ♦90/270 € ♦♦120/360 €

La compresenza di stili diversi, una facciata particolare ed i vivaci colori creano un originale effetto scenografico. Confort ed efficienza per turisti e clientela d'affari.

Manin rist,

via Manin 7 ✉ 20121 Ⓜ Palestro – ✆ 0 26 59 65 11 – www.hotelmanin.it – Chiuso agosto 6KVd

118 cam ☐ – ♦137/360 € ♦♦167/390 € – 7 suites

Rist *Bettolino* – *(chiuso 24 dicembre-6 gennaio, domenica a mezzogiorno e sabato)* Carta 44/62 €

Sito nel cuore dell'attività socio-culturale della città, l'hotel propone camere in stile classico con graziose scene decorative sopra le testiere dei letti e stanze di design contemporaneo, alcune con terrazza affacciata sul parco. Piatti della tradizione nell'ambiente raccolto del Bettolino.

Augustus senza rist
via Napo Torriani 29 ✉ 20124 Ⓜ Centrale FS – ✆ 02 66 98 82 71 – www.augustushotel.it – Chiuso 23-27 dicembre e 8-22 agosto **6LUq**
56 cam – 95/200 € 140/250 €
In prossimità della stazione centrale, un hotel di taglio classico a conduzione diretta, particolarmente tranquillo in quanto tutte le camere si affacciano sul retro. La ricca colazione ben predispone alla giornata.

Sempione senza rist
via Finocchiaro Aprile 11 ✉ 20124 Ⓜ Repubblica – ✆ 0 26 57 03 23 – www.hotelsempione.it **6LUr**
49 cam – 70/240 € 80/320 €
A 100 m da piazza della Repubblica, seria gestione familiare in una graziosa struttura che dispone di camere confortevoli, recentemente rinnovate.

Colombia senza rist
via Lepetit 15 ✉ 20124 Ⓜ Centrale FS – ✆ 0 26 69 25 32 – www.hotelcolombiamilano.com – Chiuso 2 settimane in dicembre o gennaio e 3 settimane in agosto **6LUd**
48 cam – 90/290 € 140/430 €
Grazioso hotel a gestione familiare, ristrutturato negli ultimi tempi, dispone di camere confortevoli in stile minimal design. Piacevole giardinetto interno per la prima colazione: praticamente una rarità a Milano!

Sanpi senza rist
via Lazzaro Palazzi 18 ✉ 20124 Ⓜ Porta Venezia – ✆ 02 29 51 33 41 – www.hotelsanpimilano.it **6LUe**
79 cam – 90/650 € 119/750 €
Struttura di dimensioni ridotte, ma di grande piacevolezza, soprattutto nelle camere al piano B1 (le più nuove). Snack bar con piatti freddi e, prima di tuffarsi nella frenetica vita milanese, colazione nella graziosa corte interna.

Aosta senza rist
piazza Duca d'Aosta 16 ✉ 20124 Ⓜ Centrale FS – ✆ 0 26 69 19 51 – www.minihotel.it **6LTp**
63 cam – 60/180 € 85/250 €
A pochi metri dalla stazione Centrale, le camere superior sono più recenti e migliori; per tutti, una superba vista dalla sala colazioni all'ottavo piano.

Acanto – Hotel Principe di Savoia
piazza della Repubblica 17 ✉ 20124 Ⓜ Repubblica – ✆ 02 62 30 20 26 – www.hotelprincipedisavoia.it **6KUa**
Rist – Menu 42 € (pranzo in settimana)/100 € – Carta 79/132 €
Tagliolini all'uovo con ragù di scampi e limone. Tempura di calamari, gamberi, triglie con zucchine e salsa agrodolce. Strudel di mele con gelato al malaga. Quanto basta per far venire l'acquolina in bocca: cucina classico-contemporanea nell'elegante veste moderna di questo ristorante, dove grandi vetrate si affacciano su un inatteso giardino.

Casanova – Hotel The Westin Palace
piazza della Repubblica 20 ✉ 20124 Ⓜ Repubblica – ✆ 0 26 33 61 – www.westin.com/palacemilan **6LUb**
Rist – Carta 59/109 € (+5 %)
Cucina prevalentemente mediterranea, con particolare attenzione alla cultura gastronomica lombarda, piemontese e ligure in un elegante ristorante che annovera anche una zona privée.

Gold
piazza Risorgimento,angolo via Poerio ✉ 20129 Ⓜ Porta Venezia – ✆ 0 27 57 77 71 – www.dolcegabbanagold.it – Chiuso agosto e domenica
Rist – Menu 70/132 € – Carta 42/88 € **4GRc**
Sempre ai vertici nella hit parade dei locali più trendy di Milano, Gold fa dell'oro il suo carattere distintivo. Aspettatevi quindi un ambiente lussuoso e sfavillante: magari, tra uno shooting e l'altro, avrete la fortuna di assistere all'apparizione di Louise Veronica Ciccone, alias Madonna.

XX **Joia** (Pietro Leemann)

via Panfilo Castaldi 18 ✉ 20124 Ⓜ Repubblica – ✆ 02 29 52 21 24 – www.joia.it – Chiuso 25 dicembre-8 gennaio, 7-30 agosto, sabato a mezzogiorno e domenica 6LUc

Rist – Menu 65/100 € – Carta 67/93 €

➜ Gnocchi di patate senza farina, farciti di casera (formaggio) con fonduta di piselli. Muffin di grano saraceno, verdure e casera, patate, ricotta e camomilla. Torta senza zucchero con fragole, datteri e sorbetto di rabarbaro.

Sale semplici e sobrie. Tutto si gioca su piatti vegetariani, dalle scenografiche presentazioni ed influssi orientali. La sera, in una sala-bistrot di fronte alle cucine a vista, qualche proposta meno ambiziosa, ma comunque significativa, a prezzi più contenuti.

XX **Torriani 25**

via Napo Torriani 25 ✉ 20124 Ⓜ Centrale FS – ✆ 02 67 07 81 83 – www.torriani25.it – Chiuso 24 dicembre-1° gennaio, 6-28 agosto, sabato a mezzogiorno e domenica 6LUt

Rist – Carta 38/86 €

Un locale di taglio moderno, caratterizzato da tinte calde e da una diffusa illuminazione; un buffet a vista espone varietà di pesce, specialità cui è votata la carta.

XX **I Malavoglia**

via Lecco 4 ✉ 20124 Ⓜ Porta Venezia – ✆ 02 29 53 13 87 – www.ristoranteimalavoglia.com – Chiuso 24 dicembre-7 gennaio, agosto, lunedì a mezzogiorno e domenica 6LUg

Rist – Carta 40/83 €

Nel capoluogo lombardo, un locale classico condotto da una trentennale esperienza, dove assaporare i piatti tipici della gastronomia siciliana.

XX **13 Giugno**

via Goldoni 44 ang.via Uberti 5 ✉ 20129 Ⓜ Dateo – ✆ 02 71 96 54 – www.ristorante13giugno.it 4GRw

Rist – Carta 50/84 €

Una sala di discreta eleganza, arricchitasi di una veranda-giardino d'inverno, con proposte di mare, specializzata particolarmente nei sapori siciliani.

XX **Barbacoa** Ⓝ

via delle Abbadesse 30 ✉ 20123 – ✆ 0 26 88 38 83 – www.barbacoa.it 6KTa

Rist – *(solo a cena sabato, domenica e in agosto)* Menu 43/48 €

Prima apertura europea di una catena di ristoranti brasiliani, il Barbacoa celebra la carne; il manzo regna sovrano, ma c'è anche pollo, maiale e agnello. Il tour continua con la caipirinha, bevanda tipica a base di zucchero e lime. Insalate miste e dessert di frutta esotica concludono l'offerta.

X **La Cantina di Manuela**

via Carlo Poerio 3 ✉ 20129 Ⓜ Porta Venezia – ✆ 02 76 31 88 92 – www.lacantinadimanuela.it – Chiuso 25 dicembre-1° gennaio, 2 settimane in agosto, domenica a mezzogiorno 4GRx

Rist – Carta 34/48 €

Si mangia circondati da bottiglie di vino in un ambiente giovane e dinamico. Ad una carta di piatti particolarmente elaborati si aggiungono la sera gli antipasti: sostituiti a pranzo da insalate assortite per una clientela business orientata a proposte veloci. Regina delle specialità: la costoletta alla milanese.

X **Da Giannino-L'Angolo d'Abruzzo**

via Pilo 20 ✉ 20129 Ⓜ Porta Venezia – ✆ 02 29 40 65 26 4GRt

Rist – Carta 26/34 €

Una calorosa accoglienza, un ambiente semplice ma vivace e sempre molto frequentato e il piacere di riscoprire, in piatti dalle abbondanti porzioni, la tipica cucina abruzzese. Ottimi, gli arrosticini!

Romana-Vittoria

Grand Visconti Palace

viale Isonzo 14 ✉ 20135 Ⓜ Lodi TIBB – ✆ 02 54 03 41
– www.grandviscontipalace.com 4FSa
166 cam – †149/650 € ††169/1100 € – 6 suites
Rist *Al Quinto Piano* – vedere selezione ristoranti
Nei grandi spazi di un ex mulino industriale è stato ricavato questo grande albergo di tono elegante: accogliente centro benessere, sale congressi e grazioso giardino.

Château Monfort

corso Concordia 1 ✉ 20129 – ✆ 02 77 67 61
– www.chateaumonfort.com 8LVa
77 cam – †195/705 € ††195/705 €, ☕ 25 €
Rist *Rubacuori* – (consigliata la prenotazione) Carta 47/79 €
Eleganza non ostentata in un prestigioso palazzo liberty che porta la firma dell'architetto Paolo Mezzanotte: camere glamour-chic, da sogno quelle ispirate all'opera, ed una piccola SPA per momenti di grande relax. Piatti mediterranei nel menu del ristorante e nel nome una promessa...

Al Quinto Piano – Hotel Grand Visconti Palace

via Mantova 12 ✉ 20135 Ⓜ Lodi – ✆ 02 54 06 95 15
– www.grandviscontipalace.com – Chiuso 5-26 agosto 4FSa
Rist – (consigliata la prenotazione) Carta 49/80 €
Morbidi colori pastello e qua e là, disseminati nella sala, piccoli inserti rossi per vivacizzare l'ambiente: se l'espressione al "settimo cielo" indica uno stato di grazia, al Quinto Piano il gusto ha trovato di che appagarsi… Cucina di ricerca, di fantasia e di cuore.

Globe

piazza 5 Giornate 1 ✉ 20129 – ✆ 02 55 18 19 69
– www.globeinmilano.it – Chiuso 2 settimane in agosto e lunedì sera
Rist – Carta 36/87 € 8LXa
Se lo shopping ha stimolato il vostro appetito, all'ultimo piano di un importante negozio, un moderno open space - con terrazza panoramica - vi stupirà con una cucina poliedrica: nazionale, regionale e di pesce. *Brunch* domenicale e *lounge bar* tutti i giorni, tranne il lunedì, fino alle ore 02.

Alice

via Adige 9 ✉ 20135 Ⓜ Porta Romana – ✆ 0 25 46 29 30
– www.aliceristorante.it – Chiuso 2 settimane in agosto, lunedì a mezzogiorno e domenica 8LYe
Rist – (consigliata la prenotazione la sera) Menu 25 € (pranzo in settimana)/ 85 € – Carta 57/94 €
➜ Spaghettini in brodo affumicato con vongole, calamari e scorza di limone. Bocconcini di razza con foie gras e crema di finocchi. Universo: mousse al cioccolato con cuore di liquirizia su salsa inglese allo zafferano.
Che vi rivolgiate alla cuoca o al sommelier, è sempre un locale al femminile che, partendo dall'alice, si tuffa nel mondo del pesce, proposto in estrose combinazioni e fantasiose presentazioni. Per gli irriducibili della carne, ci sono anche piatti di fassone piemontese e altre carni.

Da Giacomo

via B. Cellini ang. via Sottocorno 6 ✉ 20129 – ✆ 02 76 02 33 13
– www.giacomomilano.com – Chiuso vacanze di Natale e 2 settimane in agosto 4FGRg
Rist – Carta 58/83 €
Ai nostalgici del mare, tante specialità di pesce - sebbene il menu annoveri anche qualche piatto di terra e (in stagione) tartufo d'Alba, ovoli e funghi porcini - in una vecchia trattoria milanese dei primi '900.

Il tempo è bello? Concedetevi il piacere di mangiare in terrazza:

Giacomo Bistrot

via Sottocorno 6 ✉ 20129 – ✆ 02 76 02 26 53 – www.giacomomilano.com – Chiuso 24 dicembre-2 gennaio e 2 settimane in agosto **4FGRg**

Rist – Carta 48/66 €

Tavoli ravvicinati come in un bistrot parigino, ma anche atmosfere british come le belle librerie con ranghi serrati di volumi in marocchino, per un locale aperto fino a notte fonda, che propone una linea di cucina focalizzata su carne, selvaggina, ostriche e tartufi (in stagione).

Masuelli San Marco

viale Umbria 80 ✉ 20135 Ⓜ Lodi TIBB – ✆ 02 55 18 41 38 – www.masuellitrattoria.it – Chiuso 25 dicembre-6 gennaio, 3 settimane in agosto, lunedì a mezzogiorno e domenica **4GSh**

Rist – Carta 36/65 €

Ambiente rustico di tono signorile in una trattoria tipica, con la stessa gestione dal 1921; linea di cucina saldamente legata alle tradizioni lombardo-piemontesi.

Giulio Pane e Ojo

via Muratori 10 ✉ 20135 Ⓜ Porta Romana – ✆ 0 25 45 61 89 – www.giuliopaneojo.com – Chiuso domenica escluso dicembre **8LYa**

Rist – (consigliata la prenotazione) Menu 10 € (pranzo in settimana) – Carta 27/41 €

La proposta gastronomica è quella tipica romana, dalle porzioni abbondanti e dai sapori corposi: dagli spaghetti all'amatriciana, all'abbacchio con patate, e l'immancabile coda alla vaccinara.

Dongiò

via Corio 3 ✉ 20135 Ⓜ Porta Romana – ✆ 0 25 51 13 72 – Chiuso 3 settimane in agosto, sabato a mezzogiorno e domenica **8LYu**

Rist – (consigliata la prenotazione) Carta 27/37 €

Come poteva approdare la Calabria tra i meneghini? Così come tutti la conosciamo: un ambiente semplice e frequentatissimo - a conduzione familiare - come ormai se ne trovano pochi. Cucina casalinga a base di paste fresche, 'nduja e l'immancabile peperoncino.

Navigli

Nhow Milano

via Tortona 35 ✉ 20144 – ✆ 0 24 89 88 61 – www.nhow-hotels.com

246 cam – †104/594 € ††113/603 € – 1 suite **7HYb**

Rist – Carta 40/55 €

Ha fascino da vendere questo design hotel ospitato in un'ex area industriale: uno show room permanente in cui sono esposte eccellenze stilistiche ed artistiche, nonché confort inappuntabile nelle camere eclettiche.

D'Este senza rist

viale Bligny 23 ✉ 20136 – ✆ 02 58 32 10 01 – www.hoteldestemilano.it – Chiuso 24 dicembre-1° gennaio e 2 settimane in agosto **8KYd**

84 cam – †100/250 € ††120/400 €

Nella bohémien zona dei Navigli, tutte le camere di questa risorsa dagli ampi spazi comuni sono state recentemente ristrutturate. Non temete l'assegnazione di una stanza su strada: l'insonorizzazione è eccezionale!

Crivi's senza rist

corso Porta Vigentina 46 ✉ 20122 Ⓜ Crocetta – ✆ 02 58 28 91 – www.crivis.com – Chiuso vacanze di Natale e agosto **8KYe**

86 cam – †120/250 € ††140/350 €

In comoda posizione vicino al metrò, una confortevole risorsa dalle gradevoli zone comuni e camere con arredi classici, adeguate nei confort e negli spazi.

Des Etrangers senza rist

via Sirte 9 ✉ 20146 – ✆ 02 48 95 53 25 – www.hoteldesetrangers.it – Chiuso 9-25 agosto **3DSy**

94 cam – †50/200 € ††70/380 €

Una risorsa ben tenuta ed ubicata in una via tranquilla; buon confort e funzionalità nelle aree comuni e nelle camere. Comodo garage sotterraneo.

XXX **Sadler**

via Ascanio Sforza 77 ✉ 20141 Ⓜ Romolo – ✆ 02 58 10 44 51 – www.sadler.it – Chiuso 1°-8 gennaio, 4-22 agosto e domenica **3ESa**

Rist – *(solo a cena)* Menu 75/140 € – Carta 82/154 €

➜ Tortelli farciti di guancia di vitello stufata, topinambur e tartufo nero. Padellata di crostacei con crema di broccoletti e patate croccanti. Cioccolato d'alta qualità in varie forme, sapori e temperature.

L'armonia qui regna sovrana: nelle linee pure degli arredi, nella scelta dei materiali, negli effetti luce ai quali contribuiscono le grandi vetrate. L'equilibrio non risparmia la cucina, mirabile esempio di connubio tra tradizione e creatività.

XX **Al Porto**

piazzale Generale Cantore ✉ 20123 Ⓜ Porta Genova FS – ✆ 02 89 40 74 25 – www.alportomilano.it – Chiuso 24 dicembre-3 gennaio, agosto, lunedì a pranzo e domenica **7HYh**

Rist – Carta 48/88 €

Nell'800 era il casello del Dazio di Porta Genova, oggi un ristorante classico d'intonazione marinara molto frequentato sia a cena che a pranzo, sicuramente per la qualità del pesce, fresco, proposto anche crudo.

XX **Tano Passami l'Olio** (Gaetano Simonato)

via Villoresi, 16 ✉ 20143 – ✆ 0 28 39 41 39 – www.tanopassamilolio.it – Chiuso 24 dicembre-6 gennaio, agosto e domenica **3DSb**

Rist – *(solo a cena)* (consigliata la prenotazione) Menu 68/110 € – Carta 81/115 €

➜ Uova di quaglia caramellate su mousse di tonno, bottarga di tonno e tonno crudo marinato. Carrè d'agnello in crosta di mandorle col suo fondo alla liquirizia. Mousse di nocciola con crema solida di cioccolato in salsa di pistacchi.

Luci soffuse, atmosfera romantica e creativi piatti di carne e di pesce, ingentiliti con olii extra-vergine scelti ad hoc da una fornita dispensa. Salotto fumatori con divano.

XX **La Scaletta** Ⓝ

piazzale Stazione Genova 3 ✉ 20144 – ✆ 02 43 98 63 16 – www.lascalettamilano.it – Chiuso 25 dicembre-1° gennaio, 12-19 agosto, sabato a mezzogiorno e domenica **7HYd**

Rist – Menu 15 € (pranzo in settimana)/45 € – Carta 36/61 €

Originali serigrafie con dettagli della città in un elegante locale, dove la motivata gestione di tre giovani fratelli ha portato un'ondata di simpatico dinamismo. Il menu si rifà alla tradizione gastronomica mediterranea e lombarda: alcune rivisitazioni di piatti storici risultano particolarmente riuscite.

XX **Il Navigante**

via Magolfa 14 ✉ 20143 – ✆ 02 89 40 63 20 – www.navigante.it – Chiuso 6-26 agosto, sabato a mezzogiorno e domenica **7JYc**

Rist – Carta 43/96 €

In una via alle spalle del Naviglio, musica dal vivo tutte le sere in un locale, gestito da un ex cuoco di bordo, con un curioso acquario nel pavimento; cucina di mare.

XX **Pirandello**

viale Gian Galeazzo 6 ✉ 20136 – ✆ 02 89 40 29 01 – Chiuso 7-30 agosto, sabato a mezzogiorno e domenica **7JYe**

Rist – Carta 44/60 €

Atmosfera, gestione e cucina sono decisamente siciliane: fragranti piatti di pesce e ricette trinacrie in entrambe le sale da pranzo.

X **Trattoria Aurora**

via Savona 23 ✉ 20144 Ⓜ Sant' Agostino – ✆ 0 28 32 31 44 – Chiuso lunedì

Rist – Menu 25/42 € – Carta 20/54 € **7HYm**

Vetrate smerigliate con motivi floreali e decorazioni liberty ovunque: la cucina del mezzogiorno è semplice ma mai banale, piatti tipici della tradizione piemontese come la bagna cauda e il carrello dei bolliti.

Chic'n Quick

via Ascanio Sforza 77 ✉ 20141 Ⓜ Romolo – ☏ 02 89 50 32 22 – www.sadler.it – Chiuso 1°-10 gennaio, 5-24 agosto, lunedì a mezzogiorno e domenica

Rist – Menu 19 € – Carta 35/64 € **3ESa**

Chic'n Quick, per non rinunciare al fascino di una tavola curata ed un servizio veloce. Cucina semplice, ma non priva di spunti fantasiosi: salumi e grigliate tra le specialità.

Trattoria Trinacria

via Savona 57 ✉ 20144 Ⓜ Sant' Agostino – ☏ 0 24 23 82 50 – Chiuso sabato a mezzogiorno e domenica **3DSw**

Rist – Carta 24/56 €

A gestione familiare, un locale accogliente nella sua semplicità confermata dal servizio informale. Tra luci soffuse e candele sui tavoli, il menu in dialetto con "sottotitoli" in italiano celebra le specialità isolane.

Shiva

viale Gian Galeazzo 7 ✉ 20136 – ☏ 02 89 40 47 46 – www.ristoranteshiva.it – Chiuso lunedì a mezzogiorno **7JYb**

Rist – Menu 19 € (cena)/28 € – Carta 18/39 €

Ristorante indiano con grandi sale e un intimo soppalco. Ambienti confortevoli e caratteristici con luci soffuse e decori tipici. Cucina del nord con diverse specialità.

Al Pont de Ferr

Ripa di Porta Ticinese 55 ✉ 20143 Ⓜ Porta Genova FS – ☏ 02 89 40 62 77 – www.pontdeferr.it – Chiuso 1°-10 gennaio e 10-18 agosto **7HYa**

Rist – Menu 70 € – Carta 55/73 €

➜ Cipolla rossa di Tropea caramellata al formaggio di capra. Gnocchi di patate alla brace con zucchine grigliate e gamberoni. Maiale iberico con crema di burrata e ricci di mare.

Sulla passeggiata del Naviglio Grande - davanti al vecchio ponte di ferro - l'ambiente è rustico e di grande semplicità, ma la cucina si esprime a livelli di fine ricerca gastronomica: tecnica raffinata a prezzi accessibili. Menu più semplice a pranzo (la carta è, comunque, disponibile su richiesta).

Trattoria Madonnina

via Gentilino 6 ✉ 20136 – ☏ 02 89 40 90 89 – Chiuso domenica e le sere di lunedì, martedì e mercoledì escluso dicembre **7JYd**

Rist – Carta 18/29 €

Trattoria milanese d'inizio '900 rimasta invariata nello stile: arredi d'epoca con locandine e foto, cucina semplice e gustosa. Piccolo dehors con pergola e tavoli in pietra.

Fiera-Sempione

Hermitage

via Messina 10 ✉ 20154 Ⓜ Porta Garibaldi FS – ☏ 02 31 81 70 – www.monrifhotels.it – Chiuso agosto **5HUq**

122 cam ☕ – 🛉100/320 € 🛉🛉120/340 € – 9 suites

Rist *Il Giorno Bistrot* – vedere selezione ristoranti

In un quartiere brulicante di attività e negozi, un indirizzo sempre valido nel panorama dell'hôtellerie milanese. Raffinatezza e confort, interni in stile classico e modernità delle installazioni: difficile, pretendere di più.

Milan Marriott Hotel

via Washington 66 ✉ 20146 Ⓜ Wagner – ☏ 0 24 85 21 – www.milanmarriotthotel.com **3DRd**

321 cam – 🛉99/545 € 🛉🛉99/545 €, ☕ 20 €

Rist *La Brasserie de Milan* – ☏ 02 48 52 28 34 – Carta 39/86 €

Non lontano dal brulicante corso Vercelli, la struttura si caratterizza per la sua doppia anima: architettura esterna moderna ed ampi interni classicheggianti. Camere funzionali in stile. Specialità regionali e sapori mediterranei a La Brasserie de Milan.

Wagner senza rist
via Buonarroti 13 ✉ 20149 Ⓜ Buonarroti – ☎ 02 46 31 51 – www.roma-wagner.com – Chiuso 12-19 agosto **3DRp**
48 cam – 105/698 € 149/698 € – 1 suite
Accanto all'omonima stazione della metropolitana, l'hotel è stato completamente ristrutturato e offre ambienti ben curati nei dettagli, arredati con marmi e moderni accessori.

Enterprise Hotel
corso Sempione 91 ✉ 20149 – ☎ 02 31 81 81 – www.enterprisehotel.com
126 cam – 133/820 € 143/820 € – 2 suites **3DQc**
Rist *Sophia's* – Carta 42/70 €
Rivestimento esterno in marmo e granito, arredi disegnati su misura, grande risalto alla geometria: hotel d'eleganza attuale con attenzione al design e ai particolari. Uno spazio gradevole e originale per pranzi e cene, d'estate anche all'aperto.

Regency senza rist
via Arimondi 12 ✉ 20155 – ☎ 02 39 21 60 21 – www.regency-milano.com – Chiuso 21 dicembre-6 gennaio e 2-25 agosto **3DQb**
71 cam – 80/290 € 100/390 €
Un "angolo" di ospitalità milanese insolito ed affascinante: una dimora nobiliare di fine '800, una sorta di grazioso castelletto, con un piacevole cortile e raffinati interni.

ADI Hotel Poliziano Fiera cam, rist,
via Poliziano 11 ✉ 20154 – ☎ 0 23 19 19 11 – www.adihotels.com – Chiuso 28 dicembre-8 gennaio e 1°-31 agosto
98 cam – 73/336 € 80/397 € – 2 suites **5HTa**
Rist – *(chiuso domenica) (solo per alloggiati)* Carta 25/42 €
Albergo d'impostazione moderna per un'ospitalità cordiale e attenta: piacevoli ambienti comuni, nonché spaziose camere arredate nei toni verde chiaro e sabbia.

Domenichino senza rist
via Domenichino 41 ✉ 20149 Ⓜ Amendola Fiera – ☎ 02 48 00 96 92 – www.hoteldomenichino.it – Chiuso 21-27 dicembre e 27 luglio-20 agosto
73 cam – 45/250 € 60/300 € – 2 suites **3DRf**
In una via alberata, a due passi dalla Fieramilanocity, un hotel signorile che offre dotazioni e servizi di buon livello, accoglienti spazi comuni e camere confortevoli.

Mozart senza rist
piazza Gerusalemme 6 ✉ 20154 – ☎ 02 33 10 42 15 – www.hotelmozartmilano.it – Chiuso 3 settimane in agosto **5HTb**
116 cam – 90/430 € 100/475 € – 3 suites
Nei pressi di FieraMilanoCity, arredi moderni nelle camere - dotate di ogni confort e ideali per clienti business - in una struttura dall'attenta ospitalità.

Metrò senza rist
corso Vercelli 61 ✉ 20144 Ⓜ Wagner – ☎ 0 24 98 78 97 – www.hotelmetro.it
40 cam – 90/110 € 130/150 € **3DRx**
Conduzione familiare per una risorsa in una delle vie più rinomate per lo shopping; camere piuttosto eleganti, gradevolissima sala colazioni panoramica al roof-garden.

Lancaster senza rist
via Abbondio Sangiorgio 16 ✉ 20145 Ⓜ Cadorna F.N.M. – ☎ 02 34 47 05 – www.hotellancaster.it – Chiuso 24 dicembre-7 gennaio e agosto **5HUc**
30 cam – 70/124 € 99/165 €
Un edificio ottocentesco situato in zona residenziale ospita una piacevole risorsa con spazi comuni non enormi, ma gradevoli ed accoglienti. Camere in stile.

Astoria senza rist
viale Murillo 9 ✉ 20149 Ⓜ Lotto – ☎ 02 40 09 00 95 – www.astoriahotelmilano.com **3DRm**
68 cam – 75/300 € 95/400 €
Lungo un viale di circonvallazione, albergo frequentato soprattutto dalla clientela d'affari; camere con arredi moderni e ottima insonorizzazione.

Portello senza rist
via Guglielmo Silva 12 ✉ 20149 – ✆ 0 24 81 49 44 – www.minihotel.it – Chiuso 22 dicembre-6 gennaio e agosto **3DRa**
96 cam ☕ – 🛉80/400 € 🛉🛉100/600 €
A due passi da FieraMilanoCity, la hall vi accoglie con poltroncine in pelle bianca ed uno stile moderno e piacevolmente minimalista. Le camere - anch'esse recentemente ristrutturate - sono piuttosto semplici, ma senza dubbio funzionali, in gran parte caratterizzate da grandi foto della Milano d'epoca.

Montebianco senza rist
via Monte Rosa 90 ✉ 20149 Ⓜ Lotto Fiera – ✆ 02 48 01 21 30 – www.mokinba.it **3DRa**
46 cam – 🛉70/290 € 🛉🛉90/350 €, ☕ 9 €
In un grazioso edificio d'epoca - lasciata la vettura nel parcheggio - si soggiorna all'insegna della comodità, davanti all'ingresso della metropolitana e con la vecchia FieraMilanoCity raggiungibile a piedi.

Antica Locanda Leonardo senza rist
corso Magenta 78 ✉ 20123 Ⓜ Conciliazione – ✆ 02 48 01 41 97 – www.anticalocandaleonardo.com – Chiuso 31 dicembre-6 gennaio e 5-25 agosto **7HXm**
16 cam ☕ – 🛉95/120 € 🛉🛉170/265 €
L'atmosfera signorile si sposa con l'accoglienza familiare in un albergo affacciato su un piccolo cortile interno, in ottima posizione vicino al Cenacolo leonardesco.

Campion senza rist
viale Berengario 3 ✉ 20149 Ⓜ Amendola Fiera – ✆ 02 46 23 63 – www.hotelcampion.com – Chiuso 25 dicembre-1° gennaio e agosto
27 cam ☕ – 🛉59/189 € 🛉🛉79/289 € **3DRc**
Hotel situato di fronte all'ingresso di Fieramilano City, a pochi passi dal metrò. Conduzione familiare efficiente, camere classiche e confortevoli.

Bon Wei
via Castelvetro 16/18 ✉ 20154 – ✆ 02 34 13 08 – www.bon-wei.it – Chiuso lunedì a pranzo **5HTh**
Rist – (consigliata la prenotazione) Carta 26/70 €
In sale moderne, scure nei colori, ma inondate di luce dalle finestre-vetrina, specialità in prevalenza cantonesi (sebbene non manchi l'anatra alla pechinese): gli ingredienti sono freschissimi, le presentazioni coreografiche. Forse il primo ristorante cinese gourmet della città, sicuramente l'etnico più elegante.

Arrow's
via A.Mantegna 17/19 ✉ 20154 – ✆ 02 34 15 33 – www.ristorantearrows.it – Chiuso 3 settimane in agosto, lunedì a pranzo e domenica **5HUf**
Rist – Carta 34/76 €
Affollato anche a mezzogiorno, l'atmosfera diviene più intima la sera, ma non cambia la cucina: il mare proposto secondo preparazioni tradizionali.

La Cantina di Manuela
via Procaccini 41 ✉ 20154 – ✆ 0 23 45 20 34 – www.lacantinadimanuela.it – Chiuso domenica a pranzo **5HUg**
Rist – Carta 32/52 €
Lasagnette con caviale di melanzane, orata, scamorza affumicata, pomodorini e pesto di rucola, ma anche altri piatti tradizionali rivisitati con cotture leggere, in un ristorante-enoteca non lontano dalla FieraMilanoCity.

La Taverna dei Golosi
corso Sempione 12 ✉ 20154 – ✆ 0 23 45 16 30 – www.tavernadeigolosi.com
Rist – Menu 40 € (cena)/60 € – Carta 38/45 € **5HUs**
Un ambiente caldo ed accogliente che ripropone lo stile, mai tramontato, delle classiche trattorie toscane. La varietà della cucina soddisfa ogni palato: piatti della tradizione, moderne interpretazioni, pizze.

La Rosa dei Venti

via Piero della Francesca 34 ✉ 20154 – ✆ 02 34 73 38 – www.ristorantelarosadeiventi.it – Chiuso 31 dicembre-3 gennaio, 14-29 agosto, sabato a mezzogiorno e lunedì **5HTc**

Rist – Carta 34/71 €

Piccolo locale ideale per chi ama il pesce, preparato secondo ricette semplici ma personalizzate e proposto puntando su un interessante rapporto qualità/prezzo.

Il Giorno Bistrot – Hotel Hermitage

via Messina 10 ✉ 20154 Ⓜ Porta Garibaldi FS – ✆ 02 31 81 70 – Chiuso agosto e i mezzogiorno di sabato e domenica **5HUq**

Rist – Menu 25 € (pranzo in settimana)/60 € – Carta 35/61 €

Lo storico ristorante dell'hotel Hermitage ringiovanisce: nuova sala e nuovi cuochi. Rimane la passione per la cucina milanese, dalla cotoletta al bollito misto (al quale è dedicata la giornata del lunedì), nonché qualche proposta di pesce. Diversi piatti per celiaci.

Pane Acqua

via Bandello 14 ✉ 20123 Ⓜ Conciliazione – ✆ 02 48 19 86 22 – www.paneacqua.com – Chiuso 24 dicembre-6 gennaio, 3 settimane in agosto, lunedì a mezzogiorno e domenica **7HXb**

Rist – Menu 55 € bc – Carta 59/75 €

Se cercate un indirizzo originale, questo farà al caso vostro: grazie alla collaborazione con una galleria d'arte moderna, in questo piccolo bistrot-ristorante gli arredi e le decorazioni cambiano periodicamente. La cucina, invece, rimane sempre gustosamente contemporanea e creativa.

Trattoria Montina

via Procaccini 54 ✉ 20154 Ⓜ Porta Garibaldi FS – ✆ 0 23 49 04 98 – www.trattoriamontina.it – Chiuso 25 dicembre-5 gennaio, 8-30 agosto, lunedì a mezzogiorno e domenica **5HUd**

Rist – Carta 31/57 €

Simpatica atmosfera bistrot, tavoli vicini, luci soffuse la sera in un locale gestito da due fratelli gemelli; piatti nazionali e milanesi che seguono le stagioni.

Quadrifoglio

via Procaccini 21 angolo via Aleardi ✉ 20154 – ✆ 02 34 17 58 – Chiuso 1°-5 gennaio, 9-28 agosto, mercoledì a mezzogiorno e martedì

Rist – Carta 28/52 € **5HUa**

In una delle zone più brillanti di Milano, due salette rallegrate da quadri e ceramiche alle pareti. In menu: piatti della cucina classica nazionale, tante insalate e sostanziosi piatti unici.

Al Vecchio Porco

via Messina 8 ✉ 20154 – ✆ 02 31 38 62 – www.alvecchioporco.it – Chiuso 24 dicembre-2 gennaio, 6-28 agosto e domenica **5HUe**

Rist – *(solo a cena)* (consigliata la prenotazione) Carta 38/59 €

Forse il nome non è troppo elegante, ma si rifà ai tanti maialini che decorano i vari angoli di questo simpatico locale formato da due sale principali e da una taverna (utilizzata soprattutto per feste private, nonché eventi). Cucina locale, attenta ai prodotti stagionali.

Tara

via Cirillo 16 ✉ 20154 Ⓜ Moscova – ✆ 0 23 45 16 35 – www.ristorantetara.it – Chiuso vacanze di Natale e lunedì a mezzogiorno **5HUb**

Rist – Menu 13 € (pranzo in settimana)/24 € – Carta 31/48 €

Tra sculture di *Ganesh* (il dio capace di rimuovere gli ostacoli) e *Lakshmi* (dea della fortuna, consorte di Visnù), tante specialità che profumano di spezie, alcune portate vegetariane e qualche piatto indo-birmano. Non mancano il tè allo zenzero e il *lassi* (bevanda rinfrescante preparata con yogurt e polpa di mango).

Iyo

via Piero della Francesca 74 ✉ 20154 – ☎ 02 45 47 68 98 – www.iyo.it – Chiuso vacanze di Natale, 2 settimane in agosto e lunedì **3DQx**

Rist – (consigliata la prenotazione) Menu 15 € (pranzo in settimana) – Carta 46/59 €

Il "mondo fluttuante" (in giapponese, ukiyo) apre le porte su sushi, sashimi e cotture alla piastra. Ma si ritorna in occidente con i dolci da scegliere su un invogliante vassoio.

Zona urbana Nord-Ovest

Rubens

via Rubens 21 ✉ 20148 Ⓜ Gambara – ☎ 0 24 03 02 – www.hotelrubensmilano.com – Chiuso 5-19 agosto **3DRg**

87 cam – †89/320 € ††99/450 € **Rist** – *(solo per alloggiati)* Carta 36/60 €

Nuova hall di design e wine-bar in un hotel che vanta eleganti ambienti, nonché spaziose e confortevoli camere impreziosite da affreschi di artisti contemporanei. E per propiziarsi la giornata, un'abbondante prima colazione nell'evocativa Sala delle Nuvole, all'ultimo piano, con vista panoramica sulla città.

Accademia

viale Certosa 68 ✉ 20155 – ☎ 02 39 21 11 22 – www.antareshotels.com – Chiuso 9-23 agosto **3DQg**

65 cam – †89/320 € ††99/400 € – 1 suite **Rist** – *(solo per alloggiati)*

Dopo un importante restyling la struttura dispone ora di camere nuove dai toni caldi e dagli arredi design; caratteristico il mosaico che incornicia le porte degli ascensori. Eccellente confort grazie alla studiata razionalizzazione degli spazi.

The Hub Ⓝ

via Privata Polonia 10 ✉ 20157 – ☎ 02 78 62 70 00 – www.thehubhotel.com

162 cam – †79/280 € ††79/280 € **Rist** – Carta 40/60 € **1AOc**

In una zona un po' defilata, un moderno urban hotel con camere abbastanza ampie, buoni spazi congressuali ed un'attrezzata spa all'ultimo piano, dove rigenerarsi grazie a speciali rituali benessere. I classici italiani rivisitati e minimalismo metropolitano al ristorante.

Mirage

viale Certosa 104/106 ✉ 20156 – ☎ 02 39 21 04 71 – www.hotelmirage-milano.com – Chiuso 24-31 dicembre e 26 luglio-18 agosto

86 cam – ††114/344 € **3DQz**

Rist – *(chiuso venerdì e sabato) (solo a cena)* Carta 21/36 €

In virtù della sua posizione strategica, vicino all'imbocco delle principali autostrade e non lontano dal polo fieristico di Rho-Pero, è la struttura ideale per una clientela business. Camere rinnovate in stile classico, alcune con parquet.

La Pobbia 1850

via Gallarate 92 ✉ 20151 – ☎ 02 38 00 66 41 – www.lapobbia.com – Chiuso 1°-10 gennaio, 5-26 agosto, domenica **3DQw**

Rist – Menu 25 € – Carta 43/73 €

La Pobbia, un omaggio ai pioppi che scuotevano le loro fronde lungo questa via che a fine '800 era ancora aperta campagna. Oggi, l'antica osteria convertita in raffinato locale con giardino interno, continua a proporre le tradizionali ricette della cucina lombarda, integrandole con qualche specialità di pesce.

Unico (Fabio Baldassarre)

via Achille Papa 30, palazzo World Join Center ✉ 20149 Ⓜ Lotto – ☎ 02 39 26 10 25 – www.unicorestaurant.it – Chiuso 2 settimane in agosto e sabato a mezzogiorno **3DQu**

Rist – Menu 60/120 € – Carta 64/93 €

→ Spaghetti "cacio e pepe" con porri e ricci di mare. Filetto di fassona al pepe verde, patate al burro e agretti. Sorbetto al sedano su infusione di mango, arance e zenzero.

Nella zona del Portello, la vista rapisce il fiato dalla sala al ventesimo piano del World Join Center. Non meno della cucina: protagonisti sono i suoi prodotti in sapidi accostamenti.

Innocenti Evasioni (Arrigoni e Picco)
via privata della Bindellina ✉ 20155 – ✆ 02 33 00 18 82
– www.innocentievasioni.com – Chiuso 1°-10 gennaio, agosto e domenica
Rist – *(solo a cena)* (consigliata la prenotazione) Menu 28/68 € **3DQa**
– Carta 47/71 €
➜ Tagliolini al nero di seppia con filetti di rombo, barba dei frati e pomodorini. Ombrina dorata, cous-cous con pomodori essicati, olive, uvetta e salsa allo zafferano. Cheese-cake alla vaniglia con sorbetto di ciliegia al Porto.
Un piacevole locale dalle grandi vetrate che si aprono sul giardino dove incontrare una cucina classica rivisitata con tecnica creativa. Splendido servizio estivo all'aperto.

Zona urbana Nord-Est

Starhotels Tourist
viale Fulvio Testi 300 ✉ 20126 – ✆ 0 26 43 77 77 – www.starhotels.com
134 cam – 85/500 € 85/500 € **2BOc**
Rist – *(chiuso venerdì sera, domenica a mezzogiorno e sabato)* Carta 36/70 €
Decentrato, ma in zona comoda per le autostrade, la struttura è in linea con gli standard della catena a cui appartiene. Ottima l'insonorizzazione delle camere: tutte recentemente ristrutturate.

Nu (N)
cam, cam,
via Feltre 19b ✉ 20132 Ⓜ Udine – ✆ 0 29 71 54 51 – www.nu-hotel.com
38 cam – 132/340 € 175/490 € **4GQf**
Rist *Nu Italian Restaurant* – Carta 45/113 €
Art hotel di recente apertura, dove elementi naturali flirtano con tecnologia e modernità dando vita ad un'atmosfera ad alto tasso di originalità. Un esempio? Circa 2000 lampadine avvolgono la struttura di una luce calda e personalizzata. All'ultimo piano, presso il ristorante panoramico, sfiziosi piatti di terra e di mare.

Susa senza rist
viale Argonne 14 ✉ 20133 – ✆ 02 70 10 28 97 – www.hotelsusamilano.it
– Chiuso 3-24 agosto **4GRd**
19 cam – 85/200 € 105/400 €
Situato in una zona strategica di Milano, Città Studi, l'hotel si propone come un valido riferimento sia per una clientela business sia per turisti in visita al capoluogo lombardo. Camere moderne e funzionali; spazi comuni arredati in stile sobrio e minimalista.

Agape senza rist
via Flumendosa 35 ✉ 20132 Ⓜ Crescenzago – ✆ 02 27 20 07 02
– www.agapehotel.com **2COa**
43 cam – 55/230 € 55/230 €
Non lontano dalle grandi direttrici stradali, l'hotel dispone di camere accoglienti e dalle calde cromie. Prezzi interessanti nei fine settimana.

San Francisco senza rist
viale Lombardia 55 ✉ 20131 – ✆ 0 22 36 03 02 – www.hotel-sanfrancisco.it
28 cam – 55/180 € 65/270 € **4GQd**
In zona Città Studi, piccolo albergo dagli ambienti recentemente rinnovati: circa metà delle camere si affacciano sul grazioso giardino ombreggiato, dove in estate si può consumare la prima colazione.

Manna
piazzale Governo Provvisorio 6 ✉ 20127 – ✆ 02 26 80 91 53
– www.mannamilano.it
– Chiuso 25-26 dicembre, 1°-7 gennaio, 15 agosto-7 settembre e domenica
Rist – Menu 18 € (pranzo in settimana) – Carta 37/52 € **4GQc**
Ristorante dai toni vivaci, sia nei colori sia nella sua carta, che vi incuriosirà e forse vi strapperà un sorriso... Due salette ed una cucina che rilegge in chiave moderna i classici della tradizione lombarda: una "manna" nel grigiore di certe giornate milanesi.

Vietnamonamour con cam

via A.Pestalozza 7 ✉ 20131 Ⓜ Piola – ✆ 02 70 63 46 14 – www.vietnamonamour.com – Chiuso agosto **4GQb**

4 cam – 80/120 € 110/200 €

Rist – *(chiuso lunedì a mezzogiorno e domenica)* (consigliata la prenotazione) Menu 15 € (pranzo)/35 € – Carta 31/59 €

Il locale sarebbe sicuramente piaciuto alla scrittrice M.Duras, che qui avrebbe ritrovato certe atmosfere del suo paese natale, il Vietnam. Se non conoscete la cucina, non scoraggetevi nel leggere il menu: al momento dell'ordinazione, il tutto vi sarà opportunamente illustrato ed anche voi soccomberete al fascino d'Oriente.

Mirta

piazza San Materno 12 ✉ 20131 – ✆ 02 91 18 04 96 – www.trattoriamirta.it – Chiuso 2 settimane in dicembre, agosto, sabato e domenica **4GQe**

Rist – Carta 31/50 €

Una simpatica trattoria dalla doppia anima: affollata ed economica a pranzo, più tranquilla la sera. L'ambiente è semplice ed informale, mentre la cucina propone piatti della tradizione lombarda, ma non solo.

Baia Chia

via Bazzini 37 ✉ 20131 Ⓜ Piola – ✆ 0 22 36 11 31 – www.ristorantesardobaiachia.it – Chiuso vacanze di Natale, vacanze di Pasqua, 6-25 agosto, lunedì a mezzogiorno e domenica **4GQa**

Rist – Carta 29/41 €

Gradevole locale di tono familiare, suddiviso in due salette più una veranda utilizzabile anche in inverno, dove gustare una buona cucina di pesce e alcune saporite specialità sarde. Dell'isola anche la lista dei vini.

Zona urbana Sud-Est

Mec senza rist

via Tito Livio 4 ✉ 20137 Ⓜ Lodi TIBB – ✆ 0 25 45 67 15 – www.hotelmec-milano.it **4GSr**

40 cam – 50/220 € 60/330 €

Struttura classica ben collegata alla stazione metropolitana ed attenta agli interventi di manutenzione per garantire un soggiorno confortevole.

Trattoria del Nuovo Macello

via Cesare Lombroso 20 ✉ 20137 Ⓜ Corvetto – ✆ 02 59 90 21 22 – www.trattoriadelnuovomacello.it – Chiuso 31 dicembre-6 gennaio, 10-31 agosto e domenica **4GSb**

Rist – Menu 18/44 € – Carta 38/55 €

Battezzata con questo nome nel 1927 - quando di fronte ad essa sorse il nuovo macello - trent'anni dopo il nonno di uno degli attuali soci la prese in gestione, fiutando il "buon affare" in base all'usura della soglia. Non si sbagliò affatto! Piatti fedeli ai sapori di un tempo, rielaborati in chiave creativa.

Zona urbana Sud-Ovest

La Spezia senza rist

via La Spezia 25 ✉ 20142 Ⓜ Romolo – ✆ 02 84 80 06 60 – www.minihotel.it – Chiuso 24 dicembre-7 gennaio e agosto **2BPd**

76 cam – 70/400 € 90/600 €

Nei pressi della tangenziale e dello svincolo autostradale, albergo per clientela commerciale con camere moderne, rallegrate da foto della vecchia Milano.

Il Luogo di Aimo e Nadia (Aimo Moroni)

via Montecuccoli 6 ✉ 20147 Ⓜ Primaticcio – ✆ 02 41 68 86 – www.aimoenadia.com – Chiuso 1°-8 gennaio, 3 settimane in agosto, sabato a mezzogiorno e domenica **1APe**

Rist – Menu 39 € (pranzo in settimana)/120 € – Carta 78/160 €

→ Vermicelli con bottarga di tonno, seppioline arricciate, fave fresche, limoni e mandorle. Anatra al leggero fumo di zucchero di canna e riduzione di ciliegie di Vignola. Dolci ortaggi: tuberi e tartufi.

Portarono a Milano la cucina toscana per poi ampliarla alle altre regioni; fedele a se stesso, la selezione di prodotti italiani che oggi il ristorante propone è difficilmente eguagliabile.

XX **La Corte**

via Cusago 201, 8 km per via Zurigo ✉ 20153 – ✆ 0 24 59 74 74 – www.ristorantelacorte.com – Chiuso 1 settimana in gennaio, 10 giorni in agosto, lunedì sera e martedì 1AP

Rist – Menu 15 € (pranzo in settimana)/60 € – Carta 38/70 €

All'uscita della tangenziale per Cusago, a pochi chilometri dal centro, si respira già un'atmosfera di campagna. Nel piatto la tradizione italiana: ingredienti e presentazioni, nulla è trascurato!

Dintorni di Milano

al Parco Forlanini (lato Ovest) Est : 10 km (Milano : pianta 7)

XX **Osteria I Valtellina**

via Taverna 34 ✉ 20134 Milano – ✆ 0 27 56 11 39 – www.ivaltellina.it – Chiuso vacanze di Natale, 2 settimane in agosto e venerdì 2CPh

Rist – Menu 55 € – Carta 40/65 €

Un ambiente caratteristico, quasi un museo della vita quotidiana lombarda, l'osteria propone una cucina classica con piatti dai sapori tipicamente valtellinesi.

MILANO 2 – Milano (MI) – Vedere Segrate

MILANO MARITTIMA – Ravenna (RA) – 563 J19 – Vedere Cervia

MILAZZO Sicilia – Messina (ME) – 365 BA54 – 32 601 ab. – ✉ 98057 30 D1

Sicilia

Catania 130 – Enna 193 – Messina 41 – Palermo 209

per le Isole Eolie – Siremar, call center 892 123

piazza Caio Duilio 20, ✆ 090 9 22 28 65, www.aastmilazzo.it

Cittadella e Castello★ – Chiesa del Carmine : facciata★

Roccavaldina : Farmacia★ Sud-Est : 15 km – Isole Eolie★★★ per motonave o aliscafo

La Chicca Palace Hotel senza rist

via Tenente La Rosa 1 – ✆ 09 09 24 01 51 – www.lachiccahotel.com

21 cam – †75/105 € ††120/175 €

In pieno centro ad un passo sia dal porto che dal lungomare, una nuova struttura raccolta e accogliente. Modernità ed essenzialità caratterizzano ogni settore con omogeneità.

Cassisi senza rist

via Cassisi 5 – ✆ 09 09 22 90 99 – www.cassisihotel.com

14 cam – †60/90 € ††90/130 €

Nell'area del porto, un albergo design dagli arredi sobri ed essenziali: linee geometriche e moderne. Prima colazione a buffet, ricca per varietà e qualità.

La Bussola rist,

via Nino Bixio 11/12 – ✆ 09 09 22 12 44 – www.hotelabussola.it

23 cam – †80/120 € ††120/180 € – 3 suites

Rist *Sofia's Bistrot* – *(chiuso lunedì a pranzo)* Carta 32/94 €

Agile punto di riferimento per quanti, dopo una buona e abbondante colazione, desiderano riprendere il viaggio alla volta delle Eolie: il recente rinnovo con soluzioni di design lo caratterizza per eleganza e originalità. Al ristorante, cucina semplice e sapori di mare come ostriche, astici e crudi vari.

XXX **Piccolo Casale**

via Riccardo d'Amico 12 – ✆ 09 09 22 44 79 – www.piccolocasale.it – Chiuso lunedì escluso in estate

Rist – Menu 35/50 € – Carta 31/73 €

Praticamente invisibile dall'esterno, nella residenza di un generale garibaldino, ristorante curato ed elegante nelle sale interne così come sulla graziosa terrazza fiorita.

Doppio Gusto Ⓝ

via Luigi Rizzo 44/45 – ✆ 09 09 24 00 45 – Chiuso domenica sera escluso maggio-settembre

Rist – Carta 36/74 €

Sono le specialità di pesce a connotare la cucina di questo locale dal design contemporaneo con tratti di eleganza, ma informale nel servizio. Buona scelta enologica con proposte anche al calice.

Il Bagatto Ⓝ con cam

via M. Regis 11 – ✆ 09 09 22 42 12 – www.locandadelbagatto.com

6 cam – †60/90 € ††80/100 €

Rist – *(solo a cena)* (consigliata la prenotazione) Carta 28/60 €

Musica dal vivo una volta alla settimana in un ristorante dai toni rustici, dove gustare una cucina strettamente di terra con prodotti di nicchia provenienti anche da altre regioni. Per la par condicio, le camere sfoggiano invece uno stile di moderno design.

MILETO – Vibo Valentia (VV) – 564 L30 – 7 017 ab. – alt. 365 m – ✉ 89852 5 A3

Roma 562 – Reggio di Calabria 84 – Catanzaro 107 – Cosenza 110

Il Normanno

via Duomo 12 – ✆ 09 63 33 63 98 – www.ilnormanno.com – Chiuso 1°-20 settembre e lunedì escluso agosto

Rist – Menu 15 € (in settimana) – Carta 17/36 €

Marito in sala e moglie ai fornelli a preparare piatti della tradizione locale, come la fileja (pasta filata a mano) con sugo alla "normanna" (peperoni, porcini e pomodoro), in una rustica trattoria nel cuore della località.

MILLESIMO – Savona (SV) – 561 I6 – 3 516 ab. – ✉ 17017 14 B2

Roma 553 – Genova 81 – Cuneo 62 – Imperia 91

Locanda dell'Angelo Ⓝ

via Roma 32 – ✆ 0 19 56 56 57 – www.lalocandadellangelo.eu – Chiuso 2 settimane in gennaio, 19-31 agosto e martedì

Rist – Menu 65 € – Carta 38/82 €

Cucina creativa, ma d'ispirazione regionale, e piatti vegetariani per i seguaci della filosofia green, in questo intimo locale che occupa gli spazi - sapientemente rivisitati - di antiche cantine.

MINERBIO – Bologna (BO) – 562 I16 – 8 700 ab. – alt. 16 m – ✉ 40061 9 D3

Roma 399 – Bologna 23 – Ferrara 30 – Modena 59

Nanni

via Garibaldi 28 – ✆ 0 51 87 82 76 – www.hotelnanni.com – Chiuso 24 dicembre-7 gennaio e 8-26 agosto

46 cam – †70/120 € ††90/180 €

Rist – *(chiuso domenica sera e sabato)* Carta 22/42 €

Albergo dalla solida tradizione familiare: luminosi interni arredati in modo molto piacevole e belle camere, le più nuove e carine sono frutto del recente ampliamento. Capiente sala da pranzo in stile lineare e luminosa sala banchetti affacciata sul giardino.

MINERVINO MURGE – Barletta-Andria-Trani (BT) – 564 D30 – 9 598 ab. – alt. 429 m – ✉ 70055 Puglia 26 B2

Roma 364 – Foggia 68 – Bari 75 – Barletta 39

La Tradizione-Cucina Casalinga

via Imbriani 11/13 – ✆ 08 83 69 16 90 – www.osterialatradizione.net – Chiuso 21-28 febbraio, 1°-15 settembre, domenica sera e giovedì

Rist – Carta 15/34 €

Celebre trattoria del centro storico, accanto alla chiesa dell'Immacolata. Ambiente piacevole, in stile rustico, foto d'epoca alle pareti e piatti tipici del territorio come i troccoli alla murgese in menu.

MINORI – Salerno (SA) – 564 E25 – 2 836 ab. – ✉ 84010 6 B2

Roma 269 – Napoli 67 – Amalfi 3 – Salerno 22

Santa Lucia

via Nazionale 44 – ☎ 0 89 87 71 42 – www.hotelsantalucia.it – Chiuso 10 novembre-27 dicembre

37 cam – †65/106 € ††84/150 € **Rist** – Carta 24/48 € (+10 %)

Nella ridente cittadina dell'incantevole costiera Amalfitana, un albergo a gestione familiare, con camere nuove e davvero graziose. Sapori campani nella capiente sala da pranzo dai colori caldi.

Giardiniello

corso Vittorio Emanuele 17 – ☎ 0 89 87 70 50 – www.ristorantegiardiniello.com – Chiuso mercoledì escluso giugno-settembre

Rist – Menu 25 € – Carta 33/68 €

Ristorante e pizzeria situato nel centro della località, dove gustare piatti del luogo, soprattutto di mare; gradevole servizio estivo sotto un pergolato.

MINTURNO – Latina (LT) – 563 S23 – 19 059 ab. – alt. 141 m – ✉ 04026 13 D3

Roma 161 – Latina 92 – Caserta 63 – Frosinone 82

Claudio Petrolo

piazza Zambarelli 5 – ☎ 34 06 12 96 86 – www.claudiopetrolo.com – Chiuso 8-15 gennaio, lunedì e martedì

Rist – (consigliata la prenotazione) Carta 27/50 €

Una pescheria di famiglia, ecco la migliore garanzia di freschezza del pesce: il giovane cuoco abbandona il negozio per passare ai fornelli, ma è sempre dalla pescheria che arrivano i migliori prodotti del mare.

MIRA – Venezia (VE) – 562 F18 – 38 952 ab. – ✉ 30034 40 C3

Italia Centro-Nord

Roma 514 – Padova 22 – Venezia 20 – Chioggia 39

via Nazionale 420, ☎ 041 5 29 87 11, www.turismo.provincia.venezia.it

Riviera e ville del Brenta★★ per la strada S11

Villa Franceschi

via Don Minzoni 28 – ☎ 04 14 26 65 31 – www.villafranceschi.com

25 cam – †120/165 € ††175/240 € – 10 suites

Rist *Margherita* – vedere selezione ristoranti

Due strutture costituiscono la risorsa ed è quella principale a darle il nome: una splendida villa del XVI secolo abbracciata da giardini all'italiana e con camere che si contraddistinguono per confort e silenziosità.

Villa Margherita senza rist

via Nazionale 416 – ☎ 04 14 26 58 00 – www.villa-margherita.com

19 cam – †98/125 € ††145/175 € – 4 suites

All'ombra di un ampio parco, una splendida villa secentesca per un soggiorno di classe: ambienti raffinati, riccamente ornati e abbelliti da affreschi e quadri d'autore. Il vicino ristorante Margherita vi attende con un menu tutto da scoprire.

Riviera dei Dogi senza rist

via Don Minzoni 33 – ☎ 0 41 42 44 66 – www.bighotels.it

43 cam – †50/78 € ††60/120 €

Affacciata sul Brenta, questa villa secentesca racconta l'antico splendore mai tramontato. Incastonata tra i tesori artistici e architettonici dislocati lungo il fiume, la struttura accoglie affascinanti interni d'atmosfera quasi tutti sormontati da soffitti con travi a vista e un piacevole giardino d'inverno.

Isola di Caprera senza rist

riviera Silvio Trentin 13 – ☎ 04 14 26 52 55 – www.isoladicaprera.com – Chiuso 22 dicembre-3 gennaio

16 cam – †70/90 € ††90/130 €

Lungo il fiume Brenta, gradevole giardino con piscina ed atmosfera da casa privata, sia nella bella villa ottocentesca, sia nelle due romantiche barchesse.

Margherita – Hotel Villa Franceschi
via Don Minzoni 28 – ✆ 04 14 26 65 31 – www.villafranceschi.com
Rist – Carta 43/77 €
Le grandi vetrate della sala offrono deliziosi scorci del giardino, mentre la tradizione gastronomica regionale – con una predilezione per le ricette di pesce – è rivisitata: soprattutto, nelle presentazioni.

Nalin
via Argine sinistro Novissimo 29 – ✆ 0 41 42 00 83 – www.trattorianalin.it – Chiuso domenica sera e lunedì
Rist – Carta 26/70 €
Una lunga tradizione, iniziata nel 1914, da parte della stessa famiglia per questo ristorante che propone una cucina d'ispirazione ittica. Bella veranda luminosa.

Dall'Antonia
via Argine Destro del Novissimo 75, Sud : 2 km – ✆ 04 15 67 56 18 – www.trattoriadallantonia.it – Chiuso gennaio, agosto, domenica sera e martedì
Rist – Menu 30 € (pranzo in settimana)/65 € – Carta 28/55 €
Accolti da un tripudio di fiori, quadri e da un'esperta conduzione familiare potrete gustare saporiti piatti a base di pesce. Degni di lode, i moscardini in salsa di noci.

a Gambarare Sud-Est : 3 km – ✉ 30030

Poppi cam, cam,
via Romea 80 – ✆ 04 15 67 56 61 – www.hotelpoppi.com
98 cam – ♦65/90 € ♦♦65/90 € – 2 suites **Rist** – Carta 37/63 €
Lungo la statale Romea, hotel dalla capace gestione familiare in grado di offrire un confort adeguato sia ad una clientela commerciale che a quella turistica. La cucina di mare è protagonista al ristorante, sempre molto apprezzato.

a Oriago Est : 4 km – ✉ 30034

Il Burchiello
via Venezia 19 – ✆ 0 41 42 95 55 – www.burchiello.it
63 cam – ♦95/120 € ♦♦130/180 €
Rist *Il Burchiello* – ✆ 0 41 47 22 44 *(chiuso domenica sera e lunedì)*
Carta 32/60 €
Camere signorili e personalizzate, realizzate in stili diversi e una gestione seria e professionale per questo hotel situato in posizione ottimale per escursioni sul fiume Brenta.

Nadain
via Ghebba 26 – ✆ 0 41 42 93 87 – www.nadain.it – Chiuso 2 settimane in luglio, giovedì a mezzogiorno e mercoledì
Rist – Menu 25 € – Carta 31/63 €
Piacevole ristorante a conduzione familiare in zona periferica: ricette della tradizione regionale, come ad esempio le schie con polenta, realizzate partendo da un'accurata selezione degli ingredienti.

MIRAMARE – Rimini (RN) – 563 J19 – Vedere Rimini

MIRANO – Venezia (VE) – 562 F18 – 27 077 ab. – alt. 9 m – ✉ 30035 40 C2

Roma 516 – Padova 26 – Venezia 21 – Milano 253

Park Hotel Villa Giustinian senza rist
via Miranese 85 – ✆ 04 15 70 02 00 – www.villagiustinian.com
40 cam – ♦52/75 € ♦♦80/131 € – 2 suites
In un ampio parco con piscina, una villa del Settecento dagli ambienti rilassanti e ornati in stile - sia nelle camere sia nella hall - affiancata da due dépendance con stanze più sobrie.

Relais Leon d'Oro
via Canonici 3, Sud : 3 km – ✆ 0 41 43 27 77 – www.leondoro.it
30 cam – ♦74/88 € ♦♦108/138 €
Rist *Gondola Brusada* – vedere selezione ristoranti
Costruito nel 1860 dal Vescovado di Padova per il ritiro dei Padri Francescani, il relais si presenta oggi come una raffinata residenza di campagna non priva di moderni confort: interni curati, ambienti signorili e camere personalizzate.

XX **Gondola Brusada** - Hotel Relais Leon d'Oro

via Canonici 3, Sud : 3 km – 0 41 43 27 77 – www.leondoro.it

Rist – (consigliata la prenotazione) Carta 39/58 €

Sarde in saor, alici marinate, pappardelle al ragù d'anatra...C'è terra e mare, tipicità autoctone e dessert fatti in casa nel variegato menu di questo ristorante, che riserva un occhio di riguardo ai piccoli ospiti (menu a loro dedicato).

XX **Da Flavio e Fabrizio "Al Teatro"**

via della Vittoria 75 – 0 41 44 06 45 – www.ristorantedaflavioefabrizio.it – Chiuso 11-18 agosto e lunedì

Rist – (consigliata la prenotazione) Carta 25/43 €

Al piano terra wine-bar e cicchetteria, al primo piano una curata sala di tono moderno, dove gustare specialità di pesce, tra cui spiccano i celebri tagliolini gialli e neri con scampi calamaretti e zucchine.

a Scaltenigo **Sud-Ovest : 4,8 km – ✉ 30035**

X **Trattoria la Ragnatela**

via Caltana 79 – 0 41 43 60 50 – www.ristorantelaragnatela.com

Rist – Menu 11 € (pranzo in settimana)/35 € – Carta 19/52 €

Locale fuori porta dagli ambienti curati nella loro semplicità. In menu: specialità di carne, ma soprattutto pesce, in ricette tradizionali con qualche proposta più creativa. E dalla ricetta di un anonimo veneziano del 1300, savor di gamberi con mix di spezie (zenzero, curcuma, zafferano, coriandolo, cardamomo, anice stellato, pimiento, curry).

a Vetrego **Sud: 4 km – ✉ 30035**

X **Il Sogno**

via Vetrego 8 – 04 15 77 04 71 – www.trattoriailsogno.com

Rist – Menu 15 € (pranzo in settimana)/40 € – Carta 21/38 €

Ex circolo culturale, questo bel locale di campagna ha ereditato dalla vecchia attività una forma d'arte tutta sua: la cultura della buona cucina, che si materializza in piatti con evidenti radici regionali, personalizzati da un pizzico di fantasia. "Emozionante", il carrello dei bolliti.

MISANO ADRIATICO – Rimini (RN) – 562 K20 – 12 359 ab. – ✉ 47843 9 D2

Roma 318 – Rimini 13 – Bologna 126 – Forlì 65

viale Platani 22, 0541 61 55 20, www.misano.org

Atlantic Riviera

via Sardegna 28 – 05 41 61 41 61 – www.atlanticriviera.com – Aperto Pasqua-30 settembre

53 cam – 50/115 € 100/150 € **Rist** – Carta 27/53 €

Particolare la terrazza solarium sulla quale si trova anche una bella piscina panoramica affacciata sulla Riviera; funzionali le camere, non prive di qualche tocco di eleganza. Dalla cucina romagnola ai classici nazionali, al ristorante.

XX **Le Vele** (N)

via Litoranea Sud, Bagni 70 – 05 41 61 13 99 – Chiuso gennaio, martedì e mercoledì escluso luglio e agosto

Rist – Carta 38/60 €

Con i piedi quasi nella sabbia ed il mare a portata di mano, un locale moderno, lineare, dove tutto è finalizzato ad offrire agli ospiti specialità ittiche presentate, senza esagerazioni, in chiave moderna.

MISSIANO = MISSIAN – Bolzano (BZ) – 562 C15 – Vedere Appiano sulla Strada del Vino

---

MISURINA – Belluno (BL) – 562 C18 – alt. 1 756 m – Sport invernali : 1 755/2 200 m 6 31 (Comprensorio Dolomiti superski Cortina d'Ampezzo) – ✉ 32040 40 C1

Roma 686 – Cortina d'Ampezzo 14 – Auronzo di Cadore 24 – Belluno 86

via Monte Piana, 0435 3 90 16, www.infodolomiti.it

Lago★★ – Paesaggio pittoresco★★★

Lavaredo 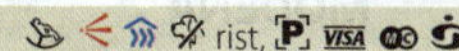
via Monte Piana 11 – ✆ 0 43 53 92 27 – www.lavaredohotel.it
– Aperto 21 dicembre-Pasqua e 1° giugno-30 settembre
29 cam – 60/160 € 70/180 €, 9 €
Rist – *(chiuso lunedì) (solo a cena in inverno)* Carta 19/44 €
Si riflette sullo specchio lacustre antistante questa risorsa a gestione familiare che offre un'incantevole vista sulle cime e camere semplici, ma accoglienti. Cucina classica italiana nel ristorante anch'esso affacciato sul lago.

MOCRONE – **Massa Carrara (MS)** – **Vedere Villafranca in Lunigiana**

MODENA (MO) – 562 I14 – 184 663 ab. – alt. 34 m 8 B2

Italia Centro-Nord

Roma 404 – Bologna 40 – Ferrara 84 – Firenze 130

via Scudari 8, ✆ 059 2 03 26 60, www.turismo.comune.modena.it

18 via Castelnuovo Rangone 4, 059 553482, www.modenagolf.it – chiuso martedì

Duomo★★★ AY – Metope★★ nel museo del Duomo ABY **M1** – Biblioteca Estense★: Bibbia di Borso d'Este★★Galleria Estense★, nel palazzo dei Musei AY **M2** – Palazzo Ducale★ BY**A**

Pianta pagina seguente

Canalgrande 
corso Canalgrande 6 ✉ 41121 – ✆ 0 59 21 71 60
– www.canalgrandehotel.it BZ**v**
68 cam – 118/138 € 157/184 € – 2 suites
Rist *La Secchia Rapita* – vedere selezione ristoranti
Convento nel Cinquecento, poi residenza nobiliare, è oggi un hotel di grande prestigio: sale neoclassiche con antichi ritratti di famiglia ed uno splendido giardino. Nelle ex cantine, il ristorante è dedicato alla gloria locale della Formula Uno.

Real Fini-Via Emilia senza rist 
via Emilia Est 441, per ③ ✉ 41122 – ✆ 05 92 05 15 11
– www.hotelviaemilia.it
87 cam – 69/230 € 69/250 € – 5 suites
Nell'antica città estense, questo hotel di prestigio propone eleganti zone comuni con boiserie in ciliegio e camere arredate con mobili su misura. Ampio centro congressi.

Central Park senza rist
via Vittorio Veneto 10 ✉ 41124 – ✆ 0 59 22 58 58
– www.centralparkmodena.com AY**d**
45 cam – 95/180 € 130/240 € – 2 suites
A pochi passi dal centro, un albergo recentemente ristrutturato per soddisfare le esigenze di una clientela d'affari. Comodità e funzionalità all'ordine del giorno.

Libertà senza rist 
via Blasia 10 ✉ 41121 – ✆ 0 59 22 23 65 – www.hotelliberta.it BY**e**
51 cam – 80/120 € 110/190 € – 1 suite
Centrale, poco distante dal Palazzo Ducale e provvisto di un comodo garage, offre graziose e sobrie camere e moderni spazi comuni. Clientela soprattutto commerciale.

Daunia senza rist
via del Pozzo 158, per ③ ✉ 41124 – ✆ 0 59 37 11 82 – www.hoteldaunia.it
42 cam – 75 € 110 €
All'interno di un edificio dei primi '900, hotel di piccole dimensioni con camere funzionali e piacevole terrazza allestita con gazebo, utilizzata anche per la prima colazione.

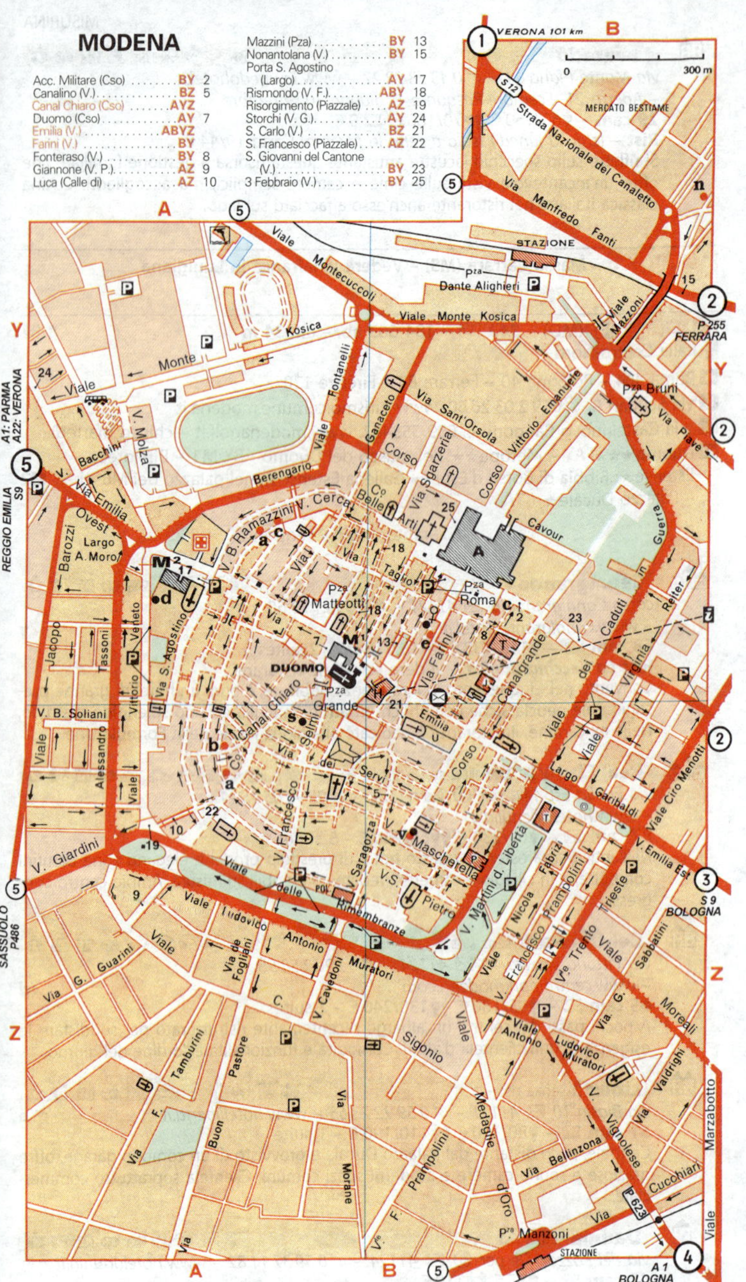
MODENA
Acc. Militare (Cso) .... BY 2
Canalino (V.) .... BZ 5
Canal Chiaro (Cso) .... AYZ
Duomo (Cso) .... AY 7
Emilia (V.) .... ABYZ
Farini (V.) .... BY
Fonteraso (V.) .... BY 8
Giannone (V. P.) .... AZ 9
Luca (Calle di) .... AZ 10
Mazzini (Pza) .... BY 13
Nonantolana (V.) .... BY 15
Porta S. Agostino
(Largo) .... AY 17
Rismondo (V. F.) .... ABY 18
Risorgimento (Piazzale) .... AZ 19
Storchi (V. G.) .... AY 24
S. Carlo (V.) .... BZ 21
S. Francesco (Piazzale) .... AZ 22
S. Giovanni del Cantone
(V.) .... BY 23
3 Febbraio (V.) .... BY 25
VERONA 101 km
0
300 m
MERCATO BESTIAME
S 12
Strada Nazionale del Canaletto
Via Manfredo Fanti
STAZIONE
Pza Dante Alighieri
Viale Montecuccoli
Viale Monte Kosica
Viale Mazzoni
P 255 FERRARA
Pza Bruni
Via Piave
Kosica
Monte
Viale
Fontanelli
Ganaceto
Via Sant'Orsola
Vittorio Emanuele
Corso
Via Sgarzeria
Co Belle Arti
Corso Cavour
A1: PARMA
A22: VERONA
REGGIO EMILIA S9
Bacchini
V. Molza
Berengario
Viale
V. B. Ramazzini
V. Cerca
Via Emilia Ovest
Largo A. Moro
Barozzi
Via Taglio
Pza Matteotti
Pza Roma
DUOMO
Pza Grande
Via Farini
Canalgrande
Viale dei Caduti in Guerra
Reiter
Virginia
Jacopo
Tassoni
Viale Vittorio Veneto
Via S. Agostino
V. B. Soliani
Viale Alessandro
Co Canal Chiaro
Selmi
Via dei Servi
Emilia
Corso
Largo Garibaldi
Viale Ciro Menotti
V. Emilia Est
S 9 BOLOGNA
V. Giardini
SASSUOLO P486
V. Francesco
V. Saragozza
V. Maschetella
V.S. Pietro
Viale delle Rimembranze
V. Martini d. Libertà
Fabrizi
Nicola
Prampolini
Trieste
Viale Trento
Sabbatini
Viale Ludovico Antonio Muratori
Via de Fogliani
V. Cavedoni
Guarini
Via G.
Viale
Sigonio
Viale Antonio Ludovico Muratori
Via G. Moreali
Tamburini
Pastore
Via
Vignolese
Valdrighi
Marzabotto
Buon
Morane
Prampolini
Medaglie d'Oro
Via Bellinzona
Cucchiari
P 623
Pza Manzoni
STAZIONE
A 1 BOLOGNA
Viale

XXX **Osteria Francescana** (Massimo Bottura)

✿✿✿ *via Stella 22 ✉ 41121 – ✆ 0 59 21 01 18 – www.osteriafrancescana.it – Chiuso 24 dicembre-6 gennaio, agosto, sabato a mezzogiorno e domenica* AZ**b**

Rist – (consigliata la prenotazione) Menu 100/180 € – Carta 120/210 €

→ Cinque stagionature di parmigiano reggiano in differenti consistenze e temperature. Faraona non arrosto. Oops mi è caduta la crostatina al limone: crostata al limone sottosopra.

Sale moderne e minimaliste, opere d'arte contemporanea, tonalità color ostrica: la Francescana è incensata dagli amanti della tradizione modenese così come dagli appassionati di cucina avanguardista. Sintesi degli estremi, l'eccellenza dei piatti strappa un unico, fragoroso applauso bipartisan.

XXX **L'Erba del Re** (Luca Marchini)

✿ *via Castelmaraldo 45 ✉ 41121 – ✆ 0 59 21 81 88 – www.lerbadelre.it – Chiuso 1°-6 gennaio, 5-28 agosto, lunedì a mezzogiorno e domenica* AY**c**

Rist – (consigliata la prenotazione) Menu 38/95 € – Carta 44/72 €

→ Passatelli asciutti con pollo ed uvetta. Maialino da latte dalla cotenna croccante con scalogno in agrodolce. Pane e cioccolato.

Affacciato su una delle piazze più belle di Modena, arredi d'epoca e decorazioni più moderne sono la metafora di una carta equamente divisa fra tradizione e creatività.

XX **Hostaria del Mare** (Vittorio Novani)

✿ *via Castelmaraldo 29 ✉ 41121 – ✆ 0 59 23 85 61 – www.hostariadelmare.it – Chiuso 1°-3 gennaio, 11-22 agosto, martedì a mezzogiorno e lunedì* AY**a**

Rist – (consigliata la prenotazione) Menu 55 € – Carta 54/110 €

→ Spaghettino "iodio puro", olio verde e pepe nero. Dolce crescendo di astice, mango, foie gras e ricci di mare. Marrakech: semifreddo di ricotta di pecora con cioccolato fondente, acqua di rose, albicocche candite, salsa alla menta.

In pieno centro storico, un ristorante sobrio e moderno il cui nome già ne preannuncia il genere: di pesce, declinato nelle più svariate proposte, dal crudo a ricette gustosamente creative. Per i tradizionalisti, c'è anche una selezione di classici regionali.

XX **Zelmira**

piazzetta San Giacomo 17 ✉ 41121 – ✆ 0 59 22 23 51 – Chiuso gennaio, venerdì a mezzogiorno e giovedì AZ**a**

Rist – (consigliata la prenotazione) Carta 43/73 €

Cucina emiliana e qualche piatto innovativo sono le proposte di questo locale dalla gestione esperta, situato in pieno centro storico. Servizio estivo sulla suggestiva piazzetta.

XX **Bianca**

via Spaccini 24 ✉ 41122 – ✆ 0 59 31 15 24 – Chiuso 23-31 dicembre, vacanze di Pasqua, 4-19 agosto, sabato a mezzogiorno e domenica BY**n**

Rist – Carta 37/76 €

Trattoria dal 1948, è il bastione della tradizione modenese che si esplicita in alcuni piatti irrinunciabili: dagli gnocchi fritti al carrello dei bolliti, passando per i tortellini in brodo.

XX **La Secchia Rapita** – Hotel Canalgrande

corso Canalgrande 6 ✉ 41121 – ✆ 05 94 27 07 43 – www.ristorantelasecchiarapita.it – Chiuso agosto, lunedì a pranzo e domenica BZ**v**

Rist – Carta 27/64 €

All'interno del cinquecentesco Palazzo Schedoni, l'ambiente è tutto un susseguirsi di richiami all'universo della Formula 1. Il menu si divide equamente tra carne e pesce, con un occhio di riguardo per quelle tipicità gastronomiche che hanno reso Modena, famosa in tutto il mondo.

Oreste

piazza Roma 31 ✉ 41121 – ✆ 0 59 24 33 24
– Chiuso 26 dicembre-6 gennaio, 10-31 luglio, domenica sera e mercoledì
Rist – Menu 25 € – Carta 40/62 € BYc
Qui regnano la tradizione, l'atmosfera un po' retrò con elementi d'arredo di indubbio pregio, ed è sempre qui che si rivedono i sapori d'un tempo, paste fatte a mano e familiare cortesia.

Hosteria Giusti

vicolo Squallore 46 ✉ 41121 – ✆ 0 59 22 25 33
– www.hosteriagiusti.it – Chiuso dicembre, agosto, domenica e lunedì BYe
Rist – (solo a pranzo) (prenotazione obbligatoria) Carta 56/74 €
Un locale di nicchia con soli quattro tavoli sul retro di una celebre salumeria, nel vecchio macello dove venivano lavorate le carni del maiale e dell'oca: ambiente rustico, ma tovagliato più ricercato. Il menu dà spazio solo a specialità emiliane.

sulla strada statale 9 - via Emilia Est località Fossalta per ③ : 4 km

Rechigi Park Hotel senza rist

via Emilia Est 1581 ✉ 41122 Modena – ✆ 0 59 28 36 00
– www.rechigiparkhotel.it – Chiuso agosto
68 cam – †85/145 € ††125/220 €
Ospitato in un'antica residenza di grande fascino, l'hotel è circondato da un piccolo giardino e propone camere classiche e caldi spazi comuni. Encomiabile la cortesia.

Antica Moka

via Emilia Est 1496 ✉ 41126 Modena – ✆ 0 59 28 40 08
– www.anticamoka.it – Chiuso 1 settimana in agosto e sabato a mezzogiorno
Rist – Carta 52/90 €
I sapori regionali profumano le eleganti sale di questa ex scuola di inizio '900: i celebri tortellini in brodo, i succulenti arrosti ed una considerevole proposta di pesce.

Vinicio

via Emilia Est 1526 ✉ 41126 Modena – ✆ 0 59 28 03 13
– www.ristorantevinicio.it – Chiuso 24 dicembre-6 gennaio, agosto e lunedì
Rist – Menu 35/80 € – Carta 39/59 €
Caldo ed elegante il look di questo ristorante: ricavato negli ambienti in cui un tempo c'erano le stalle, propone piatti locali. D'estate si pranza anche all'aperto.

La Quercia di Rosa

via Scartazza 22 ✉ 41126 Modena – ✆ 0 59 28 07 30
– www.laquerciadirosa.com – Chiuso 1°-23 agosto, domenica sera e martedì
Rist – Menu 30 € – Carta 33/57 €
Incorniciata in un parco con laghetto, l'ottocentesca villa ospita un ristorante a gestione familiare che propone piatti della tradizione modenese. Dispone di un settore per fumatori.

sulla strada statale 486 per ⑤ - via Giardini AZ :

Le Ville

cam,
via Giardini 1270, Sud: 4,5 km ✉ 41126 Modena
– ✆ 0 59 51 00 51 – www.minihotelleville.it – Chiuso vacanze di Natale e 2 settimane in agosto
46 cam – †70/120 € ††100/165 €
Rist *Le Ville* – ✆ 0 59 51 22 40 (chiuso sabato a mezzogiorno e domenica)
Carta 33/60 €
Tre edifici, di cui uno d'epoca, danno il nome a questo hotel immerso in un rigoglioso giardino: camere spaziose e moderne nell'edificio principale, più semplici ed economiche nella dépendance.

in prossimità casello autostrada A1 Modena Sud per ④: 8 km

Real Fini-Baia del Re
via Vignolese 1684 ✉ 41126 Modena – ✆ 05 94 79 21 11 – www.hotelbaiadelre.com
84 cam – 59/165 € 59/215 € – 6 suites
Rist ***Baia del Re*** – vedere selezione ristoranti
Funzionali camere in stile minimalista, molte delle quali dotate di un piccolo giardino per questo hotel di recente costruzione, ideale per una clientela business.

Baia del Re – Hotel Real Fini-Baia del Re
via Vignolese 1684 ✉ 41126 Modena – ✆ 05 94 79 21 11 – www.hotelbaiadelre.com – Chiuso 2-22 agosto e domenica
Rist – Carta 30/58 €
Ristorante dalla tradizione decennale è sempre una garanzia in materia gastronomica: ben segnalato già dall'esterno propone le tipiche specialità emiliane, a cominciare dai tortellini e i bolliti.

sulla strada statale 9 - via Emilia Ovest per ⑤ :

Strada Facendo (Emilio Barbieri)
via Emilia Ovest 622 ✉ 41123 Modena – ✆ 0 59 33 44 78 – www.ristorantestradafacendo.it – chiuso 1 settimana in gennaio, 6-18 agosto, sabato a mezzogiorno e domenica
Rist – Menu 32 € (pranzo)/80 € – Carta 53/63 €
➜ Crudo di pesce. Lombata d'agnello in crosta di erbette con topinambur, carciofi e animelle. Zabaione ghiacciato, amaretto, salame al cioccolato e salsa al caramello.
Periferico, si dirà che manca il fascino del centro storico eppure le piccole sale sono diventate un appuntamento imperdibile per la Modena gourmet: vi si celebrano i salumi, i tortellini di una volta e i bolliti, ma anche proposte più moderne, pesce compreso.

La Masseria
via Chiesa 61, località Marzaglia, Ovest : 9 km ✉ 41123 Modena – ✆ 0 59 38 92 62 – www.ristorantemasseria.com – Chiuso 19 agosto-4 settembre e martedì
Rist – Carta 30/52 €
Restaurato, l'antico mulino è ora un accogliente ristorante in cui primeggiano i sapori di una cucina casalinga fedele alle tradizioni pugliesi. D'estate si pranza tra piante e fiori.

a Baggiovara Sud-Ovest : 8 km – ✉ 41126

UNA Hotel Modena cam, cam, rist,
via Settembrini 10 – ✆ 05 95 13 95 95 – www.unahotels.it
95 cam – 220/240 € 280/320 €
Rist – *(chiuso domenica a mezzogiorno e sabato)* Carta 31/59 €
Ad un km dalla tangenziale, struttura interamente nuova, dove le esigenze del soggiorno d'affari incontrano un design avanguardista, geometrico e colorato. Terrazza solarium con giardino pensile.

MODICA **Sicilia – Ragusa (RG) – 565** Q26 – **55 196 ab. – alt. 296 m** **30** D3
– ✉ **97015** Sicilia

Agrigento 147 – Caltanissetta 139 – Catania 116 – Ragusa 14

Località★ - Chiesa di S. Giorgio★★ - Museo delle Arti e delle Tradizioni Popolari★ - Chiesa di S. Pietro: facciata★

Cava d'Ispica, 9 km est: Larderia★ (catacomba di epoca paleocristiana)

Modica Palace Hotel rist,
via Vanella 106-Polo Commerciale – ✆ 09 32 45 60 33 – www.modicapalacehotel.it
33 cam – 49/159 € 59/199 € – 2 suites **Rist** – Carta 21/70 €
Nuova e moderna struttura nella zona commerciale della città: camere design, full optional, ma la "regina" è la suite Pasha. Al sobrio ristorante, guizzi creativi personalizzano ricette locali.

Palazzo Failla

via Blandini 5 – ✆ 09 32 94 10 59 – www.palazzofailla.it
10 cam – 59/75 € 79/139 € – 1 suite
Rist ***La Gazza Ladra*** – vedere selezione ristoranti
In una città tanto bella e superba da regalarsi due centri storici, Palazzo Failla fu costruito nel '700 scegliendo la parte alta di Modica. Le camere sono di due tipologie: quelle al primo piano risalgono all'originaria dimora con preziosi mobili antichi, mentre al secondo gli arredi si fanno più moderni e funzionali.

Principe d'Aragona senza rist

corso Umberto I° 281 – ✆ 09 32 75 60 41 – www.hotelprincipedaragona.it
35 cam – 60/80 € 80/120 €
In posizione strategica per visitare la città, al vostro ritorno in hotel vi aspetta un tuffo in piscina o una pausa rilassante sui lettini del solarium. Le camere sono moderne e confortevoli: come del resto tutta la struttura!

De Mohàc senza rist

via Campailla 15 – ✆ 09 32 75 41 30 – www.hoteldemohac.it
10 cam – 59/109 € 79/129 €
In un dedalo di vicoli, alle spalle del centrale corso Umberto, albergo ricco di fascino e testimonianze d'epoca con camere curate nei dettagli, ognuna delle quali è simpaticamente "dedicata" ad un importante scrittore (di cui l'ospite troverà un libro).

Relais Modica senza rist

via Campailla 99 – ✆ 09 32 75 44 51 – www.hotelrelaismodica.it
10 cam – 65/85 € 85/110 €
A pochi metri dal centrale corso Umberto, ma già in posizione rialzata per ammirare la città illuminata di sera, un antico palazzo nobiliare apre i propri battenti per accogliervi nel fascino discreto di un'elegante casa. Prenotare le spaziose camere con vista.

Bristol senza rist

via Risorgimento 8/b – ✆ 09 32 76 28 90 – www.hotelbristol.it – Chiuso 23 dicembre-1° gennaio
27 cam – 45/55 € 70/100 €
Piccolo hotel nella zona moderna, condotto da una simpatica gestione; alla clientela d'affari si affiancano, in estate, i turisti in visita ai tesori barocchi della città.

Casa Talia senza rist

via Exaudinos 1 – ✆ 09 32 75 20 75 – www.casatalia.it – Chiuso 15 gennaio-28 febbraio
9 cam – 100/110 € 130/150 €
Camere ispirate ai paesi mediterranei in un contesto di straordinario fascino storico, giardino pensile e vista indimenticabile...

La Gazza Ladra – Hotel Palazzo Failla

via Blandini 11 – ✆ 09 32 75 56 55 – www.ristorantelagazzaladra.it
Rist – *(solo a cena in agosto)* Menu 70/90 € – Carta 62/90 €
➜ Spremuta di Sicilia: linguine di kamut con crema di acciughe, finocchietto selvatico e mandorle. Trancio di cernia bianca con patate e infuso di té nero. Cannolo surrealista!
Come il buon vino migliora invecchiando, il valore di questo ristorante cresce negli anni. Prodotti isolani si prestano ad essere plasmati dalla travolgente personalità e dalle indiscusse capacità dello chef: il risultato è una raffinata cucina, che si discosta dalla tradizione se non nell'uso delle materie prime.

Fattoria delle Torri

vico Napolitano 14 – ✆ 09 32 75 12 86 – www.fattoriadelletorri.it – Chiuso lunedì
Rist – Menu 37/80 € – Carta 43/67 €
Ristorante che, percorso un vicolo, si mostra d'improvviso nello splendore di un palazzo del centro. Durante la bella stagione si cena all'aperto in un originale limoneto.

La Locanda del Colonnello

vico Biscari 6 – ✆ 09 32 75 24 23 – www.lalocandadelcolonnello.com – Chiuso mercoledì

Rist – Menu 28 € – Carta 26/40 €

In questo gioiello di città in cui s'incastonano chiese barocche e scalinate scenografiche, un piccolo ristorante dall'ambiente carino e curato, ma informale, per mangiare bene senza spendere una follia. Un consiglio: non lasciate il locale senza aver assaggiato il mitico cannolo di ricotta di pecora e la cioccolata modicana.

MOENA – Trento (TN) – 562 C16 – 2 709 ab. – alt. 1 184 m 34 C2

– Sport invernali : ad Alpe Lusia e San Pellegrino (Passo) : 1 200/2 500 m 3 17 (Comprensorio Dolomiti Superski Tre Valli) – ✉ 38035

Roma 671 – Belluno 71 – Bolzano 44 – Cortina d'Ampezzo 74

piaz de Navalge 4, ✆ 0462 60 97 70, www.fassa.com

Alle Alpi

strada de Moene 67 – ✆ 04 62 57 31 94 – www.hotelallealpi.it – Aperto 17 dicembre-30 marzo e 17 giugno-20 settembre

33 cam – †84/150 € ††140/280 € – 5 suites **Rist** – Carta 25/42 €

Situato nella parte superiore della località, albergo con confortevoli interni caldi ed eleganti, cura dei dettagli e atmosfera familiare. Attivo centro benessere. Capiente sala ristorante dai toni freschi e luminosi, cucina d'ispirazione contemporanea.

Garden

strada de le Chiesure 3 – ✆ 04 62 57 33 14 – www.hotelgarden-moena.it – Aperto 16 dicembre-14 aprile e 21 giugno-19 settembre

44 cam – †84/195 € ††160/300 € – 1 suite **Rist** – Carta 29/82 €

Albergo a ridosso del centro che punta ad offrire una vacanza "benessere" ai propri ospiti, sciatori e non. Vasta gamma di programmi di animazione o cure estetiche.

Park Hotel Leonardo

rist,

strada dei Ciroch 15 – ✆ 04 62 57 33 55 – www.parkhotelleonardo.it – Aperto 16 giugno-23 settembre e 30 novembre-15 aprile

32 cam – †60/100 € ††120/200 € – 7 suites **Rist** – Carta 17/50 €

Tranquillo, panoramico, immerso nel verde: gli accoglienti interni s'ispirano alle tradizioni locali e quattro camere beneficiano di una terrazza-giardino. Il centro della località? Ancora raggiungibile a piedi.

Stella Alpina

strada de Ciampian 21 – ✆ 04 62 57 33 51 – www.hotelstellaalpina.it – Aperto 1° dicembre-15 aprile e 15 giugno-30 settembre

28 cam – †35/90 € ††70/190 € – 1 suite **Rist** – Carta 33/53 €

Tranquillo e allo stesso tempo vicino al centro, la struttura propone camere semplici, ma ottimamente tenute. E se il tempo si guasta, l'energica signora Carla organizzerà la vostra giornata!

Cavalletto N

cam, rist,

strada de Fachin 1 – ✆ 04 62 57 31 64 – www.hotelcavalletto.it

38 cam – †50/80 € ††100/160 € – 1 suite

Rist – *(chiuso ottobre e novembre)* Carta 23/65 €

Gli "ingredienti" per un rilassante soggiorno in Val di Fassa, qui ci sono tutti: camere accoglienti e di varia tipologia, nuovo centro benessere dotato di sauna, bagno turco, cascata di ghiaccio ed altro ancora, nonché la proverbiale gentilezza della gente di queste parti.

Rancolin

strada de Moene 31 – ✆ 04 62 57 31 15 – www.hotelrancolin.it – Aperto 1° dicembre-Pasqua e 1° giugno-30 settembre

26 cam – †50/120 € ††80/200 € **Rist** – Carta 18/60 €

Profusione di legno in questo piccolo hotel a gestione familiare, tranquillo sebbene centrale. Non trascurabile il buon rapporto qualità/prezzo.

Malga Panna (Paolo Donei)
strada de Sort 64, località Sorte, Ovest : 1,5 km – 04 62 57 34 89 – www.malgapanna.it – Aperto 1° dicembre-30 aprile e 21 giugno-14 ottobre
Rist – *(chiuso lunedì escluso luglio-agosto)* Menu 60/90 € – Carta 48/93 €
➜ Spaghettini tiepidi con salmerino, crema di topinambur, nocciole tostate e olio affumicato. Filetto di cervo ai germogli di pino mugo, rape bianche e ristretto di pinot nero. Tortino di cioccolato, gelato al ginepro e ananas al profumo di rosmarino.
A 1400 metri d'altitudine, il panorama su Moena e sulla valle è splendido. All'interno, avvolti nel legno della sala, la creatività del cuoco vi farà volare ancora più in alto.

Tyrol
piaz de Ramon 9 – 04 62 57 37 60 – www.posthotelmoena.it – Aperto 1° dicembre-30 aprile e 20 giugno-30 settembre; chiuso martedì in inverno
Rist – Carta 40/61 €
La sala classica - in legno - l'avrete già vista in tanti ristoranti, ma non la cucina: legata al territorio, esalta i sapori ladini senza inutili artifici. Per un'esperienza indimenticabile.

sulla strada statale 48 Sud : 3 km :

Foresta
strada de la Comunità de Fiem 42 – 04 62 57 32 60 – www.hotelforesta.it – Chiuso 9-25 dicembre e 26 giugno-18 luglio
15 cam – †65/120 € ††130/200 € – 6 suites
Rist *Foresta* – vedere selezione ristoranti
Una bella casa che offre un'accoglienza calorosa, tanto nella stagione sciistica, quanto nei mesi estivi. Spazi comuni caratteristici sebbene di modeste dimensioni e graziose camere.

Foresta – Hotel Foresta
strada de la Comunità de Fiem 42 – 04 62 57 32 60 – www.hotelforesta.it – Chiuso 9-25 dicembre, 26 giugno-18 luglio e venerdì in bassa stagione
Rist – Carta 24/55 €
Alle spalle di una fitta abetaia, uno scrigno di sorprese! Prima fra tutte la cucina: ingredienti genuini di produzione locale, che accrescono il gusto di quanto verrà servito in tavola. A proposito, non alzatevi da essa senza aver assaggiato l'orzotto mantecato con la trota affumicata e la rucola.

MOGGIONA – Arezzo (AR) – 563 K17 – Vedere Poppi

MOGLIANO VENETO – Treviso (TV) – 562 F18 – 28 115 ab. – 31021 39 A2

Roma 529 – Venezia 17 – Milano 268 – Padova 38
via Don G. Bosco 5, 041 5 93 03 51, www.turismo.provincia.treviso.it
Villa Condulmer via della Croce 3, 041 457062, www.golfvillacondulmer.com – chiuso lunedì
Zerman via Malombra 4/B, 041 457369 – chiuso lunedì

Villa Stucky senza rist
via Don Bosco 47 – 04 15 90 45 28 – www.villastucky.it
28 cam – †75/110 € ††120/180 €
All'interno di un piccolo parco, un'elegante villa ottocentesca offre ambienti in stile ricchi di fascino e belle camere personalizzate, dove alti soffitti, stucchi e pezzi d'antiquariato si alternano ai più moderni confort.

Duca d'Aosta senza rist
piazza Duca d'Aosta 31 – 04 15 90 49 90 – www.ducadaostahotel.it
43 cam – †90/220 € ††140/330 €
Bella costruzione d'ispirazione contemporanea ristrutturata di recente. Situata nel cuore della cittadina offre piacevoli spazi comuni dai colori chiari, ben arredati.

in prossimità casello autostrada A 27 Sud-Ovest: 5km

Move Hotel Ⓝ
via Bonfadini 1 – ✆ 04 15 97 70 01 – www.movehotel.it
201 cam ☕ – 🚹85/270 € 🚹🚹100/290 € – 2 suites **Rist** – Carta 36/54 €
Grande struttura ad impronta business, progettata e realizzata per quel tipo di clientela: linee minimaliste, camere confortevoli ed essenziali, quasi spoglie. Molti spazi per l'attività congressuale e per rilassarsi piscina e sauna.

MOIA DI ALBOSAGGIA – Sondrio (SO) – Vedere Sondrio

MOLASSANA – Genova (GE) – 561 I8 – Vedere Genova

MOLFETTA – Bari (BA) – 564 D31 – 60 159 ab. – ✉ 70056 Puglia — 26 B2

Roma 425 – Bari 30 – Barletta 30 – Foggia 108
Duomo vecchio★

Garden
rist,
via provinciale Terlizzi – ✆ 08 03 34 17 22 – www.gardenhotelmolfetta.it
60 cam ☕ – 🚹65 € 🚹🚹90 € **Rist** – *(chiuso sabato e domenica)* Menu 25/40 €
Nei pressi dello svincolo autostradale, una moderna struttura che ingloba anche un'importante zona riservata alla banchettistica (a questo scopo hanno ampliato il parcheggio e migliorato il giardino). Le camere sono di taglio classico: le migliori, in quanto più recenti, al secondo e terzo piano.

MOLINELLA – Bologna (BO) – 562 I17 – 15 821 ab. – ✉ 40062 — 9 C2

Roma 413 – Bologna 38 – Ferrara 34 – Ravenna 54

Cesare Magli & Figli Ⓝ senza rist
via Guido Reni 10 – ✆ 0 51 88 08 28 – www.cesaremagli.it
7 cam ☕ – 🚹75/100 € 🚹🚹90/120 €
Nell'intrigante cornice di un borgo settecentesco, non è il solito hotel, ma un'originale risorsa le cui camere personalizzate evocano atmosfere diametralmente diverse tra loro: l'epopea dei toreri e dei cow-boy, gli ambienti coloniali dei possedimenti in Africa negli anni '30, il rock e le sue star...

MOLINI = MÜHLEN – Bolzano (BZ) – Vedere Falzes

MOLTRASIO – Como (CO) – 561 E9 – 1 710 ab. – alt. 247 m – ✉ 22010 — 18 B1

Roma 634 – Como 9 – Menaggio 26 – Milano 57

Grand Hotel Imperiale
via Regina Vecchia 24-26 – ✆ 0 31 34 61 11 – www.imperialemoltrasio.it – Chiuso 1° gennaio-15 febbraio
122 cam – 🚹160/370 € 🚹🚹180/390 €, ☕ 25 € – 1 suite
Rist *Imperialino* – vedere selezione ristoranti
Rist – Carta 41/74 €
Circondato da una lussureggiante vegetazione, splendido resort costruito in stile tardo Liberty, composto da un palazzo principale e dall'esclusiva Villa Imperiale: una sorta di hotel nell'hotel, che offre lussuose camere con balconi e bella vista. Specialità italiane e comasche nel luminoso ristorante con veranda La Cascata.

Imperialino – Grand Hotel Imperiale
via Regina Vecchia 26 – ✆ 0 31 34 66 00 – www.imperialemoltrasio.it – Chiuso gennaio e lunedì
Rist – Carta 49/78 €
Specialità mediterranee permeate da una vena creativa, da assaporare voluttuosamente nella raffinata atmosfera di questo ristorante, direttamente affacciato sul lago.

XX **Posta** con cam

piazza San Rocco 5 – 0 31 29 04 44 – www.hotel-posta.it
– Chiuso gennaio-febbraio
17 cam – 69/139 € 99/169 €
Rist – *(chiuso mercoledì a pranzo escluso giugno-settembre)* Carta 34/58 €
In centro, ristorante a gestione diretta, con camere in parte ristrutturate: sala da pranzo di tono elegante dove gustare pesce lacustre; "fresco" servizio estivo all'aperto.

MOLVENO – Trento (TN) – 562 D14 – 1 130 ab. – alt. 865 m 33 B3

– Sport invernali : ad Andalo : 1042/1 528 m 1 20 (Consorzio Paganella-Dolomiti) – 38018 Italia Centro-Nord

Roma 627 – Trento 44 – Bolzano 65 – Milano 211
piazza Marconi, 0461 58 69 24, www.visitdolomitipaganella.it
Lago★★

Alexander

via Nazionale – 04 61 58 69 28 – www.alexandermolveno.com
– Chiuso 2-20 aprile e 1° novembre-20 dicembre
35 cam – 60/120 € 96/170 € – 6 suites
Rist – Carta 29/51 €
Affacciata sul lago, con il gruppo del Brenta a farle da sfondo, un'elegante dimora le cui camere si faranno ricordare per ampiezza e vivacità. La struttura pensa anche al divertimento dei più piccoli, riservando loro un'apposita sala. Piatti regionali e, settimanalmente, serata a tema presso l'originale ristorante.

Alle Dolomiti

rist,

via Lungolago 18 – 04 61 58 60 57 – www.alledolomiti.com
– Chiuso 30 marzo-22 aprile e 1° novembre 20 dicembre
40 cam – 90/120 € 90/120 € – 4 suites
Rist – *(solo a cena escluso luglio e agosto)* Carta 28/54 €
Dinnanzi al parco del lungolago, una storica casa di famiglia è stata convertita in albergo: stile rustico, camere accoglienti e, sul retro, un ampio giardino con piscina. Nella raffinata sala da pranzo, arredata in calde tonalità rosse e gialle, la cucina classica trentina.

Belvedere

rist, rist,

via Nazionale 9 – 04 61 58 69 33 – www.belvedereonline.com
– Chiuso aprile e novembre
56 cam – 150/230 € – 10 suites **Rist** – Carta 20/38 €
Immerso nel verde, un albergo rustico ravvivato da inserti in velluto e tendaggi rosso scarlatto, dispone di ambienti moderni e una nuova piscina dal grande effetto scenico. Al ristorante, un ambiente classico e luminoso con tocchi di tipicità e la classica cucina regionale.

Du Lac

rist,

via Nazionale 4 – 04 61 58 69 65 – www.hoteldulac.it
– Chiuso aprile e novembre
40 cam – 65/80 € 130/160 € **Rist** – Carta 25/38 €
Alle porte del paese, una struttura tipica montana abbracciata dal verde e sita vicino lago, dispone di camere classiche ed accoglienti recentemente rinnovate. Sala da pranzo in stile rustico tirolese dove assaporare una sapiente cucina regionale.

XX **El Filò**

piazza Scuole 5 – 04 61 58 61 51 – Aperto vacanze di Natale e 1° maggio-31 ottobre; negli altri mesi aperto solo il week-end
Rist – Carta 27/46 €
Incantevole caratteristica stube, completamente rifinita in legno: luci soffuse, divanetti a muro rossi e proposte di cucina tipica, ma anche piatti legati alla stagione.

MOMBARUZZO – Asti (AT) – 561 H7 – 1 146 ab. – ✉ 14046 23 C3

Roma 610 – Torino 98 – Asti 37 – Alessandria 28

a Casalotto Ovest : 4 km – ✉ 14046

La Villa

via Torino 7 – ✆ 01 41 79 38 90 – www.lavillahotel.net
– Aperto 16 marzo-30 novembre
14 cam – 95/140 € 210/220 € – 5 suites
Rist – *(chiuso martedì) (solo a cena)* Menu 45 €
Nel cuore delle colline del Monferrato, una signorile villa dei primi del '700 gestita da una coppia inglese, dispone di camere diverse negli arredi e una terrazza panoramica.

MOMBELLO MONFERRATO – Alessandria (AL) – 561 G6 – 1 099 ab. – alt. 273 m – ✉ 15020 23 C2

Roma 626 – Alessandria 48 – Asti 38 – Milano 95

Cà Dubini senza rist

via Roma 17 – ✆ 01 42 94 41 16 – www.cadubini.it
– Chiuso 1°-20 gennaio e 1°-20 agosto
4 cam – 50 € 80 €
Immersa nel Monferrato Casalese, una caratteristica cascina ristrutturata nel pieno rispetto della struttura originale. Ambienti confortevoli, in puro stile country.

Dubini

via Roma 34 – ✆ 01 42 94 41 16 – www.cadubini.it
– Chiuso 1°-20 gennaio, 1°-20 agosto e mercoledì
Rist – Menu 25/35 €
Gestione diretta di grande ospitalità e simpatia in un locale familiare ubicato tra le splendide colline del Monferrato. In menu: proposte del territorio ricche di gusto.

MOMO – Novara (NO) – 561 F7 – 2 731 ab. – alt. 213 m – ✉ 28015 23 C2

Roma 640 – Stresa 46 – Milano 66 – Novara 15

Macallè con cam

via Boniperti 2 – ✆ 03 21 92 60 64 – www.macalle.it
– Chiuso 10 giorni in gennaio e 10 giorni in luglio
8 cam – 60/80 € 80/110 € **Rist** – *(chiuso mercoledì)* Carta 33/76 €
Elegante locale storico della zona, con alcune accoglienti stanze e un'ampia sala luminosa di taglio moderno, dove si propongono ricercati piatti della tradizione.

MONASTEROLO DEL CASTELLO – Bergamo (BG) – 561 E11 – 1 119 ab. – alt. 365 m – ✉ 24060 19 D1

Roma 585 – Bergamo 28 – Brescia 61 – Milano 72

via Casai 6, ✆ 035 81 46 87, www.comune.monasterolo-del-castello.bg.it

Locanda del Boscaiolo con cam

via Monte Grappa 41 – ✆ 0 35 81 45 13 – www.locandadelboscaiolo.it
– Chiuso novembre
11 cam – 50/60 € 60/70 €, 8 €
Rist – *(chiuso martedì escluso maggio-settembre)* Carta 25/46 €
Con la bella stagione potrete accomodarvi sotto un pergolato, in riva al lago; nelle serate più fredde vi attenderà invece l'accogliente e romantica saletta. Genuine proposte culinarie tipiche del luogo. Semplici e sempre tenute con cura le camere, ideali per un soggiorno di tranquillità.

MONASTIER DI TREVISO – Treviso (TV) – 562 F19 – 3 496 ab. – ✉ 31050 39 A1

Roma 548 – Venezia 30 – Milano 287 – Padova 57

Menegaldo

via Pralongo 216, Est : 4 km – ✆ 04 22 89 88 02 – www.trattoriamenegaldo.it – Chiuso agosto, martedì sera e mercoledì
Rist – Menu 25/60 € – Carta 22/56 €
L'insegna subito anticipa il carattere semplice e familiare del ristorante; all'interno, un ambiente familiare dalla calorosa accoglienza ed ampie salette dove fermarsi a gustare il pesce dell'Adriatico.

MONASTIR Sardegna – Cagliari (CA) – 366 P47 – 4 576 ab. – 28 B3

– ✉ 09023 Sardegna

Cagliari 24 – Carbonia 68 – Oristano 77

Palladium senza rist

viale Europa – ✆ 07 09 16 80 40 – www.hotelpalladiumweb.com
22 cam – †58/75 € ††80/95 € – 1 suite
Moderne e recenti negli arredi, le camere di questo elegante edificio sono tutte simili tra loro. In comoda posizione non lontano dalla statale per Oristano.

MONCALIERI – Torino (TO) – 561 G5 – 58 320 ab. – alt. 219 m 22 A1

– ✉ 10024 Italia Centro-Nord

Roma 662 – Torino 10 – Asti 47 – Cuneo 86

strada Vallere 20, 011 6479918, www.moncalierigolfclub.com – chiuso martedì

I Ciliegi strada Valle Sauglio 130, 011 8609802, www.iciliegigolfclub.it – chiuso martedì

Pianta d'insieme di Torino

Ca' Mia

strada Revigliasco 138 – ✆ 01 16 47 28 08 – www.camia.it – Chiuso mercoledì
Rist – Menu 15/32 € – Carta 23/45 € 2HUc
Nella cornice delle colline di Moncalieri - un locale classico e affermato - ideale per ogni occasione, dai pranzi di lavoro alle cerimonie: cucina tradizionale e del territorio, ma anche forno a legna per pizze d'autore!

La Maison Delfino

via Lagrange 4 - borgo Mercato – ✆ 0 11 64 25 52 – www.lamaisondelfino.it – Chiuso 1°-10 gennaio, 9-22 agosto, domenica e lunedì
Rist – *(solo a cena)* Menu 38/55 € – Carta 44/64 €
Sono due fratelli a gestire con passione e capacità questo elegante locale fuori dal centro. Due menu: uno semplice, l'altro più creativo, dai quali è possibile scegliere anche solo alcuni piatti. Ambiente molto signorile.

Al Borgo Antico

via Santa Croce 34 – ✆ 0 11 64 44 55 – www.al-borgoantico.it – Chiuso 30 luglio-30 agosto, domenica sera e lunedì
Rist – Carta 30/51 €
Nel centro storico, il ristorante annovera tre piccole sale dall'atmosfera rustica, una delle quali con cantina a vista, dove vengono proposti i piatti della tradizione.

a Revigliasco NE : 8 km – ✉ 10024

La Taverna di Fra' Fiusch

via Beria 32 – ✆ 01 18 60 82 24 – www.frafiusch.it – Chiuso lunedì
Rist – *(solo a cena escluso sabato, domenica e giorni festivi)* (consigliata la prenotazione) Menu 35 € – Carta 30/54 €
Incastonato in un delizioso borgo collinare, gli amanti della tradizione troveranno tutti i cavalli di battaglia della zona aggiornati con un gusto ed un'estetica più moderni, come nel fritto misto alla piemontese. Splendido omaggio ad un'intramontabile regione!

MONCALVO – Asti (AT) – 561 G6 – 3 275 ab. – alt. 305 m – ✉ 14036 23 C2

Roma 633 – Alessandria 48 – Asti 21 – Milano 98

La Locanda del Melograno senza rist

corso Regina Margherita 38 – ☎ 01 41 91 75 99 – www.lalocandadelmelograno.it

9 cam – ♦70 € ♦♦90/100 € – 2 suites

Camere molto spaziose in un edificio di fine '800 sottoposto a restauro con esiti mirabili: rispetto per le origini e affascinanti incursioni nel moderno. Rivendita di vini e prodotti del territorio.

Agriturismo Cascina Orsolina senza rist

via Caminata 28 – ☎ 01 41 92 11 80 – www.cascinaorsolina.it – Chiuso 22 dicembre-15 marzo

8 cam – ♦100 € ♦♦130/170 €

Volete provare l'ebbrezza di vivere in una vera azienda vinicola? In posizione tranquilla e con vista sui vigneti, questa elegante dimora farà al caso vostro. (Disponibile anche una suite con angolo cottura).

MONCENISIO – Torino (TO) – 561 G2 – 42 ab. – alt. 1 461 m – ✉ 10050 22 B2

Roma 722 – Torino 88 – Moncalieri 84

Chalet sul lago

regione lago 8 – ☎ 39 01 22 65 33 15 – www.chaletsullago.it – Chiuso 3 novembre-3 dicembre

6 cam – ♦65/80 € ♦♦65/80 € **Rist** – Carta 23/38 €

Magnifica la vista dalle finestre di questo chalet magistralmente situato in posizione panoramica sulla riva di un laghetto naturale. Accoglienti le stanze, sobriamente arredate. Cucina genuina e casereccia con molti piatti di cacciagione.

MONCIONI – Arezzo (AR) – 563 L16 – vedere Montevarchi

MONDAVIO – Pesaro e Urbino (PU) – 563 K20 – 3 974 ab. – alt. 280 m – ✉ 61040 20 B1

Roma 264 – Ancona 56 – Macerata 106 – Pesaro 44

La Palomba

via Gramsci 13 – ☎ 0 72 19 71 05 – www.lapalomba.it – Chiuso 1 settimana in settembre

15 cam – ♦60/80 € ♦♦60/80 €

Rist *La Palomba* – *(chiuso lunedì escluso giugno-settembre)* Carta 24/52 €

Di fronte all'antica Rocca Roveresca, piacevole realtà familiare, nonché valido punto di riferimento per l'ospitalità della zona: interni curati e camere piccole, ma funzionali. Cucina regionale nel ristorante con camino e luminosa veranda. Pizzeria nel week-end.

MONDELLO Sicilia – Palermo (PA) – 365 AQ55 – Vedere Palermo

MONDOVÌ – Cuneo (CN) – 561 I5 – 22 023 ab. – alt. 559 m – ✉ 12084 22 B3

Italia Centro-Nord

Roma 616 – Cuneo 27 – Genova 117 – Milano 212

corso Statuto 16/d, ☎ 0174 4 03 89, www.turismocn.it

Il Baluardo (Marc Lanteri)

piazza d'Armi 2 – ☎ 01 74 33 02 44 – www.marclanteri.it – Chiuso 2 settimane in agosto, lunedì a mezzogiorno e martedì

Rist – Menu 22 € (pranzo in settimana)/59 € – Carta 43/69 €

→ Risotto con punte di asparagi, zafferano dell'Aquila e gamberi rossi di San Remo. Agnello in crosta di erbe provenzali. Zabaione al moscato d'Asti.

In un angolo della città vecchia, una casa d'epoca ristrutturata con modernità ripropone alcune testimonianze del glorioso passato. Dalla cucina a vista, il marito sforna piatti d'ispirazione franco-piemontese: un baluardo della buona tavola a Mondovì!

La Borsarella
via del Crist 2, Nord-Est : 2,5 km – ✆ 0 17 44 29 99 – www.laborsarella.it
– Chiuso domenica sera
Rist – Menu 24/40 € – Carta 30/58 €
Ricavato negli ambienti di un cascinale di origine settecentesca, propone una cucina piemontese ancorata ai sapori della tradizione. Nel cortile anche il vecchio forno per il pane e un laghetto artificiale.

MONEGLIA – Genova (GE) – 561 J10 – 2 898 ab. – ✉ 16030 Liguria 15 C2

Roma 456 – Genova 58 – Milano 193 – Sestri Levante 12
corso Longhi 32, ✆ 0185 49 05 76, www.comune.moneglia.ge.it

Villa Edera
via Venino 12/13 – ✆ 0 18 54 92 91 – www.villaedera.com
– Aperto 1° aprile-31 ottobre
27 cam – 120/190 € 120/190 €
Rist – *(solo a cena)* Carta 27/48 €
Poco distante dal centro, un hotel a conduzione diretta d'ispirazione contemporanea: ampie e ariose sale, camere accoglienti. Ampia sala da pranzo, affidabile cucina d'albergo.

Piccolo Hotel
cam,
corso Longhi 19 – ✆ 0 18 54 93 74 – www.piccolohotel.it
– Aperto 1° marzo-20 ottobre
38 cam – 80/110 € 80/160 €
Rist – Carta 25/35 €
A pochi passi dalla spiaggia, valido albergo del centro che si sviluppa su due edifici collegati tra loro: accoglienti spazi comuni e piacevoli camere di buon confort. Grande e luminosa sala da pranzo.

Villa Argentina
via Torrente San Lorenzo 2 – ✆ 0 18 54 92 28 – www.villa-argentina.it
18 cam – 60/100 € 80/140 €
Rist – *(aperto 1° aprile-30 ottobre) (solo a cena)* Carta 27/57 €
Salda e professionale la gestione familiare di questa moderna struttura, caratterizzata da camere spaziose e ben insonorizzate: risultato di un'attenta ristrutturazione.

Abbadia San Giorgio senza rist
piazzale San Giorgio – ✆ 01 85 49 11 19 – www.abbadiasangiorgio.com
– Aperto 1° marzo-6 novembre
6 cam – 140 € 190 €
Nella parte alta della località, eleganti camere ricavate da un ex convento francescano del 1484: un bel chiostro con alcuni affreschi originali conferisce ulteriore fascino e storicità alla struttura.

a Lemeglio Sud-Est : 2 km :

La Ruota
via per Lemeglio 6, alt. 200 – ✆ 0 18 54 95 65 – www.laruotamoneglia.it
– Chiuso novembre e mercoledì
Rist – (prenotazione obbligatoria a mezzogiorno) Menu 36 € (pranzo)/54 €
Giovane e dinamica conduzione in un locale dall'ambiente familiare, che propone solo menu degustazione a base di pesce fresco. Bella vista del mare e di Moneglia.

MONFALCONE – Gorizia (GO) – 562 E22 – 27 877 ab. – ✉ 34074 11 C3

Roma 641 – Udine 42 – Gorizia 24 – Grado 24
di Ronchi dei Legionari Nord-Ovest: 5 km ✆ 0481 773224
aeroporto Ronchi dei Legionari, ✆ 0481 47 60 79, www.turismofvg.it

Europalace senza rist
via Callisto Cosulich 20 – ✆ 04 81 48 63 52 – www.europalacehotel.com
40 cam ☕ – 🚹105/120 € 🚹🚹105/120 €
Dalla ristrutturazione di un palazzo degli anni '20, che fu albergo degli impiegati dei cantieri, nasce questa bella struttura con raffinati spazi comuni e camere elegantemente moderne.

Sam
via Callisto Cosulich 3 – ✆ 04 81 48 16 71 – www.samhotel.it
– Chiuso 24-31 dicembre
59 cam ☕ – 🚹65/76 € 🚹🚹85/98 €
Rist – *(chiuso domenica) (solo a cena)* Carta 24/53 €
Ideale per una clientela d'affari, a pochi passi dal centro, la struttura annovera ambienti moderni e una luminosa sala colazioni, le cui ampie vetrate si affacciano sui dintorni. Carne e pesce nel menu del ristorante: ottime le porzioni.

Ai Castellieri
via dei Castellieri 7, località Zochet, Nord-Ovest: 2 km – ✆ 04 81 47 52 72
– Chiuso 1°-7 gennaio, 1°-21 agosto, martedì e mercoledì
Rist – Carta 33/45 €
Locale ricavato in un'accogliente casa colonica piacevolmente arredata, dove l'accoglienza e il servizio sono volutamente informali. Cucina contemporanea (soprattutto specialità di carne).

Ai Campi di Marcello con cam
via Napoli 11 – ✆ 04 81 48 19 37
14 cam ☕ – 🚹50/65 € 🚹🚹80/110 €
Rist – *(chiuso lunedì)* (consigliata la prenotazione) Carta 30/66 €
Non lontano dai cantieri navali, un locale a conduzione familiare dalle valide proposte ittiche. Piacevole atmosfera. Confortevoli camere a disposizione degli ospiti.

MONFORTE D'ALBA – Cuneo (CN) – 561 I5 – 2 079 ab. – alt. 480 m 25 C3

– ✉ 12065
▶ Roma 621 – Cuneo 62 – Asti 46 – Milano 170
⛳ Monforte delle Langhe località Sant'Anna 110, 0173 789213, www.monfortegolf.com – chiuso gennaio

Villa Beccaris senza rist
via Bava Beccaris 1 – ✆ 0 17 37 81 58 – www.villabeccaris.it
– Chiuso 24-27 dicembre
22 cam ☕ – 🚹155/285 € 🚹🚹180/310 € – 1 suite
Immersa in un parco secolare, questa dimora settecentesca ospitò il famoso generale da cui ereditò il nome. All'eleganza degli spazi comuni fanno eco camere di alto livello, mentre il *savoir-faire* e la calorosa accoglienza costituiscono un ulteriore motivo per soggiornare in questo spaccato di storia italiana.

Le Case della Saracca
via Cavour 5 – ✆ 01 73 78 92 22 – www.saracca.com
9 cam – 🚹110 € 🚹🚹130 €, ☕ 10 €
Rist – *(chiuso mercoledì) (solo a cena)* (consigliata la prenotazione)
Carta 26/54 €
Curioso e originale, chi potrebbe dire che questo un tempo era il quartiere dei poveri? Nella parte alta della località, tra le mura millenarie del castello, rocce, arredi indiani e design moderno. Moderno wine-bar serale con taglieri di salumi, formaggi e qualche piatto cucinato; molti vini anche al bicchiere.

Agriturismo il Grillo Parlante senza rist

frazione Rinaldi 47, località Sant'Anna, Est: 2 km – ✆ 01 73 78 92 28
– www.piemonte-it.com – Chiuso gennaio e febbraio
6 cam – 🚹56/60 € 🚹🚹74/82 €, ☕ 8 €
Occorre percorrere una stradina sterrata avvolta dalla campagna langarola per giungere a questa risorsa. Vita agreste senza fronzoli in ambienti raccolti e curati.

Trattoria della Posta
località Sant'Anna 87, Est : 2 km – 0 17 37 81 20 – www.trattoriadellaposta.it – Chiuso febbraio, 1°-10 luglio, venerdì a mezzogiorno e giovedì
Rist – Carta 30/74 €
In aperta campagna, un caldo sorriso e tanto savoir faire vi accoglieranno sin dall'ingresso in questa casa di campagna, non priva di tocchi romantici e spunti eleganti: lume di candela ed argenteria. La cucina perpetua la tradizione locale ed anche il proverbiale carrello dei formaggi propone il meglio della regione.

Giardino-da Felicin con cam
via Vallada 18 – 0 17 37 82 25 – www.felicin.it – Chiuso 20 dicembre-24 febbraio e 3 settimane in agosto
30 cam – 75/90 € 100/120 €
Rist – *(chiuso domenica sera e lunedì) (solo a cena escluso domenica)* Menu 35/60 € – Carta 51/96 €
Se la tradizione gastronomica si perpetua in cucina, anche attraverso l'uso di prodotti biologici e carni locali, il nome fa intuire che nel periodo estivo il servizio si sposta felicemente all'aperto, sotto un verde pergolato.

MONFUMO – Treviso (TV) – **562** E17 – **1 454 ab.** – **alt. 227 m** – **31010** **40** C2

Roma 561 – Belluno 57 – Treviso 38 – Venezia 78

Da Gerry con cam
via Chiesa 6 – 04 23 54 50 82 – www.ristorantedagerry.com – Chiuso 1 settimana in gennaio e 1 settimana in agosto
5 cam – 75 € 90 €
Rist – *(chiuso martedì a mezzogiorno e lunedì)* Menu 35/50 € – Carta 37/68 €
Carne e pesce si contendono la carta di questa moderna trattoria nel centro del paese, dotata anche di camere spaziose e confortevoli.

MONGARDINO – Bologna (BO) – **562** I15 – **Vedere Sasso Marconi**

MONGHIDORO – Bologna (BO) – **562** J15 – **3 871 ab.** – **alt. 841 m** – **40063** **9** C2

Roma 333 – Bologna 43 – Firenze 65 – Imola 54

via Matteotti 1, 051 6 55 51 32, www.comune.monghidoro.bo.it

in Valle Idice Nord : 10 km

Agriturismo La Cartiera dei Benandanti
via Idice 13, strada provinciale 7 km 28 40063 Monghidoro – 05 16 55 14 98 – www.lacartiera.it
9 cam – 53/63 € 76/86 €
Rist – *(aperto le sere di venerdì-sabato e domenica a mezzogiorno)* Menu 20/35 €
Come indica il nome, si tratta di una vecchia cartiera risalente al XVII secolo, oggi, convertita in un semplice agriturismo isolato nel verde: tutto in pietra con legni a vista, anche le camere sono all'insegna dell'essenzialità, ma pur sempre confortevoli.

MONGUELFO (WELSBERG) – Bolzano (BZ) – **562** B18 – **2 804 ab.** – **alt. 1 087 m** – **Sport invernali : 1 087/2 273 m** **17** **8 (Comprensorio Dolomiti superski Plan de Corones)** – **39035** **34** D1

Roma 732 – Cortina d'Ampezzo 42 – Bolzano 94 – Brunico 17

via Pusteria 16, 0474 94 41 18, www.monguelfo-tesido.com

Bad Waldbrunn rist,
via Bersaglio 7, Sud : 1 km – 04 74 94 41 77 – www.hotelbadwaldbrunn.com
19 cam – 82/105 € 134/184 € – 5 suites **Rist** – *(solo per alloggiati)*
Albergo in stile montano-tirolese, felicemente ubicato in zona quieta e dominante la vallata, dispone di gradevoli interni, centro fitness e belle camere con vista panoramica. La piccola zona benessere ospita anche la piscina.

a Tesido (Taisten)**Nord : 2 km – alt. 1 219 m – ✉ 39035 Monguelfo**

Alpenhof
Riva di Sotto 22, Ovest : 1 km – ✆ 04 74 95 00 20 – www.wellnesshotel-alpenhof.com – Chiuso 2 aprile-8 maggio e 5 novembre-6 dicembre
36 cam – †91/116 € ††170/220 € – 5 suites
Rist – *(solo per alloggiati)*
Appena sopra il paese, un soggiorno all'insegna del relax nella tranquillità delle valli dolomitiche: spazi comuni in stile sudtirolese, camere confortevoli e moderno centro benessere. Il menu del ristorante si declina in tante formule: gourmet, à la carte, dietetico o vital per vegetariani.

MONIGA DEL GARDA – Brescia (BS) – 561 F13 – 2 457 ab. – alt. 125 m – ✉ 25080 — 17 D1

Roma 537 – Brescia 28 – Mantova 76 – Milano 127

Al Porto
via Porto 29 – ✆ 03 65 50 20 69 – www.trattoriaporto.com – Chiuso 7-14 gennaio e mercoledì
Rist – Carta 46/102 €
In un'antica stazione doganale nei pressi del porticciolo, suggestivo servizio estivo in riva al lago, ma ancor più convincente la cucina: solo pesce d'acqua dolce.

MONOPOLI – Bari (BA) – 564 E33 – 49 622 ab. – ✉ 70043 Puglia — 27 C2

Roma 494 – Bari 45 – Brindisi 70 – Matera 80

Vecchio Mulino
viale Aldo Moro 192 – ✆ 0 80 77 71 33 – www.vecchiomulino.it
31 cam – †102/120 € ††150/165 € – 1 suite
Rist – Carta 37/58 €
Deve il nome alla sua primigena funzione: un mulino per l'appunto. All'interno, spazi comuni razionali e ben organizzati, nonché camere arredate con buon gusto. Piccolo eliporto e spiaggia privata con navetta di collegamento. Caratteristico soffitto a volta nel piacevole ristorante.

La Peschiera
contrada Losciale 63, Sud-Est: 9 km ✉ 70043 Monopoli – ✆ 0 80 80 10 66 – www.peschierahotel.com – Aperto Pasqua-31 ottobre
12 cam – †570/640 € ††570/640 € – 3 suites
Rist – Carta 55/115 €
Lussuoso hotel ricavato da un'antica peschiera borbonica: posizione invidiabile con il mare di fronte e tre grandi piscine alle spalle. Per un soggiorno in assoluta tranquillità, non sono ammessi bambini di età inferiore ai 12 anni. Ristorante dallo stile fresco e marino, ma elegante. Cucina di mare e del territorio.

Masseria Spina
via Aldo Moro 27 – ✆ 0 80 80 23 96 – www.masseriaspina.com – Chiuso domenica sera e lunedì da ottobre a maggio; sabato a mezzogiorno e lunedì negli altri mesi
Rist – Menu 40/60 € – Carta 48/68 €
Straordinaria rivisitazione della cucina pugliese, Sabatelli è uno dei giovani cuochi più interessanti della regione; esalta i prodotti del territorio con tecnica e precisione sopraffine senza mai scadere nell'artificiosità, ma rimanendo fedele alla travolgente forza dei sapori meridionali.

Gli esercizi segnalati con il simbolo ⌂ non offrono gli stessi servizi di un hotel. Queste forme alternative di ospitalità si distinguono spesso per l'accoglienza e l'ambiente: specchio della personalità del proprietario. Quelli contraddistinti in rosso ⌂ sono i più ameni.

MONREALE Sicilia – Palermo (PA) – 365 AO55 – 38 204 ab. – alt. 310 m – ✉ 90046 Sicilia | 29 B2

Agrigento 136 – Catania 216 – Marsala 108 – Messina 242

Località★★★ – Duomo★★★: salita alle terrazze★★★ – Chiostro★★★

Palazzo Ducale Suites senza rist
via Duca degli Abruzzi 8 – ✆ 09 16 44 29 80 – www.palazzoducalesuites.it
11 cam – †50/80 € ††70/120 €
Nella centro storico della splendida Monreale, una recente ristrutturazione ha dato vita a belle camere e suite anche con terrazzo, arredi moderni e raffinati accessori.

Taverna del Pavone
vicolo Pensato 18 – ✆ 09 16 40 62 09 – www.tavernadelpavone.eu – Chiuso 2 settimane in giugno e lunedì
Rist – Menu 26 € (in settimana)/40 € – Carta 23/45 € (+10 %)
Tavoli piuttosto ravvicinati, di sicuro vantaggio per chi desidera gustare semplici ma gustosi capolavori della Sicilia in un ambiente familiare e simpatico.

MONRUPINO – Trieste (TS) – 562 E23 – 890 ab. – alt. 418 m – ✉ 34016 | 11 D3

Roma 669 – Udine 69 – Gorizia 45 – Milano 408

Furlan
località Col 19 – ✆ 0 40 32 71 25 – Chiuso lunedì, martedì e i mezzogiorno di mercoledì e giovedì
Rist – Carta 30/51 €
Una affabile gestione familiare e due accoglienti sale da pranzo al piano terra per una cucina che sa rispettare la tradizione regionale. Proposte a base di carne.

Krizman con cam
località Repen 76, ovest: 1,5 km – ✆ 0 40 32 71 15 – www.hotelkrizman.eu – Chiuso gennaio
17 cam – †50/60 € ††70/90 €
Rist – *(chiuso lunedì a mezzogiorno e martedì)* Menu 18/40 € – Carta 20/48 €
Pasta di vino terrano con asparagi, medaglioni di cervo al ginepro ed altre specialità del territorio, in un piacevole locale dall'ambiente rustico e dalla consolidata gestione familiare. Servizio estivo in giardino e, in posizione ideale per una rilassante vacanza nel verde, Krizman offre anche camere semplici e di sicuro confort.

MONSANO – Ancona (AN) – 563 L21 – 3 271 ab. – alt. 191 m – ✉ 60030 | 21 C1

Roma 249 – Ancona 31 – Gubbio 76 – Macerata 41

Pineta senza rist
via Cassolo 6 – ✆ 07 31 61 91 61 – www.pinetahotel.net
81 cam – †59/83 € ††79/99 €
L'architetto ha snobbato la verticalità e la struttura si sviluppa in orizzontale, riservando un posto auto davanti all'ingresso di ogni camera. Il design minimalista è il tratto distintivo dell'hotel, il cui edificio principale ospita un open space con ricevimento e sala colazioni.

MONSELICE – Padova (PD) – 562 G17 – 17 616 ab. – ✉ 35043 | 39 B3

Italia Centro-Nord

Roma 471 – Padova 23 – Ferrara 54 – Mantova 85

via del Santuario 6, ✆ 0429 78 30 26, www.monseliceturismo.it

<★ dalla terrazza di Villa Balbi

La Torre
piazza Mazzini 14 – ✆ 0 42 97 37 52 – www.ristorantelatorremonselice.it – Chiuso 27 luglio-24 agosto, domenica sera e lunedì
Rist – Carta 32/62 €
Locale classico in pieno centro storico, nella piazza principale della città, nel quale provare piatti di cucina della tradizione e ricette a base di prodotti pregiati.

sulla strada regionale 104 al km 1,100 Sud-Est: 4: km

Ca' Rocca senza rist
via Basse 2 – ✆ 04 29 76 71 51 – www.carocca.it – Chiuso 23 dicembre-2 gennaio
19 cam – 60 € 90 € – 1 suite
Recente costruzione a conduzione diretta con camere ampie e dotate di ogni confort: base ideale per escursioni nei dintorni.

MONSUMMANO TERME – Pistoia (PT) – 563 K14 – 21 374 ab. – alt. 20 m – Stazione termale – ✉ 51015 Toscana

31 B1

Roma 323 – Firenze 46 – Pisa 61 – Lucca 31

Montecatini via dei Brogi 1652, località Pievaccia, 0572 62218, www.montecatinigolf.com – chiuso martedì

Grotta Giusti
via Grotta Giusti 1411, Est : 2 km – ✆ 0 57 29 07 71 – www.grottagiustispa.com
64 cam – 180/400 € 260/400 €
Rist *La Veranda* – vedere selezione ristoranti
Nella quiete di un grande parco con piscina - all'interno del celebre complesso termale con grotte naturali (di cui una vanta il primato europeo per dimensioni) - una bella struttura completa nella gamma dei servizi e con camere non molto ampie, ma lussuose.

Villa San Bastiano
località Monsummano Alto, piazza Castello 10 – ✆ 05 72 52 00 97 – www.villasanbastiano.it
5 cam – 80 € 110 €
Rist *La Foresteria* – vedere selezione ristoranti
All'interno di un piccolo borgo medievale, sei belle camere di moderno design, armoniose ed accoglienti. Nel curato giardino vi si offre una vista a 360° sulla vallata di Nievole.

La Veranda – Hotel Grotta Giusti
via Grotta Giusti 1411, Est : 2 km – ✆ 0 57 29 07 71 – www.grottagiustispa.com
Rist – Carta 46/113 €
Se dopo una rilassante sosta nella grotta termale o un rinvigorente bagno nella grande piscina vi fosse venuta fame, le gustose specialità toscane di questo ristorante verranno in vostro "soccorso". D'estate, il pranzo è servito anche all'aperto sulla bella terrazza oppure a bordo piscina.

La Foresteria – Hotel Villa San Bastiano
località Monsummano Alto, piazza Castello 10 – ✆ 05 72 52 00 97 – Chiuso novembre e lunedì
Rist – *(solo a cena da giugno ad agosto)* (consigliata la prenotazione a pranzo) Carta 32/50 €
Sovrasta la vallata di Nievole questo locale elegante e sobrio, all'interno di un piccolo borgo medievale. Un paesaggio suggestivo nel quale gustare specialità del territorio - leggermente rivisitate ed alleggerite - con buona cura delle presentazioni.

Osteria Il Maialetto N
Via Della Repubblica 372 – ✆ 05 72 95 38 49 – www.macelleriadagiacomo.com
Rist – *(solo a cena)* Carta 22/48 €
Accanto alla macelleria di famiglia, vivace osteria dallo spirito giovanile dove gustare una schietta cucina toscana, nonché carni e prosciutti di allevamenti propri.

C'é categoria e categoria! Non aspettatevi lo stesso servizio in un ristorante X o in un albergo rispetto ad un XXXXX o ad un .

MONTÀ – Cuneo (CN) – 561 H5 – 4 712 ab. – alt. 316 m – ✉ 12046 25 C2

Roma 544 – Torino 48 – Asti 29 – Cuneo 76

Belvedere

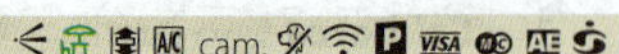

cam,

vicolo San Giovanni 3 – ✆ 01 73 97 61 56 – www.albergobelvedere.com – Chiuso 10 giorni in gennaio e 20 giorni in agosto

10 cam – 65 € 90 €

Rist – *(chiuso domenica sera e martedì)* Carta 37/105 €

Tra frutteti e vigne, la cortesia e la professionalità della gestione familiare mettono a proprio agio anche l'ospite di passaggio e l'abbondante colazione allieterà l'inizio di ogni giornata. Camere ampie, alcune con balcone. Ottima cucina casalinga e specialità del territorio arricchite da tartufi e funghi porcini.

Marcelin

piazzetta della Vecchia Segheria 1 – ✆ 01 73 97 55 69 – www.marcellin.it – Chiuso gennaio, domenica sera e lunedì

Rist – Carta 41/68 €

Originale riconversione di un'antica segheria in moderno ristorante, caratterizzato da due raccolte salette e da una cucina che, senza voltare le spalle alle tradizione locale, riesce ad essere fantasiosa e contemporanea.

MONTAGNA (MONTAN) – Bolzano (BZ) – 562 D15 – 1 633 ab. – alt. 497 m – ✉ 39040 34 D3

Roma 630 – Bolzano 24 – Milano 287 – Ora 6

Tenz

cam, rist,

via Doladizza 3, Nord : 2 km – ✆ 04 71 81 97 82 – www.hotel-tenz.com – Chiuso 3-27 marzo e 3-17 novembre

44 cam – 55/100 € 90/160 € – 5 suites

Rist *Ristorante Tenz* – *(chiuso martedì)* Carta 30/46 €

Si gode una bella vista su monti e vallata da un albergo a gestione familiare dotato di accoglienti ambienti in stile montano di taglio moderno e luminose camere. Cucina del territorio nel ristorante distribuito tra una stube e la veranda panoramica.

Dorfnerhof con cam

rist,

località Casignano 5, Sud: 8 Km – ✆ 04 71 81 97 98 – www.dorfnerhof.it – Chiuso 15 gennaio-15 febbraio

6 cam – 53/60 € 66/80 € **Rist** – *(chiuso lunedì)* Carta 20/49 €

Semplice e rustica abitazione con annesso maso, dove gustare la fragrante cucina altoatesina: speck, luganiga di produzione propria e il celebre Bauerngröstel (rosticciata di patate saltate, cipolla e manzo lesso). Il tutto nel verde dei boschi.

MONTAGNA IN VALTELLINA – Sondrio (SO) – Vedere Sondrio

MONTAGNANA – Padova (PD) – 562 G16 – 9 505 ab. – alt. 16 m – ✉ 35044 Italia Centro-Nord 39 B3

Roma 475 – Padova 49 – Ferrara 57 – Mantova 60

Cinta muraria★★

Aldo Moro

via Marconi 27 – ✆ 0 42 98 13 51 – www.hotelaldomoro.com – Chiuso 2-10 gennaio e 7-23 agosto

24 cam – 70 € 100 €, 9 € – 5 suites

Rist *Aldo Moro* – vedere selezione ristoranti

Calde atmosfere - sia nelle camere, sia nel ristorante - per un albergo al cui "timone", vi è la stessa famiglia da più di 70 anni!

Hostaria San Benedetto

via Andronalecca 13 – ✆ 04 29 80 09 99 – www.hostariasanbenedetto.it – Chiuso mercoledì

Rist – Menu 30 € (pranzo in settimana)/40 € – Carta 30/68 €

Locale ubicato nel cuore della "città murata": una sala di tono signorile in cui provare proposte di cucina del luogo rivisitata; servizio estivo all'aperto.

Aldo Moro – Hotel Aldo Moro
via Marconi 27 – 0 42 98 13 51 – www.hotelaldomoro.com
– Chiuso 2-10 gennaio, 7-23 agosto e lunedì
Rist – Carta 31/59 €
All'interno dell'omonimo hotel, in pieno centro storico, la calda atmosfera delle sue sale lo rendono ideale per un cena a lume di candela. Le proposte mantengono una forte radice nel territorio, ma non disdegnano i piatti del non lontano mare.

MONTAGNANA – Modena (MO) – Vedere Serramazzoni

MONTAIONE – Firenze (FI) – 563 L14 – 3 773 ab. – alt. 242 m 31 B2

– ✉ 50050 Toscana

Roma 289 – Firenze 59 – Siena 61 – Livorno 75

Convento di San Vivaldo★ Sud-Ovest : 5 km

UNA Palazzo Mannaioni cam, rist,
via Marconi 2 – 0 57 16 92 77 – www.unahotels.it
– Chiuso 10 gennaio-28 febbraio
47 cam – †85/400 € ††124/400 € – 3 suites **Rist** – Carta 36/76 €
In un'antica dimora cinquecentesca addossata alle mura castellane, un hotel abbellito da un giardino con piscina: eleganti interni in stile rustico e confortevoli camere. La vera cucina toscana vi attende nella raffinata sala ristorante, un tempo frantoio, dal suggestivo soffitto a vela.

a San Benedetto Nord-Ovest : 5 km – ✉ 50050 Montaione

B&B Villa Sestilia
via Collerucci 39 – 05 71 67 70 81 – www.villasestilia.it
4 cam – †60/90 € ††120/140 €
Rist *Casa Masi* – vedere selezione ristoranti
In un caratteristico borgo agricolo, questa elegante casa di campagna - accuratamente restaurata - ospita poche camere, ma tutte spaziose e personalizzate.

Casa Masi – B&B Villa Sestilia
via Collerucci 53 – Chiuso martedì a mezzogiorno e lunedì
Rist – (consigliata la prenotazione) Carta 30/60 €
Una terra ricca di ottimi prodotti, tra i quali eccelle il tartufo bianco, e l'abilità di Luciana ai fornelli danno vita ad una cucina che si rifà alla tradizione montaionese, pur rimanendo moderna. Anche l'ambiente non è lasciato al caso: uno studiato mix di rustico ed elegante, una romantica limonaia, un bel giardino.

MONTALBANO – Rimini (RN) – 562 J19 – Vedere Santarcangelo di Romagna

---

MONTALCINO – Siena (SI) – 563 M16 – 5 272 ab. – alt. 567 m 32 C2

– ✉ 53024 Toscana

Roma 213 – Siena 41 – Arezzo 86 – Firenze 109

costa del Municipio 1, 0577 84 93 31, www.prolocomontalcino.it

Rocca★★, Palazzo Comunale★

Abbazia di Sant'Antimo★★: 10 km a sud

Vecchia Oliviera senza rist
via Landi 1 – 05 77 84 60 28 – www.vecchiaoliviera.com
– Chiuso 9-28 dicembre e 8 gennaio-15 febbraio
10 cam – †70/120 € ††120/190 € – 1 suite
Alle porte della località, un antico frantoio è stato trasformato nel 2001 in hotel con eleganti interni in stile locale. All'aperto: piscina, giardino e bella terrazza panoramica per la prima colazione.

Il Giglio cam,
via Soccorso Saloni 5 – ✆ 05 77 84 81 67 – www.gigliohotel.com – Chiuso 7-31 gennaio
12 cam – 90/110 € 130/150 €
Rist *Il Giglio* – *(chiuso martedì) (solo a cena)* Carta 31/50 €
A pochi passi dal Palazzo Comunale, in un albergo di antica tradizione, tipica ambientazione toscana con travi e mattoni a vista. Camere sempre molto ben tenute. Fiori freschi e buon vino (anche al bicchiere) nell'ottimo ristorante. Cucina regionale.

Boccon DiVino con cam cam,
via Traversa dei Monti 201, località Colombaio Tozzi, Est : 1 km – ✆ 05 77 84 82 33 – www.boccondivinomontalcino.it – Chiuso martedì
4 cam – 60 € 80 € **Rist** – (prenotare) Carta 37/52 € (+12 %)
Una casa colonica alle porte del paese: si può scegliere fra la curata sala rustica o la terrazza estiva con vista. Nel piatto, i sapori del territorio leggermente rivisitati in chiave moderna.

a Castiglione del Bosco Nord-Ovest: 12 km – ✉ 53024

Castiglion del Bosco cam,
– ✆ 05 77 80 70 78 – www.castigliondelbosco.it – Aperto 28 marzo-11 novembre
18 suites – 1000/1500 € – 5 cam
Rist *Campo del Drago* – vedere selezione ristoranti
Rist *La Canonica* – ✆ 0 57 71 91 34 25 – Carta 35/45 €
Gli amanti del golf troveranno di che soddisfare la loro passione con un percorso a 18 buche, ma anche gli estimatori del lusso garbato apprezzeranno i dettagli di pregio di questo esclusivo resort immerso nella campagna senese, dotato di suite e ville con la possibilità, per chi opta per quest'ultime, di avere room service e chef esclusivo.

Campo del Drago – Hotel Castiglion del Bosco
– ✆ 05 77 80 70 78 – www.castigliondelbosco.com – Aperto 28 marzo-11 novembre
Rist – *(solo a cena)* Carta 45/93 € (+10 %)
Strategicamente al centro del borgo, una cucina di alta fattura assecondata da una raffinata atmosfera ed un accurato servizio, che donano allo spirito quella rilassatezza per godere al top.

a Castelnuovo dell'Abate Sud-Est : 10 km – ✉ 53020

Castello di Velona cam, rist,
località Velona – ✆ 05 77 83 55 53 – www.castellodivelona.it – Chiuso 15 gennaio-28 febbraio
24 suites – 495/1245 € – 19 cam
Rist – Carta 32/62 €
Rist *L'Abbazia* – *(solo a cena)* Carta 53/85 €
Castello del XI sec. completamente restaurato per offrire un soggiorno esclusivo in ambienti eleganti: moderna spa, nonché vista a 360° su colline e Val d'Orcia. La sera, cucina gourmet all'Abbazia. A pranzo, le migliori ricette della tradizione gastronomica toscana al ristorante.

a Poggio alle Mura Sud-Ovest : 19 km – ✉ 53024 Montalcino

Castello Banfi-Il Borgo
località Sant'Angelo Scalo – ✆ 05 77 87 77 00 – www.castellobanfiilborgo.it – Aperto 1° marzo-30 ottobre
9 cam – 300/650 € 350/700 € – 5 suites
Rist *Castello Banfi-La Taverna* – vedere selezione ristoranti
In un tipico borgo in pietra del '700, se l'esterno di questa esclusiva risorsa rimanda alle forme architettoniche locali, l'interno è stato finemente ristrutturato per garantire il massimo confort. Camere eleganti ed intime, dove i colori tenui si alternano ai toni a contrasto delle nicchie. Su una terrazza a sbalzo, la piscina domina la magnifica Val d'Orcia.

Castello Banfi-La Taverna – Hotel Castello Banfi-Il Borgo
località Sant'Angelo Scalo – ✆ 05 77 87 75 24
– www.castellobanfiilborgo.it – Aperto 1° marzo-30 ottobre
Rist – Menu 44 € (pranzo)/66 € – Carta 38/97 €
Senza grosse pretese gourmet, ma semplice e ben fatta, la cucina parla toscano. La proposta enologica, invece, è decisamente più cosmopolita: si va dai vini locali o piemontesi (di produzione propria), ad importazioni in esclusiva di etichette australiane e francesi.

MONTALDO TORINESE – Torino (TO) – 714 ab. – alt. 375 m – ✉ 10020 **22** B1

Roma 668 – Torino 25 – Novara 98 – Asti 43

Castello Montaldo
piazza Superga 1 – ✆ 01 19 40 60 01
– www.castellomontaldo.com
28 cam – †129/219 € ††139/219 € – 11 suites **Rist** – Carta 27/95 €
In cima ad una collina in splendida posizione panoramica, l'imponente castello risale all'anno Mille, ma gli interni sono sorprendentemente moderni e minimalisti.

MONTAN = Montagna

MONTE = BERG – Bolzano (BZ) – Vedere Appiano sulla Strada del Vino

---

MONTE ... MONTI – Vedere nome proprio del o dei monti

MONTEBELLO VICENTINO – Vicenza (VI) – 562 F16 – 6 550 ab. – alt. 53 m – ✉ 36054 **38** A2

Roma 534 – Verona 35 – Milano 188 – Venezia 81

a Selva Nord-Ovest : 3 km – ✉ 36054 Montebello Vicentino

La Marescialla
via Capitello 3 – ✆ 04 44 64 92 16 – www.ristorantelamarescialla.it
– Chiuso 1°-6 gennaio, 9-26 agosto, domenica sera e lunedì
Rist – Carta 35/74 €
Giovane gestione impegnata da qualche tempo in un locale di tradizione che offre piatti del territorio e qualche spunto più vario; in una sala rustica o nel dehors estivo.

MONTEBELLUNA – Treviso (TV) – 562 E18 – 31 181 ab. – alt. 109 m – ✉ 31044 **40** C2

Roma 548 – Padova 52 – Belluno 82 – Trento 113

piazza A. Moro 1, ✆ 348 6 09 30 50, www.visittreviso.it

via Carpen, 0423 601169, www.golfclubmontebelluna.com – chiuso lunedì

Villa del Palladio★★★ a Maser Nord : 12 km

Bellavista senza rist
via Zuccareda 20, località Mercato Vecchio – ✆ 04 23 30 10 31
– www.bellavistamontebelluna.it – Chiuso 21 dicembre-7 gennaio e agosto
42 cam – †105/125 € ††125/160 € – 2 suites
Sulle prime colline alle spalle di Montebelluna; spaziose e confortevoli le zone comuni e le stanze con vista sulla città o, sul retro, sul Monte Grappa.

Nidaba
via Argine 15 – ✆ 04 23 60 99 37 – www.nidabaspirit.it – Chiuso domenica
Rist – *(solo a cena)* (consigliata la prenotazione) Carta 31/59 €
L'esperienza di Andrea e Daniela, con l'entusiasmo dei giovani collaboratori, dà corpo ad un'alternativa al mondo del vino: un locale informale, dove si mangia bene, accompagnati da un'eccellente selezione di birre (forse, la migliore d'Italia!).

MONTEBENI – Firenze (FI) – Vedere Fiesole

MONTEBENICHI – Arezzo (AR) – 563 L15 – alt. 508 m – ✉ 52021 32 C2
Pietraviva

Roma 205 – Siena 31 – Arezzo 40 – Firenze 73

Castelletto di Montebenichi senza rist

piazza Gorizia 19 – ☎ 05 59 91 01 10
– www.castelletto.it – Aperto 1° aprile-3 novembre

9 cam – 235/265 € 255/295 € – 3 suites

L'emozione di soggiornare nei ricchi interni di un piccolo castello privato in un borgo medioevale, tra quadri e reperti archeologici; panoramico giardino con piscina.

Osteria L'Orciaia

via Capitan Goro 10 – ☎ 05 59 91 00 67 – Aperto 15 marzo-10 novembre; chiuso martedì

Rist – (consigliata la prenotazione) Carta 24/52 €

Caratteristico localino rustico all'interno di un edificio cinquecentesco, con un raccolto dehors estivo. Cucina tipica toscana elaborata partendo da ottimi prodotti.

MONTECALVO VERSIGGIA – Pavia (PV) – 561 H9 – 547 ab. 16 B3
– alt. 410 m – ✉ 27047

Roma 557 – Piacenza 44 – Genova 133 – Milano 76

Prato Gaio

località Versa, bivio per Volpara, Est : 3 km – ☎ 0 38 59 97 26
– www.ristorantepratogaio.it – Chiuso 7 gennaio-7 febbraio, lunedì e martedì

Rist – Menu 35/48 € – Carta 34/57 €

La ristorazione è nel Dna di famiglia: osti già nell'Ottocento, ci si ispira ancora oggi alla tradizione dell'Oltrepò, talvolta riproposta come si faceva un tempo, talvolta corretta con personalità e attualità. Una tappa obbligatoria per gli amanti dei sapori locali.

MONTECARLO – Lucca (LU) – 563 K14 – 4 538 ab. – alt. 162 m 31 B1
– ✉ 55015

Roma 332 – Pisa 45 – Firenze 58 – Livorno 65

Agriturismo Fattoria la Torre

via provinciale di Montecarlo 7 – ☎ 0 58 32 29 81 – www.fattorialatorre.it

6 cam – 80/120 € 100/140 €

Rist ***Enoteca la Torre*** – vedere selezione ristoranti

Accanto alla produzione di olio e vino, l'ospitalità alberghiera: all'interno, un curioso contrasto tra l'atmosfera di una casa ottocentesca e camere realizzate in design. A completare la struttura anche nove appartamenti con cucina arredati in stile toscano.

Antico Ristorante Forassiepi

via della Contea 1 – ☎ 05 83 22 94 75 – www.ristoranteforassiepi.it – Chiuso 15-31 gennaio, 10-20 luglio, mercoledì a mezzogiorno e martedì

Rist – Carta 39/86 €

Alle porte della località, l'ambiente signorile e la terrazza panoramica sono già un buon biglietto da visita. La conferma, tuttavia, arriva dalla cucina: piatti di carne e specialità di pesce alla conquista dei palati più esigenti.

Nina con cam

rist,

via San Martino 54, Nord-Ovest : 2,5 km – ☎ 0 58 32 21 78 – www.lanina.org

10 cam – 50 € 60 €, 8 €

Rist – *(chiuso lunedì sera e martedì)* (prenotare) Carta 28/45 €

In posizione panoramica, Nina propone la cucina della tradizione e diverse specialità alla griglia, agnello, manzo e piccione. Nella bella stagione sceglierete i tavoli allestiti all'esterno del casolare, nella veranda che profuma di glicine e vite americana. Camere spaziose, arredate in stile. Prezzi interessanti.

Enoteca la Torre – Agriturismo Fattoria la Torre
via provinciale di Montecarlo 7 – ✆ 0 58 32 29 81 – www.fattorialatorre.it – chiuso martedì
Rist – Carta 25/45 €
Un ristorantino che si esprime al meglio in estate, quando tutto si trasferisce all'aperto. La cucina, invece, non subisce influenze particolari se non un'attenzione encomiabile nel promuovere i prodotti di stagione. Specialità toscane.

MONTECAROTTO – Ancona (AN) – 563 L21 – 2 083 ab. – alt. 380 m – ✉ 60036

20 B2

Roma 248 – Ancona 50 – Foligno 95 – Gubbio 74

Le Busche (Andrea Angeletti)
contrada Busche 2, Sud-Est : 4 km – ✆ 0 73 18 91 72 – www.lebusche.it – Chiuso domenica sera e lunedì
Rist – Menu 40/70 € – Carta 45/70 €
➜ Spaghetti con alici affumicate, finocchietto e calamari croccanti. Ombrina con cipolle rosse e patate alla contadina. Semifreddo ai pistacchi con gelato allo zabaione e meringhe.
Avvolta in un paesaggio collinare, la sala è stata probabilmente ricavata nella vecchia stalla del casolare; la cucina elabora piatti di pesce influenzati dalla cucina marchigiana.

MONTECATINI TERME – Pistoia (PT) – 563 K14 – 21 374 ab. – alt. 29 m – Stazione termale – ✉ 51016 Toscana

31 B1

Roma 323 – Firenze 48 – Pisa 55 – Bologna 110

viale Verdi 66, ✆ 0572 77 22 44, www.montecatiniturismo.it

via dei Brogi 1652, località Pievaccia, 0572 62218, www.montecatinigolf.com – chiuso martedì

Pianta pagina seguente

Grand Hotel e La Pace
via della Torretta 1 – ✆ 05 72 92 40 – www.grandhotellapace.it – Aperto 1° aprile-4 novembre
AZy
130 cam – 150/300 € 180/350 € – 28 suites
Rist *Michelangelo* – vedere selezione ristoranti
Come una perla al centro di una conchiglia, la piscina riscaldata è il pezzo forte del grande parco. Storico, prestigioso, e in stile belle époque, l'albergo è considerato uno dei vanti dell'hôtellerie nazionale. Belle camre e servizi di alto livello.

Grand Hotel Tamerici e Principe
viale 4 Novembre 4 – ✆ 0 57 27 10 41 – www.hoteltamerici.it – Aperto 27 dicembre-6 gennaio e 15 marzo-15 novembre
cam, rist,
AYg
113 cam – 80/150 € 120/280 € – 27 suites
Rist – Carta 32/63 €
Un grand hotel a 360° gradi. Nel cuore di una delle destinazioni termali più note d'Italia, ampi spazi comuni con quadri d'epoca e camere dai raffinati arredi. La proverbiale attenzione del servizio ne decreta l'ulteriore successo mentre gustose specialità di terra e di mare vi danno appuntamento al ristorante.

Grand Hotel Croce di Malta
viale 4 Novembre 18 – ✆ 05 72 92 01 – www.crocedimalta.com
rist,
AYx
136 cam – 130/175 € 260/320 € – 3 suites **Rist** – Carta 28/43 €
Hotel di gran classe, dove confort elevato, raffinatezza delle ambientazioni e ampiezza degli spazi si amalgamano alla perfezione. Piacevole giardino con piscina riscaldata. Sale ristorante dagli arredi in stile classico.

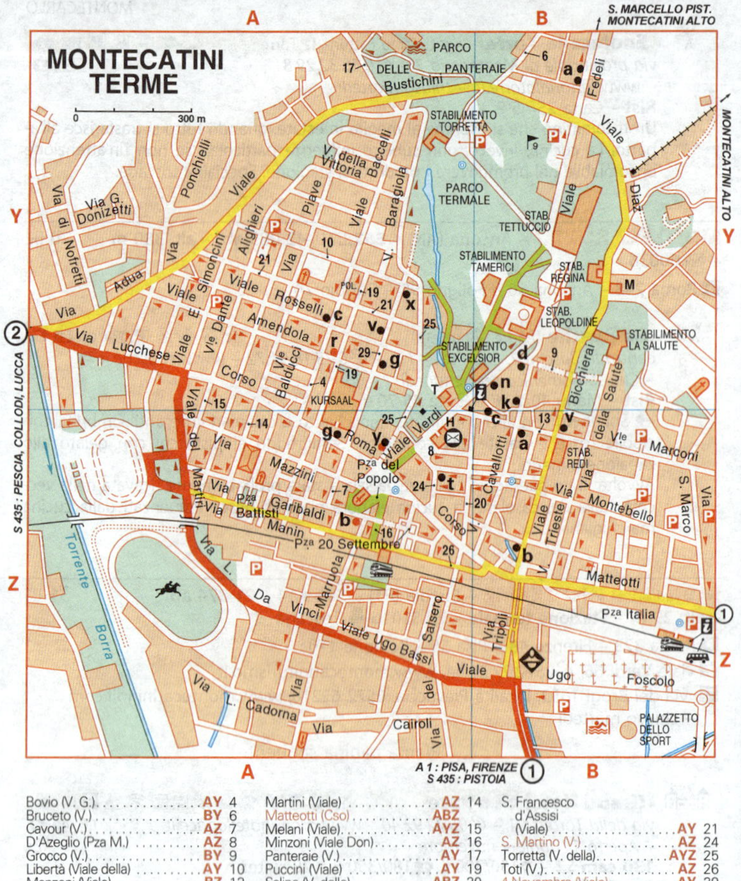

Bovio (V. G.) . . . . AY 4
Bruceto (V.) . . . . BY 6
Cavour (V.) . . . . AZ 7
D'Azeglio (Pza M.) . . . . AZ 8
Grocco (V.) . . . . BY 9
Libertà (Viale della) . . . . AY 10
Manzoni (Viale) . . . . BZ 13
Martini (Viale) . . . . AZ 14
Matteotti (Cso) . . . . ABZ
Melani (Viale) . . . . AYZ 15
Minzoni (Viale Don) . . . . AZ 16
Panteraie (V.) . . . . AY 17
Puccini (Viale) . . . . AY 19
Saline (V. delle) . . . . ABZ 20
S. Francesco d'Assisi (Viale) . . . . . AY 21
S. Martino (V.) . . . . AZ 24
Torretta (V. della) . . . . AYZ 25
Toti (V.) . . . . AZ 26
4 Novembre (Viale) . . . . AY 29

Columbia

rist,

corso Roma 19 – ✆ 0 57 27 06 61 – www.hotelcolumbia.it – Aperto 1°marzo-2 novembre AZ**g**

64 cam – 49/129 € 69/179 € – 2 suites

Rist – *(solo per alloggiati)* Menu 20/40 €

Le eleganti sale comuni di questo centralissimo hotel mantengono l'aspetto dello stile liberty che caratterizza il bell'edificio. Doverosa una sosta nel recente e moderno centro relax: non ve ne pentirete! Ristorante panoramico.

Tettuccio

rist,

viale Verdi 74 – ✆ 0 57 27 80 51 – www.hoteltettuccio.it BY**n**

74 cam – 69/99 € 79/139 €

Rist – Carta 27/78 €

Di fronte alle terme Excelsior, esiste dal 1894 questo grande e storico albergo, con sale comuni completamente rinnovate; gradevole la terrazza ombreggiata. Al ristorante si respira un'aria fin de siècle.

Ercolini e Savi

via San Martino 18 – ✆ 0 57 27 03 31 – www.ercoliniesavi.it
– Chiuso 7 gennaio-2 marzo AZt
81 cam – †49/95 € ††69/115 €
Rist – *(solo a cena) (solo per alloggiati)* Menu 25 €
Rist *La Pecora Nera* – *(chiuso martedì) (solo a cena escluso domenica e festivi)* Carta 31/95 €
Conduzione diretta dinamica ed efficiente in un hotel classico e di tradizione, che offre belle camere ariose: in parte moderne, in parte in stile. Bella terrazza per i momenti di relax.

Michelangelo

rist,

viale Fedeli 9 – ✆ 0 57 27 45 71 – www.hotelmichelangelo.org
– Aperto 1° aprile-31 ottobre BYa
69 cam – †65/80 € ††85/100 € **Rist** – Carta 22/51 €
Non lontano dalle terme, questa struttura rinnovatasi in tempi recenti si distingue per confort e arredi attuali. Citazioni orientali nella graziosa zona benessere. Ampio menu proposto nella moderna sala ristorante.

Francia e Quirinale

rist,

viale 4 Novembre 77 – ✆ 0 57 27 02 71 – www.franciaequirinale.it
– Aperto 1° aprile-31 ottobre AYv
110 cam – †70/120 € ††89/160 € – 2 suites
Rist – *(solo per alloggiati)* Menu 25/70 €
Nei pressi dei principali stabilimenti termali, struttura di tono che coniuga bene la funzionalità dei servizi con la sobria eleganza degli interni. Camere ampie e funzionali.

Adua et Regina di Saba

rist,

viale Manzoni 46 – ✆ 0 57 27 81 34 – www.hoteladua.it
– Aperto 1° marzo-30 novembre BZa
70 cam – †60/120 € ††90/200 € – 2 suites **Rist** – Menu 25/30 €
Cordiale gestione familiare in un albergo centrale, che dispone di accoglienti spazi comuni e camere ampie. Nuovissimo centro benessere.

Manzoni

rist,

viale Manzoni 28 – ✆ 0 57 27 01 75 – www.hotelmanzoni.info
– Aperto 28 dicembre-4 gennaio e 1°marzo-30 novembre BZc
94 cam – †50/70 € ††90/110 € – 2 suites **Rist** – Carta 16/51 €
Possiede un certo fascino retrò questa casa in pieno centro, ma con piccolo giardino, arredata con mobili in stile e qualche pezzo d'antiquariato. Per rilassarsi niente di meglio che un tuffo in piscina o una sosta rigenerante nella nuova zona benessere.

Settentrionale Esplanade

rist,

via Grocco 2 – ✆ 0 57 27 00 21 – www.settentrionaleesplanade.it
– Aperto 1° marzo-30 novembre BYd
99 cam – †40/100 € ††60/120 € **Rist** – Carta 26/45 €
Albergo di tradizione nato negli anni '20 e da allora gestito dalla stessa famiglia: arredi classici e ariosi spazi comuni. Sicuramente, uno dei capisaldi della tradizione alberghiera locale.

Parma e Oriente

rist,

via Cavallotti 135 – ✆ 0 57 27 21 35 – www.hotelparmaoriente.it
– Aperto 25 marzo-10 novembre BYk
65 cam – †39/99 € ††49/159 € – 2 suites **Rist** – Menu 20/60 €
Un soggiorno termale in un ambiente ospitale in questo hotel, gestito da una storica famiglia di albergatori: camere arredate con mobilio decorato in stile e bagni perlopiù rinnovati. Bella piscina e area relax.

Da Vinci

viale Bicchierai 31 – ✆ 0 57 27 03 78 – www.davincihotel.it
– Aperto 1° aprile-30 ottobre BZb
42 cam – †49/149 € ††49/189 €
Rist – *(solo a cena) (solo per alloggiati)* Carta 25/41 €
Albergo totalmente rinnovato in anni recenti con gradevoli spazi comuni e confortevoli, moderne camere.

Brennero e Varsavia rist,

viale Bicchierai 70/72 – ✆ 0 57 27 00 86 – www.hotelbrenneroevarsavia.it – Aperto 1° aprile-31 ottobre BZv

54 cam – 60/65 € 95/100 € **Rist** – Carta 16/42 €

In comoda posizione per il centro e per le terme, una risorsa a gestione familiare con spazi comuni gradevoli e camere di confort attuale. Il ristorante dispone di una sala di taglio classico e di tono moderno.

Petit Château senza rist

viale Rosselli 10 – ✆ 05 72 90 59 00 – www.petitchateau.it AYc

6 cam – 50/85 € 70/140 € – 1 suite

Vicino alle terme, questa piccola risorsa familiare ospitata in una villa liberty dispone di camere arredate con signorili personalizzazioni. Sempre un buon indirizzo!

Villa le Magnolie senza rist

viale Fedeli 15 – ✆ 05 72 91 17 00 – www.villalemagnolie.it BYa

6 cam – 60/80 € 80/120 €

Sei camere complete di ogni confort, zona soggiorno molto raccolta e curata, sala colazioni con un'unica grande tavola. Disponibili tutti i servizi dell'hotel Michelangelo.

Michelangelo – Grand Hotel e La Pace

via della Torretta 1 – ✆ 05 72 92 40 – www.grandhotellapace.it – Aperto 1° aprile-4 novembre AZy

Rist – Carta 40/67 €

Nei suoi ambienti in stile belle époque, il profumo del talco e la fragranza della cipria sono stati soppiantati dai profumi di una cucina toscana, che abbandona un po' il côté rustico, per arricchirsi della fantasia dello chef.

Gourmet

viale Amendola 6 – ✆ 05 72 77 10 12 – Chiuso 7-20 gennaio, 1°-16 agosto e martedì AYr

Rist – Menu 50/70 € – Carta 39/97 €

Arredi classico-eleganti con qualche inserto liberty, tavoli ben distanziati, argenteria e personale in divisa: ampia la proposta in menu con specialità di mare e di terra per una cucina di stampo contemporaneo.

Enoteca Giovanni

via Garibaldi 25/27 – ✆ 0 57 27 30 80 – www.enotecagiovanni.it – Chiuso 14-28 febbraio, 16-30 agosto e lunedì AZb

Rist – Carta 57/98 €

La cucina squisitamente italiana propone piatti di carne e di pesce accompagnati da ottimi vini. Poliglotta invece il menu, tradotto in cinque lingue diverse! Dehors estivo per il servizio serale.

a Pieve a Nievole per via Matteotti ① : 2 km – ✉ 51018

Uno Più

via Amendola 58 – ✆ 05 72 95 11 43 – www.locandaunopiu.net

9 cam – 50/80 € 80/100 € **Rist** – *(chiuso lunedì)* Carta 27/55 €

Sulla strada per Pistoia, l'accurata ristrutturazione di un casolare agricolo ha dato vita a questo hotel a conduzione familiare con camere dai sobri colori. Interessanti proposte in cucina, sia di terra sia di mare.

a Nievole Nord: 7 km per viale Fedeli BY – ✉ 51010

Da Pellegrino

località Renaggio 6 – ✆ 0 57 26 71 58 – www.dapellegrino.com – Chiuso 15 febbraio-5 marzo e mercoledì

Rist – Carta 19/47 €

In una frazione isolata, ambiente rustico e familiare dove gustare una casalinga cucina toscana in armonia con le stagioni.

MONTECCHIO – **Terni (TR)** – **563** O18 – **1 778 ab.** – **alt. 377 m** – ✉ **05020** **35** B3

Roma 114 – Terni 51 – Viterbo 43 – Orvieto 25

 **Agriturismo Poggio della Volara** 

località Volara, Nord : 4,5 km – ✆ 34 73 35 25 23 – www.poggiodellavolara.it – Aperto 1° marzo-30 novembre

13 cam – 52/65 € 80/100 € **Rist** – *(solo a cena) (solo per alloggiati)*

In zona panoramica con una vista che spazia a 360°, un'azienda agrituristica semplice con ampi spazi esterni, una bella piscina e camere con arredi in arte povera o vecchi mobili di casa.

MONTECCHIO – **Brescia (BS)** – **561** E12 – **Vedere Darfo Boario Terme**

MONTECCHIO EMILIA – **Reggio Emilia (RE)** – **562** H13 – **10 416 ab.** – **alt. 99 m** – ✉ **42027** **8** A3

Roma 463 – Bologna 97 – Reggio Emilia 17 – Genova 235

 **Conteverde** cam, cam, rist,

strada Barco 1 – ✆ 05 22 86 46 23 – www.albergoconteverde.it

54 cam – 50/100 € 65/140 € – 1 suite

Rist – *(chiuso 24 dicembre-7 gennaio, 6-26 agosto, sabato a mezzogiorno e domenica)* Carta 28/62 €

Adiacente il Santuario della Madonna dell'Olmo, hotel di taglio classico-signorile che ben si integra nel contesto locale. Non ripartite senza aver fatto una sosta al ristorante: qui, la generosità del territorio sposa la fantasia.

La Ghironda

via XX Settembre 61 – ✆ 05 22 86 35 50 – www.ristorantelaghironda.net – Chiuso 1 settimana in gennaio, 1 settimana in luglio-agosto, domenica sera e lunedì

Rist – Carta 36/47 €

Camillo in sala e Daniele in cucina, vi danno il benvenuto in questo semplice ristorante che propone specialità emiliane e piatti della tradizione gastronomica italiana, sapientemente alleggeriti.

MONTECCHIO PRECALCINO – **Vicenza (VI)** – **562** F16 – **4 966 ab.** – **alt. 84 m** – ✉ **36030** **38** A1

Roma 544 – Padova 57 – Trento 84 – Vicenza 17

La Locanda di Piero (Renato Rizzardi)

via Roma 32, strada per Dueville, Sud : 1 km – ✆ 04 45 86 48 27 – www.lalocandadipiero.it – Chiuso 1°-14 gennaio, 13-31 agosto, domenica e i mezzogiorno di lunedì e sabato

Rist – Menu 30/70 € – Carta 46/93 €

➜ Linguine nere con carbonara d'anguilla affumicata. Anatra in doppia cottura con salsa al mandarancio. Sfera al cioccolato fondente con caramello caldo al rhum invecchiato.

Quasi una residenza privata, a fatica si intuisce l'esistenza di un ristorante dentro questa villetta di campagna. Ma i piatti sono inequivocabili: con maestria il cuoco padroneggia materie prime d'ogni parte d'Italia in piatti personali che sposano gusto e amore per le presentazioni.

MONTECHIARO D'ASTI – **Asti (AT)** – **561** G6 – **1 432 ab.** – **alt. 292 m** – ✉ **14025** **23** C2

Roma 627 – Torino 78 – Alessandria 58 – Asti 20

Tre Colli

piazza del Mercato 3/5 – ✆ 01 41 90 10 27 – www.trecolli.com – Chiuso lunedì, martedì e mercoledì

Rist – (consigliata la prenotazione) Menu 20 € (pranzo)/40 € – Carta 33/40 €

Un ristorante che esiste dal 1898: salette rivestite di legno, con toni morbidi ed accoglienti, tavoli massicci, nonchè una panoramica terrazza estiva per proposte piemontesi.

MONTECOSARO – **Macerata (MC)** – **563** M22 – **6 826 ab.** – **alt. 252 m** – ✉ **62010** **21** D2

Roma 266 – Ancona 60 – Macerata 25 – Perugia 147

La Luma

via Cavour 1 – ✆ 07 33 22 94 66 – www.laluma.it – Chiuso gennaio
11 cam – 65 € 85 € – 1 suite
Rist *La Luma* – vedere selezione ristoranti
In una struttura medievale, un delizioso alberghetto d'atmosfera, con terrazza panoramica e suggestive grotte tufacee nei sotterranei; camere in stile, alcune con vista.

La Luma – Hotel La Luma

via Bruscantini 1 – ✆ 07 33 22 97 01 – www.laluma.it – Chiuso gennaio
Rist – Carta 30/49 €
Locale dal décor raffinato, ma spartano, consono allo spazio in cui si trova: i sotterranei di un centrale edificio settecentesco, con pareti e volte in mattoni e pietra.

Due Cigni

via Santissima Annunziata 19, località Scalo – ✆ 07 33 86 51 82 – www.duecigniristorante.com – Chiuso 3 settimane in agosto, domenica sera e lunedì
Rist – Carta 39/81 €
Il minimalismo, qui, interessa solo gli arredi, perché in cucina c'è abbondanza di tutto: fantasia, ricerca ed ottime materie prime. Un locale raffinato per una cucina che riscopre le specialità tipiche regionali, attualizzandole con accostamenti inusitati.

MONTECRESTESE – Verbano-Cusio-Ossola (VB) – 561 D6 – 1 241 ab. – alt. 486 m – ✉ 28864 — 23 C1

Roma 714 – Stresa 50 – Domodossola 4 – Torino 183

Osteria Gallo Nero

località Pontetto 102 – ✆ 03 24 23 28 70 – www.osteriagallonero.it – Chiuso lunedì
Rist – Menu 25 € – Carta 21/47 €
Due fratelli hanno saputo valorizzare questo locale che deve il suo successo all'ambiente informale - soprattutto a mezzogiorno - alla cucina del territorio e ad una ricca cantina con oltre 400 etichette (alcuni vini sono serviti anche al calice e conservati sotto azoto in un'apposita apparecchiatura).

MONTECRETO – Modena (MO) – 562 J14 – 995 ab. – alt. 864 m – ✉ 41025 — 8 B2

Roma 387 – Bologna 89 – Milano 248 – Modena 79

ad Acquaria Nord-Est : 7 km – ✉ 41025

Ca' Cerfogli con cam

via Montegrappa 6/8 – ✆ 0 53 66 50 52 – www.albergocerfogli.it – Chiuso 2 settimane in gennaio e 2 settimane in giugno
7 cam – 50/90 € 90/110 € – 1 suite
Rist – *(chiuso lunedì e mercoledì)* Carta 30/45 €
Ricavata da un convento del '400, Ca' Cerfogli è una bella dimora in pietra totalmente ristrutturata in anni recenti, con sale impreziosite da mobili d'antiquariato che ben si armonizzano con la signorile rusticità dell'ambiente. Piatti della tradizione montanara e funghi tra le specialità della casa.

MONTEDORO – Bari (BA) – Vedere Noci

MONTEFALCO – Perugia (PG) – 563 N19 – 5 763 ab. – alt. 472 m – ✉ 06036 Italia Centro-Nord — 36 C2

Roma 145 – Perugia 46 – Assisi 30 – Foligno 12

★★★ su quasi tutta l'Umbria dalla Torre Comunale - Affreschi★★ nel Museo di S. Francesco

Affresco★ di Benozzo Gozzoli nella chiesa di S. Fortunato: 1 km a sud

Palazzo Bontadosi

piazza del Comune 19 – ✆ 07 42 37 93 57 – www.hotelbontadosi.com
10 cam – 130/170 € 170/220 €
Rist – *(chiuso mercoledì)* Carta 33/43 €
Antichi muri rinascimentali ospitano moderne forme di design, e se gli ambienti comuni accolgono una piccola galleria d'arte, la struttura coccola anche gli amanti della forma fisica con un piccolo centro benessere dotato di bagno turco e zona massaggi.

Villa Pambuffetti

viale della Vittoria 20 – ✆ 07 42 37 94 17 – www.villapambuffetti.it
12 cam – 120/240 € 120/240 € – 3 suites
Rist – *(aperto 1° marzo-31 dicembre) (solo a cena)* Carta 26/51 €
Un curato parco ombreggiato con piscina circonda la villa ottocentesca che ospita un hotel con un buon livello di confort; mobili antichi negli interni di sobria eleganza. Ambientazione di austera raffinatezza al ristorante.

Agriturismo Camiano Piccolo

località Camiano Piccolo 5 – ✆ 07 42 37 94 92 – www.camianopiccolo.com
23 cam – 50/80 € 60/110 €
Rist – *(solo a cena) (solo per alloggiati)* Carta 21/44 €
Un borgo ristrutturato, immerso tra ulivi secolari, a poche centinaia di metri dalle mura della località. Bella piscina scoperta in giardino per chi è in cerca di relax.

Coccorone

largo Tempestivi – ✆ 07 42 37 95 35 – www.coccorone.com – Chiuso mercoledì escluso agosto
Rist – Menu 30/35 € – Carta 26/51 €
Un ristorante "tipico", come recita l'insegna, sia nell'ambientazione, con archi in mattoni e pietre a vista, sia nella cucina, del territorio, con secondi alla brace.

a San Luca Sud-Est : 9 km – ✉ **06036 Montefalco**

Villa Zuccari

– ✆ *07 42 39 94 02 – www.villazuccari.com*
31 cam – 95/170 € 110/240 € – 3 suites
Rist – *(chiuso domenica in bassa stagione) (solo a cena)* Carta 28/54 €
Una villa ottocentesca, un colpo di bacchetta magica e l'omonima famiglia gestisce oggi un'incantevole risorsa dotata di ampi spazi verdi e ambienti suggestivi. Un'elegante atmosfera, pasta fatta in casa e cucina tradizionale negli spazi in cui un tempo si pigiava l'uva.

MONTEFIASCONE – Viterbo (VT) – 563 O18 – 13 712 ab. – alt. 590 m   12 A1

– ✉ **01027** Italia Centro-Sud
Roma 96 – Viterbo 17 – Orvieto 28 – Perugia 95
Chiesa di S. Flaviano★

Urbano V senza rist

corso Cavour 107 – ✆ 07 61 83 10 94 – www.hotelurbano-v.it
22 cam – 54/70 € 70/90 € – 2 suites
Palazzo storico seicentesco, completamente ristrutturato, raccolto attorno ad un cortiletto interno e impreziosito da una terrazza con vista quasi a 360° su tetti e colline.

MONTEFIORINO – Modena (MO) – 562 I13 – 2 258 ab. – alt. 797 m   8 B2

– ✉ **41045**
Roma 409 – Bologna 95 – Modena 57 – Lucca 116
via Rocca 1, ✆ 0536 96 27 27, www.comune.montefiorino.mo.it

Lucenti con cam

via Mazzini 38 – ✆ 05 36 96 51 22 – www.lucenti.net – Chiuso 23-30 settembre
7 cam – †35/40 € ††50/55 €, ☕ 8 €
Rist – *(chiuso martedì a mezzogiorno e lunedì escluso luglio-agosto)* (prenotare) 39 € – Carta 30/49 €
In questa piccola casa a gestione familiare trova posto un locale di taglio classico, arredato in caldi colori pastello, dove potrete gustare una cucina fedele al territorio. Accoglienti e ben tenute le camere, tutte con vista sulla valle del Dolo.

MONTEFIRIDOLFI – Firenze (FI) – 563 L15 – alt. 310 m – ✉ 50020 32 D3

Roma 289 – Firenze 27 – Siena 57 – Livorno 90

Agriturismo Fonte de' Medici

località Santa Maria a Macerata 41, Sud-Est : 3 km – ✆ 05 58 24 47 00 – www.fontedemedici.com – Chiuso 10 gennaio-10 febbraio
rist,
29 cam ☕ – †80/130 € ††110/190 € **Rist** – Carta 29/59 €
Risorsa armoniosamente distribuita all'interno di tre antichi poderi dell'azienda vinicola Antinori. Per una vacanza difficile da dimenticare, tra viti e campagne.

Il Borghetto Country Inn senza rist

via Collina Sant'Angelo 23, Nord-Ovest : 2 km – ✆ 05 58 24 44 42 – www.borghetto.org – Aperto 1°aprile-30 novembre
9 cam ☕ – †90/110 € ††100/140 €
Lungo la strada che porta al paese, piacevole agriturismo dagli ambienti curati ed originali: mobili in stile locale, travi a vista e pavimenti in cotto. Se in un apposito spazio (sempre all'interno della struttura) si organizzano corsi di cucina, nell'omonima azienda agricola si producono vino ed olio extra vergine.

MONTEFOLLONICO – Siena (SI) – 563 M17 – alt. 567 m – ✉ 53040 32 D2

Roma 187 – Siena 61 – Firenze 112 – Perugia 75

La Costa

via Coppoli 15/19/25 – ✆ 05 77 66 94 88 – www.lacosta.it – Chiuso 10-31 gennaio
7 cam ☕ – †70/90 € ††80/120 € – 2 suites
Rist *La Costa* – vedere selezione ristoranti
Più case unite, tutte con caratteristiche omogenee allo stile architettonico locale, ospitano camere rustiche, ma eleganti, alcune con vista sull'incantevole Val di Chiana.

La Costa – Hotel La Costa

via Coppoli 15/19/25 – ✆ 05 77 66 80 26 – www.lacosta.it – Chiuso 10-31 gennaio e giovedì da novembre a marzo
Rist – Carta 25/47 €
Sulla terrazza estiva o sotto gli archi in pietra degli ex granai, la cucina perpetua la storia: ricette antiche legate al territorio, pici, risotti e grigliate.

MONTEFORTINO – Fermo (FM) – 563 N22 – 1 240 ab. – alt. 612 m – ✉ 63044 21 C3

Roma 195 – Ascoli Piceno 33 – Ancona 112 – Perugia 138

Agriturismo Antico Mulino

località Tenna 2, Nord : 2 km – ✆ 07 36 85 95 30 – www.anticomulino.it – Aperto Pasqua-6 novembre
cam,
15 cam ☕ – †55/75 € ††70/90 €
Rist – *(solo a cena) (solo per alloggiati)* Menu 20 €
Un mulino ad acqua fortificato, con origini trecentesche, ristrutturato per accogliere una struttura caratteristica, di tono sobrio e con arredi in arte povera. Alla dimensione agreste contribuiscono anche gli animali dell'azienda agricola (cavalli, caprette, etc.) che si aggirano liberamente nei pressi.

MONTEGABBIONE – Terni (TR) – 563 N18 – 1 256 ab. – alt. 594 m – ✉ 05010 35 A2

Roma 149 – Perugia 40 – Orvieto 39 – Terni 106

sulla strada per Parrano Sud-Ovest : 9 km

Agriturismo Il Colombaio

località Colombaio – ✆ 07 63 83 84 95 – www.agriturismoilcolombaio.it – Chiuso 10 gennaio-10 febbraio

23 cam – †56/66 € ††100/120 €

Rist – *(solo a pranzo escluso giugno-settembre)* (prenotazione obbligatoria) Carta 26/56 €

Immerso nel verde di grandi prati, una risorsa ospitata da una struttura in pietra, a conduzione familiare. Camere curate e confortevoli, bella piscina. Arredi in legno e soffitti con pietre a vista nella sala da pranzo. D'estate scegliete la terrazza.

MONTEGIORGIO – Fermo (FM) – 563 M22 – 7 108 ab. – alt. 411 m – ✉ 63025 21 D2

Roma 249 – Ascoli Piceno 69 – Ancona 81 – Macerata 30

a Piane di Montegiorgio Sud : 5 km – ✉ 63025

Oscar e Amorina

via Faleriense Ovest 69 – ✆ 07 34 96 73 51 – www.oscareamorina.it

19 cam – †50/65 € ††75/90 €

Rist *Oscar e Amorina* – vedere selezione ristoranti

Cinto da un grazioso giardino con piscina, un accogliente hotel che si contraddistingue per la garbata eleganza degli ambienti. Ottime camere a prezzi più che competitivi.

Oscar e Amorina – Hotel Oscar e Amorina

via Faleriense Ovest 69 – ✆ 07 34 96 73 51 – www.oscareamorina.it – Chiuso lunedì

Rist – Carta 25/42 €

Sala rossa o sala rosa? Qualsiasi sia la scelta, la cucina "sforna" tipiche specialità marchigiane in porzioni abbondanti. Tra le tante proposte, la nostra preferita rimane il filetto di scottona con porcini.

MONTEGRIDOLFO – Rimini (RN) – 562 K20 – 1 044 ab. – alt. 290 m – ✉ 47837 9 D3

Roma 297 – Rimini 35 – Ancona 89 – Pesaro 24

via Borgo 2, ✆ 0541 85 50 67, www.regione.emilia-romagna.it

Palazzo Viviani

via Roma 38 – ✆ 05 41 85 53 50 – www.montegridolfo.com

54 cam – †75/150 € ††150/500 € – 3 suites

Rist *Osteria dell'Accademia* – vedere selezione ristoranti

Un tempo residenza di una nobile famiglia (le cui origini risalgono al XIII sec), la struttura è stata restaurata nel rispetto dell'originale architettura. Oggi, l'hotel si diffonde su tutta l'area del borgo medievale e propone diverse sistemazioni, per soddisfare le più disparate esigenze.

Osteria dell'Accademia – Hotel Palazzo Viviani

via Roma 38 – ✆ 05 41 85 53 50 – Chiuso martedì

Rist – Carta 34/55 €

Tra le pareti in pietra delle ex cantine di Palazzo Viviani, un elegante ristorante dove rinnovare piacevoli soste all'insegna della convivialità. La cucina propone sapori costruiti con sapiente tecnica: frutto di un armonico equilibrio tra tradizione ed innovazione.

MONTEGROSSO – Barletta-Andria-Trani (BT) – 564 D30 – Vedere Andria

MONTEGROSSO D'ASTI – Asti (AT) – 561 H6 – 2 293 ab. – alt. 244 m – ✉ 14048 25 D1

Roma 616 – Alessandria 45 – Asti 9 – Torino 70

a Messadio Sud-Ovest : 3 km – ✉ 14048 Montegrosso D'Asti

Locanda del Boscogrande con cam cam,
via Boscogrande 47 – ✆ 01 41 95 63 90
– www.locandaboscogrande.com – Chiuso gennaio
7 cam – 80/95 € 110/130 € **Rist** – *(chiuso martedì)* Carta 31/49 €
Per godersi il rilassante panorama delle colline del Monferrato, cascina ristrutturata con un ottimo equilibrio tra qualità gastronomica e confort delle camere.

MONTEGROTTO TERME – Padova (PD) – 562 F17 – 11 181 ab. – alt. 11 m – Stazione termale – ✉ 35036 Italia Centro-Nord 39 B3

Roma 482 – Padova 14 – Mantova 97 – Milano 246
viale Stazione 60, ✆ 049 8 92 83 11, www.turismopadova.it

Grand Hotel Terme rist,
viale Stazione 21 – ✆ 04 98 91 14 44
– www.grandhotelterme.it – Chiuso 17 novembre-22 dicembre
107 cam – 107/118 € 164/192 € – 29 suites
Rist – *(solo per alloggiati)* Menu 35 € (pranzo)/45 €
Grandi lavori di restyling hanno recentemente interessato questa imponente struttura - in pieno centro - con eleganti spazi comuni, giardino e piscine termali (scoperte e coperte). Ristorante panoramico al 7° piano.

Garden Terme rist,
corso delle Terme 7 – ✆ 04 98 91 15 49
– www.gardenterme.it – Chiuso 1° dicembre-23 febbraio
112 cam – 78/94 € 116/168 € – 7 suites **Rist** – Carta 24/42 €
In un parco-giardino con piscina termale, un bel complesso, che offre un'ampia gamma di cure rigenerative psico-fisiche; eleganti interni, con un'esotica "sala indiana".

Continental Terme rist, rist,
via Neroniana 8 – ✆ 0 49 79 35 22
– www.continentaltermehotel.it – Chiuso 10-18 dicembre e 11 gennaio-9 febbraio
172 cam – 62/67 € 106/116 € – 68 suites **Rist** – Carta 27/44 €
Parco con piscine termali e confortevoli interni neoclassici, in un albergo completo per le cure, per il relax e per lo sport; eleganti le suite.

Terme Sollievo cam, rist,
viale Stazione 113 – ✆ 0 49 79 36 00
– www.hotelsollievoterme.it – Chiuso 17 novembre-22 dicembre
108 cam – 70/88 € 120/144 € **Rist** – Menu 27 €
Non lontano dalla stazione, un hotel di signorile ospitalità circondato da un tranquillo e rilassante parco. Attrezzato centro benessere.

Terme Preistoriche rist,
via Castello 5 – ✆ 0 49 79 34 77 – www.termepreistoriche.it
– Chiuso 6 gennaio-8 marzo e 9-26 dicembre
47 cam – 77 € 122 € **Rist** – *(solo per alloggiati)*
Piacevole villa dei primi '900 con ampio parco-giardino e piscine termali: gli interni riflettono l'eleganza esterna grazie a raffinate sale ed accoglienti camere. Ottimo servizio.

Terme Olimpia rist,
viale Stazione 25 – ✆ 0 49 79 34 99
– www.hoteltermeolimpia.com – Chiuso 28 novembre-22 dicembre e luglio
108 cam – 60/80 € 120/160 € – 6 suites
Rist – *(solo per alloggiati)* Menu 25/40 €
Il tocco femminile della gestione si fa sentire nella calorosa accoglienza e nei gradevoli spazi comuni. Camere confortevoli - in parte rinnovate - ed attrezzato centro benessere. Originale, il giardino zen. Cucina mediterranea al ristorante.

Terme Bellavista rist,
via dei Colli 5 – ✆ 0 49 79 33 33 – www.bellavistaterme.com
– Chiuso 10 gennaio-28 febbraio
72 cam – 45/80 € 80/130 € **Rist** – Menu 20/40 €
Cordiale conduzione diretta che vi accoglierà in curati salotti ed un'attrezzata zona benessere: camere in buona parte rinnovate e di piacevole stile. Nella spaziosa sala ristorante sobriamente arredata, le tradizionali proposte culinarie.

Da Mario
corso delle Terme 4 – ✆ 0 49 79 40 90 – Chiuso mercoledì a mezzogiorno e martedì
Rist – Carta 33/41 €
All'entrata della località, una sala con ampie vetrate, una saletta in stile "giardino d'inverno" e un dehors per una linea gastronomica tradizionale, di terra e di mare.

Da Cencio
via Fermi 11, Ovest : 1,5 km – ✆ 0 49 79 34 70 – Chiuso lunedì
Rist – (consigliata la prenotazione) Carta 24/54 €
Affezionata clientela di habitué per questo ristorante di impostazione classica, fuori dal centro, che propone cucina del territorio e qualche piatto di pesce.

MONTE INGINO – Perugia (PG) – Vedere Gubbio

MONTELEONE – Forlì-Cesena (FC) – Vedere Roncofreddo

MONTELEONE – Pavia (PV) – 561 G10 – Vedere Inverno-Monteleone

MONTELUCCI – Arezzo (AR) – Vedere Pergine Valdarno

MONTEMAGGIORE AL METAURO – Pesaro e Urbino (PU) 20 B1

– **563** K20 – **2 795 ab. – alt. 197 m – ✉ 61030**

Roma 288 – Ancona 86 – Pesaro 30 – Perugia 122

Agriturismo Villa Tombolina senza rist
via Tombolina, Sud: 4,5 km – ✆ 07 21 89 19 18
– www.villatombolina.it – Aperto 29 dicembre-6 gennaio e 11 marzo-2 novembre
14 cam – 60/100 € 70/120 €
Nell'antica residenza estiva degli arcivescovi di Urbino, un agriturismo con vista sulle colline, che accosta ambienti spaziosi e signorili (nella residenza principale) a zone più informali (nel casale). A Villa Tombolina è possibile anche acquistare prelibatezze di produzione propria: olio extravergine di oliva, vino, salumi nostrani.

MONTEMAGNO – Asti (AT) – 561 G6 – 1 203 ab. – alt. 260 m 23 C2

– ✉ 14030

Roma 617 – Alessandria 47 – Asti 18 – Milano 102

La Braja
via San Giovanni Bosco 11 – ✆ 01 41 65 39 25 – www.labraja.it
– Chiuso 28 dicembre-20 gennaio, lunedì e martedì
Rist – Menu 40/70 € – Carta 44/84 €
I bei dipinti che decorano le pareti sono realizzati dal titolare e da suo figlio, ma l'arte non si limita ai quadri e trova una propria espressione anche in cucina: proposte locali condite da un pizzico di fantasia.

MONTEMAGNO – Lucca (LU) – 563 K12 – Vedere Camaiore

MONTEMARCELLO – La Spezia (SP) – 563 J11 – Vedere Ameglia

MONTEMARCIANO – Arezzo (AR) – Vedere Terranuova Bracciolini

MONTEMARZINO – Alessandria (AL) – 561 H8 – 349 ab. – alt. 448 m – ✉ 15050 23 D2

Roma 585 – Alessandria 41 – Genova 89 – Milano 89

XX Da Giuseppe

via 4 Novembre 7 – ✆ 01 31 87 81 35 – www.ristorantedagiuseppe.it – Chiuso gennaio, martedì sera e mercoledì

Rist – Menu 45/50 € – Carta 26/52 €

Gestione familiare e piacevole sala rustica con camino in un ristorante tra le colline, che propone i classici piemontesi nella formula del menù degustazione.

MONTEMERANO – Grosseto (GR) – 563 O16 – alt. 303 m – ✉ 58014 32 C3

Roma 189 – Grosseto 50 – Orvieto 79 – Viterbo 85

Relais Villa Acquaviva

località Acquaviva 10, Nord : 2 km – ✆ 05 64 60 28 90 – www.villacquaviva.com – Chiuso 8-31 gennaio

22 cam – †75/125 € ††105/185 € – 2 suites

Rist *La Limonaia* – vedere selezione ristoranti

Gode di splendida vista sui colli quest'antica casa al cui ingresso vi dà il benvenuto un grande ulivo: raffinata rusticità negli interni, giardino ombreggiato e bella piscina.

Il Melograno

località Ponticello di Montemerano, Nord : 1,8 km – ✆ 05 64 60 27 31 – www.hotelilmelograno.it

6 cam – †70/90 € ††90/140 € – 1 suite

Rist *Trattoria Verdiana* – vedere selezione ristoranti

Piccolo albergo a conduzione familiare posizionato su di una collina, non distante dalle terme di Saturnia. Camere spaziose, luminose e con un buon livello di confort.

Agriturismo Le Fontanelle

località Poderi di Montemerano, Sud : 3 km – ✆ 05 64 60 27 62 – www.lefontanelle.net

11 cam – †50 € ††85 €

Rist – *(solo a cena) (solo per alloggiati)* Menu 26 €

Una tipica casa di campagna offre tranquillità, semplici, ma accoglienti interni rustici e, per completare il paesaggio bucolico, un laghetto con animali selvatici.

XXX ✿✿ Caino (Valeria Piccini) con cam

via della Chiesa 4 – ✆ 05 64 60 28 17 – www.dacaino.it – Chiuso 24-26 dicembre, 8 gennaio-8 febbraio e 2 settimane in luglio

3 cam – †180/250 € ††180/250 €

Rist – *(chiuso giovedì a mezzogiorno e mercoledì)* Menu 140 € – Carta 105/155 €

➜ Trippa e lampredotto. Agnello nostrano su cagliata di latte di pecora, scarola e arancia . Gelato alle viole, spuma di lampone, crumble di pistacchi e caffè.

Viaggio paesaggistico e gastronomico nel cuore della Maremma: il ristorante è una bomboniera per cura e raffinatezza nelle ridotte dimensioni. Nel piatto, gusto toscano che privilegia carne e sapori valorizzati dal grande talento di Valeria. Enoteca con prodotti regionali e tre preziose camere.

XX La Limonaia – Hotel Relais Villa Acquaviva

località Acquaviva 10, Nord : 2 km – ✆ 05 64 60 28 90 – www.villacquaviva.com – Aperto marzo-novembre, chiuso lunedì

Rist – *(solo a cena)* Carta 40/62 €

E' la titolare stessa ad occuparsi della cucina: piatti maremmani con ampio uso di materie prime (e vini) di produzione propria. Dalle ampie vetrate, si scorge in lontananza l'antico borgo medievale di Montemerano.

XX **Trattoria Verdiana** – Hotel Il Melograno

località Ponticello di Montemerano, Nord : 1,8 km – ✆ 05 64 60 25 76 – Chiuso 20 giorni in gennaio, 1 settimana in luglio e mercoledì

Rist – (consigliata la prenotazione) Carta 47/84 €

Locale che ricrea un ambiente campagnolo: grande camino e tessuti country, ma arredi di qualità e dettagli eleganti. Cucina maremmana rivisitata e cantina di grande valore.

MONTEMONACO – Ascoli Piceno (AP) – 563 N21 – 661 ab. 21 C3

– ✉ 63048

Roma 185 – Ancona 127 – Ascoli Piceno 37 – L'Aquila 99

XX **Il Tiglio** N

località Isola San Biagio , Nord-Ovest : 4,5 km – ✆ 07 36 85 64 41 – Aperto 1° giugno-30 settembre, da venerdì a domenica negli altri mesi

Rist – (consigliata la prenotazione) Menu 30/45 € – Carta 39/66 €

L'esterno semplice non vi tragga in inganno... Varcata la soglia sarete avvolti da un'atmosfera elegante e coccolati da un servizio in "guanti bianchi". In menu: piatti della tradizione e di cacciagione rivisitati in chiave moderna.

MONTENERO – Livorno (LI) – 563 L13 – Vedere Livorno

MONTEPAONE LIDO – Catanzaro (CZ) – 564 K31 – 4 215 ab. 5 B2

– ✉ 88060

Roma 632 – Reggio di Calabria 158 – Catanzaro 33 – Crotone 85

sulla strada per Petrizzi Sud-Ovest : 2,5 km :

X **Il Cantuccio**

via G. di Vittorio 6 – ✆ 0 96 72 20 87 – Chiuso novembre e mercoledì

Rist – *(solo a cena escluso domenica e i giorni festivi)* Menu 30/40 €

Piacevoli sale all'interno di una graziosa villetta per un ristorante a conduzione familiare: piatti a base di pesce in diversi menu degustazione.

MONTE PETRIOLO – Perugia (PG) – Vedere Perugia

MONTE PORZIO CATONE – Roma (RM) – 563 Q20 – 8 989 ab. 12 B2

– alt. 451 m – ✉ 00040

Roma 24 – Frascati 4 – Frosinone 64 – Latina 55

Villa Vecchia

via Frascati 49, Ovest : 3 km – ✆ 06 94 34 00 96 – www.villavecchia.it

96 cam – †65/145 € ††99/165 € **Rist** – Carta 19/52 €

Incastonato in una quieta cornice di ulivi centenari, il convento cinquecentesco è stato ampliato e modernamente ristrutturato per ospitare congressi e soggiorni di relax. Il ristorante è stato ricavato sotto antiche volte, nelle ex cantine dell'edificio.

X **I Tinelloni**

via dei Tinelloni 10 – ✆ 0 69 44 70 71 – www.itinelloni.com – Chiuso 15-30 luglio e mercoledì

Rist – Carta 25/34 €

In posizione dominante sul paese, una vista che si estende fin sui dintorni ed un ambiente accogliente e familiare dove poter gustare i piatti della tradizione.

MONTEPULCIANO – Siena (SI) – 563 M17 – 14 558 ab. – alt. 605 m 32 D2

– Stazione termale – ✉ 53045 Toscana

Roma 176 – Siena 65 – Arezzo 60 – Firenze 119

piazza Don Minzoni 1, ✆ 0578 75 73 41, www.prolocomontepulciano.it

Città Antica★ – Piazza Grande★★ : ❋★★★ dalla torre del palazzo Comunale★, palazzo Nobili-Tarugi★, pozzo★– Chiesa della Madonna di San Biagio★★ Sud-Est : 1 km

San Biagio senza rist
via San Bartolomeo 2 – 05 78 71 72 33 – www.albergosanbiagio.it – Chiuso 10 gennaio-febbraio
27 cam – 80/115 € 100/135 €
Leggermente decentrato, con vista sul tempio di San Biagio e su Montepulciano, salotti signorili e camere curate per un buon rapporto qualità/prezzo.

Villa Cicolina (N)
cam, rist,
via Provinciale 11, Nord-Est : 2 Km – 05 78 75 86 20 – www.villacicolina.it
7 suites – 212/266 € – 4 cam
Rist – *(solo a cena) (solo per alloggiati)* Menu 30 €
Villa nobiliare di campagna immersa in un curato giardino con piscina: ambienti signorili ricchi di fascino ed un ristorante di tono rustico dove gustare specialità locali.

Villa Poggiano senza rist
via di Poggiano 7, Ovest : 2 km – 05 78 75 82 92 – www.villapoggiano.com – Aperto 1° aprile-3 novembre
11 suites – 220/330 € – 3 cam
Un vasto parco, con pochi eguali in zona, accoglie gli ospiti tra silenzio e profumi. Nel mezzo una villa del '700 che ha mantenuto intatta l'atmosfera della dimora storica.

Hotelito Lupaia
cam,
località Lupaia 74 – 05 77 66 80 28 – www.lupaia.com – Aperto 1° marzo-30 ottobre
10 cam – 175/243 € 208/320 € **Rist** – Menu 38 €
Camere diverse una dall'altra, estremamente personalizzate con pavimenti colorati, tessuti bellissimi e mobili acquisiti un po' ovunque e restaurati direttamente dalla proprietaria. Un piacevole stile country modaiolo con splendidi spazi en *plein air*, vista su Montepulciano e sulla campagna circostante.

Relais San Bruno (N)
cam,
via di Pescaia 5/7 – 05 78 71 62 22 – www.sanbrunorelais.com – Aperto 1° marzo-15 novembre
8 cam – 150/180 € 180/220 € **Rist** – *(solo per alloggiati)*
Ai piedi della Basilica di San Biagio, varie villettine ospitano camere ariose e personalizzate. Curatissimi spazi verdi e l'eleganza prende forma!

XX **La Grotta**
località San Biagio 16, Ovest : 1 km – 05 78 75 74 79 – www.lagrottamontepulciano.it – Chiuso gennaio, febbraio e mercoledì
Rist – Menu 50 € – Carta 42/60 €
Di fronte alla chiesa di San Biagio, all'interno di un edificio del '500, locale rustico-elegante, con bel servizio estivo in giardino. Ottima la cucina: toscana, sapientemente rivisitata.

XX **Le Logge del Vignola**
via delle Erbe 6 – 05 78 71 72 90 – www.leloggedelvignola.com – Chiuso 15 giorni in novembre o dicembre, 15 giorni in gennaio o febbraio e martedì
Rist – (consigliata la prenotazione) Menu 23/49 € – Carta 32/57 €
Buona risorsa questo piccolo locale nel centro storico, con tavoli un po' ravvicinati, ma coperto e materia prima regionale assai curati. Interessante anche la carta dei vini.

MONTERIGGIONI – Siena (SI) – 563 L15 – 9 165 ab. – alt. 274 m 32 D1

– 53035 Toscana
Roma 245 – Siena 15 – Firenze 55 – Livorno 103

Il Piccolo Castello
cam,
via Colligiana 8, Ovest : 1 km – 05 77 30 73 00 – www.ilpiccolocastello.com
50 cam – 90/181 € 130/259 € – 2 suites
Rist *La Ducareccia* – Carta 38/73 €
Elegante complesso nato pochi anni fa, che si sviluppa orizzontalmente attorno alla corte con giardino all'italiana. Gli interni s'ispirano al lavoro dell'architetto Agostino Fantastici, che lavorò nel senese tra '700 e '800.

Monteriggioni senza rist
via 1° Maggio 4 – ✆ 05 77 30 50 09 – www.hotelmonteriggioni.net – Chiuso 7 gennaio-28 febbraio
12 cam – 100/130 € 180/250 € – 1 suite
All'interno del borgo medievale, un hotel in pietra di piccole dimensioni con camere in stile rustico dai letti in ferro battuto, un piacevole giardino sul retro e piscina.

Borgo Gallinaio
strada del Gallinaio 5, Ovest : 2 km – ✆ 05 77 30 47 51 – www.gallinaio.it – Aperto 21 aprile-17 ottobre
12 cam – 107/124 € 130/164 €
Rist – *(chiuso martedì) (solo a cena) (solo per alloggiati)* Menu 35 €
Abbracciata da ulivi e boschi, la risorsa è una fattoria del '400 con arredi rustici e pavimenti in cotto e dispone di sale meeting, piscina e campo per il tiro con l'arco.

Il Pozzo
piazza Roma 20 – ✆ 05 77 30 41 27 – www.ilpozzo.net – Chiuso 6 gennaio-10 febbraio, domenica sera e lunedì
Rist – Carta 37/46 €
Nel cuore del piccolo borgo chiuso da mura, la chiesa e il piccolo pozzo al centro, un locale rustico dove soffermarsi a gustare i sapori della Toscana, dai cibi al vino.

a Strove Sud-Ovest : 4 km – ✉ 53035

Agriturismo Castel Pietraio senza rist
località Castelpietraio strada di Strove 33, Sud- Ovest : 4 km – ✆ 05 77 30 00 20 – www.castelpietraio.it – Chiuso 20-25 gennaio
8 cam – 110/160 € 120/160 €
Meta ideale per trascorrere romantici soggiorni a contatto con la natura: la struttura di origine altomedievale - un avamposto difensivo senese - ospita ora camere ben arredate ed una piscina.

Casalta con cam
rist,
via Matteotti 22 – ✆ 05 77 30 12 38 – www.ristorantecasalta.it – Chiuso gennaio o febbraio
10 cam – 65/85 € 70/116 €
Rist – *(chiuso mercoledì e domenica da novembre a marzo)* (prenotare) Carta 50/65 €
Ristorante dagli interni moderni, composto da raccolte salette con poltroncine in pelle e pareti gialle. Tavola raffinata e cucina contemporanea, che non fa preferenze tra terra e mare. Mobili d'antiquariato nelle piacevoli camere.

MONTERONI D'ARBIA – Siena (SI) – 563 M16 – 8 812 ab. – alt. 161 m – ✉ 53014 32 C2

Roma 226 – Siena 16 – Arezzo 74 – Firenze 90

verso Buonconvento Sud-Est : 6 km :

Casa Bolsinina
cam,
località Casale Caggiolo – ✆ 05 77 71 84 77 – www.bolsinina.com – Aperto 15 marzo-5 novembre
6 cam – 115/160 € 115/160 €
Rist – *(aperto 15 aprile-15 settembre) (solo a cena) (solo per alloggiati)* Menu 30 €
Tipico esempio di architettura toscana, questa casa di campagna si caratterizza per i suoi interni caldi e familiari. Dopo una giornata all'aria aperta, sarà piacevole ritirarsi nelle sue belle camere arredate con qualche mobile d'epoca.

MONTEROSSO AL MARE – La Spezia (SP) – 561 J10 – 1 521 ab. – ✉ 19016 Liguria 15 D2

Roma 450 – La Spezia 30 – Genova 93 – Milano 230

Porto Roca rist,

via Corone 1 – 01 87 81 75 02 – www.portoroca.it
– Aperto 1° marzo-1° novembre
38 cam – 170/280 € 190/320 € – 3 suites **Rist** – Carta 34/64 €
Davvero unica e paradisiaca la posizione di questa struttura abbarbicata alla scogliera a strapiombo sul mare, e dall'atmosfera un po' démodé negli interni in stile. Camere di differenti tipologie, ma tutte confortevoli. Suggestiva vista anche dal ristorante, dove gustare specialità mediterranee.

La Colonnina senza rist

via Zuecca 6 – 01 87 81 74 39 – www.lacolonninacinqueterre.it
– Aperto Pasqua-31 ottobre
21 cam – 100/140 € 110/200 €
Nei tranquilli "carruggi" pedonali, hotel dall'attenta conduzione familiare: sempre in miglioramento per offrirvi un'accoglienza di qualità. Piccolo giardino ombreggiato e camere confortevoli.

Cinque Terre senza rist

via IV Novembre 21 – 01 87 81 75 43 – www.hotel5terre.com
– Aperto 1° maggio-30 settembre
53 cam – 80/110 € 100/150 €
Dedicato alle 5 "perle" liguri, un albergo che, al discreto confort nei vari settori, unisce la comodità di un parcheggio e la piacevolezza di un giardino ombreggiato. Poco distante dal mare.

Ca' du Gigante senza rist

via IV Novembre 11 – 01 87 81 74 01 – www.ilgigantecinqueterre.it
6 cam – 80/180 € 80/168 €
A pochi metri dal mare, signorili ambienti comuni e confort contemporaneo di buon livello nelle accoglienti camere: per una vacanza romantica e rilassante.

Locanda il Maestrale senza rist

via Roma 37 – 01 87 81 70 13 – www.locandamaestrale.net
– Chiuso gennaio-febbraio
8 cam – 90/140 € 90/145 €
In un palazzo del 1700, un rifugio raffinato e romantico: soffitti affrescati nella sala comune e nelle due suite, belle camere in stile, terrazza per colazioni all'aperto.

Miky

via Fegina 104 – 01 87 81 76 08 – www.ristorantemiky.it
– Aperto 1° aprile-31 ottobre; chiuso martedì escluso agosto
Rist – Carta 40/83 €
Sempre tra i più quotati in zona, piacevole locale frontemare con giardino d'inverno, dove gustare fragranti specialità di pesce e non solo.

La Cantina di Miky

lungomare Fegina 90 – 01 87 80 25 25 – www.ristorantemiky.it/cantina
– Aperto 1° aprile-31 ottobre; chiuso mercoledì escluso agosto
Rist – Carta 25/59 €
Sulla passeggiata che porta al centro storico, locale moderno ed informale dove gustare piatti regionali preparati con gusto e tanta cura nelle presentazioni. Piacevole dehors.

MONTE ROTA = Radsberg – Bolzano (BZ) – Vedere Dobbiaco

MONTEROTONDO – Roma (RM) – 563 P19 – 39 588 ab. – alt. 165 m 12 B2

– 00015
Roma 27 – Rieti 55 – Terni 84 – Tivoli 32

Dei Leoni

via Vincenzo Federici 23 – 06 90 62 35 91 – www.albergodeileoni.it
34 cam – 40/140 € 40/140 € – 3 suites
Rist *Antica Trattoria dei Leoni* – *(chiuso lunedì a mezzogiorno)* Carta 24/46 €
Nel centro storico, poco oltre la porta delle mura, risorsa ad andamento familiare, semplice, ma ben tenuta. Camere nuove e funzionali, con arredi recenti. Il ristorante dispone di un piacevole servizio estivo all'aperto, specialità carne alla brace.

MONTE SAN PIETRO = PETERSBERG – Bolzano (BZ) – Vedere Nova Ponente

MONTE SAN SAVINO – Arezzo (AR) – **563** M17 – **8 754 ab.** **32** C2
– alt. 330 m – ✉ 52048 Toscana

Roma 191 – Siena 41 – Arezzo 21 – Firenze 83

Logge dei Mercanti senza rist
corso San Gallo 40/42 – ☎ 05 75 81 07 10 – www.loggedeimercanti.it
13 cam – **†**55/75 € **††**80/90 € – 1 suite
Nel centro storico, di fronte alle cinquecentesche logge dei mercanti, la vecchia farmacia di paese è stata trasformata in un incantevole albergo, specchio di un altrettanto piccolo gioiello: Monte S. Savino. Le tante decorazioni introdotte in fase di rinnovo hanno aggiunto un ulteriore tocco di amenità alla struttura.

La Terrasse
via di Vittorio 2/4 – ☎ 05 75 84 41 11 – www.ristorantelaterrasse.it
– Chiuso 15-30 novembre e mercoledì
Rist – Menu 18/30 € – Carta 21/47 €
Totalmente rinnovato ed ancora più piacevole, il ristorante dispone anche di una bella veranda estiva: un angolo verde e raccolto affacciato sulle colline. Cucina toscana e nazionale con qualche specialità di pesce; la carta dei vini non manca di farsi onore.

a Gargonza Ovest : 7 km – alt. 543 m – ✉ 52048 Monte San Savino

Castello di Gargonza
– ☎ 05 75 84 70 21 – www.gargonza.it – Chiuso 10 gennaio-1° marzo
45 cam – **†**100/110 € **††**120/150 €
Rist *La Torre di Gargonza* – vedere selezione ristoranti
Isolamento, silenzio e la suggestione di un glorioso passato: gli ospiti che hanno alloggiato al castello non sono solo vip, ma anche illustri personaggi nazionali (Dante, ad esempio, si fermò qui in fuga da Firenze). Una strada a mulinello si arrampica fino ad una piazzetta: intorno, camere di sobria eleganza.

La Torre di Gargonza – Hotel Castello di Gargonza
– ☎ 05 75 84 70 21 – Chiuso 10 gennaio-1° marzo e martedì
Rist – Carta 23/39 €
A pochi passi dall'albergo Castello di Gargonza, cucina piacevolmente toscana: dai celebri affettati ai piatti di carne, selvaggina e fiorentine. Non mancano le famose zuppe e i pici.

MONTE SANT' ANGELO – Foggia (FG) – **564** B29 – **13 221 ab.** **26** B1
– alt. 796 m – ✉ 71037 Puglia

Roma 427 – Foggia 59 – Bari 135 – Manfredonia 16

Posizione pittoresca★★ – Santuario di S. Michele Arcangelo★★ – Tomba di Rotari★

Promontorio del Gargano★★★ est e nord-est

Palace Hotel San Michele
cam, rist,
via Madonna degli Angeli
– ☎ 08 84 56 56 53 – www.palacehotelsanmichele.it
61 cam – **†**75/100 € **††**140/170 € – 5 suites
Rist – *(aperto 1° aprile-30 ottobre)* Carta 48/63 €
Sulla sommità del paese, dalla quale si domina il Gargano, l'hotel si è ampliato col centro benessere e la dépendance dotata di camere con vista: foresta, castello o golfo, a voi la scelta. Ristorazione disponibile in vari ambienti, ugualmente curati.

Li Jalantuùmene con cam
cam, rist,
piazza de Galganis 9 – ☎ 08 84 56 54 84 – www.li-jalantuumene.it
– Chiuso gennaio e martedì escluso giugno-settembre
2 cam – **†**80/110 € **††**80/110 €
Rist – (consigliata la prenotazione) Carta 33/52 €
Fedeltà alla cultura gastronomica del proprio territorio, ma con spirito di ricerca in un ristorante rustico ma con numerosi tocchi d'eleganza.

Medioevo

via Castello 21 – ✆ 08 84 56 53 56 – www.ristorantemedioevo.it – Chiuso lunedì
Rist – *(solo a pranzo da ottobre a maggio)* Carta 18/43 €
Involtini di troccoli in melanzana ed altre specialità regionali elaborate partendo da prodotti stagionali, in questo semplice ristorante del centro, raggiungibile solo a piedi.

MONTE SAN VITO – Ancona (AN) – 563 L21 – 6 666 ab. – alt. 135 m – 21 C1 – ✉ 60037

Roma 284 – Ancona 29 – Perugia 148 – Pesaro 75

Poggio Antico senza rist

via Malviano b, località Santa Lucia – ✆ 0 71 74 00 72 – www.poggio-antico.com
13 suites – ††90/180 €, ☕ 12 €
La risorsa, in posizione panoramica tra le colline, dispone di appartamenti, zona notte separata, in stile rustico-contadino, arredati con un tocco di romanticismo.

MONTESARCHIO – Benevento (BN) – 564 D25 – 13 707 ab. – alt. 300 m – 6 B2 – ✉ 82016

Roma 223 – Napoli 53 – Avellino 54 – Benevento 18

Cristina Park Hotel

via Benevento 102, Est : 1 km – ✆ 08 24 83 58 88 – www.cristinaparkhotel.it
28 cam ☕ – †68/82 € ††98 €
Rist – *(chiuso domenica) (solo a cena)* Carta 28/44 €
A breve distanza da Benevento, una struttura con giardino e interni curati in stile classico non privi di tocchi d'eleganza come la boiserie, i marmi e i mobili d'epoca. Eleganza neoclassica nelle belle sale del ristorante.

MONTESCUDAIO – Pisa (PI) – 563 M13 – 1 946 ab. – alt. 242 m – 31 B2 – ✉ 56040

Roma 281 – Pisa 59 – Cecina 10 – Grosseto 108
via Roma 2, ✆ 0586 65 53 94, www.comunemontescudaio.pi.it

Il Frantoio

via della Madonna 9 – ✆ 05 86 65 03 81 – www.ristorantefrantoio.com – Chiuso martedì
Rist – *(solo a cena escluso i giorni festivi da ottobre a giugno)* Carta 23/47 €
Sotto i caratteristici archi in mattone di un vecchio frantoio nell'entroterra toscano, marito e moglie - lei in sala e lui ai fornelli - propongono cucina del territorio, anche di pesce.

MONTESILVANO MARINA – Pescara (PE) – 563 O24 – 51 565 ab. – 1 B1 – ✉ 65015

Roma 215 – Pescara 13 – L'Aquila 112 – Chieti 26
viale Europa 73/4, ✆ 085 4 45 88 59, www.abruzzoturismo.it

Promenade

viale Aldo Moro 63 – ✆ 08 54 45 22 21 – www.hotelpromenadeonline.com
80 cam ☕ – †70/95 € ††110/200 € – 6 suites **Rist** – Carta 26/56 €
Proprio di fronte al mare e alla spiaggia, una bella struttura caratterizzata da camere confortevoli, nonché spazi comuni piacevoli e signorili. Al ristorante: piatti di mare e specialità di terra si dividono equamente il menu.

Ninì

piazza Calabresi 1, località Montesilvano Colle Ovest: 4 km – ✆ 08 54 68 91 74 – www.nininini.it – Chiuso lunedì
Rist – *(solo a cena escluso sabato e domenica in giugno-agosto)* (prenotare) Menu 18 € (pranzo in settimana) – Carta 28/48 €
In posizione panoramica con vista mare e servizio all'aperto, il locale è caratterizzato da pietra a vista e soffitti a botte. La cucina omaggia soprattutto la terra con interessanti rivisitazioni.

XX **La Polena**

viale Aldo Moro 3 – ✆ 08 56 60 07 – www.lapolena.it – Chiuso lunedì escluso giugno-settembre

Rist – Menu 50/100 € – Carta 38/80 €

Protagonista è il mare, non solo per la strategica posizione del locale a pochi passi dalla spiaggia, o per la scelta del nome, ma soprattutto per le fragranti specialità ittiche presenti in menu: il cui posto d'onore è riservato ai crostacei.

MONTESPERTOLI – Firenze (FI) – 563 L15 – 13 452 ab. – alt. 257 m – ✉ 50025 — 32 C2

Roma 287 – Firenze 34 – Siena 60 – Livorno 79

X **L'Artevino**

via Sonnino 28 – ✆ 05 71 60 84 88 – Chiuso 15 gennaio-7 febbraio

Rist – Carta 33/41 €

Piacevole localino in posizione centrale dall'ambiente curato e raccolto. La cucina si diletta con la tradizione gastronomica del territorio, a cui aggiunge rivisitazioni personali.

MONTESPLUGA – Sondrio (SO) – 561 C9 – alt. 1 908 m – ✉ 23024 — 16 B1

Roma 711 – Sondrio 89 – Milano 150 – Passo dello Spluga 3

XX **Posta** con cam

via Dogana 8 – ✆ 0 34 35 42 34 – Chiuso gennaio-febbraio

8 cam – †60 € ††100 €, ☕ 10 € **Rist** – Carta 26/51 €

In un paesino di alta montagna, quasi al confine svizzero, un'accogliente sala in stile montano con molto legno, cucina ispirata alla tradizione e camere personalizzate.

MONTEU ROERO – Cuneo (CN) – 561 H5 – 1 672 ab. – alt. 395 m – ✉ 12040 — 25 C2

Roma 625 – Torino 53 – Asti 33 – Cuneo 65

X **Cantina dei Cacciatori**

località Villa Superiore 59, Nord-Ovest : 2 km – ✆ 0 17 39 08 15 – www.trattoria-cantinadeicacciatori.it – Chiuso 15-30 gennaio, 1°-15 luglio, martedì a mezzogiorno e lunedì

Rist – Carta 25/41 €

L'insegna originale dipinta sulla facciata ammicca alla storia ultracentenaria del locale. Nato dal recupero di una vecchia trattoria fuori paese, fra castagni e rocce di tufo, il ristorante propone piatti tipici piemontesi, come lo stinco di fassone al Roero. Incantevole dehors per la bella stagione.

MONTEVARCHI – Arezzo (AR) – 563 L16 – 24 166 ab. – alt. 144 m – ✉ 52025 Toscana — 32 C2

Roma 233 – Firenze 49 – Siena 50 – Arezzo 39

Valdarno senza rist

via Traquandi 13/15 – ✆ 05 59 10 34 89 – www.hotelvaldarno.net – Chiuso 23-26 dicembre

65 cam ☕ – †72/82 € ††92/100 €

Struttura recente che coniuga la modernità dei confort e delle infrastrutture con la sobria ed elegante classicità delle scelte d'arredo; belle camere ben insonorizzate.

Relais la Ramugina-Fattoria di Rendola

località Rendola 89, Sud : 4 km – ✆ 05 59 70 77 13 – www.fattoriadirendola.it – Chiuso 2 settimane in gennaio

14 cam ☕ – †72/78 € ††105/118 €

Rist *Osteria di Rendola* – vedere selezione ristoranti

Camere di taglio rustico-elegante con letti in ferro battuto ed alcuni pezzi d'epoca contribuiscono a ricreare all'interno l'atmosfera agreste della struttura, composta da case coloniche raccolte intorno ad una corte ed un casale leopoldino del '700.

Osteria di Rendola – Relais la Ramugnina-Fattoria di Rendola
località Rendola 89, Sud : 4 km – ✆ 055 9707491
– Chiuso 2 settimane in gennaio, giovedì a mezzogiorno e mercoledì
Rist – (consigliata la prenotazione) Carta 28/80 €
Le semplici sale del ristorante lasciano il posto alla cucina a vista da cui escono piatti ispirati alla tradizione toscana: dalle paste fresche agli stufati di carne, chi ama i sapori intensi qui si sentirà a casa. L'esperienza sarà ancor più suggestiva d'estate, quando ci si trasferisce sulla terrazza panoramica.

a Moncioni Sud-Ovest: 8,5 km – ✉ 52025

Villa Sassolini rist,
piazza Rotondi 17 – ✆ 05 59 70 22 46 – www.villasassolini.it
– Aperto 15 marzo-2 novembre
10 cam – †197/244 € ††197/244 € – 2 suites
Rist – *(chiuso lunedì in marzo e aprile anche domenica in ottobre, sempre aperto negli altri mesi) (solo a cena)* Carta 42/68 € (+10 %)
In un piccolo maniero pregno di fascino, camere eleganti dove le tonalità del grigio sono declinate nelle varie sfumature e riscaldate da elementi d'arredo di grande suggestione. Zone comuni non molto spaziose, ma sapientemente dislocate, creano un'atmosfera da casa privata. Creatività in cucina.

MONTEVECCHIA – Lecco (LC) – 561 E10 – 2 494 ab. – alt. 479 m 18 B1
– ✉ 23874

Roma 602 – Como 34 – Bergamo 44 – Lecco 24

La Piazzetta
largo Agnesi 3 – ✆ 03 99 93 01 06 – www.ristolapiazzetta.it – Chiuso 15 giorni in gennaio, 15 giorni in agosto o settembre, martedì a mezzogiorno e lunedì
Rist – Carta 31/58 €
Nella parte alta del paese, un locale ubicato all'interno di un edificio ristrutturato. Un ristorante di taglio classico con due sale luminose e una cucina interessante con proposte classiche e contemporanee.

MONTIANO – Forlì-Cesena (FC) – 562 J18 – 1 710 ab. – alt. 159 m 9 D2
– ✉ 47020

Roma 347 – Bologna 98 – Forlì 38

Le Giare
via al Castello 368 A/B, località Montenovo, Est: 2 km – ✆ 0 54 75 14 30
– www.legiare.com – Chiuso novembre e lunedì, anche martedì in inverno
Rist – Menu 65 € – Carta 45/60 €
In posizione panoramica, la terrazza offre un bello scorcio sulla costa, mentre gli ambienti interni di moderna eleganza accolgono una cucina ricca di fantasia, tra terra e mare.

MONTICCHIELLO – Siena (SI) – 563 M17 – Vedere Pienza

MONTICELLI BRUSATI – Brescia (BS) – 561 F12 – 4 388 ab. 19 D1
– alt. 283 m – ✉ 25040

Roma 576 – Brescia 21 – Milano 96 – Parma 134

Uva Rara
via Foina 42 – ✆ 03 06 85 26 43 – www.hostariauvarara.it – Chiuso mercoledì
Rist – Menu 25 € (pranzo in settimana)/55 € – Carta 36/62 €
Gestione professionale in un antico cascinale del '400 con arredi di gusto e caratteristici soffitti sorretti da volte in pietra. Valida cucina del territorio e a pranzo, disponibilità di menu più economici.

MONTICELLI D'ONGINA – Piacenza (PC) – 562 G11 – 5 471 ab. 8 A1
– alt. 40 m – ✉ 29010

Roma 530 – Parma 57 – Piacenza 23 – Brescia 63

Antica Trattoria Cattivelli
via Chiesa 2, loc. Isola Serafini – ✆ 05 23 82 94 18 – www.trattoriacattivelli.it – Chiuso 15 giorni in luglio, martedì sera e mercoledì
Rist – Menu 19 € (pranzo in settimana) – Carta 27/53 €
Pisarei e fasò, storione al forno o lumache alla piacentina: insomma, una cucina del territorio con molti ingredienti di produzione propria, in questa trattoria da sempre gestita dall'omonima famiglia.

a San Pietro in Corte Sud : 3 km – ✉ 29010 Monticelli D'Ongina

Le Giare
via San Pietro in corte Secca 6 – ✆ 05 23 82 02 00 – Chiuso 1°-10 gennaio, agosto, domenica sera e lunedì; anche domenica a mezzogiorno in luglio
Rist – (consigliata la prenotazione) Carta 39/57 €
Sotto il campanile di una piccola frazione, una casa colonica sorta sulle ceneri di una vecchia osteria e tre salette arredate con mobili in bambù. La cucina sposa tradizione e pesce.

MONTICELLI TERME – Parma (PR) – 562 H13 – alt. 99 m – ✉ 43022 8 A3

Roma 452 – Parma 13 – Bologna 92 – Milano 134

Delle Rose (N) rist,
via Montepelato nord 4/a – ✆ 05 21 65 74 25 – www.rosehotel.it – Chiuso 7 gennaio-7 febbraio
58 cam – †75/150 € ††100/200 € – 10 suites **Rist** – Carta 32/98 €
In un parco-pineta, una struttura con piacevoli spazi comuni e una piscina termale coperta. Per chi è in cura alle terme, ma anche per clientela d'affari e di passaggio.

MONTICHIARI – Brescia (BS) – 561 F13 – 23 339 ab. – alt. 104 m – ✉ 25018 17 D1

Roma 490 – Brescia 20 – Cremona 56 – Mantova 40
Gabriele D'Annunzio ✆ 030 2041599

Garda senza rist
via Brescia 128 – ✆ 03 09 65 15 71 – www.infogardahotel.it
82 cam – †60/65 € ††90/95 €
Sale riunioni, camere spaziose, servizio efficiente e un'ottima ubicazione di fronte alla fiera e vicino all'aeroporto, insomma un hotel ideale per chi viaggia per lavoro.

MONTICIANO – Siena (SI) – 563 M15 – 1 565 ab. – alt. 375 m – ✉ 53015 32 C2

Roma 186 – Siena 37 – Grosseto 60
Abbazia di San Galgano★★ Nord-Ovest : 7 km

Da Vestro con cam
via Senese 4 – ✆ 05 77 75 66 18 – www.davestro.it – Chiuso 16-25 dicembre e 1° febbraio-18 marzo; aperto solo week end 4 novembre-15 dicembre e 7-31 gennaio
14 cam – †40/60 € ††60/85 €, 8 €
Rist – *(chiuso lunedì) (solo a pranzo escluso venerdì e sabato in inverno)* (prenotare) Menu 18/29 € – Carta 22/42 €
Alle porte della località e circondato da un ampio giardino, un antico podere ospita una trattoria dalle cui cucine si affacciano i piatti e i sapori della tradizione toscana. Dispone anche di alcune camere semplici dagli arredi in legno e ben curate.

MONTICOLO = MONTIGGLER SEE – Bolzano (BZ) – Vedere Appiano sulla Strada del Vino

Vedere Appiano sulla Strada del Vino

MONTIERI – Grosseto (GR) – 563 M15 – 1 250 ab. – alt. 704 m – ✉ 58026 32 C2

Roma 269 – Siena 50 – Grosseto 51

Agriturismo La Meridiana-Locanda in Maremma 

strada provinciale 5 Le Galleraie, Sud-Est : 2,5 km – ✆ 05 66 99 70 18 – www.lameridiana.net – Chiuso 10 gennaio-28 febbraio e 1° novembre-27 dicembre

13 cam – 120/140 € 120/140 € **Rist** – Menu 25/35 €

Arredi di grande gusto in questa elegante country house ricavata da un'antica stalla: letti in ferro battuto e ampio scrittoio in travertino nelle amene camere. Percorso vita di circa 1 km e grazioso giardino che sconfina nel bosco. Piatti regionali nel rustico ristorante.

MONTIGNOSO – Massa Carrara (MS) – 563 J12 – 9 798 ab. – alt. 132 m – ✉ 54038 — 31 A1

Roma 386 – Pisa 39 – La Spezia 38 – Firenze 112

Il Bottaccio con cam

via Bottaccio 1 – ✆ 05 85 34 00 31 – www.bottaccio.it

4 cam, 20 € – 4 suites – 420/750 €

Rist – Menu 35 € (pranzo)/110 € – Carta 53/106 €

Dolci colline fanno da cornice a questa dimora di campagna, che di rurale ha giusto qualche elemento architettonico, come i pavimenti in cotto o i soffitti a cassettoni. Terra e mare si contendono il menu, ma sono i dessert a scatenare la fantasia dello chef: dolci che evocano le tele di Matisse, Gauguin, Klimt…

a Cinquale Sud-Ovest : 5 km – ✉ 54030

via Grillotti, ✆ 0585 80 87 51, www.aptversilia.it

Villa Undulna

viale Marina 191 – ✆ 05 85 80 77 88 – www.villaundulna.com – Aperto 29 marzo-13 ottobre

24 suites – 200/460 € – 20 cam

Rist – *(aperto 15 aprile-30 settembre)* Menu 30/40 €

Un curato e piacevole giardino incornicia le varie strutture dell'hotel: centro benessere ed ampie camere per una vacanza a tutto relax. Il ristorante propone una cucina nazionale e regionale in sale sobrie e signorili.

Eden rist,

viale Gramsci 26 – ✆ 05 85 80 76 76 – www.edenhotel.it – Chiuso 20 dicembre-1° febbraio

27 cam – 68/115 € 99/300 €

Rist – *(chiuso domenica) (solo a cena escluso 15 maggio-15 settembre)* Carta 30/75 €

A pochi passi dal mare, l'hotel dispone di ariosi e freschi ambienti, nonché ampie camere. Piacevole giardino con piscina: ideale per una vacanza all'insegna del relax! Specialità locali al ristorante.

Giulio Cesare senza rist

via Giulio Cesare 29 – ✆ 05 85 30 93 18 – Aperto Pasqua-30 settembre

12 cam – 60/100 € 80/140 €

Un piccolo giardino garantisce un soggiorno all'insegna della tranquillità presso questa risorsa familiare; all'interno gli ambienti sono arredati con gusto moderno e sobrio.

MONTOGGIO – Genova (GE) – 561 I9 – 2 111 ab. – alt. 438 m – ✉ 16026 Liguria — 15 C1

Roma 538 – Genova 38 – Alessandria 84 – Milano 131

Roma

via Roma 15 – ✆ 0 10 93 89 25 – Chiuso 1°-12 luglio, giovedì, anche le sere di lunedì, martedì, mercoledì da ottobre a maggio

Rist – Menu 18 € (pranzo in settimana) – Carta 25/49 €

Nel nome omaggia la città eletta a capitale del mondo, ma la sua cucina altro non è che un inno alla tradizione locale: funghi, verdure ripiene, carni bianche, e poi gli imperdibili tortelli di burrata e speck con zucchine, erbe aromatiche, zafferano.

MONTONE – Perugia (PG) – **563** L18 – **1 675 ab.** – **alt. 482 m** – ✉ **06014** **35** B1

Roma 205 – Perugia 39 – Arezzo 58

XX **La Locanda del Capitano** con cam rist, VISA AE
via Roma 7 – ✆ 07 59 30 65 21 – www.ilcapitano.com
– Chiuso 8 gennaio-15 marzo
10 cam – †90/140 € ††100/140 €
Rist – *(chiuso lunedì) (solo a cena escluso sabato, domenica e festivi)*
Carta 35/63 €
Delizie tipiche locali (funghi, tartufo) in piatti rivisitati con approccio personale. Un antico edificio, ultima dimora del capitano di ventura Fortebraccio, per assaporare l'incanto e la quiete fuori del tempo di un borgo medievale tra confort attuali.

MONTOPOLI IN VAL D'ARNO – Pisa (PI) – **563** K14 – **11 219 ab.** – **alt. 98 m** – ✉ **56020** **31** B2

Roma 307 – Firenze 45 – Pisa 39 – Livorno 44

piazza Michele 14, ✆ 0571 44 90 24, www.montopoli.net

XX **Quattro Gigli** con cam cam, VISA AE
piazza Michele da Montopoli 2 – ✆ 05 71 46 68 78 – www.quattrogigli.it
21 cam – †75/95 € ††75/95 €
Rist – *(chiuso 16-31 agosto e lunedì)* Menu 22/45 € – Carta 23/62 €
Rist *Trattoria dell'Orcio* – *(chiuso lunedì)* Menu 20 € (pranzo)/30 € – Carta 23/34 €
Nel caratteristico borgo, locali dagli interni decorati con terrecotte e terrazza estiva con vista sulle colline. Piatti regionali di terra e di mare, ma molta attenzione è riservata alle ricette storiche e alla cucina rinascimentale (una serie di portate, generalmente per due persone). Camere dalla calda atmosfera.

MONTORIO – Verona (VR) – **562** F15 – ✉ **37141** **38** B2

Roma 522 – Verona 8 – Brescia 84 – Padova 82

Brandoli AC P VISA AE
via Antonio da Legnago 11 – ✆ 04 58 84 01 55 – www.hotelbrandoli.it
34 cam – †70/180 € ††85/200 €
Rist – *(chiuso i giorni festivi)* Carta 18/40 €
Dopo attenti interventi interni è finalmente tornato a nuova vita, questo hotel appena fuori Verona è ora un ottimo punto di riferimento per chi si sposta per lavoro. Spaziose camere. Ampia sala ristorante e servizio estivo all'aperto. Specialità del territorio.

MONTRIGIASCO – Novara (NO) – **561** E7 – Vedere Arona

MONTÙ BECCARIA – Pavia (PV) – **561** G9 – **1 772 ab.** – **alt. 277 m** – ✉ **27040** **16** B3

Roma 544 – Piacenza 34 – Genova 123 – Milano 66

XX **La Locanda dei Beccaria** AC VISA AE
via Marconi 10 – ✆ 03 85 26 23 10 – www.lalocandadeibeccaria.it
– Chiuso 2 settimane in gennaio, lunedì e martedì
Rist – Carta 39/59 €
All'interno della Cantina Storica della località, un ristorante rustico e curato con caratteristici soffitti in legno, dove assaporare due linee di cucina: una con proposte curiose e innovative, una più tradizionale.

XX **Colombi** AC P VISA AE
località Loglio di Sotto 1, Sud-Ovest : 5 km – ✆ 03 85 60 00 49
– www.ristorantecolombi.it – Chiuso lunedì
Rist – Carta 27/45 €
Da quasi 70 anni la famiglia Colombi offre la propria esperienza nel settore della ristorazione, gestendo con grande professionalità e calorosa ospitalità questo locale classico. La cucina così come la carta dei vini ha solide radici nella tradizione dell'Oltrepò: qualche concessione al mare, tra i secondi.

MONZA (MB) – 561 F9 – 122 712 ab. – alt. 162 m – 20900 18 B2

Italia Centro-Nord

Roma 592 – Milano 21 – Bergamo 38

piazza Carducci, 039 32 32 22, www.monzaebrianzainrete.it

Brianza località Cascina Cazzù, 039 6829089, www.brianzagolf.it – chiuso martedì

Duomo★ : facciata★★, Corona Ferrea★★, cappella di Teodolinda★, tesoro★ – Giardini★★ di Villa Reale e il celebre autodromo (039 22366) nella parte settentrionale

De la Ville

viale Regina Margherita di Savoia 15 – 03 93 94 21 – www.hoteldelaville.com – Chiuso 24 dicembre-7 gennaio e 1°-29 agosto

70 cam – †124/278 € ††134/414 €, 29 € – 3 suites

Rist ***Derby Grill*** – vedere selezione ristoranti

Un lusso discreto tutto inglese avvolge gli ospiti (tra cui VIP della Formula Uno) in un grande albergo di fronte alla Villa Reale; collezione di oggetti d'antiquariato.

Derby Grill – Hotel De la Ville

viale Regina Margherita di Savoia 15 – 03 93 94 21 – www.derbygrill.it – Chiuso 24 dicembre-7 gennaio e 1°-29 agosto

Rist – *(solo a cena sabato e domenica)* (consigliata la prenotazione) Carta 53/83 €

Boiserie, quadri di soggetto equestre, argenti e porcellane in un raffinatissimo ristorante, perfetto per un pranzo d'affari o una cena romantica; creatività in cucina.

Il Gusto della Vita

via Bergamo 5 – 0 39 32 54 76 – www.ilgustodellavita.it – Chiuso 1°-10 gennaio, 3 settimane in agosto e martedì

Rist – Carta 37/55 €

Una giovane coppia gestisce con passione e professionalità questo curato locale nei pressi del centro cittadino. Pochi coperti, ambiente lindo e gradevole per una cucina classica con qualche excursus nella creatività.

MONZUNO – Bologna (BO) – 562 J15 – 6 500 ab. – 40036 9 C2

Roma 366 – Bologna 45 – Prato 75 – Firenze 82

Molino del Pero via Molino del Pero 323, 051 6770506, www.molinodelpero.it – chiuso lunedì

Lodole senza rist

località Lodole 325, Ovest: 2,4 km – 05 16 77 11 89 – www.lodole.com

6 cam – †70/80 € ††90/100 €

Questa rustica dimora del Seicento, all'interno del Golf Club Molino del Pero, ripropone l'atmosfera informale di una vera country house, non priva di spunti di eleganza made in Italy.

MORANO CALABRO – Cosenza (CS) – 564 H30 – 4 795 ab. 5 A1 – alt. 694 m – 87016

Roma 445 – Cosenza 82 – Catanzaro 175 – Potenza 148

Villa San Domenico

via Sotto gli Olmi snc – 09 81 39 98 81 – www.albergovillasandomenico.it

11 cam – †80 € ††110 € – 3 suites

Rist – *(chiuso lunedì)* (prenotazione obbligatoria) Menu 25/40 €

All'ombra di olmi secolari e nelle vicinanze del monastero di San Bernardino, signorile dimora del '700 con alcune vestigia ancora più antiche, come uno scorcio del sistema idraulico d'epoca romana. Al suo interno, raffinatezza e mobili d'epoca; mentre i balconi delle camere offrono lo spettacolo naturale del Pollino.

Agriturismo la Locanda del Parco
contrada Mazzicanino 12, Nord-Est : 4 km – ✆ 0 98 13 13 04 – www.lalocandadelparco.it
9 cam ☕ – 🚹40/50 € 🚹🚹60/80 €
Rist – (prenotazione obbligatoria) Menu 20/30 €
Signorile ed accogliente centro per il turismo equestre, ma anche sede di corsi di cucina. Un villino circondato dalla campagna e incorniciato dai monti del Parco del Pollino. Di taglio più classico le sale da pranzo, con due soli tavoli ai quali siedono tutti i commensali.

MORBEGNO – Sondrio (SO) – 561 D10 – 12 071 ab. – alt. 262 m – ✉ 23017 16 B1

Roma 673 – Sondrio 25 – Bolzano 194 – Lecco 57

Osteria del Crotto
via Pedemontana 22-24 – ✆ 03 42 61 48 00 – www.osteriadelcrotto.it – Chiuso 24 agosto-10 settembre, domenica sera e lunedì a mezzogiorno
Rist – Menu 20 € (pranzo in settimana)/42 € – Carta 30/48 €
Risale all'inizio dell'800 questo caratteristico crotto addossato alla parete boscosa delle montagne. Due salette interne più una fresca terrazza estiva. Cucina locale.

MORDANO – Bologna (BO) – 562 I17 – 4 725 ab. – alt. 21 m – ✉ 40027 9 C2

Roma 396 – Bologna 45 – Ravenna 45 – Forlì 35

Ville Panazza
via Lughese 269 – ✆ 0 54 25 14 34 – www.villepanazza.it
45 cam ☕ – 🚹49/125 € 🚹🚹59/180 €
Rist *Panazza* – vedere selezione ristoranti
Nel verde di un piccolo parco con piscina, camere di diverse tipologie in due edifici d'epoca, tra cui una villa dell'Ottocento ristrutturata. L'ex cappella sconsacrata ospita una saletta riunioni.

Panazza – Hotel Ville Panazza
via Lughese 269/319 – ✆ 0 54 25 14 34 – www.hotelpanazza.it
Rist – Menu 19 € (in settimana)/39 € – Carta 25/47 €
Oltre alle piacevoli sale interne, il ristorante utilizza anche una grande veranda ed, in estate, la terrazza prospiciente l'ingresso. La cucina proposta è quella locale, preparata con un'attenta selezione delle materie prime ed accompagnata da un servizio attento e premuroso. Per i piccoli ospiti, un menu a loro dedicato.

MORGEX – Aosta (AO) – 561 E3 – 2 069 ab. – alt. 923 m – ✉ 11017 37 A2

Roma 771 – Aosta 27 – Courmayeur 9
piazza de l'Archet, ✆ 0165 80 99 12, www.prolocomorgex.it.

Café Quinson (Agostino Buillas)
piazza Principe Tomaso 10 – ✆ 01 65 80 94 99 – www.cafequinson.it – Chiuso 2 novembre-5 dicembre e mercoledì
Rist – *(solo a cena)* (consigliata la prenotazione) Menu 50/100 € – Carta 60/120 €
➜ Ravioli farciti di animelle di vitello valdostano, con burro fuso e fumo di legno di ginepro. Piccione con salsa al Madera, tartufo di stagione e patate. Il mio tiramisu': biscuit alle mandorle, gelato di fragola e yogurt, lamponi, mascarpone.
La passione per i vini e per i formaggi qui si unisce ad una saggia carta di prodotti locali, anche interpretati con fantasia; caldo legno scuro e pietra a vista in sala.

MORIMONDO – Milano (MI) – 561 F8 – 1 211 ab. – alt. 109 m – ✉ 20081 Italia Centro-Nord 18 A3

Roma 587 – Alessandria 81 – Milano 30 – Novara 37
Abbazia★

XX **Trattoria Di Coronate**

località Coronate di Morimondo, Sud: 2 km – ✆ 02 94 52 98 – www.trattoriadicoronate.it – Chiuso agosto, domenica sera e lunedì

Rist – (consigliata la prenotazione) Carta 33/72 €

Sull'antica strada del sale, una cascina lombarda di origini cinquecentesche ospita un ristorante di raffinata semplicità, dove gustare una cucina di taglio contemporaneo. Nella bella stagione, il servizio si sposta all'aperto: allora, vi si proporrà uno scorcio da cartolina di altri tempi.

X **Trattoria Basiano**

Cascina Basiano 1, Sud : 3 km – ✆ 02 94 52 95 – www.trattoriabasiano.it – Chiuso 1°-7 gennaio, lunedì sera e martedì

Rist – Menu 13 € (pranzo in settimana)/45 € – Carta 27/50 €

Ristorante semplice e familiare, con un ampio dehors anche invernale; la semplicità regna anche nella cucina, che propone piatti stagionali del territorio e di pesce.

MORNAGO – Varese (VA) – 561 E8 – 4 873 ab. – alt. 281 m – ✉ 21020 18 A1

Roma 639 – Stresa 37 – Como 37 – Lugano 45

XX **Alla Corte Lombarda**

via De Amicis 13 – ✆ 03 31 90 43 76 – Chiuso 1° -10 gennaio, 20 agosto-5 settembre, domenica sera, lunedì

Rist – (prenotazione obbligatoria a mezzogiorno) Menu 25/65 € – Carta 42/72 €

In un bel rustico ai margini del paese, un vecchio fienile ristrutturato racchiude un locale suggestivo; servizio di tono familiare, cucina tradizionale rivisitata.

MORRANO NUOVO – Terni (TR) – 563 N18 – Vedere Orvieto

MORTARA – Pavia (PV) – 561 G8 – 15 673 ab. – alt. 108 m – ✉ 27036 16 A3

Roma 601 – Alessandria 57 – Milano 47 – Novara 24

San Michele

corso Garibaldi 20 – ✆ 0 38 49 91 06 – www.ilcuuc.it – Chiuso 10 agosto-4 settembre

18 cam – †56/66 € ††89/99 € – 1 suite

Rist – Menu 24 €

Rist *Il Cuuc* – *(chiuso domenica sera e lunedì)* Carta 33/66 €

Albergo familiare nel centro della località, con parcheggio interno: le camere sono semplici, personalizzate negli arredi, e si affacciano sul tranquillo cortile. Mobilio e calda atmosfera da casa privata nelle due sale ristorante.

XX **Guallina**

via Molino Faenza 19, località Guallina, Est : 4 km – ✆ 0 38 49 19 62 – www.trattoriaguallina.it – Chiuso 20 giorni in giugno-luglio e martedì

Rist – Carta 30/64 €

Nella generosa campagna lomellina, circondata da acacie e sambuchi, sorge questa bella trattoria, intima e raccolta. La cucina è prevalentemente legata al territorio e alla tradizione, riveduta e corretta in base alla stagionalità dei prodotti, nonché all'offerta del mercato.

MOSCIANO – Firenze (FI) – 563 K15 – Vedere Scandicci

MOSCIANO SANT'ANGELO – Teramo (TE) – 563 N23 – 9 230 ab. – alt. 227 m – ✉ 64023 1 B1

Roma 191 – Ascoli Piceno 39 – Pescara 48 – L'Aquila 77

Breaking Business Hotel
via Italia, Sud: 3,5 km – ✆ 08 58 06 90 39 – www.breakinghotel.com
48 cam – 79 € 95 €
Rist *Acquaviva* – *(chiuso domenica)* Carta 32/51 €
Indirizzo ideale per una clientela d'affari, la struttura dispone di camere ben accessoriate, terrazza panoramica con vasche idromassaggio e piccolo centro relax. Carne e pesce tra le proposte del ristorante.

Casale delle Arti senza rist
strada Selva Alta 5, Sud : 4 km – ✆ 08 58 07 20 43 – www.casaledellearti.it
16 cam – 40/50 € 60/80 €
Su una collina che offre una vista dall'Adriatico al Gran Sasso, il casale dispone di ambienti dall'arredo sobrio, spazi per conferenze e sale adatte ad ospitare cerimonie.

Borgo Spoltino
strada Selva Alta, Sud : 3 km – ✆ 08 58 07 10 21 – www.borgospoltino.it – Chiuso domenica sera, lunedì e martedì
Rist – *(solo a cena escluso domenica)* Menu 28/40 € – Carta 21/45 €
Tra colline e campi di ulivi e, all'orizzonte, mare e monti, un locale luminoso con mattoni e cucina a vista, dove assaporare piatti regionali accanto a fantasiose creazioni.

MOSO = MOOS – Bolzano (BZ) – Vedere Sesto

MOTTA DI LIVENZA – Treviso (TV) – 562 E19 – 10 738 ab. – ✉ 31045 39 B1

Roma 562 – Venezia 55 – Pordenone 32 – Treviso 36

Bertacco con cam
via Ballarin 18 – ✆ 04 22 76 63 48 – www.hotelbertacco.it
20 cam – 50/60 € 70/80 € – 1 suite
Rist – *(chiuso lunedì)* Carta 32/65 €
In un bel palazzo ristrutturato, un accogliente ristorante con cucina in prevalenza di mare. Per gli appassionati di vini è disponibile una saletta-enoteca. Camere con piacevole arredamento moderno.

MOTTOLA – Taranto (TA) – 564 F33 – 16 333 ab. – alt. 387 m – ✉ 74017 Puglia 27 C2

Roma 487 – Brindisi 96 – Taranto 29 – Bari 72

Cecere
strada statale 100 km 52,7, località San Basilio, Nord-Ovest : 7 km – ✆ 09 98 86 79 34 – www.hotelcecere.com
43 cam – 70/90 € 85/110 € – 3 suites
Rist – *(chiuso domenica sera e lunedì)* Carta 26/55 €
Recente grande struttura di taglio moderno e sobrio design lungo la strada tra Bari e Taranto, ideale per chi viaggia per affari. Belle le camere, complete e ben accessoriate. Ristorante dagli arredi attuali con interessanti proposte di mare.

Casa Isabella
strada statale 100 km 53,7, località San Basilio, Nord Ovest: 7 km – ✆ 09 98 86 63 25 – www.casaisabella.it
26 cam – 71/88 € 102/120 €
Rist *I Granai* – *(chiuso domenica sera e lunedì)* Carta 26/51 €
Premesso che si tratta di una villa ducale di fine Ottocento, circondata da un parco secolare, non sorprendetevi quindi nel trovare ambienti ricchi di fascino e camere in stile di differenti dimensioni. Tante specialità regionali negli ex granai della residenza, ora destinati a ristorante.

Palatobeato

via Muraglie 17 – ✆ 09 98 86 36 84 – www.ristorantepalatobeato.it – Chiuso gennaio e settembre

Rist – *(solo a cena)* Carta 27/39 €

In un antico palazzo dal soffitto a botte, il palato si bea delle tante proposte legate al territorio in un crescendo che culmina nella braceria: una saletta interamente dedicata alla degustazione di carni cotte a legna.

MOZZO – Bergamo (BG) – 561 E10 – 7 488 ab. – alt. 252 m – ✉ 24030 19 C1

Roma 607 – Bergamo 8 – Lecco 28 – Milano 49

La Caprese

via Garibaldi 7, località Borghetto – ✆ 03 54 37 66 61 – Chiuso 22 dicembre-4 gennaio, domenica sera e lunedì

Rist – Carta 36/127 €

Padre, madre e figlia vi accolgono nel proprio raffinato salotto: una bomboniera ospitale dove poter saggiare i sapori ed i profumi della bella Capri, proposti sempre secondo il mercato giornaliero.

MUGGIA – Trieste (TS) – 562 F23 – 13 410 ab. – ✉ 34015 11 D3

Italia Centro-Nord

Roma 684 – Udine 82 – Milano 423 – Trieste 11

Trattoria Risorta

riva De Amicis 1/a – ✆ 0 40 27 12 19 – www.trattoriarisorta.it – Chiuso lunedì, domenica sera, anche domenica a mezzogiorno in luglio-agosto

Rist – (consigliata la prenotazione) Menu 38 € (in settimana)/66 € – Carta 39/68 €

Direttamente sul caratteristico molo della località, piccola trattoria rustica dove gustare una fragrante cucina di pesce non priva di spunti di creatività. D'estate si mangia in terrazza, affacciati sul mare.

a Santa Barbara Sud-Est : 3 km – ✉ 34015 Muggia

Taverna Famiglia Cigui

via Colarich 92/D – ✆ 0 40 27 33 63 – www.tavernacigui.it

6 cam – 35/40 € 70/80 €

Rist – *(chiuso martedì a pranzo e lunedì)* Menu 25/35 €

In zona verdeggiante, un indirizzo di tono rustico e dalla calda gestione familiare con camere semplici e gradevoli, ideali per chi cerca un soggiorno all'insegna della tranquillità. In sala da pranzo sopravvivono i sapori della tradizione, una cucina casalinga che segue le stagioni.

MULES (MAULS) – Bolzano (BZ) – 562 B16 – alt. 905 m – Sport invernali : Vedere Vipiteno – ✉ 39040 Campo Di Trens 34 C1

Roma 699 – Bolzano 56 – Brennero 23 – Brunico 44

Stafler

Campo di Trens – ✆ 04 72 77 11 36 – www.stafler.com – Chiuso inizio novembre-inizio dicembre

34 cam – 69/89 € 112/160 € – 2 suites

Rist *Gourmetstube Einhorn* ✿ – vedere selezione ristoranti

Rist *Romantik* – Carta 40/60 €

Quella che sul finire del XIII secolo era una stazione di posta, si è trasformata oggi in un hotel ricco di fascino, eleganza e tradizione tirolese: romantik, per parlare nella loro lingua! Al ristorante, sapori della regione con qualche delicata reinterpretazione.

XXX **Gourmetstube Einhorn** – Hotel Stafler 

Campo di Trens – ☎ 04 72 77 11 36 – www.stafler.com
– Chiuso inizio novembre-inizio dicembre, fine giugno-inizio luglio e mercoledì
Rist – (coperti limitati, prenotare) Menu 70/111 €
➜ Vitello da latte dalla testa ai piedi. Sella di manzo da pascolo altoatesino in crosta di schüttelbrot (pane a base di segale). "Pianeta" di ricotta e "via lattea" all'uovo con schiuma di rabarbaro.
Una piccola sala con soli 5 tavoli, la stube dell'unicorno (simbolo antico dell'hotel) è dedicata a chi vuole gustare piatti scenografici, ricchi di spunti creativi, lungo il percorso dei menu degustazione.

MURANO – **Venezia (VE)** – **562** F19 – **Vedere Venezia**

MURISENGO – **Alessandria (AL)** – **561** G6 – **1 484 ab.** – **alt. 338 m** **23** C2
– ✉ **15020**

Roma 641 – Torino 51 – Alessandria 57 – Asti 28

a Corteranzo Nord : 3 km – alt. 377 m – ✉ 15020 Murisengo

Canonica di Corteranzo senza rist

via Recinto 15 Murisengo – ☎ 01 41 69 31 10
– www.canonicadicorteranzo.it – Chiuso gennaio-febbraio
10 cam – †97 € ††130 €
Nel cuore del piccolo paese - all'interno di una casa di fine '600, che fu anche canonica - ambienti raffinati e camere personalizzate, alcune con affreschi.

XX **Cascina Martini**

via Gianoli 15 – ☎ 01 41 69 30 15 – www.cascinamartini.com – Chiuso 15 giorni in gennaio, domenica sera e lunedì; anche martedì e mercoledì in inverno
Rist – Menu 40/50 € – Carta 36/66 €
Ricavato nelle stalle ristrutturate di un'antica cascina, il ristorante si propone con un'ottima e accurata ricerca dei piatti del territorio, a volte anche alleggeriti.

MUTIGNANO – **Teramo (TE)** – **563** O24 – **Vedere Pineto**

NAPOLI

Piante pagine seguenti  **6** B2

© Bertrand Gardel / Hemis.fr

P **Napoli (NA) – 959 574 ab.** – **564** E24 – Italia, Napoli e la Campania

Uffici Informazioni turistiche

via San Carlo 9, ✆081 40 23 94, www.inaples.it
Stazione Centrale, ✆081 26 87 79
piazza del Gesù 7, ✆081 5 52 33 28

Aeroporto

Ugo Niutta di Capodichino Nord-Est : 6 km CT ✆081 7896259

Trasporti marittimi

per Ischia – Medmar ✆081 3334411
per le Isole Eolie dal 15 giugno al 15 settembre – Siremar, call center 892 123

Golf

via Campiglione 11, 081 5264296, www.golfnapoli.it – chiuso martedì

LUOGHI DI INTERESSE

Spaccanapoli e il Decumano Maggiore Cappella Sansevero★★KY: Cristo velato★★ • Duomo★★ e cappella di S. Gennaro★★LY • Napoli sotterranea★★LY • Pio Monte della Misericordia LY: Sette opere di Misericordia di Caravaggio★★★ • S. Chiara★★ e il chiostro★★KY • S. Lorenzo Maggiore★★LY • G. Giovanni a Carbonara★★LY

Il centro monumentale Castel Nuovo★★KZ • Palazzo Reale★★KZ •Piazza del Plebiscito★★ JKZ •Teatro S. Carlo★★KZT[1] • Galleria di Palazzo Zevallos Stigliano★★KZ: il Martirio di Sant'Orsola★★★ del Caravaggio

I grandi musei Museo Archeologico Nazionale★★★KY •Certosa di S. Martino★★JZ •Museo d'Arte contemporanea DonnaREgina (MADRE)★★LY • Palazzo e Galleria di Capodimonte★★BT

Il lungomare Porto di S. Lucia★★BU e Castel dell'Ovo★ • Mergellina★BU • Posillipo★AU•Marechiaro★AU •Quartiere di Chiaia★JZ

Rione Sanità e Capodimonte Cimitero delle Fontanelle★★ FU • Catacombe di S. Gennaro★★ BT

Acquisti Mercati rionali di via Pignasecca e via Porta Medina • Via S. Gregorio Armeno e dintorni per figurine del presepe • Abiti e accessori: via Scarlatti (Vomero); via Calabritto, via Riviera a Chiaia, via Filangeri (Chiaia)

Grand Hotel Vesuvio
via Partenope 45 ✉ *80121* – ✆ *08 17 64 00 44*
– *www.vesuvio.it* 3FXn
160 cam ☕ – 🚹230/430 € 🚹🚹260/460 € – 21 suites
Rist *Caruso Roof Garden* – vedere selezione ristoranti
Lussuosi saloni distribuiti sotto lampadari di Murano, splendide camere e wellness center: Grand Hotel Vesuvio domina l'offerta alberghiera cittadina, quanto l'omonimo vulcano svetta sul golfo di Napoli.

Excelsior
via Partenope 48 ✉ *80121* – ✆ *08 17 64 01 11* – *www.excelsior.it* 4GXw
111 cam ☕ – 🚹200/310 € 🚹🚹215/410 € – 10 suites
Rist *La Terrazza* – vedere selezione ristoranti
Di fronte al mare e al Castel dell'Ovo, un edificio sontuoso che preannuncia - sin dall'esterno - i fasti passati della Belle Epoque: tourbillon di saloni con lampadari a goccia, colonne e, come poi nelle camere, tappezzeria alle pareti e parquet. Stanze con arredi classici per chi non vuole sorprese moderniste o design.

Romeo
via Cristoforo Colombo 45 ✉ *80133* – ✆ *08 10 17 50 01* – *www.romeohotel.it*
83 cam ☕ – 🚹240/290 € 🚹🚹260/310 € – 14 suites 5KZa
Rist *Il Comandante* ✿ – vedere selezione ristoranti
Rist *Beluga Sky Bar* – *(solo a pranzo)* Carta 30/50 €
Rist *Sushi Bar* – ✆ 08 10 17 50 05 *(chiuso 1°-15 agosto, lunedì e martedì) (solo a cena)* Carta 46/80 € (+10 %)
Superato il non brillante approccio della zona portuale, gli interni sono una splendida sintesi d'arte moderna e antica, acqua e trasparenze; avveniristica spa con trattamenti al sale e vasta palestra. Serate di cucina giapponese al Sushi Bar e, a pranzo, carta light al Beluga Sky.

Grand Hotel Parker's
corso Vittorio Emanuele 135 ✉ *80121* Ⓜ *Piazza Amedeo*
– ✆ *08 17 61 24 74* – *www.grandhotelparkers.com* 3EXr
73 cam ☕ – 🚹270 € 🚹🚹350 € – 9 suites
Rist *George's* – vedere selezione ristoranti
Eleganti saloni in marmo e camere dagli arredi classici, ideali per chi non desidera brividi modernisti high-tech, in un albergo nato dall'infatuazione di un turista inglese per la città partenopea. Facile suggerire di prenotare una camera nei piani alti: da qui le finestre si aprono sul golfo e sul Vesuvio.

Palazzo Caracciolo
via Carbonara 112 ✉ *80139* Ⓜ *Garibaldi* – ✆ *08 10 16 01 11*
– *www.hotel-palazzo-caracciolo-naples.com* 6LYa
139 cam – 🚹79/434 € 🚹🚹85/444 €, ☕ 12 €
Rist *La Cucina* – Carta 36/73 €
Dopo una sosta nell'antico salone di epoca angioina, trasformato in tearoom, le camere vi aspettano per offrirvi momenti di relax in un ambiente sobrio ed elegante, dove geometria e confort moderno si fondono con il classico e la storia del luogo. Cucina mediterranea al ristorante.

Grand Hotel Santa Lucia
via Partenope 46 ✉ *80121* – ✆ *08 17 64 06 66*
– *www.santalucia.it* 4GXc
88 cam ☕ – 🚹140/240 € 🚹🚹150/295 € – 7 suites
Rist – *(solo per alloggiati)* Carta 28/72 €
Ospitalità curata in una struttura di fine '800 con splendida vista sul golfo e su Castel dell'Ovo: interni di grande fascino e raffinatezza classica, camere all'altezza.

Palazzo Alabardieri senza rist
via Alabardieri 38 ✉ *80121* – ✆ *0 81 41 52 78* – *www.palazzoalabardieri.it*
46 cam ☕ – 🚹115/220 € 🚹🚹145/250 € 5JZe
Tra i negozi più chic, palazzo di fine '800 riportato a pieno splendore con camere eleganti e raffinate. American bar con boiserie, servizio e accoglienza giovani e motivati.

PIANTA D'INSIEME
0
2 km
1
ROMA
S 7 qu.
ROMA
S 7bis
9
1
8
7
A
B
T
U
MUGNANO
DI NAPOLI
CALVIZZANO
MARANO
DI NAPOLI
CHIAIANO
PISCINOLA
Via Roma
Via Emilio Scaglione
Via
92
PARCO
DI
CAPODIMONTE
Miano
S. CROCE
CAPODIMONTE
41
114
V^le dei Colli Aminei
12
M^1
a
CAPODIMONTE
ARENELLA
CATACOMBE
S GENNARO
V. Bianchi
PIANURA
QUARTO
a
CAMALDOLI
69
CAMALDOLI
V. P. Castellino
MUSEO ARCHEOLOGIC
NAZIONALE
Via Montagna
Spaccata
SOCCAVO
VOMERO
116
VOMERO
CERTOSA DI
S. MARTINO
GAETA
AGNANO
Via Cintia
112
26
52
CASTEL
NUOVO
C^o Vittorio Emanuele
FUORIGROTTA
TANGENZIALE
c
158
Terracina
19
f
MERGELLINA
LA LOGGETTA
P
P
28
SAN PAOLO
10
103
TERME
DI AGNANO
Via
MOSTRA
D'OLTREMARE
70
66
a
PORTO SANNAZZARO
CASTEL
DELL' OVO
PORTO D
SANTA LUC
MERGELLINA
S 7 qu.
c
46
Via
160
A. Manzoni
Beccadelli
V. Petrarca
Via Posillipo
POZZUOLI
CAMPI FLEGREI
Via
V^le Cavall. d'Aosta
G O L F O
POSILLIPO
V. Coroglio
V. Leon Cattolica
Posillipo
Via
CAPO DI POSILLIPO
I. DI NISIDA
Parco della
Rimembranza
(Virgiliano)
MARECHIARO
B
CAPRI ISCHIA, PROCIDA
NAPOLI
Augusto (Viale) . . . . AU 1
Capodichino (Calata) . . . . CT 1
Caravaggio
(V. Michelangelo Da) . . . . . . AU 1
Casoria (Str. Prov.) . . . . CT 2
Cilea (V. Francesco) . . . . BU 2
Claudio (V.) . . . . AU 2
De Amicis (V. Tommaso) . . . . . BT 4
De Pinedo (V.) . . . . CT 4
Di Vittorio (Pza) . . . . CT 4
Domiziana (V.) . . . . AU 4
A

CASERTA S 87
C
ROMA CASERTA
D
BENEVENTO CASERTA
2
ARZANO
AFRAGOLA
CASALNUOVO DI NAPOLI
S 162
CASORIA
A 2
A 16
BARI AVELLINO
NAPOLI NORD
SECONDIGLIANO
Segondigliano
21
NAPOLI CAPODICHINO
CAPODICHINO
TANGENZIALE
44
45
T
AEROSTAZIONE
71
16
NAPOLI SUD-EST
95
132
V. Stadera
Poggioreale
POGGIOREALE
VOLLA
POMIGLIANO A 16 OTTAVIANO
47
79
V. Nuova
164
Argine
64
157
68
S 268
CERCOLA
Via
54
S. GIOVANNI
Volpicella
173
V. L.
V. delle
128
68
BARRA
S. SEBASTIANO AL VESUVIO
PONTICELLI
Repubbliche Marinare
141
S. GIOVANNI A TEDUCCIO
A 3
Arso
V. L.
S. GIORGIO A CREMANO
U
VESUVIO
62
PORTICI
PORTICI-BELLAVISTA
ERCOLANO
D I N A P O L I
C° Resina
SALERNO POMPEI
ERCOLANO
HERCULANUM
S 18
SALERNO
TORRE DEL GRECO
TORRE ANNUNZIATA
ISCHIA, PROCIDA
C
CAPRI
D

NAPOLI

Arcoleo (V. G.) . . . . FX 5
Arena della Sanità (V.) . . . . . . GU 6
Artisti (Pza degli) . . . . EV 9
Bernini (V. G. L.) . . . . EV 12
Bonito (V. G.) . . . . FV 13
Carducci (V. G.) . . . . FX 20
Chiatamone (V.) . . . . FX 25
Cirillo (V. D.) . . . . GU 27
Colonna (V. Vittoria) . . . . FX 29
Crocelle ai Vergini (V.) . . . . . . GU 35
D'Auria (V. G.) . . . . FV 40
Ferraris (V. Galileo) . . . . HV 54
Gaetani (V.) . . . . FX 61
Gen. Pignatelli (V.) . . . . HU 63
Giordano (V. L.) . . . . EV 64
Martini (V. Simone) . . . . EV 75
Mazzocchi (V. Alessio) . . . . . . HU 76
Menzinger (V. G.) . . . . EV 77
Morelli (V. D.) . . . . FX 84

G
H
4
U
V
X
Corso Amedeo di Savoia Duca d'Aosta
Pza Carlo III
V. Doria
Bosco
Via Colonnello Lahalle
Corso Malta
ORTO BOTANICO
Pza L. Poderico
Corso
S. Antonio Abate
Garibaldi
Arenaccia
Via Foria
della Sanità
Via Cristallini
Teresa degli Scalzi
Santa
C. Rosaroll
Via S. Giovanni a Carbonara
Via Casanova
Co Novara
Co Meridionale
STAZIONE CENTRALE
MUSEO ARCHEOLOGICO NAZIONALE
Via Pessina
Via del Duomo
Corso Umberto I
Corso Garibaldi
Corso Lucci
Via Roma
Via Marina
Via A. Vespucci
Via Nuova
Via Depretis
Via A. Depretis
Via Diaz
Toledo
Via Medina
Via C. Colombo
V. Acton
PORTO
MALTA
TUNIS
SICILIA
SARDEGNA
REGGIO
CALABRIA
CASTEL NUOVO
PALAZZO REALE
PROCIDA
ISCHIA
CAPRI
Lucia
STA LUCIA
0
500 m
6
167
35
27
76
135
63
101
93
121
94
54
152

5
NAPOLI
0
300 m
J
K
Y
Z
MUSEO ARCHEOLOGICO NAZIONALE
Cavour-Museo
Piazza Cavour
V. S. Teresa degli Scalzi
Rosa
Salvator
Via
V. S. Rosa
Pza Mazzini
V. S. Monica
V. Salvatore Tommasi
Pessina
Via Enrico
Francesco
Saverio
Correra
Salita Pontecorvo
Via Ventaglieri
Emanuele
Vittorio
Montesanto
Scale Montesanto
STAZIONE CUMANA E FERROVIA CIRCUMFLEGREA
MONTESANTO
Via Porta Medina
Tarsia
Via G. Brombeis
Via Forno Vecchio
V. d. Pignasecca
V. P. Scura
Via Francesco Girardi
Piazza d. Carità
S. Nicola alla Carità
S. Anna d. Lombardi
V. Monteoliveto
Via Pisanelli
Via Anticaglia
S. Paolo Maggiore
S. Maria Maggiore
Via Sapienza
Via del Sole
Pza V. Bellini
Pza Miraglia
Sansevero
Tribunali
PTA ALBA
Dante
Piazza Dante
SPACCANAPOLI
S. Domenico Maggiore
Pzetta del Nilo
Croce
Pza del Gesù Nuovo
S. CHIARA
Via S. Chiara
Mezzocannone
Via C. Battisti
Pza G. Matteotti
Pza G. Bovio
Via Cardinale G. Sanfelice
Depretis
Via Alcide Gasperi
Via Cristoforo
CERTOSA DI S. MARTINO
Corso Vittorio Emanuele
FUNICOLARE
Via Speranzella
Via Toledo
Diaz
POL.
Via M. Cervantes
V. Medina
V. S. Giacomo
V. P.-E. Imbriani
Piazza Municipio
Lavori in corso
CENTRALE
Via S. Mattia
V. G. Verdi
Via S. Carlo
Galleria Umberto I
CASTEL NUOVO
Acton
Ferdinando
Pza Trento e Trieste
Via Chiaia
PZA DEL PLEBISCITO
PALAZZO REALE
MOLO BEVERELLO
PORTO
MOLO
V. G. Nicotera
S. Francesco di Paola
V. Monte di Dio
GALLERIA DELLA VITTORIA
V. Cesario Console
V. F. Acton
Pza dei Martiri
67
88
145
33
148
123
149
139
83
72
136
15
165
82
85
154
73
31
57
138
171
T1

Annunziata (V. dell')	LY	4	Monteoliveto (Pza)	KY	82
Arte della Lana (V.)	LY	8	Montesanto (V.)	JY	83
Cangiani (Vicolo A.)	LY	14	Morgantini (V. M.)	KY	85
Capitelli (V. D.)	KY	15	Museo Nazionale (Pza)	KY	88
Chiaia (V.)	JZ		Nicola (Pza E. de)	LY	89
Concezione a Montecalvario (V.)	JZ	31	Poerio (V. A.)	MY	120
Conforti (V. R.)	MY	32	Port'Alba (V.)	KY	123
Conte di Ruvo (V.)	KY	33	Sedile di Porto (V. del)	KYZ	154
Cortese (V. Giuio C.)	KZ	34	S. Anna dei Lombardi (V.)	KY	136
Duca di S. Donato (V.)	LY	49	S. Arcangelo a Baiano (V.)	LY	137
Egiziaca a Forcella (V.)	LY	50	S. Brigida (V.)	KZ	138
Filangieri (V. Gaetano)	JZ	57	S. Domenico Maggiore (Pza)	KY	139
Forcella (V.)	LY	60	S. Gregorio Armeno (V.)	LY	142
Giudecca Vecchia (V.)	LY	65	S. Maria di Costantinopoli (V.)	KY	145
Imbriani (V. M.R.)	JY	67	S. Pietro a Maiella (V.)	KY	148
Maddalena (V.)	MY	71	S. Sebastiano (V.)	KY	149
Maddaloni (V.)	KY	72	Toledo (V.)	KY	
Marchese Campodisola (V.)	KZ	73	Trinità Maggiore (Calata)	KY	165
Marotta (V. G.)	LY	74	Vicaria Vecchia (V.)	LY	169
Miroballo al Pendino (V.)	LY	81	Vittorio Emanuele III (V.)	KZ	171

Costantinopoli 104 senza rist
via Santa Maria di Costantinopoli 104 ✉ 80138 Ⓜ Cavour-Museo – ✆ 08 15 57 10 35 – www.costantinopoli104.it **5KYb**
19 cam – 100/180 € 130/210 € – 6 suites
Poco rimane dell'originaria villa Spinelli, ma la splendida vetrata, il giardino con piscina, le eleganti camere e gli ottimi spazi comuni, assicurano un soggiorno unico.

Palazzo Decumani senza rist
piazzetta Giustino Fortunato 8 ✉ 80138 – ✆ 08 14 20 13 79 – www.palazzodecumani.com **6LYc**
28 cam – 120/210 € 140/230 € – 4 suites
A pochi passi da via San Gregorio Armeno - la celebre strada degli artigiani del presepe - un'inserzione inaspettatamente moderna nella Napoli barocca: minimalismo, essenzialità, ed eleganti camere color ocra.

Majestic
Largo Vasto a Chiaia 68 ✉ 80121 Ⓜ Piazza Amedeo – ✆ 0 81 41 65 00 – www.majestic.it – Chiuso agosto **3FXb**
112 cam – 110/290 € 140/320 €, 14 €
Rist – *(chiuso sabato sera e domenica)* Carta 27/50 €
In centralissima posizione, a due passi dall'elegante via dei Mille, un signorile albergo rinnovato, che offre camere totalmente ristrutturate, funzionali e accoglienti. Al ristorante atmosfera piacevole e servizio accurato.

Miramare senza rist
via Nazario Sauro 24 ✉ 80132 – ✆ 08 17 64 75 89 – www.hotelmiramare.com
18 cam – 130/250 € 149/310 € **4GXe**
In un palazzo nobiliare di inizio '900, con roof-garden e splendida vista sul golfo e sul Vesuvio, raccolta risorsa elegante, personalizzata negli arredi e nel confort.

Villa Capodimonte
via Moiariello 66 ✉ 80131 – ✆ 0 81 45 90 00 – www.villacapodimonte.it
55 cam – 75/195 € 85/215 €, 10 € **Rist** – Carta 38/105 € **1BTa**
Decentrato, sulla collina di Capodimonte, immerso in un quieto giardino con vista sul golfo, ha davvero le fattezze di una villa; ampie camere, eleganti e accessoriate. Sala ristorante con gradevole dehors estivo.

Paradiso rist,
via Catullo 11 ✉ 80122 – ✆ 08 12 47 51 11 – www.hotelparadisonapoli.it
72 cam – 89/115 € 89/230 € **1BUa**
Rist *Paradisoblanco* – ✆ 08 12 47 51 07 *(chiuso mercoledì a mezzogiorno, lunedì e martedì)* Carta 40/87 €
E' davvero paradisiaca la vista su golfo, città e Vesuvio da questo hotel in posizione impagabile sulla collina di Posillipo; comode camere di taglio classico moderno. Rinomato ristorante: dalla raffinata sala alla terrazza, la cucina è protagonista con il Golfo.

La Ciliegina Ⓝ senza rist
via P.E. Imbriani 30 ✉ 80132 – ✆ 0 81 19 71 88 00 – www.cilieginahotel.com
13 cam – 150/250 € 150/300 € **5KZn**
In comoda posizione per gli imbarchi, la struttura offre poche camere - tutte al terzo piano - d'una moderna eleganza ed immerse nel bianco. Dalla terrazza panoramica con idromassaggio, la vista spazia dal Vesuvio alla cupola della galleria Umberto I.

Art Resort Galleria Umberto Ⓝ senza rist
galleria Umberto I 83 ✉ 80133 – ✆ 08 14 97 62 81 – www.artresortgalleriaumberto.it **5KZr**
15 cam – 89/179 € 129/339 €
Un ascensore d'epoca o delle scenografiche scale portano al quarto piano dove vi attendono le camere: tra ceramiche di Capodimonte e statue da presepe, alcune si affacciano sulla galleria ottocentesca.

Decumani senza rist
via S.Giovanni Maggiore Pignatelli 15 ✉ 80134 Ⓜ Dante – ✆ 08 15 51 81 88 – www.decumani.com 5KYe
22 cam ☕ – †105/165 € ††105/165 €
Al secondo piano di un palazzo del '600, splendido salone con stucchi barocchi rivestiti d'oro, arredi d'epoca ed eleganti bagni: un soggiorno aristocratico nel cuore di Napoli.

Chiaja Hotel de Charme senza rist
via Chiaia 216 ✉ 80121 – ✆ 0 81 41 55 55 – www.hotelchiaia.it 5JZa
33 cam ☕ – †75/105 € ††99/145 €
In un cortile, gioiello dell'architettura partenopea, una risorsa di grande fascino e atmosfera, tra spirito aristocratico e popolare. Pasticceria napoletana per colazione.

Montespina Park Hotel
cam, rist,
via Provinciale San Gennaro 2 ✉ 80125 – ✆ 08 17 62 96 87 – www.montespina.it 1AUc
70 cam ☕ – †160/220 € ††200/250 € – 6 suites **Rist** – Carta 25/92 €
E' un'oasi nel traffico cittadino questo albergo su una collinetta, immerso nel verde di un parco con piscina, vicino alle Terme di Agnano; camere dallo stile gradevole. Una curata sala da pranzo, ma anche spazi per banchetti e cerimonie.

Piazza Bellini Ⓝ senza rist
via S.M. di Costantinopoli 101 ✉ 80138 Ⓜ Dante – ✆ 0 81 45 17 32 – www.hotelpiazzabellini.com 5KYp
48 cam ☕ – †70/150 € ††80/170 €
Presso l'omonima piazza, ritrovo intellettuale di caffè letterari, siamo in un affascinante palazzo cinquecentesco con graziosa corte interna. Più semplici, moderne e funzionali le camere.

Caravaggio senza rist
piazza Cardinale Sisto Riario Sforza 157 ✉ 80139 – ✆ 08 12 11 00 66 – www.caravaggiohotel.it 6LYb
15 cam ☕ – †70/90 € ††120/130 € – 1 suite
Nel cuore del centro storico, nella piazza dove svetta la guglia più vecchia di Napoli, un palazzo del '600 con reperti storici ma camere arredate con grande modernità.

Principe Napolit'Amo senza rist
via Toledo 148 ✉ 80132 – ✆ 08 15 52 36 26 – www.napolitamo.it 5KZg
19 cam ☕ – †65/75 € ††75/95 €
Nel centro di Napoli, a 200 m da Palazzo Reale, un piccolo hotel che offre un'accoglienza di tono tipicamente familiare ad un prezzo corretto. Al primo piano.

Il Convento senza rist
via Speranzella 137/a ✉ 80132 – ✆ 0 81 40 39 77 – www.hotelilconvento.it
14 cam ☕ – †50/85 € ††65/125 € 5JZd
Nei caratteristici quartieri spagnoli, a pochi passi dalla frequentatissima via Toledo, un piccolo albergo dallo stile molto ricercato. Gradevoli ambienti per la colazione.

Pignatelli senza rist
via San Giovanni Maggiore Pignatelli 16 ✉ 80134 Ⓜ Dante – ✆ 08 16 58 49 50 – www.hotelpignatellinapoli.com 5KYd
9 cam ☕ – †40/50 € ††60/70 € – 1 suite
Nel vociante e caratteristico quartiere Spaccanapoli, al primo piano di un palazzo del XV secolo, le originali camere si caratterizzano per elementi architettonici e decorativi tipici del periodo della Repubblica Napoletana. Gestione giovane e motivata; buon rapporto qualità/prezzo.

Belle Arti Resort senza rist
via Santa Maria di Costantinopoli 27 ✉ 80138 Ⓜ Cavour-Museo – ✆ 08 15 57 10 62 – www.belleartiresort.com 5KYa
7 cam ☕ – †70/120 € ††80/160 €
Attorno alla corte interna di un palazzo del XVII sec., alcune camere hanno affreschi originali sapientemente restaurati, tutte sono spaziose e bene accessoriate.

L'Alloggio dei Vassalli senza rist

via Donnalbina 56 ✉ 80134 Ⓜ Dante – ✆ 08 15 51 51 18 – www.bandbnapoli.it

7 cam ☕ – †39/79 € ††65/99 € **5KZf**

Lontano dal formalismo alberghiero ma con camere ricche di fascino e storia. In un pittoresco palazzo del centro, grazioso centro benessere e apprezzabile cordialità.

Cappella Vecchia 11 senza rist

via Santa Maria a Cappella Vecchia 11 ✉ 80121 – ✆ 08 12 40 51 17 – www.cappellavecchia11.it **3FXc**

6 cam ☕ – †50/70 € ††75/100 €

Al piano nobile di un bel palazzo centrale, una risorsa dotata di due tipologie di camere più o meno moderne e caratterizzata da piccoli spazi comuni di uguale livello.

Caruso Roof Garden – Grand Hotel Vesuvio

via Partenope 45 ✉ 80121 – ✆ 08 17 64 00 44 – www.vesuvio.it – Chiuso 2 settimane in agosto e lunedì **FXn**

Rist – Carta 72/112 €

In una città già ricca di roof garden, Caruso si segnala come uno dei ristoranti più prestigiosi per frequentazione e vista panoramica. In menu, qualche piatto di cucina internazionale, ma sono le proposte napoletane che vi consigliamo di provare: dalla pasta, alla celebre mozzarella.

La Terrazza – Hotel Excelsior

via Partenope 48 ✉ 80121 – ✆ 08 17 61 01 11 – www.excelsior.it – Chiuso domenica **4GXw**

Rist – Carta 55/95 €

Dalla terrazza, il golfo di Napoli in tutto il suo splendore e, nel piatto, i veri sapori campani. Polipetti veraci in casseruola, fusilli avellinesi con fiori di zucca e vongole, spigola in crosta di sale con salsa mediterranea...Armando, lo chef, sa come legare a sé i clienti!

Il Comandante – Hotel Romeo

via Cristoforo Colombo 45 ✉ 80133 – ✆ 08 10 17 50 05 – www.romeohotel.it – Chiuso martedì **5KZa**

Rist – *(solo a cena)* (consigliata la prenotazione) Menu 85/105 € – Carta 64/124 €

➜ Risotto al caciocavallo podolico con agrumi e sugo d'arrosto. Alici, pane e provola. La mia "ricotta e pera".

All'ultimo piano dell'avveniristico albergo Romeo, dal porto la vista si estende sul golfo di Napoli, ma gli interni, moderni e originali, non sono meno scenografici. La cucina sorprende per la sofisticata semplicità e le raffinate presentazioni dei piatti.

George's – Grand Hotel Parker's

corso Vittorio Emanuele 135 ✉ 80121 Ⓜ Piazza Amedeo – ✆ 08 17 61 24 74 – www.grandhotelparkers.com **3EXr**

Rist – Carta 46/100 €

All'ultimo piano del Grand Hotel Parker's, da qui la vista sul golfo è inevitabilmente mozzafiato. Di giorno il mare, la sera le luci: vale la pena fare il bis perché ogni volta lo spettacolo è diverso. Non meno della cucina che reinterpreta con creatività i classici campani.

La Cantinella

via Cuma 42 ✉ 80132 – ✆ 08 17 64 86 84 – www.lacantinella.it – Chiuso domenica **4GXv**

Rist – *(solo a cena 12-27 agosto)* (consigliata la prenotazione la sera) Menu 45/65 € – Carta 35/85 €

Uno scrigno di bambù con finestre sul Golfo: un grande classico che torna alla ribalta con un giovane cuoco che sposa la tradizione partenopea a piatti più inventivi e personali.

XXX **Palazzo Petrucci**

piazza San Domenico Maggiore 4 ✉ 80134 Ⓜ Dante – ✆ 08 15 52 40 68 – www.palazzopetrucci.it – Chiuso 4-26 agosto, domenica sera e lunedì a mezzogiorno; anche domenica a mezzogiono in giugno-luglio **5KYc**

Rist – Menu 50 € – Carta 40/79 €

➜ Lasagnetta di mozzarella di bufala e crudo di gamberi. Agnello con albicocche passite, pecorino e menta. Stratificazione di pastiera napoletana.

Affacciato su una delle piazze più belle di Napoli, Palazzo Petrucci ospita questo splendido ristorante dall'eleganza minimalista: l'ex stalla-grotta dell'edificio cinquecentesco si farà ricordare per la sobrietà di linee e arredi. La cucina, per i sapori locali, esaltati e rivisitati.

XX **Ciro a Santa Brigida**

via Santa Brigida 73 ✉ 80132 – ✆ 08 15 52 40 72 – www.ciroasantabrigida.it – Chiuso 5-21 agosto e domenica escluso dicembre **5JZw**

Rist – Menu 30/80 € – Carta 30/72 €

Nel cuore di Napoli, tra suggestivi palazzi, Ciro è un'istituzione cittadina e un locale storico: elegante nell'aspetto, tradizionale nella cucina (di terra e di mare).

XX **Mimì alla Ferrovia**

via Alfonso d'Aragona 21 ✉ 80139 Ⓜ Garibaldi – ✆ 08 15 53 85 25 – www.mimiallaferrovia.com – Chiuso 1 settimana in agosto e domenica escluso dicembre **6LYb**

Rist – (consigliata la prenotazione) Carta 18/36 € (+15 %)

Ne sono passati di personaggi da questo storico locale e, le foto ricordo appese alle pareti, ne testimoniano la sosta. Anche la cucina è un inno alla città: ricette di mare e di terra elaborate secondo la più classica tradizione partenopea. Una tappa obbligatoria per chi passa da Napoli!

XX **Veritas**

corso Vittorio Emanuele 141 ✉ 80121 Ⓜ Piazza Amedeo – ✆ 0 81 66 05 85 – www.veritasrestaurant.it – Chiuso 3 settimane in agosto, lunedì da ottobre a maggio, domenica in giugno, luglio e settembre **3EXa**

Rist – *(solo a cena escluso domenica e giorni festivi)* Carta 34/50 €

Gli arredi sono minimalisti, un po' come la moda del momento impone, ma la cucina si riappropria della "napoletaneità" offrendo gustosi piatti di matrice mediterranea.

X **L'Europeo di Mattozzi**

via Campodisola 4/6/8 ✉ 80133 – ✆ 08 15 52 13 23 – www.mattozzieuropeo.com – Chiuso 12-25 agosto e domenica in estate

Rist – Carta 25/61 € (+12 %) **5KZe**

Habitué o no, sarete comunque coccolati dal titolare di un frequentato, semplice ristorante-pizzeria, da decenni con la stessa gestione familiare; cucina locale.

PIZZERIE *in ambienti vivaci ed informali il meglio delle pizze partenopee*

X **La Notizia** Ⓝ

via Caravaggio 53/55 ✉ 80133 – ✆ 08 17 14 21 55 – www.enzococcia.it – Chiuso 24 dicembre-1° gennaio, agosto e lunedì **1ABUc**

Rist – *(solo a cena)* Carta 10/15 €

E' la prima e storica pizzeria del maestro Enzo Coccia: a dispetto di una collocazione non centrale, la ricerca dei prodotti e lo studio della cottura hanno reso le sue pizze famose in tutto il mondo.

X **Sorbillo**

via Tribunali 38 ✉ 80138 Ⓜ Dante – ✆ 08 10 33 10 09 – www.sorbillo.eu – Chiuso domenica **5KYf**

Rist – Carta 14/20 €

Uno dei nomi più celebrati fra le pizzerie cittadine, tanto da moltiplicarsi in filiali. Questa è l'ultima nata: per chi desidera un confort più attento rispetto ad altri indirizzi più spartani.

La Notizia

via Caravaggio 94/a ✉ 80126 – ✆ 0 81 19 53 19 37 – www.enzococcia.it – Chiuso 24-31 dicembre, Pasqua, agosto e domenica 1ABUf

Rist – *(solo a cena)* (consigliata la prenotazione) Carta 12/20 €

Piccolo laboratorio d'avanguardia, dal martedì al giovedì la prenotazione è obbligatoria, ma consente di evitare lunghe attese: oltre alle versioni tradizionali, largo spazio a pizze più creative ed innovative.

Da Michele

via Cesare Sersale 1/3 ✉ 80139 Ⓜ Garibaldi – ✆ 08 15 53 92 02 – www.damichele.net – Chiuso 15 giorni in agosto e domenica escluso dicembre

Rist – Carta 5/10 € 6LYe

La pizzeria dei record: qui dal 1870 - con i numeri distribuiti all'esterno per regolare l'affluenza - è anche una delle migliori di Napoli. Solo "marinara" e "margherita". Orario continuato dalle 10 alle 23.

NAPOLI (Golfo di) ★★★ – Napoli – 564 E24 Italia

NARNI – Terni (TR) – 563 O19 – 20 331 ab. – alt. 240 m – ✉ 05035 36 C3

Roma 89 – Terni 13 – Perugia 84 – Viterbo 45

Agriturismo Regno Verde

strada Colli San Faustino 1, (Ponte San Lorenzo), Nord-Est: 5 km – ✆ 07 44 74 43 35 – www.agriturismoregnoverde.it

16 cam – †50/70 € ††80/100 €

Rist – *(chiuso lunedì) (chiuso a mezzogiorno)* Menu 20/30 €

La ristrutturazione di un antico casolare con chiostro interno ha dato vita a questo splendido agriturismo in cima ad un colle: tranquillità e vista paradisiaca. Per chi ama l'equitazione è a disposizione un piccolo maneggio. Attrezzi agricoli disseminati qua e là conferiscono rusticità al ristorante. Cucina casalinga.

a Narni Scalo Nord : 2 km – ✉ 05035 Narni Stazione

Terra Umbra Hotel

via Maratta Bassa 61, Nord-Est : 3 km – ✆ 07 44 75 03 04 – www.terraumbra.it

29 cam – †44/95 € ††55/135 € – 2 suites

Rist ***Al Canto del Gallo*** – vedere selezione ristoranti

Elegante struttura a vocazione congressuale offre confortevoli interni in elegante stile rustico, dove il calore del legno ben si armonizza con i prevalenti toni del giallo. E per i più sportivi, campi regolamentari da calcio e beach volley.

Al Canto del Gallo – Terra Umbra Hotel

via Maratta Bassa 61, Nord-Est : 3 km – ✆ 07 44 75 08 71 – www.alcantodelgallo.it – Chiuso lunedì

Rist – Menu 23 € – Carta 21/56 €

Ideale per ospitare cerimonie e pranzi di lavoro, la capiente sala con travi a vista e arredi lignei ospita una cucina di matrice regionale dai sapori decisi: carne, tartufo, pizza (la sera).

NARZOLE – Cuneo (CN) – 561 I5 – 3 572 ab. – alt. 325 m – ✉ 12068 22 B3

Roma 608 – Torino 68 – Alessandria 88 – Cuneo 44

Victor

località Chiabotti 10, Sud-Est : 2 km – ✆ 01 73 77 63 45 – www.hotelvictorlanghe.it – Chiuso gennaio

35 cam – †45/150 € ††70/200 € – 1 suite **Rist** – Carta 22/55 €

Squisita gestione familiare per una struttura sorta a fine anni '80, in posizione decentrata rispetto al paese: gli interni sono spaziosi, mentre lo stile degli arredi è classico e funzionale. Classica la veste del ristorante con proposte del territorio a prezzi decisamente interessanti.

NATURNO (NATURNS) – Bolzano (BZ) – 562 C15 – 5 554 ab. – alt. 528 m – ✉ 39025 Italia Centro-Nord 33 B2

Roma 680 – Bolzano 41 – Merano 15 – Milano 341

via Municipale 1, ✆ 0473 66 60 77, www.naturno.info

Lindenhof cam, rist,

via della Chiesa 2 – ✆ 04 73 66 62 42 – www.lindenhof.it – Chiuso 9-24 dicembre e 7 gennaio-7 marzo

48 suites – solo ½ P 97/250 € – 12 cam **Rist** – Carta 80/130 €

Uno splendido giardino con piscina riscaldata, centro benessere e ambienti eleganti, felice connubio di moderno e tradizionale, per regalarvi un soggiorno esclusivo. Sala da pranzo molto luminosa che d'estate si sposta in terrazza.

Feldhof cam, cam, cam,

via Municipio 4 – ✆ 04 73 66 63 66 – www.feldhof.com – Aperto 25 dicembre-6 gennaio e 15 marzo-24 novembre

35 cam – †133/168 € ††206/298 € – 14 suites

Rist – *(solo per alloggiati)* Carta 38/62 €

Albergo centrale, circondato da un ameno giardino con piscina; interni in stile tirolese, graziose camere e completo centro benessere in cui ritagliarsi momenti di relax.

Preidlhof cam,

via San Zeno 13 – ✆ 04 73 66 62 51 – www.preidlhof.it – Chiuso 8-25 dicembre e 6-28 gennaio

35 suites – solo ½ P 110/170 € – 30 cam

Rist *Dolce Vita Stube* – vedere selezione ristoranti

Rist – *(solo a cena)* Menu 60 €

Se non fosse che all'esterno vi aspetta l'incantevole scenario delle Dolomiti, sarebbe da non uscire più da quest'oasi di relax e benessere. Romantiche camere fornite di ogni confort ed una spa come poche in Italia: "I Mondi delle Acque" vi aspettano per rigenerarvi.

Funggashof cam, rist,

via al Fossato 1 – ✆ 04 73 66 71 61 – www.funggashof.it – Aperto 15 marzo-10 novembre

24 cam – †85/130 € ††160/220 € – 10 suites **Rist** – Carta 33/75 €

In posizione panoramica, hotel immerso in un giardino-frutteto con piscina, ideale per gli amanti della quiete; eleganti ambienti "riscaldati" dal sapiente uso del legno. Nella stube tirolese, una cucina leggera e gustosa con prodotti del territorio.

Dolce Vita Stube – Hotel Preidlhof

via San Zeno 13 – ✆ 04 73 66 62 51 – www.preidlhof.it – Chiuso 8-25 dicembre e 6-28 gennaio

Rist – (prenotazione obbligatoria) Carta 44/70 €

All'interno dell'imponente albergo Preidlhof, i titolari hanno creato un delizioso angolo gastronomico: una stube di taglio classico-elegante con piccolo dehors, dove lasciar carta bianca allo chef, Jurgen Kerschbaum. Cucina moderna con tocchi creativi per deliziare i fortunati che siedono ai (soli) 7 tavoli del locale.

NAVA (Colle di) – Imperia (IM) – 561 J5 – alt. 934 m Liguria 14 A2

Roma 620 – Imperia 35 – Cuneo 95 – Genova 121

Colle di Nava

via Nazionale 65 – ✆ 01 83 32 50 44 – www.albergolorenzina.com – Chiuso 15 gennaio-10 marzo

37 cam – †40/45 € ††60/65 €, 10 €

Rist *Lorenzina* – vedere selezione ristoranti

Semplice e accogliente struttura dall'esperta e attenta gestione familiare, dispone di un grande giardino attrezzato anche con giochi per gli ospiti più piccoli.

Lorenzina – Hotel Colle di Nava

via Nazionale 65 – ✆ 01 83 32 50 44 – www.albergolorenzina.com – Chiuso 15 gennaio-10 marzo, lunedì sera e martedì

Rist – Menu 22/38 € – Carta 28/47 €

Sul colle, con la sua tranquilla bellezza e i suoi 940 m di altitudine, cucina ligure e piemontese in due ampie sale: stile rustico per momenti d'informale convivialità.

NE – Genova (GE) – **561** I10 – **2 459 ab.** – **alt. 186 m** – ✉ **16040** **15** C2

Roma 473 – Genova 50 – Rapallo 26 – La Spezia 75

XX **La Brinca**

via Campo di Ne 58 – ✆ 01 85 33 74 80 – www.labrinca.it – Chiuso lunedì

Rist – *(solo a cena escluso sabato e i giorni festivi)* (consigliata la prenotazione)

Menu 32/35 € – Carta 33/51 €

Animato da una grande passione enologica, il proprietario ha curato personalmente l'allestimento della cantina, che vanta infatti un'ampia selezione di etichette nazionali ed estere. Tale entusiasmo permea anche la tavola: piatti del territorio alleggeriti e presentati con cura.

NEGRAR – Verona (VR) – **562** F14 – **17 232 ab.** – **alt. 190 m** – ✉ **37024** **38** A2

Roma 517 – Verona 12 – Brescia 72 – Milano 160

Relais La Magioca senza rist

località Moron 3, Sud : 3 km – ✆ 04 56 00 01 67 – www.magioca.it

6 cam – 150/260 € 190/300 €

Immerso nei vigneti, l'antico casolare con chiesetta originaria del XIII secolo offre ambienti rustici, carichi di romantico fascino all'insegna dell'esclusività, tra calore e charme.

NEIVE – Cuneo (CN) – **561** H6 – **3 374 ab.** – **alt. 308 m** – ✉ **12052** **25** C2

Roma 643 – Genova 125 – Torino 70 – Asti 31

XX **La Luna nel Pozzo**

piazza Italia – ✆ 0 17 36 70 98 – www.lalunanelopozzo-neive.it
– Chiuso 7-17 gennaio, 25 giugno-15 luglio, martedì sera e mercoledì

Rist – Menu 43/110 € – Carta 42/66 €

La passione per la cucina e per l'accoglienza ha incentivato un medico ed una biologa a passare alla ristorazione: in questo locale del centro storico, la tradizione è regina incontrastata.

NEPI – Viterbo (VT) – **563** P19 – **9 684 ab.** – **alt. 227 m** **12** B1

Roma 55 – Viterbo 47 – Guidonia 66 – Perugia 134

XX **Casa Tuscia**

via di Porta Romana – ✆ 07 61 55 50 70 – www.ristorantecasatuscia.it
– Chiuso domenica sera e lunedì in inverno

Rist – Carta 24/48 €

Una passeggiata archeologica tra porte romane, mura e castello rinascimentali: nell'ex mattatoio novecentesco una sorprendente cucina nazionale rivisitata con fantasia.

NERANO – Napoli (NA) – Vedere Massa Lubrense

NERVESA DELLA BATTAGLIA – Treviso (TV) – **562** E18 – **6 948 ab.** – **alt. 78 m** – ✉ **31040** **40** C2

Roma 568 – Belluno 68 – Milano 307 – Treviso 20

XX **Miron Cibi e Vini**

piazza Sant'Andrea 26 – ✆ 04 22 88 51 85 – www.ristorantemirontv.com
– Chiuso 16-31 marzo e giovedì

Rist – Menu 12 € (pranzo in settimana) – Carta 35/66 €

Locale classico gestito dal 1935 dalla stessa famiglia, dove provare le specialità ai funghi. Carta dei vini con numerose proposte francesi e distillati di ogni tipo.

NERVI – Genova (GE) – **561** I9 – ✉ **16167** Liguria **15** C2

Roma 495 – Genova 11 – Milano 147 – Savona 58

Passeggiata★★ Anita Garibaldi - Parchi★ - Musei di Nervi★

Villa Pagoda

via Capolungo 15 – ✆ 0 10 32 32 00 – www.villapagoda.it
13 cam – 90/280 € 100/320 € – 4 suites
Rist *Il Roseto* – vedere selezione ristoranti
Una villa ottocentesca, costruita per volere di un ricco mercante che sperava, in tal modo, di placare la struggente nostalgia della sua asiatica compagna, ospita raffinati interni con candelieri di Murano e pavimenti in marmo. Tra olii essenziali e musiche di sottofondo, è bello concedersi un massaggio nel moderno centro benessere.

Astor

viale delle Palme 16 – ✆ 0 10 32 90 11 – www.astorhotel.it
41 cam – 90/165 € 100/210 € **Rist** – Carta 28/61 €
Abbracciato da un piccolo parco secolare, l'hotel totalmente ristrutturato dispone di interni di taglio classico e camere confortevoli. Ideale per una clientela d'affari, ma anche per gli amanti di un soggiorno rilassante. Servizio ristorante estivo sulla fresca veranda.

Esperia

rist,

via Val Cismon 1 – ✆ 0 10 32 17 77 – www.hotelesperia.it
– Chiuso 3 settimane in novembre
27 cam – 65/100 € 70/150 € **Rist** – *(solo per alloggiati)* Menu 22 €
Albergo fine anni '50 - completamente ristrutturato nel corso degli ultimi anni - dispone di ambienti interni d'ispirazione contemporanea, camere lineari e possibilità di accesso gratuito al vicino stabilimento balneare (sugli scogli).

Il Roseto – Hotel Villa Pagoda

via Capolungo 15 – ✆ 0 10 32 32 00 – www.villapagoda.it
Rist – Carta 46/71 €
Se l'architettura che ospita questo ristorante è una celebrazione dell'Oriente, la cucina si riappropria dell'identità locale con piatti regionali e i classici italiani. Splendida terrazza estiva ed ambienti raffinati.

The Cook (Ivano Ricchebono)

via Marco Sala 77/79 r – ✆ 01 03 20 29 52 – www.thecook.it
– Chiuso 1 settimana in marzo, 10 giorni in luglio e lunedì
Rist – *(solo a cena escluso sabato-domenica)* (consigliata la prenotazione)
Menu 55/65 € – Carta 49/88 €
➜ Spaghetti alla carbonara di seppie colorati al nero. Baccalà, cavolo e crudità di verdure su crema di piselli. Vasetto del goloso alle fragole.
Lungo la strada che attraversa il centro di Nervi, la cucina sposa le irrinunciabili tradizioni liguri, ma le svecchia, reinterpretandole e alleggerendole. Una successione di piatti che sono lo specchio del locale, informato ad un design moderno ed elegante.

NERVIANO – Milano (MI) – 561 F8 – 17 499 ab. – alt. 175 m – ✉ 20014 18 A2

Roma 600 – Milano 25 – Como 45 – Novara 34

Antica Locanda del Villoresi

strada statale Sempione 4 – ✆ 03 31 55 94 50 – www.locandavilloresi.it
– Chiuso 6-26 agosto
16 cam – 60/130 € 75/180 €
Rist *Antica Locanda del Villoresi* – vedere selezione ristoranti
Lungo la strada del Sempione, una vecchia cascina completamente ristrutturata propone spazi interni dal design contemporaneo, arredi chiari e luminosi.

Antica Locanda del Villoresi – Hotel Antica Locanda del Villoresi

strada statale Sempione 4 – ✆ 03 31 55 94 50
– www.locandavilloresi.it – Chiuso 6-26 agosto, sabato a mezzogiorno e lunedì
Rist – Carta 29/54 €
Tante specialità d'impronta mediterranea in un caratteristico ristorante, le cui ampie vetrate affacciate sul canale Villoresi offrono un simpatico scorcio della Pianura Padana. Piatti di pesce, pasta fresca e dolci fatti in casa, fra gli highlights del menu.

NETTUNO – Roma (RM) – 563 R19 – 47 332 ab. – ✉ 00048 13 C3

Roma 55 – Anzio 3 – Frosinone 78 – Latina 22

Astura Palace Hotel
viale Matteotti 75 – ☎ 0 69 80 56 54 – www.asturapalace-hotel.it
56 cam – †105/135 € ††165/230 € – 1 suite
Rist – *(aperto 1° aprile-30 settembre)* Menu 30/50 €
Di fronte al porto turistico, nella zona più elegante e commerciale della città, un moderno ed imponente albergo, particolarmente indicato per una clientela d'affari.

NEVIANO DEGLI ARDUINI – Parma (PR) – 561 I12 – 3 750 ab. – alt. 517 m – ✉ 43024 8 B2

Roma 463 – Parma 32 – Modena 65 – Reggio nell'Emilia 35
via Capetta 1, ☎ 0521 84 01 51

Trattoria Mazzini
via Bruno Ferrari 84 – ☎ 05 21 84 31 02 – Chiuso 25 settembre-5 ottobre, lunedì e martedì
Rist – Carta 31/44 €
Cucina del territorio con varianti creative in una graziosa sala in stile provenzale rinfrescata con colori pastello. Piacevole anche la bella terrazza in legno.

NEVIGLIE – Cuneo (CN) – 428 ab. – ✉ 12050 25 C2

Roma 662 – Torino 98 – Cuneo 78 – Asti 36

Locanda San Giorgio con cam
località Castellero 9 – ☎ 01 73 63 01 15 – www.locandasangiorgio.it – Chiuso gennaio e febbraio
14 cam – †75/95 € ††95/105 € – 2 suites
Rist – Menu 35 € – Carta 28/72 €
Raffinato ristorante situato fuori paese, nella splendida e tranquilla cornice delle Langhe, propone piatti tradizionali a base di funghi e tartufi. Questo casolare ottocentesco, che un tempo è stato convento per frati, propone camere personalizzate e molto carine.

NIBIONNO – Lecco (LC) – ✉ 23895 18 B1

Roma 620 – Milano 44 – Lecco 21 – Monza 24

La California Relais
località California 2 – ☎ 0 31 69 09 12 – www.relaislacalifornia.it
20 cam – †90/180 € ††150/270 €
Rist *I Melograni* – vedere selezione ristoranti
Lunghi anni di restauri e poi il fiocco azzurro per questo relais immerso nel verde e dagli ambienti personalizzati: la maggior parte delle eleganti camere si trovano nel corpo centrale, le rimanenti in una dépendance di fronte alla piscina. Percorso vita nel giardino, centro benessere e vista pregevole.

I Melograni – Hotel La California Relais
località California 2 – ☎ 0 31 69 11 03 – www.ristoranteimelograni.com
Rist – Menu 25 € (pranzo in settimana)/70 € – Carta 36/73 €
All'interno del suggestivo relais La California, il ristorante propone la tradizionale cucina del territorio con i suoi ineguagliabili sapori rivisitati in chiave moderna. Ambiente elegante.

NICASTRO – Catanzaro (CZ) – 564 K30 – Vedere Lamezia Terme

NICOLOSI Sicilia – Catania (CT) – 365 AZ58 – 7 229 ab. – alt. 700 m – ✉ 95030 Sicilia 30 D2

Catania 16 – Enna 96 – Messina 89 – Siracusa 79
via Martiri d'Ungheria 38, ☎ 095 91 15 05, www.regione.sicilia.it

a Piazza Cantoniera Etna Sud Nord : 18 km – alt. 1 881 m

Corsaro
piazza Cantoniera – ✆ 0 95 91 41 22 – www.hotelcorsaro.it – Chiuso 15 novembre-24 dicembre
17 cam – †65/115 € ††90/140 € **Rist** – Carta 21/47 €
In un paesaggio lunare di terreno lavico, è quasi un rifugio con vista su un quarto della Sicilia, mare e Calabria da alcune camere del secondo piano. Impianti di risalita nelle vicinanze. Gli autentici sapori locali nel capiente ristorante. Proverbiali: le paste, i funghi e le grigliate di carne.

NIEVOLE – Pistoia (PT) – Vedere Montecatini Terme

NIZZA MONFERRATO – Asti (AT) – 561 H7 – 10 391 ab. – alt. 138 m – ✉ 14049 25 D2

Roma 604 – Alessandria 32 – Asti 28 – Genova 106

Agriturismo Tenuta la Romana senza rist
strada Canelli 59, Sud : 2 km – ✆ 01 41 72 75 21 – www.tenutalaromana.it – Chiuso 3 gennaio-4 febbraio
12 cam – †80/130 € ††120/175 €
Una breve strada in salita è sufficiente per abbandonare la zona industriale di Nizza e raggiungere un panoramico edificio settecentesco dagli ampi e gradevoli spazi comuni, sia interni sia esterni. Risorsa ben strutturata per l'organizzazione di meeting e banchetti.

NOALE – Venezia (VE) – 562 F18 – 15 855 ab. – alt. 18 m – ✉ 30033 40 C2

Roma 522 – Padova 25 – Treviso 22 – Venezia 20

Due Torri Tempesta cam,
via dei Novale 59 – ✆ 04 15 80 07 50 – www.hotelduetorritempesta.it – Chiuso 1°-6 gennaio e 5-18 agosto
40 cam – †64/75 € ††80/105 €
Rist – *(chiuso agosto, domenica sera e lunedì) (solo a cena)* Carta 15/30 €
Poco fuori dal centro, hotel dall'originale design d'impronta contemporanea con piacevoli spazi nei quali predomina il legno elaborato anche in alcuni piloni dalle geometrie particolari. Una sorta di curiosa "ossatura" centrale in legno curvato domina la sala da pranzo.

NOBIALLO – Como (CO) – 561 D9 – Vedere Menaggio

NOCERA SUPERIORE – Salerno (SA) – 564 E26 – 24 255 ab. – alt. 70 m – ✉ 84015 6 B2

Roma 246 – Napoli 43 – Avellino 36 – Salerno 15

Villa Albani
via Pecorari 65 – ✆ 08 15 14 34 37 – www.villaalbani.it
26 cam – †95/115 € ††130/170 € – 4 suites
Rist – *(solo a cena)* (prenotazione obbligatoria) Carta 25/58 €
Nel centro storico, questa recente e signorile risorsa dispone di camere confortevoli e di un curato giardino con piscina: piacevole isola di tranquillità.

La Fratanza
via Garibaldi 37 – ✆ 08 19 36 83 45 – www.lafratanza.it – Chiuso domenica sera e lunedì
Rist – Menu 30/50 € – Carta 25/50 €
Locale a gestione familiare, ubicato in una zona tranquilla fuori dal centro. L'esterno è circondato dal giardino, all'interno una sala di tono rustico con arredi curati.

Luna Galante
via Santa Croce 13 – ✆ 08 15 17 60 65 – www.lunagalante.it – Chiuso lunedì
Rist – Menu 25/35 € – Carta 21/37 €
Al confine con Nocera Inferiore, in posizione tranquilla, ristorante dalla motivata gestione familiare. Proposte del territorio, arricchite da fantasia e ottime materie prime.

NOCI – Bari (BA) – 564 E33 – 19 477 ab. – alt. 420 m – ✉ 70015 Puglia 27 C2

Roma 497 – Bari 49 – Brindisi 79 – Matera 57

via Cappuccini 6, ✆ 080 4 97 88 89, www.noci.it

Abate Masseria

cam,

strada provinciale per Massafra km 0,300, Sud-Est: 1 km – ✆ 08 04 97 82 88 – www.abatemasseria.it – Aperto 1° aprile-30 ottobre

8 cam – †69/139 € ††89/229 €

Rist *Il Briale* – ✆ 08 04 97 80 23 *(chiuso novembre e mercoledì)* Carta 22/52 €

Bel complesso agricolo con edifici in tufo e trulli intorno ad un curato giardino cinto da mura. Le camere affacciate sul prato - alcune di esse con un proprio spazio riservato – vantano una tenuta perfetta e bei mobili. Per chi non rinuncia allo sport neanche in vacanza: piscina, campo da tennis e da calcetto.

Cavaliere

via Tommaso Siciliani 47 – ✆ 08 04 97 75 89 – www.hotelcavaliere.it

33 cam – †70/90 € ††80/110 € – 3 suites

Rist – *(solo a cena)* Carta 18/28 €

Una completa ristrutturazione ha riconsegnato un albergo accogliente, con stanze eleganti dalle linee classiche e una bella terrazza per piacevoli serate o per il relax. Due ampie sale da pranzo, molto luminose.

Agriturismo Le Casedde

strada provinciale 239 km 12,800, Ovest : 2,5 km – ✆ 08 04 97 89 46 – www.lecasedde.com

8 cam – †60/68 € ††72/78 €

Rist – *(solo a cena escluso domenica)* (prenotazione obbligatoria) Menu 26 €

All'interno di caratteristici trulli, una risorsa agrituristica semplice nelle strutture, ma con piacevoli interni d'ispirazione contemporanea, curati e accoglienti. Piatti preparati con prodotti locali, nella sala ristorante con camino centrale.

L'Antica Locanda

via Spirito Santo 49 – ✆ 08 04 97 24 60 – www.pasqualefatalino.it – Chiuso domenica sera e martedì

Rist – Carta 25/48 €

In uno dei vicoli del caratteristico borgo - sotto volte in tufo - i sapori autentici della regione ispirano la cucina, elaborata partendo dai prodotti di questa terra. Stile rustico e allegre tovaglie colorate.

a Montedoro Sud-Est : 3 km – ✉ 70015 Noci

Il Falco Pellegrino

zona B 47/c – ✆ 08 04 97 43 04 – www.ilfalcopellegrino.com – Chiuso domenica sera e lunedì

Rist – Carta 35/60 €

Ristorante all'interno di una bella villetta nel cuore della campagna, propone specialità di pesce e proposte di cucina locale; invitante servizio estivo in giardino.

NOGAREDO – Trento (TN) – 1 959 ab. – alt. 216 m – ✉ 38060 33 B3

Roma 578 – Trento 27 – Verona 80 – Padova 161

Locanda D&D Maso Sasso (N) con cam

via Maso 2, località Sasso, Sud-Ovest: 3 km – ✆ 04 64 41 07 77 – www.locandaded.it – Chiuso 4-12 febbraio e martedì

7 cam – †50/60 € ††80/90 €

Rist – Carta 32/47 €

Sformatino al formaggio trentino erborinato? O filetto di puledro al balsamico di mela? Magari tutti e due! Cucina regionale venata di fantasia in un maso che domina buona parte della valle dell'Adige; bella terrazza panoramica per l'estate e confortevoli camere per un tranquillo soggiorno.

NOICATTARO – Bari (BA) – 564 D32 – 25 835 ab. – ✉ 70016 Puglia 27 C2

Roma 449 – Bari 19 – Taranto 92 – Barletta 82

UNA Hotel Regina

rist,

strada provinciale Torre a Mare – ✆ 08 05 43 09 07 – www.unahotelreginabari.it

100 cam – †79/231 € ††79/246 € – 20 suites **Rist** – Carta 24/57 €

Suggestiva riproduzione di un borgo in pietra, lo stile piacevolmente rustico si coniuga con la vocazione sportiva: 400 m2 di palestra, piscine semiolimpioniche e vasca con acqua termale.

NOLA – Napoli (NA) – 564 E25 – 32 761 ab. – alt. 34 m – ✉ 80035 6 B2

Roma 217 – Napoli 33 – Benevento 55 – Caserta 34

Le Baccanti

via Puccini 5 – ✆ 08 15 12 21 17 – Chiuso 7-26 agosto, domenica sera e lunedì

Rist – Carta 31/59 €

Semplice locale dotato di due grandi finestre che si affacciano sulle cucine, dalle quali giungono piatti fantasiosi in cui tradizione e creatività diventano un tutt'uno; servizio informale.

NOLI – Savona (SV) – 561 J7 – 2 861 ab. – ✉ 17026 Liguria 14 B2

Roma 563 – Genova 64 – Imperia 61 – Milano 187

corso Italia 8, ✆ 019 7 49 90 03, www.visitriviera.it

Chiesa di S. Paragorio★

Italia senza rist

corso Italia 23 – ✆ 0 19 74 83 26 – www.hotelitalianoli.com – Chiuso novembre

16 cam – †90/110 € ††110/170 € – 3 suites

Nel centro di Noli, ma affacciato sul mare, questo hotel rinnovato in anni recenti propone ambienti comuni e camere arredate in modo moderno e dalle calde tonalità.

Residenza Palazzo Vescovile

piazzale Rosselli – ✆ 01 97 49 90 59 – www.hotelvescovado.it – Chiuso 5 novembre-15 dicembre

13 cam – †140/220 € ††140/220 €

Rist *Il Vescovado-La Fornace di Barbablù* – vedere selezione ristoranti

Una suggestiva e indimenticabile vacanza nell'antico Palazzo Vescovile, in ambienti ricchi di fascino: alcuni impreziositi da affreschi e con splendidi arredi d'epoca. Vista sublime dalle terrazze.

Il Vescovado-La Fornace di Barbablù – Residenza Palazzo Vescovile

piazzale Rosselli – ✆ 01 97 49 90 59 – www.hotelvescovado.it – Chiuso 5 novembre-15 dicembre, mercoledì a mezzogiorno, anche martedì a mezzogiorno in luglio-agosto, tutto il giorno negli altri mesi

Rist – Menu 30 € (pranzo in settimana)/80 € – Carta 60/80 €

→ Tortelli di pesto e zuncà (ricotta) su zabaione di pomodoro. Palamita in crosta di pane con maionese di bottarga. Cappon magro.

Tre deliziose salette all'interno del prestigioso complesso architettonico noto come Palazzo Vescovile e nel periodo estivo un piacevole servizio in terrazza con vista mare. Curiosi di saperne di più circa la cucina? Decisamente ligure, con qualche apprezzabile tocco estroso.

Nazionale

corso Italia 37 – ✆ 0 19 74 88 87 – Chiuso 1 settimana in maggio, 15 ottobre-24 dicembre e lunedì

Rist – Carta 36/67 €

Lungo la statale, all'estremità della località, locale di lunga tradizione familiare "vecchia maniera". Preparazioni semplici, sapori netti, porzioni abbondanti.

a Voze **Nord-Ovest : 4 km – ✉ 17026 Noli**

Lilliput
via Zuglieno 49 – ✆ 0 19 74 80 09 – Chiuso 7 gennaio-8 febbraio e lunedì
Rist – *(solo a cena escluso sabato e i giorni festivi)* Menu 50/68 €
– Carta 45/106 €
In una piacevole casa circondata da un giardino ombreggiato con minigolf, un locale dall'ambiente curato che propone piatti di mare; servizio estivo in terrazza.

NORCIA – Perugia (PG) – 563 N21 – 4 995 ab. – alt. 604 m – ✉ 06046 36 D2

Italia Centro-Nord
Roma 157 – Ascoli Piceno 56 – L'Aquila 119 – Perugia 99
Località★
Parco dei Monti Sibillini★

Palazzo Seneca
via Cesare Battisti 10 – ✆ 07 43 81 74 34 – www.palazzoseneca.com
23 cam – †116/264 € ††145/330 € – 1 suite
Rist *Vespasia* – vedere selezione ristoranti
Nel cuore di Norcia, una deliziosa risorsa all'interno di un palazzo storico: arredi in stile, a partire dalla bella ed ampia hall sino alle camere, tutte personalizzate e di ottima fattura.

Salicone senza rist
viale Umbria – ✆ 07 43 82 80 81 – www.bianconi.com
71 cam – †60/115 € ††75/144 €
Alle porte della cittadina - nei pressi del centro sportivo - questa struttura è particolarmente indicata per una clientela d'affari con ambienti comuni ridotti, ma camere ampie dagli arredi classici e provviste di uno spazioso piano di lavoro.

Grotta Azzurra
via Alfieri 12 – ✆ 07 43 81 65 13 – www.bianconi.com
46 cam – †52/65 € ††90/113 € – 4 suites
Rist *Granaro del Monte* – vedere selezione ristoranti
Semplice alberghetto in pieno centro storico, in un edificio d'epoca, dove è stata ricreata l'atmosfera del tempo passato con arredi in stile antico; camere funzionali.

Agriturismo Casale nel Parco dei Monti Sibillini
Località Fontevena 8, Nord : 1,5 km
– ✆ 33 56 58 67 36 – www.casalenelparco.com – Chiuso 12 novembre-6 dicembre
17 cam – †90/110 € ††90/110 €
Rist – *(chiuso lunedì)* (consigliata la prenotazione) Carta 21/45 €
Casa colonica trasformata in agriturismo: il corpo centrale, i pollai e la stalla sono stati riconvertiti in camere con letti a baldacchino e travi a vista. Alcune di esse attrezzate con angolo cottura, ma per tutti c'è a disposizione una cucina per preparare le pappe ai bimbi o una tisana.

Vespasia – Hotel Palazzo Seneca
via Cesare Battisti 10 – ✆ 07 43 81 74 34 – www.palazzoseneca.com
– Chiuso 7-25 gennaio
Rist – Menu 55/110 € – Carta 75/145 €
Preparatevi ad un gustoso viaggio gastronomico dedicato all'Umbria, dimenticate i sapori scialbi e delicati e concedetevi il lusso di gusti decisi: tartufo nero, paste all'uovo, lenticchie, erbe aromatiche e i leggendari prodotti norcini, dai salumi alle pregiate carni. L'Umbria è in tavola!

Taverna de' Massari
via Roma 13 – ✆ 07 43 81 62 18 – www.tavernademassari.com
– Chiuso 1 settimana in luglio e 1 settimana in gennaio
Rist – *(chiuso martedì escluso 15 luglio-15 settembre)* Menu 25/80 €
– Carta 24/67 €
Taverna nel cuore della località: una piccola saletta con tre tavoli, da cui si accede alla sala principale, con soffitti ad arco e affreschi; piatti della tradizione.

Granaro del Monte - Hotel Grotta Azzurra
via Alfieri 12 – ✆ 07 43 81 65 13 – www.bianconi.com
Rist – Menu 20/48 € – Carta 21/71 €
Pietra miliare nella storia della ristorazione della regione, una bella sala da pranzo dominata da un grande e scoppiettante caminetto con le antiche volte che fanno da sfondo ad un ambiente vivo ed accogliente, un bancone utilizzato per i salumi. Dalla cucina escono i piatti della tradizione locale, quali ad esempio la tagliata di chianina alla brace.

Beccofino
piazza San Benedetto 12/b – ✆ 07 43 81 60 86 – Chiuso mercoledì
Rist – (consigliata la prenotazione) Menu 35/55 € – Carta 28/54 €
Cucina della tradizione in un locale situato all'ombra della statua di S. Benedetto: due salette contigue, semplici nello stile senza tanti orpelli, ma solo un grande affresco ad impreziosire una delle pareti ed una cantina con oltre 250 etichette. Alla Dispensa di Beccofino è possibile invece acquistare salumi, formaggi, confetture e golosità varie.

NOSADELLO – Cremona (CR) – Vedere Pandino

NOTARESCO – Teramo (TE) – 563 O23 – 6 979 ab. – alt. 267 m – ✉ 64024 1 B1

Roma 180 – Ascoli Piceno 59 – Chieti 55 – Pescara 42

sulla strada statale 150 Sud : 5 km :

3 Archi
via Antica Salara 25 ✉ 64024 – ✆ 0 85 89 81 40 – www.trearchi.net – Chiuso novembre, martedì sera e mercoledì
Rist – Carta 21/37 €
Locale caldo ed accogliente, caratterizzato da un grande disimpegno arredato in stile rustico e due sale con spazio per la cottura di carni alla griglia. Cucina abruzzese e teramana.

NOTO Sicilia – Siracusa (SR) – 365 AZ62 – 24 047 ab. – alt. 152 m – ✉ 96017 Sicilia 30 D3

Catania 88 – Ragusa 54 – Siracusa 32

piazza XVI Maggio, ✆ 0931 57 37 79, www.pronoto.it

Località★★ - Centro Barocco★★ - Cattedrale★★ - Piazza Municipio★ – Balconi★★★di Palazzo Nicolaci di Villadorata - Via Nicolaci★ - Chiesa di S. Domenico★

Cava Grande del Cassìbile★★: 19 km nord

Masseria degli Ulivi (N) cam,
contrada Porcari, Nord : 9 km – ✆ 09 31 81 30 19 – www.masseriadegliulivi.com – Aperto 1° aprile-31 ottobre
34 cam – †80/170 € ††100/180 € **Rist** – Carta 28/40 €
Immersa nel verde della campagna iblea, un bella masseria ristrutturata ed ampliata: zone relax nella tipica corte interna o intorno alla piscina. Sullo sfondo, i riflessi argentei degli ulivi.

a Lido di Noto Sud-Est : 7,5 km – ✉ 96017 Noto

La Corte del Sole
contrada Bucachemi, località Eloro-Pizzuta – ✆ 09 31 82 02 10 – www.lacortedelsole.it – Aperto 27 dicembre-4 gennaio e 1° marzo-5 novembre
34 cam – †73/122 € ††114/220 € **Rist** – *(solo a cena)* Carta 28/53 €
Tipica struttura siciliana ottocentesca con baglio interno: camere accoglienti, ma il punto forte è un panoramico giardino-terrazza su campagna e mare. Il caratteristico ristorante è stato ricavato all'interno del vecchio frantoio.

Villa Mediterranea senza rist

viale Lido – ✆ 09 31 81 23 30 – www.villamediterranea.it
– Aperto 1° aprile-30 novembre

15 cam – 70/140 € 80/160 €

Struttura che di recente ha pressoché raddoppiato la propria capacità ricettiva, mantenendo però intatto lo spirito d'accoglienza familiare. Accesso diretto alla spiaggia.

NOVACELLA (NEUSTIFT) – Bolzano (BZ) – 562 B16 – alt. 590 m — 34 C1

– Sport invernali : La Plose-Plancios : 1 503/2 500 m 1 9 (Comprensorio Dolomiti superski Val d'Isarco) – ✉ 39040 Italia Centro-Nord

Roma 685 – Bolzano 44 – Brennero 46 – Cortina d'Ampezzo 112

Abbazia★★

Pacherhof cam, rist,

vicolo Pacher 1, località Varna – ✆ 04 72 83 57 17 – www.pacherhof.com
– Chiuso 13 gennaio-5 marzo

27 cam – 60/100 € 75/120 € – 5 suites

Rist – (prenotazione obbligatoria) Menu 25/65 €

Splendidamente incorniciata dai vigneti dei bianchi dell'Alto Adige, questa bella casa in stile garantisce piacevoli soggiorni conditi con una sana eleganza agreste. Cucina servita in tre caratteristiche stube antiche.

Pacher rist,

via Pusteria 6 – ✆ 04 72 83 65 70 – www.hotel-pacher.com
– Chiuso 7 novembre-3 dicembre

37 cam – 60/81 € 110/138 € – 2 suites

Rist – *(chiuso lunedì)* Menu 20/45 €

Sarà piacevole soggiornare in questa struttura circondata dal verde, con gradevoli interni in moderno stile tirolese e ariose camere. Ampia sala da pranzo completamente rivestita in legno; servizio ristorante estivo in giardino.

Ponte-Brückenwirt rist,

via Abbazia 2 – ✆ 04 72 83 66 92 – www.hotel-brueckenwirt.com
– Chiuso 7 gennaio-15 marzo

12 cam – 45/47 € 84/90 € **Rist** – *(chiuso mercoledì)* Carta 22/38 €

A pochi passi dalla famosa abbazia, hotel immerso in un piccolo parco con piscina riscaldata: accoglienti spazi comuni arredati in stile locale, belle camere mansardate. Grande e luminosa sala ristorante, servizio all'aperto nella bella stagione.

NOVAFELTRIA – Rimini (RN) – 563 K18 – 7 380 ab. – alt. 275 m — 9 D3

– ✉ 61015

Roma 315 – Rimini 32 – Perugia 129 – Pesaro 83

Del Turista-da Marchesi

località Cà Gianessi 7, Ovest : 4 km – ✆ 05 41 92 01 48 – www.damarchesi.it
– Chiuso 20 giugno-5 luglio e martedì escluso agosto

Rist – Menu 22/35 € – Carta 14/39 €

Tra Marche e Romagna, un rifugio per chi riconosce la buona cucina, quella attenta a ciò che la tradizione ha consegnato. Piacevole l'ambiente, di tono turistico, riscaldato da un caminetto in pietra.

NOVA LEVANTE (WELSCHNOFEN) – Bolzano (BZ) – 562 C16 — 34 D3

– 1 910 ab. – alt. 1 182 m – Sport invernali : 1 200/2 350 m 15 1 (Vedere anche Carezza al Lago e passo di Costalunga) – ✉ 39056 Italia Centro-Nord

Roma 665 – Bolzano 19 – Cortina d'Ampezzo 89 – Milano 324

via Carezza 21, ✆ 0471 61 31 26, www.carezza.com

Carezza via Carezza 171, 0471 612200, www.carezzagolf.com – maggio-ottobre

Lago di Carezza★: 5,5 km sud-est

 **Engel** cam, cam, rist, VISA AE

via San Valentino 3 – ✆ 04 71 61 31 31
– www.hotel-engel.com
– Chiuso 7 aprile-11 maggio
63 cam – 104/146 € 200/266 € – 2 suites
Rist – *(solo per alloggiati)*
Belle camere, spaziose e signorili (da preferire le ultime rinnovate), in un hotel che offre servizi completi ed un centro benessere tra i più belli della zona.

La selezione degli esercizi varia ogni anno. Anche voi, cambiate ogni anno la vostra guida MICHELIN!

NOVA PONENTE (DEUTSCHNOFEN) – Bolzano (BZ) – 562 C16 — 34 D3

– 3 902 ab. – alt. 1 357 m – Sport invernali : a Obereggen : 1 512/2 500 m 1 7 (Comprensorio Dolomiti superskiVal di Fassa-Obereggen) – ✉ 39050

Roma 670 – Bolzano 25 – Milano 323 – Trento 84
via Centro 9/a, ✆ 0471 61 65 67, www.eggental.com
Petersberg Unterwinkel 5, 0471 61512, www.golfclubpetersberg.it – 17 aprile-7 novembre

Pfösl cam, rist, VISA

via rio Nero 2, Est : 1,5 km
– ✆ 04 71 61 65 37 – www.pfoesl.it
– Aperto 8 dicembre-1° aprile e 9 maggio-3 novembre
34 cam – 150/260 € 150/260 € – 10 suites
Rist – Carta 39/64 €
Grande casa in stile montano ristrutturata con gusto moderno, in mezzo al verde, con incantevole veduta delle Dolomiti; camere rinnovate di recente, bel centro relax. Per soddisfare l'appetito si può optare per la sala con vista sulla valle o per la stube.

a Monte San Pietro (Petersberg)Ovest : 8 km – alt. 1 389 m – ✉ 39050

 **Peter** VISA

Paese 24 – ✆ 04 71 61 51 43 – www.hotel-peter.it
– Chiuso 5-30 novembre
38 cam – 150/200 € – 2 suites
Rist – Menu 27/50 €
Tipico albergo tirolese in una graziosa struttura immersa nel verde e nella tranquillità; romantici spazi interni, camere confortevoli, luminosa zona fitness. Soffitto in legno a cassettoni nella sala da pranzo.

NOVARA P (NO) – 561 F7 – 105 024 ab. – alt. 162 m – ✉ 28100 — 23 C2

Italia Centro-Nord

Roma 625 – Stresa 56 – Alessandria 78 – Milano 51
corso Garibaldi 23, ✆ 0321 33 16 20, www.turismonovara.it
località Castello di Cavagliano, 0321 927834 – chiuso lunedì
Basilica di San Gaudenzio★ AB : cupola★★ – Pavimento★ del Duomo AB

Pianta pagina seguente

La Bussola cam, rist, VISA AE

via Boggiani 54 – ✆ 03 21 45 08 10 – www.labussolanovara.it — Ac
94 cam – 89/98 € 104/114 € – 3 suites
Rist *Al Vecchio Pendolo* – Carta 29/49 €
Albergo dallo stile ricercato, un po' barocco, con zone comuni che abbondano di preziosi divanetti, statue liberty ed orologi antichi (vera passione del titolare-collezionista). Generosità di metri quadrati nelle camere e nei bagni. Curato ristorante di tono elegante.

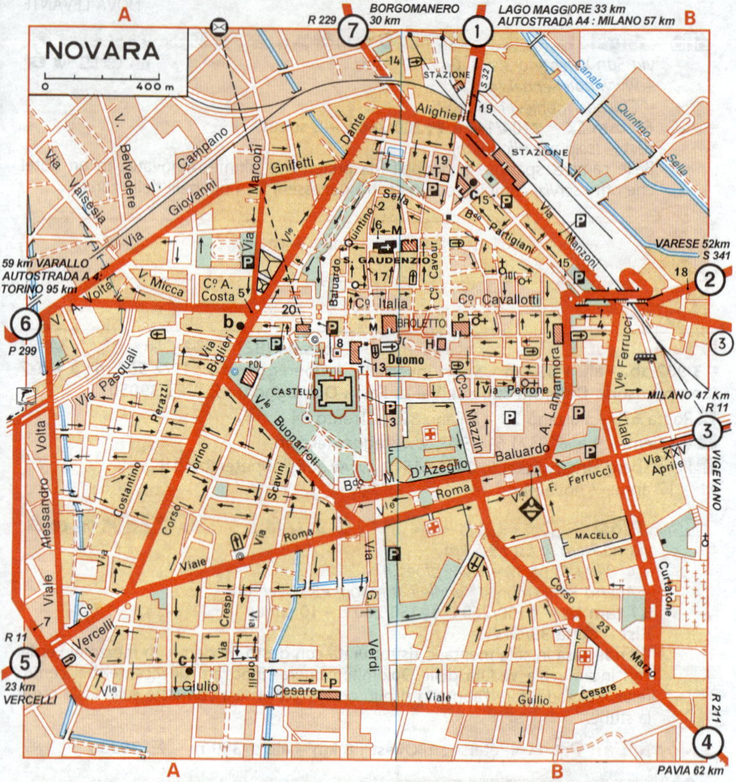

NOVARA

Via	Quadrante	N.
Antonelli (V.)	A	2
Bellini (Largo)	A	3
Cavallotti (Cso F.)	B	4
Cavour (Cso)	B	
Don Minzoni (Largo)	A	5
Ferrari (V. G.)	A	6
Galilei (V. Galileo)	A	7
Italia (Cso)	AB	
Martiri dlle Libertà (Pza)	A	8
Mazzini (Cso)	B	
Puccini (V.)	A	13
Risorgimento (Cso)	A	14
San Francesco d'Assisi (V.)	B	15
San Gaudenzio (V.)	A	17
Trieste (Cso)	B	18
Vittoria (Cso della)	B	19
20 Settembre (Cso)	A	20

Cavour senza rist

via San Francesco d'Assisi 6 – ✆ 03 21 65 98 89 – www.panciolihotels.it **Bc**

38 cam ☕ – 🚹80/140 € 🚹🚹100/180 €

La bella hall con ampie vetrate affacciate sul piazzale della stazione anticipa lo stile moderno dell'hotel. Taglio contemporaneo e soluzioni di design anche nelle camere, dove il minimalismo delle testiere in legno wengé s'intreccia con l'eleganza degli armadi in legno laccato bianco.

Croce di Malta senza rist

via Biglieri 2/a – ✆ 0 32 13 20 32 – www.crocedimaltanovara.it – Chiuso agosto **Ab**

20 cam ☕ – 🚹50/79 € 🚹🚹75/130 € – 2 suites

In posizione centrale, un piccolo albergo che dispone di ambienti comuni un po' ridotti, ma camere molto spaziose con mobili classici, angolo salotto e un grande piano di lavoro. Una valida struttura, prevalentemente ad indirizzo business.

Un esercizio evidenziato in rosso enfatizza il fascino della struttura XXX.

XXX **Tantris** (Marta Grassi) con cam ♿ rist, AC rist, VISA

corso Risorgimento 384, località Vignale, Nord: 3 km – ✆ 03 21 65 73 43 – www.ristorantetantris.com – Chiuso 1°-6 gennaio e 3 settimane in agosto

2 cam – †90 € ††130 €

Rist – *(chiuso domenica sera e lunedì)* (consigliata la prenotazione)

Menu 60/85 € – Carta 57/91 €

→ Sfoglia con patate e pesto, triglia, tapenade (salsa) di olive. Guancia di vitello con mela fresca e salsa iodata. Cioccolato, nocciola, gelato di torrone.

Piatti semplici e sofisticati allo stesso tempo, dove ogni proposta è un delicato equilibrio di diversi ingredienti: carne, pesce, ma anche tanti formaggi.

NOVA SIRI MARINA – Matera (MT) – 564 G31 – 6 807 ab. – ✉ 75020 4 D3

Roma 498 – Bari 144 – Cosenza 126 – Matera 76

Imperiale AC P VISA AE

via Pietro Nenni – ✆ 08 35 53 69 00 – www.imperialehotel.it

31 cam – †65/80 € ††90/120 €

Rist – Carta 17/61 €

Imponente struttura con ampi spazi per meeting e banchetti, nonché piacevoli aree comuni in stile contemporaneo. Anche le confortevoli camere ripropongono la modernità della risorsa.

NOVATE MILANESE – Milano (MI) – 561 F9 – 20 201 ab. – ✉ 20026 18 B2

Roma 605 – Milano 14 – Monza 16 – Lodi 59

Domina Inn Milano Fiera ♿ AC P VISA AE

via Don Orione 18/20 angolo via Edison – ✆ 0 23 56 79 91 – www.dominainnmilanofiera.com – Chiuso 22 luglio-21 agosto

194 cam – †94/499 € ††94/519 € – 6 suites

Rist – Carta 25/112 €

Di recente apertura questo moderno hotel business risponde magistralmente alle esigenze di tutti gli operatori del polo fieristico Rho/Pero. A pochi chilometri dal centro di Milano, può essere ideale anche per un turismo leisure, che preferisce la sera un luogo più tranquillo rispetto alla movida meneghina.

NOVENTA DI PIAVE – Venezia (VE) – 562 F19 – 6 849 ab. – ✉ 30020 39 A1

Roma 554 – Venezia 41 – Milano 293 – Treviso 30

Omniahotel senza rist ♿ AC P VISA AE

via Rialto 1 – ✆ 04 21 30 73 05 – www.omniahotel.com

60 cam – †55/75 € ††65/95 € – 2 suites

Facile da raggiungere, all'uscita autostradale, hotel di taglio business con spazi comuni confortevoli e stanze di varie tipologie.

XX **Guaiane** AC P VISA AE

via Guaiane 146, Est : 2 km – ✆ 0 42 16 50 02 – www.guaiane.com – Chiuso 7-23 agosto, martedì sera e lunedì

Rist – Menu 35/80 € – Carta 33/70 €

Rist *L' Ostaria* – Carta 24/38 €

In campagna, un locale tradizionale dagli ampi spazi e dalla vasta scelta di piatti sia di carne sia di pesce: quest'ultimo è la specialita della casa. Nata da una piccola bottega e valida alternativa al ristorante, l'Ostaria propone piatti più semplici.

NOVENTA PADOVANA – Padova (PD) – 562 F17 – 10 922 ab. – alt. 13 m – ✉ 35027 40 C3

Roma 501 – Padova 8 – Venezia 37

XX **Boccadoro**

via della Resistenza 49 – ✆ 0 49 62 50 29 – www.boccadoro.it – Chiuso 1°-15 gennaio, 5- 25 agosto, martedì sera e mercoledì

Rist – Menu 26 € (pranzo in settimana) – Carta 32/56 €

Un'intera famiglia al lavoro per proporvi il meglio di una cucina legata al territorio e alle stagioni, in un ambiente curato e piacevole. Degna di nota, la cantina.

NOVENTA VICENTINA – Vicenza (VI) – 562 G16 – 8 923 ab. – alt. 16 m – ✉ 36025

39 B3

Roma 479 – Padova 47 – Ferrara 68 – Mantova 71

XX **Alla Busa** con cam

corso Matteotti 70 – ✆ 04 44 88 71 20 – www.alla-busa.it

18 cam – †50 € ††80 € – 1 suite

Rist – *(Chiuso lunedì)* Menu 26/30 € – Carta 19/43 €

Nel centro storico, una struttura a tradizione familiare ampliatasi nel tempo fino alle attuali quattro sale decorate con falsi d'autore. Settore notte con camere eleganti.

X **Primon** con cam

via Garibaldi 6 – ✆ 04 44 78 71 49 – www.ristoranteprimon.it – Chiuso 1°-20 agosto

8 cam – †40/45 € ††50/60 €

Rist – *(chiuso giovedì)* Menu 18 € – Carta 26/40 €

Ristorante di tradizione familiare dal 1875 con cucina di ispirazione regionale, paste fatte in casa e carni cotte su uno spiedo di origine leonardesca. Ambienti di sobria modernità.

NOVERASCO – Milano (MI) – Vedere Opera

NOVI LIGURE – Alessandria (AL) – 561 H8 – 28 744 ab. – alt. 197 m – ✉ 15067 Italia Centro-Nord

23 C3

Roma 552 – Alessandria 24 – Genova 58 – Milano 87

viale dei Campionissimi 2, ✆ 0143 7 25 85, www.comune.noviligure.al.it

Colline del Gavi strada Provinciale 2, 0143 342264, www.golfcollinedelgavi.com – chiuso gennaio e martedì

Villa Carolina località Villa Carolina 32, 0143 467355, www.golfclubvillacarolina.com – chiuso gennaio e lunedì

Relais Villa Pomela

via Serravalle 69, Sud : 2 km – ✆ 01 43 32 99 10 – www.pomela.it – Chiuso 25 dicembre-7 gennaio

45 cam – †100/180 € ††150/215 € – 2 suites

Rist *Al Cortese* – vedere selezione ristoranti

Su di una collina dominante la pianura e la città di Novi, avvolta nel soave silenzio di un parco, questa elegante villa dell'800 dispone di ambienti signorili, sale per congressi, camere accoglienti.

XXX **Al Cortese** – Hotel Relais Villa Pomela

via Serravalle 69, Sud : 2 km – ✆ 01 43 32 32 19 – ww.alcortese.com – Chiuso 25 dicembre-7 gennaio

Rist – Carta 44/97 €

Cucina di stampo regionale con qualche rivisitazione ed alcune proposte a base di pesce, in un locale di gusto vagamente british, con ampie vetrate sul bel giardino e dehors per il servizio estivo. Possibilità di visite guidate e degustazioni presso la rimarchevole cantina.

a Pasturana Ovest : 4 km – ✉ 15060

XX **Locanda San Martino**

via Roma 26 – ✆ 0 14 35 84 44 – www.locandasanmartino.com – Chiuso 17 gennaio-11 febbraio, 1 settimana in settembre, lunedì sera, martedì

Rist – Menu 35/55 € – Carta 32/53 €

Piatti tipici della tradizione piemontese, ligure e lombarda basati essenzialmente su alimenti freschi di stagione in un ambiente simpatico ed elegante nel verde delle colline.

NUCETTO – Cuneo (CN) – 561 I6 – 436 ab. – alt. 450 m – ✉ 12070 23 C3

Roma 598 – Cuneo 52 – Imperia 77 – Savona 53

Osteria Vecchia Cooperativa

via Nazionale 54 – ☎ 0 17 47 42 79 – Chiuso lunedì, martedì e le sere di mercoledì e giovedì

Rist – Menu 18 € – Carta 18/53 €

Fidata piccola osteria dalla calorosa conduzione familiare, propone una tradizionale cucina piemontese con elaborazioni casalinghe. Accogliente e informale.

NUMANA – Ancona (AN) – 563 L22 – 3 875 ab. – ✉ 60026 21 D1

Roma 303 – Ancona 20 – Loreto 15 – Macerata 42

via Flaminia angolo Avellaneda, ☎ 071 9 33 06 12, www.turismonumana.it.

Conero via Betelico 6, frazione Coppo, 071 7360613, www.conerogolfclub.it – chiuso martedì

Scogliera

via del Golfo 21 – ☎ 07 19 33 06 22 – www.hotelscogliera.it – Aperto 1° aprile-25 ottobre

36 cam – 80/130 € 110/190 € **Rist** – Carta 25/55 €

In prossimità del centro e del porto turistico, a ridosso della scogliera di Numana, un hotel di moderna costruzione con camere confortevoli, gestito dai proprietari. Il punto di forza è la ristorazione che propone una cucina regionale e soprattutto di mare nella caratteristica saletta con pilastri a specchio.

Eden Gigli

viale Morelli 11 – ☎ 07 19 33 06 52 – www.giglihotels.com – Aperto 1° aprile-31 ottobre

40 cam – 85/105 € 130/180 € **Rist** – Carta 26/63 €

Nel centro storico, ma già immerso in un giardino digradante su un'incantevole spiaggia incastonata fra le rocce bianche, camere confortevoli nella loro squisita semplicità. Cucina classica nella saletta da pranzo arredata in modo sobrio.

La Spiaggiola

via Colombo 12 – ☎ 07 17 36 02 71 – www.laspiaggiola.it – Aperto Pasqua-30 settembre

21 cam – 60/80 € 70/125 € **Rist** – Carta 25/50 €

Al termine di una strada chiusa, che conduce al mare, l'albergo si trova proprio di fronte alla spiaggia. Camere semplici, ma confortevoli.

La Torre

via La Torre 1 – ☎ 07 19 33 07 47 – www.latorrenumana.it

Rist – Menu 30/60 € – Carta 34/65 €

In prossimità del belvedere, il ristorante offre una spettacolare vista a 180° del litorale. Cucina eclettica: si passa dalle tradizionali grigliate dell'Adriatico a piatti più estrosi.

NUSCO – Avellino (AV) – 564 E27 – 4 295 ab. – alt. 914 m – ✉ 83051 7 C2

Roma 287 – Potenza 107 – Avellino 41 – Napoli 99

La Locanda di Bu (Antonio Pisaniello)

vicolo dello Spagnuolo 1 – ☎ 0 82 76 46 19 – www.lalocandadibu.com – Chiuso gennaio, luglio, domenica sera, lunedì, martedì e mercoledì

Rist – (consigliata la prenotazione) Menu 45/65 € – Carta 38/76 €

→ Tagliolini con zucca e tartufo. Maialino con mela annurca e olio alla vaniglia. Nero caffè, bianco mandorla.

Tra il verde dei Monti Irpini, in un vicolo nel cuore del centro storico, una cucina da provare per farsi sorprendere dall'interpretazione moderna dei prodotti del territorio.

OCCHIOBELLO – Rovigo (RO) – 562 H16 – 11 569 ab. – ✉ 45030 39 B3

Roma 432 – Bologna 57 – Padova 61 – Verona 90

Unaway Hotel Occhiobello A13 cam,
via Eridania 36, prossimità casello autostrada A 13 – ✆ 04 25 75 07 67 – www.unawayocchiobello.it
84 cam – 65/120 € 75/170 €
Rist *Hostaria dei Savonarola* – *(chiuso domenica sera)* Carta 28/36 €
In comoda posizione non lontano dal casello autostradale, albergo all'interno di una cascina ristrutturata, ideale per una clientela d'affari; ampie e curate le camere. Grande sala da pranzo con sobri arredi in legno.

ODERZO – Treviso (TV) – 562 E19 – 20 272 ab. – alt. 13 m – ✉ 31046 39 A1

Roma 559 – Venezia 54 – Treviso 27 – Trieste 120

calle Opitergium 5, ✆ 0422 81 52 51, www.visittreviso.it

Postumiahoteldesign rist,
via Cesare Battisti 2 – ✆ 04 22 71 38 20 – www.postumiahoteldesign.it – Chiuso 1 settimana in dicembre e 1 settimana in agosto
28 cam – 70/85 € 130/145 € – 1 suite **Rist** – Carta 28/82 €
In pieno centro, ma con parcheggio privato videosorvegliato, un hotel dal design moderno, personalizzato con opere di artisti trevisani ed accessori rari. *L'art de bien vivre* non risparmia le camere, che dispongono di aroma e cromoterapia. Interessanti piatti di gusto contemporaneo al ristorante.

Primhotel senza rist
via Martiri di Cefalonia 13 – ✆ 04 22 71 36 99 – www.primhotel.it
50 cam – 50/70 € 60/95 €
Recente albergo moderno a vocazione congressuale, con ampie zone comuni ben tenute, in stile lineare di taglio contemporaneo; camere confortevoli e funzionali.

Gellius (Alessandro Breda)
calle Pretoria 6 – ✆ 04 22 71 35 77 – www.ristorantegellius.it – Chiuso 2 settimane tra gennaio e febbraio, 15 giorni in luglio, domenica sera e lunedì
Rist – Menu 60/90 € – Carta 60/108 €
Rist *Nyù* – *(chiuso lunedì, anche domenica sera in estate)* Carta 29/55 €
→ Scampi impanati con focaccia al nero, crema di patate affumicate. Anatra al torchio "Gellius". Mascarpone, fragole e argento.
Metà ristorante, metà museo: fra resti archeologici - in un ambiente decisamente unico - cucina moderna ed elaborata, le presentazioni sono curate quanto la scelta dei prodotti. Stessa atmosfera intrigante al bistrot Nyù, che propone piatti più semplici - express made - alla piastra.

OFFIDA – Ascoli Piceno (AP) – 563 N23 – 5 277 ab. – alt. 293 m – ✉ 63035 Italia Centro-Nord 21 D3

Roma 243 – Ascoli Piceno 29 – Ancona 102 – L'Aquila 129

verso San Benedetto del Tronto e Castorano Est : 6 km:

Agriturismo Nascondiglio di Bacco senza rist
contrada Ciafone 97 - San Filippo – ✆ 07 36 88 95 37 – www.nascondigliodibacco.it – Chiuso gennaio e novembre
7 cam – 65/75 € 75/85 €
In posizione isolata, immersa nella campagna marchigiana, una vecchia cascina ristrutturata offre confortevoli camere in stile rustico realizzate tra travi a vista e mattoni.

OLBIA Sardegna – Olbia-Tempio (OT) – 366 S38 – 56 066 ab. – ✉ 07026 Sardegna 28 B1

Cagliari 268 – Nuoro 102 – Sassari 103

della Costa Smeralda Sud-Ovest: 4 km ✆ 0789 563444

da Golfo Aranci per Livorno – Sardinia Ferries, call center 199 400 500

per Civitavecchia e Genova – Tirrenia Navigazione, call center 892 123

via Nanni 39, ✆ 0789 55 77 32, www.olbiatempioturismo.it

Piante pagine seguenti

Martini senza rist
via D'Annunzio, 22 – ✆ 0 78 92 60 66 – www.hotelmartiniolbia.it AY**a**
70 cam – 81/91 € 130/150 €
Cenni d'insospettabile eleganza all'interno di un grande complesso commerciale affacciato sul porto romano. Chiedete le camere che danno sul retro (sono le più tranquille) e non ripartite senza aver fatto un salto nel nuovissimo wellness center.

Doubletree by Hilton Olbia
via Isarco 5 – ✆ 07 89 55 61 – www.hoteldbtolbia.com
111 cam – 65/90 € 80/120 € – 13 suites AY**b**
Rist – Carta 43/100 € (+10 %)
Un grande lucernario al centro di questa struttura ottagonale illumina la sottostante hall e gli spazi comuni: interni moderni e raffinati in stile minimal-chic e camere essenziali, ma non prive di confort.

Stella 2000
viale Aldo Moro 70 – ✆ 0 78 95 14 56 – www.hotelstella2000.it AY**c**
31 cam – 30/70 € 50/110 € **Rist** – Carta 17/40 €
Scelta soprattutto da una clientela commerciale, è una piccola accogliente risorsa di buon gusto e dagli interni raffinati caratterizzati da piacevoli tonalità di colore.

Panorama senza rist
via Mazzini 7 – ✆ 0 78 92 66 56 – www.hotelpanoramaolbia.it AZ**a**
34 cam – 60/120 € 70/150 €
Nel centro storico, camere spaziose, materiali di pregio e bagni in marmo sono i punti di forza dell'albergo, insieme ad una terrazza con sdraio prendisole e vista a 360° su Olbia.

Locanda Conte Mameli senza rist
via delle Terme 8 – ✆ 0 78 92 30 08 – www.lalocandadelcontemameli.com
8 cam – 60/144 € 80/144 € AZ**b**
A pochi passi dall'elegante e commerciale corso Umberto, siamo in un aristocratico palazzo ottocentesco dai raffinati interni, mix di arredi d'epoca e spunti moderni; nella sala della prima colazione i resti di un acquedotto romano.

Cavour senza rist
via Cavour 22 – ✆ 07 89 20 40 33 – www.cavourhotel.it AZ**c**
21 cam – 50/65 € 75/90 €
Dall'elegante ristrutturazione di un edificio d'epoca del centro storico è nato un hotel dai sobri interni rilassanti, arredati con gusto; parcheggio e piccolo solarium.

Gallura
corso Umberto 145 – ✆ 0 78 92 46 48
– Chiuso 20 dicembre-6 gennaio, 15-30 ottobre e lunedì AZ**q**
Rist – Carta 57/72 €
Un ristorante dagli ambienti demodé, dove un'effervescente cuoca reinventa la cucina sarda caricandola di colori, aromi, spezie, in uno straordinario carosello di antipasti e zuppe.

sulla strada Panoramica Olbia-Golfo Aranci per ②

Geovillage rist,
Geovillage – ✆ 07 89 55 40 00 – www.geovillage.it
255 cam – 50/210 € 60/350 € **Rist** – Menu 20/80 €
Una struttura imponente circondata dal mare, realizzata in stile moderno e funzionale, dispone di ampie camere eleganti e di un'originale e ombreggiata piscina con pool-bar. Al ristorante vengono proposti interessanti percorsi gastronomici nei quali la tradizione isolana incontra la cucina internazionale.

Pozzo Sacro cam,
strada panoramica Olbia-Golfo Aranci, Nord-Est: 4 km – ✆ 0 78 95 78 55
– www.hotelpozzosacro.com – Aperto 1° aprile-31 ottobre
48 cam – 79/230 € 112/230 € **Rist** – Carta 29/77 €
In posizione leggermente rialzata sulla costa, l'albergo brilla per i generosi spazi delle camere, tutte tinteggiate in colori pastello e con vista sul golfo di Olbia.

A
Y
Z
PALAZZETTO DELLO SPORT
CITTADELLA SPORTIVA
FAUSTO NOCE
PORTO ROMANO
TEMPIO PAUSANIA
S 127
S 125: NUORO
S 199: SASSARI
Via Vignola
Via Luigi Poletti
V. A. Da Canosa
V. A. Da Campione
Viale Aldo Moro
Via Donatello
Via A. Sangallo
Via A. Gramsci
Via Giacomo Veronese
Via L. Ghiberti
V. A. Antonelli
V. G. L. Bernini
Via L. Da Vinci
Via A. Volta
Via L. Galvani
Rio San Nicola
Canale Zozo
Via Leoncavallo
Via Fausto Noce
Via Barcellona
V. Bgt. Sassari
Via Umbria
Corso Vittorio Veneto
Via Gennargentu
V. S. Fera
G. D'Annunzio
V. Rimini
Via d. Terme
Corso Umberto I
Via G. Mameli
Acquedotto
Regina Elena
Via Genova
Via Roma
Via Oglìastra
Via Barbagia
Via Tasso
Via A. Manzoni
POL

OLBIA

Acquedotto Romano (V.)	AZ	2
Acquedotto (V.)	AZ	
Annunzio (V. G. D')	AZ	
Antonelli (V. A.)	AY	
Barbagia (V.)	AZ	
Barcellona (V.)	AZ	
Bernini (V. G. L.)	AY	
Bgt. Sassari (V.)	AZ	
Campione (V. A. Da.)	AY	
Canosa (V. A. Da)	AY	
Crispi (Pza)	AZ	3
Donatello (V.)	AY	
Emanuele II (Cso V.)	AZ	4
Euclide (V.)	AY	5
Fabriano (V. G. Da)	AY	6
Fera (V. S.)	AZ	
Filippi (V. De)	AZ	7
Galvani (V. L.)	AY	
Garibaldi (V.)	AZ	9
Gennargentu (V.)	AZ	
Genova (V.)	AZ	
Ghiberti (V. L.)	AY	
Gramsci (V. A.)	AY	
Isola Bianca (Viale)	BZ	
Leoncavallo (V.)	AZ	
Lidi (V. dei)	BY	
Mameli (V. G.)	AZ	
Manzoni (V. A.)	AZ	
Marche (V.)	AZ	10
Moro (Viale Aldo)	AY	
Nanni (V. A.)	AZ	
Noce (V. F.)	AZ	
Ogliastra (V.)	AZ	
Pala (V. G.)	AZ	13
Piro (V. C.)	AZ	14
Poletti (V. L.)	AY	
Porto Romano (V.)	AZ	15
Principe Umberto (Cso)	ABZ	17
Quirra (V.)	AZ	18
Regina Elena (V.)	AZ	
Rimini (V.)	AZ	
Roma (V.)	AY	
Sangallo (V. A.)	AY	
Sassari (V.)	AZ	21
S. Simplicio (V.)	AZ	20
Tasso (V.)	AZ	
Terme (V. delle)	AZ	
Umberto I (Cso)	AZ	
Umbria (V.)	AZ	
Veronese (V. G.)	AY	
Vignola (V.)	AY	
Vinci (V. L. Da)	AY	
Vittorio Veneto (Cso)	AZ	
Volta (V. A.)	AY	

Pellicano d'Oro rist,
via Mar Adriatico 34, località Pittulongu, Nord-Est : 7 km – 0 78 93 90 94 – www.hotelpellicanodoro.it – Aperto 1° maggio-31 ottobre
71 cam – 145/255 € 200/390 € – 1 suite **Rist** – Carta 33/60 €
Il verde del giardino e il turchese del mare circondano questa bella risorsa divisa in due strutture: la "neonata" con ambienti piu moderni e rotonda piscina in terrazza. Camere confortevoli in entrambe le costruzioni. Al ristorante oltre al menu degustazione, la carta offre specilità locali e di mare.

Stefania
località Pittulongu, Nord-Est : 6 km – 0 78 93 90 27 – www.stefaniahotel.it – Aperto 1° aprile-31 ottobre
39 cam – 85/210 € 110/260 €
Rist *Nino's* – vedere selezione ristoranti
Non lontano dal mare, in una grande baia di fronte all'isola di Tavolara, struttura di taglio moderno con giardino, piscina panoramica e camere di buona ampiezza.

Nino's – Hotel Stefania
località Pittulongu, Nord-Est : 6 km – 0 78 93 90 27 – www.stefaniahotel.it – Aperto 1° aprile-31 ottobre
Rist – Menu 25/80 € – Carta 36/114 €
In un'oasi di pace e tranquillità, circondati da colori mediterranei, questo ristorante vi farà sentire ancor più in vacanza: buon pesce di "lenza", ottimi vini e cortesia.

sulla strada statale 125 Sud-Est : 10 km

Ollastu
località Costa Corallina ✉ 07026 Olbia – 0 78 93 67 44 – www.ollastu.it – Aperto 1° marzo-31 ottobre
54 cam – 100/260 € 140/360 € – 2 suites **Rist** – Carta 44/185 €
In posizione panoramica sovrastante il promontorio, una costruzione in stile mediterraneo ospita ampi ambienti di moderna eleganza, piscina, campi da tennis e da calcetto. Nelle caratteristiche sale ristorante, un menù alla carta per gustare i sapori della tradizione regionale.

Jazz Hotel
Via degli Astronauti 2 ✉ 07026 Olbia – 07 89 65 10 00 – www.jazzhotel.it
72 cam – 59/199 € 64/199 € – 3 suites
Rist *Bacchus* – 07 89 65 10 10 *(Chiuso domenica in ottobre-maggio)*
Carta 25/61 €
Sono carinissime, spaziose e ben insonorizzate, le camere di questa moderna risorsa che, grazie al suo ampio parcheggio e alle moderne installazioni, risulta particolarmente adatta ad una clientela business.

a Porto Rotondo per ① : 15,5 km – ✉ 07020

Sporting cam, rist,
via Clelia Donà dalle Rose 16 – 0 78 93 40 05 – www.sportingportorotondo.com – Aperto 20 aprile-4 ottobre
47 cam – 270/969 € 300/1190 € – 1 suite **Rist** – Carta 65/120 €
Cuore della mondanità, un elegante villaggio mediterraneo con camere simili a villette affiancate, affacciate sul giardino o splendidamente proiettati sulla spiaggetta privata. In sala e soprattutto in veranda, la tradizione regionale a base di pesce rivisitata con creatività.

S'Astore
via Monte Ladu 36, Sud : 2 km – 0 78 93 00 00 – www.hotelsastore.it – Aperto 1° marzo-31 ottobre
30 cam – 70/150 € 159/200 € **Rist** – Menu 35/45 €
Ubicato nel verde e nella tranquillità, un caratteristico hotel, piccolo e confortevole, con camere accoglienti arredate con pezzi di artigianato locale, veranda e piscina. Cucina nazionale e locale da assaporare nella calda e particolare sala ristorante.

OLEGGIO CASTELLO – Novara (NO) – 561 E7 – 1 960 ab. – alt. 293 m – ✉ 28040 24 A2

Roma 639 – Stresa 20 – Milano 72 – Novara 43

Luna Hotel Motel Airport senza rist
via Vittorio Veneto 54/c – ✆ 03 22 23 02 57 – www.lunahotelmotel.it
51 cam – †89/180 € ††110/200 €
Sito lungo la strada che conduce al lago, questo hotel di nuova costruzione è ideale per una clientela d'affari ed offre funzionali ambienti arredati con gusto moderno.

Bue D'Oro
via Vittorio Veneto 2 – ✆ 0 32 25 36 24 – Chiuso 1°-10 gennaio, 10 agosto-5 settembre e mercoledì
Rist – Carta 38/58 €
Bel locale a solida gestione familiare, con una sala dall'ambiente rustico-elegante, dove si propongono piatti della tradizione rivisitati e cucina stagionale.

OLEVANO ROMANO – Roma (RM) – 563 Q21 – 6 914 ab. – alt. 571 m – ✉ 00035 13 C2

Roma 60 – Frosinone 46 – L'Aquila 97 – Latina 64

Sora Maria e Arcangelo
via Roma 42 – ✆ 0 69 56 40 43 – www.soramariaearcangelo.com – Chiuso 1°-10 febbraio, 10-30 luglio, lunedì e mercoledì
Rist – Menu 27 € (in settimana)/40 € – Carta 34/47 €
Scendete le scale per raggiungere le sale ricche di atmosfera, situate negli stessi spazi in cui un tempo si trovavano i granai; dalla cucina, piatti da sempre legati alle tradizioni.

OLGIASCA – Lecco (LC) – 561 D9 – Vedere Colico

OLGIATE OLONA – Varese (VA) – 561 F8 – 12 243 ab. – alt. 239 m – ✉ 21057 18 A2

Roma 604 – Milano 32 – Como 35 – Novara 38

Ma.Ri.Na. (Rita Possoni)
piazza San Gregorio 11 – ✆ 03 31 64 04 63 – Chiuso 25 dicembre-5 gennaio, agosto e mercoledì
Rist – *(solo a cena escluso domenica)* Menu 100/120 € – Carta 75/145 €
➜ Gnocchi di ricotta con carciofi, aragosta e tartufo. Scampi con crema di patate, nocciole e foie gras. Gelato al fiordilatte con zabaione al moscato.
Ambiente di sobria eleganza: la cucina di mare predilige la freschezza del pesce in preparazioni semplici e rispettose dei sapori, nonché dei prodotti.

in prossimità uscita autostrada di Busto Arsizio Nord-Ovest : 2 km:

Idea Verde
via San Francesco 17/19 – ✆ 03 31 62 94 87 – www.ristoranteideaverde.eu – Chiuso 26 dicembre-5 gennaio e 8-31 agosto, sabato a pranzo e domenica
Rist – Menu 26/35 € – Carta 33/77 €
Continua a preferire il mare, la cucina di questo allegro locale dalle ampie vetrate, immerso in un tranquillo giardino.

OLIENA Sardegna – Nuoro (NU) – 366 R42 – 7 418 ab. – alt. 379 m – ✉ 08025 ▌Sardegna 28 B2

Cagliari 193 – Nuoro 12 – Olbia 116 – Porto Torres 150

Sorgente Su Gologone★ Nord-Est : 8 km

Sa Corte con cam
via Nuoro 143 – ✆ 0 78 41 87 61 31 – www.sacorte.it – Chiuso 20 gennaio-10 febbraio
10 cam – †50/60 € ††70/80 € **Rist** – Carta 35/50 €
La tradizione gastronomica nuorese è presentata al meglio in questo locale rustico che propone squisite paste, ottime carni e profumati vini sardi. Il nostro piatto preferito? L'agnello al mirto.

Enis con cam

località Monte Maccione, Est : 4 km – ✆ 07 84 28 83 63 – www.coopenis.it
17 cam – 🚹40/50 € 🚹🚹46/80 €
Rist – (consigliata la prenotazione) Menu 19/35 € – Carta 20/41 €
In posizione isolata, circondato dal verde e dalla tranquillità ed ideale per gli amanti delle escursioni in montagna, ristorante-pizzeria con proposte di cucina regionale. Dispone anche di alcune camere semplici ma confortevoli, dalle quali si ha una bella vista sulle cime.

alla sorgente Su Gologone Nord-Est : 8 km :

Su Gologone

✉ 08025 – ✆ 07 84 28 75 12 – www.sugologone.it – Aperto 15 marzo-3 novembre
60 cam – 🚹105/160 € 🚹🚹140/240 € – 8 suites
Rist *Su Gologone* – vedere selezione ristoranti
Su Gologone, trent'anni anni fa un chiosco rivendita di panini e bibite per chi andava al mare, è diventato oggi uno dei migliori alberghi dell'isola senza temere il confronto con i più blasonati della costa Smeralda, ma con un'anima ben più sarda e artistica.

Su Gologone – Hotel Su Gologone

✉ 08025 – ✆ 07 84 28 75 12 – www.sugologone.it – Aperto 15 marzo-3 novembre
Rist – Carta 24/50 €
Tre sale, scegliere la più suggestiva non è facile: quella con immenso camino per assistere alla cottura del celebre porceddu, quella più intima dedicata ad una celebre ceramista, o ancora quella di un pittore sardo. Comunque sia, il ristorante si fa scrupolo di seguire e ricercare la tradizione sarda, ovviamente dell'entroterra.

OLMO – Firenze (FI) – 563 K16 – Vedere Fiesole

OLMO – Perugia (PG) – Vedere Perugia

OME – Brescia (BS) – 561 F12 – 3 273 ab. – alt. 231 m – ✉ 25050 19 D1

Roma 544 – Brescia 17 – Bergamo 45 – Milano 93

Villa Carpino

via Maglio 15, alle terme, Ovest : 2,5 km – ✆ 0 30 65 21 14 – www.villacarpino.com – Chiuso 27 dicembre-6 gennaio, 7-20 agosto e lunedì a cena
Rist – Menu 25/55 €
In una grande villa circondata da un giardino curato, locale a gestione diretta, con eleganti ambienti dallo stile ricercato; cucina con solide radici nel territorio.

ONEGLIA – Imperia (IM) – 561 K6 – Vedere Imperia

OPERA – Milano (MI) – 561 F9 – 13 840 ab. – alt. 101 m – ✉ 20090 18 B2

Roma 567 – Milano 14 – Novara 62 – Pavia 24

Le Rovedine via Marx 18, 02 57606420, www.rovedine.com – chiuso lunedì

a Noverasco Nord : 2 km – ✉ 20090 Opera

Sporting

via Sporting Mirasole 56 – ✆ 0 25 76 80 31 – www.hotelsportingmilano.com
80 cam – 🚹65/280 € 🚹🚹85/300 € **Rist** – *(solo per alloggiati)* Carta 24/43 €
Alle porte di Milano, compatta struttura a vocazione congressuale, da poco rinnovata; confortevoli spazi comuni e camere, comodo servizio navetta per il centro città. Sala ristorante adatta alle necessità della clientela congressuale e individuale.

OPI – L'Aquila (AQ) – 563 Q23 – 441 ab. – alt. 1 250 m – ✉ 67030 1 B3

Roma 186 – Campobasso 113 – Frosinone 119 – Isernia 63

lungo la Strada Statale 83, al bivio per Forca D'Acero Sud : 1 km:

La Madonnina

Via Forca D'Acero – ✆ 08 63 91 27 14 – Chiuso lunedì

Rist – Menu 15/40 €

Ai piedi di Opi, bar-trattoria a gestione familiare specializzato in carni alla griglia, in primis l'agnello, ma con un'appetitosa selezione di salumi, formaggi e paste fresche in lista.

OPICINA – Trieste (TS) – 562 E23 – alt. 348 m – ✉ 34151 Italia 11 D3

Roma 664 – Udine 64 – Gorizia 40 – Milano 403

≤★★ su Trieste e il golfo

Grotta Gigante★ Nord-Ovest : 3 km

Nuovo Hotel Daneu senza rist

strada per Vienna 55 – ✆ 0 40 21 42 14 – www.hoteldaneu.com

26 cam – †80/100 € ††100/120 €

Alle porte del paese - in direzione del confine - questa comoda struttura di taglio contemporaneo è il punto di partenza ideale per spostarsi nei dintorni. Confortevoli camere e zona sportiva dotata di piscina, sauna e bagno turco.

OPPEANO – Verona (VR) – 562 G15 – 9 446 ab. – ✉ 37050 39 B3

Roma 516 – Venezia 136 – Verona 29 – Vicenza 71

Il Chiostro senza rist

via Roma 85 – ✆ 04 56 97 08 68 – www.hotelilchiostro.it

27 cam – †55/65 € ††83 €

Nel centro della località, fiori, stucchi e persino una fontana decorano il bel chiostro secentesco da cui l'hotel prende il nome e che conduce direttamente alle camere, arredate in calde e morbide tonalità. Accogliente la sala da pranzo e suggestivo il terrazzo costeggiato da un fossato naturale.

ORA (AUER) – Bolzano (BZ) – 562 C15 – 3 537 ab. – alt. 242 m – ✉ 39040 34 D3

Roma 617 – Bolzano 20 – Merano 49 – Trento 40

piazza Principale 5, ✆ 0471 81 02 31, www.castelfeder.info

Amadeus

cam, cam,

via Val di Fiemme 1 – ✆ 04 71 81 00 53 – www.hotel-amadeus.it

32 cam – †66/71 € ††90/112 €

Rist – *(aperto 1° aprile-31 ottobre) (solo a cena) (solo per alloggiati)*

Un tipico maso di aspetto decisamente gradevole con camere graziose. In questa risorsa il soggiorno è allietato anche da una gestione familiare particolarmente ospitale. Al ristorante, la cucina classica, accompagnata da vini della zona.

ORBASSANO – Torino (TO) – 561 G4 – 22 345 ab. – alt. 273 m – ✉ 10043 22 A1

Roma 673 – Torino 17 – Cuneo 99 – Milano 162

Pianta d'insieme di Torino

Il Vernetto

via Nazario Sauro 37 – ✆ 01 19 01 55 62 – www.ilvernetto.it – Chiuso agosto, domenica sera e lunedì 1EUe

Rist – Menu 40/55 €

Sembra un salotto caldo e accogliente questo locale familiare ed elegante con soffitti affrescati e mobili in stile; così come i vini, il patron presenta a voce una cucina fantasiosa.

ORBETELLO – Grosseto (GR) – 563 O15 – 15 246 ab. – ✉ 58015 32 C3

Toscana

Roma 152 – Grosseto 44 – Civitavecchia 76 – Firenze 183

piazza della Repubblica, ✆ 0564 86 04 47, www.lamaremma.info

Relais San Biagio senza rist

via Dante 40 – ✆ 05 64 86 05 43 – www.sanbiagiorelais.com

41 cam – 125/210 € 160/230 € – 8 suites

In un antico palazzo nobiliare del centro, un incantevole albergo recentemente rinnovato con interni signorili e spaziosi dotati di rifiniture di tono moderno. Le camere non smentiscono la signorilità della struttura.

sulla strada statale 1 - via Aurelia Est : 7 km :

XX **Locanda di Ansedonia** con cam

rist,

via Aurelia km 140,500 ✉ 58016 Orbetello Scalo – ✆ 05 64 88 13 17 – www.lalocandadiansedonia.it – Chiuso 2 settimane in febbraio e 2 settimane in novembre

12 cam – 85 € 130 €

Rist – *(chiuso martedì escluso luglio-agosto)* Carta 31/48 €

Vecchia trattoria riadattata, con grazioso giardino e camere arredate con mobili d'epoca; proposte di cucina di mare e maremmana, servite in una sala di discreta eleganza.

ORIAGO – Venezia (VE) – 562 F18 – Vedere Mira

ORISTANO Sardegna P (OR) – 366 M44 – 32 015 ab. – ✉ 09170 28 A2

Sardegna

Alghero 137 – Cagliari 95 – Iglesias 107 – Nuoro 92

piazza Eleonora 19, ✆ 0783 3 68 32 10, www.provincia.or.it

Opere d'arte★ nella chiesa di San Francesco

Basilica di Santa Giusta★ Sud : 3 km - Tharros★

Mistral 2

rist, rist,

via XX Settembre 34 – ✆ 07 83 21 03 89 – www.hotel-mistral.it

132 cam – 76 € 90/110 € – 6 suites

Rist – Menu 20/40 € – Carta 27/63 €

Non lontano dal centro, hotel di contemporanea fattura con ambienti sobri e funzionali adatti ad una clientela di lavoro. Al ristorante ampi spazi adatti anche per banchetti.

ORMEA – Cuneo (CN) – 561 J5 – 1 783 ab. – alt. 736 m – Sport invernali : 750/1 600 m – ✉ 12078 23 C3

Roma 626 – Cuneo 80 – Imperia 45 – Milano 250

via Roma 3, ✆ 0174 39 21 57, www.regione.piemonte.it

sulla strada statale 28 verso Ponte di Nava Sud-Ovest : 4,5 km :

San Carlo

via Nazionale 23 ✉ 12078 Ormea – ✆ 01 74 39 99 17 – www.albergosancarlo.com – Aperto 25 febbraio-30 settembre

36 cam – 47/60 € 80 €

Rist ***San Carlo*** – vedere selezione ristoranti

In posizione panoramica, al centro di una riserva di pesca privata, atmosfera informale e camere spaziose.

X **San Carlo** – Hotel San Carlo

via Nazionale 23 ✉ 12078 Ormea – ✆ 01 74 39 99 17 – www.albergosancarlo.com – Aperto 25 febbraio-30 settembre

Rist – Carta 23/45 €

Non solo ospitalità alberghiera, i clienti si prendono anche per la gola! Una lezione che i proprietari, Renzo e Suzanne, hanno ormai capito da anni: in un'ampia sala, la cucina abbraccia due regioni - Liguria e Piemonte - in una panoplia di piatti gustosi e genuini.

a Ponte di Nava Sud-Ovest : 6 km – ✉ 12078

Ponte di Nava-da Beppe con cam
via Nazionale 32 – ✆ 01 74 39 99 24 – www.albergopontedinava.ormea.eu – Chiuso 23 gennaio-15 marzo
15 cam – 60/70 € 60/70 € **Rist** – *(chiuso mercoledì)* Carta 19/53 €
Il menu riflette l'ambiguità territoriale in cui sorge Ponte di Nava, fondendo le tradizioni langarole con quelle dell'entroterra ligure. Ecco allora che dalla cucina giungono funghi e tartufi, bagna caoda, cacciagione, nonché le nostre preferite: lasagne di grano saraceno all'ormeasca con patate, Castelmagno e rape (in stagione).

ORNAGO – Monza e Brianza (MB) – 561 E10 – 4 670 ab. – alt. 193 m – ✉ 20060 18 B2

Roma 610 – Bergamo 22 – Milano 30 – Lecco 31

Osteria della Buona Condotta
via per Cavenago 2 – ✆ 03 96 91 90 56 – www.osteriadellabuonacondotta.it – Chiuso domenica sera e lunedì a mezzogiorno
Rist – Carta 34/65 €
Un cascinale d'inizio '900, sapientemente ristrutturato, ospita questo piacevole ristorante che propone una cucina d'impronta regionale. Pregevole e vasta cantina, ottima varietà di formaggi, antipasti e piatti di carne.

OROSEI Sardegna – Nuoro (NU) – 366 T41 – 6 904 ab. – alt. 19 m – ✉ 08028 Sardegna 28 B2

Dorgali 18 – Nuoro 40 – Olbia 93

Su Barchile con cam
via Mannu 5 – ✆ 0 78 49 88 79 – www.subarchile.it
12 cam – 60/80 € 90/110 € **Rist** – Carta 31/102 €
Nella cornice della costa sarda, grazioso ristorante arredato con piacevole gusto femminile, fedele ai colori locali. Piatti derivati dalla tradizione agropastorale dell'isola, ma anche qualche ricetta di pesce.

ORTACESUS Sardegna – Cagliari (CA) – 366 P46 – 933 ab. – ✉ 09040 28 B3

Roma 589 – Cagliari 44 – Quartu Sant' Elena 47 – Selargius 45
via Giovanni XXIII, ✆ 070 9 80 42 00, www.cagliari.goturismo.it

Da Severino "Il Vecchio" con cam
via Kennedy 1 – ✆ 07 09 80 41 97 – www.daseverinoilvecchio.com
26 cam – 35/60 € 55/80 € **Rist** – *(chiuso lunedì)* Carta 26/94 €
Un'intera famiglia ruota intorno al successo di questo ristorante all'ingresso del paese; diversi piatti di carne ma la brillante nomea è stata costruita intorno al pesce. Avvolte dalla medesima familiare atmosfera, confortevoli e semplici camere ben arredate.

ORTA SAN GIULIO – Novara (NO) – 561 E7 – 1 167 ab. – alt. 294 m – ✉ 28016 24 A2

Roma 661 – Stresa 28 – Biella 58 – Domodossola 48
via Panoramica 2, ✆ 0322 90 51 63, www.distrettolaghi.it
Lago d'Orta★★ – Palazzotto★ – Sacro Monte d'Orta★
Isola di San Giulio★★ : ambone★ nella chiesa - Madonna del Sasso★★

San Rocco
via Gippini 11 – ✆ 03 22 91 19 77 – www.hotelsanrocco.it
78 cam – 145/210 € 173/352 € – 2 suites
Rist ***Teatro Magico*** – vedere selezione ristoranti
In un ex monastero del '600 e villa barocca della prima metà del '700, esclusivo albergo con vista sull'isola di San Giulio. La posizione è idilliaca, gli interni signorili non sono da meno; amena terrazza fiorita in riva al lago con piscina.

Villa Crespi

via Fava 18, Est : 1,5 km – ✆ 03 22 91 19 02 – www.villacrespi.it – Chiuso gennaio-febbraio

14 cam – 200/300 € 250/350 € – 8 suites

Rist ***Villa Crespi*** ✿✿ – vedere selezione ristoranti

Stregato dalla bellezza di Baghdad, C.B. Crespi fece costruire nel 1879 questa villa in stile moresco, immersa in un parco degradante verso il lago. Oggi, bellezza del passato e fascino d'Oriente si alleano con i più sofisticati confort per un soggiorno da favola.

La Bussola

cam, rist,

via Panoramica 24 – ✆ 03 22 91 19 13 – www.hotelbussolaorta.it – Chiuso novembre

42 cam – 90/120 € 130/170 € – 2 suites

Rist – *(aperto 1° aprile-31ottobre)* Carta 34/55 €

A ridosso del centro in posizione elevata, un hotel dall'atmosfera vacanziera con una bella vista sul lago e sull'isola di San Giulio. Camere recenti, bella piscina. La sala ristorante si apre sulla terrazza e sul panorama.

La Contrada dei Monti senza rist

via dei Monti 10 – ✆ 03 22 90 51 14 – www.lacontradadeimonti.it – Chiuso gennaio

17 cam – 90/100 € 110/160 €

Affascinante risorsa, ricca di stile e cura per i dettagli. Un nido ideale per soggiorni romantici dove si viene accolti con cordialità familiare e coccolati dal buon gusto.

Aracoeli senza rist

piazza Motta 34 – ✆ 03 22 90 51 73 – www.ortainfo.com – Chiuso 15 novembre-20 dicembre

7 cam – 75/110 € 90/155 €

Arredi moderni di tono minimalista in questo piccolo e originale hotel. Ottima illuminazione naturale degli ambienti e bagni con particolari docce "a vista".

XXXX ✿✿ **Villa Crespi** (Antonino Cannavacciuolo) – Hotel Villa Crespi

via Fava 18, Est : 1,5 km – ✆ 03 22 91 19 02 – www.villacrespi.it – Chiuso gennaio, febbraio, lunedì, martedì a mezzogiorno, anche martedì sera nei mesi di marzo, novembre e dicembre

Rist – Menu 98/150 € – Carta 85/210 € ✿

→ Ravioli: cozze, aglio dolce, conserva di pomodoro San Marzano. Suprema di piccione, fegato grasso al cacao, asparagi e salsa al Banyuls. Dolce al cioccolato.

Villa ottocentesca in stile moresco in riva al lago, il moltiplicarsi di stucchi e decorazioni è pari solo all'effervescente cucina dell'energico cuoco napoletano: tecnica, colori e sapori.

XXX **Teatro Magico** – Hotel San Rocco

via Gippini 11 – ✆ 03 22 91 19 77 – www.hotelsanrocco.it

Rist – Carta 52/76 €

In una fra le cornici più romantiche e suggestive del lago, un'elegante sala dove godere di una bella vista sulla pittoresca isola di San Giulio: cucina creativa, relax e charme sulla terrazza estiva a bordo lago.

XX **Locanda di Orta** (N) con cam

via Olina 18 – ✆ 03 22 90 51 88 – www.locandaorta.com – Chiuso gennaio

9 cam – 60 € 70/80 €

Rist – (consigliata la prenotazione) Carta 40/53 €

Affacciata su una romantica piazzetta a pochi passi dal lago, l'antica locanda ottocentesca sorprende i clienti con una cucina giovane, stimolante e creativa.

X **Ai Due Santi**

piazza Motta 18 – ✆ 0 32 29 01 92 – Chiuso 16-24 febbraio, novembre e mercoledì

Rist – Carta 26/56 €

Un bel dehors sulla suggestiva piazzetta davanti all'imbarcadero per l'isola di San Giulio e due caratteristiche salette in sasso per una cucina mediterranea in sintonia con le stagioni.

ORTE – Viterbo (VT) – **563** O19 – 9 069 ab. – alt. 132 m – ✉ 01028 **12** B1

Roma 88 – Terni 33 – Perugia 103 – Viterbo 35

La Locanda della Chiocciola

cam,

località Seripola, Nord-Ovest : 4 km – ✆ 07 61 40 27 34 – *www.lachiocciola.net* – *Chiuso 17 dicembre-10 febbraio*

8 cam – †90/100 € ††140/160 €

Rist – *(aperto venerdì sera, domenica a pranzo e sabato; tutte le sere in maggio-settembre su prenotazione)* Carta 27/52 €

Tra verdi colline, un casale del XV sec ospita camere raffinate ed eleganti, arredate con mobili di antiquariato. La bella vallata è lo spettacolo offerto dall'intimo centro benessere, che propone diversi trattamenti. Cucina casalinga servita in una bella sala da pranzo, impreziosita da un camino del XVI secolo.

ORTISEI (ST. ULRICH) – Bolzano (BZ) – **562** C17 – 4 636 ab. **34** C2

– alt. 1 234 m – Sport invernali : della Val Gardena : 1 236/2 518 m 10 75 (Comprensorio Dolomiti superski Val Gardena), – Stazione termale – ✉ 39046

Italia Centro-Nord

Roma 677 – Bolzano 36 – Bressanone 32 – Cortina d'Ampezzo 79

via Rezia 1, ✆ 0471 77 76 00, www.valgardena.it

Val Gardena★★★ per la strada S 242 – Alpe di Siusi★★ per funivia

Gardena-Grödnerhof

strada Vidalong 3 – ✆ 04 71 79 63 15 – *www.gardena.it* – *Aperto 4 dicembre-1° aprile e 2 giugno-12 ottobre*

51 cam – †155/593 € ††238/658 € – 5 suites

Rist *Anna Stuben* – vedere selezione ristoranti

Rist – *(solo per alloggiati)* Carta 33/72 €

Una struttura ampia e capiente con numerosi spazi ben strutturati e ben arredati a disposizione dei propri ospiti, tra cui spicca il nuovo centro benessere. Ottimo confort.

Adler Dolomiti & Adler Balance

cam,

via Rezia 7 – ✆ 04 71 77 50 01 – *www.adler-resorts.com* – *Chiuso 15 aprile-15 maggio*

130 cam – †184/410 € ††322/712 € – 9 suites **Rist** – *(solo per alloggiati)*

Cinto da un grazioso parco, questo storico hotel nel cuore di Ortisei offre ambienti eleganti in stile montano. Adler Balance è il "fratello" aperto pochi anni fa, di dimensioni più contenute ospita anche una medical Spa. L'ampio e completo centro benessere è a disposizione di entrambi le strutture, ma ognuna di esse ha il suo ristorante: ampio per l'Adler, più intimo al Balance.

Alpin Garden

rist,

via J. Skasa 68 – ✆ 04 71 79 60 21 – *www.alpingarden.com* – *Chiuso 5-30 novembre*

32 cam – †150/500 € ††190/500 € – 5 suites

Rist – *(chiuso lunedì e martedì) (solo a cena)* Carta 35/85 €

Nato come garni, oggi è un lussuoso hotel dal côté modaiolo, dove farsi coccolare: luogo d'elezione è sicuramente il bel centro benessere con molti trattamenti pensati ad hoc per le coppie.

Angelo-Engel

via Petlin 35 – ✆ 04 71 79 63 36 – *www.hotelangelo.net* – *Chiuso novembre*

32 cam – solo ½ P 88/180 € – 6 suites **Rist** – *(solo a cena)* Menu 28/35 €

Completamente ristrutturato quest'hotel, con accesso diretto alla via pedonale del centro. Nuova e completa zona benessere, così come nuovi sono gli arredi delle camere.

Genziana-Enzian

via Rezia 111 – ✆ 04 71 79 62 46 – *www.hotelgenziana.it* – *Aperto 6 dicembre-2 aprile e 29 maggio-13 ottobre*

54 cam – †96/237 € ††146/432 € – 1 suite **Rist** – Carta 30/66 €

Solida gestione familiare per questa bella struttura di tonalità azzurra, in pieno centro. Piacevoli e ampi spazi comuni, zona fitness in stile pompeiano, camere ben arredate. Finestre abbellite da tendaggi importanti, nella sala da pranzo di taglio moderno.

Alpenhotel Rainell

strada Vidalong 19 – ✆ 04 71 79 61 45 – www.rainell.com
– Aperto 20 dicembre-Pasqua e 15 giugno-15 ottobre
27 cam – 50/135 € 90/240 € – 2 suites
Rist – *(solo a cena) (solo per alloggiati)*
Circondato da un ampio giardino, l'albergo si trova in posizione isolata e vanta una splendida vista su Ortisei e sulle Dolomiti, interni caratteristici e camere confortevoli. Piatti regionali, un soffitto in legno lavorato ed ampie finestre che si affacciano sul paese caratterizzano la sala ristorante.

Grien

via Mureda 178, Ovest : 1 km – ✆ 04 71 79 63 40 – www.hotel-grien.com
– Chiuso 15 aprile-25 maggio e novembre
25 cam – 96/261 € 152/276 € – 4 suites
Rist – (consigliata la prenotazione) Carta 30/63 €
Nella quiete della zona residenziale, struttura circondata dal verde, da cui si gode una superba vista del Gruppo Sella e di Sassolungo; accogliente ambiente tirolese. Il panorama è la chicca anche della sala ristorante.

Hell

via Promeneda 3 – ✆ 04 71 79 67 85 – www.hotelhell.it
– Aperto 15 dicembre-15 aprile e 15 giugno-15 ottobre
28 cam – 68/178 € 106/210 € – 2 suites
Rist – *(solo per alloggiati)* Menu 21 €
Nei pressi di una pista da sci per bimbi e principianti, albergo in tipico stile locale d'ispirazione contemporanea, abbellito da un ameno giardino; camere confortevoli.

Digon

via Digon 22 – ✆ 04 71 79 72 66 – www.hoteldigon.com
– Aperto 1° dicembre-14 aprile e 25 maggio-14 ottobre
17 cam – 42/85 € 84/170 € – 4 suites
Rist – *(solo a cena) (solo per alloggiati)* Menu 18 €
Lungo la strada che porta a Bulla, piccola casa a gestione familiare con ambienti in arioso stile montano e camere confortevoli, più o meno grandi. Ristorante classico, ma carta dei vini e dei distillati tutt'altro che scontata.

Villa Park senza rist

via Rezia 222 – ✆ 04 71 79 69 11 – www.hotelvillapark.com
– Chiuso novembre e maggio
20 cam – 80/180 € – 3 suites
Nel cuore della località, albergo con gradevoli interni illuminati da grandi vetrate; camere confortevoli, alcune dotate anche di angolo cottura.

Ronce

via Ronce 1, Sud : 1 km – ✆ 04 71 79 63 83 – www.hotelronce.com
– Aperto 25 dicembre-Pasqua e 15 giugno-15 ottobre
26 cam – solo ½ P 100/220 € – 1 suite **Rist** – *(solo per alloggiati)*
Appagherà i vostri occhi la splendida veduta di Ortisei e dei monti e il vostro spirito la posizione isolata di questa struttura; all'interno, piacevole semplicità.

Fortuna senza rist

via Stazione 11 – ✆ 04 71 79 79 78 – www.hotel-fortuna.it
– Chiuso 5-30 novembre
15 cam – 55/110 € 78/170 €
In prossimità del centro, piccolo hotel a valida conduzione diretta: ambienti arredati in modo semplice ed essenziale, secondo lo stile del luogo. Particolarmente belle le camere mansardate.

Cosmea

via Setil 1 – ✆ 04 71 79 64 64 – www.hotelcosmea.it
– Chiuso 18 ottobre-5 dicembre
24 cam – 60/130 € 120/240 € **Rist** – *(solo a cena)* Carta 21/46 €
Nei pressi del centro, hotel a gestione diretta con spazi comuni dai colori piacevoli e dagli arredi essenziali. Camere d'ispirazione contemporanea. Divanetti a muro e graziosi lampadari in sala da pranzo, cucina regionale in menu.

Villa Luise

via Grohmann 43 – 04 71 79 64 98 – www.villaluise.com
– Aperto 15 dicembre-20 aprile e 1° luglio-20 ottobre
13 cam – 116/210 € **Rist** – *(solo per alloggiati)* Menu 17 €
Cordiale e simpatica accoglienza in questa pensione familiare all'interno di una piccola casa di montagna; ambiente alla buona e camere in stile lineare, ben tenute.

Anna Stuben – Hotel Gardena-Grödnerhof

strada Vidalong 3 – 04 71 79 63 15 – www.annastuben.it
– Aperto 4 dicembre-1° aprile e 2 giugno-12 ottobre; chiuso domenica
Rist – *(solo a cena)* (prenotare) Menu 69/95 € – Carta 55/102 €
➜ Salmerino su insalata di finocchi, misticanza di erbe aromatiche e polvere di lupini. Ravioli ripieni di sedano rapa con finferli e salsa al timo. Schmarren (omelette dolce) di grano saraceno con mirtilli neri e gelato al ginepro.
Appuntamento in uno dei ristoranti più romantici delle Dolomiti, si cena in una bomboniera di legno fra trofei di caccia e stufe in maiolica; la cucina ricorre ampiamente ai prodotti montani, ma si destreggia con abilità anche tra altre ricette e prodotti italiani.

Concordia

via Roma 41 – 04 71 79 62 76 – www.restaurantconcordia.com
– Chiuso maggio e novembre
Rist – Carta 29/55 €
Conduzione e ambiente familiare e linea gastronomica legata al territorio in un ristorante poco distante dal centro, al secondo piano di un edificio privato.

Tubladel

via Trebinger 22 – 04 71 79 68 79 – www.tubladel.com
– Chiuso maggio e novembre
Rist – (consigliata la prenotazione la sera) Carta 32/74 €
Rivestimenti in legno e rusticità in un caratteristico ristorante, la cui cucina non può che cavalcare la tradizione enogastronomica locale. Ma la carta dei vini mette a disposizione le proprie pagine anche per altre etichette nazionali.

a Bulla (Pufels) **Sud-Ovest : 6 km – alt. 1 481 m – ✉ 39040 Ortisei**

Uhrerhof-Deur

Bulla 26 – 04 71 79 73 35 – www.uhrerhof.com
– Chiuso 6-30 aprile e 14 ottobre-22 dicembre
10 cam – solo ½ P 95/140 € – 4 suites **Rist** – *(solo a cena) (solo per alloggiati)*
Una cornice di monti maestosi e una grande casa di cui vi innamorerete subito: calore e tranquillità, romantici arredi, nonché un rosarium con più di 5000 rose di 120 varietà.

Sporthotel Platz

Località Bulla 12 – 04 71 79 69 35 – www.sporthotelplatz.com
– Aperto 1° dicembre-31 marzo e 1° giugno-30 settembre
22 cam – 50/80 € 100/160 € **Rist** – Carta 25/61 €
Un angolo di quiete in un paesino fuori Ortisei: un hotel dall'ambiente familiare in posizione panoramica, immerso nella natura; caldo legno negli interni in stile alpino. Accogliente atmosfera e tipici arredi montani nella sala ristorante.

ORTONA – Chieti (CH) – 563 O25 – 23 911 ab. – ✉ 66026 2 C2

Roma 227 – Pescara 20 – L'Aquila 126 – Campobasso 139
piazza della Repubblica 9, 085 9 06 38 41, www.abruzzoturismo.it

Ideale senza rist

corso Garibaldi 65 – 08 59 06 60 12 – www.hotel-ideale.it
24 cam – 58/60 € 85/90 €
A pochi metri dalla centrale piazza della Repubblica, un albergo semplice, con camere essenziali: da alcune la vista sul porto e sul mare.

ORVIETO – Terni (TR) – **563** N18 – 21 130 ab. – alt. 325 m – ✉ 05018 **35** B3
Italia Centro-Nord

Roma 121 – Perugia 75 – Viterbo 50 – Arezzo 110

piazza Duomo 24, ✆ 0763 34 17 72, www.comune.orvieto.tr.it

Posizione★★★ – Duomo★★★ – Pozzo di San Patrizio★★ – Palazzo del Popolo★ – Quartiere vecchio★ – Palazzo dei Papi★ **M2** – Collezione etrusca★ nel museo Archeologico Faina **M1**

La Badia

località La Badia 8, per ② – ✆ 07 63 30 19 59 – www.labadiahotel.it – Chiuso gennaio-febbraio

22 cam – †150/270 € ††150/270 € – 5 suites

Rist *La Badia* – vedere selezione ristoranti

Complesso "aristocratico" non solo per la signorile impostazione e i suoi lussuosi spazi, ma in quanto proprietà dei conti Fiumi di Sterpeto (discendenti da Santa Chiara). Il tufo è l'elemento principe: ad esso si accompagnano mobili antichi ed un prezioso affresco della Crocifissione.

Maitani senza rist

via Maitani 5 – ✆ 07 63 34 20 11 – www.hotelmaitani.com – Chiuso 7-31 gennaio

35 cam – †79 € ††130 € – 10 € – 4 suites **n**

Un hotel che è parte della storia della città: ampi spazi comuni dalla piacevole atmosfera un po' démodé, terrazza colazione con bella vista sul Duomo, camere in stile.

Duomo senza rist

vicolo Maurizio 7 – ✆ 07 63 34 18 87 – www.orvietohotelduomo.com

18 cam – †70/85 € ††100/140 € **a**

A pochi passi dal Duomo, una palazzina da poco completamente restaurata, con facciata in stile liberty; hall ornata con opere del pittore Valentini, camere accoglienti.

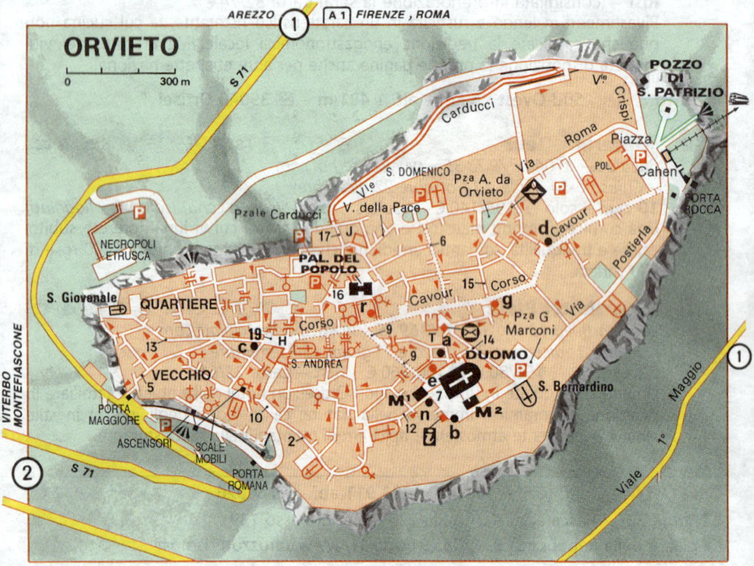

Filippeschi senza rist
via Filippeschi 19 – ✆ 07 63 34 32 75 – www.albergofilippeschi.it
– Chiuso vacanze di Natale c
15 cam – 45/65 € 60/95 €
Nel cuore della cittadina, un albergo piacevolmente collocato in un palazzo con origini settecentesche: accogliente hall e camere confortevoli con parquet.

Virgilio senza rist
piazza del Duomo 5 – ✆ 07 63 39 49 37 – www.orvietohotelvirgilio.com
13 cam – 90/130 € 90/130 € b
Intimo e accogliente, metà delle camere si affacciano su una delle chiese più belle d'Italia. Camere semplici, ma con graziosi armadi dipinti a mano, e bagni moderni: nuovi di recente restauro come l'intero albergo, in cui si respira un'aria di fresco e lindo.

Corso senza rist
corso Cavour 343 – ✆ 07 63 34 20 20 – www.hotelcorso.net d
16 cam – 60/75 € 85/110 €
In un edificio in pietra che si affaccia sul centrale Corso Cavour, un piccolo hotel dall'ambiente familiare. Camere recentemente rinnovate, curate nel loro stile classico e con caldi colori declinati anche alle pareti.

La Badia – Hotel La Badia
località La Badia 8, per ② – ✆ 07 63 30 19 59 – www.labadiahotel.it
– Chiuso gennaio e febbraio
Rist – *(solo a cena escluso sabato e domenica)* Carta 46/78 €
Selvaggina, formaggi locali speziati e piatti della tradizione umbra in un ristorante caratterizzato da un susseguirsi di sale (più o meno spaziose): la prima è dominata da un enorme camino con girarrosto e l'alto volume del soffitto a botte spicca per la sua ampiezza.

Giglio d'Oro
piazza Duomo 8 – ✆ 07 63 34 19 03 – www.ilgigliodoro.it
– Chiuso mercoledì e
Rist – Carta 43/57 € (+10 %)
Ristorante elegante, con una saletta dagli arredi essenziali, pareti bianche e raffinati tavoli con cristalli e argenteria; incantevole servizio estivo in piazza Duomo.

I Sette Consoli
piazza Sant'Angelo 1/A – ✆ 07 63 34 39 11 – www.isetteconsoli.it
– Chiuso 24-26 dicembre, domenica sera e mercoledì g
Rist – (consigliata la prenotazione) Menu 45 € – Carta 40/54 €
Indimenticabili proposte di cucina creativa e servizio estivo serale in giardino con splendida vista del Duomo, in un locale dal sobrio ambiente rustico di tono signorile.

Del Moro - Aronne
via San Leonardo 7 – ✆ 07 63 34 27 63 – www.trattoriadelmoro.info
– Chiuso 10 giorni in luglio, 10 in novembre e martedì r
Rist – Carta 20/32 €
Palomba (colombo selvatico) alla ghiotta ed altre specialità caserecce, in un ristorante del centro all'interno di un palazzo cinquecentesco ristrutturato.

ad Orvieto Scalo per ① : 3 km – ✉ 05018

Villa Acquafredda senza rist
località Acquafredda 1 – ✆ 07 63 39 30 73 – Chiuso 21-27 dicembre
11 cam – 40/52 € 57/72 €
Fuori dal centro, vecchio casale di campagna totalmente ristrutturato: saletta comune con camino, camere nuove stile "arte povera" in legno chiaro, ambiente familiare.

sulla strada statale 71 per ①: 4 km

Villa Ciconia

via dei Tigli 69 ✉ 05018 – ☎ 07 63 30 55 82 – www.hotelvillaciconia.com – Chiuso 10 gennaio-28 febbraio
12 cam – †80/110 € ††100/140 €
Rist – *(chiuso lunedì) (solo a cena)* Carta 26/52 €
Immersa nel verde del suo parco, elegante casa cinquecentesca con camere che mantengono inalterato il fascino di un tempo, ma offrono moderni confort.

a Morrano Nuovo Nord : 15 km – ✉ 05018

Agriturismo Borgo San Faustino e Relais del Borgo

borgo San Faustino 11/12 – ☎ 07 63 21 53 03 – www.borgosanfaustino.it
cam, rist,
22 cam – †85/100 € ††110/140 €
Rist – (consigliata la prenotazione) Carta 20/38 € (+5 %)
Una costellazione di casali in pietra nel classico stile contadino, con camere originali e letti in ferro battuto. Stanze più eleganti, nel Relais del Borgo. Ricette tradizionali rivisitate per una cucina raffinata, realizzata con materie prime dell'agriturismo, dove i piatti variano in funzione della produzione.

a Rocca Ripesena Ovest: 5 km – ✉ 05018

Locanda Palazzone

Rocca Ripesena 67, Ovest: 7 km – ☎ 07 63 39 36 14 – www.locandapalazzone.com – Chiuso 7 gennaio-20 marzo
14 cam – †160/290 € ††195/320 €, 8 €
Rist – *(chiuso domenica e giovedì in bassa stagione) (solo a cena escluso in giugno-agosto)* (prenotazione obbligatoria) Menu 43 €
L'antica dimora cardinalizia, cinta da vigneti dove si produce l'Orvieto, è oggi un elegante e moderno agriturismo che conserva mura originali, alcune bifore ed alti soffitti.

Agriturismo la Rocca Orvieto

– ☎ 07 63 34 42 10 – www.laroccaorvieto.com – Chiuso 15 gennaio-15 marzo
9 cam – †75/110 € ††110/150 €
Rist *La Rocca* – vedere selezione ristoranti
Tra i vigneti dell'azienda, la rocca offre un soggiorno all'insegna del relax in una piacevole struttura immersa nel verde dei colli orvietani.

La Rocca – Agriturismo la Rocca Orvieto

– ☎ 07 63 34 42 10 – Chiuso 15 gennaio-15 marzo e lunedì
Rist – Menu 38 € – Carta 47/65 €
Considerato il contesto in cui si trova, ci si aspetterebbe un ambiente rustico e rurale: niente di più sbagliato! Sale moderne e creatività in cucina.

OSIMO – Ancona (AN) – 563 L22 – 33 737 ab. – alt. 265 m – ✉ 60027 21 C2

Italia Centro-Nord
Roma 308 – Ancona 19 – Macerata 28 – Pesaro 82
piazza del Comune 1, ☎ 071 7 24 92 47, www.osimoturismo.it

Gustibus

piazza del Comune 11 – ☎ 0 71 71 44 50 – Chiuso domenica, anche lunedì in ottobre-maggio
Rist – Menu 8 € (pranzo in settimana) – Carta 18/55 €
Un moderno ristorante wine bar in centro, propone pranzi semplici e cene ricercate, da gustare attingendo ad una carta dei vini per accompagnare degnamente i prodotti locali.

Mezzo Baiocco

Via Saragat 3 – ✆ 07 17 23 00 82 – www.mezzobaiocco.it
Rist – *(solo a cena)* Menu 25/35 € – Carta 27/58 €
Nel salotto rustico di una villetta con grazioso giardino, la titolare si è "fatta le ossa" come autodidatta ed oggi - appresa l'arte - delizia i suoi ospiti con specialità di carne e qualche ricetta di pesce.

sulla strada statale 16 Est: 4 km

G Hotel senza rist

via Sbrozzola 26 ✉ 60027 – ✆ 07 17 21 19 – www.ghotelancona.it
84 cam – †64/159 € ††74/169 €
A vocazione commerciale, è un albergo moderno, essenziale, a tratti minimalista negli arredi. Ampie camere, grandi docce e un'ottima colazione servita fino a mezzogiorno.

OSNAGO – Lecco (LC) – 561 E10 – 4 843 ab. – alt. 249 m – ✉ 23875 — 18 B1

Roma 613 – Milano 36 – Bergamo 48 – Lecco 23

Osteria Roncate

via Pinamonte 24 – ✆ 03 95 82 20 – www.osteriaroncate.altervista.org – Chiuso 27 dicembre-4 gennaio, 16 agosto-5 settembre e lunedì
Rist – Menu 30/45 € – Carta 33/72 €
Cucina di mare e siciliana in un locale signorile: raccolta ed intima la sala al piano terra dove troneggia un bel camino, più solare ed ariosa quella al primo piano.

OSOPPO – Udine (UD) – 562 D21 – 3 033 ab. – alt. 184 m – ✉ 33010 — 10 B2

Roma 665 – Udine 31 – Milano 404

Pittis

via Andervolti 2 – ✆ 04 32 97 53 46 – www.hotelpittis.com
40 cam – †52/62 € ††80/86 €
Rist – *(chiuso 23 dicembre-7 gennaio, 6-22 agosto e domenica)* Carta 19/39 €
Nel centro storico del paese, albergo dalla cortese conduzione familiare con ampie e confortevoli camere in stile essenziale. Spazioso ed elegante, un fogolar a vista, il ristorante propone piatti casalinghi della tradizione veneta e friulana.

OSPEDALETTI – Imperia (IM) – 561 K5 – 3 647 ab. – ✉ 18014 — 14 A3

Liguria

Roma 655 – Imperia 40 – Genova 152 – San Remo 8

corso Regina Margherita 1, ✆ 0184 68 90 85, www.visitrivieradeifiori.it

Byblos

lungomare Colombo 6/8 – ✆ 01 84 68 90 02 – www.ristorantebyblos.com – Chiuso 1 settimana in giugno, 3 settimane in novembre e lunedì
Rist – Carta 32/65 €
All'estremo della bella passeggiata, ristorante di una certa eleganza affacciato sul mare: piatti a base di pesce semplici e gustosi.

Acquerello

corso Regina Margherita 25 – ✆ 01 84 68 20 48 – www.ristoranteacquerello.com – Chiuso 1°-15 ottobre e martedì
Rist – *(solo a cena lunedì e mercoledì)* Carta 38/67 €
La nostalgia può fare anche questo...ritornare dagli Stati Uniti ed aprire un piccolo, ma raffinato, ristorante con cucina a vista e piatti della migliore tradizione mediterranea. In sala, la travolgente simpatia della titolare predispone al buon umore.

OSPEDALETTO – Verona (VR) – Vedere Pescantina

OSPEDALETTO D'ALPINOLO – Avellino (AV) – 564 E26 – 1 934 ab. – alt. 725 m – ✉ 83014 — 6 B2

Roma 248 – Napoli 59 – Avellino 8 – Salerno 44

Osteria del Gallo e della Volpe
piazza Umberto I 14 – ✆ 08 25 69 12 25 – www.osteriadelgalloedellavolpe.com – Chiuso domenica sera e lunedì
Rist – *(solo a cena)* (prenotare) Menu 25 € (in settimana)/35 € – Carta 22/37 €
Una sala accogliente, pochi tavoli e molto spazio. Conduzione familiare, servizio curato e cordiale, menù che propone la tradizione locale con alcune personalizzazioni.

OSPEDALICCHIO – Perugia (PG) – 563 M19 – Vedere Bastia Umbra

OSSANA – Trento (TN) – 562 D14 – 839 ab. – alt. 1 003 m – Sport invernali : Vedere Tonale (Passo del) – ✉ 38026 33 B2

Roma 659 – Trento 74 – Bolzano 82 – Passo del Tonale 17
via San Michele 1, ✆ 0463 75 13 01, www.valdisole.net

Pangrazzi
frazione Fucine alt. 982 – ✆ 04 63 75 11 08 – www.hotelpangrazzi.com – Aperto 1°dicembre-30 aprile e 15 giugno-10 settembre
34 cam – 40 € 70 € – 4 suites **Rist** – Carta 16/50 €
Struttura rifinita in legno e pietra con invitanti spazi comuni in stile montano. Abbellita da un gradevole piccolo giardino è ideale per un turismo familiare. Al ristorante si servono piatti del territorio e tradizionali.

OSTELLATO – Ferrara (FE) – 562 H17 – 6 558 ab. – ✉ 44020 9 C2

Roma 395 – Ravenna 65 – Bologna 63 – Ferrara 33

Villa Belfiore
via Pioppa 27 – ✆ 05 33 68 11 64 – www.villabelfiore.com
18 cam – 70/85 € 90/110 €
Rist *Villa Belfiore* – vedere selezione ristoranti
Ambienti dagli arredi rustici e un piccolo centro benessere con sauna, massaggi, nonché bagni di fieno, nelle tranquillità della campagna ferrarese. Belle ed ampie le camere.

Villa Belfiore – Hotel Villa Belfiore
via Pioppa 27 – ✆ 05 33 68 11 64 – www.villabelfiore.com
Rist – *(solo a cena escluso domenica e i giorni festivi)* (consigliata la prenotazione) Carta 31/45 €
Sono le erbe selvatiche ed officinali del Delta del Po le protagoniste indiscusse della cucina, ma anche pane e pasta preparati con farine biologiche ottenute dalla macinazione diretta di cereali contribuiscono a tipicizzare il menu. Su richiesta, piatti kousminiani curati da un esperto.

OSTERIA GRANDE – Bologna (BO) – 562 I16 – Vedere Castel San Pietro Terme

OSTUNI – Brindisi (BR) – 564 E34 – 32 316 ab. – alt. 218 m – ✉ 72017 27 C2

Puglia
Roma 530 – Brindisi 42 – Bari 80 – Lecce 73
corso Mazzini 8, ✆ 0831 30 12 68, www.pugliaturismo.com
Facciata★ della cattedrale
Regione dei Trulli★★★

La Sommità
via Scipione Petrarolo 7 – ✆ 08 31 30 59 25 – www.lasommita.it
10 cam – 180/290 € 200/390 € – 5 suites
Rist *Cielo* – vedere selezione ristoranti
Rist – *(solo a pranzo escluso lunedì)* Carta 35/48 €
Nella parte più alta di Ostuni, in un palazzo cinquecentesco, eleganti camere in stile moderno-minimalista ed imperdibili terrazze con vista mozzafiato. Tutti i giorni a pranzo e il lunedì sera, lo chef propone un menu con gustosi piatti della tradizione.

La Terra
via Petrarolo 20/24 – ✆ 08 31 33 66 52 – www.laterrahotel.it
17 cam – 80/105 € 110/170 € – 3 suites
Rist ***San Pietro*** – vedere selezione ristoranti
Nella zona pedonale, all'interno di un palazzo del '500, i soffitti a stella e i saloni del secondo piano testimoniano gli antichi splendori; le camere al terzo sono mansardate e panoramiche.

Ostuni Palace rist,
corso Vittorio Emanuele 218/222 – ✆ 08 31 33 88 85 – www.ostunipalace.com
34 cam – 65/150 € 130/260 €
Rist ***San Filippo*** – ✆ 08 31 33 45 46 – Carta 28/52 €
Antico e moderno fusi insieme: raggiungibile in macchina e dotato delle più recenti facilitazioni, una passeggiata vi porterà nel centro storico. Da alcune camere la vista su Ostuni è mozzafiato.

Monte Sarago cam, rist,
corso Mazzini 233 – ✆ 08 31 33 44 70 – www.hotelmontesarago.it
38 cam – 84/119 € 120/170 € – 2 suites
Rist – Carta 25/53 €
Appena fuori dal centro storico, un hotel di recente apertura dal design moderno e minimalista, le cui camere brillano per ampiezza e confort. La bella terrazza panoramica del ristorante offre un valore aggiunto al piacere della tavola.

Masseria Tutosa senza rist
contrada Tutosa , Nord-Ovest : 7,5 km – ✆ 08 31 35 90 46 – www.masseriatutosa.com – Aperto 1° marzo-31 ottobre
23 cam – 80/130 € 110/180 €
Una vacanza a tutto relax - tra piscina e spazi verdi - in un'antica masseria fortificata: poche camere semplici ed essenziali, nonché qualche appartamento con angolo cottura.

Masseria Il Frantoio rist, rist,
strada statale 16 km 874, Nord-Ovest : 5 km – ✆ 08 31 33 02 76 – www.masseriailfrantoio.it
14 cam – 69/119 € 139/259 €
Rist – *(solo a cena da giugno a settembre)* (prenotazione obbligatoria) *(solo per alloggiati)* Menu 42/59 €
Uno scorcio che potrebbe far pensare ad una hacienda messicana, se non fosse che siamo nel cuore della Puglia! Mobili antichi e personalizzazioni nelle camere (ricavate nella parte ottocentesca della struttura), contraddistinte con nomi di fiori: quando la bellezza della natura circostante varca la porta d'ingresso.

Cielo – Hotel La Sommità
via Scipione Petrarolo 7 – ✆ 08 31 30 59 25 – www.cieloristorante.it – Chiuso lunedì escluso da maggio ad ottobre
Rist – *(solo a cena)* (consigliata la prenotazione) 80 € – Carta 46/90 €
➜ Tortelli con cima di zucchine, ricotta salata, bottarga e calamaretti spillo. Capretto della Valle d'Itria con broccoli, cipolle e negramaro. Bianche tentazioni (omaggio ad Ostuni): variazione di ricotta e caprino con yogurt, lime e cioccolato bianco.
Una bianca sala dal soffitto a botte è il palcoscenico delle magie del giovane cuoco: combinazioni e divagazioni nell'eccellenza pugliese. Romantiche cene estive tra gli agrumi del piccolo giardino.

Porta Nova
via Petrarolo 38 – ✆ 08 31 33 89 83 – www.ristoranteportanova.it
Rist – Carta 33/62 €
Location invidiabile su un torrione aragonese con vista panoramica sulla distesa di ulivi e sulla Marina di Ostuni, per questo elegante ristorante che propone essenzialmente cucina di mare.

San Pietro – Hotel La Terra
via Petrarolo 20/24 – ✆ 08 31 33 66 52 – www.laterrahotel.it
– Chiuso mercoledì
Rist – Menu 25/60 € – Carta 26/75 €
Nel centro storico della "città bianca, ha un'entrata separata questo ristorante che funge da punto di ristoro non solo per gli ospiti dell'albergo, ma anche per i clienti di passaggio. Sulla tavola: piatti della tradizione pugliese, pesce e carne.

Osteria Piazzetta Cattedrale
via Arcidiacono Trinchera 7 – ✆ 08 31 33 50 26 – www.piazzettacattedrale.it
– Chiuso novembre o febbraio e martedì escluso luglio-agosto
Rist – (consigliata la prenotazione) Carta 27/52 €
Nel centro storico, un elegante ristorante con pavimenti in marmetto, luminosi lampadari di cristallo ed arredi in stile. Cucina del territorio rivisitata in chiave moderna, come le orecchiette al nero di seppia con ceci, baccalà e pomodorini.

Osteria del Tempo Perso
via Tanzarella Vitale 47 – ✆ 08 31 30 48 19 – www.osteriadeltempoperso.com
– Chiuso 10-31 gennaio e lunedì escluso luglio e agosto
Rist – Carta 30/56 €
Suggestivo. In un antico mulino a due passi dalla cattedrale, due salette in sasso scavato per una cucina sfiziosa che propone ricette regionali rivisitate con talento.

a Costa Merlata Nord-Est : 15 km – ✉ 72017

Grand Hotel Masseria Santa Lucia cam,
strada statale 379 km 23,500
– ✆ 08 31 35 61 11 – www.masseriasantalucia.it
127 cam – †100/290 € ††150/350 € – 4 suites **Rist** – Carta 32/92 €
Ricavato dal riadattamento di un'antica masseria, ogni ambiente si distingue per funzionalità ed omogeneità degli arredi, nonché per l'atmosfera di relax e tranquillità che vi aleggia. Vocazione turistica e congressuale.

OTRANTO – Lecce (LE) – 564 G37 – 5 548 ab. – ✉ 73028 Puglia 27 D3

Roma 642 – Brindisi 84 – Bari 192 – Gallipoli 47
piazza Castello 5, ✆ 0836 80 14 36, www.pugliaturismo.com
Cattedrale★★: pavimento★★★ - Chiesa di S. Pietro★

Degli Haethey
via Sforza 33 – ✆ 08 36 80 15 48 – www.hoteldeglihaethey.com
49 cam – †55/145 € ††90/250 €
Rist – *(Aperto 1° giugno-30 settembre)* Menu 25 €
Ad un quarto d'ora dal centro e non lontano dalla spiaggia, apprezzerete la tranquillità della zona residenziale e il confort delle recenti e moderne camere all'ultimo piano.

Valle dell'Idro senza rist
via Giovanni Grasso 4 – ✆ 08 36 80 44 27 – www.otrantohotel.com
– Aperto 1° aprile-31 ottobre
27 cam – †69/490 € ††79/490 €
I dettagli qui non sono lasciati al caso, ma studiati con grande senso estetico: ne deriva una bella realtà con accoglienti camere e un piccolo, ma grazioso giardino, dove nella bella stagione viene servita la prima colazione. La terrazza propone una suggestiva vista sulla città vecchia e sul mare.

Villa Rosa Antico senza rist
strada statale 16 – ✆ 08 36 80 15 63 – www.hotelrosaantico.it
– Aperto 1° aprile-30 ottobre
25 cam – †60/80 € ††80/180 € – 2 suites
E' una storica villa di fine Cinquecento ad ospitare il piccolo albergo dall'attenta e capace gestione familiare. Graziose e ben accessoriate le camere, piacevole sostare in giardino.

Masseria Panareo

litoranea Otranto-S.Cesarea Terme, Sud: 6 km Otranto – ☎ 08 36 81 29 99 – www.masseriapanareo.com – Chiuso novembre

17 cam – 80/120 € 90/160 €

Rist – *(chiuso lunedì) (solo a cena escluso domenica)* Carta 26/46 €

Un antico eremo ospita questa bella masseria, interamente ristrutturata, ubicata in aperta campagna ma non troppo lontana dal mare. Moderna piscina con bella terrazza-solarium per momenti di piacevole relax.

OTTONE – Livorno (LI) – Vedere Elba (Isola d') : Portoferraio

OVADA – Alessandria (AL) – 561 I7 – 11 965 ab. – alt. 186 m – ✉ 15076 23 C3

Italia Centro-Nord

Roma 549 – Genova 50 – Acqui Terme 24 – Alessandria 40

via Cairoli 107, ☎ 0143 82 10 43, www.comune.ovada.al.it

Strada dei castelli dell'Alto Monferrato★ (o strada del vino) verso Serravalle Scrivia

La Volpina

strada Volpina 1 – ☎ 0 14 38 60 08 – www.ristorantelavolpina.it – Chiuso 24-26 dicembre, 7-24 gennaio, 5-28 agosto, domenica sera, lunedì; chiuso mercoledì sera e martedì in inverno

Rist – Menu 50 € – Carta 39/52 €

In tranquilla posizione collinare, La Volpina propone una gustosa cucina del territorio - tra Piemonte e Liguria - con caratteristiche di entrambe le regioni: ricette reinterpretate con fantasia e creatività.

L'Archivolto

piazza Garibaldi 25/26 – ☎ 01 43 83 52 08 – www.archivoltoosterianostrale.it – Chiuso 15 giorni in gennaio ,15 giorni in luglio e mercoledì

Rist – Menu 40/60 € – Carta 33/86 €

Cucina piemontese con influenze liguri, porzioni abbondanti e valide materie prime, in una tipica trattoria di paese con prosciutti appesi, gelosamente custoditi in una piccola nicchia, e tovaglie a quadrettoni. Il tutto "condito" da una buona dose di cordialità e simpatia.

OVIGLIO – Alessandria (AL) – 561 H7 – 1 322 ab. – alt. 107 m – ✉ 15026 23 C2

Roma 601 – Torino 83 – Alessandria 21 – Asti 31

Castello di Oviglio

via 24 Maggio 1 – ☎ 01 31 77 61 66 – www.castellodioviglio.it – Chiuso gennaio

7 cam – 90/120 € 120/150 € – 2 suites

Rist – (prenotazione obbligatoria) Carta 41/78 €

All'interno di un affascinante castello del XIII secolo, raffinato hotel per un soggiorno d'atmosfera. Camere di prestigio e spazi comuni ricercati. Accoglienza di tono familiare.

Donatella (Mauro Bellotti)

Piazza Umberto I, 1 – ☎ 01 31 77 69 07 – www.ristorantedonatella.it – Chiuso 10 giorni in gennaio, 3 settimane in luglio o agosto, lunedì e martedì

Rist – *(solo a cena escluso domenica)* Menu 50/62 € – Carta 46/90 €

→ Rabaton (gnocchi di ricotta ed erbette) con crema di parmigiano e tartufo nero. Stinco di vitello di fassone piemontese cotto in casseruola, patate e friggitelli (peperoni). Semifreddo di cioccolato al rhum e vaniglia.

Nell'antica canonica del 1700, un elegante e raffinato locale con mobili di antiquariato e quadri contemporanei: la passione dei titolari si traduce in un'ottima cucina dalle squisite materie prime.

OZZANO DELL'EMILIA – Bologna (BO) – 562 I16 – 12 850 ab. – alt. 66 m – ✉ 40064 9 D3

Roma 399 – Bologna 15 – Forlì 63 – Modena 60

Eurogarden Hotel rist,
via dei Billi 2/a – ✆ 0 51 79 45 11 – www.eurogardenhotel.com
72 cam – 49/320 € 59/320 €
Rist – *(chiuso sabato) (solo a cena)* Carta 17/37 €
Albergo moderno dagli interni arredati in ciliegio e dotati di ogni confort: le camere al piano terra beneficiano di un piccolo giardino, che le rende particolarmente adatte agli ospiti con animali. Cene a base di specialità del luogo.

PACECO Sicilia – Trapani (TP) – 365 AK56 – Vedere Trapani

PACENTRO – L'Aquila (AQ) – 563 P23 – 1 250 ab. – alt. 690 m – ✉ 67030 1 B2

Roma 171 – Pescara 78 – Avezzano 66 – Isernia 82

Taverna De Li Caldora
piazza Umberto I 13 – ✆ 0 86 44 11 39 – www.ristorantecaldora.it – Chiuso domenica sera, martedì, anche lunedì in novembre-marzo
Rist – Menu 28/38 € – Carta 23/31 €
Un curioso intrico di stradine disegna il centro storico di Pacentro, mentre nelle cantine di un imponente palazzo del '500 si celebra la cucina regionale, che trova la propria massima espressione nel cosciotto d'agnello alle erbe della Majella.

PACHINO Sicilia – Siracusa (SR) – 365 AZ63 – 21 990 ab. – alt. 65 m – ✉ 96018 30 D3

Palermo 301 – Siracusa 55 – Ragusa 58 – Catania 108

a Marzamemi Nord-Est: 4 km – ✉ 96010

La Cialoma Ⓝ
piazza Regina Margherita 23 – ✆ 09 31 84 17 72 – www.lacialoma.it – Chiuso 5-30 novembre e martedì in dicembre-marzo
Rist – Carta 38/51 €
Nella scenografica piazza di un borgo-tonnara del '700, un'incantevole trattoria di mare con tovaglie ricamate e il pesce più fresco: l'eccellenza nella semplicità!

PADENGHE SUL GARDA – Brescia (BS) – 561 F13 – 4 350 ab. – alt. 127 m – ✉ 25080 17 D1

Roma 526 – Brescia 36 – Mantova 53 – Verona 43

Aquariva
via Marconi 57, strada statale Gardesana, Est : 1 km – ✆ 03 09 90 88 99 – www.aquariva.it
Rist – Carta 46/87 €
Se è vero che "nomen est omen", qui aspettatevi di trovarvi in riva al lago, in un locale dalle tinte mediterranee e con una bellissima terrazza affacciata sul porticciolo. La cucina è di alto livello: specialità di mare, in elaborazioni semplici, per non togliere ai sapori il ruolo di veri protagonisti.

PADERNO – Treviso (TV) – 562 E18 – Vedere Ponzano Veneto

PADERNO DEL GRAPPA – Treviso (TV) – 562 E17 – 2 195 ab. – alt. 292 m – ✉ 31017 39 B2

Roma 547 – Padova 61 – Treviso 41 – Venezia 72

Osteria Bellavista
via Piovega 30 – ✆ 04 23 94 93 29 – www.trevisoristoranti.com – Chiuso 10 giorni in agosto, 10 giorni in febbraio e mercoledì
Rist – Carta 29/55 €
Un'osteria di moderna concezione dalla calda accoglienza familiare. La cucina asseconda l'estro, il mercato e le tradizioni.

PADERNO FRANCIACORTA – Brescia (BS) – 561 F12 – 3 765 ab. – alt. 186 m – ✉ 25050 19 D2

Roma 550 – Brescia 15 – Milano 84 – Verona 81

Franciacorta senza rist

via Donatori di Sangue 10/d – ✆ 03 06 85 70 85 – www.hotelfranciacorta.it – Chiuso agosto

24 cam ☐ – †70/90 € ††70/90 €

In zona strategica, facile da raggiungere, una risorsa di concezione moderna, quasi confusa fra le molte altre ville dell'area residenziale in cui si trova.

PADOLA – Belluno (BL) – 562 C19 – Vedere Comelico Superiore

PADOVA (PD) – 562 F17 – 214 198 ab. – alt. 12 m 40 C3

Italia Centro-Nord

Roma 491 – Milano 234 – Venezia 42 – Verona 81

piazzale Stazione, ✆ 049 8 75 20 77, www.turismopadova.it

piazza del Santo, ✉ 35123, ✆ 049 8 75 30 87

vicolo Pedrocchi, ✉ 35122, ✆ 049 8 76 79 27

Montecchia, 049 8055550, www.golfmontecchia.it – chiuso lunedì

Frassanelle via Rialto 5/A, 049 9910722, www.golffrassanelle.it – chiuso martedì

via Noiera 57, 049 9195100, www.golfpadova.it – chiuso gennaio e lunedì

Affreschi di Giotto★★★, Vergine★ di Giovanni Pisano nella cappella degli Scrovegni★★★DY •Basilica del Santo★★DZ • Statua equestre del Gattamelata★★ DZ**A** • Palazzo della Ragione★DZ**J**: salone★★• Chiesa degli Eremitani e museo★DY: opere★★ venete • Oratorio di San Giorgio★ DZ**B**• Scuola di Sant'Antonio★ DZ **B**• Piazza della Frutta★ DZ **25** • Piazza delle Erbe★ DZ **20** • Torre dell'Orologio★ (in piazza dei Signori CYZ) • Pala★ del Veronese nella chiesa di Santa Giustina DZ

Colli Euganei★ Sud-Ovest per ⑥

Piante pagine seguenti

NH Mantegna rist,

via Tommaseo 61, zona Fiera ✉ 35131 – ✆ 04 98 49 41 11 – www.nh-hotels.com

180 cam ☐ – †60/263 € ††60/263 € – 10 suites BV**e**

Rist – Carta 36/60 €

A pochi minuti dal centro storico, l'architettura contemporanea di questo enorme grattacielo anticipa gli ottimi spazi di cui la risorsa è dotata. 13 piani di design, ambienti moderni e luminosi, camere ultra confortevoli. Non perdetevi la stupenda vista dal ristorante panoramico, al dodicesimo piano.

Grand'Italia senza rist

corso del Popolo 81 ✉ 35131 – ✆ 04 98 76 11 11 – www.hotelgranditalia.it

61 cam ☐ – †70/115 € ††80/130 € – 3 suites DY**a**

Trasformato in hotel nel 1907, Palazzo Folchi rappresenta un mirabile esempio di stile liberty. Stanze rinnovate secondo criteri di piacevole modernità.

Plaza rist,

corso Milano 40 ✉ 35139 – ✆ 0 49 65 68 22 – www.plazapadova.it

128 cam ☐ – †40/200 € ††40/200 € – 4 suites CY**m**

Rist – *(chiuso agosto e domenica)* Carta 38/60 €

Vantaggiosa posizione, in prossimità del centro storico e commerciale: buon servizio e ottima gestione per una comodissima e piacevole risorsa dall'atmosfera elegante. Ristorante raffinato frequentato in prevalenza da clienti d'affari.

Methis senza rist

riviera Paleocapa 70 ✉ 35142 – ✆ 04 98 72 55 55 – www.methishotel.com

59 cam ☐ – †80/150 € ††100/200 € – 7 suites CZ**a**

Lungo il canale e non lontano dalla Specola, nuovo albergo dagli interni moderni e funzionali. Quattro piani ispirati ai quattro elementi: aria, acqua, terra e fuoco.

Biri cam, rist,

via Grassi 2 ✉ 35129 – ✆ 04 98 06 77 00 – www.hotelbiri.com BV**a**

100 cam ☐ – †65/178 € ††68/237 € – 1 suite

Rist – *(chiuso domenica) (solo a cena)* Carta 25/47 €

Un enorme albergo situato in prossimità di un importante crocevia non lontano dalla zona fieristica; risorsa di buon livello, con camere in gran parte rimesse a nuovo.

PADOVA

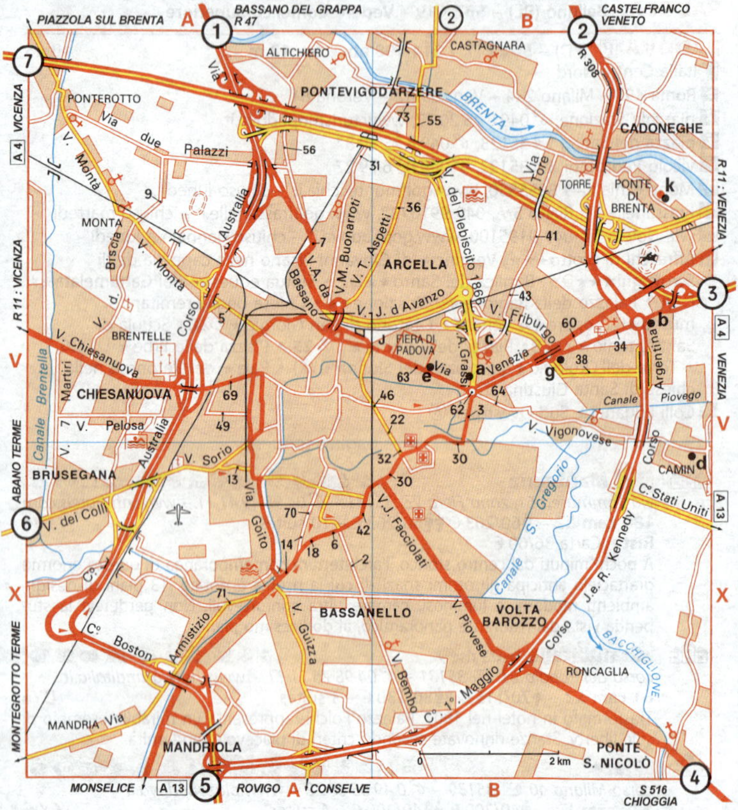

Europa — cam, rist,

largo Europa 9 ✉ 35137 – ✆ 0 49 66 12 00 – www.hoteleuropapd.it

80 cam – 90/119 € 120/144 € **DYc**

Rist *Zaramella* – ✆ 04 98 76 08 68 *(chiuso agosto, sabato a mezzogiorno e domenica)* Carta 36/54 €

Cappella degli Scrovegni e centro storico sono a pochi metri, così anche la stazione: rinnovatosi in anni recenti, l'hotel presenta camere moderne, nonché spazi comuni luminosi e dai caldi toni. Ideale per una clientela business. Elegante sala di un rilassante color azzurro pastello e di tono moderno, ma con piacevoli tocchi dal passato quali il vecchio comò o le decorazioni alle pareti.

Un esercizio evidenziato in rosso enfatizza il fascino della struttura XXX.

PADOVA

Altinate (V.) . . . . DYZ
Carmine (V. del) . . . . DY 10
Cavour (Pza e V.) . . . . DY 15
Cesarotti (V. M.) . . . . DZ 17
Dante (V.) . . . . CY
Erbe (Pza delle) . . . . DZ 20
Eremitani (Pza) . . . . DY 21
Filiberto (V. E.) . . . . DY 24
Frutta (Pza della) . . . . DZ 25
Garibaldi (Cso) . . . . DY 27
Garibaldi (Pza) . . . . DY 28
Gasometro (V. dell' ex) . . . . DY 29
Guariento (V.) . . . . DY 35
Insurrezione (Pza) . . . . DY 39
Monte di Pietà (V. del) . . . . CZ 45
Petrarca (V.) . . . . CY 50
Ponte Molino (Vicolo) . . . . CY 52
Ponti Romani (Riviera dei) . . . . DYZ 53
Roma (V.) . . . . DZ
S. Canziano (V.) . . . . DZ 57
S. Fermo (V.) . . . . DY
S. Lucia (V.) . . . . DY 59
Vandelli (V. D.) . . . . CZ 66
Verdi (V. G.) . . . . CY 67
Vittorio Emanuele II (Cso) . . . . . CZ 70
8 Febbraio (V.) . . . . DZ 74
58 Fanteria (V.) . . . . DZ 75

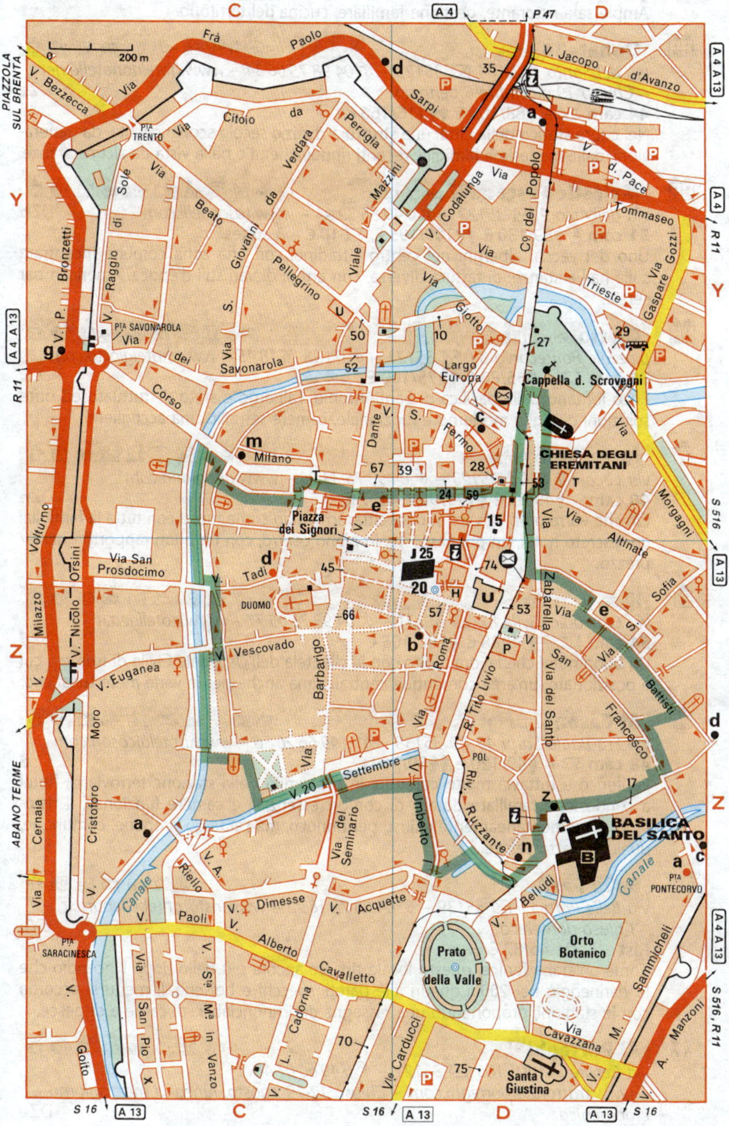

Milano rist,
via Bronzetti 62/d ✉ 35138 – ✆ 04 98 71 25 55 – www.hotelmilano-padova.it
80 cam – 115 € 185 € CY**g**
Rist – *(chiuso sabato sera)* Menu 17 €
Offre un insieme funzionale e ha caratteristiche tipiche degli alberghi dell'ultima generazione, con tutti i confort e le modernità, in un'area cittadina molto comoda. Ampie sale ristorante, gestione familiare, cucina del territorio.

Donatello senza rist
via del Santo 102/104 ✉ 35123 – ✆ 04 98 75 06 34 – www.hoteldonatello.net – Chiuso 19 dicembre-6 gennaio DZ**z**
44 cam – 88/103 € 116/166 €
Nel cuore storico della città, una struttura d'inizio secolo scorso gestita, da generazioni, dalla medesima famiglia; recenti rinnovamenti e bella vista da alcune stanze.

Majestic Toscanelli senza rist
via dell'Arco 2 ✉ 35122 – ✆ 0 49 66 32 44 – www.toscanelli.com DZ**b**
31 cam – 89/130 € 109/195 €, 10 € – 3 suites
Uno dei vecchi alberghi nel centro cittadino, con una zona comune incentrata sulla hall e stanze, di fattura diversa, con arredi di vari stili d'epoca. American bar serale.

Giotto senza rist
piazzale Pontecorvo 33 ✉ 35121 – ✆ 04 98 76 18 45 – www.hotelgiotto.com
35 cam – 55/80 € 75/100 € DZ**c**
Poco lontano dalla basilica di Sant'Antonio, l'albergo è stato ristruttuato ed offre soluzioni di taglio moderno e funzionale, camere semplici, ma accoglienti.

Al Fagiano senza rist
via Locatelli 45 ✉ 35123 – ✆ 04 98 75 33 96 – www.alfagiano.com
40 cam – 49/65 € 79/90 €, 7 € DZ**n**
Ciò che vorremmo trovare in ogni città, arrivando come turisti con tutta la famiglia: un discreto hotel, un po' nascosto, in pieno centro, con un buon rapporto qualità/prezzo.

Igea senza rist
via Ospedale Civile 87 ✉ 35121 – ✆ 04 98 75 05 77 – www.hoteligea.it
54 cam – 58/88 € 80/105 € DZ**d**
Un buon hotel che lavora molto con la clientela dell'Ospedale Civile di fronte a cui è posizionato: un'area comunque centralissima anche per le varie mete turistiche.

Al Cason senza rist
via Frà Paolo Sarpi 40 ✉ 35138 – ✆ 0 49 66 26 36 – www.hotelalcason.com
48 cam – 49/120 € 59/160 € CY**d**
Periferico e tuttavia molto comodo, in prossimità della stazione ferroviaria, hotel a conduzione familiare dotato di confort essenziali e camere funzionali. Il ristorante è momentaneamente chiuso per rinnovo, ma l'albergo propone, comunque, qualche piatto veloce.

XXX **Belle Parti**
via Belle Parti 11 ✉ 35139 – ✆ 04 98 75 18 22 – www.ristorantebelleparti.it – Chiuso domenica CY**e**
Rist – Carta 46/82 €
Come un'araba fenice, questo locale rinasce ancora più bello dopo l'incendio che lo danneggiò nel 2006: quadri alle pareti, specchi e boiserie. Il menu si accorda con le stagioni, proponendo una rassegna di "irrinunciabili" di carne e di pesce.

XX **Ai Porteghi** N
via Cesare Battisti 105 ✉ 35121 – ✆ 0 49 66 07 46 – www.trattoriaaiporteghi.com – Chiuso 12-19 agosto, lunedì a mezzogiorno e domenica DZ**e**
Rist – Carta 34/67 €
Abbandonate le divagazioni più creative, la cucina si concentra ora sul territorio sfornando piatti della tradizione veneta in un locale molto curato e d'atmosfera.

Per Bacco

piazzale Ponte Corvo 10 ✉ 35121 – ☎ 04 98 75 28 83 – www.per-bacco.it – Chiuso domenica DZ**a**

Rist – (consigliata la prenotazione) Menu 15 € (pranzo in settimana)/40 € – Carta 32/55 €

Bottiglie esposte all'ingresso, libri e riviste a tema, tutto favorisce un piacevole incontro con la divinità che dà il nome a questo simpatico ed accogliente locale.

La Finestra

via dei Tadi 15 ✉ 35139 – ☎ 0 49 65 03 13 – www.ristorantefinestra.it – Chiuso 1 settimana in gennaio, 3 settimane in agosto, domenica sera e lunedì

Rist – *(solo a cena escluso venerdì, sabato e domenica)* CZ**d**

Carta 36/57 €

Ambiente raccolto ed accogliente, dove le importanti esperienze professionali dello chef si riflettono in una prelibata cucina contemporanea, resa originale da qualche spunto creativo, "misurato" e non invadente.

a Camin Est : 4 km per A 4 BX – ✉ 35127

Admiral senza rist

via Vigonovese 90 – ☎ 04 98 70 02 40 – www.hoteladmiral.it BX**d**

46 cam – 60/80 € 75/130 €

Sito nella zona industriale, sull'arteria principale che attraversa la località, un albergo di fattura moderna, distribuito su tre edifici, ideale per la clientela d'affari.

in prossimità casello autostrada A 4 Padova Est per ③: 5 km BV

AC Padova

via Prima Strada 1 ✉ 35129 – ☎ 0 49 77 70 77 – www.ac-hotels.com

98 cam – 95/120 € 105/130 € **Rist** – Carta 32/52 € BV**g**

Non lontano dalla fiera e dall'uscita autostradale, il design moderno della struttura caratterizza tutti gli hotel di questa catena alberghiera. Spazi comuni non ampissimi, ma organizzati con grande raziocinio; camere di media ampiezza e notevole confort.

Sheraton Padova Hotel

rist,

corso Argentina 5 ✉ 35129 – ☎ 04 97 80 82 30 – www.sheratonpadova.com BV**b**

226 cam – 82/260 € 92/280 € – 9 suites

Rist ***Les Arcades*** – Carta 31/64 €

In posizione strategica per scoprire sia Padova sia Venezia, un hotel che riesce a soddisfare la clientela turistica e d'affari con standard di confort in linea con la catena. Al ristorante raffinata atmosfera ovattata.

in prossimità casello autostrada A 4 Padova Ovest per ①: 6 km AV

Crowne Plaza Padova

rist,

via Po 197 ✉ 35135 – ☎ 04 98 65 65 11 – www.promohotels.it

177 cam – 50/150 € 50/150 € – 2 suites **Rist** – Carta 27/77 €

Recente ed elegante, nel contesto di una città d'arte ricca di storia, annovera ampi spazi arredati in un design contemporaneo particolarmente luminoso e colorato. Classe e raffinatezza continuano al ristorante dalle dimensioni modulabili a seconda delle esigenze.

a Ponte di Brenta Nord-Est : 6 km per S 11 BV – ✉ 35129

Sagittario

via Randaccio 6, località Torre – ☎ 0 49 72 58 77 – www.hotelsagittario.com – Chiuso 24 dicembre-6 gennaio e agosto BV**k**

43 cam – 55/95 € 65/130 €

Rist ***Dotto di Campagna*** – vedere selezione ristoranti

Decentrato, ma immerso nel verde, un valido appoggio per chi sia soltanto di passaggio o chi desideri visitare meglio le località vicine; camere semplici.

XX **Dotto di Campagna** – Hotel Sagittario
via Randaccio 4, località Torre – ✆ 0 49 62 54 69 – www.hotelsagittario.com – Chiuso 26 dicembre-6 gennaio, agosto, domenica sera e lunedì BVk
Rist – Carta 31/64 €
Un simpatico indirizzo, un po' fuori città, ove poter assaporare i piatti della tradizione veneta nella più completa rilassatezza e in un ambiente di elegante rusticità.

PAESTUM – Salerno (SA) – 564 F27 – ✉ 84047 Italia Centro-Sud 7 C3

Roma 305 – Potenza 98 – Napoli 99 – Salerno 48
via Magna Grecia 887/891, ✆ 0828 81 10 16, www.infopaestum.it
Tempio di Nettuno★★★ – Basilica★★ - Tempio di Cerere★★ - Museo★★: Tomba del Tuffatore★★

Savoy Beach
via Poseidonia 41 – ✆ 08 28 72 01 00 – www.hotelsavoybeach.it
42 cam – 83/164 € 110/218 € – 1 suite
Rist *Tre Olivi* – vedere selezione ristoranti
Si parte dall'amplissima hall in stile neo-classico, così come l'esterno che cita il tempio degli scavi archeologici, per proseguire nelle confortevoli camere, anch'esse generose in metri quadrati. Gli spazi si dilatano ulteriormente negli esterni, dove padroneggia l'ampia piscina ad anfiteatro.

Esplanade rist,
via Poseidonia – ✆ 08 28 85 10 05 – www.hotelesplanade.com
24 cam – 53/128 € 70/170 € **Rist** – Carta 23/54 €
Hotel completamente rinnovato secondo il concept moderno-lineare attualmente tanto in voga. Il fresco giardino con piscina e l'ampia zona verde, che conduce direttamente alla spiaggia, restano tra gli aspetti più apprezzati della struttura. Al ristorante: cucina nazionale e un'interessante carta dei vini.

Grand Hotel Paestum Tenuta Lupo' cam,
via Laura 201 – ✆ 08 28 85 18 13 – www.grandhotelpaestum.it
62 cam – 80/149 € 100/179 € – 4 suites
Rist – *(solo per alloggiati)* Carta 25/39 €
All'interno di una vasta proprietà, nel XIX secolo tenuta di caccia, eleganti soluzioni sia nella residenza originaria, sia nel moderno corpo centrale costruito in anni recenti. A disposizione degli ospiti un vasto giardino ed una piscina.

Le Palme
via Poseidonia 123 – ✆ 08 28 85 10 25 – www.lepalme.it – Aperto 1° aprile-31 ottobre
84 cam – 83/137 € 126/224 € **Rist** – *(solo per alloggiati)*
Fuori dall'area dell'antica Poseidonia e non lontano dal mare, questa risorsa anni '70 - rinnovata nel corso del tempo - offre un settore notte con camere spaziose. Ampia sala ristorante di taglio classico.

Schuhmann
via Marittima 5 – ✆ 08 28 85 11 51 – www.hotelschuhmann.com
53 cam – 60/90 € 80/120 € **Rist** – *(solo per alloggiati)* Carta 23/41 €
Alle spalle una piccola pineta, mentre di fronte l'affaccio è sul mare, dove si trova la spiaggia privata. Camere spaziose ed arredate in stile classico. Enormi sale e veranda al ristorante.

Il Granaio dei Casabella cam, rist,
via Tavernelle 84 – ✆ 08 28 72 10 14 – www.ilgranaiodeicasabella.com – Aperto 1° aprile-31 ottobre
14 cam – 80/100 € 100/120 €
Rist – *(chiuso domenica sera e lunedì escluso giugno-settembre) (solo a cena)* Menu 25 €
Adiacente al sito archeologico, hotel familiare ricavato da un antico granaio, con esito sorprendente. Camere arredate con gusto, mobili d'epoca o in arte povera. Sapori del Cilento nella piccola, ma elegante sala ristorante con coperto colorato e bellissimo dehors sull'erba.

Villa Rita

via Nettuno 9, zona archeologica – ✆ 08 28 81 10 81 – www.hotelvillarita.it – Aperto 15 marzo-15 novembre

22 cam – 70/80 € 90/130 € **Rist** – Menu 16 €

Nella campagna prospiciente le antiche mura, immerso in un parco-giardino, un tranquillo alberghetto a conduzione familiare in cui si respira semplicità e sobrietà.

Agriturismo Seliano

via Seliano – ✆ 08 28 72 36 34 – www.agriturismoseliano.it – Aperto 30 marzo-2 novembre

14 cam – 60/100 € 80/120 €

Rist – (prenotazione obbligatoria) Menu 25/35 €

L'allevamento di bufale e il grazioso giardino: ecco le vere chicche di questo agriturismo! Nel casale, camere curate e gestite con professionalità, nonché grande cordialità. Il ristorante propone un menu fisso con piatti elaborati partendo dai prodotti dell'azienda.

Tre Olivi – Hotel Savoy Beach

via Poseidonia 291 – ✆ 08 28 72 00 23 – www.hotelsavoybeach.it

Rist – Carta 35/83 €

Invitanti specialità del Cilento nell'elegante sala, affacciata sul giardino dalla lussureggiante vegetazione sub-tropicale. Mozzarella di bufala, pasta di Gragnano, pesce locale, ed altro ancora: nel piatto, il top gastronomico del meridione.

Nonna Sceppa

via Laura 45 – ✆ 08 28 85 10 64 – www.nonnasceppa.com – Chiuso 8-26 ottobre e giovedì escluso luglio-agosto

Rist – Carta 26/69 € (+10 %)

Fondata negli anni '60 da nonna Giuseppa, la trattoria è diventata oggi ristorante, ma la conduzione è sempre nelle mani della stessa famiglia: nipoti e pronipoti si dividono tra sala e cucina. Ricette del cilento nel menu, che cambia quotidianamente. Pizzeria solo la sera.

Nettuno

zona archeologica via Nettuno 2 – ✆ 08 28 81 10 28 – www.ristorantenettuno.com – Chiuso 7 gennaio-7 febbraio, 15 giorni in novembre, lunedì in bassa stagione

Rist – *(solo a pranzo)* Carta 23/68 €

Cucina ittica e cilentina in un una casa colonica di fine '800, già punto di ristoro negli anni '20, con servizio estivo in veranda: splendida vista su Basilica e tempio di Nettuno.

sulla strada statale 166 **Nord-Est : 7,5 km**

Le Trabe

via Capodifiume 4 ✉ 84047 Paestum – ✆ 08 28 72 41 65 – www.letrabe.it – Chiuso 20 dicembre-8 gennaio, domenica sera e lunedì

Rist – *(solo a cena escluso sabato e domenica)* (consigliata la prenotazione) Menu 60 € – Carta 30/56 € (+10 %)

➜ Candele (pasta secca) con mozzarella, melanzane, pomodoro e spuma di ricotta affumicata. Trancio di spigola con purea di fagioli e pepe. Morbido ghiacciato al cioccolato fondente.

Immerso nel verde di una splendida tenuta, paesaggi bucolici ed orizzonti campestri sono la cornice di sale rustiche ed eleganti, dove materiali antichi sono combinati con finezze moderne. Il viaggio gastronomico vi porta nella cucina campana, dai prodotti di bufala a quelli del mare.

PALADINA – **Bergamo (BG)** – **561** E10 – **Vedere Almè**

PALAU **Sardegna** – **Olbia-Tempio (OT)** – **366** R36 – **4 440 ab.** **28** B1

– ✉ **07020** Sardegna

Cagliari 325 – Nuoro 144 – Olbia 40 – Porto Torres 127

per La Maddalena – Saremar, call center 892 123

piazza Fresi, ✆ 0789 70 70 25, www.turismo.com

Arcipelago della Maddalena★★ – Costa Smeralda★★

La Vecchia Fonte senza rist

via Fonte Vecchia 48 – ✆ 07 89 70 97 50 – www.lavecchiafontehotel.it – Aperto 1° aprile-31 ottobre

36 cam – †79/175 € ††89/230 € – 2 suites

In centro paese di fronte al porto turistico, piccolo hotel di arredo signorile con ampie e confortevoli sale dai caldi colori. La vista sulla Maddalena rapisce...

La Roccia senza rist

via dei Mille 15 – ✆ 07 89 70 95 28 – www.hotellaroccia.com – Aperto 1° aprile-31 ottobre

22 cam – †50/90 € ††70/160 €

Un ambiente familiare sito nel cuore della località offre camere semplici ed ordinate e deve il suo nome all'imponente masso di granito che domina sia il giardino che la hall.

La Gritta

località Porto Faro – ✆ 07 89 70 80 45 – www.ristorantelagritta.it – Aperto Pasqua-31 ottobre; chiuso mercoledì escluso 15 giugno-15 settembre

Rist – Carta 62/101 €

Un indirizzo ideale per chi desidera deliziare insieme vista, spirito e palato: lo sguardo si perderà tra i colori dell'arcipelago di fronte ad una sapiente cucina di pesce.

Da Franco

via Capo d'Orso 1 – ✆ 07 89 70 95 58 – www.ristorantedafranco.it – Chiuso 22 dicembre-28 febbraio e lunedì escluso giugno-settembre

Rist – Carta 51/98 €

Sulla via pricipale - a pochi passi dal porto - elegante ristorante a conduzione familiare con interessanti proposte di pesce: in alcune ricette reinterpretate in chiave moderna.

Da Robertino

via Nazionale 20 – ✆ 07 89 70 96 10 – Chiuso gennaio e lunedì escluso in giugno-settembre

Rist – (coperti limitati, prenotare) Carta 39/68 €

Esperta gestione familiare in una simpatica trattoria sulla via principale della località. In una terra tradizionalmente di pastori, il locale non dimentica il mare... Gustose ricette di pesce a prezzi interessanti.

PALAZZAGO – Bergamo (BG) – 561 E10 – 4 215 ab. – alt. 397 m – ✉ 24030 — 19 C1

Roma 599 – Bergamo 18 – Brescia 68 – Milano 61

Osteria Burligo

località Burligo 12, Nord-Ovest : 2,5 km – ✆ 0 35 55 04 56 – Chiuso lunedì e martedì

Rist – *(solo a cena escluso i giorni festivi)* Carta 29/36 €

Semplice esercizio fuori porta dalla vivace gestione familiare, che propone piatti genuini e gustosi - il coniglio dell'Albenza al rosmarino ne è un esempio - memoria di una tradizione contadina. Terrazza estiva.

PALAZZOLO SULL'OGLIO – Brescia (BS) – 561 F11 – 19 862 ab. – alt. 166 m – ✉ 25036 — 19 D2

Roma 581 – Bergamo 26 – Brescia 32 – Cremona 77

La Corte

via San Pancrazio 41 – ✆ 03 07 40 21 36 – Chiuso 25 gennaio-2 febbraio, 3-26 agosto, sabato a mezzogiorno e lunedì

Rist – Carta 37/60 €

Ricavati da una casa colonica ristrutturata, ambienti rustici e accoglienti, in cui assaporerete originali proposte culinarie, accompagnate da un'ottima scelta di vini.

Osteria della Villetta

via Marconi 104 – ☎ 03 07 40 18 99 – Chiuso 25 dicembre-3 gennaio e agosto
Rist – *(chiuso domenica, lunedì e le sere di martedì e mercoledì)* Carta 25 €
Nelle vicinanze della stazione, un'antica osteria dagli inizi del secolo scorso: lunghi tavoloni massicci, una lavagna con la selezione dei piatti del giorno, fragranti e caserecci.

PALAZZUOLO SUL SENIO – Firenze (FI) – 563 J16 – 1 198 ab. – alt. 437 m – ✉ 50035 — 32 C1

Roma 318 – Bologna 86 – Firenze 56 – Faenza 46

Locanda Senio

borgo dell'Ore 1 – ☎ 05 58 04 60 19 – www.locandasenio.com – Chiuso 7 gennaio-12 febbraio
8 cam – †80/135 € ††100/165 € – 2 suites
Rist *Locanda Senio* – vedere selezione ristoranti
Come cornice un caratteristico borgo medievale, come note salienti la cura, le personalizzazioni, la bella terrazza con piscina...insomma un soggiorno proprio piacevole.

Locanda Senio – Locanda Senio

borgo dell'Ore 1 – ☎ 05 58 04 60 19 – www.locandasenio.com – Chiuso 7 gennaio-12 febbraio, lunedì, martedì e mercoledì (escluso giugno-settembre)
Rist – *(solo a cena escluso sabato, domenica e giorni festivi)* Carta 38/59 €
Ci sono tanti locali che vantano una cucina del territorio, ma in questa locanda si fa della tradizione il proprio verbo! In una bella atmosfera familiare, Roberta vi proporrà i piatti forti della regione, accompagnandovi inoltre alla scoperta di ricette medievali rivisitate con passione.

PALERMO Sicilia P (PA) – 365 AP55 – 655 875 ab. Sicilia — 29 B2

Messina 235
Falcone-Borsellino per ④: 30 km ☎ 091 7020273
per Genova e Livorno – Grimaldi-Grandi Navi Veloci, call center 010 2094591
per Napoli, Genova e Cagliari – Tirrenia Navigazione, call center 892 123
piazza Castelnuovo 34 (si trasf. via Principe di Belmonte 90/92), ☎ 091 6 05 83 51, www.provincia.palermo.it/turismo/
Aeroporto Falcone Borsellino, ☎ 091 59 16 98

Palazzo dei Normanni★★★: Cappella Palatina★★★, Antichi Appartamenti Reali★★ AZ – Oratorio del Rosario di San Domenico★★★ BY **N2** – Oratorio del Rosario di Santa Cita★★★ BY **N1** – Chiesa di San Giovanni degli Eremiti★★ : chiostro★ AZ – Piazza Pretoria★★ BY – Piazza Bellini★★ BY : Martorana★★, San Cataldo★★ – Palazzo Abatellis★ : Galleria Regionale di Sicilia★★ CY **G** – Museo Internazionale delle Marionette★★ CY **M3** – Museo Archeologico★ : metope dei Templi di Selinunte★★, ariete★★ BY **M1** – Villa Malfitano★★ – Orto Botanico★★ CDZ – Catacombe dei Cappuccini★★ EV – Villa Bonanno★ AZ – Cattedrale★★ AYZ – Quattro Canti★ BY – Gancia : interno★ CY – Magione : facciata★ CZ – SanFrancesco d'Assisi★★ CY – Palazzo Mirto★ CY – Palazzo Chiaramonte★ CY – Santa Maria alla Catena★ CY **S3** – Galleria d'Arte Moderna★★ AX – Villino Florio★ EV **W** – San Giovanni dei Lebbrosi★ FV **Q** – La Zisa★ EV – Cuba★ EV

Monreale★★★ EV per ③ : 8 km – Grotte dell'Addaura★ EF

Piante pagine 812, 813, 814, 815

Grand Hotel Villa Igiea

salita Belmonte 43 ✉ 90142 – ☎ 09 16 31 21 11 – www.amthotels.it/villaigiea.it FVe
110 cam – †150/500 € ††160/520 € – 13 suites **Rist** – Carta 51/98 €
Imponente villa Liberty di fine '800, strategicamente posizionata sul golfo di Palermo e da sempre esclusivo ritiro per principi e regnanti. Nel ristorante le emozioni gastronomiche si mescolano a quelle artistiche con un dipinto di G. Boldini, che fa da sfondo ad una cucina eclettica e siciliana.

A
B
X
Y
Z
Catania
Via Siracusa
V. Messina
Via E. Parisi
Via XII Gennaio
Settembre
V. Marconi
Villafranca
V. Nicolò
Via Dante
Garzilli
S 113
V. della Libertà
V. G. Mazzini
La Lumia
V. Puglisi
Pza Nascé
Scinà
Piazza L. Sturzo
Via Emerico Amari
Principe di Belmonte
Via Stabile
Via Onorato
Scordia
Via Crispi
AIR TERMINAL
GALLERIA D'ARTE MODERNA
Via Ruggero Settimo
V. Principe Mariano
V. R. Pilo
Via Roma
Pza S. Oliva
Via Goethe
V. N. Turrisi
Via Volturno
Teatro Massimo
Pza Verdi
Cavour
S. Giorgio dei Genovesi
S. Cita
S. Domenico
Via Meli
V. Bandiera
S. Agostino
Via S. Agostino
Via Napoli
Via dei Candelai
Maqueda
Corso Alberto Amedeo
Papireto
QUATTRO CANTI
PZA PRETORIA
PZA BELLINI
MARTORANA
CATTEDRALE
Vittorio Emanuele
SS. Salvatore
S. Giuseppe ai Teatini
S. CATALDO
Pal. Marchesi
Chiesa d. Gesù
Pal. Comitini
Porta Nuova
VILLA BONANNO
PALAZZO DEI NORMANNI
CAPPELLA PALATINA
Piazza Indipendenza
Castro
Pza Ballarò
Chiesa d. Carmine
Mercato di Ballarò
Via Porta di Castro
Via Mongitore
S. GIOVANNI DEGLI EREMITI
Lav. in Corso
Parco D'Orléans
Corso Re Ruggero
V. d. Scienze
Corso Tukory
S. ANTONINO
Via Oreto
V. Maggiore Perni
V. G. Arcoleo
J
U
M

PALERMO
0
300 m
C
D
X
Y
Z
STAZIONE
MARITTIMA
PORTO
MOLO
SUD
GOLFO
DI
PALERMO
F.
Patti
TORRE MASTRA
LA CALA
Castello
Via
Cala
Porta Felice
Foro
Passeggiata delle Cattive
Palazzo
Branciforti-Butera
Butera
Umberto I°
57
109
Emanuele
Pza Marina
Giardino
Garibaldi
a
b
PALAZZO
CHIARAMONTE
PAL.
MIRTO
85
147
G
S. FRANCESCO
D'ASSISI
La
Gancia
Alloro
Porta dei Greci
Pza
d. Kalsa
Foro
96
Via
Pza
Magione
141
S. Maria
d. Spasimo
136
34
7
117
P
Pza
d. Spasimo
Lincoln
Umberto I°
VILLA GIULIA
La
Magione
Via
ORTO
BOTANICO
Pza
Tumminello
GIARDINO
TROPICALE
Corso
Lincoln
P
P
V.
Via
U
Via Ponte di Mare
Via
AIR TERMINAL
Pza
Giulio Cesare
CENTRALE
dei
Via G. F. Ingrassia
Archirafi
Segno
a
Oreto
Tiro
Via
Cipolla
Mille
V. S. Boccone
S 113
C
D

PALERMO
0
1 km
MONDELLO
Vle Principe di Scalea
Pza Valdesi
Viale Galatea
PARTANNA
Vle dell'Olimpo
PALAZZETTO DELLO SPORT
V. Venere
Viale Margherita di Savoia
Lungomare
PUNTA DI PRIOLA
GOLFO
DI
PALERMO
Cristoforo
Colombo
Via Monte Ercta
MONTE
PELLEGRINO
SANTUARIO DI STA ROSALIA
VERGINE MARIA
CIMITERO DEI ROTOLI
Via Pietro Bonanno
CASTELLO UTVEGGIO
ARENELLA
Via Papa Sergio I
Partanna
Castelforte
VELODROMO P. BORSELLINO
PALLAVICINO
PATTI
A 29: AEROPORTO, TRAPANI
A 29
Pza Niscemi
PARCO
DELLA
FAVORITA
Viale Diana
Ercole
Vle del Fante
S. LORENZO
S. Lorenzo
Vle Strasburgo
Viale della Regione Siciliana
RESUTTANA
V. Trabucco
CRUILLAS
Vle Diana
FIERA DEL MEDITERRANEO
ACQUASANTA
V. S. Gulì
Lazio
V. G. Sciuti
V. della Libertà
Viale Michelangelo
Via Badia
V. Casalini
UDITORE
Via Leonardo da Vinci
V. Serradifalco
Via Noce
V. G. Evang. di Blasi
Dante
PORTO
LIVORNO, GENOVA
NAPOLI, CAGLIARI
USTICA
PARTINICO
BOCCADIFALCO
ALTARELLO
Pal della Zisa
CATACOMBE DEI CAPPUCCINI
PAL. DEI NORMANNI
Via Giuseppe Pitrè
Vle della Regione Siciliana
Corso Calatafimi
CUBA
Co dei Mille
ROMAGNOLO
S 113
Via Sperone
Via Ernesto Basile
Oreto
Via Oreto
V. Brancaccio
Via E. Giafar
TRAPANI MONREALE
S 186
SCIACCA
S 624
S 121 AGRIGENTO
A 19: CATANIA, MESSINA
E
F
U
V
1
2
3
4
78
92
74
87
44
114
116
47
15
40
66
3
50
4
70
83
45
61
17
88
41
54
100
19
80
77
72
d
b
e
M
X
V
W
H

INDICE DELLE STRADE DI PALERMO

Albergheria (V.) BZ 2
Alloro (V.) CY
Al-Sadat (V. A.) FV 3
Amari (V. E.) BX
Amedeo (Cso A.) AYZ
Ammiraglio Rizzo (V. L.) FV 4
Aragona (Pza) CY 6
Aragona (V.) CY 7
Archimede (V.) AX 9
Archirafi (V.) CZ
Arcoleo (V. G.) BZ
Ballarò (Pza) BZ
Bandiera (V.) BY
Beati Paoli (Piazza) AY 124
Beati Paoli (V.) AY 10
Bellini (Pza) BY
Benedettini (V. d.) AZ 12
Boccone (V. S.) CZ
Bologni (Pza) BYZ 13
Brigata Verona (V.) EV 15
Butera (V.) CY
Calatafimi (Cso) AZ 16
Cala (V.) CY
Candelai (V. d.) BY
Cantieri (V. dei) FV 17
Cappuccinelle (V. d.) AY 20
Cappuccini (V.) AZ, EV 19
Caracciolo (Pza) BY 22
Carini (V. I.) AX 24
Carmine (Pza d.) BZ 25
Cassari (V.) BCY 28
Cassa di Risparmio (Pza) BY 27
Castello (Pza) BCY
Castelnuovo (Pza) AX 30
Catania (V.) AX
Cattedrale (Pza d.) AZ 31
Cavalieri di Malta (Largo) BY 33
Cavour (V.) BXY
Cervello (V.) CY 34
Cipolla (V.) CZ
Cluverio (V.) AY 67
Collegio di Maria (V.) BX 36
Colonna Rotta (V.) AZ 37
Crispi (V.) BX
Croce dei Vespri (Pza d.) BY 39
Croce Rossa (V.) EUV 40
Dalla Chiesa (V. C. A.) FV 41
Dante (V.) AX
Divisi (V.) BZ
Donizetti (V. G.) ABY 43
Don Sturzo (Pza) ABX
Duca degli Abruzzi (Viale) EU 44
Duca della Verdura (V.) FV 45
Empedocle Restivo (V.) EV 47
Errante (V. V.) BZ 49
Favorita (V. della) FUV 50
Filiciuzza (V.) ABZ 52
Finocchiaro Aprile (Cso C.) AY, EV 54
Fonderia (Pza) CY 57
Galatea (Viale) EU
Garibaldi (V.) CZ 58
Garzilli (V. N.) AX
Generale Cadorna (V.) AZ 59
Giachery (Pza) FV 61
Giudici (Discesa d.) BY 63
Giulio Cesare (Pza) CZ
Goethe (V.) AY
Imperatore Federico (V.) FV 66
Indipendenza (Pza) AZ
Ingrassia (V. G. F.) CZ
Kalsa (Pza d.) CY
Latini (V. B.) AX 69
La Lumia (V. I.) AX
Libertà (V. d.) AX
Lincoln (V.) CZDY
Maggiore Perni (V.) BZ
Magione (Pza d.) CYZ
Maqueda (V.) BYZ
Marchese di Villabianca (V.) FV 70
Marconi (V.) AX
Maresciallo Diaz (V.) FV 72
Margherita di Savoia (Viale) EU
Marina (Pza) CY
Marino (V. S.) BZ 73
Mater Dolorosa (V.) EU 74
Mazzini (V. G.) AX
Meccio (V. S.) AX 75
Meli (V.) BY
Messina Marine (V.) FV 77
Messina (V.) AX
Mille (Cso d.) CZ
Mondello (V.) EU 78
Mongitore (V. A.) ABZ
Montegrappa (V.) FV 80
Monteleone (V.) BY 82
Monte Pellegrino (V.) FV 83
Mosca (V. G.) AZ 84
Mura del Cattive (Salita) CY 85
Museo Etnografico (Vle) EU 87
Napoli (V.) BY
Nascé (Pza) AX
Notarbartolo (V. E.) EFV 88
Onorato (V.) BX
Oreto (V.) BZ
Orleans (Pza) AZ 90
Orologio (V.) BY 91
Palme (Viale delle) EU 92
Papireto (V.) AYZ
Parisi (V. E.) AX
Paternostro (V. A.) BCY 96
Paternostro (V. P.) AX 97
Patti (V. F.) BCX
Peranni (Pza D.) AY 99
Piazza Michele (V.) EV 100
Pignatelli d'Aragona (V.) AY 102
Pilo (V. R.) BXY
Pisani (Cso P.) AZ 103
Ponte di Mare (V.) DZ
Ponticello (V.) BZ 105
Porta di Castro (V.) ABZ
Porta Montalto (Pza) AZ 106
Porta S. Agata (V.) BZ 108
Porto Salvo (V.) CY 109
Pretoria (Pza) BY
Principe di Belmonte (V.) BX
Principe di Scordia (V.) BX
Principe Granatelli (V.) ABX 111
Puglisi (V.) AX
Quattro Canti (Pza Vigliena) BY
Rao (V. C.) CZ
Resurrezione (V. della) EU 114
Resuttana (V.) EU 116
Rivoluzione (Pza) CZ 117
Roma (V.) BXCZ
Ruggero Settimo (Pza) AX 118
Ruggero Settimo (V.) AXY
Sammartino (V.) AX 138
S. Francesco di Paola (Pza) AY 127
Scienze (V. d.) AZ
Sciná (V.) BX
Scuole (V. d.) AZ 139
Siracusa (V.) AX
Spasimo (Pza d.) CYZ
Spasimo (V. d.) CY 141
Spirito Santo (V. d.) ABY 142
Squarcialupo (V.) BY 144
Stabile (V. M.) AYBX
Stazzone (Pza) AZ 145
S. Agata (V.) AY 120
S. Agostino (V.) AYZ
S. Anna (Pza) BY 121
S. Antonino (Pza) BZ 123
S. Domenico (Pza) BY 126
S. Francesco d'Assisi (Pza) CY 129
S. Giorgio dei Genovesi (Pza) BY 130
S. Giovanni Decollato (Piazzetta) AZ 132
S. Isidoro alla Guilla (Pza) AY 133
S. Oliva (Pza) AX
S. Orsola (Vicolo) BZ 134
S. Sebastiano (V.) BY 135
S. Teresa (V.) CY 136
Tiro a Segno (V.) DZ
Torremuzza (V.) CY 147
Tukory (Cso) ABZ
Tumminello (Pza) DZ
Turrisi Colonna (V.) AX 148
Turrisi (V. N.) AY
Umberto I (Foro) CDYZ
Valverde (V.) BY 149
Verdi (Pza) ABY
Villafranca (V.) AX
Virgilio (Pza) AX 150
Vittoria (Pza d.) AZ 151
Vittorio Emanuele (V.) AZCY
Volturno (V.) AY
XIII Vittime (Pza) BX 153
XII Gennaio (V.) AX
XX Settembre (V.) AX

Centrale Palace Hotel cam, VISA

corso Vittorio Emanuele 327 ✉ *90134* – ✆ *0 91 33 66 66* – *www.angalahotels.it* – *Chiuso 13-17 gennaio e 4-18 agosto* BY**b**

100 cam – 70/130 € 100/150 € – 2 suites

Rist – (*solo a cena*) Carta 28/60 € (+14 %)

Si respira un fascino d'epoca in questa nobile dimora settecentesca, ma dietro a questa cortina c'è un hotel che offre tecnologia moderna in ogni ambiente. Nuova palestra con piccola sauna. Piccola sala all'ultimo piano e terrazza panoramica per l'estate; la cucina, rivisitata, è a base di soli prodotti locali.

Grand Hotel Wagner senza rist VISA

via Wagner 2 ✉ *90139* – ✆ *0 91 33 65 72* – *www.grandhotelwagner.it* BX**f**

58 cam – 100/280 € 200/380 € – 3 suites

Sorto nel 1921 come palazzo nobiliare, stucchi, boiserie ed affreschi ne ripropongono lo stile sontuoso e neobarocco. Amanti del minimalismo: astenersi!

Principe di Villafranca

via G. Turrisi Colonna 4 ✉ 90141 – ☎ 09 16 11 85 23 – www.principedivillafranca.it AXd

32 cam – 90/253 € 100/297 € **Rist** – Carta 40/50 €

Nel cuore di Palermo, la nuova raffinata classicità delle camere, nonché dei suoi saloni e del bar – decorati con capolavori dei mobilieri siciliani e quadri d'antiquariato – avvolge l'ospite in una suggestiva atmosfera di casa nobiliare di altri tempi.

Excelsior Hilton Palermo

via Marchese Ugo 3 ✉ 90141 – ☎ 09 17 90 90 01 – www.hilton.com FVb

113 cam – 90/230 € 105/260 €, 15 € – 6 suites **Rist** – Carta 37/51 €

In un elegante quartiere tra lussureggianti giardini ed eleganti negozi, albergo aperto nel 1891 e tutt'oggi ai vertici della migliore hôtellerie cittadina.

Porta Felice

via Butera 45 ✉ 90133 – ☎ 09 16 17 56 78 – www.hotelportafelice.it

30 cam – 75/150 € 95/190 € – 3 suites CYb

Rist – Carta 30/45 €

Quando l'antico incontra il moderno: in un bel palazzo del '700, camere spaziose con arredi design ed un'attrezzata area benessere. A darvi il buongiorno, la suggestiva sala colazioni nel roof garden con vista sulla Palermo vecchia.

Massimo Plaza Hotel senza rist

via Maqueda 437 ✉ 90133 – ☎ 0 91 32 56 57 – www.massimoplazahotel.com

15 cam – 90/145 € 100/180 € BYe

Di fronte al Teatro Massimo, l'attenzione è protesa a creare un ambiente elegante e in stile, armonioso nei colori e ricercato nei particolari. Moderno e di classe.

Tonic senza rist

via Mariano Stabile 126 ✉ 90139 – ☎ 0 91 58 17 54 – www.hoteltonic.it

39 cam – 59/150 € 59/220 € BXg

In un edificio del XIX secolo, in comoda posizione nel centro storico della località, una gestione cortese ed efficiente propone camere molto spaziose e confortevoli spazi comuni.

Quintocanto

corso Vittorio Emanule 310 ✉ 90132 – ☎ 0 91 58 49 13 – www.quintocantohotel.com BYf

20 cam – 105/125 € 140/159 €

Rist *Officina del Gusto Bye Bye Blues* – vedere selezione ristoranti

In pieno centro storico, hotel ricavato in un'ala di un palazzo cinquecentesco: camere di moderna eleganza e graziosa zona beauty con piccola piscina relax.

Posta senza rist

via Antonio Gagini 77 ✉ 90133 – ☎ 0 91 58 73 38 – www.hotelpostapalermo.it

30 cam – 60/90 € 60/125 € BYc

Gestito da oltre ottant'anni dalla stessa famiglia e spesso frequentato da attori che recitano nel vicino teatro, l'hotel è sermpre un valido indirizzo di riferimento in città. Camere curate e graziosa sala colazioni.

Letizia senza rist

via Bottai 30 ✉ 90133 – ☎ 0 91 58 91 10 – www.hotelletizia.com CYa

13 cam – 40/124 € 50/180 € – 1 suite

Piccolo accogliente hotel dalla calda gestione familiare. L'esterno è piuttosto anonimo ma al suo interno nasconde graziose camere alle quali si accede per una breve rampa di scale.

La Scuderia

viale del Fante 9 ✉ 90146 – ☎ 0 91 52 03 23 – Chiuso 13-24 agosto e domenica

Rist – Carta 38/65 € EUx

Ristorante nel cuore del Parco della Favorita, una spaziosa sala idealmente divisa da più colonne e servizio all'aperto tra pini e bouganville. Storico il locale, della tradizione la cucina.

XX **Lo Scudiero**

via Turati 7 ✉ 90139 – ✆ 0 91 58 16 28 – Chiuso 2 settimane in agosto e domenica AX**c**

Rist – (consigliata la prenotazione) Carta 35/68 €

Attento e garbato il personale ben si destreggia in questo elegante ristorante del centro, sempre molto apprezzato dalla clientela locale: un ambiente vivace dove gustare pesce fresco e tradizione.

XX **Bellotero**

via Giorgio Castriota 3 ✉ 90139 – ✆ 0 91 58 21 58 – Chiuso 10-25 agosto e lunedì FV**d**

Rist – (consigliata la prenotazione la sera) Carta 32/56 €

Al piano interrato di un palazzo, alle pareti un'esposizione di opere d'arte contemporanea, dalla cucina le maggiori ricette siciliane, di mare così come di terra. Tra le nostre preferite: la pasta alla Norma.

XX **Sapori Perduti**

via Principe di Belmonte 32 ✉ 90139 – ✆ 0 91 32 73 87 – www.saporiperduti.com – Chiuso domenica sera e lunedì BX**d**

Rist – Menu 52/65 € – Carta 41/77 €

Ovunque, in sala, un pizzico di design moderno; qualche licenza di fantasia anche in cucina dove, accanto ai piatti della tradizione si trovano creazioni originali semplici ma gustose.

XX **Osteria dei Vespri**

piazza Croce dei Vespri 6 ✉ 90133 – ✆ 09 16 17 16 31 – www.osteriadeivespri.it – Chiuso domenica BY**a**

Rist – (consigliata la prenotazione) Menu 35 € (pranzo)/80 € – Carta 54/94 €

Uno dei saloni è stato immortalato in una storica pellicola cinematografica; anche la cucina è immutata, sempre al passo coi tempi, con proposte moderne a partire da prodotti locali.

XX **Officina del Gusto Bye Bye Blues** – Hotel Quintocanto

corso Vittorio Emanule 316 ✉ 90132 – ✆ 09 16 11 66 78 – www.officinabyebyeblues.com – Chiuso martedì BY**g**

Rist – Menu 40 € – Carta 32/62 €

Locale di tendenza e à la page: se l'arredo moderno si rifà in un certo senso allo stile "bistrot", la cucina richiama i sapori dell'isola con rivisitazioni contemporanee.

X **Santandrea**

piazza Sant'Andrea 4 ✉ 90133 – ✆ 0 91 33 49 99 – www.ristorantesantandrea.eu – Chiuso domenica BY**d**

Rist – (consigliata la prenotazione) Carta 26/49 €

Legno e pietre a vista in un'accogliente oasi nel caotico, pittoresco mercato della Vucciria; i piatti della tradizione regionale riflettono la tipicità dell'ubicazione.

X **Trattoria Biondo**

via Carducci 15 ✉ 90141 – ✆ 0 91 58 36 62 – www.trattoriabiondo.com – Chiuso 10 agosto-10 settembre e mercoledì AX**a**

Rist – Menu 39 € – Carta 33/58 € (+10 %)

Nei pressi del teatro Politeama, questa semplice ed accogliente trattoria propone gustose specialità regionali e molto pesce. In stagione, piatti a base di funghi.

a Mondello Ovest: 11 km – ✉ 90151

XX **Bye Bye Blues** (Patrizia Di Benedetto)

via del Garofalo 23 – ✆ 09 16 84 14 15 – www.byebyeblues.it – Chiuso novembre, domenica sera e lunedì EU**d**

Rist – *(solo a cena escluso i giorni festivi)* Menu 60/70 € – Carta 43/76 €

➜ Pasta con le sarde "Bye Bye Blues". Ricciola in crosta di mandorle ed emulsione di ricci di mare. Cagliata al gelsomino su gelo di anguria e meringhe alla cannella.

Un televisore piatto in sala mostra in diretta i gustosi e curati piatti elaborati in cucina da Patrizia, che riscopre la tradizione regionale, arricchendola con fantasia. In un ambiente moderno e minimalista - tra tanti vini al bicchiere - sarà facile dire "addio" alla malinconia.

a Borgo Molara per ③ : 8 km – ✉ 90100 Palermo

Baglio Conca d'Oro
via Aquino 19 c/d – ✆ 09 16 40 62 86 – www.baglioconcadoro.com – Chiuso agosto
27 cam – 70/90 € 90/120 €
Rist – *(solo a cena)* (consigliata la prenotazione) Carta 26/64 €
Situato nella periferia di Palermo, l'antica corte accentra intorno a sè il passato e la memoria di questo hotel di classe e di eleganza, sorto sulle ceneri di una cartiera settecentesca. Arredi d'epoca nelle camere. Ristorante di austera raffinatezza d'altri tempi, in armonia con la struttura che lo ospita.

PALINURO – Salerno (SA) – 564 G27 – ✉ 84064 — 7 D3

Roma 376 – Potenza 173 – Napoli 170 – Salerno 119

piazza Virgilio, ✆ 0974 93 81 44, www.turismoinsalerno.it

Grand Hotel San Pietro
corso Carlo Pisacane – ✆ 09 74 93 14 66 – www.grandhotelsanpietro.com – Aperto 1° aprile-31 ottobre
48 cam – 96/190 € 116/230 € – 1 suite **Rist** – Carta 36/83 €
Camere spaziose ed un'esclusiva suite con grande vasca idromassaggio interna, in una bella struttura la cui ubicazione offre un'impareggiabile vista su Tirreno e costa cilentina.

Santa Caterina
via Indipendenza 53 – ✆ 09 74 93 10 19 – www.albergosantacaterina.com – Aperto 1° aprile-31 ottobre
27 cam – 70/170 € 85/190 €
Rist – *(aperto 1° giugno-31 ottobre)* Carta 29/68 €
Un rinnovo radicale per un risultato ottimale, così oggi l'hotel appare moderno e al passo coi tempi, ma nel rispetto della propria storia. Bella vista dalle camere. Affidabile ristorante con ampi scorci sul paesaggio.

La Conchiglia
via Indipendenza 52 – ✆ 09 74 93 10 18 – www.hotellaconchiglia.it
28 cam – 60/140 € 80/200 € – 2 suites
Rist – *(aperto solo sabato e domenica in novembre-marzo)* Carta 22/58 €
Hotel di taglio moderno, completamente ristrutturato, ubicato in pieno centro. Spazi comuni completi, camere spaziose, arredi di qualità e una bella terrazza vista mare.

Lido Ficocella
via Ficocella 51 – ✆ 09 74 93 10 51 – www.lidoficocella.com – Aperto Pasqua-31 ottobre
31 cam – 40/45 € 70/80 € **Rist** – Menu 20 €
Albergo familiare, situato ancora in centro, rispetto alla località, ma al contempo appartato e direttamente sulla scogliera che scende all'omonima spiaggetta.

Da Carmelo con cam
località Isca, Est : 1 km – ✆ 09 74 93 11 38 – www.dacarmelo.it
7 cam – 30/60 € 60/120 €
Rist – *(chiuso dicembre, gennaio e lunedì escluso aprile-settembre)* Carta 39/61 €
Al confine della località, lungo la statale per Camerota, il ristorante propone una gustosa cucina di mare, basata su ottime materie prime.

Da Isidoro
via Indipendenza 56 – ✆ 09 74 93 10 43 – Aperto 15 marzo-15 ottobre
Rist – Carta 20/50 €
Trattoria ruspante, la cui cucina propone piatti della tradizione locale ed una specialità della casa: la *Vicciatella della Nonna* (un misto di verdure e al centro una frisella di pane su cui si dispone - a piacere - un uovo, o la scamorza, oppure delle alici marinate).

PALLANZA – Verbano-Cusio-Ossola (VB) – 561 E7 – Vedere Verbania

---

PALLEUSIEUX – Aosta (AO) – Vedere Pré Saint Didier

PALMANOVA – Udine (UD) – 562 E21 – 5 453 ab. – alt. 27 m – ✉ 33057 — 11 C3

Roma 612 – Udine 31 – Gorizia 33 – Grado 28

Ai Dogi rist,

piazza Grande 11 – ✆ 04 32 92 39 05 – www.hotelaidogi.it
14 cam – †66/72 € ††86/95 €
Rist – *(chiuso 24-30 dicembre e domenica sera) (solo per alloggiati)*
Carta 20/36 €
Accanto alla cattedrale, piccolo albergo di recente apertura dagli ambienti raccolti e sobriamente arredati: camere di taglio classico-elegante dotate di ogni confort.

PALMI – Reggio di Calabria (RC) – 564 L29 – 19 320 ab. – alt. 228 m – ✉ 89015 Italia Centro-Sud — 5 A3

Roma 668 – Reggio di Calabria 49 – Catanzaro 122 – Cosenza 151

De Gustibus-Maurizio

viale delle Rimembranze 58/60 – ✆ 0 96 62 50 69 – Chiuso 2 settimane in settembre, domenica e lunedì escluso 15 luglio-30 agosto
Rist – *(solo a cena in agosto)* Carta 36/49 €
Ristorante del centro, nei decori l'omaggio alla città e ad alcuni personaggi illustri, nel piatto l'inno ai frutti della pesca. Carta a voce, illustrata dal titolare.

PALÙ – Trento (TN) – Vedere Giovo

PANAREA Sicilia – Messina (ME) – 365 AZ52 – Vedere Eolie (Isole)

PANCHIÀ – Trento (TN) – 562 D16 – 764 ab. – alt. 981 m – Sport invernali : Vedere Cavalese (Comprensorio sciistico Val di Fiemme-Obereggen) – ✉ 38030 — 34 D3

Roma 656 – Bolzano 50 – Trento 59 – Belluno 84

via Nazionale 32, ✆ 0462 81 50 05, www.visitfiemme.it

Castelir Suite Hotel senza rist

via Nazionale 57 – ✆ 04 62 81 00 01 – www.castelir.it – Aperto 1° dicembre-5 aprile e 1° giugno-25 settembre
7 cam – †98/140 € ††140/240 € – 2 suites
Lo spazio come prerogativa del lusso: camere enormi con stufe d'epoca e accesso diretto sul parco per questo albergo in legno d'abete costruito secondo i dettami della biodinamica. Protagonista indiscussa, la natura.

PANDINO – Cremona (CR) – 561 F10 – 9 147 ab. – alt. 85 m – ✉ 26025 — 19 C2

Roma 556 – Bergamo 36 – Cremona 52 – Lodi 12

a Nosadello Ovest : 2 km – ✉ 26025 Pandino

Volpi

via Indipendenza 36 – ✆ 0 37 39 01 00 – Chiuso 1°-15 gennaio, agosto, domenica sera e lunedì
Rist – Menu 10 € (pranzo in settimana)/30 € – Carta 28/45 €
Un locale elegante ricavato all'interno di un edificio d'epoca, ideale per cene importanti nelle comode salette interne oppure in veranda.

PANICALE – Perugia (PG) – 563 M18 – 5 983 ab. – alt. 431 m – ✉ 06064 Italia Centro-Nord — 35 A2

Roma 158 – Perugia 39 – Chianciano Terme 33

Lamborghini località Soderi 1, 075 837582, www.lamborghinionline.it

Villa le Mura senza rist

località Villa le Mura 1, Nord-Est : 1 km – ✆ 34 85 85 25 28 – www.villalemura.com – Aperto 1° aprile-31 ottobre
6 cam – †100/120 € ††120/140 €
Grande villa nobiliare, contornata da un curato giardino fiorito e avvolta da un parco secolare. All'interno ambienti di notevole fascino, saloni sontuosi e camere affrescate.

verso Montali – ✉ 06068 Panicale

Villa di Monte Solare – Country House 
via Montali 7, località Colle San Paolo, Est : 11 km – *✆ 07 58 35 58 18* – *www.villamontesolare.com* rist,
15 cam ☕ – 🚹140/155 € 🚹🚹210/290 € – 10 suites
Rist – *(solo a cena)* Carta 43/61 €
All'interno di un'area sottoposta a vincolo paesaggistico e archeologico, una villa patrizia di fine '700 e annessa fattoria; elevata ospitalità e cura dei particolari. Accogliente sala da pranzo riscaldata da un bel camino; gustosi piatti del territorio.

Agriturismo Montali 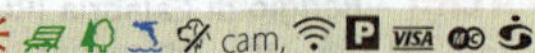 cam,
via Montali 23, località Montali, Nord-Est : 15 km – *✆ 07 58 35 06 80* – *www.montalionline.com* – *Aperto 15 aprile-15 ottobre*
9 cam – solo ½ P 110 €
Rist – *(solo a cena)* (prenotazione obbligatoria) Menu 50 €
Chilometri di strada panoramica non asfaltata e, con una vista che spazia sul Lago Trasimeno, il basso senese e il perugino, un complesso rurale in posizione isolata.

PANNESI – **Genova (GE)** – **Vedere Lumarzo**

PANTELLERIA (Isola di) ★★ **Sicilia** – **Trapani (TP)** – **365** AG62 **29** A3
– **7 442 ab.** Sicilia

Sud-Est : 4 km ✆ 0923 911398

per Trapani – Siremar, call center 892 123

Entroterra★★ – Montagna Grande★★ sud-est: 13 km

Giro dell'isola in auto★★ e in barca★★

PANTELLERIA (TP) – **565** Q17 – ✉ **91017** **29** A3

Zubebi Resort Ⓝ 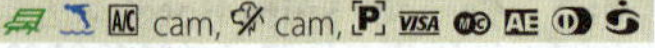 cam, cam,
Contrada Zubebi – *✆ 09 23 91 36 53* – *www.zubebi.it* – *Aperto 15 maggio-15 ottobre*
8 cam ☕ – 🚹150/290 € 🚹🚹150/290 €
Rist – *(solo a cena)* (consigliata la prenotazione) Carta 35/61 €
In una vasta e quieta proprietà dove la macchia mediterranea fa da sfondo ai tipici dammusi che costituiscono l'albergo, il ristorante è in un giardino arabo molto pittoresco. Assolutamente da non perdere: l'aperitivo sul tetto con il tramonto sullo sfondo!

Al Tramonto Ⓝ 
C.da Scauri Basso 12/a (loc. Penna) – *✆ 34 95 37 20 65* – *www.ristorantealtramonto.it* – *Aperto 15 maggio-15 ottobre*
Rist – Carta 37/50 €
Ristorante con una romantica terrazza da cui ammirare il tramonto, magari sorseggiando un aperitivo, in attesa delle specialità pantesche riproposte in chiave moderna.

La Nicchia 
a Scauri Basso – *✆ 09 23 91 63 42* – *www.lanicchia.it* – *Aperto 10 aprile-30 ottobre*
Rist – *(solo a cena)* Carta 29/73 €
Un locale semplice, ma ben tenuto dove provare specialità marinare tipiche, nelle sale interne con arredi essenziali o all'esterno, sotto un delizioso pergolato.

Osteria il Principe e il Pirata Ⓝ 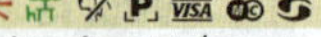
a Punta Karace 7 – *✆ 09 23 69 11 08* – *www.principeepirata.it* – *Aperto da inizio aprile a fine ottobre; chiuso lunedì escluso 1° luglio-15 settembre*
Rist – 35 € (cena) – Carta 37/44 €
In una tipica casa isolana con una grande terrazza vista mare e arredi rustici, la cucina, curata personalmente dalla titolare, è attenta già dalla scelta delle materie prime. Specialità siciliane.

TRACINO (TP) – **565** Q18 – ✉ 91017 Pantelleria **29** A3

Pantelleria Dream cam, cam,

Contrada Tracino loc. Kania – ☎ 09 23 69 11 45 – www.pantelleriadreamresort.it – Aperto 1° maggio-31 ottobre

46 cam – †162/336 € ††270/560 €

Rist – *(solo a cena) (solo per alloggiati)* Carta 46/56 €

Nella suggestiva macchia mediterranea, affacciate sul mare, tipiche costruzioni pantesche con il caratteristico patio offrono un sobrio confort per soggiorni all'insegna del relax.

PANTIERE – **Pesaro e Urbino (PU) – Vedere Urbino**

PANZA – **Napoli (NA) – Vedere Ischia (Isola d') : Forio**

PANZANO – **Firenze (FI)** – **563** L15 – **Vedere Greve in Chianti**

PARABIAGO – **Milano (MI)** – **561** F8 – **26 952 ab. – alt. 184 m – ✉ 20015** **18** A2

Roma 598 – Milano 21 – Bergamo 73 – Como 40

Da Palmiro

via del Riale 16 – ☎ 03 31 55 20 24 – www.ristorantedapalmiro.it – Chiuso 1°-7 gennaio, 12-18 agosto, domenica sera, lunedì

Rist – Carta 43/59 €

In posizione centrale, una vera chicca per gli amanti della cucina di mare: ampia scelta e grande varietà anche sul crudo. Non manca qualche piatto stagionale, di terra.

PARADISO – **Udine (UD) – Vedere Pocenia**

PARAGGI – **Genova (GE)** – **561** J9 – ✉ **16038** Liguria **15** C2

Roma 484 – Genova 35 – Milano 170 – Rapallo 7

Eight Paraggi rist,

via Paraggi a Monte 8 – ☎ 01 85 28 99 61 – www.paraggieighthotels.it – Aperto 1° aprile-31 ottobre

12 cam – †360 € ††480 € – 1 suite **Rist** – Carta 33/73 €

In una delle baie più esclusive della Penisola - tra Portofino e S. Margherita - spazi comuni ridotti, ma signorili, e camere ineccepibili dal punto di vista del confort. Splendida location sul mare.

Argentina

via Paraggi a Monte 56 – ☎ 01 85 28 67 08 – www.hotelargentinaportofino.com – Chiuso 8 gennaio-31 marzo e 4 novembre-5 dicembre

12 cam – †80/140 € ††110/180 € **Rist** – Carta 33/59 €

A pochi passi dal mare, l'interessante rapporto qualità/prezzo fa di lui una simpatica alternativa ai più impegnativi alberghi della zona: semplicità, ma buoni confort e, al ristorante, gustose specialità della tradizione ligure.

PARCINES (PARTSCHINS) – **Bolzano (BZ)** – **562** B15 – **3 533 ab. – alt. 626 m – ✉ 39020** **33** B2

Roma 674 – Bolzano 35 – Merano 8 – Milano 335

via Spauregg 10, ☎ 0473 96 71 57, www.suedtirol.info

a Rablà (Rabland) **Ovest : 2 km – ✉ 39020**

Hanswirt

piazza Gerold 3 – ☎ 04 73 96 71 48 – www.hanswirt.com – Aperto 8 dicembre-20 gennaio e 20 marzo-15 novembre

21 cam – †95/160 € ††170/220 € – 5 suites

Rist *Hanswirt* – vedere selezione ristoranti

Uno dei pochi alberghi storici di tutto l'Alto Adige, questa recente struttura nata dall'ampliamento di un bell'edificio antico va ad arricchire l'offerta dell'omonimo ristorante. Ampi spazi e camere eleganti.

Roessl cam,

via Venosta 26 – 04 73 96 71 43 – www.roessl.com
– Chiuso 10 dicembre-10 febbraio
29 cam – 60/85 € 120/240 € – 3 suites **Rist** – Carta 31/68 €
Decorato e sito lungo la via principale, con molte stanze affacciate sui frutteti, albergo con buone attrezzature e piacevole giardino con piscina. Specialità sudtirolesi, in sala o immersi nell'ambiente tipico delle stube.

XX **Hanswirt** – Hotel Hanswirt

piazza Gerold 3 – 04 73 96 71 48 – www.hanswirt.com
– Aperto 8 dicembre-6 gennaio e 20 marzo-15 novembre
Rist – Carta 33/80 €
Ricavato all'interno di un antico maso, stazione di posta, un locale elegante e piacevole, dall'ambiente caldo e tipicamente tirolese.

PARCO NAZIONALE D'ABRUZZO – L'Aquila-Isernia-Frosinone – 563 Q23

Italia

PARETI – Livorno (LI) – Vedere Elba (Isola d') : Capoliveri

PARGHELIA – Vibo Valentia (VV) – 564 K29 – 1 348 ab. – 89861 5 A2

Roma 600 – Reggio di Calabria 106 – Catanzaro 87 – Cosenza 117

Panta Rei

località Marina di San Nicola, Nord-Est : 2 km – 09 63 60 18 65
– www.hotelpantarei.com – Aperto 1° maggio-30 settembre
21 cam – 160/320 € 200/520 € – 3 suites
Rist – *(solo per alloggiati)* Menu 40/140 €
Esclusiva e lussuosa residenza in pietra con accesso diretto ad una spiaggetta privata. Camere spaziose e confortevoli, tutte con terrazza. Romantiche cene sulla terrazza e pranzi a buffet in riva al mare.

PARMA P (PR) – 562 H12 – 186 690 ab. – alt. 57 m Italia Centro-Nord 8 A3

Roma 458 – Bologna 96 – Brescia 114 – Genova 198
Giuseppe Verdi via dell'Aeroporto 44/a 0521 95151
via Melloni 1/A, 0521 21 88 89, www.turismo.comune.parma.it
18 La Rocca via Campi 8, 0521 834037, www.golflarocca.com – chiuso 20 giorni in gennaio e lunedì

Manifestazioni locali

02.03-10.03 : mercantinfiera primavera (mostra internazionale di modernariato)
06.05-09.05 : cibus (salone internazionale dell'alimentazione)

Complesso Episcopale★★★ CY : Duomo★★, Battistero★★★ **A** – Galleria nazionale★★, teatro Farnese★★ BY – Chiesa di San Giovanni Evangelista★ CYZ – Camera di S. Paolo★ CY – Fondazione-Museo Glauco Lombardi★ BY **M1** – Affreschi★ del Parmigianino nella chiesa della Madonna della Steccata BZ **E** – Parco Ducale★ ABY

Reggia di Colorno: 15 km nord

Piante pagine seguenti

Grand Hotel de la Ville

largo Piero Calamandrei 11, (Barilla Center) 43121
– 05 21 03 04 – www.grandhoteldelaville.it CZa
107 cam – 135/330 € 165/350 € – 3 suites
Rist – *(chiuso agosto)* Carta 30/51 €
Elegante hall con spazi e luci d'avanguardia per questa risorsa ricavata da un ex pastificio, riprogettato all'esterno da Renzo Piano. Ottima insonorizzazione nelle belle camere dagli arredi più classici. Ristorante con proposte di ogni origine: ricette parmigiane, elaborazioni classiche e specialità di pesce.

Stendhal senza rist

piazzetta Bodoni 3 ✉ 43121 – ✆ 05 21 20 80 57 – www.hotelstendhal.it

67 cam ☕ – 🚹84/210 € 🚹🚹100/320 € BYr

Nel cuore di Parma, in un'area cortilizia dell'antico Palazzo della Pilotta, una piacevole struttura con camere variamente decorate, dallo stile veneziano al Luigi XIII. Al primo piano, invece, nuove stanze dall'arredo più moderno.

Farnese

via Reggio 51/a, per via Reggio ✉ 43126 – ✆ 05 21 99 42 47 – www.farnesehotel.it BYj

76 cam ☕ – 🚹79/395 € 🚹🚹89/395 €

Rist *51/A Restaurant* – vedere selezione ristoranti

Moderno complesso totalmente rinnovato negli ultimi anni, la cui posizione strategica - a pochi metri dalla tangenziale - consente di raggiungere agevolmente stazione, aeroporto e fiera.

Button senza rist

via della Salina 7 ✉ 43121 – ✆ 05 21 20 80 39 – www.hotelbutton.it – Chiuso 23 dicembre-2 gennaio e 18 luglio-17 agosto BZa

40 cam – 🚹70/90 € 🚹🚹90/100 €, ☕ 9 €

Nel cuore di Parma, nei pressi dell'Università e altre mete cittadine, sorge questa risorsa dove la semplicità delle camere è compensata dall'ampiezza e cortesia nel servizio.

Park Hotel Toscanini Ⓝ senza rist

viale Toscanini 4 ✉ 43121 – ✆ 05 21 28 91 41 – www.hoteltoscanini.it BZe

48 cam ☕ – 🚹80/170 € 🚹🚹95/225 €

Sul Lungo Parma e vicinissima al centro, la struttura propone diverse situazioni: camere dallo stile piacevolmente tradizionale ed altre dall'impronta più moderna. Confort garantito in entrambi i casi.

Verdi senza rist

via Pasini 18 ✉ 43125 – ✆ 05 21 29 35 39 – www.hotelverdi.it – Chiuso 24 dicembre-6 gennaio e luglio AYb

17 cam ☕ – 🚹100/195 € 🚹🚹140/250 € – 3 suites

Dal rinnovo di un edificio in stile liberty, di cui si notano le eco nei begli esterni color glicine e negli interni, un comodo albergo prospiciente il Parco Ducale.

Arte senza rist

via Mansfield 3, per via Trento ✉ 43122 – ✆ 05 21 77 69 26 – www.artehotelparma.it – Chiuso 21 dicembre-7 gennaio CYl

44 cam ☕ – 🚹50/200 € 🚹🚹50/200 €

Piccolo e recente hotel, tra la città e le autostrade. Le camere sono confortevoli, pur se arredate sobriamente; la sala colazioni dimostra un tocco di personalità in più.

Daniel

via Gramsci 16 ang. via Abbeveratoia, per ⑤ ✉ 43126 – ✆ 05 21 99 51 47 – www.hoteldaniel.biz – Chiuso agosto

32 cam ☕ – 🚹75/150 € 🚹🚹90/200 €

Rist *Cocchi* – vedere selezione ristoranti

Importanti lavori di rinnovo effettuati negli ultimi anni hanno conferito un confort moderno ed aggiornato a questo piacevole albergo, a soli 100 m dall'inizio del centro storico. Camere dal design contemporaneo e dai colori sobri.

Holiday Inn Express cam, rist,

via Naviglio Alto 50, per via Trento ✉ 43122 – ✆ 05 21 27 05 93 – www.parma.hiexpress.it CYk

70 cam ☕ – 🚹59/89 € 🚹🚹69/109 € **Rist** – Carta 24/42 €

Nei pressi dei centri commerciali e in prossimità delle grandi arterie di comunicazione, una struttura moderna ed accogliente con piacevoli family room. Cucina nazionale, nonché specialità emiliane al ristorante.

PARMA

Allende (Piazzale S.) . . . . CY
Antonio Fratti (Viale) . . . . CY
Aurelio Saffi (Strada) . . . . . . CYZ
Barbieri (Piazzale) . . AZ
Basetti (Viale) . . . . . BZ
Berenini (Viale) . . . . BZ
Bottego (Ponte) . . . BY 18
Bottego (Viale) . . BCY
Cairoli (V.) . . . . CZ
Caprera (Viale) . . . . AZ
Cavallotti (Strada) . . CY
Cavour (Str.) . . . . . . BY 3
Cocconcelli (V.) . . AYZ
Colonne (Borgo d.) . . . . . CYZ
Costituente (V. della) . . . . AZ
Delmazia (V.) . . . . . . CY
Duca Alessandro (Viale) . . . . CZ
Duomo (Pza) . . . . . CY
Duomo (Str. al) . . . CY 8
Farini (Str.) . . . . BZ
Felino (Borgo) . . . BCZ
Fonderie (Strada d.) BY
Garibaldi (Pza) . . . . BZ 9
Garibaldi (V.) . . . . BCY
Gorizia (Viale) . . . ABZ
Imbriani (Strada) . . . AZ
Kennedy (V.) . . . . . . AY
Lalatta (Borgo) . . . . . CZ
La Spezia (V.) . . . . . . AZ
Maria Luigia (Viale) BZ
Maria Rossi (Viale P.) . . . . CZ
Mariotti (Viale) . . . . BY
Martiri della Libertà (Viale) . . . . . . BCZ
Massimo d'Azeglio (V.) . . . . ABY
Matteotti (Pza) . . . . AZ
Mazzini (V.) . . . . BZ 13
Mentana (Viale) . . CYZ
Milazzo (Viale) . . . . . AZ
Mille (Viale dei) . . . . AZ
Naviglio (Borgo del) CY
Nino Bixio (Strada) . AZ
Pace (Pza della) . . . BY 15
Padre Onorio Rosi (V.) . . . . CZ
Palermo (V.) . . . . . . CY
Paolo Toschi (Viale) BY
Parma (Borgo R. da) . . . . BCZ
Parmigianino (Borgo del) . . . . . CY 16
Partigiani d'Italia (Viale) . . . . CZ
Pasini (V. A.) . . . . AY
Passo Buole (V.) . . . CZ
Piacenza Nuova (Viale) . . . . AY
Piacenza (Viale) . . . . AY
Picelli (Pza G.) . . . . . AZ
Pilotta (Pza) . . . . . . BY 17
Ponte Caprazucca . BZ 19
Ponte di Mezzo . . . BZ 21
Ponte Italia . . . . BZ 20
Ponte Verdi . . . . . . BY 22
Quartiere (Strada d.) . . . . AZ
Regale (Borgo) . . . . CZ
Reggio (V.) . . . . BY 23
Repubblica (Str. della) . . . . CZ
Risorgimento (Piazzale) . . . . CZ
Rondani (Pza) . . . . . . BZ
Rustici (Viale G.) . . . . BZ 24
Salnitrara (Borgo) . . BZ 26
Sta Croce (Pza) . . . . AY
Savani (V.) . . . . AY
Studi (Borgo degli) . CY 27
S. Giuseppe (Borgo) . . . . AZ
S. Michele (Viale) . . CZ
Tanara (Viale) . . . . . CYZ
Toscanini (Viale) . . . BZ 28
Trento (V.) . . . . CY 30
Trieste (V.) . . . . CY
Varese (V.) . . . . BZ 31
Verdi (V.) . . . . BY
Villetta (Viale d.) . . . AZ
Vittoria (Viale della) . . . . AYZ
Vittorio Emanuele II (Piazzale) . . . . CZ
Volturno (V.) . . . . AZ
20 Marzo (V.) . . . . . CZ
22 Luglio (Strada) . . CZ
25 Aprile (Piazzale) . BZ

Palazzo dalla Rosa Prati senza rist

strada al Duomo 7 ✉ 43121 – ✆ 05 21 38 64 29 – www.palazzodallarosaprati.it

7 cam ☕ – †95/180 € ††150/350 € CY**b**

Affacciato sul Battistero e sul Duomo, oggi, dopo sei secoli, la famiglia Dalla Rosa Prati apre le porte del suo palazzo agli ospiti e li riceve in camere spaziose, con arredi dal '700 al liberty, tutte con angolo cottura. Nuova sala polifunzionale per riunioni, mostre, eventi.

Parizzi Suites & Studio

strada della Repubblica 71 ✉ 43121 – ✆ 05 21 20 70 32 – www.parizzisuite.it

13 cam ☕ – †110/120 € ††120/300 € CZ**h**

Rist *Parizzi* ✿ – vedere selezione ristoranti

Una soluzione residenziale che si adatta anche a soggiorni lunghi: appartamentini dotati di cucina, dai più piccoli studio di 50 metri quadrati alla sontuosa stanza (n. 155) con soffitto affrescato, fino ad un moderno e romantico loft con ampia vasca idromassaggio in mansarda.

Parizzi – Parizzi Suites & Studio

strada della Repubblica 71 ✉ 43121 – ✆ 05 21 28 59 52 – www.ristoranteparizzi.it – Chiuso 22-28 gennaio, 6-26 agosto e lunedì

Rist – (consigliata la prenotazione) Menu 65/70 € – Carta 107/141 € CZh

➜ Ravioli di coniglio e ortiche con fave e burrata, fondo di cottura e pecorino di Pienza. Baccalà con asparagi bianchi e verdi e maionese calda. Tavola d'Arte (omaggio a Daniel Spoerri).

La sala moderna e minimalista sembra voler eliminare distrazioni e preparare il palato all'incontro con la cucina di Parizzi. Vi troverete riferimenti parmigiani, ma anche una creatività sofisticata ed intelligente che reinterpreta con stile classici italiani ed internazionali.

XXX **Inkiostro** N

via San Leonardo 124, per via Trento 4 km ✉ 43100 – ☎ 05 21 77 60 47 – www.ristoranteinkiostro.it – Chiuso 13-19 agosto e domenica CY

Rist – Menu 58/95 € – Carta 53/106 €

« Garbata » creatività in cucina per un ristorante dal design elegante-minimalista, dove le tonalità del grigio si declinano in armoniosa sequenza. Non mancate di visitare la cantina: anch'essa reinterpretata in chiave moderna.

XX **Cocchi** – Hotel Daniel

via Gramsci 16/a, per ⑤ ✉ 43126 – ☎ 05 21 98 19 90 – www.hoteldaniel.biz – Chiuso 24 dicembre-6 gennaio, agosto, sabato, anche domenica in giugno-luglio

Rist – Carta 30/65 €

Annessa all'hotel Daniel, una gloria cittadina che, in due ambienti raccolti e rustici, propone la tipica cucina parmigiana accompagnata da una ricercata lista vini.

XX **51/A Restaurant** – Hotel Farnese

via Reggio 51/a, per via Reggio – ☎ 05 21 29 49 29 – www.farnesehotel.it – Chiuso domenica a pranzo BY**o**

Rist – Carta 25/69 €

Da secoli Parma è al centro dell'interesse di un turismo colto, amante dell' arte, della musica e della buona tavola. E' facendo leva su quest'ultimo aspetto, che vi invitiamo a provare il 51/A: specialità della tradizione gastronomica locale si alternano a piatti di cucina internazionale (con un occhio di riguardo ad esigenze alimentari specifiche). Insomma, ce n'è per tutti i gusti!

XX **La Greppia**

strada Garibaldi 39/a ✉ 43121 – ☎ 05 21 23 36 86 – Chiuso 23 dicembre-4 gennaio, luglio, lunedì e martedì BY**e**

Rist – Carta 37/64 €

Una sala rettangolare e, in fondo, la cucina a vista con esposizione dei tesori della casa: le paste fresche! Sapori del territorio e antiche ricette dell'epoca farnese.

XX **Parma Rotta**

strada Langhirano 158, per viale Rustici ✉ 43124 – ☎ 05 21 96 67 38 – www.parmarotta.com – Chiuso 23 dicembre-10 gennaio, domenica e lunedì BZ**m**

Rist – Carta 33/72 €

Il nome è quello attribuito al quartiere ai tempi in cui le piene del torrente Parma rompevano gli argini. All'interno di una vecchia casa colonica, un labirinto di salette ospita una cucina che trova la propria massima espressione nei dolci e nelle specialità alla griglia.

XX **Il Trovatore**

via Affò 2/A ✉ 43121 – ☎ 05 21 23 69 05 – www.iltrovatoreristorante.com – Chiuso 5-25 agosto e domenica BY**d**

Rist – Carta 36/70 €

Un omaggio a Verdi per l'appassionata gestione che ha rinnovato, anche nel nome, un vecchio locale in pieno centro. Vari i piatti, dal parmense al mare, e una bella cantina visitabile: una scelta enologica che mette le ali alla fantasia.

XX **Folletto**

via Emilia Ovest 17/A, per ⑤ ✉ 43126 – ☎ 05 21 98 18 93 – Chiuso lunedì

Rist – Carta 37/51 €

Giovane gestione in un locale semplice e accogliente, un po' decentrato, ma sulla strategica via Emilia; un buon riferimento per gli amanti del pesce.

XX **Osteria del Gesso**

via Ferdinando Maestri 11 ✉ 43121 – ☎ 05 21 23 05 05 – www.osteriadelgesso.it – Chiuso 4-14 gennaio e luglio; giovedì a mezzogiorno e mercoledì in ottobre-maggio; domenica e lunedì in giugno-settembre BZ**b**

Rist – Carta 38/58 € (+6 %)

Indubbiamente le specialità locali, ma la ricerca dei prodotti e i voli della fantasia fanno fare ai piatti il giro del mondo! La piccola sala al piano interrato riporta alla memoria la locanda settecentesca.

Al Tramezzo (Alberto Rossetti)

via Del Bono 5/b, 3 km per ③ ✉ 43123 – ✆ 05 21 48 79 06 – www.altramezzo.it – Chiuso 25-30 gennaio, 1° -15 luglio e domenica

Rist – Carta 45/90 €

➜ Cappelletti allo squacquerone con brasato di asparagi verdi. Pesci e crostacei al vapore, acqua di mare e caviale di Calvisano. Crema gelata alla banana con frutta, fiori e infuso al tiglio.

In zona periferica, locale semplice e classico negli arredi, le energie si concentrano su una cucina che spazia dalla tradizione parmense, con tante paste e salumi, a piatti più creativi anche a base di pesce.

Gallo d'Oro

borgo della Salina 3 ✉ 43121 – ✆ 05 21 20 88 46 – www.gallodororistorante.it – Chiuso domenica sera BZ**c**

Rist – Carta 23/39 €

Ubicazione centrale, alle spalle della Piazza cittadina per antonomasia, per una tipica trattoria dove gustare specialità emiliane quali paste ripiene, salumi e stracotti. Caratteristica la sala interrata con volte a mattoni e salumi appesi.

Osteria del 36

via Saffi 26/a ✉ 43121 – ✆ 05 21 28 70 61 – Chiuso 15 luglio-20 agosto e domenica CZ**m**

Rist – Carta 26/53 €

Paste fresche preparate all'istante, selezione di formaggi e torte sono alcuni dei piatti forti di questo semplice ed informale locale a conduzione familiare.

I Tri Siochètt

strada Farnese 74, per viale della Villetta ✉ 43125 – ✆ 05 21 96 88 70 – www.itrisiochett.it – Chiuso 24 dicembre-3 gennaio, 8-22 agosto e domenica sera AZ**n**

Rist – Carta 22/40 €

C'era una volta una sorella e due fratelli un po' pazzerelli, *tri siochètt*, che gestivano la trattoria con annessa drogheria. Del tempo che fu, è rimasta la bella casa colonica: fucina di specialità gastronomiche locali per golosi buongustai. Un esempio? Tortelli d'erbetta alla parmigiana.

a Coloreto Sud-Est : 4 km per viale Duca Alessandro CZ – ✉ 43100 Parma

Trattoria Ai Due Platani Ⓝ

via Budellungo 104/a – ✆ 05 21 64 56 26 – Chiuso 15 febbraio-2 marzo, 16 agosto-8 settembre, lunedì sera e martedì, anche lunedì a mezzogiorno da maggio a settembre

Rist – (consigliata la prenotazione) Carta 27/50 €

I due alberi che prestano il nome a questo storico locale sono sempre lì, mentre la conduzione dei due giovani ed appassionati titolari ha saputo rinnovare - senza stravolgere - quell'atmosfera di calda convivialità delle migliori trattorie di paese. Dalla cucina, non solo una montagna di gelato alla crema mantecato al momento, ma preparazioni e tecniche di cottura moderne.

a Gaione Sud-Ovest : 5 km per via della Villetta AZ – ✉ 43100

Trattoria Antichi Sapori

via Montanara 318 – ✆ 05 21 64 81 65 – www.cucinaparmigiana.it – Chiuso 3 settimane in agosto e martedì

Rist – Menu 15 € (pranzo in settimana)/30 € – Carta 27/49 €

Trattoria di campagna alle porte della città, propone una cucina regionale, accompagnata da qualche piatto di pesce e dal dinamismo di una giovane conduzione.

a Castelnovo di Baganzola per ① : 6 km – ✉ 43126

Le Viole

strada nuova di Castelnuovo 60/a – ✆ 05 21 60 10 00 – Chiuso 15 gennaio-10 febbraio, 15-30 agosto, domenica e lunedì in luglio-agosto, mercoledì e giovedì negli altri mesi

Rist – Carta 29/38 €

Cucina creativa in questo simpatico indirizzo alle porte di Parma, dove due dinamiche sorelle sapranno allettarvi prendendo semplicemente spunto dai prodotti di stagione.

PASIANO DI PORDENONE – Pordenone (PN) – 562 E19 – 7 901 ab. 10 A3

– alt. 13 m – ✉ 33087

Roma 570 – Udine 66 – Belluno 75 – Pordenone 11

a Cecchini di Pasiano Nord-Ovest : 3 km – ✉ 33087

Il Cecchini

via Sant'Antonio 9 – ✆ 04 34 61 06 68 – www.ilcecchini.it – Chiuso 7-13 gennaio e 10-26 agosto

30 cam – †45 € ††58/78 €

Rist *Il Cecchini* **Rist *Il Bistrot*** – vedere selezione ristoranti

Forte della sua posizione tranquilla, in un piccolo paesino, l'hotel offre spazi comuni confortevoli e camere di taglio moderno. Buon rapporto qualità prezzo.

Il Cecchini (Marco Carraro) – Hotel Il Cecchini

via Sant'Antonio 9 – ✆ 04 34 61 06 68 – www.ilcecchini.it – Chiuso 7-13 gennaio, 10-26 agosto, sabato a mezzogiorno e domenica

Rist – Carta 60/99 €

➜ Zuppa fredda di pomodori con granchio reale e frullato di sedano. Il fritto di mare. Fragola e basilico.

In un ristorante che unisce il rustico fascino di un'antica casa alla raffinatezza d'arredo delle sale, le capacità tecniche del brillante chef consentono alla cucina di mare di abbandonare i sentieri battuti per intraprendere gustosi percorsi nella creatività.

Il Bistrot – Hotel Il Cecchini

via Sant'Antonio 9 – ✆ 04 34 61 06 68 – www.ilcecchini.it – Chiuso 7-13 gennaio, 10-26 agosto e domenica

Rist – Menu 18 € (pranzo in settimana)/36 € – Carta 26/62 €

Ambientazione moderna e à la page per una proposta che spazia da moderne rivisitazioni dei *cicchetti* ad influenze asiatiche, con qualche piatto unico. Piacevole "anticamera" di una cucina gourmet!

a Rivarotta Ovest : 6 km – ✉ 33087

Villa Luppis

via San Martino 34 – ✆ 04 34 62 69 69 – www.villaluppis.it – Chiuso 8-22 gennaio e 6-20 novembre

39 cam – †88/155 € ††110/270 € – 7 suites

Rist *Lupus in Tabula* – vedere selezione ristoranti

Rist *Cà Lupo* – *(chiuso martedì)* Carta 49/80 €

Storia e raffinatezza negli antichi ambienti di un convento dell'XI secolo circondato da un ampio parco con giardino all'italiana, piscina e campi da tennis. Tradizione e creatività in cucina, oggetti d'arte ed eleganza nel ristorante Cà Lupo.

Lupus in Tabula – Hotel Villa Luppis

via San Martino 34 – ✆ 04 34 62 69 69 – www.villaluppis.it – Chiuso 8-22 gennaio, 6-20 novembre e martedì

Rist – Carta 29/46 €

Giovane, fresco, informale: sono i tre aggettivi che meglio descrivono questo ristorantino dalle proposte gastronomiche tipiche della zona, ma che non manca di offrire anche piatti più creativi e "strutturati".

PASSAGGIO – Perugia (PG) – 563 M19 – Vedere Bettona

PASSIGNANO SUL TRASIMENO – Perugia (PG) – 563 M18 35 A2

– 5 713 ab. – alt. 289 m – ✉ 06065

Roma 211 – Perugia 27 – Arezzo 48 – Siena 80

Kursaal

via Europa 24 – ✆ 0 75 82 80 85 – www.kursaalhotel.net – Aperto 1° aprile-30 ottobre

18 cam – †64/74 € ††78/94 € – 2 suites

Rist – *(chiuso lunedì a pranzo escluso giugno, luglio e agosto)* Carta 24/45 €

Direttamente sul lago, un piccolo albergo ricavato in una villa dei primi '900 (nella proprietà anche un camping) con camere accoglienti ed eleganti: l'attenta conduzione si avverte anche nelle zone comuni, luminose e spaziose. Servizio ristorante estivo effettuato nella bella veranda.

Lidò rist,

via Roma 1 – 0 75 82 72 19 – www.umbriahotels.com – Aperto 1° marzo-31 ottobre

53 cam – 50/75 € 98/130 €

Rist *Lidò Perugia* – Carta 24/39 €

Hotel ubicato proprio in riva al lago, la cui vista è una piacevole compagnia durante il soggiorno. Camere accoglienti: alcune dotate di attrezzi ginnici. Il ristorante si trova su di un grande pontile, dove la parte terminale è una romantica terrazza affacciata sullo specchio d'acqua. In menu: prelibatezze lacustri.

Il Fischio del Merlo

località Calcinaio 17/A, Est : 3 km – 0 75 82 92 83 – www.ilfischiodelmerlo.it – Chiuso 5-25 novembre e martedì

Rist – Carta 27/63 €

Fuori dal paese, in un elegante e luminoso rustico, cucina del territorio e sapori di pesce. Nel giardino, a disposizione degli ospiti, una bella piscina.

a Castel Rigone Est : 10 km – ✉ 06065

Relais la Fattoria

via Rigone 1 – 0 75 84 53 22 – www.relaislafattoria.com – Chiuso 8 gennaio-8 febbraio

30 cam – 69/89 € 119/159 €

Rist *La Corte* – Carta 31/57 €

La posizione elevata e la distanza dai luoghi più turistici ha preservato questo seicentesco complesso patronale: due case raccolte intorno ad un cortiletto in pietra e lo stile rustico delle zone comuni che lascia il posto alla modernità nelle camere.

PASSO – Vedere nome proprio del passo

PASSO DI MONTE CROCE DI COMELICO = KREUZBERGPASS – Belluno (BL) – 562 C19 – Vedere Sesto

---

PASTENA – Frosinone (FR) – 563 R22 – 1 534 ab. – alt. 318 m – ✉ 03020 **13 D2**

Roma 114 – Frosinone 32 – Latina 86 – Napoli 138

Mattarocci

piazza Municipio – 07 76 54 65 37

Rist – Carta 16/25 €

Vicoli stretti in cima al paese, poi la piazza del Municipio: qui un bar-tabacchi. All'interno, un localino noto per le leccornie sott'olio. Servizio estivo in terrazza.

PASTRENGO – Verona (VR) – 561 F14 – 2 883 ab. – alt. 192 m – ✉ 37010 **39 A3**

Roma 509 – Verona 18 – Garda 16 – Mantova 49

Stella d'Italia con cam cam, rist,

piazza Carlo Alberto 25 – 04 57 17 00 34 – www.stelladitalia.it

2 cam – 80/100 € 80/100 € – 1 suite

Rist – *(chiuso domenica sera e mercoledì)* Carta 34/53 €

Da architetto, l'attuale patron, si è convertito a ristoratore per onorare un'attività di famiglia che nel 2012 festeggia 50 anni. In ambienti ariosi ed eleganti, si mangia cucina del territorio: la specialità sono le lumache.

a Piovezzano Nord : 1,5 km – ✉ 37010

Eva

via Due Porte 43 – 04 57 17 01 10 – www.ristoranteeva.com – Chiuso 12-19 agosto e sabato

Rist – Menu 20/35 € – Carta 20/31 €

Nelle colline appena fuori dal paese, una trattoria vecchia maniera, con un'ampia sala dagli alti soffitti, gestione familiare e piatti locali, tra cui i bolliti al carrello.

PASTURANA – Alessandria (AL) – 561 H8 – Vedere Novi Ligure

PATRICA – Frosinone (FR) – **563** R21 – **3 147 ab.** – **alt. 450 m** – ✉ **03010** **13** C2

▶ Roma 101 – Frosinone 19 – L'Aquila 170 – Latina 51

sulla strada statale 156 Sud-Est : 11,5 km :

XX **Dal Patricano** con cam

strada statale Monti Lepini Km 11,300 ✉ *03010 Patrica* – ☎ *07 75 22 24 59 – www.dalpatricano.it – Chiuso 24-27 dicembre e 12-18 agosto*

8 cam – †60/85 € ††70/95 € **Rist** – *(chiuso domenica)* Carta 20/50 €

Alle porte del piccolo paese, un ampio parcheggio renderà la sosta ancora più comoda: in una moderna sala con ampie vetrate, cucina regionale e buon vino.

PAVIA P (PV) – **561** G9 – **71 142 ab.** – **alt. 77 m** – ✉ **27100** **16** A3

Italia Centro-Nord

▶ Roma 563 – Alessandria 66 – Genova 121 – Milano 38

i piazza della Vittoria, ☎ 0382 59 70 03, www.turismo.provincia.pv.it

◉ Castello Visconteo★ BY – Duomo★ AZ **D** – Chiesa di San Michele★★ BZ **B** – San Pietro in Ciel d'Oro★: Arca di Sant'Agostino★ – Cenotafio★ nella chiesa di San Lanfranco Ovest : 2 km

◉ Certosa di Pavia★★★ per ① : 9 km

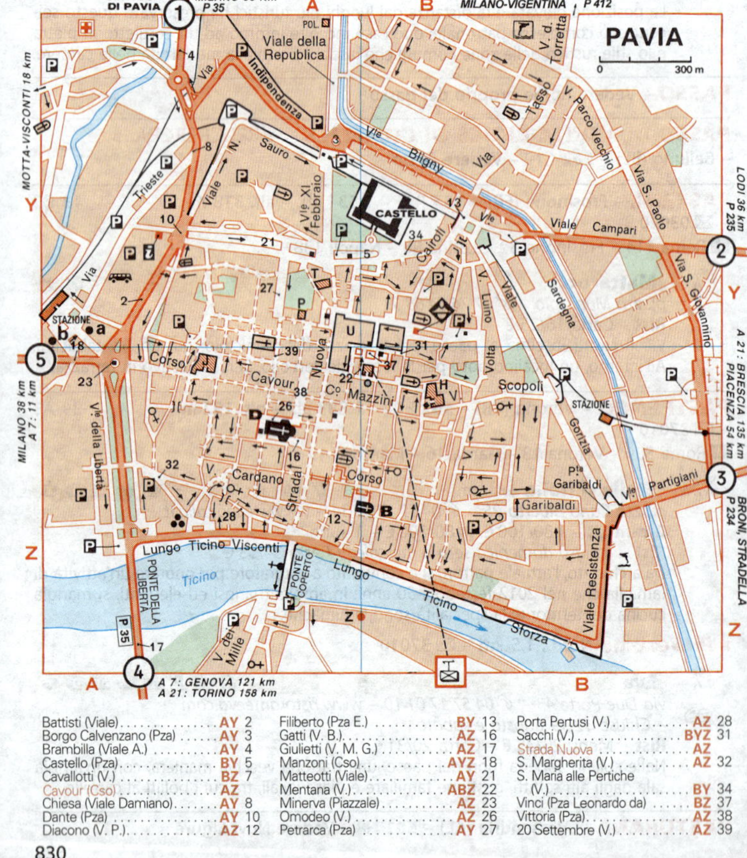

Moderno cam,
viale Vittorio Emanuele 41 – 0382303401 – www.hotelmoderno.it – Chiuso 23 dicembre-2 gennaio e 11-19 agosto AY**a**
49 cam – 112/163 € 142/178 € – 2 suites
Rist – *(chiuso sabato a mezzogiorno, domenica)* Carta 30/46 €
Sul piazzale della stazione, questo albergo d'inizio '900 si sta rinnovando progressivamente, soppiantando le vecchie camere - ancora funzionali - con stanze assai più moderne ed accattivanti.

Cascina Scova rist,
via Vallone 18, per Viale Partigiani 3 km – 0382572665 – www.cascinascova.com – Chiuso 23 dicembre-3 gennaio BZ**a**
39 cam – 90/130 € 120/165 €
Rist – *(chiuso domenica) (solo a cena)* Carta 28/57 €
Avvolta dal sottile fascino della campagna pavese, una ex-cascina totalmente ristrutturata secondo i criteri moderni propone ampi spazi comuni ed un attrezzato centro benessere.

Excelsior senza rist
piazza Stazione 25 – 038228596 – www.hotelexcelsiorpavia.com
30 cam – 70/75 € 95/100 € AY**b**
Comoda posizione nei pressi della stazione, gestione diretta e attenta all'ospitalità. Camere piacevolmente arredate, spazi comuni limitati.

Antica Osteria del Previ
via Milazzo 65, località Borgo Ticino – 038226203 – www.anticaosteriadelprevi.com – Chiuso dal 1° al 10 gennaio, agosto e domenica sera ABZ**z**
Rist – Carta 28/49 €
Nel vecchio borgo di Pavia lungo il Ticino, un piacevole e curato locale con specialità tipiche della cucina lombarda; travi in legno, focolare, aria d'altri tempi.

sulla strada statale 35 per ① : 4 km :

Al Cassinino
via Cassinino 1 ✉ 27100 – 0382422097 – Chiuso 15 giorni in agosto e mercoledì
Rist – Carta 57/91 €
Sul Naviglio pavese, tra Pavia e la Certosa, elegante casa direttamente sul corso d'acqua, dove gustare sapori classici sia del territorio sia di mare. La carta non le riporta, ma in cantina ci sono tante importanti etichette.

PAVONE CANAVESE – Torino (TO) – 561 F5 – 3 899 ab. – alt. 262 m – ✉ 10018 22 B2

Roma 668 – Torino 45 – Aosta 65 – Ivrea 5

Castello di Pavone
via Dietro Castello – 0125672111 – www.castellodipavone.com
21 cam – 100/130 € 130/165 € – 6 suites
Rist – (prenotazione obbligatoria) Carta 46/64 €
Ricchi interni sapientemente conservati, saloni affrescati ed una splendida corte: una struttura storica e di sicuro fascino, dove si respira ancora una fiabesca e pulsante atmosfera medievale. Squisita cucina del territorio nelle romantiche sale del ristorante.

PAVULLO NEL FRIGNANO – Modena (MO) – 562 I14 – 17 350 ab. – alt. 682 m – ✉ 41026 8 B2

Roma 411 – Bologna 77 – Firenze 137 – Milano 222

piazza Montecuccoli 1, 053629964, www.comune.pavullo-nel-frignano.mo.it

Vandelli rist,
via Giardini Sud 7 – 053620288 – www.hotelvandelli.it
39 cam – 40/75 € 70/95 € **Rist** – *(solo a cena)* Menu 18 €
Solo la posizione stradale risulta un po' poco affascinante... Varcata la soglia, infatti, vi attende un colorato tripudio di decorazioni barocche, con camere che si differenziano veramente l'una dall'altra.

XX **Parco Corsini** N

viale Martiri 11 – ✆ 0 53 62 01 29 – www.ristoranteparcocorsini.it
Rist – (consigliata la prenotazione) Carta 21/29 €
Sobri toni signorili in un ristorante dove incontrare i sapori di una cucina casereccia fedele alle tradizioni locali, ma anche vivacizzata da spunti campani (terra natale dello chef).

PECCIOLI – **Pisa (PI)** – **563** L14 – **4 966 ab. – alt. 144 m** – ✉ **56037** **31** B2

Roma 354 – Pisa 40 – Firenze 76 – Livorno 47

Pratello Country Resort cam, cam, rist,

località Pratello via di Libbiano 70, Est : 5 km – ✆ 05 87 63 00 24 – www.pratello.it – Aperto 1° aprile-31 ottobre
12 cam – †155/290 € ††155/290 €
Rist – *(solo a cena) (solo per alloggiati)* Carta 35/47 €
Una villa settecentesca al centro di una tenuta faunistico-venatoria con ambienti comuni e camere elegantemente allestite con pezzi di antiquariato ed una cappella del '600.

X **La Greppia**

piazza del Carmine 19/20 – ✆ 05 87 67 20 11 – www.ristorantelagreppia.it – Chiuso martedì
Rist – Carta 25/78 €
Intimo e romantico ristorante, ricavato in antiche cantine, i tavoli sono sistemati nelle nicchie che accoglievano le botti. Proposte eclettiche per accontentare ogni palato.

PECETTO TORINESE – **Torino (TO)** – **561** G5 – **3 954 ab. – alt. 407 m** – ✉ **10020** **22** A1

Roma 661 – Torino 13 – Alessandria 81 – Asti 46

I Ciliegi strada Valle Sauglio 130, 011 8609802, www.iciliegigolfclub.it – chiuso martedì

Pianta d'insieme di Torino

Hostellerie du Golf senza rist

strada Valle Sauglio 130, Sud : 2 km – ✆ 01 18 60 81 38 – www.hostelleriedugolf.it – Chiuso 21 dicembre-7 gennaio **2HUa**
26 cam – †64/92 € ††94/118 €
Nel contesto del Golf Club, l'hotel offre belle camere in stile country ed è ideale tanto per una clientela sportiva che per quella d'affari, considerata la vicinanza a Torino.

PECORONE – **Potenza (PZ)** – **564** G29 – **Vedere Lauria**

PEDEGUARDA – **Treviso (TV)** – **562** E18 – **Vedere Follina**

PEDEMONTE – **Verona (VR)** – **562** F14 – **Vedere San Pietro in Cariano**

PEDENOSSO – **Sondrio (SO)** – **Vedere Valdidentro**

PEGLI – **Genova (GE)** – **561** I8 – **Vedere Genova**

PEIO – **Trento (TN)** – **562** C14 – **1 908 ab. – alt. 1 389 m** – **Sport invernali : 1 400/2 400 m 2 4,** – **Stazione termale** – ✉ **38020** **33** A2

Roma 669 – Sondrio 103 – Bolzano 93 – Passo di Gavia 54

via delle Acque Acidule, ✆ 0463 75 31 00, www.valdisole.net

a Cogolo Est : 3 km – ✉ 38024

Kristiania Alpin Wellness

via Sant'Antonio 18 – ✆ 04 63 75 41 57 – www.hotelkristiania.it – Aperto 1° dicembre-30 aprile e 1° giugno-31 ottobre

43 cam – †75/95 € ††120/160 € – 5 suites **Rist** – Carta 21/40 €

Ideale per svagare la mente, ci si perderà tra il disco-pub, il bar après-ski o nelle eleganti camere in stile montano. Ci si riapproprierà invece del corpo nel seducente centro benessere con piscina, sauna pietra e fuoco, trattamenti ayurvedici ed altro ancora. Cucina classica e piatti locali al ristorante.

Cevedale

via Roma 33 – ✆ 04 63 75 40 67 – www.hotelcevedale.it – Chiuso maggio e ottobre-novembre

33 cam – †50/65 € ††90/120 € – 3 suites **Rist** – Carta 22/39 €

Sulla piazza centrale, senza essere sfarzoso la gestione familiare moltiplica le cure per i classici ambienti montani. Piacevole centro benessere dallo stile inaspettatamente moderno. Al ristorante, si cena avvolti nel legno: specialità tradizionali trentine e vini consigliati dai titolari sommelier.

Chalet Alpenrose

rist,

via Malgamare, località Masi Guilnova, Nord : 1,5 km – ✆ 04 63 75 40 88 – www.chaletalpenrose.it – Aperto 2 dicembre-30 marzo e 30 maggio-30 settembre

19 cam – †50/80 € ††90/160 € – 4 suites

Rist – *(solo a cena)* (prenotazione obbligatoria) Carta 29/46 €

Fuori località, nella tranquillità del verde, un maso settecentesco ristrutturato con estrema cura e intimità. Caratteristica sauna ricavata nel capanno del giardino. Ambienti caldi, rifiniti in legno e ben curati in ogni particolare nella zona ristorante.

PELAGO – Firenze (FI) – **563** K16 – 7 702 ab. – alt. 309 m – ✉ 50060 **32** C1

Roma 279 – Firenze 25 – Prato 55 – Arezzo 69

a Diacceto Nord : 3 km – ✉ 50060

Locanda Tinti

cam,

via Casentinese 65 – ✆ 05 58 32 70 07 – www.locandatinti.it

6 cam – †80 € ††80 €, 8 €

Rist – *(chiuso lunedì, martedì e mercoledì) (solo a cena escluso domenica)* Carta 24/39 €

Sei belle camere doppie, distribuite su due piani, attrezzate di tutto punto e arredate con mobilio d'epoca. Sul retro un bel dehors utilizzato anche per la prima colazione.

PELLARO – Reggio di Calabria (RC) – **564** M28 – Vedere Reggio di Calabria

---

PELLIO INTELVI – Como (CO) – 1 053 ab. – alt. 750 m – ✉ 22020 **16** A2

Roma 669 – Como 34 – Bergamo 128 – Milano 82

La Locanda del Notaio

piano delle Noci, Est : 1,5 km – ✆ 03 18 42 70 16 – www.lalocandadelnotaio.com – Chiuso dicembre-gennaio

18 cam – †90/120 € ††95/170 € – 2 suites

Rist ***La Locanda del Notaio*** ✿ – vedere selezione ristoranti

Villa dell'Ottocento che in passato fu locanda e oggi è una risorsa arredata con grande cura. Belle camere in legno personalizzate; giardino con laghetto d'acqua sorgiva.

La Locanda del Notaio

piano delle Noci, Est : 1,5 km – ✆ 03 18 42 70 16 – www.lalocandadelnotaio.com – Aperto 21 marzo-31 ottobre; chiuso martedì a mezzogiorno e lunedì

Rist – Carta 60/104 €

➜ Tortelloni al basilico ripieni di astice, spuma di patate e sorbetto all'avocado. Rana pescatrice ripiena di fegato grasso d'oca con spinaci e olio al tartufo. La nocciola.

Nella regione dei laghi, a due passi dalla Svizzera, il timone gastronomico è all'insegna di giovanili entusiasmi con un palcoscenico d'eccezione: si chiama locanda, ma in realtà è un buen retiro affacciato sul verde, tra eleganti sale e piatti fantasiosi.

PENANGO – Asti (AT) – 561 G6 – 525 ab. – alt. 264 m – ✉ 14030 23 C2

Roma 609 – Alessandria 52 – Asti 19 – Milano 102

a Cioccaro Est : 3 km – ✉ 14030 Cioccaro Di Penango

Locanda del Sant'Uffizio

strada Sant'Uffizio 1 – ✆ 01 41 91 62 92 – www.locandasantuffizio.com – Aperto 1° aprile-30 novembre

35 cam – †100/150 € ††120/300 € – 5 suites

Rist *Locanda del Sant'Uffizio da Beppe* – vedere selezione ristoranti

Nel cuore del Monferrato, all'interno di un parco con piscina, un edificio seicentesco - ex convento domenicano - è stato convertito in una struttura di lusso con belle camere personalizzate.

Relais Il Borgo rist,

via Biletta 60 – ✆ 01 41 92 12 72 – www.ilborgodicioccaro.com – Chiuso 20 dicembre-marzo

12 cam – †100/110 € ††100/120 €

Rist – *(chiuso martedì) (solo a cena)* Menu 40/60 €

Un piccolo borgo costruito ex novo con fedeli richiami alla tradizione piemontese. Invece è quasi inglese l'atmosfera delle camere, ricche di tessuti e decorazioni.

Locanda del Sant'Uffizio da Beppe – Hotel Locanda del Sant'Uffizio

strada Sant'Uffizio 1 – ✆ 01 41 91 62 92 – www.locandasantuffizio.com – Aperto 1° aprile-30 novembre

Rist – *(chiuso lunedì)* Menu 50/90 € – Carta 38/64 €

Sapori che nascono da un'intelligente reinterpretazione della cucina tradizionale piemontese, in eleganti salette protese sul verde giardino. Il locale è molto conosciuto in zona: meglio prenotare!

PENNA ALTA – Arezzo (AR) – Vedere Terranuova Bracciolini

PENNABILLI – Rimini (RN) – 563 K18 – 3 002 ab. – alt. 629 m – ✉ 61016 9 D3

Roma 295 – Ancona 164 – Pesaro 86 – San Marino SMR 35

Il Piastrino (Riccardo Agostini)

via Parco Begni 9 – ✆ 05 41 92 81 06 – www.piastrino.it – Chiuso martedì e mercoledì; solo mercoledì in luglio-agosto

Rist – (consigliata la prenotazione) Menu 20 € (pranzo in settimana)/70 € – Carta 40/65 €

➜ Tortelli di rosole (erbette) e formaggella con stracotto di faraona. Quaglia con cagliata di latte di mandorla e cacao. Cannolo croccante di mascarpone, zuppa di sedano e pepe.

Bella costruzione in pietra all'interno di un parco: pavimento in cotto, sedie e divanetti in pelle, il tutto sapientemente dosato e misurato negli accostamenti. La cucina si distingue per le sue spaziali alchimie di molecole ricche e povere, territoriali e lontane, stagionali e perenni.

PERA – Trento (TN) – Vedere Pozza di Fassa

PERGINE VALDARNO – Arezzo (AR) – 563 L17 – 3 270 ab. – alt. 361 m – ✉ 52020 32 C2

Roma 231 – Firenze 62 – Arezzo 19 – Perugia 106

a Montelucci Sud-Est : 2,5 km – ✉ 52020 Pergine Valdarno

Agriturismo Fattoria Montelucci
– ✆ 05 75 89 65 25 – www.montelucci.it
– Chiuso 7 gennaio-31 marzo
29 cam – 60/100 € 85/125 €
Rist ***Locanda di Montelucci*** – vedere selezione ristoranti
Fattoria seicentesca isolata sulle colline e completa di ogni confort, ideale per una vacanza di relax, ma anche per un soggiorno di sport: mountain bike, escursioni in pick up, pesca sportiva, caccia, nonché ippica.

Locanda di Montelucci – Agriturismo Fattoria di Montelucci
– ✆ 3 35 25 71 05 – Chiuso 7 gennaio-31 marzo e da lunedì a giovedì escluso luglio-agosto
Rist – *(solo a cena)* (prenotare) Carta 30/40 €
Nel centro della sala campeggia la macina in pietra dell'ex frantoio, mentre in menu è tutto un inseguirsi di piatti legati al territorio con molti ingredienti di produzione propria.

PERGINE VALSUGANA – Trento (TN) – 562 D15 – 20 582 ab. – alt. 482 m – ✉ 38057 33 B3

Roma 599 – Trento 12 – Belluno 101 – Bolzano 71
viale Venezia 2/F, ✆ 0461 53 12 58, www.valsugana.info

Castel Pergine con cam
via al Castello 10, Est : 2,5 km – ✆ 04 61 53 11 58 – www.castelpergine.it – Aperto 29 marzo-4 novembre
21 cam – 39/62 € 78/124 €
Rist – *(chiuso lunedì a mezzogiorno)* Carta 36/46 €
Sito in posizione particolarmente suggestiva all'interno di un castello medievale, presso le due sale dagli alti soffitti a cassettoni potrete gustare la gastronomia locale. La risorsa dispone anche di alcune camere dagli arredi sobri ed essenziali, in linea con lo stile del maniero.

PERO – Milano (MI) – 561 I7 – 10 749 ab. – alt. 144 m – ✉ 20016 18 B2

Roma 578 – Milano 10 – Como 29 – Novara 40

Atahotel Expo Fiera
via Keplero 12 – ✆ 02 30 05 51 – www.atahotels.it – Chiuso 22 dicembre-8 gennaio e 30 luglio-26 agosto
462 cam – 89/499 € 99/509 € **Rist** – Carta 40/70 €
Vicino al nuovo polo fieristico di Rho/Pero, una struttura moderna prodiga di servizi e confort. Camere ampie ed un centro congressuale concepito per la massima flessibilità degli spazi. Nel ristorante con cucina a vista, non mancano i classici italiani.

PERUGIA P (PG) – 563 M19 – 168 169 ab. – alt. 493 m 35 B2

Italia Centro-Nord

Roma 172 – Firenze 154 – Livorno 222 – Milano 449
di Sant'Egidio Est per ②: 17 km ✆ 075 592141
piazza Matteotti18, ✆ 075 5 73 64 58, www.perugia.umbria2000.it
18 località Santa Sabina, 075 5172204, www.golfclubperugia.it – chisuo lunedì escluso luglio-agosto
Piazza 4 Novembre★★ BY : fontana Maggiore★★, palazzo dei Priori★★ **D** (galleria nazionale dell'Umbria★★) – Chiesa di San Pietro★★ BZ – Oratorio di San Bernardino★★ AY – Museo Archeologico Nazionale dell'Umbria★★ BZ **M1** – Collegio del Cambio★ BY **E** : affreschi★★ del Perugino – ≤★★ dai giardini Carducci AZ – Chiesa di San Domenico★ BZ – Porta San Pietro★ BZ – Via dei Priori★ AY – Chiesa di Sant'Angelo★ AY **R** – Arco Etrusco★ BY **K** – Via Maestà delle Volte★ ABY **29** – Cattedrale★ BY **F** – Via delle Volte della Pace★ BY **55**
Ipogeo dei Volumni★ per ② : 6 km

Pianta pagina seguente

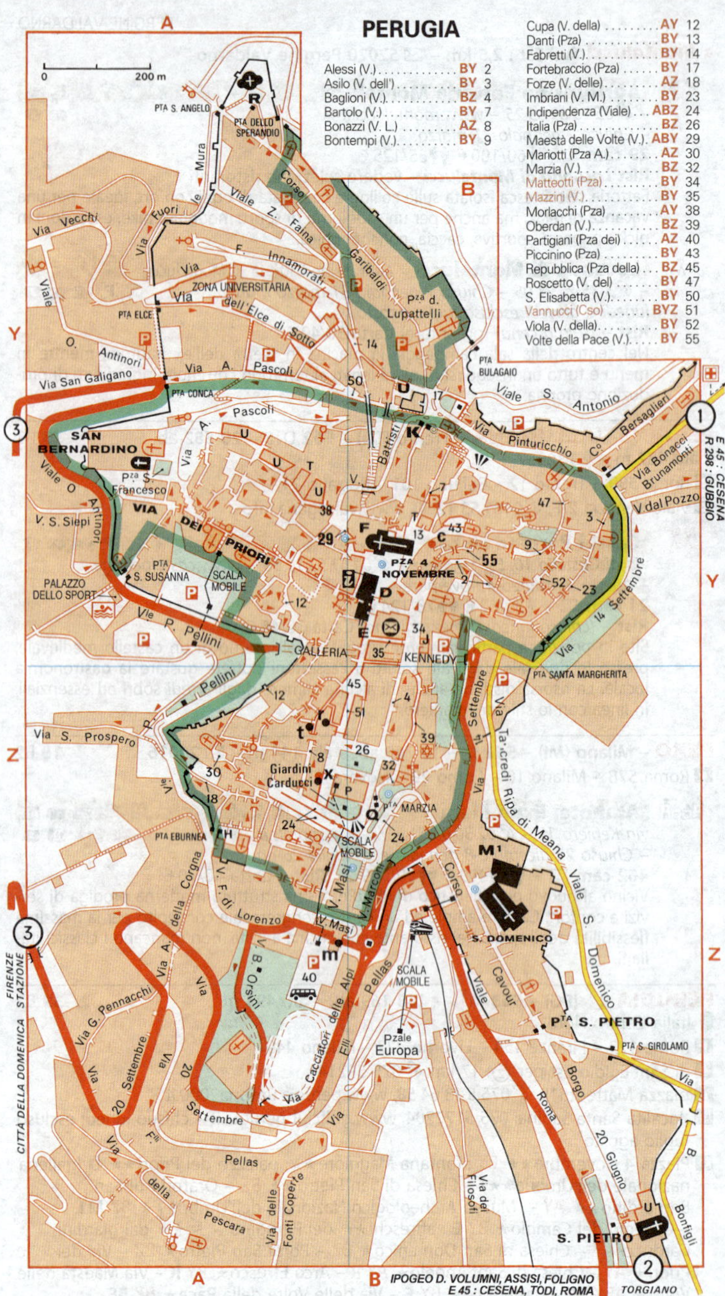
PERUGIA
0
200 m
Alessi (V.) . . . . BY 2
Asilo (V. dell') . . . . BY 3
Baglioni (V.) . . . . BZ 4
Bartolo (V.) . . . . BY 7
Bonazzi (V. L.) . . . . AZ 8
Bontempi (V.) . . . . BY 9
Cupa (V. della) . . . . AY 12
Danti (Pza) . . . . BY 13
Fabretti (V.) . . . . BY 14
Fortebraccio (Pza) . . . . . . BY 17
Forze (V. delle) . . . . AZ 18
Imbriani (V. M.) . . . . BY 23
Indipendenza (Viale) . . . . ABZ 24
Italia (Pza) . . . . BZ 26
Maestà delle Volte (V.) . . ABY 29
Mariotti (Pza A.) . . . . AZ 30
Marzia (V.) . . . . BZ 32
Matteotti (Pza) . . . . BY 34
Mazzini (V.) . . . . BY 35
Morlacchi (Pza) . . . . AY 38
Oberdan (V.) . . . . BZ 39
Partigiani (Pza dei) . . . . . AZ 40
Piccinino (Pza) . . . . BY 43
Repubblica (Pza della) . . . BZ 45
Roscetto (V. del) . . . . BY 47
S. Elisabetta (V.) . . . . . . BY 50
Vannucci (Cso) . . . . BYZ 51
Viola (V. della) . . . . BY 52
Volte della Pace (V.) . . . . BY 55
PTA S. ANGELO
PTA DELLO SPERANDIO
ZONA UNIVERSITARIA
PTA ELCE
PTA CONCA
PTA BULAGAIO
Pza d. Lupattelli
SAN BERNARDINO
Pza S. Francesco
VIA DEI PRIORI
PTA S. SUSANNA
SCALA MOBILE
PALAZZO DELLO SPORT
Pza 4 NOVEMBRE
GALLERIA
KENNEDY
PTA SANTA MARGHERITA
Giardini Carducci
PTA MARZIA
PTA EBURNEA
S. DOMENICO
PTA S. PIETRO
PTA S. GIROLAMO
Pzale Europa
S. PIETRO
E 45 : CESENA
R 298 : GUBBIO
FIRENZE
CITTÀ DELLA DOMENICA STAZIONE
IPOGEO D. VOLUMNI, ASSISI, FOLIGNO
E 45 : CESENA, TODI, ROMA
TORGIANO

Brufani Palace
piazza Italia 12 ✉ 06121 – ✆ 07 55 73 25 41 – www.sinahotels.com
94 cam ☕ – 🚹150/300 € 🚹🚹250/400 € – 35 suites AZ**x**
Rist *Collins* – vedere selezione ristoranti
Storico e sontuoso hotel della Perugia alta, in splendida posizione, impreziosito da un roof-garden da cui godere di una vista incantevole sulla città e i dintorni.

Sangallo Palace Hotel
via Masi 9 ✉ 06121 – ✆ 07 55 73 02 02 – www.sangallo.it AZ**m**
98 cam ☕ – 🚹80/120 € 🚹🚹95/180 € – 2 suites
Rist *Il Sangallo* – vedere selezione ristoranti
Sito nel centro storico, a pochi passi dall'antica Rocca Paolina, l'hotel unisce richiami rinascimentali a confort moderni. Un albergo eccellente, sotto tutti i punti di vista!

Perugia Plaza Hotel rist,
via Palermo 88, per via dei Filosofi ✉ 06129 – ✆ 07 53 46 43
– www.hotelplazaperugia.com BZ
106 cam ☕ – 🚹70/150 € 🚹🚹90/200 € – 2 suites **Rist** – Carta 28/65 €
Struttura moderna nello stile, comoda da raggiungere all'uscita della superstrada; ambienti ben distribuiti e stanze con ogni confort. Ideale per una clientela d'affari. Ristorante ove, oltre alla carta tradizionale, si consulta quella di oli e aceti.

Castello di Monterone – Residenza d'epoca
strada Montevile 3, 2,5 km per via dal Pozzo
✉ 06126 – ✆ 07 55 72 42 14 – www.castellomonterone.com
– Chiuso 15 gennaio-15 febbraio BY
18 cam ☕ – 🚹120/190 € 🚹🚹130/290 €
Rist *Il Postale* ✿ **Rist *Il Gradale*** – vedere selezione ristoranti
Lungo l'ultimo tratto dell'antica via regalis che conduce da Roma a Perugia, una residenza d'epoca ricca di fascino sia nelle raffinate camere sia negli spazi comuni impreziositi da pezzi di antiquariato.

La Rosetta
piazza Italia 19 ✉ 06121 – ✆ 07 55 72 08 41 – www.larosetta.eu AZ**r**
90 cam ☕ – 🚹65/115 € 🚹🚹85/160 € **Rist** – Carta 16/66 €
Centralissimo, gestito dalla medesima famiglia ormai da tre generazioni, le camere migliori hanno subito un recente rinnovo con arredi in stile anni '20 o barocco. La cucina propone anche specialità regionali umbre.

Giò Wine e Jazz Area
via Ruggero D'Andreotto 19, per ③ ✉ 06124 – ✆ 07 55 73 11 00
– www.hotelgio.it
206 cam ☕ – 🚹73/118 € 🚹🚹100/150 € – 4 suites
Rist *Giò Arte e Vini* – vedere selezione ristoranti
Due aree distinte per un hotel assolutamente originale: troverete insoliti e curiosi scrittoi che diventano teche per la conservazione di ricercate bottiglie, così come richiami dal mondo del jazz.

Fortuna senza rist
via Bonazzi 19 ✉ 06123 – ✆ 07 55 72 28 45 – www.umbriahotels.com
51 cam ☕ – 🚹69/95 € 🚹🚹99/150 € AZ**t**
La ristrutturazione cui la nuova gestione ha sottoposto l'hotel, ha portato alla luce affreschi del 1700. Risorsa di taglio classico, nel cuore di Perugia.

Collins – Hotel Brufani Palace
piazza Italia 12 ✉ 06121 – ✆ 07 55 73 25 41 – www.sinahotels.com
Rist – Carta 51/70 € AZ**x**
Nel cuore della città vecchia, con appendice estiva in terrazza che domina la valle o con camino acceso nella stagione più fredda, questo elegante locale vi accompagnerà alla scoperta delle specialità regionali.

Il Sangallo – Sangallo Palace Hotel
via Masi 9 ✉ 06121 – ✆ 07 55 73 14 34 – www.sangallo.it AZ**m**
Rist – Menu 27/32 € – Carta 28/49 €
In ambienti luminosi ed eleganti, il ristorante soddisfa ogni palato, dalle ricette locali ai piatti nazionali. Tra le specialità: risotto al petto d'anatra, umbricelli al tartufo nero di Norcia, medaglione di vitello brasato con crema di succo di limone.

XXX **Il Gradale** – Hotel Castello di Monterone
strada Montevile 3, 2,5 km per via dal Pozzo ✉ 06126 – ✆ 07 55 71 74 02
– www.castellomonterone.com – Chiuso 15 gennaio-15 febbraio e domenica
Rist – *(solo a cena)* Carta 33/51 € BY
Nel ristorante del castello, la tradizione gastronomica umbra si presenta con un menu ricco e raffinato che predilige funghi (in stagione), tartufi e verdure accanto a gustose carni. Ambiente elegante.

XXX **Il Postale** – Hotel Castello di Monterone
strada Montevile 3, 2,5 km per via dal Pozzo ✉ 06126 – ✆ 07 58 52 13 56
– www.ristoranteilpostale.it – Chiuso 15 gennaio-15 febbraio, lunedì e martedì
Rist – *(solo a cena escluso domenica)* Menu 80 € – Carta 50/80 € BY
➜ Carbonara destrutturata. Il piccione arrostito. Pleasure of playing: il cioccolato in 3 consistenze.
Ospitato negli spazi del suggestivo Castello di Monterone, pochi tavoli ed una cucina squisitamente creativa, che pur privilegiando la carne propone anche qualche piatto di pesce.

XX **Giò Arte e Vini** – Hotel Giò Wine e Jazz Area
via Ruggero D'Andreotto 19, per ③ ✉ 06124 – ✆ 07 55 73 11 00
– www.hotelgio.it – Chiuso domenica sera
Rist – Carta 26/46 €
Grappoli d'uva ai tavoli e una sfilata di pietanze della tradizione umbra in un ristorante assolutamente originale, come l'hotel che lo ospita. Tra i piatti più gettonati: il piccione e l'agnello.

XX **Antica Trattoria San Lorenzo**
piazza Danti 19/A ✉ 06122 – ✆ 07 55 72 19 56
– www.anticatrattoriasanlorenzo.com – Chiuso domenica BYc
Rist – Carta 35/56 €
Nel centro storico della città - alle spalle del Duomo - la proposta gastronomica si regge su tre principi, sintetizzabili con tre 3 "M": modernità, mediterraneità, materie prime estremamente selezionate. Sicuramente una cucina di ricerca!

superstrada E 45 - uscita Ferro di Cavallo Nord-Ovest: 5 km per via Vecchi AY

Sirius
via Padre Guardiano 9, Ovest: 1 km – ✆ +3 90 75 69 09 21 – www.sirius.it
23 cam – †48/50 € ††52/85 € **Rist** – *(solo a cena) (solo per alloggiati)*
Poco fuori Perugia, sulla sommità di una collina, albergo dalla piacevole conduzione familiare e due tipologie di camere: le più recenti (con piccolo sovrapprezzo), da preferire.

verso Ponte Felcino per ① : 5 km

Agriturismo San Felicissimo senza rist
strada Poggio Pelliccione ✉ 06134 Perugia – ✆ 34 80 92 43 46
– www.sanfelicissimo.net
10 cam – †52/65 € ††60/85 €
Un piccolo agriturismo periferico, raggiungibile dopo un breve tratto di strada sterrata; edificio rurale, con arredi rustici, tutto rinnovato e cinto da colline e uliveti.

a Ferro di Cavallo per ③ : 6 km – alt. 287 m – ✉ 06132

Arte Hotel
strada Trasimeno Ovest 159 z/10 – ✆ 07 55 17 92 47
– www.artehotelperugia.com
82 cam – †65/105 € ††75/140 € – 1 suite
Rist – *(chiuso domenica) (solo a cena)* Carta 22/51 €
Lungo una strada di grande transito, ma ben insonorizzato e comodo da raggiungere, opere d'arte moderna ispirano gli interni recentemente rinnovati.

a Cenerente Nord-Ovest: 8 km per via Vecchi AY – ✉ 06070

Castello dell'Oscano
strada della Forcella 37 – ☎ 0 75 58 43 71 – www.oscano.com
11 cam – 🛉110/150 € 🛉🛉120/160 € – 4 suites
Rist – *(solo a cena)* Carta 31/45 €
Salottini, biblioteche, angoli sempre da scoprire e una terrazza immensa in un castello neogotico abbracciato da un parco secolare.

Villa Ada
strada della Forcella 37 – ☎ 0 75 58 43 71
26 cam – 🛉60/80 € 🛉🛉80/120 €
Sempre immersa nel verde, la residenza di fine '800 - Villa Ada - propone gli stessi confort del castello e camere con mobili in stile.

ad Olmo per ③ : 8 km – alt. 284 m – ✉ 06012 Corciano

Relais dell'Olmo senza rist
strada Olmo Ellera 2/4 – ☎ 07 55 17 30 54 – www.relaisolmo.com
50 cam – 🛉90/135 € 🛉🛉120/180 €
Una casa colonica radicalmente ristrutturata e trasformata in una struttura alberghiera moderna e funzionale. Ampia gamma di servizi, arredi curati e di stile elegante.

a Bosco per ① : 12 km – ✉ 06134

Relais San Clemente rist,
strada Passo dell' Acqua 34 – ☎ 07 55 91 51 00 – www.relais.it – Chiuso 7 gennaio-31 marzo
64 cam – 🛉58/195 € 🛉🛉58/310 € **Rist** – Menu 18 €
Un'antica dimora in un grande parco, un relais che trae il nome dalla chiesa ancora compresa nel complesso; camere senza fronzoli, ineccepibili per tenuta e confort. Ristorante orientato al comparto congressuale e banchettistico.

a Ripa per ①: 14 km – ✉ 06134

Ripa Relais Colle del Sole rist,
via Aeroporto Sant'Egidio 5, Sud: 1,5 km – ☎ 07 56 02 01 31 – www.riparelais.com
16 cam – 🛉45/80 € 🛉🛉60/100 € – 4 suites
Rist – *(chiuso 7 gennaio-10 febbraio e mercoledì) (solo a cena escluso sabato, domenica e giugno-agosto)* Carta 26/53 €
Romantici letti a baldacchino, pavimenti in cotto e travi a vista, suite con graziosi angoli soggiorno: tutto concorre a creare un'atmosfera raffinata in questa risorsa che si sviluppa su quattro costruzioni, raccolte intorno ad un giardino ricco di profumi ed erbe aromatiche.

a Ponte San Giovanni per ② : 7 km – alt. 189 m – ✉ 06135

Park Hotel rist,
via Volta 1 – ☎ 07 55 99 04 44 – www.perugiaparkhotel.com – Chiuso 24-27 dicembre
139 cam – 🛉57/118 € 🛉🛉70/165 € **Rist** – Carta 17/57 €
Una torre "spaziale" unita a un corpo centrale: una grande struttura, soprattutto per clientela d'affari e congressuale. Camere con ogni confort e curate nei particolari. Stile moderno anche per le sale del ristorante.

Decohotel
via del Pastificio 8 – ☎ 07 55 99 09 50 – www.decohotel.it
35 cam – 🛉70/90 € 🛉🛉100/146 €
Rist *Deco* – vedere selezione ristoranti
Negli anni in cui imperversava l'art déco in Francia e all'estero, in Italia sorge questa caratteristica costruzione all'interno di un giardino con piante secolari e dépendance annessa. E se la piacevolezza qualifica l'architettura esterna, moderni confort diventano ospiti fissi delle belle camere.

XX **Deco** – Hotel Decohotel
via del Pastificio 8 – ✆ 0 75 39 42 20 – www.decohotel.it
Rist – Carta 33/55 €
Sito entro il Decohotel, ma in una struttura a parte, un ristorante classico, di tono elegante, che propone anche cucina locale e ittica. Servizio estivo all'aperto.

X **Tevere**
via Mario Bochi 14 – ✆ 0 75 39 43 41 – www.tevere.it – Chiuso sabato e domenica
Rist – Menu 35 € – Carta 22/55 €
E' la brace, la vera star di questo capiente ristorante ubicato all'uscita della superstrada E45: non solo carne, ma anche pesce (soprattutto il giovedì e il venerdì), cotti in bellavista nel focolare che campeggia in sala.

a Monte Petriolo per ③: 19 km – ✉ 06100

Borgo dei Conti Resort rist,
– ✆ 0 75 60 03 38 – www.borgodeicontiresort.com
58 cam – 120/190 € 150/220 € **Rist** – Carta 50/79 €
Abbracciato da un bosco secolare, un antico borgo composto da una dimora padronale, vari complessi abitativi e la chiesa d'ispirazione barocca è diventato ora un lussuoso resort con camere molto confortevoli e moderne. Curati gli spazi all'aperto – tra cui una bella piscina a sfioro - per momenti d'indiscusso relax.

PESARO (PU) – **563** K20 – **95 011 ab.** – Italia Centro-Nord **20** B1

Roma 300 – Rimini 39 – Ancona 76 – Firenze 196

viale Trieste 164, ✆ 0721 6 93 41, www.turismo.pesarourbino.it/

via Mazzolari 4, ✆ 0721 35 95 01

Località★ - Pala di Pesaro★★ di G. Bellini nella pinacoteca Z - Museo della ceramica★★ Z

Costa★ tra Pesaro e Gabicce: 15 km a nord

Excelsior
lungomare Nazario Sauro 30/34 ✉ 61121 – ✆ 07 21 63 00 11 – www.excelsiorpesaro.it Zb
39 cam – 135/368 € 153/650 € – 10 suites
Rist *'59 Restaurant* – vedere selezione ristoranti
Rist *Bistrot* – Carta 28/48 €
Lussuoso design hotel in prima fila che coniuga linee moderne con richiami ai mitici anni '50 americani. Tra i tanti servizi offerti, ricordiamo l'esclusiva spa e la spiaggia privata. Al Bistrot: carta semplice di piatti mediterranei, ma si servono anche insalate e piadine.

Vittoria
piazzale della Libertà 2 ✉ 61121 – ✆ 0 72 13 43 43 – www.viphotels.it
27 cam – 265/800 € 330/1300 €, 16 € – 9 suites Ye
Rist *Agorà Rossini* – vedere selezione ristoranti
In una zona tranquilla e con un'eccellente vista mare, questa storica villa che ospita eleganti spazi arredati con mobili antichi, sale conferenza, sauna ed una piccola palestra ha ricevuto - a ragione - il marchio di qualità dell'ospitalità italiana.

Alexander Museum Palace rist,
viale Trieste 20 ✉ 61121 – ✆ 0 72 13 44 41 – www.alexandermuseum.it Za
63 cam – 64/100 € 89/140 € – 4 suites
Rist – *(chiuso domenica)* (consigliata la prenotazione) Carta 29/49 €
Albergo-museo dove ogni stanza è unica, per vivere l'arte in maniera insolita. Questa piacevole atmosfera avvolge anche le aree comuni. Il ristorante si farà ricordare per la moderna cucina e il servizio sui generis.

Savoy

viale della Repubblica 22 ✉ *61121 – ✆ 0 72 13 31 33 – www.viphotels.it* **Zn**
61 cam – †92/140 € ††122/200 €, ☕ 11 € – 9 suites
Rist *Ariston Blue Dream* – ✆ 0 72 16 74 49 – Menu 20/70 € – Carta 24/55 €
Sul viale principale, a pochi passi dal mare e dai monumenti più importanti, l'hotel è particolarmente vocato ad una clientela d'affari e vanta ambienti ampi e funzionali.

Imperial Sport Hotel

via Ninchi 6 ✉ *61121 – ✆ 07 21 37 00 77 – www.imperialsporthotel.it – Aperto 1° aprile-30 ottobre* **Yz**
40 cam ☕ – †40/90 € ††70/140 € – 8 suites
Rist – Carta 27/50 €
Direttamente sul mare, la struttura dispone di ampi spazi arredati in stile moderno, una grande piscina ed aree attrezzate per i bambini. Camere rinnovate recentemente.

Perticari rist, rist,
viale Zara 67 ✉ 61121 – ✆ 0 72 16 84 11 – www.hotelperticari.com
58 cam – 40/110 € 65/170 € Ya
Rist *Le Palme* – ✆ 0 72 16 86 40 – Menu 20 € – Carta 22/55 €
Direttamente sul mare, in posizione centrale, la struttura accoglie i suoi ospiti in una calda atmosfera familiare. Camere spaziose, molte delle quali con balcone vista Adriatico, nonché attrezzato solarium dove trovano spazio una bella piscina e la jacuzzi. Cucina regionale al ristorante.

Spiaggia rist,
viale Trieste 76 ✉ 61121 – ✆ 0 72 13 25 16 – www.hotelspiaggia.com – Aperto 19 maggio-13 settembre Zd
76 cam – 49/72 € 71/94 € **Rist** – *(solo per alloggiati)* Menu 18 €
Lungo la via che costeggia la spiaggia, una struttura a gestione familiare con camere confortevoli e piscina circondata da un piccolo giardino.

Bellevue
viale Trieste 88 ✉ 61121 – ✆ 0 72 13 19 70 – www.bellevuehotel.net – Aperto 24 marzo-10 ottobre Zk
55 cam – 45/85 € 79/150 € **Rist** – *(solo per alloggiati)*
Sul mare e poco distante dal centro di Pesaro, è un albergo dai caratteristici balconi con mosaici in stile mediterraneo, camere confortevoli, palestra, bagno turco e sauna.

Clipper cam, rist,
viale Guglielmo Marconi 53 ✉ 61121 – ✆ 0 72 13 09 15 – www.hotelclipper.it – Aperto 1° aprile-15 settembre Yb
54 cam – 35/95 € 55/140 € **Rist** – Menu 25 €
In "seconda fila" rispetto alla battigia, ma a pochi passi dal mare, l'hotel offre stanze con arredi essenziali e un piacevole terrazzo ombreggiato; gestione familiare.

Agorà Rossini – Vittoria
piazzale della Libertà 2 – ✆ 0 72 13 43 44 – www.ristoranteagorarossini.it
Rist – Menu 30/80 € – Carta 30/67 € Ye
L'ambiente del ristorante è in linea con la casa, elegante e romantico, mentre la cucina si divide equamente tra terra e mare (ma ci sono anche menu per vegetariani e celiaci). A mezzogiorno si può scegliere anche da una carta light.

'59 Restaurant N – Hotel Excelsior
lungomare Nazario Sauro 30/34 – ✆ 07 21 63 00 04 – www.59restaurantpesaro.it
Rist – (consigliata la prenotazione) Carta 45/57 € Zb
Cucina prevalentemente di pesce con leggeri tocchi moderni in ambienti eleganti dal design retrò. La sera, ci si può accomodare ai tavoli del Lido a bordo spiaggia.

Gibas N
strada Panoramica Adriatica, 4 km per ② ✉ 61121 – ✆ 07 21 40 53 44 – www.gibasristorante.it – Chiuso 2 settimane in gennaio, mercoledì a mezzogiorno in luglio e agosto, anche mercoledì sera negli altri mesi
Rist – Carta 35/69 €
Lungo la strada che partendo dalla città va verso nord, locale moderno in posizione panoramica sul mare, da godersi appieno - in estate - sulla pedana all'aperto. Cucina prevalentemente di pesce d'impronta contemporanea.

Commodoro
viale Trieste 269 ✉ 61121 – ✆ 0 72 13 26 80 – www.ilcommodoro.com – Chiuso lunedì Yg
Rist – Menu 30 € (in settimana)/70 € – Carta 39/101 €
Accogliente ristorante ormai divenuto un "classico" in città, dove gustare i sapori di una cucina mediterranea attenta alle proposte giornaliere soprattutto a base di pesce.

in prossimità casello autostrada A 14 Ovest : 5 km :

Locanda di Villa Torraccia senza rist
strada Torraccia 3 ✉ 61122 – ✆ 0 72 12 18 52 – www.villatorraccia.it – Chiuso 20-28 dicembre
5 cam – †65/80 € ††100/150 €
Ricavata da una piccola torre medievale circondata da piante secolari, una risorsa accogliente con suites suggestive per un romantico soggiorno nel rispetto della tradizione.

PESCANTINA – Verona (VR) – 562 F14 – 16 390 ab. – alt. 80 m – ✉ 37026

38 A2

Roma 503 – Verona 14 – Brescia 69 – Trento 85

ad Ospedaletto Nord-Ovest : 3 km – ✉ 37026 Pescantina

Villa Quaranta Park Hotel
via Ospedaletto 57 – ✆ 04 56 76 73 00 – www.villaquaranta.com
87 cam – †105/275 € ††185/275 € – 10 suites
Rist *Borgo Antico* – Carta 37/71 €
Antico e moderno, gli opposti si attraggono. Una villa del '600 (con tanto di cappella consacrata) ed un edificio più recente formano questo raffinato complesso, poliedrico nell'offerta dei servizi: camere con una forte identità, sale congressi ed una bella spa. Il tutto immerso nella splendida cornice di un grande parco.

Alla Coà
via Ospedaletto 70 – ✆ 04 56 76 74 02 – www.trattoriaallacoa.it – Chiuso 2-20 gennaio, 20 giugno-18 luglio, domenica e lunedì
Rist – Carta 33/58 €
Lungo una strada piuttosto trafficata, la vecchia casa di paese è stata arredata in stile country e un pizzico di romanticismo e propone ai suoi avventori piatti legati al territorio e alle stagioni.

PESCARA P (PE) – 563 O24 – 123 077 ab. Italia Centro-Sud

2 C1

Roma 208 – Ancona 156 – Foggia 180 – Napoli 247
Pasquale Liberi per ②: 4 km ✆ 899130310
piazza della Repubblica, ✆ 085 4 22 54 62, www.abruzzoturismo.it
Aeroporto, ✆ 085 4 32 21 20
Pineta dannunziana★

Pianta pagina seguente

Esplanade
rist, rist,
piazza 1° Maggio 46 ✉ 65122 – ✆ 0 85 29 21 41 – www.esplanade.net
150 cam – †85/130 € ††120/163 € AX**a**
Rist – *(solo a cena)* Carta 34/100 €
Sale e camere di classica eleganza in un imponente edificio del 1905, a pochi passi dal mare. Luminoso ristorante - al sesto piano - dotato di bella terrazza panoramica.

Plaza
piazza Sacro Cuore 55 ✉ 65122 – ✆ 08 54 21 46 25 – www.plazapescara.it
66 cam – †95/169 € ††139/239 € – 2 suites AX**b**
Rist – *(chiuso domenica) (solo a cena)* Carta 30/60 €
In posizione centrale ma tranquilla, poco distante dalla stazione e dal mare, l'hotel dispone di sale conferenza ed accoglienti ambienti arredati con tessuti eleganti e marmo. La piccola e classica sala ristorante propone i piatti della tradizione italiana e soprattutto specialità di pesce.

Victoria senza rist
via Piave 142 ✉ 65122 – ✆ 0 85 37 41 32 – www.victoriapescara.com
23 cam – †95/109 € ††129/139 € – 1 suite AX**c**
In pieno centro, nuova risorsa di grande effetto e squisito confort. Modernità e design per una clientela esigente. Piccola zona benessere.

Bastioni (V.) .... ABY 2	Firenze (V.) .... AXY	Palermo (V.) .... AY
Battisti (V. Cesare) .... AX 3	Italia (Pza) .... BY 8	Ravenna (V.) .... AXY
Bovio (Viale) .... AX	L'Aquila (V.) .... AY 9	Regina Elena (Viale) .... AX 16
Caduta del Forte (V.) .... AY 4	Lungaterno Sud (V.) .... BY 10	Teramo (V.) .... AY 17
Chieti (V.) .... AY	Manthone (Cso G.) .... AY 12	Trieste (V.) .... AX 18
Colombo (Lung. C.) .... BY 5	Marconi (Vle G.) .... BYZ	Umberto I (Cso) .... AX 19
Conte di Ruvo (V.) .... ABX 6	Michelangelo (V.) .... AX 13	Venezia (V.) .... ABY
Duca d'Aosta (Pza) .... ABY 7	Orazio (V.) .... AYZ 15	Vitt. Emanuele II (Cso) .... AXY
Fabrizi (V. Nicola) .... AX		

Duca D'Aosta senza rist
piazza Duca d'Aosta 4 ✉ 65121 – ✆ 0 85 37 42 41 – www.ducadaostapescara.it
72 cam ☕ – 🚹71/139 € 🚹🚹99/219 € AY**a**
L'insegna svetta sull'omonima piazza, in vicinanza del Porto Canale, a pochi passi di distanza dal centro. Spazi comuni non ampissimi, ma ben distribuiti, e camere accoglienti.

Alba senza rist
via Forti 14 ✉ 65122 – ✆ 0 85 38 91 45 – www.hotelalba.pescara.it
50 cam ☕ – 🚹60/80 € 🚹🚹90/120 € AX**r**
Nel centro turistico-commerciale della città, piccolo ma piacevole hotel caratterizzato da sale in stile liberty - stuccate ed affrescate - più classiche, invece, le camere.

Ambra Palace senza rist
via Quarto dei Mille 28/30 ✉ 65122 – ✆ 0 85 37 82 47 – www.hotelambrapalace.it AX**u**
61 cam ☕ – 🚹48/70 € 🚹🚹69/110 €
In centro città, a 300 m dal mare, comodo albergo a gestione familiare, in attività dal 1963; spazi comuni adeguati, camere classiche, con bagni completi e funzionali.

Café les Paillotes
piazza Le Laudi 2, per lungomare Cristoforo Colombo ✉ 65129 – ✆ 08 56 18 09 – www.lidodellesirene.net – Chiuso gennaio-febbraio, domenica e lunedì
Rist – Menu 40/80 € – Carta 45/69 € BY
➜ Scampi, avocado e lime. Maccheroncini di grano arso, gamberi rossi e carciofi. Triglia in... burrata.
All'interno di un esclusivo lido balneare, colori, fragranze e pezzi d'arredo sembrano ammiccare con eleganza a racconti esotici, mentre ai fornelli un nuovo chef - proveniente da una grande scuola - prepara moderni piatti di cucina italiana. Specialità di pesce.

Carlo Ferraioli
via Paolucci 79 ✉ 65121 – ✆ 08 54 21 02 95 – www.carloferraioli.it
Rist – Menu 35/50 € – Carta 28/133 € BY**a**
Elegante ristorante affacciato sul canale e sui caratteristici pescherecci: cucina rigorosamente a base di pesce. A disposizione, un sala per fumatori.

La Rete
via De Amicis 41 ✉ 65123 – ✆ 08 52 70 54 – www.lareteristorante.com – Chiuso domenica sera e lunedì a mezzogiorno AX**m**
Rist – (consigliata la prenotazione) Carta 24/59 €
Solo pesce in questo locale dalla cordiale gestione familiare: semplice e gustoso, il menu della giornata è tracciato ogni mattina a seconda di quello che offrono l'Abruzzo e l'Adriatico.

Locanda Manthonè
corso Manthonè 58 ✉ 65127 – ✆ 08 54 54 90 34 – www.locandamanthone.it – Chiuso domenica AY**s**
Rist – *(solo a cena)* Menu 37 € – Carta 33/49 €
La trattoria prende il nome dalla via dove visse D'Annunzio. All'interno la giovane gestione propone una gustosa cucina locale, in accordo con le stagioni. Specialità: chitarra all'abruzzese con sugo di polpettine.

Taverna 58
corso Manthoné 46 ✉ 65127 – ✆ 0 85 69 07 24 – www.taverna58.it – Chiuso 24 dicembre-1° gennaio, agosto, domenica e i mezzogiorno di venerdì e sabato
Rist – Menu 18 € (pranzo in settimana)/35 € – Carta 32/44 € ABY**s**
Trattoria dall'ambiente curato, dove un'interessante cucina legata alla tradizione gastronomica abruzzese dà vita a piatti sapidi e generosi, difficilmente ritrovabili altrove. Un esempio? Pecora al tegame! Visitabili le cantine con vestigia medievali e romane.

PESCASSEROLI – L'Aquila (AQ) – 563 Q23 – 2 271 ab. – alt. 1 167 m 1 B3

– Sport invernali : 1 167/1 945 m 6; a Opi – ✉ 67032 Italia Centro-Sud

Roma 163 – Frosinone 67 – L'Aquila 109 – Castel di Sangro 42

via Principe di Napoli, ✆ 0863 91 04 61, www.abruzzoturismo.it

Parco Nazionale d'Abruzzo★★★

Villa Mon Repos

rist,

viale Santa Lucia – ✆ 08 63 91 28 58 – www.villamonrepos.it

13 cam – 110/120 € 120/140 € – 1 suite

Rist – (prenotazione obbligatoria) Carta 26/53 €

Costruita nel 1919 dallo zio di Benedetto Croce, una residenza d'epoca in un parco non lontano dal centro; stile tardo liberty, molto eclettico, anche all'interno. Piatti abruzzesi o di pesce serviti nell'elegante ristorante.

Villino Quintiliani

viale Santa Lucia 1 – ✆ 08 63 91 07 55 – www.villinoquintiliani.it

11 cam – 90/120 € 140/200 € – 4 suites **Rist** – *(solo per alloggiati)*

All'ingresso del paese, siamo in un grazioso villino dei primi '900 dalle camere moderne e confortevoli. La gestione familiare organizza attività all'insegna dello sport e della natura.

Paradiso

rist,

via Fonte Fracassi 4 – ✆ 08 63 91 04 22 – www.albergo-paradiso.it

21 cam – 35/70 € 70/140 €, 8 € **Rist** – Menu 25/40 €

A meno di 2 km dal centro, è ideale per una vacanza familiare nel verde: il parco entra in albergo con atmosfere rustiche in legno, camino e una tavernetta.

Alle Vecchie Arcate

via della Chiesa 57/a – ✆ 08 63 91 06 18 – www.vecchiearcate.it

32 cam – 45/55 € 65/85 € **Rist** – *(solo per alloggiati)* Carta 27/37 €

Un sapiente restauro conservativo ha ricavato un hotel all'interno di un edificio d'epoca in pieno centro storico; gestione familiare, camere con arredi in legno.

Alle Vecchie Arcate

via della Chiesa 41 – ✆ 08 63 91 07 81 – Chiuso 5 novembre-5 dicembre e lunedì

Rist – Menu 20/25 € – Carta 29/47 €

Di proprietà della stessa famiglia che gestisce l'omonimo albergo, il locale offre sapori abruzzesi e piatti invece più tradizionali. Sala con arcate in pietra e camino.

PESCHE – Isernia (IS) – 564 C24 – Vedere Isernia

PESCHICI – Foggia (FG) – 564 B30 – 4 411 ab. – ✉ 71010 Puglia 26 B1

Roma 400 – Foggia 114 – Bari 199 – Manfredonia 80

Promontorio del Gargano★★★ Sud-Est

Elisa

cam, rist,

borgo Marina 20 – ✆ 08 84 96 40 12 – www.hotelelisa.it
– Aperto 1° maggio-30 settembre

40 cam – 55/70 € 80/120 € **Rist** – Carta 20/35 €

Ai piedi del borgo marinaro di Peschici e vicino al porto turistico, un hotel dall'ottima gestione familiare con camere luminose dagli arredi in legno bianco o azzurro e vista sul mare. Ampie vetrate ed ottimi piatti di pesce al ristorante: buonissime le paste fatte in casa.

La Chiusa delle More

cam,

località Padula , Ovest : 1,5 km – ✆ 3 30 54 37 66 – www.lachiusadellemore.it
– Aperto 19 maggio-15 settembre

10 cam – 104/156 € 160/240 € **Rist** – *(solo a cena)* Menu 30 €

Circondati da un parco di ulivi secolari, dormirete in un antico frantoio rupestre trasformato in elegante agriturismo, a meno di 1 km dal mare.

Porta di Basso con cam

via Colombo 38 – 08 84 91 53 64 – www.portadibasso.it – Chiuso gennaio- febbraio

3 cam – 75/120 € 120/280 €

Rist – *(chiuso giovedì escluso giugno-settembre)* (consigliata la prenotazione) Menu 30/45 € – Carta 42/73 €

Tra i vicoli del centro storico della città - in suggestiva posizione a strapiombo sul mare - un ottimo ristorante di tono moderno, dove lo chef propone eccellenti piatti di mare non privi di una creativa elaborazione.

sulla litoranea per Vieste

Park Hotel Paglianza Paradiso

località Paglianza, Est : 10,5 km 71010 – 08 84 91 10 18 – www.grupposaccia.it – Aperto 1° giugno-30 settembre

rist,

138 cam – 50/95 € 80/160 € **Rist** – *(solo per alloggiati)*

Immerso in una vasta pineta a metà strada tra Peschici e Vieste, l'albergo vanta ambienti spaziosi, tra cui un'attrezzata area giochi per bambini. All'interno rilassanti ambienti nelle tonalità del verde.

PESCHIERA BORROMEO – Milano (MI) – 561 F9 – 22 774 ab. – alt. 101 m – 20068

18 B2

Roma 573 – Milano 18 – Piacenza 66

Pianta d'insieme di Milano

NH Linate

rist,

via Grandi 12 – 0 25 47 76 88 11 – www.nh-hotels.com – Chiuso 27 luglio-1° settembre

2CPZ

65 cam – 59/365 € 74/380 € – 2 suites

Rist – *(solo a cena)* Carta 30/50 €

Nuovo albergo commerciale e congressuale vicino all'aeroporto di Milano Linate propone una buona serie di servizi ed accoglienti camere. Omogeneo, funzionale e dal design minimalista. Zona ristorante ricavata nella hall: piccola carta con servizio sia a pranzo, sia a cena.

Montini senza rist

via Giuseppe di Vittorio 39 – 0 25 47 50 31 – www.hotelmontini.com – Chiuso 24 dicembre-2 gennaio e 3-19 agosto

2CPc

65 cam – 54/175 € 75/230 €

Nella zona industriale alle spalle dell'aeroporto di Milano Linate, giovane conduzione familiare che mantiene sempre aggiornata una valida risorsa, comoda e confortevole.

La Viscontina con cam

via Grandi 5 – 0 25 47 03 91 – www.laviscontina.it – chiuso 10-16 agosto

14 cam – 80/100 € 80/120 €

2CPz

Rist – *(chiuso domenica)* Menu 25 € (in settimana)/50 € – Carta 32/58 €

Un ristorante, con qualche camera, curato e a gestione familiare, per proposte quotidiane che seguono le stagioni, la disponibilità del mercato e l'estro dello storico chef.

Trattoria dei Cacciatori

via Trieste 2, Nord : 4 km – 0 27 53 11 54 – www.trattoriacacciatori.it – Chiuso 31 dicembre-6 gennaio, 7-24 agosto, domenica sera e lunedì

Rist – Carta 32/55 €

Cascinale all'interno del castello di Longhignana, antica residenza di caccia della famiglia Borromeo; belle sale rustiche, cucina legata alle tradizioni e grigliate.

PESCHIERA DEL GARDA – Verona (VR) – 562 F14 – 9 984 ab. – alt. 68 m – 37019

39 A3

Roma 513 – Verona 23 – Brescia 46 – Mantova 52

piazzale Betteloni 15, 045 7 55 16 73, www.tourism.verona.it

Paradiso del Garda SS 249-località Paradiso, 045 6405802, www.golfclubparadiso.it

Puccini senza rist
via Puccini 2 – ✆ 04 56 40 14 28 – www.hotelpuccini.it
– Aperto 12 marzo-14 novembre
33 cam – †60/99 € ††91/112 €, ☕ 8 €
Piacevole hotel, con bella piscina e giardino, posizionato in prossimità del lungolago, defilato dal centro; ampie stanze, ben tenute, alcune con gradevole tappezzeria colorata.

Acquadolce Ⓝ senza rist
lungolago Garibaldi 3 – ✆ 04 56 40 14 22 – www.acquadolcehotel.com
– Aperto 23 marzo-14 novembre
29 cam ☕ – †60/100 € ††80/150 €
Moderno e dalle linee pulite, questo grazioso albergo non ha ancora compiuto un lustro... Belle camere e un piccolo centro benessere da affittarsi a pagamento, ma all'ultimo piano si può godere gratuitamente della vasca idromassaggio panoramica.

Bell'Arrivo Ⓝ senza rist
piazzetta Benacense 2 – ✆ 04 56 40 13 22 – www.hotelbellarrivo.it
– Chiuso15 novembre-15 marzo
27 cam – †50/150 € ††70/150 €, ☕ 5 €
Piccolo l'albergo, bella la posizione: le camere, classiche e luminose, sono affacciate sul lago o sul canale. Grazioso anche l'omonimo bar per le colazioni e gli aperitivi.

Piccolo Mondo
riviera Carducci 6 – ✆ 04 57 55 00 25 – www.ristorantepiccolomondo.com
– Chiuso 24 dicembre-20 gennaio, 30 giugno-15 luglio, lunedì e martedì
Rist – Carta 35/67 €
Pesce di mare. Esposto in vetrina, così come nel buffet degli antipasti è servito in un'unica grande sala affacciata sul lago; conduzione diretta da più di cinquant'anni.

Luisa
via Frassino 16 – ✆ 04 57 55 07 60 – Chiuso 23 dicembre-20 gennaio, 21-30 giugno e martedì
Rist – Carta 20/56 €
Graziosa trattoria di stampo familiare in zona decentrata. In cucina lo chef-proprietario con la sua esperienza elabora prodotti regionali e stagionali, molta carne, ma anche pesce di lago.

a San Benedetto di Lugana Ovest : 2,5 km – ✉ 37019

The Ziba Hotel & Spa
via Bell'Italia 41 – ✆ 04 56 40 25 22 – www.thezibahotel.it
23 cam ☕ – †70/160 € ††100/280 € – 2 suites
Rist ***Zibaldone*** – vedere selezione ristoranti
Stupendo e d'impatto già al primo sguardo, questo moderno hotel nato dalla ristrutturazione di un edificio ottocentesco dispiega il proprio fascino anche all'interno: arredi lineari ed essenziali, belle camere equipaggiate con tecnologia d'avanguardia. Nel sottosuolo un'area benessere molto carina ed attrezzata.

Zibaldone – The Ziba Hotel & Spa
via Bell'Italia 41 – ✆ 04 56 40 25 22 – www.thezibahotel.it – Chiuso novembre
Rist – *(chiuso lunedì) (solo a cena escluso domenica)* Carta 45/60 €
Il ristorante ripropone l'accattivante design della struttura che lo ospita: un originale albergo, all'interno di un'antica bottiglieria di fine '800. Il menu non si sottrae alla fantasia, sciorinando una serie di piatti dai sapori mediterranei, ma presentati come piccole opere d'arte.

Trattoria al Combattente
strada Bergamini 60 – ✆ 04 57 55 04 10 – www.alcombattente.it
– chiuso 1 settimana in febbraio, 3 settimane in novembre e lunedì
Rist – Menu 25/40 € – Carta 22/43 €
Clientela affezionata, atmosfera familiare e solo pesce di lago, elaborato secondo ricette classiche e legato all'offerta del mercato giornaliero.

PESCIA – Pistoia (PT) – 563 K14 – 19 851 ab. – alt. 62 m – ✉ 51017 31 B1

Toscana

Roma 335 – Firenze 57 – Pisa 39 – Lucca 19

San Lorenzo e Santa Caterina

località San Lorenzo 15/24, Nord : 2 km – ✆ 05 72 40 83 40 – www.rphotels.com

63 cam – ♦49/54 € ♦♦75/90 € – 9 suites

Rist – *(chiuso martedì) (solo a cena escluso i giorni festivi)* Carta 26/47 €

Hotel ricavato dalla sapiente ristrutturazione di una cartiera del 1700 affacciata sul fiume Pescia: ambienti piacevolmente rustici e confort moderni. Sala ristorante con soffitti a volte; simpatica enoteca con vecchi macchinari.

Atman (Igles Corelli)

via Roma 4 – ✆ 0 57 21 90 36 78 – www.ristoranteatman.it – Chiuso martedì

Rist – Menu 30 € (pranzo in settimana)/75 € – Carta 60/113 €

➜ Risotto con alzavola (anatra) e zabaione ghiacciato di parmigiano. Zuppetta di pesce con aceto ai lamponi. Latte brulé con polvere di capperi di Salina disidratati e caramello bruno.

In pieno centro, una saletta dagli arredi minimal-eleganti ed una deliziosa terrazza, al piano superiore, affacciata su una rilassante piazzetta. Ai fornelli, il cuoco sposa con successo le tradizioni romagnole con quelle toscane in piatti creativi.

All'atto della prenotazione fatevi precisare il prezzo e la categoria della camera.

PESCOCOSTANZO – L'Aquila (AQ) – 563 Q24 – 1 179 ab. – alt. 1 395 m 1 B2

– Sport invernali : 1 450/1 750 m 4 – ✉ 67033

Roma 198 – Campobasso 94 – L'Aquila 101 – Chieti 89

vico delle Carceri 4, ✆ 0864 64 14 40, www.abruzzoturismo.it

Relais Ducale

via dei Mastri Lombardi 26 – ✆ 08 64 64 24 84 – www.relaisducale.it – Aperto 1° dicembre-30 aprile e 1° luglio-15 settembre

26 cam – ♦115/155 € ♦♦190/270 € – 3 suites

Rist ***La Corniola*** – vedere selezione ristoranti

All'ingresso del paese, la montagna è protagonista in albergo con le tipiche decorazioni in legno, camino e selvaggina. Camere più classiche, navetta per le piste da sci e mini club per bambini.

Il Gatto Bianco

viale Appennini 3 – ✆ 08 64 64 14 66 – www.ilgattobianco.it

6 cam – ♦140/180 € ♦♦180/250 € – 2 suites

Rist – *(solo per alloggiati)* Menu 45 €

Nuova risorsa di grande fascino avvolta da un'atmosfera di eleganza ed intimità. Insolito connubio di legno antico e moderno. Piccola zona benessere.

Garni lo Scrigno senza rist

piazza Manzi 5 – ✆ 08 64 64 24 68 – www.lo-scrigno.net

6 cam – ♦65/120 € ♦♦70/120 €

Nel centro storico della località - gioiello in pietra tra i paesi abruzzesi - camere recenti ed accoglienti, nonché una gestione giovane e premurosa da far venire voglia di ritornarci.

La Corniola – Hotel Relais Ducale

via dei Mastri Lombardi 26 – ✆ 08 64 64 24 70 – www.lacorniola.com – Aperto 1° dicembre-30 aprile e 1° luglio-15 settembre; chiuso mercoledì

Rist – (consigliata la prenotazione) Carta 38/63 €

Se la cittadina di Pescocostanzo è rinomata in tutta Italia per i suoi merletti al tombolo, i veri sapori abruzzesi hanno trovato dimora alla Corniola: polenta grigliata, lardo di montagna, ricotta affumicata al ginepro e ultimo, ma non ultimo, il proverbiale zafferano. Il tutto ingentilito e rivisitato con passione.

PESEK - Trieste (TS) - 562 F23 - alt. 474 m - ✉ 34018 Basovizza 11 D3

Roma 678 - Udine 77 - Gorizia 54 - Milano 417

a Draga Sant'Elia Sud-Ovest : 4,5 km - ✉ 34018 Sant'Antonio In Bosco

Locanda Mario con cam

Draga Sant'Elia 22 - 0 40 22 81 93

7 cam - 40/45 € 60/70 €

Rist - *(chiuso martedì)* Menu 20/45 € - Carta 22/62 €

Nel caratteristico paesino carsico, vicino al confine sloveno, accogliente trattoria gestita da decenni dalla stessa famiglia, dove gustare la cucina del posto: rane, lumache e selvaggina. Semplici, lineari e confortevoli le camere.

PETRALIA SOTTANA Sicilia - Palermo (PA) - 365 AT57 - 2 980 ab. 30 C2 - ✉ 90027 Sicilia

Agrigento 118 - Caltanissetta 64 - Catania 132 - Palermo 107

svincolo A 19 uscita Resuttano

Agriturismo Monaco di Mezzo rist,

contrada Monaco di Mezzo, Sud : 7 km dallo svincolo - 09 34 67 39 49 - www.monacodimezzo.com

21 cam - 64/80 € 88/110 €

Rist - (prenotazione obbligatoria) Menu 25 €

Nel verde delle Madonie, un'antica masseria ristrutturata offre diversi appartamenti con cucina dall'aspetto curato. Il paesaggio si può ammirare comodamente anche dal bordo della piscina. Nel ristorante vengono proposti piatti della tradizione.

PETRIGNANO DEL LAGO - Perugia (PG) - 563 M17 - Vedere Castiglione del Lago

PETROGNANO - Firenze (FI) - 563 L15 - Vedere Barberino Val d'Elsa

PETROSA (SA) - 564 G27 - Vedere Ceraso

PETTENASCO - Novara (NO) - 561 E7 - 1 392 ab. - alt. 300 m 24 A2 - ✉ 28028

Roma 663 - Stresa 25 - Milano 86 - Novara 48

piazza Unità d'Italia 3, 331 2 66 82 66, www.lagodorta-cusio.com

L'Approdo rist,

corso Roma 80 - 0 32 38 93 45 - www.approdohotelorta.it - Aperto 27 marzo-20 ottobre

72 cam - 80/125 € 95/195 € - 5 suites **Rist** - Carta 38/67 €

Con un grande sviluppo orizzontale e un grazioso giardino con vista lago e monti, completamente protesa sull'acqua, una valida risorsa per clienti d'affari e turisti. Al ristorante ambienti curati e di tono o una gradevole terrazza esterna.

Giardinetto

via Provinciale 1 - 0 32 38 91 18 - www.giardinettohotel.com - Aperto 2 aprile-25 ottobre

58 cam - 70/100 € 83/150 € - 1 suite

Rist *Giardinetto* - vedere selezione ristoranti

Un bianco albergo lambito dalle acque del lago, una struttura confortevole dotata di camere più che discrete, con arredi classici di buona funzionalità.

Giardinetto - Hotel Giardinetto

via Provinciale 1 - 0 32 38 91 18 - www.giardinettohotel.com - Aperto 1° aprile-25 ottobre

Rist - Menu 49 € - Carta 36/73 €

Con numerose terrazze, sia interne, sia esterne, d'estate l'atmosfera si fa particolarmente romantica: lumi di candela ed ampia vista sul lago. I piatti sono creativi con una solida base regionale e dalla cantina etichette pregevoli.

PETTINEO Sicilia – Messina (ME) – 365 AU56 – 1 454 ab. – alt. 300 m 30 C2

– ✉ 98070 Sicilia

▶ Caltanissetta 134 – Catania 140 – Messina 140 – Palermo 100

Casa Migliaca

contrada Migliaca – ✆ 09 21 33 67 22 – www.casamigliaca.com

8 cam ☕ – 👤80 € 👥120 € **Rist** – *(solo a cena) (solo per alloggiati)* Menu 20 €

Appena fuori dal paese e contornato da ulivi, un ex frantoio del '600 propone una tranquillità assoluta e una vista impagabile attraverso la vallata, fino al mare. I 12 ettari dell'azienda agrituristica sono in parte coltivati con metodi biodinamici. Alcuni di questi prodotti imbandiscono la tavola del ristorante.

PFALZEN = Falzes

PIACENZA 🅿 (PC) – 562 G11 – 103 206 ab. – alt. 61 m 8 A1

Italia Centro-Nord

▶ Roma 512 – Bergamo 108 – Brescia 85 – Genova 148

ℹ piazza Cavalli 7, ✆ 0523 49 22 23, www.comune.piacenza.it

⛳9 Castello La Bastardina strada Grintorto 1, 393 9036927 – chiuso lunedì

⛳18 Croara località Croara Nuova, 0523 977105, www.croaracountryclub.com – chiuso dal 7 gennaio al 5 febbraio e martedì

👁 Il Gotico★★ antico Palazzo del Comune - Piazza dei Cavalli★: statue equestri★★ B D - Duomo★ B E - S. Savino B: pavimenti musivi★ - Musei Civici★ di Palazzo Farnese B - Madonna di Campagna★ A - Ecce Homo★★ di Antonello da Messina nella Pinacoteca del Collegio Alberoni

PIACENZA

Belcredi (V. G.)	B	2
Borgo (Pza)	A	3
Calzolai (Via)	A	6
Castello (Via del)	A	4
Cavalli (Pza dei)	B	5
Garibaldi (V.)	A	9
Genova (Piazzale)	A	10
Giordani (V. P.)	B	12
La Primogenita (V.)	B	13
Legione Zanardi Landi (V.)	B	15
Legnano (V.)	B	16
Manfredi (V. Giuseppe)	A	17
Marconi (Piazzale)	B	19
Milano (Piazzale)	B	20
Pace (V.)	B	22
Risorgimento (Viale)	B	23
Roma (Piazzale)	B	24
Scalabrini (V.)	B	34
S. Antonino (V.)	B	27
S. Eufemia (V.)	A	28
S. Sisto (V.)	A	29
S. Tommaso (V.)	A	32
Torino (Piazzale)	A	35
Venturini (V.)	A	38
Verdi (V.)	B	39
Vittorio Emanuele II (Cso)	A	40
20 Settembre (V.)	B	41

Grande Albergo Roma
via Cittadella 14 ✉ 29121 – ✆ 05 23 32 32 01 – www.grandealbergoroma.it **Ba**
76 cam – 135/170 € 180/220 € – 4 suites
Rist ***Piccolo Roma*** – vedere selezione ristoranti
All'esterno un modesto edificio anni '50, gli interni però si riscattano con stucchi, lampadari, ricercatezze: è il grande, classico albergo cittadino con una panoramica sala colazioni.

Park Hotel
rist,
strada Valnure 5/7, per ③ ✉ 29122 – ✆ 05 23 71 26 00 – www.parkhotelpiacenza.it
97 cam – 79/155 € 79/225 € – 2 suites
Rist – Carta 27/50 €
Taglio spiccatamente moderno per questa struttura a vocazione commerciale, comoda e facile da raggiungere dal centro storico e dall'autostrada. Cortese e disponibile il personale. Eleganza e tocchi di contemporaneità nella sala del ristorante.

Hotel Ovest
cam, rist,
via I Maggio 82, per ④ ✉ 29121 – ✆ 05 23 71 22 22 – www.hotelovest.it
59 cam – 80/170 € 80/170 €
Rist – *(Chiuso 2 settimane in agosto) (solo a cena)* Carta 30/70 €
La conduzione è cordiale e attenta, l'insonorizzazione perfetta, la posizione stradale estremamente pratica. In sintesi: un indirizzo interessante con camere dal design moderno e minimalista oppure più classiche e riccamente decorate.

Antica Osteria del Teatro (Filippo Chiappini Dattilo)
via Verdi 16 ✉ 29121 – ✆ 05 23 32 37 77 – www.anticaosteriadelteatro.it – Chiuso 1° -10 gennaio, 1° -25 agosto, domenica e lunedì **Bf**
Rist – (consigliata la prenotazione) Menu 30 € (pranzo in settimana)/70 € – Carta 60/117 €
➜ Tortelli dei Farnese al burro e salvia. Terrina di fegato grasso d'anatra al naturale marinata al Porto e Armagnac. La zuppetta di frutti di stagione con crema gelata alla vaniglia di Bourbon.
Vero salotto piacentino, l'austero palazzo del '400 si è rinnovato negli eleganti interni. Squisita cucina regionale e di mare, nonché splendida cantina con i più rinomati *château*.

Piccolo Roma – Grande Albergo Roma
via Cittadella 14 ✉ 29121 – ✆ 05 23 32 32 01 – www.grandealbergoroma.it – Chiuso 1 settimana in luglio, agosto, domenica sera e sabato **Ba**
Rist – Carta 34/68 €
Autografi e dediche ricoprono quasi interamente le pareti di questo apprezzato ristorante. Seduti tra arredi d'epoca o a lume di candela, le specialità emiliane faranno gli onori di casa.

Vecchia Piacenza
via San Bernardo 1 ✉ 29121 – ✆ 05 23 30 54 62 – www.ristorantevecchiapiacenza.it – Chiuso 1°-6 gennaio, luglio e domenica
Rist – (consigliata la prenotazione) Carta 38/73 € **Ab**
Sulla via per il centro storico, un ambiente caratteristico, affrescato e decorato dalla sapiente mano della titolare; il marito, in cucina, realizza piatti fantasiosi.

Osteria del Trentino da Marco
via Castello 71 ✉ 29121 – ✆ 05 23 32 42 60 – www.osteriadeltrentino.it **Ad**
Rist – (consigliata la prenotazione la sera) Carta 24/43 €
Ristorante storico: il nome allude all'origine di uno dei primi titolari, ma il locale oggi è la roccaforte di una cucina piacentina con le tipiche specialità cittadine.

PIADENA – Cremona (CR) – 561 G13 – 3 645 ab. – alt. 34 m – ✉ 26034 17 C3

Roma 489 – Parma 41 – Cremona 28 – Mantova 38

Dell'Alba

via del Popolo 31, località Vho, Est : 1 km – 0 37 59 85 39 – www.trattoriadellalba.com – Chiuso 25 dicembre-2 gennaio, 15-30 giugno, 30 luglio-18 agosto, domenica sera e lunedì

Rist – Menu 28/35 € – Carta 25/44 €

Tradizionale osteria di paese con mescita al bicchiere, solidi tavoli antichi e piatti casalinghi. Le specialità ovviamente derivano dal territorio: oca, arrosti, bolliti e gli immancabili tortelli di zucca conditi con soffritto di pomodoro dolce.

PIANAZZO – Sondrio (SO) – Vedere Madesimo

PIANCASTAGNAIO – Siena (SI) – 563 N17 – 4 187 ab. – alt. 772 m – ✉ 53025 32 D3

Roma 176 – Firenze 155 – Perugia 86 – Siena 83

Anna con cam

viale Gramsci 486 – 05 77 78 60 61 – www.annaristorante.it – Chiuso 7-15 gennaio e 10-30 settembre

8 cam – †40 € ††60/65 €

Rist – *(chiuso lunedì escluso 15 luglio-31 agosto)* Carta 20/37 €

Accogliente ristorante a conduzione familiare che sazierà il vostro appetito con genuini piatti del territorio. Per chi desidera fare una sosta, camere semplici e decorose.

PIANE DI MONTEGIORGIO – Fermo (FM) – Vedere Montegiorgio

PIANELLA (SI) 32 C2

Roma 240 – Firenze 85 – Siena 14 – Arezzo 85

PIANFEI – Cuneo (CN) – 561 I5 – 2 200 ab. – alt. 503 m – ✉ 12080 22 B3

Roma 629 – Cuneo 15 – Genova 130 – Imperia 114

La Ruota cam,

strada statale Monregalese 5 – 01 74 58 57 01 – www.hotelruota.it

61 cam – †60/90 € ††75/110 € – 6 suites

Rist *La Ruota* – vedere selezione ristoranti

Rist – Carta 22/50 €

Sulla statale Cuneo-Mondovì, una grande struttura particolarmente indicata per accogliere clientela d'affari e gruppi numerosi. Camere spaziose e confortevoli.

La Ruota – Hotel La Ruota

strada statale Monregalese 5 – 01 74 58 51 64 – www.hotelruota.it – Chiuso lunedì

Rist – Carta 21/64 €

Accomodatevi nella sua ampia sala (con possibilità di zone riservate) e non abbiate fretta di ordinare: il menu spazia, infatti, dalla tipica cucina piemontese a quella internazionale.

PIANIGA – Venezia (VE) – 562 F18 – 11 927 ab. – ✉ 30030 40 C2

Roma 517 – Padova 18 – Ferrara 98 – Venezia 31

15.92 senza rist

via provinciale Nord 5, località Cazzago di Pianiga, Sud-Est : 5 km – 0 41 46 45 05 – www.hotel15-92.com

15 cam – †60/80 € ††80/100 € – 1 suite

Suggerito dall'architetto, l'insolito nome indica il grado di curvatura del tetto di questo piacevole hotel dall'arredo sobrio e minimalista. Il bianco domina ovunque.

In senza rist

via Provinciale Nord 47, località Cazzago di Pianiga, Sud-Est: 5 Km – 04 15 13 83 36 – www.hotel-in.it

12 cam – †55/70 € ††70/100 €

Gestione tutta al femminile, per questo piccolo e moderno hotel (solo per non fumatori) con ampie camere dotate di ogni confort e arredi bagno design.

PIANO D'ARTA – Udine (UD) – 562 C21 – Vedere Arta Terme

PIANOPOLI – Catanzaro (CZ) – 564 K31 – 2 553 ab. – alt. 250 m – ✉ 88040 5 A2

Roma 594 – Cosenza 81 – Catanzaro 33

Agriturismo Le Carolee
contrada Gabella 1, Est : 3 km – ✆ 0 96 83 50 76 – www.lecarolee.it
7 cam – 50/60 € 80/100 €
Rist – *(chiuso lunedì a mezzogiorno)* (prenotazione obbligatoria) Menu 25/40 €
Una casa padronale ottocentesca fortificata, in splendida posizione e immersa nel silenzio degli ulivi; il passato della terra di Calabria riproposto in chiave moderna.

PIANORO – Bologna (BO) – 562 I16 – 17 268 ab. – alt. 200 m – ✉ 40065 9 C2

Roma 370 – Bologna 16 – Firenze 96 – Modena 59

a Rastignano Nord : 8 km – ✉ 40067

Osteria al numero Sette
via Costa 7 – ✆ 0 51 74 20 17 – Chiuso lunedì
Rist – (consigliata la prenotazione) Menu 28 € – Carta 31/40 €
Passatelli asciutti su crema di parmigiano reggiano con ragù bianco, pinoli e uvetta, ma non solo minestre, come da queste parti vengono chiamati i primi piatti... L'offerta si è ampliata e il merito è da ricondurre alla passione per la ricerca degli ingredienti: territorio e qualità!

PIAZZA ARMERINA Sicilia – Enna (EN) – 365 AV59 – 20 998 ab. – alt. 697 m – ✉ 94015 Sicilia 30 C2

Caltanissetta 49 – Catania 84 – Enna 34 – Messina 181

via Generale Muscarà 57, ✆ 0935 68 02 01, www.comune.piazzaarmerina.en.it

Località★ - Quartieri Medievali★ - Madonna delle Vittorie★ e croce lignea dipinta★ nel Duomo

Villa imperiale del Casale★★★: 5 km sud-ovest

Gangi
Via Gen. Ciancio 68 – ✆ 09 35 68 27 37 – www.hotelgangi.it
18 cam – 55/75 € 85/105 € – 1 suite
Rist – *(solo a cena) (solo per alloggiati)* Menu 15 € (+20 %)
Ai piedi del centro storico, il celebre Duomo raggiungibile a piedi, la struttura è stata oggetto d'importanti lavori di ristrutturazione, che hanno ulteriormente aumentato il già buon livello di confort.

Mosaici-da Battiato
contrada Paratore Casale 11, Ovest : 3,5 km – ✆ 09 35 68 54 53 – www.hotelmosaici.com
23 cam – 40 € 50 €, 5 € **Rist** – Carta 17/27 €
In posizione strategica per chi voglia visitare i mosaici della villa romana del Casale, così come le altre bellezze della cittadina. Hotel sobrio, ordinato e funzionale. Ristorante che si è conquistato una buona fama in zona.

Al Fogher
strada statale 117 bis, Nord : 3 km – ✆ 09 35 68 41 23 – www.alfogher.net – Chiuso 1 settimana in gennaio, domenica sera e lunedì
Rist – Menu 35 € (pranzo in settimana)/55 € – Carta 36/70 €
Nel cuore di una Sicilia dagli spettacolari paesaggi, intorno al focolare sta prendendo forma e decollando una cucina che interpreta con grande estro i prodotti isolani con divagazioni sul continente.

Trattoria la Ruota
contrada Casale, Ovest : 3,5 km – ✆ 09 35 68 05 42 – www.trattorialaruota.it
Rist – *(solo a pranzo)* Menu 14 € – Carta 19/32 €
A pochi metri dai resti archeologici della villa romana, un piacevole edificio con rustico porticato dove godersi una sana e genuina cucina siciliana.

PICERNO – Potenza (PZ) – 564 F28 – 6 090 ab. – alt. 721 m – ✉ 85055 3 A2

Roma 307 – Potenza 24 – Bari 165 – Foggia 128

in prossimità Superstrada Basentana Ovest : 3 km :

Bouganville rist,

strada provinciale 83 ✉ 85055 Picerno – ✆ 09 71 99 10 84 – www.hotelbouganville.it

71 cam – †68/116 € ††85/136 € – 2 suites **Rist** – Carta 21/77 €

Camere sempre molto up-to-date e wellness center dotato delle più moderne attrezzature, in una struttura che non smette di essere ai vertici delle classifiche. Al ristorante: eleganti ambienti, vasti e luminosi, con affaccio esterno.

PIEGARO – Perugia (PG) – 563 N18 – 3 847 ab. – alt. 356 m – ✉ 06066 35 A2

Roma 155 – Perugia 33 – Arezzo 82 – Chianciano Terme 28

Ca' de Principi – Residenza d'epoca rist,

via Roma 43 – ✆ 07 58 35 80 40 – www.dimorastorica.it – Aperto 1° aprile-2 novembre

35 cam – †65/83 € ††90/120 € **Rist** – *(solo a cena)* Carta 20/49 €

Un edificio settecentesco, appartenuto alla nobile famiglia dei Pallavicini, con affreschi d'epoca, all'interno di un borgo ricco di fascino. Insieme di notevole pregio.

PIENZA – Siena (SI) – 563 M17 – 2 186 ab. – alt. 491 m – ✉ 53026 32 C2

Toscana

Roma 188 – Siena 52 – Arezzo 61 – Chianciano Terme 22

piazza Dante Alighieri 18, ✆ 0578 74 83 59, www.ufficioturisticodipienza.it

Piazza Pio II★★ - Cattedrale★: Assunzione della Vergine★★ del Vecchietta – Museo Diocesano★ - Museo Diocesano★ - Palazzo Piccolomini★

San Quirico d'Orcia★: 10 km sud-ovest

Relais Il Chiostro di Pienza

corso Rossellino 26 – ✆ 05 78 74 84 00 – www.relaisilchiostrodipienza.com – Aperto 1° aprile-31 dicembre e i week-end negli altri mesi

37 cam – †89/299 € ††129/399 €

Rist *La Terrazza del Chiostro* – vedere selezione ristoranti

Nel cuore di questo gioiellino toscano voluto da Pio II Piccolomini, un chiostro quattrocentesco incastonato in un convento: per soggiornare nella suggestione della storia.

San Gregorio

via della Madonnina 4 – ✆ 05 78 74 80 59 – www.sangregorioresidencehotel.it

16 suites – ††100/115 € – 3 cam

Rist – *(chiuso 15-31 gennaio e martedì)* Carta 18/42 €

La città rinascimentale progettata dal Rossellino, il vecchio teatro del 1935, oggi riproposto come risorsa ricettiva. Ampie e comode camere, la maggior parte con angolo cottura (affittate anche in formula residence). Delizie toscane nel raffinato ristorante: ideale per cerimonie e feste private.

Corsignano Ⓝ rist,

via della Madonnina 11 – ✆ 05 78 74 85 01 – www.hotelcorsignano.it – Aperto 1° marzo-10 novembre e i week-end di febbraio e novembre

30 cam – †60/115 € ††80/140 € **Rist** – Carta 23/39 €

Un green hotel, accogliente e funzionale ma, soprattutto, ecologico, le cui camere portano la firma di Letizia, che si è occupata in prima persona del loro arredo, introducendo in ciascuna di esse un dettaglio caratterizzante. Al ristorante piatti legati alla tradizione.

Piccolo Hotel La Valle senza rist

via di Circonvallazione 7 – ✆ 05 78 74 94 02 – www.piccolohotellavalle.it

15 cam – †70/100 € ††90/140 €

Ubicata in comoda posizione, risorsa recente di buon confort con spazi comuni contenuti e camere arredate con letti in ferro battuto e pavimento in parquet.

XX **La Terrazza del Chiostro** – Hotel Relais il Chiostro di Pienza
corso Rossellino 26 – ✆ 05 78 74 81 83 – www.relaisilchiostrodipienza.com – Aperto 1° aprile-31 dicembre e i week-end negli altri mesi; chiuso lunedì in bassa stagione
Rist – Carta 40/70 € (+10 %)
Il connubio cibo-paesaggio raggiunge qui una delle vette della Val d'Orcia: attendete l'estate per cenare all'aperto ed ammirare l'incanto di una vista che pare uscita da un libro di favole. La cucina, conseguentemente, rispecchierà i sapori di una delle eccellenze gastronomiche italiane, quella toscana.

sulla strada statale 146 Nord-Est: 7,5 km

Relais La Saracina senza rist
strada statale 146 km 29,7 – ✆ 05 78 74 80 22 – www.lasaracina.it – Chiuso 10 gennaio-1° marzo
6 cam – 180/270 € 230/270 €
In un antico podere tra l'ocra senese degli antichi pendii, la suggestiva magia di un ambiente di rustica signorilità con camere amene di differenti tipologie.

a Monticchiello Sud-Est : 6 km – ✉ 53026

X **La Porta**
via del Piano 2 – ✆ 05 78 75 51 63 – www.osterialaporta.it – Chiuso 10 gennaio-5 febbraio e giovedì
Rist – Carta 27/64 €
Come dice il nome, si trova all'ingresso del piccolo e caratteristico borgo di Monticchiello per un'osteria - simpatica e informale - in cui non manca la terrazza panoramica. Cucina regionale e ampia scelta enologica (anche al bicchiere).

PIETOLE – Mantova (MN) – 561 G14 – Vedere Mantova

PIETRA LIGURE – Savona (SV) – 561 J6 – 9 401 ab. – ✉ 17027 14 B2

Liguria

Roma 576 – Imperia 44 – Genova 77 – Milano 200

piazza Martiri della Libertà 30, ✆ 019 62 90 03, www.visitriviera.it

XX **Buca di Bacco**
corso Italia 149 – ✆ 0 19 61 53 07 – Chiuso 8 gennaio-8 febbraio e lunedì escluso luglio-agosto
Rist – Menu 40 € – Carta 39/91 €
Le specialità marinare, la cura nella scelta delle materie prime e l'originalità del proprietario caratterizzano questo locale, sito nel seminterrato di un edificio.

PIETRALUNGA – Perugia (PG) – 563 L19 – 2 270 ab. – alt. 566 m – ✉ 06026 35 B1

Roma 225 – Perugia 54 – Arezzo 64 – Gubbio 24

Agriturismo La Cerqua e La Balucca

case San Salvatore 27, Ovest : 2,2 km alt. 650 – ✆ 07 59 46 02 83 – www.cerqua.it – Chiuso gennaio e febbraio
20 cam – 50/75 € 80/100 €
Rist – *(solo a cena escluso domenica)* (prenotazione obbligatoria) Menu 20/30 €
Sulle spoglie di un antico monastero in cima ad un colle, due tipici casolari, nel rispetto delle antiche forme, per una vacanza tutta relax e belle passeggiate a cavallo.

PIETRANSIERI – L'Aquila (AQ) – 563 Q24 – Vedere Roccaraso

PIETRAPIANA – Firenze (FI) – Vedere Reggello

PIETRASANTA – Lucca (LU) – 563 K12 – 24 931 ab. – alt. 14 m 31 B1

– ✉ 55045 Toscana

Roma 376 – Pisa 30 – La Spezia 45 – Firenze 104

piazza Statuto, ✆ 0584 28 33 75, www.comune.pietrasanta.lu.it

Versilia via Della Sipe 100, 0584 881574, www.versiliagolf.com – chiuso martedì da ottobre ad aprile

Località★ - Guerriero★: statua bronzea di Botero (entrata nord della città) - Affreschi della chiesa di S. Antonio Abate (o della Misericordia)★

Versilia Golf

via della Sipe 100 – ✆ 05 84 88 15 74 – www.versiliagolf.com – Aperto 1° marzo-30 settembre

17 cam – 250/400 € 300/600 € – 1 suite **Rist** – Carta 48/116 €

Per gli amanti del golf ma anche de l'art de vivre, una raffinata struttura pregna di fascino: eleganti camere arredate con mobili d'antiquariato e con autentiche opere d'arte.

Albergo Pietrasanta senza rist

via Garibaldi 35 – ✆ 05 84 79 37 26 – www.albergopietrasanta.com

20 cam – 132/225 € 220/405 €, 10 € – 2 suites

In pieno centro storico, questo palazzo seicentesco emana fascino e raffinatezza da ogni suo angolo: eleganti spazi comuni e lussuose camere, nonché una pregevole collezione di arte contemporanea. Piante esotiche nel delizioso giardino.

Palagi senza rist

piazza Carducci 23 – ✆ 0 58 47 02 49 – www.hotelpalagi.it

18 cam – 55/130 € 85/170 €

Posizione centrale e comoda - nei pressi della stazione ferroviaria e del Duomo - per questo albergo a conduzione diretta dalle fresche e colorate zone comuni. Camere semplici ed accoglienti. Bella terrazza solarium.

Filippo con cam

rist,

via Stagio Stagi 22 – ✆ 0 58 47 00 10 – www.filippopietrasanta.it

4 cam – 50/80 € 80/160 € **Rist** – *(Chiuso lunedì)* Carta 33/52 €

Un ristorantino del centro storico dall'ambiente moderno e con la cucina a vista, dove specialità di mare e piatti di terra - elaborati in maniera semplice e fragrante - si contendono la tavola.

PIETRAVAIRANO – Caserta (CE) – 564 D24 – 3 090 ab. – alt. 250 m 6 A1

– ✉ 81040

Roma 165 – Avellino 95 – Benevento 65 – Campobasso 74

La Caveja con cam

rist,

via Santissima Annunziata 10 – ✆ 08 23 98 48 24 – www.lacaveja.com

16 cam – 60/80 € 80 € – 1 suite **Rist** – Carta 25/40 €

La cucina proposta da questo antico cascinale è un'istituzione in zona. Spontanea, varia e genuina, ripercorre i sentieri della tradizione gastronomica locale, come i bocconcini di maiale nero con papaccelle, rielaborandola con ottimi prodotti.

PIETRELCINA – Benevento (BN) – 564 D26 – 3 083 ab. – alt. 345 m 6 B1

– ✉ 82020 Italia Centro-Sud

Roma 253 – Benevento 13 – Foggia 109

Lombardi Park Hotel

via Nazionale 1 – ✆ 08 24 99 12 06 – www.lombardiparkhotel.it

51 cam – 75/85 € 100/110 € – 4 suites

Rist *Cosimo's* – vedere selezione ristoranti

Nel paese natale di Padre Pio, vicino al convento dei Cappuccini, un complesso di moderna concezione dagli arredi classici. Servizio impeccabile, valida gestione familiare.

XX **Cosimo's** – Lombardi Park Hotel

via Nazionale 1 – 08 24 99 11 44 – www.lombardiparkhotel.it – Chiuso martedì

Rist – Carta 22/52 €

Che si tratti di un business lunch o di una romantica cena tête-à-tête, Cosimo's saprà come farsi apprezzare con piatti della tradizione gastronomica sannita: grande importanza è riservata ai primi piatti a base di pasta, condita con sughi o accompagnata a legumi.

PIEVE A NIEVOLE – Pistoia (PT) – 563 K14 – Vedere Montecatini Terme

PIEVE D'ALPAGO – Belluno (BL) – 562 D19 – 1 969 ab. – alt. 690 m – ✉ 32010 40 C1

Roma 608 – Belluno 17 – Cortina d'Ampezzo 72 – Milano 346

XXX **Dolada** (Enzo De Prà) con cam e senza

via Dolada 21, località Plois alt. 870 – 04 37 47 91 41 – www.dolada.it – Chiuso 7-25 gennaio

6 cam – †70/78 € ††95/103 € – 1 suite

Rist – *(chiuso domenica sera e lunedì escluso luglio-agosto)* (consigliata la prenotazione) Menu 45 € (pranzo in settimana)/76 € – Carta 45/84 €

Rist *Doladino Osteria* – Menu 19 € (pranzo in settimana) – Carta 24/36 €

➜ Lumache gratinate alle erbe di montagna. Agnello d'Alpago in cottura tradizionale. Semifreddo al caramello, formaggio stravecchio, gelato al nostro miele.

Splendidamente arroccato sull'Alpago, la saga familiare continua da 50 anni all'insegna dei sapori del territorio e proposte più creative; più semplice e con un ottimo rapporto qualità/prezzo sono, invece, le caratteristiche del Doladino Osteria.

PIEVE DI CENTO – Bologna (BO) – 562 H15 – 6 959 ab. – alt. 18 m – ✉ 40066 9 C3

Roma 408 – Bologna 32 – Ferrara 37 – Milano 209

XX **Buriani dal 1967**

via Provinciale 2/a – 0 51 97 51 77 – www.ristoranteburiani.com – Chiuso 15 giorni in agosto, martedì e mercoledì

Rist – Carta 42/68 €

Sobria eleganza e atmosfera accogliente in questo locale recentemente rinnovato: qui la famiglia Buriani insegue la stagionalità dei prodotti, interpretati tra tradizione e ricerca. Nella bella stagione, optate per il dehors estivo "all'ombra" di Porta Bologna.

PIEVE DI CHIO – Arezzo (AR) – 563 L17 – Vedere Castiglion Fiorentino

PIEVE DI CORIANO – Mantova (MN) – 561 G15 – 1 069 ab. – alt. 16 m – ✉ 46020 17 D3

Roma 484 – Milano 223 – Mantova 44 – Bologna 104

XX **Corte Matilde**

via Pelate 38 – 0 38 63 93 52 – www.cortematilde.it – Chiuso 15 giorni in gennaio, agosto, lunedì, martedì, sabato a mezzogiorno e domenica sera

Rist – (consigliata la prenotazione) Menu 13 € (pranzo in settimana)/40 € – Carta 30/55 €

La professionalità e la passione dei titolari si accompagnano ad una cucina fatta con prodotti eccellenti, in preparazioni semplici, ma gustose, che esaltano il sapore degli ingredienti (mostarde e confetture fatte in casa con i frutti del proprio orto). La location: una bella cascina ristrutturata sulla strada che percorse Matilde di Canossa.

PIEVE DI LIVINALLONGO – Belluno (BL) – 562 C17 – alt. 1 475 m – Sport invernali : Vedere Arabba (Comprensorio Dolomiti superski Arabba-Marmolada) – ✉ 32020 39 B1

Roma 716 – Belluno 68 – Cortina d'Ampezzo 28 – Milano 373

PIEVE DI SOLIGO – Treviso (TV) – 562 E18 – 12 159 ab. – alt. 132 m – ✉ 31053 — 40 C2

Roma 579 – Belluno 38 – Milano 318 – Trento 124

piazza Vittorio Emanuele II 12, ☎ 0438 98 06 99, www.venetando.it

Contà senza rist
Borgo Stolfi 25 – ☎ 04 38 98 04 35 – www.hotelconta.it – Chiuso agosto
48 cam – †75/95 € ††95/140 € – 2 suites
Hotel a pochi passi dalla piazza centrale, con porticato prospiciente il corso d'acqua, all'interno propone confort moderni e camere generalmente spaziose.

Enoteca Corte del Medà
corte del Medà 15 – ☎ 04 38 84 06 05 – Chiuso 1°-7 gennaio, vacanze di Pasqua, agosto e domenica
Rist – Carta 17/36 €
Una semplice e informale enoteca con una zona degustazione all'ingresso e una sala nella quale trovare proposte culinarie fragranti, alla buona, ma curate.

a Solighetto Nord : 2 km – ✉ 31053

Da Lino con cam
via Roma 19 – ☎ 0 43 88 21 50 – www.locandadalino.it – Chiuso luglio
10 cam – †70 € ††95 € – 7 suites **Rist** – *(chiuso lunedì)* Carta 34/56 €
Un caratteristico ambiente ai piedi delle Prealpi Trevigiane: raccolta di bicchieri di Murano, 3.000 pentole di rame al soffitto, quadri e sapori caserecci. Belle camere, alcune delle quali arredate con la collaborazione d'importanti nomi dello spettacolo degli anni '60-'70.

PIEVE SAN QUIRICO – Perugia (PG) – ✉ 06134 — 35 B1

Roma 200 – Perugia 22 – Ancona 147

Le Torri di Bagnara
strada della Bruna 8 – ☎ 07 55 79 20 01 – www.letorridibagnara.it – Aperto 1° maggio-31 ottobre
7 cam – †120/350 € ††120/350 € **Rist** – *(solo a cena)* Menu 48 €
Qui non manca nulla: una piscina con acqua salata, tanto verde (la struttura è ubicata su un colle), camere accoglienti ed una vasta tenuta dove si allevano lepri, caprioli e bovini razza chianina. C'è perfino una chiesetta consacrata! Un vero relais di charme per soggiorni di classe.

PIEVESCOLA – Siena (SI) – 563 M15 – Vedere Casole d'Elsa

PIGANO = PIGEN – Bolzano (BZ) – Vedere Appiano sulla Strada del Vino

PIGAZZANO – Piacenza (PC) – 562 H10 – ✉ 29020 — 8 A2

Roma 547 – Bologna 181 – Piacenza 27 – Milano 96

Colombara
località Colombara – ☎ 05 23 95 23 64 – www.borgocolombara.it – Chiuso 10 gennaio-10 febbraio
17 cam – †75/300 € ††85/350 € – 1 suite
Rist – *(chiuso lunedì) (solo a cena)* Carta 32/57 €
In un borgo di origini quattrocentesche sulle colline piacentine, romantici interni con camere dotate di stufa-camino e splendidi bagni. Suggestivo centro benessere d'ispirazione indiana con trattamenti selezionati dalle diverse culture, orientale e occidentale. Cucina nazionale, nonché regionale nell'intimo ristorante.

PIGNA – Imperia (IM) – 561 K4 – 919 ab. – alt. 280 m – Stazione termale – ✉ 18037 Liguria — 14 A3

Roma 673 – Imperia 72 – Genova 174 – Milano 297

piazza Umberto I, 1, ☎ 0184 1 92 83 12

La Casa Rosa senza rist
corso De Sonnaz 35 – ✆ 34 75 22 71 19 – www.bebcasarosa.com – Chiuso 10 gennaio-1° marzo
5 cam – 45/55 € 70/85 €
Nel centro storico un'ingegnosa ristrutturazione ha dato vita a questa particolare risorsa con poche camere, ma tanta originalità, all'interno di un antico edificio tinteggiato di rosa.

Terme con cam
via Madonna Assunta – ✆ 01 84 24 10 46 – Chiuso 7 gennaio-18 febbraio
11 cam – 35/40 € 55/65 €
Rist – *(chiuso mercoledì)* Menu 22/30 € – Carta 25/39 €
Nell'entroterra ligure, un ristorante-trattoria di rustica semplicità che offre una serie di piatti ben fatti e fragranti. Il nostro "eletto": stufato di capra e fagioli bianchi di Pigna.

PILA – Aosta (AO) – 561 E3 – Vedere Aosta

PILASTRO – Parma (PR) – 562 H12 – Vedere Langhirano

PINARELLA – Ravenna (RA) – 563 J19 – Vedere Cervia

PINEROLO – Torino (TO) – 561 H3 – 36 158 ab. – alt. 376 m – ✉ 10064 22 B2

Italia Centro-Nord
Roma 694 – Torino 41 – Asti 80 – Cuneo 63
viale Giolitti 7/9, ✆ 0121 79 55 89, www.comune.pinerolo.to.it
Località★ - Via Principi d'Acaja★
Rocca di Cavour★: 12 km a sud (prendere la SS 589)

Barrage
stradale San Secondo 100 – ✆ 01 21 04 05 00 – www.marachellagruppo.it
44 cam – 55/80 € 70/120 € – 2 suites
Rist *Le Siepi* – vedere selezione ristoranti
Situato ai piedi delle montagne pinerolesi, l'ottocentesco cotonificio è stato convertito con grande maestria in un hotel dalla linearità minimalista. Al suo interno, tutto è all'insegna della funzionalità e luminosità: in particolare un invidiabilissimo scrittoio che, in ciascuna camera, corre lungo l'intera parete.

Taverna degli Acaja
corso Torino 106 – ✆ 01 21 79 47 27 – www.tavernadegliacaja.it – Chiuso 1°-6 gennaio, lunedì a mezzogiorno e domenica
Rist – Menu 40 € – Carta 33/60 €
Per chi vuole uscire dai confini piemontesi e conoscere le specialità di altre regioni, un locale moderno che affianca alle proposte locali piatti più creativi, anche di pesce.

Regina con cam
piazza Barbieri 22 – ✆ 01 21 32 21 57 – www.albergoregina.net – Chiuso domenica
15 cam – 55/75 € 85/100 € **Rist** – Menu 25 € – Carta 30/57 €
La scenografia è quella di un ristorante in cui si respira la tradizione piemontese, il cast è costituito dai piatti e dai vini del territorio che qui si susseguono. La risorsa dispone anche di camere semplici ma confortevoli per quanti desiderano prolungare il loro soggiorno nel cuore della città.

Zappatori N
corso Torino 34 – ✆ 01 21 37 41 58
Rist – (consigliata la prenotazione) Menu 11 € (pranzo)/100 € – Carta 23/51 €
Un ristorante dalle due anime: sotto un caratteristico soffitto a botte si celebra la tradizionale cucina piemontese, mentre nella "gastronavicella" il giovane cuoco sorprende con piatti più creativi.

XX **Le Siepi** – Hotel Relais Barrage

stradale San Secondo 100 – ✆ 01 21 04 05 02 – hotelbarrage.marachellagruppo.it – Chiuso domenica

Rist – Carta 32/45 €

Il nome del ristorante svela il legame con il mondo dell'equitazione, mentre la cucina d'ispirazione nazionale e classica propone mensilmente un menu dedicato ad una regione, di volta in volta diversa. Sala fumatori.

PINETO – Teramo (TE) – 563 O24 – 14 707 ab. – ✉ 64025 1 B1

Roma 216 – Ascoli Piceno 74 – Pescara 31 – Ancona 136

via G. D'Annunzio, ✆ 085 9 49 17 45, www.abruzzoturismo.it

Ambasciatori

via XXV Aprile 110 – ✆ 08 59 49 29 00 – www.pineto.it – Aperto 1° maggio-30 settembre

31 cam – †70/80 € ††90/140 €

Rist – *(aperto 1° aprile-30 settembre) (solo per alloggiati)* Menu 30 €

Fronte mare e poco fuori dal centro, albergo a conduzione familiare dai sobri arredi nelle sale e nelle camere, bel giardino con piscina e accesso alla spiaggia.

XX **La Conchiglia d'Oro** N

via Nazionale Adriatica nord (Complesso Poseidon) – ✆ 08 59 49 23 33 – www.ristorantelaconchigliadoro.it – Chiuso 7-31 gennaio, domenica sera e lunedì

Rist – Carta 37/78 €

Nuova sede per un locale di tradizione: ambienti moderni, delicate tonalità lilla alle pareti e la gigantografia di una marina, quasi ad introdurre alla cucina schiettamente di pesce.

a Mutignano Sud-Ovest : 6,5 km – ✉ 64038

X **Bacucco D'Oro**

via del Pozzo 10 – ✆ 0 85 93 62 27 – www.bacuccodoro.com – Chiuso mercoledì

Rist – Carta 21/33 €

Piccolo ristorante di tono rustico a conduzione familiare, dalla cui terrazza estiva si gode una splendida vista della costa. Cucina a base di prodotti locali rigorosamente di stagione e profumati funghi raccolti dal titolare.

PINO TORINESE – Torino (TO) – 561 G5 – 8 648 ab. – alt. 495 m – ✉ 10025 22 A1

Roma 655 – Torino 10 – Asti 41 – Chieri 6

≤★★ su Torino dalla strada per Superga

Pianta d'insieme di Torino

XX **Pigna d'Oro**

via Roma 130 – ✆ 0 11 84 10 19 – www.ristorantepignadoro.com – Chiuso 3 settimane in gennaio, 1 settimana in agosto, martedì a mezzogiorno e lunedì

Rist – Carta 31/55 € 2HTt

Lungo la strada che taglia il paese, un piacevole edificio rustico, tipico delle campagne piemontesi, nel quale gustare la cucina locale, i cui ingredienti seguono le stagioni.

PINZOLO – Trento (TN) – 562 D14 – 3 157 ab. – alt. 770 m – Sport invernali : 800/2 100 m 1 8, – ✉ 38086 33 B3

Roma 629 – Trento 56 – Bolzano 103 – Brescia 103

piazza S. Giacomo, ✆ 0465 50 10 07, www.campigliodolomiti.it

Rendena località Ischia 1, 0465 806049, www.golfrendena.it – aprile-novembre; chiuso martedì escluso luglio-agosto

Val di Genova★★★ Ovest – Cascata di Nardis★★ Ovest : 6,5 km - Val Rendena★

Beverly
via Carè Alto 2 – ✆ 04 65 50 11 58 – www.beverlyhotel.it
– Aperto 1° dicembre-30 aprile e 1° giugno-30 settembre
24 cam – 75/125 € 120/200 € – 12 suites
Rist – *(solo a cena in inverno)* Carta 30/75 €
Strategicamente ubicato fra il centro e gli impianti di risalita, l'hotel ripropone il tipico stile trentino: ambienti luminosi e legno chiaro, relax e bella piscina.

Cristina rist,
viale Bolognini 39 – ✆ 04 65 50 16 20 – www.hotelcristina.info
– Aperto 1° dicembre-30 aprile e 1° giugno-30 settembre
20 cam – 60/100 € 100/200 € – 11 suites **Rist** – Carta 30/49 €
Albergo nel più classico stile montano, da poco ristrutturato e dotato di un piccolo e completo centro benessere. Ambiente familiare, in posizione strategica per gli impianti.

Europeo
corso Trento 63 – ✆ 04 65 50 11 15 – www.hoteleuropeo.com
– Aperto 1° dicembre-31 marzo e 1° giugno-30 settembre
50 cam – 85/130 € 150/210 € **Rist** – Menu 45 €
Vicino al centro, ma anche adiacente al parco, questa risorsa offre alcuni dei più eleganti salotti della località. Al secondo piano, si trovano le camere migliori. Nell'ampio ristorante: la cucina, l'orgoglio della casa!

Corona rist,
corso Trento 27 – ✆ 04 65 50 10 30 – www.hotelcorona.org
– Aperto 1° dicembre-31 marzo e 16 giugno-30 settembre
41 cam – 60/98 € 80/130 € **Rist** – Carta 24/57 €
Nel centro cittadino, simpatica gestione familiare dai gradevoli spazi comuni, camere accoglienti ed ottimi bagni. L'attrezzato wellness center vi aspetta per rimettervi in forma dalla testa ai piedi. Ampia sala ristorante con proposte gastronomiche per clientela e gusti di ogni genere.

Ferrari rist,
via Matteotti 44 – ✆ 04 65 50 26 24 – www.ferrarihotel.it
– Aperto 1° dicembre-31 marzo e 1° giugno-30 settembre
22 cam – 50/99 € 80/198 € **Rist** – Menu 16/50 €
In prossimità della pineta e del palaghiaccio, una casa a conduzione familiare dai semplici arredi in legno: particolarmente apprezzata dagli amanti della natura, è la meta ideale per un turismo sia estivo sia invernale. Cucina tradizionale e casalinga nella luminosa sala da pranzo in stile montano.

La Locanda senza rist
viale Dolomiti 20 – ✆ 04 65 50 11 22 – www.residencelalocanda.eu
18 cam – 35/55 € 70/110 €
Alle porte di Pinzolo, una piccola locanda dal caratteristico stile montano: caldi arredi in legno, ampie camere e suite con possibilità di angolo cottura.

a Giustino Sud : 1,5 km – alt. 770 m – ✉ 38086

Mildas
via Rosmini 7, località Vadaione, Sud : 1 km – ✆ 04 65 50 21 04
– www.ristorantemildas.it – Chiuso maggio-20 giugno e 1°-30 ottobre e lunedì
Rist – *(solo a cena escluso sabato e domenica)* (consigliata la prenotazione)
Menu 38 € – Carta 31/90 €
In una cripta del '300 con moderno refettorio, la cucina rivisita i classici trentini: a cominciare dalla polenta, protagonista di diversi piatti. Carta dei vini illustrata e descritta.

a Sant'Antonio di Mavignola Nord-Est : 6 km – alt. 1 122 m – ✉ 38086

Maso Doss cam,
via Val Brenta 74, Nord-Est : 2,5 km – ✆ 04 65 50 27 58 – www.masodoss.com
– Aperto 1° dicembre-Pasqua e 1° giugno-31 ottobre
6 cam – 80/240 € 80/240 € **Rist** – *(solo per alloggiati)* Menu 30 €
Se vi appassiona la natura e la storia, o cercate un soggiorno romantico, ecco il vostro indirizzo: un maso del '600 con reperti di vita montana, camino e arredi d'epoca.

PIOLTELLO – Milano (MI) – 561 F9 – 36 369 ab. – alt. 122 m – ✉ 20096 18 B2

Roma 563 – Milano 17 – Bergamo 38

a Limito Sud : 2,5 km – ✉ 20090

Antico Albergo
via Dante Alighieri 18 – ✆ 0 29 26 61 57 – www.anticoalbergo.it – Chiuso 26 dicembre-6 gennaio, 6 agosto-15 settembre, sabato a mezzogiorno e domenica
Rist – Carta 35/59 €
Papà Elio con la moglie ha trasmesso ai figli l'amore per la cucina lombarda e per l'ospitalità, in quest'antica, elegante, locanda con servizio estivo sotto un pergolato.

PIOMBINO – Livorno (LI) – 563 N13 – 35 075 ab. – ✉ 57025 Toscana 31 B3

Roma 264 – Firenze 161 – Grosseto 77 – Livorno 82
per l'Isola d'Elba-Portoferraio – Navarma-Moby Lines, call center 199 303 040
per l'Isola d'Elba-Portoferraio e Rio Marina-Porto Azzurro – Toremar, call center 892 123
via Ferruccio, ✆ 0565 22 56 39, www.turismopiombino.it
al Porto via Stazione Marittima, ✆ 0565 22 66 27
Isola d'Elba★★

Centrale
piazza Verdi 2 – ✆ 05 65 22 01 88 – www.hotel-centrale.net
41 cam – †65/110 € ††95/169 €
Rist *Centrale* – vedere selezione ristoranti
Il nome indica l'ubicazione: in pieno centro storico, questo hotel di taglio classico presenta spazi ben distribuiti e camere funzionali. E' l'indirizzo ideale per una clientela di lavoro.

Centrale – Hotel Centrale
piazza Verdi 2 – ✆ 05 65 22 18 25 – www.hotel-centrale.net – Chiuso 26 dicembre-7 gennaio e domenica
Rist – Carta 29/47 €
Non lontano dalla stazione, dal porto commerciale e da quello turistico, un ambiente accogliente nella sua semplicità, che fa dei sapori mediterranei il proprio credo. Tra le specialità: gli "strangozzi misto mare".

Lo Scoglietto
via Carlo Pisacane 118 – ✆ 0 56 53 05 94
Rist – Menu 15 € (pranzo)/20 € – Carta 27/54 €
L'impegno e la passione profusi in cucina si concretizzano in piatti sorprendenti, per i quali l'attenta ricerca dei prodotti si unisce all'esaltazione del gusto degli stessi.

a Populonia Nord-Ovest : 13,5 km – ✉ 57020

Il Lucumone
al Castello – ✆ 0 56 52 94 71 – Chiuso novembre, domenica sera e lunedì in ottobre-maggio escluso festività
Rist – Menu 35/39 € – Carta 40/52 €
All'interno dell'affascinante borgo-castello, intimo ed elegante locale in curate salette e, nella bella stagione, grazioso dehors nel piccolo vicolo medievale. Sulla tavola piatti unicamente a base di pesce e menu degustazione.

PIOVE DI SACCO – Padova (PD) – 562 G18 – 19 413 ab. – ✉ 35028 40 C3

Roma 514 – Padova 19 – Ferrara 88 – Venezia 43

Point Hotel senza rist
via Adige 2 – ✆ 04 99 70 52 79 – www.pointhotel.it
71 cam – †52/79 € ††84/99 €
Albergo ubicato in posizione leggermente periferica propone una gestione squisitamente femminile; camere di tono classico in piacevole legno scuro, ben tenute e con confort adeguati alla categoria. Ideale per una clientela d'affari, rimane comunque un indirizzo interessante anche per turisti itineranti.

XX **La Saccisica**

via Adige 18 – ✆ 04 99 70 40 10 – www.lasaccisica.it – Chiuso 16-20 agosto, domenica sera e lunedì

Rist – Menu 25 € (in settimana)/55 € – Carta 28/47 €

In un edificio circolare, anche gli ambienti sono divisi in spicchi mentre il vino diventa elemento decorativo oltre che contorno di piatti di mare e terra.

XX **Meridiana**

via Jacopo da Corte 45 – ✆ 04 95 84 22 75 – www.meridianaristorante.it – Chiuso domenica sera e lunedì

Rist – Carta 39/71 €

➜ Crostacei e pesci al vapore. Risotto ostriche e champagne. Scorfano in frittura trasparente.

Un minuzioso restauro ha resuscitato le tradizioni nobiliari di una barchessa veneta. Tra ambienti sontuosi ed affreschi cinquecenteschi, solo l'ordinazione si fa più informale: il menu c'è, ma il pescato del giorno è discusso ed ordinato a voce con i clienti.

PIOVEZZANO – Verona (VR) – Vedere Pastrengo

PIOZZO – Cuneo (CN) – 561 I5 – 1 003 ab. – alt. 327 m – ✉ 12060 — 23 C3

Roma 637 – Torino 82 – Cuneo 45 – Asti 58

X **Casa Baladin** con cam

piazza 5 Luglio 15 – ✆ 01 73 79 52 39 – www.casabaladin.it – Chiuso mercoledì

5 cam ☕ – †80/100 € ††100/120 €

Rist – *(solo a cena)* (prenotazione obbligatoria) Menu 35/60 €

Conturbante, giovane, alla moda: una casa della birra - unica bevanda, oltre a qualche tè - intesa ad accompagnare in tavola il menu degustazione di cucina moderna e creativa. Lo stile si ripropone anche nelle camere impreziosite da materiali naturali e affreschi recenti.

PISA Ⓟ (PI) – 563 K13 – 88 217 ab. – Toscana — 31 B2

Roma 335 – Firenze 77 – Livorno 22 – Milano 275

Galileo Galilei Sud: 3 km BZ ✆ 050 849300

piazza Stazione, ✆ 050 4 22 91, www.comune.pisa.it

via Pietro Nenni 24, ✉ 56124, ✆ 050 92 97 77

Aeroporto Galileo Galilei, ✆ 050 50 37 00

Cosmopolitan viale Pisorno 60, 050 33633, www.cosmopolitangolf.it

Torre Pendente★★★ AY – Battistero★★★ AY – Duomo★★ AY: facciata★★★, pulpito★★★ di Giovanni Pisano – Camposanto★★ AY: ciclo affreschi Il Trionfo della Morte★★★, Il Giudizio Universale★★, L'Inferno★ – Museo dell'Opera del Duomo★★ AY **M1** – Museo di San Matteo★★ BZ – Chiesa di Santa Maria della Spina★★ AZ – Museo delle Sinopie★ AY **M2** – Piazza dei Cavalieri★ AY : facciata★ del palazzo dei Cavalieri ABY **N** – Palazzo Agostini★ ABY – Facciata★ della chiesa di Santa Caterina BY – Facciata★ della chiesa di San Michele in Borgo BY **V** – Coro★ della chiesa del Santo Sepolcro BZ – Facciata★ della chiesa di San Paolo a Ripa d'Arno AZ

San Piero a Grado★ per ⑤ : 6 km

Relais dell'Orologio

via della Faggiola 12 ✉ 56126 – ✆ 0 50 83 03 61 – www.hotelrelaisorologio.com

19 cam ☕ – †100/140 € ††125/345 € – 2 suites — AY**d**

Rist – *(aperto 1° marzo-31 ottobre; chiuso domenica) (solo a cena)* Carta 40/94 €

Nel cuore della città, una casa-torre trecentesca da sempre appartenuta alla stessa famiglia: eleganza e personalizzazioni in ogni ambiente. Imperdibile, la sala-lettura. La tradizione gastronomica italiana è servita al ristorante, accompagnata dai migliori vini locali.

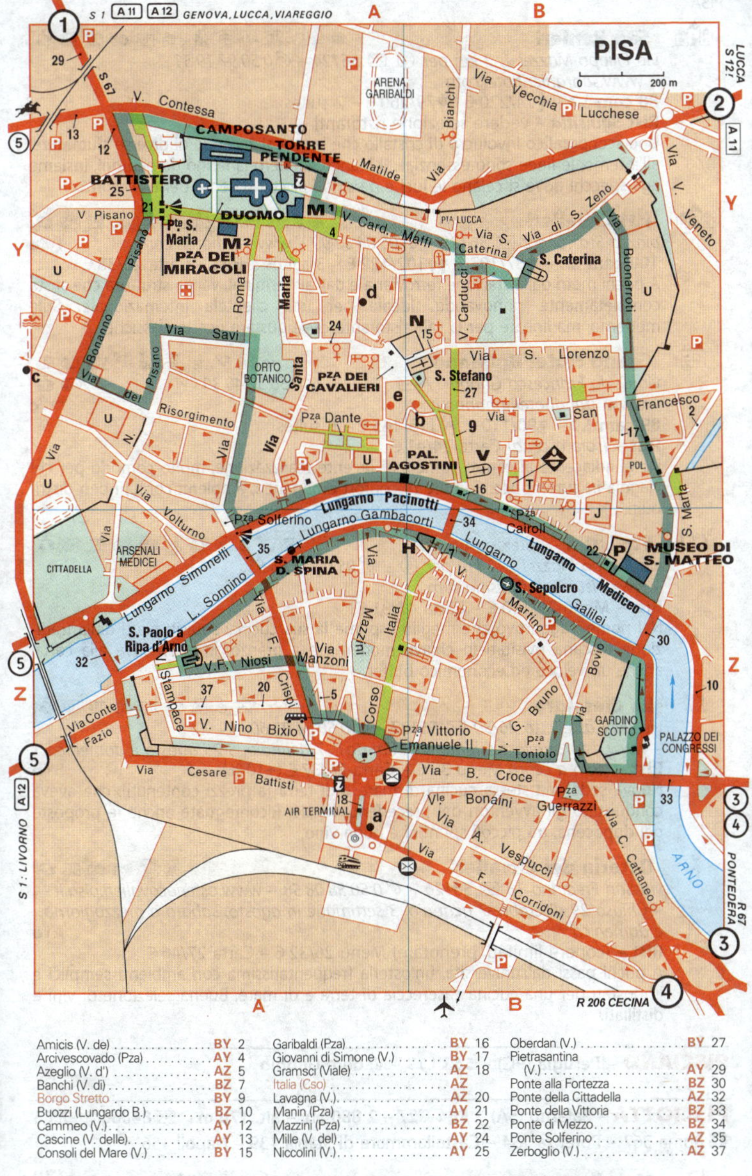

Amicis (V. de) . . . . BY 2
Arcivescovado (Pza) . . . . AY 4
Azeglio (V. d') . . . . AZ 5
Banchi (V. di) . . . . BZ 7
Borgo Stretto . . . . BY 9
Buozzi (Lungarno B.) . . . . . . BZ 10
Cammeo (V.) . . . . AY 12
Cascine (V. delle) . . . . AY 13
Consoli del Mare (V.) . . . . . . BY 15
Garibaldi (Pza) . . . . BY 16
Giovanni di Simone (V.) . . . . BY 17
Gramsci (Viale) . . . . AZ 18
Italia (Cso) . . . . AZ
Lavagna (V.) . . . . AZ 20
Manin (Pza) . . . . AY 21
Mazzini (Pza) . . . . BZ 22
Mille (V. del) . . . . AY 24
Niccolini (V.) . . . . AY 25
Oberdan (V.) . . . . BY 27
Pietrasantina (V.) . . . . AY 29
Ponte alla Fortezza . . . . BZ 30
Ponte della Cittadella . . . . . . AZ 32
Ponte della Vittoria . . . . BZ 33
Ponte di Mezzo . . . . BZ 34
Ponte Solferino . . . . AZ 35
Zerboglio (V.) . . . . AZ 37

San Ranieri
via Filippo Mazzei 2, 2 km per ③ ✉ 56124 – ✆ 0 50 97 19 51 – www.sanranierihotel.com
88 cam – 74/220 € 79/260 € – 2 suites
Rist *Squisitia* – vedere selezione ristoranti
Uno scenografico involucro di cristallo che la sera si accende di diverse sfumature: all'interno, le linee sono essenziali. Il bianco e il nero la fanno da padroni, insieme agli specchi dove si celano le luci e persino i piccoli schermi dei televisori...

NH Cavalieri
piazza Stazione 2 ✉ 56125 – ✆ 05 04 32 90 – www.nh-hotels.com AZ**a**
100 cam – 87/107 € 102/122 € – 3 suites **Rist** – Carta 25/38 €
A pochi metri dalla stazione ferroviaria e dall'air terminal, valida struttura che si sta completamente rinnovando. Ideale per una clientela internazionale. Stile moderno, ma lineare per la sala ristorante dove gustare ricette classiche.

Grand Hotel Bonanno
cam, rist,
via Carlo Francesco Gabba 17 ✉ 56122 – ✆ 0 50 52 40 30 – www.grandhotelbonanno.it AY**c**
89 cam – 90/110 € 115/145 € – 6 suites
Rist – *(solo a cena)* Carta 24/41 €
Hotel adiacente al centro storico, di recente realizzazione, molto comodo per chi viaggia in automobile. Camere di confort omogeneo, ambienti comuni ben distribuiti.

Squisitia – Hotel San Ranieri
via Filippo Mazzei 2, 2 km per ③ – ✆ 05 09 71 95 55 – www.ristorantesquisitia.com
Rist – Menu 29/100 € – Carta 47/81 €
Nel nome, l'aggettivo che meglio esprime la sua cucina: squisiti piatti della tradizione toscana rivisitati in chiave moderna e a pranzo, in alternativa alla carta, anche un veloce ed economico buffet.

La Clessidra
via del Castelletto 26/30 ✉ 56127 – ✆ 0 50 54 01 60 – www.ristorantelaclessidra.net – Chiuso1°-7 gennaio, 5-25 agosto e domenica
Rist – *(solo a cena)* Menu 35 € – Carta 26/37 € (+10 %) BY**b**
Nuova sede, ma stessa cucina di mare e di terra (a prezzi contenuti), che aveva conquistato gli avventori del precedente locale. Riconfermate anche le proposte del dopocena, tra piccoli spuntini e buon vino.

Osteria dei Cavalieri
via San Frediano 16 ✉ 56126 – ✆ 0 50 58 08 58 – www.osteriacavalieri.pisa.it – Chiuso 29 dicembre-7 gennaio, 3 settimane in agosto, sabato a mezzogiorno e domenica AY**e**
Rist – (coperti limitati, prenotare) Menu 26/32 € – Carta 27/46 €
A pochi passi dall'università, un'osteria frequentatissima con ambienti semplici e impostati per una cucina casereccia di terra e di mare. Buona selezione di vini e distillati.

PISCIANO – Perugia (PG) – 563 L19 – Vedere Gubbio

PISCIOTTA – Salerno (SA) – 564 G27 – 2 880 ab. – alt. 170 m – ✉ 84066 7 C3

Roma 367 – Potenza 154 – Castellammare di Stabia 139 – Napoli 156

Marulivo senza rist
via Castello – ✆ 09 74 97 37 92 – www.marulivohotel.it – Aperto 1° marzo-31 ottobre
11 cam – 55/150 € 70/160 €
Un giorno il fascino bussò alle porte di un convento trecentesco nel centro storico del pittoresco borgo di Pisciotta, e nacque Marulivo: una splendida struttura con una suggestiva terrazza affacciata sul mare e camere dove l'austerità monastica ha lasciato il posto a raffinate personalizzazioni e confort moderni.

Angiolina

via Passariello 2, località Marina di Pisciotta, Sud: 4 km – ✆ 09 74 97 31 88 – www.ristoranteangiolina.it – Aperto Pasqua-15 ottobre
Rist – (consigliata la prenotazione) Carta 25/45 €
Se avete - giustamente - optato per questo tranquillo localino dal piacevole servizio estivo all'aperto, non potete non gustare le tipiche ricette a base di alici di "menaica" (una particolare rete a maglie strette utilizzata per la pesca da queste parti). In menu, però, anche tanti altri piatti campani.

PISTICCI – Matera (MT) – 564 F31 – 17 927 ab. – ✉ 75015 — 4 D2

Roma 455 – Potenza 93 – Matera 76

a Marconia Sud-Est: 15 km – ✉ 75015

Agriturismo San Teodoro Nuovo cam,

contrada San Teodoro Nuovo km 442 – ✆ 08 35 47 00 42 – www.santeodoronuovo.com
10 cam – solo ½ P 120/140 €
Rist – *(solo a cena)* (prenotazione obbligatoria) Menu 30 €
Tra le mura di una masseria del Novecento adagiata nella pianura metapontina, una tenuta agricola orto-frutticola ospita appartamenti arredati con ricercatezza e personalità. Presso le antiche scuderie, le specialità della gastronomia regionale.

PISTOIA P (PT) – 563 K14 – 90 288 ab. – alt. 67 m – ✉ 51100 — 31 B1

Toscana

Roma 311 – Firenze 36 – Bologna 94 – Milano 295

piazza del Duomo, ✆ 0573 2 16 22, www.pistoia.turismo.toscana.it

Duomo★ B : dossale di San Jacopo★★★ e Madonna in Trono★– Battistero★ B – Chiesa di Sant'Andrea★ A: pulpito★★ e crocifisso★ di Giovanni Pisano – Fregio★★ dell'Ospedale del Ceppo B – Chiesa di San Giovanni Fuorcivitas B **R:** Visitazione★★ (terracotta invetriata di Luca della Robbia), pulpito★ e fianco nord★ – Facciata★ del Palazzo del Comune B **H** – Palazzo dei Vescovi★ B – Basilica della Madonna dell'Umiltà★ A **D**

Pianta pagina seguente

Villa Cappugi rist, cam

via di Collegigliato 45 , per viale Italia – ✆ 05 73 45 02 97 – www.hotelvillacappugi.com
70 cam – †90/120 € ††100/160 € **Rist** – Carta 28/65 €
In aperta campagna ai piedi delle colline pistoiesi, la struttura dispone d'installazioni e tecnologie ideali per una clientela business, ma l'eleganza dei suoi ambienti e la tranquillità della location saranno apprezzate anche dai turisti in visita alla città.

Villa Giorgia - Albergo in Collina cam, cam, rist,

via Bolognese 164, per ①: 5 km – ✆ 05 73 48 00 42 – www.villagiorgia.it – Aperto 22 marzo-30 ottobre
18 cam – †88/160 € ††115/194 €
Rist – *(chiuso martedì a pranzo e lunedì)* Carta 25/53 €
Abbandonata la città, ci si inerpica tra le tipiche colline pistoiesi: l'edificio è d'inizio '900, ma le camere sono moderne e sobrie. Nel curato giardino, potrete rilassarvi e godere del bel panorama.

Patria N senza rist

via Crispi 8 – ✆ 05 73 35 88 00 – www.patriahotel.com **Bn**
26 cam – †90/109 € ††110/129 € – 1 suite
Nel pieno centro, una risorsa sempre valida, con camere confortevoli; pur trovandosi in zona a traffico limitato, sono a disposizione pass per le auto dei clienti.

Abbi Pazienza (V.) . . . . . A 2
Armeni (V. degli) . . . . . B 3
Battisti (V. Cesare) . . . . . B 4
Bonellina (V.) . . . . . B 6
Buozzi (V. Bruno) . . . . . A 8
Cavour (V.) . . . . . B 13
Ceppo (V. del) . . . . . B 15
Cino (V.) . . . . . A 16
Curtatone e Montanara (V.) . . . . . A 18
Dalmazia (V.) . . . . . A 19
Ferrucci (V. F.) . . . . . B 24
Fiorentina (V.) . . . . . B 25
Garibaldi (Pza) . . . . . B 27
Italia (Viale) . . . . . B 28
Laudesi (V.) . . . . . B 30
Leonardo da Vinci (Pza) . . . . . B 32
Macallè (V.) . . . . . A 33
Madonna (V. della) . . . . . A 34
Molinuzzo (V. del) . . . . . A 36
Mura Urbane (V.) . . . . . AB 37
Orafi (V. degli) . . . . . AB 38
Pacini (V.) . . . . . B 40
Padre G. Antonelli (V.) . . . . . B 42
Palestro (V.) . . . . . B 43
Pappagalli (V. dei) . . . . . A 46
Pappe (V. delle) . . . . . B 47
Porta al Borgo (V.) . . . . . A 48
Porta Carratica (V. di) . . . . . B 49
Provinciale (V.) . . . . . B 52
Roma (V.) . . . . . B 53
Sacconi (V. Sergio) . . . . . A 55
S. Agostino (V. di) . . . . . B 56
S. Andrea (Via di) . . . . . A 57
S. Francesco d'Assisi (Pza) . . . . . A 58
S. Lorenzo (Pza) . . . . . B 59
Vannucci (V.) . . . . . A 62
Vittorio Veneto (Viale) . . . . . AB 64
20 Settembre (Viale) . . . . . A 65

Villa de' Fiori

via di Bigiano e Castel Bovani 39, 2,5 km per via di Porta San Marco – ✆ 05 73 45 03 51 – www.villadefiori.it – Chiuso 7 gennaio-7 febbraio, fino al 31 marzo aperto solo nei week-end

12 cam – †75/90 € ††90/140 €

Rist ***La Dimora del Gusto*** – *(chiuso lunedì) (solo a cena escluso festivi)*
Menu 28 € – Carta 38/48 €

Tra il verde degli ulivi, questa villa settecentesca dispone di camere confortevoli e ambienti comuni signorili. Corsi di ginnastica orientale a bordo piscina. Profumati piatti mediterranei vi attendono al ristorante.

XX Corradossi

viale Attilio Frosini 112 – ✆ 0 57 32 56 83 **Ba**

Rist – Menu 25 € (pranzo in settimana)/40 € – Carta 26/58 €

Ristorante gestito da due fratelli e rinomato in città per le sue specialità di pesce, sebbene non disdegni la carne e la tradizione. Locale di taglio semplice, sfoggia una veste più curata la sera.

XX **Il Cucciolo**

via Panciatichi 4 – ✆ 0 57 32 92 30 – Chiuso i mezzogiorno di lunedì, sabato e domenica Bb

Rist – Carta 38/105 €

Un angolo di Versilia nel centro storico: piatti esclusivamente di pesce, proveniente spesso da pescherecci facenti capo al ristorante stesso, in un ambiente di classica atmosfera.

X **Trattoria dell'Abbondanza**

via dell'Abbondanza 10/14 – ✆ 05 73 36 80 37 – Chiuso 6-21 maggio, 2-17 ottobre, giovedì a mezzogiorno e mercoledì Ab

Rist – Carta 27/42 €

All'insegna della tipicità e della tradizione, in un'atmosfera accogliente e simpatica, propone una cucina di prelibatezze caserecce riscoprendo l'antica gastronomia pistoiese.

a Pontenuovo Nord : 4 km – ✉ 51100

Il Convento

via San Quirico 33 – ✆ 05 73 45 26 51 – www.ilconventohotel.com

29 cam – †80/90 € ††120/140 €, ☕ 9 € – 1 suite

Rist *Il Convento* – vedere selezione ristoranti

Tra boschi e uliveti delle colline toscane, un signorile albergo ricavato dall'attenta ristrutturazione di un edificio monastico dell'800. Interni signorili e camere dalla tenuta e pulizia impeccabili.

XXX **Il Convento** – Hotel Il Convento

via San Quirico 33 – ✆ 05 73 45 26 51 – www.ilconventohotel.com – Chiuso lunedì

Rist – Carta 24/34 €

I "classici" della regione accompagnati da una vasta selezione di vini locali e nazionali, in un ristorante ricavato dalle ex-celle dei frati. In estate, la cena è servita nel suggestivo chiostro affacciato sulla piana di Pistoia.

PITIGLIANO – Grosseto (GR) – 563 O16 – ✉ 58017 Toscana 32 D3

Roma 153 – Viterbo 48 – Grosseto 78 – Orvieto 51

piazza Garibaldi 51, ✆ 0564 61 71 11, www.turismoinmaremma.it

X **Il Tufo Allegro**

vicolo della Costituzione 5 – ✆ 05 64 61 61 92 – www.iltufoallegro.com – Chiuso 9 gennaio-9 febbraio, mercoledì a mezzogiorno e martedì

Rist – Menu 15 € (pranzo in settimana)/20 € – Carta 35/72 €

Nel cuore della località etrusca, nei pressi della Sinagoga: piatti toscani, un piccolo ristorante con una nutrita cantina di vini e salette ricavate nel tufo.

PITRIZZA Sardegna – Olbia-Tempio (OT) – Vedere Arzachena : Costa Smeralda

---

PIZZIGHETTONE – Cremona (CR) – 561 G11 – 6 730 ab. – alt. 46 m – ✉ 26026 16 B3

Roma 526 – Piacenza 23 – Cremona 22 – Lodi 33

XX **Da Giacomo**

piazza Municipio 2 – ✆ 03 72 73 02 60 – www.dagiacomo.it – Chiuso 8-18 gennaio, 16 agosto-5 settembre e lunedì

Rist – (coperti limitati, prenotare) Carta 40/55 €

Nel centro storico di questa pittoresca località cinta da mura, un ristorantino che esprime una riuscita miscela di rusticità e design. Cucina del territorio reinterpretata.

PIZZO – Vibo Valentia (VV) – 564 K30 – 9 258 ab. – alt. 44 m – ✉ 89812 5 A2

Italia Centro-Sud

Roma 603 – Reggio di Calabria 105 – Catanzaro 59 – Cosenza 88

Marinella

contrada Marinella Prangi, Nord : 4 km – ✆ 09 63 53 48 60 – www.hotelmarinella.info

45 cam ☕ – 🚶50/65 € 🚶🚶85/95 € **Rist** – Carta 20/40 €

Hotel a conduzione diretta sulla litoranea e a 300 metri dal mare: camere confortevoli, nonché piacevole sala e terrazza per la prima colazione. Piu rustico il ristorante con proposte sia di mare sia di terra.

XX **Locanda Toscano** con cam

via Benedetto Musolino 14/16 – ✆ 09 63 53 41 62 – www.locandatoscano.it – Chiuso gennaio

4 cam ☕ – 🚶30/70 € 🚶🚶60/90 €

Rist – *(chiuso lunedì)* (consigliata la prenotazione) Carta 35/59 €

In un angolo del piccolo centro storico, con la vista che dal dehors abbraccia castello e mare, la passione dei proprietari vi accompagnerà alla scoperta dei migliori sapori locali.

POCENIA – Udine (UD) – 562 E21 – 2 619 ab. – ✉ 33050 10 B3

Roma 607 – Udine 35 – Gorizia 53 – Milano 346

a Paradiso Nord-Est : 7 km – ✉ 33050 Pocenia

XX **Al Paradiso**

via Sant' Ermacora 1 – ✆ 04 32 77 70 00 – www.trattoriaparadiso.it – Chiuso lunedì e martedì

Rist – *(solo a cena escluso sabato e domenica)* Menu 50 € – Carta 34/50 €

Una piccola bomboniera in un antico cascinale, con decorazioni e tendaggi ovunque. Spunti moderni nella cucina che segue il territorio (tanta carne e cacciagione). Ideale per una cena romantica.

PODENZANA – Massa Carrara (MS) – 563 J11 – 1 715 ab. – alt. 32 m – ✉ 54010 31 A1

Roma 419 – La Spezia 24 – Genova 108 – Parma 99

X **La Gavarina d'Oro**

via del Gaggio 28 – ✆ 01 87 41 00 21 – www.lagavarinadoro.com – Chiuso 27 febbraio-13 marzo, 28 agosto-18 settembre e mercoledì

Rist – Menu 18/35 €

Un ristorante tradizionale, un punto di riferimento nella zona, ove poter assaggiare anche la tipica cucina della Lunigiana e specialità come i panigacci. Nella rusticità.

POGGIBONSI – Siena (SI) – 563 L15 – 29 634 ab. – alt. 116 m – ✉ 53036 Toscana 32 D1

Roma 262 – Firenze 44 – Siena 29 – Livorno 89

Villa San Lucchese

località San Lucchese 5, Sud : 1,5 km – ✆ 05 77 93 71 19 – www.villasanlucchese.com

36 cam ☕ – 🚶70/124 € 🚶🚶110/198 €

Rist – *(aperto 1° marzo-2 novembre) (solo a cena)* (prenotazione obbligatoria) Carta 31/56 €

Abbracciata da un parco e affacciata sulle colline senesi, in quest'antica dimora patrizia del '400 è come se il tempo si fosse fermato: solo i confort sono al passo con i giorni nostri. Sobria eleganza, in un ambiente ricco di charme e confort. Bel ristorante con accogliente terrazza per il servizio estivo.

XX **Osteria al Torrione**

località il Torrione 2, Est: 5 Km – ✆ 05 77 97 92 12 – www.osteriaaltorrione.it – Aperto 15 marzo-31 ottobre; chiuso lunedì

Rist – (consigliata la prenotazione) Menu 32 € – Carta 37/59 €

La tranquillità della campagna senese è uno dei tanti piacevoli aspetti di questo grazioso locale tra cipressi, vigneti e colline. Al suo interno, lo stile rustico toscano introduce l'ospite ad una cucina moderna, ma saldamente ancorata alla tradizione locale.

La Galleria
galleria Cavalieri Vittorio Veneto 20 – ✆ 05 77 98 23 56 – Chiuso agosto e domenica
Rist – Carta 28/56 €
All'interno di una galleria commerciale, locale di stampo classico con cucina a vista. Proposte di mare e di terra, elaborate da materie prime scelte con cura.

POGGIO – Livorno (LI) – 563 N12 – Vedere Elba (Isola d') : Marciana

POGGIO ALLE MURA – Siena (SI) – Vedere Montalcino

POGGIO ANTICO – Siena (SI) – Vedere Montalcino

POGGIO MURELLA – Grosseto (GR) – 563 N16 – ✉ 58014 32 C3

Roma 163 – Grosseto 63 – Firenze 182 – Perugia 126

Saturnia Tuscany Hotel
strada Marco Pantani – ✆ 05 64 60 76 11 – www.saturniatuscanyhotel.com – Chiuso 6 gennaio-15 febbraio
39 cam – 79/180 € 89/300 €
Rist *La Chianina Pescatrice* – vedere selezione ristoranti
In posizione panoramica e tranquilla, una bella struttura completa nei servizi offerti, con camere più o meno spaziose, tutte riccamente arredate. Articolata gamma di trattamenti presso il centro benessere.

Il Cantuccio senza rist
via Termine 18 – ✆ 34 77 94 10 74 – www.termesaturnia.it – Chiuso 15-31 gennaio
6 cam – 45 € 65 €
Piccola risorsa in posizione dominante a breve distanza dalle terme di Saturnia. Camere graziose e ricche di decorazioni. Colazione con torte fatte in casa.

La Chianina Pescatrice – Saturnia Tuscany Hotel
strada Marco Pantani – ✆ 05 64 60 76 11 – www.saturniatuscanyhotel.com – Chiuso 6 gennaio-15 febbraio
Rist – Carta 38/144 €
Se siete ospiti durante la bella stagione e avete i presupposti per una cena romantica, chiedete un tavolo sotto il portico con vista sulla vallata. Altrimenti, c'è sempre l'accogliente sala, dove gustare bruschette, carni alla griglia ed altri piatti della regione. Light lunch a pranzo.

POIRINO – Torino (TO) – 561 H5 – 10 245 ab. – alt. 249 m – ✉ 10046 22 B2

Roma 661 – Torino 28 – Moncalieri 19

Brindor Hotel
via Torino36 – ✆ 01 19 45 31 75 – www.brindorhotel.info – Chiuso 1°-6 gennaio e 13-18 agosto
57 cam – 75 € 88 € – 1 suite
Rist *Andrea-re degli asparagi* – ✆ 01 19 45 27 28 *(chiuso sabato a mezzogiorno e domenica sera)* Carta 24/34 €
Distante dal centro, questo hotel recente e di taglio moderno dispone di graziosi spazi comuni e di ampie camere ed è ideale per una clientela d'affari. Ideale per pranzi informali o cene di lavoro, il moderno ristorante propone piatti del territorio, paste fatte in casa e specialità agli asparagi.

POLESINE PARMENSE – Parma (PR) – 562 G12 – 1 522 ab. – alt. 36 m – ✉ 43010 8 A1

Roma 496 – Parma 43 – Bologna 134 – Cremona 23

XXX ✿ **Antica Corte Pallavicina** (Massimo Spigaroli) con cam

strada del Palazzo Due Torri 3 – ✆ *05 24 93 65 39* – *www.acpallavicina.com* – *Chiuso 21-31 gennaio*

4 cam – †120/200 € ††150/230 € – 2 suites

Rist – *(chiuso lunedì in febbraio-marzo)* Menu 75/90 € – Carta 49/86 €

➜ Minestra di brodo di gallina fidentina con i soffici ai tre parmigiani. Faraona ricoperta di culatello cotta nella creta del Po e accompagnata dai nostri ortaggi. Cupola di cioccolato con croccante al latte e morbido al biscotto.

Apoteosi della bassa padana, nonché regno dei culatelli a cui è dedicato un tempio-cantina: si mangia in un castello di origini medioevali trasformato in vetrina gourmet. Il viaggio nel tempo continua nelle camere dagli arredi d'epoca e atmosfere d'antan.

XXX **Al Cavallino Bianco**

via Sbrisi 3 – ✆ *0 52 49 61 36* – *www.fratellispigaroli.it* – *Chiuso 7-22 gennaio e martedì*

Rist – Menu 55 € – Carta 32/59 €

Rist *Tipico di Casa Spigaroli* – Menu 38 € (pranzo)

Secolare tradizione familiare alla quale affidarsi per assaporare il proverbiale culatello e specialità regionali, lungo le rive del grande fiume. Al "Tipico di Casa Spigaroli", scelta ristretta di ricette emiliane.

a Santa Franca Ovest : 3 km – ✉ 43010 Polesine Parmense

XX **Colombo**

via Mogadiscio 119 – ✆ *0 52 49 81 14* – *Chiuso 8-28 gennaio, 23 luglio-5 agosto, lunedì sera e martedì*

Rist – Carta 31/46 €

Servizio estivo sotto un pergolato in una mitica trattoria familiare: l'attuale proprietaria segue le orme paterne anche per produzione e stagionatura di salumi (tra i quali il prezioso culatello). Cucina emiliana.

POLIGNANO A MARE – Bari (BA) – 564 E33 – 17 797 ab. – ✉ 70044 27 C2

Puglia

Roma 486 – Bari 36 – Brindisi 77 – Matera 82

Località★ - Grotta Palazzese★

Covo dei Saraceni

via Conversano 1/1 A – ✆ *08 04 24 11 77* – *www.covodeisaraceni.com*

35 cam – †60/140 € ††80/180 € – 7 suites

Rist *Il Bastione* – vedere selezione ristoranti

Su uno dei promontori della celebre località, camere recenti ma in grado di rendere indimenticabile il vostro soggiorno, chiedendone una con vista mare.

Grotta Palazzese

via Narciso 59 – ✆ *08 04 24 06 77* – *www.grottapalazzese.it*

25 cam – †90/110 € ††100/260 €

Rist – *(lunedì in bassa stagione)* Carta 39/117 €

Puglia, terra di trulli e di grotte: nell'antico borgo di Polignano, un hotel costruito sugli scogli, proprio a strapiombo sul blu; per dormire cullati dalle onde. Suggestivo servizio ristorante estivo in una grotta sul mare.

Malù senza rist

lungomare Domenico Modugno 7 – ✆ *33 37 99 13 53* – *www.bebmalu.it* – *Chiuso novembre*

6 cam – †60/90 € ††90/140 €

Proprio di fronte alla statua di Modugno, originario della località, sei camere ciascuna intitolata ad una sua canzone. Tre si affacciano sul mare, ma tutte sono accomunate dalla piacevolezza di ciò che è nuovo e fresco: complici i colori chiari, nonché la luce che filtra dalle finestre. Sulla terrazza panoramica, la prima colazione.

XX **Il Bastione** – Hotel Covo dei Saraceni

via Conversano 1/1 A – ✆ 08 04 24 11 77 – www.covodeisaraceni.com
– Chiuso martedì escluso aprile-settembre
Rist – Menu 35 € – Carta 30/71 €
Suggeriamo di aspettare la bella stagione per approfittare di uno dei più spettacolari servizi all'aperto della regione: di fronte ad un paesaggio da cartolina di case e rocce a strapiombo sul mare, è da qui che vengono anche i prodotti del ristorante. Scelto da un espositore, il pescato si offre nelle tradizionali preparazioni.

XX **L'Osteria di Chichibio**

largo Gelso 12 – ✆ 08 04 24 04 88 – www.osteriadichichibio.it
– Chiuso 23 dicembre-gennaio e lunedì
Rist – Carta 26/71 €
Connubio di semplicità e allegria - non privo di eleganza - e l'occasione per mangiare pesce e verdure cotti in un forno a legna, serviti in piatti di ceramica. Il locale si è recentemente ampliato e anche la cucina non smette di "crescere".

sulla strada provinciale Polignano-Castellana Sud-Ovest: 6 km

Borgobianco

contrada Foggia Notarnicola ✉ 70044 Polignano a Mare
– ✆ 08 08 87 01 11 – www.borgobianco.it
– Aperto vacanze di Natale e 1° febbraio-30 ottobre
48 cam – †160/250 € ††195/330 €
Rist – *(aperto 1° febbraio-30 ottobre)* Carta 50/76 €
Immerso nella campagna - il blu del mare visibile in lontananza - Borgobianco ripropone l'antico disegno delle masserie, coniugato con le facilitazioni di una costruzione moderna. Vasti spazi esterni, sobrio charme nelle camere e, al ristorante, cucina creativa con proposte più leggere a pranzo.

POLLEIN – **Aosta (AO)** – **Vedere Aosta**

POLLENZO – **Cuneo (CN)** – **561** H5 – **Vedere Bra**

POLLONE – **Biella (BI)** – **561** F5 – **2 192 ab.** – **alt. 630 m** – ✉ **13814** **23** C2

▶ Roma 671 – Aosta 92 – Biella 9 – Novara 62

XXX **Il Patio** (Sergio Vineis)

✿ *via Oremo 14 – ✆ 01 56 15 68 – www.ristoranteilpatio.it*
– Chiuso lunedì e martedì
Rist – (prenotare) Menu 50/80 € – Carta 50/88 €
→ Filetto di coniglio marinato con maionese di mele, olive e cialda alle nocciole. Pasta e fagioli con trippe di baccalà. Cioccolampone.
Ristorante dall'atipica ambientazione in antiche stalle. I piatti semplici puntano sulla valorizzazione dei prodotti, ma c'è anche spazio per elaborazioni più complesse.

POLVANO – **Arezzo (AR)** – **Vedere Castiglion Fiorentino**

POLVERINA – **Macerata (MC)** – **563** M21 – **Vedere Camerino**

POMEZIA – **Roma (RM)** – **563** Q19 – **61 106 ab.** – **alt. 108 m** – ✉ **00040** **12** B2

▶ Roma 28 – Anzio 31 – Frosinone 105 – Latina 41

Marediroma via Enna 30, 06 9133250, www.golfmarediroma.it – chiuso lunedì

Selene rist,

via Pontina km 30 – ✆ 06 91 17 01 – www.hotelselene.com
193 cam – †88/120 € ††136/180 € – 2 suites
Rist *Garum* – Carta 37/62 €
Imponente e moderna struttura alberghiera arredata in stile design, tra essenzialità ed assenza di colori; il servizio è attento e professionale, le sale comuni ampie ed eleganti. Ristorante di taglio moderno con vasta scelta di specialità alla griglia.

POMONTE – **Livorno (LI)** – **563** N12 – **Vedere Elba (Isola d') : Marciana**

POMPEI – Napoli (NA) – 564 E25 – 25 620 ab. – alt. 14 m – ✉ 80045 6 B2

Italia Centro-Sud

Roma 237 – Napoli 29 – Avellino 49 – Caserta 50

via Sacra 1, ✆ 081 8 50 72 55, www.prolocopompei.it

Foro★★★ : Basilica★★, Tempio di Apollo★★, Tempio di Giove★★ – Terme Stabiane★★★ – Casa dei Vettii★★★ – Villa dei Misteri★★★ – Odeion★★ – Casa del Menandro★★ – Via dell'Abbondanza★★ – Fullonica Stephani★★ – Casa del Fauno★★ – Porta Ercolano★★ – Via dei Sepolcri★★ – Foro Triangolare★ – Teatro Grande★ – Tempio di Iside★ – Termopolio★ – Casa di Loreius Tiburtinus★ – Villa di Giulia Felice★ – Anfiteatro★ – Necropoli fuori Porta Nocera★– Casa degli Amorini Dorati★ – Torre di Mercurio★ : ≤★★ – Casa del Poeta Tragico★ – Pitture★ nella casa dell'Ara Massima – Fontana★ nella casa della Fontana Grande

Villa di Oplontis★★ a Torre Annunziata Ovest : 6 km

Forum senza rist
via Roma 99/101 – ✆ 08 18 50 11 70 – www.hotelforum.it
35 cam ☕ – †59/89 € ††89/129 € – 1 suite
Vicino al famoso Santuario, varcato l'ingresso dell'hotel è un piacere sentire il silenzio dell'incantevole giardino interno. Man mano che si sale di piano, le camere si fanno di categoria superiore: più costose e con vista sul parco della zona archeologica.

Amleto senza rist
via San Michele 11 angolo via Bartolo Longo – ✆ 08 18 63 10 04 – www.hotelamleto.it
26 cam ☕ – †50/65 € ††90/100 €
A pochi passi dal Santuario, edificio degli anni Venti ristrutturato con cura: ingresso in stile neoclassico, con una breve rampa di scale, e pavimento con riproduzioni musive.

Maiuri senza rist
viale Unità d'Italia 20 – ✆ 08 18 56 27 16 – www.hotelmaiuri.it
24 cam ☕ – †70/85 € ††85/120 €
Forse un omaggio all'antica Pompei, nella ripresa del nome di un famoso archeologo italiano; certo un hotel nuovo, molto comodo, dai toni pastello anche negli interni.

Giovanna senza rist
viale Unità d'Italia 18 – ✆ 08 18 50 61 61 – www.hotelgiovanna.it
24 cam ☕ – †60/80 € ††70/110 €
Un bel giardino fa da cornice a questo albergo consigliato a clienti d'affari e turisti, desiderosi di trovare un'oasi di relax; camere spaziose e confortevoli.

Iside senza rist
via Minutella 27 – ✆ 08 18 59 88 63 – www.hoteliside.it
18 cam ☕ – †40/85 € ††50/90 €
Non lontano dall'ingresso agli scavi archeologici, in una zona residenziale tranquilla, offre un'accoglienza familiare e ambienti luminosi; alle spalle dell'albergo un orto-agrumeto.

President
piazza Schettini 12/13 – ✆ 08 18 50 72 45 – www.ristorantepresident.it – Chiuso 7-16 gennaio, 10-18 agosto, domenica sera e lunedì escluso maggio-settembre
Rist – Menu 45/75 € – Carta 36/58 €
Stucchi e lampadari a gocce impreziosiscono questo elegante ristorante, dove gustare una cucina che propone piatti di mare...secondo la disponibilità quotidiana del pescato!

Maccarone
viale Unità d'Italia 51 – ✆ 08 18 50 09 67 – www.ristorantemaccarone.it – Chiuso lunedì
Rist – Carta 23/47 €
In un edificio che ricorda vagamente una casa colonica, si trova questo ristorante-pizzeria. L'ambiente è moderno, pulito nello stile, e con prezzi competitivi.

La Bettola del Gusto (N)

via Sacra 48/50 – 08 18 63 78 11 – www.labettoladelgusto.it – Chiuso lunedì
Rist – Menu 45 € – Carta 23/52 €
Centrale, davanti alla stazione, il nome è fuorviante: siamo in un simpatico e grazioso locale, dove un giovane cuoco prepara piatti semplici all'insegna della tipicità campana.

PONTE A MORIANO – Lucca (LU) – 563 K13 – Vedere Lucca

PONTE ARCHE – Trento (TN) – 562 D14 – Vedere Comano Terme

PONTE DELL'OLIO – Piacenza (PC) – 561 H10 – 5 055 ab. – alt. 216 m – ✉ 29028 8 A2

Roma 548 – Piacenza 22 – Genova 127 – Milano 100

Riva

via Riva 16, Sud : 2 km – 05 23 87 51 93 – www.ristoranteriva.it – Chiuso martedì a mezzogiorno e lunedì
Rist – Carta 44/78 €
In un piccolo borgo con un affascinante castello merlato, la moglie propone una cucina raffinata, misurato equilibrio di territorio e creatività; ai vini pensa il marito.

Locanda Cacciatori con cam

rist,

località Mistadello di Castione, Est : 2,5 km – 05 23 87 72 06 – www.locandacacciatori.com – Chiuso 10-30 gennaio
12 cam – †38 € ††50/55 € **Rist** – *(chiuso mercoledì)* Carta 23/42 €
Oltre 50 anni di esperienza per questa locanda da sempre gestita dalla stessa famiglia. Semplici le quattro sale affacciate sulle colline, dove riscoprire una cucina regionale: gustose paste fatte in casa e carni come faraona e anatra al forno.

PONTEDERA – Pisa (PI) – 563 L13 – 28 350 ab. – alt. 14 m – ✉ 56025 31 B2

Roma 314 – Pisa 25 – Firenze 61 – Livorno 32

via della Stazione Vecchia 6, 0587 5 33 54, www.comune.pontedera.pi.it

Armonia senza rist

piazza Caduti Div. Acqui, Cefalonia e Corfù 11 – 05 87 27 85 11 – www.hotelarmonia.it – Chiuso 2 settimane in agosto
35 cam – †90/130 € ††145/160 € – 4 suites
Storico edificio per una storica accoglienza, in città, sin da metà '800; ospiti illustri, atmosfere eleganti, qualità impeccabile e signorile.

Il Falchetto senza rist

piazza Caduti Div. Acqui, Cefalonia e Corfù 3 – 05 87 21 21 13 – www.hotelfalchetto.it
16 cam – †55/62 € ††78/82 €
Hotel gestito da una coppia di coniugi che ne ha cura quasi come fosse una casa privata; ambienti piacevoli e ricchi di dettagli personali, dotati di ogni confort.

Agriturismo Fattoria Santa Lucia

cam, cam,

via di San Gervasio 4, località La Rotta, Est : 6 km – 05 87 48 20 99 – www.fattoriasantalucia.it – Chiuso 24 dicembre-7 gennaio
9 cam – †40/50 € ††70/80 €
Rist *Fattoria Santa Lucia* – *(chiuso lunedì, martedì e domenica) (solo a cena)* (consigliata la prenotazione) Carta 25/40 €
Varcata la soglia di questo agriturismo e "ristoro", un soffitto di grappoli d'uva e rose, i tavoli stretti fra le botti in cemento dell'azienda vinicola, il riposo in bucoliche stanze vagamente provenzali.

La Polveriera

via Fratelli Marconcini 54 – 0 58 75 47 65 – www.ristorantelapolveriera.it – Chiuso 13-19 agosto, sabato a mezzogiorno e domenica
Rist – Menu 25/60 € – Carta 30/93 €
Un localino nato dalla ristrutturazione di un effervescente circolo ricreativo, dove spesso la discussione terminava in scazzottate e in un gran "polverone" (da qui il soprannome di polveriera). Nell'insospettabile cortile durante la bella stagione, o nelle curate salette la cucina omaggia la tradizione regionale.

PONTE DI BRENTA – Padova (PD) – 562 F17 – Vedere Padova

PONTE DI LEGNO – Brescia (BS) – 561 D13 – 1 771 ab. – alt. 1 257 m 17 C1

– Sport invernali : – ✉ 25056

Roma 677 – Sondrio 65 – Bolzano 107 – Bormio 42

corso Milano 41, ✆ 030 3 74 87 61, www.provincia.brescia.it/turismo

via Risorgimento 5, 0364 900269, www.golfpontedilegno.it – giugno-settembre; chiuso martedì

Sorriso

via Plazza 6, località Temù – ✆ 03 64 90 04 88 – www.hotelsorriso.com – Aperto 1° dicembre-Pasqua e 1° giugno-30 settembre

20 cam – 70/110 € 120/210 € **Rist** – Menu 25/60 €

Circondata dal parco dello Stelvio, forte della sua posizione panoramica e soleggiata, questa bella struttura in stile alpino rappresenta il luogo ideale, dove trascorrere un soggiorno all'insegna dello sport e del relax.

Pegrà senza rist

via Nazionale – ✆ 03 64 90 31 19 – www.hotelpegra.com

33 cam – 50/200 € 70/200 €

Sulla strada statale, poco lontano dagli impianti di risalita, albergo dallo stile montano-contemporaneo: luminose camere con angolo bowindow ed alcune family room soppalcate.

San Marco

piazzale Europa 18 – ✆ 0 36 49 10 36 – www.ristorante-sanmarco.it – Chiuso 15-30 giugno e lunedì

Rist – Menu 15 € (pranzo)/45 € – Carta 29/50 € (+10 %)

Centrale, ma non nella zona storica della cittadina, e al piano terra di una villetta; taglio rustico e una cucina di sapore mutevole, tra il camuno e il "tirolese".

PONTE DI NAVA – Cuneo (CN) – 561 J5 – Vedere Ormea

PONTE GRADELLA – Ferrara (FE) – 562 H16 – Vedere Ferrara

PONTE IN VALTELLINA – Sondrio (SO) – 562 D11 – 2 326 ab. 16 B1

– alt. 485 m – ✉ 23026

Roma 709 – Sondrio 9 – Edolo 39 – Milano 148

Cerere

via Guicciardi 7 – ✆ 03 42 48 22 94 – www.ristorantecerere.it – Chiuso 10-20 gennaio, 1°-25 luglio e mercoledì

Rist – Carta 31/46 €

Elegante, sito in un palazzo del XVII secolo, locale d'impostazione classica, con "inserti" rustici, che non si limita ad offrire solo piatti di tradizione valtellinese.

PONTELONGO – Padova (PD) – 562 G18 – 3 938 ab. – alt. 5 m 40 C3

– ✉ 35029

Roma 508 – Venezia 54 – Padova 33 – Rovigo 50

Lazzaro 1915 (Piergiorgio Siviero)

via Roma 26 – ✆ 04 99 77 50 72 – www.albergo-trieste.com – Chiuso 15-30 luglio, martedì, anche domenica in agosto

Rist – Menu 18 € (in settimana)/70 € – Carta 26/62 €

→ Pan bagnato di canocchie con focaccia di mais e pestato di fiori d'aglio. Seppioline dorate con patata di montagna liquida e tartufo. Bavarese alla vaniglia e cioccolato bianco con gelatina ai lamponi.

Dopo quasi un secolo di storia, lavoro e sacrifici, arriva il lieto fine con l'ultima generazione che festeggia il meritato riconoscimento gastronomico. In carta troverete tanto pesce dell'alto Adriatico in preparazioni gustose e succulenti, tecniche e fantasiose.

PONTENUOVO – Pistoia (PT) – 563 K14 – Vedere Pistoia

PONTENUOVO DI CALENZANO – Firenze (FI) – 563 K15 – Vedere Calenzano

PONTE SAN GIOVANNI – Perugia (PG) – 563 M19 – Vedere Perugia

PONTE SAN MARCO – Brescia (BS) – 561 F13 – Vedere Calcinato

PONTIDA – Bergamo (BG) – 561 E10 – 3 229 ab. – alt. 310 m – ✉ 24030 19 C1

Roma 609 – Bergamo 18 – Como 43 – Lecco 26

Hosteria la Marina con cam
via Don Aniceto Bonanomi 283, frazione Grombosco, Nord : 2 km – ✆ 0 35 79 50 63 – www.lamarinaristhotel.it
9 cam – †60/90 € ††80/100 €
Rist – *(chiuso martedì)* Menu 13 € (in settimana)/25 € – Carta 20/45 €
Sulle colline alle spalle di Pontida, semplice trattoria familiare per piatti ruspanti e saporiti, legati anche alle tradizioni locali. Il vino lo si può scegliere direttamente nella piccola cantina.

PONTI SUL MINCIO – Mantova (MN) – 561 F14 – 2 322 ab. – alt. 113 m – ✉ 46040 17 D1

Roma 505 – Verona 32 – Brescia 45 – Mantova 35

Portofino (N)
strada Pozzolengo 11 – ✆ 03 76 80 82 34 – www.albergoristoranteportofino.it – Chiuso lunedì
Rist – Carta 28/92 €
Si sono specializzati nelle ricette di mare - elaborate senza troppe concessioni al trend gastronomico del momento, ma con buona padronanza della tecnica - i due giovani proprietari di questo elegante ristorante immerso nel verde delle colline moreniche.

PONTREMOLI – Massa Carrara (MS) – 563 I11 – 7 770 ab. – alt. 236 m – ✉ 54027 Toscana 31 A1

Roma 438 – La Spezia 41 – Carrara 53 – Firenze 164

Cà del Moro Resort cam, rist,
località Casa Corvi 9 – ✆ 01 87 83 22 02 – www.cadelmororesort.it
24 cam – †60/80 € ††98/138 € – 2 suites
Rist *Cà del Moro* – vedere selezione ristoranti
Rist – *(solo a cena) (solo per alloggiati)* Menu 18 €
Immerso nella campagna lunigianese tra prati, golf 4 buche e campo pratica, delizioso resort di recente costruzione con un buon livello di confort nelle ampie camere.

Agriturismo Costa D'Orsola rist,
località Orsola, Sud-Ovest : 2 km – ✆ 01 87 83 33 32 – www.costadorsola.it – Aperto 1° aprile-31 ottobre
14 cam – †60/90 € ††100/120 €
Rist – *(solo a cena)* (prenotazione obbligatoria) Carta 22/39 €
Camere di buona fattura, ricavate nei caratteristici locali di un antico borgo rurale restaurato con cura. Gestione familiare cortese, atmosfera tranquilla e rilassata. Ristorante suggestivo, con ampi spazi esterni.

Cà del Moro – Hotel Cà del Moro
località Casa Corvi 9 – ✆ 01 87 83 05 88 – Chiuso 6 gennaio-1° marzo, domenica sera e lunedì
Rist – Carta 30/51 €
Ristorante dalle caratteristiche ed intime sale, dove gustare piatti del territorio soprattutto a base di carne. Interessante ed articolata la scelta enologica.

PONZA (Isola di) – Latina (LT) – 563 S18 – 3 312 ab. 13 C3

Italia Centro-Sud

per Anzio e Formia – Caremar, call center 892 123

per Terracina – Anxur Tours ✆ 0771 72291

Località ★

PONZA (LT) – ✉ 04027 13 C3

molo Musco, ✆ 0771 8 00 31, www.prolocodiponza.it

Grand Hotel Santa Domitilla

via Panoramica – ✆ 07 71 80 99 51 – www.santadomitilla.com – Aperto Pasqua-15 ottobre

48 cam – †115/230 € ††185/370 € – 6 suites

Rist *Melograno* – vedere selezione ristoranti

In posizione tranquilla, ma sempre vicino al centro, troverete ispirazioni orientali e ceramiche vietresi, ma sono le piscine a rappresentare il *clou* di un raffinato soggiorno.

Piccolo Hotel Luisa (N) senza rist

via Chiaia di Luna – ✆ 0 77 18 01 28 – www.piccolohoteluisa.it – Aperto 15 marzo-2 novembre

15 cam – †50/160 € ††80/200 €

In posizione rialzata e traquilla ad una breve salita dal centro, le camere sono arredate con originalità e buon gusto: tra le migliori, quella in cui visse Pertini. Possibilità di noleggio gommoni.

Bellavista

via Parata 1 – ✆ 0 77 18 00 36 – www.hotelbellavistaponza.it – Aperto 1° marzo-9 novembre

24 cam – †60/160 € ††80/200 €

Rist – *(aperto 16 maggio-14 settembre) (solo a cena)* Carta 33/61 €

Arroccato su uno scoglio e cullato dalle onde, l'hotel dispone di ampi spazi comuni, confortevoli camere arredate in legno scuro e un piccolo terrazzo con vista panoramica. Classico ambiente arredato nelle tinte del verde, la sala da pranzo propone la cucina mediterranea e quella regionale.

XX ✿ Acqua Pazza (Lucia e Patrizia Ronca)

piazza Carlo Pisacane – ✆ 0 77 18 06 43 – www.acquapazza.com – Aperto 1° marzo-30 novembre

Rist – *(solo a cena)* Menu 45/75 € – Carta 50/109 €

➜ Candele (pasta secca) cacio e pepe con pesce bianco e zucchine. Dentice al forno con patate e pomodori, alici e salsa al basilico. Cheesecake di ricotta.

Lungo lo splendido proscenio del porto, un anfiteatro sul mare, mentre la cucina ne celebra i prodotti: dal crudo all'omonima acqua pazza.

XX Orestorante

via Dietro la Chiesa 4 – ✆ 0 77 18 03 38 – www.orestorante.it – Aperto Pasqua-30 settembre

Rist – *(solo a cena)* Menu 50/90 € – Carta 55/104 €

Un intrico di terrazzi con vista sull'incantevole Ponza: è l'appuntamento romantico per eccellenza, esaltato da una cucina di pesce dai profumi mediterranei.

XX Melograno – Grand Hotel Santa Domitilla

via Panoramica – ✆ 07 71 80 99 51 – www.santadomitilla.com – Aperto 1° giugno-30 settembre

Rist – Carta 32/84 €

Noi vi consigliamo di prenotare, perché il locale è frequentatissimo e sarebbe un peccato, per indolenza, perdere un appuntamento gastronomico come questo: sotto il pergolato di glicine o nell'originale sala, le tante varietà di pesce del Mare Nostrum in ricette sfiziose.

X Il Tramonto

via campo Inglese, Nord : 4 km – ✆ 07 71 80 85 63 – Aperto 1° maggio-30 settembre

Rist – Carta 41/67 €

Un servizio giovane e dinamico, una cucina legata alla tradizione isolana dove regna il pesce ed una meravigliosa vista sull'isola di Palmarola per veder declinare il sole.

Gennarino a Mare Ⓝ con cam
via Dante 64 – ✆ 0 77 18 00 71 – www.gennarinoamare.com
12 cam – ♀80/160 € ♀♀135/270 €
Rist – *(aperto Pasqua-30 settembre)* Carta 40/50 €
Quasi una palafitta sul mare - la posizione è incantevole - al termine della baia con vista sul porto, la cucina rispolvera i classici piatti di mare della tradizione italiana. E il panorama continua nelle camere: semplici, ma con graziose ceramiche.

PONZANO – **Firenze (FI)** – **Vedere Barberino Val d'Elsa**

PONZANO VENETO – **Treviso (TV)** – **562** E18 – **10 894 ab.** – **alt. 28 m** **39** A1
– ✉ **31050**

Roma 546 – Venezia 40 – Belluno 74 – Treviso 5

a Paderno **Nord-Ovest : 2 km** – ✉ **31050 Ponzano**

Relais Monaco
via Postumia 63, Nord : 1 km – ✆ 04 22 96 41 – www.relaismonaco.it
78 cam ☕ – ♀74/99 € ♀♀89/119 € – 1 suite
Rist *La Vigna* – vedere selezione ristoranti
Tra i colli della campagna veneta, la parte centrale della villa è quella storica, ma ad essa si è aggiunta un'ala più nuova. Ottima per un soggiorno di svago (soprattutto estivo), la struttura è anche indicata per una clientela business, grazie all'ampio ed attrezzato centro congressi.

La Vigna – Hotel Relais Monaco
via Postumia 63, Nord : 1 km – ✆ 04 22 96 41 – www.relaismonaco.it
Rist – Carta 35/63 € (+10 %)
Alle porte di Treviso, oltre a vantare uno splendido parco, il Relais Monaco sfoggia questo elegante ristorante (in linea con il resto della villa). In menu: tante specialità venete, ma non mancano piatti della tradizione nazionale.

POPPI – **Arezzo (AR)** – **563** K17 – **6 396 ab.** – **alt. 437 m** – ✉ **52014** **32** C1
Toscana

Roma 247 – Arezzo 33 – Firenze 58 – Ravenna 118

Casentino via Fronzola 6, 0575 529810, www.golfclubcasentino.it – chiuso dal 7 gennaio al 5 febbraio e martedì

Cortile★ del Castello★

Parc Hotel
via Roma 214, località Ponte a Poppi ✉ 52013 – ✆ 05 75 52 99 94 – www.parchotel.it
39 cam ☕ – ♀38/80 € ♀♀70/118 €
Rist *Parc* – vedere selezione ristoranti
Lungo la strada che attraversa il paese, l'ingresso sul retro dinnanzi al verde e alla piscina lo rende tranquillo, quasi idilliaco nella vista del castello. Camere confortevoli: da preferire quelle più interne.

La Torricella
località Torricella 14, Ponte a Poppi ✉ 52013 – ✆ 05 75 52 70 45 – www.latorricella.com
21 cam ☕ – ♀38/55 € ♀♀55/70 € **Rist** – Carta 14/28 €
Sulla cima di una collina panoramica, a due passi dal rinomato borgo medievale ove sorge il castello dei Conti Guidi, in un tipico casolare toscano ben ristrutturato. Sala da pranzo rustica con travi in legno e veranda panoramica.

Parc – Parc Hotel
via Roma 214, località Ponte a Poppi ✉ 52013 – ✆ 05 75 52 91 01 – www.parchotel.it – Chiuso 3 settimane in gennaio, domenica sera e lunedì
Rist – *(solo a cena escluso domenica)* Menu 18 € (in settimana) – Carta 23/55 €
Un ristorante che piacerà sia a chi si trova in zona per affari, sia ai turisti che visitano il Casentino: i menu spaziano, infatti, dalla classica cucina d'albergo alla gastronomia locale, senza trascurare le ottime pizze.

L'Antica Cantina

via Lapucci 2 – ✆ 05 75 52 98 44 – www.anticacantina.com – Chiuso gennaio, martedì a mezzogiorno e lunedì escluso agosto
Rist – Menu 28 € (in settimana)/39 € – Carta 33/50 €
Lasciata la parte più moderna del paese a valle, sulla collina è adagiato un incantevole borgo medievale: in un ambiente suggestivo, sotto antiche volte in mattoni adibite per lungo tempo a cantina, una cucina moderna non dimentica delle tradizioni.

a Moggiona Sud-Ovest : 5 km – alt. 708 m – ✉ 52014

I Tre Baroni

rist,

via di Camaldoli 52 – ✆ 05 75 55 62 04 – www.itrebaroni.it – Aperto 5 dicembre-7 gennaio e 21 marzo-4 novembre
23 cam – †45/80 € ††55/100 € **Rist** – *(chiuso martedì)* Carta 23/47 €
Lungo la strada per Camaldoli, un piccolo gioiello di ospitalità ricavato da un antico fienile, con terrazza panoramica e un'originale piscina a sfioro con bordo in pietra. La tranquillità regna sovrana. Signorile sala ristorante con proposte di cucina toscana.

Il Cedro

via di Camaldoli 20 – ✆ 05 75 55 60 80 – Chiuso lunedì
Rist – *(solo a pranzo escluso in marzo-ottobre)* (consigliata la prenotazione) Carta 22/32 €
A pochi chilometri dal suggestivo convento di Camaldoli, piccola trattoria a conduzione familiare, propone una cucina del territorio dedicata particolarmente a grigliate, funghi e cacciagione.

POPULONIA – Livorno (LI) – 563 N13 – Vedere Piombino

PORCIA – Pordenone (PN) – 562 E19 – 15 443 ab. – alt. 29 m – ✉ 33080 10 A3

Roma 608 – Belluno 67 – Milano 333 – Pordenone 4

Purlilium

via Bagnador 5, località Talponedo, Ovest: 1 km – ✆ 04 34 92 32 48 – www.hotelpurlilium.it
26 cam – †55/90 € ††95/160 €
Rist – *(chiuso sabato a mezzogiorno e domenica)* Carta 29/53 €
Atmosfera riposante, camere luminose e discretamente signorili, spazi comuni con pietre a vista ed un giardino interno: un moderno hotel custodito tra le mura di un antico borgo rurale. Piccolo ristorante per proposte del territorio rivisitate.

PORDENONE P (PN) – 562 E20 – 51 723 ab. – alt. 24 m – ✉ 33170 10 B3

Italia Centro-Nord

Roma 605 – Udine 54 – Belluno 66 – Milano 343
di Ronchi dei Legionari ✆ 0481 773224
via XX Settembre 11/B, ✆ 0434 52 03 81, www.turismofvg.it
Castel d'Aviano via IV Novembre 13, 0434 652305, www.golfclubcasteldaviano.it

Palace Hotel Moderno

viale Martelli 1 – ✆ 0 43 42 82 15 – www.palacehotelmoderno.it
91 cam – †93 € ††150 € – 5 suites
Rist *Moderno* – vedere selezione ristoranti
Centralissimo, proprio accanto al teatro Verdi, gradevoli sale arredate con gusto ed ampie camere in linea con lo stile della struttura. Brillano per originalità le due *design suite*.

Park Hotel senza rist

via Mazzini 43 – ✆ 0 43 42 79 01 – www.parkhotelpordenone.it – Chiuso 17 dicembre-6 gennaio
63 cam – †59/150 € ††69/250 € – 3 suites
Ideale per chi viaggia per lavoro - in virtù della sua vicinanza alla stazione, ma sempre nel centro storico - la struttura dispone di camere ampie e funzionali (in progressivo rinnovo).

XX **Moderno** – Palace Hotel Moderno
viale Martelli 1 – ✆ 0 43 42 90 09 – www.eurohotelfriuli.it
– Chiuso 26 dicembre-8 gennaio, 7-31 agosto, sabato a mezzogiorno e domenica
Rist – (consigliata la prenotazione) Carta 43/55 €
A dispetto del nome, si respira un'atmosfera di classica eleganza in questo ristorante, la cui cucina si sofferma più sui prodotti del mare che su quelli di terra.

X **La Ferrata**
via Gorizia 7 – ✆ 0 43 42 05 62 – www.osterialaferrata.it – Chiuso 2 settimane in luglio e 2 settimane in agosto
Rist – *(solo a cena escluso sabato e domenica)* Carta 22/34 €
Foto di locomotive, pentole e coperchi di rame arredano le pareti di questa enoteca-osteria accogliente e conviviale. Dalla cucina, i piatti della tradizione regionale, tra cui gustose lumache al burro.

PORLEZZA – Como (CO) – 561 D9 – 4 648 ab. – alt. 275 m – ✉ 22018 16 A2

Roma 673 – Como 47 – Lugano 16 – Milano 95
Lago di Lugano★★

Parco San Marco
viale Privato San Marco 1, località Cima, Sud: 2 km – ✆ 03 44 62 91 11 – www.parco-san-marco.com
– Chiuso 2 gennaio-13 marzo
rist,
100 suites – ††210/590 € – 11 cam
Rist – *(chiuso 2 gennaio-13 marzo)* Carta 51/66 €
Rist *La Masseria* – *(aperto 1° aprile-31 ottobre; chiuso martedì) (solo a cena)* Carta 40/83 €
Struttura in stile svizzero-tedesco suddivisa in diversi edifici digradanti sul lago: moderne suite con angolo cottura ed una panoplia di attività, nonché spazi, dedicati ai bambini. Nell'ambiente rustico della bicentenaria cantina a volta o sulla splendida terrazza del ristorante La Masseria, cucina contemporanea ed un'interessante proposta di carni alla griglia.

POROTTO-CASSANA – Ferrara (FE) – 562 H16 – Vedere Ferrara

PORRETTA TERME – Bologna (BO) – 562 J14 – 4 778 ab. – alt. 349 m – Stazione termale – ✉ 40046 Porretta Terme 9 C2

Roma 345 – Bologna 59 – Firenze 72 – Milano 261
piazza Libertà 11, ✆ 0534 2 20 21, www.comune.porrettaterme.bo.it

Helvetia
piazza Vittorio Veneto 11 – ✆ 05 34 22 14 – www.helvetiabenessere.it
– Chiuso 3-21 giugno
48 cam – †110/160 € ††150/250 €
Rist – Menu 20/35 €
Preparatevi ad un viaggio nel benessere: in un edificio Liberty dei primi del '900, moderne camere ed un'attrezzata Spa con una *zona secca* per i trattamenti medico-estetici, nonché una *zona umida* ricavata in una grotta, scavata nella roccia durante la I Guerra Mondiale. Menu light e proposte dello chef al ristorante.

Santoli
via Roma 3 – ✆ 0 53 42 32 06 – www.hotelsantoli.com
48 cam – †60/100 € ††85/120 €
Rist *Il Bassotto* – Carta 27/45 € (+10 %)
Complesso adiacente alle terme, in grado di rispondere alle esigenze di una clientela di lavoro o turistica; pulizia, serietà e ampi spazi con alcuni dipinti di fantasia. Ristorante capiente, ornato da decorazioni stagionali tematiche, cucina tradizionale.

PORTALBERA – Pavia (PV) – **561** G9 – 1 577 ab. – alt. 64 m – ✉ 27040 **16** B3

Roma 540 – Piacenza 42 – Alessandria 68 – Genova 120

Osteria dei Pescatori

località San Pietro 13 – ✆ 03 85 26 60 85 – Chiuso 1°-10 gennaio, 10 luglio-1° agosto e mercoledì

Rist – Carta 25/41 €

Semplice quanto piacevole trattoria di paese in una piccola frazione del Pavese. Il marito ai fornelli, la moglie in sala: la cucina è decisamente casalinga, dal gusto deciso, nonché legata al territorio. L'oca diventa la protagonista indiscussa di tanti piatti.

PORTESE – Brescia (BS) – **561** F13 – Vedere San Felice del Benaco

PORTICELLO Sicilia – Palermo (PA) – **365** AQ55 – Vedere Santa Flavia

PORTICO DI ROMAGNA – Forlì-Cesena (FC) – **562** J17 – alt. 309 m – ✉ 47010 **9** C2

Roma 320 – Firenze 75 – Forlì 34 – Ravenna 61

Al Vecchio Convento

rist,

via Roma 7 – ✆ 05 43 96 70 53 – www.vecchioconvento.it – Chiuso 12-30 gennaio

15 cam – 59 € 100 €

Rist – *(chiuso mercoledì a mezzogiorno)* Carta 29/44 €

Palazzotto ottocentesco in centro paese: consente ancora di respirare un'atmosfera piacevolmente retrò, del buon tempo antico che rivive anche nei mobili. Tre salette ristorante rustiche, con camini, cotto a terra e soffitto a travi.

PORTO AZZURRO – Livorno (LI) – **563** N13 – Vedere Elba (Isola d')

PORTOBUFFOLÈ – Treviso (TV) – **562** E19 – 804 ab. – alt. 10 m – ✉ 31040 **40** C2

Roma 567 – Belluno 58 – Pordenone 15 – Treviso 37

Villa Giustinian

cam, rist,

via Giustiniani 11 – ✆ 04 22 85 02 44 – www.villagiustinian.it – Chiuso 3 gennaio-1° febbraio

43 cam – 100/120 € 140/180 € – 8 suites

Rist *Ai Campanili* – vedere selezione ristoranti

Rist *Enoteca Cà Vin* – *(chiuso domenica in inverno, lunedì in estate)* Carta 36/60 €

Sita in uno splendido parco, questa prestigiosa villa veneta del XVII secolo offre ampie suite di rara suggestione, decorate da fastosi stucchi ed affreschi. Nell'informale Enoteca Cà Vin: stuzzichi, cucina easy e molto vino.

Ai Campanili – Hotel villa Giustinian

via Giustiniani 11 – ✆ 04 22 85 02 44 – www.villagiustinian.it – Chiuso 3 gennaio-8 febbraio, domenica e lunedì

Rist – Menu 50/75 € – Carta 35/72 €

In un'originale barchessa veneziana, accanto alla villa del XVII sec che ospita il romantik hotel, ambienti classico-eleganti e cucina della tradizione elaborata partendo dai famosi prodotti della "marca trevigiana".

PORTO CERVO Sardegna – Olbia-Tempio (OT) – **366** S37 – Vedere Arzachena : Costa Smeralda

PORTO CESAREO – Lecce (LE) – **564** G35 – 5 675 ab. – ✉ 73010 **27** D3

Puglia

Roma 600 – Brindisi 55 – Gallipoli 30 – Lecce 27

Lo Scoglio
isola Lo Scoglio, raggiungibile in auto – ✆ 08 33 56 90 79 – www.isolaloscoglio.it
45 cam – 50/100 € 60/160 €
Rist – *(chiuso martedì in aprile-settembre; aperto solo sabato e domenica da ottobre a marzo)* Menu 35 € – Carta 26/50 €
Sito su un isolotto collegato alla terraferma da un ponticello, l'hotel è circondato da un giardino, vanta ambienti di arredo classico ed è ideale per una vacanza culturale. In cucina, i sapori della tradizione italiana.

PORTO CONTE Sardegna – Sassari (SS) – 366 K40 – Vedere Alghero

PORTO D'ASCOLI – Ascoli Piceno (AP) – 563 N23 – Vedere San Benedetto del Tronto

PORTO EMPEDOCLE Sicilia – Agrigento (AG) – 365 AQ60 29 B2

– 17 261 ab. – alt. 2 m – ✉ 92014

Roma 965 – Palermo 138 – Agrigento 8 – Caltanissetta 66

Villa Romana
lungomare Nettuno 1 – ✆ 09 22 53 53 19 – www.hotelvillaromana.com
43 cam – 110/210 € 140/240 € **Rist** – Carta 29/65 €
Hotel fronte mare nella bella zona dei lidi: ambienti signorili, originale piscina a forma di diamante, camere ampie ed eleganti (molte con terrazzo). Mare e terra nel menu del ristorante.

PORTO ERCOLE – Grosseto (GR) – 563 O15 – ✉ 58018 Toscana 32 C3

Roma 159 – Grosseto 50 – Civitavecchia 83 – Firenze 190

Argentario via Acquedotto Leopoldino, 0564 810292, www.argentariogolfresortspa.it

Argentario Golf Resort
via Acquedotto Leopoldino – ✆ 05 64 81 02 92 – www.argentariogolfresortspa.it
73 cam – 245/315 € 320/360 € – 7 suites
Rist *Damadama* – vedere selezione ristoranti
Campo da golf e hotel di lusso accomunati da un unico concept: il design personalizzato. All'interno dominano il bianco e il nero; fuori, il verde della natura.

Damadama – Argentario Golf Resort
via Acquedotto Leopoldino – ✆ 05 64 81 02 92 – www.argentariogolfresortspa.it
Rist – *(solo a cena)* Menu 65 € – Carta 38/71 €
Un locale inatteso, ricorda certi chalet di montagna con finti trofei di caccia, velluti e tessuti naturali - per una cucina mediterranea di terra e di mare con particolare attenzione ai prodotti del territorio.

Il Gambero Rosso
lungomare Andrea Doria 62 – ✆ 05 64 83 26 50 – Chiuso 1° novembre-28 febbraio e mercoledì
Rist – Carta 33/60 €
Un punto di riferimento per il pesce, a Porto Ercole, preso d'assalto nei fine settimana; un classico locale sulla passeggiata, con servizio estivo in terrazza sul porto.

sulla strada Panoramica Sud-Ovest : 4,5 km :

Il Pellicano
località Lo Sbarcatello – ✆ 05 64 85 81 11 – www.pellicanohotel.com – Aperto 22 aprile-15 ottobre
39 cam – 420/1100 € 420/1100 € – 11 suites
Rist *Il Pellicano* ✿✿ – vedere selezione ristoranti
Rist – *(aperto 1° maggio-30 settembre)* Carta 88/110 €
Nato come inno all'amore di una coppia anglo-americana che qui volle creare il proprio nido: in uno dei punti più esclusivi della Penisola, villini indipendenti tra verde e ulivi. Specialità toscane al ristorante.

 **Il Pellicano** – Hotel il Pellicano

✿✿ *località Lo Sbarcatello ✉ 58018 – ✆ 05 64 85 81 11 – www.pellicanohotel.com – Aperto 22 aprile-15 ottobre*

Rist – *(solo a cena)* (consigliata la prenotazione) Menu 120/160 € – Carta 96/164 €

➜ Astice blu arrosto con salsa al Marsala, crespino (erba) e patate affumicate. San Pietro alla griglia con pastina all'acciuga e lumachine di mare. Cheesecake alle pesche.

Uno degli indirizzi più esclusivi ed internazionali dell'Argentario trova nella cucina di Antonio Guida il suo coerente corrispettivo: raffinata e ricercata, soddisfa gli occhi oltre che il palato, stupendo anche i conoscitori più navigati con accostamenti sempre nuovi e sorprendenti.

PORTOFERRAIO – Livorno (LI) – 563 N12 – Vedere Elba (Isola d')

PORTOFINO – Genova (GE) – 561 J9 – 479 ab. – ✉ 16034 Liguria 15 C2

Roma 485 – Genova 38 – Milano 171 – Rapallo 8

via Roma 35, ✆ 0185 26 90 24, www.turismo.provincia.genova.it

Località e posizione pittoresca★★★ • Castello Brown★: ≤★★★ • Museo di Portofino - Centro internazionale di sculture all'aperto★

Passeggiata al faro★★★: 1 h a piedi AR • Strada panoramica★★ per Santa Margherita Ligure • Abbazia di S. Fruttuoso di Capodimonte★★: 20 mn di motobarca

Splendido

salita Baratta 16 – ✆ 01 85 26 78 01 – www.hotelsplendido.com – Aperto 30 marzo-11 novembre

65 cam – 490/620 € 990/1290 € – 3 suites

Rist *La Terrazza* – Carta 91/137 €

Nella magnifica cornice del Golfo del Tigullio, questo esclusivo hotel si propone come un microcosmo di eleganza e raffinatezza. Confort di ottimo livello e cura del dettaglio nelle lussuose camere: la maggior parte delle quali dotate di balcone o terrazza con vista sulla baia. Piatti di ligure memoria al ristorante.

Splendido Mare

via Roma 2 – ✆ 01 85 26 78 01 – www.hotelsplendido.com – Aperto 20 aprile-14 ottobre

16 cam – 490/650 € 640/990 € – 2 suites

Rist *Chuflay* – vedere selezione ristoranti

Posizionato proprio sulla nota piazzetta di questa capitale della mondanità, un gioiellino dell'hôtellerie locale: pieno confort e comoda eleganza.

Piccolo Hotel

via Duca degli Abruzzi 31 – ✆ 01 85 26 90 15 – www.dominahome.it – Aperto 2 marzo-31 ottobre

23 cam – 200/350 € 300/550 €

Rist – *(solo per alloggiati)* Carta 30/60 €

Totalmente rinnovato, questo piccolo hotel nella baia del Canone sfoggia - ora - un look moderno e accattivante: un intrigante gioco di bianco e nero, affascinante come la località che la ospita. Ampie le camere.

Chuflay – Hotel Splendido Mare

via Roma 2 – ✆ 0 18 52 67 85 62 – www.hotelsplendido.net – Aperto 20 aprile-14 ottobre

Rist – Carta 75/95 €

Nella splendida cornice di Portofino, locale di tono elegante con fresco dehors sulla famosa piazzetta. La sera, le dolci note di un piano accompagneranno le deliziose specialità di mare. Non dimenticatevi di prenotare!

PORTO GARIBALDI – Ferrara (FE) – 563 H18 – Vedere Comacchio

PORTOGRUARO – Venezia (VE) – 562 E20 – 25 440 ab. – ✉ 30026 40 D2

Italia Centro-Nord

▶ Roma 584 – Udine 50 – Belluno 95 – Milano 323

i corso Martiri della Libertà 19-21, ✆ 0421 7 35 58, www.portogtruaroturismo.it

corso Martiri della Libertà★★ – Municipio★

La Meridiana senza rist

via Diaz 5 – ✆ 04 21 76 02 50 – www.albergolameridiana.net – Chiuso 22-30 dicembre

13 cam – †67 € ††90 €

Villino di fine '800 che sorge proprio di fronte alla stazione; una comoda risorsa, con poche camere, accoglienti e personalizzate. Familiare, piccolo e curato.

PORTOMAGGIORE – Ferrara (FE) – 562 H17 – 12 445 ab. – alt. 3 m – ✉ 44015 9 C2

▶ Roma 398 – Bologna 67 – Ferrara 25 – Ravenna 54

a Quartière Nord-Ovest : 4,5 km – ✉ 44019

La Chiocciola con cam

via Runco 94/F – ✆ 05 32 32 91 51 – www.locandalachiocciola.it – Chiuso 2 settimane in gennaio, 2 settimane in giugno e 2 settimane in settembre

6 cam – †60 € ††75 €

Rist – *(chiuso domenica sera e lunedì, anche domenica a mezzogiorno in luglio-agosto)* Carta 35/67 €

Ricavato con originalità da un vecchio magazzino di deposito del grano, il locale è curato sin nei dettagli e propone specialità locali dall'oca, alle rane e alle lumache. Sobrie e funzionali le camere.

PORTO MANTOVANO – Mantova (MN) – 561 G14 – Vedere Mantova

PORTO MAURIZIO – Imperia (IM) – 561 K6 – Vedere Imperia

PORTONOVO – Ancona (AN) – 563 L22 – Vedere Ancona Italia Centro-Nord

PORTO POTENZA PICENA – Macerata (MC) – 563 L22 – ✉ 62018 21 D2

▶ Roma 276 – Ancona 36 – Ascoli Piceno 88 – Macerata 32

i piazza Stazione 9, ✆ 0733 68 79 27, www.prolocoportopotenza.it

La Terrazza

via Rossini 86 – ✆ 07 33 68 82 08 – www.hotellaterrazza.com

21 cam – †50/58 € ††70/80 € **Rist** – *(chiuso mercoledì)* Carta 23/59 €

Entro un piacevole edificio liberty-moderno, una piccola risorsa, da poco rinnovata e a gestione familiare, in una tranquilla via interna, comunque non distante dal mare. In una bella sala dai toni eleganti proverete una rinomata cucina di pescato.

PORTO RECANATI – Macerata (MC) – 563 L22 – 12 264 ab. – ✉ 62017 21 D2

▶ Roma 292 – Ancona 29 – Ascoli Piceno 96 – Macerata 32

i corso Matteotti 111, ✆ 071 9 79 90 84, www.rivieradelconero.info

Mondial

viale Europa 2 – ✆ 07 19 79 91 69 – www.mondialhotel.com

42 cam – †55/100 € ††80/136 €

Rist – *(chiuso 20 dicembre-10 gennaio)* Carta 12/44 €

Alle porte della località, arrivando da sud, una risorsa che si mantiene costantemente aggiornata con camere spaziose, lineari ed essenziali. Ristorante al primo piano con proposte a menu fisso o à la carte.

sulla strada per Numana Nord : 4 km :

Il Brigantino rist, VISA AE

viale Ludovico Scarfiotti 10/12 – 0 71 97 66 84 – www.brigantinohotel.it

44 cam – 59/72 € 89/122 € **Rist** – Carta 21/59 €

Direttamente sul mare, con i monti del Conero che si stagliano sullo sfondo, questo albergo rinnovato in anni recenti dispone di una scenografica terrazza affacciata sul blu e belle camere (optate per quelle con vista mare). Specialità ittiche nel ristorante panoramico.

Dario VISA

via Scossicci 9 62017 – 0 71 97 66 75 – www.ristorantedario.com – Chiuso 23 dicembre-26 gennaio, domenica sera (escluso in luglio-agosto) e lunedì

Rist – Menu 38 € (pranzo in settimana)/85 € – Carta 43/75 €

Sulla spiaggia, a poche centinaia di metri dai monti del Conero, una graziosa casetta con persiane rosse: il pesce dell'Adriatico e una trentennale gestione.

PORTO ROTONDO Sardegna – Olbia-Tempio (OT) – 366 S37 – Vedere Olbia

PORTO SAN GIORGIO – Fermo (FM) – 563 M23 – 16 384 ab. 21 D2

– 63017 Italia Centro-Nord

Roma 258 – Ancona 64 – Ascoli Piceno 61 – Macerata 42

via Oberdan 6, 0734 67 84 61, www.portosangiorgio.it

David Palace VISA AE

lungomare Gramsci Sud 503 – 07 34 67 68 48 – www.hoteldavidpalace.it

50 cam – 80/120 € 120/180 €

Rist – *(chiuso 22-29 dicembre, 1°-8 gennaio e domenica sera da settembre a maggio)* Carta 28/55 €

Una collezione di radio d'epoca, autentica passione del titolare, vi darà il benvenuto in questa piacevole risorsa di fronte al porto turistico, dove troverete confortevoli camere di due tipologie (a prezzi differenti). Specialità marinare e marchigiane presso l'elegante ristorante.

Il Timone rist, VISA AE

via Kennedy 85 – 07 34 67 95 05 – www.hoteltimone.com

75 cam – 85/110 € 115/150 € **Rist** – Carta 44/76 €

Una risorsa a spiccata vocazione commerciale articolata su due corpi separati - uno dei quali rinnovato in anni recenti - dispone di camere dai moderni confort. Spaziose sale da pranzo, con proposte gastronomiche legate alla tradizione italiana.

Il Caminetto rist, cam, VISA AE

lungomare Gramsci 365 – 07 34 67 55 58 – www.hotelcaminetto.it

34 cam – 70/130 € 100/160 € **Rist** – *(chiuso lunedì)* Carta 25/60 €

Frontemare, l'esercizio è adatto per un soggiorno balneare ma anche per una clientela commerciale ed è dotato di un ascensore panoramico in vetro che conduce alle camere. Presso la capiente sala da pranzo arredata nelle calde tinte del rosa e dell'arancione, proposte di stampo nazionale e specialità ittiche.

Tentacolo N VISA AE

lungomare Gramsci 57 – 07 34 76 35 53 – www.ristorantetentacolo.it – Chiuso lunedì in inverno

Rist – Carta 33/60 €

Attinge al mare la cucina di questo locale in stile contemporaneo, luminoso ed accogliente, con terrazze vista Adriatico.

Damiani e Rossi Mare VISA

concessione 29 lungomare Gramsci – 07 34 67 44 01 – www.damianierossi.com – Chiuso gennaio, domenica sera e lunedì

Rist – Menu 30/65 € – Carta 37/64 €

Ristorante estivo del *Damiani e Rossi* posizionato proprio sulla spiaggia e sul mare: anche in questa sede la cucina propone piatti regionali, soprattutto a base di pesce.

PORTO SAN PAOLO Sardegna – Olbia-Tempio (OT) – **366** S38 **28** B1
– ✉ 07020 Vacciledi

Cagliari 268 – Nuoro 87 – Olbia 15 – Sassari 114

a Costa Dorata Sud-Est : 1,5 km – ✉ 07020 Vacciledi

Don Diego rist,
località costa Dorata – ☎ 0 78 94 00 06 – www.hoteldondiego.com
– Aperto 13 maggio-25 settembre
52 cam – †129/239 € ††160/318 € – 6 suites
Rist – Menu 35/190 € – Carta 38/102 €
Complesso di villini disseminati nel verde dagli arredi semplici e richiami sardi nei tessuti ed arredi, alcune camere con vista mare. La spiaggia è una romantica baia di fronte alla Tavolara.

PORTO SANTA MARGHERITA – Venezia (VE) – **562** F20 – Vedere Caorle

PORTO SANT'ELPIDIO – Fermo (FM) – **563** M23 – 25 684 ab. **21** D2
– ✉ 63018

Roma 265 – Ancona 53 – Ascoli Piceno 70 – Pescara 103

La Lampara
via Potenza 22 – ☎ 07 34 90 02 41 – Chiuso 1°-15 settembre e lunedì
Rist – Carta 38/54 €
A pochi passi dal mare, il ristorante consta di due salette luminose arricchite da decorazioni murali, dove scegliere tra i molti piatti, esclusivamente a base di pesce.

PORTO SANTO STEFANO – Grosseto (GR) – **563** O15 – ✉ 58019 **32** C3

Toscana

Roma 162 – Grosseto 41 – Civitavecchia 86 – Firenze 193
per l'Isola del Giglio – Toremar, call center 892 123
Maregiglio ☎0564 812920
piazzale Sant'Andrea, ☎ 0564 81 42 08, www.turismoinmaremma.it
★ dal forte aragonese

La Fontanina con cam cam,
località San Pietro, Sud : 3 km – ☎ 05 64 82 52 61 – www.lafontanina.com
– Chiuso 7 gennaio-14 febbraio, 5-30 novembre
2 cam – †70/120 € ††70/120 € **Rist** – *(chiuso mercoledì)* Carta 32/56 €
Servizio estivo sotto un pergolato: siamo in aperta campagna, attorniati da vigneti e frutteti. Solo la musica di cicale e grilli accompagna leccornie di pesce e buoni vini.

a Santa Liberata Est : 4 km – ✉ 58019

Villa Domizia
strada provinciale 161, 40 – ☎ 05 64 81 27 35 – www.villadomizia.it
– Aperto 1° aprile-31 ottobre
37 cam – †90/240 € ††108/240 € **Rist** – Carta 19/46 €
Pochi km separano la località da Orbetello e Porto Santo Stefano. Qui, una villetta proprio sul mare e una caletta privata allieteranno il vostro soggiorno. Belle camere (chiedete tuttavia quelle più nuove). Accattivante ubicazione della sala da pranzo: sarà come mangiare sospesi nell'azzurro.

a Cala Piccola Sud-Ovest : 10 km – ✉ 58019 Porto Santo Stefano

Torre di Cala Piccola
– ☎ 05 64 82 51 11 – www.torredicalapiccola.com – Aperto 1° marzo-31 ottobre
46 cam – †109/490 € ††109/490 € – 2 suites
Rist – (prenotazione obbligatoria) Carta 43/80 €
Attorno ad una torre spagnola del '500, nucleo di rustici villini nel verde di pini marittimi, oleandri e olivi su un promontorio panoramico: Giglio, Giannutri e Montecristo davanti a voi!

PORTOSCUSO – Carbonia-Iglesias (CI) – **366** L48 – Vedere Sardegna alla fine dell'elenco alfabetico

PORTOSCUSO Sardegna – Carbonia-Iglesias (CI) – **566** J7 – 5 268 ab. **28** A3 – ✉ 09010

Cagliari 77 – Oristano 119

La Ghinghetta (Gianluca e Nicola Vacca) con cam
via Cavour 26 – ✆ 07 81 50 81 43 – www.laghinghetta.com – Aperto 1° aprile-31 ottobre
8 cam – 110/130 € 150/155 €
Rist – *(chiuso domenica)* Menu 50/80 € – Carta 48/78 €
→ Spaghettoni di kamut con ragù di mare. Grigliata di pesce e crostacei su carboni ardenti. Semifreddo al torrone con frutta caramellata.
Vicino alla torre spagnola, una piccola bomboniera di cinque tavoli in un'atmosfera piacevolmente démodé. I piatti creativi si associano alla tradizionale grigliata.

PORTO TORRES Sardegna – Sassari (SS) – **366** L38 – 22 567 ab. **28** A1 – alt. 5 m – ✉ 07046 Sardegna

Cagliari 237 – Sassari 30 – Olbia 126

sulla strada statale 131 Sud-Est : 3 km :

Li Lioni
regione Li Lioni ✉ 07046 – ✆ 0 79 50 22 86 – www.lilioni.it – Chiuso mercoledì
Rist – (consigliata la prenotazione) Carta 27/41 €
Ristorante a gestione familiare dove gustare una buona e fragrante cucina casalinga realizzata a vista: piatti alla brace e specialità regionali, come i maccarrones de busa con carne di saccaya.

PORTOVENERE – La Spezia (SP) – **561** J11 – 3 906 ab. – ✉ 19025 **15** D2

Liguria

Roma 430 – La Spezia 15 – Genova 114 – Massa 47

piazza Bastreri 7, ✆ 0187 79 06 91, www.prolocoportovenere.it

Località★★

Locanda Lorena con cam
via Cavour 4, (sull'isola Palmaria) – ✆ 01 87 79 23 70 – www.locandalorena.com – Aperto 1° febbraio-30 novembre; chiuso mercoledì escluso in giugno-settembre
6 cam – 130/150 € 130/150 € **Rist** – Carta 38/70 €
Il servizio barca privato vi condurrà sull'isola Palmaria dove potrete apprezzare piatti di pesce freschissimo e soggiornare immersi nella quiete della natura.

Da Iseo N
calata Doria 9 – ✆ 01 87 79 06 10 – www.locandalorena.com – Chiuso novembre e mercoledì
Rist – Carta 33/78 €
A due passi dal mare, trattoria di lunga tradizione familiare passata di padre in figlio: la cucina esprime il meglio di sé nelle ricette di pesce, elaborate in modo semplice e genuino.

a Le Grazie Nord : 3 km – ✉ 19025 Le Grazie Varignano

Della Baia cam,
via lungomare Est 111 – ✆ 01 87 79 07 97 – www.baiahotel.com
34 cam – 60/90 € 100/180 € **Rist** – *(chiuso gennaio)* Carta 25/45 €
In quel gioiellino che è il porticciolo delle Grazie, con la sua tranquilla caletta e l'antico borgo, un hotel familiare dal buon confort e affaccio sul mare. Cucina di pesce e regionale nel ristorante recentemente rinnovato: luminosa veranda, che si apre quasi completamente in estate.

POSITANO – Salerno (SA) – **564** F25 – 3 983 ab. – ✉ 84017 **6** B2

Italia Centro-Sud

Roma 266 – Napoli 57 – Amalfi 17 – Salerno 42

via del Saracino 4, ✆ 089 87 50 67, www.aziendaturismopositano.it

Località★★

Vettica Maggiore : ≤★★ Sud-Est : 5 km

San Pietro cam,

via Laurito 2, Est: 2 km – ✆ 0 89 87 54 55 – www.ilsanpietro.it
– Aperto 12 aprile-27 ottobre
45 cam – 400/670 € 400/670 € – 14 suites
Rist *San Pietro* – vedere selezione ristoranti
Rist – *(solo per alloggiati)* Carta 45/80 €
E' stato definito uno degli alberghi più belli del mondo. Invisibile all'esterno, si snoda in un promontorio affacciato su Positano con cui sembra rivaleggiare in bellezza.

Le Sirenuse cam,

via Colombo 30 – ✆ 0 89 87 50 66 – www.sirenuse.it
– Aperto 1° aprile-30 ottobre
59 cam – 385/1375 € 385/1375 € – 2 suites
Rist *La Sponda* – vedere selezione ristoranti
Rist *Oyster e Champagne bar* – *(aperto 1° giugno-30 settembre) (solo a cena)* Carta 57/80 €
Nel centro della località, un'antica dimora patrizia trasformata in raffinato e storico hotel negli anni '50: terrazza panoramica con piscina riscaldata e charme, ovunque. Due terrazze estive per finger-food, sushi e tante bollicine all'*Oyster e Champagne bar*.

Covo dei Saraceni rist,

via Regina Giovanna 5 – ✆ 0 89 87 54 00 – www.covodeisaraceni.it
– Aperto 29 marzo-26 ottobre
66 cam – 248/296 € 264/296 €
Rist – (consigliata la prenotazione) Carta 45/96 €
Un'antica casa di pescatori, al limitar del mare, legata alla saga saracena: oggi, elegante hotel con angoli signorili e ottimo servizio. All'ultimo piano, la terrazza con piscina. Da sogno! Indimenticabili pasti all'aperto avvolti dalla brezza marina sotto il pergolato.

Le Agavi

via Marconi 127, località Belvedere Fornillo – ✆ 0 89 87 57 33 – www.agavi.it
– Aperto 23 aprile-21 ottobre
48 cam – 300/530 € 320/550 € – 5 suites **Rist** – Carta 48/105 €
Poco fuori Positano, lungo la Costiera, una serie di terrazze digradanti sino al mare, dove si scende con ascensori e funicolare in una riuscita sintesi tra elegante confort e natura. La vista? Mozzafiato! Sala da pranzo dalle tonalità mediterranee e ristorante estivo in spiaggia.

Palazzo Murat

via dei Mulini 23 – ✆ 0 89 87 51 77 – www.palazzomurat.it
– Aperto 27 marzo-17 novembre
31 cam – 175/505 € 175/505 € – 2 suites
Rist *Al Palazzo* – vedere selezione ristoranti
Barocco napoletano in questo bel palazzo dotato di splendida terrazza-giardino, scelto da Murat quale dimora estiva. Charme tra gli scorci suggestivi nel cuore del borgo antico e camere incantevoli.

Villa Franca

viale Pasitea 318 – ✆ 0 89 87 56 55 – www.villafrancahotel.it
37 cam – 140/430 € 160/450 €
Rist *Li Galli* – vedere selezione ristoranti
Nella parte alta della località, tripudio di bianco, di blu, di giallo, di luce che penetra ovunque: un'ambientazione molto elegante e una terrazza panoramica con piscina.

Poseidon cam,

via Pasitea 148 – ✆ 0 89 81 11 11 – www.hotelposeidonpositano.it
– Aperto 5 aprile-30 ottobre
48 cam – 280/350 € 280/350 € – 4 suites **Rist** – Carta 37/114 €
Tipicamente mediterranea questa casa anni Cinquanta, sorta come abitazione e successivamente trasformata in hotel, dispone di un'ampia e panoramica terrazza-giardino con piscina.

Eden Roc

via G. Marconi 110 – ✆ 0 89 87 58 44 – www.edenroc.it
– Aperto 1° marzo-30 novembre
25 cam – 100/330 € 120/380 € – 19 suites
Rist – Menu 45 € – Carta 36/72 €
Uno dei primi alberghi che si incontrano provenendo da Amalfi. Il servizio è di buon livello e le camere, quasi tutte junior-suite, brillano per dimensioni, raffinatezza e confort. Pasti al ristorante o sulla terrazza con piscina e vista sulla costa.

Marincanto senza rist

via Colombo 50 – ✆ 0 89 87 51 30 – www.marincanto.it
– Aperto 5 aprile-1° novembre
32 cam – 150/200 € 170/220 € – 2 suites
Completamente restaurato qualche anno fa, elegante hotel con bella terrazza-giardino; invitanti poltrone bianche nella hall, arredi stile mediterraneo, camere con vista mare.

Posa Posa

rist,

viale Pasitea 165 – ✆ 08 98 12 23 77 – www.hotelposaposa.com
– Chiuso 6 gennaio-6 marzo
24 cam – 120/290 € 135/535 €
Rist – *(aperto 1° aprile-31 ottobre)* Carta 31/73 € (+10 %)
Delizioso edificio a terrazze nel tipico stile di Positano, con una splendida veduta del mare e della località; arredi in stile nelle camere, dotate di ogni confort. All'ultimo piano, il bel ristorante: il panorama? Ça va sans dire.

Buca di Bacco

via rampa Teglia 4 – ✆ 0 89 87 56 99 – www.bucadibacco.it
– Aperto 1° aprile-31 ottobre
47 cam – 210/250 € 260/300 €
Rist *Buca di Bacco* – vedere selezione ristoranti
Da un'originaria taverna - sorta ai primi del '900 come covo di artisti - un hotel creato da tre corpi collegati, estesi dalla piazzetta alla spiaggia. Il buon livello di confort non risparmia le camere.

Miramare senza rist

via Trara Genoino 27 – ✆ 0 89 87 50 02 – www.miramarepositano.it
– Aperto 1° aprile-31 ottobre
15 cam – 150/175 € 195/295 € – 1 suite
Una bella struttura raggiungibile solo a piedi: una casa arancione che spicca sullo sfondo di questa bianca località. Affacciato sulla scogliera, l'albergo nasce nel dopoguerra: classica architettura a terrazze con camere in stile ed un'originale sala colazioni a veranda, il cui soffitto è rallegrato da tralci di bouganville insinuatisi nel tempo al suo interno.

Punta Regina senza rist

viale Pasitea 224 – ✆ 0 89 81 20 20 – www.puntaregina.com
– Aperto 1° aprile-30 novembre
16 cam – 160/280 € 180/310 € – 2 suites
Una ristrutturazione in anni recenti ha reso questa risorsa ancora più lussuosa ed intrigante: camere dalle dimensioni generose, alcune dotate di jacuzzi e di belle terrazze ombreggiate, nonché ambienti comuni curatissimi.

Savoia senza rist

via Colombo 73 – ✆ 0 89 87 50 03 – www.savoiapositano.it
– Aperto 2 marzo-6 novembre
38 cam – 50/90 € 100/170 € – 1 suite
Tipica costruzione locale, con pavimenti in maiolica (il disegno per la sala colazioni è unico) e soffittature costituite da volte a cupola. Una gestione piacevolmente familiare, per vivere il cuore di Positano.

Montemare

viale Pasitea 119 – ✆ 0 89 87 50 10 – www.hotelmontemare.it
– Aperto 1° aprile-31 ottobre
23 cam – 130/155 € 170/230 € – 2 suites
Rist *Il Capitano* – Carta 33/70 €
Squisita gestione familiare in ambienti semplici, essenziali, funzionali: le camere sono accoglienti, dalla terrazza la vista spazia su mare e costa.

Royal Prisco senza rist
viale Pasitea 102 – ✆ 08 98 12 20 22 – www.royalprisco.com – Aperto 1° aprile-10 novembre
13 cam ☕ – 🚹100/150 € 🚹🚹150/230 € – 2 suites
Giovane gestione per questo piccolo, ma grazioso hotel: un imponente scalone conduce alle spaziose camere, dove vi sarà anche servita la prima colazione.

Reginella senza rist
via Pasitea 154 – ✆ 0 89 87 53 24 – www.reginellahotel.it – Aperto 16 marzo-3 novembre
12 cam ☕ – 🚹100/150 € 🚹🚹110/180 €
Bella vista di mare e costa da un hotel a gestione diretta, con camere semplici, ma ampie, tutte rivolte verso il mare; un'offerta più che dignitosa a un prezzo interessante.

Casa Albertina senza rist
via della Tavolozza 3 – ✆ 0 89 87 51 43 – www.casalbertina.it
20 cam ☕ – 🚹90/150 € 🚹🚹140/250 €
Sul percorso della mitica Scalinatella, che da Punta Reginella conduce alla parte alta della località, una tipica dimora positanese: intima, quieta, di familiare eleganza. E per gli estimatori di Pirandello, vi consigliamo la camera un tempo dimora dello scrittore durante i suoi soggiorni nella "perla della costiera".

Villa Rosa senza rist
via Colombo 127 – ✆ 0 89 81 19 55 – www.villarosapositano.it – Aperto 1° aprile-31 ottobre
12 cam ☕ – 🚹165/195 € 🚹🚹165/195 €
Bella villa a terrazze digradanti verso il mare, nel tipico stile di Positano: le camere hanno piacevoli arredi chiari (alcuni dipinti dalla proprietaria) ed enormi terrazze con vista da sogno.

Villa La Tartana senza rist
vicolo Vito Savino 4/8 – ✆ 0 89 81 21 93 – www.villalatartana.it – Aperto 1° aprile-31 ottobre
9 cam ☕ – 🚹170/200 € 🚹🚹170/200 €
A due passi dalla spiaggia e al tempo stesso nel centro della località, bianca struttura dai "freschi" interni nei colori chiari e mediterranei. Piacevoli e ariose le camere, dove vi serviranno anche la prima colazione.

La Fenice senza rist
via Marconi 8, Est : 1 km – ✆ 0 89 87 55 13 – www.lafenicepositano.com
12 cam ☕ – 🚹90/140 € 🚹🚹140/180 €
Due ville distinte - una ottocentesca, l'altra d'inizio '900 - impreziosite dalla flora mediterranea che fa del giardino un piccolo orto botanico. La semplicità delle camere non le priva di personalità...Cento gradini per raggiungere il mare.

La Sponda – Hotel Le Sirenuse
via Colombo 30 – ✆ 0 89 87 50 66 – www.sirenuse.it – Aperto 1° aprile-30 ottobre
Rist – (consigliata la prenotazione) Menu 100 € (cena) – Carta 81/158 €
→ Spaghettoni con cannolicchi, biscotto di Agerola, capperi e colatura di alici. Casseruola di pesce di scoglio, crostacei, frutti di mare e salsa al corallo. Babà al cioccolato con gelatina al rhum e schiuma di latte al cardamomo.
Cena a lume di candela e sapori mediterranei: Matteo, lo chef, dopo un'esperienza significativa presso il famoso Don Alfonso 1890, è venuto qui con il suo ricco bagaglio di conoscenza e ha dato vita ad un menu di ricette semplici - ispirate alla tradizione napoletana - elaborando i migliori prodotti locali.

San Pietro – Hotel San Pietro
via Laurito 2, Est: 2 km – ✆ 0 89 87 54 55 – www.ilsanpietro.it – Aperto 12 aprile-27 ottobre
Rist – (consigliata la prenotazione) Carta 63/119 € (+15 %)
→ Paccheri con patelle (molluschi), scuncilli (frutti di mare), calamaretti. Spigola alla menta piperita, zucchine e vinaigrette tiepida al rhum. Babà con lamponi, litchi e crema alle rose.
La cucina campana, una tra le più seducenti d'Italia, viene qui proposta creativamente con tutta la forza dei suoi colori e sapori. Il sogno diventa realtà grazie alla terrazza affacciata sul mare.

XXX **Al Palazzo** – Hotel Palazzo Murat
via Dei Mulini 23/25 – ✆ 0 89 87 51 77 – www.ristorantealpalazzo.it – Aperto 1° aprile-9 novembre
Rist – *(solo a cena)* Menu 50/90 € – Carta 41/96 €
Prelibati piatti - sia di mare sia di terra - da assaporare all'aperto in un piccolo angolo di paradiso: un incantevole giardino botanico nella corte del palazzo. All'interno, piccole ed eleganti salette per romantiche cene.

XXX **Li Galli** – Hotel Villa Franca
viale Pasitea 318 – ✆ 0 89 87 56 55 – www.villafrancahotel.it – Aperto 2 aprile-31 ottobre
Rist – Carta 32/89 €
La saletta à la carte di questo elegante e suggestivo ristorante è una terrazza cinta da cristalli: di fronte a voi, gli isolotti che danno il nome al locale. Cucina mediterranea in chiave moderna.

XX **Le Terrazze**
via Grotte dell'Incanto 51 – ✆ 0 89 87 58 74 – www.leterrazzerestaurant.it – Aperto 1° maggio-31 ottobre
Rist – *(solo a cena)* (consigliata la prenotazione) Menu 49/80 € – Carta 35/81 € (+15 %)
Ristorante in incantevole posizione sul mare; all'ingresso elegante wine bar, al primo piano due sale con vista su Praiano e Positano; suggestiva cantina scavata nella roccia.

XX **Buca di Bacco** – Hotel Buca di Bacco
via rampa Teglia 4 – ✆ 0 89 87 56 99 – www.bucadibacco.it – Aperto 1° aprile-31 ottobre
Rist – Carta 34/87 €
Piatti campani ed un trionfo di pesce per questo storico locale che ha più di un secolo di vita. Passando nella via, gettate l'occhio - attraverso la grande vetrata – sulla cucina, ed accomodatevi nella veranda affacciata sulla Spiaggia Grande: uno dei punti più animati della "città romantica".

XX **Next2**
via Pasitea 242 – ✆ 08 98 12 35 16 – www.next2.it – Aperto 1° aprile-31 ottobre
Rist – *(solo a cena)* Carta 40/67 €
Lungo la strada che attraversa il paese, è un susseguirsi di vari locali, ma noi vi suggeriamo di fermarvi qui: in questo moderno ristorante (piacevole anche per il dopocena) con una bella zona all'aperto, cucina a vista e saletta "enoteca" per un ambiente più informale. Specialità di mare.

X **Da Vincenzo**
viale Pasitea 172/178 – ✆ 0 89 87 51 28 – www.davincenzo.it – Aperto 1° marzo-30 novembre; chiuso martedì a mezzogiorno
Rist – Carta 37/72 €
Nonno Vincenzo fondò il locale oltre 50 anni fa ed, oggi, l'omonimo nipote ne ha preso il timone. I piatti in menu, pur variando a seconda della disponibilità del mercato e del pescato, mantengono sempre quella inconfondibile impronta casareccia di un tempo.

X **La Cambusa**
piazza Vespucci 4 – ✆ 0 89 81 20 51 – www.lacambusapositano.com – Chiuso 6 gennaio-28 febbraio
Rist – Carta 31/91 € (+10 %)
Nel cuore di Positano, nella piazzetta di fronte alla spiaggia, una specie di terrazza-veranda, un ambiente di sobria classicità; per gustare piatti legati al territorio.

POSTA FIBRENO – **Frosinone (FR)** – **563** Q23 – **1 216 ab.** – **alt. 430 m** **13** D2 – ✉ **03030**
▶ Roma 121 – Frosinone 40 – Avezzano 51 – Latina 91

sulla strada statale 627 Ovest : 4 km :

XXX **Il Mantova del Lago**

località La Pesca 9 ✉ 03030 – ☎ 07 76 88 73 44 – www.ilmantovadellago.it – Chiuso 3 settimane in novembre, 11-17 agosto, domenica sera e lunedì

Rist – Carta 34/86 €

In riva al piccolo lago, all'interno di un edificio rustico ben restaurato e cinto da un parco, un'elegante oasi di pace: soffitti decorati, sapori di pesce e di carne.

POSTAL (BURGSTALL) – Bolzano (BZ) – 562 C15 – 1 742 ab. – alt. 270 m – ✉ 39014

33 B2

Roma 658 – Bolzano 26 – Merano 11 – Milano 295

via Roma 48, ☎ 0473 56 17 70, www.lana.info

Muchele

cam, rist,

vicolo Maier 1 – ☎ 04 73 29 11 35 – www.muchele.com – Aperto 26 dicembre-10 gennaio e 25 marzo-10 novembre

36 cam – †65/75 € ††130/150 € – 2 suites **Rist** – Carta 33/63 €

In questo ameno angolo di Sud Tirolo, immerso tra le montagne e circondato da un giardino fiorito con piscina riscaldata, un bel complesso con numerose offerte sportive. Dimenticatevi dello stress nella Sensi Spa: il nome è già tutto un programma! Possibilità di assaporare le delizie culinarie dell'Alto Adige.

XX **Hidalgo**

via Roma 7, Nord : 1 km – ☎ 04 73 29 22 92 – www.restaurant-hidalgo.it

Rist – Carta 33/64 €

Cucina in prevalenza di tradizione mediterranea con tanta carne, anche alla griglia, ma soprattutto pesce... tra le vette dell'Alto Adige!

POTENZA P (PZ) – 564 F29 – 68 297 ab. – alt. 819 m – ✉ 85100

3 B2

Roma 363 – Bari 151 – Foggia 109 – Napoli 157

via del Gallitello 89, ☎ 0971 50 76 11, www.aptbasilicata.it

Portale★ della chiesa di San Francesco Y

Pianta pagina seguente

Grande Albergo

rist,

corso 18 Agosto 46 – ☎ 09 71 41 02 20 – www.grandealbergopotenza.it

63 cam – †80/90 € ††110 € Ya

Rist – *(solo a cena)* Carta 23/57 €

Nei pressi del centro storico (con qualche difficoltà di parcheggio, sormontabile), un grande albergo nato nel 1959, le cui camere sono state rinnovate in anni recenti; ampie e funzionali le aree comuni. Calde tonalità nell'elegante ristorante, dove gustare specialità lucane e piatti della gastronomia internazionale.

XX **Antica Osteria Marconi**

viale Marconi 235 – ☎ 0 97 15 69 00 – www.anticaosteriamarconi.it – Chiuso 15 giorni in agosto, domenica sera e lunedì Zc

Rist – Menu 18 € (pranzo)/45 € – Carta 33/59 €

In un piccolo stabile, il locale si presenta con una zona d'ingresso (che d'inverno diventa saletta) ed una sala principale, fresca ed intima, mentre la cucina è permeata da un'interessante vena creativa. Accogliente dehors.

sulla strada statale 407 Est : 4 km :

La Primula

rist,

località Bucaletto 61-62/a ✉ 85100 – ☎ 0 97 15 83 10 – www.albergolaprimula.it

46 cam – †80/90 € ††120/130 € **Rist** – *(solo a cena)* Carta 26/49 €

In posizione decentrata, a circa 5 minuti dal centro cittadino, interni personalizzati e piacevoli esterni, dove spicca la grande piscina nel bel mezzo di un curato giardino. Nel ristorante intimo e curato sono di casa i sapori locali.

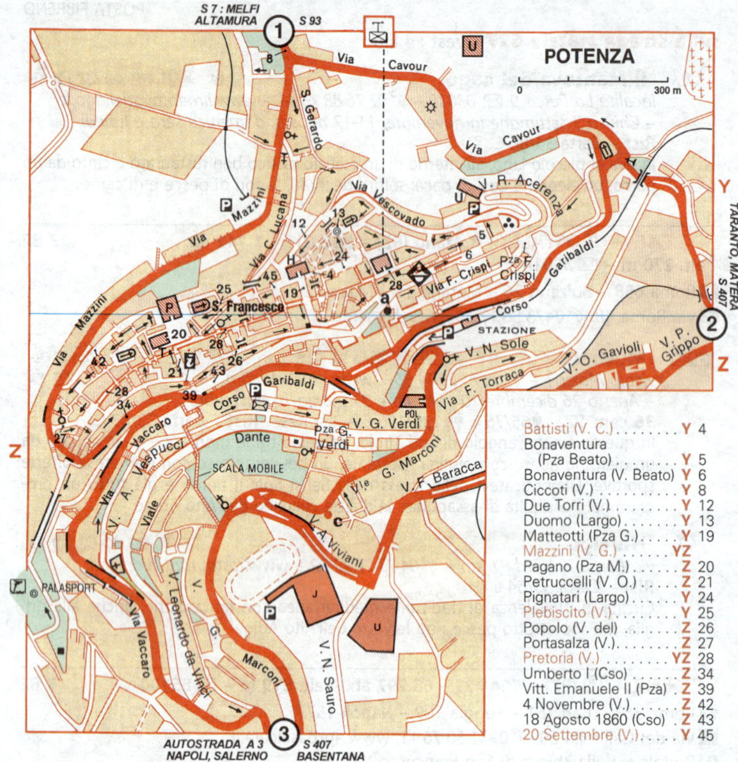

POVE DEL GRAPPA – Vicenza (VI) – 562 E17 – 3 144 ab. – alt. 163 m 39 B2 – ✉ 36020

▶ Roma 536 – Padova 50 – Belluno 69 – Treviso 51

Miramonti

via Marconi 1 – ✆ 04 24 55 01 86 – www.miramontihotel.net

15 cam – †50/70 € ††70/110 € – 1 suite

Rist *Mì* – ✆ 0 42 48 06 97 *(chiuso domenica) (solo a cena)* Menu 18/30 € – Carta 22/64 €

Camere di buon tono, con arredi e bagni del tutto nuovi, tranquille e silenziose. Zona comune "alla vecchia maniera" con un bar pubblico frequentato da avventori abituali. I pasti sono serviti nella sala interna e nel nuovo spazio all'aperto.

POZZA DI FASSA – Trento (TN) – 562 C17 – 2 110 ab. – alt. 1 325 m 34 C2 – Sport invernali : 1 320/2 354 m 1 4 (Comprensorio Dolomiti superski Val di Fassa) – ✉ 38036

▶ Roma 677 – Bolzano 40 – Canazei 10 – Milano 335

i piaza de Comun 2, ✆ 0462 60 96 70, www.fassa.com

Ladinia

strada de Chieva 2 – ✆ 04 62 76 42 01 – www.hotelladinia.com – Aperto 7 dicembre-14 aprile e 16 giugno-24 settembre

40 cam – †85/160 € ††100/280 € – 10 suites **Rist** – Carta 28/37 €

Tipica struttura montana in posizione centrale, l'albergo offre svariati serivizi e diverse tipologie di camere: ottima soluzione per soggiorni familiari. La cucina con serate tematiche è uno dei punti di forza della casa.

Sport Hotel Majarè

strada De Sot Comedon 51 – 📞 04 62 76 47 60 – www.hotelmajare.com – Aperto 6 dicembre-14 aprile e 11 giugno-19 ottobre

33 cam – solo ½ P 50/75 € **Rist** – Carta 30/40 €

A soli 100 m dagli impianti di risalita del Buffaure, risorsa a gestione familiare, offre ambienti ispirati alla tradizione tirolese. Piccolo e accogliente centro benessere. Caldo legno avvolge pareti e soffitto della grande sala ristorante.

René

strada de la Veish 69 – 📞 04 62 76 42 58 – www.hotelrene.com – Aperto 6 dicembre-9 aprile e 10 giugno-24 settembre

35 cam – †45/75 € ††80/120 € – 5 suites **Rist** – Menu 16 €

Gestione familiare in una zona tranquilla, ma ancora centrale, per un'accogliente struttura con camere ben tenute ed una new entry dal nome promettente: il centro benessere La Carezza. Indimenticabile la piscina sotto un cono di vetro. Al ristorante, piatti regionali e nazionali.

Touring

cam, rist,

Troi de Vich 72, Sud : 2 km – 📞 04 62 76 32 68 – www.touringhotel.info – Aperto 1° dicembre-9 aprile e 21 maggio-30 settembre

27 cam – †50/100 € ††70/160 € **Rist** – *(solo per alloggiati)* Menu 20 €

E' l'albergo ideale per partire in vacanza con la famiglia: gestione cordiale (e paziente con i piccoli ospiti), piacevoli spazi comuni e camere semplici, ma confortevoli. Interessante rapporto qualità/prezzo.

El Filò

strada Dolomites 103 – 📞 04 62 76 32 10 – www.el-filo.com – Chiuso 20 giorni in giugno, 20 giorni in ottobre, giovedì a mezzogiorno e mercoledì

Rist – (consigliata la prenotazione) Carta 27/60 €

Tappa imperdibile per chi vuole completare la vacanza con una conoscenza anche gastronomica delle Dolomiti, El Filo' propone prodotti e piatti della regione, talvolta rivisitati dal giovane cuoco.

a Pera **Nord : 1 km – ✉ 38036 Pera Di Fassa**

Soreje

rist,

strada Dolomites 167 – 📞 04 62 76 48 82 – www.soreie.com – Chiuso 7 aprile-15 giugno e 1° ottobre-15 dicembre

21 cam – †60/80 € ††90/120 € **Rist** – Menu 18/30 €

Balconi in legno e decori in facciata per quest'hotel a gestione familiare, ubicato in una piccola frazione lungo la statale; bell'angolo soggiorno dotato di stube. Prenotate una delle camere ladine con gli originali arredi dipinti!

POZZO – Arezzo (AR) – 563 M17 – Vedere Foiano della Chiana

POZZOLENGO – Brescia (BS) – 561 F13 – 3 436 ab. – alt. 135 m 17 D1 – ✉ 25010

Roma 502 – Brescia 43 – Milano 130 – Padova 116

Chervò San Vigilio località San Vigiglio, 030 91801, www.chervogolfsanvigilio.it

Moscatello Muliner con cam

cam, rist,

località Moscatello 3/5, Sud-Est : 2,5 km – 📞 0 30 91 85 21 – www.agriturismomoscatello.it – Chiuso 9-30 gennaio

13 cam – †50/85 € ††70/100 €, 6 €

Rist – *(chiuso martedì)* (consigliata la prenotazione) Menu 30 € (pranzo)/50 € – Carta 28/56 €

All'interno di una vasta proprietà agricola, in un bucolico contesto, una macina per il grano dei primi '900 campeggia al centro di questo piacevole ristorante. Il menu "sposa" la tradizione con piatti regionali, a prezzi contenuti.

Antica Locanda del Contrabbandiere con cam

località Martelosio di Sopra 1, Est : 1,5 km cam,

– ✆ 0 30 91 81 51 – www.locandadelcontrabbandiere.com

– Chiuso 10-30 gennaio

3 cam – 80/100 € 100/125 € – 1 suite

Rist – *(chiuso lunedì) (solo a cena)* (consigliata la prenotazione) Carta 27/53 €

Fuori lo spettacolo di un tramonto in aperta campagna; dentro due semplici e intime salette. I piatti del giorno sono quelli consegnati dalla tradizione. Fatevi consigliare dallo chef per comporre il menù. Per chi desidera gustare più a lungo la bellezza del posto, camere d'atmosfera arredate con mobili d'epoca.

POZZOLO FORMIGARO – Alessandria (AL) – 561 H8 – 4 886 ab. – alt. 171 m – ✉ 15068 23 C3

Roma 571 – Torino 115 – Alessandria 21 – Genova 66

Locanda dei Narcisi

strada Barbotti 1, località Bettole, Nord-Est: 4 km – ✆ 01 43 31 98 22

– www.lalocandadeinarcisi.it – Chiuso lunedì

Rist – (consigliata la prenotazione) Menu 35 € – Carta 36/88 €

Un "gioiellino" di locale in una piccola frazione. Ambiente curato e romantico, dove sfiziosI piatti di mare (e qualche specialità del territorio) vengono proposti in chiave moderna. Qui si fa tutto in casa: dal buon pane, alle paste, passando per le verdure dell'orto.

POZZUOLI – Napoli (NA) – 564 E24 – 83 459 ab. – ✉ 80078 6 A2

Italia Centro-Sud

Roma 235 – Napoli 16 – Caserta 48 – Formia 74

per Procida ed Ischia – Caremar, call center 892 123

Medmar 081 3334411

largo Matteotti 1/a, ✆ 081 5 26 66 39, www.comune.pozzuoli.na.it/

Anfiteatro★★ – Tempio di Serapide★ – Tempio di Augusto★ – Solfatara★★ Nord-Est : 2 km

Rovine di Cuma★ : Acropoli★★, Arco Felice★ Nord-Ovest : 6 km – Lago d'Averno★ Nord-Ovest : 7 km – Campi Flegrei★★ Sud-Ovest per la strada costiera – Isola d'Ischia★★★ e Isola di Procida★

Tiro a Volo senza rist

via San Gennaro 69/A, Est : 3 km – ✆ 08 15 70 45 40 – www.hoteltiroavolo.it

25 cam – 50/60 € 70/80 €

Il "tiro" al quale ci si esercitava in quest'area, poco distante dall'area archeologica dei Campi Flegrei, era quello del piccione. Oggi, vi sorge un albergo confortevole e tranquillo.

Baia Marinella (N)

via Napoli 4 – ✆ 08 18 53 13 21 – www.baiamarinella.it – Chiuso domenica sera e martedì in inverno

Rist – Carta 37/76 €

Cucina di mare in un locale dalla strepitosa posizione a strapiombo sulla costa: la vista del golfo è mozzafiato ed i clienti possono approfittare di un solarium, nonché di discesa a mare.

Ludovico (N)

via Roma 15/19 – ✆ 08 15 26 82 55 – Chiuso 24-31 dicembre, domenica sera in giugno-settembre, anche lunedì negli altri mesi

Rist – Carta 40/55 €

Un piacevole ristorante affacciato sul porto, che punta sulla qualità del pescato in preparazioni semplici: crudo di mare, paste e zuppa di pesce tra i piatti più riusciti.

a Lucrino Ovest : 2 km – ✉ 80078

Villa Luisa senza rist

via Tripergola 50 – ✆ 08 18 04 28 70 – www.villaluisaresort.it

37 cam – 65/90 € 90/120 €

Oasi di ristoro incastonata tra le terme romane neroniane e il lago d'Averno, la villa propone camere arredate in legno chiaro, molte con terrazza, e un piccolo gradevole centro benessere.

a Cuma Nord-Ovest : 10 km – ✉ 80070

Villa Giulia rist,
via Cuma Licola 178 – ✆ 08 18 54 01 63 – www.villagiulia.info
6 cam – 70/100 € 90/140 €
Rist – (prenotazione obbligatoria) *(solo per alloggiati)* Menu 25/35 €
Villa settecentesca in tufo circondata da un delizioso giardino mediterraneo. All'interno, arredi ricercati, materiali di pregio e una gentilissima titolare seguita da una muta di splendidi Siberian Husky.

PRADELLA – Bergamo (BG) – Vedere Schilpario

PRADIPOZZO – Venezia (VE) – 562 E20 – ✉ 30020 — 40 D2

Roma 587 – Udine 56 – Venezia 63 – Milano 328

Tavernetta del Tocai
via Fornace 93 – ✆ 04 21 20 47 06 – ristorantetavernettadeltocai.it
– Chiuso 1°-23 agosto, domenica sera e lunedì
Rist – Menu 25 € (in settimana)/45 € – Carta 26/49 €
Faraona arrosto in salsa peverada, piatti stagionali e grigliate di carne, in un ristorante-enoteca dall'atmosfera rustica e semplice, caratterizzato dal tipico fogolar.

PRAIA A MARE – Cosenza (CS) – 564 H29 – 6 802 ab. – ✉ 87028 — 5 A1

Italia Centro-Sud

Roma 417 – Cosenza 100 – Napoli 211 – Potenza 139

Golfo di Policastro★★ Nord per la strada costiera

sulla strada statale 18 Sud-Est : 3 km :

New Hotel Blu Eden
località Foresta ✉ 87028 – ✆ 09 85 77 91 74 – www.blueden.it
16 cam – 47/85 € 60/93 €, 5 €
Rist – *(solo per alloggiati)* Carta 13/29 €
Simpatica gestione familiare per un hotel in posizione defilata con camere linde, alcune dotate di grandi terrazzi. Spazi comuni arriosi. La zona ristorante, con ambienti moderni e luminosi, si apre sul blu del Tirreno.

PRAIANO – Salerno (SA) – 564 F25 – 2 081 ab. – ✉ 84010 — 6 B2

Italia Centro-Sud

Roma 274 – Napoli 64 – Amalfi 9 – Salerno 34

Tramonto d'Oro rist,
via Gennaro Capriglione 119 – ✆ 0 89 87 49 55 – www.tramontodoro.it
– Aperto 27 aprile-26 ottobre
40 cam – 70/200 € 110/300 € **Rist** – Carta 34/71 €
Un hotel dal nome già indicativo sulla possibilità di godere di suggestivi tramonti dalla bella terrazza-solarium con piscina; una costruzione mediterranea confortevole. Due ampie sale ristorante al piano terra.

Onda Verde
via Terra Mare 3 – ✆ 0 89 87 41 43 – www.ondaverde.it
– Aperto 1° aprile-31 ottobre
25 cam – 100/180 € 110/230 € **Rist** – Carta 25/40 € (+15 %)
Poco fuori dalla località, lungo la costa, ubicazione tranquilla e suggestiva, per una struttura le cui camere sono state recentemente rinnovate con buon gusto e ricercatezza. La sala ristorante offre una vista mozzafiato a strapiombo sugli scogli ed una cucina casalinga dai sapori del mare.

Margherita cam,
via Umberto I 70 – ✆ 0 89 87 46 28 – www.hotelmargherita.info
– Aperto 1° marzo-30 novembre
28 cam – 70/140 € 99/180 €
Rist *M' Ama* – Carta 27/53 €
Struttura a circa 1 km dalla costa - da sempre di famiglia - oggi gestita dalla nuova generazione: il reparto notte è già stato rimodernato, così come le terrazze all'aperto. Ottima sosta gastronomica al ristorante, dove dominano i sapori della costiera.

sulla costiera amalfitana Ovest : 2 km :

Casa Angelina
via Capriglione 147 – 08 98 13 13 33 – www.casangelina.it
– Aperto 1° maggio-31 dicembre
41 cam – †215/315 € ††505/685 €, 25 €
Rist *Un Piano nel Cielo* – Carta 56/145 €
E' il bianco a prevalere in questa raffinata struttura, forse una delle più belle della costiera, dove nella hall trovano ospitalità opere di artisti famosi. Elementi di design e materiali pregiati conferiscono alle camere la vera cifra del lusso, mentre il nome del ristorante è presagio della vista mozzafiato che offrirà. Cucina mediterranea.

Tritone rist,
via Campo 5 84010 – 0 89 87 43 33 – www.tritone.it
– Aperto 22 aprile-22 ottobre
57 cam – †200/300 € ††200/300 € – 3 suites **Rist** – Carta 33/87 €
Aggrappato alla scogliera, oltre all'ascensore c'è un sinuoso e ripido camminamento adatto solo ai più sportivi, in fondo la piscina ed una "spiaggia" ricavata fra gli scogli. Capiente sala da pranzo e servizio ristorante in terrazza, a picco sulla Costiera.

PRALBOINO – Brescia (BS) – 561 I8 – 2 981 ab. – alt. 47 m – 25020 17 C3

Roma 550 – Brescia 44 – Cremona 24 – Mantova 61

Leon d'Oro (Alfonso Pepe)
via Gambara 6 – 0 30 95 41 56 – www.locandaleondoro.it – Chiuso 10 giorni in gennaio, agosto, domenica sera e lunedì
Rist – Menu 35/85 € – Carta 65/110 €
→ Tortelli di zucca alla pralboinese. Filetto di maialino caramellato. Sorbetto di mela e Calvados.
Ospitato in un bel caseggiatto rustico in centro paese, caldi ambienti in legno con camino e una simpatica carta che propone piatti creativi a prevalenza di pesce.

PRATA DI PORDENONE – Pordenone (PN) – 562 E19 – 8 569 ab. – alt. 18 m – 33080 10 A3

Roma 614 – Trieste 122 – Pordenone 11 – Venezia 92

Aqua
via Opitergina 47 – 04 34 62 19 16 – www.aquaristorante.it
– Chiuso 15-31 agosto, sabato a mezzogiorno e domenica
Rist – Menu 35/60 € – Carta 34/66 €
Interni moderni e alla moda, per un locale che propone una cucina fantasiosa e curata, prevalentemente a base di pesce. A mezzogiorno: un menu più ridotto e veloce (con prezzi contenuti).

PRATI / WIESEN – Bolzano (BZ) – Vedere Vipiteno

PRATO P (PO) – 563 K15 – 188 011 ab. – alt. 61 m – 59100 32 C1

Toscana

Roma 293 – Firenze 17 – Bologna 99 – Milano 293

piazza del Duomo 8, 0574 2 41 12, www.pratoturismo.it

Le Pavionere via Traversa il Crocifisso snc, 0574 620855, www.golfclublepavonerie.com – chiuso lunedì

Duomo★ : affreschi★★ dell'abside (Banchetto di Erode★★★) e pulpito★– Palazzo Pretorio★: collezione di polittici★ – Affreschi★ nella chiesa di San Francesco **D** – Pannelli★e arcate★ del chiostrino al museo dell'Opera del Duomo **M**

Art Hotel Museo
viale della Repubblica 289, per viale Monte Grappa – 05 74 57 87
– www.arthotel.it
106 cam – †70/200 € ††80/250 €
Rist *Art Restaurant* – vedere selezione ristoranti
Situato vicino al Museo d'Arte Contemporanea Luigi Pecci, la struttura offre ampi spazi comuni e camere moderne dotate di ogni confort. Bella piscina all'aperto ed attrezzato centro congressi.

Wall Art

viale della Repubblica 8, per viale Monte Grappa – ✆ 05 74 59 66 00
– www.wallart.it
94 cam ☕ – 🚹60/120 € 🚹🚹70/180 € – 5 suites
Rist – *(solo a cena) (solo per alloggiati)*
Appena fuori dal centro, questa moderna struttura non solo ospita camere generose nelle dimensioni e appartamenti confortevoli, ma anche un'interessante collezione privata di quadri contemporanei. Per un soggiorno nell'arte.

Datini

viale Marconi 80, per viale Monte Grappa – ✆ 05 74 56 23 48
– www.hoteldatini.com
80 cam ☕ – 🚹70/190 € 🚹🚹80/190 €
Rist *Salomè* – vedere selezione ristoranti
In prossimità dell'uscita autostradale, l'hotel è ideale per una clientela business: camere confortevoli, ampi spazi per convegni ed una piccola palestra.

Art Hotel Milano senza rist

via Tiziano 15 – ✆ 0 57 42 33 71 – www.arthotel-milano.it **d**
70 cam ☕ – 🚹65/110 € 🚹🚹88/160 €
Nei pressi della stazione centrale e delle mura cittadine, comode sale e confortevoli camere, nonché cordiale attenzione al cliente.

Charme Hotel rist,
via delle Badie 228/230, per via Roma – ☎ 05 74 55 05 41 – www.charmehotel.it
72 cam – 70/100 € 90/120 €
Rist – *(chiuso sabato e domenica) (solo a cena) (solo per alloggiati)*
Carta 23/42 €
In zona residenziale e periferica, un albergo moderno che propone la funzionalità richiesta dalla clientela commerciale ed ambienti ben rifiniti, se non eleganti. Ampia ed attrezzata palestra.

San Marco senza rist
piazza San Marco 48 – ☎ 0 57 42 13 21 – www.hotelsanmarcoprato.com
40 cam – 60/70 € 85/95 € **v**
Ubicato in pieno centro, piccolo hotel a conduzione diretta con camere comode e confortevoli, in parte rinnovate.

Giardino senza rist
via Magnolfi 4 – ☎ 05 74 60 65 88 – www.giardinohotel.com **f**
28 cam – 50/70 € 90/110 €
In pieno centro - tra la stazione e piazza del Duomo - questo albergo a conduzione familiare propone spazi comuni di ridotte dimensioni, ma camere piacevolmente confortevoli.

Art Restaurant – Art Hotel Museo
viale della Repubblica 289, per viale Monte Grappa – ☎ 05 74 57 87 – www.arthotel.it – Chiuso agosto e domenica
Rist – Carta 33/60 €
In pochi ristoranti i prodotti del mare e della terra si trovano in così perfetto equilibrio come qui, dove i piatti di pesce sono tanto celebrati come rinomate sono le specialità di carne.

Il Piraña
via G. Valentini 110, per via Valentini – ☎ 0 57 42 57 46 – www.ristorantepirana.it – Chiuso agosto, sabato a mezzoziorno e domenica
Rist – Menu 60 € – Carta 43/84 €
Classico ristorante di pesce, non vi troverete svolazzi tecnici od invenzioni avanguardiste, ma un espositore con i prodotti del mare in preparazioni semplici, un porto sicuro per gli amanti della tradizione.

Salomè – Hotel Datini
viale Marconi 80, per viale Monte Grappa – ☎ 05 74 56 23 48 – www.hoteldatini.com – Chiuso agosto e domenica
Rist – Carta 28/39 €
Pappa col pomodoro, fusilli alla viareggina o la proverbiale fiorentina (su prenotazione, un giorno prima): in un'atmosfera di grande raffinatezza, Salomè seduce con la sua autentica cucina toscana e non più con la danza.

Tonio
piazza Mercatale 161 – ☎ 0 57 42 12 66 – www.ristorantetonio.it – Chiuso 15-29 agosto, lunedì a pranzo e domenica **b**
Rist – Menu 25/55 € – Carta 33/113 €
Più di mezzo secolo di attività nel settore della ristorazione per questo locale a conduzione familiare, dove gustare fragranti piatti di pesce.

PREDAPPIO – Forlì-Cesena (FC) – 562 J17 – 6 545 ab. – alt. 133 m – ✉ 47016 9 D2

Roma 331 – Bologna 89 – Forlì 16 – Ravenna 46

Del Moro
viale Roma 8 Predappio – ☎ 05 43 92 22 57 – www.ristorantedelmoro.it – Chiuso lunedì e martedì
Rist – Menu 26/47 € – Carta 26/39 €
Sulla via principale, in comoda posizione per quanti arrivano qui per riscoprire o curiosare nella storia del Duce, il locale propone una cucina dai sapori regionali, presentati in porzioni abbondanti.

PREDAZZO – Trento (TN) – 562 D16 – 4 537 ab. – alt. 1 018 m 34 C2

– Sport invernali : 1 018/2 415 m 7 38 (Comprensorio Dolomiti superski Val di Fiemme) – ✉ 38037

Roma 662 – Bolzano 55 – Belluno 78 – Cortina d'Ampezzo 83

via Cesare Battisti 4, ☎ 0462 50 12 37, www.visitfiemme.it

Sporthotel Sass Maor

via Marconi 4 – ☎ 04 62 50 15 38 – www.sassmaor.com
– Chiuso 10-30 novembre

27 cam – †75/120 € ††75/120 € – 3 suites **Rist** – Carta 24/42 €

Dotata di camere semplici ma confortevoli, in stile montano, e di un curato piano terra, oltre ad un comodo parcheggio privato, una risorsa davvero gradevole. Due piccole e graziose sale ristorante, una stube con legno antico.

La Berlocca (N)

via Venezia 10/a – ☎ 04 62 50 28 80 – www.laberlocca.it – Chiuso domenica e lunedì escluso 24 dicembre-15 gennaio e 20 luglio-30 agosto

Rist – *(solo a cena)* (coperti limitati, prenotare) Carta 37/51 €

Nel centro della località, una stalla ristrutturata è il regno di una cucina basata su materie prime selezionate e preparate con gusto e passione.

PREGANZIOL – Treviso (TV) – 562 F18 – 17 025 ab. – alt. 12 m 39 A1

– ✉ 31022

Roma 534 – Venezia 22 – Mestre 13 – Milano 273

Park Hotel Villa Vicini senza rist

via Terraglio 447, Sud 1 km – ☎ 04 22 33 05 80
– www.villavicini.com

38 cam – †60/120 € ††70/160 € – 1 suite

Variopinta villa ottocentesca con camere di diverse tipologie: le più tranquille si affacciano sul bel parco curato; nella *dépendance* le stanze più semplici ed economiche.

Crystal

via Baratta Nuova 1, Nord : 1 km – ☎ 04 22 63 08 13 – www.crystalhotel.it

67 cam – †50/100 € ††60/120 € – 2 suites

Rist – *(chiuso 1°-25 agosto)* Carta 18/30 €

Albergo moderno di recente realizzazione, sviluppato in orizzontale secondo un impianto con richiami ad uno stile sobrio e minimalista. Ambienti ariosi e camere lineari. Sala ristorante ampia e dalle delicate tinte pastello.

Magnolia

via Terraglio 136, Nord : 1 km – ☎ 04 22 63 31 31 – www.magnoliaristorante.com
– Chiuso 5-25 agosto, domenica sera e lunedì

Rist – Menu 20 € (pranzo in settimana)/50 € – Carta 26/61 €

Nel contesto dell'omonimo hotel, ma completamente indipendente, un ristorante a valida gestione familiare con specialità venete, soprattutto a base di pesce. Sale spaziose e curato giardino.

a San Trovaso Nord : 2 km – ✉ 31022

Sole senza rist

via Silvio Pellico 1 – ☎ 04 22 38 31 26 – www.hotelalsole.com

15 cam – †40/60 € ††50/80 €

Piccola e accogliente risorsa ubicata in periferia; recentemente ristrutturata, si presenta davvero ben tenuta e ospitale, quasi come una confortevole casa privata.

Ombre Rosse

via Franchetti 78 – ☎ 04 22 49 00 37 – www.enotecaombrerosse.it
– Chiuso domenica

Rist – *(solo a cena)* Menu 50 € – Carta 30/63 €

Nato quasi per caso dalla passione del proprietario per i vini, e divenuto prima una sorta di wine-bar, oggi, in stile "bistrot", accogliente, vanta fragranti leccornie.

PRÉ SAINT DIDIER – Aosta (AO) – **561** E2 – **992 ab. – alt. 1 014 m** **37** A2
– Stazione termale – ✉ 11010 Italia Centro-Nord

Roma 779 – Aosta 30 – Courmayeur 5 – Milano 217

piazza Vittorio Emanuele II, 15, ☎ 0165 8 78 17, www.comune.pre-saint-didier.ao.it

Pianta : vedere Courmayeur

a Palleusieux Nord : 2,5 km – alt. 1 100 m – ✉ 11010 Pré Saint Didier

Le Grand Hotel Courmaison
route Mont Blanc 28 – ☎ 01 65 83 14 00
– www.courmaison.it – Aperto 1° dicembre-31 marzo e 1° luglio-14 settembre
57 cam – 120/215 € 165/350 € – 2 suites BYf
Rist ***La Baita*** – vedere selezione ristoranti
Una struttura recente in cui la fresca aria di nuovo si è armoniosamente miscelata con la tradizione degli arredi e delle rifiniture. Grande piscina e camere ampie.

Beau Séjour
av. Dent du Géant 18 – ☎ 0 16 58 78 01 – www.hotelbeausejour.it
– Aperto 1° dicembre-1° maggio e 17 giugno-30 settembre BYZb
32 cam – 45/70 € 90/140 €
Rist – *(solo a cena nella stagione invernale)* Menu 20/30 €
Condotto, da tanti anni, dalla mano esperta di una famiglia, un hotel comodo sia per l'estate che per l'inverno, con giardino ombreggiato e bella vista sul Bianco. Accomodatevi in sala da pranzo tra legno, pietra e piatti locali.

La Baita – Le Grand Hotel Courmaison
route Mont Blanc 28 – ☎ 01 65 83 14 00 – www.courmaison.it
– Aperto 1° dicembre-31 marzo e 1° luglio-14 settembre BYf
Rist – Menu 35 € (cena)/55 € – Carta 40/58 €
Appena sopra il villaggio di Palleusieux - in posizione un po' isolata, ma questo è solo un vantaggio in termini di tranquillità - ambiente classico ed una carta dalle molteplici ispirazioni: primi piatti, carne, pesce ed un menu degustazione valdostano.

PRIOCCA D'ALBA – Cuneo (CN) – **561** H6 – **1 984 ab. – alt. 253 m** **25** C2
– ✉ 12040

Roma 631 – Torino 59 – Alessandria 56 – Asti 24

Il Centro
via Umberto I 5 – ☎ 01 73 61 61 12 – www.ristoranteilcentro.com
– Chiuso martedì
Rist – (consigliata la prenotazione) Menu 30/50 € – Carta 32/45 €
➜ Tagliolini fatti a mano. Fritto misto alla piemontese. La nostra frutta sciroppata e i nostri gelati.
Nel centro storico di un grazioso paese del Roero, qui troverete una delle più genuine espressioni della cucina piemontese. Poche rivisitazioni e ancor meno inutili artifici, ma una giurata fedeltà all'ortodossia regionale, le sue paste, le sue carni e naturalmente i suoi grandi vini.

PRIVERNO – Latina (LT) – **563** R21 – **14 369 ab. – alt. 151 m** – ✉ 04015 **13** C3
Italia Centro-Sud

Roma 104 – Frosinone 28 – Latina 28 – Napoli 163

sulla strada statale 156 Nord-Ovest : 3,5 km

Antica Osteria Fanti
località Ceriara – ☎ 33 51 63 54 90 – www.anticaosteriafanti.it
– Chiuso 25-26 dicembre, 20-30 ottobre e giovedì
Rist – Menu 35 € – Carta 28/50 € (+10 %)
Quando si dice conduzione familiare: moglie in cucina, marito e figlio ad occuparsi della sala, in un locale curato con una lista legata al territorio e attenta alle stagioni.

PROCCHIO – Livorno (LI) – **563** N12 – Vedere Elba (Isola d') : Marciana

PROCENO – Viterbo (VT) – 563 N17 – 623 ab. – ✉ 01020 12 A1

Roma 170 – Viterbo 59 – Orvieto 40 – Todi 76

Castello di Proceno

corso Regina Margherita 155 – ✆ 07 63 71 00 72 – www.castellodiproceno.it – Chiuso 8 gennaio-8 febbraio e 15 giorni in novembre

10 cam – †90/100 € ††100/200 €, ☕ 6 €

Rist ***Enoteca del Castello*** – *(chiuso lunedì e martedì) (solo a cena)* (consigliata la prenotazione) Carta 23/36 €

Ai piedi di una fortezza medievale, una risorsa carica di storia, antica e contemporanea: se gli oggetti che arredano gli ambienti parlano del tempo che fu, gli spettacoli musicali allestiti nella corte vi riporteranno al presente. Originale la tomba etrusca all'interno dell'enoteca. Cucina legata al territorio.

PROCIDA (Isola di) – Napoli (NA) – 564 E24 – 10 596 ab. – La limitazione d'accesso degli autoveicoli è regolata da norme legislative 6 A2

Italia Centro-Sud

per Napoli, per Pozzuoli ed Ischia – Caremar, call center 892 123

per Pozzuoli – Alilauro, al porto ✆ 081 5267736, Fax 081 5268411

Via Roma, ✆ 081 8 10 19 68, www.procida.net

Località★★ - Borgo medievale Terra Murata★ - Belvedere★ di Punta Pizzaco

PROCIDA (NA) – ✉ 80079 6 A2

La Suite Hotel senza rist

via Flavio Gioia 81 – ✆ 08 18 10 15 64 – www.lasuiteresort.com – Aperto 1° marzo-30 novembre

15 cam – †70/200 € ††80/300 €

In posizione isolata, è l'albergo per chi desidera una vacanza di tranquillo riposo all'interno di una villa mediterranea con camere di design moderno. Terrazza solarium panoramica, piccolo centro benessere, insalate e piatti freddi.

La Vigna senza rist

via Principessa Margherita 46 – ✆ 08 18 96 04 69 – www.albergolavigna.it

13 cam ☕ – †75/150 € ††90/180 € – 1 suite

A pochi minuti dalla baia della Corricella, si dorme in un edificio di fine '700 con ceramiche d'epoca. Spettacolare giardino-vigneto con pergolati, un eden sull'isola, nonché solarium con straordinaria vista sul Golfo.

La Casa sul Mare senza rist

via Salita Castello 13 – ✆ 08 18 96 87 99 – www.lacasasulmare.it

10 cam ☕ – †80/160 € ††90/170 €

In salita, verso l'abbazia di San Michele, camere semplicemente arredate in stile locale: tutte con una superba vista sulla baia più pittoresca dell'isola.

Caracalè

località Marina Corricella 62 – ✆ 08 18 96 91 92 – Chiuso 16 gennaio- 28 febbraio, 16 dicembre-25 dicembre e martedì escluso luglio e agosto

Rist – Menu 25/40 € (in settimana) – Carta 33/57 €

Caracalè: la "baia bella" (in greco) si arricchisce qui di bontà. All'interno di un ex deposito delle barche o d'estate all'aperto - a pochi metri dall'acqua - preparazioni semplici, ma fragranti di pesce isolano.

Gorgonia

località Marina Corricella – ✆ 08 18 10 10 60 – Aperto 1° marzo-31 ottobre; chiuso lunedì

Rist – (consigliata la prenotazione) Carta 27/59 €

Affacciato su una delle baie più romantiche d'Italia, capita ancora di vedere i pescatori cucire le reti, mentre nei piatti arriva il pesce in preparazioni classiche e fragranti.

PULA Sardegna – Cagliari (CA) – 366 P49 – 7 405 ab. – ✉ 09010 **28** B3

Sardegna

Cagliari 29 – Nuoro 210 – Olbia 314 – Oristano 122

Is Molas località Is Molas, 070 9241006, www.ismolas.it

Museo Archeologico Giovanni Patroni★★

Baia di Nora cam,

località Su Guventeddu – ✆ 07 09 24 55 51 – www.hotelbaiadinora.com – Aprile 7 aprile-31 ottobre

121 cam – 150/285 € 220/450 € – 1 suite **Rist** – Carta 26/62 €

Vicino al sito archeologico di Nora, immersa in un rigoglioso giardino mediterraneo con piscina in riva al mare, struttura di grandi dimensioni dove scegliere i propri ritmi e i propri spazi. Camere moderne e funzionali. Al ristorante ampi, luminosi spazi di impostazione classica e un invitante dehors estivo.

Lantana Resort cam, rist,

viale Nora – ✆ 0 70 92 44 11 – www.lantanaresort.it – Aperto 28 marzo-31 ottobre

57 cam – 173/270 € 206/380 €

Rist – *(Aperto 18 aprile-19 ottobre) (solo a cena)* Menu 38 €

Gradevole struttura disposta attorno ad un grande giardino con palme, piscina e piccola fontana arabeggiante. Camere tutte identiche e tutte recenti negli arredi d'impeccabile tenuta: possibilità di alloggio con formula residence.

Nora Club Hotel senza rist

strada per Nora – ✆ 0 70 92 44 22 – www.noraclubhotel.it

27 cam – 85/140 € 130/180 €

Paradisiaca enclave di quiete. Superato il caseggiato principale vi accoglie un seducente giardino di piante mediterranee e tropicali; distribuite a forma d'anello le semplici camere in arte povera.

sulla strada statale 195 Sud-Ovest : 9 km :

Is Morus Relais

Sud-Ovest : 9 km ✉ 09010 Santa Margherita di Pula – ✆ 0 70 92 11 71 – www.ismorus.com – Aperto 20 aprile-1° ottobre

50 cam – 264/610 € 264/610 € **Rist** – Carta 44/85 €

Immerso nella pineta, solo un giardino lo separa dal mare. Varie soluzioni di alloggio, camere classiche e romantiche ville, e nessun tipo di animazione: ideale per chi desidera silenzio e tranquillità.

sulla strada statale 195 Sud-Ovest : 11 km :

Forte Village Resort : Immersa in un giardino di 25 ettari una struttura con sette alberghi, quattordici ristoranti, un ottimo centro benessere - talassoterapia e strutture sportive di ogni tipo. Per i pasti ogni tipo di ristorante e un'infinita scelta di menù.

Villa del Parco e Rist. Belvedere – Forte Village

✉ 09010 Santa Margherita di Pula – ✆ 07 09 21 71 – www.fortevillageresort.com – Aperto fine dicembre-metà gennaio e 1° maggio-31 ottobre

47 cam – solo ½ P 445/830 € **Rist** – *(chiuso a mezzogiorno)*

Incorniciata dal verde, la struttura dalla facciata lilla propone spaziose camere dagli arredi fioriti all'inglese ed eleganti bungalow. Il tutto vicino alle piscine di talassoterapia.

Castello e Rist. Cavalieri – Forte Village

✉ 09010 Santa Margherita di Pula – ✆ 07 09 21 71 – www.fortevillageresort.com – Aperto 1° maggio-30 settembre

176 cam – solo ½ P 270/1250 € – 5 suites **Rist** – *(solo a cena)*

A un passo dal mare e per vivere un soggiorno da fiaba, è la struttura di punta del complesso con camere elegantemente arredate in un dettagliato e caratteristico stile locale.

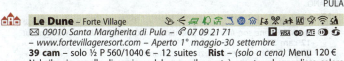

Le Dune – Forte Village
✉ *09010 Santa Margherita di Pula – ☎ 07 09 21 71 – www.fortevillageresort.com – Aperto 1° maggio-30 settembre*
39 cam – solo ½ P 560/1040 € – 12 suites **Rist** – *(solo a cena)* Menu 120 €
Nel silenzio e nella discrezione del parco, il resort è pronto ad accogliere coloro che auspicano una vacanza in piena libertà, interessati solo a perseguire il relax ed il contatto con la natura: invitanti piscine e svariati villini indipendenti con giardinetto privato.

Il Borgo e Rist. Bellavista – Forte Village
✉ *09010 Santa Margherita di Pula – ☎ 07 09 21 71 – www.fortevillageresort.com – Aperto 1° luglio-31 agosto*
140 cam – solo ½ P 225/460 € **Rist** – *(solo a cena) (solo per alloggiati)*
Le camere sfoggiano arredi e colori ispirati al tipico artigianato sardo, in questa struttura ideale per chi ama l'atmosfera raccolta di un antico villaggio. Adatto per le famiglie.

Le Palme e Rist. Bellavista – Forte Village
✉ *09010 Santa Margherita di Pula – ☎ 07 09 21 71 – www.fortevillageresort.com – Aperto 1° luglio-31 agosto*
50 cam – solo ½ P 510/960 € **Rist** – *(solo a cena) (solo per alloggiati)*
Particolarmente adatto per famiglie numerose, dispone di camere decisamente ampie (alcune comunicanti) e di un paradisiaco giardino con ben duemila varietà di piante.

Il Villaggio – Forte Village
✉ *09010 Santa Margherita di Pula – ☎ 07 09 21 71 – www.fortevillageresort.com – Aperto 1° maggio-30 settembre*
158 cam – solo ½ P 440/770 € **Rist** – *(solo a cena) (solo per alloggiati)*
Immerso in un giardino tropicale, il villaggio propone accoglienti bungalow, molti comunicanti, tutti con patio o giardino privato. Prima colazione presso la piscina Oasis.

Royal Pineta e Rist. Bellavista – Forte Village
✉ *09010 Santa Margherita di Pula – ☎ 07 09 21 71 – www.fortevillageresort.com – Aperto 1° luglio-31 agosto*
102 cam – solo ½ P 245/635 € **Rist** – *(solo a cena)*
Adagiata nel parco all'ombra di alberi secolari, la struttura offre ampie camere arredate in caldi colori: una proposta ideale per una vacanza di tranquillità, riposo e mare. Numerose attività di animazione per i piccoli ospiti.

PULFERO – Udine (UD) – 562 D22 – 1 052 ab. – alt. 184 m – ✉ 33046 11 C2

Roma 662 – Udine 28 – Gorizia 42 – Tarvisio 66

Al Vescovo
via Capoluogo 67 – ☎ 04 32 72 63 75 – www.alvescovo.com – Chiuso febbraio
18 cam – †48/50 € ††72/75 €, ☐ 7 €
Rist – *(chiuso mercoledì, anche martedì sera da ottobre a marzo)* Carta 23/40 €
Una tradizione alberghiera che risale ai primi anni dell'Ottocento: adiacente il fiume Natisone, camere curate in una struttura dalla cordiale gestione familiare. Proposte del territorio al ristorante con piacevole dehors.

PULSANO – Taranto (TA) – 564 F34 – 11 002 ab. – alt. 37 m – ✉ 74026 27 C3

Puglia

Roma 536 – Brindisi 68 – Bari 120 – Lecce 78

a Marina di Pulsano Sud : 3 km – ✉ 74026 Pulsano

Gabbiano N
viale dei Micenei 65, litoranea Salentina – ☎ 09 95 33 60 61 – www.gabbianohotel.it
88 cam ☐ – †65/160 € ††90/240 € **Rist** – Carta 28/36 €
Sul lungomare con accesso diretto alla spiaggia, hotel signorile dagli ambienti luminosi e curati: il confort è adeguato alla categoria.

Il Grillo Ⓝ

località Canne snc, litoranea Salentina – ✆ 09 95 33 30 25 – www.ilgrillo.it
12 cam ☕ – †45/125 € ††50/160 €
Rist *Il Grillo* – vedere selezione ristoranti
Un bell'esempio di come sia possibile coniugare tradizione (nell'architettura dell'edificio) e modernità (negli arredi e nelle camere). A tutto ciò si aggiunge la comodissima posizione, a due passi dal mare.

Il Galeone Ⓝ senza rist

litoranea Salentina al km 9,200, Est : 2 Km – ✆ 33 32 08 74 70 – www.ilgaleone.it
6 cam ☕ – †50/90 € ††70/120 €
In una bella villa sul lungomare con accesso diretto alla spiaggia, ampie camere dall'arredo moderno ed una grande piscina. Noleggio di biciclette e navetta per Pulsano gratuiti.

La Barca

litoranea Salentina – ✆ 09 95 33 33 35 – Chiuso 2 settimane in gennaio, 1 settimana in novembre, domenica sera e lunedì escluso luglio-agosto
Rist – Carta 28/41 €
Desiderate mangiare pesce? La sala costeggia l'acqua e a tavola prodotti freschi e locali. D'estate si esce nella veranda di canne, tra il fresco dei pini marittimi.

Il Grillo Ⓝ – Hotel Il Grillo

località Canne snc, litoranea Salentina – ✆ 09 95 33 30 25 – www.ilgrillo.it
Rist – Menu 29/55 € – Carta 25/53 €
Piatti della tradizione riproposti in chiave moderna, all'interno di un locale moderno e curato con vetrate su piscina oppure nel bel giardino esterno.

PUNTA ALA – Grosseto (GR) – 563 N14 – ✉ 58040 Toscana 31 B3

Roma 225 – Grosseto 43 – Firenze 170 – Follonica 18
via del Golf 1, 0564 922121, www.puntaala.net/golf

Gallia Palace Hotel

rist,

via delle Sughere – ✆ 05 64 92 20 22 – www.galliapalace.it
– Aperto 17 maggio-30 settembre
78 cam ☕ – †205/255 € ††275/505 € – 11 suites
Rist – *(solo a cena)* Carta 59/100 €
Rist *La Pagoda* – *(solo a pranzo)* Menu 53 €
Immerso nella macchia mediterranea, l'hotel dispone di un piccolo centro benessere e camere spaziose dagli arredi classici: punto d'appoggio ideale per una vacanza tutto mare e sole. Sulla spiaggia, il ristorante La Pagoda: ambiente informale con buffet e griglia.

Cala del Porto

rist,

via del Pozzo – ✆ 05 64 92 24 55 – www.baglionihotels.com
– Aperto Pasqua-31 ottobre
28 cam ☕ – †290/695 € ††320/725 € – 9 suites
Rist – Menu 60/150 € – Carta 58/198 €
In posizione dominante dall'alto della baia, l'elegante struttura vanta la vista sul porto e sul mare: spazi comuni dal grazioso arredo e camere confortevoli. Sulla terrazza panoramica e nella sala ristorante interna, proposte di cucina moderna.

PUNTALDIA Sardegna – Olbia-Tempio (OT) – Vedere San Teodoro

PUOS D'ALPAGO – Belluno (BL) – 562 D19 – 2 519 ab. – alt. 419 m – ✉ 32015 40 C1

Roma 605 – Belluno 20 – Cortina d'Ampezzo 75 – Venezia 95
piazza Papa Luciani 7, ✆ 0437 45 46 50, www.infodolomiti.it

XX **Locanda San Lorenzo** (Renzo Dal Farra) con cam
via IV Novembre 79 – ✆ 04 37 45 40 48 – www.locandasanlorenzo.it – Chiuso 20 giorni in gennaio
11 cam – 70/78 € 98/104 € – 1 suite
Rist – *(chiuso mercoledì)* Menu 30/70 € – Carta 45/95 €
➜ Tagliatelle ripiene con formaggio blu delle Dolomiti, porro e sedano. Degustazione di agnello d'Alpago. Macaron, gelato al basilico, zuppetta di yogurt all'olio extravergine d'oliva e pomodoro.
Passione e costanza sono le caratteristiche di un'intera famiglia che da oltre un secolo entusiasma gli avventori con una cucina saldamente legata ai prodotti locali, in certi piatti reinterpretata con gusto contemporaneo. Due differenti arredi per le camere: uno sobrio leggermente moderno, l'altro tipicamente rustico.

QUADRIVIO – Salerno (SA) – Vedere Campagna

QUARONA – Vercelli (VC) – 561 E6 – 4 292 ab. – alt. 406 m – ✉ 13017 23 C1

Roma 668 – Stresa 49 – Milano 94 – Torino 110

Grand'Italia
piazza Libertà 19 – ✆ 01 63 43 12 44 – www.albergogranditalia.it
14 cam – 80/90 € 110/130 € – 4 suites
Rist ***Italia*** – vedere selezione ristoranti
Completamente trasformato e ristrutturato, è ora un'elegante palazzina con interni moderni e spaziosi, linee sobrie ed essenziali ed accenni di design minimalista.

XX **Italia** – Hotel Grand'Italia
piazza della Libertà 27 – ✆ 01 63 43 01 47 – www.albergogranditalia.it – Chiuso 1°-21 agosto e lunedì
Rist – Menu 15 € (pranzo in settimana) – Carta 31/53 €
E' una piacevole sorpresa questo curato e familiare locale di taglio moderno in una casa del centro della località; piatti di creativa cucina piemontese.

QUARTACCIO – Viterbo (VT) – Vedere Civita Castellana

QUARTIÈRE – Ferrara (FE) – 562 H17 – Vedere Portomaggiore

QUARTO – Napoli (NA) – 564 E24 – 40 154 ab. – alt. 55 m – ✉ 80010 6 A2

Roma 250 – Napoli 28 – Caserta 54 – Benevento 114

Pianta d'insieme di Napoli

XX **Sud**
via Santi Pietro e Paolo 8 – ✆ 08 10 20 27 08 – www.sudristorante.it – Chiuso 8-15 gennaio, 3 settimane in agosto, domenica sera e lunedì
Rist – *(solo a cena escluso sabato da ottobre a maggio e domenica)* Menu 35/55 € – Carta 33/60 € ATa
➜ Linguine con quinto quarto di calamaro. Cheesecake di baccalà con pomodori confit, buccia di limone e ceci. Cremoso al caffè con zabaione alla liquirizia.
Superato un contesto ambientale non brillante, apprezzerete ancor di più gli sforzi di una delle cucine più interessanti del napoletano. Il nome del ristorante è un lapidario, ma eloquente, manifesto gastronomico che vi conduce attraverso appetiti meridionali.

QUARTO CALDO – Latina (LT) – Vedere San Felice Circeo

QUARTO D'ALTINO – Venezia (VE) – 562 F19 – 8 212 ab. – ✉ 30020 39 A1

Roma 537 – Venezia 24 – Milano 276 – Treviso 17

Villa Odino senza rist

via Roma 146 – ✆ 04 22 82 31 17 – www.villaodino.it – Chiuso 24-29 dicembre

34 cam – †75/148 € ††99/190 € – 3 suites

Facile da raggiungere dall'autostrada, è una verde oasi di pace sulla riva del Sile: eleganti e confortevoli, le due strutture propongono ambienti arredati in stile. Ricca prima colazione.

Crowne Plaza Venice East

rist,

via Della Resistenza 18/20 – ✆ 04 22 70 38 11 – www.crowneplazavenezia.it

153 cam – †65/250 € ††75/285 € – 2 suites **Rist** – Carta 21/71 €

Grande hotel di recente costruzione e in grado di offrire un servizio completo in ambienti dal design semplice ma moderno; mostre d'arte allestite negli spazi comuni. Tre sale ristorante, in menù proposte di mare e di terra.

Park Hotel Junior

via Roma 93 – ✆ 04 22 82 37 77 – www.parkhoteljunior.it

33 cam – †50/150 € ††50/250 € – 1 suite

Rist ***Park Ristorante Da Odino*** – vedere selezione ristoranti

Tranquillità e relax grazie all'ampio parco che abbraccia la struttura. Camere spaziose, in stile classico o moderno (le più recenti): tutte le stanze sono dotate di ampia terrazza. Area giochi per bambini e piscina estiva.

Park Ristorante Da Odino – Park Hotel Junior

via Roma 89 – ✆ 04 22 82 42 58 – www.daodino.it – Chiuso mercoledì a mezzogiorno e martedì

Rist – Carta 43/77 €

Da oltre 40 anni, la stessa famiglia gestisce con grande savoir-faire questo gradevole locale dalla particolare sala tondeggiante. Dal menu fanno capolino squisite specialità di pesce.

Cosmorì

viale Kennedy 15 – ✆ 04 22 82 53 26 – Chiuso 1°-15 gennaio, 5-20 agosto e lunedì

Rist – Carta 30/45 €

Un ambiente semplicemente familiare, dove le specialità della casa - esposte a voce - sono a base di pesce. Buon rapporto qualità/prezzo.

QUARTO DEI MILLE – Genova (GE) – Vedere Genova

QUARTU SANT' ELENA Sardegna – Cagliari (CA) – 366 Q48 28 B3

– 71 779 ab. – ✉ 09045 Sardegna

Cagliari 7 – Nuoro 184 – Olbia 288 – Porto Torres 232

Sa Tanca via delle Bounganville, 070 807145, www.golfsatanca.it

Italia senza rist

via Panzini 67 ang. viale Colombo – ✆ 0 70 82 70 70 – www.residenceitaliahotel.it – Chiuso 21 dicembre-16 gennaio

76 cam – †50/78 € ††62/96 € – 7 suites

A poco più di un km dalla spiaggia del Poetto, moderna struttura di sette piani frequentata anche da una clientela d'affari. Le camere sono spaziose e funzionali, dotate di angolo cottura.

Hibiscus

via Dante 81 – ✆ 0 70 88 13 73 – www.antoniofigus.com – Chiuso domenica

Rist – *(solo a cena)* Menu 20/40 € – Carta 30/58 €

Nelle sale della dimora liberty o nella suggestione della fresca corte mediterranea, potrete scegliere tra una creativa cucina di pesce o una "bisteccheria" su griglia a carboni.

QUATTORDIO – Alessandria (AL) – 561 H7 – 1 682 ab. – alt. 135 m 25 D1

– ✉ 15028

Roma 592 – Alessandria 18 – Asti 20 – Milano 111

Relais Rocca Civalieri rist,

strada Cascina Rocca Civalieri 23 ✉ 15028 – ✆ 01 31 79 73 33 – www.hotelroccacivalieri.it

22 cam – 119/162 € 140/210 € – 7 suites **Rist** – Carta 38/72 €

Bella struttura dotata di ampi spazi comuni, sia interni sia esterni, in cui convivono elementi del passato e arredi, nonché confort attuali. Cucina contemporanea al ristorante, che ricalca lo stile della casa.

QUATTRO CASTELLA – **Reggio Emilia (RE)** – **562** I13 – **13 139 ab.** – **alt. 161 m** – ✉ **42020** **8** B3

Roma 443 – Parma 29 – Bologna 83 – Modena 40

a Rubbianino **Nord: 13 km** – ✉ **42020**

Ca' Matilde (Andrea Incerti Vezzani) con cam

via della Polita 14 – ✆ 05 22 88 95 60 – www.camatilde.it – Chiuso 7-14 gennaio

6 cam – 60/80 € 95/110 €

Rist – *(chiuso lunedì) (solo a cena escluso i giorni festivi)* Menu 42/60 € – Carta 40/71 €

➜ Lasagnetta con ragù alla bolognese e bietole. Stinchetto di maialino da latte con crema di patate, senape e finocchi croccanti. Barattolo di zuppa inglese con ciambella.

In aperta campagna, a metà strada fra la bassa e le colline, calorosa accoglienza in una casa colonica ristrutturata: due sale moderne e solari ospitano una cucina che reinterpreta sapientemente i prodotti del territorio. Semplici le camere dai vivaci tocchi di colore.

QUINCINETTO – **Torino (TO)** – **561** F5 – **1 065 ab.** – **alt. 295 m** – ✉ **10010** **22** B2

Roma 694 – Aosta 55 – Ivrea 18 – Milano 131

Mini Hotel Praiale senza rist

via Umberto I, 5 – ✆ 01 25 75 71 88 – www.hotelpraiale.it

9 cam – 35/40 € 50/55 €, 7 €

Era un'abitazione di famiglia. Poi è stata aperta al pubbblico: una piccola e accogliente struttura tra vie strette e tranquille, nel cuore del paese. La colazione è servita nella vecchia stalla, sotto una volta di mattoni.

QUINTO AL MARE – **Genova (GE)** – **561** I8 – **vedere Genova**

QUINTO DI TREVISO – **Treviso (TV)** – **562** F18 – **9 846 ab.** – **alt. 17 m** – ✉ **31055** **40** C2

Roma 548 – Padova 41 – Venezia 36 – Treviso 7

BHR Treviso Hotel

via Postumia Castellana 2, Ovest: 3 km – ✆ 04 22 37 30 – www.bhrtrevisohotel.it

133 cam – 89/199 € 99/219 € – 18 suites

Rist ***Divina Osteria Trevigiana*** – vedere selezione ristoranti

Indicata soprattutto per una clientela business e congressuale, questa nuova struttura - moderna e trasparente, alle porte della città - dispone di camere di alto livello e soluzioni architettoniche attuali. Completa l'offerta una caffetteria alla moda: il Gioja Lounge bar, per caffè, "cicchetti" e aperitvi.

Divina Osteria Trevigiana – BHR Treviso Hotel

via Postumia Castellana 2, Ovest: 3 km – ✆ 04 22 37 30 – www.bhrtrevisohotel.it

Rist – Carta 30/49 €

Nei pressi dell'aeroporto, all'interno del nuovo albergo BHR, la tavola è legata al territorio trevigiano. Cucina semplice, menu light e buffet di antipasti, a mezzogiorno. La sera, la grande carta.

QUINTO VERCELLESE – Vercelli (VC) – 561 F7 – 417 ab. – ✉ 13030 23 C2

Roma 638 – Alessandria 60 – Milano 70 – Novara 17

Bivio

via bivio 2, sud 1 km – ✆ 01 61 27 41 31
– Chiuso gennaio, agosto, lunedì e martedì
Rist – (consigliata la prenotazione) Carta 35/63 €
Una luminosa saletta dagli arredi di taglio moderno e pochi tavoli ben distanziati, dove apprezzare creativi piatti locali curati nella selezione delle materie prime.

QUISTELLO – Mantova (MN) – 561 G14 – 5 856 ab. – alt. 17 m – ✉ 46026 17 D3

Roma 458 – Verona 65 – Ferrara 61 – Mantova 29

Ambasciata (Romano Tamani)

via Martiri di Belfiore 33 – ✆ 03 76 61 91 69 – www.ristoranteambasciata.com
– Chiuso 2 settimane in gennaio, 2 settimane in agosto, domenica sera e lunedì
Rist – (consigliata la prenotazione) Menu 80/150 € – Carta 95/190 € (+10 %)
➜ Risotto mantecato al limone del Garda con piccione alla liquirizia. Trittico Mantegna: guancialino e costolette di maiale, cotechino con polenta. Meringata con gelatina di arance.
Uno sfarzo circense e rinascimentale è il contorno di piatti sontuosi e barocchi, l'eccesso è favorito, la misura osteggiata: i fratelli Tamani mettono in scena i fasti della gloriosa cucina mantovana.

All'Angelo

via Martiri di Belfiore 20 – ✆ 03 76 61 83 54 – www.ristoranteallangelo.net
– Chiuso 15-20 gennaio, 5-14 agosto, domenica sera e lunedì
Rist – Carta 30/70 €
L'impostazione è quella classica da trattoria, mentre la cucina si sposa con la tradizione proponendo piatti del territorio, specialità al tartufo (in stagione) ed una pregevole carta dei vini.

RABLÀ = RABLAND – Bolzano (BZ) – Vedere Parcines

RACALE – Lecce (LE) – 564 H36 – 10 892 ab. – ✉ 73055 27 D3

Roma 633 – Bari 203 – Lecce 53

L'Acchiatura con cam

via Marzani 12 – ✆ 08 33 55 88 39 – www.acchiatura.it
– Chiuso 7 gennaio-4 febbraio, 7-24 ottobre e martedì escluso giugno-settembre
6 cam – †80/110 € ††80/110 € – 1 suite
Rist – *(solo a cena escluso domenica e giorni festivi da novembre a maggio)*
Carta 17/34 €
Saporita cucina pugliese, tra cui spiccano gli antipasti tipici salentini, in un ambiente suggestivo, caratterizzato da diverse sale e patii interni. Il fascino del passato rivive anche nelle belle ed accessoriate camere, nonché nella scenografica piscina ospitata in una grotta.

RACINES (RATSCHINGS) – Bolzano (BZ) – 562 B16 – 3 902 ab. – alt. 1 290 m – Sport invernali : 1 300/2 250 m 8, – ✉ 39040 33 B1

Roma 700 – Bolzano 70 – Cortina d'Ampezzo 111 – Merano 102

palazzo Municipio, ✆ 0472 75 66 66, www.valleisarco.info

Sonklarhof

rist, rist,

località Ridanna alt. 1342 – ✆ 04 72 65 62 12
– www.sonklarhof.com – Chiuso 15-29 aprile e 4 novembre-15 dicembre
70 cam – solo ½ P 70/120 € – 15 suites **Rist** – *(solo a pranzo)* Menu 27/50 €
Struttura ben organizzata, nel cuore della Val Ridanna, in grado di offrire un'accoglienza di buon livello. Apprezzabile il confort delle camere e la dolce atmosfera tirolese. Ambiente ospitale nella colorata e confortevole sala da pranzo.

Taljörgele

Obere Gasse 14 – ✆ 04 72 65 62 25 – www.taljoergele.it
22 cam ☕ – 🚹85/107 € 🚹🚹85/288 € – 18 suites
Rist – *(solo per alloggiati la sera)* Carta 28/58 €
Grande struttura a gestione familiare, in posizione squisitamente panoramica ed in perfetto stile altoatesino: il legno regna sovrano e la generosità degli spazi interessa sia le camere, sia il centro benessere. Non lontano, il maneggio di proprietà.

RADDA IN CHIANTI – Siena (SI) – 563 L16 – 1 690 ab. – alt. 530 m 32 D1

– ✉ 53017 Toscana

Roma 261 – Firenze 54 – Siena 33 – Arezzo 57

piazza del Castello 2, ✆ 0577 73 84 94, www.terresiena.it

Volpaia★: 6 km a Nord

Palazzo Leopoldo rist,

via Roma 33 – ✆ 05 77 73 56 05 – www.palazzoleopoldo.it
– Chiuso 7 gennaio-10 febbraio
15 cam ☕ – 🚹90/150 € 🚹🚹100/200 € – 4 suites
Rist *La Perla del Palazzo* – via XX settembre, ✆ 05 77 73 92 70 *(chiuso mercoledì)* Carta 47/101 €
Nella piccola via del centro storico, un ottimo esempio di conservazione di un palazzo medievale: vi si ripropongono con sobrietà ed eleganza stili ed atmosfere cariche di storia. Ristorante dalla forte impronta locale, sia negli ambienti sia nelle proposte gastronomiche.

Palazzo San Niccolò senza rist

via Roma 16 – ✆ 05 77 73 56 66 – www.hotelsannicolo.com
– Aperto 1° aprile-30 novembre
18 cam ☕ – 🚹75/150 € 🚹🚹90/220 €
Tra boschi, vitigni e uliveti, il palazzo quattrocentesco offre ampie camere arredate con gusto ed un suggestivo salone, al primo piano, interamente affrescato in stile '900.

Relais Vignale

via Pianigiani 9 – ✆ 05 77 73 83 00 – www.vignale.it – Chiuso gennaio-febbraio
37 cam ☕ – 🚹90/120 € 🚹🚹120/180 € – 5 suites
Rist *La Terrazza Dei Glicini* – ✆ 05 77 73 80 94 *(solo a cena da lunedì a sabato in aprile, maggio e ottobre)* Carta 34/53 €
All'inizio del paese, un'elegante casa di campagna curata ed arredata con buon gusto e stile toscano dispone di accoglienti camere e graziosi salotti nelle zone comuni.

La Botte di Bacco

via XX Settembre 23 – ✆ 05 77 73 90 08 – www.ristorantelabottedibacco.it
– Chiuso 10 gennaio-28 febbraio, giovedì a mezzogiorno in estate, anche giovedì sera e venerdì a mezzogiorno negli altri mesi
Rist – Carta 33/56 €
Due fratelli campani innamorati della cucina toscana vi deliziano con i tortelli maremmani, le tagliatelle con cinta senese e lo stracotto al Chianti. Unico, ma richiestissimo amarcord, le lasagne napoletane con polpette e mozzarella.

sulla strada provinciale 429

My One Hotel Radda rist,

località La Calvana 138, Ovest : 1,5 km
– ✆ 0 57 77 35 11 – www.myonehotel.it – Aperto 15 dicembre-15 gennaio e 1° aprile-31 ottobre
59 cam ☕ – 🚹70/105 € 🚹🚹100/180 € – 1 suite
Rist – *(solo per alloggiati)* Carta 40/45 €
Hotel realizzato rispettando la tradizione locale nell'utilizzo di pietra e legno, ma declinati in forme di design moderno con colori che spaziano dal grigio al sabbia. Le camere sono ampie e confortevoli.

Il Borgo di Vescine cam, rist,
località Vescine, Ovest : 6,5 km – ✆ 05 77 74 11 44 – www.vescine.it – Aperto 15 aprile-31 ottobre
28 cam – 110/180 € 150/290 €
Rist – *(solo a cena) (solo per alloggiati)* Carta 31/61 €
L'abitazione di campagna conserva l'originaria struttura del paesino medievale e dispone di camere confortevoli, sala colazioni in terrazza, campo da tennis e piccolo fitness. I sapori chiantigiani vanno in scena nel ristorante con camino; mentre per gli amanti del frutto della vite, appuntamento al bar-enoteca.

Villa Sant'Uberto senza rist
località Sant'Uberto 33, Ovest : 6,8 km – ✆ 05 77 74 10 88 – www.villasantuberto.it – Aperto 1° marzo-31 ottobre
12 cam – 62/82 € 74/96 €
Immersa nel silenzio dei colli, un'antica fattoria è stata convertita nell'attuale risorsa e dispone di camere spaziose: alcune più rustiche, altre quasi signorili. D'estate, godetevi la piacevolezza della prima colazione all'aperto.

a Lucarelli **Nord-Ovest: 8 km – ✉ 53017**

Osteria Le Panzanelle Ⓝ
località Lucarelli 29 – ✆ 05 77 73 35 11 – www.osteria.lepanzanelle.it – Chiuso febbraio e lunedì
Rist – Carta 21/39 €
Una cucina del territorio eseguita con gusto e generosità: paste fatte in casa e ottime carni, in una simpatica trattoria di paese informale e sbarazzina.

verso Volpaia

Agriturismo Podere Terreno
via della Volpaia 21, Nord: 5,5 km – ✆ 05 77 73 83 12 – www.podereterreno.it – Chiuso 15-28 dicembre
6 cam – 90/100 € 90/100 €
Rist – *(solo a cena)* (prenotazione obbligatoria) Menu 35 €
Contornata da vigneti a coltivazione biologica, in questa casa colonica del '500 si coglie lo spirito verace di una terra ospitale. In una bella sala con camino, si mangia con i proprietari attorno ad una grande tavola.

Agriturismo Castelvecchi
località Castelvecchi, Nord : 6 km – ✆ 05 77 73 80 50 – www.castelvecchi.com – Aperto 1° aprile-30 novembre
21 cam – 65/89 € 79/106 €
Rist – *(chiuso lunedì) (solo a cena)* Carta 18/40 €
Struttura inserita in un'antica tenuta vitivinicola molto attiva, un grazioso borgo di campagna con giardino. Gli ambienti e gli arredi sono di rustica ed essenziale finezza.

a Volpaia **Nord: 7,5 km – ✉ 53017**

La Locanda
strada sterrata per Panzano, località Montanino, Nord: 3 km – ✆ 05 77 73 88 32 – www.lalocanda.it – Aperto 1° aprile-31 ottobre
7 cam – 200/260 € 220/290 € – 1 suite **Rist** – (prenotare) Menu 35 €
Podere in posizione molto isolata che appare come una vera e propria oasi di pace. La vista sulle splendide colline circostanti è davvero eccezionale.

La Bottega Ⓝ
piazza della Torre 1 – ✆ 05 77 73 80 01 – www.labottegadivolpaia.it – Chiuso 1° febbraio-20 marzo e martedì
Rist – Carta 24/35 €
La tranquillità del posto non ha prezzo e, comunque, non si spende molto, in questa piccola trattoria dal sapore familiare, dove gustare la schietta cucina del territorio e in stagione le verdure del proprio orto. Se il clima lo permette, il servizio è anche all'aperto.

RADEIN = Redagno

RAGUSA Sicilia 🅿 (RG) – 365 AX62 – 73 743 ab. – alt. 502 m 30 D3
– ✉ 97100 Sicilia

Agrigento 138 – Caltanissetta 143 – Catania 104 – Palermo 267

piazza San Giovanni, ✆ 0932 68 47 80, www.comune.ragusa.it

≤★★ sulla città vecchia dalla strada per Siracusa – Posizione pittoresca★ – Ragusa Ibla★★: duomo di San Giorgio★★ – Palazzo Nicastro★★

Modica★ : San Giorgio★★, Museo delle Arti e Tradizioni Popolari★– Castello di Donnafugata★ Ovest : 18 km

Villa Carlotta
via Ungaretti sn – ✆ 09 32 60 41 40 – www.villacarlottahotel.com
25 cam – †79/128 € ††99/168 €
Rist *La Fenice* ✿ – vedere selezione ristoranti
In una cornice di macchia mediterranea, tra carrubi e olivi secolari, l'albergo è frutto del restauro e trasformazione di una fattoria dell'Ottocento in moderno hotel di design minimalista.

Locanda Don Serafino
via XI Febbraio 15, (Ibla) – ✆ 09 32 22 00 65
– www.locandadonserafino.it
10 cam – †70/165 € ††90/205 €
Rist *Locanda Don Serafino* ✿ – vedere selezione ristoranti
Piccola bomboniera a due passi dal Duomo, la locanda nasce dal restauro di un palazzo ottocentesco. Non molti gli spazi comuni, eppure tutti carichi di un fascino particolare.

Il Barocco senza rist
via S. Maria La Nuova 1, (Ibla) – ✆ 09 32 66 31 05 – www.ilbarocco.it
17 cam – †55/75 € ††80/125 €
Un immobile di fine '800 nato come falegnameria e riconvertito con buon gusto. Si apre intorno ad una corte lastricata. Affreschi su alcune pareti e arredi in arte povera.

Antica Badia
corso Italia 115 – ✆ 09 32 24 79 95 – www.anticabadia.com
12 cam – †70/160 € ††90/180 €
Rist *La Cuisine dell' Antica Badia* – Carta 38/74 €
In un palazzo del 1700 accanto alla cattedrale, un'elegante residenza dai preziosi marmi e soffitti nobili, a cui fanno eco camere dalle intriganti personalizzazioni. Raffinatezza anche al ristorante che propone leggere rivisitazioni di ricette isolane.

Caelum Hyblae senza rist

Salita Specula 11, (Ibla) – ✆ 32 90 72 60 15 – www.bbcaelumhyblae.it
– Chiuso febbraio e novembre
5 cam – †70/90 € ††100/130 €
La struttura, splendidamente affacciata sulla cupola del Duomo e monti Iblei, vanta interni che declinano testimonianze e materiali d'epoca con moderni accessori. Curiosità: in passato, fu abitata da un astronomo che ispirò T. di Lampedusa nel delineare il personaggio di Salina (e la sua passione per le stelle).

Duomo (Ciccio Sultano)
✿✿
via Cap. Bocchieri 31, (Ibla) – ✆ 09 32 65 12 65 – www.ristoranteduomo.it
– Chiuso 7-15 gennaio, lunedì a mezzogiorno e domenica
Rist – Menu 45 € (pranzo)/140 € – Carta 90/130 €
→ Triglia di scoglio farcita al chinotto con mojito. Gnocchi di patate al ragusano con sugo di vongole e salsa alla carbonara. Agnello con cavolo rapa al caffè e cardamomo.
Nel 1693 un terremoto sconvolge Ragusa: nasce il Barocco. Oggi, un sisma di natura gastronomica dà vita ad una cucina che mette al bando semplicità e minimalismi per creare piatti compositi e seducenti, barocchi per l'appunto! Scrigno di raffinatezza, tra carta da parati stile inglese e arredi d'epoca siciliani.

Locanda Don Serafino – Hotel Locanda Don Serafino
via Avv. Ottaviano sn, (Ibla) – ✆ 09 32 24 87 78 – www.locandadonserafino.it – Chiuso 2 settimane in novembre, 2 settimane in gennaio, martedì dal 15 settembre al 15 luglio, i mezzogiorno di domenica, lunedì e martedì negli altri mesi
Rist – Menu 50 € (pranzo)/78 € – Carta 63/112 €
➜ Spaghetti al nero di seppia con ricci di mare e seppie crude. Arrosto di quaglia farcita con salsiccia ed erbe di campo. Mousse di ricotta, fonduta di cioccolato modicano, praline di mandorla.
In un contesto suggestivo essendo in parte ricavato in una grotta, il ristorante si trova nel fulcro da cui Ragusa si è sviluppata, Ibla. L'eleganza non è penalizzata, ma da il meglio di sé negli arredi e nelle terrazze. I sapori isolani predominano nel piatto, cedendo solo alle lusinghe della creatività.

La Fenice – Hotel Villa Carlotta
Via Ungaretti s.n.c – ✆ 09 32 60 41 40 – www.lafeniceristorante.com
Rist – *(solo a cena in luglio-agosto)* Menu 40/80 € – Carta 46/78 €
➜ Cous cous con pesce sciabola e salsa fredda di yogurt di bufala alla menta. Spuntatura di manzo modicano, ragusano grigliato e tortino di uva passa. Arancini dolci con gelato.
Pareti in cristallo per questo elegante ristorante che non manca di calore. Il parquet fa da contrappunto al soffitto in legno, moderne sedie bianche e nel piatto ottime materie prime, elaborate con creatività e lodevoli capacità tecniche dallo chef.

Baglio la Pergola
contrada Selvaggio, zona stadio – ✆ 09 32 68 64 30 – www.baglio.it – Chiuso 2 settimane in gennaio e martedì
Rist – Menu 30 € – Carta 27/53 €
Un antico baglio che è stato trasformato in un locale di sobria e contenuta eleganza. Tavoli estivi sotto l'ampio porticato, ampia carta dei vini, servizio pizzeria serale.

verso Marina di Ragusa Sud-Ovest : 14 km :

Poggio del Sole cam,
strada provinciale 25 Ragusa/Marina km 5,700 ✉ 97100 Ragusa – ✆ 09 32 66 85 21 – www.poggiodelsoleresort.it
66 cam – 65/100 € 100/150 € – 2 suites
Rist *Hosteria* – Carta 33/37 €
Ricavato da una residenza di fine '700, l'hotel si sviluppa intorno ad una piscina pensile, incastonata da un lato dalle camere e dall'altro dalla sala banchetti. Arredi di design dai caldi colori vagamente etnici. Piatti regionali all'Hosteria.

Eremo della Giubiliana rist,
contrada Giubiliana ✉ 97100 Ragusa – ✆ 09 32 66 91 19 – www.eremodellagiubiliana.com
24 cam – 130/180 € 200/277 € – 6 suites
Rist *Don Eusebio* – *(solo a cena)* Carta 48/68 €
Sull'altopiano ibleo, a 10 km circa dal centro città e da Marina di Ragusa, l'ex convento è oggi una risorsa ricca di fascino Arredi d'epoca isolani ornano ogni ambiente, comprese le originali camere ricavate dalle celle dei frati: notevoli, quelle con terrazza privata.

verso Donnafugata Sud-Ovest : 14 km :

Relais Parco Cavalonga
strada provinciale 80 Km 3,200 ✉ 97100 Ragusa – ✆ 09 32 61 96 05 – www.parcocavalonga.it – Aperto 5 marzo-19 novembre
31 cam – 120/200 € 120/200 € – 7 suites
Rist – *(solo a cena)* Menu 25/35 €
Fra ulivi e carrubi centenari, preparatevi ad un'esperienza di autentica country life in camere dotate di moderni confort, ma tipicizzate da materiali originariamente impiegati nelle costruzioni locali: ferro, tavelloni in legno e pietra arenaria. Due splendide piscine e una vista che si bea della natura circostante.

strada per Santa Croce Camerina Sud-Ovest : 25 km :

Donnafugata Resort
Contrada Piombo ✉ 97100 Ragusa
– *✆ 09 32 91 42 00 – www.donnafugatagolfresort.com*
202 cam – 180/339 € 205/390 € – 10 suites
Rist – *(solo a pranzo)* Carta 34/72 €
Rist *Il Carrugo* – *(solo a cena)* Carta 43/74 €
Direttamente sui campi da golf, moderno ed elegante resort dove natura e tranquillità accompagnano un soggiorno ad alti livelli. Stuzzicanti piatti in leggera chiave moderna presso il ristorante gourmet Il Carrugo.

RAITO – Salerno (SA) – Vedere Vietri sul Mare

RANCIO VALCUVIA – Varese (VA) – 561 E8 – 940 ab. – alt. 296 m – ✉ 21030 16 A2

Roma 651 – Stresa 59 – Lugano 28 – Luino 12

Gibigiana
via Roma 19 – ✆ 03 32 99 50 85 – Chiuso 1°-15 agosto e martedì
Rist – Menu 15 € (pranzo in settimana)/40 € – Carta 21/46 €
La grande griglia troneggia in mezzo alla sala principale, preludio di quanto sarà servito in tavola: specialità locali e alla brace, nonché i superbi gnocchi alla Gibigiana.

C'é categoria e categoria! Non aspettatevi lo stesso servizio in un ristorante X o in un albergo rispetto ad un XXXXX o ad un .

RANCO – Varese (VA) – 561 E7 – 1 371 ab. – alt. 214 m – ✉ 21020 16 A2

Roma 644 – Stresa 37 – Laveno Mombello 21 – Milano 67

Il Sole di Ranco
piazza Venezia 5 – ✆ 03 31 97 65 07 – www.ilsolediranco.it
– Chiuso 12 novembre-18 gennaio
8 suites – 216/360 € – 6 cam
Rist *Il Sole di Ranco* – vedere selezione ristoranti
All'interno di un'antica villa che ha affiancato il ristorante omonimo. Posizione elevata, fronte lago con giardino. Camere e ambienti comuni molto curati, arredi eleganti.

Conca Azzurra
via Alberto 53 – ✆ 03 31 97 65 26 – www.concazzurra.it
– Chiuso 4 gennaio-13 febbraio
29 cam – 85/105 € 100/160 €
Rist *La Veranda* – vedere selezione ristoranti
Un albergo di tono classico con una buona offerta di servizi, tra cui un moderno centro benessere, e camere accoglienti (tutte dotate di balcone o terrazzo). Ideale per chi vuole approfittare di un rilassante soggiorno in riva al lago.

Belvedere

via Piave 11 – ✆ 03 31 97 52 60 – www.hotelristorantebelvedere.it
– Chiuso 24 dicembre-7 febbraio
12 cam – 75/100 € 90/145 €
Rist – *(chiuso mercoledì)* Carta 29/62 €
In centro e contemporaneamente a pochi passi dal lago, l'hotel offre ai suoi ospiti un'atmosfera familiare ed ampie camere confortevoli arredate con mobili in legno chiaro. Dalla cucina, specialità di lago, piatti rivisitati in chiave moderna e una lunga tradizione nel campo della ristorazione.

Il Sole di Ranco (Davide Brovelli) – Hotel Il Sole di Ranco
piazza Venezia 5 – ✆ 03 31 97 65 07 – www.ilsolediranco.it – Chiuso 12 novembre-18 gennaio, i mezzogiorno di lunedì e martedì in alta stagione, anche le sere di lunedì e martedì in bassa stagione
Rist – Menu 50/100 € – Carta 70/135 €
➜ Ravioli alla carbonara con pancetta croccante della val Formazza. Gomitolo di salmone in fili di patate croccanti. Bignè al cioccolato e cereali, banane caramellate, gelato alla noce moscata.
Il Sole splende anche in tavola: piatti che intrecciano tradizione e modernità, senza tralasciare il rispetto e la riscoperta delle materie prime del territorio, in ambienti di raffinata eleganza. Bella terrazza vista lago e delizioso giardino d'inverno.

La Veranda – Hotel Conca Azzurra
via Alberto 53 – ✆ 03 31 97 57 10 – www.laverandaranco.it – Chiuso 7 gennaio-13 febbraio
Rist – Menu 38 € (buffet)/50 € – Carta 35/67 €
Intimo ed elegante, aperto tutto l'anno, d'estate il ristorante può far leva su un ulteriore appeal: la bella terrazza affacciata sul lago. La cucina promuove la valorizzazione dei piatti della tradizione lacustre e della campagna lombarda.

RANDAZZO Sicilia – Catania (CT) – 365 AY56 – 11 186 ab. – alt. 765 m 30 D2

– ✉ 95036 Sicilia
Catania 69 – Caltanissetta 133 – Messina 88 – Taormina 45
Centro Storico★

Scrivano
via Bonaventura 2 – ✆ 0 95 92 11 26 – www.hotelscrivano.com
30 cam – †50/60 € ††85/90 €
Rist ***Le Delizie*** – vedere selezione ristoranti
A breve distanza dal cratere del Vulcano, questa piccola struttura dalla valida conduzione familiare si trova all'inizio del paese: la tradizione per l'ospitalità, il punto fermo.

Agriturismo L'Antica Vigna
località Montelaguardia, Est : 3 km – ✆ 34 94 02 29 02 – www.anticavigna.it – Chiuso 10 gennaio-10 febbraio
14 cam – †40/45 € ††70/80 € **Rist** – Menu 20/25 €
Nell'incantevole contesto del parco naturale dell'Etna, una risorsa che consente di vivere appieno una rustica e familiare atmosfera bucolica, tra vigneti e ulivi. Tra cotto, paglia e legno, la cucina tipica siciliana.

Veneziano
contrada Arena, strada statale 120 km 187, Est : 2 km – ✆ 09 57 99 13 53 – www.ristoranteveneziano.it – Chiuso lunedì
Rist – Carta 19/42 €
Sono i funghi i padroni assoluti della cucina, che qui, alle pendici dell'Etna, si trovano con facilità. Piatti della tradizione, quindi, e un servizio familiare serio ed efficiente.

Le Delizie – Hotel Scrivano
via Bonaventura 2 – ✆ 0 95 92 11 26 – www.hotelscrivano.com
Rist – Menu 15/40 € – Carta 21/32 €
Scaloppa di pollo agli agrumi con purea di patate alle mandorle: è una delle tante rivisitazioni di piatti della tradizione, proposte da questo locale di tono classico alle porte del centro.

RANZANICO – Bergamo (BG) – 561 E11 – 1 310 ab. – alt. 519 m 19 D1

– ✉ 24060
Roma 622 – Bergamo 30 – Brescia 62 – Milano 94

Pampero

via Nazionale 27 – ✆ 0 35 81 13 04 – www.ristorantepampero.com – Chiuso 15-31 gennaio, martedì a mezzogiorno e lunedì

Rist – (consigliata la prenotazione) Menu 38/75 € – Carta 38/84 €

Cucina prevalentemente a base di pesce con piatti elaborati in chiave moderna, in una piacevolissima struttura ubicata lungo la statale del piccolo e suggestivo lago di Endine. Ad introdurre gli ospiti, un bel giardino con prato all'inglese.

RANZO – Imperia (IM) – 561 J6 – 556 ab. – alt. 300 m – ✉ 18020 — 14 A2

Liguria

Roma 597 – Imperia 30 – Genova 104 – Milano 228

Il Gallo della Checca

località Ponterotto 31, Est : 1 km – ✆ 01 83 31 81 97 – www.gallochecca.ory.it – Chiuso lunedì

Rist – (consigliata la prenotazione) Menu 45/60 € – Carta 45/72 €

Ristorante-enoteca che offre interessanti proposte gastronomiche sull'onda di una cucina prevalentemente regionale. In sala bottiglie esposte ovunque: cantina di buon livello.

RAPALLO – Genova (GE) – 561 I9 – 30 785 ab. – ✉ 16035 Liguria — 15 C2

Roma 477 – Genova 37 – Milano 163 – Parma 142

Lungomare Vittorio Veneto 7, ✆ 0185 23 03 46, www.turismo.provincia.genova.it

via Mameli 377, 0185 261777, www.golfetennisrapallo.it

Lungomare Vittorio Veneto★

Portofino★★★ - Strada panoramica★★ per Santa Margherita Ligure e Portofino sud-ovest - San Fruttuoso★★

RAPALLO

Assereto (Cso)	2
Aurelia Levante (V.)	3
Aurelia Ponente (V.)	
Betti (V.)	
Bolzano (V.)	
Cavour (Pza)	4
Colombo (Cso C.)	
Don Minzoni (V.)	
Garibaldi (Pza)	6
Gramsci (V.)	7
Italia (Cso)	8
Lamarmora (V.)	10
Libertà (V. della)	
Maggiocco (V.)	
Mameli (V.)	12
Marconi (Rotonde)	
Matteotti (Cso)	13
Mazzini (V.)	14
Milite Ignoto (V.)	15
Montebello (Viale)	16
Pastene (Pza)	17
Veneto (L. Vitt.)	
Zunino (V.)	20

Excelsior Palace Hotel
via San Michele di Pagana 8 – 01 85 23 06 66 – www.excelsiorpalace.it **d**
125 cam – 155/630 € 155/630 € – 5 suites
Rist – *(solo a cena in giugno-settembre)* Menu 45/70 € – Carta 58/112 €
Rist *Eden Roc* – (consigliata la prenotazione) Menu 55/70 € (cena) – Carta 51/93 €
Un "grande" albergo: non solo per le sue dimensioni, ma in quanto punto di riferimento per il bel mondo internazionale. Splendida cornice per weekend e per soggiorni più lunghi, la risorsa propone ambienti eleganti ed accoglienti, con colori che riflettono l'azzurro del mare e le tinte del Golfo del Tigullio.

Grand Hotel Bristol rist,
via Aurelia Orientale 369, 1,5 km per ① – 01 85 27 33 13 – www.grandhotelbristol.it
77 cam – 99/260 € 122/360 € – 6 suites
Rist *Le Cupole* – vedere selezione ristoranti
Rist – Carta 41/80 €
Storico albergo frontemare - rinnovato in anni recenti - con ambienti comuni moderni, camere spaziose ed un ipermoderno centro benessere.

Riviera
piazza 4 Novembre 2 – 0 18 55 02 48 – www.hotelrivierarapallo.com – Chiuso da fine ottobre al 15 dicembre **r**
17 cam – 70/145 € 80/175 € – 3 suites
Rist *Il Gambero* – vedere selezione ristoranti
Struttura d'epoca, completamente rinnovata, affacciata sul mare, dotata di ampi e luminosi ambienti. Buon livello delle camere e del servizio.

L'Approdo senza rist
via Pagana 160, località San Michele di Pagana, per ② – 01 85 23 45 68 – www.approdohotel.it – Aperto 1° aprile-31 ottobre
32 cam – 70/150 € 88/180 €
Ambienti moderni e camere minimaliste in una struttura che ha subito un'importante ristrutturazione qualche anno fa. Il panorama dalle stanze dell'ultimo piano non delude mai!

Stella senza rist
via Aurelia Ponente 6 – 0 18 55 03 67 – www.hotelstella-riviera.com – Aperto 1° marzo-31 ottobre **u**
28 cam – 55/70 € 75/95 €
In posizione centrale, all'inizio della via Aurelia di ponente, hotel a conduzione familiare con accoglienti spazi comuni e camere semplici, ma confortevoli.

Delle Rose cam,
via Aurelia Levante 65, ① – 0 18 55 07 36 – www.hoteldellerose.org – Chiuso 3 settimane in novembre
10 cam – 50/110 € 70/150 €
Rist – *(Chiuso martedì)* (prenotazione obbligatoria) Carta 32/114 €
Villino dei primi '900 trasformato in un piccolo albergo a conduzione diretta: la cura e le piccole attenzioni si esprimono anche al ristorante, dove la cucina è curata dallo stesso titolare.

Le Cupole – Grand Hotel Bristol
via Aurelia Orientale 369, 1,5 km per ① – 01 85 27 33 13 – www.grandhotelbristol.it – Aperto Pasqua-31 ottobre
Rist – *(solo a cena in giugno-settembre)* Carta 28/56 €
Se leggendo il nome di questo ristorante, immaginate un roof garden con vista mozzafiato sul Promontorio di Portofino: ebbene, avete indovinato! Al decimo piano del Grand Hotel Bristol, la cucina abbraccia tutto lo Stivale, ma riserva un occhio di riguardo alle specialità regionali. Impedibili: i tortelli di Preboggion (erbe tipiche locali) su crema di Vaise con spuma di noci.

XX **Il Gambero** – Hotel Riviera

piazza IV Novembre 2 – ✆ 0 18 55 02 48 – www.ristoranteilgamberorapallo.com – Chiuso fine ottobre-15 dicembre r

Rist – Menu 33/43 € – Carta 35/78 €

Se il tempo è mite, non perdetevi la bella terrazza con vista sul Golfo, ma anche nell'elegante sala interna l'appuntamento è - comunque - con un'ampia scelta tra i piatti della migliore tradizione italiana e ligure con predilezione per il pesce. La carta dei vini annovera più di 100 etichette.

XX **Luca**

via Langano 32, porto Carlo Riva – ✆ 0 18 56 03 23 – www.ristoranteluca.it – Chiuso martedì escluso luglio e agosto y

Rist – Carta 27/56 €

Risorsa ubicata proprio lungo il porticciolo turistico della cittadina. Ariosa sala, dove un fresco stile marinaro accompagna le semplici e gustose specialità ittiche.

RAPOLANO TERME – Siena (SI) – 563 M16 – 5 308 ab. – alt. 334 m – Stazione termale – ✉ 53040 32 C2

Roma 202 – Siena 27 – Arezzo 48 – Firenze 96

2 Mari

via Giotto 1, località Bagni Freddi – ✆ 05 77 72 40 70 – www.hotel2mari.com – Chiuso 2 giugno-3 luglio

57 cam – 56/76 € 76/116 € **Rist** – Carta 24/43 €

Ambienti accoglienti e funzionali in questo hotel dalla capace gestione familiare. All'esterno un bel giardino custodisce la piscina, mentre nel centro benessere si usano prodotti home made. Menu regionali presso la luminosa sala ristorante.

Terme San Giovanni (N) cam,

località Terme San Giovanni 52, Sud : 1 km – ✆ 05 77 72 40 30 – www.termesangiovanni.it

58 cam – 75/85 € 130/170 € **Rist** – Menu 20/40 €

Un ampio parco termale e curati giardini fanno da cornice a questo confortevole hotel, che dispone di belle camere arredate con gusto contemporaneo. Al ristorante i menu spaziano dalla tradizione all'innovazione.

Villa Buoninsegna

località La Buoninsegna, Sud-Est: 5 km – ✆ 05 77 72 43 80 – www.buoninsegna.com – Aperto 15 marzo-7 novembre

6 cam – 90 € 110/125 €

Rist – *(chiuso da lunedì a giovedì) (solo a cena)* (prenotazione obbligatoria) Menu 26 €

Una poderosa villa del 1600 al centro di una vastissima proprietà, le cui ampie camere - arredate con mobili antichi - si affacciano sul salone del piano nobile. La struttura dispone di due piscine all'aperto e di vasti percorsi per escursioni.

XX **Davide Canella** (N)

via Finimondo, località Armaiolo, Nord: 2 km – ✆ 05 77 72 52 51 – www.davidecanella.it – Chiuso 2 settimane in marzo, 2 settimane in novembre, lunedì dal 15 marzo al 1° novembre, anche domenica sera negli altri mesi

Rist – Carta 36/47 €

Nel centro di una caratteristico paesino, ambiente contemporaneo ricavato da antiche cantine e cucina che valorizza il territorio in leggera chiave moderna.

RASEN ANTHOLZ = Rasun Anterselva

RASUN ANTERSELVA (RASEN ANTHOLZ) – Bolzano (BZ) – 562 B18 – 2 878 ab. – alt. 1 030 m – Sport invernali : 1 030/2 273 m 19 12 (Comprensorio Dolomiti superski Plan de Corones) – ✉ 39030 34 C1

Roma 728 – Cortina d'Ampezzo 50 – Bolzano 87 – Brunico 13

a Rasun (Rasen) – alt. 1 030 m – ✉ 39030

Rasun di Sotto 60, ✆ 0474 49 62 69, www.valpusteria.com

Alpenhof rist,

a Rasun di Sotto 123 – ✆ 04 74 49 64 51 – www.hotel-alpenhof.info – Chiuso 1° novembre-4 dicembre

32 cam – 118/256 € – 5 suites **Rist** – Carta 27/57 €

Piacevole hotel che nasce dall'unione di una casa ristrutturata e di un'ala più moderna, offre camere ed ambienti comuni piacevoli, connotati da spunti di eleganza. E' possibile cenare presso caratteristiche stube o nella calda sala con soffitto in legno.

ad Anterselva di Mezzo (Antholz) – alt. 1 100 m – ✉ 39030

ad Anterselva di Mezzo, ✆ 0474 49 21 16, www.valpusteria.com

Santéshotel Wegerhof cam,

ad Anterselva di Mezzo, via Centrale 15 – ✆ 04 74 49 21 30 – www.santeshotel.it – Aperto 24 dicembre-Pasqua e 1° maggio-31 ottobre

28 cam – solo ½ P 65/130 € – 2 suites

Rist – *(solo per alloggiati)*

Rist *Peter's Stube* – Menu 25/65 € – Carta 29/72 €

Struttura caratterizzata da una gestione attenta, capace di mantenersi sempre al passo coi tempi. Grande considerazione per le esigenze dei "grandi" come dei più piccoli. Piccola e intima stube per apprezzare una genuina cucina del territorio.

RASTIGNANO – Bologna (BO) – Vedere Pianoro

RATSCHINGS = Racines

RAVALLE – Ferrara (FE) – 562 H16 – Vedere Ferrara

RAVELLO – Salerno (SA) – 564 F25 – 2 508 ab. – alt. 350 m – ✉ 84010 6 B2

Italia Centro-Sud

Roma 276 – Napoli 59 – Amalfi 6 – Salerno 29

via Roma 18 bis, ✆ 089 85 70 96, www.ravellotime.it

Posizione e cornice pittoresche★★★ – Villa Rufolo★★★ : ✻★★★ – Villa Cimbrone★★★ : ✻★★★ – Duomo: amboni in marmo★★ e porta in bronzo★ – Chiesa di San Giovanni del Toro: ambone★

Caruso

piazza San Giovanni del Toro 2 – ✆ 0 89 85 88 01 – www.hotelcaruso.com – Aperto 4 aprile-5 novembre

50 cam – †517/649 € ††759/968 € – 26 suites

Rist *Belvedere* – vedere selezione ristoranti

Vivere tra cielo e mare, succede nell'incantevole Ravello, così accade al *Caruso*, abbarbicato com'è nella parte alta della località, fa del panorama a strapiombo sulla costiera amalfitana il proprio dna: camere perfette, infinity pool e moderno centro benessere.

Palazzo Avino cam,

via San Giovanni del Toro 28 – ✆ 0 89 81 81 81 – www.palazzoavino.com – Aperto 28 marzo-31 ottobre

43 cam – †320/2300 € ††320/2300 € – 11 suites

Rist *Rossellinis* ✿✿ – vedere selezione ristoranti

Rist *Caffè dell'Arte* – Carta 48/72 €

Senza dubbio uno dei migliori alberghi della costiera: grande eleganza e servizio di livello eccellente. Ambienti comuni raffinati, stanze perfette, panorama mozzafiato. Leggere proposte culinarie al Caffè dell'Arte, da gustare in una distinta saletta o in terrazza.

Villa Cimbrone
via Santa Chiara 26 – ✆ 0 89 85 74 59 – www.villacimbrone.com
– Aperto 1° aprile-31 ottobre
17 cam – 320/400 € 360/750 € – 2 suites
Rist *Il Flauto di Pan* ✿ – vedere selezione ristoranti
Rist – *(solo a pranzo)* Carta 37/64 €
Dimora patrizia del XII sec e hotel di lusso: due anime per una villa che offre intense suggestioni, sia per la posizione - su un costone dominante il mare - sia per lo spessore della sua storia.

Palumbo rist,
via San Giovanni del Toro 16 – ✆ 0 89 85 72 44 – www.hotelpalumbo.it
17 cam – 195/345 € 245/395 € – 3 suites
Rist – *(aperto 15 aprile-15 ottobre; chiuso martedì)* Carta 52/89 €
Volte, nicchie, passaggi, corridoi e colonne in stile arabo-orientale. Una dimora del XII sec. con terrazza-giardino fiorita: spazi imprevedibili e piaceri sorprendenti. Imperdibile vista dalla terrazza del ristorante.

Rufolo
via San Francesco 1 – ✆ 0 89 85 71 33 – www.hotelrufolo.it
35 cam – 185/245 € 235/350 € – 9 suites
Rist *Sigilgada* – vedere selezione ristoranti
Nel centro storico con panorama sul golfo e sulla Villa Rufolo, la struttura dispone di camere curate e di una bella piscina inserita nell'ampio giardino.

Villa Maria
via Santa Chiara 2 – ✆ 0 89 85 72 55 – www.villamaria.it
23 cam – 165/195 € 195/240 €
Rist – Carta 36/83 €
Struttura signorile ubicata in una zona tranquilla del paese e raggiungibile soltanto a piedi (il parcheggio è molto vicino). Dotata di un'elegante zona soggiorno comune. Servizio ristorante estivo sotto un pergolato con una stupefacente vista di mare e costa.

Giordano senza rist
via Trinità 14 – ✆ 0 89 85 72 55 – www.giordanohotel.it
– Aperto 1° aprile-31 ottobre
32 cam – 140/165 € 160/185 €
A pochi passi dalla piazza, nella direzione di Villa Cimbrone, facilmente raggiungibile in auto e dotato di parcheggio. Camere sobrie e funzionali, grazioso giardino.

Graal cam, rist,
via della Repubblica 8 – ✆ 0 89 85 72 22 – www.hotelgraal.it
42 cam – 105/185 € 130/210 €
Rist *Al Ristoro del Moro* – ✆ 0 89 85 79 01 *(Aperto 1° aprile-31 dicembre)* (consigliata la prenotazione) Carta 28/63 €
Vicino al centro storico, in posizione tale da regalare una splendida vista sul golfo, questa bella struttura - costantemente sottoposta a lavori di rinnovo - dispone di camere di varia tipologia. Sapori campani nella luminosa sala ristorante dalle ampie vetrate.

Rossellinis – Hotel Palazzo Avino
via San Giovanni del Toro 28 – ✆ 0 89 81 81 81 – www.palazzosasso.com
– Aperto 28 marzo-31 ottobre
Rist – *(solo a cena)* Menu 70/110 € – Carta 72/116 €
→ Ravioli soffiati ripieni di granchio, battuto di zucchine e colatura d'alici. Tonno "sott'olio" con emulsione ai capperi. Agnello in crosta di provolone podolico con patate vetrificate.
Sui monti di Ravello, più vicino al cielo che al mare, è così che vi sentirete dopo aver gustato la cucina di Pino Lavarra. Splendida combinazione di tradizione napoletana e creatività, i piatti seducono al pari dell'atmosfera e del servizio. Un quadro d'autore.

Belvedere – Hotel Caruso
piazza San Giovanni del Toro 2 – ✆ 0 89 85 88 01 – www.hotelcaruso.com – Aperto 4 aprile-5 novembre
Rist – Carta 81/164 €
Tonnarelli con ragù di Bufala e pesto di limone della Costiera, Pezzogna ai pomodorini di Corbara, e per i più golosi Pasticciotto napoletano con gelato al latte di mandorla: tutto questo dove? Sulla spettacolare terrazza affacciata sul Mediterraneo o nell'elegante sala interna, quando il clima è un po' più rigido.

Il Flauto di Pan – Hotel Villa Cimbrone
via Santa Chiara 26 – ✆ 0 89 85 74 59 – www.ilflautodipan.com – Aperto 1° aprile-31 ottobre
Rist – *(solo a cena)* Menu 75/110 € – Carta 66/110 €
➜ Soufflè di casatiello (torta rustica) su crema di piselli e spuma di ricotta. Astice agli agrumi e frutti di mare. Costine e lombo d'agnello ai sentori di lavanda.
Affacciato su uno dei belvedere più straordinari del mondo, immerso in un parco leggendario, gli aggettivi si sprecano per un contesto che troverete d'inenarrabile bellezza; la cucina raccoglie la sfida con piatti d'impronta mediterranea, presentazioni eleganti ed accostamenti originali.

Sigilgada – Hotel Rufolo
via San Francesco 1 – ✆ 0 89 85 71 33 – www.hotelrufolo.it – Aperto 1° marzo-30 novembre
Rist – Carta 40/62 €
E' la costiera, insieme alla cucina campana, la protagonista del ristorante, che con la sua terrazza-veranda permette di cenare tra cielo e mare. Pescato del golfo.

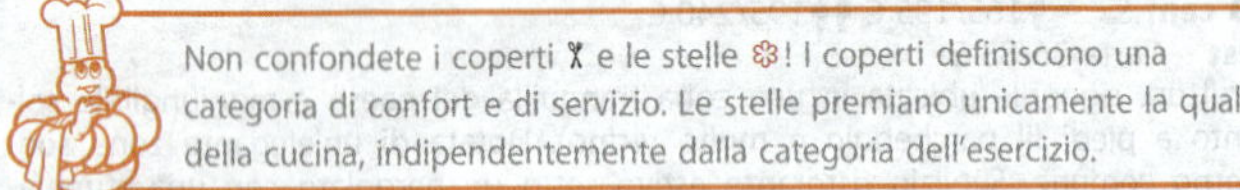
Non confondete i coperti e le stelle! I coperti definiscono una categoria di confort e di servizio. Le stelle premiano unicamente la qualità della cucina, indipendentemente dalla categoria dell'esercizio.

sulla costiera amalfitana Sud : 6 km :

Marmorata
via Bizantina 3, località Marmorata ✉ 84010 – ✆ 0 89 87 77 77 – www.marmorata.it – Aperto 1° aprile-31 ottobre
39 cam – †110/240 € ††130/260 €
Rist ***L'Antica Cartiera*** – vedere selezione ristoranti
Arroccato sugli scogli, ma con discesa privata a mare, albergo ricavato dall'abile ristrutturazione di un'antica cartiera: arredi in stile vecchia marina e deliziosa piscina con idromassaggio.

Villa San Michele
via Carusiello 2 – ✆ 0 89 87 22 37 – www.hotel-villasanmichele.it – Aperto 1° marzo- 2 novembre
12 cam – †80/150 € ††100/170 €
Rist – *(chiuso marzo) (solo a cena escluso 15 giugno-26 settembre) (solo per alloggiati)* Menu 30/50 €
Hotel letteralmente affacciato sul mare, a ridosso degli scogli, inserito in un verde giardino. In perfetta armonia con la natura: per un soggiorno dalle forti emozioni.

L'Antica Cartiera – Hotel Marmorata
via Bizantina 3, località Marmorata ✉ 84010 – ✆ 0 89 87 77 77 – www.marmorata.it – Aperto 1° aprile-31 ottobre
Rist – Carta 28/97 €
All'interno di un albergo in perfetto ed elegante stile marina, anche il ristorante non si sottrae a questa linea: dalla sala interna Delle Catene, alle terrazze con sottofondo delle onde che si infrangono sulla scogliera, cucina mediterranea e specialità ittiche.

RAVENNA 🅿 (RA) – 562 I18 – 158 739 ab. Italia Centro-Nord

▶ Roma 366 – Bologna 74 – Ferrara 74 – Firenze 136

ℹ via Salara 8/12, ✆ 0544 3 54 04, www.turismo.ravenna.it

ℹ via delle Industrie 14, ✆ 0544 45 15 39

👁 I mosaici★★★ nel Mausoleo di Galla Placidia Y – Basilica di San Vitale★★★ Y – Battistero Neoniano★ : mosaici★★★ Z – Basilica di Sant'Apollinare Nuovo★★ Z – Cattedra d'avorio★★ e cappella di S. Andrea★ nel museo Arcivescovile Z **M2** – Mausoleo di Teodorico★ Y **B** – Statua funeraria di Guidarello Guidarelli★ (opera di Tullio Lombardo) nel Museo d'arte della città Z

Basilica di Sant'Apollinare in Classe★★per ③ : 5 km

NH Ravenna rist,
piazza Mameli 1 ✉ 48121 – ✆ 0 54 43 57 62 – www.nh-hotels.com
84 cam – ♦82/180 € ♦♦95/203 € – 4 suites Yc
Rist – Carta 18/71 €
Nel centro storico della città - a due passi da monumenti importanti, come la Basilica di San Giovanni Evangelista e quella di San Vitale - l'hotel propone camere moderne, due ampie sale meeting, nonché un'ottima cucina romagnola.

Grand Hotel Mattei rist,
via Mattei 25, per ①: 3 km ✉ 48122 – ✆ 05 44 45 59 02 – www.grandhotelmattei.com
112 cam – ♦99/189 € ♦♦129/219 € – 12 suites **Rist** – Carta 32/71 €
La proverbiale cordialità romagnola in una nuova struttura di moderna concezione con buone installazioni ed ottime camere di ampia metratura. Il tutto nell'imperante stile design minimalista.

Bisanzio senza rist
via Salara 30 ✉ 48121 – ✆ 05 44 21 71 11 – www.bisanziohotel.com
38 cam – ♦86/116 € ♦♦108/180 € Yf
Nel centro della località, nei pressi della Basilica di San Vitale, un albergo con marmi e lampadari di murano nella hall; camere lineari e complete nei servizi.

S. Andrea senza rist
via Cattaneo 33 ✉ 48121 – ✆ 05 44 21 55 64 – www.santandreahotel.com – Aperto 1° marzo-31 ottobre YZd
12 cam – ♦50/100 € ♦♦100/180 € – 1 suite
Ex convento di origine secentesca, ha conservato l'atmosfera tranquilla acquisendo un tono familiare più da casa privata che da albergo. Piccolo giardino, grande oasi.

ClassHotel Ravenna rist,
viale della Lirica 141, prossimità strada statale 16 per ④ ✉ 48124 – ✆ 05 44 27 02 90 – www.classhotel.com
70 cam – ♦69/220 € ♦♦79/250 €
Rist – *(chiuso sabato a mezzogiorno e domenica)* Carta 25/53 €
Hotel moderno, a pochi metri dall'uscita della tangenziale e per questo particolarmente indicato per una clientela di lavoro. Servizi e dotazioni recenti e apprezzabili. Ristorante frequentato soprattutto da ospiti dell'hotel e da uomini d'affari.

Italia
viale Pallavicini 4/6 ✉ 48121 – ✆ 05 44 21 23 63 – www.hitalia.it Za
45 cam – ♦50/100 € ♦♦80/140 €
Rist *Il Cerchio dei Golosi* – vedere selezione ristoranti
A pochi passi dalla stazione ferroviaria, l'hotel dispone di camere funzionali e accoglienti. Adatto a chi ha bisogno di parcheggio e desidera essere prossimo al centro.

Diana senza rist
via G. Rossi 47 ✉ 48121 – ✆ 0 54 43 91 64 – www.hoteldiana.ra.it Yb
33 cam – ♦50/70 € ♦♦68/103 €
Camere di diverse metrature, ma tutte confortevoli, in un hotel del centro città. A disposizione anche appartamenti in una dépendance a 200 m: questa struttura fa capo all'albergo per tutti i servizi.

Cappello
via IV Novembre 41 ✉ 48121 – ✆ 05 44 21 98 13 – www.albergocappello.it
7 cam – ♦99/200 € ♦♦135/200 € – 2 suites Ya
Rist *Cappello* – vedere selezione ristoranti
In uno degli edifici rinascimentali più interessanti di Ravenna, pezzi di design convivono nelle belle camere con affreschi e soffitti a cassettoni: stanze piacevolmente decorate in diversi colori che ne hanno ispirato i nomi, Oro Verde, Sogno Amaranto, Gemma Gialla…

Cube senza rist
via Luigi Masotti 2, per ⑤: 2 km ✉ 48124 – ✆ 05 44 46 46 91 – www.premierhotels.it/cube
80 cam – †69/145 € ††94/250 €
Nella città dei mosaici, una struttura moderna con camere spaziose, dotate di comode scrivanie per utilizzare agevolmente il computer, ma perfettamente insonorizzate per garantire sonni tranquilli. Confort al cubo!

Antica Trattoria al Gallo 1909
via Maggiore 87 ✉ 48121 – ✆ 05 44 21 37 75 – www.algallo1909.it – Chiuso 20 dicembre-10 gennaio, domenica sera, lunedì e martedì Yt
Rist – Carta 29/44 €
Facente parte dei "Locali Storici d'Italia", un riferimento ineludibile nel panorama della ristorazione ravennate: trattoria solo nel nome, un tripudio di decorazioni liberty vi attende al suo interno, insieme ad una schietta cucina regionale. Salottino per fumatori al primo piano.

Cappello – Hotel Cappello
via IV Novembre 41 – ✆ 0 54 4- 24 01 28 – www.albergocappello.it – Chiuso 9-29 gennaio, domenica sera e lunedì Ya
Rist – Carta 23/75 €
Il ristorante propone due ambienti di diverso tenore – rustico o elegante e formale, al cliente la scelta - ma con le medesime specialità in menu: più leggere a pranzo, più elaborate la sera.

Il Cerchio dei Golosi – Hotel Italia
viale Pallavicini 2 ✉ 48121 – ✆ 0 54 43 25 18 – Chiuso domenica
Rist – *(solo a cena)* Menu 20/40 € – Carta 25/48 €
Ristorante di taglio classico collegato all'hotel Italia, ma in grado di offrire anche all'avventore di passaggio un buon servizio: cucina a carattere regionale, sia di terra sia di mare.

Osteria del Tempo Perso Ⓝ
via Gamba 12 – ✆ 05 44 21 53 93 – www.osteriadeltempoperso.it – Chiuso a mezzogiorno, escluso sabato, domenica e festivi; sabato a mezzogiorno in giugno-agosto Ye
Rist – Carta 33/63 €
Insospettabile cucina di mare sostenuta da una buona cantina in un piccolo ristorante del centro dall'ambiente rustico con luci soffuse e sottofondo jazz.

a San Michele Ovest : 8 km – ✉ 48124 Ravenna

Osteria al Boschetto
via Faentina 275 – ✆ 05 44 41 43 12 – Chiuso 7-14 gennaio, 15 agosto-4 settembre e giovedì
Rist – Carta 41/83 €
Non lontano dal casello autostradale di S. Vitale, all'interno di una palazzina d'inizio '900, locale assai gradevole con due salette disposte su due piani ed un fresco dehors estivo. Cucina di varia ispirazione.

RAVINA – **Trento (TN)** – **562** D15 – **Vedere Trento**

RAZZES = RATZES – **Bolzano (BZ)** – **562** C16 – **Vedere Siusi allo Sciliar**

RECANATI – **Macerata (MC)** – **563** L22 – **21 830 ab.** – **alt. 293 m** **21** C2
– ✉ **62019** Italia Centro-Nord

Roma 290 – Ancona 37 – Macerata 23 – Perugia 172

Villa Colloredo Mels: opere★ di L. Lotto nel Museo Civico

Gallery Hotel Recanati
via Falleroni 85 – ✆ 0 71 98 19 14 – www.ghr.it
52 cam – †55/199 € ††59/299 € – 16 suites
Rist – Menu 25/45 € – Carta 29/57 €
Nato dall'accurato restauro di un seicentesco palazzo nobiliare del centro storico (in seguito diventato seminario e scuola), un hotel che coniuga modernità e recupero di parti storiche.

RECCO – Genova (GE) – 561 I9 – 10 178 ab. – ✉ 16036 Liguria 15 C2

Roma 484 – Genova 32 – Milano 160 – Portofino 15

via Ippolito D'Aste 2A, ✆ 0185 72 24 40, www.iat.it

La Villa

via Roma 296 – ✆ 01 85 72 07 79 – www.manuelina.it

23 cam – 80/120 € 100/160 €

Rist *Manuelina* – vedere selezione ristoranti

Non manca nulla a questa villa d'epoca in tipico stile genovese: piscina, solarium, belle camere. Ristorante gourmet per palati raffinati, o Focacceria per soste gastronomiche più informali.

Da ö Vittorio con cam

cam, cam,

via Roma 160 – ✆ 0 18 57 40 29 – www.daovittorio.it

29 cam – 50/70 € 70/100 €

Rist – *(chiuso 16 novembre-6 dicembre)* Menu 25/40 € – Carta 30/60 €

Piatti liguri e specialità ittiche in uno dei Locali Storici d'Italia composto da due piacevoli sale: una di tono rustico-elegante, l'altra più sobria. Settore notte con camere di taglio classico nel corpo principale, in stile e moderne nella dépendance.

Manuelina – Hotel La Villa

via Roma 296 – ✆ 0 18 57 41 28 – www.manuelina.it – Chiuso gennaio e mercoledì

Rist – Menu 56 € – Carta 40/89 €

Sono pochi i locali che possono competere con la lunga tradizione gastronomica di Manuelina: più di 125 anni di cucina ligure, ricerca di ricette che seguono le stagioni, rivalutazione dei prodotti autoctoni e scrupolosa selezione delle materie prime. Difficile stargli al passo!

RECOARO TERME – Vicenza (VI) – 562 E15 – 6 835 ab. – alt. 450 m 39 B2

– Sport invernali : a Recoaro Mille : 1 000/1 700 m 1 3, – Stazione termale – ✉ 36076

Roma 576 – Verona 72 – Milano 227 – Trento 78

piazza Duca d'Aosta 1/3, ✆ 0445 7 50 70, www.vicenzae.org.

Trettenero

rist,

via Vittorio Emanuele 18 – ✆ 04 45 78 03 80 – www.hoteltrettenero.it

58 cam – 50/80 € 70/120 € – 1 suite

Rist – *(solo a cena escluso in estate)* (consigliata la prenotazione) Carta 24/40 €

Sorto all'inizio dell'Ottocento, prende il nome dal suo fondatore. Si distingue per l'originalità dei decori, per gli ampi spazi a disposizione e per il piccolo parco. Molto capiente la sala da pranzo: colpisce per l'altezza del soffitto e per le decorazioni.

Verona

via Roma 52 – ✆ 0 44 57 50 10 – www.albergoverona.it – Aperto 1° maggio-31 ottobre

35 cam – 43/50 € 60/70 € **Rist** – Carta 22/39 €

Albergo centralissimo che presenta un livello di confort e un grado di ospitalità più che discreto, sotto ogni aspetto. In particolare le stanze sono semplici ma moderne. Luminosa sala ristorante classica.

RECORFANO – Cremona (CR) – Vedere Voltido

REDAGNO (RADEIN) – Bolzano (BZ) – 562 C16 – alt. 1 566 m 34 D3

– ✉ 39040

Roma 630 – Bolzano 38 – Belluno 111 – Trento 60

Villa Berghofer

via Oberradein 54 – ✆ 04 71 88 71 50 – www.berghofer.it – Aperto 7 dicembre-9 gennaio e 2 maggio-4 novembre

14 suites – 160/219 € 250/340 € **Rist** – Carta 38/62 €

Solo suite, contraddistinte dai nomi delle montagne che si scorgono da questa panoramica e tranquilla struttura, per garantire agli ospiti una dimensione di assoluto relax. Piatti tradizionali della cucina altoatesina sono serviti al ristorante e nella quattrocentesca stube gotica.

Zirmerhof rist,
Oberradein 59 – ✆ 04 71 88 72 15 – www.zirmerhof.com
– Aperto 1° maggio-3 novembre
35 cam – 85/137 € 158/302 € – 6 suites
Rist *Stube 1600* – vedere selezione ristoranti
Rist – *(solo a pranzo)* (consigliata la prenotazione) Carta 32/66 €
Albergo di tradizione ricavato da un antico maso tra i pascoli: un'oasi di pace con bella vista su monti, arredi d'epoca e quadri antichi.

Stube 1600 – Hotel Zirmerhof
Oberradein 59 – ✆ 04 71 88 72 15 – www.zirmerhof.com
– Aperto 1° maggio-3 novembre; chiuso giovedì
Rist – *(solo a cena)* (prenotazione obbligatoria) Carta 43/78 €
La tipica stube fatta di legni antichi si è trasformata in piccolo ristorante, la Stube 1600: data d'origine della costruzione, ma anche altitudine della casa. Cucina tradizionale, con tanti ingredienti coltivati in loco, ed un imperdibile Gewurztraminer "Pinus" di propria produzione.

REGGELLO – **Firenze (FI)** – **563** K16 – **16 296 ab.** – **alt. 390 m** **32** C1
– ✉ 50066
Roma 250 – Firenze 38 – Siena 69 – Arezzo 58

a Pietrapiana Nord : 3,5 km – ✉ 50066

Archimede
strada per Vallombrosa – ✆ 0 55 86 90 55 – www.ristorantearchimede.it
19 cam – 55/65 € 80/90 €
Rist *Da Archimede* – vedere selezione ristoranti
Albergo sorto a metà anni Ottanta, che si caratterizza per la solida struttura in pietra. Arredi di taglio classico, bella hall anche se di dimensioni contenute.

Da Archimede – Hotel Archimede
strada per Vallombrosa – ✆ 05 58 66 75 00 – www.ristorantearchimede.it
Rist – Carta 22/43 €
Ristorante tipico, apprezzato dai clienti del luogo ma ancor più da avventori provenienti da fuori, dove gustare i piatti più tradizionali della cucina toscana.

a Vaggio Sud-Ovest : 5 km – ✉ 50066

Villa Rigacci
via Manzoni 76 – ✆ 05 58 65 67 18 – www.villarigacci.it
– Chiuso vacanze di Natale
24 cam – 75/98 € 89/165 € – 4 suites
Rist *Relais le Vieux Pressoir* – vedere selezione ristoranti
Incantevole villa di campagna quattrocentesca - immersa nel verde - dispone di camere confortevoli, recentemente ristrutturate. Un luogo ideale per trascorrere un indimenticabile soggiorno nell'amena terra toscana.

Relais le Vieux Pressoir – Hotel Villa Rigacci
via Manzoni 76 – ✆ 05 58 65 67 18 – www.villarigacci.it
– Aperto 1° Aprile-31 ottobre
Rist – *(solo a cena escluso giugno-agosto)* Carta 22/48 €
I rustici spazi, un tempo adibiti a magazzino, ospitano oggi la vera cucina toscana: carni, affettati e verdure, provenienti - principalmente - da macellai ed aziende locali.

a San Donato Fronzano Nord : 4,5 km – ✉ 50066

Agriturismo Podere Picciolo cam, rist,
via Picciolo 72 – ✆ 05 58 65 21 65
– www.agriturismopoderepicciolo.com – Chiuso 8 gennaio-20 marzo
6 cam – 70/85 € 90/130 €
Rist – *(solo a cena) (solo per alloggiati)* Menu 26 €
In un pittoresco casale cinquecentesco immerso nella campagna toscana, le camere s'ispirano ad antichi mestieri, proponendo - così come gli ambienti comuni - un'atmosfera di grande serenità domestica.

REGGIO DI CALABRIA (RC) – 564 M28 – 186 547 ab. 5 A3

Italia Centro-Sud

Roma 705 – Catanzaro 161 – Napoli 499

di Ravagnese per ③: 4 km ✆ 0965 630301

per Messina – Stazione Ferrovie Stato, ✆ 0965 97957

piazza Garibaldi, ✆ 0965 89 45 18, www.provincia.rc.it

Museo Nazionale★★ Y : Bronzi di Riace★★★ – Lungomare★ YZ

Grand Hotel Excelsior

via Vittorio Veneto 66 ✉ 89123 – ✆ 09 65 81 22 11 – www.grandhotelexcelsiorrc.it Yc

84 cam – †110/250 € ††140/340 € – 8 suites

Rist *Gala* – vedere selezione ristoranti

In pieno centro, ma comodamente vicino al lungomare, un punto di riferimento nel panorama alberghiero locale: confort e dotazioni all'altezza del nome!

è Hotel

cam, cam,

via Giunchi 6 ✉ 89121 – ✆ 09 65 89 30 00 – www.ehotelreggiocalabria.it

52 cam – †140/180 € ††180/240 € – 2 suites Yb

Rist – *(chiuso i mezzogiorno di lunedì e venerdì)* Carta 25/64 €

In centro e al tempo stesso sul mare, nuova struttura dal design contemporaneo con vocazione business, ma non solo. Cucina fusion-mediterranea nel ristorante panoramico affacciato sullo stretto, che regala la sensazione di essere sulla prua di una nave.

Lungomare senza rist

viale Zerbi 13/b ✉ 89123 – ✆ 0 96 52 04 86 – www.hotellungomare.rc.it

32 cam – †60/85 € ††80/140 € Ya

Sorto dalla ristrutturazione di un palazzo del primo Novecento, offre un'incantevole terrazza panoramica affacciata sul lungomare e sullo stretto, dove d'estate viene servita la prima colazione.

Gala – Grand Hotel Excelsior

via Vittorio Veneto 66 ✉ 89123 – ✆ 09 65 81 22 11 – www.grandhotelexcelsiorrc.it Yc

Rist – Menu 36/50 € – Carta 31/58 €

Alle spalle del Museo Archeologico della Magna Grecia e a pochi passi dal centro storico, cucina mediterranea in un moderno ristorante, la cui terrazza offre un suggestivo scorcio dello Stretto di Messina.

Il Fiore del Cappero

via Zaleuco 7 ✉ 89125 – ✆ 0 96 52 09 55 – Chiuso 7-21 gennaio e domenica

Rist – *(solo a cena in agosto)* Menu 30 € – Carta 22/35 € Za

Alle spalle della bella Villa Zerbi, un ristorante accogliente dall'arredo classico e dal servizio attento, dove gustare specialità sicilane-eoliane e piatti di pesce.

Baylik

vico Leone 1, per ① ✉ 89122 – ✆ 0 96 54 86 24 – www.baylik.it – Chiuso 1 settimana in luglio

Rist – Menu 25/28 € – Carta 24/51 €

Siamo alla periferia della località, in un locale moderno tanto nell'atmosfera quanto nella cucina. Soffermiamoci su quest'ultima: sempre affidabile e sempre di mare.

a Pellaro Sud : 8 km – ✉ 89134

La Lampara

lungomare Pellaro – ✆ 09 65 35 95 90 – www.hotel-lampara.com – Chiuso 1°-10 gennaio

23 cam – †70/80 € ††90/100 €

Rist *Alle Cantine della Lampara* – vedere selezione ristoranti

Sul lungomare con vista sullo stretto e Sicilia, camere ampie e confortevoli in un edificio d'epoca totalmente ristrutturato: per chi volesse abbronzarsi senza scendere in spiaggia, recentemente è stato allestito un grazioso solarium.

XX **Alle Cantine della Lampara** – Hotel La Lampara

lungomare Pellaro – ✆ 09 65 35 95 90 – www.allecantinedellalampara.com – Chiuso 1°-10 gennaio e lunedì escluso luglio-agosto

Rist – Carta 23/47 €

Una romantica terrazza affacciata sullo Ionio, l'elegante patio, ma anche nuovi spazi di cui il locale si è arricchito dopo la recente ristrutturazione. E per quanto concerne la tavola? Sfiziose ricette calabresi e piatti che variano con l'alternarsi delle stagioni.

REGGIOLO – **Reggio Emilia (RE)** – **562** H14 – **9 362 ab.** – **alt. 20 m** **8** B1
– ✉ **42046**

Roma 434 – Bologna 80 – Mantova 39 – Modena 36

Villa Nabila AC cam,

via Marconi 4 – ✆ 05 22 97 31 97 – www.hotelvillanabila.it – Chiuso 1°-9 gennaio e 7-21 agosto

26 cam – †50/74 € ††85/110 € **Rist** – Menu 30 €

Villa di fine Settecento dall'insieme curato, di taglio moderno, ma con un notevole rispetto per gli elementi architettonici originali. Gestione giovane e brillante.

Hotel dei Gonzaga
strada Pietro Malagoli 5 – ✆ 05 22 97 47 37 – www.hoteldeigonzaga.it – Chiuso 23 dicembre-1° gennaio e 9-25 agosto
33 cam – †50/63 € ††80/98 €, ☕ 8 € – 1 suite
Rist – *(solo a cena)* Carta 18/30 €
A pochi passi dal centro, hotel dalla calda atmosfera: reception spaziosa - impreziosita da pavimenti in marmo - camere moderne e ben accessoriate.

Il Rigoletto (Giovanni D'Amato)
piazza Martiri 29 – ✆ 05 22 97 35 20 – www.ilrigoletto.it
Rist –
Le scosse sismiche del maggio 2012 hanno seriamente danneggiato questo apprezzato "tempio" della gastronomia. Al cuoco e alla sua famiglia auguriamo di poter riaprire al più presto il ristorante e tornare a deliziare i loro ospiti come ci hanno abituato da anni.

verso Gonzaga Nord-Est : 3,5 km :

Trattoria al Lago Verde
via Caselli 24 ✉ 42046 – ✆ 05 22 97 35 60 – www.trattoriaallagoverde.it – Chiuso 27 dicembre-5 gennaio, 7-21 agosto e lunedì
Rist – Carta 22/37 €
Dove assaggiare degli ottimi tortelli di zucca se non in questa trattoria di campagna, in posizione isolata e tranquilla? L'ambiente è molto accogliente e la cucina si fa apprezzare per la propria genuinità.

verso Guastalla Ovest : 3 km

Villa Montanarini
via Mandelli 29, località Villarotta ✉ 42045 Luzzara – ✆ 05 22 82 00 01 – www.villamontanarini.com – Chiuso 1°-15 gennaio e 1°-26 agosto
16 cam ☕ – †85/105 € ††110/130 €
Rist *Il Torchio* – *(chiuso domenica)* Carta 34/50 €
Elegante villa patrizia del '600, immersa nel verde della campagna reggiana: ambienti confortevoli e lussuosi, impreziositi da tappeti persiani, mobili d'epoca ed arazzi policromi. Le camere si caratterizzano per le ampie dimensioni e la signorilità.

Per utilizzare al meglio la guida, consultate le istruzioni per l'uso illustrate nelle pagine introduttive: simboli, classifiche e abbreviazioni non saranno più un mistero per voi!

REGGIO NELL'EMILIA (RE) – 562 H13 – 170 086 ab. – alt. 58 m 8 B3

Italia Centro-Nord

Roma 427 – Parma 29 – Bologna 65 – Milano 149

via Farini 1/A, ✆ 0522 45 11 52, www.municipio.re.it/turismo.

Matilde di Canossa via del Casinazzo 1, 0522 371295, www.matildedicanossagolf.it – chiuso lunedì

Madonna della Ghiara★ AZ

Piante pagine seguenti

Albergo delle Notarie
via Palazzolo 5 ✉ 42121 – ✆ 05 22 45 35 00 – www.albergonotarie.it – Chiuso 3 settimane in agosto AZr
51 cam ☕ – †105/155 € ††140/190 € – 3 suites
Rist *Delle Notarie* – vedere selezione ristoranti
Ricavato da un centralissimo palazzo d'epoca, questo signorile albergo si farà ricordare per l'ampiezza delle camere e la ricercatezza degli arredi.

Posta senza rist
piazza Del Monte 2 ✉ 42121 – ☎ 05 22 43 29 44 – www.hotelposta.re.it
– Chiuso vacanze di Natale e 3 settimane in agosto AZc
38 cam ☕ – 🚹79/160 € 🚹🚹99/205 € – 10 suites
Ubicata nel medievale Palazzo del Capitano del Popolo, una risorsa ricca di fascino e dalla lunga tradizione nell'arte dell'ospitare che dispone di eleganti ambienti.

Reggio – dependance Hotel Posta, senza rist
via San Giuseppe 7 – ☎ 05 22 45 15 33
– www.albergoreggio.it AZe
16 cam – 🚹58/80 € 🚹🚹69/105 €, ☕ 9 €
Ideale per partecipare alla vita culturale e commerciale di Reggio, offre ampie camere dagli arredi semplici e lineari.

Astoria Mercure cam, cam, cam,
viale Nobili 2 ✉ 42121 – ☎ 05 22 43 52 45
– www.mercurehotelastoria.com AYf
108 cam – 🚹64/180 € 🚹🚹69/225 €, ☕ 12 € – 2 suites
Rist *Officina Gastronomica* – vedere selezione ristoranti
Rist – *(chiuso agosto)* Carta 28/46 €
Una struttura che risponde agli standard della catena: ambienti comuni di gusto contemporaneo, impreziositi da lampadari in vetro di Murano, nonché ampie, luminose, camere.

Europa
viale Olimpia 2 ✉ 42122 – ☎ 05 22 43 23 23 – www.hoteleuropa.re.it
66 cam ☕ – 🚹75/120 € 🚹🚹95/150 € BZa
Rist *Europa* – vedere selezione ristoranti
Hotel d'ispirazione moderna, concepito soprattutto per una clientela d'affari, dispone di camere ampie e confortevoli. Il centro è raggiungibile a piedi in 10 minuti.

Airone cam,
via dell'Aeronautica 20, per via Adua ✉ 42122 – ☎ 05 22 92 41 11
– www.aironehotel.it BY
56 cam ☕ – 🚹70/150 € 🚹🚹70/150 € – 2 suites
Rist – *(chiuso 12-19 agosto e domenica) (solo a cena)* Menu 19 €
L'ubicazione nei pressi della tangenziale, ma a soli due chilometri dal centro, fa di questo albergo recente un punto d'appoggio ideale per una clientela d'affari.

B&B Del Vescovado senza rist
stradone Vescovado 1 ✉ 42101 – ☎ 05 22 43 01 57 – www.delvescovado.it
– Chiuso agosto AZd
6 cam ☕ – 🚹55/58 € 🚹🚹75/80 €
Entrando in questa risorsa si assapora la piacevole sensazione di sentirsi a casa. Lo stesso vale per le camere: arredate con mobili d'antiquariato, infondono un senso di grande armonia. A due passi dalla cattedrale.

Delle Notarie – Albergo delle Notarie
via Aschieri 4 – ☎ 05 22 45 37 00 – www.ristorantenotarie.it – Chiuso 3 settimane in agosto e domenica AZr
Rist – Menu 32 € – Carta 35/55 €
Ristorante raccolto, elegante e curato, propone piatti della tradizione con interessanti "escursioni" verso il mare e l'innovazione. A pranzo, possibilità di piatti più semplici.

Officina Gastronomica – Hotel Astoria Mercure
viale Nobili 2/c ✉ 42121 – ☎ 05 22 43 42 07
– www.mercurehotelastoria.com – Chiuso 24 dicembre-2 gennaio, agosto, sabato a mezzogiorno e domenica AYf
Rist – Carta 38/75 €
All'interno dell'hotel Mercure Astoria, le grandi vetrate permettono al locale di godere del verde del parco cittadino su cui si affaccia. Se lo stile dell'ambiente non lo caratterizza - in quanto potrebbe essere simile a Torino o a Siracusa - la cucina "parteggia" per le specialità regionali.

MANTOVA
PARMA, MILANO
VIA EMILIA
CAVRIAGO
LA SPEZIA
Via G. Galliano
Viale Trento Trieste
Via Fabio Filzi
Viale Isonzo
Via G. R. Fogliani
Viale Via M. Fanti
Piazza Giovanni Paolo II
Viale A. Allegri
PARCO DEL POPOLO
Viale L. Nobili
Via R. Franchetti
Via Emilia A S. Stefano
Madonna della Ghiara
PALAZZO DELLO SPORT
Corso G. Garibaldi
Via A. Secchi
Via Sessi
Via Roma
Viale Timavo
Via S. Beretti
Piazza Fiume
Via Digione
Via F. Cecati
Piazza A. Fontanesi
Via Toschi
Piazza A. Diaz
Viale Monte
Viale dei
Viale Simonazzi

A 1: MILANO, LA SPEZIA
MODENA, VERONA, BAGNOLO

P 468, CORREGGIO

VIA EMILIA
MODENA

REGGIO NELL'EMILIA

Via	Quadrante	N.
Adua (V.)	BY	
Alighieri (V. D.)	BYZ	
Allegri (Viale A.)	AY	
Ariosto (V. L.)	AZ	3
Beretti (V. S.)	AZ	
Cairoli (Cso B.)	AY	4
Campo Marzio (V.)	AZ	6
Campo Samarotto (V.)	BY	7
Cassoli (V. F.)	AZ	9
Cecati (V. F.)	AZ	
Crispi (V. F.)	AYZ	12
Cristo (V. del)	AZ	13
Diaz (Pza A.)	AZ	
Digione (V.)	AZ	
Duca d'Aosta (Pza)	AY	15
Duca degli Abruzzi (Pza)	BY	16
Emilia all' Angelo (V.)	AY	18
Emilia all' Ospizio (V.)	BZ	19
Emilia A. S. Pietro (V.)	ABZ	
Emilia A. S. Stefano (V.)	AY	
Eritrea (V.)	BZ	
Fanti (V. M.)	AY	
Filzi (V. F.)	AY	
Fiume (Pza)	AZ	
Fogliani (V. G. R.)	AY	
Fontanelli (V.)	BZ	
Fontanesi (Pza A.)	AZ	
Franchetti (V. R.)	AY	
Gabbi (V.)	BZ	
Galliano (V. G.)	AY	
Garibaldi (Cso G.)	AYZ	
Guasco (V.)	AY	21
Guazzatoio (V.)	AZ	22
Guidelli (V.)	AZ	24
Guido da Castello (V.)	AZ	25
Isonzo (Viale)	ABY	
Magenta (Viale)	AZ	26
Makallè (V.)	BY	
Malta (V.)	AZ	27
Martiri del 7 Luglio (Pza)	AY	28
Matteotti (V. G.)	BZ	
Mazzini (V. G.)	AY	30
Mille (Viale dei)	ABZ	
Monte Grappa (Viale)	ABZ	
Monte S. Michele (Viale)	BZ	
Monte (Pza del)	AZ	31
Monzermone (V.)	AYZ	33
Nobili (V. L.)	AY	
Olimpia (Viale)	BZ	34
Panciroli (V. G.)	AZ	36
Piave (Viale)	BYZ	
Porta Brenone (V.)	AZ	37
Prampolini (Pza C.)	AZ	39
Quattro Novembre (Viale)	BZ	40
Quinziane (V. delle)	AZ	41
Racchetta (V. della)	AZ	42
Ramazzini (Viale B.)	BY	
Regina Elena (Viale)	AY	43
Regina Margherita (Viale)	BY	
Risorgimento (Viale)	BZ	
Roma (V.)	ABY	
Roversi (Pza L.)	AZ	45
Secchi (V. A.)	AY	
Sessi (V.)	AYZ	
Sforza (V. G.)	BY	58
Simonazzi (Viale E.)	AZ	
Spallanzani (V. L.)	AY	60
Squadroni (V.)	AZ	61
S. Carlo (V.)	AZ	46
S. Domenico (V.)	BZ	48
S. Filippo (V.)	ABZ	
S. Girolamo (V.)	BZ	49
S. Martino (V.)	BZ	51
S. Pietro Martire (V.)	AZ	52
S. Prospero (Pza)	AZ	54
S. Rocco (V.)	AY	55
S. Zenone (Pza)	AZ	57
Timavo (Viale)	AYZ	
Toschi (V.)	AZ	
Trento Trieste (Viale)	AY	
Tricolore (Pza)	BZ	63
Umberto I (Viale)	AZ	64
Veneri (V. A.)	BY	
Vittoria (Pza della)	AY	66
Zaccagni (V.)	BZ	67

XX **Europa** – Hotel Europa
viale Olimpia 2 ✉ 42122 – ✆ 05 22 43 23 23 BZa
Rist – Carta 50/75 €
E' il bianco a dominare nella luminosa sala di questo ristorante, dove la pluriennale esperienza della famiglia Poli non passa certo inosservata... Dalla cucina, specialità ittiche e piatti tradizionali con – al primo posto – la pasta fatta in casa.

XX **Trattoria della Ghiara**
vicolo Folletto 1/C ✉ 42121 – ✆ 05 22 43 57 55 – Chiuso vacanze di Natale, 3 settimane in agosto, domenica e lunedì AZb
Rist – Menu 40 € – Carta 35/55 €
Ambiente rinnovato pochi anni or sono alla ricerca di un tono moderno e di una nuova e migliore accoglienza per le due sale del ristorante. Cucina attenta alle stagioni.

XX **A Mangiare**
viale Monte Grappa 3/a ✉ 42121 – ✆ 05 22 43 36 00 – www.ristoranteamagiare.it – Chiuso 1°-7 gennaio, 3 settimane in agosto e domenica BZc
Rist – Menu 38 € – Carta 35/51 €
Gestione giovane e dinamica per un ristorante classico, ubicato sulla cerchia che circonda il centro storico di Reggio: in menu sia la godereccia Emilia, sia i sapori nazionali.

X **Il Pozzo**
viale Allegri 7 ✉ 42121 – ✆ 05 22 45 13 00 – Chiuso 12-23 agosto, lunedì a mezzogiorno e domenica, anche sabato a mezzogiorno in luglio-agosto
Rist – Carta 33/55 € AYb
All'interno di un palazzo storico, in sale classiche o negli spazi che un tempo ospitavano l'enoteca (soffitto a volte ed atmosfera più conviviale), la cucina spazia dalla tradizione ai classici nazionali.

sulla strada statale 9 - via Emilia per ③: 4 km

Classic Hotel rist,
via Pasteur 121 ✉ 42122 San Maurizio – ✆ 05 22 35 54 11 – www.classic-hotel.it – Chiuso 9-25 agosto
91 cam – †59/295 € ††59/295 € – 2 suites
Rist *Sala de l'Amorotto* – *(chiuso domenica) (solo a cena)* Carta 29/57 €
Confort e ottimi servizi in un hotel che manifesta esplicitamente l'intenzione di dedicare attenzioni particolari alla clientela d'affari e congressuale (facendo in tal modo dimenticare la propria distanza dal centro...). Piatti nazionali e qualche specialità regionale al ristorante.

a San Bartolomeo Ovest: 9 km – ✉ 42123

Matilde di Canossa
via del Casinazzo 1/1, (all'interno del Golf Club) – ✆ 05 22 37 37 44 – www.matildedicanossaresort.com
54 cam – †77/250 € ††97/370 € – 6 suites
Rist *il Concilio* – vedere selezione ristoranti
Tra il verde di un campo da golf - in un nuovo complesso che ricrea un tipico borgo emiliano - hotel di sobria eleganza con camere spaziose, antiche cassettiere e moderna zona benessere.

XX **il Concilio**
via del Casinazzo 1/1, (all'interno del Golf Club) – ✆ 05 22 57 59 11 – www.ilconcilio.it – Chiuso domenica sera e lunedì
Rist – (consigliata la prenotazione) Carta 36/48 €
Nella verde cornice del golf, un ambiente di sobria eleganza con qualche citazione rustica. La cucina si lascia ammaliare dai sapori mediterranei, mettendo in primo piano la qualità prodotti.

RENON (RITTEN) – **Bolzano (BZ)** – **562** C16 – **6 848 ab.** – **alt. 800 m** **34** C2
– **Sport invernali : 1 530/2 260 m** 1 3,
Da Collalbo : Roma 664 – Bolzano 16 – Bressanone 52 – Milano 319

a Collalbo (Klobenstein) – **alt. 1 154 m** – ✉ **39054**

ℹ via Paese 5, ✆ 0471 35 61 00, www.suedtirol-it

Bemelmans Post rist,
via Paese 8 – ✆ 04 71 35 61 27 – www.bemelmans.com VISA
– Chiuso 25 febbraio-29 marzo
53 cam – †80/108 € ††82/116 € – 3 suites
Rist – *(chiuso sabato)* Menu 20/45 €
Un bel parco e un'affascinante fusione di antico e contemporaneo, le stufe originali e i complementi d'arredo più moderni. Può annoverare Sigmund Freud tra i suoi ospiti. Un'ampia sala da pranzo principale e tre stube più piccole ed intime.

Kematen VISA AE
località Caminata 29, Nord-Ovest : 2,5 km – ✆ 04 71 35 63 56 – www.kematen.it
– Chiuso 18 novembre-5 dicembre e 19 gennaio-11 febbraio
21 cam – †55/95 € ††110/220 € – 3 suites
Rist *Kematen* – vedere selezione ristoranti
Posizione incantevole e vista sulle cime dolomitiche, per questa casa con stube neogotiche, mobili e decorazioni in stile tirolese. Ampio giardino-terrazza per piacevoli momenti di relax.

Kematen – Hotel Kematen VISA AE
località Caminata 29, Nord-Ovest : 2,5 km – ✆ 04 71 35 63 56 – www.kematen.it
– Chiuso 19 gennaio-11 febbraio e 18 novembre-5 dicembre
Rist – Menu 25/55 € – Carta 23/78 €
Circondato da pascoli e boschi, il locale è stato ricavato in un antico fienile: avvolti dal "calore" del legno e dall'inconfondibile stile tirolese, è un piacere gustare le numerose proposte del territorio, nonché le specialità di stagione. Nei mesi caldi: qualche spunto mediterraneo e, soprattutto, la terrazza panoramica.

a Costalovara (Wolfsgruben) **Sud-Ovest : 5 km – alt. 1 206 m** – ✉ **39054**
Soprabolzano

Lichtenstern VISA
via Stella 8, Nord-Est : 1 km – ✆ 04 71 34 51 47 – www.lichtenstern.it
– Chiuso 15 gennaio-15 aprile
23 cam – †54/78 € ††116/156 € **Rist** – Carta 22/45 €
Un'oasi di pace, con uno stupendo panorama sulle Dolomiti. Conduzione familiare caratterizzata da uno spiccato senso dell'ospitalità; ambienti curati, freschi e luminosi. Accoglienti sale da pranzo rivestite in legno e una bella e ariosa veranda coperta.

Am Wolfsgrubener See VISA
Costalovara 14 – ✆ 04 71 34 51 19 – www.hotel-wolfsgrubenersee.com – Aperto 26 dicembre-17 febbraio e 26 aprile-2 novembre
25 cam – †134/202 € ††134/202 € **Rist** – *(chiuso lunedì)* Carta 20/53 €
Gli spazi interni sono generalmente ampi, e così le camere, luminose e arredate secondo lo stile altoatesino. In riva ad un lago che cinge l'albergo su tre lati. Molto apprezzato il servizio ristorante all'aperto nella bella terrazza a bordo lago.

a Soprabolzano (Oberbozen) **Sud-Ovest : 7 km – alt. 1 221 m** – ✉ **39054**

Park Hotel Holzner rist, VISA
via Paese 18 – ✆ 04 71 34 52 31 – www.parkhotel-holzner.com
– Chiuso 7 gennaio-22 marzo e 4-30 novembre
44 cam – †90/178 € ††180/356 € – 12 suites
Rist – *(chiuso domenica sera e lunedì)* Carta 49/102 €
Affascinante struttura d'inizio secolo sorta con la costruzione della ferrovia a cremagliera che raggiunge la località. Parco con tennis e piscina riscaldata; per famiglie. Gradevole la sala ristorante interna, così come la zona pranzo esterna.

RESIA (RESCHEN) – Bolzano (BZ) – 562 B13 – alt. 1 494 m — 33 A1

– Sport invernali : 1 400/2 500 m 1 5, – ✉ 39027
Roma 742 – Sondrio 141 – Bolzano 105 – Landeck 49
ℹ via Principale 61, ✆ 0473 63 31 01, www.passoresia.it

Al Moro-Zum Mohren
via Nazionale 30 – ✆ 04 73 63 31 20 – www.mohren.com
– Chiuso 10-25 dicembre e 15-30 giugno
26 cam ☕ – 🚹60/85 € 🚹🚹100/160 €
Rist – *(chiuso mercoledì a cena in bassa stagione)* Carta 24/41 €
In centro e sulla statale del passo, classico albergo di montagna altoatesino dalla salda ed affidabile conduzione familiare, che si fa apprezzare per la cura degli spazi comuni e delle ampie camere. Spaziosa zona ristorante, con tocchi di tipicità e tradizione.

REVERE – Mantova (MN) – 561 G15 – 2 594 ab. – alt. 16 m – ✉ 46036 17 D3

Roma 458 – Verona 48 – Ferrara 58 – Mantova 35

Il Tartufo
via Guido Rossa 13 – ✆ 03 86 84 60 76 – www.ristoranteiltartufo.com
– Chiuso 15 febbraio-10 marzo e giovedì
Rist – *(aperto domenica a cena su prenotazione)* Carta 34/95 €
Ristorante accolto da una villetta nella zona residenziale del paese. Cucina mantovana di ricerca, con specialità a base di tartufo. Atmosfera appartata e intima.

REVIGLIASCO – Torino (TO) – Vedere Moncalieri

REVINE – Treviso (TV) – 562 D18 – alt. 260 m – ✉ 31020 40 C2

Roma 590 – Belluno 37 – Milano 329 – Trento 131

Ai Cadelach-Hotel Giulia
via Grava 2 – ✆ 04 38 52 30 11 – www.cadelach.it
36 cam ☕ – 🚹60/115 € 🚹🚹90/150 €
Rist *Ai Cadelach* – vedere selezione ristoranti
Il giardino con piscina e tennis, il continuo potenziamento della struttura e delle dotazioni, la gestione attenta: un insieme di fattori che rendono la struttura piacevole. Le camere migliori si trovano nella dépendance sul retro.

Ai Cadelach – Hotel Giulia
via Grava 2 – ✆ 04 38 52 30 10 – www.cadelach.it
Rist – Menu 25 € (pranzo in settimana) – Carta 28/60 €
In una sala dallo stile rustico, o a bordo piscina nella bella stagione, il menu onora la tradizione locale, privilegiando le carni (soprattutto alla griglia): dalla classica fiorentina all'agnello d'Alpago. Per i seguaci di Bacco, un'ottima cantina gestita da uno dei titolari, Ennio.

REZZATO – Brescia (BS) – 561 F12 – 13 429 ab. – alt. 147 m – ✉ 25086 17 C1

Roma 522 – Brescia 9 – Milano 103 – Verona 63

La Pina
via Garibaldi 98, Sud : 1 km – ✆ 03 02 59 14 43 – www.lapina.it
28 cam ☕ – 🚹75/85 € 🚹🚹75/85 €
Rist – *(chiuso agosto e lunedì) (solo a cena)* Carta 26/50 €
Edificio anni '40 completamente ristrutturato con buona cura per dettagli e tecnologia; grande attenzione per la clientela d'affari, gestione affidabile e intraprendente. Due sale ristorante, la più grande per l'attività banchettistica.

RHÊMES-NOTRE-DAME – Aosta (AO) – 561 F3 – 95 ab. – alt. 1 723 m – Sport invernali : 1 696/2 200 m 2, – ✉ 11010 37 A2

Roma 779 – Aosta 31 – Courmayeur 45 – Milano 216

a Chanavey Nord : 1,5 km – alt. 1 696 m – ✉ 11010 Rhêmes-Notre-Dame

Granta Parey
– ✆ 01 65 93 61 04 – www.rhemesgrantaparey.com – Chiuso ottobre- novembre
31 cam – 🚹50/80 € 🚹🚹70/90 €, ☕ 12 € **Rist** – Carta 20/47 €
Nelle camere i pavimenti sono in legno e gli arredi in pino. Lo stesso calore, senza ricercatezze, lo si ritrova negli ambienti comuni. A pochi metri dalla pista di fondo. Offerta di ristorazione differenziata, da self-service a classica sala da pranzo.

RHO – **Milano (MI)** – **561** F9 – **50 686 ab.** – **alt. 158 m** – ✉ **20017** **18** A2

Roma 590 – Milano 16 – Como 36 – Novara 38

Green Club via Manzoni 45, 02 9370869, www.greenclubgolf.it

NH Fiera cam, cam, VISA AE

viale degli Alberghi 1 Rho-Fiera – ✆ 02 30 03 71 – www.nh-hotels.com – Chiuso 24 dicembre-7 gennaio e agosto

392 cam – 75/79 € 85/89 € – 6 suites **Rist** – Carta 40/65 €

Albergo dall'originale architettura all'interno del nuovo polo fieristico: vocato ad una clientela business offre un design minimalista di grande funzionalità.

La Barca VISA AE

via Ratti 54 – ✆ 0 29 30 39 76 – www.trattorialabarca.it – Chiuso 10 giorni in gennaio e 15 giorni in agosto

Rist – Menu 50/65 € – Carta 48/86 €

Il nome fornisce già un indizio sul tipo di cucina: specialità di mare, che variano in base alla disponibilità del mercato, e qualche excursus nella tradizione pugliese in un locale dalla consolidata gestione familiare. Ambiente moderno.

RIACE – **Reggio di Calabria (RC)** – **564** L31 – **1 977 ab.** – **alt. 300 m** – ✉ **89040** **5** B3

Roma 662 – Reggio di Calabria 128 – Catanzaro 74 – Crotone 128

a Riace Marina **Sud-Est : 9 km** – ✉ **89040 Riace**

Federica rist, VISA AE

via Nazionale 182 – ✆ 09 64 77 13 02 – www.hotelfederica.it

15 cam – 50/80 € 90/160 € – 1 suite **Rist** – Carta 19/43 €

Struttura recente, direttamente sulla spiaggia, a pochi metri dal mare blu dello Ionio. Condotta in modo serio e professionale da una giovane e frizzante gestione. Curata sala da pranzo con una grande capacità ricettiva; servizio all'aperto sotto un pergolato.

RICADI – **Vibo Valentia (VV)** – **564** L29 – **Vedere Tropea**

RICCIONE – **Rimini (RN)** – **562** J19 – **35 815 ab.** – **Stazione termale** – ✉ **47838** **9** D2

Roma 326 – Rimini 13 – Bologna 120 – Forlì 59

piazzale Ceccarini 11, ✆ 0541 69 33 02, www.riccione.it

piazzale Cadorna, ✆ 0541 60 69 84

Grand Hotel Des Bains rist, VISA AE

viale Gramsci 56 – ✆ 05 41 60 16 50 – www.grandhoteldesbains.com

70 cam – 95/200 € 140/300 € – 6 suites

Rist – *(solo a cena in inverno)* Carta 38/50 €

Sfarzo, originalità e charme per questo albergo centrale. L'ingresso è abbellito da una fontana, mentre ogni ambiente pullula di marmi, stucchi, specchi e dorature. Notevole anche la zona benessere.

Luna rist, VISA AE

viale Ariosto 5 – ✆ 05 41 69 21 50 – www.lunariccione.it

45 cam – 80/140 € 110/200 € – 8 suites

Rist – *(aperto 1° maggio-30 settembre)* Carta 32/50 €

L'eleganza esterna dell'edificio è solo un anticipo dei luminosi ambienti all'interno: una piccola risorsa in cui confort e raffinatezza si fondono con la verdeggiante tranquillità della zona residenziale in cui si inserisce. Un piacevole stile mediterraneo in sala da pranzo, con accenni di gusto contemporaneo.

Atlantic rist, VISA AE

lungomare della Libertà 15 – ✆ 05 41 60 11 55 – www.hotel-atlantic.com

64 cam – 75/390 € 110/460 € – 5 suites **Rist** – Carta 32/78 €

Bianco e blu sono i colori dominanti di questa grande struttura mediterranea affacciata sul mare. A disposizione degli ospiti anche zone relax ben distribuite e una attrezzata zona benessere. Elegante e panoramica la sala da pranzo.

Corallo rist,

viale Gramsci 113 – ✆ 05 41 60 08 07 – www.corallohotel.com – Chiuso 21-27 dicembre

99 cam – 125/225 € 145/240 € – 33 suites **Rist** – Carta 30/80 €

Imponente struttura per una vacanza in grande stile, arricchita da un complesso fronte mare con eleganti suite e una deliziosa piscina. Colori chiari e grandi motivi a rilievo sulle pareti nella spaziosa sala da pranzo.

Roma rist,

lungomare della Libertà 11 – ✆ 05 41 69 32 22 – www.hotelroma.it

44 cam – 50/145 € 70/250 € – 2 suites

Rist – *(aperto 16 maggio-19 settembre)*

A pochi passi dal celebre viale Ceccarini, edificio dei primi '900 con splendido ingresso sull'elegante lungomare fra verde e terrazze. Camere classiche o moderne, da preferire quelle con vista.

Ambasciatori rist,

viale Milano 99 – ✆ 05 41 60 65 17 – www.ambasciatorihotel.net

70 cam – 115/180 € 150/240 € – 2 suites **Rist** – Carta 30/61 €

Albergo moderno e lineare, assolutamente in prima fila: con i recenti rinnovi la casa si è dotata di servizi completi, come il centro benessere e le 2 wellness-suite! Sul lungomare si apre anche il bistrot per gli aperitivi.

Diamond rist,

viale Fratelli Bandiera 1 – ✆ 05 41 60 26 00 – www.hoteldiamond.it – Aperto Pasqua-30 settembre

39 cam – 45/110 € 80/170 € **Rist** – *(solo per alloggiati)* Menu 28/40 €

Un bel giardino circonda questo gradevole hotel a conduzione familiare, che dispone di camere confortevoli arredate in stile mediterraneo. Una particolare organizzazione tiene impegnati i piccoli ospiti.

Select rist,

viale Gramsci 89 – ✆ 05 41 60 06 13 – www.hotelselectriccione.com

40 cam – 49/229 € 59/259 € – 10 suites **Rist** – Menu 25 €

Un ombreggiato giardino e alberi ad alto fusto circondano l'edifico e garantiscono una fresca siesta pomeridiana! All'interno, spazi dal design contemporaneo, camere minimaliste con spaziosi letti gemelli e 250 mq di benessere presso la nuovissima spa.

Novecento cam, rist,

viale D'Annunzio 30 – ✆ 05 41 64 49 90 – www.hotelnovecento.it – Chiuso novembre-dicembre

33 cam – 39/100 € 59/160 €

Rist – *(aperto Pasqua e 15 maggio-30 settembre) (solo per alloggiati)* Menu 15/25 €

Una piccola piscina con angoli idromassaggio, nonché giochi d'acqua, e poi la bella facciata Liberty a denunciare le origini della struttura: uno dei primi alberghi nati a Riccione agli inizi del XX secolo. Al ristorante: pranzo a buffet e servizio al tavolo per la cena.

Arizona

viale D'Annunzio 22 – ✆ 05 41 64 44 22 – www.hotelarizona.com – Aperto Pasqua-30 settembre

64 cam – 85/160 € 140/250 €, 6 € **Rist** – Menu 25 €

Fronte mare, ciclisti e bambini sono i benvenuti in questo albergo tipicamente balneare. Camere semplici, ma piacevoli, e luminose.

Admiral rist,

viale D'Annunzio 90 – ✆ 05 41 64 22 02 – www.hoteladmiral.com – Aperto 15 maggio-30 settembre

44 cam – 45/62 € 70/120 €, 13 € – 4 suites **Rist** – *(solo per alloggiati)*

Validissima gestione familiare, riscontrabile nella cura del minimo dettaglio e nelle inesauribili attenzioni riservate al cliente. Si respira un'atmosfera di residenza privata.

Gemma
viale D'Annunzio 82 – 05 41 64 34 36 – www.hotelgemma.it – Chiuso 20-27 dicembre
38 cam – 40/90 € 70/160 € – 3 suites
Rist – *(aperto 1° marzo-31 ottobre)* Menu 18 €
La passione della gestione, interamente rivolta all'accoglienza degli ospiti, è visibile tanto negli esterni, quanto negli ambienti comuni e nelle confortevoli stanze.

Poker
viale D'Annunzio 61 – 05 41 64 77 44 – www.hotelpoker.it
60 cam – 45/85 € 70/150 €
Rist – *(aperto 15 marzo-30 settembre)* Carta 36/53 €
Rinomato tra gli appassionati ciclisti che vi trovano facilitazioni, il Poker offre camere moderne e lineari, sobrie e pulite. Cucina casalinga.

Gala senza rist
viale Martinelli 9 – 05 41 60 78 22 – www.hotelgalariccione.com – Chiuso 1°-28 dicembre
28 cam – 70/90 € 110/140 €
Piccolo gioiello dai servizi contenuti, ma dall'indiscutibile charme: stile minimalista e moderno, bei bagni e diverse camere con spaziose terrazze.

Darsena
viale Galli 5 – 05 41 64 80 64 – www.darsenahotel.it – Chiuso febbraio
36 cam – 40/70 € 70/130 €
Rist – *(aperto 1° aprile-30 settembre)* Menu 16/28 €
Semplice e funzionale, poco lontano dal mare offre camere recentemente ristrutturate, tutte dotate di un piccolo balcone; una di esse è stata proprio dedicata al mare. Accogliente e affidabile gestione familiare.

Atlas
viale Catalani 28 – 05 41 64 66 66 – www.atlashotel.it – Aperto 1° maggio-30 settembre
38 cam – 30/60 € 70/140 €
Rist – *(aperto 1° giugno-30 settembre) (solo per alloggiati)* Menu 15/35 €
Una di quelle risorse che hanno contribuito a costruire la fama e la forza della riviera romagnola: calorosa gestione, tante attenzioni per l'ospite, nonché camere di diverse tipologie a prezzi interessanti.

Mon Cheri
viale Milano 9 – 05 41 60 11 04 – www.hotelmoncheri.com – Aperto Pasqua-30 settembre
52 cam – 60/105 € 90/155 € **Rist** – Menu 15 €
Bianca struttura moderna in prima fila sul mare, la casa si rivolge chiaramente ad un turismo balneare e le sue attenzioni sono rivolte alle famiglie. Ampi balconi nelle stanze. Luminosa e panoramica la sala da pranzo.

Romagna
viale Gramsci 64 – 05 41 60 06 04 – www.hotelromagnariccione.com – Aperto Pasqua-15 settembre
50 cam – 55/85 € 65/106 €, 8 € **Rist** – *(solo per alloggiati)*
Poco distante dal vivace centro, una struttura non moderna, ma ben tenuta, con un'oasi all'aperto interamente dedicata al benessere: sauna, bagno turco e palestra.

Lugano
viale Trento Trieste 75 – 05 41 60 66 11 – www.hotellugano.com – Aperto 15 maggio-15 settembre
30 cam – 60/90 € 70/100 € **Rist** – *(solo a cena) (solo per alloggiati)*
In prossimità delle Terme e del fulcro della mondanità locale, ma pur sempre in zona tranquilla, cordiale gestione familiare in un albergo completamente rinnovato.

Cannes rist,

via Pascoli 6 – ✆ 05 41 69 24 50 – www.hotelcannes.net – Aperto 1° aprile-20 settembre

27 cam – 70/125 € 70/125 € **Rist** – *(solo per alloggiati)*

Gestione giovane in un albergo completamente rinnovato, in posizione centrale; ambienti resi ancor più accoglienti dalle calde tonalità delle pareti e degli arredi.

Carlo

lungomare della Repubblica, zona 72 – ✆ 05 41 69 28 96 – Aperto 1° marzo-30 ottobre

Rist – Carta 37/95 €

Tavolini all'aperto sullo "struscio" del lungomare o quasi sulla spiaggia, ma la cena più romantica è una prenotazione al primo piano con vista sulla costa illuminata. Cucina di pesce.

Da Fino

Via Galli 1 – ✆ 05 41 64 85 42 – www.dafino.it – Chiuso 9-23 dicembre e mercoledì in inverno

Rist – Menu 30/40 € – Carta 31/90 €

Le acque del porto canale lambiscono la terrazza di questo ristorante dal design moderno; ampie finestre scorrevoli consentono anche a chi pranza all'interno di gustare con lo sguardo la posizione. Un menù vegetariano ed uno per bambini.

RIETI P (RI) – **563** O20 – **47 774 ab.** – **alt. 405 m** – ✉ **02100** **13** C1

Italia Centro-Sud

Roma 78 – Terni 32 – L'Aquila 58 – Ascoli Piceno 113

piazza Vittorio Emanuele, ✆ 0746 20 32 20, www.apt.rieti.it

Belmonte località Zoccani, 0765 77377, www.golfbelmonte.com – chiuso lunedì

Centro d'Italia via Tavola d'Argento 5, 0746 229035, www.golfclubcentroditalia.it – chiuso lunedì

Giardino Pubblico★ in piazza Cesare Battisti – Volte★ del palazzo Vescovile

Park Hotel Villa Potenziani

via San Mauro 6 – ✆ 07 46 20 27 65 – www.villapotenziani.it – Chiuso 1° gennaio-31 marzo

28 cam – 100/130 € – 1 suite

Rist *Belle Epoque* – vedere selezione ristoranti

Raffinata ed accogliente, intima e maestosa, la dimora di caccia settecentesca racconta tra gli affreschi e i dettagli dei suoi ambienti la storia della ricca famiglia reatina.

Miramonti

piazza Oberdan 5 – ✆ 07 46 20 13 33 – www.hotelmiramonti.rieti.it

25 cam – 70/130 € 70/130 € – 2 suites

Rist *Da Checco al Calice d'Oro* – vedere selezione ristoranti

Soffermatevi nella Sala Romana: di fronte a voi il punto in cui partiva la trecentesca cinta muraria della città! Ma la risorsa non è solo il palazzo più antico di Rieti, Miramonti offre infatti camere accoglienti e servizi up-to-date.

Cavour N cam,

piazza Cavour 19 – ✆ 07 46 48 52 52 – www.hotelcavour.net

38 cam – 45/65 € 78/110 €

Rist – *(chiuso venerdì, sabato e domenica) (solo a cena)* Menu 18 €

Affacciato sul fiume Velino e non lontano dal centro città, ecco un albergo moderno e semplicissimo, riaperto dopo totale rinnovo alla fine del 2008.

Bistrot

piazza San Rufo 25 – ✆ 07 46 25 13 25 – www.bistrotrieti.it – Chiuso ottobre-novembre, domenica e lunedì

Rist – (prenotazione obbligatoria a mezzogiorno) Menu 20/30 € – Carta 31/35 €

Locale accogliente e romantico, affacciato su una graziosa e tranquilla piazzetta, dove gustare le specialità della tradizione locale spesso corrette con gusto personale. Non mancano piatti a base di pesce, sebbene la specialità della casa siano i maltagliati alla "Bistrot".

Belle Epoque – Park Hotel Villa Potenziani
via San Mauro 6 – ✆ 07 46 20 27 65 – www.villapotenziani.it – Chiuso 1° gennaio-31 marzo e lunedì
Rist – *(solo a cena)* Menu 30 € – Carta 32/60 €
Un soffitto ligneo dei primi del '900 sormonta la sontuosa sala da pranzo, riscaldata da un enorme camino. Il menu narra la cucina italiana spaziando dal nord al sud: risotto al balsamico mantecato con parmigiano, noci e fichi - bocconcini di ombrina croccanti al profumo di arance - petto d'anatra in salsa di prezzemolo e mandorle.

Da Checco al Calice d'Oro – Hotel Miramonti
piazza Oberdan 5 – ✆ 07 46 20 42 71 – www.dachecco.rieti.it – Chiuso 30 luglio-13 agosto e lunedì
Rist – Menu 25/50 € – Carta 33/66 €
Se dopo una giornata di escursioni - Rieti è un ottimo punto di partenza per seguire i passi di S. Francesco, che visse e predicò nei dintorni - l'appetito si fa sentire, fermatevi qui per rifocillarvi con deliziosi piatti della tradizione reatina: tagliolini al limone, bolliti, fritto misto ed altro ancora.

RIGUTINO – Arezzo (AR) – 563 I17 – Vedere Arezzo

RIMINI P (RN) – 562 J19 – 143 321 ab. – Stazione termale 9 D2

Italia Centro-Nord

Roma 334 – Ancona 107 – Milano 323 – Ravenna 52

di Miramare per ①: 5 km ✆ 0541 715755

piazzale Cesare Battisti 1, ✆ 0541 5 13 31, www.riminiturismo.it

Aeroporto, ✆ 0541 37 87 31

18 via Molino Bianco 109, 0541 678122, www.riminiverucchiogolf.it – chiuso lunedì da novembre a febbraio

Località★★ • Tempio Malatestiano★★ ABZ **A:** S. Malatesta davanti a S. Sigismondo★★di Piero della Francesca • Crocefisso su tavola★★di Giotto • Pietà★ di G. Bellini nel Museo della Città AZ[15]

Pianta pagina seguente

Card International senza rist
via Dante Alighieri 50 ✉ 47921 – ✆ 0 54 12 64 12 – www.hotelcard.it
53 cam ☕ – †68/350 € ††88/350 € – 2 suites BZg
Indubbiamente "International", grazie alle foto d'autore che contraddistinguono ogni camera, ciascuna dedicata ai viaggi. Espressamente studiato per una clientela business, l'hotel offre soluzioni tecnologiche e di confort all'avanguardia.

Dallo Zio
via Santa Chiara 16 ✉ 47921 – ✆ 05 41 78 67 47 – www.ristorantedallozio.it
Rist – (consigliata la prenotazione) Menu 30/50 € – Carta 24/63 € AZb
Un giovane cuoco s'ispira ai classici dell'Adriatico: dal crudo agli antipasti misti e grigliate, serviti in salette moderne alle quali fanno eco *affiche* pubblicitarie retrò.

Quartopiano Suite Restaurant
via Chiabrera 34/b, per via Lagomaggio ✉ 47924 – ✆ 05 41 39 32 38 – www.quartopianoristorante.com – Chiuso sabato a mezzogiorno e domenica
Rist – Carta 35/66 € BZp
Gestione esperta e competente, in un locale moderno all'ultimo piano di un edificio adibito ad uffici. A pranzo, buffet o menu degustazione di carne o pesce. La sera, servizio à la carte.

Osteria de Börg
via Forzieri 12 ✉ 47921 – ✆ 0 54 15 60 74 – www.osteriadeborg.it AYc
Rist – (consigliata la prenotazione) Menu 15 € (pranzo in settimana)/35 € – Carta 21/51 €
Ambiente rustico, ma curato, per questo ristorante in Borgo San Giuliano: specialità di carne e selezione di salumi e formaggi di produttori locali. Gradevole dehors estivo.

al mare

piazzale Fellini 3, ✆ 0541 5 69 02, www.riminiturismo.it

Grand Hotel Rimini

parco Federico Fellini 1 ✉ *47921 –* ✆ *0 54 15 60 00 – www.grandhotelrimini.com* BYg

164 cam – †100/310 € ††155/470 € – 4 suites

Rist *La Dolce Vita* – vedere selezione ristoranti

Lussuose camere dall'atmosfera vagamente retrò, saloni decorati con stucchi, mobili in stile ed un parco con piscina riscaldata: Grand Hotel Rimini, da più di un secolo, l'icona della città!

Holiday Inn Rimini

cam, rist,

viale Vespucci 16 ✉ *47921 –* ✆ *0 54 15 22 55 – www.hirimini.com* BYk

64 cam – †149/219 € ††159/290 € – 8 suites

Rist *Il Melograno e ristorante Panoramico* – *(solo a cena escluso in estate)* Carta 80/130 €

Struttura frontemare con eleganti camere, raffinati accessori ed un personale di rara cortesia, che coccola il cliente come fosse il solo.

i-Suite

viale Regina Elena 28 ✉ 47921 – ✆ 05 41 30 96 71 – www.i-suite.it
49 cam – 🛉150/320 € 🛉🛉200/450 € – 1 suite BZa
Rist *i-Fame* – vedere selezione ristoranti
Innovativo sin dall'esterno: è un tripudio di luce e trasparenze in ambienti essenziali e minimalisti. Nella panoramica Spa, non mancano gli ultimi ritrovati tecnologici.

National

viale Vespucci 42 ✉ 47921 – ✆ 05 41 39 09 44 – www.nationalhotel.it – Chiuso 20 dicembre-16 gennaio BYZb
84 cam – 🛉90/250 € 🛉🛉110/300 € – 15 suites
Rist – *(aperto 1° aprile-15 ottobre)* Menu 35/50 €
Se varcando la soglia, vasi, statue e preziosi mobili antichi ornano una delle hall più artistiche di Rimini, salendo al piano attico nel centro wellness, idromassaggio ed una superba vista si alleano a favore dell'ospite. Prenotando le camere, optare per le ultime nate: sobrie e moderne, in legno chiaro.

De Londres senza rist

viale Vespucci 24 ✉ 47921 – ✆ 0 54 15 01 14 – www.hoteldelondres.it
51 cam – 🛉99/155 € 🛉🛉129/250 € – 3 suites BYw
In prima fila sul mare, eleganza e charme si fondono alla tecnologia e ai confort attuali; il candore degli esterni, un piacevole contrappunto ai caldi ambienti che ricreano uno stile anglosassone. Meritevole di visita la stupenda Penthouse Spa.

Club House senza rist

Viale Vespucci 52 ✉ 47921 – ✆ 05 41 39 14 60 – www.clubhouse.it
49 cam – 🛉60/350 € 🛉🛉80/450 € – 1 suite BZd
Recentemente ristrutturata, una casa dal design moderno ed elegante con ampi balconi che girano intorno a ciascun piano, di cui il primo leggermente sopraelevato. Imperdibile la prima colazione.

Le Meridien Rimini

lungomare Murri 13 ✉ 47921 – ✆ 05 41 39 66 00 – www.lemeridien.com/rimini
108 cam – 🛉89/400 € 🛉🛉131/400 € – 2 suites BZd
Rist *Soleiado* – vedere selezione ristoranti
Su progetto dell'architetto P. Portoghesi, un'architettura curiosa: un'ampia "conchiglia" rivolta verso il viale centrale, dove l'ingresso principale è però sul lungomare. Al suo interno, tutti i confort propri alla catena, belle camere, molte delle quali affacciate sull'Adriatico.

Le Rose Suite Hotel Ⓝ senza rist

viale regina Elena 46 ✉ 47921 – ✆ 05 41 39 42 89 – www.lerosesuitehotel.com BZk
50 cam – 🛉75/250 € 🛉🛉85/280 €
Ricorda vagamente una casa coloniale, tutta bianca, questo accogliente albergo gestito con dinamismo e passione: risorsa che incontra il gusto di una clientela giovane, ma anche di famiglie con figli al seguito (quasi tutte le camere sono dotate di angolo cottura).

Luxor senza rist

viale Tripoli 203 ✉ 47921 – ✆ 05 41 39 09 90 – www.riminiluxor.com – Chiuso 8-27 dicembre BZm
34 cam – 🛉72/130 € 🛉🛉102/190 €
Originalità e dinamismo. La realizzazione di questo edificio è stata affidata ad un architetto specializzato in discoteche: ricorrente è il motivo delle conchiglie, dalla facciata alle testiere del letto.

Levante

viale Regina Elena 88 ✉ 47921 – ✆ 05 41 39 25 54 – www.hotel-levante.it
54 cam – 🛉50/150 € 🛉🛉60/250 € BZc
Rist – *(aperto 1° giugno-30 settembre) (solo per alloggiati)*
Simpatica e suggestiva la piscina idromassaggio con giochi d'acqua che si trova in giardino! Belle, colorate e confortevoli le camere, realizzate in tre stili leggermente diversi.

Artis senza rist
viale Vespucci 38 ✉ 47921 – ✆ 05 41 38 23 40 – www.artishotel.it BY**s**
57 cam – 80/200 € 100/250 €
Costruito in anni recenti, Artis si caratterizza per la sua architettura fatta di forme "pulite" e lineari. Anche all'interno, poche concessioni agli orpelli: si è pensato piuttosto a creare ambienti di moderno design e camere ben accessoriate. E per chi non ama svegliarsi presto, la prima colazione è servita fino alle ore 12.

King rist,
viale Vespucci 139 ✉ 47921 – ✆ 05 41 39 05 80 – www.hotelkingrimini.com – Chiuso 15-28 dicembre BZ**f**
42 cam – solo ½ P 49/110 €
Rist – *(aperto giugno-14 settembre) (solo per alloggiati)* Menu 18 €
Poco distante dal centro storico, la struttura offre camere semplici, ordinate e confortevoli, arredate secondo lo stile veneziano, caratterizzate da colori differenti a seconda della tipologia.

ACasaMia WelcHome Hotel senza rist
viale Parisano 34 ✉ 47921 – ✆ 05 41 39 13 70 – www.acmhotel.com – Chiuso 20-28 dicembre BZ**x**
37 cam – 40/110 € 60/135 €
Luminosa e vivacemente colorata, per una tappa che salta dal salato al dolce, la sala colazioni sarà il miglior appuntamento per iniziare le vostre giornate. La pregevole collocazione centrale, ma vicino al mare e la cordiale gestione faranno il resto!

Rondinella e Viola rist,
via B.Neri 3, per viale Regina Elena ✉ 47921 – ✆ 05 41 38 05 67 – www.hotelrondinella.it – Aperto Pasqua-30 settembre BZ**n**
59 cam – 38/55 € 56/86 €, 4 € **Rist** – Menu 20 €
Pionieri del turismo riminese, aprirono poco dopo la guerra. A più di sessant'anni da quel felice esordio, questa tranquilla struttura vicino al mare assicura ancora camere semplici, ma ordinate e pulite.

La Dolce Vita – Grand Hotel Rimini
parco Federico Fellini 1 ✉ 47921 – ✆ 0 54 15 60 00 – www.grandhotelrimini.com BY**g**
Rist – Carta 50/72 €
Se la cucina pesca dal mare e strizza l'occhio alle specialità di carne, in terra romagnola non possono mancare eccellenti primi; ambienti sontuosi ed un nome che è tutta una promessa!

Soleiado – Hotel le Meridien Rimini
lungomare Murri 13 ✉ 47921 – ✆ 05 41 39 58 42 – www.lemeridien.com/rimini – Chiuso lunedì escluso giugno-settembre BZ**d**
Rist – Carta 33/86 €
Ristorante di piacevole impatto, dal taglio sobrio e minimalista, è l'indirizzo giusto dove assaporare la vera cucina romagnola, pesce e frutti di mare.

Lo Squero
lungomare Tintori 7 ✉ 47921 – ✆ 0 54 12 76 76 – www.ristorantelosquero.com – Chiuso novembre-15 gennaio e martedì escluso agosto BY**h**
Rist – Carta 42/70 €
Tanti coperti e altrettanto pesce: sono le cifre di un ristorante simbolo della cucina di mare, dopo decenni d'inossidabile attività. Tanti affezionati clienti si possono sbagliare?

i-Fame – Hotel i-Suite
viale Regina Elena 28 ✉ 47921 – ✆ 05 41 38 63 31 – www.i-fame.it – Chiuso lunedì BZ**a**
Rist – *(solo a cena escluso giugno-settembre)* Carta 40/85 €
In una bella sala, che riprende lo stile bianco e moderno dell'albergo, piatti creativi ed elaborati con una continua ricerca delle eccellenze a "chilometro zero".

Oberdan
via Destra del Porto 159 ✉ 47921 – ✆ 0 54 12 78 02 – Chiuso mercoledì
Rist – (consigliata la prenotazione) Carta 35/51 € BYa
Foto d'epoca, alcune nasse appese in sala fungono da separè e caratterizzano l'atmosfera marinara di questo locale moderno ed elegante, evoluzione di un antico chiosco sul porto canale. Cucina esclusivamente di mare.

a Rivazzurra per ① : 4 km – ✉ 47924

De France cam,
viale Regina Margherita 48 – ✆ 05 41 37 15 51 – www.hoteldefrance.it – Aperto 1° maggio-30 settembre
75 cam – 55/95 € 80/155 € – 9 suites **Rist** – *(solo a cena)* Menu 14 €
In prima fila sul mare, la hall si apre su un grande portico coperto che diventa la sala di soggiorno estiva, direttamente affacciata sulla piscina. Gestione prettamente familiare.

a Viserba per ④ : 5 km – ✉ 47922

viale G. Dati 180/a, ✆ 0541 73 81 15, www.riminiturismo.it

Zeus rist,
viale Porto Palos 1 – ✆ 05 41 73 84 10 – www.hotelzeus.net – Chiuso 15 novembre-20 gennaio
48 cam – solo ½ P 65/120 € **Rist** – Carta 20/35 €
Praticamente sarete già in spiaggia! Dopo importanti lavori di restyling, questa risorsa dalla simpatica gestione familiare si presenta con camere rinnovate e ben accessoriate.

a Miramare per ① : 5 km – ✉ 47924

viale Martinelli 11/a, ✆ 0541 37 21 12, www.riminiturismo.it

Terminal Palace & Spa cam, cam,
viale Regima Margherita 100 – ✆ 05 41 37 87 72 – www.terminalpalace.it
85 cam – 67/100 € 114/260 €
Rist – *(aperto 1° giugno-30 settembre) (solo per alloggiati)*
Rist *Marechiaro* – ✆ 05 41 37 58 97 *(solo a cena)* Carta 20/44 €
"Rinato" dopo due anni di importanti lavori di ristrutturazione, Terminal Palace & Spa è ora un hotel moderno dotato di tutti i migliori confort e, come suggerisce il nome, provvisto di un wellness center. Non fa difetto nemmeno la posizione, proprio di fronte alla spiaggia.

Guido (Gian Paolo Raschi)
lungomare Spadazzi 12 – ✆ 05 41 37 46 12 – www.ristoranteguido.it – Chiuso lunedì
Rist – *(solo a cena escluso sabato ed i giorni festivi)* Menu 65/75 € – Carta 53/82 €
➜ Cappelletti alle poveracce (vongole). Calamari: fritto aromatico. Quel montato di un caffè.
Un legame con il mare che non si è mai interrotto, dal 1946 ad oggi: sulla spiaggia, di fronte al blu, la cucina esalta i profumi del pescato in piatti che rinnovano le tradizioni dell'Adriatico.

a Viserbella per ④ : 6 km – ✉ 47922

Apollo
via Spina 3 – ✆ 05 41 73 46 39 – www.apollohotel.it – Aperto 1° aprile-30 settembre
56 cam – 80/130 € 80/130 € – 2 suites **Rist** – Menu 20 €
Albergo dall'arredo sobrio, ma curato, dispone di un baby club per il divertimento degli ospiti più picccoli ed il relax di quelli più adulti; il tutto in un contesto tranquillo, non lontano dalla spiaggia.

Life

via Porto Palos 34 – ✆ *05 41 73 83 70* – *www.hotellife.it* – *Chiuso dicembre*
51 cam – 🚹39/110 € 🚹🚹49/160 € – 2 suites
Rist – *(aperto 1° aprile-30 settembre)* Menu 15/30 €
Un edificio recente che mostra il meglio di sé al proprio interno: camere confortevoli, nella loro discreta semplicità, nonché spazi comuni ampi e ben rifiniti.

Albatros

rist, rist,

via Porto Palos 170 – ✆ *05 41 72 03 00* – *www.hotelalbatros.biz* – *Aperto 10 maggio-20 settembre*
44 cam – 🚹35/50 € 🚹🚹70/80 € – 1 suite **Rist** – Menu 20 €
Schiettezza e simpatia ben si sposano con la professionalità di questa gestione familiare; posizione strategica - direttamente sul mare - e camere confortevoli, rendono la risorsa particolarmente interessante per le famiglie.

Diana

rist,

via Porto Palos 15 – ✆ *05 41 73 81 58* – *www.hoteldiana-rimini.com* – *Aperto 1° marzo-30 settembre*
38 cam – 🚹25/50 € 🚹🚹50/70 €, 5 € **Rist** – Menu 20/30 €
Proprio di fronte alla spiaggia, offre una grande piscina, servizio gratuito di biciclette, ampi spazi all'aperto per il relax e una gestione familiare sempre attenta ai bisogni della clientela. Camere in progressivo rinnovo, prenotare una delle più nuove.

a Coriano Sud-Ovest: 6.5 km – ✉ 47853

Vite Ⓝ

via Montepirolo 7 – ✆ *05 41 75 91 38* – *www.ristorantevite.it*
Rist – *(solo a cena in giugno-agosto)* (prenotare) Carta 24/44 €
Vite è il ristorante della comunità di San Patrignano. E sono proprio i ragazzi di "Sampa" a svolgere il servizio in cucina e in sala, guidati dall'esperienza e bravura dello chef, Fabio Rossi, che propone una cucina moderna in gran parte basata su materie prime prodotte in casa.

RIO DI PUSTERIA – Bolzano (BZ) – 562 B16 – 2 961 ab. – alt. 777 m 34 C1

– **Sport invernali : a Maranza e Valles : 1 350/2 512 m 3 13 (Comprensorio Dolomiti superski Valle Isarco)** – ✉ **39037**

Roma 689 – Bolzano 48 – Brennero 43 – Brunico 25

via Katharina Lanz 90, ✆ 0472 88 60 48, www.gitschberg-jochtal.com

Giglio Bianco-Weisse Lilie

piazza Chiesa 2 – ✆ *04 72 84 97 40* – *www.weisselilie.it* – *Chiuso 15-30 giugno*
13 cam – 🚹32/38 € 🚹🚹64/76 € **Rist** – *(solo per alloggiati)*
Semplice alberghetto a conduzione familiare, collocato nella piazzetta pedonale del caratteristico centro storico della località montana. Poche funzionali camere.

Ansitz Strasshof

via Spinga 2 – ✆ *04 72 88 61 42* – *Chiuso 2 settimane in giugno-luglio, martedì a cena e mercoledì*
Rist – (coperti limitati, prenotare) Carta 33/57 €
Graziosa osteria con pochi piatti in carta, integrati da specialità proposte a voce: un po' di territorio (coniglio alla cacciatora con purea di patate), un po' di mare e qualche specialità dalla terra d'origine della cuoca, la Sardegna (malloreddus, culurgiones, etc.).

a Valles (Vals)Nord-Ovest : 7 km – alt. 1 354 m – ✉ 39037 Rio Di Pusteria

Huber

cam, rist,

Via della Chiesa 4 – ✆ *04 72 54 71 86* – *www.hotelhuber.com* – *Chiuso 7 aprile-19 maggio e 22 ottobre-14 dicembre*
34 cam – 🚹80/120 € 🚹🚹160/220 € **Rist** – *(solo per alloggiati)* Carta 26/44 €
L'inestimabile bellezza delle verdissime vallate, fa da sfondo naturale a vacanze serene e tranquille. Accogliente gestione familiare particolarmente indicata per famiglie.

Masl

Unterlande 21 – 0472547187 – www.hotel-masl.com – Aperto 1° dicembre-15 aprile e 15 maggio-31 ottobre
30 cam – 69/107 € 69/107 € – 7 suites **Rist** – *(solo per alloggiati)*
Modernità e tradizione con secoli di vita alle spalle (dal 1680). Grande cordialità in questo hotel circondato da boschi e prati, verdi o innevati in base alle stagioni.

Moarhof

Birchwald 10 – 0472547194 – www.hotel-moarhof.it – Chiuso 14 aprile-18 maggio e 3 novembre-5 dicembre
27 cam – 52/90 € 84/160 € – 9 suites
Rist – *(solo a cena) (solo per alloggiati)*
Questo moderno albergo si trova nella splendida valle Pusteria, accanto ai campi della scuola di sci. Camere luminose e confortevoli. Piscina con vetrata sui prati.

RIOMAGGIORE – La Spezia (SP) – 561 J11 – 1 693 ab. – 19017 — 15 D2

Liguria

Roma 447 – Genova 123 – Milano 234 – La Spezia 14

Due Gemelli

via Litoranea 1, località Campi, Est : 4,5 km – 0187920678 – www.duegemelli.it – Aperto 1° marzo-30 novembre
13 cam – 50/70 € 70/90 € **Rist** – Carta 19/42 €
Camere spaziose, tutte con balconi affacciati su uno dei tratti di costa più incontaminati della Liguria. Gli ambienti non sono recenti ma mantengono ancora un buon confort. Ristorante dotato di una sala ampia con vetrate panoramiche.

RIO MARINA – Livorno (LI) – 563 N13 – Vedere Elba (Isola d')

RIO NELL'ELBA – Livorno (LI) – 563 N13 – Vedere Elba (Isola d')

RIONERO IN VULTURE – Potenza (PZ) – 564 E29 – 13 533 ab. – alt. 656 m – 85028 — 3 A1

Roma 364 – Potenza 43 – Foggia 133 – Napoli 176

La Pergola

via Luigi Lavista 27/33 – 0972721179 – www.hotelristorantelapergola.it
42 cam – 53/65 € 76/80 € – 1 suite
Rist *La Pergola* – vedere selezione ristoranti
Buon rapporto qualità/prezzo, in un albergo che offre camere confortevoli dall'aspetto semplice, ma accogliente.

La Pergola – Hotel La Pergola

via Luigi Lavista 27/33 – 0972721179 – www.hotelristorantelapergola.it
Rist – Carta 16/40 € (+10 %)
E' una gestione molto capace e di lunga esperienza – più di 50 anni - a condurre questo grazioso locale, che oltre a deliziare i suoi ospiti con una cucina di stampo casalingo, la griglia sempre accesa, vanta un'ottima cantina. Dehors ombreggiato sul retro.

RIPA – Perugia (PG) – 563 M19 – Vedere Perugia

RIPALTA CREMASCA – Cremona (CR) – 561 G11 – 3 048 ab. – alt. 77 m – 26010 — 19 C2

Roma 542 – Piacenza 36 – Bergamo 44 – Brescia 55

a Bolzone Nord-Ovest : 3 km – 26010 Ripalta Cremasca

Trattoria Via Vai

via Libertà 18 – 0373268232 – www.trattoriaviavai.it – Chiuso 24 dicembre-6 gennaio, 1°-25 agosto, martedì e mercoledì
Rist – *(solo a cena escluso domenica e giorni festivi)* Carta 25/49 €
In un angolo incontaminato della pianura, tra campi di mais ed erbe mediche, un locale semplice dove la cucina nobilita la tradizione, a partire dai tortelli dolci cremaschi.

RIPARBELLA – Pisa (PI) – 563 L13 – 1 646 ab. – alt. 216 m – ✉ 56046 31 B2

Roma 283 – Pisa 63 – Firenze 116 – Livorno 41

La Cantina

via XX Settembre 4 – ✆ 05 86 69 90 72 – www.ristorantelacantina.net – Chiuso 1°-7 febbraio, 1°-15 ottobre e martedì

Rist – Carta 30/52 €

Chianina cruda tagliata al coltello, tagliolini al sugo di coniglio, cinghiale alla cacciatora sono alcune delle specialità regionali servite in questo tipico locale. Tante etichette ed un'attenzione particolare per i vini biologici nell'attigua enoteca, dove è possibile (su prenotazione) allestire un tavolo riservato.

RIPATRANSONE – Ascoli Piceno (AP) – 563 N23 – 4 395 ab. 21 D3 – alt. 494 m – ✉ 63038

Roma 242 – Ascoli Piceno 38 – Ancona 90 – Macerata 77

a San Savino Sud : 6 km – ✉ 63038

I Calanchi

contrada Verrame 1 – ✆ 0 73 59 02 44 – www.i-calanchi.com

32 cam – †85/150 € ††120/160 €

Rist – *(chiuso 7 gennaio-6 febbraio e martedì in inverno) (solo a cena in estate)* Carta 20/46 €

Un'oasi di tranquillità sulle panoramiche colline dell'entroterra: ricavata da un antico podere agricolo, la risorsa dispone di camere accoglienti - la metà delle quali recentemente rinnovate - nonché ampi spazi comuni (anche all'aperto). Cucina marchigiana e soprattutto piatti di terra al ristorante.

RISCONE = REISCHACH – Bolzano (BZ) – 562 B17 – Vedere Brunico

RITTEN = Renon

RIVA DEL GARDA – Trento (TN) – 562 E14 – 16 170 ab. – alt. 73 m 33 B3 – ✉ 38066 Italia Centro-Nord

Roma 576 – Trento 43 – Bolzano 103 – Brescia 75

L.go Medaglie d'Oro al Valor Militare 5, ✆ 0464 55 44 44, www.gardatrentino.it

Località★ – Città vecchia★

Lago di Garda★★★

Du Lac et Du Parc

viale Rovereto 44 – ✆ 04 64 56 66 00 – www.dulacetduparc.com – Aperto 10-16 gennaio e 28 marzo-3 novembre rist,

159 cam – †100/180 € ††150/350 € – 67 suites

Rist – Menu 35 €

Rist *Capannina* – Carta 43/79 €

Grande e moderna struttura che attraverso un parco di alberi secolari vi porta sino al lago: davanti l'acqua, dietro le Dolomiti. Le camere sono tanto numerose quanto diverse tra loro, benché generalmente ispirate ad uno stile moderno e funzionale. Attrezzato centro benessere.

Lido Palace

cam, cam,

viale Carducci 10 – ✆ 04 64 02 18 99 – www.lido-palace.it – Aperto fine marzo-fine ottobre

34 cam – †321/700 € ††321/700 € – 8 suites

Rist *Il Re della Busa* – vedere selezione ristoranti

Rist *Tremani bistrot* – *(solo a pranzo)* Carta 29/45 €

Struttura Belle Epoque nata a nuova vita con uno stile design e minimalista di grande attualità, grande parco sulla passeggiata a lago, nonché centro benessere esclusivo. A pranzo piatti classici, ma anche moderni al Tremani bistrot.

Feeling Hotel Luise cam, rist, VISA
viale Rovereto 9 – *04 64 55 08 58* – *www.hotelluise.com*
67 cam – 69/229 € 89/249 €
Rist – *(solo a cena) (solo per alloggiati)* Carta 30/50 €
Una struttura fortemente personalizzata, dispone di camere di design arredate con colori caldi ed evidenti richiami etnici. Sala riunioni dedicata al futurista Depero; giardino e piscina sul retro. Due tipologie di cucina: una classica, con proposte regionali, ed una più leggera.

Parc Hotel Flora senza rist VISA
viale Rovereto 54 – *04 64 57 15 71* – *www.parchotelflora.it*
45 cam – 69/89 € 139/169 € – 6 suites
Ottenuto dal restauro e dall'ampliamento di una villa liberty, l'albergo è circondato da un giardino con piscina. Camere per ogni budget e confort: da quelle standard, alla raffinatezza di arredi delle più recenti.

Villa Miravalle VISA
via Monte Oro 9 – *04 64 55 23 35* – *www.hotelvillamiravalle.com*
– Chiuso 2 settimane in febbraio e 2-29 novembre
28 cam – 59/174 € 59/174 €
Rist *Villetta Annessa* – *(chiuso domenica sera e lunedì 30 settembre-1° giugno)* Carta 35/63 €
In prossimità delle mura della città, l'albergo è il risultato dell'unificazione di due edifici, dispone di un luminoso soggiorno verandato, camere semplici ma accoglienti.

Venezia senza rist VISA
via Franz Kafka 7 – *04 64 55 22 16* – *www.rivadelgarda.com/venezia*
– Aperto 10 marzo-30 ottobre
21 cam – 90/110 € 116/136 € – 1 suite
In prossimità del lago, la risorsa è ideale per gli appassionati di sport acquatici e dispone di un ampio soggiorno, camere classiche e piscina nel giardino solarium.

Gabry senza rist VISA
via Longa 6 – *04 64 55 36 00* – *www.hotelgabry.com*
– Aperto 1° aprile-31 ottobre
42 cam – 55/115 € 95/125 €
Un hotel a conduzione familiare recentemente ristrutturato dotando le camere di ciascun piano di un colore caratteristico, piacevole zona relax ed ampio giardino con piscina.

Vittoria senza rist VISA
via dei Disciplini 18 – *04 64 55 92 31* – *www.hotelvittoriariva.it*
– Chiuso febbraio
11 cam – 40/70 € 60/100 € – 1 suite
Nel cuore del centro storico, uno dei più "vecchi" hotel di Riva del Garda: piccolo, ma molto confortevole, dispone di camere spaziose arredate con semplicità.

Il Re della Busa – Hotel Lido Palace VISA
viale Carducci 10 – *04 64 02 19 23* – *Aperto Pasqua-31 ottobre*
Rist – *(solo a cena)* Carta 55/100 €
Ai fornelli, una cuoca di lunga esperienza che coniuga creatività e buone materie prime in un ambiente moderno con grandi vetrate sul parco che circonda l'hotel.

Al Volt VISA
via Fiume 73 – *04 64 55 25 70* – *www.ristorantealvolt.com*
– Chiuso 15 febbraio-15 marzo e lunedì
Rist – *(solo a cena in luglio-agosto escluso sabato e domenica)* Carta 41/62 €
Sito nel centro storico, un ambiente elegante articolato su più sale comunicanti, con volte basse e mobili antichi propone una cucina trentina con tocchi di creatività.

Kapuziner Am See VISA
viale Dante 39 – *04 64 55 92 31* – *www.kapuzinerriva.it*
– Chiuso febbraio e 20-30 ottobre
Rist – Menu 13/30 € – Carta 18/49 €
In centro paese, un locale nel caratteristico stile rustico che dispone di due piacevoli sale dagli arredi lignei, dove gustare la tipica e saporita cucina bavarese.

RIVA DEL SOLE – Grosseto (GR) – 563 N14 – Vedere Castiglione della Pescaia

RIVA DI SOLTO – Bergamo (BG) – 561 E12 – 867 ab. – alt. 186 m – ✉ 24060 19 D1

Roma 604 – Brescia 55 – Bergamo 40 – Lovere 7

Zu'

via XXV Aprile 53, località Zù, Sud : 2 km – ✆ 0 35 98 60 04 – www.ristorantezu.it – Chiuso martedì a mezzogiorno dal 10 giugno al 30 agosto, anche martedì sera negli altri mesi

Rist – Carta 36/69 €

Servizio in veranda panoramica con vista eccezionale sul lago d'Iseo. Locale d'impostazione classica, che non si limita ad offrire esclusivamente le specialità lacustri.

a Zorzino Ovest : 1,5 km – alt. 329 m – ✉ 24060 Riva Di Solto

Miranda con cam

via Cornello 8 – ✆ 0 35 98 60 21 – www.albergomiranda.it

25 cam – †50/56 € ††80/92 € **Rist** – Menu 17/45 € – Carta 27/56 €

D'estate l'appuntamento è in terrazza, direttamente affacciati sul giardino e sul superbo specchio lacustre. La cucina è del territorio e privilegia i prodotti di mare e di lago. Belle camere e una fresca piscina a disposizione di chi alloggia.

RIVALTA – Cuneo (CN) – Vedere La Morra

RIVALTA SUL MINCIO – Mantova (MN) – 561 G14 – ✉ 46040 17 C3

Roma 490 – Milano 151 – Mantova 18 – Bologna 124

Il Tesoro Living Resort con cam

via Settefrati 96 – ✆ 03 76 68 13 81 – www.tesororesort.it – Chiuso 9-15 gennaio e 15 giorni in agosto

4 suites – †85/95 € ††120/140 €

Rist – *(chiuso lunedì e martedì)* Carta 31/54 €

Gestione moderna e stile contemporaneo, in un locale la cui cucina è nella mani di un'esperta cuoca che non impiegherà molto a convincervi della sua bravura: soprattutto se assaggiate il risotto di zucca e amaretti con riduzione di porto! Oltre alla buona tavola, vi attendono un gradevole giardino botanico, un attrezzato centro benessere e belle suite di tono moderno.

RIVALTA TREBBIA – Piacenza (PC) – 562 H10 – Vedere Gazzola

RIVANAZZANO – Pavia (PV) – 561 H9 – 5 144 ab. – alt. 153 m – Stazione termale – ✉ 27055 16 A3

Roma 581 – Alessandria 36 – Genova 87 – Milano 71

Salice Terme via Diviani 8, 0383 933370, www.golfsaliceterme.it – chiuso gennaio e martedì

Selvatico con cam

via Silvio Pellico 19 – ✆ 03 83 94 47 20 – www.albergoselvatico.com – Chiuso 1°-8 gennaio, lunedì a pranzo e domenica sera

21 cam – †40/50 € ††75/80 €

Rist – Menu 30/35 € – Carta 34/60 €

Rist *Vineria* – *(chiuso domenica e lunedì) (solo a cena)* Carta 26/47 €

Mobili d'epoca ed un coperto elegante allietano la sosta dei suoi clienti, la cucina li intrattiene con gustosi piatti del territorio preparati dalla titolare con una delle figlie. Svelato il segreto del successo di un locale che nel 2012 ha soffiato su 100 candeline!

RIVAROLO CANAVESE – Torino (TO) – 561 F5 – 12 370 ab. – alt. 304 m – ✉ 10086 Italia Centro-Nord 22 B2

Roma 702 – Torino 35 – Alessandria 122 – Novara 92

XX **Antica Locanda dell'Orco**

via Ivrea 109 – ✆ 01 24 42 51 01 – www.locanda-dellorco.it – Chiuso 10 giorni in gennaio, 15-31 agosto e lunedì

Rist – Menu 13 € (pranzo in settimana)/42 € – Carta 32/54 €

Ambiente rustico e signorile con tavoli ravvicinati, ai quali accomodarsi per gustare la tradizionale cucina piemontese. Possibilità di prendere posto all'aperto durante la bella stagione.

RIVAROTTA – **Pordenone (PN)** – **562** E20 – **Vedere Pasiano di Pordenone**

RIVA TRIGOSO – **Genova (GE)** – **561** J10 – **Vedere Sestri Levante**

RIVAZZURRA – **Rimini (RN)** – **563** J19 – **Vedere Rimini**

RIVERGARO – **Piacenza (PC)** – **561** H10 – **6 878 ab.** – **alt. 140 m** – ✉ **29029** **8** A2

Roma 531 – Piacenza 18 – Bologna 169 – Genova 121

XX **Castellaccio**

località Marchesi di Travo, Sud-Ovest : 3 km – ✆ 05 23 95 73 33 – www.castellaccio.it – Chiuso 1 settimana in gennaio, 2 settimane in agosto, martedì e mercoledì

Rist – *(solo a cena escluso sabato e domenica)* (consigliata la prenotazione) Carta 38/52 €

Ampie finestre rendono il locale luminoso ed accogliente, ma d'estate sarà senz'altro più piacevole prendere posto in terrazza. La cucina dimostra salde radici nel territorio, sapientemente reinterpretate.

XX **Caffè Grande** (N)

piazza Paolo 9 – ✆ 05 23 95 85 24 – www.caffegrande.it – Chiuso 1 settimana in settembre, 2 settimane in gennaio-febbraio e martedì

Rist – Carta 24/48 €

Moderno ed antico si interfacciano con grande naturalezza in questo bel ristorante recentemente ristrutturato. La cucina si adagia nell'alveo della tradizione locale, annoverando fra i suoi must i proverbiali salumi piacentini, i tortelli di zucca, gli involtini di coniglio con verdure, mandorle e tartufo.

RIVIERA DI LEVANTE – **Genova e La Spezia** Italia

RIVIGNANO – **Udine (UD)** – **562** E21 – **4 453 ab.** – **alt. 13 m** – ✉ **33050** **10** B3

Roma 599 – Udine 37 – Pordenone 33 – Trieste 88

XXX **Al Ferarùt** (Alberto Tonizzo)

via Cavour 34 – ✆ 04 32 77 50 39 – www.ristoranteferarut.it – Chiuso gennaio e mercoledì

Rist – Menu 90 € – Carta 43/79 €

Rist *Al Tinel* – Menu 35 € – Carta 21/44 €

➜ Anguilla in camicia con frutti rossi ed erbe spontanee. Seppia in porchetta con pancetta croccante. Mosto di fiori di sambuco e zuppa di pistacchi.

All'eccellenza non si arriva per caso: il giovane cuoco è un appassionato studioso del mare e ne conosce a fondo prodotti e misteri. A tutto vantaggio dei clienti: nei suoi piatti troverete la fragranza della materia prima, ma anche un'originale personalità. Al Tinel l'ambiente si fa più informale e i piatti di tono più semplice.

XX **Dal Diaul**

via Garibaldi 20 – ✆ 04 32 77 66 74 – www.daldiaul.com – Chiuso gennaio e giovedì

Rist – *(solo a cena escluso domenica)* (prenotazione obbligatoria) Menu 35/45 €

Seguendo l'estro del momento e la stagione, lo chef vi proporrà una serie di piatti con ingredienti acquistati giornalmente ed elaborati per l'occasione: a voi la scelta fra carne o pesce, e Luciano - come un cuoco privato - soddisferà i vostri desideri.

RIVISONDOLI – L'Aquila (AQ) – **563** Q24 – **688 ab.** – **alt. 1 320 m** 1 B3
– **Sport invernali : a Monte Pratello : 1 370/2 100 m** 2 25, – ✉ **67036**
Italia Centro-Sud
Roma 188 – Campobasso 92 – L'Aquila 101 – Chieti 96
via Marconi 21, ✆ 0864 6 93 51, www.abruzzoturismo.it

Da Giocondo
via Suffragio 2 – ✆ 0 86 46 91 23 – www.ristorantedagiocondo.it
– Chiuso 15-30 giugno e martedì
Rist – Carta 30/45 €
Nel centro storico cittadino, la tradizione gastronomica abruzzese di montagna. Il locale dispone di un'unica sala dai toni caldi e dal clima particolarmente conviviale.

RIVODORA – **Torino (TO)** – **Vedere Baldissero Torinese**

RIVODUTRI – Rieti (RI) – **563** O20 – **1 310 ab.** – **alt. 560 m** – ✉ **02010** 13 C1
Roma 97 – Terni 28 – L'Aquila 73 – Rieti 17

La Trota (Sandro Serva)
via Santa Susanna 33, località Piedicolle, Sud: 4 km – ✆ 07 46 68 50 78
– www.latrota.com – Chiuso gennaio, 10 giorni in luglio, domenica sera e mercoledì
Rist – (consigliata la prenotazione) Menu 75/85 € – Carta 62/94 €
➜ Carpa in crosta di semi di papavero con maionese di rape rosse. Anguilla affumicata in casa e laccata al miele, con ananas grigliato, basilico e pistacchi. Spugna d'anguria, anguria marinata e sorbetto di cetriolo alla menta.
Quasi trent'anni di lavoro controcorrente per vincere i pregiudizi sul pesce d'acqua dolce, ma oggi arriva la consacrazione ai vertici della gastronomia con una carta che delizia i clienti con carpe, tinche, gamberi di fiume, anguille, lucci e naturalmente trote, ma non solo. Scommessa vinta!

RIVOIRA – **Cuneo (CN)** – **Vedere Boves**

RIVOLI – Torino (TO) – **561** G4 – **49 591 ab.** – **alt. 390 m** – ✉ **10098** 22 A1
Italia Centro-Nord
Roma 678 – Torino 15 – Asti 64 – Cuneo 103
Castello e Museo d'Arte Contemporanea★★
Pianta d'insieme di Torino

Combal.zero (Davide Scabin)
piazza Mafalda di Savoia – ✆ 01 19 56 52 25 – www.combal.org
– Chiuso 25 dicembre-6 gennaio, agosto, domenica e lunedì
Rist – *(solo a cena)* Menu 115/200 € – Carta 125/165 €
➜ Ostriche con carpaccio di animelle e crema parmentier. Ravioli di burrata e basilico con pomodorini glassati. Filetto di cervo brasato al Barolo con frappé di peperoni di Carmagnola.
Accanto al museo di arte contemporanea, del quale riprende le forme moderne ed essenziali, è il regno dell'ecclettismo gastronomico: dai classici piemontesi a piatti più estrosi.

RIVOLTA D'ADDA – Cremona (CR) – **561** F10 – **8 056 ab.** – **alt. 101 m** 19 C2
– ✉ **26027**
Roma 560 – Bergamo 31 – Milano 26 – Brescia 59

La Rosa Blu
via Giulio Cesare 56 – ✆ 0 36 37 92 90 – www.ristoranterosablu.com
– Chiuso 8 gennaio-2 febbraio, martedì sera e mercoledì
Rist – Carta 31/49 €
Verso il limitare del paese, locale di discreta eleganza ed arredi d'epoca. In menu: proposte di carne e di pesce, non prive di creatività. Servizio anche all'aperto.

ROBECCO SUL NAVIGLIO – Milano (MI) – **561** F8 – **6 929 ab.** 18 A2
– **alt. 129 m** – ✉ **20087**
Roma 590 – Milano 28 – Novara 24 – Pavia 53

X **L'Antica Trattoria**

via Santa Croce 16 – ✆ 0 29 47 08 71 – www.anticatrattoria.info – Chiuso martedì

Rist – Carta 20/42 €

Recentemente ristrutturata, la trattoria mantiene quell'aspetto caldo ed accogliente che da sempre la contraddistingue: pavimento in legno nei vari ambienti ed un antico camino nella sala più piccola. La cucina offre suggestioni di ampio respiro, dalla terra al mare, con particolare attenzione ai prodotti di stagione.

ROCCABIANCA – Parma (PR) – 562 G12 – 3 110 ab. – alt. 32 m – ✉ 43010 8 B1

Roma 486 – Parma 32 – Cremona 34 – Mantova 73

a Fontanelle Sud : 5 km – ✉ 43010

XX **Hostaria da Ivan** con cam

via Villa 24 – ✆ 05 21 87 01 13 – www.hostariadaivan.it – chiuso 1°-21 agosto, lunedì e martedì

4 cam – 60/80 € 80/100 € **Rist** – Carta 29/55 €

Una casa anni Venti ospita una sala rustica, ma elegante, che d'estate si apre su un graziosissimo giardino all'italiana. Cucina emiliana accompagnata da una vasta e selezionata carta dei vini. Accoglienti camere mansardate per non rinunciare ad un buon riposo.

ROCCABRUNA – Cuneo (CN) – 561 I3 – 1 454 ab. – alt. 700 m – ✉ 12020 22 B3

Roma 673 – Cuneo 30 – Genova 174 – Torino 103

a Sant'Anna Nord : 6 km – alt. 1 250 m – ✉ 12020 Roccabruna

X **La Pineta** con cam

piazzale Sant'Anna 6 – ✆ 01 71 90 58 56 – www.lapinetaalbergo.it – Chiuso 7 gennaio-25 febbraio

12 cam – 50 € 75/80 €, 5 €

Rist – *(chiuso martedì, lunedì sera escluso dal 20 giugno al 20 settembre)* Menu 20/45 €

Un valido motivo per giungere al limitare della pineta? L'immancabile, quanto goloso, fritto misto alla piemontese cucinato al momento! Ritroverete simpatia e calore familiare anche nelle graziose camere, dalle quali respirare la tranquillità e la purezza dei monti.

ROCCA CORNETA – Bologna (BO) – 561 I14 – Vedere Lizzano in Belvedere

ROCCA DI MEZZO – L'Aquila (AQ) – 563 P22 – 1 556 ab. – alt. 1 322 m – ✉ 67048 1 A2

Roma 138 – Frosinone 103 – L'Aquila 27 – Sulmona 61

Altipiano delle Rocche

via Don Minozzi – ✆ 08 62 91 70 65 – www.hotelaltopiano.it

26 cam – 45/65 € 65/85 €

Rist – *(chiuso a cena in agosto e a pranzo negli altri mesi)* Menu 15/30 €

Lungo la strada che attraversa il paese, su una salita che lo ripara dal traffico, albergo in stile rustico-montano: semplicità e pulizia nelle confortevoli camere. Ampia e semplice sala ristorante, contigua alla hall dell'hotel.

ROCCA DI ROFFENO – Bologna (BO) – 562 J15 – Vedere Castel d'Aiano

ROCCA D'ORCIA – Siena (SI) – Vedere Castiglione d'Orcia

ROCCA PIETORE – Belluno (BL) – 562 C17 – 1 324 ab. – alt. 1 143 m – Sport invernali : a Malga Ciapela : 1 446/3 265 m (Marmolada) 5 2 (anche sci estivo), – ✉ 32020 39 B1

Roma 671 – Cortina d'Ampezzo 37 – Belluno 56 – Milano 374

Capoluogo 15, ✆ 0437 72 13 19, www.infodolomiti.it

Marmolada★★★ : ★★★ sulle Alpi per funivia Ovest : 7 km – Lago di Fedaia★ Nord-Ovest : 13 km

Pineta

via Marmolada 13, Ovest: 2 km – ✆ 04 37 72 20 35 – www.hotelpineta.net – Aperto 2 dicembre-Pasqua e 25 maggio-15 settembre

33 cam – 52/110 € 80/200 €

Rist – *(solo a cena in dicembre-Pasqua)* Carta 19/43 €

Ai piedi della Marmolada, una dinamica gestione familiare ha fatto sì che l'hotel si migliorasse di anno in anno: ambienti caratteristici e camere di due generi (piu in stile quelle recenti). Sapori locali al ristorante.

a Boscoverde Ovest : 3 km – alt. 1 200 m – ✉ 32020 Rocca Pietore

Rosalpina

rist,

via Bosco Verde 21 – ✆ 04 37 72 20 04 – www.rosalpinahotel.com – Aperto 1° dicembre-7 aprile e 22 giugno-15 settembre

32 cam – 30/60 € 60/120 € **Rist** – Carta 20/27 €

Immersi nel meraviglioso paesaggio dolomitico, il calore di una casa di montagna e il piacere di sentirsi coccolati dall'estrema cortesia di un'intera famiglia. Piccola zona relax ed ampia taverna.

a Digonera Nord : 5,5 km – alt. 1 158 m – ✉ 32020 Laste Di Rocca Pietore

Digonera

rist,

– ✆ 04 37 52 91 20 – www.digonera.com – Chiuso 20 aprile-20 maggio e novembre

23 cam – 40/60 € 80/120 € **Rist** – *(chiuso lunedì)* Carta 25/35 €

In una frazione di passaggio, presenta la comodità di essere a pochi minuti d'auto da quattro diversi comprensori sciistici. Raccolto e molto accogliente, offre camere semplici, tutte differenti tra loro.

ROCCARASO – L'Aquila (AQ) – 563 Q24 – 1 677 ab. – alt. 1 236 m – Sport invernali : 1 236/2 140 m 2 25, – ✉ 67037 1 B3

Roma 190 – Campobasso 90 – L'Aquila 102 – Chieti 98

via D'Annunzio 2, ✆ 0864 6 22 10, www.abruzzoturismo.it

Suisse

via Roma 22 – ✆ 08 64 60 23 47 – www.hotelsuisse.com – Chiuso 7 aprile-20 giugno

45 cam – 50/80 € 80/140 €

Rist – *(aperto 21 dicembre-6 aprile e 21 giugno-19 settembre)* Carta 20/52 €

Affacciato sulla strada più importante della località, si presenta completamente ristrutturato. Le camere, abbastanza sobrie, hanno arredi in legno scuro e ottimi bagni. Sala ristorante con inserti in legno e pannelli affrescati.

Iris

viale Iris 5 – ✆ 08 64 60 23 66 – www.hoteliris.eu

52 cam – 75/100 € 75/100 €, 6 € **Rist** – Carta 24/39 €

Centrale, ma contemporaneamente in una posizione tale da offrire una discreta quiete, presenta esterni completamente ristrutturati e stanze in via di ammodernamento. Sala ristorante di tono abbastanza sobrio.

Petite Fleur senza rist

viale Dello Sport 5/c – ✆ 08 64 60 20 10 – www.hotelpetitefleur.com

10 cam – 70/100 € 100/140 €

Poco lontano dal corso principale, una struttura insolitamente moderna con poche camere, tutte particolarmente curate nei dettagli: dagli arredi (in stile impero) agli accessori. Spazi comuni ridotti, ma adeguati al tipo di offerta.

a Pietransieri Est : 4 km – alt. 1 288 m – ✉ 67037

La Preta

via Adua, 7-9 – ✆ 0 86 46 27 16 – Chiuso martedì in bassa stagione

Rist – Carta 24/38 €

Piccolo ristorante familiare, custode della memoria storica e gastronomica del paese tra foto d'epoca appese alle pareti e ricette della tradizione servite in tavola.

ad Aremogna Sud-Ovest : 9 km – alt. 1 622 m – ✉ 67037

Boschetto
via Aremogna 42 – ✆ 08 64 60 23 67 – www.hboschetto.it
– Aperto 1° dicembre-31 marzo e 1° luglio-31 agosto
46 cam – †50/120 € ††100/160 € – 2 suites **Rist** – Carta 28/61 €
Per una vacanza tranquilla ed isolata, perfetta anche per gli amanti dello sci. Accoglienti saloni in legno, camere sobrie, costantemente in via di ammodernamento. Sala ristorante dall'ambiente suggestivo, grazie all'incantevole vista sui monti.

Pizzalto
via Aremogna 12 – ✆ 08 64 60 23 83 – www.pizzalto.com
– Aperto 1° dicembre-15 aprile e 15 giugno-15 settembre
53 cam – †50/90 € ††70/110 € **Rist** – Carta 31/61 €
Grande albergo di montagna a ridosso degli impianti sciistici, è strutturato in modo tale da presentare servizi e dotazioni di ogni tipo, soprattutto estetici e sportivi.

ROCCA RIPESENA – Terni (TR) – Vedere Orvieto

ROCCA SAN CASCIANO – Forlì-Cesena (FC) – 562 J17 – 2 031 ab. – alt. 210 m – ✉ 47017 9 C2

Roma 326 – Rimini 81 – Bologna 91 – Firenze 81

La Pace
piazza Garibaldi 16 – ✆ 05 43 95 13 44 – Chiuso lunedì sera e martedì
Rist – Carta 15/25 €
Affacciata sulla piazza principale, trattoria molto semplice con accoglienza e servizio familiari. Dal territorio le specialità di stagione, in preparazioni casalinghe.

ROCCA SAN GIOVANNI – Chieti (CH) – 563 P25 – 2 379 ab. – alt. 155 m – ✉ 66020 2 C2

Roma 263 – Pescara 41 – Chieti 60 – Isernia 113

in prossimità casello autostrada A 14 - uscita Lanciano Nord-Ovest : 6 km :

Villa Medici cam,
contrada Santa Calcagna – ✆ 08 72 71 76 45 – www.hotelvillamediciabruzzo.it
46 cam – †70/90 € ††80/130 €
Rist – *(chiuso venerdì, sabato e domenica) (solo a cena)* Carta 29/63 €
Raffinatezza, modernità e confort di alto livello per questo hotel in comoda posizione stradale, non lontano da Lanciano. Ideale per una clientela d'affari che cerca cortesia, professionalità e un'ampia disponibilità di spazi. L'eleganza continua al ristorante, con un'ampia capacità ricettiva per ogni occasione.

ROCCASTRADA – Grosseto (GR) – 563 M15 – ✉ 58036 32 C2

Roma 241 – Grosseto 37 – Firenze 129 – Livorno 141

La Melosa
strada Provinciale 157, Nord : 2 km – ✆ 05 64 56 33 49 – www.lamelosa.it
– Aperto 24 dicembre-6 gennaio e 28 marzo-2 novembre
12 cam – †84/154 € ††84/189 €
Rist *La Melosa* – vedere selezione ristoranti
In posizione defilata e tranquilla, la struttura di aspetto colonico propone nei suoi interni la spontanea arte toscana, che si esprime attraverso deliziosi affreschi presenti in ciascuna delle 12 camere. Non mancano, tuttavia, confort moderni, quali una bella piscina ed un attrezzato centro benessere.

XX **La Melosa** – Hotel La Melosa
strada Provinciale 157, Nord : 2 km – ✆ 05 64 56 33 49 – www.lamelosa.it – Aperto 24 dicembre-6 gennaio e 28 marzo-2 novembre
Rist – Carta 36/46 €
Cucina elaborata sulla base di selezionati prodotti locali - in sintonia con le stagioni - in un questo piccolo, grazioso, ristorante ospitato in un edificio indipendente, ma sempre facente parte dell'hotel de charme La Melosa.

ROCCELLA IONICA – Reggio di Calabria (RC) – 564 M31 – 6 750 ab. – alt. 16 m – ✉ 89047 — 5 B3

Roma 687 – Reggio di Calabria 110 – Catanzaro 85 – Vibo Valentia 90

sulla strada statale 106 Sud-Ovest : 2 km :

Parco dei Principi Hotel
Strada Statale 106, località Badessa ✉ 89047 – ✆ 09 64 86 02 01 – www.parcodeiprincipi-roccella.com
58 cam – †74/149 € ††79/169 € – 2 suites
Rist *L'Angolo del Pignolo* – Carta 26/56 €
Un uliveto dai riflessi argentei incornicia questa elegante struttura che richiama i fasti del passato: una sontuosa hall e splendide sale dai soffitti affrescati, nonché camere di moderno confort. Ristorante intimo di tono elegante che affianca l'attività banchettistica.

X **La Cascina**
✉ 89047 – ✆ 09 64 86 66 75 – www.lacascina1899.it – Chiuso martedì escluso agosto
Rist – Carta 27/68 €
Lungo la statale, un piacevole e rustico locale ricavato dalla ristrutturazione di un casolare di fine Ottocento: sale dalle pareti in pietra e dai soffitti in legno; proposte sia di mare sia di terra.

ROCCHETTA TANARO – Asti (AT) – 561 H7 – 1 475 ab. – alt. 107 m – ✉ 14030 — 25 D1

Roma 626 – Alessandria 28 – Torino 75 – Asti 17

XX **I Bologna** con cam
via Nicola Sardi 4 – ✆ 01 41 64 46 00 – www.trattoriaibologna.it – Chiuso 10 gennaio-10 febbraio
6 cam – †80 € ††100 € **Rist** – *(chiuso martedì)* Menu 35/45 €
Un classico della ristorazione monferrina, da anni propone gli immutabili piatti che ci si aspetta di gustare in Piemonte. Gli ambienti sono rustici e l'atmosfera calda. La corte interna ospita camere accoglienti e ben accessoriate.

RODDI – Cuneo (CN) – 561 H5 – 1 578 ab. – alt. 284 m – ✉ 12060 — 25 C2

Roma 650 – Cuneo 61 – Torino 63 – Asti 35

XX **Il Vigneto** con cam
località Ravinali 19/20, Sud-Ovest 2,5 Km – ✆ 01 73 61 56 30 – www.ilvignetodiroddi.com – Chiuso febbraio-marzo
6 cam – †70/90 € ††90/100 €
Rist – *(chiuso mercoledì a mezzogiorno e martedì)* Carta 38/71 €
Una tranquilla cascina di campagna - restaurata con gusto e raffinatezza - dove gustare piatti piemontesi, ma non solo: in estate trionfa il pesce. Piacevole l'ombreggiato dehors. Accoglienza di classe e premurosa attenzione anche nelle camere, dalle cui finestre si dominano le colline dei dintorni.

RODI GARGANICO – Foggia (FG) – 564 B29 – 3 673 ab. – ✉ 71012 — 26 A1

Puglia

Roma 385 – Foggia 100 – Bari 192 – Barletta 131

Tramonto < rist, VISA

via Trieste 85 – 08 84 96 53 68 – www.hoteltramonto.it
55 cam – 90/180 € 90/180 €
Rist – *(solo per alloggiati)*
Rist *La Bussola* – *(aperto 1° giugno-15 settembre)* Carta 24/56 €
Sulla strada litoranea - appena fuori dalla località - un albergo a solida gestione familiare, che fa dei servizi il proprio punto di forza: piscina, stabilimento balneare, piccolissimo centro benessere. Pochi tavoli all'aperto: questa è la Bussola. Direttamente sulla spiaggia, semplici ricette di pesce.

Senza Civico N con cam — rist, P VISA AE

contrada Petrara snc – 08 84 96 56 30 – www.albergovillavittoria.it
– Aperto 1° aprile-30 settembre
16 cam – 35/80 € 70/180 € **Rist** – Carta 31/70 €
Sarà il profumo delle zagare a darvi il benvenuto in questo elegante ristorante, che dispone di una suggestiva terrazza affacciata sul porto turistico e di una panoramica sala interna le cui vetrate offrono scorci delle vicine isole Tremiti. Cucina di mare.

ROLETTO – Torino (TO) – 561 H3 – 2 028 ab. – alt. 412 m – ✉ 10060 — 22 B2

Roma 683 – Torino 37 – Asti 77 – Cuneo 67

Il Ciabot VISA

via Costa 7 – 01 21 54 21 32 – Chiuso 15 giugno-3 luglio e lunedì
Rist – (consigliata la prenotazione) Carta 30/50 €
Piacevolmente riscaldato nei mesi freddi da un caminetto, questo piccolo locale vanta un'appassionata gestione familiare e propone una cucina regionale, attenta alle tradizioni. Tra i piatti più richiesti: la guancia di fassone allo Chatus cotta a bassa temperatura.

ROLO – Reggio Emilia (RE) – 562 H14 – 4 090 ab. – alt. 21 m – ✉ 42047 — 8 B1

Roma 442 – Bologna 76 – Mantova 38 – Modena 36

Cigno Reale cam, rist, VISA AE

via Mazzini 1 – 05 22 65 84 40
16 cam – 35/60 € 60/85 € **Rist** – Carta 16/38 €
Ristrutturato in tempi recenti, questo piccolo albergo dispone di camere variopinte e confortevoli. Ampia scelta di piatti nazionali e tanti tipi di pizza al ristorante; la bella terrazza vi attende - invece - per un aperitivo alla moda.

Prima o Poi VISA

via Battisti 57 – 05 22 66 61 84 – www.primaopoi.eu
– Chiuso 1°-10 gennaio, 27 maggio-1° giugno, 15-31 agosto, sabato a mezzogiorno e domenica
Rist – Menu 22 € (pranzo in settimana) – Carta 30/64 €
"Prima o poi", qui, bisogna venirci: all'interno di un rustico, il savoir-faire del titolare si allea ad una brillante cucina di terra e di mare per offrirvi un'indimenticabile esperienza gourmet.

ROMA

Piante pagine seguenti **12** B2

© Alessandro Villa / Marka / Age fotostock

Roma (RM) – 2 761 477 ab. – alt. 20 m – 563 Q19 – Roma

ELENCO

Ufficio Informazioni turistiche

via Parigi 11, ✆ 06 51 68 72 40, www.aptprovroma.it

Aeroporti

✈ di Ciampino Sud-Est : 15 km BR ✆ 06 65951

✈ Leonardo da Vinci di Fiumicino per ⑧: 26 km ✆ 06 65631

Golf

- 27 Parco de' Medici viale Salvatore Rebecchini 39, 06 65287345, www.sheraton.com/golfrome – chiuso martedì BR
- 18 Parco di Roma via dei Due Ponti 110, 06 33653396, www.golfparcodiroma.it
- 27 Marco Simone via di Marco Simone 84/88, 0774 366469, www.golfmarcosimone.it – chiuso martedì
- 18 Arco di Costantino via Flaminia km 15,800, 06 33624440, www.golfarco.it – chiuso lunedì
- 27 Olgiata largo Olgiata 15, 06 30889141, www.olgiatagolfclub.it
- 18 Fioranello via della Falcognana 61, 06 7138080, www.fioranellogolf.it – chiuso mercoledì
- 9 Archi di Claudio via Gamiana 45, 06 7187550, www.archidiclaudiogolf.it – chiuso lunedì
- 18 Roma Acquasanta via Appia Nuova 716/a, 06 7803407, www.golfroma.it – chiuso lunedì

LUOGHI DI INTERESSE

Roma antica Appia Antica★★BR • Ara Pacis Augustae★★LU •Area Sacra del Largo Argentina★★MY •Castel Sant' Angelo★★★JKV • Colosseo★★★OYZ e arco di Costantino★★★OE • Fori Imperiali★★★NY e Mercati di Traiano★★NY • Foro Romano★★★ NOY e Palatino★★★NOYZ • Pantheon★★★MVX • Terme di Caracalla★★★ET

Le chiese Chiesa del Gesù★★★MY • S. Andrea al Quirinale★★OV • S. Andrea della Valle★★LYQ • S. Carlo alle Quattro Fontane★★OVK • S. Clemente★★PZ • S. Giovanni in Laterano★★★FT • S. Ignazio★★MVL • S. Lorenzo fuori le Mura★★ FSTE • S. Luigi dei Francesi★★LV • S. Maria degli Angeli★★PVA • S. Maria d'Aracoeli★★ NYA • S. Maria Maggiore★★★PX • S. Maria sopra Minerva★★ MXV • S. Maria del Popolo★★ MUD • S. Maria in Trastevere★★KZS • S. Maria della Vittoria★★PV • S. Paolo fuori le Mura★★BR

Piazze e fontane Campo dei Fiori★★KY • Piazza del Campidoglio★★★MNY • Piazza Navona★★★LVX • Piazza del Popolo★★MU • Piazza del Quirinale★★NV • Piazza di Spagna★★★MNU Fontana della Barcaccia★ • Fontana di Trevi★★★NV • Fontana del Tritone★OV

Grandi musei Galleria Borghese★★★OU •Galleria Doria Pamphili★★ZG • Galleria di Palazzo Barberini★★OV • Musei Capitolini★★★NYH • Museo etrusco di Villa Giulia★★★DS • Palazzo Altemps★★★KLV • Palazzo Massimo alle Terme★★★PV

Vaticano Piazza S. Pietro★★★HV •Basilica di S. Pietro★★★GV • Musei Vaticani★★★GHUV

Capolavori del Rinascimento e del Barocco

Michelangelo: S. Pietro in Vincoli •Vaticano: Pietà nella basilica di S. Pietro, Cappella Sistina

Raffaello: Galleria Borghese, Galleria di Palazzo Barberini, Villa Farnesina, Vaticano: Stanze di Raffaello e Pinacoteca Vaticana

Bernini: Galleria Borghese, Fontana dei Fiumi di piazza Navona, S. Andrea al Quirinale, S. Maria della Vittoria • Vaticano: piazza S. Pietro, Baldacchino e cattedra di S. Pietro

Borromini: Oratorio dei Filippini, S. Agnese in Agone, S. Carlo alle Quattro Fontane, S. Ivo alla Sapienza

Caravaggio: Galleria Borghese, Galleria Doria Pamphili, Galleria di Palazzo Barberini, Pinacoteca Capitolina, S. Agostino, S. Luigi dei Francesi, S. Maria del Popolo • Vaticano: Pinacoteca Vaticana

Arte moderna e contemporanea GAM (Galleria Nazionale di Arte Moderna) ★★DSM7 • Museo MAXXI★ • Museo MACRO ES • Quartiere E.U.R.★★BR •Quartiere Coppedè EFS

I parchi Gianicolo★JY • Pincio MU • Villa Borghese★★★NU • Villa Celimontana OPZ • Palazzo Doria Pamphili ZG • Villa Torlonia FS

Le vie dello shopping Via dei Coronari★: antiquariato e brocantage • Il Tridente (via di Ripetta, via del Corso, via del Babuino): negozi di tutti i generi • Via del Babuino: antiquariato e brocantage • Via Margutta: gallerie d'arte e botteghe artigianali • Via Veneto★★ : negozi e hotel di lusso • Via dei Condotti, via Frattina, via Borgognona, via Bocca di Leone: alta moda

Di sera e di notte Trastevere★★LZ: osterie e trattorie • Testaccio LZ: locali notturni

Roma dall'alto Cupola di S. Pietro GV • Terrazza di Castel S. Angelo JKV • Gianicolo JY • Pincio MU • Portico del Vittoriano NY

Elenco alfabetico degli alberghi
Index of hotels

Elenco alfabetico degli ristoranti
Index of Restaurants

Gli esercizi con stelle
Starred Restaurants

ROMA

Bib Gourmand

→ Pasti accurati a prezzi contenuti
→ Good food at moderate prices

☺		pagina
Ambasciata d'Abruzzo	X	997
Domenico dal 1968	X	999
Felice a Testaccio	X	992
Mamma Angelina	XX	998
Profumo di Mirto	X	999
Al Ristoro degli Angeli	X	1001

Ristoranti secondo il loro genere
Restaurants by cuisine type

abruzzese		pagina
Ambasciata d'Abruzzo	X ☺	997

creativa		pagina
Agata e Romeo	XXX ✿	990
Antico Arco	XX	994
Enoteca Costantini-Il Simposio	XX	994
Giuda Ballerino	XX ✿	999
Le Jardin de Russie	XXXXX	983
Oliver Glowig	XXX ✿✿	996
Open Colonna	XXX ✿	989
All'Oro	X ✿	997
La Pergola	XXXXX ✿✿✿	994
Sapori del Lord Byron	XXXX	996
La Terrazza	XXXX ✿	989

emiliana		pagina
Colline Emiliane	X	990

internazionale		pagina
Pauline Borghese	XXXX	996

italiana		pagina
Casa Bleve	X	985
Al Ceppo	XX	996
Doney	XXX	990
Papà Baccus	X	990
Pappa Reale	XX	998
Rinaldo all'Acquedotto	XX	999
St. Teodoro	XX	992
Trimani il Wine Bar	X	991

giapponese		pagina
Hamasei	XX	984

ligure		pagina
Taverna Giulia	X	985

marchigiana		pagina
Trattoria Monti	X	992

mediterranea		pagina
Aroma	XXX	992
Al Bric	X	984
Enoteca Capranica	XXX	983
Settembrini	X	995
Vivendo	XXXXX	989

moderna		pagina
Brunello Lounge i Restaurant	XXX	990
Gaetano Costa	XXX	990
Glass Hostaria	XX ✿	997
Hostaria dell'Orso	XXXX	983
Imàgo	XXXX ✿	983
Locanda della Castelluccia	XXX	1001
Mirabelle	XXXX	989
Sangallo	XX	984
Il Sanlorenzo	XXX	984
I Sofà di Via Giulia	XXXX	983

pesce e frutti di mare

		pagina
Acquolina Hostaria in Roma	XX ✿	998
Da Cesare	X	995
Gabriele	XX	998
Mamma Angelina	XX ☺	998
Profumo di Mirto	X ☺	999
La Rosetta	XX	984
Shangri Là-Corsetti	XXX	1001

romana

		pagina
Antica Pesa	XXX	997
L'Arcangelo	XX	994
La Campana	X	984
Domenico dal 1968	X ☺	999
Felice a Testaccio	X ☺	992
Giggetto-al Portico d'Ottavia	X	984
Al Ristoro degli Angeli	X ☺	1001
Sora Lella	XX	998
Le Streghe	X	984

siciliana

		pagina
Filippo La Mantia	XXXX	989

Tavoli all'aperto
Outside dining

Acquolina Hostaria in Roma	XX ✿	998
Ambasciata d'Abruzzo	X ☺	997
Antica Pesa	XXX	997
Aroma	XXX	992
Domenico dal 1968	X ☺	999
Filippo La Mantia	XXXX	989
Giggetto-al Portico d'Ottavia	X	984
Giuda Ballerino	XX ✿	999
Hostaria dell'Orso	XXXX	983
Le Jardin de Russie	XXXXX	983
Mamma Angelina	XX ☺	998
Mirabelle	XXXX	989
Oliver Glowig	XXXX ✿✿	996
Papà Baccus	X	990
Pappa Reale	XX	998
Pauline Borghese	XXXX	996
La Pergola	XXXXX ✿✿✿	994
Rinaldo all'Acquedotto	XX	999
Al Ristoro degli Angeli	X ☺	1001
La Rosetta	XX	984
Sangallo	XX	984
Settembrini	X	995
Shangri Là-Corsetti	XXX	1001
Le Streghe	X	984
St. Teodoro	XX	992
Taverna Giulia	X	985

Ristoranti aperti in agosto
Restaurants open in August

Antica Pesa	XXX	997
Antico Arco	XX	994
Aroma	XXX	992
Brunello Lounge i Restaurant	XXX	990
Caffè Propaganda	X	993
Doney	XXX	990
Enoteca Capranica	XXX	983
Gaetano Costa	XXX	990
Giggetto-al Portico d'Ottavia	X	984
Giuda Ballerino	XX ✿	999
Glass Hostaria	XX ✿	997
Imàgo	XXXX ✿	983
Le Jardin de Russie	XXXXX	983
Locanda della Castelluccia	XXX	1001
Mirabelle	XXXX	989
Oliver Glowig	XXXX ✿✿	996
Papà Baccus	X	990
Pauline Borghese	XXXX	996
Pipero al Rex	XXX ✿	990
Sangallo	XX	984
Sapori del Lord Byron	XXXX	996
Settembrini	X	995
I Sofà di Via Giulia	XXXX	983
Sora Lella	XX	998
St. Teodoro	XX	992
La Terrazza	XXXX ✿	989
Vivendo	XXXXX	989

ROMA

INDICE DELLE STRADE DI ROMA

Dogana Vecchia (V. della) 7 LV 58
Domus Aurea (V.) 12 PY
Doria (V. Andrea) 5 GU
Druso (V.) 4 ET
Due Macelli (V.) 7 NV
Duilio (V.) 6 JU 60
Einaudi (Viale L.) 8 PV 61
Eleniana (V.) 4 FT 63
Emo (V. A.) 5 GU
Eroi (Piazzale d.) 5 GU
Esquilino (Pza d.) 8 PV
Etruria (V.) 4 FT
Fabricio (Ponte) 11 MY 64
Farnesina (Lungotevere d.) 10 KY
Fedro (V.) 3 CS
Felice (V. C.) 4 FT
Ferrari (V. G.) 6 JU
Ferratella in Laterano (V. d.) 4 ET 67
Filiberto (V. E.) 4 FT 69
Fiorentini (Lungotevere d.) 6 JV 70
Fiorentini (V.) 2 BQ 72
Fiume (Pza) 7 PU
Flaminia Nuova (V.) 2 BQ
Flaminia (V.) 7 LU 73
Flaminio (Lungotev.) 3 DS
Florida (V.) 11 MY
Fontanella Borghese (V.) 7 MV 76
Fonteiana (V.) 9 GZ
Fori Imperiali (V. d.) 12 OY
Fornaci (V. d.) 9 HYZ
Foro Italico (V. d.) 2 BQ
Foro Olitorio (V. d.) 11 MY 78
Francia (Cso di) 2 BQ 79
Franklin (V. B.) 3 DT
Frattina (V.) 7 MV
Gallia (V.) 12 PZ
Galvani (V.) 3 DT
Garibaldi (Ponte) 10 LY 81
Garibaldi (V.) 10 JY
Gelsomini (Viale) 3 DT 82
Germanico (V.) 6 JU
Gianicolense (Circ.) 1 AR 84
Gianicolense (Lungotevere) 6 JX
Gianicolo (Passeggiata di) 9 HY
Gianicolo (V. d.) 5 HX 85
Giolitti (V.) 4 FT
Giotto (Viale) 4 ET
Giovannelli (V. R.) 4 ES 87
Giubbonari (V. dei) 10 LY
Giuliana (V. dei) 5 GU
Giulia (V.) 10 KY
Giulio Cesare (Viale) 6 JU
Glorioso (Viale) 10 KZ
Gomenizza (V.) 3 CS
Gorizia (Viale) 4 FS
Governo Vecchio (V. d.) 6 KV 88
Gracchi (V. d.) 6 JU
Greca (V. d.) 11 MZ 90
Gregorio VII (Viale) 9 GY
Grotta Perfetta (V.) 2 BR
Induno (V. G.) 10 KZ
Ippocrate (Viale) 4 FS
Ipponio (V.) 12 PZ
Italia (Cso d') 7 PU
Jugario (Vico) 11 MY 91
Labicana (V.) 12 PZ
Lanciani (V. R.) 4 FS
Lanza (V. G.) 12 PY
Laurentina (V.) 2 BR
La Malfa (Piazzale U.) 11 NZ
La Spezia (V.) 4 FT
Leone XIII (V.) 1 AR 93
Lepanto (V.) 6 JU
Libertà (Pza d.) 6 KU
Liegi (Viale) 4 ES
Lucania (V.) 7 PU 94
Lucce (V. d.) 11 LZ
Ludovisi (V.) 8 OU
Lungara (V. d.) 10 JY
Lungaretta (V. d.) 10 KZ 96
Magliana (Ponte d.) 1 AR 97
Magliana (V. d.) 1 AR
Magna Grecia (V.) 4 FT
Magnolie (Viale d.) 7 NU
Majorana (V. Q.) 2 BR 99
Mameli (V. G.) 10 KZ
Manara (V. L.) 10 KZ
Manzoni (Viale) 4 FT
Marconi (Viale G.) 2 BR 100
Maresciallo Pilsudski (Viale) 3 DS 102
Mare (V. d.) 1 AR
Margutta (V.) 7 MU
Marmorata (V. della) 3 DT
Marsala (V.) 4 FT
Marzio (Lungotev.) 6 LV
Mascherone (V. d.) 10 KY 103
Massina (V. A.) 10 JZ 105
Matteotti (Ponte G.) 6 KU
Mazzini (Ponte) 10 JY
Mazzini (Viale G.) 3 DS
Mecenate (V.) 12 PY
Medaglie d'Oro (V.) 5 GU
Medici (V. G.) 10 JZ
Mellini (Lungotev.) 6 LU
Merulana (V.) 12 PY
Michelangelo (Lungotevere) 6 KU
Milano (V.) 8 OX
Milizie (Viale d.) 6 JU
Monserrato (V.) 10 KY 106
Montebello (V.) 8 PU
Monti Tiburtini (V.) 2 BQ
Monza (V.) 4 FT 108
Morgagni (V.) 4 FS 109
Morosini (V. E.) 10 KZ
Mte Brianzo (V.) 7 LV 107
Mura Aurelie (Viale d.) 9 HY
Muro Torto (Viale del) 7 MU
Museo Borghese (Viale d.) 8 OU
Navicella (V. d.) 12 PZ
Navi (Lungotev. d.) 3 DS
Navona (Pza) 6 LX
Nazionale (V.) 8 OV
Nenni (Ponte P.) 6 KU 111
Newton (V.) 1 AR
Nizza (V.) 8 PU
Nomentana (V.) 4 FS
Oberdan (Lungotev.) 3 DS
Oderisi da Gubbio (V.) 2 BR 112
Oslavia (V.) 3 CS
Ostiense (V.) 1 AR
Ottaviano (V.) 5 HU
Paglia (V. d.) 10 KZ 114
Palatino (Ponte) 11 MZ
Panama (V.) 4 ES
Panisperna (V.) 12 PX
Parioli (Viale d.) 4 ES
Pattinaggio (V. d.) 2 BR 115
Petroselli (V. L.) 11 MZ
Piave (V.) 8 PU
Piemonte (V.) 8 OU
Pierleoni (L. dei) 11 MZ 117
Pinciana (V.) 8 OU
Pineta Sacchetti (V. d.) 1 AQ
Pio (Borgo) 6 JV
Piramide Cestia (Viale) 3 DT 118
Pisana (V. della) 1 AR
Pisani (V. V.) 5 GU
Platone (Viale) 5 GU 120
Plebiscito (V. d.) 11 MY 121
Poerio (V. A.) 3 CT
Policlinico (V. d.) 4 FS 123
Pompeo Magno (V.) 6 KU
Pontina (V.) 2 BR 124
Popolo (Pza d.) 7 MU
Porta Angelica (V. del) 5 HV 126
Porta Capena (Pza di) 12 OZ
Porta Lavernale (V.) 11 MZ 127
Porta Maggiore (Pza di) 4 FT
Porta Metronia (Pza di) 12 PZ
Porta Pinciana (V.) 7 NU
Porta Portese (Pza) 11 LZ
Porta Portese (V.) 10 LZ 129
Portico d'Ottavia (V.) 11 MY 130
Portuense (V.) 10 KZ
Portuense (V. CORVIALE) 1 AR
Po (V.) 8 OU
Prati (Lungotevere) 6 LV
Prenestina (V.) 2 BQ
Pretoriano (Viale) 4 FT 133
Principe Amedeo (Galleria) 5 HV
Principe Amedeo (V.) 8 PVX
Principe A. Savoia Aosta (Ponte) 6 JV 135
Province (V. d.) 4 FS
Pta Cavalleggeri (V. di) 5 GV
Publicii (Clivo d.) 11 NZ 136
Quattro Fontane (V. d.) 8 OV
Quirinale (Pza d.) 7 NV
Quirinale (V. d.) 8 OV 138
Ravenna (V.) 4 FS
Regina Elena (V.) 4 FS
Regina Margherita (Ponte) 6 KU 139
Regina Margherita (Viale) 4 FS
Regolo (V. A.) 6 JU 141
Repubblica (Pza d.) 8 PV
Rienzo (V. Cola di) 6 JU
Rinascimento (Cso d.) 6 LX 142
Ripa Grande (Porto di) 11 LMZ
Ripa (Lungotev.) 11 MZ
Ripetta (V. di) 7 MU
Risorgimento (Ponte d.) 3 DS 144
Risorgimento (Pza) 5 HU
Rossetti (V. G.) 10 JZ
Rotonda (V.) 7 MX 147
Rovigo (V.) 4 FS 148
Saffi (Viale A.) 10 KZ 150
Salaria (V.) 2 BQ
Sallustiana (V.) 8 PU
Sangallo (Lungotevere d.) 6 JX
Sanzio (L. R.) 10 LY
Sassia (Lungotevere in) 6 JV
Savoia (V. F. di) 7 LU 166
Savoia (V. L. di) 7 LU
Scala (V. d.) 10 KY
Scalo S. Lorenzo (V.) 4 FT
Scipioni (V. d.) 6 JU
Scrofa (V. della) 7 LV
Seminario (V. d.) 7 MV 168
Serenissima (Vle d.) 2 BQ 169
Sistina (V.) 7 NV
Sisto (Ponte) 10 KY
Spagna (Pza di) 7 NU
Sprovieri (V. F. S.) 9 HZ 171
Stadio Olimpico (V. d.) 1 AQ 172
Statuto (V. d.) 12 PY
Stelletta (V. d.) 7 MV 174
Sublicio (Ponte) 11 LZ
S. Alessio (V.) 11 NZ
S. Angelo (Borgo) 6 JV 151
S. Angelo (Ponte) 6 KV
S. Chiara (V.) 7 MX 153
S. Cosimato (Pza) 10 KZ
S. Francesco d'Assisi (Pza) 10 LZ
S. Francisco a Ripa (V. di) 10 KZ
S. Giovanni in Laterano (V. d.) 12 PZ
S. Gregorio (V. d.) 12 OZ
S. Ignazio (Pza) 7 MV 156
S. Marco (V.) 11 MY 157
S. Maria del Pianto (V.) 11 MY 159
S. Maria Maggiore (V.) 12 PX 160
S. Pancrazio (V.) 9 HZ
S. Pietro (Pza) 5 HV
S. Prisca (V. di) 11 NZ 162
S. Sabina (V. di) 11 MZ
S. Sebastiano (V. di) 2 BR 163
S. Sonnino (Pza) 10 LZ
S. Spirito (Borgo) 6 JV
S. Stefano Rotondo (V. di) 12 PZ

S. Teodoro (V.) 11 NY
S. Uffizio (V. d.) 5 HV 165
Tassoni (Largo) 6 JV
Teatro di Marcello (V. del) 11 MY 175
Tebaldi (Lungotev. d.) 10 KY
Terme Deciane (V.) 11 NZ 177
Terme di Caracalla (Viale delle) 12 OZ
Testaccio (Lungotev.) 11 LZ 178
Teulada (V.) 3 CS
Tevere (V.) 8 PU
Tiburtina (V.) 2 BQ
Tiziano (Viale) 3 DS
Togliatti (Viale P.) 2 BR
Tomacelli (V.) 7 MV
Torlonia (V.) 4 FS
Torre Argentina (V.) 11 MY 180
Tor di Nona (Lungotevere) 6 KV
Traforo (V. del) 7 NV 181
Trastevere (Vle di) 10 KZ
Tre Madonne (V.) 4 ES 183
Trieste (Cso) 4 FS
Trinità dei Monti (Viale) 7 NU
Trionfale (Cir.) 5 GU
Trionfale (V.) 1 AQ
Tritone (V. del) 7 NV
Trullo (V.) 1 AR
Tuscolana (V.) 4 FT 184
Uffici del Vicario (V.) 7 MV 186
Umberto I (Ponte) 6 KV
Università (Viale d.) 4 FS
Vallati (L. d.) 10 LY
Valle Giulia (Viale) 4 ES 187
Valle Murcia (V.) 11 NZ 189
Vascello (V. d.) 9 HZ
Vaticano (Lungotevere) 6 JV 190
Vaticano (Viale) 5 GV
Venezian (V. G.) 10 KZ 192
Venezia (Pza) 11 NY
Vercelli (V.) 4 FT
Vigna Murata (V.) 2 BR
Villa Massimo (Vle di) 4 FS 193
Villa Pamphili (Vle) 9 HZ
Viminale (V. d.) 8 PV
Virgilio (V.) 6 JU
Vitellia (V.) 9 GZ
Vittoria (Lungotevere d.) 3 CS
Vittorio Emanuele II (Cso) 6 KX
Vittorio Emanuele II (Ponte) 6 JV 195
Vittorio Emanuele Orlando (V.) 8 PV 196
Vittorio Veneto (V.) 8 OU
Volturno (V.) 8 PV 198
XXI Aprile (Viale) 4 FS
Zanardelli (V.) 6 KV 199
4 Novembre (V.) 11 NX 201
20 Settembre (V.) 8 PU
24 Maggio (V.) 7 NX
30 Aprile (Viale) 10 JZ 202

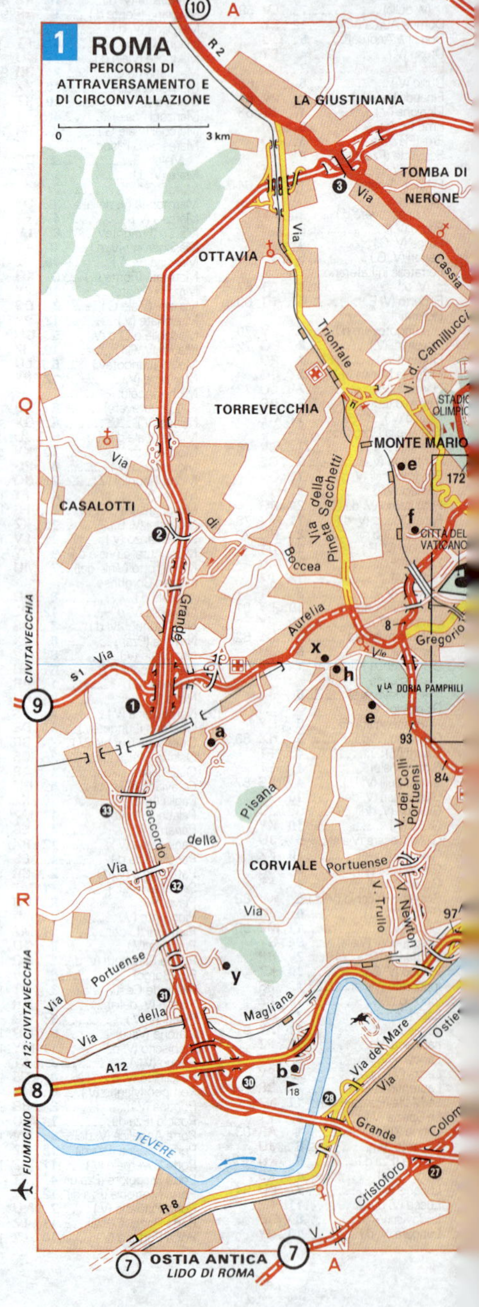

VITERBO
RIETI
A 1 : FIRENZE
TERNI
B
2
TORRE LUPARA
Via Nomentana
Butalotta
Grande Raccordo
Via della
Via Salaria
Nuova
TEVERE
V. Cassia Nuova
AEROPORTO DELL'URBE
TOR DI QUINTO
Foro Italico
VILLA ADA
V. d. Parioli
V. Nomentana
MONTE SACRO
V. Nomentana
Anulare
SETTECAMINI
R 5
Q
ROMA
MICHELIN
Via Tiburtina
ANIENE
A 24
L'AQUILA AVEZZANO
V. dei Monti Tiburtini
TERMINI
TOR SAPIENZA
Via Togliatti
Prenestina
COLOSSEO
CENTOCELLE
PALESTRINA
Viale Palmiro
Via Casilina
TUSCOLANO
Pta S. SEBASTIANO
CATACOMBE
TORRENOVA
R
TORRE MAURA
R 6
S. PAOLO FUORI LE MURA
V. Ostiense
Colombo
OSTIENSE
Via Appia
VIA APPIA
CINECITTÀ
A 1 : NAPOLI
Via Grotta Perfetta
Pignatelli
Nuova
Tuscolana
A1 dir.
CASTELLI ROMANI
V. di Vigna Murata
Via Appia Nuova
Via Anagnina
P 215
Laurentina
CECCHIGNOLA
Ardeatina
MORENA
CIAMPINO
P 511
Raccordo Anulare
ANTICA
S 7
R 148
B
CASTELLI ROMANI
NAPOLI

3
C
D
S
T
ROMA
VATICANO
CASTEL S. ANGELO
Piazza del Popolo
Piazza Navona
VILLA GIULIA
VILLA DORIA PAMPHILI
PIRAMIDE DI CAIO CESTIO
P^za Venezia
P^za del Campidoglio
P^za di Spagna
TEVERE
Ponte Sublicio
FLAMINIO
Lungotevere Flaminio
Viale Mazzini
Corso Vittorio Emanuele II
Via Aurelia Antica
Viale Trastevere
Viale di Trastevere
Viale Gregorio VII
V. A. Doria
Viale delle Milizie
Viale G. Cesare
Circ. Trionfale
Via Trionfale
Via Flaminia
Via del Corso
V. Marmorata
Viale delle Fornaci
Via Vitellia
V. di Donna Olimpia
V. Barrili
Viale Medaglie d'Oro
V. Cipro

E
F
4
S
T
ROMA
BORGHESE
PORTA PIA
Castro Pretorio
Policlinico
Bologna
QUIRINALE
S. MARIA MAGGIORE
FORI IMPERIALI
PALATINO
COLOSSEO
S. GIOVANNI IN LATERANO
S. SABA
TERME DI CARACALLA
Manzoni
S. Giovanni
Re di Roma
Ponte Lungo
Vitt. Emanuele
Pza di Pta Maggiore
Pza di Pta Capena
Via Nazionale
V. Cavour
Via Labicana
Merulana
Marsala
Tiburtina
Nomentana
Via Salaria
Via Panama
V.le Regina Margherita
V.le Regina Elena
V.le dell' Università
Via Appia Nuova
V. dell' Amba Aradam
V. Druso
Via Etruria
V. Gallia
V. Magna Grecia
Via Acaia
V.le Aventino
V. Giolitti
V. C. Felice
V.le Trieste
C.so Trieste
V. Chiana
V.le Gorizia
Via De Rossi
V. Torlonia
V. Ravenna
Via Catania
V.le Ippocrate
V.le d. Province
V.le XXI Aprile
V. Lanciani
V. Montebello
V.le Liegi
V.le d. Parioli
Buozzi
Bruno
U. Aldrovandi
V. Pinciana
V. d. S. Lorenzo
Scalo Lorenzo
Via La Spezia
V. Vercelli
V.le d. Terme di Caracalla
Giotto
Viale

5
5-6
7-8
9-10
11-12
G
H
ROMA
U
V
X
Circ. Clodia
Via della Giuliana
Viale Angelico
Circonvallazione Trionfale
V. Trionfale
V.le Medaglie d' Oro
Pzale degli Eroi
V. Andrea Doria
Viale delle
V. Barletta
Via Leone IV
Viale
Ottaviano-S. Pietro
V. V. Pisani
Via Candia
Via Cipro
Cipro-Musei-Vaticani
Viale Vaticano
V. Ottaviano
Via
Pza del Risorgimento
Via Emo
Via Angelo
VATICANO
MUSEI VATICANI
GIARDINI VATICANI
126
Borgo
Passetto
54
Via Vaticano
Viale
PIAZZA S. PIETRO
S. PIETRO
Borgo S.
165
Viale Vaticano
Galleria Principe Amadeo
Via Aurelia
V. Pta Cavalleggeri
85
Viale
Via
VII
0
200 m
9
120

J
K
L
6
ROMA
U
V
X
Ponte
G. Matteotti
Lungotevere
L. A. da
V. Beccaria
Michelangelo
Brescia
V. L. di Savoia
Pza DEL POPOLO
Milizie
V. A. Brofferio
V. G. Ferrari
V. Lepanto
V. Damiata
Cesare
Lepanto
Via
Giulio
Scipioni
Pompeo
Magno
degli
Germanico
Via
Gracchi
Colonna
Rienzo
Pza della
Libertà
dei
di
Cola
Via
Cesi
V. F.
Cicerone
V. Virgilio
Crescenzio
Piazza
Cavour
Piazza
Adriana
CASTEL
SANT'ANGELO
Pio
Conciliazione
Ponte S. Angelo
L. Tor di Nona
Spirito
L. in Sassia
Via dei Coronari
Lgo Tassoni
Co Vittorio
Emanuele II
CHIESA NUOVA
Via Giulia
L. Gianicolense
V. della
L. del Sangallo
L. dei Mellini
L. in Augusta
TEVERE
ARA PACIS AUGUSTAE
Ripetta
Ponte
Cavour
L. Prati
Marzio
Ponte Umberto I
V. di
V. d. Scrofa
PAL. ALTEMPS
S. LUIGI D. FRANCESI
PIAZZA
NAVONA
PALAZZO MADAMA
10

ROMA
PINCIO
VILLA MEDICI
P^ZA DEL POPOLO
ARA PACIS AUGUSTAE
MAUSOLEO DI AUGUSTO
P^ZA DI Spagna
TRINITÀ D. MONTI
SPAGNA
PALAZZO DI MONTECITORIO
FONTANA DI TREVI
QUIRINALE
P^ZA DEL QUIRINALE
S. LUIGI D. FRANCESI
PIAZZA NAVONA
PALAZZO MADAMA
PANTHEON
TEVERE

O P

8

5-6 7-8 9-10 11-12

Viale dei Cavalli
BORGHESE
Viale d. Museo
Via Borghese
Via Marini
Via Pinciana
M6
Via Po
V. Tevere
Via Salaria
V. Nizza
Corso d'Italia
Via Campania
Pza Fiume
94
27
Via Piave
Via Collina
V. Piemonte
Via Boncompagni
Via Sallustiana
Via Ludovisi
V. Vittorio Veneto
Via V. Vittorio Veneto
Via L. Bissolati
Via 20 Settembre
Via Montebello
Via Barberini
S. MARIA D. VITTORIA
S. SUSANNA
Barberini
PALAZZO BARBERINI
Terme di Diocleziano
198
196
M9
N
Repubblica
Pza della Repubblica
61
Piazza dei Cinquecento
TERMINI
PAL. MASSIMO
Via delle Quattro Fontane
K
F
138
POL.
Via Nazionale
V. A. Depretis
Via del Viminale
Via Cavour
Via Principe Amedeo
Pza d. Esquilino
S. MARIA MAGGIORE
Via Milano
Via Panisperna
160
0 200 m
U
V
X
ROMA

O 12 P

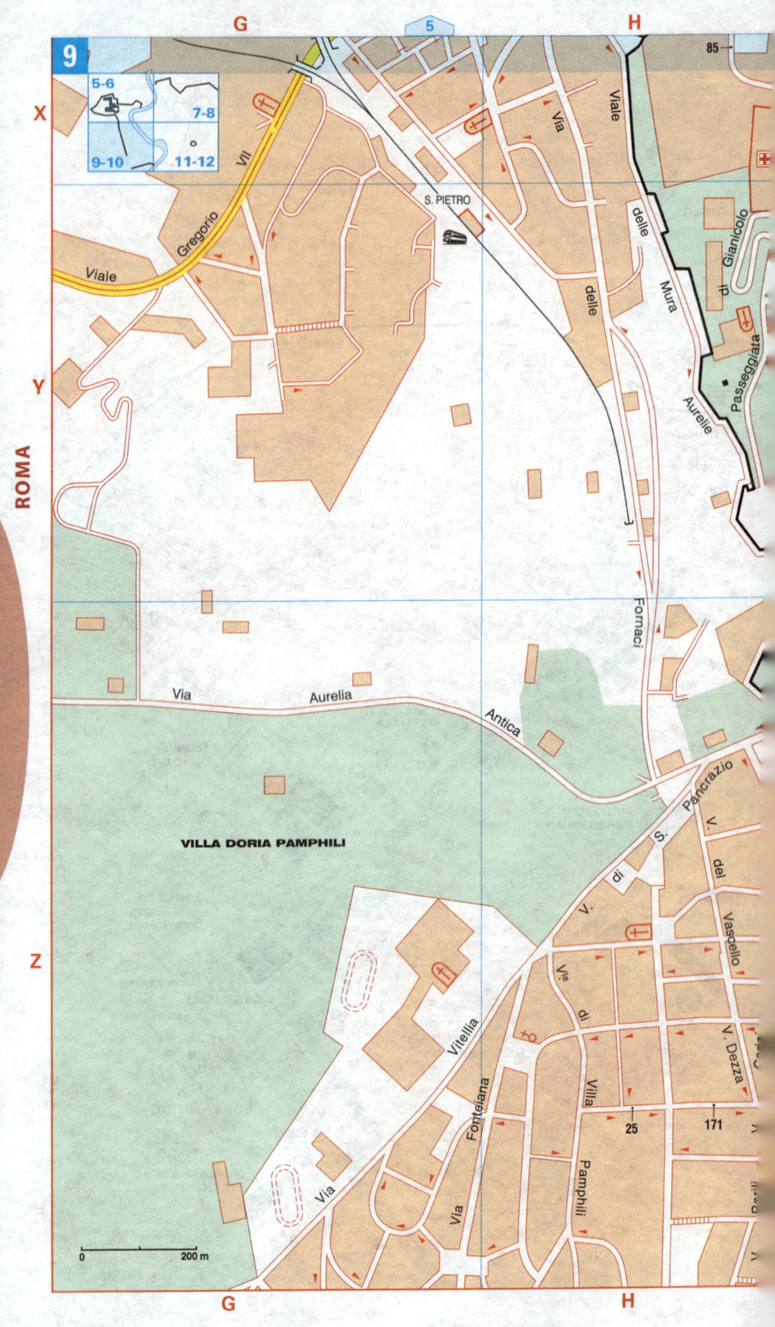

G
5
H
9
5-6
7-8
9-10
11-12
85
X
Y
Z
ROMA
Viale
Gregorio
VII
S. PIETRO
Via
Viale
delle
Mura
Aurelie
delle
Fornaci
di
Gianicolo
Passeggiata
Via
Aurelia
Antica
VILLA DORIA PAMPHILI
V. di S. Pancrazio
V. del Vascello
V.le di Villa Pamphili
V. Dezza
25
171
Vitellia
Via
Via Fonteiana
0
200 m
G
H

J
K
L
10
X
Y
Z
ROMA
NAVONA
Giulia
Emanuele II
M 4
A
PAL. FARNESE
PAL. SPADA
V. dei Giubbonari
Arenula
VILLA FARNESINA
GIANICOLO
Gianicolense
Sangallo
Lungara
L. della Farnesina
L. dei Tebaldi
TEVERE
Pte Sisto
Pte Mazzini
L. dei Vallati
L. R. Sanzio
V. Garibaldi
Pass. di Gianicolo
S. PIETRO IN MONTORIO
V. d. Scala
V. L. Manara
V. di S. Francesco a Ripa
Pza S. Cosimato
Pza S. Sonnino
Lucce
Trastevere
TRASTEVERE
V. G. Mameli
V. E. Morosini
Pza S. Francesco d' Assisi
Via G. Induno
Vle Glorioso
Dandolo
Viale di Trastevere
Portuense
Pza di Pta Portese
Pte Sublicio
Porto
Via G. Medici
Via G. Garibaldi
V. Rossetti
V. Bassi

L
M
N
7
11
PANTHEON
ROMA
PIAZZA VENEZIA
GESÙ
VITTORIANO
FORI IMPERIALI
P.ZA DEL CAMPIDOGLIO
FORO ROMANO
TEATRO DI MARCELLO
ISOLA TIBERINA
PALATINO
S. MARIA IN COSMEDIN
S. CECILIA
TRASTEVERE
CIRCO MASSIMO
S. SABINA
AVENTINO
TEVERE
Vitt. Emanuele II
V. dei Giubbonari
V. Arenula
L. dei Cenci
Vallati
Sanzio
Pte Cestio
Pte Palatino
V. Petroselli
V. di S. Teodoro
Pza Bocca d. Verità
Pza S. Sonnino
Via d. Trastevere
Lucce
Lungotevere Ripa
Aventino
Via dei Cerchi
Pzale U. La Malfa
V. del Circo Massimo
Sabina
Pza S. Francesco d' Assisi
Pza di Pta Portese
Porto di Ripa Grande
Lungotevere
Pte Sublicio
V. di S. Sabina
V. S. Alessio
V. Marmorata
Vle Aventino
Piazza Albania
V. 24 Maggio
Corso
X
Y
Z
10

O 8 P

12

X

Y

Z

ROMA

S. MARIA MAGGIORE

0 200 m

Via Milano

Via Panisperna

Via Cavour

160

Via Cavour

Via G. Lanza

V. d. Statuto

Via Merulana

Via Mecenate

Via Fori Imperiali

Via Cavour

S. PIETRO IN VINCOLI

DOMUS AUREA

COLOSSEO

V. Domus Aurea

Via Labicana

V. R. Bonghi

ARCO DI COSTANTINO

V. di S. Giovanni in Laterano

S. CLEMENTE

V. Claudia

V. di S. Stefano Rotondo

VILLA CELIMONTANA

P[za] di Porta Capena

Circo Massimo

V. d. Navicella

V. dell' Amba Aradam

V. d. Ferratella in Laterano

V. Ipponio

V[le] d. Terme di Caracalla

P[za] di Porta Metronia

Via Druso

V. Gallia

TERME DI CARACALLA

5-6 7-8 9-10 11-12

O P

Centro Storico

Hassler

piazza Trinità dei Monti 6 ✉ 00187 Ⓜ Spagna – ✆ 06 69 93 40 – www.hotelhasslerroma.com **7NUc**

96 cam – 440/500 € 560/900 €, ☕ 38 € – 14 suites

Rist *Imàgo* ✿ – vedere selezione ristoranti

In pregevole posizione, in cima alla scalinata di Trinità dei Monti, l'hotel coniuga tradizione, prestigio ed eleganza. Curiosa rivisitazione dello stile classico al 5° piano.

De Russie

via del Babuino 9 ✉ 00187 Ⓜ Flaminio – ✆ 06 32 88 81 – www.roccofortehotels.com **7MUp**

122 cam – 358/750 € 475/1050 €, ☕ 35 € – 25 suites

Rist *Le Jardin de Russie* – vedere selezione ristoranti

Design leggero e armonico in un edificio disegnato da Valadier nei primi anni del XIX secolo. La raffinatezza avvolge le camere; rose e gelsomini profumano il "giardino segreto". Tra le migliori risorse dell'Urbe.

St. George

via Giulia 62 ✉ 00186 – ✆ 06 68 66 11 – www.stgeorgehotel.it **10JXa**

64 cam ☕ – 230/420 € 270/460 €

Rist *I Sofà di Via Giulia* – vedere selezione ristoranti

Boutique e design hotel in una delle vie più belle della capitale: autentico scrigno di raffinatezza, l'albergo si fregia di lussuosi arredi, sia negli spazi comuni, sia nelle ampie camere.

Grand Hotel de la Minerve

rist,

piazza della Minerva 69 ✉ 00186 – ✆ 06 69 52 01 – www.grandhoteldelaminerve.com **7MXd**

123 cam – 235/595 € 285/645 €, ☕ 35 € – 12 suites

Rist – Carta 58/154 €

Un edificio storico cinto da antichi monumenti. All'interno, preziosi lampadari, statue neoclassiche e camere moderne, mentre la dea campeggia nel soffitto liberty della hall. Avvolto da un'atmosfera di raffinatezza, il ristorante offre una carta fantasiosa d'impronta tradizionale. Suggestiva la vista dalla terrazza.

Raphaël

largo Febo 2 ✉ 00186 – ✆ 06 68 28 31 – www.raphaelhotel.com **6KVb**

49 cam ☕ – 200/600 € 250/800 € – 1 suite **Rist** – Carta 46/102 €

Tra porcellane, sculture e oggetti d'antiquariato di celebri artisti, l'ingresso può sembrare quello di un museo. Ai piani: camere di taglio moderno, recentemente rinnovate. Cucina italiana e qualche specialità francese nel bel ristorante con panoramica terrazza multilivello.

Piranesi-Palazzo Nainer senza rist

via del Babuino 196 ✉ 00187 Ⓜ Flaminio – ✆ 06 32 80 41 – www.hotelpiranesi.com **7MUd**

32 cam ☕ – 158/168 € 198/398 € – 8 suites

Eleganti marmi, decorazioni ed una particolare esposizione di tessuti, anche storici, impreziosiscono la hall, le camere ed i corridoi. Roof garden ed un solarium multilivello.

Grand Hotel Plaza Ⓝ

cam, rist,

via del Corso 126 ✉ 00186 Ⓜ Spagna – ✆ 0 66 74 95 – www.grandhotelplaza.com **7MVp**

200 cam ☕ – 220/260 € 240/650 € – 20 suites **Rist** – Carta 50/70 €

Straordinari, immensi saloni di fine '800: trionfo liberty di marmi, soffitti a cassettoni, affreschi e vetrate. Arredi d'epoca anche nelle camere e terrazza panoramica con Champagne bar. L'atmosfera d'altri tempi non risparmia la suggestiva sala ristorante.

The First Luxury Art Hotel N

via del Vantaggio 14 ✉ *00186* Ⓜ *Flaminio* – ✆ *06 45 61 70 70*
– *www.thefirsthotel.com* **7MUf**
18 cam – 🛉341/671 € 🛉🛉385/715 €, ☕ 30 € – 11 suites **Rist** – Carta 38/70 €
Camere raffinate e terrazze panoramiche sui tetti del centro in un elegante palazzo ottocentesco, che si apre all'interno verso ambienti luminosi e moderni, arredati con opere d'arte contemporanea.

Dei Borgognoni senza rist

via del Bufalo 126 ✉ *00187* Ⓜ *Spagna* – ✆ *06 69 94 15 05*
– *www.hotelborgognoni.it* **7NVg**
51 cam ☕ – 🛉215/255 € 🛉🛉220/330 €
In un palazzo ottocentesco, signorile albergo dalle ariose sale in stile contemporaneo e camere confortevoli, che uniscono uno stile classico a soluzioni piu moderne.

Nazionale

piazza Montecitorio 131 ✉ *00186* – ✆ *06 69 50 01* – *www.hotelnazionale.it*
100 cam ☕ – 🛉220/290 € 🛉🛉380/560 € – 1 suite **7MVg**
Rist *31 al Vicario* – *(chiuso agosto, lunedì a mezzogiorno e domenica)*
Affacciato sulla piazza di Montecitorio, l'hotel è ospitato in un edificio settecentesco: sale di tono signorile e camere arredate in stili diversi. Confortevole e raccolta la sala ristorante, dove apprezzare la classica cucina italiana.

D'Inghilterra N

cam, cam,

via Bocca di Leone 14 ✉ *00187* – ✆ *06 69 98 11* – *www.royaldemeure.com*
88 cam ☕ – 🛉460/750 € 🛉🛉490/750 € – 7 suites **7MVh**
Rist *Caffè Romano* – Carta 44/67 €
Dal lontano Seicento accoglie turisti di tutto il mondo con l'inconfondibile cifra di una raffinata casa privata e deliziose camere personalizzate. Bar d'atmosfera ed eleganti salotti. Al ristorante, cucina semplice e classica a pranzo, più elaborata ed ambiziosa la sera.

Manfredi senza rist

via Margutta 61 ✉ *00187* Ⓜ *Spagna* – ✆ *0 63 20 76 76* – *www.hotelmanfredi.it*
28 cam ☕ – 🛉75/199 € 🛉🛉99/299 € – 1 suite **7MUh**
Piccola bomboniera nella famosa via Margutta: al terzo piano di un palazzo signorile, differenti tipologie di camere, ma tutte arredate con eleganza ed accessori di ultima generazione. Proverbiale la prima colazione intercontinentale a base di prodotti naturali (yogurt e dolci fatti in casa).

Santa Chiara senza rist

via Santa Chiara 21 ✉ *00186* – ✆ *0 66 87 29 79* – *www.albergosantachiara.com*
96 cam ☕ – 🛉155/210 € 🛉🛉220/280 € – 3 suites **7MXr**
Dal 1830 un'ininterrotta tradizione familiare di ospitalità in questo albergo moderno e funzionale situato alle spalle del Pantheon ed articolato su tre differenti palazzi.

Due Torri senza rist

vicolo del Leonetto 23 ✉ *00186* Ⓜ *Spagna* – ✆ *0 66 87 69 83*
– *www.hotelduetorriroma.com* **6LVa**
26 cam ☕ – 🛉100/140 € 🛉🛉140/220 €
In un angolo tranquillo della vecchia Roma, l'accogliente atmosfera di una casa privata che nel tempo ha ospitato cardinali e vescovi. Negli ambienti, arredi in stile e tessuti rossi.

Del Corso senza rist

via del Corso 79 ✉ *00186* Ⓜ *Spagna* – ✆ *06 36 00 62 33*
– *www.hoteldelcorsoroma.com* **7MUg**
18 cam ☕ – 🛉59/449 € 🛉🛉69/499 € – 1 suite
Spazi comuni ridotti, camere in stile, ricerche di tessuti, bagni in marmo, boiserie e un'atmosfera ovattata; la colazione è servita al primo piano o in terrazza, tempo permettendo.

Gregoriana senza rist
via Gregoriana 18 ✉ 00187 Ⓜ Spagna – ☎ 0 66 79 42 69 – www.hotelgregoriana.it 7NVx
21 cam ☕ – †148/198 € ††228/288 € – 1 suite
In una delle strade più eleganti di Roma, questo piccolo albergo occupa un convento del XVII secolo. Spazi comuni limitati, ma belle camere dalle eleganti decorazioni art decò.

Mozart senza rist
via dei Greci 23/b ✉ 00187 Ⓜ Spagna – ☎ 06 36 00 19 15 – www.hotelmozart.com 7MUb
56 cam ☕ – †64/359 € ††84/514 €
Ospitato in un palazzo dell'800, l'albergo dispone di ambienti comuni di raffinata eleganza e camere in stile: più ampie e moderne nella dépendance.

Portoghesi senza rist
via dei Portoghesi 1 ✉ 00186 – ☎ 0 66 86 42 31 – www.hotelportoghesiroma.it
28 cam ☕ – †130/160 € ††160/200 € – 4 suites 6LVb
Accanto alla chiesa dedicata a S.Antonio dei Portoghesi, offre camere (solo per non fumatori) impreziosite da decorazioni classiche e da raffinati tessuti. Nella bella stagione, la giornata incomincia sotto il buon auspicio della prima colazione servita sulla terrazza del roof garden.

Condotti senza rist
via Mario dè Fiori 37 ✉ 00187 Ⓜ Spagna – ☎ 0 66 79 46 61 – www.hotelcondotti.com 7MUc
16 cam ☕ – †79/299 € ††99/489 €
Marmi e preziosi lampadari nella piccola hall: camere non ampie, ma di buon confort (alcune in una dépendance poco distante).

Pensione Barrett senza rist
largo Torre Argentina 47 ✉ 00186 – ☎ 0 66 86 84 81 – www.pensionebarrett.com 11MYy
20 cam – †100/115 € ††125/135 €, ☕ 8 €
Calorosa ospitalità familiare ed eco di storia senza fine in questo hotel: un palazzo quattrocentesco con un autentico arco romano e camere dalle decorazioni barocche.

Fontanella Borghese senza rist
largo Fontanella Borghese 84 ✉ 00186 Ⓜ Spagna – ☎ 06 68 80 95 04 – www.fontanellaborghese.com 7MVd
24 cam ☕ – †120/190 € ††160/270 €
Al 2° e 3° piano di un palazzo appartenuto ai principi Borghese, l'hotel offre camere elegantemente arredate, particolarmente silenziose quelle affacciate sulla corte interna.

Centrale senza rist
via Laurina 34, (rione Campo Marzio) ✉ 00187 Ⓜ Flaminio – ☎ 0 68 74 03 08 90 – www.hotelcentraleroma.it 7MUe
21 cam ☕ – †70/110 € ††90/160 €
Alla scoperta della Città Eterna, partendo da questo albergo, recentemente ristrutturato, che dispone di spazi comuni un po' ridotti, ma curati; come del resto le camere: di diversa metratura, ma tutte confortevoli ed accoglienti.

Fellini senza rist
via Rasella 56 ✉ 00187 Ⓜ Barberini – ☎ 06 42 74 27 32 – www.hotelfellini.com
30 cam ☕ – †49/249 € ††59/349 € – 4 suites 7NVa
Camere al 3° e al 5° piano di questo edificio a poca distanza dal Quirinale e dalla Fontana di Trevi: una risorsa rinnovata che dispone anche di un terrazzino estivo per le colazioni.

Villa Spalletti Trivelli Ⓝ senza rist
via Piacenza 4 ✉ 00184 – ☎ 06 48 90 79 34 – www.villaspallettitrivelli.com 8OVa
14 cam – †407/671 € ††407/671 €
A pochi passi dal Quirinale, alle vette del monte, questa residenza si affaccia sui giardini e nelle tranquille vie limitrofe: spazi comuni di gran classe – bellissime le imponenti sale biblioteca – e camere arredate con mobili d'epoca.

ROMA

XXXXX **Le Jardin de Russie** – Hotel De Russie
via del Babuino 9 ✉ 00187 Ⓜ Piazzale Flaminio – ✆ 06 32 88 88 70 – www.roccofortehotels.com **7MUp**
Rist – Carta 70/133 €
A dispetto del nome francese, i sapori sono decisamente tricolori, reinterpretati creativamente da un grande della cucina: Fulvio Pierangelini. Ambiente di estrema raffinatezza.

XXXX **Imàgo** – Hotel Hassler
✿ *piazza Trinità dei Monti 6 ✉ 00187 Ⓜ Spagna – ✆ 06 69 93 47 26 – www.imagorestaurant.com* **7NUc**
Rist – *(solo a cena)* Menu 100/140 € – Carta 85/152 €
➜ Fusilloni alla carbonara con ragù di quaglia. Merluzzo carbonaro glassato al sake, schiacciatina di fagioli cannellini. Sfogliatelle calde di pasta di riso con salsa di ciliegie e gelato al tè verde.
Continua ad incantare i suoi ospiti la sala ristorante grazie alle ampie vetrate e all'indimenticabile vista sulla città eterna. Cucina di stampo moderno ed ottime materie prime.

XXXX **Hostaria dell'Orso**
via dei Soldati 25/c ✉ 00186 – ✆ 06 68 30 11 92 – www.hdo.it – Chiuso agosto e domenica **6KVc**
Rist – (consigliata la prenotazione) Menu 45/95 € – Carta 50/68 €
Uno storico riferimento della mondanità romana. Elegante, l'atmosfera intima e romantica delle sale, volutamente prive di superflui artifici d'arredo, in simbiosi con la cucina, omaggio alle materie prime prescelte.

XXXX **I Sofà di Via Giulia** – Hotel St. George
via Giulia 62 ✉ 00186 – ✆ 06 68 66 11 – www.isofadiviagiulia.com – Chiuso domenica, lunedì e la sera in estate **10JXa**
Rist – Menu 30 € – Carta 65/88 €
Tentazioni di terra, di mare e dell'orto, in percorsi gastronomici con piatti tipici italiani e delizie regionali. Anche la carta dei vini si mostra all'altezza del locale.

XXX **Il Convivio-Troiani** (Angelo Troiani)
✿ *vicolo dei Soldati 31 ✉ 00186 – ✆ 0 66 86 94 32 – www.ilconviviotroiani.com – Chiuso 1 settimana in agosto e domenica* **6KLVr**
Rist – *(solo a cena)* Carta 70/132 €
➜ Vermicelli bucati alla amatriciana. Poker di piccione. Semifreddo di zabaione con frutta secca caramellata e aceto balsamico tradizionale di Modena.
Un elegante salotto nel cuore del centro storico: tra affreschi, quadri e moderna essenzialità, brilla una cucina vetrina dei più celebri piatti italiani, dai risotti alle paste con un occhio di riguardo alle tradizioni laziali.

XXX **Il Pagliaccio** (Anthony Genovese)
✿✿ *via dei Banchi Vecchi 129 ✉ 00186 – ✆ 06 68 80 95 95 – www.ristoranteilpagliaccio.it – Chiuso 9-17 gennaio, 8-31 agosto, martedì a mezzogiorno, domenica e lunedì* **6KXa**
Rist – (consigliata la prenotazione la sera) Menu 75 € (pranzo)/160 € – Carta 95/150 €
➜ Ziti con stoccafisso e salsa di 'nduja. Piccione laccato, latte e soffice alle nocciole. Albicocche al timo, crema di riso alla vaniglia, sorbetto di albicocche.
Una scossa al cuore della Roma rinascimentale: la cucina svecchia la tradizione e si mette alla costante ricerca di prodotti ed accostamenti innovativi.

XXX **Enoteca Capranica**
piazza Capranica 99/100 ✉ 00186 – ✆ 06 69 94 09 92 – www.enotecacapranica.it – Chiuso sabato a mezzogiorno e domenica **7MVn**
Rist – Menu 65/75 € – Carta 54/104 €
A pochi passi da Montecitorio, le alte volte colorate di un palazzo del 1400 ospitano un'elegante ristorante con un'importante carta dei di vini e stuzzicanti piatti mediterranei.

Il Sanlorenzo

via dei Chiavari 4/5 ✉ 00186 – ✆ 0 66 86 50 97 – www.ilsanlorenzo.it – Chiuso 12-26 agosto e i mezzogiorno di sabato, domenica e lunedì, anche domenica sera in giugno, luglio e agosto **10LYc**

Rist – Carta 64/127 €

Un palazzo storico costruito sulle fondamenta del Teatro Pompeo per un locale d'atmosfera, che unisce storia ed arte contemporanea. In menu: piatti moderni e specialità di pesce.

Sangallo

via dei Coronari 180 ✉ 00186 – ✆ 06 68 13 40 55 – www.ristorantesangallo.com

Rist – Menu 40 € (pranzo)/70 € (cena) – Carta 59/86 € **6KVd**

Quando l'antico si contrappone al moderno: in un palazzo del 1500 - accanto alla chiesa di San Salvatore in Lauro - diverse salette di tono elegante accolgono una cucina moderna e creativa.

La Rosetta

via della Rosetta 8/9 ✉ 00186 – ✆ 0 66 86 10 02 – www.larosetta.com – Chiuso 1 settimana in gennaio, 2 settimane in agosto, domenica a mezzogiorno **7MVx**

Rist – Carta 47/143 €

A pochi passi dallo splendido scenario del Pantheon, pesce fresco e di grande qualità da fare invidia ad una località di mare... Saporite ricette mediterranee, tenendo ben presente l'evoluzione del gusto moderno. Proposte più elaborate la sera.

Hamasei

via della Mercede 35/36 ✉ 00187 – ✆ 0 66 79 21 34 – www.roma-hamasei.com – Chiuso 2 settimane in agosto e lunedì **7NVc**

Rist – Menu 15 € (pranzo)/40 € – Carta 20/87 €

Sobri arredi minimalisti ed atmosfera curata, in questo ristorante giapponese recentemente ampliato e rinnovato. La carta propone ricette tradizionali del Sol Levante, sia di carne sia di pesce.

Al Bric

via del Pellegrino 51 ✉ 00186 – ✆ 0 66 87 95 33 – www.albric.it – Chiuso 3 settimane in agosto e lunedì **10KYb**

Rist – *(solo a cena)* Carta 39/81 € (+10 %)

Alle pareti alcuni coperchi lignei con impressi nomi di vini e case vinicole: per gli amanti del formaggio e del frutto di Bacco, un indirizzo informale che vi conquisterà per le sue innumerevoli proposte. Cucina mediterranea.

La Campana

vicolo della Campana 18-20 ✉ 00186 – ✆ 0 66 86 78 20 – www.ristorantelacampana.com – Chiuso agosto e lunedì **6LVp**

Rist – Carta 30/67 €

Un locale tra la trattoria ed il ristorante, dove l'informale atmosfera romana è ingentilita da alcune decorazioni: la cucina è quella della tradizione ed il carciofo un must. Proverbiale il buffet degli antipasti.

Giggetto-al Portico d'Ottavia

via del Portico d'Ottavia 21/a ✉ 00186 – ✆ 0 66 86 11 05 – www.giggettoalportico.it – Chiuso 2 settimane in luglio e lunedì **11MYh**

Rist – Carta 28/61 €

Locale familiare, in cui le specialità culinarie romane si incontrano con una storia generazionale di ospitalità e tradizione. Due servizi all'aperto: lato strada o nel cortile interno.

Le Streghe

vicolo del Curato 13 ✉ 00186 – ✆ 0 66 87 81 82 – www.osterialestreghe.it – Chiuso 20 giorni in agosto e domenica **6JVu**

Rist – Carta 28/57 €

Nei pressi del Tevere, due piccole ed accoglienti sale, dove fermare il tempo per gustare la vera cucina romana e qualche piatto nazionale.

Casa Bleve

via del Teatro Valle 48/49 ✉ 00186 – ✆ 0 66 86 59 70 – www.casableve.it – Chiuso agosto, domenica e lunedì 7LXa

Rist – Carta 46/96 €

Nei pressi di Palazzo Madama, in un antico palazzo del 1492 con ampi soffitti a volte, menu à la carte con specialità nazionali; in bella mostra all'entrata molte etichette di vini anche pregiati.

Taverna Giulia

vicolo dell'Oro 23 ✉ 00186 – ✆ 0 66 86 97 68 – www.tavernagiulia.it – Chiuso agosto e domenica 6JVa

Rist – (consigliata la prenotazione la sera) Menu 35 € – Carta 29/60 €

Ci sono giorni in cui - complice il bel tempo - sottrarsi al fascino di Roma è impossibile. Se capitate in una di queste giornate optate per il grazioso dehors, altrimenti vi aspettano gli spazi interni – pur sempre piacevoli – dove gustare proposte di cucina ligure, terra di origine dei titolari.

Stazione Termini

The St. Regis Rome

via Vittorio Emanuele Orlando 3 ✉ 00185 Ⓜ Repubblica – ✆ 0 64 70 91 – www.stregisrome.com 8PVc

161 cam – †310/930 € ††330/1020 €, ☐ 43 € – 23 suites

Rist *Vivendo* – vedere selezione ristoranti

In un aristocratico palazzo nel cuore di Roma, St. Regis Rome è da sempre crocevia della mondanità internazionale. L'arredamento - espressione dello stile Impero, Regency e Louis XV - fa della struttura uno degli alberghi più lussuosi d'Europa.

The Westin Excelsior

via Vittorio Veneto 125 ✉ 00187 Ⓜ Barberini – ✆ 0 64 70 81 – www.westinrome.com 8OUg

281 cam – †270/600 € ††360/1200 €, ☐ 29 € – 35 suites

Rist *Doney* – vedere selezione ristoranti

Situato a pochi passi dalla centralissima piazza di Spagna e dal verde di Villa Borghese, The Westin Excelsior affonda le sue radici nella strada più prestigiosa della capitale, via Veneto. Tra le varie suite, Villa La Cupola è sicuramente una delle più grandi d´Europa.

Eden

via Ludovisi 49 ✉ 00187 Ⓜ Barberini – ✆ 06 47 81 21 – www.edenroma.com 7NUa

108 cam – †245/438 € ††324/618 €, ☐ 49 € – 13 suites

Rist *La Terrazza* – vedere selezione ristoranti

Classe e sobrietà per un grande albergo dove l'eleganza e il tono non escludono il calore dell'accoglienza. Da alcune camere ai piani alti forse la più bella vista su Roma.

Grand Hotel Via Veneto

rist,

via Vittorio Veneto 155 ✉ 00187 Ⓜ Barberini – ✆ 06 48 78 81 8OUe

106 cam – †380/700 € ††380/700 €, ☐ 33 € – 10 suites

Rist *Magnolia* – Carta 75/145 €

Rist *Time* – Carta 40/60 €

Sulla via della Roma by night, un grand hotel nel vero senso della parola: stupende camere in stile retrò e una collezione di oltre 500 quadri d'autore. Il ristorante Magnolia testimonia l'amore per la tradizionale cucina italiana. Al Time piatti nazionali ed internazionali, ma anche grande scelta di cocktail.

Regina Hotel Baglioni

via Vittorio Veneto 72 ✉ 00187 Ⓜ Barberini – ✆ 06 42 11 11 – www.baglionihotels.com 8OUm

125 cam ☐ – †250/676 € ††350/850 € – 9 suites

Rist *Brunello Lounge & Restaurant* – vedere selezione ristoranti

Hotel storico in edificio Liberty, al suo interno ritroviamo quell'eleganza antica, ma mai tramontata, fatta di stucchi, mobili d'epoca ed un'imponente scalinata in bronzo e marmo. L'unica concessione alla modernità riguarda i confort e le installazioni, nonché le splendide camere: alcune di design.

Majestic

via Vittorio Veneto 50 ✉ *00187* Ⓜ *Barberini* – ✆ *06 42 14 41* – *www.hotelmajestic.com* 8OUq

93 cam – 🚹210/540 € 🚹🚹250/640 €, ☕ 30 € – 4 suites

Rist *Filippo La Mantia* – vedere selezione ristoranti

Se gli appassionati di cinema riconosceranno lo scenario del celebre film di Fellini "La Dolce Vita", certo è che questo hotel nato a fine '800, rimane ancora oggi alfiere dell'ospitalità di lusso di via Veneto: pezzi d'antiquariato, arazzi, affreschi, ma anche confort attuali.

Sofitel Rome Villa Borghese

via Lombardia 47 ✉ *00187* Ⓜ *Barberini* – ✆ *06 47 80 21* – *www.sofitel.com* 7NUd

100 cam – 🚹200/290 € 🚹🚹230/390 €, ☕ 30 € – 4 suites

Rist *La Terrasse* – Carta 67/108 €

A due passi dalla cosmopolita via Veneto, camere stupende e raffinati spazi comuni d'ispirazione neoclassica. All'ultimo piano, il ristorante panoramico con Lounge Bar propone un romantico scorcio su Villa Medici.

Splendide Royal

via di porta Pinciana 14 ✉ *00187* Ⓜ *Barberini* – ✆ *06 42 16 89* – *www.splendideroyal.com* 7NUb

68 cam – 🚹360/630 € 🚹🚹400/850 €, ☕ 35 € – 9 suites

Rist *Mirabelle* – vedere selezione ristoranti

Stucchi dorati, tessuti damascati e sontuosi arredi antichi: un tributo al barocco romano dedicato a tutti coloro che non apprezzano l'imperante minimalismo. Nelle camere il blu pervinca, il giallo oro, il rosso cardinalizio si rincorrono creando un'atmosfera di lussuosa classicità.

Bernini Bristol

cam, rist,

piazza Barberini 23 ✉ *00187* Ⓜ *Barberini* – ✆ *06 48 89 31* – *www.berninibristol.com* 8OVf

127 cam ☕ – 🚹230/400 € 🚹🚹330/660 € – 10 suites

Rist *L'Olimpo* – ✆ 0 64 88 93 32 88 – Carta 56/102 €

Ormai parte integrante della celebre piazza, raffinato hotel con camere dagli arredi classici o di stile contemporaneo: è consigliabile optare per quelle panoramiche poste ai piani più alti. Il roof garden non poteva che accogliere il ristorante L'Olimpo con dehors estivo e splendida vista sulla Città Eterna.

Marriott Grand Hotel Flora

rist,

via Vittorio Veneto 191 ✉ *00187* Ⓜ *Spagna* – ✆ *06 48 99 29* – *www.grandhotelflora.net* 8OUn

156 cam – 🚹319/389 € 🚹🚹319/389 €, ☕ 30 € – 3 suites

Rist *The Cabiria* – ✆ 06 48 99 25 48 – Carta 42/77 €

Alla fine di via Vittorio Veneto, l'hotel vi attende nella sua elegante atmosfera neoclassica, punteggiata da qualche elemento moderno ed offre spazi decisamente generosi. Forte impronta mediterranea, invece, al ristorante The Cabiria.

Empire Palace Hotel

via Aureliana 39 ✉ *00187* – ✆ *06 42 12 81* – *www.empirepalacehotel.com* 8PUh

10 cam ☕ – 🚹360 € 🚹🚹512 € – 5 suites

Rist *Aureliano* – *(chiuso domenica)* Carta 40/70 €

Sofisticata fusione di elementi dell'ottocentesca struttura e di design contemporaneo, con collezione d'arte moderna negli spazi comuni; sobria classicità nelle camere. Boiserie di ciliegio, tavoli ravvicinati, bei lampadari rosso-blu in sala da pranzo. Sapori e colori mediterranei vivacizzano il menu.

Rose Garden Palace

via Boncompagni 19 ✉ *00187* Ⓜ *Barberini* – ✆ *06 42 17 41* – *www.rosegardenpalace.com* 8OUd

65 cam – 🚹180/260 € 🚹🚹240/370 €, ☕ 15 €

Rist *Il Roseto* – *(chiuso domenica a pranzo)* Carta 51/80 €

All'interno di un palazzo d'inizio '900, il design moderno di tono minimalista ha ispirato lo stile degli arredi di questa risorsa, che mantiene tuttavia alcuni elementi architettonici tipici dell'edificio: soffitti alti e marmi pregiati.

Mecenate Palace Hotel
via Carlo Alberto 3 ✉ 00185 Ⓜ Vittorio Emanuele – ✆ 06 44 70 20 24 – www.mecenatepalace.com **8PXh**
71 cam – 100/315 € 180/410 € – 3 suites
Rist – *(solo a cena)* Carta 33/47 €
I raffinati interni in stile non tradiscono lo spirito dell'ottocentesca struttura che ospita l'hotel. Se la vostra camera non si affaccia su S. Maria Maggiore, correte in terrazza: la vista è mozzafiato! Semplici sapori italiani nel ristorante all'ultimo piano.

Artemide
via Nazionale 22 ✉ 00184 Ⓜ Repubblica – ✆ 06 48 99 11 – www.hotelartemide.it **8OVb**
85 cam – 119/419 € 139/449 €
Rist – *(solo per alloggiati)* Carta 37/90 €
In un pregevole edificio liberty di fine '800, un hotel di raffinatezza classica, che soddisfa le esigenze di una moderna ospitalità; spazi congressuali ben organizzati.

Marcella Royal senza rist
via Flavia 106 ✉ 00187 – ✆ 06 42 01 45 91 – www.marcellaroyalhotel.com **8PUz**
92 cam – 150/360 € 200/390 €
Che siano doppie o junior suite, le camere sono comunque belle ed accoglienti: le migliori sono tuttavia le superior, più recenti e con arredi moderni. Gradevole roof garden per colazioni e stuzzichini serali.

Ambra Palace senza rist
via Principe Amedeo 257 ✉ 00185 Ⓜ Vittorio Emanuele – ✆ 06 49 23 30 – www.ambrapalacehotel.com **4FTc**
78 cam – 79/190 € 89/330 €
La struttura è quella di un palazzo di metà Ottocento in un dinamico quartiere multietnico dietro la stazione. La risorsa è stata impostata per poter rispondere al meglio alle esigenze di una clientela prevalentemente d'affari.

Britannia senza rist
via Napoli 64 ✉ 00184 Ⓜ Repubblica – ✆ 0 64 88 31 53 – www.hotelbritannia.it **8PVy**
33 cam – 150/330 € 160/380 €
Graziose personalizzazioni e curati servizi in una struttura di piccole dimensioni, con camere di buon confort, quasi tutte rallegrate da un vivace acquario.

Canada senza rist
via Vicenza 58 ✉ 00185 Ⓜ Castro Pretorio – ✆ 0 64 45 77 70 – www.hotelcanadaroma.com **4FSu**
73 cam – 128/164 € 146/198 €
In un palazzo d'epoca nei pressi della stazione Termini, hotel di sobria eleganza con decorazioni d'epoca e affreschi dell'Ottocento (anche in alcune camere).

Antico Palazzo Rospigliosi senza rist
via Liberiana 21 ✉ 00185 Ⓜ Cavour – ✆ 06 48 93 04 95 – www.hotelrospigliosi.com **8PXa**
39 cam – 115/195 € 140/290 €
Residenza nobiliare del 16 secolo, dell'epoca mantiene intatti il fascino che aleggia nei grandi saloni e l'eleganza nonchè cura del dettaglio che caratterizzano le belle camere. Pregevole il chiostro-giardino impreziosito da una gorgogliante fontana e la splendida cappella interna del '600, perfettamente conservata.

Astoria Garden senza rist
via Bachelet 8/10 ✉ 00185 Ⓜ Castro Pretorio – ✆ 0 64 46 99 08 – www.hotelastoriagarden.it **4FSc**
33 cam – 100/185 € 130/260 €
Un giardino di aranci e banani, un'occasione quasi unica e rilassante per soggiornare nella Città Eterna. Chiedete le camere che vi si affacciano: un paio dispongono di un tavolino privato all'aperto.

Valle senza rist
via Cavour 134 ✉ 00184 Ⓜ Cavour – ✆ 0 03 90 64 81 57 36
– www.therelaxinghotels.com 8PXz
42 cam ☕ – 🚹95/185 € 🚹🚹115/250 €
Spazi limitati in questo albergo nelle vicinanze della basilica di S.Maria Maggiore; curate e gradevoli le camere, in maggior parte dotate di lettore dvd.

Villa San Lorenzo senza rist
via dei Liguri 7 ✉ 00185 Ⓜ San Giovanni – ✆ 0 64 46 99 88
– www.aventinohotels.com 4FTb
39 cam ☕ – 🚹50/150 € 🚹🚹70/230 €
In una via appartata alle spalle della stazione Termini, la struttura dispone di spazi comuni limitati, ma camere comode con arredi di due tipi: in stile veneziano o classico. Piacevole corte interna e comodo posteggio.

Mascagni senza rist
via Vittorio Emanuele Orlando 90 ✉ 00185 – ✆ 06 48 90 40 40
– www.mascagnihotelrome.it 8PVg
40 cam ☕ – 🚹130/300 € 🚹🚹150/400 €
Un albergo curato nei minimi dettagli: camere arredate con mobili in legno massiccio, tappezzerie eleganti e bagni in stile retrò. Sicuramente un buon indirizzo per i vostri soggiorni nella capitale!

ROMA

Best Roma senza rist
via di Porta Maggiore 51 ✉ 00185 – ✆ 06 77 07 69 28
– www.hotelbestroma.com 4FTa
24 cam ☕ – 🚹60/400 € 🚹🚹70/400 €
Aperto nel 2008 questo moderno albergo contrappone alla limitata disponibilità di spazi la qualità dei materiali utilizzati: marmi per reception e bagni, parquet di prestigio nelle camere con sfavillanti lampadari di Murano.

Villa Pinciana senza rist
via Abruzzi 9/11 ✉ 00187 Ⓜ Barberini – ✆ 06 96 04 29 21
– www.hotelvillapinciana.it 8OUv
25 cam ☕ – 🚹100/200 € 🚹🚹100/500 €
A due passi da via Vento, ma in zona tranquilla, un incantevole villino d'inizio '900 dagli interni signorili ed un grazioso cortile per le colazioni estive. Un indirizzo suggestivo: ci si sente ospiti di un'esclusiva dimora privata.

Columbia senza rist
via del Viminale 15 ✉ 00184 Ⓜ Termini – ✆ 0 64 88 35 09
– www.hotelcolumbia.com 8PVf
45 cam ☕ – 🚹126/146 € 🚹🚹168/199 €
Camere accoglienti con arredi in arte povera e dettagli personalizzati, in una confortevole risorsa, nei pressi della stazione Termini. Nella bella stagione, prima colazione sulla terrazza roof garden.

Modigliani senza rist
via della Purificazione 42 ✉ 00187 Ⓜ Barberini – ✆ 06 42 81 52 26
– www.hotelmodigliani.com 7NVb
23 cam ☕ – 🚹80/178 € 🚹🚹90/202 €
Una simpatica coppia di artisti gestisce questo tranquillo hotel ubicato a due passi da via Veneto. Le zone comuni sono arredate con quadri d'arte moderna. Prima colazione nel grazioso Bar Modì o, all'aperto, nella piccola corte interna.

Moses Fountain senza rist
via XX Settembre 98 ✉ 00187 – ✆ 06 69 94 12 56 – www.mosesfountain.com
7 cam ☕ – 🚹165/225 € 🚹🚹185/360 € 8PVe
Una vera e propria dimora dentro un monumento storico: la cinquecentesca Fontana di Mosè. Gli interni sono invece recentissimi, curati, dal design modaiolo, soprattutto nell'elegante scelta cromatica. Un solo terrazzino come spazio comune: qui è servita la prima colazione baciati dal sole, altrimenti in camera.

Residenza A-The Boutique Art Hotel senza rist
via Vittorio Veneto 183 ✉ 00187 Ⓜ Barberini – ✆ 06 48 67 00 – www.hotelviaveneto.com 8OUp
7 cam – 100/200 € 120/260 €
Elegante palazzo affacciato su una delle vie più famose al mondo, ospita al suo interno ambienti di moderno design e opere d'arte. Prima colazione italiana in camera o, giù, in un bar di via Veneto.

Relais La Maison senza rist
via Depretis 70 ✉ 00184 Ⓜ Repubblica – ✆ 06 48 93 07 74 – www.relaislamaison.com 8PVa
6 cam – 80/160 € 100/180 €
All'ultimo piano di un palazzo, una "bomboniera" dove tutto è piccino, tranne le camere: spaziose, moderne e confortevoli...come essere ospiti di una bella abitazione privata nella Città Eterna.

Vivendo – Hotel The St. Regis Rome
via Vittorio Emanuele Orlando 3 ✉ 00185 Ⓜ Repubblica – ✆ 06 47 09 27 36 – www.stregisrome.com/en/vivendo – Chiuso domenica e lunedì 8PVc
Rist – *(solo a cena)* Carta 70/92 €
Lo chef delizia i propri ospiti con note creative e sapori mediterranei, in questo raffinato ristorante che offre un menu stagionale accompagnato da deliziosi vini italiani. Servizio d'eccellenza.

Mirabelle – Hotel Splendide Royal
via di porta Pinciana 14 ✉ 00187 Ⓜ Barberini – ✆ 0 64 21 68 83 8/ 37 – www.mirabelle.it 7NUb
Rist – Carta 113/174 €
Al settimo piano dell'albergo Splendide Royal, dalle vetrate del ristorante Roma appare immersa in un bucolico silenzio di parchi e cupole. Ci penserà la cucina a risvegliare i sensi: ricette laziali e italiane, ma anche divagazioni internazionali di caviale e foie gras.

La Terrazza – Hotel Eden
via Ludovisi 49 ✉ 00187 Ⓜ Barberini – ✆ 06 47 81 27 52 – www.edenroma.it 7NUa
Rist – Carta 100/180 €
➜ Capesante marinate con vinaigrette di mango e frutto della passione, sorbetto di sedano e caviale. Rombo chiodato in crosta di sale nero, fagottino di acetosella e salsa di Franciacorta. Lingotto di tiramisù con gelato al caffè.
Da sempre spettacolare belvedere sul centro storico, alla straordinaria vista sulla città il giovane cuoco ha aggiunto una cucina di seducente e straripante varietà, un interminabile carosello di specialità e prodotti internazionali: dalla Francia al Mediterraneo non gli sfugge nulla, caviale compreso.

Filippo La Mantia – Hotel Majestic
via Vittorio Veneto 50 ✉ 00187 Ⓜ Barberini – ✆ 06 42 14 47 15 – www.filippolamantia.com – Chiuso 1°-10 gennaio, 5-30 agosto, sabato a pranzo e domenica 8OUq
Rist – Menu 40 € (pranzo)/120 € – Carta 60/90 €
Palcoscenico siciliano nel cuore di Roma: al primo piano di uno dei celebri alberghi di via Veneto, tutto è improntato intorno alle origini e alla personalità del cuoco, Filippo La Mantia. Cucina interamente ispirata alle specialità della Trinacria, talvolta reinterpretate, più spesso riproposte tali e quali (con eccezione di aglio e cipolla messi al bando dallo chef).

Open Colonna
scalinata di via Milano 9/a, (Palazzo delle Esposizioni) ✉ 00184 Ⓜ Termini – ✆ 06 47 82 26 41 – www.antonellocolonna.it – Chiuso agosto, domenica e lunedì 8OVc
Rist – *(solo a cena)* (consigliata la prenotazione) Carta 91/129 €
➜ Cannolo di baccalà, panna acida e limone candito. Negativo di carbonara. Diplomatico crema e cioccolato, caramello al sale.
All'interno dell'imponente Palazzo delle Esposizioni, un *open space* di vetro è lo scrigno per una cucina creativa, ma rispettosa della tradizione, sempre pronta a stupire.

Agata e Romeo (Agata Parisella)

via Carlo Alberto 45 ✉ 00185 Ⓜ Vittorio Emanuele – ✆ 0 64 46 61 15 – www.agataeromeo.it – Chiuso 5-25 agosto, sabato a mezzogiorno, lunedì a mezzogiorno e domenica 8PXd

Rist – Menu 35 € (pranzo in settimana)/150 € – Carta 80/110 €

→ Paccheri all'amatriciana. Baccalà cucinato in 5 modi diversi. Il millefoglie di Agata.

In un quartiere sempre più multietnico, il ristorante è un'eccezione per la continua ricerca sui prodotti e la rielaborazione di piatti romani e nazionali. Ormai un classico della capitale!

Brunello Lounge & Restaurant – Regina Hotel Baglioni

via Vittorio Veneto 72 ✉ 00187 Ⓜ Barberini – ✆ 06 48 90 28 67 – www.brunellorestaurant.com – Chiuso domenica

Rist – Carta 66/119 € 8OUm

Suggestioni orientali nella calda e raffinata sala, dove gustare meravigliose ricette dai sapori mediterranei, ma anche piatti internazionali adatti agli stranieri in visita alla capitale.

Pipero al Rex (N)

via Torino 149 ✉ 00184 – ✆ 0 64 81 57 02 – www.alessandropipero.com – Chiuso domenica sera e lunedì 8PVd

Rist – (coperti limitati, prenotare) Menu 50/80 € – Carta 65/85 €

→ Crudo d'oca, mela e senape. Spaghetti mantecati di mare. Coniglio tonnato.

Si entra attraverso la hall dell'hotel Rex per accomodarsi in un'elegante ed intima sala dalle luci soffuse: al padrone di casa il piacere di proporre buoni vini e l'ottima cucina del giovane ma già affermato cuoco.

Doney – Hotel The Westin Excelsior

via Vittorio Veneto 125 ✉ 00187 Ⓜ Barberini – ✆ 06 47 08 27 83 8OUg

Rist – Carta 48/78 €

Fusione di classico e contemporaneo, dove ogni elemento è stato studiato con cura, sia in questo ristorante sia all'H Club›Doney: quest'ultimo propone anche un piccolo ed economico menu biologico.

Gaetano Costa

via Sicilia 45 ✉ 00186 – ✆ 06 42 01 68 22 – www.gaetanocostarestaurant.com

Rist – Menu 39/100 € – Carta 55/88 € 8OUb

Locale moderno sia negli arredi sia nella linea di cucina, che a pranzo - oltre alla carta gourmet - propone anche dei menu di lavoro. Nel pomeriggio, l'elegante sala diventa il luogo d'elezione per l'afternoon tea. All'aperto solo tre tavoli: meglio prenotare.

Papà Baccus

via Toscana 32/36 ✉ 00187 Ⓜ Barberini – ✆ 06 42 74 28 08 – www.papabaccus.com – Chiuso sabato a pranzo, domenica e giorni festivi

Rist – Carta 52/82 € 8OUw

Nella zona di via Veneto, se gli arredi del locale sono classici, la gestione è giovane e pimpante. In menu: invitanti proposte di mare, nonché una cucina che abbraccia Toscana (carne chianina e maiale di cinta senese), Lazio e, in generale, il Bel Paese.

Colline Emiliane

via degli Avignonesi 22 ✉ 00187 Ⓜ Barberini – ✆ 0 64 81 75 38 – Chiuso agosto, domenica sera, lunedì 7NVd

Rist – (consigliata la prenotazione) Carta 26/62 €

A due passi da piazza Barberini, calorosa gestione familiare in questo semplice locale dai pochi tavoli serrati, dove gustare i piatti della tradizione emiliana: *in primis*, le paste tirate a mano come un tempo.

Voglia di partire all'ultimo momento?
Consultate i siti Internet degli hotel per beneficiare di eventuali promozioni.

ROMA

Trimani il Wine Bar
via Cernaia 37/b ✉ 00185 – ✆ 0 64 46 96 30 – www.trimani.com – Chiuso 10-25 agosto **8PUg**

Rist – *(chiuso domenica escluso dicembre, anche sabato a pranzo in giugno-settembre)* Carta 30/64 €

Moderna enoteca costruita nel rispetto di alcune peculiarità tipiche delle antiche mescite di vino capitoline: vastissima scelta di vini, con una pagina fitta dedicata a quelli offerti al bicchiere. Il menu propone piatti caldi e freddi, nonché un buon assortimento di formaggi italiani e d'Oltralpe.

Roma Antica

Palazzo Manfredi
via Labicana 125 ✉ 00184 Ⓜ Colosseo – ✆ 06 77 59 13 80 – www.palazzomanfredi.com **12PYa**

15 cam – †300/710 € ††300/710 €, ☕ 30 € – 1 suite

Rist *Aroma* – vedere selezione ristoranti

Fascino e ricercatezza nelle camere e nelle splendide suite affacciate sul Colosseo e sulla Domus Aurea, ma il più grande pregio dell'hotel è la terrazza roof garden: per la prima colazione o per una romantica cena.

Fortyseven
via Luigi Petroselli 47 ✉ 00186 – ✆ 0 66 78 78 16 – www.fortysevenhotel.com

59 cam ☕ – †190/240 € ††200/250 € – 2 suites **11NZa**

Rist *Circus* – Carta 49/76 €

Il nome allude al numero civico della via che scende dal Teatro di Marcello, ognuno dei 5 piani di questo austero palazzo degli anni '30 è dedicato ad un artista italiano del '900: Greco, Quagliata, Mastroianni, Modigliani e Guccione. Quadri, sculture, litografie: l'arte contemporanea trova il suo albergo-museo.

Capo d'Africa senza rist
via Capo d'Africa 54 ✉ 00184 Ⓜ Colosseo – ✆ 06 77 28 01 – www.hotelcapodafrica.com **12PZb**

65 cam ☕ – †160/320 € ††210/400 €

Camere suddivise in due tipologie in base alla metratura, ma la finezza degli arredi e l'ambiente moderno contraddistinguono tutta la struttura. A due passi dal Colosseo.

Duca d'Alba senza rist
via Leonina 12/14 ✉ 00184 Ⓜ Cavour – ✆ 06 48 44 71 – www.hotelducadalba.com **12OYc**

26 cam ☕ – †100/220 € ††110/330 €

Nel pittoresco quartiere anticamente detto della Suburra, l'albergo, completamente ristrutturato, è dotato di camere complete, con arredi classici eleganti.

Sant'Anselmo senza rist
piazza Sant'Anselmo 2 ✉ 00153 – ✆ 06 57 00 57 – www.aventinohotels.com

34 cam ☕ – †160/265 € ††180/290 € **11MZc**

Villa liberty con piccolo giardino interno, dove modernità e antico fascino si fondono armoniosamente dando vita ad uno stile cosmopolita e raffinato. Le camere esprimono un carattere ricercato e personalizzato, condensato in nomi evocativi : Mille e una notte, Non ti scordar di me, Cuori coccole e carezze...

Villa San Pio senza rist
via di Santa Melania 19 ✉ 00153 Ⓜ Piramide – ✆ 06 57 00 57 – www.aventinohotels.com **11MZb**

78 cam ☕ – †90/160 € ††120/240 €

La fisionomia di una bella villa residenziale, immersa in un rigoglioso giardino mediterraneo, e al suo interno mobili in stile impero, tappeti orientali e quadri antichi; camere dalle piacevoli personalizzazioni e bagni in marmo.

Borromeo senza rist
via Cavour 117 ✉ 00184 Ⓜ Cavour – ✆ 06 48 58 56 – www.hotelborromeo.com

30 cam ☕ – †70/260 € ††80/310 € – 2 suites **12PXz**

Nelle vicinanze della basilica di S. Maria Maggiore, comodo albergo con camere confortevoli e ben accessoriate; arredi in stile classico e piacevole roof-garden.

Celio senza rist
via dei Santi Quattro 35/c ✉ 00184 Ⓜ Colosseo – ☎ 06 70 49 53 33 – www.hotelcelio.com **12PZa**
19 cam – 🛉110/180 € 🛉🛉130/250 € – 1 suite
Un trionfo di mosaici artistici questo albergo - proprio di fronte al Colosseo - che offre eleganti stanze personalizzate ed un hammam con annessa zona relax.

Solis senza rist
via Cavour 311 ✉ 00184 Ⓜ Cavour – ☎ 06 69 92 05 87 – www.hotelsolis.it
17 cam – 🛉90/180 € 🛉🛉98/240 € **12OYb**
Dispone ora di una hall al piano terra questo signorile, piccolo albergo raccolto, nelle adiacenze del Colosseo; camere ampie, ben arredate, con ogni confort moderno.

Nerva senza rist
via Tor de' Conti 3/4/4 a ✉ 00184 Ⓜ Colosseo – ☎ 0 66 78 18 35 – www.hotelnerva.com **11NYh**
19 cam – 🛉60/170 € 🛉🛉90/240 € – 1 suite
Spazi comuni limitati, ma graziosi, nonché camere confortevoli in una piccola risorsa a conduzione familiare, ubicata in una via nella zona dei Fori Imperiali a cinque minuti dal Colosseo e dalla Fontana di Trevi.

ROMA

Paba senza rist
via Cavour 266 ✉ 00184 Ⓜ Cavour – ☎ 06 47 82 49 02 – www.hotelpaba.com
7 cam – 🛉60/100 € 🛉🛉88/150 € **12OYb**
Al secondo piano di un vecchio palazzo, una risorsa moderna, molto contenuta negli spazi, condotta da un'esperta gestione familiare. Prezzi decisamente interessanti.

Anne & Mary senza rist
via Cavour 325 ✉ 00184 Ⓜ Colosseo – ☎ 06 69 94 11 87 – www.anne-mary.com
3 cam – 🛉70/95 € 🛉🛉70/120 € **12OYb**
La gestione affidabile e signorile ha saputo imprimere un'impronta omogenea a questa piccola e graziosa risorsa. Belle camere, al primo piano di un palazzo vicino ai Fori.

Aroma – Hotel Palazzo Manfredi
via Labicana 125 ✉ 00184 Ⓜ Colosseo – ☎ 06 77 59 13 80 – www.aromarestaurant.it **12PYa**
Rist – (consigliata la prenotazione la sera) Carta 98/138 €
Il nome è un omaggio alla città e agli aromi della cucina mediterranea, la terrazza - all'ultimo piano dell'albergo Palazzo Manfredi - offre un panorama mozzafiato su Roma antica, dal Colosseo sino al cupolone.

St. Teodoro
via dei Fienili 49 ✉ 00186 – ☎ 0 66 78 09 33 – www.st-teodoro.it – Chiuso 24 dicembre-15 gennaio e domenica **11NYa**
Rist – Menu 65/95 € – Carta 61/125 €
In una caratteristica strada della città antica, tra rovine romane, verde e tesori rinascimentali, un ambiente moderno con quadri contemporanei alle pareti e una cucina che rivisita e alleggerisce la tradizione.

Trattoria Monti
via di San Vito 13/a ✉ 00185 Ⓜ Cavour – ☎ 0 64 46 65 73 – Chiuso vacanze di Natale, 1 settimana a Pasqua, agosto, domenica sera e lunedì **12PYc**
Rist – (consigliata la prenotazione) Carta 35/79 €
Dopo i lavori di restauro effettuati qualche anno fa, la trattoria si presenta in chiave pacatamente moderna, pur mantenendo un'aura particolare con sedie in legno e le lampade che scendono sui tavoli. Le specialità spaziano dal Lazio alle Marche, terra di origine del fondatore del locale.

Felice a Testaccio
via Mastrogiorgio 29 ✉ 00153 – ☎ 0 65 74 68 00 – www.feliceatestaccio.com – Chiuso agosto **3DTc**
Rist – (consigliata la prenotazione) Carta 28/53 €
Una delle roccaforti della cucina laziale, l'ambiente semplice stile trattoria familiare è ormai così popolare che una prenotazione con anticipo è quasi obbligatoria. Come del resto, assaggiare la mitica amatriciana!

Caffè Propaganda N
via Claudia 15 ✉ 00186 Ⓜ Colosseo – ✆ 06 94 53 42 55 – www.caffepropaganda.it – Chiuso lunedì a mezzogiorno 12PZc
Rist – Carta 34/66 €
Un viaggio nell'atmosfera dei bistrot parigini d'inizio '900, con il banco in zinco e le mattonelle, ma la cucina è orgogliosamente romana! A pranzo: salumi, insalate e qualche piatto del giorno.

San Pietro (Città del Vaticano)

Rome Cavalieri Waldorf Astoria
via Cadlolo 101 cam,
✉ 00136 – ✆ 0 63 50 91 – www.romecavalieri.com 3CSa
366 cam – 🛉380/990 € 🛉🛉410/1020 € – 4 suites
Rist *La Pergola* ✿✿✿ – vedere selezione ristoranti
Rist *L'Uliveto* – Carta 65/130 €
E' un imponente edificio che severamente guarda dall'alto l'intera città; all'interno tutto è all'insegna dell'eccellenza, dalla collezione d'arte alle terrazze del giardino con piscina. Ai bordi della piscina, ristorante di ambiente informale per cenare con musica dal vivo.

Farnese senza rist
via Alessandro Farnese 30 ✉ 00192 Ⓜ Lepanto – ✆ 0 63 21 25 53 – www.hotelfarnese.com 6KUe
23 cam – 🛉90/220 € 🛉🛉120/350 €
La hall è un curioso scrigno d'arte e di atmosfera d'epoca con il suo paliotto in marmo policromo del XVII secolo; atmosfera d'epoca e raffinatezza nei curati interni in stile. Dalla terrazza, la cupola di san Pietro.

Grand Hotel Tiberio rist,
via Lattanzio 51 ✉ 00136 Ⓜ Cipro – ✆ 06 39 96 29 – www.ghtiberio.com 1AQf
91 cam – 🛉156/255 € 🛉🛉170/295 € – 5 suites **Rist** – Carta 24/44 €
Nell'elegante e storica zona residenziale sorta sulle ceneri di un insediamento industriale, la bella facciata anticipa l'eleganza degli interni, dalla hall con grandi vetrate alle camere spaziose e confortevoli.

Grand Hotel del Gianicolo rist,
viale Mura Gianicolensi 107 ✉ 00152
Ⓜ Cipro Musei Vaticani – ✆ 06 58 33 34 05 – www.grandhotelgianicolo.it
48 cam – 🛉103/380 € 🛉🛉113/410 € 10JZb
Rist *Corte degli Archi* – Carta 45/61 €
Raffinato hotel del Gianicolo con camere confortevoli, spazi comuni ricercati e l'illusione di essere ospiti di un'elegante dimora di campagna, grazie alla bella piscina all'aperto: praticamente, una rarità a Roma! Cucina moderna alla Corte degli Archi.

Dei Mellini senza rist
via Muzio Clementi 81 ✉ 00193 Ⓜ Lepanto – ✆ 06 32 47 71 – www.hotelmellini.com 6KUf
80 cam – 🛉180/230 € 🛉🛉215/330 € – 14 suites
Splendida sintesi tra le ultime innovazioni tecnologiche e ambienti in stile art déco con diverse opere di gusto moderno nella hall; servizio e professionalità all'ordine del giorno.

Alimandi Vaticano senza rist
viale Vaticano 99 ✉ 00165 Ⓜ Ottaviano-San Pietro – ✆ 06 39 74 55 62 – www.alimandi.it 5GUb
24 cam – 🛉120/200 € 🛉🛉140/220 € – 3 suites
Per un gradevole soggiorno proprio di fronte all'ingresso dei Musei Vaticani, marmi e legni pregiati contribuiscono all'eleganza delle camere, ricche di accessori e dotazioni.

Sant'Anna senza rist
borgo Pio 133 ✉ 00193 Ⓜ Ottaviano-San Pietro – ✆ 06 68 80 16 02 – www.hotelsantanna.com 5HVm
20 cam – 90/180 € 130/230 €
In un palazzo cinquecentesco a pochissimi passi da San Pietro, un piccolo e accogliente albergo caratterizzato da ambienti d'atmosfera con soffitti a cassettoni e da un grazioso cortile interno.

Bramante senza rist
vicolo delle Palline 24 ✉ 00193 Ⓜ Ottaviano-San Pietro – ✆ 06 68 80 64 26 – www.hotelbramante.com 5HVb
16 cam – 50/170 € 80/250 €
Nel cuore del caratteristico e pedonalizzato quartiere Borgo, l'albergo è stato crocevia della storia: ancora intuibile nelle parti più vecchie del '400.

Gerber senza rist
via degli Scipioni 241 ✉ 00192 Ⓜ Lepanto – ✆ 0 63 21 64 85 – www.hotelgerber.it 6JUh
27 cam – 80/150 € 100/180 €
Nelle vicinanze del metrò, un albergo classico a conduzione familiare: legno chiaro sia negli spazi comuni sia nelle confortevoli camere (in progressivo rifacimento, optare per quelle più recenti).

ROMA

Arcangelo senza rist
via Boezio 15 ✉ 00192 Ⓜ Lepanto – ✆ 0 66 87 41 43 – www.hotelarcangeloroma.com 6JUf
33 cam – 100/150 € 150/260 €
Nel cuore pulsante di Roma - vicino a Castel Sant'Angelo - una bella risorsa recentemente ristrutturata con camere spaziose dagli alti soffitti, parquet o moquette inglese. Il delizioso roof garden incorniciato da rampicanti sempre verdi offre una pregevole vista sulla Basilica di S. Pietro.

La Pergola – Hotel Rome Cavalieri Waldorf Astoria
via Cadlolo 101 ✉ 00136 – ✆ 06 35 09 21 52 – www.romecavalieri.com – Chiuso 1° -23 gennaio, 5-20 agosto, domenica e lunedì 3CSa
Rist – *(solo a cena)* (prenotazione obbligatoria) Menu 175 € – Carta 125/183 €
→ Infuso di erbe e fava di Tonka con tartare di tonno e sorbetto al tè verde. Merluzzo nero con salsa di sedano e crosta al curry. Sfera ghiacciata ai frutti rossi su crema al tè con lamponi cristallizzati.
Parafrasando il celebre film, Heinz Beck è "*un tedesco a Roma*"...ormai più italiano di molti suoi colleghi! Nel panoramico roof garden, la sua cucina è romana e mediterranea, il servizio un riferimento per precisione e professionalità.

Enoteca Costantini-Il Simposio
piazza Cavour 16 ✉ 00193 Ⓜ Lepanto – ✆ 06 32 11 11 31 – www.pierocostantini.it – Chiuso agosto, sabato a mezzogiorno e domenica
Rist – Menu 40/70 € – Carta 49/98 € 6KUc
E' una lussureggiante vite metallica a disegnare l'ingresso di questo ristorante-enoteca dove è possibile gustare foie gras, come specialità, e formaggi, accompagnati da un bicchiere di vino.

Antico Arco
piazzale Aurelio 7 ✉ 00152 – ✆ 0 65 81 52 74 – www.anticoarco.it
Rist – Carta 49/77 € 10JZa
Moderno, luminoso e alla moda, il cuoco seleziona i migliori prodotti italiani per reinterpretarli con fantasia e creatività: piatti unici ed originali.

L'Arcangelo
via G.G. Belli 59 ✉ 00193 Ⓜ Lepanto – ✆ 0 63 21 09 92 – Chiuso 20 giorni in agosto, sabato a mezzogiorno e domenica 6KUg
Rist – Carta 43/66 €
Semplice e austero: la meritata fama del ristorante è legata alla ricerca dei migliori prodotti, regionali e non solo. Vera passione del proprietario che, come un arcangelo, vi guida nel paradiso del gusto e delle nicchie gastronomiche.

Da Cesare
via Crescenzio 13 ✉ 00193 Ⓜ Lepanto – ✆ 0 66 86 12 27
– www.ristorantecesare.com – Chiuso 13 agosto-3 settembre e domenica sera
Rist – Menu 42 € – Carta 29/138 € **6KUVs**
Come allude il giglio di Firenze sui vetri all'ingresso, le specialità di questo locale sono toscane, oltre che di mare. Ambiente accogliente, la sera anche pizzeria.

Settembrini
via Settembrini 25 ✉ 00195 Ⓜ Lepanto – ✆ 0 63 23 26 17
– www.viasettembrini.com – Chiuso 12-18 agosto, sabato a pranzo e domenica
Rist – (consigliata la prenotazione la sera) Menu 35/65 € **6JUa**
– Carta 38/53 €
Raffinata cucina dai sapori mediterranei, in un piacevole bistrot alla moda dall'ambiente giovane e dinamico. Se amate i contesti insoliti, optate per il tavolo in cantina circondato dai vini. Piatti più semplici ed economici a pranzo.

Parioli

Grand Hotel Parco dei Principi
via Gerolamo Frescobaldi 5 ✉ 00198
– ✆ 06 85 44 21 – www.parcodeiprincipi.com **4ESa**
165 cam – †205/415 € ††245/540 €, ☕ 23 € – 14 suites
Rist *Pauline Borghese* – vedere selezione ristoranti
In zona tranquilla e residenziale, l'albergo si bea del verde di Villa Borghese, mentre le camere ai piani più alti vedono la cupola di San Pietro. Trionfo di boiserie, tappeti e falsi d'autore, ma anche 2000 mq di centro benessere con le tecnologie e i trattamenti più all'avanguardia.

Aldrovandi Villa Borghese
via Ulisse Aldrovandi 15 ✉ 00197 – ✆ 0 63 22 39 93
– www.aldrovandi.com **4ESc**
108 cam ☕ – †200/600 € ††200/800 € – 16 suites
Rist *Oliver Glowig* – vedere selezione ristoranti
Defilato ma esclusivo, in un quartiere prestigioso e a pochi passi da Villa Borghese, le camere sono classiche: migliori quelle recentemente rinnovate.

Lord Byron
via G. De Notaris 5 ✉ 00197 Ⓜ Flaminio – ✆ 0 63 22 04 04
– www.lordbyronhotel.com **3DSb**
26 cam ☕ – †200/413 € ††210/542 € – 6 suites
Rist *Sapori del Lord Byron* – vedere selezione ristoranti
A pochi metri dal verde di Villa Borghese, un'antica dimora patrizia caratterizzata da eleganza e suggestioni art déco. Le camere e gli ambienti comuni sono il risultato di un accurato studio finalizzato a sottolinearne -attraverso particolari tessuti o mobili - la personalità.

The Duke Hotel
cam, rist,
via Archimede 69 ✉ 00197 – ✆ 06 36 72 21 – www.thedukehotel.com
78 cam ☕ – †110/340 € ††160/420 € – 7 suites **3DSw**
Rist – Carta 51/78 €
In una tranquilla zona residenziale, una discreta, ovattata atmosfera da raffinato club inglese dagli interni in stile ma con accessori moderni; davanti al camino il tè delle 5. Al ristorante, la cucina nazionale ed internazionale, riviste con creatività.

Villa Morgagni senza rist
via G.B. Morgagni 25 ✉ 00161 Ⓜ Policlinico – ✆ 06 44 20 21 90
– www.villamorgagni.it **4FSx**
34 cam ☕ – †75/150 € ††90/250 €
Riservatezza e silenzio, accanto al ricercato confort delle camere, in un contesto di eleganza liberty. D'estate o d'inverno, il primo pasto della giornata è allestito sul panoramico roof garden.

ROMA

Villa Mangili senza rist
via G. Mangili 31 ✉ 00197 Ⓜ Flaminio – ✆ 0 63 21 71 30
– www.hotelvillamangili.it – Chiuso 10-20 agosto **3DSc**
12 cam – 140/170 € 180/200 €
Si gioca su un piacevole contrasto antico-moderno, quello di un edificio d'epoca che custodisce ambienti sorprendentemente moderni e colorati, con richiami etnici. Le camere si affacciano su un tranquillo piccolo giardino.

Buenos Aires senza rist
via Clitunno 9 ✉ 00198 – ✆ 0 68 55 48 54 – www.hotelbuenosaires.it
53 cam – 115/200 € 160/290 € **4ESk**
Elegante e tranquilla la zona, facilmente raggiungibile il centro; questa palazzina dei primi del Novecento vanta recenti rinnovi nelle camere, realizzate tra design e forme ortogonali. Ideale per una clientela sia turistica che di lavoro.

Sapori del Lord Byron – Hotel Lord Byron
via G. De Notaris 5 ✉ 00197 Ⓜ Flaminio – ✆ 0 63 22 04 04
– www.lordbyronhotel.com – Chiuso lunedì a mezzogiorno e domenica
Rist – Menu 50 € – Carta 46/69 € **3DSb**
Occhiali da sole alla mano per non rimanere accecati da tanto sfarzo, non per le dimensioni del ristorante, ma per il lusso sfrontato di specchi, quadri e bianchi marmi. I generosi sapori della cucina italiana sono esaltati dalla creatività dello chef.

ROMA

Oliver Glowig – Hotel Aldrovandi Villa Borghese
via Ulisse Aldrovandi 15 ✉ 00197 – ✆ 0 63 21 61 26
– www.oliverglowig.com – Chiuso 7 gennaio-28 febbraio e domenica; anche lunedì da ottobre a maggio **4ESc**
Rist – Menu 110/130 € – Carta 96/146 €
➜ Eliche cacio e pepe con ricci di mare. Quaglia e fegato grasso d'oca in croccante frutta secca con sedano. Macaron al wasabi con crema di patata dolce e soia.
Di origini tedesche, il cuoco è uno dei più grandi interpreti della cucina italiana, dall'amore per il mare alla passione, tutta romana, per il quinto quarto. Incantevole il servizio all'aperto tra alberi secolari.

Pauline Borghese – Grand Hotel Parco dei Principi
via Gerolamo Frescobaldi 5 ✉ 00198
– ✆ 06 85 44 28 04 – www.parcodeiprincipi.com **4ESa**
Rist – Carta 55/62 €
Un salotto incantevole affacciato su un giardino all'italiana, per cucina eclettica e ben interpretata che si muove con "agio" tra sapori mediterranei, classici francesi ed internazionali. Lo stile è quello inconfondibile dell'albergo.

Metamorfosi Ⓝ (Roy Caceres)
via Giovanni Antonelli 30/32 ✉ 00197 – ✆ 0 68 07 68 39
– www.metamorfosiroma.it – Chiuso agosto, domenica e sabato a pranzo
Rist – Menu 70/90 € – Carta 59/95 € **4ESw**
➜ Mont Blanc di foie gras. Manzo alla pietra, patate al "pro-fumo" di noce moscata, tartufo e salsa verde. Cioccolato, banane caramellate e Armagnac.
Design pulito e tanto confort, è un ristorante moderno inaugurato alla fine del 2010 e già ai vertici della ristorazione romana: della cucina se ne occupa il colombiano Roy, che con creatività ed ottima tecnica inventa e propone piatti personali, qualche volte anche molto complessi.

Al Ceppo
via Panama 2 ✉ 00198 – ✆ 0 68 55 13 79 – www.ristorantealceppo.it
– Chiuso 12-25 agosto **4ESq**
Rist – Carta 45/83 €
Tono rustico, ma elegante per una cucina mediterranea che presenta piatti interpretati in chiave moderna. Specialità tra i secondi carni e pesce alla griglia, preparati direttamente in sala.

Ambasciata d'Abruzzo

via Pietro Tacchini 26 ✉ 00197 Ⓜ Euclide – ✆ 0 68 07 82 56 – www.ambasciatadiabruzzo.com – Chiuso 5-26 agosto **4ESe**

Rist – (prenotare) Carta 29/63 €

Appare quasi inaspettatamente: una trattoria a gestione familiare nel cuore di un quartiere residenziale. Sin dagli antipasti, i classici della cucina abruzzese, ma anche piatti di pesce e laziali, come i maccheroni alla chitarra cacio e pepe.

All'Oro (Riccardo Di Giacinto)

via Eleonora Duse 1/e ✉ 00197 – ✆ 06 97 99 69 07 – www.ristorantealloro.it – Chiuso 1 settimana in gennaio, 3 settimane in agosto, sabato a mezzogiorno, lunedì a mezzogiorno e domenica **4ESx**

Rist – Menu 68 € – Carta 64/91 €

➜ Cappelletti in brodo "asciutto", parmigiano e zafferano. Quaglia: petto farcito al ciauscolo e coscia laccata con miele e 'nduja. Tiramisù all'Oro.

Ambiente semplice e moderno per una cucina creativa e personalizzata, ma mai artificiosa, dove i sapori romani - veraci e gustosi - rimangono gli "eletti".

Zona Trastevere

Trilussa Palace senza rist

piazza Ippolito Nievo 25/27 ✉ 00153 – ✆ 0 65 88 19 63 – www.trilussapalacehotel.it **10JZc**

45 cam ☕ – †80/310 € ††90/440 € – 4 suites

Tra la stazione di Trastevere ed il quartiere vecchio, hotel di tono signorile con pavimenti in marmo negli spazi comuni, piacevole centro benessere e panoramico roof garden: l'inconfondibile stile italiano in un albergo internazionale.

Santa Maria senza rist

vicolo del Piede 2 ✉ 00153 – ✆ 0 65 89 46 26 – www.hotelsantamaria.info

20 cam ☕ – †80/190 € ††100/230 € – 6 suites **10KYZa**

Si sviluppa su un piano intorno ad un cortile-giardino questa nuova, tranquilla risorsa, nata dove c'era un chiostro del '400. A pochi passi da S.Maria in Trastevere.

Arco dei Tolomei senza rist

via dell'Arco dè Tolomei 27 ✉ 00153 – ✆ 06 58 32 08 19 – www.bbarcodeitolomei.com **11MZa**

6 cam ☕ – †130/190 € ††140/210 €

In un antico palazzo di origine medievale, una residenza privata apre le proprie porte ed accoglie l'ospite facendolo sentire come a casa propria: il calore del parquet nelle belle camere, arredate con gusto e piacevolmente funzionali.

Antica Pesa

via Garibaldi 18 ✉ 00153 – ✆ 0 65 80 92 36 – www.anticapesa.it – Chiuso domenica **10JYa**

Rist – *(solo a cena)* Carta 107/143 €

La cucina seleziona accuratamente le materie prime, elaborandole poi in ricette dalla "firma" romana, in questo ex deposito del grano dell'attiguo Stato Pontificio. Alle pareti grandi dipinti di artisti contemporanei e presso l'ingresso un salottino davanti al caminetto.

Glass Hostaria (Cristina Bowerman)

vicolo del Cinque 58 ✉ 00153 – ✆ 06 58 33 59 03 – www.glasshostaria.it – Chiuso 24-26 dicembre, 14-29 gennaio, 8-30 luglio e lunedì **10KYd**

Rist – *(solo a cena)* Menu 65/90 € – Carta 59/95 €

➜ Raviolini ripieni di parmigiano 60 mesi con funghi e burro d'Isigny. Astice con mango, cipolle rosse e yogurt alla menta. Torcione di caprino con pistacchi di Bronte, amarena e rosmarino.

Nel cuore di Trastevere un locale all'insegna del design, dove un originale e creativo gioco di luci crea un'atmosfera avvolgente, qualche volta piacevolmente conturbante. Ad accendersi in pieno è la cucina: fantasiosamente moderna.

ROMA

Sora Lella
via di Ponte Quattro Capi 16, Isola Tiberina ✉ 00186 – ✆ 0 66 86 16 01 – www.soralella.com – Chiuso vacanze di Natale 11MYg
Rist – Menu 48/80 € – Carta 34/68 €
Figlio e nipoti della famosa "Sora Lella", ora scomparsa, perpetuano degnamente la tradizione sia nel calore dell'accoglienza che nella tipicità romana delle proposte.

Zona Urbana Nord-Ovest

Colony
via Monterosi 18 ✉ 00191 – ✆ 06 36 30 18 43 – www.colonyhotel.it
72 cam – 108/128 € 144/160 € **Rist** – Carta 26/67 € 2BQn
In una palazzina di un quartiere alberato e tranquillo, atmosfere coloniali e vagamente inglesi negli ambienti scuri e ricercati.

Acquolina Hostaria in Roma (Giulio Terrinoni)
via Antonio Serra 60 ✉ 00191 – ✆ 0 63 33 71 92 – www.acquolinahostaria.it – Chiuso vacanze di Natale e 10 giorni in agosto
Rist – *(solo a cena escluso domenica)* (consigliata la prenotazione) Menu 58/100 € – Carta 59/115 € 2BQn
➜ Spaghettone alla carbonara di mare. Gran fritto Acquolina. Ricotta, visciole, limone, miele.
Periferico e defilato, adesso anche rinnovato, è un indirizzo *cult* per chi vuole mangiare il pesce a Roma: da un grande antipasto di crudi a piatti più elaborati. Senza rivali, in quanto a specialità ittiche!

Zona Urbana Nord-Est

La Giocca
via Salaria 1223 ✉ 00138 – ✆ 0 68 80 44 11 – www.lagiocca.it 2BQf
85 cam – 112/150 € 148/200 € – 3 suites
Rist ***Pappa Reale*** – vedere selezione ristoranti
Moderno, confortevole e funzionale: ideale per una clientela di lavoro e di passaggio, ma soprattutto per chi ama lo sport, grazie alle tante risorse di svago e tempo libero a disposizione dei clienti.

Pappa Reale
via Salaria 1223 ✉ 00138 – ✆ 0 68 80 45 03 – www.pappareale.net – Chiuso vacanze di Natale, 3 settimane in agosto, sabato a pranzo e domenica
Rist – Carta 24/50 € 2BQf
Pur lavorando con i grandi numeri, il ristorante non lesina sulla qualità: dal vivaio per crostacei e molluschi, alle grigliate di carne, senza tralasciare le pizze rigorosamente cotte su legno di quercia.

Gabriele
via Ottoboni 74 ✉ 00159 Ⓜ Tiburtina – ✆ 0 64 39 34 98 – www.ristorantegabriele.com – Chiuso agosto, sabato e domenica
Rist – Carta 35/88 € 2BQm
Un'esperienza quarantennale si destreggia tra i fornelli e il risultato sono gli esclusivi ma personalizzati piatti della tradizione italiana. Interessante scelta di vini.

Mamma Angelina
viale Arrigo Boito 65 ✉ 00199 – ✆ 0 68 60 89 28 – Chiuso agosto e mercoledì
Rist – Menu 25 € – Carta 23/38 € 2BQc
Dopo il buffet di antipasti, la cucina si trova ad un bivio: da un lato segue la linea del mare, dall'altra la tradizione romana. A mettere d'accordo entrambi, i paccheri allo scoglio con frutti di mare e pomodoro fresco.

Zona Urbana Sud-Est

Barceló Aran Mantegna Hotel
via Mantegna 130 ✉ 00147 – ✆ 06 98 95 21 – www.barcelo.com 2BRx
323 cam – 290/320 € 320/410 €, 9 € – 10 suites **Rist** – Carta 30/63 €
Imponente struttura di moderna concezione, dove il design si esprime con linee sobrie, tendenti a valorizzare i volumi e gli ariosi spazi comuni. Confort di ottimo livello nelle camere.

Appia Park Hotel

via Appia Nuova 934 ✉ *00178 – ✆ 06 71 67 41 – www.appiaparkhotel.it*
90 cam – 80/120 € 90/250 € **2BRh**
Rist – *(solo per alloggiati)* Carta 27/65 €
Ideale per chi vuol stare fuori città, un albergo con un ameno giardino, non lontano dal complesso archeologico dell'Appia Antica; arredi classici nelle confortevoli camere.

Giuda Ballerino (Andrea Fusco)

largo Appio Claudio 346 ✉ *00174* Ⓜ *Giulio Agricola – ✆ 06 71 58 48 07 – www.giudaballelrino.com – Chiuso 1°-10 gennaio e mercoledì* **2BRc**
Rist – *(solo a cena escluso domenica)* (consigliata la prenotazione)
Menu 70/95 € – Carta 65/102 €
Rist *L'Osteria* – Menu 40 € – Carta 24/48 €
→ Risotto cacio e pepe con culatello di Zibello e tartufo. Pollo al latte e tabacco con gamberi d'Anzio crudi e arachidi. Cioccolando.
Un locale che si sdoppia in maniera originale: da un lato l'Osteria con piatti legati al territorio ed un look rustico, dall'altro un piccolo ristorante gourmet dallo stile moderno e dalla cucina più creativa, dove il richiamo al fumetto -soprattutto Dylan Dog (grande passione dei titolari) - echeggia ovunque.

Rinaldo all'Acquedotto

via Appia Nuova 1267 ✉ *00178 – ✆ 06 71 83 91 0 – www.villarinaldo.it – Chiuso 10-25 agosto e martedì* **2BRv**
Rist – Carta 29/65 €
Vicino al raccordo anulare, un ristorante che da anni delizia i viaggiatori con la sua cucina regionale e le fragranti specialità di pesce. Ambiente di tono classico.

Domenico dal 1968

via Satrico 23/25 ✉ *00183 – ✆ 06 70 49 46 02 – www.domenicodal1968.it – Chiuso 20 giorni in agosto, lunedì a mezzogiorno e domenica in maggio-settembre, domenica sera e lunedì in ottobre-aprile* **4FTf**
Rist – Carta 28/74 €
Vale la pena di uscire dagli usuali percorsi turistici per sperimentare un'autentica trattoria romana: il fritto e le linguine bottarga e vongole veraci sono le vere specialità.

Profumo di Mirto

viale Amelia 8/a ✉ *00181 – ✆ 06 78 62 06 – www.profumodimirto.it – Chiuso agosto e lunedì* **2BRf**
Rist – Menu 25 € (pranzo)/65 € – Carta 22/77 €
Profumo di Mirto: un omaggio alla Sardegna, terra natia dei proprietari. E sempre dal Mediterraneo arrivano numerose varietà di pesce - ottimi i ravioli di polpa di Cernia con crema di scampi - che la cucina rielabora in specialità gustose e caserecce.

Zona Urbana Sud-Ovest

Sheraton Roma Hotel

viale del Pattinaggio 100 ✉ *00144* Ⓜ *Magliana – ✆ 0 65 45 31 – www.sheraton.com/roma* **2BRz**
634 cam – 140/430 € 160/450 € – 6 suites **Rist** – Carta 50/56 €
Ideale per le attività congressuali grazie alle innumerevoli sale modulari, questo imponente complesso moderno e funzionale offre camere di diverse tipologie. Ristorante elegante, dove gustare specialità italiane e internazionali.

Crowne Plaza Rome St. Peter's & Spa

via Aurelia Antica 415 ✉ *00165 – ✆ 0 66 64 20 – www.hotel-invest.com* **1ARh**
308 cam – 130/300 € 130/350 €, 18 € – 9 suites **Rist** – Carta 44/68 €
Nel verde di Villa Doria Pamphili, l'hotel offre servizi e standard elevati per soddisfare tutte le esigenze dei suoi ospiti. Ampie camere arredate in stile moderno e dalle calde tonalità garantiscono un soggiorno ai massimi livelli. Al ristorante: cucina italiana ed internazionale in una sinfonia di sapori e colori.

Rome Marriott Park Hotel cam,

via Colonnello Tommaso Masala 54 ✉ *00148* – ✆ *06 65 88 21* – *www.romemarriottpark.com* **1ARy**

601 cam – 110/250 € 110/250 € – 14 suites **Rist** – Carta 35/65 €

Che sia una struttura smisurata, lo si percepisce già dalle dimensioni della hall, dove giganteggia un originale affresco della Città Eterna, ma anche il numero delle camere - sempre ordinate e di tenuta impeccabile - nonché il centro benessere concorrono in questa ideale corsa verso il top!

Sheraton Golf Parco de' Medici

viale Salvatore Rebecchini 39, (uscita Parco dei Medici Grande Raccordo Anulare) ✉ *00148* – ✆ *0 66 52 88* – *www.sheraton.com/golfrome* **1ARb**

821 cam – 120/350 € 150/400 € – 15 suites **Rist** – Carta 49/87 €

Uno dei complessi alberghieri più grandi d'Europa, ideale per congressi, ma con un *côté* vacanziero, dove lo stile country si alterna all'essenzialità del moderno design. Immerso in uno splendido campo da golf, l'hotel si compone di tre edifici distinti ed autonomi (collegati da un servizio non stop di navetta).

Melià Roma Aurelia Antica

via degli Aldobrandeschi 223 ✉ *00163* – ✆ *0 66 65 44* – *www.melia-roma.com* **1ARa**

269 cam – 80/289 € 90/309 € – 1 suite

Rist – Menu 30/100 € – Carta 40/67 €

A 9 km dal centro della città e vicino all'uscita n. 1 del Grande Raccordo Anulare, questo è l'albergo ideale per il businessman o per il turista in visita alla Città Eterna. Ottima struttura congressuale, indimenticabile confort. Piatti internazionali e specialità italiane al ristorante.

Atahotel Villa Pamphili

via della Nocetta 105 ✉ *00164* – ✆ *06 66 02* – *www.atahotels.it* **1ARe**

247 cam – 95/309 € 105/339 € – 11 suites

Rist – *(chiuso 1°-15 gennaio)* Carta 36/68 €

Ubicazione tranquilla, accanto al parco di Villa Doria Pamphili, per un'imponente struttura con piacevoli spazi esterni. Ma i complimenti si sprecano per i suoi interni: camere molto confortevoli, tutte con terrazzino, e un nuovissimo centro benessere. Ampio e luminoso, il ristorante si presta anche per eventi.

Shangri Là-Corsetti

viale Algeria 141 ✉ *00144* Ⓜ *Eur Fermi* – ✆ *0 65 91 64 41* – *www.shangrilacorsetti.it* **2BRd**

52 cam – 130/230 € 150/319 €

Rist *Shangri Là-Corsetti* – vedere selezione ristoranti

Bianchi i soffitti a vela, i marmi e i divani nella hall di un hotel anni '60, nei pressi dell'EUR, frequentato soprattutto da clientela di lavoro; bel giardino alberato.

H10 Roma Città

via Pietro Blaserna 101 ✉ *00146* – ✆ *0 65 56 52 15* – *www.h10hotels.com*

181 cam – 89/250 € 89/380 € – 2 suites **2BRg**

Rist – *(solo a cena)* Carta 28/54 €

Vicino al famoso quartiere di Trastevere, questa nuova struttura dal design contemporaneo propone camere con dotazioni tecnologiche d'avanguardia, una piccola zona fitness ed una piscina sul roof garden. Sapori mediterranei al ristorante.

Black Hotel cam,

via Raffaele Sardiello 18 ✉ *00165* – ✆ *06 66 41 01 48* – *www.blackhotel.it*

68 cam – 60/120 € 65/180 € **1AQx**

Rist *Edon* – Carta 32/50 €

Hotel di grande atmosfera grazie ai ricercati arredi di design moderno. Il colore nero predominante nelle zone comuni è bandito dalle stanze che, al contrario, sono luminose e minimaliste. La fantasiosa cucina dell'Edon vi attende in un ambiente d'ispirazione etnica, oppure all'aperto in un giardino di piante secolari.

XXX **Shangri Là-Corsetti** – Hotel Shangri Là-Corsetti
viale Algeria 141 ✉ 00144 Ⓜ Eur Fermi – ☏ 0 65 91 88 61 – www.shangrilacorsetti.it – Chiuso 2-7 gennaio e 11-26 agosto **2BRd**
Rist – Menu 40/60 € – Carta 35/63 €
Il pesce in bellavista all'ingresso anticipa le specialità del menu, ma per una serata alternativa a base di pizza o carni alla brace, c'è anche *La Taverna* al piano inferiore. Gradevole servizio estivo all'aperto.

X **Al Ristoro degli Angeli**
via Luigi Orlando 2 ✉ 00154 – ☏ 06 51 43 60 20 – www.ristorodegliangeli.it – Chiuso 1°-10 gennaio, 1° agosto-15 settembre, domenica e lunedì **2BRa**
Rist – *(solo a cena)* Carta 36/48 €
Nei locali che furono occupati - nell'immediato dopoguerra - dall' Ente Comunale di Consumo e poi da una merceria, si trova oggi questa particolare osteria dall'atmosfera un po' bistrot. Cucina prevalentemente romana, ma anche qualche specialità gourmet. Un esempio? Tagliata di manzo ai ferri con salsa al vino rosso o sale grosso dell'Himalaya.

Dintorni di Roma

a Ciampino Sud-Est : 15 km (Roma: pianta 2) : – ✉ 00043

Villa Giulia senza rist
via Dalmazia 9 – ☏ 06 79 32 18 74 – www.hotelvillagiulia.it **2BRb**
23 cam ☕ – †40/83 € ††65/130 €
Sembra quasi un'abitazione privata, questo piccolo albergo centrale e tranquillo, semplice ma con camere funzionali e ben accessoriate.

sulla strada statale 3 - via Cassia Nord-Ovest : 15 :

Castello della Castelluccia
località la Castelluccia, via Cavina 40 ✉ 00123 – ☏ 06 30 20 70 41 – www.lacastelluccia.com
23 cam ☕ – †120/140 € ††150/240 € – 5 suites
Rist *Locanda della Castelluccia* – vedere selezione ristoranti
Immerso nel verde, un antico castello con angoli romantici e deliziosi giardini all'italiana. Le camere, personalizzate con mobili d'epoca e camini graziosamente disposti qua e là, costituiscono una piacevole successione di sorprese: da quelle a mansarda o con letto a baldacchino, alle superior con piccola vasca idromassaggio.

XXX **Locanda della Castelluccia** – Hotel Castello della Castelluccia
località la Castelluccia, via Cavina 40 ✉ 00123 – ☏ 06 30 20 70 41 – www.lacastelluccia.com
Rist – (prenotazione obbligatoria) Menu 35/70 € – Carta 38/62 €
Impreziosito da un bellissimo camino che troneggia in fondo alla sala, il ristorante propone una cucina che spazia dalle specialità territoriali ad altre con forte influenza umbra. Gli ingredienti sono rigorosamente di prima qualità e sempre in sintonia con le stagioni.

a Casal Palocco uscita 27 Grande Raccordo Anulare – ✉ 00124

Relais 19 senza rist
via Lisippo 19 – ☏ 06 97 27 33 77 – www.relais19.com
6 cam ☕ – †80/100 € ††120/150 €
Villa privata, già appartenuta al regista S. Leone, divenuta bed and breakfast dopo una sapiente ristrutturazione: bellissimi bagni, impreziositi dalle maioliche di Vietri, e camere spaziosissime, personalizzate con grande gusto dai proprietari che hanno osato alternare mobili d'epoca a spunti più moderni. Un curato giardino con piscina ed una luminosa palestra completano l'offerta.

ROMANO CANAVESE – Torino (TO) – **561** F5 – **2 957 ab.** – **alt. 270 m** – ✉ **10090** 22 B2

Roma 685 – Torino 42 – Alessandria 105 – Asti 112

Relais Villa Matilde cam, rist,

via Marconi 29 – ℰ 01 25 63 92 90 – www.relaisvillamatilde.com – Aperto 1° marzo-31 ottobre

43 cam – 100/150 € 160/300 € – 11 suites **Rist** – Carta 41/54 €

Cinta da un parco rigoglioso, la villa settecentesca è stata convertita in un gradevole e moderno albergo con ambienti comuni dalle sale affrescate, camere di diverse tipologie e un nuovo piccolo centro benessere. Suggestiva ed elegante la sala ristorante, realizzata nella vecchia scuderia.

ROMANO D'EZZELINO – Vicenza (VI) – **562** E17 – **13 547 ab.** – **alt. 132 m** – ✉ **36060** 39 B2

Roma 547 – Padova 54 – Belluno 81 – Milano 238

Al Pioppeto

via San Gregorio Barbarigo 13, località Sacro Cuore, Sud : 4 km – ℰ 04 24 57 05 02 – www.pioppeto.it – Chiuso 1°-8 gennaio, 3-23 agosto e martedì

Rist – Menu 20/35 € – Carta 21/43 €

Linea gastronomica d'ispirazione regionale e servizio attento in un ristorante di tono classico, dove troneggia un grande camino a "riscaldare" l'ambiente.

ROMAZZINO Sardegna – Olbia-Tempio (OT) – **366** S37 – **Vedere Arzachena : Costa Smeralda**

ROMENO – Trento (TN) – **562** C15 – **1 387 ab.** – ✉ **38010** 33 B2

Roma 644 – Trento 49 – Bolzano / Bozen 38 – Meran / Merano 48

Nerina

via De Gasperi 31, località Malgolo – ℰ 04 63 51 01 11 – www.albergonerina.it – Chiuso 14-30 ottobre e martedì

Rist – (consigliata la prenotazione) Carta 26/49 €

Tanta semplicità, ospitalità ed informalità in un locale che nasconde alcune gemme tra i prodotti trentini, nonché specialità genuine della casa. Ottimi i salumi e gli gnocchi di mais Spin della Valsugana con fonduta di Casolet.

RONCADELLE – Brescia (BS) – **561** F12 – **Vedere Brescia**

RONCEGNO – Trento (TN) – **562** D16 – **Stazione termale** – ✉ **38050** 34 C3

Roma 635 – Trento 38 – Vicenza 186

Park Hotel Villa Angiolina rist,

via Roma 5 – ℰ 04 61 77 10 71 – www.villaangiolina.it

43 cam – 52/70 € 104/140 €, 7 € – 1 suite

Rist – *(chiuso lunedì)* Carta 23/44 €

Ricavato da una villa dei primi del Novecento sita nella cornice delle Dolomiti, l'hotel ospita spaziose e confortevoli camere classiche, zona benessere e sala riunioni. Particolarmente vocato alla tradizione banchettistica, il ristorante è articolato su due sale e propone piatti classici regionali.

RONCIGLIONE – Viterbo (VT) – **8 908 ab.** – **alt. 441 m** – ✉ **01037** 12 B1

Roma 60 – Viterbo 20 – Civitavecchia 65 – Terni 80

Lago di Vico★ Nord-Ovest : 2 km

Caprarola : scala elicoidale★★ della Villa Farnese★ Nord-Est : 6,5 km

Sans Soucis Luxury Resort N cam, cam, rist,

via dei Noccioleti 18 – ℰ 07 61 61 24 98

27 cam – 85/120 € 110/170 € – 1 suite

Rist *Al Federico 2°* – Carta 51/73 €

Per un soggiorno all'insegna del relax, un elegante resort affacciato sul romantico lago di Vico e circondato da un meraviglioso parco naturale: camere accoglienti, nuovo centro benessere ed un'ottima cucina del giovane chef titolare.

RONCOFREDDO - Forlì-Cesena (FC) - 562 J18 - 3 371 ab. - alt. 314 m - ✉ 47020 9 D2

Roma 326 - Rimini 27 - Bologna 109 - Forlì 44

I Quattro Passeri senza rist
località Santa Paola - ✆ 05 41 94 95 22 - www.4passeri.com - Chiuso gennaio e febbraio
7 cam - †66/110 € ††110/220 €
Casa colonica in pietra: il suo gioiello è la terrazza panoramica con piscina e vista sui colli fino al mare. Interni rustici con diversi arredi d'epoca.

a Monteleone Ovest: 6 km - ✉ 47020

La Tana del Ghiro senza rist
via provinciale Monteleone 3500 - ✆ 05 41 94 90 07 - www.tanadelghiro.com
8 cam - †70/80 € ††90/120 €
Nella quiete di un piccolo borgo, una casa di campagna (totalmente ristrutturata) gestita da una coppia di coniugi, ritiratisi qui per sfuggire alla frenesia della città. Per un soggiorno di relax, sole e panorama.

RONZONE - Trento (TN) - 562 C15 - 396 ab. - alt. 1 085 m - ✉ 38010 33 B2

Roma 634 - Bolzano 33 - Merano 43 - Milano 291

Villa Orso Grigio
via Regole 10/12 - ✆ 04 63 88 05 59 - www.orsogrigio.it
6 cam - †150/280 € ††150/500 € - 4 suites
Rist *Orso Grigio* ✿ - vedere selezione ristoranti
In una cornice naturalistica che può ricordare una fiaba dei fratelli *Grimm*, una sintesi perfetta fra stile locale - con tanta profusione di legno - e modernità dei servizi. Le belle camere hanno un proprio spazio delimitato all'interno del parco, dove si trova anche un biolago.

Orso Grigio (Cristian Bertol) - Hotel Villa Orso Grigio
✿ *via Regole 10 - ✆ 04 63 88 06 25 - www.orsogrigio.it - Chiuso 10 gennaio-10 febbraio e martedì*
Rist - Menu 50/60 € - Carta 44/76 €
➜ Strangolapreti alle erbette di campo con grana e burro. Tagliata di cervo, salsa di mirtillo rosso con pera Williams, polenta di Storo. Baby strudel alla "pasta matta" con mela renetta su salsa alla vaniglia.
Ristorante di famiglia, gestito con grande professionalità da due fratelli gemelli: uno segue la cucina, classica e ben impostata, l'altro la fornitissima cantina, ricca di eccellenze.

ROSETO DEGLI ABRUZZI - Teramo (TE) - 563 N24 - 25 072 ab. - ✉ 64026 1 B1

Roma 214 - Ascoli Piceno 59 - Pescara 38 - Ancona 131

piazza della Libertà 37, ✆ 085 8 99 11 57, www.abruzzoturismo.it

Roses
viale Makarska 1 - ✆ 08 58 93 62 03 - www.roseshotel.it - Aperto 1° maggio-30 settembre
88 cam - †60/120 € ††95/180 € **Rist** - *(solo per alloggiati)* Menu 25 €
Grande e moderno complesso per chi ama gli spazi e la tranquillità: ampie camere tutte vista mare, piscina semiolimpionica e accesso diretto alla spiaggia.

Tonino-da Rosanna con cam
via Volturno 11 - ✆ 08 58 99 02 74 - www.albergotoninodarosanna.com - Chiuso 20 settembre-10 ottobre
7 cam - ††50/60 € **Rist** - *(chiuso lunedì)* Carta 25/63 €
La freschezza del mare da godere in ambienti di taglio diverso, ma di eguale piacevolezza: dal pranzo veloce, alla cena romantica, passando per l'evento speciale. Dispone anche di alcune camere.

ROSSANO STAZIONE - Cosenza (CS) - 564 I31 - ✉ 87068 5 B1

Italia Centro-Sud

Roma 503 - Cosenza 96 - Potenza 209 - Taranto 154

Agriturismo Trapesimi senza rist

contrada Amica, Est : 4 km – ✆ 0 98 36 43 92 – www.agriturismotrapesimi.it
4 cam – 60/80 € 60/80 €
Cordiale gestione familiare, in una caratteristica risorsa ricavata dalla ristrutturazione di un antico casale circondato da ulivi.

ROTA D'IMAGNA – Bergamo (BG) – 561 E10 – 835 ab. – alt. 665 m – 24037 19 C1

Roma 628 – Bergamo 26 – Lecco 40 – Milano 64

Miramonti rist, rist,

via alle Fonti 5 – ✆ 0 35 86 80 00 – www.hotelmiramontibergamo.com – Chiuso 10 gennaio-15 febbraio
46 cam – 45/60 € 70/120 € **Rist** – Carta 23/38 €
In parte rinnovate le belle camere di questa piccola struttura familiare, che consentono di abbracciare con lo sguardo la valle, mentre oltre 500 mq della risorsa sono dedicati al benessere con trattamenti d'avanguardia e personale esperto.

ROTA (Monte) = RADSBERG – Bolzano – 562 B18 – Vedere Dobbiaco

ROTONDA – Potenza (PZ) – 564 H30 – 3 584 ab. – alt. 580 m – 85048 4 C3

Roma 423 – Cosenza 102 – Lagonegro 45 – Potenza 128

Da Peppe con cam

corso Garibaldi 13 – ✆ 09 73 66 12 51 – www.viaggiarenelpollino.com – Chiuso domenica sera e lunedì escluso agosto
4 cam – 45 € 65 € **Rist** – Carta 17/34 €
Nel centro storico del paesello all'interno del parco del Pollino, ai fornelli di questo storico locale vige un unico imperativo: riscoprire i sapori della cucina lucana, dagli antipasti ai golosi dolci, passando per l'immancabile agnello al forno con patate. Quattro camere a poche centinaia di metri moderne e confortevoli.

ROTTOFRENO – Piacenza (PC) – 561 G10 – 11 524 ab. – alt. 65 m – 29010 8 A1

Roma 517 – Piacenza 13 – Alessandria 73 – Genova 136

Trattoria la Colonna

via Emilia Est 6, località San Nicolò, Est : 5 km – ✆ 05 23 76 83 43 – www.ristorantelacolonna.com – Chiuso 2 settimane in agosto, domenica sera, anche martedì in primavera-estate
Rist – Menu 30 € (pranzo)/55 € – Carta 37/72 €
Nel '700 era una stazione di posta, oggi può vantarsi di essere l'edificio più longevo della località! Nella vecchia stalla trova posto il ristorante che propone i piatti della tradizione, di terra e di mare.

Antica Trattoria Braghieri

località Centora 21, Sud : 2 km – ✆ 05 23 78 11 23 – Chiuso 1°-15 gennaio, 25 luglio-25 agosto e lunedì
Rist – Menu 12 € (pranzo in settimana) – Carta 17/31 €
E' dal 1921 che le donne di famiglia si succedono nella gestione della trattoria! Due sale, una sobria l'altra più elegante, dove assaporare paste fatte in casa e preparazioni casalinghe tradizionali, come i pisarei e fasò.

ROVERCHIARA – Verona (VR) – 2 839 ab. – alt. 20 m – 37050 39 B3

Roma 487 – Venezia 117 – Verona 34 – Mantova 50

Locanda le 4 Ciacole N con cam cam,

piazza Vittorio Emanuele 10 – ✆ 04 42 68 51 15 – www.le4ciacole.it – Chiuso 1°-10 febbraio e 2 settimane in agosto
4 cam – 40 € 60 €
Rist – *(chiuso domenica) (solo a cena)* Carta 39/72 €
Perché dovreste scegliere questo locale? Sicuramente per l'attenzione posta alle materie prime rigorosamente italiane - carni, farine, ortaggi, salumi - e poi per una delle passioni del titolare: i formaggi. La selezione ne contempla oltre 100!

ROVERE – L'Aquila (AQ) – 563 P22 – ✉ 67048 1 A2

Roma 136 – L'Aquila 33 – Pescara 118 – Rieti 89

Robur Marsorum senza rist

via Antonio Milanetti – ✆ 08 62 91 72 49 – www.roburmarsorum.com

22 cam – 80/100 € 120/180 €

Per chi non cerca il solito albergo, una residenza "diffusa" composta da un certo numero di bilocali e monolocali, tutti dotati di piccola cucina; ovunque, caminetti ed un arredo personalizzato con mobili in arte povera e letti in ferro battuto. La prima colazione ed il giornale, ogni mattina, davanti alla porta.

ROVERETO – Trento (TN) – 562 E15 – 38 167 ab. – alt. 204 m 33 B3

– ✉ 38068 Italia Centro-Nord

Roma 561 – Trento 22 – Bolzano 80 – Brescia 129

corso Rosmini 6, ✆ 0464 43 03 63, www.visitrovereto.it

Leon d'Oro senza rist

via Tacchi 2 – ✆ 04 64 43 73 33 – www.hotelleondoro.it

53 cam – 70/100 € 90/125 €

Accogliente hotel dotato di diversi ambienti comuni a disposizione degli ospiti e di piacevoli camere arredate in stile classico, illuminate da graziose *abat-jour*.

Mercure Nerocubo Rovereto

via per Marco 16, prossimità uscita autostrada Rovereto Sud – ✆ 04 64 02 20 22 – www.nerocubohotel.it

91 cam – 60/142 € 80/162 €, 6 € – 10 suites

Rist *Indovino* – vedere selezione ristoranti

Un nome curioso, ma ben appropriato, per questa moderna struttura dall'architettura lineare: nera fuori, luminosa dentro, adatta soprattutto ad una clientela business. All'ultimo piano anche un piccolo centro benessere.

Rovereto

corso Rosmini 82 d – ✆ 04 64 43 52 22 – www.hotelrovereto.it

49 cam – 55/115 € 95/155 €

Rist *Novecento* – vedere selezione ristoranti

Il completo rinnovo delle camere, avvenuto pochi anni or sono, ha accresciuto il confort delle stanze che ora si distinguono esclusivamente per le diverse metrature.

Novecento – Hotel Rovereto

corso Rosmini 82 d – ✆ 04 64 43 54 54 – www.hotelrovereto.it – Chiuso domenica

Rist – Carta 29/56 €

Alle porte della località, la carta di questo ristorante pur muovendosi lungo un filone regionale, non è priva di spunti originali e personali. Lo stesso dicasi per l'ambiente: una sala interna piuttosto classica, ma accanto una bella veranda con eleganti arredi. Grazioso giardino per il servizio estivo.

San Colombano

via Vicenza 30, strada statale 46, Est : 1 km – ✆ 04 64 43 60 06 – www.ristorantesancolombano.it – Chiuso 6-21 agosto, domenica sera e lunedì

Rist – Menu 25/38 € – Carta 29/46 €

Situato poco fuori città - lungo la strada che porta a Vicenza - la gestione è assolutamente familiare: nelle due sale dagli arredi classici "presidia" un fratello, mentre l'altro, coadiuvato da moglie e figlio, sta in cucina. Piatti regionali in menu.

Indovino – Hotel Mercure Nerocubo Rovereto

via per Marco 16, prossimità uscita autostrada Rovereto Sud – ✆ 04 64 02 20 07 – www.ristoranteindovino.it – Chiuso sabato a mezzogiorno e domenica

Rist – Menu 15 € (pranzo in settimana) – Carta 28/42 €

In questo moderno ristorante, uno speciale metodo di cottura alla griglia consente di cucinare in modo naturale carne e pesce, esaltando le migliori caratteristiche organolettiche dei cibi e favorendo la dispersione dei grassi: quando il gusto rima con salute!

ROVIGO (RO) – 562 G17 – 52 793 ab. – 45100 40 C3

Italia Centro-Nord

Roma 457 – Padova 41 – Bologna 79 – Ferrara 33

piazza Vittorio Emanuele II 20, 0425 38 62 90, www.polesineterratraduefiumi.it

viale Tre Martiri 134, 0425 411230, www.golfrovigo.it – chiuso gennaio e lunedì

Cristallo

rist,

viale Porta Adige 1 – 0 42 53 07 01 – www.cristallorovigo.com

48 cam – 55/100 € 59/140 € **Rist** – Carta 16/47 €

Non lontano dalla tangenziale e dunque in posizione facilmente raggiungibile in auto, l'hotel ha subito importanti lavori di ristrutturazione confermandosi in tal modo al passo con i tempi: camere confortevoli e ben accessoriate. Ricette classiche nel menu del ristorante.

Corona Ferrea senza rist

via Umberto I 21 – 04 25 42 24 33 – www.hotelcoronaferrea.com

30 cam – 44/85 € 60/115 €

Spazi comuni leggermente sacrificati, compensati da un ottimo servizio e da camere tutte simili, ma ben arredate. Prossimo al centro storico, ma in un palazzo moderno.

Tavernetta Dante 1936

corso del Popolo 212 – 0 42 52 63 86 – Chiuso 1 settimana in gennaio e 1 settimana in agosto

Rist – Carta 33/49 €

Un'oasi lungo il corso trafficato che attraversa il centro di Rovigo: dall'ambientazione all'interno di un piccolo e grazioso edificio, alla cucina di mare e di terra.

RUBANO – Padova (PD) – 562 F17 – 15 606 ab. – alt. 18 m – 35030 38 B2

Roma 490 – Padova 8 – Venezia 49 – Verona 72

La Bulesca

via Fogazzaro 2 – 04 98 97 63 88 – www.labulesca.it

54 cam – 60/80 € 80/100 € – 5 suites

Rist *La Bulesca* – vedere selezione ristoranti

Fascino retrò - anni 70 - negli spazi comuni di questa risorsa a conduzione diretta. I confort delle accoglienti camere risulteranno particolarmente graditi ad una clientela business.

Maccaroni senza rist

via Liguria 1/A, località Sarmeola – 0 49 63 52 00 – www.alajmo.it

34 cam – 50/75 € 80/200 € – 1 suite

Un albergo senza particolari pretese, ma comunque affidabile grazie alla solida gestione. Le stanze, d'impostazione tradizionale, sono complete di tutti i confort.

Le Calandre (Massimiliano Alajmo)

strada statale 11, località Sarmeola – 0 49 63 03 03 – www.alajmo.it – Chiuso 1°-15 gennaio, 11 agosto-3 settembre, domenica e lunedì

Rist – Menu 165/230 € – Carta 97/215 €

→ Nudo e crudo di carne e pesce. Anguilla selvatica allo spiedo con salsa all'ananas e caviale. Zuppetta di ciliegie con gelato al gorgonzola.

Sala di moderna, quasi monastica semplicità, tutta l'attenzione è rivolta ai piatti: chi ama la cucina avanguardista e sperimentale troverà il suo paradiso alle Calandre. Senza sbavature od eccessi, i prodotti sono al centro dell'attenzione, le presentazioni dei piatti rincorrono creazioni artistiche.

La Bulesca – Hotel la Bulesca

via Medi 2 – 04 98 97 52 97 – www.labulesca.com – Chiuso 1°-10 gennaio, 1°-24 agosto, lunedì a pranzo e domenica

Rist – Menu 20 € (pranzo) – Carta 30/40 €

Un ristorante che in particolari occasioni può arrivare a ricevere diverse centinaia di persone, ma che sa esprimere una buona accoglienza anche in situazioni più intime.

XX **LaVìt** con cam

via della Provvidenza 4/6 – ✆ 04 98 97 55 88 – www.lavit.it – Chiuso agosto

18 cam – 60/85 € 80/120 €

Rist – *(chiuso domenica)* Carta 44/70 €

Cosa ci fanno influenze mediorientali in una cucina moderna a Rubano? Indubbiamente le ragioni sono da ricercarsi nella provenienza dei titolari di questo moderno locale con wine-bar, che a mezzogiorno propone una carta più ridotta con possibilità di piatto unico. Per la scelta, orientatevi sul pesce: pezzo forte della casa!

X **Il Calandrino**

strada statale 11, località Sarmeola – ✆ 0 49 63 03 03 – www.alajmo.it – Chiuso domenica sera

Rist – Menu 20/65 € – Carta 53/95 €

Bar, enoteca, pasticceria, ristorante: il tutto ad ottimi livelli, per soddisfare in ogni momento la voglia di dolce o di salato. *Start up* con la prima colazione, per passare all'aperitivo, un pranzo veloce o una cena elegante. Piatti semplici, ma curati, per gustare al meglio gli ingredienti di stagione.

RUBBIANINO – **Reggio Emilia (RE)** – **Vedere Quattro Castella**

RUBBIARA – **Modena (MO)** – **Vedere Nonantola**

RUBIERA – **Reggio Emilia (RE)** – **562** I14 – **14 559 ab.** – **alt. 53 m** – ✉ **42048** **8** B2

Roma 415 – Bologna 61 – Milano 162 – Modena 12

XX **Osteria del Viandante**

piazza 24 Maggio 15 – ✆ 05 22 26 06 38 – www.osteriadelviandante.com – Chiuso sabato a mezzogiorno e domenica

Rist – (prenotare) Menu 50 € – Carta 52/88 €

All'interno di un edificio del 1300, il ristorante si compone di sale affrescate e ambienti eleganti. Ampia selezione di vini per accompagnare le ricercate carni proposte.

XX **Arnaldo-Clinica Gastronomica** (Anna e Franca Degoli) con cam

piazza 24 Maggio 3 – ✆ 05 22 62 61 24 – www.clinicagastronomica.net – Chiuso 24 dicembre-2 gennaio e agosto

32 cam – 44/74 € 54/94 €

Rist – *(chiuso domenica sera e lunedì a mezzogiorno; anche domenica a mezzogiorno da aprile a settembre)* (prenotare) Menu 40/45 € – Carta 33/67 €

➜ Spugnolata (lasagnetta bianca con funghi). Carrello dei bolliti e degli arrosti. Pera cardinale con zabaione.

Bastione della cucina emiliana senza compromessi con la modernità, spume o sifoni: dai celebri salumi alle paste asciutte o in brodo fino alla celebrazione del bollito.

RUBIZZANO – **Bologna (BO)** – **562** H16 – **Vedere San Pietro in Casale**

RUDA – **Udine (UD)** – **562** E22 – **3 003 ab.** – **alt. 12 m** – ✉ **33050** **11** C3

Roma 650 – Trieste 56 – Udine 40

XX **Osteria Altran**

località Cortona 19, Sud-Est : 4 km – ✆ 04 31 96 94 02 – Chiuso 10 giorni in febbraio, 10 giorni in luglio, 10 giorni in novembre, lunedì e martedì

Rist – *(solo a cena escluso sabato e i giorni festivi)* Menu 65/65 € – Carta 59/82 €

➜ Zuppa di pollo arrosto con millefoglie di patate e senape di Digione. Spare ribs (ricetta americana a base di costine) di maialino da latte caramellato. Treccia di strudel di mele renette, la sua bavarese con gel di basilico e gelato al malaga.

In un'azienda vinicola immersa nel verde, locale apparentemente rustico - in realtà, squisitamente romantico - dove gustare una cucina moderna ed "essenziale", che punta (a ragione) sulla qualità delle materie prime.

RUMIOD – **Aosta (AO)** – **Vedere Saint Pierre**

RUNATE – **Mantova (MN)** – **Vedere Canneto sull'Oglio**

RUSSI – Ravenna (RA) – 562 I18 – 12 286 ab. – alt. 13 m – ✉ 48026 9 D2

Roma 374 – Ravenna 17 – Bologna 67 – Faenza 16

a San Pancrazio Sud-Est : 5 km – ✉ 48026

Relais Villa Roncuzzi senza rist

via della Libertà 8 – ✆ 05 44 53 47 76 – www.villaroncuzzi.it – Aperto 1° marzo-14 novembre

20 cam – †85/130 € ††95/150 €

Immersa nel verde, residenza di campagna dei primi del '900 completamente ristrutturata e trasformata in uno scrigno accogliente, personalizzato ed accattivante.

La Cucoma

via Molinaccio 175 – ✆ 05 44 53 41 47 – www.ristorantecucoma.com – Chiuso agosto, domenica sera e lunedì

Rist – Menu 22 € (pranzo)/50 € – Carta 24/56 €

Ubicato lungo la strada principale del paese, ristorante familiare con proposte che traggono ispirazione dal mare, come ad esempio le grigliate di pescato dell'Adriatico. Buon rapporto qualità/prezzo.

RUTTARS – Gorizia (GO) – 562 E22 – Vedere Dolegna del Collio

RUVO DI PUGLIA – Bari (BA) – 564 D31 – 25 786 ab. – alt. 256 m 26 B2

– ✉ 70037 Puglia

Roma 441 – Bari 36 – Barletta 32 – Foggia 105

Località★ -Cratere attico della Morte di Talos★★ nel museo Archeologico Jatta★ – Cattedrale★

Pineta rist,

via Carlo Marx 5 – ✆ 08 03 61 15 78 – www.hotelpinetaruvo.it

39 cam – †59/130 € ††79/180 € **Rist** – Carta 23/61 €

Bella struttura dalle linee moderne e sobrie, rese eleganti dai caldi colori. Le camere sono altrettanto notevoli e non manca un piccolo centro benessere. Al ristorante: linea di cucina classica sia di terra sia di mare. In estate - a bordo piscina - anche piatti freddi.

U.P.E.P.I.D.D.E.

corso Cavour ang. Trapp. Carmine – ✆ 08 03 61 38 79 – www.upepidde.it – Chiuso 10 luglio-25 agosto e lunedì

Rist – (consigliata la prenotazione) Carta 23/44 €

Indiscutibilmente caratteristico e fresco! Scavate all'interno della roccia che costituiva le antiche mura aragonesi, le quattro salette si susseguono sotto archi di mattoni con - dulcis in fundo - la bella cantina visitabile. Altrettanto storica la cucina tipica delle Murge, che trova la sua massima espressione nelle orecchiette alla pastora (con ragù di braciole Ruvesi e crema di ricotta piccante).

SABAUDIA – Latina (LT) – 563 S21 – 19 664 ab. – ✉ 04016 13 C3

Italia Centro-Sud

Roma 97 – Frosinone 54 – Latina 28 – Napoli 142

sul lungomare Sud-Ovest : 2 km :

Le Dune

via lungomare 16 ✉ 04016 – ✆ 0 77 35 12 91 – www.ledune.com – Aperto 1°aprile-31 ottobre

77 cam – †90/210 € ††140/280 € – 2 suites **Rist** – Carta 31/68 €

Nel cuore del parco del Circeo, un edificio bianco di indubbio fascino, ideale per una vacanza di relax da trascorrere tra mare, campi da tennis ed ampi ambienti luminosi. Presso la spaziosa ed accogliente sala ristorante, la classica cucina nazionale.

Zeffiro senza rist

via Tortini, località Sant'Andrea ✉ 04016 – ✆ 07 73 59 32 97 – www.hotelzeffiro.it

22 cam – †50/170 € ††60/200 €

Un nuovo hotel situato all'interno di un centro residenziale, vanta camere dagli arredi moderni caratterizzati da accenni di design ed un piccolo giardino privato.

SABBIONETA – Mantova (MN) – 561 H13 – 4 357 ab. – alt. 18 m 17 C3
– ✉ 46018 Italia Centro-Nord

Roma 469 – Parma 28 – Bologna 107 – Mantova 34

Insieme urbano★

La Loggia del Grano

via Anna d'Aragona 2 – ✆ 03 75 22 10 79 – chiuso martedì sera e lunedì

Rist – Carta 22/45 €

Perfetto esempio di applicazione delle teorie rinascimentali su come debba essere progettata una città, Sabbioneta ospita - sulla statale a pochi passi dalle sue mura - questo ristorantino che rispolvera i classici della zona, in un ambiente di calda familiarità. Nella bella stagione, il servizio si sposta anche all'aperto.

SACILE – Pordenone (PN) – 562 E19 – 20 227 ab. – alt. 25 m – ✉ 33077 10 A3
Italia Centro-Nord

Roma 596 – Belluno 53 – Treviso 45 – Trieste 126

Due Leoni senza rist

piazza del Popolo 24 – ✆ 04 34 78 81 11 – www.hoteldueleoni.com

58 cam – †130 € ††150 € – 2 suites

Affacciato sulla piazza, un edificio porticato che nei due leoni in pietra ricorda la storia della città. Al suo interno: ambienti di discreta eleganza e piccolo centro relax con palestra, sauna, nonché bagno turco.

SAINT PIERRE – Aosta (AO) – 561 E3 – 3 162 ab. – alt. 676 m 37 A2
– ✉ 11010 Italia Centro-Nord

Roma 747 – Aosta 9 – Courmayeur 31 – Torino 122

La Meridiana Du Cadran Solaire senza rist

località Chateau Feuillet 17 – ✆ 01 65 90 36 26 – www.albergomeridiana.it

17 cam – †110/160 € ††140/180 € – 2 suites

Affascinante contesto storico-naturalistico, lungo la strada per Courmayeur, *La Meridiana Du Cadran Solaire* è una raccolta struttura dall'amabile conduzione familiare; camere graziosamente arredate con mobili dalla tipica linea valdostana.

Lo Fleyè cam, rist,

frazione Bussan Dessus 91, Nord :1 km – ✆ 01 65 90 46 25 – www.lofleye.com – Chiuso 1 settimana in giugno

13 cam – †80/100 € ††80/100 €

Rist – *(chiuso in giugno, novembre e domenica) (solo a cena) (solo per alloggiati)* Menu 20/25 €

Nuova gestione per questa gradevole risorsa all'interno di un tipico edificio in pietra. Piccola hall, camere luminose e una saletta colazioni, dalle cui vetrate si gode di una pregevole vista sul castello.

a Rumiod Nord-Ovest: 10 km – ✉ 11010

Al Caminetto

località Rumiod Dessus 1 – ✆ 01 65 90 88 32 – www.al-caminetto.com – Chiuso 7-21 gennaio, lunedì in luglio e agosto, anche martedì, mercoledì e i mezzogiorno di giovedì, venerdì e sabato negli altri mesi; sempre aperto nei giorni festivi

Rist – (prenotazione obbligatoria) Menu 40 € – Carta 38/40 €

Siete alla ricerca delle autentiche specialità valdostane, lontane dai cliché turistici e preparate con intelligenza? Questo indirizzo fa al caso vostro: una semplice trattoria di paese...ma che cucina!

SAINT RHEMY EN BOSSES – Aosta (AO) – 561 E3 – 425 ab. 37 A2
– alt. 1 632 m – Sport invernali : 1 619/2 450 m 2, – ✉ 11010

Roma 760 – Aosta 20 – Colle del Gran San Bernardo 24 – Martigny 50

Suisse con cam
via Roma 26 – ✆ 01 65 78 09 06 – www.hotelsuisse.it
– Aperto 1° giugno-30 settembre
8 cam – 50/60 € 80/100 € **Rist** – Carta 35/65 €
A un passo dalla frontiera, in un agglomerato di poche abitazioni incuneate fra due monti, una casa tipica del XVII secolo per assaporare le specialità valdostane. Camere confortevoli in un rustico adiacente.

SAINT VINCENT – Aosta (AO) – 561 E4 – 4 787 ab. – alt. 575 m – Stazione termale – ✉ 11027 Italia Centro-Nord

37 B2

Roma 722 – Aosta 28 – Colle del Gran San Bernardo 61 – Ivrea 46
via Roma 62, ✆ 0166 51 22 39, www.lovevda.it
Località

De La Ville senza rist
via Aichino 6 ang. via Chanoux – ✆ 01 66 51 15 02 – www.hoteldelavillevda.it
– Chiuso 16-25 dicembre
39 cam – 50/130 € 90/160 € – 2 suites
Nei pressi della centrale Via Chanoux, in area pedonale, un raffinato rifugio, curato e di buon gusto, con arredi in legno scuro, confort moderni ed estrema cordialità.

Paradise senza rist
viale Piemonte 54 – ✆ 01 66 51 00 51 – www.hparadise.com
– Chiuso 23-26 dicembre e 15-30 giugno
32 cam – 60/80 € 100/140 €
Graziosa hall con ricevimento, salottino e angolo per le colazioni, camere nuove, in legno chiaro e toni azzurri o salmone, comode; vicina al Casinò, una valida risorsa.

Bijou
piazza Cavalieri di Vittorio Veneto 3 – ✆ 01 66 51 00 67 – www.bijouhotel.it
31 cam – 55/80 € 85/130 € – 2 suites
Rist – *(chiuso lunedì e martedì a mezzogiorno)* Carta 27/36 €
All'interno del centro storico, ma vicino ad un parcheggio comunale. Albergo da poco rinnovato con gusto e personalità. Interni allegri e camere affacciate sulla piazza. Ristorante indipendente, ma contiguo all'hotel.

Olympic
via Marconi 2 – ✆ 01 66 51 23 77 – www.holympic.it – Chiuso 6-20 giugno e 24 ottobre-8 novembre
10 cam – 60/75 € 90/110 € **Rist** – *(chiuso martedì)* Carta 40/91 €
Completamente rinnovato, un raccolto albergo centrale, a conduzione e andamento familiari; piccolo ricevimento e settore notte con camere nuove e comode. Salettina ristorante curata con una luminosa e panoramica veranda.

Les Saisons senza rist
via Ponte Romano 186 – ✆ 01 66 53 73 35 – www.hotellessaisons.com
22 cam – 45/55 € 75/80 €
Posizione piuttosto tranquilla e panoramica, ai margini della cittadina: una casetta di recente costruzione, pulita e funzionale, con atmosfera familiare.

Le Grenier
piazza Monte Zerbion 1 – ✆ 01 66 51 01 38 – www.ristorantelegrenier.com
– Chiuso 15 giorni in luglio e mercoledì
Rist – *(solo a cena escluso venerdì, sabato, domenica e festivi)* (consigliata la prenotazione) Menu 45 € – Carta 60/101 €
Nel cuore di Saint-Vincent, la suggestione di un vecchio granaio (*grenier*, in francese) con frumento a cascata, camino e utensili d'epoca alle pareti. Ma le sorprese non finiscono qui: è il turno della cucina a sedurre gli ospiti, inaspettatamente moderna con qualche richiamo alle tradizioni valdostane.

XX **Batezar**

via Marconi 1 – ✆ 01 66 51 31 64 – Chiuso lunedì, martedì e i mezzogiorno di mercoledì e giovedì
Rist – Menu 40 € (pranzo)/80 € – Carta 43/63 €
Non lontano dal casinò si celebra una cucina versatile e assortita: un'anima valdostana di salumi e polenta, diversi piatti di carne e proposte di pesce.

SALA BAGANZA – Parma (PR) – 562 H12 – 5 394 ab. – alt. 162 m – ✉ 43038 8 A3

Roma 472 – Parma 12 – Milano 136 – La Spezia 105
piazza Gramsci 1, ✆ 0521 33 13 42, www.comune.sala-baganza.pr.it
La Rocca via Campi 8, 0521 834037, www.golflarocca.com – chiuso 20 gironi in gennaio e lunedì
Torrechiara★ : affreschi★ e ≤★ dalla terrazza del Castello Sud-Est : 10 km

X **I Pifferi**

via Zappati 36, Ovest : 1 km – ✆ 05 21 83 32 43 – www.ipifferi.com – Chiuso lunedì
Rist – Menu 18/35 € – Carta 30/38 €
Un solo chilometro basta per abbandonare il paese ed entrare nel verde del Parco Regionale dei Boschi di Carrega. Qui si trova un'antica stazione di posta - risalente all'epoca di Maria Luigia - trasformata in ristorante: incantevole contesto per i piatti parmigiani di sempre.

SALA COMACINA – Como (CO) – 561 E9 – 598 ab. – alt. 213 m – ✉ 22010 16 A2

Roma 643 – Como 26 – Lugano 39 – Menaggio 11

Taverna Bleu

via Puricelli 4 – ✆ 0 34 45 51 07 – www.tavernableu.it – Aperto 1° marzo-30 novembre
15 cam – †100/120 € ††110/280 € – 2 suites
Rist *Taverna Bleu* – vedere selezione ristoranti
Adiacente alla piccola darsena della navigazione lacustre, questo alberghetto affacciato sul lago dispone di un bel giardino con varie terrazze e camere in arte povera.

X **Taverna Bleu** – Hotel Taverna Bleu

via Puricelli 4 – ✆ 0 34 45 51 07 – www.tavernableu.it – Aperto 1° marzo-30 novembre; chiuso i mezzogiorno di martedì e giovedì
Rist – Carta 46/78 €
Una fresca sala nei toni del colore da cui prende il nome e un romantico giardino affacciato sul lago. La cucina si fa apprezzare per le specialità del lago e per quelle del nuovo chef, attento alla qualità degli ingredienti che elabora.

SALEA – Savona (SV) – 561 J6 – Vedere Albenga

SALE MARASINO – Brescia (BS) – 561 E12 – 3 387 ab. – alt. 200 m – ✉ 25057 19 D1

Roma 558 – Brescia 31 – Bergamo 46 – Edolo 67

Villa Kinzica

via Provinciale 1 – ✆ 03 09 82 09 75 – www.villakinzica.it
17 cam – †70/90 € ††120/140 € – 1 suite
Rist *L'Uliveto* – vedere selezione ristoranti
Affacciata sul lago d'Iseo e separata da esso e dalla strada da un grazioso giardino, una bella villa con un patio esterno, ambienti e confort curati in ogni dettaglio.

XX **L'Uliveto** - Hotel Villa Kinzica

via Provinciale 1 – ✆ 03 09 86 71 02 – www.ristoranteuliveto.it – Chiuso 2 settimane in novembre, 1 settimana in gennaio, domenica sera e lunedì da ottobre ad maggio, lunedì a mezzogiorno da giugno a settembre

Rist – Carta 36/66 €

Al posto dei vecchi magazzini, un ristorante moderno e dai toni caldi, dove accomodarsi per gustare piatti regionali di terra, di mare, ma anche di lago, con spunti di creatività.

SALERNO P (SA) – 564 E26 – 139 019 ab. Italia Centro-Sud 6 B2

Roma 263 – Napoli 52 – Foggia 154

piazza Vittorio Veneto 1, ✆ 089 23 14 32, www.turismoinsalerno.it

via Roma 258, ✆ 089 22 47 44

Duomo★★ B – Via Mercanti★ AB – Lungomare Trieste★ AB

Costiera Amalfitana★★★

Circolazione regolamentata nel centro città

Abate Coforti (Largo) . . . . . . AB 2
Alfano 1 (Pza) . . . . . . B 3
Cavaliero (V. L.) . . . . . . B 4
Cilento (V. A.) . . . . . . B 6
Dogana Vecchia (V.) . . . . . . A 7
Duomo (V.) . . . . . . B 8
Indipendenza (V.) . . . . . . A 9
Lista (V. Stanislas) . . . . . . A 10
Luciani (Pza M.) . . . . . . A 12
Mercanti (V.) . . . . . . AB
Paglia (V. M.) . . . . . . B 13
Plebiscito (Largo) . . . . . . B 14
Portacatena (V.) . . . . . . A 15
Porta di Mare (V.) . . . . . . A 16
Sabatini (V. A.) . . . . . . A 19
Sedile del Campo (Largo) . . . . . . A 23
Sedile di Pta. Nuova (Pza) . . . . . . B 24
Sorgente (V. Camillo) . . . . . . B 25
S. Eremita (V.) . . . . . . B 20
S. Tommaso d'Aquino (Largo) . . . . . . B 22
Velia (V.) . . . . . . B 26
Vittorio Emanuele (Cso) . . . . . . B
24 Maggio (Pza) . . . . . . B 27

Lloyd's Baia cam,
via de Marinis 2, 3 km per ③ ✉ 84121 – ☎ 08 97 63 31 11 – www.lloydsbaiahotel.it
122 cam – †69/340 € ††69/340 € – 9 suites **Rist** – Carta 37/47 €
Aggrappato alla roccia della costiera, grand hotel recentemente rinnovato, dotato di una terrazza con magnifica vista mare e di un comodo ascensore diretto per la spiaggia. D'estate è aperto anche un ristorante in riva al mare.

Novotel Salerno Est Arechi cam,
via Generale Clark 49, 5 km per ② ✉ 84131 – ☎ 08 99 95 71 11 – www.novotel.com
112 cam – †72/180 € ††84/230 €, 14 € – 4 suites **Rist** – Carta 35/64 €
La certezza di un grande gruppo con i suoi consolidati standard di confort: l'attenzione verso i dettagli lo rende ideale per una clientela business, ma anche per le famiglie con bambini al seguito.

Fiorenza senza rist
via Trento 145, località Mercatello, 3,5 km per ② ✉ 84131 – ☎ 0 89 33 88 00 – www.hotelfiorenza.it
30 cam – †55/72 € ††72/107 €
In posizione periferica, questa risorsa familiare è caratterizzata da camere funzionali e graziosi bagni colorati. Indirizzo ideale soprattutto per una clientela business.

Il Timone
via Salvador Allende 29/35, 4,5 km per ② ✉ 84131 – ☎ 0 89 33 51 11 – Chiuso 16-31 agosto, domenica sera e lunedì
Rist – Carta 22/81 €
Animazione e servizio veloce in un locale sempre molto frequentato, ideale per gustare del buon pesce fresco, che sta in mostra in sala e lì viene scelto dal cliente.

Aladino N
via Canali 35/39 ✉ 84121 – ☎ 0 89 22 99 72 – www.ristorantealadaino.net – Chiuso 8-22 agosto, domenica sera e lunedì Aa
Rist – Carta 32/48 €
Nel cuore del vecchio centro storico in una viuzza non lontano dal lungomare, le specialità di pesce qui non subiscono il fascino delle mode, ma rimangono fedeli alle ricette locali.

SALGAREDA – Treviso (TV) – 562 E19 – 5 215 ab. – ✉ 31040 39 A1

Roma 547 – Venezia 42 – Pordenone 36 – Treviso 23

Marcandole
via Argine Piave 9, Ovest : 2 km – ☎ 04 22 80 78 81 – www.marcandole.it – Chiuso mercoledì sera e giovedì
Rist – Menu 40 € – Carta 42/98 €
Nei pressi dell'argine del fiume Piave, una giovane conduzione e due salette, eleganti e romantiche, o un gazebo, dove incontrare sapori di pesce assolutamente creativi.

SALICE TERME – Pavia (PV) – 561 H9 – alt. 171 m – Stazione termale – ✉ 27055 16 A3

Roma 583 – Alessandria 39 – Genova 89 – Milano 73

via Diviani 11, ☎ 0383 9 12 07, www.provincia.pv.it

via Diviani 8, 0383 933370, www.golfsaliceterme.it – chiuso gennaio e martedì

Il Caminetto
via Cesare Battisti 15 – ☎ 0 38 39 13 91 – www.ilcaminettodisaliceterme.it – Chiuso 1 settimana in gennaio, domenica sera e lunedì
Rist – Carta 30/65 €
Ristorante elegante, a salda conduzione familiare ormai di lunga tradizione: un'accogliente sala con parquet, toni giallo-ocra e camino rifinito in marmo. La cucina è classica italiana con alcuni piatti più legati al territorio.

Guado

viale delle Terme 57 – ✆ 0 38 39 12 23 – www.ristoranteguado.it – Chiuso 15 giorni in gennaio, venerdì a pranzo e giovedì
Rist – Carta 40/53 €
L'ambiente è accogliente con una sala da pranzo curata e raccolta, volutamente démodé a ricordare i 100 anni di vita del locale; cucina d'impostazione classica e radici nella tradizione con paste fresche e carni al forno tra le specialità.

SALINA Sicilia – Messina (ME) – 365 AQ55 – Vedere Eolie (Isole)

SALÒ – Brescia (BS) – 561 F13 – 10 740 ab. – alt. 75 m – ✉ 25087 17 D1

Italia Centro-Nord

Roma 548 – Brescia 30 – Bergamo 85 – Milano 126
piazza Sant'Antonio 4, ✆ 0365 2 14 23, www.provincia.brescia.it/turismo
Gardagolf via Angelo Omodeo 2, 0365 674707, www.gardagolf.it – chiuso lunedì dal 2 novembre al 15 marzo
Il Colombaro via del Colombaro 1, 0365 43327, www.ilcolombaro.it
Località★ – Polittico★ nel Duomo

Laurin

cam, rist,

viale Landi 9 – ✆ 0 36 52 20 22 – www.laurinsalo.com – Aperto 1° marzo-31 ottobre
32 cam – †100/145 € ††120/300 € **Rist** – Carta 50/76 €
Bella villa liberty con saloni affrescati e giardino con piscina; interni con arredi, oggetti, dettagli dal repertorio dell'Art Nouveau, per un romantico relax sul Garda. Piatti classici rivisitati serviti fra un tripudio di decori floreali, dipinti, colonne.

Villa Arcadio

cam, rist,

via Palazzina 2, località Villa di Salò, Sud: 3 km – ✆ 0 36 54 22 81 – www.hotelvillaarcadio.it – Aperto 11 marzo-5 novembre
18 cam – †150/250 € ††230/350 € – 1 suite **Rist** – Carta 40/82 €
Elegante risultato della ristrutturazione di un monastero del XIX secolo all'interno di un immenso parco, con piscina e terrazze panoramiche. Ambienti raffinati che fondono modernità e charme, camere sobrie ma curate nella loro semplicità.

Bellerive

rist,

via Pietro da Salò 11 – ✆ 03 65 52 04 10 – www.hotelbellerive.it – Chiuso 15 dicembre-1° febbraio
49 cam – †150/225 € ††225/275 € – 6 suites **Rist** – Carta 49/98 €
Affacciato sul porticciolo turistico, un gradevole hotel di color bianco che spicca in riva al lago blu; bella piscina circondata da un giardino alla provenzale. Sala ristorante con arredi minimal chic.

Vigna senza rist

lungolago Zanardelli 62 – ✆ 03 65 52 01 44 – www.hotelvignasalo.it – Chiuso 1°dicembre-15 febbraio
27 cam – †75/150 € ††85/165 €
Sullo splendido lungolago rinnovato e pedonalizzato, camere semplici ma accoglienti: buona parte con vista sull'acqua.

Locanda del Benaco

lungolago Zanardelli 44 – ✆ 0 36 52 03 08 – www.benacohotel.com – Chiuso 15 gennaio-15 marzo
19 cam – †80/90 € ††100/130 € **Rist** – *(chiuso martedì)* Carta 37/58 €
Un albergo da poco rinnovato, in felice posizione sul lungolago, in area chiusa al traffico: centrale, ma tranquillo, offre camere confortevoli e conduzione familiare. Fresca veranda con un panorama delizioso, sul Garda e il territorio, per pasti estivi.

Antica Trattoria alle Rose
via Gasparo da Salò 33 – 0 36 54 32 20 – www.trattoriaallerose.it – Chiuso mercoledì
Rist – Carta 37/52 €
Familiare e simpatico, moderno e vivace: la cucina si destreggia tra le specialità locali, lacustri innanzitutto, e bresciane per quel che riguarda la carne.

La Rosa dei Venti
lungolago Zanardelli 27 – 03 65 29 07 47 – Aperto 1° aprile- 31 ottobre
Rist – Carta 38/55 €
Piccolo ristorante sul lungolago, con pochi tavoli all'interno ed un piacevole spazio all'aperto (riscaldato, all'occorrenza). Cucina moderna con notevoli spunti d'interesse.

a Barbarano Nord-Est : 2,5 km verso Gardone Riviera – 25087

Spiaggia d'Oro
via Spiaggia d'Oro 15 – 03 65 29 00 34 – www.hotelspiaggiadoro.com – Aperto Pasqua-31 ottobre
36 cam – 80/150 € 120/230 €
Rist *La Veranda* – *(chiuso lunedì o martedì)* Carta 29/55 €
Prospiciente il porticciolo di Barbarano e dotato di un giardino direttamente sul lago, gradevole hotel con piscina dotato di un'ottima offerta wellness e Spa. Rinomato ristorante con piatti creativi che rielaborano prodotti di ogni regione d'Italia.

SALSOMAGGIORE TERME – Parma (PR) – 562 H11 – 20 051 ab. – alt. 157 m – Stazione termale – 43039

8 A2

Roma 488 – Parma 30 – Piacenza 52 – Cremona 57
Galleria Warowland piazzale Berzieri, 0524 58 02 11, www.portalesalsomaggiore.it.
Case Carancini 105/A, 0524 574128 – chiuso gennaio e mercoledì

Pianta pagina seguente

Villa Fiorita
rist,
via Milano 2 – 05 24 57 38 05 – www.hotelvillafiorita.it – Chiuso 20-28 dicembre Zc
44 cam – 70/140 € 110/190 € – 4 suites
Rist – *(chiuso 20-28 dicembre e luglio) (solo a cena escluso maggio-novembre)* Menu 35/55 €
Centralissimo albergo rinnovato recentemente grazie all'impegno della nuova conduzione familiare. Ottimo confort sia nelle camere che negli spazi comuni. Comodo parcheggio.

Casa Romagnosi
rist,
piazza Berzieri 3 – 05 24 57 65 34 – www.albergoromagnosi.it – Chiuso 20-28 dicembre Za
36 cam – 70/125 € 100/180 € – 3 suites
Rist – *(solo a cena escluso aprile-15 novembre)* Menu 25/35 €
Affacciate sul corso o sulle terme, le camere di questo palazzo settecentesco sono tutte nuove, eleganti con un tocco di rusticità nei soffitti con travi a vista. Gestione familiare. Moderna e luminosa la sala da pranzo.

Riz Ferrari
viale Milite Ignoto 5 – 05 24 57 77 44 – www.hotelrizferrari.it – Aperto 26 dicembre-7 gennaio e 1° marzo-15 novembre Ze
34 cam – 70/89 € 95/110 € **Rist** – *(solo per alloggiati)* Carta 25/45 €
Grazie ad una dinamica gestione familiare, che ha effettuato importanti lavori di rinnovo nel corso degli anni, l'albergo dispone ora di confortevoli camere e di uno tra i più attrezzati centri benessere della località. Luminosa e ospitale sala da pranzo, dove gustare genuine ricette emiliane.

Kursaal

rist, VISA

via Romagnosi 1 – ✆ 05 24 58 40 90 – www.hotelkursaalsalso.it
– Aperto 23 marzo-17 novembre Zb

40 cam – 68/135 € 68/135 €

Rist – Menu 20/35 €

Un soffio di modernità in questa classica località; ambienti moderni, minimalisti ed essenziali per chi non ama il superfluo .

Elite

rist, P VISA AE

viale Cavour 5 – ✆ 05 24 57 94 36 – www.hotelelitesalsomaggiore.it Yd

28 cam – 42/65 € 69/110 €

Rist – *(solo a cena) (solo per alloggiati)* Menu 18 €

Esperta gestione familiare per questa originale struttura in parte con pietra a vista, che dispone di camere semplici, ma corrette negli spazi e nella tenuta.

Nazionale

rist, VISA AE

viale Matteotti 43 – ✆ 05 24 57 37 57 – www.albergonazionalesalsomaggiore.it
– Aperto 1° aprile-31 ottobre Yh

42 cam – 55/80 € 90/130 €

Rist – Carta 28/48 €

Piccolo albergo a gestione familiare, semplice nella struttura, ma reso "grande" da una sincera e costante attenzione dei titolari per il benessere dei clienti. Ristorante ben organizzato, propone gustose ricette classiche.

L'Osteria del Castellazzo
via Borgo Castellazzo 40 – ☎ 05 24 57 82 18 – Chiuso 24 gennaio-14 febbraio e giovedì Zf
Rist – (consigliata la prenotazione) Carta 25/54 €
C'era una volta una trattoria del centro ed un abile cuoco autodidatta che, animato da passione e curiosità, seppe arricchire i piatti del territorio con originalità e fantasia. In un ambiente rustico ed accogliente con tavoli anche all'aperto, la magia di questa fiaba si ripete quotidianamente.

a Cangelasio Nord-Ovest : 3,5 km – ✉ 43039 Salsomaggiore Terme

Agriturismo Antica Torre rist,
Case Bussandri 197 – ☎ 05 24 57 54 25 – www.anticatorre.it – Aperto 1° marzo-30 novembre
8 cam – †90/110 € ††90/110 €
Rist – *(solo a cena) (solo per alloggiati)* Menu 20 €
Sulle colline attorno a Salsomaggiore, un complesso rurale seicentesco con torre militare risalente al 1300: bella e piacevole realtà di campagna ove l'ospitalità è di casa.

SALTUSIO = SALTAUS – Bolzano (BZ) – 562 B15 – Vedere San Martino in Passiria

---

SALUDECIO – Rimini (RN) – 562 K20 – 2 998 ab. – alt. 343 m – ✉ 47835 9 D3

Roma 393 – Bologna 152 – Pesaro 33 – Rimini 37

piazza Beato Amato Ronconi 1, ☎ 0541 98 17 57, www.comunesaludecio.it

Locanda Belvedere con cam
via San Giuseppe 736, frazione San Rocco – ☎ 05 41 98 21 44 – www.belvederesaludecio.it
8 cam – †70/100 € ††80/110 €
Rist – *(chiuso martedì)* (prenotazione obbligatoria a mezzogiorno) Carta 45/70 €
La semplice trattoria-pizzeria è oggi un locale elegante avvolto da una calda accoglienza familiare. Nella nuova sala panoramica una cucina moderna che, tuttavia, non neglige i prodotti del territorio. Belle e accoglienti camere, arredate con buon gusto e mobili d'epoca. Tutte affacciate sulla vallata.

SALUZZO – Cuneo (CN) – 561 I4 – 17 067 ab. – alt. 340 m – ✉ 12037 22 B3

Italia Centro-Nord

Roma 662 – Cuneo 32 – Torino 58 – Asti 76

piazza Risorgimento 1, ☎ 0175 4 67 10, www.comune.saluzzo.cn.it

Castellar via La Morra 8 bis, 0175 055227, www.golfcastellar.it – chiuso martedì

Casa Cavassa★ - S. Giovanni★

Affreschi★★ nel castello della Manta: 4 km a sud - Abbazia di Staffarda★: 10 km a nord - Castello di Racconigi★★: 14 km a nord sulla SS 20

San Giovanni cam,
via San Giovanni 9/a – ☎ 0 17 54 54 20 – www.sangiovanniresort.it
13 cam – †85/115 € ††120/145 €
Rist *Trattoria al Convento* – *(solo a cena escluso domenica)* Carta 30/59 €
In un convento del '400 con un bel chiostro, una sala capitolare ed un refettorio - oggi sala riunioni - camere ricavate negli antichi ambienti, ma solo due in ex cellette. Un albergo suggestivo, dove anche l'apparente difficoltà nel raggiungerlo è sormontabile contattando la réception (pass per accedere alla ZTL).

Antico Podere Propano senza rist
via Torino 75 – ✆ 01 75 24 80 87 – www.anticopoderepropano.com
29 cam – 70/87 € 90/105 € – 1 suite
All'ingresso del paese con alle spalle i campi aperti, una cinquecentesca proprietà agricola si è trasformata da qualche anno in ospitale country-hotel dotato di camere molto confortevoli e spaziose.

I Baloss di Poggio Radicati Ⓝ con cam
via San Bernardino 19 – ✆ 01 75 24 82 92 – www.poggioradicati.com – Chiuso 10-20 agosto,
9 cam – 110/140 €
Rist – *(chiuso domenica sera e lunedì a pranzo)* Menu 32/44 € – Carta 38/57 €
La bella vista sulla campagna circostante è il punto di forza di questo signorile locale, secondo solo alla cucina che si caratterizza per i sapori locali e l'accurata selezione delle materie prime.

Taverna San Martino
corso Piemonte 109 – ✆ 0 17 54 20 66 – www.tavernasanmartino.com – Chiuso 4-20 agosto, lunedì sera, martedì sera e mercoledì
Rist – Menu 27 € – Carta 22/35 €
Un piccolo ristorante con un'unica saletta, ordinata e curata nei particolari: quadri, travi in legno e sedie impagliate. Nel piatto specialità casalinghe e ricette piemontesi.

SALVAROSA – Treviso (TV) – 562 E17 – Vedere Castelfranco Veneto

SAMBUCO – Cuneo (CN) – 561 I3 – 99 ab. – alt. 1 184 m – ✉ 12010 22 B3

Roma 657 – Cuneo 46 – Alessandria 171 – Asti 136

Della Pace con cam
via Umberto I 32 – ✆ 0 17 19 65 50 – www.albergodellapace.com – Chiuso 10 giorni in giugno e 15 ottobre-15 novembre
14 cam – solo ½ P 67/70 €
Rist – *(chiuso domenica sera e lunedì) (prenotare la sera)* Carta 20/34 €
Le finestre della luminosa sala si affacciano sulle granitiche guglie del monte Bersaio, dalla cucina fanno invece capolino specialità occitane: paste fatte in casa ed ottime carni. Vivamente consigliato l'agnello sambucano in umido o al forno.

SAMPÈYRE – Cuneo (CN) – 561 I3 – 1 083 ab. – alt. 976 m – ✉ 12020 22 B3

Roma 680 – Cuneo 49 – Milano 238 – Torino 88

Torinetto
borgata Calchesio 7, Ovest : 1,5 km – ✆ 01 75 97 71 81 – www.torinetto.com
74 cam – 30/60 € 50/80 €, 5 € **Rist** – Carta 18/38 €
Poco lontano dalla statale, ma in posizione tranquilla, hotel di montagna dai tipici arredi lignei. Disponibilità anche di appartamenti ad uso settimanale e, per i più sportivi, un bel rifugio (1850 m). Cucina casalinga.

SAN BARTOLOMEO – Reggio Emilia (RE) – Vedere Reggio nell'Emilia

SAN BARTOLOMEO AL MARE – Imperia (IM) – 561 K6 – 3 150 ab. – ✉ 18016 Liguria 14 A3

Roma 606 – Imperia 7 – Genova 107 – Milano 231
piazza XXV Aprile 1, ✆ 0183 40 02 00, www.visitrivieradeifiori.it

La Femme
via Cesare Battisti 58 – ✆ 01 83 49 31 25 – www.ristorantelafemme.com – Chiuso 10 giorni in maggio, 10 giorni in ottobre, lunedì e martedì escluso luglio-agosto
Rist – (consigliata la prenotazione) Menu 48 € – Carta 37/73 €
All'interno di un centro residenziale, affacciato sulla piscina del complesso e, sullo sfondo, il Santuario della Rovere, il ristorante si sottrae al caos rivierasco per proporre una cucina talentuosa, prevalentemente di mare.

SAN BASILIO – Rovigo (RO) – 562 H18 – Vedere Ariano nel Polesine

SAN BENEDETTO – Firenze (FI) – Vedere Montaione

SAN BENEDETTO DEL TRONTO – Ascoli Piceno (AP) – 563 N23 21 D3

– 48 262 ab. – ✉ 63039 ▮ Italia Centro-Nord

▶ Roma 231 – Ascoli Piceno 39 – Ancona 89 – L'Aquila 122

ℹ viale delle Tamerici 5, ✆ 0735 59 50 88, www.larivieradellepalme.it

Progresso cam, rist, VISA

viale Trieste 40 – ✆ 0 73 58 38 15 – www.hotelprogresso.it

39 cam – †60/120 € ††85/190 €, ☕ 10 €

Rist – *(aperto 1° marzo-31 ottobre)* Carta 19/70 €

Sul bel lungomare di San Benedetto, questo hotel degli anni '20 ha mantenuto il proprio stile architettonico Liberty, ad eccezione delle camere all'ultimo piano più moderne. Cucina nazionale e tante proposte di pesce nella luminosa sala ristorante.

Solarium rist, P VISA

viale Europa 102 – ✆ 0 73 58 17 33 – www.hotelsolarium.it
– Aperto 1° aprile-30 novembre

54 cam ☕ – †65/95 € ††85/140 € **Rist** – Carta 34/54 €

Una struttura di color giallo, affacciata direttamente sulla passeggiata mare e rinnovata di recente in molti settori; è ideale punto di riferimento per tutto l'anno. Moderno ambiente nella sala da pranzo, con vetrate continue e colonne rosse.

Degusteria del Gigante N VISA

via degli Anelli 19 – ✆ 07 35 58 86 44 – www.sigismondo.biz
– Chiuso martedì escluso agosto

Rist – *(solo a cena)* Menu 30 € – Carta 28/49 €

Dimora storica ottocentesa su fondazioni quattrocentesche nella parte alta della città: il territorio firma la cucina, ma lo chef lo reinterpreta con gusto moderno.

a Porto d'Ascoli Sud : 5 km – ✉ 63037

Imperial cam, P VISA

via Indipendenza 25 – ✆ 07 35 75 11 58 – www.hotelimperial.it
– Chiuso 6 dicembre-10 gennaio

50 cam ☕ – †70/100 € ††100/150 € – 3 suites

Rist – *(aperto 1° aprile-14 ottobre) (solo a cena)* Carta 30/70 €

A pochi metri dal mare, valide soluzioni tecnologiche per una risorsa funzionale a gestione familiare. Ai primi due piani: camere standard, ma comunque di buon livello. Al terzo e al quarto: stanze superior, moderne e aggiornatissime. Ambienti colorati nella zona ristorante.

SAN BENEDETTO DI LUGANA – Verona (VR) – Vedere Peschiera del Garda

SAN BENEDETTO PO – Mantova (MN) – 561 G14 – 7 791 ab. 17 D3

– alt. 19 m – ✉ 46027

▶ Roma 457 – Verona 58 – Mantova 23 – Modena 60

ℹ piazza Teofilo Folengo 22, ✆ 0376 62 30 36, www.comune.san-benedetto-po.mn.it

Agriturismo Corte Medaglie d'Oro senza rist P

strada Argine Secchia 63, Sud-Est : 4 km – ✆ 03 76 61 88 02
– www.cortemedagliedoro.it

5 cam ☕ – †30/40 € ††50/70 €

Un angolo incontaminato della Bassa più autentica, a pochi metri dall'argine del Secchia. Originale atmosfera rurale, immersi tra i frutteti e accolti con passione.

L'Impronta P VISA

via Gramsci 10 – ✆ 03 76 61 58 43 – Chiuso lunedì

Rist – (prenotare) Carta 26/41 €

Un grazioso edificio d'epoca, restaurato e tinteggiato d'azzurro. In cucina uno chef che ama proporre una cucina personalizzata con estro, partendo dai prodotti del mantovano.

a San Siro Est : 6 Km – ✉ 46027 San Benedetto Po

Al Caret

via Schiappa 51 – ✆ 03 76 61 21 41 – Chiuso agosto e lunedì
Rist – Menu 12/35 €
Il ristorante non ha alcun tipo d'insegna, attenzione quindi al numero civico! Un volta trovato, lasciatevi avvolgere dalla sua calda accoglienza. In una sala semplice, ma ben tenuta, piatti locali e carne di bufala: la specialità della casa.

SAN BERNARDINO – Torino (TO) – **561** G4 – Vedere Trana

SAN BERNARDO – Torino (TO) – Vedere Ivrea

SAN BERNARDO – Genova (GE) – Vedere Bogliasco

SAN BONIFACIO – Verona (VR) – **562** F15 – 20 774 ab. – alt. 31 m – ✉ 37047 **39** B3

Roma 523 – Verona 24 – Milano 177 – Rovigo 71

Relais Villabella con cam

via Villabella 72, Ovest : 2 km – ✆ 04 56 10 17 77 – www.relaisvillabella.it – Chiuso 1°-7 gennaio e 5-18 agosto
12 cam – †55/95 € ††120/190 €
Rist – *(chiuso domenica, lunedì e martedì) (solo a cena)* Carta 35/65 €
Tra i vigneti della Bassa Veronese, un relais di campagna ricavato da una elegante struttura colonica; per una pausa culinaria riservata scegliete la sala riscaldata da un camino intima e romantica. Ricche di fascino e di confort le camere, completate da graziosi piccoli bagni in marmo rosa.

SAN CANDIDO (INNICHEN) – Bolzano (BZ) – **562** B18 – 3 172 ab. – alt. 1 175 m – Sport invernali : – ✉ 39038 Italia Centro-Nord **34** D1

Roma 710 – Cortina d'Ampezzo 38 – Belluno 109 – Bolzano 110
piazza del Magistrato 1, ✆ 0474 91 31 49, www.provinz.bz.it
Località★ - Collegiata★

Dolce Vita Family Chalet Postalpina

via Elmo 9, località Versciaco, Est: 3 Km – ✆ 04 74 91 31 33 – www.posthotel.it – Chiuso maggio e novembre
60 suites – ††99/399 €, 12 € **Rist** – (prenotare) Carta 37/57 €
Un piccolo borgo a se stante, creato da dieci chalet e da un edificio centrale: piacevole giardino ed armonioso centro benessere per una vacanza tra natura e relax. Nella romantica sala da pranzo, specialità altoatesine e piatti d'ispirazione mediterranea.

Leitlhof Dolomiten Living

via Pusteria 29 – ✆ 04 74 91 34 40 – www.leitlhof.com – Aperto 5 dicembre-2 aprile e 29 maggio-6 ottobre
37 cam – †76/161 € ††212/280 €
Rist – *(solo per alloggiati)* Menu 38/60 €
In tranquilla posizione periferica, con bel panorama su valle e Dolomiti, hotel recentemente ristrutturato con sapiente utilizzo del legno; attrezzato centro benessere.

Cavallino Bianco-Weisses Rössl

via Duca Tassilo 1 – ✆ 04 74 91 31 35 – www.cavallinobianco.info – Aperto 15 dicembre-1° aprile e 21 giugno-1° ottobre
42 cam – solo ½ P 148/298 € – 12 suites **Rist** – Carta 23/74 €
Le Dolomiti dell'Alta Pusteria fanno da cornice a questo piacevole hotel nella zona pedonale del centro: un susseguirsi di sorprese e cortesia, soprattutto per famiglie. Nell'accogliente stube dalle pareti rivestite in massello, una cucina d'ispirazione moderna.

Parkhotel Sole Paradiso-Sonnenparadies
via Sesto 13 – ✆ 04 74 91 31 20 – www.sole-paradiso.com – Aperto 1° dicembre-31 marzo e 1° giugno-15 ottobre
42 cam – †99/196 € ††130/230 € – 7 suites **Rist** – Carta 32/52 €
Un caratteristico chalet in un parco pineta, un hotel d'inizio secolo scorso in cui entrare e sentirsi riportare indietro nel tempo; fascino, con tocchi di modernità. Al ristorante gradevoli arredi tipici e cucina del territorio.

Helmhotel
via Bolzano 2, località Versciaco, Est : 3,5 km – ✆ 04 74 91 00 42 – www.helmhotel.com – Aperto 1° dicembre-15 aprile e 15 maggio-15 ottobre
30 cam – †45/80 € ††80/120 €
Rist – *(solo per alloggiati)*
Rist *Helmhotel Ristorante e Pizzeria* – Carta 17/53 €
Particolarmente adatto per le famiglie, la sua versatilità non mancherà di risultare gradita anche ai single, grazie ai suoi ambienti moderni e lineari, in stile rigorosamente montano. Nell'omonimo ristorante si servono specialità regionali, italiane e l'immancabile pizza (dal forno a legna).

Villa Stefania
via al Ponte dei Corrieri, 1 – ✆ 04 74 91 35 88 – www.villastefania.com – Aperto 7 dicembre-5 aprile e 1° giugno-5 ottobre
34 cam – †75/160 € ††150/270 € – 2 suites
Rist – (prenotazione obbligatoria) Carta 31/56 €
A due passi dall'isola pedonale, in posizione panoramica e tranquilla, questa piacevole struttura immersa nel verde vi accoglie in un caldo abbraccio per farvi scordare lo stress e illustrarvi le bellezze dei monti. A disposizione camere nuove o più "nostalgiche".

Dolce Vita Alpina Post Hotel
via dei Benedettini 11/c – ✆ 04 74 91 31 33 – www.posthotel.it – Aperto 2 dicembre-15 aprile e 2 giugno-2 ottobre
40 cam – †69/141 € ††138/258 € **Rist** – *(solo per alloggiati)*
Ideale per famiglie con bambini, albergo di tradizione in pieno centro di San Candido: camere curate, bella terrazza panoramica sul tetto, cucina con tante specialità dell'Alto Adige e di altre regioni d'Italia.

SAN CASCIANO DEI BAGNI – Siena (SI) – 563 N17 – 1 703 ab. – alt. 582 m – ✉ 53040

32 D3

Roma 158 – Siena 90 – Arezzo 91 – Perugia 58

Fonteverde
località Terme 1 – ✆ 0 57 85 72 41 – www.fonteverdespa.com
78 cam – †280/345 € ††355/720 € – 13 suites
Rist – Carta 42/91 €
Rist *Ferdinando I* – Carta 48/74 €
L'affascinante residenza medicea custodisce ambienti eleganti e camere in stile rinascimentale con bagni in marmo, ma dotate dei moderni confort. Proverbiali: le terme e il centro benessere. La cena è servita nell'elegante Ferdinando I: la cucina tradizionale si presenta accanto a piatti di ispirazione moderna.

Sette Querce
viale Manciati 2 – ✆ 0 57 85 81 74 – www.settequerce.it
9 cam – †70/90 € ††100/130 €
Rist *Daniela* – vedere selezione ristoranti
All'ingresso del paese, un'antica locanda degli anni '30 è diventata un accogliente albergo, praticamente privo di aree comuni, ma dotato di ampie ed eleganti camere con angolo cottura.

Daniela – Hotel Sette Querce
piazza Matteotti 7 – ✆ 0 57 85 82 34 – chiuso mercoledì escluso aprile-ottobre
Rist – Carta 30/68 € (+10 %)
A poco meno di 100 m dall'albergo Sette Querce, in quelli che un tempo erano i magazzini del castello, due ambienti rustici ed informali, dove gustare la sapida cucina del territorio.

a Celle sul Rigo Ovest : 5 km – **563** N17 – ✉ 53040

XX **Il Poggio** con cam

località Il Poggio – ✆ 0 57 85 37 48 – www.ilpoggio.net
– Chiuso 19 gennaio-23 febbraio
5 cam – 120/160 € 170/220 € – 3 suites
Rist – *(chiuso martedì in aprile-settembre) (solo a cena escluso venerdì, sabato e domenica negli altri mesi)* Carta 25/47 €
La tradizionale cucina del territorio è proposta attraverso i prodotti della stessa azienda agricola biologica: carni e ortaggi da gustare in un ambiente rustico e curato, nello scenario delle crete senesi. Cinque camere belle e spaziose per un meritato riposo.

a Fighine Nord-Est: 10 km – ✉ 53040

XXX **Castello di Fighine** (N)

– ✆ 0 57 85 61 58 – www.fighine.it – Aperto 1° aprile-30 novembre; chiuso martedì a mezzogiorno e lunedì
Rist – Menu 35/65 € – Carta 50/60 €
E' un ex allievo del celebre Heinz Beck, lo chef di questo piacevole ristorante all'interno di un antico castello: cucina del territorio rivisitata e fresco servizio estivo all'aperto.

SAN CASCIANO IN VAL DI PESA – Firenze (FI) – **563** L15 **32** D3
– 17 216 ab. – alt. 310 m – ✉ **50026** Toscana
Roma 283 – Firenze 17 – Siena 53 – Livorno 84

Villa il Poggiale

via Empolese 69, Nord-Ovest : 1 km – ✆ 0 55 82 83 11 – www.villailpoggiale.it
– Chiuso 9 gennaio-9 febbraio
24 cam – 80/200 € 90/290 € – 3 suites
Rist – *(aperto 1° aprile-31 ottobre)* Carta 22/60 €
Ricordate la Toscana letta nei libri di Forster e vista nei film di Ivory? E' qui che ne ritroverete l'incanto, sotto i cipressi secolari del giardino all'italiana, il loggiato rinascimentale e le superbe camere. Massaggi e trattamenti di bellezza su prenotazione.

Villa i Barronci

via Sorripa 8, Ovest : 3 Km – ✆ 0 55 82 05 98 – www.ibarronci.com
– Chiuso 13 gennaio-7 marzo e 18 novembre-26 dicembre
21 cam – 70/200 € 100/350 € – 6 suites **Rist** – Carta 24/56 €
Grande vista sulle colline circostanti in una struttura signorile con camere spaziose e personalizzate da bei mobili di famiglia. Piccolo centro benessere per pensare al soggiorno anche in termini di remise en forme. Piatti toscani al ristorante.

a Mercatale Sud-Est : 4 km : – ✉ 50020

Agriturismo Salvadonica senza rist

via Grevigiana 82, Ovest : 1 km – ✆ 05 58 21 80 39
– www.salvadonica.com – Aperto 20 marzo-10 novembre
15 cam – 75/115 € 115/188 €
Un'oasi di tranquillità e di pace questo piccolo borgo agrituristico fra gli olivi; semplicità e cortesia familiare, in un ambiente rustico molto rilassante, accogliente.

a Cerbaia Nord-Ovest : 6 km – ✉ 50020

XXX **La Tenda Rossa** (Salcuni e Santandrea)

piazza del Monumento 9/14 – ✆ 0 55 82 61 32 – www.latendarossa.it
– Chiuso 19 agosto-5 settembre, lunedì a mezziogiorno e domenica
Rist – Menu 45 € (pranzo)/110 € – Carta 62/111 €
→ Perline di patate di montagna con carciofo e ragù di finocchiona. Cubo di baccalà in velo di lardo di Colonnata con cremoso di fagioli all'uccelletto. Meringa ghiacciata al lime e crema soffice di muesli.
Se la ristorazione italiana è tradizionalmente familiare, qui sono persino tre le famiglie che si occuperanno di voi: risultati moltiplicati, dal servizio ai piatti.

SAN CASSIANO = ST. KASSIAN – Bolzano (BZ) – 562 C17 – Vedere Alta Badia

SAN CESAREO – Roma (RM) – 563 Q20 – 14 175 ab. – alt. 312 m – ✉ 00030 13 C2

Roma 33 – Avezzano 108 – Frosinone 55 – Latina 55

Osteria di San Cesario con cam

via Corridoni 60 – ✆ 0 69 58 79 50 – www.osteriadisancesario.it – Chiuso 1°-15 agosto, domenica sera e lunedì

3 cam – †80 € ††80 € **Rist** – Carta 30/64 €

Locale familiare di lunga tradizione, dove gustare specialità romano-laziali, ampia scelta di paste fatte in casa (e tirate a mano), nonché ricette che si rifanno alla cucina del Quinto Quarto: la cucina dei macellai del mattatoio di Testaccio. Tre graziose camere di notevole ampiezza.

SAN CIPRIANO – Genova (GE) – 561 I8 – alt. 239 m – ✉ 16010 Serra Riccò 15 C1

Roma 511 – Genova 16 – Alessandria 75 – Milano 136

Ferrando

via Carli 110 – ✆ 0 10 75 19 25 – www.ristorante-ferrando.com – Chiuso 10 giorni in gennaio, 20 giorni in luglio-agosto, lunedì e martedì

Rist – Carta 25/46 €

Alle pareti, stampe e fotografie raccontano la passione per il vino e per le sue diverse varietà, mentre in cucina si traccia l'indelebile storia della cucina ligure (vivamente consigliato il fritto misto). Bel giardino per un aperitivo o un breve relax.

SAN CIPRIANO = ST. ZYPRIAN – Bolzano (BZ) – Vedere Tires

SAN CIPRIANO PICENTINO – Salerno (SA) – 564 E26 – 6 721 ab. – ✉ 84099 7 C2

Roma 288 – Napoli 78 – Salerno 26 – Torre del Greco 66

Villa Rizzo Resort & Spa senza rist

via Gerardo Napolitano, località Sigliano – ✆ 0 89 86 21 08 – www.villarizzo.com

26 cam – †70/100 € ††80/110 €

Tra ulivi, noccioli ed alberi da frutto, squisita accoglienza in un raffinato relais dalle camere personalizzate con pezzi d'antiquariato e bei mobili di recupero casalingo. Intrigante la proposta della Spa, che prevede la possibilità di prenotare lo spazio a proprio uso esclusivo, per la durata del percorso benessere.

SAN CLEMENTE A CASAURIA (Abbazia di) – Pescara – 563 P23 Italia

Abbazia★★ : ciborio★★★

SAN COSTANZO – Pesaro e Urbino (PU) – 563 K21 – 4 976 ab. – alt. 150 m – ✉ 61039 20 B1

Roma 268 – Ancona 43 – Fano 12 – Gubbio 96

Da Rolando

corso Matteotti 125 – ✆ 07 21 95 09 90 – www.darolando.it – Chiuso mercoledì

Rist – (consigliata la prenotazione) Carta 26/51 €

Rolando, il simpatico patron, propone piatti stagionali a base di carne, funghi, tartufi e un poco di pesce, legati alla tradizione marchigiana. Ciavarro alla caciotta (zuppa di ceci, farro e formaggio), per chi ama le ricette semplici.

SAN DANIELE DEL FRIULI – Udine (UD) – 562 D21 – 8 210 ab. – alt. 252 m – ✉ 33038 10 B2

Roma 632 – Udine 27 – Milano 371 – Tarvisio 80

piazza Pellegrino 4, ✆ 0432 94 07 65, www.infosandaniele.com

Al Picaron
via Sant'Andrat 3, località Picaron, Nord: 1 km – ✆ 04 32 94 06 88 – www.gelsigroup.com
35 cam – 78/85 € 115 € – 1 suite
Rist *Al Picaron* – vedere selezione ristoranti
Sulla sommità di una collina con bel panorama su San Daniele e sulla vallata, una piacevole struttura dalla gestione attenta, cinta da un ampio giardino.

Alla Torre senza rist
via del Lago 1 – ✆ 04 32 95 45 62 – www.hotellatorrefvg.it – Chiuso 24 dicembre-2 gennaio
26 cam – 58/70 € 90/110 €
Gestione familiare e ospitale in questo valido punto di riferimento, sia per clienti di lavoro che di passaggio qui per soste culinarie, in pieno centro.

Al Picaron – Hotel Al Picaron
via Sant'Andrat 3, località Picaron, Nord: 1 km – ✆ 04 32 94 06 88 – www.gelsigroup.com – Chiuso martedì
Rist – Carta 32/54 €
Nell'ex casa di caccia del Patriarca di Aquileia, il ristorante riscopre i piatti della tradizione friulana, degnamente accompagnati dai grandi vini della regione. Particolare attenzione viene riservata agli oli d'oliva, selezionati da un assaggiatore professionista.

Osteria la Pergola
via Venezia 57/a – ✆ 04 32 95 49 09 – www.lapergolasandaniele.it
Rist – (prenotazione obbligatoria) Menu 30 € – Carta 30/48 €
Ambiente rustico con il celebre prosciutto di San Daniele a salutare i clienti all'ingresso. D'inverno il quadro si fa ancora più ruspante con le zuppe esposte in sala. Cucina fondamentalmente di terra, ma non manca qualche piatto di pesce.

SAN DESIDERIO – Genova (GE) – 561 I9 – Vedere Genova

SAND IN TAUFERS = Campo Tures

SAN DOMINO – Foggia (FG) – 564 B28 – Vedere Tremiti (Isole)

SAN DONÀ DI PIAVE – Venezia (VE) – 562 F19 – 41 592 ab. – ✉ 30027 39 A1

Roma 558 – Venezia 38 – Lido di Jesolo 20 – Milano 297
via Concordia 13, ✆ 0421 1 88 54 95, www.prolocosandonadipiave.it

Forte del 48
via Vizzotto 1 – ✆ 0 42 14 40 18 – www.hotelfortedel48.com
46 cam – 57/77 € 75/110 €
Rist – *(chiuso 26 dicembre-6 gennaio, 3-18 agosto e domenica)* Carta 31/48 €
Hotel d'elezione per una clientela business: i continui lavori di rinnovo e la sua posizione strategica - non lontano dal centro storico - lo fanno preferire ad altre strutture. Clima informale e cucina sia di carne, sia di pesce, al ristorante.

Locanda al Piave
corso Trentin 6 – ✆ 0 42 15 21 03 – www.locandaalpiave.it
28 cam – 45/55 € 65/75 €
Rist *Locanda al Piave* – vedere selezione ristoranti
Gestita da più di trent'anni dalla stessa famiglia, questa piccola ed accogliente risorsa ha subito importanti lavori di rinnovo: ora si presenta ancora più accogliente e funzionale.

Locanda al Piave – Hotel Locanda al Piave
corso Trentin 6 – ✆ 0 42 15 21 03 – www.locandaalpiave.it – chiuso domenica
Rist – Carta 30/46 €
Anche il ristorante non si sottrae al côté casalingo dell'albergo, proponendo gustosi piatti della tradizione, capaci di sorprendere anche i palati più fini.

SAN DONATO FRONZANO – Firenze (FI) – Vedere Reggello

SAN DONATO IN POGGIO – Firenze – 563 L15 – Vedere Tavarnelle Val di Pesa

SAN DONATO MILANESE – Milano (MI) – 561 F9 – 32 702 ab. – alt. 102 m – ✉ 20097 18 B2

Roma 566 – Milano 10 – Pavia 36 – Piacenza 57

Pianta d'insieme di Milano

Santa Barbara

piazzale Supercortemaggiore 4 – ✆ 02 51 89 11 – www.hotelsantabarbara.it

158 cam – †125/240 € ††150/300 € – 6 suites 2CPu

Rist – *(chiuso sabato a mezzogiorno)* Carta 25/39 €

In parte rinnovato nelle stanze e nelle zone comuni, un albergo con differenti livelli di confort; ideale per clienti di lavoro e di passaggio, comodo da raggiungere.

I Tri Basei

via Emilia 54 Ⓜ San Donato Milanese – ✆ 02 39 98 12 38 – www.itribasei.it – Chiuso 1 settimana in agosto, sabato e domenica 2CPr

Rist – Menu 9 € (pranzo in settimana)/12 € – Carta 22/42 €

Sempre un gradevole indirizzo, semplice, frequentato in prevalenza da una clientela di lavoro soprattutto a pranzo; due salette, un dehors e piatti di tipo classico.

SANDRÀ – Verona (VR) – 562 F14 – Vedere Castelnuovo del Garda

SANDRIGO – Vicenza (VI) – 562 F16 – 8 665 ab. – alt. 64 m – ✉ 36066 38 A1

Roma 530 – Padova 47 – Bassano del Grappa 20 – Trento 85

viale Ippodromo 9/11, ✆ 0444 65 81 48, www.baccalaallavicentina.it

Antica Trattoria Due Spade

via Roma 5 – ✆ 04 44 65 99 48 – www.duespade.com – Chiuso1°-7 gennaio, 15 giorni in agosto, lunedì sera e martedì

Rist – Carta 25/35 €

Un'antica trattoria sorta in una vecchia stalla con porticato e vasta aia: il locale del "bacalà" per antonomasia! Dal 1880, diverse generazioni si sono succedute ai fornelli, deliziando i palati con la specialità facilmente intuibile della casa. In suo onore, è stato addirittura creato un semifreddo.

SAN FELE – Potenza (PZ) – 564 E28 – 3 273 ab. – alt. 937 m – ✉ 85020 3 A1

Roma 345 – Potenza 63 – Napoli 172 – Avellino 94

Tipicamente

corso Umberto I 40 – ✆ 0 97 69 40 04 – www.ristorantetipicamente.it – Chiuso 1°-15 settembre e lunedì

Rist – (prenotazione obbligatoria a mezzogiorno) Menu 25/50 € – Carta 26/48 €

A due passi dal centro, ristorante nel retro del bar *Cafè Blues* (di proprietà): taglio moderno, gestione giovane e i piatti che propongono il territorio in chiave moderna.

SAN FELICE CIRCEO – Latina (LT) – 563 S21 – 8 603 ab. – Stazione termale – ✉ 04017 13 C3

Roma 106 – Frosinone 62 – Latina 36 – Napoli 141

a Quarto Caldo Ovest : 4 km – ✉ 04017 San Felice Circeo

Punta Rossa

via delle Batterie 37 – ✆ 07 73 54 80 85 – www.puntarossa.it – Aperto 16 marzo-4 novembre

32 cam – †140/225 € ††190/300 € – 10 suites **Rist** – Carta 37/80 €

Sulla scogliera, con giardino digradante a mare, il luogo ideale per chi sia alla ricerca di una vacanza isolata, sul promontorio del Circeo; linee mediterranee e relax. Al ristorante una tavola panoramica da sogno.

SAN FELICE DEL BENACO – Brescia (BS) – 561 F13 – 3 424 ab. 17 D1

– alt. 109 m – ✉ 25010

Roma 544 – Brescia 36 – Milano 134 – Salò 7

Sogno

via Porto San Felice 41 – ✆ 0 36 56 21 02 – www.sognogarda.it

18 cam – 100/180 € 150/260 € – 4 suites

Rist *Sogno* – vedere selezione ristoranti

Le camere standard sono classiche e spaziose, le zone comuni organizzate in un unico open space, piacevole l'esterno con piscina e il pontile privato: insomma, un soggiorno da sogno in hotel dal nome promettente...

Garden Zorzi

viale delle Magnolie 10, località Porticcioli, Nord : 3,5 km – ✆ 0 36 54 36 88 – www.hotelzorzi.it – Aperto 1° aprile-15 ottobre

26 cam – 60/140 € 90/170 € **Rist** – *(solo per alloggiati)* Menu 20 €

Ideale per un soggiorno di relax a pochi metri dall'acqua e con spazi all'aperto, che vanno dalla spiaggia al giardino, passando per una terrazza-pontile con solarium, la struttura dispone di confortevoli camere recentemente ristrutturate.

Sogno – Hotel Sogno

via Porto San Felice 41 – ✆ 0 36 56 21 02 – www.sognogarda.it – Chiuso 6 gennaio-31 marzo e lunedì escluso aprile-settembre

Rist – Carta 45/92 €

In un ristorante come questo, è facile sognare ad occhi aperti : elegante, la sua cucina di stampo contemporaneo conquisterà il vostro palato, la romantica terrazza in riva al lago, il vostro cuore.

a Portese Nord : 1,5 km – ✉ 25010 San Felice Del Benaco

Bella Hotel e Leisure

via Preone 6 – ✆ 03 65 62 60 90 – www.bellahotel.com – Aperto 1° marzo-30 novembre

22 cam – 50/100 € 90/160 € **Rist** – Carta 33/88 €

Un piccolo hotel, affacciato sull'acqua, con andamento familiare e buon confort nelle stanze e nelle aree comuni, esterne; offre un servizio estivo in terrazza sul lago. Dalle raffinate sale da pranzo, una meravigliosa vista panoramica attraverso le ampie vetrate.

SAN FLORIANO (OBEREGGEN) – Bolzano (BZ) – 562 C16 34 D3

– alt. 1 512 m – Sport invernali : 1 357/2 500 m 1 7 (Comprensorio Dolomiti superski Obereggen) – ✉ 39050 Ponte Nova

Roma 666 – Bolzano 22 – Cortina d'Ampezzo 103 – Milano 321

località Obereggen 9 Nova Ponente, ✆ 0471 61 65 67, www.proloco-sanfloriano.it

Sonnalp

Obereggen 28 – ✆ 04 71 61 58 42 – www.sonnalp.com – Aperto 3 dicembre-15 aprile e 1° giugno-6 ottobre

32 cam – 109/154 € 172/260 € – 6 suites

Rist – *(solo per alloggiati)*

Rist *Gourmetstube* – *(chiuso domenica e lunedì)* (prenotazione obbligatoria) Carta 46/75 €

Attenta gestione familiare e camere spaziose affacciate sulle piste da sci e sui prati, ben soleggiate e con il massimo dei confort. Ed è sempre il figlio dei titolari ad occuparsi del Gourmetstube, dove gustare piatti moderni "annaffiati" da ottimi vini.

Cristal

Obereggen 31 – ✆ 04 71 61 55 11 – www.hotelcristal.com – Aperto 6 dicembre-15 aprile e 15 giugno-7 ottobre

41 cam – 91/161 € 131/268 € – 9 suites **Rist** – Carta 34/74 €

Belle stanze moderne, con arredi in legno di cirmolo e larice, piacevolmente accessoriate; molte zone relax per il trattamento del corpo e dello spirito, conduzione seria. La cucina rivela una notevole cura e fantasia.

Maria

Obereggen 12 – ✆ 04 71 61 57 72 – www.hotel-maria.it
– Aperto 1°dicembre-15 aprile e 30 maggio-20 ottobre
25 cam – 80/127 € 80/127 €
Rist – *(solo per alloggiati)* Carta 26/41 €
Quasi un'abitazione privata dall'esterno: una tipica costruzione di queste valli, amorevolmente tenuta e condotta dalla famiglia dei proprietari; presso le piste da sci.

Bewallerhof

cam,

Località Hennewinkl, 9, Nord-Est : 2 km – ✆ 04 71 61 57 29 – www.bewallerhof.it
– Chiuso maggio e novembre
18 cam – solo ½ P 58/68 € **Rist** – *(solo per alloggiati)*
Una gradevole casa circondata dal verde e con una notevole vista sulle vette che creano un suggestivo scenario; ambiente tirolese curato, per sentirsi come a casa.

SAN FRANCESCO AL CAMPO – Torino (TO) – 561 G4 – 4 877 ab. – alt. 327 m – ✉ 10070 22 B2

Roma 703 – Torino 24 – Alessandria 123 – Asti 88

Furno

via Roggeri 2 – ✆ 01 19 27 49 00 – www.romantikhoteltorino.com
– Chiuso 10-31 agosto
33 cam – 85/99 € 120/160 €
Rist *Restaurant Relais* – vedere selezione ristoranti
Alla fine dell'Ottocento era una dimora estiva per le battute di caccia. Oggi è un moderno albergo immerso in un'oasi verde con camere raffinate, che qua e là tradiscono il rustico passato.

Le Rondini senza rist

via Parrocchia 5/b – ✆ 01 19 27 96 75 – www.hotellerondini.it
14 cam – 60/95 € 75/140 €
E' il risultato della ristrutturazione di una casa di campagna ottocentesca con graziosa corte interna: camere dagli arredi classici, più curate le due superior con doccia-bagno turco.

Restaurant Relais – Hotel Furno

via Roggeri 2 – ✆ 01 19 27 49 00 – www.romantikhoteltorino.com
– Chiuso 4-31 agosto e sabato a mezzogiorno escluso giugno-settembre
Rist – Carta 30/72 €
Negli spazi dai soffitti ad archi, in un'intima saletta o nel fresco del giardino, specialità di pesce e piatti tipici piemontesi, con piccole interpretazioni fantasiose.

SAN GENESIO – Bolzano (BZ) – 562 C16 – 1 302 ab. – alt. 1 353 m – ✉ 39050 34 C1

Roma 643 – Bolzano 9 – Trento 66

Belvedere Schoenblick

via Pichl 15 – ✆ 04 71 35 41 27 – www.schoenblick-belvedere.com
– Aperto 1° dicembre-6 gennaio e 1° aprile-4 novembre
26 cam – 87/114 € 136/210 € – 2 suites
Rist – *(solo per alloggiati)*
In posizione panoramica, vanta una gestione familiare giunta alla terza generazione; di recente rinnovato ed ampliato dispone di ampie camere luminose e una nuova beauty farm. Cucina prevalentemente del territorio servita in diverse sale e in una piccola stube.

Antica Locanda al Cervo-Landgasthof zum Hirschen

via Schrann 9/c – ✆ 04 71 35 41 95 cam,
– www.hirschenwirt.it – Chiuso febbraio-marzo
21 cam – 60/120 € 100/180 € – 4 suites
Rist – *(chiuso mercoledì)* Carta 26/59 €
I sessanta cavalli del maneggio rendono la locanda un indirizzo ideale per gli appassionati di equitazione. Affidabile e calorosa gestione familiare. Attenzioni particolari sono rivolte all'appetito e al palato della clientela.

SAN GENESIO ED UNITI – Pavia (PV) – 561 G9 – 3 791 ab. – alt. 86 m – ✉ 27010 16 B3

Roma 563 – Alessandria 78 – Milano 34 – Pavia 7

Riz senza rist
via dei Longobardi 3 – ✆ 03 82 58 02 80 – www.hotelrizpavia.com
113 cam – †75/79 € ††99/120 €
In comoda posizione stradale una risorsa funzionale di taglio moderno, ideale per la clientela d'affari con camere spaziose di stile omogeneo. C'è anche una zona benessere (a pagamento).

SAN GIACOMO DI ROBURENT – Cuneo (CN) – 561 J5 – alt. 1 011 m – Sport invernali : 1 011/1 610 m 8, – ✉ 12080 Roburent 23 C3

Roma 622 – Cuneo 52 – Savona 77 – Torino 92
via S. Anna 49, ✆ 0174 22 75 75

Valentine
via Tetti 15 – ✆ 01 74 22 70 13 – www.valentineristorante.it – Chiuso maggio, novembre, i mezzogiorno di giovedì e venerdì, lunedì, martedì e mercoledì
Rist – Carta 58/74 €
Con un nome così romantico, gli ambienti non potevano essere da meno: *boiserie*, pitture e sculture in uno chalet di lusso sullo sfondo della valle incorniciata dalle Alpi. La cucina è grande come le montagne di queste parti: moderna e raffinata.

SAN GIMIGNANO – Siena (SI) – 563 L15 – 7 806 ab. – alt. 324 m – ✉ 53037 Toscana 32 C2

Roma 268 – Firenze 57 – Siena 42 – Livorno 89
piazza Duomo 1, ✆ 0577 94 00 08, www.sangimignano.com
Località★★★ – Piazza della Cisterna★★ – Piazza del Duomo★★: affreschi★★ di Barna da Siena nella Basilica di S. Maria Assunta★, ★★ dalla torre del palazzo del Popolo★ **H** – Affreschi★★ di Benozzo Gozzoli nella chiesa di S. Agostino

L'Antico Pozzo senza rist
via San Matteo 87 – ✆ 05 77 94 20 14 – www.anticopozzo.com **a**
18 cam – †75/100 € ††100/180 €
Atmosfera elegante in un palazzo del '400 nel cuore del centro storico: stanze affrescate con pavimenti in cotto e ambienti di raffinato buon gusto. In estate, la prima colazione è servita nella corte interna.

La Cisterna
piazza della Cisterna 24 – ✆ 05 77 94 03 28 – www.hotelcisterna.it – Chiuso 6 gennaio-15 marzo **e**
49 cam – †65/80 € ††88/150 €
Rist *Le Terrazze* – Carta 27/55 €
Nell'omonima e vivace piazza, all'interno di un edificio medievale, questo panoramico albergo, "mosso" su vari corpi, dispone di una suggestiva sala in stile trecentesco e mobili di gusto fiorentino nelle accoglienti camere.

Sovestro
località Sovestro 63, Est : 2 km – ✆ 05 77 94 31 53 – www.hotelsovestro.com
40 cam – †70/120 € ††85/150 €
Rist *Da Pode* – vedere selezione ristoranti
Hotel a soli 2 km da S. Gimignano, immerso nel verde della campagna senese: i continui lavori di manutenzione da parte degli attenti proprietari fanno sì che la struttura garantisca sempre un buon confort.

Bel Soggiorno rist,
via San Giovanni 91 – ✆ 05 77 94 03 75 – www.hotelbelsoggiorno.it – Aperto 1° marzo-10 novembre **n**
21 cam – †70/90 € ††95/110 € **Rist** – *(chiuso mercoledì)* Carta 37/54 €
Presso la Porta S. Giovanni, all'interno delle mura, un confortevole hotel di proprietà della stessa famiglia dal 1886! Camere di diversa tipologia, alcune dotate di bella terrazza con vista sulla campagna. Ristorante rustico, dove una grande vetrata regala un pregevole panorama; la tavola celebra la cucina toscana.

Circolazione
stradale regolamentata nel centro città

SAN GIMIGNANO

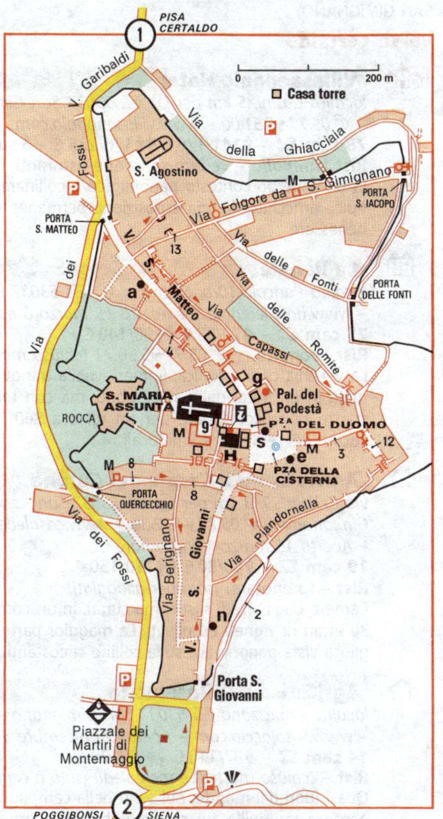

Leon Bianco senza rist
piazza della Cisterna 13 – 05 77 94 12 94 – www.leonbianco.com
– Chiuso 7 gennaio-10 febbraio e 20 novembre-28 dicembre **s**
26 cam – 70/85 € 95/138 €
Un albergo ricavato in un edificio d'epoca, di cui, nelle aree comuni soprattutto, conserva alcune peculiarità; camere sobrie e curate, affacciate sulla magnifica piazza.

Da Pode – Hotel Sovestro
località Sovestro 63, Est : 2 km – 05 77 94 31 53 – www.hotelsovestro.com
– Chiuso lunedì
Rist – (consigliata la prenotazione) Carta 26/59 €
In un'antica cascina che conserva alcuni elementi architettonici propri della ruralità di un tempo, è la signora Lucia ad occuparsi della cucina... da cui escono prelibatezze toscane: un attentato alla linea, ma per la dieta c'è sempre tempo!

Dorandò
vicolo dell'Oro 2 – 05 77 94 18 62 – www.ristorantedorando.it
– Chiuso 13 dicembre-31 gennaio e lunedì escluso Pasqua-ottobre **g**
Rist – Menu 50 € – Carta 40/62 €
In un vicolo del pittoresco centro, lo chef-patron rispolvera antichi ricettari regionali ed offre una schietta cucina locale, correttamente alleggerita. La carta dei vini parla esclusivamente con accento toscano.

verso Certaldo

Villasanpaolo Hotel

località Casini, 5 km per ① ✉ 53037 San Gimignano – ☎ 05 77 95 51 00 – www.villasanpaolo.com
78 cam ☕ – †141/170 € ††176/235 € – 6 suites
Rist *Lampolla* – vedere selezione ristoranti
In un superbo contesto panoramico e collinare, armoniosa fusione di moderno e tipico arricchito da una esposizione permanente di dipinti anni '70. Nuovo centro benessere.

Le Renaie

cam, rist,
località Pancole 10/b, 6 km per ① ✉ 53037 Pancole – ☎ 05 77 95 50 44 – www.hotellerenaie.it – Aperto 15 marzo-6 novembre
25 cam ☕ – †70/85 € ††90/140 €
Rist *Leonetto* – ☎ 05 77 95 50 72 *(chiuso martedì)* Carta 30/44 €
La vecchia casa colonica, immersa nella tranquilla campagna senese, si è trasformata in un hotel dallo stile sobrio, ma con tocchi di ricercatezza: colori tenui e stanze ben accessoriate per un relax a 360°. Curato ristorante con caminetto, cucina del territorio e vini locali.

Agriturismo Il Casale del Cotone

cam, rist,
via Cellole 59, 3 km per ① ✉ 53037 San Gimignano – ☎ 05 77 94 32 36 – www.casaledelcotone.com – Aperto 16 marzo-1° novembre
19 cam ☕ – †60/80 € ††110/150 €
Rist – (prenotare) *(solo per alloggiati)*
Camere dagli arredi rustici ma curati, in un complesso rurale di fine '600 cinto da 30 ettari di vigneti ed uliveti. La maggior parte delle stanze gode di una meravigliosa vista panoramica sulle colline circostanti.

Agriturismo Il Rosolaccio

località Capezzano ✉ 53037 San Gimignano – ☎ 05 77 94 44 65 – www.rosolaccio.com – Aperto 25 dicembre-8 gennaio e 1° aprile-4 novembre
14 cam ☕ – †87/110 € ††97/120 €
Rist – *(chiuso martedì e mercoledì) (solo a cena) (solo per alloggiati)* Menu 30 €
Quasi fuori dal mondo, nella più bella campagna toscana, in una posizione dominante e tranquilla, un casolare che, nella propria eleganza, conserva un'agreste rusticità.

Agriturismo Fattoria Poggio Alloro

cam,
via Sant'Andrea 23 località Ulignano, 5 km per ⑤ ✉ 53037 San Gimignano – ☎ 05 77 95 01 53 – www.fattoriapoggioalloro.com – Chiuso 23-27 dicembre
10 cam ☕ – †70/80 € ††90/99 €
Rist – *(chiuso martedì sera)* Menu 22 € (pranzo)/37 €
L'agriturismo per antonomasia: un'azienda - in questo caso biologica - per la produzione di olio e l'allevamento di bovini di razza Chianina. Il tutto riproposto in tavola con un menu ogni giorno diverso, accompagnato da vini di produzione propria. Splendida vista sulla campagna e sulle celebri torri.

Lampolla – Villasanpaolo Hotel

località Casini, 5 km per ① ✉ 53037 San Gimignano – ☎ 05 77 95 51 00 – www.villasanpaolo.com
Rist – Carta 32/58 €
Nel romantico dehors affacciato sull'oliveto o nei raffinati spazi interni, la cucina rappresenta un ben riuscito compromesso fra tradizione e creatività. In una regione così ricca dal punto di vista della scelta enologica, la carta dei vini non poteva non essere "interessante".

Un esercizio evidenziato in rosso enfatizza il fascino della struttura.

SANGINETO LIDO – Cosenza (CS) – 564 I29 – 1 521 ab. – ✉ 87020 5 A1

Roma 464 – Cosenza 66 – Catanzaro 125

Convito

località Pietrabianca 11, Est : 1 km – ✆ 0 98 29 63 33 – www.convito.it – Chiuso novembre e martedì

Rist – (prenotazione obbligatoria) Menu 15 € (in settimana)/75 € – Carta 19/60 €

A poche centinaia di metri dal mare - lungo la strada per Sangineto - un localino con cucina di terra, fragrante e appetitosa, nonché qualche specialità di pesce (soprattutto nel fine settimana). Un consiglio: se amate i sapori un po' forti, non perdetevi il nodino di maiale in salsa di cedro.

SAN GIORGIO DI LIVENZA – Venezia – 562 F20 – Vedere Caorle

SAN GIORGIO DI VALPOLICELLA – Verona (VR) – Vedere Sant' Ambrogio di Valpolicella

SAN GIOVANNI AL NATISONE – Udine (UD) – 562 E22 – 6 192 ab. 11 C2 – alt. 66 m – ✉ 33048

Roma 653 – Udine 18 – Gorizia 19

Campiello con cam

via Nazionale 40 – ✆ 04 32 75 79 10 – www.ristorantecampiello.it – Chiuso 23 dicembre-3 gennaio e 6-27 agosto

17 cam – †75 € ††120 €, ☕ 12 €

Rist – *(chiuso sabato a pranzo e domenica)* Menu 35/80 € – Carta 43/87 €

Rist *Hosteria Campiello* – *(chiuso sabato a pranzo e domenica)* Carta 24/42 €

Accomodatevi in questa sala, recentemente rinnovata, per gustare le curiose e originali prelibatezze che provengono dal mare. Le camere, moderne e ben tenute, sono ottime per una clientela di lavoro o turistica. All'Hosteria wine-bar, invece, l'atmosfera è più informale e i piatti regionali, più semplici.

SAN GIOVANNI D'ASSO – Siena (SI) – 563 M16 – 912 ab. 32 C2 – alt. 310 m – ✉ 53020

Roma 209 – Siena 42 – Arezzo 58 – Firenze 110

La Locanda del Castello

piazza Vittorio Emanuele II 4 – ✆ 05 77 80 29 39 – www.lalocandadelcastello.com – Chiuso 10 gennaio-3 marzo

9 cam ☕ – †100/120 € ††120/130 € **Rist** – Carta 34/56 €

In centro, adiacente al castello, una nuova risorsa ricca di fascino e storia. Camere accoglienti, ricche di colori, con pavimenti in legno. Sala ristorante affascinante, con menù di stagione a base di tartufo.

SAN GIOVANNI IN CROCE – Cremona (CR) – 561 G13 – 1 880 ab. 17 C3 – alt. 28 m – ✉ 26037

Roma 490 – Parma 37 – Cremona 30 – Mantova 45

Locanda Ca' Rossa

via Palvarino 5 – ✆ 0 37 59 10 69 – www.locandacarossa.com – Chiuso 23 dicembre-5 gennaio e 3 settimane in agosto

14 cam ☕ – †65/75 € ††100/120 € – 2 suites

Rist *Ca' Rossa* – vedere selezione ristoranti

All'interno di un'oasi di tranquillità, vicino al Parco Villa Medici del Vascello, una casa padronale del XVIII secolo si è trasformata in piccolo albergo ricco di fascino. A camere linde e modernamente attrezzate, si aggiungono sauna, palestra e bagno turco per i cultori della forma fisica.

Ca' Rossa – Hotel Locanda Ca' Rossa

via Palvarino 5 – ✆ 0 37 59 10 69 – www.locandacarossa.com – Chiuso 23 dicembre-5 gennaio, 3 settimane in agosto, domenica sera e lunedì
Rist – Carta 35/80 €
Insalata di gamberi con punte d'asparago su fiorita di ananas, mezzelune di ricotta al profumo di menta, charlotte ai fichi ...Nella quiete della campagna cremonese, avvolti da un'atmosfera di sofisticata eleganza, lasciate parlare la cucina, avrà tanto da raccontarvi di tradizione (e modernità).

SAN GIOVANNI IN FIORE – Cosenza (CS) – 564 J32 – 18 049 ab. 5 B2

– ✉ 87055 Italia Centro-Sud
Roma 582 – Cosenza 58 – Catanzaro 75 – Crotone 54

L'Antico Borgo

via Salvatore Rota 3 – ✆ 09 84 99 28 39
Rist – Carta 16/43 €
Non aspettatevi di trovarlo nel centro storico, il borgo è stato ricostruito all'interno di uno spazio chiuso. Tutto è nuovo e scenografico, non reale ma molto originale.

SAN GIOVANNI IN MARIGNANO – Rimini (RN) – 562 K20 9 D2

– 9 090 ab. – alt. 29 m – ✉ 47842
Roma 310 – Rimini 21 – Ancona 85 – Pesaro 20

Riviera Golf Resort N rist,

Via Conca Nuova, 1236 – ✆ 05 41 95 64 99 – www.rivieragolfresort.com – Chiuso 7-31 gennaio e 24-26 dicembre
32 suites – †100/340 € ††130/440 €
Rist *Tee Restaurant & Lounge* – *(aperto 1° maggio-3 novembre)* Carta 46/58 €
Enormi vetrate, pietra chiara di Noto, vasche da bagno molto grandi: un relais non solo per gli amanti del golf ma, più in generale, del relax declinato in maniera personale e lussuosa. Al ristorante, cucina mediterranea e a pranzo anche piatti unici.

SAN GIOVANNI IN PERSICETO – Bologna (BO) – 562 I15 9 C3

– 27 227 ab. – alt. 21 m – ✉ 40017
Roma 392 – Bologna 21 – Ferrara 49 – Milano 193

Osteria del Mirasole

via Matteotti 17/a – ✆ 0 51 82 12 73 – Chiuso10-20 luglio e lunedì
Rist – *(solo a cena)* (prenotazione obbligatoria) Carta 28/66 €
A pochi passi dal Duomo, una piccola osteria stretta e allungata con una profusione di legni scuri, vecchie foto, utensili vari; sul fondo, una piccola brace. Menù vario.

SAN GIOVANNI LA PUNTA – Catania (CT) – 365 AZ58 – 22 490 ab. 30 D2

– alt. 350 m – ✉ 95037
Catania 10 – Enna 92 – Messina 95 – Siracusa 75

Villa Paradiso dell'Etna

via per Viagrande 37 – ✆ 09 57 51 24 09 – www.paradisoetna.it
33 cam – †50/95 € ††100/180 € – 4 suites
Rist *La Pigna* – vedere selezione ristoranti
Il piccolo parco con piscina e il servizio colazione in terrazza roof-garden con vista sull'Etna, completano il piacere di soggiornare in questa raffinata villa degli anni '20.

Garden rist,

via Madonna delle Lacrime 12/b, località Trappeto, Sud : 1 km
✉ 95030 Trappeto – ✆ 09 57 17 77 67 – www.gardenhotelcatania.com
94 cam – †49/140 € ††49/190 € – 1 suite
Rist *La Vecchia Quercia* – Carta 28/50 €
Vicino alle arterie di grande scorrimento, un piacevole giardino con palme e piante esotiche circonda di verde un albergo recente, con spazi ampi e camere confortevoli. Due luminose sale da pranzo di taglio moderno, affacciate sul giardino; bel dehors estivo.

XXX **La Pigna** – Hotel Villa Paradiso dell'Etna
via per Viagrande 37 – ✆ 09 57 51 24 09 – www.paradisoetna.it
Rist – Carta 27/53 €
La cucina è classica con proposte nazionali, ma i piatti siciliani sono indubbiamente i più allettanti. Consigliamo di accompagnarli con i celebri vini rossi dell'Etna: strutturati e invecchiati come pochi altri vini isolani.

XX **Giardino di Bacco**
via Piave 3 – ✆ 09 57 51 27 27 – www.giardinodibacco.com
Rist – *(solo a cena)* Carta 30/62 €
Una volta la dimora del custode di una sontuosa villa, oggi un locale che unisce eleganza e tipicità tanto nell'ambiente, quanto nelle proposte. Servizio estivo in giardino.

SAN GIOVANNI ROTONDO – Foggia (FG) – 564 B29 – 27 327 ab. – alt. 566 m – ✉ 71013 Puglia 26 A1

Roma 352 – Foggia 43 – Bari 142 – Manfredonia 23
piazza Europa 104, ✆ 0882 45 62 40, www.pugliaturismo.com

Grand Hotel Degli Angeli
prolungamento viale Padre Pio – ✆ 08 82 45 46 46 – www.grandhoteldegliangeli.it – Chiuso 12 dicembre-28 febbraio
113 cam ☕ – †130 € ††130 € **Rist** – Carta 30/54 €
Ubicato alle porte della località, poco distante dal Santuario, hotel signorile a gestione familiare dotato di un ottimo livello di confort generale. Al ristorante: sala rosa per la carta, verde per i gruppi.

Le Terrazze sul Gargano rist,
via San Raffaele 9 – ✆ 08 82 45 78 83 – www.leterrazzesulgargano.it
32 cam – †45/98 € ††45/108 €, ☕ 5 €
Rist – *(chiuso 10 gennaio-28 febbraio e mercoledì) (solo a cena)* Carta 19/58 €
Vicino al santuario e all'Ospedale di Padre Pio (raggiungibili a piedi), una piacevole struttura in posizione panoramica e tranquilla sulle pendici del monte. Specialità locali e cucina mediterranea al ristorante.

Cassano cam, cam,
viale Cappuccini 115 – ✆ 08 82 45 49 21 – www.hotelcassano.com
20 cam – †57 € ††75 €, ☕ 8 € **Rist** – Carta 18/35 €
A pochi passi dal Santuario di Padre Pio e dall'Ospedale, hotel di dimensioni contenute e di taglio contemporaneo, con servizi e confort di ottima qualità.

SAN GIULIANO MILANESE – Milano (MI) – 561 F9 – 36 871 ab. – alt. 98 m – ✉ 20098 18 B2

Roma 562 – Milano 12 – Bergamo 55 – Pavia 33

sulla strada statale 9 - via Emilia Sud-Est : 3 km

XX **La Rampina**
frazione Rampina 3 ✉ 20098 – ✆ 0 29 83 32 73 – www.rampina.it – Chiuso agosto e mercoledì
Rist – Menu 35 € (in settimana)/60 € – Carta 45/68 €
Da quasi trent'anni, in un cascinale del '500, rinnovato con cura, due fratelli, tra passione e competenza, propongono piatti stagionali e lombardi, spesso rivisitati.

SAN GIULIANO TERME – Pisa (PI) – 563 K13 – 31 822 ab. – alt. 6 m – Stazione termale – ✉ 56017 Toscana 31 B1

Roma 370 – Firenze 102 – Pisa 8 – Genova 172

Bagni di Pisa rist,

largo Shelley 18 – 05 08 85 01 – www.bagnidipisa.com
61 cam – 135/260 € 195/370 € – 9 suites
Rist ***Dei Lorena*** – Carta 30/58 €
Ritorna ai fasti lussuosi della sua origine settecentesca, quest'antica residenza con bellissimi affreschi ed una grande oasi termale per rilassarsi rigenerandosi. Ristorante di grande eleganza con la possibilità di scegliere tra i classici toscani o una linea mediterranea con molto pesce.

SAN GREGORIO – **Lecce (LE)** – **564** H36 – **73053 Patù** **27** D3
Roma 682 – Brindisi 112 – Lecce 82 – Taranto 141

Monte Callini

via provinciale San Gregorio-Patù – 08 33 76 78 50 – www.hotelmontecallini.com
45 cam – 80/170 € 80/170 € – 5 suites
Rist – *(aperto 1° maggio-30 settembre) (solo a cena)* Menu 25/50 € – Carta 22/68 €
La struttura evoca le antiche masserie salentine dalle grandi arcate, offre camere spaziose e luminose e un bel giardino con vista, dove gustare la colazione a buffet.

Da Mimì

via del Mare – 08 33 76 78 61 – Chiuso da lunedì a venerdì in novembre, solo lunedì negli altri mesi
Rist – *(solo a pranzo in gennaio-marzo)* Carta 24/68 €
Un esercizio a gestione familiare con un'ampia sala interna arredata in modo semplice e una grande terrazza con pergolato dove assaporare piatti di pesce e proposte regionali.

SAN GREGORIO NELLE ALPI – **Belluno (BL)** – **562** D18 – **1 616 ab.** **40** C1 – **alt. 528 m** – **32030**
Roma 588 – Belluno 21 – Padova 94 – Pordenone 91

Locanda a l'Arte

via Belvedere 43 – 04 37 80 01 24 – Chiuso martedì a mezzogiorno e lunedì
Rist – (prenotazione obbligatoria) Carta 31/45 €
Ampi spazi verdi cingono questo rustico casolare dagli interni signorili nei quali si incontrano piatti tipici del territorio conditi con stagionalità e un pizzico di fantasia.

SAN GUSMÈ **(SI)** – **563** L16 – **Vedere Castelnuovo Berardenga**

SANKTA CHRISTINA IN GRÖDEN = Santa Cristina Valgardena

SANKT LEONHARD IN PASSEIER = San Leonardo in Passiria

SANKT MARTIN IN PASSEIER = San Martino in Passiria

SANKT ULRICH = Ortisei

SANKT VALENTIN AUF DER HAIDE = San Valentino alla Muta

SANKT VIGIL ENNEBERG = San Vigilio di Marebbe

SAN LAZZARO DI SAVENA – **Bologna (BO)** – **562** I16 – **31 457 ab.** **9** C3 – **alt. 62 m** – **40068**
Roma 390 – Bologna 8 – Imola 27 – Milano 219

Pianta d'insieme di Bologna

 **Holiday Inn Bologna San Lazzaro**
via Emilia 514, località Idice rist, cam,
– ✆ 05 16 25 62 00 – www.hisanlazzaro.it HV**d**
106 cam – †69/99 € ††79/109 € – 2 suites
Rist – *(chiuso domenica a mezzogiorno e sabato)* Carta 25/77 €
L'incantevole villa del '700 con giardino ombreggiato, è stata ampliata con una nuova struttura, le stanze sono ricche di fascino e calore. Per lavorare, e anche per sognare. Ristorante con camino per una cucina della tradizione.

SAN LEO – Rimini (RN) – 563 K19 – 3 074 ab. – alt. 589 m – ✉ 61018 9 D3

Italia Centro-Nord
Roma 320 – Rimini 31 – Ancona 142 – Milano 351
piazza Dante, ✆ 0541 92 69 67, www.comune.san-leo.ps.it
Posizione pittoresca★★ - Forte★: ★★★

Castello 
piazza Dante 11/12 – ✆ 05 41 91 62 14 – www.hotelristorantecastellosanleo.com – Chiuso febbraio e 15-30 novembre
14 cam – †35/60 € ††55/80 €
Rist – *(chiuso giovedì da ottobre a marzo)* Carta 19/28 €
Alberghetto familiare con bar pubblico, situato in pieno centro, nella piazzetta principale; offre camere semplici, ma funzionali, in un angolo medievale del Montefeltro. Ristorante non molto ampio con caminetto e atmosfera casereccia.

SAN LEONARDO IN PASSIRIA (ST. LEONHARD IN PASSEIER) 33 B1

– Bolzano (BZ) – 562 B15 – 3 542 ab. – alt. 689 m – ✉ 39015
Roma 685 – Bolzano 47 – Brennero 53 – Bressanone 65
via Passiria 40, ✆ 0473 65 61 88, www.valpassiria.it
Passiria Merano Kellerlahne 3, 0473 641488, www.golclubpasseier.com – marzo-novembre
Strada del Passo di Monte Giovo★ : ★★ verso l'Austria Nord-Est :20 km – Strada del Passo del Rombo★ Nord-Ovest

verso Passo di Monte Giovo Nord-Est : 10 km – alt. 1 269 m

 **Jägerhof**
località Valtina 80 ✉ 39010 Valtina – ✆ 04 73 65 62 50 – www.jagerhof.net – Chiuso 10 novembre-20 dicembre
20 cam – †50/59 € ††50/65 €
Rist ***Jägerhof*** – vedere selezione ristoranti
In quasi tutte le camere regna il legno chiaro - non trattato - dei boschi circostanti, l'atmosfera è piacevolmente familiare e lo stile tipicamente montano con arredi tirolesi.

Jägerhof – Hotel Jägerhof
località Valtina 80 ✉ 39010 Valtina – ✆ 04 73 65 62 50 – www.jagerhof.net – Chiuso 10 novembre-20 dicembre, lunedì e martedì
Rist – Carta 25/53 €
L'indirizzo giusto per chiarirsi le idee circa i concetti di genuinità e freschezza: sapori locali - primi piatti, ricette di terra e qualche specialità ittica (di fiume) - con molti prodotti provenienti dai masi della valle. Spezzetato di camoscio con canederli e cappuccio in insalata con speck, tra i classici del menu.

SAN LEONE Sicilia – Agrigento (AG) – 365 AQ60 – Vedere Agrigento

SAN LEONINO – Siena (SI) – Vedere Castellina in Chianti

SAN LORENZO – Macerata (MC) – 563 M21 – Vedere Treia

SAN LORENZO IN CAMPO – Pesaro e Urbino (PU) – 563 L20 20 B1

– 3 551 ab. – alt. 209 m – ✉ 61047
Roma 257 – Ancona 64 – Perugia 105 – Pesaro 51
via San Demetrio 4, ✆ 0721 77 64 79, www.proloco-sanlorenzo.it

Giardino

via Mattei 4, Ovest : 1,5 km – 07 21 77 68 03 – www.hotelgiardino.it – Chiuso 10 gennaio-10 febbraio

17 cam – 60/65 € 70/90 €

Rist *Giardino* – vedere selezione ristoranti

Davvero una bella realtà, questo confortevole albergo a gestione familiare poco fuori paese: camere un po' piccole, ma tutte diverse fra loro e piacevolmente personalizzate.

Giardino – Hotel Giardino

via Mattei 4, Ovest : 1,5 km – 07 21 77 68 03 – www.hotelgiardino.it – Chiuso 10 gennaio-10 febbraio, domenica sera e lunedì

Rist – (prenotare) Menu 18 € (pranzo in settimana)/50 € – Carta 31/43 €

E' nella cucina, solida e dal gusto classico, che risiede la vera forza della casa, ma come due damigelle al seguito, anche l'eccellente carta dei vini e la cordialità del servizio.

SAN LUCA – **Perugia (PG)** – **563** N20 – **Vedere Montefalco**

SAN MARCO – **Salerno (SA)** – **Vedere Castellabate**

SAN MARINO – **562** K19 – **Vedere alla fine dell'elenco alfabetico**

SAN MARTINO – **Arezzo** – **563** PM17 – **Vedere Cortona**

SAN MARTINO BUON ALBERGO – **Verona (VR)** – **562** F15 **38** B3

– **14 295 ab.** – **alt. 45 m** – **37036**

Roma 505 – Verona 8 – Milano 169 – Padova 73

in prossimità casello autostrada A 4 Verona Est Sud: 2 km

Holiday Inn Verona Congress Centre

rist,

viale del Lavoro – 0 45 99 50 00 – www.holidayinn.it/veronacongr

132 cam – 60/340 € 60/340 €

Rist *Catullo* – Carta 30/53 €

All'uscita autostradale, un hotel d'impostazione classica, elegante e valido punto di riferimento per una clientela di lavoro; piccola hall e camere confortevoli. Tradizionale cucina d'albergo al ristorante dall'apparenza sontuosa.

a Ferrazze Nord-Ovest : 2 km – 37036

Agriturismo Musella senza rist

via Ferrazzette 2 – 33 57 29 46 27 – www.musella.it – Chiuso 15 dicembre-31 gennaio

15 cam – 100/115 € 145/165 €

La parte più antica di questa risorsa immersa nel verde risale alla fine del '400. Oggi offre camere e appartamenti in stile country, alcuni con caminetto. Troverete vino, olio e miele di loro produzione.

SAN MARTINO DI CASTROZZA – **Trento (TN)** – **562** D17 **34** C2

– **alt. 1 467 m** – **Sport invernali : 1 404/2 357 m 3 19, ; al passo Rolle : 1 884/2 300 m 5, (Comprensorio Dolomiti superski San Martino di Castrozza)** – **38054** Italia Centro-Nord

Roma 629 – Belluno 79 – Cortina d'Ampezzo 90 – Bolzano 86

via Passo Rolle 165, 0439 76 88 67, www.sanmartino.com

Località★★

Regina

rist,

via Passo Rolle 154 – 0 43 96 82 21 – www.hregina.it – Aperto 15 aprile-15 giugno e 20 settembre-31 dicembre

36 cam – 70/130 € 120/240 € – 5 suites **Rist** – Carta 21/46 €

In centro paese, di sobrio c'è solo la facciata. Gli interni sono un tripudio di cavalli in legno, case delle bambole e splendide camere borghesi, arredi mitteleuropei con accenti inglesi.

Letizia rist,
via Colbricon 6 – 04 39 76 86 15 – www.hletizia.it
– Aperto 1° dicembre-Pasqua e 1° giugno-30 settembre
19 cam – 65/140 € 100/220 € – 15 suites
Rist – *(solo per alloggiati)* Carta 22/68 €
Per gli amanti dello stile tirolese, sin dall'esterno l'albergo è un tripudio di decorazioni. Camere tutte diverse, ma sempre affascinanti: per i più romantici suggeriamo la 124 in legno di baita.

Jolanda
via Passo Rolle 267 – 0 43 96 81 58 – www.hoteljolanda.com
– Aperto 1°dicembre-30 aprile e 1°giugno-30 settembre
40 cam – 60/100 € 100/160 € – 3 suites **Rist** – Menu 25 €
All'ingresso del paese, Jolanda è una gestione familiare dalle tipiche atmosfere montane. Camere in continuo rinnovo, optare per le più recenti. Fresca e ariosa sala ristorante, cucina classica nazionale.

Malga Ces con cam rist,
località Ces, Ovest : 3 km – 0 43 96 82 23 – www.malgaces.it
– Aperto 1° dicembre-15 aprile e 15 giugno-30 settembre
7 cam – 60/80 € 102/170 € – 2 suites **Rist** – Carta 25/52 €
A 1600 metri di altitudine, è quasi un rifugio sulle piste innevate: cucina trentina e calorica per gli sciatori a pranzo, più raffinata per la clientela serale. Mancano i servizi del grande albergo, ma le camere sono inaspettatamente eleganti.

Chalet Pra delle Nasse-da Anita
via Cavallazza 24, località Pra delle Nasse – 04 39 76 88 93
– Aperto 8 dicembre-Pasqua e 15 giugno-30 settembre
Rist – Carta 26/56 €
Nuova sede, direttamente sulle piste da sci, per questo storico baluardo della ristorazione di San Martino: i piatti forti del vecchio locale (da Anita) si integrano a meraviglia con gli spunti più progressisti del giovane chef. Ambiente moderno e curato.

SAN MARTINO IN PASSIRIA (ST. MARTIN IN PASSEIER) 33 B1
– Bolzano (BZ) – 562 B15 **– 3 143 ab. – alt. 597 m –** 39010

Roma 682 – Bolzano 43 – Merano 16 – Milano 342

Andreus cam, cam, rist,
località Kellerlahn 3a – 04 73 49 13 30 – www.andreus.it
– Chiuso 7 gennaio-6 marzo
73 suites – solo ½ P 140/345 € **Rist** – Carta 35/76 €
Accanto al Golf Club Val Passiria, esclusivo albergo completo sotto ogni punto di vista: non manca nulla per trascorrere una vacanza perfetta, nemmeno il maneggio con 20 cavalli! Enorme spa ed una sala panoramica per gli adepti dello yoga.

sulla strada Val Passiria **Sud : 5 km :**

Quellenhof Resort : Una struttura composta da risorse differenti, tutte gestite dall'intraprendente famiglia Dorfer. Stile omogeneo, confort di diverso livello, ospitalità sempre calorosa. Per i pasti diverse possibilità di scelta, ma soprattutto una buona cucina locale.

Park-Vital – Quellenhof Resort cam, rist,
39010 San Martino in Passiria
– 04 73 64 54 74 – www.quellenhof.it – Chiuso 6 gennaio-7 marzo
150 cam – 115/230 € 230/360 € – 75 suites **Rist** – Carta 50/57 €
Ultimo nato all'interno della struttura, questo impianto è interamente consacrato al confort e alla riscoperta della bellezza e del benessere da vivere nelle lussuose suite.

Quellenhof-Forellenhof - Quellenhof Resort
via Passiria 47 cam, rist,
✉ 39010 San Martino in Passiria – ✆ 04 73 64 54 74 – www.quellenhof.it
– Chiuso 6 gennaio-7 marzo
150 cam – †115/230 € ††230/360 € – 70 suites **Rist** – Carta 50/57 €
Circondati da un giardino, i tre edifici dispongono di raffinate e spaziose camere, un'invitante piscina e campi da gioco. Il Quellenhof è fulcro amministrativo del resort. Luminosi ed accoglienti, il ristorante e le stube propongono specialità sudtirolesi, la cucina contadina e piatti della tradizione mediterranea.

Alpenschlössl - Quellenhof Resort
✉ 39010 San Martino in Passiria – ✆ 04 73 64 54 74 – www.quellenhof.it – Chiuso 6 gennaio-7 marzo cam, cam, rist,
25 cam – †115/230 € ††230/360 € – 15 suites **Rist** – Carta 50/57 €
Recente realizzazione, all'avanguardia sia nei materiali utilizzati sia nell'immagine d'insieme, moderna e con dotazioni di prim'ordine; ottima l'area per il relax.

a Saltusio (Saltaus) **Sud : 8 km – alt. 490 m – ✉ 39010**

Castel Saltauserhof rist,
via Passiria 6 – ✆ 04 73 64 54 03 – www.saltauserhof.com
– Aperto 24 marzo-10 novembre
38 cam ☕ – †60/150 € ††150/350 € – 3 suites **Rist** – Carta 31/95 €
La parte più antica risale all'XI secolo, ma per chi preferisce la modernità, c'è un'ala recente con camere classiche dotate di balcone. Gli spazi non lesinano sulla generosità. Quattro affascinanti stube dove gustare specialità locali.

SAN MARTINO IN PENSILIS – Campobasso (CB) – 564 B27 2 D2
– 4 877 ab. – alt. 281 m – ✉ 86046

Roma 285 – Campobasso 66 – Foggia 80 – Isernia 108

Santoianni
via Tremiti 2 – ✆ 08 75 60 51 34 – www.hotelsantoianni.it
15 cam ☕ – †45 € ††60 €
Rist – *(chiuso domenica sera e venerdì)* Carta 18/40 €
Una casa di contenute dimensioni, con un insieme di validi confort e una tenuta e manutenzione davvero lodevoli; a gestione totalmente familiare, una piacevole risorsa. Capiente ristorante di classica impostazione.

SAN MARZANO OLIVETO – Asti (AT) – 561 H6 – 1 075 ab. 25 D2
– alt. 301 m – ✉ 14050

Roma 603 – Alessandria 40 – Asti 26 – Genova 110

Agriturismo Le Due Cascine cam,
regione Mariano 22, Sud-Est : 3 km – ✆ 01 41 82 45 25 – www.leduecascine.com
– Chiuso 7-16 gennaio
17 cam ☕ – †70/90 € ††90/100 € **Rist** – Carta 21/35 €
Sulle placide colline del Monferrato, una casa di campagna che offre ottima ospitalità in camere fresche ed attrezzate. Cucina casalinga in una bella sala luminosa.

Del Belbo-da Bardon
valle Asinari 25, Sud-Est : 4 km – ✆ 01 41 83 13 40
– Chiuso 19 agosto-5 settembre, 18 dicembre-16 gennaio, mercoledì e giovedì
Rist – Carta 27/50 €
La secolare storia della trattoria è raccontata dai contributi che ogni generazione vi ha lasciato: foto e suppellettili d'epoca fino alla esemplare cantina allestita dagli attuali proprietari. Cucina della tradizione astigiana.

SAN MASSIMO ALL'ADIGE – Verona (VR) – Vedere Verona

SAN MAURIZIO CANAVESE – Torino (TO) – 561 G4 – 9 763 ab. 22 B2
– alt. 317 m – ✉ 10077

Roma 697 – Torino 17 – Aosta 111 – Milano 142

XXX **La Credenza** (Giovanni Grasso)
via Cavour 22 – ✆ 01 19 27 80 14 – www.ristorantelacredenza.it
– Chiuso 1° -15 gennaio, martedì e mercoledì
Rist – Menu 75/90 € – Carta 54/80 €
➜ Fassone in 3 tagli con fonduta e tartufo nero. Risotto ai peperoni rossi e acciughe con salsa al prezzemolo. Mousse al cioccolato e crème brulée all'arancia. Sala accogliente, una luminosa veranda ed un grazioso giardino per caffé o aperitivi serali. Piatti creativi, sia di carne che di pesce, dalla tradizione locale e dall'estro dello chef.

SAN MAURO TORINESE – Torino (TO) – 561 G5 – 19 311 ab. 22 A1
– alt. 211 m – ✉ 10099

Roma 666 – Torino 9 – Asti 54 – Milano 136

Pianta d'insieme di Torino

La Pace senza rist 2HTs
via Roma 36 – ✆ 01 18 22 19 45 – www.hotelapace.it
31 cam – 50/70 € 60/80 €, 5 €
Un piccolo e confortevole albergo a gestione familiare posizionato lungo la strada che attraversa San Mauro: comodo punto di riferimento per il turismo e per gli affari.

X **Frandin-da Vito** 2HTa
via Settimo 14 – ✆ 01 18 22 11 77 – www.ristorantefrandindavito.com
– Chiuso 18 agosto-10 settembre e lunedì
Rist – *(domenica sera solo su prenotazione)* Menu 25 € – Carta 24/61 €
Cucina langarola e del Monferrato, nonchè specialità di stagione, per questa piacevole trattoria familiare situata in zona periferica, quasi sulla riva del fiume.

SAN MENAIO – Foggia (FG) – 564 B29 – ✉ 71010 Puglia 26 A1

Roma 389 – Foggia 104 – Bari 188 – San Severo 71

Park Hotel Villa Maria
via del Carbonaro 15 – ✆ 08 84 96 87 00 – www.parkhotelvillamaria.it
– Chiuso dicembre e gennaio
13 cam – 50/130 € 60/160 €
Rist – *(chiuso domenica sera e lunedì escluso maggio-agosto)* Carta 24/64 €
Un'affascinante villa di inizio '900 abbracciata da un bel giardino offre confortevoli camere, completamente ristrutturate e piacevolmente arredate (alcune con terrazza). Nelle due eleganti salette interne e presso l'ombreggiato dehors, proposte di carne e di pesce.

SAN MICHELE = ST. MICHAEL – Bolzano (BZ) – Vedere Appiano sulla Strada del Vino

SAN MICHELE ALL'ADIGE – Trento (TN) – 562 D15 – 2 875 ab. 33 B2
– alt. 228 m – ✉ 38010

Roma 603 – Trento 15 – Bolzano 417 – Milano 257

La Vigna senza rist
via Postal 49/a – ✆ 04 61 65 02 76 – www.garnilavigna.it
23 cam – 55/65 € 70/80 €
All'uscita del raccordo autostradale e a poche centinaia di metri dal centro, piacevole struttura di recente apertura caratterizzata da interni in legno chiaro, stile Alto Adige. Graziose camere, funzionali ed accoglienti. Piacevole start-up mattutino nella bella sala colazioni.

SAN MICHELE DEL CARSO – Gorizia (GO) – Vedere Savogna d'Isonzo

SAN MICHELE DI GANZARIA Sicilia – Catania (CT) – 365 AV60 30 C2
– 3 580 ab. – alt. 490 m – ✉ 95040

Agrigento 120 – Catania 88 – Caltagirone 15 – Ragusa 78

Pomara

via Vittorio Veneto 84 – ✆ 09 33 97 69 76 – www.hotelpomara.com
45 cam – 40/70 € 50/80 € **Rist** – *(chiuso martedì)* Menu 20/35 €
A metà strada tra Caltagirone e Piazza Armerina, un indirizzo affidabile, che deve la propria fortuna proprio all'ubicazione. Seria e competente gestione familiare. Ristorante dove gustare una genuina cucina siciliana.

sulla strada statale 117 Bis km 60 **Ovest: 4 km :**

Agriturismo Gigliotto

contrada Gigliotto, s.s. 117bis, km 60 ✉ 94015 Piazza Armerina – ✆ 09 33 97 08 98 – www.gigliotto.com
14 cam – 70/80 € 80/100 € **Rist** – Menu 25/40 €
Grande tenuta, circa 300 ettari, dove da sempre si coltivano cereali, viti e ulivi. Da pochi anni invece, all'interno di una masseria del '300, una dozzina di belle camere. Gradevole ristorante con cucina siciliana.

SAN MICHELE EXTRA – Verona (VR) – 562 F14 – Vedere Verona

SAN MINIATO – Pisa (PI) – 563 K14 – 28 257 ab. – alt. 140 m – ✉ 56028 Toscana

31 B2

Roma 297 – Firenze 37 – Siena 68 – Livorno 52

piazza del Popolo 1, ✆ 0571 4 27 45, www.comune.san-miniato.pi.it

Fontevivo via Fontevivo, 0571 419012, www.fontevivogolf.it

Villa Sonnino

via Castelvecchio 9/1 località Catena, Est : 4 km – ✆ 05 71 48 40 33 – www.villasonnino.com
13 cam – 75/85 € 89/98 € – 1 suite **Rist** – *(solo a cena)* Carta 20/39 €
La storia di questa villa ha inizio nel '500 quando viene edificato il corpo centrale, mentre nel '700 si procedette ad un ampliamento. Parco e signorilità sono invariati. Nell'affascinante sala ristorante, proposte di cucina toscana con ottimo rapporto qualità-prezzo.

Pepenero

via IV novembre 13 – ✆ 05 71 41 95 23 – www.pepenerocucina.it – Chiuso sabato a mezzogiorno e martedì
Rist – (consigliata la prenotazione) Menu 35 € (pranzo)/50 € – Carta 37/60 €
Una sala a forma di ferro di cavallo, alla moda, con quadri contemporanei e tovagliato all'americana: la cucina si unisce anch'essa a questa ventata di modernità con una carta che si divide equamente tra terra e mare.

SAN NICOLÒ – Bolzano (BZ) – Vedere Ultimo

SAN PANCRAZIO – Ravenna (RA) – 562 I18 – Vedere Russi

SAN PANTALEO Sardegna – Olbia-Tempio (OT) – 366 R37 – alt. 169 m – ✉ 07020

28 B1

Cagliari 306 – Olbia 21 – Sassari 124

Rocce Sarde

località Milmeggiu, Sud-Est : 3 km – ✆ 0 78 96 52 65 – www.roccesarde.com – Aperto 5 maggio-6 ottobre
64 cam – 77/221 € 118/293 € – 10 suites **Rist** – Carta 29/61 €
Lontano dal caos e dalla mondanità, questa grande struttura ubicata tra i graniti di San Pantaleo dispone di camere confortevoli, un'invitante piscina e la vista sul golfo di Cugnana. Ampio parco mediterraneo. Cene a lume di candela nel ristorante con terrazza panoramica: piatti fedeli alla tradizione.

Giagoni con cam

via Zara 36/44 – ✆ 0 78 96 52 05 – www.giagonigroup.com – Aperto 1° aprile-30 settembre

14 cam – †75/110 € ††90/180 € – 1 suite

Rist – Menu 45/55 € – Carta 55/99 €

In centro paese, la risorsa ospita rustiche salette ed ambienti freschi, nonché luminosi: spumeggiante la cucina, che passa dalla tradizione a piatti più moderni. Dispone anche di accoglienti camere per una sosta più prolungata.

SAN PAOLO D'ARGON – Bergamo (BG) – 561 E11 – 5 435 ab. – alt. 255 m – ✉ 24060

19 C1

Roma 575 – Bergamo 13 – Brescia 44 – Milano 60

Executive senza rist

via Nazionale 67 – ✆ 0 35 95 96 96 – www.executive-hotel.it

38 cam – †50/180 € ††65/180 €

Ambienti sobri ed eleganti, nonché camere ben insonorizzate, per una moderna struttura in prossimità della strada statale e a pochi km dall'aeroporto. Ideale per una clientela d'affari.

SAN PELLEGRINO (Passo di) – Trento (TN) – 562 C17 – alt. 1 918 m – Sport invernali : 1 918/2 513 m 3 18 (Comprensorio Dolomiti superski Tre Valli) – ✉ 38035 Moena

34 C2

Roma 682 – Belluno 59 – Cortina d'Ampezzo 67 – Bolzano 56

Rifugio Fuciade con cam

località Fuciade – ✆ 04 62 57 42 81 – www.fuciade.it – Chiuso novembre e maggio

7 cam – †45/50 € ††90/100 €

Rist – (consigliata la prenotazione la sera) Menu 42/55 € – Carta 23/55 €

Telefonate e concordate il tragitto per tempo, perché con la neve vi occorrono 45 min a piedi o la motoslitta del ristorante...Per trovare, infine, un paesaggio mozzafiato tra le cime dolomitiche e sulla tavola una gustosa cucina regionale!

SAN PIERO IN BAGNO – Forlì-Cesena (FC) – 562 K17 – Vedere Bagno di Romagna

SAN PIETRO – Verona (VR) – 562 G15 – Vedere Legnago

SAN PIETRO A CEGLIOLO – Arezzo (AR) – 563 M17 – Vedere Cortona

SAN PIETRO ALL'OLMO – Milano (MI) – 561 F9 – Vedere Cornaredo

SAN PIETRO IN CARIANO – Verona (VR) – 562 F14 – 13 110 ab. – alt. 151 m – ✉ 37029

38 A2

Roma 510 – Verona 19 – Brescia 77 – Milano 164

via Ingelheim 7, ✆ 045 7 70 19 20, www.tourism.verona.it

a Pedemonte Ovest : 4 km – ✉ 37029

Villa del Quar

via Quar 12, Sud-Est : 1,5 km – ✆ 04 56 80 06 81 – www.hotelvilladelquar.it – Chiuso 8 gennaio-15 marzo

15 cam – †250/420 € ††320/420 € – 10 suites

Rist *Arquade* – vedere selezione ristoranti

Rist *Quar 12* – *(solo a pranzo escluso lunedì)* Carta 56/82 €

Arredi, decori e colori rievocano uno stile neoclassico che concilia il gusto delle comodità e della raffinatezza con la nobile bellezza dell'antichità.

121556 - MICHELIN TRAVEL PARTNER - GUIDE ROUGE ITALIE 2013 - SEG. 14

Arquade – Hotel Villa del Quar
via Quar 12, Sud-Est : 1,5 km – ✆ 04 56 85 01 49 – www.ristorantearquade.it – Chiuso 8 gennaio-15 marzo e lunedì
Rist – *(solo a cena escluso venerdì, sabato e domenica)* Menu 80/140 € – Carta 64/107 €
Cullati da un impeccabile servizio, il lusso ha preso dimora qui, mentre i sapori si moltiplicano in suggestive declinazioni. Cucina creativa.

a Corrubbio Sud-Ovest : 2 km – ✉ 37029 San Pietro In Cariano

Byblos Art Hotel Villa Amistà
via Cedrare 78, Corrubbio di Negarine N : 2 km ✉ 37029 Corrubbio di Negarine – ✆ 04 56 85 55 55 – www.byblosarthotel.com – Aperto 1° marzo-3 novembre
54 cam – 261/329 € 347/405 € – 6 suites
Rist *Atelier* – vedere selezione ristoranti
Design, moda ed ospitalità si fondono nel suggestivo contesto di questa villa patrizia del XVI sec. Il risultato è Byblos Art Hotel Villa Amistà: un raffinato albergo concepito come una mostra permanente di arte contemporanea, che ospita nei suoi spazi opere di nomi famosi. La sera, cucina creativa all'Atelier; a pranzo, menu light al Peter's Bar.

Atelier – Byblos Art Hotel Villa Amistà
Via Cedrare 78 Corrubbio di San Pietro in Cariano – ✆ 04 56 85 55 83 – www.ristoranteatelier.com – Aperto 1° marzo-3 novembre
Rist – *(solo a cena)* Menu 125 € – Carta 47/92 €
La cucina non smette di ricercare nuovi sapori, studiando l'accostamento più indicato e la cottura che esalta al meglio il gusto originale degli alimenti. La sfida è riuscita: accomodandovi al desco, vi attende un'esperienza gastronomica difficilmente narrabile.

SAN PIETRO IN CASALE – Bologna (BO) – 562 H16 – 11 815 ab. – alt. 17 m – ✉ 40018 9 C3

Roma 397 – Bologna 25 – Ferrara 26 – Mantova 111

Dolce e Salato
piazza L. Calori 16/18 – ✆ 0 51 81 11 11
Rist – Carta 27/73 €
Piazza del mercato: una vecchia casa, in parte ricoperta dall'edera, con ambienti rallegrati da foto d'altri tempi e la saletta denominata Benessum dallo stile più rustico ed informale. In menu: tante paste fresche, ottime carni che arrivano dall'attigua macelleria di famiglia e schietti piatti del territorio.

a Rubizzano Sud-Est : 3 km – ✉ 40018 San Pietro In Casale

Tana del Grillo
via Rubizzano 1812 – ✆ 0 51 81 09 01 – Chiuso 1°-10 gennaio, agosto, lunedì sera e martedì; in luglio anche domenica
Rist – (consigliata la prenotazione) Carta 26/53 €
Cucina regionale e casalinga con molte materie prime a km 0, in questa piccola trattoria tra le poche case della frazione. Indirizzo ideale per chi ama i sapori semplici.

SAN PIETRO IN CERRO – Piacenza (PC) – 562 G11 – 932 ab. – alt. 44 m – ✉ 29010 8 A1

Roma 511 – Bologna 145 – Piacenza 33 – Milano 86

Locanda del Re Guerriero senza rist
via Melchiorre Gioia 5 – ✆ 05 23 83 90 56 – www.locandareguerriero.it
12 cam – 110/150 € 130/180 €
Un interessante mosaico di diverse situazioni: il piacere di soggiornare nella natura, la storicità del luogo, ma anche i confort moderni. In sintesi, una country house a tutto tondo che non vi farà rimpiangere l'albergo tradizionale.

SAN PIETRO IN CORTE – Piacenza (PC) – Vedere Monticelli d'Ongina

SAN PIETRO (isola di) **Sardegna – Carbonia-Iglesias (CI)** 28 A3
– 6 692 ab.

CARLOFORTE (CI) – **366** K49 – ✉ **09014** 28 A3

per Portovesme di Portoscuso e Calasetta – Saremar, call center 892 123

corso Tagliafico 2, ✆ 0781 85 40 09, www.carloforte.net

Riviera senza rist
corso Battellieri 26 – ✆ 07 81 85 41 01 – www.hotelriviera-carloforte.com
42 cam – †60/250 € ††90/380 €
Lungomare, un design inaspettatamente moderno accoglie i clienti; forme sobrie e lineari si ripetono nelle camere dai colori pastello; suggestiva la terrazza panoramica che abbraccia paese e mare.

Villa Pimpina (N) senza rist
via Genova 106/108 – ✆ 07 81 85 41 80
10 cam – †50/100 € ††70/150 €
In una casa ottocentesca nella parte alta del paese, dalle camere dell'ultimo piano si apre una romantica vista sui tetti e sul mare; in tutte troverete un originale mix di arredi carlofortini e design moderno.

Nichotel senza rist
via Garibaldi 7 – ✆ 07 81 85 56 74 – www.nichotel.it
– Aperto 1° marzo-31ottobre
17 cam – †60/100 € ††70/130 €
Inaugurato nel 2007, piacevole hotel in un vicolo del centro con spazi comuni un po' limitati, ma in grado di offrire camere di grande charme: caratteristici pavimenti con inserti provenienti dalle vecchie case carlofortine.

Hieracon
corso Cavour 62 – ✆ 07 81 85 40 28 – www.hotelhieracon.com
23 cam – †50/100 € ††50/270 € **Rist** – *(solo a cena)* Carta 25/55 €
Affacciato sul lungomare, elegante edificio Liberty di fine '800 - forse uno dei palazzi più eleganti di Carloforte - arredato con elementi d'antiquariato, materiali raffinati e tutt'intorno il giardino con una chiesetta del '700.

Da Nicolo
corso Cavour 32 – ✆ 07 81 85 40 48 – www.danicolo.com
– Aperto Pasqua-30 settembre; chiuso lunedì
Rist – Menu 25 € (pranzo in settimana)/70 € – Carta 39/70 €
Strategica posizione sulla passeggiata, dove si svolge il servizio estivo in veranda, ma il locale è frequentato soprattutto per la qualità della cucina: di pesce con specialità carlofortine. E il tonno, avant tout.

Al Tonno di Corsa
via Marconi 47 – ✆ 07 81 85 51 06 – www.tonnodicorsa.it
– Chiuso 15 gennaio-28 febbraio e lunedì escluso luglio-agosto
Rist – Menu 30 € – Carta 40/65 €
Un locale vivace e colorato, due terrazze affacciate sui tetti del paese, dove gustare uno sfizioso menu dedicato al tonno e tante altre specialità di mare.

Dau Bobba (N)
strada delle Saline – ✆ 07 81 85 40 37 – www.daubobbatiscali.it – Aperto 1° aprile-30 novembre; chiuso martedì escluso giugno-settembre
Rist – (consigliata la prenotazione) Carta 56/68 €
Ad una camminata dal centro, davanti alle saline e ai fenicotteri, la tradizione di questa ex fabbrica del tonno continua oggi con i celebri mammiferi rossi di Carloforte, un ottimo pesto e il pescato isolano.

SAN PIETRO SUL PICCOLO MARE **– Taranto (TA) – Vedere Taranto**

SAN POLO DI PIAVE **– Treviso (TV) – 562 E19 – 5 021 ab. – alt. 27 m** 39 A1
– ✉ 31020

Roma 563 – Venezia 54 – Belluno 65 – Cortina d'Ampezzo 120

Parco Gambrinus con cam

località Gambrinus 18 – ✆ 04 22 85 50 43 – www.gambrinus.it – Chiuso 27 dicembre-25 gennaio, 5-13 agosto, domenica sera e lunedì

6 cam – †55 € ††80 €

Rist – Carta 40/53 €

Rist *Osteria Caffè Gambrinus* – Carta 17/30 €

Cucina regionale e proposte più creative, la sorpresa viene dal parco con animali esotici e un ruscello con le specialità della casa: anguilla, storione e gamberi.

SAN PROSPERO SULLA SECCHIA – Modena (MO) – 562 H15 – 5 888 ab. – alt. 22 m – ✉ 41030 — 8 B2

Roma 415 – Bologna 58 – Ferrara 63 – Mantova 69

Corte Vecchia

via San Geminiano 1 – ✆ 0 59 80 92 72 – www.cortevecchia.com – Chiuso 21 dicembre-6 gennaio e 2-18 agosto

24 cam – solo ½ P 61/68 €

Rist – *(chiuso venerdì, sabato e domenica) (solo a cena) (solo per alloggiati)* Menu 25 €

Ricavato dalla ristrutturazione di un antico casale affacciato su una corte, dispone di camere spaziose arredate in un armonioso stile classico ma dotate dei moderni confort.

SAN QUIRICO D'ORCIA – Siena (SI) – 563 M16 – 2 774 ab. – alt. 409 m – ✉ 53027 Toscana — 32 C2

Roma 196 – Siena 44 – Chianciano Terme 31 – Firenze 111

piazza Chigi 2, ✆ 0577 89 72 11, www.comunesanquirico.it

Palazzo del Capitano – Residenza d'epoca

via Poliziano 18 – ✆ 05 77 89 90 28 – www.palazzodelcapitano.com – Chiuso febbraio

17 cam – †100/150 € ††150/210 € – 5 suites

Rist *Trattoria al Vecchio Forno* – vedere selezione ristoranti

In pieno centro, una realtà di charme che si avvicina ai sogni di chi cerca fascino, storia ed eleganza, ma anche gustosi piatti del territorio. Il nome è mutuato dal Capitano del Popolo che dimorò in questo palazzo nel '400.

Casanova

località Casanova 6/c – ✆ 05 77 89 81 77 – www.residencecasanova.it – Aperto 1°-31 dicembre e 1° marzo-31 ottobre

70 cam – †96/116 € ††152/196 €

Rist *Taverna del Barbarossa* – vedere selezione ristoranti

Circondata dalle colline toscane e vicina al centro storico, la struttura consta di una grande hall, camere dagli arredi sobri, un soggiorno panoramico ed un centro benessere.

Agriturismo Il Rigo

località Casabianca, Sud-Ovest : 4,5 km – ✆ 05 77 89 72 91 – www.agriturismoilrigo.com – Chiuso 10 gennaio-13 febbraio

13 cam – †75/87 € ††100/124 €

Rist – *(solo a cena)* (consigliata la prenotazione) Menu 23 €

In aperta campagna, in un antico casale in cima ad un colle da cui si gode una suggestiva vista sul paesaggio circostante, ambienti piacevolmente rustici.

Casa Lemmi senza rist

via Dante Alighieri 29 – ✆ 05 77 89 90 16 – www.casalemmi.com – Chiuso 7 gennaio-28 febbraio

9 cam – †69/109 € ††89/129 €

Moderni accessori di ultima generazione, ambienti particolari e personalizzati, nonché un piccolo giardino per la prima colazione in un palazzo medievale del centro (di fronte alla Collegiata).

Taverna da Ciacco

via Dante Alighieri 30/a – ✆ 05 77 89 73 12 – www.ristorantedaciacco.it – Chiuso 4-17 febbraio, 1°-15 luglio, 18-24 novembre e martedì

Rist – Carta 31/39 €

Accogliente locale dai toni rustici: ai fornelli, il titolare stesso saprà conquistarvi con piatti della tradizione - come i pici ai pomodorini Pachino, aglio e peperoncino o la rinomata fiorentina di chianina - interpretati con fantasiosa creatività. Sporadiche le proposte di pesce.

Trattoria al Vecchio Forno – Hotel Palazzo del Capitano

via Poliziano 18 – ✆ 05 77 89 73 80 – www.palazzodelcapitano.com

Rist – *(chiuso febbraio)* Menu 25 € (pranzo)/35 € – Carta 24/55 €

Cucina schiettamente toscana, semplice e sapida, in un ambiente genuino con salumi appesi e bottiglie di vino in esposizione. Piacevole servizio estivo nel giardino denso di ricordi storici: tra un vecchio porticato ed un pozzo ancora funzionante.

Taverna del Barbarossa – Hotel Casanova

località Casanova 6/c – ✆ 05 77 89 82 99 – www.tavernadelbarbarossa.com – Aperto 1°-31 dicembre, 1° marzo-31 ottobre e lunedì escluso agosto

Rist – Menu 25/35 € – Carta 22/46 €

Il suo nome è dovuto ad un avvenimento storico accaduto qui nel 1154: l'incontro tra i messi Papali di Roma e l'imperatore Federico II di Svevia detto il "Barbarossa". Oggi, in un'ampia sala, i sapori della regione, ma con un attenzione particolare per i celiaci, ai quali il ristorante riserva ricette senza glutine.

a Bagno Vignoni Sud-Est : 5 km – Stazione termale – ✉ 53027

Adler Thermae

cam,

strada di Bagno Vignoni 1 – ✆ 05 77 88 90 00 – www.adler-thermae.com – Chiuso 10 gennaio-6 febbraio

90 cam – solo ½ P 454/637 € **Rist** – *(solo per alloggiati)*

L'ospitalità tirolese si è trasferita nella verde Toscana. Gli ambienti interni sono signorili ed eleganti, quelli esterni generosi per dedicarsi in pieno al relax, alle cure termali, nonché ai trattamenti di bellezza.

Posta-Marcucci

rist,

via Ara Urcea 43 – ✆ 05 77 88 71 12 – www.hotelpostamarcucci.it – Chiuso 7-31 gennaio

31 cam – †90/125 € ††160/210 € – 5 suites **Rist** – Carta 27/52 €

Da quattro generazioni un'ospitalità cordiale in ambienti personalizzati e volutamente familiari. Belle camere e, non solo in estate, una zona all'aperto con grande piscina termale. Ottimo ristorante dove gustare sapori regionali, nonché vini toscani e nazionali con un buon rapporto qualità/prezzo.

La Locanda del Loggiato senza rist

piazza del Moretto 30 – ✆ 05 77 88 89 25 – www.loggiato.it – Chiuso 22-25 dicembre

6 cam – †70/90 € ††90/140 €

Nel cuore della località - accanto alla vasca d'acqua un tempo piscina termale - edificio del 1300 rivisitato con grande senso estetico da due intraprendenti sorelle, che ne hanno fatto un rifugio davvero *charmant*. A pochi metri il wine-bar per le colazioni, ma anche per gustare taglieri, zuppe, dolci e vino.

Osteria del Leone

piazza del Moretto – ✆ 05 77 88 73 00 – www.osteriadelleone.it – Chiuso 7 gennaio-7 febbraio,10 giorni in novembre e lunedì escluso agosto- settembre

Rist – Carta 29/51 €

Osteria centralissima e di antica tradizione con tre confortevoli salette, dove accomodarsi per gustare i veri sapori toscani. Se il tempo lo permette, optate per il servizio all'aperto.

SAN QUIRINO - Pordenone (PN) - **562** D20 - **4 310 ab.** - **alt. 116 m** **10** A2 - ✉ **33080**

▶ Roma 613 - Udine 65 - Belluno 75 - Milano 352

XXX **La Primula** (Andrea Canton) con cam e senza ☕

✿ *via San Rocco 47 - ☎ 0 43 49 10 05 - www.ristorantelaprimula.it - Chiuso 7-21 gennaio e luglio*

7 cam - †50/60 € ††80/100 €

Rist - *(chiuso domenica sera e lunedì) (solo a cena esclusi i giorni festivi)*

Menu 80 € - Carta 43/69 €

➜ Tagliolini in due cotture, tonno scottato, passata di pomodoro fresco, capperi di Ostuni. Astice, curry verde, zucchine, alghe. Cremoso al cioccolato bianco, agrumi, sorbetto alla fragola.

L'esperienza qui sicuramente non fa difetto: a pochi passi dal centro, questo elegante locale vanta oltre cent'anni di attività. Gestita dall'intera famiglia, la bella sala è dominata da un camino e da piatti curati nei quali campeggia la fantasia, mentre la carta dei vini entusiasma per la scelta di etichette (a prezzi sorprendentemente onesti).

X **Osteria alle Nazioni**

via San Rocco 47/1 - ☎ 0 43 49 10 05 - www.ristorantelaprimula.it - Chiuso domenica sera e lunedì

Rist - Carta 21/35 €

Rustico, accogliente e simpatico, un locale dove fermarsi per gustare un piatto tipico regionale preparato con cura, accompagnato da un bicchiere di vino.

SAN REMO - Imperia (IM) - **561** K5 - **56 962 ab.** - ✉ **18038** Liguria **14** A3

▶ Roma 638 - Imperia 30 - Milano 262 - Nice 59

ℹ largo Nuvoloni 1, ☎ 0184 5 90 59, www.visitrivieradeifiori.it

⛳18 Degli Ulivi strada Campo Golf 59, 0184 557093, www.golfsanremo.com - chiuso martedì

👁 Località★★ - La Pigna★ (città alta) B: ≤★ dal santuario della Madonna della Costa

⊙ Monte Bignone★★: ✳★★ 13 km a nord

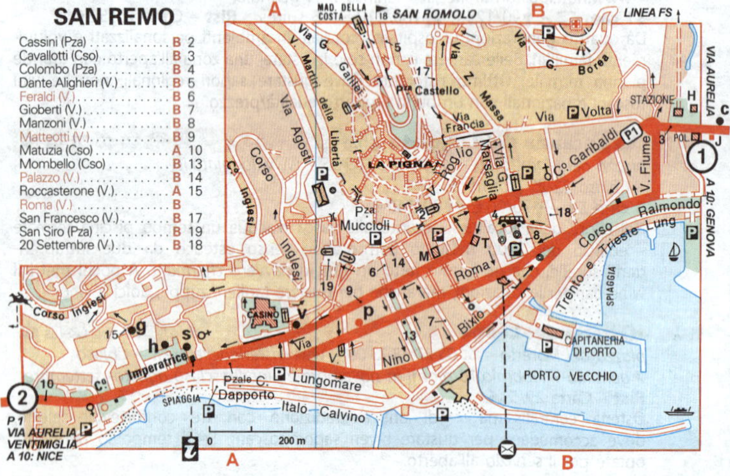

Royal Hotel rist,

corso Imperatrice 80 – ✆ 01 84 53 91 – www.royalhotelsanremo.com – Aperto 1° febbraio-30 ottobre **Ah**

113 cam – 211/302 € 290/557 € – 13 suites **Rist** – Carta 60/141 €

Grand hotel di centenaria tradizione, gestito dalla fine dell'800 dalla stessa famiglia; interni molto signorili e giardino fiorito con piscina d'acqua di mare riscaldata. In memoria degli antichi fasti, il grande salone con fiori in vetro di Murano firmerà una sosta gastronomica davvero esclusiva.

Nazionale

via Matteotti 3 – ✆ 01 84 57 75 77 – www.hotelnazionalesanremo.com

80 cam – 89/290 € 129/316 € – 4 suites **Av**

Rist *Rendez Vous* – ✆ 01 84 54 16 12 *(chiuso mercoledì in bassa stagione)* Carta 26/89 €

A pochi passi dal casinò e dalle boutique delle più celebri firme della moda, la risorsa offre ambienti moderni caratterizzati da continui ed attenti interventi di rinnovamento. Ampia terrazza roof garden e solarium per godere dell'aria iodata della Riviera. Specialità liguri nell'originale ristorante in stile marina.

Lolli Palace Hotel rist,

corso Imperatrice 70 – ✆ 01 84 53 14 96 – www.lollihotel.it – Chiuso 4 novembre-20 dicembre **As**

52 cam – 50/80 € 80/140 €, 10 € **Rist** – Menu 30/50 €

Il fascino del Liberty echeggia in questo edificio antistante il lungomare ed attiguo la Chiesa Russa. Eleganti ambienti comuni e camere accoglienti, alcune più moderne in quanto recentemente rinnovate. Un accattivante roof garden con vista mare rende ancora più piacevole la sosta al ristorante.

Paradiso rist,

via Roccasterone 12 – ✆ 01 84 57 12 11 – www.paradisohotel.it **Ag**

41 cam – 70/120 € 100/190 € **Rist** – *(chiuso novembre)* Carta 34/53 €

Un hotel di antiche tradizioni, inserito in una struttura di inizio secolo scorso e posizionato nella parte alta di San Remo. Le confortevoli camere dispongono tutte di un balcone affacciato verso il mare e la piccola piscina; ampie zone comuni. Piatti liguri nella luminosa sala ristorante.

Eveline-Portosole senza rist

corso Cavallotti 111 – ✆ 01 84 50 34 30 – www.evelineportosole.com – Chiuso 7-21 gennaio **Bc**

21 cam – 80/130 € 110/170 €

E' all'interno che si rivela il fascino di questo villino: arredi d'epoca, mazzetti al profumo di lavanda e tessuti in stile inglese...E per aggiungere ulteriore charme, prima colazione servita a lume di candela e le 4 camere *Hammam* e *Japan*, una sorta di "viaggio nel viaggio".

Paolo e Barbara (Paolo Masieri)

via Roma 47 – ✆ 01 84 53 16 53 – www.paolobarbara.it – Chiuso 10-30 dicembre, 28 luglio-4 agosto, mercoledì e giovedì **Bp**

Rist – *(solo a cena escluso sabato e i giorni festivi)* (prenotare) Menu 75 € – Carta 65/148 € (+10 %)

➜ Ravioli alle erbette selvatiche con pesto di noci e prescinseua (formaggio). Gamberi di Sanremo fiammeggiati all'whisky su verdure. Sacripantina genovese (torta tradizionale).

Un affresco riproducente un bucolico paesaggio di campagna dà profondità alla piccola sala, mentre a dar risalto alla cucina contribuiscono le ottime materie prime: il pesce e le verdure (quasi tutte raccolte nella piccola azienda agricola allestita per lo scopo).

Ulisse

via Padre Semeria 620 , per ② : 3 km – ✆ 01 84 67 03 38 – www.ristoranteulisse.com – Chiuso ottobre e martedì

Rist – *(solo a cena escluso sabato e i giorni festivi)* Menu 30/44 € – Carta 26/81 €

Non distante dall'uscita autostradale, è una strada panoramica tra mare e monti a condurre sino a questo locale dove gustare una fragrante cucina di mare; d'estate si pranza in terrazza.

a **Bussana** Est : 5,5 km – ✉ 18038

La Kambusa

via al Mare 87 – ✆ 01 84 51 45 37 – Chiuso 13-18 gennaio, 3-13 settembre e mercoledì

Rist – *(solo a cena)* Menu 35 € – Carta 34/62 €

Situato sul lungomare, il locale vanta una gestione appassionata ed una cucina che spazia tra mare e terra e propone piatti della tradizione, così come creazioni più innovative.

SAN ROCCO – Genova (GE) – 561 I9 – Vedere Camogli

SAN SALVO – Chieti (CH) – 563 P26 – 19 401 ab. – alt. 100 m – ✉ 66050 2 D2

Roma 280 – Pescara 83 – Campobasso 90 – Termoli 31

piazza San Vitale, ✆ 0873 34 35 50, www.abruzzoturismo.it

L'Abruzzese Ⓝ

via Leone Magno 26 – ✆ 08 73 34 61 58 – Chiuso 7-17 gennaio, domenica sera e lunedì

Rist – Carta 25/54 €

Look contemporaneo ed elegante per questo nuovo ristorante sorto in zona residenziale; la cucina esprime il territorio con proposte giornaliere spesso a voce. Specialità ittiche.

a **San Salvo Marina** Nord-Est : 4,5 km – ✉ 66050

Al Metrò (Nicola Fossaceca)

via Magellano 35 – ✆ 08 73 80 34 28 – www.ristorantealmetro.it – Chiuso 1 settimana in novembre, 23-29 dicembre, domenica sera, lunedì in ottobre-maggio e martedì in giugno-settembre

Rist – Menu 35/60 € – Carta 39/55 €

→ Insalata di mare con arancia, finocchio e finocchietto. Classico brodetto di pesce alla sansalvese. "Pizza dolce" scomposta.

Ecco una cucina di passione e sostanza per chi non ama eccessivi tecnicismi o azzardati accostamenti. Siamo nel regno della cucina abruzzese di mare e il pescato la fa da padrone con sapori decisi: è l'indirizzo giusto per un gran pasto "tutto pesce".

SAN SAVINO – Ascoli Piceno (AP) – 563 M23 – Vedere Ripatransone

---

SANSEPOLCRO – Arezzo (AR) – 563 L18 – 16 380 ab. – alt. 330 m – ✉ 52037 Toscana 32 D2

Roma 258 – Rimini 91 – Arezzo 39 – Firenze 114

Museo Civico★★ : opere★★★ di Piero della Francesca – Deposizione★ di Rosso Fiorentino nella chiesa di San Lorenzo – Vie★

Borgo Palace Hotel

via Senese Aretina 80 – ✆ 05 75 73 60 50 – www.borgopalace.it

74 cam – †73/83 € ††90/125 € – 1 suite

Rist *Il Borghetto* – vedere selezione ristoranti

Interni ricchi ed avvolgenti: marmi, boiserie e dorature, ampie sale di soggiorno, nonché camere confortevoli con tappezzerie coordinate ai tessuti d'arredo. Un indirizzo chic a prezzi contenuti.

La Balestra

via Montefeltro 29 – ✆ 05 75 73 51 51 – www.labalestra.it

51 cam – †73/84 € ††103 € – 1 suite

Rist *La Balestra* – vedere selezione ristoranti

Arredi e confort di tipo classico, conduzione diretta e professionale, per questo valido indirizzo appena fuori dal centro storico. Il buon rapporto qualità/prezzo e la ristorazione di livello fanno sì che la risorsa sia particolarmente apprezzata da una clientela d'affari.

Relais Palazzo di Luglio rist,
frazione Cignano 35, Nord-Ovest : 2 km – ✆ 05 75 75 00 26 – www.relaispalazzodiluglio.com – Chiuso 7-15 gennaio
14 cam – 130 € 170/250 €
Rist – *(solo a cena) (solo per alloggiati)* Menu 30/70 €
Sulle prime colline intorno al paese, aristocratica villa seicentesca un tempo adibita a soggiorni estivi in campagna. Spazi, eleganza e storia si ripropongono immutati.

Il Borghetto – Borgo Palace Hotel
via Senese Aretina 80 – ✆ 05 75 73 60 50 – www.borgopalace.it – Chiuso agosto
Rist – Carta 26/38 €
Classico e con spiccate note di eleganza, il ristorante propone le eccellenze, nonché le tipicità del territorio: tartufi, funghi porcini, formaggi e salumi stagionati, oli e cacciagione. Intrigante, la lista dei vini.

La Balestra – Hotel La Balestra
via Montefeltro 29 – ✆ 05 75 73 51 51 – www.labalestra.it – Chiuso 1°-21 agosto e domenica sera
Rist – Carta 24/35 €
Si sa che la Toscana vanta una grande tradizione enogastronomica, ma quando ci si accomoda al desco di questo ristorante, si capisce anche il perchè: tartufo bianco e funghi porcini, pasta fatta in casa, carne di razza Chianina, olio di oliva extra vergine proveniente dalle migliori aziende locali. E con tutto ciò dell'ottimo vino!

Oroscopo di Paola e Marco con cam e senza
via Togliatti 68, località Pieve Vecchia, Nord-Ovest : 1 km – ✆ 05 75 73 48 75 – www.relaisoroscopo.com – Chiuso 23 dicembre-10 gennaio e 15 giugno-7 luglio
10 cam – 35/50 € 50/70 €
Rist – *(chiuso domenica) (solo a cena)* Menu 35 € – Carta 30/50 €
Nella patria di Piero della Francesca, due giovani coniugi hanno creato questo elegante nido in cui poter anche pernottare ma, soprattutto, assaporare piatti creativi.

Fiorentino e Locanda del Giglio con cam
via Luca Pacioli 60 – ✆ 05 75 74 20 33 – www.ristorantefiorentino.it – Chiuso 1 settimana in gennaio, luglio e novembre
4 cam – 85 € 85 €
Rist – *(chiuso mercoledì)* Menu 20/35 € – Carta 22/46 €
Gestione con cinquant'anni di mestiere che si adopera con professionalità e abilità per accogliere al meglio i propri ospiti in un locale che di anni ne ha circa duecento.

Da Ventura con cam cam,
via Aggiunti 30 – ✆ 05 75 74 25 60 – www.albergodaventura.it – Chiuso 10 giorni in gennaio e 20 giorni in agosto
5 cam – 45/48 € 65/68 €
Rist – *(chiuso domenica sera e lunedì)* Carta 24/28 €
Un unico nome per quattro generazioni perché ciò che più conta è saper entusiasmare chi ama la cucina locale con prodotti freschi e genuini, dai funghi dei boschi dei dintorni alla pasta fatta a mano, passando per i celebri crostini di fegatini o la ribollita.

SAN SEVERINO LUCANO – Potenza (PZ) – 564 G30 – 1 711 ab. – alt. 877 m – ✉ 85030 4 C3

Roma 406 – Cosenza 152 – Potenza 113 – Matera 139

Paradiso
via San Vincenzo – ✆ 09 73 57 65 86 – www.hotelparadiso.info
62 cam – 45/62 € 60/94 €
Rist – *(chiuso mercoledì escluso in alta stagione)* Carta 13/44 €
Ideale punto di partenza per gite - motorizzate, a piedi o a cavallo - nel Parco del Pollino, questa risorsa dispone d'interessanti strutture sportive. Camere semplici. Immersi tra una natura ancora vera, i sapori locali "influenzano" i piatti.

SAN SEVERINO MARCHE – Macerata (MC) – 563 M21 – 13 169 ab. – alt. 235 m – ✉ 62027 Italia Centro-Nord 21 C2

Roma 228 – Ancona 72 – Foligno 71 – Macerata 30

≤★ dalla sommità del colle

Palazzo Servanzi Confidati senza rist

via delle Carceri 20 – 07 33 63 35 51 – www.servanzi.it

22 cam – 55 € 85 € – 1 suite

Centrale e aristocratico palazzo settecentesco, magnifica corte interna coperta con lucernario e trasformata in hall, i ballatoi conducono nelle camere in arte "povera".

Locanda Salimbeni

strada provinciale 361, Ovest : 4 km – 07 33 63 40 47 – www.locandasalimbeni.it

8 cam – 50/55 € 65/75 €

Rist – *(solo a cena) (solo per alloggiati)*

Veramente una bella realtà a pochi chilometri dal centro: camere gradevolissime e personalizzate, alcune con letto a baldacchino, altre con testiera in ferro battuto.

Due Torri con cam

via San Francesco 21 – 07 33 64 54 19 – www.duetorri.it – Chiuso 20-26 dicembre e 20-30 giugno

15 cam – 45/50 € 65/70 €

Rist – *(chiuso domenica sera e lunedì)* Carta 23/47 €

Nella parte più alta e vecchia del paese, vicino al castello, una cucina familiare alla scoperta delle fragranze del territorio ed un piccolo angolo-enoteca dove si vendono specialità alimentari della zona. Camere semplici ed essenziali, per un soggiorno nella tranquillità.

SAN SEVERO – Foggia (FG) – 564 B28 – 55 321 ab. – alt. 86 m – ✉ 71016 Puglia 26 A1

Roma 320 – Foggia 36 – Bari 153 – Monte Sant'Angelo 57

La Fossa del Grano

via Minuziano 63 – 08 82 24 11 22 – www.lafossadelgrano.it – Chiuso 8-21 agosto, domenica sera e lunedì

Rist – Carta 33/51 €

Tappa gastronomica obbligata per chi è alla ricerca di antichi sapori casalinghi e della vera cucina pugliese. Consigliamo d'iniziare con gli antipasti e, poi, via con le proverbiali orecchiette alle cime di rapa!

SAN SIRO – Mantova (MN) – Vedere San Benedetto Po

SANTA BARBARA – Trieste (TS) – Vedere Muggia

SANTA CATERINA VALFURVA – Sondrio (SO) – 561 C13 – alt. 1 738 m – Sport invernali : 1 738/2 727 m 2 6, – ✉ 23030 17 C1

Roma 776 – Sondrio 77 – Bolzano 136 – Bormio 13

Baita Fiorita di Deborah

via Frodolfo 3 – 03 42 92 51 19 – www.compagnoni.it – Chiuso maggio, ottobre e novembre

22 cam – 60/100 € 80/180 € – 4 suites

Rist *Caffè Bormio* – vedere selezione ristoranti

E' proprio quello che si cerca in un albergo di montagna: il calore del legno, camere confortevoli ed un piacevole centro benessere per rilassarsi dopo una giornata passata sulle piste o *en plein air*.

Vedig

via Vedig 14 – 03 42 93 53 05 – www.albergovedig.it – Chiuso ottobre-15 novembre

20 cam – 132/180 € **Rist** – Carta 31/67 €

In paese, ma anche in posizione più elevata con le camere panoramiche agli ultimi piani, è un felice connubio di antico e moderno, tradizione montana ed accessori d'oggi.

Pedranzini

piazza Magliavaca 5 – 03 42 93 55 25 – www.hotelpedranzini.it – Chiuso ottobre

18 cam – 45/60 € 80/130 € **Rist** – Carta 26/55 €

Sulla famosa piazzetta di Santa Caterina, a soli 50 m dagli impianti di risalita, hotel familiare (completamente rinnovato) dispone di ambienti accoglienti e zona relax. Camere di buon livello dal ligneo arredo. Al ristorante, piatti della tradizione.

Caffè Bormio – Hotel Baita Fiorita di Deborah

via Frodolfo 3 – 03 42 92 51 19 – www.compagnoni.it – Chiuso maggio, ottobre e novembre

Rist – Menu 25/50 € – Carta 28/63 €

Se la famosa sciatrice presta il nome all'albergo, la cucina non poteva che essere...della mamma, custode di antiche ricette montane. In un ambiente romantico ed elegante, al rientro da una sciata o da una passeggiata, c'è di che deliziarsi!

SANTA CESAREA TERME – **Lecce (LE)** – **564** G37 – **3 051 ab.** **27** D3 – **alt. 25 m** – **Stazione termale** – ✉ **73020** Puglia

Roma 633 – Bari 203 – Lecce 49

via Roma 241/H, 0836 94 40 43, www.pugliaviaggi.com

Alizè

via Paolo Borsellino – 08 36 94 40 41 – www.hotelalize.it – Aperto 1° aprile-31 ottobre

56 cam – 45/80 € 76/140 € **Rist** – Menu 20 €

In posizione panoramica e poco distante dal centro, un hotel con influenze architettoniche arabeggianti, luminose aree comuni, camere sobrie negli arredi, solarium e piscina. Al ristorante, la classica e gustosa cucina del bel Paese.

SANTA CRISTINA – **Perugia (PG)** – **563** M19 – **Vedere Gubbio**

SANTA CRISTINA VALGARDENA (ST. CHRISTINA IN GRÖDEN) **34** C2 – **Bolzano (BZ)** – **562** C17 – **1 900 ab.** – **alt. 1 428 m** – **Sport invernali : 1 428/2 518 m** 10 75 **(Comprensorio Dolomiti superski Val Gardena)** – ✉ **39047**

Roma 681 – Bolzano 41 – Cortina d'Ampezzo 75 – Milano 338

strada Chemun 9, 0471 77 78 00, www.valgardena.it

Interski

strada Cisles 51 – 04 71 79 34 60 – www.hotel-interski.com – Aperto 4 dicembre-15 aprile e 15 giugno-15 ottobre

25 cam – 55/150 € 55/160 € – 2 suites

Rist – *(solo a cena) (solo per alloggiati)*

Un completo rinnovo, piuttosto recente, connota questo albergo, già gradevolissimo dall'esterno; stanze di ottimo confort, con legno chiaro e un panorama di raro fascino.

sulla strada statale 242 Ovest : 2 km :

Diamant Sport & Wellness

via J. Skasa 1 ✉ 39047 – 04 71 79 67 80 – www.hoteldiamant.it – Chiuso 7 aprile-17 maggio e 13 ottobre-30 novembre

40 cam – solo ½ P 80/180 € – 5 suites **Rist** – *(solo per alloggiati)*

Nella suggestiva cornice delle Dolomiti, una grande struttura con camere ben accessoriate e un giardino che assicura quiete e relax. Dopo una giornata di sci o di escursioni, ritempratevi nel centro benessere.

SANTA FLAVIA Sicilia – Palermo (PA) – 365 AQ55 – 10 957 ab. 29 B2 – ✉ 90017

Agrigento 130 – Caltanissetta 116 – Catania 197 – Messina 223

Rovine di Solunto★ : ≤★★ dalla cima del colle Nord-Ovest : 2,5 km – Sculture★ di Villa Palagonia a Bagheria Sud-Ovest : 2,5 km

a Porticello Nord-Est : 1 km – ✉ 90010

Al Faro Verde da Benito

largo San Nicolicchia 14 – 0 91 95 79 77 – www.mauriziobalistreri.it – Chiuso novembre e martedì

Rist – Carta 32/97 € (+10 %)

Un'ampia scelta fra crostacei e pesce di ogni genere, preparato in maniera semplice eppure gustosa, da accompagnarsi con eccellenti vini locali. Servizio estivo all'aperto, le onde del mare lì accanto.

SANTA FOCA – Lecce (LE) – 564 G37 – Vedere Melendugno

SANTA FRANCA – Parma (PR) – Vedere Polesine Parmense

SANT'AGATA DE' GOTI – Benevento (BN) – 564 D25 – 11 473 ab. 6 B1 – alt. 159 m – ✉ 82019

Roma 220 – Napoli 48 – Benevento 35 – Latina 36

Agriturismo Mustilli

piazza Trento 4 – 08 23 71 81 42 – www.mustilli.com

7 cam – 60 € 90 € **Rist** – (prenotazione obbligatoria) Menu 25/30 €

E' magica la combinazione di fascino, storia e cordiale accoglienza familiare in questa elegante dimora nobiliare settecentesca, in pieno centro, gestita con cura e passione. Per i pasti il ristorante con cucina casalinga o il wine bar.

SANT'AGATA SUI DUE GOLFI – Napoli (NA) – 564 F25 – alt. 391 m 6 B2 – ✉ 80064 Italia Centro-Sud

Roma 266 – Napoli 55 – Castellammare di Stabia 28 – Salerno 56

Penisola Sorrentina★★ (circuito di 33 km) : ≤★★ su Sorrento dal capo di Sorrento (1 h a piedi AR), ≤★★ sul golfo di Napoli dalla strada S 163

Sant'Agata

via dei Campi 8/A – 08 18 08 08 00 – www.hotelsantagata.com – Aperto 1° aprile-31 ottobre

42 cam – 48/70 € 72/95 € **Rist** – Carta 22/90 €

Tranquillità e confort sono i principali atout di questa struttura, particolarmente indicata per spostarsi o soggiornare in Costiera; bel porticato esterno. Ambiente curato al ristorante: sale capienti con arredi piacevoli.

Don Alfonso 1890 (Alfonso ed Ernesto Iaccarino) con cam

corso Sant'Agata 11 – 08 18 78 00 26 – www.donalfonso.com – Aperto 26 marzo-1° novembre; chiuso lunedì e martedì dal 16 settembre al 14 giugno, lunedì e a mezzogorno negli altri mesi

cam,

4 cam – 230/310 € 300/400 € – 4 suites – 400/650 €

Rist – Menu 150/170 € – Carta 114/218 €

→ Vesuvio di rigatoni. Casseruola di pesce di scoglio, crostacei e frutti di mare. Sfogliatella napoletana con salsa di amarene selvatiche.

Benvenuti in un'enclave di lusso nel cuore di Sant'Agata, in una cittadella di piaceri dove l'universo gourmet campano si dispiega tra ceramiche di Vietri, generosa ospitalità e prodotti d'eccellenza. Non mancate di visitare la cantina, un viaggio mozzafiato nel cuore della terra.

SANT' AGNELLO – Napoli (NA) – 564 F25 – 9 079 ab. – ✉ 80065 6 B2

Roma 255 – Napoli 46 – Castellammare di Stabia 17 – Salerno 48

via De Maio 35, ✆ 081 8 07 40 33, www.sorrentotourism.com

Grand Hotel Cocumella

via Cocumella 7 – ✆ 08 18 78 29 33 – www.cocumella.com – Aperto 1° aprile-31 ottobre

50 cam – 280/420 € 280/420 € – 7 suites

Rist *La Scintilla* – vedere selezione ristoranti

L'edificio risale al '500 quando fu costruito dai Padri Gesuiti. Diverse destinazioni e fortune ne accompagnarono da allora la storia, ma sono ormai quasi due secoli che il Cocumella offre ospitalità ai viaggiatori di tutto il mondo. Corollario di tanta atmosfera: camere incantevoli e bagni lussureggianti.

Mediterraneo

via Marion Crawford 85 – ✆ 08 18 78 13 52 – www.mediterraneosorrento.com – Aperto 28 marzo-1° novembre

70 cam – 100/300 € 100/450 €

Rist – *(solo a cena) (solo per alloggiati)* Carta 34/64 €

Fronte mare e abbellito da un ameno giardino con piscina, hotel storico ristrutturato che conserva l'immagine e il fascino di un tempo, offrendo confort adeguati al presente. Accomodatevi sulla bella terrazza panoramica per sorseggiare un cocktail o gustare una pizza oppure assaporare la cucina partenopea.

Caravel

corso Marion Crawford 61 – ✆ 08 18 78 29 55 – www.hotelcaravel.com – Aperto 1° aprile-31 ottobre

88 cam – 75/105 € 80/160 € **Rist** – Menu 24 €

Recentemente ristrutturate le moderne camere di questo hotel situato nella zona residenziale della località. Tranquilli gli ambienti, luminosi e ben insonorizzati.

La Scintilla – Grand Hotel Cocumella

via Cocumella 7 – ✆ 08 18 78 29 33 – www.cocumella.com – Aperto 1° aprile-31 ottobre

Rist – Carta 63/112 €

Sarà una scintilla ad accendere il vostro appetito, perchè qui l'offerta gastronomica è quanto mai variegata, si passa dai classici internazionali ai piatti regionali campani. Anche per gli habitué sarà difficile trovare una ripetizione: il cuoco, qui, è come Paganini.

SANT' AGOSTINO – Ferrara (FE) – 562 H16 – 7 106 ab. – alt. 19 m – ✉ 44047 9 C2

Roma 428 – Bologna 46 – Ferrara 23 – Milano 220

Trattoria la Rosa con cam

via del Bosco 2 Sant'Agnello – ✆ 0 53 28 40 98 – www.trattorialarosa1908.it

5 cam – 65/80 € 80 €

Rist – (prenotare) Menu 20 € (pranzo)/50 € – Carta 35/50 €

Due donne sempre ai fornelli in questa storica trattoria, nata all'inizio del secolo scorso. Classici regionali, salumi e paste restano i maggiori successi nati in cucina. Camere piccole, ma d'interessante ispirazione moderna.

SANTA LIBERATA – Grosseto (GR) – 563 O15 – Vedere Porto Santo Stefano

---

SANTA LUCIA DEI MONTI – Verona (VR) – Vedere Valeggio sul Mincio

---

SANTA MARGHERITA LIGURE – Genova (GE) – 561 J9 – 9 915 ab. – ✉ 16038 Liguria 15 C2

Roma 480 – Genova 40 – Milano 166 – Parma 149

piazza Vittorio Veneto, ✆ 0185 28 74 85, www.turismo.provincia.genova.it

Località★★ • Villa Durazzo★

Strada panoramica★★ per Portofino★★★

Imperiale Palace Hotel

via Pagana 19 – ✆ 01 85 28 89 91 – www.Imperialepalacehotel.it. – Aperto 1° maggio-15 ottobre

86 cam – 300/320 € 425/480 € – 3 suites **Rist** – Carta 62/100 €

Imponente struttura fine '800 a monte dell'Aurelia, ma con spiaggia privata; parco-giardino sul mare con piscina riscaldata e fascino di una pietra miliare dell'hotellerie. Suggestiva sala da pranzo: stucchi e decorazioni davvero unici; signorilità infinita.

Grand Hotel Miramare

lungomare Milite Ignoto 30 – ✆ 01 85 28 70 13 – www.grandhotelmiramare.it

80 cam – 204/292 € 260/481 € – 4 suites

Rist *Les Bougainvillées* – vedere selezione ristoranti

Palme, oleandri, pitosfori e un centenario cedro del Libano: no, non siamo in un giardino botanico, ma nello splendido parco di un'icona dell'ospitalità di Santa. Tra raffinatezza liberty e relax di lusso, c'è posto anche per un moderno centro benessere.

Metropole

rist,

via Pagana 2 – ✆ 01 85 28 61 34 – www.metropole.it – Chiuso novembre

55 cam – 80/140 € 160/248 € – 4 suites **Rist** – Carta 42/71 €

Con un parco fiorito, digradante verso il mare la spiaggia privata, tutto il fascino di un hotel d'epoca e la piacevolezza di una grande professionalità unita all'accoglienza. Elegante sala ristorante dove gustare anche piatti liguri di terra e di mare.

Continental

rist,

via Pagana 8 – ✆ 01 85 28 65 12 – www.hotel-continental.it

69 cam – 80/158 € 120/275 € **Rist** – Carta 36/67 €

In posizione panoramica e con ampio parco sul mare, questo hotel è stato oggetto di un sapiente *restyling* in anni recenti. Indirizzo tra i più "gettonati" per quanto riguarda confort e relax. La sala da pranzo è quasi un tutt'uno con la terrazza, grazie alle ampie vetrate aperte.

Jolanda

rist,

via Luisito Costa 6 – ✆ 01 85 28 75 13 – www.hoteljolanda.it – Chiuso 14 ottobre-24 dicembre

46 cam – 60/105 € 90/160 € – 3 suites

Rist – *(solo a cena)* Carta 26/44 €

Rinnovatosi di recente, l'albergo gode di una posizione arretrata rispetto al mare, raggiungibile però in pochi minuti, e di un servizio attento. Bel centro benessere.

Laurin senza rist

lungomare Marconi 3 – ✆ 01 85 28 99 71 – www.laurinhotel.it

43 cam – 70/400 € 90/400 €

Di fronte al grazioso porticciolo, l'hotel è dotato di una terrazza-solarium con piscina e di una raccolta area relax. Tutte le camere si affacciano al mare, alcune con balcone.

Tigullio et de Milan senza rist

viale Rainusso 3/a – ✆ 01 85 28 74 55 – www.hoteltigullio.eu – Chiuso 1° gennaio-25 febbraio

40 cam – 60/90 € 90/135 €

Un albergo rinnovato nel corso degli ultimi anni; offre validi confort, strutture funzionali, ambienti signorili e terrazza-solarium.

Minerva senza rist

via Maragliano 34/d – ✆ 01 85 28 60 73 – www.hotelminerva.eu – Chiuso novembre-20 dicembre

37 cam – 68/110 € 90/170 € – 1 suite

Ubicazione tranquilla, a pochi minuti a piedi dalla marina: una risorsa d'impostazione classica, condotta con professionalità, passione e attenzione per la clientela. Sala ristorante d'impronta moderna, cucina mediterranea.

Agriturismo Roberto Gnocchi senza rist

via San Lorenzo 29, località San Lorenzo della Costa, Ovest : 3 km – ✆ 01 85 28 34 31 – www.villagnocchi.it – Aperto 1° maggio-15 ottobre

12 cam – 70/85 € 85/110 €

E' come essere ospiti in una casa privata negli accoglienti interni di questa risorsa in posizione incantevole: vista del mare dalla terrazza-giardino, anche durante i pasti. Deliziose camere arredate con gusto.

Les Bougainvillées – Grand Hotel Miramare

lungomare Milite Ignoto 30 – ✆ 01 85 28 70 13 – www.grandhotelmiramare.it

Rist – Menu 49 € (pranzo)/60 € – Carta 49/87 €

In un salone decorato con stucchi e affreschi la cucina sposa la tradizione ligure con la più raffinata modernità. Se poi volete aggiungere alla cornice un pizzico di romanticismo, prenotate un tavolo sulla terrazza: davanti ai vostri occhi, il Golfo del Tigullio.

Oca Bianca

via XXV Aprile 21 – ✆ 01 85 28 84 11 – www.ocabianca.it – Chiuso lunedì

Rist – *(solo a cena escluso domenica)* Menu 20/40 € – Carta 39/67 €

Dedicato agli estimatori di tutto ciò che non è di mare, un locale con proposte di carne, verdura e formaggi, preparati con fantasia. Ambiente intimo e raccolto.

Altro Eden

via Calata Porto 11 – ✆ 01 85 29 30 56 – Chiuso 25 dicembre-2 gennaio, 15 febbraio-1° marzo e martedì

Rist – *(solo a cena escluso sabato e domenica)* (consigliata la prenotazione) Carta 50/92 €

Sul molo con vista porto, locale di taglio moderno con un'originale sala a forma di tunnel e fresco dehors. Il menu è un trionfo di specialità di pesce.

Antonio

piazza San Bernardo 6 – ✆ 01 85 28 90 47 – Chiuso 14-28 febbraio, 10 giorni in novembre e lunedì escluso 15 maggio-15 ottobre

Rist – Menu 30 € (pranzo) – Carta 39/93 €

Piatti ben curati sia sotto il profilo delle materie prime impiegate sia per l'abilità di valorizzarne il gusto in un locale di taglio classico. Le proposte di pesce sono predominanti.

Acqua Pazza (N)

via Maragliano 15 – ✆ 0 18 51 77 13 76 – www.claudiomodena.it – Chiuso lunedì

Rist – *(solo a cena escluso sabato e domenica da ottobre ad aprile)* (consigliata la prenotazione) Menu 45 € – Carta 47/83 €

Una nuova gestione, ma di grande esperienza, ha rilevato questo ristorantino intimo e raccolto, a pochi passi dal mare. Lasciatevi accompagnare alla scoperta di piatti che sapranno incuriosirvi e deliziarvi: la carta è un inno al prodotto principe locale - il pesce - reinterpretato in chiave moderna.

L'Insolita Zuppa (N)

via Romana 7 – ✆ 01 85 28 95 94 – www.insolitazuppa.it – Chiuso 2 settimane in novembre, 2 settimane in febbraio e mercoledì

Rist – Carta 26/47 €

Uno stile vagamente bistrot, allegro ed informale, per una cucina che pur trovandosi in una località di mare privilegia la terra (il menu annovera, comunque, anche qualche specialità ittica).

SANTA MARIA = AUFKIRCHEN – Bolzano (BZ) – Vedere Dobbiaco

SANTA MARIA – Cuneo (CN) – Vedere La Morra

SANTA MARIA ANNUNZIATA – Napoli (NA) – vedere Massa Lubrense

SANTA MARIA DEGLI ANGELI – Perugia (PG) – **563** M19 – Vedere Assisi

SANTA MARIA DELLA VERSA – Pavia (PV) – 561 H9 – 2 519 ab. 16 B3

– alt. 199 m – ✉ 27047

Roma 554 – Piacenza 47 – Genova 128 – Milano 71

Municipio, ✆ 0385 27 80 11, www.comune.santa-maria-della-versa.pv.it

Sasseo

località Sasseo 3, Sud : 3 km – ✆ 03 85 27 85 63 – www.sasseo.com – Chiuso gennaio, martedì a mezzogiorno e lunedì

Rist – Carta 33/55 €

Ubicato tra i vigneti, un grande casolare del 1700 sapientemente ristrutturato ospita due salette in tono rustico-elegante con camino. Cucina moderna e fantasiosa.

Al Ruinello

località Ruinello, Nord : 3 km – ✆ 03 85 79 81 64 – www.ristorantealruinello.it – Chiuso 15-30 gennaio, 10-30 luglio, lunedì sera e martedì

Rist – (consigliata la prenotazione) Carta 26/40 €

Sembra di essere nel salotto "buono" di una casa privata... Ristorante a conduzione familiare, ricavato in una villetta privata, con piatti del territorio proposti a voce. Il menu segue le stagioni.

SANTA MARIA DI CASTELLABATE – Salerno (SA) – 564 G26 – Vedere Castellabate

SANTA MARIA MADDALENA – Rovigo (RO) – 562 H16 – Vedere Occhiobello

SANTA MARIA MAGGIORE Ossola (VB) – 561 D7 – 1 271 ab. 23 C1

– alt. 816 m – Sport invernali : a Piana di Vigezzo : 800/2 064 m 1 4, – ✉ 28857

Roma 715 – Stresa 50 – Domodossola 17 – Locarno 32

piazza Risorgimento 28, ✆ 0324 9 50 91, www.comune.santamariamaggiore.vb.it

Miramonti

piazzale Diaz 3 – ✆ 0 32 49 50 13 – www.almiramonti.com – Chiuso novembre

10 cam – 60 € 115/120 €

Rist – *(aperto Pasqua-30 ottobre e i week-end negli altri mesi)* Carta 40/60 €

Dimora storica nel cuore della località che unisce al calore familiare la discreta eleganza degli ambienti, una piccola realtà ricca di ricordi della Valle e delle sue antiche tradizioni. Sapori ormai noti ai buongustai e nuovi accostamenti: in cucina, la ricerca continua.

Le Colonne

via Benefattori 7 – ✆ 0 32 49 48 93 – Chiuso lunedì sera e martedì

Rist – (consigliata la prenotazione) Menu 39 € – Carta 32/53 €

Nel piccolo centro storico della località, una coppia di grande esperienza gestisce questo ristorante sobrio e curato, dove viene proposta una cucina eclettica.

SANT'AMBROGIO DI VALPOLICELLA – Verona (VR) – 562 F14 39 A3

– 11 635 ab. – alt. 174 m – ✉ 37010

Roma 511 – Verona 20 – Brescia 65 – Garda 19

Groto de Corgnan

via Corgnano 41 – ✆ 04 57 73 13 72 – www.grotodecorgnan.it – Chiuso lunedì a pranzo e domenica

Rist – (prenotazione obbligatoria) Menu 50/70 € – Carta 40/60 €

E' una cucina rispettosa della tradizione ed in sintonia con le stagioni, quella proposta in questa piacevole casa di paese, con piccolo dehors: ambiente decoroso e rallegrato dal camino.

a San Giorgio di Valpolicella Nord-Ovest : 1,5 km – ✉ 37015 Sant'Ambrogio Di Valpolicella

Dalla Rosa Alda con cam
strada Garibaldi 4 – ☎ 04 57 70 10 18 – www.dallarosalda.it
– Chiuso gennaio e febbraio
10 cam – ♦65/80 € ♦♦95/110 €
Rist – *(chiuso domenica sera e lunedì escluso luglio-agosto)* Carta 27/56 €
Le star sono sicuramente le tagliatelle Enbogonè - una pasta fatta completamente a mano, condita con un sugo di fagioli borlotti, olio extravergine locale e rosmarino - ma il menu ha ancora tanto altro da offrire...Una cucina semplice, scandita e dominata dai prodotti del territorio selezionati con cura e passione. Accostati ad un'ottima selezione di vini locali.

SANT' ANDREA – Livorno (LI) – 563 N12 – Vedere Elba (Isola d') : Marciana

SANT'ANGELO – Macerata (MC) – Vedere Castelraimondo

SANT'ANGELO – Napoli (NA) – 564 E23 – Vedere Ischia (Isola d')

SANT'ANGELO IN PONTANO – Macerata (MC) – 563 M22 — 21 C2

– 1 537 ab. – alt. 473 m – ✉ 62020

Roma 192 – Ascoli Piceno 65 – Ancona 119 – Macerata 29

Pippo e Gabriella
località contrada l'Immacolata 33 – ☎ 07 33 66 11 20
– Chiuso 12 gennaio-12 febbraio, 1°-7 luglio e lunedì
Rist – Carta 22/40 €
Un'osteria molto semplice, in posizione tranquilla, dove vige un'atmosfera informale ma cortese e si possono gustare specialità regionali. Griglia in sala.

SANT' ANGELO IN VADO – Pesaro e Urbino (PU) – 563 L19 — 20 A1

– 4 138 ab. – alt. 359 m – ✉ 61048

Roma 283 – Ancona 136 – Pesaro 81

Palazzo Baldani
via Mancini 4 – ☎ 07 22 81 88 92 – www.taddeoefederico.it
– Chiuso 20 agosto-3 settembre
14 cam – ♦60/90 € ♦♦90/120 €
Rist ***Taddeo e Federico*** – vedere selezione ristoranti
Un palazzo del 1700 trasformato in un piccolo, ma delizioso albergo con camere dai toni caldi e letti in ferro battuto. Per un surplus di romanticismo: chiedete la stanza con il baldacchino.

Taddeo e Federico – Hotel Palazzo Baldani
via Mancini 4 – ☎ 07 22 81 88 92 – www.taddeoefederico.it
– Chiuso 20 agosto-3 settembre
Rist – Carta 32/122 €
"Non ci sono più le stagioni, come una volta...", ma in questa trattoria sì: dai funghi, alla selvaggina, senza dimenticare quello che forse è il re di questa tavola, il tartufo, il menu va incontro al gusto moderno, senza perdere di vista la periodicità dei prodotti.

SANT'ANGELO LODIGIANO – Lodi (LO) – 561 G10 – 13 279 ab. — 16 B3

– alt. 73 m – ✉ 26866

Roma 544 – Piacenza 43 – Lodi 12 – Milano 38

San Rocco
via Cavour 19 – ☎ 0 37 19 07 29 – www.sanroccoristhotel.it
– Chiuso 1°-7 gennaio e agosto
16 cam – ♦60/75 € ♦♦80/85 €, 6 €
Rist ***San Rocco*** – vedere selezione ristoranti
Camere confortevoli in un piccolo albergo nel centro della località: gestito dalla stessa famiglia da tre generazioni è sempre un indirizzo raccomandabile.

San Rocco – Hotel San Rocco
via Cavour 19 – ✆ 0 37 19 07 29 – www.sanroccoristhotel.it – Chiuso 1°-7 gennaio, agosto, domenica sera e lunedì
Rist – Carta 20/52 €
I vini D.O.C. dei colli di San Colombano e dell'Oltrepò Pavese, ben si sposano con i piatti tipici della tradizione lodigiana di questo locale: una simpatica via di mezzo tra ristorante e trattoria.

SANT'ANNA – Como (CO) – Vedere Argegno

SANT'ANNA – Cuneo (CN) – Vedere Roccabruna

SANT' ANTIOCO Sardegna – Carbonia-Iglesias (CI) – 366 L49 28 A3

– **11 630 ab.** – ✉ **09017** Sardegna

Cagliari 92 – Calasetta 9 – Nuoro 224 – Olbia 328

Vestigia di Sulcis★ : tophet★, collezione di stele★ nel museo

Moderno-da Achille con cam
via Nazionale 82 – ✆ 0 78 18 31 05 – www.albergoristorantemoderno.com
16 cam – 🛉70/100 € 🛉🛉70/100 €
Rist – *(aperto 1° aprile-30 settembre) (solo a cena)* Carta 37/60 €
Un ambiente originale nelle mani di un abile chef, in grado di soddisfare il palato del cliente con proposte gastronomiche tradizionali e specialità sarde.

SANT'ANTONIO DI MAVIGNOLA – Trento (TN) – 562 D14 – Vedere Pinzolo

SANTARCANGELO DI ROMAGNA – Rimini (RN) – 562 J19 9 D2

– **21 409 ab.** – **alt. 42 m** – ✉ **47822**

Roma 345 – Rimini 10 – Bologna 104 – Forlì 43

via Cesare Battisti 5, ✆ 0541 62 42 70, www.comune.santarcangelo.rn.it

Della Porta senza rist
via Andrea Costa 85 – ✆ 05 41 62 21 52 – www.hoteldellaporta.com
22 cam – 🛉60/80 € 🛉🛉80/120 €
Soffitti finemente affrescati e mobili antichi nelle quattro graziose camere affacciate sul cortile, ciascuna in omaggio ad un fiore. Di tono più moderno le altre stanze.

Il Villino senza rist
via Ruggeri 48 – ✆ 05 41 68 59 59 – www.hotelilvillino.it
12 cam – 🛉70/90 € 🛉🛉100/140 €
Ai margini del centro storico, villa seicentesca ristrutturata con atmosfere provenzali. Camere personalizzate e fantasiose, intitolate ad un volatile che in passato popolò il giardino: le stanze del *Pavone* e del *Fagiano* tra le migliori.

Osteria la Sangiovesa
piazza Simone Balacchi 14 – ✆ 05 41 62 07 10 – www.sangiovesa.it
Rist – *(solo a cena)* Carta 38/54 €
Rist *Osteria* – *(solo a cena)* Carta 23/34 €
Nei magazzini di un palazzo settecentesco con grotta e sorgente, il trionfo della generosità gastronomica locale, che va dalla trippa di scottona di razza romagnola, alle piadine ed altre sfiziosità per cene più veloci ed economiche all'Osteria. I vini sono solo della zona.

Da Lazaroun N
via Del Platano 21 – ✆ 05 41 62 44 17 – www.lazaroun.it – Chiuso giovedì
Rist – Carta 27/48 €
Il prototipo del locale romagnolo, dove un'efficiente e calorosa gestione familiare fa da supporto ad una cucina forte sia fra i primi, sia fra i secondi (paste fresche, salumi, carne anche cotta alla brace): ci s'ingrassa, ma è un piacere!

sulla strada statale 9 via Emilia Est : 2 km

San Clemente senza rist
via Ferrari 1 – 05 41 68 08 04 – www.hotelsanclemente.com – Chiuso 23-28 dicembre
38 cam – †40/150 € ††60/350 €
Lungo la via Emilia, un complesso inaugurato pochi anni or sono e progettato pensando soprattutto a chi viaggia per lavoro. Insieme curato e dotazioni complete, camere prestige da preferire alle standard.

a Montalbano Ovest: 6 km – ✉ 47822 Santarcangelo Di Romagna

Agriturismo Locanda Antiche Macine
via Provinciale Sogliano 1540 – 05 41 62 71 61 – www.antichemacine.it – Chiuso 1°-17 gennaio
15 cam – †60/70 € ††90/130 €
Rist *Antiche Macine* – vedere selezione ristoranti
Ricavata in un antico frantoio, accogliente ed elegante locanda immersa nel verde della campagna riminese, con un percorso natura ed un laghetto per la pesca sportiva.

Antiche Macine – Agriturismo Locanda Antiche Macine
via Provinciale Sogliano 1540 – 05 41 62 71 61 – www.antichemacine.it – Chiuso 1°-17 gennaio e lunedì
Rist – Menu 15 € (pranzo in settimana) – Carta 24/35 €
La tipicità non riguarda solo l'ambiente, ma "veste" anche la tavola con piatti della più schietta tradizione romagnola: passatelli, strozzapreti al ragù, salsicce con olive, crescioni ed una deliziosa pasticceria casalinga.

SANTA REGINA – Siena (SI) – Vedere Siena

SANTA REPARATA Sardegna – Olbia-Tempio (OT) – **366** Q36 – Vedere Santa Teresa Gallura

---

SANTA TECLA Sicilia – Catania (CT) – **365** BA58 – Vedere Acireale

---

SANTA TERESA GALLURA Sardegna – Olbia-Tempio (OT) 28 B1
– **366** Q36 – **5 225 ab.** – ✉ **07028** Sardegna

Olbia 61 – Porto Torres 105 – Sassari 103

piazza Vittorio Emanuele 24, 0789 75 41 27, www.santateresagalluraturismo.com

Arcipelago della Maddalena★★

Corallaro cam, rist,
spiaggia Rena Bianca – 07 89 75 54 75 – www.hotelcorallaro.it – Aperto 20 maggio-10 ottobre
84 cam – †80/188 € ††110/226 € – 2 suites **Rist** – Menu 25/90 €
Immerso nella rigogliosa macchia mediterranea con vista sulle Bocche di Bonifacio, un hotel moderno dalle camere confortevoli e ben arredate ed una nuova piscina solarium. A due passi dalla bianca spiaggia.

Marinaro senza rist
via Angioy 48 – 07 89 75 41 12 – www.hotelmarinaro.it – Aperto 28 febbraio-1° novembre
27 cam – †45/120 € ††65/150 €
Sito nel centro ma non distante dalla spiaggia, un'edificio dal tipico disegno architettonico locale con ambienti arredati nelle rilassanti tinte del verde e del giallo.

Da Cecco senza rist
via Po 3 – 07 89 75 42 20 – www.hoteldacecco.com – Aperto 1° aprile-31 ottobre
32 cam – †49/75 € ††66/110 €
A ridosso della spiaggia, un grazioso hotel a gestione familiare dai semplici, ma accoglienti spazi ed una terrazza-solarium con vista sulle Bocche di Bonifacio.

L'Osteria

al porto turistico – ✆ 07 89 75 52 16 – Aperto 25 aprile-20 settembre; chiuso lunedì sino al 15 giugno

Rist – Carta 31/46 €

Il classico ristorantino di pesce nel quale piacerebbe imbattersi un po' più spesso: in una saletta piccina, ma confortevole, sono le specialità ittiche le star del menu.

a Santa Reparata Ovest : 3 km – ✉ 07028 Santa Teresa Gallura

S'Andira

via Orsa Minore 1 – ✆ 07 89 75 42 73 – www.sandira.it – Aperto 1° maggio-30 settembre

Rist – Carta 40/80 €

Un indirizzo di solida gestione e simpatica cortesia: piacevoli sale, nonché grazioso dehors immerso nel verde della macchia mediterranea. Specialità di pesce in menu.

SANTA TRADA DI CANNITELLO – Reggio di Calabria (RC) – 564 M29

– Vedere Villa San Giovanni

SANTA VITTORIA D'ALBA – Cuneo (CN) – 561 H5 – 2 506 ab. – alt. 346 m – ✉ 12069 25 C2

Roma 655 – Cuneo 55 – Torino 57 – Alba 10

Castello di Santa Vittoria rist,

via Cagna 4 – ✆ 01 72 47 81 98 – www.santavittoria.org – Chiuso gennaio

38 cam – †80/120 € ††140/170 € – 1 suite

Rist *Savino Mongelli* ✿ – vedere selezione ristoranti

Rist – *(chiuso mercoledì) (solo a cena)* Carta 33/43 €

In un borgo di origini medievali, gli spazi interni sono inaspettatamente moderni, sobri e lineari, piacevolmente forniti di confort all'avanguardia. La posizione panoramica fa sì che la piscina goda di un belvedere sulle colline.

Savino Mongelli – Hotel Castello di Santa Vittoria

via Cagna 4 – ✆ 01 72 47 85 50 – Chiuso gennaio, domenica sera e lunedì

Rist – *(solo a cena escluso domenica)* (consigliata la prenotazione) Carta 45/99 €

→ Crudo di mare e olio alle erbe. Capesante arrostite su melanzana fondente. Arance caramellate e gelato alla panna.

La passione per il pesce ispira la cucina: gustose ricette mediterranee, all'insegna dell'olio d'oliva. La scelta è volutamente ristretta per seguire la disponibilità del mercato ittico.

SANT'ELPIDIO A MARE – Fermo (FM) – 563 M23 – 17 185 ab. – alt. 251 m – ✉ 63019 21 D2

Roma 267 – Ancona 49 – Ascoli Piceno 85 – Macerata 33

Il Melograno

via Gherardini 9 – ✆ 07 34 85 80 88 – www.ristoranteilmelograno.it – Chiuso lunedì sera e martedì escluso giugno-settembre

Rist – (prenotare) Carta 21/47 €

Un palazzo del Seicento in cui sorgono oggi ambienti ospitali, sulle calde tonalità dell'ocra e del bianco: per scoprire sapori casalinghi. Vista panoramica incantevole.

SAN TEODORO Sardegna – Olbia-Tempio (OT) – 366 Q36 – 4 342 ab. – ✉ 08020 Sardegna 28 B1

Cagliari 258 – Nuoro 77 – Olbia 29 – Porto Torres 146

piazza Mediterraneo 1, ✆ 0784 86 57 67, www.santeodoroturismo.it

Puntaldia località Punta Sabatino, 0784 864477, www.duelune.com – marzo-novembre; chiuso lunedì e giovedì

a Puntaldia Nord : 6 km – ✉ 08020 San Teodoro

Due Lune Resort Golf & Spa
– ✆ 07 84 86 40 75 – www.duelune.com rist,
– *Aperto 10 maggio-2 ottobre*
64 cam – 180/420 € 276/560 € – 2 suites
Rist – (consigliata la prenotazione) Menu 60 €
In riva al mare, vicina al campo da golf e circondata da un giardino con prato all'inglese, una struttura dal confort esclusivo e raffinato dotata di beauty farm e zona relax. In un'elegante sala ristorante interna è possibile farsi servire proposte gastronomiche classiche dai sapori regionali.

SANTERAMO IN COLLE – Bari (BA) – 564 E32 – 26 854 ab. 27 C2
– alt. 489 m – ✉ 70029
Roma 461 – Bari 42 – Taranto 68 – Andria 88

Osteria Appia Antica N
via Roma 137/139 – ✆ 08 04 03 10 43 – www.osteriaappiaantica.it – Chiuso 2 settimane in agosto, domenica sera e lunedì
Rist – Carta 24/41 €
In un palazzo dell'800 in pieno centro, locale piacevolmente moderno e accogliente dove trascorrere lieti momenti in compagnia di un buon bicchiere di vino e specialità regionali, come i cavatellini con salsiccia di cavallo, rucola e mandorle tostate.

SANT'EUFEMIA DELLA FONTE – Brescia (BS) – 561 F12 – Vedere Brescia

SANT'ILARIO D'ENZA – Reggio Emilia (RE) – 562 H13 – 11 021 ab. 8 A3
– alt. 59 m – ✉ 42049
Roma 444 – Parma 12 – Bologna 82 – Milano 134

Prater
via Roma 39 – ✆ 05 22 67 23 75 – www.praterfood.it – Chiuso 1°-7 gennaio, 1°-25 agosto, sabato a mezzogiorno, domenica in giugno-luglio, mercoledì negli altri mesi
Rist – Menu 30/50 € – Carta 28/52 €
Proposte radicate nella saga gastronomica di questa terra e accompagnate da una nutrita offerta di vini; da gustare in questo elegante locale in pieno centro storico.

SANT'OMOBONO TERME – Bergamo (BG) – 561 E10 – 3 078 ab. 19 C1
– alt. 498 m – Stazione termale – ✉ 24083
Roma 625 – Bergamo 23 – Lecco 39 – Milano 68

Villa delle Ortensie rist,
viale alle Fonti 117 – ✆ 0 35 85 22 42
– www.villaortensie.com – Chiuso 11-28 dicembre e 9-27 gennaio
39 cam – 90/130 € 150/250 € **Rist** – Carta 31/58 €
Nel cuore verde della valle Imagna, questa elegante residenza gentilizia di fine '800 ha mantenuto inalterato il fascino di un tempo, mentre le moderne e molteplici proposte in ambito salutistico o estetico fanno del soggiorno un momento di privilegiato benessere.

Posta
viale Vittorio Veneto 169 – ✆ 0 35 85 11 34 – www.frosioristoranti.it – Chiuso lunedì sera e martedì
Rist – Menu 20 € (pranzo in settimana)/60 € – Carta 42/70 €
Esperta conduzione familiare in un locale che propone una cucina fatta di piatti moderni e tradizione, mentre a pranzo è sempre presente un menu del giorno.

SANTO STEFANO AL MARE – Imperia (IM) – 561 K5 – 2 322 ab. 14 A3
– ✉ 18010 Liguria
Roma 628 – Imperia 18 – Milano 252 – San Remo 12

La Cucina

piazza Cavour 7 – ✆ 01 84 48 50 40 – Chiuso domenica sera e lunedì da settembre a giugno

Rist – *(solo a cena escluso sabato e domenica in luglio e agosto)* Menu 20 € (pranzo in settimana) – Carta 30/50 €

Il turista non può che trovare di proprio gradimento questo locale! Tra i carruggi del centro, l'ingresso attraverso una veranda estiva, poi una sala più caratteristica, rustica e simpatica. Proposte locali, soprattutto marinare.

SANTO STEFANO BELBO – Cuneo (CN) – 561 H6 – 4 109 ab. – alt. 170 m – ✉ 12058 25 D2

Roma 573 – Alessandria 48 – Genova 100 – Asti 26

Relais San Maurizio cam,

località San Maurizio, Ovest : 3 km – ✆ 01 41 84 19 00 – www.relaissanmaurizio.it – Chiuso febbraio

20 cam – †190/220 € ††280/540 €, ☐ 19 € – 10 suites

Rist *Il Ristorante di Guido da Costigliole* ✿ – vedere selezione ristoranti

Rist – Carta 53/85 €

Su una collina prospiciente il paese natale di C. Pavese, un'oasi di pace e di lusso in un monastero secentesco. Camere dai decori incantevoli, nonché una moderna Spa ristrutturata nel segno dell'eccellenza: come l'intera struttura.

Il Ristorante di Guido da Costigliole (Luca Zecchin) – Relais San Maurizio

località San Maurizio 39, Ovest : 3 km – ✆ 0 14 18 41 90 – www.guidosanmaurizio.com – Chiuso gennaio, febbraio e martedì

Rist – *(solo a cena)* Menu 90 € (cena)/120 € – Carta 71/131 €

➜ Agnolotti del plin. Sottopaletta di fassone. Semifreddo al torrone d'Alba.

Magnifica sintesi di ogni promessa paesaggistica e gastronomica langarola: sulla sommità di una panoramica collina, splendido edificio d'epoca, cucina avvolgente ed illustre cantina.

SANTO STEFANO DI CADORE – Belluno (BL) – 562 C19 – 2 680 ab. – alt. 908 m – ✉ 32045 40 C1

Roma 653 – Cortina d'Ampezzo 45 – Belluno 62 – Lienz 78

piazza Roma 37, ✆ 0435 6 22 30, www.infodolomiti.it

Monaco Sport Hotel

via Lungo Piave 60 – ✆ 04 35 42 04 40 – www.monacosporthotel.com – Chiuso 4 novembre-4 dicembre

26 cam – †35/80 € ††60/150 €, ☐ 10 €

Rist *Monaco Sport* – vedere selezione ristoranti

Fuori dal centro, oltre il fiume, risorsa dall'atmosfera familiare che propone gradevoli aree comuni e camere semplici, arredate nel caratteristico stile montano.

Monaco Sport – Monaco Sport Hotel

via Lungo Piave 60 – ✆ 04 35 42 04 40 – www.monacosporthotel.com – Chiuso 4 novembre-4 dicembre e lunedì in bassa stagione

Rist – Carta 24/48 €

Si avvicina ai tre zeri, il numero di bottiglie custodite nella bella cantina: nessun indugio, quindi, nel scegliere il vino che meglio si accompagna con le gustose specialità regionali del locale. In primis, i casunziei "d'n'ota".

SAN TROVASO – Treviso (TV) – 562 F18 – Vedere Preganziol

SANTUARIO – Vedere nome proprio del santuario

SAN VALENTINO ALLA MUTA (ST. VALENTIN AUF DER HAIDE) – Bolzano (BZ) – 562 B13 – alt. 1 470 m – Sport invernali : 1 500/2 700 m 1 4, – ✉ 39027 33 A1

Roma 733 – Sondrio 133 – Bolzano 96 – Milano 272

via Principale, ✆ 0473 63 46 03, www.suedtirolerland.it

Stocker

via Principale 42 – 04 73 63 46 66 – www.hotel-stocker.com – Aperto 16 dicembre-Pasqua e 1° maggio-20 ottobre

30 cam – 55/80 € 49/70 €

Rist – *(solo a cena)* (prenotazione obbligatoria) Menu 18/45 €

Bella casa di montagna a conduzione familiare, ampliata e rimodernata nel corso degli anni; offre camere di diversa tipologia, alcune completamente in legno. Una sala ristorante classica e una più calda e più tipica.

SAN VIGILIO – Bergamo (BG) – Vedere Bergamo

SAN VIGILIO = VIGILJOCH – Bolzano (BZ) – 562 C15 – Vedere Lana

SAN VIGILIO DI MAREBBE (ST. VIGIL ENNEBERG) – Bolzano (BZ) 34 C1

– 562 B17 – alt. 1 285 m – Sport invernali : 1 200/2 275m 19 12 (Comprensorio Dolomiti superski Plan de Corones) – 39030

Roma 724 – Cortina d'Ampezzo 54 – Bolzano 87 – Brunico 18

Str. Catarina Lanz 14, 0474 50 10 37, www.sanvigilio.com

Almhof-Hotel Call

via Plazores 8 – 04 74 50 10 43 – www.almhof-call.com – Aperto 6 dicembre-6 aprile e 1° giugno-13 ottobre

46 cam – 95/185 € 170/340 € **Rist** – *(solo a cena)* Carta 34/78 €

Un piacevolissimo rifugio montano, valido punto di riferimento per concedersi un soggiorno all'insegna della natura, del relax e del benessere, coccolati dal confort. Al ristorante per un curato momento dedicato al palato.

Excelsior

via Valiares 44 – 04 74 50 10 36 – www.myexcelsior.com – Chiuso 8 aprile-30 maggio e 5-30 novembre

43 cam – solo ½ P 266/395 € – 7 suites **Rist** – Carta 40/79 €

In zona panoramica e tranquilla, direttamente sulle piste da sci, la struttura è già invitante dall'esterno. All'interno offre ogni tipo di confort, dalle accoglienti camere alla cigar room, passando per la bellissima spa: un vero e proprio castello dedicato al benessere.

Bella Vista Hotel Emma

Strada Plan de Corones 39 – 04 74 50 11 33 – www.hotelemma.it – Aperto 6 dicembre-1° aprile e 16 giugno-13 ottobre

36 cam – solo ½ P 85/190 € – 4 suites **Rist** – Carta 24/59 €

La bella vista non è solo nel nome... Appena fuori dal paese - in posizione panoramica - questo hotel si caratterizza per il suo stile alpino, ma d'impronta moderna. Vasta scelta di trattamenti nell'ampio centro benessere. Il piacere degli occhi passa al palato nel ristorante gourmet.

Monte Sella

strada Catarina Lanz 7 – 04 74 50 10 34 – www.monte-sella.com – Aperto 1° dicembre-15 aprile e 1° giugno-30 settembre

35 cam – 100/150 € 160/260 € – 5 suites

Rist – *(solo per alloggiati)* Carta 29/53 €

Un'elegante casa d'inizio '900, uno degli hotel più vecchi della località, in cui si è cercato di mantenere il più possibile intatta l'atmosfera del buon tempo che fu.

Aqua Bad Cortina et Mineral Baths

strada Fanes 40 – 04 74 50 12 15 – www.aquabadcortina.it – Aperto 1° dicembre-15 aprile e 1° giugno-30 settembre

21 cam – solo ½ P 154/180 €

Rist – (consigliata la prenotazione) Menu 22/77 €

Un'oasi di tranquillità affacciata sul Parco Naturale: alcune camere sono dedicate alle leggende locali, altre s'ispirano all'acqua e alle proprietà curative della sorgente attorno alla quale la struttura si colloca. Nella bella stagione, non perdetevi l'incanto del giardino con idromassaggio a cielo aperto.

Tabarel

via Catarina Lanz 28 – ☎ 04 74 50 12 10 – Aperto 1° dicembre-14 aprile e 21 giugno-30 settembre
Rist – Menu 38/52 € – Carta 27/66 €
Sulla piazza del paese, questo locale vi darà la possibilità di scegliere tra rustico bistrot e curato ristorante con proposte sia tipiche sia gourmet. Noi vi consigliamo il ristorante.

Fana Ladina

strada Plan de Corones 10 – ☎ 04 74 50 11 75 – www.fanaladina.com – Aperto 1° dicembre-7 aprile e 22 giugno-30 settembre; chiuso mercoledì in bassa stagione
Rist – Carta 32/53 €
In una delle case più antiche di San Vigilio questo ristorante offre proposte tipiche della cucina ladina, in sale arredate con abbondanza di legno ed una graziosa stube. Tra le varie specialità del menu, merita un assaggio il crafun (krapfen salato farcito con ragú).

SAN VINCENZO – Livorno (LI) – 563 M13 – 7 000 ab. – ✉ 57027 — 31 B2

Toscana

Roma 260 – Firenze 146 – Grosseto 73 – Livorno 60
via della Torre, ☎ 0565 70 15 33, www.costadeglietruschi.it

La Coccinella senza rist

via Indipendenza 1 – ☎ 05 65 70 17 94 – www.hotelcoccinella.it – Aperto 20 aprile-28 settembre
31 cam – †60/89 € ††85/148 €
In zona tranquilla, struttura semplice e raccolta, che si rinnova negli anni. Camere funzionali, gestione familiare attenta e spiaggia compresa nel prezzo.

Il Pino

via della Repubblica 19 – ☎ 05 65 70 16 49 – www.ilpino.li.it – Aperto 15 marzo-15 ottobre
43 cam – †70/110 € ††80/160 €
Rist – Carta 24/43 €
Del tutto ristrutturato di recente, un albergo sito nella zona residenziale di San Vincenzo: un'area verde e tranquilla, ideale cornice per una casa familiare e semplice. Ristorante classico.

Il Delfino senza rist

via Cristoforo Colombo 15 – ☎ 05 65 70 11 79 – www.hotelildelfino.it
50 cam – †60/105 € ††85/170 €
Rinnovatosi negli ultimi anni, questo hotel dalla capace conduzione diretta dispone di camere funzionali e confortevoli. Il centro storico non dista molto.

Kon Tiki

via Umbria 2 – ☎ 05 65 70 17 14 – www.kontiki.toscana.it – Chiuso 24 dicembre-7 gennaio
25 cam – †50/140 € ††80/160 €
Rist – *(aperto 1° maggio-30 settembre) (solo per alloggiati)*
Nel nome, un omaggio alla famosa zattera norvegese che raggiunse la Polinesia: qui, tra il mare e le conifere, un po' isolato, un hotel semplice, con camere spaziose.

Villa Marcella

cam,
via Palombo 1 – ☎ 05 65 70 16 46 – www.villamarcella.it
45 cam – †55/160 € ††80/250 €
Rist – Carta 34/60 €
Camere funzionali e moderne in un albergo dall'amabile gestione familiare, a pochi passi dalla spiaggia. Specialità mediterranee al ristorante.

sulla strada per San Carlo

Poggio ai Santi
via San Bartolo 100, frazione San Carlo, Est: 3,5 km – ✆ 05 65 79 80 32 – www.poggioaisanti.com – Chiuso 7 gennaio-1° marzo
12 cam – 120/175 € 149/399 €
Rist *Il Sale* – vedere selezione ristoranti
Arrampicato tra splendide colline, ma con vista che arriva sino alla Corsica, camere di raffinata eleganza ed uno splendido giardino botanico: un eden tutto toscano!

Il Sale – Poggio ai Santi
via San Bartolo 100, frazione San Carlo, Est: 3,5 km – ✆ 05 65 79 80 32 – Chiuso 7 gennaio-1° marzo e martedì escluso 15 giugno-15 settembre
Rist – (prenotazione obbligatoria) Carta 38/74 €
Dove le colline, i cipressi e gli ulivi del più tipico paesaggio toscano incontrano il mare nasce il ristorante Il Sale: il legame con il territorio e la qualità dei piatti sono rafforzati dai numerosi prodotti coltivati dall'azienda stessa.

SAN VITO AL TAGLIAMENTO – Pordenone (PN) – 562 E20 — 10 B3
– 15 015 ab. – alt. 30 m – ✉ 33078
Roma 600 – Udine 42 – Belluno 89 – Milano 339

Patriarca — cam,
via Pascatti 6 – ✆ 04 34 87 55 55 – www.hotelpatriarca.it
27 cam – 49/85 € 69/135 € – 1 suite
Rist – *(chiuso 1°-8 gennaio, sabato a mezzogiorno e domenica sera)* Carta 24/52 €
Accanto al municipio e all'ombra della torre Raimonda eretta alla fine del Duecento dall'omonimo Patriarca, offre una cordiale gestione familiare e luminose confortevoli camere. Nella piccola e graziosa sala da pranzo, proposte di mare e di terra. Ideale per pranzi di lavoro.

SAN VITO DEI NORMANNI – Brindisi (BR) – 564 F35 – 19 801 ab. — 27 C2
– alt. 108 m – ✉ 72019 Puglia
Roma 532 – Bari 102 – Brindisi 31 – Taranto 70

Dei Normanni — cam, rist,
strada statale 16, San Vito dei Normanni-Brindisi, Est : 2 km – ✆ 08 31 95 18 84 – www.hoteldeinormanni.it
63 cam – 50/85 € 70/130 € – 1 suite
Rist – *(solo a cena)* Menu 20/25 €
Aperta tutto l'anno, questa bella struttura presenta una completa gamma di servizi ed è indicata sia per un turismo d'affari sia per un turismo leisure. La piacevolezza delle camere non fa differenza fra quelle ubicate nel corpo centrale e quelle della dépendance.

SAN VITO DI CADORE – Belluno (BL) – 562 C18 – 1 827 ab. — 40 C1
– alt. 1 010 m – Sport invernali : 1 100/1 536 m 6 31 (Comprensorio Dolomiti superski Cortina d'Ampezzo) – ✉ 32046 Italia Centro-Nord
Roma 661 – Cortina d'Ampezzo 11 – Belluno 60 – Milano 403
corso Italia 92/94, ✆ 0436 91 19, www.infodolomiti.it
Località ★

Parkhotel Ladinia
via Ladinia 14 – ✆ 04 36 89 04 50 – www.hladinia.it – Aperto 8 dicembre-24 marzo e 16 giugno-19 settembre
40 cam – 65/140 € 120/260 €
Rist – *(solo a cena in inverno) (solo per alloggiati)* Menu 25/45 € – Carta 24/39 €
Nella parte alta e soleggiata della località, in zona tranquilla e panoramica, l'hotel si è potenziato ed in parte rinnovato in anni recenti: 700 mq di benessere nell'attrezzata Spa e la splendida piscina coperta dalle cui vetrate a tutt'altezza si ammirano le Dolomiti.

Nevada

corso Italia 26 – ✆ 04 36 89 04 00 – www.hotel-nevada.com – Aperto 1° dicembre-15 aprile e 15 giugno-30 settembre

31 cam ☕ – 🚹35/60 € 🚹🚹80/110 € **Rist** – Menu 23/31 € – Carta 19/31 €

Semplice e curata, a gestione familiare, la risorsa va fiera della sua superba posizione alle pendici del monte Pelmo, nel centro di San Vito. Camere semplici e confortevoli. Caldi arredi in legno e cucina casalinga al ristorante.

SAN VITO DI LEGUZZANO – Vicenza (VI) – 562 E16 – 3 579 ab. – alt. 158 m – ✉ 36030 39 B2

▶ Roma 540 – Verona 67 – Bassano del Grappa 38 – Padova 62

Antica Trattoria Due Mori con cam

via Rigobello 39 – ✆ 04 45 51 16 11 – www.trattoriaduemori.it – Chiuso 1°-20 agosto

9 cam – 🚹45 € 🚹🚹65 €, ☕ 6 €

Rist – *(chiuso lunedì)* Menu 30/40 € – Carta 22/40 €

La stessa famiglia da sempre al timone del ristorante propone una linea gastronomica basata sulla memoria veneta con alcune specialità della casa - le fettuccine col colombaccio, le nostre preferite - e antipasti a vista.

SAN VITO LO CAPO Sicilia – Trapani (TP) – 365 AL54 – 4 366 ab. – ✉ 91010 Sicilia 29 A2

▶ Palermo 108 – Trapani 38

ℹ via Savoia 61, ✆ 0923 97 43 00, www.comune.sanvitolocapo.tp.it

Capo San Vito

via San Vito 1 – ✆ 09 23 97 21 22 – www.caposanvito.it – Aperto 23 marzo-3 novembre

35 cam ☕ – 🚹102/295 € 🚹🚹112/336 €

Rist *Jacaranda* – vedere selezione ristoranti

Direttamente sulla spiaggia, la struttura dispone anche di uno spazio in cui si effettuano trattamenti benessere e massaggi. Eleganti le camere, molte delle quali con vista mare.

Ghibli

via Regina Margherita 80 – ✆ 09 23 97 41 55 – www.ghiblihotel.it – Aperto 16 marzo-31 ottobre

16 cam ☕ – 🚹55/128 € 🚹🚹70/186 € – 1 suite

Rist *Profumi del Cous Cous* – vedere selezione ristoranti

Grande attenzione è stata riservata alla scelta dell'arredo delle camere che presentano mobili d'epoca in stile liberty, tutti siciliani. Fresca corte interna e una piccola area wellness.

Mediterraneo

via del Faro 37 – ✆ 09 23 97 20 27 – www.hotelmediterraneotp.com – Chiuso 1° gennaio-15 marzo

15 cam ☕ – 🚹60/150 € 🚹🚹70/180 € – 1 suite **Rist** – Carta 27/48 €

Poco fuori dal centro e sulla litoranea vista mare, elegante risorsa dalla gestione familiare con camere spaziose arredate in stile orientaleggiante. Cucina regionale nell'accogliente ristorante munito di dehors.

Alaba N senza rist

via Mazzini 13 – ✆ 09 23 62 14 05 – www.alabahotel.com – Chiuso novembre

11 cam ☕ – 🚹45/140 € 🚹🚹70/170 €

Un nuovo albergo dalle linee sinuose e dal design minimalista voluto da una gestione già impegnata in questo settore: camere moderne e la bella spiaggia a pochi metri.

Vento del Sud senza rist
via Duca Degli Abruzzi 183 – ✆ 09 23 62 14 50 – www.hotelventodelsud.it
9 cam ☕ – 🚹55/90 € 🚹🚹70/150 €
Albergo recente a conduzione familiare, ricco di influenze orientaleggianti tanto nello stile degli arredi quanto nelle decorazioni. Piccolo e semplice gioiello di charme.

Halimeda senza rist
via Generale Arimondi 100 – ✆ 09 23 97 23 99 – www.hotelhalimeda.com – Aperto 1° marzo-30 ottobre
9 cam – 🚹40/57 € 🚹🚹55/119 €, ☕ 8 €
Accogliente e originale, a pochi metri dal mare, ad ogni camera è stato attribuito un nome che ha ispirato lo stile dell'arredamento: un viaggio tra i cinque continenti.

L'Agave senza rist
via Nino Bixio 35 – ✆ 09 23 62 10 88 – www.lagave.net – Chiuso novembre
12 cam ☕ – 🚹37/130 € 🚹🚹56/160 € – 1 suite
Nella frequentata località balneare dalle acque cristalline, camere semplici e nuove: molte familiari. Al piano superiore la terrazza per le colazioni.

Jacaranda – Hotel Capo San Vito
via San Vito 1 – ✆ 09 23 97 21 22 – www.caposanvito.it – Aperto 23 marzo-3 novembre
Rist – Carta 35/45 €
Con vista sulla spiaggia bianca e l'azzurro mare, Jacaranda è il fiore all'occhiello dell'hotel Capo San Vito. I sapori di Trinacria campeggiano in menu: dal pesto alla trapanese, ai proverbiali dolci, nonché l'immancabile cous cous.

Tha'am con cam
via Duca degli Abruzzi 32 – ✆ 09 23 97 28 36 – Aperto 1° aprile-30 novembre
4 cam ☕ – 🚹50/110 € 🚹🚹60/125 €
Rist – *(chiuso mercoledì escluso giugno-settembre)* Carta 26/52 €
Ceramiche colorate, lampade e illuminazioni di gusto orientaleggiante: la Sicilia incontra le tendenze arabe per culminare in una cucina mediterranea dalle specialità tunisine. Curate e ricche di dettagli, le camere sono tutte graziose e della stessa atmosfera arabeggiante.

Profumi del Cous Cous – Hotel Ghibli
via Regina Margherita 80 – ✆ 09 23 97 41 55 – www.ghiblihotel.it – Aperto 16 marzo-31 ottobre
Rist – Menu 30 € – Carta 30/63 €
Se al cous cous spetta il ruolo di primo attore della carta, non per questo vanno trascurate le altre specialità isolane. Locale d'atmosfera: soprattutto d'estate, nella bella corte interna tra le piante di agrumi.

Da Alfredo
contrada Valanga 3, Sud : 1 km – ✆ 09 23 97 23 66 – Chiuso 20 ottobre-30 novembre, lunedì a pranzo in estate, anche lunedì sera negli altri mesi
Rist – Carta 21/53 €
La gestione è familiare e molto simpatica, a partire proprio da Alfredo che si occupa della cucina: saporita e siciliana, da provare le paste fatte in casa. Servizio estivo sotto il pergolato.

Gna' Sara
via Duca degli Abruzzi 6 – ✆ 09 23 97 21 00 – www.gnasara.it – Chiuso dicembre-gennaio
Rist – Carta 20/55 €
Lungo la strada parallela al corso principale, un locale sobrio e affollato per riscoprire i piatti della tradizione locale, tra cui le busiate fatte a mano, e pizze.

SAN VITTORE OLONA – Milano (MI) – 561 F8 – 8 285 ab. 18 A2
– alt. 197 m – ✉ 20028

Roma 593 – Milano 24 – Como 37 – Novara 39

Poli Hotel

strada statale Sempione ang. via Pellico – ✆ 0 33 42 34 11 – www.polihotel.com
57 cam ☕ – †75/229 € ††85/249 € – 4 suites
Rist ***La Fornace*** – vedere selezione ristoranti
Nuovo hotel, lungo la statale del Sempione, contraddistinto da modernità ed ottimo confort. Gestione cordiale e competente. Ideale per una clientela business.

La Fornace – Poli Hotel

strada statale Sempione ang.via Pellico – ✆ 03 31 51 83 08 – www.ristorantelafornace.it – Chiuso 26 dicembre-1° gennaio, agosto, sabato a mezzogiorno e domenica escluso in aprile e maggio
Rist – Menu 35 € (pranzo) – Carta 42/69 €
Nel contesto strutturale dell'hotel Poli, ma con ingresso indipendente, raccolto e curato ristorante con proposte stuzzicanti e gestione familiare consolidata.

SAN ZENO DI MONTAGNA – Verona (VR) – 562 F14 – 1 363 ab. – alt. 581 m – ✉ 37010 39 A2

Roma 544 – Verona 46 – Garda 17 – Milano 168
via Cà Montagna 2, ✆ 045 6 28 92 96, www.comunesanzenodimontagna.vr.it

Diana

cam, rist,

via Cà Montagna 54 – ✆ 04 57 28 51 13 – www.hoteldiana.biz – Aperto Pasqua-31 ottobre
50 cam ☕ – †68/86 € ††88/140 €
Rist – *(solo per alloggiati)* Menu 25 €
Una grande struttura, immersa nel verde di un boschetto-giardino e con vista sul Lago di Garda, aggiornata di continuo in servizi e dotazioni; sport, relax e benessere. Dal ristorante ci si affaccia sulla verde quiete lacustre.

Taverna Kus N

contrada Castello 14 – ✆ 04 57 28 56 67 – www.tavernakus.it – Chiuso 7 gennaio-14 febbraio, lunedì e martedì nel periodo invernale; sempre aperto in estate
Rist – Menu 25/40 € – Carta 34/63 €
La taverna è molto apprezzata in provincia per la sua proverbiale attenzione alla tradizione gastronomica locale e alla stagionalità delle materie prime. Buona anche la scelta dei vini e l'offerta al bicchiere.

SAN ZENONE DEGLI EZZELINI – Treviso (TV) – 562 E17 – 7 459 ab. – alt. 117 m – ✉ 31020 39 B2

Roma 551 – Padova 53 – Belluno 71 – Milano 247

Alla Torre

via Castellaro 25, località Sopracastello, Nord : 2 km – ✆ 04 23 56 70 86 – www.allatorre.it – Chiuso 1°-10 novembre, 7-20 gennaio, mercoledì a mezzogiorno e martedì
Rist – *(solo a cena da novembre ad aprile)* Carta 30/54 €
Sotto il fresco pergolato con vista su colli o nei raffinati ambienti interni in stile rustico, sapori locali e qualche proposta di pesce. Nella piccola sala *vineria*, mescita e assaggi di cucina.

SAPPADA – Belluno (BL) – 562 C20 – 1 414 ab. – alt. 1 250 m – Sport invernali : 1 250/2 000 m 15, – ✉ 32047 40 C1

Roma 680 – Udine 92 – Belluno 79 – Cortina d'Ampezzo 66
borgata Bach 9, ✆ 0435 46 91 31, www.infodolomiti.it
borgata Bach 96, 0435 469585, www.golfclubsappada.com – maggio-novembre; chiuso martedì escluso maggio

Haus Michaela

borgata Fontana 40 – ☎ 04 35 46 93 77 – www.hotelmichaela.com – Chiuso da fine marzo al 15 maggio e da fine settembre al 1° dicembre
18 cam – †55/98 € ††90/150 € – 1 suite
Rist – *(solo per alloggiati)* Menu 25/38 €
In posizione panoramica, albergo a conduzione familiare caratterizzato da accoglienti camere in stile montano e una piccola zona benessere.

Bladen

borgata Bach 155 – ☎ 04 35 46 92 33 – www.hotelbladen.it
27 cam – †45/95 € ††90/190 € **Rist** – Carta 20/56 €
La calda atmosfera familiare sarà indubbiamente il piacevole benvenuto offerto da questo hotel al limitare del bosco, che si migliora di anno in anno: l'ultimo nato è un attrezzato e gradevole centro benessere. Sfiziosi piatti locali, nonché specifici menu senza glutine per celiaci.

Cristina

borgata Hoffe 19 – ☎ 04 35 46 94 30 – www.albergocristina.it – Aperto 6 dicembre-29 aprile e 11 giugno-14 ottobre
8 cam – †50/70 € ††90/130 €
Rist – *(solo a cena escluso in estate)* Carta 17/36 €
Caldi ambienti e rustici arredi in un hotel a conduzione familiare, ricavato dalla ristrutturazione di un vecchio fienile. Profusione di legno, soffitto decorato e piatti casereccі: eccovi al ristorante!

Posta

via Palù 22 – ☎ 04 35 46 91 16 – www.hotelpostasappada.com – Aperto 1° dicembre-30 aprile e 1° giugno-30 settembre
17 cam – †35/55 € ††70/110 € **Rist** – Carta 17/52 €
Piccole dimensioni, ma grande accoglienza: tutta la famiglia è coinvolta nella gestione della casa, che negli anni ha apportato continue migliorie. Camere in stile locale, sauna e bagno turco. Al ristorante, cucina casalinga legata al territorio.

Laite (Fabrizia Meroi)

borgata Hoffe 10 – ☎ 04 35 46 90 70 – www.ristorantelaite.com – Chiuso giugno, ottobre, giovedì a mezzogiorno e mercoledì escluso dicembre e luglio-agosto
Rist – (consigliata la prenotazione) Menu 90 € – Carta 61/108 €
➜ Tortello all'uovo. Cervo cotto a bassa temperatura in cenere di radici. Tiramisù.
Tra fienili e case d'epoca, si mangia in due romantiche, secolari stube. Una coppia al timone: lui in sala, competente ed ospitale, lei in cucina ad esaltare i prodotti e le ricette locali. Si punta ai sapori, più che ai virtuosismi tecnici!

Baita Mondschein

via Bach 96 – ☎ 04 35 46 95 85 – www.ristorantemondschein.it – Chiuso 15-30 giugno, 5-30 novembre e martedì in bassa stagione
Rist – (consigliata la prenotazione) Carta 25/76 €
Nel solco dell'atmosfera ospitale delle baite montane, a pranzo il locale è frequentato soprattutto da sciatori e dagli amanti delle passeggiate tra i boschi. Maggior intimità la sera. Piatti del territorio rivisitati e alleggeriti.

a Cimasappada Est : 4 km – alt. 1 295 m – ✉ 32047 Sappada

Agriturismo Voltan Haus senza rist

via Cima 65 – ☎ 0 43 56 61 68 – www.voltanhaus.it – Chiuso novembre
6 cam – †35/50 € ††70/100 €
Caratteristica casa in legno risalente al 1754, ristrutturata con cura e rispetto del passato: legno ovunque e attenzione al dettaglio. Nella graziosa *stube* è servita la prima colazione.

SAPRI – Salerno (SA) – 564 G28 – 7 038 ab. – ✉ 84073 7 D3

Italia Centro-Sud
Roma 407 – Potenza 131 – Castrovillari 94 – Napoli 201
Golfo di Policastro★★ Sud per la strada costiera

Pisacane
via Carlo Alberto 35 – ✆ 09 73 60 50 74 – www.hotelpisacane.it
16 cam – 60/120 € 70/140 €
Rist – *(aperto 1°luglio-31 agosto) (solo per alloggiati)*
Di recente apertura, hotel di piccole dimensioni dotato di camere arredate con mobilio di tono moderno e decorate con ceramiche. Graziosa facciata con balconi fioriti. Ristorante con servizio estivo sulla curata terrazza.

Mediterraneo rist,
via Verdi 15 – ✆ 09 73 39 17 74 – www.hotelmed.it – Aperto 16 maggio-31 dicembre
20 cam – 45/90 € 65/130 € **Rist** – Carta 26/40 €
All'ingresso della località, direttamente sul mare, un albergo familiare, di recente rimodernato; dotato di parcheggio privato, costituisce una comoda e valida risorsa. Cucina da gustare in compagnia del mare, un'infinita distesa blu.

Lucifero
corso Garibaldi I traversa – ✆ 09 73 60 30 33 – www.ristorantelucifero.com – Chiuso novembre e mercoledì escluso dal 15 luglio al 15 settembre
Rist – Carta 22/53 €
Ambienti suddivisi da archi con profilo in mattoni, travetti al soffitto e pavimento in cotto: arredamento rustico per un ristorante che propone gustose specialità di mare e qualche piatto più elaborato.

SARAGANO – Perugia (PG) – Vedere Gualdo Cattaneo

SARENTINO (SARNTHEIN) – Bolzano (BZ) – 562 C16 – 6 903 ab. – alt. 961 m – Sport invernali : 1 570/2 460 m 1 3, – ✉ 39058 33 B2

Roma 662 – Bolzano 23 – Milano 316
via Europa 15/a, ✆ 0471 62 30 91, www.sarntal.com

Bad Schörgau con cam rist,
Sud : 2 km – ✆ 04 71 62 30 48 – www.bad-schorgau.com – Chiuso marzo
25 cam – 86/95 € 200/220 € – 5 suites
Rist – *(chiuso lunedì e martedì) (solo a cena)* (coperti limitati, prenotare) Menu 76/96 € – Carta 44/81 €
Rist *Veranda* – *(chiuso martedì a mezzogiorno e lunedì)* Carta 41/61 €
Ai Bagni di Serga, design rustico-contemporaneo in un'accogliente casa di montagna, dove effettuare una sosta gourmet con sapori tipici e tecniche di cottura moderne. Ancora atmosfera alpina, ma cucina più tradizionale alla Veranda.

Auener Hof (Heinrich Schneider) con cam rist,
località Prati 21, Ovest : 7 km, alt. 1 600 – ✆ 04 71 62 30 55 – www.auenerhof.it
8 cam – 130/142 € 198/218 € – 2 suites
Rist – *(chiuso mercoledì)* Menu 67/125 € – Carta 62/87 €
→ Capasanta marinata su fondo di erbette e levistico (sedano di montagna). Filetto di vitello da allevamento biologico in crosta di cirmolo e spugnole. Sorbetto di rape rosse con spuma di lavanda e noci allo sciroppo.
Al termine di un tratto di strada tra i boschi, il piacere di assaporare i piatti della tradizione locale rivisitati in chiave moderna arricchiti dalla passione e dalla fantasia dello chef. Ambiente raffinato. Confortevoli e spaziose camere per recuperare le energie e poi partire alla scoperta delle Dolomiti.

SAREZZO – Brescia (BS) – 561 F12 – 13 430 ab. – alt. 273 m – ✉ 25068 17 C2

Roma 592 – Milano 104 – Brescia 16 – Bergamo 57

Osteria Vecchia Bottega
piazza Cesare Battisti 29 – ✆ 03 08 90 01 91 – www.osteriavecchiabottega.com – Chiuso domenica sera e lunedì
Rist – Menu 30/50 € – Carta 32/56 €
Dopo un accurato lavoro di restyling della "osteria" e della "vecchia bottega" rimane solo il nome...e la cucina: squisitamente fedele alla tradizione regionale e al Bel Paese.

SASSELLO – Savona (SV) – **561** I7 – **1 861 ab. – alt. 405 m –** ✉ **17046** **14** B2

Liguria

Roma 559 – Genova 65 – Alessandria 67 – Milano 155

via Badano 45, ✆ 019 72 40 20, www.visitriviera.it

Pian del Sole

viale Marconi (località Pianferioso 23) – ✆ 0 19 72 42 55 – www.hotel-piandelsole.com – Chiuso 7 gennaio-11 febbraio

32 cam – **†60/70 € ††70/110 €**

Rist *Pian del Sole - da Ivano* – *(chiuso mercoledì escluso aprile-ottobre)*

Carta 22/43 €

A pochi passi dal centro della località, struttura di recente costruzione e di taglio moderno: ampie zone comuni ben tenute e spaziose camere piacevolmente arredate.

SASSETTA – Livorno (LI) – **563** M13 – **567 ab. – alt. 330 m –** ✉ **57020** **31** B2

Toscana

Roma 279 – Grosseto 77 – Livorno 64 – Piombino 40

via di Castagneto, ✆ 0565 79 45 21, www.costadeglietruschi.it

Agriturismo La Bandita

via Campagna Nord 30, Nord-Est : 3 km – ✆ 05 65 79 42 24 – www.labandita.com – Aperto 1° aprile-31 ottobre
27 cam – 80/150 € 106/176 €
Rist – (prenotazione obbligatoria) Carta 27/50 €
Villa di fine '700 all'interno di una vasta proprietà. Interni molto curati con arredi d'epoca, notevoli soprattutto nelle aree comuni. Camere eleganti, bella piscina. Fiori ai tavoli, paste fatte in casa e selvaggina nella luminosa sala da pranzo.

SASSO MARCONI – Bologna (BO) – 562 I15 – 14 727 ab. – alt. 128 m – ✉ 40037 9 C2

Roma 361 – Bologna 16 – Firenze 87 – Milano 218
via Porrettana 312, ✆ 051 6 75 84 09, www.comune.sassomarconi.bologna.it

Marconi (Aurora Mazzucchelli)

via Porrettana 291 – ✆ 0 51 84 62 16 – www.ristorantemarconi.it – Chiuso 3 settimane in agosto, domenica sera e lunedì
Rist – Menu 55/80 € – Carta 54/82 €
→ Maccheroncini con anguilla affumicata, ostriche e spinaci. Piccione brasato al pepe di Tasmania e grano cotto. Cioccolato fondente, carota al limone, latte di capra e anice.
Ottime materie prime, selezionate con cura, nonché una capacità di programmare e pensare che va oltre il piatto: un menu per abbracciare terra e mare, in maniera creativa e mai scontata.

a Mongardino Nord-Ovest : 5 km – alt. 369 m – ✉ 40037

Antica Trattoria la Grotta dal 1918

via Tignano 3 – ✆ 05 16 75 51 10 – www.lagrotta1918.it – Chiuso 7-24 gennaio, 1 settimane in novembre, giovedì a mezzogiorno e mercoledì
Rist – Carta 26/50 €
Porta la firma del noto designer bolognese Dino Gavina, questo ristorante fondato nel 1918 dove gustare ottime proposte locali, quali paste fresche, carni alla griglia, ma anche selvaggina, funghi, tartufi, nonché il tipico fritto misto di frutta e verdura. Terrazza per i piatti estivi.

SASSUOLO – Modena (MO) – 562 I14 – 41 290 ab. – alt. 121 m – ✉ 41049 Italia Centro-Nord 8 B2

Roma 421 – Bologna 61 – Milano 177 – Modena 18
piazza Avanzini, ✆ 0536 1 84 48 53, www.comune.sassuolo.mo.it
San Valentino San Valentino di Castellarano via Telarolo 12, , Sud: 3,5 km, 0536 854033, www.sanvalentino.it – chiuso martedì

Leon d'Oro senza rist

via Circonvallazione Nord/Est 195 – ✆ 05 36 81 33 81 – www.hotel-leondoro.it – Chiuso 22 dicembre-6 gennaio e 4-19 agosto
92 cam – 60/75 € 85/130 € – 2 suites
Pianta curva, eleganza, caldi colori rilassanti, design contemporaneo e dotazioni tecnologiche d'avanguardia per questo hotel di recente apertura, vocato ad una clientela d'affari.

Michelangelo

via Circonvallazione Nord/Est 85 – ✆ 05 36 99 85 11 – www.michelangelohp.com – Chiuso 25 dicembre-1° gennaio e agosto
75 cam – 50/115 € 60/180 €
Rist *Contessa Matilde* – ✆ 0 53 61 81 10 82 *(chiuso domenica)* Carta 24/73 €
All'interno di un contesto residenziale, un elegante albergo di gusto classico, sobriamente arredato con legni, marmi e tessuti dalle calde tonalità.

Osteria dei Girasoli

via Circonvallazione Nord/Est 217/219 – ✆ 05 36 80 12 33 – www.osteriadeigirasoli.com – Chiuso 2 settimane in agosto, lunedì sera e domenica

Rist – (consigliata la prenotazione) Carta 28/58 €

Eleganza e modernità si coniugano perfettamente in questo ristorante di design che dispone di una saletta privè e di un'ottima cantina. Cucina contemporanea e del territorio.

La Paggeria

via Rocca 16/20 – ✆ 05 36 80 51 90 – www.ristorantelapaggeria.com – Chiuso 1° -15 gennaio, sabato a mezzogiorno e domenica sera

Rist – (consigliata la prenotazione) Carta 26/61 €

Nel cuore del centro storico, a pochi passi dalla piazza dove emerge l'enorme mole del Palazzo Ducale, cucina classica e regionale. Imperdibili le paste fresche e secche, nonché il tartufo (in stagione).

SATURNIA – **Grosseto (GR)** – **563** O16 – **alt. 294 m** – **Stazione termale** **32** C3
– ✉ **58014** Toscana

Roma 195 – Grosseto 57 – Orvieto 85 – Viterbo 91

Bagno Santo

rist,

località Pian di Cataverna, Est : 3 km – ✆ 05 64 60 13 20 – www.bagnosantohotel.it – Chiuso 7-30 gennaio

14 cam – 75/110 € 130/160 €

Rist – *(chiuso mercoledì) (solo a cena)* Carta 21/46 €

Splendida vista su campagna e colline, tranquillità assoluta e ambienti confortevoli; piacevoli le camere in stile lineare, notevole piscina panoramica. Capiente sala da pranzo dagli arredi essenziali e dall'atmosfera raffinata.

Saturno Fontepura

località La Crocina, Sud : 1 km – ✆ 05 64 60 13 13 – www.hotelsaturnofontepura.com – Chiuso 8-26 gennaio

25 cam – 95/120 € 130/200 €

Rist – *(aperto 1°aprile-31 ottobre) (solo a cena) (solo per alloggiati)* Carta 20/36 €

Tra il paese e le terme - in posizione panoramica - un hotel di buon livello, ampliato nel 2010 con una nuova ala che ospita 15 camere. Nella bella piscina solo acqua termale!

Villa Clodia senza rist

via Italia 43 – ✆ 05 64 60 12 12 – www.hotelvillaclodia.com – Chiuso 10 gennaio-5 febbraio

9 cam – 65/85 € 100/120 € – 1 suite

Nel centro, in zona panoramica, bella villa circondata dal verde; ambiente familiare negli interni decorati con gusto, ma originale e personalizzato; camere accoglienti.

Villa Garden senza rist

via Sterpeti 56, Sud : 1 km – ✆ 05 64 60 11 82 – www.villagarden.net – Chiuso 10-20 gennaio

10 cam – 60/70 € 70/98 €

A metà strada tra il paese e le Terme, una villetta immersa nella quiete, con un gradevole giardino; piacevoli e curati spazi comuni, camere di buon livello.

I Due Cippi-da Michele

piazza Veneto 26/a – ✆ 05 64 60 10 74 – www.villagarden.net – Chiuso 9-25 gennaio e martedì escluso agosto

Rist – Carta 35/59 €

Nella piazza del paese, ristorante a gestione diretta in cui gustare piatti toscani, dotato anche di enoteca con ottima scelta di vini e vendita di prodotti della zona.

alle terme Sud-Est : 3 km :

Terme di Saturnia Spa & Golf Resort
via della Follonata rist,
– 05 64 60 01 11 – www.termedisaturnia.it – Chiuso 10-27 gennaio
140 cam – 320/460 € 460/640 € – 5 suites
Rist *Acquacotta* – vedere selezione ristoranti
Rist *Aqualuce* – Menu 40 € (pranzo)/55 €
Vacanza rigenerante, in un esclusivo complesso con lussuose camere, spazi generosi e piscina termale naturale: il centro benessere è tra i migliori d'Italia. Ricco buffet e possibilità di piatti light al ristorante Aqualuce.

Acquacotta – Hotel Terme di Saturnia Spa & Golf Resort
via della Follonata – 05 64 60 01 11
– www.termedisaturnia.it – Chiuso 10-27 gennaio e mercoledì
Rist – *(solo a cena)* (prenotazione obbligatoria) Menu 75/120 €
– Carta 62/114 €
➜ Risotto con gallinella, asparagi e timo al profumo d'arancia. Filetto di San Pietro con carciofi alla liquirizia e maionese di ostriche. Tiramisù caldo.
Partendo da ottime materie prime, e questa regione come tutti sanno ne è ricca, la carta spicca il volo verso la modernità: a suo agio sia per quanto concerne i piatti di terra, sia per quanto riguarda le specialità di mare.

SAURIS – Udine (UD) – 562 C20 – 429 ab. – alt. 1 400 m — 10 A1
– Sport invernali : 1 200/1 450 m 3, – ✉ 33020

Roma 723 – Udine 84 – Cortina d'Ampezzo 102
Sauris di Sotto 91, 0433 8 60 76, www.turismofvg.it

Schneider
via Sauris di Sotto 92 – 0 43 38 60 10 – www.ristoranteallapace.it
– Chiuso 10-20 dicembre e 20 giorni in giugno
8 cam – 40/50 € 65/75 €
Rist *Alla Pace* – vedere selezione ristoranti
A qualche numero civico di distanza dal ristorante di famiglia, solo poche camere in termini numerici, ma ampie per quanto riguarda i metri quadrati a loro consacrati: lo stile è montano, il confort internazionale.

Riglarhaus N rist,
località Laites, Sud-Ovest : 6 km – 0 43 38 60 49 – www.riglarhaus.it
– Chiuso 11-31 gennaio
7 cam – 45 € 66/80 € **Rist** – *(chiuso martedì)* Carta 23/40 €
E' da più generazioni che in questa bella casetta in posizione panoramica e tranquilla, si offrono ospitalità, cucina casalinga e calda accoglienza.

Alla Pace – Hotel Schneider
via Sauris di Sotto 38 – 0 43 38 60 10 – Chiuso10-20 dicembre, 20 giorni in giugno e mercoledì
Rist – Carta 20/37 €
Locanda di tradizione situata in un antico palazzo fuori dal centro e gestita dalla stessa famiglia dal 1804. Accoglienti le salette, arredate con panche che corrono lungo le pareti, dove gustare cucina tipica del luogo. E per gli amanti dei primi: tris di gnocchetti di pane cumino ed erba cipollina, tortelli alle erbe selvatiche e lasagne con scloplit.

SAUZE D'OULX – Torino (TO) – 561 G2 – 1 171 ab. – alt. 1 509 m — 22 A2
– Sport invernali : 1 350/2 823 m (Comprensorio Via Lattea 6 72) – ✉ 10050

Roma 746 – Briançon 37 – Cuneo 145 – Milano 218
via Genevris 7, 0122 85 80 09, www.comune.sauzedoulx.to.it

Jouvenceaux Ovest : 2 km – ✉ 10050 Sauxe D'Oulx

Chalet Chez Nous senza rist

Via Principale 41 – ✆ 01 22 85 97 82 – www.chaletcheznous.it
– Aperto 7 dicembre-15 aprile e 20 giugno-10 settembre
10 cam – †40/80 € ††90/130 €
In un borgo con strade strette e case in pietra, è una vecchia stalla adattata ad ospitare questo albergo accogliente e tranquillo, dotato di buoni confort. Sala colazioni con soffitto a volte.

a Le Clotes 5 mn di seggiovia o E : 2 km (solo in estate) – alt. 1 790 m – ✉ 10050 Sauze D'Oulx

Il Capricorno

via Case Sparse 21 – ✆ 01 22 85 02 73 – www.chaletilcapricorno.it
10 cam – †160/195 € ††230/290 €
Rist ***Naskira*** – vedere selezione ristoranti
In una splendida pineta e in comoda posizione sulle piste da sci, la vista si bea di monti e vallate, mentre arredi artigianali e tanto legno ci ricordano che non siamo al mare. D'inverno, approfittate della motoslitta per raggiungere l'hotel!

Naskira – Hotel Il Capricorno

via Case Sparse 21 – ✆ 01 22 85 02 73 – www.chaletilcapricorno.it
Rist – (consigliata la prenotazione) Carta 46/76 €
Il nome allude alla stella più luminosa della costellazione del capricorno e, con la nuova gestione, il ristorante sta facendo sforzi apprezzabili. In una tipica sala montana, piatti classici - a mezzogiorno - per una clientela frettolosa impegnata tra una pista e l'altra, mentre - la sera - la carta cambia, assumendo una veste più gourmet e ricercata. Servizio anche all'aperto sulla valle.

SAVELLETRI – Brindisi (BR) – **564** E34 – ✉ **72010** **27** C2

Roma 509 – Bari 65 – Brindisi 54 – Matera 92

San Domenico contrada Masciola, 080 4829200, www.sandomenicogolf.com

Masseria San Domenico

strada litoranea 379, località Petolecchia , Sud-Est : 2 km – ✆ 08 04 82 77 69 – www.masseriasandomenico.com
– Chiuso10 gennaio-31 marzo
47 cam – †290/330 € ††440/638 € – 16 suites **Rist** – Carta 51/85 €
Relax, benessere ed eco dal passato in questa masseria del '400 tra ulivi secolari e ampi spazi verdi; un caratteristico frantoio ipogeo ed un'incantevole piscina con acqua di mare. Nell'elegante terrazza come nella bella sala dal soffitto a volte i capolavori di una cucina della tradizione.

Borgo Egnazia

contrada Masciola, Nord-Ovest : 2 Km
– ✆ 08 02 25 50 00 – www.borgoegnazia.com
183 cam – †220/620 € ††490/2320 € – 94 suites **Rist** – Carta 45/100 €
Un tipico borgo medioevale completamente ricreato è lo scenario di questo esclusivo resort: pietra naturale, macchia mediterranea, vicoli e piazzette... a cui si aggiungono servizi d'eccellenza e 28 ville top exclusive.

Masseria Torre Coccaro

contrada Coccaro 8, Sud-Ovest : 2 km
– ✆ 08 04 82 93 10 – www.masseriatorrecoccaro.com
40 cam – †238/382 € ††278/510 € **Rist** – (prenotare) Carta 55/96 €
Elegante e particolare struttura che rispetta l'antico spirito fortilizio del luogo conservando la torre cinquecentesca: camere quasi tutte nello stesso stile con qualche particolarità. Suggestivo anche il ristorante, accolto in sale ricavate nelle stalle settecentesche.

Masseria Torre Maizza

contrada Coccaro, Sud Ovest: 2 Km – ☎ 08 04 82 78 38 – www.apuliacollection.com

26 cam ☕ – †250/508 € ††290/548 € – 2 suites

Rist *Le Palme* – Carta 48/72 €

Scorci di Mediterraneo davanti ai vostri occhi, frutteti e coltivazioni i sentieri che attraverserete: l'eleganza del passato si unisce ad una storia più recente e alla sete di benessere. Molto bello il dehors con agrumeto, dove gustare specialità regionali.

Masseria Cimino rist,

contrada Masciola, Nord-Ovest : 2,5 Km – ☎ 08 04 82 78 86 – www.masseriacimino.com

17 cam ☕ – †220/340 € ††220/340 €

Rist – *(solo a cena) (solo per alloggiati)*

Nata come guest house dell'annesso campo da golf, la struttura ha un'antica storia alle spalle… All'interno degli scavi archeologici di Egnatia, questa masseria con torre del '700 continua ad ammaliare l'ospite per la tranquillità della sua posizione isolata e per gli ambienti rustici, ma non privi di eleganza.

SAVIGNANO SUL RUBICONE – Forlì-Cesena (FC) – 562 J19 9 D2

– 17 653 ab. – alt. 32 m – ✉ 47039

Roma 352 – Bologna 102 – Forlì 42 – Serravalle SMR 35

Rubicone senza rist

via Mazzini 1/B – ☎ 05 41 94 28 81 – www.rubiconehotel.it

11 cam ☕ – †65 € ††90 €

A 100 metri dalla via Emilia, piccola ed omogenea risorsa a conduzione familiare. Indirizzo funzionale e comodo.

SAVIGNO – Bologna (BO) – 562 I15 – 2 788 ab. – alt. 259 m – ✉ 40060 9 C2

Roma 394 – Bologna 39 – Modena 40 – Pistoia 80

Trattoria da Amerigo (Alberto Bettini) con cam

via Marconi 16 – ☎ 05 16 70 83 26 – www.amerigo1934.it – Chiuso 20 gennaio-10 febbraio, 16 agosto-5 settembre e lunedì; anche martedì da gennaio a maggio

5 cam ☕ – †50/70 € ††70/90 € – 1 suite

Rist – *(solo a cena escluso festivi e sabato in ottobre-dicembre)* (consigliata la prenotazione) Menu 34/55 € – Carta 34/61 €

→ Tortelli con crema di parmigiano al prosciutto cotto nel forno a legna. Mosaico d'anatra muta in 3 cotture con carciofi sul loro purè. Spuma di ricotta con la saba (mosto cotto).

Se la vista è appagata dal suggestivo affresco murale "Il Bosco delle Meraviglie di Amerigo" in una delle due sale al primo piano, il palato è deliziato da una cucina rispettosa di una regione tanto prodiga di specialità. La ricerca dei prodotti sul territorio è davvero encomiabile.

SAVIGNONE – Genova (GE) – 561 I8 – 3 249 ab. – alt. 471 m 15 C1

– ✉ 16010 Liguria

Roma 514 – Genova 27 – Alessandria 60 – Milano 124

Palazzo Fieschi

piazza della Chiesa 14 – ☎ 01 09 36 00 63 – www.palazzofieschi.it – Chiuso 15 dicembre-15 marzo

20 cam ☕ – †75/150 € ††90/210 € **Rist** – *(solo a cena)* Carta 31/70 €

Nella piazza centrale del paese, in una dimora patrizia cinquecentesca con un grande giardino, un albergo a gestione diretta dalle preziose sale affrescate e dalle ampie stanze in stile. Soffitto decorato, camino e luminose vetrate nell'elegante sala ristorante.

SAVOGNA D'ISONZO – Gorizia (GO) – 562 E22 – 1 739 ab. 11 C2

– alt. 49 m – ✉ 34070

Roma 639 – Udine 40 – Gorizia 5 – Trieste 29

a San Michele del Carso Sud-Ovest : 4 km – ✉ 34070

XX **Lokanda Devetak** con cam

via Brezici 22 – ✆ 04 81 88 24 88 – www.devetak.com
8 cam ☕ – †75/90 € ††120/140 €
Rist – *(chiuso i mezzogiorno di mercoledì e giovedì, lunedì e martedì)* (prenotare) Carta 29/48 €
Teatro di memorabili battaglie durante la I guerra mondiale, la località ospita questa tipica *gostilna*, la cui vicinanza con Slovenia ed Austria non poteva che riflettersi in tavola: piatti regionali e mitteleuropei, nonché una fornita cantina - ad uso enoteca - scavata nella pietra. Tra le varie prosposte del menu, soffermatevi sul riso bianco e nero ai 4 formaggi del Carso.

SAVONA Ⓟ (SV) – 561 J7 – 62 553 ab. – ✉ 17100 Liguria 14 B2

Roma 545 – Genova 48 – Milano 169
corso Italia 157/r, ✆ 019 8 40 23 21, www.visitriviera.it
Polittico★ nella chiesa di Nostra Signora di Castello

Pianta pagina seguente

Mare

via Nizza 89/r – ✆ 0 19 26 40 65 – www.marehotel.it AYc
66 cam ☕ – †55/110 € ††79/165 €
Rist *A Spurcacciun-a* – vedere selezione ristoranti
Rist *Bagni Marea* – *(aprile-ottobre)* (consigliata la prenotazione la sera) Carta 27/44 €
Direttamente sul mare - fuori dal centro - ambienti di moderna concezione e camere nuove: costantemente sottoposte a migliorie. Rist Bagni Marea: all'aperto tra spiaggia e piscina, piatti semplici, insalate e panini. A pranzo, solo self-service; la sera, sushi-bar.

NH Savona Darsena cam, cam, rist,

via A. Chiodo 9 – ✆ 0 19 80 32 11 – www.nh-hotels.it CYb
92 cam ☕ – †95/195 € ††135/235 € **Rist** – *(solo a cena)* Carta 30/50 €
Un'altra struttura in città che non si sottrae al fascino del moderno design: adiacente il terminal della Costa Crociere e a pochi passi dalla torre del Brandale, l'estremo minimalismo delle camere è inversamente proporzionale al loro confort.

XXX **A Spurcacciun-a** – Hotel Mare

via Nizza 89/r – ✆ 0 19 26 40 65 – www.marehotel.it
– *Chiuso 22 dicembre-20 gennaio e mercoledì* AYc
Rist – Carta 45/146 €
Emozioni visive nella sala denominata "tappeti volanti", giochi di colore e luci alla "cromo dinner" o un'unica esperienza tattile al tavolo del menu "solo mani", ma in tutto ciò è sempre il mare a farla da padrone.

XX **L'Arco Antico** (Flavio Costa)

piazza Lavagnola 26 r – ✆ 0 19 82 09 38 – www.ristorantearcoantico.it – Chiuso lunedì a mezzogiorno e domenica BVa
Rist – (prenotazione obbligatoria a mezzogiorno) Menu 60/100 € – Carta 52/104 €
→ Crema di zucchine trombetta con seppie al nero e scorzette candite di limoni. Tortelli di pesce ed erbe selvatiche, nocciole, acciughe salate e timo selvatico. Come un cappon magro.
La moderna periferia lascia posto a case d'epoca, tra le quali questo edificio del Settecento; nell'elegante saletta sormontata da antichi archi in mattoni, una carta creativa con piatti di carne e di pesce.

XX **L'Angolo dei Papi**

vicolo del Marmo 10 – ✆ 0 19 85 42 63 – www.langolodeipapi.eu – Chiuso sabato a mezzogiorno e domenica CYa
Rist – (prenotare) Menu 10 € (pranzo in settimana)/35 € – Carta 38/63 €
Di fronte alla Cappella Sistina e al Duomo, locale piacevolmente moderno modulato in diverse sale e riscaldato da un parquet in legno di acacia. In menu: pochi piatti di terra o di mare dai sapori squisitamente liguri.

SAVONA

Astengo (V.)	BY	2
Bigliati (Cso)	CV	3
Bixio (V.)	BX	4
Boselli (V. P.)	BY	5
Brandale (Pza del)	CY	6
Brignoni (V.)	BY	7
Cavour (V.)	BY	10
Corsi (V.)	BZ	
Diaz (Pza A.)	CY	14
Duomo (Pza)	CY	15
Famagosta (V.)	BX	17
Ferrari (Cso)	CV	18
Genova (V.)	CV	20
Gentile (V.)	CV	21
Giulio II (Pza)	CZ	22
Giuria (V. P.)	CZ	24
Gramsci (V. A.)	CY	25
Guidobono (V.)	BZ	26
Italia (Cso)	BCY	
Mameli (Pza G.)	BY	27
Matteotti (Lung. Giacomo)	CV	29
Matteotti (V.)	CV	28
Mazzini (Cso G.)	CV	31
Mille (V. dei)	CY	32
Minzoni (V. Don G.)	BX	34
Mistrangelo (V.)	CY	35
Montenotte (V.)	BZ	36
Naz. del Piemonte (V.)	BV	38
Paleocapa (V.)	BCY	41
Pia (V.)	CY	42
Pirandello (V.)	BX	45
Saffi (Pza A.)	BY	47
Salomone (V.)	CV	48
Sisto IV (Pza)	CY	51
Svizzera (Cso)	AY	53
S. Cristoforo (V.)	AX	49
S. Lorenzo (V.)	BX	50
Tardy e Benech (Cso)	BZ	55
Torino (V.)	BX	56
Turati (V. F.)	CX	57
Venezia (V.)	BY	59
Verdi (V. G.)	BX	60
Verzellino (V.)	BZ	62
Viglienzoni (Cso)	BZ	65
Vittime di Brescia (V.)	BX	66
Vittorio Veneto (V.)	BX	67
4 Novembre (V.)	BY	68
20 Settembre (V.)	BZ	70

a Vado Ligure Sud-Ovest: 5 km – ✉ 17047

Sea Art Hotel cam, cam, rist,
via Aurelia 454 – ✆ 0 19 21 62 61 – www.seaarthotel.it
63 cam ☕ – †85/130 € ††110/150 €
Rist – *(solo a cena)* Carta 25/39 €
Affacciata sul porto di Vado, questa nuovissima struttura ricorda solo nella sua architettura esterna lo stile ligure degli edifici d'epoca. Gli interni, invece, celebrano il design più sfrenato: schermi LCD posizionati un po' ovunque e colori incisivi a contraddistinguere i vari piani.

SCAGLIERI – **Livorno (LI)** – **563** N12 – **Vedere Elba (Isola d') : Portoferraio**

SCALEA – **Cosenza (CS)** – **564** H29 – **10 948 ab.** – ✉ **87029** **5** A1

Roma 428 – Cosenza 87 – Castrovillari 72 – Catanzaro 153

Grand Hotel De Rose rist,
lungomare Mediterraneo – ✆ 0 98 52 02 73
– www.hotelderose.it – Aperto 1° maggio-30 ottobre
66 cam ☕ – †53/150 € ††81/185 € **Rist** – Carta 20/35 €
In posizione panoramica dominante il mare, imponente struttura immersa nel verde: grandi spazi interni e camere in stile navale. Gradevole piscina in giardino pensile. Elegante sala da pranzo con deliziose proposte di cucina mediterranea e del territorio.

Talao rist,
corso Mediteraneo 66 – ✆ 0 98 52 04 44 – www.hoteltalao.it
– Aperto 1° aprile-30 novembre
59 cam ☕ – †45/75 € ††65/125 € **Rist** – Menu 17/80 €
Sulla Riviera dei Cedri, buoni servizi e spazi generosi, soprattutto all'esterno, in un albergo di taglio classico che propone camere confortevoli con differente affaccio (e diverso prezzo). Una serie di camere si trovano ubicate in cottage, praticamente una sorta di dépendance "diffusa" vicina al mare.

SCALTENIGO – **Venezia** – **562** F18 – **Vedere Mirano**

SCANDIANO – **Reggio Emilia (RE)** – **562** I14 – **25 074 ab.** – **alt. 95 m** **8** B2
– ✉ **42019**

Roma 426 – Parma 51 – Bologna 64 – Milano 162

Sirio cam,
via Palazzina 32 – ✆ 05 22 98 11 44 – www.hotelsirio.net
– Chiuso 1 settimana in agosto
32 cam ☕ – †50/75 € ††75/90 €
Rist – *(chiuso agosto e domenica)* Carta 14/34 €
Alle porte della località, piccola struttura di moderna concezione con ambienti comuni semplici e camere recentemente rinnovate. Piatti nazionali al ristorante; la sera anche pizza.

Osteria in Scandiano
piazza Boiardo 9 – ✆ 05 22 85 70 79 – www.osteriainscandiano.com
– Chiuso 30 dicembre-10 gennaio, 10-20 agosto, domenica da giugno ad agosto e giovedì negli altri mesi
Rist – Carta 30/58 €
Piccolo ristorante di tono familiare e al contempo raffinato. Di fronte alla rocca Boiardo, all'interno di un palazzo del '600, per apprezzare al meglio la cucina emiliana.

ad Arceto Nord-Est : 3,5 km – ✉ 42010

XXX **Rostaria al Castello**

via Pagliani 2 – ☎ 05 22 98 91 57 – www.larostaria.it – chiuso 1 settimana in gennaio, 1 settimana in luglio, 1 settimana in settembre, lunedì e i mezzogiorno di martedì e sabato

Rist – Carta 32/71 €

Tra le mura del castello di Arceto, un intimo, elegante, ristorante dove salame, pane e paste fresche (di propria produzione) si uniscono a prodotti tipici locali come aceto balsamico, parmigiano reggiano o culatello di Zibello dando vita ad una cucina stuzzicante, mai scontata.

sulla strada statale 467 Nord-Ovest : 4 km :

XX **Bosco**

via Bosco 133 ✉ 42019 – ☎ 05 22 85 72 42 – www.ristorantebosco.it – Chiuso agosto, domenica sera e lunedì

Rist – Carta 35/69 €

Ristorante a gestione familiare, con tre sale arredate in modo semplice, ma curato; proposte culinarie legate alla stagione e al territorio, interessante lista dei vini.

SCANDICCI – Firenze (FI) – 563 K15 – 50 309 ab. – alt. 47 m – ✉ 50018 — 32 D3

Roma 278 – Firenze 6 – Pisa 79 – Pistoia 36

piazza della Resistenza 1, ☎ 055 7 59 11, www.comune.scandicci.fi.it

a Mosciano Sud-Ovest : 3 km – ✉ 50018 Scandicci

Tenuta Le Viste

via del Leone 11 – ☎ 0 55 76 80 02 – www.tenuta-leviste.it – Chiuso 23-28 dicembre

4 cam – †110/120 € ††137/179 €

Rist – *(solo a cena) (solo per alloggiati)* Carta 32/50 €

In posizione dominante sulla città di Firenze, un'oasi di pace avvolta dal profumo degli ulivi: un'elegante residenza di campagna dagli ambienti arredati con mobili d'epoca. Splendidi spazi esterni ed una grande piscina.

SCANDOLARA RIPA D'OGLIO – Cremona (CR) – 561 G12 – 626 ab. – alt. 47 m – ✉ 26047 — 17 C3

Roma 528 – Brescia 50 – Cremona 15 – Parma 68

X **Locanda al Gheppio**

via Umberto I, 28 – ☎ 0 37 28 91 40 – www.locanda-del-gheppio.it – Chiuso 2 settimane in agosto, lunedì sera e martedì

Rist – Carta 28/42 €

Ingredienti del passato - in parte dimenticati – concorrono nella composizione di piatti della tradizione: rollino di anguilla in carpione dolce, filetto di pesce gatto con cipolle o marubini in brodo di cappone... Lo spazio per la descrizione è modesto e la lista delle specialità lunga!

SCANNO – L'Aquila (AQ) – 563 Q23 – 1 966 ab. – alt. 1 050 m – ✉ 67038 Italia Centro-Sud — 1 B2

Roma 155 – Frosinone 99 – L'Aquila 101 – Campobasso 124

piazza Santa Maria della Valle 12, ☎ 0864 7 43 17, www.abruzzoturismo.it

Località★

Gole del Sagittario★★: 6 km nord-ovest

Grotta dei Colombi rist,

viale dei Caduti 64 – 0 86 47 43 93 – www.grottadeicolombi.it – Chiuso novembre

16 cam – 40 € 50/55 €, 5 € **Rist** – *(chiuso mercoledì)* Carta 26/39 €

Nel centro storico, una pensione familiare articolata su due piani con camere e spazi comuni sobri e confortevoli identici nell'arredo, curiosamente perlinati in legno bianco. Dalla cucina, sapori e prodotti locali.

Lo Sgabello

via Pescatori 45 – 08 64 74 74 76 – www.losgabelloscanno.it – Chiuso mercoledì

Rist – Carta 16/31 €

In un paese tranquillo e caratteristico, un ristorante semplice dalla seria conduzione dove apprezzare piatti fedeli alla tradizione abruzzese.

al lago Nord : 3 km :

Acquevive

via Circumlacuale – 0 86 47 43 88 – www.hotelacquevivescanno.com

33 cam – 45/55 € 50/100 € **Rist** – Carta 23/33 €

In un'incantevole zona in riva al lago, una risorsa a gestione familiare particolarmente accogliente, dispone di spaziose camere luminose, discretamente eleganti negli arredi. Ampia e lievemente rustica, la sala da pranzo propone una cucina nazionale.

SCANSANO – Grosseto (GR) – 563 N16 – 4 636 ab. – alt. 500 m – 58054 32 C3

Roma 180 – Grosseto 29 – Civitavecchia 114 – Viterbo 98

Antico Casale di Scansano

località Castagneta, Sud-Est : 3 km – 05 64 50 72 19 – www.anticocasalediscansano.it

30 cam – 79/100 € 139/190 € – 4 suites

Rist *La Castagneta* – vedere selezione ristoranti

Corsi di cucina, un centro equitazione e sentieri benessere disegnati nel bosco: avvolti dalla natura incontaminata della Maremma, l'antico casolare è perfetto per una vacanza rigenerante.

La Castagneta – Hotel Antico Casale di Scansano

località Castagneta, Sud-Est : 3 km – 05 64 50 72 19 – www.anticocasalediscansano.it – Chiuso 10 gennaio-10 febbraio

Rist – Carta 35/70 €

In un ambiente particolarmente curato, una versione aggiornata ed alleggerita della cucina toscana: olio extravergine d'oliva, paste e zuppe rigorosamente fatte in casa, nonché l'immancabile chianina. In carta, ottimi vini e, a sorpresa, qualche buona birra artigianale.

La Cantina

via della Botte 1 – 05 64 50 76 05 – Chiuso 10 gennaio-9 marzo, domenica sera e lunedì escluso agosto

Rist – Menu 15/40 € – Carta 23/46 €

Un ristorante ricavato in un edificio secentesco del centro con soffitto a volta in pietra e tavoli in legno massiccio; la cantina vanta un'ottima scelta di vini regionali.

SCANZANO IONICO – Matera (MT) – 564 G32 – 7 255 ab. – alt. 21 m – 75020 4 D2

Roma 483 – Matera 63 – Potenza 125 – Taranto 64

Miceneo Palace Hotel rist,
strada Provinciale per Montalbano Ionico – 08 35 95 32 00 – www.miceneopalace.it
45 cam – 60/80 € 80/100 € – 1 suite
Rist – *(solo a cena)* Carta 35/68 €
Ampia risorsa a vocazione congressuale con una spaziosa hall di moderna concezione e camere piacevolmente arredate: in stagione, una navetta collega la struttura al mare (servizio a pagamento). Specialità lucane e piatti tipici della cucina italiana al ristorante.

SCAPEZZANO – Ancona – 563 K21 – Vedere Senigallia

SCARLINO – Grosseto (GR) – 563 N14 – 3 718 ab. – alt. 229 m 31 B3

– ✉ 58020

Roma 231 – Grosseto 43 – Siena 91 – Livorno 97

Relais Vedetta cam, cam,
poggio La Forcola 12, Ovest : 5 km – 0 56 63 70 23 – www.relaislavedetta.eu
6 cam – 240/390 € 240/390 €
Rist – *(solo a cena)* (prenotazione obbligatoria) Menu 40/70 €
Abbandonata la frenetica Milano, alla quale tuttavia rimane legatissima, la proprietaria ha deciso di creare in una dimora di famiglia nella campagna toscana questo bed and breakfast, le cui spaziose camere propongono un simpatico mix di eclettismo, modernità e rusticità.

SCARPERIA – Firenze (FI) – 563 K16 – 7 809 ab. – alt. 292 m 32 C1

– ✉ 50038 Toscana

Roma 293 – Firenze 30 – Bologna 90 – Pistoia 65

Poggio dei Medici via San Gavino 27, 055 8435562, www.golfpoggiodeimedici.com

a Gabbiano Ovest : 7 km – ✉ 50038 Scarperia

UNA Poggio Dei Medici rist,
via San Gavino 27 – 05 58 43 50 – www.unahotels.it
63 cam – 115/300 € 125/390 € – 7 suites
Rist – Menu 35 € – Carta 38/62 €
Vicino al borgo medievale di Scarperia, nella valle del Mugello, questo elegante resort è il paradiso dei golfisti grazie al suo green 18 buche. Il restauro di antichi casali toscani ha preservato la tipicità del luogo, creando al tempo stesso camere spaziose, dotate di moderni confort.

SCENA (SCHENNA) – Bolzano (BZ) – 562 B15 – 2 844 ab. – alt. 600 m 33 B1

– ✉ 39017

Roma 670 – Bolzano 33 – Merano 5 – Milano 331

piazza Arciduca Giovanni 1/D, 0473 94 56 69, www.schenna.com.

Pianta : vedere Merano

Hohenwart cam, rist,
via Verdines 5 – 04 73 94 44 00 – www.hohenwart.com
– Aperto 21 dicembre-6 gennaio e 17 marzo-8 dicembre Bh
85 cam – solo ½ P 96/160 € – 7 suites **Rist** – Carta 37/110 €
Bella struttura completa di ogni confort, con un'incantevole vista dei monti e della vallata, dotata di gradevole giardino con piscina riscaldata; ampie camere. Cucina del territorio nella capiente sala da pranzo.

Schlosswirt
via Castello 2 – ✆ 04 73 94 56 20 – www.schlosswirt.it
– Chiuso gennaio-febbraio Bu
32 cam ☕ – ♦50/90 € ♦♦90/210 € **Rist** – *(chiuso lunedì)* Carta 27/68 €
Bella terrazza con vista e piscina riscaldata in giardino in questa centralissima struttura con interni in stile locale di moderna concezione; gradevoli le camere. Luminose finestre rischiarano la capace sala ristorante.

Zmailer-Hof
via Berg 17 – ✆ 04 73 94 58 81 – Aperto 1° aprile-30 novembre; chiuso venerdì in luglio e agosto
Rist – *(solo a pranzo)* Carta 17/28 €
Attraversato il bosco, si arriva alla casa, semplicissima e ruspante: un vero e proprio maso. Sul retro - nella bella stagione - i tavoli propongono una splendida vista sulla valle, mentre nel piatto speck, formaggi, canederli (ottimi quelli alle ortiche) allietano il palato; la domenica o su prenotazione arrosto, costine, gulasch.

SCHEGGINO – Perugia (PG) – 563 N20 – 484 ab. – alt. 282 m – ✉ 06040 36 C3

Roma 131 – Terni 28 – Foligno 58 – Rieti 45

Del Ponte con cam
via borgo 15 ✉ 06040 – ✆ 0 74 36 12 53 – www.hoteldelpontescatolini.it
– Chiuso 2-28 novembre
12 cam – ♦45/60 € ♦♦60 €, ☕ 3 €
Rist – *(chiuso lunedì)* Menu 15/45 € – Carta 21/67 €
Trote e tartufi, i prodotti tipici della zona, sono i principali ingredienti cui si ispira la cucina. La sala, invece, un omaggio alla semplicità, aperta sul verde. Nasceva come locanda e ora dispone di accoglienti camere colorate e allegre, per un soggiorno immerso nella tranquillità della natura.

SCHENNA = Scena

SCHILPARIO – Bergamo (BG) – 561 D12 – 1 265 ab. – alt. 1 124 m – Sport invernali : ⛷ – ✉ 24020 17 C1

Roma 161 – Brescia 77 – Bergamo 65 – Milano 113

a Pradella Sud-Ovest : 2 km – ✉ 24020

San Marco con cam
via Pradella 3 – ✆ 0 34 65 50 24 – www.albergo-sanmarco.it
18 cam – ♦35/38 € ♦♦45/70 €, ☕ 4 €
Rist – *(chiuso lunedì)* Carta 20/40 €
Da sempre nelle mani della stessa famiglia, un ambiente conviviale in cui gustare piatti casalinghi e verdure biologiche coltivate nel proprio orto. Interessante raccolta di fossili e minerali. Rustiche, ma confortevoli, le camere.

SCHIO – Vicenza (VI) – 562 E16 – 39 566 ab. – alt. 200 m – ✉ 36015 39 B2

Roma 562 – Verona 70 – Milano 225 – Padova 61
piazza Statuto 17, ✆ 0445 69 13 92, www.vicenzae.org

Nuovo Miramonti senza rist
via Marconi 3 – ✆ 04 45 52 99 00 – www.hotelmiramonti.com
– Chiuso 23 dicembre-8 gennaio e 3-19 agosto
70 cam ☕ – ♦55/65 € ♦♦65/109 €
Nel centro storico, hotel ideale per una clientela d'affari; ampia hall con angoli per il relax, singolari stanze con parti d'arredo che rendono omaggio ai celebri lanifici.

Schio cam, cam,
via Campagnola 21/a – 04 45 67 56 11 – www.schiohotel.it
83 cam – 85/95 € 110/130 € – 3 suites
Rist – *(chiuso agosto e domenica)* Carta 28/48 €
In un'imponente struttura a vetri, che comprende anche un piccolo centro commerciale, camere con arredi di tipo moderno, non grandi, ma molto funzionali. Nel ristorante lounge bar campeggia un bel pianoforte a coda per serate e animazioni varie. Cucina classica.

SCHLANDERS = Silandro

SCHNALS = Senales

SCIACCA Sicilia – Agrigento (AG) – 365 AN58 – 41 066 ab. – alt. 60 m 29 B2
– Stazione termale – 92019 Sicilia

Agrigento 63 – Catania 230 – Marsala 71 – Messina 327
via Vittorio Emanuele 84, 0925 2 11 82, www.comune.sciacca.ag.it
Verdura contrada Verdura Inferiore, , Est: 14 km, 0925 998180, www.verduraresort.it – chiuso lunedì
Palazzo Scaglione★

Villa Palocla
contrada Raganzella, Ovest : 4 km – 09 25 90 28 12 – www.villapalocla.it – Chiuso novembre
8 cam – 50/80 € 70/135 € **Rist** – *(solo a cena)* Carta 22/45 € (+10 %)
All'interno di un edificio in stile tardo barocco le cui origini risalgono al 1750, caratteristico hotel avvolto da un giardino-agrumeto in cui trova posto anche la piscina. Al ristorante per gustare una saporita cucina di mare.

Locanda del Moro
via Liguori 44 – 0 92 58 67 56 – www.almoro.com
13 cam – 40/55 € 60/100 €
Rist ***Hostaria del Vicolo*** – vedere selezione ristoranti
In cima ad una scalinata del centro storico, tra mura duecentesche, si dorme in camere minimaliste ed essenziali. Piacevole corte interna per la prima colazione all'aperto ed enoteca.

Hostaria del Vicolo – Locanda del Moro
vicolo Sammaritano 10 – 0 92 52 30 71 – Chiuso 10-26 novembre e lunedì
Rist – (coperti limitati, prenotare) Carta 41/60 €
In un vicoletto del centro storico, un locale raccolto ed invitante. Come il menu: ampio ed articolato gioca intorno alle ricette, nonché ai prodotti siciliani, rielaborandoli in modo sfizioso. Una cinquantina le etichetta presenti nella carta dei vini.

sulla strada statale 115 km 131 Est: 10 km :

Verdura Golf & Spa Resort
località Verdura cam,
92019 Sciacca – 09 25 99 81 70 – www.verduraresort.it
203 cam – 330/810 € 330/810 € – 26 suites
Rist ***La Zagara*** – 09 25 99 80 01 – Carta 49/103 €
Un resort di gran lusso che riassume nel nome i suoi principali atout: due campi da golf disegnati dall'architetto californiano K. Phillips ed una spa dove effettuare trattamenti e programmi benessere personalizzati. Tutte le camere sono dotate di terrazza privata; gli interni propongono decori siciliani e divagazioni moderne.

SCICLI Sicilia – Ragusa (RG) – 365 AX63 – 26 556 ab. – alt. 106 m 30 D3
– 97018 Sicilia

Palermo 271 – Ragusa 32

Novecento senza rist
via Dupré 11 – ✆ 09 32 84 38 17 – www.hotel900.it
9 cam ☕ – †65/79 € ††74/149 € – 1 suite
Nel cuore del centro storico barocco, un palazzo d'epoca con diversi soffitti affrescati, ma dagli interni inaspettatamente moderni e piacevoli.

SCOPELLO Sicilia – Trapani (TP) – 365 AL55 – alt. 106 m – ✉ 91014 29 B2

Sicilia

Marsala 63 – Palermo 71 – Trapani 36

Riserva naturale dello Zingaro★★

Agriturismo Tenute Plaia cam, cam, rist, VISA
contrada Scopello 3 – ✆ 09 24 54 14 76 – www.agriturismotenuteplaia.it – Aperto 24 dicembre-7 gennaio e 16 marzo-2 novembre
10 cam ☕ – †79/124 € ††110/140 €
Rist – *(solo a cena escluso sabato e domenica)* (consigliata la prenotazione) Carta 21/49 €
Costruita attorno ad una piccola corte interna, la struttura è gestita da una famiglia di imprenditori vinicoli. Semplici e accoglienti le camere con letti in ferro battuto e decorazioni floreali. Cucina tipica siciliana preparata con i prodotti dell'azienda agricola stessa e una particolare attenzione per il vino.

Tranchina VISA
via A. Diaz 7 – ✆ 09 24 54 10 99 – www.pensionetranchina.com
10 cam ☕ – †50/65 € ††76/100 €
Rist – *(solo a cena) (solo per alloggiati)* Menu 20 €
Graziosa pensione dagli ambienti estremamente sobri e dall'accoglienza cordiale nel cuore del piccolo caratteristico paese. Lei, cinese, si occupa soprattutto delle camere. Il patron, siciliano, è l'anima e l'estro della buona tavola.

SCORZÈ – Venezia (VE) – 562 F18 – 19 052 ab. – alt. 16 m – ✉ 30037 40 C2

Roma 527 – Padova 30 – Venezia 24 – Milano 266

Villa Soranzo Conestabile VISA
via Roma 1 – ✆ 0 41 44 50 27 – www.villasoranzo.it – Chiuso vacanze di Natale
18 cam ☕ – †90/130 € ††140/220 € – 3 suites
Rist – *(chiuso domenica) (solo a cena)* Carta 27/60 €
Abbracciata da un ampio parco all'inglese in cui trova posto anche un grazioso laghetto, la seicentesca villa patrizia custodisce sale affrescate, arredate con mobili d'epoca, nonché lussuose camere. Cucina tradizionale nella raffinata atmosfera del ristorante.

Antico Mulino VISA
via Moglianese Scorzè 37 – ✆ 04 15 84 07 00 – www.hotelanticomulino.com
30 cam ☕ – †29/110 € ††39/220 € – 1 suite
Rist *Osteria Perbacco* – vedere selezione ristoranti
In riva al fiume, rustici spazi comuni e confortevoli camere di tono classico occupano ora gli ambienti di questa caratteristica costruzione realizzata sui resti di un antico mulino ad acqua.

XXX **San Martino** VISA
piazza Cappelletto 1, località Rio San Martino, Nord: 1 km – ✆ 04 15 84 06 48 – www.ristorantesanmartino.info – Chiuso domenica sera e lunedì
Rist – Carta 39/72 €
Nato come trattoria di paese è diventato poi un elegante ristorante del centro con ambienti d'ispirazione design. La linea gastronomica si rifà al territorio, reinterpretata in chiave leggermente moderna.

Osteria Perbacco – Hotel Antico Mulino

via Moglianese 37 – ✆ 04 15 84 09 91 – www.hotelanticomulino.com – Chiuso 1°-9 gennaio, 14-16 agosto, sabato a mezzogiorno e domenica

Rist – Carta 33/69 €

Il pescato della laguna o l'immancabile baccalà, ma anche il musetto (piccolo cotechino) con purè di patate e la guancetta di vitello: tante specialità – di terra e di mare - proposte in un grazioso locale con romantica terrazza sul fiume.

I Savi

via Spangaro 6, località Peseggia di Scorzè – ✆ 0 41 44 88 22 – www.isavi.it – Chiuso 1°-7 gennaio, domenica sera e lunedì

Rist – Menu 30 € (pranzo in settimana) – Carta 39/79 €

Rustico curato nella tranquillità della campagna e tuttavia non privo di tocchi di raffinatezza. La nuova e motivata gestione continua la linea delle specialità di pesce, in presentazioni esteticamente interessanti.

SCRITTO – Perugia (PG) – **563** M19 – Vedere Gubbio

SEGGIANO – Grosseto (GR) – **563** N16 – 998 ab. – alt. 491 m – ✉ 58038 **32** C3

Roma 199 – Grosseto 61 – Siena 66 – Orvieto 109

Silene con cam

località Pescina, Est : 3 km – ✆ 05 64 95 08 05 – www.ilsilene.it

6 cam – †85 € ††85 €

Rist – *(chiuso domenica sera e lunedì)* (prenotazione obbligatoria) Menu 65 € – Carta 49/82 €

In posizione tranquilla, antica locanda rinnovata negli anni: interni dagli arredi curati, sala di tono elegante; proposte di piatti tipici e di propria creazione.

SEGRATE – Milano (MI) – **561** F9 – 34 352 ab. – alt. 115 m – ✉ 20090 **18** B2

Roma 572 – Milano 12 – Bergamo 42 – Brescia 88

Pianta d'insieme di Milano

a Milano 2 Nord-Ovest : 3 km – ✉ 20090 Segrate

NH Milano Due

via Fratelli Cervi – ✆ 0 22 17 51 – www.nh-hotels.com – Chiuso 24 dicembre-6 gennaio ed agosto **2COm**

142 cam – †85/115 € ††135/320 € – 1 suite

Rist *Al Laghetto* – ✆ 02 21 75 71 – Menu 25/52 € – Carta 41/70 €

Totalmente rinnovato, in posizione tranquilla, hotel dotato di ambienti molto luminosi, un attrezzato centro congressi e camere appropriate alla clientela d'affari. Ambiente moderno al ristorante, dove troverete una cucina classica.

SEGROMIGNO IN MONTE – Lucca (LU) – **563** K13 – Vedere Lucca

---

SEIS AM SCHLERN = Siusi allo Sciliar

SEISER ALM = Alpe di Siusi

SELINUNTE Sicilia – Trapani (TP) – **365** AL58 Sicilia **29** B2

Agrigento 102 – Catania 269 – Messina 344 – Palermo 114

piazzale Bovio Marconi, ✆ 0924 4 62 51, www.selinunte.cc

Rovine★★

a Marinella Sud : 1 km – ✉ 91022

piazzale Bovio Marconi, ✆ 0924 4 62 51, www.selinunte.cc

Admeto cam, VISA AE
via Palinuro 3 – ✆ 0 92 44 67 96 – www.hoteladmeto.it
56 cam ☕ – 🚹50/88 € 🚹🚹80/140 € – 1 suite
Rist – *(chiuso lunedì)* Carta 18/48 € (+10 %)
Fronte mare, un candido edificio ospita camere moderne ed essenziali con panoramica sala colazione sul celebre tempio greco.

Sicilia Cuore Mio senza rist VISA AE
via della Cittadella 44 – ✆ 0 92 44 60 77 – www.siciliacuoremio.it – Aperto 1° marzo-30 novembre
6 cam ☕ – 🚹40/50 € 🚹🚹60/85 €
Ubicato nella zona residenziale di Marinella, un villino circondato da un grazioso giardino e dotato di camere in stile tipicamente mediterraneo. Un'ottima prima colazione.

SELLIA MARINA – Catanzaro (CZ) – 564 K32 – 6 619 ab. – ✉ 88050 5 B2

Roma 628 – Cosenza 116 – Catanzaro 23 – Crotone 52

Agriturismo Contrada Guido VISA AE
località contrada Guido, strada statale 106 km 202 – ✆ 09 61 96 14 95 – www.contradaguido.it – Chiuso 8-31 gennaio
14 cam ☕ – 🚹65/85 € 🚹🚹90/140 €
Rist – *(chiuso lunedì)* (consigliata la prenotazione) Menu 25/55 €
Un signorile borgo agricolo settecentesco con una bella piscina circondata da piante e fiori. Camere raffinate, cura per i dettagli. Cucina di insospettabile fantasia.

SELVA – Brindisi (BR) – 564 E34 – Vedere Fasano

SELVA – Vicenza (VI) – Vedere Montebello Vicentino

SELVA DI CADORE – Belluno (BL) – 562 C18 – 520 ab. – alt. 1 335 m 40 C1

– Sport invernali : 1 347/2 100 m 2 23 (Comprensorio Dolomiti superski Civetta) – ✉ 32020

Roma 651 – Cortina d'Ampezzo 39 – Belluno 60 – Bolzano 82
piazza San Lorenzo 3, ✆ 0437 72 02 43, www.valfiorentina.it

Ca' del Bosco cam, cam, VISA AE
via Monte Cernera 10, località Santa Fosca, Sud-Est : 2 km – ✆ 04 37 52 12 58 – www.hotelcadelbosco.it – Aperto 26 dicembre-10 marzo e 27 giugno-5 settembre
12 cam ☕ – 🚹35/50 € 🚹🚹90/120 € **Rist** – *(solo per alloggiati)*
Moderna struttura che ben si integra con il contesto paesaggistico, panoramico e quieto, che la avvolge. Particolarmente curati gli arredi negli ambienti e nelle belle camere affrescate.

La Stua senza rist VISA
via Dei Denever 25/27, località Santa Fosca, Sud Est : 2 Km – ✆ 04 37 52 12 38 – www.hotelgarnilastua.com
12 cam ☕ – 🚹36/48 € 🚹🚹56/80 €
Buon rapporto qualità/prezzo in questo piccolo garnì dalle piacevoli camere in stile montano. Tipica zona bar con una caratteristica stufa in pietra refrattaria.

SELVA DI VAL GARDENA (WOLKENSTEIN IN GRÖDEN) 34 C2

– Bolzano (BZ) – 562 C17 – 2 642 ab. – alt. 1 563 m – Sport invernali : della Val Gardena 1 236/2 450 m 10 75 (Comprensorio Dolomiti superski Val Gardena) – ✉ 39048 Italia Centro-Nord

Roma 684 – Bolzano 42 – Brunico 59 – Canazei 23
strada Mëisules 213, ✆ 0471 77 79 00, www.valgardena.it
Località★★
Passo Sella★★★: ★★★ Sud: 10,5 km – Val Gardena★★★ per la strada S 242

Alpenroyal Grand Hotel - Gourmet & S.p.A.

via Meisules 43 – 0471 79 55 55 – *www.alpenroyal.com* – *Aperto 1° dicembre-20 aprile e 1° giugno-20 ottobre*

55 cam – †142/915 € ††156/734 € – 24 suites

Rist *Alpenroyal Gourmet* – vedere selezione ristoranti

Rist – *(chiuso domenica) (solo a pranzo)* Menu 20 €

Albergo importante per dimensione e per qualità dell'offerta: spazi, luce, dettagli, zone relax, la splendida piscina per bagnarsi tra la neve. Tutto quello che serve ad una clientela internazionale!

Gran Baita

via Nives, 11 – 0471 79 52 10 – *www.hotelgranbaita.com* – *Aperto 3 dicembre-12 aprile e 18 giugno-10 ottobre*

51 cam – solo ½ P 90/250 € – 14 suites

Rist – Carta 36/101 €

Hotel di tradizione, recentemente rinnovato, con vista sulle Dolomiti: il sapiente utilizzo del legno regala agli ambienti un'atmosfera avvolgente; camere luminose. Soffitto in legno, comode poltroncine e grandi vetrate in sala ristorante.

Granvara

strada La Selva 66, Sud-Ovest : 1,5 km – 0471 79 52 50 – *www.granvara.com* – *Aperto 15 aprile-1° giugno e 15 ottobre-1° dicembre*

40 cam – †170/720 € ††170/720 € – 7 suites

Rist – Carta 33/105 €

In favolosa posizione nella quiete assoluta delle Dolomiti e di Selva, un indirizzo speciale per rilassarsi nell'abbraccio della natura così come nei caldi ambienti in stile tirolese. L'intimità di una stube per le vostre cene.

Tyrol

strada Puez 12 – 0471 77 41 00 – *www.tyrolhotel.it* – *Aperto 2 dicembre-13 aprile e 21 giugno-30 settembre*

53 cam – solo ½ P 90/270 € – 2 suites

Rist – Carta 36/67 €

Nella tranquillità dei monti, un albergo che "guarda" le Dolomiti; zone comuni signorili, con soffitti in legno lavorato e tappeti; camere spaziose ed eleganti. Ambiente raccolto e accogliente nella capiente sala ristorante.

Chalet Portillo

via Meisules 65 – 0471 79 52 05 – *www.portillo.it* – *Aperto 1° dicembre-30 aprile e 1° luglio-30 settembre*

37 cam – †70/250 € ††140/500 € **Rist** – *(solo per alloggiati)*

Alle porte della località, calorosa ospitalità in un hotel all'interno di una tipica casa di montagna: bella piscina spaziosa, camere molto ampie e arredate con gusto.

Genziana

via Ciampinei 2 – 0471 77 28 00 – *www.hotel-genziana.it* – *Aperto 1° dicembre-20 aprile e 1° luglio-30 settembre*

27 cam – solo ½ P 80/140 €

Rist – *(solo a cena) (solo per alloggiati)* Menu 40 €

Una vacanza rilassante in un albergo con giardino e zone comuni non spaziose, ma dall'atmosfera intima, piacevolmente arredate in stile tirolese; camere confortevoli.

Mignon

via Nives 10 – 0471 79 50 92 – *www.hotel-mignon.it* – *Aperto 9 dicembre-8 aprile e 22 giugno-28 settembre*

29 cam – †95/145 € ††170/260 € – 1 suite

Rist – *(solo per alloggiati)*

Solo pochi passi separano questa risorsa dal centro cittadino, un albergo con un bel giardino e caratteristici interni in stile locale di moderna ispirazione; camere confortevoli e graziose.

Nives
Via Nives 4 – ✆ 04 71 77 33 29 – www.hotel-nives.com
– Aperto 5 dicembre-10 aprile e 14 giugno-14 ottobre
11 cam – solo ½ P 94/350 € – 2 suites
Rist *Nives* – vedere selezione ristoranti
Rist – Menu 49/79 €
Hotel nuovissimo dall'architettura accattivante: struttura quasi interamente in legno, con un'originale forma a mezzaluna. Buona parte delle camere sono disposte sul lato sole e godono di ampio balcone.

Welponer
strada Rainel 6 – ✆ 04 71 79 53 36 – www.welponer.it
– Aperto 1° dicembre-20 aprile e 25 maggio-15 ottobre
23 cam – solo ½ P 80/250 € – 3 suites **Rist** – *(solo per alloggiati)*
Appagante vista di Dolomiti e pinete in un hotel dal curato ambiente familiare, dotato di ampio giardino soleggiato con piscina riscaldata; camere confortevoli.

Small & Charming Hotel Laurin
strada Meisules 278 – ✆ 04 71 79 51 05
– www.hotel-laurin.it – Aperto 1° dicembre-31 marzo e 1° giugno-30 settembre
27 cam ☕ – 🚹55/90 € 🚹🚹85/160 € – 2 suites
Rist – *(solo a cena) (solo per alloggiati)* Menu 35 €
Giovane gestione per questo hotel centrale, ben tenuto e abbellito da un curato giardino: spazi comuni scaldati da soffitti in legno, attrezzato centro wellness, nonché camere completamente ristrutturate.

Freina
via Freina 23 – ✆ 04 71 79 51 10 – www.hotelfreina.com
– Aperto 1° dicembre-Pasqua e 10 giugno-15 ottobre
22 cam ☕ – 🚹53/130 € 🚹🚹53/130 € – 2 suites **Rist** – Carta 22/59 €
Bianca struttura circondata da una verde natura: piacevoli ambienti riscaldati dal sapiente uso del legno e spaziose camere ben accessoriate, in moderno stile locale. Tradizionale sala ristorante in stile tirolese.

Dorfer
via Cir 5 – ✆ 04 71 79 52 04 – www.hoteldorfer.com
– Aperto 1° dicembre-10 aprile e 25 giugno-10 ottobre
27 cam ☕ – 🚹74/180 € 🚹🚹74/280 € **Rist** – *(solo a cena)* Carta 26/107 €
Hotel rinnovato nel segno dell'accoglienza e dello stile tirolese che continua a perpetuarsi grazie alla cordiale gestione familiare. Graziose camere, tutte con balcone, e centro wellness. Dalle cucine, antipasti e pane fatto in casa accanto ai piatti della tradizione altoatesina.

Linder
strada Nives 36 – ✆ 04 71 79 52 42 – www.linder.it – Aperto 1° dicembre-Pasqua e 15 giugno-1° ottobre
28 cam – solo ½ P 94/300 € – 1 suite **Rist** – *(solo per alloggiati)*
Piacevole aspetto esterno in stile tirolese, per questa struttura a gestione diretta pluridecennale; le camere sono spaziose e gradevoli.

Pozzamanigoni
strada La Selva 51, Sud-Ovest : 1 km – ✆ 04 71 79 41 38
– www.pozzamanigoni.it – Aperto 1° dicembre-30 aprile e 1° giugno-31 ottobre
12 cam ☕ – 🚹50/110 € 🚹🚹100/200 € – 2 suites **Rist** – Carta 23/50 €
Tranquillità e splendida vista su Sassolungo e pinete da un albergo a gestione diretta, dotato di maneggio e laghetto con pesca alla trota; camere ben tenute.

Pralong
via Meisules 341 – ✆ 04 71 79 53 70 – Aperto 1° dicembre-30 aprile e 1° giugno-30 settembre
23 cam – solo ½ P 130/220 € **Rist** – *(solo a cena) (solo per alloggiati)*
Simpatica e cordiale gestione in una piccola struttura, con spazi comuni in stile tirolese di taglio moderno dalla calda atmosfera; camere molto confortevoli.

Armin rist,

via Meisules 161 – 04 71 79 53 47 – www.hotelarmin.com – Aperto 6 dicembre-6 aprile e 21 giugno-19 settembre

27 cam – solo ½ P 63/176 €

Rist – *(solo a cena) (solo per alloggiati)*

Rist *Grillstube* – *(aperto 21 dicembre-24 marzo) (solo a cena)* Carta 29/64 €

Semplice hotel familiare di buon confort, con accoglienti interni luminosi e camere lineari, tra cui alcune mansardate, ampie e ben arredate con mobilio chiaro. Ambiente curato e gradevole nella Grillstube.

Concordia senza rist

strada Puez 10 – 04 71 79 52 23 – www.garni-concordia.it – Aperto 5 dicembre-Pasqua e giugno-settembre

15 cam – 40/110 € 80/200 € – 2 suites

Confortevole "garni" che offre il calore della gestione familiare e quello degli arredi tipici ove abbonda il legno chiaro. Camere pulite e ben tenute.

Prà Ronch senza rist

via La Selva 80 – 04 71 79 40 64 – www.chaletpraronch.com – Chiuso novembre

5 cam – 100/120 € 76/140 €

Una bella casa incastonata all'interno di un apprezzabile giardino panoramico: semplice, accogliente e familiare, insomma una vacanza ideale all'insegna del relax. Solo per non fumatori.

Alpenroyal Gourmet – Alpenroyal Grand Hotel - Gourmet & S.p.A.

via Meisules 43 – 04 71 79 55 55 – www.alpenroyal.com – Aperto 1° dicembre-20 aprile e 1° giugno-20 ottobre; chiuso domenica

Rist – *(solo a cena)* Menu 70 € – Carta 66/106 €

→ Canederli di gamberi in consommé di porcini, cipollotto fresco e limone. Filetto di cervo al tartufo nero con crema di sedano rapa. Nuvola di mascarpone con pesca cotta all'olio profumato e biscotto croccante.

Tecnica moderna e creatività per la cucina di un hotel 5 stelle in Val Gardena. Lo chef, Felice Lo Basso, si impegna affinché non manchi nulla alle sue creazioni: forme e colori, stagionalità della materia prima e fantasia.

Nives – Hotel Nives

via Nives 4 – 04 71 77 33 29 – www.hotel-nives.com – Chiuso 7 ottobre -30 novembre e 8 aprile-13 giugno

Rist – (consigliata la prenotazione) Carta 34/75 €

Un wine bar con banco mescita vi accoglierà all'ingresso, mentre una bella sala ristorante - più classica seppur in stile montano - vi ospiterà per ineffabili soste gastronomiche. In tavola: ricette moderne che "simpatizzano" con gli ingredienti regionali. Graziosa stube, interamente in legno.

verso Passo Gardena (Grödner Joch) **Sud-Est : 6 km :**

Chalet Gerard con cam cam,

via Plan de Gralba 37 39048 – 04 71 79 52 74 – www.chalet-gerard.com – Aperto 4 dicembre-15 aprile e 1° giugno-15 ottobre

12 cam – 186/286 € 186/286 € **Rist** – Carta 29/62 €

Se la recente ristrutturazione ha conferito un nuovo smalto al locale, la cucina è rimasta fedele alla sua linea di sempre: piatti regionali elaborati partendo da ottime materie prime e belle presentazioni. Splendida vista del gruppo Sella e Sassolungo.

SELVAZZANO DENTRO – Padova (PD) – 562 F17 – 22 305 ab. – alt. 18 m – 35030 39 B3

Roma 492 – Padova 12 – Venezia 52 – Vicenza 27

Montecchia via della Montecchia 12, 049 8055550, www.golfmontecchia.it – chiuso lunedì

XXX **La Montecchia** (Massimiliano Alajmo)

via Montecchia 12, Sud-Ovest : 3 km – ✆ 04 98 05 53 23 – www.alajmo.it – Chiuso 26 dicembre-7 gennaio, 5-27 agosto, lunedì e martedì

Rist – Menu 70/85 € – Carta 51/103 €

➜ Baccalà "mantegnato" (piatto d'ispirazione rinascimentale, dedicato ad Andrea Mantegna). Tagliolini al caffè con fegatini di animali di corte alla veneziana e salsa di mandorle. La millefoglie di Rita.

Amena ubicazione nel Golf Club della Montecchia per un locale originale e signorile ricavato in un vecchio essicatoio per il tabacco; piatti creativi su base tradizionale.

X **abcmontecchia**

via Montecchia 12 – ✆ 04 98 05 53 23 – www.alajmo.it – Chiuso lunedì

Rist – Carta 28/44 €

Un bistrot dove gustare piatti semplici, ma elaborati con grande attenzione: non mancano pizze dalla particolare lievitazione e cottura o deliziose bruschette, e su tutto la prestigiosa firma della famiglia Alajmo.

a Tencarola Est : 3 km – ✉ 35030

Piroga Padova

via Euganea 48 – ✆ 0 49 63 79 66 – www.piroga.it

62 cam – 65/95 € 85/120 € – 1 suite

Rist – *(chiuso 15 giorni in agosto e lunedì)* Carta 22/46 €

Un bel giardino è la cornice naturale di questo hotel dagli ariosi e luminosi interni. Attrezzata zona congressuale e camere dotate di ogni confort. Al ristorante: cucina del territorio elaborata con tanta cura.

SELVINO – Bergamo (BG) – **561** E11 – **2 015 ab. – alt. 960 m** — **19** C1

– **Sport invernali : 1 000/1 400 m** 1 2 – ✉ **24020**

Roma 622 – Bergamo 22 – Brescia 73 – Milano 68

corso Milano 19, ✆ 035 76 42 50, www.comunediselvino.it

La Dolce Vita

via Monte Purito 3 – ✆ 0 35 76 39 99 – www.ladolcevitahotel.it

10 cam – 60/90 € 80/100 €

Rist – *(chiuso 20-30 maggio e ottobre)* Carta 31/63 €

Una deliziosa casa di montagna, interamente nuova, ha portato una ventata di modernità, anche negli arredi, nel panorama alberghiero della località. Se gli spazi comuni sono limitati (ma c'è una panoramica terrazza), maggiore cura è stata dedicata alle camere, tutte diverse, ciascuna dedicata ad uno stile particolare: classiche, moderne, mansardate, etniche, anni '60.

Elvezia

via Usignolo 2 – ✆ 0 35 76 30 58 – www.hotelelvezia.com – Chiuso 10-30 gennaio e 1°-10 ottobre

16 cam – 60/80 € 60/80 € **Rist** – *(chiuso lunedì)* Carta 20/44 €

In centro e in posizione tranquilla, un'accogliente struttura abbellita da un giardino ben curato; piacevoli spazi comuni di moderna ispirazione e confortevoli camere in stile rustico. Interessanti proposte gastronomiche legate al territorio.

SEMPRONIANO – Grosseto (GR) – **563** N16 – **1 192 ab. – alt. 601 m** — **32** C3

– ✉ **58055**

Roma 182 – Grosseto 61 – Orvieto 85

a Catabbio Sud : 6 km – ✉ 58014

X **La Posta**

via Verdi 9 – ✆ 05 64 98 63 76 – www.trattorialaposta.com – Chiuso gennaio e lunedì

Rist – *(solo a cena)* Carta 23/43 €

La proprietaria in cucina e i figli in sala in una curata trattoria di paese: locale genuino tanto nella tavola e nei piatti, quanto nel servizio schietto e informale.

SENAGO – Milano (MI) – 561 F9 – 21 273 ab. – alt. 176 m – ✉ 20030 18 B2

Roma 591 – Milano 17 – Bergamo 51 – Brescia 97

La Brughiera

via XXIV Maggio 23 – ☎ 0 29 98 21 13 – www.labrughiera.it – Chiuso 1 settimana in agosto

Rist – Carta 36/63 €

Un bel locale ricavato da una vecchia cascina ora compresa nel parco delle Groane. Ampio e grazioso l'interno, ma anche il dehors non è da meno. Cucina di stampo regionale ed ampia carta dei vini.

SENALES (SCHNALS) – Bolzano (BZ) – 561 B14 – 1 403 ab. – alt. 1 327 m – Sport invernali : a Maso Corto : 2 010/3 210 m 1 10 (anche sci estivo), – ✉ 39020 33 B1

Da Certosa : Roma 692 – Bolzano 55 – Merano 27 – Milano 353

via Certosa 42, ☎ 0473 67 91 48, www.valsenales.com

a Madonna di Senales (Unserfrau) **Nord-Ovest : 4 km – alt. 1 500 m – ✉ 39020 Senales**

Croce d'Oro - Goldenes Kreuz

via Madonna 27 – ☎ 04 73 66 96 88 – www.goldenes-kreuz.com – Chiuso 6-20 novembre

25 cam – †55/79 € ††99/155 €

Rist ***Croce d'Oro*** – vedere selezione ristoranti

Accogliente casa a "misura" di famiglia, situata in posizione tranquilla tra prati e cime: perfetta per un soggiorno di passeggiate, sport e relax.

Croce d'Oro – Hotel Croce d'Oro - Goldenes Kreuz

via Madonna 27 – ☎ 04 73 66 96 88 – www.goldenes-kreuz.com – Chiuso 5-25 novembre e mercoledì

Rist – Carta 22/59 €

Oltre che padrone di casa, Andreas Götsch è anche chef del ristorante (dell'omonimo albergo). Sua la passione per i prodotti biologici locali, che spesso rientrano nei suoi piatti: a volte legati alla tradizione, altre cucinati con tocco più mediterraneo. Lo strudel di mele nel bicchiere è tra i must della casa.

a Certosa (Karthaus) **Nord-Ovest : 2 km – alt. 1 327 m – ✉ 39020 Senales Schnals**

Rosa d'Oro-Zur Goldenen Rose

rist,

via Certosa 29 – ☎ 04 73 67 91 30 – www.goldenrose.it – Chiuso maggio

20 cam – †77/115 € ††130/250 € – 8 suites **Rist** – Carta 19/66 €

Un nome prezioso per un gioellino di ospitalità sito accanto all'antico convento quattrocentesco. Al suo interno, atmosfera retrò e confort moderni, come il piccolo centro benessere o il collegamento wi-fi. Specialità locali e qualche piatto più mediterraneo al ristorante con scenografica cantina all'ingresso dell'hotel.

SENIGALLIA – Ancona (AN) – 563 K21 – 45 027 ab. – ✉ 60019 21 C1

Italia Centro-Nord

Roma 296 – Ancona 29 – Fano 28 – Macerata 79

via Manni 7, ☎ 071 7 92 27 25, www.senigalliaturismo.it

Terrazza Marconi

lungomare Marconi 37 – ☎ 07 17 92 79 88 – www.terrazzamarconi.it – Chiuso 2 settimane in dicembre o gennaio

27 cam – †119/229 € ††159/336 € – 3 suites

Rist ***Viniciomaria*** – Carta 33/95 €

Di fronte alla Rotonda, una moderna casa con terrazza sul mare offre eleganza, servizio curato e belle camere, nonché un piccolo centro benessere. Piatti regionali e di pesce nella sala da pranzo al piano terra, mentre in estate si può scegliere il panorama del roof garden con il lounge bar Sparkling.

City cam,

lungomare Dante Alighieri 14 – 07 16 34 64 – www.cityhotel.it

64 cam – 70/100 € 140/200 €

Rist *Monzù* – *(chiuso domenica in inverno) (solo a cena escluso da giugno a settembre)* Carta 38/59 €

Sul lungomare di questa celebre località, apprezzata per la sua spiaggia di velluto, l'hotel presenta una facciata anni Sessanta, ma interni di moderno design e due sale congressi. Professionalità e cortesia.

Duchi della Rovere

via Corridoni 3 – 07 17 92 76 23 – www.hotelduchidellarovere.it

45 cam – 85/155 € 110/210 € – 6 suites

Rist – Carta 31/57 €

Sempre di buon livello e dalla dinamica gestione, la struttura dispone di sale meeting e camere accoglienti: le migliori sono le nuove battezzate "opera". Spiaggia convenzionata a 100 m, per chi volesse godere del mare.

Bologna rist, rist,

lungomare Mameli 57 – 07 17 92 35 90 – www.hbologna.net – Aperto 1° aprile-30 settembre

37 cam – 80/130 € – 3 suites

Rist – *(solo per alloggiati)* Menu 25 €

Particolarmente idoneo per famiglie con bambini, l'albergo dispone di camere d'ispirazione contemporanea ed ampi spazi attrezzati per animare le giornate dei più piccoli. Un'ampia sala ristorante rimodernata dove gustare una cucina nazionale e di pesce, mentre l'originale Angolo di Capitan Uncino accoglie i bimbi.

Holiday Inn Express senza rist

via Nicola Abbagnano 12, prossimità casello autostrada – 07 17 93 13 86 – www.hiexpress.it/exsenigallia

84 cam – 70/80 € 90/120 €

Nei pressi dell'uscita autostradale, l'hotel, ideale per una clientela d'affari, è dotato di camere nuove e spaziose e 7 sale riunioni per grandi e piccoli gruppi di lavoro.

Mareblù cam,

lungomare Mameli 50 – 07 17 92 01 04 – www.hotel-mareblu.it – Aperto Pasqua-30 settembre

53 cam – 61/101 € 106/186 €

Rist – *(solo per alloggiati)*

Una piccola risorsa fronte mare a gestione familiare con ambienti classici e semplici negli arredi, sala giochi, biblioteca ed ampio giardino con piscina.

Bice

viale Giacomo Leopardi 105 – 07 16 52 21 – www.albergobice.it

40 cam – 53/75 € 75/110 €

Rist – *(chiuso 27 settembre-4 ottobre e domenica sera escluso da giugno a settembre)* Carta 19/50 €

Appena fuori le mura del centro, un hotel a conduzione familiare dai luminosi interni di taglio moderno e caratteristiche camere arredate in modo piacevole. Presso l'ampia sala ristorante dalle calde tonalità, piatti tipici della tradizone locale.

Uliassi

banchina di Levante 6 – 07 16 54 63 – www.uliassi.it – Aperto 31 marzo-26 dicembre; chiuso lunedì

Rist – Menu 45/125 € – Carta 85/130 €

→ Fondente di patate e alzavola (anatra). Brodetto all'anconetana. Zuppa al frutto della passione, gelato di yogurt e banana caramellata.

All'esterno sembra uno dei tanti stabilimenti balneari costruiti sulla spiaggia, all'interno è un locale elegante e piacevolissimo: la vista e il gusto sprofondano nel mare, attraverso le finestre e nel piatto. I ricordi di vacanze sull'Adriatico si sublimano in emozioni nuove e dirompenti.

a Marzocca Sud : 6 km – ✉ 60019

XXX **Madonnina del Pescatore** (Moreno Cedroni)

✿✿ *lungomare Italia 11 – ✆ 0 71 69 82 67 – www.morenocedroni.it – Chiuso mercoledì*

Rist – (consigliata la prenotazione) Menu 55/130 € – Carta 65/105 €

➜ Tortellini di parmigiano liquido, carne battuta al coltello, salsa di pomodoro e basilico. Fritto "un po' misto", quinoa (erba andina), granita agrodolce di cipolla, brodo leggero di lampone. Castagnoli ripieni di crema chantilly, sciroppo e zeste di lime, sorbetto al mandarino.

Instancabile ricercatore, Cedroni ha influenzato e trasformato la cucina di pesce all'italiana: dal crudo ai più originali accostamenti, i suoi piatti sono ormai storia continuamente aggiornata.

a Scapezzano Ovest : 6 km – ✉ 60019

Bel Sit rist,

via dei Cappuccini 15 – ✆ 0 71 66 00 32 – www.belsit.net – Chiuso 2-13 gennaio

32 cam – †65/112 € ††80/132 € – 6 suites

Rist – *(aperto 23 marzo-6 ottobre) (solo a cena escluso dal 25 maggio al 12 settembre) (solo per alloggiati)* Carta 24/45 €

Abbracciato da un parco secolare e con vista sul mare, la villa Ottocentesca dispone di un nuovo centro benessere, sale comuni con arredi lignei e semplici camere spaziose.

Locanda Strada della Marina rist,

strada della Marina 265 – ✆ 07 16 60 86 33 – www.locandastradadellamarina.it

9 cam – †73/88 € ††140/160 €

Rist – *(chiuso martedì)* Carta 29/34 €

Una casa colonica circondata dal parco offre camere sapientemente ristrutturate, arredate con mobili d'epoca, pavimenti lignei e sale per colazioni di lavoro e cerimonie. Quello che un tempo fu un essicatoio, è ora un elegante ristorante con varie proposte regionali di carne e di pesce.

Antica Armonia

via del Soccorso 67 – ✆ 0 71 66 02 27 – www.anticaarmonia.it – Chiuso 15-30 ottobre

10 cam – †50/60 € ††80/90 €

Rist – *(chiuso lunedì) (solo a cena)* Menu 25/35 €

Ubicata nel verde delle colline marchigiane, una familiare ospitalità custodisce camere confortevoli e spazi comuni curati. Tra ulivi e gelsi secolari, sarà facile rilassarsi a bordo piscina. A tavola, piatti della tradizione regionale e del Bel Paese.

Voglia di partire all'ultimo momento?
Consultate i siti Internet degli hotel per beneficiare di eventuali promozioni.

SEREGNO – Monza e Brianza (MB) – 561 F9 – 43 163 ab. – alt. 222 m – ✉ 20038 — 18 B2

Roma 594 – Como 23 – Milano 25 – Bergamo 51

XX **Pomiroeu** (Giancarlo Morelli)

✿ *via Garibaldi 37 – ✆ 03 62 23 79 73 – www.pomiroeu.it – Chiuso 12-25 agosto*

Rist – Menu 27 € (pranzo)/80 € – Carta 62/105 €

➜ Riso mantecato con pistilli di zafferano, midollo e caramello di vino rosso. La nostra cotoletta alla milanese. Torta sbrisolona con gelato alla crema d'uovo e limoni di Amalfi.

Nella corte di un palazzo del centro storico, un locale sempre accogliente con dehors tranquillo e riparato. Eccellente lista dei vini ed una cucina che offre sempre spunti di creatività su basi legate alle tradizioni locali.

SERINO – Avellino (AV) – 564 E26 – 7 131 ab. – alt. 415 m – ✉ 83028

Roma 260 – Avellino 14 – Napoli 55 – Potenza 126

verso Giffoni Sud : 7 km :

Chalet del Buongustaio
via Giffoni ✉ 83028 – ✆ 08 25 54 29 76 – www.chaletdelbuongustaio.com – Chiuso martedì
Rist – Menu 20/30 € – Carta 19/33 €
Avvolto dalla cornice verde dei castagneti, ristorante dall'ambiente familiare, semplice ed accogliente. Il menu propone una casereccia cucina del territorio e profumati vini locali. Specialità della casa: minestra maritata ca'noglia con crostino di polenta.

SERLE – Brescia (BS) – **561** F13 – **3 119 ab. – alt. 493 m** – ✉ **25080** **17** D1

Roma 550 – Brescia 21 – Verona 73

a Valpiana Nord : 7 km – ✉ 25080 Serle

Valpiana
località Valpiana 10 – ✆ 03 06 91 02 40 – Chiuso gennaio- febbraio e lunedì
Rist – Carta 23/42 €
In posizione quieta e pittoresca, incorniciato dai boschi e con una splendida vista sulle colline e sul lago, un locale rustico dalla cucina casereccia, funghi e cacciagione.

SERMONETA – Latina (LT) – **563** R20 – **9 156 ab. – alt. 257 m** – ✉ **04013** **13** C2

Roma 77 – Frosinone 65 – Latina 17

Principe Serrone senza rist
via del Serrone 1 – ✆ 07 73 30 33 42 – www.hotelprincipeserrone.it
16 cam – †40/60 € ††80/100 €
Nel borgo medievale, con bella vista sulla vallata, un edificio storico ospita questo hotel ideale per trascorrere soggiorni tranquilli; camere semplici ma confortevoli.

SERNAGLIA DELLA BATTAGLIA – Treviso (TV) – **562** E18 – **6 358 ab. – alt. 117 m** – ✉ **31020** **40** C2

Roma 602 – Treviso 33 – Venezia 84 – Trento 119

Dalla Libera
via Farra 24/a – ✆ 04 38 96 62 95 – www.trattoriadallalibera.it – Chiuso lunedì
Rist – *(solo a pranzo escluso venerdì e sabato)* Carta 30/57 €
Nella sala in stile anni '70, vi verranno presentate - a voce - due linee di cucina: una più semplice e l'altra invece stagionale, pensata dallo chef-titolare giorno per giorno. Il tutto "coronato" da un eccellente rapporto Q/P. La zuppa di faglioli a km 0 è la specialità della casa.

SERRALUNGA D'ALBA – Cuneo (CN) – **561** I6 – **535 ab.** – ✉ **12050** **25** C2

Italia Centro-Nord

Roma 668 – Torino 88 – Cuneo 75 – Asti 43

Il Boscareto Resort
strada Roddino 21 – ✆ 01 73 61 30 36 – www.ilboscaretoresort.it - Chiuso 21 gennaio-28 febbraio
38 cam – †200/250 € ††250/385 € – 9 suites
Rist *La Rei* – vedere selezione ristoranti
Lussuosa struttura concepita per offrire una vista a 360° sulle Langhe...e la magia continua nelle stupende camere dotate appositamente di ampie vetrate, nonché nella moderna Spa.

XXXX **La Rei** – Hotel Il Boscareto Resort

strada Roddino 21 – ☎ 01 73 61 30 42 – www.ilboscaretoresort.it
– *Chiuso 21 gennaio-28 febbraio e lunedì*
Rist – *(solo a cena escluso sabato e domenica)* Menu 60/200 €
– Carta 52/109 €
→ Agnolotti del plin ai tre arrosti. Cappone di Morozzo allo spiedo con verdure croccanti di stagione. Tiramisù alla nocciola gentile delle Langhe.
In una sala moderna di grande impatto scenico, una cucina ancorata al territorio, ma innovativa, con piatti equilibrati nei sapori, buona tecnica e perfette presentazioni.

X **Villa Contessa Rosa** (N)

via Alba 15 – ☎ 01 73 62 61 62 – www.villacontessarosa.com
– *Chiuso domenica*
Rist – *(solo a cena)* Menu 45/80 €
Ubicata nella tenuta di Fontanafredda, residenza al tempo del re Vittorio Emanuele II della bella Rosina, il contesto è decisamente interessante: le cantine per l'affinamento dei nobili rossi, il centro congressi, la rivendita di prodotti e... in una palazzina ottocentesca i sapori del territorio abbinati ai prestigiosi vini della casa (anche al calice).

SERRAMAZZONI – Modena (MO) – 562 I14 – 8 300 ab. – alt. 791 m – ✉ 41028 8 B2

Roma 357 – Bologna 77 – Modena 33 – Pistoia 101

a Montagnana Nord : 10 km – ✉ 41028

XXX **La Noce**

via Giardini Nord 9764 – ☎ 05 36 95 71 74 – www.lanoce.it
– *Chiuso 1°-15 gennaio, 1°-20 agosto e domenica*
Rist – *(solo a pranzo)* (prenotare) Menu 45/55 € – Carta 50/65 €
Lungo la strada che attraversa il paese, la struttura ha mantenuto intatto il suo fascino, complici la tenuta e le decorazioni nelle sale che coniugano raffinatezza ed atmosfera rustica. Annessa al ristorante un'acetaia, dove si trovano antichi utensili d'uso comune. Vendita di marmellate, miele e aceto balsamico.

SERRA SAN QUIRICO – Ancona (AN) – 563 L21 – 3 036 ab. – ✉ 60048 Italia Centro-Nord 20 B2

Roma 234 – Ancona 54 – Perugia 93 – Rimini 111

X **La Pianella**

via Gramsci, Nord-Ovest : 1,3 km – ☎ 07 31 88 00 54
– *Chiuso 26 dicembre-6 gennaio, 2 settimane in luglio, domenica sera e lunedì*
Rist – Carta 28/44 €
Piacevole trattoria appena fuori paese che propone esclusivamente piatti della tradizione marchigiana, abbinati a vini di selezione locale.

SERRAVALLE LANGHE – Cuneo (CN) – 561 I6 – 326 ab. – alt. 762 m – ✉ 12050 25 C3

Roma 593 – Genova 121 – Alessandria 75 – Cuneo 55

XX **La Coccinella**

via Provinciale 5 – ☎ 01 73 74 82 20 – www.trattoriacoccinella.it
– *Chiuso 6 gennaio-10 febbraio, 27 giugno-7 luglio, mercoledì a mezzogiorno e martedì*
Rist – (consigliata la prenotazione) Carta 37/61 €
Tre fratelli conducono con passione ed esperienza questo valido ristorante d'impostazione classica. La cucina è soprattutto piemontese - talvolta tradizionale, altre più moderna - con qualche piatto di pesce.

SERRAVALLE PISTOIESE – Pistoia (PT) – 563 K14 – 11 561 ab. 31 B1
– alt. 182 m – ✉ 51030

Roma 320 – Firenze 40 – Livorno 75 – Lucca 34

Trattoria Marino
via Provinciale Lucchese 102, località Ponte di Serravalle, Ovest: 2 km – ✆ 0 57 35 10 42 – Chiuso martedì'

Rist – Menu 19 € (pranzo)/35 € – Carta 29/41 €

Sulla strada per Montecatini, trattoria dai toni rusticamente caldi dove assaporare piatti regionali presentati con gusto. A noi piacciono in particolare il filetto di maialino marinato alle spezie e il coniglio al coccio, ma non alzatevi da tavola senza aver assaggiato i dolci...

SERRAVALLE SCRIVIA – Alessandria (AL) – 561 H8 – 6 445 ab. 23 C3
– alt. 225 m – ✉ 15069

Roma 547 – Alessandria 31 – Genova 54 – Milano 95

via Monterotondo 60, 0143 62065, www.serravallegolfclub.it – chiuso gennaio e mercoledì (escluso maggio-settembre)

Villa la Bollina
via Monterotondo 60, Ovest: 2 km – ✆ 0 14 36 53 34 – www.hotelvillalabollina.com – Chiuso gennaio-5 marzo

12 cam – †100/150 € ††130/180 € – 2 suites

Rist ***La Bollina*** – vedere selezione ristoranti

In un'oasi di tranquillità, dimora nobiliare del XIX secolo trasformata in elegante ed accogliente hotel con camere raffinate, arredate con mobili in stile. Club House, ricavata da un'ampliamento della villa Liberty.

Serravalle Golf Hotel
cam,

via Novi 25 – ✆ 01 43 63 35 17 – www.serravallegolfhotel.it – Chiuso 2-23 dicembre

††128/155 € – 2 suites

Rist – *(solo per alloggiati)* Menu 15/25 €

Nel contesto dei campi da golf e dietro il famoso outlet, ampie e confortevoli camere con accesso indipendente (stile motel) e posto auto.

La Bollina – Hotel Villa la Bollina
via Monterotondo 60, (Ovest: 2 km) – ✆ 0 14 36 53 34 – www.hotelvillalabollina.com – Chiuso gennaio-5 marzo e lunedì

Rist – Menu 25 € – Carta 35/68 €

All'interno della storica villa, il ristorante utilizza le nobili sale e le fresche terrazze con vista su parco e campi da golf. La cucina è espressamente dedicata ai piatti piemontesi con le sue carni, le sue paste, e l'immancabile tartufo. L'indirizzo giusto per una romantica cena.

SERRUNGARINA – Pesaro e Urbino (PU) – 563 K20 – 2 592 ab. 20 B1
– alt. 209 m – ✉ 61030

Roma 245 – Rimini 64 – Ancona 70 – Fano 13

a Bargni Ovest : 3 km – ✉ 61030

Casa Oliva
cam,

via Castello 19 – ✆ 07 21 89 15 00 – www.casaoliva.it – Chiuso 9-30 gennaio

23 cam – †45/65 € ††54/89 € – 2 suites

Rist – *(chiuso lunedì)* Carta 24/70 €

Nella quiete della campagna marchigiana, hotel composto da diversi caseggiati in mattoni all'interno di un caratteristico borgo d'epoca: camere di taglio moderno, nuova beauty farm e piccola piscina. Cucina casalinga e specialità regionali nella sala-veranda del ristorante.

SESSAME – Asti (AT) – **561** H7 – 286 ab. – ✉ 14058 **25** D2

Roma 598 – Torino 100 – Asti 39 – Alessandria 52

Il Giardinetto

strada provinciale Valle Bormida 24, Sud: 4 km – ✆ 01 44 39 20 01 – www.ilgiardinettoristorante.it – Chiuso 22 febbario-6 marzo, 9-15 settembre e giovedì

Rist – *(solo a cena escluso sabato, domenica e i giorni festivi)* Menu 20/35 € – Carta 22/50 €

Gli antipasti sono fissati quotidianamente, si scelgono invece le portate successive, specialità casalinghe piemontesi e liguri. Piccolo e tranquillo il dehors.

SESTO (SEXTEN) – Bolzano (BZ) – **562** B19 – 1 952 ab. – alt. 1 310 m **34** D1

– Sport invernali : 1 310/2 200 m 2 7, ; a Versciaco Monte Elmo: 1 131/2 050 m 1 4 (Comprensorio Dolomiti superski Alta Pusteria) – ✉ 39030

Italia Centro-Nord

Roma 697 – Cortina d'Ampezzo 44 – Belluno 96 – Bolzano 116

via Dolomiti 45, ✆ 0474 71 03 10, www.sesto.it

Val di Sesto★★ Nord per la strada S 52 e Sud verso Campo Fiscalino

Monika

via del Parco 2 – ✆ 04 74 71 03 84 – www.monika.it – Aperto 30 novembre-9 aprile e 26 maggio-28 ottobre

46 cam – solo ½ P 85/150 € – 4 suites

Rist Monika – *(solo a cena)* Menu 35 €

Nel Parco Naturale delle famose Tre Cime di Lavaredo, una risorsa recentemente ristrutturata in chiave moderna, ma rispettosa del contesto alpino nella quale si trova: aspettatevi, quindi, un attrezzato spazio benessere con una bellissima piscina coperta e tanto legno nelle "calde" camere.

San Vito-St. Veit

via Europa 16 – ✆ 04 74 71 03 90 – www.hotel-st-veit.com – Aperto 25 dicembre-Pasqua e 1° giugno-15 ottobre

43 cam ☕ – †72/130 € ††120/270 € Carta 23/65 €

Gestione dinamica in un albergo in area residenziale, dominante la vallata; zona comune ben arredata, camere tradizionali e con angolo soggiorno, ideali per famiglie. Nella sala da pranzo, vetrate che si aprono sulla natura; accogliente stube caratteristica.

a Moso (Moos) Sud-Est : 2 km – alt. 1 339 m – ✉ 39030 Sesto

Sport e Kurhotel Bad Moos

via Val Fiscalina 27 – ✆ 04 74 71 31 00 – www.badmoos.it – Chiuso 10 aprile-31 maggio e 4-30 novembre cam, rist,

62 cam ☕ – †198/378 € ††198/378 € **Rist** – Menu 28/45 € – Carta 30/64 €

Suggestiva veduta delle Dolomiti da un hotel moderno, dotato di buone attrezzature e adatto anche a una clientela congressuale; camere confortevoli. Calda atmosfera nella sala da pranzo; ristorante serale in stube del XIV-XVII secolo.

Berghotel e Residence Tirol

via Monte Elmo 10 – ✆ 04 74 71 03 86 – www.berghotel.com – Aperto 4 dicembre-Pasqua e 1° giugno-20 ottobre rist,

45 cam – solo ½ P 140/300 € – 8 suites **Rist** – *(solo a cena)* Menu 35/45 €

Splendida vista delle Dolomiti e della valle Fiscalina, da un albergo in posizione soleggiata: zona comune classica, in stile montano di taglio moderno; belle camere luminose.

Tre Cime-Drei Zinnen

via San Giuseppe 28 – ✆ 04 74 71 03 21 – www.hoteltrecime.it – Aperto 17 dicembre-25 marzo e 5 giugno-30 settembre

35 cam – solo ½ P 75/150 € **Rist** – *(solo per alloggiati)*

Cordiale conduzione in una struttura in posizione dominante, progettata da un famoso architetto viennese nel 1930; interni luminosi ed eleganti, camere con arredi d'epoca.

a Monte Croce di Comelico (Passo) (Kreuzbergpass) Sud-Est : 7,5 km
– alt. 1 636 m – ✉ 39030 Sesto

Passo Monte Croce-Kreuzbergpass
♿ cam, rist,

via San Giuseppe 55
– ✆ 04 74 71 03 28 – www.passomontecroce.com – Chiuso 15 aprile-28 maggio e 7 ottobre-20 novembre
46 cam – 71/109 € 126/202 € – 12 suites
Rist – Carta 23/56 €
Nel silenzio di suggestive cime dolomitiche, una struttura a ridosso delle piste da sci, con tante camere anche per famiglie e grande attenzione ai bambini, a cui sono dedicati anche particolari tipi di trattamento nel centro benessere. Raffinatezze gastronomiche locali e piatti mediterranei sono serviti nel moderno ristorante a tema, nella suggestiva cantina e nella stube.

a Campo Fiscalino (Fischleinboden) Sud : 4 km – alt. 1 451 m – ✉ 39030 Sesto

Dolomiti-Dolomitenhof
via Val Fiscalina 33 – ✆ 04 74 71 30 00 – www.dolomitenhof.com
– Aperto 1° dicembre-30 aprile e 1° giugno-31 ottobre
42 cam – 80/150 € 140/300 € – 3 suites
Rist – *(solo per alloggiati la sera)* Carta 20/54 €
La cornice naturale fatta di monti e pinete, avvolge questo albergo a gestione familiare in stile anni '70, con centro benessere; alcune camere di ispirazione bavarese. Cucina del territorio nell'ampia sala da pranzo.

...CHENA – Pordenone (PN) – 562 E20 – 6 296 ab. 10 B3

In Sylvis
via Friuli 2 – ✆ 04 34 69 49 11 – www.hotelinsylvis.com
37 cam – 50/65 € 70/85 €
Rist *Abate Ermanno* – vedere selezione ristoranti
Non lontano dalla suggestiva abbazia benedettina di S. Maria, hotel di non grandi dimensioni costituito da due strutture divise da un grazioso patio interno, usato anche per manifestazioni o serate a tema.

XX Abate Ermanno – Hotel In Sylvis
via Friuli 2 – ✆ 0 43 46 94 95 0- 11 – www.hotelinsylvis.com
– Chiuso lunedì a mezzogiorno
Rist – Carta 16/47 €
Bisogna avere le idee ben chiare (e un buon appetito), per accomodarsi in questo ristorante: la carta è amplissima e "racconta" di tante specialità regionali da perderci la testa. Qualche suggerimento tra gli impedibili? Stringoli al San Daniele, frico alla friulana.

SESTO CALENDE – Varese (VA) – 561 E7 – 10 830 ab. – alt. 198 m 16 A2
– ✉ 21018

Roma 632 – Stresa 25 – Como 50 – Milano 55
viale Italia 3, ✆ 340 1 01 77 44, wwww.prosestocalende.it

Tre Re
piazza Garibaldi 25 – ✆ 03 31 92 42 29 – www.hotel3re.it
– Chiuso 20 dicembre-6 febbraio
31 cam – 70/100 € 100/150 €, 15 €
Rist – Carta 34/57 €
Piacevolmente ubicato in riva al Ticino, nel punto in cui il fiume abbandona il lago Maggiore, camere accoglienti e con dotazioni moderne, nonché una luminosa sala ristorante dove gustare specialità lacustri.

La Biscia
piazza De Cristoforis 1 – ✆ 03 31 92 44 35 – www.ristorantelabiscia.com – Chiuso 26-31 gennaio, 15-31 agosto, domenica sera e lunedì
Rist – Menu 48/58 € – Carta 29/61 €
Nel centro del paese, sul lungolago, ristorante con una confortevole sala di tono signorile e piacevole dehors fronte lago; linea culinaria di pesce, di mare e di lago.

Locanda Sole con cam
via Ruga del porto vecchio 1 – ✆ 03 31 91 42 73 – www.trattorialocandasole.it – Chiuso 24 dicembre-6 gennaio
7 cam – ♦85 € ♦♦110 €
Rist – *(chiuso martedì)* Menu 25/45 € – Carta 29/57 €
Simpatica trattoria-locanda all'interno di un isolato costituito da caratteristiche case di ringhiera degli anni '40: camere confortevoli in stile rustico e piatti locali come la frittura di lago o il luccio stufato.

SESTOLA – Modena (MO) – 562 J14 – 2 642 ab. – alt. 1 020 m – Sport invernali : 1 020/2 000 m 1 13, – ✉ 41029 8 B2

Roma 387 – Bologna 90 – Firenze 113 – Lucca 99
corso Umberto I, ✆ 0536 66 23 24, www.appenninomodenese.net
Monte Cimone via Statale per Fanano, 0536 61372, www.montecimonegolfclub.it – aprile-ottobre; chiuso mercoledì

Al Poggio
via Poggioraso 88, località Poggioraso, Est: 2 km – ✆ 0 53 66 11 47 – www.alpoggio.it – Chiuso novembre
32 cam – ♦50/80 € ♦♦90/120 € – 1 suite **Rist** – Carta 19/67 €
Hotel ubicato in posizione tranquilla, che offre una vista meravigliosa della vallata in particolar modo da alcune delle camere. Conduzione familiare al f... Sale sobrie e confortevoli dove ...

San Rocco con cam
corso Umberto I 39 – ✆ 0 53 66 23 82 – www.hotelsanrocco.net
10 cam – ♦70/80 € ♦♦100/120 €, 15 € – 1 suite
Rist – *(chiuso lunedì)* (prenotazione obbligatoria) Menu 40/70 € – Carta 33/71 €
All'ingresso del centro storico, inaspettata eleganza e piacevole terrazza estiva sono il contorno di una proposta ristretta, ma di indubbia qualità. L'eleganza continua nelle camere: uno squarcio di modernità nella tradizione montana.

SESTO SAN GIOVANNI – Milano (MI) – 561 F9 – 81 130 ab. – alt. 140 m – ✉ 20099 18 B2

Roma 565 – Milano 9 – Bergamo 43

Pianta d'insieme di Milano

Grand Hotel Villa Torretta
via Milanese 3 – ✆ 02 24 11 21 – www.villatorretta.it – Chiuso agosto 2BOf
56 cam – ♦158/474 € ♦♦198/594 € – 21 suites
Rist – *(chiuso domenica)* Carta 40/74 €
Realtà molto elegante ricavata dalla ristrutturazione di una villa suburbana seicentesca. Gli interni sono molto curati e le camere ben tenute e sempre di ottimo livello. Ristorante con sale affrescate ed ambienti esclusivi, servizio accurato.

Abacus
via Monte Grappa 39 – ✆ 02 26 22 58 58 – www.abacushotel.it – Chiuso vacanze di Natale e 2 settimane in agosto 2BOh
95 cam – ♦55/240 € ♦♦80/300 € – 2 suites
Rist – *(chiuso venerdì, sabato e domenica) (solo a cena)* Carta 24/36 €
Ospitalità ecofriendly in questa moderna struttura a 50 metri dal metrò e dalla stazione ferroviaria: eleganti interni, piscina nell'attrezzato centro fitness, camere spaziose con wi-fi.

NH Concordia 2BOw

viale Edison 50 – 02 24 42 96 11 – www.nh-hotels.com

152 cam – 85/409 € 100/449 € – 3 suites

Rist – *(chiuso 5-18 agosto)* Carta 39/66 €

Alle porte di Milano, un parallelepipedo di dieci piani moderno e funzionale: completo nella gamma dei servizi offerti è l'indirizzo ideale per una clientela *business*.

22 A2

SESTRIERE – **Torino (TO)** – **561** H2 – **873 ab.** – **alt. 2 033 m** – **Sport invernali : 1 350/2 823 m (Comprensorio Via Lattea 6 72)**

– 10058

Roma 750 – Briançon 32 – Cuneo 118 – Milano 240

via Louset 14, 0122 75 54 44, www.comune.sestriere.to.it

piazza Agnelli 4, 0122 76243, www.vialattea.it – giugno-settembre

Grand Hotel Sestriere

via Assietta 1 – 0 12 27 64 76 – www.grandhotelsestriere.it

– Chiuso maggio-26 giugno

92 cam – 86/130 € 124/268 € – 5 suites

Rist *La Vineria del Colle* – vedere selezione ristoranti

Rist – Carta 26/53 €

Se dalle finestre e dai balconi potrete vedere le piste olimpiche, nei suoi ambienti ritroverete un'atmosfera rustica ed elegante. Beauty farm con vinoterapia.

Shackleton

via Assietta 3 – 01 22 75 07 73 – www.shackleton-resort.it

– Aperto 26 novembre-30 aprile e 16 giugno-14 settembre

15 cam – 90/160 € 150/250 € – 4 suites

Rist *Shackleton* – vedere selezione ristoranti

... "familiare": è la formula vincente di questo moderno albergo dalle ampie camere con balcone. All'ultimo piano, spettacolare panorama da una terrazza chiusa.

Belvedere

via Cesana 18 – 01 22 75 06 98 – www.newlinehotels.com

– Aperto 1° dicembre-30 aprile e 1° giugno-3 settembre

36 cam – 45/80 € 85/105 € – 1 suite

Rist – *(aperto 1° dicembre-30 aprile)* Carta 31/55 €

Incorniciato da un incantevole paesaggio sulla strada per Cesana Torinese, l'hotel offre confortevoli ambienti di tono rustico che tuttavia non difettano in eleganza. Tra tradizione e modernità, circondati dalla calda atmosfera di un camino, al ristorante vengono proposte serate a tema.

Cristallo

via Pinerolo 5 – 01 22 75 07 07 – www.newlinehotels.com

– Aperto 1° dicembre-30 aprile e 1° giugno-30 settembre

46 cam – 120/260 € 130/270 €

Rist – *(aperto 1° dicembre-30 aprile)* Carta 30/58 €

Di fronte agli impianti di risalita, questa moderna ed imponente struttura propone camere eleganti ed accoglienti; di maggiore attrattiva quelle con vista sul colle. Sala ristorante ampia e luminosa.

Savoy Edelweiss

via Fraiteve, 7 – 0 12 27 70 40 – www.hotelsavoysestriere.com

– Aperto 1° dicembre-15 aprile e 1° luglio-31 agosto

29 cam – 65/200 € 90/290 € – 1 suite **Rist** – Carta 30/51 €

Non lontano dal centro, un hotel che si farà ricordare per l'inconfondibile stile barocco piemontese. L'insieme è stato potenziato qualche anno fa ed ora si presenta con una piccola hall e numerose salette relax, camere ben accessoriate (sebbene non proprio spaziose) ed una graziosa area benessere. Sfavillanti lampadari di cristallo ed arredi in legno riprendono l'impronta dell'albergo.

XX **La Vineria del Colle** – Grand Hotel Sestriere
via Assietta 1 – ✆ 0 12 27 64 76 – www.grandhotelsestriere.it – Chiuso maggio, ottobre e lunedì
Rist – Menu 40/70 € – Carta 30/58 €
Cucina regionale, in un ristorantino rustico e signorile al tempo stesso, ricavato in una vecchia cantina: portatevi un maglione, perché la temperatura è quella originaria!

XX **Shackleton** – Hotel Shackleton
via Assietta 3 – ✆ 01 22 75 07 73 – www.shackleton-resort.it – Aperto 26 novembre-30 aprile 16 giugno-14 settembre
Rist – Carta 26/60 €
Una bella sala luminosa e panoramica, grazie alle ampie vetrate che dal soffitto corrono fino a terra: un ambiente moderno e conviviale, dove gustare specialità territoriali (paste realizzate con farine artigianali, selvaggina selezionata, carni piemontesi, etc.).

SESTRI LEVANTE – Genova (GE) – 561 J10 – 18 794 ab. – ✉ 16039 15 C2

Liguria

Roma 457 – Genova 50 – Milano 183 – Portofino 34

piazza Sant'Antonio 10, ✆ 0185 45 70 11, www.turismo.provincia.genova.it

Località★ - Baia del Silenzio★

Le Cinque Terre★★

Grand Hotel Villa Balbi
viale Rimembranza 1 – ✆ 0 18 54 29 41 – www.villabalbi.it – Aperto 1° aprile-10 ottobre
102 cam – †90/200 € ††140/400 € – 3 suites **Rist** – Menu 30/45 €
Sul lungomare, un'antica villa aristocratica del '600 con un rigoglioso parco-giardino con piscina: splendidi interni in stile con affreschi, camere eleganti. Continuate a viziarvi pasteggiando nella raffinata sala da pranzo.

Vis à Vis
via della Chiusa 28 – ✆ 0 18 54 26 61 – www.hotelvisavis.com – Aperto 15 dicembre-5 gennaio e 23 marzo-4 novembre
43 cam – †120/180 € ††180/280 € – 3 suites
Rist *Olimpo* – vedere selezione ristoranti
Albergo panoramico collegato al centro da un ascensore scavato nella roccia; splendida terrazza-solarium con piscina riscaldata, accoglienti interni di taglio moderno.

Grand Hotel dei Castelli
via alla Penisola 26 – ✆ 01 85 48 70 20 – www.hoteldeicastelli.it – Aperto 15 marzo-15 novembre
43 cam – †120/140 € ††220/280 € – 6 suites **Rist** – Carta 44/90 €
Su un promontorio con bella vista di mare e coste, caratteristico hotel con costruzioni in stile medievale e ascensori per il mare. Piacevoli interni. Sottili colonne centrali nella raffinata sala da pranzo.

Miramare
via Cappellini 9 – ✆ 01 85 48 08 55 – www.miramaresestrilevante.com – Chiuso 7 gennaio-7 febbraio
33 cam – †140/340 € ††160/340 € – 3 suites
Rist *Baia del Silenzio* – vedere selezione ristoranti
A ridosso della quieta Baia del Silenzio, la struttura è stata completamente rinnovata: le camere sono ora all'insegna del design attuale, molte con un'incantevole vista sulla distesa blu.

Due Mari
vico del Coro 18 – ✆ 0 18 54 26 95 – www.duemarihotel.it – Chiuso 15 ottobre-24 dicembre
53 cam – †65/95 € ††110/200 € – 2 suites **Rist** – Carta 22/51 €
Tra romantici edifici pastello, un classico palazzo seicentesco da cui si scorge la Baia del Silenzio, abbellito da un piccolo e suggestivo giardino; interni in stile. Elegante sala da pranzo, specialità di terra e di mare.

Suite Hotel Nettuno

piazza Bo 23/25 – ☎ 01 85 48 17 96 – www.suitehotelnettuno.com

11 cam – 150/250 € 150/350 € – 7 suites

Rist – *(chiuso 15 ottobre-1° dicembre)* Carta 30/69 €

Direttamente sulla passeggiata del lungomare, edificio in stile che si caratterizza per la generosità degli spazi, sia nelle parti comuni sia nelle armoniose camere. Anche il ristorante si contraddistingue per le ampie dimensioni; la cucina, per le specialità liguri.

Helvetia senza rist

via Cappuccini 43 – ☎ 0 18 54 11 75 -4 30 48 – www.hotelhelvetia.it – Aperto 1° aprile-31 ottobre

17 cam – 80/180 € 170/280 € – 4 suites

In un angolo tranquillo e pittoresco di Sestri, una costruzione d'epoca ristrutturata con eleganza, adornata da terrazze-giardino fiorite; luminosi ambienti arredati con gusto.

Villa Agnese senza rist

Via Alla Fattoria Pallavicini 1/a – ☎ 01 85 45 75 83 – www.hotelvillaagnese.com

16 cam – 60/130 € 80/250 €

Ai piedi della settecentesca villa Pallavicini, le camere in stile classico con accenni provenzali - più o meno spaziose - dispongono di balcone, patio o giardinetto. E' una risorsa ideale per chi, non ossessionato dalla spiaggia, desidera muoversi con facilità nel territorio e trovare al rientro il relax di un tuffo in piscina.

cam, rist,

Marina

via Fascie 100 – ☎ 01 85 48 73 32 – www.marinahotel.it – Aperto 1° marzo-4 novembre

23 cam – 50/70 € 60/70 €, 8 €

[illegible] alloggiati) Menu 16 €

Camere [illegible] storico, ariose e comode sale, nonché [illegible] qualità/prezzo.

Relais San Rocco

cam,

via Aurelia 261, frazione Makalle, Est: 5 km – ☎ 01 85 45 84 09 – www.relaissanrocco.com – Chiuso 7 gennaio-28 febbraio e novembre

10 cam – 50/110 € 70/140 €

Rist ***Kontiki*** – *(solo a cena)* Carta 30/50 €

Sulla strada per il passo Bracco, questo piccolo hotel - rinnovato in anni recenti - dispone di camere accoglienti, ma i punti di forza sono indubbiamente la posizione e il panorama.

Olimpo – Hotel Vis à Vis

via della Chiusa 28 – ☎ 01 85 48 08 01 – www.ristoranteolimpo.com – Aperto 15 dicembre-5 gennaio e 23 marzo-4 novembre

Rist – Carta 44/92 €

Vi sembrerà di stare sul monte degli dei, grazie alle ampie vetrate che permettono alla vista di abbracciare il golfo e l'intrigante Sestri Levante: un ambiente decisamente elegante, per una cucina ricercata e di mare.

Portobello

via Portobello 16 – ☎ 0 18 54 15 66 – www.ristoranteportobello.com – Chiuso febbraio, marzo e mercoledì escluso luglio e agosto; anche lunedì, martedì e giovedì da novembre a gennaio

Rist – Carta 40/82 €

In una delle insenature più belle d'Italia, la Baia del Silenzio, cucina prevalentemente di pesce: in estate sull'incantevole terrazza affacciata sul mare, d'inverno vicino ad uno scoppiettante camino.

El Pescador

via Pilade Queirolo, al porto – ☎ 0 18 54 28 88 – Chiuso 16 dicembre-28 febbraio e martedì; solo i mezzogiorno di lunedì, martedì e mercoledì in giugno-settembre

Rist – Carta 42/73 €

Lungo le pareti delle due sale corrono ampie vetrate che si affacciano su una colorata Baia delle Favole mentre tra i fornelli è esaltata la cucina regionale, carni alla griglia e fragranze marine.

XX **San Marco 1957**

via Pilade Queirolo 27, al porto – ✆ 0 18 54 14 59 – www.sanmarco1957.it – Chiuso 10-30 gennaio, 10-20 novembre e mercoledì escluso giugno-settembre

Rist – Carta 34/72 €

Sulla punta estrema della banchina del porticciolo, direttamente sul mare, un ristorante pieno di luce e mondano, arredato in stile marina; proposte di piatti di pesce.

XX **Rezzano Cucina e Vino**

via Asilo Maria Teresa 34 – ✆ 01 85 45 09 09 – Chiuso 2 settimane in febbraio, 2 settimane in novembre e lunedì

Rist – *(solo a cena escluso i giorni festivi da ottobre a maggio)* Menu 40 € – Carta 44/100 €

Sul lungomare, locale d'atmosfera - sobrio e signorile - dove la grande profusione di legno può ricordare vagamente lo stile nautico. Specialità di pesce.

XX **Baia del Silenzio** – Hotel Miramare

via Cappellini 9 – ✆ 01 85 48 58 07 – www.ristorantebaiadelsilenzio.it – Chiuso 7 gennaio-7 febbraio e mercoledì escluso da maggio a settembre

Rist – Menu 40/90 € – Carta 43/115 €

In un'elegante sala di taglio classico o sulle due terrazze con splendida vista sulla baia, la cucina si fa contemporanea, indugiando piacevolmente nelle presentazioni. La carta si divide equamente fra terra e mare.

a Riva Trigoso Sud-Est : 2 km – ✉ 16039

X **Asseü**

via G.B. da Ponzerone 2, strada per Moneglia – ✆ 0 18 54 23 42 – www.asseu.it – Chiuso novembre e mercoledì

Rist – (consigliata la prenotazione) Carta 31/64 €

Piacevole ristorante che oltre ad offrire una posizione invidiabile - strategicamente sulla spiaggia - propone una fragrante cucina di mare.

SESTRI PONENTE – Genova (GE)

SETTEQUERCE = SIEBENEICH – Bolzano (BZ) – Vedere Terlano

SETTIMO MILANESE – Milano (MI) – **561** F9 – 19 464 ab. – alt. 134 m – ✉ 20019 **18** B2

Roma 585 – Milano 24 – Brescia 110 – Bergamo 61

X **CristianMagri** (N)

via Meriggia 3 – ✆ 02 59 90 42 – www.cristianmagri.it – Chiuso lunedì

Rist – Carta 32/41 €

Affacciato su un laghetto di pesca sportiva, il locale vanta una location decisamente bucolica, mentre la cucina rispolvera il territorio con un accento particolare sulla carne. Ottima la pasticceria e i gelati di produzione propria.

SETTIMO TORINESE – Torino (TO) – **561** G5 – 47 790 ab. – alt. 207 m – ✉ 10036 **22** B1

Roma 698 – Torino 12 – Aosta 109 – Milano 132

Pianta d'insieme di Torino

Green Hotel cam,

via Milano 177, Nord-Est : 2 km – ✆ 01 18 00 56 61 – www.green-hotel.it

41 cam – †70/90 € ††90/110 €

Rist – *(chiuso agosto, sabato a mezzogiorno e domenica)* Carta 50/70 €

Benessere e accoglienza al primo posto. Questa moderna casa di campagna offre ampie camere, ben accessoriate, tutte diverse.

SEVESO – Monza e Brianza (MB) – **561** F9 – 22 877 ab. – alt. 211 m – ✉ 20030 **18** B2

Roma 595 – Como 22 – Milano 21 – Monza 15

Barlassina via Privata Golf 42, 0362 560621, www.barlassinacountryclub.it – chiuso lunedì

XXX La Sprelunga
via Sprelunga 55 – ✆ 03 62 50 31 50 – www.lasprelunga.it – Chiuso 1 settimana in gennaio, 3 settimane in agosto, domenica sera e lunedì
Rist – (consigliata la prenotazione) Carta 35/90 €
Antica trattoria di cacciatori, è ora un confortevole locale di taglio contemporaneo, in posizione decentrata, con proposte culinarie quasi esclusivamente a base di pesce.

SEXTEN = Sesto

SGONICO – Trieste (TS) – 562 E23 – 2 091 ab. – alt. 278 m – ✉ 34010 **11 D3**
▶ Roma 656 – Udine 71 – Portogruaro 86 – Trieste 14

a Devincina Sud-Ovest : 3,5 km – ✉ 34100 Sgonico

X Savron
via Devincina 25 – ✆ 0 40 22 55 92 – Chiuso 1 settimana in febbraio, 1 settimana in settembre, martedì e mercoledì
Rist – Carta 26/48 €
Locale rustico articolato in due sale, la più piccola delle quali è decorata con fotografie e storie di personaggi della storia austro-ungarica. Al tavolo, la cucina mitteleuropea.

SICULIANA Sicilia – Agrigento (AG) – 365 AP59 – 4 587 ab. **29 B2**
– alt. 129 m – ✉ 92010
▶ Agrigento 19 – Palermo 124 – Sciacca 43

X La Scogliera
... Siculiana Marina – ✆ 09 22 81 75 32 ... 16 dicembre-9 febbraio, domenica ...
Rist – Carta 35/48 €
Ristorantino a conduzione familiare con una bella terrazza affacciata sul mare. Una risorsa ideale per apprezzare appetitose preparazioni a base di pesce fresco.

SIDDI – Medio Campidano (VS) – 566 H8 – 708 ab. – alt. 184 m **28 B2**
– ✉ 09020
▶ Cagliari 63 – Oristano 51 – Sanluri 15

XXX S'Apposentu (N) (Roberto Petza)
✿ *vico Cagliari 3 – ✆ 07 09 34 10 45 – www.sapposentu.it*
– Chiuso domenica sera e lunedì
Rist – (consigliata la prenotazione) Menu 38/48 € – Carta 43/57 €
➜ Zuppa di fregua della casa con cozze, gamberi e filetti di pesce. Controfiletto di manzetta con patate novelle, mandorle, lardo e salsa al cannonau. Pesche caramellate e pistacchi con biscotti allo zenzero e mousse di yogurt di capra.
Un gioiello sperduto nel cuore della Sardegna, ma che merita un viaggio per trovare i sapori perduti delle paste artigianali, animali da cortile, mandorle e zafferano dell'isola, pecorini prodotti dal cuoco...è una gustosa cucina di campagna con un occhio al mare.

SIDERNO – Reggio di Calabria (RC) – 564 M30 – 18 176 ab. – ✉ 89048 **5 B3**
▶ Roma 697 – Reggio di Calabria 103 – Catanzaro 93 – Crotone 144

X La Vecchia Hosteria
via Matteotti 5 – ✆ 09 64 38 88 80 – www.lavecchiahostaria.com
– Chiuso mercoledì escluso luglio-agosto
Rist – (consigliata la prenotazione) Carta 28/40 €
Rustico e accogliente, il locale conserva ancora l'atmosfera d'un tempo, mentre la cucina assapora le fragranze del litorale, i profumi del mare, le ricette del territorio: paccheri con crostacei, tagliata di tonno alla calabrese, grigliata mista di pesce e verdure... solo per citarne alcune.

SIEBENEICH = Settequerce

Campo Regio Relais senza rist
via della Sapienza 25 – ✆ 05 77 22 20 73 – www.camporegio.com
– Chiuso 2 gennaio-14 marzo AVa
6 cam – †170/600 € ††170/600 €
Mobili antichi e confort moderni per un soggiorno esclusivo nella contrada del Drago. Una dimora d'epoca - curata e calda - come una lussuosa abitazione privata: meraviglioso terrazzino per le colazioni estive.

Antica Residenza Cicogna senza rist
via dei Termini 67 – ✆ 05 77 28 56 13 – www.anticaresidenzacicogna.it
7 cam – †65/90 € ††80/95 € BVb
Al primo piano di un palazzo di origini medievali, camere graziosamente arredate, personalizzate con affreschi ottocenteschi o liberty, una con letto a baldacchino.

XXXX **Il Canto** – Hotel Certosa di Maggiano
strada di Certosa 86 – ✆ 05 77 28 81 82
– Chiuso 20 dicembre-31 gennaio e martedì Um
Rist – *(solo a cena da aprile a ottobre)* Menu 80/130 € – Carta 77/110 €
Sperimentale, innovativa, avanguardista... gli aggettivi si sprecano per una cucina sempre molto personalizzata e in equilibrio tra ricerca e provocazione, apprezzata da chi ama l'originalità e non teme di confrontarsi con le novità.

XXX **Sapordivino** – Grand Hotel Continental
via Banchi di Sopra 85 – ✆ 0 57 75 60 11 – www.royaldemeure.com
Rist – Carta 42/66 € BVa
Sapordivino è l'originale ristorante ricavato nella corte interna del bel palazzo seicentesco che ospita il Grand Hotel Continental. Dal menu occhieggiano squisite specialità del territorio quali: pici all'aglione, fagottini di cinta senese alla piastra con mostarda del Chianti e, per finire, tartelletta di segale con ricotta e maroni.

XX **Tre Cristi**
vicolo di Provenzano 1/7 – ✆ 05 77 28 06 08 – www.trecristi.com
– Chiuso 24-26 dicembre, 10 giorni in gennaio e domenica BVd
Rist – Menu 35/65 € – Carta 36/78 €
Ambiente elegante e servizio competente, in questo storico ristorante senese dove apprezzare lo stuzzicante menu di mare e qualche piatto del territorio.

XX **Porri One** (N)
via Porrione 28 – ✆ 05 77 22 14 42 – www.ristoranteporri-one.it
– Chiuso gennaio o febbraio e mercoledì BXg
Rist – Carta 39/72 €
Nel cuore della citta - a due passi da piazza del Campo - Ermanno, lo chef-patron, gioca con il nome della via e con i sapori del territorio reinterpretandoli con gusto e fantasia. Non manca il pesce.

XX **Millevini** (N)
Fortezza Medicea 1 – ✆ 05 77 24 71 21 – www.ristorantemillevini.it
– Chiuso 10-31 gennaio Ta
Rist – Menu 30/70 € – Carta 32/68 €
All'interno del bastione del Forte di Santa Barbara e vicino all'Enoteca Italiana, sotto alti soffitti in mattoni, la cucina esalta i prodotti del territorio, sebbene non manchi qualche incursione dal mare.

X **Osteria le Logge**
via del Porrione 33 – ✆ 0 57 74 80 13 – www.osterialelogge.it
– Chiuso 8-25 gennaio e domenica BXp
Rist – Carta 41/71 €
Nota trattoria del centro: all'ingresso la cucina a vista, nonché una saletta con alti mobili a vetri ed atmosfera d'altri tempi, al piano superiore un ambiente più classico. Nel piatto ottima cucina regionale leggermente rivisitata in chiave moderna. Entusiasmante la carta dei vini.

La Taverna di San Giuseppe

via Giovanni Duprè 132 – ✆ 0 57 74 22 86 – www.tavernasangiuseppe.it – Chiuso 15-30 gennaio, 15-30 luglio e domenica BX**c**

Rist – (consigliata la prenotazione) Carta 28/66 € (+10 %)

Gnocchi di ricotta alla fonduta di pecorino di Pienza e tartufo fresco, nonché altre specialità locali, in una rustica taverna nel cuore di Siena: bei tavoli in legno massiccio e tovagliato di carta all'americana. Da vedere le cantine ricavate nel tufo di un'antica casa etrusca.

Trattoria Papei

piazza del Mercato 6 – ✆ 05 77 28 08 94 – Chiuso 25 luglio-5 agosto e lunedì BX**e**

Rist – (consigliata la prenotazione) Carta 22/34 €

Locale raccolto e informale gestito da un'intera famiglia: la mamma in cucina propone i piatti più autentici della Toscana...e dopo aver gustato delle ottime pappardelle al sugo di cinghiale, tutti via ad ammirare la vicina piazza del palio!

a Santa Regina Est : 2,5 km – ✉ 53100 Siena

Frances' Lodge Relais senza rist

strada Valdipugna 2 – ✆ 3 37 67 16 08 – www.franceslodge.it – Chiuso 10 gennaio-15 marzo

6 cam – †140/150 € ††190/240 €

Casa immersa nel verde delle colline, impreziosita da un giardino storico in cui spicca la limonaia. Ambienti di charme e gusto, camere personalizzate ispirate al viaggio: da sogno!

a Vagliagli Nord-Est : 11,5 km per Statale 222 T – ✉ 53010

Borgo Scopeto Relais

rist,

strada Comunale 14, Località Borgo Scopeto, Sud Est : 5 Km Vagliagli – ✆ 05 77 32 00 01 – www.borgoscopetorelais.it – Chiuso gennaio-febbraio

40 cam – †210/300 € ††280/350 € – 18 suites **Rist** – Carta 47/80 €

Attorno ad un'antica torre di avvistamento del XIII sec, dove già nel 1700 sono stati costruiti altri rustici, si snoda questa originale struttura: un vero borgo con camere personalizzate e curate nei dettagli. Nuovo centro benessere e cantina/showroom per i prodotti dell'omonima azienda agricola.

Casali della Aiola senza rist

località l'Aiola, Est : 1 km ✉ 53019 – ✆ 05 77 32 27 97 – www.aiola.net – Chiuso 20 dicembre-7 gennaio

8 cam – †85 € ††95 €

Un soggiorno nella natura, tra vigneti e dolci colline, in un antico fienile restaurato: camere molto piacevoli (una con salottino), arredi in legno e travi a vista. Banditi i televisori!

La Taverna di Vagliagli

via del Sergente 4 – ✆ 05 77 32 25 32 – www.tavernadivagliagli.com – Chiuso 8-31 gennaio, 5-30 novembre e martedì

Rist – *(solo a cena escluso sabato ed i giorni festivi)* Carta 27/51 €

In un caratteristico borgo del Chianti, locale rustico molto gradevole, con pietra a vista e arredi curati; specialità alla brace, cucinate davanti ai clienti.

SIGNA – Firenze (FI) – 563 K15 – 18 510 ab. – alt. 96 m – ✉ 50058 32 C1

Roma 300 – Firenze 32 – Bologna 116 – Prato 26

Stilhotel senza rist

via Dei Macelli 22 – ✆ 05 58 73 62 02 – www.stilhotel.it – Chiuso 12-19 agosto

22 cam – †55/65 € ††70/95 €

Ottimo rapporto qualità/prezzo in questa risorsa moderna e logisticamente interessante, sia come tappa, sia per la visita dei dintorni. Le famiglie potranno approfittare di alcuni mini appartamenti in una struttura attigua.

SIGNATO – Bolzano – Vedere Bolzano

SIRACUSA

Agatocle (V.)	BCY	
Agrigento (V.)	BCY	2
Archimede (Pza)	CZ	3
Arsenale (V. d.)	BCY	
Bainsizza (V.)	BY	
Bengasi (V.)	BZ	
Cadorna (Viale L.)	BY	
Capodieci (V.)	CZ	4
Cappuccini (Pza)	CY	
Castello Maniace (V.)	CZ	6
Catania (V.)	BY	7
Columba (V.)	AYZ	
Crispi (V. F.)	BY	9
Diaz (Viale A.)	BY	10
Dionisio il Grande (Riviera)	CY	12
Duomo (Pza)	CZ	13
Elorina (V.)	ABZ	
Ermocrate (V.)	AY	
Euripide (Pza)	BY	
Foro Siracusano	BYZ	16
Gelone (Cso)	BY	
Gorizia (V.)	BY	
Maestranza (V. d.)	CZ	18
Malta (V.)	BZ	
Marconi (Piazzale)	BZ	19
Matteotti (Cso G.)	CZ	21
Mergulensi (V.)	CZ	22
Mirabella (V.)	CZ	24
Montedoro (V.)	BZ	
Montegrappa (V.)	CY	
Necropoli Groticelle (V. d.)	BY	25
Nizza (V.)	CZ	
Orsi (Viale P.)	ABY	
Pancali (Pza)	CZ	27
Paradiso (V.)	AY	28
Piave (V.)	BCY	
Puglia (V.)	CY	30
Regina Margherita (Viale)	BYZ	31
Rizzo (Viale G. E.)	AY	
Rodi (V.)	BZ	
Romagnoli (V.)	ABY	33
Roma (V.)	CZ	
Sepolcri (V. d.)	AY	37
Svevia (Pza F. d.)	CZ	38
S. Giovanni (Viale)	BY	34
S. Lucia (Pza)	CY	
S. Martino (V.)	CZ	36
Teocrito (Viale)	BCY	
Teracati (Viale)	BY	
Testaferrata (V. G.)	BY	39
Timoleonte (Cso)	BY	
Torino (V.)	CY	
Tripoli (V.)	BZ	40
Umberto I (Cso)	BZ	
Vittoria (Pza d.)	BY	
Vittorio Veneto (V.)	CZ	
Von Platen (V. A.)	BY	41
XX Settembre (V.)	CZ	42

Don Camillo

via Maestranza 96 – ✆ 0 93 16 71 33 – www.ristorantedoncamillosiracusa.it – Chiuso 15 giorni in febbraio, 15 giorni in luglio, domenica e i giorni festivi CZ**a**

Rist – Carta 36/59 €

Soffitti a volta, pietre a vista e un certo dinamismo nella disposizione degli spazi, connotano questo ristorante che dispone, tra l'altro, di un'interessante cantina.

Zafferano Bistrot – Hotel Caol Ishka

via Elorina 154 – ✆ 0 93 16 90 57 – www.caolishka.com – chiuso 2 settimane in gennaio-febbraio e lunedì AZ**a**

Rist – *(solo a cena)* Carta 24/53 €

Alle porte di Siracusa, la masseria ottocentesca cede il passo – all'interno – a spazi inaspettatamente moderni e di design. Ci pensa la cucina a pareggiare i conti: specialità regionali, con tanto pesce in cima alla lista.

Porta Marina

via dei Candelai 35 – ✆ 0 93 12 25 53 – www.ristoranteportamarina.135.it – Chiuso 1°-15 febbraio e lunedì CZ**q**

Rist – (consigliata la prenotazione) Carta 40/50 €

In un edificio del 1400 lasciato volutamente spoglio, in modo da evidenziare le pietre a vista e il soffitto a volte a crociera, il locale si è imposto come uno degli indirizzi più eleganti di Siracusa. Cucina promettente con alcune preparazioni, che si sbilanciano verso elaborazioni e personalismi ben riusciti.

Al Mazarì

via Torres 7/9 – ✆ 09 31 48 36 90 – www.almazari.com – Chiuso domenica in inverno CZ**n**

Rist – Menu 50 € – Carta 29/81 €

Parentesi gastronomica trapanese nel cuore di Siracusa: tra cous cous e pasta con le sarde, due sale semplici ed informali, che di sera si accendono dell'intrigante magia delle candele. Menu scherzosamente in dialetto siciliano (ma con traduzioni), per non prendersi troppo sul serio.

verso Lido Arenella

Grand Hotel Minareto

via del Faro Massolivieri 26/a, 7,8 km per ① ✉ 96100 Siracusa – ✆ 09 31 72 12 22 – www.grandhotelminareto.it

96 cam – †110/200 € ††140/350 € – 4 suites

Rist *Nesos* – vedere selezione ristoranti

Atmosfera medio-orientale, e non solo per il nome, in questo resort che occupa un intero promontorio. Elegante e con spiaggia privata, le camere si trovano in intime strutture disseminate un po' ovunque: anche intorno attorno alla scenografica piscina.

Dolce Casa senza rist

via Lido Sacramento 4, 4 km per ① ✉ 96100 Siracusa – ✆ 09 31 72 11 35 – www.bbdolcecasa.it

10 cam – †40/60 € ††60/80 €

Piacevole struttura a metà strada tra la città e le spiagge, attorniata da un giardino mediterraneo, inserita in un'oasi di tranquillità: per un soggiorno rilassante.

Nesos – Grand Hotel Minareto

via del Faro Massolivieri 26/a, 7,8 km per ① – ✆ 09 31 72 12 22 – www.grandhotelminareto.it

Rist – Carta 47/118 €

All'interno dell'elegante ed esclusivo hotel, il ristorante è impreziosito da pregiate boiserie ed intarsi in marmo. Ma la ricerca estetica non si esaurisce nell'ambiente e continua nell'elaborazione dei piatti, dove il territorio viene valorizzato con gusto contemporaneo.

sulla strada provinciale 14 Mare Monti

Lady Lusya — cam, VISA AE
località Spinagallo, Sud-Ovest : 14 km – ✆ 09 31 71 02 77 – www.ladylusya.it – Chiuso 1° gennaio-15 marzo
19 cam – ♦60/70 € ♦♦100/120 € – 4 suites
Rist – (prenotazione obbligatoria) Carta 16/49 €
Masseria fortificata del '500 splendidamente trasformata in hotel: interni di classe, camere distribuite in edifici diversi, tutti circondati dal giardino. Bella piscina. Ristorante di aspetto sobrio, cucina siciliana doc.

Agriturismo La Perciata — VISA
località Spinagallo 77, Sud-Ovest : 10 km ✉ 96100 Siracusa – ✆ 09 31 71 73 66 – www.perciata.it
15 cam – ♦75/99 € ♦♦75/99 €
Rist – *(aperto 1° giugno-30 settembre) (solo a cena)* Carta 16/29 €
Casa dall'intenso sapore mediterraneo, immersa nella campagna siracusana. Un agriturismo di alto livello, con tante dotazioni e servizi, per un soggiorno di tutto relax.

Agriturismo Limoneto — cam, cam, VISA
via del Platano 3, Sud-Ovest : 9,5 km – ✆ 09 31 71 73 52 – www.limoneto.it – Chiuso novembre
10 cam – solo ½ P 45/60 €
Rist – *(solo a cena escluso domenica)* Menu 22/35 €
Attorniata da un rigoglioso giardino agrumeto, struttura in aperta campagna in cui tutte le camere hanno accesso indipendente. La gestione si distingue per la simpatia.

SIRIO (Lago) – Torino – Vedere Ivrea

SIRMIONE – Brescia (BS) – **561** F13 – **8 150 ab. – alt. 66 m** **17** D1
– **Stazione termale** – ✉ **25019** Italia Centro-Nord
Roma 524 – Brescia 39 – Verona 35 – Bergamo 86
viale Marconi 6, ✆ 030 91 61 14, www.provincia.brescia.it/turismo
Località★★ – Grotte di Catullo: cornice pittoresca★★ – Rocca Scaligera★

Villa Cortine Palace Hotel — rist, VISA AE
via Caio Valerio Catullo 12 – ✆ 03 09 90 58 90 – www.palacehotelvillacortine.it – Aperto 28 marzo-13 ottobre
54 cam – ♦300/500 € ♦♦350/820 € **Rist** – Carta 50/82 €
Una vacanza esclusiva in una villa ottocentesca in stile neoclassico all'interno di uno splendido grande parco digradante sul lago; incantevoli interni di sobria eleganza. Raffinatezza e classe nell'ampia sala da pranzo; romantico servizio estivo all'aperto.

Grand Hotel Terme — VISA AE
viale Marconi 7 – ✆ 0 30 91 62 61 – www.termedisirmione.com – Chiuso 9 gennaio-febbraio
56 cam – ♦200/337 € ♦♦304/523 € – 1 suite
Rist *L'Orangerie* – Carta 40/87 €
Un giardino in riva al lago con piscina impreziosisce questa bella struttura panoramica: colori vivaci negli interni arredati con gusto, wellness completo e area congressi. Comodi a tavola per ammirare il paesaggio lacustre e per assaporare la tradizione mediterranea.

Olivi — rist, VISA AE
via San Pietro 5 – ✆ 03 09 90 53 65 – www.hotelolivi.com – Aperto 1° marzo-15 novembre
53 cam – ♦70/150 € ♦♦80/220 € – 11 suites **Rist** – Carta 31/49 €
In posizione panoramica - tra il centro e le grotte di Catullo - sfugge al caos turistico ed offre camere immerse nel verde, accoglienti e luminose. Ampia sala da pranzo di tono elegante, utilizzata anche per banchetti.

Catullo rist,

piazza Flaminia 7 – 03 09 90 58 11 – www.hotelcatullo.it
– Aperto 21 dicembre-5 gennaio e 16 marzo-3 novembre
57 cam – 70/120 € 110/150 €
Rist – *(solo per alloggiati)*
Spazi comuni curati e belle camere, da preferire quelle con vista lago, in uno dei più antichi alberghi di Sirmione annoverato tra i "Locali storici d'Italia". Affacciato sul suggestivo giardino che ricorda antichi fasti, il ristorante propone la cucina nazionale.

Du Lac

via 25 Aprile 60 – 0 30 91 60 26 – www.hoteldulacsirmione.com
– Aperto 1° aprile-16 ottobre
35 cam – 75/90 € 90/150 €
Rist – Carta 25/32 €
Gestione diretta d'esperienza in un hotel classico, in riva al lago, dotato di spiaggia privata; zone comuni con arredi di taglio moderno stile anni '70, camere lineari. Fresca sala da pranzo, affidabile cucina d'albergo.

Marconi cam, rist,

via Vittorio Emanuele II 51 – 0 30 91 60 07 – www.hotelmarconi.net
– Aperto 2 marzo-24 novembre
23 cam – 50/90 € 75/130 €
Rist – *(aprile-ottobre) (solo a cena) (solo per alloggiati)* Menu 25 €
In centro, direttamente sul lago, hotel con razionali ambienti per concedersi un momento di relax, con arredi stile anni '70 d'ispirazione contemporanea; camere lineari.

Pace

piazza Porto Valentino – 03 09 90 58 77 – www.pacesirmione.it
– Chiuso 2 novembre-20 dicembre
22 cam – 70/90 € 110/150 €
Rist *Pace* – vedere selezione ristoranti
Nel centro storico e fronte lago, una dimora dei primi '900 dagli interni vagamente british: un dedalo di corridoi e scale in cui si è cercato di preservare gli elementi d'epoca.

Villa Rosa senza rist

via Quasimodo 4 – 03 09 19 63 20 – www.hotel-villarosa.com
– Aperto 1° marzo-30 novembre
14 cam – 53/66 € 61/81 €, 12 €
Camere dotate di balcone e di ogni confort tecnologico, in questo hotel recentemente ristrutturato nelle immediate vicinanze del centro storico: raggiungibile a piedi o con le biciclette dell'albergo (noleggio gratuito).

Mon Repos senza rist

via C. Arici 2 – 03 09 90 52 90 – www.hotelmonrepos.com
– Aperto 15 aprile- 10 ottobre
23 cam – 80/105 € 120/150 €
Veri gioielli di questo hotel sono la splendida posizione, all'estremità della penisola, e il rigoglioso giardino-uliveto con piscina; interni essenziali, camere funzionali.

Corte Regina senza rist

via Antiche Mura 11 – 0 30 91 61 47 – www.corteregina.it
– Aperto 1° aprile-31 ottobre
14 cam – 70/90 € 90/120 € – 2 suites
Adiacente al castello, albergo semplice e piccolo, quanto dignitoso e ben tenuto, dove la sala mansardata per la prima colazione offre una romantica vista sui tetti.

Il simbolo segnala una carta dei vini particolarmente interessante.

La Rucola (Gionata Bignotti)
vicolo Strentelle 7 – ✆ 0 30 91 63 26 – www.ristorantelarucola.it
– Chiuso gennaio, venerdì a mezzogiorno e giovedì
Rist – Menu 45 € (pranzo in settimana)/120 € – Carta 74/119 €
➔ Fegato grasso d'oca al passito con mango e gruè (granella) di cacao. Maialino da latte arrostito con finocchietto alla crema e cipolline glassate. Zuppetta di ciliegie al Pedro Ximenez con meringa morbida e gelato alla ricotta.
In un vicolo del centro, è il ristorante per le grandi occasioni tra candelabri, tappeti e un tocco rustico nelle pietre a vista. Cucina creativa prevalentemente di mare.

La Speranzina
via Dante 16 – ✆ 03 09 90 62 92 – www.lasperanzina.it
– Chiuso lunedì escluso marzo-ottobre
Rist – Menu 74/89 € – Carta 61/143 €
Vicino al castello e con il lago che sembra una cartolina, gli ambienti ammiccano alla campagna provenzale mentre la cucina sforna piatti creativi e ricercati.

Signori
via Romagnoli 17 – ✆ 0 30 91 60 17 – www.ristorantesignori.it
– Aperto 1° marzo-31 ottobre
Rist – Carta 45/115 €
Locale d'ispirazione contemporanea con una sala, abbellita da quadri moderni, che si protende sul lago grazie alla terrazza per il servizio estivo; piatti rielaborati.

Trattoria Antica Contrada
via Colombare 23 – ✆ 03 09 90 43 69 – www.ristoranteanticacontrada.it
– Chiuso gennaio, martedì a mezzogiorno e lunedì
Rist – Carta 39/76 €
Lungo la penisola - a 2 km dal centro - le tradizionali specialità lacustri sono oggi affiancate da piatti di terra e di mare. Se il tempo lo permette, optate per l'intimo dehors.

Risorgimento
piazza Carducci 5/6 – ✆ 0 30 91 63 25 – www.risorgimento-sirmione.com
– Chiuso martedì escluso maggio-settembre
Rist – Carta 50/150 €
Una cucina dall'ampio respiro e d'ispirazione contemporanea, in un ristorante rustico-elegante con dehors sulla centrale piazza Carducci. Prestigiose etichette ammiccano dagli scaffali della saletta-enoteca al primo piano.

Pace – Hotel Pace
piazza Porto Valentino – ✆ 03 09 90 58 77 – www.ristorantepace.it
– Chiuso 2 novembre-20 dicembre
Rist – Carta 40/81 €
In posizione tranquilla e defilata, un ristorante dal nome fortemente evocativo; si può scegliere fra l'accogliente veranda direttamente sul lago oppure, nella bella stagione, all'esterno sotto un fresco pergolato di edera e rose selvatiche. Cucina di lago: la zuppa di pesce d'acqua dolce è tra i piatti forti.

a Lugana Sud-Est : 5 km – ✉ 25019 Colombare Di Sirmione

Bolero senza rist
via Verona 254 – ✆ 03 09 19 61 20 – www.hotelbolero.it
8 cam – †60/120 € ††80/150 €
Sembra di essere in una casa privata in questo tranquillo e intimo albergo familiare; spazi comuni in stile rustico, abbelliti da quadri, camere confortevoli.

SIROLO – Ancona (AN) – 563 L22 – 3 885 ab. – ✉ 60020 21 D1

Roma 304 – Ancona 18 – Loreto 16 – Macerata 43
via Peschiera, ✆ 071 9 33 06 11, www.turismosirolo.it
Conero via Betelico 6, frazione Coppo, 071 7360613, www.conerogolfclub.it – chiuso martedì

Sirolo

via Grilli 26 – ✆ 07 19 33 06 65 – www.hotel-sirolo.eu

31 cam – 45/120 € 75/210 €

Rist *Sassi Neri* – Carta 15/83 €

Costruito nel cuore della città, all'interno del Parco del Conero, una moderna risorsa che ospita ambienti "riscaldati" da colori mediterranei ed accoglienti camere, qualcuna con letto a baldacchino. Specialità marinare al ristorante Sassi Neri; in estate l'angolo ristoro è sotto un gazebo vicino alla piscina.

Locanda Rocco

via Torrione 1 – ✆ 07 19 33 05 58 – www.locandarocco.it

7 cam – 125/170 € 125/170 €

Rist *Rocco* – vedere selezione ristoranti

Tra le mura di una locanda trecentesca del centro, una struttura a gestione giovane e moderna: all'interno spazi comuni minimi, ma stanze di design accattivante e dai colori vivaci.

Valcastagno senza rist

via Valcastagno 12 – ✆ 07 17 39 15 80 – www.valcastagno.it

8 cam – 60/105 € 75/135 €

Ricavato in una casa colonica e immerso nella natura incontaminata del Parco, un piccolo hotel con camere accoglienti e graziose sapientemente arredate in ferro battuto.

Rocco – Hotel Locanda Rocco

via Torrione 1 – ✆ 07 19 33 05 58 – www.locandarocco.it

– Aperto Pasqua-30ottobre; chiuso martedì escluso dal 15 giugno al 15 settembre

Rist – (coperti limitati, prenotare) Carta 40/63 €

Come ogni locanda che si rispetti, anche questa ha il suo ristorantino e, per giunta, carino! In un tipico edificio in pietra marchigiano, un'intelligente e stuzzicante selezione di piatti di pesce, a cui si accompagna una buona scelta enologica (siamo in terra di Verdicchio).

al monte Conero (Badia di San Pietro) Nord-Ovest : 5,5 km – alt. 572 m – ✉ 60020 Sirolo Italia Centro-Nord

Monteconero rist,

via Monteconero 26 – ✆ 07 19 33 05 92 – www.hotelmonteconero.it

– Aperto 1° marzo-30 novembre

60 cam – 75/150 € 120/180 € – 10 suites

Rist *Merlin Cocai* – Carta 25/55 € (+10 %)

In posizione isolata nel bosco del parco a picco sul mare, nacque nel 1400 come convento e ancor oggi il soggiorno è all'insegna del silenzio e della natura. La panoramica e luminosa sala ristorante propone piatti classici legati ai sapori della tradizione locale.

SISTIANA – Trieste (TS) – 562 E22 – Vedere Duino Aurisina – ✉ 34019

SIUSI ALLO SCILIAR (SEIS AM SCHLERN) – Bolzano (BZ) – 562 C16 34 C2 – alt. 988 m – Sport invernali : vedere Alpe di Siusi – ✉ 39040 Italia Centro-Nord

Roma 664 – Bolzano 24 – Bressanone 29 – Milano 322

via Sciliar 16, ✆ 0471 70 70 24, www.siusi-allo-sciliar.com

Castelrotto-Alpe di Siusi Castelrotto San Vigilio 20, , Nord: 2 km, 0471 708708, www.golfcastelrotto.it – marzo-novembre

Diana cam, cam,

via San Osvaldo 3 – ✆ 04 71 70 40 70 – www.hotel-diana.it

– Aperto 22 dicembre-1° aprile e 2 giugno-19 ottobre

54 cam – 79/104 € 138/228 € – 2 suites **Rist** – *(solo per alloggiati)*

Una gradevole struttura circondata dal verde, provvista di ampie e piacevoli zone comuni in stile montano di taglio moderno, dalla calda atmosfera; camere accoglienti.

Europa rist,

piazza Oswald Von Wolkenstein 5 – ✆ 04 71 70 61 74 – www.wanderhoteleuropa.com – Chiuso 6 aprile-16 maggio e 3 novembre-15 dicembre

32 cam – †80/150 € ††80/150 € – 2 suites

Rist – *(solo a cena) (solo per alloggiati)* Menu 38 €

Gli eleganti saloni coniugano la tradizione tirolese con il design moderno. Camere più classiche, luminose ed accoglienti, bel centro benessere con immancabile zona relax. Cucina altoatesina nell'intima sala ristorante.

Silence & Schlosshotel Mirabell rist,

via Laranza 1, Nord : 1 km – ✆ 04 71 70 61 34 – www.hotel-mirabell.net – Aperto 20 dicembre-1° aprile e 1° giugno-14 ottobre

37 cam – †120/280 € ††160/320 €

Rist – *(solo a cena) (solo per alloggiati)*

Una bella casa recentemente ristrutturata, presenta spaziose ed accoglienti salette per il relax nonchè un grande giardino con piscina dal quale ammirare il profilo dei monti.

Schwarzer Adler rist,

via Laurin 7 – ✆ 04 71 70 61 46 – www.hotelaquilanera.it – Aperto 22 dicembre-1° aprile e 31 maggio-21 ottobre

23 cam – †47/103 € ††94/166 € – 2 suites

Rist – (prenotazione obbligatoria) Carta 28/52 €

Nel cuore della località, una bianca struttura che ospita un albergo di antica tradizione rinnovato nel tempo; camere confortevoli con grazosi arredi in legno chiaro. La cucina offre piatti saldamente legati al territorio.

Sassegg

via Sciliar 9 – ✆ 04 71 70 42 90 – www.sassegg.it – Chiuso 3 settimane in giugno, 3 settimane in ottobre e lunedì

Rist – *(solo a cena)* Menu 58/68 € – Carta 54/74 €

Il design accattivante, l'ampio utilizzo di rivestimenti in pelle e legno, costituiscono la giusta ambientazione per un menù che spazia dalla tradizione locale al mare.

SIZZANO – Novara (NO) – 561 F13 – 1 468 ab. – alt. 225 m – ✉ 28070 23 C2

Roma 641 – Stresa 50 – Biella 42 – Milano 66

Impero

via Roma 13 – ✆ 03 21 82 05 76 – imp.ero@virgilio.it – Chiuso 26 dicembre-4 gennaio, agosto, domenica sera e lunedì

Rist – Carta 30/64 €

La solida conduzione familiare, affabile e premurosa, e la gustosa cucina del territorio sapientemente rielaborata sono senz'altro i punti di forza di questa moderna trattoria.

SOAVE – Verona (VR) – 562 F15 – 6 976 ab. – alt. 40 m – ✉ 37038 39 B3

Roma 524 – Verona 22 – Milano 178 – Rovigo 76

Foro Boario 1, ✆ 045 6 19 07 73, www.tourism.verona.it

Roxy Plaza senza rist

via San Matteo 4 – ✆ 04 56 19 06 60 – www.hotelroxyplaza.it

43 cam – †59/189 € ††89/289 €

In pieno centro, albergo moderno dagli ambienti luminosi e ai piani piacevoli camere, alcune con vista sul castello. Notare il legame col territorio: alle pareti alcune foto storiche e in un angolo vendita prodotti tipici.

Locanda Lo Scudo con cam

via Covergnino 9 – ✆ 04 57 68 07 66 – www.loscudo.vr.it – Chiuso agosto

4 cam – †75 € ††110 €

Rist – *(chiuso domenica e lunedì)* (consigliata la prenotazione) Carta 37/55 €

L'indirizzo giusto dove assaporare la gustosa cucina del territorio nel dehors con giardino d'inverno o nella raccolta saletta dai soffitti in legno. Il centro storico è a due passi.

Enoteca Realda

piazza Giuliano Castagnedi 2 – 04 56 60 06 24 – www.enotecarealda.it – Chiuso sabato a pranzo e martedì

Rist – Carta 30/51 €

Piccolo e moderno locale, simile ad un wine-bar, la cui giovane gestione propone una cucina della tradizione - come nei bigoli con acciughe, capperi e pomodorini confit - affiancata da piatti unici ironicamente chiamati "fast food": hamburger, piadina e club sandwich.

Al Gambero con cam

corso Vittorio Emanuele 5 – 04 57 68 00 10 – www.ristorantealgambero.it – chiuso 1 settimana in gennaio, agosto, mercoledì e martedì sera

12 cam – 35 € 55 €

Rist – Carta 26/43 €

Rist *Osteria La Scala* – *(chiuso mercoledì) (solo a cena)* Carta 20/39 €

Sorto come locanda nella seconda metà dell'800, questo edificio storico ospita un'ampia sala, accogliente e rustica, dove gustare i piatti della tradizione veneta, di terra e di mare. Graziose le camere, arredate con mobili d'epoca. Qualche piatto e i dolci per un pasto veloce nella semplice osteria wine-bar.

SOCI – Arezzo (AR) – 562 K17 – Vedere Bibbiena

SOGHE – Vicenza (VI) – Vedere Arcugnano

SOIANO DEL LAGO – Brescia (BS) – 561 F13 – 1 863 ab. – alt. 196 m – 25080 17 D1

Roma 538 – Brescia 27 – Mantova 77 – Milano 128

Villa Aurora

via Ciucani 1/7 – 03 65 67 41 01 – www.ristorantesoiano.it – Chiuso mercoledì

Rist – Menu 30 € – Carta 28/42 €

Coregone gratinato con dadini di melanzane, pomodoro, capperi e basilico, nonché tante altre specialità regionali, rivisitate con estro, in un locale signorile, ma al tempo stesso familiare. Splendida vista sul lago.

SOLANAS Sardegna – Cagliari (CA) – 366 R49 – Vedere Villasimius

---

SOLDA (SULDEN) – Bolzano (BZ) – 562 C13 – alt. 1 906 m – Sport invernali : 1 860/3 150 m 1 9, – 39029 33 A2

Roma 733 – Sondrio 115 – Bolzano 96 – Merano 68

Sporthotel Paradies Residence

rist,

via Principale 87 – 04 73 61 30 43 – www.sporthotel-paradies.com – Aperto 17 novembre-1° maggio e 16 giugno-25 settembre

59 cam – 75/138 € 130/216 € – 4 suites **Rist** – Carta 25/54 €

Risorsa dall'affidabile gestione per una vacanza all'insegna di una genuina atmosfera di montagna. Tutti gli spazi offrono un buon livello di confort, soprattutto le camere. Sala ristorante ricca di decorazioni.

Cristallo

Solda 31 – 04 73 61 32 34 – www.cristallo.info – Aperto 9 dicembre-30 aprile e 21 giugno-19 settembre

33 cam – 68/88 € 115/155 € **Rist** – Carta 27/55 €

In posizione centrale e panoramica, albergo ammodernato con spazi comuni luminosi e confortevoli. Centro benessere ben ristrutturato, camere spaziose. Ristorante con annessa stube tirolese.

Eller

Solda 15 – 04 73 61 30 21 – www.hoteleller.com – Aperto 1° dicembre-5 maggio e 1° luglio-29 settembre

44 cam – solo ½ P 70/150 € – 6 suites **Rist** – *(solo per alloggiati)*

In posizione panoramica, albergo di tradizione rinnovato negli ultimi anni: ampi spazi comuni e piccolo centro relax; accoglienti camere spaziose. Capiente ristorante in stile montano di taglio moderno.

SOLIERA – Modena (MO) – 562 H14 – 15 289 ab. – alt. 28 m – ✉ 41019 8 B2

Roma 420 – Bologna 56 – Milano 176 – Modena 12

a Sozzigalli Nord-Est: 6 km – ✉ 41019

Osteria Bohemia con cam rist, rist,

via Canale 497, Nord: 1,5 km – ☎ 0 59 56 30 41 – www.osteriabohemia.it – Chiuso 3 settimane in agosto, vacanze di Natale, vacanze Pasquali, domenica e lunedì

2 cam – 45 € 65 € **Rist** – (consigliata la prenotazione) Carta 24/53 €

In aperta campagna, il cuoco-contadino delizia - soprattutto in estate - con le erbe aromatiche dell'orto rinverdendo i classici emiliani. Graziose e semplici le due camere, ideali per fermarsi ad assaporare la quiete dei dintorni.

SOLIGHETTO – Treviso (TV) – 562 E18 – Vedere Pieve di Soligo

SOLIGO – Treviso (TV) – 562 E18 – Vedere Farra di Soligo

SOLOFRA – Avellino (AV) – 564 E26 – 12 313 ab. – ✉ 83029 7 C2

Roma 271 – Napoli 75 – Avellino 15 – Benevento 53

Solofra Palace rist,

via Melito 6/a – ☎ 08 25 53 14 66 – www.solofrapalacehotel.com

30 cam – 85 € 100 € **Rist** – Carta 22/60 €

Situato alle porte della località, l'hotel dispone di spaziosi ambienti arredati con gusto, giardino a terrazze e piccola beauty farm. Il ristorante si articola su due sale a differente vocazione: una ideale per allestire banchetti, l'altra con cucina regionale e servizio pizzeria.

SOLONGHELLO – Alessandria (AL) – 232 ab. – alt. 220 m – ✉ 15020 23 C2

Roma 640 – Torino 78 – Alessandria 51 – Asti 35

Locanda dell'Arte cam, cam, cam,

via Asilo Manacorda 3 – ☎ 01 42 94 44 70 – www.locandadellarte.it – Chiuso 9 gennaio-10 febbraio

15 cam – 90/110 € 110/130 € – 1 suite

Rist – *(chiuso lunedì sera)* Carta 26/55 €

Camere ampie e confortevoli all'interno di una villa del 1700 ubicata sulle pittoresche colline del Monferrato. Calorosa accoglienza e gestione diretta.

SOMMACAMPAGNA – Verona (VR) – 562 F14 – 14 824 ab. – alt. 121 m – ✉ 37066 38 A3

Roma 500 – Verona 15 – Brescia 56 – Mantova 39

18 Verona località Ca' del Sale 15, 045 510060, www.golfclubverona.com – chiuso martedì

Scaligero

via Osteria Grande 41 – ☎ 04 58 96 91 30 – www.hotelscaligero.com

23 cam – 55/63 € 75/83 € **Rist** – *(chiuso mercoledì)* Carta 18/36 €

All'imbocco dell'autostrada, struttura a conduzione familiare dotata di camere confortevoli, semplici ed ordinate. Tranquilla e sobriamente elegante l'atmosfera. La ristorazione consiste nell'attività originaria dei proprietari: buona cucina veneta ed internazionale, ma anche pizzeria.

Merica con cam cam,

via Rezzola 93, località Palazzo, Est : 1,5 km – ☎ 0 45 51 51 60 – www.trattoriamerica.it – Chiuso 25 dicembre -5 gennaio, agosto e lunedì

10 cam – 50/60 € 70/75 € **Rist** – Carta 24/50 €

Il servizio è veloce e di grande esperienza in questo ristorante che occupa gli spazi di una villetta di campagna. La cucina è fedelmente ancorata alla tradizione, casalinga nell'esecuzione. Vi piacciono i primi? Allora optate per le tagliatelle ai tre sughi. Preferite i secondi? Stinco di maiale, e non vi pentirete!

a Custoza Sud-Ovest : 5 km – ✉ 37066

XX **Villa Vento**

strada Ossario 24 – ✆ 0 45 51 60 03 – www.ristorantevillavento.com
– Chiuso 1°-19 gennaio, lunedì e martedì; in novembre aperto solo nei week-end
Rist – Carta 24/39 €
In una villa d'epoca, il ristorante vanta un andamento familiare. Dalla cucina, piatti tipici del posto ed in sala una griglia sempre calda. Il piccolo parco ombreggia la terrazza.

sull'autostrada A 4 area di servizio Monte Baldo Nord o per Caselle
Est : 5 km

Saccardi Quadrante Europa

cam,

via Ciro Ferrari 8 ✉ 37066 Caselle di Sommacampagna – ✆ 04 58 58 14 00 – www.hotelsaccardi.it
126 cam – †55/155 € ††80/185 €, ☐ 12 € – 6 suites **Rist** – Carta 21/53 €
Disponibilità, cortesia ed efficienza caratterizzano questo elegante complesso, punto d'incontro per la clientela d'affari. All'interno, camere di sobria modernità e centro fitness. Atmosfera raffinata e piatti della tradizione italiana al ristorante. È possibile pranzare anche in giardino, a bordo piscina.

SOMMA LOMBARDO – Varese (VA) – **561** E8 – **17 437 ab.** – **alt. 282 m** – ✉ **21019** **16** A2

Roma 626 – Stresa 35 – Como 58 – Milano 49

piazza Vittorio Veneto 2, ✆ 0331 98 90 95, www.sommalombardotourism.com

XX **Corte Visconti**

via Roma 9 – ✆ 03 31 25 48 73 – www.cortevisconti.it
– Chiuso16 agosto-3 settembre, martedì a mezzogiorno e lunedì
Rist – Menu 45/55 € – Carta 43/65 €
Ambiente classico di tono rustico con mura in pietra, volte in mattone e soffitti in legno. La cucina invece, pur partendo dal territorio, spicca per creatività. Bel dehors estivo con suggestivi giochi di luce.

a Case Nuove Sud : 6 km – ✉ **21019 Somma Lombardo**

Crowne Plaza Milan Malpensa Airport

via Ferrarin 7 – ✆ 0 33 12 11 61
– www.crowneplazamalpensa.com
133 cam – †65/500 € ††85/550 €, ☐ 15 € **Rist** – Carta 31/45 €
Nuova struttura di moderna concezione propone un elevato confort nelle belle camere insonorizzate, dove le dotazioni rispondono allo standard della catena. Design moderno nelle zone comuni con utilizzo di marmo e pannelli di legno wenge. Piccolo centro benessere con attrezzature cardio fitness.

First Hotel Malpensa

cam, rist,

via Baracca 34 – ✆ 03 31 71 70 45 – www.firsthotel.it
58 cam ☐ – †89/230 € ††94/250 € **Rist** – *(solo a cena)* Carta 26/63 €
Non lontano dall'aeroporto di Malpensa, struttura dalle linee essenziali: all'interno originali ambienti personalizzati da moderne soluzioni di design e camere sobrie, in parte recentemente rinnovate.

SONA – Verona (VR) – **562** F14 – **17 156 ab.** – **alt. 169 m** – ✉ **37060** **39** A3

Roma 433 – Verona 15 – Brescia 57 – Mantova 39

X **El Bagolo**

via Molina 1 – ✆ 04 56 08 21 17
– Chiuso 15-25 febbraio, 1°-21 settembre e lunedì
Rist – *(solo a cena escluso i giorni festivi)* Menu 25 € – Carta 28/51 €
Questa semplice dimora del XIII secolo è diventata una trattoria a gestione familiare dalla simpatica atmosfera in cui gustare cucina del territorio, tradizionale o rivisitata; gradevole servizio in giardino.

SONDRIO (SO) – 561 D11 – 22 365 ab. – alt. 307 m – ✉ 23100 16 B1

Italia Centro-Nord

Roma 698 – Bergamo 115 – Bolzano 171 – Bormio 64

via Tonale 13, ✆ 0342 21 92 46, www.sondrioevalmalenco.it

Valtellina via Valeriana 29/a, 0342 354009, www.valtellinagolf.it – marzo-novembre

Hotel Della Posta

piazza Garibaldi 19 – ✆ 03 42 05 06 44 – www.grandhoteldellaposta.eu

37 cam – †110/185 € ††140/230 € – 1 suite

Rist ***Ristorante della Posta*** – vedere selezione ristoranti

Affacciato su una scenografica piazza del centro, edificio ed albergo nacquero insieme, nel 1862. Oggi rimangono diverse testimonianze d'epoca, arricchite da sculture e dipinti moderni. Camere signorili, mansardate all'ultimo piano.

Vittoria senza rist

via Bernina 1 – ✆ 03 42 53 38 88 – www.vittoriahotel.com

40 cam – †80/88 € ††118 €

In posizione semicentrale, albergo moderno di cui si apprezzerà la sorridente gestione familiare, gli spazi e la funzionalità. Se disponibili, richiedere le camere sul retro.

Europa rist,

lungo Mallero Cadorna 27 – ✆ 03 42 51 50 10 – www.albergoeuropa.com

41 cam – †66/76 € ††94/108 € **Rist** – *(chiuso domenica)* Carta 26/41 €

Albergo nato come semplice pensione a gestione familiare, è ora una struttura dai servizi completi, ubicata nel centro della località; interni e camere in stile lineare. Ristorante d'ispirazione contemporanea.

Trippi Grumello

via Stelvio 297, Est : 1 km ✉ 23020 Montagna in Valtellina – ✆ 03 42 21 24 47 – Chiuso domenica

Rist – Carta 37/58 €

Atmosfera e proposte molto tipiche in un ristorante storico: accoglienti sale di buon livello, dove gustare caratteristici piatti del territorio, ma anche nazionali.

Ristorante della Posta – Hotel Della Posta

piazza Garibaldi 19 – ✆ 03 42 05 06 44 – www.grandhoteldellaposta.eu – Chiuso domenica

Rist – Menu 65 € – Carta 45/84 €

La data è quella di apertura dell'omonimo albergo che ospita il ristorante, l'ubicazione, la più scenografica piazza di Sondrio, non è scelta a caso. Qui la montagna scende in città, anche metaforicamente, per incontrare una cucina eclettica ed inventiva, che si confronta agevolmente anche con il mare.

a Montagna in Valtellina Nord-Est : 2 km – alt. 567 m – ✉ 23020

Dei Castelli

via della Ruina 152 – ✆ 03 42 38 04 45 – Chiuso 25 maggio-15 giugno, 25 ottobre-15 novembre, domenica sera, lunedì

Rist – Carta 37/51 €

Ambiente caldo e accogliente, curato nella sua semplicità: tavoli di legno elegantemente ornati, camino acceso e atmosfera familiare; proposte di cucina valtellinese.

a Moia di Albosaggia Sud : 5 km – alt. 409 m – ✉ 23100 Sondrio

Campelli cam,

via Moia 6 – ✆ 03 42 51 06 62 – www.campelli.it

35 cam – †60 € ††90 € – 1 suite

Rist – *(chiuso agosto, domenica sera e lunedì a mezzogiorno)* Carta 34/57 €

In posizione dominante la valle, non lontano dalla città, albergo moderno recentemente ristrutturato: confortevoli interni dai colori caldi e intensi; camere accoglienti. Ristorante dove gustare proposte culinarie legate alla tradizione e al territorio.

SOPRABOLZANO = OBERBOZEN – Bolzano (BZ) – 562 C16 – Vedere Renon

SORAFURCIA – Bolzano – Vedere Valdaora

SORAGA DI FASSA – Trento (TN) – 562 C16 – 715 ab. – alt. 1 220 m 34 C2

– Sport invernali : Comprensorio Dolomiti superski Val di Fassa – ✉ 38030

Roma 664 – Bolzano 42 – Cortina d'Ampezzo 74 – Trento 74

stradon de Fascia 3, ✆ 0462 60 97 50, www.fassa.com

Arnica
rist,

strada De Parlaut 4 – ✆ 04 62 76 84 15 – www.hotelarnica.net – Aperto 1° gennaio-Pasqua e 1° luglio-30 settembre

21 cam – †80/100 € ††120/220 € – 1 suite

Rist *La Stua De Marco* – vedere selezione ristoranti

Rist – *(solo a cena)* (prenotazione obbligatoria) Menu 30/60 €

Nella parte alta della località, vi sembrerà di essere ospiti di amici: interni funzionali, grazioso centro benessere e camere semplici, due delle quali in un fienile del '700.

La Stua De Marco – Hotel Arnica

strada De Parlaut 4 – ✆ 04 62 76 84 15 – Aperto gennaio-Pasqua e luglio-settembre

Rist – *(solo a cena)* Menu 30/55 €

Ottima location per questa stube del '700, con pochi tavoli per garantire il massimo del servizio ad ogni cliente. Le specialità ladine vengono reinterpretate dall'estro di Marco, ma il menu contempla anche piatti di respiro più internazionale.

SORAGNA – Parma (PR) – 561 H12 – 4 883 ab. – alt. 47 m – ✉ 43019 8 B2

Roma 480 – Parma 27 – Bologna 118 – Cremona 35

Locanda del Lupo
rist,

via Garibaldi 64 – ✆ 05 24 59 71 00 – www.locandadellupo.com – chiuso 23-28 dicembre e 8-23 agosto

45 cam – †80/120 € ††110/185 € – 1 suite

Rist – Menu 20/70 € – Carta 37/63 €

Bella costruzione del XVIII sec., sapientemente restaurata: soffitti con travi a vista negli interni di tono elegante con arredi in stile; camere accoglienti e sala congressi. Calda atmosfera al ristorante con bel mobilio in legno.

Locanda Stella d'Oro (Marco Dallabona) con cam

via Mazzini 8 – ✆ 05 24 59 71 22 – www.ristorantestelladoro.it

14 cam – †60/90 € ††110/120 €

Rist – Carta 50/78 €

→ Animelle dorate con funghi porcini trifolati e colatura di porcini secchi. Bomba di riso mignon con anatra confit e porri croccanti. Petto d'oca rosato, prosciutto, sedano rapa allo zafferano e frutti di bosco.

Nelle terre verdiane, l'ambiente offre ancora tutto il sapore e la magia di una trattoria. E neppure la cucina se ne discosta tanto, è la tradizione personalizzata.

a Diolo Nord : 5 km – ✉ 43019 Soragna

Osteria Ardenga

via Maestra 6 – ✆ 05 24 59 93 37 – www.osteriardenga.it – Chiuso dal 15 al 20 gennaio, dal 15 al 25 luglio, martedì sera e mercoledì

Rist – Carta 23/39 €

Locale molto gradevole caratterizzato da uno stile rustico, ma signorile. Tre salette, di cui una dedicata alle coppie, per apprezzare la genuina e gustosa cucina parmense.

SORBO SERPICO – Avellino (AV) – 595 ab. – ✉ 83050 **7** C2

Roma 272 – Napoli 76 – Avellino 22 – Benevento 52

XX **Marenna'**

località Cerza Grossa – ✆ 08 25 98 66 66 – www.feudi.it – Chiuso 3 settimane in gennaio, 1 settimana in luglio, domenica sera e martedì

Rist – Menu 52/61 € – Carta 38/62 €

→ Riso, cipolla ramata e cacao. Maialino, caramello di peperoni e patate. Caffè e... nocciola.

Nata da un connubio d'idee tra designer di varie nazionalità, la sala propone una cucina fedele alla gastronomia locale, ma rivisitata con tocchi di modernità. Bella vista sulle colline circostanti dalle ampie vetrate.

SORGENTE SU GOLOGONE – Nuoro (NU) – Vedere Oliena

SORISO – Novara (NO) – 561 E7 – 777 ab. – alt. 452 m – ✉ 28010 **24** A2

Roma 654 – Stresa 35 – Arona 20 – Milano 78

XXXX **Al Sorriso** (Luisa Valazza) con cam

via Roma 18 – ✆ 03 22 98 32 28 – www.alsorriso.com – Chiuso 8 gennaio-10 febbraio, lunedì e martedì

8 cam – †130/150 € ††200 €

Rist – (consigliata la prenotazione) Menu 150/165 € – Carta 86/160 €

→ Fettucce di capesante con cipollotto di Tropea e crostacei, olive nere taggiasche, olio e basilico. Fassone piemontese alle nocciole e Barbaresco, raviolini al midollo in consommé. Soufflé alla lavanda con composta di frutti rossi.

Gli appassionati del Piemonte e della montagna troveranno qui il loro piccolo paradiso: il titolare è impegnato in una costante ricerca delle eccellenze gastronomiche regionali, la moglie, in cucina, sforna piatti gustosi e tradizionali. C'è anche pesce, ma non rinunciate ad uno dei migliori carrelli di formaggi d'Italia.

SORISOLE – Bergamo (BG) – 561 E10 – 9 120 ab. – alt. 415 m – ✉ 24010 **19** C1

Roma 622 – Milano 62 – Bergamo 8

XX **Al Rustico-Villa Patrizia**

via Rigla 27, località Petosino, Nord: 1 Km – ✆ 0 35 57 12 23 – www.alrusticovillapatrizia.it – Chiuso 1°-7 gennaio, 1°-21 agosto, lunedì e martedì

Rist – Menu 39/49 € – Carta 38/63 €

Tra Bergamo e il fresco colle della Maresana, una villa dagli eleganti interni dove gustare la classica cucina italiana - di carne e di pesce - presentata con gusto moderno, accompagnata da una bella carta dei vini.

SORNI – Trento (TN) – Vedere Lavis

SORRENTO – Napoli (NA) – 564 F25 – 16 589 ab. – ✉ 80067 **6** B2

Italia Centro-Sud

Roma 257 – Napoli 49 – Avellino 69 – Caserta 74

per Capri – Caremar, call center 892 123

via De Maio 35, ✆ 081 8 07 40 33, www.sorrentotourism.com

Villa Comunale : ≤★★ A – Belvedere di Correale ≤★★ B **A** – Museo Correale di Terranova★ B **M** – Chiostro★ della chiesa di San Francesco A **F**

Penisola Sorrentina★★ : ≤★★ su Sorrento dal capo di Sorrento (1 h a piedi AR), ≤★★ sul golfo di Napoli dalla strada S 163 per ② (circuito di 33 km) – Costiera Amalfitana★★★ – Isola di Capri★★★

Pianta pagina seguente

Grand Hotel Excelsior Vittoria

piazza Tasso 34 – ✆ 08 18 77 71 11 – www.excelsiorvittoria.com **Bu**

79 cam – 150/290 € 160/690 € – 18 suites

Rist – *(chiuso i mezzogiorno di lunedì e martedì)* Carta 47/101 €

Il giardino con piscina, il nuovo piccolo centro benessere olistico e un susseguirsi di saloni dal solare giardino d'inverno, alla sala della musica: sontuoso, storico e signorile. Maestosa la sala da pranzo, con eleganti pilastri di marmo e uno stupendo soffitto dipinto.

Hilton Sorrento Palace

via Sant'Antonio 13, per via degli Aranci – ✆ 08 18 78 41 41 – www.hiltonsorrentopalacehotel.com

353 cam – 124/435 € 149/470 € – 4 suites **Rist** – Carta 35/79 €

In posizione arretrata rispetto al mare, funzionalità, modernità e una certa grandiosità di ambienti soddisfano una clientela internazionale e d'affari. Varie sale ristorante, la più originale con pareti in roccia, vicino alla piscina.

Bellevue Syrene 1820

rist,

piazza della Vittoria 5 – ✆ 08 18 78 10 24 – www.bellevue.it – Chiuso 6 gennaio-19 marzo **Ak**

48 cam – 240/690 € 260/710 € – 2 suites **Rist** – Carta 45/83 €

Un soggiorno da sogno in un'incantevole villa del '700 a strapiombo sul mare: vista sul golfo, terrazze fiorite e ascensore per la spiaggia; raffinati ambienti con affreschi. Dalla colazione alla cena in una sala con ampie vetrate a picco sul mare, per ammirare il sorgere del giorno e il calare della sera.

Royal

rist,

via Correale 42 – ✆ 08 18 07 34 34 – www.royalsorrento.com – Chiuso gennaio-febbraio **Bg**

114 cam – 100/470 € 120/490 € – 3 suites

Rist – Carta 61/107 € (+15 %)

Sulla scogliera, a picco sul mare, con terrazze, piscina e un indispensabile ascensore per la spiaggia; negli ambienti, mobili ad intarsio tipici dell'artigianato sorrentino. Ambiente distinto e arredi lineari nell'ariosa sala da pranzo. Terrazza all'aperto per uno snack e per cene estive.

Grand Hotel Europa Palace

rist,

via Correale 34/36 – ✆ 08 18 07 34 32 – www.europalace.com – Aperto 1° marzo-31 ottobre **Bd**

61 cam – 225/350 € 225/350 € – 8 suites **Rist** – Menu 42 €

Sulla scogliera a picco sul mare, la vista spazia sul Golfo di Napoli, tra Capri e il Vesuvio...Ampi saloni e camere curate, tutte con balconcino: godetevi la piacevole zona relax, in parte anche in giardino! Cucina mediterranea ed internazionale al ristorante (nella bella stagione è disponibile uno spazio all'aperto).

Imperial Tramontano rist,

via Vittorio Veneto 1 – ✆ 08 18 78 25 88 – www.hoteltramontano.it
– Chiuso gennaio e febbraio **Ab**
113 cam – 215/230 € 270/340 € **Rist** – Carta 43/67 €
Un bel giardino e terrazze a strapiombo su Marina Piccola, per questa risorsa ospitata in un edificio del '500 (casa natale di T. Tasso). Camere arredate con sobria eleganza. Dalla sala da pranzo potrete ammirare un paesaggio che sembra dipinto.

Bristol

via Capo 22 – ✆ 08 18 78 45 22 – www.bristolsorrento.com **Aa**
124 cam – 125/220 € 125/220 € – 8 suites
Rist – (prenotazione obbligatoria) Carta 40/88 €
Complesso in posizione dominante il mare, abbellito da amene terrazze panoramiche con piscina; camere quasi tutte disposte sul lato mare, più silenziose agli ultimi piani. Incantevole vista su mare e città dalla spaziosa sala ristorante.

Grand Hotel Riviera

via Califano 22 – ✆ 08 18 07 20 11 – www.hotelriviera.com
– Chiuso gennaio-marzo **Bm**
106 cam – 128/170 € 194/280 € – 1 suite **Rist** – Menu 45 €
Incantevole la posizione dell'hotel, a strapiombo sulla scogliera con la sua terrazza e la bella piscina; all'interno domina invece il bianco, dai marmi di Carrara all'elegante arredo. Dalla tradizione alla creatività, la cucina è servita in una candida sala, allestita con sontuosità.

Maison la Minervetta senza rist

via Capo 25 – ✆ 08 18 77 44 55 – www.laminervetta.com
– Chiuso 10-27 gennaio **Ac**
12 cam – 180/320 € 260/370 €
Spettano al proprietario i riconoscimenti per l'elegante struttura dell'albergo: la hall è un elegante salotto di casa, le stanze, tutte diverse fra loro, si affacciano sul mare. Gradini privati conducono al borgo di pescatori di Marina Grande.

La Tonnarella

via Capo 31 – ✆ 08 18 78 10 16 – www.latonnarella.it
– Aperto 28 dicembre-2 gennaio e 15 marzo- 31 ottobre **Ay**
24 cam – 100/180 € 135/210 € – 1 suite
Rist – *(solo a cena)* Carta 35/57 €
Si respira un'atmosfera rustica e retrò in questo hotel sorto al posto di una tonnara con belle camere e splendide junior suite. Aggrappato alla roccia, un ascensore conduce alla spiaggia privata in basso.

Villa di Sorrento senza rist

viale Enrico Caruso 6 – ✆ 08 18 78 10 68 – www.villadisorrento.it
– Chiuso gennaio-febbraio **Be**
21 cam – 60/90 € 80/140 €
La posizione stradale un po' rumorosa è attutita da piacevoli interni e da camere confortevoli, per quanto semplici: uno scorcio di mare dai piani più alti.

Gardenia senza rist

corso Italia 258, per ① – ✆ 08 18 77 23 65 – www.hotelgardenia.com
27 cam – 50/110 € 60/130 €, 20 €
Su una strada un po' trafficata, la struttura dispone di camere accoglienti e ben insonorizzate. Tuttavia, all'atto della prenotazione, è meglio richiedere una stanza sul retro.

Palazzo Tasso N senza rist

via S. Maria della Pietà 33 – ✆ 08 18 78 35 79 – www.palazzotasso.com
11 cam – 60/200 € 70/250 € **Ap**
Un ottimo rapporto qualità/prezzo nel cuore di Sorrento, in un vicolo sotto il celebre campanile: camere nuove e moderne, molte delle quali affacciate sull'elegante passeggio di corso Italia.

XX **Il Buco** (Giuseppe Aversa)

II Rampa Marina Piccola 5 – ✆ 08 18 78 23 54 – www.ilbucoristorante.it – Chiuso gennaio-15 febbraio e mercoledì **Bb**

Rist – (consigliata la prenotazione la sera) Menu 60/90 € – Carta 57/98 €

→ Ravioli con mozzarella e limone in guazzetto di scampi e ricci di mare. Trancio di dentice su crema di cereali e broccoli piccanti. Fagottino di ricotta e noci con confettura di arance selvatiche.

Cucina tradizionale e creativa, ma anche simpatia e informalità, in un elegante locale ricavato nelle cantine di un ex monastero nel cuore di Sorrento.

XX **L'Antica Trattoria**

via Padre R. Giuliani 33 – ✆ 08 18 07 10 82 – www.lanticatrattoria.com – Chiuso lunedì in novembre-marzo **Ae**

Rist – (consigliata la prenotazione) Menu 39/90 € – Carta 43/79 €

Varie salette di taglio elegante, impreziosite con caratteristici elementi decorativi, per questo ristorante che propone soprattutto piatti di pesce. Ameno servizio estivo.

XX **Caruso**

via Sant'Antonino 12 – ✆ 08 18 07 31 56 – www.ristorantemuseocaruso.com

Rist – Menu 45/60 € – Carta 40/113 € **Bf**

Ambiente ispirato al famoso cantante lirico: quattro piacevoli salette, decorate con foto e oggetti dedicati al maestro; cucina di mare d'ispirazione partenopea, ininterrotta da mezzogiorno a mezzanotte!

X **La Basilica**

via Sant'Antonino 28 – ✆ 08 18 77 47 90 – www.ristorantelabasilica.com

Rist – Menu 25/40 € – Carta 27/52 € **Bf**

Cucina calda ininterrotta da mezzogiorno all'una di notte, per questo locale attiguo alla piccola basilica dalla quale trae il nome. Proposte di terra, di mare, nonché vegetariane, in un'ampia sala dove troneggiano grandi quadri rappresentanti il Vesuvio in eruzione.

X **Zi' ntonio**

via De Maio 11 – ✆ 08 18 78 16 23 – www.zintonio.it **Ba**

Rist – (consigliata la prenotazione) Carta 21/61 €

Un locale decisamente caratteristico, che si sviluppa su tre livelli: al piano inferiore due sale rivestite in tufo con volta a botte, al piano terra un ambiente dall'alto soffitto in cui è stato ricavato un soppalco sorretto da grosse travi in legno. Cucina regionale con tradizionale buffet degli antipasti e pizze.

SOTTOMARINA – Venezia (VE) – 562 G18 – Vedere Chioggia

SOVANA – Grosseto (GR) – 563 O16 – alt. 291 m – ✉ 58010 Toscana 32 D3

Roma 172 – Viterbo 63 – Firenze 226 – Grosseto 82

Sovana senza rist

via del Duomo 66 – ✆ 05 64 61 70 30 – www.sovana.eu – Chiuso 7 gennaio-26 febbraio

18 cam – †70/150 € ††100/180 € – 1 suite

Di fronte al duomo, casa colonica completamente rinnovata: ideale per un soggiorno ambientato nell'eleganza e con divagazioni nel verde degli uliveti, in fondo ai quali c'è anche un piccolo labirinto.

Pesna senza rist

via del Pretorio, 9 – ✆ 33 94 83 75 29 – www.pesna.it

6 cam – †50/60 € ††75/90 €

Nel centro storico del paese, un antico palazzo il cui nome deriva da quello di un valoroso guerriero etrusco, dispone di funzionali e gradevoli camere recentemente rinnovate.

XX **Taverna Etrusca** con cam

piazza del Pretorio 16 – ✆ 05 64 61 41 13 – www.sovana.eu

7 cam ☕ – 👤50/90 € 👥70/130 € **Rist** – Carta 32/63 €

Nel cuore della Maremma, Suana (antico nome della città etrusca) racchiude come in un prezioso scrigno questo piccolo gioiello della ristorazione: cura del dettaglio e fantasiose proposte legate alle ricette locali. Camere confortevoli.

X **Dei Merli** con cam

via Rodolfo Siviero 1/3 – ✆ 05 64 61 65 31 – www.sovana.eu

8 cam ☕ – 👤50/90 € 👥70/130 € **Rist** – Carta 26/57 €

Nel caratteristico borgo d'origine etrusca, un locale gaio e luminoso, dove le specialità tipiche maremmane vengono preparate utilizzando solo materie prime locali. Nella bella stagione ci si accomoda in giardino. Camere di raffinata semplicità.

SOVERATO – Catanzaro (CZ) – 564 K31 – 10 805 ab. – ✉ 88068 5 B2

Roma 636 – Reggio di Calabria 153 – Catanzaro 32 – Cosenza 123

Il Nocchiero

piazza Maria Ausiliatrice 18 – ✆ 0 96 72 14 91 – www.hotelnocchiero.com – Chiuso 23 dicembre-7 gennaio

36 cam ☕ – 👤50/85 € 👥70/120 € – 1 suite **Rist** – Carta 22/29 €

Valida conduzione diretta in una struttura semplice, situata nel centro della cittadina, con interni decorosi dagli arredi lineari; camere confortevoli e rinnovate. Sala da pranzo classica ed essenziale, con pareti ornate da quadri e bottiglie esposte.

XX **Osteria Lo Sciamano**

via G. Marconi 28 – ✆ 09 67 52 25 64 – www.osterialosciamano.it – Chiuso 20 dicembre-3 gennaio, domenica sera e lunedì (escluso giugno-agosto)

Rist – (consigliata la prenotazione) Carta 31/67 €

Nella parte più antica della città, un edificio di fine '800 ospita negli spazi adibiti un tempo a deposito agricolo, una cucina di pesce il cui fornitore unico è il mare antistante la città.

XX **Riviera**

via Regina Elena 4/6 – ✆ 09 67 53 01 96 – www.ristoranterivierasoverato.com

Rist – Carta 31/94 €

Al timone di questo ristorante storico nel centro di Soverato, ormai, c'è Paolo, che continua a portare avanti una linea gastronomica attenta ai sapori locali: di grande qualità le materie prime utilizzate.

SOVICILLE – Siena (SI) – 563 M15 – 9 925 ab. – alt. 265 m – ✉ 53018 32 C2

Roma 240 – Siena 14 – Firenze 78 – Livorno 122

dalla strada statale 541 km 1,300 direzione Tonni Sud-Ovest: 13 km

Borgo Pretale rist,

località Pretale – ✆ 05 77 34 54 01 – www.borgopretale.it – Aperto Pasqua-31 ottobre

35 cam ☕ – 👤90/110 € 👥110/130 € – 7 suites

Rist – *(solo a cena)* Carta 31/49 €

In posizione bucolica all'interno di un antico borgo circondato dal parco e sormontato da una torre, la struttura offre ambienti arredati in pietra, legno e tessuti di pregio. Nella suggestiva sala ristorante che domina la vallata, prodotti stagionali di tradizione regionale.

SOZZIGALLI – Modena (MO) – Vedere Soliera

SPARTAIA – Livorno (LI) – Vedere Elba (Isola d') : Marciana

SPELLO – Perugia (PG) – 563 N20 – 8 712 ab. – alt. 280 m – ✉ 06038 36 C2

Italia Centro-Nord

Roma 165 – Perugia 31 – Assisi 12 – Foligno 5

piazza Matteotti 3, ✆ 0742 30 10 09, www.turismo.comune.spello.pg.it

Affreschi★★ del Pinturicchio nella chiesa di S. Maria Maggiore

Palazzo Bocci senza rist

via Cavour 17 – ✆ 07 42 30 10 21 – www.palazzobocci.com

23 cam – †80/100 € ††130/160 € – 6 suites

Confort moderni e ospitalità di alto livello in una signorile residenza d'epoca: eleganti spazi comuni in stile, tra cui una sala splendidamente affrescata, belle camere.

La Bastiglia

via Salnitraria 15 – ✆ 07 42 65 12 77 – www.labastiglia.com – Chiuso 7-31 gennaio

33 cam – †70/105 € ††80/155 €

Rist *La Bastiglia* – vedere selezione ristoranti

Appena varcata la soglia di questo antico mulino è difficile non rimanere ammaliati dalla raffinatezza dei suoi interni: oggetti d'arte, quadri e sculture, nonché camere ariose e di confort elevato (quasi tutte dotate di uno spazio esterno a loro riservato). La terrazza panoramica con piscina si affaccia sulla vallata.

Del Teatro senza rist

via Giulia 24 – ✆ 07 42 30 11 40 – www.hoteldelteatro.it – Aperto 1° aprile-31 ottobre

11 cam – †65/75 € ††95/110 €

Nel caratteristico centro storico, piccolo albergo a conduzione familiare in un palazzo settecentesco ristrutturato; interni essenziali, confortevoli camere con parquet.

Il Cacciatore

via Giulia 42 – ✆ 07 42 30 16 03 – www.ilcacciatorehotel.com

21 cam – †60/65 € ††85/95 € **Rist** – Carta 25/40 €

Con l'hotel Del Teatro ha in comune la stessa simpatica gestione familiare e la bella posizione panoramica (incantevole la terrazza). La risorsa è però un po' più semplice ed economica.

Il Molino

piazza Matteotti 6/7 – ✆ 07 42 65 13 05 – Chiuso martedì

Rist – Carta 27/48 €

Nel centro del paese, locale ricavato da un vecchio mulino a olio con fondamenta del 1300; sala con soffitto ad archi in mattoni e camino per preparare carni alla griglia.

La Bastiglia – Hotel La Bastiglia

via Salnitraria 15 – ✆ 07 42 65 12 77 – www.labastiglia.com – Chiuso 7-31 gennaio, giovedì a mezzogiorno e mercoledì

Rist – Carta 37/70 €

Fortezza della tradizione umbra, chianina, tartufo, strangozzi e lenticchie sono i cavalli di battaglia di una cucina che si apre anche al mare, nelle classiche proposte italiane o in piatti più esotici di sushi.

SPERLONGA – Latina (LT) – 563 S22 – 3 277 ab. – ✉ 04029 13 D3

Italia Centro-Sud

Roma 127 – Frosinone 76 – Latina 57 – Napoli 106

corso San Leone 22, ✆ 0771 55 70 00, www.sperlongaturismo.it

Grotta di Tiberio

cam, cam,

via Flacca km 15,700 – ✆ 07 71 54 81 37 – www.hotelgrottaditiberio.it – Chiuso 23-26 dicembre

28 cam – †70/184 € ††90/230 €, 10 €

Rist – *(aperto 1° aprile-30 ottobre)* Carta 37/55 €

Vicino al museo archeologico, a 300 metri dal mare, l'albergo offre ambienti moderni e luminosi, deliziosi spazi all'aperto e camere di diverse categorie a seconda dell'ampiezza e della vista.

Virgilio Grand Hotel
via Prima Romita – ✆ 07 71 55 76 00 – www.virgiliograndhotel.it – Chiuso 6 gennaio-1° febbraio
72 cam – 70/150 € 90/240 €
Rist – *(aperto 2 aprile-31 ottobre) (solo a cena)* Carta 28/40 €
A pochi passi dal centralissimo lungomare di Sperlonga, uno dei borghi più esclusivi e pittoreschi d'Italia, eleganti ambienti moderni, un centro benessere e le facilitazioni professionali per chi è qui per lavoro.

Aurora senza rist
via Cristoforo Colombo 15 – ✆ 07 71 54 92 66 – www.aurorahotel.it – Aperto 1° aprile-31 ottobre
50 cam – 80/200 € 110/280 €
Direttamente sul mare, albergo immerso nel verde di un giardino mediterraneo, un'impronta artistica contribuisce a rendere l'atmosfera familiare e straordinaria al contempo. Piacevole terrazza sul borgo antico.

La Playa
via Cristoforo Colombo – ✆ 07 71 54 94 96 – www.laplayahotel.it
60 cam – 50/100 € 100/250 €
Rist – *(aperto 1° maggio-30 settembre)* Carta 38/65 €
Direttamente sul mare, ospita una rilassante piscina e camere dai nuovi arredi, alcune delle quali con pavimenti in maiolica. Graziose terrazze si affacciano sulla spiaggia.

La Sirenella
via Cristoforo Colombo 25 – ✆ 07 71 54 91 86 – www.lasirenella.com – Aperto 1° marzo-31 ottobre
40 cam – 104/125 € 135/155 € **Rist** – *(solo per alloggiati)*
Piacevole struttura situata sulla spiaggia, con camere ben tenute e confortevoli: una buona parte di esse dotate di balcone per godere le fresche brezze del Mediterraneo.

Da Fausto N
viale Romita 19 – ✆ 07 71 54 85 76 – www.dafausto.it – Chiuso mercoledì escluso luglio-agosto
Rist – Carta 44/64 €
Le gemme sono nascoste e Fausto va scovato in una traversa del lungomare per trovare un rinomato assortimento di crudo, pesce in fantasiose preparazioni, formaggi ed ottime birre, oltre ai vini.

Gli Archi
via Ottaviano 17, centro storico – ✆ 07 71 54 83 00 – www.gliarchi.com – Chiuso gennaio e mercoledì escluso luglio-agosto
Rist – Carta 28/88 €
Nell'affascinante dedalo di viuzze del centro storico, il ristorante annovera una piccola sala ad archi ed un ambiente all'aperto dove gustare una cucina semplice, fedele ai prodotti ittici. Si consiglia di prenotare.

SPEZIALE – **Brindisi (BR)** – **564** E34 – **Vedere Fasano**

SPILIMBERGO – **Pordenone (PN)** – **562** D20 – **12 220 ab.** – **alt. 132 m** **10** B2
– ✉ **33097** Italia Centro-Nord
Roma 625 – Udine 30 – Milano 364 – Pordenone 33

La Torre
piazza Castello 8 – ✆ 0 42 75 05 55 – www.ristorantelatorre.net – Chiuso domenica sera e lunedì
Rist – (consigliata la prenotazione) Menu 35/50 € – Carta 72/83 €
Nella pittoresca cornice del castello medievale di Spilimbergo, due raccolte salette rustico-eleganti con muri in pietra e travi in legno, dove gustare specialità del territorio in chiave leggermente moderna. Pochi coperti: meglio prenotare!

Osteria da Afro con cam
via Umberto I 14 – ✆ 04 27 22 64 – www.osteriadaafro.com
8 cam – 65 € 100 €
Rist – *(chiuso domenica sera)* (consigliata la prenotazione) Carta 21/45 €
Trattoria dall'esperta conduzione familiare, poco distante dal centro storico: due salette dalla calda atmosfera (sopratutto quella con camino) e genuini piatti del giorno. Un bijou di ospitalità che mette a disposizione dei propri ospiti anche graziose camere in legno di abete o ciliegio.

SPINETTA MARENGO – Alessandria (AL) – 561 H8 – Vedere Alessandria

SPIRANO – Bergamo (BG) – 561 F11 – 5 652 ab. – alt. 154 m 19 C2
– ✉ 24050
Roma 591 – Bergamo 16 – Brescia 48 – Milano 42

3 Noci-da Camillo
via Petrarca 16 – ✆ 0 35 87 71 58 – www.ristorantetrenoci.it – Chiuso 1°-10 gennaio, 10-25 agosto, domenica sera e lunedì
Rist – Carta 27/54 €
Il tocco femminile delle proprietarie ha ingentilito il côté rustico dell'ambiente. Ne risulta una piacevolissima trattoria, dove si possono gustare ancora i ruspanti sapori della bassa e carni cotte sulla grande griglia in sala. Gazebo per il servizio estivo all'aperto.

SPOLETO – Perugia (PG) – 563 N20 – 39 574 ab. – alt. 396 m 36 C3
– ✉ 06049 Italia Centro-Nord
Roma 130 – Perugia 63 – Terni 28 – Ascoli Piceno 123
piazza della Libertà 7, ✆ 0743 21 86 20, www.spoletocard.it
Piazza del Duomo★ : Duomo★★ Y – Ponte delle Torri★★ Z – Chiesa di San Gregorio Maggiore★ Y **D** – Basilica di San Salvatore★ Y **B**
Strada★ per Monteluco per ②

San Luca senza rist
via Interna delle Mura 21 – ✆ 07 43 22 33 99 – www.hotelsanluca.com
35 cam – 95/170 € 110/240 € – 1 suite Y**b**
Una volta conceria, oggi uno dei più bei palazzi della città. Tonalità ocra accompagnano i clienti dalla corte interna alle camere, passando per raffinati saloni e corridoi.

Albornoz Palace Hotel cam, rist,
viale Matteotti 16, 1 km per ② – ✆ 07 43 22 12 21 – www.albornozpalace.com
90 cam – 69/141 € 94/155 € – 4 suites
Rist – *(chiuso lunedì) (solo a cena)* Menu 25 € – Carta 30/52 €
Hotel moderno con originali e ampi interni abbelliti da opere di artisti contemporanei; camere eleganti e "artistiche", attrezzato ed apprezzato centro congressi. Spazioso ristorante dove prevalgono le tonalità pastello.

Villa Milani – Residenza d'epoca
località Colle Attivoli 4, 2,5 km per viale Matteotti – ✆ 07 43 22 50 56 – www.villamilani.com – Aperto 1° aprile-2 novembre
11 cam – 154/264 € 192/380 € Z
Rist – *(aperto 1° maggio-30 settembre) (solo a cena) (solo per alloggiati)*
Un tributo all'omonimo architetto che progettò e visse in questa villa eclettica di fine '800. Sontuosi arredi di ogni epoca, giardino all'italiana e passeggiate nel parco.

Dei Duchi rist,
viale Matteotti 4 – ✆ 0 74 34 45 41 – www.hoteldeiduchi.com Z**c**
49 cam – 75/100 € 110/150 € – 2 suites
Rist – *(chiuso martedì)* Carta 24/45 €
Nel cuore della città un edificio recente in mattoni: grande e luminosa hall con comodi divani, camere molto spaziose, da poco rinnovate; ideale per uomini d'affari. Dalla grande vetrata del ristorante si gode una bella veduta sulle colline.

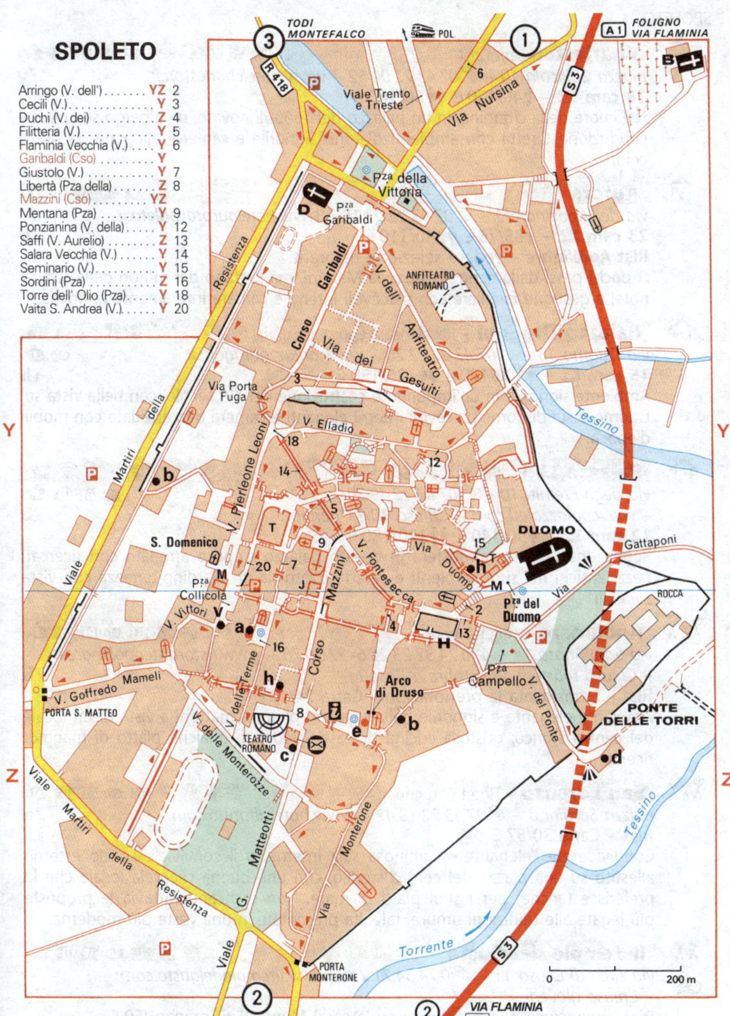

Clitunno

piazza Sordini 6 – ✆ 07 43 22 33 40 – www.hotelclitunno.com **Za**

48 cam – 50/100 € 70/130 € – 2 suites

Rist *San Lorenzo* – vedere selezione ristoranti

Tradizione e modernità, quando espressione del medesimo buon gusto, si esaltano a vicenda: vicino al teatro romano, spunti di design moderno si mescolano ad arredi d'epoca.

Gattapone senza rist

via del Ponte 6 – ✆ 07 43 22 34 47 – www.hotelgattapone.it **Zd**

15 cam – 70/170 € 100/230 €

In posizione tranquilla e dominante, con vista sul ponte delle torri e Monteluco, albergo a gestione affidabile con interni d'ispirazione contemporanea e camere piacevoli.

Charleston senza rist
piazza Collicola 10 – 07 43 22 00 52 – www.hotelcharleston.it Z**v**
18 cam – 40/120 € 60/160 €
Nel cuore della cittadina, in un palazzo del 1600 rinnovato, un albergo semplice a conduzione diretta con ambienti di tono signorile e camere rallegrate da nuovi colori.

Aurora
via dell'Apollinare 3 – 07 43 22 03 15 – www.hotelauroraspoleto.it
23 cam – 35/75 € 40/110 € Z**h**
Rist *Apollinare* – vedere selezione ristoranti
A pochi passi dalla centralissima via Mazzini, ma lontano dai rumori della strada, hotel a gestione familiare con piacevoli interni e camere interamente rinnovate.

Palazzo Dragoni – Residenza d'epoca senza rist
via Duomo 13 – 07 43 22 22 20 – www.palazzodragoni.it
15 cam – 100/120 € 125/150 € Y**h**
Ambiente signorile in un'imponente costruzione del XVI secolo, con bella vista sul Duomo e sui dintorni; piacevoli interni eleganti e camere ben arredate con mobili d'epoca.

Palazzo Leti – Residenza d'epoca senza rist
via degli Eremiti 10 – 07 43 22 49 30
– www.palazzoleti.com – Chiuso 10-31 gennaio Z**b**
12 cam – 90/140 € 120/180 €
Regna una raffinata atmosfera in questo palazzo d'epoca arredato con ricercati pezzi antichi nei suoi ambienti e caratterizzato da un giardino-terrazza con vista sui colli.

Apollinare – Hotel Aurora
via Sant'Agata 14 – 0 74 32 23 25 6- 22 56 76 – www.ristoranteapollinare.it
– Chiuso martedì da ottobre a Pasqua Z**h**
Rist – (consigliata la prenotazione) Carta 24/42 €
Ambiente elegante e signorile nella sala con pietre e mattoni a vista di un locale del centro storico; gustosa cucina tipica del luogo e qualche piatto di maggior ricerca.

San Lorenzo – Hotel Clitunno
piazza Sordini 6 – 07 43 22 18 47 – www.hotelclitunno.com Z**a**
Rist – Carta 30/57 €
Condividerete l'elegante e luminosa sala interna, o il conviviale spazio esterno allestito su una piazza del centro storico, con una buona clientela locale che lo preferisce (anche) per i suoi piatti di mare. Non mancano tuttavia le proposte più legate alle tradizioni umbre, talvolta presentate in una veste più moderna.

Il Tempio del Gusto
via Arco di Druso 11 – 0 74 34 71 21 – www.iltempiodelgusto.com
– Chiuso giovedì Z**e**
Rist – (consigliata la prenotazione la sera) Menu 25 € (pranzo)/50 €
– Carta 27/63 €
Pareti in pietra, tavoli piccoli e ravvicinati, perfino un reperto archeologico (un antichissimo selciato visibile attraverso un cristallo) tutto sembrerebbe orientato in una certa direzione... se non fosse per la cucina: autentico tempio del gusto, dove si "celebra" la creatività.

sulla strada statale 3 - via Flaminia YZ **Nord: 8 km**

Al Palazzaccio-da Piero
località San Giacomo km 134 06048 San Giacomo di Spoleto
– 07 43 52 01 68 – www.alpalazzaccio.it – Chiuso lunedì
Rist – (consigliata la prenotazione) Menu 20/36 € – Carta 19/47 €
Un accogliente angolo familiare e una meta gastronomica ormai più che trentennale per una sosta amichevole in compagnia: gustosi piatti locali e specialità quali i ravioli "Letizia", ripieni di melanzane, conditi con sugo di pomodoro, olive e scaglie di parmigiano.

a Silvignano Nord-Est : 13 km – ✉ 06049

Le Logge di Silvignano senza rist
– ✆ 07 43 27 40 98 – www.leloggedisilvignano.it – Aperto 6 marzo-4 novembre
6 cam – 90/150 € 90/160 €
Splendido esempio di architettura medievale, in passato sede di guarnigione militare e residenza patrizia, con un loggiato del '400 che ne orna la facciata: all'interno la cura del dettaglio si declina nei pavimenti in cotto, nelle ceramiche di Deruta o nelle maioliche di Vietri. Soggiorno in una dimensione atemporale.

SPOTORNO – Savona (SV) – **561** J7 – **4 005 ab.** – ✉ **17028** Liguria **14** B2

Roma 560 – Genova 61 – Cuneo 105 – Imperia 61

via Aurelia 121, ✆ 019 7 41 50 08, www.visitriviera.it

Acqua Novella
via Acqua Novella 1, Est : 1 km – ✆ 0 19 74 16 65 – www.acquanovella.it – Aperto 1° aprile-31 ottobre
75 cam – 50/180 € 65/210 €
Rist – *(chiuso a mezzogiorno)* Carta 21/60 €
In posizione elevata con vista panoramica, hotel recente dalla cordiale conduzione. Le camere sono luminose, molte con vista, impreziosite da belle ceramiche. Ristorante con grandi vetrate e vista a perdita d'occhio.

Villa Imperiale cam, cam,
via Aurelia 47 – ✆ 0 19 74 51 22 – www.villaimperiale.it – Aperto 1° marzo-31 ottobre
26 cam – 55/87 € 88/132 € – 6 suites
Rist ***Terredimare*** – Carta 35/52 €
In pieno centro lungo la passeggiata, camere ampie - accuratamente personalizzate - nonché spazi comuni ben distribuiti, in una villa anni '30 sapientemente ristrutturata. Piacevole ristorante con ingresso indipendente: cucina mediterranea in chiave moderna.

Premuda
piazza Rizzo 10 – ✆ 0 19 74 51 57 – www.hotelpremuda.it – Aperto 1° aprile-31ottobre
21 cam – 65/140 € 85/140 € **Rist** – *(solo a pranzo)* Carta 21/44 €
Un dancing degli anni '30 divenuto ora un piccolo albergo ordinato e ben gestito, in bella posizione in riva al mare; piacevoli e "freschi" interni, camere lineari. Ariosa sala da pranzo resa luminosa dalle ampie vetrate che si aprono sulla spiaggia.

Riviera rist,
via Berninzoni 24 – ✆ 0 19 74 10 44 – www.rivierahotel.it
47 cam – 50/90 € 70/130 € **Rist** – Carta 19/48 €
Hotel ben tenuto, ristrutturato negli ultimi anni: gradevoli spazi esterni con giardino e piscina, accoglienti interni di moderna concezione, camere confortevoli. Capiente sala ristorante ornata in modo semplice; proposte gastronomiche del territorio.

Al Cambio
via XXV Aprile 72 – ✆ 01 97 41 55 37 – www.ristorantealcambio.com – Chiuso martedì
Rist – (prenotare) Carta 24/45 €
A pochi passi dalla passeggiata, il locale propone la tradizione gastronomica ligure rielaborata in una sfiziosa cucina mediterranea.

STEGONA = STEGEN – Bolzano (BZ) – **562** B17 – Vedere Brunico

STEINEGG = Collepietra

STENICO – Trento (TN) – **562** D14 – **1 160 ab. – alt. 666 m** – ✉ **38070** **33** B3

Roma 603 – Trento 31 – Brescia 103 – Milano 194

Flora cam, rist,

località Maso da Pont 1, Sud: 2 km – ✆ 04 65 70 15 49 – www.hotelfloracomano.it – Aperto 1° dicembre-8 gennaio e 1°aprile-31 ottobre

65 cam – ♦56/95 € ♦♦96/195 € **Rist** – Carta 25/62 €

Un'ottima base di appoggio per una vacanza all'insegna delle escursioni e del turismo termale: ariosi ambienti in stile contemporaneo e camere spaziose. Campo da tennis e vista sui monti dal grazioso giardino.

STERZING = **Vipiteno**

STEZZANO – Bergamo (BG) – **561** F10 – **12 867 ab.** – ✉ **24040** **19** C1

Roma 615 – Milano 50 – Bergamo 7 – Lecco 79

Grand Hotel del Parco senza rist

Via Galeno, 8 – ✆ 0 35 59 17 10 – www.grandhoteldelparco.com – Chiuso dicembre e agosto

46 cam – ♦90/210 € ♦♦110/380 €

Albergo signorile costruito pochi anni fa, al suo interno offre confort moderni e camere spaziose contraddistinte da diversi colori. Perfetto soprattutto per una clientela business. Cucina classica italiana, specialità locali e qualche ricetta di pesce.

Art et Hotel senza rist

via Santuario 43 – ✆ 03 54 37 93 00 – www.artehotel.it

84 cam – ♦55/180 € ♦♦65/200 €

Dotata di spazi ariosi e dallo stile uniforme, questa moderna struttura è il luogo ideale dove organizzare meeting e congressi. La città del Colleoni è a soli 6 km.

STIA – Arezzo (AR) – **563** K17 – **2 954 ab. – alt. 441 m** – ✉ **52017** **32** C1

Toscana

Roma 274 – Firenze 50 – Arezzo 48 – San Marino SMR 165

Falterona senza rist

piazza Tanucci 85 – ✆ 05 75 50 45 69 – www.albergofalterona.it

23 cam – ♦50/60 € ♦♦70/100 € – 2 suites

Palazzo di origini quattrocentesche - affacciato sulla piazza principale - dispone di una stanza dal pregevole soffitto affrescato e di alcune camere nella prospicente *dépendance*. Piccola corte interna per la prima colazione.

Falterona Gliaccaniti

piazza Tanucci 9 – ✆ 05 75 58 12 12 – Chiuso 7-14 novembre e lunedì

Rist – Carta 21/54 €

Riuscito matrimonio tra elementi moderni ed aspetti rustici. In menu: prelibatezze regionali accompagnate da una buona selezione enologica.

STORO – Trento (TN) – **562** E13 – **4 704 ab. – alt. 409 m** – ✉ **38089** **33** A3

Roma 601 – Brescia 64 – Trento 65 – Verona 115

a Lodrone Sud-Ovest : 5,5 km – ✉ 38089

Castel Lodron

via 24 Maggio 41 – ✆ 04 65 68 50 02 – www.hotelcastellodron.it

42 cam – ♦45/55 € ♦♦80/90 € **Rist** – Menu 13 € (pranzo)/25 €

Lungo la strada per Campiglio, cortese ospitalità in un albergo completamente rinnovato: centro benessere, nonché bocce, calcetto e ping-pong in giardino. Camere confortevoli, quelle sul retro più tranquille e panoramiche.

STRADA IN CHIANTI – Firenze (FI) – **563** L15 – Vedere Greve in Chianti

STREGNA – Udine (UD) – **562** D22 – **413 ab.** – **alt. 404 m** – ✉ **33040** **11** C2

Roma 659 – Udine 29 – Gorizia 43 – Tarvisio 84

Sale e Pepe

via Capoluogo 19 – ✆ 04 32 72 41 18 – Chiuso martedì e mercoledì

Rist – *(solo a cena)* Menu 38/45 €

Bella e accogliente trattoria ubicata nel centro della località, caratterizzata da una gestione volenterosa e davvero appassionata. Cucina con aperture mitteleuropee.

STRESA – Verbano-Cusio-Ossola (VB) – **561** E7 – **5 226 ab.** – **alt. 200 m** **24** A1
– **Sport invernali : a Mottarone: 803/1 492 m 2 6** – ✉ **28838**

Italia Centro-Nord

Roma 657 – Brig 108 – Como 75 – Locarno 55

piazza Marconi 16, ✆ 0323 3 01 50, www.comune.stresa.vb.it

Des Iles Borromeés località Motta Rossa, 0323 929285, www.golfdesiles.it – chiuso gennaio e lunedì (escluso giugno-settembre)

Alpino di Stresa viale Golf Panorama 48, 0323 20642, www.golfalpino.it – chiuso gennaio, febbraio e martedì (escluso dal 9 giugno all'8 novembre)

Cornice pittoresca★★ – Villa Pallavicino★ Y

Isole Borromee★★★ : giro turistico da 5 a 30 mn di battello – Baveno★ - Mottarone★★

Grand Hotel des Iles Borromées

lungolago Umberto I 67 rist,
– ✆ 03 23 93 89 38 – www.borromees.it – Chiuso 20 dicembre-15 gennaio

179 cam – †187/340 € ††204/454 € – 15 suites Yw

Rist *Il Borromeo* – Carta 51/113 €

Abbracciato dal verde del parco e affacciato sul lago, un maestoso palazzo carico di fascino ospita ambienti lussuosi arredati nelle preziose tinte porpora, oro e indaco. Prelibata cucina dai sapori ricercati nello sfarzoso ristorante; menu personalizzato per gli ospiti che seguono una particolare dieta alla Spa.

Bolongaro (V. F.) Y 3
Borromeo (V. F.) Y 4
Cadorna (Pza) Y 5
Canonica (V. P.) Y 6
Cardinale F. Borromeo (V.) Y 7
Carducci (V. G.) Y 8
Cavour (V.) Y 9
D'Azeglio (V. M.) Y 10
Devit (V.) Y 14
De Amicis (V. E.) Y 12
De Martini (V. C.) Y 13
Europa (Piazzale) Y 15
Fulgosi (V.) Y 18
Garibaldi (V. G.) Y 17
Gignous (V.) Y 20
Italia (Cso) Y 22
Lido (Viale) Y 23
Marconi (Pza) Y 25
Mazzini (V. G.) Y 30
Monte Grappa (V. del) Y 32
Principe Tomaso (V.) Y 33
Roma (V.) Y 35
Rosmini (V. A.) Y 36
Sempione (Strada statale del) Y 39
Volta (V. A.) Y 42

Grand Hotel Bristol

lungolago Umberto I 73/75 – 0 32 33 26 01 – www.zaccherahotels.com – Aperto 1° aprile-31 ottobre Yc

245 cam – 90/200 € 120/300 €, 16 € – 8 suites

Rist – Carta 21/38 €

Una conduzione professionale per questo hotel dagli interni arredati con pezzi antichi, lampadari di cristallo e cupole in vetro policromo e nel parco una piscina riscaldata. Affacciata sulle Isole Borromee, la sontuosa sala ristorante propone una carta moderna, ricca di specialità regionali.

Villa e Palazzo Aminta

strada statale del Sempione 123, 1,5 km per ② – 03 23 93 38 18 – www.villa-aminta.it – Chiuso gennaio

67 cam – 310/389 € 399/610 €, 35 € – 8 suites

Rist *Le Isole* – Carta 54/90 €

Rist *I Mori* – Carta 70/176 €

Un gioiello dell'hôtellerie italiana abbracciato da un parco secolare: l'unico albergo affacciato sulle isole Borromee incanta l'ospite per fascino ed eleganza. Piatti classici italiani e specialità del territorio nel raffinato ristorante. Nella colorata sala I Mori, la gastronomia italiana e business brunch.

Regina Palace

lungolago Umberto I 29 – 03 23 93 69 36 – www.regina-palace.com – Chiuso 21 dicembre-7 gennaio Yb

214 cam – 260 € 365 € – 11 suites

Rist *Charleston* – vedere selezione ristoranti

Rist – Menu 40 €

In un edificio del primo '900 immerso nel verde, ambienti eleganti, sale congressi, campo da tennis e da calcetto. Scenografica piscina con fondale riproducente quello marino nel centro benessere. Tinte dorate e cucina moderna nell'ampia sala da pranzo.

La Palma

lungolago Umberto I 33 – 0 32 33 24 01 – www.hlapalma.it – Chiuso 9 dicembre-7 febbraio Ye

120 cam – 90/225 € 140/275 € – 2 suites

Rist – Carta 42/66 €

Risorsa a gestione attenta con accoglienti camere signorili, rilassanti spazi comuni e panoramica zona fitness attigua al roof-solarium. Dalla magnifica piscina in riva al lago si scorgono le isole Borromee! L'intima sala ristorante propone alta cucina italiana ed internazionale.

Astoria

lungolago Umberto I 31 – 0 32 33 25 66 – www.hotelstresa.info – Aperto 1° aprile-31 ottobre Yx

100 cam – 90/160 € 140/220 €

Rist – Carta 25/52 €

Situato sul lungolago, l'hotel dispone di ampi spazi e belle camere. Si contendono il fiore all'occhiello il curato giardino con piscina ed il roof garden con solarium. Il ristorante vanta una deliziosa veranda ed una cucina regionale di stampo moderno.

Royal

Viale Lido 1 – 0 32 33 27 77 – www.hotelroyalstresa.com – Aperto 1° aprile-15 ottobre Yz

72 cam – 50/140 € 70/180 €, 13 €

Rist – *(solo a cena)* Menu 25 €

Nella cornice del Lago Maggiore, l'antica villa offre spazi moderni e confortevoli, una rilassante sala lettura, la tranquillità di un parco ed una terrazza solarium. Nuove camere panoramiche al quarto piano: spettacolari quelle d'angolo.

Flora
strada statale del Sempione 26 – ✆ 0 32 33 05 24 – www.hotelflorastresa.com – Aperto 15 marzo-3 novembre Yp
32 cam – †70/90 € ††90/130 €, ☐ 20 €
Rist – *(solo a cena) (solo per alloggiati)* Carta 30/58 €
A pochi minuti dal centro della località, l'hotel è stato recentemente ristrutturato ed ampliato e dispone di nuove e moderne camere, nonchè di una piccola piscina. Nella sobria sala da pranzo una cucina raffinata e fantasiosa, mentre d'estate è possibile anche il servizio in giardino.

La Fontana senza rist
strada statale del Sempione 1 – ✆ 0 32 33 27 07 – www.lafontanahotel.com – Chiuso dicembre e gennaio Yf
20 cam – †70/80 € ††85/94 €, ☐ 12 €
Immersa in un rigoglioso parco, questa graziosa villa degli anni '40 dispone di camere semplici e confortevoli, spazi comuni dove sostare per rilassarsi o conversare.

XXXX **Charleston** – Hotel Regina Palace
Corso Umberto I° 29 – ✆ 03 23 93 69 36 – www.regina-palace.it – Chiuso 20 dicembre-6 febbraio Yb
Rist – *(solo a cena)* (consigliata la prenotazione) Carta 62/103 €
All'interno di uno degli hotel più blasonati della località, una piccola e raffinata bomboniera dove gustare i grandi classici della cucina italiana. D'estate, accomodatevi in terrazza con vista lago.

XX **Piemontese**
via Mazzini 25 – ✆ 0 32 33 02 35 – www.ristorantepiemontese.com – chiuso dicembre, gennaio e lunedì Yt
Rist – Carta 37/78 €
Nel cuore della località, ma a due passi dal lungolago, uno dei ristoranti più prestigiosi della romantica Stresa: piatti regionali e piacevole servizio estivo sotto un pergolato.

XX **Il Clandestino**
via Rosmini 5 – ✆ 0 32 33 03 99 – wwww.ristoranteilclandestino.com – Chiuso 6 febbraio-25 marzo e martedì Ym
Rist – *(solo a cena venerdì, sabato e domenica)* Menu 40/70 € – Carta 42/95 €
A pochi metri dal lungolago, ma già nel cuore del centro storico, un grazioso locale dai toni caldi, dove gustare una gustosa cucina di pesce. Un suggerimento: lasciatevi consigliare dallo *chef-patron*!

X **Vicoletto**
Vicolo del Poncivo 3 – ✆ 03 23 93 21 02 – www.ristoranteilvicoletto.com – Chiuso 15 gennaio- febbraio, 1 settimana in novembre, giovedì escluso da aprile a settembre Yh
Rist – Carta 26/48 €
Nuovo ristorantino dal design contemporaneo condotto da una giovane e motivata gestione: la linea di cucina si conforma alla modernità del locale. Minuscolo, ma piacevole il dehors.

STROMBOLI Sicilia – Messina (ME) – 365 BA51 – Vedere Eolie (Isole)

STRONCONE – Terni (TR) – 563 O20 – alt. 450 m – ✉ 05039 **36 C3**
Roma 112 – Terni 12 – Rieti 45

XX **Taverna de Porta Nova**
via Porta Nova 1 – ✆ 0 74 46 04 96 – www.ristorantetavernadeportanuova.it – Chiuso mercoledì
Rist – *(solo a cena)* Menu 30/38 € – Carta 30/58 €
All'interno di un ex convento quattrocentesco, un locale con quattro salette dall'ambiente rustico di tono signorile, dove provare cucina del territorio e carne alla brace.

STRONGOLI – Crotone (KR) – 564 J33 – 6 383 ab. – alt. 342 m – ✉ 88815 5 B2

Roma 587 – Catanzaro 101 – Crotone 28 – Cosenza 124

Dattilo con cam

contrada Dattilo, Est : 2 km – ✆ 09 62 86 56 13 – www.dattilo.it – Chiuso 8 gennaio-13 febbraio

7 cam – †40/45 € ††80/90 €

Rist – *(chiuso lunedì, martedì e mercoledì escluso da giugno a settembre) (solo a cena escluso domenica)* (prenotazione obbligatoria) Menu 50/65 € – Carta 46/76 €

→ Paccheri su caviale di melanzane, pomodorini, mozzarella di bufala e salsa di birra scura. Agnello cotto a bassa temperatura, crema di pecorino crotonese e carciofi alla liquirizia. Semifreddo agli agrumi e mandorle.

Immerso nella campagna, è un agriturismo che si è distinto nella produzione di vino ed olio, ma ora l'attenzione va tutta alla qualità della cucina, moderna e creativa. Le camere prolungano il soggiorno all'insegna di una vita piacevolmente rustica ed agricola, con una piscina all'ombra di un ulivo millenario.

STROVE – Siena (SI) – 563 L15 – Vedere Monteriggioni

SUBBIANO – Arezzo (AR) – 563 L17 – 6 408 ab. – alt. 266 m – ✉ 52010 32 D2

Roma 224 – Rimini 131 – Siena 75 – Arezzo 15

Relais Torre Santa Flora

località Il Palazzo 169, Sud-Est : 3 km – ✆ 05 75 42 10 45 – www.torresantaflora.it

15 cam – †85/115 € ††115/145 € – 1 suite

Rist – *(solo a cena escluso sabato e domenica)* Carta 30/60 €

Residenza di campagna seicentesca immersa nel verde: calda atmosfera negli splendidi interni in elegante stile rustico di taglio moderno, piacevoli camere accoglienti. Cucina toscana, quattro salette con soffitti in mattoni o con travi di legno a vista.

La Corte dell'Oca con cam

viale Europa 16 – ✆ 05 75 42 13 36 – www.cortedelloca.it

24 cam – †55 € ††70 €, 5 € – 2 suites **Rist** – Carta 27/39 €

Tra tortellini e bolliti si è avverato un sogno, quello del titolare, che ha raccolto oggetti, riviste e suppellettili degli anni '50 per ricreare un'atmosfera da amarcord. Tutte differenti tra loro, le camere si affacciano sul cortile o sul borgo.

SULDEN = Solda

SULMONA – L'Aquila (AQ) – 563 P23 – 25 159 ab. – alt. 405 m – ✉ 67039 Italia Centro-Sud 1 B2

Roma 154 – Pescara 73 – L'Aquila 73 – Avezzano 57

corso Ovidio 208, ✆ 0864 5 32 76, www.abruzzoturismo.it

Località★ - Palazzo dell'Annunziata★★ – Porta Napoli★ - Acquedotto★ in piazza Garibaldi

Itinerario nel Massiccio degli Abruzzi★★★

Santacroce Ovidius

via Circonvallazione Occidentale 177 – ✆ 0 86 45 38 24 – www.ovidius.hotelsantacroce.com

29 cam – †75 € ††115 €

Rist – *(chiuso lunedì)* Carta 20/35 €

A due passi dal Duomo hotel moderno dalle calde sale rivestite in legno e camere dalle linee contemporanee, ben accessoriate.

Gino con cam e senza

piazza Plebiscito 12 – 0 86 45 22 89 – www.lalocandadigino.it – Chiuso domenica

4 cam – 70 € 80 € **Rist** – *(solo a pranzo)* Carta 23/42 €

Piccola arca della tipicità gastronomica abruzzese: salumi, formaggi, pasta fresca e carni della regione. I primi anche acquistabili nell'adiacente negozio di famiglia.

Clemente N

vico Quercia 5 – 08 64 21 06 79 – www.ristoranteclemente.com – Chiuso 24-26 dicembre, 2 settimane in luglio, domenica sera e giovedì

Rist – Menu 20 € (in settimana)/50 € – Carta 20/47 €

Locale di lunga tradizione nel centro storico, ambiente caratteristico fra archi e volte a crociera per una cucina di tradizione con qualche spunto personale. La spaletta d'agnello brasata al Montepulciano con purea di patate all'aglio rosso è - a nostro giudizio - tra i piatti più interessanti del menu.

SULZANO – Brescia (BS) – 561 E12 – 1 956 ab. – alt. 200 m – ✉ 25058 19 D1

Roma 586 – Brescia 33 – Bergamo 56 – Cremona 76

Rivalago senza rist

via Cadorna 7 – 0 30 98 50 11 – www.rivalago.it – Aperto 1° marzo-30 ottobre

33 cam – 78/98 € 128/168 €

Una giovane coppia - esperta nel settore - gestisce con competenza e *savoir-faire* questo nuovo albergo, deliziosamente in riva al lago: carino, lindo e con camere accoglienti.

A Filo d'Acqua

via Cesare Battisti 9, località Vertine – 33 87 41 63 90 – Chiuso 3 settimane in gennaio, domenica sera e lunedì

Rist – *(solo a cena)* (consigliata la prenotazione) Carta 58/90 €

Palazzina sul lago, sapientemente ristrutturata per ospitare un locale gradevole, intimo e raccolto, gestito da una coppia appassionata. Cucina stagionale di gusto moderno.

SUNA – Verbania – 561 E7 – Vedere Verbania

SUSA – Torino (TO) – 561 G3 – 6 727 ab. – alt. 503 m – ✉ 10059 22 B2

Italia Centro-Nord

Roma 718 – Briançon 55 – Milano 190 – Col du Mont Cenis 30

Corso Inghilterra 39, 0122 62 24 47, www.lavalsusa.it

Località★ - Porta Savoia★ - Campanile romanico★★ della cattedrale - Arco di Augusto★

Napoleon senza rist

via Mazzini 44 – 01 22 62 28 55 – www.hotelnapoleon.it

62 cam – 59/74 € 69/84 €

Nel cuore della località, l'hotel vanta una gestione familiare e dispone di moderne e graziose camere, nonchè di spazi per lettura, conversazioni e riunioni. Ottima la piccola palestra.

SUSEGANA – Treviso (TV) – 562 E18 – 12 055 ab. – alt. 76 m – ✉ 31058 40 C2

Roma 572 – Belluno 57 – Trento 143 – Treviso 22

Maso di Villa senza rist

via Col di Guarda 15, località Collalto, Nord-Ovest : 5 km – 04 38 84 14 14 – www.masodivilla.it

6 cam – 90/120 € 120/150 €

Il colore è il vero protagonista di questa casa colonica trasformata in romantico relais, con tonalità diverse in ogni ambiente: dall'ocra del soggiorno al rosa dell'ingresso, fino al vinaccia delle camere, evocatore dell'uva e dei suoi inebrianti prodotti. Letti in ferro battuto nelle 6 stanze affacciate sul giardino.

sulla strada provinciale Conegliano-Pieve di Soligo Nord : 3 km :

La Vigna

via Val Monte 7, località Crevada – ✆ 0 43 86 24 30 – www.ristorantelavigna.com – Chiuso domenica sera, lunedì

Rist – Menu 22 € – Carta 21/37 €

In collina, circondata dal verde, struttura di nuova creazione che ricorda un casolare di campagna, ma con interni d'ispirazione contemporanea; piatti del luogo.

SUTRI – Viterbo (VT) – **563** P18 – **6 671 ab.** – **alt. 291 m** – ✉ **01015** — **12** B1

Roma 52 – Viterbo 31 – Civitavecchia 60 – Terni 76

Le Querce via Cassia km 44,500, 0761 600789, www.golflequerce.it – chiuso mercoledì

sulla strada statale Cassia al km 46,700 Est : 3 Km :

Il Borgo di Sutri

località Mezzaroma Nuova km 46,700 ✉ 01015 – ✆ 07 61 60 86 90 – www.ilborgodisutri.it

21 cam – 79/190 € 79/240 € – 4 suites

Rist – *(chiuso dal 16 al 31 agosto, lunedì a mezzogiorno e martedì)* Carta 31/50 €

Silenzioso, elegante e confortevole, l'hotel si trova nel contesto di un antico borgo agricolo. All'esterno ampi spazi verdi ed una chiesetta consacrata. Negli ambienti di quella che un tempo era la casa colonica, il ristorante propone una cucina che segue le stagioni. Ampio dehors estivo.

SUTRIO – Udine (UD) – **562** C20 – **1 376 ab.** – **alt. 570 m** – ✉ **33020** — **10** B1

Roma 690 – Udine 63 – Lienz 61 – Villach 104

Alle Trote con cam

via Peschiera, frazione Noiaris, Sud: 1 km – ✆ 04 33 77 83 29 – Chiuso 11-26 marzo e 23 settembre-11 novembre

5 cam – 40/45 € 70/80 € **Rist** – Carta 19/37 €

Nei pressi del torrente, un locale a gestione diretta, rinnovato "dalle fondamenta ai soffitti" al fine di accrescere il livello di confort; annesso allevamento di trote.

SUVERETO – Livorno (LI) – **563** M14 – **3 171 ab.** – **alt. 90 m** – ✉ **57028** — **31** B2

Toscana

Roma 232 – Grosseto 58 – Livorno 87 – Piombino 27

via Matteotti, ✆ 0565 82 93 04, www.comune.suvereto.li.it

Agriturismo Bulichella

località Bulichella 131, Sud-Est : 1 km – ✆ 05 65 82 98 92 – www.bulichella.it

14 cam – 55/75 € 77/110 €

Rist – *(solo a cena) (solo per alloggiati)* Menu 25/45 €

Immerso nella campagna suveretana, ad 1 km dal borgo medievale, l'agriturismo offre ospitalità in appartamenti e camere confortevoli: più isolate e tranquille, le stanze al di là dei vigneti. Tipica cucina toscana e possibilità di visitare la cantina con degustazione di alcuni vini.

Le Nuvole

via Palestro 2 – ✆ 05 65 82 90 92 – www.lenuvoleristobistro.it – Chiuso 10 giorni in novembre, 3 settimane in marzo e lunedì

Rist – Menu 29 € (cena)/50 € – Carta 36/60 €

Tornato dall'America sulle orme dei suoi avi, il giovane cuoco si è installato nel borgo medioevale e propone una cucina di mare: piatti semplici, che puntano sulla qualità degli ingredienti. A pranzo, selezione ridotta e prezzi più contenuti.

SUZZARA – Mantova (MN) – **561** I9 – **20 648 ab.** – **alt. 20 m** – ✉ **46029** **17** C3

Roma 453 – Parma 48 – Verona 64 – Cremona 74

Cavour

via Cavour 25 – ✆ 03 76 53 12 98 – www.ristorantecavour.com – Chiuso 14-25 gennaio, 10-25 luglio, lunedì, anche domenica sera da ottobre a maggio

Rist – Menu 25/60 € – Carta 30/53 €

Due sale separate da un corridoio dove accomodarsi a gustare un menù di terra e soprattutto di mare. Giovedì e sabato sera la sala più piccola è adibita anche a piano bar.

TABIANO – Parma (PR) – **562** H12 – **alt. 162 m** – **Stazione termale** – ✉ **43030** **8** A2

Roma 486 – Parma 31 – Piacenza 57 – Bologna 124

viale Fidenza 20, ✆ 0524 56 54 82, www.turismo.parma.it

Park Hotel Fantoni

via Castello 6 – ✆ 05 24 56 51 41 – www.parkhotelfantoni.it – Aperto 1° aprile-14 ottobre

33 cam – 42/90 € 70/110 € – 1 suite **Rist** – Carta 20/25 €

In una zona un po' defilata e già collinare, si apre un giardino con piscina: una parentesi blu nel verde, preludio alla comodità dell'hotel. Non manca l'ascensore diretto per le terme ed un piccolo, ma attrezzato, centro benessere con bagno turco, idromassaggio e trattamenti vari.

Rossini

via delle Fonti 10 – ✆ 05 24 56 51 73 – www.hotelrossini.net – Aperto 1° aprile-30 ottobre

51 cam – 60/70 € 90/110 € **Rist** – Menu 25/30 €

Un valido albergo che, nel corso degli anni, ha saputo mantenere alti la qualità e il livello dell'offerta; terrazza solarium con una vasca idromassaggio per più persone.

TALAMONE – Grosseto (GR) – **563** O15 – **Vedere Fonteblanda**

TAMION – Trento – **Vedere Vigo di Fassa**

TAORMINA **Sicilia** – Messina (ME) – **565** N27 – **11 076 ab.** – **alt. 204 m** – ✉ **98039** Sicilia **30** D2

Catania 52 – Enna 135 – Messina 52 – Palermo 255

piazza Santa Caterina, ✆ 0942 2 32 43, www.gate2taormina.com

Il Picciolo via Picciolo 1, 0942 986252, www.ilpicciologolf.com – chiuso martedì

Località★★★ – Teatro Greco★★★ : ≤★★★ BZ – Giardino pubblico★★ BZ – ✳★★ dalla piazza 9 Aprile AZ – Corso Umberto★ ABZ – Castello : ≤★★ AZ

Etna★★★ Sud-Ovest per Linguaglossa – Castel Mola★ Nord-Ovest : 5 km – Gole dell'Alcantara★

Piante pagine seguenti

Grand Hotel Timeo

via Teatro Greco 59 – ✆ 0 94 26 27 02 00 – www.grandhoteltimeo.com – Aperto 15 marzo-15 novembre BZx

70 cam – 350/700 € 480/700 € – 6 suites

Rist *Timeo* – vedere selezione ristoranti

A pochi metri dal teatro greco, l'eccellenza del Timeo prende forme così diverse che ogni turista finirà per portare a casa un ricordo proprio e personale: splendidi interni con fastosi saloni che dischiudono angoli più privati e belle camere con balconi panoramici, alcuni affacciati sul teatro.

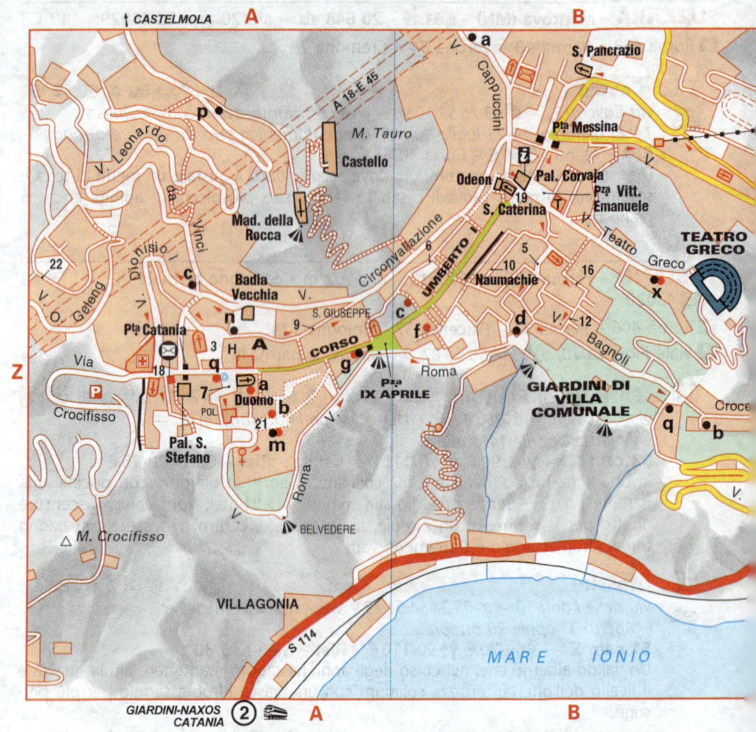

San Domenico Palace

piazza San Domenico 5 – 09 42 61 31 11
– www.amthotels.it/sandomenico – Chiuso 6 gennaio-9 marzo AZm

97 cam – 155/310 € 160/740 € – 8 suites
Rist *Principe Cerami* – vedere selezione ristoranti
Rist – Carta 66/130 €

Eleganti ambienti ricchi di antichi ricordi in questo hotel di lusso ricavato tra le mura di un convento medievale. Suggestive vedute dal giardino e dalle terrazze. A tavola, i classici italiani e piatti locali.

Grand Hotel San Pietro

via Pirandello 50 – 09 42 62 07 11
– www.gaishotels.com – Aperto 1° aprile-31 ottobre CZf

62 cam – 150/300 € 200/600 € – 1 suite **Rist** – Carta 55/85 €

In splendida posizione panoramica ed abbracciata da un giardino con piscina, un'elegante struttura con spazi accoglienti, una sala da tè ed una biblioteca. Nella raffinata ed intima sala da pranzo, i genuini sapori della gastronomia siciliana.

Metropole

corso Umberto I° 154 – 09 42 62 54 17 – www.hotelmetropoletaormina.it
– Chiuso febbraio AZg

15 suites – 891/1980 € 891/1980 € – 8 cam
Rist *Bellevue* – vedere selezione ristoranti

E' risorto dalle ceneri, ancora più bello, uno dei primi alberghi ad animare la località qualche lustro fa… Centralissimo con ingresso su corso Umberto, nonché affaccio su dirupo e mare, ambienti lussuosi, camere di alto standing ed un susseguirsi di terrazze panoramiche. Ma è solo l'ultima ad ospitare la piscina.

Circolazione regolamentata nel centro città da giugno a settembre

TAORMINA

Villa Diodoro

cam, rist

via Bagnoli Croci 75 – ✆ 0 94 22 33 12 – www.gaishotels.com

101 cam – 135/205 € 180/300 € – 1 suite **BZq**

Rist – Carta 38/60 €

Attrezzata palestra e zona massaggi-trattamenti estetici in una storica risorsa dai generosi spazi all'aperto. Rinnovate le camere e la hall - ora più ampia ed ariosa - mentre incastonato su una terrazza, lo zaffiro di questo gioiello: la panoramica piscina. Al ristorante, primeggiano i sapori dell'isola.

Villa Carlotta

rist,

via Pirandello 81 – ✆ 09 42 62 60 58 – www.hotelvillacarlottataormina.com – Chiuso dicembre-15 febbraio **CZa**

23 cam – 120/300 € 140/310 €

Rist – (prenotazione obbligatoria) Carta 29/71 €

Abbracciata da una folta vegetazione, la villa riprende il suo nome originario ed offre ai suoi ospiti ambienti eleganti e di tendenza, nonché una suggestiva vista sullo Ionio e sull'Etna. La sosta al bar diventa il pretesto per ammirare i resti di una necropoli bizantina.

El Jebel

cam,

salita Ciampoli 9 – ✆ 09 42 62 54 94 – www.hoteleljebel.com **AZn**

5 cam – 190/500 € 190/1000 € – 5 suites

Rist *Ciampoli* – Carta 59/146 €

Riservatezza ed esclusività nel cuore dell'antica Taormina: servizio personalizzato in camere arredate con stili differenti, solarium panoramico e piatti isolani - in chiave moderna - al ristorante.

Villa Ducale cam, rist,

via Leonardo da Vinci 60 – ✆ 0 94 22 81 53 – www.villaducale.com
– Chiuso 1° dicembre-20 febbraio AZ**p**
12 cam – 120/270 € 140/290 € – 5 suites
Rist – (prenotazione obbligatoria) *(solo per alloggiati)* Carta 31/70 €
Un rifugio splendidamente panoramico e scrigno delle celebri ceramiche siciliane: una piccola bomboniera deliziosamente curata dai titolari come un'elegante casa privata. La navetta o una scenografica scalinata per scendere in paese.

Villa Sirina senza rist

via Crocifisso 30, 2 km per via Crocifisso – ✆ 0 94 25 17 76 – www.villasirina.com
– Aperto 1° aprile-30 ottobre AZ**r**
16 cam – 125/145 € 135/180 € – 1 suite
Artigiani locali hanno contribuito con le loro creazioni ad arredare ad *hoc* le semplici camere della villa, già di famiglia dagli anni Settanta. Nel giardino, la bella piscina.

Villa Belvedere rist,

via Bagnoli Croci 79 – ✆ 0 94 22 37 91 – www.villabelvedere.it
– Aperto 7 marzo-23 novembre BZ**b**
49 cam – 80/220 € 98/298 € – 3 suites
Rist – *(aperto 1° aprile-30 ottobre) (solo a pranzo) (solo per alloggiati)*
Carta 30/52 €
Una vista mozzafiato sul bel parco con palme e piscina tanto dagli ambienti comuni quanto dalla maggior parte delle camere. Storica struttura da sempre a gestione familiare. Cucina classica nel ristorante esclusivamente all'aperto.

Villa Schuler senza rist

piazzetta Bastione – ✆ 0 94 22 34 81 – www.hotelvillaschuler.com
– Aperto 2 marzo-17 novembre BZ**d**
27 cam – 89/138 € 90/214 € – 6 suites
Sorto nei primi anni del Novecento e gestito sempre dalla stessa famiglia, storico albergo del centro incorniciato tra giardini mediterranei: ottimi per immergersi nel relax!

Villa Taormina N senza rist

via T. Fazzello 39 – ✆ 09 42 62 00 72 – www.hotelvillataormina.com
– Aperto 1° marzo-30 novembre AZ**c**
7 cam – 140/160 € 180/310 €
Il fascino discreto di un'elegante residenza ottocentesca, impreziosita con mobili d'antiquariato e con un delizioso giardino con terrazze e vasca Jacuzzi. Vista panoramica dalla sala colazioni.

Condor senza rist

via Dietro Cappuccini 25 – ✆ 0 94 22 31 24 – www.condorhotel.com
– Aperto 1° marzo-31 ottobre BZ**a**
12 cam – 60/90 € 80/120 €
Una dozzina di stanze, una palazzina in posizione panoramica e una gestione di lunga esperienza. Per chi non ricerca l'eleganza, ma si accontenta della semplicità.

Timeo – Grand Hotel Timeo

via Teatro Greco 59 – ✆ 0 94 26 27 02 00 – www.grandhoteltimeo.com
– 25 marzo-13 novembre BZ**x**
Rist – (consigliata la prenotazione) Carta 74/151 €
La vista sul golfo e la ricercatezza dei particolari sono gli atout di questo ristorante dove emerge, esplosiva come l'Etna, una cucina colorata, sapida ed audace negli abbinamenti. Insomma, siciliana.

Un pasto con i fiocchi senza rovinarsi? Cercate i Bib Gourmand. Vi aiuteranno a trovare le buone tavole che coniugano una cucina di qualità al prezzo giusto!

Principe Cerami – Hotel San Domenico Palace
piazza San Domenico 5 – ✆ 09 42 61 31 11 – www.amthotels.it/sandomenico – Aperto 26 marzo-13 ottobre; chiuso lunedì
Rist – *(solo a cena)* (consigliata la prenotazione) Menu 105/115 € – Carta 83/163 € AZ**m**
➜ Spaghettoni artigianali "alla Norma" con code di gambero rosso di Mazara cotto e crudo. Millefoglie di pesce spada scottato, caponata di verdure, gelato di gazpacho, riduzione di aceto. Soffice di cassata alla siciliana.
Al Principe Cerami il merito di aver trasformato nel 1866 l'ex convento domenicano in albergo, al cuoco Massimo Mantarro d'incantare i clienti con le magie siciliane della sua cucina. Il tutto nell'antica opulenza delle sale interne o, d'estate, su una romantica terrazza.

La Giara
vico la Floresta 1 – ✆ 0 94 22 33 60 – www.lagiara-taormina.com – Aperto 1° aprile-31 ottobre BZ**f**
Rist – *(solo a cena)* (consigliata la prenotazione) Carta 60/104 €
Splendida la terrazza con dehors panoramico che incornicia la costa e il vulcano; in sala dominano volutamente le tinte del bianco e dell'avorio, sulle quali spicca la millenaria giara.

Bellevue – Hotel Metropole
corso Umberto 154 – ✆ 09 42 62 54 17 – www.hotelmetropoletaormina.it – Chiuso febbraio AZ**g**
Rist – (consigliata la prenotazione) Menu 80 € – Carta 101/134 €
➜ Spaghetti trafilati in oro con crostacei del Mar Jonio. Filetto di tonno pinna gialla con carciofi alla brace e lenticchie di Pantelleria. Cannolo di cialda sottile con ricotta di capra e sorbetto al mandarino.
Sulla splendida terrazza con vista mozzafiato, il giovane chef, Andreas Zangerl, conosce la ricetta giusta per conquistare i suoi ospiti: sapori siciliani rivisitati con gusto moderno e, a pranzo, proposte più semplici, ma pur sempre accattivanti.

Casa Grugno
via Santa Maria De' Greci – ✆ 0 94 22 12 08 – www.casagrugno.it – Chiuso 7 gennaio-9 marzo, 15 giorni in novembre e domenica AZ**a**
Rist – *(solo a cena)* (consigliata la prenotazione) Menu 80/100 € – Carta 67/100 €
➜ Tagliolini di mollica tostata, sarde marinate, pinoli ed estratto di finocchietto. Triglia di scoglio, asparagi di mare, radici e olive infornate. "C": cannolo di cioccolato e marzapane al pistacchio ripieno di fresca cassata.
La facciata gotico-catalana è quella di un palazzo appartenuto ad una famiglia spagnola ed una splendida terrazza s'incastona a meraviglia fra gli antichi edifici del centro. La cucina propone il meglio dei sapori isolani, intrigando però i suoi ospiti con un pizzico di modernità.

Vicolo Stretto
vicolo Stretto 6 – ✆ 09 42 62 55 54 – www.vicolostrettotaormina.it – Aperto 1° aprile-31 ottobre BZ**c**
Rist – *(solo a cena in agosto)* Menu 35 € – Carta 44/70 €
Nel pieno centro di Taormina, ristorante dall'ambiente raccolto e signorile, dove gustare una cucina isolana intrigante e ben fatta. Dalla suggestiva terrazza, la vista abbraccia mare e Giardini Naxos.

Al Duomo
vico Ebrei 11 – ✆ 09 42 62 56 56 – www.ristorantealduomo.it – Chiuso gennaio, lunedì da novembre a marzo AZ**q**
Rist – Carta 38/62 €
In un angolo di piazza Duomo, da un vicolo stretto si accede ad un locale dal caratteristico e panoramico dehors. La cucina propone unicamente piatti di mare con prodotti davvero buoni.

Osteria Nero D'Avola
vico Spuches 8 – ✆ 09 42 62 88 74 – www.osterianerodavola.it – Chiuso gennaio-febbraio e lunedì AZb
Rist – (consigliata la prenotazione) Carta 38/75 €
Sulla tavola di questo ristorantino con la cucina a vista, i sapori e i colori dell'isola: in estate, si mangia su una graziosa piazzetta.

a Mazzarò **Est 5,5 km o 5 mn di cabinovia CZ – ✉ 98030**

Grand Hotel Mazzarò Sea Palace
via Nazionale 147 – ✆ 09 42 61 21 11 – www.mazzaroseapalace.it – Aperto 27 marzo-14 novembre CZb
88 cam – †220/430 € ††310/550 € – 9 suites **Rist** – Carta 51/111 €
L'esplosione del sole e dei colori siciliani si riflette nelle camere superbamente arredate, ricche di tessuti e decorazioni; marmi e lucernai nelle zone comuni. Le terrazze si "sprecano": la più bella è un solarium con piscina sulla splendida baia. Sala ristorante e spazi all'aperto dove cenare a lume di candela.

Grand Hotel Atlantis Bay
via Nazionale 161 – ✆ 09 42 61 80 11 – www.atlantisbay.it – Aperto 26 marzo-14 novembre CZ
75 cam – †220/450 € ††310/565 € – 8 suites
Rist – (prenotazione obbligatoria) Carta 51/113 €
Una realtà raffinata ed elegante con interni sontuosi, camere ampie e provviste di ogni confort (tutte vista mare). Per chi vuole vizirasi fino in fondo: suite presidenziale con piccola piscina privata e lusso al quadrato. Meravigliosa sala ristorante curata in ogni dettaglio.

Villa Sant'Andrea N
cam, rist,
via Nazionale 137 – ✆ 0 94 26 27 12 00 – www.hotelvillasantandrea.com – Aperto 1° aprile-31 ottobre CZd
53 cam – †319/407 € ††374/671 € – 7 suites **Rist** – Carta 63/113 €
Realizzata nel primo Ottocento, il grazioso giardino panoramico resta l'unica traccia della commissione di un gentiluomo inglese. Graziose le camere, tutte con vista sul mare.

Da Giovanni
via Nazionale – ✆ 0 94 22 35 31 – Chiuso 7 gennaio-8 febbraio e lunedì
Rist – Carta 28/31 € CZe
Qualche difficoltà nel trovare il posteggio, ma una breve passeggiata non potrà che farvi meglio apprezzare la semplice cucina di mare della tradizione. Veranda panoramica sul mare e sull'Isola Bella.

a Lido di Spisone **Nord-Est: 1,5 km – ✉ 98030 Mazzarò**

Lido Caparena
cam,
via Nazionale 189 – ✆ 09 42 65 20 33 – www.gaishotels.com – Aperto 1° aprile-30 ottobre
88 cam – †160/248 € ††178/300 € **Rist** – Carta 21/70 €
Bellezza e confort, palme e acqua limpida, tranquillità e relax e una beauty farm davvero interessante con bagno turco e un'ampia gamma di trattamenti e massaggi. Spiaggia e bar. D'estate la sala da pranzo si apre all'esterno, completamente immersa nel verde; a pranzo carta leggera.

La Capinera (Pietro D'Agostino)
via Nazionale 177 ✉ 98039 Taormina – ✆ 09 42 62 62 47 – www.ristorantelacapinera.com – Chiuso 15 febbraio-6 marzo, lunedì escluso agosto e da gennaio a marzo anche la domenica
Rist – *(solo a cena dal 15 giugno al 15 settembre)* (consigliata la prenotazione) Menu 75 € – Carta 50/76 €
➜ Tagliolini neri con ragù di ricciola, bieta selvatica e pesto di basilico. Filetto di tonno rosso con cipolla di Giarratana in agrodolce. Cannoli di ricotta con sorbetto alle arance rosse.
Locale accogliente dalla giovane ed appassionata gestione, che propone una cucina innovativa su base regionale ed un servizio estivo in terrazza.

a Castelmola Nord-Ovest : 5 km AZ – alt. 529 m – ✉ 98030

Villa Sonia cam, rist,

via Porta Mola 9 – ✆ 0 94 22 80 82 – www.hotelvillasonia.com – Aperto 21 dicembre-5 gennaio e 1° marzo- 9 novembre

44 cam – 110/140 € 140/205 € – 2 suites

Rist ***Parco Reale*** – *(aperto 1° aprile-31 ottobre)* Carta 36/61 €

Caratteristico e tranquillo il borgo che accoglie questa antica villa arredata con una raccolta di preziosi oggetti d'antiquariato e d'artigianato siciliano. Suggestiva vista da molte camere. Sobriamente elegante la sala da pranzo arredata qua e là con numerose rare suppellettili. D'estate si pranza a bordo piscina.

TARANTO (TA) – 564 F33 – 191 810 ab. Puglia 27 C2

Roma 532 – Brindisi 70 – Bari 94 – Napoli 344

corso Umberto 113, ✆ 099 4 53 23 92, www.viaggiareinpuglia.it.

Riva dei Tessali località Riva dei Tessali, 099 8431844, www.rivadeitessali.it

MARTA Museo archeologico nazionale★★★ – Lungomare Vittorio Emanuele★★ – Città vecchia★ – Giardini Comunali★ – Cappella di San Cataldo★ nel Duomo

Pianta pagina seguente

Akropolis

vico I Seminario 3 ✉ 74123 – ✆ 09 94 70 41 10 – www.hotelakropolis.it

13 cam – 110/130 € 150/180 € **a**

Rist – *(chiuso lunedì) (solo a cena)* Carta 24/57 €

Il palazzo racconta la storia di Taranto, dalle fondamenta greche agli interventi succedutisi fino all'800. Pavimenti in maiolica del '700, splendida terrazza sui due mari. Elementi d'antiquariato anche nella sala-ristorante e wine bar per una ristorazione veloce.

Europa cam,

via Roma 2 ✉ 74123 – ✆ 09 94 52 59 94 – www.hoteleuropaonline.it

42 cam – 73/110 € 116/141 € – 1 suite **e**

Rist ***Lo Zenzero*** – ✆ 33 31 82 38 09 *(chiuso domenica) (solo a cena)* Carta 29/50 €

Sul Mar Piccolo con vista su ponte girevole e castello aragonese, funzionale hotel, ex residence, che offre moderne camere molto ampie, spesso sviluppate in due ambienti.

Al Faro

via della Pineta 3/5, Nord : 1,5 km ✉ 74123 – ✆ 09 94 71 44 44 – www.alfarotaranto.it

18 cam – 90/120 € 120/140 € – 2 suites

Rist – *(chiuso domenica sera)* Carta 24/92 €

Atipica masseria settecentesca, costruita in riva al mare per l'allevamento dei molluschi. L'attività volge oggi all'ospitalità alberghiera, di ottimo livello in ogni aspetto. Sala ristorante ricavata sotto suggestive volte a crociera.

Al Gatto Rosso N

via Cavour 2 ✉ 74123 – ✆ 09 94 52 98 75 – www.ristorantegattorosso.com – chiuso 1°-15 settembre e lunedì **c**

Rist – Carta 27/65 €

Ambiente semplice e curato, nonché proposte unicamente a base di pesce, in un piccolo ristorantino dalla lunga gestione familiare: siamo oramai alla terza!

a San Pietro sul Mar Piccolo Nord-Est: 13 km – ✉ 74100

Relais Histò rist,

via Sant'Andrea, Circummarpiccolo – ✆ 09 94 72 11 88 – www.relaishisto.it

44 cam – 89/599 € 99/799 € – 4 suites

Rist ***La Lanternaia*** – Carta 33/85 €

Sintesi perfetta di natura, storia, arte e tecnologia, Relais Histò è il risultato del restauro conservativo di una masseria medievale. Immerso in un grande uliveto e circondato da possenti mura, erette un tempo a difesa della dimora, l'hotel assicura ai propri ospiti tranquillità e privacy; camere moderne e rituali olistici presso la spa.

TARANTO

Aquino (V. d')
Arcivescovado (Pza) 2
Battisti (V. Cesare). 3
Cugini (V.) 4
De Cesare (V. G.). 5
Duca d'Aosta (Viale) 6
Ebalia (Pza) 8
Falanto (V.) 9
Mari (Cso due) 10
Massari (V. G.). 12
Mignogna (V. Nicola) 13
Palma (V. di)
Ponte (Vico del). 14
Porto Mercantile (V.) 16
Pupino (V.). 17
Roma (V.). 18
Vasto (V. del) 19

TARCENTO – Udine (UD) – 562 D21 – 9 148 ab. – alt. 230 m 11 C2
– ✉ 33017

Roma 657 – Udine 19 – Milano 396 – Tarvisio 76

Costantini con cam

via Pontebbana 12, località Collalto, Sud-Ovest: 4 km – ✆ 04 32 79 20 04 – www.albergocostantini.com – Chiuso 1 settimana in gennaio e 1 settimana in novembre

22 cam – 53/65 € 75/100 € – 2 suites

Rist – *(domenica sera e lunedì)* Menu 42/55 € – Carta 32/61 €

Già tappa di sosta per chi dalla Germania si recava in Terrasanta, il ristorante propone una cucina che valorizza il prodotto locale con accostamenti leggermente *fusion* ed un'interessante selezione enologica con molte proposte anche al bicchiere. Accoglienti anche le camere di tono classico elegante.

Osteria di Villafredda

via Liruti 7, località Loneriacco, Sud: 2 km – ✆ 04 32 79 21 53 – www.villafredda.com – Chiuso gennaio, agosto, domenica sera e lunedì

Rist – Menu 30 € – Carta 22/41 €

Ricavata da un'antica casa colonica, l'osteria può vantare oltre mezzo secolo di attività e di evoluzione ininterrotta, con una cucina non vittima della "globalizzazione", ma - al contrario - grata ai prodotti del territorio e paladina della tradizione regionale. Volete un esempio? Cjalsons di Villafredda (ravioli rustici del Borgo di Villafredda al burro fuso e ricotta affumicata).

TARQUINIA – Viterbo (VT) – 563 P17 – 16 724 ab. – alt. 133 m 12 A2
– ✉ 01016 Italia Centro-Sud

Roma 96 – Viterbo 45 – Civitavecchia 20 – Grosseto 92

barriera San Giusto, ✆ 0766 84 92 82, www.tarquiniaturismo.it

via Olimpia snc, 0766 812109 , www.tarquiniacountryclub.com – chiuso martedì mattina

Necropoli di Monterozzi★★: pitture★★★ nelle camere funerarie – Palazzo Vitelleschi★ - Cavalli alati★★★ nel museo Nazionale Tarquiniese★ – Quartiere medievale★ -Chiesa di Santa Maria in Castello★

a Lido di Tarquinia Sud-Ovest : 6 km – ✉ 01010

La Torraccia senza rist

viale Mediterraneo 45 – ✆ 07 66 86 43 75 – www.torraccia.it – Chiuso 22 dicembre-17 gennaio

18 cam – 70/100 € 75/110 €

In una tranquilla pineta dove assaporare momenti di piacevole relax, l'albergo - recentemente rinnovato con gusto - dispone di camere piccole ma personalizzate. Ottima posizione, vicino al mare.

Gradinoro

lungomare dei Tirreni 17 – ✆ 07 66 86 40 45 – www.gradinoro.com – Chiuso 15 dicembre-15 gennaio

Rist – *(solo a pranzo in gennaio e febbraio)* Menu 40 € – Carta 26/74 €

Ai fornelli c'è sempre la tenace signora Urbani, garante di una cucina della tradizione che propone succulenti preparazioni di pesce fresco. Design moderno-contemporaneo per la sala.

TARTANO – Sondrio (SO) – 561 D11 – 194 ab. – alt. 1 210 m 16 B1
– ✉ 23010

Roma 695 – Sondrio 34 – Chiavenna 61 – Lecco 77

La Gran Baita

rist,

via Castino 7 – ✆ 03 42 64 50 43 – www.albergogranbaita.com – Chiuso febbraio-marzo

34 cam – solo ½ P 55/60 € **Rist** – Menu 15/35 €

In Val Tartano, nel Parco delle Orobie, un'oasi di assoluta pace e relax ove potersi godere anche vari servizi naturali per la salute; conduzione familiare e confort. Al ristorante ambiente rustico avvolto dal legno, con vetrate sulla natura.

TARVISIO – Udine (UD) – 562 C22 – 4 683 ab. – alt. 732 m – Sport invernali : 750/2 300 m 7 17, – ✉ 33018 — 11 C1

Roma 730 – Udine 95 – Cortina d'Ampezzo 170 – Gorizia 133

via Roma 14, ✆ 0428 21 35, www.turismofvg.it

via Priesnig 5, 0428 2047, www.golftarvisio.com – aprile-ottobre

Ex Posta con cam e senza

via Friuli 55, località Coccau, Est: 6 km – ✆ 04 28 64 40 55 – www.exposta.it – Chiuso maggio e novembre

5 cam – 55 € 80 € **Rist** – *(chiuso lunedì)* Carta 26/46 €

Non lontano dal confine - tra rigogliose pinete - una settecentesca stazione di posta si è trasformata in piacevole ristorante dagli ambienti semplici e curati. Cucina regionale.

TATTI – Grosseto (GR) – 563 M15 – Vedere Massa Marittima

TAVAGNACCO – Udine (UD) – 12 142 ab. – alt. 137 m – ✉ 33010 — 11 C2

Roma 645 – Udine 9 – Tarvisio 84 – Trieste 78

Al Grop con cam

via Matteotti 1 – ✆ 04 32 66 02 40 – www.algrop.com

6 suites – 70/90 € 120/140 €

Rist – *(chiuso 15 giorni in agosto, giovedì a mezzogiorno e mercoledì)* Carta 36/57 €

Lunga tradizione per un ristorante rustico con un imponente e scoppiettante camino centrale: i piatti seguono le stagioni, carni alla griglia e l'asparago bianco locale quando è il momento. Confortevoli appartamenti con angolo cottura e graziosa corte.

TAVARNELLE VAL DI PESA – Firenze (FI) – 563 L15 – 7 755 ab. – alt. 378 m – ✉ 50028 — 32 C2

Roma 268 – Firenze 29 – Siena 41 – Livorno 92

via Roma 190, ✆ 055 8 07 78 32, www.tavarnellechiantidavivere.it

Castello del Nero

strada Spicciano 7 – ✆ 0 55 80 64 70 – www.castellodelnero.com – Chiuso 13 gennaio-25 marzo

32 cam – 440/2065 € 440/2065 € – 18 suites **Rist** – Carta 51/90 €

In posizione dominante sulle colline, una residenza di campagna di origini duecentesche, dove gli elementi storici si fondono con arredi moderni e accessori d'avanguardia. Centro benessere con trattamenti *up-to-date*. Sapori tipici toscani interpretati con estro creativo in cucina.

Antica Pieve

strada della Pieve 1 – ✆ 05 58 07 63 14 – www.anticapieve.net – Chiuso 15-30 gennaio

7 cam – 75/100 € 80/120 €

Rist – *(chiuso mercoledì) (solo a cena)* Carta 17/34 €

Una piacevole casa colonica - sapientemente ristrutturata - a metà strada fra Firenze e Siena, sulla famosa via Cassia: poche camere, ma ben arredate e curate nei particolari. Ottimi spazi all'esterno con piscina e giardino.

Osteria La Gramola

via delle Fonti 1 – ✆ 05 58 05 03 21 – www.gramola.it – Chiuso martedì

Rist – Carta 26/49 €

È un incontro tra l'architettura paesana e lo scorrere di una dimensione rurale fatta di antiche abitudini, lenti rituali e solide certezze. Vino, olio, carni provenienti da allevamenti della zona: Cecilia, la cuoca, sa valorizzare con grande talento i prodotti, le ricette e la cultura gastronomica della sua terra.

a San Donato in Poggio Sud-Est : 7 km – ✉ 50020

XX **La Locanda di Pietracupa** con cam

via Madonna di Pietracupa 31 – ☎ 05 58 07 24 00 – www.locandapietracupa.com

4 cam ☕ – †65/70 € ††70/80 €

Rist – *(chiuso gennaio e martedì)* (consigliata la prenotazione) Carta 38/52 €

Immerso tra le dolci colline del Chianti, d'estate è senz'altro piacevole prendere posto ai tavoli in giardino; in cucina c'è passione e fantasia perchè ogni stagione sia rappresentata dal menu più consono. Colori tenui e rilassanti nelle camere e da tutte una vista spettacolare sul verde.

X **La Toppa**

via del Giglio 41 – ☎ 05 58 07 29 00 – www.anticatrattorialatoppa.com – Chiuso 18 gennaio-20 febbraio e lunedì; anche a mezzogiorno 7-20 agosto

Rist – Carta 20/41 € (+10 %)

Il vino è la bevanda prediletta di quanti desiderano gustare i sostanziosi piatti proposti in questo storico locale, che riscopre e tramanda le antiche ricette del passato, come ad esempio le gustose pappardelle all'anatra. Attenti solo a non prendere una toppa, ovvero una sbronza!

a Badia a Passignano Est : 7 km – ✉ 50028 Tavarnelle Val Di Pesa

XX **Osteria di Passignano**

via Passignano 33 – ☎ 05 58 07 12 78 – www.osteriadipassignano.com – Chiuso 7 gennaio-5 febbraio e domenica

Rist – (consigliata la prenotazione la sera) Menu 70/120 € – Carta 63/78 €

➜ Tortelli di pappa al pomodoro su pesto di basilico e scaglie di pecorino. Petto di piccione al forno, cosce croccanti, cialde di melanzana e pomodoro San Marzano appassito. Tortino di cioccolato fondente con gelato all'olio extravergine e farro soffiato.

Incantevole ubicazione: di fianco all'abbazia, nelle cantine fine '800 dei marchesi Antinori; non è da meno la cucina, di stampo moderno con solide radici nella tradizione.

TAVIANO – Lecce (LE) – 564 H36 – 12 632 ab. – alt. 58 m – ✉ 73057 27 D3

▶ Roma 616 – Brindisi 91 – Bari 203 – Lecce 55

X **A Casa tu Martinu** con cam

via Corsica 97 – ☎ 08 33 91 36 52 – www.acasatumartinu.com – Chiuso domenica sera e lunedì

11 cam ☕ – †40/50 € ††80/90 €

Rist – *(solo a cena in agosto)* Carta 20/38 €

Ciciari e tria, ma non solo... Alla cucina tipica del Salento - semplice e gustosa, con molte verdure e tanta griglia - sommate la possibilità di desinare all'aperto, avvolti dal profumo di agrumi e nespole. Romantico e incantato.

TEGLIO – Sondrio (SO) – 561 D12 – 4 769 ab. – alt. 851 m – ✉ 23036 16 B1

▶ Roma 719 – Sondrio 20 – Edolo 37 – Milano 158

sulla strada statale 38 al km 38,750 Sud-Ovest : 8 km

XX **Fracia**

località Fracia ✉ 23036 Teglio – ☎ 03 42 48 26 71 – www.fracia.it – Chiuso 10-21 giugno e mercoledì

Rist – (coperti limitati, prenotare) Menu 28 € – Carta 29/48 €

Guanciale di vitello stufato con crema di patate ed ottime specialità valtellinesi, in un rustico cascinale in pietra con vista panoramica sulla valle circostante. Un'oasi di tradizione e gusto.

TELESE TERME – Benevento (BN) – 7 028 ab. – alt. 55 m – ✉ 82037 6 B1

Roma 208 – Napoli 68 – Benevento 32 – Salerno 103

Krèsios con cam — rist, cam,

via San Giovanni 59 – ✆ 08 24 94 07 23 – www.kresios.com

4 cam – †90 € ††150 €

Rist – *(chiuso domenica sera e lunedì)* Menu 25 € (pranzo in settimana)/100 € – Carta 39/80 €

Dopo una lunga ristrutturazione è rinato all'insegna dell'eleganza e di una moderna classicità questo bel locale che propone una sfiziosa cucina creativa accompagnata da un'interessante scelta enologica. Nella bella stagione il romantico dehors offre scorci del contesto rurale nel quale la risorsa si trova.

TELLARO – La Spezia (SP) – 561 J11 – Vedere Lerici

TEMPIO PAUSANIA Sardegna – Olbia-Tempio (OT) – 366 P38 – 14 290 ab. – alt. 566 m – ✉ 07029 Sardegna 28 B1

Cagliari 253 – Nuoro 135 – Olbia 45 – Palau 48

piazza Mercato 1, ✆ 079 6 39 00 80, www.comune.tempiopausania.ss.it

Pausania Inn — rist,

strada statale 133, Nord : 1 km – ✆ 0 79 63 40 37 – www.hotelpausaniainn.com – Chiuso 1°-30 dicembre e 15 gennaio-28 febbraio

60 cam – †56/100 € ††72/160 € **Rist** – *(solo a cena)* Carta 23/36 €

Con oltre dieci anni di attività, ma ben curato da apparire di recentissima costruzione, l'hotel dispone di ampi spazi comuni e gode di una meravigliosa vista sui monti di Aggius, il "Resegone Sardo". L'accogliente sala colazioni si affaccia, invece, sulla grande piscina e un giardino di piante mediterranee.

TENCAROLA – Padova (PD) – Vedere Selvazzano Dentro

TENNA – Trento (TN) – 562 D15 – 983 ab. – alt. 569 m – ✉ 38050 33 B3

Roma 607 – Trento 18 – Belluno 93 – Bolzano 79

via Alberè 35 , ✆ 0461 70 63 96, www.comune.tenna.tn.it

Margherita — cam,

località Pineta Alberè 2, Nord-Ovest : 2 km – ✆ 04 61 70 64 45 – www.hotelmargherita.it – Aperto 1° aprile-30 ottobre

40 cam – †60/80 € ††100/140 € – 4 suites **Rist** – Carta 23/43 €

Nella pineta di Alberè, l'albergo vanta un ampio parco con piscina, campi da tennis e da calcetto. I recenti lavori di rinnovo hanno delineato sue stili diversi di camere: classiche arredate in legno di rovere o più moderne dalle linee essenziali. Piatti italiani e specialità regionali al ristorante.

TEOLO – Padova (PD) – 562 F17 – 8 302 ab. – alt. 175 m – Stazione termale – ✉ 35037 39 B3

Roma 498 – Padova 21 – Abano Terme 14 – Ferrara 83

Villa Lussana — cam,

via Chiesa 1 – ✆ 04 99 92 55 30 – www.villalussana.com – Chiuso 7-30 gennaio

11 cam – †63 € ††94 €

Rist – *(chiuso martedì escluso giugno-settembre)* Carta 20/38 €

Panoramica posizione sui Colli Euganei per una piacevole struttura ricavata da una villa Liberty dei primi '900. Sebbene l'elegante sala da pranzo offra una bella vista sul paesaggio, non distraetevi dalle bontà servite in tavola!

a Castelnuovo Sud-Est : 3 km – ✉ 35038

Trattoria al Sasso

via Ronco 11 – ✆ 04 99 92 50 73 – Chiuso mercoledì

Rist – Carta 34/53 €

Una casa padronale immersa nei colli Euganei con sale di tono leggermente rustico e spunti di raffinatezza. La cucina soddisfa i palati con proposte legate al territorio.

TERAMO (TE) – **563** O23 – **54 957 ab. – alt. 432 m – ✉ 64100** **1** B1

Roma 182 – Ascoli Piceno 39 – Ancona 137 – L'Aquila 66

via Oberdan 16, ✆ 0861 24 42 22, www.abruzzoturismo.it

Duomo

via Vincenzo Irelli 27 – ✆ 08 61 24 17 74 – www.ristoranteduomo.com – Chiuso 2 settimane in gennaio, 2 settimane in agosto, domenica sera e lunedì

Rist – Carta 23/47 €

Se la recente ristrutturazione gli ha "regalato" una zona enoteca, una saletta privata ed un delizioso dehors in un cortile ottocentesco, la cucina è irremovibile dalla tradizione abruzzese e dai classici nazionali. Un locale, da sempre garanzia di buona tavola!

TERLANO (TERLAN) – **Bolzano (BZ)** – **562** C15 – **4 137 ab. – alt. 248 m – ✉ 39018** **34** D3

Roma 646 – Bolzano 9 – Merano 19 – Milano 307

piazza Weiser 2, ✆ 0471 25 71 65, www.provinz.bz.it

Weingarten

via Principale 42 – ✆ 04 71 25 71 74 – www.hotel-weingarten.com – Chiuso gennaio-20 marzo

20 cam – 🚹59/71 € 🚹🚹96/128 € – 2 suites **Rist** – Carta 28/54 €

Giardino ombreggiato con piscina riscaldata, a due passi dal centro di Terlano, tra vigneti e frutteti. L'albergo dispone di camere luminose e panoramiche. Servizio ristorante all'aperto, all'ombra degli alberi, o nelle tipiche stube.

a Settequerce (Siebeneich) **Sud-Est : 3 km – ✉ 39018**

Patauner

via Bolzano 6 – ✆ 04 71 91 85 02 – Chiuso 2 settimane in febbraio, 3 settimane in luglio, domenica in agosto-settembre, giovedì negli altri mesi

Rist – Carta 20/48 €

Dal bar pubblico si accede alla sala, senza pretese e tuttavia con una piacevole atmosfera del luogo; tirolesi anche alcuni piatti. Marito in cucina, moglie ai tavoli.

a Vilpiano (Vilpian) **Nord-Ovest : 4 km – ✉ 39018**

Sparerhof

via Nalles 2 – ✆ 04 71 67 86 71 – www.hotelsparerhof.it – Aperto 1° aprile-30 novembre

15 cam – 🚹55/61 € 🚹🚹90/110 € **Rist** – *(solo a cena)* Carta 39/61 €

Simpatici e ospitali, i proprietari comunicano brio all'ambiente, gradevole e singolare; oggetti di design e opere d'arte sparsi un po' ovunque, anche nelle piccole camere. Nella semplice ed accogliente sala da pranzo oppure nel fresco giardino, piatti appetitosi e creativi.

TERME – **Vedere di seguito o al nome proprio della località termale**

TERME LUIGIANE – **Cosenza (CS)** – **564** I29 – **alt. 178 m – ✉ 87020** **5** A2

Acquappesa

Roma 475 – Cosenza 49 – Castrovillari 107 – Catanzaro 110

Grand Hotel delle Terme

via Fausto Gullo 6 – ✆ 0 98 29 40 52 – www.grandhoteltermeluigiane.it – Aperto 1° maggio-31 ottobre

131 cam – 🚹70/90 € 🚹🚹110/130 €, 10 € **Rist** – Carta 17/40 €

Collegato alle Thermae Novae mediante un passaggio interno, ecco un hotel ideale per i soggiorni terapeutici, dotato di servizi appropriati tra cui un attrezzato parco termale con varie piscine e spazi dedicati al fitness.

TERMENO SULLA STRADA DEL VINO (TRAMIN AN DER WEINSTRASSE) – **Bolzano (BZ)** – **562** C15 – **3 301 ab. – alt. 276 m – ✉ 39040** **34** D3

Roma 630 – Bolzano 24 – Milano 288 – Trento 48

via Mindelheim 10/A, ✆ 0471 86 01 31, www.tramin.com.

Mühle-Mayer

via Molini 66, Nord : 1 km – ☎ 04 71 86 02 19 – www.muehle-mayer.it – Aperto 1° aprile-10 novembre

9 cam – solo ½ P 73/80 € – 3 suites

Rist – *(solo a cena) (solo per alloggiati)* Carta 46/55 €

Tra i verdi e riposanti vigneti in una zona isolata e tranquilla, un gradevole giardino-solarium e una casa situata su un antico mulino offre stanze eleganti e personalizzate.

Tirolerhof

via Parco 1 – ☎ 04 71 86 01 63 – www.tirolerhof.com – Aperto Pasqua-15 novembre

30 cam – †56/86 € ††92/136 € **Rist** – *(solo per alloggiati)*

Conduzione familiare ben rodata per quest'albergo che si sviluppa su due costruzioni; deliziosi il giardino e la veranda nonché gli spazi interni.

TERME VIGLIATORE Sicilia – Messina (ME) – 365 AZ55 – 7 203 ab. 30 D1

– **Stazione termale** – ✉ **98050** Sicilia

Catania 123 – Enna 174 – Messina 50 – Palermo 184

Villa Romana★

Il Gabbiano

via Marchesana 4, località Lido Marchesana – ☎ 09 09 78 23 43 – www.gabbianohotel.com – Aperto 1° aprile-31 ottobre

40 cam – †50/100 € ††80/140 € – 3 suites **Rist** – Carta 18/46 €

Nel suggestivo golfo di Tindari, a poca distanza da numerose attrattive turistiche, una struttura moderna e panoramica che sfrutta appieno la posizione sulla spiaggia. Le sale del ristorante danno sulla terrazza a mare con piscina.

TERMINI – Napoli (NA) – 564 F25 – Vedere Massa Lubrense

TERMOLI – Campobasso (CB) – 564 A26 – 32 873 ab. – ✉ 86039 2 D2

Italia Centro-Sud

Roma 300 – Pescara 98 – Campobasso 69 – Foggia 88

piazza Melchiorre Bega 42, ☎ 0875 70 39 13, www.termoli.net

Cattedrale★

Santa Lucia senza rist

largo Piè di Castello – ☎ 08 75 70 51 01 – www.santaluciahotel.it

26 cam – †100/110 € ††120/150 € – 1 suite

Di recente apertura, hotel dagli ambienti raffinati in cui prevalgono i colori caldi. Camere di buon livello sia per confort che per cura e stile negli arredi.

Mistral

lungomare Cristoforo Colombo 50 – ☎ 08 75 70 52 46 – www.hotelmistral.net

66 cam – †55/125 € ††90/160 € – 2 suites **Rist** – Carta 25/58 €

Una struttura bianca che svetta sul lungomare prospiciente la spiaggia; di tono piuttosto moderno, a prevalente vocazione estiva, offre camere funzionali. Capiente sala da pranzo movimentata da colonne e una vista sul blu dalle vetrate.

Meridiano

lungomare Cristoforo Colombo 52/a – ☎ 08 75 70 59 46 – www.hotelmeridiano.com

81 cam – †50/124 € ††76/130 € **Rist** – Carta 24/57 €

Affacciato sulla passeggiata mare, un albergo ideale sia per clienti di lavoro che per turisti: discreti spazi esterni, con parcheggio, e confortevole settore notte. Ristorante con vista sul Mediterraneo e sulle mura del centro storico.

Residenza Sveva senza rist

piazza Duomo 11 – ☎ 08 75 70 68 03 – www.residenzasveva.com

21 cam – †69/149 € ††89/149 €

Nel borgo antico, varie camere distribuite tra i vicoli, tutte affascinanti per raffinatezza e personalizzazioni. Un'opportunità di soggiorno inusuale e molto gradevole.

Locanda Alfieri senza rist
via Duomo 39 – 08 75 70 81 12 – www.locandalfieri.com
13 cam – 54/75 € 80/115 €
Nel pittoresco centro del Borgo Vecchio, un'antica dimora con camere coloratissime, letti in ferro battuto, mobili in arte povera e dettagli di personalizzazione. Sotto l'intonaco fanno capolino le antiche mura.

Svevia – Hotel Residenza Sveva
via Giudicato Vecchio 24 – 08 75 55 02 84 – www.svevia.it – chiuso lunedì
Rist – Carta 29/59 €
Nelle cantine di un palazzo d'epoca, la storia si fonde abilmente con atmosfere moderne, mentre la cucina si ancora alla tradizione marittima molisana con solo pochi piatti di carne.

Nonna Maria con cam
via Oberdan 14 – 0 87 58 15 85 – www.nonnamaria.it – Chiuso lunedì escluso luglio e agosto
5 cam – 30/45 € 50/80 € **Rist** – Carta 35/65 €
Raccolta e curata trattoria del centro a conduzione familiare. In menù un'appetitosa lista di piatti tradizionali e di preparazioni a base di pesce fresco. Graziose camere arredate con letti in ferro battuto e colori pastello.

Da Noi Tre
via Cleofino Ruffini 47 – 08 75 70 36 39 – Chiuso 15-22 ottobre e lunedì
Rist – (consigliata la prenotazione) Carta 20/42 €
Tradizionale cucina di mare, con specialità termolesi, nella nuova sede di un già noto indirizzo in città: ora sulla graziosa e piccola piazza del mercato.

sulla strada statale 16-Litoranea Termoli Nord

Villa Delle Rose
Ovest : 5 km 86039 – 0 87 55 25 65 – www.ristorante-villadellerose.it – Chiuso 7-31 gennaio e lunedì
Rist – Carta 32/54 €
Bel ristorante moderno e luminoso, ricavato da una nuova costruzione lungo la statale. Viene proposta una cucina di mare, ma non solo, tradizionale o più "adriatica".

TERNI P (TR) – **563** O19 – **113 324 ab. – alt. 130 m – 05100** **36** C3

Italia Centro-Nord
Roma 103 – Napoli 316 – Perugia 82
via Cassian Bon 4, 0744 42 30 47, www.marmore.it
Cascata delle Marmore★★ per ③ : 7 km

Pianta pagina seguente

Michelangelo Palace
viale della Stazione 63 – 07 44 20 27 11 – www.michelangelohotelumbria.it BYa
78 cam – 75/120 € 100/150 € – 4 suites
Rist – *(solo a cena)* Carta 23/36 €
Dotato di ogni confort, avvolto da un'atmosfera moderna, ma elegante, un hotel recente, di fronte alla stazione; ideale per clienti d'affari e per turisti di passaggio. Ubicato all'ultimo piano, piacevole ristorante panoramico grazie alle vetrate continue.

uscita raccordo Terni Ovest

Garden Hotel
viale Donato Bramante 4/6, per via Cesare Battisti – 07 44 30 00 41 – www.gardenhotelterni.it AY
93 cam – 50/103 € 72/138 € – 1 suite
Rist *Il Melograno* – vedere selezione ristoranti
Gradevole costruzione creata da basse terrazze digradanti, piuttosto mimetizzate nella vegetazione e affacciate sulla zona piscina; confortevole e con ambiente signorile.

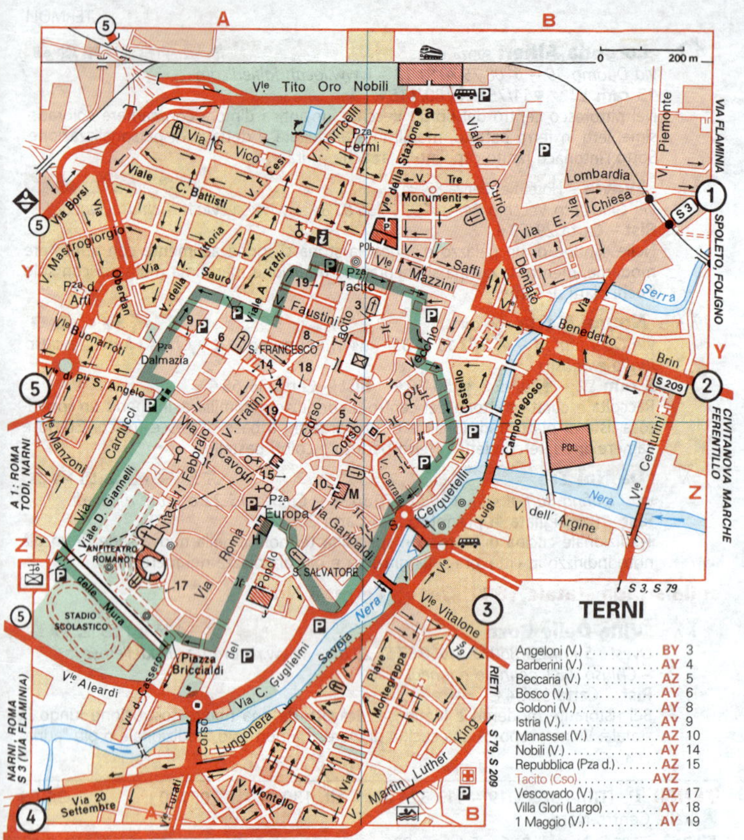

Classic Hotel Tulipano
via Dalla Chiesa 24, per ⑤: 2 km – ✆ 07 44 30 60 24 – www.classichotelterni.com
69 cam – 39/75 € 69/139 €
Rist – *(chiuso domenica) (solo a cena)* Carta 22/43 €
In comoda posizione vicino alle principali autostrade e tangenziali, un albergo dotato di tutti i confort, consoni all'offerta della catena a cui appartiene.

Il Melograno – Garden Hotel
viale Donato Bramante 2, per via Cesare Battisti – ✆ 07 44 30 03 75
– *www.ristoranteilmelogranoterni.it* AY
Rist – *(chiuso domenica sera)* Carta 21/45 €
Poco lontano dallo svincolo Terni ovest, ma circondato dalla natura, ristorante moderno con proposte di cucina umbra ed internazionale. D'estate il servizio si sposta (anche) all'aperto, a bordo piscina.

TERRACINA – Latina (LT) – 563 S21 – 44 480 ab. – ✉ 04019 13 C3

Italia Centro-Sud
Roma 109 – Frosinone 58 – Gaeta 35 – Latina 39
per Ponza – Anxur Tours, viale della Vittoria 40 ✆ 0773 723978, Fax 0773 723979
via Leopardi, ✆ 0773 72 77 59, www.comune.terracina.lt.it
Duomo: candelabro pasquale★
★★ dal Tempio di Giove Anxur: 3 km a est del centro storico

Poseidon senza rist

via Piemonte, snc – ✆ 07 73 73 36 60 – www.hotelposeidon-terracina.com – Aperto 1° aprile-31 ottobre

46 cam – †70/140 € ††80/140 €

Un piacevole hotel ben curato e dall'originale architettura a forma di nave da crociera, frequentato soprattutto da una clientela straniera: ideale per un soggiorno balneare.

Il Grappolo d'Uva

lungomare Matteotti 1 – ✆ 07 73 70 25 21 – www.grappoloduva.it – Chiuso novembre e mercoledì

Rist – Carta 31/88 €

Situato proprio sul mare, ma altrettanto vicino al centro, il locale dispone di una sala dalle ampie vetrate cui si accede da una scalinata; dalla cucina specialità di pesce.

Bottega Sarra 1932

via San Francesco 52-54 – ✆ 07 73 70 20 45 – www.bottegasarra.it – Chiuso i mezzogiorno di lunedì e martedì in luglio-agosto, tutto il giorno negli altri mesi

Rist – (consigliata la prenotazione) Carta 27/74 €

Lungo una salita che porta al centro storico, tre piccole sale in stile moderno ed elegante, dove gustare i veri sapori della cucina mediterranea e i prodotti tipici del territorio.

TERRANOVA DI POLLINO – Potenza (PZ) – 564 H30 – 1 362 ab. – alt. 926 m – ✉ 85030 — 4 C3

Roma 467 – Cosenza 157 – Matera 136 – Potenza 152

Picchio Nero

via Mulino 1 – ✆ 0 97 39 31 70 – www.picchionero.com – Chiuso novembre o dicembre

25 cam – †65 € ††78 € **Rist** – Carta 22/40 €

Nelle fredde sere d'inverno sarà piacevole ritrovarsi davanti al camino, ma anche d'estate momenti di amabile convivialità saranno offerti dagli spazi verdi di questa struttura felicemente ubicata nel Parco del Pollino. Deliziose proposte gastronomiche legate al territorio e alla cucina lucana.

Luna Rossa

via Marconi 18 – ✆ 0 97 39 32 54 – www.federicovalicenti.it – Chiuso mercoledì

Rist – (consigliata la prenotazione) Carta 23/44 €

In centro paese, locale rustico e conviviale con panoramica terrazza affacciata sulla valle. La ricerca dei piatti della tradizione parte dal mondo contadino per concretizzarsi nella continua passione e nel rinnovato talento dello chef. Specialità: filetto di maiale con miele, menta e vino Aglianico.

TERRANUOVA BRACCIOLINI – Arezzo (AR) – 563 L16 – 12 340 ab. – alt. 156 m – ✉ 52028 — 32 C2

Roma 227 – Firenze 47 – Siena 51 – Arezzo 37

a Penna Alta Nord-Est : 3 km – ✉ 52028 Terranuova Bracciolini

Il Canto del Maggio

località Penna Alta 30/d – ✆ 05 59 70 51 47 – www.cantodelmaggio.com – Chiuso domenica sera e lunedì

Rist – Carta 30/43 €

In un piccolo borgo dalla storia quasi millenaria, è proverbiale l'infaticabile ricerca del titolare per i prodotti del territorio. Una gemma, il servizio estivo in giardino.

a Montemarciano Nord : 5 km – ✉ 52028

La Cantinella

– ✆ 05 59 17 27 05 – Chiuso 1°-15 gennaio e lunedì

Rist – *(solo a cena escluso giorni festivi)* (consigliata la prenotazione) Carta 27/42 €

Ristorantino di campagna dagli interni piacevolmente personalizzati, ma anche con un godevole servizio estivo in terrazza. La cucina rivisita la tradizione toscana.

TERRASINI Sicilia – Palermo (PA) – **365** AN55 – 11 696 ab. – alt. 33 m **29** B2
– ✉ 90049 Sicilia

Palermo 29 – Trapani 71

Museo Regionale di Storia Naturale★: carretti siciliani★

Carini, 16 km a est: decorazione a stucchi★★ nell'Oratorio del SS. Sacramento

XX **Il Bavaglino**

via Benedetto Saputo 20 – ✆ 09 18 68 22 85 – www.giuseppecosta.com – Chiuso 2 settimane in gennaio e martedì escluso agosto

Rist – (coperti limitati, prenotare) Carta 39/59 €

Nei pressi del porticciolo, un piccolo locale di soli cinque tavoli, dove gustare una squisita cucina di mare reinterpretata con fantasia e preparata con ottimi prodotti locali.

TESERO – Trento (TN) – **562** D16 – 2 871 ab. – alt. 1 000 m **34** D3
– Sport invernali : all'Alpe di Pampeago : 1 757/2 415 m 7 (Comprensorio Dolomiti superski Val di Fiemme-Obereggen) – ✉ 38038

Roma 644 – Bolzano 50 – Trento 54 – Belluno 91

via Roma 37, ✆ 0462 81 00 97, www.visitfiemme.it

Rio Stava Family Resort & Spa

via Mulini 20 – ✆ 04 62 81 44 46 – www.hotelriostava.com – Chiuso novembre

25 suites – †200/228 € ††200/228 € – 23 cam **Rist** – Menu 28/45 €

Una gradevole casa di montagna, in posizione isolata, poco fuori dal centro e cinta da un giardino; dispone di un'accogliente hall in legno e di camere ben rifinite. Il ristorante offre un caldo ambiente in legno, elegante, o la stube.

TESIDO = TAISTEN – Bolzano (BZ) – **562** B18 – Vedere Monguelfo

TESIMO (TISENS) – Bolzano (BZ) – **562** C15 – 1 853 ab. – alt. 635 m **33** B2
– ✉ 39010

Roma 648 – Bolzano 20 – Merano 20 – Trento 77

Bäcknhaus 54, ✆ 0473 92 08 22, www.tisensprissian.com

XX **Zum Löwen** (Anna Matscher)

via Principale 72 – ✆ 04 73 92 09 27 – www.zumloewen.it – Chiuso lunedì e martedì

Rist – Menu 58/85 € – Carta 54/87 €

→ Carpaccio di capesante con fleur de sel alla vaniglia. Capriolo su purea di sedano con ciliegie corniole e fave di cacao. Gelato bianco al caffè con spuma di cioccolato fondente.

Splendida ristrutturazione di un antico maso: dal fienile alle vecchie stalle, tutto è stato recuperato ed esaltato da inserimenti più moderni. Come la cucina, tecnica e femminile al tempo stesso, ripropone i piatti della tradizione reinterpretati con squisita creatività.

TESSERA – Venezia (VE) – **562** F18 – alt. 3 m – ✉ 30030 **40** C2

Roma 527 – Venezia 12 – Mestre 8 – Padova 43

Marco Polo Est: 1 km ✆ 041 2609260

Courtyard by Marriott Venice Airport

via Triestina 170 – ✆ 04 15 41 65 67 – www.marriott.com/vcecy

100 cam – †100/450 € ††100/450 €, 15 €

Rist – *(chiuso agosto e domenica)* Carta 29/97 €

Poco distante dall'aeroporto, questa struttura ricavata da un antico casale è l'indirizzo ideale per una clientela business o di passaggio. Camere ampie, attrezzate di ogni confort; servizio veloce ed efficiente. Linee minimaliste nel luminoso ristorante, ma tutta la ricchezza della cucina italiana nel piatto.

TIERS = Tires

TIGLIOLE – Asti (AT) – 561 H6 – 1 714 ab. – alt. 239 m – ✉ 14016 25 C1

Roma 628 – Torino 60 – Alessandria 49 – Asti 14

Vittoria (Massimiliano Musso) con cam
via Roma 14 – ✆ 01 41 66 77 13 – www.ristorantevittoria.it – Chiuso 7 gennaio-12 febbraio e 16-26 agosto
11 cam – 90/125 € 130/150 €
Rist – *(chiuso domenica sera e lunedì) (solo a cena escluso sabato e domenica)* (consigliata la prenotazione) Menu 45/75 € – Carta 45/87 €
➜ Agnolotti verdi del plin con ripieno di ricotta e basilico al burro fuso. Cartoccio di quaglia con foie gras e salsa al miele. Mousse di cioccolato fondente sablè al cioccolato, parfait di frutti di bosco, polvere di lamponi e fiori.
Nel cuore di un villaggio da cartolina, da diverse generazioni la stessa famiglia accoglie i clienti con serietà e professionalità piemontesi. E la regione ritorna nei piatti. Bella terrazza ed ottimo confort generale nell'attiguo, raccolto hotel.

TIRANO – Sondrio (SO) – 561 D12 – 9 238 ab. – alt. 441 m – ✉ 23037 17 C1

Italia Centro-Nord

Roma 725 – Sondrio 26 – Passo del Bernina 35 – Bolzano 163

piazza Stazione, ✆ 0342 70 60 66, www.valtellinaturismo.com

Bernina rist, cam, rist,
via Roma 24 – ✆ 03 42 70 13 02 – www.saintjane.eu
37 cam – 35/100 € 50/160 €, 9 € **Rist** – Carta 24/49 €
Un totale restauro ha coinvolto sia l'hotel che il ristorante, che si è arricchito del servizio di pizzeria. A poca distanza dalla stazione della ferrovia per la Svizzera.

sulla strada statale 38 Nord-Est : 3 km

Valchiosa rist, cam,
via Valchiosa 17 ✉ 23030 Sernio – ✆ 03 42 70 12 92 – www.albergovalchiosa.it – Chiuso 7-27 gennaio
18 cam – 40/50 € 70/95 € **Rist** – *(chiuso lunedì)* Carta 18/45 €
Già osteria negli anni '30, rinnovato a fine anni '80, l'albergo, ricavato da una rustica casa del paese, presenta un buon livello di confort e scorci panoramici sulla valle. Il ristorante è da sempre un punto di riferimento per la zona; cucina valtellinese.

TIRES (TIERS) – Bolzano (BZ) – 562 C16 – 978 ab. – alt. 1 028 m – ✉ 39050 34 D3

Roma 658 – Bolzano 16 – Bressanone 40 – Milano 316

via San Giorgio 79, ✆ 0471 64 21 27, www.tires.to

a San Cipriano (St. Zyprian) Est : 3 km – ✉ 39050 Tires

Cyprianerhof
via San Cipriano 69 – ✆ 04 71 64 21 43 – www.cyprianerhof.com – Chiuso 21 novembre-25 dicembre e 31 marzo-22 aprile
49 cam – 106/139 € 114/161 € – 1 suite
Rist – *(chiuso giovedì escluso da maggio a novembre)* Carta 29/65 €
Proprio di fronte al Catinaccio, una piacevole casa dalla tipica atmosfera tirolese, ideale per chi ama i monti e l'escursionismo anche invernale con le ciaspole. Impensabile, ripartire senza una sosta rigenerante al centro benessere. Ristorante dalla tipica atmosfera tirolese.

Stefaner
via San Cipriano 88 d – ✆ 04 71 64 21 75 – www.stefaner.com – Chiuso 6 novembre-26 dicembre
16 cam – solo ½ P 61/78 € **Rist** – *(solo per alloggiati)*
Immerso nello splendido scenario alpino, l'autentico calore di una gestione familiare in una gradevole struttura dai pittoreschi balconi in stile altoatesino. Ampio parcheggio esterno.

TIRIOLO – Catanzaro (CZ) – 564 K31 – 3 975 ab. – alt. 690 m – ✉ 88056 5 B2

Roma 604 – Cosenza 91 – Catanzaro 16 – Reggio di Calabria 154

Due Mari

via Cavour 46 – ✆ 09 61 99 10 64 – www.duemari.com

16 cam – †60/80 € ††80/100 € – 4 suites

Rist *Due Mari* – vedere selezione ristoranti

Hotel-residence in bella posizione panoramica, da cui nelle giornate terse si vedono davvero i "due mari": moderni confort in ambiente familiare. A dieci metri circa dalla struttura principale, altre camere ricavate all'interno di un'antica casa del centro storico.

Due Mari – Hotel Due Mari

via Seggio 2 – ✆ 09 61 99 10 64 – www.duemari.com – Chiuso lunedì escluso da giugno a settembre

Rist – Menu 15/30 €

Piatti semplici di una cucina calabrese casalinga e dalle porzioni generose: il buon rapporto qualità/prezzo è un altro buon motivo per ritornarci.

TIRLI – Grosseto (GR) – 563 N14 – Vedere Castiglione della Pescaia

TIROLO (TIROL) – Bolzano (BZ) – 562 B15 – 2 465 ab. – alt. 594 m – ✉ 39019 Italia Centro-Nord 33 B1

Roma 669 – Bolzano 32 – Merano 4 – Milano 330

via Principale 31, ✆ 0473 92 33 14, www.dorf-tirol.it

Località★

Pianta : vedere Merano

Castel

vicolo dei Castagni 18 – ✆ 04 73 92 36 93 – www.hotel-castel.com – Aperto 15 marzo-15 novembre Au

44 cam – solo ½ P 308/470 € – 13 suites

Rist *Trenkerstube* ✿✿ – vedere selezione ristoranti

Rist – *(solo per alloggiati)*

Struttura lussuosa, arredamento elegante, moderno centro benessere: il concretizzarsi di un sogno, in un panorama incantevole. Comodità e tradizione ai massimi livelli.

Erika

via Principale 39 – ✆ 04 73 92 61 11 – www.erika.it – chiuso gennaio e febbraio

63 cam – †145/150 € ††200/250 € – 14 suites Au

Rist – *(solo per alloggiati)* ✿

Importanti investimenti sono stati fatti per rendere sempre più performante l'area benessere e la struttura in generale: ampi spazi, saune, giardini con piscine varie e uno splendido panorama che abbraccia i monti e Merano. Un wellness hotel con i fiocchi! Al ristorante, specialità locali e settimanali serate a tema.

Gartner

via Principale 65 – ✆ 04 73 92 34 14 – www.hotelgartner.it – Aperto 1° aprile-8 novembre ABz

39 cam – solo ½ P 93/152 € – 2 suites **Rist** – Carta 35/74 €

Dopo importanti lavori di ristrutturazione, l'hotel si presenta ora con un'architettura esterna moderna e con interni dagli arredi essenziali e alla moda. Proposte di cucina regionale servite negli eleganti ambienti del ristorante.

Patrizia

via Lutz 5 – ✆ 04 73 92 34 85 – www.hotel-patrizia.it – Aperto 16 marzo-14 novembre Ac

32 cam – solo ½ P 100/152 € – 6 suites **Rist** – *(solo per alloggiati)*

Camere di varie tipologie, confortevoli e curate, per concedersi un soggiorno rigenerante per spirito e corpo (nell'attrezzato centro benessere). Bel giardino con piscina, fra i monti.

Küglerhof rist, VISA AE

via Aslago 82 – ✆ 04 73 92 33 99 – www.kueglerhof.it – Aperto 20 marzo-14 novembre Ar

35 cam – 135/175 € 200/290 € – 17 suites

Rist – *(solo per alloggiati)* Carta 29/68 €

Avrete la sensazione di trovarvi in un'elegante casa, amorevolmente preparata per farvi trascorrere ore di quiete e svago, anche nel giardino con piscina riscaldata.

Golserhof cam, rist, VISA

via Aica 32 – ✆ 04 73 92 32 94 – www.golserhof.it – Aperto 1°-15 dicembre e 9 marzo-9 novembre Bw

30 cam – 93/240 € 144/280 € – 8 suites

Rist – *(aperto 9 marzo- 9 novembre) (solo a cena)* Carta 35/67 €

Vista meravigliosa, atmosfera informale ed una grande tradizione, nonché passione per l'ospitalità. Gli intraprendenti titolari organizzano per i più sportivi piacevoli escursioni in montagna. Per tutti: rilassante sosta al centro benessere. Cucina per buongustai al ristorante.

Trenkerstube – Hotel Castel VISA AE

vicolo dei Castagni 18 – ✆ 04 73 92 36 93 – www.hotel-castel.com – Aperto 15 marzo-15 ottobre; chiuso domenica e lunedì Au

Rist – *(solo a cena)* (coperti limitati, prenotare) Menu 98/158 € – Carta 80/141 €

➜ Salmerino di fonte alla mugnaia, insalata di spinaci, crema alle mandorle. Agnello nostrano arrostito alle erbette, pan di spagna all'aglio orsino. Ciliegie nostrane con tartufo al cioccolato e gelato di liquirizia.

Pochi tavoli e una scelta ridotta di piatti sono la ricetta che ha portato all'eccellenza le creazioni gastronomiche di Gerhard Wieser. Cullati da un impeccabile servizio, si cena avvolti nei legni di una romantica stube; prodotti tirolesi e riferimenti internazionali in proposte di sorprendente bontà e precisione.

Culinaria im Farmerkreuz VISA

via Aslago 105 – ✆ 04 73 92 35 08 – www.culinaria-im-farmerkreuz.it – Chiuso gennaio, febbraio, 10 giorni in luglio, domenica sera e lunedì

Rist – Carta 47/83 €

Niente mezze misure: la posizione è splendida e la vista sui monti impareggiabile! Il suo debutto fu negli anni '70 come trattoria, ma nel 2008 i figli dei titolari hanno messo mano ad un restyling che ha trasformato il vecchio locale in un ristorante moderno e alla moda. Formula bistrot a pranzo e, la sera, un menu innovativo dai sapori mediterranei.

TIRRENIA – Pisa (PI) – 563 L12 – ✉ 56128 — 31 B2

Roma 332 – Pisa 18 – Firenze 108 – Livorno 11

18 Cosmopolitan viale Pisorno 60, 050 33633, www.cosmopolitangolf.it

9 viale San Guido 1, 050 37518, www.golftirrenia.it – chiuso dal 10 al 22 febbraio e martedì

Grand Hotel Continental A/C rist, VISA AE

largo Belvedere 26 – ✆ 05 03 70 31 – www.grandhotelcontinental.it

175 cam – 90/150 € 110/198 € – 4 suites **Rist** – Carta 30/48 €

Direttamente sul mare, un grand hotel - non solo nel nome - propone confort di qualità e spazi comuni generosi, più contenuti nelle camere. Cucina mediterranea al ristorante.

Dante e Ivana A/C VISA AE

via del Tirreno 207/c – ✆ 05 03 25 49 – www.danteeivana.com – Chiuso 20 dicembre-20 gennaio, domenica e lunedì escluso luglio-agosto

Rist – Menu 35/40 €

Locale raccolto e signorile, non lontano dal centro, con una bella cantina "a vetro", visibile, e interessante selezione di vini; sapori di pesce, rielaborati con fantasia.

a Calambrone Sud : 3 km – ✉ 56100 Tirrenia

Green Park Resort

cam, cam, rist,

via dei Tulipani 1 – ✆ 05 03 13 57 11 – www.greenparkresort.com

144 cam – 80/250 € 105/400 € – 4 suites

Rist *Lunasia* – vedere selezione ristoranti

Rist *Le Ginestre* – Carta 40/50 €

Un'oasi di pace inserita in una rigogliosa pineta, ideale per una clientela esigente in cerca di un soggiorno dedicato al relax e al benessere, ma anche al business (grazie all'attrezzato centro congressuale).

Lunasia – Hotel Green Park Resort

via dei Tulipani 1 – ✆ 05 03 13 57 11 – www.greenparkresort.com – Aperto 15 aprile-31 ottobre; chiuso domenica e lunedì

Rist – *(solo a cena)* Carta 52/84 €

➜ Carbonara di mare. Pesce del mercato cucinato sulla lisca. Cubo di Rubik in versione gelato.

Immersa nella trasparenza di uno scrigno vitreo, la moderna sala è circondata da finestre sul parco e sulla cucina, quasi un unico, grande spazio. Qui il giovane cuoco diverte ed ingolosisce i clienti modificando e trasformando i piatti italiani più rinomati in rivisitazioni personali.

TISENS = Tesimo

TITIGNANO – Terni (TR) – 563 N18 – alt. 521 m – ✉ 05010 35 B3

Roma 140 – Perugia 58 – Viterbo 66 – Orvieto 24

Agriturismo Fattoria di Titignano

cam, rist,

località Titignano – ✆ 07 63 30 80 22 – www.titignano.com

15 cam – 45/60 € 60/75 €

Rist – (prenotazione obbligatoria) Menu 25 €

In un antico borgo rimasto intatto nei secoli con vista sulla valle e sul Lago di Corbara, questa tenuta agricola di proprietà nobiliare sfoggia un fascino atemporale. Cucina regionale e toscana negli ampi saloni del piano nobile del palazzo, che ospitano il ristorante.

TIVOLI – Roma (RM) – 563 Q20 – 56 531 ab. – alt. 235 m – ✉ 00019 13 C2

Roma

Roma 36 – Avezzano 74 – Frosinone 79 – Pescara 180

vicolo Barchetto, ✆ 0774 33 45 22, www.comune.tivoli.rm.it

Località★★★ – Villa d'Este★★★ – Villa Gregoriana★: Grande Cascata★★

Villa Adriana★★★ per ③ : 6 km

Torre Sant'Angelo

via Quintilio Varo – ✆ 07 74 33 25 33 – www.hoteltorresangelo.it

31 cam – 80/130 € 115/150 € – 4 suites

Rist – *(chiuso lunedì)* Carta 39/87 €

Sulle rovine della villa di Catullo, la città vecchia alle spalle sembra la scenografia di uno spettacolo; interni molto eleganti e piscina su una terrazza con vista di Tivoli e della vallata. Estremamente raffinata la sala ristorante, con tessuti damascati e lampadari di cristallo. Servizio estivo nella corte centrale.

Sibilla

via della Sibilla 50 – ✆ 07 74 33 52 81 – www.ristorantesibilla.com – Chiuso lunedì in inverno

Rist – Carta 31/68 €

In un elegante ristorante ai piedi del tempio di Vesta, se tra le specialità spicca la carne cotta alla griglia, in menu non mancano anche altre proposte di cucina regionale.

a Villa Adriana Sud : 6 km – ✉ 00010

XX **Adriano** con cam

Largo M. Yourcenar 2 – ✆ 07 74 38 22 35 – www.hoteladriano.it – Chiuso gennaio-15 marzo

10 cam – †50/100 € ††100/120 € **Rist** – *(chiuso lunedì)* Carta 30/50 €

In mezzo al verde dei cipressi, un ristorante di tono elegante dove trovare proposte locali e nazionali, nonché corsi di cucina (organizzati con una certa regolarità). Tra le camere - di varie tipologie - molto gettonata è quella dedicata a Marguerite Yourcenar, con vista sulla vicina Villa Adriana.

TIZZANO VAL PARMA – Parma (PR) – 562 I12 – 2 163 ab. – alt. 814 m – ✉ 43028 — 8 B2

Roma 503 – Parma 40 – Bologna 140 – Modena 105

piazza Roma 1, ✆ 0521 86 89 35, www.comune.tivoli.rm.it

Agriturismo Casa Nuova

strada di Carobbio 11, Sud-Ovest : 2 km – ✆ 05 21 86 82 78 – www.agriturismocasanuova.com

6 cam – solo ½ P 70 € **Rist** – (prenotazione obbligatoria) Menu 25/30 €

Un viaggio nella musica per gli interessati e un percorso in giardino predisposto ad hoc per non vedenti; nella verde quiete di un bosco le camere sono state ricavete in un vecchio fienile. Accogliente e caratteristica come l'intera struttura, al ristorante primeggiano i prodotti dell'azienda, dalla frutta al miele.

TOBLACH = Dobbiaco

TODI – Perugia (PG) – 563 N19 – 17 399 ab. – alt. 400 m – ✉ 06059 — 35 B3

Italia Centro-Nord

Roma 130 – Perugia 47 – Terni 42 – Viterbo 88

piazza del Popolo 37/38, ✆ 075 8 95 62 27, www.comune.todi.pg.it

Piazza del Popolo★★: Palazzo dei Priori★, Palazzo del Capitano★, Palazzo del Popolo★ – Chiesa di San Fortunato★★ – ≤★★ sulla vallata da piazza Garibaldi – Duomo★ – Chiesa di Santa Maria della Consolazione★: 1 km a ovest sulla strada per Orvieto

Fonte Cesia

via Lorenzo Leonj 3 – ✆ 07 58 94 37 37 – www.fontecesia.it – Chiuso 10 gennaio-28 febbraio

36 cam – †90/120 € ††120/220 €

Rist *Le Palme* – Carta 27/46 €

In pieno centro storico e perfettamente integrato nel contesto urbano, un rifugio signorile con volte in pietra a vista: sobrio nei raffinati arredi, curato nei confort. L'eleganza è di casa anche al ristorante.

Bramante rist,

via Orvietana 48 – ✆ 07 58 94 83 81 – www.hotelbramante.it

50 cam – †120/140 € ††140/190 € – 4 suites **Rist** – Carta 37/65 € (+5 %)

Ricavato da un convento del XII secolo - a 1 km dal nucleo cittadino e nei pressi di una chiesa rinascimentale (opera del Bramante) - un complesso comodo e tradizionale, dove non manca un attrezzato centro benessere. Servizio estivo in terrazza: un paesaggio dolcissimo fa da cornice alla tavola.

Villaluisa

via Cortesi 147 – ✆ 07 58 94 85 71 – www.villaluisa.it

38 cam – †60/80 € ††80/130 €

Rist – *(chiuso mercoledì da novembre a marzo)* Carta 21/55 €

Inserito in un verde parco, nella zona più moderna di Todi e quindi agevole da raggiungere, un albergo moderno e funzionale con solida gestione familiare. Nell'accogliente sala che conserva ancora qualche eco rustica, una cucina legata alle tradizioni contadine e ai sapori della nostra terra.

San Lorenzo Tre – Residenza d'epoca senza rist

via San Lorenzo 3 – ✆ 07 58 94 45 55 – www.sanlorenzo3.it – Chiuso 9 gennaio-15 marzo

7 cam – 55/95 € 75/110 €

Nel centro di Todi, a pochi passi dalla piazza centrale, un vecchio palazzo borghese: solo sei camere, piccoli curati gioielli, con arredi d'epoca e d'antiquariato.

Agriturismo Borgo Montecucco senza rist

frazione Pian di Porto, vocabolo Rivo 194 – ✆ 34 75 51 54 38 – www.borgomontecucco.it – Chiuso 6 gennaio-28 febbraio

10 cam – 40/60 € 70/80 €

In un contesto agricolo lussureggiante, una serie di casolari della fine del XIX sec. - sapientemente restaurati - dispongono di camere rustiche arredate con mobili di arte povera. Un giardino curatissimo ospita un'originale scacchiera gigante per ludici momenti ricreativi.

Umbria

via Bonaventura 13 – ✆ 07 58 94 27 37 – www.ristoranteumbria.it – Chiuso martedì

Rist – Carta 27/59 €

Nei pressi del Duomo, ristorante di lunga tradizione, con una terrazza a picco sulla vallata e due salette: una rallegrata da uno scoppiettante camino ed un'altra, denominata del '400, con affreschi che ricordano un momento storico della città. Cucina regionale.

Antica Hosteria De La Valle

via Ciuffelli 19 – ✆ 07 58 94 48 48 – Chiuso lunedì

Rist – (coperti limitati, prenotare) Carta 28/56 €

Nuova gestione per una piccola osteria del centro storico: alle pareti, a rotazione, opere d'arte che ispirano anche la stampa del menu. Cucina moderna e fantasiosa.

a Chioano **Est: 4,5 km – ✉ 06059**

Residenza Roccafiore

località Chioano – ✆ 07 58 94 24 16 – www.roccafiore.it – Chiuso 7 gennaio-6 febbraio

11 cam – 80/130 € 120/190 € – 2 suites

Rist *Fiorfiore* – vedere selezione ristoranti

Una dimora degli anni '30 unita ad un casolare in pietra nasconde al proprio interno un attrezzato centro benessere. Il fienile è stato trasformato in una sala polivalente collegata alla residenza da un tunnel sotterraneo. Camere eleganti ed eclettiche. Per un soggiorno rilassante nell'incontaminata natura umbra.

Fiorfiore – Hotel ResidenzaRoccafiore

località Chioano – ✆ 07 58 94 24 16 – www.roccafiore.it – Chiuso 7 gennaio-6 febbraio e martedì

Rist – (consigliata la prenotazione) Carta 27/45 €

In una villa degli anni '30, totalmente ristrutturata nel rispetto della tipicità della costruzione, atmosfera signorile ed arredamenti di grande pregio; terrazza estiva panoramica e cucina di respiro contemporaneo.

verso Duesanti **Nord-Est : 5 km:**

Agriturismo Casale delle Lucrezie

frazione Duesanti, Vocabolo Palazzaccio ✉ 06059 – ✆ 07 58 98 74 88 – www.agriturismo-casaledellelucrezie.com – Chiuso 15-31 gennaio

13 cam – 55/60 € 70/80 € **Rist** – *(solo a cena)* Menu 20 €

Insediamento romano, archi etruschi, residenza delle monache lucrezie dal 1200: punto privilegiato di osservazione su Todi, aperto di recente al pubblico con camere semplici. Pareti e soffitti in pietra anche nella sala ristorante.

verso Collevalenza **Sud-Est : 8 km :** Italia Centro-Nord

piazza del Popolo 38/39, ✆ 075 8 95 62 27, www.comune.todi.pg.it

Relais Todini

vocabolo Cervara 24 – ✆ 0 75 88 75 21 – www.relaistodini.com

12 cam – 112/203 € 160/290 € – 4 suites

Rist ***Relais Todini*** – vedere selezione ristoranti

Incantevoli camere in un maniero del '300 abbracciato da un parco che accoglie laghetti ed animali. Oltre ad una prorompente natura, vi attendono le coccole di una centro benessere con trattamenti personalizzati (ottimi quelli vinoterapici).

Villa Sobrano – Country House

rist,

vocabolo Sobrano, frazione Rosceto 30/32 – ✆ 0 75 88 75 15 – www.villasobrano.com

12 cam – 55/80 € 70/110 € – 2 suites

Rist – *(chiuso 8 gennaio-15 marzo e mercoledì) (solo a cena)* Menu 25/40 €

In un complesso con tanto di cappella privata e castello di origini duecentesche, stanze confortevoli di cui otto in due annessi agricoli attigui, dove si trova anche un grande appartamento con cucina.

Relais Todini – Hotel Relais Todini

vocabolo Cervara 24 – ✆ 0 75 88 75 21 – www.relaistodini.com – Chiuso lunedì

Rist – *(solo a cena)* Carta 36/66 €

Cucina a base di specialità della tradizione umbra, raffinati piatti di pesce e rinomata carne argentina da abbinare ai vini conservati nella nuova cantina, che ospita anche la sala degustazione.

per la strada statale 79 bis Orvietana bivio per Cordigliano

Ovest : 8,5 km :

Agriturismo Tenuta di Canonica

vocabolo Casalzetta, Canonica 75 – ✆ 07 58 94 75 45 – www.tenutadicanonica.com – Aperto 1° marzo-30 novembre

13 cam – 160/220 € 160/220 € – 2 suites

Rist – *(chiuso lunedì) (solo a cena) (solo per alloggiati)* Menu 30 €

Annessa ad una fattoria dell'800, una splendida residenza di campagna di origini medievali elegantemente arredata: prezioso punto di ristoro situato sulla sommità d'un colle.

TOIRANO – Savona (SV) – 561 J6 – 2 690 ab. – alt. 38 m – ✉ 17055 14 B2

Liguria

Roma 580 – Imperia 43 – Genova 87 – San Remo 71

piazzale Grotte, ✆ 0182 98 99 38, www.visitriviera.it

Al Ravanello Incoronato

via Parodi 27/A – ✆ 01 82 92 19 91 – www.alravanelloincoronato.it – Chiuso 20 gennaio-10 febbraio, 20 ottobre-5 novembre e martedì

Rist – *(solo a cena)* (consigliata la prenotazione) Carta 29/45 €

Una breve passeggiata tra i vicoli del borgo antico, la simpatica insegna del locale e la cucina che si presenta con piatti del territorio, accattivanti e ricchi di gusto, come nei ravioli di "prebuggiun e prescinseua" (alle erbe selvatiche e ricotta ligure). D'estate in giardino.

TOLÈ – Bologna (BO) – 562 J15 – alt. 678 m – ✉ 40040 9 C2

Roma 374 – Bologna 42 – Modena 48 – Pistoia 66

Falco D'Oro

via Venola 27 ✉ 40038 – ✆ 0 51 91 90 84 – www.falcodoro.com – Aperto 1° marzo-30 novembre

62 cam – 32/140 € 45/200 €

Rist ***Falco D'Oro*** – vedere selezione ristoranti

Il turismo estivo alla ricerca del fresco, lo apprezzerà per le sue camere del tutto semplici, ma all'insegna di prezzi contenuti, nonché per la sua proverbiale cucina emiliana.

Falco D'Oro – Hotel Falco d'Oro

via Venola 27 ✉ 40038 – ✆ 0 51 91 90 84 – www.falcodoro.com – Aperto 1° aprile-31 ottobre

Rist – Menu 20/50 € – Carta 22/63 €

Perno di tutto il menu sono i primi piatti - tortellini, tortelloni, tagliatelle, pappardelle - il tutto rigorosamente fatto a mano. Attorno a ciò, però, ruotano una serie di secondi (di terra), che in quanto a bontà non son da meno.

TONALE (Passo del) – Brescia (BS) – 562 D13 – alt. 1 883 m 17 C1

– Sport invernali : 1 880/3 069 m 3 26, (anche sci estivo) collegato con impianti di Ponte di Legno

Roma 688 – Sondrio 76 – Bolzano 94 – Brescia 130

via Nazionale 12, ✆ 0364 90 38 38, www.vallecamonica.info

La Mirandola

località Ospizio 3 ✉ 38020 Passo del Tonale – ✆ 03 64 90 39 33 – www.lamirandolahotel.it – Aperto 1° dicembre-Pasqua e 15 giugno-15 settembre

27 cam – 60/75 € 90/120 € – 1 suite **Rist** – Carta 23/44 €

Ristrutturato su i muri originali dell'Ospizio di S. Bartolomeo, rifugio per viandanti nel XII sec, la globalizzazione qui non ha trovato terreno fertile: antiche volte, soffitti in legno e preziosi dettagli. Di moderno, c'è il centro benessere con sauna, bagno turco, idromassaggio...

Delle Alpi cam, rist,

via Circonvallazione 20 ✉ 38020 Passo del Tonale – ✆ 03 64 90 39 19 – www.iridehotels.com – Aperto 1° dicembre-Pasqua e 15 giugno-15 settembre

56 cam – 80/130 € 95/230 € **Rist** – Carta 28/52 €

Vicino alla seggiovia di Valbiolo, un giovane e simpatico albergo realizzato in un personale stile montano; belle aree comuni con stube, camere soppalcate e soleggiate. Gradevoli ambienti accoglienti al ristorante: arredi e pavimenti lignei e pareti decorate.

Orchidea

via Circonvallazione 24 ✉ 38020 Passo del Tonale – ✆ 03 64 90 39 35 – www.hotelorchidea.net – Aperto 1° dicembre-31 marzo e 1° luglio-31 agosto

31 cam – 40/100 € 60/200 €

Rist – *(solo a cena) (solo per alloggiati)* Menu 15 €

Hotel dalla tradizionale impostazione rustico-alpina, dove semplicità rima con funzionalità, e piccolo centro benessere per rinvigorenti soste relax, dopo una giornata all'aria aperta. Specialità trentine al ristorante.

TORBIATO – Brescia (BS) – Vedere Adro

TORBOLE – Trento (TN) – 562 E14 – alt. 85 m – ✉ 38069 33 B3

Italia Centro-Nord

Roma 569 – Trento 39 – Brescia 79 – Milano 174

lungolago Conca d'Oro 25, ✆ 0464 50 51 77, www.gardatrentino.it

Piccolo Mondo

via Matteotti 108 – ✆ 04 64 50 52 71 – www.hotelpiccolomondotorbole.it

54 cam – 78/112 € 116/184 € – 2 suites

Rist *Piccolo Mondo* – vedere selezione ristoranti

Avvolto in una suggestiva atmosfera, l'hotel è riuscito a creare una perfetta simbiosi tra le bellezza naturalistica del paesaggio ed il moderno confort degli interni: camere spaziose, giardino con piscina ed un attrezzato centro benessere.

Piccolo Mondo – Hotel Piccolo Mondo
via Matteotti 108 – ✆ 04 64 50 52 71
– www.hotelpiccolomondotorbole.it – Chiuso martedì escluso giugno-settembre
Rist – Menu 15/45 € – Carta 29/52 €
Rinomato centro velico, Torbole accoglie gli sportivi e non, in questo Piccolo Mondo di squisitezze gastronomiche: specialità trentine ed un menu interamente dedicato al frutto emblema della regione, la mela.

La Terrazza
via Benaco 24 – ✆ 04 64 50 60 83 – www.allaterrazza.com – Aperto 1° marzo-30 novembre; chiuso martedì escluso giugno-settembre
Rist – Carta 25/60 €
Una piccola sala interna ed una veranda con vista sul lago, che in estate si apre completamente, dove farsi servire piatti di forte ispirazione regionale e specialità di lago.

TORCELLO – Venezia (VE) – 562 F19 – Vedere Venezia

TORGIANO – Perugia (PG) – 563 M19 – 6 585 ab. – alt. 219 m 35 B2
– ✉ 06089 Italia Centro-Nord

Roma 158 – Perugia 15 – Assisi 27 – Orvieto 60

Museo del Vino★

Le Tre Vaselle 
via Garibaldi 48 – ✆ 07 59 88 04 47 – www.3vaselle.it
– Chiuso 7 gennaio-25 marzo
52 cam – †150/200 € ††200/250 € – 18 suites
Rist *Le Melagrane* – Carta 47/70 €
Tre boccali conventuali all'ingresso, danno il nome a questa struttura complessa, affascinante: una casa patrizia sviluppatasi in diverse epoche a partire dal '600, ma con un moderno centro benessere (ottimi trattamenti vinoterapici).

TORINO

Piante pagine seguenti **22** A1

© Tibor Bognar / Photononstop

P **Torino (TO) – 907 563 ab. – alt. 239 m – 561** G5 – Italia

Roma 669 – Briançon 108 – Chambéry 209 – Genève 252

Uffici informazioni turistiche

piazza Castello, ✆011 53 51 81, www.turismotorino.org
stazione Porta Nuova, ✆011 53 51 81
aeroporto Caselle, ✆011 53 51 81

Aeroporto

Città di Torino di Caselle per ①: 15 km ✆ 011 5676361

Golf

- Royal Park-I Roveri Rotta Cerbiatta 24, 011 9235500, www.royalparkgolf.it – chiuso lunedì
- Torino La Mandria via Agnelli 40, 011 9235440, www.circologolftorino.it – chiuso gennaio, febbraio e lunedì
- Le Fronde via Sant'Agostino 68, 011 9328053, www.golflefronde.it – chiuso gennaio, febbraio e martedì
- Stupinigi corso Unione Sovietica 506/A, 011 3472640, www.golfclubstupinigi.it – chiuso lunedì FU
- I Ciliegi strada Valle Sauglio 130, 011 8609802, www.iciliegigolfclub.it – chiuso martedì

Fiera

16.05 - 20.05 : fiera internazionale del libro

LUOGHI DI INTERESSE

Centro monumentale Duomo★VX • Palazzo Carignano★★CXM2 Palazzo Madama★★CXA • Palazzo Reale★CDVX • Piazza Castello★CX19 •Piazza S. Carlo★★CXY

Quadrilatero romano Palazzo Barolo★CV • Piazza del Palazzo di Cttà★CX 51 • Santuario della Consolata★CV •S. Domenico★CV

Da Piazza Castello al Po Via Po★DYX • Mole Antoneliana★★★DX •Museo di Arti Decorative★DY •Piazza Vittorio Veneto★DY • Parco del Valentino★CDZ

Musei GAM (Galleria di Arte Moderna)★★BY • Galleria Sabauda★★CXM1 • Museo di Arte Antica di Palazzo Madama★★CXA • Museo dell'Automobile★★GUM5 • Museo del Cinema★★★DX •Museo Egizio★★★CXM1 • Museo del Risorgimento★★CXM2

Dintorni Corona di delizie sabaude★★ 10 km a nord ET: Reggia di Venaria, La Mandria, Castello di Rivoli e Museo di Arte Contemporanea, Palazzina di Caccia di Stupinigi UF • La collina★★: Basilica di Superga TH e Colle della Maddalena UH • Sacra di San Michele in Val di Susa★★★

Acquisti Via Garibaldi e Via Roma: negozi di tutti i generi • Via Cavour, Via Accademia Albertina, Via Maria Vittoria: antiquariato • Quadrilatero romano: botteghe artigiane e brocantage • Mercato alimentare di Porta Palazzo in Piazza Repubblica • Via Borgo Dora: mercato delle pulci del Balôn il sabato mattina e Gran Balôn (antiquariato e brocantage) la seconda domenica del mese

Grand Hotel Sitea

via Carlo Alberto 35 ✉ 10123 Ⓜ Porta Nuova – ☎ 01 15 17 01 71 – www.grandhotelsitea.it **4CYt**

120 cam – 🚹139/270 € 🚹🚹178/370 € – 1 suite

Rist ***Carignano*** – vedere selezione ristoranti

La raffinata tradizione dell'ospitalità alberghiera si concretizza in questo hotel nato nel 1925, dove l'atmosfera è dettata dagli eleganti arredi, classici e d'epoca.

NH Lingotto Tech senza rist

via Nizza 230 ✉ 10126 Ⓜ Lingotto – ☎ 01 16 64 20 00 – www.nh-hotels.it – Chiuso agosto **2GUb**

139 cam – 🚹99/310 € 🚹🚹99/310 € – 1 suite

L'ascensore panoramico conduce alle balconate su cui si affacciano le camere, arredate con soli mobili di design. Gemello dell'hotel Lingotto, offre in aggiunta soluzioni più moderne. Ampi spazi, luce e legni di ciliegio fanno del ristorante un ambiente elegante e informale, dove trovare i piatti della tradizione.

NH Lingotto

via Nizza 262 ✉ 10126 Ⓜ Lingotto – ☎ 01 16 64 20 00 – www.nh-hotels.it

226 cam – 🚹99/270 € 🚹🚹99/310 € – 14 suites **2GUa**

Rist ***Torpedo*** – vedere selezione ristoranti

Moderno hotel nel palazzo del Lingotto: un riuscito esempio del recupero di un immobile industriale. Camere in design nate dalla creatività di Renzo Piano e un giardino tropicale.

Golden Palace

via dell'Arcivescovado 18 ✉ 10121 Ⓜ Re Umberto – ☎ 01 15 51 21 11 – www.goldenpalace.it **4CXYh**

166 cam – 🚹199 € 🚹🚹219 € – 14 suites

Rist ***Winner*** – vedere selezione ristoranti

Quando nel secondo dopoguerra fu costruito Palazzo Toro (attuale sede dell'hotel), l'opera fu citata nei più autorevoli testi di architettura, in quanto esemplare per concezione e struttura. A distanza di mezzo secolo, l'ispirazione decò e il suo design minimalista, non smettono di brillare: per un soggiorno da re Mida!

Principi di Piemonte

via Gobetti 15 ✉ 10123 Ⓜ Porta Nuova – ☎ 01 15 51 51 – www.atahotels.it

99 cam – 🚹200/750 € 🚹🚹200/750 € – 18 suites **4CYb**

Rist ***Casa Savoia*** – vedere selezione ristoranti

A due passi dal centro, questo storico edificio anni '30 vanta camere spaziose e ricche di marmo: atmosfera elegante, confort assolutamente moderno.

AC Torino

via Bisalta 11 ✉ 10126 Ⓜ Lingotto – ☎ 01 16 39 50 91 – www.ac-hotels.com

83 cam – 🚹100/300 € 🚹🚹110/310 € – 6 suites **2GUd**

Rist – *(solo per alloggiati)* Carta 39/63 €

In un ex pastificio, l'hotel è raccolto in una tipica costruzione industriale d'inizio '900 e presenta interni dallo stile caldo e minimalista; confort e dotazioni all'avanguardia.

Victoria senza rist

via Nino Costa 4 ✉ 10123 Ⓜ Porta Nuova – ☎ 01 15 61 19 09 – www.hotelvictoria-torino.com **4CYv**

106 cam – 🚹175/220 € 🚹🚹290/330 € – 4 suites

Mobili antichi, sinfonie di colori ed una attenta cura nel servizio e nei dettagli garantiscono calore ed accoglienza a questa elegante dimora. Nuovo centro benessere in stile egizio.

TORINO
Aeroporto (Strada dell') GT 2
Agnelli (Cso G.) FU 3
Agudio (V. T.) HT 5
Bogino (V.) GU 8
Borgaro (V.) GT 9
Cebrosa (Str. d.) HT 22
Cosenza (Cso) FGU 29
De Sanctis (V. F.) FT 30
Garibaldi (Cso) GT 36
Grosseto (Cso) GT 39
Lazio (Lungo Stura) HT 41
Maroncelli (Cso P.) GU 43
Potenza (Cso) GT 58
Rebaudengo (P. Conti) GT 59
Regio Parco (Cso) HT 61
Sansovino (V. A.) FGT 71
Savona (Cso) GU 72
Sestriere (V.) GU 74
Stampini (V. E.) GT 78
Stradella (V.) GT 79
S. M. Mazzarello (V.) FT 68
Thovez (Viale E.) GHT 80
Torino (Strada) GU 81
Torino (Viale) FU 82
Unità d'Italia (Cso) GU 86
Vercelli (Cso) HT 89
Voghera (Lungo Dora) HT 92
LANZO TORINESE
VENARIA
SAVONERA
S 24 SUSA
SUSA
A 32, S 25
BRIANÇON, TRAFORCO DEL FRÉJUS COLLE D. MONCENISIO, SUSA
AVIGLIANA
PINEROLO
PINEROLO SESTRIERE
PIANEZZA
ALPIGNANO
Tangenziale
CASº DI BRUERE
Cº Susa
RIVOLI
Corso Francia
Strada di Pianezza
Dora Riparia
OSPEDALE PSICHIATRICO
PARCO M. CARRARA
COLLEGNO
Fermi
Massaua
Marche
Paradiso
Poso Strada
Monte Grappa
POZZO STRADA
GRUGLIASCO
Corso Canonico Allamano
Corso 25 Aprile
Str. di Rivalta
Via L. Einaudi
C.A.A.T.
S.I.T.O.
RIVALTA DI TORINO
Via S. Luigi
Sangone
BEINASCO
Cº Orbassano
FIAT
Cº L. Settembrini
Pzale Calo Mario
Corso Unione
MIRAFIORI
Strada Orbassano
CASº DI BEINASCO
Sud
BORGARETTO
ORBASSANO
PALAZZINA DI CACCIA
STUPINIGI
PARCO CASTELLO DI STUPINIGI
R 23
Via G. Reni
Cº Siracusa
Cº Trapani
Cº Marche
V. P. Cossa
0 2 km
E
F
T
U
1

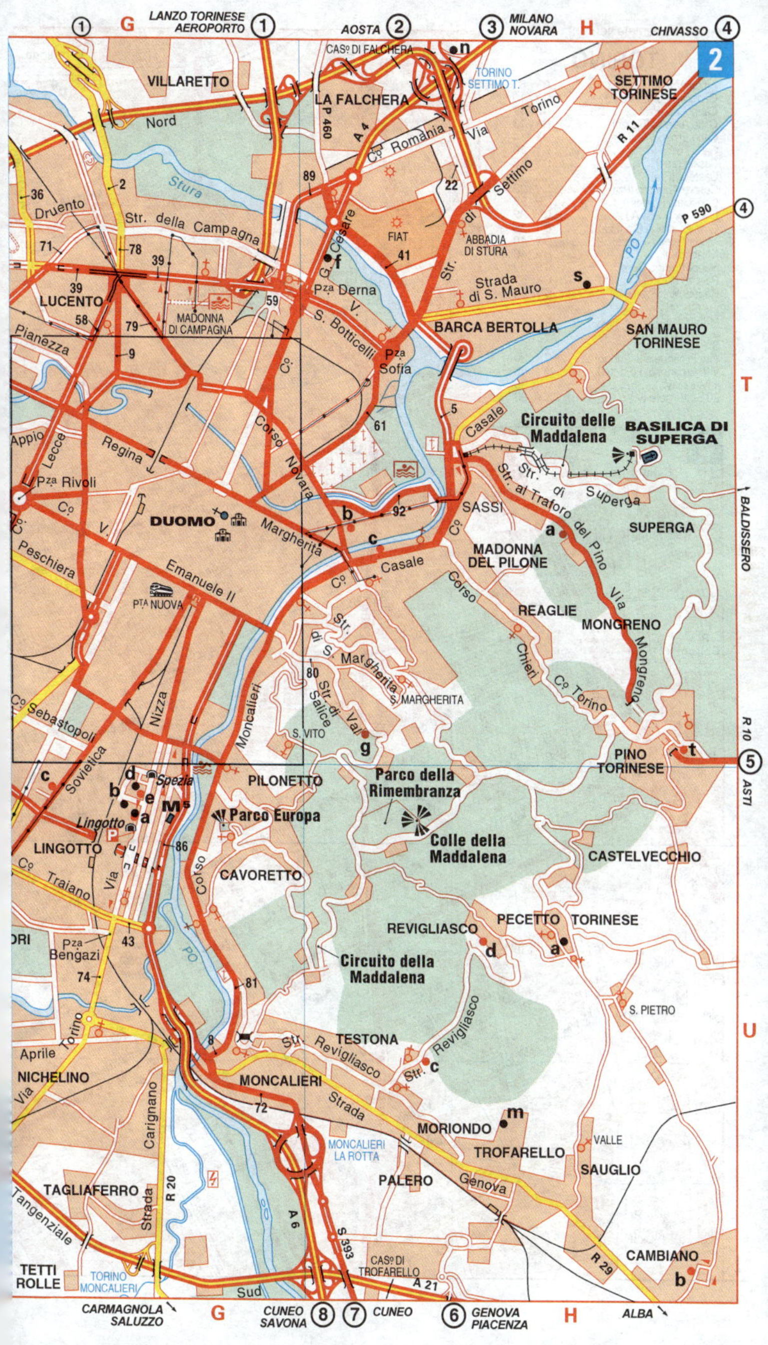
LANZO TORINESE AEROPORTO
AOSTA
MILANO NOVARA
CHIVASSO
VILLARETTO
LA FALCHERA
SETTIMO TORINESE
TORINO SETTIMO T.
LUCENTO
MADONNA DI CAMPAGNA
ABBADIA DI STURA
FIAT
BARCA BERTOLLA
SAN MAURO TORINESE
Circuito delle Maddalena
BASILICA DI SUPERGA
SUPERGA
SASSI
DUOMO
MADONNA DEL PILONE
REAGLIE
MONGRENO
PTA NUOVA
S. MARGHERITA
S. VITO
PINO TORINESE
BALDISSERO
ASTI
PILONETTO
Parco della Rimembranza
Parco Europa
Colle della Maddalena
LINGOTTO
CAVORETTO
CASTELVECCHIO
REVIGLIASCO
PECETTO TORINESE
Circuito della Maddalena
S. PIETRO
TESTONA
NICHELINO
MONCALIERI
MORIONDO
MONCALIERI LA ROTTA
TROFARELLO
VALLE
SAUGLIO
PALERO
TAGLIAFERRO
CAMBIANO
TETTI ROLLE
TORINO MONCALIERI
CASº DI TROFARELLO
CARMAGNOLA SALUZZO
CUNEO SAVONA
CUNEO
GENOVA PIACENZA
ALBA

Circolazione regolamentata nel centro città
TORINO
Alfieri (V.) CY 6
Cadorna (Lungo Po L.) DY 10
Carignano (Pza) CX 12
Carlo Alberto (Piazza) CX 13
Carlo Emanuele II (Pza) DY 14
Carlo Felice (Pza) CY 16
Casale (Cso) DY 18
Castello (Pza) CX 19
Cesare Augusto (Pza) CV 23
Consolata (V. della) CV 27
Diaz (Lungo Po A.) DY 32
Gran Madre di Dio (Pza) DY 38
Maria Teresa (Piazza) DY 40
Milano (V.) CV 46
Napoli (Lungo Dora) CV 50
Palazzo di Città (Pza del) CX 51
Repubblica (Pza della) CV 62
Roma (V.) CXY
Solferino (Pza) CX 75
S. Carlo (Pza) CXY
S. F. d'Assisi (V.) CX 66
Vitt. Emanuele II (Lungo) BCY 90
Vitt. Emanuele I (Ponte) DY 55
4 Marzo (V.) CX 93
20 Settembre (V.) CXY 96
A
B
3
V
X
Y
Via Potenza
Via Val della Torre
Via Borgaro
Verolengo
Via Nole
Corso Svizzera
Corso Mortara
Via Orvieto
Riparia
Dora
Corso Pianezza
Corso Umbria
Livorno
Corso Appio Claudio
Corso Regina Margherita
Via Michele Lessona
Lecce
Svizzera
Via Nicola Fabrizi
Tassoni
Via San Donato
Via Cibrario
P^za Chironi
Via Giacomo Medici
Corso Francia
Principi d'Acaja
P^za Rivoli
Rivoli
Racconigi
Bernini
P^za Bernini
Via Duchessa Jolanda
Inghilterra
XVIII Dicembre
P^TA SUSA
Corso Trapani
Corso Cialdini
Ferrucci
Via G. Cavalli
P^za Adriano
Corso Vittorio Emanuele II
Porta Susa
Vinzaglio
Via Fréjus
Via Frassineto
Cesana
Via Vigone
Nanni
Corso Francesco Ferrucci
Borsellino
Castelfidardo
Abruzzi
Corso Stati
Ferraris
P^za Sabotino
Monginevro
V. Vigone
Di Nanni
Via Paolo Sarpi
Via San Paolo
Peschiera
Corso Duca degli Abruzzi

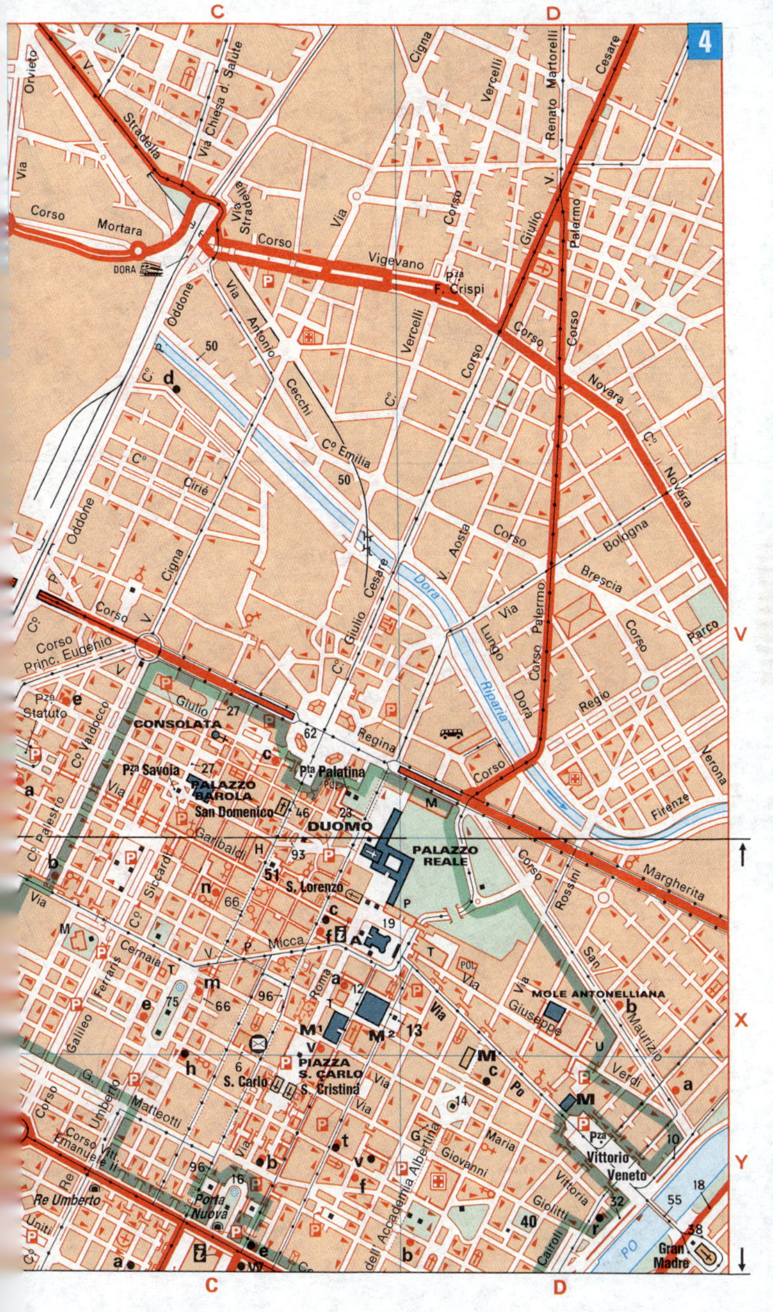

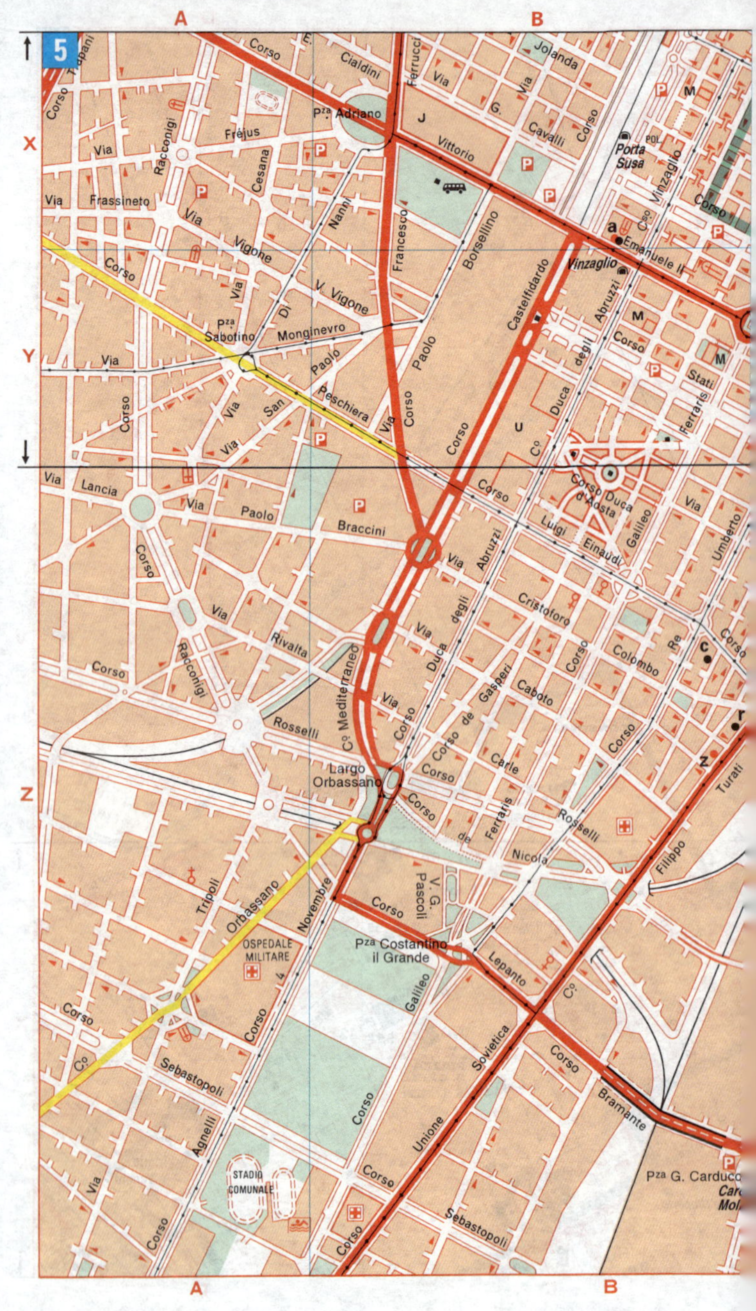

5
A
B
X
Y
Z
Corso Trapani
Corso Cialdini
Pza Adriano
Via Ferrucci
Via G. Jolanda
Cavalli
Corso Vittorio Emanuele II
Porta Susa
Cso Vinzaglio
Vinzaglio
Via Fréjus
Racconigi
Cesana
Via Frassineto
Via Vigone
Via Nanni
Francesco
Borsellino
Castelfidardo
Pza Sabotino
Di
V. Vigone
Monginevro
Paolo
Peschiera
Via San Paolo
Corso Paolo
Corso Duca degli Abruzzi
Corso Stati Uniti
Ferraris
Via Lancia
Via Paolo Braccini
Corso Duca d'Aosta
Corso Luigi Einaudi
Galileo
Via Umberto
Via Cristoforo Colombo
Corso Re Umberto
Via Rivalta
Via Duca degli Abruzzi
Corso Rosselli
Cº Mediterraneo
Corso de Gasperi
Cabota
Carle
Largo Orbassano
Corso de Nicola
Ferraris
Rosselli
Filippo Turati
Tripoli
Orbassano
Novembre
4
OSPEDALE MILITARE
V. G. Pascoli
Pza Costantino il Grande
Lepanto
Galileo
Sovietica
Corso Sebastopoli
Cº Agnelli
STADIO COMUNALE
Corso Unione
Corso Bramante
Pza G. Carducci

C
D
6
X
Y
Z
PALAZZO REALE
S. Lorenzo
MOLE ANTONELLIANA
PIAZZA S. CARLO
S. Carlo
S. Cristina
Porta Nuova
Re Umberto
Vittorio Veneto
Gran Madre
Monte dei Cappuccini
ORTO BOTANICO
Castello
Parco del Valentino
BORGO MEDIEVALE
PALAZZO ESPOSIZIONI
Ponte Isabella
Ponte Balbis
Pza Zara
Marconi
Nizza
Pza Nizza
Dante
PO
Corso Vitt. Emanuele II
Corso Moncalieri
Corso Fiume
Lanza
Via Nizza
Via Sacchi
Via Madama Cristina
Corso Massimo d'Azeglio
Via Po
Via Garibaldi
Corso Bramante
Corso Dogliotti
Via Genova
0
300 m
Circolazione regolamentata nel centro città
TORINO
Alfieri (V.) . . . . . CY 6
Cadorna (Lungo Po L.) . . . . . DY 10
Carignano (Pza) . . . . . CX 12
Carlo Emanuele II (Pza) . . . . . DY 13
Carlo Felice (Pza) . . . . . CY 16
Casale (Cso) . . . . . DY 18
Castello (Pza) . . . . . CX 19
Diaz (Lungo Po A.) . . . . . DY 32
Gran Madre di Dio (Pza) . . . . . DY 38
Palazzo di Città (Pza del) . . . . . CX 51
Roma (V.) . . . . . CXY
Solferino (Pza) . . . . . CX 75
S. Carlo (Pza) . . . . . CXY
S. F. d'Assisi (V.) . . . . . CX 66
Umberto I (Ponte) . . . . . DZ 54
Vitt. Emanuele II (Lgo) . . . . . BCY 90
Vitt. Emanuele I (Ponte) . . . . . DY 55
4 Marzo (V.) . . . . . CX 93
20 Settembre (V.) . . . . . CXY 96

NH Ambasciatori

corso Vittorio Emanuele II 104 ✉ 10121 Ⓜ Vinzaglio – ☎ 01 15 75 21 – www.nh-hotels.it **3BXa**

199 cam – 🚹163/260 € 🚹🚹183/290 €, ☕ 20 € – 4 suites

Rist *Il Diplomatico* – vedere selezione ristoranti

Hotel moderno situato in un edificio squadrato, ideale per ospitare congressi, sfilate o ricevimenti, dispone di camere confortevoli ed eleganti in stile anni '80.

Art Hotel Boston

via Massena 70 ✉ 10128 – ☎ 0 11 50 03 59 – www.arthotelboston.it

86 cam ☕ – 🚹80/250 € 🚹🚹100/300 € – 1 suite **5BZc**

Rist – *(solo per alloggiati)* Carta 33/60 €

Camere confortevoli e caratterizzate da richiami alla storia dell'arte contemporanea, contraddistinguono questo hotel di design, poco distante dalle maggiori collezioni della città.

Genova senza rist

via Sacchi 14/b ✉ 10128 Ⓜ Porta Nuova – ☎ 01 15 62 94 00 – www.albergogenova.it **6CZb**

78 cam ☕ – 🚹70/180 € 🚹🚹90/260 € – 1 suite

La struttura ottocentesca ospita un ambiente signorile e curato, dove la classicità si coniuga con le moderne esigenze di confort. Una decina di camere vanta affreschi al soffitto.

Pacific Hotel Fortino

rist,

strada del Fortino 36 ✉ 10152 – ☎ 01 15 21 77 57 – www.pacifichotels.it

92 cam ☕ – 🚹60/215 € 🚹🚹70/280 € – 8 suites **4CVd**

Rist – *(chiuso sabato e domenica) (solo a cena) (solo per alloggiati)*
Carta 30/70 €

Hotel moderno che soddisfa soprattutto le esigenze di una clientela business, grazie alle sale attrezzate per ospitare conferenze. Camere calde e accoglienti con dotazioni d'avanguardia. Una trattoria tipica, dove gustare le specialità regionali.

Genio senza rist

corso Vittorio Emanuele II 47 ✉ 10125 Ⓜ Porta Nuova – ☎ 01 16 50 57 71 – www.hotelgenio.it **6CYZw**

116 cam ☕ – 🚹75/150 € 🚹🚹95/280 €

In un bel palazzo di fine '800, atmosfera retrò e camere tutte diverse in stile vagamente inglese: il tocco di eleganza è dato da alcuni pavimenti artistici, nei corridoi e nelle stanze.

Art Hotel Olympic

via Verolengo 19 ✉ 10149 – ☎ 01 13 99 97 – www.arthotelolympic.it

147 cam ☕ – 🚹80/150 € 🚹🚹100/300 € **Rist** – Carta 27/56 € **3AVc**

Sorto in un'area in continua riqualificazione ed abbellimento, è un albergo moderno, a tratti avveniristico, giovane e luminoso.

Mercure Torino Royal

corso Regina Margherita 249 ✉ 10144 – ☎ 01 14 37 67 77 – www.hotelroyaltorino.it **3BVu**

75 cam – 🚹75/145 € 🚹🚹85/165 €, ☕ 12 € **Rist** – Carta 45/75 €

A breve distanza dal centro storico, l'albergo lavora sia con una clientela turistica che con il mondo business: offre un attrezzato centro congressi, camere confortevoli e un ampio parcheggio. Ambiente classico in cui si respira una discreta raffinatezza, al ristorante.

Novotel Torino

rist,

corso Giulio Cesare 338/34 ✉ 10154 – ☎ 01 12 60 12 11 – www.novotel.com

162 cam ☕ – 🚹92/140 € 🚹🚹110/160 € **2HTf**

Rist – Carta 36/72 € (+5 %)

Atmosfera familiare e buon confort in una struttura moderna situata a soli 4 km dal centro storico della città. Camere ampie e luminose, tutte dotate di divano letto e di ampio scrittoio. La sala da pranzo si affaccia sul giardino e viene utilizzata anche come sala colazioni.

Piemontese senza rist

via Berthollet 21 ✉ *10125* Ⓜ *Porta Nuova* – ✆ *01 16 69 81 01*
– *www.hotelpiemontese.it* 6CZx
37 cam ☕ – †59/150 € ††79/180 €
Tra Porta Nuova e il Po, l'hotel propone colorate soluzioni d'arredo e graziose personalizzazioni nelle camere: particolarmente belle le stanze mansardate con travi a vista e vasca idromassaggio Per la colazione ci si può accomodare in veranda.

Town House 70 senza rist

via XX Settembre 70 ✉ *10122* – ✆ *0 11 19 70 00 03* – *www.townhouse.it*
48 cam ☕ – †79/395 € ††89/452 € – 1 suite 4CXc
Belle camere spaziose in una struttura centralissima e dal moderno design. Un unico grande tavolo nella piccola sala colazioni, al quale gli ospiti potranno accomodarsi per iniziare insieme la giornata.

Lancaster senza rist

corso Filippo Turati 8 ✉ *10128* – ✆ *01 15 68 19 82* – *www.lancaster.it*
– *Chiuso 5-20 agosto* 5BZr
83 cam ☕ – †72/95 € ††95/137 €
Ogni piano di questo albergo si distingue per il colore. Piacevoli gli arredi, tutti personalizzati che rendono moderni gli spazi comuni, classiche le camere e country la sala colazioni.

Giotto senza rist

via Giotto 27 ✉ *10126* Ⓜ *Dante* – ✆ *01 16 63 71 72*
– *www.hotelgiottotorino.com* 6CZc
50 cam ☕ – †69/141 € ††79/175 €
Non lontano dal Valentino, in una zona residenziale che costeggia il Po, un moderno albergo con camere spaziose e complete nei confort, molte con vasche o docce idromassaggio.

Crimea senza rist

via Mentana 3 ✉ *10133* – ✆ *01 16 60 47 00* – *www.hotelcrimea.it*
– *Chiuso 12-19 agosto* 6DZe
48 cam ☕ – †75/140 € ††89/210 €
La tranquillità dei dintorni e la sobria eleganza dell'arredo distinguono questo hotel, situato in zona residenziale lungo il Po. Dispone di piacevoli interni e confortevoli camere.

Holiday Inn Turin City Centre cam, rist,

via Assietta 3 ✉ *10128* Ⓜ *Porta Nuova*
– ✆ *01 15 16 71 11* – *www.holidayinn.com/turin-cityctr* 4CYa
57 cam ☕ – †175/200 € ††200/230 € **Rist** – *(solo a cena)* Carta 26/62 €
Poco distante dalla stazione, l'hotel occupa gli spazi di un palazzo ottocentesco: comodo garage e moderne camere, dotate delle migliori tecnologie. Tono di contemporanea ispirazione anche al ristorante.

Des Artistes senza rist

via Principe Amedeo 21 ✉ *10123* – ✆ *01 18 12 44 16* – *www.desartisteshotel.it*
– *Chiuso 10-26 agosto* 4DYc
22 cam ☕ – †70/98 € ††95/135 €
Varcato l'ingresso di quella che pare una palazzina residenziale, vi attenderà un'accoglienza garbata e attenta. L'albergo è in attività dal 1990 e propone ambienti puliti e curati.

Due Mondi Ⓝ cam,

via Saluzzo 3 ✉ *10125* – ✆ *01 16 69 89 81* – *www.hotelduemondi.it*
42 cam ☕ – †50/180 € ††60/230 € 6CZm
Rist – *(chiuso 12-18 agosto, lunedì a mezzogiorno e domenica)* Carta 23/55 €
A due passi dalla stazione di Porta Nuova e all'ingresso del centro storico, le camere sono accoglienti (alcuni bagni con doccia-sauna) ed il personale vi seguirà con attenzione e cortesia.

Statuto senza rist
via Principi d'Acaja 17 ✉ 10138 Ⓜ Principi d'Acaja – ☎ 01 14 34 46 38 – www.statutohotel.com 3BVa
22 cam – ♦50/80 € ♦♦60/90 €
Se l'architettura esterna dell'edificio vi appare un po' anonima, sappiate che al suo interno vi attende una dimensione piacevolmente moderna con camere nuove, curate e confortevoli. Ottimo rapporto qualità/prezzo.

Alpi Resort senza rist
via Bonafous 5 ✉ 10122 – ☎ 00 39 01 18 12 96 77 – www.hotelalpiresort.it
29 cam – ♦54/65 € ♦♦69/84 € 6DYr
A due passi dalla vita notturna di piazza Vittorio Veneto e dei Murazzi del Po, le camere sono al terzo e quarto piano di un palazzo d'epoca: da preferire le ultime nate.

XXXX **Del Cambio**
piazza Carignano 2 ✉ 10123 – ☎ 0 11 54 66 90 – www.ristorantedelcambio.it – Chiuso febbraio-aprile 4CXa
Rist – (consigliata la prenotazione) Menu 55/80 € – Carta 73/106 €
Tra specchi e stucchi, fiori e dipinti, capiterà di sedersi sui velluti rossi del tavolo che ospitò Cavour; la cucina, non meno della sala, è un museo della tradizione piemontese, da poco sotto la regia di un nuovo chef.

XXX **Vintage 1997** (Pierluigi Consonni)
piazza Solferino 16/h ✉ 10121 Ⓜ Re Umberto – ☎ 0 11 53 59 48 – www.vintage1997.com – Chiuso 1°-6 gennaio, 3 settimane in agosto, sabato a mezzogiorno e domenica 4CXe
Rist – Menu 40/75 € – Carta 50/116 €
→ Linguine con nero di seppia, carciofi, peperoncino e seppie. Trittico di baccalà alle olive, ai porri e alle patate. Pistakkiando: pistacchi in cinque diverse declinazioni.
Tessuti scarlatti, paralumi ed eleganti boiserie ovattano l'interno di questo elegante ristorante, mentre la creatività prende spunto dalla tradizione per volteggiare in molteplici forme. Importazione diretta di Champagne e selezionata cura nella scelta delle materie prime.

XXX **Casa Vicina-Guidopereataly** (Claudio Vicina Mazzaretto)
via Nizza 224 ✉ 10126 Ⓜ Lingotto – ☎ 0 11 19 50 68 40 – www.casavicina.it – Chiuso vacanze di Natale, 10 agosto-8 settembre, domenica sera e lunedì 2GUe
Rist – Menu 38 € (pranzo)/90 € – Carta 53/113 €
→ Agnolotti pizzicati a mano al sugo d'arrosto. Faraona novella composta in salmì. Torrone piemontese semifreddo.
All'interno di Eataly, primo supermercato italiano con prodotti alimentari di "nicchia", ristorante di genere minimalista per una cucina creativa di grande spessore.

XXX **La Barrique** (Stefano Gallo)
corso Dante 53 ✉ 10126 Ⓜ Dante – ☎ 0 11 65 79 00 – www.labarriqueristorante.it – Chiuso 2 settimane in agosto, lunedì a mezzogiorno e domenica 6CZy
Rist – Menu 35 € (pranzo in settimana)/85 € – Carta 51/98 €
→ Ravioli di patate affumicate con caviale di salmone e limone. Agnello da latte ai peperoni canditi e melanzane. Gran dessert al cioccolato.
Simpatica gestione familiare per questa cucina che unisce classici regionali, paste fresche, carne e l'inevitabile trionfo di cioccolato a proposte più creative e di pesce.

XXX **Moreno**
corso Unione Sovietica 244 ✉ 10134 – ☎ 01 13 17 91 91 – www.marachellagruppo.it – Chiuso agosto e lunedì a pranzo 2GUc
Rist – Carta 42/102 €
Un'inattesa ubicazione nel verde custodisce questo elegante locale; all'interno, gradevoli tavoli collocati vicino a vetrate affacciate sul giardino ed una cucina che si muove tra tradizione e moderne elaborazioni.

XXX **Casa Savoia** – Hotel Principi di Piemonte

via Gobetti 15 ✉ 10123 Ⓜ Porta Nuova – ☎ 01 15 51 51 – www.atahotels.it

Rist – Carta 40/79 € **4CYb**

Lo sfarzo che contraddistingue l'hotel è ripreso anche nella sala ristorante, dove nessun dettaglio è lasciato al caso: la tappa gastronomica deve restare memorabile! Cucina mediterranea.

XXX **Torpedo** – Hotel NH Lingotto

via Nizza 262 ✉ 10126 Ⓜ Lingotto – ☎ 01 16 64 27 14 – www.nh-hotels.it

Rist – Menu 28/50 € – Carta 38/64 € **2GUa**

Situato nell'edificio che fu l'antica fabbrica di automobili della Fiat, emblema della Torino del '900, un elegante ristorante dove gustare una cucina di ottimo livello. Tra i must: il riso vialone alla piemontese con porri, pancetta, patate e toma.

XXX **Winner** – Hotel Golden Palace

via dell'Arcivescovado 18 ✉ 10121 Ⓜ Re Umberto – ☎ 01 15 51 21 11 – www.goldenpalace.it – Chiuso dal 22 luglio al 20 agosto **4CXYh**

Rist – Carta 49/72 €

Sofisticata naturalezza: sembra una contraddizione in termini, invece è la particolarità di questo ristorante. Il menu propone infatti piatti leggeri, che tuttavia non rinunciano al gusto, dove gli ingredienti del territorio - integrati a profumi e spezie lontane - danno vita a combinazioni gustose ed insolite.

XXX **Carignano** – Grand Hotel Sitea

via Carlo Alberto 35 ✉ 10123 Ⓜ Porta Nuova – ☎ 01 15 17 01 71 – www.grandhotelsitea.it – Chiuso 1°-7 gennaio, agosto, sabato a pranzo e domenica **4CYt**

Rist – Menu 50/120 € – Carta 40/80 €

Ampie finestre affacciate sul verde illuminano questo ristorante che elegge come protagonisti della propria carta, piatti mediterranei con molti richiami al Piemonte. A disposizione anche alcuni menu degustazione (Principe Amedeo, Re Umberto, Vittorio Emanuele), per chi preferisce lasciarsi "guidare" nella scelta.

XX **Vo** Ⓝ (Stefano Borra)

✿ *via Provana 3/d ✉ 10123 – ☎ 01 18 39 02 88 – www.ristorantevo.it – Chiuso 3 settimane in agosto, sabato a mezzogirono e domenica* **6DZv**

Rist – (consigliata la prenotazione) Carta 41/74 €

→ Insalata di mare con fagioli borlotti e vinaigrette allo zenzero. Degustazione d'agnello: costolette dorate al pain brioche, cosciotto in pasta croccante, sella confit. Tortino al gianduja.

La tecnica è stata appresa in Francia, ma la passione gastronomica del giovane cuoco è tutta piemontese: paste fresche ripiene e il celebre fassone sono gli alfieri del ristorante, moderno ed essenziale. Non manca tuttavia qualche proposta di pesce.

XX **Magorabin** (Marcello Trentini)

✿ *corso San Maurizio 61/b ✉ 10124 – ☎ 01 18 12 68 08 – www.magorabin.com – Chiuso lunedì a pranzo e domenica* **4DXb**

Rist – (consigliata la prenotazione) Menu 40/80 € – Carta 51/69 €

→ Lingua, gamberi e mandarino. Rombo al sale e scaloppa di fegato grasso. Langhe: zabajone, nocciola e torroncino.

Dimenticate il viale trafficato e confusionario ed entrate nell'universo del mago: nei piatti troverete un'eco piemontese, ma prevalgono la fantasia e gli accostamenti estrosi. È una scossa d'inventiva alla Torino tradizionalista e conservatrice.

XX **Al Garamond**

via Pomba 14 ✉ 10123 Ⓜ Porta Nuova – ☎ 01 18 12 27 81 – www.algaramond.it – Chiuso agosto, sabato a mezzogiorno e domenica

Rist – Carta 43/85 € **4CYf**

Il nome di questo piccolo locale si ispira a quello di un luogotenente dei Dragoni di Napoleone. Entusiasta la conduzione, che si esibisce nella creazione di estrosi piatti moderni.

XX **San Tommaso 10 Lavazza**

via San Tommaso 10 ✉ 10122 – ☎ 0 11 53 42 01 – www.lavazza.it – Chiuso agosto e domenica 4CXf

Rist – Menu 45/60 €

Proprio dietro al bar, l'estetica è l'elemento che caratterizza ogni creazione, il piacere si affaccia alla vista e delizia il palato, la fantasia reinterpreta la cucina italiana in delicate e intriganti ricette.

XX **Al Gatto Nero**

corso Filippo Turati 14 ✉ 10128 – ☎ 0 11 59 04 14 – www.gattonero.it – Chiuso domenica 5BZz

Rist – (prenotare) Carta 42/77 €

Il gatto nero è diventato un amuleto per una piacevole sosta gastronomica: piatti piemontesi e toscani, con qualche eco mediterranea, ed una cantina che ospita circa mille etichette.

XX **Galante**

corso Palestro 15 ✉ 10122 Ⓜ XVIII Dicembre – ☎ 0 11 53 21 63 – www.ristorantegalante.it – Chiuso 26 dicembre-5 gennaio, 9 agosto-2 settembre, sabato a mezzogiorno e domenica 4CXb

Rist – Menu 42 € – Carta 34/63 €

Una sala classica ed elegante, arredata in toni chiari e con sedie imbottite, tra colonne e specchi. Dalla cucina giungono due differenti proposte: una piemontese ed una di pesce.

XX **Porta Rossa**

via Passalacqua 3/b ✉ 10122 Ⓜ XVIII Dicembre – ☎ 0 11 53 08 16 – www.laportarossa.it – Chiuso 26 dicembre-6 gennaio, sabato a mezzogiorno e domenica 4CVa

Rist – Menu 25 € (pranzo in settimana)/70 € – Carta 40/79 €

Piccolo locale moderno allestito con tavoli vicini, specializzato nella preparazione di piatti a base di pesce e prodotti di stagione. Ottima scelta di vini e distillati.

XX **Tre Galline**

via Bellezia 37 ✉ 10122 – ☎ 01 14 36 65 53 – www.3galline.it – Chiuso 1 settimana in gennaio, 3 settimane in agosto, lunedì a mezzogiorno e domenica 4CVc

Rist – Carta 36/70 €

A prima vista può sembrare una semplice trattoria, ma non lasciatevi ingannare: il locale propone la cucina tipica piemontese, semplice e fragrante, e presenta un'ampia scelta di vini.

XX **Solferino**

piazza Solferino 3 ✉ 10121 – ☎ 0 11 53 58 51 – www.ristorantesolferino.com 4CXm

Rist – Menu 40/52 € – Carta 31/61 €

E' in questo locale che circa 30 anni fa è approdata la passione toscana nel campo della ristorazione. Oggi, la carta propone piatti di casa e, ovviamente, i classici piemontesi.

XX **Taverna dell'Oca**

via dei Mille 24 ✉ 10123 – ☎ 0 11 83 75 47 – www.tavernadelloca.com – Chiuso luglio od agosto, lunedì e sabato a mezzogiorno 6DYb

Rist – Carta 34/56 €

In un locale colorato e informale, l'oca regna "sovrana" in tante ricette, ma "principesse" sono anche altre specialità regionali e - per la par condicio - il pesce, in un menu degustazione a lui interamente dedicato.

XX **Capriccioli**

via San Domenico 40 ✉ 10122 – ☎ 01 14 36 82 33 – www.ristorantecapriccioli.it – Chiuso 1 settimana in gennaio, 2 settimane in agosto, martedì a mezzogiorno e lunedì 4CVe

Rist – Carta 44/92 €

Un angolo di Sardegna nella città della Mole, quindi largo spazio a bottarga di muggine o al tonno di Carloforte, ma anche tanto pesce e crostacei di altri lidi d'Italia, in un locale raffinato le cui tinte écru evocano la sabbia di Capriccioli.

Il Diplomatico – Hotel NH Ambasciatori
corso Vittorio Emanuele II 104 ✉ 10121 Ⓜ Vinzaglio – ✆ 01 15 75 21 – www.nh-hotels.com 3BXa
Rist – Carta 29/56 €
Conosciuta come la "città del motore", Torino ha tanto da offrire anche in termini di gastronomia. In questo raffinato ristorante dalle grandi vetrate, un piccolo saggio delle specialità regionali e piatti più internazionali per ospiti stranieri.

Piccolo Lord
corso San Maurizio 69 bis/G ✉ 10124 – ✆ 0 11 83 61 45 – www.ristorantepiccololord.it – Chiuso 1 settimana in gennaio, 2 settimane in giugno e domenica 4DYa
Rist – *(solo a cena)* Carta 37/58 €
Locale moderno ed accogliente nel quale si destreggiano due giovani cuochi, in grado di realizzare ricette semplici ma caratterizzate da una forte impronta personale. Servizio informale.

Da Toci
corso Moncalieri 190 ✉ 10133 – ✆ 01 16 61 48 09 – Chiuso 16 agosto-5 settembre e le sere di domenica e lunedì 6CZq
Rist – Carta 23/54 €
Leit motiv di questo ristorante, semplice e ben tenuto, è quello del mare, tuttavia non mancano i sapori caratteristici della terra d'origine del suo titolare: la Toscana.

Consorzio Ⓝ
via Monte di Pietà 23 ✉ 10122 – ✆ 01 12 76 76 61 – www.ristoranteconsorzio.it – Chiuso 3 settimane in agosto, sabato a mezzogiorno e domenica
Rist – (consigliata la prenotazione) Carta 27/49 € 4CXn
Due giovani soci sono gli artefici di questa miniera di prelibatezze gastronomiche piemontesi: semplice ed informale, è un emozionante viaggio nelle tradizioni regionali, vini e formaggi compresi. Volete assaggiare un piatto veramente speciale? Lo stracotto di fassone al ruché.

Taverna delle Rose
via Massena 24 ✉ 10128 Ⓜ Re Umberto – ✆ 0 11 53 83 45 – Chiuso agosto, sabato a mezzogiorno e domenica 6CZr
Rist – Carta 26/62 €
Linea di cucina prettamente regionale in un ambiente accattivante ed informale. La sera, accomodatevi nella romantica sala con mattoni a vista e luci soffuse.

Ristorantino Tefy
corso Belgio 26 ✉ 10153 – ✆ 0 11 83 73 32 – Chiuso 1 settimana in giugno, 2 settimane in settembre, sabato a mezzogiorno e domenica 2HTb
Rist – Menu 30/40 € – Carta 29/42 €
Un locale accogliente per un'esperienza gastronomica che viaggia tra Umbria e Piemonte: dalla cucina soprattutto i sapori della terra; il venerdì e il sabato si propone anche il pesce.

Goffi del Lauro
corso Casale 117 ✉ 10132 – ✆ 01 18 19 06 19 – www.ristorantegoffi.it – Chiuso 15 settembre-5 ottobre e martedì 2HTc
Rist – Carta 27/39 €
In attività dal 1893 e da allora sempre con la stessa gestione, è un'autentica trattoria custode della tradizione piemontese: buffet di antipasti, paste, brasati e bolliti!

TORNO – Como (CO) – **561** E9 – **1 214 ab.** – **alt. 225 m** – ✉ **22020** **18** B1
Italia Centro-Nord
Roma 633 – Como 7 – Bellagio 23 – Lugano 40
Portale★ della chiesa di S. Giovanni

Vapore cam, VISA
via Plinio 20 ✉ 22020 Torno – ✆ 0 31 41 93 11 – www.hotelvapore.it
– Chiuso dicembre-gennaio
12 cam – †75/85 € ††85/95 €, ☕ 10 €
Rist – *(chiuso mercoledì escluso 1° giugno-20 settembre)* (consigliata la prenotazione) Carta 24/55 €
Nel centro storico della pittoresca località, l'hotel non manca di affacciarsi sul lago: camere belle e luminose in una piccola struttura di sicuro confort. Ristorante dotato di piacevole terrazza sullo specchio lacustre e specialità tipicamente italiane in menu.

TORRE A MARE – Bari (BA) – 564 D33 – ✉ 70126 — 27 C2

Roma 463 – Bari 12 – Brindisi 101 – Foggia 144

Osteria Varvamingo AC VISA AE
via Garibaldi 4 – ✆ 08 05 43 36 58 – www.osteriavarvamingo.it
– Chiuso domenica sera e lunedì
Rist – Carta 28/61 €
In un'affascinante casa d'inizio '900, all'interno - scolpito - regna il tufo, insieme al pesce di giornata: da scegliere nell'espositore. Molti vini biodinamici nell'ottima lista.

Da Nicola AC P VISA AE
via Principe di Piemonte 3 – ✆ 08 05 43 00 43 – www.ristorantedanicola.com
– Chiuso 24 dicembre-15 gennaio, domenica sera e lunedì
Rist – Carta 24/49 €
Un buon localino, semplice e familiare, ubicato in riva al mare e a pochi passi dal centro del paese; piatti marinari e fresca terrazza esterna sul porticciolo.

TORRE ANNUNZIATA – Napoli (NA) – 564 E25 – 43 699 ab. – alt. 9 m — 6 B2

– ✉ 80058 Italia Centro-Sud
Roma 240 – Napoli 27 – Avellino 53 – Caserta 53
Villa di Oplontis★★

Grillo Verde AC rist, P VISA AE
piazza Imbriani 19 – ✆ 08 18 61 10 19 – www.hotelgrilloverde.it
15 cam ☕ – †65 € ††86 € **Rist** – *(chiuso martedì)* Carta 16/25 € (+15 %)
Nei pressi della stazione ferroviaria e degli scavi di Oplontis e di Pompei - raggiungibili per mezzo di una navetta - camere semplici, ma ben tenute: le più grandi al piano terra. Splendido acquario nella hall. Piatti casalinghi al ristorante.

TORRE BOLDONE – Bergamo (BG) – 561 E11 – 8 334 ab. – alt. 280 m — 19 C1

– ✉ 24020
Roma 618 – Milano 57 – Bergamo 6 – Lecco 47

Papillon AC P VISA AE
via Gaito 36, Nord-Ovest : 1,5 km – ✆ 0 35 34 05 55 – www.papillonristorante.it
– Chiuso 1°-5 gennaio, 3 settimane in agosto, lunedì e martedì
Rist – Menu 15 € (pranzo in settimana) – Carta 36/68 €
Immerso nel verde di un parco e della collina alle spalle, un locale dalla lunga tradizione familiare, che dal 2003 vede in cucina uno chef di grande esperienza. Nelle sale d'impostazione classica vi saranno serviti piatti contemporanei e specialità alla griglia.

TORRE CANNE – Brindisi (BR) – 564 E34 – Stazione termale — 27 C2

– ✉ 72010
Roma 517 – Brindisi 47 – Bari 67 – Taranto 57

Del Levante rist, AC P VISA AE
via Appia 22 – ✆ 08 04 82 01 60 – www.apuliacollection.com
149 cam ☕ – †82/197 € ††117/276 €
Rist – *(aperto 1° marzo-15 novembre)* Carta 30/39 €
Ideale non solo per chi vuole spendervi le vacanze ma anche per chi è in viaggio per lavoro, grande e moderno complesso in riva al mare con ampi spazi esterni. Bella la grande piscina in giardino. Delicate tonalità mediterranee rendono accogliente la sala da pranzo.

Eden

via Potenza 46 – ✆ 08 04 82 98 22 – www.hoteledentorrecanne.it – Aperto 1° maggio-30 settembre
87 cam – ♦56/108 € ♦♦86/170 € **Rist** – Menu 25 €
A pochi metri dal mare, in una località di antiche tradizioni marinare, squisita gestione familiare in una risorsa dagli ampi spazi di taglio classico, terrazza roof garden con solarium e piscina. Cucina tipica nazionale nel luminoso ristorante.

TORRECHIARA – **Parma (PR)** – **562** I12 – ✉ **43010** Italia Centro-Nord **8** A3

Roma 469 – Parma 19 – Bologna 109 – Milano 141

Affreschi★ nel castello e ★

XX **Taverna del Castello**

via del Castello 25 – ✆ 05 21 35 50 15 – www.tavernadelcastello.it
Rist – Menu 26/33 € – Carta 30/54 €
Un castello medioevale in pietra, quasi una fortezza se visto dal basso, da qui la vista sulle colline circostanti: un bar pubblico e quattro sale dedicate alla ristorazione per una cucina tradizionale e creativa.

TORRE DEL GRECO – **Napoli (NA)** – **564** E25 – **87 197 ab.** – ✉ **80059** **6** B2
Italia Centro-Sud

Roma 227 – Napoli 15 – Caserta 40 – Castellammare di Stabia 17

Scavi di Ercolano★★ Nord-Ovest : 3 km

Vesuvio★★★ Nord-Est : 13 km e 45 mn a piedi AR

in prossimità casello autostrada A 3

Mercure Napoli Sud Sakura rist,

via De Nicola 26/28 ✉ 80059 – ✆ 08 18 49 31 44 – www.mercure.com
77 cam – ♦79/115 € ♦♦90/189 € **Rist** – Carta 34/64 €
In posizione elevata e tranquilla, con pittoreschi scorci del Golfo, una stuttura moderna, dove le camere più spaziose occupano i piani inferiori; qualche arredo d'epoca qua e là. Ampi spazi al ristorante dalla decorazioni nipponiche.

Marad

via Benedetto Croce 20 ✉ 80059 – ✆ 08 18 49 21 68 – www.marad.it
74 cam – ♦65/100 € ♦♦65/140 € **Rist** – Menu 28/46 €
Circondato da un piccolo giardino, le camere sono semplci anche negli arredi, ma prenotarne una con vista sul Golfo lascerà un romantico ricordo. Terrazza solarium.

TORRE DEL LAGO PUCCINI – **Lucca (LU)** – **563** K12 – ✉ **55048** **31** B1

Roma 369 – Pisa 14 – Firenze 95 – Lucca 25

al lago di Massaciuccoli **Est : 1 km :**

X **Da Cecco**

piazza Belvedere Puccini 10/12 ✉ 55049 – ✆ 05 84 34 10 22 – Chiuso lunedì
Rist – Menu 40 € – Carta 28/45 €
Affacciato sul lago da uno scenografico belvedere - a fianco alla casa museo di Giacomo Puccini - proposte classiche di carne e di pesce, nonché cacciagione (nel periodo invernale), si contendono la carta. Boiserie al soffitto, trofei di caccia e fucili caratterizzano l'ambiente.

TORREGROTTA **Sicilia** – **Messina (ME)** – **365** BB54 – **7 400 ab.** **30** D1
– **alt. 44 m** – ✉ **98040**

Catania 141 – Messina 29 – Palermo 215

Thomas rist,

via Sfameni 98, località Scala – 09 09 98 22 73 – www.hotelristorantethomas.it – Chiuso 19 dicembre-6 gennaio

18 cam – 40/45 € 55/60 € **Rist** – *(chiuso lunedì)* Carta 19/43 €

Sulla strada che porta al mare - tra le numerose case di villeggiatura della zona - una struttura i cui punti di forza sono l'ottimo rapporto qualità/prezzo ed il continuo ammodernamento, che crea ambienti "caldi" e personalizzati. Classico ristorante di mare, ambiente semplice e familiare.

TORRE PELLICE – Torino (TO) – 561 H3 – 4 735 ab. – alt. 516 m – 10066 22 B3

Roma 708 – Torino 58 – Cuneo 64 – Milano 201

Flipot con cam cam,

corso Gramsci 17 – 0 12 19 12 36 – www.flipot.com – Chiuso lunedì e martedì

5 cam – 80 € 100 € **Rist** – Menu 60/80 € – Carta 53/83 €

In origine una cascina settecentesca, oggi un'elegante casa piemontese con due giardini interni dove vi sedurranno l'uso di erbe aromatiche e le specialità del territorio.

TORRE SAN GIOVANNI – Lecce (LE) – 564 H36 – 73059 Ugento 27 D3

Roma 652 – Brindisi 105 – Gallipoli 24 – Lecce 62

Hyencos Calòs e Callyon rist,

piazza dei Re Ugentini – 08 33 93 10 88 – www.hyencos.com – Aperto 1° maggio-30 settembre

61 cam – 50/100 € 80/120 € **Rist** – *(solo per alloggiati)* Carta 22/52 €

In posizione centrale, all'interno di una villa dell'800, la struttura dispone di luminosi spazi, camere funzionali e semplici negli arredi, nonchè di una terrazza con vista.

TORRETTE – Pesaro e Urbino (PU) – 563 L22 – Vedere Ancona

TORRIANA – Rimini (RN) – 562 K19 – 1 577 ab. – alt. 337 m – 47825 9 D2

Roma 307 – Rimini 21 – Forlì 56 – Ravenna 60

Il Povero Diavolo con cam

via Roma 30 – 05 41 67 50 60 – www.ristorantepoverodiavolo.com

4 cam – 75 € 110 €

Rist – *(chiuso mercoledì) (solo a cena escluso sabato ed i giorni festivi da ottobre a maggio)* (consigliata la prenotazione) Menu 65/95 € – Carta 56/80 €

→ "Riso in bianco" secondo la stagione. Tutto il piccione, in padella e al forno. Sempreverde, dessert alle erbe aromatiche.

In quella che parrebbe una semplice osteria di paese dalla gestione simpaticamente familiare, si officia una cucina inaspettatamente tecnica, a tratti innovativa, sempre intelligentemente legata ai prodotti del territorio. Pernottamento in camere semplici allietate da libri messi a disposizione dei clienti.

Il Chiosco di Bacco

via Santarcangiolese 62 – 05 41 67 83 42 – www.chioscodibacco.it – Chiuso 2 settimane in ottobre e lunedì

Rist – *(solo a cena escluso domenica)* Menu 25/45 € – Carta 31/72 €

Un vero paradiso per gli amanti della carne. E poi formaggi e piatti della tradizione romagnola, il tutto in un ambiente rustico con finestre che corrono lungo tutto il perimetro.

TORRI DEL BENACO – Verona (VR) – 562 F14 – 2 963 ab. – alt. 67 m – 37010 39 A2

Roma 535 – Verona 37 – Brescia 72 – Mantova 73

per Toscolano-Maderno – Navigazione Lago di Garda, viale Marconi 8 call center 800 551 801

via Fratelli Lavanda 3, 045 6 29 61 62, www.tourism.verona.it

Del Porto

lungolago Barbarani – ✆ 04 57 22 50 51 – www.hoteldelportotori.com – Aperto 15 marzo-2 novembre
21 cam ☕ – 🚹100/300 € 🚹🚹120/900 € – 8 suites
Rist *Del Porto* – vedere selezione ristoranti
E' come se si fosse fatto un "voto" allo stile design/minimalista: belle camere ampie e funzionali, compatti gli spazi comuni, arieggiato il solarium per la bella stagione.

Baia dei Pini (N)

via Gardesana 115 – ✆ 04 57 22 52 15 – www.baiadeipini.com – Aperto 25 marzo-3 novembre
22 cam ☕ – 🚹70/110 € 🚹🚹130/250 €
Rist – Carta 40/90 €
Immerso in un bel giardino, l'albergo è composto da tre case che ospitano camere accoglienti e moderne caratterizzate da un côté vagamente modaiolo. Il lago è letteralmente a portata di mano, soprattutto dalla terrazza-veranda del ristorante.

Galvani

località Pontirola 7, Nord : 1 km – ✆ 04 57 22 51 03 – www.hotelgalvani.it – Aperto 1° aprile-30 settembre
33 cam – 🚹45/102 € 🚹🚹68/188 €, ☕ 18 € – 2 suites
Rist – *(chiuso martedì)* Carta 30/51 €
Fronte lago, in posizione tranquilla, l'hotel è stato completamente rinnovato in veste moderna, non perdendo la valida funzionalità che ha sempre offerto ai suoi ospiti. Valido anche il livello della ristorazione, naturalmente regionale.

Gardesana

piazza Calderini 5 – ✆ 04 57 22 54 11 – www.gardesana.eu – Aperto 5 aprile-29 settembre
34 cam ☕ – 🚹70/185 € 🚹🚹110/200 €
Rist *Torri* – vedere selezione ristoranti
Rist *Gardesana* – *(solo a cena)* Carta 40/80 €
All'ombra del turrito castello scaligero, le origini dell'edificio risalgono all'epoca tardo medievale: l'eleganza di un mitico passato si unisce ad un'attenta ospitalità. L'omonimo ristorante serale è al 1° piano, servizio estivo in terrazza.

Al Caminetto

via Gardesana 52 – ✆ 04 57 22 55 24 – www.hotelalcaminetto.it – Aperto Pasqua- 30 novembre
20 cam ☕ – 🚹45/60 € 🚹🚹78/105 €
Rist – Menu 25 €
Una gestione familiare di rara cortesia e un'accurata attenzione per i particolari per questa piccola, deliziosa risorsa a breve distanza tanto dal centro storico quanto dal lago.

Lido (N)

via Gardesana 3 – ✆ 04 56 29 62 40 – www.hotellido.vr.it – Aperto 1° gennaio-8 marzo e 1° aprile-30 settembre
22 cam – 🚹50/138 € 🚹🚹50/158 €, ☕ 17 € – 1 suite
Rist – Carta 25/50 €
Proprio fronte lago, davanti all'imbarco dei traghetti, Lido è un albergo familiare, funzionale e moderno, completato da un bar e dal ristorante: entrambi con tavolini all'aperto.

Al Caval senza rist

via Gardesana 186 – ✆ 04 57 22 56 66 – www.hotelalcaval.it – Chiuso 15 gennaio-15 marzo
20 cam ☕ – 🚹55/64 € 🚹🚹84/104 €
Nella sua semplicità, questa risorsa rimane sempre un buon punto di riferimento: ubicata nei pressi del centro, dispone di camere carine e confortevoli, nonché spazi comuni arredati con gusto moderno.

Viola

via Gardesana 186 – ✆ 04 57 22 50 83 – www.ristoranteviola.com
– Chiuso 10 gennaio-15 febbraio e mercoledì
Rist – (consigliata la prenotazione) Menu 30 € (cena)/40 €
– Carta 32/49 €
Locale piacevolmente informale, che negli anni ha saputo trasformarsi interpretando il mood del momento. Oggi si mangia una gustosa cucina, creativa e mediterranea, che utilizza numerosi prodotti italiani dei presidi slow food.

Torri – Hotel Gardesana

piazza Calderini 20 – ✆ 04 57 22 59 97 – www.gardesana.eu
– Aperto 5 aprile-29 settembre
Rist – *(chiuso martedì escluso giugno-15 settembre)* Carta 28/73 €
Piatti gardesani e buon vino, in un storica struttura sorta nella metà del '400 per ospitare il Palazzo del Capitano. Bella, anche la vista sul lago.

Del Porto – Hotel Del Porto

lungolago Barbarani – ✆ 04 57 22 50 51 – www.hoteldelportotori.com
– Aperto 15 marzo-2 novembre; chiuso mercoledì escluso giugno-settembre
Rist – Menu 50/65 € – Carta 39/78 €
Gli interni sono arredati nel medesimo stile moderno e minimalista dell'omonimo hotel, ma il vero pezzo forte della casa è la piattaforma del dehors appoggiata sul lago. La cucina classica propone carne e pesce, sia di lago sia di mare.

ad Albisano Nord-Est : 4,5 km – ✉ 37010 Torri Del Benaco

Panorama

via San Zeno 9 – ✆ 04 57 22 51 02 – www.panoramahotel.net
– Aperto 1° marzo-30 novembre
28 cam – 55/90 € 90/125 €
Rist ***Panorama*** – Carta 20/55 €
Nel nome tutto ciò che delizierà la vostra vacanza: una vista spettacolare e un'ubicazione unica, dominante il lago. Camere non grandi, ma tutte ristrutturate di recente; particolarmente carine quelle ubicate sul grande terrazzo con solarium o quelle sul giardino.

Alpino senza rist

via San Zeno 8 – ✆ 04 57 22 51 80 – www.albergo-alpino.it
– Aperto 1° aprile-1° novembre
12 cam – 70/90 € 100/140 €
Piccolo albergo completamente ristrutturato; la piacevolezza del soggiorno è assicurata dalla capace conduzione familiare e dalla qualità di camere e dotazioni.

TORRILE – Parma (PR) – 562 H12 – 7 804 ab. – alt. 32 m – ✉ 43030 8 B1

Roma 470 – Parma 13 – Mantova 51 – Milano 134

a Vicomero Sud : 6 km – ✉ 43031

Romani

via dei Ronchi 2 – ✆ 05 21 31 41 17 – www.ristoranteromani.it
– Chiuso 1 settimana in luglio, mercoledì e giovedì
Rist – Menu 29/40 € – Carta 24/57 €
In aperta campagna, la casa colonica d'epoca ed il suo fienile sono diventati un ristorante di sobria eleganza, dove la passione per la cucina emiliana si concretizza in un'attenta selezione dei migliori prodotti locali, che danno vita a piatti memorabili come lo stracotto di manzo e di cervo. Annessa bottega alimentare con vendita di salumi, formaggi e prodotti tipici.

TORRITA DI SIENA - Siena (SI) - 563 M17 - ✉ 53049 32 D2

Roma 199 - Firenze 100 - Siena 56 - Arezzo 43

Residenza D'Arte senza rist

località Poggio Madonna dell'Olivo – ☎ 05 77 68 61 79 – www.residenzadarte.com – Aperto 1° aprile-31 ottobre

7 cam – †135/250 € ††150/320 €

In posizione panoramica sul paese, un living-museum d'arte contemporanea all'interno di un borgo medievale per un soggiorno tra arredi antichi e nuove espressioni artistiche.

TORTOLÌ Sardegna - Ogliastra (OG) - 366 S44 - 10 838 ab. - alt. 13 m 28 B2 - ✉ 08048 Sardegna

Cagliari 140 – Muravera 76 – Nuoro 96 – Olbia 177

da Arbatax per: Civitavecchia, Fiumicino e Genova – Tirrenia Navigazione, call center 892 123

Strada per Dorgali★★★ Nord

La Bitta

località Porto Frailis – ☎ 07 82 66 70 80 – www.hotellabitta.it – Aperto 1° marzo-30 novembre

63 cam – †76/197 € ††78/304 € **Rist** – Carta 26/55 €

Direttamente sul mare, una villa signorile con spaziose aree comuni, belle camere diverse negli arredi e nei tessuti, piscina, solarium ed un'oasi relax appartata nel verde. Piatti di pesce e prodotti tipici locali da gustare nella panoramica sala ristorante oppure all'aperto.

Arbatasar Hotel

località Porto Frailis – ☎ 07 82 65 18 00 – www.arbatasar.it – Aperto 1° aprile-31 ottobre

43 cam – †55/200 € ††79/240 € **Rist** – Carta 30/58 €

Il nome riporta alle origini arabe della località, una villa dai colori caldi e sobri con ampie aree, camere spaziose ed eleganti, una piscina invitante incorniciata da palme. Nell'elegante e raffinata sala da pranzo, proposte di cucina internazionale e regionale realizzate con prodotti locali e pesce del Mare Nostrum.

Il Vecchio Mulino senza rist

via Parigi, località Porto Frailis – ☎ 07 82 66 40 41 – www.hotelilvecchiomulino.it – Chiuso 19-26 dicembre

24 cam – †40/100 € ††55/130 €

Una struttura dal sapore antico, ospita ambienti signorili arredati in calde tonalità, camere con travi a vista e bagni in marmo ed organizza escursioni in veliero nel Golfo.

La Perla

viale Europa 15, località Porto Frailis – ☎ 07 82 66 78 00 – www.hotel-laperla.com – Aperto 1° marzo-30 novembre

29 cam – †60/125 € ††80/210 € **Rist** – *(solo a cena)* Carta 24/48 €

Poco distante dal mare, questo albergo a conduzione familiare è circondato da un ampio giardino e dispone di moderne camere: recentissime quelle nella *dépendance.*

TORTONA - Alessandria (AL) - 561 H8 - 27 706 ab. - alt. 122 m 23 C2 - ✉ 15057

Roma 567 – Alessandria 22 – Genova 73 – Milano 73

corso Alessandria 62, ☎ 0131 86 42 97, www.comune.tortona.al.it

Villa Giulia senza rist

s.s. Alessandria 7/A – ☎ 01 31 86 23 96 – www.villagiulia-hotel.com

12 cam – †83/93 € ††113 €

Un'antica casa completamente ristrutturata e trasformata in albergo; periferica, all'ingresso della località arrivando da Alessandria. Pavimenti in marmo e bei parquet.

Casa Cuniolo senza rist
viale Amendola 6 – ☎ 01 31 86 21 13 – www.gabriellacuniolo.com – Chiuso febbraio
4 cam – 100/150 € 110/160 €
Ubicata sulla collina del castello, la candida villa – costruita secondo i canoni dell'architettura razionalista che furoreggiava negli anni '30 – fu abitazione e studio del maestro G. Cuniolo. Poche camere, eleganti e raffinate, arredate secondo gli stilemi in voga in quel periodo e lo splendido giardino.

Cavallino con cam
rist, rist,
corso Romita 83 – ☎ 01 31 86 23 08 – www.cavallino-tortona.it
13 cam – 55/65 € 85/95 €
Rist – *(chiuso agosto e domenica)* Carta 38/73 €
Tre giovani imprenditori, capaci ed appassionati della buona tavola, hanno rilevato questo storico locale vivacizzandolo con la loro verve. In tavola arrivano piatti di gusto contemporaneo, sfiziosi e attenti al territorio.

Vineria Derthona
via Perosi 15 – ☎ 01 31 81 24 68 – www.vineriaderthona.it – Chiuso 2 settimane in agosto, domenica a mezzogiorno, lunedì e sabato
Rist – Carta 23/45 €
Non sarà facile trovare posteggio nelle vicinanze di questo locale che ricorda nel nome l'antica colonia romana, in compenso è un autentico wine-bar dai saporiti piatti locali. Il vitello tonnato alla piemontese è il re del menu!

Caffè Ristorante Sangiacomo N
via Calvino 4 – ☎ 01 31 82 99 95 – www.gabriellacuniolo.com – Chiuso 1°-15 agosto, domenica sera e lunedì
Rist – Carta 27/48 €
Se San Giacomo è il protettore dei Pellegrini e, nel medioevo, Tortona una tappa importante lungo la Via Francigena, questo ristorante offre oggigiorno uno spazio rilassante dove ritemprare anima e corpo. Nella sala classica o nel romantico giardino d'inverno sono i sapori del territorio ad imporsi con decisione, ma anche con generosa "apertura" verso il mare.

sulla strada statale 35 Sud : 1,5 km :

Aurora Girarrosto con cam
cam,
strada statale dei Giovi 13 ✉ 15057 – ☎ 01 31 86 30 33 – www.auroragirarrosto.com – Chiuso 2 settimane in agosto
17 cam – 60/70 € 90/100 € **Rist** – Carta 43/78 €
Sulla via per Genova, un indirizzo che può soddisfare, a validi livelli, esigenze sia di ristorazione che di pernottamento; a tavola, leccornie piemontesi e liguri.

TORTORETO – Teramo (TE) – 563 N23 – 10 202 ab. – alt. 239 m – ✉ 64018

1 B1

Roma 215 – Ascoli Piceno 47 – Pescara 57 – Ancona 108

via Archimede 15, ☎ 0861 78 77 26, www.abruzzoturismo.it

a Tortoreto Lido Est : 3 km – ✉ 64018

Green Park Hotel
cam,
via F.lli Bandiera 28 – ☎ 08 61 77 71 84 – www.hgreenpark.com – Aperto 1° maggio-30 settembre
48 cam – 50/100 € 70/120 € – 8 suites
Rist – *(solo per alloggiati)* Menu 15 €
A cento metri dal mare, camere di due tipologie - standard o gold - ma sempre confortevoli, nonché bella terrazza con palestra sotto una veranda. Benvenuti i bambini che troveranno spazi e giochi!

Costa Verde
lungomare Sirena 356 – 08 61 78 70 96 – www.hotel-costaverde.com – Aperto 1° maggio-30 settembre
55 cam – 60/70 € 80/90 € **Rist** – Menu 25 €
Una costruzione moderna sul lungomare con ambienti demodè semplici ed essenziali; all'esterno, cinta dal verde, la piscina: una soluzione ideale per vacaze di sole e mare. Nella sobria sala da pranzo illuminata da grandi vetrate che si aprono sul cortile, la cucina mediterranea.

TORVAIANICA – **Roma (RM)** – **563** R19 – **00040** **12** B2
Roma 34 – Anzio 25 – Latina 50 – Lido di Ostia 20
Marediroma via Enna 30, 06 9133250, www.golfmarediroma.it – chiuso lunedì

Zi Checco
lungomare delle Sirene 1 – 0 69 15 71 57 – www.zichecco.it – Chiuso 22 dicembre-4 gennaio e lunedì
Rist – (consigliata la prenotazione) Carta 25/51 €
Come è intuibile dalla posizione sulla spiaggia, in menu primeggia il mare, ma non solo. Qui è infatti possibile gustare la specialità del luogo: i famosi "torvicelli", spaghettoni di farro conditi con pecorino e alici.

TOSCOLANO-MADERNO – **Brescia (BS)** – **561** F13 – **8 111 ab.** – **alt. 86 m** **17** C2
Roma 556 – Brescia 39 – Verona 44 – Bergamo 93
per Torri del Benaco – Navigazione Lago di Garda, Piazza Matteotti, Desenzano 030 9149511 e fax 030 9149520
Bogliaco, 0365 643006

MADERNO (BS) – **25088** **17** C2

Il Cortiletto
via F.lli Bianchi 1 – 03 65 54 00 33 – www.ristoranteilcortiletto.com – Chiuso 4-25 febbraio, domenica sera e lunedì escluso in aprile-settembre
Rist – Carta 25/41 €
Sulla statale Gardesana, cucina di ispirazione mediterranea con qualche tocco di originalità in un piccolo ristorante, semplice, ma non banale. Due consigli: nella bella stagione optate per il servizio all'aperto e tra le specialità non perdetevi i maccheroncini al torchio con pesto di limone e pesce persico.

TOVO DI SANT'AGATA – **Sondrio (SO)** – **561** D12 – **630 ab.** – **alt. 526 m** – **23030** **17** C1
Roma 680 – Sondrio 33 – Bormio 31

Franca con cam
via Roma 11 – 03 42 77 00 64 – www.albergofranca.it – Chiuso 1°-15 luglio
22 cam – 48/60 € 80/95 €
Rist – *(chiuso domenica escluso 15 luglio-15 agosto)* Menu 16 € (pranzo in settimana)/35 € – Carta 22/41 €
A metà strada tra Bormio e Sondrio, una villetta di recente costruzione con buone camere ma anche un menù interessante, che spazia tra proposte classiche e valtellinesi.

TOVO SAN GIACOMO – **Savona (SV)** – **561** J6 – **2 508 ab.** – **alt. 80 m** – **17020** Liguria **14** B2
Roma 589 – Genova 78 – Savona 32 – Imperia 51

a Bardino Vecchio **Nord: 2 km** – **17020**

Il Casale
via Briffi 22 – 01 96 37 50 14 – www.ilcasale.it – Aperto 1° marzo-5 novembre
7 cam – 60/90 € 100/160 € – 2 suites
Rist – (prenotazione obbligatoria) Carta 38/48 €
Casale di fine '800 all'interno di una proprietà agricola, che assicura anche prodotti biologici al ristorante: poche camere dal piacevole stile romantico, ma soprattutto molti servizi e un centro benessere dall'ampia offerta.

TRACINO – Trapani (TP) – Vedere Pantelleria (Isola di)

TRADATE – Varese (VA) – 561 E8 – 17 901 ab. – alt. 303 m – ✉ 21049 18 A1

Roma 614 – Como 29 – Gallarate 12 – Milano 39

XX **Tradate**

via Volta 20 – ☎ 03 31 84 14 01 – Chiuso 24 dicembre-5 gennaio, agosto, lunedì a mezzogiorno e domenica

Rist – Carta 39/79 €

Due sorelle gestiscono ormai da parecchi anni questo locale sito nel centro del paese. Ambiente raccolto e ospitale, con arredi in stile e camino; specialità di pesce.

TRAMIN AN DER WEINSTRASSE = Termeno sulla Strada del Vino

TRANA – Torino (TO) – 561 G4 – 3 874 ab. – alt. 372 m – ✉ 10090 22 B2

Roma 661 – Torino 29 – Aosta 135 – Asti 82

a San Bernardino Est : 3 km – ✉ Briona

XX **La Betulla**

strada provinciale Giaveno 29 – ☎ 0 11 93 31 06 – www.ristorantelabetulla.it – Chiuso 7-21 gennaio, 16-22 agosto e lunedì

Rist – Menu 15 € (in settimana)/48 € – Carta 39/61 €

Ristorante luminoso, con ampie vetrate e giochi di specchi. Tocchi di eleganza e possibilità di pranzare all'aperto. Cucina del territorio rivisitata. Ottima cantina.

TRANI – Barletta-Andria-Trani (BT) – 564 D31 – 53 940 ab. – ✉ 70059 26 B2

Puglia

Roma 414 – Bari 46 – Barletta 13 – Foggia 97

piazza Trieste 10, ☎ 0883 58 88 30, www.comune.trani.bt.it

Cattedrale★★ – Giardino pubblico★

San Paolo al Convento senza rist

via Statuti Marittimi 111 – ☎ 08 83 48 29 49 – www.hotelsanpaoloalconvento.it

33 cam ☕ – 🛉100/160 € 🛉🛉120/220 €

Nel quattrocentesco convento dei padri barnabiti, con pavimenti e cenacolo originali, belle camere affacciate sul chiostro, sull'incantevole porto, o sui giardini pubblici.

Maré Resort

piazza Quercia 8 – ☎ 08 83 48 64 11 – www.mareresort.it

13 cam ☕ – 🛉140/200 € 🛉🛉180/280 € **Rist** – Carta 22/89 €

A pochi metri dall'anfiteatro naturale del porto di Trani, l'albergo è stato ricavato all'interno di un palazzo aristocratico del '700 (i duchi abitano ancora al primo piano). Camere quasi tutte spaziose, dagli arredi minimalisti e forme rigorose; nella corte interna fanno mostra di sé due belle carrozze d'epoca.

Lucy senza rist e senza ☕

piazza Plebiscito 11 – ☎ 08 83 48 10 22 – www.albergolucy.com

10 cam – 🛉55/65 € 🛉🛉65/70 €

In un palazzo del 1840, è una simpatica gestione familiare che vi accoglie in camere semplici: alcune con scorci sul porto, altre sui giardini della villa comunale.

XX **Gallo**

via Statuti Marittimi 48/50 – ☎ 08 83 48 72 55 – www.gallorestaurant.it – Chiuso domenica sera e mercoledì

Rist – Menu 30/80 € – Carta 34/73 €

Affacciato sul porto, i pescatori ricoveravano le barche proprio in questi locali, trasformati ora in eleganti sale e palcoscenico di una cucina creativa ed elaborata. Specialità di pesce.

XX **Il Melograno**

via Bovio 189 – ✆ 08 83 48 69 66 – www.ilmelogranotrani.it – Chiuso gennaio, 1 settimana in agosto e mercoledì

Rist – Carta 27/63 €

Ristorante centrale e accogliente, con due salette ben arredate e ordinate; gestione familiare e cucina a base di pescato con proposte del territorio o più classiche.

XX **Torrente Antico**

via Fusco 3 – ✆ 08 83 48 79 11 – Chiuso 1 settimana in febbraio, 2 settimane in luglio e lunedì

Rist – Carta 33/131 €

In centro storico, si mangia all'interno di un tipico palazzo pugliese del '700 con soffitto a botte: naturalmente pesce nelle tradizionali preparazioni regionali.

TRANSACQUA – Trento (TN) – 2 128 ab. – ✉ 38054 — 34 C2

TRAPANI Sicilia P (TP) – 365 AK55 – 70 622 ab. – ✉ 91100 Sicilia — 29 A2

Palermo 104

di Birgi Sud: 15 km per ① ✆ 0923 842502

per Cagliari – Tirrenia Navigazione, call center 892 123

per le Isole Egadi e Pantelleria – Siremar, call center 892 123

piazza Saturno, ✆ 0923 54 45 33, www.comune.trapani.it

Museo Pepoli★ – Santuario dell'Annunziata★ – Centro Storico★

Isola di Pantelleria★★ Sud per motonave BZ – Isole Egadi★★ Ovest per motonave o aliscafo BZ

Piante pagine seguenti

Maccotta senza rist

via degli Argentieri 4 – ✆ 0 92 32 84 18 – www.albergomaccotta.it BZ**c**

20 cam – 🚹35/40 € 🚹🚹65/75 €, ☕ 5 €

Sorge attorno ad un caratteristico baglio questa struttura che occupa gli spazi di uno storico edificio in un vicolo del centro storico, privo di sala colazioni. Confort, tranquillità.

Ai Lumi senza rist

corso Vittorio Emanuele 71 – ✆ 09 23 54 09 22 – www.ailumi.it AZ**a**

12 cam ☕ – 🚹40/70 € 🚹🚹70/100 € – 6 suites

Il settecentesco palazzo Berardo Ferro, nel centro storico-pedonale della località, accoglie camere in stile ricche di fascino e di storia, affacciate sulla bella corte interna.

XX **Serisso 47** Ⓝ

via Serisso 47/49 – ✆ 0 92 32 61 13 – www.serisso47.com – Chiuso 2 settimane in gennaio o febbraio e lunedì escluso in luglio-agosto AZ**b**

Rist – (consigliata la prenotazione) Carta 37/67 €

In un palazzo del centro, sotto antiche volte in tufo di Favignana, un ristorante dai toni caldi ed eleganti per una cucina che ha saputo reinterpretare la tradizione gastronomica trapanese.

XX **Ai Lumi Tavernetta**

corso Vittorio Emanuele 75 – ✆ 09 23 87 24 18 – www.ailumi.it – Chiuso 10 gennaio-10 febbraio e martedì AZ**a**

Rist – (consigliata la prenotazione) Carta 31/50 €

Giovane e alla moda. Lungo la via centrale della città, la cucina di questo moderno ristorante esplora terra e mare in gustose ricette regionali: imperdibile il cous cous.

TRAPANI

Alighieri (Lungomare Dante) BZ
Bassi (V. L.) . . . . BZ
Botteghelle (V.) . . . . AZ 4
Carolina (V.) . . . . AZ 6
Cassaretto (V.) . . . . AZ 7
Catulo Lutazio (V.) . . . . AZ
Colombo (V. C.) . . . . AZ 9
Crispi (V.) . . . . BZ 10
Custonaci (V.) . . . . AZ 12
Duca d'Aosta (Viale) . . . . AZ
Fardella (V. G. B.) . . . . BZ
Garibaldi (Pza) . . . . BZ
Garibaldi (V.) . . . . BZ
Ilio (V.) . . . . BZ
Italia (Cso) . . . . BZ 15
Jolanda (Pza) . . . . AZ
Libertà (V.) . . . . BZ 16
Malta (Pza) . . . . BZ
Marino Torre (V.) . . . . BZ 21
Matteotti (Pza) . . . . BZ 24
Mazzini (V.) . . . . BZ
Mercato del Pesce (Pza) . . . BZ 25
Mura di Tramontana (V.) . . . . BZ 28
Nasi (V. N.) . . . . AZ 30
Nausicaa (V.) . . . . BZ 31
Ninfe (Largo d.) . . . . AZ 33
Orfane (V.) . . . . BZ 34

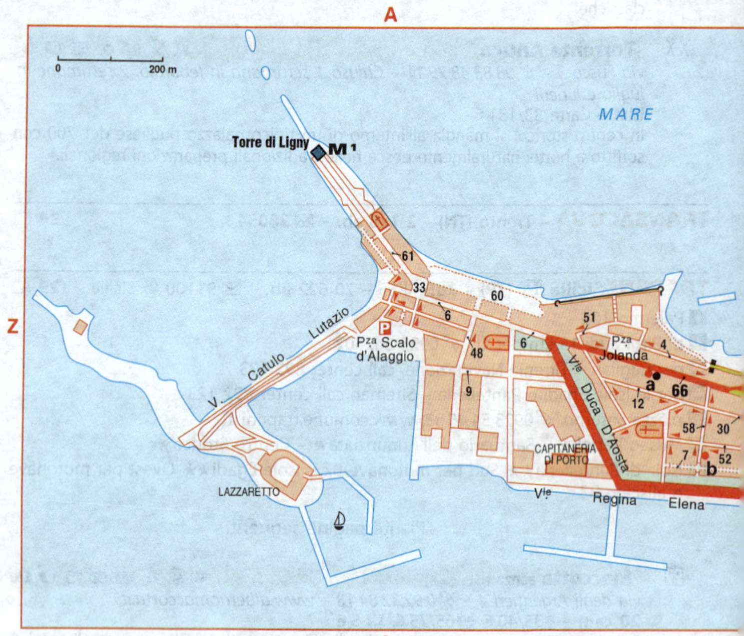

a Fontanasalsa Sud : 9 km – ✉ 91100 Trapani

Agriturismo Baglio Fontanasalsa cam,
via Cusenza 78 – ✆ 09 23 59 10 01 – www.fontanasalsa.it
9 cam – ♦60/80 € ♦♦100/110 €
Rist – (prenotazione obbligatoria a mezzogiorno) Carta 24/53 €
Oliveti e agrumeti cingono la caratteristica risorsa, quasi una scenografia cinematografica western, dove riscoprire la vita di campagna. Camere rustiche e ben ristrutturate. Al ristorante, cucina regionale di sola carne, presentata a voce e con menù fisso.

a Paceco Sud-Est: 12 km – ✉ 91027

Relais Antiche Saline rist,
via Verdi, località Nubia – ✆ 09 23 86 80 29 – www.relaisantichesaline.it – Aperto 16 marzo-31 ottobre
18 cam – ♦69/99 € ♦♦79/179 € – 1 suite **Rist** – Carta 29/67 €
Tra i mulini e le vasche delle saline, un baglio con camere luminose ed accoglienti, affascinanti spazi comuni che attingono ai colori del cielo e del mare.

TRAVAGLIATO – Brescia (BS) – **561** F12 – **13 415 ab.** – **alt. 129 m** – ✉ **25039** **19** D2
Roma 549 – Brescia 12 – Bergamo 41 – Piacenza 95

Osorio (V.) . . . . BZ
Pallante (V.) . . . . BZ 39
Palmerio Abate (V.) . . . . BZ 42
Palmeri (V. G.) . . . . BZ 40
Passo Enea (V.) . . . . BZ 43
Poeta Calvino (V.) . . . . BZ 46
Procida (V. Giov. d.) . . . . AZ 48
Regina Elena (Viale) . . . . AZ
Roma (V.) . . . . BZ 49
Scalo d'Alaggio (Pza) . . . . . . AZ
Scarlatti (Pza) . . . . BZ 55
Scontrino (V.) . . . . BZ 57
Serisso (V.) . . . . AZ 58
Sirene (Viale d.) . . . . AZ 60
Spalti (V.) . . . . BZ
Staiti (V. Ammiraglio) . . . . . . BZ
S. Anna (V.) . . . . AZ 51
S. Francesco d'Assisi (V.) . . . AZ 52
S. Francesco di Paola (Largo) BZ 54
Torrearsa (V.) . . . . BZ
Torre di Ligny (Viale) . . . . AZ 61
Umberto I (Pza) . . . . BZ 63
Vallona (V.) . . . . BZ 64
Vespri (V.) . . . . BZ
Virgilio (V.) . . . . BZ
Vittorio Emanuele (Cso) . . . . AZ 66
Vittorio Emanuele (Pza) . . . . BZ 67
Vittorio Veneto (Pza) . . . . BZ
XXX Gennaio (V.) . . . . BZ
XX Settembre (V.) . . . . BZ 69

XX **Osteria Vineria Operbacco** Ⓝ

via Lepre 2 – ✆ 03 06 86 48 91 – www.operbacco.com
– Chiuso 12-26 agosto e lunedì sera
Rist – Carta 32/47 €
Sotto soffitti a volta di mattoni rossi, l'ambiente è rustico, ma signorile, mentre la cucina perpetua la tradizione locale accompagnandola con una scelta enologica che abbraccia un po' tutte le regioni.

TRAVERSELLA – Torino (TO) – 561 F5 – 350 ab. – alt. 827 m – ✉ 10080

22 B2

▶ Roma 703 – Aosta 85 – Milano 142 – Torino 70

XX **Le Miniere** con cam

piazza Martiri – ✆ 01 25 79 40 06 – www.albergominiere.com
– Chiuso 8 gennaio-10 febbraio
25 cam ☕ – 🚹43 € 🚹🚹75 €
Rist – *(chiuso lunedì e martedì)* Menu 16 € (pranzo in settimana)/40 € – Carta 25/53 €
Sulla piazza centrale di un incantevole paese, l'ottima cucina riesce ad essere piemontese, montana e creativa allo stesso tempo, oltre ad offrire un piccolo miracolo anche nei prezzi. Il piatto da noi prediletto è - senza dubbio - il brasato al barbaresco.

TREBBO DI RENO – Bologna (BO) – 562 I15 – Vedere Castel Maggiore

TRECCHINA – Potenza (PZ) – 564 G29 – 2 369 ab. – alt. 500 m – ✉ 85049 3 B3

Roma 408 – Potenza 112 – Castrovillari 77 – Napoli 205

L'Aia dei Cappellani con cam e senza ☕
contrada Maurino, Nord : 2 km – ☎ 09 73 82 69 37 – Chiuso novembre
3 cam – †30/50 € ††40/70 €
Rist – *(chiuso martedì escluso luglio-agosto)* Menu 20/25 €
Tra distese erbose e ulivi, potrete gustare prodotti freschi e piatti locali caserecci: in sala vecchie foto e utensili di vita contadina, dalla terrazza l'intera vallata. Tre camere con angolo cottura, nelle due case sul retro.

TRECENTA – Rovigo (RO) – 562 G16 – 3 012 ab. – alt. 11 m – ✉ 45027 39 B3

Roma 451 – Padova 72 – Ferrara 33 – Rovigo 34

La Bisa
via Tenuta Spalletti 400 – ☎ 04 25 70 04 04 – www.labisa.eu – Aperto 16 marzo-14 novembre
17 cam ☕ – †65/80 € ††80/90 € **Rist** – *(chiuso lunedì)* Carta 22/47 €
Negli ampi spazi della pianura, una realtà avvolta dal verde in cui trovano posto vari edifici per accogliere camere, sale ristorante, piscina e il centro ippico. Cucina locale e nazionale al ristorante.

TREGNAGO – Verona (VR) – 562 F15 – 4 938 ab. – alt. 317 m – ✉ 37039 38 B2

Roma 531 – Verona 22 – Padova 78 – Vicenza 48

Villa De Winckels con cam
via Sorio 30, località Marcemigo, Nord-Ovest : 1 km – ☎ 04 56 50 01 33 – www.villadewinckels.it – Chiuso 1°-5 gennaio
7 cam ☕ – †50/70 € ††90/120 € – 4 suites
Rist – Carta 33/63 €
Rist *Cantina del Generale* – *(solo a cena)* Carta 26/47 €
Uno scorcio da cartolina per questa villa del XVI secolo con tante intime salette, ad ospitare una cucina improntata alla più radicata tradizione veneta. In omaggio all'ultimo discendente della famiglia, alla Cantina avrete solo l'imbarazzo della scelta fra le migliori annate dei più pregiati vini locali e non solo.

TREIA – Macerata (MC) – 563 M21 – 9 740 ab. – alt. 342 m – ✉ 62010 21 C2

Italia Centro-Nord

Roma 238 – Ancona 49 – Ascoli Piceno 89 – Macerata 16

piazza della Repubblica 3, ☎ 0733 21 73 57, www.prolocotreia.it

a San Lorenzo Ovest : 5 km – ✉ 62010 Treia

Il Casolare dei Segreti con cam e senza ☕
contrada San Lorenzo 28 – ☎ 07 33 21 64 41 – www.casolaredeisegreti.it – Chiuso 5-21 novembre
3 cam – †40 € ††70 €
Rist – *(chiuso lunedì e martedì) (solo a cena escluso i giorni festivi)* Carta 28/36 €
Ristorante a conduzione familiare, giovane e motivata. All'interno quattro rustiche salette dove apprezzare una saporita cucina regionale: molto richiesta, la tagliata di vitello di razza marchigiana.

TREISO – Cuneo (CN) – 561 H6 – 828 ab. – alt. 410 m – ✉ 12050 25 C2

Roma 644 – Torino 65 – Alba 6 – Alessandria 65

La Ciau del Tornavento (Maurilio Garola) con cam

piazza Baracco 7 – ✆ 01 73 63 83 33 – www.laciaudeltornavento.it – Chiuso febbraio,

4 cam – 90 € 120 €

Rist – *(chiuso giovedì a mezzogiorno e mercoledì)* Menu 60/80 € – Carta 52/92 €

➜ Riso con scaloppa di foie gras al cacao. Maialino da latte laccato al miele e purè di mele. Lingotto morbido di cioccolato, pralinato di nocciola e gelato all'olio di nocciola.

Uno dei panorami più suggestivi delle Langhe ed una cucina moderna, nonché fantasiosa, creano un idilliaco quadretto completato da vini conservati nell'eccellente cantina. Nessuna "sbavatura", nemmeno nel servizio. Possibilità di pernottamento per cullarsi tra le colline.

TREMEZZO – Como (CO) – 561 E9 – 1 260 ab. – alt. 225 m – ✉ 22019 16 A2

Italia Centro-Nord

Roma 655 – Como 31 – Lugano 33 – Menaggio 5

piazzale Trieste 1, ✆ 0344 4 04 93, www.tremezzo.it

Località★★★ – Villa Carlotta★★★ – Parco comunale★

Cadenabbia★★ : ★★ dalla cappella di San Martino (1 h e 30 mn a piedi AR)

Grand Hotel Tremezzo

via Regina 8 – ✆ 0 34 44 24 91 – www.grandhoteltremezzo.com – Aperto 2 marzo-31 ottobre

90 cam – 250/760 € 250/760 € – 8 suites

Rist *La Terrazza* – vedere selezione ristoranti

Testimone dei fasti della grande hôtellerie lacustre, questo splendido edificio d'epoca vanta, ora, anche una lussuosa T Spa panoramica ed una piscina galleggiante sul lago. Spiaggia privata.

Villa Edy senza rist

via Febo Sala 18, (località Bolvedro), Ovest : 1 km – ✆ 0 34 44 01 61 – www.villaedy.com – Aperto 1° aprile-31 ottobre

16 cam – 80/95 € 129/159 €

In posizione leggermente defilata rispetto al lago, è la natura la cornice di questa piacevole struttura dalle camere spaziose, adatte anche a soggiorni familiari.

Rusall

via San Martino 2, (località Rogaro), Ovest : 1,5 km – ✆ 0 34 44 04 08 – www.rusallhotel.com – Chiuso 1° gennaio-18 marzo; aperto solo nei week-end 5 novembre-24 dicembre

23 cam – 80/85 € 120/125 € **Rist** – *(chiuso mercoledì)* Carta 30/50 €

Familiare e accogliente risorsa con ubicazione quieta e panoramica; qui troverete una terrazza-giardino con solarium, zone relax e stanze con arredi rustici.

Villa Marie senza rist

via Provinciale Regina 30 – ✆ 0 34 44 04 27 – www.hotelvillamarie.com – Aperto 1° aprile-31 ottobre

21 cam – 70/85 € 85/150 €

All'interno di un giardino con piccola piscina, una villa liberty-ottocentesca fronte lago con alcune delle stanze affrescate (più moderne le camere nella dépendance). Darsena con terrazza per rilassarsi.

La Terrazza – Grand Hotel Tremezzo

via Regina 8 – ✆ 0 34 44 24 91 – www.grandhoteltremezzo.com – Aperto 2 marzo-31 ottobre

Rist – *(solo a cena)* Carta 58/120 €

Dal 2011 c'è Gualtiero Marchesi, gran pioniere della nuova cucina italiana, a consigliare lo chef nelle sue preparazioni, dove il lago non appaga solo la vista, ma anche il palato.

TREMITI (Isole) – Foggia (FG) – **564** A28 – 374 ab. – alt. 116 m **26** A1

Puglia

Isola di San Domino★ – Isola di San Nicola★

SAN DOMINO (ISOLA) (FG) – ✉ 71040 San Domino **26** A1

San Domino

via Matteotti 1 – ✆ 08 82 46 34 04 – www.hotelsandomino.com

25 cam – †69/84 € ††98/128 € **Rist** – Menu 18/25 €

Nella parte alta dell'isola, un hotel a conduzione familiare ospita ambienti dai piacevoli arredi in legno, ideale punto di appoggio per gli appassionati di sport acquatici. L'elegante ristorante propone la cucina tradizionale italiana.

Baely Resort

via Matteotti snc – ✆ 08 82 46 37 67 – www.baely.it

11 cam – †55/130 € ††90/190 € **Rist** – *(solo per alloggiati)*

Una struttura di piccole dimensioni con camere particolarmente confortevoli, differenti tra loro per tipologia di arredi ed accessori che spaziano dal classico all'etnico.

TREMOSINE – Brescia (BS) – **561** E14 – 1 918 ab. – alt. 414 m **17** C2
– ✉ 25010

Roma 581 – Trento 62 – Brescia 64 – Milano 159

Pineta Campi

cam, rist,

via Campi 2, località Campi-Voltino alt. 690 – ✆ 03 65 91 20 11 – www.hotelpinetacampi.com – Aperto 20 marzo-20 ottobre

76 cam – †57/77 € ††84/136 € – 1 suite **Rist** – Carta 21/31 €

I paesaggi del Parco Alto Garda Bresciano, l'infilata del lago cinto dalle alture, il confort di una struttura ideale per turisti e tennisti: regalatevi tutto questo! Anche una godereccia sosta gastronomica sulla panoramica terrazza estiva del ristorante.

Lucia

rist,

via del Sole 2, località Arias alt. 460 – ✆ 03 65 95 30 88 – www.hotellucia.it – Aperto 28 marzo-12 ottobre

38 cam – †43/59 € ††66/98 € **Rist** – *(solo per alloggiati)* Carta 18/43 €

Belle le zone esterne, con ampio giardino con piscina, una spaziosa terrazza-bar e comode stanze, site anche nelle due dépendance; ambiente familiare, tranquillo. Due vaste sale ristorante: l'una più elegante e di gusto retrò, l'altra di taglio rustico.

Miralago & Benaco

piazza Cozzaglio 2, località Pieve alt. 433 – ✆ 03 65 95 30 01 – www.miralago.it – Chiuso 1° gennaio-15 marzo

29 cam – †35/49 € ††39/56 € **Rist** – Carta 16/39 €

Centrali, ma tranquilli, posti su uno spuntone di roccia proteso direttamente sul Garda, due alberghi, due corpi distinti; alcune stanze sono state rinnovate di recente. Ristorante con veranda a strapiombo sul lago, ricavato in parte entro una cavità rocciosa.

Villa Selene senza rist

via Lò, località Pregasio alt. 478 – ✆ 03 65 95 30 36 – www.hotelvillaselene.com – Chiuso 15 novembre-18 dicembre

11 cam – †75/120 € ††100/143 €

Una gestione familiare e una posizione panoramica per questo piccolo hotel che offre camere molto curate e personalizzate, persino dotate di idromassaggio.

TRENTO P (TN) – **562** D15 – 116 298 ab. – alt. 194 m **33** B3
– **Sport invernali : vedere Bondone (Monte)** Italia Centro-Nord

Roma 588 – Bolzano 57 – Brescia 117 – Milano 230

via Manci 2, ✆ 0461 21 60 00, www.apt.trento.it

Piazza del Duomo★ BZ **10** : Duomo★, museo Diocesano★ **M1** – Castello del Buon Consiglio★★ BYZ – Palazzo Tabarelli★ BZ **F**

Gruppo del Brenta★★★ per ⑤

Alpini (Cso degli)	AY	2	Manci (V.)	BZ	14	Simonino (V. del)	BZ	32
Battisti (Pza C.)	BZ	3	Mazzini (V.)	BZ	15	S. Lorenzo (Cavalcavia)	AZ	27
Belenzani (V. R.)	BZ	4	Oriola (V.)	BZ	16	S. Marco (V.)	BZ	30
Carducci (Largo)	BZ	6	Oss Mazzurana (V.)	BZ	17	S. Pietro (V.)	BZ	31
Clesio (V. B.)	BY	7	Pilati (V. C. A.)	BZ	19	S. Vigilio (V.)	BZ	33
Dogana (V.)	BY	8	Porta Nuova (Largo)	BZ	20	Torre Vanga (V.)	BZ	35
Duomo (Pza del)	BZ	10	Pozzo (V.)	AY	22	Torre Verde (V.)	BZ	37
Garibaldi (V.)	BZ	12	Prepositura (V.)	AZ	24	Ventuno (V. dei)	BZ	40
Grazioli (V. G.)	BZ	13	Sta Croce (V.)	BZ	34			

Grand Hotel Trento rist, rist,

via Alfieri 1/3 ✉ *38122 – ℰ 04 61 27 10 00 – www.grandhoteltrento.com* BZa

128 cam – 89/230 € 109/250 € – 8 suites

Rist *Clesio* – Carta 40/63 €

Interni imponenti con esposizione d'arte contemporanea e camere più semplici, spesso spaziose, in un edificio *art déco* tra il centro e i giardini. In una regione pioniera per quanto riguarda le Spa, la risorsa non poteva non disporre di un moderno centro benessere.

Aquila d'Oro senza rist

via Belenzani 76 ✉ *38122 – ℰ 04 61 98 62 82 – www.aquiladoro.it* BZc

16 cam – 90/115 € 145/170 €

Design hotel con camere diverse l'una dall'altra (già a partire dal nome), ma tutte dotate di svariati confort, tra cui un angolo wellness con doccia multifunzione e sauna romana. Appuntamento al bar per un aperitivo o per iniziare con una buona prima colazione la giornata.

Sporting Trento

via R. da Sanseverino 125, 1 km per ④ ✉ 38123 – ✆ 04 61 39 12 15 – www.hotelsportingtrento.com – Chiuso 5-20 agosto

41 cam – 60/90 € 90/140 €

Rist *Olympic* – *(chiuso domenica)* Menu 15 € (pranzo in settimana)/30 € – Carta 22/53 €

Indirizzo particolarmente adatto per una clientela business, lungo la tangenziale, ma vicino al centro, questa nuova risorsa di design propone camere confortevoli e un buon rapporto qualità/prezzo. I "classici" italiani nel menu del ristorante Olympic.

America

via Torre Verde 50 ✉ 38122 – ✆ 04 61 98 30 10 – www.hotelamerica.it BYZ**d**

67 cam – 74/100 € 115/150 €

Rist – *(chiuso sabato a pranzo)* Carta 25/46 €

Dal 1923 la stessa famiglia accoglie i clienti in camere piacevolmente decorate, alcune con pregevole vista sul Castello del Buonconsiglio (da preferire quelle con terrazzo). Se è vero che il "buon giorno" si vede dal mattino, non perdetevi le torte della prima colazione!

San Giorgio della Scala senza rist

via Brescia 133, 1 km per ⑤ ✉ 38122 – ✆ 04 61 23 88 48 – www.garnisangiorgio.it AZ**a**

14 cam – 50/65 € 75/85 €

Piacevole risorsa in posizione dominante sulla città e la valle. Camere arredate secondo un caldo stile rustico: molte dispongono di balcone o terrazzo. Buon rapporto qualità/prezzo.

Agriturismo Ponte Alto senza rist

via della Cascata 27, località Ponte Alto, Est : 5 km – ✆ 04 61 81 07 53 – www.agriturpontealto.it

12 cam – 40/50 € 70/85 €

Si accede alle camere dall'ampio giardino e dal loggiato: al loro interno, tanto confort, installazioni moderne e tutti quei piccoli dettagli che contribuiscono a fare del soggiorno un momento di grande piacere. L'agriturismo si trova sulla collina est di Trento, immerso in un grande vigneto.

Scrigno del Duomo

piazza Duomo 29 ✉ 38122 – ✆ 04 61 22 00 30 – www.scrignodelduomo.com BZ**d**

Rist – *(chiuso 20 giorni in gennaio, agosto, domenica e lunedì) (solo a cena)* Menu 50/75 € – Carta 47/66 €

Rist *Wine Bar* – Menu 25/38 € – Carta 32/60 €

➜ Fagottino di patate e fave con ragù di coniglio e croccante di pecorino. Salmerino alpino confit, germogli dell'orto e spuma di formaggio di capra. Mela fondente al lampone con gelato al caramello.

Sulla piazza centrale - gioiello architettonico della città - il locale occupa un bel palazzo, in cui si rintracciano tutte le vicende storiche che hanno coinvolto il capoluogo trentino. Tra fondamenta romane, affreschi del '400 e rifiniture dell'800, la cucina si "sdoppia" con generosità: creativa e sofisticata al piano inferiore, diventa regionale e più informale al Wine Bar (sempre aperto!).

Osteria a Le Due Spade

via Don Rizzi 11 ang. via Verdi ✉ 38122 – ✆ 04 61 23 43 43 – www.leduespade.com – Chiuso 1 settimana in giugno, 1 settimana in luglio, lunedì a mezzogiorno e domenica BZ**v**

Rist – Menu 25 € (pranzo) – Carta 37/66 €

Quattrocento anni di storia e una stube settecentesca: è la meta di cene eleganti e romantiche in una sala intima e raccolta. Dalla cucina le specialità regionali alleggerite.

XX **Da Guido** N

via Marchetti 9, parco San Marco ✉ 38122 – ✆ 04 61 26 24 18 – www.osteriadaguido.com – Chiuso 6-27 agosto e lunedì BZc

Rist – Carta 35/57 €

Cambio gestione, nome e linea di cucina per questo storico locale del centro: divertente il contrasto tra gli ambienti modaioli e il suo menu saldamente ancorato non solo alla tradizione regionale ma, più ampiamente, italiana.

X **Ai Tre Garofani - Antica Trattoria**

via Mazzini 33 ✉ 38122 – ✆ 04 61 23 75 43 – www.aitregarofani.com – Chiuso 1°-7 febbraio, 27 giugno-13 luglio e 1°-7 novembre BZb

Rist – (consigliata la prenotazione) Menu 35/37 € – Carta 35/57 €

Intelligente rivisitazione della tradizione trentina, in sale semplici con tovagliato all'americana e la contagiosa simpatia di una giovane coppia.

X **Il Libertino**

piazza Piedicastello 4/6 ✉ 38122 – ✆ 04 61 26 00 85 – www.ristoranteillibertino.com – Chiuso luglio e martedì AZb

Rist – Menu 25/40 € – Carta 34/53 €

Un locale rustico ed informale - situato nell'antica piazzetta di Piedicastello - propone piatti tradizionali, soprattutto di carne. Ampia offerta di vini al bicchiere, nonché ottima scelta di etichette regionali e non.

a Cognola per ② : 3 km

Villa Madruzzo

via Ponte Alto 26 ✉ 38121 – ✆ 04 61 98 62 20 – www.villamadruzzo.it

85 cam – †75/105 € ††99/170 € – 2 suites

Rist *Villa Madruzzo* – vedere selezione ristoranti

Sulle alture intorno a Trento, splendida villa dell'Ottocento, le cui camere riprendono l'atmosfera volutamente retrò della dimora: carta da parati, tappeti e tendaggi colorati.

XX **Villa Madruzzo** – Hotel Villa Madruzzo

via Ponte Alto 26 ✉ 38121 – ✆ 04 61 98 62 20 – www.villamadruzzo.it

Rist – *(chiuso domenica)* Carta 34/70 €

Non c'è bisogno di spingersi fino a Trento per trovare stimoli gastronomici: nella sala principale affacciata sul parco, o nella più piccola ospitata nella ex cappella della villa, ampia e articolata scelta à la carte, con diversi piatti regionali e qualcuno nazionale.

a Ravina per ④ : 4 km – ✉ 38123

XXX **Locanda Margon**

via Margone 15 – ✆ 04 61 34 94 01 – www.locandamargon.it – Chiuso domenica sera e martedì

Rist – (consigliata la prenotazione) Menu 60/110 € – Carta 58/94 €

Rist *La Veranda* – Carta 34/48 €

➜ Riso mantecato con erborinato di capra e metodo classico rosé. Pollo ruspante con patate e verdure dell'orto. Solo granoturco: bavarese di mais tostato, biscotto di meliga, gelato e nuvola di polenta.

Tra le cantine Ferrari e la storica villa Margon, un ristorante capace di coniugare tradizione gastronomica e modernità: piatti gourmet nell'elegante sala, cucina più light, ma sempre ad ottimi livelli, nella panoramica Veranda.

TREPORTI – **Venezia (VE)** – **562** F19 – **Vedere Cavallino**

TREQUANDA – **Siena (SI)** – **563** M17 – **1 380 ab.** – **alt. 453 m** **32** C2
– ✉ **53020** Toscana

Roma 197 – Siena 45 – Firenze 110 – Perugia 72

XX **Il Conte Matto** con cam rist,

via Taverne 40 – ✆ 05 77 66 20 79 – www.contematto.it
4 cam – 45/55 € 60/80 €
Rist – *(chiuso martedì)* (prenotare) Carta 22/48 €
La trecentesca abitazione del guardiacaccia del castello si è stata trasformata in una vetrina di prodotti toscani: paste fresche, chianina, cinta senese e formaggi. Terrazza panoramica sulle colline e dalle camere scorci della campagna circostante.

TRESCORE BALNEARIO – Bergamo (BG) – 561 E11 – 9 685 ab. – alt. 305 m – Stazione termale – ✉ 24069 Italia Centro-Nord

19 D1

Roma 593 – Bergamo 15 – Brescia 49 – Lovere 27

via Suardi 20, ✆ 035 94 47 77, www.prolocotrescore.it

Della Torre

piazza Cavour 26/28 – ✆ 0 35 94 13 65 – www.albergotorre.it
34 cam – 50/75 € 80/110 €
Rist *Sala del Pozzo* – vedere selezione ristoranti
Rist – *(chiuso domenica sera e lunedì)* Carta 19/42 €
In centro paese, edificio di antica fondazione costituito da un'ala storica e da una parte più recente che vanta - di conseguenza - camere più nuove. Se l'appetito si fa sentire, al ristorante troverete piatti locali, nonché i classici italiani.

XXX **LoRo** (Pierantonio Rocchetti)

via Bruse 2 – ✆ 0 35 94 50 73 – www.loroandco.com – Chiuso 1 settimana in gennaio, 2 settimane in agosto, domenica sera e lunedì
Rist – Menu 58 € – Carta 49/91 €
➜ Agnolotti verdi alla ricotta di bufala e garusoli di mare. Cruditè di crostacei, filetti di pesce e sorbetto agli agrumi. Crema di cioccolato bianco, gelato al torrone d'Alicante e scorza d'arancia candita.
Le iniziali dei cognomi dei due giovani soci, uno in sala, l'altro in cucina, sono eponimi del ristorante. Entusiasmo, cortesia, qualche piatto ispirato al territorio bergamasco, ma la cucina è fondamentalmente contemporanea e fantasiosa e spazia dalla carne al pesce.

XX **Sala del Pozzo** – Hotel Della Torre

piazza Cavour 26 – ✆ 0 35 94 13 65 – www.albergotorre.it – Chiuso domenica sera e lunedì
Rist – Menu 35/50 € – Carta 43/88 €
Una sorta di "oasi gastronomica" all'interno dell'hotel Della Torre. Se già non sarà facile scegliere tra le tante specialità del menu, aspettate di vedere la carta dei vini: più di 300 etichette da far girar la testa… ancor prima di aver bevuto! Alcune servite anche al bicchiere. Cucina contemporanea.

TRESCORE CREMASCO – Cremona (CR) – 561 F10 – 2 931 ab. – alt. 86 m – ✉ 26017 Italia Centro-Nord

19 C2

Roma 554 – Bergamo 37 – Brescia 54 – Cremona 45

XX **Trattoria del Fulmine** (Celestina Lupo Stanghellini)

via Carioni 12 – ✆ 03 73 27 31 03 – Chiuso 1°-10 gennaio, agosto, domenica sera, martedì sera e lunedì
Rist – Carta 50/80 €
➜ Riso ai pistilli di zafferano e pasta di salame. Crema di broccolo romano con ragù di lumache alla lombarda. Mousse di cioccolato bianco al pistacchio con crema al rosso d'uovo e zucchero bruciato.
Per chi ama la tradizione, qui il nome trattoria non è una concessione alla moda, ma l'introduzione ad una cucina del territorio fatta di salumi (primo fra tutti il culatello), animali da cortile e gli imperdibili tortelli dolci cremaschi.

XX **Bistek**

viale De Gasperi 31 – ✆ 03 73 27 30 46 – www.bistek.it
– Chiuso 1°-9 gennaio, 25 luglio-21 agosto, martedì sera e mercoledì
Rist – Menu 30/40 € – Carta 27/50 €
Al primo piano due sale per una cucina regionale accompagnata da un'ampia selezione di vini, anche al bicchiere (qui si organizzano manifestazioni gastronomiche e serate a tema). Al piano terra, invece, birreria jazz/cafè per serate musicali e spuntini veloci.

TREVENZUOLO – Verona (VR) – 562 G14 – 2 715 ab. – ✉ 37060 39 A3

Roma 488 – Verona 30 – Mantova 24 – Modena 83

a Fagnano Sud : 2 km – ✉ 37060 Trevenzuolo

X **Trattoria alla Pergola**

via Nazario Sauro 9 – ✆ 04 57 35 00 73
– Chiuso 24 dicembre-7 gennaio, 15 luglio-20 agosto, domenica e lunedì
Rist – Carta 24/31 €
Semplice ma invitante, di quelle che ancora si trovano in provincia; giunta con successo alla terza generazione, la trattoria propone la classica cucina del territorio, risotti e bolliti al carrello come specialità.

TREVIGLIO – Bergamo (BG) – 561 F10 – 29 034 ab. – alt. 125 m – ✉ 24047 19 C2

Roma 576 – Bergamo 21 – Brescia 57 – Cremona 62
piazza Cameroni 3, ✆ 0363 4 54 66, www.prolocotreviglio.it

XXX **San Martino** (Marco e Vittorio Colleoni) con cam
✿
viale Cesare Battisti 3 – ✆ 0 36 34 90 75
– www.sanmartinotreviglio.it – Chiuso 15 dicembre-15 gennaio e agosto
15 cam – †80/120 € ††100/150 € – 3 suites
Rist – *(chiuso domenica sera e lunedì, anche domenica a mezzogiorno in luglio)*
Menu 90/100 € – Carta 55/120 €
→ Riso carnaroli mantecato con crostacei. Rombo cotto sulla spina con carciofi alla greca e riduzioni agli agrumi. Millefoglie con crema al cioccolato fondente.
Specialità di pesce ed alcuni prodotti francesi, quali formaggi e vini, in un elegante ristorante che dispone anche di camere moderne nello stile e nel confort. Nella saletta denominata Smartino, si può approfittare della formula "pranzo di lavoro": cucina di qualità, a tempi e costi contenuti.

TREVIGNANO ROMANO – Roma (RM) – 563 P18 – 5 949 ab. – alt. 220 m – ✉ 00069 12 B2

Roma 49 – Viterbo 44 – Civitavecchia 63 – Terni 86

XX **Acquarella**

via Acquarella 4, Sud-Est: 6 km – ✆ 0 69 98 53 61 /1 31
– www.ristoranteacquarella.it – Chiuso 10-27 dicembre e martedì
Rist – Carta 24/56 €
Direttamente sul lago che lambisce con il suo giardino e con il suo pontiletto - una favola soprattutto in estate quando si può mangiare sotto il grande gazebo - il locale si farà ricordare per le fragranti specialità di pesce. In inverno, godetevi la rusticità degli spazi interni e la bella saletta con camino.

TREVINANO – Viterbo (VT) – 563 N17 – Vedere Acquapendente

TREVISO 🅿 (TV) – **562** E18 – **82 807 ab.** – **alt. 15 m** – ✉ **31100** **39** A1

Italia Centro-Nord

Roma 541 – Venezia 30 – Bolzano 197 – Milano 264

via S. Andrea 3, ✆ 0422 54 76 32, www.visittreviso.it

18 Villa Condulmer via della Croce 3, 041 457062, www.golfvillacondulmer.com – chiuso lunedì

9 I Salici strada di Nascimben 1, 0422 324272, www.ghirada.it

Piazza dei Signori★ BY **21** : palazzo dei Trecento★ **A**, affreschi★ nella chiesa di Santa Lucia **B** – Chiesa di San Nicolò★ AZ - Museo Civico Bailo★ AY

Villa Barbaro★★★ (Maser) affreschi★★★ del Veronese, nord-ovest: 29 km

Cà del Galletto

via Santa Bona Vecchia 30, per viale Luzzatti – ✆ 04 22 43 25 50 – www.hotelcadelgalletto.com AY

65 cam ☕ – 🚹79/115 € 🚹🚹115/160 € – 2 suites

Rist *Al Migò* – vedere selezione ristoranti

In zona periferica relativamente tranquilla, grande complesso con camere generalmente ampie e moderne. Biciclette a disposizione per i clienti più sportivi.

B4 Treviso Maggior Consiglio

via Terraglio 140, per ④ – ✆ 04 22 40 93 – www.boscolohotels.com

118 cam ☕ – 🚹90/350 € 🚹🚹90/350 € – 3 suites

Rist *Orobasilico* – vedere selezione ristoranti

Alle porte della città, moderno complesso alberghiero dotato di ampi spazi per i congressi, ma anche di un completo centro benessere.

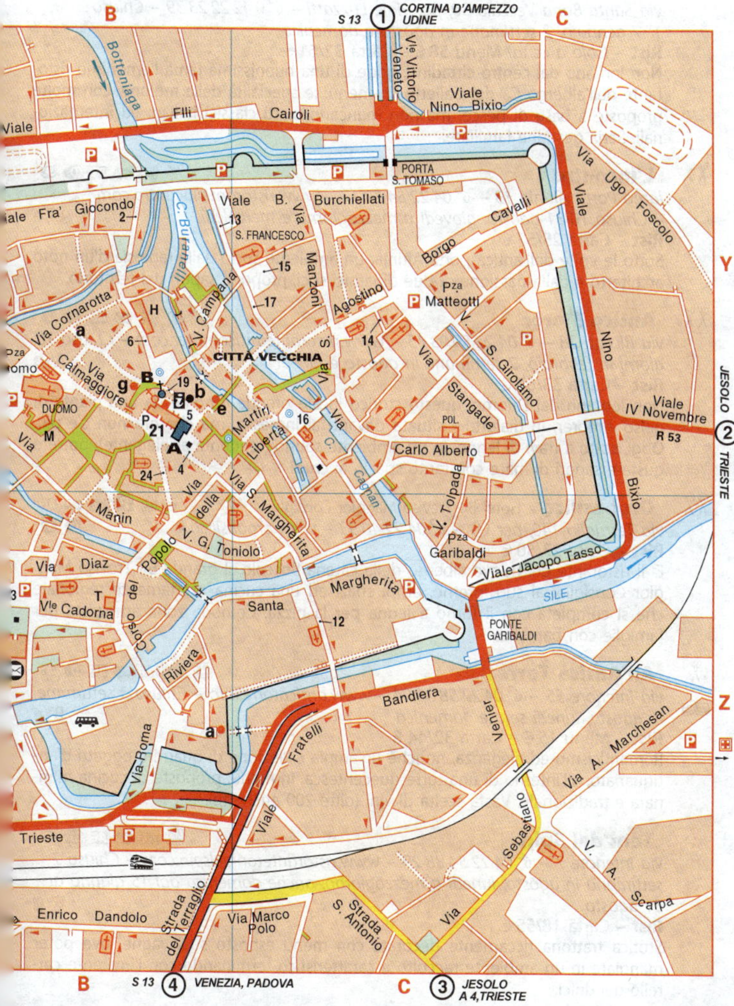

Focolare senza rist
piazza Ancillotto 4 – 0 42 25 66 01 – www.ilfocolarehotel.com BY**b**
14 cam – 75/85 € 100/125 €
Nel cuore del centro storico, una piccola bomboniera di cura ed eleganza a gestione familiare. Spazi comuni un po' ridotti, ma camere ampie ed accoglienti.

Agriturismo Il Cascinale
rist,
via Torre d'Orlando 6/b, Sud-Ovest : 3 km – 04 22 40 22 03 – www.agriturismoilcascinale.it – Chiuso 7-23 gennaio e 16 agosto-6 settembre
14 cam – 38/45 € 49/52 €, 8 € **Rist** – *(solo a cena)* Carta 19/35 €
Ubicato nella prima periferia, ma già totalmente in campagna, un rustico ove troverete ambiente ospitale e familiare e camere molto confortevoli, realizzate di recente.

Al Migò – Hotel Cà del Galletto
via Santa Bona Vecchia 30, per viale Luzzatti – 0 42 22 23 39 – Chiuso 1°-7 gennaio, 2 settimane in agosto e domenica AY
Rist – *(solo a cena)* Menu 58 € – Carta 32/61 €
Non lontano dal centro cittadino, gode di una buonissima fama l'omonimo ristorante dell'albergo Cà del Galletto. In menu: le specialità della regione, con molte proposte a base di pesce, ma non mancano piatti classici italiani ed internazionali. Seria gestione familiare.

L'Incontro
largo Porta Altinia 13 – 04 22 54 77 17 – www.ristorantelincontro.com – Chiuso 10-31 agosto, giovedì a mezzogiorno e mercoledì BZ**a**
Rist – Carta 25/57 €
Sotto le volte dell'antica porta Altinia, un ambiente sorto dalla fantasia d'un noto architetto e dalla passione di due dinamici soci, propone sapori del territorio.

Antico Morer
via Riccati 28 – 04 22 59 03 45 – www.ristoranteanticomorer.com – Chiuso 10 giorni in febbraio, 2 settimane in agosto e lunedì AY**a**
Rist – Carta 33/67 €
Non lontano dal Duomo, questo storico locale prende il nome da una pianta di gelso - morer, in dialetto - situata davanti all'ingresso, ma che ora non c'è più. Oggi, sotto a travi di legno, in un ambiente sobrio (tendente all'elegante), potrete gustare sapori di mare con tanto spazio ai crudi.

Orobasilico – Hotel B4 Treviso Maggior Consiglio
via Terraglio 140, per ④ – 04 22 40 93 – www.orobasilico.it
Rist – Carta 27/50 €
E' il ristorante del nuovo albergo della catena Boscolo, il grande B4 Treviso Maggior Consiglio: al suo interno, ampi spazi ed una cucina prettamente regionale che si completa con il forno a legna per la pizza. Comoda zona attrezzata per famiglie con bambini.

All'Antica Torre
via Inferiore 55 – 04 22 58 36 94 – www.anticatorre.info – Chiuso 3 settimane in agosto, lunedì sera e domenica BY**a**
Rist – Menu 15 € – Carta 32/44 €
Romanticismo ed eleganza, nonché un'ampia collezione di quadri e oggetti d'antiquariato, all'interno di una torre duecentesca. In menu: proposte di cucina marinara e tradizionale. Vasta scelta di vini (oltre 200 etichette).

Toni del Spin
via Inferiore 7 – 04 22 54 38 29 – www.ristorantetonidelspin.com – Chiuso 2 settimana in agosto, lunedì a mezzogiorno, anche domenica dal 15 giugno al 31 agosto BY**g**
Rist – Carta 18/55 €
Storica trattoria riccamente decorata con menù esposto su lavagne, ove poter mangiare in un ambiente raccolto e caratteristico terminando con l'invitante carrello dei dolci.

Hosteria Antica Contrada delle due Torri
via Palestro 8 – ☎ 04 22 54 12 43 – Chiuso 8-25 agosto e martedì
Rist – Carta 29/51 € BYe
Rustico locale nel cuore del centro storico: la cucina si fa portavoce della tradizione locale, mentre le stagioni con i loro caratteristici prodotti sono celebrate nel piatto. Tagliolini di pasta fresca saltati in salsa di crostacei è il piatto forte tra i primi.

TREZZANO SUL NAVIGLIO – Milano (MI) – 561 F9 – 19 350 ab. – alt. 116 m – ✉ 20090 18 B2

Roma 595 – Milano 13 – Novara 43 – Pavia 34

Goldenmile rist,
via Colombo 33 – ☎ 02 48 49 81 11 – www.hotelgoldenmile.it
150 cam – †120/300 € ††140/350 € **Rist** – Carta 34/46 €
Collegato da autobus di linea alla metropolitana, nuovo hotel design alle porte di Milano (all'uscita n° 5 della tangenziale ovest). Funzionale e moderno, dispone di camere ben accessoriate, nonchè di una luminosa lobby area con open bar: offerta gratuita di snack e bevande - anche calde - per tutto il giorno.

Eur senza rist
viale Leonardo da Vinci 36a – ☎ 0 24 45 19 51 – www.eurhotelmilanofiera.com
41 cam – †69/299 € ††69/299 €
Comodamente posizionato rispetto all'uscita Vigevanese della tangenziale ovest, accogliente albergo anni '60, aggiornato di recente, con un'esperta gestione familiare.

TREZZO SULL'ADDA – Milano (MI) – 561 F10 – 12 249 ab. – alt. 187 m – ✉ 20056 Italia Centro-Nord 19 C2

Roma 597 – Bergamo 17 – Lecco 36 – Milano 34
Villaggio operaio a Crespi d'Adda: 2 km sud-est

Villa Appiani
via Sala 17 – ☎ 02 92 00 24 01 – www.villappiani.it
40 cam – †75/490 € ††95/519 €, 10 €
Rist *La Cantina* – vedere selezione ristoranti
A pochi km dai caselli autostradali di Capriate e Trezzo sull'Adda, la nobile villa settecentesca che ospita l'hotel colpisce per i suoi interni dai cromatismi intensi e per il design decisamente contemporaneo.

La Cantina – Villa Appiani
via Sala 17 – ☎ 02 92 00 24 01 – www.villappiani.it
Rist – Carta 25/45 €
Cucina regionale in un ristorante piacevolmente rustico con decorazioni che alludono al mondo del vino e la cui "cave" custodisce etichette di pregio. D'estate, la bella corte en plein air si presta per romantiche cene a lume di candela.

TRICASE – Lecce (LE) – 564 H37 – 17 792 ab. – alt. 98 m – ✉ 73039 27 D3
Puglia

Roma 670 – Brindisi 95 – Lecce 52 – Taranto 139

Adriatico
via Tartini 34 – ☎ 08 33 54 47 37 – www.hotel-adriatico.com
18 cam – †44/64 € ††59/110 € **Rist** – Carta 19/49 €
A dieci minuti a piedi dal centro del paese, un piccolo hotel a conduzione familiare, dispone di camere semplici e lineari: ideale per una vacanza alla scoperta del Salento. Una sala di tono classico ed un dehors estivo dove gustare piatti nazionali. Ideale per banchetti e colazioni di lavoro.

XX **Lemì**

via Vittorio Emanuele II 16 ✉ 73039 Tricase – ✆ 34 75 41 91 08 – www.ristorantelemi.it – Chiuso 2 settimane in gennaio o febbraio, domenica sera e mercoledì escluso 15 giugno-15 settembre

Rist – (consigliata la prenotazione) Carta 28/67 €

Se il paese non è sulle mappe turistiche, ci pensa il giovane cuoco a farne una tappa gourmet: cucina pugliese creativa, in prevalenza pesce e un amore per le cotture in forno a legna.

TRICESIMO – Udine (UD) – 562 D21 – 7 721 ab. – alt. 199 m – ✉ 33019 11 C2

Roma 642 – Udine 12 – Pordenone 64 – Tarvisio 86

X **Miculan**

piazza Libertà 16 – ✆ 04 32 85 15 04 – www.trattoriamiculan.com – Chiuso 8-21 luglio, mercoledì sera e giovedì

Rist – Menu 30 € – Carta 23/38 €

Sulla piazza di Tricesimo un piccolo bar, frequentatissimo dalla gente del posto, fa da "anticamera" a questa tipica trattoria, che custodisce un significativo retaggio del passato: il caratteristico camino, el fogher, nonché specialità regionali - come lo sformato agli asparagi con salsa al forma dì Frant - e qualche divagazioni di pescato.

TRIESTE P (TS) – 562 F23 – 205 535 ab. Italia Centro-Nord 11 D3

Roma 669 – Udine 68 – Ljubljana 100 – Milano 408

di Ronchi dei Legionari per ①: 32 km ✆ 0481 773224

via dell'Orologio 1, ✆ 040 3 47 83 12, www.turismofvg.it

località Padriciano 80, 040 226159, www.golfclubtrieste.net – chiuso martedì

Colle di San Giusto★★ AY – Piazza della Cattedrale★ AY 9 – Basilica di San Giusto★ AY : mosaico★★ nell'abside, ≤★ su Trieste dal campanile – Collezioni di armi antiche★ nel castello AY – Vasi greci★ e bronzetti★ nel museo di Storia e d'Arte AY M1 – Piazza dell'Unità d'Italia★ AY 35 – Museo del Mare★ AY M2 : sezione della pesca★★

Castello e giardino★★ di Miramare per ① : 8 km – ≤★★ su Trieste e il golfo dal Belvedere di Villa Opicina per ② : 9 km – ✻★★ dal santuario del Monte Grisa per ① : 10 km

Piante pagine seguenti

Starhotels Savoia Excelsior Palace

riva del Mandracchio 4 ✉ 34124 – ✆ 04 07 77 94 1 – www.starhotels.com AYa

105 cam – †120/240 € ††250/500 €, ☕ 30 € – 36 suites

Rist ***Savoy*** – vedere selezione ristoranti

Nel cuore della città, affacciato sul golfo di Trieste, l'hotel ripropone il fascino di un imponente palazzo dei primi '900, arricchito da design moderno e confort up-to-date. Originale lounge illuminata da un grande lucernario che ricorda i giardini d'inverno della *Belle Epoque*.

Grand Hotel Duchi d'Aosta

piazza Unità d'Italia 2 ✉ 34121 – ✆ 04 07 60 00 11 – www.magesta.eu

52 cam ☕ – †110/268 € ††129/358 € – 3 suites AYr

Rist ***Harry's Cafè & Restaurant*** – vedere selezione ristoranti

In una delle piazze più scenografiche e suggestive del Bel Paese, interni di sobria eleganza - particolarmente nelle piacevoli camere, tutte personalizzate - ed un centro benessere dal nome fortemente evocativo: Thermarium Magnum.

Vis à Vis N

via dello Squero Vecchio 1 – ✆ 04 07 60 00 11 – www.hotelvisavis.net

19 cam ☕ – †100/230 € ††110/300 €

Non manca di originalità, questa dépendance moderna e funzionale che mantiene anche la sua precedente funzione di galleria d'arte.

Urban Hotel Design senza rist
via Androna Chiusa 4 ✉ 34121 – ✆ 0 40 30 20 65 – www.urbanhotel.it
41 cam ☕ – †80/200 € ††90/300 € – 6 suites AY**x**
Nella mitteleuropea Trieste, hotel di taglio moderno nato dalla fusione di palazzi rinascimentali: particolare la sala colazioni il cui pavimento propone le vestigia romane dell'antico muro di cinta della città.

Coppe Ⓝ senza rist
via Mazzini 24 ✉ 34121 – ✆ 0 40 76 16 14 – www.hotelcoppetrieste.it
36 cam ☕ – †90/190 € ††135/280 € – 6 suites AX**f**
In un palazzo del '700 sotto la tutela delle Belle Arti, moderno design per un albergo di recente apertura caratterizzato da camere di diversa tipologia, alcune particolarmente romantiche: ampio letto rotondo, fibre ottiche sul soffitto e note musicali alle pareti.

Colombia senza rist
via della Geppa 18 ✉ 34132 – ✆ 0 40 36 93 33 – www.hotelcolombia.it
40 cam ☕ – †65/130 € ††85/170 € AX**a**
Centrale, nonché poco distante dalla stazione, hotel dagli spazi comuni limitati, ma gradevolmente moderni e con arredi di design. Camere confortevoli.

Italia senza rist
via della Geppa 15 ✉ 34132 – ✆ 0 40 36 99 00 – www.hotel-italia.it
38 cam ☕ – †65/115 € ††85/155 € AX**d**
Non lontano dalla stazione - nel cuore della città - comodo hotel dove camere spaziose e dotate di ogni confort rendono la struttura ideale per una clientela d'affari.

James Joyce senza rist
via Cavazzeni 7 ✉ 34121 – ✆ 0 40 30 20 65 – www.hoteljamesjoyce.com
15 cam ☕ – †60/100 € ††90/160 € AY**e**
Lo scrittore che tanto amò Trieste, James Joyce, presta il proprio nome a questa graziosa struttura del centro storico: piccoli spazi comuni, ma camere accoglienti dal confort aggiornato.

Porta Cavana senza rist
via Felice Venezian 14 ✉ 34124 – ✆ 0 40 30 13 13 – www.hotelportacavana.it
17 cam – †50/70 € ††60/90 €, ☕ 2 € AY**m**
Piccola e colorata risorsa, dove gradevoli ambienti e piacevoli camere vi offriranno un soggiorno semplice al giusto rapporto qualità/prezzo. La prima colazione vi aspetta al bar sottostante. (L'hotel si trova al primo piano di un palazzo nella parte vecchia della città).

Harry's Cafè & Restaurant – Grand Hotel Duchi d'Aosta
piazza Unità d'Italia 2 ✉ 34121 – ✆ 0 40 66 06 06
– www.magesta.eu AY**r**
Rist – Carta 53/88 €
Inaugurato negli anni '70 dallo stesso Arrigo Cipriani, dell'omonimo locale veneziano riprende lo stile dell'arredo. Eletto dalla stampa enogastronomica come "il ristorante più esclusivo di Trieste", la sua cucina si farà ricordare per la grande versatilità: specialità regionali e piatti internazionali. A pranzo anche formula bistrot più semplice e veloce.

Savoy – Starhotels Savoia Excelsior Palace
riva del Mandracchio 4 ✉ 34124 – ✆ 04 07 79 41 – www.starhotels.com
– Chiuso domenica AY**a**
Rist – Menu 40 € (pranzo)/70 € – Carta 44/79 €
Antipasto di frutti di mare. Ravioli di pasta fresca ripieni di formaggio del Carso. Branzino al forno con funghi porcini, cipolle e patate novelle. Se citando solo queste tre specialità vi abbiamo ingolosito, difficilmente sarete delusi da questo ristorante nel cuore di Trieste. Cucina italiana di taglio contemporaneo.

Circolazione regolamentata nel centro città
TRIESTE
Barriera Vecchia (Largo) BY 3
Beccaria (V. Cesare) BX 4
Bellini (V. Vincenzo) AX 5
Bramante (V. Donato) AY 6
Canale Piccolo (V. del) AX 7
Carducci (V.) BXY
Castello (V. del) AY 8
Cattedrale (Pza della) AY 9
Cavana (Pza) AY 10
Cavana (V.) AY 12
Cellini (V. Benvenuto) AX 13
Dalmazia (Pza) BX 14
Duca d'Aosta (V.) AY 15
Galatti (V.) AX 17
Ghega (V.) AX 18
Imbriani (V. M. R.) BY 19
Italia (Cso) ABY
Madonna del Mare (V.) AY 20
Monache (V. delle) AY 21
Paganini (V. Nicolò) BX 22
Pitteri (Largo Riccardo) AY 23
Ponchielli (V. Amilcare) BX 24
Rossini (V.) AX 25
Rotonda (V. della) AY 26
Sansovino (Pza del) BY 29
S. Giusto (V.) AY 28
Tarabocchia (V. Emo) BY 31
Teatro Romano (V. del) AY 32
Torri (V. delle) BX 33
Unità d'Italia (Pza dell') AY 35
Vittorio Veneto (Pza) AX 37
30 Ottobre (V.) ABX 38
GORIZIA
AEROPORTO
MIRAMARE
VENEZIA
UDINE
STAZIONE CENTRALE
P^{za} della Libertà
P^{za} Duca degli Abruzzi
PORTO
PALAZZO DEI CONGRESSI
PALAZZO DELLA REGIONE
MOLO PESCHERIA
ACQUARIO
STAZIONE DI CAMPO MARZIO
MERCATO CENTRALE
P^{za} della Borsa
SAN GIUSTO
Castello
Riva del Mandracchio
Viale Miramare
Via Udine
Via Commerciale
C. Cavour
Co. Cavour
Via Milano
Via di Torre Bianca
Via Roma
Via Mazzini
V. D. Alighieri
Via Donota
Capitolina
Via S. Michele
Via dei Navali
Via dell' Università
Salita al Promontorio
Via della Ferma
Via Terza Armata
Tigor
Via Economo
V. A. Ottaviano
Via di Campo Marzio
V. Belpoggio
Via S. Giustina
Via Franca
Via V. Locchi
Via C. Combi
Via Pasquale
Via Carli
Via Schiaparelli
V^{le} dei Campi Elisi
Passeggio di Sant' Andrea
Passeggio di Sant' And
(GRECIA)
(Molo VII)

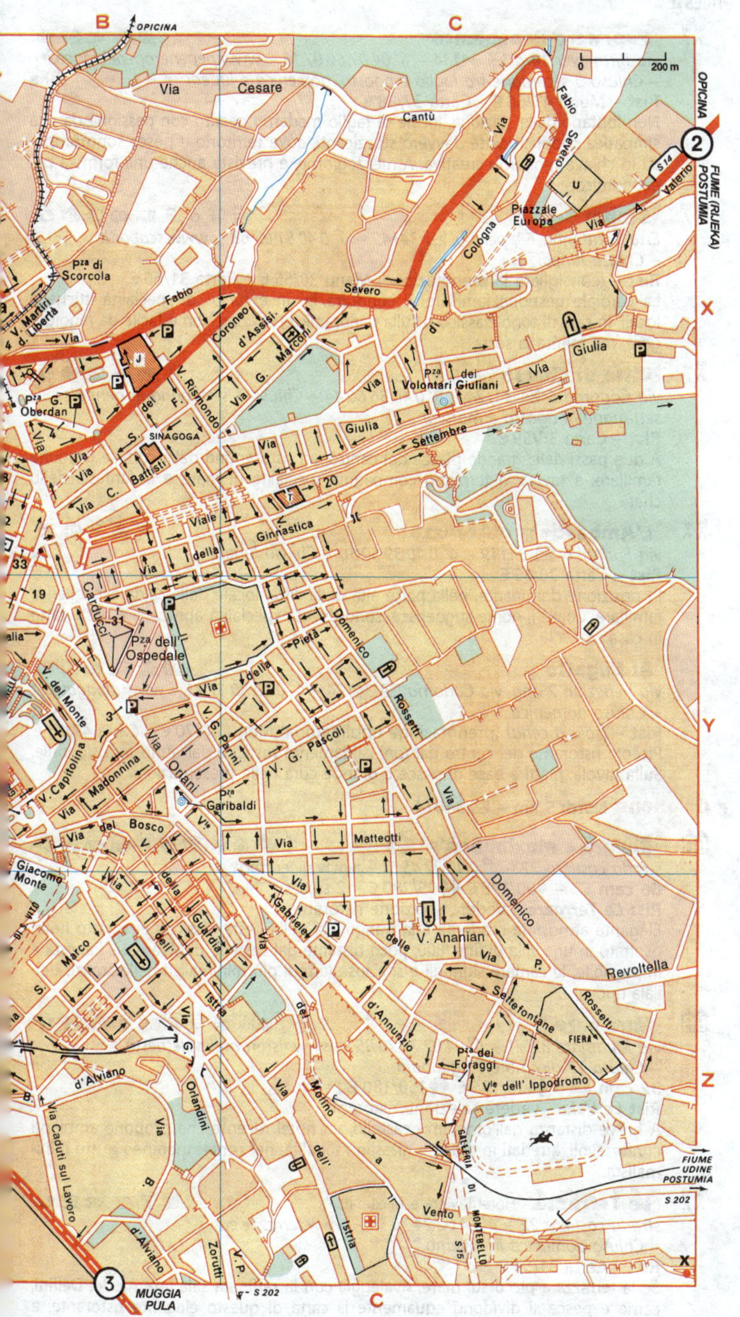
B
C
X
Y
Z
OPICINA
FIUME (RIJEKA) POSTUMIA
FIUME UDINE POSTUMIA
MUGGIA PULA
S 14
S 15
S 202
0
200 m
Via Cesare Cantù
Via Fabio Severo
Piazzale Europa
Via Valerio
Via Cologna
Pza di Scorcola
V. Martiri d. Libertà
Coroneo
Via G. Marconi
d'Assisi
Pza G. Oberdan
Via S. F. d'Assisi
V. Rismondo
SINAGOGA
Battisti
Via C. Battisti
Via Giulia
Pza dei Volontari Giuliani
Settembre
Viale della Ginnastica
Via Carducci
Pza dell' Ospedale
V. del Monte
Via della Pietà
Domenico Rossetti
Via G. Parini
V. G. Pascoli
Via Oriani
Pza Garibaldi
V. Capitolina
Via Madonnina
Via del Bosco
Via Matteotti
Via Gabriele
V. Ananian
Via delle Settefontane
Revoltella
Giacomo Monte
S. Marco
Via della Guardia
Via Istria
d'Alviano
Via Caduti sul Lavoro
G. Orlandini
Via dell' Annunzio
Pza dei Foraggi
FIERA
Vle dell' Ippodromo
Molino a Vento
GALLERIA DI MONTEBELLO
Zorutti
V. P.
J
U
T
20
31
33
19
4
3
2

XX **Pepenero Pepebianco**

via Rittmeyer 14/a ✉ 34134 – ✆ 04 07 60 07 16 – www.pepeneropepebianco.it – Chiuso 3 settimane tra luglio e agosto, domenica e lunedì BXa

Rist – Menu 45/66 € – Carta 37/88 €

Non lontano dalla stazione, locale di taglio moderno gestito con passione da una simpatica coppia: ricette davvero stuzzicanti, dove territorio e pesce sono proposti in chiave moderno-creativa. A mezzogiorno, è prevista anche una formula più economica.

XX **Scabar**

Erta Sant'Anna 63, per ③ ✉ 34149 – ✆ 0 40 81 03 68 – www.scabar.it – Chiuso lunedì

Rist – (consigliata la prenotazione) Menu 30/55 € – Carta 31/66 €

La cordiale gestione familiare vi condurrà in un *excursus* di specialità ittiche e locali, in sale di tono classico o sulla panoramica terrazza. Non è facile da raggiungere, ma merita la sosta.

XX **Città di Cherso**

via Cadorna 6 ✉ 34124 – ✆ 0 40 36 60 44 – Chiuso 1 settimana in gennaio, 3 settimane in agosto e martedì AYc

Rist – Carta 36/59 €

A due passi dalla grande piazza del centro, un ristorantino dalla cortese gestione familiare: a tavola vi terranno compagnia specialità di mare e la fantasia dello chef.

XX **L'Ambasciata d'Abruzzo**

via Furlani 6 ✉ 34149 – ✆ 0 40 39 50 50 – Chiuso lunedì CZx

Rist – Carta 30/35 €

In posizione dominante, nella parte alta della città, locale dalla calda accoglienza familiare. Come il nome suggerisce, sono di casa specialità abruzzesi e paste fatte in casa.

X **Al Bagatto**

via Venezian 2 ang. via Cadorna ✉ 34124 – ✆ 0 40 30 17 71 – www.albagatto.it – Chiuso domenica AYg

Rist – *(solo a cena)* (prenotazione obbligatoria) Menu 60/70 € – Carta 47/85 €

Piccolo ristorante del centro dai toni caldamente rustici e dall'atmosfera signorile. Sulla tavola: piatti a base di pesce e grande cura nelle presentazioni.

a Grignano Nord: 5 km – ✉ 34014

Riviera e Maximilian's

strada costiera 22 – ✆ 0 40 22 45 51 – www.rivieramax.eu

66 cam ☕ – 🚹90/198 € 🚹🚹95/280 € – 2 suites

Rist *Le Terrazze* – vedere selezione ristoranti

Elegante atmosfera moderna e la tranquillità della costa carsica per questo hotel ospitato in una villa di fine '800, poco distante dal castello di Miramare. La vista è impagabile, le camere signorili e spaziose (arredi più minimalisti nelle stanze dell'ala nuova).

Miramare

via Miramare 325/1 – ✆ 04 02 24 70 85 – www.ristoranteleveletrieste.it – Chiuso 22 dicembre-10 gennaio

32 cam ☕ – 🚹115/135 € 🚹🚹150/180 €

Rist *Le Vele* – vedere selezione ristoranti

A breve distanza dall'omonimo castello, un hotel recente che propone ambienti confortevoli, arredati in tenue e rilassanti tonalità, nel contemporaneo gusto minimalista.

XX **Le Terrazze** – Hotel Riviera e Maximilian's

strada costiera 22 – ✆ 04 02 24 70 33 – www.terrazze.eu – Chiuso domenica in inverno

Rist – Carta 31/54 €

Se la terrazza a picco sul mare, rivaleggia con la raffinata sala interna dei Delfini, carne e pesce si dividono equamente la carta di questo elegante ristorante, a pochi chilometri dalla città di Saba.

XX **Le Vele** – Hotel Miramare
via Miramare 325/1 – ✆ 04 02 24 70 85 – www.ristoranteleveletrieste.it
– Chiuso 22 dicembre-10 gennaio e domenica
Rist – *(solo a cena)* Carta 24/56 €
Vale la pena di abbandonare il centro storico della città per raggiungere questo esclusivo ristorante che, partendo dalla consolidata tradizione gastronomica mediterranea, la rielabora con vena moderna e creativa. Dalla terrazza: l'incantevole golfo di Trieste.

TRINITÀ D'AGULTU Sardegna – Olbia-Tempio (OT) – 366 O38 — 28 A1
– 2 184 ab. – alt. 365 m – ✉ 07038 Sardegna

Cagliari 259 – Nuoro 146 – Olbia 75 – Porto Torres 59

ad Isola Rossa Nord-Ovest : 6 km – ✉ 07038 Trinità D'Agultu

Marinedda
località Marinedda – ✆ 0 79 69 41 85 – www.delphina.it
– Aperto 1° giugno-30 settembre
195 cam – ††94/196 € – 52 suites
Rist – *(solo a cena)* Menu 50 €
Tipica struttura sarda in sasso e tufo a pochi metri dalla spiaggia, consta di interni ben arredati, piscine panoramiche, un centro benessere, campi da tennis e da calcetto.

Torreruja
via Paduledda 1/3 – ✆ 0 79 69 41 55 – www.hoteltorreruja.com
– Aperto 16 maggio-29 settembre
125 cam – †98/188 € ††118/308 € – 5 suites
Rist – Menu 20 € (pranzo)/50 €
In prossimità di incantevoli calette di roccia rossa, un villaggio-hotel con camere in stile mediterraneo, alcune recentemente rinnovate, e servizi idonei per una vacanza di relax. Appena nate: cinque belle suite.

Corallo rist,
via Lungomare 66 – ✆ 0 79 69 40 55 – www.hotelcorallosardegna.it
– Aperto 1° maggio-30 settembre
32 cam – †90/465 € ††90/465 €, 10 € – 3 suites
Rist – *(solo per alloggiati)*
Prezioso, come il nome che porta... Nel piccolo borgo di pescatori, con una suggestiva vista sul Golfo dell'Asinara, un hotel di moderna concezione con camere di diverse tipologie, ma dotate di ottimi confort e tecnologie up-to-date. Sapori mediterranei nell'elegante ristorante o sulla panoramica terrazza.

Un esercizio evidenziato in rosso enfatizza il fascino della struttura XXX.

TRIORA – Imperia (IM) – 561 K5 – 398 ab. – alt. 780 m – ✉ 18010 — 14 A2
Liguria

Roma 661 – Imperia 51 – Genova 162 – Milano 285

corso Italia 7, ✆ 0184 9 44 77

Colomba d'Oro
corso Italia 66 – ✆ 0 18 49 40 51 – www.colombadoro.it
– Aperto 15 marzo-20 novembre
28 cam – †40/70 € ††70/110 €
Rist – (prenotazione obbligatoria) *(solo per alloggiati)* Carta 20/46 €
Appoggiato alle mura di una chiesa cinquecentesca, questo semplice hotel a gestione familiare convince per il suo servizio attento e cordiale. Camere accoglienti e per vivacizzare il soggiorno dei graditi ospiti si organizzano serate a tema. Piatti della tradizione rivisitati con fantasia.

TRIPI – Messina (ME) – **565** M27 – **943 ab.** – **alt. 450 m** – ✉ **98060** **30** D2
Palermo 190 – Messina 70 – Catania 115

La Rosa dei Venti cam, cam,
via Garibaldi 1 loc. Campogrande, Nord : 6,5 km
– ✆ 09 41 80 10 20 – www.larosadeiventihotel.com
20 cam – 50/70 € 80/100 € – 2 suites **Rist** – Carta 32/54 €
Posizione collinare da cui si può ammirare un panorama stupendo che spazia dal golfo di Tindari a Capo Milazzo, con le meravigliose isole Eolie sullo sfondo, in questa bella struttura dall'eleganza vagamente barocca, sorretta da un'eccellente cura nella tenuta e nella conduzione.

TROFARELLO – Torino (TO) – **561** H5 – **11 018 ab.** – **alt. 276 m** **22** A1
– ✉ **10028**
Roma 656 – Torino 15 – Asti 46 – Cuneo 76

Pianta d'insieme di Torino

Park Hotel Villa Salzea
via Vicoforte 2 – ✆ 0 11 /6 49 03 66 – www.villasalzea.it **2HUm**
22 cam – 85/100 € 100/130 €
Rist – (prenotazione obbligatoria a mezzogiorno) Carta 36/72 €
La settecentesca villa del conte Negri è oggi un elegante hotel avvolto dal silenzio e dai colori dell'ampio parco; all'interno, spaziose camere confortevoli e ricche di fascino. Raffinatezza ed antico buon gusto regnano anche nelle intime sale da pranzo; ambienti più ampi per cerimonie.

TROPEA – Vibo Valentia (VV) – **564** K29 – **6 725 ab.** – ✉ **89861** **5** A2
Italia Centro-Sud
Roma 636 – Reggio di Calabria 140 – Catanzaro 92 – Cosenza 121

Orizzonte Blu cam,
viale Don Mottola II° traversa – ✆ 09 63 66 93 10 – www.orizzonteblu.it
– Aperto 1° maggio-30 settembre
57 cam – 47/90 € 60/130 € **Rist** – *(solo per alloggiati)* Menu 10/19 €
Il problema della distanza dal mare è ovviato da un servizio gratuito di navetta. Per il resto, bella vista e tanti servizi che risulteranno particolarmente graditi alle famiglie con figli: piscina, piccola palestra (all'aperto), sauna e campo da tennis. Camere abbastanza ampie.

Pimm's
largo Migliarese 2 – ✆ 09 63 66 61 05 – www.ristorantepimms.it – Chiuso i mezzogiorno di lunedì e mercoledì da giugno a settembre, lunedì negli altri mesi
Rist – (consigliata la prenotazione) Carta 30/45 €
Nel cuore della località, stuzzicanti piatti di pesce in questo curato ristorante a picco sul mare: non perdetevi il panorama godibile dal grazioso balconcino.

a Santa Domenica Sud-Ovest : 6 km – ✉ 89866

Cala di Volpe rist, rist,
contrada Torre Marino – ✆ 09 63 66 92 22 – www.caladivolpe.it
– Aperto 15 maggio-5 ottobre
82 cam – 60/70 € 90/140 € **Rist** – Carta 23/36 €
Immersi in un lussureggiante giardino tropicale, avrete la possibilità di trascorrere una vacanza optando per la formula hotel o residence. Mare e spiaggia ai vostri piedi. Ristorante panoramico, suggestivo nei mesi estivi.

a Ricadi Sud-Est: 7 km – ✉ 89866

Sunshine Club Hotel cam,
località Petto Bianco – ✆ 09 63 66 57 13 – www.sunshinehotel.it
– Chiuso novembre
59 cam – 92/167 € 134/284 € **Rist** – Menu 30/60 €
Una struttura polivalente che si prefigge - con successo - di soddisfare ogni tipo di clientela: da quella business grazie alla sua area congressuale, a quella leisure in cerca di relax e benessere (quest'ultimi conseguibili presso la moderna spa). Per tutti, la bella piscina ed un'animazione discreta e poco pressante.

TRULLI (Regione dei) – Bari e Taranto – **564** E33 Italia

TUSCANIA – Viterbo (VT) – **563** O17 – **8 300 ab.** – **alt. 165 m** **12** A1
– ✉ **01017** Italia Centro-Sud

Roma 89 – Viterbo 24 – Civitavecchia 44 – Orvieto 54

Località★ - Chiesa di S. Pietro★: rosone★ nella facciata – Chiesa di S. Maria Maggiore★: portali★★

Tuscania Panoramico senza rist
via dell'Olivo 53 – ✆ 07 61 44 40 80 – www.tuscaniahotel.it
24 cam – 45/65 € 70/95 €
In posizione panoramica, le antiche mura della città raggiungibili anche a piedi, dalle camere una bella vista sulle Basiliche di San Pietro e di Santa Maria Maggiore.

UDINE (UD) – **562** D21 – **99 627 ab.** – **alt. 113 m** – ✉ **33100** **11** C2
Italia Centro-Nord

Roma 638 – Milano 377 – Trieste 71 – Venezia 127

di Ronchi dei Legionari per ③: 37 km ✆ 0481 773224, Fax 0481 474150

piazza I Maggio 7, ✆ 0432 29 59 72, www.turismofvg.it

18 via dei Faggi 1-Villaverde, 0432 800418, www.golfudine.com – chiuso martedì

Piazza della Libertà★★ AY **14** – Decorazione barocca★ nel Duomo ABY **B** – Affreschi★ del Tiepolo nel palazzo Vescovile BY **A**

Passariano: Villa Manin★★ sud-ovest 30 km

Pianta pagina seguente

Astoria Hotel Italia
piazza 20 Settembre 24 – ✆ 04 32 50 50 91 – www.hotelastoria.udine.it
66 cam – 85/185 € 126/260 € – 9 suites AZ**a**
Rist – *(chiuso domenica)* Carta 29/66 €
Camere recentemente rinnovate e spazi comuni in stile classico per questa struttura in pieno centro, ideale punto di riferimento per chi cerca prestigio, eleganza, comodità. Un'atmosfera luminosa e raffinata abbraccia l'ampio ristorante; la cucina spazia dal classico al regionale.

Ambassador Palace cam, rist,
via Carducci 46 – ✆ 04 32 50 37 77 – www.ambassadorpalacehotel.it
78 cam – 74/148 € 89/220 € – 2 suites BZ**a**
Rist – *(solo a cena)* Carta 23/51 €
Un grazioso giardino ed un elegante scalone vi introdurranno in questo raffinato hotel a pochi passi dal centro: stile classico impreziosito da piacevoli marmi e camere dotate di ogni confort. Cucina mediterranea.

Là di Moret
viale Tricesimo 276, Nord: 2 km – ✆ 04 32 54 50 96 – www.ladimoret.it
88 cam – 70/140 € 70/170 € – 4 suites
Rist *Là di Moret* – vedere selezione ristoranti
Rist – Carta 25/62 €
Piacevoli spazi per il relax e campi da gioco coperti, per un week-end all'insegna del dolce far niente o per ritemprarsi dopo giornata di intenso lavoro. Atmosfera di tono moderno al ristorante, ideale per un pasto veloce a mezzogiorno.

Villa Première senza rist
via Barcis 4, per ② – ✆ 04 32 58 14 34 – www.hotelvillapremiere.it
48 cam – 70/220 € 90/220 €
Poco fuori dal centro sulla strada per Cividale, gli spazi di questa piacevole struttura sfoggiano linee contemporanee e funzionali.

Allegria
via Grazzano 18 – ✆ 04 32 20 11 16 – www.hotelallegria.it
– Chiuso 2 settimane in agosto AZ**b**
21 cam – 70/105 € 99/160 €
Rist *Hostaria Allegria* – vedere selezione ristoranti
L'architettura medievale si trasforma all'interno in spazi arredati secondo un ricercato design, ampie camere curate ed un'attenta gestione familiare di decennale esperienza.

Clocchiatti & Next senza rist

via Cividale 29 – ✆ 04 32 50 50 47 – www.hotelclocchiattinext.it
– Chiuso 20 dicembre-8 gennaio e 11-18 agosto BY**a**
27 cam ☕ – †60/90 € ††80/180 €
Classico o design? La risorsa è ideale tanto per gli amanti della tradizione quanto per chi desidera essere à la page, scegliete l'ambiente che più s'intona al vostro carattere: camere classiche nella villa *Clocchiatti*, più modaiole nella dépendance *Next*.

Al Vecchio Tram senza rist
via Brenari 28 – ✆ 04 32 50 71 64 – www.hotelvecchiotram.com AZc
16 cam – 70/96 € 105/150 €
Nel cuore del centro storico, la modernità è il tratto distintivo di questa bella struttura che esalta i colori decisi, forte della luce che la inonda. Opere d'arte contemporanea trovano spazio nelle accoglienti camere, tra l'altro molto ben insonorizzate.

Suite Inn senza rist
via di Toppo 25 – ✆ 04 32 50 16 83 – www.hotelsuiteinn.it AYb
18 cam – 78/98 € 89/129 €
Spazi comuni ridotti per questo hotel di piccolissime dimensioni, tra le mura di una villa dei primi '900, le cui camere rappresentano però una sorta di rivincita: ampie, curate e con graziose personalizzazioni. Sicuramente un indirizzo da considerare, se ci si trova in zona!

Art Hotel Udine senza rist
via Paparotti 11, 4 km per ③ – ✆ 04 32 60 00 61 – www.arthoteludine.com – Chiuso 21 dicembre-6 gennaio
36 cam – 60/90 € 80/150 € – 2 suites
Accoglienti camere con piccoli e colorati affreschi in una struttura che dall'arredamento ai dettagli, si presenta come un omaggio a quell'espressione artistica contemporanea, fatta di minimalismo ed essenzialità. Solo l'ospitalità e il confort si sottraggono a questa tendenza.

Là di Moret – Hotel Là di Moret
viale Tricesimo 276, Nord : 2 km – ✆ 04 32 54 50 96 – www.ladimoret.it
Rist – Carta 29/70 €
Se oltre un secolo fa qui nasceva un'osteria, ora, nelle intime salette di questo locale si danno appuntamento estro creativo e tradizione friulana.

Vitello d'Oro
via Valvason 4 – ✆ 04 32 50 89 82 – www.vitellodoro.com – Chiuso lunedì a pranzo e mercoledì, lunedì a pranzo e domenica in giugno-settembre
Rist – (consigliata la prenotazione) Menu 55/65 € – Carta 40/78 € AYa
E' il frammento di un articolo di giornale del 1849 a testimoniare per primo l'esistenza di questo elegante locale. Da allora, un solo leit Motiv: gustose elaborazioni, soprattutto a base di pesce.

Hostaria Allegria – Hotel Allegria
via Grazzano 18 – ✆ 04 32 20 11 16 – www.hotelallegria.it – Chiuso 2 settimane in agosto, domenisa sera e lunedì a mezzogiorno AZb
Rist – Carta 22/69 €
Un nome promettente per un locale dagli intriganti giochi di luce e ombra, bianco e nero. Sulla tavola, sfilano fieri i piatti della tradizione: gnocchi di zucca burro e ricotta salata, trippa in umido, ricca selezione di formaggi, ed altro ancora...

Hostaria alla Tavernetta
via Artico di Prampero 2 – ✆ 04 32 50 10 66 – www.allatavernetta.com – Chiuso 1 settimana in gennaio, 2 settimane in agosto, domenica e lunedì
Rist – Carta 29/65 € BZb
Se il menu spazia tra terra e mare, creando qualche esitazione perché le proposte sono accattivanti e si vorrebbe assaggiare tutto, qualche incertezza si presenterà anche per la la scelta del tavolo: in sala, al calore di uno scoppiettante camino, o sulla terrazza, per una cena sotto le stelle?

Alla Vedova
via Tavagnacco 9, per ① – ✆ 04 32 47 02 91 – www.trattoriaallavedova.it – Chiuso 10-25 agosto, domenica sera e lunedì
Rist – Carta 24/46 €
Oltre un secolo di vita per questo ristorante, che agli albori ricordava l'imperatore. Oggi come allora specialità alla griglia e cacciagione da gustare, in estate, nel piacevole giardino.

a Godia per ① : 6 km – ✉ 33100

XXX **Agli Amici** (Emanuele Scarello)

✿✿ *via Liguria 252 – ✆ 04 32 56 54 11 – www.agliamici.it – Chiuso 1 settimana in febbraio, 3 settimane tra luglio e agosto, domenica sera, martedì a pranzo e lunedì; anche domenica a mezzogiorno da giugno ad agosto*

Rist – Menu 70/98 € – Carta 62/95 €

→ Zuppa di Collio bianco, gnocchi di patate e ricci di mare. Sella d'agnello al profumo di fiori di finocchio selvatico. Cagliata di cioccolato bianco al rosmarino.

Un'altra bella storia tutta italiana: un ristorante familiare di tradizione secolare che la nuova generazione –fratello in cucina e sorella in sala– ha portato ai vertici della gastronomia nazionale. Il segreto? Prodotti, soprattutto pesce, di straordinaria qualità e piatti originali rivelatori di una grande personalità in cucina.

UGENTO – Lecce (LE) – 564 H36 – 12 195 ab. – alt. 108 m – ✉ 73059 27 D3

Puglia

Roma 641 – Bari 211 – Lecce 66

sulla strada provinciale Ugento-Torre San Giovanni Sud-Ovest: 4 km

Masseria Don Cirillo senza rist

strada Provinciale Ugento-Torre S. Giovanni Km 3 – ✆ 08 33 93 14 32 – www.kalekora.it – Aperto 1° maggio-30 settembre

6 cam – †95/150 € ††140/250 €

Abbracciata da profumate distese di ulivi, una piacevole risorsa ricavata da una tenuta nobiliare settecentesca custodisce ampi spazi arredati in rilassanti e chiare tonalità.

UGGIANO LA CHIESA – Lecce (LE) – 564 G37 – 4 414 ab. – alt. 77 m – ✉ 73020 27 D3

Roma 620 – Brindisi 84 – Gallipoli 47 – Lecce 48

XX **Masseria Gattamora** con cam

via campo Sportivo 33 – ✆ 08 36 81 79 36 – www.gattamora.it – Chiuso gennaio-febbraio

11 cam – †45/75 € ††75/125 €

Rist – *(chiuso lunedì escluso agosto) (solo a cena)* Carta 28/50 €

Nel verde della campagna salentina, in giardino zampilla persino una fontana, nella caratteristica sala a volte arredata in stile rustico i sapori del posto, rivisti con creatività. Nel vecchio frantoio alcune camere dalla deliziosa atmosfera.

ULTEN = Ultimo

ULTIMO (ULTEN) – Bolzano (BZ) – 562 C15 – 2 998 ab. – alt. 1 190 m – Sport invernali : a Santa Valburga : 1 192/2 600 m 3, – ✉ 39016 33 B2

Da Santa Valburga : Roma 680 – Bolzano 46 – Merano 28 – Milano 341

via Principale 154, ✆ 0473 79 53 87, www.ultental-deutschnonsberg.info

a San Nicolò (St. Nikolaus) Sud-Ovest : 8 km – alt. 1 256 m – ✉ 39016

Waltershof

Dorf 59 – ✆ 04 73 79 01 44 – www.waltershof.it – Aperto 25 dicembre-7 aprile e 17 maggio-10 novembre

31 cam – solo ½ P 93/130 € – 4 suites

Rist – *(solo a cena) (solo per alloggiati)* Menu 40 €

Struttura con bei balconi fioriti, piacevolmente accolta in un verde giardino e dotata di spazi ludici: taverna e fornita enoteca; zona per serate di musica e vino.

URBINO – Pesaro e Urbino (PU) – 563 K19 – 15 627 ab. – alt. 485 m – ✉ 61029 20 A1

Italia Centro-Nord

Roma 270 – Rimini 61 – Ancona 103 – Arezzo 107

via Puccinotti 35, ✆ 0722 26 13, www.turismo.pesarourbino.it

Palazzo Ducale★★★: Galleria Nazionale delle Marche★★ **M** – Strada panoramica★★: ★★ – Affreschi★★ nella chiesa-oratorio di San Giovanni Battista **F** – Presepio★ nella chiesa di San Giuseppe **B** – Casa di Raffaello★ **A**

URBINO

Circolazione regolamentata nel centro città

San Domenico senza rist
piazza Rinascimento 3 – ✆ 07 22 26 26 – www.viphotels.it **e**
31 cam – 🚹126 € 🚹🚹215 €, ☕ 13 € – 2 suites
Negli austeri spazi di un ex convento del '400 – ristrutturato rispettandone l'elegante semplicità – sono stati creati suggestivi salotti, ricchi di fascino. Particolarmente silenziose le camere, arredate con mobili di fine Ottocento.

Mamiani
via Bernini 6, per via Giuseppe di Vittorio – ✆ 07 22 32 23 09 – www.hotelmamiani.it
67 cam ☕ – 🚹75/115 € 🚹🚹110/160 €
Rist *Il Giardino della Galla* – vedere selezione ristoranti
Albergo moderno situato in zona tranquilla, fuori dal centro storico: servizio impeccabile, grande cortesia e camere ampie accessoriate con confort all'avanguardia.

Italia senza rist
corso Garibaldi 38 – ✆ 07 22 27 01 – www.albergo-italia-urbino.it **a**
43 cam ☕ – 🚹50/70 € 🚹🚹80/120 €
Già attivo come locanda alla fine dell'Ottocento, ora albergo del centro con confortevoli camere in stile essenziale e moderno. Per soggiornare nel cuore di Urbino.

Raffaello senza rist
via Santa Margherita 40 – ✆ 07 22 47 84 – www.albergoraffaello.com
14 cam ☕ – 🚹50/80 € 🚹🚹115/150 € **c**
Tra i vicoli del centro storico, di fronte alla casa natale di Raffaello, hotel di taglio moderno con ambienti comuni piacevoli e camere accoglienti.

Antica Osteria Da La Stella

via Santa Margherita 1 – ✆ 07 22 32 02 28 – www.anticaosteriadalastella.com – Chiuso 7 gennaio-4 febbraio, 8-7 luglio e lunedì **b**

Rist – (coperti limitati, prenotare) Menu 35/40 € – Carta 31/69 €

In una piccola sala rustico-elegante nel cuore del centro storico, i titolari seguono in prima persona sala e cucina. Rispettando la stagionalità dei prodotti, il menu celebra la tradizione marchigiana: i tartufi non mancano mai.

Il Giardino della Galla – Hotel Mamiani

via Bernini 6, per via Giuseppe di Vittorio – ✆ 07 22 24 55 – www.hotelmamiani.it – Chiuso mercoledì

Rist – Carta 21/61 €

Se la vista si bea dello splendido panorama del Montefeltro, ad appagare il gusto ci pensa la cucina: pasta fatta in casa, carne alla brace, funghi porcini e tartufi, nonché l'immancabile pizza (cotta nel forno a legna).

a Gadana Nord-Ovest : 3 km – ✉ 61029 Urbino

Agriturismo Cà Andreana cam, rist,

via Cà Andreana 2 – ✆ 07 22 32 78 45 – www.caandreana.it – Chiuso 10-31 gennaio

6 cam – 40/70 € 80/98 €

Rist – *(chiuso lunedì) (solo a cena escluso i giorni festivi)* (consigliata la prenotazione) Carta 30/48 €

In piena campagna, rustico ben tenuto, da cui si gode una splendida vista dei dintorni; offre belle camere, semplici, ma complete di tutti i confort. Le materie prime prodotte in azienda permettono di realizzare un'ottima scelta di piatti casereccі.

a Pantiere Nord : 13 km – ✉ 61029 Urbino

Urbino Resort Santi Giacomo e Filippo senza rist

via San Giacomo in Foglia 7 – ✆ 07 22 58 03 05 – www.urbinoresort.it – Chiuso 3 settimane in gennaio

41 cam – 108/132 € 120/175 €

All'interno di un ex borgo agricolo del '700, cinque edifici contraddistinti da stili differenti e da nomi fortemente evocativi: i Fiori, i Frutti Dimenticati, le Erbe Aromatiche, le Scuderie (con attrezzi della civiltà rurale adibiti a mobili), i Preziosi (ovvero i prodotti di questa terra: tartufo, zafferano, vino).

URBISAGLIA – Macerata (MC) – 563 M22 – 2 754 ab. – alt. 310 m – ✉ 62010 21 C2

Roma 239 – Ancona 76 – Macerata 15 – Perugia 120

Locanda Le Logge con cam

corso Giannelli 34 – ✆ 07 33 50 67 88 – www.locandalelogge.it – Chiuso 9-30 gennaio

3 cam – 40/60 € 60/80 € **Rist** – Menu 22/30 € – Carta 23/36 €

In un palazzo d'epoca con un portico che in estate diventa anche dehors per il ristorante, cucina tipica marchigiana in un ambiente volutamente rustico. A completare l'offerta anche tre romantiche camere con letti in ferro battuto (uno a baldacchino).

USSEAUX – Torino (TO) – 561 G3 – 191 ab. – alt. 1 416 m – ✉ 10060 22 B2

Roma 806 – Torino 79 – Sestriere 18

via Eugenio Brunetta 53, ✆ 0121 88 44 00, www.comune.usseaux.to.it

Lago del Laux con cam

via al Lago 7, Sud : 1 km – ✆ 0 12 18 39 44 – www.hotellaux.it – Chiuso 2 settimane in maggio e 2 settimane in settembre od ottobre

7 cam – 100/120 € 105/126 €

Rist – *(chiuso martedì e mercoledì escluso giugno, luglio e agosto)* Carta 29/46 €

Affacciato su un laghetto dove in estate si possono pescare le trote, il ristorante celebra la cucina del territorio con piatti dimenticati e una regina: la polenta!

VADA – Livorno (LI) – **563** L13 – ✉ **57016** **31** B2

Roma 292 – Pisa 48 – Firenze 143 – Livorno 29

piazza Garibaldi 93, ✆ 0584 78 83 73, www.costadeglietruschi.it

Il Ducale

piazza Garibaldi 33 – ✆ 05 86 78 86 00 – Chiuso lunedì

Rist – Carta 45/125 €

Sotto volte di mattoni, gustose specialità di pesce (e selvaggina, su prenotazione) in un'atmosfera ricercata, tra arazzi, fiori e pezzi d'antiquariato. La conduzione familiare ha una lunga esperienza, e si sente!

VAGGIO – Firenze (FI) – **563** L16 – **Vedere Reggello**

VAGLIAGLI – Siena (SI) – **563** L16 – **Vedere Siena**

VAIANO – Prato (PO) – **563** K15 – **9 990 ab.** – **alt. 150 m** – ✉ **59021** **32** C1

Roma 325 – Firenze 41 – Prato 9 – Bologna 122

Trattoria La Tignamica

via Val di Bisenzio 110/c, località La Tignamica, Sud : 3 km – ✆ 05 74 98 52 16 – Chiuso lunedì

Rist – Menu 26/60 € – Carta 25/53 €

Costeggia il Bisenzio questo bel ristorante lungo la valle, dal confort contemporaneo e dalle proposte culinarie legate al territorio e alle stagioni.

VAIRANO PATENORA – Caserta (CE) – **564** C24 – **6 470 ab.** **6** A1
– **alt. 168 m** – ✉ **81058**

Roma 165 – Campobasso 91 – Caserta 43 – Napoli 70

Vairo del Volturno (Martino Renato)

via IV Novembre 60 – ✆ 08 23 64 30 18 – www.vairodelvolturno.com – Chiuso 3 settimane in luglio, domenica sera e martedì

Rist – Menu 40/100 € – Carta 44/71 €

➜ Zuppa di patate con insalata di mare. Agnello laticauda in varie interpretazioni. Cremoso al cioccolato con granella di roccocò e gelatina di gassosa e peperoncino

Pochi piatti, ma tanto amore per il territorio: dal celebre maialino nero casertano alla carne e mozzarella di bufala. Per il pesce, si passa nel fine settimana.

VALBREMBO – Bergamo (BG) – **561** E10 – **3 592 ab.** – **alt. 260 m** **19** C1
– ✉ **24030**

Roma 606 – Bergamo 11 – Lecco 29 – Milano 47

Ponte di Briolo

via Briolo 2, località Briolo , Ovest : 1,5 km – ✆ 0 35 61 11 97 – www.ristorantepontedibriolo.com – Chiuso mercoledì

Rist – Menu 26 € (pranzo in settimana)/70 € – Carta 36/72 €

Oramai un'istituzione in provincia in virtù delle sue fragranti specialità ittiche, il locale tuttavia accontenta anche gli amanti della carne. Unanimi i consensi per la cordiale gestione e la raffinata atmosfera.

VALBRUNA – Udine – **562** C22 – **Vedere Malborghetto**

VALDAGNO – Vicenza (VI) – **562** F15 – **26 889 ab.** – **alt. 230 m** **39** B2
– ✉ **36078**

Roma 561 – Verona 62 – Milano 219 – Trento 86

Hostaria a le Bele

località Maso 11, Ovest : 4 km – ✆ 04 45 97 00 34 – Chiuso 10-20 gennaio, agosto, martedì a mezzogiorno e lunedì

Rist – Menu 35/45 € – Carta 29/50 €

Sulle colline, lontano dalla frenesia di Valdagno, una rustica trattoria, tipica come la sua cucina che prende spunto dalla tradizione vicentina (proverbiale il baccalà) per arricchirsi di ispirazione contemporanea.

VALDAORA (OLANG) – Bolzano (BZ) – **562** B18 – **2 975 ab.** **34** C1 – **alt. 1 083 m – Sport invernali : 1 080/2 275 m 19 12 (Comprensorio Dolomiti superski Plan de Corones)** – **39030**

Roma 726 – Cortina d'Ampezzo 51 – Bolzano 88 – Brunico 11

piazza S. Floriani 4, 0474 49 62 77, www.olang.com

Mirabell rist,

via Hans Von Perthalern 11, a Valdaora di Mezzo – 04 74 49 61 91 – www.mirabell.it – Chiuso aprile-maggio

55 cam – 133/212 € 224/352 € **Rist** – Carta 40/64 €

Struttura rinnovata mantenendo inalterato lo stile architettonico locale. L'interno presenta abbondanza di spazi, signorilmente arredati con molto legno, anche nelle camere.

Post cam,

vicolo della Chiesa 6, a Valdaora di Sopra – 04 74 49 61 27 – www.hotelresort-tolder.com – Aperto 7 dicembre-7 aprile e 17 maggio-23 ottobre

38 cam – 74/130 € 120/190 € – 2 suites

Rist – *(solo per alloggiati)* Menu 38 €

Centrale, signorile albergo di tradizione, dotato di maneggio con scuola di equitazione; settore notte funzionale, rinnovato in anni recenti. Calda atmosfera e raffinata ambientazione tirolese nella sala ristorante.

Markushof

via dei Prati 9, a Valdaora di Sopra – 04 74 49 62 50 – www.markushof.it – Aperto 6 dicembre-6 aprile e 25 maggio-19 ottobre

28 cam – solo ½ P 84/124 € **Rist** – Carta 27/51 €

Cortese gestione familiare in un confortevole hotel che vanta una posizione soleggiata e tranquilla, camere ampie ed un moderno centro benessere. Piacevole servizio ristorante in terrazza.

a Sorafurcia Sud : 5 km – 39030 Valdaora

Berghotel Zirm rist,

via Egger 16, (alt. 1 360) – 04 74 59 20 54 – www.berghotel-zirm.com – Aperto 1° dicembre-20 aprile e 1° giugno-20 ottobre

40 cam – 65/125 € – 14 suites **Rist** – *(solo per alloggiati)*

Vi riempirete gli occhi di un panorama splendido da questa tranquilla risorsa, di fianco alla pista da sci; confort e calore negli spazi comuni e nelle camere rinnovate.

VALDERICE Sicilia – Trapani (TP) – **365** AK55 – **12 175 ab.** – **alt. 240 m** **29** A2 – 91019

Agrigento 99 – Palermo 184 – Trapani 9

a Bonagia Nord-Est : 4 km – 91019

Saverino con cam rist,

via Lungomare 3/11 – 09 23 59 27 27 – www.saverino.it

20 cam – 61/90 € 82/110 €, 7 €

Rist – *(chiuso lunedì escluso 15 giugno-15 settembre)* Carta 22/51 €

Nel piccolo borgo di mare, un'unica grande sala resa luminosa dalle enormi vetrate. La cucina è quella che l'ha reso celebre: ottimo pescato giornaliero in ricette gustosamente mediterranee. Camere semplici e luminose, con vista sul mare o sul monte Erice.

VALDIDENTRO – Sondrio (SO) – **561** C12 – **4 068 ab.** – **alt. 1 350 m** **17** C1 – **Sport invernali : 1 345/2484 m 1 8,** – **23038**

Roma 711 – Sondrio 73 – Bormio 9 – Milano 210

piazza 4 novembre 1, 0342 98 53 31, www.valdidentro.net

Bormio via Giustizia, 0342 910730, www.bormiogolf.it – aprile-1° novembre

a Pedenosso Est : 2 km – ✉ 23038 Valdidentro

Agriturismo Raethia
via Sant'Antonio 1 – ✆ 03 42 98 61 34 – www.agriturismoraethia.it – Chiuso 5 novembre-5 dicembre
8 cam – 40/60 € 60/100 €
Rist – (prenotazione obbligatoria) Menu 20/28 €
Una nuova risorsa agrituristica ubicata in posizione soleggiata e molto tranquilla. Una gestione familiare capace di trasmettere un genuino e caloroso spirito d'accoglienza. La tipica cucina valtelinese in una sala accogliente e caratteristica.

a Bagni Nuovi Est : 6 km – ✉ 23032 Valdidentro

Grand Hotel Bagni Nuovi
via Bagni Nuovi 7 – ✆ 03 42 91 01 31 – www.bagnidibormio.it
74 cam – 156/251 € 238/372 €
Rist *Salone dei Balli* – vedere selezione ristoranti
Imponente edificio liberty con ambienti in stile ed un favoloso centro termale: un inaspettato angolo di Belle Epoque nel parco dello Stelvio.

Salone dei Balli – Grand Hotel Bagni Nuovi
via Bagni Nuovi 7 – ✆ 03 42 91 01 31 – www.bagnidibormio.it – Chiuso giovedì
Rist – *(solo a cena)* Carta 44/74 €
Cucina creativa, interessante scelta enologica ed uno straordinario salone delle feste per serate dal sapore mondano.

VALDOBBIADENE – Treviso (TV) – 562 E17 – 10 831 ab. – alt. 253 m – ✉ 31049 40 C2

Roma 563 – Belluno 47 – Milano 268 – Trento 105
via Piva 53, ✆ 0423 97 69 75, www.valdobbiadene.com

Vecchio Municipio senza rist
via Borgo Berti 6, a San Pietro di Barbozza, Est: 2 km – ✆ 04 23 97 54 14 – www.hotelvecchiomunicipio.com – Chiuso 22 dicembre-15 gennaio
23 cam – 57/84 € 80/84 €, 7 € – 4 suites
Due intraprendenti signore al timone di questo accogliente albergo ricavato dal vecchio municipio del paese. Pochi spazi comuni, ma camere moderne e generose nelle metrature, alcune con interessanti soluzioni per le famiglie.

Diana senza rist
via Roma 49 – ✆ 04 23 97 62 22 – www.hoteldiana.org
50 cam – 75/95 € 105/125 €
Calda accoglienza e spazi curati in un moderno edificio, recentemente ristrutturato, nel cuore della località.

Alla Cima
via Cime 13, località San Pietro in Barbozza – ✆ 04 23 97 27 11 – www.trattoriacima.it – Chiuso lunedì sera e martedì
Rist – Carta 23/61 €
Dalla sala-veranda del locale godrete appieno della posizione isolata e della panoramica vista sui vigneti del Prosecco. Al centro del locale, invece, la specialità della casa: la griglia, accesa anche a mezzogiorno.

a Bigolino Sud : 5 km – ✉ 31030

Tre Noghere
via Crede 1 – ✆ 04 23 98 03 16 – www.trenoghere.com – Chiuso 1°-20 luglio, domenica sera e lunedì
Rist – Carta 28/40 €
Ambiente rustico-informale avvolto dalla quiete di vigneti e campi coltivati. Nella spaziosa sala con camino, o all'aperto, nel piccolo dehors sotto il porticato, la trattoria riscopre i piatti della tradizione: antipasti caldi, zuppe nel pane o lasagnette alle "Tre Noghere"... giusto per citarne alcuni.

Casa Caldart

via Erizzo 265 – 04 23 98 03 33 – www.ristorantecasacaldart.it – Chiuso lunedì sera e martedì
Rist – Carta 21/39 €
Sala di stampo moderno e ampio gazebo per il servizio estivo in un locale molto frequentato da una clientela business. In menu: specialità venete e piatti legati ai prodotti stagionali.

VALEGGIO SUL MINCIO – Verona (VR) – 562 F14 – 14 456 ab. 39 A3 – alt. 88 m – 37067 Italia Centro-Nord

Roma 496 – Verona 28 – Brescia 56 – Mantova 25
piazza Carlo Alberto 169 , 045 7 95 18 80, www.tourism.verona.it
Parco Giardino Sigurtà★★

Eden

via Don G. Beltrame 10 – 04 56 37 08 50 – www.albergoedenvaleggio.com
30 cam – 44/69 € 74/90 € – 7 suites
Rist *Eden* – *(chiuso 22 luglio-10 agosto)* Carta 18/41 €
Moderne camere e sale riunioni in questo hotel ideale per una clientela di lavoro ma anche per quanti sono tentati dalle molteplici escursioni alle attrazioni turistiche della zona. Un'unica semplice sala per i vostri pasti, nella quale assaporare la cucina regionale.

La Lepre

via Marsala 5 – 04 57 95 00 11 – Chiuso 14 gennaio-10 febbario, giovedì a mezzogiorno e mercoledì
Rist – Carta 25/42 €
Nel cuore della cittadina, un locale d'antica tradizione: osteria già nell'800, il ristorante si compone ora di tre sale informali per gustosi piatti del territorio, tra cui le lasagnette alla lepre.

Alla Borsa

via Goito 2 – 04 57 95 00 93 – www.ristoranteborsa.it – Chiuso 27 febbraio-7 marzo, 10 luglio-10 agosto, martedì sera, mercoledì, anche domenica sera da novembre a marzo
Rist – Carta 27/52 €
Attivo da quasi 50 anni, due sale rustiche e una più piccina dall'atmosfera elegante. La gestione è familiare e la ricetta da sempre la stessa, piatti di cucina veronese e mantovana che si alternano.

a Borghetto Ovest : 1 km – alt. 68 m – 37067 Valeggio Sul Mincio

Faccioli

via Tiepolo 4 – 04 56 37 06 05 – www.hotelfaccioli.it
17 cam – 60/70 € 100/120 €
Rist *La Cantina* – *(chiuso 15 gennaio-15 febbraio, 15 luglio-10 agosto, martedì e mercoledì)* Carta 25/42 €
Rist *Gatto Moro* – via Giotto 21, 04 56 37 05 70 *(chiuso 6-16 gennaio, martedì e mercoledì)* Carta 35/40 €
Romantica posizione nel piccolo borgo medievale per un piccolo hotel a conduzione familiare: una casa contadina ristrutturata per offrire soggiorni tranquilli e signorili. La Cantina, rustica sala tipo enoteca, è nei muri dell'hotel; il Gatto Moro, più classico, si trova a circa 200 metri. La cucina è sempre regionale.

Antica Locanda Mincio

via Buonarroti 12 – 04 57 95 00 59 – www.anticalocandamincio.it – Chiuso 1°-15 febbraio, 1°-15 novembre, mercoledì e giovedì
Rist – Carta 23/55 €
Gestito dalla stessa famiglia dal 1919 e Membro dei Locali Storici d'Italia, questo bel ristorante che dispone di una splendida terrazza-giardino in riva al fiume, propone una gustosa cucina legata al territorio. La sala del camino è decorata da un polittico a tempera dell'artista F. Bellomi.

a Santa Lucia dei Monti Nord-Est : 5 km – alt. 145 m – ✉ 37067 Valeggio Sul Mincio

Belvedere con cam
– ✆ 04 56 30 10 19 – www.ristorantebelvedere.eu – Chiuso 18 febbraio-8 marzo e 11-29 novembre
7 cam – †40 € ††60/70 €, ☕ 6 € – 3 suites
Rist – *(chiuso mercoledì e giovedì)* Carta 23/46 €
Molto apprezzato da chi lo conosce da sempre, è la griglia situata all'ingresso ad annunciare le specialità della casa: paste fatte in casa e tradizione regionale. Servizio estivo in giardino. Il silenzio e la tranquillità dell'alto del colle culleranno il riposo nelle semplici stanze.

VAL FERRET – Aosta (AO) – Vedere Courmayeur

VALLE AURINA (AHRNTAL) – Bolzano (BZ) – 562 B17 – 5 483 ab. 34 C1

– alt. 1 457 m – Sport invernali : 951/2 350 m a Cadipietra: 1 050/2 050 m 1 10, – ✉ 39030

Roma 726 – Cortina d'Ampezzo 78 – Bolzano 94 – Dobbiaco 48

a Cadipietra (Steinhaus) – alt. 1 054 m – ✉ 39030

via Aurina 95, ✆ 0474 65 20 81, www.suedtirol-it

Alpenschlössl & Linderhof
Cadipietra 123 – ✆ 04 74 65 21 90 – www.alpenschloessl.com
cam, rist,
76 cam ☕ – ††180/390 € – 11 suites
Rist – *(solo a cena) (solo per alloggiati)* Carta 31/96 €
Elegante albergo in due edifici gemelli, che nei luminosi interni propone un'interpretazione moderna dello stile tirolese; ampie camere, anche con letti a baldacchino.

a Lutago (Luttach) – alt. 956 m – ✉ 39030

via Aurina 22, ✆ 0474 67 11 36, www.tures-aurina.com

Schwarzenstein
via del Paese 11 – ✆ 04 74 67 41 00 – www.schwarzenstein.com – Chiuso 7 aprile-9 maggio e 5 novembre-6 dicembre
cam,
81 cam – solo ½ P 134/258 € – 6 suites
Rist – *(solo a cena) (solo per alloggiati)*
Grande struttura tradizionale di alto confort, con ampie sale comuni ben disposte ed eleganti camere rinnovate, tutte con balcone. Nuova e completa beauty farm.

a Casere (Kasern) – alt. 1 582 m – ✉ 39030 Predoi

centro visite Parco Naturale Casere 5d, ✆ 0474 65 41 88, www.kasern.com

Berghotel Kasern
rist,
via Casere 10 – ✆ 04 74 65 41 85 – www.kasern.com – Aperto 26 dicembre-4 maggio e 1° luglio-2 novembre
37 cam ☕ – †49/83 € ††78/146 € – 2 suites
Rist – *(chiuso mercoledì escluso 26 dicembre-6 gennaio, luglio, agosto)* Carta 20/46 €
Esiste da quattrocento anni come luogo di posta, oggi è un tipico hotel, con camere graziose ed accoglienti: ottima base per passeggiate o per lo sci di fondo. Al ristorante la stessa atmosfera genuina e familiare dell'omonimo albergo.

VALLECROSIA – Imperia (IM) – 561 K4 – 7 235 ab. – alt. 5 m 14 A3

– ✉ 18019 Liguria

Roma 652 – Imperia 46 – Bordighera 2 – Cuneo 94

XX **Giappun**

via Maonaira 7 – ✆ 01 84 25 05 60
– Chiuso novembre, giovedì a mezzogiorno e mercoledì
Rist – Carta 55/152 €
La freschezza delle materie prime è la carta vincente di questo locale, nato come stazione di posta e che ancora ricorda nel nome il suo fondatore. Pesce del giorno e accattivanti presentazioni.

XX **Torrione**

via Col. Aprosio 394 – ✆ 01 84 29 56 71 – www.ristorantetorrione.net – Chiuso 1°-10 luglio, 20-30 ottobre, domenica sera e lunedì escluso agosto
Rist – Carta 35/67 €
Si trova lungo la via Aurelia: due salette in successione per pochi coperti e una cucina che si ispira solamente al mare e alla disponibilità del mercato locale. Gestione familiare.

VALLE DI CASIES (GSIES) – Bolzano (BZ) – 562 B18 – 2 186 ab. 34 D1

– alt. 1 262 m – Sport invernali : a Plans de Corones : 1 200/2 275 m 19 12 (Comprensorio Dolomitisuperski Plans de Corones) – ✉ 39030

Roma 746 – Cortina d'Ampezzo 59 – Brunico 31

piazza Centrale, ✆ 0474 97 84 36, www.infopointviaggi.it

Quelle

a Santa Maddalena alt. 1 398 – ✆ 04 74 94 81 11
– www.hotel-quelle.com
– Chiuso 15 aprile-15 maggio e 25 novembre-5 dicembre
65 cam – 110/160 € 210/320 € – 15 suites
Rist – *(solo a cena) (solo per alloggiati)* Menu 52 €
In un giardino con laghetto e torrente, una bomboniera di montagna, ricca di fantasia, decorazioni, proposte di svago; curatissime camere, centro benessere completo. Legno, bei tessuti, profusione di addobbi e atmosfera raffinata nella sala ristorante.

X **Durnwald**

a Planca di Sotto alt. 1 223 – ✆ 04 74 74 69 20
– Chiuso dicembre, giugno e lunedì
Rist – Menu 35 € – Carta 22/53 €
Un buon filetto di manzo in crosta di parmigiano è quello che ci vuole dopo una bella sciata o una passeggiata nei boschi. Ma non finisce qui! Durnwald è un inno al territorio, tanto nel paesaggio, che potrete ammirare dalle finestre, quanto nella cucina, depositaria della genuina tradizione altoatesina.

VALLE IDICE – Bologna (BO) – 562 J15 – Vedere Monghidoro

VALLELUNGA (LANGTAUFERS) – Bolzano (BZ) – 562 B13 33 A1

– alt. 1 912 m – ✉ 39027 Curon Venosta

Da Melago: Roma 740 – Sondrio 148 – Bolzano 116 – Landeck 63

Alpenjuwel

a Melago – ✆ 04 73 63 32 91 – www.alpenjuwel.it – Chiuso 16-30 giugno e 25 ottobre-25 dicembre
14 cam – solo ½ P 75/80 € – 2 suites **Rist** – Menu 25/80 €
Soggiornare qui e dimenticare il resto del mondo: è ciò che promette e mantiene un piccolo, panoramico hotel alla fine della valle; camere non ampie, ma accoglienti.

VALLERANO – Viterbo (VT) – 563 O18 – 2 667 ab. – alt. 390 m 12 B1

– ✉ 01030

Roma 75 – Viterbo 15 – Civitavecchia 83 – Terni 54

XX **Al Poggio**

via Janni 7 – ℰ 07 61 75 12 48 – www.ristorantealpoggio.it – Chiuso 25 febbraio-4 marzo, 23-30 luglio, lunedì sera e martedì

Rist – Menu 30 € – Carta 24/43 €

Un grande camino decora la sala dall'arredamento sobrio che d'estate si apre in una gradevole terrazza parzialmente coperta. Paste fatte in casa e il fine settimana anche pesce.

VALLES = VALS – **Bolzano (BZ)** – **562** B16 – **Vedere Rio di Pusteria**

VALLESACCARDA – **Avellino (AV)** – **564** D27 – **1 357 ab.** – **alt. 650 m** – ✉ **83050** **7** C1

Roma 301 – Foggia 65 – Avellino 60 – Napoli 115

XXX **Oasis-Sapori Antichi** (Lina e Maria Luisa Fischetti)

via Provinciale Vallesaccarda – ℰ 0 82 79 70 21 /9 74 44 – www.oasis-saporiantichi.it – Chiuso 20 giorni in luglio, giovedì e le sere dei giorni festivi

Rist – (consigliata la prenotazione) Menu 19 € (pranzo in settimana)/55 € – Carta 40/62 €

➜ Ravioli di ricotta, salsa di noci ed aglio bruciato. Agnello irpino in cottura tradizionale. Millefoglie con crema casalinga, nocciole avellane e amarene selvatiche.

Splendido binomio di generosa ospitalità e cucina territoriale: i piatti propongono i migliori prodotti irpini, in un contesto di rara cortesia ed accoglienza.

XX **Minicuccio** con cam

via Santa Maria 24/26 – ℰ 0 82 79 70 30 – www.minicuccio.com

10 cam – †45 € ††75 € **Rist** – *(Chiuso lunedì)* Carta 19/35 €

Dall'inizio del '900 nel rinomato ristorante, quattro generazioni hanno coltivato l'arte del buon mangiare, con le ricette di questa terra; ambienti classici, camere decorose.

VALLE SAN FLORIANO – **Vicenza (VI)** – **Vedere Marostica**

VALLO DELLA LUCANIA – **Salerno (SA)** – **564** G27 – **8 865 ab.** – **alt. 380 m** – ✉ **84078** **7** C3

Roma 343 – Potenza 148 – Agropoli 35 – Napoli 143

X **La Chioccia d'Oro**

località Massa-al bivio per Novi Velia ✉ 84050 Massa della Lucania ℰ 0 97 47 00 04 – www.chiocciadoro.com – Chiuso 1°-10 settembre e venerdì

Rist – Carta 13/25 €

Nella sala classicheggiante o nel dehors estivo, piatti della tradizione locale, come le alici 'mbuttunate, e specialità di carne.

VALLO DI NERA – **Perugia (PG)** – **563** N20 – **446 ab.** – **alt. 450 m** – ✉ **06040** **36** C2

Roma 147 – Terni 39 – Foligno 36 – Rieti 57

XX **La Locanda di Cacio Re** con cam

rist,

località i Casali – ℰ 07 43 61 70 03 – www.caciore.com – Chiuso novembre o gennaio

8 cam – †55/60 € ††70/80 € **Rist** – Menu 38 € – Carta 23/46 €

Ai margini di un suggestivo borgo, un casolare del 1500 ristrutturato con incantevole vista su monti e vallata. Cucina locale con particolare attenzione ai formaggi.

VALMADRERA – **Lecco (LC)** – **561** E10 – **11 668 ab.** – **alt. 234 m** – ✉ **23868** **18** B1

Roma 626 – Como 27 – Bergamo 37 – Lecco 4

XX **Villa Giulia-Al Terrazzo** con cam
via Parè 73 – ✆ 03 41 58 31 06 – www.alterrazzo.com
12 cam ☕ – **†55/75 € ††100/120 € – 3 suites**
Rist – Menu 25 € (pranzo in settimana) – Carta 43/75 €
Sobria eleganza in una villa di fine Ottocento con un'ampia sala ed altre due salette graziosamente affrescate: se il tempo lo permette non rinunciate al romanticismo della terrazza affacciata sul lago. In menu, i sapori locali esaltati con grande capacità e senza stravolgimenti.

VALNONTEY – Aosta (AO) – 561 F4 – Vedere Cogne

VALPELLINE – Aosta (AO) – 561 E3 – 659 ab. – alt. 960 m – ✉ 11010 37 A2

Roma 752 – Aosta 17 – Colle del Gran San Bernardo 39 – Milano 203

Le Lievre Amoureux
località Chozod 12 – ✆ 01 65 71 39 66 – www.lievre.it
– Chiuso 7 novembre-28 gennaio
31 cam ☕ – **†60/80 € ††94/140 € – 1 suite**
Rist – *(solo a cena)* Carta 25/45 €
Gestione seria e accoglienza familiare in un simpatico albergo circondato da un ampio prato-giardino dove sono collocati anche quattro chalet; arredi in pino e parquet. Ambientazione di tono rustico nella sala del ristorante.

VALPIANA – Brescia (BS) – Vedere Serle

VALTOURNENCHE – Aosta (AO) – 561 E4 – 2 292 ab. – alt. 1 524 m 37 B2

– Sport invernali : 1 600/3 100 m 1 6, (Comprensorio Monte Rosa ski collegato con Breuil Cervina e Zermatt - Svizzera) – ✉ 11028

Roma 740 – Aosta 47 – Breuil-Cervinia 9 – Milano 178

via Guido Rey 17, ✆ 0166 94 91 36, www.lovevda.it

Tourist
via Roma 32 – ✆ 0 16 69 20 70 – www.hotel-tourist.it – Chiuso ottobre
34 cam ☕ – **†53/75 € ††53/75 €** **Rist** – *(chiuso giovedì)* Carta 26/46 €
Camere spaziose e curate in una struttura moderna, che dispone di servizio navetta - gratuito - per gli impianti di risalita di Valtournenche (collegati a Cervinia e Zermatt).

Grandes Murailles senza rist
via Roma 78 – ✆ 01 66 93 27 02 – www.hotelgmurailles.com
– Aperto 1° dicembre-1° aprile e 1° luglio-30 settembre
15 cam ☕ – **†60/90 € ††100/180 €**
Lo charme e l'atmosfera di questo vecchio albergo anni '50 sono quelli di una casa privata, arredata con mobili d'epoca di famiglia. Camere personalizzate, quasi tutte con balcone, e leziose testiere dei letti.

VALVERDE – Forlì-Cesena (FC) – 563 J19 – Vedere Cesenatico

VANDOIES – Bolzano (BZ) – 562 B17 – 3 263 ab. – alt. 755 m 34 C1

– ✉ 39030

Roma 685 – Bolzano 55 – Brunico 20 – Milano 327

via J. Anton Zoller 1, ✆ 0472 86 91 00, www.comune.vandoies.bz.it

XX **La Passion** (Wolfgang Kerschbaumer)
via San Nicolò 5/b, Vandoies di Sopra – ✆ 0 47 2/ 86 85 95 – www.lapassion.it
– Chiuso lunedì
Rist – (prenotazione obbligatoria) Menu 54/74 € – Carta 49/80 €
➜ Ravioli ripieni di capretto, salsa all'erba cipollina. Filetto di rombo con verdure e salsa di patate. Canederli di semolino su composta di ciliege.
E' stata ricreata una caratteristica stube tra le mura di questa piccola casa privata, intima e accogliente, con graziose tendine alle finestre. Lei in sala, lui in cucina, a tavola la tradizione.

VARALLO SESIA – Vercelli (VC) – 561 E6 – 7 593 ab. – alt. 450 m – ✉ 13019 Italia Centro-Nord 23 C1

Roma 679 – Biella 59 – Milano 105 – Novara 59

corso Roma 38, ✆ 0163 56 44 04, www.comunevarallo.com

Sacro Monte★★

a Crosa Est : 3 km – ✉ 13853

Delzanno

località Crosa – ✆ 0 16 35 14 39 – www.ristorantedelzanno.it – Chiuso lunedì escluso maggio-settembre

Rist – Menu 14 € (in settimana) – Carta 24/51 €

Oltre un secolo e mezzo di fervida attività per questo storico locale, gestito da sempre dalla stessa famiglia: nelle due raccolte salette, una con camino, i sapori del territorio sono riproposti con fedeltà e schiettezza.

a Sacro Monte Nord : 4 km – ✉ 13019 Varallo Sesia

Sacro Monte rist,

località Sacro Monte 14 – ✆ 0 16 35 42 54 – www.albergosacromonte.eu – Aperto 1° marzo-30 novembre

24 cam – †55/70 € ††85/95 €

Rist – *(chiuso lunedì escluso luglio-agosto)* Carta 24/52 €

Vicino a un sito religioso meta di pellegrinaggi, ambiente piacevolmente "old fashion" in un hotel con spazi esterni tranquilli e verdeggianti; camere di buona fattura. Gradevole sala ristorante con camino e utensili di rame appesi alle pareti.

VARANO BORGHI – Varese (VA) – 2 383 ab. – alt. 281 m – ✉ 21020 16 A2

Roma 649 – Milano 62 – Varese 17 – Torino 131

Villa Borghi (N)

piazza Borghi 1 – ✆ 03 32 96 15 15 – www.hotelvillaborghi.it

20 cam – †90/130 € ††140/170 € **Rist** – Carta 38/64 €

Una struttura del 1665 di proprietà della famiglia Borghi; dopo un'importante ristrutturazione la contessa Moirano continua l'ospitalità aprendo la villa al pubblico: camere spaziose, di gusto classico, ma personalizzate. Anche gli esterni non mancano di attrattiva, grazie ad un ampio parco e una bella piscina.

VARANO DE' MELEGARI – Parma (PR) – 562 H12 – 2 704 ab. – alt. 190 m – ✉ 43040 8 A2

Roma 489 – Parma 36 – Piacenza 79 – Cremona 85

Della Roccia (N) cam,

via Martiri della Libertà 2 – ✆ 0 52 55 37 28 – www.albergodellaroccia.it

36 cam – †79/90 € ††89/100 €

Rist *Morini* – *(chiuso agosto)* Carta 23/52 €

Non è solo la posizione strategica a renderlo interessante: camere spaziose con buone installazioni e la prima colazione servita nella veranda affacciata sul curato giardino contribuiscono al successo di questo moderno albergo.

Castello

via Martiri della Libertà 129 – ✆ 0 52 55 31 56 – Chiuso 20 dicembre-20 gennaio, 12-19 giugno, 12-19 settembre, lunedì e martedì

Rist – Carta 43/60 €

Tra antico e moderno, proprio dove sorgeva il posto di guardia dell'attiguo castello, un piccolo e curato locale che propone estrose interpretazioni di piatti del territorio. Fresco servizio estivo in terrazza.

VARAZZE – Savona (SV) – 561 I7 – 13 708 ab. – ✉ 17019 Liguria 14 B2

Roma 534 – Genova 36 – Alessandria 82 – Cuneo 112

corso Matteotti 56, ✆ 019 93 50 43, www.visitriviera.it

Le Roi
rist, VISA AE
via Genova 43 – ✆ 01 99 59 02 – www.leroi.it – Chiuso 10-26 dicembre
20 cam – 65/85 € 110/140 €
Rist *Blu di Mare* – *(chiuso lunedì)* Carta 29/65 €
Un albergo fronte mare, raddoppiato nella capienza dalla nuova dependance: arioso negli spazi comuni, dispone di camere arredate modernamente e personalizzate. Il blu del mare è quanto si vede dalla luminosa sala da pranzo.

Villa Elena
cam, VISA AE
via Coda 16 – ✆ 01 99 75 26 – www.genovesevillaelena.it – Chiuso ottobre-23 dicembre
50 cam – 50/70 € 100/130 €, 10 €
Rist – *(solo per alloggiati)* Carta 27/53 €
Accoglienza cordiale e affezionata clientela di habitué in questa bella villa liberty, ristrutturata, che conserva al suo interno elementi architettonici originali. Ligneo soffitto a cassettoni intarsiato e lampadari in stile nella raffinata sala ristorante.

El Chico
VISA AE
strada Romana 63, Est: 1 km – ✆ 0 19 93 13 88 – www.elchico.eu – Chiuso 20 dicembre-31 gennaio
38 cam – 80/110 € 99/150 € **Rist** – Menu 25 €
Struttura anni '60 immersa in un parco ombreggiato con piscina; gradevoli e comodi spazi comuni, sia esterni che interni. Nuove sale riunioni per la clientela business. Ampia, luminosa sala da pranzo di taglio moderno, dove si propone cucina mediterranea.

Eden senza rist
VISA AE
via Villagrande 1 – ✆ 0 19 93 28 88 – www.hoteledenvarazze.it – Aperto 1° maggio-20 ottobre
45 cam – 50/80 € 90/130 €, 8 €
Gestione familiare in una comoda risorsa centrale, adatta a clientela sia turistica che d'affari; zone comuni signorili e ben distribuite, stanze spaziose e confortevoli.

Cristallo
rist, VISA AE
via Cilea 4 – ✆ 01 99 72 64 – www.cristallohotel.it – Chiuso 20 dicembre-7 gennaio
42 cam – 56/90 € 82/134 €, 8 €
Rist – *(Chiuso venerdì, sabato e domenica escluso luglio-agosto) (solo a cena)* Carta 19/44 €
Per un soggiorno marino in ambiente signorile e ospitale, un hotel che offre camere di diversa tipologia, funzionali e dotate di ogni confort, alcune con idromassaggio. Gradevole sala ristorante, di impostazione classica; piatti italiani e liguri.

Astigiana
cam, VISA
via Busci 10 – ✆ 01 99 74 91 – www.hotelastigiana.it – Chiuso 15 ottobre-23 dicembre
24 cam – 50/84 € 59/200 € – 4 suites **Rist** – Carta 28/62 €
Nel cuore della località e a pochi metri dal mare, la risorsa può vantare una lunga tradizione familiare (dal 1919). La recente ristrutturazione ha saputo esaltare al meglio l'incantevole natura dei suoi interni: dalla reception decorata con ceramiche d'arte, alle belle camere con accenti provenzali.

Ines
VISA AE
via Cavour 10 – ✆ 01 99 73 02 – www.hotelinesvarazze.it
12 cam – 45/55 € 70/90 € **Rist** – *(solo per alloggiati)* Menu 18 €
Non lontano dal mare, villetta liberty circondata da una piacevole terrazza solarium; accoglienti interni con originali pavimenti a mosaico, camere di taglio classico.

Bri
VISA AE
piazza Bovani 13 – ✆ 0 19 93 46 05 – www.ristorantebri.it – Chiuso novembre e mercoledì escluso in giugno-settembre
Rist – Menu 20/45 € – Carta 27/58 €
Mantiene la sua originaria "anima" di osteria, familiare e informale, questo ristorante classico; pochi fronzoli nella solida cucina, che è tipica ligure e di pesce.

VARENA – Trento (TN) – **562** D16 – **831 ab.** – **alt. 1 180 m** **34** D3
– Sport invernali : Vedere Cavalese (Comprensorio Dolomiti superski Val di Fiemme) – ✉ **38030**

Roma 638 – Trento 64 – Bolzano 44 – Cortina d'Ampezzo 104

Alpino cam, cam, rist, VISA

via Mercato 8 – ✆ 04 62 34 04 60 – www.albergoalpino.it – Chiuso 3 settimane in maggio e 3 settimane in novembre

28 cam – †55/80 € ††70/150 € **Rist** – Carta 23/45 €

In un bel palazzo sulla piazza centrale del paese, la gestione familiare non lesina sforzi in continui rinnovi. Ottime camere con arredi in legno locale. Moderna sala ristorante dall'ambiente informale, servizio estivo in giardino.

VARENNA – Lecco (LC) – **561** D9 – **812 ab.** – **alt. 220 m** – ✉ **23829** **16** B2
Italia Centro-Nord

Roma 642 – Como 50 – Bergamo 55 – Chiavenna 45

per Menaggio e Bellagio – Navigazione Lago di Como, call center 800 551 801

via 4 Novembre, ✆ 0341 83 03 67, www.varennaitaly.com

Giardini★★ di villa Monastero

Du Lac senza rist VISA AE

via del Prestino 11 – ✆ 03 41 83 02 38 – www.albergodulac.com – Aperto 1° marzo-15 novembre

16 cam – †85/155 € ††160/245 €

Sembra spuntare dall'acqua questo grazioso albergo ristrutturato, in splendida posizione panoramica; piacevoli ambienti comuni e un'amena terrazza-bar in riva al lago.

VARESE P (VA) – **561** E8 – **81 579 ab.** – **alt. 382 m** – ✉ **21100** **18** A1
Italia Centro-Nord

Roma 633 – Como 27 – Bellinzona 65 – Lugano 32

via Romagnosi 9, ✆ 0332 28 19 13, www.provincia.va.it

18 via Vittorio Veneto 59, 0332 229302, www.golfclubvarese.it – chiuso lunedì

18 Dei Laghi via Trevisani 926, 0332 978101, www.golfdeilaghi.it – chiuso martedì

9 Panorama via Belmonte, 0332 330356, www.panoramagolf.it

Villa Menafoglio Litta Panza★

★★dal Sacro Monte★★: 8 km a nord-ovest – da Campo dei Fiori★★: 10 km a nord-ovest

Pianta pagina seguente

Art Hotel VISA AE

viale Aguggiari 26, per ① – ✆ 03 32 21 40 00 – www.arthotelvarese.it

28 cam – †80/105 € ††105/125 €

Rist – *(chiuso 26 dicembre-6 gennaio, 12-26 agosto, lunedì a mezzogiorno e domenica)* Carta 31/59 €

E' un'affascinante dimora storica settecentesca ad accogliere questo nuovo hotel nella prima periferia della città, arredato con gusto moderno e accessori di ultima generazione. Proposte di cucina fantasiosa e di stagione (nella bella sala colazioni con camino). La domenica solo brunch.

Hotel di Varese N senza rist VISA AE

via Como 12 – ✆ 03 32 23 75 59 – www.hoteldivarese.com – Chiuso 23 dicembre-7 gennaio **b**

21 cam – †105/150 € ††125/180 €

La completa ristrutturazione di un antico palazzo liberty nel centro cittadino ha concesso solo qualche traccia dello stile originale dell'edificio. Camere di varie tipologie in un albergo moderno, comodissimo e gestito con grande passione.

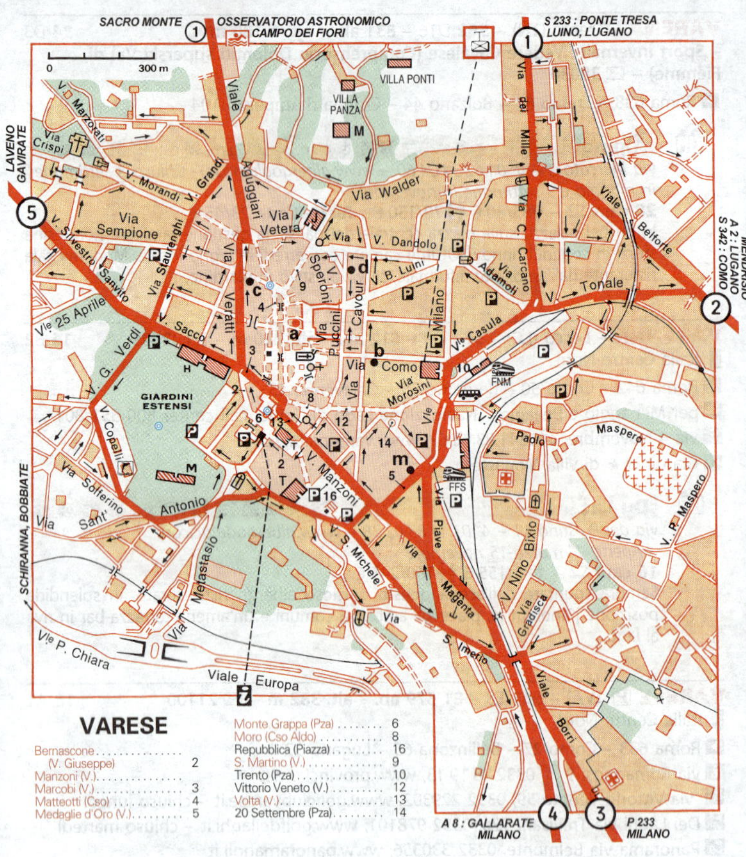

City Hotel senza rist

via Medaglie d'Oro 35 – ✆ 03 32 28 13 04 – www.cityhotelvarese.com – Chiuso 2 settimane in dicembre e 2 settimane in agosto **m**

46 cam ☕ – 🚹49/99 € 🚹🚹59/155 €

In centro città, vicino alla stazione ferroviaria, struttura funzionale, con sale riunioni, adatta a clientela sia d'affari che turistica; moderne le camere rinnovate.

Relais sul Lago

via Giovanni Macchi 61, 3 km per viale 25 Aprile – ✆ 03 32 31 00 22 – www.relaissullago.it

62 cam ☕ – 🚹90/99 € 🚹🚹110 €

Rist *Sergio 1950* – vedere selezione ristoranti

Lontano dal centro cittadino e con vista sul piccolo lago, camere calde ed accoglienti, nonché un ospitale centro benessere. Un paradiso terrestre, dove riconciliarsi con la vita!

Bologna

cam,

via Broggi 7 – ✆ 03 32 23 43 62 – www.albergobologna.it – Chiuso 1 settimana in febbraio e 3 settimane in agosto **c**

15 cam ☕ – 🚹65/70 € 🚹🚹85/90 € **Rist** – *(chiuso sabato)* Carta 26/51 €

Gestito dalla stessa famiglia da quasi 50 anni, un semplice, ma confortevole hotel, rinnovato in anni recenti; comoda posizione centrale e camere ben arredate. Simpatica sala da pranzo di ambientazione rustica nel frequentato ristorante.

XXX **Al Vecchio Convento** con cam
viale Borri 348, per ③ – ✆ 03 32 26 10 05 – www.alvecchioconvento.it
– Chiuso 27 dicembre-4 gennaio e 11-30 agosto
3 cam – 80/90 € 90/100 €
Rist – *(chiuso domenica sera e lunedì)* Menu 30 € (pranzo)/40 € – Carta 40/68 €
Chiedete un tavolo nella sala principale, d'atmosfera e con arredi eleganti, per gustare una cucina che segue le stagioni e predilige la Toscana. In posizione decentrata.

XX **Teatro**
via Croce 3 – ✆ 03 32 24 11 24 – www.ristoranteteatro.it
– Chiuso 23 luglio-25 agosto e martedì **a**
Rist – Carta 36/79 €
Raccontano la storia del teatro, dalle origini greche ai giorni nostri, i quadri alle pareti di un antico locale, in pieno centro; a tavola vanno in scena terra e mare.

XX **Sergio 1950** – Hotel Relais sul Lago
via Giovanni Macchi 61, 3 km per viale 25 Aprile – ✆ 03 32 31 35 71
– www.relaissullago.it – Chiuso domenica sera
Rist – Carta 28/62 €
Attraversata la hall dell'albergo, sarà la luminosità dell'ambiente a colpirvi: la luce del giorno filtra, infatti, da un'intera parete-finestra, trasformando la terrazza in una naturale prosecuzione (evidenziata dal pavimento stesso). In un spazio così suggestivo, anche la cucina si fa raffinata.

XX **Luce** N
piazza Litta 1, c/o Villa Panza, per ① – ✆ 03 32 24 21 99 – www.ristoranteluce.it
Rist – Carta 31/70 €
In un affascinante contesto architettonico, la cucina si sbizzarrisce con piatti più o meno creativi e diversi menu; a pranzo c'è anche la possibilità di proposte più veloci, nonché economiche, elencate giornalmente a voce.

a Capolago Sud-Ovest : 5 km – ✉ 21100

XX **Da Annetta**
via Fè 25 – ✆ 03 32 49 00 20 – www.daannetta.it
– Chiuso 10-20 agosto e mercoledì
Rist – Menu 28 € (pranzo in settimana)/65 € – Carta 42/80 €
In un edificio del '700, rustico e al contempo elegante con raffinata cura della tavola e cucina che prende spunto dalla tradizione, ma sa rivisitarla con fantasia.

VARESE LIGURE – La Spezia (SP) – 561 I10 – 2 151 ab. – alt. 353 m – ✉ 19028 Liguria 15 D2

Roma 457 – La Spezia 57 – Bologna 194 – Genova 90
via Portici 19, ✆ 0187 84 20 94, www.prolocovareseligure.it

Amici
via Garibaldi 80 – ✆ 01 87 84 21 39 – www.albergoamici.com
– Chiuso 20 dicembre-31 gennaio
24 cam – 45/50 € 65/70 €
Rist *Amici* – *(Chiuso mercoledì in ottobre-maggio)* Carta 24/42 €
Nella cittadina dell'entroterra, dove potrete visitare il Castello e l'originale Borgo Rotondo, confortevole hotel familiare con giardino; buon rapporto qualità/prezzo.

VARIGOTTI – Savona (SV) – 561 J7 – ✉ 17029 Liguria 14 B2

Roma 567 – Genova 68 – Imperia 58 – Milano 191
via Aurelia 79, ✆ 019 69 80 13, www.visitriviera.it

Albatros senza rist
via Aurelia 58 – ✆ 0 19 69 80 39 – www.hotelalbatrosvarigotti.it
– Aperto 1° marzo-15 novembre
18 cam – 100/180 € 140/220 €
E' stato completamente rinnovato, questo albergo piacevolmente affacciato sul mare, che ora dispone di una piccola zona benessere e le cui camere di moderno design si differenziano l'una dall'altra (alcune con terrazza).

XX **Muraglia-Conchiglia d'Oro** con cam

via Aurelia 133 – ✆ 0 19 69 80 15 – Chiuso 15 dicembre-15 gennaio
6 cam – 🚹70 € 🚹🚹70/90 € – 1 suite
Rist – *(chiuso mercoledì, anche martedì in ottobre-maggio)* Carta 46/105 €
Una sala sobria e luminosa, nonché una piacevole terrazza vista mare: la specialità della casa è il pesce - di grande qualità e freschezza - preparato anche alla brace.

VARZI – Pavia (PV) – 561 H9 – 3 420 ab. – alt. 416 m – ✉ 27057 16 B3

Roma 585 – Piacenza 69 – Alessandria 59 – Genova 111
piazza della Fiera, ✆ 0383 54 52 21, www.comune.varzi.pv.it

verso Pian d'Armà Sud : 7 km :

X **Buscone**

località Bosmenso 41 – ✆ 0 38 35 22 24 – www.ristorantebuscone.it – Chiuso martedì sera e lunedì
Rist – Menu 20/35 €
La difficoltà che forse incontrerete per raggiungere la trattoria, sarà ricompensata dal vivace ambiente familiare e dalla cucina casereccia. Assolutamente da assaggiare: i salumi fatti in casa e, in stagione, i funghi.

VASON – Trento (TN) – 562 D15 – Vedere Bondone (Monte)

VASTO – Chieti (CH) – 563 P26 – 40 381 ab. – alt. 144 m – ✉ 66054 2 C2

Roma 271 – Pescara 70 – L'Aquila 166 – Campobasso 96
piazza del Popolo 18, ✆ 0873 36 73 12, www.abruzzoturismo.it

XX **Castello Aragona**

via San Michele 105 – ✆ 0 87 36 98 85 – www.castelloaragona.it – Chiuso 24-27 dicembre
Rist – Menu 40 € – Carta 34/92 €
La suggestiva atmosfera di memoria storica e il servizio estivo sulla terrazza-giardino con splendida vista sul mare caratterizzano questo ristorante, dove potrete gustare specialità di mare.

VEDOLE – Parma (PR) – Vedere Colorno

VELLETRI – Roma (RM) – 563 Q20 – 53 544 ab. – alt. 332 m – ✉ 00049 13 C2

Italia Centro-Sud

Roma 36 – Anzio 43 – Frosinone 61 – Latina 29
Castelli romani★★ nord-ovest per la via dei Laghi o per la strada S 7, Appia Antica (circuito di 60 km)

XX **Da Benito al Bosco** con cam

via Morice 96 – ✆ 0 69 63 39 91 – www.benitoalbosco.com
60 cam – 🚹55 € 🚹🚹80 € **Rist** – Carta 29/56 €
Il ristorante privilegia la cucina di mare e, non appena il clima lo consente, ci si sposta all'aperto: a bordo piscina o all'ombra dei castagni. Situato in zona collinare e residenziale, l'albergo ospita camere dall'arredo classico ed inserti in marmo.

VELLO – Brescia (BS) – 561 E12 – alt. 190 m – ✉ 25054 Marone 19 D1

Roma 591 – Brescia 34 – Milano 100

X **Trattoria Glisenti**

via Provinciale 34 – ✆ 0 30 98 72 22 – www.trattoriaglisenti.it – Chiuso 15 ottobre-30 novembre, mercoledì e giovedì
Rist – Carta 35/48 €
Un indirizzo consigliabile agli appassionati del pesce di lago: semplice trattoria di lunga tradizione familiare, sulla vecchia strada costiera del lago d'Iseo.

VELO D'ASTICO – Vicenza (VI) – 562 E16 – 2 446 ab. – alt. 346 m – ✉ 36010 39 B2

Roma 551 – Trento 57 – Treviso 83 – Verona 81

Giorgio e Flora con cam
via Baldonò 1, lago di Velo d'Astico, Nord-Ovest : 2 km – 04 45 71 30 61 – www.giorgioeflora.it – Chiuso 3-15 settembre
6 cam – 55/65 € 90 € – 1 suite
Rist – *(chiuso mercoledì sera e giovedì)* (coperti limitati, prenotare) Menu 30 € (pranzo in settimana) – Carta 30/52 €
Una villetta tipo chalet che domina la valle, due sale, di cui una più raccolta ed elegante, un panoramico dehors e piatti della tradizione veneta con tocco personale.

VELO VERONESE – Verona (VR) – 562 F15 – 787 ab. – alt. 1 087 m 39 B2
– 37030

Roma 529 – Verona 35 – Brescia 103 – Milano 193

13 Comuni con cam
piazza della Vittoria 31 – 04 57 83 55 66 – www.13comuni.it
15 cam – 30/60 € 50/90 €
Rist – *(chiuso giovedì sera, lunedì e martedì escluso luglio-agosto)* Carta 21/51 €
Fegato di vitello della Lessinia con cipolla fondente? O trippe alla parmigiana con veli di Monte Veronese e pepe di Sichuan? Nella piazza del paese, ottima gestione di una coppia, con lei in sala e lui in cucina dove lavora le migliori materie prime della zona, a volte secondo tradizione, altre in chiave moderna. E l'atmosfera montana sale sin dentro alle semplici camere.

VENARIA REALE – Torino (TO) – 561 G4 – 34 859 ab. – alt. 262 m 22 A1
– 10078 Italia Centro-Nord

Roma 667 – Torino 11 – Aosta 116 – Milano 143

Druento strada della Barra 21, , Ovest: 3 km, 329 5431235, www.golfdruento.com

Galant senza rist
corso Garibaldi 155 – 01 14 55 10 21 – www.hotelgalant.it – Chiuso vacanze di Natale e 15 giorni in agosto
39 cam – 60/150 € 88/183 €
A meno di un chilometro dal "delle Alpi", struttura di taglio moderno, ideale per una clientela d'affari, dispone di piacevoli ambienti comuni e di camere semplici ma confortevoli.

Cascina di Corte
via Amedeo di Castellamonte 2 – 01 14 59 32 78 – www.cascinadicorte.it
10 cam – 110/160 € 130/190 € – 2 suites
Rist – *(chiuso agosto)* Menu 25/38 € – Carta 29/49 €
Alle porte della celebre reggia, cascina ottocentesca con annessa ghiacciaia ancora conservata. Sobrio stile architettonico di impronta locale, ma - all'interno - l'atmosfera rustica con mattoni a vista nelle camere cede il passo a moderne installazioni e confort.

Dolce Stil Novo alla Reggia (Alfredo Russo)
piazza della Repubblica 4 – 01 14 99 23 43 – www.dolcestilnovo.com – Chiuso 2 settimane in gennaio, 2 settimane in agosto, domenica sera, martedì a mezzogiorno e lunedì
Rist – (coperti limitati, prenotare) Menu 38 € (pranzo in settimana)/90 € – Carta 77/127 €
→ Ravioli di "barbabuc" (scorzabianca) con ricotta di montagna. Stracotto di fassone piemontese in cottura lunga con pomodoro fresco. Semifreddo di agrumi con biscotto all'acqua, profumato al finocchietto.
Ospitato all'interno del *Torrione del Garove*, il ristorante dispone di una bella terrazza affacciata sui giardini della *Reggia di Venaria*. Due ampie sale con tavoli spaziosi, alle quali si contrappongono arredi minimalisti, accolgono una cucina del territorio con qualche specialità di mare.

VENEZIA

Piante pagine seguenti **40** C2

© John Elk III / Photononstop

🄿 **Venezia (VE)** – **270 884 ab.** – **562** F19 – Italia Centro Nord

Uffici Informazioni turistiche

calle Ascensione - San Marco 71/f, ☎ 041 5 29 87 11, www.turismovenezia.it
Stazione Santa Lucia , ☎ 041 5 29 87 11
Aeroporto Marco Polo, ☎ 041 5 29 87 11

Aeroporto

Marco Polo di Tessera, Nord-Est : 13 km ☎ 041 2609260

Trasporti marittimi

da piazzale Roma (Tronchetto) per il Lido-San Nicolò – dal Lido Alberoni per l'Isola di Pellestrina-Santa Maria del Mare ACTV ☎ 041 2424

Golf

strada Vecchia 1, 041 731333, www.circologolfvenezia.it – chiuso lunedì

Cá della Nave piazza della Vittoria 14, 041 5401555, www.cadellanave.com – chiuso martedì

Villa Condulmer via della Croce 3, 041 457062, www.golfvillacondulmer.com – chiuso lunedì

LUOGHI DI INTERESSE

Gli imperativi categorici Basilica di S. Marco★★★ e Museo di S. Marco, con i cavalli di bronzo dorato★★ LZ •Palazzo Ducale★★★ e "Itinerari segreti" LZ • Scuola Grande di S. Rocco★★★ BU • Ca' d'Oro★★★ YX • Scuola di S. Giorgio degli Schiavoni★★★ FU • ≤★★★ dal Campanile di S. Giorgio Maggiore FV •Frari★★★ BTU - Rialto★★ KY • ≤★★ dal Campanile di S. Marco KLZQ • S. Maria della Salute★★ DV • Ponte dei Sospiri★★ LZ • S. Zaccaria★★ LZ • Scala del Bovolo★ JZ

Musei Gallerie dell'Accademia★★★ BV •Ca' d'Oro★★★ YX: Galleria Franchetti • Ca' Rezzonico★★ BV: Museo del Settecento Veneziano • Museo Correr★★ XZM •Collezione Peggy Guggenheim★★ DV • Fondazione Querini Stampalia★ LY • Museo Storico Navale★ FV

La Venezia di atmosfera: le passeggiate per i sestieri S. Pietro di Castello★ •Arsenale★ FGU • S. Francesco della Vigna★ FT • Campo dell'Abbazia, Sacca della Misericordia, Madonna dell'Orto★, Campo dei Mori e S. Alvise★ •Dogana EV, Zattere, squero di S. Trovaso BV, S. Sebastiano★★ ABV, Campo S. Margherita BV • S. Giorgio dei Greci FU, Campo S. Maria Formosa ET, SS. Giovanni e Paolo★★ (S. Zanipòlo) FT, S. Maria dei Miracoli★ ET, Fondamenta Nuove, Gesuiti★ ET

Acquisti Articoli in vetro, moda, maschere, ex libris e carta marmorizzata si troveranno un po' ovunque. Si segnalano le zone più commerciali: Piazza S. Marco, Mercerie★, Rialto, Strada Nuova.

Le isole Burano★★ : Museo del Merletto • Murano★★: Museo di Arte Vetraria★, S. Maria e Donato★★ • Torcello★★ : mosaici★★ della Basilica • S. Francesco del Deserto★ • S. Lazzaro degli Armeni★

Cipriani & Palazzo Vendramin

rist,

isola della Giudecca 10, 5 mn di navetta privata dal pontile San Marco ✉ 30133 – ✆ 04 15 20 77 44 – www.hotelcipriani.com – Aperto 16 marzo-11 novembre FV**h**

95 cam – 605 € 1078/1529 € – 15 suites

Rist ***Cip's Club*** – vedere selezione ristoranti

Rist – Carta 71/123 €

Appartato e tranquillo, in un giardino fiorito con piscina riscaldata, grande albergo lussuoso ed esclusivo. Maggiordomo a disposizione nelle raffinate dépendance. In un'elegante saletta interna, sulla fiorita terrazza oppure presso la piscina olimpica, il ristorante offre comunque la vista sulla laguna e sulla città.

San Clemente Palace

rist,

isola di San Clemente, 15 mn di navetta privata dal pontile San Marco ✉ 30124 – ✆ 04 12 44 50 01 – www.sanclementepalacevenice.com

200 cam – 400/500 € 450/600 € – 28 suites

Rist ***Le Maschere*** – *(solo a cena in estate)* Carta 63/105 €

Rist ***La Laguna*** – *(aperto 1° maggio-30 settembre) (solo a pranzo)* Carta 49/93 €

Lusso e confort coinvolgono gli ambienti di questa affascinante struttura, ubicata sull'isola privata che accoglieva un convento camaldolese del '400: un soggiorno esclusivo, fuori dai normali circuiti. Pranzi informali a bordo piscina al ristorante *La Laguna*.

Danieli

riva degli Schiavoni 4196, Castello ✉ 30122 – ✆ 04 15 22 64 80 – www.starwoodhotels.com/danieli LZ**a**

225 cam – 500/900 € 900/1800 €, 68 € – 20 suites

Rist ***Terrazza Danieli*** – vedere selezione ristoranti

Appartenuto alla famiglia del doge Dandolo, questo palazzo dal fascino bizantino ripropone i fasti del XIV sec: sontuosi damaschi, sfavillanti lampadari in vetro, pregiati mobili antichi. Affacciato sullo laguna, l'hotel è un'icona della città, come una tela del Canaletto o la musica di Vivaldi.

Bauer Hotel

campo San Moisè 1459, San Marco ✉ 30124 – ✆ 04 15 20 70 22 – www.thebauersvenezia.com KZ**h**

97 cam – 300/700 € 300/700 €, 50 € – 22 suites

Rist ***De Pisis*** – vedere selezione ristoranti

Candelabri in vetro di Murano, tessuti veneziani, mobili ed accessori Art Deco in un piacevole *melting pot* di stili, ma un comune denominatore: il lusso.

Bauer il Palazzo

campo San Moisè 1459, San Marco – ✆ 04 15 20 70 22 – www.ilpalazzovenezia .com

38 cam – 400/1000 € 400/1000 €, 50 € – 34 suites

Facciata gotica ed esclusivi spazi interni.

Bauer Casa Nova

calle Tredici Martiri 1459, San Marco – ✆ 04 15 20 70 22 – www.bauerhotels.com

10 cam – 200/800 € 200/800 € – 9 suites

L'intimità di una residenza privata, il confort di un hotel.

DINTORNI DI VENEZIA CON RISORSE ALBERGHIERE

Aquileia (V.)	3	Dardanelli (V.)	10	Selva (V. G.)	21
Bragadin (V. M. A.)	5	Duodo (V. F.)	12	S. M. Elisabetta (Gr. Viale)	17
Cipro (V.)	6	Gallo (V. S.)	13	S. M. Elisabetta (Riviera)	18
Dandolo (Viale E.)	8	Malamocco (V.)	14	S. Nicolò (Riviera)	20
D'Annunzio (Lungomare)	9	Marconi (Lungomare)	16	4 Fontane (V.)	22

Cà Sagredo

campo Santa Sofia 4198, Ca' D'Oro ✉ 30121 – ✆ 04 12 41 31 11 – www.casagredohotel.com **JXb**

31 cam ☕ – †200/700 € ††200/700 € – 11 suites **Rist** – Carta 60/160 €

Dopo anni di ristrutturazione, il palazzo cinquecentesco si presenta con la sua imponente scalinata dagli affreschi di pregio e con camere tutte diverse tra loro, arredate in stile.

Luna Hotel Baglioni

rist,

calle larga dell'Ascensione 1243, San Marco ✉ 30124 – ✆ 04 15 28 98 40 – www.baglionihotels.com **KZp**

89 cam – †190/730 € ††210/850 €, ☕ 36 € – 15 suites

Rist ***Canova*** – Carta 80/142 €

Già al tempo delle crociate ostello per templari e pellegrini, oggi hotel di aristocratica raffinatezza; suite con terrazza, salone con affreschi della scuola del Tiepolo. Molto elegante, il ristorante propone piatti curati di cucina eclettica.

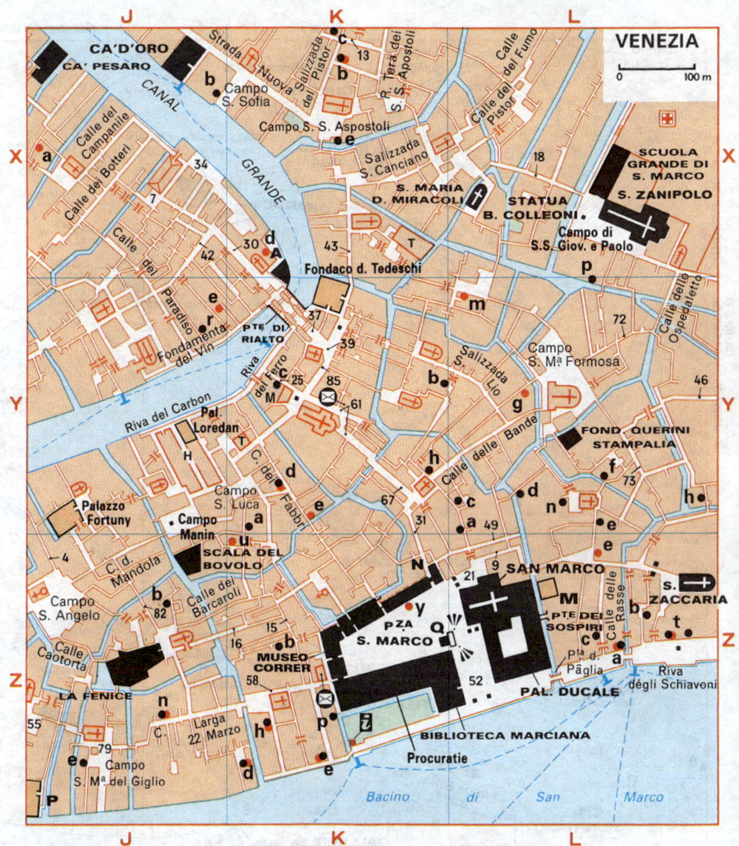

Monaco e Grand Canal

calle Vallaresso 1332, San Marco ✉ *30124 – ✆ 04 15 20 02 11*
– www.hotelmonaco.it KZe

99 cam – 🚹90/350 € 🚹🚹125/800 €, ☕ 35 € – 7 suites

Rist *Grand Canal* – vedere selezione ristoranti

In posizione panoramica, splendida struttura dagli interni di tono e camere molto curate. Le aree comuni si ampliano con la nuova sala del Ridotto, il primo casinò di Venezia, messa ora a disposizione dell'hotel.

Palazzo Selvadego

Bocca di Piazza 1224/b, San Marco – ✆ 04 15 20 02 11
– www.hotelpalazzoselvadegovenezia.it

34 cam – 🚹80/270 € 🚹🚹110/500 €, ☕ 35 €

A 150 m dall'hotel Monaco e Grand Canal, un edificio tardo gotico ospita ampie stanze di tono moderno.

Accademia (Pte dell')	BV 3	Libertà (Pte della)	AT 24	Santi Apostoli (Rio Terà dei)	ET 75
Bandiera e Moro (Campo)	FV 6	Nuova (Str.)	DET 28	Sant' Angelo (Campo)	DV 70
Capello (Ramo)	FT 10	Orologio (Merceria dell')	EV 31	Seriman (Salizzada)	ET 78
Gallina (Calle Larga G.)	FT 18	Pescaria (Campo della)	DT 34	S. Bartolomeo (Campo)	ET 39
Leoncini (Pzetta dei)	EV 21	Sáuro (Campo N.)	BT 76		

S. Giovanni Crisostomo (Salizzada) ET 43
S. Lorenzo (Calle Larga) FT 46
S. Marco (Calle Larga) EV 49
S. Marco (Pzetta) EV 52
S. Maurizio (Campo) DV 55
S. Moisè (Salizzada) EV 58
S. Salvador (Merceria) EU 61
S. Samuele (Campo) BV 64
S. Simeon Profeta (Campo) BT 66
S. Zulian (Merceria) EU 67
Traghetto (Campo del) DV 79
Verona (Calle della) DV 82
2 Aprile (V.) ET 85

Metropole
riva degli Schiavoni 4149, Castello ✉ 30122 – ☎ 04 15 20 50 44 – www.hotelmetropole.com FVt
67 cam – ♦210/1600 € ♦♦210/1600 €, ☕ 28 € – 15 suites
Rist *Met* – vedere selezione ristoranti
Rist *Oriental Bar* – *(aperto 1° aprile-31 ottobre)* Carta 15/28 €
Prestigiosa ubicazione per un elegante albergo sulla laguna, sicuramente non convenzionale con le sue collezioni di piccoli oggetti d'epoca (crocifissi, orologi, ventagli). Ottimi aperitivi, ma anche ristorante con piccola carta di cucina classica all'Oriental Bar.

Molino Stucky Hilton Venice
Giudecca 810, 10 mn di navetta privata dal pontile San Marco ✉ 30133 – ☎ 04 12 72 33 11 – www.molinostuckyhilton.it AVb
379 cam ☕ – ♦239/630 € ♦♦239/630 € – 44 suites
Rist *Aromi* – vedere selezione ristoranti
Ricavato dal restauro conservativo del molino Stucky, una delle architetture industriali tra le più note, l'hotel vanta un'impronta decisamente originale e di grande prestigio; indicato per una clientela a 360°.

Londra Palace
riva degli Schiavoni 4171 ✉ 30122 – ☎ 04 15 20 05 33 – www.londrapalace.com
53 cam ☕ – ♦219/565 € ♦♦229/575 € LZt
Rist *Do Leoni* – vedere selezione ristoranti
Scrigno di charme, eleganza e preziosi dettagli in questo storico albergo, di recente ristrutturato in stile neoclassico, che si annuncia con "cento finestre sulla laguna".

The Westin Europa e Regina
corte Barozzi 2159, San Marco ✉ 30124 – ☎ 04 12 40 00 01 – www.westineuropareginavenice.com KZd
185 cam – ♦160/850 € ♦♦220/1020 €, ☕ 45 € – 15 suites
Rist *La Cusina* – vedere selezione ristoranti
Cinque edifici fusi in un trionfo di marmi, damaschi, cristalli e stucchi negli interni di un hotel affacciato sul Canal Grande, che offre ottimi confort in ogni settore.

Palazzina G
San Marco 3247 ✉ 30124 – ☎ 04 15 28 46 44 – www.palazzinag.com
16 cam – ♦319/1100 € ♦♦319/1100 €, ☕ 55 € – 1 suite BVc
Rist – Carta 55/93 €
C'è la firma di Philippe Starck in questo esclusivo hotel, dove lo stile veneziano viene reinterpretato secondo un design moderno, dando vita ad un'ospitalità disinvolta: riuscita sintesi di funzionalità, tecnologia ed estetica.

Centurion Palace
Dorsoduro 173 ✉ 30123 – ☎ 04 13 42 81 – www.centurionpalacevenezia.com
50 cam ☕ – ♦220/450 € ♦♦350/900 € – 4 suites DVf
Rist *Antinoo's Lounge* – vedere selezione ristoranti
L'albergo di lusso come uno se lo immagina: ottimi servizi, camere dal design graffiante e la principesca facciata in stile tardo gotico, che si specchia nel Canal Grande.

Palazzo Sant'Angelo sul Canal Grande senza rist
San Marco 3878/b ✉ 30124 – ☎ 04 12 41 14 52 – www.palazzosantangelo.com CUVd
14 cam ☕ – ♦200/350 € ♦♦300/650 € – 4 suites
All'interno di un piccolo palazzo direttamente affacciato sul Canal Grande, una risorsa affascinante, apprezzabile anche per il carattere intimo e discreto.

Papadopoli Venezia
Santa Croce 245 ✉ 30135 – ☎ 0 41 71 04 00 – www.papadopoli-venezia.it
96 cam – ♦110/370 € ♦♦140/470 €, ☕ 20 € – 5 suites BTk
Rist – Carta 64/100 €
Vicino a piazzale Roma, hotel elegante, con raffinati arredi classici e dotazioni moderne, sia nelle aree comuni, che nelle camere, con mobili in stile '700 veneziano. Originale ristorante rivestito di sughero e piante: un imprevedibile giardino d'inverno.

Colombina senza rist

calle del Remedio 4416, Castello ✉ *30122 – ✆ 04 12 77 05 25 – www.hotelcolombina.com* LYd

32 cam ☕ – 🚹80/390 € 🚹🚹100/700 €

Dà sul canale del Ponte dei Sospiri questa raffinata risorsa, che offre moderni confort ed eleganti arredi in stile veneziano; belle le camere con vista sul famoso ponte.

Bauer Palladio cam, cam,

Isola della Giudecca ✉ *30133 – ✆ 04 15 20 70 22 – www.palladiohotelspa.com – Aperto 16 marzo-14 novembre* EVa

79 cam ☕ – 🚹250/900 € 🚹🚹250/900 € – 19 suites **Rist** – Carta 48/95 €

Un vasto giardino, insolito nel dedalo di calli e rii che compongono la città, abbraccia questo bel palazzo disegnato dal famoso architetto A. Palladio: un tempo convento, dopo anni di abbandono, la struttura ha riguadagnato un proprio posto al sole, luogo di storia e misticismo, è oggi un baluardo della raffinata hôtellerie cittadina.

Ca' Pisani senza rist

rio terà Foscarini 979/a, Dorsoduro ✉ *30123 – ✆ 04 12 40 14 11 – www.capisanihotel.it – Chiuso 6 gennaio-28 febbraio* BVg

29 cam ☕ – 🚹135/405 € 🚹🚹150/450 € – 6 suites

In una dimora trecentesca, arredi in stile anni '30-'40 del '900, opere d'arte futuriste e tecnologia d'avanguardia: inusitato, audace, connubio per un originale design hotel. Taglieri di affettati ed altri piatti veloci al Wine & Cheese Bar La Rivista.

Duodo Palace Hotel senza rist

calle Minelli 1887/1888, San Marco ✉ *30124 – ✆ 04 15 20 33 29 – www.duodopalacehotel.com* JZb

38 cam ☕ – 🚹150/580 € 🚹🚹250/680 €

A pochi passi dalla Fenice, la signorile dimora seicentesca conserva preziosi stucchi ed un pozzo con stemma di famiglia e dispone di camere arredate in sobrio stile veneziano.

Liassidi Palace senza rist

ponte dei Greci 3405, Castello ✉ *30122 – ✆ 04 15 20 56 58 – www.liassidipalacehotel.com* FUb

26 cam ☕ – 🚹200/350 € 🚹🚹250/450 €

Edificio della seconda metà del '400, finestre ad archi al piano nobile che si affaccia sulla porta d'acqua del canale. Camere personalizzate, con falsi d'autore alle pareti.

Palazzo Stern senza rist

Dorsoduro 2792/a ✉ *30123 – ✆ 04 12 77 08 69 – www.palazzostern.it*

24 cam ☕ – 🚹147/329 € 🚹🚹170/445 € – 1 suite BVd

Bel palazzo affacciato sul Canal Grande, di fianco a Cà Rezzonico, caratterizzato da eleganti spazi comuni con statue e mobili di pregio, nonché lussuose camere personalizzate; piacevole terrazza per la prima colazione.

Giorgione

calle larga dei Proverbi 4587, Cannaregio ✉ *30121 – ✆ 04 15 22 58 10 – www.hotelgiorgione.com* KXb

76 cam ☕ – 🚹50/300 € 🚹🚹50/700 €

Rist *Osteria Enoteca Giorgione* – vedere selezione ristoranti

Nelle vicinanze della Ca' d'Oro, raffinato albergo raccolto intorno a una gradevole corte interna fiorita; eleganti arredi, esposizione di stampe originali del Giorgione.

Ca' Nigra Lagoon Resort senza rist

campo San Simeon Grande 927, Santa Croce ✉ *30135 – ✆ 04 12 75 00 47 – www.hotelcanigra.com* BTg

21 cam ☕ – 🚹130/730 € 🚹🚹150/750 €

Oriente ed occidente fusi tra loro, si sposano ad una modernità tecnologica che assicura confort ed efficienza. Splendido giardino affacciato sul Canal Grande.

Locanda Vivaldi

riva degli Schiavoni 4150/52, Castello ✉ 30122 – ✆ 04 12 77 04 77 – www.locandavivaldi.it FV**u**

27 cam ☕ – 🚹100/480 € 🚹🚹100/550 € – 3 suites

Rist – *(aperto 1° maggio-30 settembre; chiuso lunedì) (solo a cena)* Carta 30/90 €

Adiacente alla chiesa della Pietà è nato di recente un hotel raffinato, con ampie camere in stile; alcune junior suite sono in un edificio attiguo collegato dal cortile.

Saturnia e International

calle larga 22 Marzo 2398, San Marco ✉ 30124 – ✆ 04 15 20 83 77 – www.hotelsaturnia.it JZ**n**

91 cam ☕ – 🚹128/320 € 🚹🚹204/510 €

Rist *La Caravella* – vedere selezione ristoranti

In un palazzo patrizio del XIV secolo, un hotel affascinante, gestito dalla stessa famiglia dal 1908; camere con mobili in stile art deco; panoramica terrazza solarium.

Ai Mori d'Oriente senza rist

fondamenta della Sensa 3319, Cannaregio, per Madonna dell'Orto ✉ 30121 – ✆ 0 41 71 10 01 – www.hotelaimoridoriente.it DT

20 cam ☕ – 🚹150/350 € 🚹🚹200/550 €

Poco distante dalla chiesa della Madonna dell'Orto che conserva i dipinti del Tintoretto, un nuovo albergo dagli originali arredi moreschi ricavato in un palazzo d'epoca.

A la Commedia senza rist

corte del Teatro Goldoni 4596/a, San Marco ✉ 30124 – ✆ 04 12 77 02 35 – www.hotelalacommedia.it KY**c**

35 cam ☕ – 🚹80/450 € 🚹🚹100/600 € – 2 suites

Adiacente al Teatro Goldoni e nelle vicinanze del Ponte di Rialto, arredi in stile veneziano rivisitati, suggestivo bar nel *roof garden* con terrazza e vista sulla città. Eleganza e signorilità.

Abbazia senza rist

calle Priuli dei Cavaletti 68, Cannaregio ✉ 30121 – ✆ 0 41 71 73 33 – www.abbaziahotel.com BT**a**

49 cam ☕ – 🚹70/270 € 🚹🚹80/270 €

Nei pressi della stazione ferroviaria - in un ex convento di Frati Carmelitani Scalzi - suggestivo hotel dagli ambienti austeri: il bar è l'antico refettorio con tanto di stalli e pulpito.

Palace Bonvecchiati

calle dei Fabbri 4680, San Marco ✉ 30124 – ✆ 04 12 96 31 11 – www.palacebonvecchiati.it KY**d**

70 cam ☕ – 🚹300/500 € 🚹🚹360/580 € – 4 suites

Rist *La Terrazza* – vedere selezione ristoranti

Tra Rialto e San Marco, una struttura di moderna concezione con una vasta gamma di servizi offerti, completata da quelli dell'annesso hotel Bonvecchiati, belle camere ed una zona fitness.

Bonvecchiati

calle dei Fabbri 4680, San Marco – ✆ 04 12 96 31 11

124 cam ☕ – 🚹290/550 € 🚹🚹290/550 €

Ambiente assai più classico rispetto al Palace, ma comunque ben dotato sul piano dei confort e servizi.

Sant'Elena

cam, rist,

calle Buccari 10, Sant'Elena, per Riva dei 7 Martiri ✉ 30132 – ✆ 04 12 71 78 11 – www.hotelsantelena.com – Chiuso 7-30 gennaio GV

76 cam ☕ – 🚹🚹90/565 € – 16 suites

Rist – *(chiuso domenica) (solo a cena)* Carta 35/64 €

Nella zona più verdeggiante di Venezia un nuovo hotel dagli arredi minimalisti ma dal confort elevato, nato dalla trasformazione di una struttura religiosa degli anni '30.

Bisanzio senza rist

calle della Pietà 3651, Castello ✉ 30122 – ☎ 04 15 20 31 00 – www.bisanzio.com

42 cam ☕ – ♦110/310 € ♦♦130/330 € – 2 suites **FVd**

In una calle tranquilla - non lontano da San Marco - ambienti in caldo stile veneziano ed una bella collezione di quadri fine '800: un ottimo indirizzo nel cuore della Venezia più antica e romantica.

Ca' Maria Adele Ⓝ senza rist

rio Terà dei Catecumeni, Dorsoduro 111 ✉ 30123 – ☎ 04 15 20 30 78 – www.camariaadele.it **DVb**

11 cam ☕ – ♦390/670 € ♦♦390/670 € – 1 suite

Affacciata sulla Chiesa della Salute, un'affascinante e pittoresca casa veneziana che presenta la tradizione dello stile locale. Lussuose camere a tema.

Concordia Ⓝ senza rist

calle larga San Marco 367 ✉ 30124 – ☎ 04 15 20 68 66 – www.hotelconcordia.com **LYa**

48 cam – ♦150/400 € ♦♦180/600 € – 3 suites

L'unico albergo che possa vantare una ventina di camere con vista su una delle piazze più belle e famose del mondo: San Marco! Gestito con passione, lo si sta rinnovando anno dopo anno, mantenendo al suo interno lo stile veneziano.

Pensione Accademia-Villa Maravege senza rist

fondamenta Bollani 1058, Dorsoduro ✉ 30123 – ☎ 04 15 21 01 88 – www.pensioneaccademia.it **BVb**

27 cam ☕ – ♦90/150 € ♦♦145/340 €

Ha un fascino particolare questa villa del '600 immersa nel verde di un giardino fiorito tra calli e canali della Venezia storica; spaziosi e curati interni in stile.

Montecarlo

rist,

calle dei Specchieri 463, San Marco ✉ 30124 – ☎ 04 15 20 71 44 – www.venicehotelmontecarlo.com **LYc**

48 cam ☕ – ♦69/280 € ♦♦79/380 € **Rist** – Carta 45/149 € (+12 %)

Nei pressi di piazza S.Marco, un hotel, che offre un servizio attento e curato; camere di ottimo livello, arredate con gusto in stile veneziano, preziosi marmi nella hall. Un ristorante classico di tono elegante, vocato all'attività prevalentemente serale; cucina tradizionale, con specialità stagionali e veneziane; ottima la cantina.

Palazzo Priuli senza rist

fondamenta Osmarin 4979/B, Castello ✉ 30122 – ☎ 04 12 77 08 34 – www.hotelpriuli.com **LYh**

10 cam ☕ – ♦80/375 € ♦♦80/450 €

Una bella bifora decora la facciata di questo palazzo nobiliare trecentesco, che ospita un elegante albergo. Camere spaziose e tutte diverse. Graziosa saletta per la prima colazione affacciata sul canale.

Casa Verardo – Residenza d'epoca senza rist

campo SS. Filippo e Giacomo 4765, Castello ✉ 30122 – ☎ 04 15 28 61 27 – www.casaverardo.it **LYf**

21 cam ☕ – ♦60/220 € ♦♦90/390 €

Residenza d'epoca databile al XVI secolo con piccola corte interna e terrazza. Completamente ristrutturato, presenta camere in stile veneziano e ampi saloni al piano nobile.

Ala senza rist

campo Santa Maria del Giglio 2494, San Marco ✉ 30124 – ☎ 04 15 20 83 33 – www.hotelala.it – Chiuso 6-16 gennaio **JZe**

84 cam ☕ – ♦70/600 € ♦♦70/600 € – 1 suite

In un antico palazzo in un "campo" non lontano da S.Marco, un albergo, recentemente ristrutturato, con una piccola collezione di armi e armature antiche; camere confortevoli.

San Zulian senza rist
campo de la Guerra 527, San Marco ✉ 30124 – ✆ 04 15 22 58 72 – www.hotelsanzulian.it KYh
22 cam – 80/220 € 90/300 €
Nel cuore della città, una casa calda e accogliente, rinnovata e potenziata negli ultimi anni; servizio attento e ampie camere accessoriate, con tipici arredi veneziani.

Antiche Figure senza rist
fondamenta San Simeon Piccolo 687, Santa Croce ✉ 30135 – ✆ 04 12 75 94 86 – www.hotelantichefigure.it BTd
12 cam – 90/230 € 100/280 €
Di fronte alla stazione ferroviaria una risorsa totalmente rinnovata che oggi presenta camere confortevoli, arredi signorili e dotazioni adatte anche alla clientela d'affari.

Paganelli senza rist
riva degli Schiavoni 4182, Castello ✉ 30122 – ✆ 04 15 22 43 24 – www.hotelpaganelli.com LZt
21 cam – 60/150 € 70/320 €
Completamente ristrutturato, l'hotel si caratterizza per le sue belle camere e gli accessori moderni. Se disponibili, chiedete le stanze con affaccio su riva degli Schiavoni...e capirete la magia di Venezia!

American-Dinesen senza rist
fondamenta Bragadin 628, Dorsoduro ✉ 30123 – ✆ 04 15 20 47 33 – www.hotelamerican.com CVb
30 cam – 60/230 € 70/450 € – 2 suites
Lungo un tranquillo canale, signorili spazi comuni, con tanto legno e arredi classici, e camere in stile veneziano, molte con terrazzino affacciato sull'acqua.

Al Codega senza rist
San Marco 4435 ✉ 30124 – ✆ 04 12 41 32 88 – www.alcodega.it KYa
28 cam – 60/200 € 90/420 €
Affacciato su una caratteristica e tranquilla piazza, nel palazzo Ottocentesco si fanno a volte i conti con la scarsa metratura, ma non con l'eleganza: parquet, tappezzeria e travertino persiano nei bagni.

Ca' d'Oro senza rist
corte Barbaro 4604, Cannaregio ✉ 30131 – ✆ 04 12 41 12 12 – www.venicehotelcadoro.com KXc
27 cam – 45/140 € 60/220 €
Da pochi anni nel panorama alberghiero cittadino, una risorsa a gestione diretta, curata nei particolari; confortevoli interni con la classica impronta veneziana.

Ai Due Fanali senza rist
campo San Simeon Grande 946, Santa Croce ✉ 30135 – ✆ 0 41 71 84 90 – www.aiduefanali.com BTp
16 cam – 80/185 € 90/240 €
Risultato di una bella ristrutturazione, un hotel vicino alla stazione, con una hall accogliente, camere curate e confortevoli e un'altana adibita a solarium.

Belle Arti senza rist
rio terà Foscarini 912/A, Dorsoduro ✉ 30123 – ✆ 04 15 22 62 30 – www.hotelbellearti.com BVg
67 cam – 100/150 € 150/250 €
Nei pressi delle Gallerie dell'Accademia, struttura recente, funzionale e comoda, con cortile interno attrezzato e ampi spazi interni; camere dotate di buoni confort.

Canaletto senza rist
calle de la Malvasia 5487, Castello ✉ 30122 – ✆ 04 15 22 05 18 – www.hotelcanaletto.com KYb
38 cam – 50/250 € 60/280 €
Una risorsa di buon confort, tra piazza S.Marco e il ponte di Rialto, che offre camere ristrutturate, con arredi in stile; visse tra queste mura l'omonimo pittore.

Palazzo Abadessa senza rist
calle Priuli 4011, Cannaregio ✉ 30121 – ☎ 04 12 41 37 84
– www.abadessa.com DT**b**
13 cam ☕ – 🚹125/295 € 🚹🚹125/295 € – 2 suites
Storica residenza di una casata di Dogi, abbellita da un prezioso giardino fiorito. Mobilio d'epoca, soffitti affrescati, grandi lampadari a testimoniare il nobile passato.

La Calcina
fondamenta zattere ai Gesuati 780, Dorsoduro ✉ 30123 – ☎ 04 15 20 64 66
– www.lacalcina.com BV**f**
27 cam ☕ – 🚹70/140 € 🚹🚹80/330 € – 5 suites
Rist *La Piscina* – vedere selezione ristoranti
Se brani di musica classica arieggiano nelle salette deputate al ritrovo e al ristoro, nella terrazza affacciata sull'acqua è il cinguettio degli uccelli ad allietare la vostra permanenza. Situata sulle Zattere, uno dei luoghi più suggestivi della città in quanto a vista, La Calcina fa parte dei locali storici d'Italia.

Antico Doge senza rist
campo Santi Apostoli 5643, Cannaregio ✉ 30121 – ☎ 04 12 41 15 70
– www.anticodoge.com – Chiuso 7-31 gennaio KX**e**
20 cam ☕ – 🚹60/360 € 🚹🚹80/360 €
Palazzo gotico appartenuto al doge Marin Falier, affacciato su un canale e sul pittoresco campo dei SS. Apostoli. All'interno preziosi broccati arredano camere in stile.

Locanda Ovidius senza rist
calle Sturion 678/a, San Polo ✉ 30125 – ☎ 04 15 23 79 70
– www.hotellocandaovidius.com JY**r**
19 cam ☕ – 🚹🚹70/450 €
Una risorsa in un palazzo ottocentesco in zona Rialto; sala colazioni affacciata sul Canal Grande, mobili recenti in stile '700 veneziano nelle camere.

Locanda Fiorita senza rist
campiello Novo 3457/A, San Marco ✉ 30124 – ☎ 04 15 23 47 54
– www.locandafiorita.com CV**a**
10 cam ☕ – 🚹80/160 € 🚹🚹100/190 €
In un suggestivo campiello - nelle vicinanze di Palazzo Grassi - un indirizzo valido ed interessante con accoglienti camere, arredate in stile Settecento veneziano.

Campiello senza rist
calle del Vin 4647, Castello ✉ 30122 – ☎ 04 15 20 57 64 – www.hcampiello.it
15 cam ☕ – 🚹40/180 € 🚹🚹50/270 € LZ**b**
Nei pressi di Piazza San Marco e a pochi metri da Riva degli Schiavoni, un edificio del XVI secolo - ex convento - è stato trasformato in albergo dall'atmosfera familiare. Camere curate e caratteristiche, panoramiche altane tra i tetti.

Don Orione Artigianelli senza rist
Zattere 909/a, Dorsoduro ✉ 30123 – ☎ 04 15 22 40 77
– www.donorione-venezia.it BV**x**
76 cam ☕ – 🚹80/96 € 🚹🚹134/160 €
Un complesso conventuale quattrocentesco, che fu casa d'accoglienza per orfani e minori, ospita ora un tranquillo albergo con camere semplici ed un moderno centro congressi.

Tiziano senza rist
calle Rielo, Dorsoduro 1873 ✉ 30123 – ☎ 04 12 75 00 71
– www.hoteltizianovenezia.it – Chiuso 6-17 gennaio AV**a**
14 cam ☕ – 🚹80/350 € 🚹🚹100/400 €
In posizione defilata e tranquilla, a due passi dalla stazione S. Lucia, hotel con interni ristrutturati, camere spaziose e arredi piacevoli. Gestione esperta e affidabile.

Commercio e Pellegrino senza rist
calle della Rasse 4551/A, Castello ✉ 30122 – ✆ 04 15 20 79 22 – www.commercioepellegrino.com – Chiuso dicembre e gennaio LZc
25 cam – 50/200 € 65/290 €
Semplice, funzionale e con una strategica posizione, a ridosso di Piazza San Marco: la gestione giovane e motivata si adopera per mantenere sempre aggiornata questa graziosa struttura dai pochi spazi comuni, ma dal buon confort generale.

Bridge senza rist
campo SS. Filippo e Giacomo 4498, Castello ✉ 30122 – ✆ 04 15 20 52 87 – www.hotelbridge.com LYe
10 cam – 46/150 € 46/230 €
Vicino a piazza S. Marco, un bell'esempio di ricupero strutturale, con un'ottima zona notte: travi a vista al soffitto e arredi in stile nelle camere curate.

Santo Stefano senza rist
campo Santo Stefano 2957, San Marco ✉ 30124 – ✆ 04 15 20 01 66 – www.hotelsantostefanovenezia.com CVc
11 cam – 100/190 € 130/250 €
Hotel d'atmosfera, ricavato in una torre di guardia quattrocentesca al centro di campo S.Stefano; di tono superiore le camere, con mobili dipinti e lampadari di Murano.

Oltre il Giardino senza rist
San Polo 2542 ✉ 30125 – ✆ 04 12 75 00 15 – www.oltreilgiardino-venezia.com – Chiuso gennaio BTb
6 cam – 150/250 € 180/320 €
Oltre il giardino ombreggiato, dove godersi la prima colazione e momenti di straordinario relax, un piccolo angolo magico tra un piccolo rio e la Basilica dei Frari: una casa signorile con camere ciascuna di un colore differente e atmosfere diverse.

Novecento senza rist
calle del Dose da Ponte 2683/84, San Marco ✉ 30124 – ✆ 04 12 41 37 65 – www.novecento.biz DVa
9 cam – 130/280 € 150/330 €
Risorsa ricca di stile e buongusto, in cui mobilio e arredi fondono armoniosamente l'antico e il moderno, Venezia e l'Oriente. All'interno di un palazzo del Settecento.

La Residenza senza rist
campo Bandiera e Moro 3608, Castello ✉ 30122 – ✆ 04 15 28 53 15 – www.venicelaresidenza.com FVa
14 cam – 50/120 € 80/220 €
Un antico salone con stucchi e quadri settecenteschi è la hall di questa suggestiva risorsa situata al piano nobile di uno storico palazzo quattrocentesco.

Locanda Art Dèco senza rist
calle delle Botteghe 2966, San Marco ✉ 30124 – ✆ 04 12 77 05 58 – www.locandaartdeco.com CVa
6 cam – 60/150 € 70/200 €
In una calle con tanti negozi d'antiquariato, nuovissima, confortevole locanda i cui titolari, come annuncia il suo nome, prediligono questa arte degli inizi del '900.

Charming House DD 724 senza rist
ramo da Mula 724, Dorsoduro ✉ 30123 – ✆ 04 12 77 02 62 – www.thecharminghouse.com CVe
6 cam – 150/210 € 150/390 €
Opere pittoriche si integrano con dettagli high-tech e confort in una raffinata casa dal design contemporaneo: dall'unica camera con terrazzino la vista che vi si propone è quella dell'incantevole giardino della Peggy Guggenheim Collection.

Locanda la Corte senza rist

calle Bressana 6317, Castello ✉ 30122 – ✆ 04 12 41 13 00
– www.locandalacorte.it LY**p**

19 cam ☕ – 🚹70/150 € 🚹🚹90/199 €

Prende nome dal pittoresco cortile interno, sorta di "salotto all'aperto", intorno a cui si sviluppa e dove d'estate si fa colazione; stile veneziano nelle stanze.

Locanda Ca' del Brocchi senza rist

rio terà San Vio 470, Dorsoduro ✉ 30123 – ✆ 04 15 22 69 89
– www.cadelbrocchi.com – Chiuso 15 dicembre-15 gennaio DV**c**

7 cam ☕ – 🚹70/120 € 🚹🚹90/160 €

Piccolo edificio del XVI secolo, in posizione tranquilla e centrale. Arredi in stile ben bilanciati da confort moderni. Eccellente rapporto qualità/prezzo.

Locanda del Ghetto senza rist

campo del Ghetto Nuovo 2893, Cannaregio ✉ 30121
– ✆ 04 12 75 92 92 – www.locandadelghetto.net
– Chiuso 10-23 dicembre BT**e**

9 cam ☕ – 🚹50/145 € 🚹🚹70/180 €

Piccola e confortevole risorsa affacciata sulla piazza principale del Ghetto, ricavata all'interno di un edificio che un tempo ospitava una sinagoga. Colazione kasher.

Cà Dogaressa senza rist

fondamenta di Cannaregio 1018 ✉ 30121 – ✆ 04 12 75 94 41
– www.cadogaressa.com – Chiuso gennaio BT**x**

6 cam ☕ – 🚹50/250 € 🚹🚹50/250 €

Vicino al Ghetto, dove si respira l'aria di una Venezia autentica, questa locanda dispone di camere eleganti, alcune affacciate sul canale. Spazi comuni minimi.

Locanda Casa Querini senza rist

campo San Giovanni Novo 4388, Castello ✉ 30122
– ✆ 04 12 41 12 94 – www.locandaquerini.com
– Chiuso 23-27 dicembre e 7-27 gennaio LY**n**

6 cam ☕ – 🚹40/120 € 🚹🚹40/150 €

Cordiale gestione al femminile per una sobria locanda di poche stanze, accoglienti e di buona fattura, alcune con accesso indipendente. In un caratteristico, quieto campiello.

Locanda Cà le Vele senza rist

calle delle Vele 3969, Cannaregio ✉ 30131 – ✆ 04 12 41 39 60
– www.locandalevele.com – Chiuso 8-31 gennaio DT**b**

6 cam ☕ – 🚹50/140 € 🚹🚹70/160 €

Quattro camere e due junior suites, ricavate da un palazzo del '500 e tutte arredate in stile veneziano. Soggiorno suggestivo a prezzi interessanti con colazione in camera.

Casa Rezzonico senza rist

fondamenta Gherardini 2813, Dorsoduro ✉ 30123 – ✆ 04 12 77 06 53
– www.casarezzonico.it BV**a**

6 cam ☕ – 🚹60/130 € 🚹🚹75/170 €

Struttura dotata di poche camere, due con bella vista e tutte rinnovate con gusto. Nella bella stagione la colazione viene servita in giardino.

Settimo Cielo e Bloom senza rist

campiello Santo Stefano, San Marco 3470 ✉ 30124 – ✆ 34 01 49 88 72
– www.bloom-venice.com CV**a**

6 cam ☕ – 🚹110/220 € 🚹🚹130/270 €

Durante la bella stagione la curata terrazza all'ultimo piano, vi darà veramente l'impressione di essere al settimo cielo… Tutto l'anno, invece, il confort e l'eleganza di questo accogliente bed & breakfast non vi faranno rimpiangere un hotel d'impronta più tradizionale.

Dimora Marciana senza rist
calle Bognolo 1604, San Marco ✉ 30124 – ✆ 04 15 22 07 55
– www.dimoramarciana.com KZ**b**
7 cam – 50/165 € 60/175 €
A pochi passi da piazza San Marco, piacevole risorsa con camere spaziose e ben accessoriate. Prezzi interessanti, considerata la città!

Terrazza Danieli – Hotel Danieli
riva degli Schiavoni 4196, Castello ✉ 30122 – ✆ 04 15 22 64 80
– www.starwoodhotels.com/danieli LZ**a**
Rist – Carta 110/188 €
Una vista mozzafiato sulla Serenissima, da questo elegante ristorante ubicato all'ultimo piano del Hotel Danieli. Come una sorta di mentore del ruolo storico di Venezia quale crocevia tra Oriente ed Occidente, il menu accompagna piatti locali a spezie e sapori esotici. Piacevole servizio estivo in terrazza.

De Pisis – Bauer Hotel
campo San Moisè 1459, San Marco ✉ 30124 – ✆ 04 12 40 68 89
– www.bauerhotels.com KZ**h**
Rist – Menu 90/120 € (vegetariana) – Carta 102/155 €
Essenze mediterranee e spezie orientali si danno appuntamento in piatti creativi di grande suggestione, non meno della splendida terrazza lungo il Canal Grande, o degli esclusivi interni della sala da pranzo. Quando la magia di Venezia non è solo una leggenda.

Met – Metropole Hotel
riva degli Schiavoni 4149, Castello ✉ 30122 – ✆ 04 15 24 00 34
– www.hotelmetropole.com – Chiuso lunedì FV**t**
Rist – Menu 120/140 € – Carta 76/126 €
All'interno della sontuosa cornice dell'albergo Metropole, tra collezioni di antichità e richiami orientali, la cucina del Met propone un viaggio fra tradizione e contemporaneità, passato e presente.

Antinoo's Lounge – Hotel Centurion Palace
Dorsoduro 173 ✉ 30124 – ✆ 04 13 42 81 – www.centurionpalacevenezia.com
Rist – Menu 88/99 € bc – Carta 63/109 € DV**f**
In un ambiente dal design "deciso", dove s'impongono grandi vetrate sul Canal Grande, un giovane chef ha impostato una linea di cucina colorata, moderna, creativa: siamo all'Antinoo's Lounge, all'interno del lussuoso hotel Centurion Palace.

La Cusina – Hotel The Westin Europa e Regina
corte Barozzi 2159, San Marco ✉ 30124 – ✆ 04 12 40 00 01
– www.lacusina.it/it/ KZ**d**
Rist – Menu 125/180 € – Carta 81/132 €
L'eleganza del ristorante è consona alla cornice prestigiosa in cui si trova, la cucina mette nei piatti specialità lagunari e cosmopolite. A mezzogiorno la carta si fa più semplice. All'ora dell'aperitivo si può bere e mangiare qualcosa alla Chic... chetteria; eccezionale la terrazza estiva.

Grand Canal – Hotel Monaco e Grand Canal
calle Vallaresso 1332, San Marco ✉ 30124 – ✆ 04 15 20 02 11
– www.hotelmonaco.it KZ**e**
Rist – Carta 69/103 €
Pasta e fagioli alla veneta, bigoli in salsa alla veneziana, grigliata di pesce dell'Adriatico...in una location invidiabile, con una splendida terrazza che permette di cogliere le molteplici sfaccettature della città, la cucina parteggia per la tradizione locale e per le delizie del mare.

Se cercate un albergo particolarmente ameno per un soggiorno di charme, prenotate in un hotel evidenziato in rosso: ...

Do Leoni - Hotel Londra Palace
riva degli Schiavoni 4171 ✉ 30122 – ✆ 04 15 20 05 33 – www.londrapalace.com
– Chiuso 7-31 gennaio LZt
Rist – Carta 56/124 €
Omaggio ai simboli d'Inghilterra e di Venezia, questo ristorante è un eccellente punto di riferimento per tutti i gourmet in visita alla città. Il segreto del successo è da ricercarsi nel guizzo creativo dello chef, nonché nell'ottima selezione di materie prime. Cucina veneta rivisitata.

Quadri
piazza San Marco 120 (primo piano) ✉ 30124 – ✆ 04 15 22 21 05
– www.caffequadri.it – Chiuso lunedì KZy
Rist – Menu 165/220 € – Carta 100/214 €
➜ Ravioli di burrata con guazzetto di frutti di mare e origano. Petto di faraona battuto e scottato con salsa di fegato. Focaccia del Quadri con gelato allo zabaione.
Ora in mano ad una nota famiglia di ristoratori padovani, gli Alajmo, il locale è una sorta di "monumento gastronomico" della città; un trionfo di stucchi, vetri di Murano e tessuti preziosi, all'interno di uno dei palazzi più fotografati di Venezia. In menu: piatti intriganti e creativi, belle presentazioni ed ottime materie prime.

Osteria da Fiore (Mara Zanetti)
calle del Scaleter 2202/A, San Polo ✉ 30125 – ✆ 0 41 72 13 08
– www.dafiore.net – Chiuso 8-21 gennaio, 5-25 agosto, domenica e lunedì
Rist – Menu 50 € (pranzo)/140 € – Carta 73/138 € CTa
➜ Gnocchetti veneziani con sugo di astice. Anguilla sale grosso e spezie. Zabaione al Marsala.
Elegante nei suoi tessuti damascati, sempre in voga e frequentato da turisti e veneziani, propone una cucina regionale a base di pesce ben presentata. Particolarmente richiesto il tavolo sul canale.

Ai Mercanti
corte Coppo 4346/A, San Marco ✉ 30124 – ✆ 04 15 23 82 69
– www.aimercanti.com – Chiuso lunedì a pranzo e domenica KZu
Rist – Menu 90 € – Carta 68/106 €
Celato in una piccola corte del centro - nero e beige dominano l'aspetto moderno dell'ultimo rinnovo - signorile ed elegante, non privo di calore. Cucina di stampo moderno, sia di carne sia di pesce.

La Caravella - Hotel Saturnia e International
calle larga 22 Marzo 2397, San Marco ✉ 30124 – ✆ 04 15 20 89 01
– www.restaurantlacaravella.com JZn
Rist – Menu 38 € (pranzo)/96 € – Carta 66/115 €
In un caratteristico locale che ricorda gli interni di un'antica caravella, una cucina classica con piatti di stagione. D'estate, servizio all'aperto in un cortile veneziano.

Aromi - Hotel Molino Stucky Hilton
Giudecca 810, 10 mn di navetta privata dal pontile San Marco
– ✆ 04 12 72 33 11 – www.molinostuckyhilton.com
– Chiuso 1° novembre-27 dicembre e 7 gennaio-15 febbraio AVb
Rist – *(solo a cena)* Carta 55/113 €
In una cornice intima e raffinata, con una terrazza panoramica proprio di fronte al Canale della Giudecca, l'Aromi insegna che non c'è bisogno di spostarsi a sud dello Stivale per gustare una sapida cucina mediterranea.

La Terrazza - Hotel Palace Bonvecchiati
calle dei Fabbri 4680, San Marco ✉ 30124 – ✆ 04 12 96 31 11
– www.palacebonvecchiati.it KYd
Rist – Carta 60/110 €
Ad un passo da Piazza San Marco, sarà lo sciabordare delle gondole a tenervi compagnia, impegnati a scegliere tra un baccalà mantecato, le sarde in saor, o le seppioline in nero con polenta… Cucina autoctona.

XX **Il Ridotto**

campo SS. Filippo e Giacomo, Castello 4509 ✉ 30122 – ☎ 04 15 20 82 80 – www.ilridotto.com – Chiuso martedì e mercoledì LZe

Rist – (coperti limitati, prenotare) Menu 50/80 € – Carta 58/103 €

In una piccola sala semplice ed essenziale, lontano dalle banalità turistiche, questo ristorante gourmet concentra tutta l'attenzione sulla qualità della cucina: rivisitazione dei classici veneziani, in prevalenza di pesce.

XX **Osteria Enoteca Giorgione** – Hotel Giorgione

calle Larga dei Proverbi 4582/A, Cannaregio ✉ 30131 – ☎ 04 15 22 17 25 – www.osteriagiorgione.it – Chiuso lunedì KXb

Rist – Menu 35/80 € – Carta 39/77 €

Attiguo all'omonimo albergo, locale caratteristico caratterizzato da una curiosa collezione di "ex voto". Cucina marinara d'ispirazione mediterranea.

XX **Cip's Club** – Hotel Cipriani

fondamenta de le Zitelle 10, Giudecca ✉ 30133 – ☎ 04 15 20 77 44 – www.hotelcipriani.com – Aperto 16 marzo-11 novembre FVc

Rist – *(solo a cena)* Carta 71/116 €

Ambiente elegante, ma informale in un locale che offre servizio estivo sul canale della Giudecca; cucina tradizionale, di carne e di pesce, con specialità veneziane.

XX **Lineadombra**

ponte dell'Umiltà 19, Dorsoduro ✉ 30123 – ☎ 04 12 41 18 81 – www.ristorantelineadombra.com – Chiuso 27 novembre-13 febbraio e martedì

Rist – Carta 65/136 € DVe

Stupenda terrazza sul canale della Giudecca e interni di design dove trovano spazio - con grande armonia - cristallo, legno, acciaio, pelle. Anche la cucina è contemporanea, ma è il pesce ad abbandonare la linea d'ombra (dove riposano grandi vini!) per guadagnarsi un posto al sole.

XX **Al Covo**

campiello della Pescaria 3968, Castello ✉ 30122 – ☎ 04 15 22 38 12 – www.ristorantealcovo.com – Chiuso 2 settimane in gennaio, 1 settimana in agosto, mercoledì e giovedì FVs

Rist – Menu 44 € (pranzo)/58 € – Carta 62/97 €

Vicino alla Riva degli Schiavoni, un ristorante rustico-elegante, molto alla moda, che propone un menù degustazione di pesce e alcuni piatti di carne. Servizio estivo esterno.

XX **Bistrot de Venise**

calle dei Fabbri 4685, San Marco ✉ 30124 – ☎ 04 15 23 66 51 – www.bistrotdevenise.com KYe

Rist – (prenotare) Menu 48/110 € – Carta 56/106 € (+12 %)

Nel cuore di Venezia, sorge questo piacevole ristorante dove assapore la "storica" cucina veneziana e lasciarsi "stuzzicare"da un'entusiasmante carta dei vini.

XX **Ai Gondolieri**

fondamenta de l'Ospedaleto 366, Dorsoduro ✉ 30123 – ☎ 04 15 28 63 96 – www.aigondolieri.it – Chiuso martedì DVd

Rist – *(solo a cena da luglio a metà agosto)* (prenotazione obbligatoria la sera) Menu 33 € (pranzo)/200 € – Carta 42/116 € (+10 %)

Alle spalle del museo Guggenheim, un locale rustico con tanto legno alle pareti, che propone un fantasioso menù solo di terra legato alla tradizione classica e veneta.

XX **L'Osteria di Santa Marina**

campo Santa Marina 5911, Castello ✉ 30122 – ☎ 04 15 28 52 39 – www.osteriadisantamarina.com – Chiuso 8-23 gennaio e lunedì a mezzogiorno

Rist – Carta 49/100 € LYm

Ristorante classico, anche se l'ambiente richiama atmosfere da osteria; linea culinaria di mare, con piatti tradizionali e altri innovativi e fantasiosi.

La Piscina – Hotel La Calcina
fondamenta zattere ai Gesuati 780, Dorsoduro ✉ 30123 – ✆ 04 15 20 64 66 – www.lacalcina.com – Chiuso lunedì BVf
Rist – Carta 35/55 €
Nel menu i piatti mediterranei hanno il sopravvento: tagliatelle con granchio e fiori di zucca, filetto di branzino alla piastra con fagiolini al timo, panna cotta con salsa ai lamponi... Tante prelibatezze, a cui si aggiunge un piacevole servizio all'aperto sulle fondamenta.

Ribot
fondamenta Minotto 160, Santa Croce ✉ 30135 – ✆ 04 15 24 24 86 – www.ristoranteribot.com – Chiuso 3 settimane in gennaio BTUa
Rist – Carta 29/64 €
Non lontano dalla stazione ferroviaria, locale accogliente e curato dove gustare una cucina di buona qualità a prezzi contenuti (proposta di diverse formule economiche). La sera, il ristorante allieta i propri ospiti con musica dal vivo.

Vini da Gigio
fondamenta San Felice 3628/a, Cannaregio ✉ 30131 – ✆ 04 15 28 51 40 – www.vinidagigio.com – Chiuso 3 settimane in gennaio, 3 settimane in agosto, lunedì e martedì DTe
Rist – Carta 38/67 €
Nel sestiere di Cannaregio, ambiente rustico e servizio informale in un'osteria con cucina a vista, che offre piatti sia di pesce che di carne; buona scelta di vini.

Trattoria alla Madonna
calle della Madonna 594, San Polo ✉ 30125 – ✆ 04 15 22 38 24 – www.ristoranteallamadonna.com – Chiuso gennaio, 2 settimane in agosto e mercoledì JYe
Rist – Carta 30/55 €
Nei pressi del ponte di Rialto, storica trattoria veneziana, grande, sempre affollata, dove in un ambiente semplice, ma animato, si gusta la tipica cucina locale. Tra i must: fegato di vitello della Lessinia con cipolla fondente.

Corte Sconta
calle del Pestrin 3886, Castello ✉ 30122 – ✆ 04 15 22 70 24 – Chiuso 7-30 gennaio, 26 luglio-16 agosto, domenica e lunedì FVe
Rist – Menu 40 € – Carta 52/82 €
Piacevole locale inizio secolo, nato come bottiglieria, con una vite centenaria a pergolato nella corte interna, dove si svolge il servizio estivo; curata cucina veneziana.

Anice Stellato
fondamenta della Sensa 3272, Cannaregio, per fondamenta della Misericordia ✉ 30121 – ✆ 0 41 72 07 44 – Chiuso 15-22 agosto, 3 settimane in novembre o dicembre, lunedì e martedì CDT
Rist – Carta 34/61 €
Deliziosa frittura di pesce e verdure, nonché altre gustose specialità di mare, in un'osteria fuori mano, molto frequentata da veneziani. Originali le numerose bottiglie di vino in bella vista; ambiente e servizio informali.

Alle Testiere
calle del Mondo Novo 5801, Castello ✉ 30122 – ✆ 04 15 22 72 20 – www.osterialletestiere.it – Chiuso 20 dicembre-7 gennaio, 28 luglio-27 agosto, domenica e lunedì LYg
Rist – (prenotare) Carta 47/77 €
Un "bacaro" raffinato, che dell'osteria ha i tavoli di legno con apparecchiatura semplice e la simpatica atmosfera informale; solo piatti di pesce, curati e fantasiosi.

Naranzaria
Naranzaria 130, San Polo ✉ 30125 – ☎ 04 17 24 10 35 – www.naranzaria.it – Chiuso gennaio e lunedì in bassa stagione KXd
Rist – Carta 37/70 €
"Cicchetti", drink e aperitivi, o una vera e propria scelta di cucina: specialità venete e piatti giapponesi ispirati dalla nazionalità dello chef, in un bel localino nei pressi di Rialto.

Al Vecio Fritolin
calle della Regina, Rialto 2262 ✉ 30125 – ☎ 04 15 22 28 81 – www.veciofritolin.it – Chiuso martedì a pranzo e lunedì JXa
Rist – Menu 55 € – Carta 49/71 € (+10 %)
Sin dal 1800 il fritolin era un luogo dove i veneziani potevano trovare il pesce fritto da asporto chiamato "scartosso de pesse". Situato in un palazzo del '500, nei possedimenti di Caterina Cornaro, regina di Cipro, il locale ha perpetuato l'antica tradizione, attualizzando la cucina regionale alle esigenze più moderne e coniugando l'anima del ristorante ad un'atmosfera da trattoria.

al Lido 15 mn di vaporetto da San Marco KZ – ✉ 30126 Venezia Lido

Gran Viale S. M. Elisabetta 6, ☎ 041 5 29 87 11, www.turismovenezia.it

Grande Albergo Ausonia & Hungaria cam, rist,
Gran Viale S. M. Elisabetta 28 – ☎ 04 12 42 00 60 – www.hungaria.it – Chiuso gennaio e
74 cam – 80/450 € 80/450 € – 9 suites
Rist – *(solo a cena)* Carta 39/76 €
In un edificio dei primi '900 arricchito da un rivestimento in maioliche policrome ed arredi in gran parte in stile liberty (ad eccezione del quarto piano), spicca per completezza e competenza del personale il bel centro benessere ispirato alle filosofie orientali.

Quattro Fontane – Residenza d'Epoca
via 4 Fontane 16 – ☎ 04 15 26 02 27 – www.quattrofontane.com – Aperto 1° aprile-31 ottobre r
58 cam – 120/500 € 150/550 €
Rist – *(chiuso a pranzo e il mercoledì escluso 1° luglio-15 settembre)* Carta 38/101 €
Residenza d'epoca che per atmosfera somiglia ad una casa privata, dove da sempre due sorelle raccolgono ricordi di viaggio e mobili pregiati. Rigoglioso giardino. D'estate il servizio ristorante si svolge all'ombra di un enorme platano secolare.

Villa Tiziana senza rist
via Andrea Gritti 3 – ☎ 04 15 26 11 52 – www.hotelvillatiziana.net – Chiuso gennaio, novembre e dicembre f
16 cam – 50/350 € 50/400 €
Villino in posizione defilata con camere rinnovate in stile fresco e sobrio. La gestione è accurata e garantita della presenza dei titolari.

Villa Casanova senza rist
via Orso Partecipazio 9 – ☎ 04 15 26 28 57 – www.casanovavenice.com – Chiuso 30 novembre-30 gennaio m
6 cam – 40/180 € 40/180 €
Graziosa villetta anni '30 in un'area residenziale del Lido, circondata da un curato giardino sfruttato per il servizio colazioni. Camere spaziose, curate e romantiche.

a Murano 10 mn di vaporetto da Fondamenta Nuove EFT e 1 h 10 mn di vaporetto da Punta Sabbioni – ✉ 30141

Murano Palace senza rist
Fondamenta Vetrai 77 – ☎ 0 41 73 96 55 – www.muranopalace.com
6 cam – 120/180 € 120/180 €
Per dormire tra i maestri vetrai, una piccola risorsa a conduzione familiare, con camere in elegante stile veneziano, arredate con tessuti preziosi e i famosi lampadari che tanto hanno contribuito alla fama dell'isola.

X **Busa-alla Torre**

campo Santo Stefano 3 – ✆ 0 41 73 96 62
Rist – *(solo a pranzo)* Carta 28/56 € (+12 %)
Simpatica trattoria rustica, dotata di grande dehors estivo su una suggestiva piazzetta con un pozzo al centro; cucina di mare e specialità veneziane e contagiosa simpatia.

a Burano 50 mn di vaporetto da Fondamenta Nuove EFT e 32 mn di vaporetto da Punta Sabbioni – ✉ 30142

XX **Riva Rosa**

via San Mauro 296 – ✆ 0 41 73 08 50 – www.rivarosa.it
– Chiuso 7 gennaio-7 febbraio e mercoledì
Rist – *(solo a pranzo escluso venerdì e sabato)* (consigliata la prenotazione) Carta 40/90 €
Nell'affascinante cornice del centro di Burano, Riva Rosa vi attende per un pranzo o una cena romantica a base di pesce in chiave moderna.

XX **Venissa** con cam

✿ *isola di Mazzorbo – ✆ 04 15 27 22 81 – www.venissa.it*
– Chiuso gennaio e febbraio
6 cam ☕ – †150 € ††150 €
Rist – *(chiuso lunedì)* (consigliata la prenotazione) Carta 66/98 €
➜ Risi e bisi con seppia e ricotta di capra. Baccalà dissalato arrosto, crema fredda di finocchi ed acini d'uva. Millefoglie con crema chantilly e fragole
Da un'isola all'altra, da Venezia a Burano: il vaporetto vi traghetterà verso l'ultima tentazione gastronomica della laguna, un contesto idilliaco d'orti e vigneti a cui si ispira la cucina, femminile, leggera, ma intensa.

X **Da Romano**

via Galuppi 221 – ✆ 0 41 73 00 30 – www.daromano.it
– Chiuso 17 dicembre-3 febbraio, domenica sera e martedì
Rist – Carta 36/85 €
Sull'isola "dei merletti", un locale con più di 100 anni di storia alle spalle, tappezzato di quadri di pittori contemporanei, dove gustare una fragrante cucina di mare.

X **Al Gatto Nero-da Ruggero**

fondamenta della Giudecca 88 – ✆ 0 41 73 01 20 – www.gattonero.com
– Chiuso 3-11 luglio, 5 novembre-3 dicembre, domenica sera e lunedì
Rist – (consigliata la prenotazione la sera) Carta 39/45 €
Nel cuore pulsante di Burano, servizio informale e cura nella scelta delle materie prime in un'accogliente trattoria con cucina veneziana e di mare. Gradevole dehors estivo, affacciato sul canale.

a Torcello 45 mn di vaporetto da Fondamenta Nuove EFT e 37 mn di vaporetto da Punta Sabbioni – ✉ 30142 Burano

XX **Locanda Cipriani** con cam

piazza Santa Fosca 29 – ✆ 0 41 73 01 50 – www.locandacipriani.com
– Chiuso 5 gennaio-5 febbraio
6 cam ☕ – †100/130 € ††200/260 € – 3 suites
Rist – *(chiuso martedì)* Menu 45/90 € – Carta 59/101 €
Suggestivo locale di grande tradizione, con interni e atmosfera da trattoria d'altri tempi e raffinata cucina tradizionale; ameno servizio estivo in giardino. Nuove camere.

VENOSA – Potenza (PZ) – 564 E29 – 12 231 ab. – alt. 415 m – ✉ 85029 **3 B1**

Italia Centro-Sud

Roma 327 – Bari 128 – Foggia 74 – Napoli 139

Abbazia della Trinità★

XX **Locanda Accademia dei Piacevoli**
discesa Capovalle 1, (centro storico) – ✆ 0 97 23 60 82 – www.locandaaccademiadeipiacevoli.it – Chiuso 2-17 novembre e lunedì
Rist – Carta 22/61 €
Non proprio con un tocco di bacchetta magica, ma con accurati lavori di ristrutturazione, una vecchia casa del centro storico si è trasformata in grazioso ristorante gourmet: cucina moderna, soprattutto a base di pesce.

VENTIMIGLIA – **Imperia (IM)** – **561** K4 – **25 675 ab.** – ✉ **18039** **14** A3
Liguria
Roma 658 – Imperia 48 – Cuneo 89 – Genova 159
lungo Roja Rossi, ✆ 0184 35 11 83, www.visitrivieradeifiori.it
Giardini Hanbury★★ a Mortola Inferiore: 6 km a ovest– Dolceacqua★: 10 km a nord

Sole Mare
via Marconi 22 – ✆ 01 84 35 18 54 – www.hotelsolemare.it
28 cam – 65/120 € 100/150 €
Rist *Pasta e Basta* – *✆ 01 84 23 08 78 (chiuso lunedì sera escluso luglio-agosto)* Carta 14/28 €
Nella tranquilla parte occidentale della città, l'hotel offre accoglienti camere dall'arredo moderno, tutte con vista sul mare. Ogni piano è caratterizzato da un colore. Ambiente informale al ristorante, specializzato in un'infinita varietà di paste.

Sea Gull senza rist
via Marconi 24 – ✆ 01 84 35 17 26 – www.seagullhotel.it
27 cam – 65/130 € 85/145 €
Familiari la conduzione e l'ambiente di una comoda risorsa ubicata su una passeggiata a mare, adatta anche a soggiorni prolungati; chiedete le camere con vista mare.

XXX **Marco Polo**
passeggiata Cavallotti 2 – ✆ 01 84 35 26 78 – Chiuso 10 gennaio-1° marzo e lunedì escluso agosto
Rist – Menu 18/52 € – Carta 24/77 €
Una graziosa palafitta d'insospettabile eleganza, il cui servizio all'aperto si protende ulteriormente verso la spiaggia (dove si trova anche lo stabilimento balneare). La cucina esplora il mondo ittico.

a Castel d'Appio Ovest : 5 km – alt. 344 m – ✉ 18039

La Riserva di Castel D'Appio rist,
località Peidaigo 71 – ✆ 01 84 22 95 33 – www.lariserva.it – Aperto 1° aprile-31 ottobre
6 cam – 6 suites – 180/220 € **Rist** – Carta 41/95 €
La tranquillità e uno splendido panorama accompagnano questa signorile risorsa familiare con spazi comuni raffinati, camere luminose ed accoglienti. Elegante cura della tavola nella sala interna e sulla bella terrazza per il servizio estivo.

verso la frontiera di Ponte San Ludovico

XXX **Balzi Rossi**
via Balzi Rossi 2, alla frontiera, 8 km per corso Francia ✉ 18039 Ventimiglia – ✆ 0 18 43 81 32 – www.balzirossi.com – Chiuso 10-25 gennaio, 20-30 giugno, 10-20 settembre, lunedì e martedì a pranzo; anche domenica a pranzo in agosto
Rist – Carta 76/143 €
A pochi metri dal confine con la Francia, elegante sala con spettacolare panorama in terrazza sulla Costa Azzura. Dalla cucina i classici di pesce liguri e nazionali.

VENTURINA – **Livorno (LI)** – **563** M13 – **alt. 276 m** – **Stazione termale** **31** B2
– ✉ **57021**
Roma 235 – Firenze 143 – Livorno 71 – Lucca 116

Delle Terme rist,

via delle Terme 36/40 – 05 65 85 57 59 – www.hterme.it – Aperto 24 dicembre-6 gennaio e 1° marzo-3 novembre

44 cam – †74/110 € ††120/160 € **Rist** – Carta 23/53 €

Adiacente alle terme, offre tutto il savoir-faire che ci si attende da un soggiorno termale: compresa un'enorme piscina all'aperto a 31°. Camere moderne con spunti di arredi anni '70.

Otello

via Indipendenza 1/3/5 – 05 65 85 12 12 – www.ristoranteotello.it – Chiuso lunedì

Rist – Carta 21/43 €

Ristorante di taglio classico, ubicato lungo la statale, ma dotato di un dehors protetto da una fitta fila di piante. Da tre generazioni, Otello propone con costanza squisiti piatti di terra e di mare (a prezzi interessanti).

VERBANIA P (VB) – 561 E7 – 31 243 ab. – alt. 197 m 24 B1

Italia Centro-Nord

Roma 674 – Stresa 17 – Domodossola 38 – Locarno 42

da Intra per Laveno-Mombello – Navigazione Lago Maggiore call center 800551801

corso Zanitello 6/8, 0323 50 32 49, www.verbania-turismo.it

viale delle Magnolie 1, 0323 55 76 76

Verbania SS34 del lago Maggiore, 0323 80800, www.golfverbania.it – chiuso mercoledì

Piandisole via alla Pineta 1, 0323 587100 – aprile-novembre; chiuso martedì

Pallanza★★ – Lungolago★★ – Villa Taranto★★

Isole Borromee★★★ (giro turistico: da Intra 25-50 min di battello e da Pallanza 10-30 min di battello)

a Intra – ✉ 28921

Ancora senza rist

Corso Goffredo Mameli, 65 – 0 32 35 39 51 – www.hotelancora.it – Chiuso 21 dicembre-6 gennnaio

29 cam – †54/110 € ††65/195 €

Sulla trafficata statale del lungolago - nel cuore commerciale di Verbania - edificio signorile con camere ampie e ben arredate. Conduzione seria e competente.

Intra senza rist

corso Mameli 133 – 03 23 58 13 93 – www.verbaniahotel.it

38 cam – †42/57 € ††68/114 €, 6 €

La struttura si affaccia sul lungolago e annovera una nuova saletta comune, spaziose camere con arredi di gusto classico e una sala colazioni con soffitti lignei a cassettoni.

Le Volte

via San Vittore 149 – 03 23 40 40 51 – Chiuso 24 gennaio-5 febbraio, 27 luglio-10 agosto e mercoledì

Rist – Carta 29/58 €

Ambiente elegante e piacevole veranda coperta che si apre sulla corte interna ombreggiata da una centenaria vite americana: in cucina trionfano i sapori mediterranei, rivisitati con creatività.

Taverna Mikonos

via Tonazzi 5 – 03 23 40 14 39 – www.tavernamikonos.com – Chiuso 20-31 gennaio, 1°-15 settembre, mercoledì e i mezzogiorno di lunedì e martedì

Rist – Carta 26/36 €

Una trattoria moderna dalle vivaci tinte bianche e blu che richiamano i colori del Mediterraneo sono un evidente richiamo alla Grecia, di cui propone la tipica gastronomia.

Concordia

via San Fabiano 18 – ✆ 03 23 40 32 37 – www.ristoranteconcordia.it
– Chiuso 10 giorni in febbraio, 10 giorni in giugno, 10 giorni in novembre e lunedì
Rist – Menu 30 € – Carta 32/45 €
Un locale rustico con belle foto d'epoca alle pareti e travi a vista, mentre la cucina incontra molti consensi in virtù delle sue ottime materie prime, nonché di una capace rielaborazione. Un valido indirizzo nel cuore del centro storico.

a Pallanza – ✉ 28922

Grand Hotel Majestic

via Vittorio Veneto 32 rist,
– ✆ 03 23 50 97 11 – www.grandhotelmajestic.it
– Aperto 6 aprile-5 ottobre
74 cam – 240/270 € 330/360 € – 6 suites
Rist *La Beola* – Carta 46/81 €
Direttamente sul lago, abbracciata dal verde e dalla tranquillità dell'acqua, una struttura affascinante con camere spaziose e bagni in marmo, dotata di un centro benessere. Elegante ristorante à la carte, propone la tradizione gastronomica locale interpretata in chiave contemporanea.

Pallanza

cam, rist,

viale Magnolie 8 – ✆ 03 23 50 32 02 – www.pallanzahotels.com
48 cam – 140/155 € 145/170 €
Rist – *(aperto 1° maggio-31 ottobre) (solo a cena)* Carta 28/46 €
Rinnovato negli ultimi anni, l'hotel è testimone dell'architettura del primo '900 e dispone di camere spaziose ed accoglienti e di una panoramica terrazza con vista sul lago.

Aquadolce senza rist

via Cietti 1 – ✆ 03 23 50 54 18 – www.hotelaquadolce.com
– Aperto 16 marzo-31ottobre
13 cam – 75/120 € 75/120 €
Nuova gestione al timone di questa graziosa struttura, a pochi passi dal centro di Pallanza, ma sul lungolago: spazi comuni illuminati da ampie vetrate, nonché belle camere, curate e personalizzate.

Il Portale

via Sassello 3 – ✆ 03 23 50 54 86 – www.ristoranteilportalepallanza.it
– Chiuso gennaio, mercoledì a pranzo e martedì
Rist – (consigliata la prenotazione) Menu 40 € (in settimana) – Carta 44/79 €
Cucina moderna in un delizioso ristorante ubicato nel centro storico della località. Piacevole servizio estivo sulla piazza principale affacciata sul lago.

Osteria dell'Angolo

piazza Garibaldi 35 – ✆ 03 23 55 63 62
– Chiuso 25 dicembre-8 gennaio e lunedì
Rist – Carta 33/66 €
Nel cuore della città, un piccolo locale dagli ambienti interni recentemente rinnovati e con dehors sotto un piacevole pergolato propone una cucina piemontese e di lago.

Dei Cigni

vicolo dell'Arco 1, angolo viale delle Magnolie – ✆ 03 23 55 88 42
– Chiuso 3 settimane in gennaio, 10 giorni in novembre, martedì e mercoledì e giovedì in novembre-marzo e solo a pranzo negli altri mesi
Rist – (consigliata la prenotazione) Menu 27/42 € – Carta 26/46 €
Cucina di pesce, sia di lago sia di mare, seppur non manchino piatti a base di carne, in una moderna trattoria con pochi tavoli, grazioso coperto e un bel terrazzo estivo con vista lago.

a Suna Nord-Ovest : 2 km – ✉ 28925

XX **Antica Osteria il Monte Rosso**

Via Troubetzkoy, 128 – ☎ 03 23 50 60 56 – Chiuso mercoledì a pranzo e martedì

Rist – Menu 14 € (pranzo in settimana) – Carta 29/59 €

Sul lungolago della residenziale frazione di Verbania, una piccola reltà in stile Old England, dove assaporare specialità ittiche lacustri e marine. Clima favorevole e disponibilità permettendo, meglio prenotare uno dei pochi tavoli sulla panoramica terrazzina.

a Fondotoce Nord-Ovest : 6 km – ✉ 28924

XXX **Piccolo Lago** (Marco Sacco)

via Turati 87, al lago di Mergozzo, Nord-Ovest : 2 km – ☎ 03 23 58 67 92 – www.piccololago.it – Chiuso gennaio e lunedì

Rist – *(solo a cena escluso sabato e domenica)* Menu 80/180 € – Carta 70/131 €

➜ 3 C: carnaroli, cotechino e chinotto. L'agnello: il cosciotto e la costoletta. La tradizionale tavolozza.

Lasciato il brulicante lago Maggiore, il tranquillo specchio d'acqua di Mergozzo si offre ai tavoli del ristorante come una romantica cartolina; la cucina vi trova pesci d'acqua dolce per poi spingersi sino ai prodotti delle valli alpine, carni e divagazioni marine.

VERBANO – **Vedere Lago Maggiore**

VERCELLI P (VC) – **561** G7 – **46 979 ab. – alt. 130 m** – ✉ **13100** **23** C2

Italia Centro-Nord

Roma 633 – Alessandria 55 – Aosta 121 – Milano 74

viale Garibaldi 90, ☎ 0161 5 80 02, www.atlvalsesiavercelli.it

Località★ - Basilica di S. Andrea★★ - Chiesa di S. Cristoforo: affreschi★ - Museo Borgogna★

XX **Giardinetto** con cam

via Sereno 3 – ☎ 01 61 25 72 30 – www.hrgiardinetto.com – Chiuso 1 settimana in gennaio, agosto e lunedì

8 cam – †65/75 € ††75/85 € **Rist** – Carta 31/57 €

A pochi passi dal centro storico, una comoda risorsa, a conduzione familiare, che dispone di camere ben arredate e accessoriate; piacevole il giardino interno. Raffinati toni pastello, soffitto di legno e grandi vetrate sul giardino nel rinomato ristorante.

XX **Cinzia da Christian e Manuel** (Manuel e Christian Costardi) con cam

corso Magenta 71 – ☎ 01 61 25 35 85 – www.hotel-cinzia.com – Chiuso 9-25 agosto

25 cam – †65/95 € ††85/120 €

Rist – *(chiuso lunedì)* Menu 60/120 € – Carta 59/127 €

➜ Carnaroli taglio sartoriale 27 mesi, riduzione di birra e polvere di arabica. Guancia di vitella piemontese in cottura lenta, il suo ristretto e morbido di patate. La nostra "Millefollie".

Cucina creativa di alto livello e materie prime di eccellente qualità, senza dimenticare le tradizioni culinarie della zona e della regione. Non meravigliatevi quindi della particolare attenzione riservata al riso: il menu propone una selezione di venti risotti, ma anche tante gustose specialità di terra e di mare.

VERGNE – **Cuneo (CN)** – **561** I5 – **Vedere Barolo**

VERNANTE – **Cuneo (CN)** – **561** J4 – **1 251 ab. – alt. 799 m** – ✉ **12019** **22** B3

Roma 634 – Cuneo 23 – Alessandria 148 – Asti 112

via Umberto I 115, ☎ 0171 92 02 20, www.zerodelta.net

Il Relais del Nazionale senza rist

strada statale 20 n.14 – ✆ 01 71 92 01 81 – www.ilnazionale.com

8 cam ☕ – 🚹135/240 € 🚹🚹135/240 €

Atmosfera calda e familiare in questo piccolo gioiello tutto in legno, proprio di fronte al più tradizionale ristorante Nazionale (stessa gestione). Camere grandi e personalizzate; accogliente la zona relax con idromassaggio, bagno turco e bagno all'abete.

Nazionale con cam

via Cavour 60 – ✆ 01 71 92 01 81 – www.ilnazionale.com

16 cam ☕ – 🚹35/60 € 🚹🚹60/120 €

Rist – *(chiuso mercoledì escluso in febbraio e luglio-settembre)* (prenotare)
Menu 20/38 € – Carta 34/68 €

È l'alternarsi delle stagioni a determinare gli ingredienti da utilizzare in cucina garantendo - in ogni momento dell'anno - le proprie specialità. Di recente è stata valorizzata e incrementata la selezione di formaggi, nonché di vini "naturali". Camere confortevoli, arredate con sobrietà.

VERONA (VR) – 562 F14 – 263 964 ab. – alt. 59 m — 38 A3

Italia Centro-Nord

Roma 503 – Milano 157 – Venezia 114

di Villafranca per ④ : 14 km ✆ 045 8095666

via degli Alpini 9, ✆ 045 8 06 86 80, www.tourism.verona.it

✉ 37138, ✆ 045 8 00 08 61

Aeroporto Villafranca, ✉ 37060, ✆ 045 8 61 91 63

18 località Ca' del Sale 15, 045 510060, www.golfclubverona.com – chiuso martedì

Manifestazioni locali

07.04 - 10.04 : vinitaly (salone internazionale del vino e dei distillati) e agrifood (salone internazionale del prodotto agroalimentare di qualità)

Chiesa di San Zeno Maggiore★★ : porte★★★, trittico del Mantegna★★ AY – Piazza delle Erbe★★ CY **10** – Piazza dei Signori★★ CY **39** – Arche Scaligere★★ CY **K** – Arena★★ : ✻★★ BCYZ – Castelvecchio★★ : museo d'Arte★★ BY – Ponte Scaligero★★ BY – Chiesa di Sant'Anastasia★ : affresco★★ di Pisanello CY **F** – ≤★★ dalle terrazze di Castel San Pietro CY **D** – Teatro Romano★ CY **C** – Duomo★ CY **A** – Chiesa di San Fermo Maggiore★ CYZ **B** – Chiesa di San Lorenzo★ BY

Piante pagine seguenti

Due Torri

piazza Sant'Anastasia 4 ✉ 37121 – ✆ 0 45 59 50 44 – www.duetorrihotels.com

79 cam ☕ – 🚹176/404 € 🚹🚹187/682 € – 11 suites — CY**x**

Rist *Due Torri Restaurant* – vedere selezione ristoranti

Narra la storia della città, l'edificio trecentesco in cui s'inserisce questo prestigioso albergo di tradizione e fascino: nelle raffinate camere, l'arredo s'ispira soprattutto al Settecento e all'Ottocento. Vetturiere per l'auto.

Gabbia d'Oro senza rist

corso Porta Borsari 4/a ✉ 37121 – ✆ 04 58 00 30 60 – www.hotelgabbiadoro.it

19 suites – 🚹330/980 € 🚹🚹330/980 €, ☕ 23 € – 8 cam — CY**t**

Dalla discrezione e dalla cortesia di un servizio inappuntabile, un opulento scrigno di preziosi e ricercati dettagli che echeggiano dal passato; piccolo hotel di charme e lusso con un suggestivo giardino d'inverno.

Palazzo Victoria

via Adua 8 ✉ 37121 – ✆ 0 45 59 05 66 – www.palazzovictoria.com

71 cam ☕ – 🚹230/820 € 🚹🚹230/820 € — BY**r**

Rist *Borsari 36* – Carta 50/80 €

Annovera anche reperti archeologici questo raffinato hotel, in cui antichità e modernità si amalgamano con armonia offrendo soluzioni tecnologiche innovative e tanto charme nelle confortevoli camere. Per i melomani, l'Arena è a due passi.

Accademia
via Scala 12 ✉ 37121 – ☎ 0 45 59 62 22 – www.hotelaccademiaverona.it
87 cam – †96/215 € ††137/355 € – 7 suites CY**d**
Rist – Carta 36/62 €
Solerte e professionale il servizio, di ottimo livello il confort. La risorsa si trova in un edificio storico che si sta lentamente rinnovando, adiacente all'elegante via Mazzini, arteria ideale per lo shopping.

Colomba d'Oro senza rist
via Cattaneo 10 ✉ 37121 – ☎ 0 45 59 53 00 – www.colombahotel.com
49 cam – †115/195 € ††198/266 € – 2 suites BY**n**
Un albergo di tradizione e di atmosfera, realizzato in ambienti del primo Ottocento. L'affascinante hall con dipinti alle pareti e al soffitto è il biglietto da visita, non meno eleganti le camere, curate nei dettagli.

Grand Hotel senza rist
corso Porta Nuova 105 ✉ 37122 – ☎ 0 45 59 56 00 – www.grandhotel.vr.it
62 cam – †110/230 € ††150/350 € BZ**b**
Storico edificio in stile liberty, ospita un albergo raffinato, nei cui interni si fondono la classicità degli arredi, impreziositi da belle sculture, e la modernità dei confort; dispone anche di un centro congressi.

Giberti senza rist
via Giberti 7 ✉ 37122 – ☎ 04 58 00 69 00 – www.hotelgiberti.it BZ**e**
80 cam – †70/310 € ††80/480 €
Moderne sia l'architettura che la funzionalità di questo hotel cittadino che offre ampi spazi di parcheggio; luminose e confortevoli le zone comuni, piacevoli le stanze rinnovate.

Leopardi
via Leopardi 16 ✉ 37138 – ☎ 04 58 10 14 44 – www.leopardi.vr.it AY**a**
81 cam – †82/220 € ††90/280 €
Rist *La Ginestra* – ☎ 0 45 56 24 49 – Carta 35/64 €
Camere classiche con mobili in legno scuro, o moderne dai toni più chiari, per questa piacevole struttura fuori le mura. Oltre ad un attrezzato centro congressi, l'hotel dispone di un'area relax di nuova concezione. Piatti italiani al ristorante: a mezzogiorno si può pranzare anche a buffet (solo da lunedì a venerdì).

San Marco
via Longhena 42 ✉ 37138 – ☎ 0 45 56 90 11 – www.sanmarco.vr.it
111 cam – †100/280 € ††110/300 € – 1 suite AY**n**
Rist – *(chiuso vacanze di Natale e domenica escluso 21 giugno-31 agosto)*
Carta 35/60 €
Convivono con discreto fascino lo stile classico e quello moderno che alternativamente arredano le camere. Centro congressi ed area benessere per una clientela business, ma anche per coloro che ricercano una dimensione *cocooning*.

Palace senza rist
via Galvani 19 ✉ 37138 – ☎ 0 45 57 57 00 – www.montresorgroup.com
66 cam – †80/450 € ††100/600 € AY**x**
Una hall spaziosa, con tocchi di eleganza, introduce a questo albergo di impostazione classica con stanze ben accessoriate. Colorate composizioni musive nei bagni. Ottimo indirizzo per una clientela business.

Firenze senza rist
corso Porta Nuova 88 ✉ 37122 – ☎ 04 58 01 15 10 – www.hotelfirenzeverona.it
49 cam – †112/235 € ††125/250 € BZ**d**
Sul viale che porta all'Arena, l'hotel offre interni di moderna e curata eleganza, arredati con bei tappeti orientali e kilim; adatto sia per il turista sia per chi viaggia per affari grazie alle attrezzate sale convegni.

Bologna
via Alberto Mario 18 ✉ 37121 – ☎ 04 58 00 68 30 – www.hotelbologna.vr.it
31 cam – †70/230 € ††80/310 € – 1 suite BY**x**
Rist *Rubiani* – vedere selezione ristoranti
Vicino all'anfiteatro e ai luoghi che hanno ospitato la tragedia shakespeariana, un hotel di discreto confort con arredi recenti nelle camere ben tenute. Chiedete quelle con vista su Piazza Bra.

Anfiteatro (V.)	CY 2	Emilei (V. Francesco)	CY 9	Manin (V. Daniele)	BZ 17
Artigliere (V.)	CDZ 3	Erbe (Pza delle)	CY 10	Mazzini (V.)	CY
Barbarini (V. B.)	AY 4	Forti (V. Achille)	CY 12	Muro Padri (V.)	DY 18
Battisti (V. C.)	BZ 5	Garibaldi (Ponte)	CY 13	Nizza (V.)	CY 19
Cappello (V.)	CY 6	Giardino Giusti (V.)	DY 14	Oberdan (V.)	BY 20
Cavour (Cso)	BY 7	Leoni (V.)	CY 15	Pietra (Ponte di)	CY 21
Cittadella (Pza)	BZ 8	Malenza (V. G. B.)	CY 16	Ponte di Pietra (V.)	CY 22

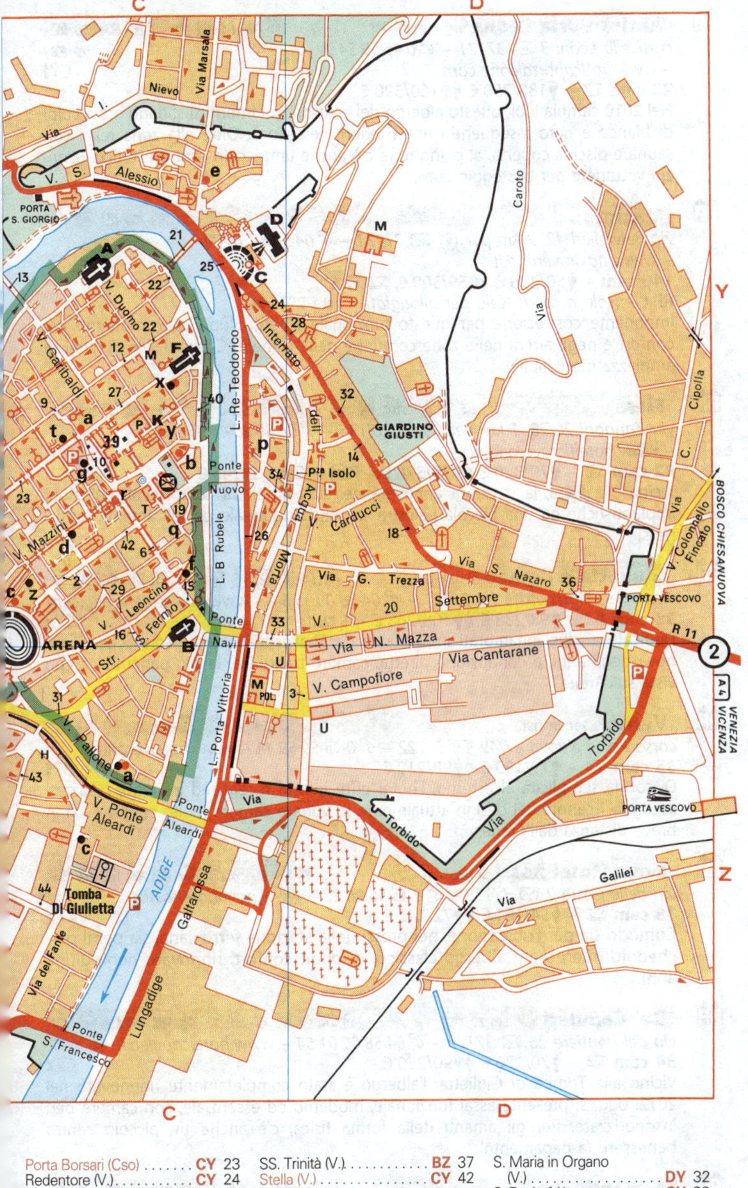

Porta Borsari (Cso) . . . . CY 23
Redentore (V.) . . . . CY 24
Regaste Redentore . . . . CY 25
Roma (V.) . . . . BYZ
Sammicheli (Lungadige) . . . CY 26
Signori (Pza dei) . . . . CY 39
Sottoriva (V.) . . . . CY 40
SS. Trinità (V.) . . . . BZ 37
Stella (V.) . . . . CY 42
S. Anastasia (Cso) . . . . BCY 27
S. Chiara (V.) . . . . DY 28
S. Cosimo (V.) . . . . CY 29
S. Maffei (Stradone) . . . . . . CZ 31
S. Maria in Organo (V.) . . . . DY 32
S. Paolo (V.) . . . . CY 33
S. Tomaso (V.) . . . . CY 34
S. Toscana (Pza) . . . . DY 36
Tezone (V.) . . . . CZ 43
Zappatore (V. dello) . . . . . . CZ 44

Antica Porta Leona senza rist
corticella Leoni 3 ✉ 37121 – ✆ 0 45 59 54 99 – www.anticaportaleona.com CY**f**
23 cam – 130/250 € 160/390 €
Nel 2010 cambia look questo albergo del centro, i cui interni si sfidano ora a colpi di bianco e nero inseguendo una moderna eleganza. Oltre alla zona relax con sauna e piscina coperta, al piano terra c'è anche un piccolo centro estetico. Servizio vetturiere per posteggio auto.

Maxim cam, rist,
via Belviglieri 42, 2 km per ② ✉ 37131 – ✆ 04 58 40 18 00 – www.maximverona.it
146 cam – 50/206 € 59/309 €, 12 €
Rist – *(solo a cena) (solo per alloggiati)* Carta 29/44 €
Imponente costruzione per questo funzionale albergo fuori città, moderno nel confort e negli arredi delle zone comuni e delle camere. Capienti sale riunioni di ampiezza modulabile.

Fiera cam, rist,
via Zannoni 26/28, 1 km per ③ ✉ 37136 – ✆ 04 58 20 44 85 – www.hotelfieraverona.biz
82 cam – 79/320 € 79/370 € **Rist** – Carta 21/46 €
Vicina alla Fiera, la struttura annovera nei suoi ambienti confortevoli dotazioni impiantistiche ed una piccola palestra: la soluzione ideale per gli amanti del fitness.

Giulietta e Romeo senza rist
vicolo Tre Marchetti 3 ✉ 37121 – ✆ 04 58 00 35 54 – www.giuliettaeromeo.com
38 cam – 98/238 € 108/268 € – 1 suite CY**z**
Dedicata ai due innamorati immortalati da Shakespeare, una risorsa che si rinnova negli anni, a conduzione diretta; camere tranquille, la più panoramica con vista sull'Arena.

Verona senza rist
corso Porta Nuova 47/49 ✉ 37122 – ✆ 0 45 59 59 44 – www.hotelverona.it
35 cam – 79/199 € 99/219 € BZ**f**
Di sobria semplicità all'esterno, l'hotel offre interni recenti ed invitanti, realizzati secondo i canoni del design attualmente in voga e camere molto confortevoli. A breve distanza dall'Arena.

Novo Hotel Rossi senza rist
via delle Coste 2 ✉ 37138 – ✆ 0 45 56 90 22 – www.novohotelrossi.it
38 cam – 54/101 € 72/142 € AZ**a**
Comodo sia per l'ubicazione, nei pressi della stazione ferroviaria, sia per il parcheggio interno, un albergo classico, di buon confort, rinnovato negli ultimi anni.

De' Capuleti senza rist
via del Pontiere 26 ✉ 37122 – ✆ 04 58 00 01 54 – www.hotelcapuleti.it
34 cam – 70/170 € 90/250 € CZ**c**
Vicino alla Tomba di Giulietta, l'albergo è stato completamente rinnnovato nel 2012: oggi si presenta assai funzionale, moderno ed essenziale, con camere ben insonorizzate. Per gli amanti della forma fisica, c'è anche un piccolo centro benessere (a pagamento).

Armando senza rist
via Dietro Pallone 1 ✉ 37121 – ✆ 04 58 00 02 06 – www.hotelarmando.it
26 cam – 90/170 € 90/250 € – 2 suites CZ**a**
Nei pressi dello splendido anfiteatro romano, la celebre Arena, modernità a tutto tondo per un hotel recentemente ristrutturato, che si presenta ora con uno stile essenziale e minimalista. Ci si dimentica subito degli spazi comuni un po' limitati, varcando la soglia delle belle camere.

San Pietro senza rist

via Santa Teresa 1, 1 km per ③ ✉ 37135 – ✆ 0 45 58 26 00 – www.hotelsanpietroverona.it

47 cam – 70/400 € 80/550 € – 1 suite

E' un piacere rilassarsi nelle comode poltrone in pelle nella hall, accogliente e razionale. Stile minimalista nelle confortevoli camere, rallegrate da una parete in stucco di colore vivace: legno chiaro e scuro si alternano per creare un'illusione ottica di movimento.

Aurora senza rist

piazzetta XIV Novembre 2 ✉ 37121 – ✆ 0 45 59 47 17 – www.hotelaurora.biz

18 cam – 80/200 € 90/250 € CY**g**

Camere sobrie e confortevoli, ma soprattutto la possibilità di consumare il primo pasto della giornata affacciati sulla celebre Piazza delle Erbe, comodamente seduti sulla bella terrazza.

Scalzi N senza rist

via Carmelitani Scalzi 5 ✉ 37122 – ✆ 0 45 59 04 22 – www.hotelscalzi.it – Chiuso dal 23 al 28 dicembre BZ**p**

19 cam – 50/110 € 70/200 €

All'interno di un palazzo neoclassico d'inizio Ottocento, una piccola e semplice risorsa che punta essenzialmente sulla piacevolezza delle sue camere: arredate con gusto tutto femminile dalla titolare, il risultato è un ambiente moderno e confortevole. Nella bella stagione, la piccolissima corte interna si presta per la prima colazione.

Il Desco (Elia e Matteo Rizzo)

via Dietro San Sebastiano 7 ✉ 37121 – ✆ 0 45 59 53 58 – www.ildesco.com – Chiuso vacanze di Natale, 2 settimane in giugno, domenica e lunedì; aperto lunedì sera in luglio-agosto e dicembre CY**q**

Rist – Menu 90/135 € – Carta 92/132 €

→ Scampi crudi e acqua di pomodoro con sorbetto di zenzero e lime. Brasato di guanciale di manzo con purea di patate, foie gras e porro fritto. Granita di caffè con budino di cioccolato, panna alla vaniglia e riso croccante.

Elegante e d'atmosfera, è il salotto cittadino per eccellenza: in cucina, padre e figlio preparano gustosi manicaretti di terra e di mare con uguale disinvoltura.

Arche

via Arche Scaligere 6 ✉ 37121 – ✆ 0 45 80 07 415 – www.ristorantearche.com – Chiuso 7-23 gennaio, lunedì a mezzogiorno e domenica CY**y**

Rist – Carta 46/63 € (+11 %)

La famiglia partì nel 1879 e da allora ha sempre gestito direttamente questo elegante locale del centro. La cucina si rinnova di generazione in generazione, proponendo specialità di terra e di mare, di tradizione e di ricerca.

Baracca

via Legnago 120, 2,5 km per ③ ✉ 37134 – ✆ 0 45 50 00 13 – www.ristorantelabaracca.it – Chiuso 1°-7 gennaio, sabato a mezzogiorno e domenica

Rist – (consigliata la prenotazione) Carta 33/63 €

Fuori dalle affollate rotte turistiche, signorile ristorante gestito da oltre cinquant'anni da un'intraprendente famiglia: oggi sono due fratelli a deliziarvi con ricette di pesce, gustose e mai scontate!

Due Torri Restaurant – Hotel Due Torri

piazza Sant'Anastasia 4 ✉ 37121 – ✆ 0 45 59 50 44 – www.duetorrihotels.com CY**x**

Rist – Carta 48/93 €

Nella scenografica lobby, cucina innovativa a cui si accompagna una prestigiosa carta dei vini. I nostri preferiti: risotto all'Amarone, costoletta di vitello Villeroy e, dulcis in fundo, mousse al cioccolato su purea di mango.

XX **Ai Teatri**

via Santa Maria Rocca Maggiore 8 ✉ 37129 – ☎ 04 58 01 21 81 – www.ristoranteaiteatri.it – Chiuso 1°-15 gennaio, 1°-20 agosto, domenica e lunedì CY**p**

Rist – (consigliata la prenotazione la sera) Menu 50 € – Carta 38/63 €

Esperienza più che decennale nella ristorazione veronese per il titolare di questo locale nei pressi del centro e subito al di là dell'Adige; ambiente ricercato e cucina moderna, sia di terra sia di mare.

XX **Osteria la Fontanina** (Nicola Tapparini)

Portichetti Fontanelle Santo Stefano 3 ✉ 37129 – ☎ 0 45 91 33 05 – www.ristorantelafontanina.com – Chiuso 2 settimane in agosto, lunedì a mezzogiorno e domenica CY**e**

Rist – (prenotazione obbligatoria a mezzogiorno) Menu 45/75 € – Carta 51/71 €

➜ Agnolotti con spuma di grana padano e tartufo della Lessinia. Brasato di manzo all'Amarone cotto a bassa temperatura con polenta e scalogni caramellati. Cioccoterapia.

Presso la chiesa di Santo Stefano, ristorante caratteristico dall'atmosfera intima e ovattata, pieno di specchi, oggetti ed arredi d'antiquariato, stampe ed argenti, mentre il vino è onnipresente! Cucina del territorio rivisitata.

XX **Al Cristo-Pintxos Bistrot**

piazzetta Pescheria 6 ✉ 37121 – ☎ 0 45 59 42 87 – www.ristorantealcristo.it – Chiuso lunedì CY**b**

Rist – Menu 35 € (pranzo in settimana)/65 € – Carta 41/78 €

Rist *Pintxos Bistrot* – Carta 35/64 €

Nei pressi di Ponte Nuovo, un edificio cinquecentesco accoglie questo ristorante articolato su tre livelli con splendida cantina e bel dehors. Diverse linee di cucina: regionale, internazionale e sushi-sashimi. Al Pintxos Bistrot: tapas basche, stuzzichini preparati al momento e il proverbiale pata negra.

XX **Tre Marchetti**

vicolo Tre Marchetti 19/b ✉ 37121 – ☎ 04 58 03 04 63 – www.tremarchetti.it – Chiuso lunedì in luglio-agosto-settembre, domenica negli altri mesi

Rist – Menu 35/65 € – Carta 46/89 € CY**c**

Poltroncine e lampadari di Murano in un ambiente accogliente, recentemente rinnovato: i ritmi del servizio sono alquanto veloci, ma non manca l'attenzione al dettaglio. Specialità del territorio.

XX **Al Capitan della Cittadella**

piazza Cittadella 7/a ✉ 37122 – ☎ 0 45 59 51 57 – www.ristorantealcapitandellacittadella.it – Chiuso 1 settimana in gennaio, 3 settimane in agosto, lunedì a mezzogiorno e domenica BZ**x**

Rist – (consigliata la prenotazione) Carta 46/95 €

Un locale rustico ricavato in un antico palazzo: quadri moderni alle pareti e sculture lignee dedicati ai pesci. La predilezione per il mondo marino arriva fino in cucina. Ottima selezione enologica.

XX **Alla Fiera-da Ruggero**

via Scopoli 9, 1 km per ③ ✉ 37136 – ☎ 0 45 50 88 08 – www.ristoranteruggero.it – Chiuso domenica

Rist – Carta 28/66 €

Acquari con crostacei e vasche con molluschi vari. Si tratta di uno dei ristoranti ittici più rinomati in città, l'ambiente curato, una solida gestione familiare e, al tavolo, segnaposto stilizzati da un artista.

XX **L'Oste Scuro**

vicolo San Silvestro 10 ✉ 37122 – ☎ 0 45 59 26 50 – www.ristoranteostescuro.tv – Chiuso 25 dicembre-8 gennaio, lunedì a mezzogiorno e domenica

Rist – Carta 48/134 € BZ**c**

Un'insegna in ferro battuto segnala questo locale alla moda dalla simpatica atmosfera familiare. Lo chef punta sulla freschezza del protagonista di ogni piatto elaborato: il pesce.

Maffei

piazza delle Erbe 38 ✉ 37121 – ✆ 04 58 01 00 15 – www.ristorantemaffei.it – Chiuso domenica in novembre-marzo CYa

Rist – Menu 45/50 € – Carta 37/69 € (+10 %)

Locale storico del centro di Verona, anticipato dalla bella corte dove si svolge il dehors: buona cucina di impronta moderna ed interessante carta dei vini. Sotto il locale dove sono stati rinvenuti dei reperti archeologici romani, si è ricavata la cantina (visitabile) ed un romantico tavolino per due!

Trattoria al Pompiere

vicolo Regina d'Ungheria 5 ✉ 37121 – ✆ 04 58 03 05 37 – www.alpompiere.tv – Chiuso 25 dicembre-8 gennaio, 1°-15 giugno e domenica CYr

Rist – (consigliata la prenotazione) Carta 28/62 €

Linea gastronomica fedele al territorio, nonché un'ottima selezione di salumi e formaggi in una storica trattoria del centro, tra boiserie e svariate foto d'epoca.

Il Glicine

corso Milano 26 ✉ 37138 – ✆ 0 45 56 51 56 – www.hotelportasanzeno.it – Chiuso domenica AYc

Rist – Carta 50/117 €

Rami di glicine fanno da cornice al servizio all'aperto, mentre le pareti della sala interna sono arreadate con quadri colorati. Unica la predilezione della cucina: solo piatti di pesce, con un occhio di riguardo per i crudi e le cotture al vapore. Lasciatevi consigliare.

Trattoria al Calmiere

piazza San Zeno 10 ✉ 37123 – ✆ 04 58 03 07 65 – www.calmiere.com – Chiuso domenica sera e lunedì AYd

Rist – Menu 20/25 € – Carta 35/47 € (+10 %)

Tipica trattoria orgogliosamente situata nella bella piazza dedicata al patrono cittadino su cui danno alcuni tavoli d'estate. Tradizionale la cucina, decisamente di matrice regionale.

Al Bersagliere

via Dietro Pallone 1 ✉ 37121 – ✆ 04 58 00 48 24 – www.trattoriaalbersagliere.it – Chiuso 20 giorni in gennaio, sabato sera in luglio-settembre, domenica, lunedì e i giorni festivi CZa

Rist – Carta 24/42 €

Certamente un motivo valido per venire in questa bella trattoria è il baccalà alla vicentina - sempre molto apprezzato - così come del resto, anche gli altri gustosi piatti dal sapore regionale. E nella carta dei vini ritroviamo, protagonista indiscusso, ancora il Veneto. Gradevole dehors estivo.

Locanda 4 Cuochi (N)

via Alberto Mario 12 ✉ 37121 – ✆ 04 58 03 03 11 – Chiuso martedì a pranzo e lunedì BYa

Rist – Menu 20 € – Carta 31/50 €

Sono tutti cuochi, i quattro soci di questo ristorante dall'ambiente piacevole, giovane e frizzante. Dalla cucina a vista escono specialità d'impronta classico-italiana, leggermente rivisitate: mozzarella in carrozza e crema di asparagi con uovo in camicia, le nostre preferite. Insomma, un ottimo indirizzo da tenere presente!

San Basilio alla Pergola

via Pisano 9, 2 km per ② ✉ 37131 – ✆ 0 45 52 04 75 – www.trattoriasanbasilio.it – Chiuso domenica

Rist – Carta 31/47 €

Nel piacevole dehors estivo con pergolato o nelle due sale con pavimenti in legno e mobili rustici, cucina semplice, ma curata, in bilico tra tipico e moderno. Specialità: fagottino di ricotta e taleggio vecchia Valsassina con speck croccante.

Rubiani – Hotel Bologna
piazzetta Scalette Rubiani 3 – ✆ 04 58 00 92 14 – www.ristoranterubiani.it – Chiuso domenica sera in ottobre-maggio BYx
Rist – Carta 35/61 €
Non vi perderete certo la "magia" della città, sostando per una pausa gastronomica in questo ristorante: il suo grazioso dehors si affaccia infatti sull'Arena. Specialità locali, piatti per celiaci e vini - anche - di altre regioni animano il menu.

a San Massimo all'Adige Ovest : 2 km per via San Marco AY – ✉ 37139

Trattoria dal Gal
via Don Segala 39/b – ✆ 04 58 90 30 97 – www.trattoriadalgal.it – Chiuso 30 luglio-20 agosto, domenica sera e lunedì
Rist – Carta 25/48 €
Madre ai fornelli, figli in sala: semplice trattoria dalla calorosa e cordiale accoglienza, dove la cucina è classica, ma soprattutto del territorio. Rinomati i primi, in degustazione se ne possono assaggiare diversi in sequenza.

sulla strada statale 11-via Bresciana Ovest : 3,5 km

Park Hotel Elefante cam, rist,
strada Bresciana 27 ✉ 37139 Verona – ✆ 04 58 90 37 00 – www.hotelelefante.it – Chiuso 5-30 agosto e 24 dicembre-6 gennaio
10 cam – †65/85 € ††75/105 € – 1 suite
Rist *Elefante* – *(solo a cena)* (consigliata la prenotazione) Carta 24/42 €
Sulla statale per il lago di Garda, una villetta di campagna trasformata in un piccolo albergo familiare, con atmosfera da casa privata; piacevole il giardino sul retro. Cucina regionale nella semplice sala ristorante dall'arredo ligneo, ricca di suppellettili.

a San Michele Extra per ② : 4 km – ✉ 37132

Gardenia
via Unità d'Italia 350 – ✆ 0 45 97 21 22 – www.hotelgardeniaverona.it
56 cam – †50/100 € ††60/190 €
Rist – *(chiuso 24 dicembre-7 gennaio, luglio, agosto, venerdì, sabato, domenica e giorni festivi) (solo a cena)* Carta 26/44 €
Moderna essenzialità, lineare e funzionale, negli interni di una risorsa in comoda posizione vicino al casello autostradale; confortevoli camere ben accessoriate. Raffinata cura della tavola nelle due sale da pranzo.

verso Novaglie Nord-Est: 6km

Agriturismo Delo senza rist
località Delo - Verona Novaglie ✉ 37141 Verona – ✆ 04 58 84 10 90 – www.agriturismodelo.it – Chiuso dicembre-gennaio
10 cam – †115/130 € ††135/150 €
Non lontano dalla città, ma già in aperta campagna, questa bella costruzione rurale - ristrutturata con l'impiego di materiali pregiati - ospita ambienti impreziositi da pezzi di antiquariato e camere "riscaldate" da tappeti persiani. La colazione è servita in raffinate porcellane con pasticceria fatta in casa.

VERRAYES – Aosta (AO) – 561 E4 – 1 351 ab. – alt. 1 017 m – ✉ 11020 37 B2

Roma 707 – Aosta 26 – Moncalieri 108 – Torino 97

a Grandzon Sud : 6 km – ✉ 11020 Verrayes

Agriturismo La Vrille cam,
hameau du Grangeon 1 – ✆ 01 66 54 30 18 – www.lavrille.it
6 cam – ††70/80 €
Rist – *(solo a cena)* (prenotazione obbligatoria) Menu 30/40 €
Circondata da cime e vigneti, in posizione elevata e panoramica, una caratteristica baita di montagna con belle camere e mobili d'epoca. Atmosfera familiare e amichevole anche al ristorante, dove gustare la tradizione valdostana proposta anche attraverso prodotti e vini dell'azienda.

a Champagne Sud : 6 km – ✉ 11020

Antica Trattoria Champagne
località Champagne – ✆ 01 66 54 62 88
– Chiuso 5-15 giugno
Rist – *(solo a pranzo domenica e lunedì)* Carta 23/44 €
Da oltre un secolo stazione di posta, ma anche sala da ballo e negozio di alimentari, con l'attuale gestione la cucina ha preso il sopravvento: valdostana d'adozione, piemontese d'origine, la cuoca propone i due filoni regionali in piatti semplici e sapidi. E per accontentare tutti, un bel tagliere di salumi con castagne tiepide!

VERUNO – **Novara (NO)** – **1 874 ab.** – **alt. 357 m** – ✉ **28010** **24** A3

Roma 650 – Stresa 23 – Domodossola 57 – Milano 78

L'Olimpia con cam e senza
via Martiri 3 – ✆ 03 22 83 01 38 – www.olimpiatrattoria.it – Chiuso 27 dicembre-17 gennaio
6 cam – †50/60 € ††80/100 €
Rist – *(chiuso lunedì)* Carta 34/61 €
E' il mare, il grande protagonista della cucina di questo locale caldo ed accogliente. Se c'è posto, vi consigliamo di prenotare un tavolo nella piacevole tavernetta con volta di mattoni a vista e camino.

VESUVIO – **Napoli** – **564** E25 Italia

VETREGO – **Venezia (VE)** – **Vedere Mirano**

VEZZANO = **VEZZAN** – **Bolzano (BZ)** – **Vedere Silandro**

VIADANA – **Mantova (MN)** – **561** H13 – **19 785 ab.** – **alt. 26 m** – ✉ **46019** **17** C3

Roma 458 – Parma 27 – Cremona 52 – Mantova 39

Europa rist,
vicolo Ginnasio 9 – ✆ 03 75 78 04 04 – www.hotelristeuropa.it
– Chiuso 24 dicembre-6 gennaio e agosto
17 cam – †54/66 € ††81/95 €
Rist *Simonazzi* – (consigliata la prenotazione) Carta 25/53 €
Rist *Osteria Caol Ila* – vicolo Quartierino 10 *(chiuso sabato a mezzogiorno e domenica sera)* Carta 20/34 €
Nel centro della località, piccolo albergo a carattere familiare, che offre spazi comuni limitati, ma un confortevole settore notte rinnovato di recente negli arredi. Piatti di terra e specialità di mare s'incontrano al ristorante Simonazzi. Cucina regionale e ambiente rustico all'Osteria Caol Ila.

VIANO – **Reggio Emilia (RE)** – **562** I13 – **3 423 ab.** – **alt. 275 m** – ✉ **42030** **8** B2

Roma 435 – Parma 59 – Milano 171 – Modena 35

La Capannina
via Provinciale 16 – ✆ 05 22 98 85 26 – www.capannina.net
– Chiuso 24 dicembre-6 gennaio, 17 luglio-23 agosto, domenica e lunedì
Rist – Menu 25 € (pranzo)/50 € – Carta 26/55 €
Da oltre quarant'anni la stessa famiglia gestisce questo locale, mantenendosi fedele ad una linea gastronomica che punta sulla tipicità delle tradizioni locali. La pasta fatta in casa è ancora tirata con il mattarello!

VIAREGGIO – Lucca (LU) – 563 K12 – 64 503 ab. – ✉ 55049 Toscana 31 B1

Roma 371 – La Spezia 65 – Pisa 21 – Bologna 180

viale Carducci 10, ✆ 0584 96 22 33, www.aptversilia.it

Località ★

Grand Hotel Royal

viale Carducci 44 – ✆ 0 58 44 51 51 – www.royalviareggio.it
– Aperto 1° marzo-31 ottobre Zg

111 cam – †64/150 € ††79/350 € – 3 suites

Rist – *(aperto aprile-ottobre)* Carta 26/45 €

Sul lungomare, imponente costruzione degli anni 20' con atmosfere da Belle Epoque nelle signorili sale. Curato giardino e confortevoli camere. Elegante sala ristorante con suggestivi richiami allo stile Liberty.

Battisti (V. C.) .... Z 2
Bologna (V.) .... Y 3
Cavalcavia (V.) .... Z 5
Cavour (Pza) .... Z 6
Cei (V. A.) .... Z 8
Foscolo (V. U.) .... Z 9
Garibaldi (Cso) .... Z 12
Gioia (V. F.) .... Z 13
Manin (Viale) .... Z 15
Manzoni (Pza) .... Z 16
Margherita (Viale R.) .... Z 18
Piave (Pza) .... Z 19
Pilo (V.) .... Z 22
Pisano (V. N.) .... Z 23
Puccini (Pza) .... Y 24
Regia (V.) .... Z 25
Roma (V.) .... Y 26
Saffi (V.) .... Y 28
Siena (V.) .... Y 30
S. Giovanni Bosco (V.) .... Y 29

Plaza e de Russie

piazza d'Azeglio 1 – ✆ 0 58 44 44 49 – www.plazaederussie.com – Chiuso 1°-21 novembre Zt

51 cam ☕ – 🚹90/140 € 🚹🚹140/300 €

Rist ***La Terrazza*** – vedere selezione ristoranti

Il primo albergo di Viareggio nel 1871, rimane ancora il luogo privilegiato di chi cerca fascino ed eleganza: preziosi marmi nelle sale comuni e belle camere.

President

cam, rist,

viale Carducci 5 – ✆ 05 84 96 27 12 – www.hotelpresident.it Za

50 cam ☕ – 🚹90/190 € 🚹🚹100/280 €

Rist – *(solo per alloggiati)* Menu 30/49 €

In un importante edificio sul lungomare, questa raffinata risorsa dispone di ambienti eleganti arredati con mobili originali e affascinanti lampadari. Confortevoli le camere.

Astor

cam, rist,

viale Carducci 54 – ✆ 0 58 45 03 01 – www.astorviareggio.com Yh

76 cam ☕ – 🚹120/220 € 🚹🚹160/290 € – 11 suites **Rist** – Carta 45/73 €

Totalmente rinnovato, gli spazi comuni e le camere brillano per la loro luminosità grazie alle ampie finestre. Ma è il solarium la star della struttura: costruito in modo da ricordare il ponte di una nave, è il punto più alto della città. Cucina mediterranea al ristorante e sulla terrazza con vista mare.

London senza rist

viale Manin 16 – ✆ 0 58 44 98 41 – www.hotellondon.it Zs

33 cam ☕ – 🚹69/95 € 🚹🚹99/160 €

In una palazzina Liberty sul lungomare, arredi signorili negli spazi comuni e camere confortevoli; gradevole cortile interno e terrazze solarium per momenti di relax.

Villa Tina senza rist

via Aurelio Saffi 2 – ✆ 0 58 44 44 50 – www.villatinahotel.it – Aperto 1° febbraio-31 ottobre Ya

15 cam ☕ – 🚹45/120 € 🚹🚹65/260 €

Edificio liberty del 1929, le vetrate e gli stucchi delle zone comuni nonché gli arredi delle camere al primo piano ne ripropongono i fastosi eccessi; sempre in stile ma più sobrie quelle al secondo.

Eden senza rist

viale Manin 27 – ✆ 0 58 43 09 02 – www.hoteleden-viareggio.it – Chiuso 5 novembre-31 gennaio Zp

38 cam ☕ – 🚹65/115 € 🚹🚹90/170 €

Struttura di taglio moderno e buona funzionalità - versatile in termine di clientela - dispone di camere modernamente accessoriate.

Arcangelo

rist,

via Carrara 23 – ✆ 0 58 44 71 23 – www.hotelarcangelo.com – Aperto 1°-28 febbraio e Pasqua-30 settembre Yx

19 cam – 🚹70/90 € 🚹🚹70/100 €, ☕ 8 €

Rist – *(aperto 1° maggio-30 settembre) (solo per alloggiati)*

A due passi dal lungomare - piccolo hotel dalla giovane conduzione - si presenta con accoglienti spazi comuni e una graziosa corte interna rallegrata da molte piante. Camere non molto ampie, rinnovate in anni recenti, arredate con mobili dai colori pastello.

La Terrazza – Hotel Plaza e de Russie

piazza d'Azeglio 1 – ✆ 0 58 44 44 49 – www.plazaederussie.com – Chiuso 1°-21 novembre e domenica in inverno Zt

Rist – (consigliata la prenotazione) Carta 40/57 €

Sicuramente un elemento di forza dell'albergo, questo roof restaurant la cui vista panoramica abbraccia città, mare ed alpi Apuane. La cucina è al tempo stesso raffinata e mediterranea.

XXX **Romano** (Franca Checchi)

via Mazzini 120 – ✆ 0 58 43 13 82 – www.romanoristorante.it – Chiuso gennaio e lunedì, anche martedì a mezzogiorno in estate Zm

Rist – Menu 95 € – Carta 62/135 €

→ Tagliatelline al nero di seppia con scampi, calamaretti e zucchine fiorite. Calamaretti ripieni di verdure e crostacei. Crumble di mele verdi con crema al calvados.

Faro della ristorazione versiliese, la tradizionale gestione familiare non ha impedito al locale di rinnovarsi in forme moderne ed eleganti; il pesce più fresco e qualche piatto di carne.

XX **Pino**

via Matteotti 18 – ✆ 05 84 96 13 56 – www.ristorantepino.it – Chiuso 7 gennaio-7 febbraio, giovedì a pranzo e mercoledì Zb

Rist – *(solo a cena in luglio-agosto)* Carta 53/136 €

In una delle vie del centro, locale tradizionale composto da due sale di classica eleganza: la linea gastronomica è quella marinaresca, con predilezione per i crostacei.

XX **Da Remo**

via Paolina Bonaparte 47 – ✆ 0 58 44 84 40 – Chiuso 5-25 ottobre, martedì a pranzo e lunedì Zx

Rist – Carta 33/88 €

Conduzione familiare e impostazione classica in un curato ristorante del centro, che propone tradizionali preparazioni di cucina ittica con predilezione per il pesce locale.

XX **Cabreo**

via Firenze 14 – ✆ 0 58 45 46 43 – Chiuso novembre e lunedì Ye

Rist – Carta 29/78 €

Impostazione classica nelle due luminose sale di questo ristorante, a gestione familiare, che propone i suoi piatti secondo la disponibilità del pescato giornaliero.

X **Cicero**

via Coppino 319 – ✆ 05 84 39 30 89 – Chiuso venerdì a mezzogiorno e giovedì

Rist – (consigliata la prenotazione la sera) Carta 52/67 € Zr

In prossimità della darsena, ristorante dall'ambiente semplice dove il protagonista assoluto è il pesce: esposto nell'apposita vetrinetta viene cucinato secondo le ricette della tradizione. Ampia e qualificata carta dei vini.

VIAROLO – Parma (PR) – 562 H12 – alt. 41 m – ✉ 43126 8 A3

Roma 465 – Parma 11 – Bologna 108 – Milano 127

X **La Porta di Felino**

via Provinciale 103 – ✆ 05 21 83 68 39 – www.laportadifelino.it – Chiuso 20 giugno-10 luglio, domenica sera e mercoledì

Rist – Carta 27/37 €

Trattoria storica con una piccola zona bar, dove si può mangiare anche un sandwich, e due sale rustiche. La cucina offre il meglio della regione: dalle paste rigorosamente fatte in casa, alle carni con funghi porcini, cercando di conservare un po' di appetito per la mousse di parmigiano e pere.

VIBO VALENTIA P (VV) – 564 K30 – 33 853 ab. – alt. 476 m – ✉ 89900 5 A2

Roma 613 – Reggio di Calabria 94 – Catanzaro 69 – Cosenza 98

501 Hotel rist,

viale Bucciarelli, Nord: 1 km – ✆ 0 96 34 39 51 – www.501lifestyle.com

118 cam – †70/136 € ††100/160 € – 3 suites **Rist** – Carta 39/49 €

Imponente struttura in posizione panoramica con vista sul golfo di S. Eufemia: piacevoli zone comuni, spazi congressuali di prestigio e camere di elevato confort (chiedete quelle con vista mare).

Vecchia Vibo

via Murat-Srimbia – 0 96 34 30 46 – www.hotelvecchiavibo.com

18 cam – 70/80 € 100 €

Rist *Vecchia Vibo* – vedere selezione ristoranti

Nella parte antica di Vibo, a poche centinaia di metri dal castello, recente risorsa ricavata da una vecchia casa padronale: sale e camere arredate con gusto e funzionalità.

Vecchia Vibo – Hotel Vecchia Vibo

via Murat-Srimbia – 0 96 34 30 46 – www.hotelvecchiavibo.com – Chiuso lunedì sera

Rist – Carta 17/46 €

Ricavato nelle ex scuderie dell'antica casa padronale offre un'ambientazione rustica e caratteristica. La cucina esprime al meglio la tipicità gastronomica della regione.

a Vibo Valentia Marina Nord : 10 km – 89811

Cala del Porto

via Roma 22 (lungomare C. Colombo) – 09 63 57 77 62 – www.caladelporto.com

30 cam – 90/100 € 130/140 € – 3 suites

Rist *L'Approdo* – vedere selezione ristoranti

Albergo di raffinata atmosfera e confort moderno: spazi comuni ampi e ben curati, camere dotate dei migliori confort moderni. Se volete un soggiorno di qualità, *Cala del Porto* non vi deluderà.

L'Approdo – Hotel Cala del Porto

via Roma 22 – 09 63 57 26 40 – www.lapprodo.com

Rist – Menu 35/120 € – Carta 45/103 €

→ Gnocchi ripieni di nasello con vongole veraci e concassé di pomodori. Parmigiana di cernia bianca con caciocavallo silano e vellutata di fagiolini. Zuccotto al pistacchio di Bronte con gelato alla vaniglia.

Elegante vetrina nella zona del porto, la carta è un appetitoso inventario di classici nazionali, in particolare di pesce, che il cliente potrà scegliere da un carrello con il pescato del giorno. Non mancano le carni, spesso calabresi.

VICCHIO – Firenze (FI) – 563 K16 – 8 262 ab. – alt. 203 m – 50039 32 C1

Toscana

Roma 301 – Firenze 32 – Bologna 96

L'Antica Porta di Levante

piazza Vittorio Veneto 5 – 0 55 84 40 50 – www.anticaportadilevante.it – Chiuso lunedì escluso giugno-settembre

Rist – *(solo a cena escluso domenica, anche sabato in giugno-settembre)* Menu 38 € – Carta 26/42 €

Cucina regionale in una storica locanda di posta, recentemente rinnovata: caratteristica saletta in pietra e gradevole veranda estiva con pergolato.

a Campestri Sud : 5 km – 50039 Vicchio

Villa Campestri Olive Oil Resort

via di Campestri 19/22 – 05 58 49 01 07 – www.villacampestri.com – Aperto 15 marzo-15 novembre

24 cam – 98/146 € 113/172 € – 3 suites **Rist** – Carta 42/52 €

La natura e la storia ben si amalgamano in questa villa trecentesca immersa in un parco con piscina. Raffinati interni d'epoca ed una ricca oleoteca, dove si organizzano corsi di degustazione dell'extra vergine. Piatti toscani ed un menu interamente dedicato all'oro giallo al ristorante.

VICENO – Verbano-Cusio-Ossola (VB) – 561 D6 – Vedere Crodo

VICENZA (VI) – 562 F16 – 115 927 ab. – alt. 39 m – ✉ 36100 38 A1

Italia Centro-Nord

Roma 523 – Padova 37 – Milano 204 – Verona 51

piazza Matteotti 12, ✆ 0444 32 08 54, www.vicenzae.org

Colli Berici strada Monti Comunali 1, 0444 601780, www.golfclubcolliberici.it – chiuso lunedì

via Carpaneda 5/B, 044 340448, www.golfclubvicenza.com

Manifestazioni locali

19.01 - 24.01 : vicenzaoro winter

Teatro Olimpico★★ BY **A**: scena★★★ – Piazza dei Signori★★ BYZ **34**: Basilica★★ BZ **B,** Torre Bissara★ BZ **C**, Loggia del Capitano★ BZ **D** – Museo Civico★ BY **M**: Crocifissione★★ di Memling – Battesimo di Cristo★★ del Bellini, Adorazione dei Magi★★ del Veronese, soffitto★ nella chiesa di Santa Corona BY **E** – Corso Andrea Palladio★ ABYZ – Polittico★ nel Duomo AZ **F**

Villa Valmarana "ai Nani"★★ : affreschi dei Tiepolo★★★ per ④ : 2 km – La Rotonda★★ del Palladio per ④ : 2 km – Basilica di Monte Berico★ : ✻★★ 2 km BZ

NH Vicenza

rist,

viale S. Lazzaro 110, 2 km per ⑤ – ✆ 04 44 95 40 11 – www.nh-hotels.it

115 cam – †50/300 € ††50/300 €

Rist *Le Muse* – *(chiuso agosto)* Carta 33/50 €

Inaugurata nel 2000, risorsa moderna di sobria eleganza, che coniuga funzionalità e confort ad alto livello; spazi comuni articolati e camere ottimamente insonorizzate. Una luminosa sala di signorile ambientazione moderna per il ristorante.

Da Porto

cam, cam,

viale del Sole 142, 1 km per ⑥ – ✆ 04 44 96 48 48 – www.hoteldaporto.it

54 cam – †60/80 € ††70/100 € – 18 suites

Rist *Il Querini da Zemin* – *(chiuso 1°-20 agosto, sabato a pranzo e lunedì)* Carta 30/60 €

Edificati in una zona verde in una audace architettura, i due moderni edifici ospitano spazi confortevoli con corridoi in marmo ed arredi su misura nelle accoglienti camere.

G Boutique Hotel senza rist

viale Giuriolo 10 – ✆ 04 44 32 64 58 – www.gboutiquehotel.com BY**a**

16 cam – †110/300 € ††160/500 €

Piccolo albergo che, dopo la ristrutturazione, offre soluzioni moderne di buon confort sia nelle zone comuni, ridotte, ma ben articolate, sia nelle lineari camere.

Da Biasio

viale 10 Giugno 172 – ✆ 04 44 32 33 63 – www.ristorantedabiasio.it – Chiuso 27 ottobre-9 novembre, sabato a mezzogiorno e lunedì BZ**a**

Rist – Carta 53/127 €

Gestione giovane, competente e appassionata per un locale piacevole, con camino per l'inverno e terrazza panoramica per la bella stagione. Cucina del territorio rivisitata.

Antico Ristorante Agli Schioppi

contrà piazza del Castello 26 – ✆ 04 44 54 37 01 – www.ristoranteaglischioppi.com – Chiuso lunedì a mezzogiorno e domenica

Rist – (consigliata la prenotazione) Carta 27/50 € AZ**c**

Mobili di arte povera nell'ambiente caldo e accogliente di uno storico locale della città, rustico, ma con tocchi di eleganza; la cucina segue le tradizioni venete.

Storione

via Pasubio 62/64, 2 km per ⑥ – ✆ 04 44 56 65 06 – www.ristorantestorione.it – Chiuso domenica

Rist – Carta 35/83 €

Il nome fa intuire qual è la linea di cucina, solo di pesce secondo la disponibilità dei mercati ittici; luminosa sala di taglio classico e tono signorile, con veranda.

VICENZA
0
400 m
A
B
Y
Z
TRENTO
BASSANO DEL GRAPPA
P 248
TRENTO SCHIO, THIENE
P 46
A 31: TREVISO
A4: PADOVA
VERONA (per A4)
ESTE
P 247
R 11
S 53
CIMITERO MAGGIORE
PARCO
QUERINI
Astichello
Bacchiglione
Retrone
GIARDINO SALVI
CAMPO
MARZO
POL.
Viale Fratelli Bandiera
Via G. Cappellari
Via Ferdinando Rodolfi
Borgo S. Lucia
Borgo Scroffa
Via Legione Galliano
Via 4 Novembre
Contrà V. Veneto
Viale D'Alviano
Viale Bartolomeo
Via Volta
Pagliarnio
Contrà S. Bortolo
Contrà S. Francesco
Contrà Pedemuro S. Biagio
Fogazzaro
Contrà Cantarane
Corso
Corso Andrea Palladio
Pza Duomo
Pza Giusti
V.le Mazzini
V.le G.
Corso S.S. Felice e Fortunato
V.le Verdi
V.le Milano
V.le Roma
Viale Venezia
V.le Eretenio
V.le Giuriolo
Contrà della Piarda
Contrà S. Pietro
Contrà Padova
P.le
Margherita
V.le Trissino
V. dello Stadio
Viale Margherita
Contrà S. Caterina
V.le Risorgimento
Borgo Berga
Fusinato
Viale Dante
Viale 10 Giugno
V.le 10 Giugno
Viale Arnaldo
Casarsa
Via
Viale Enrico Cialdini
Piazzale della Vittoria
BASILICA DI Mte BERICO

XX **Cinque Sensi**

strada Sant'Antonino 63, per ⑥ ✉ 36100 – ✆ 04 45 60 79 76 – www.5sensi.it – Chiuso lunedì, anche domenica sera in ottobre-giugno
Rist – (consigliata la prenotazione) Menu 15 € (pranzo in settimana)/45 € – Carta 28/72 €
I cinque sensi, ma con una predilezione per il quarto. All'interno di un circolo tennistico con una bella piscina a rallegrare il servizio estivo all'aperto, una cucina classica, ben fatta e leggera, che propone in ugual misura piatti di terra e di mare.

X **Al Pestello**

contrà Santo Stefano 3 – ✆ 04 44 32 37 21 – www.ristorantealpestello.it
Rist – Carta 33/59 € BY**c**
L'indirizzo giusto per assaporare la vera cucina veneta, e vicentina in particolare, con tanto di menù in dialetto, è questa piccola trattoria con dehors estivo.

X **Ponte delle Bele**

contrà Ponte delle Bele 5 – ✆ 04 44 32 06 47 – www.pontedellebele.it – Chiuso 5-21 agosto e domenica; anche sabato in luglio-agosto AZ**a**
Rist – Menu 28/30 € – Carta 22/42 €
Una trattoria tipica, specializzata in piatti trentini e sudtirolesi; l'ambientazione, d'impronta rustica e con arredi di legno chiaro, è in sintonia con la cucina.

in prossimità casello autostrada A 4-Vicenza Est per ③ : 7 km :

Viest Hotel

rist,

via Scarpelli, 41 ✉ 36100 – ✆ 04 44 58 26 77 – www.viest.it
98 cam – 🚹80/185 € 🚹🚹100/255 € – 2 suites
Rist – *(chiuso agosto, sabato e domenica)* Menu 27 €
In zona commerciale, le camere sono distribuite in tre diverse palazzine collegate da corridoi, secondo criteri di confort crescente. Il ristorante si segnala per l'ottimo rapporto qualità/prezzo, cucina tradizionale e pizza.

Victoria

strada padana verso Padova 52 ✉ 36100 – ✆ 04 44 91 22 99 – www.hotelvictoriavicenza.com
123 cam – 🚹69/79 € 🚹🚹92/102 € – 12 suites
Rist *Al Company* – *(chiuso sabato a mezzogiorno e domenica sera in inverno, tutto il giorno negli altri mesi)* Carta 25/65 €
Adiacente ad un centro commerciale, una risorsa di taglio moderno, che offre anche soluzioni in appartamenti; camere spaziose, alcune con un livello di confort elevato. Per i pasti, una sala sobria e moderna con grandi vetrate.

XX **Da Remo**

via Caimpenta 14 ✉ 36100 – ✆ 04 44 91 10 07 – www.daremoristorante.com – Chiuso 25 dicembre-7 gennaio, 3 settimane in agosto, domenica sera e lunedì, anche domenica a pranzo in luglio
Rist – Carta 25/46 €
Soffitti con travi a vista nelle sale, di cui una con camino, in questo ristorante rustico-signorile in una casa colonica con ampio spazio all'aperto per il servizio estivo.

VICO EQUENSE – Napoli (NA) – 564 F25 – 20 980 ab. – ✉ 80069 6 B2

Italia Centro-Sud

Roma 248 – Napoli 40 – Castellammare di Stabia 10 – Salerno 41

via Filangieri 98, ✆ 081 8 01 57 52, www.vicoturismo.it

Località★ - Centro storico★

Monte Faito★★: ❋★★★ dal belvedere dei Capi e ❋★★★ dalla cappella di S. Michele 14 km a Est

Grand Hotel Angiolieri
via Santa Maria Vecchia 2, località Seiano, Sud-Est: 2 km – ✆ 08 18 02 91 61 – www.grandhotelangiolieri.it – Aperto 23 marzo-31 ottobre
37 cam – 79/179 € 129/209 € – 2 suites
Rist *L'Accanto* – vedere selezione ristoranti
Affacciato sul Golfo, ma in posizione elevata, si tratta di un austero ed elegante edificio storico; servizio squisito, eleganti arredi, ottima la prima colazione.

L'Accanto – Grand Hotel Angiolieri
via Santa Maria Vecchia 2, località Seiano, Sud-Est 2 km – ✆ 08 18 02 91 61 – www.laccanto.it – Chiuso 8 gennaio-marzo
Rist – *(chiuso martedì)* Menu 75/110 € – Carta 48/102 €
➜ Tortelli di broccoli su crema di burrata e medaglione di astice. Spigola all'amo con parmigiana di melanzana scomposta. Consistenze di cioccolato.
Un'incantevole terrazza, quasi un promontorio sul Golfo, è la cornice di una cucina dalle incantevoli coreografie ed elaborate preparazioni di un giovane cuoco campano.

Antica Osteria Nonna Rosa (Giuseppe Guida)
via privata Bonea 4, località Pietrapiano, Est : 2 km – ✆ 08 18 79 90 55 – www.osterianonnarosa.it – Aperto 1° ottobre-31 maggio; chiuso domenica sera e mercoledì
Rist – *(solo a cena escluso sabato e domenica)* (consigliata la prenotazione) Menu 50/70 € – Carta 46/64 €
➜ Riso, acqua di pomodoro e crudo di mare. Guancia di manzo e patate in tortiera. Crème brûlée di pastiera.
Una semplice, ma suggestiva dimora storica sul ciglio della strada verso il Monte Faito: la cucina riesce ad essere originale e creativa pur restando fedele alle tradizioni e ai prodotti campani, in una genuina atmosfera familiare.

a Marina Equa Sud : 2,5 km – ✉ 80069 Vico Equense

Eden Bleu
via Murrano 17 – ✆ 08 18 02 85 50 – www.edenbleu.com – Aperto 1° aprile-2 novembre
24 cam – 60/110 € 80/170 € – 4 suites
Rist – *(chiuso lunedì)* Menu 18/30 €
Piccola, ma graziosa risorsa, a gestione familiare, situata a pochi metri dal mare, dispone di stanze funzionali e pulite e di appartamenti per soggiorni settimanali. Ambientazione di stile moderno nell'accogliente sala da pranzo.

Torre del Saracino (Gennaro Esposito)
via Torretta 9 – ✆ 08 18 02 85 55 – www.torredelsaracino.it – Chiuso 18 febbraio-15 marzo, domenica sera e lunedì
Rist – (consigliata la prenotazione) Menu 105/125 € – Carta 77/106 €
➜ Mezzi paccheri con alici dorate e cipollotto in agrodolce. Agnello allo spiedo con verdure. Bocconotto alle pere, salsa di aglianico brûlé e gelato al pan di spezie.
Sempre all'avanguardia, la cucina di Esposito è un vulcano di idee e di tendenze che hanno ispirato e dato significato al concetto di cucina mediterranea. L'elegante sala è moderna ed essenziale, ma il gioiello è la torre in cui fermarsi per un suggestivo dopocena.

sulla strada statale 145 Sorrentina

Capo la Gala
Via Luigi Serio 8-strada Statale Sorrentina 145 km 14,500 – ✆ 08 18 01 57 58 – www.hotelcapolagala.com – Aperto 1° aprile- 31 ottobre
22 cam – 250/450 € 300/550 € – 1 suite
Rist *Maxi* – vedere selezione ristoranti
Costruito a pelo d'acqua in una romantica baia rocciosa, le camere sono lambite dagli spruzzi del mare e sono impreziosite dalle straordinarie ceramiche vietresi.

Mega Mare senza rist

località Punta Scutolo, Ovest : 4,5 km ✉ 80069 – ✆ 08 18 02 84 94 – www.hotelmegamare.com

29 cam – 🛉40/120 € 🛉🛉75/180 €

Splendidamente panoramico sulla baia di Sorrento, le camere sono semplici, ma con belle ceramiche di Vietri: tutte con un'impagabile vista.

Maxi – Hotel Capo la Gala

strada Statale Sorrentina 145 km 14,500 – ✆ 08 18 01 57 57 – www.hotelcapolagala.com – Aperto 1° aprile-31 ottobre; chiuso lunedì

Rist – *(solo a cena)* Menu 60/140 € – Carta 65/135 €

➜ Tonno scottato alle erbe aromatiche su caponata napoletana. Candele spezzate con seppie e bottarga di tonno. Soffice al caffé.

Nella sala interna se il tempo è bizzoso o sulla terrazza con vista sul golfo nelle giornate più belle: dovunque si mangi, la cucina è un viaggio all'interno delle seduzioni campane, che il cuoco rivisita con estro e creatività.

VICOMERO – Parma (PR) – Vedere Torrile

VICOPISANO – Pisa (PI) – 563 K13 – 8 466 ab. – alt. 12 m – ✉ 56010 31 B2

Toscana

Roma 350 – Firenze 82 – Pisa 22 – Bologna 166

Osteria Vecchia Noce

località Noce, Ovest : 5 km – ✆ 0 50 78 82 29 – www.ostreiavecchianoce.it

Rist – Carta 33/64 €

Ottima cucina di terra e di mare, in un antico frantoio del 1700 nel centro di questo piccolo paese: ambiente caratteristico, elegante e caldo, nonché collaudata gestione familiare.

Da Cinotto

via Provinciale Vicarese 132, località Uliveto Terme, Ovest : 6 km – ✆ 0 50 78 80 43 – Chiuso agosto, venerdì sera e sabato

Rist – (coperti limitati, prenotare) Carta 30/39 €

Trattoria a conduzione familiare dove fermarsi per apprezzare una sincera e casereccia cucina toscana e locale. Ambiente semplice, atmosfera informale.

VIDICIATICO – Bologna (BO) – 563 J14 – Vedere Lizzano in Belvedere

VIESTE – Foggia (FG) – 564 B30 – 13 963 ab. – Stazione termale 26 B1 – ✉ 71019 Puglia

Roma 420 – Foggia 92 – Bari 179 – San Severo 101

piazza Kennedy, ✆ 0884 70 88 06, www.vieste.it

Località★

Strada panoramica★★ per Mattinata sud-ovest

Degli Aranci

piazza Santa Maria delle Grazie 10 – ✆ 08 84 70 85 57 – www.hotelaranci.it – Aperto 1° aprile-31 ottobre

121 cam – 🛉84/209 € 🛉🛉122/258 €

Rist – *(solo per alloggiati)* Carta 23/43 €

Poco distante dal mare, un hotel dalla calorosa accoglienza che dispone di ariosi e freschi spazi comuni e funzionali camere caratterizzate da differenti tipologie di arredo. Una ampia sala ristorante di tono classico propone piatti lievemente rivisitati ed è particolarmente adatta per allestire anche banchetti.

Seggio
via Veste 7 – ✆ 08 84 70 81 23 – www.hotelseggio.it
– Aperto 1° aprile-30 settembre
30 cam – 45/80 € 85/160 € – 2 suites
Rist – Carta 20/30 €
Sito sul costone di roccia ma contemporaneamente in pieno centro storico, l'hotel è stato realizzato tra le mura di vecchie case e propone camere dagli arredi lineari. Nella piccola sala ristorante, i piatti della tradizione italiana.

Palace Hotel Vieste cam, cam, rist,
via Santa Maria di Merino 7 – ✆ 08 84 70 12 18
– www.palacehotelvieste.it
48 cam – 80/165 € 120/240 €
Rist – *(solo per alloggiati)* Menu 20 €
Raffinata ospitalità in un palazzo d'epoca del centro storico: camere diverse per ampiezza e ricercatezza degli arredi, bus-navetta gratuito per la spiaggia (a meno di un km).

White N senza rist
via Italia 2, Nord: 1,5 km – ✆ 08 84 70 13 26 – www.withehotel.it
– Aperto 1°aprile-31 ottobre
49 cam – 48/200 € 60/250 €
Nel litorale nord della località, hotel di moderno design a due passi dal mare. Camere fornite di buone installazioni ed un'originale piscina con giochi d'acqua; ricco brunch fino alle ore 12.

Bikini
via Massimo d'Azeglio 13/a – ✆ 08 84 70 15 45
– www.bikinihotelvieste.it – Aperto Pasqua-15 ottobre
32 cam – 30/120 € 35/160 €
Rist – *(solo per alloggiati)* Menu 20/35 €
Contemporaneamente vicino alla spiaggia, al faraglione di Pizzomunno e al centro della città, una risorsa moderna di sobrie dimensioni con camere funzionali e luminose.

Svevo
via Fratelli Bandiera 10 – ✆ 08 84 70 88 30 – www.hotelsvevo.com
– Aperto 1° aprile-30 settembre
30 cam – 80/150 € 80/150 €
Rist – *(aperto 1° giugno-30 settembre) (solo a cena) (solo per alloggiati)*
In posizione tranquilla in prossimità dell'antica dimora di Federico II di Svevia, l'hotel dispone di camere semplici e funzionali e di un'ampia terrazza-solarium con piscina.

Al Dragone
via Duomo 8 – ✆ 08 84 70 12 12 – www.aldragone.it
– Aperto 1° aprile-21 ottobre; chiuso martedì in aprile, maggio e ottobre
Rist – Carta 28/68 €
Un ambiente caratteristico ricavato all'interno di una grotta naturale, dove lasciarsi andare ai piaceri della tavola: sapori regionali presentati con cura e fantasia.

Il Capriccio
località Porto Turistico – ✆ 08 84 70 78 99 – www.ilcapricciodivieste.it
– Chiuso 15 gennaio-13 febbraio e lunedì escluso in aprile-ottobre
Rist – Menu 35/45 € – Carta 26/54 €
Astro nascente tra i cuochi del Gargano, la cucina è un incontro tra il mare e la tecnica del giovane chef (squisito il dentice imperiale cotto nelle foglie di alloro e servito su una crema di cicerchie e cicorietta selvatica). Se, poi, cercate il ristorante per una serata romantica fermatevi qui: d'estate si mangia sul pontile tra le barche.

a Lido di Portonuovo Sud-Est : 5 km – ✉ 71019 Vieste

Portonuovo
litoranea, Sud: 4 km – ✆ 08 84 70 65 20 – www.hotelportonuovo.it
– Aperto 21 maggio-15 settembre
56 cam – 60/155 € 79/175 € **Rist** – *(solo per alloggiati)* Menu 25 €
Abbracciato da una piacevole pineta, l'hotel si trova a pochi passi dal mare e propone spazi comuni ampi e discretamente eleganti, camere confortevoli dall'arredo ligneo.

VIETRI SUL MARE – Salerno (SA) – 564 F26 – 8 293 ab. – ✉ 84019 6 B2

Italia Centro-Sud

Roma 259 – Napoli 50 – Amalfi 20 – Avellino 41

★ sulla costiera amalfitana

a Raito Ovest : 3 km – alt. 100 m – ✉ 84010

Raito cam,
via Nuova Raito 9 – ✆ 08 97 63 41 11 – www.hotelraito.it
77 cam – 220/740 € 240/740 € – 5 suites
Rist *Il Golfo* – Carta 47/80 €
Camere di design, particolarmente belle quelle con grande terrazza, e zone comuni piacevolmente "illuminate" dalla luce che penetra dalle grandi vetrate. La struttura è moderna e come si conviene alle nuove tendenze, non manca di un'attrezzata zona benessere.

VIGANÒ – Lecco (LC) – 561 E9 – 2 015 ab. – alt. 390 m – ✉ 23897 18 B1

Roma 607 – Como 30 – Bergamo 33 – Lecco 20

Pierino Penati (Theo Penati)
via XXIV Maggio 36 – ✆ 0 39 95 60 20 – www.pierinopenati.it
– Chiuso 27-30 dicembre, domenica sera e lunedì
Rist – Menu 25 € (pranzo in settimana)/75 € – Carta 51/100 €
➜ Risotto giallo alla milanese. Manzo stracotto al vino rosso con polenta. Zabaione caldo con i savoiardi.
Una villa alle porte del paese con un grazioso giardino... e la cura prosegue all'interno nell'elegante sala con veranda. Piatti della tradizione e qualche proposta di pesce.

VIGANO – Milano (MI) – Vedere Gaggiano

VIGARANO MAINARDA – Ferrara (FE) – 562 H16 – 7 520 ab. 9 C1

– alt. 10 m – ✉ 44049

Roma 424 – Bologna 52 – Ferrara 13 – Modena 65

Antico Casale cam,
via Rondona 11/1 – ✆ 05 32 73 70 26 – www.hotelanticocasale.it
17 cam – 55 € 85 €
Rist *Spirito* – ✆ 05 32 43 61 22 *(chiuso martedì) (solo a cena)* Carta 28/48 €
Il nome mantiene la promessa: si tratta di un casale ottocentesco riadattato ad albergo all'interno di un complesso comprensivo di centro benessere. Gli interni ripropongono una certa rusticità con travi a vista, cotto e testiere in ferro battuto. Echi etnici negli arredi provenienti dall'India.

La Tortiola N
via Tortiola 15, Nord Est 2,5 Km – ✆ 05 32 73 70 37 – www.ristorantemonnalisa.net
12 cam – 50/70 € 70/90 €
Rist *Monna Lisa* – *(chiuso lunedì a pranzo)* Carta 27/71 €
Nasce dalla ristrutturazione di un fienile dell'Ottocento, questa struttura immersa nel verde della campagna ferrarese, con camere gradevolmente arredate in legno chiaro ed un ristorante dove gustare tipicità locali e piatti toscani importati dal titolare: primo fra tutti, il peposo.

VIGASIO – Verona (VR) – 562 G14 – 9 438 ab. – ✉ 37068 39 A3

Roma 500 – Venezia 131 – Verona 17 – Mantova 27

Montemezzi

via Verona 92 – ✆ 04 57 36 34 40 – www.hotelmontemezzi.it
97 cam – †57/170 € ††73/190 €
Rist *Al Tre Re* – *(solo a cena)* Carta 28/47 €
Lontana dai rumori e dal traffico del centro di Verona, struttura commerciale di recente apertura, dispone di ambienti arredati seguendo i dettami del moderno design. Nella moderna ed elegante sala ristorante, gustosi piatti di cucina mediterranea.

VIGEVANO – Pavia (PV) – 561 G8 – 63 700 ab. – alt. 116 m – ✉ 27029 16 A3

Italia Centro-Nord

Roma 601 – Alessandria 69 – Milano 35 – Novara 27

via Merula 40, ✆ 0381 6 90 69, www.iatvigevano.com

18 via Chitola 49, 0381 346628, www.golfvigevano.it – chiuso martedì

Piazza Ducale★★

Hotel del Parco

cosro Milano 95 ✉ 27029 Vigevano – ✆ 03 81 34 81 70
– www.delparcohotel.it – Chiuso 24-26 dicembre e 10-26 agosto
40 cam – †90/150 € ††100/200 € – 2 suites
Rist *Trattoria Podazzera* – ✆ 03 81 69 02 68 – Carta 25/43 €
Inaugurato nel 2008, albergo dallo stile moderno e funzionale con un'interessante gamma di servizi tra cui il centro benessere BB Club. Nella ex cascina adiacente, si trova invece il ristorante dove gustare i "tesori" gastronomici della regione: in primis, l'oca.

I Castagni (Enrico Gerli)

via Ottobiano 8/20, Sud : 2 km – ✆ 0 38 14 28 60 – www.ristoranteicastagni.com
– Chiuso 1 settimana in gennaio, 1 settimana in giugno, 2 settimane in agosto, domenica sera e lunedì
Rist – Carta 48/77 €
➜ Lasagnetta di pasta di castagne ripiena di porri mantecati al Grana Padano e ricotta di bufala. Cartoccio di pescatrice, polpo ed astice all'acquapazza con verdure di stagione. Semifreddo di offella di Parona e spuma di mascarpone all'amaretto, gelato di pesche.
Ricavato da una casa di campagna con portico, gradevole ambiente con quadri e mobili in stile. Fantasia nei piatti sorretti da ottimi prodotti e coreografiche presentazioni.

Da Maiuccia

via Sacchetti 10 – ✆ 0 38 18 34 69 – www.damaiuccia.it
– Chiuso 26-30 dicembre, 1°-4 gennaio, agosto, domenica sera e lunedì
Rist – Carta 29/84 €
Il pesce fresco in esposizione all'ingresso è una presentazione invitante per questo frequentato ristorante signorile. Rapporto qualità/prezzo ottimale.

VIGGIANELLO – Potenza (PZ) – 564 H30 – 3 209 ab. – alt. 500 m – ✉ 85040 4 C3

Roma 423 – Cosenza 130 – Lagonegro 45 – Potenza 135

via Gallizzi, ✆ 0973 66 60 04, www.comune.viggianello.pz.it

La Locanda di San Francesco

via San Francesco 47 – ✆ 09 73 66 43 84 – www.locandasanfrancesco.com
19 cam – †35/45 € ††70 € **Rist** – Carta 19/37 €
Per gli amanti di trekking e rafting - attività sportive tra le più praticate all'interno del Parco Nazionale del Pollino - una locanda ricavata da un palazzo settecentesco sapientemente ristrutturato. Camere semplici ed accoglienti. La cucina propone i piatti tipici del territorio.

VIGNOLA – Modena (MO) – 562 I15 – 24 802 ab. – alt. 125 m – ✉ 41058 9 C2

Roma 398 – Bologna 43 – Milano 192 – Modena 22

La Cartiera rist,
via Sega 2 – ✆ 0 59 76 70 89 – www.hotellacartiera.it
– Chiuso 15 giorni in agosto
55 cam – †85/130 € ††125/180 € – 5 suites
Rist *Bigarò* – *(chiuso domenica) (solo a cena)* Carta 21/47 €
Ricavato dalla ristrutturazione di una cartiera ottocentesca (nel sottosuolo si possono ancora intuire le antiche funzioni), l'hotel propone camere funzionali e moderne, non prive di tessuti ed arredi raffinati.

La Bolognese
via Muratori 1 – ✆ 0 59 77 12 07 – Chiuso agosto, sabato e domenica
Rist – *(solo a pranzo)* (consigliata la prenotazione) Carta 20/27 €
In pieno centro storico, all'ombra delle mura del castello, la trattoria è esattamente come un volta: schietta e semplice nella sua genuina accoglienza, emiliana e casalinga la cucina. Tagliatelle al ragù, tra le specialità della casa.

VIGO DI CADORE – Belluno (BL) – 562 C19 – 1 553 ab. – alt. 951 m – ✉ 32040 40 C1

Roma 658 – Cortina d'Ampezzo 46 – Belluno 57 – Milano 400
via Cardinal Piazza 14, ✆ 0435 7 70 58, www.infodolomiti.it

Sporting
via Fabbro 32, a Pelos – ✆ 0 43 57 71 03 – www.sportinghotelclub.it
– Aperto 15 giugno-15 settembre
20 cam – †50/80 € ††60/90 €, 11 € **Rist** – Carta 24/42 €
Apre solo d'estate questo raccolto albergo a gestione familiare. All'esterno un curato e piacevole giardino in cui si trovano due piscine riscaldate, di cui una coperta. Piatti mediterranei nella sala da pranzo in stile montano, con pareti di perlinato chiaro e caminetto.

VIGO DI FASSA – Trento (TN) – 562 C17 – 1 177 ab. – alt. 1 382 m – Sport invernali : 1 393/2 000 m 1 4 (Comprensorio Dolomiti superski Val di Fassa) – ✉ 38039 Italia Centro-Nord 34 C2

Roma 676 – Bolzano 36 – Canazei 13 – Passo di Costalunga 9
strada Rezia 10, ✆ 0462 60 97 00, www.fassa.com
Splendida posizione★ nella Val di Fassa

Active Hotel Olympic
strada Dolomites 4, località San Giovanni, Est : 1 km – ✆ 04 62 76 42 25 – www.activehotelolympic.it – Chiuso 28 aprile-23 giugno e 20 ottobre-30 novembre
30 cam – †65/150 € ††70/240 € – 2 suites
Rist – Carta 19/80 €
Lungo la statale che corre ai piedi della località, simpatica accoglienza ladina in una risorsa con spazi comuni ben distribuiti, centro relax e giardino. Belle camere di cui una decina - recentemente rinnovate - presentano elementi rustici e design moderno. Calda e piacevole sala da pranzo con stube in stile locale.

Carpe Diem senza rist
strada Neva 3 – ✆ 04 62 76 00 03 – www.carpediemhotel.it
– Aperto 6 dicembre-31 marzo e 17 maggio-2 novembre
18 cam – †65/78 € ††110/170 €
E' una simpatica coppia emiliana ad aver "colto l'attimo" ed aperto questo grazioso albergo all'ingresso del paese: in larice con giardino d'inverno e panoramica terrazza-solarium.

Catinaccio
piazza J.B.Massar 12 – ✆ 04 62 76 42 09 – www.hotelcatinaccio.com – Aperto 1° dicembre-15 aprile e 15 giugno-30 settembre
22 cam ☕ – †50/80 € ††80/150 €
Rist – *(solo a cena)* Carta 18/41 €
In posizione panoramica e centrale, squisita gestione familiare in una struttura dove il grazioso stile tirolese vivacizza sia le zone comuni sia le camere. Confortevole sala ristorante con piatti classici e specialità ladine; ogni giorno ampia scelta di dolci appena sfornati.

a Tamion Sud-Ovest : 3,5 km – ✉ 38039 Vigo Di Fassa

Gran Mugon Ⓝ
strada de Tamion 3 – ✆ 04 62 76 91 08 – www.hotelgranmugon.com – Aperto 1° dicembre-2 aprile e 1° giugno-30 settembre
24 cam ☕ – †40/80 € ††70/150 € – 2 suites
Rist *'L Chimpl* – vedere selezione ristoranti
Rist – *(solo a cena)* Menu 33/55 €
In prossimità delle piste da sci, la risorsa risulterà soprattutto gradita alle famiglie con figli al seguito: camere semplici, ma ben tenute, nonché zona benessere con vista sulle vallate.

Agritur Weiss Ⓝ
strada de S. Pozat 11 – ✆ 04 62 76 91 15 – www.agriturweiss.com
8 cam ☕ – †40/80 € ††80/160 € **Rist** – Carta 21/53 €
Un vero agriturismo dove animali da cortile scorrazzano liberamente; camere comode e con un design interessante. La vista sulla valle e sulle belle rocce dolomitiche è semplicemente mozzafiato.

'L Chimpl Ⓝ – Hotel Gran Mugon
strada de Tamion 3 – ✆ 04 62 76 91 08 – www.lchimpl.it – Aperto 1° dicembre-2 aprile e 1° giugno-30 settembre
Rist – *(solo a cena)* (coperti limitati, prenotare) Carta 43/66 €
Soprannome di uno storico trentino che passava l'estate a Tamion, Chimpl indica in ladino un vivace ed allegro uccellino. Ma la creatività non si esaurisce in una parola e continua nella cucina che rapisce l'ospite dalla realtà quotidiana per farlo divertire con proposte innovative, ben presentate, prodotte con ottime materie prime.

VILLA ADRIANA – Roma (RM) – 563 Q20 – Vedere Tivoli

VILLA BARTOLOMEA – Verona (VR) – 562 G16 – 5 875 ab. – alt. 14 m – ✉ 37049 **39** B3

Roma 466 – Verona 50 – Bologna 95 – Mantova 52

Agriturismo Tenuta la Pila
via Pila 42, località Spinimbecco – ✆ 04 42 65 92 89 – www.tenutalapila.it
9 cam ☕ – †30/55 € ††60/80 €
Rist – (prenotazione obbligatoria) 40 €
Agriturismo realizzato in un mulino dei primi del '700, la cui pila è ancora visibile in una delle sale comuni. Eleganti, spaziose e accoglienti, le camere si distinguono grazie al nome del frutto cui ciascuna è dedicata.

VILLABASSA (NIEDERDORF) – Bolzano (BZ) – 562 B18 – 1 473 ab. – alt. 1 158 m – Sport invernali : Vedere Dobbiaco (Comprensorio Dolomiti superski Alta Pusteria) – ✉ 39039 **34** D1

Roma 738 – Cortina d'Ampezzo 36 – Bolzano 100 – Brunico 23

via Stazione 3, ✆ 0474 74 51 36, www.villabassa.net

Aquila-Adler rist,

piazza Von Kurz 3 – ✆ 04 74 74 51 28 – www.hoteladler.com – Chiuso 7 ottobre-6 dicembre e 2 aprile-24 maggio

31 cam – †75/120 € ††130/220 € – 5 suites

Rist – *(chiuso martedì in bassa stagione)* Carta 31/60 €

Ambienti raffinati in questa storica struttura del centro - risalente al 1600 - con camere di differenti categorie: imperdibili, le recenti suite. Piccole sale tipo stube per gustare una cucina locale e stagionale.

VILLA D'ADDA – Bergamo (BG) – 561 E10 – 4 729 ab. – alt. 286 m – ✉ 24030

19 C1

Roma 617 – Bergamo 24 – Como 40 – Lecco 22

La Corte del Noce

via Biffi 8 – ✆ 0 35 79 22 77 – www.lacortedelnoce.com – Chiuso 16 agosto-3 settembre

Rist – Menu 17 € (pranzo)/60 € – Carta 39/54 €

Nel complesso rurale settecentesco trova posto la curata sala con caminetto. Fuori, il maestoso noce che ha segnato la storia del locale oggi non c'è più, ma all'ombra del suo ricordo si svolge il servizio estivo. Cucina classica completata da una buona scelta enologica.

VILLA D'ALMÈ – Bergamo (BG) – 561 E10 – 6 844 ab. – alt. 300 m – ✉ 24018

19 C1

Roma 601 – Bergamo 14 – Lecco 31 – Milano 58

Osteria della Brughiera (Stefano Arrigoni)

via Brughiera 49 – ✆ 0 35 63 80 08 – www.osteriadellabrughiera.it – Chiuso 12-31 agosto, martedì a mezzogiorno e lunedì

Rist – Menu 50 € (pranzo in settimana)/85 € – Carta 52/119 €

→ Ravioli di pomodoro. Piccione arrostito all'arancia e zafferano. Meringata ai marroni piemontesi, gelato al succo d'acero.

Atmosfera retrò, eleganza e un pizzico di romanticismo, ma protagonista è la cucina: troverete sapori ruspanti accanto a leggerezze gourmet, tradizione e creatività, il cuoco non si fa mancare nulla.

VILLA DI CHIAVENNA – Sondrio (SO) – 561 C10 – 1 054 ab. – alt. 633 m – ✉ 23029

16 B1

Roma 692 – Sondrio 69 – Chiavenna 8 – Milano 131

Lanterna Verde (Andrea Tonola)

frazione San Barnaba 7, Sud-Est : 2 km – ✆ 0 34 33 85 88 – www.lanternaverde.com – Chiuso 10 giorni in giugno, 20 giorni in novembre, martedì sera e mercoledì, solo mercoledì in luglio-agosto

Rist – Menu 45/70 € – Carta 43/76 €

→ Tajadin dulz de villa. Cornucopia di salmerino al vapore con giardiniera di verdure e fumetto all'aneto. Vasetto con crema ghiacciata alla menta, streuzel al cioccolato e spuma di liquirizia.

Nel verde di una tranquilla vallata, le sale ripropongono il tipico stile di montagna. Cucina giovane e creativa: il pesce d'acqua dolce tra i motivi di richiamo.

VILLAFRANCA DI VERONA – Verona (VR) – 562 F14 – 33 117 ab. – alt. 54 m – ✉ 37069

39 A3

Roma 483 – Verona 19 – Brescia 61 – Mantova 22

18 località Casella 32-Pozzomoretto, 045 6303341, www.golfvillafranca.com

a Dossobuono Nord-Est : 7 km – ✉ 37062

Veronesi La Torre
via Monte Baldo 22 – ✆ 04 58 60 48 11 – www.hotelveronesilatorre.it
87 cam – 128/400 € 128/400 € – 3 suites
Rist ***La Tavola*** – Carta 33/76 €
E' un monastero la cui parte più antica risale al XIV secolo ad ospitare questo elegante albergo, i cui moderni interni si armonizzano deliziosamente con i muri storici: il risultato è uno spazio confortevole e di grande charme. Cucina classica italiana nel poliedrico ristorante, La Tavola, dotato di diverse sale.

Opera senza rist
via Cavour 5 – ✆ 0 45 98 70 38 – www.operahotel.it – Chiuso 16 dicembre-6 gennaio e 12-18 agosto
13 cam – 50/65 € 65/90 €
Spazi interni, moderni e lineari, si contrappongono piacevolmente all'architettura Liberty di questa graziosa villa gestita con professionalità da una giovane coppia. Imperdibile, l'aperitivo nell'annesso bar, Cafè Operà.

Cavour
via Cavour 40 – ✆ 0 45 51 30 38 – Chiuso 1°-7 gennaio, domenica sera e mercoledì in settembre-maggio, sabato a pranzo e domenica negli altri mesi
Rist – Carta 31/41 €
E' un'insegna in ferro battuto ad indicare l'edificio storico. Varcata la soglia ci si accomoda in un'ampia sala per gustare le tipiche proposte del territorio, tra le quali non manca mai il carrello dei bolliti.

VILLAFRANCA IN LUNIGIANA – Massa Carrara (MS) – 563 J11 31 A1

– 4 877 ab. – alt. 130 m – ✉ 54028 Toscana

Roma 420 – La Spezia 31 – Parma 88

a Mocrone Nord-Est : 4 km – ✉ 54028 Villafranca In Lunigiana

Gavarini con cam
via Benedicenti 50 – ✆ 01 87 49 55 04 – www.locandagavarini.it
8 cam – 50/60 € 70/80 € – 1 suite
Rist – *(chiuso mercoledì)* Carta 23/38 €
Piatti tipici della Lunigiana elaborati con gusto e semplicità in questo ristorante familiare dalle curate sale e con un bel giardino. Valide le camere arredate con un certo senso estetico.

VILLAMARINA – Forlì-Cesena (FC) – 562 J19 – Vedere Cesenatico

VILLANDRO (VILLANDERS) – Bolzano (BZ) – 562 C16 – 1 906 ab. 34 C2

– alt. 880 m – ✉ 39040

Roma 679 – Bolzano 29 – Bassano del Grappa 177 – Belluno 132

piazza Defregger 6, ✆ 0472 84 31 21, www.villandro.info

Ansitz Zum Steinbock con cam
Vicolo F.V. Defregger 14 – ✆ 04 72 84 31 11 – www.zumsteinbock.com – Chiuso 7 gennaio-7 febbraio
19 cam – 42/52 € 84/118 € – 1 suite
Rist – *(chiuso lunedì)* Menu 35 € – Carta 41/65 €
E' romantica e particolare l'atmosfera nelle stube d'epoca e nelle graziose stanze di questo edificio del XVIII sec., con servizio estivo all'aperto; cucina locale e toscana.

VILLANOVAFORRU Sardegna – Medio Campidano (VS) – 366 O46 28 A3

– 683 ab. – alt. 310 m – ✉ 09020

Cagliari 62 – Iglesias 71 – Nuoro 142 – Olbia 246

I Lecci

viale del Rosmarino, località Funtana Jannus Nord-Ovest : 1 km ✉ 09020 – ✆ 07 09 33 10 21 – www.hotelilecci.com

40 cam – 60 € 85/95 € – 2 suites **Rist** – Carta 19/35 €

Isolato e raccolto tra le colline, al limitare di un viale di rosmarini, all'interno custodisce ambienti semplici e spaziosi. Ideale per la clientela turistica come per chi viaggia per lavoro. Un'unica grande sala per il ristorante per una cucina di carne e di pesce, piatti sardi e nazionali.

Le Colline senza rist

viale del Rosmarino, località Funtana Jannus, Nord-Ovest: 1 km – ✆ 07 09 30 01 23 – Chiuso 3-17 gennaio

20 cam – 55 € 75 €

Immerso in un riposante paesaggio collinare e poco distante dai siti archeologici di epoca nuragica, dispone di camere semplici e confortevoli. Chiedete quelle con vista sulla vallata.

VILLA ROSA – Teramo (TE) – 563 N23 – Vedere Martinsicuro

VILLA SAN GIOVANNI – Reggio di Calabria (RC) – 564 M28 5 A3

– 13 792 ab. – alt. 15 m – ✉ 89018

Roma 653 – Reggio di Calabria 14

per Messina – Società Caronte, ✆ 0965 793131, call center 800 627 414 Ferrovie Stato, piazza Stazione ✆ 0965 758241

Costa Viola★ a Nord per la strada S 18

Al Vecchio Porto

lungomare Cenide 55 – ✆ 09 65 70 05 02 – www.ristorantevecchioporto.it – Chiuso mercoledì

Rist – Menu 20/40 € – Carta 28/62 €

Sul lungomare della località, un semplice e gradevole locale apre le proprie porte per invitarvi a gustare del pesce freschissimo e ricette che esaltano le materie prime del territorio.

a Santa Trada di Cannitello Nord-Est : 5 km – ✉ 89018 Villa San Giovanni

Altafiumara

– ✆ 09 65 75 98 04 – www.altafiumarahotel.it

128 cam – 110/260 € 140/370 € – 41 suites

Rist *I Due Mari* – vedere selezione ristoranti

Grande proprietà, a picco sul mare, in cui domina la fortezza borbonica di fine Settecento all'interno della quale sono state ricavate le camere. Esclusivo centro benessere.

I Due Mari – Hotel Altafiumara

– ✆ 09 65 75 98 04 – www.altafiumarahotel.it

Rist – Carta 36/62 €

Nella ex santa Barbara di una fortezza borbonica, cucina solare e mediterranea che non disdegna un tocco di natura esotica. Un elegante ristorante dove il cibo diventa sinonimo di arte nell'estasiante viaggio attraverso le antiche ricette di questa terra.

VILLASIMIUS Sardegna – Cagliari (CA) – 366 S49 – 3 635 ab. 28 B3

– alt. 41 m – ✉ 09049 Sardegna

Cagliari 49 – Muravera 43 – Nuoro 225 – Olbia 296

Tanka località Elmas, 070 7953250, www.atahotels.it – maggio-ottobre

Simius Playa

via Matteotti 91 – ✆ 07 07 93 11 – www.simiusplaya.com – Aperto 1° aprile-30 ottobre

43 cam – 80/290 € 90/300 € – 4 suites **Rist** – Menu 35 €

Cinta da un fresco giardino di fiori, al termine di una strada che conduce al mare, la nivea costruzione conserva nei suoi ambienti un'atmosfera che concilia gusto sardo e moresco. La carta propone piatti elaborati e fantasiosi, fuori dal solito cliché alberghiero. D'estate si cena in terrazza.

Cala Caterina

via Lago Maggiore 32, Sud : 4 km – ✆ 0 70 79 74 10 – www.hotelphilosophy.net – Aperto 13 maggio-30 settembre
48 cam – solo ½ P 125/330 €
Rist – *(solo a cena) (solo per alloggiati)* Menu 50/100 €
Perfetta per una vacanza di silenzio e relax, nella semplice eleganza dell'isola, una bella costruzione ad arco in colori pastello che si ripeteranno anche all'interno. Rivolta verso il giardino, la raffinata sala ristorante.

a Solanas Ovest : 11 km – ✉ 09048 Villasimius

Da Barbara

strada provinciale per Villasimius – ✆ 0 70 75 06 30 – Aperto 1° aprile-31 ottobre; chiuso mercoledì escluso agosto; chiuso mercoledì a pranzo in luglio e settembre
Rist – (consigliata la prenotazione la sera) Carta 18/52 €
Tutto ruota intorno a tre elementi: la freschezza del pesce, testimoniata dall'espositore dove ci si ferma a scegliere, la griglia a legna e la passione per la ristorazione di un'intera famiglia.

VILLA VICENTINA – Udine (UD) – 562 D21 – 1 405 ab. – alt. 9 m – ✉ 33059 11 C3

Roma 619 – Udine 40 – Gorizia 28 – Trieste 45

Ai Cjastinars con cam

borgo Pacco 1, strada statale 14, Sud : 1 km – ✆ 04 31 97 02 82 – www.hotelcjastinars.it – Chiuso 10-30 novembre
15 cam ☕ – †46/60 € ††76/98 € **Rist** – *(chiuso venerdì)* Carta 18/45 €
Particolarmente apprezzato per le sue specialità alla brace, il locale nasce come trattoria di famiglia lungo una delle vie principali della località. Dehors sotto il porticato. Dalle confortevoli camere potrete ammirare la basilica di Aquileia.

VILLETTA BARREA – L'Aquila (AQ) – 563 Q23 – 677 ab. – alt. 990 m – ✉ 67030 1 B3

Roma 179 – Frosinone 72 – L'Aquila 151 – Isernia 50

Il Vecchio Pescatore

via Benedetto Virgilio – ✆ 0 86 48 92 74 – www.ilvecchiopescatore.net
12 cam ☕ – †35/45 € ††60/80 €
Rist – *(chiuso martedì in bassa stagione)* Carta 20/29 €
Albergo ospitato in un edificio d'epoca sulla strada principale del paese. Gestione familiare, camere semplici, gradevole giardino-solarium estivo. Al ristorante, i piatti della gastronomia regionale.

VILMINORE DI SCALVE – Bergamo (BG) – 561 DE12 – 1 532 ab. – alt. 1 019 m – ✉ 24020 16 B1

Roma 617 – Brescia 69 – Bergamo 65 – Edolo 50

Brescia con cam

piazza della Giustizia 6 – ✆ 0 34 65 10 19 – www.vallescalve.it
19 cam ☕ – †45/55 € ††82/95 € **Rist** – *(chiuso lunedì)* Carta 24/44 €
Nel cuore delle Orobie, risorsa dei primi del '900, gestita dalla stessa famiglia da oltre 50 anni: sapori di montagna in una sala fresca e luminosa con al centro la griglia. Comode camere per passare la notte.

VILPIANO = VILPIAN – Bolzano (BZ) – 562 C15 – Vedere Terlano

VIMERCATE – Monza e Brianza (MB) – 561 F10 – 25 758 ab. – alt. 194 m – ✉ 20059 18 B2

Roma 582 – Milano 24 – Bergamo 36 – Como 45

Cosmo cam,

via Torri Bianche 4, Centro Direzionale – 03 96 99 61 – www.hotelcosmo.com
127 cam – 80/329 € 80/329 €
Rist *San Valentino* – 03 96 99 67 06 *(chiuso domenica a pranzo e sabato)* Carta 36/57 €
Moderno, funzionale, con una forte personalità e uno stile innovativo: junior suite a tema con attenta cura dei dettagli. Originali soluzioni decorative nella raffinata atmosfera del Ristorante San Valentino, affacciato su un elegante giardino.

VIMODRONE – Milano (MI) – 561 F9 – 16 612 ab. – alt. 128 m — 18 B2

– ✉ 20090
Roma 582 – Milano 15 – Bellinzona 115 – Lecco 50

XX **Il Sorriso** con cam e senza

via Piave 15 – 0 22 50 36 53 – www.ilsorrisoristorante.it
– Chiuso 1°-10 gennaio e 9-31 agosto
11 cam – 75/90 € 90/100 € – 2 suites
Rist – *(chiuso sabato a mezzogiorno, lunedì)* Carta 28/63 €
Ristorante moderno, discretamente elegante, molto ben attrezzato con proposte quasi esclusivamente di mare. Una dozzina di camere, molte delle quali con angolo cottura.

VINCI – Firenze (FI) – 563 K14 – 14 582 ab. – alt. 97 m – ✉ 50059 — 31 B1

Toscana
Roma 304 – Firenze 40 – Lucca 54 – Livorno 72
via della Torre 11, 0571 56 80 12, www.terredelrinascimento.it
Bellosguardo Vinci via Provinciale di Mercatale 25, , Sud: 3 km, 0571 902035, www.golfbellosguardovinci.it – chisuo mercoledì
Località★ - Museo Leonardiano★

Alexandra

via Dei Martiri 82 – 0 57 15 62 24 – www.hotelalexandravinci.it
47 cam – 49/79 € 69/99 €
Rist *La Limonaia* – vedere selezione ristoranti
L'affidabile e pluriennale gestione di questo hotel situato nella città natale di Leonardo propone belle camere ben accessoriate (soprattutto quelle ospitate nella *dépendance*).

XX **La Limonaia** – Hotel Alexandra

via Dei Martiri 82 – 05 71 56 80 10 – www.hotelalexandravinci.it
Rist – Carta 30/40 €
Piatti toscani e qualche specialità di pesce sotto il fresco pergolato estivo o nelle sale di tono moderno. Non stupitevi nell'incontrare qualche giocatore dell'Empoli: l'hotel che ospita il ristorante è sede della squadra calcistica.

VIOLE – Perugia – 563 M20 – Vedere Assisi

VIPITENO – Bolzano (BZ) – 562 B16 – 6 419 ab. – alt. 948 m — 33 B1

– Sport invernali : 948/2 200 m 1 3, – ✉ 39049 Italia Centro-Nord
Roma 708 – Bolzano 66 – Brennero 13 – Bressanone 30
piazza Città 3, 0472 76 53 25, www.vipiteno.eu
Via Città Nuova★

XX **Kleine Flamme** (Bacher Burkhard)

via Cittanuova 31 – 04 72 76 60 65 – www.kleineflamme.com
– Chiuso domenica sera e lunedì
Rist – (prenotazione obbligatoria) Menu 69/125 € – Carta 58/93 €
→ Tataki di tonno, risone, anguria, fondo di mandorla ed erba al limone. Carré d' agnello con curry alpino, purea di melanzane, harrisa e ricotta d'agnello. Dôme ghiaccata ai frutti di bosco e ginepro, cannolo ai funghi porcini, mascarpone e rum.
Un "piccola fiamma" brilla nell'universo gastronomico altoatesino: piatti mediterranei e creativi con una predilezione per le spezie e le erbe aromatiche, romanticamente coltivate nella piccola corte interna. Ideale connubio tra Oriente ed Occidente.

a Prati-Val di Vizze

Wiesnerhof rist, VISA

via Val di Vizze 98, località Prati, Est : 3 km ✉ 39049 Vizze – ✆ 04 72 76 52 22 – www.wiesnerhof.it – Chiuso 2 aprile-2 maggio e 1° novembre-8 dicembre

29 cam – 70/90 € 140/180 € – 7 suites

Rist – *(chiuso lunedì)* Carta 35/62 €

In posizione panoramica all'ingresso della valle, una struttura, completa di ogni confort, ideale per vacanze sia estive che invernali; giardino e bella piscina coperta. Grandi finestre affacciate sul verde rendono luminosa la sala ristorante.

Rose rist, VISA

via Val di Vizze 119, località Prati, Est : 3 km ✉ 39049 Vizze – ✆ 04 72 76 43 00 – www.hotelrose.it – Aperto 28 novembre-Pasqua e 1° giugno-31 ottobre

23 cam – 50/70 € 55/80 € – 7 suites

Rist – *(solo a cena)* Menu 25/35 €

Un ex della "valanga azzurra" è il titolare di questo simpatico hotel, dove l'ospitalità è familiare e premurosa e non mancano proposte per lo sport e il relax.

Kranebitt rist, VISA

località Caminata alt. 1441, Est : 16 km ✉ 39049 Vizze – ✆ 04 72 64 60 19 – www.kranebitt.com – Aperto 22 dicembre-1° aprile e 22 giugno-19 ottobre

28 cam – 42/70 € 80/110 € **Rist** – *(solo a cena)* Carta 25/48 €

Tranquillità, natura incontaminata, splendida vista dei monti e della vallata: godrete di tutto ciò soggiornando nell'ambiente familiare di questa comoda risorsa. Accogliente e calda atmosfera al ristorante.

Pretzhof VISA

località Tulve 259 alt. 1280, Est : 8 km ✉ 39040 Vizze – ✆ 04 72 76 44 55 – www.pretzhof.com – Chiuso lunedì e martedì escluso festivi

Rist – Carta 25/55 €

L'esposizione in sala di qualche strumento di vita contadina ammicca alla passione della famiglia per la valorizzazione della tipicità sudtirolese. Lo stesso interesse influenza la cucina: regionale e caratteristica, trova la propria massima espressione in piatti come il maialino del maso cotto al forno, servito con cotenna croccante, patate, insalata di cavolo cappuccio e speck.

VISERBA – Rimini (RN) – 563 J19 – Vedere Rimini

VISERBELLA – Rimini (RN) – 563 J19 – Vedere Rimini

VISNADELLO – Treviso (TV) – 562 E18 – alt. 46 m – ✉ 31027 — 39 A1

Roma 555 – Venezia 41 – Belluno 67 – Treviso 11

Da Nano VISA

via Gritti 145 – ✆ 04 22 92 89 11 – www.danano.it – Chiuso 1° -7 gennaio, 3 settimane in agosto, domenica sera e lunedì

Rist – Carta 49/77 €

Il pesce fresco in bella vista all'ingresso chiarisce subito la scelta culinaria di questo locale in prossimità della strada statale; sale classiche, rivestite di legno.

VITERBO P (VT) – 563 O18 – 63 597 ab. – alt. 326 m – ✉ 01100 — 12 B1

Italia Centro-Sud

Roma 104 – Chianciano Terme 100 – Civitavecchia 58 – Grosseto 123

via Romiti, ✆ 0761 30 47 95, www.comune.viterbo.it

Piazza San Lorenzo★★ Z – Palazzo dei Papi★★ Z – Quartiere San Pellegrino★★ Z – Piazza del Plebiscito★ Y

Villa Lante★ a Bagnaia per ①: 5 km – Teatro romano★ di Ferento 9 km a Nord per viale Baracca Y – Lago di Vico★: 10 km sud

Pianta pagina seguente

VITERBO

Ascenzi (V. F.) . . . . Y 2
Caduti (Pza dei) . . . . Y 3
Cardinale la Fontaine (V.) . . . . Z 4
Carmine (V. del) . . . . Z 6
Crispi (Pza F.) . . . . Y 7
Fabbriche (V. delle) . . . . Z 10
Gesù (Pza del) . . . . Z 12
Italia (Cso) . . . . Y
Lorenzo da Viterbo (V.) . . . . Z 13
Marconi (V. G.) . . . . Y
Maria SS. Liberatrice (V.) . . . . Y 15
Matteotti (V. G.) . . . . Y
Meone (V. del) . . . . Z 16
Mille (V. dei) . . . . Z 17
Morte (Pza della) . . . . Z 18
Orologio Vecchio (V.) . . . . Y 19
Pace (V. della) . . . . Z 20
Piaggiarelle (V. D.) . . . . Z 23
Pianoscarano (V. di) . . . . Z 24
Pietra del Pesce (V.) . . . . Z 25
Plebiscito (Pza del) . . . . Y 26
Roma (V.) . . . . Y 27
Rosselli (V. Fratelli) . . . . Y 28
Saffi (V.) . . . . YZ 29
San Bonaventura (V.) . . . . Y 32
San Carluccio (Pza) . . . . Z 33
San Leonardo (V.) . . . . Z 36
San Pellegrino (Pza) . . . . Z 37
San Pellegrino (V.) . . . . Z 39
Trinità (Pza della) . . . . Y 40
Vallepiatta (V.) . . . . Y 41
Verità (V. della) . . . . Y 43

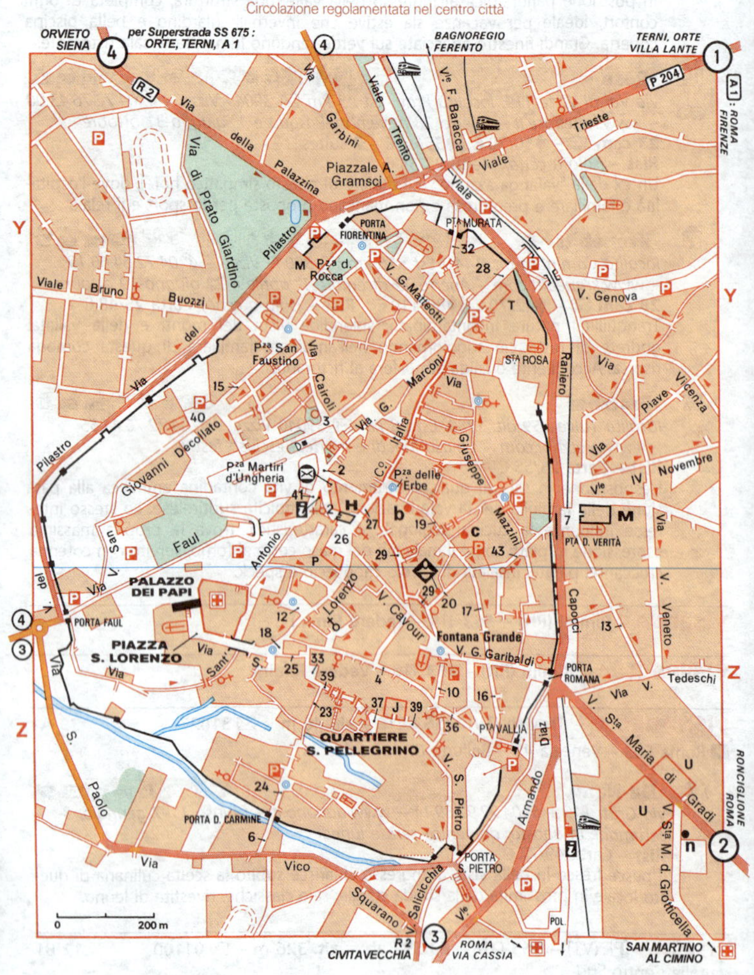

Niccolò V-Terme dei Papi

strada Bagni 12, 3 km per via Faul – ✆ 07 61 35 05 55 – www.termedeipapi.it

YZa

20 cam – 175/215 € 225/305 € – 3 suites **Rist** – Carta 32/59 €

All'interno delle terme, quasi una clinica fra trattamenti offerti e personale specializzato. Camere classiche, ma diverse per ampiezza, spazi comuni raffinati.

Viterbo senza rist

via San Camillo de Lellis 6, 1 km per ④ – ✆ 07 61 27 01 00
– www.hotelviterbo.com

54 cam ☕ – 🚹65/250 € 🚹🚹70/250 €

Ultimo nato in città, è pensato soprattutto per chi si muove per affari, alla quale garantisce ambienti dalle linee classiche e sobrie nei quali si incontrano tecnologie d'avanguardia.

Mini Palace Hotel senza rist

via Santa Maria della Grotticella 2 – ✆ 07 61 30 97 42
– www.minipalacehotel.com Zn

40 cam ☕ – 🚹60/80 € 🚹🚹79/115 €

Spaziosa e raffinata la hall, in un piacevole stile minimalista le camere al primo piano: recentemente rinnovato, è un albergo all'insegna del confort e dell'eleganza.

Enoteca La Torre

via della Torre 5 – ✆ 07 61 22 64 67 – www.enotecalatorrevt.com
– Chiuso 25 luglio-20 agosto, domenica sera, martedì e mercoledì Yc

Rist – (consigliata la prenotazione) Menu 60/80 € – Carta 70/95 €

➜ Ravioli di ricotta, fegatini di pollo confit e Marsala. Agnello della Tuscia all'amaretto. Rigatoni di pastiera e gelato al latte di capra.

Nella città dei papi, il giovane chef punta sulle eccellenze gastronomiche della zona, rielaborandole con tecnica e personalizzandole con fantasia. Il patron Luigi si dedica, invece, alla sala con savoir-faire, competenza e grande conoscenza del mondo del vino.

Osteria del Vecchio Orologio

via Orologio Vecchio 25 – ✆ 3 35 33 77 54 – www.alvecchioorologio.it
– Chiuso 7-15 gennaio, domenica in luglio-agosto, lunedì negli altri mesi

Rist – (consigliata la prenotazione) Carta 23/38 € Yb

All'insegna della convivialità, si mangia sotto gli archi in pietra di un palazzo del 1600. Niente pesce, pizze serali, antipasti dell'osteria e tanta carne cotta nel forno a legna.

VITICCIO – Livorno (LI) – Vedere Elba (Isola d') : Portoferraio

---

VITORCHIANO – Viterbo (VT) – 563 O18 – 4 844 ab. – alt. 285 m 12 B1

– ✉ 01030

▶ Roma 113 – Viterbo 11 – Orvieto 45 – Terni 55

Villa San Michele Ⓝ

via della Quercia 15/b – ✆ 07 61 37 34 41 – www.villasanmicheleviterbo.it
– Chiuso lunedì e martedì

Rist – *(solo a cena escluso domenica)* (prenotazione obbligatoria) Carta 44/71 € (+10 %)

Rist *Basilicò* – ✆ 07 61 37 04 86 – Menu 20 € – Carta 22/41 €

Nella sala più intima ed elegante di una bella villa di campagna (con spazio per la banchettistica), lo chef-patron propone una cucina moderna ed intrigante, sia di terra sia di mare. All'osteria Basilicò, formaggi e salumi delle regioni d'Italia e tagliate di carne.

Nando Al Pallone con cam

via Sorianese 2/3, Sud : 3 km – ✆ 07 61 37 03 44 – www.nandoalpallone.com

17 cam ☕ – 🚹77 € 🚹🚹110 € – 4 suites **Rist** – Carta 26/73 €

Se già la sterminata cantina con collezioni di vini di alto pregio, vi sembra entusiasmante, aspettate di gustare la cucina... Proposte di ampio respiro che abbracciano mare, terra, cacciagione. E per chi volesse prolungare la sosta, belle camere e ben due piscine!

VITTORIA Sicilia – Ragusa (RG) – 365 AW62 – 63 332 ab. – alt. 168 m 30 C3

– ✉ 97019 Sicilia

▶ Agrigento 107 – Catania 96 – Ragusa 26 – Siracusa 104

a Scoglitti Sud-Ovest : 13 km – ✉ 97010

Al Gabbiano cam, cam, VISA AE

via Messina 52 – ✆ 09 32 98 01 79 – www.hotelsulmare.it
27 cam – 75/90 € 120/150 € **Rist** – *(chiuso lunedì)* Carta 20/61 €
Direttamente sulla spiaggia (con un proprio stabilimento balneare), piccola struttura a gestione familiare con camere dalle sobrie linee moderne. Vista la posizione, al ristorante è il pesce a farla da padrone!

VITTORIO VENETO – Treviso (TV) – 562 E18 – 28 964 ab. – alt. 138 m – ✉ 31029 40 C2

Roma 581 – Belluno 37 – Cortina d'Ampezzo 92 – Milano 320

viale della Vittoria 110, ✆ 0438 5 72 43, www.visittreviso.it

Cansiglio località Pian Cansiglio, 0438 585398, www.golfclubcansiglio.it – maggio-ottobre

Affreschi★ nella chiesa di San Giovanni

Terme VISA AE

via delle Terme 4 – ✆ 04 38 55 43 45 – www.hotelterme.tv
39 cam – 70/85 € 95/115 €
Rist *Terme* – vedere selezione ristoranti
Un tranquillo giardino sul retro e camere piacevolmente sobrie, recentemente rinnovate, in questo albergo del centro: ideale per una clientela commerciale. Accogliente sala ristorante con piatti di cucina locale e nazionale.

Agriturismo Alice-Relais nelle Vigne senza rist

via Gaetano Giardino 94, località Carpesica – ✆ 04 38 56 11 73 – www.alice-relais.com – Chiuso 2-8 gennaio VISA AE
10 cam – 90/120 € 100/145 €
Nei pressi dell'uscita autostradale sud, ma immersa in un paesaggio da cartolina. Tra colline, vigneti e campanili, una risorsa dotata di ottime camere in legno.

Terme – Hotel Terme VISA AE

via delle Terme 4 – ✆ 04 38 55 43 45 – www.hotelterme.tv – Chiuso domenica sera e lunedì
Rist – Menu 25/30 € – Carta 38/60 €
Il nome e l'ingresso sono condivisi con l'hotel, ma il locale è rinomato in paese per "meriti" propri: tavoli vestiti d'eleganza ed una carta assolutamente stagionale, spesso aggiornata per mantenere alta la curiosità degli ospiti.

VIVARO – Pordenone (PN) – 562 D20 – 1 388 ab. – alt. 138 m – ✉ 33099 10 B2

Roma 614 – Udine 44 – Pordenone 26 – Venezia 110

Agriturismo Lataria dei Magredi VISA

vicolo Centrico – ✆ 0 42 79 70 37 – www.gelindo.it
8 cam – 50/70 € 70/100 € – 2 suites
Rist – *(chiuso sabato e domenica)* Carta 25/40 €
In posizione centrale, questa bella struttura in pietra - ricavata dal restauro di un antico caseificio - ospita camere signorili e confortevoli. Al ristorante: piatti d'impronta moderna, elaborati partendo da prodotti del territorio e dell'azienda stessa.

Gelindo dei Magredi N VISA

via Roma 16 – ✆ 33 57 17 08 06 – www.gelindo.it
Rist – Carta 21/44 €
Locale a conduzione familiare, che utilizza tutti i prodotti dell'azienda agricola alle sue spalle. La cucina semplice e contadina si fa ancora più interessante in virtù dei suoi prezzi contenuti (soprattutto, il generoso pranzo d'affari). E poi, maneggio, piscina e fattoria didattica per bambini e scolaresche.

VIVERONE – Biella (BI) – 561 F6 – 1 435 ab. – alt. 287 m – ✉ 13886 23 C2

Roma 661 – Torino 58 – Biella 23 – Ivrea 16

Marina rist,

frazione Comuna 10 – ✆ 01 61 98 75 77 – www.hotelmarinaviverone.it – Aperto 1° marzo-30 novembre

60 cam – †68/85 € ††105/140 €

Rist – *(chiuso venerdì escluso 15 maggio-15 settembre)* Menu 25/35 € – Carta 30/57 €

Circondata da un giardino in riva al lago, confortevole struttura di taglio moderno, con piscina, spiaggia e pontile privati: ideale per un soggiorno di completo relax. Estrema modularità negli spazi del ristorante.

VIZZOLA TICINO – Varese (VA) – 561 F8 – 586 ab. – alt. 196 m – ✉ 21010 16 A2

Roma 619 – Stresa 42 – Como 55 – Milano 51

Villa Malpensa rist,

via Sacconago 1 – ✆ 03 31 23 09 44 – www.hotelvillamalpensa.com

64 cam – †95/160 € ††140/230 € – 1 suite **Rist** – Carta 31/75 €

Vicino all'aeroporto, dal 1991 una sontuosa residenza patrizia inizio '900 offre una curata ospitalità nei suoi raffinati interni; meno affascinanti ma confortevoli le camere. Signorile sala ristorante e salone con affreschi originali di inizio secolo.

VODO CADORE – Belluno (BL) – 562 C18 – 922 ab. – alt. 901 m – ✉ 32040 40 C1

Roma 654 – Cortina d'Ampezzo 17 – Belluno 49 – Milano 392

Al Capriolo

via Nazionale 108 – ✆ 04 35 48 92 07 – www.alcapriolo.it – Chiuso 15 aprile-15 giugno, 3-20 novembre, mercoledì a mezzogiorno e martedì in gennaio-aprile

Rist – Menu 25 € (pranzo in settimana)/68 € – Carta 49/95 €

➜ Tartare di cervo e di rape rosse con sorbetto di cipolla e pan brioche alle fave di cacao. Gran piatto di cacciagione. Strudel di pere e mele, bavarese alla vaniglia "tahiti" e sorbetto profumato al pepe.

Un'elegante casa dall'atmosfera mitteleuropea fra trofei di caccia, orologi ed affreschi, gestita per più di un secolo dalla stessa famiglia. Creatività e piatti del territorio in cucina.

VÖLS AM SCHLERN = Fiè allo Sciliar

VOLASTRA – La Spezia (SP) – 561 J11 – Vedere Manarola

VOLPAGO DEL MONTELLO – Treviso (TV) – 562 E18 – 10 024 ab. – alt. 94 m – ✉ 31040 40 C2

Roma 552 – Padova 57 – Venezia 56 – Belluno 74

Antico Liberal

via Porcu 2 – ✆ 04 23 62 01 35 – Chiuso 26 dicembre-6 gennaio, 1 settimana in giugno e lunedì

Rist – (consigliata la prenotazione) Carta 29/51 €

Marito e moglie si dividono abilmente tra sala e cucina in questo piccolo ristorante moderno, che propone due linee gastronomiche. La sera, ma anche il pranzo dei week-end: una carta ben strutturata. A mezzogiorno: un menu semplice, a prezzi più contenuti.

VOLPEDO – Alessandria (AL) – 561 H8 – 1 261 ab. – alt. 182 m – ✉ 15059 23 D2

Roma 603 – Torino 127 – Alessandria 33 – Genova 91

XX **Locanda Canevari** con cam

via De Antoni 32 – ✆ 0 13 18 05 89 – www.locandacanevari.it
– Chiuso 2-22 gennaio e 15-25 agosto
7 cam – †80 € ††80 €
Rist – *(chiuso mercoledì a mezzogiorno e martedì) (solo a cena)* Menu 25/25 €
Alle pendici dei colli Tortonesi, una bella villa notarile del '700 con ampia veranda affacciata su un piccolo giardino e sala dai soffitti affrescati. Cucina di tono moderno-creativo e, per chi fa attenzione alla linea, è possibile richiedere porzioni dimezzate.

VOLTERRA – Pisa (PI) – 563 L14 – 11 077 ab. – alt. 531 m – ✉ 56048 31 B2

Toscana

Roma 287 – Firenze 76 – Siena 50 – Livorno 73

piazza dei Priori 20, ✆ 0588 8 72 57, www.provolterra.it

Paesaggio★★ - Piazza dei Priori★★ – Duomo di S. Maria Assunta e battistero★ – ≤★★ dal viale dei Ponti – Museo Etrusco Guarnacci★ – Porta all'Arco★

Circolazione regolamentata nel centro città

Buonparenti (V.)	2	Matteotti (V.)	7	S. Giovanni (Pza)	13
Franceschini (V.)	4	Porta Secli (V. di)	8	S. Michele (Piazzetta)	14
Marchesi (V.)	5	Ricciarelli (V.)	10	Turazza (V.)	15
Martiri della Libertà (Pza)	6	Roma (V.)	12		

Park Hotel Le Fonti cam, rist,
via di Fontecorrenti, 2 – ✆ 0 58 88 52 19 – www.hotellefonti.com – Aperto 28 marzo-3 novembre g
66 cam – 69/209 € 89/229 € **Rist** – Carta 41/70 €
Su una collina, poco distante dal centro storico, è una grande struttura in stile toscano con salotti arredati con gusto ed ampie camere, sala meeting e lettura. La cucina s'ispira alla tradizione e ai sapori toscani, da assaporare nelle sale o, durante la bella stagione, su una grande terrazza.

La Locanda senza rist
via Guarnacci 24/28 – ✆ 0 58 88 15 47 – www.hotel-lalocanda.com
18 cam – 74/100 € 93/125 € – 1 suite e
A pochi passi da Piazza dei Priori, l'hotel è stato ricavato dal restauro di un monastero e vanta camere spaziose e raffinate e piccoli spazi comuni piacevolmente arredati.

Villa Rioddi senza rist
località Rioddi, 2 km per ③ – ✆ 0 58 88 80 53 – www.hotelvillarioddi.it – Aperto 16 marzo-3 novembre
13 cam – 65/87 € 75/97 €
Una villa toscana medievale con pietre a vista offre raccolte e caratteristiche sale per il relax, camere confortevoli con arredi in legno e vista sulla val di Cecina.

Agriturismo Marcampo senza rist
località San Cipriano podere Marcampo, Nord: 5 km – ✆ 0 58 88 53 93 – www.agriturismo-marcampo.com
6 cam – 80/105 € 80/118 € – 3 suites
In posizione panoramica e tranquilla, un agriturismo nuovo di zecca con solo sei camere, di cui tre classiche e tre con angolo cottura, per offrire ai propri ospiti il meglio dell'ospitalità.

Enoteca Del Duca
via di Castello 2 angolo via Dei Marchesi – ✆ 0 58 88 15 10 – www.enoteca-delduca-ristorante.it – Chiuso 23 gennaio-6 febbraio, 13-26 novembre e martedì d
Rist – Carta 32/68 €
Vicino alla piazza principale e al Castello, il locale ospita una piccola enoteca per la degustazione dei vini ed una sala più elegante dove gustare piatti toscani.

VOLTIDO – Cremona (CR) – 561 G13 – 413 ab. – alt. 35 m – ✉ 26034 17 C3

Roma 493 – Parma 42 – Brescia 57 – Cremona 30

a Recorfano Sud : 1 km – ✉ 26034 Voltido

Antica Trattoria Gianna
via Maggiore 12 – ✆ 03 75 38 03 71 – www.anticatrattoriagianna.com – Chiuso lunedì sera e martedì
Rist – Menu 12 € (pranzo in settimana)/40 €
Salumi nostrani, tortellini, risotti sempre diversi e i secondi tutti da scoprire: la storica trattoria offre una cucina semplice e genuina, al pari dell'accoglienza. Nelle belle giornate il servizio si sposta nel verde del giardino.

VOLTRI – Genova (GE) – 561 I8 – Vedere Genova

VOZE – Savona (SV) – Vedere Noli

VULCANO Sicilia – Messina (ME) – 365 AY53 – Vedere Eolie (Isole)

WELSBERG = Monguelfo

WELSCHNOFEN = Nova Levante

WOLKENSTEIN IN GRÖDEN = Selva di Val Gardena

ZADINA PINETA – Forlì-Cesena (FC) – Vedere Cesenatico

ZAFFERANA ETNEA **Sicilia** – **Catania (CT)** – **365** AZ57 – **9 376 ab.** – **alt. 574 m** – ✉ **95019** Sicilia 30 D2

Catania 24 – Enna 104 – Messina 79 – Palermo 231

Airone rist,

via Cassone 67, Ovest : 2 km – *✆ 09 57 08 18 19* – *www.hotel-airone.it*

62 cam – 100/126 € 100/126 € **Rist** – Menu 25 €

E' stato recentemente ristrutturato questo raffinato hotel dal sapore rustico situato nella parte alta e panoramica della località. Tutt'intorno, un parco di alberi secolari e cucina tipica siciliana al ristorante.

ZAMBRONE – **Vibo Valentia (VV)** – **564** K29 – **1 829 ab.** – **alt. 222 m** – ✉ **89868** 5 A2

Roma 628 – Catanzaro 81 – Vibo Valentia 25 – Reggio di Calabria 129

Scoglio del Leone cam,

via Marina di Zambrone – *✆ 09 63 39 48 77* – *www.scogliodelleone.it* – *Aperto 26 aprile-15 ottobre*

70 cam – 50/200 € 80/270 € **Rist** – Menu 20/50 €

Un'accogliente struttura in cui predomina il blu: un richiamo al mare che ben si sposa con l'ambiente circostante. Ubicato a qualche centinaia di metri dalla spiaggia, un servizio navetta accompagna gli ospiti fino all'arenile; a parte una decina di camere lato monte, tutte le altre godono di una bella vista sul Tirreno.

ZELARINO – **Venezia (VE)** – **562** F18 – **Vedere Mestre**

ZERO BRANCO – **Treviso (TV)** – **562** F18 – **10 977 ab.** – **alt. 18 m** – ✉ **31059** 40 C2

Roma 538 – Padova 35 – Venezia 29 – Milano 271

Ca' Busatti

via Gallese 26, Nord-Ovest : 3 km – *✆ 0 42 29 76 29* – *www.cabusatti.com* – *Chiuso 2 settimane in gennaio, domenica sera e lunedì*

Rist – Menu 28 € (cena in settimana)/80 € – Carta 35/89 €

Un piccolo angolo di signorilità cinto dal verde: un'elegante casa di campagna con una saletta interna e un dehors coperto, chiuso da vetrate. La cucina? Di terra e di mare, fantasiosa ed innovativa.

ZOAGLI – **Genova (GE)** – **561** J9 – **2 592 ab.** – ✉ **16030** Liguria 15 C2

Roma 448 – Genova 34 – La Spezia 72 – Massa 87

L'Arenella

lungomare dei Naviganti – *✆ 01 85 25 93 93* – *www.ristorantearenella.it* – *Chiuso martedì*

Rist – (consigliata la prenotazione) Carta 34/89 €

A pochi passi dal centro, nella splendida e caratteristica passeggiata, locale curato e specialità di pesce. Lettini e sdraio a disposizione per la spiaggia.

ZOLA PREDOSA – **Bologna (BO)** – **562** I15 – **18 314 ab.** – **alt. 74 m** – ✉ **40069** 9 C3

Roma 378 – Bologna 12 – Milano 209 – Modena 33

via Masini 11, ✆ 051 75 28 38, www.iatzola.it.

Admiral Park Hotel

via Fontanella 3, Sud: 4 km – *✆ 0 51 75 57 68* – *www.admiralparkhotel.com*

120 cam – 50/290 € 100/320 € **Rist** – Carta 35/65 €

In posizione defilata - sulla sommità di una collinetta - nuova struttura a vocazione commerciale e congressuale. Camere di diversa tipologia, in stile minimalista e design.

Zola senza rist

via Risorgimento 186 – *✆ 0 51 75 11 01* – *www.hotelzola.it* – *Chiuso 23-27 dicembre e 5-25 agosto*

108 cam – 74/215 € 92/215 €

Imponente edificio di non molte attrattive, che si rivela all'interno un albergo ben organizzato, con spaziosa hall e camere funzionali; ideale per chi viaggia per affari.

Masetti

via Gesso 70, località Gesso, Sud: 1 km – ☎ 0 51 75 51 31 – www.ristorantemasetti.it – Chiuso 1° -14 febbraio, 1° -25 agosto e giovedì; anche venerdì a mezzogiorno in giugno-settembre

Rist – Menu 16 € (pranzo in settimana) – Carta 21/45 €

Caseggiato nel verde sulle prime colline del bolognese: all'interno un'ampia e sobria sala con grande brace per le carni alla griglia; cucina del territorio.

ZOLDO ALTO – Belluno (BL) – 562 C18 – 1 228 ab. – alt. 1 177 m 40 C1

– Sport invernali : 1 388/2 100 m 2 23 (Comprensorio Dolomiti superski Civetta) – ✉ 32010

Roma 646 – Cortina d'Ampezzo 48 – Belluno 40 – Milano 388

viale Dolomiti 4, ☎ 0437 78 91 45, www.infodolomiti.it

Bosco Verde

via Bosco Verde 5, località Pecol, alt. 1 375 – ☎ 04 37 78 91 51 – www.hotelboscoverde.it – Aperto 21 novembre-9 aprile e 21 giugno-14 settembre

22 cam – 60/160 € 60/160 € **Rist** – Carta 22/34 €

Immersa in una tranquilla zona verdeggiante, questa baita di montagna vanta ambienti curati e spaziosi, arredati nel classico stile montano, ed una piccola ma piacevole zona benessere. Cucina casalinga al ristorante.

ZORZINO – Bergamo (BG) – Vedere Riva di Solto

San Marino

SAN MARINO – San Marino (SMR) – 4 251 ab. – alt. 675 m – ✉ 47890 9 D2

Italia Centro-Nord

Roma 392 – Bologna 134 – Rimini 26 – Venezia 286

contrada del Collegio 40, ✆ 0549 88 29 14, www.visitsanmarino.com

Posizione pittoresca★★★ sulle pendici del monte Titano - Rocche: ≤★★★ sugli Appennini, Rimini e il mare fino alla costa dalmata

Grand Hotel San Marino

viale Antonio Onofri 31 – ✆ 05 49 99 24 00 – www.grandhotel.sm – Chiuso 23-28 dicembre Za

59 cam – †60/150 € ††80/220 € – 3 suites

Rist *L' Arengo* – Menu 19/35 € – Carta 26/70 €

Un grande "classico" dell'hotellerie locale: ideale per un soggiorno dedicato al benessere e al relax, alla salute ci pensano un medico ed un erborista. Omaggia un'antica istituzione il ristorante, cinto da vetrate che lo illuminano di luce naturale.

Cesare

salita alla Rocca 7 – ✆ 05 49 99 23 55 – www.hotelcesare.com Yb

18 cam – †57/139 € ††80/219 €

Rist *Cesare* – *(chiuso novembre e martedì in ottobre-marzo)* Carta 35/65 €

Il fascino di un antico edificio coniugato con i vantaggi delle moderne tecnologie in un raffinato albergo. Alcune camere hanno il privilegio di essere letteralmente invase dalla luce naturale, grazie alle grandi finestre. All'omonimo ristorante la specialità è la griglia, accesa pranzo e cena.

Titano rist,

contrada del Collegio 31 – ✆ 05 49 99 10 07 – www.hoteltitano.com – Chiuso 23-28 dicembre Yu

48 cam – 55/145 € 80/210 €

Rist *La Terrazza* – *(chiuso 23-28 dicembre e 6 gennaio-15 febbraio)*
Carta 31/82 €

Realizzato negli ambienti di una casa d'epoca, è un'istituzione locale questa struttura di tradizione nel centro della Repubblica; ospitalità familiare e curata nei signorili interni in stile. Bella vista di valli e Appennini dalla terrazza del ristorante.

Joli San Marino cam,

viale Federico d'Urbino 36/b – ✆ 05 49 99 10 09 – www.hoteljoli.sm

30 cam – 39/95 € 52/130 € – 2 suites Zb

Rist – Carta 28/50 €

In comoda posizione stradale, appena fuori dalle mura che delimitano il centro storico, la struttura propone camere recentemente rinnovate, alcune delle quali con vista sulla catena degli Appennini.

Righi la Taverna

piazza della Libertà 10 – ✆ 05 49 99 11 96 – www.ristoranterighi.com – Chiuso dal 7 al 28 gennaio, domenica sera e lunedì Yn

Rist – (consigliata la prenotazione) Menu 42/65 € – Carta 45/70 €

Rist *L'Osteria Righi* – *(chiuso domenica sera e lunedì escluso da 1° aprile-30 settembre)* Menu 17/25 € – Carta 23/30 €

➜ Riso venere con crema di fagiolini e polvere di mare.Zuppa di pesce con bruschette.Fragole con gelato di piselli e aceto balsamico.

Nella splendida cornice di una delle piazze più panoramiche d'Italia, piatti veloci ed un ottimo rapporto qualità/prezzo all'Osteria; cucina raffinata in un funambolico equilibrismo fra tradizione e creatività nell'elegante sala al primo piano.

➜ Prefissi Telefonici Internazionali

Importante: per le comunicazioni internazionali, non bisogna comporre lo zero (0) iniziale del prefisso interurbano (escluse le chiamate per l'Italia)

da \ a	A	B	CH	CZ	D	DK	E	FIN	F	GB	GR
A Austria		0032	0041	00420	0049	0045	0034	00358	0033	0044	0030
B Belgio	0043		0041	00420	0049	0045	0034	00358	0033	0044	0030
CH Svizzera	0043	0032		00420	0049	0045	0034	00358	0033	0044	0030
CZ Rep. Ceca	0043	0032	0041		0049	0045	0034	00358	0033	0044	0030
D Germania	0043	0032	0041	00420		0045	0034	00358	0033	0044	0030
DK Danimarca	0043	0032	0041	00420	0049		0034	00358	0033	0044	0030
E Spagna	0043	0032	0041	00420	0049	0045		00358	0033	0044	0030
FIN Finlandia	0043	0032	0041	00420	0049	0045	0034		0033	0044	0030
F Francia	0043	0032	0041	00420	0049	0045	0034	00358		0044	0030
GB Gran Bretagna	0043	0032	0041	00420	0049	0045	0034	00358	0033		0030
GR Grecia	0043	0032	0041	00420	0049	0045	0034	00358	0033	0044	
H Ungheria	0043	0032	0041	00420	0049	0045	0034	00358	0033	0044	0030
I Italia	0043	0032	0041	00420	0049	0045	0034	00358	0033	0044	0030
IRL Irlanda	0043	0032	0041	00420	0049	0045	0034	00358	0033	0044	0030
J Giappone	00143	00132	00141	001420	00149	00145	00134	001358	00133	00144	00130
L Lussemburgo	0043	0032	0041	00420	0049	0045	0034	00358	0033	0044	0030
N Norvegia	0043	0032	0041	00420	0049	0045	0034	00358	0033	0044	0030
NL Olanda	0043	0032	0041	00420	0049	0045	0034	00358	0033	0044	0030
PL Polonia	0043	0032	0041	00420	0049	0045	0034	00358	0033	0044	0030
P Portogallo	0043	0032	0041	00420	0049	0045	0034	00358	0033	0044	0030
RUS Russia	81043	81032	810420	6420	81049	81045	*	810358	81033	81044	*
S Svezia	0043	00932	00941	009420	0049	00945	00934	009358	00933	00944	00930
USA	01143	01132	01141	001420	01149	01145	01134	01358	01133	01144	01130

➜ ** Selezione automatica impossibile*

→ International Dialling Codes

Note: When making an international call, do not dial the first (0) of the city codes (except for calls to Italy).

H	I	IRL	J	L	N	NL	PL	P	RUS	S	USA	
0036	0039	00353	0081	00352	0047	0031	0048	00351	007	0046	001	**A Autria**
0036	0039	00353	0081	00352	0047	0031	0048	00351	007	0046	001	**B Belgio**
0036	0039	00353	0081	00352	0047	0031	0048	00351	007	0046	001	**CH Svizzera**
0036	0039	00353	0081	00352	0047	0031	0048	00351	007	0046	001	**CZ Rep. Ceca**
0036	0039	00353	0081	00352	0047	0031	0048	00351	007	0046	001	**D Germania**
0036	0039	00353	0081	00352	0047	0031	0048	00351	007	0046	001	**DK Danimarca**
0036	0039	00353	0081	00352	0047	0031	0048	00351	007	0046	001	**E Spagna**
0036	0039	00353	0081	00352	0047	0031	0048	00351	007	0046	001	**FIN Finlandia**
0036	0039	00353	0081	00352	0047	0031	0048	00351	007	0046	001	**F Francia**
0036	0039	00353	0081	00352	0047	0031	0048	00351	007	0046	001	**GB Gran Bretagna**
0036	0039	00353	0081	00352	0047	0031	0048	00351	007	0046	001	**GR Grecia**
	0039	00353	0081	00352	0047	0031	0048	00351	007	0046	001	**H Ungheria**
0036		00353	0081	00352	0047	0031	0048	00351	*	0046	001	**I Italia**
0036	0039		0081	00352	0047	0031	0048	00351	007	0046	001	**IRL Irlanda**
00136	00139	001353		001352	00147	00131	00148	001351	*	01146	0011	**J Giappone**
0036	0039	00353	0081		0047	0031	0048	00351	007	0046	001	**L Lussemburgo**
0036	0039	00353	0081	00352		0031	0048	00351	007	0046	001	**N Norvegia**
0036	0039	00353	0081	00352	0047		0048	00351	007	0046	001	**NL Olanda**
0036	0039	00353	0081	00352	0047	0031		00351	007	0046	001	**PL Polonia**
0036	0039	00353	0081	00352	0047	0031	0048		007	0046	001	**P Portogallo**
81036	*	*	*	*	*	81031	81048	*		*	*	**RUS Russia**
00936	00939	009353	00981	009352	00947	00931	00948	00935	0097		0091	**S Svezia**
01136	01139	011353	01181	011352	01147	01131	01148	011351	*	011146		**USA**

→ ** Direct dialing not possible*

Distanze

QUALCHE CHIARIMENTO

Nel testo di ciascuna località troverete la distanza dalle città limitrofe e da Roma. Le distanze fra le città della tabella accanto completano quelle indicate nel testo di ciascuna località.

La distanza da una località ad un'altra non è sempre ripetuta in senso inverso: guardate al testo dell'una o dell'altra. Utilizzate anche le distanze riportate a margine delle piante.

Le distanze sono calcolate a partire dal centro delle città e seguendo la strada più pratica, ossia quella che offre le migliori condizioni di viaggio ma che non è necessariamente la più breve.

Distances

COMMENTARY

The text on each town includes its distance from its immediate neighbours and from Rome. The kilometrage in the table completes that given under individual town headings for calculating total distances.

A town's distance from another is not necessarily repeated in the text under both town names, you may have to look, therefore, under one or the other to find it. Note also that some distances appear in the margins of the towns plans.

Distances are calculated from City-centre and along the best roads from a motoring point of view not necessarily the shortest.

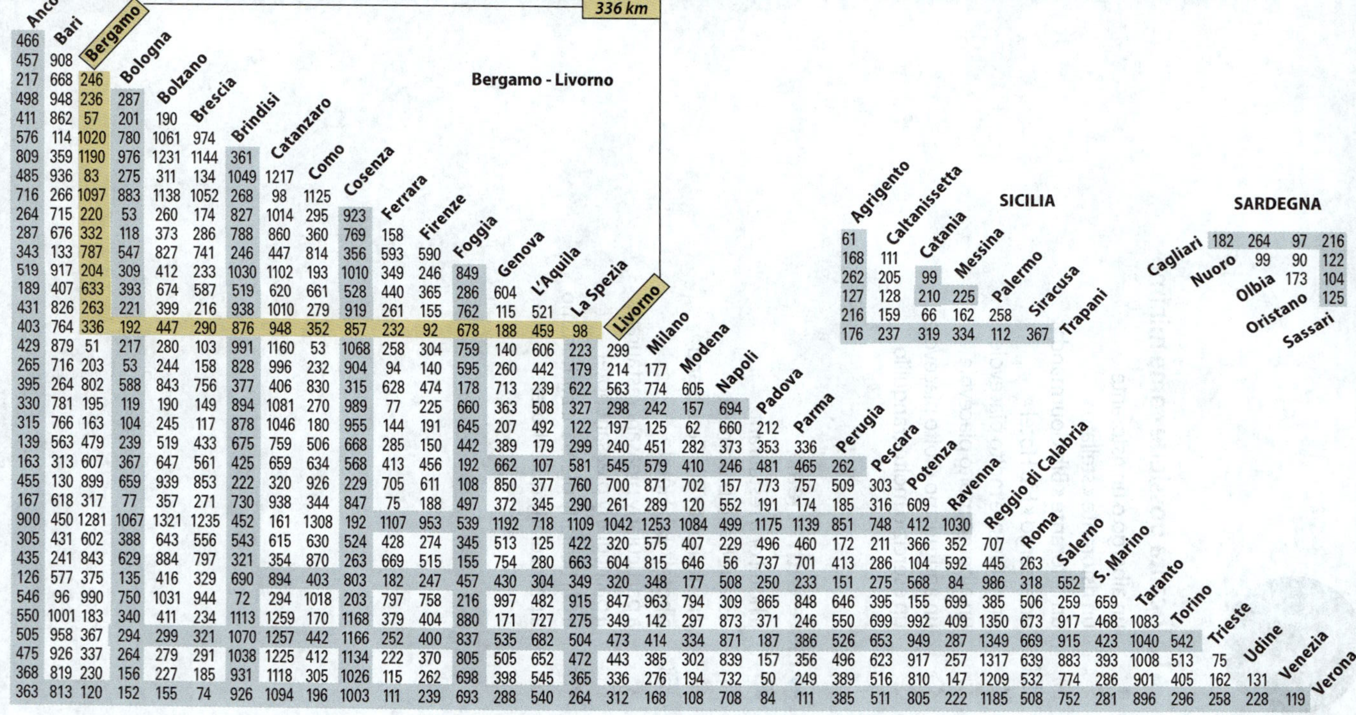

	Ancona	Bari	Bergamo	Bologna	Bolzano	Brescia	Brindisi	Catanzaro	Como	Cosenza	Ferrara	Firenze	Foggia	Genova	L'Aquila	La Spezia	Livorno	Milano	Modena	Napoli	Padova	Parma	Perugia	Pescara	Potenza	Ravenna	Reggio di Calabria	Roma	Salerno	S. Marino	Taranto	Torino	Trieste	Udine	Venezia
Bari	466																																		
Bergamo	457	908																																	
Bologna	217	668	246																																
Bolzano	498	948	236	287																															
Brescia	411	862	57	201	190																														
Brindisi	576	114	1020	780	1061	974																													
Catanzaro	809	359	1190	976	1231	1144	361																												
Como	485	936	83	275	311	134	1049	1217																											
Cosenza	716	266	1097	883	1138	1052	268	98	1125																										
Ferrara	264	715	220	53	260	174	827	1014	295	923																									
Firenze	287	676	332	118	373	286	788	860	360	769	158																								
Foggia	343	133	787	547	827	741	246	447	814	356	593	590																							
Genova	519	917	204	309	412	233	1030	1102	193	1010	349	246	849																						
L'Aquila	189	407	633	393	674	587	519	620	661	528	440	365	286	604																					
La Spezia	431	826	263	221	399	216	938	1010	279	919	261	155	762	115	521																				
Livorno	403	764	336	192	447	290	876	948	352	857	232	92	678	188	459	98																			
Milano	429	879	51	217	280	103	991	1160	53	1068	258	304	759	140	606	223	299																		
Modena	265	716	203	53	244	158	828	996	232	904	94	140	595	260	442	179	214	177																	
Napoli	395	264	802	588	843	756	377	406	830	315	628	474	178	713	239	622	563	774	605																
Padova	330	781	195	119	190	149	894	1081	270	989	77	225	660	363	508	327	298	242	157	694															
Parma	315	766	163	104	245	117	878	1046	180	955	144	191	645	207	492	122	197	125	62	660	212														
Perugia	139	563	479	239	519	433	675	759	506	668	285	150	442	389	179	299	240	451	282	373	353	336													
Pescara	163	313	607	367	647	561	425	659	634	568	413	456	192	662	107	581	545	579	410	246	481	465	262												
Potenza	455	130	899	659	939	853	222	320	926	229	705	611	108	850	377	760	700	871	702	157	773	757	509	303											
Ravenna	167	618	317	77	357	271	730	938	344	847	75	188	497	372	345	290	261	289	120	552	191	174	185	316	609										
Reggio di Calabria	900	450	1281	1067	1321	1235	452	161	1308	192	1107	953	539	1192	718	1109	1042	1253	1084	499	1175	1139	851	748	412	1030									
Roma	305	431	602	388	643	556	543	615	630	524	428	274	345	513	125	422	320	575	407	229	496	460	172	211	366	352	707								
Salerno	435	241	843	629	884	797	321	354	870	263	669	515	155	754	280	663	604	815	646	56	737	701	413	286	104	592	445	263							
S. Marino	126	577	375	135	416	329	690	894	403	803	182	247	457	430	304	349	320	348	177	508	250	233	151	275	568	84	986	318	552						
Taranto	546	96	990	750	1031	944	72	294	1018	203	797	758	216	997	482	915	847	963	794	309	865	848	646	395	155	699	385	506	259	659					
Torino	550	1001	183	340	411	234	1113	1259	170	1168	379	404	880	171	727	275	349	142	297	873	371	246	550	699	992	409	1350	673	917	468	1083				
Trieste	505	958	367	294	299	321	1070	1257	442	1166	252	400	837	535	682	504	473	414	334	871	187	386	526	653	949	287	1349	669	915	423	1040	542			
Udine	475	926	337	264	279	291	1038	1225	412	1134	222	370	805	505	652	472	443	385	302	839	157	356	496	623	917	257	1317	639	883	393	1008	513	75		
Venezia	368	819	230	156	227	185	931	1118	305	1026	115	262	698	398	545	365	336	276	194	732	50	249	389	516	810	147	1209	532	774	286	901	405	162	131	
Verona	363	813	120	152	155	74	926	1094	196	1003	111	239	693	288	540	264	312	168	108	708	84	111	385	511	805	222	1185	508	752	281	896	296	258	228	119

SICILIA

	Agrigento	Caltanissetta	Catania	Messina	Palermo	Siracusa
Caltanissetta	61					
Catania	168	111				
Messina	262	205	99			
Palermo	127	128	210	225		
Siracusa	216	159	66	162	258	
Trapani	176	237	319	334	112	367

SARDEGNA

	Nuoro	Olbia	Oristano	Sassari
Cagliari	182	264	97	216
Nuoro		99	90	122
Olbia			173	104
Oristano				125

➜ La località possiede come minimo

- ● un albergo o un ristorante
- ✿ un ristorante « stellato »
- ☺ un ristorante « Bib Gourmand »
- ☺ un albergo « Bib Hotel »
- ✗ un ristorante molto piacevole
- ⌂ un albergo molto piacevole
- ⌂ un agriturismo molto piacevole
- ◎ un esercizio molto tranquillo

➜ Place with at least

- ● a hotel or a restaurant
- ✿ a starred establishment
- ☺ a restaurant « Bib Gourmand »
- ☺ a hotel « Bib Hôtel »
- ✗ a particularly pleasant restaurant
- ⌂ a particularly pleasant hotel
- ⌂ a particularly pleasant agriturismo
- ◎ a particularly quiet hotel

L'Italia in 40 carte

Carta regionale delle località citate

→ Maps

Regional Map of listed towns

L'Italia in 40 carte

MAGYARORSZÁG
FRIULI-VENEZIA GIULIA
10
11
Ljubljana
Zagreb
Pécs
SLOVENIJA
HRVATSKA
Trieste
Rijeka
Beograd
BOSNA I HERCEGOVINA
Sarajevo
SRBIJA
Ancona
MARCHE
20
21
Split
CRNA-GORA
Podgorica
Dubrovnik
UMBRIA
35
36
MARE
Pescara
ADRIATICO
ABRUZZO
1
2
PUGLIA
26
27
Tiranë
MOLISE
SHQIPËRIA
ROMA
Foggia
Bari
Potenza
Napoli
6
7
CAMPANIA
BASILICATA
3
4
CALABRIA
5
MARE
TIRRENO
MARE
IONIO
Messina
Reggio di Calabria
Palermo
Catania
29
30
SICILIA

1
Abruzzo
Molise
A
B
1
2
3
Ascoli Piceno
MARCHE
(piante 20 21)
Martinsicuro
Alba Adriatica
Tortoreto
Giulianova Lido
Civitella Del Tronto
Mosciano Sant' Angelo
Roseto Degli Abruzzi
Notaresco
Teramo
Pineto
Mutignano
Silvi Marina
Montesilvano Marina
Città Sant' Angelo
Loreto Aprutino
Civitella Casanova
Chieti
Camarda
L'Aquila
Rocca Di Mezzo
Caramanico Terme
LAZIO
(piante 13 14)
A B R U Z
Rovere
Pacentro
Celano
Sulmona
Carsoli
Avezzano
Pescocostanzo
Scanno
Rivisondoli
Roccarasc
Aremogna
Pescasseroli
Opi
Villetta Barrea
Civitella Alfedena
Sora
Frosinone
LAZIO
(piante 13 14)
Cassino
S 4
S 16
S 80
A 24
S 17
A 25
E 80
E 45
E 214
E 509
Località con almeno:
una possibilità di alloggio o un ristorante
una tavola stellata
un ristorante "Bib Gourmand"
un albergo "Bib Hotel"
un ristorante ameno
un agriturismo o b&b ameno
un albergo ameno
un albergo molto tranquillo

C
D
2
MARE ADRIATICO
1
Pescara
Francavilla Al Mare
Ortona
A 14
E 55
Marina Di San Vito
Rocca San Giovanni
S 16
Casacanditella
Fara Filiorum Petri
Lanciano
Guardiagrele
Casalbordino
Sang
Vasto
Marina Di Vasto
San Salvo Marina
San Salvo
A 14
E 55
Termoli
2
Z
O
Guglionesi
San Martino In Pensilis
Fortore
Agnone
S 650
S 647
Castel di Sangro
M O L I S E
PUGLIA
(piante 26 27)
L. di Occhito
S 645
S 158
Isernia
Castelpetroso
S 87
Campobasso
3
S 85
S 17
CAMPANIA
(piante 6 7)
S 85
C
D

3 Basilicata
A
B
PUGLIA
(piante 26 27)
A 16
1
2
3
Melfi
Venosa
Barile
Rionero In Vulture
Acerenza
San Fele
S 169
Potenza
Picerno
E 847
S 407
Castelmezzano
CAMPANIA
(piante 6 7)
A 3
E 45
Lagonegro
Lauria
Trecchina
Acquafredda
Maratea
Fiumicello Santa Venere
S 585
Località con almeno:
una possibilità di alloggio o un ristorante
una tavola stellata
un ristorante "Bib Gourmand"
un albergo "Bib Hotel"
un ristorante ameno
un agriturismo o b&b ameno
un albergo ameno
un albergo molto tranquillo
A
B

C
D
4
PUGLIA
(piante 26 27)
Altamura
1
S 96 bis
A 14
E 843
S 100
Matera
Bladano
S 407
E 847
S 106
E 90
Bernalda
2
Pisticci
Lido Di Metaponto
Scanzano Ionico
Agri
Nova Siri Marina
S 106
Golfo di Taranto
E 90
3
San Severino Lucano
Terranova Di Pollino
Viggianello
CALABRIA
(pianta 5)
Rotonda
A 3
E 45
C
D

Calabria 5

A
B
Calabria
5
BASILICATA
(piante 3 4)
Agri
Golfo di Taranto
S 106
E 90
Amendolara
1
1
Praia A Mare
A 3
E 45
Morano Calabro
Castrovillari
Scalea
S 534
E 844
S 18
Crati
Altomonte
Cirella
Rossano Stazione
Sangineto Lido
Cittadella Del Capo
Cirò Marina
Terme Luigiane
Camigliatello Silano
Strongoli
S 107
San Giovanni In Fiore
Cosenza
Crotone
Belmonte Calabro
Amantea
Martirano
S 19
2
2
Marina Di Nocera Terinese
Pianopoli
Tiriolo
Sellia Marina
Lamezia Terme
Catanzaro
S 280
E 488
Golfo
Gizzeria Lido
di Squillace
Golfo
de S. Eufemia
Montepaone Lido
Soverato
Pizzo
Vibo Valentia Marina
Capistrano
Zambrone
Parghelia
Vibo Valentia
Tropea
Filandari
Mesiano
Mileto
MARE IONIO
Joppolo
Riace
A 4
Marina Di Gioiosa Ionica
Roccella Ionica
Cittanova
Palmi
Siderno
Gerace
Bagnara Calabra
Santa Trada di Cannitello
3
3
Villa San Giovanni
Gambarie
Messina
SICILIA
(piante 29 30)
Reggio Di Calabria
A 18
S 106
Località con almeno:
una possibilità di alloggio o un ristorante
una tavola stellata
un ristorante "Bib Gourmand"
un albergo "Bib Hotel"
un ristorante ameno
un agriturismo o b&b ameno
un albergo ameno
un albergo molto tranquillo

6
Campania
A
B
MOLISE
(piante 1 2)
Campobasso
LAZIO
(piante 12 13)
1
2
3
Garigliano
Volturno
Vairano Patenora
Pietravairano
Pietrelcina
Telese Terme
Melizzano
Benevento
Sant' Agata De' Goti
Baia Domizia
Montesarchio
Caserta
Castel Volturno
Ospedaletto D'Alpinolo
Marigliano
Mercogliano
Avellino
Nola
Brusciano
Quarto
Fisciano
Mercato San Severino
Cuma
Napoli
Ercolano
Torre Del Greco
Nocera Superiore
Cava De' Tirreni
Pozzuoli
Pompei
Bacoli
Golfo di Napoli
Torre Annunziata
Vietri sul Mare
Salerno
Casamicciola Terme
Procida
Castellammare Di Stabia
Lacco Ameno
Maiori
Ischia
Minori
Forio
Vico Equense
Atrani
Cetara
Citara
Barano D'Ischia
Marina Equa
Praiano
Ravello
Panza
Sant'Angelo
Sant'Agnello
Sorrento
Massa Lubrense
Positano
Amalfi
Santa Maria Annunziata
Conca Dei Marini
Termini
Furore
Anacapri
Nerano
Golfo di Salerno
Migliara
Marina Grande
Sant'Agata Sui Due Golfi
Capri
Località con almeno:
una possibilità di alloggio o un ristorante
una tavola stellata
un ristorante "Bib Gourmand"
un albergo "Bib Hotel"
un ristorante ameno
un agriturismo o b&b ameno
un albergo ameno
un albergo molto tranquillo

C
D
7
FOGGIA
PUGLIA
(piante 26 27)
1
Ofanto
Ariano Irpino
Melito Irpino
Vallesaccarda
Melfi
Atripalda
Nusco
Sorbo Serpico
Serino
Solofra
BASILICATA
(piante 3 4)
Gaiano
Potenza
2
San Cipriano Picentino
Campagna
Eboli
Caggiano
Battipaglia
Atena Lucana
Paestum
Agropoli
Castellabate
San Marco
Vallo Della Lucania
Castelnuovo Cilento
Ceraso
Casal Velino
Marina Di Casal Velino
Marina Di Ascea
Sapri
3
Pisciotta
Palinuro
Marina Di Camerota
A 14
E 55
A 16
E 842
A 3
E 45
E 847
S 407
S 18
S 90
S 17
S 169
C
D

8
Emilia-Romagna
A
B
1
2
3
BRESCIA
VERONA
MILANO
LOMBARDIA
(piante 16 17 18 19)
Lodi
Mantova
Cremona
Monticelli D'Ongina
Piacenza
Rottofreno
San Pietro in Cerro
Bersano
Polesine Parmense
Roccabianca
Reggiolo
Concordia Sulla Secchia
Borgonovo Val Tidone
Rivalta Trebbia
Besenzone
Busseto
Torrile
Colorno
Fabbrico
Rolo
Gazzola
Cadeo
Soragna
Carpaneto Piacentino
Fiorenzuola D'Arda
Brescello
San Prospero Sulla Secchia
Agazzano
Pigazzano
Alseno
Fidenza
Rivergaro
Castelnuovo Fogliani
Correggio
Carpi
Ponte Dell'Olio
Castell'Arquato
Parma
Gropparello
Cangelasio
Tabiano
Soliera
Campogalliano
Bettola
Salsomaggiore Terme
Rubiera
MODENA
Bobbio
Fornovo Di Taro
Rubbianino
Varano De Melegari
Scandiano
Casalgrande
Langhirano
Viano
Formigine
Neviano Degli Arduini
Calestano
Sassuolo
Fiorano Modenese
Maranello
Tizzano Val Parma
Borgo Val Di Taro
Carpineti
Castelvetro Di Modena
Serramazzoni
Castelnovo Ne' Monti
Pavullo Nel Frignano
LIGURIA
(piante 14 15)
Albareto
Montefiorino
Lama Mocogno
Rapallo
Montecreto
Sestola
Vidiciatico
Fiumalbo
Lizzano In Belvedere
LA SPEZIA
Massa
Pistoia
Viarolo
Vicomero
Castelnovo Di Sotto
Parma
Campegine
Bagnolo In Piano
Sant'Ilario D'Enza
Coloreto
Collecchio
Monticelli Terme
Sala Baganza
Montecchio Emilia
Reggio Nell'Emilia
Felino
San Bartolomeo
Rubbianino
Torrechiara
Quattro Castella
Albinea
TOSCANA
(piante 31 32)

9
C
D
Vicenza
PADOVA
VENEZIA
GOLFO DI VENEZIA
VENETO
(piante 38 39 40)
ADIGE
PO
Porotto-Cassana
Bondeno
Ferrara
Codigoro
Vigarano Mainarda
Finale Emilia
Sant' Agostino
Gaibana
Ostellato
Comacchio
Cento
Malalbergo
Portomaggiore
Argenta
Valli di Comacchio
Reno
Molinella
Budrio
Bologna
Fusignano
Castel Guelfo Di Bologna
Castel San Pietro Terme
Lugo
Ravenna
Vignola
Lido Di Savio
Milano Marittima
Calderino
Sasso Marconi
Rastignano
Bagnara Di Romagna
Russi
Mordano
San Pancrazio
Cesenatico
Pianoro
Savigno
Dozza
Imola
Faenza
Cervia
Gatteo A Mare
Bellaria Igea Marina
Tolè
Casalfiumanese
Santarcangelo Di Romagna
Monzuno
Forlì
Savignano sul Rubicone
Rocca Di Roffeno
Loiano
Brisighella
Castrocaro Terme
Bertinoro
Rimini
Cesena
Monghidoro
Castel D'Aiano
Meldola
Montiano
Miramare Di Rimini
Predappio
Longiano
Misano Adriatico
Porretta Terme
Monteleone
Riccione
Rocca San Casciano
Roncofreddo
Torriana
Portico Di Romagna
Montalbano
San Giovanni in Marignano
San Marino
Novafeltria
San Leo
Saludecio
Cattolica
San Piero In Bagno
Montegridolfo
TOSCANA
(piante 31 32)
Bagno Di Romagna
Pennabilli
MARCHE (piante 20 21)
1
2
3
B
Pieve Di Cento
San Pietro In Casale
Altedo
Argelato
Bentivoglio
San Giovanni In Persiceto
Minerbio
Castelfranco Emilia
Castel Maggiore
Anzola Dell'Emilia
Bologna
Bazzano
Zola Predosa
San Lazzaro Di Savena
Ozzano Dell'Emilia
Lago
Località con almeno:
una possibilità di alloggio o un ristorante
una tavola stellata
un ristorante "Bib Gourmand"
un albergo "Bib Hotel"
un ristorante ameno
un agriturismo o b&b ameno
un albergo ameno
un albergo molto tranquillo

10 Friuli-Venezia Giulia

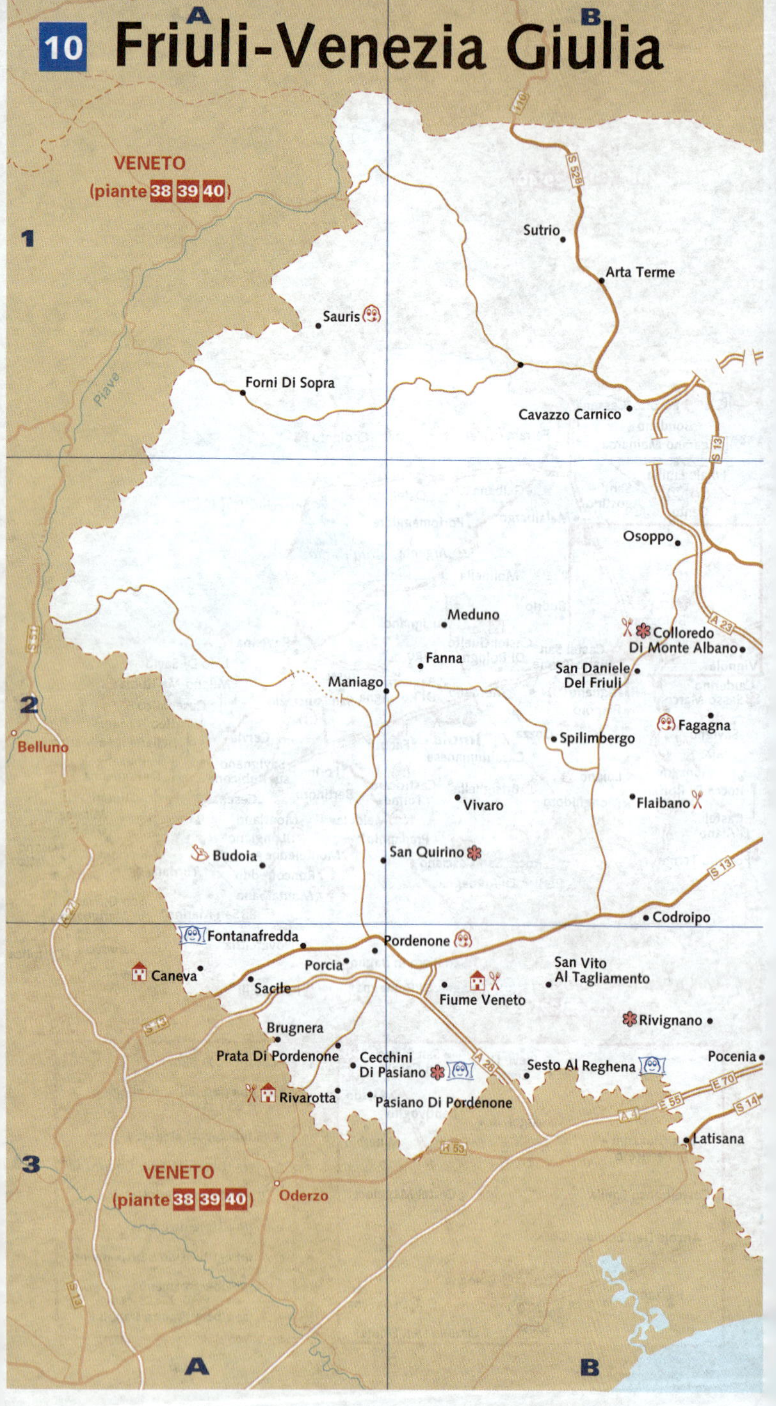

A
B
VENETO
(piante 38 39 40)
1
2
3
Sutrio
Arta Terme
Sauris
Forni Di Sopra
Cavazzo Carnico
Piave
Osoppo
Meduno
Colloredo
Di Monte Albano
Fanna
San Daniele
Del Friuli
Maniago
Fagagna
Spilimbergo
Belluno
Vivaro
Flaibano
Budoia
San Quirino
Codroipo
Fontanafredda
Pordenone
Caneva
Porcia
San Vito
Al Tagliamento
Sacile
Fiume Veneto
Rivignano
Brugnera
Prata Di Pordenone
Cecchini
Di Pasiano
Sesto Al Reghena
Pocenia
Rivarotta
Pasiano Di Pordenone
Latisana
VENETO
(piante 38 39 40)
Oderzo
S 52
S 52b
S 13
A 23
A 27
A 28
A 4
E 55
E 70
S 14
R 53

C
D
11
ÖSTERREICH
Località con almeno:
una possibilità di alloggio o un ristorante
una tavola stellata
un ristorante "Bib Gourmand"
un albergo "Bib Hotel"
un ristorante ameno
un agriturismo o b&b ameno
un albergo ameno
un albergo molto tranquillo
Tarvisio
Malborghetto
A 23
E55
A 2
206
102
103
1
2
3
SLOVENIJA
Tarcento
Pulfero
Tricesimo
Stregna
Tavagnacco
E 55
Godia
Cividale Del Friuli
Udine
Dolegna Del Collio
Buttrio
Ruttars
San Giovanni Al Natisone
Capriva Del Friuli
Cormons
Gorizia
S 56
Corona
Savogna D'Isonzo
Mariano Del Friuli
Farra d'Isonzo
Palmanova
Gradisca D'Isonzo
San Michele Del Carso
Bagnara Arsa
Paradiso
Ruda
Cervignano Del Friuli
Villa Vicentina
Monfalcone
Duino-Aurisina
Sgonico
A 4
A 3
Monrupino
Aquileia
E 70
Marano Lagunare
S 14
Opicina
Trieste
Pesek
Grado
Draga Sant' Elia
Lignano Sabbiadoro
Muggia
S 15
Golfo di Trieste
C
D

12
A
B
Trevinano
Proceno
Acquapendente
Grotte Di Castro
Bolsena
Bagnoregio
Gradoli
L. di Bolsena
TOSCANA
(piante 31 32)
UMBRIA
(piante 35 36)
Terni
Civitella d'Agliano
Montefiascone
Colli sul Velino
Orte
Vitorchiano
Bagnaia
Tuscania
Viterbo
Vallerano
Magliano Sabina
Casperia
Civita Castellana
L. di Vico
TEVERE
Ronciglione
Fara In Sabina
Sutri
Nepi
Coltodino
Tarquinia
Bassano Romano
Fiano Romano
Trevignano Romano
L. di Bracciano
Bracciano
Anguillara Sabazia
Monterotondo
Civitavecchia
ROMA
Ladispoli
Monte Porzio Catone
Frascati
Grottaferrata
Ciampino
Marino
Fiumicino
Castel Gandolfo
Casal Palocco
Lido Di Ostia
Albano Laziale
Pomezia
Torvaianica
Aprilia
Anzio
1
2
3
Località con almeno:
una possibilità di alloggio o un ristorante
una tavola stellata
un ristorante "Bib Gourmand"
un albergo "Bib Hotel"
un ristorante ameno
un agriturismo o b&b ameno
un albergo ameno
un albergo molto tranquillo

Lazio 13
C
D
Leonessa
Rivodutri
Rieti
Pescara
ABRUZZO
(piante 1 2)
L'Aquila
1
Tivoli
Olevano Romano
Fiuggi
Fiuggi Fonte
Acuto
San Cesareo
Labico
Anagni
Ferentino
Velletri
Frosinone
Patrica
Posta Fibreno
Isola Del Liri
Arpino
Castrocielo
Cassino
2
MOLISE
(piante 1 2)
Cisterna di Latina
Sermoneta
Pastena
Priverno
Latina
Nettuno
Fondi
Garigliano
Minturno
Formia
CAMPANIA
(piante 6 7)
Sabaudia
Terracina
Sperlonga
Gaeta
San Felice Circeo
Quarto Caldo
Golfo di Gaeta
3
Ponza
C
D

14 Liguria

TORINO
Località con almeno:
una possibilità di alloggio o un ristorante
una tavola stellata
un ristorante "Bib Gourmand"
un albergo "Bib Hotel"
un ristorante ameno
un agriturismo o b&b ameno
un albergo ameno
un albergo molto tranquillo
Asti
Alessandria
Tanaro
PIEMONTE
(piante 22 23 24 25)
Cuneo
FRANCE
Sassello
Pegli
Arenzano
Voltri
Cogoleto
Varazze
Millesimo
Celle Ligure
Altare
Savona
Bergeggi
Spotorno
Calizzano
Noli
Bardino Vecchio
Varigotti
Tovo San Giacomo
Pietra Ligure
Finale Ligure
Borgio Verezzi
Toirano
Loano
Castelbianco
Salea
Colle Di Nava
Borghetto D'Arroscia
Ranzo
Albenga
Garlenda
Cenova
Alassio
Triora
Andora
Laigueglia
Cervo
Pigna
Badalucco
Diano Marina
San Bartolomeo Al Mare
Oneglia
Apricale
Cipressa
Imperia
Dolceacqua
Santo Stefano Al Mare
San Remo
Arma Di Taggia
Camporosso
Ospedaletti
Ventimiglia
Bordighera
Vallecrosia
Monte-Carlo-Monaco
M A R E

15
C
D
LOMBARDIA
(piante 16 17 18 19)
EMILIA-ROMAGNA
(piante 8 9)
TOSCANA
(piante 31 32)
Trebbia
Bobbio
1
2
3
Busalla
Savignone
Montoggio
San Cipriano
Sestri Ponente
Genova
San Desiderio
Nervi
Bogliasco
Camogli
Recco
Rapallo
Ne
Zoagli
Lavagna
Paraggi
Chiavari
Cavi
Santa Margherita Ligure
Portofino
Sestri Levante
Moneglia
Varese Ligure
Deiva Marina
Bonassola
Levanto
Mesco
Monterosso Al Mare
Manarola
Riomaggiore
Campiglia
Portovenere
La Spezia
Lerici
Ameglia
Sarzana
Castelnuovo Magra
Bocca Di Magra
Montemarcello
E 62
A 7
S 45
A 12
P 1
E 80
A 15
E 33
S 63
GOLFO DI GENOVA
LIGURE

16 Lombardia

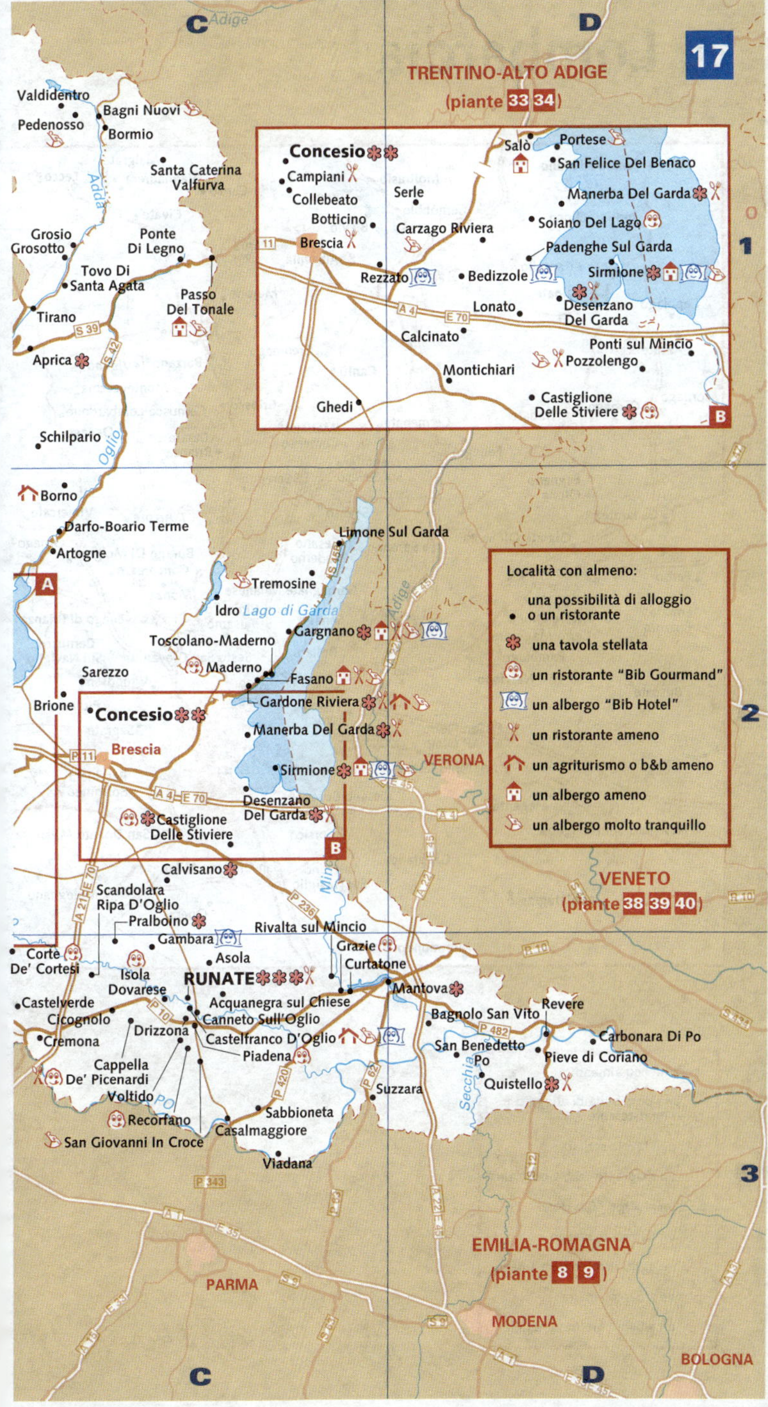

C
D
TRENTINO-ALTO ADIGE
(piante 33 34)
Valdidentro
Bagni Nuovi
Pedenosso
Bormio
Santa Caterina Valfurva
Grosio
Grosotto
Ponte Di Legno
Tovo Di Santa Agata
Passo Del Tonale
Tirano
Aprica
Schilpario
Borno
Darfo-Boario Terme
Artogne
Concesio
Campiani
Collebeato
Botticino
Brescia
Serle
Carzago Riviera
Rezzato
Bedizzole
Lonato
Calcinato
Montichiari
Ghedi
Salò
Portese
San Felice Del Benaco
Manerba Del Garda
Soiano Del Lago
Padenghe Sul Garda
Sirmione
Desenzano Del Garda
Ponti sul Mincio
Pozzolengo
Castiglione Delle Stiviere
1
Limone Sul Garda
Tremosine
Idro
Lago di Garda
Gargnano
Toscolano-Maderno
Maderno
Fasano
Gardone Riviera
Sarezzo
Brione
Desenzano Del Garda
Calvisano
VERONA
Località con almeno:
una possibilità di alloggio o un ristorante
una tavola stellata
un ristorante "Bib Gourmand"
un albergo "Bib Hotel"
un ristorante ameno
un agriturismo o b&b ameno
un albergo ameno
un albergo molto tranquillo
2
VENETO
(piante 38 39 40)
Scandolara Ripa D'Oglio
Pralboino
Gambara
Rivalta sul Mincio
Grazie
Curtatone
Corte De' Cortesi
Asola
Isola Dovarese
RUNATE
Mantova
Castelverde
Cicognolo
Cremona
Acquanegra sul Chiese
Canneto Sull'Oglio
Drizzona
Castelfranco D'Oglio
Piadena
Cappella De' Picenardi
Voltido
Recorfano
San Giovanni In Croce
Casalmaggiore
Sabbioneta
Viadana
Suzzara
Bagnolo San Vito
Revere
San Benedetto Po
Carbonara Di Po
Pieve di Coriano
Quistello
3
EMILIA-ROMAGNA
(piante 8 9)
PARMA
MODENA
BOLOGNA

18 Lombardia

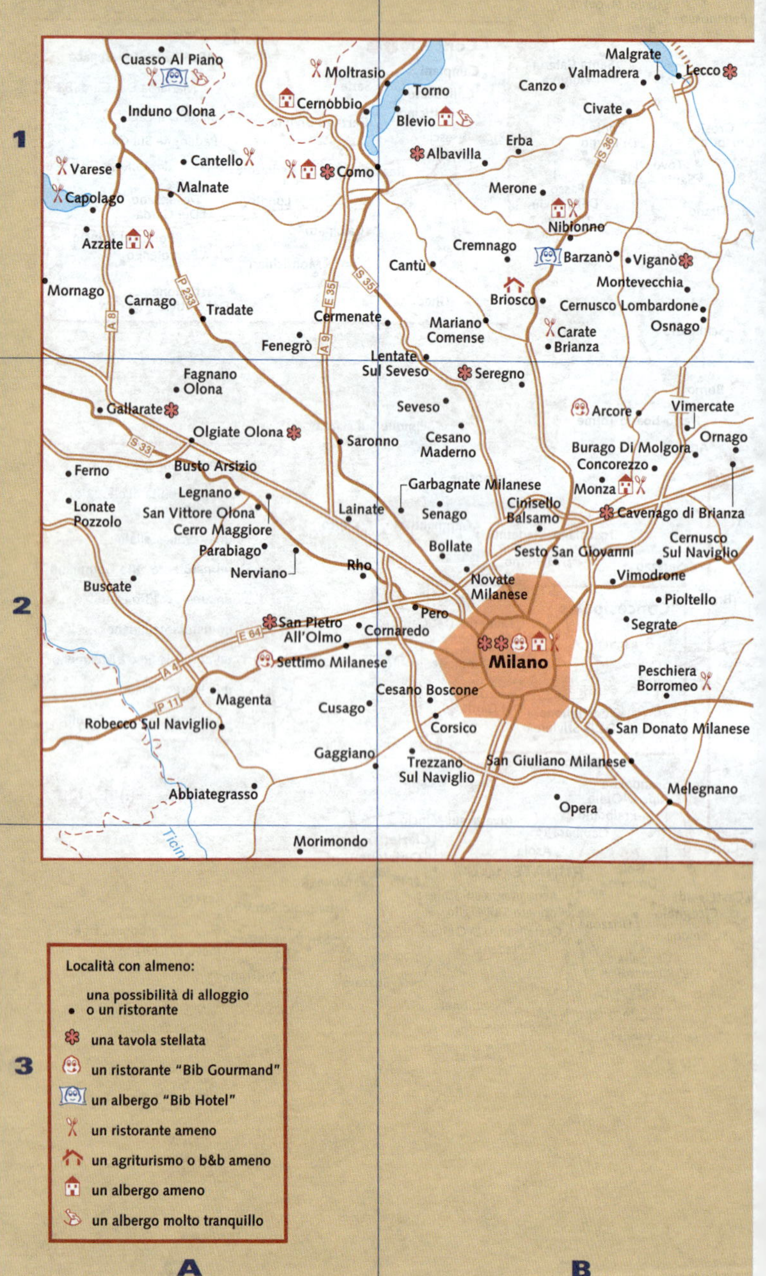

Località con almeno:

- • una possibilità di alloggio o un ristorante
- una tavola stellata
- un ristorante "Bib Gourmand"
- un albergo "Bib Hotel"
- un ristorante ameno
- un agriturismo o b&b ameno
- un albergo ameno
- un albergo molto tranquillo

A B

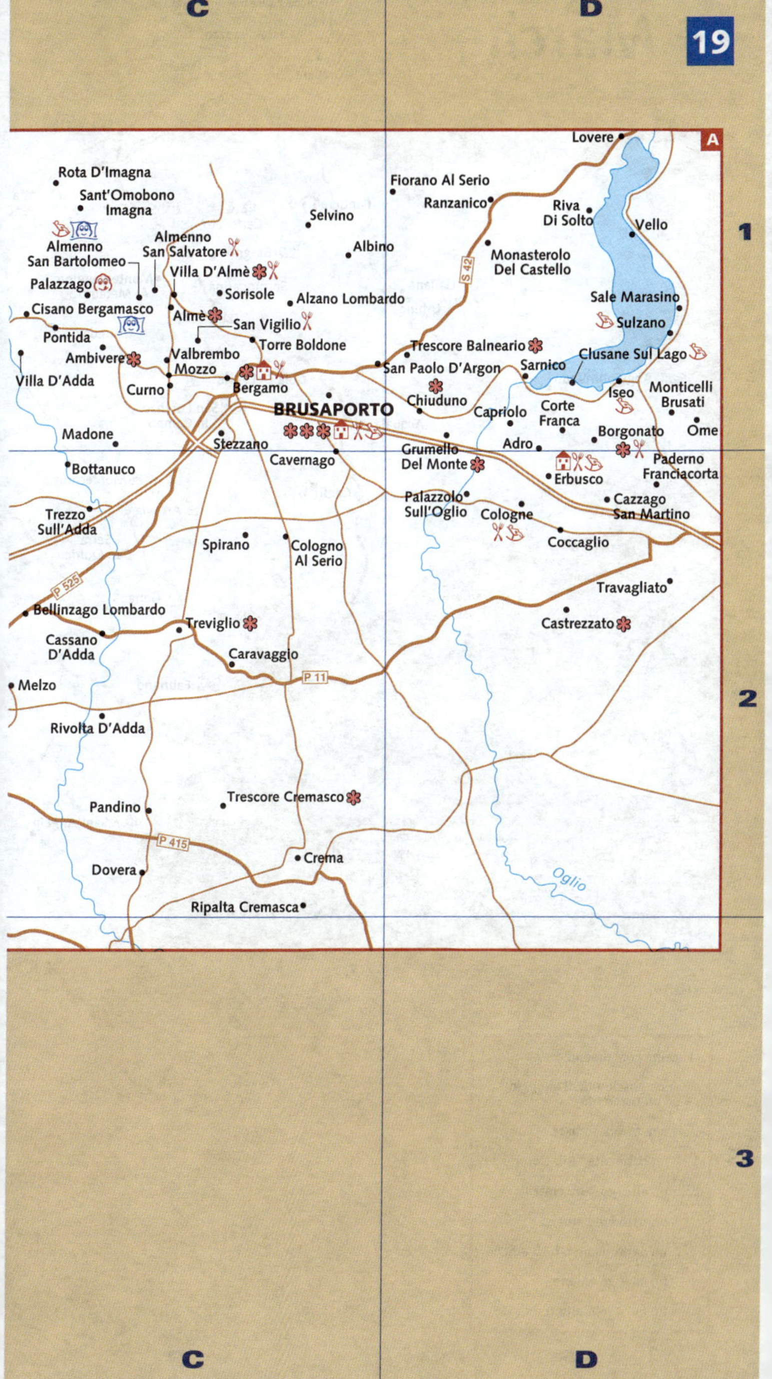
C
D
A
1
2
3
Lovere
Rota D'Imagna
Sant'Omobono Imagna
Fiorano Al Serio
Ranzanico
Riva Di Solto
Vello
Selvino
Almenno San Salvatore
Almenno San Bartolomeo
Albino
Monasterolo Del Castello
Villa D'Almè
Palazzago
Sorisole
Alzano Lombardo
Sale Marasino
Cisano Bergamasco
Almè
San Vigilio
Sulzano
Pontida
Torre Boldone
Trescore Balneario
Ambivere
Valbrembo
Mozzo
San Paolo D'Argon
Sarnico
Clusane Sul Lago
Villa D'Adda
Curno
Bergamo
Chiuduno
Iseo
Monticelli Brusati
BRUSAPORTO
Capriolo
Corte Franca
Madone
Stezzano
Grumello Del Monte
Adro
Borgonato
Ome
Cavernago
Paderno Franciacorta
Bottanuco
Erbusco
Palazzolo Sull'Oglio
Cologne
Cazzago San Martino
Trezzo Sull'Adda
Spirano
Cologno Al Serio
Coccaglio
P 525
Travagliato
Bellinzago Lombardo
Treviglio
Castrezzato
Cassano D'Adda
Caravaggio
P 11
Melzo
Rivolta D'Adda
Pandino
Trescore Cremasco
P 415
Crema
Dovera
Oglio
Ripalta Cremasca
S 42

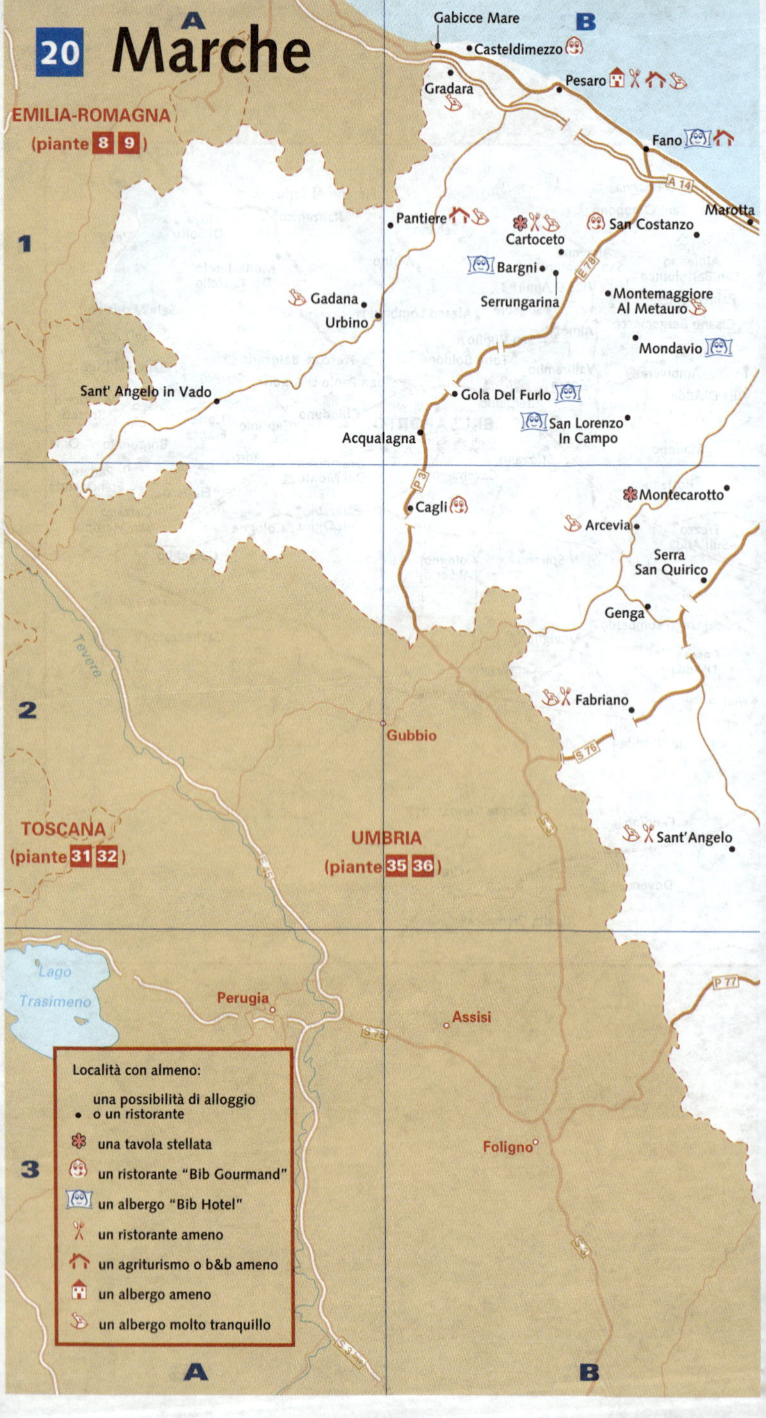
20
Marche
A
B
EMILIA-ROMAGNA
(piante 8 9)
Gabicce Mare
Casteldimezzo
Gradara
Pesaro
Fano
A 14
Marotta
Pantiere
Cartoceto
San Costanzo
Bargni
E 78
Serrungarina
Gadana
Urbino
Montemaggiore
Al Metauro
Mondavio
Sant' Angelo in Vado
Gola Del Furlo
San Lorenzo
In Campo
Acqualagna
P 3
Cagli
Montecarotto
Arcevia
Serra
San Quirico
Genga
Tevere
1
2
3
Gubbio
Fabriano
S 76
TOSCANA
(piante 31 32)
UMBRIA
(piante 35 36)
Sant'Angelo
E 45
Lago
Trasimeno
Perugia
Assisi
S 75
P 77
Foligno
S 3
Località con almeno:
una possibilità di alloggio
o un ristorante
una tavola stellata
un ristorante "Bib Gourmand"
un albergo "Bib Hotel"
un ristorante ameno
un agriturismo o b&b ameno
un albergo ameno
un albergo molto tranquillo

C
D
21
MARE ADRIATICO
1
2
3
Scapezzano
Senigallia
Marzocca
Falconara Marittima
Ancona
Portonovo
Badia Di San Pietro
Monte San Vito
Monsano
Agugliano
Camerano
Sirolo
Numana
Jesi
Osimo
Castelfidardo
Porto Recanati
Loreto
Recanati
Porto Potenza Picena
Appignano
Montecosaro
Civitanova Marche
San Lorenzo
Treia
Macerata
Porto Sant' Elpidio
Sant'Elpidio A Mare
Porto San Giorgio
San Severino Marche
Urbisaglia
Castelraimondo
Loro Piceno
Fermo
Montegiorgio
Piane di Montegiorgio
Camerino
Sant' Angelo In Pontano
Cupra Marittima
Polverina
Ripatransone
Grottammare
Sarnano
San Savino
San Benedetto Del Tronto
Offida
Montefortino
Colli Del Tronto
Castel Di Lama
Montemonaco
Ascoli Piceno
ABRUZZO-MOLISE
(piante 1 2)
LAZIO
(piante 12 13)
Teramo
E 55
S 16
S 76
A 14
S 4

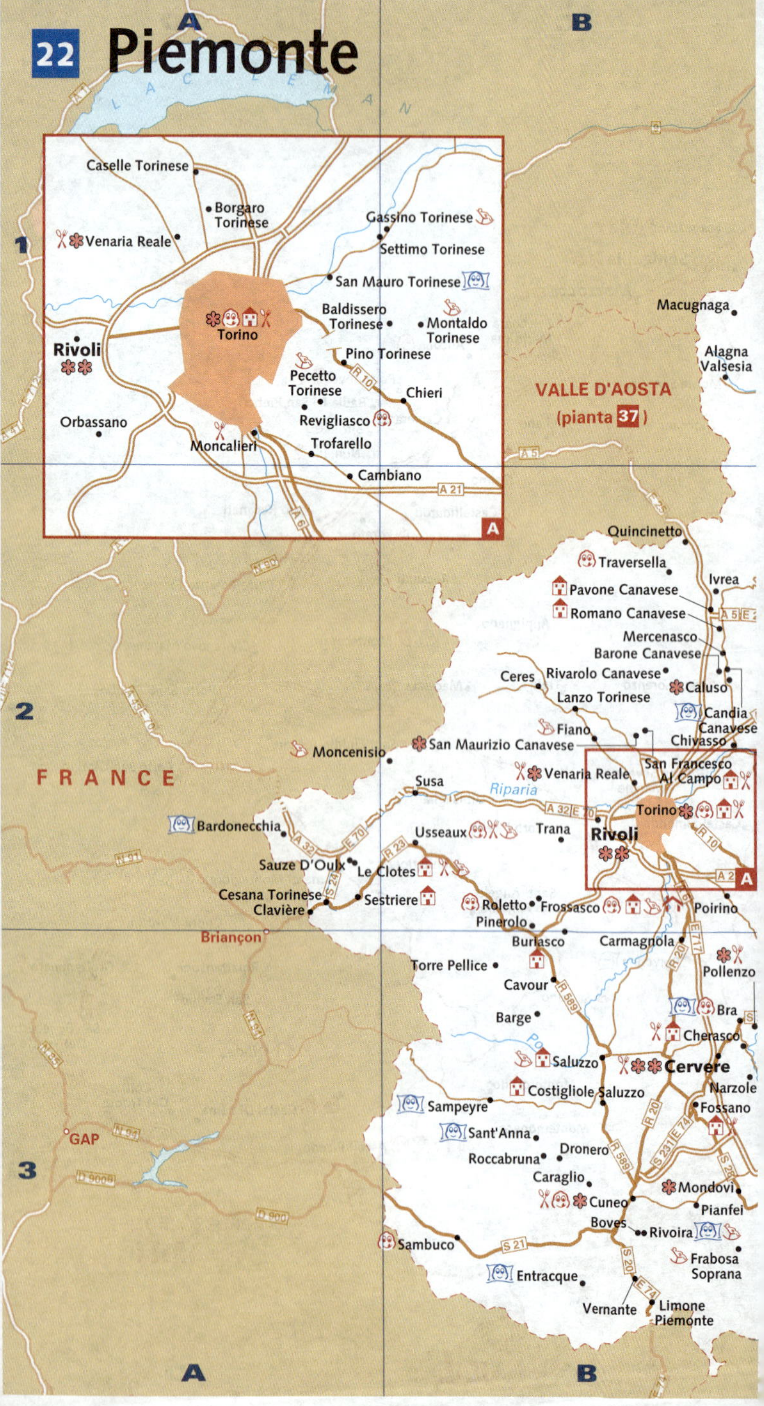

22
Piemonte
A
B
1
2
3
LAC LEMAN
Caselle Torinese
Borgaro Torinese
Venaria Reale
Gassino Torinese
Settimo Torinese
San Mauro Torinese
Baldissero Torinese
Montaldo Torinese
Torino
Rivoli
Pino Torinese
Pecetto Torinese
Chieri
Revigliasco
Orbassano
Moncalieri
Trofarello
Cambiano
A 21
A 6
R 10
A 5
VALLE D'AOSTA
(pianta 37)
Macugnaga
Alagna Valsesia
Quincinetto
Traversella
Ivrea
Pavone Canavese
Romano Canavese
Mercenasco
Barone Canavese
Ceres
Rivarolo Canavese
Caluso
Lanzo Torinese
Candia Canavese
Fiano
Chivasso
San Maurizio Canavese
Moncenisio
San Francesco Al Campo
FRANCE
Susa
Riparia
Bardonecchia
Usseaux
Trana
Sauze D'Oulx
Le Clotes
Cesana Torinese
Claviere
Sestriere
Roletto
Frossasco
Poirino
Pinerolo
Briançon
Burlasco
Carmagnola
Torre Pellice
Pollenzo
Cavour
Barge
Bra
Cherasco
Saluzzo
Cervere
Costigliole Saluzzo
Narzole
Sampeyre
Fossano
Sant'Anna
Dronero
Roccabruna
Caraglio
Mondovi
Cuneo
Pianfei
Boves
Rivoira
Sambuco
Frabosa Soprana
Entracque
Vernante
Limone Piemonte
GAP
A 32
E 70
R 23
S 24
R 20
E 717
R 589
S 231
E 74
S 21
S 20
N 94
D 900

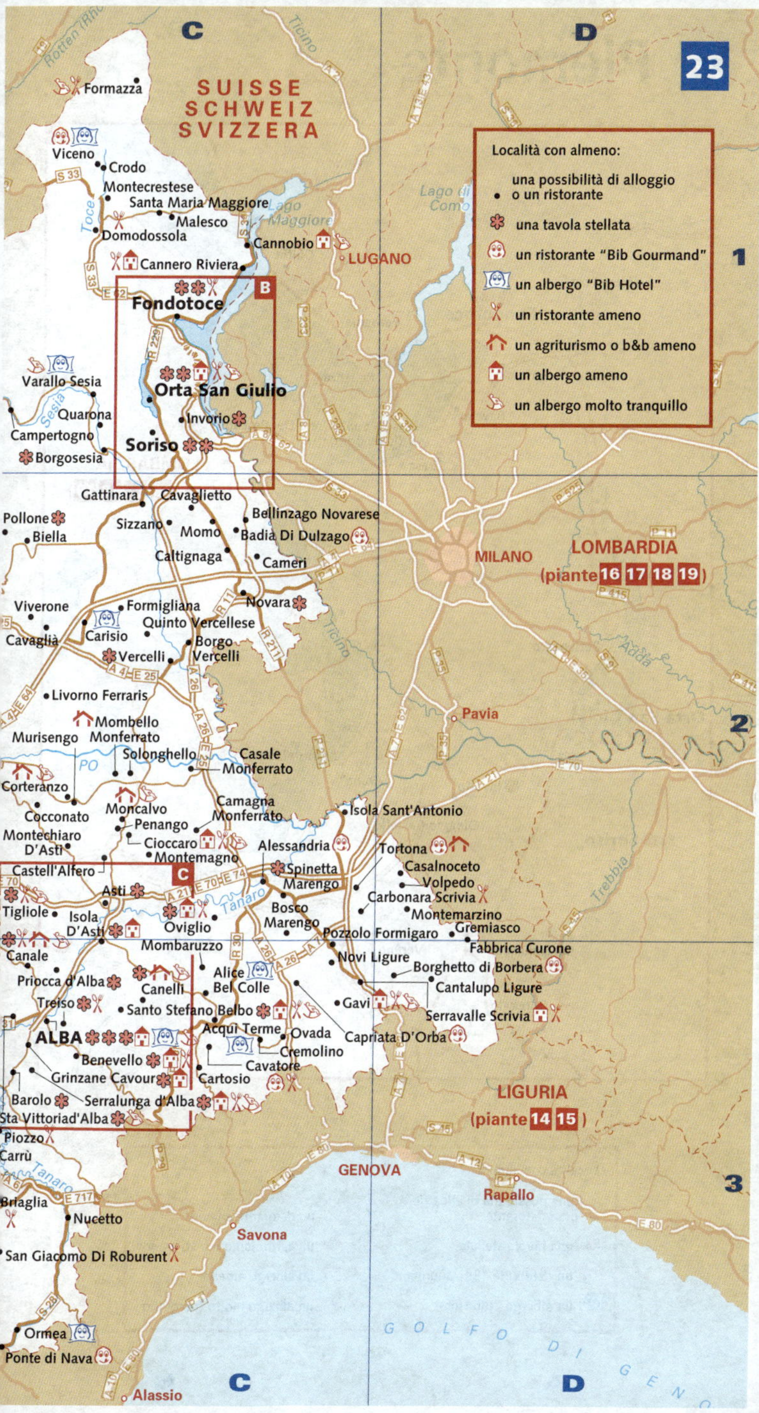

23
SUISSE
SCHWEIZ
SVIZZERA
Località con almeno:
una possibilità di alloggio o un ristorante
una tavola stellata
un ristorante "Bib Gourmand"
un albergo "Bib Hotel"
un ristorante ameno
un agriturismo o b&b ameno
un albergo ameno
un albergo molto tranquillo
Formazza
Viceno
Crodo
Montecrestese
Santa Maria Maggiore
Malesco
Domodossola
Cannobio
LUGANO
Cannero Riviera
Lago Maggiore
Lago di Como
Fondotoce
Varallo Sesia
Quarona
Campertogno
Borgosesia
Orta San Giulio
Invorio
Soriso
Gattinara
Cavaglietto
Pollone
Biella
Sizzano
Momo
Bellinzago Novarese
Badia Di Dulzago
Caltignaga
Cameri
MILANO
LOMBARDIA
(piante 16 17 18 19)
Viverone
Formigliana
Novara
Carisio
Quinto Vercellese
Cavaglià
Borgo Vercelli
Vercelli
Livorno Ferraris
Mombello Monferrato
Murisengo
Pavia
Solonghello
Casale Monferrato
Corteranzo
Moncalvo
Camagna Monferrato
Isola Sant'Antonio
Cocconato
Penango
Montechiaro D'Asti
Cioccaro
Alessandria
Tortona
Montemagno
Casalnoceto
Castell'Alfero
Spinetta Marengo
Volpedo
Asti
Carbonara Scrivia
Tigliole
Isola D'Asti
Oviglio
Bosco Marengo
Montemarzino
Gremiasco
Pozzolo Formigaro
Canale
Mombaruzzo
Fabbrica Curone
Novi Ligure
Priocca d'Alba
Alice Bel Colle
Borghetto di Borbera
Canelli
Cantalupo Ligure
Treiso
Santo Stefano Belbo
Gavi
Serravalle Scrivia
ALBA
Acqui Terme
Ovada
Capriata D'Orba
Cremolino
Benevello
Cavatore
Grinzane Cavour
Cartosio
LIGURIA
(piante 14 15)
Barolo
Serralunga d'Alba
Sta Vittoriad'Alba
Piozzo
Carrù
GENOVA
Rapallo
Briaglia
Nucetto
Savona
San Giacomo Di Roburent
Ormea
Ponte di Nava
Alassio
GOLFO DI GENO

24 Piemonte

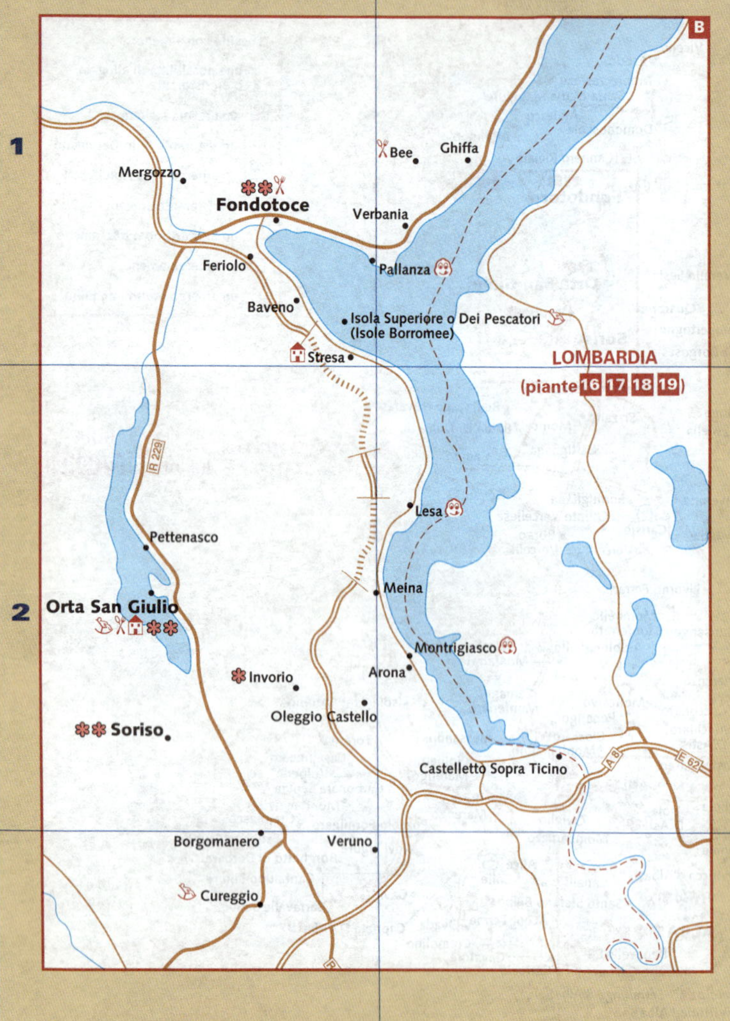

3

Località con almeno:

- una possibilità di alloggio o un ristorante
- una tavola stellata
- un ristorante "Bib Gourmand"
- un albergo "Bib Hotel"
- un ristorante ameno
- un agriturismo o b&b ameno
- un albergo ameno
- un albergo molto tranquillo

A B

C D

1

2

3

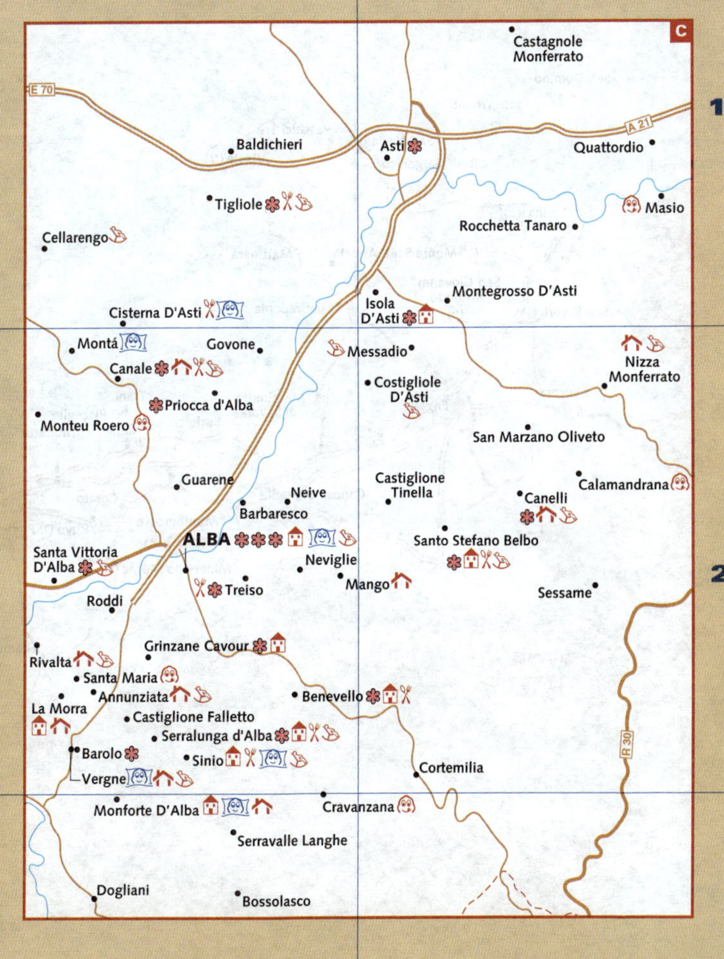
C
E 70
A 21
R 30
Castagnole Monferrato
Baldichieri
Asti
Quattordio
Tigliole
Masio
Rocchetta Tanaro
Cellarengo
Isola D'Asti
Montegrosso D'Asti
Cisterna D'Asti
Montá
Govone
Messadio
Nizza Monferrato
Canale
Costigliole D'Asti
Priocca d'Alba
Monteu Roero
San Marzano Oliveto
Guarene
Castiglione Tinella
Calamandrana
Neive
Canelli
Barbaresco
ALBA
Santo Stefano Belbo
Santa Vittoria D'Alba
Neviglie
Treiso
Mango
Sessame
Roddi
Grinzane Cavour
Rivalta
Santa Maria
Annunziata
Benevello
La Morra
Castiglione Falletto
Serralunga d'Alba
Barolo
Sinio
Vergne
Cortemilia
Monforte D'Alba
Cravanzana
Serravalle Langhe
Dogliani
Bossolasco

C D

26 Puglia

A
B
1
2
3
San Domino
Isole Tremiti
Peschici
San Menaio
Rodi Garganico
Vieste
M A R E
Termoli
Lesina
MOLISE
(piante 1 2)
Monte Sant' Angelo
Mattinata
S 16
Fortore
San Giovanni
Rotondo
San Severo
Manfredonia
Golfo di
Manfredonia
S 89
L. di
Occhito
Lucera
Foggia
S 17
P 77
Margherita
di Savoia
Trani
Bisceglie
Molfetta
Barletta
S 16
A 14
E 55
Andria
Canosa di Puglia
Corato
S 90
Montegrosso
P 231
Ruvo Di Puglia
A 16
E 842
Ofanto
Minervino Murge
Beneveto
CAMPANIA
(piante 6 7)
Altamura
Gravina In Puglia
S 96 bis
S 169
Matera
S 407
E 847
Potenza
A 3
E 45
Agri
BASILICATA
(piante 3 4)
S 18
Crati

C D

Località con almeno:

- una possibilità di alloggio o un ristorante
- una tavola stellata
- un ristorante "Bib Gourmand"
- un albergo "Bib Hotel"
- un ristorante ameno
- un agriturismo o b&b ameno
- un albergo ameno
- un albergo molto tranquillo

1

ADRIATICO

Bari
Torre A Mare
S 16 E 55
Polignano A Mare
Noicattaro
Monopoli
S 100
Conversano
Savelletri
Fasano
Torre Canne
A 14 E 843
Alberobello
Costa Merlata
S 379
Ostuni
Santeramo in Colle
Noci
Cisternino
Carovigno
Brindisi
Gioia Del Colle
Locorotondo
San Vito dei Normanni
Martina Franca
Ceglie Messapica
S 100
Mottola
Mesagne
S 7 E 90
S 172
Grottaglie
S 7 E 843
Masseria San Pietro
S 7 ter
Lecce
Taranto
S 7 ter
Cavallino
S 106 E 90
Avetrana
Melendugno
Pulsano
Maruggio
S 101
Martano
Marina Di Pulsano
S 16
Otranto
Porto Cesareo
Galatina
Maglie
S 16
Cutrofiano
Uggiano La Chiesa
Santa Cesarea Terme
Gallipoli
S 275
Castro Marina
Taviano
Tricase
Ugento
Racale
S 274
Alessano
Torre San Giovanni
Golfo di Taranto
S 106 E 90
San Gregorio
Marina Di Leuca

2

3

C D

Sardegna
28
A
B
1
2
3
Bonifacio
Santa Teresa Gallura
La Maddalena
Palau
Baia Sardinia
Pitrizza
Romazzino
Cala Di Volpe
Arzachena
Aglientu
San Pantaleo
Porto Rotondo
Golfo Aranci
Trinità D'Agultu
Olbia
Porto San Paolo
Costa Dorata
Castelsardo
Aggius
Tempio Pausania
San Teodoro
Porto Torres
Sassari
Lago del Coghinas
S 133
S 125
S 131 dcn
S 199
S 131
S 597
S 129
Siniscola
Porto Conte
Alghero
Orosei
Dorgali
Oliena
Bosa
Gavoi
Lago Omodeo
Lotzorai
Tortolì
Tirso
Cabras
Oristano
Siddi
Villanovaforru
L. di Mulargia
Flumendosa
Marina Di Arbus
Ortacesus
Guspini
Mannu
Monastir
Quartu Sant' Elena
Cagliari
Villasimius
Portoscuso
Carloforte
Isola Di San Pietro
Calasetta
Sant' Antioco
Pula

29 Sicilia

A B

1

M A R E

Mondello
Isola Delle Femmine
Palermo
Terrasini
San Vito Lo Capo
Santa Flavia
Monreale
Bagheria
Buseto Palizzolo
Scopello
Erice
Castellammare Del Golfo
Trapani
Valderice
Favignana
Fontanasalsa

2

Mazara Del Vallo
Menfi
Selinunte
Sciacca
Platani
Agrigento
Siciliana
Porto Empedocle

A 29 — E 90 — A 19 — S 121 — A 29 dir. — E 933 — S 115 — S 189 — E 931

M A R E

Località con almeno:

- una possibilità di alloggio o un ristorante
- una tavola stellata
- un ristorante "Bib Gourmand"
- un albergo "Bib Hotel"
- un ristorante ameno
- un agriturismo o b&b ameno
- un albergo ameno
- un albergo molto tranquillo

3

Pantelleria
Tracino

A B

C
D
30
Stromboli
CALABRIA
(pianta 5)
1
Panarea
Salina
Filicudi
Lipari
Vulcano
Ganzirri
T I R R E N O
Milazzo
Messina
Terme Vigliatore
Torregrotta
Capo D'Orlando
Castroreale
Reggio di Calabria
Capri Leone
Sinagra
Tripi
S 106
A 18
E 45
A 20
E 90
Forza D'Agro
Cefalù
Gallodoro
Lido Di Spisone
Giardini-Naxos
Mazzarò
Pettineo
Randazzo
Simeto
Linguaglossa
Taormina
Castelbuono
Calatabiano
Zafferana Etnea
Petralia Sottana
Nicolosi
Acireale
A 19
Salso
San Giovanni La Punta
Aci Castello
2
S 121
E 932
Catania
Dittaino
Enna
Simeto
Caltanissetta
Brucoli
Piazza Armerina
S 640
S 417
S 194
Carlentini
Augusta
San Michele Di Ganzaria
Caltagirone
Siracusa
Chiaramonte Gulfi
Gela
S 514
Comiso
S 115
Licata
Avola
E 45
Ragusa
Noto
Vittoria
Modica
Lido Di Noto
S 115
Marzamemi
Scicli
Pachino
Marina Di Ragusa
3
M E D I T E R R A N E O
Lampedusa
C
D

31
A
B
LIGURIA
(piante 14 15)
EMILIA-ROMAGNA
(piante 8 9)
Secchia
Pontremoli
Villafranca In Lunigiana
Fivizzano
Podenzana
Castelnuovo Di Garfagnana
Abetone
Cutigliano
Gavinana
Fosdinovo
Colonnata
Carrara
Massa
Ponte A Moriano
Bagni Di Lucca
Montecatini Terme
Pontenuovo
Marina Di Carrara
Montignoso
Borgo A Mozzano
Serravalle Pistoiese
Pistoia
Marina Di Massa
Pietrasanta
Segromigno In Monte
Forte Dei Marmi
Camaiore
Marina Di Pietrasanta
Marlia
Pescia
Monsummano Terme
Corsanico
Cappella
Lido Di Camaiore
Montecarlo
Lamporecchio
Massarosa
Viareggio
Lucca
Altopascio
Vinci
Torre Del Lago Puccini
San Giuliano Terme
Arno
Pisa
Vicopisano
San Miniato
Montopoli In Val D'Arno
Pontedera
Marina Di Pisa
Tirrenia
San Benedetto
Calambrone
Lari
Montaione
Peccioli
Gambassi Terme
Livorno
Casciana Terme
G U R E
Castellina Marittima
Volterra
Castiglioncello
Riparbella
Vada
Montescudaio
Cecina
Guardistallo
Marina Di Cecina
Bibbona
Marina Di Bibbona
Bolgheri
Castagneto Carducci
Marina Di Castagneto Carducci
Sassetta
San Vincenzo
Suvereto
Massa Marittima
Venturina
Piombino
Follonica
Scarlino
Biodola
Portoferraio
Rio Nell'Elba
Punta Ala
Marciana Marina
Rio Marina
Sant'Andrea
Ottone
Marciana
Lido
Porto Azzurro
Fetovaia
Capoliveri
Marina Di Campo
1
2
3
Località con almeno:
• una possibilità di alloggio o un ristorante
una tavola stellata
un ristorante "Bib Gourmand"
un albergo "Bib Hotel"
un ristorante ameno
un agriturismo o b&b ameno
un albergo ameno
un albergo molto tranquillo

Toscana
32
C
D
EMILIA-ROMAGNA
(piante 8 9)
MARCHE
(piante 20 21)
UMBRIA
(piante 35 36)
LAZIO
(piante 12 13)
1
2
3
Petrognano
Barberino Val D'Elsa
San Donato In Poggio
Volpaia
Ponzano
Radda In Ch.
Castellina In Ch.
Poggibonsi
Vagliagli
Monteriggioni
Colle Di Val D'Elsa
B
Palazzuolo Sul Senio
Marradi
Barberino Di Mugello
Gabbiano
Scarperia
Borgo San Lorenzo
Vaiano
Vicchio
Carmignano
Campestri
Prato
Carraia
Calenzano
Stia
Artimino
A
Diacceto
Soci
Pelago
Poppi
Signa
FIRENZE
Bibbiena
San Donato Fronzano
Reggello
Caprese Michelangelo
Cerbaia
Vaggio
Sansepolcro
Capraia E Limite
Terranuova Bracciolini
Loro Ciuffenna
Subbiano
Montespertoli
Tavarnelle Val Di Pesa
Anghiari
Montevarchi
Giovi
Badia A Passignano
Pergine Valdarno
Panzano
Cavriglia
Montelucci
Moncioni
Arezzo
Castellina In Ch.
Gaiole In Ch.
Civitella In Val Di Chiana
San Gimignano
Polvano
Montebenichi
Pieve Di Chio
Colle Di Val D'Elsa
Monte San Savino
Castiglion Fiorentino
Gargonza
Badicorte
Pianella
San Pietro A Cegliolo
Marciano Della Chiana
Siena
Castelnuovo Berardenga
Cortona
Pozzo
San Martino
Casole D'Elsa
Santa Regina
Rapolano Terme
Foiano Della Chiana
Farneta
Pievescola
Sovicille
Asciano
Sinalunga
Monteroni D'Arbia
Trequanda
Torrita Di Siena
Lago Trasimeno
San Giovanni D'Asso
Montefollonico
Chiusdino
Montepulciano
Montieri
Monticiano
Castiglione del Bosco
San Quirico D'Orcia
Pienza
Chianciano Terme
Montalcino
Chiusi
Ghirlanda
Roccastrada
Bagno Vignoni
Rocca d'Orcia
Sarteano
Castelnuovo dell'Abate
Castiglione D'Orcia
Cetona
Tatti
Civitella Marittima
Poggio Alle Mura
San Casciano Dei Bagni
Seggiano
Gavorrano
Castel del Piano
Celle Sul Rigo
Caldana
Campagnatico
Piancastagnaio
Buriano
Badiola
Ombrone
Semproniano
Castiglione Della Pescaia
Grosseto
Sovana
Scansano
Poggio Murella
Marina Di Grosseto
Saturnia
Pitigliano
Montemerano
Magliano In Toscana
Manciano
Fonteblanda
Albinia
Capalbio
Porto Santo Stefano
Orbetello
Cala Piccola
Giglio Campese
Giglio Castello
Giglio Porto
Porto Ercole
Campi Bisenzio
Fiesole
FIRENZE
Candeli
Scandicci
Arcetri
Galluzzo
Mosciano
Bagno A Ripoli
Impruneta
Cerbaia
San Casciano In Val Di Pesa
Mercatale In Val Di Pesa
Montefiridolfi
Greve In Ch.

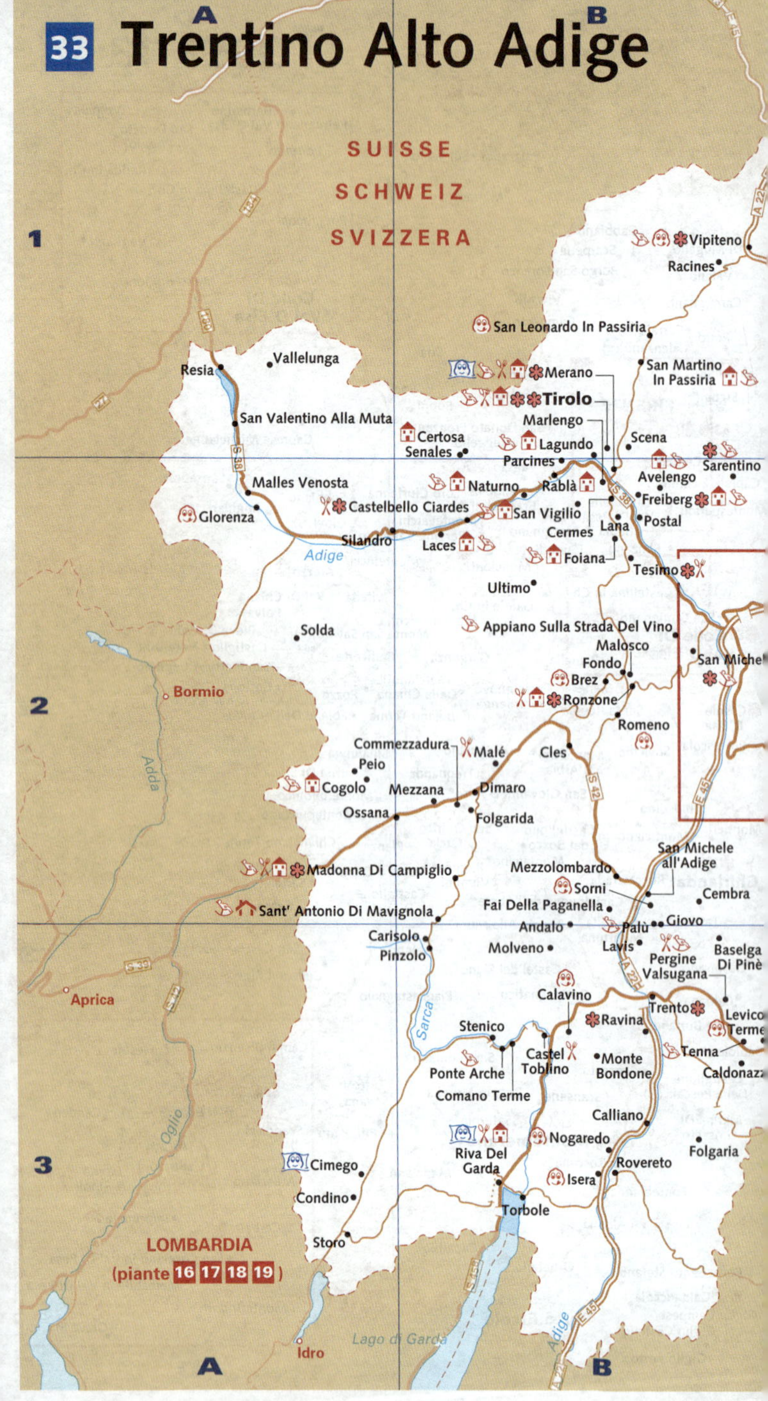
33 Trentino Alto Adige
A
B
1
2
3
SUISSE
SCHWEIZ
SVIZZERA
Vipiteno
Racines
San Leonardo In Passiria
San Martino In Passiria
Resia
Vallelunga
Merano
Tirolo
Marlengo
San Valentino Alla Muta
Certosa
Senales
Lagundo
Scena
Parcines
Sarentino
Avelengo
Malles Venosta
Naturno
Rablà
Freiberg
Glorenza
Castelbello Ciardes
San Vigilio
Postal
Lana
Cermes
Silandro
Laces
Adige
Foiana
Tesimo
Ultimo
Appiano Sulla Strada Del Vino
Solda
Malosco
Fondo
San Michel
Bormio
Brez
Ronzone
Romeno
Adda
Commezzadura
Malé
Cles
Peio
Cogolo
Mezzana
Dimaro
Ossana
Folgarida
San Michele all'Adige
Madonna Di Campiglio
Mezzolombardo
Sorni
Cembra
Fai Della Paganella
Sant' Antonio Di Mavignola
Andalo
Palù
Giovo
Carisolo
Lavis
Baselga Di Pinè
Molveno
Pinzolo
Pergine Valsugana
Aprica
Calavino
Trento
Levico Terme
Ravina
Sarca
Stenico
Tenna
Castel Toblino
Monte Bondone
Ponte Arche
Caldonazz
Comano Terme
Oglio
Calliano
Riva Del Garda
Nogaredo
Folgaria
Cimego
Rovereto
Isera
Condino
Torbole
LOMBARDIA
(piante 16 17 18 19)
Storo
Lago di Garda
Idro
Adige
S 38
S 42
S 39
A 22
E 45

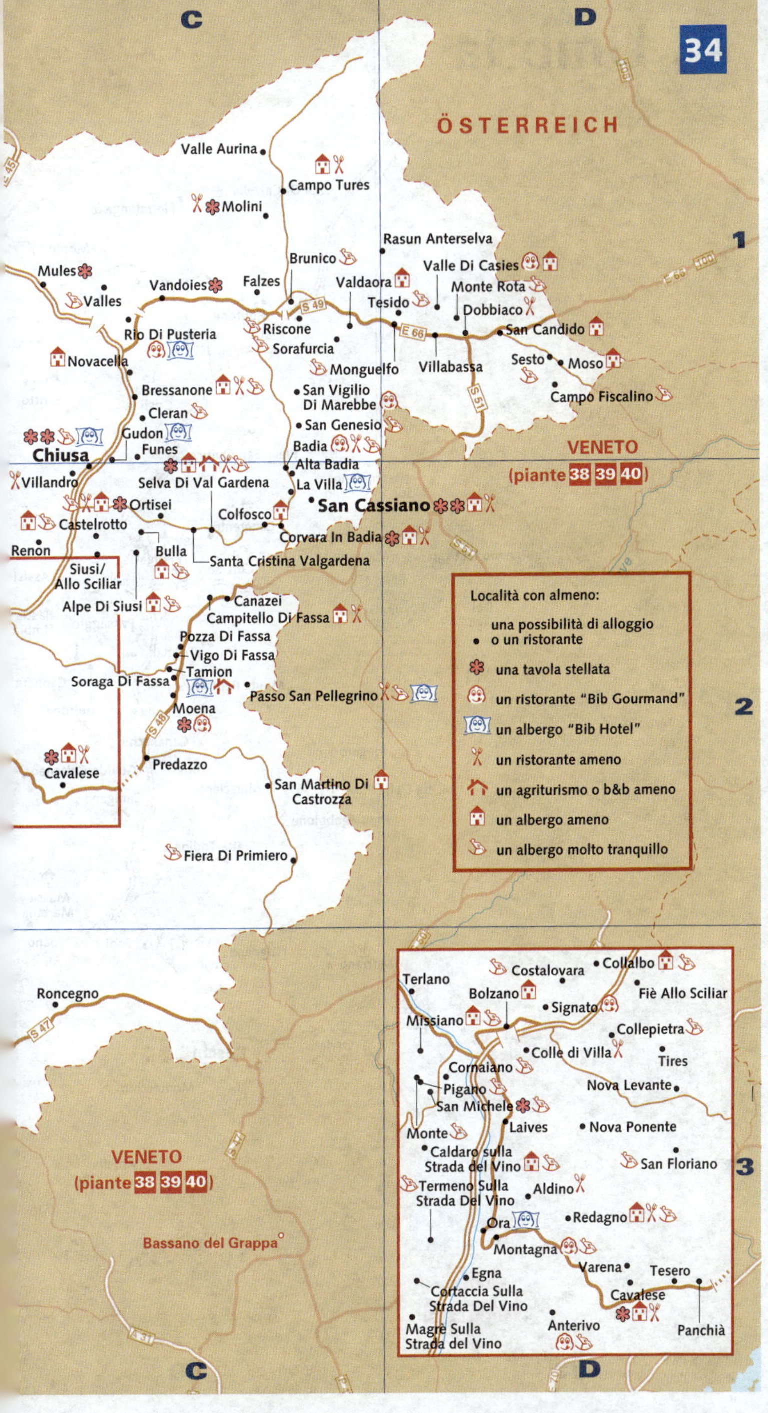
C
D
ÖSTERREICH
Valle Aurina
Campo Tures
Molini
Rasun Anterselva
Brunico
Valle Di Casies
Mules
Vandoies
Falzes
Valdaora
Monte Rota
Valles
Tesido
Dobbiaco
Riscone
San Candido
Rio Di Pusteria
Sorafurcia
Novacella
Monguelfo
Villabassa
Sesto
Moso
Bressanone
San Vigilio Di Marebbe
Campo Fiscalino
Cleran
San Genesio
Gudon
Chiusa
Funes
Badia
VENETO
(piante 38 39 40)
Alta Badia
Villandro
Selva Di Val Gardena
La Villa
Ortisei
San Cassiano
Castelrotto
Colfosco
Corvara In Badia
Renon
Bulla
Siusi/ Allo Sciliar
Santa Cristina Valgardena
Alpe Di Siusi
Canazei
Campitello Di Fassa
Pozza Di Fassa
Vigo Di Fassa
Tamion
Soraga Di Fassa
Passo San Pellegrino
Moena
Cavalese
Predazzo
San Martino Di Castrozza
Fiera Di Primiero
Località con almeno:
una possibilità di alloggio o un ristorante
una tavola stellata
un ristorante "Bib Gourmand"
un albergo "Bib Hotel"
un ristorante ameno
un agriturismo o b&b ameno
un albergo ameno
un albergo molto tranquillo
1
2
3
Roncegno
VENETO
(piante 38 39 40)
Bassano del Grappa
Terlano
Costalovara
Collalbo
Bolzano
Fiè Allo Sciliar
Signato
Missiano
Collepietra
Colle di Villa
Tires
Cornaiano
Nova Levante
Pigano
San Michele
Laives
Nova Ponente
Monte
Caldaro sulla Strada del Vino
San Floriano
Termeno Sulla Strada Del Vino
Aldino
Ora
Redagno
Montagna
Egna
Varena
Tesero
Cortaccia Sulla Strada Del Vino
Cavalese
Magrè Sulla Strada del Vino
Anterivo
Panchià
S 49
E 66
S 51
S 48
S 47
A 31
C
D

35 Umbria

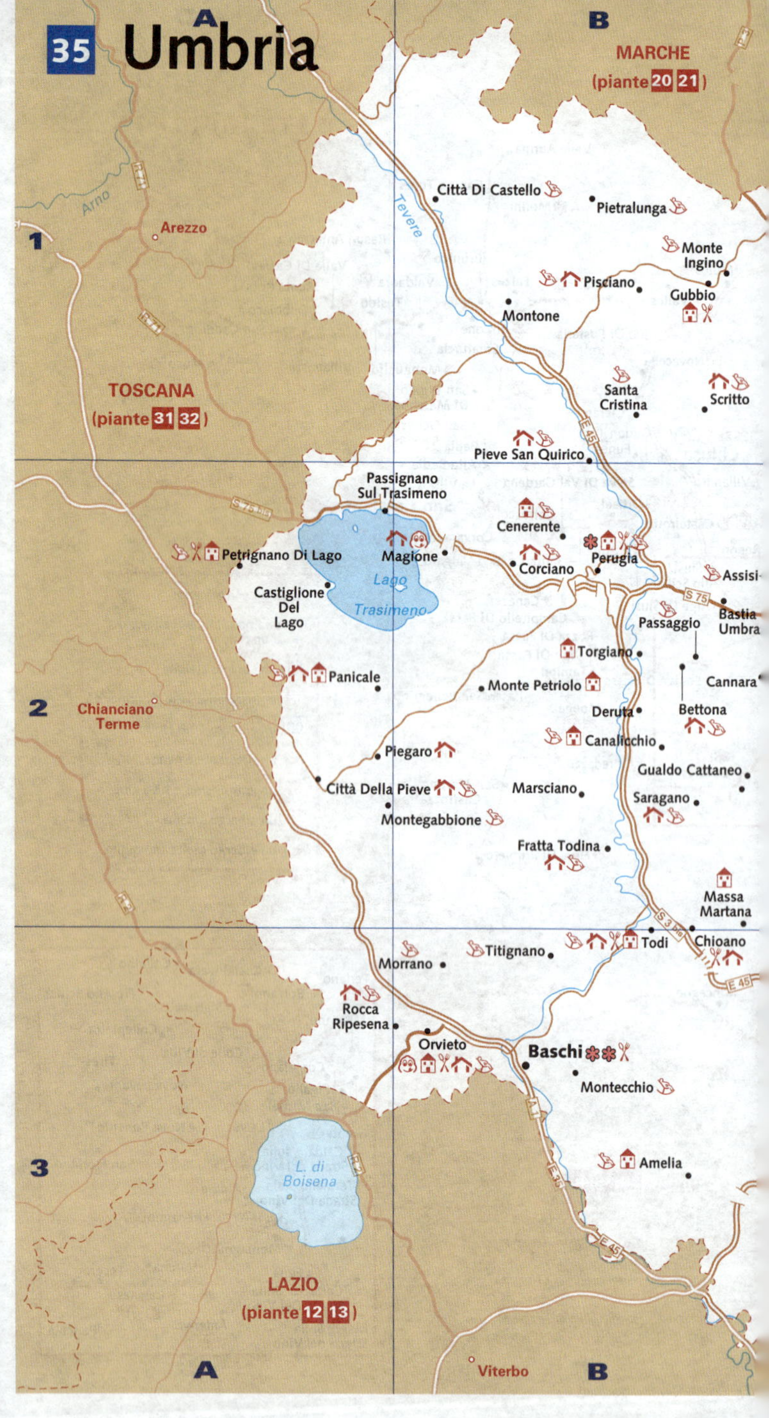

A
B
MARCHE
(piante 20 21)
TOSCANA
(piante 31 32)
LAZIO
(piante 12 13)
1
2
3
Arno
Tevere
Arezzo
Città Di Castello
Pietralunga
Monte Ingino
Pisciano
Gubbio
Montone
Santa Cristina
Scritto
Pieve San Quirico
Passignano Sul Trasimeno
Cenerente
Petrignano Di Lago
Magione
Corciano
Perugia
Assisi
Castiglione Del Lago
Lago Trasimeno
Passaggio
Bastia Umbra
Torgiano
Panicale
Monte Petriolo
Cannara
Chianciano Terme
Deruta
Bettona
Canalicchio
Piegaro
Gualdo Cattaneo
Città Della Pieve
Marsciano
Saragano
Montegabbione
Fratta Todina
Massa Martana
Todi
Chioano
Titignano
Morrano
Rocca Ripesena
Orvieto
Baschi
Montecchio
Amelia
L. di Boisena
Viterbo
S 75
S 75 bis
S 3 bis
E 45
A 1

A
B
1
2
3
Marano Vicentino
Montecchio Precalcino
Malo
Sandrigo
Galliera Veneta
Cittadella
Carmignano Di Brenta
Caldogno
Bolzano Vicentino
Gazzo
Vicenza
Creazzo
Altavilla Vicentina
Arcugnano
Longare
Costozza
Grisignano Di Zocco
Montebello Vicentino
RUBANO
A 31
S 248
P 47
A 4
E 70
B
Fumane
Negrar
San Giorgio di Valpolicella
Tregnago
Grezzana
San Pietro In Cariano
Pedemonte
Mezzane di Sotto
Illasi
Pescantina
Montorio
Bussolengo
Lavagno
San Massimo All adige
Verona
San Martino Buon Albergo
Caldiero
Sommacampagna
Dossobuono
E 45
A 4
E 70
C
Località con almeno:
una possibilità di alloggio o un ristorante
una tavola stellata
un ristorante "Bib Gourmand"
un albergo "Bib Hotel"
un ristorante ameno
un agriturismo o b&b ameno
un albergo ameno
un albergo molto tranquillo

Veneto

A
B
Merano
BOLZANO
TRENTO
Roverero
MANTOVA
TRENTINO ALTO ADIGE
(piante 33 34)
LOMBARDIA
(piante 16 17 18 19)
Oderzo
San Polo Di Piave
Gorgo Al Monticano
Motta Di Livenza
Visnadello
Salgareda
Ponzano Veneto
Treviso
Silea
Monastier Di Treviso
Noventa Di Piave
San Donà Di Piave
Casier
Dosson
Preganziol
Casale Sul Sile
Quarto D'Altino
Marcon
Mogliano Veneto
Pieve Di Livinallongo
Arabba
Rocca Pietore
Falcade
Canale D'Agordo
Feltre
Romano D'Ezzelino
Pove Del Grappa
Paderno
Asiago
Gallio
Paderno Del Grappa
Canove
Valle San Floriano
Conco
Velo D'Astico
Bassano Del Grappa
Carrè
Marostica
Malcesine
Recoaro Terme
Schio
Marano Vicentino
San Vito Di Leguzzano
Montecchio Precalcino
San Zenone Degli Ezzelini
Lago di Garda
Brenzone
Valdagno
Bosco Chiesanuova
Altissimo
San Zeno Di Montagna
Brogliano
Torri Del Benaco
Marciaga
Velo Veronese
Costermano
Chiampo
Garda
Arzignano
Bardolino
Affi
Sant' Ambrogio Di Valpolicella
RUBANO
Gambellara
Lazise
Pastrengo
Soave
Grancona
Selvazzano Dentro
Castelnuovo Del Garda
Sona
Abano Terme
San Benedetto
Verona
San Bonifacio
Lonigo
Montegrotto Terme
Peschiera Del Garda
Teolo
Villafranca Di Verona
Castel D'Azzano
Albaredo D'Adige
Noventa Vicentina
Galzignano Terme
Valeggio Sul Mincio
Vigasio
Oppeano
Arquà Petrarca
Isola Rizza
Coriano Veronese
Este
Trevenzuolo
Bovolone
Roverchiara
Montagnana
Monselice
Cerea
Legnago
Bonferraro
Villa Bartolomea
Lusia
Trecenta
Occhiobello
Lago di Garda
Adige
Mincio
Sarca
Piave
Secchia
Po
1
2
3

C
D
1
2
3
A
FRIULI-VENEZIA GIULIA
(piante 10 11)
UDINE
Pordenone
Comelico Superiore
Cima Sappada
Sappada
Santo Stefano Di Cadore
Auronzo Di Cadore
Misurina
Cortina D'Ampezzo
Vigo Di Cadore
San Vito Di Cadore
Selva Di Cadore
Borca Di Cadore
Vodo Cadore
Alleghe
Zoldo Alto
Forno Di Zoldo
Mezzocanale
Piave
Funes
Pieve D'Alpago
Puos D'Alpago
Belluno
San Gregorio Nelle Alpi
Castiòn
Limana
Cison di Valmarino
Revine
Follina
Valdobbiadene
Vittorio Veneto
Solighetto
Miane
Pieve di Soligo
Farra di Soligo
Conegliano
Codogne
Portobuffolé
Sernaglia della Battaglia
Fener
Bigolino
Monfumo
Susegana
Asolo
Nervesa della Battaglia
Oderzo
Volpago del Montello
Caerano di San Marco
Montebelluna
Annone Veneto
Pradipozzo
Portogruaro
Castello di Godego
Castelfranco Veneto
Quinto Di Treviso
Zero Branco
Loreggia
Scorzè
Zelarino
Noale
Mestre
Mirano
Scaltenigo
Pianiga
Vetrego
Oriago
Torcello
Tessera
Burano
Cavallino
Venezia
Eraclea
Jesolo
Lido Di Jesolo
Caorle
Bibione
Golfo di Trieste
Dolo
Mira
Padova
Noventa Padovana
Lughetto
Albignasego
Legnaro
Campagna Lupia
GOLFO DI VENEZIA
Maserà di Padova
Piove Di Sacco
Pontelongo
Sottomarina
Chioggia
ADIGE
Rovigo
Adria
PO
Ariano Nel Polesine
San Basilio
Località con almeno:
una possibilità di alloggio o un ristorante
una tavola stellata
un ristorante "Bib Gourmand"
un albergo "Bib Hotel"
un ristorante ameno
un agriturismo o b&b ameno
un albergo ameno
un albergo molto tranquillo

Michelin Travel Partner
Société par actions simplifiées au capital de 11 629 590 EUR
27 Cours de l'Île Seguin - 92100 Boulogne Billancourt (France)
R.C.S. Nanterre 433 677 721

Dépôt légal novembre 2012

Printed in Italy, 10-2012

Informazioni relative alle altitudini delle località citate nella guida:

ATKIS™; GN250, © Federal Agency for Cartography and Geodesy (BKG)

Informazioni relative agli abitanti delle località citate nella guida:
www. demo.istat.it

Carte e piante disegnate dall'Ufficio Cartografico Michelin

Fotocomposizione: JOUVE, Saran (Francia)

Stampa e Rilegatura: CANALE, Borgaro Torinese (Italia)

Su carta ricavata da foreste a gestione sostenibile

I dati e le indicazioni contenuti in questa guida, sono stati verificati e aggiornati con la massima cura. Tuttavia alcune informazioni (indirizzi, numeri di telefono, prezzi ecc.) possono perdere parte della loro attualità a causa dell'incessante evoluzione delle strutture e delle variazioni del costo della vita: non è escluso che alcuni dati non siano più, all'uscita della guida, esatti o esaustivi. Prima di procedere alle eventuali formalità amministrative e doganali, siete invitati ad informarvi presso gli organismi ufficiali. Queste informazioni non possono comportare responsabilità alcuna per eventuali involontari errori o imprecisioni.

Our editorial team has taken the greatest care in writing this guide and checking the information in it. However, practical information (administrative formalities, prices, addresses, telephone numbers, Internet addresses, etc.) is subject to frequent change and such information should therefore be used for guidance only. It is possible that some of the information in this guide may not be accurate or exhaustive as of the date of publication. Before taking action (in particular in regard to administrative and customs regulations and procedures), you should contact the appropriate official administration. We hereby accept no liability in regard to such information.